博物馆学研究丛书

博物馆学论著目录

（下　册）

田　静　编著

科学出版社
北　京

内 容 简 介

本书是近百年博物馆学研究论著的目录索引、博物馆学著作与博物馆出版物的内容提要。博物馆学论文目录收录时限是1994～2014年，博物馆学著作与博物馆出版物内容提要收录时限是1918～2014年。

本书适合博物馆学研究者，大专院校文物、博物馆学教师和学生参考、阅读。

图书在版编目（CIP）数据

博物馆学论著目录：全2册/ 田静编著. —北京：科学出版社，2019.11
（博物馆学研究丛书）
ISBN 978-7-03-062296-9

Ⅰ.①博…　Ⅱ.①田…　Ⅲ.①博物馆学－专题目录－中国　Ⅳ.①Z88：G260

中国版本图书馆CIP数据核字（2019）第203425号

责任编辑：孙　莉　雷　英／责任校对：邹慧卿
责任印制：张　伟／装帧设计：程乾宁　张　放

科 学 出 版 社 出版
北京东黄城根北街16号
邮政编码：100717
http://www.sciencep.com

北京中科印刷有限公司印刷
科学出版社发行　各地新华书店经销
*
2019年11月第　一　版　开本：787×1092　1/16
2023年 4 月第二次印刷　印张：61
字数：1 450 000

定价：480.00元（全2册）
（如有印装质量问题，我社负责调换）

目　　录

下编　博物馆学论文目录

下编　博物馆学论文目录

一 博物馆总论

1. 总论

中国博物馆学综述/苏东海//博物馆研究1994-1
略论博物馆价值及其开发/梁华平//中国博物馆1994-1
再论高校博物馆的功能/陈德富//中国博物馆1994-1
博物馆经济学刍议/刘洪//中国博物馆1994-2
评文物三价值说/彭捷//中国博物馆1994-2
中国博物馆与博物馆学/吕济民//中国博物馆1994-4
中国博物馆和文化政策/马自树//中国博物馆1994-4
中国博物馆的哲学/苏东海//中国博物馆1994-4
博物馆与社区、历史文化——兼论世界最早的博物馆和博物馆起源/王宏钧//中国博物馆1994-4
考古遗迹与博物馆/黄景略//中国博物馆1994-4
文物的特性与价值/阮家新//中国博物馆1994-4
文物和资料/沈庆林//中国博物馆1994-4
发展博物馆事业的方针政策（摘要）/马自树//中国博物馆通讯1994-11
中国博物馆事业和博物馆学研究的新进展（摘要）/吕济民//中国博物馆通讯1994-11
博物馆价值（摘要）/苏东海//中国博物馆通讯1994-11
中国博物馆的伦理观（摘要）/苏东海//中国博物馆通讯1994-11
世界博物馆的演变及其发展趋势/吕济民//中国博物馆1995-1
博物馆与社会/马希桂//北京文博1995-1
中国纪念馆发展历史初探/安廷山//中国博物馆1995-1
博物馆与社会发展/吕济民//博物馆研究1995-2；中国博物馆史论，紫禁城出版社2004年
中国革命纪念馆事业的回顾与展望（一、二）/李耀申//中国博物馆1995-2；中国博物馆1995-4
张謇与中国博物馆/吕济民//中国博物馆1995-3
康有为的博物馆见解/袁进//中国博物馆1995-3
论旧中国博物馆事业的历史意义/梁吉生//博物馆研究1995-3
九十年代博物馆概念/〔美〕朱莉娅·D. 哈里森//博物馆研究1995-3
一个前所未有的机会正向博物馆走来/古为勉//中国博物馆1995-4
二十一世纪中国博物馆发展之我见/陈全方//陕西历史博物馆馆刊（二），三秦出版社1995年
遗址博物馆特性说/理智//遗址博物馆研究——兼论陕西遗址博物馆，陕西人民出版社1995年
遗址博物馆分类说/理智//遗址博物馆研究——兼论陕西遗址博物馆，陕西人民出版社1995年
陕西遗址博物馆历史简析/理智//遗址博物馆研究——兼论陕西遗址博物馆，陕西人民出版社1995年
陕西遗址博物馆的前景展望/理智//遗址博物馆研究——兼论陕西遗址博物馆，陕西人民出版社1995年
北京博物馆事业发展五年规划（1995年～1999年）/北京市文物事业管理局//中国博物馆1996-1
论遗址博物馆学/吴永琪、李淑萍、张文立//文博1996-1；秦陵秦俑研究动态1996-1

博物馆是国家实力和民族精神的象征/冯承柏//中国博物馆通讯1996-1
2000年：世界博物馆面临的三个主要问题/安来顺//中国博物馆1996-2
中国文物博物馆事业可持续发展战略研究/苏东海//中国博物馆1996-4
我国自然博物馆合理布局研究/楼锡祜//中国博物馆1996-4
可持续发展战略研究与中国博物馆事业/苏东海//中国文物报1996-9-8；博物馆的沉思——苏东海论文选（卷二），文物出版社2006年
论博物馆的现代化/苏东海//中国博物馆1997-1；中国文物报1997-3-23；博物馆的沉思——苏东海论文选，文物出版社1998年；全球化下的中国博物馆，文物出版社2002年；博物馆的沉思——苏东海论文选（卷二），文物出版社2006年
中国文博事业两个根本性转变的思考/苏东海//中国文物报1997-1-5；博物馆的沉思——苏东海论文选（卷二），文物出版社2006年
博物馆美学与21世纪/汤家庆//中国博物馆1997-3
走向21世纪的博物馆——难点和转折点/潘林荣//中国博物馆1997-3；文博青年论丛（第二辑），北京图书馆出版社1997年
博物馆三说/冯乃恩//文博青年论丛（第二辑），北京图书馆出版社1997年
试论中国博物馆事业发展的跨世纪工程/张瑞强//文博青年论丛（第二辑），北京图书馆出版社1997年
北京市博物馆事业法制建设述略/傅公钺//中国博物馆1997-4
博物馆与公众：二十一世纪博物馆的核心问题之一/安来顺//中国博物馆1997-4；北京博物馆学会第二届学术会议论文集，经济日报出版社1998年
上海市博物馆事业的历史、现状和发展趋势/王仁波、周丽中//中国博物馆1997-4
跨世纪博物馆的走向/吕济民/中国博物馆通讯1997-12
中国博物馆现状的再思考/程京生//中国博物馆1998-3
政府与社会多渠道办馆刍议/苏东海//中国博物馆1998-2；中国文物报1998-5-6
积极探索市场经济条件下博物馆生存发展的新思路新途径/钟树棠//中国博物馆1998-3
中国博物馆的哲学/苏东海//博物馆的沉思——苏东海论文选，文物出版社1998年；博物馆的沉思——苏东海论文选（卷二），文物出版社2006年
博物馆演变史纲/苏东海//博物馆的沉思——苏东海论文选，文物出版社1998年；博物馆的沉思——苏东海论文选（卷二），文物出版社2006年
中国博物馆实现两个根本性转变的思考/苏东海//河南博物院落成暨河南省博物馆建馆70周年纪念论文集，中州古籍出版社1998年
论私人博物馆的基本规范/吕济民//北京博物馆学会第二届学术会议论文集，经济日报出版社1998年
走向新世纪的博物馆事业发展之路——树立精品意识，实施精品战略/张承钧//北京博物馆学会第二届学术会议论文集，经济日报出版社1998年
世界博物馆发展趋势/甄朔南//北京博物馆学会第二届学术会议论文集，经济日报出版社1998年；甄朔南博物馆学文集，中国大百科全书出版社2004年
新世纪台湾博物馆的发展与需要/黄光男//博物馆学季刊1999-2
博物馆与中国近代以来公共意识的拓展/杨志刚//复旦学报1999-3
中国博物馆现状及课题/吕济民//中国博物馆通讯1999-7
遗址博物馆的两个基本特征/苏东海//遗址博物馆学概论，陕西人民出版社1999年；中国博物馆通讯1999-6
遗址博物馆发展概述/李淑萍//遗址博物馆学概论，陕西人民出版社1999年
遗址博物馆的社会功能/徐卫民//遗址博物馆学概论，陕西人民出版社1999年
立于世纪高度鸟瞰中国博物馆/苏东海//中国博物馆1999-3；中国文物报1999-10-6；博物馆的沉思——苏东海论文选（卷二），文物出版社2006年；全球化下的中国博物馆，文物出版社2002年
中国文博事业深化改革刍议/苏东海//中国文物报1999-10-23；博物馆的沉思——苏东海论文选（卷二），文物出版社2006年
新世纪博物馆应成为社会变革的工具/吕济民//中国博物馆2000-1；中国博物馆通讯2000-1

对21世纪博物馆的遐想/马承源//中国博物馆2000-1
简论21世纪的人才/苏东海//中国博物馆2000-1
努力建设有中国特色的博物馆事业/陈景东//博物馆研究2000-1
加强管理深化改革开创博物馆事业的新局面——在全国博物馆工作会议上的工作报告/张文彬//中国博物馆通讯2000-11
二十一世纪人们需要什么样的博物馆——对首博新馆建设的一点想法/刘宁波//首都博物馆丛刊（14），北京燕山出版社2000年
苏州和中国博物馆事业/甘兰经//苏州博物馆建馆四十周年纪念文集（1960～2000），2000年
现代化博物馆在中国的社会定位/周天游、王昱东//东方博物（5），浙江大学出版社2000年；博物馆学研究论文集，陕西人民出版社2006年
博物馆理论研究的再出发/苏东海//中国博物馆2001-1；博物馆的沉思——苏东海论文选（卷二），文物出版社2006年
二十世纪博物馆的回顾与展望/安来顺//中国博物馆2001-1
博物馆（MUSEUM）的定义及其理解/严建强、梁晓艳//中国博物馆2001-1
什么是新博物馆学/甄朔南//中国博物馆2001-1；甄朔南博物馆学文集，中国大百科全书出版社2004年
何谓博物馆？何谓成功？——艺术博物馆及成功的代价/〔荷〕P. V. 门施著，白岩译//中国博物馆2001-1
后现代美学思潮对博物馆的影响/赵笑洁//中国博物馆2001-1
中国博物馆事业发展研究百年回顾与未来展望/王文锋//博物馆研究2001-2
当前中国博物馆发展的几个问题和战略构想/李耀申//中国博物馆2001-3
博物馆建设重在开拓创新精神/李文儒、叶春、李耀申//中国博物馆通讯2001-3
对“开放型”博物馆国际讨论的初步认识——“当代国际博物馆理论思潮”读书笔记之二/安来顺//中国博物馆2001-3
论博物馆资源/马自树//中国博物馆2001-4
博物馆学的学科地位为什么上不去/苏东海//中国博物馆2001-4
中国博物馆文化的特点/张文彬//中国博物馆通讯2001-6
国际博物馆面临的三个主要问题/安来顺//中国文物报2001-4-25；全球化下的中国博物馆//文物出版社2002年
发展中国博物馆文化需要努力的四个方面/张文彬//中国博物馆通讯2001-6
给博物馆下定义的难处/严建强、梁晓艳//中国博物馆通讯2001-6
博物馆是文物的最后归宿——谈博物馆的物/苏东海//中国文物报2001-8-5；全球化下的中国博物馆，文物出版社2002年；博物馆的沉思——苏东海论文选（卷二），文物出版社2006年
博物馆正经历着“机构特性危机和概念危机”/〔墨西哥〕雅尼・赫瑞曼著，宋向光译//中国博物馆通讯2001-10
新世纪高校博物馆的使命和任务——部分高校博物馆负责人和博物馆专家访谈/陈军科//中国文物报2001-11-30；全球化下的中国博物馆，文物出版社2002年
遵循中国先进文化的前进方向，开创博物馆文化繁荣发展的新局面/董保华、李耀申//文物工作2001-12；全球化下的中国博物馆，文物出版社2002年
中国博物馆事业的现状和发展/李耀申//南开学报2001年增刊；全球化下的中国博物馆，文物出版社2002年
关于新世纪中国博物馆发展的点滴思考/钟作英//北京博物馆学会第三届学术会议文集，北京燕山出版社2001年
在市场中把握生机在改革中寻求发展——博物馆在新时期生存与发展的思考/时晓明//北京博物馆学会第三届学术会议文集，北京燕山出版社2001年
拓展思路 走向辉煌——北京地区博物馆改革提高与发展趋向初探/张量、许丽萍//北京博物馆学会第三届学术会议文集，北京燕山出版社2001年
新世纪高校博物馆发展的思考/任廷苏//北京博物馆学会第三届学术会议文集，北京燕山出版社2001年
关于博物馆法的几点认识/黄哲京//中国博物馆2002-1

博物馆构成的几点思考/于滨力//中国博物馆2002-1
博物馆学研究本身的几个问题/史吉祥//博物馆研究2002-1
用创新的理论做好新世纪的博物馆工作/宋德辉//博物馆研究2002-1
弘扬“五种精神”，推动博物馆事业发展/赵娅丽//博物馆研究2002-1
社会、经济挑战与中国博物馆——在国际博协博物馆学委员会2001年会议上的发言/董保华//中国博物馆通讯2002-1
博物馆发展全局的几个重大关系问题/董保华//中国博物馆通讯2002-1
当前我国博物馆面临的主要问题/董保华//中国博物馆通讯2002-1
全球化下的我国博物馆发展战略初探/甄朔南//中国自然科学博物馆协会通讯2002-2；甄朔南博物馆学文集，中国大百科全书出版社2004年；全球化下的中国博物馆，文物出版社2002年
论北京博物馆发展建设的优势与问题/梅宁华//中国文物报2002-1-22
坚持先进文化的前进方向，繁荣社会主义的博物馆与事业/徐湖平//中国博物馆2002-3
中国博物馆社会化的新进程/姚香勤//中国博物馆2002-3
中国文化类型博物馆的文化再思考/马金香//中国博物馆2002-3
博物馆“一馆两制”刍议/刘洪//中国博物馆2002-3
国内外博物馆发展概述/方配贤、曹幸穗//古今农业2002-4
博物馆必须树立和增强忧患意识/甄朔南//中国自然科学博物馆协会通讯2002-4；甄朔南博物馆学文集，中国大百科全书出版社2004年
人类文化遗产与历史文化资源：博物馆文化社会功能漫谈/严建强//全球化下的中国博物馆，文物出版社2002年
全球化与博物馆工作/甄朔南//中国文物报2002-5-3；甄朔南博物馆学文集，中国大百科全书出版社2004年
我国博物馆应如何面对加入WTO后的新形势/甄朔南//中国文物报2002-5-10；甄朔南博物馆学文集，中国大百科全书出版社2004年
全球化与未来中国博物馆的走向/陈军科//中国文物报2002-5-24
全球化下的中国博物馆/李文儒//中国文物报2002-5-27；中国博物馆通讯2002-5、6
世博会与博物馆的历史渊源/苏东海//中国文物报2002-12-8；博物馆的沉思——苏东海论文选（卷二），文物出版社2006年
当代博物馆发展中的几个基本问题/苏东海//全球化下的中国博物馆，文物出版社2002年；博物馆的沉思——苏东海论文选（卷二），文物出版社2006年
博物馆文化与博物馆工作观念/宋向光//全球化下的中国博物馆，文物出版社2002年
博物馆与公众的精神生活空间结构/曹兵武//全球化下的中国博物馆，文物出版社2002年
传承文明，与时俱进，启人心智：博物馆文化的特征/甄朔南//全球化下的中国博物馆，文物出版社2002年；甄朔南博物馆学文集，中国大百科全书出版社2004年
非物质遗产与全球化与博物馆/马自树//全球化下的中国博物馆，文物出版社2002年
中国自然博物馆发展趋势的几点思考/潘洁//中国博物馆2003-1
海事博物馆与海洋文化浅议/陈丽华//中国博物馆2003-1
美术博物馆的文化特征与功能定位/李杰民//中国博物馆2003-1
探索文博事业与旅游业的合作途径/邓芬//中国博物馆2003-1
论定义博物馆文化——兼论发展博物馆文化的方针/孟宪民//中国博物馆2003-1
论博物馆市场化行为的趋势及影响/张敏//中国博物馆2003-1
试论博物馆语言/凌波//中国博物馆2003-2
博物馆的知识体系/郭长虹、朱崇亚//中国博物馆2003-2
博物馆可持续性发展战略的两个基本问题/张立胜//中国博物馆2003-3
我国专业博物馆创新战略探讨/俞敏敏//中国博物馆2003-3
博物馆定义与当代博物馆的发展/宋向光//中国博物馆2003-4
试论行业博物馆的特殊性/王畅//中国博物馆2003-4

增强博物馆的亲和力刍议/刘丽//中国博物馆2003-4

充分发挥博物馆在全面建设小康社会中的作用/甄朔南//中国文物报2003-4-25；甄朔南博物馆学文集，中国大百科全书出版社2004年

博物馆文化形态的研究是个深邃的课题/苏东海//中国文物报2003-5-9；博物馆的沉思——苏东海论文选（卷二），文物出版社2006年

北京地区博物馆发展的优势与问题/梅宁华//光明日报2003-5-28

谈博物馆的功能及其发展问题/黄大义//龙岩师专学报2003-6

学习型社会与博物馆/甄朔南//中国文物报2003-6-13；甄朔南博物馆学文集，中国大百科全书出版社2004年

中国博物馆职业道德刍议/苏东海//中国文物报2003-8-15；博物馆的沉思——苏东海论文选（卷二），文物出版社2006年

再谈西方博物馆文化的引进/苏东海//中国文物报2003-9-8；博物馆的沉思——苏东海论文选（卷二），文物出版社2006年

三谈西方博物馆文化的引进/苏东海//中国文物报2003-10-31；博物馆的沉思——苏东海论文选（卷二），文物出版社2006年

国际博物馆界对职业道德的研究/蔡琴//中国文物报2003-11-7

引进与繁荣——四谈西方博物馆文化的引进/苏东海//中国文物报2003-11-21；博物馆的沉思——苏东海论文选（卷二），文物出版社2006年

融入社会服务——世界博物馆的大发展及其走向/苏东海//求是2003-15

二十一世纪——博物馆的世纪/徐湖平//陈列艺术（《东南文化》2003年增刊2），2003年

半个世纪的中国大陆自然科学类博物馆/甄朔南//海峡两岸博物馆学人与全球化的对话论文集，中国自然科学博物馆协会编印2003年；甄朔南博物馆学文集，中国大百科全书出版社2004年

博物馆与全球化的思考/沈平//首都博物馆丛刊（17），北京燕山出版社2003年

论入世后博物馆的发展方向/邓学青、冯柯华//博物馆学论丛（五），中州古籍出版社2003年

20世纪中国民族博物馆的兴起与发展/秦晋庭//中国博物馆2004-1

湖北博物馆事业五十年/雷鸣//中国博物馆2004-1

对我国博物馆创新问题的思考/甄朔南//中国自然科学博物馆通讯2004-1；甄朔南博物馆学文集，中国大百科全书出版社2004年

大学博物馆的过去、现在与未来/尹彤云//中国博物馆2004-3

新理念下的博物馆文化遗产保护/朱凤瀚//中国博物馆2004-4

国际博物馆学基础理论研究中两个核心问题的述评/安来顺//中国博物馆2004-4

博物馆定义——从专业角度到社会认知和服务/伯妮斯・墨菲//中国博物馆通讯2004-8

藏品=博物馆/保罗・唐纳休//中国博物馆通讯2004-8

博物馆的非营利性质/〔美〕米尔顿・布洛赫//中国博物馆通讯2004-8

博物馆研究问题/史蒂文・克勒克//中国博物馆通讯2004-8

中国博物馆的现状与发展/单霁翔//北京博物馆学会第四届学术会议论文集，北京燕山出版社2004年

博物馆的市场化/魏小安、王春利//北京博物馆学会第四届学术会议论文集，北京燕山出版社2004年

关于文博事业实现跨越式发展的思考/林淑英//北京博物馆学会第四届学术会议论文集，北京燕山出版社2004年

全球化与当代中国体育博物馆的发展/崔乐泉//北京博物馆学会第四届学术会议论文集，北京燕山出版社2004年

新时期博物馆发展思考/王梅//碑林集刊（十），陕西人民美术出版社2004年

中国博物馆历史发展概貌/吕济民//中国博物馆史论，紫禁城出版社2004年

中国博物馆事业100年/吕济民//中国博物馆史论，紫禁城出版社2004年

中国博物馆的性质和任务/吕济民//中国博物馆史论，紫禁城出版社2004年

中国博物馆的特性及工作规范/吕济民//中国博物馆史论，紫禁城出版社2004年

跨世纪博物馆的走向/吕济民//中国博物馆史论，紫禁城出版社2004年

中国博物馆的现状及课题/吕济民//中国博物馆史论，紫禁城出版社2004年
新世纪博物馆要适应社会的变革/吕济民//中国博物馆史论，紫禁城出版社2004年
博物馆与国际接轨/吕济民//中国博物馆史论，紫禁城出版社2004年
外国博物馆简史/吕济民//中国博物馆史论，紫禁城出版社2004年
世界博物馆的演变与发展/吕济民//中国博物馆史论，紫禁城出版社2004年
当前世界博物馆的概况和特点/吕济民//中国博物馆史论，紫禁城出版社2004年
博物馆物论/苏东海//中国博物馆2005-1；中国文物报2005-1-28、2005-2-4、2005-2-18；博物馆的沉思——苏东海论文选（卷三），文物出版社2006年
百年回眸风雨路万里展望云霞天——纪念南通博物苑创建100年/陈卫平//中国博物馆2005-1；南通博物苑百年苑庆纪念文集，文物出版社2005年
文化多样性的保护与共存——全球化趋势下博物馆工作新趋向/唐军富//中国博物馆2005-1
我国自然科学类博物馆现状与拓展对策/康熙民、杨仲英//中国博物馆2005-2
博物馆：文化记忆与传播的重要工具/王莉//中国博物馆2005-2
博物馆文化：城市文明的产物和重要体现/雍玲玲//中国文物报2005-3-6
试谈文博事业改革创新的几个问题/李耀申//中国博物馆2005-4
博物馆在现代社会中的功能/史吉祥//中国文化遗产2005-4
中国的博物馆事业/童明康//中国文化遗产2005-4
新中国博物馆事业的发展/苏东海//中国文化遗产2005-4
中国博物馆事业的创始和民国时期的初步发展/王宏钧//中国文化遗产2005-4
支离破碎与巍然大观：博物馆学与博物馆/张慧国//文物世界2005-6
新博物馆运动和亚洲/雨果·戴瓦兰著，张晋平译//中国文物报2005-10-14
我们还缺失什么——参加中国博物馆学会2005年年会后的一点感想/张健平//中国博物馆通讯2005-11
风雨百年振兴路——南通博物苑百年发展史/钱红//中国博物馆通讯2005-11
迎接十一五开启博物馆工作新局面/崔波//中国文物报2005-12-16
新时期县级博物馆发展新观/程章贵//中国文物报2005-12-23
略论“十一五”期间我国博物馆发展的一些问题/甄朔南//中国文物报2005-12-23；甄朔南博物馆学文集（续），中国大百科全书出版社2008年
博物馆的道德责任/Silas Okita著，陈姝浩译//东方博物（十五），浙江大学出版社2005年
整合配置社会资源发展壮大文博事业/李刚//史前研究（2004）：中国博物馆学会史前遗址博物馆专业委员会第五届学术研讨会论文集，三秦出版社2005年
全球化下的中小型博物馆/邬红梅//史前研究（2004）：中国博物馆学会史前遗址博物馆专业委员会第五届学术研讨会论文集，三秦出版社2005年
县（市）级博物馆建设的几点思考/叶维军//史前研究（2004）：中国博物馆学会史前遗址博物馆专业委员会第五届学术研讨会论文集，三秦出版社2005年
对史前遗址博物馆发展的一些思考/罗晓群//史前研究（2004）：中国博物馆学会史前遗址博物馆专业委员会第五届学术研讨会论文集，三秦出版社2005年
全球化背景下的中国博物馆发展/宋向光/博物馆：文化的桥梁，广东人民出版社2005年
与时并进开拓创新——纪念中国近代博物馆事业发展百年/张文彬//回顾与展望——中国博物馆发展百年：2005年中国博物馆学会学术研究会文集，紫禁城出版社2005年
时代呼唤博物馆学理论的创新——近年来湖南省博物馆改革的实践与思考/陈建明//湖南省博物馆馆刊（二），岳麓书社2005年
在历史的长河中前进——全球化下博物馆的发展与建设/常宇//回顾与展望——中国博物馆发展百年：2005年中国博物馆学会学术研究会文集，紫禁城出版社2005年
中国博物馆百年回顾与分析/项隆元//回顾与展望——中国博物馆发展百年：2005年中国博物馆学会学术研究会文集，紫禁城出版社2005年
北京地区近百年博物馆发展概述/董纪平//北京文博2006-1

2005中国博物馆事业回首/崔波//中国文物报2006-1-20
中国大陆民族博物馆事业的历史发展/雍际荣//中国博物馆2006-2
从科学救国到科教兴国看博物馆在社会中的作用/李建军//中国博物馆2006-2
从全球的视野看自然史博物馆的起源、发展与成就/甄朔南//中国博物馆2006-2
服务·保护·产业·事业——南京博物院院长龚良谈公益性博物馆发展/郭桂香、文冰//中国文物报2006-5-12
“十五”期间的山西博物馆事业/高晓明、张慧国//中国文物报2006-5-12
从博物馆定义看博物馆发展/杜水生//河北大学学报2006-6
构建博物馆本体意识/杨志刚//中国文物报2006-7-14
试定义博物馆文化/孟宪民//西部文博论丛——首届西部文博管理干部培训班暨中国文博西部论坛，科学出版社2006年
以科学发展观指导文博事业发展/王东春//西部文博论丛——首届西部文博管理干部培训班暨中国文博西部论坛，科学出版社2006年
“十一五”期间我省博物馆事业面临的几个问题/成建正//博物馆学研究论文集，陕西人民出版社2006年；博物馆理论与实践研讨会论文集，三秦出版社2007年
论博物馆的困境与可持续发展/程旭//博物馆学研究论文集，陕西人民出版社2006年；博物馆理论与实践研讨会论文集，三秦出版社2007年
新中国博物馆发展简史/苏东海//博物馆的沉思——苏东海论文选（卷二），文物出版社2006年
“文化大革命”时期的中国博物馆/苏东海//博物馆的沉思——苏东海论文选（卷二），文物出版社2006年
加快改革和发展，不断提高博物馆的社会贡献率/张柏//博物馆与青少年：广州2006国际博物馆日馆长论坛论文集，广东人民出版社2006年
建立广义文化遗产理论的困境/苏东海//中国文物报2006-9-8；博物馆的沉思——苏东海论文选（卷三），文物出版社2010年
中国民族博物馆事业发展前瞻/雍继荣//中国民族文博（第一辑），民族出版社2006年；中国当代文博论著精编，文物出版社2006年
试论博物馆事业的发展与创新/黄启善//中国当代文博论著精编，文物出版社2006年
应重视中国博物馆史的研究/梁吉生//湖南省博物馆馆刊（三），岳麓书社2006年
博物馆的社会责任——新春话语/苏东海//中国文物报2007-1-19；博物馆的沉思——苏东海论文选（卷三），文物出版社2010年
中国近代博物馆学研究综述/徐玲//中国博物馆2007-2
杨钟健早期建馆思想及其特点/张文立//中国博物馆2007-2
试论博物馆的职能定位与科学发展/王紫枢、孙霄//中国博物馆2007-2
城市、城市文化遗产及城市博物馆关系的研究/苏东海//中国博物馆2007-3；博物馆的沉思——苏东海论文选（卷三），文物出版社2010年
关于我国中小型博物馆的几点思考——从欧洲中小型博物馆看我国中小型博物馆的未来和发展/陈果、胡习珍//中国博物馆2007-3
2005～2006年全省博物馆研究综述/周筠//文物春秋2007-3
蔡元培的博物馆理论与实践/秦素银//中国博物馆2007-4
文化遗产是城市资本而不是包袱/单霁翔//中国文物报2007-4-11
建立长沙王陵博物馆的思考/彭晓梅//中国文物报2007-4-13
浅谈中国博物馆发展趋势/芦哓莲//黑河学刊2007-5
博物馆的时代主题、时代特征与博物馆的发展走向/苏东海//中国文物报2007-5-18；博物馆的沉思——苏东海论文选（卷三），文物出版社2010年
理想与现实的唯一选择——甘肃省博物馆新馆建设谈/俄军//中国文物报2007-8-24
秋风吹来果飘香——中国西部博物馆论坛散评/崔波//中国文物报2007-8-31
双重背景下的中国博物馆/张慧国//中国文物报2007-9-21
自然史博物馆的生态道德教育/骆土泉//中国文物报2007-11-2

天津新思维——天津欧亚自然历史博物馆高层论坛述评/崔波//中国文物报2007-11-23
当代博物馆学习的理论与实践/宋向光//科学发展观与博物馆教育学术研讨会论文集，陕西人民出版社2007年
试论现代博物馆的发展方向/黄文建//科学发展观与博物馆教育学术研讨会论文集，陕西人民出版社2007年
文物博物馆与先进文化的传播/郭宪曾//博物馆理论与实践研讨会论文集，三秦出版社2007年
文化代言人——弘扬博物馆文化的新尝试/张礼智//陕西历史博物馆馆刊（十四），三秦出版社2007年
对国际博协“博物馆”新定义的初步思考/张颖岚//陕西历史博物馆馆刊（十四），三秦出版社2007年
21世纪博物馆生存的支点/刘洁//陕西文博宣教工作论丛（二），陕西旅游出版社2007年
博物馆处在十字路口——在自然博物馆领域致力于对话、猎奇与惊叹/安东尼奥·G. 瓦尔德卡萨斯、韩俊艳//中国博物馆2008-1
我们的全球视野——国际博协2008—2010战略规划/侯春燕译//中国博物馆通讯2008-1
新时期博物馆工作的重要意义/栗扬//剧作家2008-1
专家漫谈中国博物馆事业的发展/崔波、宋向光、苏东海、韩永、李文昌、冯光生、刘超英、曹兵武//中国文物报2008-1-25
博物馆的再现：后现代、后殖民博物馆学的观点/陈锦丰//中国博物馆2008-2
博物馆发展的动向：以北京地区为例——苏东海先生访谈录/曹兵武//中国文物报2008-2-1；博物馆的沉思——苏东海论文选（卷三），文物出版社2010年
多元文化：博物馆的起点与归宿/段勇//中国博物馆2008-3
博物馆热·博物馆学·博物馆文化——博物馆发展的关键是博物馆人/曹兵武//中国博物馆2008-3
虚拟的场景真实的遗产——博物馆功能再审视/陈建明//中国博物馆2008-3
博物馆的社会性与专业化思考/黄春雨//中国博物馆2008-3
论博物馆的公共性/史吉祥//中国博物馆2008-3
口述历史博物馆化：博物馆学发展新趋势/侯春燕//中国博物馆2008-3
试论全球语境下博物馆文化身份之确立/陈恭//中国博物馆2008-3
当代中国博物馆向何去/刘庆平、彭建//中国博物馆2008-3
博物馆与社区的对话——台湾“地方文化馆计划”实施的研究分析/陈国宁//中国博物馆2008-3
博物馆史研究：近三十年来中国的进展/张文立//中国博物馆2008-3
自然保护区的自然博物馆刍议/楼锡祜//中国博物馆2008-4
初探国际博物馆日对中国博物馆发展的影响/李春玲//中国博物馆2008-4
传统节日的传承与保护：北京民俗博物馆传统节日活动的实践与思考/李彩萍//中国博物馆2008-4
中国自然科学博物馆的发展/楼锡祜//科普研究2008-4
关于新世纪新阶段博物馆发展问题之我见/李秀娟//黑河学刊2008-4
先进的博物馆文化是社会发展的动力——2008年国际博物馆日感言/自庶//中国文物报2008-5-9
论博物馆的社会责任/武斌//沈阳故宫博物院院刊2008-6
建立社区性大博物馆/吴正光//中国博物馆通讯2008-9
当代文化多样性与博物馆的冲突/周群华//中国博物馆通讯2008-11
故宫博物院的文化展示/徐瑾//中国博物馆通讯2008-11
汲取国际博物馆理念推动陕西文博事业/郭宪曾//中国文物报2008-11-9
浅谈博物馆在构建和谐社会中的作用/杜淑琴//中国文物报2008-11-14
改革开放30年中国博物馆事业发展态势/马自树//中国博物馆通讯2008-12
从“数量扩张”走向“质量提升”：单霁翔局长谈博物馆发展/崔波、孙波//中国文物报2008-12-12
21世纪博物馆的核心价值与新责任/阿历桑德拉·康明斯//中国文物报2008-12-12；21世纪博物馆核心价值与社会责任，科学出版社2010年
关于博物馆的核心价值——苏东海先生访谈录/苏东海、曹兵武//中国文物报2008-12-28；博物馆的沉思——苏东海论文选（卷三），文物出版社2010年
江苏省博物馆建设的现状调查与思考/李民昌、邢致远//2007年江苏省文博论文集，南京出版社2008年
弘扬民族精神，拓展革命纪念馆的社会功能/孙洪斌//中国文化遗产增刊·中国革命纪念馆专业委员会第15届

年会论文集，2008年
革命纪念馆建设的发展方向/曹晋杰//中国文化遗产增刊·中国革命纪念馆专业委员会第15届年会论文集，2008年
博物馆，博物馆学：警惕技术主义/苏东海//中国博物馆2008-3；博物馆的沉思——苏东海论文选（卷三），文物出版社2010年
中国博物馆发展研究/叶杨//深圳文博论丛二〇〇七年，文物出版社2008年
人文奥运、奥运经济与博物馆：关于2008年的思考/舒小峰//新世纪博物馆的实践与思考：北京博物馆学会第五届学术会议论文集，北京燕山出版社2008年
城市建设与城市博物馆建设的和谐关系——北京城市建设与博物馆建设的三次机遇/苏东海//新世纪博物馆的实践与思考：北京博物馆学会第五届学术会议论文集，北京燕山出版社2008年
提升博物馆社会影响力的几点思考——学习贯彻十七大精神/佘志宏//新世纪博物馆的实践与思考：北京博物馆学会第五届学术会议论文集，北京燕山出版社2008年
国际博协与中国：携手2010/安来顺//新世纪博物馆的实践与思考：北京博物馆学会第五届学术会议论文集，北京燕山出版社2008年
博物馆与社会/丁宗江//新世纪博物馆的实践与思考：北京博物馆学会第五届学术会议论文集，北京燕山出版社2008年
博物馆构建和谐文化之路——感悟马六甲博物馆群/解立红//新世纪博物馆的实践与思考：北京博物馆学会第五届学术会议论文集，北京燕山出版社2008年
现代博物馆的人文精神/潘奇燕//新世纪博物馆的实践与思考：北京博物馆学会第五届学术会议论文集，北京燕山出版社2008年
关于洛阳博物馆群建设的思考/王绣//洛阳博物馆建馆50周年论文集，大象出版社2008年
时代的新需要与博物馆的新价值——以宁波博物馆创新实践为例/孟建辉//浙东文化2008-1（创刊号），上海古籍出版社2008年；21世纪博物馆核心价值与社会责任，科学出版社2010年
新的价值体系中的博物馆文化的力量与智慧/陈燮君//浙东文化2008-1（创刊号），上海古籍出版社2008年；21世纪博物馆核心价值与社会责任，科学出版社2010年
当前我国博物馆热的现象及其意义/苏东海//浙东文化2008-1（创刊号），上海古籍出版社2008年
当代博物馆的广义认识论/董贻安//浙东文化2008-1（创刊号），上海古籍出版社2008年；21世纪博物馆核心价值与社会责任，科学出版社2010年
当今博物馆创新理念及其发展态势/李象益//浙东文化2008年创刊号，上海古籍出版社2008年
博物馆要做和谐社会的促进者/龚良//南京博物院集刊（10），文物出版社2008年；中国文物报2010-1-20；和谐博物馆论，文物出版社2012年
文化遗产价值之我见/孙刚//南方文物2009-1
试论新时期文化遗产事业的发展趋势/单霁翔//南方文物2009-1
博物馆事业科学发展的两点思考/李文儒//中国博物馆2009-2
论传统博物馆的时空/刘迪//博物馆研究2009-2
奥运为博物馆带来的机遇/西蒙·史蒂芬著，李宏坤编译//中国文物报2009-2-13；博物馆杂志2009-3
培养博物馆意识发展博物馆文化/郭向东//秦陵秦俑研究动态2009-3
博物馆与大遗址保护——文化遗产时代博物馆的责任/彭文、孔利宁//秦陵秦俑研究动态2009-3
培养职业精神传播红色文化——关于革命纪念馆境界与职业精神培养/陈敦学、袁珊红//中国文物报2009-3-6
国际博协“博物馆”定义调整的解读/宋向光//中国文物报2009-3-20
顺应博物馆事业发展趋势，加强专业委员会各项工作/张柏//中国文物报2009-4-15
国家文物局局长单霁翔：让博物馆成为重要驿站//中国博物馆通讯2009-5
博物馆事业60年/刘社刚、崔波、长韦//中国文物报2009-9-30
改革创新是博物馆事业发展的根本动力/张柏//中国文物报2009-11-18
站在新起点推进博物馆事业的大发展——访国家文物局副局长张柏/张俊梅//中国文物报2009-12-21
博物馆学与博物馆发展概述/宋向光//物与识：当代博物馆理论与实践辨析，科学出版社2009年

博物馆与大遗址保护——文化遗产时代博物馆的责任/彭文//西安大遗址保护，文物出版社2009年
以人为本的博物馆事业发展新理念/齐吉祥//博物馆教育新视阈，文物出版社2009年
简议和谐博物馆的构建及途径/刘洪//陕西历史博物馆馆刊（十六），三秦出版社2009年
创新培训机制努力适应博物馆事业建设发展的需要/张柏//中国文物报2010-1-6
博物馆与公众/龚良、蔡琴//东南文化2010-2；和谐博物馆论，文物出版社2012年
博物馆定义的发展与演变/王鹤北//齐齐哈尔大学学报2010-3
从“馆舍天地走向大千世界”——关于广义博物馆的思考/单霁翔//国际博物馆（中文版）2010-3；建筑创作2011-10 “两会”提案关注博物馆建设焦点//中国文物报2010-3-10
关于新时期博物馆功能与职能的思考/单霁翔//中国博物馆2010-4
试析国际博协对“博物馆”新的标准定义/郭骥//中国文物报2010-4-7
博物馆的人与物——兼谈博物馆的理论核心/曹兵武//中国文物报2010-4-21
博物馆事业与经济社会和谐发展/张伟整理//中国文物报2010-5-19
中国特色博物馆理论与实践的思考：以四川博物院大篷车流动博物馆为例/盛建伟、任卓、李江涛//中国文物报2010-6-9
博物馆为促进社会和谐而努力/郭宪曾//中国文物报2010-6-16
博物馆学与中国博物馆事业/中国博物馆协会博物馆学专业委员会//中国文物报2010-10-29
国家文物局局长单霁翔谈博物馆建设和发展——在博物馆大家庭中中国是重要力量/杨雪梅//人民日报2010-11-5；中国文物报2010-11-8
抓住历史机遇，推进新时期中国博物馆的蓬勃发展/单霁翔//中国文物报2010-11-8
博物馆功能和职能的加强与完善——在国际博协第22届大会管理委员会学术会议上的发言/单霁翔//中国文物报2010-11-13
国家文物局副局长宋新潮：博物馆建设不仅要重视数量更要重视质量/李艳整理//中国文物报2010-11-13
博物馆事业蓬勃发展取决于社会和谐进步——参加国际博协第22届大会暨第25届全体会议有感/张春雨//中国文物报2010-11-13
我们很重视博物馆的可持续发展——访国际博协总干事朱利安·安弗伦斯先生/李艳//中国文物报2010-11-13
博物馆伦理道德的审视与反思/李艳//中国文物报2010-11-17
当前我国博物馆建设面临的困惑与问题/陈国欢、曹建强//中国文物报2010-12-1
凝聚智慧与共识的国际博协《上海宣言》——国际博协执委会委员、中国博物馆协会副理事长安来顺访谈/文欣//中国文物报2010-12-8
文化特色是建设地市级博物馆的关键——河北地市级博物馆建设发展的几点思考/刘丽君//中国文物报2010-12-15
积极推动博物馆事业的繁荣发展/刘延东//中国文物报2010-12-29
国际博物馆理论发展中两条思想路线札记/苏东海//中国文物报2010-6-16、2010-6-30；博物馆的沉思——苏东海论文选（卷三），文物出版社2010年
博物馆的发展与文化软实力/陈克//天津文博论丛（1），天津人民出版社2010年
遗址博物馆的特性与要义：发现与创新/宋向光//中国博物馆学会考古与遗址博物馆专业委员会成立大会论文集，西北大学出版社2010年
博物馆的社会责任与我们对自然科学博物馆的期望/苏东海//博物馆的沉思——苏东海论文选（卷三），文物出版社2010年
什么是博物馆/苏东海//博物馆的沉思——苏东海论文选（卷三），文物出版社2010年
中川成夫论日本博物馆存在的问题/苏东海//博物馆的沉思——苏东海论文选（卷三），文物出版社2010年
强化博物馆社会责任提高博物馆社会贡献率/张柏//21世纪博物馆核心价值与社会责任，科学出版社2010年
博物馆的价值取向和社会责任/王莉//21世纪博物馆核心价值与社会责任，科学出版社2010年
21世纪博物馆藏品和社会责任/续颜、王頠//21世纪博物馆核心价值与社会责任，科学出版社2010年
要重视和加强考古学博物馆建设/徐基、刘嘉玉//辽宁省博物馆馆刊（2010），辽海出版社2010年
关于博物馆的社会职能/单霁翔//中国文化遗产2011-1
博物馆的社会责任与社会发展/单霁翔//四川文物2011-1

博物馆的社会责任与改善民生/单霁翔//南方文物2011-1
博物馆的社会责任与城市文化/单霁翔//中原文物2011-1
实现考古遗址保护与展示的遗址博物馆/单霁翔//博物馆研究2011-1
博物馆实践与博物馆理论的关系——以博物馆展览为视角/徐纯//东南文化2011-2
博物馆：让文化惠民政策落到实处/李艳//中国文物报2011-2-11
探讨社区博物馆的核心理念（上、下）/单霁翔//北京规划建设2011-2、3
中国国家博物馆发展历史和中国国家博物馆的新发展——美国国际广播电台记者方家麟采访苏东海先生/王思、王迪//中国文物报2011-5-4
博物馆：展示历史，更要参与历史创造/李文儒//人民日报（海外版）2011-5-6
对博物馆的学术思考/张柏//人民政协报2011-5-23
国家文物局局长单霁翔就《国家文物博物馆事业发展"十二五"规划》答记者问//中国文物报2011-6-24
广义博物馆理论与实践的思考/单霁翔//中国文物报2011-6-29
从工作中生长出来的博物馆新论——单霁翔的博物馆理论是怎样诞生的/苏东海//中国文物报2011-7-20
世界最大博物馆体系与世界最大博物馆社区之间的交流——国家文物局副局长宋新潮谈中国文博代表团赴美参加第105届美国博物馆协会年会和博物馆博览会/长韦//中国文物报2011-7-22
当代历史类博物馆须高度警惕：历史类博物馆"艺术转向"的隐忧/宋向光//中国文物报2011-7-27
浅谈博物馆文化记忆功能/张悦//中国文物报2011-7-27
从古代祠堂到现代社区博物馆——中国文化与社会现代化的一项伟大探索/曹兵武//中国文物报2011-9-14
博物馆社会职能的调整与完善/单霁翔//从馆舍天地走向大千世界：关于广义博物馆的思考，天津大学出版社2011年
博物馆是城市文化进步的积极力量/单霁翔//从馆舍天地走向大千世界：关于广义博物馆的思考，天津大学出版社2011年
博物馆是改善民众生活的积极力量/单霁翔//从馆舍天地走向大千世界：关于广义博物馆的思考，天津大学出版社2011年
博物馆是促进社会发展的积极力量/单霁翔//从馆舍天地走向大千世界：关于广义博物馆的思考，天津大学出版社2011年
实现保护性再利用的旧址博物馆/单霁翔//从馆舍天地走向大千世界：关于广义博物馆的思考，天津大学出版社2011年
实现考古信息展示的遗址博物馆/单霁翔//从馆舍天地走向大千世界：关于广义博物馆的思考，天津大学出版社2011年
实现社会和谐发展的社区博物馆/单霁翔//从馆舍天地走向大千世界：关于广义博物馆的思考，天津大学出版社2011年
博物馆事业中长期发展规划纲要（2011—2020年）//中国文物报2011-12-28
论遗址博物馆的发展/陈俏蕾//史前研究2010——2010中国桂林·史前文化遗产国际高峰论坛暨中国博物馆协会史前遗址博物馆专业委员会第八届学术研讨会论文集，广西科学技术出版社2011年
全国博物馆事业发展面临的主要问题/陆建松、郑奕//江西省博物馆集刊（二），文物出版社2011年
影响与迎合视点与视觉——中国当下博物馆展示理论与实践反思/黄春雨/江西省博物馆集刊（二），文物出版社2011年
百年国博的回顾与展望——王宏钧先生访谈/李万万//中国国家博物馆馆刊2012-1
变革世界中的博物馆：新挑战新启示——关于2012 年国际博物馆日主题的讨论/宋新潮、安来顺//中国博物馆2012-2
加强国博史的研究——苏东海先生访谈/李万万//中国国家博物馆馆刊2012-2
当代博物馆变迁的全球新视野：挑战与启示/潘守永、尹凯//中国博物馆2012-3
当代博物馆的社会责任/宋向光//中国博物馆2012-4
"对话"先驱者——博物馆起源：博物馆历史与哲学早期文选评介/张文立//中国博物馆2012-4
挑战与启示：变迁世界中的博物馆/潘守永/中国社会科学报2012-5-11

应对变革创新发展——写在国际博物馆日35周年到来之际/宋新潮//中国文物报2012-5-16
我国博物馆事业进入快速发展期/张春海//中国社会科学报2012-5-18
博物馆如何把故事讲得更精彩/宋新潮//光明日报2012-5-19
2010年度国家一级博物馆运行评估简报//中国博物馆协会评估报告撰写组//中国文物报2012-5-30
故宫博物院与故宫学/章宏伟//河北广播电视大学学报2012-6
当代博物馆的文化传播与公众服务/吕章申//中国国家博物馆馆刊2012-8
博物馆在未来的定位与功能/〔德〕汉斯·马丁·欣茨//中国国家博物馆馆刊2012-8
面向未来的博物馆定位与职能/黄秀兰//中国国家博物馆馆刊2012-8
面向未来博物馆的定位与功能/〔法〕斯特凡·马丁//中国国家博物馆馆刊2012-8
博物馆未来的社会使命与职责/〔日〕钱谷真美//中国国家博物馆馆刊2012-8
从博物馆的定位看其类型研究与实践/陈建明//中国国家博物馆馆刊2012-8
博物馆在未来的定位与功能/〔肯尼亚〕埃德尔·欧玛·法拉//中国国家博物馆馆刊2012-8
公共文化服务体系中的博物馆文化的力量与智慧——论今天博物馆面临的十大观念的更新/陈燮君//中国国家博物馆馆刊2012-8
博物馆未来的作用和地位/〔俄〕阿列克谢·莱维肯//中国国家博物馆馆刊2012-8
当代博物馆的文化传播与服务——从陕西历史博物馆谈起/成建正//中国国家博物馆馆刊2012-8
国家博物馆：各国主流价值观的缩影/杨敏编译//中国社会科学报2012-12-24
博物馆“三贴近”促进社会和谐/龚良//和谐博物馆论，文物出版社2012年
关于博物馆核心价值讨论的前提性思考/张文立//中国博物馆2013-1
文化认同：博物馆核心价值研究/兰维//中国博物馆2013-1
求真趋美：博物馆永恒的价值追求/田军//中国博物馆2013-1
收藏与展览是艺术博物馆的核心竞争力——以纽约大都会博物馆为例/陈儒斌//中国博物馆2013-1
阐释与对话：博物馆核心价值研究/陈波//中国博物馆2013-2
博物馆建设从“数量增长”走向“质量提升”的思考/单霁翔//博物馆研究2013-2
博物馆科学技术发展历程的回顾与展望/单霁翔//浙江文物2013-2
苏东海先生谈博物馆大发展/李艳//中国文物报2013-2-20
新博物馆学理念的创新和倡导——国际博协第23届大会研讨主题管窥/侯春燕//中国博物馆2013-3
博物馆与集体记忆——知识、认同、话语/燕海鸣//中国博物馆2013-3
纪念馆群体历史记忆建构的统一、矛盾和融合/俞文君//中国博物馆2013-3
他山之石：博物馆助推中国近代社会变革/李飞//中国博物馆2013-3
城市博物馆：引领公众感悟社会变革/唐琳//中国博物馆2013-3
博物馆与城市文化认同的构建——以深圳博物馆为例/周加胜//中国博物馆2013-3
博物馆共和体制：引起社会变革的一种共享途径/〔英〕提姆·德斯蒙德著、张莉译//中国博物馆2013-3
中、日、美三国博物馆群建设比较研究/凌振荣//博物馆研究2013-3
信息传播类博物馆及其前景展望/高洋//博物馆研究2013-3
我国高校博物馆发展刍议/桑世波//中国文物报2013-3-6
回到未来——博物馆趋势观察2013/〔美〕伊丽莎白·梅里特、菲利普·卡茨著，李慧君译//中国文物报2013-5-1
不忘初衷——对今年国际博物馆日的认识/田凯//中国文物报2013-5-10
为中国博物馆发展构建广阔的国际化平台——写在2013年国际博物馆日及我国加入国际博协30周年之际/宋新潮//中国文物报2013-5-15
博物馆里的文化盛宴：2013年“5·18国际博物馆日”主场城市（济南）山东博物馆活动侧记/练洁//中国文物报2013-5-24
博物馆：充满创意的文化情怀/陈燮君//中国文物报2013-6-7
中国近代史上的两种博物馆/李飞//中国文物报2013-7-24
中国博物馆的科学发展——国家文物局副局长宋新潮与苏东海先生谈话录/崔波、贺子钰//中国文物报2013-8-2

记忆创新——国际博协大会与中国博物馆的国际化/姚安//中国文物报2013-10-2
特色博物馆与博物馆特色/田凯//中国文物报2013-11-13
关于广义博物馆的理论与实践/单霁翔//百年传承创新发展：北京地区博物馆第六次学术会议论文集，中国书籍出版社2013年
博物馆：从"重要"走向"必需"的文化机构——"观众友好型"博物馆的国际实践及启示/安来顺//百年传承创新发展：北京地区博物馆第六次学术会议论文集，中国书籍出版社2013年
北京博物馆百年回顾与前景展望/刘超英//百年传承创新发展：北京地区博物馆第六次学术会议论文集，中国书籍出版社2013年
简述中国博物馆功能的演化与建筑设计的关系——以首都博物馆新馆为例/韩永//百年传承创新发展：北京地区博物馆第六次学术会议论文集，中国书籍出版社2013年
博物馆规制内的视觉传播活动/张皓达//百年传承创新发展：北京地区博物馆第六次学术会议论文集，中国书籍出版社2013年
北京地区博物馆发展不平衡问题初探/杜永梅//百年传承创新发展：北京地区博物馆第六次学术会议论文集，中国书籍出版社2013年
试论民国时期北京地区博物馆的作用与影响/李吉光//百年传承创新发展：北京地区博物馆第六次学术会议论文集，中国书籍出版社2013年
百年传承与创新发展面向改革世界的北京博物馆——全球背景下的博物馆社会责任/王爽//百年传承创新发展：北京地区博物馆第六次学术会议论文集，中国书籍出版社2013年
城市记忆与旧址博物馆建设/陈翔//百年传承创新发展：北京地区博物馆第六次学术会议论文集，中国书籍出版社2013年
关于推进博物馆学研究与博物馆学科建设的长春建议/本刊编辑部//中国博物馆2014-2
重构大变动时代的物人关系与社群认同——谈社区博物馆与新型城镇化及城市社区文化建设/曹兵武//中国博物馆2014-2
反思与重构：遗产、博物馆再审视——劳拉简·史密斯教授专访/劳拉简·史密斯、侯松、谢洁怡//东南文化2014-2
民族学博物馆之未来：民族学博物馆发展的再思考/杜辉//东南文化2014-2
知识维度的博物馆学结构/宋向光//东南文化2014-2
博物馆使命与文化生活质量提升/单霁翔//文博2014-2
边界、形态与新技术：处于变动中的博物馆/尹凯//博物馆研究2014-2
藏品·博物馆·公众—物·机构·人——2014国际博物馆日主题试读/黄春雨//中国博物馆2014-3
人们与遗产的新关系——2014年国际博物馆日主题阐释/蔡琴//中国博物馆2014-3
博物馆和社会：与市民共生/〔日〕三轮嘉六//东南文化2014-3
博物馆使命与文化交流合作创新/单霁翔//四川文物2014-3
中国博物馆学学科发展的回顾与反思/徐玲//东南文化2014-5
智慧博物馆的体系建设/宋新潮//中国文物报2014-10-17
法治社会建设与博物馆事业发展/宋新潮//中国文物报2014-10-28
博物馆著作权保护问题研究/栾文静//中国文物报2014-10-28
关于博物馆创新与规范的思考/程武彦//中国文物报2014-10-28
旅顺博物馆所藏甲骨整理经过及其学术价值/宋镇豪//光明日报2014-10-29
博物馆：聆听社会发展的脚步——访中国博物馆协会理事长、2014年"博博会"组委会主任宋新潮/崔波//中国文物报2014-11-21
八十年的跨越——中国博物馆协会回眸//中国文物报2014-11-21

2. 免费开放

博物馆大范围免费开放的收获与体会/徐湖平//中国博物馆通讯1996-7

山东省博物馆实行对部分观众免费开放/杨锡芬//中国博物馆通讯1997-2
博物馆免费开放利弊谈/李学军//中国博物馆通讯1997-7
时刻把握住为社会大众服务的宗旨——对南京博物院实行首次“免费开放日”的思考/徐湖平//中国博物馆通讯2002-2
为愿意走进博物馆的人们创造多一点机会——推出免票日的几点考虑/李季、黄琛//中国博物馆通讯2002-2
参观中国历史博物馆免票办法//中国博物馆通讯2002-2
博物馆进入免费时代/杨润勤//大众日报2003-6-25
落实中央精神，为博物馆免费开放做好充分准备/马自树//中国博物馆通讯2004-5
中国科学技术馆对中小学生免费参观实施办法/中国科学技术馆//中国博物馆通讯2004-5
湖南省博物馆对学生团体免费开放广受欢迎/湖南省博物馆//中国博物馆通讯2004-5
朱德纪念馆做好对未成年人免费开放工作/杨恢//中国博物馆通讯2004-5
免费西湖怎样名利双收/蒋萍、马颖华、雨农//文汇报2005-2-4
博物馆应该免费开放/盛翔//江南时报2005-8-11
英国国立博物馆免费开放的反思/宋向光//中国文物报2005-9-16
博物馆免费开放不可一哄而上/张雯//中国博物馆通讯2005-11
博物馆对中小学生团体免费开放后的思考/王璐//回顾与展望——中国博物馆发展百年：2005年中国博物馆学会学术研究会文集，紫禁城出版社2005年
关于博物馆实行免费开放的思考/王俏梅//综艺论坛2006-4
博物馆免费开放的几点想法/牛伟//中国文物报2006-9-22
对博物馆免费开放的几点认识/王俊//安徽省博物馆建馆五十周年文集，安徽人民出版社2006年
博物馆应做好对未成年人的免费开放/倪彩群//安徽省博物馆建馆五十周年文集，安徽人民出版社2006年
从博物馆免费开放想到的/章文贡//人民日报（海外版）2007-11-28
湖北省博物馆免费开放经验的调研报告/国家文物局调研组//中国文物报2007-12-26
应对免费开放后观众群体变化的几点设想/高宝仕//中国博物馆2008-1
推进博物馆免费开放促进文化发展/谭平//中国文物报2008-1-18
免费开放与博物馆的可持续发展——以湖北省博物馆为例/王红星//中国文物报2008-1-18
保障公民文化权益，实现文化公平——谈谈博物馆免费开放问题/马自树//中国博物馆2008-2
中共五大会址纪念馆免费开放取得良好社会效果/万琳、袁亚妮//中国博物馆通讯2008-2
开封博物馆落实免费通知，优化服务质量/娄嵬//中国博物馆通讯2008-2
博物馆门票免费之后/苏文//秦陵秦俑研究动态2008-2
博物馆免费开放的是与非/米努・米维斯//雕塑2008-2
甘肃省博物馆免费开放取得良好社会效益/郭晓瑛//陇右文博2008-2
浅谈博物馆免费开放的利弊及其应对/詹挽强、亡俞波//市场论坛2008-2
也说美术馆免费开放/温炯//雕塑2008-2
精心组织做好博物馆免费开放工作/张昌尔//人民日报2008-2-1
天津市级博物馆免费开放的几点体会/天津市文物局//中国文物报2008-2-1
坚持不懈地探索发展新路——浙江省博物馆免费开放的实践与思考/浙江省博物馆//中国文物报2008-2-1
努力做好博物馆免费开放各项工作/于幼军//人民日报2008-2-14
免费开放，还有多少难题？/朱竞若、余荣华//人民日报2008-2-21
湖南省博物馆八大措施为免费开放护航/陈叙良、刘宇驰//中国博物馆通讯2008-3
机遇与挑战——关于博物馆纪念馆免费开放的思考/张丰丰//中国博物馆通讯2008-3
天津的博物馆对全社会免费开放的若干问题探讨/骆秀华//中国博物馆通讯2008-3
免费之后如何不免礼，我国博物馆文化尚需耐心培养/杨凌//北京晚报2008-3-10
浙江省博物馆免费开放启示录/陈浩//中国文物报2008-3-28
惠民，先要亲民——博物馆免费开放随想之一/宋向光//中国文物报2008-3-28
博物馆“免费”之惑：脱离市场竞争能否“无为而治”/杨登峰//工人日报2008-3-28

国外公益性文化设施免费开放的指导原则/李爱国、王征//中国文化报2008-3-30
免费开放后区域博物馆如何更好地发挥教育职能/王彬//中国博物馆2008-4
新疆博物馆免费开放出现的新问题、对策及社会效应调查/杨静//中国博物馆2008-4
博物馆免费之后的管理/於超、汪萍//中国博物馆通讯2008-4
博物馆在免费开放中值得注意的几个问题/朱学文//秦陵秦俑研究动态2008-4
军事博物馆免费开放的初步实践与思考/许华//中国甲午战争博物馆馆刊2008-4
着力做好十项重点工作确保免费开放稳步前进/张春雨//中国文物报2008-4-2
免费开放促进发展显现功能提升地位：武汉博物馆推进免费开放的具体做法/刘国斌//中国文物报2008-4-4
“九·一八”历史博物馆成功探索免费开放模式/魏运亨//中国文物报2008-4-4
“文化民生”的实践与思考——福建博物院免费开放之后/唐莉//中国文物报2008-4-18
免费开放博物馆的新情况及对策——以湖北省博物馆为例/王红星//中国文物报2008-4-18
让文化与观众的心灵贴得更近——南昌八一起义纪念馆免费开放二三事//中国文物报2008-4-23
愉民育民不辱使命——博物馆免费开放随想之二/宋向光//中国文物报2008-4-25
努力践行时代赋予的社会责任和使命——湖南省博物馆免费开放工作纪实/陈建明、李丽辉//中国文物报2008-5-14
免费开放条件下博物馆体制机制创新的几点思考/陈建明、陈叙良//中国文物报2008-5-14
浙江省举办“博物馆免费开放与机制创新”馆长论坛/浙江省文物局//中国文物报2008-5-30
博物馆免费开放后如何落实“三贴近”/朱庆林//中国博物馆通讯2008-6
对博物馆“免费文化盛宴”的反思/杨代英、吴莹等//创新2008-6
敞开大门迎接挑战：博物馆、纪念馆门票免费后的思考/赵学德//中国文物报2008-6-6
免费开放与中国博物馆品质提升/杨志刚//中国文物报2008-6-11
免费参观——2008年博物馆文化新气象/崔波//中国文物报2008-6-13
对博物馆免费开放后保持参观热的冷思考/朱云瑛//中国博物馆通讯2008-7
井冈山革命博物馆免费开放的实践和探索/周见美//中国博物馆通讯2008-7
迎接困难稳步推进“免费开放”——鸦片战争博物馆免费开放的应对措施/邢继贤//中国博物馆通讯2008-7
博物馆免费开放要做好三种准备：思想引领、舆论引导、创新引路/袁珊红//中国文物报2008-7-4
对博物馆免费开放后为农民工服务的认识/田家馨//中国文物报2008-7-4；天津文博论丛（1），天津人民出版社2010年
免费开放：更需要提升博物馆服务展示水平/张春雨//中国文物报2008-7-11
变“免费午餐”为“文化盛宴”——江苏积极推动公共文化设施免费开放/蒋芳//中国文物报2008-7-25
江苏省全面推进博物馆、纪念馆免费开放/江苏省文物局博物馆处//中国文物报2008-7-30
博物馆免费开放的公益回归/谢良兵//中国新闻周刊2008-8
浅谈博物馆免费开放的利弊及其应对/詹挽强、王俞波//市场论坛2008-8
博物馆免费开放面临新挑战/孙丽萍//中国改革报2008-8-4
西柏坡纪念馆免费开放的实践与思考/王荣丽//中国文物报2008-8-8
专业博物馆免费开放后的探索与实践/俞敏敏//中国文物报2008-8-8
四问“博物馆免费开放”/王娟、管菁//长江日报2008-8-12
免费开放后中小型博物馆应怎样服务社会——湖南自修大学旧址免费开放的实践和体会/柳宪辉//中国文物报2008-8-13
青岛市免费开放博物馆积极构筑公共文化服务体系/邱玉胜//中国文物报2008-8-20
宁波：扎实有效推进博物馆免费开放/应芳舟//中国文物报2008-8-22
深化以人为本：刘少奇同志纪念馆免费开放工作浅谈/孙中华//中国文物报2008-10-10
博物馆免费开放：青岛市博物馆效应谈/王莉//中国文物报2008-10-10
博物馆免费开放福建遇尴尬/孟昭丽//中国消费者报2008-10-15
从双赢效果看博物馆免费开放/吕建昌//今日信息报2008-10-20
博物馆免费开放凸显三大效益/李艳//中国文物报2008-11-14

应对博物馆免费开放观众的心理服务/韦坚、王黔凌//中国文物报2008-11-14
博物馆免费开放的难题及对策/李萌//中国旅游报2008-11-17
法国“试水”博物馆免费开放/张之简//经济参考报2008-11-27
博物馆免费开放凸显新难题/吴铎思//工人日报2008-12-25
江苏全面深入推进博物馆免费开放/李艳//中国文物报2008-12-26
我看名人故居景点免费开放/刘东方//中国文物报2008-12-26
博物馆事业改革开放30年/国家文物局博物馆司//中国文物报2008-11-28
博物馆免费开放后的跨越和求变之道/施怀德//中国文物报2008-11-28
关于博物馆免费开放的几点想法/冯智明//硅谷2008-18
浅谈免费开放与博物馆发展/乔庆功、王玮//科技资讯2008-27
谈谈免费开放后博物馆的管理/陶少艺//广西博物馆文集（五），广西人民出版社2008年
广西博物馆免费开放综述/李善华//广西博物馆文集（五），广西人民出版社2008年
挑战与机遇：浅谈免费开放后博物馆的发展问题/韩恩平//法门寺博物馆论丛（一）：法门寺博物馆建馆二十周年学术讨论会论文集，三秦出版社2008年
社会进步的标志——博物馆、纪念馆免费开放/魏博、魏世刚//陕西历史博物馆馆刊（十五），三秦出版社2008年
博物馆免费开放与公共文化服务的思考/才予、王增辉//洛阳博物馆建馆50周年论文集，大象出版社2008年
博物馆免费开放的思考/孟繁宁//辽宁省博物馆馆刊（3），辽海出版社2008年
免费开放背景下的博物馆发展/杨丽华//中华文化论坛2009-1
对博物馆纪念馆免费开放的几点认识/戴丽娟//博物馆研究2009-1
免费开放后博物馆如何加强观众接待工作/张丽敏//博物馆研究2009-1
深入免费开放强化服务职能/郭晓瑛//陇右文博2009-1
为免费开放政策鼓与呼/张健平//中国文物报2009-1-9
博物馆免费对外开放与文化传承的思考/其其格//赤峰学院学报（汉文版）2009-2
博物馆免费开放谈/郭向东//秦陵秦俑研究动态2009-2
博物馆免费开放现状及应对措施刍议/李初一//西南农业大学学报2009-2
走出博物馆免费开放后的迷茫/徐忠文//中国文物报2009-2-20
博物馆免费开放漫谈/彭玉华//博物馆研究2009-3
上海纪念馆免费开放的探索/吴美华//中国文物报2009-3-6
免费开放喝彩中的点滴问题/王虹光//中国文物报2009-3-20
博物馆纪念馆免费开放中的问题与对策/沈强//前线2009-4
免费开放与博物馆业务之重塑——以武汉博物馆实行免费开放的业务实践为例/宋亦箫//武汉文博2009-4
博物馆免费开放：看博物馆的新鲜劲儿过了以后/黎波//中国文物报2009-4-17
免费开放后河南博物馆旅游面临的挑战与发展对策/李伟//经济论坛2009-5
“将服务延伸到领票队伍的最后一位观众身上”：湖南省博物馆创新免费开放服务模式/明星//中国文物报2009-5-1
免费开放形势下的中小博物馆的机遇与发展/安宝聚//中国博物馆通讯2009-6
免费开放启示录——访南昌八一起义纪念馆馆长吕娄/李艳//中国文物报2009-7-1
研究新问题探索新路子——江苏省博物馆、纪念馆免费开放工作纪实/张俊梅//中国文物报2009-7-1
红岩联线免费开放后的问题及其对策/厉华、雷学刚//中国文物报2009-7-3
博物馆“免单”：有多少考验在等待/刘晃//西安晚报2009-7-7
用真情实意宣传铁人精神——铁人王进喜纪念馆免费开放工作纪实/孙志刚、吴国良//中国文物报2009-8-12
践行与启示——常州博物馆免费开放的思考/路亚北//中国博物馆通讯2009-10
免费开放下的英国博物馆/焦丽丹//中国文物报2009-12-16
我看名人故居景点免费开放/刘东方//中国文物报2009-12-26
关于博物馆免费开放的利弊分析/任强//科技信息2009-12

基于镇江博物馆免费开放后的思考/徐霞、陈晓文//商业经济2009-13
博物馆免费开放引发的思考/祁晓东//青年文学家2009-15
浅议博物馆实行免费开放后的几点启示/吴小燕//才智2009-16
博物馆、纪念馆免费开放后的思考/颜鸣//江苏省文博论文集2008，南京出版社2009年
关于博物馆免费的思考/何宏//碑林集刊（十四），陕西人民美术出版社2009年
免费开放条件下博物馆体制机制改革的相关思考/陈建明//湖南省博物馆馆刊（五），岳麓书社2009年
免费开放前后游客特征比较研究/王蕾、李坤、崔文超//博物馆教育新视阈，文物出版社2009年
免费开放后博物馆观众的再分析/李玫//博物馆教育新视阈，文物出版社2009年
免费开放后广西博物馆的发展/吴伟峰//博物馆免费开放的思考：广西博物馆首届学术讨论会论文集，广西科学技术出版社2009年
博物馆免费开放与博物馆核心价值体现的几点思考/黄启善//博物馆免费开放的思考：广西博物馆首届学术讨论会论文集，广西科学技术出版社2009年
免费开放的博物馆如何为特殊观众服务的思考/蓝日勇//博物馆免费开放的思考：广西博物馆首届学术讨论会论文集，广西科学技术出版社2009年
博物馆免费开放与提高馆藏品利用率的思考/潘郁生//博物馆免费开放的思考：广西博物馆首届学术讨论会论文集，广西科学技术出版社2009年
博物馆免费开放后对加强青少年学生开展爱国主义教育的探讨/李善华//博物馆免费开放的思考：广西博物馆首届学术讨论会论文集，广西科学技术出版社2009年
抓住免费开放契机全面提升博物馆工作水平/黄璐//博物馆免费开放的思考：广西博物馆首届学术讨论会论文集，广西科学技术出版社2009年
“以人为本”—— 博物馆免费开放工作理念初探/田红艳//博物馆免费开放的思考：广西博物馆首届学术讨论会论文集，广西科学技术出版社2009年
浅谈博物馆免费开放后的变化/于静、李耀东、方凯彦//博物馆免费开放的思考：广西博物馆首届学术讨论会论文集，广西科学技术出版社2009年
馆藏文物配合博物馆免费开放的问题探讨——兼论保管部的职能作用/黄槐武//博物馆免费开放的思考：广西博物馆首届学术讨论会论文集，广西科学技术出版社2009年
以科学发展观解读博物馆免费开放/覃铭芳//博物馆免费开放的思考：广西博物馆首届学术讨论会论文集，广西科学技术出版社2009年
浅析免费开放给博物馆事业带来的影响/陈海先//深圳文博论丛二〇〇九，文物出版社2009年
浅谈乌鲁木齐市博物馆免费开放的实践与思考/许淑云//新疆文物2010-1
共享管理经验共谋发展对策：吉林省博物馆免费开放及管理经验座谈会召开/佘忠明//中国文物报2010-1-6
武汉博物馆免费开放后的实践与思考/刘庆平、宋亦箫//中国文物报2010-1-13
博物馆的免费宣传品，你了解多少/郝黎//中国文物报2010-2-3
免费时代，青少年缘何冷落博物馆//新华日报2010-2-25
浙江省博物馆免费开放回顾/赵幼强//浙江文物2010-3
县市级博物馆免费开放的思考/杨晶、董月明//浙江文物2010-3
刍议博物馆免费开放长效机制的构建/张志松//浙江文物2010-3
博物馆免费开放的实践与思考——以青岛市博物馆为例/史韶霞、高宝仕//中国文物报2010-3-3
军事博物馆免费开放社会效益显著/张杰//2010-3-17
让更多的人共享文化遗产保护成果：陕西省博物馆、纪念馆免费开放的初步探索/郭宪曾//中国文物报2010-3-24
博物馆免费开放的贡献与可持续发展/孔正一//东南文化2010-5
科教文化惠民共建和谐自然——浙江自然博物馆新馆免费开放周年回眸/骆土泉、胡明刚、徐晪昀//浙江文物2010-5
免费促成中国博物馆华丽转身/雷新//人民政协报2010-5-18
创新企业办馆管理模式全力做好免费开放工作/李青茹、雷荣//中国博物馆通讯2010-6

博物馆免费开放的两大动力/曹兵武//中国文物报2010-7-28
免费开放后西部博物馆的运营与管理——以云南省博物馆为例/马文斗//中国文物报2010-8-11
浅谈博物馆免费开放的问题及对策/张金凤、韩瑛//时代经贸2010-11
公共安全：博物馆免费开放的新挑战/钱承国//中国文物报2010-12-15
免费开放服务质量不降走出去请进来盘活资源：宁夏博物馆免费开放参观人数激增/庄电一//中国文物报2010-12-31
如何看待博物馆免费开放/叶凤娥//现代经济信息2010-16
浅谈博物馆实行免费开放/余兰//史前研究（2009）：首届国际河姆渡文化节——国际遗址博物馆馆长河姆渡峰会暨史前遗址博物馆专业委员会第七届学术研讨会纪念文集，宁波出版社2010年
浅谈如何看待博物馆的免费开放/彭敏//史前研究（2009）：首届国际河姆渡文化节——国际遗址博物馆馆长河姆渡峰会暨史前遗址博物馆专业委员会第七届学术研讨会纪念文集，宁波出版社2010年
遗址博物馆应加快免费开放的步伐/申芝茹//史前研究（2009）：首届国际河姆渡文化节——国际遗址博物馆馆长河姆渡峰会暨史前遗址博物馆专业委员会第七届学术研讨会纪念文集，宁波出版社2010年
试谈博物馆实行免费开放带来的几点启示/吴小燕//湖南省博物馆馆刊（六），岳麓书社2010年
博物馆免费开放与科学发展/高敏//石门：汉中文化遗产研究2009，三秦出版社2010年
"今日古汉台赛过春运"——汉中博物馆两次免费开放的启示/杨磊//石门：汉中文化遗产研究2009，三秦出版社2010年
浅谈免费开放环境下博物馆教育职能的转变//天津文博（7），科学出版社2010年
浅论博物馆免费开放的安全保障//天津文博（7），科学出版社2010年
博物馆免费开放试点工作调研报告//新形势下博物馆工作实践与思考，文物出版社2010年
2008年度免费开放博物馆观众量统计分析报告//新形势下博物馆工作实践与思考，文物出版社2010年
广西博物馆免费开放的实践与探索/赖兰芳//广西博物馆文集（七），广西人民出版社2010年
对博物馆、纪念馆免费开放后的几点思考/朱薇//安徽文博（六），中华书局2010年
我国博物馆、纪念馆免费开放研究综述/雷丽、杨晓霞、张瑜//西南农业大学学报2011-2
警惕免费后的服务动力缺失症/张秋兵//博物馆研究2011-2
博物馆免费开放后出现的问题及对策/张新//北方文学2011-2
免费开放不等于"开门迎客政府补贴"/龙军//光明日报2011-2-16
打造国民教育的第二课堂——博物馆免费开放的"浙江样本"/杨雪梅//人民日报（海外版）2011-2-18
免费之后还要直面挑战/张贺//人民日报（海外版）2011-2-18
我国近六成博物馆实现免费开放：从馆舍天地走向大千世界/杨雪梅//人民日报（海外版）2011-2-22
博物馆等免费开放让人民群众共享文化发展成果/周玮//中国文物报2011-2-23
文化部部长蔡武：把免费开放工作做实做细做好//中国文物报2011-2-25
惠民悦民智民——博物馆、纪念馆免费开放的浙江样本/浙江省文物局博物馆处//中国文化报2011-2-28
以博物馆建设为城市人文发展的路径/肖玮//学术界2011-3
免费是为了培养习惯——代表委员热议"三馆"免费开放/白瀛、廖翊、史竞男//中国文物报2011-3-9
博物馆免费开放后观众的来源及其特点/王菊//丝绸之路2011-4
免费开放形式下博物馆的发展策略/李立梅//产业与科技论坛2011-4
博物馆免费开放的背后/宋冰//人民日报（海外版）2011-4-13
免费而来如何满载而归/熊建//人民日报（海外版）2011-4-13
创新形式提升服务争创一流——中国人民抗日战争纪念馆免费开放工作纪实/罗存康、张俊梅//中国文物报2010-4-28
以免费开放为契机打造地区社会教育中心——内蒙古博物院免费开放三周年的实践与成效/乌兰托娅//内蒙古宣传思想文化工作2011-6
简析免费开放形势下基层博物馆陈列文物的管理和保护/高峰//大众文艺2011-6
博物馆免费开放后的发展思路与对策——以八路军太行纪念馆为例/魏国英//晋陕豫博物馆理论与实践研讨会论文选，山西科学技术出版社2011年

免费开放后博物馆的发展的再认识——结合大同博物馆免费开放的实践与探索/杜慧娥//晋陕豫博物馆理论与实践研讨会论文选，山西科学技术出版社2011年
免费开放：博物馆本质属性的回归/胡文涛//区域特色与中小型博物馆：江苏省博物馆学会2010年学术年会论文集，文物出版社2011年
关于免费开放的冷思考/张谨//江苏省文博论文集2010，南京师范大学出版社2011年
创新免费开放机制践行博物馆社会使命——湖南省博物馆免费开放的实践与思考/陈建明//博物馆学文集6，岳麓书社2011年
增强公共文化服务职能深化博物馆免费开放/黄磊、李燕//博物馆学文集6，岳麓书社2011年
试论免费开放条件下博物馆建设与发展的创新/陈峻//博物馆学文集6，岳麓书社2011年
耒阳奇出三招应对博物馆、纪念馆免费开放/廖翠花//博物馆学文集6，岳麓书社2011年
浅谈免费开放与博物馆工作创新/付淑华//博物馆学文集6，岳麓书社2011年
免费开放下的博物馆品牌战略/符凯伟//博物馆学文集6，岳麓书社2011年
罗盛教纪念馆免费开放后的建设和管理/谢伟华//博物馆学文集6，岳麓书社2011年
浅谈免费开放条件下纪念馆工作的发展与创新——以胡耀邦故居陈列馆为例/邹周超//博物馆学文集6，岳麓书社2011年
对免费开放后博物馆发展的几点思考/陈建宇、蔡让平、季玮、龚森//博物馆学文集6，岳麓书社2011年
浅谈新形势下革命纪念馆的发展与创新思路/肖卉//博物馆学文集6，岳麓书社2011年
免费开放下的纪念馆资源管理/刘伟//博物馆学文集6，岳麓书社2011年
免费开放条件下博物馆体制、机制的创新与发展/李江南//博物馆学文集6，岳麓书社2011年
免费开放后纪念馆如何创新思维，解决潜在问题——以韶山毛泽东同志纪念馆为例/白晓波//博物馆学文集6，岳麓书社2011年
免费开放后如何提升偏远地区纪念馆的文化软实力/刘丽丽//博物馆学文集6，岳麓书社2011年
试论齐白石纪念馆免费开放的意义/王志坚//博物馆学文集6，岳麓书社2011年
免费开放与粟裕同志纪念馆的发展/刘圣聪//博物馆学文集6，岳麓书社2011年
免费开放后博物馆应加强的几项工作/唐鹰//博物馆学文集6，岳麓书社2011年
浅谈免费开放后博物馆的可持续发展/秦丽荣//春草集——吉林省博物馆协会第一届学术研讨会论文集，吉林人民出版社2011年
民族博物馆免费开放研究——以广西民族博物馆为例/王頠、谭乐宁//中国民族文博（四），辽宁民族出版社2011年
免费开放是建设和谐社会的重要举措——以吉林省博物院免费开放实践为例/张淑娟//春草集——吉林省博物馆协会第一届学术研讨会论文集，吉林人民出版社2011年；耕耘录：吉林省博物院学术文集2010—2011，吉林人民出版社2012年
博物馆纪念馆免费开放工作绩效评估制度设计/刘栋//中国文物报2012-1-11
免费开放后博物馆展示推广工作的理念创新与实践——以陕西历史博物馆为例/成建正、董理//中国博物馆2012-4
努力践行时代赋予的社会责任和使命——湖南省博物馆免费开放工作的实践与思考/陈建明、陈叙良、李丽辉//中国博物馆2012-4
从观众问卷调查数据看博物馆免费开放以来的成效与思考——以中国电影博物馆为例/刘洋//中国文物报2012-4-18
提升服务功能共享文化发展成果——河南省博物馆、纪念馆免费开放纪实//中国文物报2012-6-8
博物馆建设步伐加快免费开放惠及公众/文宣//中国文物报2012-8-24
浅谈江西省博物馆免费开放实践/廖苏平//江西省博物馆集刊（三），文物出版社2012年
浅谈免费开放后博物馆如何引导民众从“看热闹”到“品文化”——以郭守敬纪念馆为例/刘秋果、马瑞红//中国纪念馆研究2013-1
博物馆免费开放绩效评价指标体系研究/陈波、耿达//艺术百家2013-2
19日起园博馆免费开放，专题展览名家讲座文化活动齐亮相/崔波//中国文物报2013-11-27

公共文化服务体系与博物馆免费开放/宋新潮//博物苑（总第二十、二十一辑），文物出版社2013年
将新增国有公共博物馆、纪念馆纳入国家免费开放经费补助范围/李修松//中国文物报2014-3-12
实施“百馆展示工程”提升江西省博物馆免费开放质量//中国文物报2014-6-13
以人为本服务公众——河姆渡遗址博物馆免费开放实践与思考/黄渭金//中国博物馆学会考古与遗址博物馆专业委员会2011—2013年年会论文集，西北大学出版社2014年

二　博物馆管理

1. 管理理论

中国博物馆的管理科学/吕济民//中国博物馆1994-3；中国博物馆史论，紫禁城出版社2004年
中国博物馆管理学引论/苏东海//中国博物馆1994-3；博物馆学论丛（四），中州古籍出版社1994年
博物馆结构和博物馆管理/沈庆林//中国博物馆1994-3
中国博物馆管理研讨——法制管理和科学管理/王宏钧//中国博物馆1994-3
关于博物馆组织与人员管理的几个问题的探讨/胡骏//中国博物馆1994-3
略议博物馆学会的性质、功能和意识/何洪源//中国博物馆1994-3
博物馆的行政管理/杰弗里・刘易斯//中国博物馆1994-3
管理技术与博物馆的关联/彼得・冯・门施//中国博物馆1994-3
博物馆管理学的学科特性（摘要）/苏东海//中国博物馆通讯1994-10
博物馆管理要注意结构研究（摘要）/沈庆林//中国博物馆通讯1994-10
根据不同特点管理不同性质的工作（摘要）/王宏钧//中国博物馆通讯1994-10
建立使人才能够脱颖而出的管理机制（摘要）/苏东海//中国博物馆通讯1994-10
关于博物馆管理机制问题的思考——读中国博物馆中高级人员国际研讨班讲义札记/林子平//中国博物馆1995-1
改革开放以来中国博物馆事业管理述略/郑广荣//中国博物馆1995-3
西方博物馆管理企业化倾向/〔美〕朱莉娅・D. 哈里森//中国博物馆通讯1996-3
调整博物馆管理结构的思考/单霁翔//中国博物馆1996-1
台湾博物馆的从业伦理/陈国宁//中国博物馆1996-2
博物馆学几个基本问题的探讨/刘文求//中国博物馆1996-4
论博物馆管理职能/何洪源//中国博物馆1996-4
如何建立国家对博物馆调控的机制/苏东海//中国博物馆通讯1996-11
博物馆管理浅析/单霁翔//中国博物馆1997-2
博物馆的特性制约着博物馆管理的规律/单霁翔//中国博物馆通讯1997-7
博物馆管理/〔英〕凯文・穆尔著、宋向光译//中国博物馆1998-2
中国博物馆管理学引论/苏东海//博物馆的沉思——苏东海论文选，文物出版社1998年；博物馆的沉思——苏东海论文选（卷三），文物出版社2006年
加强宏观调控和分类指导，依法推进博物馆事业的社会化/李耀申//中国博物馆1999-4
社会主义市场经济中的博物馆/潘林荣//博物馆研究2000-1
走出思想误区，使博物馆与时代同步/韩兆宽//博物馆研究2000-1
组织结构改革与博物馆发展/王伟华//博物馆研究2000-1
关于博物馆建设的几点思考/陈炳应//陇右文博2000-1
21世纪文博体制将会更顺畅/马承源//中国博物馆通讯2000-1
21世纪中国博物馆将遇到哪些挑战/曹锦炎//中国博物馆通讯2000-1

体现时代精神，树立精品意识是博物馆发展的必由之路/徐湖平//中国博物馆通讯2000-1
博物馆事业社会化的基本内涵/李耀申//中国博物馆通讯2000-2
期待高校博物馆学理论研究做出更大贡献/苏东海//中国文物报2001-11-30；博物馆的沉思——苏东海论文选（卷二），文物出版社2006年
展望21世纪博物馆和博物馆学的发展趋向——修订《中国博物馆学基础》的主要指导思想/王宏钧//北京博物馆学会第三届学术会议文集，北京燕山出版社2001年
新博物馆学及其相关的一些问题/甄朔南//北京博物馆学会第三届学术会议文集，北京燕山出版社2001年
“开放型”博物馆国际讨论概述/安来顺//北京博物馆学会第三届学术会议文集，北京燕山出版社2001年
建立促进博物馆发展的组织体制/宋向光//北京博物馆学会第三届学术会议文集，北京燕山出版社2001年
试论博物馆社会化改革/陈继东//中国博物馆2002-1
博物馆与市场调查/高大伦//中国文物报2002-4-10
建设新世纪的中国历史博物馆：“北京博物馆论坛——首届高层研讨会”演讲选/李季//中国文物报2002-5-27
建设有中国特色的博物馆理论体系：“北京博物馆论坛——首届高层研讨会”讲演选/舒晓峰//中国文物报2002-5-27
建设首博新馆的体会：“北京博物馆论坛——首届高层研讨会”演讲选/韩永//中国文物报2002-5-27
美国博物馆的管理体制/〔美〕简・彼尔塞克//中国博物馆通讯2002-12
博物馆管理中的激励机制/刘鉴//中国博物馆通讯2003-1；中国文物报2004-5-19
试论博物馆的资源整合策略/肖劲//中国博物馆2003-1
合理有序科学：让博物馆全面走向社会化 /徐湖平//中国文物报2003-1-12
博物馆及其与社会关系的战略新举措/依宁编译//上海文博论丛2003-2
博物馆近20年管理思想浅析/解小敏//北京文博2003-3
博物馆公共关系管理/杨玲、卢嘉兵//中国博物馆2003-4
论博物馆人才管理/王晓渝//中国博物馆2003-4
略论我国博物馆经济的管理与运作/黄纲正//博物馆学论丛（五），中州古籍出版社2003年
与时俱进、求实创新——洛阳古代艺术馆规范化管理探索/赵振华、邢其禄//博物馆学论丛（五），中州古籍出版社2003年
论加强行业博物馆的规范管理/史习良//中国博物馆2004-3
博物馆要率先实践“三个代表”的重要思想/刘保国//博物馆学论丛（五），中州古籍出版社2003年
新世纪我国中小型博物馆发展浅议/王良田//博物馆学论丛（五），中州古籍出版社2003年
浅谈中小型博物馆的发展出路/翟本庭、陈良筠//博物馆学论丛（五），中州古籍出版社2003年
关于新世纪文博事业发展走向的思考/林淑英//博物馆学论丛（五），中州古籍出版社2003年
试论国有博物馆同集体、私人博物馆之间的关系/张秦森、宋福印//博物馆学论丛（五），中州古籍出版社2003年
试论新《文物保护法》对博物馆事业的促进作用/张秦森//博物馆学论丛（五），中州古籍出版社2003年
论新世纪博物馆文化建设的发展趋势/赵成玉、刘保国//博物馆学论丛（五），中州古籍出版社2003年
社会化的博物馆与博物馆的社会化/汪培梓//博物馆学论丛（五），中州古籍出版社2003年
21世纪——走向社区的中国博物馆/曾广庆//博物馆学论丛（五），中州古籍出版社2003年
加强博物馆文化建设的几点思考/刘洪//中国博物馆2004-2
李长春对我国博物馆工作的重要指示//中国博物馆通讯2004-6
英国国家政策与博物馆管理体制/黄磊//中国博物馆通讯2004-10
论创新思想与中国博物馆学研究/张晶晶//北京博物馆学会第四届学术会议论文集，北京燕山出版社2004年
简介当代博物馆管理的理念/严瑞源//北京博物馆学会第四届学术会议论文集，北京燕山出版社2004年
加强技能培训，建设高效创新的博物馆工作队伍/宋向光//北京博物馆学会第四届学术会议论文集，北京燕山出版社2004年
弘扬和培育民族精神与北京博物馆事业的繁荣与发展/汪洪斌//北京博物馆学会第四届学术会议论文集，北京燕山出版社2004年

加强思想品德建设工作，促进和保障博物馆事业快速健康发展/李丽蓉//北京博物馆学会第四届学术会议论文集，北京燕山出版社2004年
博物馆人事制度改革与人员队伍素质建设/隋立新//北京博物馆学会第四届学术会议论文集，北京燕山出版社2004年
博物馆人才队伍结构会议/项朝晖//北京博物馆学会第四届学术会议论文集，北京燕山出版社2004年
加强“全能博物馆员”队伍建设，促进博物馆事业发展/马沈//北京博物馆学会第四届学术会议论文集，北京燕山出版社2004年
试论博物馆科学技术现代化/李斌//北京博物馆学会第四届学术会议论文集，北京燕山出版社2004年
博物馆管理办法//中国文物报2005-12-28
博物馆与城市文化/申永峰//东方博物（十五），浙江大学出版社2005年
用科学发展观构建博物馆和谐管理模式——以吉林省文博系统为例/韩洋//博物馆的记忆与想象：“百年文博——我与博物馆”大型征文活动文萃，学苑出版社2005年
现代博物馆管理的理念问题——发展战略、市场营销、生产运作/杨冬梅//博物馆的记忆与想象：“百年文博——我与博物馆”大型征文活动文萃，学苑出版社2005年
侃谈当前中国博物馆建设的九大弊端和误区/陆建松//中国文物报2006-3-31
博物馆的科学管理与法制管理/苏东海//博物馆的沉思——苏东海论文选（卷二），文物出版社2006年
美国博物馆认定制度评析/吕建昌//中国博物馆2007-2
博物馆管理理念的三个误区探析/崔波//中国博物馆2008-1
博物馆绩效评量探讨：以新西兰国家博物馆及“国立故宫博物院”为例/刘伟杰//博物馆学季刊2008-4
建设国际化开放体系的中国国家博物馆/田善亭//中国文物报2008-10-10
博物馆管理学上的三字经——MGR/甄朔南//甄朔南博物馆学文集（续），中国大百科全书出版社2008年
学习组织理论与博物馆管理/刘万杰//博物馆研究2009-3
现代博物馆管理模式探析/周静//东南文化2009-4
论博物馆的项目管理/许超//博物馆研究2009-4
超Y理论与博物馆管理模式探讨/杨群//博物馆研究2009-4
当代中国私立博物馆宏观管理研究/宋向光//物与识：当代博物馆理论与实践辨析，科学出版社2009年
我国湿地保护管理体制的主要问题及对策/姜宏瑶、温亚利//林业资源管理2010-3
他山之石如何攻玉——谈谈如何在博物馆管理中有效导入ISO9001标准质量管理体系/秦文萍//中国博物馆通讯2010-6
关于美国、加拿大、墨西哥三国博物馆等公共文化服务设施管理经营情况的考察报告//新形势下博物馆工作实践与思考，文物出版社2010年
关于英国博物馆管理与运营的考察报告//新形势下博物馆工作实践与思考，文物出版社2010年
中国博物馆体制机制改革研究报告//新形势下博物馆工作实践与思考，文物出版社2010年
博物馆管理机制创新——湖南省博物馆的个案研究//新形势下博物馆工作实践与思考，文物出版社2010年
国家一级博物馆运行评估课题研究报告//新形势下博物馆工作实践与思考，文物出版社2010年
博物馆管理/〔瑞典〕Hans Manneby著、王奇志译//东南文化2011-1
博物馆形成评量的原则与实践/任杰//中国文物报2011-2-9
国家一级博物馆运行评估报告（2008—2009年度）/中国博物馆协会//中国文物报2011-6-22
对国家一级博物馆评估工作的思考——以西安半坡博物馆为例/桓历萍//史前研究2010——2010中国桂林·史前文化遗产国际高峰论坛暨中国博物馆协会史前遗址博物馆专业委员会第八届学术研讨会论文集，广西科学技术出版社2011年
英国政府“一臂之距”管理博物馆/刘世风//中国文物报2013-10-16
我国博物馆立法的回顾与思考/孟庆龙//中国文物报2013-11-27
灰色预测模型在博物馆管理中的应用/王军、李红心、南楠//陕西历史博物馆馆刊（20），三秦出版社2013年
民国时期故宫博物院理事会制度启示/王伟华//百年传承创新发展：北京地区博物馆第六次学术会议论文集，中国书籍出版社2013年

《中国博物馆》杂志诞生记/苏东海//中国博物馆2014-2
《中国博物馆》杂志与博物馆学理论研究/马自树//中国博物馆2014-2
博物馆学研究的“五观”——国际博物馆学百年发展的学术思考/潘守永、尹凯//中国博物馆2014-2
当代西方博物馆学研究的主流趋势/张文立//中国博物馆2014-2
中国博物馆学科建设：回顾与展望/王航//中国博物馆2014-2
界定博物馆学关键概念中的四个“如何”/安来顺//中国博物馆2014-2
构建多元、开放、包容的博物馆体系/单霁翔//中国博物馆2014-2
《国家文物博物馆事业发展“十二五”规划》实施中期评估报告/国家文物局//中国文物报2014-4-2
2014年盖蒂领导力学院的博物馆领导力培训课程/果美侠//中国博物馆通讯2014-8

2. 管理工作研究

美、日、英、法博物馆的宏观管理/吕建昌//博物馆研究1994-2
博物馆经济效益的思考/马自树//中国博物馆1994-3
博物馆经费、预算和预算管理/G. D. H. 勃朗达、S. D. 戴克斯//中国博物馆1994-3
展览项目管理模式（节录）/扬·哈维、汉·梅特//中国博物馆1994-3
欧洲博物馆门票制度初探/黄琪//中国博物馆1994-3
职称改革与博物馆人才管理/刘玉勤//中国博物馆通讯1994-4
怎样调动博物馆工作人员的积极性/郑林生//中国文物报1994-5-1
强化管理开拓进取努力搞好文物博物馆工作/甘肃省武威市博物馆//中国博物馆通讯1994-5
以效益求生存以创新求发展/中国人民抗日战争纪念馆//中国博物馆通讯1994-5
博物馆要生存求发展，关键在于自身因素（摘要）/中国人民抗日战争纪念馆//中国博物馆通讯1994-6
艰苦创业大胆改革努力把博物馆工作搞活/奈曼旗王府博物馆//中国博物馆通讯1994-7
努力适应改革开放形势创办具有地方特色的博物馆/上海市嘉定博物馆//中国博物馆通讯1994-7
两个效益一齐抓努力探求博物馆改革发展之路/马自树//中国博物馆通讯1994-8
博物馆市场学应被理解为博物馆的市场经营或市场式管理（摘要）/王宏钧//中国博物馆通讯1994-8
项目管理模式适用于博物馆的陈列展览（摘要）/〔荷〕汉·梅特//中国博物馆通讯1994-8
博物馆是一个开放系统（摘要）/〔荷〕扬·哈维//中国博物馆通讯1994-8
从三方面调动博物馆人员的积极性（摘要）/郑林生//中国博物馆通讯1994-8
抓住主业深化改革开拓性发展博物馆事业/湖南省博物馆//中国博物馆通讯1994-8
美、日、英、法四国博物馆宏观管理的异同（摘要）/吕建昌//中国博物馆通讯1994-9
论博物馆法规建设与依法管理/李晓东//中国博物馆1995-1
纪念馆的管理原则、体制及章法/仲骥//中国博物馆1995-1
关于博物馆实施目标管理的思考/陈军科//中国博物馆1995-4
博物馆法规建设应改变滞后状态/李晓东//中国博物馆通讯1995-6
市场经济特征与博物馆的体制改革/魏明//中国博物馆通讯1995-6
本溪市博物馆注重对入馆新同志的业务培训/孟秀艳//中国博物馆通讯1995-9
论跨世纪的博物馆人才/徐湖平//中国博物馆1996-1
王振铎关于博物馆体制改革的思考/木南整理//中国博物馆1996-1
新时期博物馆人事管理的内涵/王建新//中国博物馆1996-1
故宫博物院新三馆的改革/单国强//中国博物馆1996-1
上海市历史博物馆建设中的探索精神/周学军//中国博物馆1996-1
制定《县博物馆工作条例》刍议/张家淦//中国博物馆1996-2
管理人才也应该是一种专门人才/徐湖平//中国博物馆通讯1996-2
川陕博物馆注意加强职工队伍建设/李芝兰//中国博物馆通讯1996-5
博物馆改革三题/侯良//博物馆学文集4，1996年

博物馆改革必须从其性质和任务出发/刘冬华//博物馆学文集4，1996年
市场经济特征与博物馆体制改革/魏明//博物馆学文集4，1996年
小议博物馆的改革/谢礼//博物馆学文集4，1996年
浅谈县级博物馆之改革/刘波//博物馆学文集4，1996年
馆长的素养行为与博物馆管理/郭建衡//博物馆学文集4，1996年
泉州市博物馆事业体制改革的几种模式探讨/王少凡//中国博物馆1997-2
博物馆专业人才培养引进的思考/戴烈君//无锡文博1997-2
坚持正确办馆方向，努力提高办馆效益/张玉华//中国博物馆1997-3
博物馆陈列人员的职业道德建设/朱晓秋//中国博物馆1997-4
全国文博人才培养情况调查报告/安廷山//中国博物馆1997-4
新世纪的中国文博人才队伍应是怎样的/郭宝发//中国博物馆通讯1997-11
文博系统人事管理应引入竞争机制/于子勇//文博青年论丛（第二辑），北京图书馆出版社1997年
建设面向新世纪的中国文博人才队伍/郭宝发//文博青年论丛（第二辑），北京图书馆出版社1997年
文物培训工作中存在的问题及对策/唐发勇//文博青年论丛（第二辑），北京图书馆出版社1997年
试论博物馆有效管理的科学方法：目标管理/刘爱国//文博青年论丛（第二辑），北京图书馆出版社1997年
遗址博物馆的科学管理/田静//秦陵秦俑研究动态1998-2；遗址博物馆学概论，陕西人民出版社1999年
我们是怎样进行人事制度改革的/董敏洁//中国博物馆通讯1998-9
试论怎样培养和提高博物馆领导干部整体管理教育能力/张忠发//史前研究1958—1998年：西安半坡博物馆成立四十周年文集，三秦出版社1998年
卢浮宫博物馆与故宫博物院的比较及相关的思考/王成//中国博物馆1999-1
新时期博物馆人事管理改革的思索/戴江//民族博物馆论文集，云南民族出版社1999年
知识经济与21世纪的中国博物馆管理/天津市历史博物馆//中国博物馆2000-1；全球化下的中国博物馆，文物出版社2002年
走向数字时代的博物馆管理/罗宁//中国博物馆2000-1
上海博物馆建设和管理工作的调研报告/李文儒、叶春、李耀申//中国博物馆2000-1；全球化下的中国博物馆，文物出版社2002年
青岛市博物馆改革内部机制的实践与思考/阎立津、王莉//中国博物馆通讯2000-1
韶山毛泽东同志纪念馆改馆工作的总体设想/萧国梁//中国博物馆通讯2000-1
最重要的是转换思路：上海博物馆的启示/郑欣淼//中国文物报2000-1-12；中国博物馆通讯2000-2；全球化下的中国博物馆，文物出版社2002年
分类改革博物馆的资金来源渠道/李耀申//中国博物馆通讯2000-2
当前博物馆改革问题的几点思考/中国历史博物馆//中国博物馆2000-4
没有人的现代化就没有博物馆的现代化/陈景东//中国博物馆通讯2000-6
博物馆与“假日经济”/马自树//中国文物报2000-6-11
博物馆如何迎接“假日经济”/马自树//中国博物馆通讯2000-7
假日经济与博物馆/董保华//文物工作2000-8；全球化下的中国博物馆，文物出版社2002年
博物馆管理应用计算机的设想/曹纬芳//苏州博物馆建馆四十周年纪念文集（1960—2000），2000年
人物类博物馆人员素质问题的探讨/刘春翠//博物馆研究2001-3
有关博物馆工作者素质问题的探讨/闻小宁//博物馆研究2001-3
博物馆专业人员要按最严格的道德准则和客观现实的最高标准行事/博文讯//中国博物馆通讯2001-11
博物馆专业人员应在《道德准则》中找到共同的专业凝聚力//中国博物馆通讯2001-11
博物馆人才问题的思考/杜学萍、彭丹//中国博物馆通讯2001-11
新世纪自然科学博物馆面临的机遇、挑战和对策/敬向红//中国博物馆通讯2001-11
博物馆管理四题/成建正//碑林集刊（七），陕西人民美术出版社2001年；博物馆学研究论文集，陕西人民出版社2006年
博物馆的科学管理与法治管理/苏东海//北京博物馆学会第三届学术会议文集，北京燕山出版社2001年

试论博物馆社会化改革/陈继东//北京博物馆学会第三届学术会议文集，北京燕山出版社2001年
论加强文物事业单位国有资产的管理/孟丽明//北京博物馆学会第三届学术会议文集，北京燕山出版社2001年
与旅游业共同发展是加快十三陵博物馆事业发展的重要途径——兼论二十一世纪明十三陵博物馆事业的发展思路/化蕾//北京博物馆学会第三届学术会议文集，北京燕山出版社2001年
“利益与遗产：一个不容回避的话题”——秦始皇帝陵兵马俑上市风波的焦点透视/陈军科//中国文物报2001-12-14；全球化下的中国博物馆，文物出版社2002年
敬业奉献与道德境界/苏东海//中国文物报2001-12-21；博物馆的沉思——苏东海论文选（卷二），文物出版社2006年
关于建立博物馆定级制度/李晓东//中国文物报2001-7-11；全球化下的中国博物馆，文物出版社2002年
旅游开发所有权经营权和保护管理：经济学视野中遗产资源问题——改进中国自然文化遗产管理国际会议参会笔记/曹兵武//中国文物报2001-12-21；全球化下的中国博物馆，文物出版社2002年
关于市场经济条件下博物馆的科学化管理/王桂珠//博物馆研究2002-1
浅议北京地区博物馆的分类分级管理/李学军//北京文博2002-1
博物馆人才问题的思考/杜学萍、彭舟//南方文物2002-1
民俗博物馆的管理/陈桂芬、龚维玲//中国博物馆2002-2
管理机制改革的必由之路——安徽省博物馆“事务公开”活动的实践/李晖//博物馆研究2002-2
管理型人才是博物馆工作的关键/徐湖平//中国博物馆通讯2002-4
博物馆管理中的三对基本矛盾/杨志刚//中国博物馆通讯2002-4
试论博物馆的人力资源配置与开发/罗文利//文物工作2002-4；博物馆建设思考答卷，文物出版社2003年
博物馆与假日经济/李淑文//中国文物报2002-6-27
试论博物馆高层次管理人才的素质建设/刘洪//文物工作2002-7
博物馆管理的一个误区：内行领导内行/吴锡超//中国文物报2002-7-12
危机管理：当代博物馆管理的新课题/董平//中国文物报2002-8-15
中国不乏功底深厚的博物馆学家，却缺乏博物馆的管理家/吴锡超//中国博物馆通讯2002-9
市场经济体制下博物馆管理的几个问题/成建正//碑林集刊（八），陕西人民美术出版社2002年
地质类博物馆标本固定资产的财务管理/耿萍//中国博物馆通讯2002-12
人物博物馆管理者使命的分析——以和谐文化建设语境为视角//人物类博物馆、纪念馆现状与发展前瞻学术研讨会论文集，百家出版社2002年
关于日本、韩国博物馆的启示和思考/中国农业博物馆考察组//中国博物馆2003-1
当代美、英等国博物馆馆长的职责与任职条件/宋向光//中国博物馆通讯2003-1
精神文明建设要着眼于培养高素质的职工队伍/袁武、毕颖华//中国博物馆通讯2003-2
博物馆现代化建设与管理的一孔之见——以旅顺日俄监狱旧址博物馆为对象/郭富纯//博物馆研究2003-4
新形势下中小型博物馆的困境与出路——兼谈郑家屯博物馆的发展设想/邵海波//博物馆研究2003-4
上海博物馆开放工作的总体思路和做法/顾祥虞//上海文博论丛2003-4
馆长的视野/李文儒//中国文物报2003-4-4
馆长的职责在于经营管理/陈煦辉//中国文物报2003-5-30
信息技术在博物馆人事管理中的应用——试谈建立RSGL信息系统/胡蓉//中国博物馆通讯2003-7；陕西历史博物馆馆刊（十三），三秦出版社2006年
博物馆馆长选拔要慎重/箴言//中国文物报2003-8-1
关于国有文物收藏单位不再收藏文物的处置办法的思考/辛泸江//文物工作2003-9
安徽省博物馆探寻思路求生存的思考/胡欣民、许松//文物工作2003-9
探索如何合理利用文物充分发挥博物馆的作用/黎丽明//文物工作2003-9
新世纪非国有博物馆管理工作探索/郝亚山、姚志国//博物馆学论丛（五），中州古籍出版社2003年
北京市文化体制改革调研报告（博物馆事业部分）/李学军//中国博物馆通讯2003-10
论博物馆的人才问题/徐湖平//南京博物院文物博物馆考古文集，文物出版社2003年

略论中小型博物馆的人才需求/钱江/中国博物馆通讯2004-2；南通博物苑百年苑庆纪念文集，文物出版社2005年
论加强行业博物馆的规范管理/史习良//中国博物馆2004-3
博物馆人才队伍结构刍议/项朝晖//中国博物馆通讯2004-3
美国博物馆的评量与其标准/徐纯//博物馆学季刊2004-3
关于高校中小型博物馆自身发展的思考——兼谈辽宁大学博物馆的建设与发展/王秋华//中国博物馆2004-4
谈博物馆门票的设置与管理/杨卫//南方文物2004-4
关于考察英国文化遗产和博物馆管理工作会谈情况的报告/朱晓东//文物工作2004-4
博物馆人力资源管理刍议/刘洪//中国博物馆通讯2004-11
努力建设有中国特色的现代化博物馆/王辉//深圳文博论丛二〇〇四，中华书局2004年
论深圳博物馆建设的创新优势/李强//深圳文博论丛二〇〇四，中华书局2004年
谈现代管理沟通理论在新馆建设中的实践/梁政//深圳文博论丛二〇〇四，中华书局2004年
博物馆人力资源管理和建设/肖冠雄//中国博物馆2005-1
大型博物馆的现代化管理——法国卢浮宫博物馆馆长卢瓦耶特在故宫博物院的演讲//文物工作2005-2；中国文物报2005-3-16
博物馆你准备好了吗？——谈无形文化遗产进入博物馆/钟凯琼/文物工作2005-2
对县级博物馆事业发展的思考//曾晨英//文物工作2005-2
博物馆公共项目评估：西方的实践/晏善富//中国博物馆2005-2
陈燮君谈上博精神与博物馆管理/赫俊红整理//中国文物报2005-3-10
支离破碎与蔚为大观：博物馆学与博物馆——兼谈博物馆管理工作/张慧国//中国博物馆2005-4
上海博物馆：现代化博物馆的先进理念/胡建中//中国文化遗产2005-4
博物馆风险管理概述/崔波//中国博物馆2005-4
中国博物馆事业：当前问题与发展瓶颈/博物馆展示宣传与社会服务调研课题组//中国文物报2005-5-13
博物馆人员管理的制度化与情感化/鲁杰//文物工作2005-6
莫以年龄论英雄，要用改革增活力——也谈博物馆需要什么样的工作人员/曹爱生//中国文物报2005-7-25
法国博物馆管理体制、发展现状的启示——2005年中国博物馆高级管理人员培训班学习笔记//黄磊//中国文物报2005-7-27
政府·社会·博物馆人：携手打造新时期的文化殿堂/加强博物馆展示宣传与社会服务调研活动课题组曹兵武//中国文物报2005-7-29，2005-8-3，2005-8-9
博物馆的细节问题及细节管理/申永峰//文物工作2005-9
中小博物馆的振兴——中国博物馆展示和服务能力建设的重中之重/曹兵武//中国文物报2005-9-9
论市县级博物馆收藏和展览的误区/陆建松//中国文物报2005-9-16
浅析区县级博物馆现状及出路/贺秀祥//中国文物报2005-9-16
建构知识管理和传播导向的数字博物馆——以台湾台中自然科学博物馆为例/周明//中国文物报2005-9-16
细节决定完美——焦作市博物馆实践“三贴近”的一些探索/郭继宾//中国文物报2005-9-28
关键在于人的现代化——也谈博物馆人的现代化情结//曹爱生//中国文物报2005-9-30
友博探索开放型博物馆之路/曾光//中国文物报2005-10-12
谈两种员工选聘途径的利弊/陈国民//中国文物报2005-10-21
中国博物馆学会南通学术研讨会集锦/山水//中国文物报2005-11-4
困扰文博事业发展瓶颈问题谈/李耀中//中国文物报2005-11-4
中小博物馆应注重市民博物馆意识的培养/贺雅贤//中国文物报2005-11-4
中国博物馆进入一个创造自我的时代——专访联合国教科文组织北京办事处项目官员杜晓帆/崔波//中国文物报2005-11-4
博物馆与城市发展——中外博物馆馆长高层论坛发言摘录/李艳//中国文物报2005-11-4
沁阳博物馆：小博物馆的发展路/张红军//中国文物报2005-11-11
中国博物馆事业百年庆典的意义/黄振平//中国文物报2005-11-25

博物馆能否引进风险管理/崔波//中国文物报2005-11-18；中国文物报2005-11-25
试析博物馆一级主管应具备之职能/李明珠//博物馆营运的新思维（史物丛刊52），历史博物馆2005年
浅谈组织再造与士气激励/陈月桂//博物馆营运的新思维（史物丛刊52），历史博物馆2005年
博物馆建设应注重培养高素质的职工队伍/王艳芝//中国博物馆通讯2005-12
国际博协关于道德准则与博物馆认识的演进/伯尼斯·墨菲//中国博物馆通讯2005-12
在博物馆建设中地方政府所承担的职责——来自南通博物苑一百年暨中国博物馆事业发展百年庆典活动的感言/刘丽萍//中国文物报2005-12-2
博物馆与城市发展——中外博物馆馆长高层论坛发言摘录/李艳//中国文物报2005-12-2
关于南通博物馆管理体制与运行机制的思考//南通博物苑百年苑庆纪念文集，文物出版社2005年
抚今追昔探求真知与时俱进走向未来——南通博物苑苑刊创刊随想//南通博物苑百年苑庆纪念文集，文物出版社2005年
对新形势下如何理顺博物馆内部体制的初步思考/安尼瓦尔·哈斯木//新疆维吾尔自治区博物馆论文集2005，新疆大学出版社2005年
馆长与博物馆管理工作刍议/陈登贵//博物馆：文化的桥梁，广东人民出版社2005年
浅议市场经济条件下博物馆将如何培养员工的忠诚度/王晓曦//湖南省博物馆馆刊（二），岳麓书社2005年
红岩魂——革命纪念馆的管理与创立/厉华//回顾与展望——中国博物馆发展百年：2005年中国博物馆学会学术研究会文集，紫禁城出版社2005年
关于首都博物馆新馆建设的总结和思考/梅宁华//北京文博2006-1
浅议现行博物馆管理体制对我市文博工作的影响及其对策/李学军//北京文博2006-1
细节时代的博物馆——对博物馆细节及细节管理问题的初步分析/申永峰//中国博物馆2006-1
博物馆馆长应具备的四种管理意识/刘洪//文物春秋2006-2
博物馆角色的转变与专业人才培养/陈国宁//中国博物馆2006-3
新时期博物馆建设面临的人才问题/徐湖平//中国文物报2006-4-7
博物馆专业化及其对当代博物馆管理的影响/安来顺//西部文博论丛——首届西部文博管理干部培训班暨中国文博西部论坛，科学出版社2006年
两种现代管理学方法在博物馆中的应用/安来顺//西部文博论丛——首届西部文博管理干部培训班暨中国文博西部论坛，科学出版社2006年
加大人才培训力度努力提高文博队伍素质/马占魁//西部文博论丛——首届西部文博管理干部培训班暨中国文博西部论坛，科学出版社2006年
文博队伍素质教育浅议/塔拉//西部文博论丛——首届西部文博管理干部培训班暨中国文博西部论坛，科学出版社2006年
加强国际合作推动博物馆事业登上新台阶/文冰//中国文物报2006-8-18
发挥基层博物馆在新农村建设中的文化传播功能“全国县级博物馆展示服务水平提升项目试点”盘点及展望/崔波//中国文物报2006-9-29
日本国立博物馆的管理运行体制评析/张建华//中国博物馆通讯2006-10
关于健全基层文物行政执法体制的思考/韦振甲//广西博物馆文集（三），广西人民出版社2006年
试论博物馆工作人员的职业道德/潘郁生//广西博物馆文集（三），广西人民出版社2006年
博物馆人才的培养与管理/樊英峰//乾陵文化研究（二），三秦出版社2006年；博物馆理论与实践研讨会论文集，三秦出版社2007年
博物馆财务管理引进企业化运作论/杨建国、陈彦德//乾陵文化研究（二），三秦出版社2006年
博物馆宣教工作中的人本管理/贺华//乾陵文化研究（二），三秦出版社2006年
安徽省博物馆人事制度改革之初探/张欣//安徽省博物馆建馆五十周年文集，安徽人民出版社2006年
面对博物馆建设的热潮，需要一点冷静思考/马自树//中国博物馆2007-1；中国文物报2007-4-23
革命博物馆、纪念馆事业建设之我见/王莲芬//中国博物馆2007-1
市、县级博物馆现状和发展对策初探——以江西地区为例/王紫林//南方文物2007-1
关于在博物馆管理中引入ISO9000标准的几点思考/李斌//中国博物馆2007-2；秦陵秦俑研究动态2007-2

注重观众价值不断持续改进——博物馆引入全面质量管理体系初探/王晓曦//博物馆研究2007-2
博物馆的“机构化”形象危机及其应对策略/辛儒、孔旭红//中国博物馆2007-4
文化遗产如何合理利用——以贵州文化遗产保护为例/李黔滨//中国博物馆2007-4
博物馆新馆建设与管理整体水平提升/凌振荣//中国博物馆2007-4
继承与发展——上海自然博物馆建馆理念的思考/潘政、梁兆正//中国博物馆2007-4
博物馆与文化遗产的“普世”问题探析——兼论我国处理非法流失文物的对策/段勇//中国博物馆2007-4
在构建和谐社会中关于中小博物馆的定位思考/于滨力//中国博物馆2007-4
博物馆职业道德培训的实践/蔡琴//中国文物报2007-4-13
美国博物馆的战略思考和远景规划/张颖岚//中国文物报2007-4-13
秦俑博物馆的长青之道/刘峰//城市经济导报2007-5-28
培训——英国博物馆管理不变的主题/李宏坤编译//中国文物报2007-6-22
浅谈博物馆评估/李林//中国文物报2007-6-22
遗址型博物馆建设与管理的若干问题——以洛阳天子驾六博物馆为例/曹岳森//中国文物报2007-6-29
物业管理在博物馆的尝试和创新/刘旭东//中国物业管理2007-7
浅谈博物馆的绩效管理/谷峻岭//全国商情（经济理论研究）2007-9
美利坚艺术博物馆及其管理/张力、舒晓//中外文化交流2007-10
经济体制和民主建设是解决博物馆困境的关键/俞文君//中国文物报2007-11-9
博物馆的现代化科学管理/田琳琳//黑龙江国土资源2007-12
法律・体制・理论——关于博物馆管理工作的几点思考/张礼智//博物馆理论与实践研讨会论文集，三秦出版社2007年
论博物馆的五种意识/田静//博物馆理论与实践研讨会论文集，三秦出版社2007年
试论博物馆人力资源的合理配置/桓玉民//博物馆理论与实践研讨会论文集，三秦出版社2007年
浅谈博物馆的人才配置/罗金贵//博物馆理论与实践研讨会论文集，三秦出版社2007年
试论革命性纪念馆的可持续发展/王梅//博物馆理论与实践研讨会论文集，三秦出版社2007年
近现代遗址性纪念馆的现状与出路/石八民//博物馆理论与实践研讨会论文集，三秦出版社2007年
县级博物馆的现状和出路/王建勤//博物馆理论与实践研讨会论文集，三秦出版社2007年
县级博物馆现状浅析/房文华//博物馆理论与实践研讨会论文集，三秦出版社2007年
优化人才配置增强单位活力——对事业单位人员聘用制的几点思考/包小琳//首都博物馆丛刊（21），北京燕山出版社2007年
交流启发提高——从首都博物馆引进外展中感受博物馆人的敬业精神/张贵余//首都博物馆丛刊（21），北京燕山出版社2007年
试论全面质量管理体系在博物馆管理中的运用/王晓曦//湖南省博物馆馆刊（四），岳麓书社2007年
先进的管理经验与创新理念——湖南省博物馆业务人员赴加拿大博物馆培训学习有感/赴加拿大博物馆培训学习小组//湖南省博物馆馆刊（四），岳麓书社2007年
馆长论/马自树//中国博物馆2008-1
从现代主题公园模式探讨中山舰旅游区（博物馆）的建设与发展思路/陈淳//中国博物馆2008-1
博物馆评估方法浅析——以美国慈善机构导航的博物馆评估为案例/李林//中国博物馆2008-1
规范行业管理促进事业发展——浙江省博物馆评估定级试点工作综述/沈坤荣//中国博物馆2008-1
国际化语境下的农业题材博物馆/宿小妹//中国博物馆2008-1
四川省博物馆评估定级工作分析与思考/周静、李蓓//中国博物馆2008-1
深入贯彻落实科学发展观全面提升博物馆工作水平/张柏//北方文物2008-1
试论博物馆在和谐社会中的作用/邵凤芝//和田师范专科学校学报2008-1
文化事业单位的管理与运作/厉华//中国博物馆2008-2
中国农业博物馆奥运培训工作回顾/李震、杨卫东、韵晓雁//中国博物馆通讯2008-2
关于改进博物馆工作的理性思考/夏军//沈阳师范大学学报2008-2
拓展博物馆工作的新设想/夏军//理论界2008-2

面对博物馆评价时代的来临：原理与实践/张婉真//博物馆学季刊2008-2
论打造学习型博物馆/骆土泉//现代企业教育2008-2
中国博物馆学应加强博物馆建设研究/陆建松、郑奕//中国博物馆2008-3
从心理学视角看博物馆馆员应具备的人格特质/夏军//理论界2008-3
博物馆群概念的提出与思考/武丽娜、孔利宁//秦陵秦俑研究动态2008-3
多元文化共存下的历史记忆——浅谈新时期的博物馆建设/边昕//忻州师范学院学报2008-3
以改革的精神、开放的胸怀发展博物馆文化/彭常新//中国文物报2008-3-12
价值工程方法论与大型博物馆的绿色效能管理/姚雅欣//中国博物馆2008-4
浅谈博物馆人力资源管理/桑世波、裴鸣若//徐州教育学院学报2008-4
探索博物馆引入新型人力资源管理方法/李念红//中国博物馆通讯2008-4；黑龙江史志2008-5
论博物馆管理中信任度的提高/贾兰英//合肥学院学报2008-5
对科技博物馆岗位设置管理工作的思考/佟立娟//中国博物馆通讯2008-6
共同的遗产共同的责任：文博考古工作的社会形象建设与社会参与问题/张伟、马自树、闫东等//中国文物报2008-6-20
建立研究型博物馆增强核心竞争力——访著名学者、沈阳故宫博物院院长武斌/张俊梅//中国文物报2008-7-18
时代的新需要与博物馆的新价值——以宁波博物馆创造新价值为例/涂师平//中国博物馆通讯2008-8
影响革命纪念馆的几个问题/王志贤//中国博物馆通讯2008-8
探索博物馆专业人才培养的新模式——从新西兰梅西大学的博物馆专业教育谈起/刘卫华//中国博物馆通讯2008-8
改革开放与国家博物馆蜡像馆/杨燕//中国文物报2008-8-22
浅论东莞博物馆事业的发展——以东莞博物馆之城建设为例/黎娜//中国博物馆通讯2008-9
博物馆馆藏资料的分类与管理/朱进//中国博物馆通讯2008-9
保留老馆，建设新馆，促进安徽文博事业又快又好发展/张秋莲//中国博物馆通讯2008-10
山东省博物馆以人为本，科学发展，取得良好社会效益/李林翰//中国博物馆通讯2008-10
虢国博物馆改制成功原因浅析/李清丽、李娜//中国博物馆通讯2008-10
以人为本规范管理实现博物馆事业新突破——从湖南省博物馆新馆看规范科学管理/吴小燕//中国博物馆通讯2008-10
关于博物馆评估定级工作的思考/孙景//中国博物馆通讯2008-12
当前我国自然科学博物馆管理中的几个问题的探讨/甄朔南//甄朔南博物馆学文集（续），中国大百科全书出版社2008年
浅谈博物馆办公室工作/朱岳明、张鸿//五秩风华：上海市青浦区博物馆建馆五十周年纪念文集，上海社会科学院出版社2008年
我国博物馆管理机制创新——基于湖南省博物馆的个案分析/易丽丽//中国行政管理2008-12
谈博物馆管理的创新/侯秀敏//洛阳博物馆建馆50周年论文集，大象出版社2008年
坚持以人为本促进博物馆事业又好又快发展/张微//博物馆研究2009-2
以和谐文化统领博物馆发展为培育创新文化提供支撑/刘洪//博物馆研究2009-2
正确认识博物馆的社会效益和经济效益/陈楠楠//内蒙古科技与经济2009-2
浅谈博物馆在和谐社会建设中的作用/李艳萍//博物馆研究2009-3
以爱国主义教育基地为载体红岩联线为大规模干部培训做贡献/雷学刚、温相君//中国文物报2009-3-6
金融风暴下的中国博物馆如何作为/张健平//中国文物报2009-3-6
企业发展中的文化阵营：企业博物馆/程京生//中国文物报2009-3-6
论博物馆的项目管理/许超//博物馆研究2009-4
对茂名市博物馆评估定级工作存在问题的反思/李科//南方论刊2009-8
浅谈博物馆档案管理现代化——电子文件的管理/李金兰//江苏省文博论文集2008，南京出版社2009年
试论中小博物馆管理者的素质要求/曹爱生//江苏省文博论文集2008，南京出版社2009年
浅谈博物馆的项目投资管理——以西安碑林石刻艺术馆项目建设为例/刘东平//碑林集刊（十四），陕西人民

美术出版社2009年
以改革创新推进博物馆发展/李立夫//博物馆创新与发展高峰论坛文集，辽宁人民出版社2009年
博物馆要注重科学健康和谐发展——学习“科学发展观”的一点体会/周阳生//博物馆创新与发展高峰论坛文集，辽宁人民出版社2009年
博物馆岗位设置管理刍议/牛小芹//春华集：纪念山西博物院九十周年学术文集，山西人民出版社2009年
论免费开放形势下首都博物馆的对外开放管理/陈静//首都博物馆丛刊（23），北京燕山出版社2009年
浅议博物馆人力资源管理/田先洪//西域历史文化宝藏探研——新疆维吾尔自治区博物馆论文集（二），新疆人民出版社2009年
现代综合博物馆复合型人才需求探述/胡锐韬//广东省博物馆开馆五十周年纪念文集：1959～2009，岭南美术出版社2009年
大连博物馆建设中的问题及对策研究/于孝东//辽宁省博物馆馆刊（2009），辽海出版社2009年
博物馆人的职业操守与博物馆建设/许超//辽宁省博物馆馆刊（2009），辽海出版社2009年
中小型综合博物馆发展研究/杨孝军//辽宁省博物馆馆刊（2009），辽海出版社2009年
浅谈如何做好博物馆管理工作/刘芳//大众文艺2010-1
浅谈我国博物馆中的人力资源管理/刘军、侯雁、任拓//青年文学家2010-1
博物馆一线从业人员作风建设刍议/吕海萍//浙江文物2010-2
“致力于社会和谐”的博物馆管理/陈燮君//上海文博论丛2010-3；解放日报2010-11-28
文物数据库在行政管理上的应用/刘拥政//中国文物报2010-3-24
全国文物文化系统博物馆管理水平的量化评价及改善管理工作的建议/陈晨、魏钰、苏杨//中国博物馆2010-4
简述博物馆专业队伍建设/张桂华//科技资讯2010-4
创新地市级博物馆建设与发展的几点思考/陈峻//中国文物报2010-4-21
对国家一级博物馆运行评估的几点认识/孙中华//中国文物报2010-5-5
博物馆绩效管理的思考/肖冠雄//中国文物报2010-9-8
好日子是等不来的：伪满皇宫博物院院长李立夫谈机制创新/崔波//中国文物报2010-10-20
博物馆内设机构设置与职责再探讨——以湖南省博物馆为例/陈建明//湖南省博物馆馆刊（六），岳麓书社2010年
非营利博物馆管理方法——四乘二理论/Ruth Rentschler著、侯雁译//湖南省博物馆馆刊（六），岳麓书社2010年
博物馆的务实作风/田静//中国博物馆学会考古与遗址博物馆专业委员会成立大会论文集，西北大学出版社2010年
试论新形势下的博物馆管理——天津博物馆的创新型管理初探//天津文博（7），科学出版社2010年
论博物馆建设及其展览工程管理//天津文博（7），科学出版社2010年
地方博物馆应重视外语人才的培养/贾杰//辽宁省博物馆馆刊（2010），辽海出版社2010年
着力规范管理、巩固发展成果、树立行业新风——2010年北京地区博物馆管理工作概况/北京市文物局博物馆处//北京文博文丛2011-1
对博物馆评估、定级的回顾与思考/吴辉//四川文物2011-1
对发达国家博物馆管理的学习与借鉴/张健//博物馆研究2011-1
浅析博物馆绩效改革/陈子繁、黄亦青//湖北教育（领导科学论坛）2011-1
故宫“限制客流”体现“精细”管理/舒心萍//中国文物报2011-4-1
浅淡如何做好博物馆档案管理工作/米瑞霞、阎虹//中国文物报2011-6-29
坚持学术功能强化行业组织职能：访中国博物馆协会理事长宋新潮/崔波//中国文物报2011-7-6
浅谈博物馆的管理与经营/张光燕//鸡西大学学报2011-8
博物馆绩效评估的模式建构/王红霞//时代报告（学术版）2011-10
警惕：博物馆学研究与博物馆基层管理工作实践的脱节/桑世波、裴鸣若//中国文物报2011-10-14
从和谐文化建设看博物馆管理者的使命/刘洪//史前研究2010——2010中国桂林·史前文化遗产国际高峰论坛暨中国博物馆协会史前遗址博物馆专业委员会第八届学术研讨会论文集，广西科学技术出版社2011年

中国煤炭博物馆“以馆养馆”运行模式浅析/康明章、温和平//晋陕豫博物馆理论与实践研讨会论文选，山西科学技术出版社2011年
试论事业单位改革与博物馆的发展/曹臣明//晋陕豫博物馆理论与实践研讨会论文选，山西科学技术出版社2011年
博物馆职业培训现状：从博物馆策展到博物馆管理/〔英〕帕特里克·博伊兰著，侯雁译//湖南省博物馆馆刊（七），岳麓书社2011年
基于科学发展观的中小型博物馆精细化管理论析/刘洪//区域特色与中小型博物馆：江苏省博物馆学会2010年学术年会论文集，文物出版社2011年
试谈中小型博物馆的发展与经营/陈丽华、林健//区域特色与中小型博物馆：江苏省博物馆学会2010年学术年会论文集，文物出版社2011年
浅谈私人特色博物馆的发展与经营/贾雯霞//区域特色与中小型博物馆：江苏省博物馆学会2010年学术年会论文集，文物出版社2011年
试析县级博物馆的管理和服务/崔瑛//区域特色与中小型博物馆：江苏省博物馆学会2010年学术年会论文集，文物出版社2011年
从人力资源角度浅谈首都博物馆人才培养/张宇//首都博物馆论丛（25），北京燕山出版社2011年
探索奋进自强不息——成长中的新馆开放管理部/开放管理部//首都博物馆论丛（25），北京燕山出版社2011年
风雨兼程谱华章——政工部工作回顾与展望/政工部//首都博物馆论丛（25），北京燕山出版社2011年
浅析现代博物馆的管理/毛志平//博物馆学文集6，岳麓书社2011年
浅谈革命类纪念馆管理机制的创新——基于刘少奇同志纪念馆的个案分析/袁有为//博物馆学文集6，岳麓书社2011年
刘少奇同志纪念馆绩效管理的探索与实践/王定良、肖冠雄//博物馆学文集6，岳麓书社2011年
试论免费开放条件下地市级博物馆人员、科研的管理/唐浩中//博物馆学文集6，岳麓书社2011年
浅析新时期革命纪念馆人力资源管理/孙中华//博物馆学文集6，岳麓书社2011年
非国有博物馆体制回转现象剖析——以陕西省凤翔县“秦公一号大墓”博物馆为例/张文立/江西省博物馆集刊（二），文物出版社2011年
蝶变——记云南省博物馆的改革/田晓雯//文化遗产与博物馆研究（第二辑），云南人民出版社2011年
对博物院人才培养与管理的思考/钱进//春草集——吉林省博物馆协会第一届学术研讨会论文集，吉林人民出版社2011年；耕耘录：吉林省博物院学术文集2010—2011，吉林人民出版社2012年
近30年中国博物馆管理研究综述/刘舜强//故宫学刊2012-1
努力奋斗 开拓创新 建设世界一流的国家博物馆/吕章申//中国国家博物馆馆刊2012-1
绿色视角下科技类博物馆绩效评价指标体系设计/张玉静、王晶莹//博物馆研究2012-1
博物馆绩效考核体系初探/韩宁//山西经济管理干部学院学报2012-1
中美博物馆的运行机制比较及对我国博物馆发展的启示/夏婷//科普研究2012-2
从国家一级博物馆评估体系看博物馆质量提升/朱莉//中国文物报2012-2-8
以绩效和贡献评价博物馆优劣/谢文//光明日报2012-3-13
博物馆人才培养是事业发展的关键——从吉林省博物院工作实践谈起/钱进//中国文物报2012-3-21
坚持科学立馆的理念——沈庆林、黄高谦先生访谈/李万万//中国国家博物馆馆刊2012-4
美国博物馆和图书馆服务协会战略计划给我们带来的启示/杨雁//公共图书馆2012-4
国家一级博物馆总体状况刚及格/杨雪梅、陈星星//人民日报2012-5-22
全国一级博物馆二次评估勉强过关/韩少华//东方早报2012-5-23
2010年国家一级博物馆运行评估简报/中国博物馆协会评估报告撰写组//中国文物报2012-5-30
心理学理论与博物馆职工素质/李念红//中国国家博物馆馆刊2012-8
全面成本管理：博物馆运行成本控制的思考/肖冠雄//博物馆学文集7，岳麓书社2012年
经济发达地区县级博物馆的发展与政府责任——以江苏为例/龚良//江苏省文博论文集2010，南京师范大学出版社2011年；和谐博物馆论，文物出版社2012年
威尔士博物馆战略及其中之“博物馆为人人”办馆原则/张莉//中国博物馆2013-1

基层博物馆管理现状及发展对策研究/李盛勇//企业导报2013-1
关于建立科学的博物馆评价体系的思考/单霁翔//中国博物馆2013-2
非营利组织绩效评价与博物馆评估——兼谈中国博物馆评估工作/王明明、曹兵武//中国博物馆2013-2
我国博物馆评估工作的回顾与思考/厉樱姿//中国博物馆2013-2
对我国博物馆评估定级工作的思考/卢民//中国博物馆2013-2
关于国家一级博物馆运行评估工作的思考——以2008—2009年国家一级博物馆运行评估原创性临时展览为例/陈成军//中国博物馆2013-2
博物馆评估无界限——提高博物馆评估相关性、可靠性和实用性的四条必要措施/〔美〕哈莉·普瑞斯基尔著、李慧君编译//中国博物馆2013-2
首都博物馆纳入ISO9000质量管理体系思考/黄雪寅//中国博物馆2013-3
博物馆影响力评估体系刍议/刘迪//中国博物馆2013-3
博物馆客容量的计算与客流的管理/金华彪//中国文物报2013-3-6
对基层博物馆文物修复和保护技工人员培养和使用的建议/曹爱生//中国文物报2013-4-5
博物馆培养引进人才的几点思考/王佳//中国文物报2013-6-12
人才是根本保障——感受敦煌研究院的人才队伍建设/张冲、史勇//中国文物报2013-8-2
法国：政府主导管理博物馆/刘世风//中国文物报2013-11-13
海外博物馆管理的启迪与借鉴/刘世风//中国文物报2013-12-11
试从诠释的角度解读博物馆工作/刘文涛//南京博物院集刊（13），文物出版社2013年
由创建公共文化服务体系示范项目看博物馆发展之路/束有春//博物苑（总第二十、二十一辑），文物出版社2013年
环壕河博物馆群提升公共文化服务能力试探/李宜群//博物苑（总第二十、二十一辑），文物出版社2013年
南通环壕河博物馆群创建工作设想/赵翀//博物苑（总第二十、二十一辑），文物出版社2013年
历史文化名城的亮丽名片——南通环壕河群博物馆建设述评/习慧//博物苑（总第二十、二十一辑），文物出版社2013年
论新形势下的博物馆管理机构模式/陈银龙//博物苑（总第二十、二十一辑），文物出版社2013年
小康社会后江苏博物馆发展与管理的几点思考/邢致远//博物苑（总第二十、二十一辑），文物出版社2013年
论博物馆人力资源的管理/沙晓芸//江西省博物馆集刊（四），文物出版社2013年
略论培育一代又一代“四有”文博新人/廖苏平//江西省博物馆集刊（四），文物出版社2013年
论博物馆危机管理中的风险识别与评估/王秀伟、黄文川//博物馆研究2014-1
西安市高校博物馆现状与发展前景展望/江明//重庆科技学院学报2014-1
加强高等院校博物馆管理的对策/高宇//山西广播电视大学学报2014-1
高校博物馆学与学科发展：从技能培训到批判博物馆学/〔西班牙〕杰西—佩德罗·劳伦特著，李慧君编译//中国博物馆2014-2
博物馆专业人才培养和学科发展/陆建松//中国博物馆2014-2
全球视野下中国博物馆的建设与发展：借鉴大都会博物馆——龚良院长专访/龚良、毛颖//东南文化2014-3
中美自然博物馆运行模式的比较和探析/韦立立//东方博物2014-3
论故宫博物院发展面临的十大关系/单霁翔//北京文博文丛2014-4
对美国博物馆的管理运行及创意实践的几点认识和思考/郭豹//北京文博文丛2014-4
美国私立博物馆的管理模式/钟禾//中国文化报2014-4-8
博物馆理事会制度可普遍使用/段勇//新民晚报2014-4-12
安徽博物院新馆建设的经验与反思列/邓峰//中国文物报2014-6-25
河北博物院扩建的文化思考/刘卫华//中国文物报2014-6-25
破解博物馆行业的人才困局/杨超英//中国文物报2014-7-8
争取新一代的博物馆捐助人——美国博物馆筹资新模式/杨瑾//中国博物馆通讯2014-9
在差异性竞争中寻求发展——运用战略管理理论思考城市博物馆的使命和定位/黄雪寅//中国文物报2014-12-23
中国博物馆事业未来的建设与发展/刘畅//黑龙江史志2014-22

3. 业务管理与博物馆学史

民族博物馆业务（技术）人员的配备及其培养/秦晋庭//中国博物馆1994-2
充分发挥博物馆图书资料的作用/李易志//中国博物馆通讯1994-2
略议博物馆学会的性质、功能与意识/何洪源//中国博物馆1994-3
沈阳市博物馆发挥文保人员主观能动性的做法/张红军//中国博物馆通讯1994-3
博物馆馆长应具有强烈的科研意识/贺云翱//常熟文博1994-3；中国博物馆通讯1994-12
博物馆学的核心问题：物质世界/〔加〕雷恩·梅兰达//中国博物馆1994-4
论博物馆学的基本问题/〔匈〕玛丽亚·贝泽//中国博物馆1994-4
论博物馆学的方法论/〔荷〕彼得·冯·门施//中国博物馆1994-4
博物馆与社区历史文化——兼论世界最早的博物馆和博物馆起源/王宏钧//中国博物馆1994-4
振兴博物馆的科学研究（摘要）/苏东海//中国博物馆通讯1994-9
对博物馆学学科走向、方法学和所属学科范围的不同认识导致了不同的博物馆学概念/安来顺摘译//中国博物馆通讯1994-9
文物与资料的异同（摘要）/沈庆林//中国博物馆通讯1994-11
文物特征新解（摘要）/沈庆林//中国博物馆通讯1994-11
日本博物馆界对“博物馆实物”的认识是不准确的（摘要）/〔匈〕玛丽亚·巴泽//中国博物馆通讯1994-11
研究博物馆实物问题应着眼于五个问题（摘要）/〔捷〕沃迪米尔·塔科//中国博物馆通讯1994-11
论博物馆科研活动的重要性/韩玉玲、张乃耆//博物馆学论丛（四），中州古籍出版社1994年
文博书刊编辑的社会作用/汤淑君//博物馆学论丛（四），中州古籍出版社1994年
浅谈博物馆资料管理工作/姜秀琴//博物馆学论丛（四），中州古籍出版社1994年
浅谈博物馆图书馆资料室的职能/马合菊、郭丽涛//博物馆学论丛（四），中州古籍出版社1994年
博物馆科学研究工作的再思考/苏东海//中国博物馆1995-1
略谈博物馆学术研究的力度与品位/张晓旭//常熟文博1995-1
高等学校博物馆学教育的几点思考/史吉祥//中国博物馆1995-3
改善博物馆的图书文献收集工作/司卫//中国博物馆1995-3
如何增强博物馆学术研究的力度/张晓旭//中国博物馆通讯1995-5
陕西遗址博物馆的科研天地/理智//遗址博物馆研究——兼论陕西遗址博物馆，陕西人民出版社1995年
在学术研究的基础上从事博物馆的各项工作/英格·图尔斯托//中国博物馆通讯1996-1
我国地质博物馆学研究的一些基本想法/左权//中国博物馆1996-4
对地县博物馆科研工作的困境及出路的思考/虞浩旭//中国文物报1996-5-10
博物馆必须大力开展对文化史学的研究/贺云翱//中国博物馆通讯1996-6
新时期博物馆学研究存在的问题/艾赖文//中国文化报1996-7-3
如果博物馆学研究中的“游击”做法不改，博物馆学研究的进展将是极为有限的/艾赖文//中国博物馆通讯1996-8
博物馆的领导集体要有学术意识/虞浩旭//中国博物馆通讯1996-8
博物馆专业档案管理浅谈/杨维娟//陕西历史博物馆馆刊（三），三秦出版社1996年
世纪之交的中国博物馆学/龚维玲、盘福东//中国博物馆1997-3
正确认识科研与业务工作提高和加强博物馆的科研职能//文博青年论丛（第二辑），北京图书馆出版社1997年
国际博物馆协会的五十年/帕特里克·J. 波依兰著，贾兰译//四川文物1997-4
王忍之、张文彬谈科研精品//中国博物馆通讯1997-8
最省力法则对博物馆学的启示/史吉祥//中国博物馆1998-1
怎样认识博物馆的学术研究/宋向光编译//中国博物馆通讯1998-2
谈博物馆文献情报工作与文献资源整体化建设/张曼西//图书馆1998-2；中国博物馆通讯1998-11
历史类博物馆的历史研究范围/陈曦//中国博物馆1998-3；中国博物馆通讯1998-12
怎样写博物馆学的论文/甄朔南//中国自然科学博物馆协会通讯1998-3

四十年科研和业务工作的回顾和前瞻/西安半坡博物馆科研陈列部//史前研究1958—1998年：西安半坡博物馆成立四十周年文集，三秦出版社1998年
博物馆馆藏图书利用率的思考/郑艳娥//湖南省博物馆文集（第四辑），船山学刊杂志社1998年
博物馆资料室读者工作刍议/钟少灵//深圳博物馆开馆十周年纪念文集，中华书局1998年
博物馆资料室期刊资源的开发利用/袁林//深圳博物馆开馆十周年纪念文集，中华书局1998年
世纪之交的博物馆与博物馆学/甄朔南//科技进步与学科发展，中国科学技术出版社1998年；甄朔南博物馆学文集，中国大百科全书出版社2004年
科研兴馆花荣果蕃——秦俑博物馆二十年科研启示录/张文立/陕西日报1999-1-20
浅谈民间收藏组织管理现状及对策/赖铁昌//中国博物馆通讯1999-11
遗址博物馆的考古工作/张仲立//遗址博物馆学概论，陕西人民出版社1999年
遗址博物馆的科学研究/李淑萍//遗址博物馆学概论，陕西人民出版社1999年
浅谈博物馆的图书资料工作/李阳//碑林集刊（五），陕西人民美术出版社1999年
博物馆的专业图书馆建设和管理的现代化/周丹//博物馆研究2000-1
试论古旧图书典籍在博物馆中的运用/符钰//博物馆研究2000-2
当代西方博物馆学理论化倾向及其特征/严建强//中国博物馆2000-2
试论博物馆学的研究对象/凌波//中国博物馆2000-2
浅谈博物馆图书资料室的现代化管理/高雪//博物馆研究2000-3
博物馆学理论化倾向是学科发展的必然/严建强//中国博物馆通讯2000-4
社会发展促进了博物馆学理论化的倾向/严建强//中国博物馆通讯2000-4
谈博物馆的资料管理/乔纪军//文物春秋2000-4
博物馆图书工作自动化的设想/左保兴//文物春秋2000-4
略谈博物馆发展史与博物馆现象/张慧国//文物世界2000-5
谈馆藏图书资料的使用与管理/刘丽华//博物馆研究2001-1
甘肃省博物馆2000年业务工作要览/卢冬//陇右文博2001-1
加强博物馆档案的建设及使用/史习良//中国博物馆通讯2001-2
对加强博物馆古籍整理工作的认识和体会/张秋红//博物馆研究2001-2
关于开展中国博物馆学史研究的构想/陈建明//中国博物馆2001-3
博物馆图书采用序号排架的可行性/赵东//中国博物馆通讯2001-4
博物馆与电子出版物/王建涛//中国博物馆通讯2001-4
21世纪博物馆学发展趋向/王宏钧//中国文物报2001-4-25；全球化下的中国博物馆，文物出版社2002年
博物馆学必须基于博物馆概念的扩大/特里萨·希尔纳著，刘荣译//中国博物馆通讯2001-10
简介1998—2000年出版的20种国外博物馆学论著/沈永华//中国博物馆通讯2002-1
与时俱进的博物馆学理念/甄朔南//中国自然科学博物馆协会通讯2002-1；甄朔南博物馆学文集，中国大百科全书出版社2004年
科研——博物馆振兴之本/刘康//中国博物馆2002-2
新博物馆学/〔德〕安德烈亚·豪恩席尔德著，宋向光编译//博物馆研究2002-2
注重学术研究，提高博物馆品位/马先军//中国文物报2002-2-20
中国比较博物馆学研究述评/史吉祥//博物馆研究2002-3
如不加强学术研究，博物馆在相关学术界将无一席之地/马先军//中国博物馆通讯2002-3
谈市级博物馆的藏书建设/秦颖//博物馆研究2002-4
文博档案的编研利用/田素兰//中国博物馆通讯2002-8
博物馆档案资料的开发和利用/邢淑霞//中国博物馆通讯2002-8
文博图书编辑出版的主线及策划/姚湘君//中国博物馆通讯2002-12
浅谈人物博物馆的人物研究//人物类博物馆、纪念馆现状与发展前瞻学术研讨会论文集，百家出版社2002年
甘肃省博物馆学术委员会工作章程//陇右文博2003-1
馆藏图书资料剔旧工作的设想/刘丽华//博物馆研究2003-3

论我国自然科学类博物馆的科学研究/甄朔南//中国自然科学博物馆通讯2003-3；甄朔南博物馆学文集，中国大百科全书出版社2004年
中小博物馆的科研发展/崔少岩//中国文物报2003-6-27
新时期博物馆学研究存在的问题/艾赖文//中国文化报2003-7-3
加强文博科研规划和管理/黄利平//中国文物报2003-8-5
历史在这里翩翩起舞——博物馆学专业探幽/刘海斌//求学2003-11
国际友谊博物馆科研建设展望/何春茹//中国文物报2003-11-21
博物馆项目管理再探/陆琼//中国博物馆2004-1
博物馆学有核心文献吗/杰·朗德斯著，韦立立译//中国博物馆2004-1
建设研究型博物馆/自庶//中国博物馆2004-1
九十年代甘肃博物馆学研究概况/张行//陇右文博2004-1
网络环境下的博物馆图书资料室/李易志//东南文化2004-4
半坡博物馆47年来业务工作概况及展望/王志俊、王颖娟//史前研究2004：中国博物馆学会史前遗址博物馆专业委员会第五届学术研讨会论文集，三秦出版社2005年
甘肃博物馆学研究综述/张行//丝绸之路2004-S2
加强科学研究提升博物馆质量/陈万丰//中国博物馆通讯2004-9
北京地区的博物馆期刊/王珏//北京博物馆学会第四届学术会议论文集，北京燕山出版社2004年
博物馆项目管理初探/陆琼//北京博物馆学会第四届学术会议论文集，北京燕山出版社2004年
中国国家博物馆图书馆的未来——复合图书馆/赵东//北京博物馆学会第四届学术会议论文集，北京燕山出版社2004年
关于首博科研工作的若干思考/高凯军//首都博物馆丛刊（18），北京燕山出版社2004年
论博物馆图书资料研究的深化/李爽//陕西历史博物馆馆刊（十一），三秦出版社2004年
中国博物馆学会的创立和发展/吕济民//中国博物馆史论，紫禁城出版社2004年
博物馆定义的认识/王江//文物世界2005-6
文博专业图书室读者服务浅谈/刘艳姣//广西博物馆文集（二），广西人民出版社2005年
关于发挥博物馆科研教育作用的几点认识/王国辉、王平//博物馆的记忆与想象：“百年文博——我与博物馆”大型征文活动文萃，学苑出版社2005年
传承张謇博物馆思想与实践铸造中国博物第一馆新的辉煌/王倚海//南通博物苑百年苑庆纪念文集，文物出版社2005年
南通博物苑诞生的历史意义和现实意义/苏东海//南通博物苑百年苑庆纪念文集，文物出版社2005年；中国文物报2005-9-9；博物馆的沉思——苏东海论文选（三），文物出版社2006年
用当代博物馆学的新理念看中国博物馆事业的拓荒人张謇//南通博物苑百年苑庆纪念文集，文物出版社2005年；甄朔南博物馆学文集（续），中国大百科全书出版社2008年
中国博物馆的骄傲——关于张謇及其博物苑的随想/梁吉生//南通博物苑百年苑庆纪念文集，文物出版社2005年
南通博物苑回忆录/孙渠//南通博物苑百年苑庆纪念文集，文物出版社2005年
南通博物苑第一任主任孙钺/王建华//南通博物苑百年苑庆纪念文集，文物出版社2005年
木村忠治郎与南通博物苑/孙渠//南通博物苑百年苑庆纪念文集，文物出版社2005年
端方与南通博物苑/王建华//南通博物苑百年苑庆纪念文集，文物出版社2005年
日寇在中国第一座博物馆干了些什么/卜万容//南通博物苑百年苑庆纪念文集，文物出版社2005年
南通博物苑的兴衰与复兴/周国兴//南通博物苑百年苑庆纪念文集，文物出版社2005年
从麋鹿亚化石的发现到麋鹿种群的回归——南通博物苑纪事/卜万容//南通博物苑百年苑庆纪念文集，文物出版社2005年
张謇倡办博物馆的理论和实践/卜黄然、徐冬昌、穆烜//南通博物苑百年苑庆纪念文集，文物出版社2005年
多致真知瀹众愚先从格物救凭虚——张謇与博物馆/金艳//南通博物苑百年苑庆纪念文集，文物出版社2005年
如何提高图书馆工作在博物馆业务中的地位/刘萍//中国博物馆通讯2005-9

南通博物苑诞生的历史性贡献/苏东海//中国文物报2005-9-16；回顾与展望——中国博物馆发展百年：2005年中国博物馆学会学术研究会文集，紫禁城出版社2005年；博物馆的沉思——苏东海论文选（卷三），文物出版社2006年

我国早期图书馆对博物馆事业的贡献/黄少明//图书情报工作2005-11

关于博物馆科研工作的三个环节/高凯军//博物馆：文化的桥梁，广东人民出版社2005年

历史考古的理论与实践——以“国立历史博物馆”为例/江桂珍//博物馆营运的新思维（史物丛刊52），历史博物馆2005年

中国博物馆协会留下的学术遗产——纪念中国博物馆协会成立70周年/梁吉生//中国文物报2005-12-30；中国博物馆通讯2006-1

浅议博物馆图书文献信息资源的开发与利用/李易志//湖南省博物馆馆刊（二），岳麓书社2005年

走进博物馆的老一辈革命家们——忆毛泽东等同志参观安徽省博物馆/朱世力//回顾与展望——中国博物馆发展百年：2005年中国博物馆学会学术研究会文集，紫禁城出版社2005年

南通博物苑的回顾与展望——纪念南通博物苑一百年暨中国博物馆事业发展百年/凌振荣//回顾与展望——中国博物馆发展百年：2005年中国博物馆学会学术研究会文集，紫禁城出版社2005年

南通对中国博物馆事业的贡献/赵明远//回顾与展望——中国博物馆发展百年：2005年中国博物馆学会学术研究会文集，紫禁城出版社2005年

中国博物馆的骄傲——关于张謇及其博物苑的随想/梁吉生//回顾与展望——中国博物馆发展百年：2005年中国博物馆学会学术研究会文集，紫禁城出版社2005年

浅谈博物馆图书资料室地方史文献的征集工作/王云霞//回顾与展望——中国博物馆发展百年：2005年中国博物馆学会学术研究会文集，紫禁城出版社2005年

变两难困窘为双赢策略：传统·现代与保护·开发——为纪念沈阳故宫创建三百八十周年学术研讨会作/彭定安//沈阳故宫博物院院刊，中华书局2005年

传承文脉开拓创新——纪念中国博物馆协会成立70周年/甄朔南//中国博物馆通讯2006-1；甄朔南博物馆学文集（续），中国大百科全书出版社2008年

传承文化延续历史——纪念中国博物馆协会成立70周年感言/陈燮君//中国博物馆通讯2006-1

我与博协两件工作的情结/苏东海//中国博物馆通讯2006-1

加强与国际博协等国际组织的友好往来与联系，积极推进我国博物馆事业走向世界/李象益//中国博物馆通讯2006-1

博物馆学本土化发展及其今后路向/梁吉生//中国文物科学研究2006-1

知识·体系·理论·学科——中国博物馆学研究轨迹检视/中国博物馆学史课题组//中国博物馆2006-2

文物与历史——兼谈博物馆的学术研究/苏东海//中国文物报2006-2-10

关于博物馆研究的大题小做与小题大做/希户//中国文物报2006-2-24

高校博物馆学专业藏品管理学课程教学问题的思考/吕军//博物馆研究2006-4

河北第一博物院及其出版的刊物/马冬青、任海燕//文物春秋2006-6

从博物馆的定义看博物馆的发展/杜水生//河北大学学报2006-6

谈国家博物馆图书馆的《中外文图书采选及图书交换工作条例》/潘昆//中国博物馆通讯2006-8

浅谈地方文献在地方民族博物馆藏书建设中的地位和作用/罗海碧//广西博物馆文集（三），广西人民出版社2006年

浅议高校博物馆学发展之原因/曹斌//乾陵文化研究（二），三秦出版社2006年

谈博物馆图书资料的服务与保护/姜晓红//安徽省博物馆建馆五十周年文集，安徽人民出版社2006年

论中国的博物馆能否推行业务主管制/陈卓//二十一世纪中国博物馆展望：2006年中美博物馆论坛文集，美国梅隆基金会、大都会博物馆2006年

美国博物馆业务主管的职责与工作/孙志新//中国博物馆通讯2006-11

促进博物馆科研发展的几点措施/曾光//中国博物馆通讯2006-12

做好博物馆图书资料管理的几点体验与思考/郑维霞//辽宁省博物馆馆刊（1），辽海出版社2006年

关于中小型博物馆古籍管理的思考/李易志//湖南省博物馆馆刊（三），岳麓书社2006年

关于博物馆建立专题特色图书库的探讨/李易志//中国博物馆2007-1
浅议博物馆的信息交流/时耀光//黑河学刊2007-1
创新思想与中国博物馆学研究/王瑞平//商丘师范学院学报2007-1
天津自然博物馆图书数据库建设量化管理探索/阎宝珍、高健//中国博物馆2007-2
对纪念馆图书资料室信息搜集工作的几点体会/盖金香//中国博物馆通讯2007-2
博物馆图书编辑出版工作的现状和探索/杜莹//职业2007-3
博物馆馆藏文物图像资料规范化管理初探/黄晓蕙//科技经济市场2007-3
遗址博物馆研究室的性质与作为/刘珺//秦陵秦俑研究动态2007-4
博物馆图书馆的图书采访策略探讨/张毅//科技情报开发与经济2007-4
论博物馆信息资源共享中的权利和义务/王裕昌//甘肃科技2007-5
图书资料管理在博物馆工作中的作用/陈瑟琼//中国科教创新导刊2007-12
试论博物馆的科研工作/何周德//博物馆理论与实践研讨会论文集，三秦出版社2007年
博物馆中的“图书馆”——浅谈博物馆图书资料室的服务工作/郝娟//博物馆理论与实践研讨会论文集，三秦出版社2007年
陕西历史博物馆图书的收藏与管理/杨亚娣//陕西历史博物馆馆刊（十四），三秦出版社2007年
关于“故宫学”及其在沈阳故宫研究之拓展——与沈阳故宫博物院院长武斌的对谈//沈阳故宫博物院院刊（四），中华书局2007年
博物馆开放方式研究/蔡琴//国际博物馆（中文版）2008-1
笔谈博物馆学/梁吉生、苏东海、甄朔南、杨志刚、史吉祥、宋向光、严建强//中国博物馆2008-2
高等学校博物馆学专业实践教学的探索——以辽宁师范大学博物馆学专业为中心/刘俊勇//博物馆研究2008-2
吉林省博物院图书资料工作的现状与发展/白云霞//博物馆研究2008-3；耕耘录：吉林省博物院学术文集2003—2010，吉林人民出版社2010年
遗址博物馆的横向比较：鸿山遗址博物馆与台北十三行遗址博物馆/吕春华//中国文物报2008-4-25
博物馆学的现状及其发展趋势——答梁吉生教授问/苏东海//博物苑2008-5；中博物馆的沉思——苏东海论文选（卷三），文物出版社2010年
延安革命纪念馆图片资料管理现状及对策/米晓蓉//中国博物馆通讯2008-11
青岛市博物馆藏图书资料利用及优化/张桂芳//中国文物报2008-11-21
安徽省博物馆图书资料管理的思考/刘莉华//中国文物报2008-12-19
博物馆图书资料管理初探/刘莉华//科技信息2008-28
拓展碑林研究的历史文化多元空间——纪念西安碑林九百二十周年华诞国际学术研讨会综述/周晓薇//碑林集刊（十三），陕西人民美术出版社2008年
浅析博物馆档案管理//无锡博物院论文集，广陵书社2008年
图书资料工作在地方博物馆中的重要性//无锡博物院论文集，广陵书社2008年
要大力提高我国博物馆学的研究水平/甄朔南//甄朔南博物馆学文集（续），中国大百科全书出版社2008年
对编辑《中国博物馆志》新版的一些建议/甄朔南//甄朔南博物馆学文集（续），中国大百科全书出版社2008年
为《中国博物馆通讯》改版叫好/甄朔南//甄朔南博物馆学文集（续），中国大百科全书出版社2008年
中国博物馆学百年发展述略/甄朔南//甄朔南博物馆学文集（续），中国大百科全书出版社2008年
我国博物馆学研究需要规范/甄朔南//甄朔南博物馆学文集（续），中国大百科全书出版社2008年
新博物馆学及其相关的一些问题/甄朔南//甄朔南博物馆学文集（续），中国大百科全书出版社2008年
我在北京自然博物馆的标本采集与研究/甄朔南//甄朔南博物馆学文集（续），中国大百科全书出版社2008年
寄语——写在自贡恐龙博物馆专家编著的一套有关恐龙知识丛书前的话//甄朔南博物馆学文集（续），中国大百科全书出版社2008年
博物馆图书信息化建设的探索和认识/周丽丽//五秩风华：上海市青浦区博物馆建馆五十周年纪念文集，上海社会科学院出版社2008年
积极探讨博物馆与社会发展的关系建立充分发挥博物馆服务社会职能的有效机制——第七届中日韩博物馆国际学术研讨会综述//沈阳故宫博物院院刊（六），中华书局2008年

“国立沈阳博物院筹备委员会”出版物解题目录/秦浦//辽宁省博物馆馆刊（3），辽海出版社2008年
谈博物馆档案工作的重要性/李燕//辽宁省博物馆馆刊（3），辽海出版社2008年
博物馆出版物刍议/王焕丽//中国文物报2009-1-16
百期《中国博物馆》“博物馆学研究”综述/闫向东//中国博物馆2009-3（上）；中国博物馆2009-3（下）
高校博物馆步出深闺成中外学术交流的平台/魏艾//人民日报（海外版）2009-3-24
长春伪满皇宫博物院图书资料管理实行资源共享探讨/宋绍红//博物馆研究2009-4
国际博物馆理论研究的分化与整合——博物馆研究的两条思想路线札记/苏东海//东南文化2009-6
关于我国博物馆学研究及其学科建设的思考/陆建松//东南文化2009-6
博物馆档案与展览档案的思考/吴春璟//中国档案2009-6
树立大博物馆学理念/李文儒//中国文物报2009-7-10
博物馆学基础研究：博物馆情感初论/苏东海//中国文物报2009-8-12
博物馆若干概念辨析（一）：孤品与重复品：未必物以稀为贵/段勇//中国文物报2009-8-12
英国博物馆海外文物研究新动向——海外文物与隶属国的联系变得越来越重要/李宏坤编译//中国文物报2009-8-12
新时期博物馆学会建设的实践与思考/张柏//中国文物报2009-9-16
关于博物馆图书工作的探讨/齐月、谢勇//首都博物馆丛刊（23），北京燕山出版社2009年
研究型博物院的理论与实践——以沈阳故宫为例/邓庆//理论界2009-12
博物馆学研究的“实”与“虚”/侯春燕//中国文物报2009-12-2
博物馆的历史演变/周尚娟//大众文艺2009-23
略论博物馆研究工作的开展/孔令琦//江苏省文博论文集2008，南京出版社2009年
图书工作者的永恒主题——为读者服务——谈谈博物馆的图书服务工作/李阳//碑林集刊（十四），陕西人民美术出版社2009年
馆藏文献资源共享的障碍及前期准备/云霞//博物馆免费开放的思考：广西博物馆首届学术讨论会论文集，广西科学技术出版社2009年
对博物馆科研业务建设的几点思考——以西安碑林博物馆为例/赵力光//秦晋豫博物馆理论与实践研讨会论文选，陕西人民出版社2009年
博物馆科研工作与信息化/王勇//回顾与创新——秦始皇兵马俑博物馆开馆三十周年纪念文集，三秦出版社2009年
从直线结构到矩阵式管理——探索适合中国博物馆的业务管理运作机制/陈汾霞//春华集：纪念山西博物院九十周年学术文集，山西人民出版社2009年
关于博物馆学研究对象的思考/刘毅//东南文化2010-1
从康有为创设工业文明博物馆构想谈博物馆的核心价值/唐红炬//中国文物科学研究2010-1
考古博物馆的新尝试——兼谈学科知识普及与学科博物馆的建立/麻赛萍//中国文物报2010-5-5
浅谈博物馆学研究趋向/张桂华//北方文物2010-1；丝绸之路2010-6
博物馆研究的三重忧虑——来自加拿大的启示/〔加〕芒蒂·雷德、布鲁丝·内勒著，姚雅欣译//中国文物报2010-2-24
博物馆出版物的策划原则/王焕丽//中国文物报2010-3-17
从事博物馆学研究的点滴体会/宋向光//中国文物报2010-3-31
基于教育的研究——以天津博物馆为例谈博物馆学研究体系的构建/白文源//中国博物馆2010-4
信息时代博物馆知识管理模式探究/宋娴、王小明//中国博物馆2010-4
以科研促发展——首都博物馆基础性研究工作思考/黄雪寅//北京文博2010-4；中国文物报2011-7-27
博物馆业务中的两个问题/苏东海//中国文物报2010-6-2；博物馆的沉思——苏东海论文选（卷三），文物出版社2010年
对文博修复人才短缺的思考/曹爱生//中国文物报2010-6-4
博物馆要重视技能型人才的培养和使用/曹爱生//中国文物报2010-6-23
在国际博协第22届会员代表大会筹备委员会第二次会议上的讲话/蔡武//中国文物报2010-6-25

立足馆情摆脱困境：黑龙江省博物馆谋求藏品研究与陈展新思路/岳中彬//中国文物报2010-6-30
从“客随主便”到“主随客便”——将文博学术成果转化为社会共享成果的思考与实践/赵幼强//中国文物报2010-7-7
谈博物馆出版物如何满足民众的读书需求/张欣//中国文物报2010-7-21
文博图书的“创新”/朱启新//中国文物报2010-7-21
文化遗产读物也应“三贴近”/吴晓丛//中国文物报2010-7-21
博物馆图书出版与观众需求/游振群//中国文物报2010-10-15
一只眼看中国一只眼看世界——第22届国际博协大会聚焦一二/崔波//中国文物报2010-11-17
激荡思想交流智慧——记首届全球博物馆志愿者开放论坛/张俊梅//中国文物报2010-11-17
国际博物馆协会第22届大会主旨报告摘要//中国文物报2010-11-17
着力提升博物馆的专业化品质/李耀申//中国文物报2010-11-17
探索发展新机制实现科研新跨越——记四川博物院与四川大学博物馆科研规划与研发创新中心的建立/成文//中国文物报2010-12-31
当代中国博物馆学研究的基本问题及方法评述/杨晓明//青年文学家2010-20
博物馆业务档案管理刍议/张青//史前研究（2009）：首届国际河姆渡文化节——国际遗址博物馆馆长河姆渡峰会暨史前遗址博物馆专业委员会第七届学术研讨会纪念文集，宁波出版社2010年
关于博物馆图书出版工作的调查与思考——兼谈湖南省博物馆图书出版工作的定位与发展/聂菲、杨慧婷//湖南省博物馆馆刊（六），岳麓书社2010年
城市化热潮中博物馆在专业技术人才管理上出现的问题及应对思路/林俊超//中国博物馆学会纪念馆专业委员会第三次年会暨城市建设与文化遗产保护论坛论文集，上海社会科学出版社2010年
关于博物馆科研工作的探索/李经汉//天津文博论丛（1），天津人民出版社2010年
斯特朗斯基论博物馆学是一门科学/苏东海摘编//博物馆的沉思——苏东海论文选（卷三），文物出版社2010年
浅谈网络环境下博物馆图书资料工作//天津文博（7），科学出版社2010年
中川成夫论博物馆学是一门学问还不是一门科学/苏东海摘编//博物馆的沉思——苏东海论文选（卷三），文物出版社2010年
捷克学者论专业博物馆学/苏东海摘编//博物馆的沉思——苏东海论文选（卷三），文物出版社2010年
王宏钧论世界博物馆学研究的新特点/苏东海摘编//博物馆的沉思——苏东海论文选（卷三），文物出版社2010年
甄朔南论传统博物馆学向现代博物馆学转变/苏东海摘编//博物馆的沉思——苏东海论文选（卷三），文物出版社2010年
梁吉生论博物馆学理论研究的趋势/苏东海摘编//博物馆的沉思——苏东海论文选（卷三），文物出版社2010年
苏东海论世界博物馆及博物馆学存在着两个系统/苏东海摘编//博物馆的沉思——苏东海论文选（卷三），文物出版社2010年
李经汉论什么是博物馆的真正科研工作/苏东海摘编//博物馆的沉思——苏东海论文选（卷三），文物出版社2010年
美国学者伯考论怎样理解博物馆学/苏东海摘编//博物馆的沉思——苏东海论文选（卷三），文物出版社2010年
冯承柏论与博物馆发展密切的学科/苏东海摘编//博物馆的沉思——苏东海论文选（卷三），文物出版社2010年
谈谈博物馆的人与物——兼谈博物馆学的理论核心/曹兵武//2010民办博物馆发展论坛论文集，陕西人民出版社2010年
强化“学科意识”，拓展博物馆史研究/梁吉生//安徽文博（六），中华书局2010年
浅谈博物馆图书资料管理工作/吴凡//上海文博论丛2011-1
近代中国博物馆的发展及其空间意义/艾智科//中国文物科学研究2011-1
清末至民国图书馆事业的勃兴与繁荣（下）/龚蛟腾//图书馆2011-2
“大博物馆学”与中国博物馆的当代性/刘舜强//中国文物报2011-2-9
博物馆学课程实践教学体系建设的思考/刘俊勇、徐松岩//辽宁师范大学学报2011-5
当代美国高校博物馆专业课程设置及成因分析/王春慧、张文立、王德发//东南文化2011-6

二　博物馆学专题研究、工作研究

博物馆藏品保管/郑求真著//紫禁城出版社1985年
博物馆技术/吉林省博物馆学会、吉林大学考古学系博物馆学教研室编译//吉林大学出版社1989年
博物馆学与博物馆工作/山东省博物馆学会编//山东教育出版社1989年
博物馆基础理论及实用科学技术/荆三林、李元河编著//河南大学出版社1990年
博物馆建筑设计规范/华东建筑设计院主编//中国建筑工业出版社1991年
博物馆教育入门/王学敏编著//河南人民出版社1991年
博物馆藏品保管工作手册/国家文物局编//群众出版社1993年
博物馆群众教育工作/国家文物局编//文物出版社1993年
讲解艺术论（博物馆学研究丛书）/马青云、贾志强、杨维中著/西北大学出版社1994年
深圳考古发现与研究/深圳博物馆编//文物出版社1994年
小型博物馆陈列/〔澳大利亚〕布赖恩·伯特伦著，谢政译//三秦出版社1994年
文物修复与研究/国家文物局博物馆处、中国文物学会文物修复委员会合编//国际文化出版公司1995年
藏品管理学/吕军编著//吉林大学出版社1996年
海洋博物馆/谭征主编//天津教育出版社1996年
博物馆陈列艺术/国家文物局、中国博物馆学会编//文物出版社1997年
文物霉害的防治/马淑琴著//科学出版社1997年
博物馆行销论文集/（台）历史博物馆编//1998年
博物馆里的计算机（博物馆学研究丛书）/郭宝发主编//西北大学出版社1998年
观众与博物馆：云南民族博物馆陈列科教集/谢沫华主编//云南科技出版社1998年
国际博物馆安全保卫基础/杨玲、王俪阁、鲁芯编译//中国民航出版社1998年
秦始皇陵兵马俑文物保护研究（《秦俑·秦文化》丛书）/张志军著//陕西人民教育出版社1998年
陶瓷书画与博物馆学论集/陈德富著//四川美术出版社1998年
博物馆陈列艺术/夏书绅等著//文物出版社1999年
民族博物馆论文集（云南民族博物馆文库）/高宗裕主编//云南民族出版社1999年
博物馆历史文选（博物馆学研究丛书）/李淑萍、宋伯胤选注//陕西人民出版社2000年
无墙的博物馆·艺术史（插图珍藏本）/〔法〕安德烈·马尔罗著，李瑞华、袁楠译，孙宜学校//广西师范大学出版社2001年
博物馆建筑设计（建筑设计指导丛书）/邹瑚莹、王路、祁斌编著//中国建筑工业出版社2002年
博物馆美学/汤家庆著//海峡文艺出版社2002年
博物馆社会教育研究/戴亚雄编著//贵州人民出版社2002年
洛阳匾额/洛阳市文物管理局、洛阳民俗博物馆编/朝华出版社2002年
秦军出巡——兵马俑外展纪实/田静著//三秦出版社2002年
2002博物馆公众研究——以旅顺日俄监狱旧址博物馆为例/史吉祥、郭富纯主编//吉林人民出版社2003年
陈列艺术（《东南文化》2003年增刊2）/南京博物院编，徐湖平主编//东南文化杂志社2003年
大英博物馆日记（访学文丛）/陈平原著//山东画报出版社2003年

德国当代博物馆建筑/王路著//清华大学出版社2003年
纪念馆陈列策划/俞乐滨著//白山出版社2003年
洛阳匾额（第二卷）/洛阳市文物管理局、洛阳民俗博物馆编//河南美术出版社2003年
宁静的辉煌：法门寺文化文物陈列（法门寺文物丛书之二）/李新玲主编//长城出版社2003年
特色鲜明的沈阳故宫建筑/陈伯超、支运亭等著//机械工业出版社2003年
中国博物馆建筑与文化/《建筑创作》杂志社编，程旭编著//机械工业出版社2003年
博物馆的故事（全三册）/北京市文物局编//北京燕山出版社2004年
博物馆工作研究（博物馆学研究丛书）/田静著//陕西人民出版社2004年
博物馆管理百科全书/《博物馆管理百科全书》编委会编//学苑出版社2004年
博物馆建筑（国外建筑设计方法与实践丛书）/〔美〕亚瑟·罗森布拉特著，周文正译//中国建筑工业出版社2004年
谛听陈列艺术的脚步声：新世纪陈列艺术发展趋势/中国博物馆学会陈列艺术委员会编，赵春贵主编//湖南人民出版社2004年
博物馆的记忆与想象："百年文博——我与博物馆"大型征文活动文萃（中国文物报书系·博物馆）/李让、李文昌主编//学苑出版社2005年
博物馆观察：博物馆展示宣传与社会服务工作调查研究（中国文物报书系·博物馆）/曹兵武、李文昌主编//学苑出版社2005年
记忆现场与文化殿堂——我们时代的博物馆（中国文物报书系·博物馆）/曹兵武著//学苑出版社2005年
宁静的辉煌——上海博物馆新馆陈列设计解析/李蓉蓉编著//文物出版社2005年
首都博物馆新馆建筑设计征集方案集/毛钺著//中国建筑工业出版社2005年
文物保护技术（管理学丛书）/王成兴、尹慧道主编//安徽大学出版社2005年
《博物馆管理办法》贯彻实施与博物馆科学管理及信息化建设实务全书/谭波编著//中国知识出版社2006年
博物馆馆长领导艺术与工作实用百科全书/《博物馆馆长领导艺术与工作实用百科全书》编委会编//中国文化艺术社2006年
博物馆社会教育/北京博物馆学会编//北京燕山出版社2006年
博物馆展览——策划设计与实施（中国文物报书系·博物馆）/曹兵武、崔波主编//学苑出版社2006年
光的艺术——光在陈列艺术中的应用与研究/陈同乐著//文物出版社2006年
考古烟台/烟台市博物馆编//齐鲁书社2006年
洛阳匾额（第三卷）/洛阳市文物管理局、洛阳民俗博物馆编//三秦出版社2006年
世界博物馆建筑/〔德〕维多里奥·马尼亚戈·兰普尼亚尼等编著，赵欣、周莹等译//辽宁科学技术出版社2006年
被偷去记忆的博物馆——影响孩子们一生的经典（插图本）/〔德〕拉尔夫·伊绍著，王泰智、沈惠珠译//人民文学出版社2007年
博物馆的性格/周幸、李晓蕾编著//石油工业出版社2007年
博物馆工作手册/国家文化局博物馆司编//华龄出版社2007年
博物馆行政/〔美〕Hugh H.Genoways、Lynne M.Ireland著，林洁盈译//台湾五观艺术管理有限公司2007年
博物馆就是剧场/刘婉珍著//台湾艺术家出版社2007年
汉字博物馆/任德山、任犀然著//商务印书馆2007年
论民族博物馆建设/中国民族博物馆编//民族出版社2007年
美国艺术博物馆/〔美〕南希·艾因瑞恩胡弗著，金眉译//湖南美术出版社2007年
沈阳故宫与世界文化遗产（沈阳故宫文库）/武斌主编//辽宁大学出版社2007年
数字博物馆的生命力：2007北京数字博物馆研究/刘英、张浩达主编//中国传媒大学出版社2007年
文物塑形思考："瓯骆遗粹广西百越文化文物精品展"展览设计/胡晓建等//中国社会科学出版社2007年
西域异服：丝绸之路出土古代服饰复原研究（东华美术考古丛书）/包铭新著//东华大学出版社2007年
现代博物馆管理的理论与实践/首都博物馆编//北京出版社2007年

展览讲解员（试行）：国家职业标准/中华人民共和国劳动和社会保障部编//中国劳动社会保障出版社2007年
展览论——博物馆展览的21个问题（北京市文物局当代博物馆学前沿译丛）/〔美〕玛格丽特·霍尔著//北京燕山出版社2007年
中国民族博物馆2006/《中国民族博物馆》编辑部编//2007年
2003～2006中国国家博物馆观众研究/郝国胜、黄琛著//中国大百科全书出版社2008年
百馆游：一个小学生走遍杭城博物馆的真实记录/吴宛瑜著//杭州出版社2008年
博物馆陈列形式设计析览/封良珍著//河北美术出版社2008年
博物馆的人力活泉/刘德胜著//台中市舜程印刷有限公司2008年
博物馆免费开放参观指南/国家文物局博物馆司编辑//文物出版社2008年
博物馆免费开放研究——以湖北省博物馆为例/湖北省博物馆编//湖北人民出版社2008年
故宫博物院观众结构调查（2007.6～2008.5）/故宫博物院宣传教育部编//紫禁城出版社2008年
国人到此，低头致敬：中国建川博物馆聚落/师永刚、刘琼雄编著//新星出版社2008年
汉代物质资料图说（增订本）（中国国家博物馆学术丛书）/孙机著//上海古籍出版社2008年
汉风蜀韵：成都历史文化博物馆门票收藏博览/胥昌同编著//四川美术出版社2008年
建筑快速设计：博物馆/《大师》编辑部编//华中科技大学出版社2008年
历史的烙印：青岛德国监狱旧址博物馆陈列展览纪略/赵春光主编//中国长安出版社2008年
马王堆汉墓：古长沙国的艺术与生活/湖南省博物馆编，陈建明主编//岳麓书社2008年
守望经典：郑欣淼谈故宫/郑欣淼著//紫禁城出版社2008年
文物养护工作手册/首都博物馆编//文物出版社2008年
展览讲解员（初级）（国家职业资格培训教程）/贾雪虹主编//中国劳动社会保障出版社2008年
展览讲解员（高级）（国家职业资格培训教程）/贾雪虹主编//中国劳动社会保障出版社2008年
展览讲解员（基础知识）（国家职业资格培训教程）/贾雪虹主编//中国劳动社会保障出版社2008年
中国印刷博物馆创始记/陈春生著//作家出版社2008年
自然科学博物馆科学教育活动/钟琦主编//科学普及出版社2008年
博物馆陈列展览内容策划与实施/齐玫著//文物出版社2009年
博物馆纺织品文物保护技术手册（博物馆藏品保护丛书）/国家文物局博物馆与社会文物司主编//文物出版社2009年
博物馆话题/田静著//陕西出版集团三秦出版社2009年
博物馆建筑设计/蒋玲主编，马欣、王卉、姬凌云编著//中国建筑工业出版社2009年
博物馆教育新视阈（博物馆社会教育·北京论坛）/杨丹丹、阎宏斌主编//文物出版社2009年
博物馆实用讲解艺术（河南博物院学术文库）/王学敏编著//河南大学出版社2009年
博物馆文物保护实验室建设与研究——以首都博物馆为例/王武钰、赵瑞廷编著//北京燕山出版社2009年
城市·环境·设计：博物馆建筑特辑39/符宁编著//辽宁科学技术出版社2009年
传承中华文明之光：改革开放30年陕西文博事业/郭宪曾主编//三秦出版社2009年
大足石刻保护/王金华主编//文物出版社2009年
发现博物馆里的历史（“发现·探索丛书”）/方木铎编著//哈尔滨出版社2009年
法门寺文物图饰/韩生编著//文物出版社2009年
非物质文化遗产学/苑利、顾军著//高等教育出版社2009年
馆藏出土竹木漆器类文物保护修复档案记录规范WW/T0011-2008（中华人民共和国文物保护行业标准）/中华人民共和国国家文物局主编//文物出版社2009年
馆藏金属文物保护修复档案记录规范WW/T0011-2008（中华人民共和国文物保护行业标准）/中华人民共和国国家文物局编/文物出版社2009年
馆藏丝织品保护维修方案编写规范WW/T0014-2008（中华人民共和国文物保护行业标准）/中华人民共和国国家文物局主编//文物出版社2009年
馆藏丝织品保护修复档案记录规范WW/T0015-2008（中华人民共和国文物保护行业标准）/中华人民共和国国家文物局主编//文物出版社2009年
馆藏丝织品病害与图示WW/T0013-2008（中华人民共和国文物保护行业标准）/中华人民共和国国家文物局

主编//文物出版社2009年
馆藏文物保护环境质量检测技术规范WW/T0016-2008（中华人民共和国文物保护行业标准）/中华人民共和国国家文物局主编//文物出版社2009年
馆藏文物出入库规范WW/T0018-2008（中华人民共和国文物保护行业标准）/中华人民共和国国家文物局主编//文物出版社2009年
馆藏文物登陆规范WW/T0017-2008（中华人民共和国文物保护行业标准）/中华人民共和国国家文物局主编//文物出版社2009年
馆藏文物展览点交规范WW/T0019-2008（中华人民共和国文物保护行业标准）/中华人民共和国国家文物局主编//文物出版社2009年
解说的职业艺术/杨晓东著//文物出版社2009年
洛阳匾额（第四卷）/王支援、朱世伟主编//三秦出版社2009年
美术馆-博物馆展示文化与藏品管理/王璜生主编//同济大学出版社2009年
全国农业展览馆建筑艺术/林诚斌主编//红旗出版社2009年
石质文物保护修复档案记录规范WW/T0012-2008（中华人民共和国文物保护行业标准）/中华人民共和国国家文物局主编//文物出版社2009年
首都博物馆馆藏纺织品保护研究报告/首都博物馆编//文物出版社2009年
文物保护学/王蕙贞编著//文物出版社2009年
文物保护与修复的问题（第2卷）/马里奥·米凯利，詹长法主编//文物出版社2009年
文物保护与修复的问题（第3卷）/马里奥·米凯利，詹长法主编//文物出版社2009年
文物保护与修复的问题（第4卷）/马里奥·米凯利，詹长法主编//文物出版社2009年
文物藏品档案规范WW/T0020-2008（中华人民共和国文物保护行业标准）/中华人民共和国国家文物局主编//文物出版社2009年
文物巡展的实践与探索："秦始皇兵马俑全国巡回展"实录/秦始皇兵马俑博物馆编//科学出版社2009年
湘楚物华：阅读湖南省博物馆（阅读博物馆系列丛书）/陈建明主编、游振群副主编//紫禁城出版社2009年
中国文物保护与修复技术/中国文化遗产研究院编//科学出版社2009年
中国文物事业60年/国家文物局编//文物出版社2009年
碑林语石：西安碑林藏石研究/路远著//三秦出版社2010年
博物馆藏品保护与展览：包装、运输、存储及环境考虑（国家文物局博物馆司、甘肃省文物局译著丛书）/〔加〕斯托洛著，宋燕、卢燕玲、黄晓宏等译//科学出版社2010年
博物馆策展实践/姚安著//科学出版社2010年
博物馆常用合同概论/黄哲京、李晨著//紫禁城出版社2010年
博物馆陈列项目实施的程序与方法/肖克之、刘军编著//中国时代经济出版社2010年
博物馆技术论文集（中日韩合作丝绸之路沿线文物保护修复技术人员培养计划丛书）/詹长法、冈田健主编//文物出版社2010年
博物馆宣教服务岗位从业人员培训教程//中国国家博物馆编//中国劳动社会保障出版社2010年
博物馆安全保障（文化遗产保护手册：1）/联合国教科文组织著，民族出版社译//民族出版社2010年
手稿维护与处理（文化遗产保护手册：2）/联合国教科文组织著，民族出版社译//民族出版社2010年
工艺品藏品备案（文化遗产保护手册：3）/联合国教科文组织著，民族出版社译//民族出版社2010年
博物馆灾害风险管理（文化遗产保护手册：4）/联合国教科文组织著，民族出版社译//民族出版社2010年
创新与发展——甘肃省博物馆建设的理论与实践/王裕昌著//甘肃人民出版社2010年
故宫治学之道（上、下册）/故宫博物院编//紫禁城出版社2010年
馆藏纸质文物保护修复档案记录规范（中华人民共和国文物保护行业标准）/中华人民共和国国家文物局主编//文物出版社2010年
馆藏纸质文物保护修复方案编写规范（中华人民共和国文物保护行业标准）/中华人民共和国国家文物局主编//文物出版社2010年
馆藏纸质文物病害分类与图示（中华人民共和国文物保护行业标准）/中华人民共和国国家文物局主编//文物

出版社2010年
汉唐墓葬壁画保护与修复/杨军昌、王啸啸、赵西晨著//三秦出版社2010年
汉阳陵·比萨：文化遗产的原址保护与考古博物馆/汉阳陵博物馆编//三秦出版社2010年
经营博物馆/〔英〕帕特里克·博伊兰主编//译林出版社2010年
抗战纪念建筑/建筑文化考察组编著//天津大学出版社2010年
洛阳匾额（第五卷）/王支援、梁淑群、田国杰主编//陕西出版集团三秦出版社2010年
绿色博物馆建筑的探索：上海自然博物馆新馆节能技术研究为例/徐晓红主编//上海人民出版社2010年
砂岩质文物防风化材料保护效果评估方法（中华人民共和国文物保护行业标准）/中华人民共和国国家文物局主编//文物出版社2010年
沈阳故宫木作营造技术/朴玉顺、陈伯超著//东南大学出版社2010年
沈阳故宫院藏书画源流（沈阳故宫文库）/周维新著//万卷出版公司2010年
世博会与博物馆——演绎与思考/周秀琴著//上海教育出版社2010年
陶质彩绘文物保护修复档案记录规范（中华人民共和国文物保护行业标准）/中华人民共和国国家文物局主编//文物出版社2010年
陶质彩绘文物保护修复方案编写规范（中华人民共和国文物保护行业标准）/中华人民共和国国家文物局主编//文物出版社2010年
陶质彩绘文物病害与图示（中华人民共和国文物保护行业标准）/中华人民共和国国家文物局主编//文物出版社2010年
文物保护工程文件归档整理规范（中华人民共和国文物保护行业标准）/中华人民共和国国家文物局主编//文物出版社2010年
文·宴：中国区域博物馆交流展览文献集（壹）/南京博物院编//文物出版社2010年
笑话博物馆/〔英〕兰斯福德（Ransford S.）编著//译林出版社2010年
新形势下博物馆工作实践与思考/国家文物局博物馆与社会文物司编//文物出版社2010年
学在博物馆（北京市文物局当代博物馆学前沿译丛）/〔美〕乔治·E. 海因（George E.Hein）著，李中、隋荷译//北京燕山出版社2010年
印记与重塑：镇江博物馆考古报告集（2001～2009）/镇江博物馆编，杨正宏主编//江苏大学出版社2010年
中国博物馆建筑/《建筑创作》杂志社主编//天津大学出版社2010年
2010年陕西历史博物馆观众调查报告/陕西历史博物馆编//陕西出版集团三秦出版社2011年
博物馆12讲/姚安著//科学出版社2011年
博物馆陈列新思维/张志著//天津人民出版社2011年
博物馆观众研究/刘婉珍著//三民书局2011年
博物馆企业（博物馆管理丛书）/黄光男著//艺术家出版社2007年；文化艺术出版社2011年
博物馆铁质文物保护技术手册（博物馆藏品保护丛书）/国家文物局博物馆与社会文物司主编/文物出版社2011年
博物馆新视觉（博物馆管理丛书）/黄光男著//文化艺术出版社2011年
馆藏壁画保护技术/郭宏、马清林主编//科学出版社2011年
贵州生态博物馆纪实/胡朝相著//中央民族大学出版社2011年
金石杂项类文物修复（首都博物馆文物修复与辨伪丛书）/刘树林主编//中国书店2011年
美国博物馆国家标准及最佳做法（中国博物馆学会、美国博物馆协会博物馆管理丛书）/美国博物馆协会编著，湖南省博物馆译//外文出版社2011年
美国博物馆认证指南（中国博物馆学会、美国博物馆协会博物馆管理丛书）/美国博物馆协会编著，湖南省博物馆译//外文出版社2011年
如何管理一家博物馆：博物馆吸引人的秘密/〔英〕格拉汉姆·布莱克著，徐光、谢卉译//中国轻工业出版社2011年
三星堆进校园——一项公众考古新纪录的诞生过程/四川省文物考古研究院编//科学出版社2011年
铁质文物保护技术（中国文化遗产研究院文物保护技术丛书）/马清林、沈大娲、永昕群主编//科学出版社2011年
文博余话/马自树著//紫禁城出版社2011年

文化造城：当代博物馆与文化创意产业及城市发展/张子康等著//广西师范大学出版社2011年
学术研究：中国城市遗址博物馆开发模式研究/艾进著//西南财经大学出版社2011年
百年国博：中国国家博物馆百年简史与成果/吕章申主编//中华书局2012年
博物馆藏品保管工作指引/北京博物馆学会编//中国书籍出版社2012年
博物馆教育体验项目案例分析/中国国家博物馆编//安徽人民出版社2012年
博物馆品牌形象的塑造——如何创立并保持形象、忠诚度和支持（北京市文物局当代博物馆学前沿译丛）/〔美〕玛格特·A.华莱士著，于君、王晓蕊译//北京燕山出版社2012年
博物馆与美国的智识生活：1876～1926/〔美〕史蒂芬·康恩著，王宇田译//上海三联书店2012年
策展：博物馆陈列构建的多元维度/北京博物馆学会编//中国书籍出版社2012年
故宫博物院诉讼案例选编/故宫博物院编//故宫出版社2012年
景观视野下的西南传统聚落保护——生态博物馆的探索/余压芳著//同济大学出版社2012年
兰亭展事纪实/故宫博物院编//故宫出版社2012年
六十年陈列艺术之路/费钦生著//上海古籍出版社2012年
潘玉良艺术作品题跋考述/朱良剑著//文化艺术出版社2012年
青铜器修复与鉴定（文物修复与鉴定培训丛书）/李震、贾文忠主编//文物出版社2012年
让木乃伊跳舞：大都会艺术博物馆变革记/〔美〕托马斯·霍文著，张建新译//译林出版社2012年
让你大开眼界的妙趣百科——人文社会（中国学生知识博物馆丛书）/龚勋主编//华夏出版社2012年
设计中的设计：博物馆·剧院/深圳市智美精品文化传播有限公司编//华中科技大学出版社2012年
石质文物保护/刘强著//科学出版社2012年
首都博物馆文物科技研究/赵瑞廷主编//北京燕山出版社2012年
听博物馆讲故事：广西世居民族传说集锦/广西民族博物馆编//广西师范大学出版社2012年
艺术博物馆/〔英〕英国费顿出版社编，王燕飞等译//四川美术出版社2012年
殷商玉器鉴赏与辨伪图典——殷商玉器研究与探索（民间博物馆藏品鉴赏丛书）/常庆林、常晓禹著//中国书店2012年
重塑博物馆空间：建筑、设计、展览（北京市文物局当代博物馆前沿译丛）/〔英〕苏珊·麦克劳德编，王晓蕊译//北京燕山出版社2012年
博物馆、艺术馆、展览馆——展览和陈列设计/〔德〕乌韦·J.赖因哈特（Uwe J.Reinhardt）、菲利普·托伊费尔（Philipp Teufel）编著，韩晓旭译//中信出版社2013年
博物馆陈列艺术总体设计/徐乃湘主编//高等教育出版社2013年
博物馆馆长讲博物馆：石窟、丹青、吉金——文化传承与家国命运/上海博物馆、中国博物馆协会博物馆管理专业委员会编//北京大学出版社2013年
博物馆环境监测控制技术/张晋平著//中国环境出版社2013年
博物馆课程资源的开发与利用研究/李君著//东北师范大学出版社2013年
博物馆设计方案/刘翰林编著//辽宁科学技术出版社2013年
从水晶宫到达尔文中心——伦敦自然历史博物馆建筑进化史/王琦著//中国建筑工业出版社2013年
大匠之道——国家博物馆装饰技术创新与研究/张小华、李忠著//中国建筑工业出版社2013年
单霁翔文博文集（上、中、下）/单霁翔著//文物出版社2013年
国家一级博物馆运行评估报告（2011年度）/中国博物馆协会编//译林出版社2013年
沈阳故宫展陈史/李晓丽著//现代出版社2013年
说故宫/朱家溍著//故宫出版社2013年
网络数字媒体技术在生物多样性数字博物馆中的应用研究/吴丽华、何书前、冯建平等著//国防工业出版社2013年
文化营造：世界当代博物馆、美术馆设计/伊峻慷编著//江苏科学技术出版社2013年
文物霉害和虫害的防治/马淑琴著//科学出版社2013年
西南民族生态博物馆研究/段阳萍著//中央民族大学出版社2013年
线条艺术的遗产：乾陵唐陪葬墓石椁线刻画/樊英峰、王双怀编著//文物出版社2013年

中国当代建筑大系：博物馆/刘克成编著//辽宁科学技术出版社2013年
中国艺术博物馆空间形态研究/孙淼著//文化艺术出版社2013年
博物馆建筑与空间设计/〔法〕曼纽尔·戈特朗著，常文心、鄢格译//辽宁科学技术2014年
博物馆教育与学习（中国博物馆学会、美国博物馆协会管理丛书）（中英对照）/美国博物馆协会编著，湖南省博物馆译//外文出版社2014年
博物馆民族志：中国新安地区的物象叙事（文学人类学博士文丛）/安琪主编//民族出版社2014年
博物馆青铜文物保护技术手册（博物馆藏品保护丛书）/国家文物局博物馆与社会文物司主编//文物出版社2014年
博物馆全面质量管理/刘舜强著//文物出版社2014年
博物馆展陈设计/余剑锋编著//江苏凤凰科学技术出版社2014年
博物馆资产财务管理/郑滢著//合肥工业大学出版社2014年
超越时空：博物馆与在线学习（中国博物馆学会、美国博物馆协会博物馆管理丛书）（中英对照）/威廉姆·B. 克劳、赫米尼娅·丁编著，湖南省博物馆译//外文出版社2014年
大学博物馆的当代转型（文化育人与公共服务）/蔡劲松等著//民族出版社2014年
故宫藏美/朱家溍著//中华书局2014年
故宫答问：郑欣淼谈录/郑欣淼著//故宫出版社2014年
故宫识珍/郑欣淼著//故宫出版社2014年
国家宝藏巡展研究/吕章申主编//中国社会科学出版社2014年
河北滦平博物馆金属文物修复报告/何海平、沈军山、张艳萍著//文物出版社2014年
美国博物馆协会藏品规划与保护指南（中国博物馆学会、美国博物馆协会博物馆管理丛书）/美国博物馆协会主编，路旦俊译//外文出版社2014年
让文物活起来——文物合理利用经验集萃/国家文物局编//文物出版社2014年
陕西博物馆百年大事记/张礼智编著//三秦出版社2014年
陕西博物馆百年史/张礼智著//三秦出版社2014年
商人与收藏：大都会艺术博物馆创建记（博物馆与文化遗产译丛）/〔美〕卡尔文·汤姆金斯著、张新建译//译林出版社2014年
首届“中国博物馆教育项目示范案例”评选——优秀案例/中国博物馆协会社会教育专业委员会、内蒙古博物院、内蒙古博物馆学会编//科学出版社2014年
为了明天的课程：史密森教育研究/中国博物馆协会编，王芳等译//暨南大学出版社2014年
现代博物馆讲解艺术/唐琳著//中西书局2014年
新媒体与博物馆发展/宋娴、胡芳、刘哲、庄智一著//上海科技教育出版社2014年
制定机构规划的秘诀（中国博物馆学会、美国博物馆协会管理丛书）（中英对照）/美国博物馆协会编，伊丽莎白·E. 梅里特、维多利亚·加文编著，湖南省博物馆译//外文出版社2014年
智造展览：博物馆馆长讲博物馆2/中国博物馆协会博物馆管理专业委员会、上海博物馆编//北京大学出版社2014年

三　博物馆与博物馆学者介绍

中华民国国立历史博物馆概略//1925年
中国博物馆一览/中国博物馆协会编辑//中国博物馆协会事务所1936年
国立中央博物院筹备处概况/国立中央博物院//1942年
国立中央博物院建筑概略//1942年
上海博物馆（上海导游小丛书）/李俊杰编著//上海文化出版社1955年
中国历史博物馆通史陈列预展说明/中国历史博物馆编//文物出版社1960年
故宫简介/故宫博物院编//故宫博物院1971年
中国历史博物馆：中国通史陈列说明/中国历史博物馆编//1976年
毛主席视察安徽省博物馆/安徽省博物馆编//1978年
中国博物馆・湖南省博物馆（中国博物馆丛书第2卷）/湖南省博物馆编//文物出版社1983年
中国博物馆・辽宁省博物馆（中国博物馆丛书第3卷）/辽宁省博物馆编//文物出版社1983年
中国博物馆・陕西省博物馆（中国博物馆丛书第1卷）/陕西省博物馆编//文物出版社1983年
中国博物馆丛书//文物出版社1983年
中国博物馆・南京博物院（中国博物馆丛书第4卷）/南京博物院编//文物出版社1984年
中国博物馆・天津市艺术博物馆（中国博物馆丛书第6卷）/天津市艺术博物馆编//文物出版社1984年
中国博物馆・中国历史博物馆（中国博物馆丛书第5卷）/中国历史博物馆编//文物出版社1984年
中国博物馆・河南省博物馆（中国博物馆丛书第7卷）/河南省博物馆编//文物出版社1985年
中国博物馆・上海博物馆（中国博物馆丛书第8卷）/上海博物馆编//文物出版社1985年
南京市博物馆/南京市博物馆编//文物出版社1988年
四川省博物馆/四川省博物馆编//文物出版社1988年
博物馆纵横/胡骏著//中国青年出版社1989年
首都博物馆/张宁、王春城编//北京燕山出版社1989年
郑振铎（转变中的近代中国丛书）/郑尔康著//文物出版社1990年
世界博物馆大观/黎先耀、张秋英编著//旅游教育出版社1991年
中国博物馆・新疆维吾尔自治区博物馆（中国博物馆丛书第9卷）/新疆维吾尔自治区博物馆编//文物出版社1991年
中国博物馆・云南省博物馆（中国博物馆丛书第10卷）/云南省博物馆编，张圣福主编//文物出版社1991年
重庆市博物馆/重庆市博物馆编//文物出版社1991年
中国博物馆・吉林省博物馆（中国博物馆丛书第11卷）/吉林省博物馆编//文物出版社1992年
中国博物馆・四川省博物馆（中国博物馆丛书第12卷）/四川省博物馆编//文物出版社1992年
中国博物馆概览/国家文物局博物馆处编//1992年
博物馆游学记（可爱的北京丛书）/黎先耀主编//北京少年儿童出版社1993年
山东博物馆通览/蒋英炬、周昌富主编//中国广播电视出版社1993年
法门寺/法门寺博物馆编，韩金科主编//陕西旅游出版社1994年
外国博物馆/张晖编著//新疆美术摄影出版社1994年
中国博物馆・安徽省博物馆（中国博物馆丛书第13卷）/安徽省博物馆编//文物出版社1994年

中国博物馆·湖北省博物馆（中国博物馆丛书第14卷）/湖北省博物馆编//文物出版社1994年
中国长城博物馆/中国长城博物馆编//国际文化出版公司1994年
地理博物馆（当代博物馆丛书）/杨勤业主编//河南教育出版社1995年
动物博物馆（当代博物馆丛书）/钱燕文、王林瑶主编//河南教育出版社1995年
海洋博物馆（当代博物馆丛书）/胡敦欣主编//河南教育出版社1995年
航空航天博物馆（当代博物馆丛书）/王钟强、刘润宝主编//河南教育出版社1995年
社会历史博物馆（当代博物馆丛书）/翁杰明等主编//河南教育出版社1995年
水陆交通博物馆（当代博物馆丛书）/杨巨钧主编//河南教育出版社1995年
体育博物馆（当代博物馆丛书）/鲁光主编//河南教育出版社1995年
天文博物馆（当代博物馆丛书）/崔振华主编//河南教育出版社1995年
艺术博物馆（当代博物馆丛书）/王镛主编//河南教育出版社1995年
植物博物馆（当代博物馆丛书）/胡玉熹主编//河南教育出版社1995年
秦始皇陵兵马俑博物馆（中国博物馆导览）/张文立编著//文物出版社1996年
秦始皇兵马俑博物馆简介/秦始皇兵马俑博物馆编//西北大学出版社1996年
看世界：世界著名博物馆/李宏著//吉林教育出版社1997年
王冶秋文博文集/国家文物局编//文物出版社1997年
中国历史博物馆（北京博物馆旅游丛书）/刘桂英主编//北京燕山出版社1997年
走进艺术殿堂：中外博物馆漫步//华夏出版社1997年
百年风云收眼底：中国革命博物馆（百个爱国主义教育示范基地丛书）/胡惠强、郭俊英、王燕云编著//中国大百科全书出版社1998年
古都明珠华夏宝库：陕西历史博物馆（百个爱国主义教育示范基地丛书）/杨培钧主编//中国大百科全书出版社1998年
人类的童年：西安半坡博物馆（百个爱国主义教育示范基地丛书）/魏光、郝娟编著//中国大百科全书出版社1998年
陕西博物馆要览/陕西省文物事业管理局编//三秦出版社1998年
世界第八大奇迹：秦始皇兵马俑博物馆（百个爱国主义教育示范基地丛书）/雷玉平、张文立、袁武编著//中国大百科全书出版社1998年
溯流探源中华美：上海博物馆（百个爱国主义教育示范基地丛书）/宋明明编著//中国大百科全书出版社1998年
闻名遐迩紫禁城：故宫博物院（百个爱国主义教育示范基地丛书）/杨新主编//中国大百科全书出版社1998年
鸦片战争博物馆（百个爱国主义教育示范基地丛书）/叶志坚主编//中国大百科全书出版社1998年
悠悠长河五千年：中国历史博物馆（百个爱国主义教育示范基地丛书）/齐吉祥编著//中国大百科全书出版社1998年
远古人类的家园：周口店北京猿人遗址（百个爱国主义教育示范基地丛书）/林圣龙、吴新智编著//中国大百科全书出版社1998年
远古文化之光：河姆渡遗址博物馆（百个爱国主义教育示范基地丛书）/邵九华、赵晓波、黄渭全编著//中国大百科全书出版社1998年
郑振铎文博文集/国家文物局编//文物出版社1998年
北京博物馆精华/北京市文物事业管理局编//北京燕山出版社1999年
成都永陵博物馆/张亚平编著//巴蜀书社1999年
秦始皇兵马俑博物馆/秦始皇兵马俑博物馆编//文物出版社1999年
秦始皇陵兵马俑/秦始皇兵马俑博物馆编//文物出版社1999年
陕西历史博物馆：秦汉雄风——雄风振采的历史画卷（中国博物馆漫步）/《秦汉雄风》编辑委员会编，周天游编著//浙江人民美术出版社1999年
陕西历史博物馆：盛唐气象——恢宏灿烂的华美乐章（中国博物馆漫步）/《秦汉雄风》编辑委员会编，周天游编著//浙江人民美术出版社1999年
文物荟萃瑰宝纷呈：宁夏回族自治区博物馆（百个爱国主义教育示范基地丛书）/钟侃、何新宇等编著//中

国大百科全书出版社1999年
浙江省博物馆：青瓷风韵——永恒的千峰翠色（中国博物馆漫步）/浙江省博物馆《青瓷风韵》编辑委员会编，李刚编著//浙江人民美术出版社1999年
中国邮电博物馆/中国邮电博物馆编//邮电出版社1999年
中华海洋文化的缩影：泉州海外交通史博物馆（百个爱国主义教育示范基地丛书）/王连茂、陈丽华编著//中国大百科全书出版社1999年
甘肃省博物馆：黄河彩陶——华夏文明绚丽的曙光（中国博物馆漫步）/张朋川编著//浙江人民美术出版社2000年
曲阜孔子博物院：孔子故里——东方智慧的文化殿堂（中国博物馆漫步）/孔祥林编著//浙江人民美术出版社2000年
三星堆：古蜀王国的圣地/陈德安编著//四川人民出版社2000年
沈阳故宫博物院/沈阳故宫博物院编//沈阳出版社2000年
西安碑林博物馆/西安碑林博物馆编，成建正主编//陕西人民出版社2000年
中国印刷博物馆：印刷之光——光明来自东方（中国博物馆漫步）/《印刷之光》编辑委员会编//浙江人民美术出版社2000年
走进知识殿堂——北京百家博物馆/侯志云、郑光明编著//知识产权出版社2000年
汉阳陵/陕西省考古研究所编//重庆出版社2001年
秦陵兵马俑（陕西旅游纪念丛书）/何宏著//陕西旅游出版社2001年
陕西历史博物馆/陕西历史博物馆编//陕西旅游出版社2001年
耀州窑博物馆（陕西旅游纪念丛书）/薛东星主编//陕西旅游出版社2001年
中国博物馆博物馆/中国电影博物馆编//中国建筑工业出版社2001年
贵族之后：英国、西班牙博物馆之旅（博物馆之旅书系）/鲁仲连主编//广西师范大学出版社2002年
河南博物院（走进博物馆丛书）/河南博物院编//四川少年儿童出版社2002年
浪漫主义的先声：法国博物馆之旅（艺术平台系列）/鲁仲连主编//广西师范大学出版社2002年
南越藏珍/李琳娜主编//中华书局2002年
秦始皇兵马俑博物馆（走进博物馆丛书）/李淑萍、芦建华编著//四川少年儿童出版社2002年
三星堆博物馆（走进博物馆丛书）/张耀辉、刘家胜编著//四川少年儿童出版社2002年
陕西历史博物馆（陕西旅游纪念丛书）/王彬主编//陕西旅游出版社2002年
上海博物馆（走进博物馆丛书）/宋明明编著//四川少年儿童出版社2002年
在拜占庭精神的沐浴中:俄罗斯、匈牙利、捷克、奥地利、瑞士博物馆之旅（艺术平台系列）/鲁仲连主编//广西师范大学出版社2002年
在艺术中呼吸：意大利博物馆之旅（艺术平台系列）/鲁仲连主编//广西师范大学出版社2002年
中国博物馆巡览/《中国博物馆巡览》编委会编//外文出版社2002年
中国历史博物馆（走进博物馆丛书）/中国历史博物馆编//四川少年儿童出版社2002年
自由的张力：美国博物馆之旅（艺术平台系列）/鲁仲连主编//广西师范大学出版2002年
法门寺与法门寺博物馆（法门寺文物丛书之一）/李新玲主编//长城出版社2003年
汉阳陵（陕西自然与文化之旅丛书）/杨林仁编著//三秦出版社2003年
汉中博物馆（陕西自然与文化之旅丛书）/冯岁平编著//三秦出版社2003年
湖南省博物馆/陈建明主编//湖南美术出版社2003年
交会的空间：日本博物馆之旅（艺术平台系列）/鲁仲连主编，王怡文撰文//广西师范大学出版社2003年
渼陂——古村博物馆/胡龙生主编//中华书局2003年
南京博物院70周年院庆（1933～2003）纪念册/南京博物院编//2003年
南越王墓与西汉南越王博物馆（1983～2003）/王文建主编//2003年
启功（中国文博名家画传）/侯刚著//文物出版社2003年
陕西历史博物馆（陕西自然与文化之旅丛书）/谭前学编著//三秦出版社2003年
世界体育博物馆览胜/王军、李伟、张铤、于学岭编著//中华书局2003年
西安半坡博物馆（陕西自然与文化之旅丛书）/王颖娟、王志俊编著//三秦出版社2003年

中国博物馆（人文中国书系）/黎先耀、罗哲文著//五洲传播出版社2003年
中国花鸟画博物馆（彩图版）（全景博物馆丛书）/“全景博物馆丛书”编委会编//海燕出版社2003年
中国人物画博物馆（彩图版）（全景博物馆丛书）/“全景博物馆丛书”编委会编//海燕出版社2003年
中国山水画博物馆（彩图版）（全景博物馆丛书）/“全景博物馆丛书”编委会编//海燕出版社2003年
朱家溍（中国文博名家画传）/朱家溍口述，朱传荣整理//文物出版社2003年
大博物馆/覃东编译//世界知识出版社2004年
故宫博物院（走进博物馆丛书）/闫展、刘淑兰编著//四川少年儿童出版社2004年
汉阳陵考古陈列馆/汉阳陵考古陈列馆编//文物出版社2004年
湖南省博物馆（展览图录）/陈建明主编//湖南省博物馆2004年
旅顺博物馆/旅顺博物馆编//文物出版社2004年
上海博物馆（带你走进博物馆丛书）/上海博物馆编著//文物出版社2004年
沈阳故宫（清文化丛书）/佟悦编著//沈阳出版社2004年
谢稚柳（中国文博名家画传）/郑重著//文物出版社2004年
杨仁恺（中国文博名家画传）/海平著//文物出版社2004年
北京自然博物馆（中英文）/李承森主编//科学出版社2005年
璀璨明珠：法门寺博物馆/王竞香编著//三秦出版社2005年
金沙：再现辉煌的古蜀王国/成都市文物考古所编//四川人民出版社2005年
伟大的欧洲小博物馆/〔英〕詹姆斯·斯图尔顿著，檀梓栋、申屠妍妍译//上海古籍出版社2005年
重庆中国三峡博物馆·重庆博物馆/重庆中国三峡博物馆、重庆博物馆编，王川平主编//文物出版社2005年
巴黎奥塞美术馆（世界博物馆书系）/张书珩、刘慕主编//远方出版社2006年
巴黎毕加索美术馆（世界博物馆书系）/张书珩、刘慕主编//远方出版社2006年
百馆百宝（带你走进博物馆丛书）/毛佩琦、齐吉祥主编//文物出版社2006年
成都武侯祠（带你走进博物馆丛书）/成都武侯祠博物馆编著//文物出版社2006年
大英博物馆（世界博物馆书系）/张书珩、刘慕主编//远方出版社2006年
德国慕尼黑美术馆（世界博物馆书系）/张书珩、刘慕主编//远方出版社2006年
俄罗斯著名博物馆（世界博物馆书系）/张书珩、刘慕主编//远方出版社2006年
梵蒂冈博物馆（图文版）（世界博物馆书系）/张书珩、欧阳云主编//远方出版社2006年
佛罗伦萨乌菲齐美术馆（世界博物馆书系）/张书珩、刘慕主编//远方出版社2006年
汉阳陵博物苑/汉阳陵博物苑编，王保平主编//文物出版社2006年
河南博物院（带你走进博物馆丛书）/河南博物院编著//文物出版社2006年
荷兰凡·高美术馆（世界博物馆书系）/张书珩、刘慕主编//远方出版社2006年
金沙遗址/成都金沙遗址博物馆编著//五洲传播出版社2006年
辽宁省博物馆（带你走进博物馆丛书）/辽宁省博物馆编著//文物出版社2006年
卢浮宫博物馆（世界博物馆书系）/张书珩、刘慕主编//远方出版社2006年
罗哲文（中国文博名家画传）/晨舟著//文物出版社2006年
美国波士顿美术馆（世界博物馆书系）/张书珩、刘慕主编//远方出版社2006年
美国国家美术馆（世界博物馆书系）/张书珩、刘慕主编//远方出版社2006年
纽约大都会博物馆（世界博物馆书系）/张书珩、刘慕主编//远方出版社2006年
纽约大都会博物馆（图文版）（世界博物馆书系）/张书珩、岳鑫主编//远方出版社2006年
乾陵博物馆（带你走进博物馆丛书）/乾陵博物馆编著//文物出版社2006年
秦始皇兵马俑博物馆/雷玉平主编//西安出版社2006年
首都博物馆（首都博物馆书库丙部第拾伍部）/首都博物馆编//北京出版社2006年
首都博物馆/首都博物馆编//文物出版社2006年
西班牙普拉多美术馆（世界博物馆书系）/张书珩、刘慕主编//远方出版社2006年
英国国家美术馆（世界博物馆书系）/张书珩、刘慕主编//远方出版社2006年
云南省博物馆（带你走进博物馆丛书）/云南省博物馆编著//文物出版社2006年

长沙马王堆汉墓/熊传薪、游振群著//生活·读书·新知三联书店2006年
浙江省博物馆（带你走进博物馆丛书）/浙江省博物馆编著//文物出版社2006年
中国著名博物馆（图文版）（世界博物馆书系）/张书珩、刘慕主编//远方出版社2006年
100知性博物馆/宛家禾、蔡裴骅、蔡心语译//文物出版社2007年
贝聿铭与苏州博物馆/高福民主编，徐宁、倪晓英著//古吴轩出版社2007年
常州文物古迹/包立本、陆开宇、徐伯元编著//方志出版社2007年
带你游故宫/故宫博物院编//紫禁城出版社2007年
东莞蚝岗遗址博物馆/东莞蚝岗遗址博物馆编//岭南美术出版社2007年
汉阳陵博物馆/汉阳陵博物馆编，王保平主编//文物出版社2007年
河南博物院80年/河南博物院编//大象出版社2007年
捐献大家：叶义/故宫博物院编//紫禁城出版社2007年
捐献大家：张伯驹/故宫博物院编//紫禁城出版社2007年
郎德苗寨博物馆（带你走进博物馆丛书）/郎德苗寨博物馆编著，吴正光主编//文物出版社2007年
丽质华堂——中国紫檀博物馆/陈丽华主编//文物出版社2007年
马承源文博论集/马承源著，陈佩芬、陈识吾编//上海古籍出版社2007年
民歌博物馆/王冼平主编//人民音乐出版社2007年
青州市博物院（带你走进博物馆丛书）/青州市博物院编著//文物出版社2007年
上海博物馆/上海博物馆编，陈燮君主编//伦敦出版（香港）有限公司2007年
生活在二级阶地上的人们——半坡遗址概览/张礼智主编//陕西旅游出版社2007年
文博耕耘录：马希桂文集/马希桂著//中国林业出版社2007年
我在半坡/赵文艺著//陕西旅游出版社2007年
西安博物院/西安博物院编//世界图书出版西安公司2007年
西藏博物馆/西藏博物馆编//中国大百科全书出版社2007年
徐森玉（中国文博名家画传）/郑重著//文物出版社2007年
云冈石窟研究院（带你走进博物馆丛书）/云冈石窟研究院著，李雪芹主编//文物出版社2007年
郑州博物馆50年（1957～2007）/张巍主编//郑州博物馆编2007年
中国历史博物馆/中国历史博物馆编，刘桂英主编//北京燕山出版社2007年
走近中国煤炭博物馆/中国煤炭博物馆编//山西人民出版社2007年
从丝绸到瓷器：英国收藏家和博物馆的故事/刘明倩编著//上海辞书出版社2008年
大地情怀：陈孟东纪念文集/卢桂兰编//三秦出版社2008年
大塬遗韵：走进洛川民俗博物馆/段双印、刘忠民编著//陕西旅游出版社2008年
单士元（中国文博名家画传）/单嘉筠著//文物出版社2008年
敦煌石窟艺术精品/樊锦诗主编//中国画报出版社2008年
凤岗历史博物馆/任焕林主编//南方出版公司2008年
国际友谊博物馆（带你走进博物馆丛书）/国际友谊博物馆编著//文物出版社2008年
国人到此，低头致敬：中国建川博物馆聚落/师永刚、刘琼雄著//新星出版社2008年
杭州的博物馆（杭州文化丛书）/马时雍主编//杭州出版社2008年
辽宁省博物馆/辽宁省博物馆编，马宝杰主编//长征出版社2008年
漫步博物馆（漫步中国）/孙建华编著//中国社会科学出版社2008年
山海关长城博物馆（带你走进博物馆丛书）/山海关长城博物馆编著//文物出版社2008年
陕西古代文明（陕西历史博物馆图录）/陕西历史博物馆编，成建正主编//陕西人民出版社2008年
申城博物馆巡礼：上海市博物馆、纪念馆导览/上海市文物管理委员会、上海文物博物馆学会编//上海古籍出版社2008年
深圳博物馆（带你走进博物馆丛书）/深圳博物馆编著//文物出版社2008年
深圳博物馆（图录）/深圳博物馆编//文物出版社2008年
沈阳故宫（中英文对照）/佟悦编著//辽宁民族出版社2008年

世界性博物馆巡礼/刘达临、胡宏霞著//珠海出版社2008年
苏州博物馆（带你走进博物馆丛书）/苏州博物馆编著//文物出版社2008年
五秩风华——鸦片战争博物馆五十年/张建雄主编//广东人民出版社2008年
张伯驹（中国文博名家画传）/楼宇栋、郑重著//文物出版社2008年
走进前苏联博物馆/吕济民著//文物出版社2008年
走进上海公安博物馆/上海公安博物馆编著//上海人民美术出版社2008年
安徽省博物馆（带你走进博物馆丛书）/安徽省博物馆编著//文物出版社2009年
当代北京博物馆史话/刘宝明著//当代中国出版社2009年
莫高窟史话（丝绸之路与敦煌文化丛书）/樊锦诗主编//江苏美术出版社2009年
宁夏博物馆（带你走进博物馆丛书）/宁夏博物馆编著，李增进主编//文物出版社2009年
秦始皇兵马俑博物馆/秦始皇兵马俑博物馆编，吴永琪主编//西北大学出版社2009年
山西博物院（带你走进博物馆丛书）/山西博物院编著//文物出版社2009年
陕西博物馆大全/陕西省文物局编//陕西人民出版社2009年
四川大学博物馆（带你走进博物馆丛书）/四川大学博物馆编著//文物出版社2009年
西安博物院（带你走进博物馆丛书）/西安博物院编著//文物出版社2009年
柴泽俊（中国文博名家画传）/晨舟、张传泳著//文物出版社2009年
走进北大荒博物馆/赵国春主编//黑龙江人民出版社2009年
走进世界著名博物馆（看图走天下丛书）/本丛书编委会编//上海世界图书出版公司2009年
把根留住：关中民俗艺术博物院/王勇超主编//2010年
磁州窑博物馆（带你走进博物馆丛书）/赵学锋、刘丽君编著//文物出版社2010年
敦煌石窟/敦煌研究院樊锦诗主编//伦敦出版（香港）有限公司2010年
搞怪奇闻博物馆（知识博物馆系列）/卡米图书编著//湖南少儿出版社2010年
故宫博物院/故宫博物院编，李季主编//故宫出版社2010年
海南省博物馆/海南省博物馆编，丘刚主编//文物出版社2010年
河北全省博物馆通览/河北省文物局编著//河北美术出版社2010年
解读伪满皇宫/张微主编//吉林大学出版社2010年
金沙遗址博物馆/成都金沙遗址博物馆编著//四川人民出版社2010年
南京市民俗博物馆（带你走进博物馆丛书）/郑孝清、马麟、杨英编著//文物出版社2010年
欧洲博物馆传奇（浮光纪丛书）/张庆编著//外文出版社2010年
青浦博物馆/青浦博物馆编//上海人民美术出版社2010年
趣味天文博物馆（知识博物馆系列）/卡米图书编著//湖南少儿出版社2010年
三星堆与金沙：古蜀文明史上的两次高峰/四川广汉三星堆博物馆、成都金沙遗址博物馆编著//四川人民出版社2010年
世博会博物馆/陈燮君主编//上海文艺出版社2010年
四川博物院（带你走进博物馆丛书）/四川博物院编著，盛建武主编//文物出版社2010年
探索地理博物馆（知识博物馆系列）/卡米图书编著//湖南少儿出版社2010年
西安大唐西市博物馆/吕建中主编//陕西人民出版社2010年
约旦：沙漠中的博物馆（外交官带你看世界：2010～2011版约旦旅游指南）/罗兴武、董竹著//上海锦绣文章出版社2010年
中国博物馆（人文中国书系）（英文版）/黎先耀、罗哲文著，〔英〕艾梅霞译//五洲传播出版社2010年
中国纪念馆集粹丛书/中国博物馆学会纪念馆专业委员会编//2010年
中国文字博物馆/中国文字博物馆编著//文物出版社2010年
走进地质博物馆/贾跃明主编//北京科学技术出版社2010年
走进专业科技博物馆/齐贤德主编//北京科学技术出版社2010年
走进自然历史博物馆/孟庆金主编//北京科学技术出版社2010年
安徽博物院新馆开馆纪念册/安徽博物院编//2011年

博物馆/黑龙江省博物馆编//2011年
春秋：云南省博物馆60年/云南省博物馆编著，马文斗主编//云南美术出版社2011年
广东省博物馆（带你走进博物馆丛书）/广东省博物馆编著//文物出版社2011年
广东私立博物馆指南/程小琪主编//羊城晚报出版社2011年
黄胄艺术（中国国家博物馆20世纪中国美术名家系列丛书）/吕章申主编//安徽美术出版社2011年
恐龙博物馆（彩图版）//上海科学普及出版社2011年
劳务工博物馆/《劳务工博物馆》馆刊编委会编辑//2011年
李可染艺术（中国国家博物馆20世纪中国美术名家系列丛书）/吕章申主编//安徽美术出版社2011年
漫游汉阳陵/汉阳陵博物馆编著//三秦出版社2011年
潘天寿艺术（中国国家博物馆20世纪中国美术名家系列丛书）/吕章申主编//安徽美术出版社2011年
青海省博物馆（带你走进博物馆丛书）/青海省博物馆编著//文物出版社2011年
山东博物馆新馆开放一周年回眸/山东博物馆//2011年
陕西历史博物馆建成开放二十年（1991～2011）/陕西历史博物馆编//三秦出版社2011年
世界博物馆观赏/CCTV走近科学编//上海科学技术文献出版社2011年
特色博物馆观赏/CCTV走近科学编//上海科学技术文献出版社2011年
五莲文物荟萃/郭公仕编著//齐鲁书社2011年
新疆兵团军垦博物馆（带你走进博物馆丛书）/新疆维吾尔自治区博物馆编著//文物出版社2011年
新疆维吾尔自治区博物馆（带你走进博物馆丛书）/新疆维吾尔自治区博物馆编著//文物出版社2011年
新卫城博物馆/伯纳德·屈米建筑事务所编，张谨、王喆译//天津大学出版社2011年
烟台市博物馆/烟台市博物馆编//黄海数字出版社2011年
与特区一起成长：深圳博物馆建馆30周年纪念特展图录/深圳博物馆编//文物出版社2011年
张珩（中国文博名家画传）/郑重著//文物出版社2011年
中国博物馆观赏/CCTV走近科学编//上海科学技术文献出版社2011年
中国国家博物馆/中国国家博物馆编，吕章申主编//长征出版社2011年
走进山东博物馆丛书（共6册）/杨波、王斌主编//青岛出版社2011年
走进云南博物馆/云南省博物馆编著，马文斗主编//云南美术出版社2011年
保国寺古建筑博物馆（带你走进博物馆丛书）/保国寺古建筑博物馆编著//文物出版社2012年
常州博物馆（带你走进博物馆）/常州博物馆编著//文物出版社2012年
大英博物馆的故事/〔日〕出口保夫著，吕理州译//浙江大学出版社2012年
带你走进伪满皇宫（伪满皇宫博物院建院50周年系列丛书）/张微主编//吉林大学出版社2012年
敦煌石窟（中英文）/樊锦诗主编，吴健摄影//中国旅游出版社2012年
故宫青铜器馆/故宫博物院编//故宫出版社2012年
湖南省博物馆/湖南省博物馆编，陈建明主编//中西出版社2012年
六十年陈列艺术之路/费钦生著//上海古籍出版社2012年
吐鲁番博物馆（带你走进博物馆丛书）/新疆维吾尔自治区文物局编著//文物出版社2012年
武汉博物馆（带你走进博物馆丛书）/武汉博物馆编著//文物出版社2012年
张文彬文博文集（上、下）/张文彬著//文物出版社2012年
走进中国海关博物馆/《走进中国海关博物馆》编委会编著//中国海关出版社2012年
阿克苏博物馆（带你走进博物馆丛书）/新疆维吾尔自治区文物局编著//文物出版社2013年
阿拉善博物馆（带你走进博物馆丛书）/阿拉善博物馆编著//文物出版社2013年
博尔塔拉蒙古自治州博物馆（带你走进博物馆丛书）/新疆维吾尔自治区文物局编著//文物出版社2013年
汉阳陵博物馆（带你走进博物馆丛书）/汉阳陵博物馆编著//文物出版社2013年
河南博物院（新版）（带你走进博物馆丛书）/河南博物院编著//文物出版社2013年
黑龙江省博物馆（带你走进博物馆丛书）/庞学臣主编//黑龙江人民出版社2013年
华北东北博物馆镇馆之宝/丁尧编著//北京大学出版社2013年
华东博物馆镇馆之宝/丁尧编著//北京大学出版社2013年

丽质华堂：中国紫檀博物馆（增订版）/陈丽华主编//文物出版社2013年
漫游汉阳陵——人俑篇/汉阳陵博物馆编著//三秦出版社2013年
南京博物院（中文版、英文版）/南京博物院编，龚良主编//伦敦出版（香港）有限公司、长征出版社2013年
陕西博物馆丛书/陕西省文物局编//陕西旅游出版社2013年
西安百座博物馆/西安市文物局编//陕西旅游出版社2013年
西安博物馆漫步：千年帝都物聚万代（陕西博物馆丛书）（上、下册）/陕西省文物局编//陕西旅游出版社2013年
西南西北博物馆镇馆之宝/丁尧编著//北京大学出版社2013年
阳陵百问/汉阳陵博物馆编//三秦出版社2013年
伊犁哈萨克自治州博物馆（带你走进博物馆丛书）/伊犁哈萨克自治州博物馆//文物出版社2013年
在青岛看博物馆/许红炜、巩升起主编//中国海洋大学出版社2013年
中国博物馆指南（英文版）/〔美〕米里亚姆·克利福德、〔美〕凯西·詹格兰、〔英〕安东尼·怀特著，中国博物馆协会编//译林出版社2013年
中南及台湾地区博物馆镇馆之宝/丁尧编著//北京大学出版社2013年
走进博物馆：北京地区博物馆大全/北京市文物局、首都博物馆联盟编//北京出版社2013年
走进高校博物馆：科教博览/全国高校博物馆育人联盟编著//上海交通大学出版社2013年
走进高校博物馆：民俗文化/全国高校博物馆育人联盟编著//上海交通大学出版社2013年
走进高校博物馆：人文艺术/全国高校博物馆育人联盟编著//上海交通大学出版社2013年
阿姆斯特丹梵高博物馆（伟大的博物馆）/〔意〕保拉·拉佩里著，郑昕译//译林出版社2014年
巴黎奥赛美术馆（伟大的博物馆）/〔意〕西蒙娜·巴尔多蕾娜编著，项妤译//译林出版社2014年
北大荒博物馆（带你走进博物馆丛书）/赵国春主编//文物出版社2014年
不尽丹心——蒋兆和诞辰110周年纪念特展作品集（中国国家博物馆20世纪中国美术名家系列丛书）/吕章申主编//安徽美术出版社2014年
都灵萨包达美术馆（伟大的博物馆）/〔意〕弗朗西斯卡·萨尔瓦多里著；崔月译//译林出版社2014年
法国博物馆印象/教莹著//故宫出版社2014年
飞云崖民族节日博物馆（带你走进博物馆丛书）/黄平县文体广电局编著，杨德、巴娄主编//文物出版社2014年
飞云崖民族节日博物馆三十年/贵州省黄平县文体广电局编著//文物出版社2014年
佛罗伦萨乌菲齐画廊（伟大的博物馆）/〔意〕艾莱娜·吉纳耐斯奇编著，刘梦子、刘黎亭译//译林出版社2014年
海南省博物馆/（带你走进博物馆丛书）/海南省博物馆编著//文物出版社2014年
华盛顿艺术馆（伟大的博物馆）/〔意〕罗萨·乔尔吉著，陆元昶译//译林出版社2014年
开渠百年：纪念刘开渠诞辰110周年作品集（中国国家博物馆20世纪中国美术名家系列丛书）/吕章申主编//安徽美术出版社2014年
困顿与开拓——一个国家文物局局长的自述/张德勤著//人民出版社2014年
伦敦国家美术馆（伟大的博物馆）/〔意〕达尼埃拉·塔拉布拉编著，黄河萌译//译林出版社2014年
米兰波尔迪·佩佐利博物馆（伟大的博物馆）/〔意〕玛利亚·特蕾莎·巴尔博尼·布雷萨、玛丽娜·桑拜、弗朗科·柯罗尼编著，高如、杨逸、梁爽译//译林出版社2014年
慕尼黑老绘画陈列馆（伟大的博物馆）/〔意〕西尔维娅·波尔盖斯著，郭宇欣译//译林出版社2014年
那不勒斯国家考古博物馆（伟大的博物馆）/〔意〕迪雷塔·哥伦布编著，崔娥译//译林出版社2014年
上海百家博物馆美术馆品鉴/上海市文化广播影视管理局、上海市文物局编//上海书店2014年
上海玻璃博物馆/小弗著//辽宁科学技术出版社2014年
圣彼得堡冬宫博物馆（伟大的博物馆）/〔意〕亚历山大·弗雷格伦特编著，罗楚燕译//译林出版社2014年
探秘高校博物馆/全国高校博物馆育人联盟编//上海交通大学出版社2014年
天津博物馆（中英文版）/天津博物馆编//伦敦出版公司2014年
王星记博物馆：中国民间博物馆/许林田//浙江摄影出版社2014年

威尼斯学院美术馆（伟大的博物馆）/〔意〕露琪亚・伊姆佩鲁索编著，杨凡译//译林出版社2014年
维也纳艺术史博物馆（伟大的博物馆）/〔意〕西尔维娅・波尔盖斯编著，许丹丹译//译林出版社2014年
伟大的博物馆系列//译林出版社2014年
文怀沙法书（中国国家博物馆20世纪中国美术名家系列丛书）/吕章申主编//安徽美术出版社2014年
文明的穿越——世界四大博物馆巡礼/赵声良著//中国青年出版社2014年
中国民间博物馆（徐伟军石雕艺术馆）/徐伟军编著//浙江摄影出版社2014年

四　馆藏文物研究、藏品图录

南京博物院藏古画选集（影印本）/南京博物院编//1957年
四川省出土铜镜/四川省博物馆、重庆市博物馆编//文物出版社1960年
故宫博物院藏瓷选集/故宫博物院编//文物出版社1962年
辽宁省博物馆藏画集（上、下册）/辽宁省博物馆编//文物出版社1962年
故宫博物院藏历代法书选集（第一集）/故宫博物院编//文物出版社1963年
故宫博物院藏花鸟画选/故宫博物院编//文物出版社1965年
南京博物院藏画集/南京博物院编辑//文物出版社1966年
马王堆汉墓帛书（壹）/国家文物局古文献研究室编//文物出版社1974年
唐李贤墓李重润墓壁画/陕西省博物馆、陕西省文物管理委员会编//文物出版社1974年
半坡遗址/西安半坡博物馆编//陕西人民出版社1978年
上海博物馆藏瓷选集/上海博物馆编//文物出版社1979年
天津市艺术博物馆藏砚/天津市艺术博物馆编//文物出版社1979年
辽宁省博物馆藏画集续集（上、下册）/辽宁省博物馆编//文物出版社1980年
天津市艺术博物馆藏汉魏官印选/天津市艺术博物馆编//天津杨柳青画社1980年
天津市艺术博物馆藏汉魏私印选/天津市艺术博物馆编//天津杨柳青画社1980年
天津市艺术博物馆藏战国鉨选/天津市艺术博物馆编//天津杨柳青画社1980年
秦陵兵马俑（中国历史小丛书）/王学理著//中华书局1981年
故宫博物院藏花鸟选集/故宫博物院编//文物出版社1982年
马王堆汉墓/何介钧、张维明编//文物出版社1982年
南京博物院藏明清印选/南京博物院编，姚迁、宋伯胤主编//天津杨柳青画社1982年
秦始皇陵兵马俑（中、英、法、德文版）/秦俑坑考古发掘队、秦始皇兵马俑博物馆编//文物出版社1983年
故宫博物院藏宝录（中国珍宝鉴赏丛书）/故宫博物院编著//上海文艺出版社、三联书店（香港）有限公司1986年
广东省博物馆藏画集/广东省博物馆编//文物出版社1986年
辽宁省博物馆藏画/辽宁省博物馆编，杨仁恺、董彦明主编//上海人民美术出版社1986年
安徽省博物馆藏青铜器/安徽省博物馆编//上海人民美术出版社1987年
广州西汉南越王墓（中、日文版）/西汉南越王墓博物馆编//广东旅游出版社1987年
南京博物院珍宝/南京博物院编//江苏人民出版社1987年
上海博物馆藏青铜镜/陈佩芬编//上海书画出版社1987年
洛阳出土铜镜/洛阳博物馆编//文物出版社1988年
中国邮票博物馆藏品集·清代卷/中国邮票博物馆编//文物出版社1988年
上海博物馆藏宝录（中国珍宝鉴赏丛书）/上海博物馆编，马承源主编//上海文艺出版社、三联书店（香港）有限公司1989年
天津市艺术博物馆藏法书作品选/崔锦、杜滋龄编选//天津人民美术出版社1989年
西安碑林名碑（六册）/陕西省博物馆编//陕西人民美术出版社1989年
秦始皇帝陵/武伯纶、张文立著//上海人民出版社1990年

秦始皇陵兵马俑研究/袁仲一著//文物出版社1990年
秦俑研究文集/袁仲一、张占民编//陕西人民美术出版社1990年
中国邮票博物馆藏品集·中国民国卷（一）/中国邮票博物馆编//文物出版社1990年
故宫博物院历代艺术馆陈列品图目/故宫博物院编//文物出版社1991年
南京博物院藏画/南京博物院编//上海人民美术出版社1991年
首都博物馆藏瓷选/首都博物馆编//文物出版社1991年
广东省博物馆藏陶瓷选/广东省博物馆编，宋良璧主编//文物出版社1992年
马王堆汉墓文物/傅举有、陈松长编，周士一、陈可风译//湖南出版社1992年
南京博物院藏宝录（中国珍宝鉴赏丛书）/南京博物院藏宝录编辑委员会编著//上海文艺出版社、三联书店（香港）有限公司1992年
首都博物馆藏古玺印选（线装）/首都博物馆编//1992年
南京博物院中国书迹大观（叁）/南京博物院编//文物出版社、日本讲谈社1993年
沈周、文征明、唐寅、仇英：明四家画集：故宫博物院、上海博物馆、天津市艺术博物馆、辽宁省博物馆、南京博物院、徐悲鸿纪念馆、天津市历史博物馆藏画/沈周、文征明、唐寅、仇英绘，故宫博物院等编//天津人民美术出版社1993年
首都博物馆藏古代瓦当选（线装）/首都博物馆编//1993年
天津市艺术博物馆藏瓷/天津市艺术博物馆//文物出版社出版1993年
辽宁省博物馆藏宝录（中国珍宝鉴赏丛书）/辽宁省博物馆编，杨仁恺主编//上海文艺出版社、三联书店（香港）有限公司1994年
浙江七千年：浙江省博物馆藏品集/浙江省博物馆编//浙江人民美术出版社1994年
半坡史前文物精华/西安半坡博物馆编//陕西旅游出版社1995年
北京博物馆荟萃/袁世良、袁世贵主编//人民交通出版社1995年
秦俑艺术论集/田静主编//陕西人民教育出版社1995年
陕西省博物馆藏宝录（中国珍宝鉴赏丛书）/陕西省博物馆编，王仁波主编//上海文艺出版社、三联书店（香港）有限公司1995年
云南民族博物馆藏品选/高宗裕编//云南美术出版社1995年
广东省博物馆藏法书选集/广东省博物馆编//文物出版社1996年
陕西历史博物馆馆藏精品鉴赏/杨培钧著//陕西人民教育出版社1996年
沈阳故宫博物院院藏文物丛书/沈阳故宫博物院编，支运亭主编//春风文艺出版社1996年
旅顺博物馆藏铜镜/旅顺博物馆编//文物出版社1997年
南京博物院藏明清扇面书画集/南京博物院编//人民美术出版社1997年
首都博物馆馆藏名砚/首都博物馆编//北京工艺美术出版社1997年
天津市艺术博物馆藏敦煌文献/天津艺术博物馆编//上海古籍出版社1997年
天津市艺术博物馆藏古玺印选/天津市艺术博物馆编//文物出版社1997年
常州文物精华/常州市博物馆编//文物出版社1998年
彩陶（南京博物院珍藏系列）/南京博物院编//上海古籍出版社1999年
故宫青铜器/故宫博物院编//紫禁城出版社1999年
广东省博物馆藏品选/广东省博物馆编//文物出版社1999年
河北省博物馆文物精品集/河北省博物馆编//文物出版社1999年
绘画（南京博物院珍藏系列）/南京博物院编//上海古籍出版社1999年
金银器（南京博物院珍藏系列）/南京博物院编//上海古籍出版社1999年
辽宁省博物馆藏画（中国博物馆藏画）/辽宁省博物馆编//上海人民美术出版社1999年
六朝青瓷（南京博物院珍藏系列）/南京博物院编//上海古籍出版社1999年
秦俑学（秦俑秦文化丛书）/张文立著//陕西人民教育出版社1999年
青铜器（南京博物院珍藏系列）/南京博物院编//上海古籍出版社1999年
清宫瓷器（南京博物院珍藏系列）/南京博物院编//上海古籍出版社1999年

上海博物馆藏画（中国博物馆藏画）/上海博物馆编//上海人民美术出版社1999年
书法（南京博物院珍藏系列）/南京博物院编//上海古籍出版社1999年
玉器（南京博物院珍藏系列）/南京博物院编//上海古籍出版社1999年
织绣（南京博物院珍藏系列）/南京博物院编//上海古籍出版社1999年
中国历史博物馆藏捐赠文物集萃/中国历史博物馆保管部编//长城出版社1999年
紫砂（南京博物院珍藏系列）/南京博物院编//上海古籍出版社1999年
河南博物院精品与陈列/孙英民主编//大象出版社2000年
梅花草堂白石印存/上海博物馆编//上海书店出版社2001年
上海博物馆藏战国楚竹书（一）/马承源著//上海古籍出版社2001年
上海出土唐宋元明清玉器/上海市文物管理委员会编，黄宣佩主编//上海人民出版社2001年
首都博物馆：二十周年纪念馆藏精品撷英/首都博物馆编//北京燕山出版社2001年
咸阳博物馆：玉器/刘云辉主编//文物出版社2001年
安徽省博物馆藏瓷（安徽文物聚珍书系）/安徽省博物馆编，胡欣民主编//文物出版社2002年
百年学府聚珍：西北大学历史博物馆藏品选/西北大学文博学院考古专业编//文物出版社2002年
北京师范大学文物博物馆藏品选/施建中、周启迪主编//北京师范大学出版社2002年
故宫藏先秦青铜器（故宫知识丛书）/丁孟编著//紫禁城出版社2002年
故宫雕刻珍萃/故宫博物院编//紫禁城出版社2002年
馆藏中国传统农具/雷于新、肖克之主编//中国农业出版社2002年
广西博物馆古陶瓷精粹/广西壮族自治区博物馆编，黄启善主编，张凯副主编//文物出版社2002年
南越藏珍（中、英、日、德、法文版）/李琳娜主编//中华书局2002年
山东大学文物精品选/山东大学考古学系、山东大学博物馆编，于海广主编//齐鲁书社2002年
上海博物馆藏欧洲玻璃陶瓷器/上海博物馆编//上海书画出版社2002年
上海博物馆藏战国楚竹书（二）/马承源著//上海古籍出版社2002年
上海博物馆建筑装饰图册（中文版）/上海博物馆编//上海书画出版社2002年
长安瑰宝（第一辑）/长安博物馆编，田晓利主编//世界图书出版西安公司2002年
中国古代封泥（上海博物馆藏品研究大系）/孙慰祖著//上海人民出版社2002年
法门寺唐代地宫宫廷茶具（法门寺文物丛书之三）/李新玲主编//长城出版社2003年
法门寺唐代地宫金银器（法门寺文物丛书之四）/李新玲主编//长城出版社2003年
法门寺唐代地宫秘色瓷（法门寺文物丛书之五）/李新玲主编//长城出版社2003年
湖南省博物馆文物精粹/湖南省博物馆编，陈建明主编//上海书店出版社2003年
陕西历史博物馆珍藏·金银器/申秦雁主编//陕西人民美术出版社2003年
陕西历史博物馆珍藏·陶瓷器/杨培钧主编//陕西人民美术出版社2003年
上海博物馆藏书法释文选/上海博物馆//上海人民美术出版社2003年
上海博物馆藏战国楚竹书（三）/马承源著//上海古籍出版社2003年
盛世遗珍：唐代金银器巡礼（陕西历史文化丛书）/谭前学编著//三秦出版社2003年
安徽省博物馆藏画/安徽省博物馆编，胡欣民主编//文物出版社2004年
家有宝藏：浙江民间收藏珍品大展特集/浙江省博物馆编//荣宝斋出版社2004年
山东省博物馆藏珍·瓷器卷/山东省博物馆编，鲁文生主编//山东文化音像出版社2004年
山东省博物馆藏珍·服饰卷/山东省博物馆编，鲁文生主编//山东文化音像出版社2004年
山东省博物馆藏珍·工艺品卷/山东省博物馆编，鲁文生主编//山东文化音像出版社2004年
山东省博物馆藏珍·绘画卷/山东省博物馆编，鲁文生主编//山东文化音像出版社2004年
山东省博物馆藏珍·钱币卷/山东省博物馆编，鲁文生主编//山东文化音像出版社2004年
山东省博物馆藏珍·青铜器卷/山东省博物馆编，鲁文生主编//山东文化音像出版社2004年
山东省博物馆藏珍·石刻卷/山东省博物馆编，鲁文生主编//山东文化音像出版社2004年
山东省博物馆藏珍·书法卷/山东省博物馆编，鲁文生主编//山东文化音像出版社2004年
山东省博物馆藏珍·陶器卷/山东省博物馆编，鲁文生主编//山东文化音像出版社2004年

山东省博物馆藏珍·铜镜卷/山东省博物馆编，鲁文生主编//山东文化音像出版社2004年
上海博物馆藏品精华/上海博物馆编//上海书画出版社2004年
上海博物馆藏战国楚竹书（四）/马承源著//上海古籍出版社2004年
沈阳故宫珍宝（清文化丛书）/李理编著//沈阳出版社2004年
首都师范大学历史博物馆藏品图录/首都师范大学历史系编//科学出版社2004年
西藏博物馆藏明清瓷器精品/西藏博物馆编//中国大百科全书出版社2004年
中国古代纸钞（上海博物馆藏品研究大系）/周祥著//上海人民出版社2004年
故宫博物院50年入藏文物精品集/故宫博物院编//紫禁城出版社2005年
河南古代陶塑艺术（大象博物文库）/河南博物院编著//大象出版社2005年
吉林省博物院藏张大千画集/吉林省博物院编//文物出版社2005年
练形神冶　莹质良工：上海博物馆藏铜镜精品/上海博物馆编//上海书画出版社2005年
南京市博物馆藏印选/南京市博物馆编//上海书店出版社2005年
南通博物苑文物精华/南通博物苑编//文物出版社2005年
山西博物院珍粹/山西博物院编//山西人民出版社2005年
上海博物馆藏战国楚竹书（五）/马承源著//上海古籍出版社2005年
营口市博物馆馆藏文物图集/营口市博物馆编//2005年
百馆百宝（带你走进博物馆）/毛佩琦、齐吉祥主编//文物出版社2006年
赤峰博物馆文物典藏/赤峰博物馆编//远方出版社2006年
鄂尔多斯青铜器/鄂尔多斯博物馆编//文物出版社2006年
甘肃省博物馆文物精品图集/俄军主编//三秦出版社2006年
国宝的故事（四册）/张德勤主编，齐吉祥编著//紫禁城出版社2006年
湖北出土文物精粹/湖北省博物馆编//文物出版社2006年
旅顺博物馆馆藏文物选粹·绘画卷/旅顺博物馆编//天津人民美术出版社2006年
马鞍山文物聚珍/马鞍山市文物管理所、马鞍山市博物馆编//文物出版社2006年
上海博物馆藏丝绸之路古代钱币/上海博物馆编//上海书画出版社2006年
上海博物馆藏战国楚竹书（六）/马承源著//上海古籍出版社2006年
神韵与辉煌：陕西历史博物馆国宝鉴赏金银器卷/冀东山主编//三秦出版社2006年
神韵与辉煌：陕西历史博物馆国宝鉴赏青铜器卷/冀东山主编//三秦出版社2006年
神韵与辉煌：陕西历史博物馆国宝鉴赏唐墓壁画卷/冀东山主编//三秦出版社2006年
神韵与辉煌：陕西历史博物馆国宝鉴赏陶瓷器卷/冀东山主编//三秦出版社2006年
神韵与辉煌：陕西历史博物馆国宝鉴赏陶俑卷/冀东山主编//三秦出版社2006年
神韵与辉煌：陕西历史博物馆国宝鉴赏玉杂器卷/冀东山主编//三秦出版社2006年
世界文明珍宝：大英博物馆之250年藏品（普及本）//文物出版社2006年
世界文明珍宝：大英博物馆之250年藏品（图录）//文物出版社2006年
苏州博物馆藏明清书画（苏州博物馆藏品系列）/苏州博物馆编//文物出版社2006年
岁月存照：陕西古代墓俑（陕西历史文化丛书）/韩建武、胡小丽编著//三秦出版社2006年
武汉不可移动文物精华（武汉文物丛书）/郑自斌主编//武汉出版社2006年
武汉出土文物精选（武汉文物丛书）/姚晶华、郑自斌主编//武汉出版社2006年
武汉馆藏文化精粹（武汉文物丛书）/刘庆平主编//武汉出版社2006年
昭陵唐墓壁画/昭陵博物馆编//文物出版社2006年
中国国家博物馆馆藏文物研究丛书：绘画卷（历史画）/中国国家博物馆编//上海古籍出版社2006年
中国国家博物馆馆藏文物研究丛书：明清档案卷（明代）/中国国家博物馆编//上海古籍出版社2006年
陈炉耀州瓷精萃/耀州窑博物馆编//文物出版社2007年
丹阳铜镜青瓷博物馆·集古堂/陈凤九主编//文物出版社2007年
丹阳铜镜青瓷博物馆·千镜堂/陈凤九主编//文物出版社2007年
丹阳铜镜青瓷博物馆·青瓷斋/陈凤九主编//文物出版社2007年

福建博物院书画藏品选粹/杨琮主编//文物出版社2007年
国家宝藏：中国国家博物馆馆藏精品赏析/陈建明主编//2007年
江西省博物馆文物精华/江西省博物馆编著//文物出版社2007年
旅顺博物馆藏晚清名人书札选（四册）/郭富纯主编//万卷出版公司2007年
旅顺博物馆藏西域书迹选/旅顺博物馆编，郭富纯主编//文物出版社2007年
旅顺博物馆藏西域文书研究/郭富纯、王振芬著//万卷出版公司2007年
明代官窑瓷器（上海博物馆藏品研究大系）/陆明华著//上海人民出版社2007年
明清书画：湖北省博物馆藏书画选/湖北省博物馆、中国对外翻译出版公司编//文物出版社2007年
你应该知道的200件佛像（故宫收藏）/故宫博物院编，李静杰、田军主编//紫禁城出版社2007年
你应该知道的200件古代陶俑（故宫收藏）/故宫博物院编，冯贺军主编//紫禁城出版社2007年
你应该知道的200件铜镜（故宫收藏）/故宫博物院编，何林主编//紫禁城出版社2007年
你应该知道的200件宜兴紫砂（故宫收藏）/故宫博物院编，李健华主编//紫禁城出版社2007年
你应该知道的200件青铜器（故宫收藏）/故宫博物院编，丁孟主编//紫禁城出版社2007年
你应该知道的200件钟表（故宫收藏）/关雪玲主编//紫禁城出版社2007年
厦门市博物馆藏品集粹/厦门市博物馆编//文物出版社2007年
上海博物馆藏战国楚竹书（七）/马承源著//上海古籍出版社2007年
沈阳故宫博物院院藏文物精粹·珐琅卷/沈阳故宫博物院编著//万卷出版公司2007年
太仓文物精华/太仓博物馆编//文物出版社2007年
文物背后的故事：新首博专辑/北京市文物局编//北京美术摄影出版社2007年
婺源博物馆藏品集粹/婺源博物馆编//文物出版社2007年
西汉南越王博物馆珍品图录（中、英、日、德、法、西文版）/西汉南越王博物馆编//文物出版社2007年
赵都风韵——邯郸市博物馆陈列与藏品/邯郸市博物馆编//科学出版社2007年
中国国家博物馆馆藏文物研究丛书：瓷器卷（明代）/中国国家博物馆编//上海古籍出版社2007年
中国国家博物馆馆藏文物研究丛书：瓷器卷（清代）/中国国家博物馆编//上海古籍出版社2007年
中国国家博物馆馆藏文物研究丛书：绘画卷（风俗画）/中国国家博物馆编//上海古籍出版社2007年
中国国家博物馆馆藏文物研究丛书：甲骨卷/中国国家博物馆编//上海古籍出版社2007年
中国国家博物馆馆藏文物研究丛书：历史图片卷/中国国家博物馆编//上海古籍出版社2007年
中国国家博物馆馆藏文物研究丛书：明清档案卷（清代）/中国国家博物馆编//上海古籍出版社2007年
中国国家博物馆馆藏文物研究丛书：玉器卷/中国国家博物馆编//上海古籍出版社2007年
安徽馆藏珍宝/安徽省文物局编//中华书局2008年
北京博物馆精华/孔繁峙主编//中国商业出版社2008年
常州博物馆五十周年典藏丛书：瓷器卷//常州博物馆编//文物出版社2008年
常州博物馆五十周年典藏丛书：绘画卷/常州博物馆编//文物出版社2008年
常州博物馆五十周年典藏丛书：漆木·金银器卷/常州博物馆编//文物出版社2008年
常州博物馆五十周年典藏丛书：书法卷/常州博物馆编//文物出版社2008年
常州博物馆五十周年典藏丛书：玉器·画像砖卷/常州博物馆编//文物出版社2008年
大同博物馆精品选萃（大同历史文化丛书）/王雁卿著//山西人民出版社2008年
近现代书画：湖北省博物馆藏书画选/湖北省博物馆编//文物出版社2008年
荆州博物馆馆藏精品/荆州博物馆编//湖北美术出版社2008年
旅顺博物馆馆藏文物选粹·青铜器卷/旅顺博物馆编//文物出版社2008年
你应该知道的200件雕漆（故宫收藏）/故宫博物院编，陈丽华主编//紫禁城出版社2008年
你应该知道的200件鼻烟壶（故宫收藏）/故宫博物院编，张荣主编//紫禁城出版社2008年
你应该知道的200件玻璃器（故宫收藏）/故宫博物院编，张荣主编//紫禁城出版社2008年
你应该知道的200件珐琅器（故宫收藏）/故宫博物院编，陈丽华主编//紫禁城出版社2008年
你应该知道的200件古代陶瓷（故宫收藏）/故宫博物院编，王建华主编//紫禁城出版社2008年
你应该知道的200件玉器（故宫收藏）/故宫博物院编，张广文主编//紫禁城出版社2008年

你应该知道的200件紫檀家具（故宫收藏）/故宫博物院编，宋永吉主编//紫禁城出版社2008年
濮阳市博物馆馆藏书画集/濮阳市博物馆编//中州古籍出版社2008年
青岛博物馆藏珍（多语种）/青岛博物馆编//文物出版社2008年
青岛市博物馆文物精萃/青岛市博物馆编//青岛出版社2008年
山东省博物馆馆藏精品/鲁文生主编，郭思克、王斌副主编//山东友谊出版社2008年
上海博物馆藏战国楚竹书（七）/马承源主编//上海古籍出版社2008年
沈阳故宫博物院院藏文物精粹·瓷器卷/沈阳故宫博物院编著//万卷出版社2008年
沈阳故宫博物院院藏文物精粹·绘画卷/沈阳故宫博物院编著//万卷出版社2008年
手捏戏文·泥土神韵：喻湘莲、王南山捐赠南京博物院惠山泥人作品集/南京博物院编//荣宝斋出版社2008年
天府永藏——两岸故宫博物院文物藏品概述/郑欣淼著//紫禁城出版社2008年
燕赵国宝/河北省博物馆编//河北美术出版社2008年
云南省博物馆馆藏精品全集：国宝集萃/云南省博物馆编//云南人民出版社2008年
云南省博物馆馆藏精品全集：廖新学美术作品 /云南省博物馆编//云南人民出版社2008年
镇江出土吴国青铜器/镇江博物馆编著//文物出版社2008年
北国春秋——中国人民大学博物馆馆藏文物陈列图录/中国人民大学博物馆编//中国人民大学出版社2009年
长夜破晓（浙江省博物馆典藏大系）/浙江省博物馆编//浙江古籍出版社2009年
东莞市博物馆藏碑刻（东莞市博物馆丛书）/东莞市博物馆编//文物出版社2009年
东莞市博物馆藏玉器（东莞市博物馆丛书）/东莞市博物馆编//文物出版社2009年
方寸乾坤（浙江省博物馆典藏大系）/浙江省博物馆编//浙江古籍出版社2009年
槁木奇功（浙江省博物馆典藏大系）/浙江省博物馆编//浙江古籍出版社2009年
湖南出土金银器（湖湘文库）/喻燕姣著//湖南美术出版社2009年
华侨博物院藏品精华/华侨博物院编，丁炯淳主编//文物出版社2009年
嘉华天宝：嘉善县博物馆馆藏文物精选/嘉善县博物馆编//文物出版社2009年
江阴文物精华（馆藏版）/江阴博物馆编著//文物出版社2009年
聚珍荟宝（浙江省博物馆典藏大系）/浙江省博物馆编//浙江古籍出版社2009年
乐舞缤纷/国际友谊博物馆编著//文物出版社2009年
旅顺博物馆馆藏文物选粹·书法卷/旅顺博物馆编，郭富纯主编//文物出版社2009年
旅顺博物馆馆藏文物选粹·陶瓷卷/旅顺博物馆编，郭富纯主编//文物出版社2009年
你应该知道的200件彩绘家具（故宫收藏）/故宫博物院编，胡德生主编//紫禁城出版社2009年
你应该知道的200件曲阳造像（故宫收藏）/故宫博物院编，胡国强主编//紫禁城出版社2009年
你应该知道的200件镶嵌家具（故宫收藏）/故宫博物院编，胡德生主编//紫禁城出版社2009年
秦始皇帝陵/秦始皇兵马俑博物馆编著//文物出版社2009年
泉林剪影（浙江省博物馆典藏大系）/浙江省博物馆编//浙江古籍出版社2009年
神韵：武当道教造像艺术/武当博物馆编//文物出版社2009年
史前双璧（浙江省博物馆典藏大系）/浙江省博物馆编//浙江古籍出版社2009年
四川博物院文物精品集/四川博物院编//文物出版社2009年
苏州博物馆藏出土文物（苏州博物馆藏品系列）/苏州博物馆编著//文物出版社2009年
苏州博物馆藏瓷器（苏州博物馆藏品系列）/苏州博物馆编著//文物出版社2009年
苏州博物馆藏工艺品（苏州博物馆藏品系列）/苏州博物馆编著//文物出版社2009年
随州出土文物精粹/随州市博物馆编//文物出版社2009年
窑火遗韵（浙江省博物馆典藏大系）/浙江省博物馆//浙江古籍出版社2009年
元瓷之珍/安徽省博物馆编//文物出版社2009年
越地范金（浙江省博物馆典藏大系）/浙江省博物馆编，梅丛笑等编著//浙江古籍出版社2009年
镇馆之宝：世界著名博物馆顶级藏品/王鹤著//百花文艺出版社2009年
郑州博物馆文物精华/郑州博物馆编//中州古籍出版社2009年
中国古代玉器（上海博物馆藏品研究大系）/张尉著//上海人民出版社2009年

安徽省博物馆藏潘玉良作品精选/安徽省博物馆编//2010年
德清博物馆文物珍藏/袁华编著//西泠印社 2010年
东莞市博物馆藏陶瓷（东莞市博物馆丛书）/东莞市博物馆编著//文物出版社2010年
古印度文明：辉煌的神庙艺术/上海博物馆编//上海书画出版社2010年
广西壮族自治区博物馆馆藏书画精品选集/广西壮族自治区博物馆、广西文物考古研究所编著//文物出版社2010年
翰墨华光：1998～2009年烟台美术博物馆收藏作品选/烟台美术博物馆//中国书画出版社2010年
华夏遗韵：中原古代音乐文物/河南博物院编著//中州古籍出版社2010年
淮南博物馆馆藏集珍/淮南市博物馆编著，沈汗青编著//文物出版社2010年
淮南市博物馆文物集珍/淮南市博物馆编//文物出版社2010年
吉林省博物院藏古代绘画精品选/赵聆实、袁亚春主编//浙江大学出版社2010年
吉林省博物院藏中国近现代书画选集/吉林省博物院编//文物出版社2010年
济宁文物珍品/济宁市文物局编//文物出版社2010年
旅顺博物馆馆藏文物选粹·漆器卷/旅顺博物馆编，郭富纯主编//辽宁美术出版社2010年
明月和风：国际友谊博物馆藏伊斯兰国家国际礼品/国际友谊博物馆、宁夏博物馆编//文物出版社2010年
内蒙古包头博物馆古代石刻/邬海鹰主编//远方出版社2010年
内蒙古包头博物馆文物/邬海鹰主编//远方出版社2010年
内蒙古包头博物馆岩画/邬海鹰主编//远方出版社2010年
日照博物馆馆藏文物集/董书涛主编//齐鲁书社2010年
山东省博物馆藏鲁绣精粹/山东省博物馆编//文物出版社2010年
山东省博物馆藏年画珍品/山东省博物馆编//文物出版社2010年
深圳民间收藏精粹/深圳市文物管理办公室、深圳博物馆、深圳市文物考古鉴定所编著//文物出版社2010年
苏州博物馆藏玺印（苏州博物馆藏品系列）/苏州博物馆编著//文物出版社2010年
图说中国传统手工书画装裱/汪自强、施珩著//浙江摄影出版社2010年
物华天宝：吴越国出土文物精粹/临安市文物馆朱晓东编著//文物出版社2010年
西安碑林国宝/武天合著//社会科学文献出版社2010年
长安佛韵：西安碑林佛教造像艺术/西安碑林博物馆编，赵力光主编//陕西师范大学出版社2010年
昭萍弥遗：萍乡博物馆藏品选/萍乡博物馆编//2010年
这里的石头会说话：馆藏石质文物图集/广西壮族自治区博物馆编//广西教育出版社2010年
中国钱币博物馆藏品选/中国钱币博物馆编//文物出版社2010年
成都馆藏文物精品选/成都市文物局编著//四川美术出版社2011年
楚风汉韵：荆州出土楚汉文物集萃/成都华通博物馆、荆州博物馆编，阎频、李炎编著//文物出版社2011年
楚风汉韵：长沙市博物馆藏镜/长沙市博物馆编著//文物出版社2011年
东莞市博物馆藏艺珍（东莞市博物馆丛书）/东莞市博物馆编//文物出版社2011年
多珍堂捐赠文物图录/海南省博物馆编//文物出版社2011年
古彭遗珍：徐州博物馆馆藏文物精选/李银德主编//国家图书馆出版社2011年
故宫博物院藏品大系·绘画编7·明/故宫博物院编，赵炳文主编//故宫出版社2011年
故宫博物院藏品大系·绘画编8·明/故宫博物院编，赵炳文主编//故宫出版社2011年
故宫博物院藏品大系·绘画编9·明/故宫博物院编，赵炳文主编//故宫出版社2011年
淮南市博物馆藏镜/淮南市博物馆编//文物出版社2011年
晋国瑰宝：山西出土晋国文物精华录/李进增主编//宁夏人民出版社2011年
旅顺博物馆藏敦煌本六祖坛经/郭富纯、王振芬整理//上海古籍出版社2011年
旅顺博物馆馆藏文物选粹·玉器卷/旅顺博物馆编，郭富纯主编//大连出版社2011年
旅顺博物馆精华录/郭富纯主编//大连出版社2011年
契丹遗珍：契丹博物馆馆藏珍品选：金银器、铜器、玉器卷//唐彩兰主编//线装书局2011年
青州文明图典（中国文明奇苑）/青州市博物馆编，辛建立主编//云南教育出版社2011年

塞上回韵：宁夏博物馆藏回族文物集萃/宁夏博物馆编//科学出版社2011年
陕西历史博物馆新入藏文物精萃/陕西历史博物馆编//三秦出版社2011年
丝路瑰宝/新疆维吾尔自治区文物局编//新疆民族出版社2011年
松江文物精粹/松江区博物馆编//文物出版社2011年
苏州博物馆藏玺印（苏州博物馆藏品系列）/苏州博物馆编//文物出版社2011年
唐墓壁画珍品/陕西历史博物馆编//三秦出版社2011年
西安美都艺术博物馆藏品精华·瓷器/刘云辉主编//世界图书出版公司2011年
西安美都艺术博物馆藏品精华·掐丝珐琅器/刘云辉主编//世界图书出版公司2011年
萧山博物馆书画珍品集/萧山博物馆编著，施加农主编//文物出版社2011年
摇曳丹青——福建博物院藏扇面精品特辑/福建博物院编//文物出版社2011年
云南省博物馆馆藏精品全集：工艺品/云南省博物馆编//云南美术出版社2011年
张家口市博物馆馆藏文物精华/张家口市博物馆编，闫玉光主编//科学出版社2011年
镇江博物馆藏明清书画精粹/镇江博物馆编著//文物出版社2011年
镇江出土金银器/镇江博物馆编著//文物出版社2011年
镇江出土陶瓷器/杨正宏、肖梦龙、刘丽文主编//文物出版社2011年
钟（大英博物馆珍藏鉴赏）/〔英〕汤普森（David Thompson）编著//上海科学技术出版社2011年
重庆中国三峡博物馆藏文物精粹：瓷器/于小玲、甘玲、申世放编著//文物出版社2011年
重庆中国三峡博物馆藏文物精粹：古琴/唐冶泽、杨婧、艾露露编著//文物出版社2011年
重庆中国三峡博物馆藏文物精粹：绘画/江洁、谢歆编著//文物出版社2011年
重庆中国三峡博物馆藏文物精粹：唐卡、造像/王玉、彭冰、王博编著//文物出版社2011年
重庆中国三峡博物馆藏文物选粹/黎小龙主编//文物出版社2011年
紫塞珍萃：承德馆藏文物精品图录/承德市文物局编//文物出版社2011年
北京石刻艺术博物馆馆藏墓志拓片精选/王丹著//北京燕山出版社2012年
村里的日子：河北省民俗博物馆藏当代泥塑作品（河北传统工艺珍品集）/常素霞主编//科学出版社2012年
大千与敦煌：四川博物院藏张大千绘画精品集/四川博物院、辽宁省博物馆编//辽宁人民出版社2012年
凤翔遗珍：凤翔县博物馆藏品精萃/凤翔县博物馆编//三秦出版社2012年
佛山市博物馆藏陶瓷（瑰宝撷英——佛山历史文化研究丛书）/佛山市文化广电新闻出版局、佛山市博物馆编//文物出版社2012年
古镜今照：中国铜镜研究会成员藏品集粹//浙江省博物馆编//文物出版社2012年
谷城文物精粹/谷城县博物馆编著//文物出版社2012年
故宫博物院藏品大系·书法编4·宋/故宫博物院编，王亦旻主编//故宫出版社2012年
故宫青铜器馆/故宫博物院编//故宫出版社2012年
河湟藏珍：藏传佛教文物卷/青海省博物馆、青海民族博物馆编著，祝君主编//文物出版社2012年
河湟藏珍：历史文物卷/青海省博物馆、青海民族博物馆编著，祝君主编//文物出版社2012年
河湟藏珍：民族民俗文物卷/青海省博物馆、青海民族博物馆编著，祝君主编//文物出版社2012年
河洛文明/洛阳博物馆编//中州古籍出版社2012年
黑龙江省博物馆馆藏精粹/黑龙江省博物馆编//文物出版社2012年
荆州楚玉：湖北荆州出土战国时期楚国玉器/荆州博物馆编著//文物出版社2012年
酒都藏宝：宜宾馆藏文物集萃/宜宾市博物馆编//文物出版社2012年
流光溢彩：河北省民俗博物馆藏当代金属工艺作品（河北传统工艺珍品集）/常素霞主编//科学出版社2012年
旅顺博物馆馆藏文物选粹·古印度雕塑卷/旅顺博物馆编，郭富纯主编//大连理工大学出版社2012年
漫步古代中国（国博漫步系列丛书）/吕章申主编//安徽人民出版社2012年
茂陵文物鉴赏图志/王志杰编著//三秦出版社2012年
妙笔生辉：河北省民俗博物馆藏当代内画作品（河北传统工艺珍品集）/常素霞主编//科学出版社2012年
内蒙古包头博物馆馆藏文物集萃/内蒙古包头博物馆编//文物出版社2012年
鸟语花香——河北省民俗博物馆藏当代唐山彩瓷作品（河北传统工艺珍品集）/常素霞主编//科学出版社

2012年
千秋金鉴：陕西历史博物馆藏铜镜集成/陕西历史博物馆编//三秦出版社2012年
巧夺天工：河北省民俗博物馆藏当代玉石雕刻作品（河北传统工艺珍品集）/常素霞主编//科学出版社2012年
盛世回乡：中国回族精品文物/宁夏博物馆编著//文物出版社2012年
四川博物院藏古代绘画精品选/魏学峰、李介一主编//浙江大学出版社2012年
苏州博物馆藏历代碑志（苏州博物馆藏品系列）/苏州博物馆编著//文物出版社2012年
太行风情：河北省民俗博物馆藏当代铁板浮雕作品（河北传统工艺珍品集）/常素霞主编//科学出版社2012年
天津博物馆藏瓷（天津博物馆系列精品图集）/天津博物馆编//文物出版社2012年
天津博物馆藏绘画（天津博物馆系列精品图集）/天津博物馆编//文物出版社2012年
天津博物馆藏书法（天津博物馆系列精品图集）/天津博物馆编//文物出版社2012年
天津博物馆藏砚（天津博物馆系列精品图集）/天津博物馆编//文物出版社2012年
天津博物馆藏玉（天津博物馆精品系列图集）/天津博物馆编//文物出版社2012年
文物载千秋：巴林右旗博物馆文物精品荟萃/巴林右旗博物馆编，石阳主编//内蒙古人民出版社2012年
婺源博物馆藏珍：书画/婺源博物馆编//文物出版社2012年
盐邑瑰宝——海盐县博物馆馆藏文物精选/海盐县博物馆编著//文物出版社2012年
浴火重生：河北省民俗博物馆藏当代古窑新瓷作品（河北传统工艺珍品集）/常素霞主编//科学出版社2012年
云南省博物馆馆藏精品全集：瓷器（上、下册）/云南省博物馆编//云南人民出版社2012年
中国古砚（上海博物馆藏品研究大系）/华慈祥著//上海人民出版社2012年
中国国家博物馆展品中的100个故事/吕章申主编//文物出版社2012年
博物馆绘本：青铜器/陈燮君主编//华东师范大学出版社2013年
博物馆绘本：玉器/陈燮君主编//华东师范大学出版社2013年
成都华通博物馆文物精萃——青铜器卷/成都华通博物馆编//文物出版社2013年
楚腔汉调：汉剧文物图说/湖北省博物馆编//湖北人民出版社2013年
大理白族自治州博物馆馆藏文物精粹/大理白族自治州博物馆编//云南人民出版社2013年
东莞市博物馆藏故宫调拨文物（东莞市博物馆丛书）/杨晓东主编//文物出版社2013年
东莞市博物馆藏文出土文物（东莞市博物馆丛书）/杨晓东主编//文物出版社2013年
东山撷芳：江宁博物馆暨东晋历史文化博物馆馆藏精粹/许长生主编//文物出版社2013年
古物撷英：孙瀛洲捐献文物精品/故宫博物院编//故宫博物院2013年
固原文物精品图集（上、中、下）/宁夏固原博物馆编，程云霞主编//宁夏人民出版社2011年、宁夏人民出版社2012年、宁夏人民出版社2013年
故都神韵：南京市博物馆文物精华/南京市博物馆编//文物出版社2013年
故宫博物院藏清宫陈设档案（45册）/故宫博物院编//故宫出版社2013年
桂林石刻撷珍/桂海碑林博物馆编撰//漓江出版社2013年
湖北钱币博物馆藏品选/湖北钱币博物馆、湖北省钱币学会编//文物出版社2013年
华北东北博物馆镇馆之宝/丁尧编著//北京大学出版社2013年
华东博物馆镇馆之宝/丁尧编著//北京大学出版社2013年
精准与华美：南京博物院藏钟表精品/南京博物院编//凤凰出版社2013年
考古山东/山东博物馆编//青岛出版社2013年
龙城宝笈：朝阳博物馆馆藏佛教造像精品/朝阳博物馆编//辽宁人民出版社2013年
洛阳民俗博物馆藏木雕造像/王支援等主编//中州古籍出版社2013年
旅顺博物馆藏晚清奏折选/旅顺博物馆编，郭富纯主编//辽宁人民出版社2013年
旅顺博物馆馆藏文物选粹·中国古代佛教造像卷/旅顺博物馆编//辽宁人民出版社2013年
梦幻的艺术：河北省民俗博物馆藏当代绞胎作品（河北传统工艺珍品集）/常素霞主编//科学出版社2013年
上海世博会博物馆馆藏精品（一）/上海世博会博物馆编//中国出版集团东方出版中心2013年
四川出土南朝佛教造像/四川博物院、成都文物考古研究所、四川大学博物馆编//中华书局2013年
天津博物馆藏玺印/天津博物馆编//文物出版社2013年

吐鲁番博物馆藏历代钱币图录/吐鲁番博物馆、吐鲁番学研究院编//上海古籍出版社2013年
皖西博物馆文物撷珍/皖西博物馆编//文物出版社2013年
蔚州文物珍藏/蔚州博物馆编著//科学出版社2013年
文物有韵自成诗：凉山彝族自治州博物馆藏品集粹/唐亮、刘弘主编//文物2013年
西南西北博物馆镇馆之宝/丁尧编著//北京大学出版社2013年
扬州博物馆藏扬州八怪书画集/高荣主编//文物出版社2013年
中南及台湾地区博物馆镇馆之宝/丁尧编著//北京大学出版社2013年
中原藏珍：品鉴（卷壹）/河南博物院编/中州古籍出版社2013年
百年寻踪：江汉关博物馆馆藏文物集萃/江汉关博物馆编//文物出版社2014年
蚌埠市博物馆铜镜集萃/蚌埠市博物馆编著，辛礼学主编//文物出版社2014年
博物馆绘本——明清家具/陈燮君主编//华东师范大学出版社2014年
故宫博物院藏品大系·善本特藏编2：清前期刻本/故宫博物院编//故宫出版社2014年
故宫博物院藏品大系·善本特藏编6、7：孤稀方志/故宫博物院编//故宫出版社2014年
故宫博物院藏品大系·善本特藏编8、9：满文古籍、蒙文古籍/故宫博物院编//故宫出版社2014年
故宫博物院藏品大系·善本特藏编 10：抄本/故宫博物院编//故宫出版社2014年
故宫博物院藏品大系·善本特藏编13：样式房图档/故宫博物院编//故宫出版社2014年
故宫博物院藏品大系·善本特藏编 14：官式器物图档/故宫博物院编，朱赛虹主编//故宫出版社2014年
故宫博物院藏品大系·善本特藏编16：御笔写经/故宫博物院编//故宫出版社2014年
故宫博物院藏品大系·善本特藏编17：臣工写经/故宫博物院编//故宫出版社2014年
故宫博物院藏品大系·善本特藏编20：内府雕版（下）/故宫博物院编//故宫出版社2014年
故宫博物院藏清代碧玉器与玛纳斯/故宫博物院、新疆维吾尔自治区玛纳斯县人民政府编//故宫出版社2014年
故宫经典：清宫武备图典/故宫博物院//故宫出版社2014年
焦山碑林典藏精品图录/镇江焦山碑刻博物馆编//文物出版社2014年
解读王鑑：上海博物馆藏精品赏析/陈燮君主编//上海书画出版社2014年
解读王时敏：上海博物馆藏精品赏析/陈燮君主编//上海书画出版社2014年
礼乐中国：湖北省博物馆馆藏商周青铜器/湖北省博物馆编//湖北人民出版社2014年
龙城宝笈：朝阳博物馆馆藏古代铜镜/朝阳博物馆编//辽宁人民出版社2014年
旅顺博物馆所藏甲骨（中国社会科学院文库·历史考古研究系列）/中国社会科学院甲骨学殷商史研究中心、旅顺博物馆编著，宋镇豪、郭富纯主编//上海古籍出版社2014年
琴书（鼓浪屿钢琴博物馆图典）/曹放编著//厦门大学出版社2014年
清代雍正—宣统官窑瓷器（上海博物馆藏品研究大系）/周丽丽著//上海人民出版社2014年
上海百家博物馆美术馆品鉴/上海市文化广播影视管理局、上海市文物局编//上海书店出版社2014年
上海博物馆藏楚竹书：中弓、弟子问/濮茅左主编//中西书局2014年
上海博物馆藏楚竹书：周易/濮茅左主编//中西书局2014年
上海博物馆藏书法释文选（修订本）/上海博物馆编//上海书画出版社2014年
上海行业博物馆藏品精选（文化上海·典藏）/ 上海市文化广播影视管理局、上海市文物局编//上海古籍出版社2014年
丝绸之路天山廊道：新疆昌吉古代遗址与馆藏文物精品/新疆昌吉回族自治州文物局编//文物出版社2014年
四川博物院藏古代书法精品选/魏学峰、李介一主编//浙江大学出版社2014年
太行风情：河北省民俗博物馆藏当代铁板浮雕作品（河北传统工艺珍品集）/常素霞主编//文物出版社2014年
天津健业红山文化博物馆藏品赏析（梦回红山丛书）/张鹏主编//江苏凤凰科学技术出版社2014年
天祝博物馆文物荟萃/天祝藏族自治县博物馆编//甘肃人民美术出版社2014年
图说中国铁道博物馆珍贵文物（第一辑）/中国铁道博物馆著//中国铁道出版社2014年
图说中国铁道博物馆珍贵文物（第二辑）/中国铁道博物馆著//中国铁道出版社2014年
徐悲鸿书画作品集（贵州省博物馆馆藏精选）/王红光主编，朱良津副主编//广西师范大学出版社2014年
云南铁路博物馆文物精粹/昆明铁路局编//中国铁道出版社2014年

珍藏吉水/吉水县博物馆编//文物出版社2014年
纸落云烟：武汉博物馆藏明代书画珍品录/朱莉主编//文物出版社2014年
中国国家博物馆馆藏文物研究丛书：瓷器卷（商—五代）/中国国家博物馆编//上海古籍出版社2014年
中国华侨历史博物馆藏品图录（开馆专辑）/ 中国华侨历史博物馆编，黄纪凯主编//文物出版社2014年
中国农业博物馆藏品精粹/马旭铭、刘军编著//中国农业出版社2014年
中原藏珍：品鉴（卷贰）/河南博物院编//中州古籍出社2014年

五 基本陈列与临时展览图录

东北博物馆历史文物陈列说明书/东北博物馆编著//1953年
中国历史博物馆通史陈列预展说明/中国历史博物馆编//文物出版社1960年
安徽省博物馆革命文物展览——部分文物简介/安徽省博物馆编//1978年
大英博物馆藏古埃及艺术珍品/上海博物馆、大英博物馆编//上海画报出版社1996年
商承祚先生捐赠文物精品选/广东省博物馆、广东民间工艺博物馆、深圳市博物馆编//岭南美术出版社1997年
西方现代艺术精粹：纽约古根海姆博物馆藏品选/上海博物馆编//上海书画出版社1997年
新疆维吾尔自治区博物馆丝路考古珍品/新疆文物事业管理局、新疆维吾尔自治区博物馆、新疆文物考古研究、上海博物馆编//上海译文出版社1998年
中国通史陈列/中国历史博物馆编//朝华出版社1998年
亚洲艺术遗珍：亚洲协会洛克菲勒藏品精选/上海博物馆编//上海书画出版社1999年
中国博物馆陈列艺术图集/夏书绅编著//辽宁人民出版社1999年
日本文物精华/上海博物馆编//上海书画出版社2000年
墨西哥玛雅文明珍品/上海博物馆编//上海书画出版社2001年
中国博物馆陈列精品图解（一）（中国博物馆陈列精品工程书系）/国家文物局、中国博物馆学会、中国文物报社李文儒主编//文物出版社2001年
中国博物馆陈列精品图解（二）（中国博物馆陈列精品工程书系）/国家文物局、中国博物馆学会、中国文物报社李文儒主编//文物出版社2002年
《淳化阁帖》最善本/上海博物馆编//上海书画出版社2003年
花舞大唐春：何家村遗宝精粹/陕西历史博物馆、北京大学考古文博学院、北京大学震旦古代文明研究中心编//文物出版社2003年
群雄逐鹿：两周中原列国文物瑰宝/河南博物院编著//大象出版社2003年
中国百年油画精品展/中国美术馆、湖南省博物馆主编//2003年
成吉思汗：中国古代北方草原游牧文化（世界文明系列）/内蒙古自治区博物馆编//北京出版社2004年
俄罗斯艺术精品：雅罗斯拉夫艺术博物馆馆藏油画与雕塑文物展/南京市博物馆编//2004年
古罗马文明：罗马帝国的人与神/上海博物馆编//上海书画出版社2004年
湖南省博物馆（展览图录）/陈建明主编//2004年
陕西出土秦金银器/吴永琪主编//陕西人民教育出版社2004年
中国博物馆陈列精品图解（三）（中国博物馆陈列精品工程书系）/国家文物局、中国博物馆学会、中国文物报社李文儒主编//文物出版社2004年
周秦汉唐文明（普及版）/上海博物馆编//上海书画出版社2004年
周秦汉唐文明特集（珍藏版）/上海博物馆编//上海书画出版社2004年
故宫博物院、上海博物馆中国古代书画藏品集/故宫博物院、上海博物馆编//紫禁城出版社2005年
故宫博物院50年入藏文物精品集/故宫博物院编//紫禁城出版社2005年
宁静的辉煌：上海博物馆新馆陈列设计解析/李蓉蓉编著//文物出版社2005年
十八、十九世纪法国马赛艺术/上海博物馆编//上海书画出版社2005年
首都博物馆精品展览/首都博物馆编//北京出版社2005年

吴筹中先生旧藏纸币精粹/上海博物馆编//上海书画出版社2005年
珠联璧合：泛珠三角文物精品集/广东省博物馆编//岭南美术出版社2005年
湖北出土文物精粹/湖北省博物馆编//文物出版社2006年
湖南省博物馆馆藏百位湘籍名人手迹/陈建明主编//岳麓书社2006年
美洲豹崇拜：墨西哥古文明展/墨西哥国家人类历史学院、中国首都博物馆编//文物出版社2006年
齐白石艺术大展集萃/首都博物馆编//北京出版社2006年
上海考古精粹/上海文物管理委员会编//上海人民美术出版社2006年
深圳7000年：深圳出土文物图录/深圳博物馆等编//文物出版社2006年
世界文明珍宝：大英博物馆之250年藏品（普及本）/大英博物馆、首都博物馆编//文物出版社2006年
世界文明珍宝：大英博物馆之250年藏品/大英博物馆、首都博物馆编//文物出版社2006年
宋韵：四川窖藏文物辑粹（中国重大考古发现精品展）/中国国家博物馆编//中国社会科学出版社2006年
中国博物馆陈列精品图解（四）（中国博物馆陈列精品工程书系）/国家文物局、中国博物馆学会、中国文物报社编//文物出版社2006年
曾侯乙墓：战国早期的礼乐文明（长江中游文明之旅）/湖北省博物馆编//文物出版社2007年
楚天英杰：湖北近现代人物画传（长江中游文明之旅）/湖北省博物馆编//文物出版社2007年
古代瓷器：湖北省博物馆藏瓷器选（长江中游文明之旅）/湖北省博物馆编//文物出版社2007年
古代印度瑰宝（普及版）/中国文物交流中心、首都博物馆编//北京美术摄影出版社2007年
古代印度瑰宝（首都博物馆书库丁种第伍部）/中国文物交流中心、首都博物馆编//北京美术摄影出版社2007年
国家宝藏：中国国家博物馆藏品展/湖南省博物馆编//2007年
海上锦绣：顾绣珍品特集/上海博物馆编//上海古籍出版社2007年
鸿山越墓出土乐器/南京博物院、江苏省考古研究所编//文物出版社2007年
鸿山越墓出土礼器/南京博物院、江苏省考古研究所编//文物出版社2007年
京城旧事：老北京民俗展/首都博物馆编//北京出版社2007年
九连墩：长江中游的楚国贵族大墓（长江中游文明之旅）/湖北省博物馆编//文物出版社2007年
梁庄王墓：郑和时代的瑰宝（长江中游文明之旅）/湖北省博物馆编//文物出版社2007年
卢浮宫珍藏展：古典希腊艺术（普及本）/首都博物馆编//文物出版社2007年
卢浮宫珍藏展：古典希腊艺术/首都博物馆、卢浮宫博物馆编//文物出版社2007年
明清书画：湖北省博物馆藏书画选（长江中游文明之旅）/湖北省博物馆编//文物出版社2007年
盘龙城：长江中游的青铜文明（长江中游文明之旅）/湖北省博物馆编//文物出版社2007年
秦汉漆器：长江中游的髹漆艺术（长江中游文明之旅）/湖北省博物馆编//文物出版社2007年
屈家岭：长江中游的史前文化（长江中游文明之旅）/湖北省博物馆编//文物出版社2007年
瑞典银器五百年/上海博物馆编//上海古籍出版社2007年
摄影的诞生：一项法国的发明/首都博物馆编//文物出版社2007年
书写历史：战国秦汉简牍（长江中游文明之旅）/湖北省博物馆编//文物出版社2007年
郧县人：长江中游的远古人类（长江中游文明之旅）/湖北省博物馆编//文物出版社2007年
中国博物馆陈列精品图解（五）（中国博物馆陈列精品工程书系）/国家文物局、中国博物馆学会、中国文物报社编//文物出版社2007年
百家藏珍：西安博物院民间收藏精品展/西安博物院编//世界图书出版公司2008年
博物馆之旅：甘肃彩陶/甘肃省博物馆编//甘肃人民美术出版社2008年
博物馆之旅：甘肃古生物化石/甘肃省博物馆编//甘肃人民美术出版社2008年
博物馆之旅：甘肃丝绸之路文明/甘肃省博物馆编//甘肃人民美术出版社2008年
鼎力铸史：侵华日军南京大屠杀遇难同胞纪念馆陈列设计艺术/朱成山著//南京出版社2008年
甘肃彩陶（甘肃省博物馆基本陈列丛书）/甘肃省博物馆编，韩博文主编//科学出版社2008年
甘肃丝绸之路文明（甘肃省博物馆基本陈列丛书）/甘肃省博物馆编//科学出版社2008年

倠客家——广东客家博物馆陈列/广东客家博物馆编//科学出版社2008年
国家宝藏：中国国家博物馆典藏精品展/深圳博物馆编//文物出版社2008年
加拿大原住民的杰作——加拿大文明博物馆珍藏展/中国国家博物馆、加拿大文明博物馆编著//中国社会科学出版社2008年
金色江南：江苏古代金器/南京博物院编//江苏美术出版社2008年
近现代书画：湖北省博物馆藏书画选（长江中游文明之旅）/湖北省博物馆编//文物出版社2008年
晋国霸业：山西出土两周石器文物精华展图录/山西博物院等编//文物出版社2008年
马王堆汉墓/湖南省博物馆编//岳麓书社2008年
马王堆汉墓：古长沙国的艺术与生活/陈建明主编//岳麓书社2008年
陕西古代文明/陕西历史博物馆编，成建正主编//陕西人民出版社2008年
世貌风情：中国古代人物画精品集/上海博物馆、辽宁省博物馆编//上海古籍出版社2008年
丝路胡人外来风：唐代胡俑展/乾陵博物馆编//文物出版社2008年
长江文明（普及本）/首都博物馆编//文物出版社2008年
长江文明/首都博物馆编//文物出版社2008年
中国记忆：五千年文明瑰宝（普及本）/首都博物馆编//文物出版社2008年
中国记忆：五千年文明瑰宝/首都博物馆编//文物出版社2008年
紫玉暗香：南京博物院紫砂珍品联展/南京博物院编//江苏文艺出版社2008年
凤舞九天：楚文物特展/陈建明主编//湖南美术出版社2009年
凤舞九天：楚文物特展文物故事/陈建明主编//湖南美术出版社2009年
哥伦比亚前西班牙时期黄金艺术/上海博物馆编//上海书画出版社2009年
海帆留踪/上海博物馆编//上海书画出版社2009年
乐舞缤纷/国际友谊博物馆编//文物出版社2009年
千古探秘——考古与发现/首都博物馆编//中华书局2009年
千古英雄："大三国志展"归国汇报展/湖北省博物馆编//湖北人民出版社2009年
秦汉—罗马文明展/中国国家文物局、意大利文化遗产与艺术活动部编//文物出版社2009年
融古开今/上海博物馆编//东方书画出版社2009年
神秘的古蜀王国：三星堆、金沙文物珍宝/深圳博物馆、四川广汉三星堆博物馆、成都金沙遗址博物馆编//文物出版社2009年
元瓷之珍/安徽博物院编//文物出版社2009年
早期中国：中华文明起源（推广版）/中华人民共和国科技部、国家文物局、首都博物馆编//文物出版社2009年
早期中国：中华文明起源/中华人民共和国科技部、国家文物局、首都博物馆编//文物出版社2009年
走进辽河文明/辽宁省博物馆编//辽宁人民出版社2009年
北方之星：叶卡捷琳娜二世与俄罗斯帝国的黄金时代/上海博物馆编//东方出版中心2010年
草原华章：契丹文物精华展/山西博物院、内蒙古博物院编//山西人民出版社2010年
大善之美：深圳博物馆藏社会捐赠文物集萃/深圳博物馆编//文物出版社2010年
丹青艺事越千年：天津博物馆藏宋元明清绘画精品展/湖南省博物馆、天津博物馆编//岳麓书社2010年
东风西渐：上海市历史博物馆藏欧洲瓷器/深圳博物馆编//文物出版社2010年
古代深圳（深圳博物馆基本陈列）/深圳博物馆编//文物出版社2010年
古代西域服饰撷萃/新疆维吾尔自治区博物馆编//文物出版社2010年
古印度文明：辉煌的神庙艺术/上海博物馆编//上海书画出版社2010年
国家宝藏：中国国家博物馆典藏珍宝展（宁波博物馆研究丛书，当今国内外著名博物馆精品特展之5）/宁波博物馆、中国国家博物馆编著//科学出版社2010年
近代深圳（深圳博物馆基本陈列）/深圳博物馆编//文物出版社2010年
律动的足音——武汉博物馆展览解读（武汉博物馆研究丛书·精品展览卷2）/朱莉主编//湖北美术出版社2010年

鸣鹤清赏：鸣鹤雅集会员藏珍/北京大学赛克勒考古与艺术博物馆、北京大学公众考古与艺术中心编//荣宝斋2010年
瓯骆遗粹：广西百越文化文物陈列/广西壮族自治区博物馆编//广西教育出版社2010年
千年丹青/上海博物馆编//东方出版中心2010年
三秦瑰宝：陕西出土周秦汉唐文物展/深圳博物馆编//文物出版社2010年
商代遗珍：江西新干大洋洲出土文物精品/深圳博物馆、江西省博物馆编//文物出版社2010年
深圳改革开放史（深圳博物馆基本陈列）/深圳博物馆编//文物出版社2010年
深圳民间收藏精粹/深圳市文物管理办公室、深圳博物馆、深圳市文物考古鉴定所编著//文物出版社2010年
深圳民俗文化（深圳博物馆基本陈列）/深圳博物馆编//文物出版社2010年
丝绸之路：大西北遗珍/中国美术全集编委会编//文物出版社2010年
丝路瑰宝：新疆馆藏文物精品图录/新疆维吾尔自治区博物馆编//新疆人民出版社2010年
天子之雅：清代帝王生活侧影展/北京美术博物馆、良渚博物馆编//浙江古籍出版社2010年
渭水之滨　秦陇一脉：关中天水先秦文化巡礼/秦始皇兵马俑博物馆编//陕西人民教育出版社2010年
印度现代艺术展/四川博物院、深圳博物馆、浙江省博物馆编//文物出版社2010年
越南历史文物/越南国家历史博物馆、首都博物馆编//北京燕山出版社2010年
长安佛韵：西安碑林佛教造像艺术/西安碑林博物馆编，赵力光主编//陕西师范大学出版社2010年
中国古代文明系列展之草原牧歌——契丹文物精华/陈建明、塔拉主编//岳麓书社2010年
走进佛前：南京博物院藏佛教艺术精品/南京博物院编//广陵书社2010年
楚风汉韵：宜城地区出土楚汉文物陈列/宜城市博物馆编//文物出版社2011年
拂去历史的尘埃：新安画派张翰飞、张君逸、张仲平三代捐赠书画作品选/安徽博物院编//中华书局2011年
黄胄艺术（中国国家博物馆20世纪中国美术名家系列丛书）/吕章申主编//安徽美术出版社2011年
李可染艺术（中国国家博物馆20世纪中国美术名家系列丛书）/吕章申主编//安徽美术出版社2011年
毛利人的世界：新西兰奥塔哥博物馆珍藏文物/上海博物馆编//上海书画出版社2011年
南国瓷珍：潮州窑瓷器精萃（广东省博物馆展览系列丛书）/广东省博物馆编//岭南美术出版社2011年
南宗正脉：上海博物馆藏娄东画派艺术/上海博物馆编//上海书画出版社2011年
瓯骆印象：广西百越文化文物精品展（江西省博物馆文物展览图录）/江西省博物馆编//上海锦绣文章出版社2011年
潘天寿艺术（中国国家博物馆20世纪中国美术名家系列丛书）/吕章申主编//安徽美术出版社2011年
启蒙的艺术（中国国家博物馆国家交流系列丛书）/吕章申主编//中国社会科学出版社2011年
契丹风韵：内蒙古辽代文物珍品展/深圳博物馆、内蒙古博物院编//文物出版社2011年
青铜文明中原瑰宝：河南夏商周出土文物展/新疆维吾尔自治区博物馆编著//新疆人民出版社2011年
圣地西藏：最接近天空的宝藏/河南博物院编//2011年
丝路遗韵：新疆出土文物展目录/深圳博物馆编//文物出版社2011年
松花江的记忆——金源文化展/庞学臣主编//黑龙江人民出版社2011年
万里长城山海关：山海关长城博物馆基本陈列/潘跃主编//学习出版社2011年
万里长城：山海关长城博物馆基本陈列/潘跃主编//学习出版社2011年
我住长江头：古蜀文明展/蒋卫东、张跃辉主编//浙江古籍出版社2011年
物得其宜：黄花梨文化展（首都博物馆文库丙种第三十二部）/首都博物馆编//收藏家杂志 2011年
亚历山大·佩里耶（1862～1936）风景画展/上海博物馆编//上海书画出版社2011年
与特区一起成长：深圳博物馆建馆30周年纪念特展图录/深圳博物馆编//文物出版社2011年
云岭飞歌：云南少数民族文物辑萃/宁夏博物馆、云南民族博物馆编著//文物出版社2011年
中国博物馆重要陈列展览年度记录（2009～2010）/中国文物报社//译林出版社2011年
中国古代青铜器艺术（中国国家博物馆国家古代艺术系列丛书）/中国国家博物馆编，吕章申主编//中国社会科学出版社2011年
中原古代文明之光/河南博物院编著，田凯、李宏主编//科学出版社2011年

庄严妙相：甘肃佛教艺术展/俄军主编//三秦出版社2011年
安徽文明陈列（上、下）/安徽博物院编//文物出版社2012年
百年国博：中国国家博物馆百年简史与成果/吕章申主编//中华书局2012年
成吉思汗：中国古代北方草原游牧文明展/新疆维吾尔自治区博物馆编// 2012年
大辽遗珍：辽代文物展/北京辽金城垣博物馆编//学苑出版社2012年
大元帆影：韩国新安沉船出水文物精华/浙江省博物馆编//文物出版社2012年
道化苍生——楚地道教文物特展/安徽博物院编//华夏翰林出版社2012年
定瓷雅集：故宫博物院珍藏及出土定窑瓷器荟萃/故宫博物院编//故宫出版社2012年
法相庄严：山西佛教造像艺术精品展（江西省博物馆文物展览图录8）/江西省博物馆编//上海锦绣文章出版社2012年
佛罗伦萨与文艺复兴名家名作（中国国家博物馆国际交流系列丛书）/吕章申主编//安徽美术出版社2012年
古镜今照：中国铜镜研究会成员藏品集粹（上、下册）/浙江省博物馆编//文物出版社2012年
故宫博物院清代新疆文物珍藏展/新疆维吾尔自治区博物馆编//新疆人民出版社2012年
国家宝藏/浙江省博物馆编//2012年
翰墨聚珍/上海博物馆编//上海书画出版社2012年
画影江山：郎静山摄影作品特展/湖北省博物馆编//文物出版社2012年
辉煌时代：罗马帝国文物/湖北省博物馆编//文物出版社2012年
徽州古建筑陈列/安徽博物院编//文物出版社2012年
纪念友好十周年：韩国国立庆州博物馆文物精品展/陕西历史博物馆编//三秦出版社2012年
晋国宝藏：山西出土晋国文物特展/湖北省博物馆编//文物出版社2012年
君住长江尾：良渚文明展/成都金沙遗址博物馆编//四川人民出版社2012年
礼乐汉东：湖北随州出土周代青铜器精华/深圳博物馆、随州市博物馆编//文物出版社2012年
萌芽成长融合：东周时期北方青铜文化臻萃/秦始皇帝陵博物院编，曹玮主编//三秦出版社2012年
鸣鹤清赏（瑞宝阁藏金铜佛像）/邢继柱编著//文物出版社2012年
霓裳银装：贵州少数民族文物辑萃/宁夏博物馆、贵州省博物馆编//文物出版社2012年
契丹风华/刘广堂、塔拉主编//文物出版社2012年
千秋金鉴：陕西历史博物馆藏铜镜集成/陕西历史博物馆编//三秦出版社2012年
清宫撷珍：清代帝王生活侧影展/江西省博物馆编//上海锦绣文章出版社2012年
盛世回乡：中国回族精品文物展/宁夏博物馆编著//文物出版社2012年
石渠宝笈 旷代风华——辽宁省博物馆馆藏中国古代书画名品/深圳博物馆、辽宁省博物馆编//文物出版社2012年
史前文明：甘肃彩陶艺术展/安徽博物院、甘肃省博物馆编//华夏翰林出版社2012年
天山往事：古代新疆丝路文物精华/山西博物院、新疆维吾尔自治区博物馆、吐鲁番博物馆编//山西人民出版社2012年
温温玉色照瓷瓯：龙泉窑青瓷艺术（首都博物馆文库丙种第贰拾肆部）/首都博物馆编//北京燕山出版社2012年
匈奴与中原：文明的碰撞与交融/河南博物院编//中州古籍出版社2012年
绚丽华彩：广东省博物馆藏广彩瓷器精品展（江西省博物馆文物展览图录9）/江西省博物馆编//上海锦绣文章出版社2012年
雪域瑰宝：西藏文物展（广东省博物馆展览系列丛书）/广东省博物馆、西藏博物馆编//岭南美术出版社2012年
幽蓝神采：元代青花瓷器特集/上海博物馆编//上海书画出版社2012年
纸上繁华：李伟先先生旧藏纸币掇英/上海博物馆编//上海书画出版社2012年
中国国家博物馆馆藏非洲雕刻艺术精品选/吕章申主编//安徽美术出版社2012年
周抡园艺术（中国国家博物馆20世纪中国美术名家系列丛书）/吕章申主编//安徽美术出版社2012年
竹镂文心：竹刻珍品特集/上海博物馆编//上海书画出版社2012年

紫石风流：现当代端砚精品选（广东省博物馆展览系列丛书）/广东省博物馆编//岭南美术出版社2012年
走进御书房：故宫博物院珍藏清代宫廷文房用品特展/故宫博物院、安徽博物院编著//安徽美术出版社 2012年
安和常乐：吉祥文物陈列（天津博物馆文物展览系列图集）/天津博物馆编//文物出版社2013年
敝帚自珍：丰子恺漫画特展/浙江省博物馆、新疆维吾尔自治区博物馆编//中国书店出版社2013年
大羽华裳：明清服饰特展/故宫博物院、山东博物馆、曲阜文物局编//齐鲁书社2013年
丰腴之美：唐代仕女生活展/新疆维吾尔自治区博物馆编//河北教育出版社2013年
浮梁翠色：江西景德镇元明青花瓷/湖北省博物馆编//文物出版社2013年
刚果河：非洲中部雕刻艺术展/上海博物馆编//上海书画出版社2013年
沽上风物：天津民间艺术陈列（天津博物馆文物展览系列图集）/天津博物馆编//文物出版社2013年
故都神韵：南京市博物馆文物精华/南京市博物馆编//文物出版社2013年
贵州少数民族服饰艺术/山西博物院、贵州省博物馆编著//山西人民出版社2013年
汉韵和风：青山杉雨的收藏与书法作品/上海博物馆编//上海书画出版社2013年
河北省博物馆临时展览十年回眸——2002～2012/河北省博物馆编//河北美术出版社2013年
黄金草原：中国古代北方游牧民族文物/湖北省博物馆编//文物出版社2013年
吉祥如意：浙江绍兴翰越堂藏古代艺术品/浙江省博物馆编//文物出版社2013年
集古大成：上海博物馆藏虞山画派艺术/上海博物馆编//上海书画出版社2013年
寄情画境：馆藏明清绘画陈列（天津博物馆文物展览系列图集）/天津博物馆编//文物出版社2013年
江淮撷珍/安徽博物院编//文物出版社2013年
金辉玉德：西安博物院藏金银器玉器精萃/西安博物院编//文物出版社2013年
金锡缪琳：蓝田吕氏家族墓出土文物/陕西历史博物馆编//文物出版社2013年
晋国遗珍：山西出土周代文物展/广东省博物馆编//岭南美术出版社2013年
京津画派书画精品集/山西博物院、天津博物馆编著//山西人民出版社2013年
静谧人生：粤港澳藏孙中山次女孙琬戴恩赛伉俪文物联展图录/深圳博物馆编//文物出版社2013年
镜里乾坤：铜镜背后的故事/安徽博物院编//人民美术出版社2013年
聚赏珍玉：馆藏中国古代玉器陈列（天津博物馆文物展览系列图集）/天津博物馆编//文物出版社2013年
考古工作者手札——2009～2012秦始皇帝陵考古纪实/秦始皇帝陵博物院编，曹玮主编//西北大学出版社2013年
陇右遗珍：甘肃汉晋木雕艺术/ 山西博物院、甘肃省博物馆、武威市博物馆、高台县博物馆编著/山西人民出版社2013年
南国楚宝　惊采绝艳——楚文物珍品展/秦始皇帝陵博物院编，曹玮主编//三秦出版社2013年
器蕴才华：文房清供陈列（天津博物馆文物展览系列图集）/天津博物馆编//文物出版社2013年
青蓝雅静：馆藏明清青花瓷器陈列（天津博物馆文物展览系列图集）/天津博物馆编//文物出版社2013年
清风送爽：吉林省博物院藏明清扇面精品/重庆中国三峡博物馆编//西南师范大学出版社2013年
三晋窑火·晋善晋美：中国古代山西陶瓷特展/晋中市文物局、介休市文物局、深圳望野博物馆编著//文物出版社2013年
色挂形象穷神变：中国古代壁画源流/西安曲江艺术博物馆编著，周天游主编//文物出版社2013年
商邑翼翼四方之极：殷墟文物里的晚商盛世（中国国家博物馆国内交流系列丛书）/中国国家博物馆、中国社会科学院考古研究所编著//时代出版传媒股份有限公司、安徽美术出版社、安徽人民出版社2013年
神秘的契丹：辽代文物精品展/安徽博物院编//2013年
曙光时代：意大利的伊特鲁里亚文明/湖北省博物馆编//文物出版社2013年
丝绸遗珍：丝绸之路沿线六省区文物精品展/河南博物院编//2013年
随州叶家山：西周早期曾国墓地/湖北省博物馆、湖北省文物考古研究所、随州市博物馆编//文物出版社2013年
线走丰姿：馆藏明清书法陈列（天津博物馆文物展览系列图集）/天津博物馆编//文物出版社2013年
新安画派/安徽博物院编//文物出版社2013年
扬州博物馆藏明清扇面书画艺术/扬州博物馆编//文物出版社2013年
耀世奇珍：馆藏文物精品陈列（天津博物馆文物展览系列图集）/天津博物馆编//文物出版社2013年

熠熠生辉：故宫博物院珍藏清代宫廷金银器特展/安徽博物院、故宫博物院编著//安徽美术出版社2013年
玉叶金枝：明代江西藩王墓出土玉器精品展（广东省博物馆展览系列丛书）/广东省博物馆、江西省博物馆编著//岭南美术出版社2013年
远古之花：甘肃省博物馆彩陶精品/陈嘉庚纪念馆、甘肃省博物馆编//文物出版社2013年
长毋相忘：读盱眙大雲山江都王陵/南京博物院编//译林出版社2013年
中国博物馆重要陈列展览年度记录（2011～2012）/国家文物局博物馆与社会文物司（科技司）、中国文物报社、中国博物馆协会编//译林出版社2013年
中华百年看天津/天津博物馆编//文物出版社2013年
北朝壁画曲阳石雕（河北博物院基本陈列）/河北博物院编//文物出版社2014年
博·戏：中国古代体育文物/南京博物院、四川博物院、河南博物院、陕西历史博物馆、成都体育学院博物馆编//译林出版社2014年
不尽丹心：蒋兆和诞辰110周年纪念特展作品集（中国国家博物馆20世纪中国美术名家系列丛书）/吕章申主编//安徽美术出版社2014年
成吉思汗：中国古代北方草原游牧文明展/内蒙古自治区博物馆编//北京出版社2014年
传承与谋变：三晋历史文化展/秦始皇帝陵博物院编，曹玮主编//三秦出版社2014年
大汉绝唱　满城汉墓（河北博物院基本陈列）/河北博物院编//文物出版社2014年
大美木艺：中国明清家具珍品（中国国家博物馆古代艺术系列丛书）/吕章申主编//北京时代华文书局2014年
丹青巨匠Ⅱ：湖南省博物馆藏齐白石书画精品/湖北省博物馆编//文物出版社2014年
帝国表情——汉景帝阳陵出土文物展/西汉南越王博物馆、汉阳陵博物馆编//广东人民出版社2014年
对镜贴花黄：宝鸡青铜器博物院典藏铜镜精粹/宝鸡青铜器博物院编//三秦出版社2014年
芳菲流年：中国百年旗袍展/南京博物院、中国丝绸博物馆编//译林出版社2014年
古风神韵——走进神秘的萨满世界/吉林省博物院//吉林美术出版社2014年
汉风：中国汉代文物展/中国文物交流中心编著//科学出版社2014年
骏程万里：丝绸之路马文化展/侯世新主编//三秦出版社2014年
开渠百年：纪念刘开渠诞辰110周年作品集（中国国家博物馆20世纪中国美术名家系列丛书）/吕章申主编//安徽美术出版社2014年
礼乐中国：湖北省博物馆馆藏商周青铜器/湖北省博物馆编//湖北人民出版社2014年
列夫·托尔斯泰与他的时代（中国国家博物馆国际交流系列丛书）/吕章申主编//北京时代华文书局2014年
灵动飞扬：汉代玉器掠影（中华文明之旅系列）/北京艺术博物馆、安徽博物院、陕西历史博物馆著//北京美术摄影出版社2014年
龙卧南阳：南阳汉代文物展/西汉南越王博物馆、南阳市汉画馆、南阳市文物考古研究所编//岭南美术出版社2014年
罗马与巴洛克艺术（中国国家博物馆国际交流系列丛书）/吕章申主编//北京时代华文书局2014年
马王堆汉墓：长沙国贵族生活特展/良渚博物馆、湖南省博物馆编//浙江摄影出版社2014年
名馆·名家·名作：纪念中法建交五十周年（中国国家博物馆国际交流系列丛书）/吕章申主编//北京时代华文书局2014年
名窑名瓷（河北博物院基本陈列）/河北博物院编//文物出版社2014年
巧手良医：陕西历史博物馆文物保护修复报告/陕西历史博物馆编//世界图书出版西安有限公司2014年
申城寻踪：上海考古大展（文明之光、城镇之路、古塔遗珍）/上海博物馆编//上海书画出版社2014年
曙光时代：意大利的伊特鲁里亚文明/秦始皇帝陵博物院编，曹玮主编//西北大学出版社2014年
听秋啜茗：广东省博物馆藏清代茶文物展（中国茶叶博物馆展览系列）/中国茶叶博物馆、广东省博物馆编；王建荣、魏峻主编//西泠印社2014年
文怀沙法书（中国国家博物馆20世纪中国美术名家系列丛书）/吕章申主编//安徽美术出版社2014年
文宴：美国博物馆的展览/南京博物院、美国艺术联盟编//译林出版社2014年
相映成辉：草原丝绸之路文物精华/内蒙古博物院编//文物出版社2014年

骁腾万里：中国古代马文化展/陕西历史博物馆编，成建正主编//三秦出版社2014年
印度的世界：美国洛杉矶郡艺术藏博物馆印度文物精品/方勤主编//文物出版社2014年
呦呦鹿鸣：燕国公主眼里的霸国（首都博物馆书库丁种第叁拾部）/山西省考古研究所、山西博物院、首都博物馆编著//科学出版社2014年
呦呦鹿鸣：燕国公主眼里的霸国（珍藏手本）/山西省考古研究所、山西博物院、首都博物馆编著//科学出版社2014年
玉叶金枝：明代江西藩王墓出土文物精品展/成都金沙遗址博物馆、江西省博物馆编//四川人民出版社2014年
跃马时空：马与马文化特展/内蒙古博物院编//文物出版社2014年
战国雄风 古中山国（河北博物院基本陈列）/河北博物院编//文物出版社2014年
贞干表微：深圳博物馆馆藏牌匾精品/深圳博物馆编//文物出版社2014年
真彩秦俑/秦始皇帝陵博物院编，曹玮主编//文物出版社2014年

六 博物馆馆刊、集刊、辑刊

中华民国国立历史博物馆概略//1925年
国立历史博物馆丛刊（第一期）/国立历史博物馆编//1926年
西湖博物馆馆刊（第二期）/西湖博物馆编//1933年
西湖博物馆馆刊（第一期）/西湖博物馆编//1933年
西湖博物馆馆刊（第三期）/西湖博物馆编//1935年
中国博物馆协会会报（第一卷第二期）/中国博物馆协会编//1935年
中国博物馆协会会报（第一卷第一期）/中国博物馆协会编//1935年
河南博物馆馆刊（第一期）/河南博物馆编，关百益主编//1936年
河南博物馆馆刊/河南博物馆编，关百益主编//1936年
中国博物馆协会会报（第二卷第二期）/中国博物馆协会编//1936年
中国博物馆协会会报（第二卷第一期）/中国博物馆协会编//1936年
中国博物馆协会会报（第一卷第三期）/中国博物馆协会编//1936年
中国博物馆协会会报（第一卷第四期）/中国博物馆协会编//1936年
中国博物馆协会会报（第一卷第五期）/中国博物馆协会编//1936年
河南博物馆馆刊（第二期）/河南博物馆编，关百益主编//1937年
中国博物馆协会会报（第二卷第三期）/中国博物馆协会编//1937年
中国博物馆协会会报（第二卷第四期）/中国博物馆协会编//1937年
中国博物馆协会会报（第二卷第五期）/中国博物馆协会编//1937年
故宫博物院院刊（第一期）/故宫博物院编//1958年
文博通讯/南京博物院编//1975年
河南文博通讯/河南省博物馆编//1977年
南京博物院集刊（1）/南京博物院编//1979年
中国历史博物馆馆刊（1）/中国历史博物馆馆刊编委会编//文物出版社1979年
南京博物院集刊（2）/南京博物院编//1980年
中国历史博物馆馆刊（2）/中国历史博物馆馆刊编委会编//文物出版社1980年
南京博物院集刊：扬州考古专辑（3）/南京博物院编//1981年
上海博物馆馆刊（第一期）/上海博物馆馆刊编辑委员会编//上海人民出版社1981年
浙江省博物馆馆刊（一）：纪念浙江省博物馆建馆六十周年专辑/浙江省博物馆编//1981年
中国历史博物馆馆刊（3）/中国历史博物馆馆刊编委会编//文物出版社1981年
南京博物院集刊（4）/南京博物院编//1982年
南京博物院集刊（5）/南京博物院编//1982年
山东博物馆通讯/山东博物馆学会主办，谢治秀主编//1982年
首都博物馆丛刊（1）/首都博物馆丛刊编辑部编//1982年
南京博物院集刊（6）/南京博物院编//1983年
上海博物馆集刊1982：建馆三十周年特辑/上海博物馆集刊编辑委员会编//上海古籍出版社1983年
首都博物馆丛刊（2）/首都博物馆编辑//地质出版社1983年

中国历史博物馆馆刊（5）/中国历史博物馆馆刊编委会编//文物出版社1983年
南京博物院集刊（7）/南京博物院编//1984年
安徽文博（1～5期合订本）/安徽省博物馆编//1980年～1985年
贵州省博物馆馆刊（创刊号）/贵州省博物馆编//1985年
南京博物院集刊（8）/南京博物院编//1985年
贵州省博物馆馆刊（二）/贵州省博物馆编//1986年
贵州省博物馆馆刊（三）/贵州省博物馆编//1986年
秦陵秦俑研究动态（内部刊物）/秦始皇兵马俑博物馆编//1986年
上海博物馆集刊（第三期）/上海博物馆集刊编辑委员会编//上海古籍出版社1986年
首都博物馆丛刊（3）/首都博物馆编辑//地质出版社1986年
天津市历史博物馆馆刊（创刊号）/天津市历史博物馆馆刊编委会编//1986年
天津文博——天津市文物博物馆学会成立大会暨第一次学术讨论会专刊（1986年第1期）/天津市文物博物馆学会编//1986年
中国历史博物馆馆刊（8）/中国历史博物馆编//文物出版社1986年
洛阳古墓博物馆馆刊（创刊号）/《中原文物》编辑部编//1987年
南京博物院集刊（9）/南京博物院编//江苏美术出版社1987年
上海博物馆集刊：建馆三十五周年特辑（第四期）/上海博物馆集刊编辑委员会编//上海古籍出版社1987年
中国历史博物馆馆刊（10）/中国历史博物馆编//文物出版社1987年
广东省博物馆馆刊（创刊号）/广东省博物馆编//1988年
天津市历史博物馆馆刊（二）/天津市历史博物馆馆刊编委会编//1988年
辽海文物学刊：辽宁省博物馆建馆四十周年纪念特刊（辽海文物1989年第1期，总第7期）/辽海文物编辑部编//1989年
首都博物馆国庆四十周年文集（《首都博物馆丛刊》4）/首都博物馆编//中国民间文艺出版社1989年
文物保护与考古科学/上海博物馆主办//1989年
中国历史博物馆馆刊（13～14）/中国历史博物馆编//文物出版社1989年
首都博物馆文集（《首都博物馆丛刊》5）/首都博物馆编//北京燕山出版社1990年
上海博物馆集刊（第五期）/上海博物馆集刊编辑委员会编//上海古籍出版社1990年
天津市历史博物馆馆刊（三）/天津市历史博物馆馆刊编委会编，1990年
首都博物馆建馆十周年纪念文集：首都博物馆丛刊（6）/首都博物馆编辑委员会编//北京燕山出版社1991年
中国历史博物馆馆刊（15～16）/中国历史博物馆编//文物出版社1991年
首都博物馆文集（《首都博物馆丛刊》7）/首都博物馆编辑委员会编//北京燕山出版社1992年
中国历史博物馆馆刊（17）/中国历史博物馆编//文物出版社1992年
中国历史博物馆馆刊（18～19）/中国历史博物馆编//文物出版社1992年
碑林集刊（一）/西安碑林博物馆编，高峡主编//西北大学出版社1993年
秦文化论丛（第二辑）秦始皇兵马俑博物馆《论丛》编辑委员会编//西北大学出版社1993年
秦文化论丛（第一辑）秦始皇兵马俑博物馆《论丛》编辑委员会编//西北大学出版社1993年
首都博物馆丛刊（8）/首都博物馆编辑委员会编//地质出版社1993年
碑林集刊（二）/西安碑林博物馆编//陕西人民美术出版社1994年
陕西历史博物馆馆刊（第一辑）/陕西历史博物馆编//三秦出版社1994年
首都博物馆丛刊（9）/首都博物馆编辑委员会编//地质出版社1994年
碑林集刊（三）/西安碑林博物馆编//陕西人民美术出版社1995年
陕西历史博物馆馆刊（第二辑）/陕西历史博物馆编，周天游主编//三秦出版社1995年
首都博物馆丛刊（10）/首都博物馆编辑委员会编辑//地质出版社1995年
碑林集刊（四）/西安碑林博物馆编//陕西人民美术出版社1996年
陕西历史博物馆馆刊（第三辑）/陕西历史博物馆编，周天游主编//三秦出版社1996年
上海博物馆集刊（第七期）/上海博物馆集刊编辑委员会编//上海古籍出版社1996年

陕西历史博物馆馆刊（第四辑）/陕西历史博物馆编，周天游主编//西北大学出版社1997年
首都博物馆丛刊（11）/首都博物馆编辑委员会编//地质出版社1997年
开封文博：庆祝开封博物馆五十周年（1962～2012）1998年1～2期（总第17、18期）/开封文博编委会编//1998年
陕西历史博物馆馆刊（第五辑）/陕西历史博物馆编，周天游主编//三秦出版社1998年
首都博物馆丛刊（12）/首都博物馆馆刊编辑委员会编//地质出版社1998年
碑林集刊（五）/西安碑林博物馆编，高峡主编//陕西人民美术出版社1999年
陕西历史博物馆馆刊（第六辑）/陕西历史博物馆编，周天游主编//陕西人民教育出版社1999年
首都博物馆丛刊（13）/首都博物馆编辑委员会编//地质出版社1999年
碑林集刊（六）/西安碑林博物馆编，高峡主编//陕西人民美术出版社2000年
广州文博论丛（第1辑）/广州市文化局、广州市文物博物馆学会编//广州出版社2000年
陕西历史博物馆馆刊（第七辑）/陕西历史博物馆编//三秦出版社2000年
首都博物馆丛刊（14）/首都博物馆编//北京燕山出版社2000年
碑林集刊（七）/西安碑林博物馆编，高峡主编//陕西人民美术出版社2001年
陕西历史博物馆馆刊（第八辑）/陕西历史博物馆编//三秦出版社2001年
首都博物馆丛刊（15）/首都博物馆编//北京燕山出版社2001年
碑林集刊（八）/西安碑林博物馆编//陕西人民美术出版社2002年
博物苑（创刊号）/南通博物苑编，赵鹏主编//2002年
陕西历史博物馆馆刊（第九辑）/陕西历史博物馆编//三秦出版社2002年
上海博物馆集刊（第九期）/上海博物馆集刊编辑委员会编//上海书画出版社2002年
上海市历史博物馆馆刊（一）/上海市历史博物馆编//上海社会科学院出版社2002年
首都博物馆丛刊（16）/首都博物馆编//北京燕山出版社2002年
碑林集刊（九）/西安碑林博物馆编，高峡主编//陕西人民美术出版社2003年
博物苑（总第2期）/南通博物苑编，赵鹏主编//2003年
博物苑（总第3期）/南通博物苑编，赵鹏主编//2003年
陕西历史博物馆馆刊（第十辑）/陕西历史博物馆编//三秦出版社2003年
深圳文博论丛2003年/深圳博物馆编//中华书局2003年
首都博物馆丛刊（17）/首都博物馆编//北京燕山出版社2003年
碑林集刊（十）/西安碑林博物馆编，高峡主编//陕西人民美术出版社2004年
博物苑（总第4期）/南通博物苑编，赵鹏主编//2004年
博物苑（总第5期）/南通博物苑编，赵鹏主编//2004年
广西博物馆文集（第一辑）/广西博物馆编//广西人民出版社2004年
湖南省博物馆馆刊（第一期）/湖南省博物馆编//船山学刊2004年
陕西历史博物馆馆刊（第十一辑）/陕西历史博物馆编//三秦出版社2004年
上海市历史博物馆馆刊（二）/上海市历史博物馆编//上海社会科学院出版社2004年
深圳文博论丛2004年/深圳博物馆编//中华书局2004年
首都博物馆丛刊（18）/首都博物馆编//北京燕山出版社2004年
碑林集刊（十一）/西安碑林博物馆编，高峡主编//陕西人民美术出版社2005年
博物苑（总第6、7期）/南通博物苑编，王倚海主编//2005年
广西博物馆文集（第二辑）/广西博物馆编//广西人民出版社2005年
广州文博论丛（第2辑）/广州市文化局、广州市文物博物馆学会编//广州出版社2005年
湖南省博物馆馆刊（第二期）/湖南省博物馆编//岳麓书社2005年
乾陵文化研究（一）/乾陵博物馆编，樊英峰主编//三秦出版社2005年
陕西历史博物馆馆刊（第十二辑）/陕西历史博物馆编//三秦出版社2005年
沈阳故宫博物院院刊（第一辑）/沈阳故宫博物院编//中华书局2005年
自然科学与博物馆研究（第一卷）/周光召主编//高等教育出版社2005年

碑林集刊（十二）/西安碑林博物馆编，赵力光主编//陕西人民美术出版社2006年
博物苑（总第8期）/南通博物苑编，王倚海主编//2006年
博物苑（总第9期）/南通博物苑编，王倚海主编//2006年
广西博物馆文集（第三辑）/广西博物馆编//广西人民出版社2006年
国际博物馆（第229～230期）/联合国教科文组织《国际博物馆》中文版编辑部编//译林出版社2006年
国际博物馆（第231期）/联合国教科文组织《国际博物馆》中文版编辑部编//译林出版社2006年
湖南省博物馆馆刊（第三期）/湖南省博物馆编//岳麓书社2006年
辽宁省博物馆馆刊（第1辑）/辽宁省博物馆编//辽海出版社2006年
旅顺博物馆馆刊（创刊号）/旅顺博物馆编//2006年
乾陵文化研究（二）/乾陵博物馆编，樊英峰主编//三秦出版社2006年
陕西历史博物馆馆刊（第十三辑）/陕西历史博物馆编//三秦出版社2006年
沈阳故宫博物院院刊（第二辑）/沈阳故宫博物院编//中华书局2006年
首都博物馆丛刊（19～20）/首都博物馆编//北京燕山出版社2006年
自然科学与博物馆研究（第二卷）/周光召主编//高等教育出版社2006年
博物苑（总第10期）/南通博物苑编，王倚海主编//2007年
广西博物馆文集（第四辑）/广西博物馆编//广西人民出版社2007年
广州文博（壹）/广州市文化局、广州市文物博物馆学会编//文物出版社2007年
国际博物馆（233～234期合刊）/联合国教科文组织《国际博物馆》中文版编辑部编//译林出版社2007年
国际博物馆（第235期）/联合国教科文组织《国际博物馆》中文版编辑部编//译林出版社2007年
湖南省博物馆馆刊（第四辑）/湖南省博物馆编//岳麓书社2007年
辽宁省博物馆馆刊（第2辑）/辽宁省博物馆编//辽海出版社2007年
旅顺博物馆学苑2007/旅顺博物馆编，郭富纯主编//吉林文史出版社2007年
乾陵文化研究（三）/乾陵博物馆编，樊英峰主编/三秦出版社2007年
陕西历史博物馆馆刊（第十四辑）/陕西历史博物馆编//三秦出版社2007年
深圳文博论丛2005～2006年/深圳博物馆编//文物出版社2007年
沈阳故宫博物院院刊（第三辑）/沈阳故宫博物院编//中华书局2007年
沈阳故宫博物院院刊（第四辑）/沈阳故宫博物院编//中华书局2007年
首都博物馆丛刊（21）/首都博物馆编//北京燕山出版社2007年
自然科学与博物馆研究（第三卷）/周光召主编//高等教育出版社2007年
碑林集刊（十三）/西安碑林博物馆编，赵力光主编//陕西人民美术出版社2008年
博物苑（总第11期）/南通博物苑编，王栋云主编//广陵书社2008年
博物苑（总第12期）/南通博物苑编，王栋云主编//广陵书社2008年
法门寺博物馆论丛（第一辑）：法门寺博物馆建馆二十周年学术讨论会论文集/法门寺博物馆编//三秦出版社2008年
广西博物馆文集（第五辑）/广西壮族自治区博物馆编//广西人民出版社2008年
广州文博（贰）/广州市文化局、广州市文物博物馆学会编//文物出版社2008年
国际博物馆（第239期）/联合国教科文组织《国际博物馆》中文版编辑部编//译林出版社2008年
国际博物馆（2008年特刊）/联合国教科文组织《国际博物馆》中文版编辑部编//译林出版社2008年
国际博物馆（第240期）/联合国教科文组织《国际博物馆》中文版编辑部编//译林出版社2008年
辽宁省博物馆馆刊（第3辑）/辽宁省博物馆编//辽海出版社2008年
旅顺博物馆学苑2008/旅顺博物馆编，郭富纯主编//吉林文史出版社2008年
南京博物院集刊（10）/南京博物院编//文物出版社2008年
乾陵文化研究——丝路胡人与唐代文化交流学术讨论会论文集（四）/乾陵博物馆编，樊英峰主编/三秦出版社2008年
陕西历史博物馆馆刊（第十五辑）/陕西历史博物馆编//三秦出版社2008年
深圳文博论丛二〇〇七年/深圳博物馆编//文物出版社2008年

沈阳故宫博物院院刊（第五辑）/沈阳故宫博物院编//中华书局2008年
沈阳故宫博物院院刊（第六辑）/沈阳故宫博物院编//中华书局2008年
首都博物馆丛刊（22）/首都博物馆编//北京燕山出版社2008年
自然科学与博物馆研究（第四卷）/周光召主编//高等教育出版社2008年
碑林集刊（十四）/西安碑林博物馆编，赵力光主编//陕西人民美术出版社2009年
碑林集刊（十五）/西安碑林博物馆编，赵力光主编//陕西人民美术出版社2009年
博物苑（总第13期）南通博物苑编，王栋云主编//广陵书社2009年
博物苑论丛（第一辑）/南通博物苑编，王栋云主编//广陵书社2009年
法门寺博物馆论丛（第二辑）/法门寺博物馆编//三秦出版社2009年
广西博物馆文集（第六辑）/广西壮族自治区博物馆编//广西人民出版社2009年
湖南省博物馆馆刊（第五辑）/湖南省博物馆编//岳麓书社2009年
辽宁省博物馆馆刊（2009）/辽宁省博物馆编//辽海出版社2009年
旅顺博物馆学苑2009/旅顺博物馆编，郭富纯主编//吉林文史出版社 2009年
陕西历史博物馆馆刊（第十六辑）/陕西历史博物馆编//三秦出版社2009年
深圳文博论丛二〇〇九年/深圳博物馆编//文物出版社2009年
沈阳故宫博物院院刊（第七辑）/沈阳故宫博物院编//中华书局2009年
首都博物馆丛刊（23）/首都博物馆编//北京燕山出版社2009年
故宫学刊/（总第4辑）/故宫博物院编、李文儒主编//紫禁城出版社2009年
安徽文博（总第六期）/朱良剑主编//中华书局2010年
博物苑（总第15期）/南通博物苑编，王栋云主编//文物出版社2010年
故宫学刊（总第5辑）/故宫博物院编//紫禁城出版社2010年
故宫学刊（总第6辑）/故宫博物院主办，李文儒主编//紫禁城出版社2010年
广西博物馆文集（第七辑）/广西壮族自治区博物馆编//广西人民出版社2010年
广州文博（叁）/广州市文化广电新闻出版局、广州市文物博物馆学会编//文物出版社2010年
国际博物馆（第241～242期）/联合国教科文组织《国际博物馆》中文版编辑部编//译林出版社2009年
国际博物馆（第243期）/联合国教科文组织《国际博物馆》中文版编辑部编//译林出版社2009年
湖南省博物馆馆刊（第六辑）/湖南省博物馆编//岳麓书社2010年
江西省博物馆集刊（一）/江西省博物馆编//文物出版社2010年
辽宁省博物馆馆刊（2010）/辽宁省博物馆编//辽海出版社2010年
旅顺博物馆学苑2010/旅顺博物馆编，郭富纯主编//吉林文史出版社2010年
南京博物院集刊（11）：南京博物院建院七十五周年纪念文集/南京博物院编//文物出版社2010年
乾陵文化研究（五）/乾陵博物馆编，樊英峰主编//三秦出版社2010年
陕西历史博物馆馆刊（第十七辑）/陕西历史博物馆编//三秦出版社2010年
深圳文博论丛二〇一〇年/深圳博物馆编//文物出版社2010年
沈阳故宫博物院院刊（第八辑）/沈阳故宫博物院编//现代出版社2010年
首都博物馆丛刊（24）/首都博物馆编//北京燕山出版社2010年
苏州文博论丛2010年（总第1辑）/苏州博物馆编//文物出版社2010年
天津文博（第7辑）/天津市文物博物馆学会编//科学出版社2010年
自然科学与博物馆研究（第五卷）/周光召主编//高等教育出版社2010年
安徽文博（总第七辑）/朱良剑主编//中华书局2011年
碑林集刊（十六）/西安碑林博物馆编，赵力光主编//三秦出版社2011年
碑林集刊（十七）/西安碑林博物馆编//三秦出版社2011年
博物馆学刊（第一辑）/四川博物院编//四川人民出版社2011年
博物苑（南通博物苑苑刊）（总第十九辑）/南通博物苑编//文物出版社2011年
博物苑（总第16期）/南通博物苑编，王栋云主编//文物出版社2011年
博物苑（总第17期）/南通博物苑编，王栋云主编//广陵书社2011年

博物苑（总第18期）/南通博物苑编，王栋云主编//文物出版社2011年
法门寺博物馆论丛2010（第三辑）/法门寺博物馆编//三秦出版社2011年
故宫学刊（第七辑）/故宫博物院主办，李文儒主编//紫禁城出版社2011年
广西博物馆文集（第八辑）/广西壮族自治区博物馆编//广西人民出版社2011年
广州文博（肆）/广州市文化广电新闻出版局、广州市文物博物馆学会编//文物出版社2011年
湖南省博物馆馆刊（第七辑）/湖南省博物馆编//岳麓书社2011年
江西省博物馆集刊（二）/江西省博物馆编//文物出版社2011年
辽宁省博物馆馆刊（2011）/辽宁省博物馆编//辽海出版社2011年
旅顺博物馆学苑2011/旅顺博物馆编，郭富纯主编//吉林文史出版社2011年
南京博物院集刊（12）/南京博物院编//文物出版社2011年
乾陵文化研究（六）/乾陵博物馆编，樊英峰主编//三秦出版社2011年
秦始皇帝陵博物院2011（总壹辑）/秦始皇帝陵博物院编//三秦出版社2011年
山西博物院学术文集（2011年）/山西博物院编//山西人民出版社2011年
陕西历史博物馆馆刊（第十八辑）/陕西历史博物馆编//三秦出版社2011年
深圳文博论丛二〇一一/深圳博物馆编//文物出版社2011年
沈阳故宫博物院院刊（第九辑）/沈阳故宫博物院编//现代出版社2011年
沈阳故宫博物院院刊（第十辑）/沈阳故宫博物院编//现代出版社2011年
首都博物馆论丛（25）/首都博物馆编//北京燕山出版社2011年
苏州文博论丛2011年（总第2辑）/苏州博物馆编//文物出版社2011年
文化遗产与博物馆研究（第二辑）/马文斗主编//云南人民出版社2011年
安徽文博（总第八辑）/朱良剑主编//中华书局2012年
碑林集刊（十八）/西安碑林博物馆编//三秦出版社2012年
博物馆学刊（第二辑）/四川博物院编//科学出版社2012年
博物苑（总第19期）/南通博物苑编，赵鹏主编//文物出版社2012年
法门寺博物馆论丛（总第四辑）/法门寺博物馆编//三秦出版社2012年
法门寺博物馆论丛（总第五辑）：第四届宝鸡法门寺茶文化国际学术研讨会论文集/法门寺博物馆编//三秦出版社2012年
广西博物馆文集（第九辑）/广西博物馆编//广西人民出版社2012年
广州文博（伍）/广州市文化广电新闻出版局、广州市文物博物馆学会编//文物出版社2012年
汉阳陵与汉文化研究（第二辑）/汉阳陵博物馆编//三秦出版社2012年
湖南省博物馆馆刊（第八辑）/湖南省博物馆编//岳麓书社2012年
江西省博物馆集刊（三）/江西省博物馆编//文物出版社2012年
旅顺博物馆学苑2012/旅顺博物馆编，郭富纯主编//吉林文史出版社2012年
齐鲁文物（第1辑）/山东博物馆编//科学出版社2012年
秦始皇帝陵博物院（总贰辑）/秦始皇帝陵博物院编//三秦出版社2012年
陕西历史博物馆馆刊（十九）/陕西历史博物馆编//三秦出版社2012年
上海博物馆集刊（12）/上海博物馆编//上海书画出版社2012年
深圳文博论丛二〇一二/深圳博物馆编//文物出版社2012年
沈阳故宫博物院院刊（第十一辑）/沈阳故宫博物院编//现代出版社2012年
沈阳故宫博物院院刊（第十二辑）/沈阳故宫博物院编//现代出版社2012年
首都博物馆论丛（26）/首都博物馆编//北京燕山出版社2012年
苏州文博论丛2012年（总第3辑）/苏州博物馆编//文物出版社2012年
天津博物馆论丛2011/天津博物馆编//天津人民出版社2012年
中国民族文博（第四辑）/民族文化宫博物馆编，李铁柱主编//辽宁民族出版社2012年
安徽文博（总第九辑）/朱良剑主编//黄山书社2013年

碑林集刊（十九）/西安碑林博物馆编//三秦出版社2013年
博物馆学刊（第三辑）/四川博物院编//科学出版社2013年
博物苑（总第20、21期）/南通博物苑编，赵鹏主编//文物出版社2013年
博物苑（总第22期）/南通博物苑编，赵鹏主编//2013年
博物苑（总第23期）/南通博物苑编，赵鹏主编//2013年
广州文博（陆）/广州市文化广电新闻出版局、广州市文物博物馆学会编//文物出版社2013年
湖南省博物馆馆刊（第九辑）/湖南省博物馆编//岳麓书社2013年
江西省博物馆集刊（四）/江西省博物馆编//文物出版社2013年
旅顺博物馆学苑2013/旅顺博物馆编，郭富纯主编//吉林文史出版社2013年
南京博物院集刊（13）/南京博物院编，龚良主编//文物出版社2013年
南京博物院集刊（14）/南京博物院编//文物出版社2013年
齐鲁文物（第2辑）/山东博物馆编//科学出版社2013年
秦始皇帝陵博物院（总叁辑）/秦始皇帝陵博物院编//三秦出版社2013年
陕西历史博物馆馆刊（第二十辑）/陕西历史博物馆编//三秦出版社2013年
首都博物馆论丛（27）/首都博物馆编//北京燕山出版社2013年
苏州文博论丛2013年（总第四辑）/苏州博物馆编//文物出版社2013年
天津博物馆论丛2012/天津博物馆编//科学出版社2013年
文化遗产与博物馆研究（第三辑）/云南省博物馆编//云南人民出版社2013年
周原（第1辑）/宝鸡市周原博物馆编//三秦出版社2013年
北京古代建筑博物馆文丛（第一辑）/北京古代建筑博物馆编//学苑出版社2014年
博物馆学刊（第四辑）/四川博物院编//科学出版社2014年
博物苑（总第24期）/南通博物苑编，赵鹏主编//2014年
博物苑（总第25期）/南通博物苑编，赵鹏主编//2014年
法门寺博物馆论丛（总第六辑）：法门寺佛舍利学术研讨会论文集/法门寺博物馆编//三秦出版社2014年
广州文博（柒）/广州市文化广电新闻出版局、广州市文物博物馆学会编//文物出版社2014年
湖南省博物馆馆刊（第十辑）/湖南省博物馆编//岳麓书社2014年
江西省博物馆集刊（五）/江西省博物馆编//文物出版社2014年
旅顺博物馆学苑2014/旅顺博物馆编，郭富纯主编//吉林文史出版社2014年
齐鲁文物（第3辑）/山东省博物馆编//科学出版社2014年
秦始皇帝陵博物院（总肆辑）/秦始皇帝陵博物院编//陕西人民出版社2014年
陕西历史博物馆馆刊（第二十一辑）/陕西历史博物馆编//三秦出版社2014年
首都博物馆论丛（28）/首都博物馆编//北京燕山出版社2014年
天津博物馆论丛2013/天津博物馆编//科学出版社2014年
中国民族文博（第五辑）/民族文化宫博物馆编，李铁柱主编//辽宁民族出版社2014年

七　博物馆学论集、会议论文集

中国博物馆学论集/中国博物馆学会编//文物出版社1936年
辽宁省考古・博物馆学会成立大会会刊/辽宁省考古・博物馆成立大会会刊编辑部编//1982年
陕西省文博考古科研成果汇报会论文选集/陕西省文物事业管理局编//1982年
博物馆学论集（1）/中国博物馆学会编//文物出版社1983年
江苏省博物馆学会第一、二次会员代表大会专刊//江苏省博物馆学会编，1983年
沈阳故宫博物馆论文集1979～1982/沈阳故宫博物馆研究室编//1984年
博物馆学论文集（1）/安徽省博物馆学会编//1985年
辽宁省博物馆学术论文集1949～1984（第一辑）（内部资料）/辽宁省博物馆编//1985年
河南省博物馆学会论文集（《中原文物》1986年特刊）/河南省博物馆学会编//1986年
湖南省博物馆开馆三十周年暨马王堆汉墓发掘十五周年纪念文集/湖南省博物馆编//1986年
沈阳故宫博物馆文集（1983～1985）/沈阳故宫博物馆研究室主编//1986年
中国博物馆学会第二次年会论文集/中国博物馆学会编//文物出版社1986年
博物馆学论文集（2）/安徽省博物馆学会编//1987年
博物馆学论丛（创刊号）/河南省文物事业管理局、河南省博物馆学会编// 1988年
史前研究辑刊1988：陕西省考古研究所、西安半坡博物馆成立三十周年纪念特刊/陕西省考古研究所、西安半坡博物馆编//1988年
半坡博物馆三十年学术论文选编/西安半坡博物馆编//西北大学出版社1989年
博物馆管理论丛/国家文物局泰安培训中心编//山东出版总社泰安分社1989年
博物馆学论丛（2）/河南省文物事业管理局、河南省博物馆学会编//1989年
秦始皇陵兵马俑博物馆论文选/袁仲一、张文立、吴永琪、张仲立编//西北大学出版社1989年
博物馆学论丛/陕西省博物馆学会、陕西省博物馆合编，王仁波主编//陕西人民出版社1990年
湖南博物馆文集/湖南省博物馆编//岳麓书社1991年
博物馆学论丛（3）/河南省博物馆学会编//上海科学技术文献出版社1992年
博物馆学论文选编（1986～1991）/江西省博物馆学会编//1992年
博物馆学研究/周昌富、阎立津主编//青岛海洋大学出版社1992年
广西博物馆建馆60周年论文选集/广西壮族自治区博物馆编//广西民族出版社1993年
文物考古与博物馆论丛/谭维四、白绍芝著//湖北美术出版社1993年
羊城文物博物研究：广州文博工作四十年文选/广州市文化局、广州市文博学会编//广东人民出版社1993年
中国博物馆学会成立十周年纪念暨学术讨论会文集/中国博物馆学会编//紫禁城出版社1993年
博物馆学论丛（4）/河南省博物馆学会编//中州古籍出版社1994年
博物馆学研究论文选（博物馆学研究丛书）/李淑萍主编//西北大学出版社1994年
天津自然博物馆论文集（总第12辑）//天津自然博物馆丛刊编辑部编//海洋出版社1995年
安徽省博物馆40年论文选集（1956～1996）/安徽省博物馆编//黄山书社1996年
博物馆学文集4/湖南省博物馆学会编//1996年
湖南省博物馆40周年纪念论文集/湖南省博物馆主编//湖南教育出版社1996年
秦俑学研究/秦始皇兵马俑博物馆编//陕西人民教育出版社1996年

首都博物馆十五周年论文选/首都博物馆编辑委员会编//地质出版社1996年
太平天国历史博物馆建馆四十周年论文集/太平天国历史博物馆编//江苏教育出版社1996年
天津自然博物馆论文集（总第13辑）//天津自然博物馆丛刊编辑部编//海洋出版社1996年
文博宣教工作论丛（博物馆学研究丛书）/赵文艺主编//三秦出版社1996年
中国农业博物馆建馆十周年（1986～1996）论文选集/王广智、陈军主编//中国农业科技出版社1996年
辽海文物学刊：辽宁省博物馆论文集/辽宁省博物馆编//1997年
内蒙古博物馆文集：继往开来/内蒙古博物馆编//内蒙古人民出版社1997年
上海博物馆学会论文集1997/上海博物馆学会编//1997年
天津自然博物馆论文集（总第14辑）/天津自然博物馆丛刊编辑部编//海洋出版社1997年
文博青年论丛（第二辑）/国家文物局团委编//北京图书馆出版社1997年
文博青年论丛（第一辑）/国家文物局团委编//北京图书馆出版社1997年
21世纪自然科学博物馆文集/甄朔南、沈永华主编//中国自然科学博物馆协会1998年
北京博物馆学会第二届学术会议论文集/北京博物馆学会编//经济日报出版社1998年
成都市博物馆四十年/成都市博物馆编//1998年
河南博物院落成暨河南省博物馆建馆70周年纪念论文集/河南博物院编//中州古籍出版社1998年
湖南省博物馆文集（第四辑）/湖南省博物馆编//《船山学刊》杂志社1998年
史前研究1958～1998：西安半坡博物馆成立四十周年纪念文集/西安半坡博物馆编//三秦出版社1998年
天津自然博物馆论文集（总第15辑）/天津自然博物馆丛刊编辑部编//海洋出版社1998年
博物馆学文集5/湖南省博物馆学会编//1999年
昆明市博物馆论文集/昆明市博物馆编，王海涛主编//云南美术出版社1999年
浙江文博七十年文萃/浙江省文物局、浙江省博物馆编//浙江大学出版社1999年
北京博物馆学会第三届学术会议文集/北京博物馆学会编，马希桂主编//北京燕山出版社2001年
博物馆藏品保管文集/国家文物局博物馆司、中国博物馆学会保管专业委员会编//中华书局2001年
深圳文博/深圳博物馆编//人民出版社2001年
新世纪博物馆学研究/辽宁省博物馆学会编//辽宁人民出版社2001年
云南省博物馆建馆五十周年论文集/李昆生主编//云南教育出版社2001年
人物类博物馆、纪念馆现状与发展前瞻学术研讨会论文集/鲁迅纪念馆编//百家出版社2002年
深圳文博论丛/深圳博物馆编//中华书局2002年
中国隋唐至清代玉器国际学术研讨会论文集/上海博物馆编//上海古籍出版社2002年
博物馆学论丛（五）/河南省博物馆学会编//中州古籍出版社2003年
海峡两岸博物馆学人与全球化的对话论文集/甄朔南、楼锡祜主编//中国自然科学博物馆协会编印2003年
南京博物院文物博物馆考古文集/徐湖平主编//文物出版社2003年
上海博物馆学会论文集2003/上海博物馆学会编/上海书画出版社2003年
沈之瑜文博论集/沈之瑜著//上海古籍出版社2003年
北京博物馆学会第四届学术会议论文集/北京博物馆学会编//北京燕山出版社2004年
博物馆藏品保管学术论文集/北京博物馆学会保管专业委员会主编//北京燕山出版社2004年
广西博物馆七十年：1934～2004年/广西壮族自治区博物馆编，黄启善主编//文物出版社2004年
天津自然博物馆建馆90周年文集（1914～2004）/孙景云主编//天津科学技术出版社2004年
长江下游地区文明化进程学术研讨会论文集/上海博物馆编//上海书画出版社2004年
甄朔南博物馆学文集/甄朔南著//中国大百科全书出版社2004年
博物馆：文化的桥梁——广州2005国际博物馆日馆长论坛论文集/广州市文化局编//广东人民出版社2005年
故宫博物院十年论文选（1995～2004）/故宫博物院编//紫禁城出版社2005年
回顾与展望：中国博物馆发展百年（2005年中国博物馆学会学术研讨会文集）/中国博物馆学会编//紫禁城出版社2005年
史前研究2004：中国博物馆学会史前遗址博物馆专业委员会第五届学术研讨会暨西安半坡遗址发掘五十周

年纪念文集/西安半坡博物馆、良渚文化博物馆编//三秦出版社2005年
新疆维吾尔自治区博物馆论文集：2005/新疆维吾尔自治区博物馆编，伊斯拉菲尔·玉苏甫主编//新疆大学出版社2005年
中国古代白瓷国际学术研讨会论文集/上海博物馆编//上海书画出版社2005年
2005年贵州生态博物馆国际论坛论文集/中国博物馆学会编//紫禁城出版社2006年
安徽省博物馆建馆五十周年文集/安徽省博物馆编//安徽人民出版社2006年
博物馆学论文集（博物馆学研究丛书）/秦始皇兵马俑博物馆编//陕西人民出版社2006年
博物馆学研究论文集/成建正主编//陕西人民出版社2006年
博物馆与青少年：广州2006国际博物馆日馆长论坛论文集/广州市文化局编//广东人民出版社2006年
二十一世纪中国博物馆展望：2006年中美博物馆论坛文集/何慕文主编//美国梅隆基金会、大都会博物馆2006年
甘肃省博物馆学术论文集/甘肃省博物馆编，俄军主编//三秦出版社2006年
千年遗珍国际学术研讨会论文集/上海博物馆编//上海书画出版社2006年
社会化视野下的博物馆教育/阎宏斌、郑智主编//文物出版社2006年
沈阳故宫博物院八十年/沈阳故宫博物院编//万卷出版公司2006年
石门：汉中文化遗产研究2005/汉中市博物馆编，冯岁平主编//三秦出版社2006年
太平天国历史博物馆建馆五十周年论文集/太平天国历史博物馆编//江苏教育出版社2006年
西部文博论丛：首届西部文博管理干部培训班暨中国文博西部论坛/国家文物局、青海省文物局编，马伟民主编//科学出版社2006年
中国博物馆学会博物馆数字化专业委员会成立大会暨首届学术研讨会论文集/中国博物馆学会博物馆数字化专业委员会编//北京燕山出版社2006年
中国当代文博论著精编/张之铸主编//文物出版社2006年
中国民族文博（第一辑）/民族文化宫博物馆编，李铁柱主编//民族出版社2006年
2006·中国昆明亚洲博物馆馆长和人类学家论坛文集/谢沫华主编//云南教育出版社2007年
2007中国天津欧亚自然历史博物馆高层论坛文集/董玉琴主编//天津人民出版社2007年
21世纪高校博物馆建设与发展/吴鸿州、续颜主编//吉林科技出版社2007年
保护与发展：2006年名人故居专业委员会福州年会论文集/中国博物馆学会、福建省冰心文学馆编//文物出版社2007年
博物馆理论与实践研讨会论文集/陕西省文物局、陕西省博物馆学会编，郭宪曾主编//三秦出版社2007年
赤峰博物馆文物考古文集/赤峰博物馆编//远方出版社2007年
河南博物院建院80周年论文集（河南博物院学术文库）/河南博物院编//大象出版社2007年
湖南省博物馆馆刊（第四辑）/湖南省博物馆编，陈建明主编//岳麓书社2007年
科学发展观与博物馆教育学术研讨会论文集/中国博物馆学会社教专业委员会、陕西省博物馆学会编，郭俊英、成建正主编//陕西人民出版社2007年
马承源文博论集/马承源著、陈佩芬、陈识吾编//上海古籍出版社2007年
南通博物苑2006年论文集/王栋云主编//广陵书社2007年
陕西文博宣教工作论丛（二）/王彬、张希玲、庞雅妮主编//陕西旅游出版社2007年
史前研究2006：中国博物馆学会史前遗址博物馆专业委员会第六届学术研讨会暨三星堆祭祀坑发现二十周年纪念文集/西安半坡博物馆、三星堆博物馆编//陕西师范大学出版社2007年
在传播科学中传承文明——博物馆研究论文集/康熙民、孟庆金主编//文物出版社2007年
中国民族文博（第二辑）/民族文化宫博物馆编，李铁柱主编//辽宁民族出版社2007年
中国西部博物馆论坛文集/甘肃省博物馆编，俄军主编//三秦出版社2007年
2007江苏省文博论文集/江苏省文物局编//南京出版社2008年
博古撷采：纪念济南市博物馆50周年研究文集/济南市博物馆编著//济南出版社2008年
博物馆文化论集/程京生著//中国戏剧出版社2008年
国际博物馆（2008年特刊）/联合国教科文组织《国际博物馆》中文版编辑部编//译林出版社2008年
国际博物馆（第237～238期）（全球中文版）/联合国教科文组织《国际博物馆》中文版编辑部编//译林出版社2008年

国际博物馆（第239期）/联合国教科文组织《国际博物馆》中文版编辑部编//译林出版社2008年
黑龙江省文物博物馆学会第五届年会论文集/李陈奇主编//黑龙江人民出版社2008年
纪念西安碑林九百二十周年华诞国际学术研讨会论文集/西安碑林博物馆编//文物出版社2008年
焦作文博考古与研究/邢心田主编//中州古籍出版社2008年
辽宁省博物馆学术论文集（第三辑：1999～2008）/辽宁省博物馆编//辽海出版社2008年
洛阳博物馆建馆50周年论文集/洛阳博物馆编//大象出版社2008年
石门：汉中文化遗产研究2007/汉中市博物馆编，冯岁平主编//三秦出版社2008年
书画经典国际学术研讨会论文集/上海博物馆编//上海古籍出版社2008年
天津文博论丛（第1集）/李家璘主编，天津文博院编//天津人民出版社2008年
无锡博物院论文集/无锡博物院编，黄浩然主编//广陵书社2008年
新世纪博物馆的实践与思考：北京博物馆学会第五届学术会议论文集/北京博物馆学会编//北京燕山出版社2008年
新形势下革命文物工作的实践与思考：全国革命文物工作座谈会材料汇编/国家文物局编//学习出版社2008年
学耕文获集：南京市博物馆论文选/南京市博物馆编//江苏人民出版社2008年
浙东文化（创刊号）/宁波博物馆编，孟建耀主编//上海古籍出版社2008年
甄朔南博物馆学文集（续）/甄朔南著//中国大百科全书出版社2008年
中国文化遗产增刊·中国革命纪念馆专业委员会第15届年会论文集/铁人王进喜纪念馆编//中国文物报社2008年
周秦汉唐文明研究论集/上海博物馆编//上海古籍出版社2008年
博物馆藏品保管学术论文集/北京博物馆学会编//中国林业出版社2009年
博物馆创新与发展高峰论坛文集/郭俊胜主编//辽宁人民出版社2009年
博物馆免费开放的思考——广西博物馆首届学术讨论会论文集/广西壮族自治区博物馆、广西文物考古研究所编//广西科学技术出版社2009年
春华集：纪念山西博物院九十周年学术文集/山西博物院编//山西人民出版社2009年
第七届中国书法史论国际研讨会论文集/西安碑林博物馆编//文物出版社2009年
国际博物馆（第241～242期）/联合国教科文组织《国际博物馆》中文版编辑部编//译林出版社2009年
国际博物馆（第243期）/联合国教科文组织《国际博物馆》中文版编辑部编//译林出版社2009年
国际博物馆（第244期）/联合国教科文组织《国际博物馆》中文版编辑部编//译林出版社2009年
回顾与创新：秦始皇兵马俑博物馆开馆三十周年纪念文集（上、下）/秦始皇兵马俑博物馆编//三秦出版社2009年
江苏省文博论文集2008/江苏省文物局编//南京出版社2009年
茂名文博/茂名市博物馆编辑//2009年
秦晋豫博物馆理论与实践研讨会论文选/郭宪曾主编//陕西人民出版社2009年
庆祝新中国60年华诞：我与文化遗产保护大型主题征文活动文选/中国文物报社编//文物出版社2009年
石门：汉中文化遗产研究2008/汉中市博物馆编，冯岁平主编//三秦出版社2009年
数字博物馆研究与实践2009/北京市科学技术协会信息中心、北京数字科普协会合编//中国传媒大学出版社2009年
苏州博物馆建馆五十周年纪念文集/苏州博物馆编著//文物出版社2009年
天衣有缝：中国古代纺织品保护修复论文集/中国文化遗产研究院编//文物出版社2009年
心向往集：献给天津博物馆成立九十周年/陈克著//天津古籍出版社2009年
浙江省博物馆论文特辑（1999～2009）/浙江省博物馆编、陈浩主编//西泠印社出版社2009年
中国昆曲博物馆馆刊（试刊号）/中国昆曲博物馆编辑//2009年

2009国际自然博物馆馆长论坛论文集/上海科技馆编//上海科学技术文献出版社2010年
2010民办博物馆发展论坛论文集/王彬主编//陕西人民出版社2010年
21世纪博物馆核心价值与社会责任（宁波博物馆研究丛书·学术研究系列之一）/中国博物馆协会、宁波博物馆编//科学出版社2010年
博物馆·博物馆学与全球交流：国际博协博物馆学委员会2008年年会暨中国博物馆学会博物馆学学术研讨会论文集/中国博物馆学会、湖南省博物馆编//湖南人民出版社2010年
博物馆与旅游——广西壮族自治区博物馆第二届学术研讨会论文集/广西壮族自治区博物馆、广西文物考古研究所编//广西科学技术出版社2010年
高凯军历史文博论集/高凯军著//中华书局2010年
耕耘录：吉林省博物院学术文集（2003～2010）/吉林省博物院//吉林人民出版社2010年
国际博物馆（第245期）/联合国教科文组织《国际博物馆》中文版编辑部编//译林出版社2010年
国际博物馆（第246期）/联合国教科文组织《国际博物馆》中文版编辑部编//译林出版社2010年
汉阳陵与汉文化研究（第一辑）/汉阳陵博物馆编//三秦出版社2010年
继承发展保护管理：北京博物馆学会保管专业十年学术研讨纪念集/北京博物馆学会编//北京燕山出版社2010年
江西省博物馆集刊（一）/江西省博物馆编//文物出版社2010年
科学传播者的探索：中国自然科学博物馆协会30周年论文集/上海科技馆编//上海科学技术文献出版社2010年
旅顺博物馆学苑/郭富纯主编//吉林文史出版社2010年
迈向更美好的城市：第22届国际博物馆协会大会城市博物馆专业委员会论文集/上海市历史博物馆编//上海学林出版社2010年
深圳文博论丛二〇一〇年/深圳博物馆编，杨耀林主编//文物出版社2010年
石窟寺研究（第一辑）/中国古迹遗迹保护协会石窟专业委员会、龙门石窟研究院编//文物出版社2010年
史前研究2009：首届国际河姆渡文化节——国际遗址博物馆馆长河姆渡峰会暨史前遗址博物馆专业委员会第七届学术研讨会纪念文集/西安半坡博物馆、河姆渡遗址博物馆编//宁波出版社2010年
世博会博物馆/陈燮君主编//上海文艺出版社2010年
宋伯胤文集·博物馆卷（南京博物院学人丛书）/南京博物院编，宋伯胤著//文物出版社2010年
宋伯胤文集·陶瓷卷（南京博物院学人丛书）/南京博物院编，宋伯胤著//文物出版社2010年
天津文博论丛（第1集）/李家璘主编，天津文博院编//天津人民出版社2010年
天津文博论丛（第2集）（上、下）/李家璘主编，天津文博院编//天津人民出版社2010年
天津文博论丛（第3集）/李家璘主编，天津文博院编//天津人民出版社2010年
文化遗产保护关键技术研究（Ⅰ“十一五”文化遗产保护领域国家科技支撑计划重点项目论文集）/科技部社会发展科技司、国家文物局博物馆与社会文物司（科技司）编//文物出版社2010年
大遗址保护关键技术研究与开发（Ⅱ“十一五”文化遗产保护领域国家科技支撑计划重点项目论文集）/科技部社会发展科技司、国家文物局博物馆与社会文物司（科技司）编//文物出版社2010年
文化遗产与博物馆研究（第一辑）/云南省博物馆编，马文斗主编//云南人民出版社2010年
新中国电影与观众的变迁：中国电影博物馆2009学术年会论文集/中国电影博物馆编//中国电影出版社2010年
中国博物馆学会纪念馆专业委员会第三次年会暨城市建设与文化遗产保护论坛论文集/中国博物馆学会纪念馆专业委员会、上海鲁迅纪念馆编//上海社会科学出版社2010年
中国博物馆学会考古与遗址博物馆专业委员会成立大会论文集/中国博物馆学会考古与遗址博物馆专业委员会、秦始皇兵马俑博物馆编//西北大学出版社2010年
中国民族文博（第三辑）/民族文化宫博物馆编，李铁柱主编//辽宁民族出版社2010年
2010（浙江·绍兴）国际博协科技博物馆专业委员会暨全国科技馆学术年会论文集//徐延豪主编//中国科学技术出版社2011年
博物馆/黑龙江省博物馆编//2011年

博物馆学刊（第一辑）/四川博物院编，盛建武主编//四川人民出版社2011年
博物馆学论丛（六）/河南省博物学会编//中州古籍出版社2011年
博物馆学文集6/湖南省博物馆学会编//岳麓书社2011年
博物馆：以教育为圆心的文化乐园（国际博协教育委员会2010年上海年会论文集）/郭俊英、王芳主编//暨南大学出版社2011年
博物馆与城市化：2011年湖北省博物馆协会学术研讨会论文集/湖北省博物馆协会编//湖北人民出版社2011年
博物馆致力于社会和谐——广西壮族自治区博物馆第三届学术研讨会论文集/广西壮族自治区博物馆、广西文物考古研究所编//广西科学技术出版社2011年
春草集：吉林省博物馆协会第一届学术研讨会论文集/吉林省博物馆协会、吉林省博物院编著//吉林人民出版社2011年
第八届中国书法史论国际研讨会论文集/湖南大学岳麓书院、西安碑林博物馆编//文物出版社2011年
固原文博探究/宁夏固原博物馆编，韩彬主编//宁夏人民出版社2011年
海南省博物馆研究文集/海南省博物馆编//科学出版社2011年
纪念傅山国际学术论文集/太原市晋祠博物馆、太原傅山研究会编//中华书局2011年
江淮文化论丛/扬州博物馆编//文物出版社2011年
江苏省文博论文集2010/江苏省文物局编，王慧芬主编/南京师范大学出版社2011年
晋陕豫博物馆理论与实践研讨会论文选/刘正辉主编//山西科学技术出版社2011年
科举与科举文献国际学术研讨会论文集（上、下）/天一阁博物馆编//上海书店2011年
明清宫廷史学术研讨会论文集（第一辑）/故宫博物院编//紫禁城出版社2011年
区域特色与中小型博物馆：江苏省博物馆学会2010年学术年会论文集/江苏省博物馆学会编//文物出版社2011年
山西博物院学术文集（2011年）/山西博物院编//山西人民出版社2011年
陕西历史博物馆二十年文集/陕西历史博物馆编//三秦出版社2011年
史前研究2010——中国桂林·史前文化遗产国际高峰论坛暨中国博物馆协会史前遗址博物馆专业委员会第八届学术研讨会论文集/西安半坡博物馆、桂林甑皮岩遗址博物馆编//广西科学技术出版社2011年
受众需求与当下中国电影叙事能力：中国电影博物馆2010学术年会论文集/中国电影博物馆编//北京出版社2011年
丝绸之路古国钱币暨丝路文化国际学术研讨会论文集/上海博物馆编//上海书画出版社2011年
新中国人物博物馆学术研讨会论文集（1951～2011）/上海鲁迅纪念馆编//上海社会科学院出版社2011年
豫陕晋冀四省博物馆理论研讨会论文选/《豫陕晋冀四省博物馆理论研讨会论文选》编写组//文心出版社2011年
中国民族文博（第四辑）/民族文化宫博物馆编，李铁柱主编//民族出版社2011年
博物馆建设与特色彰显——湖北省博物馆协会学术研讨会论文集/湖北省博物馆协会编//湖北人民出版社2012年
博物馆学文集7/湖南省博物馆学会编//岳麓书社2012年
城市文化的共享：中国博物馆协会城市博物馆专业委员会论文集（2011～2012）/中国博物馆协会城市博物馆专业委员会、上海市历史博物馆编，张岚主编//上海交通大学出版社2012年
第二届民办博物馆发展西安论坛论文集/吕建中主编//陕西人民出版社2012年
耕耘录：吉林省博物院学术文集2010～2011/赵瑞军主编//吉林人民出版社2012年
广东省文物博物馆学会第六次学术研讨会论文集/广东省文物局、广东省文物博物馆学会编//花城出版社2012年
广东省文物博物馆学会第七届年会论文集/广东省文物局、广东省文物博物馆学会编//岭南美术出版社2012年
规范·创新·提升：中国博物馆协会志愿者专业委员会论文集/中国博物馆协会志愿者专业委员会、河南博物院编//中州古籍出版社2012年

吉林省博物馆协会第一届学术评奖文集（2008～2011）/吉林省博物院编著//吉林文史出版社2012年
辽河寻根文明溯源：中华文明起源学术研讨会论文集/辽宁省博物馆编//文物出版社2012年
旅顺博物馆学术论文集/郭富纯主编//吉林文史出版社2012年
全国第二届碑帖学术研讨会论文集/镇江焦山碑刻博物馆编//文物出版社2012年
西域历史文化宝藏探研——新疆维吾尔自治区博物馆论文集（第三辑）/敦煌吐鲁番学会、新疆维吾尔自治区博物馆编//新疆美术摄影出版社2012年
小康目标后的江苏博物馆事业——江苏省博物馆学会2011学术年会论文集/江苏省博物馆协会编//文物出版社2012年
张文彬文博文集/张文彬著//文物出版社2012年
“新的社会服务　新的管理机制　新的发展思路”学术研讨会论文集/郭俊英、庞学臣主编//黑龙江人民出版社2013年
2013年中国人物类博物馆、纪念馆陈列艺术学术研讨会论文集/中国博物馆协会陈列艺术委员会、上海鲁迅纪念馆编//上海社会科学院出版社2013年
百年传承创新发展：北京地区博物馆第六次学术会议论文集/北京博物馆学会编//中国书籍出版社2013年
博物馆、文化遗产与教育：“新挑战新启示：岭南博物馆与教育”学术研讨会论文集/广州博物馆、华南农业大学农业文化与乡村旅游研究中心、华南农业大学中国农业历史遗产研究室编//中国农业出版社2013年
博物馆发展论丛（2012年）/博物馆发展论坛组委会编//北京燕山出版社2013年
博物馆学文集8/湖南省博物馆学会编//岳麓书社2013年
博物馆与儿童教育/闫宏斌、杨丹丹主编//文物出版社2013年
博苑耕耘（第1辑）/宁夏固原博物馆编，魏瑾主编//宁夏人民出版社2013年
单霁翔文博文集/单霁翔著//文物出版社2013年
第九届中国书法史论研讨会论文集/雅安博物馆编//文物出版社2013年
第三届民办博物馆发展西安论坛论文集/吕建中主编//陕西人民出版社2013年
江淮文化论丛（二）/扬州博物馆编//文物出版社2013年
梁白泉文集·博物馆卷（南京博物院学人丛书）/南京博物院编//文物出版社2013年
丝路历史文化研讨会论集2012/敦煌吐鲁番学会、新疆维吾尔自治区博物馆编//新疆科学技术出版社2013年
文化力量与博物馆的挑战/上海中国航海博物馆编//上海古籍出版社2013年
致力于社会和谐的江苏博物馆事业：江苏省博物馆学会2012学术年会论文集/江苏省博物馆协会编//文物出版社2013年
碑林集刊（二十）/西安碑林博物馆编//三秦出版社2014年
北京古代建筑博物馆文丛第1辑（2014）/北京古代建筑博物馆编//学苑出版社2014年
博物馆发展论丛（2013年）/博物馆发展论坛组委会编//北京燕山出版社2014年
博物馆学论丛（七）/河南省博物馆学会编//中州古籍出版社2014年
博物馆学文集9/湖南省博物馆学会编//湖南人民出版社2014年
城市记忆的变奏：中国博物馆协会城市博物馆专业委员会论文集（2013～2014）/ 中国博物馆协会城市博物馆专业委员会、上海市历史博物馆编//上海交通大学出版社2014年
第四届民办博物馆发展西安论坛论文集/吕建中主编//陕西人民出版社2014年
复旦大学文物与博物馆学系论文选集/复旦大学文物与博物馆学系编//复旦大学出版社2014年
耕耘录：吉林省博物院学术文集2012～2013/吉林省博物院编//吉林人民出版社2014年
江淮文化论丛（三）/扬州博物馆编//文物出版社2014年
秦晋豫冀四省博物馆理论与实践研讨会论文选/陕西省文物局编//陕西人民出版社2014年
区域博物馆的文化传承与创新：江苏省博物馆学会2013学术年会论文集/江苏省博物馆学会编//文物出版社2014年
区域博物馆致力于社会和谐（中英西三语对照）/陈建明主编//外文出版社2014年
全国第三届碑帖学术研讨会论文集/青岛崇汉轩汉画像砖博物馆//文物出版社2014年
陕西博物馆学百年论文集/张礼智编//三秦出版社2014年

数字博物馆发展新趋势/北京数字科普协会主编//中国传媒大学出版社2014年
丝绸之路沿线博物馆专业委员会论文集（第二辑）/俄军主编//甘肃人民美术出版社2014年
苏州文博论丛（2014年）（总第5辑）/苏州博物馆编//文物出版社2014年
文博鸿踪录——成建正文集/成建正编著//文物出版社2014年
学习实践　继承发展：北京博物馆学会保管专业第11～13届学术研讨会论文集/北京博物馆学会编//文物出版社2014年
纸向何方（上海博物馆纸文化系列讲座文集）/陈燮君主编//北京大学出版社2014年
中国博物馆协会博物馆学专业委员会2013年“博物馆建筑与功能”学术研讨会论文集/中国博物馆协会博物馆学专业委员会编//中国书店 2014年
中国博物馆协会博物馆学专业委员会2013年“博物馆与教育”学术研讨会论文集/中国博物馆协会博物馆学专业委员会编//中国书店 2014年
中国博物馆学会考古与遗址博物馆专业委员会2011～2013年论文集/中国博物馆学会考古与遗址博物馆专业委员会、秦始皇帝陵博物院编//西北大学出版社2014年
中国民族博物馆研究（2014）/顾群主编//民族出版社2014年
中国民族文博（第五辑）/民族文化宫博物馆编，李铁柱主编//民族出版社2014年
竹刻国际学术研讨会论文集/上海博物馆编//上海书画出版社2014年

八　年鉴、指南、目录、纪念文集

博物馆学文物保护学文献目录（1949.10～1983.12）/吴有常、王淮生主编//1984年
秦始皇兵马俑博物馆年鉴（1979～1983）/秦始皇兵马俑博物馆编//1984年
博物馆学文集：湖南省博物学会成立大会暨首届学术讨论会文集/湖南省博物馆学会编//1985年
秦始皇兵马俑博物馆年鉴（1984）/秦始皇兵马俑博物馆编//1985年
江苏博物馆年鉴（1984～1985）/江苏省博物馆学会编//1986年
江苏省博物馆学会1985年学术讨论会暨南通博物苑创建八十周年、南通纺织博物馆落成开馆纪念刊/江苏省博物馆学会编//1986年
秦始皇兵马俑博物馆年鉴（1985）/秦始皇兵马俑博物馆编//1986年
河南文博考古文献叙录（1913～1985）（中原文物1987年特刊6）/河南博物院编//1987年
秦始皇兵马俑博物馆年鉴（1986）/秦始皇兵马俑博物馆编//1987年
中原文物1987年2期/《中原文物》编辑部编//1987年
秦始皇兵马俑博物馆年鉴（1987）/秦始皇兵马俑博物馆编//1988年
中国博物馆指南/黎先耀主编//中国旅游出版社1988年
北京博物馆年鉴（1912～1987）/北京博物馆学会主编//北京燕山出版社1989年
馆藏博物馆学、博物馆事业论文目录/中国历史博物馆编//1989年
秦始皇兵马俑博物馆年鉴（1988）/秦始皇兵马俑博物馆编//1989年
十年纪念集（1979～1989）/秦始皇兵马俑博物馆编//1989年
秦始皇兵马俑博物馆年鉴（1989）/秦始皇兵马俑博物馆编//1990年
秦始皇兵马俑博物馆年鉴（1990）/秦始皇兵马俑博物馆编//1991年
首都博物馆建馆十周年纪念文集（首都博物馆丛刊6）/首都博物馆编辑委员会编//北京燕山出版社1991年
北京博物馆年鉴（1988～1991）/北京博物馆学会主编//北京燕山出版社1992年
北京博物馆指南/付公钺编//北京燕山出版社1992年
福建历史文化与博物馆学研究：福建省博物馆成立四十周年纪念文集/福建省博物馆编//福建教育出版社1992年
秦始皇兵马俑博物馆年鉴（1991）/秦始皇兵马俑博物馆编//1992年
天津市历史博物馆建馆四十周年纪念论文集/天津市历史博物馆编//天津古籍出版社1992年
黑龙江省博物馆70年（1923～1993）/黑龙江省博物馆编，孙长庆主编//黑龙江人民出版社1993年
连云港市博物馆建馆二十周年纪念文集（1973～1993）/刘洪石主编//东南文化杂志社1993年
南京博物院建院六十周年纪念文集/南京博物院编//1993年
秦始皇兵马俑博物馆年鉴（1992）/秦始皇兵马俑博物馆编//1993年
《中原文物》创刊十五年叙录（1977～1992）/河南省博物馆编//1993年
1949～1993博物馆学研究论著要目（博物馆学研究丛书）/孟剑明编//西北大学出版社1994年
辽宁省考古学、博物馆学文献目录（1990～1993）/姚义田编//辽宁省博物馆、辽宁省考古研究所1994年

秦始皇兵马俑博物馆年鉴（1993）/秦始皇兵马俑博物馆编//1994年
北京博物馆年鉴（1992～1994）/北京博物馆学会主编//北京燕山出版社1995年
秦始皇兵马俑博物馆年鉴（1994）/秦始皇兵马俑博物馆编//1995年
敦煌石窟内容总录/敦煌研究院编//文物出版社1996年
秦始皇兵马俑博物馆年鉴（1995）/秦始皇兵马俑博物馆编//1996年
文博宣教工作论丛（博物馆学研究丛书）/赵文艺主编//三秦出版社1996年
北京石刻艺术博物馆建馆十周年纪念文集/北京石刻艺术博物馆编//北京燕山出版社1997年
河南文博考古文献叙录（1986～1995）/河南博物院编//中州古籍出版社1997年
秦始皇兵马俑博物馆年鉴（1996）/秦始皇兵马俑博物馆编//1997年
史前研究（1958～1998年辑刊）：西安半坡博物馆成立四十周年文集/西安半坡博物馆编//三秦出版社1998年
秦始皇兵马俑博物馆年鉴（1997）/秦始皇兵马俑博物馆编//1998年
深圳博物馆开馆十周年纪念文集/深圳博物馆编//中华书局1998年
辉煌20年：秦始皇兵马俑博物馆发展纪实/秦始皇兵马俑博物馆编//陕西人民教育出版社1999年
洛阳博物馆建馆四十周年纪念文集（1958～1998）/洛阳市文物局、洛阳博物馆编//科学出版社1999年
秦始皇兵马俑博物馆年鉴（1998）/秦始皇兵马俑博物馆编//1999年
西安半坡博物馆年鉴（1958～1998）/西安半坡博物馆编//1999年
北京博物馆年鉴（1995～1998）/北京博物馆学会主编//北京燕山出版社2000年
广东省博物馆开馆四十周年纪念文集（1959～1999）/广东省博物馆编//广东人民出版2000年
历史考古与博物馆研究（重庆文物论丛）/刘豫川著//重庆出版社2000年
秦始皇兵马俑博物馆年鉴（1999）/秦始皇兵马俑博物馆编//2000年
苏州博物馆建馆四十周年纪念文集（1960～2000）东南文化2000年增刊1/徐湖平主编//2000年
河北省博物馆年鉴（1988～2000）/河北省博物馆编//2001年
秦始皇兵马俑博物馆年鉴（2000）/秦始皇兵马俑博物馆编//2001年
新世纪新首博：首都博物馆二十周年纪念文集/首都博物馆编//北京燕山出版社2001年
扬州博物馆建馆五十周年纪念文集（1951～2001年）/扬州博物馆编//南京博物院《东南文化》杂志社2001年
秦始皇兵马俑博物馆年鉴（2001）/秦始皇兵马俑博物馆编//2002年
辛勤耕耘：宜昌博物馆二十年纪念文集/杨新主编//科学出版社2002年
秦始皇兵马俑博物馆年鉴（2002）/秦始皇兵马俑博物馆编//2003年
北京博物馆年鉴（1999～2003）/北京博物馆学会主编//北京燕山出版社2004年
广西博物馆七十年：1934～2004年/黄启善主编//文物出版社2004年
秦始皇兵马俑博物馆年鉴（2003）/秦始皇兵马俑博物馆编//2004年
秦俑博物馆二十五年纪念集/秦始皇兵马俑博物馆编//三秦出版社2004年
故宫博物院八十年/故宫博物院编//紫禁城出版社2005年
故宫博物院年鉴（2004）/故宫博物院编//紫禁城出版社2005年
南通博物苑百年史迹/南通博物苑编//2005年
南通博物苑百年苑庆纪念文集/南通博物苑//文物出版社2005年
秦始皇兵马俑博物馆年鉴（2004）/秦始皇兵马俑博物馆编//2005年
云南民族博物馆十年（1995～2005）/云南民族博物馆编//2005年
故宫博物院年鉴（2005）/故宫博物院编//紫禁城出版社2006年
秦始皇兵马俑博物馆年鉴（2005）/秦始皇兵马俑博物馆编//2006年
中国博物馆指南/中国博物馆学会编//2006年
安徽省博物馆50年/王丽华主编//安徽美术出版社2007年
故宫博物院年鉴（2006）/故宫博物院编//紫禁城出版社2007年
关于历史时空的解码与代言：中国国家博物馆志愿讲解工作五周年纪念文集/中国国家博物馆社会教育

宣传部编//知识出版社2007年
河南博物院80年/河南博物院编//大象出版社2007年
秦始皇兵马俑博物馆年鉴（2006）/秦始皇兵马俑博物馆编//2007年
湘博志Ⅰ：湖南省博物馆年鉴（2003～2005）/湖南省博物馆编，陈建明主编//湖南美术出版社2007年
新窗口新视野新里程：河南博物院开放十年/河南博物院编//2007年
浙江省博物馆系年/黄莺著//北京图书馆出版社2007年
郑州博物馆50年/郑州博物馆编//2007年
故宫博物院年鉴（2007）/故宫博物院编//紫禁城出版社2008年
荆州博物馆建馆五十周年纪念论文集/荆州博物馆编著，王明钦主编//文物出版社2008年
洛阳博物馆建馆五十周年论文集/洛阳博物馆编，王绣主编//大象出版社2008年
秦始皇兵马俑博物馆年鉴（2007）/秦始皇兵马俑博物馆编//2008年
五秩风华：上海市青浦区博物馆建馆五十周年纪念文集/上海市青浦区博物馆编//上海社会科学院出版社2008年
烟台市博物馆建馆五十周年纪念文集/烟台市博物馆编//齐鲁书社2008年
张氏帅府博物馆二十年发展回眸/郭俊胜主编//东方出版社2008年
中国国家博物馆年鉴2008/中国国家博物馆编，吕章申主编//2008年
博苑秋实：宁夏博物馆五十大庆纪念文集/李进增主编//宁夏人民出版社2009年
第七届中国书法史论国际研讨会论文集/西安碑林博物馆编//文物出版社2009年
东莞博物馆年鉴（2006～2008）/东莞博物馆编，娄欣利主编//2009年
故宫博物院年鉴（2008）/故宫博物院编//紫禁城出版社2009年
广东省博物馆开馆五十周年纪念文集：1959～2009/广东省博物馆编，肖洽龙主编//岭南美术出版社2009年
广州博物馆建馆八十周年文集（镇海楼论稿之二）/广州博物馆编//文物出版社2009年
辉煌十年1999～2009/江西省博物馆编//2009年
回顾与展望：纪念中国人民革命军事博物馆建馆50周年（1959～2009）/中国人民革命军事博物馆编//长城出版社2009年
开创宏图——秦始皇兵马俑博物馆三十年纪念集/秦始皇兵马俑博物馆编//西北大学出版社2009年
秦始皇兵马俑博物馆年鉴（2008）/秦始皇兵马俑博物馆编//2009年
岁月有痕1929～2009 浙江省博物馆八十春秋纪实/浙江省博物馆编//2009年
走过九十年：山西博物院发展历程/山西博物院编//2009年
北京博物馆年鉴（2004～2008）/北京博物馆学会主编//北京燕山出版社2010年
故宫博物院年鉴（2009）/故宫博物院编//紫禁城出版社2010年
国际友谊博物馆三十年文集/国际友谊博物馆编//文物出版社2010年
秦始皇兵马俑博物馆年鉴（2009）/秦始皇兵马俑博物馆编//2010年
湘博志Ⅱ·湖南省博物馆年鉴（2006～2007）/湖南省博物馆编，陈建明主编//湖南美术出版社2010年
中国博物馆年鉴（2010）/中国博物馆学会编//科学出版社2010年
中国博物馆学研究论著目录（上、下）/段勇主编//新华出版社2010年
中国敦煌学论著总目/樊锦诗、李国、杨富学编//甘肃人民出版社2010年
东莞博物馆年鉴（2009～2011）/东莞博物馆编，娄欣利主编//2011年
故宫博物院年鉴（2010）/故宫博物院编//紫禁城出版社2011年
广东省博物馆年鉴（2010）/广东省博物馆编//文物科学出版社2011年
湖北博物馆年鉴（2010）/湖北省博物馆协会编//湖北人民出版社2011年
考古学与博物馆学导引（大学研究型课程专业系列教材）（上、下）/水涛、贺云翱编著//南京大学出版社2011年
历史的回声：纪念首都博物馆建馆三十周年（1981～2011）（首都博物馆书库丙种第三十三部）/首都博物馆编//2011年

秦始皇帝陵博物院年鉴（2010）/秦始皇帝陵博物院编//2011年
陕西历史博物馆大事记/陕西历史博物馆编//2011年
陕西历史博物馆二十年文集/陕西历史博物馆编//三秦出版社2011年
陕西历史博物馆建成开放二十年（1991～2011）/陕西历史博物馆编//三秦出版社2011年
武汉博物馆新馆开馆十周年纪念文集（武汉博物馆研究丛书・学术研究卷2）/刘庆平主编//湖北人民出版社2011年
中国民间博物馆年鉴（2011）/中国民间博物馆年鉴编委会编著//中国书店2011年
安徽博物院2011年/安徽博物院编，朱良剑主编//2012年
故宫博物院年鉴（2011）/故宫博物院编//紫禁城出版社2012年
六十风华：上海博物馆建馆60周年纪念文集/上海博物馆//上海书画出版社2012年
秦始皇帝陵博物院年鉴（2011）/秦始皇帝陵博物院编//2012年
中国国家博物馆百年简史（1912～2012）/吕章申主编//中华书局2012年
安徽博物院2012/安徽博物院编，朱良剑主编//2013年
黑龙江省博物馆九十年（1923～2013）/庞学臣主编//黑龙江人民出版社2013年
秦始皇帝陵博物院年鉴（2012）/秦始皇帝陵博物院编//2013年
中国博物馆指南（英文版）/〔美〕米里亚姆・克利福德、〔美〕凯西・詹格兰、〔英〕安东尼・怀特著//译林出版社2013年
北京石刻艺术博物馆藏石刻拓片编目提要（北京石刻艺术博物馆石刻文化系列丛书）/北京石刻艺术博物馆编//学苑出版社2014年
北京石刻艺术博物馆藏石刻拓片编目提要索引（北京石刻艺术博物馆石刻文化系列丛书）/北京石刻艺术博物馆编//学苑出版社2014年
甘肃省博物馆年鉴（2013）/甘肃省博物馆编//甘肃人民美术出版社2014年
秦始皇帝陵博物院年鉴（2013）/秦始皇帝陵博物院编//2014年
陕西历史博物馆年鉴（2009～2010）/陕西历史博物馆编//三秦出版社2014年

九 其 他

黑龙江省博物馆资料汇编（第一辑）/黑龙江省博物馆编//1964年
黑龙江省博物馆资料汇编（第二辑）/黑龙江省博物馆编//1979年
博物馆工作参考资料汇编/陕西省文物事业管理局编印//1982年
秦俑馆开馆三年文集/秦俑博物馆学术委员会编//1982年
秦始皇兵马俑博物馆十年纪念集（内部资料）/秦始皇兵马俑博物馆编//1989年
陕西省博物馆40年大事记（1949～1989）（征求意见稿，油印本）/陕西省文物事业管理局编//1989年
爱我家乡文物讲解比赛讲稿集/国家文物局博物馆处编//文物出版社1993年
南京博物院六十周年大事记/南京博物院图书馆编//1993年
秦俑秦文化丛书/秦始皇兵马俑博物馆编//陕西人民教育出版社1993年
三秦博物馆漫步/陕西省文物局编著//三秦出版社1994年
河南文博考古文献叙录（二）/河南博物院编//中州古籍出版社1997年
秦始皇帝陵志（陕西省地方志资料丛书）/陕西省地方志编纂委员会编，杨正卿主编//三秦出版社1997年
秦俑博物馆讲解词汇编/何宏、芦建华主编//西北大学出版社1997年
陕西历史博物馆大事记（1991～1996）/杨东晨、张林琴、杨维娟撰稿//陕西历史博物馆编印，1997年
来自博物馆历史回声——庆香港回归“爱国杯”东北三省博物馆讲解员邀请赛讲稿集/辽宁省文化厅、吉林省文化厅、黑龙江省文化厅、黑龙江省文物管理局//黑龙江人民出版社1998年
乾陵40年大事记（1956～1997）/乾陵博物馆编//1998年
秦始皇兵马俑博物馆参观券图集（1979～1999）/杨廷相编//三秦出版社1999年
秦俑博物馆外语讲解词汇编/孟剑明、陈霞主编//西北大学出版社2000年
现代博物馆学基础知识问答/甄朔南、沈永华主编//中国自然科学博物馆协会印制，2000年
秦始皇兵马俑博物馆讲解词汇编（增订版）/何宏、芦建华主编//陕西旅游出版社2001年
三秦学子爱国情：秦俑博物馆爱国主义教育征文选/秦始皇兵马俑博物馆编、吴永琪主编//陕西人民出版社2001年
陕西历史博物馆大事记（1973～2001）（含酝酿与筹建阶段）/冯庚武、周天游主编//陕西历史博物馆编印，2001年
国家文物局暨直属单位组织机构沿革及领导人名录/国家文物局编//文物出版社2002年
文博断想集/陈鹏举著//上海社会科学院出版社2002年
中华人民共和国文物博物馆事业纪事1949～1999（套装2册）/国家文物局编//文物出版社2002年
爱上博物馆/桂雅文著//广西师范大学出版社2003年
世界博物馆/张文彬主编//2003年
印象中的记忆：南京博物院参观券（南京博物院建院70周年特辑）/南京博物院编//2003年
博物馆——世界的情人/王璐编著//中国宇航出版社2005年
雷锋杯全国博物馆讲解大赛优秀讲解稿选编/中国博物馆学会编//紫禁城出版社2005年
我不在家，就在去博物馆的路上/李俊明著//三联书店2005年
传递历史的圣火/陕西省博物馆学会宣教专业委员会编//陕西旅游出版社2006年
讲解莫高窟/敦煌研究院编//浙江文艺出版社2006年
南京文物考古新发现：南京历史文化新探（贰）/南京市博物馆编//江苏人民出版社2006年

被偷去记忆的博物馆：影响孩子们一生的经典（插图本）/〔德〕拉尔夫·伊超著，王泰智、沈惠珠译//人民文学出版社2007年
华梦遗珍：老北京三百六十行（绘本）/首都博物馆编//北京出版社2007年
没有围墙的民族博物馆：广西隆林/李元君编著，梁汉昌摄影//接力出版社、漓江出版社2007年
美术博物馆（肆）/陕西省博物馆编//陕西人民美术出版社2007年
拼宝识物/首都博物馆编//首都师范大学出版社2007年
陕西省讲解比赛讲解词选编（《历史在这里辉煌》丛书下）/张云主编//陕西旅游出版社2007年
2008北京地区博物馆展讯（中英文本）/舒小峰主编//中国商业出版社2008年
从博物馆到长寿湾/朱艳著//中国社会科学出版社2008年
漫步西安碑林——西安碑林博物馆标准讲解词/西安碑林博物馆宣教部编//2008年
免费开放博物馆参观指南/国家文物局博物馆司编著/文物出版社2008年
西西游碑林/西安碑林博物馆编//陕西师范大学出版社2008年
你不能带气球进大都会博物馆/〔美〕杰奎琳·普莱斯·韦茨曼著，罗宾·普莱斯·格拉瑟绘//接力出版社2009年
文博耕耘录（上、下）/何新宇、李彤、魏瑾主编//阳光出版社2009年
有朋自远方来：参观秦俑的各方贵宾/吴永琪主编//西北大学出版社2009年
博物馆法规文件选编（中英文版）/中国国家文物局、中国博物馆协会编//科学出版社2010年
博物馆之眼（人文城市系列）/日青著//山东美术出版社2010年
揭秘生态博物馆/李丽娟著//湖南少年儿童出版社2010年
马王堆帛书书法大辞典/唐金岳著//湖南美术出版社2010年
谁动了爱因斯坦的大脑：巡视名人脑博物馆（当代科普名著系列）/〔美〕布赖恩·伯勒尔著，吴冰青、吴东译//上海科技教育出版社2010年
文物背后的历史/黄黎编//安徽教育出版社2010年
文物里的古代中国（三册）/中国国家博物馆编//中国社会科学出版社2010年
博物馆/李晓璐编著、贺丽、李婵译/辽宁科学技术出版社2011年
博物馆工作手册/陕西省文物局、西安市文物局汇编//2011年
博物馆里说基金（中国基金博物馆）/叶有明、田娜、王一霖、姚莉编著//复旦大学出版社2011年
博物馆里说金融（中国金融博物馆）/盛溢、李红、王宇编著//复旦大学出版社2011年
赤峰博物馆展览大纲讲解词汇编/刘冰、于海燕主编//内蒙古文化出版社2011年
故宫知识200问/含章编著//故宫出版社2011年
两岸同根同源的文化展演研究——以台湾民俗村和闽台缘博物馆为例/潘峰著//九州出版社2011年
辽宁省博物馆志愿者文集/辽宁省博物馆编//辽宁人民出版社2011年
乾隆箴言@皇帝的微博/王志伟编选//故宫出版社2011年
秦始皇帝陵博物院讲解词/秦始皇帝陵博物院编//西北大学出版社2011年
童话博物馆/杨翊著//中国社会出版社2011年
自然博物馆研究案例："热河生物群"化石研究（自然博物馆实务丛书）/孟庆金、赵博、高春玲、程晓冬、王旭日著//文物出版社2011年
博物馆里说中英金融/李弘、龚关、王一霖、姚莉编著//首都经济贸易大学出版社2012年
创意科技助力数字博物馆/北京市科学技术协会信息中心、北京数字科普协会编//中国传媒大学出版社2012年
从火车站到博物馆：城市生存手册/陈帅//阳光出版社2012年
法国博物馆建筑/法国亦西文化策划编辑，艾莉森·库里佛尔英文翻译、常文心中文翻译//辽宁科学技术出版社2012年
旅顺博物馆95年简史（1917～2012）/旅顺博物馆编，郭富纯主编//大连理工大学出版社2012年
巧逛故宫：发现故宫的30个细节/司俊峰著//故宫出版社2012年
设计中的设计：博物馆·剧院/深圳市智美精品文化传播有限公司编//华中科技大学出版社2012年
淌过博物馆（双子星科普文库）/梁进著//科学普及出版社2012年
重庆红岩革命历史博物馆故事（中国纪念馆故事）/厉华主编//南京出版社2012年

Thematic Museums（主题博物馆）/高巍著，常文心译//辽宁科学技术出版社2012年
紫禁城八百楹联匾额通解/李文君编著//紫禁城出版社2012年
赤峰博物馆讲解大赛集锦/于海燕、秦博编著//内蒙古文化出版社2013年
大馆奴：樊建川的记忆与梦想/樊建川口述，李晋西笔述//生活·读书·新知三联书店2013年
当卢浮宫遇见紫禁城/周兵、徐欢主编//中央编译出版社2013年
到伦敦，泡博物馆/王晓予著//河南科学技术出版社2013年
湖北省博物馆2012年度观众调查报告（湖北省博物馆、湖北省文物考古研究所成立六十周年丛书）/湖北省博物馆编//武汉大学出版社2013年
环球博物馆见闻录/何政广著//故宫出版社2013年
解读故宫：一座宫殿的历史和建筑/张加勉编著//黄山书社2013年
历程——纪念半坡遗址发现60周年（1953～2013）/西安半坡博物馆编，马雨林主编//三秦出版社2013年
图说故宫（视觉历史）/王镜轮著//中华书局2013年
文博随笔/徐明著//中国社会科学出版社2013年
在大英博物馆读古罗马（世界著名博物馆之旅系列）/〔英〕南希·H. 拉梅奇、安德鲁·拉梅奇著，黄洋、陆思培译校//上海交通大学出版社2013年
在大英博物馆读古希腊（世界著名博物馆之旅系列）/〔英〕珍妮弗·尼尔斯著，朱敏琦译//上海交通大学出版社2013年
中国纪念馆研究（2013年第2辑）/中国博物馆协会纪念馆专业委员会、中国人民抗日战争纪念馆编//北京出版社2013年
中原文化赞歌：河南省第六届讲解大赛讲解词汇编/河南博物院编//中州古籍出版社2013年
博物馆的一天/王小娟、李茜、梅逸飞著//科学出版社2014年
博物馆里说革命金融/中国金融博物馆编著//首都经济贸易大学出版社2014年
博物馆展陈空间设计/王雪莲主编//中国建筑工业出版社2014年
公共文化空间与城市博物馆旅游发展：以上海为例（服务业与服务贸易论丛）/王玲著//浙江大学出版社2014年
故宫博物院合同示范文本汇编/故宫博物院编//故宫出版社2014年
故宫国宝流传宫外纪实/向斯著//百花文艺出版社2014年
黑龙江省博物馆龙博剧社作品集/黑龙江省博物馆编，庞学臣主编//黑龙江人民出版社2014年
镜头中的湖北省博物馆/湖北省博物馆编//湖北美术出版社2014年
旅顺日俄监狱旧址博物馆故事/姜晔主编//南京出版社2014年
木娃的博物馆/〔挪威〕艾施勒德·凯恩斯特·约翰森著，王芳译//北京师大出版社2014年
南京云锦博物馆故事（中国纪念馆故事）/吴颖主编//南京出版社2014年
书城木石香——天一阁博物馆匾联释读/龚烈沸著//宁波出版社2014年
皖风徽韵：安徽历史文化陈列讲解词/王一婷著//安徽美术出版社2014年
我眼中的莫高窟/唐莉云、付华林著//甘肃人民美术出版社2014年
小猫古游陕西/西安碑林博物馆编//陕西旅游出版社2014年
予人玫瑰手有余香：陕西历史博物馆志愿者工作/步雁主编//三秦出版社2014年

中编

博物馆学著作与博物馆出版物内容提要

一　博物馆学通论、概论

《博物馆学》，国际博物馆事务局，1934年，32开。

该书是最早介绍博物馆学概念和博物馆工作的著作，1934年由国际博物馆事务局，两卷本，出版后很快被译成多种文字，促进了各国博物馆学研究的发展。

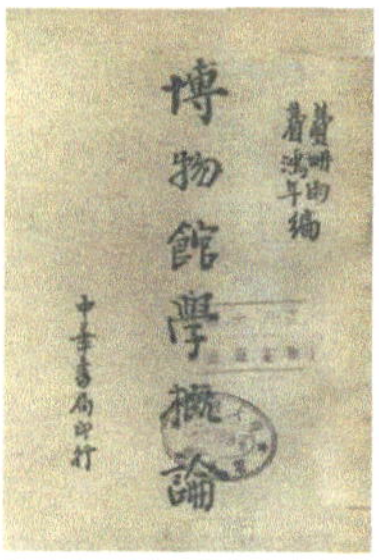

《博物馆学概论》，费畊雨、费鸿年编，中华书局，1936年，229页，32开。

该书初版是由上海中华书局1936年6月发行，1948年7月由中华书局再次刊行。

该书以日本学者棚桥源太郎所著《诉于眼的教育机关》为蓝本，偏重于博物馆发展史与博物馆工作概况的介绍。全书分为十三章：绪论主要说明博物馆的意义；博物馆史略论述了欧洲博物馆发展的阶段及其特征，简要介绍著名博物馆；博物馆种类及效能主要论述划分不同类型博物馆的标准和各类博物馆的职能，并对地方博物馆、教育博物馆、学校博物馆、儿童博物馆、室外博物馆、动植物博物园和水族馆都作了说明；在博物馆藏品收集与保存、博物馆陈列、博物馆的社会事业、博物馆建筑等章节中，具体介绍了博物馆的工作内容、程序、原则、方法和要点。

全书各章论述简约，对于了解外国博物馆的发展具有参考价值。

《博物馆学通论》，陈端志著，上海市博物馆，1936年，300页，32开。

该书是中国第一部系统论述博物馆学理论与博物馆工作方法的专著。书中通过介绍多家外国博物馆工作的具体情况，来反映20世纪30年代欧美博物馆的发展状况，对研究博物馆学史有重要价值。叶恭绰题签书名。

该书虽以1934年国际联盟学术合作委员会万国博物馆专家会议后出版的两卷本《博物馆学》为蓝本，但比《博物馆学》所参考涉及的外国博物馆学著述更为广博，所附参考书目达39种，其中有21种属于欧美博物馆学论著，10种属于日本著述资料，配有8个有关国家博物馆的插图40幅，体例完整，论述详细。

全书包括两部分内容，分为十八章。第一部分从概论到第九章，论述对博物馆的一般认识，介绍中外博物馆的历史沿革和发展现状。第二部分详细论述博物馆藏品搜集和整理、陈列和设备、宣传、馆舍建筑及工作人员的培养等，全面介绍了当时博物馆事业的发展状况、博物馆工作的原则和方法。根据中国博物馆实际，特别强调要加强对博物馆专门人才的培养。作者认为，博物馆人员必须有两种准备，一是普通学识的基本训练，二是专业知识技能的培养，主要是进修学习、开办短期训练班、在大学设立博物馆学系等。

书中的很多观点在博物馆学研究中具有开创性意义，例如作者认为："没有参观者进门，无论陈列品怎样精巧，陈列方法怎样美妙，说明怎样明白，指导怎样周详，都是不中的。"这些论断在今天仍具有现实意义。

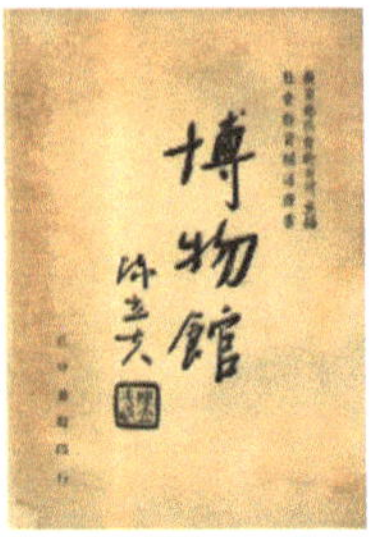

《博物馆》（教育部社会教育辅导丛书），曾昭燏、李济编，重庆正中书局，1943年，84页，32开。

该书原是曾昭燏1937年在德国柏林国家博物馆和慕尼黑博物院学习时撰写的著作。1940年，曾昭燏回国后，又重新整理后署名增加了李济。

全书共十章：第一章绪论，第二章组织，第三章管理，第四章建筑，第五章设备，第六章收藏，第七章保存，第八章研究工作，第九章教育工作，第十章战时工作。附录一是重要法令，附录二是参考书目。第一章除说明中外博物馆沿革外，还阐述了博物馆的性质与职能，强调博物馆的主要目的是为社会服务，其最大“功用”是保存有价值的物品、辅助研究工作、实施实物教育和精神教育。

书中提出博物馆具有保存有价值之物品、辅助研究工作、实施实物教育和精神教育四大功能，这是博物馆收藏、研究和教育三重性质或三大职能的最早的规范性论述，代表了当时博物馆学研究的水平，对中国博物馆建设和发展产生了深远影响。

该书重点在于阐释博物馆的具体工作。作者通过对欧美博物馆的深入考察，并结合中国的实际情况，用大部分章节，对博物馆的组织、管理、建筑设备及收藏、陈列、研究、教育等工作的基本原则和要求，作了系统说明。

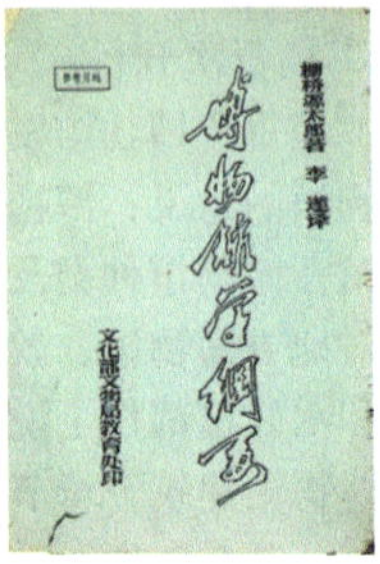

《博物馆学纲要》，〔日〕棚桥源太郎著，李莲译，文化部文物局教育处印，1952年，32开。

中华人民共和国成立后，因缺乏博物馆学著作，为了推进博物馆事业的快速发展，文化部文物局专门邀请吉林省博物馆李莲同志翻译了日本学者棚桥源太郎的著作。该书论述了博物馆学原理、博物馆工作方法等。

该书原著者曾任东京国立博物馆馆长、日本博物馆协会专务理事，对博物馆学有较深的研究。

《苏联博物馆学基础》，苏联博物馆科学研究所编，博物馆科学工作研究所筹备处编译，文物出版社，1957年，442页，32开。

该书是早期出版的有关博物馆学理论的概论性著作。书中系统介绍了博物馆学理论和实践的基本问题、苏联博物馆工作情况等。全书分为十章，依次论述了中外博物馆沿革、博物馆的性质与职能，强调博物馆的主要目的是为社会服务，其最大功用是保存有价值的物品、辅助研究工作、实施实物教育和精神教育。书后附有苏共中央马克思列宁主义研究院中央列宁博物馆、苏联革命博物馆、国立历史博物馆等十个博物馆的外景和文物展品、展室照片。

该书的编译和出版开阔了中国学者的眼界，促进了中国博物馆学的研究，尤其是对中小型博物馆建设有较强的指导作用。

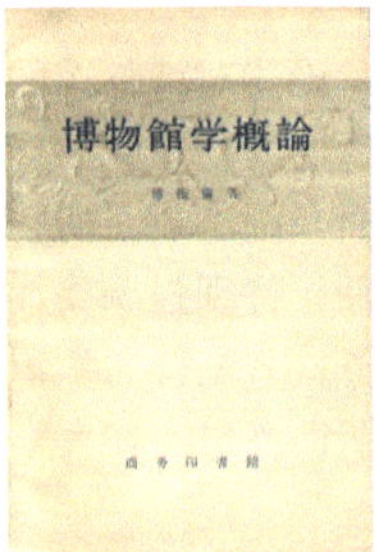

《博物馆学概论》，傅振伦著，商务印书馆，1957年，158页，32开。

该书是早期出版的关于博物馆学理论和实践的重要著作，着重阐述博物馆学的一般知识、理论和工作方法，主要供文物博物馆工作者和高等学校历史系博物馆学概论课程教学者参考。

该书作者傅振伦先生长期从事博物馆工作和博物馆学研究，1942年写成《博物馆学的理论与实践》，进一步总结中国博物馆实践经验，并吸收苏联博物馆学理论，写成了《博物馆学概论》。全书共八章，依次是：导言、博物馆事业发展史略、博物馆的建设、博物馆的科学研究工作、博物馆的征集工作、博物馆的保管工作、博物馆的陈列工作、博物馆的群众工作。

书中详细论述了中国博物馆的历史渊源，第一次总结了中国共产党领导下解放区的展览工作，强调对中国博物馆经验的总结，几乎每一章都有一节专门加以说明。尤其是保管工作一章，更是结合作者多年的工作实践和体会，阐述了社会历史类博物馆藏品管理保护工作。作者认为，博物馆的首要任务是科学研究工作，它是博物馆全部活动的基础。在这一基础上布置陈列，并对馆内外提供研究资料，为文化教育工作服务。它是宣传社会主义思想和马克思列宁主义人生观的有效工具，即进行社会主义教育的有效工具。它使人认识劳动人民是历史发展的动力，使人认识人类的过去与现在。它宣传先进技术、先进工作方法，并以自己科学研究的成就，给予国民经济建设以巨大的帮助。因此，加强博物馆科学研究是不断提高博物馆各项业务工作质量的关键。

《博物馆学》（大专教材第二种），包遵彭著，台北正中书局，1964年初版，1970年再版，180页，32开。

该书作者曾任台湾历史博物馆馆长。书中内容以作者在大学讲授博物馆学的讲稿为基础编写，共十五章，主要论述中外博物馆历史与博物馆的各项实际工作，资料大多采自欧美博物馆学文献。第一章“绪论”阐明了全书的指导思想。作者认为，研究博物馆的目的，最重要的方法应该从其“性能”与“构成要素”两方面着手。前者由博物馆的产生与发展过程，研讨其各种性能的构成；后者就博物馆的现状分析其要素。第二章介绍了世界博物馆的演进；第三章探究中国博物馆的渊源及发展，对台湾博物馆的状况亦有客观的论述；第四章讨论博物馆的分类。其余各章着重论述了构成博物馆要素的各个方面，具体说明了博物馆实际工作的内容与要求。书中关于文物藏品的介绍，主要阐释了文物收藏、防盗、国际考古发掘原则以及名胜古迹和战时文物的维护等内容，论述详尽。

《博物馆的演进与现代管理方法之研讨》，陈国宁著，台北文史哲出版社，1978年，534页，32开。

全书分上、下两篇。上篇谈博物馆的发展历史，作者以时间发展为主，以国别和具体博物馆叙述为辅，用八章论述博物馆的产生、发展和特点，并展望博物馆的未来。作者简要叙述了博物馆历史发展的基本线索，从宏观到微观，从笼统到具体，勾勒清晰。下篇谈博物馆管理，分为八章：第一章对台湾博物馆的发展现状进行评述，第二至七章分别论述了博物馆的征集方法、文物保管、展览陈列、博物馆的研究与教育、博物馆观众、博物馆建筑设计、博物馆的组织与行政人员等，并介绍了欧美博物馆的运行方式与技术。该书史论结合，文字简洁、叙述精炼，附有100余幅照片。

《博物馆学新编》，中国自然科学博物馆协会编著，黎先耀主编，江苏科学技术出版社，1983年，537页，32开。

该书是一部专门介绍博物馆学和博物馆工作程序、工作方法的书籍。书中介绍了世界著名博物馆的设施和馆藏文物、业务活动等情况，对博物馆的历史、现状、性质、任务、活动以及博物馆的标本技术、陈列艺术、建筑设施、博物馆的组织管理等均作了详尽的叙述，还收录了中国博物馆专家学者的有关文章20篇，具有较高的资料价值。

《文物博物馆基础课纲要》，文化部文物局教育处编，1983年，659页，32开。

该书是文化部文物局教育处编辑的干部培训教材之一，内容包括文物和博物馆学基础知识、藏品管理、保护方法、博物馆工作原则、博物馆陈列展示、社会教育方法等方面。

为了加强对在职文博干部的培训工作，促进干部自学，提高干部素质，文化部文物局确定了在职文博干部的必修科目，组织编写了若干科目的纲要。在职文博干部的必修科目是：中国古代史和近代史、中国革命史、博物馆学、考古学、文物鉴定学、中国美术史、中国古代建筑史、古代汉语、马克思主义哲学、科学社会主义、国际共运史。

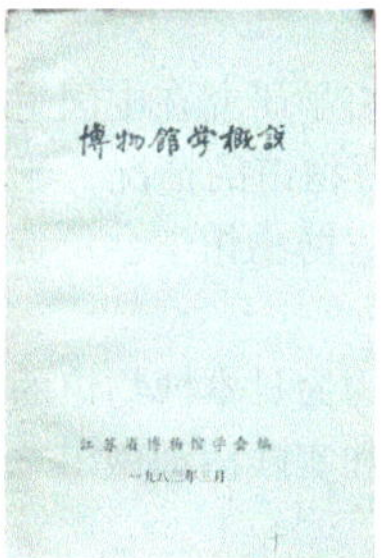

《博物馆学概说》，江苏省博物馆学会编，1983年，255页，32开。

该书是江苏省博物馆学会编辑的博物馆学概论书籍。书中内容包括博物馆及博物馆学、中国博物馆的发展历史、博物馆的性质与任务、博物馆的类型、博物馆管理、社会教育、陈列展览、文物征集与保护等方面，书中论文反映了20世纪80年代初期中国博物馆学研究状况和博物馆运行情况。

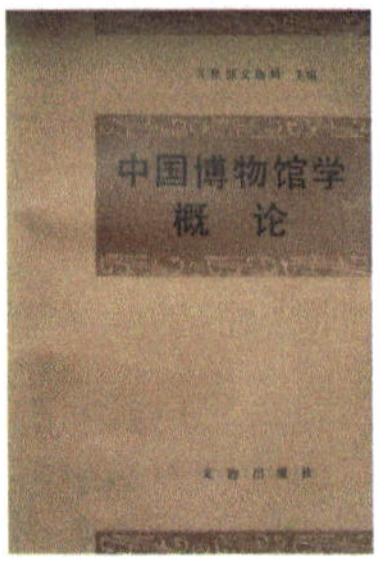

《中国博物馆学概论》，文化部文物局主编，文物出版社，1985年，235页，32开。

该书是博物馆学的概述性著作，由文化部文物局组织集体编写。全书内容分为十章，分别是：中国博物馆事业的发展道路、博物馆的性质和任务、博物馆的类型、征集工作、保管工作、陈列工作、群众教育工作、科学研究、建筑和设备、科学管理，全面论述了博物馆学和博物馆工作的主要方面。

1981年7月5日～8月30日，文化部文物局举办博物馆学讨论会，会议历时两个半月，邀请30位富有博物馆工作经验的同志参加。与会人员在1961年文化部文化学院文物博物馆干部学习班编写的《博物馆工作概论（初稿）》的基础上，吸收当时中国博物馆工作的最新经验，重新编写了《博物馆学概论（征求意见稿）》。

为了广泛吸收中国博物馆工作者的研究成果，文化部文物局于1981年10月22日～12月15日，专门组织博物馆学读书班，邀请来自全国55个博物馆和9个文物行政管理部门的66位同志参加学习，系统研读《博物馆学概论》（征求意见稿），并提出修改意见。之后，文化部文物局办公会议研究，由参加读书班的郑广荣同志汇总各类意见进行修改补充，最终经博物馆学专家傅振伦审定后，更名为《中国博物馆学概论》。该书是集体智慧的结晶。

《八十年代的博物馆——世界趋势综览》（中国博物馆学会丛书），〔英〕肯尼斯·赫德森著，王殿明、杨绮华、陈凤鸣译，紫禁城出版社，1986年，482页，32开。

该书是“中国博物馆学会丛书”之一，主要从博物馆资源、藏品保护、博物馆建筑、博物馆及其观众、人员的选择与训练、博物馆管理六个方面论述了世界博物馆现状及未来发展，在国际博物馆界产生了较大影响。书前有国际博物馆理事会常务顾问乔治斯·亨利·李威利的序言，书中选配黑白图版20页，主要介绍各国博物馆的展陈和藏品。

该书对博物馆的指导思想、方针任务和职能作了概述，而且对博物馆的各项实际工作，如征集、保管、陈列、建筑、观众等作了阐述。

《博物馆学参考资料》（上、下），文化部文物局教育处、南开大学历史系编，1986年，上册380页，下册422页，32开。

1985年初，为了适应博物馆事业发展和博物馆学研究不断深入的趋势，给文博人员自学提供资料和参考书籍，文化部文物局和南开大学历史系合作编成了此书。

全书按照《博物馆学概论》的章节顺序，分为十二个部分，依次是：博物馆学的对象、内容和方法；博物馆；博物馆事业；博物馆历史；藏品征集；藏品保管；陈列展览；宣传教育；科学研究；科学管理；建筑设备；文物博物馆法规，收录146篇文章，附录有博物馆学参考书和中华人民共和国成立以来博物馆大事记。

《博物馆概论》（中国博物馆学会丛书），〔日〕伊藤寿朗、森田恒之主编，吉林省博物馆学会译，吉林教育出版社，1986年，491页，32开。

该书是日本学者集体编写的博物馆学综合性论著。当时，博物馆学研究在中国重新兴起，中国学者亟须了解国外学者如何研究博物馆学以及国外博物馆的情况，于是，中国博物馆学会委托吉林省博物馆学会翻译该书，具体由吉林省博物馆学会负责人贾士金召集相关学者完成。

该书是博物馆学的学术性和资料性相结合的综合论著，编著者均为日本博物馆的学艺员，具有丰富的工作经验。他们试图对日本的博物馆发展规律和实践活动做出总结和探索，以展示日本博物馆学研究和博物馆工作的资讯。

全书内容分为总论篇、职能篇和资料篇三大部分。总论篇是关于博物馆概念以及博物馆历史的叙述，同时对博物馆的社会地位、意义等进行集中探讨；在职能篇具体介绍了博物馆的保管、陈列、教育、经营、建筑、财务等各项工作的原则、程序和方法；资料篇收录相关博物馆学研究和博物馆的资料。

《中国博物馆学基础》（文物博物馆系列教材），王宏钧主编，上海古籍出版社，1990年，456页，32开。

该书系国家文物局文物博物馆干部培训教材，是最早出版的博物馆学教科书，主要介绍博物馆学基础知识和博物馆工作基本规范，内容分为十二章，包括博物馆的研究对象和任务、博物馆的社会功能和类型、博物馆历史、当代博物馆事业建设、藏品、陈列、观众、博物馆学研究、博物馆管理、博物馆建筑等。

博物馆学是研究博物馆的社会功能、基本原理、历史发展、组织管理、工作原则及其方法的一门科学。博物馆学的任务是依据博物馆工作的实践，探讨这一社会文化教育机构的特殊运动形式和内在规律，以指导博物馆工作和事业的发展。博物馆事业的发展，迫切需要提高博物馆人员的业务素质。该书就是为了适应这种要求而编写的博物馆专业教材。参编作者均是长期从事博物馆工作的专家，中国历史博物馆原副馆长王宏钧担任主编，中国历史博物馆研究员陈瑞德、李之檀、周保中等人分别承担了博物馆陈列设计、文物保护和科学研究等章节的撰写。

《中国书画》（文物博物馆系列教材），杨仁恺主编，上海古籍出版社，1990年，649页，彩色图版56幅，32开。

该书系国家文物局文物博物馆干部培训教材。

全书介绍了中国书画的发展历史、各时期书画的艺术特色等，内容分为八章，依次是：绪论、魏晋南北朝时期的书画艺术、隋唐五代的书画艺术、两宋的书画艺术、辽金西夏的书画艺术、元代的书画艺术、明代书画、清代书画。

古代书法绘画是我国传统民族文化的重要财富，该书从文博实际工作运用出发，偏重作品的流传、鉴别、著录、装潢、印记、押署、材质等诸因素，同时也兼顾到书画艺术本身的发展序列以及书画家与各种流派，侧重在传世的卷轴方面，至于壁画、版画、年画、竹简、碑志和线刻画，除了极特殊的情况外，一概略而不论。

《中国古代建筑》（文物博物馆系列教材），罗哲文主编，上海古籍出版社，1990年，613页，32开。

该书系国家文物局文物博物馆干部培训教材。

全书介绍了中国古代建筑的概念、价值及作用、发展史、结构与构造、维护方法等。内容分为五章，第一章是古建筑保护、维修概论，第二章是中国古代建筑简史，第三章是古建筑的结构与构造，第四章是古建筑测量、制图，第五章是古建筑维修。

《漫谈博物馆》，东平编著，陕西旅游出版社，1990年，141页，32开。

该书是探讨博物馆学基本问题及当代博物馆发展趋势的著作。作者根据当时博物馆学的最新资料编写，目的是向读者介绍博物馆及博物馆学知识。全书分为十章，依次讲述了博物馆的起源、发展历史、分类、建筑、业务机构、陈列、器物、中国博物馆、国外博物馆以及如何游览博物馆等。文字简洁通俗，可读性强。

《博物馆暨文物工作论丛》，吕济民著，文物出版社，1992年，294页，32开。

该书是吕济民先生的个人文集，收录论文34篇。全书分三个部分，每一部分都有一个中心内容，脉络清晰，既有连贯性又有系统性。第一部分主要对我国博物馆的历史发展概貌、性质、任务、工作规范和科学管理等方面作了比较全面的论述。第二部分介绍了外国博物馆的情况和经验，尤其是对苏联和美国博物馆介绍较多。第三部分是关于文物工作的议论，均有感而发，是理论联系实际的论述，例如谈到文物的价值和文物工作的意义、文物保护和文物安全的重要性等，均言之有物，论述透彻。

文物博物馆工作涉及面广，专业性、政策性强，社会影响大。文物博物馆工作的职责，就是办好陈列展览，充分发挥博物馆的社会教育功能。该书在这方面给我们提供了有价值的经验。

《中国大百科全书·文物博物馆》，中国大百科全书总编辑委员会《文物·博物馆》编辑委员会、中国大百科全书出版社编辑部编，中国大百科全书出版社，1993年初版，2004年再版，879页，16开。

该书是《中国大百科全书》之文物博物馆卷，作者均是文物、博物馆界著名专家学者，共计617人，组成“文物编辑委员会”和“博物馆编辑委员会”，共同参与编撰《中国大百科全书·文物博物馆》。

本卷以文物、博物馆两个相互关联学科的知识为内容合编而成，系统地介绍了文物、博物馆学科的基本概念、理论、方法和实例，既着重反映具有中国传统文化特色的文化遗产和博物馆事业，又适当介绍全世界文物保护管理情况和博物馆运行状况。内容全面，资料翔实，评价公允，文字简练，图文并茂，是一部具有权威性的大型工具书。

全书文物部分有条目1469条，其中参见条目18条；博物馆部分有条目428条，其中参见条目20条。卷首有总揽全局的学科概括性文章。书中编排彩色图片352幅，黑白图片780多幅，包括古建筑群、古园林、古城址等平面图，古建筑立体图、剖面图，器物线图和文物拓片等多幅。

《博物馆学通论》，马继贤著，四川大学出版社，1994年，293页，32开。

该书是由大学教师编写的博物馆学教材。内容分上、下编。上编五章，下编六章。上编属于博物馆学理论部分，围绕着博物馆史（外国和中国）、博物馆的含义、博物馆的特征、博物馆的社会功能、博物馆的分类、博物馆学定义、博物馆学研究领域、博物馆学方法论开展。下编是博物馆工作部分，主要围绕博物馆藏品（收集、管理、保护）、博物馆陈列（陈列规划、陈列设计、陈列民族化）、博物馆的社会教育（社会教育的地位、形式、对象、方法）、博物馆管理（博物馆的机构设置、博物馆人员素质、博物馆安全防范、博物馆法规建设）进行论述。

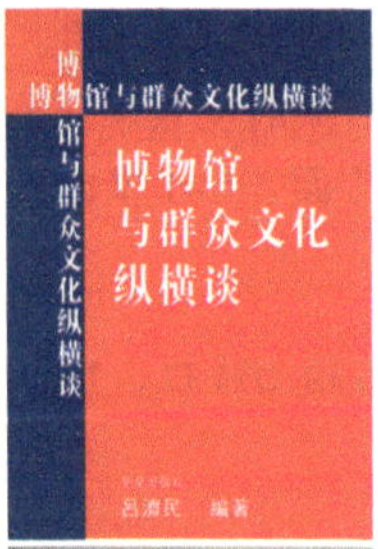

《博物馆与群众文化纵横谈》，吕济民编著，华夏出版社，1994年，206页，32开。

该书是吕济民先生论述博物馆与群众文化的专著，是《博物馆暨文物工作论丛》的姊妹篇，收入研究文章23篇，前16篇是关于博物馆研究的论文，后7篇是关于群众文化研究的论文。两书所收文章不重复，但在思想内容上有连续性和统一性。两书结合起来全面反映了作者对群众文化学、博物馆学和文物学的理论认识。

《中国陶瓷》（文物博物馆系列教材），冯先铭主编，上海古籍出版社，1994年，文656页，32开。

该书系国家文物局文物博物馆干部培训教材之一。

全书按照陶瓷的年代序列分五编八章介绍了陶器的起源、烧制，瓷器的发展历史、价值作用、保护修复方法等。五编分别是：古代陶器、原始瓷与青瓷的烧制成功、隋唐五代与辽的陶瓷、宋金时期的陶瓷、元明清时期陶瓷。

《中国博物馆志》，中国博物馆学会编，华夏出版社，1995年，1096页，16开。

该书以图文并茂的形式、通俗简洁的语言，清晰美观的照片，丰富翔实的资料介绍了各博物馆（纪念馆）的概况。

全书收录全国各省、市、自治区、直辖市，包括台湾、香港、澳门的博物馆条目1441条，全面地介绍了中国博物馆事业的发展概况。条目主要内容包括：馆名全称、详细地址、邮政编码；成立时间、隶属关系和历史沿革；展厅设置、展品数量和特点、藏品数量、建筑特点和占地、建筑平方米数以及开放时间、服务设施、研究工作、主要出版物等。

该书除了反映博物馆、纪念馆外，还包括具有博物馆功能的全国、省市级重点文物保护单位、历史遗址、革命旧址、古园林、民族宫、植物园、动物园、自然保护区、烈士陵园、大专院校、科研机构以及军事部门所属的向公众开放的博物馆（陈列馆），全国和省、市、自治区、直辖市的博物馆学会。

《遗址博物馆研究——兼述陕西遗址博物馆》，理智著，陕西人民出版社，1995年，178页，32开。

该书是国内第一部专题研究遗址博物馆的著作，分为研究篇和介绍篇两个部分。研究篇分专章探讨了遗址博物馆特性、分类、陈列原则与方法、藏品、科研、宣传讲解、建筑与环境以及陕西遗址博物馆历史、特点、发展前景等。介绍篇主要介绍了西安半坡博物馆、秦始皇兵马俑博物馆、汉阳陵博物馆等陕西省内的27个遗址博物馆和纪念馆。

《文博蕞残》，傅振伦著，中国历史博物馆，1996年，440页，32开。

该书为傅振伦先生总结其从事图书馆、档案馆、博物馆工作60余年来之心得，包括文物、考古、博物馆参观、游记之文61篇，26万余言。主要收录《傅振伦文录类选》《中国古陶瓷论丛》与《傅振伦方志论著选》三书中尚未收录者和中华人民共和国成立前发表者以及之后发表于地方刊物而不便查阅的文章。

《民族学与博物馆学》（云南民族博物馆文库），高宗裕主编，云南民族出版社，1996年，492页，32开。

该书为“云南民族博物馆文库”之一，专门论述民族学研究与博物馆学的有关问题，收录研究论文39篇。书前有邱实先生的序言《博物馆工作研究》，博物馆学在中国的实践，云南民族博物馆的陈列展览、科研工作在博物馆成立一年中的新进展等，并根据民族博物馆研究工作的专业人员和馆藏文物的实际，指出该馆今后科研工作的方向。

该书收入有关博物馆学与博物馆工作的论文8篇，涉及博物馆的社会功能、民族文物与民族博物馆、博物馆藏品登录、文物征集与保护、提高博物馆参观率等。

《上海文物博物馆志》（上海市专志系列丛刊），《上海文物博物馆志》编委会编，上海社会科学院出版社，1997年，510页，16开。

该书系上海文物、博物馆专业志，全面、翔实地记述了古今文物的状况、近世与当代保护文物和博物馆事业的发展轨迹，内容以中华人民共和国成立以来的社会主义文物、博物馆事业为主，上限追溯事物之发端，下限至1995年。

该志主体结构分编、章、节、目；文体有述、志、记、传、表、录。重要的文物、博物馆附有线图或照片。全书分总述大事记、文物古迹编、博物馆纪念馆编、管理编、人物编，各编条目按文物性质分类，按时期排列。该志的空间范围，为上海市1995年时的境域。因历史上行政区划变更频繁，历史文物的所在地，均用现行地名。为便于查考，根据要求有的注明创建时期或事件发生时的原地名。该志中所列古建筑、纪念性建筑、优秀近代建筑专目均属全国重点文物保护单位和上海市文物保护单位。区、县级文物保护单位按历史、艺术、科学价值选列一部分，其余附有一览表。

《博物馆的沉思——苏东海论文选》，苏东海著，文物出版社，1998年，580页，32开。

该书收录苏东海先生学术论文70篇，其中博物馆和博物馆学41篇，现代史和现代史学29篇。这些文章从不同角度论述了博物馆学、博物馆工作的方方面面，尤其是对当今博物馆面临的现实问题及时提出，问题尖锐，针对性强，有感而发，切中要害，令人耳目一新。

《博物馆的理论与实践》，严建强著，浙江教育出版社，1998年，398页，32开。

该书全面论述了博物馆学的概念及博物馆工作的原则与程序，在绪论中讨论了博物馆学及其进展情况。之后分为七个章节分别讨论了以下主题：博物馆是什么、博物馆的历史与现状、博物馆藏品、展览设计、博物馆与观众、博物馆的组织与管理、博物馆建筑。结语是博物馆及其与人类生存关系的信息论透视，主要论述了作者对博物馆基本理论问题的态度和观点，说明了博物馆在人类社会中存在的理由。作者认为，博物馆的实践功能与历史学有相似的性质。博物馆是人类文明的见证人和传播者。因此，一个优秀的博物馆应当拥有量多质优的藏品，通过深入的研究充分揭示藏品的内涵和意义，组织高水平的陈列，创造良好的学习条件，积极开展辅助性教育，努力做好社会宣传，并且展开观众调查，根据反馈信息做出相应的调整和改进。这些理论对当今博物馆建设仍具有指导意义。

《县级博物馆研究》，理智著，陕西师范大学出版社，1999年，195页，32开。

该书是首部专题研究县级博物馆的著作。作者根据实地调研了解的情况，以陕西省内的县级博物馆为研究对象，分析县级博物馆的发展、类型、业务活动、发展瓶颈等，填补了这一方面研究的空白。

全书内容分为十一章，分别是：绪论、县级博物馆发展的历史探索、县级博物馆发展的类与型、藏品管理——重要的但却是薄弱的环节、县级博物馆陈列——希望和困难同样困扰着人们、讲解宣传——县级博物馆在文化建设中的作用探讨、县级博物馆的部门设置与人员配备、县级博物馆科研——大有潜力可挖的领域、县级博物馆建筑漫谈、社会效益与经济效益辨证、县级博物馆发展战略探讨，附录是论“县县有博物馆”。

《遗址博物馆学概论》（博物馆学研究丛书），吴永琪、李淑萍、张文立主编，陕西人民出版社，1999年，405页，32开。

该书是关于遗址博物馆学研究的专著。该书从酝酿编辑、正式启动、大纲编写、向各博物馆征询意见搜集资料、召集专家座谈会反复讨论，直到最后定稿出版，历时十余年，足以说明此项工作的艰难。

编者认为，中国关于博物馆学的研究相对滞后，特别是遗址博物馆学更是一个空白。因此，该书在论述遗址博物馆的定义、性质、任务后，着重对遗址博物馆应具有的考古发掘、藏品管理、文物保护、陈列展示、科学研究、建筑设备、综合管理、文物复仿制、商品经营等诸方面的工作进行分析提炼，清楚地表述了遗址博物馆与一般博物馆的异同。这些开创性工作，为遗址博物馆的研究奠定了良好的基础。

遗址博物馆是博物馆的一个分支，遗址博物馆学也是博物馆学的一个分支学科。该书在对全国众多遗址博物馆调查研究的基础上，重新界定了遗址博物馆的性质、任务、特点；介绍了遗址博物馆的历史发展和社会功能；重点研讨了遗址博物馆的考古发掘、藏品保护管理、研究陈列、宣传讲解、科学管理等。诚如苏东海先生所言：该书作为开创一门新学科的理论奠基工作，发挥了先导作用，具有启发性，将推动博物馆研究走向深入和新的层次，这是毋庸置疑的。

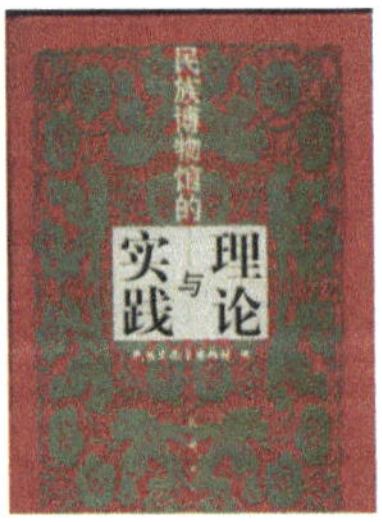

《民族博物馆的理论与实践》，民族文化宫博物馆编，秦晋庭、何晏文主编，民族出版社，1999年，364页，32开。

该书是民族文化宫博物馆四十年发展历程的缩影和总结。

1959年，民族文化宫在北京落成。民族文化宫博物馆是民族文化宫的重要组成部分，是中华人民共和国成立后建立的第一个国家级民族博物馆。在四十年中，该馆为宣传党和国家的民族政策和民族工作成就，为弘扬我国少数民族人民勤劳、勇敢和富有智慧的优良传统及其对祖国的历史文化、革命斗争和社会主义建设事业的贡献，为普及民族知识和民族团结进步付出了积极的努力。该馆搜集收藏、保护管理了全国55个少数民族的民族文物五万余件，举办展览和陈列近六百个，培养造就了一批各民族的专业研究人员。

该书中收录的35篇论文从民族博物馆陈列展览，到民族文物的搜集收藏；从民族博物馆专业人员的配备培养，到民族文物的保护管理；从民族博物馆的创建规划，到民族文物的档案摄影，以及民族博物馆的观众、服务、社会教育、文化市场等不同角度开展探索和研究。

《守望历史：吕济民与博物馆探识》（中国现代文化精英系列丛书），吕济民著，华艺出版社，1999年，317页，32开。

该书收录吕济民先生关于博物馆的论文40篇。作者以丰富的博物馆经验、渊博的学识，精辟地阐述了中国博物馆事业所走过的历程。书中文章除了基本理论的阐述外，多集中于探讨博物馆的新经验和博物馆学的新问题，更具有现实的指导意义。

书中还如实记载了老一辈无产阶级革命家和文博界先辈们对博物馆事业的关怀和指导，客观反映了吕济民先生对博物馆事业的杰出贡献。书中对于张謇、毛泽东、周恩来、陈嘉庚、王冶秋、黄镇等人物的记述和评论，既有指导意义，又有纪念意义，情理交融，发人深思。

《民族博物馆学研究》（民族博物馆论丛），中国民族博物馆编，民族出版社，2001年，400页，32开。

该书是由民族博物馆编辑的博物馆学研究的学术文集，收录有关民族博物馆学理论研究与工作研究的论文36篇，内容涉及民族博物馆的藏品保护、文物研究、陈列设计和社会教育。

《中国博物馆学基础》（修订本）（国家文物局主持文物博物馆系列教材），王宏钧主编，上海古籍出版社，2001年，597页，32开。

该书系国家文物局文博专业教材之一。全书系统介绍了博物馆的社会功能、组织管理、工作原则等专业知识。此次修订由原书主编王宏钧负责，在修订版中对原书章节作了较大调整，在博物馆信息化等内容上作了较多的增补，使该书具有了理论前瞻性和现实指导意义。

该书修订版分四编二十四章。其中第一编共六章，所涉及的都是有关博物馆学的理论，如博物馆学的研究对象、研究内容、研究方法。还包括博物馆的定义、博物馆的功能、博物馆的分类、博物馆的历史等。第二编是关于博物馆的实际工作，基本是围绕博物馆应用理论和应用技术展开的，如藏品登记、编目、管理，陈列设计基本原则、内容设计、艺术设计、博物馆观众等，第三编包括博物馆管理和博物馆建筑两个部分。第四编是关于博物馆信息化的内容。附录有三个，分别是博物馆法规、学习参考书目、中国博物馆事略（1868～1999）。

该书除其他部分对《中国博物馆学基础》作补充修改之外，还对博物馆管理和博物馆信息化两个部分作了较大的改动或增加，反映出作者对博物馆的现代化和未来趋势有较强的把握和与时俱进的科学态度。其后所附的博物馆法规和学习参考书目，以及中国博物馆事略也具有资料价值。

《无墙的博物馆·艺术史》（插图珍藏本），〔法〕安德烈·马尔罗著，李瑞华、袁楠译，孙宜学校，广西师范大学出版社，2001年，214页，32开。

该书将世界上各种艺术形式、各个风格迥异的艺术家以及很多艺术作品都囊括进来，作者并非机械地加以叙述或简单对事实或现象进行描述，而是充分运用自己的想象：一座座固定的雕塑因他的想象而神采飞扬；历史上一个个逝去的艺术风格、流派因他的想象而宛若一幅缓缓张开的画卷，一幅幅已有定论或尚无人所知、所重视的绘画，甚至一扇教堂的彩绘玻璃窗，也从尘封多年的尘垢中散发出自己的艺术光芒。在这里，世界艺术成为一座博物馆，该书就是一座名副其实的无墙博物馆。

《全球化下的中国博物馆》，国家文物局、中国文物报社李文儒主编，文物出版社，2002年，613页，16开。

该书在2002年第26个国际博物馆日出版，是献给“5·18”国际博物馆日的礼物。

全书分为博物馆与全球化、博物馆与社区、博物馆与数字化、博物馆建设与现代管理、发展博物馆文化五个部分收录论文75篇。论文内容涉及中国博物馆界当时正在发生、正在解决或者必须面对的现实问题，特别是有些重点问题、难点问题、热点问题和亮点问题。书前收有中国博物馆学会理事长张文彬先生的序言《发展博物馆文化》，博物馆学专家苏东海先生的总论《当代博物馆发展中的几个问题》。中国博物馆学会前任理事长吕济民先生的《“5·18”国际博物馆日的重大社会效应》作为跋收入书中，全面论述了全球化下的中国博物馆的方方面面。

《博物馆人丛语：宋伯胤博物馆学论著选》（法门寺文化丛书），宋伯胤著，陕西人民出版社，2002年，378页，16开。

该书是“法门寺文化丛书”之一，收录宋伯胤先生博物馆学研究论文46篇。按照文章内容分为三编：第一编“大书与小书”；第二编“中国博物馆的百年足迹”；第三编“攻错之计”。书中论文研究的课题几乎涉及当代博物馆学的各个领域和分支学科，如理论博物馆学、历史博物馆学、博物馆陈列学、藏品管理学、博物馆教育学、博物馆管理学以及专门博物馆学等。

《民族文博研究》，秦晋庭著，辽宁民族出版社，2003年，369页，16开。

该书是有关民族文博研究的专著。

该书收录的28篇论文，分为民族文物、民族文化、民族博物馆三编，具体涉及民族文物的搜集收藏、保护管理、陈列研究等实际工作，是作者长期工作经验和体会的汇编。作者曾在民族文化宫博物馆的不同工作岗位上工作，熟悉民族博物馆业务工作的各个方面。诚如吕济民先生在序言中所说：“秦晋庭同志不仅热爱本职工作，而且对民族文物、民族博物馆事业有深厚的感情。他孜孜不倦，默默耕耘在完成本职工作的同时，热衷于对民族文物、民族博物馆理论的研究探索，并能够理论联系实际，以理论指导实际，并把实践经验上升为理论，这是难能可贵的。”该书浸透着作者对自身工作的热爱和对保护民族文物的执着情怀。

《博物馆建设思考答卷》，国家文物局博物馆司编，文物出版社，2003年，312页，32开。

2000年，国家文物局举办全国省级博物馆管理骨干高级研讨班，该书以论文集的形式将研讨班学员学习、研讨的成果结集出版，共计28篇，对加强博物馆管理，促进博物馆事业发展，将产生积极的作用。书前附有国家文物局副局长郑欣淼的序一篇，国家文物局副局长董保华在2000年全国省级博物馆管理骨干高级研讨班开幕式上的讲话全文，内容涉及大遗址保护、博物馆陈列、博物馆管理、博物馆建设、博物馆的人才培养、数字化博物馆、博物馆的发展与未来等。

《博物馆学新视域》，蔡琴著，浙江人民出版社，2003年，278页，32开。

该书将当代国内外博物馆实践与伦理学研究成果相结合，使中国博物馆学在此领域有了许多新的发展。博物馆职业道德建设的研究对象由机构道德、个人行为、评价系统和专业化与培训等四部分构成。在该书中，通过全新的视角将博物馆的职业道德分析研究细化，使博物馆建筑、藏品保护收藏政策，环境、公共计划以及各种工作人员的行为，都有各自的道德规范，为中国的博物馆伦理学研究开辟出很多新的领域。

通览全书，可以看到四个特点：一是作者站在伦理学思想史的高度，充分吸收世界博物馆职业道德研究的前沿成果，阐释博物馆职业道德诸问题，理论性和广阔的学术视野构成了该书的一个特色。二是作者的阐述鞭辟入里，理论感觉敏锐，并善于在思辨活动中适时地拓展博物馆道德理论的新空间。在阐述一个问题的同时，又链接出一组相关的提问，把读者引入更深、更广泛的思索中。三是这部博物馆职业道德理论的论述中有许多文字绿洲，读起来引人入胜。四是图文并茂，书中插入大量图片，让读者在欣赏优美文字的同时，还能看到作者精心选择的图片。

《当代美国博物馆》，段勇著，科学出版社，2003年，165页，16开。

该书是作者对美国100余家博物馆进行实地考察后的研究性论著。书中对美国博物馆的管理阶层、各部门机构、业务流程以及社会环境等方面作了细致的调研，并进行了深入的分析，对于中国博物馆的建设和发展具有参考和借鉴作用。

该书不是关于美国博物馆一般情况的介绍，也不是通常的考察报告，而是一份建立在实践基础上的研究成果，是中华人民共和国成立以来我国博物馆界不多见的剖析发达国家博物馆的成功尝试。该书有助于中国博物馆界从更广泛的领域和视角吸收不同经济、社会和文化背景下的博物馆理论及时间经验，为构建具有中国特色的博物馆服务。

《博物馆管理百科全书》（附光盘），谢翔主编，学苑出版社，2003年，三卷，1506页，16开。

该书是目前我国博物馆管理方面的一本大型工具书，内容包括博物馆管理工作的各个方面：博物馆管理概论、博物馆管理专业工作、博物馆信息化管理、博物馆文物鉴定、博物馆文物保护、文物修复、博物馆法规与行业标准等，内容丰富，贴近实际，是一部非常实用的博物馆管理书籍。

《中国博物馆》（人文中国书系），黎先耀、罗哲文著，五洲传播出版社，2004年初版，2010年再版，彩色图文200页，16开。

该书作者用通俗流畅的论述，带领读者认识、了解并走进各种博物馆，观看博物馆这部立体的“百科全书”。书中介绍的博物馆，很多是全国重点文物保护单位和被联合国教科文组织列入世界文化遗产名录的遗产地。在作者娓娓道来的解说中，读者可以了解博物馆的发展历史，了解作为立体的“百科全书”所起的作用。

西方的博物馆滥觞于希腊化时代的“缪斯庙”，亚历山大的缪斯庙。中国的博物馆起源于古代皇家收藏，也是综合性的，人称“博物君子”。1905年张謇创办了中国人自己建立的第一家现代博物馆南通博物苑，从此中国博物馆得到了长足的发展，之后出现了群众性的博物馆学术组织——中国博物馆协会，使中国博物馆的建设发展建立在理论发展的高度。改革开放以来，中国博物馆的数量、种类、规模和质量都得到了突飞猛进的发展，初步建立起独特的中国博物馆体系。

《中国博物馆史论》（故宫博物院学术文库），吕济民著，紫禁城出版社，2004年，294页，16开。

全书从博物馆学的理论深度出发，回顾了一个世纪中国博物馆走过的道路，深入探讨了21世纪中国博物馆发展的方向和应该采取的发展策略。特别是作者通过许多亲身经历的中国博物馆界发生的重大历史事件、接触到的历史人物，生动、真实地对中国博物馆事业发展的历程作了全面细致的介绍、揭示和回顾。该书收录了作者的代表性论文《中国博物馆历史发展概貌》《中国博物馆事业100年》《中国博物馆的性质和任务》《博物馆的管理科学》等，是一本将作者讲义文章和数十年对博物馆之思考进行集萃的一个论集，其中不乏闪光的观点和逸闻史事。

该书作者吕济民先生是中国博物馆事业的管理者，对中国博物馆学基础理论的奠定、博物馆管理科学的实践、博物馆改革和发展等方面都做出过重大贡献，是我国当代著名的博物馆学家。该书包括中国博物馆历史发展、博物馆学理论、历史人物与中国博物馆、世界博物馆发展等四个方面的内容，涉及中国博物馆发展历史、博物馆改革与管理、博物馆与社会发展、博物馆与国际接轨等理论性著作以及部分与博物馆有关的历史人物的介绍、世界博物馆的演变和发展史实等。

《甄朔南博物馆学文集》，甄朔南著，中国大百科全书出版社，2004年，320页，32开。

该书收入作者在不同时期、不同报刊上发表的文章70多篇，包括博物馆学的理论与务实、博物馆学术活动的评述、对国际博物馆协会的认识以及参观国外博物馆的观感、对发展我国博物馆事业有特殊贡献的科学家的传记等。

全书内容丰富、观点鲜明，文笔精炼，是一位博物馆学专家在半个世纪的博物馆生涯中，对博物馆各种问题深思的记录，折射出博物馆事业的发展与困惑。书中阐述的思想观念、博物馆学理论、国外先进博物馆的实践经验，为吸收和借鉴国外博物馆研究的成果，研究中国博物馆，特别是为自然科学博物馆的发展史提供了重要参考。

《博物馆社会服务功能研究》，郝国胜、黄琛著，知识出版社，2005年，183页，32开。

该书以国家博物馆为重点，以博物馆观众研究为主线，以问卷调研和统计分析为主要手段，探讨博物馆展览、博物馆功能等服务内容的社会需求和适应性，发现了一些有趣的现象，得出了一些有启发性的见解，找到了博物馆提高社会服务能力的关键和薄弱环节，是完善博物馆定位和功能的基础性研究。

该书分为八章：对中国国家博物馆观众的调研；对我国博物馆服务体系的调研与分析；展览的推广效应；转换思路服务大众；志愿者工作大有可为等。作者根据近万份观众问卷调查及对1998～2004年国家博物馆举办的各个专题展览内容及参观人员构成情况进行分析，完成了《中国博物馆观众调研报告》的撰写工作，并以报告形成此书。内容主要分为两个部分：第一部分为调研报告；第二部分是课题研究中取得的阶段性成果和撰写的相关文章。

这部著作是中国国家博物馆专业人员和北京师范大学心理学院的专家合作的成果，是博物馆学和现代心理学两个专业理论联系实际的产物，书中对观众调查数量之大、层次之多、涵盖面之广、调查内容之细、专业化程度之高，在博物馆学研究中是不多见的。课题的问卷设计比较全面科学，而中国国家博物馆观众具有其他博物馆无法替代的特殊性，课题为中国国家博物馆和我国博物馆改善展览和服务积累了十分宝贵的原始资料。如果能够将调查研究持续长期地开展下去，形成一套可以开展历史分析和长时期比较研究的观众行为、态度等方面的珍贵资料，必将对我国博物馆观众和社会服务工作及博物馆学研究产生更加积极的推动作用。

《文博丛谈》，马自树著，紫禁城出版社，2005年，495页，32开。

该书收录马自树先生发表的百余篇文章，文章选材范围广，感性与理性交融。所有文章密切关注现实，文中论述和关注的多是社会热点、难点、焦点的综合考察，例如在《科学论证要尊重科学》一文里，针对四川有关部门2000年在距离都江堰6千米处修建紫坪铺水库而造成申报“世界自然遗产”资格被取消的后果，作者批评开出“通行证”的所谓专家“论证”实际是“伪证”，是某种利益驱使的产物。

这本文集的特点是短小、新鲜、实在、广博。

“短小”是指文章短小精悍，多数为千字文，如《博物馆与观众》一文，用数百字诠释了一位法国学者道出的一个严肃而深刻的话题：去博物馆“这是义务，不一定是乐趣”。

“新鲜”是说这批文章均是较新的作品。所说、所议贴近时代脉搏，是眼前的新情况、新问题、新经验，特别是那些紧扣当前党和国家大政方针，联系文博工作实际的论述，如《科学发展观与文博业》《节约型社会与文物保护》《西部大开发中文物保护工作值得注意的几个问题》等都是正在学习、研究、贯彻的重大课题，起到了引导、启迪的作用。有的如《谈谈出土文物移交问题》《关于国营文物商店改革问题》等，也是大家关心、议论的老话题，虽然老话重提，但提出了新的思路和见解。

“实在”是说言之有物，言有所指，直截了当，不空泛，不虚浮。许多议论，如作者所说，是本能的反映，这种本能的反映，源于高度的事业心和责任感，有了这样的事业心和责任感，才能做到直言不讳，棱角分明，它是作者职业品格的表露。

“广博”是指书中的内容遍及文物、博物馆两个领域的管理、保护、征集、收藏、展示、研究、交流、经营、人物等方面。还有一些文史方面论文如《依违蒙垢，保全善类的李东阳》《孔明两表无人读，德寿宫中写洛神》《甲申三百六十年纪念》等，史料丰富、耐人寻味，反映了作者的学术素养和研究功力。因为覆盖广、议题多，给读者的知识元素和信息含量也非常丰富。这个文集既是普及文博知识的好教材，也是加强文博管理的好参考。

《当代西方博物馆发展态势研究》，杨玲、潘守永主编，学苑出版社，2005年，230页，16开。

该书是北京市文物局“当代西方博物馆发展态势研究”课题研究的最终成果，也是北京艺术博物馆和中央民族大学等专家、学者共同合作的结晶。

该书从宏观上揭示了当代西方博物馆的发展新动向，全书共分十章，除了详细回顾西方社会和博物馆发展的历史之外，还着重论述20世纪90年代以来各种类型博物馆的新特点、延伸功能和21世纪发展的趋向，包括大学博物馆、科技博物馆等，并辅以典型博物馆实例，同时引经据典，用大量事实向读者展现出西方博物馆的以人为本、用文化产业经营理念运作、传播广博知识的独特魅力。在个案分析中可以看到，多数博物馆都是作者曾经亲自前往体验，并将自己真实感受和读者分享的，加上生动形象的图片，更让人有身临其境之感。

书中重点介绍了现代博物馆在西方发生、发展的历史脉搏；分析了当代博物馆的类型、功能及新特点；论述了西方艺术类、人类学类、科学类、大学类、儿童类五类博物馆的发展态势、面临的困难和挑战；阐述了西方博物馆在资金来源、经营管理、教育与服务、信息化与标准化方面的经验和问题。读者不仅可以从宏观上认识当代西方博物馆的发展动向，而且可以从总体上研究产生这些变化的深层次原因包括历史和现实因素，对于我国博物馆未来的建设和管理无疑有极其重要的对比意义和借鉴价值。

《博物馆与当代社会若干问题的研究》，吕建昌著，上海辞书出版社，2005年，317页，32开。

该书是作者对博物馆与当代社会若干问题研究的最新成果汇编。书中对我国博物馆发展中面临的一些新问题，作了较深入而系统的研究。全书分五章，每一章讨论一个重大问题，其中又包括若干小问题。每一章内容都是独立的。这五章分别是：博物馆与市场经济、博物馆与无形文化遗产、博物馆与旅游业、博物馆与社区建设、博物馆的信息化建设。

《理解与诠释：观众与博物馆学习研究》（史物丛刊51），吴国淳著，（台）历史博物馆，2005年，211页，32开。

博物馆经验之“诠释与理解”是一个不断沟通及交换意义的过程和循环，尤其对于具有历史意义的文物而言，现代人看历史而后将其意义传达给现代及以后的人看，其中涉及四个最主要的概念，包括：历史、诠释、意义、理解。文明应该遵循怎样的规则或方法来进行这些复杂的研究工作，并且还要考量观众的学习。该书基于博物馆所发现的问题进行省思，以期对博物馆学习研究的重要课题获得系统的了解。

该书的目的是探讨如何研究观众在博物馆中所进行的学习，此主题涉及博物馆学习研究方法论及本体论两个范畴。第一章探讨与博物馆学发展相关的人文社会科学研究传统与转向，以说明该书研究问题背景，其目的在于铺陈该书研究主题的探讨方向。第二章系统探讨观众与博物馆学习的主要研究取向，以深入了解并探讨博物馆观众学习特质、影响因素及其研究假设与方法。第三章从诠释学的观点探讨观众与博物馆学习研究的意义结构。第四章以作者过去为印证理论所发展的若干学习活动设计为例，说明博物馆学习理论必须具备实践意义，间接说明博物馆学术研究性格。第五章是根据该书主旨及各章研究发现之意义综论。

《民族博物馆学教程》，石建中编著，中央民族大学出版社，2006年，382页，32开。

该书是民族博物馆学教材。全书分十一章介绍了民族博物馆学的对象与任务、民族博物馆的类型、民族文物与民族文物的鉴定、民族文物的搜集与整理以及民族博物馆的文物保管工作、陈列工作、科学研究、群众教育、科学管理。

民族博物馆学是一门研究民族博物馆基础理论、工作方法、技术及管理的学科，研究范围是：①研究我国民族博物馆事业的发展历史，探索博物馆事业在不同社会发展阶段的不同性质、作用、形式、特点和发展规律，以便开阔视野，有所借鉴；②研究民族博物馆建设的基本原理，探索民族博物馆的性质、方针、任务、方法和发展方向，研究民族博物馆的分类和各类民族博物馆的特点；③研究民族博物馆的文物鉴定、收集整理、保管修复、陈列展览、科学研究、宣传教育以及文物摄影等工作的原则和方法；④研究民族博物馆的建筑设施、科学管理、职业特点和道德规范等有关问题。

民族博物馆学课程，要完全根植于少数民族博物馆的实践活动之中，完全从我国民族博物馆实践中来提炼和发展我国的民族博物馆学的理论，建立具有中国特色的民族博物馆学，目前条件还不很成熟。

该书是作者几十年教学经验和感受的总结，其中有关民族博物馆建设建设的思想对我们现在博物馆的教学与西北博物馆的管理与建设也很有建设性的指导意义。

《博物馆的沉思》（苏东海论文选卷二），苏东海著，文物出版社，2006年，575页，32开。

该书中收入苏东海先生的126篇论述，分为基础研究、发展研究、应用研究、历史研究、生态博物馆及国际对话与通信六部分。作者认为，研究博物馆不能不研究它存在的社会条件，不关注社会，不把博物馆研究放在社会之中，是不实际的。因而该书论文中历史分析和现实分析占较大篇幅。同时，在书中对博物馆是什么，博物馆文化个性是什么，如何提高博物馆文化个性的作用力等问题做了深入研究。

书中强调，20世纪90年代，我国博物馆的国际交往增多了，引进外国博物馆特别是西方博物馆经验的先进部分，对我们是必要的、迫切的。但文化引进是一个很大很深的问题。西方博物馆文化不是铁板一块，有着很大的差异性。西方博物馆文化也不是静止不动，它受着各种思潮的影响，有的新想法、新做法有价值，有的则是泡沫。

作者在自序中说：“进入新世纪，我的研究工作开始向博物馆的情感方面延伸。博物馆的情感领域比知识领域大得多，美妙得多。博物馆的魅力因之会更强烈地释放出来。”本卷收入作者关于引进的历史经验、对西方博物馆的观察以及理性引进等多篇论文。

《数字博物馆资源建设规范与方法》（人文艺术类）（中国大学数字博物馆丛书），陈红京、吴勤旻著，上海科学技术出版社，2006年，228页，16开。

2001年教育部《面向21世纪教育振兴行动计划》“现代远程教育工程”专门设立了“现代远程教育网上公共资源建设——大学数字博物馆建设工程”项目，以中国大学实体博物馆丰富的馆藏资源为基础，以资源系统整合与共享为主线，以信息化技术为手段，坚持以人为本，搭建一个具有系统性、先进性、可持续性的中国大学数字博物馆，为大学教学、科研以及全民素质教育提供强有力的支撑。

目前，全国已有多所高等院校建设了各具特色的大学数字博物馆。为了深化“大学数字博物馆工程”项目，教育部拨款为关键技术研究立项，支持6所重点大学的多学科教授组成的核心专家组成员总结经验，开发工具，为该项建设事业提供理论和技术支持。该书就是该研究项目之一，是“中国大学数字博物馆丛书”的第2册。书中分规范篇和方法篇，论述了人文艺术类博物馆藏品信息指标著录规范及指标项说明、选择性指标问题以及具体的使用方法。全书分为“规范篇”和“方法篇”两部分，共计12章。综合性地介绍了大学人文艺术类博物馆藏品信息指标著录规范，提供了规范的采集指标体系；详细介绍了博物馆藏品信息采集与管理系统软件的设置原理和操作使用方法。书中内容和案例为国内人文艺术类博物馆界的数字化建设提供了值得借鉴的思路和方法，适合博物馆和文物保护科研机构专业人员、大专院校博物馆专业师生和爱好数字博物馆人员阅读。

《博物馆战略与市场营销》（北京市文物局当代博物馆学前沿译丛），〔美〕尼尔·科特勒、菲利普·科特勒著，北京燕山出版社，2006年，386页，16开。

该书由美国史密森基金会的专家尼尔·科特勒和美国市场营销专家菲利普·科特勒合著，是美国第一部也是唯一的一部介绍博物馆战略规则和市场营销的指南性书籍，在西方有很高声誉。作者尼尔·科特勒是史密森机构的项目专家，菲利普·科特勒是世界市场营销研究的权威专家之一。该书英文版是1998年出版的，北京市文物局组织编译的“当代博物馆学前沿译丛”2006年推出，首批选择该书作为翻译对象。

该书第一部分题为面向21世纪的博物馆（一章、二章）探索了21世纪到来时博物馆所面临的机遇和挑战。第二部分题为博物馆的战略规划（三章、四章、五章），提供了贯穿该书始终的博物馆规划和市场营销框架。第三部分题为博物馆发展的战略与工具（六章～十二章），介绍了将营销知识转变为可以使用的专门的策略、工具。最后一部分是结论，总结了该书中提到的发现和建议。

该书对博物馆提出了四种类型的划分方式：传统的以藏品为中心的博物馆；修正的传统博物馆；以社区为中心的博物馆和以讲故事、体验为中心的博物馆。在揭示了不同博物馆的使命的同时，作者解释了使命、观众、资金之间的战略关系。这部书是应用性的书，所以案例的大量介绍在各个章节里面穿插，为我们了解西方博物馆开展营销的实践提供了很好的素材。

《20世纪中国学术大典：考古学、博物馆学》，李学勤主编，福建教育出版社，2007年，185页，16开。

该书对20世纪中国的考古学、博物馆学学科的发展历程和研究状况进行了全面梳理，以条目的形式阐述这两个学科的方方面面，为读者了解考古学、博物馆学的学术状况提供了全面、可靠的文本，是一部大型、实用的考古学、博物馆学工具书。

《20世纪中国学术大典》（简称《大典》）有别于百科全书、学术史和学术年鉴。《大典》以百科辞书的体例，构成一部独特的学术“世纪鉴”，实为一种崭新的探索。这一探索本身虽然不是学术研究，而是学术总结，但必须保持高尚的学术品位；必须尊重历史，推进科学发展，传播真知，批判伪科学和谬误。为避免门户之见，《大典》对涉及各学科、流派之间的争论，只要有学术创新，均兼收并蓄。

该书条目按学科研究与专题研究、学术事件、学术人物、学术名著名篇、学术机构团体和学术期刊等类别分类编排，形成系统的分类目录。

《中国大学博物馆志》（中国大学数字博物馆丛书），大学博物馆志编写组编著，徐士进、陈红京整理，上海科学技术出版社，2007年，201页，16开。

该书是国家教育部重大科研项目——中国大学数字博物馆共享平台与规范标准研究项目成果的重要组成部分，是“中国大学数字博物馆丛书”中的第7册。全书内容分为人文艺术类、地球科学类、生命科学类、工程科技类、医药科学类和综合类六大部分，对我国百余所大学博物馆或类似设施的现状、馆藏特点以及开展活动的情况作了详细介绍。

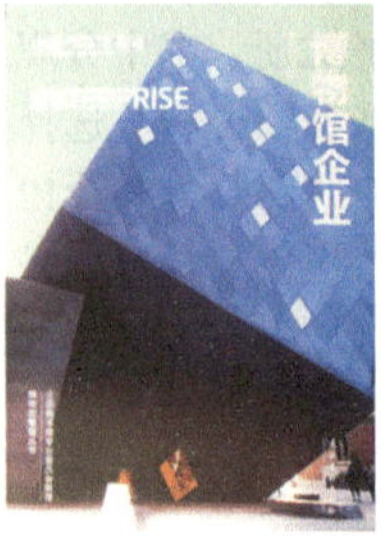

《博物馆企业》（博物馆管理丛书），黄光男著，台湾艺术家出版社，2007年，16开；文化艺术出版社，2011年，192页，16开。

该书以企业的角度来审视非营利的博物馆事业。作者引导博物馆人重新看待事物的基点，进而提醒文博工作者，在担负保存、展示、教育、沟通的使命中，应以更积极的态势，提高服务质量，重视工作团队，创造展示空间的迷人语汇、布置充满令人惊艳又富教育意义的文化商店，让走进博物馆的观众得到自己想要的。

该书引导博物馆人重新去看待事物的基点，进而提醒博物馆工作者，在担负保存、展示、教育、沟通的使命中，应以更积极的态势，提高服务品质，重视工作团队，创造展示空间的迷人语汇，布置令人惊艳又富教育意义的文化商店。

该书内容共分三大部分：博物馆与企划人才、博物馆与文化观光、博物馆与媒体。全书引领读者游刃于理论与实务之间，将刻板印象中“老”的博物馆，注入了企业活力、商场思考，善用管理、品牌经营、当代科技、媒体等。内容基调着重在文化的大视野，以及信手拈来的博物馆行政实务珍贵经验中，交互穿插，并引用美学、哲学、管理学、营销与博物馆学的智慧语，极度流畅的大量文字，附以精彩图片。

《数字博物馆概论》（中国大学数字博物馆丛书），徐士进、陈红京、董少春著，上海科学技术出版社，2007年，115页，16开。

该书是国家教育部重大科研项目——中国大学数字博物馆共享平台与规范标准研究项目成果的重要组成部分，是中国大学数字博物馆丛书中的第1册，在丛书中起导论作用。

该书共计十二章。综合性地介绍了数字博物馆的概念、分类、特点、主要功能、研究现状，以及数字博物馆在信息社会中的地位和作用，详细介绍了建设数字博物馆的背景、内容、体系结构和关键技术、藏品检索功能的设置原理、数字博物馆人才培养、数字博物馆原型系统——大学数字博物馆。

《展览论——博物馆展览的21个问题》（北京市文物局当代博物馆学前沿译丛），〔美〕玛格丽特·霍尔著，北京燕山出版社，2007年，400页，16开。

博物馆是公益性文化场所，如果观众能主动地、经常地走进博物馆，博物馆才真正发挥了社会功能。因此，在博物馆建设方兴未艾时，必须进一步加强博物馆理论的研究，以指导博物馆实践。北京市文物局精选了一批当今欧美地区博物馆学理论和实践方面的前沿之作，翻译介绍给国内读者。《展览论——博物馆展览的21个问题》就是其中一本。

该书作者玛格丽特·霍尔是全球著名的设计师，她负责大英博物馆的固定陈列和临时展览。1972年，她设计了第一个“图特卡蒙珍宝”展，曾经轰动一时，该书浓缩了作者20多年的工作经验，将成为博物馆工作者的基本读物。

该书指出，博物馆的根本目的是为后人收集和保存实物物品。然而，对于大多数人来说，博物馆只是娱乐或欣赏奇观的场所，因此，博物馆担负着展示和解释所藏物品的任务。曾经一个时期，展品被成组地排列在红褐色展柜中，而手写说明牌内容简单，甚至语焉不详。这就需要设计师进入博物馆工作。开始时，设计师负责所有的工作：在参观实物展品之前，必须阅读文字说明，观看各种活动模型和重建模型等。

该书告诉读者如何实现设计师和博物馆馆长之间的平衡与协调。书中用事实讲述了设计师与博物馆馆长、编辑、门卫、保管员和管理人员协同作业，以形成一个对博物馆藏品的印象。他们的技巧在于恰当地展示这些藏品。实际上，技巧是对设计师的基本要求，因为他们不仅需要有最独特的想象，还要控制学者最疯狂的想象。例如，当说明牌只能容下150个字的时候，有的学者或许打算撰写500字的信息。

《博物馆环境》（原书第二版），〔英〕加瑞·汤姆森著，国家文物局博物馆司、甘肃省文物局译，科学出版社，2007年，225页，16开。

随着博物馆事业的快速发展，博物馆藏品的保护和陈列中不可避免地出现了大量的问题，在彻底认清变化机理并提出解决办法前，建立预防性的保护体系就显得尤为重要。以此为目的，该书前三章论述了博物馆中光、湿度和空气污染对藏品造成的损害以及预防措施，并通过列举大量的实际案例，深入浅出地讲解了博物馆学中庞杂的理论，解释了各种仪器和系统的操作和维护方法，有很强的可操作性，可作为博物馆保护人员和管理人员的参考书。后三章依据对博物馆中光、湿度和空气污染研究的大量文献，进一步论述了最新的研究进展。

监控博物馆藏品保存环境是实现藏品安全和长久保存的主要途径。2001年，国家文物局博物馆司与甘肃省文物局启动了“甘肃省博物馆标准化与博物馆信息化建设”纲要的编写工作，并于2003年基本完成了“博物馆藏品保存环境标准”草稿的制定工作。借鉴国外成熟的研究成果，以普及和提高中国博物馆藏品预防性保护的知识和水平，快速推动博物馆藏品的预防性保护工作。

国家文物局博物馆司与甘肃省文物局为了普及博物馆藏品预防性保护知识，组织了《博物馆环境》与《博物馆藏品保护与展览》翻译出版，该书将成为博物馆工作者的基本读物和日常工作手册。

《论民族博物馆建设》，中国民族博物馆编，民族出版社，2007年，368页，32开。

该书是关于中国民族博物馆的文集，收录了与民族博物馆相关的36篇文章，内容涉及民族博物馆发展、民族博物馆与民族文化遗产保护、博物馆展示服务、民族文物征集管理以及生态博物馆等诸多方面。

民族博物馆是宣传民族文化、弘扬民族精神、传承民族文明的重要窗口，在丰富人民群众精神文化生活、构建社会主义和谐社会等方面具有独特的优势。民族博物馆的迅速发展，要求民族博物馆工作者总结经验，加强相关基础理论研究。在这方面，作了许多有益的探索，由中国民族博物馆编辑的这本《论民族博物馆建设》集中反映了这方面的研究成果。

《面向未来的博物馆——欧洲的新视野》（北京市文物局当代博物馆学前沿译丛），〔英〕罗杰·迈尔斯、劳拉·扎瓦拉著，北京燕山出版社，2007年，247页，16开。

该书是北京市文物局组织编译的博物馆学前沿学术著作之一，是一本重新思考博物馆历史、现状和未来发展的思想性著作，其目的是促使整个博物馆界（乃至知识界）对博物馆的未来发展进行全面的反思。因此，它既是了解当代西方博物馆发展状况的书籍，也是一本反映博物馆知识史、思想史的著作，对了解欧洲博物馆学的最近进展、探索博物馆的未来发展，都有重要的参考价值。

该书是欧洲博物馆界在21世纪的前夜共同展望博物馆未来的著作。书中集合了当今欧洲（以及少数美洲）博物馆学以及博物馆管理高层的18位专家所撰写的13篇论文和1篇说明性的导言。13篇论文的主题涵盖了欧洲博物馆建筑、博物馆身份认同、欧洲科学中心运动、巡回展览、科学展览、儿童展览、博物馆展览修辞、博物馆教育、观众研究（博物馆中的家庭观众）、博物馆传播与文化遗产等方面。这些讨论从理论或实践角度，或是作个案研究，或是一般性论述，或是回顾历史，或是展望未来，但一个中心的内容就是博物馆如何在未来发挥自己的作用和角色。

这些也是中国博物馆发展所面临的重要课题，面对日新月异的博物馆事业，我们在工作中所缺乏的就是博物馆学科理论对具体工作的指导，缺乏对相关学科与博物馆学关系的认知。因此，有必要借鉴他人，在实践中探索中国特色的博物馆学理论，已经成为大家的共识。

作为当代博物馆学研究的大本营之一，欧洲有最好的博物馆学信息中心（设立在巴黎的联合国教科文组织总部）以及权威的博物馆学家群体。英国的莱斯特大学设有博物馆学博士学位。因此，阅读当代欧洲博物馆同行的著作对了解欧洲博物馆的发展状况、了解博物馆学的前沿动向等，都十分有益。

《博物馆管理手册》（北京市文物局当代博物馆学前沿译丛），〔加〕盖尔·洛德、拜伦·洛德著，北京燕山出版社，2007年，32开。

该书作者是研究博物馆规划与管理的专家。据介绍，该书雏形是作者为安大略博物馆学会所编写的培训教材，经过不断丰富和完善，最终形成一本专著。

该书是加拿大洛德博物馆及文化规划管理公司盖尔·洛德和拜伦·洛德夫妇合著的关于博物馆管理方面的、非常实用的操作手册，书中对博物馆管理的理论探讨和实际操作方面都有非常具体的介绍，对指导当前博物馆发展中遇到的许多具体问题有很好的指导意义。

该书三个部分内容分别对博物馆管理的目的、博物馆的组织结构和博物馆的管理方法进行了系统论述。在第一部分，作者运用管理学的研究方法，对博物馆管理的目的、作用进行了定义，提出了博物馆管理工作的评估标准。在第二部分，作者对博物馆的管理模式和组织结构进行了阐述，对博物馆的部门性质和岗位职责进行了系统划分。需要说明的是，国外博物馆的管理模式与国内相比存在较大差别，其内部组织结构也有一些不同，但作为对比参照之物，可以给我们提供一些有用的启示，特别是其典型的“藏品—活动—行政”的部门划分体系，在我国一些现代博物馆中已经越来越多地得到体现。该书的第三部分是全书的重点，对博物馆行政管理、藏品管理、公众活动管理（或称为社教活动管理）、场馆管理和财政管理的内容和方法进行了非常全面和详细的论述。

该书还收录了12份关于英国泰特艺术馆、美国福地博物馆、悉尼动力博物馆、伦敦维多利亚和阿尔伯特博物馆、芝加哥艺术学院等单位的个案研究，从不同角度展示了他们在博物馆管理方法上的变革和创新。令人欣喜的是，在国内一些博物馆，我们已经能够看到这些变革和创新，这说明国内博物馆的管理理念和方式已经越来越与国际接轨，这是一个非常好的现象。

《美术博物馆学导论》（普通高等教育国家级重点教材）（中国艺术教育大系：美术卷），曹意强主编，中国美术学院出版社，2008年，170页，16开。

该书简述了美术博物馆的特性、组织、制度与功能，介绍了美术博物馆的历史与主要文献，论述了美术博物馆与其他类型的博物馆的关系。

该书分六章十六节分别论述了美术博物馆与新旧博物馆学、美术博物馆的对象与历史、美术博物馆的组织与制度、美术博物馆的功能、博物馆与传统艺术、美术博物馆与当代艺术。附录一是世界主要美术馆简介，附录二是国际博物馆协会及相关活动。

该书的宗旨主要有三点，其一是传授美术博物馆学的基础知识，对其历史与性质作初步说明；其二是阐述艺术及美术博物馆研究的主要学术问题；其三是展示美术博物馆研究的学术状况。作为一部教材，该书每章后面都有课堂讨论和思考题，有的章节后面还给出了注释。插图丰富，字词简练、视角独特，是一本知识性全面的教材，也是一本难得的教材参考书。

《21世纪博物馆——概念·项目·建筑》，〔德〕格鲁伯等编，大连理工大学出版社，2008年，212页，16开。

随着博物馆事业的繁荣，博物馆不断增多。人们在对旧的博物馆进行改扩建并使之旧貌换新颜的同时，也在不断建造新的博物馆。《21世纪博物馆——概念·项目·建筑》在本质上与1999年出版的《新千年的博物馆：概念·项目·建筑》具有同样的国际品位。

20世纪70年代开始，当代博物馆建筑开始流行。除了博物馆人强调的博物馆传统的收集、保存和教育功能外，博物馆被建筑设计师们增加多种功能：它们变成了集会和活动地点，为城镇或整个区域提供带有自己目的的平台，也同样作为城市在全球化的环境中所特有的地标。博物馆单纯地作为保存艺术作品场所的时代已经过去了。

该书选取了2000～2010年亚、欧、澳、美四大洲卓越的、面向未来的博物馆建筑，插图非常精美。既有效果图，也有示意图，还有建成之后的照片。沃纳·奥克斯林（Werner Oechslin）博士写的《当代建筑之博物馆篇》列在开篇之首，作者用四个小标题（1. 当今的大教堂；2. 这是一个人人都收藏的时代；3. 文化健康与博物馆；4. 城市的象征）为我们梳理了19世纪以来世界上有关博物馆建筑的种种议论，并且加上了沃纳·奥克斯林博士的见解。蒂埃里·克尔巴（Thierry Greub）博士写的《对21世纪初博物馆建筑的反思》中，对英国、法国、德国、意大利、西班牙、美国、希腊一些新的博物馆建筑进行了概括，提出新世纪博物馆建筑设计呈现了五种趋势（①古典朴素；②新颖透明；③新的使命；④新的象征主义；⑤新的人体参照物）。还有四篇独创性的文章回顾了日本、澳大利亚、欧洲和美国的博物馆建筑史。该书通过近距离观看26座建成的博物馆建筑或目前在建博物馆的建筑方案，对当前的博物馆建筑进行了广泛研究，无论是从事博物馆建筑设计还是研究外国博物馆史，都非常有益。

《博物馆数字资源的管理与展示》（中国大学数字博物馆丛书），齐越、沈旭昆著，上海科学技术出版社，2008年，141页，16开。

该书为“中国大学数字博物馆丛书”的第6册，主要从博物馆数字资源的管理与展示的角度，展示了大学数字博物馆共享平台与规范标准研究的主要成果，它将阐释如何对作为大学数字博物馆基础的数字资源进行科学规范管理和统一协同却富有个性的展示。可供博物馆和文物保护科研机构专业工作者、大专院校博物馆专业师生阅读，也可供关注数字博物馆建设的社会各界人士参考阅读。

“中国大学数字博物馆丛书”是国家教育部重大科研项目——大学数字博物馆共享平台与规范标准研究项目成果的重要组成部分。该书是该丛书中的第6册，共计六章，主要从博物馆数字资源的管理与展示的角度，展示了大学数字博物馆共享平台与规范标准研究的主要成果，它将阐释如何对作为大学数字博物馆基础的数字资源进行科学规范管理和统一协同却富有个性的展示。

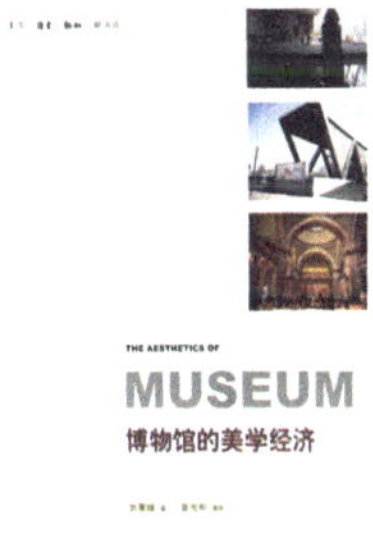

《博物馆的美学经济》，刘惠媛著，章光和摄影，生活·读书·新知三联书店，2008年，32开。

作为博物馆人，如何介绍一座博物馆，如何介绍一个展览？美学及其营销不仅是博物馆展览最为核心的业务内容，也贯穿了全书的始终。

博物馆的礼品店一直是人们喜爱的场所，也是博物馆重要的经济来源。就教育性和趣味性而言，这些纪念品也有助于美的教育，让人们在博物馆的经验更多元丰富。各博物馆都希望增加与观众沟通的机会，延长观众停留时间。目前已经有许多大博物馆，对于前来购物的观众不收费。

21世纪的建筑师，对于观众的“参观”和“消费”行为均用心观察与研究，以期能更有效地规划出舒适合宜的动线。他们通常会把光洁明亮的礼品店，开设在大门入口或临近大街的一楼，把橱窗设计在最容易被看见的地方。而把精致的咖啡馆或餐厅，开设在中庭或花园角落，以便观众休憩。例如美国大都会艺术博物馆首开风气之先，除了在馆内设有多家礼品店外，还在纽约的高级百货公司设有专柜。故宫博物院也顺应新趋势，将礼品店设计规划为重要的入口，还计划增建餐厅。

首先，该书在内容写作与编排上具有极强的介绍性与服务性。作者在介绍中穿插讲述博物馆学的前沿话题，或者是一个很深刻的艺术或者美学问题，带着女性的细腻，很艺术、很深入地表达出来。还有书中提到一些大博物馆的馆长就是CEO，甚至是比CEO还要复杂的职务并进行解释和探讨，其中也涉及博物馆管理与运行方面的实质性问题。

其次，书中有很多经验和案例。在介绍中既可见博物馆空间与环境的质感，又包括镇馆之宝这样的具体的展品、藏品介绍，甚至包括观众与各界的反响等。在这一本小册子里，就可以体会到其内容之丰富。而且所谓的介绍绝对不是平铺直叙流水账，而是有意将走进博物馆里司空见惯的现象归纳为理论背景下的案例，让参观者能够领会和理解如此这般的深层意义，这样，无论是对于一个普通的参观者，还是博物馆的运营者，均可以从中获得自己需要的——对于普通的读者，这是一种有深度的广泛时空中的美学旅行；对于博物馆业内人士，则不乏可以直接借鉴的经验与做法。

《新博物馆理论与实践导论》，〔美〕珍妮特·马斯汀编著，钱春霞等译，江苏美术出版社，2008年，389页，16开。

该书收录十二篇论文，集中研究各种博物馆实践的理念与主张。论文作者既有博物馆馆长、档案学家、学者，又有教师和收藏家，研究对象包括泰德博物馆、史密森尼博物馆、体验音乐计划博物馆等众多著名博物馆，从各个层次进行博物馆研究，范围涉及该领域各个热门话题。该书包括编者导言、问题讨论以及完整的参考书目，适合艺术史、绘画艺术以及博物馆学专业的本科生和研究生阅读。

纽约大学教授弗洛拉·爱德维·S.卡普兰（Flora Edouwaye S.Kaplan）评价说该书“将主流博物馆理论的概述性视点与实际性的思考问题相结合，提供了一种全新的博物馆学教学法”。莱斯特大学博物馆研究所所长爱琳·胡柏-格林希尔（Eilean Hooper-Greernhill）认为这是“一本给博物馆学专业学生的优秀教材。同时也为具有相当判断力的博物馆参观者提供了一套颇具创造性且行之有效的分析工具。对于那些有志于博物馆学的专业人士来说，该书也可提供必要的指导”。

《小黄侗族民俗——博物馆在非物质文化遗产保护中的理论研究与实践》，张力军、肖克之编，中国农业出版社，2008年，242页，32开。

该书由两部分组成：一是文化部的课题，即对贵州从江小黄侗族非物质文化遗产的调查，图文并茂地记录了小黄侗族地区的自然与人文环境、历史沿革、农业生产及工具、建筑与民居、交通与运输工具、婚姻与家庭等；二为博物馆研究课题，论述了博物馆在非物质农业遗产保护工作中的技术与传承手段。

该书主要讨论了博物馆中非物质农业遗产的保护技术与传承手段问题，分别就九个方面进行专题研究：①研究的目的与意义；②国内外相关研究概况；③非物质农业遗产的基本内容；④非物质农业遗产保护的基本原则；⑤开展非物质农业遗产保护工作的侧重点；⑥非物质农业遗产的普查研究重点；⑦以物质的形态保护非物质农业遗产；⑧在动态中传承保护、合理利用非物质文化农业遗产；⑨非物质农业遗产保护和传承中要注意的几个问题。

博物馆参与并推动非物质文化遗产保护，从一些国家所取得的经验上看是一条十分有效的保护途径。我国非物质文化遗产保护在多年前就曾引起博物馆界的高度关注，2002年在上海召开的国际博物馆协会第七届亚太地区会议的主题是“无形文化遗产与博物馆”；2004年国际博物馆日的主题为“博物馆与无形遗产”，同期在北京召开的“国际博物馆馆长论坛”其主旨依然围绕无形文化遗产与博物馆。博物馆界对非物质文化遗产的问题一直在研究，努力探讨博物馆与非物质文化遗产之间的关系以及参与保护工作的途径和方法。

《丰盈与永恒——与欧洲博物馆的艺术邂逅》（东思西想集），周至禹著，重庆大学出版社，2008年，240页，16开。

该书是一部精妙绝伦的欧洲博物馆艺术圣经，一幅中国艺术家用心灵诠释的欧洲博物馆美学画卷，一本立体呈现欧洲文化、历史、艺术的通书。每次参观欧洲的艺术博物馆，在大饱眼福的同时，总会引发人们内心的震撼。人类辉煌的艺术结晶，足以经得起时间的考验，通过在陈列展厅的集中展示，散发出夺目的艺术辉光，令人赞不绝口。

收入书中的文章有参观欧洲的卢浮宫、奥塞博物馆、蓬皮杜博物馆以及伦敦国家美术馆、大英博物馆、乌菲齐博物馆、普拉多博物馆、帕加马博物馆的游记25篇，文字八万左右，插图四百余幅，介绍英国、法国、意大利、德国等欧洲各国的博物馆艺术，让读者身临其境地经历一场艺术瑰宝和人类文明的灿烂之旅。

《甄朔南博物馆学文集》（续），甄朔南著，中国大百科全书出版社，2008年，377页，32开。

该书是甄朔南有关博物馆学方面的思考与探索，内容分为三部分：第一部分是博物馆学的理念与实务；第二部分是有关博物馆的学术活动；第三部分是与博物馆特别是与自然历史博物馆有关的科学史。为了反映博物馆的动态与发展，第一、二部分文章的排列是按文章发表年代的先后，即把年代距离2008年最近的文章放在前面，把距离2008年较远的依次放在后面。这样，年代最近的文章发表在2008年，年代最远的一篇发表在1957年，时间的跨度超过半个世纪。

这本文集与此前出版的《甄朔南博物馆学文集》合在一起，全面反映了一位博物馆界老兵在博物馆的情结中所依据的价值理念和感情取向。本集侧重自然历史博物馆相关的科学史，是自然历史博物馆从业人员的教科书，具有重要的史料价值和参考价值。作者以大量的史实和生动事例回顾了中国博物馆事业的开拓者杨钟健、裴文中、贾兰坡三位大师的学术贡献和精神风貌，以及在华工作的外国科学家安特生（瑞典）、葛利普（美籍）、德日进（法籍）科学精神和人格魅力。

《博物馆怀疑论——公共美术馆中的艺术展览史》（西方当代视觉文化艺术精品译丛），〔美〕大卫·卡里尔著，丁宁译，江苏美术出版社，2009年，16开。

该书作者大卫·卡里尔教授是当代美国著名的艺术理论家，其近著《博物馆怀疑论——公共美术馆中的艺术展览史》为同类著作中的翘楚。作者在及时传达当代国际上有关艺术博物馆研究的最新思想的同时，也展开了自己视野广阔而又催人深思的理论探索，既深入讨论了大型的博物馆（如巴黎的卢浮宫博物馆，纽约的大都会艺术博物馆），也精湛分析了私人的收藏馆（如波士顿的伊莎贝拉·斯图加特·加德纳博物馆，加利福尼亚州的盖蒂博物馆），为人们进一步思考当代艺术博物馆或美术史具有参考价值。

《物与识：当代中国博物馆理论与实践辨析》，宋向光著，科学出版社，2009年，470页，16开。

博物馆在历史发展过程中形成了鲜明的组织特性和业务特点，分析和解读这些特点，有助于博物馆工作者适应纷繁变化的工作环境，满足社会和公众的多元需求。该书从博物馆是社会组织系统的认识出发，对当代公共博物馆及其主要活动的概念、特性、任务和方法进行系统解读，对当代博物馆学理论体系的结构体系、研究方法和主要课题进行讨论。内容涵括博物馆学、博物馆实践、博物馆管理。该书将对博物馆从业人员、博物馆学研究人员、学习博物馆学课程的在校学生和对博物馆学感兴趣的读者有帮助。

《中国民族民俗博物馆概论》，安廷山主编，祝君、安波副主编，紫禁城出版社，2009年，560页，16开。

中国民族民俗博物馆数量众多，越来越受到学界关注，但长期以来，尚无相关研究专著出版。该书为中国第一本关于民族民俗博物馆的学术著作，包含了中国民族民俗博物馆相关理论、现状及前人研究成果等，具有较高学术价值。

该书由苏东海先生作序。全书十三章，69万字，收录全国文博界专家学者论文50

篇，论述均为多年工作实践经验和研究成果之作，不仅可作为中国民族民俗博物馆的主要教材和工具书，也可作为文博系统和爱好者学习参考资料。书中还收录了世界民族民俗风情和全国两千余处文博单位的情况简介，知识面广，实用性强，是我国全面论述民族民俗博物馆的一本专著。

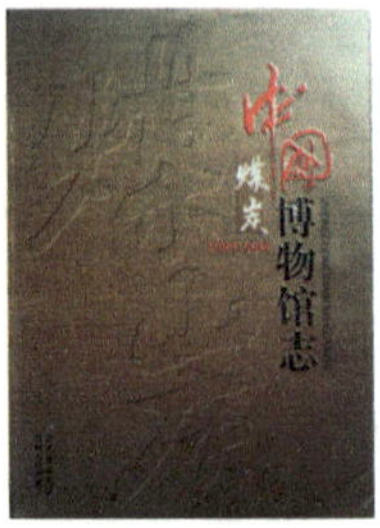

《中国煤炭博物馆志》（1989～2009），中国煤炭博物馆编，山西人民出版社，2009年，彩色图文381页，16开。

该书是第一本行业博物馆志。书中介绍了中国煤炭博物馆的位置筹建、基本建设、文物征集、基本陈列与主题展览、科普教育与学术交流、行政机构与管理、多种经营、党建精神文明与工会共青团、职工生活、人物、大事记。

《曾昭燏文集·博物馆卷》（南京博物院学人丛书），南京博物院编，文物出版社，2009年，358页，32开。

曾昭燏女士是我国著名的博物馆学家和考古学家，南京博物院已故院长，她一生勤于研究，撰写了博物馆、考古、文物等论著百万余字。该书分为三卷，考古卷、博物馆卷、日记书信卷，收录曾昭燏博物馆学论文20余篇。这些珍贵文献资料不仅是她一生学术思想与研究成果的结晶，更是留给后人的一笔宝贵的精神财富。

该书编辑的基本原则主要有三条：第一，力求全面，基本收集曾昭燏能独立成篇的著述文字，包括论文、讲义、报告、函复、书信等，力求全面展现曾昭燏先生在不同时期的思想、学术和生活状况。第二，基本保持著作之原貌，除改正原稿中的个别错字，删除衍文，包括古今字、异体字、纪年、数字、标点等，均按现行的有关规定处理。第三，所收文章，均经慎重核查或考证，一些无写作年代的文章，结合日记考订创作时间，纠正原先的若干错讹之处，并在每篇文末的按语中加以说明，而日记则进行句读，并就涉及的人物、事件等作必要的辅助说明，以方便读者阅读和利用。

该书内容包括中国博物馆之沿革、论博物馆的收集政策、长沙古物的保存、开展博物馆的科学研究工作等，本文集的考古卷即是根据曾先生的讲义手稿编定，仅仅在体例上做了统一，文字方面进行了细微的修改。曾昭燏有写日记和与有关人士保持通信的习惯，其亲属保存至今的十几本日记，记录了她留学期间发奋进取，回国后为博物馆事业鞠躬尽瘁的鲜活经历，她的信札则文字与书法并美，充分反映了她待人真诚、凡事追求完美的性格。

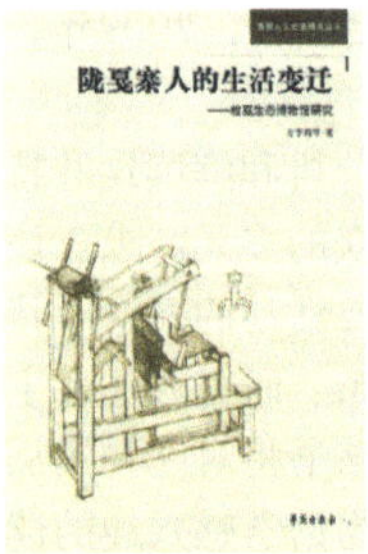

《陇戛寨人的生活变迁——梭戛生态博物馆研究》（西部人文资源研究丛书），方李莉等著，学苑出版社，2010年，601页，16开。

贵州梭戛生态博物馆是我国建立的第一座生态博物馆。作者对该馆所保护的长角苗这一族群的历史、社会制度、信仰、音乐、服饰、器具、工艺技术等方面作了深入考察，该书是这一考察的报告文本。

生态博物馆是20世纪90年代我国博物馆学研究者从外国导入的概念，并在苏东海先生的身体力行下，通过挪威生态博物馆学家约翰·杰斯特龙先生的帮助在贵州开始的中国实践。博物馆界曾就此展开过热烈讨论。该书作者认为，研究梭戛生态博物馆，研究长角苗人的文化，研究西部的人文资源及文化遗产等，最终是为了了解人类的文化，为了让人类未来的发展，多一些可能性，多一些经验和智慧。例如梭戛生态博物馆如何发展？作者经过考察认为，梭戛生态博物馆不仅是一个博物馆的概念，也不仅仅是一个文化的保护机构，还应该是一个民族文化的传承的工具，要和当地民众一起发展和开拓传统产业，要进行乡土教育，恢复传统的记忆，开展各种文化活动。还有社区建设，如何让传统文化得到认可，如果没有一系列的工作同时推进，在十年内，长角苗的文化就不再复存。当然，也许传统的服装还在穿，传统的歌舞还在跳，还在唱，但那只是为了娱乐，为了旅游挣钱。自己民族文化的历史，文化的内涵早已无人再懂，无人再记忆。

生态博物馆所在地极度贫穷，在当地发展经济比保存文化更迫切，生态博物馆的建立得到了国际援助，但建立容易，维持极难，以此为样板进行推广更困难。生态博物馆建立的初衷是保护文化的多样性发展，以防止人类文化的退化。专家希望生态博物馆是一个文化教育的工具，但它如何才能做到这一点，值得思考。

该书在大量翔实的调查基础上，旁征博引，议论严谨，观点精彩纷呈。

《谢辰生文博文集》，彭卿云主编，文物出版社，2010年，481页，16开。

该书选录了谢辰生的80篇文稿，反映了谢先生在国家文物局工作的六十年间，为促进我国文物事业发展所写的文稿及函件，并附有各报刊对他的专访等，时间从文物局的初建到2009年。谢辰生先生是我国多项重要文物法律、法规和文件的主要执笔人、我国第一部文物法律《中华人民共和国文物保护法》的主要起草人。该书收录了谢辰生对《文物保护法》所写的释文及有关的论述多篇，展示了他对我国文物法制工作的开拓性的贡献。书中的文章以鲜明的观点，针对文物工作的各个时期、各个阶段、各种动态、各种倾向及各种焦点问题发表了富有说服力的论述和评论，为文物事业的发展起到了引领的作用。文章以统观全局的视角，对文物工作现状进行了全面总结和阐述。这些文章史料价值极高，反映了我国文物事业的发展进程，是一部中华人民共和国文物工作的发展史。

《博物馆的沉思：苏东海论文选》（卷三），苏东海著，文物出版社，2010年，444页，32开。

该书收录了苏东海先生2006～2010年撰写的《博物馆的社会责任——新春话语》《博物馆的社会责任与我们对自然科学博物馆的期望》《博物馆学的现状及其发展趋势——答梁吉生教授问》《在中国博物馆专业委员会成立大会上的书面发言》等研究论文30余篇以及中外博物馆研究者论点摘编500余条。

全书分为三部分：第一部分是博物馆研究文选，收录了2006～2010年的重要论文如《建立广义文化遗产理论的困境》《中国民族博物馆的几个基本问题》《关于博物馆的核心价值——苏东海先生访谈》等。第二部分是中外博物馆研究者论点摘编选萃，选录1986～1995年中外博物馆学者的论点。第三部分是附录。附录一为苏东海先生学术活动座谈会，附录二是《博物馆的沉思》卷一、卷二、卷三总目录(1962～2010年，按年代顺序)，附录三是中外博物馆研究者论点摘编选萃。

《中国博物馆建筑》，BIAD传媒《建筑创作》杂志社编，天津大学出版社，2010年，彩色图文342页，12开。

国家文物局为配合国际博物馆协会第22届大会在上海召开，组织编选了相关论文。书前有国际博物馆协会主席亚力桑多·康明斯和国家文物局局长单霁翔的序言。亚力桑多·康明斯在序言中说道：此次由国际博物馆协会2010年大会筹委会及中国国家文物局组织配合推出的《中国博物馆建筑》一书是从中国3000余家博物馆中精选项目的集萃，除故宫博物院等中国古代建筑精华之作外，均选取中国博物馆建筑创作上的佳作，尽展中国博物馆建筑的最新成果，把有特色的中国博物馆介绍给世界。我们从中可以看到，博物馆建筑空间不仅是一种“人性尺度”的空间，更是一种人类与历史沟通的媒介。面对日益更新的、具有永恒时代精神的场所，博物馆建筑更将成为承载人类智慧的“精品”。

时任国家文物局局长单霁翔在序言中说该书“从现有的3000余座博物馆中精选了在建筑方面具有代表性的博物馆100家，对其建筑特色进行专题介绍，力求通过建筑师、城市规划师之视点传达21世纪博物馆建筑的中国发展趋向”。

读书的作者是《建筑创作》杂志社，《建筑创作》是北京建筑设计研究院出版发行的建筑学方面的书刊，专题研究各类建筑设计，展现建筑文化特色，介绍国内外建筑特点，是建筑设计学专业人士了解新型产品风格的重要窗口。

《新博物馆学手册》（西学东新·艺术设计理论译丛），〔美〕乔治·埃里斯·博寇著，张云、曹志建、吴瑜、王睿译，李奉栖审校，重庆大学出版社，2011年，279页，16开。

该书是乔治·埃里斯·博寇的经典著作，是国际博物馆大会文献中心认可的博物馆培训的典范之作，长期被引为博物馆学方面的主要教材，在世界各地都被列为博物馆研究的基该书目。该书为升级修订后的第三版，在纳入博物馆界最新发展的同时，也保留了原著实用的哲学理念与简明的格式编排。

《新博物馆学手册》探讨了博物馆工作的中心问题，定义了博物馆工作者必须把握的所有相关术语，涵盖了博物馆学方方面面的基础要略，而且每一章都设计有实用性练习题，既适合课堂讨论，也适合刚入行的博物馆工作者。

该书揭开了神秘的博物馆面纱，从预算到策划规划，从人力资源到科学管理，从典藏到教育，博物馆内部运行的真实面貌一一展现。从博物馆定义、起源、类型、组织、藏品管理、展示，一直到教育活动、公共形象、未来趋势都有论述。该书分三部分：①博物馆与收藏；②博物馆内的诠释；③博物馆与社会。

该书被誉为“全球最具影响力的一本博物馆图书”，被译成七种文字。

《从“馆舍天地”走向“大千世界”——关于广义博物馆的思考》，单霁翔著，天津大学出版社，2011年，470页，16开。

该书是单霁翔系列著作的第五辑。该书基于作者多年工作的经验，总结了作者对中国博物馆建设的思考，强调了博物馆建筑的功能性、实用性的结合，提出了未来博物馆建设所应实现的文化价值、社会价值。

该书提出“广义博物馆”的系列思考，主要包括以下十个方面：①博物馆社会职能的调整与完善；②博物馆是城市文化进步的积极力量；③博物馆是加强社会教育的积极力量；④博物馆是改善民众生活的积极力量；⑤博物馆是促进社会发展的积极力量；⑥实现保护性再利用的旧址博物馆；⑦实现考古信息展示的遗址博物馆；⑧实现原生环境保护的生态博物馆；⑨实现社会和谐发展的社区博物馆；⑩实现传播方式拓展的数字博物馆。

《中国博物馆志》，国家文物局、中国博物馆学会编，文物出版社，2011年，16开。

2006年初，在中国博物馆学会第四次理事长会议上，提出修订《中国博物馆志》的问题。理事们认为1995年版的《中国博物馆志》，主要是总结20世纪90年代之前中国博物馆的实际。经过十多年的发展，博物馆数量已从20世纪90年代的1100多座增长到2200多座，而且突破了过去的相对单一化，向多元化、多样化发展。进入21世纪后，一批大型的现代化博物馆突兀而起，引领风骚。因此，1995年编辑出版《中国博物馆志》已不能适应和满足博物馆事业发展的需要，有必要编辑新的博物馆志。这次会议正式提出通过修订《中国博物馆志》来记录这一历史发展的进程，阶段性地总结博物馆事业的发展，拓展博物馆学的深入研究。

2006年4月15日，在中国博物馆学会理事长会长会议上，决定在当年国际博物馆日全面启动《中国博物馆志》的修订工作。2006年10月12日，新版《中国博物馆志》在故宫正式启动编纂工作。2007年4月12日，国家文物局发专函要求各省、自治区、直辖市文物行政部门明确一名负责人担任《中国博物馆志》的编委和分卷主编，负责编写组织协调工作，一名联系人为编辑组成员，负责具体组织本行政区的组稿工作。

2010年初，多数省份完成《中国博物馆志》的编写工作并交上书稿。经研究审核，编辑部决定视博物馆数量的多少，分别采取一卷一册或多卷一册的方式，分期分册出版，计划出版16册，北京、上海、江苏、湖北、陕西五省市单卷单册，其他省区市多卷一册。经过长达四年的策划、筹备、组稿，2010年版《中国博物馆志》终于出版，实现了向国际博物馆协会上海大会献礼的初衷。

中国博物馆志所收条目为正式向社会开放的、全国各省、自治区、直辖市、特别行政区、各管理系统以及民营的、各种类型的博物馆；具有博物馆功能的各类型的纪念馆、科学馆、民族宫、艺术馆、文物保护单位。条目内容包括馆名全称（附英文译名）；概述（类型、隶属关系、建馆时间、所在位置、面积、布局、建筑特点、历史沿革、历任馆长）；业务活动（基本陈列、专题陈列、临时展览、藏品管理、宣传教育、科学研究、合作交流、其他）；经营管理（单位性质、经费来源、机构设置、人员编制、服务观众项目、观众接待）；参观指南（地址、邮编、电话、电传、网址、开放时间、门票价格）。

《中国博物馆志1·吉林卷 辽宁卷 新疆卷》，国家文物局、中国博物馆学会编，文物出版社，2011年，彩色图文399页，16开。

该书是多卷本《中国博物馆志》的第一本。

按照《中国博物馆志》的体例要求，本志共收录吉林省、辽宁省、新疆维吾尔自治区的博物馆。全书对每座博物馆的历史沿革、业务范围、文物保护、藏品特色、陈列展览、科学研究等方面进行了全方位的介绍，是吉林、辽宁、新疆三省区博物馆事业的百科全书和博物馆事业发展重要成果的汇集。

吉林省的博物馆事业始于中华人民共和国成立之后。自1952年第一家国有博物馆——吉林省博物馆诞生之日起，该省博物馆经历了从无到有、从小到大的艰难发展历程，至2010年，已经拥有各级、各类博物馆85座，其中绝大多数是改革开放以后成立和发展起来的博物馆。不仅数量增长迅速，而且地域分布广泛、类型丰富、办馆主体多元化，已初步形成了以历史类博物馆为基础，专题博物馆为特色；以文化文物系统管理的博物馆为主干，行业博物馆为辅助的博物馆体系。博物馆真正实现了她“博”的文化内涵，从而为社会公众提供了更多、更丰富的文化精神产品，为促进社会的和谐发展发挥着重要作用。

《文博余话》，马自树著，紫禁城出版社，2011年，387页，16开。

该书收入马自树先生近期文章40余篇，内容涉及生态博物馆、博物馆免费开放、文物保护、博物馆建设，他重视普及、重视民间。博物馆免费政策出台，他大声疾呼推动这一政策的贯彻，发表了许多文章解读政策，从理论上、思想上阐述其意义。实际上他对博物馆门票收费太高早有批评，他主张把博物馆门槛降到工人、农民都能进得起博物馆等。马先生的文章眼界广阔，论题宽泛，古今中外，旁征博引。他对新事物十分关注，并为之呐喊，为之开路。

《中国博物馆手册》，〔美〕米里亚姆·克利福德、凯西·詹格兰德、安东尼·怀特著，黄静雅等译，译林出版社，2011年，410页，16开。

该书是由美国著名摄影家、考古学者和媒体人米里亚姆·克利福德等编著。书中以图文配合的形式介绍了作者亲身体验和参观过的216家中国博物馆，内容包括博物馆的历史沿革、藏品特色和参观指南等，是一本方便实用、信息翔实的中国博物馆参观指南。因此得到故宫博物院、上海博物馆、南京博物院院长的联合推荐。

全书分为八个部分，分别是北京与北方、天津与华北、东北、上海与华东、长江流域、华南、西北与丝绸之路等，共收录各类博物馆216家，介绍了博物馆必看展品以及适合儿童参观的博物馆，提供了准确的地址、联系方式、网址、中英文对照的博物馆名称及开闭馆时间，并配有近千幅精美图片。

《博物馆新视觉》（博物馆管理丛书），黄光男著，文化艺术出版社，2011年，269页，16开。

该书以新世纪应有的新视觉审视博物馆呈现的新机遇与新挑战，引导博物馆人运用营销方法达到文化间的互动与推广；以博物馆本身所具中介者的角色与功能出发，探讨与其他中介者的关系，尤其是在建立良性艺术生态环境的前提下，博物馆与商业画廊的互动，以及在整体传播体系内，博物馆与媒体发展间的关系；重新思考典藏品的意义与应用，博物馆作为终身学习机制的实践方法，从台湾博物馆的现状与特色，提出当今的需要以及未来应有的发展方向。

该书内容共分六部分：博物馆新视觉、博物馆的理念、博物馆与政策、中介者的角色与功能、现实议题、博物馆营运实务。全书用清新流畅的文字、精美实用的图片引领读者漫游在博物馆理论与实务之间，给人耳目一新的感觉。在文化的大视野下，作者采用自己二十余年管理博物馆行政实务的珍贵经验，交互穿插，还借鉴美学、哲学、管理学、营销与博物馆学的理论，让人印象深刻。

该书融合了作者二十余年的博物馆工作经验，引进国际博物馆营运的方法，涵盖了博物馆的管理理念、文化政策、行销策略与营运实务等方面的内容。

《中国城市遗址博物馆开发模式研究》，艾进著，西南财经大学出版社，2011年，324页，32开。

该书收集、整理和总结了国内外博物馆的发展历程以及博物馆各个时期的概念、定义和分类标准。在此基础上，对国内外博物馆的发展趋势和模式进行整理归纳，总结提炼出了国外现代博物馆在发展和延伸其相关社会功能以提升游客满意度以及提升其所在城市旅游形象，以促进和激发游客旅游后行为等方面的经验和规律。同时，该书在回顾国内外博物馆发展历史的基础上，对博物馆的分类和功能予以总结，界定并分析了符合今天提升城市旅游和文化竞争力背景下的富有中国城市特色的博物馆新类型——城市遗址类博物馆，并对其基本概念和研究意义做出分析和说明。

《美国博物馆国家标准及最佳做法》（中国博物馆学会、美国博物馆协会博物馆管理丛书），美国博物馆协会编著，伊丽莎白·E. 梅里特评述，湖南省博物馆译，外文出版社，2011年，227页，16开。

该书是美国博物馆标准和最佳做法的集中概述，介绍了这些标准的制定过程、适用对象和目的，以及博物馆如何运用这些标准来指导经营。《美国博物馆国家标准及最佳做法》将各种标准和最佳做法集中在一起，再从常人的角度去探讨它们在实际应用中的具体情况，为认真探讨博物馆能够以及应该从事的活动定下基调。该书分为三个部分：第一部分为简介，概括介绍该书的适用对象及使用方法、何为博物馆、为什么需要制定标准、标准来自何处、博物馆如何运用这些标准、该标准的其他适用对象以及运用方法；第二部分为标准与最佳做法，从公众所托与可问责性、使命与规划、领导与组织结构、藏品保管、教育与藏品诠释、财务稳定性、设施与风险管理七个方面详细介绍美国博物馆的国家标准及特征；第三部分为其他标准，汇总了博物馆相关标准及其来源，介绍了美国博物馆协会各常设专业委员会及其制定的标准，以及美国博物馆协会未来可能出台的标准。美国是全球博物馆事业最为发达的国家之一，在博物馆管理方面进行了很多积极的探索，拥有许多宝贵经验和成熟做法。为此，湖南省博物馆与美国博物馆协会、中国博物馆学会三方于2010年达成协议，引进、翻译并出版“美国博物馆协会博物馆管理系列丛书”，以期把美国博物馆的先进经验和方法介绍给中国博物馆。

美国博物馆协会成立于1906年，其使命是通过领导、倡导、合作与服务增强美国博物馆界的力量，至今已有约21000名会员。美国博协致力于为博物馆专业人员的日常工作提供帮助，捍卫博物馆的重要角色，并努力服务于所有类型的博物馆和博物馆的所有领域。

《美国博物馆认证指南》（中国博物馆学会、美国博物馆协会博物馆管理丛书）（中英对照），美国博物馆协会编著，湖南省博物馆译，外文出版社，2011年，627页，16开。

该书是美国博物馆协会标准和最佳做法的概述，介绍了这些标准的制定过程、适用对象和目的，以及博物馆如何运用这些标准来指导经营。

美国博物馆协会的认证项目，是美国同类项目中涉及面最广的国家项目，是为博物馆经营制定美国国家标准和最佳做法的最佳途径。《美国博物馆认证指南》介绍了博物馆如何通过认证、达到国家标准提供了相关的原则的材料准备方式，其内容分为四个部分：第一部分为博物馆认证项目手册，概述博物馆认证的宗旨、标准以及流程；第二部分为博物馆认证项目标准，提出了认证的标准与要求；第三部分为博物馆认证项目自我评估指南，说明了认证中自我评估这一过程及材料准备；第四部分为博物馆认证项目自我评估调查表，从美国博物馆国家标准的七个方面，提出了自我评估所需要准备的各种材料和表格。

《民族博物馆研究》，宋才发著，民族出版社，2011年，386页，16开。

该书分为十三章论述了民族博物馆的性质、概念、职能以及与普通博物馆的异同。这十三个章节分别是：普通博物馆与民族博物馆、民族博物馆的职能与价值追求、民族博物馆的文物陈列与布展、民族博物馆的讲解员与志愿者、民族博物馆的文物征集与收藏、民族博物馆的文物分类与定级、民族博物馆的文物鉴定与修复、民族博物馆的文物安全与保护、民族博物馆的免费开放与旅游、民族博物馆的国际交流与合作、民族博物馆的法制建设与管理、民族博物馆的数字化建设、民族博物馆的学术研究。

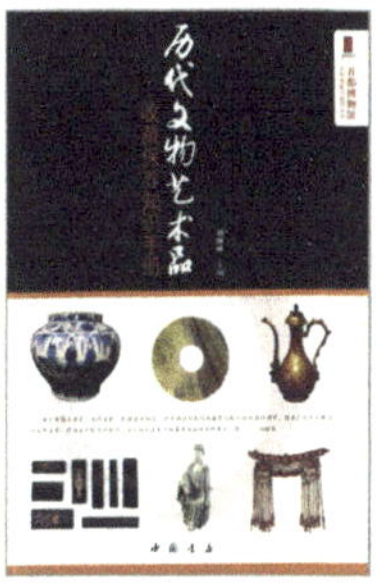

《历代文物艺术品收藏保养知识手册》（首都博物馆文物修复与辨伪丛书），刘树林主编，中国书店，2012年，269页，16开。

该书针对民间收藏的主要品类，按质地分为金属类、玉石类、陶瓷砖瓦类、漆木质类、纸质类、古代服饰类、骨牙角质类、文房用具、古钱币及杂器类，近四十种古旧器物。按品类顺序，介绍了各种古旧器物及与之相关质地、制作、流行年代等知识，其后分别介绍了民间收藏知识与日常养护的有效方法，图文并茂，通俗易懂。

《中国博物馆志5·湖北卷　云南卷　海南卷》，国家文物局、中国博物馆学会编，文物出版社，2012年，彩色图文521页，16开。

该书是多卷本《中国博物馆志》的第5卷，收录并全面地介绍了湖北省125座博物馆，附图780幅，云南省52座博物馆，附图443幅，海南省7座博物馆，附图45幅，以图文配合的方式介绍各博物馆的概述、业务活动、藏品管理及经营活动、开放时间、门票价格等基本情况，对了解中国博物馆事业的科学发展提供了宝贵资料。

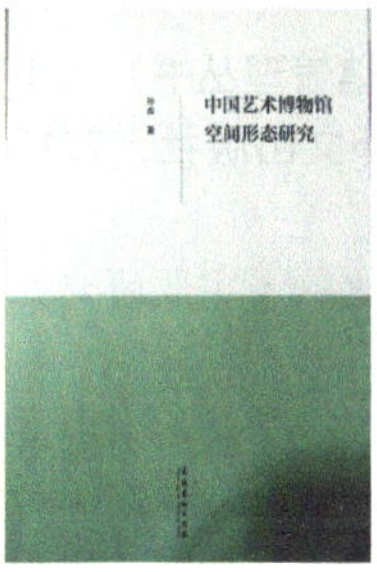

《中国艺术博物馆空间形态研究》，孙淼著，文化艺术出版社，2013年，170页，16开。

该书研究的重点是博物馆内部空间的“空间形态”，即博物馆展示空间和公共空间。书中将博物馆空间分为四个区域：一是公共空间（无藏品，是对公众开放的区域）；二是展示空间（有藏品，并对公众开放的区域）；三是藏品存放空间（有藏品，不对公众开放的区域）；四是行政办公空间（无藏品，不开放）。

该书将公共空间定义为广义的概念，是指所有对公众开放的区域，包括博物馆建筑的内部与外部空间，教育、娱乐、服务性的区域等。

《中国博物馆志3·上海卷　山东卷　青海卷》，国家文物局、中国博物馆学会编，文物出版社，2013年，354页，16开。

该书是多卷本《中国博物馆志》的第3卷。

该书较全面地介绍了上海、山东和青海各博物馆的概述、业务活动、藏品管理及经营等基本情况，对了解中国博物馆事业的科学发展提供了宝贵资料。其中上海71个

条目，山东73个条目，青海44个条目。

书中对每座博物馆的历史沿革、业务范围、文物保护、藏品特色、陈列展览、科学研究等方面进行了全方位的介绍，是上海、山东、青海三省市博物馆事业的百科全书和博物馆事业发展重要成果的汇集。

《中国博物馆志4・江西卷　内蒙古卷　广西卷》，国家文物局、中国博物馆学会编，文物出版社，2013年，彩色图文390页，16开。

该书是多卷本《中国博物馆志》的第4卷。

书中介绍了江西、内蒙古和广西三省区博物馆的基本情况，其中江西71个条目、内蒙古73个条目、广西15个条目，包括每座博物馆的历史沿革、业务范围、文物保护、藏品特色、陈列展览、科学研究等方面进行了全方位的介绍，是三省区博物馆事业的百科全书，是博物馆事业发展重要成果的汇集，对了解三省区博物馆事业的科学发展提供了第一手资料。

《对话紫禁城：博物馆的种种可能》，李文儒著，故宫出版社，2013年，346页，16开。

该书的主要内容包括："文化战争"与艺术创新——与吴冠中对话、附：吴冠中捐赠代表作的前前后后、植根民间——与张仃对话、艺术缘：苗子与郁风——与黄苗子对话、学术与艺术——与饶宗颐对话、大美术大美育——与袁运甫对话、回归与超越——与范曾对话等。

书中所涉人、事，所讨论的话题，均和故宫博物院相关，和博物馆相关。与吴冠中、张仃、黄苗子、饶宗颐等先生的讨论，是围绕他们将各自精心创作的代表作无偿捐赠给故宫博物院展开的；与冷冰川、白先勇、陈美娥、林洲民诸位讨论的是艺术创造和昆曲、南音乐舞这类非物质文化遗产的推陈出新问题；与陈启宗、万捷、陈立恒等企业家，讨论的是中国富豪的文化行动和文化产业的文化创意；与上海博物馆陈燮君馆长，与澳门艺术馆吴卫鸣、陈浩星馆长，讨论的是一座博物馆在一座城市里到底可以发挥多大的作用；与分管故宫大修的故宫博物院晋宏逵副院长讨论的则是故宫大修及其在文化遗产保护领域的世界性影响。与各位先生的讨论，多在紫禁城里，又陆续刊发在《紫禁城》专栏中，故称"对话紫禁城"；所涉之事，在故宫博物院，在博物馆界，多属探索、创新之举，故称"博物馆的种种可能"。

《中国博物馆志6・重庆卷　西藏卷　安徽卷》，国家文物局、中国博物馆学会编，文物出版社，2013年，432页，16开。

该书是多卷本《中国博物馆志》的第6卷。主要介绍重庆、西藏、安徽三省区市博物馆发展概况，按照本志体例，对每座博物馆的历史沿革、业务范围、文物保护、藏品特色、陈列展览、科学研究等方面进行了全方位的介绍，是三省区市博物馆事业的百科全书和博物馆事业发展重要成果的汇集。

《博物馆观众服务手册》（中国博物馆学会、美国博物馆协会博物馆管理丛书）（中英对照），美国博物馆协会编著，洛克扎那・亚当斯主编，北京外文出版社，2013年，383页，16开。

该书是"中国博物馆学会和美国博物馆协会博物馆管理丛书"之一，主要研究如何向观众提供最好、最全面的参观体验服务。

博物馆就是要为观众提供服务。如何为观众提供最好、最全的参观体验？书中汇集了二十余位博物馆管理者的知识和经验，是迄今博物馆观众服务方面最齐全的资料，旨在帮助博物馆工作人员了解观众服务的重要性，理解和满足观众的需要，为观众服务进行规划并配备人员，培训员工和评估服务质量。除专题文章外，书中包含专业标准、员工手册样本、职位描述等信息，能够帮助博物馆员工根据具体情况做出正确决定，并为博物馆中具体观众服务事务的管理工作制定相应政策。

《从“数量增长”走向“质量提升”——关于广义博物馆的思考》，单霁翔著，天津大学出版社，2014年，583页，16开。

该书是单霁翔系列著作的第六辑。书中内容包括十章，分别是博物馆事业发展历程与趋势、博物馆科学管理水平的提升、博物馆馆舍建设质量的提升、博物馆藏品保护环境的提升、博物馆科学研究成果的提升、博物馆陈列展览内涵的提升、博物馆社会服务理念的提升、博物馆文化传播功能的提升、博物馆市场营销效率的提升和博物馆的多样化发展。

《中国博物馆志9·陕西卷》，国家文物局、中国博物馆学会编，文物出版社，2014年，彩色图文322页，16开。

该书是多卷本《中国博物馆志》的第9卷，收入条目160条，插图716幅，介绍陕西省内160个博物馆、纪念馆、科技馆的基本概况。书前有陕西省文物局局长赵荣的序言《走进博物馆，走进陕西博物馆》。

陕西是中华文明重要的发源地之一，也是文化遗产大省和博物馆大省，每年配合基础建设都有重大考古发现，对建设新博物馆和补充博物馆藏品提供了丰富的源泉。陕西博物馆数量多，一大批博物馆享誉世界，成为旅游的首选地。陕西博物馆藏品数量多，藏品价值高。陕西博物馆类型多样化，行业博物馆、民营博物馆增长很快，当时全省共有各类注册的博物馆、纪念馆、科技馆等160座，按照本志体例，书中对160座博物馆的历史沿革、业务范围、文物保护、藏品特色、陈列展览、科学研究等方面进行了全方位的介绍，是陕西博物馆事业的百科全书和博物馆事业发展重要成果的汇集。

《博物馆全面质量管理》，刘舜强著，文物出版社，2014年，16开。

该书是在作者博士论文的基础上写成的。书中分六个部分，依次论述了博物馆与全面质量管理的概念、博物馆全面质量管理的必要性和紧迫性、博物馆全面质量管理的理论依据与分析、博物馆质量管理体系的构建、博物馆质量管理的绩效测评与管理成本控制、实施动态管理，加强调整改进。

作者通过经典案例分析指出，质量是管理出来的，管理出质量、出效益，但管理必须是科学管理，对于一个博物馆来说，质量管理属于顶层设计，设计与执行的主体是管理层，是所有参与管理的部门和人员。该书将对博物馆提升质量管理起到积极的推进作用。

《博物馆起源：早期博物馆史和博物馆理念读本》（博物馆学史译丛），〔美〕休·吉诺韦斯、玛丽·安妮·安德列编，陈建明主编，路旦俊译，译林出版社，2014年，322页，16开。

该书是一部关于早期博物馆历史和博物馆理念的重要历史文献，是高校讲授博物馆理论和发展史的权威资料，由湖南省博物馆博物馆学研究所策划并编译。

该书收录了从古代到1925年的一些卓越的博物馆研究者的共50篇论文，分别涉及博物馆起源、理论研究、现代新形式、教育、展览、和大学的关系及生态博物馆理论等多个话题域。书中汇编西方从古到今博物馆开拓者与大师们关于博物馆经典论述文章，记录并串联博物馆史上智者与先驱们关于“什么是博物馆”的最原始、最根本的思考，是一本研究博物馆学术思想史的原创素材集。这些涉猎广泛的文章介绍了博物馆起源和理念、教育和展览方面的理论。

《谁的缪斯：美术馆与公信力》（艺术经济学丛书），〔美〕詹姆斯·库诺（James Cuno）编，桑塔兰泰拉、张婷译，中国青年出版社，2014年，183页，16开。

艺术对于公众来说，到底是附庸风雅的工具，还是激发想象的燧石？大英博物馆、大都会美术馆、保罗·盖蒂博物馆在内的英美最负盛名的博物馆及艺术研究机构的“掌舵人”等，将在书中一一论述。

随着博物馆观众的日益增多，其定位已渐渐从单纯的文教场所，发展成为拓展各项交流的平台。然而博物馆的宗旨到底是什么？博物馆与公众的互动关系又引发了什么样的问题？博物馆究竟是否应该恢复其最本质的功能、回归其最原始的初衷？值得深思。

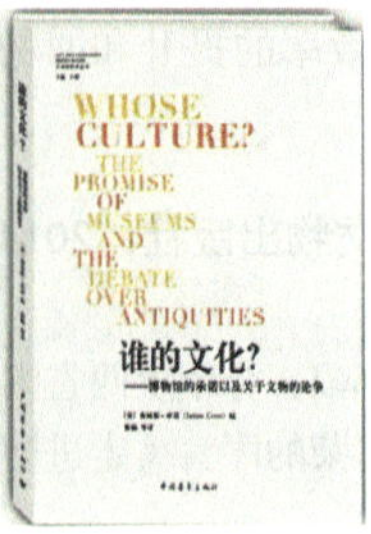

《谁的文化？——博物馆的承诺以及关于文物之争》，〔美〕詹姆斯·库诺（James Cuno）编，巢巍等译，中国青年出版社，2014年，183页，16开。

文物归属问题向来是国际艺术品争夺战中的敏感话题。该书将世界顶级博物馆人、古董研究专家以及考古学家的观点熔于一炉，各自的阐述时有冲突又互有勾连，呈现出精彩纷呈的国际大讨论的实况。全书内容分为三部分：一、博物馆的价值；二、文物的价值；三、博物馆、文物与文化财产。

该书是《谁的缪斯：美术馆与公信力》的姊妹篇。詹姆斯·库诺认为文物是全人类的共同财产，任何国家都不应该宣称对它们的所有权。在该书中，作者召集了一群著名博物馆的董事、馆长以及学者们，让他们解释因文物归属问题产生的国际争议。该书解释了为什么共享的艺术遗产超越了民族主义议程，为什么限制性的文化遗产法会置文物于动荡政府或是更差环境的危险之中。

《博物馆变迁：博物馆历史与功能读本》（博物馆学史译丛），〔美〕爱德华·P.亚历山大、玛丽·亚历山大著，陈建明主编，陈双双译，译林出版社，2014年，392页，16开。

该书是一部探寻博物馆发展脉络和使命的综合性、通论性著作，是高校讲授博物馆理论和发展史的首选资料，由湖南省博物馆博物馆学研究所策划并编译。

书中概述了博物馆的历史和功能，展现了自18世纪以来艺术、自然、科技、历史、动植物园、儿童六大类博物馆的动态发展史，分析了博物馆行业的收藏、保护、展览、阐释、服务五大功能等，内容翔实，蕴蓄极富。该书的特点在于围绕每章主题展开的开放性问题。这些问题无一不关乎博物馆的现在和未来，反映出博物馆在变化环境中需要思考和做出的变革，对这些问题的深入探索会拓宽博物馆学研究的深度和广度，推动博物馆事业的发展。

该书附录收录有《职务翻译对照表》及《机构组织翻译对照表》，展现了湖南省博物馆博物馆学研究所的最新成果：一是对《博物馆变迁：博物馆历史与功能读本》的翻译作说明，二是希望能对博物馆学界的翻译术语问题展开研究，期盼引发业内人士对博物馆学关键概念（包括对比研究）的议论和思考。

二　博物馆学专题研究、工作研究

《博物馆藏品保管》，郑求真著，紫禁城出版社，1985年，135页，16开。

该书系统总结了博物馆藏品保管的经验，对文物的征集、清洁处理、鉴定划级、登记编目、防尘防光、防火防盗、防震防潮、通风降温、修整复制、安全操作、古砚及字画收藏等都做了具体介绍；对藏品保管的规章制度、保管工作的研究和职业道德等问题也提出了探讨和论述。

《博物馆技术》，吉林省博物馆学会、吉林大学考古系博物馆学教研室编译，吉林大学出版社，1989年，300页，32开。

该书由两部分构成，第一部分是博物馆环境，是由伦敦国立美术馆格林·汤姆森撰写的。这部分内容在英国列为“艺术品、文物和建筑物保护系列丛书”第一卷，内容是从保护文物角度出发，认为博物馆陈列展览要有一个完好的环境，使光、湿度、温度和空气污染对文物的损坏控制到最低。

第二部分是博物馆技术学，由日本学者青木丰著。日本著名考古学家加藤有次做了序言。序言除了介绍作者之外，还阐述了博物馆学的在日本的发展概况，论述了加藤有次对博物馆学的看法，他认为“理论、实践和技术构成博物馆学三大系统”，它们各自有各自的内容。作者青木丰在前言中界定博物馆技术学时认为：所谓博物馆技术学，它是包括资料收集、资料分类方法、展示技术、保存技术等多方面内容的技术学，但该书仅限于考古学领域的博物馆资料的修理和制作问题。

在20世纪90年代出版这本介绍外国的博物馆学著作是很有远见的，该资料有助于中国学者了解国外博物馆学研究状况。

《博物馆学与博物馆工作》，山东省博物馆学会编，山东教育出版社，1989年，282页，32开。

该书收录有关博物馆学基础理论、应用理论和博物馆工作等三个方面的论文30篇。论文有山东博物馆学研究综述、博物馆学的研究对象及其范围、关于博物馆性质的三个问题等，内容涉及博物馆的陈列设计、宣传讲解、藏品保护等方面。

《博物馆教育入门》，王学敏编著，河南人民出版社，1991年，178页，32开。

该书重点论述博物馆教育的本质、历史、目的、任务以及博物馆教育工作的原理、方法，博物馆观众的类别、观众信息的统计、博物馆之友的组织，社会教育人员应具备的素质要求、技能训练等，内容丰富，有针对性和可操作性。该书是博物馆社会教育工作者的入门必读书籍。

作者抓住“教育”这个博物馆最基本的职能，阐述了博物馆作为一所学校所担负的任务与学校教育、家庭教育和其他社会教育门类的区别，论述了博物馆教育的特点、本质、意义、任务和作用。同时，作者把博物馆的教育作用分解为宣传、传授、交流、公关、服务五个方面，并做了具体论述。

博物馆教育最基础的工作是博物馆讲解，讲解语言是博物馆开展社会教育工作、解说博物馆陈列和藏品的重要工具，是语言艺术化的一种体现，因作者长期致力于博物馆社会教育工作，有大量实践经验和成功案例，故在此章节有专门论述。

该书还广征博引、吸收借鉴国内外关于博物馆教育的先进方法和先进理论，论述了博物馆学作为一门多学科交叉的综合性、边缘性学科的特征，探讨了博物馆教育与历史学、教育学、社会学、心理学、语言学、公共关系学等学科的关系。

《博物馆藏品保管工作手册》，国家文物局编，群众出版社，1993年，307页，32开。

这是国家文物局组织国家文物鉴定委员会和保管专业委员会对博物馆藏品的分类、定级、定名、统计、建档、库房建设、保护和管理等专题进行讨论之后而编辑的博物馆藏品的工作手册，主要论述了博物馆藏品保管工作的概念和基础知识，介绍了博物馆保管工作的各个方面，分为十三章：藏品保管工作概述；藏品搜集；藏品接收；藏品鉴选；藏品登记；藏品定级、分类、编目建档；藏品的库房管理；藏品的注销和统计；藏品保护技术；藏品保管工作电脑化；藏品库房建筑和设备；博物馆藏品保管法规；藏品管理员的职业道德。附录有七个部分：重要文物保护管理法规、中国历代纪元表、计量单位进位和换算表、地球历史记事表、时令别称以及文物器物图。

《博物馆群众教育工作》，国家文物局编，文物出版社，1993年，165页，32开。

该书专题研究博物馆群众教育工作的组织方法和开展形式。由国家文物局和中国博物馆学会遴选全国群众教育工作的专业人员编写，是集体智慧的结晶。

全书分七章：博物馆群众教育工作的理论与历史、观众的组织与接待、讲解工作、多形式的群众教育活动、队伍建设与管理、科学研究、国外博物馆教育借鉴。

全书内容紧紧围绕博物馆群众教育工作展开，贴近博物馆工作实际，案例典型，分析客观，是一本集中讨论博物馆群众教育工作的专业书籍。

《小型博物馆陈列》，〔澳大利亚〕布赖恩·伯特伦著，谢政译，三秦出版社，1994年，128页，32开。

该书是一本系统论述博物馆陈列的专著，全书分三章：原理、固定装置的构造方法、制作和安装技术。

《深圳考古发现与研究》，深圳博物馆编，文物出版社，1994年，515页，32开。

该书是有关深圳地区考古发掘简报与研究成果的汇编。分为上、下两编，上编是考古发掘报告和简报，收录深圳市大黄沙沙丘遗址、大鹏咸头岭沙丘遗址、叠石山遗址、南头红花园汉墓、宝安南头墓等发掘简报10篇，下编是研究论文的选编，收录新石器时代珠江三角洲区域文化、咸头岭文化、岭南青铜文化、深圳出土古钱、深圳出土瓷器的相关论文12篇。附录是深圳市文物保护单位介绍、深圳博物馆藏品选介、深圳市文物商店介绍、“深圳缉私文物精品展”巡礼等文章7篇。

《讲解艺术论》（博物馆学研究丛书），马青云、贾志强、杨维中著，西北大学出版社，1994年，128页，32开。

该书是秦始皇兵马俑博物馆编辑的“博物馆学研究丛书”之一，是博物馆讲解员培训工作的教科书，集中体现了讲解艺术研究的成果。

该书作者之一马青云女士从事博物馆讲解工作二十余年，积累了丰富的博物馆讲解工作经验，在博物馆宣教工作的管理和讲解员的培养方面做了大量工作，并对博物馆讲解工作、讲解员培训方面进行长期探索，发表相关论文多篇。全书围绕讲解艺术而展开，分为讲解与讲解艺术、讲解艺术与讲解员、讲解的艺术分析逐一论述，条分缕析，并配以大量工作实例，便于学习借鉴。

《文物修复与研究》，国家文物局博物馆处、中国文物学会文物修复委员会合编，国际文化出版公司，1995年，文282页，32开。

文物修复工作是文物和博物馆事业中非常重要的基础工作。我国文物保护修复人才匮乏，不能适应文博事业发展的需要。为了培养文物保护修复人才，提高文物保护修复技术，受国家文物局委托，中国文物学会文物修复委员会于1993年12月在北京召开“全国文物修复技术研讨会”，有关学者专家150人参加会议，提交论文60余篇。该书选编其中的62篇论文，内容涉及如何继承、发扬传统文物修复技术；新材料、新技术在文物保护、修复、复制中的应用；现代技术与传统工艺结合。

《藏品管理学》，吕军编著，吉林大学出版社，1996年，292页，32开。

该书是有关博物馆藏品保管与保护管理方面的专著，主要内容分为：综论、藏品搜集、藏品接收和鉴选、藏品鉴定和定级、藏品登记、藏品分类、藏品的库房管理、藏品编目和建档、藏品保护、藏品管理的法规和制度、藏品管理人员的职业道德和业务素质要求、藏品管理的现代化共十二个章节，全面论述了博物馆藏品管理学的研究内容以及与其他学科的关系等。

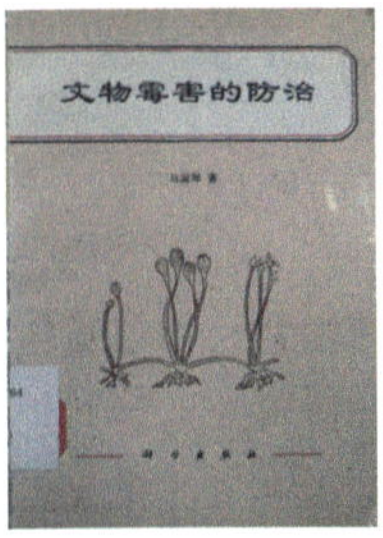

《文物霉害的防治》，马淑琴著，科学出版社，1997年，267页，32开。

文物保护是世界性问题。霉腐微生物对有机质文物的破坏十分严重和普遍，为了保护文物，必须做好文物霉害的防治工作。该书通过揭示古墓尸体与文物不腐之谜，系统探讨了霉腐机理、条件和环境对文物的影响。作者结合文物保护界已有的对文物霉害防治的经验，详细介绍了防治文物霉害的方法和措施，集理论探索与实践经验于一书。

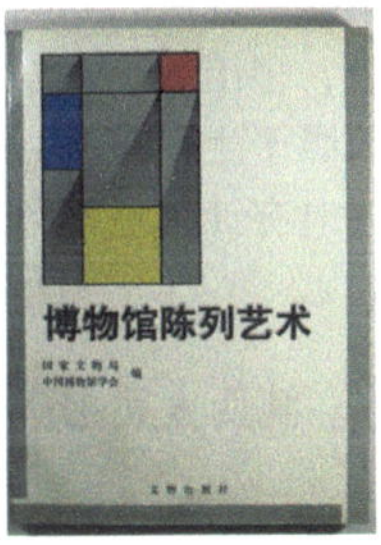

《博物馆陈列艺术》，国家文物局、中国博物馆学会编，文物出版社，1997年，333页，16开。

该书是国家文物局组织编写的博物馆业务工作丛书之一，是博物馆陈列艺术设计理论与实践的专著。书中作者多数是数十年耕耘在博物馆陈列艺术设计工作岗位上的专家和业务人员。

全书分十六章，前四章着重从理论上论述博物馆陈列艺术设计，第五至十五章从应用方面较翔实地介绍了陈列艺术设计的各个方面，并融合了相关学科，如美学、心理学、人体工程学、色彩、建筑、信息传播、系统工程论等学科的理论成果。第十六章介绍国际上对陈列设计及管理模式的一些探讨。

该书附有线图二百余幅，并有国内外博物馆陈列、展览的彩色照片七十余幅。

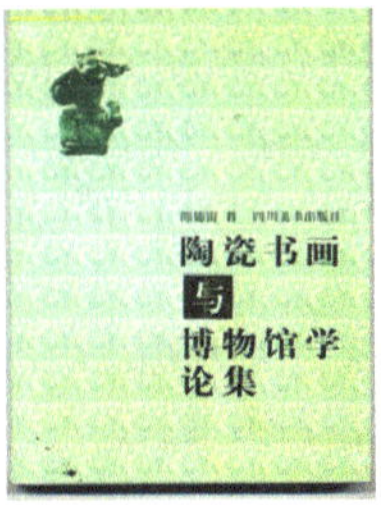

《陶瓷书画与博物馆学论集》，陈德富著，四川美术出版社，1998年，432页，32开。

该书选录作者陶瓷书画及博物馆学研究方面的论文38篇。陈德富先生是四川大学教授，长期致力于古陶瓷、古书画的鉴定、收藏和研究。

《秦始皇陵兵马俑文物保护研究》（《秦俑·秦文化》丛书），张志军著，陕西人民教育出版社，1998年，200页，32开。

这是第一部对秦始皇陵兵马俑文物保护进行较全面系统研究的自然科学方面的专著。全书从宏观到微观对影响秦俑坑文物的各种因素予以分析研究，诸如秦俑遗址周边的大气质量，秦俑坑温湿度状况、坑下微生物和光照、土遗址的分化干裂、彩绘的脱落、青铜器的腐蚀机理、坑下溶盐对秦俑的损害、陶俑的防震抗震等都有涉及。针对各种存在的影响文物寿命的因素，论述了已做工作及相关理论探讨，对各种成因的治理提出了控制防备措施，对不成熟的尚不具备彻底保护能力的方面，也提出了建设性的建议。

该书是作者从事秦俑文物保护十多年的工作结晶，是经验和工作的理论升华。书中所论已涉及1998年前秦陵秦俑文物保护遇到的所有问题。全书分八章对兵马俑坑环境质量、俑坑遗址内的微生物、兵马俑表面彩绘、土遗址、青铜文物、陶质文物等保护以

及几种保护材料作了全面介绍和研究。

《观众与博物馆：云南民族博物馆陈列科教集》，谢沫华主编，云南科技出版社，1998年，217页，32开。

该书是专门论述民族博物馆开展科普宣传教育活动的书籍，内容分为两部分，一是陈列内容，二是科教拾零，收录文章14篇，内容涉及云南民族博物馆建筑群、云南少数民族社会形态改革与发展、民族服饰与纺织艺术等专题文物陈列展览介绍和充分发挥民族博物馆的教育基地功能、云南民族博物馆的讲解工作等反映了云南民族博物馆围绕本馆陈列组织实施的社会教育项目、策划的宣传方式等。

《博物馆里的计算机》（博物馆学研究丛书），郭宝发主编，西北大学出版社，1998年，298页，32开。

该书是秦始皇兵马俑博物馆编辑的“博物馆学研究丛书”之一，是专门论述计算机技术如何运用在博物馆工作中的书籍。

书中以秦始皇兵马俑博物馆为例，介绍了计算机技术在秦始皇兵马俑博物馆文物藏品资料管理研究及宣教工作中的应用和开发情况。由于博物馆工作的特殊性，书中还介绍了计算机在博物馆各方面工作中的应用情况和主要内容，探索了计算机网络系统在未来博物馆的发展前景，并对博物馆常用的计算机技术作了详细介绍。

《民族博物馆论文集》（云南民族博物馆文库），高宗裕主编，云南民族出版社，1999年，506页，32开。

该书是云南民族博物馆编辑的学术论文集。书中收录有关博物馆学和博物馆工作的学术论文30篇，内容涉及民族博物馆的陈列展示、社会教育、藏品研究、文物保护等问题。

云南民族博物馆的主要任务是开展省内少数民族文物的调查征集、整理研究和陈列展览业务工作。博物馆建成开馆两年来，开辟学术园地，立足未来，多出成果，培养人才。在培养专门人才方面，既着眼于本馆，又顾及馆外，尤其放眼于生活在本乡本土的少数民族文化人，采取多渠道的方式吸引人才、留住人才。同时有计划地把科研成果集结为丛书出版，扩大影响。该书就是该馆学术成果的集中体现。

《博物馆历史文选》（博物馆学研究丛书），李淑萍、宋伯胤选注，陕西人民出版社，2000年，388页，32开。

该书是秦始皇兵马俑博物馆编辑的“博物馆学研究丛书”之一，是博物馆学历史研究文论的选编，收录文章50余篇，均系近代学者(1849～1949)关于博物馆学方面的论述。全书分四编，第一、二编对博物馆的定义、性质与职能进行了论述，第三、四编对中国早期博物馆和外国早期博物馆发展情况作了选择性介绍。每篇文章后均附有作者简介，以便读者了解更多的信息。

该书稿原是宋伯胤先生1983在厦门大学讲授博物馆学时编选的讲义，次年厦门大学铅印成上、下册，在小范围内发行，此次两位先生分工合作，增加了注释正式出版。

《秦军出巡——兵马俑外展纪实》，田静著，三秦出版社，2002年，彩色图文202页，32开。

该书记录了秦兵马俑自1974年出土后到2002年之间，历年、历次参加的81次文物交流展览的历程，包括展出时间、国家、城市、展期、展览中的开幕盛况、展出趣事、重宾留言、观众反响、媒体报道，以及当时参与筹展、布展、策展、撤展人员的访谈录等，书中以文字叙述和图片展示的形式客观反映了秦兵马俑外出展览的概况，可以称得上是一部秦兵马俑的外展史。

1976～2002年秦兵马俑作为文化使者出访到30多个国家的60个城市展出，每一次展览都在当地引起极大轰动，兵马俑的世界性巡回展览，在各地掀起了不同程度的“秦俑热潮”，不同文化背景下的人们对秦兵马俑有不同的评价，更引发了人们对秦俑的关注，深化了秦俑研究，使得秦兵马俑声名远扬。该书提供了大量原始资料，弥足珍贵。

《博物馆美学》，汤家庆著，海峡文艺出版社，2002年，178页，32开。

该书从博物馆美的历史和工作实践入手，对博物馆的内容美、陈列美、建筑美、环境美、美育等本质、特征和规律做了探讨，试图以全新的视角认识博物馆、纪念馆，运用博物馆美学理论推动博物馆、纪念馆事业的创新与发展。

全书分六章，依次论述了博物馆美的历程、博物馆建筑美、博物馆环境美、博物馆内容美、博物馆陈列美和博物馆美育。书中指出：从未来学角度分析，21世纪的博物馆学研究的方向将发生四大转变：第一，从应用博物馆学研究到理论博物馆学研究。第二，从普通博物馆学研究到比较博物馆学研究。第三，从“以物为中心”研究到“以人为中心”的研究。第四，从传统博物馆研究到现代博物馆研究。博物馆美学正是以人为中心，应用比较研究，对博物馆进行现代美学阐述的理论学说，合乎了新世纪博物馆学研究“四大转变”的新趋势。因此，博物馆美学是实现博物馆历史性飞跃的桥梁。博物馆美学是从哲学的高度，对博物馆美的历史、现状和未来作客观研究，把握其美的性质、特点和发展规律。从博物馆历史考察可知，博物馆产生、发展的过程，就是人类追求美、创造美的历程。

《博物馆社会教育研究》，戴亚雄编著，贵州人民出版社，2002年，317页，32开。

该书收录作者从事博物馆工作以来撰写的调查报告、研究文章、展览文字方案及工作散记等，涉及面较广，对博物馆教育与爱国主义教育、社区教育以及博物馆教育学与心理学、公共关系学、观众学等方面的研究。

书中论文分理论探索、课题研究和社会实践三个部分，分别论述了博物馆社会教育科学研究、博物馆社会教育职能、博物馆社会教育的机构设置、博物馆社会教育现状与发展趋势、博物馆陈列美和博物馆美育。

《特色鲜明的沈阳故宫建筑》，陈伯超、支运亭等著，机械工业出版社，2003年，150页，16开。

该书系从建筑学的角度对沈阳故宫的布局、空间、构造、装饰及历史背景等方面进行叙述且具有专业性质描述和分析的书籍。它有别于以往关于沈阳故宫从历史、文物或简单描述的角度和层面上介绍的且为数不多的几种书籍和文献。

全书内容包括宫廷结构特色、分期形成与总体布局特色、建筑环境与空间特色、建筑营造特色、建筑装饰特色、特定气候条件下的建筑特色等。通过对沈阳故宫实地考察、测量，加以分析，总结出了沈阳故宫建筑的鲜明特点。书中选用大量的实景照片、图纸和表格三种表达形式分别对沈阳故宫的建筑情况作了详尽的描述，力图从不同侧面、视角将沈阳故宫建筑的全貌展示给读者。

《中国博物馆建筑与文化》（中国博物馆建筑与文化丛书），《建筑创作》杂志社编，机械工业出版社，2003年，彩色图文213页，12开。

该书是2003年5月召开的中国博物馆学会陈列艺术委员会第六次学术研讨会的优秀论文选编，选登了大量新建博物馆的陈列案例，多角度地剖析了各博物馆的运作模式，促使未来新型博物馆变为可操作性。该书附录还有全国各地博物馆名录。

书中分为遗址博物馆、文化艺术博物馆、综合博物馆、名人博物馆、科技博物馆、特色纪念类博物馆六个部分，收录国内50余家博物馆的案例，系统地提出了博物馆建筑文化、陈列设计的基本理论，并就现代博物馆学中陈列艺术的概念和发展前景进行系统分析，尝试将建筑、景观、陈列设计和新博物馆学联系起来，形成了一种跨学科的博物馆陈列艺术体系，以适应今天博物馆公众的需要。

《2002博物馆公众研究——以旅顺日俄监狱旧址博物馆为例》，史吉祥、郭富纯主编，吉林人民出版社，2003年，425页，32开。

该书作为博物馆学界第一部关于公共关系的研究专著，调动了多学科的方法和本学科已有的研究成果以及国内外有关文献，结合实际，有深度地向前推进了博物馆公众的课题研究。该书是一部内容丰富的调查报告，是极具研究价值的科研成果。

全书二十一章，从观众人口学入手，首先对旅游团观众和零散观众的参观行为、参观特征等方面进行多角度的统计与分析；随后针对导游、旅游业、社区、传媒、网民、科研组织、高等院校、其他博物馆、志愿者、讲解员等相关外部因素与博物馆的关系以及博物馆藏品征集的公共关系进行了系统的研究分析，最后对博物馆职工满意度与组织承诺进行统计研究，并提出了很好的建议。

书中第七章“家庭观众的参观行为研究”以全程跟踪拍摄的方式观测一个家庭观众的参观行为，形式新颖、手法独特。从博物馆观众分类来看，家庭是一个特殊的团体，对此进行研究具有现实意义。研究人员反复分析、研究，从中了解观众喜欢参观什么，对哪些内容感兴趣等。对不同类型的家庭观众的分类研究，不仅总结其中的规律，而且为博物馆更好地发挥社会教育作用具有指导意义。

书中具体分析了博物馆与观众、博物馆与旅游、博物馆与社区、博物馆与传媒、博物馆与网民、博物馆与科研组织、博物馆与高等院校、博物馆与博物馆、博物馆与志愿者、讲解员与博物馆观众以及博物馆藏品政绩的公共关系、博物馆职工满意度与组织承诺等多方面的关系。

该书提出了博物馆观众人口学的概念，博物馆观众人口学是用人口学的基本原理研究博物馆观众的性别、职业、文化程度、居住地、参观次数和观众数量周期变化现象发生、发展过程及其规律的科学。它的研究对象是博物馆观众，用统计学的方法对观众基本情况进行综合统计分析，从而确切了解观众的数量、构成和分布等诸多情况，为博物馆根据观众情况开展可行的业务活动提供依据。

《陈列艺术》（《东南文化》2003年增刊2），南京博物院编，徐湖平主编，2003年，彩色图文140页，16开。

《陈列艺术》是南京博物院、中国博物馆学会陈列艺术委员会、江苏爱涛文化艺术有限公司、南京百会装饰有限公司共同创办的文博及文化艺术、展示艺术的专门刊物，以系统研究、介绍国内外博物馆的陈列艺术为主，以为国内外博物馆的陈列展览提供理论指导与实践依据，是中国博物馆界的陈列艺术刊物。

本辑《陈列艺术》包括专家论坛、创意平台、探索研究、专题聚焦、域外集萃和信息之窗六个部分的内容。收入《二十一世纪——博物馆的世纪》《一流博物馆陈列展览的定位——南京博物院艺术陈列馆的陈列实践》《关于二十一世纪与博物馆陈列艺术设计的思考》《颐和园文昌院文物精品陈列的艺术设计》《域外博物馆陈列散记》等论文25篇。

《博物馆建筑》（国外建筑设计方法与实践丛书），〔美〕亚瑟·罗森布拉特著，周文正译，中国建筑工业出版社，2004年，265页，16开。

该书是建筑师快速开展设计所需要基本信息的资料大全。作者从全世界著名设计师作品中汲取博物馆和文化设施等方面是专业知识，介绍了博物馆建筑的发展历史、各类博物馆建筑特点等。全书分六章：涉及艺术博物馆、历史博物馆、儿童及青少年博物馆、科学与自然历史博物馆、专业性博物馆及展厅、技术要点。附录是博物馆建筑设计基本资料。

该书为博物馆和文化设施的设计提供了有关程序、潜在问题、设计要点、注意事项、近期发展趋势以及有关能耗、设备体系、结构考虑、音响调控、照明、内部交通、安全设施等重要信息。

《谛听陈列艺术脚步声：新世纪陈列艺术发展趋势》，中国博物馆学会陈列艺术委员会编，赵春贵主编，湖南人民出版社，2004年，344页，16开。

该书是关于新时期陈列艺术发展的研究文集，由广州美术学院、广东省集美设计工程公司资助出版。书中收录的论文64篇，通过案例剖析、综合评述对陈列形式、陈列艺术理念等内容进行了探索。

书中收录夏书绅《与时俱进的19年——陈列艺术委员会工作报告》、费钦生《为繁荣陈列艺术而奋发奉献——中国博物馆学会陈列艺术委员会第六届学术讨论会总结发言》、安来顺《现代博物馆理念及其对陈列展览的影响》、刘富生《新世纪中国博物馆陈列艺术的处境与抉择》、王保仁等《固守还是创新——谈中小型博物馆陈列理念》、董松《立足本职服务社会——浅谈陈列设计的市场化运作》、邢照华《谈当代博物馆陈列中的"展品密度"问题》等，涉及当今博物馆陈列的新理念、不同类型博物馆的陈列工作以及博物馆陈列工作的探索与实践。

《博物馆工作研究》（博物馆学研究丛书），田静著，陕西人民出版社，2004年，389页，32开。

该书专题研究当代博物馆面临的各种问题。全书分八个部分，分别对博物馆的发展前景、管理工作、人员、研究工作、陈列展览工作、宣传教育工作、藏品管理工作和服务工作进行探讨，并用大量实例对中国博物馆工作现状进行总结和探讨，针对问题并提出解决方法。

该书对博物馆的性质与任务着墨不多，甚至没有列出专门章节来论述。因为这个问题在国际博物馆协会的章程里和中国国家文物局关于博物馆工作条例中，都有极为明确而深刻的阐述。该书是论述博物馆如何工作的，所以主要依据博物馆作为社会主义文化事业自身的运动规律，来探索在新时期博物馆如何工作的"新问题"，例如博物馆展览给谁看？博物馆宣传如何做？博物馆纪念品开发的误区和博物馆人员素质的新要求等。

书中利用作者亲自访问国内外数十个博物馆的资料和与300多位博物馆专家、馆长、员工访谈记录，逐一分析了这些博物馆在管理、办展、科研、宣教、经营等方面的经验，探讨了新形势下博物馆在行政管理、开展业务、后勤服务等方面普遍面临的困境及解决的对策。尤其值得注意的是书中结合文字论述附有80幅照片，真实、直观地展示博物馆的建筑外观、陈列场景、出版著作、宣传海报、馆内环境、服务设施等，资料珍贵，信息丰富。

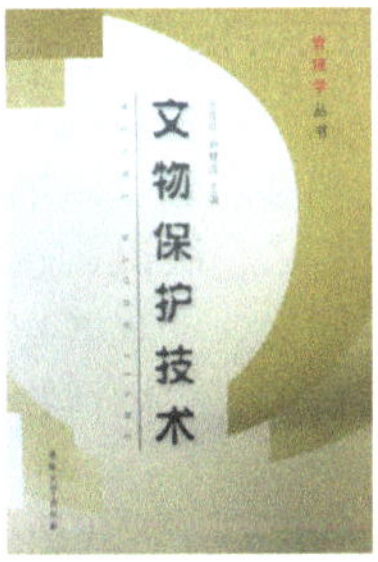

《文物保护技术》（管理学丛书），王成兴、尹慧道主编，安徽大学出版社，2005年，337页，16开。

该书是有关文物保护的专著，书中详细论述了各类文物的特点及其保护技术。全书分12章：导论、影响文物保存的环境因素、陶瓷器文物保护技术、青铜器文物保护技术、金属类文物保护技术、石质文物保护技术、宝石玉器文物保护技术、玻璃珐琅器文物保护技术、纸质文物保护技术、纺织品文物保护技术、竹木器文物保护技术、骨器牙器和琥珀文物保护技术。

《首都博物馆新馆建筑设计征集方案集》，毛钺著，中国建筑工业出版社，2005年，130页，16开。

首都博物馆是北京的地方性大型综合博物馆，以反映北京历史发展为主，全面综合反映北京的地理、自然环境、经济、民族、文化、艺术、民俗等内容。同时，它也是对外文化交流的一个窗口。首都博物馆的性质和功能决定了它的重要地位。它要满足博物馆的功能需要，又要体现出北京所代表的博大精深的中华文化内涵，达到国际先进、国内一流的水平、成为北京又一个标志性的现代文化设施。

首都博物馆新馆工程建设业主委员会为确保上述目标的实现采用邀请竞赛的方式进行建筑设计方案征集活动。2000年8月16日向国内外数十家设计单位发出邀请信函，北京市建筑设计研究院、中国建筑设计研究院、清华大学建筑设计研究院、上海现代建筑设计有限公司、上海同济大学建筑设计研究院、美国ABB建筑师事务所、加拿大宝佳国际建筑师有限公司、法国Denis Laming建筑师事务所参加了征集活动。该书将这些设计方案汇编成册，以供博物馆人士参考。

《宁静的辉煌：上海博物馆新馆陈列设计解析》，李蓉蓉编著，文物出版社，2005年，16开。

该书是关于博物馆陈列设计方面的专著，作者是时任上海博物馆陈列设计部主任李蓉蓉。书中系统总结了上海博物馆新馆建成后陈列设计的经典案例一次，收录了常年陈列与临展30多个。“宁静的辉煌、高雅的璀璨”是上海博物馆陈列设计的追求。书中收录上海博物馆馆长陈燮君和作者关于博物馆陈列设计的理论思考的论文，并配以38个展览的167幅照片，结构图、效果图、局部纹饰图等详细的说明性图例让书中的文字更加生动直观，既有气势恢宏的场景，又有精致的局部；既有中国传统古典园林风格，又有西洋古典的富丽堂皇，还有一些地域特色、民族风情浓郁的设计。此外，该书对于不同展览，怎样构思和确定主题才能显出风格，怎样布局以及如何落实才能独具特色等问题提出了极有见地的论述，融理论性、实用性于一体，是从事陈列设计的一本重要的参考书。在书中的案例里，中西结合，古今融汇，深具传统含义又有现代元素，从整体风格到细节把握处处求真求善。

《记忆现场与文化殿堂：我们时代的博物馆》（中国文物报书系·博物馆），曹兵武著，学苑出版社，2005年，167页，16开。

该书是2004年度国家文物局课题“加强博物馆展示宣传与社会服务工作调研活动”调研报告的修订稿。全书分五章，分别是：博物馆是什么；中国博物馆：历史与成就；中国博物馆：生存环境与社会需求；中国博物馆：当前问题与发展瓶颈；政府·社会·博物馆人：携手打造新时期的文化殿堂。这五部分内容依次对博物馆的历史、功能、生存环境与社会需求、我国博物馆的当前问题与发展瓶颈、政府社会博物馆人的相互关系及博物馆未来发展方向与应对策略等进行了系统的探讨，并附有课题组收集或编译的国内外博物馆相关文献、数据和资料等与不同论题进行链接，配以大量博物馆建筑、环境、展示等图片，图文并茂。

《博物馆的记忆与想象：“百年文博——我与博物馆”大型征文活动文萃》（中国文物报书系·博物馆），李让、李文昌主编，学苑出版社，2005年，322页，16开。

该书是中国博物馆学会和中国文物报社承办的“百年文博——我与博物馆”大型征文活动的部分获奖文章和代表性征文的汇编，分为工作研究、观感随想、回忆展望三个部分，收录文章88篇，从不同角度讲述自己对博物馆的回忆、认识、感怀和想象，内容涉及博物馆学论述、博物馆工作研究、博物馆工作回忆、参观博物馆随感等，从不同方面讲述了中国百年博物馆的发展脉络，促使人们追寻中国博物馆事业的历史源流和发展轨迹。

为了纪念南通博物苑建苑100周年暨中国博物馆事业百年华诞，2005年9月，文化部、江苏省人民政府、国家文物局联合举办了“南通博物苑建苑100周年暨中国博物馆事业百年庆典活动”，中国博物馆学会和中国文物报社受主办方委托，承办了“百年文博——我与博物馆”大型征文活动，作为庆典活动的一个重要组成部分。征文活动得到了业内外人士的广泛关注，学者们以认真求实的态度和真挚生动的笔触，发表自己对博物馆的认识和感怀。

《博物馆观察：博物馆展示宣传与社会服务调查研究》（中国文物报书系·博物馆），曹兵武、李文昌主编，学苑出版社，2005年，212页，16开。

该书是2004年度国家文物局课题“加强博物馆展示宣传与社会服务工作调研活动”课题组研究成果的汇集。内容包括：近万份调研问卷资料的公布、统计和分析；对我国博物馆管理与理论学专家陈燮君、鲍贤伦、陈建明、宋向光等的深度访谈；课题组人员对博物馆生存与发展的社会环境与社会需求、博物馆展示与服务、博物馆运行与管理、博物馆财政政策与社会支撑体系建设等方面的分析文章共30余篇，书后附有数种调研问卷的原版影印。

该书主要是部分课题调研资料和参与人员访谈与研究成果的汇集。2004年国家文物局委托中国博物馆学会和中国文物报社共同组织力量，开展一个旨在加强博物馆展示宣传和社会服务工作的调研活动，中国文物报社、中国文物研究所、南开大学、中央民族大学、北京艺术博物馆、国家博物馆、首都博物馆等单位的业务人员参加此项课题，通过问卷调查、访谈座谈等形式收集资料和人们对博物馆及其展示服务的看法、观点，最终以调查篇、访谈篇、分析篇三部分专题形式结集出版，真实可靠的调查资料，高瞻远略的专家访谈，多角度的科学分析，大大提升了该书的学术分量，该书当选为2005年度全国文博考古十佳图书。

《博物馆展览：策划设计与实施》（中国文物报书系·博物馆），曹兵武、崔波主编，学苑出版社，2005年，205页，16开。

该书以“博物馆展览工程管理”“展览工作室”等栏目为基础，近期中国文物报围绕博物馆展示展览方面的文章选萃，共收录相关论文54篇。全书分为三个部分：①展览工作室——理念、策划与运作，收录论文19篇；②展览设计、工程与管理，之下分为总体设计篇、内容设计篇、形式设计篇和项目管理篇四个章节，收录论文17篇；③个案分析：展览撷英，收录论文19篇。

该书全面演绎博物馆展览的定位、策划、内容与形式设计、项目管理、实施、营销推广等方方面面。

《博物馆社会教育》，北京博物馆学会编，北京燕山出版社，2006年，309页，32开。

该书由北京博物馆学会组织编写。中国博物馆协会理事长张文彬题写书名，著名学者苏东海先生为该书作序。

全书分理论篇、工作篇、修养篇三部分十四个章节。其中工作篇八章，从社会教育机构设置，社教活动的策划到各类社教活动开展的形式、方法等，既有基本知识、基础训练，还有社会教育活动的深入和外延，也有不少先进案例的介绍和分析，特别是对改革开放以来我国引进和独创的新型社交活动作了重点介绍。在理论篇和修养篇六章中，介绍了国际博物馆界和教育界最新的理论和理念，有不少理念都是首次引入，对于我国博物馆社会教育与国际先进水平接轨，提高博物馆社会教育界的业务学识水平具有重要意义。

《博物馆馆长领导艺术与工作实用百科全书》，《博物馆馆长领导艺术与工作实用百科全书》编委会编，中国文化艺术社，2006年，4册，1170页，16开。

该书是博物馆馆长管理工作的百科全书，内容包括十五个章节：博物馆馆长工作方法与工作创新、博物馆馆长的领导艺术、博物馆馆长管理能力、博物馆馆长素质与修养、博物馆馆长必备知识与智能、领导气质与魅力、博物馆馆长政务礼仪、博物馆馆长语言艺术、博物馆文书写作艺术、博物馆行政管理工作、博物馆人事管理工作、博物馆行政与财务行政工作、博物馆馆长决策与执行工作、博物馆馆长与突发事件应急管理工作、干部教育培训工作。

《展览讲解员（试行）：国家职业标准》，中华人民共和国劳动和社会保障部编，中国劳动社会保障出版社，2007年，15页，32开。

该书是以《中华人民共和国职业分类大典》为依据，以客观反映现阶段本职业的水平和对从业人员的要求为目标，在充分考虑经济发展、科技进步和产业结构变化对本职业影响的基础上，对职业的活动范围、工作内容、技能要求和知识水平作了明确规定。

该书遵循有关技术规程的要求，既保证了《标准》体例的规范化，又体现了以职业活动为导向、以职业能力为核心的特点，同时也使其具有根据科技发展进行调整的灵活性和实用性，符合培训、鉴定和就业工作的需要。《展览讲解员(试行)》依据有关规定将本职业分为三个等级，包括职业概况、基本要求、工作要求和比重表四个方面的内容。博物馆讲解员培训、管理和服务标准完全可以借鉴本标准执行。

《博物馆工作手册》，国家文物局博物馆司编，华龄出版社，2007年，757页，16开。

博物馆工作是一项专业性非常强的行业，同时又必须依靠一系列法律法规来进行管理。《博物馆工作手册》的《出版说明》中说："该书较亲密地收录了正在适用的有关博物馆工作的法律、法规、规章、规范性文件和相关重要资料，是一本可供全国博物馆管理工作参考的工具书。"

该书收录正在适用的博物馆工作的法律、法规、规章、规范性的文件和行业标准结集出版，对博物馆理论研究来说，在了解博物馆法治建设历程上该书也能提供史料作用。

该书由正文和附录构成。正文按照有关法规、文件等的主要内容和使用范围分为八个部分：第一部分是综合篇，第二部分是博物馆建设，第三部分是藏品管理，第四部分是展览与服务，第五部分是科技与研究，第六部分是安全保卫，第七部分是财税政策，第八部分是国际公约，共108篇。附录是全国爱国主义教育示范基地名单。

《博物馆行政》，〔美〕Hugh H.Genoways、Lynne M.Ireland著，林洁盈译，台湾五观艺术管理有限公司，2007年，16开。

每个国家国情不同，博物馆的行政事务也千差万别，一般观众了解的仅仅是博物馆公共事务的外部情况，对内部则不甚了了，该书揭开了美国的博物馆神秘的工作面纱，从预算到策略规划，从人力资源到硬件管理，从典藏到教育活动等都结合案例进行了介绍。

台湾博物馆学者张誉腾说：这部书有两个重要的特色，其一是在各章节都有详细的附注，书末则网罗了博物馆行政重要文献。其二是书中特别编排了许多辅助说明的字段，提供了重要文献的摘要，另外有三个字段，分别是"真实案例评析""虚拟案例研究"和"现场练习"。因为有了这些文字段，作者搜罗的宝贵数据，得以和他们所引介讨论的博物馆行政概念相互印证，而读者也因此得以全面了解博物馆所面临的问题。在第六章《博物馆的发展》中，作者对企业赞助管道和如何申请补助，提供了极为专业的建议。在第七章《博物馆的人事管理》中，谈到所有主管最敏感的人事问题时，作者所引用的一个案例，具体呈现了一位不称职的员工所面临的家庭困境，也让我们得以观摩到，如果主管能透过同情的了解和适当的技巧，则无论是馆方，还是被解雇的员工，都会因为这个人事行动而从中获益。在第八章《博物馆的藏品管理》中，作者提供美国原住民墓葬与赔偿法案的条款精神和史密森尼博物馆群的一个案例，生动地说明博物馆入藏对象超过其收藏范畴所引发的道德问题。第十章《博物馆伦理与专业守则》，对当前博物馆界最争议的课题如出售馆藏、文物归还原属国和馆员私自收藏等，都有深入的诠释。第十五章《博物馆如何进入二十二世纪》，从领导、博物馆与小区、科技、增进专业素养四个面向，画龙点睛地为该书做了最好的结论。

《数字博物馆的生命力：2007北京数字博物馆研究》，刘英、张浩达主编，中国传媒大学出版社，2007年， 234页，16开。

该书是“2007年北京数字博物馆研讨会”的论文汇编，书中收录提交论文、演讲报告、优秀案例40余篇，从不同方面探讨了数字博物馆建设与发展中的关键问题，既有对数字博物馆建设的经验总结和前景展望，也包括对数字博物馆开发技术和艺术表现的分析。

全书分为六个版块，第一版块是数字博物馆的展示平台与技术实现的14篇文章。第二版块是数字博物馆的艺术表现与文化创意的10篇文章。第三版块是博物馆资源数字化开发与共享利用的6篇论文。最后两个版块一个是广告，推荐一些北京的数字博物馆、科技馆；另一个是北京的博物馆、科技馆网站列表。

20世纪90年代初期，在现代信息技术的推动下，数字博物馆应运而生，并逐步进入快速发展阶段。这些年，中国在数字博物馆建设方面取得了可喜的成绩，一批数字博物馆、数字科技馆开通运行，随着信息技术的不断创新，数字博物馆建设也面临着新的挑战，出现了一些亟待的问题。

《博物馆就是剧场》，刘婉珍著，台湾艺术家出版社，2007年，128页，32开。

该书作者刘婉珍是台湾地区研究博物馆的学者之一。作者首先叙述了她的博物馆经历中几个重要事件和形成该书主体思想的过程，说明“博物馆就是剧场”概念形成的过程，并介绍了几种相似的提法。

全书分七章，每章都援引了大量案例，既有欧美的，也有我国台湾地区的，在每章之后列出了参考文献，为博物馆研究者提供了资料。该书不是给博物馆下新的定义，而是一个借喻或者比喻，作者强调的是博物馆经营的新观念和新做法。

第一章“博物馆其实是个动词”是该书的中心思想。作者说：“博物馆如剧场，随着时空人物的移转，上演着不同戏码，整个博物馆就是一座穿梭时空的记忆剧场，人们在此场域中与自己和他人的记忆感通，与过去、现在或未来的世界接轨，博物馆其实是个动词，所进行的正是说故事与听故事的互动交流。”“博物馆就是剧场”包含三层意思，一个是博物馆中的剧场，一个是导览中的剧场，一个在展览中的剧场。

第二章“展览就是剧场”重在强调展览中环境剧场特性。作者认为，当观众走入博物馆展场中，博物馆剧场就已成立了，表演者、观众与空间是戏剧剧场的三元素，而博物馆剧场的元素则是“物”“人”与“空间”。

第三章“人员导览剧场”重点说明博物馆人员导览的重要性。

第四章“博物馆的剧场形式”解释了博物馆的五类剧场形式：“电影剧场”“实验剧场”“博物馆剧场”“探索剧场”“创作剧场”。

第五章“真正的拥有”是对博物馆教育哲学的理论和实践进行的思考。

第六章“幕后剧场”是讲博物馆内部的管理。

第七章“博物馆就是剧场”是总结，其核心观点是：博物馆是让人们可以游、可以艺、可以兴、可以学、可以让人找回为人的尊严与认同的人间剧场。是谁把博物馆变成高高在上的殿堂？“把缪斯女神捉起来，放回到神庙殿堂中”的人不是别人，就是我们自己（馆长、馆员、观众与非观众）。

《沈阳故宫与世界文化遗产》（沈阳故宫文库），武斌主编，辽宁大学出版社，2007年，326页，16开。

该书以世界遗产的理论和理念、方法来审视、研究沈阳故宫，是在世界遗产理论的概念下，对一个世界遗产单位的个案的研究。无论是从理论层面看，还是从实践层面来看，这都是一个重大转变：一方面，把沈阳故宫置于世界遗产的大概念下，重新认识、了解和研究它的文化价值、历史价值、艺术价值；另一方面，在管理、保护世界遗产的实践工作中，总结一些带有规律性的认识，丰富实际工作中对于世界遗产工作的理论认识，探索具有中国特色的文化遗产保护理论，从而增强对世界遗产工作的理论自觉和文化自觉。

该书研究的内容包括沈阳故宫的营建过程，清代沈阳故宫的使用及其真实性、完整性，沈阳故宫的独特价值，沈阳故宫的“申遗过程”，保护的原则、目标和手段，附着在物质文化遗产上的非物质文化遗产的保护，展示与宣传推广，遗产地旅游的可持续发展，世界文化遗产品牌的打造，沈阳故宫与沈阳历史文化名城地位的关系，“申遗”后沈阳故宫对世界文化遗产学术理论研究的基本做法与经验，科学管理的方法，信息化建设等方面。这种研究带有一定的实证性和经验性，既有故宫学的论述，又有世界文化遗产的相关知识，在探索具有中国特色的文化遗产保护理论和理念方面，是可喜的创新。

沈阳故宫是中华民族文化传承的一个重要的物质载体，不仅蕴含着满族特有的精神价值、思维方式、想象力，还融入了汉、蒙等民族的特点，是各民族智慧的结晶，以“沈阳故宫”为研究对象，是从一个“载体”的角度，研究、认识、理解中华传统文化丰富的历史文化内涵，挖掘沈阳故宫所包含的“历史文化信息”。

《现代博物馆管理的理论与实践》，首都博物馆编，北京出版社，2007年，323页，16开。

该书主要探讨了现代博物馆管理的理论与工作实践，收录论文33篇，主要内容包括业务研究及展览的探索与发展、风从海上来——杂议赴墨西哥“观音展”、现代化博物馆藏品专业化管理初探、博物馆信息化应用平台、首都博物馆固定资产管理新模式、博物馆发展与市场营销等。

《汉字博物馆》，任德山、任犀然著，商务印书馆，2007年，16开。

该书主要内容包括：概说汉字、造字的方法、汉字字体的演变、《说文解字》的常用术语和《说文》学名词解释、汉字的应用和整理、偏旁与部首以及说解构成字头、列出演变字形、分析构造、细说源流、叙述该字的知识和故事、概说汉字学、全面图说等。

该书选取中国汉字在演变过程中的代表性字形，按甲骨文、金文、小篆、楷书顺序排列，并就字头的演变字形分析其构造方法，说明其字形字体演变过程。在细说源流章节，详细说明该字字义的发展过程，从源到流，就本义、引申义作历史的解说，并穿插叙述该字的知识和故事，每个字可能有若干故事。在概说汉字学章节，从《说文解字》创立文字学(小学)到现代汉字学的基本知识进行概要说明。在全面图说章节。每个字头均配字头图，字形从甲骨、钟鼎名器、《说文解字》中选配。

《博物馆的人力活泉》，刘德胜著，台中市舜程印刷有限公司，2008年，159页，32开。

该书共计九章，第一章是前言，介绍了志工、义工的概念。书中从经营志工的视野、志工人性的认同、机构与志工的关系、志工服务的本质、志工的投入、志工的经营成本、志工人力资源、志工征募渠道、志工工作内容、志工专业养成、志工的工作观、志工参与的原因和志工的回馈期待13个方面介绍了在志工研究上存在的二元对立观点。

第二章是博物馆志工的运用模式。本章讨论志工的定位和功能。

第三章是博物馆志工的家族特征，在这一章中，作者描述了志工的组成、性别、居住地、文化程度、职业和宗教信仰、动机问题。

第四章是对台湾自然科学博物馆运用志工的案例介绍。

第五章标题是创造优质团队和愿景。志愿服务是个人意志的社会行为，必然要受到社会性的制约，志工要受制于志愿者的组织，博物馆使用志工先要成立这样的组织才行。

第六章是博物馆志工的征募和甄选。适人、适任和适性，即如何找对人，放对位置和做对事，这是志工征募和甄选要注意的事情。作者从人力分析与招募策略；征募、甄选与面谈；工作安置与定向训练三个小节介绍博物馆如何征募和甄选志工具体实务。

第七章是合宜有效的志工训练。征募和甄选到志工后必须通过训练才能上岗。作者分五个部分来论述志工的训练的具体内容：训练的必要性、训练的效用、训练的规划、训练的种类、永续经营的行动策略。

第八章是谈博物馆志工的激励与维系。博物馆志工具有出勤状况不佳、流动性大、欠缺约束力、工作能力不足和无法承担职责特点，其中流动性大是最主要的。作者总结了职工流动性大的个人若干因素，并从积极层面分三节十段论述了志工的激励与维系。第一节是督导与激励的策略，第二节是志工支持措施与联谊，第三节是志工考核与激励。

第九章对志工发展趋势的探讨。分两个小节，第一小节对志愿服务的不同观点进行了介绍。第二小节就志愿服务趋势与努力方向进行探讨，首先开列2001年联合国的“国际志工年”的四个目标，接着介绍陈贵金的一项研究成果，就志工服务存在的三大问题进行归纳，并介绍了张得聪的“台湾志愿服务之省思与展望”一文的观点。在此基础上，作者提出了博物馆志工十点努力方向。

《历史的烙印：青岛德国监狱旧址博物馆陈列展览纪略》，赵春光主编，中国长安出版社，2008年，315页，16开。

青岛德国监狱旧址博物馆是一座集监狱建筑群、司法文物收藏为一体的特色博物馆。博物馆延续了近50年的监狱、看守所的功能，见证了青岛这座殖民城市的苦难和百年沧桑。该书用翔实的史料展示了这座欧洲古堡式建筑承载的历史和社会内涵。该馆陈列展览内容是具有百年沧桑的欧洲古堡式监狱建筑及其监狱设施：运用图文和实物展示青岛1891～1949年司法历史沿革状况的“青岛近代司法历史沿革陈列展”以及运用硅胶仿真人像、幻影成像、平面投影等现代展示技术，逼真再现这座监狱当年的情景。

该书反映了青岛德国监狱旧址曲折复杂的历史，透过照片、档案、场景、文物器具，让读者看到监狱变迁的历史，了解不同时代囚徒的生存状况，看到监狱隐秘的空间，了解监狱作为各种历史事件的最后见证者的实情。读者从监狱的水井、酱菜缸、木碗等文物中，可以体味到监狱生活的某种气息，牢记青岛在20世纪前半叶那段屈辱的历史，勿忘国耻，激发爱国主义情怀。

《2003～2006中国国家博物馆观众研究》，郝国胜、黄琛著，中国大百科全书出版社，2008年，343页，16开。

该书通过对2003～2006年中国国家博物馆的展览及观众进行数据统计、分类、组合核算，形成各展览观众的综合数据组合和分类数据组合。在比较的基础上，分析各展览的社会响应程度。根据中国国家博物馆自身状况和社会综合指数，对形成各展览观众数据的成因进行科学分析，以此获得中国国家博物馆所办展览的各类社会响应程度，并为寻求适合的办展之路进行有益的理论探索。

该书的核心是对观众数据的研究。作者把日常管理工作提升为学术性的工作研究，通过多年采集的数据，系统归纳、精心研究分类和分项，让读者了解到日均观众数据、展览的展期数据、各个类型展览的综合数据。根据这些数据对观众的成因和组成成分进行系统分析，对影响观众参观的社会问题、季节因素、博物馆自身状况等方面进行详细的剖析，并对所反映出博物馆现象进行实事求是的论证分析，在博物馆研究方面取得了十余项有价值的研究成果。这些成果不仅对中国国家博物馆有极高的实用价值，也对各个博物馆在观众研究方面同样具有广泛的应用价值。

该书从实际出发，以广泛的视角阐述了怎样更好地了解观众和服务观众，怎样发掘博物馆优势和利用博物馆优势最大限度地服务社会，尤其对博物馆自身的宣传推介工作进行了详尽的阐述，在为博物馆同行提供丰富实例的同时，也从理论层面展开论述，极大丰富了博物馆学的研究。

《展览讲解员（基础知识）》（国家职业资格培训教程），贾雪虹主编，中国劳动社会保障出版社，2008年，158页，16开。

该书由中国就业培训技术指导中心按照标准、教材、题库相衔接的原则组织编写，是国家职业技能鉴定推荐辅导用书。书中内容根据《国家职业标准·展览讲解员》（试行）要求编写，是展览讲解员职业技能鉴定国家题库命题的直接依据。

《展览讲解员》（基础知识）介绍了各级别展览讲解员应掌握的基础知识，涉及职业道德教育和实践、博物馆基础知识、发声知识、普通话语音基础知识、语言表达基础知识、相关法律法规和安全常识等内容。

该书是讲解员应知应会的基础知识，分为七章，依次是：第一章职业道德教育和实践，内容包括职业道德准则、社会主义职业道德教育与实践职业道德准则、社会主义职业道德教育与实践。第二章博物馆基础知识，包括中外博物馆发展概况、博物馆分类与特征。第三章发声知识，包括发声器官与发声原理、呼吸、讲解用声的基本原则和要求。第四章普通话语音基础知识，包括普通话语音概说、声母、韵母和声调、语流音变、普通话口语表达的一般特点以及产生语音问题的原因、综合训练。第五章语言表达基础知识，包括停连、重音、语气、节奏、讲解基调。第六章相关法律法规，包括文物及文物保护的法律法规、地面文物和地下文物的管理、《文物保护法》关于奖励与惩罚的规定。第七章安全常识，包括防盗安全和消防安全。

《博物馆免费开放参观指南》，国家文物局编，文物出版社，2008年，438页，32开。

2008年1月，根据《关于全国博物馆、纪念馆免费开放的通知》要求，国家正式启动了博物馆、纪念馆向全社会免费开放工作。为了宣传和推介免费开放的博物馆，编者选录了2008年度免费开放的400余家博物馆，组织编辑了该书。

该书以图文对照的形式对博物馆的特色、珍贵藏品以及基本陈列、面向观众的特色活动等加以简明扼要的介绍，并附有开放时间、地址、交通、电话、联系方式等基本信息，以方便公众参观，扩大博物馆的社会服务职能。

《展览讲解员（初级）》（国家职业资格培训教程），贾雪虹主编，中国劳动社会保障出版社，2008年，118页，32开。

博物馆的展陈是教育的基本形式，而对展陈进行讲解服务的人就是讲解员。做这个工作有志愿和职业两类人，从职业上说最新的国家职业标准中有了这个职业规范，以后要从事这项工作的话要经过考试才能上岗。为了规范培训，中国职业培训技术指导中心完成了《国家职业标准·展览讲解员（试行）》（以下简称《标准》）制定工作，《国家职业标准·展览讲解员（试行）》以《中华人民共和国职业分类大典》为依据，以客观反映现阶段本职业的水平和对从业人员的要求为目标，在充分考虑经济发展、科技进步对本职业影响的基础上，对职业的活动范围、工作内容、技能要求和知识水平作了明确规定。《标准》的制定遵循了有关技术规程的要求，既保证了《标准》体例的规范化，又体现了以职业活动为导向、以职业能力为核心的特点，同时也使其具有根据科技发展进行调整的灵活性和实用性，符合培训、鉴定和就业工作的需要。《标准》将这个职业分为三个等级，包括职业概况、基本要求、工作要求和比重表四个方面的内容。

在此基础上，中国就业培训技术指导中心还组织人员编写展览讲解员国家职业资格培训系列教程四部。包括《展览讲解员（基础知识）》和《展览讲解员（高级）》《展览讲解员（初级）》和《展览讲解员（中级）》。四部书均由中国劳动社会保障出版社出版，贾雪虹主编。

初级部分介绍了初级展览讲解员应掌握的技能和知识，涉及职业道德教育和实践、博物馆基础知识、发声知识、普通话语音基础知识、语言表达基础知识、相关文物法律法规和安全常识等内容。

《展览讲解员（中级）》（国家职业资格培训教程），贾雪虹主编，中国劳动社会保障出版社，2008年，156页，32开。

该书是中国就业培训技术指导中心按照标准、教材、题库相衔接的原则组织编写，是国家职业技能鉴定推荐辅导用书。书中内容根据《国家职业标准·展览讲解员（试行）》要求编写，是中级展览讲解员职业技能鉴定国家题库命题的直接依据。《展览讲解员（中级）》介绍了中级展览讲解员应掌握的技能要求和相关知识，涉及接待、讲解和讲解词编写等内容。

该书分为三章，依次是：第一章接待，包括内事接待、服务礼仪、公务礼仪、险情应变处理、消防险情应对、防盗险情应对、突发事件分类和应对。第二章讲解，包括展览讲解、观众心理知识、根据不同观众心理特征讲解、咨询讲解、展览内容设计常识、展览形式设计常识。第三章讲解词编写，包括收集资料、文史工具书的基础知识、根据展览内容搜集相关资料、编写针对一般观众的讲解词、讲解词编写的基本要求、解词编写的一般方法。

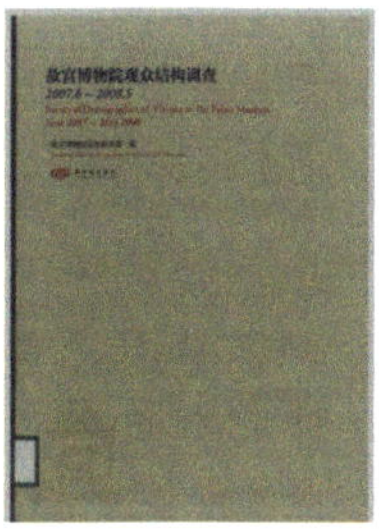

《故宫博物院观众结构调查》（2007.6～2008.5），故宫博物院宣传教育部编，紫禁城出版社，2008年，16开。

观众是博物馆的服务对象，是博物馆社会效益和经济效益的源泉，是博物馆体现价值和实现宗旨的媒介，是帮助博物馆改进和发展的良师益友。观众调查是博物馆公共服务的基础。故宫博物院过去也曾组织过小规模的单项观众调查，但一直缺乏关于观众结构的全面、系统、准确的数据资料，这在一定程度上给故宫博物院的工作决策带来了不便。为了更好地了解观众、服务观众，故宫博物院宣教部于2007年6月至2008年5月分八个阶段历时45天，组织经过培训的大中学生和志愿者开展了大规模的观众结构调查，形成了这份具有启迪意义的数据报告。

本次调查的数据资料非常丰富，可供挖掘和研究之处很多，主要表现在下面三个方面：

（1）调查数据证实了关于故宫观众结构的一些基本判断。例如：故宫观众中，中国（含港澳台）观众与外国观众的人数之比大致为5：1。平时外国观众的比例在16%～28%波动，大致是春夏季高于秋冬季，考虑到过去通常采用“海外（含港澳台）观众大约占观众总数的六分之一”的说法，外国观众的比例应属有所上升；而在国内节假日尤其是长假期间，中国观众的比例最高可占九成，大大高于外国观众，说明长假对鼓励国内观众出游的确收效明显。

（2）调查数据揭示了一些值得关注的现象。例如：故宫观众按性别统计，男性所占比例比女性高出约10%。这一点与欧美主要博物馆中女性观众多于男性观众的普遍现象相反。不过，在故宫的团队游客中，女性比例则高于男性，说明女性更倾向于以团队形式出游。

（3）调查数据还纠正了一些习以为常的错误认识。例如：过去常以为故宫的观众绝大多数来自外地和外国，本地观众数量少；而数据显示，在国内观众中，来自北京市的高达6.5%，居全国第二。

这些调查结果将对故宫博物院的工作决策提供重要依据，以便更好地为观众服务。

《自然科学博物馆科学教育活动》，钟琦编，科学普及出版社，2008年，135页，16开。

该书是中国科普研究所自然科学博物馆科学教育研究课题的结项成果之一。该书主要是反映目前我国自然科学博物馆科学教育发展状况，总结当前各类场馆在科学教育领域的探索，以期结合提高我国公民科学素质过程中对科学教育的需求和要求的研究，提出自然科学博物馆科学教育的基本方法，为新场馆开展科学教育活动，老场馆提高科学教育效果提供支持。

该书分为活动篇、展览篇、培训篇、夏令营篇、影视出版篇五个部分介绍了40余个教育活动。该书作者来自各个科技馆和自然类博物馆，总结各自博物馆和科技馆的案例，生动鲜活，呈现出以下特点：整合社会资源，优势互补；结合学校教育，配合课改；充分利用馆藏，发掘、拓展藏品功能；利用现代科技手段，注重展览的延伸，将展览拓展到观众身边；寻求自然科学与传统文化的结合；配合社会热点，依据对象人群的特点，设计活动形式和内容；知识讲座与课堂试验及课外活动有机结合，动眼、用耳、开口、动手、动脑多感官的学习；“活动前、活动中、活动后反馈拓展”的三步走流程；参与社区活动，发动社区居民参与博物馆建设；走出博物馆，开放办馆，关注社会弱势群体等。附录部分介绍了德国的两个材料。

《展览讲解员（高级）》（国家职业资格培训教程），贾雪虹主编，中国劳动社会保障出版社，2008年，178页，32开。

该书是由中国就业培训技术指导中心按照标准、教材、题库相衔接的原则组织编写，是国家职业技能鉴定推荐辅导用书。书中内容根据《国家职业标准·展览讲解员（试行）》要求编写，根据高级展览讲解员职业技能鉴定国家题库命题的直接依据，介绍了高级展览讲解员应掌握的技能要求和相关知识，涉及接待、讲解、讲解词编写，以及业务指导与宣教活动组织等内容。

该书是高级讲解员应知应会的内容，分为四章，依次是：第一章接待，包括外事接待计划的制订、外事接待计划的实施、外事礼仪规范、习俗礼仪常识、我国部分少数民族习俗礼仪。第二章讲解，包括展览讲解、观众调查和分析方法、因人施讲、英语咨询讲解、公共信息咨询、服务设备咨询、展览内容、活动咨询。第三章讲解词编写，包括①讲解词编写的相关知识准备、展览艺术理论常识、计算机应用基本知识、收集编写讲解词所需的资料。②编写针对不同类型观众的讲解词、不同类型观众讲解词编写的一般要求、不同类型观众讲解词的编写要领。第四章业务指导与宣教活动组织，包括初中级展览讲解员业务指导的原则和方法、志愿者讲解员的管理、展馆宣教活动的策划与实施、展馆宣教活动的策划、展馆宣教活动的实施。附录有中国国家博物馆志愿工作章程和中国国家博物馆志愿者讲解工作流程。

《马王堆汉墓：古长沙国的艺术与生活》，湖南省博物馆编，陈建明主编，岳麓书社，2008年，彩色图文196页，16开。

该书是2009年赴美国“马王堆汉墓：古长沙国的艺术与生活展”展览的同名配套图录。全书分两个部分，采取中英文对照的形式排版。第一部分是论文6篇，综合性地论述了马王堆汉墓文物的特点和研究价值；第二部分是介绍赴美国展览的马王堆汉墓和长沙国文物68件，文物说明采取了比较新颖的写作方式，既有文物的基本信息，又有文物反映的文化内涵，值得阅读。

《文物养护工作手册》，首都博物馆编，文物出版社，2008年，351页，16开。

这是关于文物养护方面的普及本性工具书，汇集了文物保护、修复、展藏环境等方面的方针、政策、原则、理念，传统的现代的工艺、技法、各类器物质地、养护修复材料、实验室仪器、修复室设备工具、书籍文献等方方面面条目约一千余条。每个条目编写简明扼要，针对性强，便于查阅，适宜博物馆从事文物保护修复科技人员与藏品保管人员，以及民间收藏爱好者参考。

《博物馆免费开放研究——以湖北省博物馆为例》，湖北省博物馆编，湖北人民出版社，2008年，301页，32开。

该书针对博物馆免费开放后的形势，根据湖北省博物馆的经验编写。

2007年11月6日，湖北省博物馆综合新馆开馆时，就向全社会宣布永久免费开放。国家文物局组织专题调研组到该馆考察，总结湖北省博物馆免费开放的经验，随后向全国推广。

2008年，中央宣传部、文化部、财政部、国家文物局四部委联合发出《关于全国博物馆、纪念馆免费开放的通知》，要求除文物建筑及遗址博物馆外，全国各级文化文物部门归口管理的公共博物馆、纪念馆、全国爱国主义教育基地要逐步面向公众开放。这是一项文化惠民工程。

该书内容分为十三章，依次是：免费开放博物馆的必要性与可行性、场馆设施建设、免费开放博物馆的安全防范体系、后勤保障、人才队伍、计划财务管理、协调沟通与宣传策划、文物收藏保管、文物保护、陈列展览、社会教育、文化产品服务、信息中心的服务与教育功能、湖北省博物馆免费开放的实践。因湖北省博物馆率先开展试点工作，故该书通过对比湖北省博物馆免费开放前后的情况分析，探讨公共文化设施免费后出现的问题及解决措施，以此为案例研究博物馆免费开放后的管理与可持续发展。

《博物馆建筑设计》，蒋玲主编，马欣、王卉、姬凌云编著，中国建筑工业出版社，2009年，彩色图文134页，16开。

该书为建筑学、城市规划、环境艺术等专业建筑设计系列课程教学用书之一。主要针对博物馆设计教学的主要内容，全书分为六个部分介绍了博物馆建筑概述、博物馆建筑的总体布局、博物馆建筑的空间构成和组织、空间设计、陈列设计和博物馆建筑的造型设计。CAI课件中包括博物馆建筑设计原理、设计规范与数据资料、学生作业评析、博物馆建筑实录四部分。

《文物保护学》，王蕙贞编著，文物出版社，2009年，624页，16开。

该书是博物馆保护学方面的专业论著，论述了文物保护学的理论与实践。全书分为十六章：文物保护学概论；陶瓷砖瓦类文物保护；金属类文物保护；石质文物保护；纸质文物保护；漆木竹器类文物保护；纺织品文物保护；壁画、彩绘、泥塑保护；皮革、尸体、骨角质类文物保护；古代建筑保护与维修；博物馆环境；土遗址保护；影片照片及录音类文物保护；考古发掘现场文物保护；现代分析技术在文物保护中的运用；文物保护技术实验室。

文物保护是涉及历史、考古、政治、经济、艺术等人文社会学科和物理、化学、生物、材料学、地学、环境学等自然学科的一门多学科相互交叉渗透的边缘学科，需要多方面的科学工作者协同努力才能完成这一任务。

该书除了采用著者的教学和科研成果之处还引用了相关作者公开发表的成果，以全面反映我国文物保护工作的成绩和进展。

《博物馆陈列展览内容策划与实施》，齐玫著，文物出版社，2009年，362页，32开。

该书是专题论述博物馆陈列展览内容设计与实施的书籍。书中系统阐述了博物馆陈列展览内容不同阶段运作的整个过程，总结、梳理、诠释出博物馆陈列展览内容设计的精髓、程序、规范、要求以及具体的操作过程，可作为一部进行博物馆陈列展览内容设计与实施的专业参考书，尤其对不熟悉博物馆陈列内容设计与实施的人，更具指导意义。书中的大量事例，特别是对陈列展览中需要遵循的专业标准和要求，予以翔实具体地论述，说明了具体操作的步骤、顺序、内容、原则以及相关的技术数据，使陈列展览工作的人员可以从书中找到具体的答案以及需要的专业和技术的参考数据，对实际的陈列展览工作具有科学的、专业的指导意义。

书中论述了陈列展览的选题依据，选题范围，选题确定，选题过程，选题重要性以及陈列展览实施的前期准备，陈列展览大纲撰写标准、撰写内容，陈列展览形式设计要求，陈列展览形式设计招标，展厅装修及展具和展品制作，陈列展览布展，陈列展览开幕等。尤其是陈列展览大纲写作的体例、陈列展览大纲文字撰写的标准、选定文物的标准、选定辅助展品的标准、陈列展览内容形式设计要求、展柜形式设计要求（展柜类型及展柜技术要求）、展托形式设计要求等，都是陈列展览实施中重要的技术环节。

该书最后一章对首都博物馆从老馆到新馆举办陈列展览的发展历程、不同时期陈列展览的特点及收获，以及举办过的重要的、成功的陈列展览等作了阐述及总结，为研究者提供了真实的个案史料。

《博物馆教育新视阈》，杨丹丹、阎宏斌主编，文物出版社，2009年，244页，32开。

2006年9月和2008年1月，北京博物馆学会社会教育委员会先后组织两届博物馆社会教育论坛。首届论坛主题是“博物馆与青少年道德教育”，学者主要探讨博物馆教育在精神文明建设中的功能问题，深化了博物馆教育功能的内涵。时任国家文物局单霁翔局长送上书面发言材料。资深专家苏东海、甄朔南先生均在会上讲话。中国博物馆学会常务副会长马自树就德育的意义以及如何对青少年进行德育作了极有见地的发言。第二届论坛的主题是“博物馆社会教育再认识”，与会学者进一步探讨了博物馆教育的发展问题，扩展了博物馆教育的发展途径。

该书是北京博物馆学会组织的这两次论坛的优秀论文和精彩发言的汇编，旨在以扩大交流，提升博物馆社会教育工作的水平。

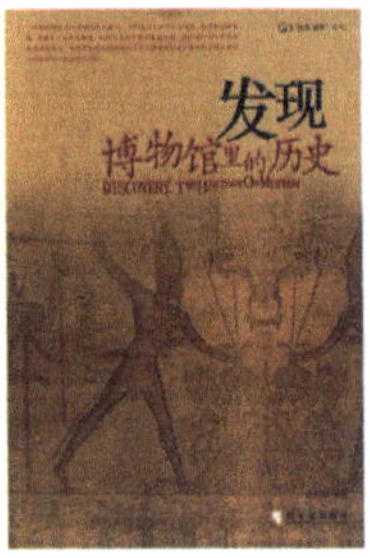

《发现博物馆里的历史》，方木铎编著，哈尔滨出版社，2009年，260页，16开。

一座博物馆是一部物化的史，人们通过文物与历史对话，穿过时空的阻隔，俯瞰历史的风风雨雨。对世界上的任何一个国家或民族来说，历史和文化都是其最宝贵和不可复制的财富。而博物馆，恰恰是一个沉淀和展示历史的平台。走进博物馆，也就是走进过去历史的场景，这是我们重新记忆和发现历史的开始。博物馆的意义不仅在于那一个个散发着历史气息的文物，更在于这些珍贵的历史材料为现在的我们提供历史的参照。

该书告诉我们：博物馆是一个浓缩历史的天窗，它为我们提供了一次与历史相聚的可能。

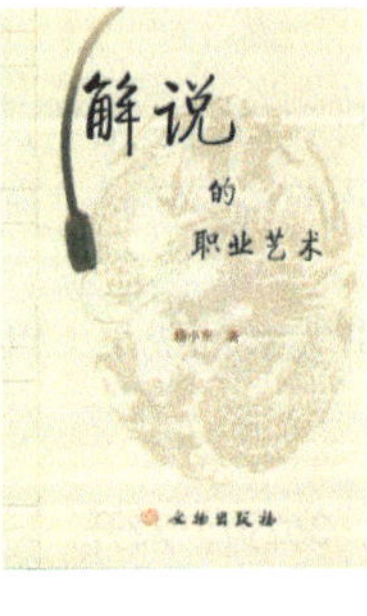

《解说的职业艺术》，杨晓东著，文物出版社，2009年，203页，32开。

作者结合自身博物馆解说工作经验，阐述了博物馆解说工作的理论问题，并对解说员的声音训练、形体训练、工作礼仪等技术性问题做了详细介绍。书中文字通俗易懂，集知识性与实用性于一体，适于各类博物馆、美术馆、展览馆解说员阅读参考。

20世纪以来，中国博物馆和博物馆的解说工作经历了诞生、成长的过程，历经艰辛坎坷和走向成熟。调查显示，在博物馆的各种展示材料中，文字说明的吸引力远远要逊色于解说员面对面的解说。很多观众并不看展品说明，即使看了也仅几秒而已，且通常是在参观的30分钟之后才开始。展品的文字说明虽然对观众领悟和理解展品有很大的帮助，但是有些专业性太强而缺乏普及性的术语会使观众很难耐下心去阅读。因此，专家指出，如果博物馆能够提供给观众视觉的、感官的、娱乐的、社交的、学习的等方面的更多体验，博物馆的教育效果会有更为实际的收获。

该书给解说员以专业化的系统培训，鼓励解说员积极投身到博物馆实践中，把每一次解说都作为实践锻炼的机会，把每一场解说都作为不断创造方法、丰富技巧的实践，在行动和反思中改善解说效果，将日常工作经验积累升华。同时，用实例纠正解说员是吃青春饭的误会和偏见，对建设文博工作者队伍起到积极作用。

《法门寺文物图饰》，韩生编著，文物出版社，2009年，彩色图文500页，16开。

该书收录法门寺地宫出土500余件的照片，以简洁的文字介绍予以展示，其中有不少文物是此前未公布的文物珍品，如佛像、佛经、秘色瓷、织物等，是研究唐代文化的重要材料。全书分为绪论、石刻文物、真身宝塔、唐代地宫、地宫文物、地宫唐密佛舍利供养曼荼罗、文物装饰艺术六个章节详细介绍了法门寺文物图饰的出土状况，丰富、具体而全面。

该书的特点有三：一是编者用显微镜将重要文物的细部，分解、放大、特写，将肉眼难窥内在特质的底蕴揭示出来，精美绝伦的文物与和谐唯美的图案，淋漓尽致地展现在书中。二是向世人昭示了唐代岁月中的佛教巅峰起伏，是唐代重佛、崇佛的全景式记录。三是将一些重要文物图饰，进行自上而下、从外到里，全面的立体展示。书中详尽地介绍了明塔、塔上的佛经与佛像、历代碑刻、地宫文物的出土情况、丝绸织物的出土及显微镜下所见其结构图等，为进一步研究提供了宝贵的第一手资料，弥足珍贵。

《文物巡展的实践与探索："秦始皇兵马俑全国巡回展"实录》，秦始皇兵马俑博物馆编著，科学出版社，2009年，彩色图文156页，16开。

该书是2002年至2006年"秦始皇兵马俑全国巡回展"工作的经验总结。书中详细介绍了巡展中展览陈列设计、文物保护、宣传教育和市场化运作等相关工作的经验做法，既为各类博物馆开展此项工作提供了借鉴，也为博物馆学术案例研究提供了新资料。

20世纪80年代，秦始皇兵马俑博物馆曾在国内举办短暂巡展，引起巨大反响。进入21世纪，为满足国内群众需求，从2002年初在成都启动，到2006年初在包头结束，历时四年，巡回16个省、21个城市，参观观众达到160多万人次，再次引起了社会各界的强烈反响。

引进和输出展览都是博物馆实施文化产业的一种策略，引进和输出展览的过程，是博物馆由单一的展示手段向服务型展示手段转变、由相对固定的观众群体向适度改变观众群体构成转变、由依靠自身资源向整合社会资源转变、由计划经济运作方式向市场化运作方式转变、由被动服务形态向主动服务形态转变的过程。在这一过程中，最重要的是"博物馆营销"概念的引入。"博物馆营销"是我国博物馆界学习西方博物馆学的产物，有些博物馆在"引进"实践这方面已取得突出成绩。秦始皇兵马俑博物馆作为博物馆"输出"的成功实践者，在国内首屈一指。这次巡展所采用的市场化运作模式，是在新的历史条件下，积极应对市场经济发展而创新探索的办展模式。巡展依靠陕西文物的优势，整合社会资源，采用市场运作模式，通过与当地博物馆的合作，实现了展览的持续进行。

《博物馆纺织品文物保护技术手册》（博物馆藏品保护丛书），国家文物局博物馆与社会文物司主编，文物出版社，2009年，376页，16开。

该书原是国家文物局课题"纺织品保护技术规范研究"中的主要部分。课题名称虽是"纺织品保护技术规范研究"，但手册更注重实践操作方法，旨在提供最基础的资料和信息，让不同层次的工作人员在书中找到纺织品保护的一般原则、操作时针对不同对象的处理思路、保护过程中所用的工具名称、可选择的材料品名、所采用的工艺条件以及一些国内外相类似的情况。因此，编者将手册分成纺织品文物保护技术、纺织品文物保护简易操作法、纺织品文物保护案例三个部分。

该书内容包括纺织品的消毒、清洗、平整、修复、陈列、保管、运输等，正文之后附有17个国内外纺织品保护的案例。该书作者汇集了国内顶尖的纺织品保护专家，其内容深入浅出，因此是一本操作性、实用性很强的技术手册。

《博物馆实用讲解艺术》（河南博物院学术文库），王学敏编著，河南大学出版社，2009年，328页，32开。

该书是关于博物馆讲解艺术的实用培训著作，作者有三十余年博物馆讲解工作的实践经验，她根据自身的讲解经历和培训讲解员的实际需要，在不断完善培训讲义的基础上写成该书。

全书分为九个章节，依次是：讲解概论、讲解规范、讲解的方法和技巧、讲解艺术、讲词的编写、讲解接待礼仪、讲解队伍建设、讲解志愿者、讲解的对象——观众。九个章节分别论述了博物馆讲解工作的工作概念、要求和规范，既有理论学研究，又有具体工作的探讨，是一部非常方便实用的博物馆讲解书籍。例如在第二章讲解规范中详细说明了讲解的基本要求、讲解的程序和原则。讲解的基本原则中举例并配合工作照片说明讲解时的姿态、目光、表情、举止、服饰要求。在第四章讲解艺术中，用图文配合、举例说明的方式解释了讲解的吐字发声、讲解的情感、讲解风格、参赛讲解以及讲解基本功的训练等，特别是在讲解基本功训练的方法和内容中，详细讲解气息练习的方法和要领，并一一指出如何进行发声、吐字、轻声、儿化、音高音量、朗读练习的方法和注意事项等，循序渐进，娓娓道来，书中这样的表述方式很多，让人喜欢读、愿意读。

《首都博物馆馆藏纺织品保护研究报告》，首都博物馆编，文物出版社，2009年，163页，16开。

该书是以首都博物馆申请北京市科委“首都博物馆馆藏纺织品保护研究”项目的结题报告为基础编写而成，是一本关于纺织品文物修复以及修复过程中对文物进行的涉及考古、文化、工艺及对博物馆保管和展陈方式探讨的研究报告。收录研究文章7篇。

书中重点论述首都博物馆纺织品保护研究工作室修复庆寿寺出土龙纹绣袱、堆补绣火焰纹僧帽、白塔寺出土密封册的方法和理念，介绍了修复过程中如何应用传统物理方法修复纺织品文物，并注意结合高科技检测手段，应用生物酶和超声波物理清洗方法，同时结合博物馆自身研究、保管和陈列功能，对几件文物进行了文化和工艺、保管环境与方式、陈列方式与材料等方面的研究。书中还介绍了首都博物馆复制定陵百子衣的过程，对馆藏明代绣片的研究和工作中改进的桑蚕单丝绕网机。

该书依据实践工作编写而成，是一本较为全面的纺织品修复保护与研究的科研报告。

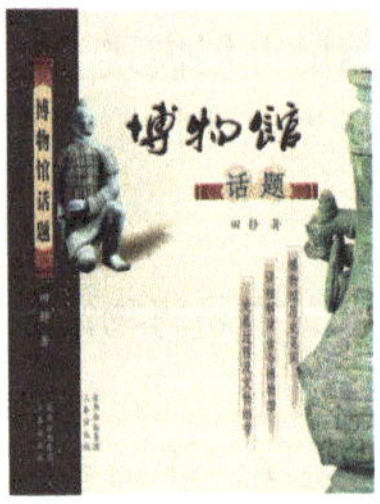

《博物馆话题》，田静著，三秦出版社，2009年，386页，18开。

该书探讨了博物馆界的热点话题：免费开放、展览宣传、社会教育和管理服务四个方面的内容，通过对博物馆工作案例的分析和实地调研，提出了解决思路和对策。重点对博物馆展览给谁看？博物馆宣传如何做？博物馆怎样开展社会教育等问题进行集中思考，其解决方案针对性强，操作性强，具有借鉴意义。

该书的特点有四：一是书中涉及的课题，都是当代博物馆亟须解决的普遍问题；二是每一个问题的探讨，都有大量鲜活的案例，从中引出理性的思考；三是并非简单地指出问题，而是分析问题并提出解决问题的思路；四是作者视野广阔，放眼中外博物馆发展的现状，紧跟时代的脉搏。

书中的论述，始终围绕一个核心，即人本思想的确立。例如，对博物馆展品的认识：“博物馆”顾名思义，其存在的前提是文化遗迹、遗物。但在物质的外壳下蕴藏着丰富的人类文化精神。作者指出：如果我们仅把这些文物“放在文物库房，虽然这些文物还在，原来使用这些文物的主人和有关这些文物的生活习俗却已经绝迹了。如果不能从更深层次思考和研究，博物馆也许就是一个文物的‘仓库’而已”。一个博物馆的陈列如果仅是见物不见人，“只能是杂乱无章的堆积”。“博物馆绝不是杂货铺，也不是古董店，博物馆是展示文明的窗口，是讲故事的场所，是还原历史的地方。”书中随文附有70余幅照片，既直观又具说服力。

《湘楚物华：阅读湖南省博物馆》（“阅读博物馆”系列丛书），陈建明主编、游振群副主编，紫禁城出版社，2009年，208页，16开。

该书是“阅读博物馆”系列丛书的第一本，由湖南省博物馆专业人员集体编写。

编者以普通观众为阅读对象，结合博物馆展览实际，为观众实地参观提供极大的便利。书中筛选120件最具典型代表性的馆藏精品，逐一配图加以介绍，不仅让读者欣赏历史遗珍的精髓，而且深入了解与文物相关的故事，充分展示了湘楚文明的博大精深。

通过对观众参观需求进行调查和对观众心理分析得知，观众心中的博物馆印象，除了博物馆的建筑形制、参观环境、场馆设施外，最主要的还是藏品，因此，编者精心选择出的瑰宝都正在展出的文物，都是同时也最能集中体现湖湘文化特征。书中介绍的展品均按照观众的参观路线、分陈列、分展室逐一分析展品的历史、艺术、文化价值，阐释器物的质地、历史背景和时代特征，说明展品之间的传承发展关系。同时采取以一个陈列为一个章节的体例，并在开篇介绍陈列的概况，这样，观众对整个陈列都能有整体的认识，对于博物馆的收藏也能有较为明晰的概念。

该书图文并茂，解说深入浅出、简明扼要而又通俗易懂。此外，对基本陈列的分布图、陈列平面示意图都进行了标注，对展品进行了编号，读者可以在展厅中按图索骥，提高了参观效果。

《绿色博物馆建筑的探索：上海自然博物馆新馆节能技术研究为例》，徐晓红主编，上海人民出版社，2010年，267页，16开。

该书通过系统研究国内外最新绿色建筑的理论、案例，得出切合上海自然博物馆项目的技术措施，同时为长江三角洲地区同类型的建筑的建设提供了示范性的参考样板，以减少同类建设的研究成本，节约社会资源。

2006年8月，上海自然博物馆新馆建筑在全球范围内征集方案，美国帕金斯威尔设计师事务所与同济大学建筑设计研究院联合最终中标。据介绍，建筑的整体灵感来源于鹦鹉螺的壳体形式，这一简单而又经典的生物形式寓意着博物馆人“管理自然遗产、守护地球家园”的神圣使命。螺旋上升的绿色屋面“冉冉升起”，而博物馆的功能区便置身于这一绿色长带下。一座巧妙围合的椭圆形水池，成为整个建筑的参观流线的中心焦点，象征着71%的地球表面以水覆盖，水面带来了水波的波纹、质感、动感、声音和反射，则成为博物馆体验的一部分。博物馆的铺地和外墙表面由多方向的石头图案组成，使人联想到地球的地质构造层。岛状植物组群起伏地分散其间，被喻为上海自然博物馆新馆的“原始森林”。入夜后，“森林”被灯光照亮，它也反射灯光，从而减少了室外灯柱的需要。

该书是上海自然博物馆新馆建设前期的理论基础，此研究保证了上海自然博物馆建设科学有序进行。

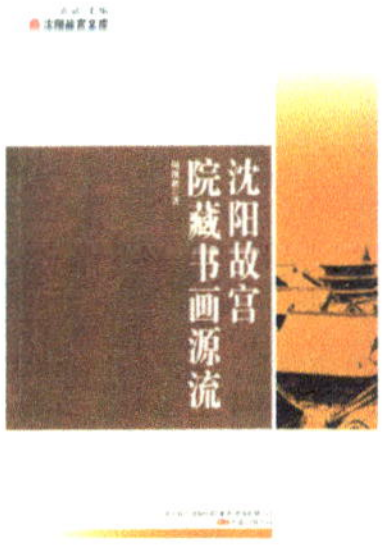

《沈阳故宫院藏书画源流》（沈阳故宫文库），周维新著，万卷出版公司，2010年，243页，16开。

该书系“沈阳故宫文库”之一，是了解和研究沈阳故宫书画藏品的专著。全书分为书画藏品的记录、宫藏书画的积累、书画藏品的递藏等三个部分，分别论述了沈阳故宫书画藏品的著录，曾藏于沈阳故宫书画藏品记录，现存藏品在出版物的刊载，盛京皇宫时期书画的收藏，20世纪后的盛京皇宫，以及宋、元、明、清、民国时期的书画藏品鉴藏等内容。

《博物馆宣教服务岗位从业人员培训教程》，中国国家博物馆编，中国劳动社会保障出版社，2010年，428页，16开。

该书由中国国家博物馆组织专业人员编写，分为三编十三个章节，论述了博物馆宣传教育服务岗位从业人员应知应会的服务内容与服务规范。教材的编写对推动宣传教育服务岗位工作的标准化具有非常积极的意义。

讲解工作一直被作为博物馆向公众提供教育服务最主要的手段和方式，然而由于各博物馆的基础情况各不相同，从业人员对讲解工作的理解、重视程度等都存在较大差距，行业内部也未形成统一、规范的行业标准。当今博物馆的教育理念、教育手段和教育平台都发生了巨大的变化，公众意识、服务意识、服务水平被提到前所未有的高度，对“讲解员”岗位的从业资格也提出了更高要求。

2007年国家博物馆确定了“博物馆新型宣教服务体系建设”为主题的专项课题研究项目，其出发点是以人性化服务为原则，换位思考，从公众的角度设定服务环节，为公众提供既舒适又有亲和力的服务，创造能够激发观众热情参与的情感氛围；根据新增服务功能和工作方式的转变，研究宣传教育服务的管理、培训和工作模式以及用人机制，通过体制、机制、方法和工作内容的创新，形成一套完备的包括应急（危机）处理机制在内的新型宣传教育服务管理方案。正是以课题研究成果为基础完成了该书的编写。

《博物馆陈列项目实施的程序与方法》，肖克之、刘军编著，中国时代经济出版社，2010年，213页，16开。

中国农业博物馆陈列项目从正式开始到基本完成历经四年时间，回望走过的路，最难办、最棘手的莫过于无章可循、无据可依的尴尬。博物馆陈列项目至今没有操作规范，没有专门的法律依据，只能参照相关的条文，项目主持人需花费大量的精力摸索完善。不仅如此，每一个新的陈列项目都重复着一个起点，项目主持人都要花费时间和精力学习。因此，博物馆陈列项目亟须规范化、程序化规定，让操作者有章可循，有据可依。

陈列项目是一个系统工程，一步步、一层层、一环环，缺少哪一点都不行，而这些程序却没有参照。如果有一个可以借鉴的指南性的文本，对博物馆事业的发展是非常必要的。该书着重实际操作的经验总结，每章都由实际操作范例组成，即使“新手”照猫画虎也能把项目操作起来，目的就是为即将担任项目主持人能够尽快熟悉此项工作。

该书主要内容为：选题与策划、可行性报告的编写、申请立项、招标程序与标书制作方法、施工过程中的控制（包括项目管理办法、施工安全管理暂行规定及文物系统博物馆风险等级和安全防护级别的规定）、项目完成阶段的讲解词、工程竣工验收。

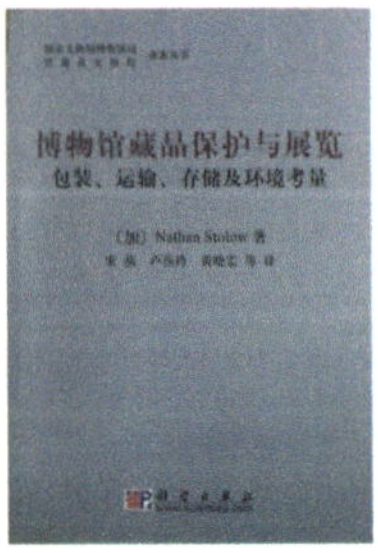

《博物馆藏品保护与展览：包装、运输、存储及环境考虑》（国家文物局博物馆司、甘肃省文物局译著丛书），〔加〕Nathan Stolow著，宋燕、卢燕玲、黄晓宏等译，科学出版社，2010年，295页，16开。

该书是博物馆藏品包装环境控制领域的理论与技术丛书之一，全书共十四章，附录五部分，内容涉及藏品管理与保护理念、原则以及包装、运输、存储、环境考量方面的技术细节，附有照片、图表和实用信息，是文物保护工作者、展览组织者、技术人员和运输专家的实践指南与参考资料。

随着我国博物馆事业的发展，馆藏文物的保护问题越来越受到重视，但关注点还集中在“病后施治”方面；而作为防患未然的预防性保护，从理念到实践都还相对薄弱。借鉴国外成熟的研究成果，普及与提高我国博物馆藏品预防性保护的知识和水平，是推动我国博物馆藏品的预防性保护工作的一种途径。

当代博物馆面临的最大挑战就是平衡藏品保护与藏品利用之间的矛盾。对博物馆藏品而言，一方面体现在收藏和展示之间，另一方面体现在内展和外展中对藏品的搬动、处理和运输等环节。对藏品的过度处理、不恰当包装、运输中的摇摆和震动以及剧烈的环境变化，都会造成损伤，即使这种损伤起初不明显，稍后也会出现裂隙、断裂、剥落或其他形式的损伤。因此，如何既保护好藏品，又恰当利用藏品举办展览，发挥藏品的影响力，一直是博物馆人关注的问题，20世纪30年代，欧美一些博物馆馆长和保护人员从客观需求出发，提出预防性保护的理念，认为展览、运输和地点转换尽管对藏品的确有害，甚或导致永久性损坏，但如果恰当评估藏品物理结构，制定包装、运输和展览管理的一体化方案，则是有可能将损害风险降至最低程度。此后在欧美出现了一系列的相关研究文章和专著。

《世博会与博物馆——演绎与思考》，周秀琴著，上海教育出版社，2010年，214页，32开。

该书分为五个章节，分别是博物馆与世博会的相互关系、第一届世博会与博物馆、欧洲的世博会与博物馆、北美的世博会与博物馆、亚太世博会与博物馆，附录是与博物馆相关的其他文化建设，全面论述了世博会与博物馆的渊源、关系与发展。

作者认为，近160年来，世博会与博物馆关系密切，双方相互影响，携手共进。要探索这两者的关系，需要从根源上着手，追溯各自的历史渊源。因为近代博物馆的历史比世博会的历史还要早，因此，有必要从博物馆的起源谈起，再谈世博会的历史，随后再阐释两者之间的共性与特性。

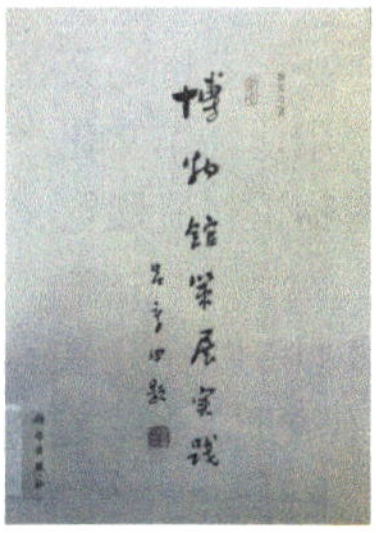

《博物馆策展实践》，姚安著，科学出版社，2010年，299页，16开。

博物馆策展是博物馆陈列的重要环节，好的策展能够起到“点石成金”的作用。17世纪以后，西方的私人博物馆和美术馆向社会开放，专门服务管理、收藏、研究的人员为了不断更新展览，就根据馆藏和某种需求确立主题、遴选展品、设计展览效果、完成展览制作和与之配套的学术研究、宣传出版等，这就是策展。现在所谓的策展，是指在展览活动中担任构思、组织、管理的专业工作。

如何提高陈列水平是当前博物馆面临的紧迫的课题之一。首都博物馆抓住现代化新馆建成之机遇，深入探讨、系统规划了新馆的陈列布局，迅速地推出了一系列相互关联的基本陈列和专题展览，引起很大的社会反响。他们是怎样做的？他们的经验是什么？他们是怎样实现陈列业务创新的？这些都是博物馆界关注的问题。该书通过典型实例，作了详细叙述和理论剖析，有事实有观点。其经验在于：

第一，对展览策划的创意下的功夫最大。书中对每个展览的创意阶段开展的大量研究工作作了详细的叙述。从这些叙述中可以看出他们是如何组织馆内外专家对相关知识的准备。没有这些知识准备是产生不了很好创意的。好的创意不是靠灵感，而是知识的产物。现在有些博物馆的展览创意很浅薄，所以策划不出什么精彩的展览。创意不仅是整个策划的龙头，而且是策划实现的基础。在我看来，一个展览质量的高低，70%决定于创意的高低，30%决定于创意的实施。

第二，对展览策划的贯彻一抓到底。好的创意只是策展的开始，能否实现在于深入规划、一抓到底。从书中可以清楚地看出，他们在创意的基础上进行的实践规划十分具体、周密，从内容设计到形式设计，到展览的宣传推广，直到展览的后评估，一气呵成，贯彻到底。他们和现在有些博物馆把内容与形式相脱离，把后半截转包出去的省事做法大不相同，保持了策划创意和创意实现的完整性。也只有创意和创意的实现一抓到底，策展的过程才是完美的。

第三，展览策划的完美实现，要靠坚强有力的领导。策划者应由博物馆的馆领导、高级专家来担当，而不是随便委托一个项目负责人。20世纪90年代初开始的我国博物馆陈列改革运动，到2000年南京召开的陈列改革座谈会上，曾重点讨论过陈列总体组的经验和总体领导人的素质要求。首都博物馆新馆建立陈列展览时，既吸收了国外策展的有益经验，又继承发展了我国陈列改革的传统经验，实现了有馆领导，陈列、保管、形式设计的高级专家组成的领导集体通力协作。我认为，这种创新是脚踏实地的，是有借鉴价值的。

《创新与发展——甘肃省博物馆建设的理论与实践》，王裕昌著，甘肃人民出版社，2010年，287页，16开。

该书以甘肃省博物馆为例，探讨了博物馆在建设与发展中遇到机遇以及该馆在发展过程中的做法。内容分为九个章节，依次是博物馆建筑、博物馆信息化、博物馆安防与消防、博物馆开放管理、博物馆社会教育与服务、博物馆文化产业、博物馆文化、博物馆人才战略、博物馆科学发展。

《文·宴：中国区域博物馆交流展览文献集》（壹），南京博物院编，文物出版社，2010年，彩色图文308页，16开。

该书素材取之于国内各省市博物馆，介绍34家博物馆用于区域交流的147个展览。博物馆通过富于创意的展览策划，通过策展人员富于成效的内容设计、形式设计及展览制作等劳动，将看似无直接关联的各类文物，整合成一个有主题、有相互联系、有强烈观赏效果、为观众喜爱的专题展览。通过“阅读”展览中的文物和故事，正确地诠释历史，生动地讲述过程，展示过去的技术与艺术的美；它依靠展览中良好的服务，让公众深切地感受古代文明，领略祖先的智慧创造，并让参观博物馆成为现代人享受生活与体验文化艺术的重要休闲方式。

2010年5月，中国博物馆学会区域博物馆专业委员会2010年年会暨学术讨论会在南京召开，各省博物馆自带精品交流展览文献至南京博物院，共同享用博物馆文化产品的大餐并带回余味——这就是主办方策划“文·宴——中国区域博物馆交流展览文献展”和出版本文献集的初衷。

该书让读者通过“阅读”展览中的文物和故事，正确地诠释历史，生动地讲述过程，展示过去的技术与艺术的美；它依靠展览中良好的服务，让读者深切地感受古代文明，领略祖先的智慧创造，并让参观博物馆成为现代人享受生活与体验文化艺术的重要休闲方式。

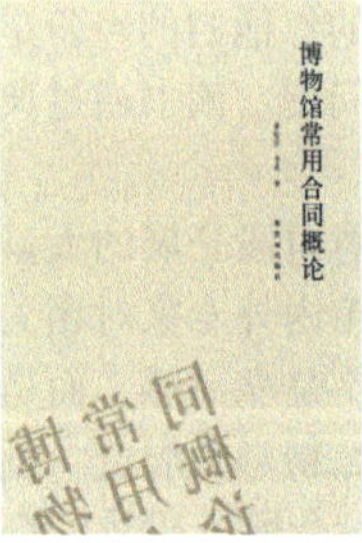

《博物馆常用合同概论》，黄哲京、李晨著，紫禁城出版社，2010年，378页，16开。

该书从实际工作角度出发，对六大类二十八种博物馆常用业务合同进行了详细的论述，并附有参考文本，可供博物馆在日常工作中参照使用。书中所涉及的文物借用、文物展览、接受捐赠、参观服务、展品制作、布展施工、文物复仿制、借用文物拍摄影视、博物馆基建、文物保护技术服务、租借文物资料等各类博物馆业务活动，都是博物馆工作中十分常见的业务活动。为这些业务活动量身定做的合同示范文本，对于博物馆的业务工作实践，特别是对于基层博物馆的工作具有较强的指导意义。与此同时，该书作为我国博物馆学界第一部关于博物馆合同的专业著作，其出版将提高国内博物馆和博物馆学界对博物馆法律工作的关注。

《印记与重塑：镇江博物馆考古报告集（2001～2009）》，镇江博物馆编，杨正宏主编，江苏大学出版社，2010年，311页，彩色图版39幅，图版66幅，插图301幅，拓片6幅，16开。

该书是镇江博物馆编辑的该地区考古报告的汇编，书中公布了凤凰山、三城巷、十亩山、葛城、土墩墓等遗址的发掘简报（报告）35篇。附录有镇江博物馆近十年重要考古发现，反映了该馆人员在考古调查与勘探方面的研究成果。

《文物保藏学原理》（第三版），张承志著，科学出版社，2010年，509页，16开。

该书是对国家科学技术委员会研究课题的成果总结，拓展领域涉及岩石、矿物、颜料、陶瓷、玻璃、金属、有机物（纸张，织物，皮毛制品，木制品、塑料、涂料、染料、合成纤维等）及齿化银影像材料等几乎所有质地的文物材料，是作者38年的治学心得。全书分为八篇四十二章，是博物馆、档案馆、图书馆、纪念馆、美术馆的研究人员、技术人员、管理人员的参考书。

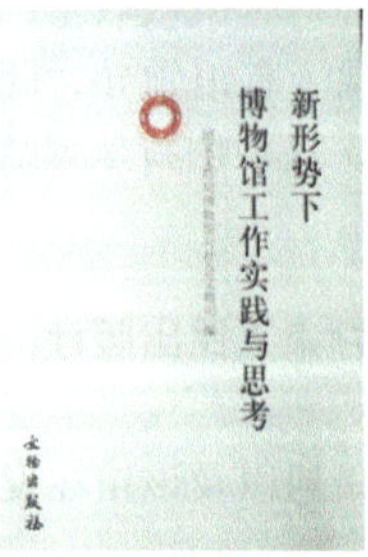

《新形势下博物馆工作实践与思考》，国家文物局博物馆与社会文物司编，文物出版社，2010年，423页，16开。

该书是国家文物局组织编写的关于新形势下博物馆工作的学术研究论文集，内容涉及博物馆免费开放经验调研、国内外博物馆管理运营的考察、博物馆体制机制改革的研究、博物馆管理机制创新研究、博物馆文化产品开发研究、民办博物馆调研等课题，对于当前我国的博物馆事业具有较强的理论性、针对性和现实指导意义。

国家文物局博物馆与社会文物司两年来组织开展了一系列调查研究，内容涉及博物馆免费开放、国家一级博物馆运行评估、博物馆纳入国民教育体系、博物馆体制机制创新、民办博物馆、博物馆文化产品开发以及美国、加拿大、墨西哥、英国等国外博物馆考察报告等多个专题，取得了丰硕的成果。

为了带动博物馆全行业更加重视和加强调查研究，国家文物局博物馆与社会文物司将相关调研成果收集整理，编辑了《新形势下博物馆工作实践与思考》，希望为各地开展博物馆调查研究、推进提升博物馆专业化水平提供参考和借鉴。

《沈阳故宫木作营造技术》，朴玉顺、陈伯超著，东南大学出版社，2010年，彩色图文215页，16开。

该书以图文配合的形式，通过“总论沈阳故宫建筑的形制”“沈阳故宫建筑中大木作的构造特点与营造规律”“沈阳故宫建筑小木作的营造特点和规律”“沈阳故宫建筑的用材制度”“沈阳故宫建筑木构特色总结”等章节，阐述了沈阳故宫的建筑布局、营建年代、建筑特色和木作的营造技法等，内容详尽，论述深刻，是一部从建筑学角度研究古代建筑的学术著作。

该书以沈阳故宫西路的戏楼为例分析沈阳故宫卷棚歇山梁架的构造做法。从平面柱网上看，是周围廊歇山的做法。从现存实物看，其山面的构造处理仍同上文所述的清代官式做法一致，是清乾隆年间的建筑，其屋架的处理方法同清代官式做法几乎没有大的差别，可以肯定是很规范的清式做法。

《故宫治学之道》（上、下册），故宫博物院编，紫禁城出版社，2010年，903页，16开。

该书分为上、下两册，收录故宫博物院自1925年建院以来的72位专家学者有关治学研究的笔谈文章，其中或是本人撰写，或为他人采访，讲述自己治学经历或治学心得，内容丰富，价值较高。

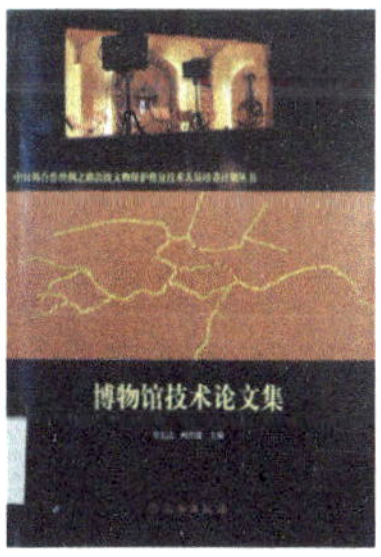

《博物馆技术论文集》（中日韩合作丝绸之路沿线文物保护修复技术人员培养计划丛书），詹长法、冈田健主编，文物出版社，2010年，143页，16开。

该书由“中日韩合作丝绸之路沿线文物保护修复技术人员培养计划”培训班全体成员和老师合作编写。全书分为古建筑保护论文集、博物馆技术论文集和土遗址保护研修报告三册，全面介绍了相关领域的研究成果，具有资料价值和学术价值。

日本画家平山郁夫先生，在古稀之年，怀着对丝路文化的热爱，倡导并促成了这项计划；日本三星公司和中国三星公司将资金投到了文化遗产人才培养事业之中。日本东京文化财研究所和中国文化遗产研究院的共同努力与密切合作，使该项目得以出色完成。

在过去的五年中，该计划在土遗址保护、古建筑保护、博物馆技术、考古现场保护、陶瓷金属、纸质、壁画和纺织品文物保护修复八个专业方向为丝路沿线六省培养了102名文物保护修复人才。该计划始终坚持理论与实践相结合的教学形式，在开展多学科理论教学的同时，分别在北京故宫、西安杜陵、陕西韩城、甘肃瓜州、青海塔尔寺、宁夏博物馆等地进行了相应的专业实习和工程实践，并对河南、新疆等地收藏的文物标本进行了保护修复，丰富了参训学员的理论知识，同时考虑到丝绸之路沿线各省（自治区）的文物保护修复需求，使培训有的放矢。通过该书，可以感知这批学员将成为燎原之火，光耀中国丝绸之路文化遗产保护事业。

《博物馆陈列新思维》，张志著，天津人民出版社，2011年，彩色图版108页，32开。

该书是作者二十余年主持天津市博物馆陈列设计工作经验的汇编结集。20世纪70

年代，西方兴起“新博物馆学”，随即被世界各国博物馆所采纳。“新博物馆”学相比传统的博物馆理念有很大区别，其中最重要的就是强调展厅不是以“物”而是以“人”为本，继而发展为为社会及其发展服务，以观众需求为主，尊重文化的多样性，注重观众的参与等。这种新博物馆理念给陈列设计带来一系列新课题。

该书分为博物馆的新说、博物馆的主题性、博物馆的展览名称、博物馆的序厅、博物馆的前言、博物馆的陈列、博物馆的“语汇”、博物馆的互动、博物馆的版面、博物馆的雕塑、博物馆的沙盘、博物馆的景观、博物馆的微缩景观、博物馆的模型、博物馆的视屏、博物馆的场景复原、博物馆的灯光、博物馆的副展线、博物馆的“专家点评”、博物馆的讲解、博物馆的短板、博物馆的观众、博物馆的“馆介”、博物馆的策展、博物馆的临时展、博物馆的展出季、博物馆的陈列招标、博物馆的陈列借鉴二十八个部分依次展开论述。

《2010年陕西历史博物馆观众调查报告》，陕西历史博物馆编，三秦出版社，2011年，彩色图文146页，16开。

该书用观众调查的形式如实记录了观众对陕西历史博物馆的满意度。

在免费开放的形势下，面对多元化的观众群体和丰富多彩的参观需要，博物馆人必须创新工作理念，把观众满意不满意作为全部工作的出发点和落脚点，积极探索贴近实际、贴近生活、贴近群众的新思路、新办法。如何让观众切实感受到来自博物馆方面的热情、真诚与邀约？观众的期待与我们服务的差距在哪里？我们的治馆理念与实践如何让观众了解？这就需要来自观众的信息，因此，有必要进行观众调查。陕西历史博物馆前区序言大厅常年摆放的观众意见本和观众调查表，与观众直接接触的一线部门配合大型活动所做的特定观众调查活动等。同时，为了获得稳定的、周期性、规律性的更全面、有效的信息，陕西历史博物馆陈列部、宣教部、前区办、行政办、产业公司、保卫处六个部门联合行动，成立专门的观众调查项目组，于2010年开展全年度的观众调查活动。此活动按季度分为四期，每期连续进行10天，由经过培训的调查员与观众面对面直接沟通，时间累计40天，最后收回有效问卷10731份。

为了增强问卷的有效性和采集数据的科研价值，请专业数据公司进行数据采集、制作各类图表，由专业人员进行分析研究。该书就是这项调查活动的成果。

《如何管理一家博物馆：博物馆吸引人的秘密》，〔英〕格拉汉姆·布莱克著，徐光、谢卉译，中国轻工业出版社，2011年，263页，16开。

该书作者格拉汉姆·布莱克是英国诺丁汉·特伦特大学（Nottingham Trent University）教授博物馆和文化遗产管理课程的高级讲师，并担任过二十余年的博物馆讲解专业顾问。该书以他多年的积淀为基本素材和依据，通过每章的“案例研究”，旨在指导博物馆提供高品质的观众参观体验，是一本实践指导性很强的著作。

21世纪博物馆的要求与过去有了显著的不同，该书认为博物馆关键是放弃过去以展品为导向的做法，而改为以观众为中心。基于此，该书着重探讨博物馆如何更有效地利用展品吸引观众。第一章介绍了博物馆观众的属性（如观众的特性、需求、渴望及行为动机），并理清了探讨这些概念对于博物馆发展的重要意义。第二章论述了博物馆呈现给外界的形象及提供的服务质量。即要使观众置身于一个舒适的空间环境，体验展品所散发的迷人魅力，就要求博物馆建立一种积极正面的外界形象，以迎合高品位观众的需求。同时，高质量的服务意味着从观众到达博物馆的那一刻起，博物馆必须能够对观众的各种期望做出回应，而且工作人员始终能保持一种对本职工作的热情和敬业精神。第三章介绍了博物馆作为一处学习机构，针对结构式教育和终身学习，在博物馆具体实践中的应用。第四章是该书的主体部分，它整合前几章所得出的结论以建立一幅全景画面——即运用各种原则与规划步骤，创建“迷人的博物馆”、建立全方位服务、制定博物馆总体规划、进行项目展览概念开发等。

《博物馆观众研究》，刘婉珍著，三民书局，2011年，263页，16开。

该书作者刘婉珍先后在加拿大、美国、英国、瑞典、中国内地以及港澳地区进行博物馆专题研究、讲学和咨询，并协助台湾各类型博物馆推动教育活动以及落实观众研究。此书即是作者多年来深入探究博物馆观众研究的心得与成果。作者深信，博物馆因观众而存在，观众研究是博物馆生存发展和调整修正的依据，深入而优质的观众研究是博物馆自我认同以及社会认同的利器。观众研究就像一面镜子，可以让博物馆工作者看到博物馆的过去、现在和未来；观众研究又好像一杆秤，让我们了解博物馆所作所为在观众心中的印记，在其生活中的分量。

该书是第一本专门针对博物馆观众研究所撰写的中文书籍，系统阐述了观众研究的定义与目的、评价属性的观众研究、非观众研究、发展观众和探究观众的经验与学习、美国博物馆观众研究的专业守则及标准、观众研究的理论基础、研究方法与工具等，书中每一章节皆以实际案例进行讨论省思，帮助读者掌握博物馆观众研究的内涵与意义。

《三星堆进校园——一项公众考古新纪录的诞生过程》，四川省文物考古研究院编，科学出版社，2011年，彩色图文103页，16开。

该书是四川省文物考古研究院在公众考古领域开展的“三星堆进校园”百校百场公益讲座活动的总结。书中内容涉及活动的缘起、过程、效果及展望等内容，对发展公众考古学、向社会大众普及考古学知识等提出了一些方法和见解，并附有活动现场的照片、图片以及图表等。

《博物馆铁质文物保护技术手册》（博物馆藏品保护丛书），国家文物局博物馆与社会文物司主编，文物出版社，2011年，149页，16开。

该书是由国家文物局主编的“博物馆藏品保护丛书”的第二本。书中介绍了铁器文物的提取、分析检测、清洗、除锈等工艺，书后还附有11个铁质文物保护案例。

该书分为两个部分：铁质文物保护技术、铁质文物保护案例，专题讨论了铁质文物保护的原则和程序、铁质文物考古现场保护、铁质文物分类与分析检测、铁质文物清洗与除锈、铁质文物保护环境等。在案例部分，详细介绍了陕西省考古研究院古代铁器保护、陕西历史博物馆藏汉代铁釜的保护和修复以及广西博物馆汉代铁器保护与修复等典型案例。

《贵州生态博物馆纪实》，胡朝相著，中央民族大学出版社，2011年，16开。

1995年4月，贵州生态博物馆的建立以课题组的形式开展，苏东海先生担任组长。课题组在贵州进行十天的考察，撰写了《在贵州省梭戛乡建立中国第一座生态博物馆的可行性报告》。此报告为在贵州建立生态博物馆建立了理论基础，成为建立贵州生态博物馆群的行动指南。

1995年6月25日，苏东海先生在挪威出席国际博物馆协会大会期间，向挪威开发署递交了这份报告。向挪威开发署经过研究决定向本项目提供70万挪威克朗的资助。1997年10月23日，中国国家主席江泽民和挪威国王哈拉尔五世在北京出席该项目的签字仪式。1998年10月31日，贵州梭戛生态博物馆建成开馆。

1999年3月，中国博物馆学会与挪威开发合作署签订《关于贵州文化遗产活动意向书》，将1999～2001年作为贵州生态博物馆群的第二阶段，挪方提供150万挪威克朗以资助建立贵州花溪镇山村、锦屏隆里古城、黎平堂安生态博物馆的规划，并资助梭戛生态博物馆进一步开发。

2002年1月21日，中挪双方在北京举行“贵州生态博物馆项目第三阶段”合作协议签字仪式，挪方援助300万挪威克朗。贵州生态博物馆群建成开放，这是项目的结束，也是生态博物馆运作和实践的开始。

该书如实记录了贵州生态博物馆提出、建立、建成开放和实践的全过程。

《文化造城：当代博物馆与文化创意产业及城市发展》，张子康、罗怡、李海若著，广西师范大学出版社，2011年，254页，32开。

该书探讨的是城市发展如何利用好博物馆这个问题。作者在序言《营造城市的文化创意生态打造城市的文化创意品牌》和罗怡的序言《灵魂城市》说明了该书主题。该书希望让读者能够了解自己是不是要做、能不能够做博物馆、做什么样的博物馆、怎样规划博物馆以及博物馆建成以后，如何通过实际操作链接创意产业、城市发展从而使自己有更好的土壤与空间存活下去等问题。

全书内容分为五章，分别是我们的时代与当代博物馆、博物馆作为城市发展的关键环节、博物馆作为创意经济发展的重要因素、以博物馆带动文化创意发展及城市品牌塑造、塑造文化城——一个典型的中国案例：区域再造中的博物馆计划。

该书作者参与了来自地方政府、企业、个人等各种类型的博物馆建设顾问若干，对中国的需求进行了非常细致的调查，同时就中国文化创意产业发展的诸多问题与世界级的博物馆、创意界、设计界的大师直接交流，收集了大量的第一手材料与经验，梳理了文化造城的典型案例，同时结合“十二五”期间文化产业发展与城市发展的相关政策提出了独到的发展建议。全书语言平易、案例生动、数据翔实、图片丰富，具有参考性与实操性。

《艺术博物馆》，〔英〕英国费顿出版社编，王燕飞等译，四川美术出版社，2011年，452页，16开。

该书是世界顶尖艺术图书出版机构之一的英国费顿出版社耗时13年的沥血之作。出版社聚集了世界一流的艺术史作者、艺术评论家，走遍了全球各大博物馆，精心搜集资料、仔细编撰、数易其稿，终脱稿付梓。

该书体量丰厚，堪称世界艺术的全景展示，是一本艺术史的百科全书。书中通过全球25个画廊和450个展厅里的3000件艺术品，讲述了世界艺术的历史和世界文明的历史。从远古的石器时代这一艺术史的源头开始，走过了文艺复兴时期的艺术盛世，驻足于20世纪中叶以来百花齐放的当代艺术；从欧洲文明，到美洲文化；从中国的陶瓷，到秘鲁的金器；从绘画、雕塑、壁画、摄影、挂毯、行为艺术，到木版画、陶瓷、手抄本。该书带着我们乘着时光机，徜徉在艺术的海洋里，欣赏着一个又一个当时艺术与文明所雕刻的风景，看罢一纸《艺术博物馆》，览遍世界艺术缤纷繁华。

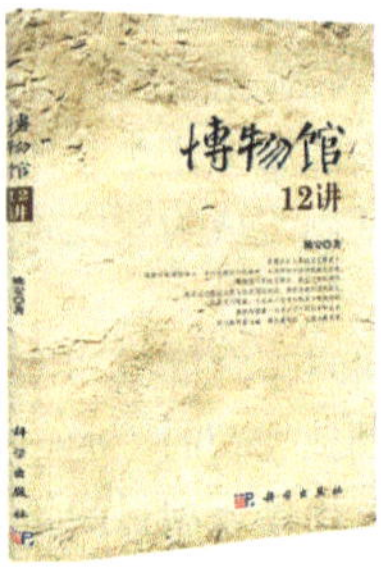

《博物馆12讲》，姚安著，科学出版社，2011年，350页，16开。

该书是根据作者在首都博物馆工作的所思所想而写，既有对博物馆源流与历史的全面梳理，也有实践经验的总结。书中12讲依次是博物馆的历史；博物馆在中国；博物馆的创建与运行；博物馆藏品征集、保管、修复；博物馆研究；博物馆展览体系的构想与实践；博物馆的社教、经营、开放、安保、物业；博物馆数字化；博物馆志愿者及会员；博物馆临时展览的策划与实践；博物馆的文化创意产业；“城市大博物馆”概念的尝试。这些内容包括了博物馆业务工作的各个方面，使读者能够把握一座博物馆及其业务上的要求，自然也可以从世界博物馆发展的脉络、当前中国蓬勃发展的博物馆语境中，了解其历史与现状。

如今，博物馆不单纯是保存、展示文物的场所，更是人们通过文物与历史隔空对话、感受历史的源远流长、追寻文化根基、引发深入思考和想象的精神空间。博物馆就像一本永远写不完的百科全书叙述着过去，展示着现在，也预示着未来。正所谓海纳百川，博物馆是汇聚人类文明成果的海洋，肩负着对藏品按学术价值、艺术价值等标准予以分类研究的任务，承担着为公众提供知识介绍、学术教育和艺术欣赏的使命，是现代社会不可或缺的文化设施。

该书对于博物馆核心竞争力的定义、博物馆信息化与数字化的解释和演示、陈列展览大纲及其示范研究、中国文字博物馆从创设展陈到开放运行的完整案例等方面，既有理论研究又有案例参考和分析。

该书带领读者欣赏博物馆知识之美，体会博物馆动人心弦的魅力所在，探知博物馆背后的理念，享受“发现”的愉悦。

《铁质文物保护技术》（中国文化遗产研究院文物保护技术丛书），马清林、沈大娲、永昕群主编，科学出版社，2011年，314页，16开。

该书是“十一五”文化遗产保护领域国家科技支撑计划重点项目“文化遗产保护关键技术研究”中“铁质文物综合保护技术研究”课题的成果，总结了中国古代大型铁质文物的材质和制作工艺，研究了铁质文物腐蚀产物与环境的关系，研发出铁质文物除锈、脱盐、缓蚀和封护的新材料与新工艺，取得了一系列具有自主知识产权的研究成果，并应用于铁质文物保护示范，效果良好，同时以沧州铁狮子为例，首次将健康监测系统应用于室外大型铁质文物保护研究，建立了室外大型铁质文物三维激光扫描点云、高精度三维网络几何模型和有限元模型，实现了不可移动文物的科学记录与精确仿真结构分析，提出了室外大型铁质文物概念性保护方案。

该书以室外大型铁质文物保护技术为要旨，其技术可直接应用于馆藏铁质文物保护。全书分十个部分：室外大型铁质文物保存现状；室外大型铁质文物制作材料及其腐蚀产物；室外大型铁质文物制作工艺；铁质文物腐蚀影响因素；铁质文物除锈技术；铁质文物有害盐脱除技术；铁质文物缓蚀技术；铁质文物封护材料及工艺技术；室外大型铁质文物保护技术研究——以沧州铁狮子为例；铁质文物保护技术应用案例。

《金石杂项类文物修复》（首都博物馆文物修复与辨伪丛书），刘树林主编，中国书店，2011年，110页，16开。

该书从传统技法修复与保护过的首都博物馆的馆藏文物中，遴选出一批代表性文物的修短实例，详细介绍了每类器物不同质地、类别的病患原状、修复疗法及修复过程，并辅以图片示例，将文物修复的技术环节、修复手段，以图文并茂的方式呈现出来，使读者能够了解博物馆传统修复技术的独特功用与独特魅力，是一部资料丰富的文物修复专业图书。

《景观视野下的西南传统聚落保护——生态博物馆的探索》，余压芳著，同济大学出版社，2012年，243页，24开。

该书以聚落景观要素的分类阐释及多元主体的价值取向为切入点，深入剖析西南传统聚落景观的功能转型问题，同时结合生态博物馆理论的发展以及生态博物馆在西南传统聚落保护实践方面的探索，探讨其互相影响的关系和未来发展变化的趋势。

生态博物馆是近十几年来国际生态博物馆理论在我国西南地区传统聚落遗产保护中的试验项目，目前正面临保护与发展的诸多矛盾。该书一方面总结分析了国际生态博物馆理论与实践的发展历程，另一方面以聚落景观要素的分类阐释及多元主体的价值取向为切入点，深入剖析西南传统聚落景观的功能转型问题。

《听博物馆讲故事：广西世居民族传说集锦》，广西民族博物馆主编，广西师范大学出版社，2012年，16开。

该书精选并整理了广西12个世居民族广泛流传的神话传说故事，用通俗易懂、生动形象的语言重新改写成适合青少年阅读的文本，以图文并茂的形式讲故事，让青少年读者通过阅读神话故事，了解少数民族传统文化的正面价值取向和道德观念。

这本传说集锦中的故事，内容涵盖了六个章节：民族起源、民族信仰、民族节庆、人物励志、劝世警世、民族风物。故事主要源自广西各民族聚居区，涵盖了云、贵两省相关民族地区。这些故事几经众多民族民间文学工作者的搜集、整理、编印或出版，使这些民间作品的创始人、传承人的智慧得到弘扬。这本故事集主要是给小朋友阅读的，在思想内容上表现了三个方面的特点：一是各民族早期敬畏自然、改造自然的精神世界，如《伏羲兄妹》《人文始祖布洛陀》等；二是各民族间相互尊重、出入相友，共同保卫和建设和平安宁的居住环境的美德，如《美丽的壮锦》《盘王的故事》等；三是各民族群众心目中的伟大人物不是皇帝或者武力征服者，而是凭借真理力量来赢得人心的英雄，如《莫一大王》《吴平大王》等。

《殷商玉器鉴赏与辨伪图典——殷商玉器研究与探索》（民间博物馆藏品鉴赏丛书），常庆林、常晓禹著，中国书店，2012年，彩色图文243页，24开。

该书分为上、中、下三编，主要讲述殷商玉器的相关问题，上编是“试论殷商玉器”，主要涉及殷商玉器的一些基础知识；中编“殷商玉器辨伪”，着重论述殷商玉器辨伪的一些要点，从纹饰、砣刻工艺、抛光工艺、沁色、包浆、绺裂等方面展开；下编“殷商玉器鉴定实例”列出了编者珍藏并拍摄的殷商玉器实物及电子显微镜下的玉器细部，列举出殷商玉器实物的众多典型特征，为殷商玉器辨伪提供了实物依据。

《故宫博物院诉讼案例选编》，故宫博物院编，故宫出版社，2012年，303页，16开。

该书是故宫博物院法律处以历年故宫博物院所发生的诉讼案为切入点，结合自身实际而形成了阶段性研究成果，设计博物馆管理的方方面面。书中内容分三章，依次是：故宫博物院法律工作回顾、故宫博物院诉讼案例及点评、博物馆常用法律法规节选。

故宫博物院是我国最早被列入《世界文化遗产名录》的国家一级博物馆，其各项合法权益的保护工作是一项复杂而系统的工程。故该书不单单对故宫博物院的法律工作建设有保障意义，也足以对我国博物馆法律体系建设具有积极的借鉴意义，也希望广大博物馆利用法律知识强化各项管理，对维护自身合法权益进行制度化、规范化的研究，有利于规避各项法律风险，形成博物馆管理的法制化机制。

《博物馆教育体验项目案例分析》，中国国家博物馆编写，安徽人民出版社，2012年，319页，16开。

该书收录50个特色鲜明的博物馆社会教育案例，用30万字的篇幅，通过50个案例，从组织案例的实际需求出发，对涉及的案例逐一剖析，并辅以多角度的阐释。该书的编写体现了国家博物馆作为公益文化单位为社会公众提供公共教育服务的职能，是其在社会教育领域一系列尝试与探索。

全书分为美术、音乐、戏剧、科学四个方面，从开展博物馆教育活动的实际需求出发，逐一分析50个教育体验活动案例。这些活动内容以青少年观众为核心，同时也兼顾其他年龄段观众的兴趣爱好，通过参与这些体验项目，观众能深层次了解展览内涵，拉近观众与博物馆的距离，让观众走进博物馆不仅参观博物馆的珍藏，而且获得博物馆体验，从而爱上博物馆。书中对活动案例的每一个实施环节都进行了详细的剖析和解读，并辅以多视角解读，强调“体验”带给参与者的现场感与实践性。

基于博物馆本身的特殊性，该书与其他“案例”类书籍不同的是，书中的每一则案例都能在博物馆的展览中找到相对应的“原型”，参加体验活动，除了能够放松身心，获取知识，还能激发观众的观展热情，这种就地取材的方式也增添了该书的可读性与可操作性，值得借鉴和推广。

该书图文并茂，是一本注重理论与实践、传统与创新相结合的专业书籍。

《青铜器修复与鉴定》（文物修复与鉴定培训丛书），李震、贾文忠主编，文物出版社，2012年，240页，16开。

为了提高文物修复领域人员的文物修复技术水平，保护国家珍贵的文化财产和普及全民文物修复保护技术知识，中国农业博物馆牵头举办文物修复与鉴定培训班，该书是该培训班及知识讲座的合辑。书中以图文配合的方式，介绍了青铜器鉴赏、青铜器修复保护、青铜器修复的原理和实例等内容，为青铜器修复与鉴定的从业人员及其爱好者提供了系统参考。

《让木乃伊跳舞：大都会艺术博物馆变革记》，〔美〕托马斯·霍文著，张建新译，译林出版社，2012年，16开。

该书按时间顺序讲述了大都会艺术博物馆的故事，分享了该馆独特的创意。

该书是20世纪90年代的美国畅销书，是一本真正深入世界知名博物馆内部的著作。阅读该书首先可以看到博物馆馆长的工作情况。这是全书的主线，作者以第一人称写他被选拔当馆长，到大刀阔斧地改革、藏品征集、陈列展览筹划、宣传活动以及不断陷入的麻烦和争议等。其次是博物馆董事会的职责，这是作者记录和评论最多的。董事会是博物馆的决策机构、筹资机构、藏品捐赠者，他们和馆长一起构成了推动大都会艺术博物馆工作的关键性人群。最后是博物馆研究员的职责，他们是博物馆骨干和中坚，不仅是研究专家，而且是藏品征集和展览的策划者、阐释者以及包揽一切的实施者。

该书极具娱乐性，拥有探险小说的紧张情节——寻宝、鉴宝、不择手段地追逐宝藏。读者随作者的叙述，巡游亚得里亚海，去铁幕后的东欧和苏联历险，参观古希腊遗址，感受埃及文化的光怪陆离。作者托马斯·霍文用幽默的言语，讲述那段“让木乃伊跳舞”的博物馆变革史，随机插入名人轶事，使整个过程精彩纷呈，增强了可读性。

该书故事引人入胜，情节惊心动魄，涉及博物馆的许多基础性工作，例如藏品征集、展览策划及经营、学术研究、争取社会捐助、博物馆管理体制建设、专业研究人员聘用、社会教育、藏品鉴定、对外交流以及开发博物馆相关产品等，还包括博物馆藏品淘汰、参与拍卖等十分敏感的内容。虽然所述故事都发生在20世纪70年代或者更早，至今读来仍有教益。中国博物馆如何提高经营管理、实施体制机制创新以及与民间收藏如何互动等问题是亟须研究的课题，该书提供了有意义的借鉴。

《潘玉良艺术作品题跋考述》，朱良剑著，文化艺术出版社，2012年，120页，16开。

该书依据在潘玉良多幅作品中发现一些知名政要或者艺术家的题跋，和她本人在某些特殊作品上的记录。这些珍贵的资料为我们研究潘玉良的艺术作品提供了另外一个视角。穿越时空的尘埃，这些题跋更加真实地记录了潘玉良艺术作品的成就，体现了前所未有的震撼力。笔者选取已经发现的22幅中的17幅题跋，进行考据，拟从中触摸到真实潘玉良的艺术脉搏。

《博物馆藏品保管工作指引》，北京博物馆学会编，中国书籍出版社，2012年，345页，16开。

《博物馆藏品保管工作指引》是一本实用手册，是为了指导和规范博物馆藏品保管工作的实践而编写的。它不是一本理论书籍，因而对深层次的理论问题没有涉及。

中国博物馆近30年来的迅速发展所积累的藏品保管工作的丰富实践，已经为理论总结和升华准备了条件。书中内容共分为五章，第一章共设四节，在工作内涵、制度、人员、经验等工作基础上展开论述；第二章共设五节，从藏品征集开始直至出库利用，介绍了环环相扣的工作程序；第三～五章则归纳出三个藏品保护中的重大问题，专门加以论述。

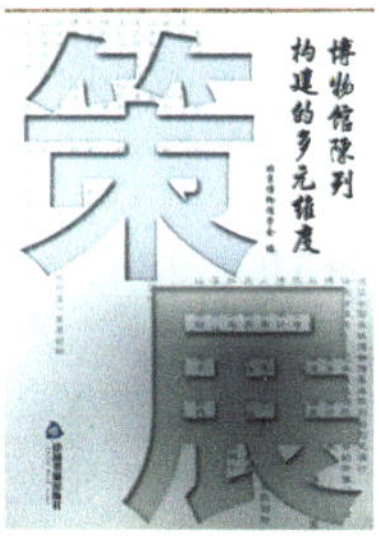

《策展：博物馆陈列构建的多元维度》，北京博物馆学会编，中国书籍出版社，2012年，296页，16开。

2011年北京博物馆学会学术专业委员会和陈列艺术委员会策划举办了题为“策展——博物馆陈列构建的多元维度”的艺术研讨会。与会人员围绕策展人和策展制度、策展方法、策展的视觉表达三个主题展开讨论，讨论涉及面广，问题尖锐而集中，突出反映了当前博物馆展览策展实施中实质问题。该书就是该学术会议论文的汇集。书中分为上篇策和下篇展，收录北京地区博物馆研究人员的文章36篇，论文各抒己见，既有个案分析，也有宏观总结，从一个侧面反映了北京地区博物馆在展览陈列领域的成果和水平。

《博物馆品牌形象的塑造——如何创立并保持形象、忠诚度和支持》（北京市文物局当代博物馆学前沿译丛），〔美〕玛格特·A. 华莱士著，于君、王晓蕊译，北京燕山出版社，2012年，170页，16开。

在当前形势下，旧式博物馆的沉闷乏味、严禁触摸的环境正在被积极的新思维所取代。作者在亲自走访、实地考察和调查研究的基础上，阐明了一种正在普遍推广的经验，那就是要成功营销博物馆。在今天的市场中，博物馆之间为争夺资金而展开了激烈的竞争，因此，我们必须理解品牌塑造的原理，还要将这些原理运用到实际工作中。该书为成功塑造品牌提供了实施方案。

《石质文物保护》，刘强著，科学出版社，2012年，144页，16开。

该书是石质文物保护方面的专著。书中介绍了石质文物的定义、价值和分类，构造文物岩石种类，说明了石质文物风化的作用类型，并在综合介绍文物保护的概念、原则的基础上，论述了目前常用的保护方法和材料，以及保护材料的评价体系。

暴露在野外的大型石质古迹，包括建筑、洞窟、石碑等，由于自然因素的风化作用和人为破坏等因素，许多文物的表面已发生严重的劣化现象，如不采取有效措施，许多珍贵的实物记录将不复存在。因此，研制性能良好的石质文物保护功能材料已成为文物保护研究领域的迫切任务。但是，目前所使用的保护材料几乎都不能完全满足保护者的要求，这源自于文物保护“不能改变文物原状的基本原则”的“苛刻”要求。该书针对这些问题进行了专题研究，讨论了可行的方法和每种方法的技术要求。

《兰亭展事纪实》，故宫博物院编，故宫出版社，2012年，彩色图文332页，16开。

该书是故宫博物院临时展览“兰亭特展”的缘起、内容设计、实施借展、展品保护修复、展示效果、学术支撑、信息传播、社会教育、网上兰亭、推广与服务、文化产品研发、社会反响等方面的记录和客观评述。

2011年9月20日，“兰亭特展”在故宫博物院开幕，王羲之作为魏晋时期书法艺术的代表人物成就卓著，被尊为“书圣”。他在永和九年（353）集会上创作的《兰亭集序》是其书法艺术的巅峰之作。故宫博物院拥有180万件藏品，其中涉及兰亭文化的藏品为数众多，兰亭的符号比比皆是。在此次“兰亭特展”上，观众不仅能见到故宫珍藏虞世南、褚遂良、冯承素等公认最逼近原作的摹本和临本，还能看到完整展出乾隆集诸家大成的“兰亭八柱”帖。从《兰亭集序》的产生、至尊地位的确立以及对后世的影响，可以看到在威权社会中帝王对文化艺术的巨大引导推动作用以及后世书法追踪的方向、文人生活情趣、生活方式的潮流和对普通人生活的示范效应。这次展出多种珍贵的兰亭题材文物，更旁及绘画、诗文乃至工艺美术和建筑等诸多领域，体现了社会、思想、艺术的变化，也凝聚了千百年来人们情感的共鸣。

《文物霉害和虫害的防治》，马淑琴著，科学出版社，2013年，191页，32开。

该书概述了文物霉害和虫害的普遍性与严重性，文物霉腐的机理，文物霉害和虫害发生的条件及环境与文物保护的关系，结合我国对文物霉害防治的经验，系统地介绍了防治文物霉害的方法和措施，对博物馆文物保护工作者有较高的参考价值。

《博物馆环境监测控制技术》，张晋平著，中国环境出版社，2013年，284页，16开。

该书是博物馆人的环境知识实用工具书，从科学技术各个角度和各个方面，详尽展示了中国国家博物馆在建筑、环境监测和控制以及预防性保护等方面居于世界领先地位的技术概览，从理论到方法涵盖了环境诸要素和环境保护诸方面，探讨了一系列博物馆环境科学与技术的相关问题：第一章关于光线，第二、三章关于大气和室内空气，第四～七章关于温湿度及监测与控制，第八章关于智能博物馆建筑，第九章关于密闭微环境技术。

这是一本有理论阐述，有操作技术，有监测数据的最新的博物馆环境控制技术的教程，具有普遍适用性。同时，该书对博物馆预防性文物保护技术相关问题及解决方案进行了详尽讨论，并对绿色博物馆建设提出思考，适用于美术馆、图书馆、档案馆、展览馆、医院、药厂、科研院所及其他行业从事环境监测与控制的人员阅读。

《博物馆陈列艺术总体设计》，徐乃湘主编，高等教育出版社，2013年，208页，16开。

该书是一本高校博物馆专业有关陈列工作的教材，由众多一线从事博物馆陈列设计的资深专家和设计师共同编撰完成，内容丰富，叙述翔实，逻辑清晰，分析精准。

书中内容涵盖了三个部分，分别是：博物馆陈列展览的策划与内容设计、博物馆陈列形式艺术设计与实施、博物馆陈列艺术设计案例分析，从理论到实践，从抽象到具体地对博物馆陈列设计的设计方案、设计团队、陈列设施、布展步骤、安全举措、辅助手段、经典案例一一进行解析，针对陈列设计与实施过程中遇到的问题分别给出相应的解决方案，使初学者或者从业人员能够循序渐进地进入陈列设计状态，快速掌握博物馆陈列设计要点和技巧，而且在实践过程中做到有据可循，具有重要的理论和实践指导意义。

《中国当代建筑大系：博物馆》，刘克成编，李婵译，辽宁科学技术出版社，2013年，彩色图文256页，16开。

该书通过对当代中国博物馆的案例展示，印证了当代中国建筑师游走于传统与现代之间的探寻之旅，同时也反映出了中国的传统文化与建筑哲学之间的共生关系。书中每座博物馆案例都通过自身的鲜明个性、艺术的展现方式传达出优雅与高尚的气息，在建筑、室内与景观的互动过程中，表达出建筑师对于藏品、氛围以及观众感知体验得到尊重。通过对该书的阅读，除了能够对中国当代建筑师的设计风格及理念有一定了解之外，还能感受到博物馆作为一种独特的文化建筑，通过自身的比例、空间、色彩与质感的组织传递出独特的文化内涵与意识形态。

《博物馆、艺术馆、展览馆：展览和陈列设计》（两册），〔德〕乌韦·J. 赖因哈特(Uwe J. Reinhardt)、菲利普·托伊费尔(Philipp Teufel)编著，韩晓旭译，中信出版社，2013年，彩色图文522页，12开。

该书着眼于博物馆、艺术馆、展览馆等类型的展览展示，以创意、新颖、独特为原则，甄选了120个全球最佳的该类项目，展现了现代展览展示设计的前沿潮流和创意理念的最新趋势，同时每个项目包含的策划理念也极具代表性和创新性，充分体现出展馆的体验式、互动式设计理念。

全书分为两个部分：设计原理和策划解决方案。第一部分逐一阐释、案例展示及分析，运用大量彩色图片和平面图，展示展馆现场的设计方案和设计效果，文字介绍了项目的设计概况和项目特点，是为策展人、室内设计师、展览展示设计师等相关人士提供的一本灵感来源和借鉴范本。第二部分根据博物馆、艺术馆和展览馆的不同类型，提出可供借鉴的方案。

《从水晶宫到达尔文中心——伦敦自然历史博物馆建筑进化史》，王琦著，中国建筑工业出版社，2013年，183页，16开。

该书系统记录了伦敦自然历史博物馆的建筑发展，更强调了各种建筑物在博物馆发现与理解自然世界的研究过程中所发挥的轴心作用，而这段历史恰恰与馆藏的7000余万件标本一样趣味十足，引人入胜。从阿尔弗雷德·沃特豪斯于19世纪60年代设计的标志性建筑，到在2009年向公众开放的达尔文中心二期，自然历史博物馆的进化始终引导着自然历史类展览设计的最新思潮，这对于博物馆建筑研究与知识积累均意味深长。

《国家一级博物馆运行评估报告》（2011年度），中国博物馆协会编，译林出版社，2013年，228页，16开。

该书在对2011年度国家一级博物馆运行评估成绩和申报材料进行汇总、统计、分析的基础上编写的，是评估工作的总结，力求全面、准确地揭示国家一级博物馆整体运行水平全貌，为国家一级博物馆乃至其他博物馆进一步提高水平、完善自我，提出有针对性的对策和建议，并引导国家一级博物馆更好地为区域经济和社会发展服务的能力。

该报告博物馆的得分排名，可以看成是对每一个国家一级博物馆办馆理念和办馆成就的检验，也可以为各级政府及相关部门制定博物馆发展政策、博物馆进行馆际交流和良性竞争、博物馆学研究者整体把握国家一级博物馆发展态势和社会公众参观、评价博物馆和社会力量参与博物馆建设提供科学的参考依据。

《沈阳故宫展陈史》（沈阳故宫文库），李晓丽著，现代出版社，2013年，316页，16开。

该书是沈阳故宫文库之一，旨在回顾沈阳故宫博物院85年陈列展览的历程，总结经验，为同行提供借鉴。

沈阳故宫不仅以独特的建筑艺术、厚重的民族文化内涵。成为中国古代灿烂文明中重要的组成部分，而且它的20000余件院藏文物的珍贵性和精美性在全国博物馆中都不多见，基于这些精美的清宫艺术品珍藏，在沈阳故宫博物院举办的具有鲜明特色的众多专题展览中大放异彩。2004年，沈阳故宫“申遗”成功后，确立了新的办院方针，即建设研究型博物院，由此不断举办有特色、有深度的陈列展览，进一步展示沈阳故宫作为世界遗产的文化魅力和文化内涵，让更多的人了解故宫，共享沈阳故宫的文化遗产。

《单霁翔文博文集》（上、中、下），单霁翔著，文物出版社，2013年，2153页，16开。

该书是系国家文物局原局长单霁翔同志关于文博工作的讲话、访谈、提案、序跋等文章的结集。集中反映了单霁翔同志自2002～2010年的文博工作情况，从中既可见他勤恳踏实的工作态度、严谨务实的工作作风，更从中见出当时我国文博事业的蓬勃发展。

本文集上册包括论文与文章、报告与讲话、媒体访谈、提案建议，中册和下册分别是作者有关文物保护、文化遗产研究、遗址保护、古城规划等方面的研究论文。

《线条艺术的遗产：乾陵唐陪葬墓石椁线刻画》，樊英峰、王双怀编著，文物出版社，2013年，288页，16开。

石刻线画就是用镌刻技法在石版上绘制的画作，该书是乾陵陪葬墓石椁线刻画的最新研究成果的汇编。

从乾陵陪葬的章怀太子墓、永泰公主墓和懿德太子墓中，出土了大量精美的石刻线画。因画作主要是用线条在石版上勾勒出来的，因此，人们在习惯上称之为“线刻画”或“石刻画”。这种画作不同于画在纸上的绘画作品，不同于画在墙上的壁画，不同于画在岩上的岩画，也不同于画在或刻在木版上的版画，属于我国艺苑中特有的一种艺术。从历史和现实的角度来看，乾陵陪葬墓石刻线画的艺术价值与史料价值突出，是唐代石刻艺术的杰作，值得深入研究。

《大匠之道——国家博物馆装饰技术创新与研究》，张小华、李忠著，中国建筑工业出版社，2013年，彩色图文236页，16开。

该书是国家博物馆装饰技术研究的专著，内容分为五个章节，依次是：国家博物馆“形”的塑造、大空间——中国式空间架构、实践——装饰技术的创新、实践——装饰技术的超越、项目的精作与管理。

该书完整地呈现了湖南建工集团装饰工程有限公司在中国国家博物馆装饰项目中组织、深化设计和设计施工、管理的全过程，以文化传承和技术创新为主线，从中国古典建筑的精神原点出发，回溯此次装饰项目组织、深化设计的文化传承思路：从技术创新的全过程视角，重点介绍国家博物馆设计施工中部分独特的装饰单元体与结构技术、制作工艺。

《博物馆设计方案》，刘翰林编，常文心译，辽宁科学技术出版社，2013年，彩色图文269页，16开。

该书选取了2007年以来世界各地的艺术博物馆、科技博物馆、历史博物馆以及地方综合性博物馆四大类42家博物馆的竞赛和设计方案，材料丰富翔实，完整呈现了项目的设计过程，展示了目前博物馆的发展动向，对从业者具有积极的指导意义和借鉴价值。该书展示了目前博物馆的发展动向，对从业者具有积极的指导意义和借鉴价值。

《网络数字媒体技术在生物多样性数字博物馆中的应用研究》，吴丽华、何书前、冯建平等著，国防工业出版社，2013年，197页，32开。

该书以新数字媒体形式对海南丰富的自然生态物种资源和藏品进行采集、处理、显示和管理，在兼容现有的国家数字博物馆采集规范基础上，增加新的国际多媒体编码规范与标准、全景图像和三维图形数据，并具有良好的扩展性。通过对海南生态资源多样性数字博物馆的生态物种资源进行二维或三维数字数据采集，结合原有博物馆中文本、图片和视频等信息，完善现有的相关生态物种或藏品的数字媒体数据资源，为生态资源的科学管理、保护与利用提供有力的技术支持和参考意义。

《说故宫》，朱家溍著，故宫出版社，2013年，230页，32开。

该书是朱家溍有关故宫文物的学术随笔集，分上编“说古今”和下编“说藏品”。上编“说古今”，包含两部分内容，一是故宫的建筑，二是对今人于清代宫廷生活一些误解的纠正，以今天的角度说清代宫廷历史，比较生动；下编为“说藏品”，重点在于有朱先生文中提及的故宫藏品的图片配合，收录朱先生《为影片〈倾国倾城〉订正史实》《为电影〈火烧圆明园〉〈垂帘听政〉答客问》《为电影〈谭嗣同〉答客问》《关于雍正时期十二幅美人画的问题》《来自避暑山庄的一件画屏》《旃檀佛像和复制品的下落》《清代画珐琅制造考》《清雍正年的漆器制造考》学术文章30篇。

《博物馆课程资源的开发与利用研究》，李君著，东北师范大学出版社，2013年，162页，32开。

该书是作者在博士论文基础上完成的，主要针对开发和利用博物馆课程资源进行探索，旨在实现课程改革提出的理念，并为多元目标的实现提供丰富的课程资源。

作者调查显示，教师普遍认同博物馆是一种可以有效利用的课程资源，但在实际的教学实践中，开发和利用博物馆课程资源来支持课程实施和学生学习的教师非常少，而且学校教师对博物馆的利用大多处在传统展览参观的状态。另外，学校与博物馆之间也存在缺乏沟通、合作表面化的问题。影响教师利用博物馆课程资源的主要因素有四点：经费、学生安全、学校领导支持程度及教师对博物馆课程资源开发利用的能力水平。

在前期调查的基础上，该书通过教师、博物馆教育工作者及高校理论研究者的合作行动，系统解决了学校利用博物馆课程资源的教育实践问题，并对如何开发博物馆课程资源提出了新的思考和建议：博物馆课程资源的利用还处在较低水平，学校教育应重新认识博物馆课程资源的价值；教师和博物馆教育工作者开发博物馆课程资源的动机和能力需要提升；合作的行动研究是博物馆课程资源开发好的组织形式；需要运用多种形式的博物馆课程资源来达成不同的课程目标，同时在课程资源开发利用的过程中需要综合考虑各种影响因素，寻找对应的策略。

《文化营造世界当代博物馆、美术馆设计》，伊峻慷编著，江苏科学技术出版社，2013年，彩色图文336页，16开。

该书是博物馆建筑设计图书，中英双语，图文并茂。该书精选40余个国外极具特色的博物馆建筑案例，打破以往同一选题图书案例少、项目旧、以国内案例为主的不足，为设计师提供更多参考，使设计达到国际先进水平；按具体功能分类，从室外建筑设计、室内展陈设计入手，以彩色实景图，大量平、立、剖线图，以及详细的设计理念，全面解读每个案例。另外， 书后附有《博物馆建筑设计规范》，为设计师提供有效、准确的参考。

《博物馆馆长讲博物馆：石窟、丹青、吉金、文化传承与家国命运》，上海博物馆、中国博物馆协会博物馆管理专业委员会编，北京大学出版社，2013年，527页，16开。

自2010年起，上海博物馆举办“九州文华”系列讲座，邀请国内博物馆馆长，从博物馆管理的视野，介绍各自博物馆的历史与收藏。

该书收录2010～2011年的十八次讲座内容，按照讲座先后排序：敦煌研究院樊锦诗、河南博物院丁福利、山西博物院石金鸣、陕西历史博物馆成建正、首都博物馆郭小凌、湖北省博物馆万全文、南京博物院龚良、浙江省博物馆陈浩、湖南省博物馆陈建明、安徽博物院朱良剑、山东省博物馆鲁文生、广东省博物馆肖洽龙、重庆中国三峡博物馆黎小龙、辽宁省博物馆马宝杰、上海博物馆陈燮君、故宫博物院郑欣淼、四川博物院盛建武、秦始皇帝陵博物院曹玮十八位博物馆馆长，分别介绍各馆的藏品、展览，并提供精美图片。

该书不仅是关于首批八家中央与地方共建的国家级博物馆、三家中央与地方共建的国家级博物馆培养对象以及故宫博物院、敦煌研究院等十八座博物馆的参观指南，内容还包括石窟、丹青、吉金，文化传承与家国命运——通过对博物馆展览的关注，讲述文物的故事，呈现中华民族源远流长的文化血脉。讲座内容涉及博物馆改革与创新、藏品保护、陈列展览、科学研究、社会教育和公共服务的情况，堪称是对中国博物馆成就的集中展示。

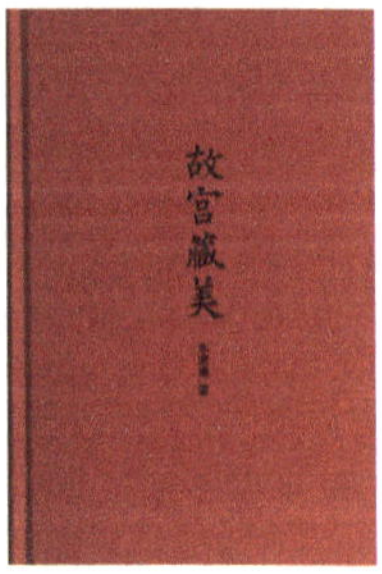

《故宫藏美》（彩色典藏本），朱家溍著，中华书局，2014年，彩色图文289页，32开。

该书是朱家溍谈古代艺术的学术随笔集，分古代书画、古代工艺美术、清宫戏曲三个部分，收录朱先生文物研究的精华之作，内容涵盖古代书法、绘画、工艺美术、清宫戏曲。其中有多篇是朱先生未曾见书的，关于古代书法流变、清代绘画和戏曲音乐管理机构的文章。书中所配50幅彩色精美大图，均来自故宫、国博等权威博物馆，直观再现朱家溍先生的古代文化艺术研究，堪称同类图书中的配图精良之作。

朱家溍先生是文物鉴定家、清史专家、戏曲研究家，自1946年起在故宫工作，迄今已经半个多世纪，亲自鉴定大批国宝级文物，他凭借自己得天独厚的经历以及渊博的文物素养，详尽谈论了古代书画的流派风格演变和收传次序、文物的真赝辨识、古代工艺美术的形成和流派、古代戏曲的开端和传承。

朱家溍先生女儿朱传荣女士专门为该书作序，详细讲述朱家溍先生从事古代文物研究的经过和成就，以及中华人民共和国成立后从事文物研究的过程和艰辛。书中所配50幅精美大图，均来自故宫、国博等权威博物馆，直观再现朱家溍先生的古代文化艺术研究，堪称同类图书中的配图精良之作。

《故宫识珍》，郑欣淼著，故宫出版社，2014年，368页，16开。

该书是文化部副部长、故宫博物院前院长郑欣淼先生关于故宫及其文物研究的学术文集。

该书讲述在故宫文化整体中，文物藏品具有特殊意义。截至2010年底，故宫博物院的文物藏品已达1807558件，其中85%是清宫旧藏。故宫文物藏品丰富，是海内外收藏中国古代文物最多的博物馆；故宫及其藏品是中华文明的重要物证，包括了中华古代文化艺术的重要门类，反映了不同时代的文化成就与特色，表明中华文明是一条不曾中断的历史长河；故宫文物收藏、承袭的特殊历史以及与现代中华民族命运的关系，被赋予了国宝的意义。

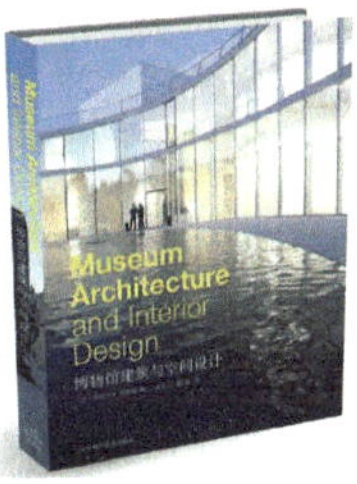

《博物馆建筑与空间设计》，〔法〕曼纽尔·戈特朗编，常文心、鄢格译，辽宁科学技术出版社，2014年，256页，16开。

随着社会文化、科学技术的发展以及人们对知识的渴求，博物馆的数量和种类越来越多，博物馆的职能也在不断发展变化，博物馆不再是高高在上的收藏殿堂，而是渐渐融入人们的生活，成为多职能的文化复合体。该书的作者在博物馆设计领域造诣颇深，从一位专业建筑设计师的视角，以详细的理论文字配合优秀的设计案例，向读者展示了博物馆建筑与室内空间设计理念的方方面面，从建筑外形设计到室内布局、灯光照明等不同角度归纳总结其在博物馆建筑设计方面的特色以及应当遵循的标准。对建筑设计师以及建筑设计领域相关人士来说，此书具备很强的参考价值。

《故宫答问：郑欣淼访谈录》，郑欣淼著，故宫出版社，2014年，515页，16开。

该书是郑欣淼先生有关故宫学、故宫文化、故宫文物研究和故宫博物院发展规划等方面的访谈录。主要内容包括：《故宫的胸怀》《故宫要有自觉的文化承担》《故宫是一座文化底蕴深厚的宝库》《故宫是有灵性的》《永远的故宫开放的故宫》《故宫之旅》《郑欣淼：守望故宫》《“问答神州”之郑欣淼》《寻幽探胜说故宫》《认识故宫》《郑欣淼：守护国人的文化宝库》《守望故宫：视国宝为生命》等篇章。

《国家宝藏巡展研究》，吕章申主编，中国社会科学出版社，2014年，彩色图文131页，8开。

2007～2010年，中国国家博物馆改扩建工程闭馆期间，组织策划了大型“国家宝藏——中国国家博物馆典藏精品展”巡回展览。展览先后在湖南省博物馆、福建博物院、河南博物院、重庆中国三峡博物馆、内蒙古博物院、深圳博物馆、海南省博物馆、辽宁省博物馆、天津博物馆、浙江省博物馆和宁波博物馆等国内11家博物馆（院）展出，历时三年多，观众数量超过200万人次，成为当时策划非常成功的古代文物巡回大展。

该书对该展进行综合研究，书中依次介绍了“国家宝藏——中国国家博物馆典藏精品展”巡展文物、背景、理念与趋势——临时展览的现状和发展、展览的策展、展览设计、采光照明设计、文物支撑加固设计、展览宣传、文化商品和商业活动、展览出版物、展览教育活动、参观价格及门票设计、文物安全、展览评估。

编者从多方面、各环节对这次展览进行深入的研究分析，以便读者全面了解具有国博特色的陈展体系，感受该馆原创性临时展览的策划水准，引发读者对博物馆陈列展览体系和原创性临时展览的思考。

《博物馆民族志：中国西南地区的物象叙事》（文学人类学博士文丛），安琪著，民族出版社，2014年，229页，32开。

该书是在中国西南边疆的语境下探讨藏彝走廊地区的族群表述问题，将民族博物馆视作一类以“物象”为载体的民族志文本。

民族器物是一种具备自主能动性的介质与社会关系的纽结，它在长时段历史中的变迁（以及附着于此的民俗事项的变迁）为20世纪中国西南民族的族群表述勾画出一幅动态的权力地图。该书的主体部分围绕民族博物馆与中国现代性的关系展开，将20世纪中国的民族国家建设引入西南边疆的论域之中，深入探寻民族博物馆的“物象文本”如何塑造了族群历史叙事的典范。

《博物馆展陈设计》，余剑锋著，江苏凤凰科学技术出版社，2014年，彩色图文246页，16开。

该书选取40余个2010年前后建成的知名建筑师的博物馆项目，简明勾勒出建设背景，阐释设计所解决的问题以及产生的影响，同时配有大量实景照片、设计图纸、概念草图等加以说明。这些匠心独具的作品从不同角度展示了新时代博览建筑的设计美学思想以及对功能的清晰表达，从中亦能体会到建筑师及其设计团队精益求精、审慎思考的工作精神。

《为了明天的课程：史密森教育研究》，中国博物馆协会编，王芳等译，暨南大学出版社，2014年，329页，16开。

史密森是世界上最大的博物馆群落（机构），其旗下拥有美国众多的博物馆、美术馆、动物园及研究机构，在互联网上，它们统一以. edu（教育）为域名，可见它将自己定位为一个“教育机构”。多年来，它以打造美国非正式教育的实验室为核心使命，形成一套独具特色的博物馆教育体系。该书是史密森政策研究室对其研究与实践等诸多方面的总结报告，旨在探讨史密森机构作为一个国内和国际教育舞台的领导者可能扮演的角色。

《博物馆青铜文物保护技术手册》（博物馆藏品保护丛书），国家文物局博物馆与社会文物司主编，文物出版社，2014年，206页，16开。

该书是博物馆青铜文物保护的专业工具书，内容分为两个部分：第一是青铜文物保护技术。探讨青铜文物考古现场保护，青铜器及腐蚀产物的科学分析，青铜器的物理处理方法，青铜器的化学处理方法，青铜器整形、补配、焊接与粘接、作旧、缓蚀、封护等，第二部分是青铜文物保护案例。案例包括科学研究、环境影响作用、保护修复等不同方面，尽可能反映新技术和方法在青铜文物保护中的应用成果。

《商人与收藏：大都会艺术博物馆创建记》，〔美〕卡尔文·汤姆金斯著，张新建译，译林出版社，2014年，318页，16开。

该书是《让木乃伊跳舞》的姊妹篇，两者承前启后，异曲同工，在讲述美国大都会艺术博物馆故事的同时，揭示了不同时代背景下美国博物馆以及美国社会在文化等方面的发展演变进程。

1866年，一群美国人在巴黎倡议建立一座国家艺术博物馆。1870年4月13日，纽约大都会艺术博物馆成立。同年11月，博物馆收到了第一件捐赠藏品——一口重达2.72吨的古罗马石棺。1880年3月30日，大都会艺术博物馆迁至现址。美国“商人”们在世界范围内前赴后继开展“收藏”的壮举，他们把“私藏”变成博物馆“馆藏”。大都会艺术博物馆的故事就此开始。

该书通过相互串联或各不相干的故事，对大都会艺术博物馆的一些浅显问题给予深入解读。例如美国商人们为何创建大都会艺术博物馆，如何构建博物馆董事会管理体制，如何吸引社会参与支持博物馆建设，政府在博物馆发展中的角色和作用，美国国会为何通过佩恩-阿尔德里奇关税法减免艺术品进口关税等。该书同样留给我们很多思考和疑问，例如大都会艺术博物馆第一任馆长如何能在塞浦路斯任意开展“考古”发掘，为何中国清代外交官向大都会艺术博物馆捐赠汉代青铜器，大都会艺术博物馆如何、为何在战火纷飞的1945年举办有关中国的“紫禁城服饰展”，博物馆收藏如何妥善处理与田野文物保护、文物拍卖市场经营之间的关系等。相信该书能够引发读者的兴趣和更多思考。

《新媒体与博物馆发展》，宋娴、胡芳、刘哲、庄智一著，上海科技教育出版社，2014年，221页，16开。

该书重在研究各种新媒体与博物馆发展之间的联系，以理论和案例分析相结合的方式，展现各种新媒体与博物馆的收藏研究、展示教育、宣传推广之间的关系，并对各种新媒体在博物馆的应用前景进行了分析和阐述。

书中按照以下章节展开：社交媒体——小圈子，大社会；移动应用——世界就在“方寸”之间；众包——人人都可以成为智慧之源；自带设备——带上自己的设备探索世界；增强现实——提供不同凡响的体验；开放内容——践行分享的理念；电子出版——打破传播的界限；定位服务——随位置而变的个性化服务；物联网——智能地球的“神经系统”；自然用户界面——最自然的人机交互；保存和保护——藏品的新生。

书中配合文字叙述插有图片175幅，具有一定的理论价值和借鉴意义。

《超越时空：博物馆与在线学习》（中国博物馆学会、美国博物馆协会管理丛书）（中英对照），威廉姆·B. 克劳、赫米尼娅·丁编著，湖南省博物馆译，外文出版社，2014年，203页，16开。

博物馆作为社会教育机构，重新检验自身扮演的角色，该书即对此挑战做出了回应。该书作者威廉姆·B. 克劳和赫米尼娅·丁审视了在线学习环境如何为博物馆教育人员提供一整套新型工具，来极大地扩展博物馆的观众，创造与参观者在网络和实际中进行互动的新方式。该书提供了可操作性的建议和学习案例，主张一种以学习者为中心、可分享的教育模式。对于博物馆工作人员及努力提升博物馆公共价值的人士而言，这是一本必读书。

全书分为五个部分：①博物馆体验的多样性；②入门指南；③模糊的界限：超越时空的博物馆；④参与的力量；⑤博物馆与在线学习社区。

《制定机构规划的秘诀》（中国博物馆学会、美国博物馆协会管理丛书）（中英对照），伊丽莎白·E. 梅里特、维多利亚·加文编著，湖南省博物馆译，北京外文出版社，2014年，233页，16开。

该书主要内容包括如何指定综合性机构规划，如何让利益相关者（董事会、机构全体员工和社区人员）参与到规划进程并确保他们的利益，如何在紧要时刻分配到充足资源等。该书共有九位撰稿人，内容源自美国博物馆协会举办的“机构规划的秘诀”专题研讨会，内容涉及博物馆个案研究、样本文件、专家建议等。

全分为十二章，依次是：①前言：规划概述；②标准与最佳做法：美国博物馆协会认证项目的作用；③出资方的观点；④谢迪塞德乡间遗产学会制定规划的过程；⑤美国国家肖像画美术馆制定规划的过程；⑥隆伍德植物园制定规划的过程；⑦纽约植物园制定规划的过程；⑧让数字发挥作用；⑨剖析规划过程；⑩规划的一致性；⑪后续步骤；⑫作者简介。

《博物馆教育与学习》（中国博物馆学会、美国博物馆协会管理丛书）（中英对照），美国博物馆协会编著，湖南省博物馆译，北京外文出版社，2014年，193页，16开。

该书系美国博物馆协会出版的两本博物馆教育经典著作《卓越与平等》《博物馆——学习的场所》的合辑。

《卓越与平等》是美国博物馆界的里程碑性的报告，它证实了博物馆对国家教育的贡献。报告为博物馆如何实践好教育使命和服务公众进行了定义。这些原则与相配套的具体建议，使博物馆成为教育卓越与公平的服务员，能够适应挑战。

《博物馆——学习的场所》一书作者则通过直接、浅显易懂清晰的方式对教育理论、博物馆教育实践和观众研究等各个方面进行了探索。对从博物馆教育到更为广泛的社会教育问题和公众服务都十分实用。该书是所有博物馆管理者和员工的必读书籍。

《美国博物馆协会藏品规划与保护指南》（中国博物馆学会、美国博物馆协会管理丛书）（中英对照），美国博物馆协会主编，路旦俊译，张曼西、李慧君审校，外文出版社，2014年，293页，16开。

该书是“美国博物馆协会管理丛书”之一，系美国博物馆协会编写的论述博物馆藏品的经典著作《美国博物馆协会藏品规划指南》与《藏品保管》的合辑。

《美国博物馆协会藏品规划指南》分析了藏品保管与制定藏品规划的必要性，并对构建专业人员知识框架、撰写藏品规划，以及如何应对博物馆政策方面的挑战等提出具体指导意见。此外，该书选录了藏品规划范本所具备的特点、词汇表以及其他相关资源。具体内容包括美国博物馆协会认证委员会主席马丁·沙利文撰写的前言《藏品保管与制定藏品规划》；詹姆士·B. 梅里特的《构建知识框架》，伊丽莎白·E. 梅里特的《撰写藏品规划》和《制定藏品规划的过程》，詹姆士·B. 加德纳的《博物馆政治》。之后是作者简介和附录。附录内容有六个部分：①《藏品规划》部分章节样本；②美国博物馆协会和美国国立历史博物馆2012年11月15～16日举办的全国制定藏品规划学术研讨会讨论内容概述。③可从美国博物馆协会信息中心获取的文件样本；④术语表；⑤资源；⑥美国博物馆协会认证委员会对藏品保管的基本要求；⑦专业学术研讨会与会者名单、索引 。

《藏品保管》介绍了所有有关博物馆藏品保管的最重要职责。包含了五部分内容：第一部分探讨艺术、历史、考古和人种学等人文藏品的性质，它们的共性与个性；第二部分探讨这些藏品在学术研究机公众开放方面的利用程度；第三部分介绍这些藏品保护和不断保养的需求；第四部分概述了藏品记录的需求；第五部分及报告文末则介绍工作重点、建议及实施战略。

主席报告包含七项内容，分别是：①导论；②美国博物馆人文藏品的性质；③藏品使用；④藏品保护、藏品保管员、培训及设施；⑤藏品信息记录、信息记录与技术；⑥藏品保管重点。最后是附录，包含有美国博物馆协会与藏品保管项目、藏品保护组织、合作型藏品保护中心、盖蒂信托基金会项目、加拿大遗产藏目录网。

《陕西博物馆百年大事记》，张礼智编著，三秦出版社，2014年，224页，16开。

该书用大事记的方式详细记录了1909～2009年陕西博物馆发展历史上的重大事件和重要活动，是研究陕西博物馆百年史和中国博物馆史的重要资料。

该书中的个别事件延长至2010年。大事记的收录标准包括十个方面：①有关文物、博物馆的法律、法规、政策；②重要的会议；③博物馆及相关机构的成立、筹建、开放；④馆长的任命；⑤陈列和临时展览的开展；⑥博物馆藏品的入藏；⑦重要学术交流活动；⑧对博物馆发展有直接影响的重要参观考察活动；⑨工作人员培训活动；⑩其他重大事件。

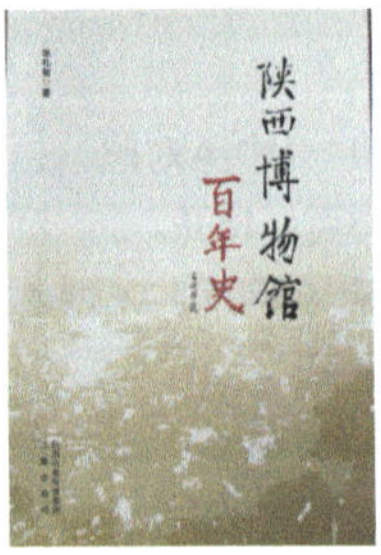

《陕西博物馆百年史》，张礼智著，三秦出版社，2014年，538页，16开。

该书首次以一个省的博物馆发展历史为研究对象，进行全面总结和叙述，不仅使读者对陕西博物馆百年历史有充分的认识和了解，而且对中国博物馆史的研究与撰述也有积极意义。该书篇幅宏大，脉络清楚，论点鲜明，叙事客观，全面梳理总结了百年来陕西博物馆的发展轨迹，总结了博物馆丰富多彩的业务活动，记述了为陕西博物馆事业付出心血、做出重要贡献的人物。

全书以“沿革篇”“业务篇”和“人物篇”的形式构架陕西博物馆史的体例。“沿革篇”以历史脉络为纲，梳理陕西博物馆的发展线索。从1909年陕西博物馆的历史源头西安地区最早的博物馆“劝工陈列所”建立以来，陕西博物馆事业的发展已有百年的历史。进入21世纪，博物馆事业迎来了最好的发展时期。整整一个世纪的发展变化，尽在书中。“业务篇”以博物馆的主要业务为纲，分为四章二十七个专题对各项业务工作予以叙述。“人物篇”以人物为纲，将陕西博物馆史主要事件融于对人物的叙述中。“人物篇”选择了64位博物馆人，每个人都是一个独立的人物传记，其中既有陕西文物博物馆事业的领导者、推动者或参与者，也是各个时期博物馆事业的见证人。

《现代博物馆讲解艺术》，唐琳著，中西书局，2014年，367页，16开。

作者二十年来始终工作在博物馆宣教岗位上工作，该书折射了一代讲解员的成长之路,也见证了博物馆教育事业的发展历程。

该书从博物馆宣教工作的实际出发，以讲解艺术为研究和探索重点，力求理论与实践紧密结合，分为“宣教讲解”“宣教拓展”“宣教文苑”三辑。其中“宣教讲解”涵盖了讲解溯源、讲解技巧、讲解词的撰写、讲解参赛、讲解队伍建设等，并提供了相应实例；“宣教拓展”涉及了宣教活动、营销推广、项目拓展、理念创新、城市发展研究等范畴；“宣教文苑”则以个人的视野、细腻的笔触，诠释了文博人心中的诗情画意。书中既有“留白”也有“补缺”，展现了新时期博物馆宣教事业的内涵外延、发展动态、未来趋势和职业构想，是作者二十年文博宣教生涯的真切缩影与笔耕不辍的心血结晶。

博物馆讲解艺术,与博物馆事业相伴而生、如影随形，从萌芽到正式职业化，从寂寂无闻到不可或缺，虽然历经了漫长的等待，但是始终与时俱进，富有强大的生命力和创造力，是全面发展博物馆事业、切实发挥博物馆教育职能的重要载体。

《博物馆资产财务管理》，郑滢著，合肥工业出版社，2014年，235页，16开。

该书系统、全面介绍了博物馆资产管理方面的理论、基本内容、操作方法和实施步骤，探讨了西方国家的理论基础和实践。该书既可以为国有博物馆实施资产管理和财务控制提供帮助，也可以为文物管理学和博物馆学爱好者、研究者，或其他行业从事财务研究和实践工作者提供参考。作者在阐述中以新制度为基础，尽量与现行制度紧密结合，对制度进行详细解释和深度分析，在此基础上吸收了实务操作中新研究成果和发展动态，反映当前本学科发展前沿，并以案例说明，深入浅出地对博物馆资产管理方面的难点和重点内容做出剖析，做到“理论与实务并重，理论指导实践”。

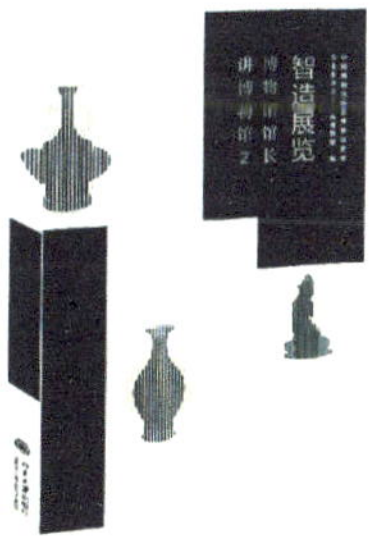

《智造展览：博物馆馆长讲博物馆2》，中国博物馆协会博物馆管理专业委员会、上海博物馆编，北京大学出版社，2014年，159页，16开。

该书收入上海博物馆、中国博物馆协会博物馆管理专业委员会主办的“九州文华——中国博物馆之旅”系列讲座的内容。有故宫博物院单霁翔的《把壮美的紫禁城完整地交给下一个六百年》，河南博物院田凯的《鼎盛中华——中国鼎文化展》，国家博物馆陈履生《历史与艺术并重——中国国家博物馆的展览》，苏州博物馆陈瑞近《苏州博物馆——苏州城市精神的践行者》，河北省博物馆刘栋的《承接历史 续写新篇——河北省博物馆新馆建设与展览》，浙江省博物馆陈浩的《博物馆原创性展览的探索与实践》，南京博物院龚良的《“一院六馆”全新出发》，山西博物院石金鸣的《发现霸国》、湖南省博物馆李建毛《长沙窑瓷的收藏与展示——展览的教育视角》，台北历史博物馆张誉腾《博物馆如何创造魅力——台北历史博物馆的做法》等十家博物馆的馆长，以及国家文物局段勇《创新与发展——我国当代博物馆事业的主题词》，在讲座中介绍了所在馆的馆藏特色，特别是重要展览。从中可以看到各馆是如何利用馆内馆外的文物资源和新的考古发现，筹划一个好的展览；怎样展示文物的历史艺术价值、地域特色、民族特色；怎样把展示与公众教育相结合，促进文物保护和博物馆事业的发展。

《让文物活起来——文物合理利用经验集萃》，国家文物局编，文物出版社，2014年，219页，16开。

国家文物局编著的《让文物活起来——文物合理利用经验集萃》以图文并茂的方

式展示了北京市文物局、武侯祠博物馆、大明宫遗址、内蒙古博物院、黟县西递村、重庆红岩联线文化发展管理中心、孙中山故居纪念馆等国内十二家文物行政管理单位、文物保护单位和博物馆在文物合理利用方面的具体做法和创新经验。书前有国家文物局局长励小捷《保护中利用、利用中传承的创新实践》一文。

《首届“中国博物馆教育项目示范案例”评选优秀案例》，中国博物馆协会社会教育专业委员会、内蒙古博物院、内蒙古博物馆学会编，科学出版社，2014年，彩色图版243页，16开。

该书是首届“中国博物馆教育项目示范案例”评选优秀案例的汇编，也是中国博物馆社会教育工作的首本案例集，内容包括从57家博物馆的88个教育案例中评选出的43个优秀教育案例。这些教育项目的实施主体包括历史文化与综合类博物馆、革命纪念馆和遗址类博物馆、自然科技与艺术专题博物馆等各个类型，教育项目的对象涵盖各个年龄层次以及特殊人群的观众群体，理念科学先进，内容丰富多彩，形式灵活多样，代表了中国博物馆社会教育的发展态势。

首届“中国博物馆教育项目示范案例”评选活动由中国博物馆协会主办，中国博物馆协会社会教育专业委员会、内蒙古博物院承办。该活动是博物馆社会教育经验的总结与升华，是博物馆社会教育规律的探讨与研究，为博物馆提升公共文化服务能力提供了有力的理论支撑。中国博物馆协会理事长宋新潮为该书撰写序言。

《大学博物馆的当代转型》（文化育人与公共服务），蔡劲松等著，民族出版社，2014年，297页，16开。

该书从大学文化视角出发，重点针对大学博物馆自身建设及文化育人、公共文化服务等方面展开深入讨论，试图从学理上阐释大学博物馆的本质及育人功能。书中特别强调我国大学博物馆建设及其在文化育人方面的重要意义，呼吁充分发挥大学博物馆在大学教育、文化建设、社会服务等方面的多重价值，希望能起到“抛砖引玉”的作用，进而受到大学相关部门与社会各方面的广泛重视。

该书的研究以对世界高等教育发展和现代博物馆建设体系中的大学博物馆反思与转型为坐标，以探寻大学博物馆的当代价值为轴，从大学文化视角出发，重点针对大学博物馆自身建设及文化育人、公共文化服务等方面展开深入讨论，试图从学理上阐释大学博物馆的本质及育人功能。特别强调我国大学博物馆建设及其在文化育人方面的重要意义，呼吁充分发挥大学博物馆在大学教育、文化建设、社会服务等方面的多重价值，希望能起到“抛砖引玉”的作用，进而受到大学相关部门与社会各方面的广泛重视。

三　博物馆介绍、博物馆学者传记

《中华民国国立历史博物馆概略》，1925年，32开。

该书内容原载中国第二历史档案馆《北洋政府档》，是一本油印的小册子，现藏南京第二历史档案馆“北洋政府”卷内。

书中记录了1911～1925年中华民国历史博物馆从筹办、选址、修葺、征集采购和登录文物以及赴河南、陕西、山西调查古迹文物、接待来馆参观人士等诸多事宜。

根据《鲁迅日记》记载，1921年7月，教育部在国子监“彝伦堂”设立历史博物馆筹备处，鲁迅被委派主持此事。美术调查处1921年9月成立，11月派员到沈阳调查美术物品运输到国子监举办展览。这些内容丰富了历史博物馆筹建时期的史料。

《中国博物馆一览》，中国博物馆协会编，中国博物馆协会事务所，1936年，32开。

该书是中国博物馆协会成立后编辑的第一本书，主要介绍当时中国博物馆的基本情况，包括各类博物馆的沿革、建筑、性质、组织、经费来源、收藏文物及设备、出版书籍、职员姓名等。书末附有博物馆的英文名称表、开放时间及门票价格等，内容详尽，是一部全面汇集博物馆信息资料的综合书籍，被誉为“我国博物馆的第一部百科全书”。

《国立中央博物院筹备处概况》，国立中央博物院，1942年，32开。

该书是一本介绍国立中央博物院筹备处十七年中历尽艰辛工作情况的书。

1933年4月，中央博物院筹备处成立，此后，在长达17年的筹备过程中饱尝艰辛，直到1949年12月迁台，中央博物院终未正式成立。

1922年，中央研究院院长蔡元培写信给胡适，建议用英国庚子赔款的一部分创办博物馆。之后，又多次就庚款分配问题发表意见，主张以其中90%创办一个科学博物馆。1926年3月，蔡元培在《致英国庚款委员会函》中再次提出，以庚款全数办一种大规模的可以作为永久纪念的事业。

1933年4月，在蔡元培先生的积极倡导下，中央博物院筹备处在南京成立，中央研究院历史语言研究所专任研究员傅斯年担任筹备处主任。当时拟建一个现代化规模的博物馆，用来“汇集数千年先民遗留之文物，及灌输现代知识应备之资料，为系统之陈览，永久之保存，藉以为提倡科学研究，补助公共教育之策源地”。

1934年，原属中央研究院的北平历史博物馆改属中央博物院筹备处。7月，傅斯年辞去筹备处主任，考古学家李济接任。在李济任内，先后制定了《中央博物院筹备处暂行规则》《国立中央博物院暂行组织规程》《国立中央博物院理事会议事细则》《国立中央博物院建筑委员会组织简章》《国立中央博物院与中央研究院合作暂行办法》等。

中央博物院下设自然、人文、工艺三馆。研究院综合了自然、人文、科学技术和艺术等各个知识门类，力求全面反映人类社会历史和自然历史的发展过程及规律，以传播科学、教育民众为己任，堪称当时中国最现代化的博物馆。它是蔡元培先生及中国科学文化教育界人士长期探索和追求的结果。

《国立中央博物院建筑概略》，1942年，32开。

该书介绍了中央博物院建筑规划、设计蓝图以及中央博物院参与的调查勘探等工作情况。从书中记述可知，中央博物院建筑设计宏伟，规划周密，体系完整。

1940年7月，中央博物院筹备处委托中国营造学社调查西南诸省建筑与附属艺术，整理川康滇三省汉阙、汉崖墓及民居、会馆、牌坊、桥梁、水闸130余处，此项工作主要由中国营造学社刘敦桢负责，经费由中央博物院支付。这次调查报告等也收入该书中。

《中国历史博物馆：中国通史陈列说明》，中国历史博物馆编，1976年，45页，32开。

该书是中国历史博物馆的导览手册，主要介绍该馆基本陈列“中国通史陈列”的文物展品、陈列设计概况，配有博物馆外景、馆藏文物和展览现场的照片。该书是迄今所见中国博物馆界编印最早的博物馆藏品图录的说明书，具有重要的开创意义。

《毛主席视察安徽省博物馆》，安徽省博物馆编，1978年，黑白图文46页，32开。

该书是安徽省博物馆编辑的摄影图集，属内部资料。书中收录毛泽东、周恩来、朱德、叶剑英、邓小平、李先念、陈毅、聂荣臻等老一辈党和国家领导人视察安徽省博物馆的资料照片46幅，其中有毛泽东主席1958年9月17日视察时的照片25幅，当时毛主席在该馆参观了三个小时，创下了他平生的两个唯一：一个是安徽省博物馆是毛主席视察过的唯一一个省级博物馆；另一个是他唯一一次发表了对博物馆事业的指示：“一个省的主要城市都应当有这样的博物馆。人民认识自己的历史和创造的力量是一件很要紧的事。”不仅对安徽省博物馆的建设给予了极大的肯定，也为我国博物馆事业的建设与发展指明了方向，确立了安徽省博物馆在全国博物馆界独特的历史地位。

从照片中可以看到老一辈革命家视察博物馆的情形和对文博事业的关怀。书末有陈毅为安徽省博物馆题写的馆名。

“中国博物馆丛书”，文物出版社，1983～1992年，8开。

“中国博物馆丛书”是系统介绍中国国家级和省、市、自治区级博物馆藏品的大型艺术性图册，精装八开本，由各有关博物馆编著。丛书统一编辑，分批出版，1983年3月～1992年2月先后出版了十二卷，按出版时间为序依次是：①《陕西省博物馆》；②《湖南省博物馆》；③《辽宁省博物馆》；④《南京博物院》；⑤《中国历史博物馆》；⑥《天津艺术博物馆》；⑦《河南省博物馆》；⑧《上海博物馆》；⑨《新疆维吾尔自治区博物馆》；⑩《云南省博物馆》；⑪《吉林省博物馆》；⑫《四川省博物馆》。

从1983年开始，由文物出版社和日本讲谈社合作出版，在北京和东京分别发行中、日文版。丛书每卷内容包括：①前言：概述本馆历史概况、藏品内容和科学研究活动状况；②图版：200幅左右，其中2/3为原色图版，按历史阶段、文物类别或专题编选；③分类说明：对入选的器物，按类别作综合介绍；④器物说明：注明馆藏文物的名称、时代、质地、尺寸、出土时间和地点(或注明传世品)，并对器物的历史、艺术价值作扼要的阐述。

各卷既独立成篇，又相互补充。综观各卷，既可见到各馆藏品特色，又可见到中国光辉灿烂的历史文化面貌。

《中国博物馆·陕西省博物馆》（中国博物馆丛书第1卷），陕西省博物馆编，文物出版社，1983年，彩色图文236页，8开。

该书是中国博物馆丛书的第1卷，是一本全面介绍陕西省博物馆及其珍藏文物的综合图录。

书中按照青铜器、陶俑、石刻、秦汉砖瓦、碑石墓志、唐三彩、唐墓壁画、金银器和其他八个类别，精选该馆精品文物204件（组）。卷前有该馆原馆长武伯纶撰写的序言，着重介绍古都西安的历史和陕西省博物馆的藏品特色，各类文物均有一篇概述性文章，每件文物都有必要的介绍和分析。图版用高清照片196幅，其中彩色图版123幅，全面展示了陕西省博物馆的珍贵馆藏及其特点、陈列厅布局与设计特色。

《中国博物馆·湖南省博物馆》（中国博物馆丛书第2卷），湖南省博物馆编，文物出版社，1983年，彩色图文213页，8开。

该书是中国博物馆丛书的第2卷，是一本全面介绍湖南省博物馆珍藏文物的综合性图录。书中精选图版196幅，其中彩色图版126幅。全书内容分为新石器时代陶器、商周青铜器、楚文物、马王堆汉墓出土文物、湘阴窑瓷器和长沙窑瓷器六大类。分类综述各类文物的特色并对每件器物作了简要说明。卷前有湖南省博物馆副馆长高至喜撰写的序言，简要地介绍了湖南省博物馆的历史、现状和藏品情况。

《中国博物馆·辽宁省博物馆》（中国博物馆丛书第3卷），辽宁省博物馆编，文物出版社，1983年，彩色图文223页，8开。

该书是中国博物馆丛书的第3卷，是一本全面介绍辽宁省博物馆珍藏文物的综合性图录。书中精选图版196幅，其中彩色图版120幅。全书内容分为青铜器、朝阳二台营子等地青铜短剑墓葬出土文物、西丰西岔沟匈奴墓群出土文物、北燕冯素弗和鲜卑墓葬出土文物、朝阳唐墓出土文物、辽墓和辽塔出土文物、绘画、法书、丝绣和陶瓷十类，详细介绍了辽宁省博物馆的馆藏文物以及辽宁省博物馆的历史、现状和藏品情况。

《中国博物馆·南京博物院》（中国博物馆丛书第4卷），南京博物院编，文物出版社，1984年，彩色图文220页，8开。

该书是中国博物馆丛书的第4卷，是一本综合介绍南京博物院珍藏文物的图录。书中精选南京博物院藏文物182件（件），分为新石器时代文物、商周文物、汉代文物、三国两晋南北朝出土文物、唐代文物、宋元文物、明清文物、绘画和法书八类，每部分均有概述性的说明并对每件文物的历史艺术价值进行探讨。全书图版196幅，其中彩色图版125幅，详细介绍了南京博物院的珍贵馆藏文物以及南京博物院的历史沿革、发展现状和院文物的特色、数量和价值等。

《中国博物馆·中国历史博物馆》（中国博物馆丛书第5卷），中国历史博物馆编，文物出版社，1984年，彩色图文250页，8开。

该书是中国博物馆丛书的第5卷，是一本全面介绍中国历史博物馆珍藏文物的综合性图录。书中精选图版196幅，其中彩色图版122幅。全书内容分为石器时代文物、夏商西周春秋文物、战国秦汉文物、三国两晋南北朝文物、隋唐五代文物、辽宋金元文物和明清文物七类，详细介绍了中国历史博物馆的珍贵馆藏文物以及中国历史博物馆的历史沿革、发展现状和藏品情况。

《中国博物馆·天津市艺术博物馆》（中国博物馆丛书第6卷），天津市艺术博物馆编，文物出版社，1984年，彩色图文240页，8开。

该书是中国博物馆丛书的第6卷，是全面介绍天津市艺术博物馆发展沿革及馆藏文物的综合性图录。书中精选天津艺术博物馆馆藏文物精品281件（套），分为绘画、法书、玺印、砚台、玉器、瓷器、“泥人张”彩塑和杨柳青年画八个部分，反映了天津艺术博物馆藏品的价值和特色。

书中除分类综述外，还对每件器物都做了简要说明。卷首有天津市文化局顾问张映雪撰写的序言，简要介绍了天津市艺术博物馆馆藏文物情况和展陈特色。

《中国博物馆·上海博物馆》（中国博物馆丛书第8卷），上海博物馆编，文物出版社，1985年，彩色图文231页，8开。

该书是中国博物馆丛书的第8卷，是全面介绍上海博物馆珍藏文物特色和价值的综合性图录。

全书内容分为上海地区出土文物、青铜器、陶瓷、雕刻造像、陶瓷、工艺品、绘画和法书七类，精选馆藏文物170件（套），以图文配合的形式全面介绍了上海博物馆的历史沿革、发展现状和藏品情况，反映了上海博物馆的丰富馆藏和文物价值。

《中国博物馆·河南省博物馆》（中国博物馆丛书第7卷），河南省博物馆编，文物出版社，1985年，彩色图文224页，8开。

该书是中国博物馆丛书的第7卷，是一本全面介绍河南省博物馆珍藏文物的综合性图录。书中精选图版179幅，其中彩色图版117幅。全书分为商周青铜器、彩绘陶器、陶建筑模型、画像砖、隋张盛墓出土文物、瓷器、唐宋三彩和焦作元墓出土砖俑八类，配合文物照片予以通俗简要的介绍。

卷前有河南省博物馆副馆长韩绍诗撰写的序言，全面介绍了河南省博物馆的历史沿革、发展现状和藏品情况。书中有分类综述，并对每件文物都做了必要的说明。

《南京市博物馆》，南京市博物馆编，文物出版社，1988年，40页，32开。

南京曾是三国吴、东晋、宋、齐、梁、陈、南唐及明初的都城，有丰富的文物古迹。南京市博物馆收藏文物7万余件，其中一级文物百余件，以六朝豪门和明代功臣世家墓葬中出土文物最具特色。该书介绍并收录该馆历史沿革和馆藏文物。

《四川省博物馆》，四川省博物馆编，文物出版社，1988年，64页，32开。

四川省博物馆是地方综合性博物馆，建于1941年，收藏文物10余万件，多是具有地方特色的精品。

该书精选收录代表性藏品80余件，如“资阳人”头骨化石，巫山大溪出土的石器、陶器，殷周的巴蜀青铜器，汉代画像石、画像砖等，还有众多的革命文物，附有82幅彩色图版，书后附《四川省史迹纪略》，通过这些图文介绍，可以了解四川省的历史发展进程和文化艺术概貌。

《博物馆纵横》，胡骏著，中国青年出版社，1989年，355页，32开。

该书介绍了形形色色的博物馆以及博物馆的基本知识，全书分十三个部分，依次是：①源和流；②中国与国际博物馆学会；③世界最有名的博物馆；④奇特的博物馆种种；⑤反盗窃和反走私；⑥难以发现的“敌人”；⑦观众是“上帝”；⑧“后院”种种；⑨精美绝伦的中国古代青铜器；⑩富有民族特色的中国古代书画；⑪饮誉全球的中国古陶瓷；⑫外国博物馆100座；⑬中国博物馆300座。

书中内容丰富有趣，例如世界上第一座博物馆在哪里？世界上最著名、最奇特的博物馆有哪些？如何鉴定、修复、复制、保护文物？在浩瀚的博物馆中，你了解多少中外博物馆？每个博物馆有哪些特点？这些博物馆有哪些珍贵藏品？等等，此书给你一一解答。

《首都博物馆》，张宁、王春城编，北京燕山出版社，1989年，48页，32开。

该书是介绍首都博物博的科普读物。书中介绍了首都博物馆从1953年筹备、建馆开放，至1981年10月正式对外开放的历史，包括首都博物馆地址的选择经过；首都博物馆的性质、展览项目、馆藏文物等。配有中英两种文字。

《郑振铎》（转变中的近代中国丛书），郑尔康著，文物出版社，1990年，104页，16开。

该书是“转变中的近代中国（1840～1949）丛书”之第一册。该书以200幅珍贵照片，辅以文字说明和大事年表，形象介绍了编辑出版家、藏书家、中国文物事业的奠基人之一的郑振铎先生从五四运动开始，同茅盾等创办《小说月刊》等文学刊物，大力推动新文化运动以及编著《中国历史参考图谱》等巨著的经历，展示了郑振铎先生的出版生涯与出版成就，同时将一系列出版活动放在特定的时代背景下进行考察，有助于读者了解郑振铎先生在中国近现代文化史上的地位和对中国文化建设的巨大贡献。

《世界博物馆大观》，黎先耀、张秋英编著，旅游教育出版社，1991年，彩色图版24页，490页，16开。

该书收集介绍了全世界各类博物馆800座，分为11大类，39个小类，内容包括艺术、考古、历史、建筑、民族、民俗、宗教、人物、政治、经济、文化、教育、自然、科技、产业、收藏和园囿等方面，可谓包罗万象，洋洋大观，是一本全面、完整介绍世界各地各类博物馆的书籍，兼备知识性、文学性和趣味性，具有很高的辞书价值。

《中国博物馆·云南省博物馆》（中国博物馆丛书第10卷），云南省博物馆编，张圣福主编，文物出版社，1991年，彩色图文220页，8开。

该书是中国博物馆丛书的第10卷，是云南省博物馆珍藏文物的综合性图录，精选文物图版196幅予以介绍。

云南元谋人化石是已知的我国和亚洲最早的直立人，距今约170万年。此外，还发现了早期智人昭通人、晚期智人西畴人、丽江人和昆明人的化石。新石器时代的遗迹，在云南已发现一百多处，几乎遍及全省。它们具有鲜明的地域特征，而又受到我国东南沿海地区、黄河流域新石器时代文化的影响，并与东南亚地区的一些原始文化有关。

为了艺术欣赏的需要，该书在选编图版时，着重选录了造型、纹饰较有特色，工艺水平较高的器物。而对新、旧石器时代具有很高科学价值的文物，则因造型较简陋等原因未能入选。但是，仅就该书所选编的文物，已经能够反映云南省博物馆藏品的特色和水平。

《中国博物馆·新疆维吾尔自治区博物馆》（中国博物馆丛书第9卷），新疆维吾尔自治区博物馆编，文物出版社，1991年，彩色图文237页，8开。

该书是中国博物馆丛书的第9卷。书中用图文配合的方式介绍了该馆历史沿革、发展现状及典型的馆藏文物。书前有新疆维吾尔自治区博物馆馆长沙比提·阿合买提写的序言，全面介绍了该馆基本情况和馆藏文物，图版分为陶器、铜器、织物、碑刻墓志、出土文书、俑像、出土绘画、其他八个部分展示了新疆维吾尔自治区博物馆184件（组）文物。

新疆维吾尔自治区博物馆是全自治区最大的文物和标本收藏保护、研究展示和宣传教育机构。馆藏纺织品文物、纸质文物、彩绘泥塑、古代干尸等数量可观，极具特色，是反映东西方经济、文化交流的重要物质文化遗产，具有重要的科研价值、观赏价值和社会教育价值。

新疆不仅有丰富的天然资源，而且有悠久的历史和璀璨的古老文化，又是古代“丝绸之路”的必经之地。因此，新疆维吾尔自治区博物馆文物独具特色而且价值极高。

《中国博物馆概览》，国家文物局博物馆处编，胡骏、郑广荣、赵永芬编著，1992年，638页，大32开。

该书系内部资料，主要介绍1992年之前建成开放的博物馆、纪念馆、陈列馆、名人故居的基本情况，内容包括建馆经过、人员组成、馆藏特色、陈列展览、社会教育、科研成果等，其中既有综合性博物馆故宫博物院、上海博物馆、南京博物院、河南省博物馆、安徽省博物馆、辽宁省博物馆等，也有地县级博物馆金山县博物馆、镇江市博物馆、天台县博物馆等，还有自然科学博物馆、地质馆如北京古观象台陈列馆、上海自然博物馆、大连自然博物馆，也有行业类博物馆中国丝绸博物馆、杭州胡庆余堂中药博物馆，还有名人故居纪念馆和陈列馆如上海韬奋纪念馆、桐乡丰子恺故居、绍兴市秋瑾故居。书中所收门类齐全，内容丰富，便于全面了解当时中国博物馆、纪念馆的发展情况。

《中国博物馆·吉林省博物馆》（中国博物馆丛书第11卷），吉林省博物馆编，文物出版社，1992年，彩色图文213页，8开。

该书是中国博物馆丛书的第11卷，是一本全面介绍吉林省博物馆发展历史及馆藏文物的综合性图录。

中华人民共和国成后，为搜集、保藏、研究和利用人类文明的典型遗物，于1951年筹建吉林省博物馆。翌年初正式开馆接待观众。经过三十多年发展，吉林省博物馆已成为一座由自然、历史、艺术三部分组成的综合性博物馆，是全省自然标本、历史文物的主要收藏机构，同时又是科学研究和社会教育机构。吉林省博物馆有藏品近八万件，其中具有鲜明地方特色的考古品占有较大比例。这些珍贵的考古出土文物是历年在该省境内调查征集和科学发掘所获得的。

该书选录了博物馆藏品中的珍贵文物186件（组），反映了博物馆藏品的特色和水平。通过该书，读者可以了解吉林省古代文物的概貌和吉林省博物馆的藏品情况。该书的出版，在促进学术研究和中外文化交流等方面，起到积极的作用。

《中国博物馆·四川省博物馆》（中国博物馆丛书第12卷），四川省博物馆编，文物出版社，1992年，彩色图文224页，8开。

该书是中国博物馆丛书的第12卷，是一本全面介绍四川省博物馆发展历史及馆藏文物的综合性图录。

四川省博物馆始建于1941年，1952年由“川西博物馆”更名为四川省博物馆，是西南地区最大的综合博物馆，拥有各类文物32万余件，其中珍贵文物5万余件，其中以历代书画精品、藏传佛教文物、石刻造像为主要特色。该书选择其中120件（套）文物予以介绍。

《山东博物馆通览》，蒋英炬、周昌富主编，中国广播电视出版社，1993年，367页，32开。

该书是第一部全面介绍山东各博物馆概况的书籍。书中介绍了该省博物馆的基本概况、历史沿革、馆藏文物、开放时间、门票价格、参观路线等，叙述详细，方便实用。

《博物馆游学记》（可爱的北京丛书），黎先耀主编，北京少年儿童出版社，1993年，178页，32开。

该书是“可爱的北京丛书”之一。书中用通俗语言向青少年读者介绍北京地区的博物馆，其中有各馆基本概况、馆藏文物、展陈特色等，旨在培养孩子从小养成参观博物馆、热爱博物馆的好习惯。

《法门寺》，法门寺博物馆编，韩金科主编，陕西旅游出版社，1994年，彩色图文191页，12开。

该书是法门寺博物馆珍藏精品文物的图录，编者精选该馆金银、丝织、琉璃、陶瓷等类文物120件（组）予以介绍，文字精练，图片清晰。

《外国博物馆》，张晖编著，新疆美术摄影出版社，1994年，507页，32开。

作者从各类报刊、书籍、期刊和新闻报道中摘录出300余座博物馆予以介绍，囊括了综合、历史考古、文化艺术、自然科学、民族民俗、社会生活、名人故居、专题收藏、遗址古建等类型的博物馆，从中可以看到外国博物馆在文物、标本资料的征集、藏品管理保护、科学研究、陈列展示、管理服务等方面工作情况。

《中国博物馆·安徽省博物馆》（中国博物馆丛书第13卷），安徽省博物馆编，文物出版社，1994年，彩色图文213页，8开。

该书是中国博物馆丛书的第13卷，是一本全面介绍安徽省博物馆发展历史及馆藏文物的综合性图录。

安徽省博物馆是安徽省文物、博物馆工作的业务指导中心。它除了派专家到市、县级博物馆鉴定藏品和讲学外，还不定期地举办各种专业培训班，培养从事文物、博物馆工作的专门人才。

该书介绍了安徽省博物馆所藏的青铜器、陶瓷器、绘画、书法、砚、墨及墨模、徽州砖雕、铁画及其他工艺品。安徽省博物馆建立于1956年，现收藏有历史、艺术、自然各类文物、标本及古籍文献20多万件（册），拥有从事历史考古、书画艺术、陶瓷、民间工艺、文物鉴定和保护、自然标本、陈列设计等方面的专家和工作人员150余人。

《中国博物馆·湖北省博物馆》（中国博物馆丛书第14卷），湖北省博物馆编，文物出版社，1994年，彩色图文206页，8开。

该书是中国博物馆丛书的第14卷，书中记录了湖北省博物馆珍贵馆藏文物，资料翔实，图片清晰，分为新石器时代文物、商周青铜器、楚文物、曾侯乙墓出土文物、秦汉漆器和其他六个部分，展示了湖北省丰富的文物资源。

湖北省地处长江中游，交通方便，素有“九省通衢”之称。1950年，湖北省人民政府设立了湖北省文物管理委员会，负责全省范围内的文物调查、保护与征集工作。1953年3月，成立了湖北省博物馆筹备处。1956年，正式建立了湖北省博物馆，同时举办了“湖北历史文物展览”。

三十多年来，湖北省博物馆广泛开展考古发掘、文物调查、征集和保护工作。到1994年为止，该馆收藏各类文物和实物资料约20万件（套），馆址占地面积51000平方米，建筑面积9000平方米。湖北省博物馆已成为全省历史文物陈列、保护和收藏、考古发掘与研究的中心。

《中国长城博物馆》，中国长城博物馆编，国际文化出版公司，1994年，彩色图文48页，32开。

由北京市文物局筹建的中国长城博物馆，坐落在八达岭长城脚下，1994年建成开放。根据陈列出版了《长城》展览图册一书，配合展陈以更完整地体现万里长城悠久的历史和灿烂的文化。中国长城博物馆展览的陈列大纲及图册的编辑等主要是首都博物馆有关人员执笔完成。

《体育博物馆》（当代博物馆丛书），鲁光主编，河南教育出版社，1995年，彩色图文157页，16开。

该书是“当代博物馆丛书”之分册。该丛书以精美彩色照片为主，配以简洁生动的文字，科学系统地介绍自然、社会与艺术知识，展示当代的科学技术成果和艺术珍品，描绘科学技术与社会发展的历史进程，讲述著名科学家、艺术大师及其他著名历史人物的生平轶事。丛书如同知识画廊，阅读书籍，就像走进了自然、社会、科学与艺术的博物馆，遍览今日，回顾历史，展望未来。

该书主要介绍体育的起源，体育运动概观、中国古代体育运动，近代体育的形成，生长于宫廷之中的网球运动等方面的内容。具体有足球的雏形——蹴鞠、军事用途的跑与走、古养生术——导引、风行唐代的马球、弈棋、独具特色的中国武术、今日体坛全球的盛会——奥林匹克运动会、奥林匹克运动的暗礁——兴奋剂与金钱、奥运简史等。

《航空航天博物馆》（当代博物馆丛书），王钟强、刘润宝主编，河南教育出版社，1995年，彩色图文294页，16开。

该书是“当代博物馆丛书”之分册，介绍各类水路交通工具的起源及用途、水陆交通发展概况。主要内容有交通运输——人类文明与进步的重要标志船舶、船舶的前天和昨天、现代船舶、各有千秋的运输船舶、各在所长的工程船和专业船、明天的船舶港、港口发展史、桥梁的历史、汽车史话、千姿百态的桥梁铁路、铁路史话、未来铁路等。

《艺术博物馆》（当代博物馆丛书），王镛主编，河南教育出版社，1995年，彩色图文265页，16开。

该书是“当代博物馆丛书”之分册，介绍各类艺术博物馆。主要内容有各馆的基本情况、发展沿革、馆藏文物、陈列展览等。

《社会历史博物馆》（当代博物馆丛书），翁杰明等主编，河南教育出版社，1995年，彩色图文265页，16开。

“当代博物馆丛书”共出版10册，分别是《天文博物馆》《地理博物馆》《植物博物馆》《动物博物馆》《海洋博物馆》《航空航天博物馆》《水陆交通博物馆》《艺术博物馆》《社会历史博物馆》《体育博物馆》。该丛书以精美真实的彩色图片为主，配以丰富生动的文字，科学系统地介绍自然、社会与艺术知识，展示当代的科学技术成果和艺术珍品，描绘科学技术与社会发展的历史进程，讲述著名科学家、艺术大师及其他著名历史人物的生平逸事。

该书是“当代博物馆丛书”之分册，介绍各类社会历史博物馆的概况及其文物特色。

《植物博物馆》（当代博物馆丛书），胡玉熹主编，河南教育出版社，1995年，彩色图文178页，16开。

该书是“当代博物馆丛书”之分册，介绍各类植物的用途、价值等科学知识。

作者在前言中说：“编辑该书是为了提高全民族的文化素质，普及科学文化知识，为广大读者，特别是少年儿童，出版一套以真实图片为主的知识读物，让读者既能读到丰富的知识，又能直观地感知客观世界与人类文明。”这正是本套图书不同于以往出版的漫画书和图录的地方，值得推介。

《动物博物馆》（当代博物馆丛书），钱燕文、王林瑶主编，河南教育出版社，1995年，彩色图文202页，16开。

该书是“当代博物馆丛书”之分册，介绍各类动物的起源、饲养方法、注意事项等，图文配合，文字活泼。

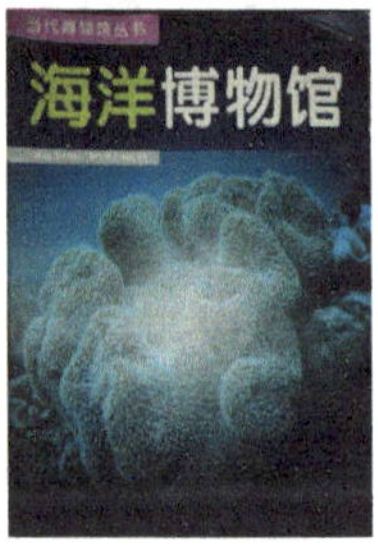

《海洋博物馆》（当代博物馆丛书），胡敦欣主编，河南教育出版社，1995年，彩色图文265页，16开。

“当代博物馆丛书”如同一个个知识画廊，打开一本本书，阅读一段段文字，就如同走进了自然、社会、科学与艺术的博物馆，在这里既能学习科普知识，又能直观地了解大千世界的变化，回顾人类走过的历程，展望美好的未来。

该书是“当代博物馆丛书”之分册，介绍海洋知识及其博物馆珍藏，是一本宣传普及海洋知识的科普书籍。

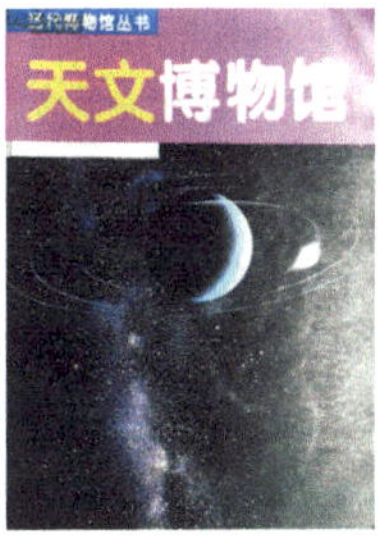

《天文博物馆》（当代博物馆丛书），崔振华主编，河南教育出版社，1995年，彩色图文212页，16开。

该书是“当代博物馆丛书”之分册，介绍各类天文博物馆的基本概况、馆藏文物、特色展览、服务设施等。

《地理博物馆》（当代博物馆丛书），杨勤业主编，河南教育出版社，1995年，彩色图文206页，16开。

该书是“当代博物馆丛书”之分册，介绍各类地理现象、地理知识和地理博物馆的概况。主要内容有宇宙中的地球、地球的形状、地球的经度和纬度、地球的时区和日界线、一天的长度是怎样确定的？昼夜为什么有长短变化？地球的由来和构造、地球的年龄和历史、地球的内部构造、地壳的变动、地球的表面是什么样的？地壳是由哪些物质组成的？等等。

《水陆交通博物馆》（当代博物馆丛书），杨巨钧编著，河南教育出版社，1995年，彩色图文214页，16开。

该书是“当代博物馆丛书”之分册，介绍各类水路交通博物馆的概况。主要内容有交通运输——人类文明与进步的重要标志船舶、船舶的前天和昨天、现代船舶、各有千秋的运输船舶、各有所长的工程船和专业船、明天的船舶港、港口发展史、桥梁的历史、汽车史话、千姿百态的桥梁铁路、铁路史话、未来铁路等。

《秦始皇陵兵马俑博物馆》（中国博物馆导览），张文立编著，文物出版社，1996年，彩色图文94页，16开。

该书是“中国博物馆导览丛书”中的秦始皇兵马俑博物馆分册，书中分七个部分：大事年表、秦始皇兵马俑博物馆导览、秦始皇兵马俑博物馆、秦始皇帝陵、秦陵兵马俑的发现、秦俑三坑概况、秦始皇帝陵铜车马。全书以简洁通俗的语言介绍了秦始皇兵马俑博物馆及其馆藏文物、陈展内容、文物特色等。

《中国历史博物馆》（北京博物馆旅游丛书），刘桂英主编，北京燕山出版社，1997年，208页，16开。

该书是通俗介绍中国历史博物馆的科普书籍。书中内容分为两个部分：一是中国历史博物馆概况，简明扼要地介绍了中国历史博物馆八十五年的发展历程，重点叙述了中华人民共和国成立以后，特别是改革开放以来，中国历史博物馆在文物收藏、陈列展览、宣传教育、考古发掘、科学研究、对外交流、队伍建设等方面所取得的举世瞩目的成就。二是以展览“中国历史博物馆”的体例，用图文并茂的形式介绍我国悠久的历史和光辉灿烂的文化。

中国历史博物馆的首要任务是收藏和保存历史文物，并通过陈列的形式介绍中国历史。该书就是通过博物馆的基本陈列、文物藏品来讲述中国历史概况，讲述文物背后的故事。为了配合文字说明，书中编选250幅图版，均为中国历史博物馆馆藏和展出的文物精品。全书13.5万字，准确地反映了我国历史的发展进程和文物的历史价值与艺术价值，语言简洁生动有趣，其中对部分重点文物作了翔实的介绍，贯穿有鲜为人知的轶事。

《王冶秋文博文集》，国家文物局编，文物出版社，1997年，344页，32开。

为了纪念国家文物局前局长王冶秋同志对文博事业的贡献，在1997年10月5日王冶秋逝世十周年纪念日前，国家文物局组织编辑了该书。在此之前的1995年，国家文物局曾组织编辑了《回忆王冶秋》一书。该书表达了文博界对王冶秋的怀念和崇敬之情，书中文章从不同角度叙述了中国文博事业从无到有、从小到大的发展过程。

该书是《回忆王冶秋》一书的姊妹篇。全书分为四个部分：①论文、讲话；②琉璃厂史话；③散文、诗；④书信。第一部分内容是王冶秋同志1949～1987年的个人著述。全书收入文章73篇。还收有王冶秋同志活动和手稿照片21幅以及王冶秋同志关于文博工作的部分论文和在各种会议上的部分讲话。这些论文和讲话体现了国家文物局在各个时期的方针政策。第二部分琉璃厂史话是一部专著，以历史和史料为依据，阐述了北京琉璃厂的今昔。第三部分的散文和诗，是他深入基层、视察古迹遗址和革命纪念馆的所见所闻。第四部分书信，大都是工作上的往来，从中可以看到王冶秋同志为文博事业不遗余力的苦心。

《陕西博物馆要览》，陕西省文物事业管理局编，三秦出版社，1998年，235页，16开。

陕西作为全国中心的时间长达1000余年，地上地下文物丰富，被誉为天然的露天博物馆。众多的文物古迹，为博物馆事业在陕西的发展提供了得天独厚的优越条件。随着全国博物馆的快速发展，迎来了陕西博物馆事业的新的繁荣，截至1996年，陕西博物馆数量达到77座。该书全面介绍了陕西博物馆的概况、建馆历史、馆藏文物、科研管理、文物保护情况，可作为参观陕西博物馆的导览书。

《世界第八大奇迹——秦始皇兵马俑博物馆》（百个爱国主义教育示范基地丛书），雷玉平、张文立、袁武编著，中国大百科全书出版社，1998年，144页，32开。

该书是“百个爱国主义教育示范基地丛书”之一。书中用大量实物照片和文字叙述展示了博物馆在爱国主义教育中的优势，以独具特色的历史文物，丰富准确的史实，直观地告诉人们，中华民族的爱国主义传统代代相传。

该书分为六个部分：秦始皇陵、奇迹兵马俑、青铜之冠铜车马、创造人类奇迹的中华祖先、举世盛赞兵马俑、让中华文明再展辉煌，全面介绍了秦始皇兵马俑博物馆的重要文物和秦始皇兵马俑博物馆作为全国百个爱国主义教育基地所发挥的作用。

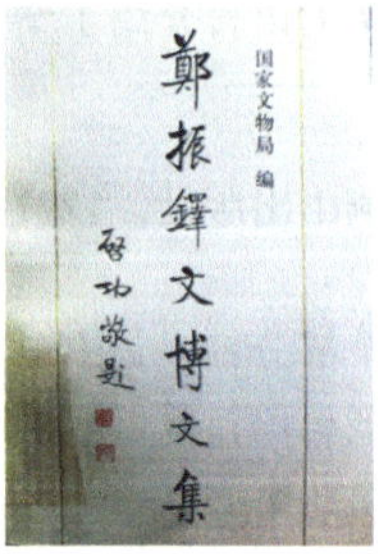

《郑振铎文博文集》，国家文物局编，文物出版社，1998年，254页，32开。

郑振铎是我国著名的作家、文学史家、艺术史家、文物学家和收藏家，是中国文物事业的开拓者和奠基人。

本书是为纪念郑振铎诞辰100周年而编辑的文集。书中收入郑振铎1928年到1958年三十年间写的关于文物、博物馆、图书馆的论述78篇，包括论文、讲话、报告、散文和书信等，共40万字，其中有20篇是从国家文物局档案中郑振铎亲手拟就的重要公文、专题报告和北京图书馆收藏的郑振铎手稿选出来的，配有照片资料等，反映了中国文物博物馆事业发展的脉络和一个文博人的情怀。

《成都永陵博物馆》，张亚平编著，巴蜀书社，1999年，159页，32开。

该书是介绍成都永陵博物馆建馆历史、馆藏文物、陈列展览等的综合图书。作为一个地方专题博物馆，能够对馆藏文物进行深入研究并出版书籍进行宣传，值得肯定。

《北京博物馆精华》，北京市文物事业管理局编，北京燕山出版社，1999年，176页，16开。

该书是第一本以图片为主、图文配合反映北京地区博物馆概貌的画册。

北京有50万年的人类文明史，3000余年不间断的城市发展史，是五朝古都，有文物古迹7000余处，博物馆百余座。

《秦始皇陵兵马俑》，秦始皇兵马俑博物馆编，文物出版社，1999年，彩色图文116页，24开。

该书是介绍秦始皇兵马俑考古发掘、文物保护和宣传展示的图录。书中精选秦始皇陵及其兵马俑出土文物125件（组），用图文对照的形式加以介绍。

秦陵兵马俑被誉为“世界第八大奇迹”，“二十世纪考古史上的伟大发现之一”。秦始皇陵和兵马俑坑，已于1987年被联合国教科文组织列入世界文化遗产名

录。该书的编辑是为了在更大范围内进行宣传介绍，让秦陵兵马俑的发掘保护工作和文物特色价值等广为人知。

《秦始皇兵马俑博物馆》，秦始皇兵马俑博物馆编，文物出版社，1999年，彩色图文116页，8开。

该书是秦始皇兵马俑博物馆的综合性大型画册，全面介绍在秦兵马俑发现25年中考古发掘研究工作以及秦俑博物馆藏品的大型美术性画册。

该书的特点是印制精、内容多、图清晰，全面反映出秦始皇兵马俑馆藏的国宝级、一级、二级、三级文物风貌。它较之以往所出的各种画册图录而言，在艺术水平和学术价值上更高，是集摄影作品与评介文字于一体的图文并茂的著作。书中收入照片298幅，并配有5万余字的叙述文字《震惊世界的重大考古发现》，对秦兵马俑的发现经过、发掘工作以及价值意义做了概要介绍。该书不仅高清图片展示文物遗址的全景和局部细节，更设计有精美的护封套盒。

《陕西历史博物馆：秦汉雄风——雄风振采的历史画卷》（中国博物馆漫步），《秦汉雄风》编辑委员会编，周天游主编，浙江人民美术出版社，1999年，彩色图文159页，16开。

该书是中国博物馆漫步系列图书之一。书中精选陕西历史博物馆文物120余件（套），配有详细的说明文字，展示陕西历史博物馆丰富的藏品，以馆藏秦汉时期文物载体，采用图文并茂的形式介绍馆藏文物，反映400余年秦汉王朝的历史经验和智慧，让读者体验、感受、品味和想象秦汉王朝面对世界的恢宏气势，大胆吸收引进外来文化的胸襟，突破传统、善于创新的意识，自信豪迈的气魄，积极进取的精神，记住中华民族发展过程中那最有纪念意义的黄金时代，进而转化对当今社会人生的热切关注。

通过该书的集中介绍，人们在博物馆进行集浏览、欣赏、知识撷取与情感熏陶于一身的文化漫步时，不难感受到秦汉时期的雄风。该书用出版物的形式把能够代表一个民族的雄风、一个国家的气象记录下来，展现给世人，让读者从中了解祖国历史，回味灿烂文明，记住中华民族发展史中具有纪念意义的青春时代，进而转化为对当今社会人生的热切关注。

《陕西历史博物馆：盛唐气象——恢宏灿烂的华美乐章》（中国博物馆漫步），《盛唐气象》编辑委员会编，周天游主编，浙江人民美术出版社，1999年，彩色图文167页，16开。

该书是中国博物馆漫步系列图书之一。书中精选陕西历史博物馆文物100余件（套），配有详细的说明文字，展示陕西历史博物馆丰富的藏品，以馆藏唐文物载体，通过图文并茂的文物，反映盛唐的点点滴滴，让读者体验、感受、品味和想象大唐盛世的万千气象，回顾辉煌的历史，记住中华民族发展过程中最有纪念意义的黄金时代，进而转化对当今社会人生的热切关注。

陕西历史博物馆1991年建成，是一座大型的现代化国家级博物馆。它以雄伟的仿古建筑群而著称，更以丰富精美的藏品而自豪。陕西是中国重要的古文化中心地区，西安是世界四大古都之一。100多万年来人类进化的艰难足迹在这里闪现，几千年来中国文明史的兴盛灿烂在这里凝聚和弘扬，而沟通东西文明的“丝绸之路”也在这里重现辉煌。中华文明是全世界唯一从未中断的古老文明，陕西历史博物馆不仅是古代文明的一个载体，而且成为中华传统文明的一种延伸。它以最使中国人骄傲与自豪的周、秦、汉、唐为时代重点，以青铜器、历代陶俑、唐墓壁画和唐代金银器为藏品精华。通过这些，当人们在博物馆进行文化漫步时，能够时刻感受到盛唐巅峰黄金时代的万千气象。

《浙江省博物馆：青瓷风韵——永恒的千峰翠色》（中国博物馆漫步），浙江省博物馆《青瓷风韵》编辑委员会编，李刚编著，浙江人民美术出版社，1999年，彩色图文158页，16开。

在碧波潋滟的西湖中，横亘着一座形如扁舟的岛屿——孤山，它是西湖美景里的明珠，历代帝王将相和骚人墨客曾流连、栖止于此。如今，坐落在孤山南麓的浙江省博物馆更为之增添了新的魅力。馆门在这里凝固，历历往事在这里呈现。琳琅满目的各类文物，宛如不朽的音符，所奏出的浙江七千年的辉煌乐章，在旖旎的山光水色间跌宕起伏、萦回连绵。

该书有导言、釉色篇、造型篇、纹饰篇、功用篇、余论六个部分，介绍了浙江省博物馆藏100余件（组）瓷器的釉色、造型、纹饰、功用和价值，展示了中国历史悠久的瓷器文化，反映了浙江省博物馆丰富的馆藏文物。

《西安碑林博物馆》，西安碑林博物馆编，成建正主编，陕西人民出版社，2000年，彩色图文172页，16开。

该书是西安碑林博物馆的综合性介绍图录。全书分为综论、孔庙、碑刻、石刻艺术、书画墨迹和博物馆概况六个部分，用中英文对照的形式叙述了西安碑林博物馆的历史变迁和发展现状，详细介绍了馆藏文物以及陈列展览、社会教育和文物保护情况。

《曲阜孔子博物院：孔子故里——东方智慧的文化殿堂》（中国博物馆漫步），孔祥林编著，浙江人民美术出版社，2000年，彩色图文159页，16开。

曲阜是孔子的故乡，以孔庙、孔林、孔府为代表的文物古迹是历史上尊孔崇儒的产物，也是孔子和儒学对中国历史曾经产生深刻影响的历史见证。该书通过展示孔子故里珍贵的历史遗存，反映孔子及其儒学的丰富内涵，介绍孔子及其儒学的真谛。

该书分五个章节，全面介绍了孔子的生平事迹与主要思想以及作为世界文化遗产的孔府、孔庙、孔林。五个部分依次是：诗书之府，礼义之邦，曲阜历史简介；年久秩高，天下第一庙，创学设教，万世师表——孔子生平简介，孔庙观览，言仁言礼，博大精深——孔子思想与儒学；古老宏观，天下第一陵，孔林观览，安定发展，异域同天——孔子思想的历史影响；百世泽永，天下第一家，孔府观览；匡世救弊，和谐发展，汲取孔子的智慧。

《中国印刷博物馆：印刷之光——光明来自东方》（中国博物馆漫步），《印刷之光》编辑委员会编，浙江人民美术出版社，2000年，彩色图文150页，16开。

该书是“中国博物馆漫步”丛书之一，全面系统介绍了中国印刷博物馆的基本概况、发展沿革、馆藏文物、陈展特色、社会服务、宣传教育等内容。

《甘肃省博物馆：黄河彩陶——华夏文明绚丽的曙光》（中国博物馆漫步），张朋川编著，浙江人民美术出版社，2000年，彩色图文160页，16开。

该书是甘肃省博物馆展览“黄河彩陶”的同名配套宣传图录，选录参展文物110件（组）予以介绍。

黄河文明是世界四大古文明中跨度最长、分布和幅员最广的文明。彩陶艺术作为黄河文明序章中辉煌壮美的篇章，是万里黄河流经的五色土地的共同奉献。编者精选甘肃省博物馆典型彩陶文物百余件，反映了黄河流域远古彩陶绚丽多彩的面貌，展现黄河彩陶辉煌的艺术成就。

《陕西历史博物馆》，陕西历史博物馆编，陕西旅游出版社，2001年，彩色图文160页，16开。

该书是全面介绍陕西历史博物馆概况、主要工作、基本陈列及其馆藏文物的综合性图录。书中按照序言、馆舍风貌、陈列展览、文物精华四个部分，依次介绍陕西历史博物馆的整体情况，在陈列展览中按照基本陈列、专题陈列、临时陈列、对外展览四项内容，在文物精华中按照国宝撷英、精品导览的划分反映了陕西历史博物馆丰富的青铜器、金银器、壁画、陶俑、陶瓷器、砖瓦、铜镜、玉器、钱币、杂器等馆藏文物。

《耀州窑博物馆》（陕西旅游纪念丛书），薛东星主编，陕西旅游出版社，2001年，彩色图文91页，32开。

该书是“陕西旅游纪念丛书”之一，书中收录《耀州窑博物馆概况》《揭开耀州窑唐三彩的神秘面纱》《国之瑰宝塔式罐》《精巧隽秀的五代青瓷》《陕西古代最大的手工业城镇——黄堡镇》《瓷苑瑰宝煤城明珠——耀州窑博物馆巡礼》等19篇文章，均为耀州窑博物馆业务人员所写，每篇文章的内容都是耀州窑发展史上的一个典型方面，具有独立性，自成体系，或介绍了该馆的历史沿革、发展现状；或介绍了该馆的典型文物、精品陈列；或介绍了某一时段的瓷器艺术等，均力求专业性与通俗性相统一。

《秦陵兵马俑》（陕西旅游纪念丛书），何宏著，陕西旅游出版社，2001年，彩色图文115页，32开。

该书是“陕西旅游纪念丛书”之一。书中全面介绍了秦始皇兵马俑博物馆的代表性文物秦兵马俑（世界第八大奇迹）和秦陵彩绘铜车马，又有专章是精品文物欣赏、历久不衰的秦俑热、国家领导人关怀秦俑、国际政要赞叹秦俑、咏秦诗、各方宾客留言、秦俑博物馆大事记等。

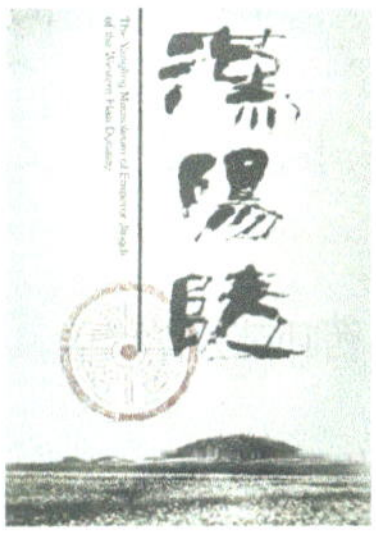

《汉阳陵》，陕西省考古研究所编，重庆出版社，2001年，彩色图文154页，16开。

该书着重讲述了汉阳陵的考古发掘、保护、展示工作的历程。

汉阳陵的考古研究工作追根溯源是从20世纪初开始的，但真正奠定基础、取得成效的是20世纪70～80年代，20世纪90年代初阳陵南区丛葬坑的发现和发掘则揭开了阳陵大规模发掘研究的序幕，具有十分重大的意义。进入21世纪后，阳陵考古研究工作逐步深入，汉景帝阳陵已成为举世瞩目的文物旅游景点，建成了面积大、景点多，边发掘、边保护、边研究、边建设、边展示的汉阳陵考古陈列馆。

该书的照片一部分是1990～1994年的发掘成果，资料引用于1992年陕西旅游出版社出版的《中国阳陵彩俑》和2001年文物出版社出版的《汉阳陵考古陈列馆》等，大部分资料是1995年以后的发掘成果。

《秦始皇兵马俑博物馆》（走进博物馆丛书），李淑萍、芦建华著，四川少年儿童出版社，2002年，彩色图文111页，32开。

2002年初，四川少年儿童出版社策划编辑适合青少年阅读的“走进博物馆丛书”，首批出版了《中国历史博物馆》《上海博物馆》《河南博物院》《三星堆博物馆》《秦始皇兵马俑博物馆》五册。该丛书是雅俗共赏的博物馆普及知识图书，带领读者走进中华民族的历史文化长廊，观看辉煌的发掘场面，感受历史的激扬和苍凉。

该书是“走进博物馆丛书”之的《秦始皇兵马俑博物馆》分册。全书分为十个部分：①秦始皇兵马俑博物馆精品文物展示；②发现；③秦始皇帝和他的陵墓；④秦兵马俑的军事内容；⑤秦俑坑的兵器；⑥独特精巧的地下建筑；⑦形象生动的艺术群雕；⑧精巧绝伦的古代科技；⑨秦陵彩绘铜车马；⑩秦始皇帝陵新出土的文物。

该书有利于引领青少年朋友走进博物馆，爱上博物馆，拓宽知识，陶冶情操，培养人文素养。

《上海博物馆》（走进博物馆丛书），宋明明著，四川少年儿童出版社，2002年，彩色图文123页，32开。

该书系“走进博物馆丛书”之一，书中选择上海博物馆珍贵藏品80余件予以介绍，每件藏品附照片，融知识性与趣味性为一体。全书分为十一部分：①中国古代青铜馆；②中国古代雕塑馆；③中国古代陶瓷馆；④中国历代绘画馆；⑤中国历代书法馆；⑥中国历代玺印馆；⑦中国古代玉器馆；⑧中国明清家具馆；⑨中国历代钱币馆；⑩中国少数民族工艺馆；⑪博物馆的演变。

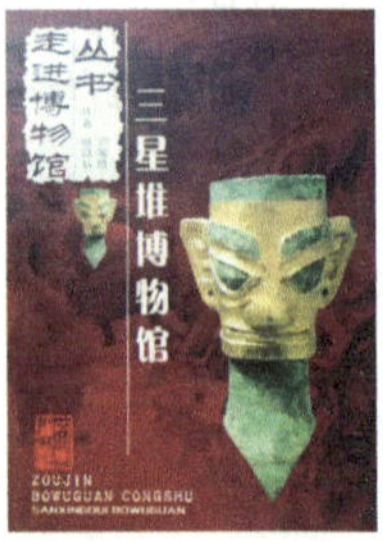

《三星堆博物馆》（走进博物馆丛书），张耀辉、刘家胜著，四川少年儿童出版社，2002年，彩色图文128页，32开。

该书是“走进博物馆丛书”之一，通过三星堆博物馆精品文物的展示，反映了古蜀国丰富的文化底蕴。全书内容包括三个部分：第一，现代与原始·虚幻与真实；第二，现实中的天方夜谭；第三，古国的背影。

该书带领青少年朋友走进博物馆，详细了解文物背后的传奇故事，增强爱国主义情感。

《陕西历史博物馆》（陕西旅游纪念丛书），王彬主编，陕西旅游出版社，2002年，彩色图文120页，32开。

该书是“陕西旅游纪念丛书”之一，书中以陕西历史博物馆的藏品和陈列为依据，本着以物带史、用文物说话的原则，娓娓道来该馆的发展沿革、藏品特色、国之瑰宝和陈列精品文物。附录是中国、外国元首及政府首脑参观一览表、来宾留言等。

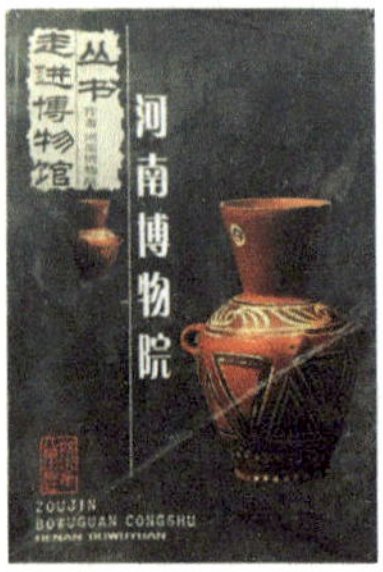

《河南博物院》（走进博物馆丛书），河南博物院编，四川少年儿童出版社，2002年，彩色图文123页，32开。

该书是“走进博物馆丛书”之一。书中用通俗简洁的文字介绍了河南博物院的历史沿革、发展概况、基本陈列及馆藏文物精品。内容分为七个部分：①河南博物院精品文物展示；②大气磅礴的地区建筑典范；③精品荟萃的七大陈列展鉴；④令人惊奇的馆藏文物精品；⑤撼人心魄的华夏古乐演奏；⑥国际领先的文物保护设施；⑦参观指南。该书带领青少年朋友走进博物馆，扩展视野，了解文物背后的故事，感受中华文化的博大精深。

《自由的张力：美国博物馆之旅》（艺术平台系列），鲁仲连主编，广西师范大学出版，2002年，彩色图文228页，32开。

该书是“艺术平台系列”中的美国博物馆之旅分册。全书按照地理地域划分章节，主要是为给参观者提供交通便利。书中内容包括参观博物馆的旅游须知，如地图、住宿、交通、开馆时间；各博物馆的历史背景、建筑风貌以及重要藏品等。书中还辟有专文，谈论如何参观博物馆和领略各地区的艺术特色，加以专栏报道重要艺术家的生平事迹、特殊作品的逸闻趣事、艺术小常识等。

该书主张少一些艺术、多一些享乐，内容包括导论、纽约、波士顿、费城、芝加哥、华盛顿、洛杉矶、旧金山的52座博物馆，最后是食宿索引。

该书按地理区域划分章节，是考虑参观者的交通便利；选美术为主题，则是满足多数读者的需求。参观博物馆须知，诸如地图、住宅、交通、开馆时间等，巨细靡遗；各馆之历史背景、建筑风貌以及著名典藏品也都有详尽的介绍。

《贵族之后：英国、西班牙博物馆之旅》（博物馆之旅书系），鲁仲连主编，广西师范大学出版社，2002年，彩色图文320页，32开。

该书是“艺术平台系列”中的英国、西班牙博物馆之旅分册。介绍了英国、西班牙美术馆的历史背景、建筑风貌以及著名典藏品，另以专栏报道重要艺术家的生平事迹、特殊作品的逸闻趣事、艺术小常识。

书中以地理地域划分章节，选美术为主题，根据旅游者的需求，说明了参观博物馆须知，地图、住宿、交通、开馆时间等。同时对于各馆之历史背景、建筑风貌以及著名典藏品也都有详尽的介绍。该书内容全面，图文并茂，印刷精美，一册在手，让读者尽览英国、西班牙博物馆之风采。

《浪漫主义的先声：法国博物馆之旅》（艺术平台系列），鲁仲连主编，广西师范大学出版社，2002年，彩色图文263页，32开。

该书是“艺术平台系列”中的法国博物馆之旅分册，介绍了法国博物馆的历史背景、建筑风貌以及著名典藏品，另以专栏报道重要艺术家的生平事迹、特殊作品的逸闻趣事、艺术小常识等。

法国执掌欧洲画坛牛耳近350年之久，保存了世界上最多且内容最丰富的绘画作品，是每一位想要探究绘画殿堂的人，必然前往朝拜的圣地。该书分地区介绍了法国主要的博物馆、美术馆，主要流派和主要作品，游览线路图以及食宿情况。

《在艺术中呼吸：意大利博物馆之旅》（艺术平台系列），鲁仲连主编，广西师范大学出版社，2002年，彩色图文261页，32开。

该书是“艺术平台系列”中的意大利博物馆之旅分册。书中按地理区域划分章节，主要是为方便参观者的交通便利；选美术为主题，则是满足多数读者的需求。参观博物馆须知，诸如地图、住宅、交通、开馆时间等以及意大利各博物馆的历史背景、建筑风貌以及著名典藏品也都有详尽的介绍。

意大利作为文艺复兴的核心，不但保存着大量的艺术品收藏，而且至今仍是许多有志研究艺术、欣赏艺术人士必须前往的圣地。该书配有215幅插图，详细介绍了意大利的博物馆的文物藏品、建筑特色、陈列展览及其服务设施。

《在拜占庭精神的沐浴中：俄罗斯、匈牙利、捷克、奥地利、瑞士博物馆之旅》（艺术平台系列），鲁仲连主编，广西师范大学出版社，2002年，彩色图文343页，32开。

该书是“艺术平台系列”中的分册，将引领读者步入俄罗斯、匈牙利、捷克、奥地利、瑞士艺术的殿堂。这些国家或多或少都受到了拜占庭精神的沐浴，可以说是一个根上发展的各个独具特点的枝节。该书通过文字介绍和201幅彩色图画，介绍这些国家的历史、博物馆和美术馆以及珍藏，让读者更清楚地看到它们的联系和不同。

《王世襄》（中国文博名家画传），晨舟著，文物出版社，2002年，彩色图文228页，16开。

该书为我们讲述了王世襄先生的传奇人生。王世襄学识渊博，对文物研究与鉴定有精深的造诣，尤精古典家具研究。王世襄因为出身官僚家庭，又曾在国民党政府做过事，所以自1949年后历次的运动都没有躲过去。可是王世襄却并没有因此沉沦，在有限的条件下，他依然在做着有关文物方面的研究，整理完成了《髹饰录解说》《清代匠作则例》《高松竹谱》等多部著作，先生所研究内容包括了书画、古玩、家具、漆器、音乐、民俗、匠作则例等几乎与中华传统文化有关的所有内容。

书中娓娓道来他的少年玩家、求学燕京、追寻国宝、磨难岁月、老树新花、始终不曾忘情的书画与雕塑、玩出来的“世纪绝学”养鸽子和斗蛐蛐等故事。

《南越藏珍》，李林娜主编，中华书局，2002年，彩色图文242页，32开。

该书是西汉南越王墓博物馆馆藏文物及博物馆的综合介绍性图录。全书分为七个部分：①南越故事，讲述了南越王墓及其出土文物产生的历史背景；②南越王墓，南越王墓博物馆的中心文物，从发现、发掘、特点、价值等十个方面做了全面介绍；③南越王墓出土文物，对馆藏重点文物的名称、尺寸、用途、造型、纹饰、工艺、价值等进行介绍；④南越王墓及出土文物综述；⑤杨永德伉俪捐赠陶瓷枕；⑥南越王博物馆及建筑，对博物馆的陈列展览、接待服务、设施交通等总体介绍；⑦附录，收录南越国大事记、南越王墓考古大事纪要。

《湖南省博物馆》，湖南省博物馆编著，陈建明主编，湖南美术出版社，2003年，彩色图文152页，16开。

该书是湖南省博物馆编著的介绍湖南省博物馆建馆以来，马王堆汉墓发掘及馆藏精品文物的综合图录。分为概述、藏品、展览、观众、科研、附录六个部分，依次介绍湖南省博物馆的发展历程、重点文物、社会教育和陈列特点，文字中配以大量精品文物照片和博物馆的地理位置图、参观示意图等，每部分都有英文提要。

该书以博物馆学为理论基础，用图文配合的形式对湖南省博物馆性质与职能以及发展进程进行了全新诠释，随文插排的300多幅照片中多数是首次刊发。此书蕴藏的展览、藏品信息量较大，是了解湖南省博物馆的一本极为重要工具书。

《渼陂——古村博物馆》，胡龙生主编，中华书局，2003年，彩色图文58页，16开。

渼陂古村，是庐陵古村落中的一块瑰宝，位于江西省吉安市东南部，距离城区30千米，面积1平方千米，现有2400余人。村中至今保存着较为完整的古近代文化遗迹：古宗祠恢宏壮观，古民居自然明朗，古街道店铺林立，古书院墨香犹存，古樟遮天蔽日，古池塘星罗棋布，牌坊、门楼、楹联、木雕、石刻和谐统一，革命旧址、教堂、码头一应俱全，被誉为“江南古村博物馆”。 本画册对渼陂古村作了全面、客观、美好的展示。

《陕西历史博物馆》（陕西自然与文化之旅丛书），谭前学编著，三秦出版社，2003年，彩色图文117页，32开。

该书是“陕西自然与文化之旅丛书”之一。全书用通俗语言展示了陕西历史博物馆深邃厚重的历史、西周青铜文化的神秘庄严、秦汉大一统的雄浑博大、唐代如日中天的辉煌灿烂、五千年文明的兴衰沧桑，介绍了陕西历史博物馆的历史沿革、发展现状，全面、详细解读陕西历史博物馆的精品文物和展览特色。

《汉阳陵》（陕西自然与文化之旅丛书），杨林仁编著，三秦出版社，2003年，彩色图文109页，32开。

该书是“陕西自然与文化之旅丛书”之一，介绍了汉阳陵的考古发掘、博物馆建设、文物藏品、陈列特色、社会教育等内容，尤其值得关注的是，该书重点介绍了汉阳陵遗址博物馆地下文物保护展示的新模式，通过文字与图片展示，让读者身临其境感受考古发掘现场的神秘与壮观。

《西安半坡博物馆》（陕西自然与文化之旅丛书），王颖娟、王志俊编著，三秦出版社，2003年，彩色图文110页，32开。

该书是“陕西自然与文化之旅丛书”之一，用图文配合的方式介绍了西安半坡遗址及其在遗址上建立的博物馆，包括馆藏文物、遗址概况、陈列特色等。

《汉中博物馆》（陕西自然与文化之旅丛书），冯岁平编著，三秦出版社，2003年，彩色图文108页，32开。

该书是“陕西自然与文化之旅丛书”之一，用图文配合的方式介绍了古汉台悠久的历史以及以古汉台为馆址的汉中博物馆的基本概况。汉中博物馆作为综合性地方历史博物馆和遗址博物馆，之所以能够跻居“陕西十大博物馆”之列，与馆内望江楼、桂荫堂以及馆藏文物“衮雪”“石门”“玉盆”等极有价值的文物有关，还与汉中地区深厚的历史文化底蕴以及博物馆围绕馆藏设计的陈列展览、特色社会教育活动有关。

《南越王墓与西汉南越王博物馆（1983～2003）》，王文建主编，2003年，彩色图文87页，16开。

该书是南越王墓发现二十周年与南越王博物馆建馆十五周年的纪念文集，书中分题词、展望、抒怀、发掘、建馆、发展、附录七个部分，以年代为序，用照片展示南越王墓的发现、发掘以及西汉南越王博物馆的建立和发展经过。

《法门寺与法门寺博物馆》（法门寺文物丛书之一），李新玲主编，长城出版社，2003年，彩色图文81页，16开。

该书是法门寺院与法门寺博物馆的综合性介绍书籍，书中用图文配合的形式全面、详细介绍了法门寺地宫、寺院，法门寺博物馆概况及建馆历史、馆藏精品、文化交流等情况。在馆藏精品中，集中介绍了金银器、秘色瓷、丝绸织物、琉璃器、大唐宫廷茶具等国宝级文物。

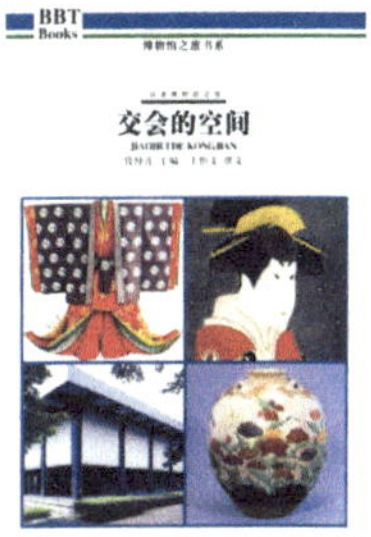

《交会的空间：日本博物馆之旅》（博物馆之旅书系），鲁仲连主编，王怡文撰文，广西师范大学出版社，2003年，彩色图文249页，32开。

该书是“博物馆之旅书系”丛书之一。书中介绍了日本美术馆的历史背景、建筑风貌以及著名典藏品，另以专栏报道重要艺术家的生平事迹、特殊作品的逸闻趣事、艺术小常识。

书中按地理区域划分章节，主要是为方便参观者的交通便利；选美术为主题，则是满足多数读者的需求。参观博物馆须知，诸如地图、住宅、交通、开馆时间等以及日本各博物馆的历史背景、建筑风貌以及著名典藏品也都有详尽的介绍。

《世界体育博物馆览胜》，王军、李伟、张铤、于学岭编著，中华书局，2003年，274页，32开。

该书介绍了体育遗址博物馆、综合性体育博物馆、单项体育博物馆、体育纪念馆等81座体育博物馆。通过展现不同类型的体育博物馆，使读者特别是青少年读者理解体育运动不仅仅是体育比赛，它有悠久的历史、多彩的文化和灿烂的艺术，其目的是引导读者参观体育博物馆的兴趣，并从体育文物和历史中，受到体育精神的激励，自觉运用体育知识指导体育实践，使身心得到全面发展，为建立一个公正、美好、和平的世界做出贡献。

《启功》（中国文博名家画传），侯刚著，文物出版社，2003年，彩色图文226页，16开。

该书为我们讲述了文博大家启功先生一生的风雨历程和生活中鲜为人知的故事。书中娓娓道来他的少孤家贫和勤奋自励、刻苦学习的经历；风华盛年向前辈、向社会学习及他与恩师陈垣先生和一些学友的深厚情谊；中年坎坷被划为“右派”，自撰墓志铭，仍然矢志不渝钻研；1977年后重登讲台，诗书画与文物鉴定的完美结合的传奇经历。

《朱家溍》（中国文博名家画传），朱家溍口述，朱传荣整理，文物出版社，2003年，彩色图文244页，16开。

2000年，文物出版社提议为文物工作者中的数位老年人写传，如启功先生、王世襄先生、朱家溍先生等，还有几位上了年纪的老先生，各出一本画传，并且希望他们自己写。但这些老人年纪大了，精力有限，加之还承担一些事务性工作，后来找熟悉和了解这些先生的人承担写作任务。

该书是其中一册，由朱家溍先生口述，他的女儿朱传荣整理，正文以第一人称，凡用按语叙述的都是记录整理者的话。书中讲述了朱家溍先生的家世、青少年时代、大学时代、在重庆的日子、与故宫的结缘、“文革”期间以及退休后的生活等。

朱家溍是宋代理学家朱熹的廿五世孙。他自幼酷爱中国传统文化和文物，对古代美术史、明清历史、戏曲表演艺术造诣很深。青年时代已能鉴定书画碑帖。抗日战争胜利后，到故宫博物院从事鉴定研究和陈列展览工作60年，将全部心血和智慧倾注于故宫和国家文博事业。多年来，参与了鉴定故宫及国家购买的许多珍贵文物字画，并主持国家一级文物、故宫太和殿金銮宝座的修复和原状复原工作。

《旅顺博物馆》，旅顺博物馆编，文物出版社，2004年，彩色图文237页，16开。

该书是综合反映旅顺博物馆历史沿革和文物藏品的综合图录。书中以图片配合文字介绍旅顺博物馆八十多年的发展沿革，展示馆藏近六万件青铜器、陶瓷、书画、碑志、佛教造像等20个类别的历史文物及现代名家书画以及该馆的建制、馆舍、人员、文物藏品及其价值。编者选择该馆226件（组）文物，包括青铜器、陶瓷器、玉器、漆器、书画、杂项、佛教造像、大连文物、新疆文物、外国文物十个类别予以介绍。前有旅顺博物馆藏品综述，后有图版目录、馆史沿革及大事记。全书图版编排精美、图片清晰。文字简约，是一部内容丰富的大型文物图册。

旅顺博物馆是历史艺术性博物馆。1905年，日本战胜沙俄，侵占旅顺、大连，并在1916年对沙俄未建成的高级军官俱乐部进行修建。主体建筑由“日殖大连建筑设计先锋”之称的日本知名建筑师前田松韵设计。1917年 4月，博物馆正式开馆。建筑既有近代欧式风格，又有东方艺术装饰特色。2006年5月，旅顺博物馆被国务院、国家文物局列为“全国重点文物保护单位”。2008年5月18日，被国家文物局评为首批“国家一级博物馆”。

旅顺博物馆的历史发展经历了沙俄选址建基、日本建馆管理、苏联暂管和中国政府全面接收管理四个历史阶段，由于其特殊的发展历程，成为今人研究中国早期博物馆的形成、殖民地博物馆的特点以及世界博物馆发展史等诸多问题所关注的焦点。

旅顺博物馆虽然馆名以所在地区命名，但藏品来自全国各地乃至日本、朝鲜半岛及古印度等地。馆内有世界上最早的汉文书写的经，有中国唯一的一座古印度石刻佛像，有新疆干尸，反映了丝路文明，荟萃了中国历代的艺术珍品，1964年国家副主席董必武看完展览后题词：“重珍罗列，灿烂成章。”

《故宫博物院》（走进博物馆丛书），闫展、刘淑兰编著，四川少年儿童出版社，2004年，彩色图文147页，32开。

该书是“走进博物馆丛书”之一，全书分为：①故宫博物院精品文物展示，内容包括宏伟宫殿，智慧结晶；殿堂重重，帝后生活；②集中介绍午门、金水桥、太和门、太和殿、中和殿、保和殿、乾清门、乾清宫、交泰殿、坤宁宫、御花园、养心殿、珍妃井；③人类遗产重放光明；④珍奇异宝集史大成。这部分介绍了陆机《平复帖》、王珣《伯远帖》、顾恺之《洛神赋图卷》、展子虔《游春图》、阎立本《步辇图》、韩滉《五牛图卷》、顾闳中《韩熙载夜宴图》、黄筌《珍禽图》、张择端《清明上河图》、青釉莲花尊、定窑孩儿枕、钧窑玫瑰紫釉花盆、德化窑观音塑像、成化斗彩人物杯、雍正珐琅彩雉鸡牡丹碗、乾隆各色釉大瓶以及二祀邲其卣、莲鹤方壶、宴乐渔猎攻战纹壶、朱碧山银槎、嵌珠宝金瓯永固杯、天球仪、金编钟、白玉桐荫仕女图、大禹治水玉山子、象牙席、钟表馆；附录部分是20世纪中国十大考古发现和中国通史陈列年表。

《沈阳故宫》（清文化丛书），佟悦编著，沈阳出版社，2004年，78页，32开。

该书系“清文化丛书·一宫三陵系列”之一。沈阳故宫建于1625年，至乾隆后期形成了清入关前皇宫和入关后行宫共存、东中西三路并列的积累式建筑，并延续至今，占地面积六万多平方米，古建筑一百多座。该书对沈阳故宫古建筑的功能、作用、用途作了介绍。

《杨仁恺》（中国文博名家画传），海平著，文物出版社，2004年，彩色图文292页，16开。

该书介绍了杨仁恺先生的书画人生和画作特色，介绍了他的书画情缘、国宝背后的故事、扎根黑土地耕耘博物馆、笔耕不息以及成为人民鉴赏家的经历。

杨仁恺的书画作品中透出一股文人学者的书卷气，画风质朴，诗画交融，不尚奇，不求怪，竣整而含古韵；挺拔而俊媚，疏密有度，刚柔相济；融诸家之长，雅俗共赏。这不仅来源于他的天资与功力，更重要的还是半个多世纪的鉴定生涯对他的熏陶。

《大博物馆》，覃东编译，世界知识出版社，2004年，彩色图文205页，16开。

该书是世界著名博物馆的宣传介绍书籍。书中以图文配合的方式，依次介绍在世界上久负盛名的10个博物馆：卢浮宫、大英博物馆、大都会艺术博物馆、艾尔米塔什博物馆、维也纳艺术史博物馆、普拉多博物馆、华盛顿国家画廊、梵蒂冈博物馆、维多利亚皇家博物馆和故宫博物院的建馆历史、著名藏品，一一解读藏品的价值及其背后的故事。

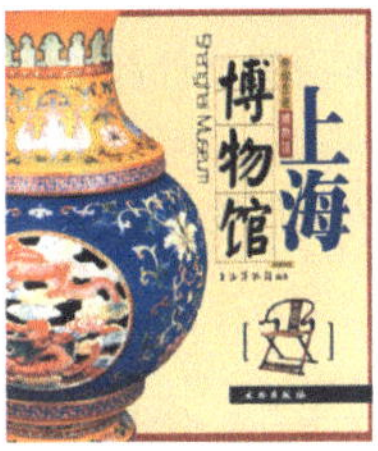

《上海博物馆》（带你走进博物馆），上海博物馆编著，文物出版社，2004年，彩色图文107页，24开。

上海博物馆始创于1952年，是一座大型的中国古代艺术博物馆，馆内珍藏文物12万件。上海博物馆新馆内设有11个专题陈列馆、3个展览厅和一个捐赠文物专馆。此外，上海博物馆还拥有一批古文物研究、鉴定和考古的高级专家，有出版物和现代化图书馆、实验室、文物修复室，并设有一个多功能国际学术会议演讲厅。

该书带领读者走进上海博物馆，近距离欣赏一件件精品文物，了解上海博物馆建馆历史、展览特色和馆藏文物背后的故事，融故事性、知识性、趣味性于一体。

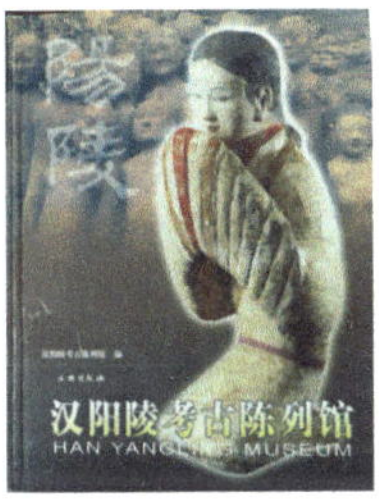

《汉阳陵考古陈列馆》，汉阳陵考古陈列馆编，文物出版社，2004年，彩色图文160页，16开。

该书是汉阳陵考古陈列馆的综合介绍图录，全书分为七个部分：气势雄浑壮阔的汉阳陵、排列有序的南北区从藏坑、陵园内的礼制性建筑遗址、贵族陪葬墓园、阳陵邑古城遗址、独具特色的汉阳陵考古陈列馆、前景展望。按照考古发掘进展情况，展示考古陈列馆的文物藏品、发掘现场等珍贵照片，具有鲜明的时代特色。

《谢稚柳》（中国文博名家画传），郑重著，文物出版社，2004年，彩色图文194页，16开。

该书介绍了谢稚柳先生的家世与文化传承、石头城下初识《秋山问道图》、为张大千代赋题画诗、客居重庆八年、研究敦煌壁画、鉴定唐摹本王羲之《上虞贴》等传奇经历。

《重庆中国三峡博物馆·重庆博物馆》，重庆中国三峡博物馆、重庆博物馆编，王川平主编，文物出版社，2005年，彩色图文237页，16开。

该书是重庆中国三峡博物馆和重庆博物馆的介绍图录。两馆馆藏十万余件文物，该书遴选代表性馆藏文物200件（组），按照青铜器，陶器，瓷器，书法，绘画，画像砖、画像石、织绣，玉、竹、木、牙、玻璃器，藏传佛教文物，其他，近现代文物十一个大类依次介绍，展示了独具特色的巴蜀青铜器、汉代艺术品、宋以来名家书画、历代瓷器、历代竹木牙骨雕刻、历代钱币、西南民族文物以及近现代文物，文物信息资料齐全，文字介绍简洁明了、图片清晰。

《伟大的欧洲小博物馆》，〔英〕詹姆斯·斯图尔顿著，檀梓栋、申屠妍妍译，上海古籍出版社，2005年，彩色图文277页，8开。

该书介绍了欧洲富有特色的小博物馆。从巴黎的马莫坦博物馆到克拉科夫的塞尔脱瑞斯基王子博物馆，从哥本哈根的胡姆勒拜克路易斯安娜现代艺术博物馆到伦

敦的达尔维奇美术馆，那些原本不那么为人所知的镇馆之宝，经过作者对其辗转过程的描述而变得昭然于世。这些灿若繁星的纯艺术和装饰艺术收藏，来自于王室、贵族、统治阶层、中产阶级，还有一部分来自于学术机构、艺术家故居、历史悠久的博物馆、20世纪成立的基金会。

书中随文插配了350张彩色图片，以便更生动、更直观地展现博物馆的珍品。

《璀璨明珠：法门寺博物馆》，王竞香编著，三秦出版社，2005年，257页，32开。

该书是法门寺博物馆的综合介绍书籍。作者从专业的角度出发，以通俗的语言介绍法门寺博物馆的历史沿革与精品文物，文字精练，版式新颖，图文对照。

《中国著名博物馆》（图文版），（世界博物馆书系），张书珩、刘慕主编，远方出版社，2006年，上册200页，下册200页，32开。

该书介绍中国著名博物馆历史、概况及馆藏文物等，包括故宫博物院、首都博物馆、国家博物馆、上海博物馆、南京博物院、河南博物院、湖北省博物馆、陕西历史博物馆、秦始皇兵马俑博物馆、广东省博物馆、四川博物院、香港历史博物馆、台北故宫博物院等，配合文字叙述，随文插有彩色照片。

《梵蒂冈博物馆》（图文版）（世界博物馆书系），张书珩、欧阳云主编，远方出版社，2006年，200页，32开。

该书主要介绍梵蒂冈博物馆的历史、概况及馆藏文物等，特别对米开朗琪罗精品予以鉴赏，对西斯廷礼拜堂的外观、内景等重点介绍，让读者进一步了解这些精品文物和建筑背后的故事。

《纽约大都会博物馆》（图文版）（世界博物馆书系），张书珩、岳鑫主编，远方出版社，2006年，202页，32开。

美国大都会艺术博物馆，是世界上最大的艺术博物馆之一，收藏了从史前时代至现代长达五千年的世界各地的艺术珍品。博物馆位于纽约市中心，与中央公园相邻，主楼为一座融罗马、文艺复兴和古典三种风格为一体的建筑。这座三层建筑在树林衬托下，显得格外典雅壮观。

该书以图文对照的方式介绍了大都会艺术博物馆历史沿革、建筑特色、展陈风格和丰富多样的收藏品。

《首都博物馆》（首都博物馆书库丙部第拾伍部），首都博物馆编，北京出版社，2006年，彩色图文230页，8开。

该书是首都博物馆新馆开馆后编辑的介绍馆史、馆貌、馆藏的综合图录，书中用文字和照片讲述首都博物馆的故事，记录了首都博物馆发展史上具有重要意义的日子：1981年10月1日，首都博物馆在国子监街孔庙内正式开放；1999年，北京市委、北京市政府决定建设首都博物馆新馆；2001年12月25日，首都博物馆新馆建设工程开工；2005年12月16日，首都博物馆新馆建成并投入试运行；2006年5月18日，首都博物馆新馆正式对外开放。

该书介绍了首都博物馆从1981年建馆到2006年新馆正式对外开放过程中的经过，着重介绍了新馆经典的建筑、完善的功能、丰富的展陈、先进的技术、优质的服务、广泛的支持、规范的管理等。全书以图片为主，配以简练的文字，视角独到，意蕴深远。

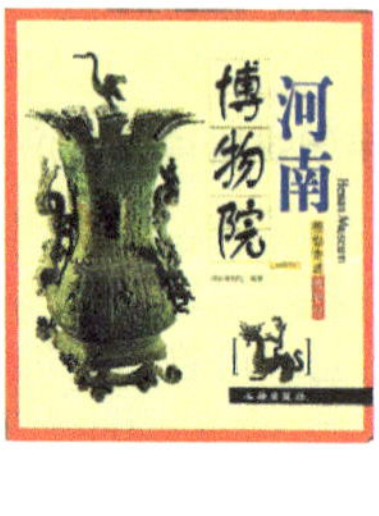

《河南博物院》（带你走进博物馆），河南博物院编著，文物出版社，2006年，彩色图文107页，24开。

中原地区是中华文明发源地之一，河南博物院藏文物13万件，种类繁多，一脉相承。该书分三个部分介绍了该院的文物特色及主要工作：第一部分我们的博物馆，第二部分美的历程，第三部分快乐天地。

第一部分介绍了河南博物院概况，第二部分按照基本陈列“河南古代文化之光”的顺序，以文物为载体，以历史为脉络，由文明曙光、三代辉煌、兼容并蓄、盛世荣华、余光明媚五个部分组成，汇集石器、石雕、陶器、砖雕、三彩器、瓷雕、青铜器、铁器、金银器等，讲述文物背后的精彩故事。同时介绍了该院的专题展览“河南古代建筑明器展”的五个部分：汉代陶楼、汉代陶水榭、汉代陶居舍、唐宋佛塔、明代陶院落的文物藏品特色。“河南古代玉器展”追求高品位且具儒雅气质的陈列风格。“楚国青铜器展”展示春秋中晚期楚国青铜文化特色。“明清工艺珍品展”集中展示累世珍宝、百代巧工的精品，体现了实用与观赏的结合、技术与艺术的交融。“河南石刻艺术展”体现中原先民刻在石头上的艺术、写在碑志上的历史以及对美的追求。

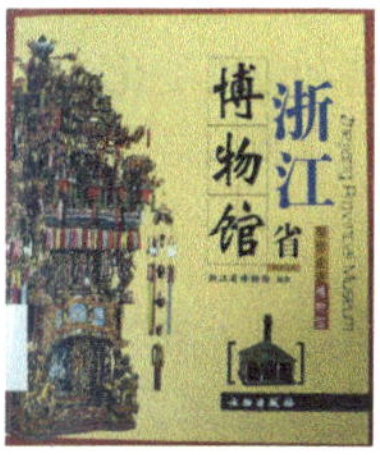

《浙江省博物馆》（带你走进博物馆），浙江省博物馆编著，文物出版社，2006年，彩色图文91页，24开。

该书以图文配合的形式介绍了浙江省博物馆的历史、建筑、基本陈列、馆藏文物及主要工作情况。全书内容分为三个部分：①众星攒月的馆舍：园中馆、馆中园、黄宾虹纪念室、沙孟海旧居、雷峰塔陈列馆、西湖美术馆。②回眸古越的窗口：浙江七千年、青瓷撷英、古越人家。③特色独具的典藏：史前文物、越国瑰宝、青瓷绝品、会稽铜镜、南宋钱币、书画遗珍、浙江三雕、明清契约。

《云南省博物馆》（带你走进博物馆），云南省博物馆编著，文物出版社，2006年，彩色图文105页，24开。

该书介绍了云南省博物馆的历史沿革、发展现状及馆藏文物。该书展示云南省博物馆文物的特色及价值，让博物馆伴随青少年成长，让博物馆成为传承优秀历史文化的场所和未成年人学习知识、培养情操的第二课堂。

《秦始皇兵马俑博物馆》，雷玉平主编，西安出版社，2006年，彩色图文119页，18开。

该书是秦始皇兵马俑博物馆的宣传导览书。全书以图文并茂的形式讲述了秦始皇兵马俑博物馆的建馆历史、文物藏品以及考古发掘、保护研究的历程，介绍了该馆陈列展览、宣传教育工作的概况，以及历年接待的政要名人及这些政要的代表性留言等，随文插排清晰的线图、精美的照片、实用的导览图。

《成都武侯祠》（带你走进博物馆），成都武侯祠博物馆编著，罗开玉主编，文物出版社，2006年，彩色图文95页，24开。

该书按照三国文化和三国圣地、陵寝载千秋——成都武侯祠之始、庙堂见朝仪——汉昭烈庙、丞相祠堂耸云霄、三义庙及游喜神方、绿色扶红花——其他重要景点、三国英雄遗瑰宝、“古柏森森”留故事、碑碣石铭写风云、画龙点睛看匾联、锦里，介绍了成都武侯祠的始建缘由、地理位置、建筑特色、人物故事、文物匾联以及今日锦里融三国风俗、四川风情、老成都街坊文化于一体的旅游景观等内容。

三国文化是中华文明在全世界传播最持久、影响最深远、普及最广泛的一个分支文化，曾得到戏剧、曲艺、小说、电影、电视剧等媒介的大力宣传，三国英雄早已成为中华民族凝聚力的重要象征之一，该书通过介绍成都武侯祠的修建历史、武侯祠的建筑特色祠中的人物及其故事为读者讲述了令人着迷的三国文化。

《金沙遗址》，成都金沙遗址博物馆编著，五洲传播出版社，2006年，彩色图文119页，32开。

该书讲述了金沙遗址博物馆的概况和出土文物，按以下顺序编排：金沙遗址的发现与发掘、金沙初现、王国掠影、金沙遗址出土重要文物、辉煌金器、青铜文明、温润美玉、精美石雕、鲜艳夺目的漆木器、金沙遗址博物馆、古蜀文明、古蜀文化与其他文化年代对照表。

《罗哲文》（中国文博名家画传），晨舟著，文物出版社，2006年，彩色图文254页，16开。

该书是中国文博名家画传之一，书中介绍了罗哲文先生的传奇经历和历史功勋。

罗哲文是中国古代建筑保护与维修事业的领军人物，也是文博界德高望重的“国宝栋梁”。他的人生经历从一个侧面反映了中国文物保护事业的发展历程。作者晨舟紧紧抓住罗哲文人生的这条主线，通过通俗易懂的文字和生动有趣的事例以及丰富多彩的图片，着重展示了他在古建维修、长城保护、古建摄影和诗词书法方面的突出成就。以书见人，以人证史，以史励志是该书的特色。

从他的兴趣爱好和传奇经历中，可以看到20世纪中国的风土人情和沧桑变化，从罗先生一系列的学术成果中，可以看到中国古代建筑保护与维修事业从无到有、不断壮大、日益精细的发展脉络。

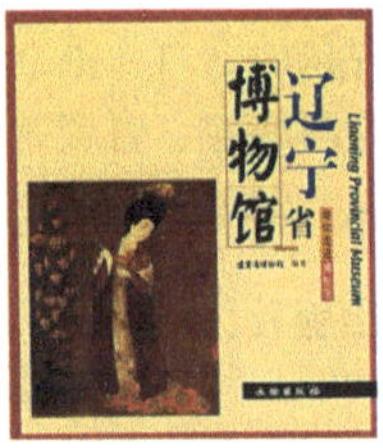

《辽宁省博物馆》（带你走进博物馆），辽宁省博物馆编著，文物出版社，2006年，彩色图文101页，24开。

该书以图文配合的形式介绍了辽宁省博物馆历史沿革及其珍藏文物、陈列展览，重点介绍了八个专题展览：千年遗珍——清宫散佚书画国宝展、语石书道——中国古代碑志展、美轮美奂——清宫瓷器展、巧夺天工——明清工艺品展、古币春秋——中国古代货币展、马背风情——辽代陶瓷精品展、锦绣罗衣巧天工——中国古代缂丝刺绣展、中华文明的象征——辽河文明展等内容。

《丽质华堂——中国紫檀博物馆》，陈丽华编著，文物出版社，2007年，彩色图文299页，8开。

该书是中国紫檀博物馆出版的第一本大型图书，收录了博物馆馆藏的艺术珍品，可以称为是一个流动的博物馆。

中国紫檀博物馆是中国规模最大的紫檀雕刻艺术博物馆，1999年9月开馆。馆内陈列展出各类紫檀精品近千件，其中大部分是以故宫原品为蓝本制作而成。馆内还有以国内著名建筑为主要模仿对象的中国古建筑微缩景观，如北京四合院、山西飞云楼、五台山龙泉寺牌坊等，琳琅满目，令人目不暇接。

《走近中国煤炭博物馆》，中国煤炭博物馆编，山西人民出版社，2007年，彩色图版189页，16开。

该书是全面介绍中国煤炭博物馆的大型图录。该书以图文配合的形式记录了该馆从1989年建馆开放到2006年的发展历程、基本陈列、收藏珍品、图书文献、学术交流、观众留言、多种经营、机构设置等情况。

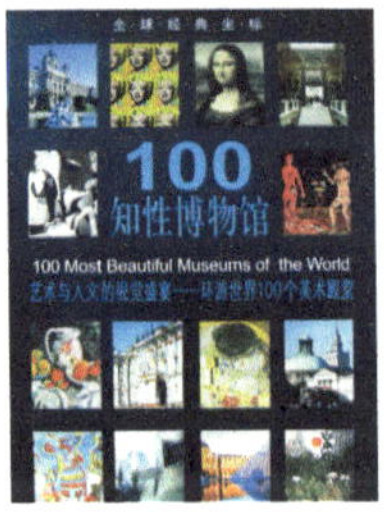

《100知性博物馆》（全球经典坐标），宛家禾、蔡裴骅、蔡心语译，文物出版社，2007年，彩色图版208页，16开。

该书以图文配合的方式介绍全世界100个著名艺术博物馆及其艺术珍藏，让读者了解它们成为当代最重要的文化收藏地点的缘由。在通俗生动的文字介绍之外，还配有大量人们熟知的著名画作，使读者遍览全球五大洲100座多元文化与艺术的同时，激起人们参观博物馆的热情。

该书提供这些博物馆的详细导览和重点珍藏、建馆历史、重要馆藏、开放时间、行车方式、网络地址、周边景点等，方便实用。

《徐森玉》（中国文博名家画传），郑重著，文物出版社，2007年，彩色图文233页，16开。

该书是“中国文博名家画传”丛书中的徐森玉分册。

徐森玉名鸿宝，字森玉，清末举人，著名目录学家、版本学家、古物鉴定家，曾任北京大学图书馆馆长、北平图书馆采访部主任及故宫博物院古物院院长、秘书长、副院长等职。1949年后任上海文管会主任、华东军政委员会文化部文物处处长、上海博物馆馆长、国务院中央文史馆副馆长。郑振铎称他为“国宝”，学界多称之为森玉。

该书从徐森玉参与保护故宫古物南迁，抢救居延汉简和上海沦陷区的古籍图书，以及中华人民共和国成立后收购大量珍贵文物，如字字千金的《鸭头丸帖》和《苦笋帖》《高逸图》等，以及和鲁迅一起摆弄“黑老虎”、故宫博物院的创建、慈爱的儿女情、危难中抢救“居延汉简”、爱才若渴的学人风范等细节娓娓道来，系统回顾了传主跌宕起伏的人生经历，从一个侧面折射出中国早期文博事业的发展历程。

《上海博物馆》，上海博物馆编，陈燮君主编，伦敦出版（香港）有限公司，2007年，彩色图版259页，16开。

该书是上海博物馆发展历程和精品文物图录。

上海博物馆创建于1952年，经过几代人筚路蓝缕的艰辛开拓，如今已经成为一座世界一流的现代化博物馆。作为一座古代艺术博物馆，该馆拥有藏品近百万件，其中精品文物12万件，包括青铜器、陶瓷器、书法、绘画、雕塑、玉牙器、竹木漆器、甲骨、玺印、家具等21个门类，尤以青铜、陶瓷、书法、绘画最具特色，以种类齐全、系统完整、质量精湛而著称。其他品类的文物收藏也蔚为大观，名品众多，自成体系，体现了该馆海纳百川的开阔胸怀和前瞻性的眼界和追求。这些文物藏品反映了中国古代各个历史时期的文明成就，蕴藏着民族文化艺术的丰富史料。

该书扉页和序言是上海博物馆介绍，图例展示一、二、三、四楼展厅分布，图版部分以图文对照的方式展示了该馆特色文物藏品。

《西安博物院》，西安博物院编著，世界图书出版公司，2007年，彩色图版308页，16开。

该书是西安博物院历史沿革与精品文物的彩色图录。编者从西安博物院收藏的13万件文物中精选出件进行介绍，分为博物院简介和藏品撷英两个部分，其中藏品撷英分为七个部分，依次是彩绘陶俑、青铜器、佛教造像、玉器、金银器、瓷器和三彩。

《西藏博物馆》，西藏博物馆编，中国大百科全书出版社，2007年，彩色图文215页，16开。

该书是以西藏博物馆馆藏文物为主要内容的图录。书中收录文物力求既符合历史发展脉络，又反映各类文物特色，既有国内独有的重器，又有珍藏的镇馆之宝，既有中华人民共和国成立几十年来考古发掘的文物，又有不同时期抢救和保存下来的寺庙和民间宗教文化艺术品，其系统性、典藏性、资料性、艺术性等方面，都反映了西藏博物馆文物精品的整体风貌。

《捐献大家：叶义》，故宫博物院编，紫禁城出版社，2007年，黑白图版101页，8开。

该书是故宫博物院“捐献大家”系列丛书之叶义卷。

故宫博物院数百万件藏品中，有数万件来自个人捐赠，其中一级文物300余件，其价值无可计量。有近600位捐赠者将自己珍藏品献给国家，献给公众，此等高风亮节足以昭示中华民族之奉献精神、天下为公之人类境界。捐献中量大物重者，多为各界名流、学问大家，可谓有斯人，有斯文，有斯学，有斯德，方有斯行。在故宫博物院建院八十周年之际，该院陆续编辑出版“捐献铭记”及“捐赠大家”系列丛书，以记其功，以念其人，以彰其德，以慰其心其愿，以告世人。

该书有文章六篇，分别是《叶义小传》、叶义《中国犀角雕刻收藏小记》、杨伯达《叶义先生捐赠犀角雕刻面面观》、王世襄《叶义医生与竹刻》、谭志成《叶义医生与中国竹雕刻艺术》、杨铁梁《叶义医生——对一位君子的颂词》。之后是叶义捐赠犀角雕刻三十件，图文配合，介绍先生其人、捐献的文物及其背后的故事。

《捐献大家：张伯驹》，故宫博物院编，紫禁城出版社，2007年，黑白图版页，8开。

该书是故宫博物院“捐献大家”系列丛书之张伯驹卷。

张伯驹先生是书画收藏家，对中国古代书画鉴定独具慧眼，而且擅长绘梅、兰、竹、菊，书法亦独具一格。曾任故宫博物院专门委员，燕京大学国文系中国艺术史名誉导师等职。他不惜举债购入古代书画名迹，使之免遭商人倒手流入国外，如中国传世最古墨迹西晋陆机的《平复帖》卷，传世最古画迹隋展子虔《游春图》卷，还有唐李白《上阳台帖》，唐杜牧《张好好诗》卷，宋范仲淹《道服赞》卷等。1956年，张伯驹与夫人潘素共献书画名迹22件于国家，为保存中华民族的文化精粹做出了贡献。

该书上编是张伯驹捐赠书画作品，下编介绍先生其人及其捐献文物的经过。收录文章三篇：肖燕翼《烟云过眼风物长存》、朱家溍《我和伯驹道兄》、楼宇栋《尘劫难移爱国志》。从张伯驹的传奇经历和宽广胸怀中，可以看到20世纪中国文人的风骨和境界。

《生活在二级阶地上的人们——半坡遗址概览》，张礼智主编，陕西旅游出版社，2007年，彩色图版95页，16开。

该书是西安半坡博物馆的介绍导览书。书中分八个章节介绍了西安半坡博物馆馆藏文物的基本情况、半坡遗址发掘保护与研究。这八个部分依次是：①二级阶地——智慧与理性的选择；②半坡人的生活遗迹；③工具上留下的人类进步的印迹；④饶有情致的生活器具；⑤把神圣绘制在陶器上；⑥天国的祈祷；⑦研究和保护；⑧半坡遗址概况。

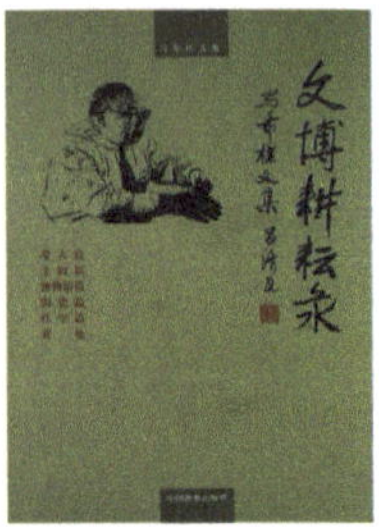

《文博耕耘录：马希桂文集》，马希桂著，中国林业出版社，2007年，451页，16开。

本文集分为文物篇、博物馆篇、陶瓷篇、红学篇及其他五个部分，收录论文30余篇，记录了曾经担任首都博物馆馆长的马希桂先生40多年来在北京文博工作岗位上辛勤耕耘的重要成果论著及工作情况，文章内容包括文物研究、博物馆理论研究及具体工作研究。

《青州市博物馆》（带你走进博物馆），青州市博物馆编著，文物出版社，2007年，彩色图文95页，24开。

该书以图文并茂、通俗清新的形式介绍了青州地区灿烂的文化和悠久的历史，带领读者参观青州市博物馆，介绍该馆的历史，香山汉墓陪葬坑出土彩绘陶俑、陶器，青州龙兴寺遗址出土佛教造像、中外文化交流的见证——傅家庄出土北齐线刻画像石让你了解到东夷文化的知识。

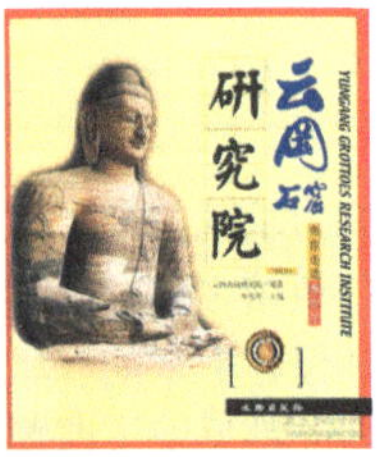

《云冈石窟研究院》（带你走进博物馆），云冈石窟研究院编著，李雪芹主编，文物出版社，2007年，彩色图文108页，24开。

该书选取云冈石窟佛教造像、碑刻等内容的图片80余幅，并配以简洁流畅的说明文字，从多方面介绍了云冈石窟开凿过程、佛教造像和建筑的主要内容以及云冈石窟造像装饰、佛经故事等内容，形象生动地向读者展示云冈石窟的风貌。

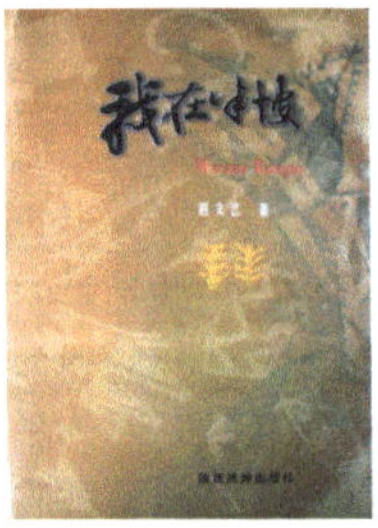

《我在半坡》，赵文艺著，陕西旅游出版社，2007年，259页，32开。

该书收录西安半坡博物馆研究馆员赵文艺先生有关博物馆宣教工作与讲解艺术的

论述，记录了50年半坡工作的实践与探索，内容包括回忆录、新闻采访12篇，半坡概说10篇，文博宣教工作探讨18篇，学术研究8篇，民族学与实验考古5篇。

赵文艺先生自1993年担任陕西省博物馆学会宣教专业委员会主任委员后，定下了“服务大局，配合中心，提高全省讲解员整体水平，培养尖子人才”的思路。他关于讲解员的定位，强调要向“知识化、学者型”转变。他提出讲解员要“找准自己的定位，创清自己的家底，创出自己的风格”，讲解风格“以自然为本，以知识取胜”。听过赵文艺讲解的人都说，半坡遗址的一石一木、一把弓箭、一个鱼钩，经他一解说，就能唤起人们对祖国的热爱和作为中国人的自豪感。

《郎德苗寨博物馆》（带你走进博物馆），郎德苗寨博物馆编著，吴正光主编，文物出版社，2007年，彩色图文95页，24开。

郎德背山面水落寨，依山就势建房。居民都是干栏式的吊楼，从山脚修到山腰，鳞次栉比。吊脚楼一般分为上中下三层，中间一层是全家活动的中心，半虚半实。堂屋外廊上装有苗语叫“豆安息”的曲木栏杆，建筑学上称为“美人靠”式“吴王靠”。堂屋大门的连楹，安有一对木制水牛角。这些成了判定苗族民居的重要依据。

《马承源文博论集》，马承源著，陈佩芬、陈识吾编，上海古籍出版社，2007年，547页，16开。

该书是马先生在50年学术生涯中刊发论文的汇编，同时收录了作者的讲话致辞和撰写的序跋等文字，将这些成果整理重刊，既是对故人的怀念，也是中国文物界应尽的责任。马承源先生在学术上废寝忘食，做过大量的深入调查研究，勤奋好学，涉猎广泛，思维敏捷，以独特的见解和深入浅出的理论以及丰富的现场经验为文物界的研究工作做出了重大的贡献。

该书除了20余篇有关青铜器的论文以外，还收录了马先生在彩陶、玺印、玉器、战国楚竹书等方面的学术论著以及先生在建立、运作、管理博物馆和展品的陈列设计等方面见解独到的理论文章，这些都是文物界的宝贵财富和先生50年博物馆人生的真实写照。

《贝聿铭与苏州博物馆》，高福民主编，徐宁、倪晓英著，古吴轩出版社，2007年，彩色图文142页，16开。

由建筑大师贝聿铭先生设计的苏州博物馆新馆，是苏州在21世纪之初率先向世人开放的博物馆。贝聿铭先生把凝聚一生勇气和智慧的封笔之作留给了故乡苏州。他的赤子情怀、创新理念和卓越智慧，伴随着这座精美的传世之作，永远留在故乡，留在故乡人民心中。建成的苏州博物馆本身就是艺术品。他赋予历史街区以新的生命，并以建筑艺术的方式，完美拉近了他与故乡苏州之间的时间距离。

该书以图文配合的方式详尽记录了贝聿铭先生在晚年接受挑战，亲自为故乡苏州设计苏州博物馆新馆的全部过程，介绍了贝聿铭先生与苏州博物馆的渊源关系及苏州博物馆的建筑设计特点。

贝聿铭由于在国际建筑界的经历和业绩，使得苏州博物馆新馆的规划和建筑方案，从一开始就引起广泛关注。贝老以85岁高龄在自称为“圣地”的苏州设计博物馆新馆方案，承受了“人生最重要的挑战”。五年中，他不仅亲自担纲设计，还五次亲临现场指导，对建筑和园艺的每个细节，都提出具体可行的要求，力求完美。用他自己的话说，“每前进一步，都要研究一下中国文化和苏州的传统”。他对自己提出了挑战，就是要造一座不只是遵循了中国和苏州的传统，还有21世纪创新理念的作品。这座建筑不会破坏拙政园历史街区的整体风貌，不会与苏州古城传统的风貌“争高低”，但也决不会被周边的建筑所淹没。贝聿铭贯彻的一条设计原则是“中而新，苏而新”“不高不大不突出”。

在苏州博物馆新馆开馆之际出版此书，无论是对于新开馆的苏州博物馆，还是对于前来参观的观众或读者，都是一件具有特殊意义的事情。

《漫步博物馆》（中国文化深度旅游图文指南丛书），孙建华编著，中国社会科学出版社，2008年，240页，48开。

该书引领读者通览遍布中国各地的博物馆，触摸与透视珍贵的馆藏文物，感悟和领会中国古老文明历史及传统文化的魅力。书中重点介绍了九个重要遗址及博物馆，分别是：中国长城、北京故宫、安阳殷墟、敦煌石窟、广汉三星堆、秦始皇兵马俑博物馆、西汉南越王墓博物馆、周口店猿人遗址博物馆、明十三陵博物馆等。

《走进前苏联博物馆》，吕济民译著，文物出版社，2008年，240页，32开。

该书是国家文物局前局长吕济民同志撰写和翻译的有关苏联博物馆的文章汇编。作者选取并翻译的是苏联比较优秀、具有典型代表性的介绍苏联博物馆的文章，向读者展示各种类型、各个层次的苏联博物馆。因我国的博物馆与苏联博物馆有很深的渊源，所以该书对于我国的博物馆建设有较强的借鉴价值，对于从事博物馆工作人士也是一部很好的参考资料。

《张伯驹》（中国文博名家画传），楼宇栋、郑重著，文物出版社，2008年，彩色图文220页，16开。

该书是丛书“中国文博名家画传”之张伯驹分册。作者之一楼宇栋是张伯驹女儿张传綵的丈夫，另一位郑重是《文汇报》的资深记者，曾采访并写过介绍张伯驹的文章。书中照片很丰富，如有张伯驹、潘素夫妇二人青春年少和步入老境的对比照片。该书按照十个章节来展现和介绍了张伯驹先生的传奇经历和爱国情怀。这十章分别是：贵公子名票友、福祸并行上海滩、向溥儒三购《平复帖》、卖宅院一座买进《游春图》、重逢紫禁城中旧时燕、捐献：八大国宝重返皇宫、一出《马思远》断送中州老词人、报知遇之恩：再捐《百花图》、北京人说：“他是国宝!”、比国宝更珍贵的文人精神，附录是生平简表。

读者从张伯驹的兴趣爱好和传奇经历中，可以看到20世纪中国的风土人情和沧桑变化，从他一系列的学术成果中，可以看到中国文物研究从无到有、曲折起伏的发展脉络。

《国际友谊博物馆》（带你走进博物馆），国际友谊博物馆编著，文物出版社，2008年，彩色图文107页，24开。

国际友谊博物馆担负着收藏、研究和宣传展示在中外交往中，党和国家领导人、政府及社会团体接受的外交礼品的任务，作为唯一一家收藏外交礼品的专题博物馆，是记录中国外交光辉历程和展示独立自主外交和平政策伟大成就的独特窗口，该书收录并介绍这些珍贵国礼。

在当代研究中，国礼的史料价值日益引起人们的重视，因为它们不仅是国际交往中国家或国家领导人之间互赠的具有象征意义的礼品，更具有在外交关系中扮演着重要角色，肩负着沟通、传达国家或国家领导人之间友好意愿、传递特殊政治信息的作用。

《申城博物馆巡礼：上海市博物馆、纪念馆导览》，上海市文物管理委员会、上海文物博物馆学会编，上海古籍出版社，2008年，201页，16开。

该书是上海地区博物馆大全，书中详细介绍了上海地区数十家博物馆、纪念馆的概况，包括地理位置、馆藏特色、开放时间、门票价格、联系方式、网站网址等，便于读者了解申城博物馆概况。

《深圳博物馆》，深圳博物馆编，文物出版社，2008年，彩色图文168页，16开。

2008年11月1日，是深圳博物馆开馆20周年纪念日；12月18日，是深圳博物馆新馆开馆典礼的日子。深圳博物馆编写此书是为回顾该馆走过的艰辛道路，记忆深圳博物馆同仁开拓创新，建功立业，创造出区域博物馆建设史上的奇迹，也是为了总结经验，继往开来。

深圳博物馆20年大致可分为开创、发展和提升三个阶段。该书按照深圳历史文化与深圳博物馆的发展、历史与建筑、展览陈列（古代深圳、近代深圳、深圳改革开放史、深圳民俗文化、儿童专题展、馆藏文物系列展、海洋生物标本展、野生动物标本展、民间收藏品展、临时展览）、文物藏品（青铜器、陶瓷器、玉器、书画、民俗文化、改革开放史）、编制机构、考古发现、教育推广、领导关怀、贵宾参观、专家指导、大事记的顺序展开，一一为读者解读该馆20年发展历程。

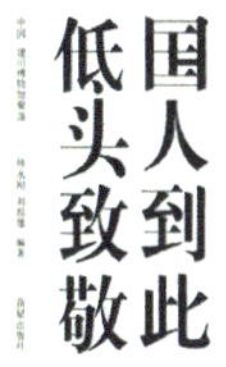

《国人到此，低头致敬：中国·建川博物馆聚落》，师永刚、刘琼雄编著，新星出版社，2008年，257页，16开。

该书讲述“中国第一民间博物馆”成都建川博物馆所透露出来的沉重历史。

成都建川博物馆是收藏国难国耻的中国唯一的民间博物馆，也是中华民族英雄的纪念志。馆内展出了200余万件藏品，以抗战、“文革”为主题。该书以图文并茂的形式全面真实介绍了建川博物馆的每个分馆与其令人动容的展品，更讲述了那些建筑与文物背后的故事。建馆者樊建川还特别增设了一则关于寻找幸存的抗战老兵的长期启事。“也许就在你翻阅这本书的时候，就又有一位老兵已经走向凋零。”樊建川写道，“有一天，他们的身体离开，但他们的右手手印在透明的玻璃上与日月同光。”

《单士元》（中国文博名家画传），单嘉筠著，文物出版社，2008年，彩色图文212页，16开。

该书是“中国文博名家画传”丛书中的一种。单士元在北京故宫博物院工作了70余年，中华人民共和国成立后历任故宫博物院建筑研究室主任、副院长。该书介绍了单士元的家世以及求学、工作、研究的历程，较为鲜活地刻画了文物专家单士元的形象。全书分为七个部分，依次是：故宫供职以前、故宫建院与供职、文献馆与营造学社、动荡年代、古建事业新起点、十年劫后艳阳天、风雨故宫七十年。从单先生的兴趣爱好和传奇经历中，可以看到20世纪中国的风土人情和沧桑变化，从他一系列的学术成果中，可以看到中国古代建筑保护与维修事业从无到有、曲折起伏的发展脉络。

《杭州的博物馆》（杭州文化丛书），马时雍主编，杭州出版社，2008年，267页，32开。

博物馆是陈列、研究、收藏和宣传人类历史文化、社会、自然实物和标本的文化教育场所，是一个国家、一个民族介绍其文明成就和发展水平的重要窗口，是一个地区历史、经济、文化、社会进步的形象标志。

杭州的大部分博物馆率先在国内实行免费开放，激发了人们的参观热情，一时间博物馆人气大增，反映了人民群众对精神文化生活的需求。然而从长久看，博物馆的利用率还比较低，这需要博物馆工作者从人民群众的愿望和要求出发，把博物馆办得更好，使藏品更丰富、内容更充实，让人们在快节奏的工作之余能在博物馆里得到休息和精神愉悦。从另一个层面上来看，这也反映了相当一部分人对博物馆所能发挥的作用认识不够，对博物馆展示的这些文化遗产所体现的创造力、凝聚力和通过参观从中汲取文化内涵，成为人们的精神动力和智力源泉的作用认识不够。

该书是一本全面介绍杭州博物馆的普及图书，能让读者了解杭州博物馆的情况，提高参观博物馆的兴趣，同时对参观博物馆有帮助。

《苏州博物馆》（带你走进博物馆），苏州博物馆编著，文物出版社，2008年，彩色图文107页，24开。

该书以图文配合的形式介绍了苏州博物馆的历史、现状及馆藏文物。

苏州博物馆成立于1960年元旦，是一座苏州地方历史文化综合性博物馆，是苏州地区文物收藏、研究、展示、教育的中心。馆址太平天国忠王府是首批全国重点文物保护单位，是全国保存至今最完整的一组太平天国历史建筑物。1999年苏州市委、市政府邀请享誉世界的华人建筑师贝聿铭设计苏州博物馆新馆。2006年10月6日，苏州博物馆新馆落成并正式对外开放。这座既有苏州传统园林建筑特色、又具现代建筑艺术风格的博物馆在海内外引起了强烈反响。而经历历史上最大规模一次整体维修的太平天国忠王府，也作为遗址性博物馆与新馆同步对外开放。

《辽宁省博物馆》，辽宁省博物馆、伦敦出版（香港）有限公司编，马宝杰主编，长征出版社，2008年，彩色图文255页，16开。

该书是辽宁省博物馆概况及馆藏文物的宣传图录。

该书首页是辽宁省博物馆一、二、三楼展厅指南，序言和简介回顾了该馆自1949年建立以来的历史渊源和发展现状，重点介绍文物保护与征集方面的工作历程。图版部分按照法书、绘画、碑志、缂丝与刺绣、青铜器、陶器、玉器、金银器、佛像、货币、漆器、珐琅器、竹木牙雕、其他十四个类别，以图文配合的方式介绍了馆藏文物精品。

辽宁省博物馆收藏的历代书画素以体系完整、品质优良、精品荟萃而蜚声海内外，在国内博物馆的书画收藏品中占有重要地位。尤其是清宫收藏的晋唐宋元书画名品，是该馆收藏的特色和优势，包括现存世界最早的楷书墨迹《东晋佚名曹娥诔辞》、王羲之书法墨迹的最可靠的摹本《唐摹王羲之一门书翰》、张旭唯一传世的墨迹《草书古诗四帖》、周昉《簪花仕女图》、董源的传世代表作《夏景山口待渡图》、宋徽宗传世草书孤本《千字文》等，均属稀世珍品。该书以图文配合的方式展示了这些名作，读者可以从中了解文物的内涵与价值，欣赏其独有的审美特征和多姿多彩的风格。

《凤岗历史博物馆》，任焕林主编，南方出版公司，2008年，彩色图文103页，16开。

该书是凤岗历史博物馆的综合宣传图录，主要介绍该馆的概况，内容包括七个部分：凤岗源流、海外华侨、文物古迹、民俗文化、英勇斗争、棋坛宗师、今日凤岗等。

《大塬遗韵：走进洛川民俗博物馆》，段双印、刘忠民编著，陕西旅游出版社，2008年，彩色图文161页，16开。

该书阐述了洛川民俗博物馆收藏的珍贵历史、民俗文物和陕西南部的精美建筑、独特风格，能够感受到中华古代文化与近现代文化在洛川这块土地上的悠远博精。

《当代北京博物馆史话》，刘宝明著，当代中国出版社，2009年，178页，16开。

该书通过对北京博物馆的历史和现状的介绍，展示了北京地区博物馆的丰富馆藏，反映了北京丰富深厚的历史文化。

《走进北大荒博物馆》，赵国春主编，黑龙江人民出版社，2009年，彩色图文150页，16开。

该书是北大荒博物馆的参观导览图书。书中以图文配合的方式介绍了北大荒博物馆的发展历程和馆藏代表性文物，全书彩图与文字穿插编排，通过对馆藏文物及其渊源一一介绍，展示了中华人民共和国成立后数十万农垦人开发北大荒的光辉历史，反映了北大荒由亘古荒原变为美丽富饶的大粮仓的艰辛历程，弘扬了北大荒精神。

《四川大学博物馆》（带你走进博物馆），四川大学博物馆编著，文物出版社，2009年，彩色图文107页，24开。

该书介绍了四川大学博物馆的建馆历史、博物馆概况和馆藏文物。该馆是中国西南地区建立最早的博物馆，也是中国历史最悠久的博物馆之一。1914年，华西协合大学古物博物馆(今四川大学博物馆前身)开始筹建，由美国学者戴谦和(D.S.Dye)教授出任馆长。到20世纪40年代，华大博物馆就已经发展为一座规模较大、海内知名的博物馆，享有“西南最完善之博物馆”的美誉。此后经过几代学者的不懈努力，今天的四川大学博物馆作为全国高等院校中最重要的综合性博物馆之一，在文物收藏保护、陈列展览、学术研究、对外交流合作等方面都取得了令人瞩目的成就。

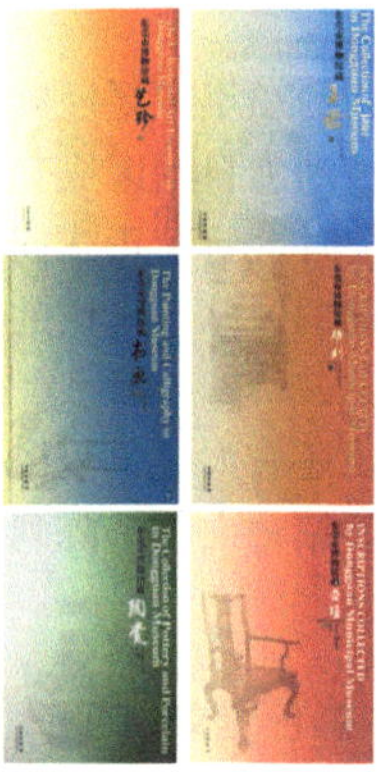

“东莞市博物馆丛书”，东莞市博物馆编，文物出版社，2009年，16开。

“东莞市博物馆丛书”是以东莞市博物馆馆藏文物为依托，结合研究课题，编辑而成的。该丛书旨在记录千年莞邑的发展历史，挖掘其中不为人所熟知的人文魅力，让东莞的现代文明在这份底蕴深厚的文化遗产的孕育下，焕发出勃勃生机。

“东莞市博物馆丛书”是一项以弘扬东莞传统历史文化为宗旨的长期的文化建设工程，拟推出“馆藏系列”“地方史论”“考古研究”“陈列展示”等类别。从2009年开始，“馆藏系列”将陆续推出“碑刻”“玉器”“陶瓷”等专集。“东莞市博物馆丛书”以学术性、资料性和可读性相结合为特色，兼顾地方特点，体例科学，方法创新，文质兼美。

“东莞市博物馆丛书”包括《东莞市博物馆藏碑刻》《东莞市博物馆藏玉器》《东莞市博物馆藏陶瓷》《东莞市博物馆藏书画》《东莞市博物馆藏杂项》五册。

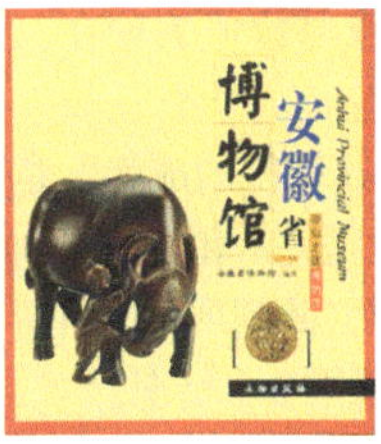

《安徽省博物馆》（带你走进博物馆），安徽省博物馆编著，文物出版社，2009年，彩色图文117页，24开。

该书由综述、基本陈列介绍、馆藏精品介绍三部分组成，点面结合，全面介绍了安徽省博物馆的发展历程、现状和基本陈列，分类介绍了馆藏铜器、瓷器、玉器、金银器、书画、漆器等文物精品，以简练的文字和精美的图片，带领读者走进安徽省博物馆，了解安徽省博物馆。

该书的内容分为三章，依次是：传承历史再铸辉煌——奋进中的安徽省博物馆、江淮文明的旅程——安徽省博物馆基本陈列、文明孕育的珍宝——安徽省博物馆馆藏精品。安徽省博物馆基本陈列展陈在反映中国历史文化发展脉络的同时，注重突出地域特色和馆藏特点，青铜器、瓷器、徽州古建筑、潘玉良作品等享誉国内外。

《西安博物院》（带你走进博物馆），西安博物院编著，文物出版社，2009年，彩色图文107页，24开。

该书是“带你走进博物馆”系列丛书中的西安博物院分册，综合性介绍了该院的建院历史和特色文物，用文字引导读者走进西安博物院，用照片展示西安博物院的藏品和展厅内外的建筑环境。

西安博物院是由综合展厅、荐福寺、小雁塔三部分组成。院内收藏了西安各个历史时期的文物13万件，其中拥有国家三级以上珍贵文物14400件，并有相关一部分文物出土于周秦汉唐等中国历史上有重要影响的朝代，形成了文物等级高、代表性强、影响面广的藏品特点。

《秦始皇兵马俑博物馆》，秦始皇兵马俑博物馆编，吴永琪主编，西北大学出版社，2009年，彩色图文46页，12开。

该书是秦始皇兵马俑博物馆建馆历史及文物藏品的综合性介绍图录，书中分八个部分，依次介绍了秦始皇帝及其陵园范围、陪葬墓坑分布、秦兵马俑坑、秦俑博物馆的馆史情况、建馆经过、陈列展览、馆藏文物及社会教育等概况。

《走进世界著名博物馆》（看图走天下丛书），本丛书编委会编，上海世界图书出版公司，2009年，200页，32开。

世上最奇妙的事情，莫过于穿越时空的隧道，欣赏自己平日看不到的景象。现代博物馆，是通过对文物、图片、模型和现代声光电等高科技手段的综合运用，来展现古文明、异域文化的历代演变和丰富的文化内涵，让人震撼于古人的智慧和岁月的变迁。该书通过大量文物、博物馆外景、展览现场的照片和简洁的文字叙述带领读者走近世界著名博物馆，了解这些博物馆的珍藏文物，穿越历史时空，阅尽人类文化遗产。

《宁夏博物馆》（带你走进博物馆），宁夏博物馆编著，文物出版社，2009年，彩色图文118页，24开。

宁夏博物馆的前身是1959年9月成立的宁夏地志博物馆筹备处，1973年宁夏回族自治区博物馆正式成立。2004年，宁夏回族自治区博物馆新馆建设被列为自治区成立50周年大庆的献礼工程。2008年9月，在迎接自治区成立50周年大庆时，新馆正式向观众免费开放。该馆以端庄的外形、先进的设施、完备的功能、新颖的展陈、优质的服务赢得了民众的认可。

在该馆丰富的馆藏中，除了其他综合性博物馆中常见的文物外，还有大量少数民族文物和革命文物。书中一一介绍了博物馆的悠久历史、发展沿革、馆藏文物、陈列展览、社会教育等工作。

《陕西博物馆大全》，陕西省文物局编，陕西人民出版社，2009年，彩色图文367页，16开。

该书是一部全面、集中展示陕西博物馆资源的重要著作。其特点与价值表现在三个方面：

第一，该书集中展示了中华人民共和国成立60年来陕西博物馆事业取得的成就，是第一本全面介绍一个行政省内所有博物馆的综合性图录。该书按行政隶属关系和行政区划分类，详细介绍了2009年7月之前陕西164座博物馆的历史沿革、文物藏品、陈列展览、科研成果、机构设置和参观指南。一册在手，便于全面、准确了解陕西的博物馆基本情况。

第二，该书真实反映了陕西博物馆在承传中华文明之光、彰显陕西人文魅力，建设中华民族共有精神家园的伟大事业中的重要作用。陕西的博物馆数量多、分布广，馆藏文物价值高、影响大。这些资源是宝贵的财富，更是培养国民素质的文化场所。陕西164座博物馆如颗颗明珠散落在广袤的三秦大地上，已成为民众了解祖先历史，培养高尚情趣的重要课堂。陕西164座博物馆如点点繁星分布于全省各地，有助于培养民众参观博物馆的习惯，振奋民族精神，增强爱国主义情感。

第三，该书系统介绍了陕西博物馆的历史沿革和最新信息，资料翔实，可读性强。由于陕西得天独厚的历史遗存，以一些著名的古迹遗址为依托而建立的博物馆，或以收藏丰富、规模宏大而著称，或以特色鲜明、藏品弥足珍贵而出名，这些博物馆已经在我国乃至国际上形成了广泛而巨大的影响。走进164座各具特色的博物馆，如同翻阅一部卷帙浩繁的陕西博物馆的历史。

该书的出版，为读者了解、查找、参观和研究陕西博物馆提供了翔实的资料。

《柴泽俊（中国文博名家画传）》，晨舟、张传泳著，文物出版社，2009年，彩色图文213页，16开。

柴泽俊是中国古代建筑保护与维修领域的著名专家。虽然他学历不高，但几十年如一日地奋斗在山西，担任省古建所所长、省文物局总工程师，主持实施了许多受业界广泛关注的维修范例，对自成系列的唐宋元明清建筑如数家珍。他半个世纪笔耕不辍，留下了一系列反映山西古建面貌和时代特色的学术论著。该书沿着他的人生与事业之路，通过翔实生动的趣闻和深入浅出的学术评价，全面、客观展示了展示了柴泽俊独特而传奇的奋斗历程，展示了他从泥瓦匠到文博大家的传奇历程。

柴泽俊对中国古建筑保护事业的四大贡献：一是调研、挖掘山西现存大量地面不可移动文物，二是参与指导和主持了多处重大古建筑保护修缮工程，三是培养出了一大批古建筑保护专业人才，四是撰写了十几部足可传世的古建保护专著。

读者从柴泽俊的兴趣爱好与传奇经历中，可以看到20世纪古老山西的风土人情和沧桑变化；从他丰硕的学术成果里，可以触摸到20世纪山西古代建筑事业从无到有、曲折起伏的发展脉搏，由此折射出中国文物建筑保护与维修的壮丽画卷。

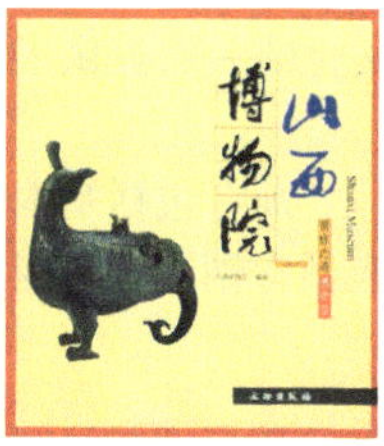

《山西博物院》（带你走进博物馆），山西博物院编著，文物出版社，2009年，彩色图文108页，24开。

该书主要介绍山西博物院作为山西最大的文物收藏、保护、研究、展示中心和国家首批一级博物馆的建院历史和院藏文物。

山西博物院从20世纪90年代初开始筹建博物馆新址，经过漫长的准备过程，于2001年8月正式开工建设，2004年建成开放。该院是国内大型现代化、综合性博物馆之一，为国家“九五”重点建设工程，也是山西省自中华人民共和国成立以来投资规模最大的文化基础设施。山西博物院丰富的馆藏中，除了其他综合性博物馆中常见的文物，还有大量的少数民族文物和革命文物。书中还介绍了博物馆的悠久历史，领导关怀以及所取得的成绩。

《河南博物院》，河南博物院编，张文军主编，伦敦出版（香港）有限公司，2009年，彩色图文191页，16开。

该书是河南博物院概况及馆藏文物的宣传图录。

河南博物院1927年创立于开封市三圣庙街，称河南博物馆，是中国较早建立的博物馆之一。早期的河南博物馆收藏了新郑郑公大墓、辉县甲乙墓、安阳殷墟等重要考古发掘的文物，成为中国除故宫博物院之外最具影响力的博物馆。1961年河南博物馆由开封迁至郑州市人民路11号。1988年位于郑州市农业路中段的新馆落成开放，河南博物馆更名河南博物院。河南博物院以收藏河南出土文物为主，上起远古下迄近现代，种类繁多，一脉相承，尤其在青铜器、陶瓷器、玉器、石刻等方面，具有突出优势，体现了中原文化的独特风貌。

书前有河南博物院展厅指南、概况、张文军院长序语，正文按照河南博物院藏品特点分为青铜器、陶瓷器、玉器、石刻、货币、书画和其他七个部分，以图文对照的形式介绍了该院200件（套）。

《把“根”留住：关中民俗艺术博物院》，王勇超主编，2010年，彩色图文205页，12开。

该书全面介绍了关中民俗艺术博物院的文物精品古宅民居、石雕石刻、砖雕、拴马桩、木雕、民用器物、名人字画和非物质文化遗产。

关中民俗艺术博物院抢救性征集和保护了33600余件（套）散落民间的各类历代民俗遗物和艺术珍品，其中最为海内外震撼的8600多根历代拴马桩和40院近千间明清戏楼、庙堂及古民居，有备受专家推崇的皮影、老腔等十余项非物质文化遗产的传承和展示，构成了明清民居、历代石雕、民俗器物、名人字画、民俗风情和驿站休闲等六大板块，成为民族与民族文化的基因仓和标本库，是中华民俗数千年来多民族生存和文化交流融合的历史见证，是保存中华民族文明最鲜活、最生动、最本源的补充。

《欧洲博物馆传奇》（浮光纪丛书），张庆编著，外文出版社，2010年，247页，16开。

该书讲述了欧洲博物馆的历史渊源、馆藏文物以及传奇故事，全书内容包括：英格兰小镇上的铅笔博物馆、不可错过的景色——英格兰北部湖区、洗涤灵魂的净土——罗马浴池博物馆、令人叹为观止的“宝库”——大英博物馆、无法抗拒的味道——法国香水博物馆、绘画艺术博物馆——乌菲齐美术馆、“欧洲最美的博物馆”——法国奥赛博物馆、感受西班牙的文化魅力——普拉多博物馆等。

人们常说，了解一个地方的过去和现在是从博物馆开始的。一座博物馆就是一部物化的发展史，人们通过文物与历史对话，穿过时空的阻隔，俯瞰历史的风风雨雨。博物馆不单纯是一个市民文化补习的地方，更应该是市民休闲的主要场所之一。该书依次介绍了欧洲博物馆的历史渊源与重点文物，图文对照，文字简洁，图片精美。

《西安大唐西市博物馆》，吕建中主编，陕西人民出版社，2010年，155页，16开。

大唐西市博物馆馆是踏着中国崛起、文化复兴的脚步诞生的，博物馆是在西市遗址上兴建的大型民办遗址类博物馆，展览区面积8000平方米，其中遗址保护面积2500平方米，馆藏文物2万余件（组）。博物馆丰富的馆藏给关注隋唐文化的人们提供了一道盛宴，为延伸和拓展中外文化交流渠道提供了珍贵资料。

该书分为两个部分介绍了大唐西市博物馆的陈列展览和文物精华。前者包括基本陈列、专题陈列、临时展览和特别展览。后者收录的馆藏文物精华包括青铜器、陶瓷器、金银器、玉杂器、丝绸刺绣、货币、宗教文物等。

《三星堆与金沙：古蜀文明史上的两次高峰》，四川广汉三星堆博物馆、成都金沙遗址博物馆编著，四川人民出版社，2010年，彩色图文154页，16开。

该书是三星堆博物馆与金沙遗址博物馆的综合图录，通过图文并茂的介绍，让读者走进神秘的古蜀王国。全书的基本架构是先以简洁的笔调对不同的器类进行概述，然后以图片的形式，直观再现两个遗址出土文物之间的承接关系，并对每件文物配以详细的文字说明，便于读者加深对这些文物的认识和文化内涵的理解，感知古蜀文明绚丽多姿、内涵宏大。

书中运用比较考古学的研究方法，对两个遗址的遗迹现象、器物特征、文化内涵等进行了细致的对比观察。主要是从青铜器、金器和玉器等方面，对它们的物质文化、社会习俗和宗教信仰等层面，以较为通俗的笔墨进行了粗略的勾勒。基本上可以看出，这两个遗址所代表的古蜀文明发展的两个高峰阶段是一脉相承的，并且有着较强的地域性。

《河北全省博物馆通览》，河北省文物局编，谷同伟、刘丽君主编，河北美术出版社，2010年，彩色图文286页，16开。

该书综合介绍了河北省直属博物馆、石家庄市、承德市、张家口市、秦皇岛市、唐山市、廊坊市、保定市、沧州市、衡水市、邢台市、邯郸市的65座博物馆的基本概况、馆藏文物、参观指南、门票价格、开放时间等情况。

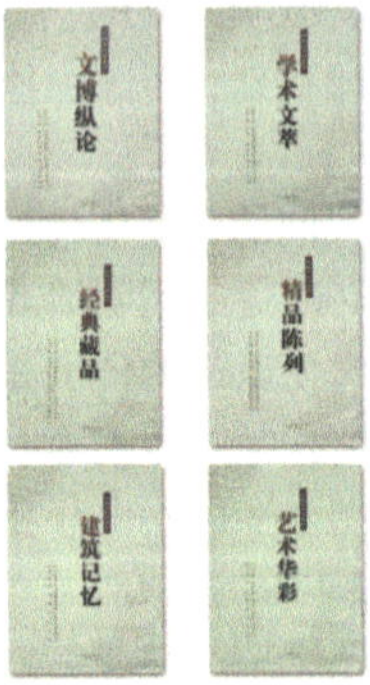

“中国纪念馆集粹丛书”，中国博物馆学会纪念馆专业委员会编，2010年，16开。

“中国纪念馆集粹丛书”是我国第一部反映中华人民共和国成立60年，特别是改革开放30年来，中国纪念馆所取得的辉煌成就。从学术研究、精品陈列、经典藏品、纪念馆建筑、纪念馆管理、纪念馆艺术等多个角度全面展现了中国纪念馆的当代风貌。

本丛书是在中国博物馆学会纪念馆专业委员会策划下，由中国人民抗日战争纪念馆与全国数百家纪念馆联合编撰的，包括六个分卷，分别是《学术文萃》《文博纵论》《经典藏品》《精品陈列》《艺术华彩》和《建筑记忆》。

《学术文萃》收录40篇论文，是对纪念馆研究成果一次集中展示。《文博纵论》辑录了纪念馆专业人员对博物馆的理论探索和实践经验，反映了中国纪念馆在行政管理、文物管理、安全管理、信息管理、市场开发等方面的探索和创新。《经典藏品》介绍了中国纪念馆具有深厚历史价值和人文精神的典藏精华。《精品陈列》展现了中国纪念馆30年来在展陈艺术方面取得的辉煌业绩。《艺术华彩》分绘画、雕塑、全景画、半景画、艺术景观，收录66家纪念馆的艺术作品221件。《建筑记忆》记述了纪念馆老建筑的岁月沧桑和新建筑的精神与理念。

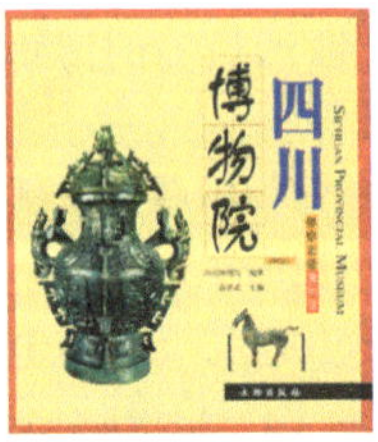

《四川博物院》（带你走进博物馆），四川博物院编著，盛建武主编，文物出版社，2010年，彩色图文143页，24开。

该书主要讲述四川博物院自2009年5月9日向社会公众免费开放以来，以家园意识和奉献精神，努力拼搏，积极传播历史文化知识、弘扬传统文化，发挥科学殿堂以及爱国主义和精神文明教育基地作用的情况。

该书系统介绍了四川博物院的历史沿革、展览陈列及馆藏精品，从史前文明到近现代历史，内容丰富。尤其是对张大千先生的作品更是作了较为全面的收录，文字清新，图文并茂，是了解四川博物院的重要窗口。

《世博会博物馆》，陈燮君主编，上海文艺出版社，2010年，彩色图文131页，16开。

世博是智慧的大山，世博是创意的摇篮，世博是生命的礼赞，世博是经典的盛宴。斗转星移、沧桑巨变、崇尚科学、尊重自然，这里跨越界限传递真诚，让世博精神相伴永远。

该书通过序厅、历程厅、发现厅、运筹厅四个部分依次介绍了世博会博物馆的展览布局和重点展品，图文对照，简洁直观。

《海南省博物馆》，海南省博物馆编，丘刚主编，文物出版社，2010年，彩色图文175页，16开。

该书全面介绍海南省博物馆的建馆历史、馆藏文物和基本陈列，精选133件（套）典型文物入册，分为石器、陶瓷、金属、书画、服饰、其他六个部分，反映了独具地方特色的海南历史文物、南海水下文物和少数民族文物。书前有《海南省博物馆文物述略》一文，详细介绍海南省博物馆馆藏文物情况。之后重点介绍该馆基本陈列中的海南历史陈列、海南少数民族陈列、海南非物质文化遗产陈列和海南馆藏文物陈列四个展厅的文物及其价值。

《中国文字博物馆》，中国文字博物馆编，文物出版社，2010年，彩色图文175页，16开。

该书是中国文字博物馆的综合性图录，全书内容分为字馆文官、宝琛荟萃、雅俗共赏、安保与服务、科学研究、领导重视、宣传教育、广泛支持、队伍建设、制度建设和未来展望十一个部分，全面介绍了中国文字博物馆的建馆渊源、馆藏文物、社会教育、管理工作、规范制度等，图文结合，内容翔实。

《故宫博物院》，故宫博物院编，李季主编，故宫出版社，2010年，彩色图文326页，16开。

该书介绍了故宫博物院的建院历史及其珍贵馆藏文物，讲述了文物背后的故事。

紫禁城作为中国帝制时代最后两个朝代的皇宫，始建于明代永乐四年（1406），至永乐十八年（1420）落成。在其后近500年的时间内，明、清两代24位皇帝在此居住、执政。1911年的辛亥革命彻底终结了中国的帝王统治。1925年，以明、清皇宫和宫廷旧藏文物为基础，故宫博物院正式成立。

故宫博物院拥有世界上现存规模最大、保存最完整、建构最精致的古代宫殿建筑群，拥有150万件历代文物典籍和艺术工艺珍品，承担着保护文化遗产，承传人类文明，开展文化交流和文明对话的使命，每年接待近千万参观者。故宫博物院的珍贵文物在紫禁城内和世界各地不断展出。观众从紫禁城建筑和丰富的藏品中，学习、思考、认识和总结历史的经验，汲取创造新生活的智慧和力量。

《走进自然历史博物馆》，孟庆金主编，北京科学技术出版社，2010年，彩色图文152页，16开。

2010年是在中国自然科学博物馆协会成立30周年，为了向广大人民群众介绍专业科技博物馆的概况，普及自然科学知识，协会组织编写了系列丛书《走进自然历史博物馆》《走进科学技术馆》《走进地质博物馆》《走进天文馆》《走进专业科技博物馆》《走进水族馆》《走进自然保护区》，每册独立成章，描述我国不同类型的自然科学博物馆的概况和基本内涵。

该书介绍了自然历史博物馆的概况、馆藏和参观指南。

《走进专业科技博物馆》，齐贤德主编，北京科学技术出版社，2010年，彩色图文230页，16开。

该书是2010年中国自然科学博物馆协会成立30周年之际编写的系列丛书之一，专业科技类博物馆担负着弘扬专业或行业文化、宣传科技发展史、展示当今某领域发展新成就的重任。齐贤德主编的《走进专业科技博物馆》收录的这些专业科技类博物馆，陈列展览内容专业、点面结合、深入浅出。正因为这类博物馆的专业性强，才能多侧面多角度展示相应的历史文化，才能摆脱传统博物馆观念的束缚，跳出千篇一律的通史模式，避免蜻蜓点水、令人乏味的现象。

该书主要介绍了专业科技博物馆的概况、内涵、馆藏珍品，配有彩色图片，展示了博物馆的外景、展厅、藏品。书后附有我国的专业科技博物馆名录。

《走进地质博物馆》，贾跃明主编，北京科学技术出版社，2010年，彩色图文237页，16开。

2010年，在中国自然科学博物馆协会成立30周年之际，组织编写了系列丛书《走进自然历史博物馆》《走进科学技术馆》《走进地质博物馆》《走进天文馆》《走进专业科技博物馆》《走进水族馆》《走进自然保护区》七册，每册独立成章，描述我国不同类型的自然科学博物馆的概况和基本内涵。

该书主要介绍了地质博物馆的概况、内涵、馆藏珍品，配有彩色图片，展示了地质博物馆的外景、展厅、藏品。书后附有我国的地质博物馆名录。

《敦煌石窟》，敦煌研究院樊锦诗主编，伦敦出版（香港）有限公司，2010年，彩色图文236页，16开。

该书是敦煌博物院概况及馆藏文物的宣传图录。

敦煌石窟不仅有精美绝伦的壁画，还有其他宝藏，包括丝质地、纸质的艺术品和成千上万的佛经。该书文字简要介绍敦煌地区的历史和丝绸之路、佛教教义和艺术、敦煌石窟遗址、敦煌石窟洞窟介绍、藏经洞出土文物、洞窟的保护等，图版以高清照片展示了50个最精美的洞窟，设计优美，图片丰富，对莫高窟遗址、壁画和其他内容予以详细介绍，讲述了文物遗址背后的故事。

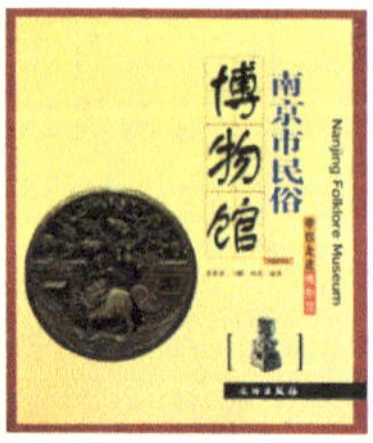

《南京市民俗博物馆》（带你走进博物馆），郑孝清、马麟、杨英编著，文物出版社，2010年，彩色图文159页，24开。

该书主要内容分为六个章节：走进“九十九间半”、甘熙宅第：民居建筑中的瑰宝、珍闻轶事：甘氏宅门中的历历往事、专题展览：南京民俗生活的再现、民俗藏品：百姓生活的见证、教育基地：服务社会的文明窗口，全面介绍了南京民俗博物馆的建筑特点、馆内展陈、馆藏文物等，尤其是该馆的历史沿革、藏品特点等基础资料，翔实准确，图文对照。

《磁州窑博物馆》（带你走进博物馆），赵学锋、刘丽君编著，文物出版社，2010年，彩色图文96页，24开。

该书主要内容是磁州窑博物馆位置、馆内展陈、馆藏文物等，图文配合，语言清新简洁，对了解磁州窑的历史、沿革、制作等提供了基础资料。

磁县城在隋代时设州衙，城内有多处古代建筑，多处荷塘，古有荷花城之称。县城南，滏阳河环城蜿蜒流过，赋古城以灵脉；县城北，古御路荷花十里飘香，给古城以秀色。磁州窑博物馆就坐落在这座美丽的古城里，占地108亩。博物馆建筑体中心位置耸起的部位，宛如一座古代烧造瓷器的馒头窑，建筑体上一面面匣钵装饰凸显了磁州窑的符号，这正是设计师把传统形态和现代理念融合为一体，创造出来的一个建筑艺术品。 走进磁州窑博物馆，就可以感受到磁州窑的神奇和魅力，体验窑火的香味，看到美轮美奂的磁州窑装饰图案。

《金沙遗址博物馆》，成都金沙遗址博物馆编著，四川人民出版社，2010年，彩色图文77页，12开。

该书是金沙遗址博物馆的综合宣传图录，主要介绍该馆的基本情况和馆藏文物精华。通过图文对照的介绍，让读者穿越三千年历史迷雾，走进神秘金面王国，了解金沙遗址的内涵和价值。

《搞怪奇闻博物馆》（知识博物馆系列），卡米图书编著，湖南少儿出版社，2010年，彩色图文204页，32开。

该书介绍了许多的奇闻趣事，包括：神奇的自然、海底之谜、奇特的民族风情等。在书中我们从自然馆游览到海底馆，再游览到民俗馆……会看到不同的风俗民情，也会领略来自大自然的美丽，海底世界的神奇……就好像进到一个巨大的博物馆中。发现这个世界有好多秘密！为什么有这么多寒冷的地方？百慕大三角有这么可怕吗？不然为什么有那么多无法解开的谜团呢？古代人也能发展科技吗？除此之外，书里还增加了相关知识链接，让读者有意想不到的惊奇发现。

《趣味天文博物馆》（知识博物馆系列），卡米图书编著，湖南少儿出版社，2010年，彩色图文204页，32开。

该书带领读者了解美丽的星空，去发现宇宙的奥秘。书中介绍了太阳、月亮、星星……不同的主题知识娓娓道来，引领读者穿梭时空，探访神秘又广阔的宇宙，感受触手可及的太阳、月亮、星星，仿佛漫步于天际，那些美丽的流星、神奇的陨石……用无声的语言带给我们无限的想象和神秘。每个章节后附有两则星座故事，增加了趣味性。

《探索地理博物馆》（知识博物馆系列），卡米图书编著，湖南少儿出版社，2010年，彩色图文204页，32开。

该书介绍了各式各样的地理故事：地球的奥秘、地球大揭秘、南极北极转、生命之源、水域之最、大地之音、山的故事、南北极的奇闻……一起来了解这个大自然的神奇，跟着书中所写，造访这片我们深爱的土地吧！大自然神秘的力量不可预知，石头可以千变万化；山脉起起伏伏，连接在一起就像波浪一样，真是有趣的现象。在书中我们翻过大山、穿越河流、听着风的声音、读着岩石的故事、感触着生命之源，慢慢吸收着大地灵气。我们会发现，原来地球是这么有吸引力。编者还特别定制了知识链接，以方便读者了解更多的知识。

《中国国家博物馆》，中国国家博物馆编，吕章申主编，伦敦出版（香港）有限公司、长征出版社，2011年，彩色图文255页，16开。

中国国家博物馆拥有藏品100万件，门类齐全、涵盖广泛，囊括了从史前文化到当代各个历史时期的重要文物，搜集了全国各地的珍品，具有广泛的代表性，是我国经济发展、社会生活、科学技术、文化艺术的真实再现，是中华民族灿烂文化的载体，体现了中国各历史时期社会状况、工艺水平和美学理念。

该书是中国国家博物馆的文物图录。书前有中国国家博物馆简介和馆长吕章申的序，介绍该馆发展历程和馆藏特色。图版内容分为古代部分和近现代部分介绍馆藏文物326件（组）。在古代部分细分为青铜器、陶器、瓷器、玉器、金银器、钱币、书画、画像砖、杂项九个部分，重点介绍文物精品311件（组）。全书体现了国博“历史与艺术并重”的发展定位和“人才立馆、藏品立馆、学术立馆、服务立馆”办馆方针，凸显了国博在中华五千年历史和艺术的传承作用，促进多元文化的交流作用，文化艺术的中心引领作用和“以人为本”的文化服务作用。

《漫游汉阳陵》，汉阳陵博物馆编著，三秦出版社，2011年，彩色图文95页，18开，

该书以汉阳陵博物馆形象大使卡通人物“姗姗”带领游客“小美”及其父亲参观汉阳陵为主线索，采用未成年人喜爱的漫画形式以及通俗活泼的语言，向读者介绍了汉代历史文化、汉阳陵、汉景帝、汉阳陵出土文物以及汉阳陵重要遗址等方面的内容，编者希望以此方式更好地向未成年人传播历史文化知识，增进未成年人对博物馆的喜爱，吸引未成年人更多地走进博物馆。

为了充分发挥博物馆的教育功能，让博物馆真正走进课堂、走进学校，将博物馆纳入国民教育的重大举措落到实处，汉阳陵博物馆学习借鉴日本出版界的有关做法，采用未成年人喜爱的漫画形式，编辑了这本书。编者把汉阳陵文物藏品通过形象大使卡通人物“姗姗”深入浅出的讲述介绍给读者，书中把精心选择的文物照片和生动优美的文字描述以及妙趣横生的对话巧妙地结合在一起，收到了珠联璧合、相得益彰的效果，使读者在愉快的阅读中开阔了眼界，增长了知识，加深了对汉阳陵博物馆的认识和了解。全书通过《你对汉代知多少》《走进汉阳陵》《认识汉景帝》《探秘文物宝库》《踏访汉家陵阙》五个章节的设置，带领读者了解汉阳陵博物馆，穿插介绍了汉阳陵博物馆的参观路线、开放时间、网站地址，以及著名的丝绸之路、汉长安城、七国之乱、文景之治、西汉服饰等历史知识和陶俑、外葬坑、礼制建筑、罗经石等专业名词，让人在轻松愉悦的阅读中得到教益。

《张珩》（中国文博名家画传），郑重著，文物出版社，2011年，彩色图文317页，16开。

该书介绍了张珩先生的学术经历和特殊贡献。张珩是中国书画鉴定家，学术上有多方面的成就，尤其在书画鉴定方面造诣更深。他对中国文物事业，特别是书画鉴定、收集、研究、出版等方面，做出了杰出贡献。

故宫文物南迁后，古代书画所剩无几，后经他努力访求，使故宫又成为世界上书画最重要的收藏之一。他编写了很多重要书画图录，如《宋人书翰》《宋人画册》等，他的《怎样鉴定书画》是文物工作者必读之书。读者从张珩先生丰硕的学术成果中，可以看到中国文物研究从无到有、由浅入深的发展脉络。

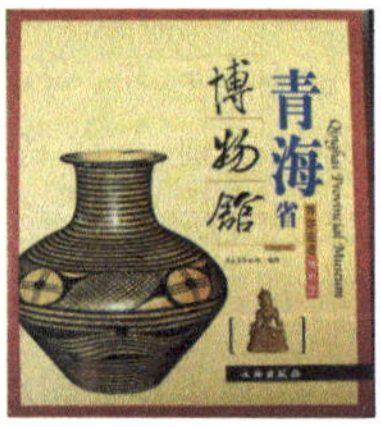

《青海省博物馆》（带你走进博物馆），青海省博物馆编著，文物出版社，2011年，彩色图文125页，24开。

该书主要内容分为四个部分，依次介绍该馆历史沿革、馆藏文物、陈列展览、优质服务，重点介绍文物精品、基本陈列、专题陈列、临时展览和讲解服务、设施功能等情况。

青海省博物馆展示了青海地区悠久历史和文化，五个基本陈列分别是通史陈列“江河源文明——青海历史文物展”，专题展览“七彩经纬——藏系织毯艺术展”“藏传佛教唐卡艺术展”“藏传佛教造像艺术展”“环青海湖国际公路自行车赛事陈列”。

《安徽博物院新馆开馆纪念册》，安徽博物院编，2011年，彩色图文110页，12开。

该书用图文配合的形式记录了安徽博物院新馆建设的历程，分为关怀、华彩、岁月三个章节，带领读者了解新馆建设中的辉煌记忆，介绍了从1996年开始筹划到2008年破土动工，2011年建成开馆期间的筹备过程、工程建设、展陈论证、施工布展和陈列溢彩、展品菁华等难忘的经历，图文并茂，资料珍贵。

《烟台市博物馆》，烟台市博物馆编，黄海数字出版社，2011年，彩色图文190页，16开。

该书是烟台市博物馆新馆陈列展览的导览书。书中介绍了烟台市博物馆的建馆历史、馆藏文物、陈列展示及综合管理等情况。

该书依据陈列内容设计方案和文物档案资料为基础进行编写的。书中文字和图片，带领读者走进博物馆，观看精彩纷呈的展览，了解烟台市博物馆馆藏文物蕴含的历史、艺术、科技方面的价值。

《广东省博物馆》（带你走进博物馆），广东省博物馆编著，文物出版社，2011年，彩色图文107页，24开。

广东省博物馆植根于岭南大地，汲养华夏文明，融合了海洋文化，兼收并蓄，形成了类型丰富、特色鲜明的藏品体系，藏品数量和质量位居全国前列。该馆依托馆藏资源，举办了一系列有影响力的基本陈列，同时有计划地引进国内外优秀展览，为广大观众提供了形式多样的文化产品。

该书分为四个章节，依次是粤博概况、基本陈列、馆藏精品和发展动态。广东省博物馆作为建设文化大省三大标志性文化设施之一，紧紧抓住新馆落成开放的契机，全面提升自身实力，着力打造具有广泛影响力和较高知名度的博物馆品牌，为广东建设文化强省发挥着积极作用。该书将吸引广大青少年关注博物馆，走进博物馆，感受奇妙的博物馆之旅。

《春秋：云南省博物馆60年》，云南省博物馆编著，马文斗主编，云南美术出版社，2011年，彩色图文192页，16开。

云南省博物馆从1951年建馆至今，艰苦奋斗、风雨兼程60年，在文物征集与管理保护、陈列展示与服务、宣传教育与讲解、科研管理与学术研究等方面取得了一定成果，该书讲述了云南省博物馆建馆60年来的主要工作，内容包括历史沿革、馆藏文物、工作成果、学术研究等情况。

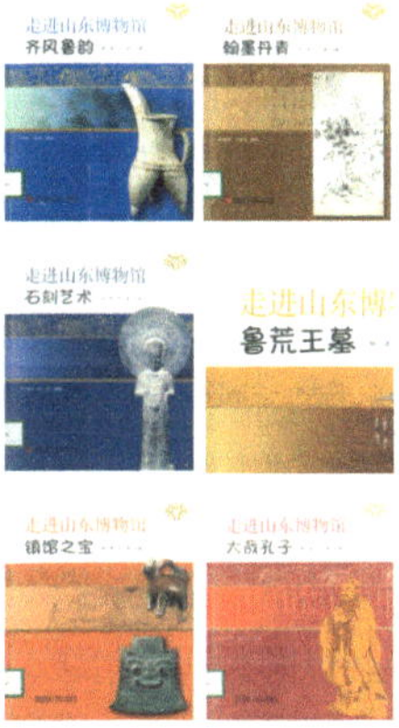

“走进山东博物馆丛书”（全6册），杨波、王斌主编，青岛出版社，2011年，16开。

“走进山东博物馆”系列丛书是山东博物馆新馆开馆一周年之际出版的一套书，包括6册书：《齐风鲁韵》《大哉孔子》《鲁荒王墓》《镇馆之宝》《石刻艺术》和《翰墨丹青》。从书以山东博物馆馆藏陈列为基本素材，是面向社会大众尤其是大、中、小学生的普及性读物。作者用深入浅出的文字介绍了山东的文物和历史，涉及内容从古今艺术作品到山东风土人情，清晰再现了波澜壮阔和历久弥新的齐鲁文明。

《齐风鲁韵》通过对古老的猿人化石、打制石器、精美的蛋壳黑陶、神秘的原始文字、精美绝伦的青铜器、种类繁多的瓷器等馆藏文物的细致解读，让读者看到一部文物承载的山东通史。

《大哉孔子》从孔子没落的贵族出身讲到追求理想的坎坷经历，赞扬了孔子不凡的一生。书中有穿插人物故事和精彩对话，轻松亲切，耐人寻味。

《鲁荒王墓》主要介绍被誉为“明代亲王第一陵”的鲁荒王朱檀墓及其出土文物。

《镇馆之宝》介绍山东博物馆镇馆之宝。2011年，山东省文物局启动“观众最喜爱的山东博物馆十大镇馆之宝评选活动”。通过观众现场投票、报刊投票、网络投票等形式，最终推举出山东博物馆“十大镇馆之宝”和“观众最喜爱奖”“最具听觉冲击力奖”“最具故事魅力奖”“最具视觉冲击力奖”四件特别奖藏品，分别是东平汉墓壁画、红陶兽形壶、甲骨文、颂簋、蛋壳黑陶杯、鲁国大玉璧、郑燮双松图轴、亚丑钺、银雀山汉简、九旒冕、明代运河漕船、天风海涛琴、蝉冠菩萨像和戗金云龙纹朱漆木箱等。该书对上述馆藏精品文物予以专业解读，介绍了文物的器形、材质、时代特点，考证了工艺源流和其背后深厚的文化内涵，使读者能多方面了解文物知识，做到博物洽闻，探颐穷理。

《石刻艺术》一书分为“石上史诗——山东汉代画像石”与“东方佛韵——山东佛教造像”两部分内容，是以山东博物馆常设展陈——汉画像石艺术展、佛教造像艺术展为基础写成。山东石刻艺术是古代文化遗存中的亮点，也是全国石刻艺术的典型。

《翰墨丹青》分为书法篇与绘画篇，在馆藏书画的赏析与品鉴的同时，对中国书法艺术、绘画艺术的发展史也有详尽的表述。

《广东私立博物馆指南》，程小琪主编，羊城晚报出版社，2011年，彩色图文271页，32开。

这是中国第一本汇集全省私立博物馆资讯的正式出版物。书中收录广东省137家私立博物馆的馆址、联系电话、联系人、开馆时间、门票等信息。这些博物馆馆藏类别齐全，年代跨越大，涵盖历代陶瓷、书画、玉器、青铜器、钱币、珍珠、玛瑙、奇石、首饰、紫砂艺术品、家具、木雕、刺绣、火花、相机、手表、邮票、纪念像章、古籍、珐琅、漆器等。

私立博物馆是博物馆业和城市发展的大方向、民间文化传承的载体，但这一行业在发展过程中仍然存在种种艰辛与尴尬。如今，私立博物馆已经遍布广东各地，已成为南粤颇具特色的文化名片。

《新疆维吾尔自治区博物馆》（带你走进博物馆），新疆维吾尔自治区文物局编著，文物出版社，2011年，彩色图文96页，24开。

该书分五个章节：诞生与成长——博物馆历史沿革、历史的宝藏——馆藏精品、文化的殿堂——展览陈列、大众的第二课堂——教育交流、服务园地——公众服务信息，通过该书可以了解多民族聚集、多种宗教并存、多元文化一体的灿烂画卷。

在新疆维吾尔自治区博物馆，可以追寻世界古代四大文明的印迹，欣赏中国古丝绸的精美绝伦，感悟希腊神话的魅力，拜会古印度文明的智慧，探究已经神秘消失的古语言文字；你也可以让自己的视线停留在那几何纹描绘的彩陶上，让古人质朴的审美情趣，冲涤你壅塞的心灵；或注视优雅婉约的唐代侍女、威武雄壮的将帅骑士，让唐人雍容大度的魂魄，慰抚你浮躁的灵魂；如果你是一位匆匆远道而来的游客，没有时间走遍新疆南北，在博物馆民俗展厅，集中展示了新疆少数民族的独特民俗风情。

《新疆兵团军垦博物馆》（带你走进博物馆），新疆维吾尔自治区文物局编著，文物出版社，2011年，彩色图文110页，24开。

该书主要内容分五个部分：①历史沿革，②展览陈列，③重要文物、人物、事件，④重要馆藏文物，⑤参观与关怀。重点介绍了新疆生产建设兵团的由来历史、战略地位、作用贡献等，通过书中叙述和证书、奖章、物品的展示，通过一个个真实的人物故事、事件的讲述，再现了新疆生产建设及开发的历史画卷。

半个世纪以来，新疆生产建设兵团沿着2000多千米的边境线和新疆两大沙漠边缘，组建了14个师170多个大型国有农场，种植了上百万亩①的防风林，耕地2000万亩，人口260万，担负着新疆经济建设、保卫国防、维护稳定的职责。通过阅读该书，可以了解新疆生产建设兵团的组建经过以及建设中感人至深的人物和故事。

《走进云南博物馆》，云南省博物馆编著，马文斗主编，云南出版集团公司云南美术出版社，2011年，彩色图文170页，24开。

该书是一本适宜轻松阅读的内容活泼、寓教于乐的科普读物。书中按照瓷器、佛教文物、工艺品、青铜器、近现代文物、近现代邮票、民族文物、书法、绘画九类别，依次介绍了云南各博物馆的馆藏文物。

书中以云南各大博物馆藏品、文化为主要内容，展现云南历史文化、民族文化风采与魅力，吸引更多的成年人走进博物馆，领略其独特的文化价值，促使更多的青少年到博物馆学习和体验那些在学校无法获得的知识和快乐。

《劳务工博物馆》，《劳务工博物馆》馆刊编委会编，2011年，彩色图文48页，16开。

该书是由劳务工博物馆主办的普及型书刊。该刊力求高水平、有特色，努力做到“关注、责任、权威”，其内容包括了理论探索、大事件、文物故事、文艺欣赏、藏

---

① 1亩=666.7平方千米。

品展示等13个栏目，介绍和展示该馆的历史渊源和特色文物。

《常州博物馆》（带你走进博物馆），常州博物馆编著，文物出版社，2012年，彩色图文95页，24开。

该书主要内容分为三个部分：我们的博物馆、创意大气的陈列、独具风韵的馆藏。全面介绍了常州博物馆的地理位置、三易馆址的历史沿革、建筑特点以及馆藏原始青瓷、南朝画像砖、宋代漆器、明清书画的丰富内涵，重点展示了常州古代历史文化和独特的自然资源。

龙城常州是吴文化的发源地之一，1958年建成的常州博物馆自开放以来，曾经三易馆址，直到2007年新馆建成开放后，才实现了建设一个外观新颖、设施齐全、功能先进、富有时代气息的现代化博物馆的目标。该馆基本陈列“龙腾中吴——常州古代历史文化”“神奇的自然美丽的家园——自然资源陈列”和专题陈列“谢稚柳艺术陈列”“刘国钧捐献红木家具陈列”展现了常州博物馆的馆藏特色。

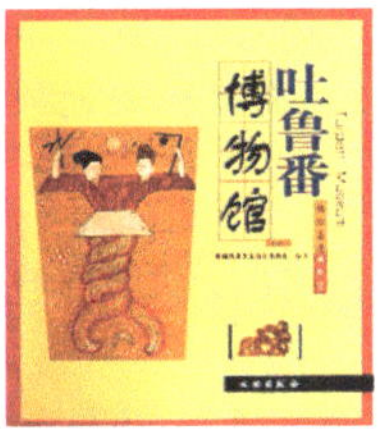

《吐鲁番博物馆》（带你走进博物馆），新疆维吾尔自治区文物局编著，文物出版社，2012年，彩色图文113页，24开。

该书分为历史沿革、馆藏精品、展览陈列、学术交流与服务四个部分，介绍了该馆的建馆历史，博物馆的石器、金属器、陶瓷器、木器、皮制品、墓志、文书、钱币、泥俑等精品文物，博物馆的吐鲁番地区通史、出土文书、金银币、巨犀化石、干尸五个陈列以及吐鲁番学研究、社会服务等内容。

《大英博物馆的故事》，〔日〕出口保夫著，吕理州译，浙江大学出版社，2012年，彩色图文191页，32开。

1753年，大英博物馆在历经六年的筹备后，终于与世人见面。两百多年来，这个由汉斯·斯隆私人收藏的博物馆，伴随着英国历史的变迁，逐渐成长为搜集有古希腊罗马、埃及、美索不达米亚、中国等世界各国文物的一流博物馆。抱着向世人展示这一历程的心愿，热心于英国社会民俗研究的出口保夫细细厘清大英博物馆250年的历史，为读者讲述了这段生动有趣的博物馆故事。

大英博物馆展示着罗塞塔石碑、拉美西斯二世坐像、凯尔特的精美饰品、巴塞尔雕刻群、贵霜王朝的佛像、数十万册的珍贵书籍。这些伟大的藏品为狄更斯、萧伯纳、叶芝等作家提供了创作灵感，并激荡着马克思、恩格斯与列宁的思维，催生了20世纪重要的人类文明与思想。

《敦煌石窟》（中英文），樊锦诗主编，吴健摄影，中国旅游出版社，2012年，彩色图文144页，16开。

该书是世界文化遗产敦煌石窟、敦煌博物院及馆藏文物的综合图录。编者从世界遗产的角度解读了敦煌石窟的发现保护、管理展示、科学研究等概况，介绍了敦煌石窟的价值。

敦煌位于河西走廊最西端，是丝绸之路东段的一个重要枢纽，汇聚、吸纳、扬弃、放射着整个欧亚大陆人类文明的光辉。敦煌石窟是敦煌地区石窟的总称，包括敦煌市的莫高窟、西千佛洞，瓜州县的榆林窟、东千佛洞，肃北县的五个庙石窟。敦煌石窟中首推世界文化遗产——莫高窟。敦煌石窟艺术，绵延千年，内容丰富，数量巨大，其艺术成就既继承了本土汉晋艺术传统，吸收南北朝和唐宋艺术风格，又不断接受、改造、融合域外印度、中亚、西亚的艺术风格，向人们展示了中国佛教美术史的发展历程，记载了中国与西域艺术交流的历史。

该书以图文配合的方式展示了敦煌石窟作为世界文化遗产的多方面价值，介绍了十六国北朝时期、隋唐时期、五代宋元时期的石窟建筑艺术以及十六国北朝时期、隋唐时期、五代宋元时期的石窟壁画艺术和十六国北朝时期、隋唐时期、五代宋元时期的石窟彩塑艺术。

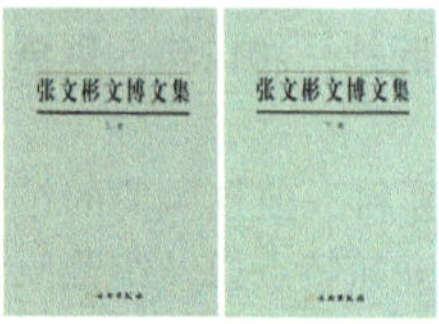

《张文彬文博文集》（上、下），张文彬著，文物出版社，2012年，840页，16开。

本书系原国家文物局局长张文彬同志关于文物博物馆工作的讲话、访谈、书信、序跋等文章的结集。具体内容有：中国考古学的回顾与前瞻；在日本美穗博物馆的演讲；城市文化建设与城市博物馆等。这些文章反映了张文彬同志自1996年担任国家文物局局长期间的主要工作情况，从中可见中国文博事业的蓬勃发展情况。张文彬同志曾任国家文物局原局长、中华炎黄文化研究会第一副会长。

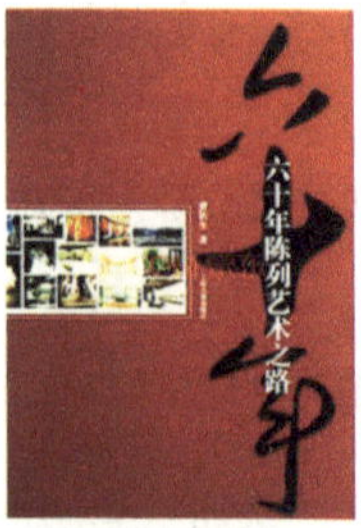

《六十年陈列艺术之路》，费钦生著，上海古籍出版社，2012年，彩色图文218页，18开。

该书收录费钦生先生的论文，起自20世纪50年代其进入上海博物馆筹建该馆新址，截至2010年，时间跨度近六十年。论文内容详尽介绍了作者参与策划、设计、布置的大小陈列范例近百个，涵盖中外文物、中外工农业、革命史料、民族工艺、考古遗址、中外货币、地方民俗、宗教石刻、植物盆景、船舶交通、动物标本、雕版印刷、人类知识诸多方面，不仅展示了中国古代陈列艺术的发展与演变，而且客观记载了不同时期祖国建设发展的风采。

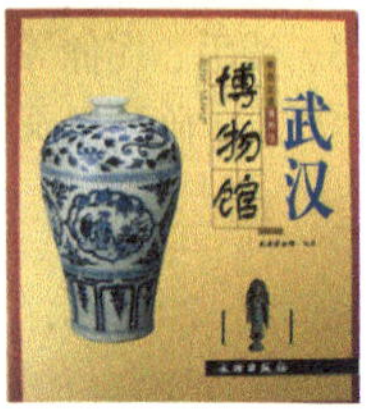

《武汉博物馆》（带你走进博物馆），武汉博物馆编著，文物出版社，2012年，彩色图文120页，24开。

该书分为走进武汉博物馆、充满活力的陈列展览、丰富精美的馆藏文物、独具特色的社会服务、蓬勃发展的文化产业、严谨规范的藏品管理六个部分，全面介绍了武汉博物馆的基本陈列、专题陈列、临时展览以及精品瓷器、青铜器、书画、玉器等精品文物。

《保国寺古建筑博物馆》（带你走进博物馆），保国寺古建筑博物馆编著，文物出版社，2012年12月，彩色图文110页，24开。

该书主要内容分为概况、古建筑群、大殿特色、陈列与馆藏精品、五石刻与碑刻、山林风景名胜、诗文佳句七个章节，介绍了国家重点文物保护单位——保国寺著名的建筑群，保国寺古建筑博物馆基本陈列、专题陈列和馆藏精品。

《走进中国海关博物馆》，《走进中国海关博物馆》编委会编著，中国海关出版社，2012年，彩色图文120页，16开。

中国海关博物馆是由海关总署投资兴建的国家级行业博物馆，收藏各类文物18 000余件。该书结构与中国海关博物馆布局相呼应，分为“千秋古关”“近代海关”“现代海关”三个部分，既是记录海关发展的历史长卷，又是展示现代海关建设成就的平台。书中以中国海关博物馆所收藏品为线，以不同历史时期与中国海关有关的历史性事件为主，展现了古代、近代和现代中国海关的变迁与发展，反映了海关与国家同呼吸、与民族共命运的历史脉动。

《走进博物馆：北京地区博物馆大全》，北京市文物局、首都博物馆联盟编，北京出版社，2013年，彩色图文175页，16开。

该书介绍北京地区综合类、遗址类、民俗类、纪念馆、名人故居类、行业博物馆100余座，展示了这些博物馆的基本概况、历史沿革、馆藏文物、特色展览、社会教育活动、服务设施、开放时间等，是一本实用方便的参观指南。

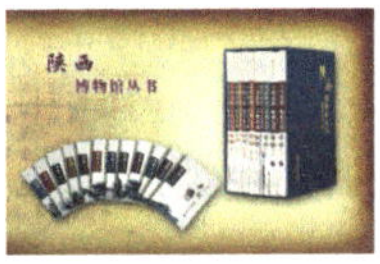

“陕西博物馆丛书”，陕西省文物局编，陕西旅游出版社，2013年，彩色图文385页，16开。

该书是目前国内第一套全方位展示省域博物馆事业发展成就、全景式介绍省域内所有博物馆的大型丛书，也是一套面向全社会传播博物馆文化的普及型读物。由陕西省文物局组织编写，陕西旅游出版社出版发行。

“陕西博物馆丛书”以市级行政区域为单位成卷，共11卷12册（《西安博物馆漫步》分上、下两册）。合则为统一的系列性综合丛书，分则各卷自成体系，独立成书；阅读全套可以尽览陕西人文，翻看其中一册能够熟知各市历史文化。丛书是目前全国范围内第一套全方位展示省域博物馆事业发展成就、全景式介绍省域内所有博物馆的大型丛书。

丛书从主编、编委到编辑、撰稿人，集结众多专家、学者，方家执笔，故语言严谨、内容翔实、深入浅出，从专业、学术化到平实、趣味性，更加亲切、生动。书中随文有大量陕西出土的文物精品图片以及博物馆外景、陈列场景图片，并辅以通俗化的解读。图文结合、相互补充，既映衬出陕西历史文化的丰腴厚重，又呈现出陕西历史文化的鲜活生动。

《西安博物馆漫步：千年帝都物聚万代》（上、下册）（陕西博物馆丛书），陕西省文物局编，陕西旅游出版社，2013年，上册彩色图文267页，下册彩色图文269页，16开。

该书是多卷本“陕西博物馆丛书”中的西安博物馆分册，是介绍西安地区博物馆的通俗书籍，书前有陕西省文物局局长赵荣的序言《走进博物馆》、西安市文物局局长郑育林的序言《拥抱博物馆的世纪》。正文部分按照社会历史类博物馆、文化艺术类博物馆分类介绍了西安地区座博物馆的历史沿革、馆藏文物、展陈特色、开放服务、管理运行等情况。

在西安博物馆走过百年历程之际，西安市委市政府提出了依托丰富的文物资源，围绕“建设人文西安、活力西安、和谐西安”的总目标，拟通过三年努力，使西安博物馆的总量突破100个，基本建立以国有博物馆为龙头，行业博物馆为骨干，民营和私营博物馆为主体，各种所有制并举、门类新颖齐全、布局科学合理、内容丰富多彩、富有地域特色的博物馆网络，在全国率先形成科技贡献度高，保护与利用协调发展，政府主导、全社会共同参与的博物馆事业发展新格局，把西安建成名副其实的“博物馆城”。

该书按照社会历史类博物馆、文化艺术类博物馆、遗址类博物馆、高校博物馆、自然科学类博物馆的顺序介绍了西安地区86座博物馆的历史沿革、发展现状、特色文物及其价值等基本情况。附录是陕西博物馆名录。编者希望以此书为导览，让更多的人认识博物馆、了解博物馆、走进博物馆。

《西安百座博物馆》，西安市文物局编，陕西旅游出版社，2013年，彩色图文269页，16开。

该书是西安百座博物馆的最权威、最全面的介绍书籍。

截止到2012年底，西安的博物馆总量已突破100个，基本建立起了“以国有博物馆作为主体，行业博物馆为骨干，民办博物馆为补充，各种所有制并举，门类新颖齐全，布局科学合理，内容丰富多彩”的“博物馆之城”构架。该书前有西安市文物局局长郑育林的专文《博物馆与社会变革》，图版部分将位于西安地区的陕西历史博物馆、秦始皇帝陵博物院、西安碑林博物馆、汉阳陵博物馆、西安博物院、西安半坡博物馆、西安钟鼓楼博物馆等100座博物馆用文字、图片、参观指南等方式呈现给广大读者，旨在全面展示西安博物馆事业的发展成就，传承文明、弘扬中华传统传统文化，让更多的人认识、了解博物馆。附录有西安百座博物馆名录，方便读者了解这些博物馆相关资料。

《汉阳陵博物馆》（带你走进博物馆），汉阳陵博物馆编著，文物出版社，2013年，彩色图版113页，24开。

该书采用图文对照的形式，通俗、生动地介绍了汉阳陵博物馆的精品文物、考古成果、特殊展示以及相关历史人物和知识等，通过文物讲述西汉时期社会市井生活的真实画卷，阅读该书，带领读者神游汉阳陵，走进神秘的西汉王朝。

《河南博物院》（新版）（带你走进博物馆），河南博物院编著，文物出版社，2013年，彩色图文108页，24开。

该书是“带你走进博物馆丛书”中的河南博物院（新版）。书中内容分为三个部分：第一部分我们的博物馆，第二部分华夏根脉，第三部分快乐天地。

新版与2006年版比较，第一部分没有大变化，第二、三部分修订较多，尤其是第二部分细分为12个章节依次展开：天地玄黄，薪火承递；夏都商城，考古圣地；宅兹中国，制礼作乐；群雄争霸，逐鹿中原；百川汇流，天下一家；隋唐东都，八方咸集；东京梦华，流光溢彩；山川精英，人文灵蕴；钟鸣鼎食，王者气度；集世遗珍，以扬巧工；碑志证史，佛像传神；星汉灿烂，震烁今古。第三部分是快乐天地，主要介绍该院网站、历史教室、华夏古乐。

《走进高校博物馆：科教博览》，全国高校博物馆育人联盟编著，上海交通大学出版社，2013年，彩色图文80页，12开。

该书是“走进高校博物馆系列”中的科教博览分册。书中介绍了科教类高校博物馆的缘起、发展及现状。探讨了高校博物馆在社会服务方面的作用，分析社会公众的精神文化需求特点以及公众对高校博物馆的期盼与要求，提出要拓宽高校博物馆的服务领域，切实发挥其作用。

本册主要介绍了北京交通大学校史博物馆、中国传媒大学传媒博物馆、北京林业大学标本馆、中国地质大学（北京）博物馆、天津大学校史博物馆、河北大学博物馆、地质大学（武汉）逸夫博物馆、上海理工大学印刷博物馆等独具特色的高校博物馆。

《走进高校博物馆：人文艺术》，全国高校博物馆育人联盟编著，上海交通大学出版社，2013年，彩色图文77页，12开。

高校博物馆是中国文博事业的组成部分，作为历史文化知识、传统文化、中华文明的重要传播场所，对于满足公众的精神文化需求，提升国民文化素质具有极其重要的意义。1997年我国拥有高校博物馆57座，2003年发展到100多座，2013年已达到200多座。

今天，一件件精美绝伦的作品呈现在我们眼前，我们仿佛看到了隽永的人文艺术魅力。高校博物馆以一己之力呵护着那些人文艺术瑰宝，将其最绝美的一面还原在大众眼前。《人文艺术》是“走进高校博物馆”系列其中一册，适合广大青少年读物参考阅读。该书主要内容包括：北京大学赛克勒考古与艺术博物馆；中央美术学院美术馆；复旦大学博物馆；钱学森图书馆；东南大学吴健雄纪念馆；中华农业文明博物馆等。

《走进高校博物馆：民俗文化》，全国高校博物馆育人联盟编著，上海交通大学出版社，2013年，彩色图文79页，12开。

该书是“走进高校博物馆系列”中的民俗文化分册，高校博物馆是中国文博事业的组成部分，作为历史文化知识、传统文化、中华文明的重要传播场所，对于满足公众的精神文化需求，提升国民文化素质具有极其重要的意义。

书中通过介绍高校博物院里的民俗类博物馆，阐述高校博物馆在社会服务方面的作用，分析社会公众的精神文化需求特点，公众对高校博物馆的期盼与要求，提出要拓宽高校博物馆的服务领域。

《黑龙江省博物馆》（带你走进博物馆），庞学臣主编，黑龙江人民出版社，2013年，彩色图文117页，24开。

黑龙江省博物馆是黑龙江省收藏历史文物、艺术品和动植物标本的中心，是地方史和自然生态的研究中心之一，也是宣传地方历史文化和自然资源的重要场所。该馆主楼始建于1906年，是一座欧洲巴洛克式建筑，为原俄罗斯商场旧址，现为国家一级保护建筑。

黑龙江省博物馆现有各类藏品约11万余件。饶河小南山墓葬出土的新石器时代玉器、宁安渤海上京城遗址出土的唐代渤海鎏金铜佛和金佛、阿城齐国王墓出土的金代丝织品服饰等均为精品。书中详细介绍了该馆的镇馆之宝——金代铜坐龙、人物故事铜镜、胡里改路之印、一路连科铜盆、明代朵颜卫左千户所百户印和书画类藏品《蚕织图》《九歌图》《斗浆图》《瑶池醉归图》《西域舆图》等，以及邓散木、潘天寿的宏幅巨作和极具有鲜明地方特色的北大荒套色版画等现代画作精品。

该书分为七个单元，分别是基本概况：我们的博物馆；典藏精粹：馆藏文物、标本、艺术品；宣传教育：大众的第二课堂；陈列展览：文化的殿堂；科研出版：丰厚的底蕴；文化产品：把博物馆带回家；新馆建设：靓丽的风景。依次介绍了馆史、馆藏和围绕馆藏开展的陈列展览和社会教育活动。

《丽质华堂：中国紫檀博物馆》（增订版），陈丽华主编，文物出版社，2013年，彩色图文299页，8开。

该书是《丽质华堂》的增订版，收录中国紫檀博物馆藏品151件组，分为乾清日照、黄花明月、紫云清风、金丝绝唱、乌衣门第、屏风清影、古建余晖、匠意玲珑八个部分介绍了中国紫檀博物馆收藏的紫檀木作品及其价值。

《博尔塔拉蒙古自治州博物馆》（带你走进博物馆），新疆维吾尔自治区文物局编著，文物出版社，2013年，101页，24开。

该书介绍了该馆的历史沿革及其文物藏品。书中内容分为七个部分：馆长寄语、历史沿革、文物概况、馆藏精品、展览陈列、服务与交流、基本信息及参观须知。在馆藏精品中按照石器、陶器、瓷器、琉璃器、玉器、金属器、货币的顺序介绍了该馆的文物特色，在展览陈列中介绍了“壮美博尔塔拉和谐民族家园——博尔塔拉民俗展”“草原古道斯囿孛罗——博尔塔拉历史文物展”两个基本陈列。

《中国博物馆指南》（英文版），〔美〕米里亚姆·克利福德、〔美〕凯西·詹格兰、〔英〕安东尼·怀特著，中国博物馆协会编，译林出版社，2013年，彩色图文388页，16开。

该书由三位英美作者撰写、中国博物馆协会编写的手册，收录有我国近200家博物馆，以地道的英文，海量精彩图片，引领读者跨越古今，感受令人心醉神迷的中国历史、艺术与文化。

《阿拉善博物馆》（带你走进博物馆），阿拉善博物馆编著，文物出版社，2013年，彩色图文119页，24开。

阿拉善博物馆是阿拉善地区二级综合类博物馆，兼具文物保护、研究、征集、展陈、社会教育、文化休闲服务和对外宣传、承办重大庆典活动等多种功能，是阿拉善盟开展文物保护研究、面向公众举办各类展览活动、普及科学知识的重要场所。

该书介绍了阿拉善博物馆的历史沿革、发展现状，精品文物、展陈特色、社会服务等情况。书中有7000年前精美的器物，有东汉石刻里的讯息，有居延汉简和岩画等。通过遥想游牧的艰辛、战火的迷茫、丝路的辉煌、东归的壮举以及现实与未来的华丽混响，厚重的历史文化底蕴告诉人们——这里也是中华文明孕育、交融的根脉地带。

《南京博物院》（中、英文版），南京博物院编，龚良主编，伦敦出版（香港）有限公司、长征出版社，2013年，彩色图版254页，16开。

南京博物院珍藏42万件文物，不仅数量巨多，而且独具特色，既有全国性的，也有江苏地域性的；既有宫廷传世品，又有考古发掘品。历朝历代，均有珍品佳作，文物品类一应具有：青铜、玉石、陶瓷、金银器皿、竹木牙角、漆器、丝质刺绣、书画、玺印、碑刻造像等，每一个品类，均自成历史系列，成为数千年中华文明发展历史最直接的见证。

该书以南京博物院300余件文物为代表，按照陶器、铜器、玉器、瓷器、书画、文献、金银器、漆木器、织绣、民族文物、民国文物、民间美术十二个部分介绍这些珍贵文物，每件文物都有不为人知的故事：有的见证了南迁辗转和抗战烽火，有的见证了考古发掘和研究的重大突破，有的凝聚着捐献者的拳拳报国之心，折射出南京博物院80年发展的风雨历程，体现出南京博物院几代学人的心血。

《伊犁哈萨克自治州博物馆》（带你走进博物馆），新疆维吾尔自治区文物局编著，文物出版社，2013年，彩色图文120页，24开。

该书概要介绍伊犁哈萨克自治州博物馆的历史沿革、馆藏文物等基本情况。全书分为历史沿革、概况、馆藏精品、展览陈列、教育交流和参观与关怀六个部分，依次介绍博物馆的藏品特色、发展现状等，有助于读者了解伊犁地区的历史、民族民俗及文化。

《阿克苏博物馆》（带你走进博物馆），新疆维吾尔自治区文物局编著，文物出版社，2013年，彩色图文95页，24开。

该书是对阿克苏博物馆全面概要的介绍，分为历史沿革、精品典藏、文明的诠释与历史的传承、宣传教育、学术交流等部分。阅读该书可以了解阿克苏地区的历史、民族民俗及文化。

《漫游汉阳陵：人俑篇》，汉阳陵博物馆编著，三秦出版社，2013年，彩色图文94页，32开。

该书是汉阳陵博物馆针对未成年人编写的导览书。书中以汉阳陵博物馆形象大使珊珊带领两位小朋友小阳、小凌参观汉阳陵博物馆为顺序，分八个章节依次介绍了汉阳陵博物馆的概况、汉景帝阳陵的布局、汉阳陵博物馆的精品文物等。八个章节依次是：初见珊珊，穿越时空到访汉阳陵；别有洞天，汉阳陵人俑千姿百态；灿烂文化，历史悠久的汉人俑史；骁勇善战，威武的着衣式武士俑；温和友善，优雅考究着衣式人俑；精益求精，如何制作着衣式人俑；栩栩如生，美丽大方塑衣式人俑；依依惜别，好友相约重返汉阳陵。书中图片惟妙惟肖，生动可爱，文字清新通俗，妙趣横生，人物对话使用微言微语，贴近现实。

《在青岛看博物馆》，许红炜、巩升起主编，中国海洋大学出版社，2013年，彩色图文219页，16开。

该书从文化渊源、陈列内容和重点藏品等角度，讲述了青岛市博物馆、即墨市博物馆、黄岛区博物馆、胶州市博物馆、平度市博物馆、莱西市博物馆、青岛德国监狱旧址博物馆、青岛海产博物馆、青岛市民俗博物馆等29家博物馆的动人故事。书中讲述的既是曾经发生的故事，也是每个人的自我故事。阅读此书，了解青岛的博物馆，热爱身边的博物馆，走进博物馆，了解文物背后的故事。

《飞云崖民族节日博物馆》（带你走进博物馆），黄平县文体广电局编著，杨德、巴娄主编，文物出版社，2014年，彩色图文287页，16开。

该书介绍了飞云崖民族节日博物馆三十年发展历程。

飞云崖，集风景名胜、文物古迹、民族风情于一体，利用全国重点文物保护单位“飞云崖古建筑群”，以“四月八”传统民族节日活动为依托，建立飞云崖民族节日博物馆，将自然遗产、文化遗产、非物质文化遗产结合在一起，加以保护和利用。

“伟大的博物馆系列”，译林出版社，2014年，彩色图文160～172页，16开。

“伟大的博物馆系列”由译林出版社策划，彩色图文，主要介绍各博物馆的历史沿革、珍藏文物及其展陈特色。2014年5月出版第一批，首批出版13本，分别是《维也纳艺术史博物馆》《巴黎奥赛美术馆》《华盛顿艺术馆》《都灵萨包达美术馆》《伦敦美术馆》《慕尼黑老绘画陈列馆》《圣彼得堡冬宫博物馆》《米兰波尔迪·佩佐利博物馆》《阿姆斯特丹梵高博物馆》《那不勒斯考古博物馆》《佛罗伦萨乌菲齐画廊》《伦敦大英博物馆》《威尼斯学院美术馆》。

《维也纳艺术史博物馆》（伟大的博物馆），〔意〕西尔维娅·波尔盖斯编著，许丹丹译，译林出版社，2014年，彩色图文172页，16开。

该书是维也纳艺术史博物馆珍藏的图集。该馆绘画部分为精美和齐全，在世界各大艺术博物馆中屈指可数。该书对馆藏精品细致的分析与品评，配合精美高清的画作照片，手捧书籍，便能领略到世界级博物馆真品的绝世魅力。

《都灵萨包达美术馆》（伟大的博物馆），〔意〕弗朗西斯卡·萨尔瓦多里编著，崔月译，译林出版社，2014年，彩色图文172页，16开。

该书是意大利都灵的萨包达美术馆精美画作的汇编。该馆是全球重要的艺术画廊之一，建立于1832年，馆内珍藏有萨伏伊王室自15世纪以来收集的绘画珍品以及广泛来自意大利的名家作品，还有一大批来自荷兰和佛兰德的名画，走进这座画廊，如同走进了令人目不暇接的艺术宫殿。

《阿姆斯特丹梵高博物馆》（伟大的博物馆），〔意〕保拉·拉佩里编著，郑昕译，译林出版社，2014年，彩色图文164页，16开。

本卷介绍意大利米兰的波尔迪·佩佐利美术馆。这座博物馆是一座两层的房子，被分隔成约20个房间，每个房间都由当时著名的艺术家设计，并按照不同年代和艺术风格布置：巴洛克式、洛可可式、中世纪时期等，并装饰了与其风格匹配的艺术品。该馆藏品有波拉依维罗的《女性的肖像》、波提切利的《圣母子》、曼特尼亚等的作品，还有15～19世纪的绘画、武器、壁毯、家具、挂钟、青铜像、宝石等个人收藏品展。这家由住宅改成的美术馆，富有生活情趣，是一座能对米兰上层社会生活窥见一斑的贵重的美术馆。

《文明的穿越——世界四大博物馆巡礼》，赵声良著，中国青年出版社，2014年，彩色图文205页，16开。

法国卢浮宫、英国博物馆、俄罗斯的艾尔米塔什博物馆以及美国的大都会艺术博物馆并称“世界四大博物馆”。这四大博物馆以其拥有藏品之多、包揽文明种类之广以及研究人员队伍之精良著称于世。无论对于专业的艺术学者，还是普通的艺术爱好者，甚至走马观花的观光客来说，四大博物馆都是置身异国时不可绕开的艺术圣地。

该书由敦煌研究院研究员赵声良撰写，简洁有趣的文字介绍，配合高清图片200幅。作者在受邀访问英美俄期间，有机会走访四大博物馆，该书便是其参展后的艺术随笔集锦。作者将中华文明放置于世界文明的框架中加以论述，以史为鉴，提醒国人莫要崇洋媚外，亦不可妄自尊大，使全书具有较广阔的视野、较开阔的格局。

作为一本艺术鉴赏类的读本，该书着意于对艺术品进行专业角度的分析，既对普通读者具有启发性和引领性，又兼具严谨考察、精辟阐述的学术价值。该书对世界四大博物馆中的收藏品选取精粹予以评介，给读者提供了简明扼要的指导，有助于很好地了解和把握中国艺术。在论述中作者对四大博物馆的中国藏品（尤其是敦煌藏品）进行了较为系统的梳理和撷英，并在分析国外作品的同时，注意到与中国艺术的某种勾连和发散阐释，颇有新意。

《法国博物馆印象》，教莹著，故宫出版社，2014年，彩色图文221页，16开。

该书分为上、中、下三篇，分别是法国博物馆概况、法国博物馆重大事件、法国文化遗产概况。该书是作者在法国工作期间的所思所想以及与法国文化行政机构和法国博物馆界人士进行访谈后，对法国博物馆近代的发展和近期发生的意义深远的事件进行分析和研究的报告。作者通过观察分析，总结了法国博物馆发展过程中的经验教训，有助于中国博物馆界以更加广阔的视角和更加开放的理念吸收不同社会和文化背景下的博物馆理论和实践经验。

目前在中国关于外国博物馆研究的书籍中，鲜有针对法国博物馆进行详细介绍和系统分析的专著，该书是这方面的代表作。

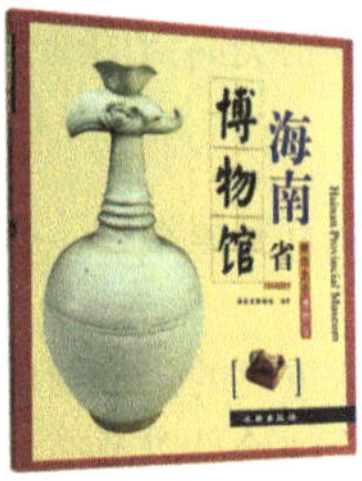

《海南省博物馆》，海南省博物馆编著，文物出版社，2014年，彩色图文96页，24开。

该书以海南省博物馆基本陈列“海南馆藏文物陈列”“海南历史陈列”“海南少数民族陈列”及“海南非物质文化遗产陈列”为脉络，对海南的历史、少数民族文化、海南非物质文化遗产、文物遗产等进行全面解读和展示，读者可以多层次地了解和感受海南独特的历史传承和文化氛围。

《华盛顿国家艺术馆》（伟大的博物馆），〔意〕罗萨·乔尔吉编著，陆元昶译，译林出版社，2014年8月，彩色图文164页，16开。

华盛顿艺术馆是位于美国首都华盛顿的顶级艺术馆，馆内珍藏着大批的名家名作，是名副其实的世界级一流艺术馆。馆里欧洲名家作品很多，尤其是近现代大师的一些作品，有些还是代表作：如毕加索、莫奈、德加、凡·高、高更、塞尚、雷诺阿、马奈、马蒂斯、达利……该书对这些名家名作做了细致地梳理和分析，使得读者能很容易读出名家名作。

《慕尼黑老绘画陈列馆》（伟大的博物馆），〔意〕西尔维娅·波尔盖斯编著，郭宇欣译，译林出版社，2014年8月，彩色图文164页，16开。

慕尼黑老绘画陈列馆是世界上古老的美术馆之一，也是收藏文艺复兴时期画作的著名美术馆之一，它收藏了数千幅从中世纪至18世纪中叶的画家作品，可谓名画云集。书中展示和介绍了这些名画名作，随着作者介绍一幅幅画作的历史沿革、画作风格、画作创作的故事等，读者如同走进了这座绘画陈列馆。

该书作者西尔维娅·波尔盖斯是意大利知名的艺术史学家，著述丰富，对艺术品有自己独到的观点和看法。除该书外，西尔维娅·波尔盖斯还著有《塞尚——现代绘画之父》等。

《天津博物馆》（中英文版），天津博物馆编，伦敦香港出版公司，2014年，彩色图文240页，16开。

该书是一本面向中外普通观众和读者的全面介绍天津博物馆收藏概况的艺术类图书。编者精选天津博物馆所藏古代艺术品中的三百余件精品文物，分为十五个专题编撰，详细介绍天津博物馆的发展沿革、馆藏特色文物及其价值，图文并茂，通俗易懂，是全面了解天津博物馆及其艺术类藏品的综合性普及读物。

《那不勒斯国家考古博物馆》（伟大的博物馆），〔意〕迪雷塔·哥伦布编著，崔娥译，译林出版社，2014年，彩色图文168页，16开。

那不勒斯国家考古博物馆是世界上最重要的考古博物馆之一，所珍藏的罗马时代古文物的规模堪称欧洲首屈一指，众多极负盛名的收藏品系列尽在其中。该书作者迪雷塔·哥伦布长期从事艺术行业，是杰出的艺术鉴赏专家。

该书展示了那不勒斯国家考古博物馆最伟大的作品：凡尼斯大力士、亚历山大的马赛克、凡尼斯公牛以及来自赫库兰尼姆莎草别墅的铜像等。这些世界著名、受人敬仰并可观赏的艺术作品齐聚一堂，令人叹为观止。每件文物都有自己的故事："维纳斯·皮卡丽姬娅"雕塑，意为有着美丽臀部的女人，雕像中的少女微微向后转过头，也许是用来装点壁龛或者喷泉的作品。其创作灵感来源于舞者像，完成于公元前1世纪前后，这件雕塑的躯干和头部经过修复，被赋予极致的性感。"一对赛跑者"中两位男子身体向前弯曲奔跑的形态，突出的是希腊体育的主题，雕塑原本被放置在莎草别墅巨大的柱廊里。莎草别墅是罗马贵族豪华私宅，在一个可俯瞰大海的梯田式斜坡上，公元79年火山喷发时，它被埋葬到了火山沉积物30米以下。莎草别墅的挖掘工作开始于1750年，其间几经挫折和恢复。

《困顿与开拓——一个国家文物局局长的自述》，张德勤著，人民出版社，2014年，507页，16开。

该书是一部回忆性质的著作，主要记录了作者在1988年4月～1996年4月担任国家文物局局长期间，克服困难，积极开拓，探索管理和保护文物工作的难忘经历。当时，经济困难，观念陈旧，许多工作都是摸着石头过河，这段工作经历在书中处处可见。

收入书中的十四篇依次是：王蒙让我与文物事业结了缘；李瑞环制定文物工作方针；李铁映补充发展八字方针，搞好文物合理利用；我的执政理念：领导就是服务；功德圆满：西藏布达拉宫维修工程；历史重任：三峡工程建设的文物抢救；国宝亮相：三次"中国文物精华展"；奋发自强：博物馆的生存与发展之路；文物事业的春天：1992年全国文物工作会议；民间文物收藏：文物大国的题中应有之义；文物拍卖：应运而生的新事物；香港文物收藏家的重要贡献；赴台大陆文物代表团的"破冰之旅"；以私济公报国情深。

《中国民间博物馆：徐伟军石雕艺术馆》，徐伟军编著，浙江摄影出版社，2014年，彩色图文143页，16开。

该书是中国民间博物馆——"非遗"选萃中的其中一册。该书详细介绍了青田石雕的开发利用、创作设计、雕刻加工和艺术特色，在传承和弘扬传统工艺的基础上对石文化进行了探索。该书作者是中国石雕艺术大师、浙江省工艺美术大师、浙江省首席技师。

《米兰波尔迪·佩佐利博物馆》（伟大的博物馆），〔意〕玛利亚·特蕾莎·巴尔博尼·布雷萨、玛丽娜·桑拜、弗朗科·柯罗尼编著，高如、杨逸、梁爽译，译林出版社，2014年，彩色图文164页，16开。

意大利米兰的波尔迪·佩佐利美术馆是一座两层的房子，被分隔成约20个房间，每个房间都由当时著名的艺术家设计，被按照不同年代和艺术风格布置：巴洛克式、洛可可式、中世纪时期等，并装饰了与其风格匹配的艺术品。这里的藏品有波拉依维罗的《女性的肖像》、波提切利的《圣母子》等的作品，还有15～19世纪的绘画、武器、壁毯、家具、挂钟、青铜像、宝石等个人收藏品展。这家将住宅改成的美术馆，富有生活情趣，是可以对米兰上层社会的生活窥见一斑的贵重的美术馆。

《圣彼得堡冬宫博物馆》（伟大的博物馆），〔意〕亚历山大·弗雷格伦特编著，罗楚燕译，译林出版社，2014年，彩色图文164页，16开。

圣彼得堡冬宫博物馆是昔日沙皇皇宫，也曾是叶卡捷琳娜二世女皇的私人博物馆。它与伦敦的大英博物馆、巴黎的卢浮宫、纽约的大都会艺术博物馆一起，并称为世界四大博物馆，是世界上历史为悠久、藏品为珍贵的博物馆之一。圣彼得堡宫博物馆里大量欧洲绘画作品，从古典到现代，令人目不暇接。多不胜数的艺术名作，从古希腊罗马到近现代，从中世纪的镶嵌工艺到金色底的版画，从罗马时期的雕塑到点彩派画家的油画作品，应有尽有。站在一系列杰出的作品面前，每一位参观者都不能不被伟大的艺术之美所征服；艺术画作虽然会在时光流转中遭遇兴衰变迁，但是冬宫博物馆用它坚固的高墙，抵御岁月的侵蚀，完整地保存着艺术品所传递出的美好与文明。

博物馆中的古希腊瓶绘、古罗马雕刻和西欧绘画三部分艺术藏品，在全球收藏界享有盛名。留传至今的达·芬奇的油画达十幅，《柏诺瓦的圣母》和《哺乳圣母》就陈列在这里；此外，拉斐尔的油画《康那斯圣母》、米开朗琪罗的雕塑《蹲着的男孩》等，也都是该馆的珍品。

《探秘高校博物馆》，全国高校博物馆育人联盟主编，上海交通大学出版社，2014年，彩色图文246页，16开。

该书主要从以下十三个线路介绍了所要参观和揭秘的博物馆：第一线：史韵京都；第二线：古都新貌；第三线：赏浦江风情，寻洋场十里；第四线：梦回上海明珠；第五线：雪原林海北国行；第六线：燕鲁侠情；第七线：金陵赋；第八线：苏皖写意；第九线：荆楚辞章；第十线：印象·东南；第十一线：天府沃土；第十二线：八百秦川·高原逐风；第十三线：西出阳关·塞北放歌。

书中文字简洁、清新、优美，如对北京大学赛克勒考古与艺术博物馆是这样介绍的：这所坐落在风景秀丽的北京大学校园内——燕园的西北部，1986年破土奠基，1993年5月27日正式开馆。展厅面积约2000平方米。藏品主要包括：石器、铜器、甲骨、陶器、瓷器、书画、碑帖等几大类。基本陈列分为旧石器时代、新石器时代、夏商周时代、战国时期、秦汉时期、三国两晋南北朝隋唐时期、宋辽金元明时期七个部分。

文中对上海海洋大学博物馆是这样描述的：它是专业从事收集、研究、保管、展示海洋生物及其文化的博物馆。其前身为著名鱼类学家朱元鼎1952年所建鱼类标本室。本馆馆藏标本4万号，展出水生生物标本1000余种，其中有全国最大，身长18.4米的抹香鲸外形标本及其骨骼标本，有“海中大熊猫”之称的中华白海豚（印太洋驼海豚）标本，有活化石之称的鹦鹉螺、翁戎螺，有全国最长的黄鳝标本，有不少重要生物学研究价值的鱼类、虾类模式标本，还有日本明仁天皇赠送的虾虎鱼标本，以及数百件绚丽多姿的贝类标本和造型别致的鱼文化展品。

《北大荒博物馆》（带你走进博物馆），赵国春主编，文物出版社，2014年，彩色图文137页，24开。

该书是“带你走进博物馆”系列之一。书中通过丰富的馆藏文物及其渊源来历的介绍，展示了中华人民共和国成立以后数十万农垦人开发北大荒的光辉历史，见证了北大荒由亘古荒原变为美丽富饶的大粮仓的艰辛历程，弘扬了北大荒精神。

北大荒博物馆的文物藏品诉说了那个特殊时期开荒建设的曲折经历，讲述了为北大荒建设奉献青春、终身和子孙的北大荒人的故事，书中的一幅幅照片、一件件文物、一段段文字，为我们还原了那个艰苦时代的奋斗故事，反映了中国垦殖史的成就。

《伦敦国家美术馆》（伟大的博物馆），〔意〕达尼埃拉·塔拉布拉编著，黄河萌译，译林出版社，2014年，彩色图文164页，16开。

该书是“伟大的博物馆系列丛书”之一。真正伟大的艺术毫不吝啬与人分享，一部用色彩讲述的艺术史。本馆名画荟萃，艺术家云集，用色彩讲述一切，你只需睁开眼睛，静心观赏。伦敦国家美术馆是世界上有价值的博物馆之一，主要用于收藏世界名画，包括伦勃朗、鲁本斯、达·芬奇、拉斐尔等名家的杰作。其区别于欧洲其他博物馆的主要特色，是参观便捷，完全免费。不仅如此，还广泛向公众开放，甚至允许儿童进入。该书图文并茂，分析精准，用静态的画与色彩，讲述着动态的艺术、故事与风景。《伦敦国家美术馆》不仅通过世界名画来介绍伦敦国家美术馆，而且通过著名画家的生平来讲述欧洲形象艺术史的一部分，即14世纪末到20世纪初的艺术史。

《巴黎奥赛美术馆》（伟大的博物馆），〔意〕西蒙娜·巴尔多蕾娜编著，项妤译，译林出版社，2014年，彩色图文164页，16开。

该书是“伟大的博物馆系列丛书”之一。书中介绍了法国巴黎的奥赛美术馆。这座曾被誉为“欧洲最美的博物馆”的奥赛博物馆坐落于法国巴黎塞纳河的左岸，与卢浮宫隔河相望。是当今巴黎三大艺术宝库之一，主要收藏从1848～1914年的绘画、雕塑、家具和摄影作品，尤以印象派画作为主。雷诺瓦的加雷特磨坊舞会、凡·高自画像、莫内的蓝色睡莲等作品都是其镇馆之宝。

《佛罗伦萨乌菲齐画廊》（伟大的博物馆），〔意〕艾莱娜·吉纳耐斯奇编著，刘梦子、刘黎亭译，译林出版社，2014年，彩色图文164页，16开。

该书是“伟大的博物馆系列丛书”之一。佛罗伦萨的乌菲齐美术馆是世界上重要的博物馆之一，里面展出了文艺复兴时期以及17～18世纪的绘画和雕塑，收录了包括达·芬奇、米开朗琪罗、拉斐尔、伦勃朗等世界大师的作品，因此被冠以“文艺复兴艺术宝库”“文艺复兴博物馆”之称。

除了大量的艺术珍品，乌菲齐美术馆还建有一座阿诺河上的“风雨桥”，与美帝奇家族居住的皮提宫相连。这座宫殿建筑奢华，现如今已辟为画廊，收藏有拉斐尔、鲁本斯、凡戴克等的一些著作，也在世界艺术博物馆中占有举足轻重的地位。

《威尼斯学院美术馆》（伟大的博物馆），〔意〕露琪亚·伊姆佩鲁索编著，杨凡译，译林出版社，2014年，彩色图文161页，16开。

威尼斯学院美术馆成立于1563年，是欧洲早的一所以教授艺术为主的学校，也是世界古老的美术学院，其教学的内容包含了素描、绘画和雕刻等。威尼斯学院美术馆也是欧洲绘画艺术的集成之地，收藏有乔尔乔内、乔瓦尼波加蒂、贝利尼等14～18世纪的威尼斯画派托斯卡那派画家的作品。此外，还收藏有提香等意大利美术大师的杰作。

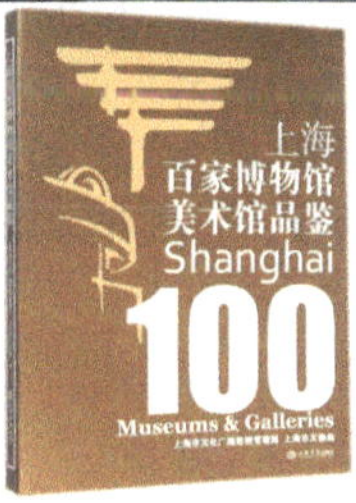

《上海百家博物馆美术馆品鉴》，上海市文化广播影视管理局、上海市文物局编，上海书店出版社，2014年，彩色图文235页，16开。

该书集中展现了上海市内104家各类博物馆、纪念馆、美术馆的概况，编者以一种介入式的体验性方式，品味博物馆、美术馆的建筑特色、馆藏珍品、历史内涵，鉴赏其不同的环境、情调和艺术氛围。书中配有博物馆、纪念馆的外景、展厅、文物藏品展品。

四　馆藏文物研究、藏品图录

《南京博物院藏古画选集》（影印本），南京博物院编，1957年，彩色图文120页，8开。

该书选录南京博物院收藏的古代绘画68种予以介绍，文字主要介绍古代绘画的作者、画作创作的时代背景、绘画内容和价值、书画的保存状况等，随文附有古画照片，方便读者研究和欣赏。

《四川省出土铜镜》，四川省博物馆、重庆市博物馆编，文物出版社，1960年，149页，32开。

西周末期，我国开始使用铜镜，到战国时，铜镜的使用比较普遍。此时的四川一带，还没有见到本地制造的铜镜，而是通过交换和其他方法从外地获得，并将其作为殉葬品，故四川的战国葬墓里常出土铜镜。这些铜镜较薄，边沿上卷，纽三棱，用羽状云纹或漩涡状云纹作为地纹，地纹上再加浅浮雕的山字形钜纹、龙鸟纹或是文藻龙纹，制作非常精巧。

秦汉时期，四川地区开始铸造铜镜，技术不熟，花纹简单，成都羊子山第162号墓出土的铜镜可作为代表。西汉以后，四川地区铸造铜镜的手工业的技术水平逐渐提高，成为全国铸造铜镜的重要地区之一。从出土铜镜的年代来看，西汉早期是云藻龙纹镜，以后是草叶纹镜，镜纽刻“长相思、勿相忘、常规副、乐未央”一类的吉祥语。再后是日光镜、昭明镜、星云文镜。东汉时有昭明镜、星云纹镜、青盖镜、规矩镜和长宜子孙镜。之后四川地区的铜镜逐渐减少。

四川历年考古发掘出土的铜镜多收藏在四川省博物馆和重庆市博物馆，编者将两馆所藏铜镜依年代次序排列出版，以图文配合的方式介绍铜镜110面，供研究者参考。

《辽宁省博物馆藏画集》（上、下册），辽宁省博物馆编，文物出版社，1962年，彩色图文120页，8开。

该书是辽宁省博物馆藏画选集，分为上、下两册。上册收录东晋、唐、宋、元名家画作42幅；下册收录明清名家画作82幅。编者除介绍每幅画作的基本信息外，还就画作的特色及艺术价值予以评述，便于读者多方面了解画作。该书为蓝布面函套，设计古朴典雅，装帧考究。

《故宫博物院藏瓷选集》，故宫博物院编，文物出版社，1962年，彩色图文110页，6开。

故宫博物院收藏各类瓷器30余万件，其中不乏精品和孤品。这些瓷器不仅造型优美、制作精致，具有极高的学术价值和观赏价值，而且在烧制时代、地区、品种等方面都具有代表性，展示了中国瓷器发展的轮廓和优良传统。

该书选取故宫博物院珍藏的三国两晋至明清的瓷器100件（套）予以介绍，每图均有文字说明。前言和一篇专文介绍故宫瓷器的特色与价值，另附陈万里撰写的解说一册，对每件瓷器均作评价和说明。书名为陈毅题签。该书为精装布面烫金大开本，珂罗版精印，装帧设计考究，兼具观赏价值和收藏价值。

《南京博物院藏画集》，南京博物院编，文物出版社，1966年，彩色图文80页，8开。

该书是南京博物院藏画的选集，影印本，一函二册。画集选编南京博物院藏古代绘画精品，包括171位作者的作品241幅，以明、清两代为主，尤以江、浙画家的作品居多。画集的编排以时代先后为序，兼顾流派。

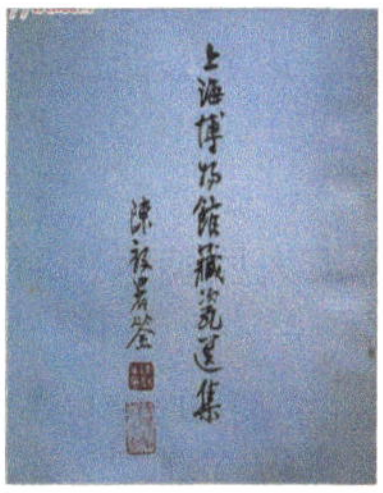

《上海博物馆藏瓷选集》，上海博物馆编，文物出版社，1979年，彩色图文128页，8开。

上海博物馆是珍藏中国历代名瓷最多的博物馆之一，馆藏瓷器中既有珍贵的传世品，又有新出土的器物。

该书是一部大型艺术图录。编者从馆藏品中精选100件（套）具有代表性的瓷器予以介绍，时代从商代起，至清代止。书前有概论性文章，主要从中国陶瓷发展史的角度结合出土器物，对上海博物馆珍藏的瓷器及其特点进行分析和说明。图版部分的说明分别就胎土、釉色、烧制工艺以及历代名窑等情况作扼要介绍。该书为精装布面烫金大开本，图版高清，印制精良，装帧考究。

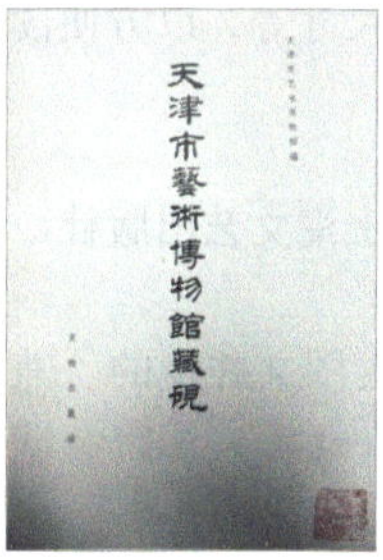

《天津市艺术博物馆藏砚》，天津市艺术博物馆编，文物出版社，1979年，彩色图文146页，8开。

天津博物馆藏品中有数百方砚台，品质、价值极高，其中不乏屡见著录、流传有序的传世名品，在全国均属一流文物。该书精选该馆的藏砚予以介绍，黄莘田、徐世章等人的名砚尽在其中。

《辽宁省博物馆藏画集续集》（上、下册），辽宁省博物馆编，文物出版社，1980年，1函2册，彩色图文135页，8开。

该书是辽宁省博物馆藏画的续集，收录该馆自五代至清代作品八十余幅，书前有说明文字，后为图版，白宣印制，棕色布面函套，古朴典雅，极具收藏价值。

《南京博物院藏明清印选》，南京博物院编，姚迁、宋伯胤主编，天津杨柳青出版社，1982年，彩色图文120页，16开。

该书是南京博物院所藏明、清两代印章中选拓出来的摹本，现编为名号、斋馆、鉴藏、诗词章句等四个部分，汇集为上、中、下三集，收印200方。

《故宫博物院藏花鸟选集》，故宫博物院编，文物出版社，1982年，彩色图文110页，4开。

该书精选故宫博物院所藏花鸟画100幅，包括自五代至晚清的79位画家以及一些佚名画家的作品，其中有许多著名的艺术珍品，如五代黄筌《写生珍禽图》，不仅是现存最早的花鸟画，也是黄筌仅存的传世作品，还有宋徽宗《芙蓉锦鸡图》、马麟《层叠冰绡图》等，均是罕见的名作。

该书除了展示画作外，还有精彩简短的文字说明，以便读者了解画作的创作背景，书中收录的100幅作品，虽不能全面反映我国花鸟画发展的面貌，但从中可以窥见其大致轮廓。

为了完美呈现文物藏品的质感，该书为4开卡纸贴页、绸面盒装，创造了“文物版”图书在开本上的新纪录。

《秦始皇陵兵马俑》（中、英、法、德文版），秦俑坑考古发掘队、秦始皇兵马俑博物馆编，文物出版社，1983年，彩色图文148页，16开。

本图录以丰富的彩色图片，系统介绍了秦兵马俑的发现与发掘情况、兵种、队列、发式、服饰、兵器等，并详尽介绍了秦兵马俑的发现与发掘、研究、秦俑的形象塑造和艺术成就。

该书图文配合编排，精心选择图片并设计版式，1983年首次印刷后，到1990年5月，前后共印制五次，印量达到96000册。

《广东省博物馆藏画集》，广东省博物馆编，文物出版社，1986年，彩色图文135页，8开。

该书是广东省博物馆藏画选集，精选该馆收藏的书画80幅予以介绍，图文并茂，装帧精美。

文物出版社最先出版辽宁、天津、南京和苏州四大博物馆藏画集，后续出《广东省博物馆藏画集》，精装带函套，装帧精美，白宣印制，蓝布面函套，内容齐全，是了解广东省博物馆藏画不可多得的画集。

《辽宁博物馆藏画》，辽宁省博物馆编，杨仁恺、董彦明主编，上海人民美术出版社，1986年，彩色图文256页，4开。

该书从辽宁省博物馆收藏的书画中精选出书画83幅予以介绍，这些画作时代自晋唐到明清，内容包括人物、山水、花鸟，形式有水墨、彩色、写意以及卷、册、立轴之类，技法多样，流派纷呈，根源叶茂，源远流长，从中可以窥探中国绘画优秀传统的概貌。该书主要介绍画作的作者、时代、特色与价值以及画作的尺寸等，以方便读者阅读欣赏。

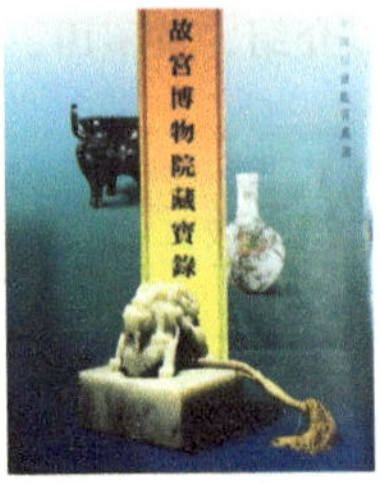

《故宫博物院藏宝录》（中国珍宝鉴赏丛书），故宫博物院编著，上海文艺出版社、三联书店（香港）有限公司，1986年，彩色图文285页，12开。

该书是“中国珍宝鉴赏丛书”之故宫博物院卷。该丛书是一套图文并茂的、兼具观赏性、知识性和学术性的艺术图书，主要从中国各大博物馆藏品、石窟、壁画、古建筑中精选最有代表性的名器和珍宝，加以介绍和评述，分辑出书。

《故宫博物院藏宝录》是这套丛书的第一本，书中精选故宫博物院代表性青铜器、陶瓷器、玉石器、书画类藏品予以介绍，每类文物前均有概述文章。

《安徽省博物馆藏青铜器》，安徽省博物馆编，上海人民美术出版社，1987年，彩色图文120页，8开。

该书是安徽省博物馆馆藏青铜器精品的汇编，书中精选100件（套）文物，除一件外，其余均出土于安徽省，每件均标有出土时间与地点，其中三分之一的文物属首次发表。

本图录中的青铜器时代自商代至汉代，全面展示了安徽青铜器的发展概貌。前言简要介绍了安徽青铜器，还对每件青铜器作了具体说明和考证，并附有纹饰、铭文的拓片等资料。书中有100幅单面印全张彩图，又附有100幅图之文字及黑白图说明。

安徽古代青铜器的造型、纹饰及铸造与中原文化有不可分割的渊源关系，但又呈现出不同地区的鲜明特色。这些器物反映了安徽地方青铜文化的发展概貌。

《南京博物院珍宝》，南京博物院编，江苏人民出版社，1987年，16开。

该书是国内博物馆中较早编辑出版的藏品图录，编者从南京博物院藏品中选出近百件珍宝予以介绍，图文配合，展示南京博物院的丰富院藏和藏品特色。

《广州西汉南越王墓》（中、日文版），西汉南越王博物馆编，广东旅游出版社，1987年，黑白图文31页，彩色图片9幅，32开。

该书是国内博物馆中较早编辑的参观导览书，介绍了西汉南越王博物馆的馆藏文物及其价值，中、日文对照。

书中分为四个章节介绍了南越国和南越王墓；墓主、殉人及丰富的随葬物；雕镂精美的玉器；独具地方特点的青铜器。

《上海博物馆藏青铜镜》，陈佩芬编，上海书画出版社，1987年，彩色图文59页，16开。

该书精选上海博物馆藏青铜镜100面予以介绍，每面镜均配有照片和拓片，可使图像互为补充。铜镜时代起自战国至唐代，来源有征集、接收、收购和收藏家的捐赠，均为传世已久的器物，其出土时间、地点已不可考。但随着考古事业的发展，全国各地出土了大量的青铜镜，加之学者发表研究文章，为这些青铜镜的来源及出土地点提供了可资比较的实物例证。

《中国邮票博物馆藏品集·清代卷》，中国邮票博物馆编，文物出版社，1988年，彩色图文260页，16开。

邮票是伴随着近代邮政的出现而诞生的，我国自1878年首次发行邮票，至今已有100多年。邮票已由单纯作为缴费标志的邮资凭证而发展成小型艺术收藏品，受到人们的广泛喜爱。

该书所收全部为中国邮票博物馆藏品，以清代国家发行的正式邮票为主，辅之以邮票原图、样票、旧票、方连、大张、实寄封、片、邮戳以及部分邮史资料。图版收录清代海关试办邮政发行的邮票、清代国家邮政初期的加盖改值邮票、“大清邮政”官局成立后发行的邮票、清代国家邮政发行的邮资明信片、清代驿站的排单及火票、“台湾早期邮票”等，展示了邮票的设计、印制发行及使用过程中的邮史文物。附录收录中国邮票史年表。

《洛阳出土铜镜》，洛阳博物馆编，文物出版社，1988年，彩色图文180页，16开。

洛阳地处中原，是闻名于世的古都，也是誉满中外的文物渊薮，历年在洛阳出土了大量铜镜，从战国、秦汉直至元明延续不辍。洛阳铜镜工艺精湛、种类繁多，不仅反映了高超的冶铸水平和铜镜的兴衰演变，而且从一个侧面反映出社会政治、经济、文化的发展与演变。

该书前言论述了铜镜的艺术成就及其发展规律，图版以时代为序，收录铜镜200余枚。每枚铜镜均有文字说明，详细介绍铜镜的基本概况，便于读者鉴赏和研究。

《上海博物馆藏宝录》（中国珍宝鉴赏丛书），上海博物馆编，马承源主编，上海文艺出版社、三联书店（香港）有限公司，1989年，彩色图文239页，12开。

该书是“中国珍宝鉴赏丛书”之上海博物馆卷，该丛书是一套兼具学术性、观赏性、知识性的艺术图书，主要从各大博物馆的藏品中精选具有代表性的文物加以介绍和评述，分辑出版。上海博物馆藏宝录是丛书的第二辑。

上海博物馆有藏品11万件，尤其以收藏商周青铜器、历代陶瓷器和古代书画之精善而蜚声海内外，其中西周大克鼎、春秋晚期牺尊等青铜器，唐越窑海棠式大碗等陶瓷器和晋王献之《鸭头丸帖》、唐孙位《高逸图》等书画，都是举世瞩目的稀世珍品。

该书内容分青铜器、陶瓷器、书画、工艺品、造像和符印古钱六个部分介绍精品文物130件，收录128篇鉴赏文章，35万字，既有谢稚柳、马承源、汪庆正等名家的专稿，也有中青年学者的鉴赏文章，均为评述有据、见解独特之佳作。该书以精美的照片展示上海博物馆的珍贵藏品，并以详尽的文字阐述、考证和评介这些藏品的历史、艺术和学术价值。

《西安碑林名碑》（六册），陕西省博物馆编，陕西人民美术出版社，1989年，18开。

该书分为六册，系从西安碑林两千余方藏石中精选出的名碑，采用旧拓本，分辑套装精印出版，碑石作品包括李斯书《峄山刻石》、东汉《曹全碑》，魏晋南北朝时期的《三体石经》《兴福寺碑》《管氏夫人墓碑》，隋唐时期的《智永真草千字文帖》、欧阳询书《皇甫诞碑》、欧阳通书《道因法师碑》、颜真卿书《多宝塔感应碑》《颜勤礼碑》、柳公权书《玄秘塔碑》、张旭书《断千字文》、僧怀素书《东陵圣母帖》以及僧怀仁集王羲之书《大唐三藏圣教序碑》，宋徽宗赵佶书《大观圣作之碑》等稀世瑰宝，展现了历代书法大家精湛的艺术造诣。此外，还选编了碑林珍藏的北魏、隋、唐墓志中部分精粹之作，分别对每块碑石来源、时代背景、撰书者、书法艺术特色，古今评价等都做了系统介绍和论述。

《中国邮票博物馆藏品集·中国民国卷（一）》，中国邮票博物馆编，文物出版社，1990年，彩色图文340页，16开。

中国邮票博物馆是典藏古今中外邮票文献资料的专门博物馆，藏品有1978年以来发行的各种邮票，还有邮票原图、样票、实寄封等各种资料。

该书是该馆全套藏品集之一，收录民国时期1912～1937年的邮票、实寄封、片、邮戳以及制作邮票的母模、钢板等，展示了邮票的设计、印制发行及使用过程中的邮史文物。附录收录“帝国主义侵华期间‘客邮’、商埠及军邮邮票”和“中国邮票史年表”。

《南京博物院藏画》，南京博物院编，上海人民美术出版社，1991年，彩色图文212页，4开。

该书是南京博物院藏画的选集，收录自宋代至清代的中国画作品100件，包括南宋以来，活动在江南地区的重要画家、画派的作品，如元代的黄公望、倪瓒、吴镇，明代的沈周、文征明、唐寅、仇英，清初的“四王吴恽”、石涛、“金陵八家”，清中期的“扬州八怪”直至近代以任伯年、吴昌硕为代表的“海上画派”，均有代表作品入选。

《首都博物馆藏瓷选》，首都博物馆编，文物出版社，1991年，彩色图文165页，16开。

首都博物馆自建馆以来，通过考古发掘和社会征集，藏品日益丰富，仅瓷器一项就达4000余件。该书选录了馆藏文物中165件造型、纹饰俱佳，并能反映不同时期瓷器工艺发展水平的藏品，以图文配合的方式予以介绍。

书中器物均为首都博物馆的代表瓷器，编选精当，前为文字说明，后为图片。有的还是国内仅见的孤品，具有很高的历史和艺术价值。排版上采用图文分开的形式编排，查阅起来不是很方便。

《南京博物院藏宝录》（中国珍宝鉴赏丛书），南京博物馆编，梁白泉主编，上海文艺出版社、三联书店（香港）有限公司，1992年，彩色图文238页，12开。

该书是“中国珍宝鉴赏丛书”之南京博物院卷。该丛书是从中国各大博物馆藏品、石窟、壁画、古建筑中精选最有代表性的名器和珍宝，配图加以介绍和评述，分辑出书。《南京博物院藏宝录》是丛书的第三种，是第一部系统、精要以图文并茂的方式，从多角度赏析和探论国宝级藏品的鉴赏性丛书，反映了南京博物院宏富的藏品。

该书不同于一般藏品图录之处是其具有较高的学术含量，书中收录的祚碑、石雕辟邪、《韦苏州集》宋刻本，均属首次发表。编辑委员会特意从海内专家学者惠寄的宏文中选辑郭沫若、曾昭燏、李霖灿等学者的专文，增加了该书的专业性。

该书精选藏品南京博物院玉石器、陶器陶塑、瓷器、青铜器、绘画书法、工艺美术、碑刻砖昼玺印版本七大类藏品122件，不少是海内孤品及首次发表者。图版部分有彩图78幅，双色图75幅，随文插图283幅。文字部分收有文章134篇，其中有资深专家刘海粟、王世襄、王朝闻、吴白匋、杨仁恺、刘九庵、宋伯胤、赵青芳、刘汝醴等专稿，郭沫若、曾昭燏等遗作，也有中、青年研究人员的新作，均论述有据，内容翔实，不仅为从事文物、文化、美学、艺术等专业的专家研究提供参考，也为读者丰富文史知识和艺术知识所必备。

《广东省博物馆藏陶瓷选》，广东省博物馆编，宋良璧主编，文物出版社，1992年，彩色图文203页，16开。

该书是广东省博物馆馆藏陶瓷文物的精选图录。

广东省博物馆馆藏文物丰富，品类繁多，其中陶瓷器量多质高，尤为可观。为了展示资源，编者从馆藏陶瓷珍品中精选200件（组）予以介绍，反映了北方、南方不同的文化特色。书中的各代名窑陶瓷，均代表中国高超的制瓷工艺，豪放、质朴、华丽、雅秀各尽其妙，美不胜收。

《首都博物馆藏古玺印选》（线装），首都博物馆编，1992年，104页，线装，16开。

首都博物馆收藏的古玺印始于1953年，陆续入藏已有五千余方，其中不少为著名收藏家所捐赠。1962年至今邀请专家鉴定古玺印、并为之定级。该书选录了战国至南北朝时期玺印四百方，力求较全面地反映玺印的艺术风貌。

该书一函八册。另外，此书附四百印谱的印章照片四百张。

《沈周、文征明、唐寅、仇英——明四家画集：故宫博物院、上海博物馆、天津市艺术博物馆、辽宁省博物馆、南京博物院、徐悲鸿纪念馆、天津市历史博物馆藏画》，沈周、文征明、唐寅、仇英绘，故宫博物院等编，天津人民美术出版社，1993年，彩色图文442页，8开。

本画集从故宫博物院、上海博物馆、南京博物院、辽宁省博物馆、天津市艺术博物馆、徐悲鸿纪念馆、天津市历史博物馆七家博物馆遴选沈周、文征明、唐寅、仇英等作家的120余件藏品予以介绍。

沈周以山水画著称，兼善花鸟，山水画题材主要分写实、抒情、仿古三类，其中以写实山水最富特色，也最称精美和最具意义。写实山水按内容，又可分为访胜纪游、幽居庄园、雅集文会、寻访送别等几种类型，这些类型的生发和成熟，对文、唐、仇乃至“吴派”后期诸家，都有重要的开启作用。

《南京博物院中国书迹大观》（叁），南京博物院编，文物出版社、日本讲谈社，1993年，16开。

该书收录南京博物院藏法书墨迹93件，最早作品是南宋朱熹等人的行书墨迹，其他则为元、明、清时代。为了结合南京博物院藏法书的特点，明、清藏品收录较多。

《首都博物馆藏古代瓦当选》，首都博物馆编，1993年，线装，120页，16开。

该书是首都博物馆收藏古代瓦当的选编。编者选录该馆战国至汉魏各历史时期有代表性的瓦当四十方予以介绍。此瓦当系拓本制作，均选用上乘宣纸，徽墨，特聘良工，原器物传拓，以保证原始风貌。该书精装一百册，编号发行。一函一册。

瓦当，是中国传统建筑中特有的构件。远在西周时代，建筑物上就已经出现了瓦当，到秦汉时期，因大量使用而达到瓦当艺术的高峰。该书集中展示了首都博物馆的瓦当精品。

《辽宁省博物馆藏宝录》（中国珍宝鉴赏丛书），辽宁省博物馆编，杨仁恺主编，上海文艺出版社、三联书店（香港）有限公司，1994年，彩色图文226页，12开。

该书是“中国珍宝鉴赏丛书”之辽宁省博物馆卷。书中按照青铜器、陶瓷、绘画、书法、版画、古地图、丝绣、考古、文字等类别，介绍了该馆丰富的馆藏文物精品。

《浙江七千年：浙江省博物馆藏品集》，浙江省博物馆编，浙江人民美术出版社，1994年，彩色图文204页，8开。

该书是浙江博物馆藏品图录。浙江省博物馆始建于1929年，原名“浙江省立西湖博物馆”，是浙江省内最大的集收藏、陈列、研究于一体的综合性人文科学博物

馆，馆藏文物十万余件。藏品中河姆渡文化的陶器、漆器、木器、骨器和象牙制品，良渚文化的玉器和丝织品；越国的青铜器，越窑、龙泉窑、南宋官窑等窑口的青瓷，会稽古铜镜和湖州古铜镜；明清浙籍书画家的作品等，均为闻名遐迩的文化瑰宝。

该书按照器物类别收录该馆的陶器、青铜器、金银器和书画类文物，图文配合，印制考究，专门设计有函套。

《陕西省博物馆藏宝录》（中国珍宝鉴赏丛书），陕西省博物馆编，王仁波主编，上海文艺出版社、三联书店（香港）有限公司，1995年，彩色图文230页，12开。

该书是“中国珍宝鉴赏丛书”之陕西省博物馆卷。该丛书是一套图文并茂的、兼具观赏性、知识性和学术性的艺术图书，主要从中国各大博物馆藏品、石窟、壁画、古建筑中精选最有代表性的名器和珍宝，加以介绍和评述，分辑出书。该书是这套丛书的第三种。

《陕西省博物馆藏宝录》共分八个部分，每部分前面，各有一篇概括论述全章主旨和内容的文章，扼要介绍该类珍贵文物的有关知识、庋藏情况和研究成果等，供读者了解。

《陕西历史博物馆馆藏精品鉴赏》，杨培钧编著，陕西人民教育出版社，1996年，彩色图文175页，16开。

该书是陕西历史博物馆藏品文物的汇编，是该馆建成开放以后编辑出版的第一本文物精品图录。书中收录了200余幅图片局部图、全景图、实景图，直观地展现了陕西历史博物馆文物精品的价值和风采，以图文对应的组合形式解说文物精品的特点和价值。

《广东省博物馆藏法书选集》，广东省博物馆编，文物出版社，1996年，彩色图文289页，16开。

该书是广东省博物馆法书藏品的选集，分为彩色图版和黑白图版两个部分，精选该馆藏法书代表性藏品30件作品予以介绍，包括明李东阳行书诗翰卷局部、董其昌楷书《乐毅传》卷局部、张瑞图《西园雅集》册局部、益王行书诗轴、王铎行草书轴、沈荃行书轴、郑燮行草书《砚铭》册局部、徐渭行草书诗卷、黄辉行书《秋日牡丹诗》轴等，图文并茂，释文简洁。

“沈阳故宫博物院院藏文物丛书”，沈阳故宫博物院编，支运亭主编，春风文艺出版社，1996年，32开。

该套丛书系统地介绍了沈阳故宫博物院所藏的明清文化珍宝及有关的文物知识，全书共分为六个分册，分别为《清宫建筑》《明清书画》《清宫遗物》《清代服饰》《陶瓷漆器珐琅》《清代雕刻》。各分册在全面、系统、简洁阐述文物知识的基础上，结合院藏对有代表性的文物进行了重点赏评，画龙点睛般地引导读者了解文物的价值及其内涵。

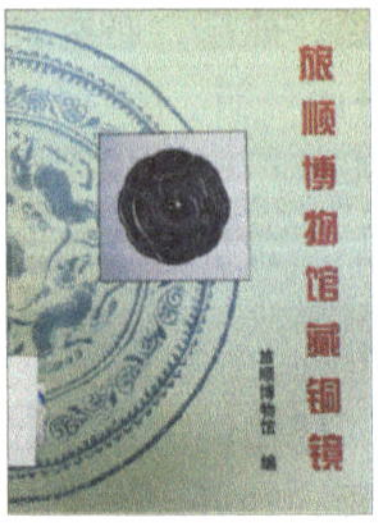

《旅顺博物馆藏铜镜》，旅顺博物馆编，文物出版社，1997年，249页，32开。

旅顺博物馆是历史艺术性博物馆，创建于1915年，其前身是日本关东都督府满蒙物产馆。该馆收藏有青铜、陶瓷、书画、民俗、古籍善本、杂项（竹木玉石雕、景泰蓝、鼻烟壶、文房四宝、邮品）等数十类文物5万余件，其中青铜镜500余面。

该书选录考古发掘出土和传世铜镜236面，系统展示了战国至明清时期中国古代铜镜的发展序列。编者特意精选宋辽金元明清时期铜镜107面，以加大对后期铜镜的研究力度，每面铜镜均有清晰的照片和简洁的文字说明，以便研究者鉴赏。

《天津市艺术博物馆藏敦煌文献》，天津艺术博物馆编，上海古籍出版社，1997年，彩色图文450页，8开。

天津市艺术博物馆藏敦煌文献十分丰富，为了展示文献真迹，让更多的人了解敦煌文献的内涵、价值等，天津市艺术博物馆组织专业人员对文献加以整理并公布于世，编成该书。

《天津市艺术博物馆藏古玺印选》，天津市艺术博物馆编，文物出版社，1997年，彩色图文450页，8开。

天津市艺术博物馆藏玺印十分丰富，该书精选该馆代表性玺印100方予以介绍，图文配合，文字说明玺印的基本信息，图片清晰。该书印制精良，装帧考究，配深蓝色函套，兼具欣赏价值和收藏价值。

《首都博物馆馆藏名砚》，首都博物馆编，北京工艺美术出版社，1997年，彩色图文105页，16开。

该书是首都博物馆名砚精选图录。编者在馆藏中选择了在材质、形制、雕刻、纹样、铭文及收藏者等方面最具代表性的名砚五十余方。为了真实展示这些文物名砚的艺术风貌，该书采用拓片、摄影、文字述评以及精心的装帧设计等方式，以具有传统韵味的拓片、彩色图版以及严谨的文字说明，将名砚的文物价值、工艺水平、艺术风貌、文化内涵等，一一地展现出来。

《辽宁省博物馆藏画》（中国博物馆藏画），辽宁省博物馆编，上海人民美术出版社，1999年，彩色图文146页，8开。

该书是“中国博物馆藏画丛书”之一，书中精选辽宁省博物馆藏书画150幅予以展示，主要介绍画作的作者、时代、特色与价值，配有英文，以方便更多读者阅读，反映该馆丰富的馆藏书画。

《上海博物馆藏画》（中国博物馆藏画），上海博物馆编，上海人民美术出版社，1999年，彩色图文118页，8开。

该书是“中国博物馆藏画丛书”之一，书中精选上海博物馆藏书画120幅予以展示，主要介绍画作的作者、时代、特色与价值，配有英文，以方便更多读者阅读，反映该馆丰富的馆藏书画。

《故宫青铜器》，故宫博物院编，紫禁城出版社，1999年，彩色图文349页，16开。

该书是研究故宫青铜器藏品的专业书籍，集中了多位学者的智慧心血和研究成果。

该书是在故宫青铜器馆改造陈列展览基础上编辑的，书中器物是从院藏万余件青铜器中逐一遴选并对具进行初步的辨伪和断代，按时代顺序分为四个部分：商代、西周、春秋、战国，分别介绍了这些青铜器的基本信息、器型特征、历史价值等。书后附有铭文著录表、书目简称表，方便进一步研究查询。

《中国历史博物馆藏捐赠文物集萃》，中国历史博物馆保管部编，长城出版社，1999年，彩色图文152页，16开。

中国历史博物馆自中华人民共和国成立以来直到1999年间，曾收到各方私人捐赠文物一万五千余件，为了纪念建国五十周年并感谢各位捐赠人士对国家博物馆事业的大力支持，本图录选择了其中的一部分予以介绍，包括青铜器、陶瓷器、书画、玉石杂项等四个部分，共191件文物精品，每件文物均配有图文说明及捐赠人姓名。

《广东省博物馆藏品选》，广东省博物馆编，文物出版社，1999年，彩色图文289页，16开。

该书是广东省博物馆文物藏品的选集，分为书画篇、陶瓷篇、金石篇、杂项篇四部分，精选该馆藏陶瓷、书画、铜器、玉器、砚台、碑刻、金银器、潮州金漆木雕、织绣、牙角雕、漆器等十余类代表性藏品334余件（套）予以介绍，几乎包括了馆藏各类文物。图文并茂，释文简洁。

《河北省博物馆文物精品集》，河北省博物馆编，文物出版社，1999年，彩色图文225页，16开。

该书是河北省博物馆馆藏文物的图录，编者从15万件馆藏文物中精选出120件（组）予以介绍，展示了河北省博物馆馆藏文物的精品，反映了馆藏文物级别高、价值高、影响大的特点，特别是重点介绍了满城汉墓及其出土文物。

《咸阳博物馆：玉器》，刘云辉主编，文物出版社，2001年，彩色图文13页，16开。

该书介绍了咸阳博物馆馆藏代表性玉器的特点与价值。

1966～1976年，陕西咸阳新庄出土的一批玉器，是我国发现最早的汉玉。这批玉器质地温润，晶莹剔透，造型优美，琢磨精细，反映了汉代玉器豪放博大的风格与特征，在中国工艺美术史上占有重要的地位。如玉仙人奔马，作马踏祥云、腾空飞奔状，马背上骑一武士，神态自若，遨游于太空，体现了汉代流行的“羽化登仙”的思想。又如玉熊的憨态，玉鹰的勇猛，玉俑头的庄严等，无不雕琢精巧，刻画入微，是汉代玉器中罕见的艺术佳作。

《首都博物馆：二十周年纪念馆藏精品撷英》，首都博物馆编，北京燕山出版社，2001年，彩色图文30页，16开。

该书是首都博物馆馆藏文物精品的综合图录。编者按照青铜器、陶瓷器、玉器、金银器、铜佛、钱币、竹木漆器、书画和织绣九个大类，依次介绍了首都博物馆的典型文物藏品，每幅图均有简洁的文字说明，图片精美，印刷精良，装帧考究。

《故宫藏先秦青铜器》（故宫知识丛书），丁孟编著，紫禁城出版社，2002年，彩色图文45页，48开。

该书精选故宫藏青铜器并介绍了各类先秦时期的青铜器。考古学者将早期人类文化的发展过程，根据生产工具和武器的材质，区分为石器时代、青铜时代和铁器时代。青铜为红铜与锡的合金，其熔点较红铜低，硬度较红铜大，在浇铸时气泡少，流动性好，可铸出锐利的锋刃及精细印花纹，适于制作坚实的兵器、工具及金光亮丽的容器。

《百年学府聚珍：西北大学历史博物馆藏品集》，西北大学文博学院考古专业编，文物出版社，2002年，彩色图文156页，16开。

该书是西北大学半个多世纪以来历史研究和考古成果的集中体现，书中集中介绍了149件文物藏品，每件均有简明的文字说明和价值赏析，并附有清晰的照片，便于读者了解文物的信息和背后的故事。

《故宫雕刻珍萃》，故宫博物院编，紫禁城出版社，2002年，彩色图文276页，16开。

该书是故宫博物院雕刻文物珍品的图录，编者选择介绍故宫博物院的代表性雕刻类文物70件（组），图文对照，介绍了文物的器形特点和历史价值等，资料丰富，信息量大。

《北京师范大学文物博物馆藏品选》，施建中、周启迪主编，北京师范大学出版社，2002年，彩色图文143页，16开。

该书是北京师范大学文物藏品的图录，书用中文英对照的方式，分为彩陶、钱币、瓷器、青铜器、甲骨文、玉器、三彩等类别，介绍了该馆藏品117件，如商代扁足鼎、西周铜甗、战国青铜宝剑、唐三彩武士俑及海马葡萄铜镜等馆藏珍品、清宣统退位诏书等。

北京师范大学文物博物馆现有文物、档案在内的各类藏品三万余件，其中多见精品，如殷墟甲骨、商周铭彝、唐人写卷、徽州文书、清代瓷器等。馆藏文物在质量、门类齐全及数量等方面在全国高校博物馆中较突出，形成了自己的特色。博物馆陈列的文物共213件，是所藏文物的一小部分，其中甲骨54件，陶器20件，青铜器55件，造像26件，三彩13件，瓷器45件。

该书是为纪念建校100周年而编辑的图录，从书中介绍中可以看到该馆丰富而有特色的馆藏。

《长安瑰宝》（第一辑），长安博物馆编，田晓利主编，世界图书出版西安公司，2002年，彩色图文128页，16开。

该书是长安博物馆馆藏文物的图录。书前有时任国家文物局副局长郑欣淼和陕西省文物局副局长刘云辉的序言，穆小军《长安出土文物概述》。图版分为七个部分，收录青铜器·铜器33件（组）、瓷器12件（组）、陶器·陶俑64件（组）、金银玉器32件（组）、壁画9件（组）、造像·石刻·墓志8件（组）、其他6件（组），反映了长安博物馆馆藏文物的内涵与价值。

《山东大学文物精品选》，山东大学考古学系、山东大学博物馆编，于海广主编，齐鲁书社，2002年，彩色图文页，16开。

山东大学考古学系自1972年组建后已经走过了三十余年，经过三十余年的努力，发掘实习所获教学标本达到数万件，该书精选其中的代表性文物包括玉石器、陶瓷器、青铜器、角骨器等，其中多数是该考古专业师生发掘品，少量是征集品和捐赠品，都有极高的观赏价值和研究价值。

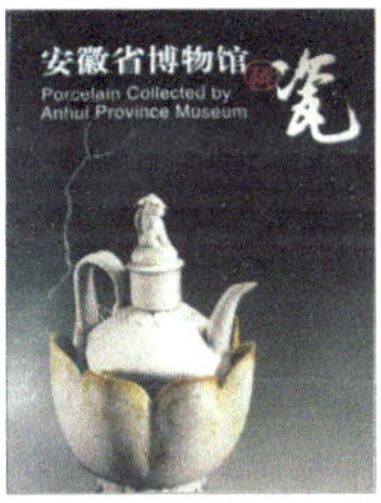

《安徽省博物馆藏瓷》（安徽文物聚珍书系），安徽省博物馆编，胡欣民主编，文物出版社，2002年，彩色图文181页，16开。

该书是安徽省博物馆藏瓷图录。书中文物是从安徽省博物馆数以万计的瓷器中精选的，这148件瓷器时代为西周至清代，展示了中国古瓷发展的历史概貌，特别是屯溪墓出土的西周原始青瓷，南唐保大四年墓出土的白瓷，宋元祐二年墓出土的影青瓷等一些在中国陶瓷发展史上具有重要研究价值的珍品，都是极为罕见的。书中还介绍了安徽古代瓷器研究文献目录，概述了安徽历代古窑址情况。

安徽省博物馆藏瓷逾万件，具有以下三个特点：①馆藏瓷器多有精品，尤以宋瓷最为精美。②国内各大名窑产品都有收藏，其中本地窑口产品最具特色。③出土于纪年墓的瓷器占有一定比例，堪称古代瓷器标准器。

《广西博物馆古陶瓷精粹》，广西壮族自治区博物馆编，黄启善主编，张凯副主编，文物出版社，2002年，彩色图文177页，16开。

广西博物馆自20世纪30年代初建馆以来，一直注重陶瓷器的收藏，藏品包括本区内考古发掘获得的陶瓷器，及定、磁、耀、钧、景德镇、龙泉等历代著名瓷窑的产品。这些陶瓷珍品的入藏，凝聚着本馆几代人的辛勤劳动。同时，一批爱国人士捐赠出其收藏的精品，馆藏陶瓷文物的数量和质量都有很大提高。

该书精选广西博物馆藏陶瓷187件（组）加以介绍，以展示广西陶瓷考古数十年的工作成果，以及本馆征集保护传世流散文物的成绩；并借陶瓷器这一载体，更加准确清晰地展现广西的历史。书前有《广西壮族自治区博物馆藏古陶瓷概述》，梳理广西众多陶瓷资料，阐述了广西陶瓷发展的历史脉络与特点。

《中国古代封泥》（上海博物馆藏品研究大系），孙慰祖著，上海人民出版社，2002年，彩色图文307页，8开。

该书是大型系列丛书“上海博物馆藏品研究大系”之一，主要以上海博物馆收藏的古代封泥为研究对象，对封泥中反映出的中国古代政治、经济制度、郡国县邑建置

沿革、秦汉时代官印制度及文字书体演变等问题进行专题研究。通过对这批数量众多、品类系统、时代齐全、地域广阔的封泥的出土情况、收藏辑录、研究历史等予以回顾和总结。

《湖南省博物馆文物精粹》，湖南省博物馆编，陈建明主编，上海书店出版社，2003年，彩色图文145页，16开。

该书是湖南省博物馆文物藏品的汇集，编者从数万件馆藏中挑选出153件精品编写而成，图文配合，每件藏品均有文字说明，为专家学者研究湖南文物精品提供了翔实资料。

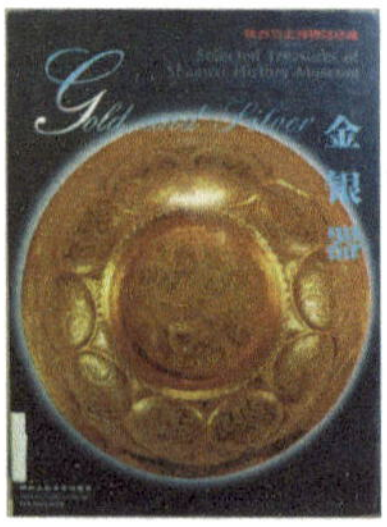

《陕西历史博物馆珍藏·金银器》，申秦雁主编，陕西人民美术出版社，2003年，彩色图文145页，16开。

陕西历史博物馆是中国第一座现代化国家级博物馆，馆藏文物37万件，一级文物762件（组）。作为综合性博物馆，所藏文物门类众多，以青铜器、金银器、唐墓壁画、陶俑最具特色。2002年陕西历史博物馆与陕西人民美术出版社组织出版陶瓷器、金银器、青铜器、陶俑、铜镜、钱币、唐墓壁画、宗教造像八本图录。该书是“陕西历史博物馆珍藏系列丛书”之一。

陕西历史博物馆馆藏金银器1000余件，时代跨度从西周早期到清代晚期，尤以陕西神木出土的匈奴金银器和西安何家村、西安电车二场工地、耀州区柳林出土的唐代金银器最具代表性。它们不仅享誉国内，而且在世界艺术之林中，占有重要地位。该书精选157件金银器精品精心编写而成，为专家学者研究提供了翔实资料。

《陕西历史博物馆珍藏·陶瓷器》，杨培钧主编，陕西人民美术出版社，2003年，彩色图文191页，16开。

该书是“陕西历史博物馆珍藏系列丛书”之一。在陕西历史博物馆馆藏的37万件文物中，陶瓷器有数万件，时间跨度有八千年之久，尤以史前陶瓷，唐代白瓷、秘色瓷和三彩器，宋代耀州瓷最具代表性。

该书从陕西历史博物馆数万件陶瓷器藏品中精选156件（组）文物予以介绍，不仅展示了陕西历史博物馆丰富的馆藏、等级高、价值高的藏品，而且为专家学者研究陕西历史博物馆馆藏文物提供了准确、翔实的资料。

《盛世遗珍：唐代金银器巡礼》（陕西历史文化丛书），谭前学编著，三秦出版社，2003年，彩色图版16页，黑白图文150页，32开。

该书是“陕西历史文化丛书”之一，由陕西历史博物馆和三秦出版社策划出版，是在各类陕西通史、陕西断代史之外的新尝试，全书用通俗的语言来表达专业的学术成果，以展示陕西历史文化的丰厚底蕴。

该书通过九部分介绍了唐代金银器的发展脉络及其制作工艺、纹样特点、价值意义等知识，依次是，源远流长：唐代以前的金银器；盛况空前：金银器在唐代的使用；轰动一时：唐代金银器的几次重大考古发现；绚丽多彩：唐代金银器的装饰纹样；政府垄断；唐代的金银器制造；工精艺巧：唐代金银器的制作工艺；兼收并蓄：唐代金银器中的外来影响；滴水映日：金银器所反映的唐代社会；火眼金睛：金银器鉴定浅说。

《法门寺唐代地宫宫廷茶具》（法门寺文物丛书之三），李新玲主编，长城出版社，2003年，彩色图文46页，16开。

该书是法门寺博物馆馆藏文物的图录，书中除集中介绍法门寺博物馆唐代茶具之外，还附有《法门寺唐代地宫茶具综述》《法门寺唐代地宫宫廷茶具与大唐茶文化》《法门寺唐代地宫宫廷茶具与日本茶道》三篇研究文章。

《法门寺唐代地宫金银器》（法门寺文物丛书之四），李新玲主编，长城出版社，2003年，彩色图文85页，16开。

该书是法门寺博物馆馆藏文物的图录，书中收录法门寺地宫出土金银器100件（组），配有文字说明，介绍文物的基本信息和金银器的价值与特点。

《法门寺唐代地宫秘色瓷》（法门寺文物丛书之五），李新玲主编，长城出版社，2003年，彩色图文85页，16开。

该书是法门寺博物馆馆藏文物的图录，书中收录法门寺地宫出土秘色瓷器100件（组），配有文字说明，介绍文物的历史价值和特点。

《中国古代纸钞》（上海博物馆藏品研究大系），周祥著，上海人民出版社，2004年，180页，8开。

该书是大型系列丛书"上海博物馆藏品研究大系"之一，主要以上海博物馆收藏的中国古代纸钞为研究对象，对馆藏700余张古代纸币进行排比、梳理和归纳，结合文献史料，着重对馆藏各历史时期的钞版实物，金代交钞和宝券制度，元代纸币发行与元代钞本，大明通行宝钞的发行与印造，清代大清宝钞和户部官票，大清户部银行纸币、九官号钱票的发行等问题进行了专题研究。

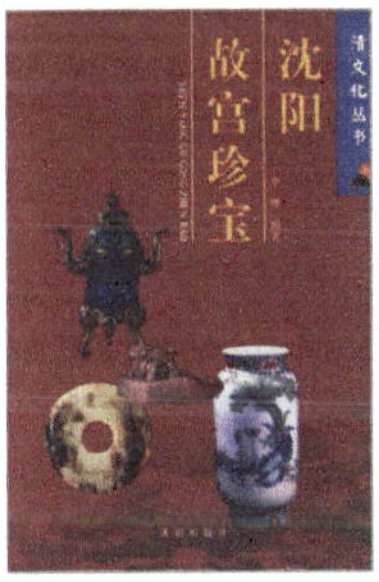

《沈阳故宫珍宝》（清文化丛书），李理编著，沈阳出版社，2004年，97页，32开。

该书系"清文化丛书·一宫三陵系列"之一。

在盛京皇宫的众多藏物中，有一项是清朝统治者不向世人公开的秘宝，即爱新觉罗皇族的传世宝典，同时它们也是大清帝国的"国书""国宝"，包括清历朝《实录》《圣训》《老档》《玉牒》及众多皇帝的"圣容"和废而不用的清初玉玺等宝物。这些宝物藏于盛京皇宫的凤凰楼、崇谟阁、敬典阁等建筑内。它们是爱新觉罗家族数百年统治"国脉"延续的根基所在，因而是锁在深宫的"金匮石室之藏"。

该书向读者介绍了这些宝物，分为清宫秘籍、御用器物、皇帝宝册、清宫服饰、清初遗物、书籍、墨刻、瓷器、书画、家具陈设等十二个部分。

《西藏博物馆藏明清瓷器精品》，西藏博物馆编，中国大百科全书出版社，2004年，彩色图文175页，16开。

西藏博物馆是一座具有现代化功能的大型综合性博物馆，是一座民族文化和艺术的殿堂。西藏博物馆馆藏文物丰富，其中的明清瓷器独具特色，表现出两个方面的特点：一是瓷器珍藏量多质精。该馆馆藏明清瓷器数千件，品种全，质量高，堪称"雪域珍宝"。二是藏瓷具有浓郁的西藏文化特色，展现出汉藏民族文化艺术的融合。藏族地区传统器物造型、纹饰与内地悠久的制瓷工艺完美结合，珠联璧合，是中华多民族文化交流的历史见证，展现出汉藏文化的水乳交融。

该书是西藏博物馆收藏的明清瓷器的精选，选录馆藏80余件（组）瓷器，书前有陈克伦先生《明清时期景德镇官窑瓷器流传西藏考略》一文，便于读者了解明清时期瓷器传入西藏的历史渊源，书中瓷器均采用中英文对照说明，方便更多读者阅读。

《首都师范大学历史博物馆藏品图录》，首都师范大学历史系编，科学出版社，2004年，彩色图文120页，16开。

该书介绍了首都师范大学历史博物馆的发展历程，介绍了馆藏文物的来源、基本信息及价值。

首都师范大学历史博物馆是一座综合博物馆，是由北京师范学院历史系文物室转化而来的。1955年历史系组建后，教研室主任成庆华倡议建立文物室，希望通过收藏、展览为历史教学服务。1956年开始筹建并购置文物，逐渐购得玉石器、青铜器、陶瓷器、雕塑、字画、钱币六大类3000余件文物，其中包括良渚文化的五孔玉刀、西周的利鼎、敦煌唐人写经、宋元明清历代名瓷等精品，还有收藏家丁福宝遗留的一套系统完整的古钱标本。沈从文先生曾到文物室征集整理工作，1957年学校基建中发现一座清代墓葬，出土随葬品送交文物室。1965年原北京师范专科学校解散后有200余件文物调拨到此。“文革”开始后，成庆华将全部文物封存，使珍宝幸免于难。

《安徽省博物馆藏画》，安徽省博物馆编，胡欣民主编，文物出版社，2004年，彩色图文214页，16开。

安徽省博物馆藏书画以明清时期的作品为主，多数是我国著名收藏家或民间收藏家的旧藏，流传有序，保存完好。安徽省博物馆不仅收藏有明清时期重要画家和主要画派的许多精品，而且还有一定数量的画家存世稀有作品或孤品，许多藏品题跋丰富，为今人研究画家、画史提供了很多重要资料。这些藏品中还有大量安徽籍画家的作品，如“新安画派”作品，是研究其画家及艺术成就不可多得的资料。

该书精选书画藏品165件，对作家、作品进行了较为系统地研究和展示。

《上海博物馆藏品精华》，上海博物馆编，上海书画出版社，2004年，彩色图文280页，8开。

该书是上海博物馆藏品图录，主要是从上海博物馆收藏青铜器、陶瓷器、书法、绘画、雕塑、玉牙器、竹木漆器、甲骨、玺印、家具、织绣品等21个门类中精选出170件文物予以介绍，许多藏品是国宝级文物和存世孤本，每件文物均有详细的文字说明。

《山东省博物馆藏珍·陶器卷》，山东省博物馆编，鲁文生主编，山东文化音像出版社，2004年，彩色图文127页，16开。

《山东省博物馆藏珍》是山东省博物馆文物藏品的系列图录，全套共分10卷，依次为陶器卷、瓷器卷、书法卷、绘画卷、青铜器卷、工艺品卷、服饰卷、钱币卷、铜镜卷、石刻卷。书中收录从山东省博物馆众多藏品中遴选出的文物精品，采用图文对照的编排形式，图片色彩还原逼真，赏心悦目，文字解说简明扼要，极具资料和鉴定参考价值。

《山东省博物馆藏珍·陶器卷》是山东省博物馆藏品选的图录，编者选录山东省博物馆馆藏陶器75件予以介绍，其中既有质朴的三足陶釜、涡纹彩陶壶、八角星纹彩陶豆、网纹彩陶壶等，也有红陶鬶、直流实足橙黄陶鬶、白陶鬶形盉、黑陶双耳杯，还有庖厨俑、绿釉陶鸡、武士陶俑、三彩女俑、陶胡人俑，图文配合，照片清晰，文字简洁，介绍文物的基本信息和特色与价值。

《山东省博物馆藏珍·瓷器卷》，山东省博物馆编，鲁文生主编，山东文化音像出版社，2004年，彩色图文80页，16开。

该书是山东省博物馆藏品选的图录，收录山东省博物馆馆藏瓷器文物80件，时代自商至清代宣统年间，既有原始的青釉豆、青釉鼎、青釉四系罐，还有白釉绿彩执壶、哥窑盘、龙泉窑青釉五孔盖瓶、耀州窑青釉炉、钧窑三足炉、青花龙纹壶、五彩花卉罐、青花五彩龙凤碗、斗彩松鹿大碗、粉彩花卉玉壶春瓶等，四色彩印，配合清晰的照片和简洁的文字介绍。

《山东省博物馆藏珍·铜镜卷》，山东省博物馆编，鲁文生主编，山东文化音像出版社，2004年，彩色图文115页，16开。

该书是山东省博物馆藏品选的图录，收录山东省博物馆馆藏各时期的铜镜76面予以介绍，尤其是错金银镶松石多钮铜镜，设计奇特、工艺复杂，代表了战国时期工艺制造业的最高水准。尚方四神规矩镜纹饰繁缛精美，铭文稚朴古拙，再现了汉代文化发达、艺术恢宏的气度。真子飞霜镜、海兽葡萄镜展现了唐代国力强盛、对外开放交流的累累硕果，童子莲花镜把宋朝国势孱弱，百姓期盼太平盛世的愿望，尽情地展现渲染。洪武年号镜虽已进入铜镜制造尾期，却因皇族自用而显现出高贵品质。该书配合照片有简洁的文字信息，以便读者欣赏和研究。

《山东省博物馆藏珍·工艺品卷》，山东省博物馆编，鲁文生主编，山东文化音像出版社，2004年，彩色图文84页，16开。

该书是山东省博物馆藏品选的图录，收录山东省博物馆馆藏工艺品84件（组）予以介绍，其中既有大汶口时期东夷人使用的神秘的镶松石骨雕筒和獐牙勾形器，有龙山文化象征着权力和地位的兽面纹玉锛，还有明鲁王朱檀生前喜爱的天凤海涛琴和戗金云龙纹朱漆木箱，从中可以看出山东省博物馆丰富的工艺美术类文物收藏的概貌以及山东从古至今工艺的发展脉络，配合每张照片都有简洁的文字信息。

《山东省博物馆藏珍·石刻卷》，山东省博物馆编，鲁文生主编，山东文化音像出版社，2004年，彩色图文47页，16开。

该书是山东省博物馆藏品选的图录，收录山东省博物馆馆藏石刻53件（组）予以介绍。山东省画像石题材广泛，内容丰富。它们保存了研究汉代政治、军事、思想、文化、艺术以及儒家的礼仪制度的重要资料。山东的汉画像石雕刻分布全省各地，尤其以济宁、枣庄、临沂地区最为丰富，其艺术手法不拘一格，有线刻、凹面线刻、凸面线刻、浅浮雕、高浮雕、透雕等多种手法，既有对中国画线条奇妙地运用与借鉴，其线条伸屈自如，豪放流利，充分表现了画面内容特征和运动感，该书对53件代表馆藏以图文对照的形式予以重点介绍。

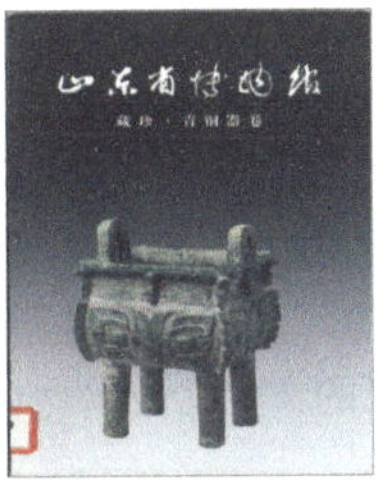

《山东省博物馆藏珍·青铜器卷》，山东省博物馆编，鲁文生主编，山东文化音像出版社，2004年，彩色图文72页，16开。

该书是山东省博物馆藏珍图录的青铜器卷，收录山东省博物馆馆藏青铜器57件（组）予以介绍，时代上起晚商，下迄汉代，多为中华人民共和国成立以来山东各地所出，个别出于民国时期，涉及的既有商代的方国大族，也有周代的邦国及汉代的诸侯王等，其国属亦不局限于山东地区。这些地下出土的青铜器，是研究山东古国史的可靠资料，向来受到学界重视。尤其珍贵的是商代晚期的射妇桑鉴和西周晚期的颂簋，铸工精美，流传有序，颂簋上长达152字的铭文，是西周金文的经典之作，有较高的史料价值。通高83厘米的作宝鼎，形制纹饰均属西周前期风格，体量大，当属宗庙重器。每件器物配有高清照片和文字信息，以便读者全面了解文物详情。

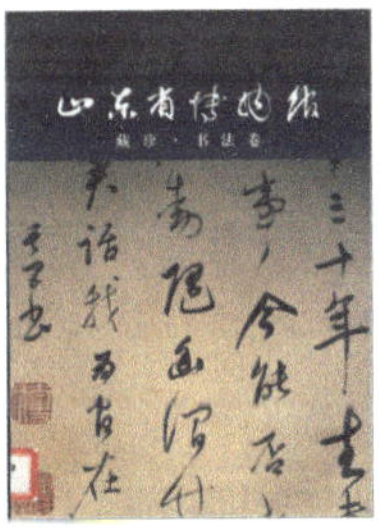

《山东省博物馆藏珍·书法卷》，山东省博物馆编，鲁文生主编，山东文化音像出版社，2004年，彩色图文72页，16开。

该书是山东省博物馆藏珍图录的书法卷，收录山东省博物馆馆藏书法53幅作品予以介绍，其中既有历史知名度高的书家精品，也有山东本土书家的代表作，配合照片有文字信息，以便读者全面了解文物详情。

《山东省博物馆藏珍·绘画卷》，山东省博物馆编，鲁文生主编，山东文化音像出版社，2004年，彩色图文72页，16开。

该书是山东省博物馆藏珍图录的绘画卷，收录山东省博物馆馆藏历代名家的绘画作品100幅予以介绍，有汉代帛画、隋徐敏行夫妇宴享行乐图壁画、唐金光明最无胜王经卷首佛像图、宋花鸟图、元钱选白莲图卷，配合照片有文字信息，以便读者全面了解文物详情。

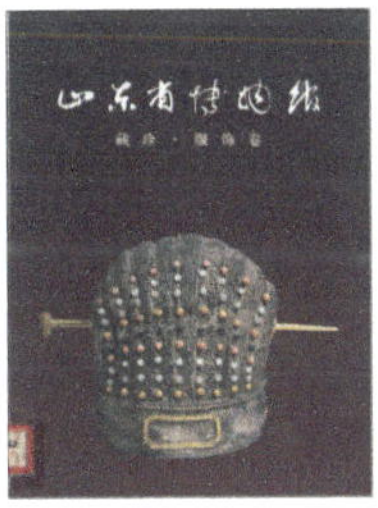

《山东省博物馆藏珍·服饰卷》，山东省博物馆编，鲁文生主编，山东文化音像出版社，2004年，彩色图文72页，16开。

该书是山东省博物馆藏珍图录的服饰卷，收录山东省博物馆58套馆藏明清服饰予以介绍，很多是世间极品：清代衣饰满汉交融别具特色，女服镶嵌补缀清新雅致，男装简洁轻捷便于骑射。明代服饰多是传世绝品，有富丽堂皇的品官官袍，流光溢彩的赐服，高贵典雅的命妇礼服，还有出土的织金嵌玉、珠宝琳琅的亲王冕冠袍簪，展示了中国古代精美绝伦的服饰艺术和登峰造极的织绣雕镂技艺，配合照片有文字信息，以便读者全面了解文物详情。

《山东省博物馆藏珍·钱币卷》，山东省博物馆编，鲁文生主编，山东文化音像出版社，2004年，彩色图文72页，16开。

该书是山东省博物馆藏珍图录的钱币卷，收录山东省博物馆馆藏的186枚钱币予以介绍，从天然贝、骨贝、蚌贝、蚁鼻钱、鬼脸钱、“武安”尖足布到齐之法化、即墨之法化、齐明刀、半两、三铢、五铢、大泉五十、乾德元宝、宋元通宝、洪武通宝金币、咸丰元宝、中华苏维埃共和国国家银行伍分券、晋察冀边区银行拾元券，配合照片有文字信息，以便读者全面了解文物详情。

《南京市博物馆藏印选》，南京市博物馆编，上海书店出版社，2005年，彩色图文136页，16开。

该书是南京市博物馆所藏的印章和印材选辑图录书籍，分为上、下两编：上编为印章，下编为印材，印章分为官印、私印、近现代名人及篆刻名家印三章。编者从馆藏近千方印章中精选了231方印章、100方印材，分别进行研究后，分类编纂而成；书中刊录照片285张、印拓297张，并附注了文字说明。

书中所录印章和印材各依时代早晚编排，清晰的照片、印拓和详细的文字解释，直观展现了每一枚印章的风采和内涵。印章藏品的时间分布，上至战国，下延近代，历史跨度长，而印的主人有如东晋“关中侯印”金印、“零陵太守”石印、明太祖朱元璋养子“沐英”石印、近代革命先行者孙中山先生“孙文之印”等。该书不仅对篆刻爱好者以及收藏者都有学习和借鉴的意义，还可从中窥见我国古老的文化之传承。

《山西博物院珍粹》，山西博物院编，山西人民出版社，2005年，彩色图文255页，8开。

该书是为了纪念山西博物院开馆而编辑的图录。书中按照青铜篇、玉器篇、石刻篇、陶艺篇、瓷器篇、书画篇、货币篇、杂项篇八个部分，介绍馆藏文物177件（套），许多是考古新发现，该书首次公布资料。

山西博物院馆藏丰富，藏品有古拙淳朴的石器彩陶，巍峨端庄的殿堂楼阁，美轮美奂的青铜彝器，更有栩栩如生的绘画雕塑。该书较为全面、客观地反映了该院文物的特色和价值。

《练形神冶　莹质良工——上海博物馆藏铜镜精品》，上海博物馆编，上海书画出版社，2005年，彩色图文240页，8开。

该书是上海博物馆铜镜藏品的图录。

铜镜的历史发展极为悠久，在距今四千多年前的齐家文化中就已经出现了铜镜，后经商、西周、春秋、战国时期的发展，到汉唐时期已经臻于辉煌，继而延续到宋元明清，直至近代逐步被玻璃镜取代。

该书遴选上海博物馆收藏的150枚铜镜予以介绍，详细阐述历代铜镜之形制、特点，资料丰富。收入书中的铜镜或造型优美，或纹饰精巧，或铭文独特，或制作考究，基本反映了中国古代铜镜艺术发展的概貌。通过观赏铜镜可以了解古人所处的历史时代的生活态度、审美情趣、社会风俗等。

《吉林省博物院藏张大千画集》，吉林省博物院编，文物出版社，2005年，彩色图文233页，16开。

2003年3月，由原吉林省博物馆、吉林省近现代史博物馆合并组建成吉林省博物院。该书是吉林省博物院成立后推出的第一部著作。书中所收均为吉林省博物馆所藏张大千画作，其中一部分是张伯驹为博物馆所收，多为张大千早年作品，也有一部分是博物馆后来在拍卖会购得。编者以张大千创作年代为序，坚持优中选精的原则，所

选画作堪称上佳之品，并择取不同技法、不同题材的精品106幅，按创作年代排序，以图版为主，略加解说，是读者鉴赏、临摹张大千绘画作品的珍贵图集。

《河南古代陶塑艺术》（大象博物文库），河南博物院编著，大象出版社，2005年，彩色图文359页，16开。

该书是河南博物院编辑河南地区出土的珍贵陶塑文物图录，书中按照时代顺序划分为六个章节论述了河南出土陶塑的文物精品、价值特点和各个陶塑的艺术风格、造型特色，依次是：始作俑者——俑之起源考、抟泥为魂——早期陶塑、激扬生命——两汉陶俑、百川汇流——魏晋南北朝陶俑、盛世风华——隋唐陶俑、时世流风——宋元明清陶俑。配合书中的研究性文章，书中选录了河南地区出土的206件特色鲜明、神态各异的陶塑予以展示并配有简明的文字介绍。

《南通博物苑文物精华》，南通博物苑编，文物出版社，2005年，彩色图文183页，16开。

该书是喜迎南通博物苑建苑一百周年的献礼书之一，是南通博物苑精品文物图集。书中精选南通博物苑藏文物120件（组）予以介绍，除了精美绝伦的工艺品，也有少量具有特定的历史价值、科学价值和具有南通地域特色的文物，以及反映张謇创办博物苑的历史，体现其征集思想的早期苑藏文物，展示了博物苑丰富的馆藏文物以及文物的价值与特点。

《昭陵唐墓壁画》，昭陵博物馆编，文物出版社，2006年，彩色图版80页，16开。

该书精选昭陵博物馆唐墓壁画精品30幅予以介绍，每幅壁画均有详细的文字说明和精美全局和局部照片，具有较高的鉴赏和收藏价值。

《百馆百宝》（带你走进博物馆），毛佩琦、齐吉祥主编，文物出版社，2006年，彩色图文213页，24开。

中国历史悠久，文化遗产丰富，人类对未来的预测，建立在对自己历史的了解之上。该书对中国最有代表性和最具特色的100个博物馆予以简要介绍，在广阔的背景下，展现了中华文明数千年的发展历程，其历史跨度上至周口店人时代，下迄当今科学技术馆，几乎涵盖了中国古今社会生活的各个方面。书中附有这些博物馆的地址、联系方式、交通指南等，它们是展示我国和世界优秀历史文化的场所，也是未成年人学习知识、培养情操的第二课堂。

该书着重介绍了中国国家博物馆、故宫博物院、中国科技馆、中国航空博物馆、河北省博物馆、沈阳故宫博物院、旅顺博物馆、南京市博物馆、集安市博物馆等100个博物馆的珍贵文物数百件，资料丰富，极具珍藏价值。

《甘肃省博物馆文物精品图集》，甘肃省博物馆编，俄军主编，三秦出版社，2006年，彩色图文518页，16开。

该书精选甘肃省博物馆270件（套）独具魅力的文物瑰宝汇编成册，图文相配，对收录的每一件文物均作全面详细的介绍，旨在展示甘肃的悠久历史和灿烂文化，使文物图书与文物本身跨越时空界限，便于读者了解和欣赏。

甘肃省博物馆地处陇原大地，这里是中华文明的发祥地之一，也是丝绸之路的必经之地。悠久的历史、独特的地理位置和自然条件，使甘肃文物遗存丰富多样且独具异彩，甘肃省博物馆成为享誉海内外的藏品大馆。在馆藏文物中，甘肃彩陶、汉代简牍、佛教艺术珍品和青铜器、瓷器、木雕、纺织品、绘画作品等多为稀世珍宝。

该书印制考究、编排新颖，荣获“首届中国出版政府奖·印刷复制奖”。

《国宝的故事》（四册），张德勤主编，齐吉祥编著，紫禁城出版社，2006年，彩色图文672页，16开。

这套书按时代分为四册，依次为旧石器时代到秦、汉—南北朝、隋—宋、元明清。书中精选并介绍了100件国宝级文物，时间跨度从旧石器时代到清代的各个历史时期。这100件文物都具有代表性，100件背后都有活生生的人物和鲜活的历史，通过文物讲述100个故事，勾勒出中国历史发展的脉络，对少年儿童进行启蒙教育，按着顺序读下去，读者就可以看到中国5000年历史的大概轮廓。

该书让读者在了解历史之余，也充分体会阅读的乐趣。从书中介绍可以看出，历史不是沉闷的，文物的背后往往有活生生的人物和精彩的故事。此外，在每个故事的后面，还有“给爸爸妈妈的话”，提供了有关文物更详尽的背景知识，方便父母教导子女。

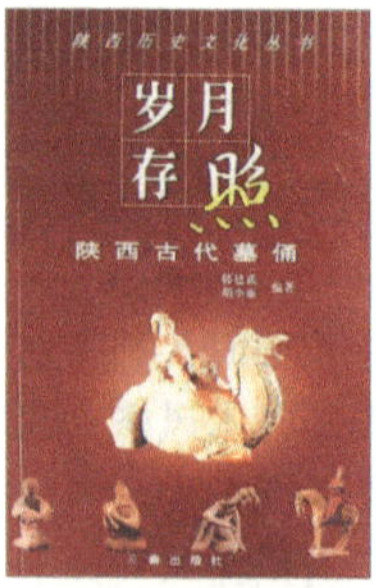

《岁月存照：陕西古代墓俑》（陕西历史文化丛书），韩建武、胡小丽编著，三秦出版社，2006年，彩色图文180页，32开。

该书是以陕西历史博物馆馆藏墓俑为主，结合其他地区墓俑及文献记载，对墓俑作了比较全面的论述。书中内容分为三个部分：古代墓俑的产生及功用、陕西古代墓俑的发展历程、古代墓俑鉴定的基本方法。该书通过文物解说和实物展示的方式对墓俑进行专题研究。

《神韵与辉煌：陕西历史博物馆国宝鉴赏金银器卷》，冀东山主编，三秦出版社，2006年，彩色图文165页，16开。

为了全面展示陕西历史博物馆馆藏文物精品，扩大陕西文物大省的影响，弘扬民族优秀文化，弥补陈列展览的不足，该书编者对陕西历史博物馆馆藏文物中的八百余件（组）一级品及部分珍贵文物进行了系统集中的整理，编辑出版了这套丛书，力求图文配合，集资料性、学术性与观赏性为一体。

该书是其中的金银器卷。书中按照装饰品、饮食器、药具、卫生、化妆用具及其他几个部分，详细介绍陕西历史博物馆藏青铜器86件（组），用通俗准确的文字对每件文物做了科学而又比较详尽的阐释。

《神韵与辉煌：陕西历史博物馆国宝鉴赏青铜器卷》，冀东山主编，三秦出版社，2006年，彩色图文225页，16开。

该书是“陕西历史博物馆国宝鉴赏丛书”中的青铜器卷分册。编者分食器、酒器、水器、乐器、兵器和其他六个部分，详细介绍陕西历史博物馆藏青铜器108件（组），集资料性、学术性与观赏性为一体，在全国博物馆文物精品研究与宣传上具有开创意义。书前有导论《古代青铜器的鉴赏与收藏》一文，详细介绍青铜器的鉴赏知识、器物器型分类及其特点。

《神韵与辉煌：陕西历史博物馆国宝鉴赏玉杂器卷》，冀东山主编，三秦出版社，2006年，彩色图文229页，16开。

该书是“陕西历史博物馆国宝鉴赏丛书”中的玉杂器卷分册，按照铜器、货币、印章、砖瓦、骨雕、牙雕、造像、其他八个类别，精选馆藏文物124件（组）进行系统集中的整理，汇编成书。书前有导论《玉杂器的鉴赏与收藏》一文，全面介绍玉杂器的鉴赏知识、历史渊源、分类及特点。

《神韵与辉煌：陕西历史博物馆国宝鉴赏陶俑卷》，冀东山主编，三秦出版社，2006年，彩色图文181页，16开。

该书是“陕西历史博物馆国宝鉴赏丛书”中的陶俑卷分册，书中精选陕西历史博物馆馆藏国宝文物中的121件（组）进行了系统整理。该书用文图配合的形式详细介绍陕西历史博物馆藏陶俑，语言通俗，图片精美。书前有导论《古代陶俑的鉴赏与收藏》一文，详细介绍陶俑的鉴赏知识、历史渊源、分类及其特点。

《神韵与辉煌：陕西历史博物馆国宝鉴赏唐墓壁画卷》，冀东山主编，三秦出版社，2006年，彩色图文241页，16开。

该书是“陕西历史博物馆国宝鉴赏丛书”中的唐墓壁画卷分册。书中精选陕西历史博物馆国宝文物145件（组），进行科学解读和介绍，图文并茂。书前有导论《唐墓壁画的鉴赏与收藏》一文，全面介绍唐墓壁画的鉴赏知识、历史渊源、分类及特点。

编者对陕西历史博物馆馆藏文物中八百余件（组）一级品及部分珍贵文物进行了系统集中的整理，组织专业人员，广泛收集资料，对馆藏一级文物分类逐件（组）做出科学而又比较详尽的阐释，力求做到图文并茂，集资料性、学术性与观赏性为一体，并在全国博物馆文物精品研究与宣传上具有开创意义。

《神韵与辉煌：陕西历史博物馆国宝鉴赏陶瓷器卷》，冀东山主编，三秦出版社，2006年，彩色图文141页，16开。

该书是“陕西历史博物馆馆藏国宝文物丛书”中的陶瓷器卷分册。该书按照新石器时代、商、周、秦、汉、隋、唐、五代、宋、西夏、金、元、明的顺序，精选陶瓷器89件（陶）汇编成册。这些精美珍贵的文物，将为学术界的研究提供有价值的科学资料，同时对收藏界的鉴赏提供内涵有益的参考。书前有导论《唐三彩的鉴赏与收藏》一文，全面介绍唐三彩的鉴赏知识、历史渊源、分类及特点。

《旅顺博物馆馆藏文物选粹·绘画卷》，旅顺博物馆编，天津人民美术出版社，2006年，彩色图文187页，16开。

该书是“旅顺博物馆馆藏文物选粹系列丛书”中的绘画卷。旅顺博物馆拥有馆藏文物六万余件，形成了四大系列、二十个品类。四大系列主要包括大连地区的考古发掘出土物、中国历代艺术品、古代新疆文物和特色鲜明的外国文物。《旅顺博物馆馆藏文物选粹》课题组组织专业人员对馆藏文物进行挖掘、整理和研究，以图录的形式，将馆藏文物按专题公布发表，为学术界提供资料。

该书选录旅顺博物馆珍藏的我国唐代至明清时期绘画作品130幅，既展示该馆藏品特色，也为研究者提供有价值的资料。书中内容分为三个部分：第一部分是前言，收录两篇专文，其一为《旅顺博物馆藏品综述》，其二为《旅顺博物馆藏历代绘画概述》；第二部分是图版，以时代顺序排列介绍藏品并配以图片和说明文字；第三部分是附录和后记。

该书收录的130幅作品中的大部分是首次公开。通览这些藏品，可以看到它们具有两大特色：第一，时间跨度大，反映出我国绘画发展的一般脉络。书中收录的唐代绘画作品均为佛教人物画，是20世纪初日本大谷光瑞探险队从中国新疆地区攫获的。这些作品画幅较大，有的有明确纪年，体现了唐代新疆地区佛教绘画的辉煌成就。宋元时期的作品仅占少量比例，明清时期作品数量较多，集中体现了我国绘画艺术集大成时期的艺术成就。第二，史料价值高，不少作品为画家的传世稀品或孤品，可以校正或补苴画史。例如馆藏清代书画自成体系，从清初的清六家、四僧、金陵画派，到清中期的扬州八怪，清晚期的海上画派，各画派画家的作品均有收藏，基本反映了清代绘画发展的脉络。

《鄂尔多斯青铜器》，鄂尔多斯博物馆编，文物出版社，2006年，彩色图文350页，16开。

该书收录并介绍鄂尔多斯博物馆等收藏的500多件“鄂尔多斯青铜器”，为研究以“鄂尔多斯青铜器”为载体的、以狄-匈奴为代表的中国北方早期畜牧文化及当时欧亚大陆间的文化交流提供重要资料。

《马鞍山文物聚珍》，马鞍山市文物管理所、马鞍山市博物馆编，王俊主编，文物出版社，2006年，彩色图文159页，16开。

马鞍山文物遗存分布密集，已发现古墓葬、古建筑和其他名胜古迹140多处，其中国家、省、市、县级文物保护单位43处，该书按照玉石器、青铜器、漆木器、陶瓷器四个类别，收录马鞍山文物精品158件（套），种类丰富，主题突出。

该书主要特点有四：一是时代跨度较大。书中文物既有史前时期先民的文化遗存，如新石器时代的玉人、石钺等，也有商周时期直至明清时期的陶器、瓷器、青铜器、漆木器、玉器等文物精品，从一定程度上可以说是一部图像化了的马鞍山市文明发展史。二是地域特色鲜明。所选文物中六朝文物占70%，其中以六朝青瓷居多，充分体现了马鞍山市博物馆立足六朝文物的办馆宗旨。三是充分体现考古发掘成果。所选文物大部分是历年考古发掘出土的，如漆木器多来自于被誉为20世纪80年代十大考古发现之一的东吴大将军朱然墓，这些文物具有极高的历史、科学和艺术价值。四是内容翔实，品位高雅。书中以高标准的精美图片配以翔实的文字说明，中英文对照，具有较高的研究价值、收藏价值及艺术观赏价值。

《苏州博物馆藏明清书画》（苏州博物馆藏品系列），苏州博物馆编，文物出版社，2006年，彩色图文159页，16开。

苏州博物馆藏有大量的明清书画，除了戴进、沈周、文徵明、唐寅、董其昌、陈洪绶、傅山、恽寿平、石涛、郑燮、任伯年、吴昌硕等大家之外，对于生在苏州或者曾寓居苏州的其他明清书画家，该馆也尽数网罗。在苏州博物馆新馆开馆之际，苏州博物馆从上万件书画藏品中，择选165件精品，集结成书。该书装帧精美，图片均为彩版，具有较高的艺术欣赏价值和收藏价值。

《武汉馆藏文物精粹》（武汉文物丛书），刘庆平主编，武汉出版社，2006年，彩色图文226页，16开。

该书是“武汉文物丛书”之一，图录精挑细选了武汉市馆藏文物243件（套）予以介绍。这些文物按陶瓷、书画、玉器、青铜器、杂项五个类别编排，主要为传世品，也含有部分收藏日久的出土物。武汉市馆藏传世文物来源、品类更丰富：有来自甘青的马家窑文化的陶器、来自北方各窑系的瓷器、来自巴蜀文化的青铜器、来自清宫内苑的玉器等。书画集中于明清和现代，更是名家云集、璀璨夺目，例如董其昌《野色山居图轴》、陈洪绶《虎溪三笑图轴》、仇英《竹梧消夏图轴》、文征明《大行书七言诗轴》、朱耷《猫石图轴》、郑燮《兰草图轴》，现代名家有黄宾虹、徐悲鸿、张大千、齐白石、潘天寿、李苦禅等的作品。

《武汉出土文物精选》（武汉文物丛书），姚晶华、郑自斌主编，武汉出版社，2006年，彩色图文220页，16开。

该书精选武汉市藏文物110件（组）予以介绍，反映了湖北地区悠久的历史文化底蕴和武汉市博物馆丰富的馆藏。以图文并茂的形式收录了武汉境内地上、地下各类文物精华，在文化、社会、学术和收藏等方面都有着很高的价值。本图册都厚可盈寸，然而阅读起来却感到轻松舒畅，因为书中图片精美，文字简洁。

《武汉不可移动文物精华》（武汉文物丛书），郑自斌主编，武汉出版社，2006年，彩色图文228页，16开。

该书分为“近现代重要史迹及代表性建筑”“古建筑”“古文化遗址”“古墓葬”“石窟、石刻”“博物馆”六个部分，刊发了从武汉市175处国家、省、市级文物保护单位中选取的部分旧址、古遗址、古建筑和纪念物，是了解旧日武汉历史和文化的极好画卷。

《上海博物馆藏丝绸之路古代钱币》，上海博物馆编，上海书画出版社，2006年，彩色图文240页，8开。

该书是上海博物馆钱币藏品的图录。书中以该馆钱币藏品为研究对象，搜集、考释、分析了钱币文物对丝绸之路的作用与影响。该书收录的钱币不仅形式多样，而且极具艺术观赏性，这些种类繁多、流通广泛、时代跨度大的钱币珍品大多是丝绸之路古道交通贸易涉及的各地政权所发行的货币，仅以国家分，就有阿赫美尼德、塞琉古、安息、萨珊等，还包括伊斯兰诸王朝与蒙古各汗国共计四十余类。流通使用地域东至帕米尔高原，西越伊朗高原直达地中海沿岸，北达里海、咸海和巴尔喀什湖一带，东南到印度河流域，西南到阿拉伯半岛，时代从公元前6世纪的阿赫美尼德王朝制币到14世纪的伊利汗国伊斯兰钱币，跨越近两千年。

《中国国家博物馆馆藏文物研究丛书：绘画卷（历史画）》，中国国家博物馆编，上海古籍出版社，2006年，彩色图文315页，16开。

该书是“中国国家博物馆馆藏文物研究丛书”之一的绘画卷（历史画）分册，书中具体收录了该馆收藏的珍贵历史画中的《中兴四将图卷》《明太祖朱元璋像轴》《太平抗倭图轴》《清太祖努尔哈赤画像轴》《蔡毓荣南征图卷》《阅武楼阅武图卷》《清代学者像传图册》等绘画作品，弥足珍贵，不仅有高清图片，而且有文字说明，价值极高。

《中国国家博物馆馆藏文物研究丛书：明清档案卷（明代）》，中国国家博物馆编，上海古籍出版社，2006年，彩色图文363页，16开。

该书是“中国国家博物馆馆藏文物研究丛书”之一的明清档案卷明代分册。

该书收入档案鲜为人知，首次公开面世的明清珍贵史料档案175件，每件档案均附有提要性说明，诸如原件尺寸、来源、背景资料、史料价值等。该书分为明代档案（诰敕、寮录、题本、塘报等）、清代档案（诏谕、实录、奏折、揭贴、札符、牌照、告示、火票、廪贴等）、明清科举档案（童试卷、乡试卷、会试卷、殿试卷、朱卷等）、明清与图和专论五大部分，可为明清史研究提供多方面的珍贵史料。

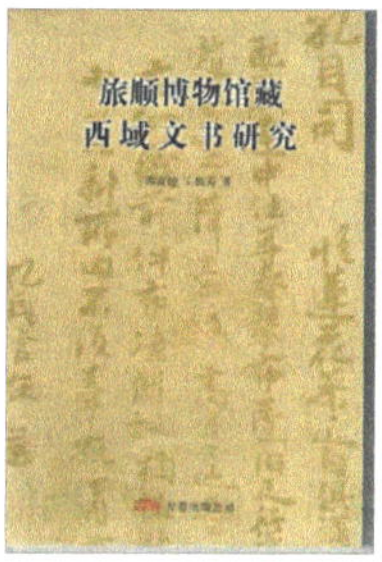

《旅顺博物馆藏西域文书研究》，郭富纯、王振芬著，万卷出版公司，2007年，彩色图文187页，16开。

该书首次对馆藏西域文书的基本情况进行全面系统的研究，并在其来源、入藏、出土地等具体学术问题上有突破性的见解。

书中内容分为六个部分：第一部分是馆藏西域文书的来源。包括文书本身的实际出土地和大谷文书在最初流散过程中入藏旅顺博物馆的经过等内容。第二部分是馆藏西域文书的基本构成。它以旅顺博物馆收藏的西域文书为主线，分别从佛教典籍、西域语文书、社会文书、碑志等四个方面，阐释了旅顺博物馆收藏的大谷文书的基本情况。第三部分是馆藏社会文书的形式及内容。书中就旅顺博物馆收藏的备受世人关注的社会文书，从壁画内的文书、纸靴上的文书、唐建中四年《孔目司帖》、新发现的敦煌地区《学童转帖》的学术意义等几部分进行了详细的阐述。特别是对馆藏建中四年《孔目司帖》的重新考释，初步证明了唐代在龟兹地区曾经实行过两税法，这在学术界是一个新的提法。第四部分是馆藏汉文佛经新的研究成果。著者以旅顺博物馆收藏大谷文书中的汉文佛经为基础，将馆藏汉文佛经新的研究成果分三部分进行论述，即吐鲁番出土佛经残片的基本内容、元康六年《诸佛要集经》写本残卷的再发现、新发现的《承阳三年菩萨忏悔文》，其中对承阳三年菩萨忏悔文残片的考证，解决了诸如沮渠氏北凉使用“承阳”年号，求那跋摩《菩萨善戒经》翻译时间等令人关注的学术问题及相关内容进行探讨。第五部分是馆藏碑志资料的研究。第六部分是文书书影及其录文。

《明代官窑瓷器》（上海博物馆藏品研究大系），陆明华著，上海人民出版社，2007年，240页，8开。

该书是“上海博物馆藏品研究大系”之一，主要以上海博物馆收藏的明代官窑瓷器为研究对象，同时涉及国内外很多瓷器收藏品和出土文物，主要对明代景德镇官窑瓷器概述、文献流传和学界对明代官窑的研究、探索和鉴定、赏析等，特别是对明代景德镇官窑瓷器烧造历史、管理制度和相关的宗教、艺术、收藏、帝王爱好及制作工艺等进行了详细论述，配有大量精美的文物图片。

作者以其30多年来对古陶瓷的不懈钻研和对明代瓷器的精深研究，结合上海博物馆丰富而又系统的馆藏，分别从馆藏概述、学术研究史、专题研究与鉴定、明王朝与官窑烧造等诸多方面对明代官窑瓷器作了系统的研究。从多视角讨论明代官窑瓷器，内容精彩丰富，而且还发表了不少入藏以来的首次公开的新资料，并对这些新资料作了分析研究，该书的研究价值和资料价值极高。

《江西省博物馆文物精华》，江西省博物馆编著，文物出版社，2007年，彩色图文296页，16开。

该书是江西省博物馆文物的精选图录。全书分为陶瓷器、玉器、青铜器、金银器、书画、其他工艺品六个部分，收录和介绍馆藏文物198件，其中有许多是最新出土和首次公开发表的新资料，堪称江西省博物馆的文物精华。书首刊有中英文对照的目录和《江西省博物馆藏品概述》一文，书尾配有中英文对照的图版说明。此书是第一部全面展示江西历史文明的精装图集。

《旅顺博物馆藏西域书迹选》，旅顺博物馆编，郭富纯主编，文物出版社，2007年，彩色图文210页，16开。

该书是旅顺博物馆与文物出版社《书法丛刊》编辑部合作出版的专刊，展示了学界对旅顺博物馆收藏西域书迹的研究成果。

通过介绍馆藏大量早期汉文佛经断片书写形式，探讨了中国书法史上的一个重要学术问题——“写经体”的源流，对推动中国书法史特别是佛经文献研究工作的深入具有学术意义。

《厦门市博物馆藏品集粹》，厦门市博物馆编，文物出版社，2007年，彩色图文263页，16开。

该书是厦门市博物馆新馆开放后编辑出版的一本馆藏文物图录，书中藏该馆馆藏两万件文物中精选出各类文物80件（组）予以介绍，全面展示了厦门市博物馆二十余年发展概况、科研成果及其丰富馆藏。

《丹阳铜镜青瓷博物馆·千镜堂》，陈凤九主编，文物出版社，2007年，彩色图文168页，16开。

古城丹阳历史悠久，人文之脉源远流长，是江南水乡一颗璀璨的明珠。

该书是丹阳铜镜青瓷博物馆的馆藏铜镜的图录，收录该馆收藏的三国到宋为止的青瓷斋257面，时代上启商代，下至明清。品种多样，具有较高的观赏价值和历史价值，其中商代多棱凸弦纹镜，战国嵌绿松石鎏金神兽镜、乳纽纹龙镜、六叶瓣彩绘连弧纹镜，东汉的鎏金神兽镜等极为稀见。

该书反映了民间收藏铜镜的成果，也是目前一部有关民间藏镜的重要著录。

《国家宝藏：中国国家博物馆馆藏精品赏析》，湖南省博物馆编，2007年，彩色图文170页，32开。

该书是湖南省博物馆编辑的中国国家博物馆馆藏文物精品赏析图书。

“国家宝藏——中国国家博物馆馆藏品展”是中国国家博物馆在日本举办的“悠久之美”的归国展，展览中的展品出土于16个省市，时代从公元前4000年到公元10世纪，这是一个浓缩了的中华历史的展览，件件均是珍宝。它们或与一段历史有关，或记录了一个历史事件。为了配合这次展览，深入解读展品，湖南省博物馆组织研究人员编写了该书。

《丹阳铜镜青瓷博物馆·青瓷斋》，陈凤九主编，文物出版社，2007年，彩色图文186页，16开。

江苏省丹阳铜镜青瓷博物馆是宁镇地区首家集收藏、参观、文化交流于一体的私立博物馆。该书是该馆馆藏文物的宣传图录。书中收录青瓷斋250余件，时代从三国到宋，内容丰富，品种多样，是有关民间青瓷收录的一部重要著录。

《丹阳铜镜青瓷博物馆·集古堂》，陈凤九主编，文物出版社，2007年，彩色图文185页，16开。

江苏省丹阳铜镜青瓷博物馆是宁镇地区首家集收藏、参观、文化交流于一体的私立博物馆。该书是该馆珍藏文物的图录。书中收录并介绍了该馆收藏的280余件青铜、瓷器、书画等精品文物。其中战国时期的鎏金凤纹等都属于豪华型的工艺品，可以说基本上反映了一段时期的青铜铸造工艺、青瓷烧制工艺，具有很高的研究价值、历史价值和收藏价值。

《沈阳故宫博物院院藏文物精粹·珐琅卷》，沈阳故宫博物院编著，万卷出版公司，2007年，彩色图文242页，8开。

该书系沈阳故宫博物院所藏珐琅文物的精品图集，英汉文对照。

沈阳故宫博物院现藏珐琅器近300件，基本来自于20世纪50～80年代北京故宫博物院的大量调拨和沈阳故宫原藏以及在社会上的征集。该书共收录藏品170余件，前三章按照清宫珐琅器的制造工艺，分为掐丝珐琅、画珐琅、填珐琅和透明珐琅等四类，将院藏文物中最佳藏品纳入其中；后四章按照清宫珐琅器的使用功能，将院藏珐琅器分为殿堂陈设、宗教用器、仿古彝器、实用之器和屏联之器等类，将院藏珐琅器藏品择优录入。

《赵都风韵——邯郸市博物馆陈列与藏品》，邯郸市博物馆编，科学出版社，2007年，彩色图文236页，16开。

该书以图文并茂的形式，详细地介绍了邯郸市博物馆的发展概况、基本陈列和文物征集两个方面的档案资料。书中集中展示了馆内“五大基本陈列”的主题思想、文化精髓、文物内涵以及部分文物的艺术特色，同时收录了各展厅的效果图及展出重点文物的背景资料、图片，融知识性、趣味性、资料性、学术性于一体。

《中国国家博物馆馆藏文物研究丛书：瓷器卷（明代）》，中国国家博物馆编，上海古籍出版社，2007年，彩色图文224页，16开。

该书的内容包括两部分：一部分是图录、图释文字。图录包括器物的全形照片及必要的细部、纹饰、铭文、款识、题跋、题签和拓片、线图，图释文字则是对文物的特征、艺术特征及出土时间、地点、流传情况、著录情况、近今人研究情况等作简要的描述和说明，必要时附释文和简洁的考释文字。另一部分是学术论文，针对该卷馆藏文物涉及的有关学术问题做专题或专项研究，或以馆藏文物为线索对该类文物进行综合研究。

中国国家博物馆收藏中国古代陶瓷数量较多，质量甚高，尤以明清瓷器的珍藏最具特色。该卷收录该馆所藏明清瓷器精品265件，如形体高大，纹饰精美，传世极少的明洪武青花龙凤纹三足炉；造型源自十三世纪伊斯兰风格的明永乐青花海水白龙纹扁壶，白色游龙，青花海水，气势雄健，是永乐青花瓷的精品；斗彩葡萄纹高足杯为成化官窑的创新器物，造型秀巧，施彩明艳。除展示器物的高清图片外，还有精准的文字介绍和研究论文。

《中国国家博物馆馆藏文物研究丛书：瓷器卷（清代）》，中国国家博物馆编，上海古籍出版社，2007年，彩色图文246页，16开。

该书的内容包括两部分：一部分是图录、图释文字。图录包括器物的全形照片及必要的细部、纹饰、铭文、款识、题跋、题签和拓片、线图，图释文字则是对文物制特征、艺术特征及出土时间、地点、流传情况、著录情况、近今人研究情况等作简要的描述和说明，必要时附释文和简洁的考释文字。另一部分是学术论文，主要是对该卷馆藏文物涉及的有关学术问题做专题或专项研究，或以馆藏文物为线索对该类文物进行综合性研究。

《婺源博物馆藏品集粹》，婺源博物馆编，文物出版社，2007年，彩色图文208页，16开。

婺源博物馆创建于1953年，是综合性地方历史博物馆。婺源自古文风鼎盛，代有名人，素享“书乡”美誉。婺源文博工作者征集收藏珍贵文物及艺术品万余件。馆藏文物中，以唐宋名砚，两宋纪年墓瓷器、明清书画、历史工艺品甚优。该书精选该馆馆藏近二百件，按照陶瓷、杂项、研磨、书画四个部分予以介绍。

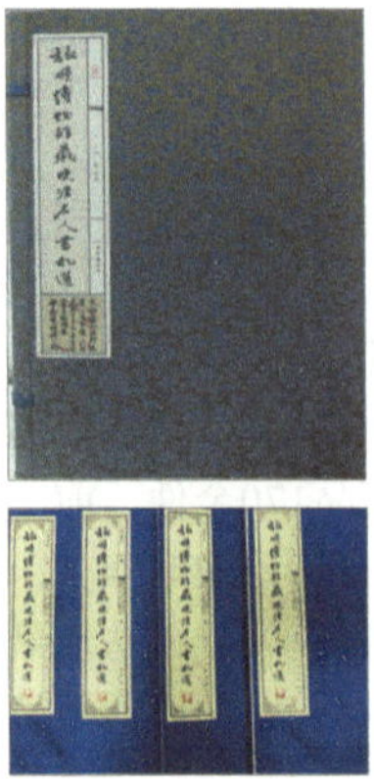

《旅顺博物馆藏晚清名人书札选》（套装竖排版）（全四册），郭富纯主编，万卷出版公司，2007年，722页，8开。

旅顺博物馆藏有大量名人信札，这些书信多数没有公开发表，尤其是近代一些参加过中法战争、甲午战争的将领在战争期间的书信往还，更是研究这段历史的珍贵资料，不仅具有较高的文物价值，而且具有极高的史料价值。书信的作者不仅是这些重大事件的亲历者，他们不仅见证了历史，而且在这些重大事件中充当了主要角色，书札的内容涉及对时局的分析判断，对战争进程的记载和评述，不仅表现了将士们保家卫国的壮志豪情，也有对当政者决策失误、将帅不和、互不统属而使战争失利的感叹和无奈。书札的作者均是当时的军政要员，如李鸿章、长顺、刘铭传、宋庆、徐邦道、聂士成、张之洞、荣禄、王懿荣等在晚清历史上十分活跃的政治、文化名人，他们以自己的独特视角，真实而生动地再现了那段历史的原委和细节，还有很多书信的内容，大到国家大政方略，小至同僚往来应酬，作者均能直抒胸臆，感情真挚，读来如身临其境。该书是一部中国清代晚期社会的历史缩影，从影响晚期社会变革的重大历史事件，到官场百态、风俗时尚，在诸名家的笔端跃然于纸上。

鉴于此，旅顺博物馆组成了由郭富纯先生为组长的整理小组，对这些书信进行整理编排，遴选出有价值的书信予以发表，以便有志者进行研究和欣赏。

《你应该知道的200件古代陶俑》（故宫收藏），故宫博物院编，冯贺军主编，紫禁城出版社，2007年，彩色图文269页，16开。

该书是北京故宫博物院紫禁城出版社授权台北艺术家出版社，同步出版的“故宫收藏系列丛书”之中的陶俑分册，全书以大幅彩色图版与解说对照呈现，便于读者了解故宫博物院藏陶俑的价值及其特征。书前有编者撰写的专文，介绍中国古代陶俑的起源、各历史时期陶俑出土情况及其特征。

该书是“故宫收藏系列丛书”中的陶俑分册，书中内容从战国秦汉、魏晋南北朝、隋唐五代到宋元明一一阐述介绍，全书编排设计，既精致又高雅悦目，200件陶俑以精美画面呈现，是一本提供研究中国古代陶俑的重要专书，更是爱好雕塑及审美人士不可缺少的重要参考书籍。

《你应该知道的200件宜兴紫砂》（故宫收藏），故宫博物院编，王健华主编，紫禁城出版社，2007年，彩色图文325页，16开。

该书是紫禁城出版社与台北艺术家出版社同步出版的“故宫收藏系列丛书”的宜兴紫砂分册。

江苏宜兴紫砂陶器自明代以来，以其深邃的文化品位和人文亲和力享誉全球，将中国陶器之美发展到极致。故宫博物院收藏的35万多件古代陶瓷器中，有将近400件宜兴紫砂器。20世纪80年代以来，随着国内考古紫砂出土的增多和国外对中国紫砂研究的深入，一股前所未有的研究热潮风靡业内。

该书从故宫博物院藏品中精选出明清皇家紫砂名壶、文房用品、陈设等器物共计200件，其中包括故宫紫砂展的全部展品150件在内。全书以大幅彩版与文字解说一一解读故宫收藏的宜兴紫砂。

书的内容包括：前言、明代紫砂宜兴窑时大彬款紫砂雕漆四方壶等10件图版、清代紫砂宜兴窑紫砂黑漆描彩绘方壶等181件、现代紫砂神鸟出林壶等9件，总计200件紫砂名作，每一幅紫砂均附有解说文字，并附录紫砂器的鉴定、明清时期宜兴紫砂名家小传、紫砂壶制作方法、参考文献等。

《你应该知道的200件钟表》（故宫收藏），故宫博物院编，关雪玲主编，紫禁城出版社，2007年，彩色图文308页，16开。

该书是“故宫收藏系列丛书”中的钟表分册。故宫博物院的钟表收藏是在明清两代皇宫收藏的基础上建立起来的，包括近300年以来东方和西方各国的作品，在世界钟表收藏中占有极其重要的地位。

全书以200幅彩色全图、局部放大来对照解说文字，加上前文，以及三篇附录“清宫收藏的雅克·德罗钟表浅析”“钟表制作者及厂家名录”“钟表历史大事年表”全套呈现这批珍贵钟表的全貌。

《你应该知道的200件青铜器》（故宫收藏），故宫博物院编，丁孟主编，紫禁城出版社，2007年，彩色图文325页，16开。

该书是“故宫收藏系列丛书”中的青铜器分册。以图文配合的方式，选择故宫博物院青铜文物200件予以介绍。很多著名文物都是我们耳熟能详的器物，阅读该书，让读者进一步增加文物知识，了解中华优秀传统文化的博大精深。

《你应该知道的200件铜镜》（故宫收藏），故宫博物院编，何林主编，紫禁城出版社，2007年，彩色图文317页，16开。

该书是“故宫收藏系列丛书”中的铜镜分册，全书以大幅彩色图版与解说对照呈现。书中介绍了从战国到明清时期的200件铜镜，使读者开阔了眼界，增进读者对铜镜的了解，具有极强的知识性。

《你应该知道的200件佛像》（故宫收藏），故宫博物院编，李静杰、田军主编，紫禁城出版社，2007年，彩色图文301页，16开。

佛教造像，伴随着中古、近古中华民族历程，几近两千年岁月，一路走来。它见证着这个伟大民族的心理和审美，融会着域外文化及华夏文明的精髓。中国佛教造像从孕育至成熟，由民族化而民俗化，乃至成为人们日常生活的精神依托。

该书是“故宫收藏系列丛书”中的佛像分册，全书以彩色图版与解说对照形式介绍了故宫博物院珍藏的200件佛像，图文配合，让读者精深博大，让人荡气回肠的佛教美术，领略融会着域外文化及华夏文明的精髓佛教文化。

《中国国家博物馆馆藏文物研究丛书：绘画卷（风俗画）》，中国国家博物馆编，上海古籍出版社，2007年，彩色图文331页，16开。

“中国国家博物馆馆藏文物研究丛书”是一套馆藏重要文物著录与专题研究相结合的学术著作。该书是其中的绘画卷（风俗画），书中精选中国国家博物馆馆藏绘画珍品，共分历史人物与事件、社会经济与民风民俗、文学与书画三部分，精选宋至清名画六十余幅，其中宋人绘《中兴四将图》《职贡图》《九歌图》，元《大驾卤簿图卷》，明《平番得胜图》《抗倭图》《南都繁会图》，清《十全敷藻图》《乾隆南巡图》《千叟宴图》等为我们展现了部分历史人物、历史事件及当时社会状况的场景，不仅有很高的艺术价值，也更具历史价值，其中不少作品为第一次发表。

《陈炉耀州瓷精萃》，耀州窑博物馆编，薛东星、糕振西主编，文物出版社，2007年，彩色图文180页，16开。

陕西铜川陈炉镇是闻名古今的陶瓷重镇，被誉为“东方古瓷镇”的活化石。它继承耀州窑千年炉火不熄，延续历史1400余年。元代后期，陈炉窑的制瓷技艺和规模已超过同期耀州窑，一跃成为西北地区的瓷业基地和最大烧造区。明清时期，陈炉镇的陶瓷业达到最高峰。该书收录陈炉耀州窑遗址出土晋国时期的青釉、白釉、黑釉、姜黄釉、铁锈花等各类瓷器精品约260件，多数器物附有器底照片，为研究中国北部陶瓷的发展和断代提供了珍贵的实物资料。

《中国国家博物馆馆藏文物研究丛书：甲骨卷》，中国国家博物馆编，上海古籍出版社，2007年，314页，16开。

中国国家博物馆馆藏甲骨首次正式整理公开展示，收录商代甲骨268片，其中不乏大片、重要之片，如武丁时期的大版战事卜辞牛胛骨、与127坑有关的大龟六版、小臣墙卜辞牛肋骨等。《中国国家博物馆馆藏文物研究丛书：甲骨卷》收录甲骨按贞人与字体分为八组，每组甲骨按卜辞内容如祭祀、战事、农业、气象、田猎等排列，每片甲骨著录馆藏编号、尺寸、字数、分组、释文和考释，并有彩色图版和拓片，对古文字研究将是一部重要的著作。

《西汉南越王博物馆珍品图录》（中、英、日、德、法、西文版），西汉南越王博物馆编，文物出版社，2007年，彩色图文135页，16开。

西汉南越王博物馆依托西汉南越王墓原址而建立并于1988年开放，迄今已接待国内外观众300多万人次，为满足国内外观众的需求，特依照陈列的顺序，精心筛选能展示墓室、出土文物及杨示德夫妇捐赠德珍贵瓷枕等精品编辑成册。

该书既不同于以往的专题图录，又不同于大型画册，而是平装普及本，且有中、英、日、法、德、西班牙六种文本，适合不同语种读者的需求。

《西域异服：丝绸之路出土古代服饰复原研究》（东华美术考古丛书），包铭新主编，东华大学出版社，2007年，彩色图文148页，16开。

该书通过对丝路出土古代服饰的复原，加深了对文物的理解，从中汲取了更多湮没的历史信息。全书详细分析了LE壁画墓、楼兰LE北壁画墓半袖衫复原、楼兰LE北壁画墓三角形衣饰复原、L刺绣手套03LM1：6复原、楼兰LE北壁画墓长袖衣复原、楼兰LE北壁画墓人物服饰复原、彩绘绢衫复原研究经过，使这种研究在方法论上有新的收获。

《中国国家博物馆馆藏文物研究丛书：历史图片卷》，中国国家博物馆编，上海古籍出版社，2007年，彩色图文301页，16开。

该书是多卷本“中国国家博物馆馆藏文物研究丛书”中的历史图片卷，是馆藏重要文物著录与专题研究相结合的学术著作。该书以原中国历史博物馆收藏的五万余张历史照片为基础，通过分类、拣选、研究、编撰而成。这批历史照片中的一部分是从1912年创立的国立历史博物馆继承接收而来，一部分是中华人民共和国成立以后从社会上征集所得，还有一些是中华人民共和国成立初期从旧货市场上买来的相册簿，另有少量照片是从旧报纸杂志等印刷品上翻拍来的。

该书精选五百余张照片，归类为六大主题：近代学校教育的变革、近代女性与婚姻家庭、近代婚丧寿庆礼俗的演变、近代邮政与交通运输、近代工商与金融、近代社会治安与刑法，各主题包含内容丰富，从中可以领略近代社会变迁的风貌。

《中国国家博物馆馆藏文物研究丛书：玉器卷》，中国国家博物馆编，上海古籍出版社，2007年，彩色图文373页，16开。

该书是多卷本“中国国家博物馆馆藏文物研究丛书”中的玉器卷，是一套馆藏重要文物著录与专题研究相结合的学术著作。书中基本涵盖了中国国家博物馆馆藏中的玉器。

该书内容包括两部分：一部分是图录、图释文字。图录包括器物的全形照片及必要的细部、纹饰、铭文、款识、题跋、题签和拓片、线图，图释文字则是对玉器形制特征、艺术特征以及出土时间、地点、流传情况、著录情况、近今人研究情况等作简要的描述和说明，必要时附释文和简洁的考释文字。另一部分是论述文字。论述文字是本卷的文物研究部分。

《沈阳故宫博物院院藏文物精粹·瓷器卷》，沈阳故宫博物院编著，万卷出版社，2008年，彩色图文340页，8开。

该书系沈阳故宫博物院所藏瓷器精品图集，中英文对照。

收录瓷器文物精品310件，采用文物图片799幅。全书体例按照瓷器的制作工艺，

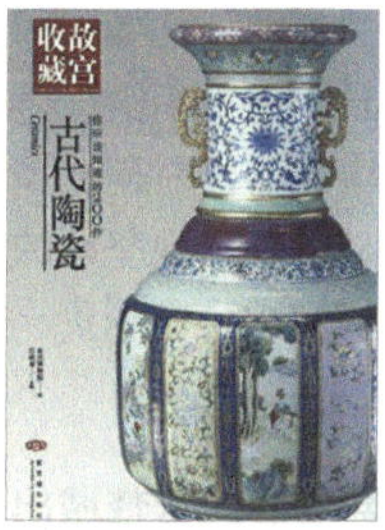

即按瓷釉的差异分为青花瓷系、彩瓷系、单色系和仿古仿生瓷系等四章。各章按照釉质不同分成多个小节，各节中的排列顺序以器型、年代来确定。该书所选录的文物藏品多数是明、清时期特别是清代所制的官窑器物，是在院藏瓷器精品中筛选出来的。

《你应该知道的200件古代陶瓷》（故宫收藏），故宫博物院编，吕成龙主编，紫禁城出版社，2008年，彩色图文297页，16开。

该书是紫禁城出版社与台北艺术家出版社同步出版的“故宫珍藏文物系列丛书”的古代陶瓷分册。

《山东省博物馆馆藏精品》，鲁文生主编，郭思克、王斌副主编，山东友谊出版社，2008年，彩色图文425页，8开。

该书是山东省博物馆藏品选的图录，收录山东省博物馆馆藏文物件，配合照片有简洁的文字介绍。该馆文物多为山东地区出土和传世的珍品，历史文物中尤以陶瓷器、青铜器等，展现出浓郁的山东地方风格。

《沈阳故宫博物院院藏文物精粹·绘画卷》，沈阳故宫博物院编著，万卷出版社，2008年，彩色图文231页，8开。

《沈阳故宫博物院院藏文物精粹》包括：珐琅卷、绘画卷（上下卷）、瓷器（上下卷）。中英文对照。源自沈阳故宫博物院院藏的一、二、三级藏品，共选出300件从明代、清代到近现代的代表性作品。

该卷系沈阳故宫博物院所藏绘画作品集，分上、下卷，收录绘画作品300件，其中立轴211件、册页36件、手卷33件、条屏7件、横幅3件、单片5件、门方1件、扇面4件，共涵盖自明代、清代至近现代的各类画家155人的作品541幅，均选自沈阳故宫博物院珍藏的绘画作品。作品内容以山水、花、人物为主，作品有色，有墨，作品形式有立、册、手卷、横幅、屏、扇面等，可谓是各家兼备，形式多样。

《近现代书画：湖北省博物馆藏书画选》，湖北省博物馆编，文物出版社，2008年，彩色图文113页，16开。

湖北省博物馆藏近现代书画不乏大家的作品，如“海派”画家吴昌硕、任颐、任薰、任预的作品；“京派”画家陈师曾、齐白石的作品；“岭南画派”高剑文的作品；近代书画大家张大千、徐悲鸿等的作品。同时收录有左宗棠、康有为、梁启超等近现代名人的书法作品及部分湖北籍画家的画作精品。可以说这些作品是我国近现代书画史的缩影。

《你应该知道的200件玉器》（故宫收藏），故宫博物院编，张广文主编，紫禁城出版社，2008年，彩色图文285页，16开。

该书是紫禁城出版社与台北艺术家出版社同步出版的“故宫珍藏文物系列丛书”的玉器分册。

书中主要用图文配合的方式介绍了200件标准玉器，按照时代顺序依次展示了新石器时代的玉琮、玉兽面纹璜、玉兽形块、玉龟甲、玉刻图长方板、玉兽面纹圭、玉人首、玉鹰攫人首佩，夏商及西周的玉牙璋、玉弦纹环、玉夔纹人首佩、玉镂雕人形佩等一一解读。这些玉器是去伪存真的试金石，让读者轻松开启文物收藏之门，从中发现真、寻到美、享受爱。

《你应该知道的200件紫檀家具》（故宫收藏），故宫博物院编，宋永吉主编，紫禁城出版社，2008年，彩色图文307页，16开。

该书是“故宫收藏系列丛书”中的紫檀家具分册。该书重点介绍了明清硬木家具、故宫藏紫檀家具、紫檀雕花床、紫檀嵌玉床、紫檀雕漆嵌铜花床、紫檀雕夔龙床、紫檀嵌黄杨床、紫檀嵌青白玉雕龙床、紫檀雕夔龙床、床榻、椅座、桌案、柜橱、几架、屏联等紫檀家具。从明代末期至清代康熙时期，这一时段生产的宫廷家具，做工精湛、造型美观、简练舒展、线条流畅、稳重大方。清代雍正至嘉庆，正处于康乾盛世时期，经济发展，各项民族工艺有很大提高，由于黄花梨木的过度开发，来源枯竭，质地坚硬的紫檀木才形成时尚。这一时期内生产的家具，工艺精湛，装饰性强，显示出雍容华贵、富丽堂皇的艺术效果。

《你应该知道的200件鼻烟壶》（故宫收藏），故宫博物院编，张荣主编，紫禁城出版社，2008年，彩色图文269页，16开。

该书是紫禁城出版社与台北艺术家出版社同步出版的“故宫收藏系列丛书”的鼻烟壶分册。

鼻烟壶是盛放鼻烟的专用器具，是中国古代文物中的一个独特品种。它是随着吸闻鼻烟习俗的兴起应运而生的。清代鼻烟壶的制作，首先是从宫廷造办处开始，然后扩展到民间作坊。

该书所选的200件藏品反映了清代宫廷造鼻烟壶的制作水平。故宫博物院主要收藏清代康熙至乾隆的鼻烟壶，其中绝大部分藏品为传世品。

《大同博物馆精品选萃》（大同历史文化丛书），王雁卿著，山西人民出版社，2008年，彩色图版60页，16开。

该书是大同博物馆馆藏文物的图录，属于“大同历史文化丛书”之一。全书分为北魏文物、辽金元文物、明清民国文物三个部分，用图文对照的方式详细介绍了大同博物馆精品文物。

《云南省博物馆馆藏精品全集：廖新学美术作品》，云南省博物馆编，云南人民出版社，2008年，彩色图文329页，16开。

该书收录云南省博物馆收藏的当代中国美术大师、云南现代美术奠基人、云南新美术教育开拓者廖新学的油画、素描、雕塑等作品279件，其作品表现题材丰富、手法细腻、构图完美、色彩精炼、功底扎实，人物形象生动，历史痕迹突出，有极高的人文历史和绘画艺术研究价值。书中还记录了廖新学从牧童到大师的经历和他的人生与艺术、代表性油画、雕塑、素描、色粉画、中国画及年画作品以及图案设计，附录有年表及索引。

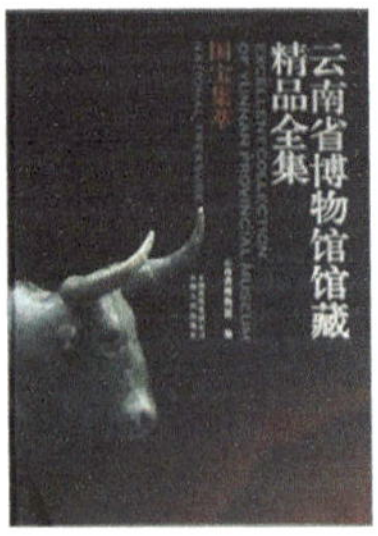

《云南省博物馆馆藏精品全集：国宝集萃》，云南省博物馆编，云南人民出版社，2008年，彩色图文384页，16开。

该书是云南省博物馆馆藏文物精品全集的国宝集萃分册。该丛书计划出版11册，分别是国宝集萃、史前遗存、青铜器、佛教文物、瓷器、陶器、书画、碑帖、工艺品、民族文物、廖新学美术作品。

云南省博物馆成立于1951年，收藏各类文物近20万件，收藏种类有古人类化石、旧石器和新石器、战国到西汉的滇文化青铜器、南诏大理国时期的佛教文物、极具特色的云南少数民族文物，内容涵盖了云南历史的所有时期，该书收录云南省博物馆收藏的文物精品220件（组）。

《你应该知道的200件玻璃器》（故宫收藏），故宫博物院编，张荣主编，紫禁城出版社，2008年，彩色图文252页，16开。

该书是紫禁城出版社与台北艺术家出版社同步出版的“故宫收藏系列丛书”的玻璃器分册。

故宫博物院藏战国到清代玻璃器4000余件，其中绝大部分藏品为传世品，清代玻璃器所占比例最大。清代玻璃器分为宫廷制造与民间制造两大系列。有清一代，从康熙皇帝玄烨到末代皇帝溥仪，造办处玻璃厂从未停止玻璃的制造。

书中按照单色玻璃、套玻璃、玻璃胎画珐琅、金星玻璃、其他玻璃五个类别，精选透明玻璃水丞、透明玻璃撇口花盆、透明玻璃十二棱大罐、透明玻璃球腹瓶、黄色玻璃直颈瓶、蓝色透明玻璃八棱瓶、紫色玻璃马蹄式瓶、蓝色透明玻璃尊、白套红玻璃凤纹瓶、白套红玻璃瓶、白套红玻璃云龙纹玉壶春瓶以及玻璃胎画珐琅、玻璃胎画珐琅花蝶纹小瓶、玻璃胎画珐琅花鸟纹瓶等200件藏品予以介绍，反映了清代宫廷造玻璃的制作水平。

《你应该知道的200件珐琅器》（故宫收藏），故宫博物院编，陈丽华主编，紫禁城出版社，2008年，彩色图文269页，16开。

该书是紫禁城出版社与台北艺术家出版社同步出版的“故宫收藏系列丛书”的珐琅器分册。

珐琅又称“佛郎”“拂郎”“发蓝”，是以矿物质的硅、铅丹、硼砂、长石、石英等原料按照适当的比例混合，分别加入各种呈色的金属氧化物，经焙烧、磨碎制成粉末状的彩料后，再依其珐琅工艺的不同做法，填嵌或绘制于以金属做胎的器体上，经烘烧而成为珐琅制品。

故宫博物院收藏有明清两代专为皇帝御用与皇室使用而制造的珐琅器约6000余件，使中国金属胎珐琅工艺发展演变极为珍贵的实物资料。该书图文并茂地介绍了故宫博物院收藏的200件珐琅器。

《你应该知道的200件雕漆》（故宫收藏），故宫博物院编，陈丽华主编，紫禁城出版社，2008年，彩色图文305页，16开。

雕漆，是使用天然漆树上分泌出的一种液体，经加工提炼调制成多种色漆，髹涂于各种器物胎骨上，雕制成色彩斑斓的各种漆器。

该书展示了故宫博物院收藏的“杨茂造”剔红观瀑网八方盘、“杨茂造”剔红花卉尊、“张成造”剔红栀子花纹盘、“张敏德造”剔红赏花图圆盒、剔红茶花绶带鸟纹盘等藏品，附录有雕漆的鉴定、中国第一部保存下来的漆工专著《髹饰录》和雕漆的工艺技法。

《旅顺博物馆馆藏文物选粹·青铜器卷》，旅顺博物馆编，文物出版社，2008年，彩色图文173页，16开。

该书是“旅顺博物馆馆藏文物选粹系列丛书”中的青铜器卷。

旅顺博物馆藏有大量青铜器，其中很多珍品是罗振玉旧藏。为了展现馆藏青铜器的特点，编者几度论证、筛选、研究，从中选取119件（套）器物，按照用途分为食器、酒器、量器、兵器、乐器、杂器六个部分。还选取了大连地区出土和传世青铜器，为读者了解鉴赏、为研究人员提供第一手资料。在编排时，尽可能将每个部分中的同类器物进行归类，并按照时代顺序排列。文字说明除名称、时代、尺寸、来源外，还有基本描述，并注明相关著录，以便学者欣赏和研究。

《常州博物馆50周年典藏丛书：瓷器卷》，常州博物馆编，文物出版社，2008年，彩色图文100页，16开。

该书是常州博物馆馆藏瓷器类文物的精选图录，收录并介绍该馆馆藏精品瓷器92件（组），时代自春秋至清代，反映了常州博物馆馆藏瓷器的独特魅力。

《常州博物馆50周年典藏丛书：书法卷》，常州博物馆编，文物出版社，2008年，彩色图文100页，16开。

该书是常州博物馆馆藏书法类文物的精选图录，收录了自唐至当代的书法作品80幅。这些作品有重要的历史价值、艺术价值，同时具有浓郁的地方特色，对研究常州地区学人的书艺特点提供了珍贵资料。

《常州博物馆50周年典藏丛书：漆木·金银器卷》，常州博物馆编，文物出版社，2008年，彩色图文100页，16开。

该书是常州博物馆馆藏漆木器、金银器类文物的图录，收录并介绍该馆馆藏精品漆木器、金银器90余件，时代自新石器时代至民国时期，其中宋元时期的漆器为该馆特色藏品。

《常州博物馆50周年典藏丛书：绘画卷》，常州博物馆编，文物出版社，2008年，彩色图文100页，16开。

该书是常州博物馆馆藏绘画类文物的精选图录，编者从馆藏两千多件绘画作品中选出93件（组）精品予以介绍，主要是明清时期及近现代常州地区的名人名家作品为主。

《常州博物馆50周年典藏丛书：玉器·画像砖卷》，常州博物馆编，文物出版社，2008年，彩色图文100页，16开。

该书是常州博物馆馆藏玉器、画像砖文物的精选图录，收录新石器时代马家浜文化、崧泽文化、良渚文化的玉器，以及汉至清代的精美玉器，介绍了富有当地特色的南朝时期画像砖，共收录两类文物82件（组）。

《镇江出土吴国青铜器》，杨正宏、肖梦龙主编，文物出版社，2008年，彩色图文198页，16开。

该书是镇江博物馆连续出版的馆藏珍品和特色文物丛书之一。

该书立足镇江地区历年出土的吴国青铜器，从一个重要侧面反映吴文化的特征和其发展历程及发展高度，展现了具有创造性的吴国青铜器的风采和吴国青铜器研究取得的重要成果。

《燕赵国宝》，河北省博物馆编，河北美术出版社，2008年，彩色图文273页，8开。

该书是河北省博物馆编辑的文物图录，编者精选该省各文物收藏单位的珍贵文物291件（套），包括陶器、瓷器、玉器、石器、青铜器、金银器、漆器、牙雕、骨角器、珐琅器等，琳琅满目，美不胜收，展示了河北灿烂文明和悠久历史。书中文物时间跨度达到一万年，几乎涵盖了中国历史的各个时期。这些文物异彩纷呈，件件独具特色，每一件国宝都是一个时代的缩影，承袭着不同历史时期的文化内涵。书中每一幅文物图片均配有200字的简要说明，包括文物的时代、出土地点、收藏单位、尺寸、文物价值等。

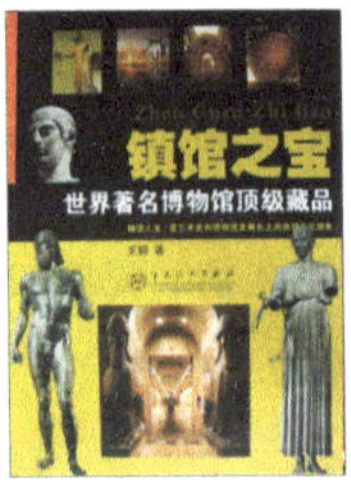

《镇馆之宝：世界著名博物馆顶级藏品》，王鹤著，百花文艺出版社，2009年，彩色图文286页，16开。

镇馆之宝是一座博物馆最具代表性的藏品。它不但代表着这座博物馆的水平、规模、收藏范围等有形数据，更代表着这座博物馆的魅力、气质、性格等无形因素。该书精选世界著名博物馆的镇馆之宝予以介绍，并配有精美的文物照片和博物馆外景、展厅及参观导览图。

每座博物馆都有自己分量最重、最值得炫耀和最得意的藏品，即我们常说的“镇馆之宝”。作者选择40座博物馆的60件藏品进行介绍。在叙述时，同一博物馆的几篇文章既独立成章又互为补充，并按时间顺序的发展来叙述。编者在介绍时着重三个方面的因素：博物馆的由来与现状、镇馆之宝的选择理由以及镇馆之宝的艺术和文化价值。

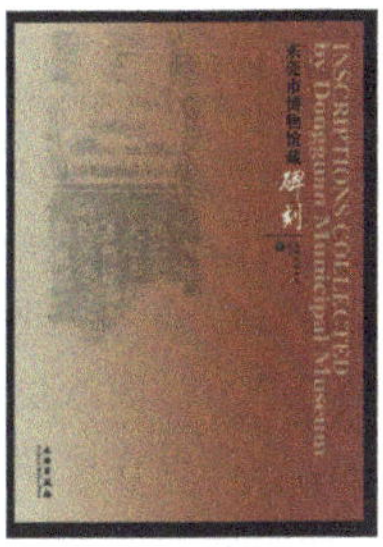

《东莞市博物馆藏碑刻》（东莞市博物馆丛书），东莞市博物馆编，文物出版社，2009年，彩色图文159页，16开。

该书收录东莞市博物馆所藏历代碑刻的拓片近60种，并附以录文和简要考释，还收录相关研究论文数篇。书中所辑碑刻的年代，上起北宋，下迄民国，以明清为主。碑刻的种类有墓志碑、纪事碑、诰命碑、告示碑、功德碑、艺文碑等，其中主要为墓志碑。碑刻的内容，涉及北宋至民国近千年东莞的政治、经济、军事、文化和教育等方面，是研究东莞社会历史的珍贵文献，具有多重价值。

《东莞市博物馆藏玉器》（东莞市博物馆丛书），东莞市博物馆编，文物出版社，2009年，彩色图文150页，16开。

该书从东莞市博物馆所藏玉器中拣选了81件（套）时代明确、玉质优良、雕琢精细的玉器，以时代为序，以类编排，编汇成图册，并附有专家论文。每件器物均注以文字说明，部分纹饰精美的器物做了拓片，以便让更多的人了解玉器，喜欢玉器。

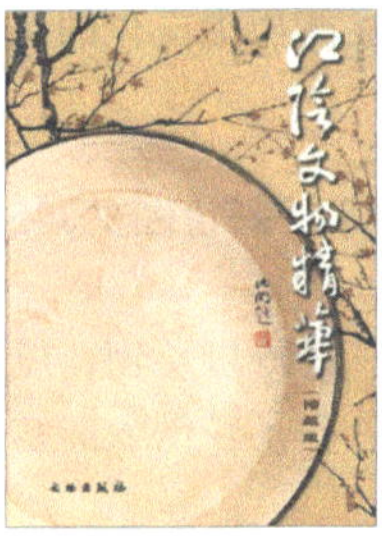

《江阴文物精华》（馆藏版），江阴博物馆编著，文物出版社，2009年，彩色图文285页，16开。

该书以江阴博物馆馆藏文物为主，分玉石器、陶瓷器、青铜器、金银器、书画、宗教文物、服饰、杂件、近现代文物等类别，收录的250余件文物是从13万余件藏品中遴选出来的精品。其中北宋纸本《金刚般若波罗蜜经》、宋木雕人物供桌、宋金藕莲花簪等都是难得一见的精品，展现了江阴地区丰富的历史文化，也彰显了本地文化遗产的保护方面的成果。

《史前双璧》（浙江省博物馆典藏大系），浙江省博物馆编，浙江古籍出版社，2009年，彩色图文191页，16开。

该书是一部全面、系统反映浙江省博物馆馆藏文物基本面貌的学术性图录，书中收录浙江省博物馆馆藏文物253件（组），分为河姆渡文化、马家浜文化、崧泽文化、良渚文化、钱山漾类型文化遗存、马桥文化六个专题，每个专题均按出土时间顺序排列，涉及石器、陶器、玉器、骨器、漆器、木器以及丝织品等，展示了浙江省深厚的历史文化底蕴以及博物馆丰富的馆藏。图片清晰度高，具有观赏和收藏两方面的价值。

《窑火遗韵》（浙江省博物馆典藏大系），浙江省博物馆编，浙江古籍出版社，2009年，彩色图文206页，16开。

该书是“浙江省博物馆典藏大系”中的窑火遗韵分册，按时代顺序展示了该馆的陶瓷器文物及其价值。

浙江省西湖博物馆自1929年建立以来，就收集、保存了大量珍贵文物。这些文物藏品为“浙江省博物馆典藏大系”提供了丰富的实物资料。“浙江省博物馆典藏大系”因而编辑。该系列丛书由《窑火遗韵》《史前双璧》等12本组成。该书是浙江省博物馆馆藏文物的首次全面、系统整理与研究，藏品信息准确，发掘了文物固有的历史、艺术、科学价值，对弘扬、传承民族优秀文化传统，展示历史文化遗产，促进学术研究、文化交流均有重要的意义和价值。

《北国春秋——中国人民大学博物馆馆藏文物陈列图录》，中国人民大学博物馆编，中国人民大学出版社，2009年，彩色图文205页，16开。

该书是中国人民大学博物馆馆藏文物暨“北国春秋”文物陈列的集中展示成果，收录该馆藏品200件（组）予以介绍。

2004年，中国人民大学博物馆开始筹建，并赴内蒙古、新疆、河南、山东等地广泛征集、调拨文物，共征集文物5700余件；藏品年代涵盖了从旧石器时代到近代中国的各个历史时期，其中不乏精品文物。2007年，在中国人民大学校庆七十周年之际，精选200余（组）件文物，组织筹办“北国春秋”文物陈列，于2007年10月29日开展。

“北国春秋”文物陈列分为八个单元，第一单元：石火拓荒——北方大地上的聚落和古国；第二单元：青铜遗韵——华夏形成中的戎狄与方国；第三单元：帝国长风——从旧秦中到新秦中的开拓；第四单元：民族融合——从盛乐城到洛阳城的跨越；第五单元：天朝远域——丝绸古道上的长安与西域；第六单元：长城内外——北方各民族的分立和交融；第七单元：天骄立马——大元一统下的中原与草原；第八单元：芳草碧天——风云际会中的内地和边疆。该文物陈列立足于北方地区，重在反映北方民族与中原王朝数千年来的历史画面，以折射出中华民族多元一体格局形成的历史进程。

《四川博物院文物精品集》，四川博物院编，文物出版社，2009年，彩色图文282页，16开。

该书是为纪念四川博物院新馆落成暨中华人民共和国成立六十周年而编辑的图录，内容分为八编：青铜器、玉器、石刻、画像砖、陶瓷器、书画、杂项、民族文物，介绍四川博物院丰富珍贵文物220件（套），反映了巴蜀地区的历史文化传统和人文风貌。四川博物院藏文物精品中最有特色的巴蜀青铜器、汉代陶石、佛教造像、古代书画、民族文物等，其历史、艺术、科学价值之高，堪称中华民族历史文化的瑰宝，具有持久的艺术感染力和人文精神的生命力。

《郑州博物馆文物精华》，郑州博物馆编，中州古籍出版社，2009年，彩色图文305页，16开。

该书主要介绍了郑州博物馆馆藏的青铜器、陶瓷器、石刻、书画等珍贵文物，反映了该馆丰富的馆藏。书中对每件文物均有简要介绍，并对重点文物作了较深入的知识性解读。

郑州博物馆收藏的青铜器，时代从夏商到明清，类别涵盖了青铜器具的各个品类。多数器物系经考古发掘而得，出土地点明确，时代特色鲜明，地域风格显著；陶瓷器藏品数量丰富，时代延续几乎贯穿了整个中国陶瓷发展史；陶瓷器多是各类遗址、墓葬、窖藏中出土的此类器物的代表，无论是造型、纹饰，还是功能、内涵，都有可观、可思、可究之处；古代石刻，包括造像、碑刻、墓志等类别，地域特点鲜明，艺术价值极高，尤以荥阳唐代大海寺遗址和郑州宋代开元寺遗址出土是石刻造像最具特色。

郑州博物馆征集入藏的知名书画家的作品，以明清和近现代作品最为出色，其中不乏沈周、龚贤、陈鸿寿、康有为、徐悲鸿等名家精品。

《苏州博物馆藏瓷器》（苏州博物馆藏品系列），苏州博物馆编著，文物出版社，2009年，彩色图文260页，16开。

该书是“苏州博物馆藏品系列”图录中的瓷器分册，收录并介绍苏州博物馆代表性瓷器160余件。

苏州博物馆藏瓷器3000多件，具有四个特点：①时代齐全，上自春秋战国，下至民国时期的瓷器均有收藏；②南方窑口的瓷器相对齐全，例如景德镇窑、吉州窑、建窑、龙泉窑、石湾窑、德化窑等；③官窑器多，并且集中在中国制瓷业最发达的时期，如明代永乐宣德时期、清代康雍乾时期；④品种繁多、造型丰富。从用途讲，有日用器、祭器、装饰瓷、玩赏瓷。从造型讲，既有常见的碗、盘、壶、罐、瓶，也有造型别致的像生器，如人物壶、葫芦瓶，更有精美绝伦的瓷雕。

《嘉华天宝：嘉善县博物馆馆藏文物精选》，嘉善县博物馆编，文物出版社，2009年，彩色图文150页，16开。

该书是嘉善县博物馆馆藏文物的图录，收录该馆文物藏品20件（组），前有专文概述，后有图版介绍，按照石器、陶瓷器、玉器、铜器、书画分类予以展示。

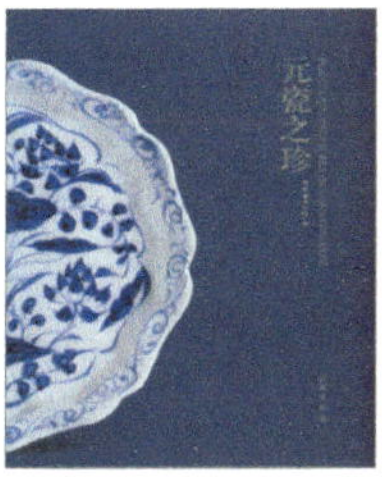

《元瓷之珍》，安徽省博物馆编，文物出版社，2009年，彩色图文180页，16开。

该书收录的元瓷以安徽省的出土精品文物为主，同时收入省外的少量元瓷名品。窑口和品种涉及景德镇窑的青花、蓝釉、釉里红、卵白釉和影青釉瓷，以及龙泉窑和哥窑的元代瓷器精品。所收瓷器精品绝大多数出自纪年墓或窑藏、遗址（部分为最新出土的资料，尚未面世），可谓元瓷标准器。

《华侨博物院藏品精华》，华侨博物院编，丁炯淳主编，文物出版社，2009年，彩色图文283页，16开。

该书是华侨博物院藏品精华的汇编。书中收录从各种类别的院藏品中选出400余件（陶）精品，有中国古代陶瓷器、明清及近代书画、古代青铜器、杂项、外国文物、侨史文物六大类。除了侨史文物类择自建院50年以来的征集所得之精品外，其余均为陈嘉庚建华侨博物院时已经收藏的文物。

《神韵：武当道教造像艺术》，武当博物馆编著，文物出版社，2009年，彩色图文200页，16开。

该书以图文并茂的形式，展示武当山道教造像精华，介绍道教造像艺术的发展渊源、美学特征、史学价值等，为研究武当山各时期道教造像艺术、铸造工艺提供了宝贵资料。

武当山是道教圣地，被列入世界文化遗产。武当山道教造像在国内道教造像领域占有重要地位，数量之多、等级之高、质地之全，艺术水准之高全国罕见。

《苏州博物馆藏出土文物》（苏州博物馆藏品系列），苏州博物馆编著，文物出版社，2009年，彩色图文247页，16开。

该书是苏州博物馆藏品图录中的一册，收录苏州博物馆历年考古发掘出土文物中有代表性的器物200余件，时代包括新石器、商周、汉魏六朝、唐宋及元明等不同时期，器物种类有陶器、石器、玉器、铜器、木器、金银器等，为了解苏州以至江南地区的古代的社会生产、经济、民间生活等提供了可以观察到的实物资料。

《方寸乾坤》（浙江省博物馆典藏大系），浙江省博物馆编，浙江古籍出版社，2009年，彩色图文206页，16开。

该书是“浙江省博物馆典藏大系”之一。全书在序言之后分为综述、战国、秦汉六朝、唐宋元明、清、近现代和图版目录七个部分，以时代为序，用图文对照的形式介绍浙江省博物馆收藏的官印、私印。这些具有历史、科学、艺术价值的印品，不仅是逝去时代各种信息的载体，而且对当今社会的进步也具有显而易见的现实意义。

《长夜破晓》（浙江省博物馆典藏大系），浙江省博物馆编，浙江古籍出版社，2009年，彩色图文189页，16开。

该书是“浙江省博物馆典藏大系”之一，书前有综述，图版部分按照风雷激荡、反抗西方侵略、太平天国运动、维新变法思潮、民主革命的勃兴、世纪曙光、“五四”与新文化运动、衙前农民运动、国民革命运动、星火燎原、农民武装暴动兴起、红十三军的创建、抗日先遣队的斗争、红军挺进的游击战争、抗日烽烟、九一八事变、七七事变、群众性的抗日救亡运动、敌后抗战与根据地建设、浙江抗战的胜利、抗战胜利后的形势、解放战争的胜利发展、国统区的爱国民主运动、解放与新生排序。图版之后是整个图版的目录。

《槁木奇功》（浙江省博物馆典藏大系），浙江省博物馆编，浙江古籍出版社，2009年，彩色图文204页，16开。

该书按照时代发展的顺序，介绍了浙江省博物馆珍藏的铜器和铜镜文物，附有综述一篇，介绍了浙江省博物馆收藏的铜器、铜镜及其价值。

《聚珍荟宝》（浙江省博物馆典藏大系），浙江省博物馆编，浙江古籍出版社，2009年，彩色图文206页，16开。

该书是“浙江省博物馆典藏大系”文物图录列之一，内容分为序、综述、瓷器篇、玉石篇、金银器篇、石砚篇、其他篇和图版目录依次介绍了该馆的典型文物，以使更多的人了解浙江的历史与文化，准确地掌握本馆藏品的基本信息，促进展览交流、学术研究、艺术鉴赏。

《泉林剪影》（浙江省博物馆典藏大系），浙江省博物馆编，浙江古籍出版社，2009年，彩色图文205页，16开。

该书是“浙江省博物馆典藏大系”之一，书前有概述，图版部分按照综述、古钱、古代金银货币、近代机制币、纸币四个部分的顺序，介绍了浙江省博物馆收藏的钱币及其价值，叙述了货币的发展史。

《越地范金》（浙江省博物馆典藏大系），浙江省博物馆编，梅丛笑等编著，浙江古籍出版社，2009年，彩色图文207页，16开。

历史文化遗产，是人类在征服自然、改造自然和推动社会发展过程中知识和精神的累积，是全人类的共同财富。作为历史文化遗产重要组成部分的文物艺术品，是人类智慧的结晶，蕴涵着无穷无尽的生命力，不仅是逝去时代各种信息的载体，而且对当今社会的进步有现实意义。

该书是“浙江省博物馆典藏大系”之一，内容分为铜器、铜镜两部分。编者通过对馆藏青铜器的梳理，遴选了各历史时期具有代表性的铜器、铜镜，共计308件（组）。这些具有地域特色的藏品，基本反映了浙江省博物馆馆藏青铜器的水平和馆藏特色。图录以历史时代为序，上起商周，下迄清代，充分展现了浙江铜器、铜镜的发展历史和主要类型。

《苏州博物馆藏工艺品》（苏州博物馆藏品系列），苏州博物馆编著，文物出版社，2009年，彩色图文224页，16开。

该书是“苏州博物馆藏品系列丛书”之一，收录苏州博物馆收藏的玉器、竹木器、牙角器、漆器、泥塑等，制作时代自西周直至明清及近代。这些文物器种类多，制作精，器形漂亮，大多为苏州本地艺术家和工匠制作，体现了“苏作”的特点，有的作品堪称精绝。该书编排考究，是一本非常养眼的画册。

《你应该知道的200件镶嵌家具》（故宫收藏），故宫博物院编，胡德生主编，紫禁城出版社，2009年，彩色图文284页，16开。

在中国艺术史上，“镶嵌”与“彩绘”两种工艺始终盛行不衰，体现这两种工艺最充分的器物首推日用家具。家具作为生活用具，与人们朝夕相处，成为人们生活的一个重要组成部分。随着精神文明与物质文明、文化与艺术的不断发展，家具已不是简单的生活用具了。在家具的造型、纹饰及使用习俗中，充分表现了中国的传统文化和思想。家具已成为中国传统文化最丰富的物质载体，这些传统文化主要是通过“镶嵌”与“彩绘”手法来表现的。该书收录并介绍200件中国明清时代著名的镶嵌家具作品。

《你应该知道的200件曲阳造像》（故宫收藏），故宫博物馆院编，胡国强主编，紫禁城出版社，2009年，彩色图文229页，16开。

该书介绍了200件隋唐时代曲阳地区的佛像作品，书中文物按照时代顺序进行编排。在同一时代内，又按照佛像、菩萨像、太子像、罗汉像、护法像、供养人像、伎乐像的类别顺序排列。为了方便阅读，考虑到曲阳地区造像的特点，图录也将双身佛像、双身菩萨像以及单、双身思维菩萨像等集中放在对应类别的造像之后，如双身佛像放在单身佛像之后，单身思维菩萨像则放在单身菩萨像之后等。

《中国古代玉器》（上海博物馆藏品研究大系），张尉著，上海人民出版社，2009年，彩色图文412页，8开。

该书是大型系列丛书“上海博物馆藏品研究大系”之古代玉器卷，是上海博物馆玉器藏品研究的专著。书中以图文配合的方式梳理了上海博物馆的古代玉器收藏与研究概况，包括玉器的来源与特点、玉器研究的历史与现状、馆藏玉器的研究与真伪鉴别，全方位、多角度再现了上海博物馆玉器收藏与研究概况。

该书不同于一般文物藏品图录，书中论述基于馆藏玉器的实际状况及特点而有所选择，鉴于经考古发掘的出土玉器已有专门报告或论著予以阐述，故将关注点聚焦于传世品的研究。对于以往未经阐发或忽略之方面则会有所侧重，并结合博物馆研究工作的自身性质，把对藏品的断代、鉴定研究放在一个显要的位置。作者利用最新的考古或研究成果，以及多年的研究心得，为读者提供尽可能多的信息。

《秦始皇帝陵》，秦始皇兵马俑博物馆编著，文物出版社，2009年，彩色图文344页，8开。

该书是为纪念秦始皇兵马俑博物馆开馆三十周年而编著的大型文物藏品图录。编者以图文并茂的形式，将秦陵考古三十五年的工作加以总结，以资纪念。

该书以秦陵为大背景，以对文物的研究为基础，从“丽山秦陵”“K0007陪葬坑”“K0006陪葬坑”“K9901陪葬坑”“K9801陪葬坑”“兵马俑坑”六个方面的内容分别介绍。从秦始皇帝陵园“若都邑”的规划思想出发，对秦陵的选址、营造、修建和布局等情况进行了综述，对目前已勘察获知的陪葬墓、陪葬坑的具体情况进行了分述，内容丰富翔实，图片既有局部陶俑及遗址遗物的特写，又有遗址俑坑的整体效果，文物资料清晰度高。

该书荣获美国“班尼印刷金奖”。

《湖南出土金银器》（湖湘文库），喻燕姣著，湖南美术出版社，2009年，16开。

该书是“湖湘文库”之一，该书首次公布了一批湖南省博物馆收藏的20世纪50年代以来的出土金银器的资料，并大量使用了历年出土材料中保存最好、研究价值最高的文物精品的图片，其提供的图片资料与文物信息对于湖南出土金银器的研究乃至中国古代金银器的研究都具有重要意义。

湖南出土金银器既在一定程度上反映了中国古代金银器的发展脉络，又有自己鲜明的地方特色，是研究中国金银器不可或缺的重要材料。

《旅顺博物馆馆藏文物选粹·陶瓷卷》，旅顺博物馆编，郭富纯主编，文物出版社，2009年，彩色图文192页，16开。

该书是“旅顺博物馆馆藏文物选粹系列丛书”中的陶瓷卷。编者精选旅顺博物馆收藏的新石器时代至清代陶瓷、瓷器160余件，依据器物的质地，分为陶器、瓷器两大部分。每部分均按时代先后排序，同时代器物以工艺类别组织，并尽可能以同类工艺衔接时代顺序，以反映各工艺的演进与发展。书中还首次展示了馆藏四件明代漳州窑外销瓷，釉薄、呈色稳定，色彩极其绚丽。此外，图录中的陶瓷器还包括相当比重的景德镇官窑彩瓷，如馆藏康雍乾三代的青花、斗彩、素三彩等颜色釉瓷。

该书前面有专文对旅顺博物馆陶瓷收藏情况及中国各大窑口特征与发展予以综述，并以图文对照的形式对每件器物进行了介绍，对鉴赏和研究陶瓷发展有参考价值。

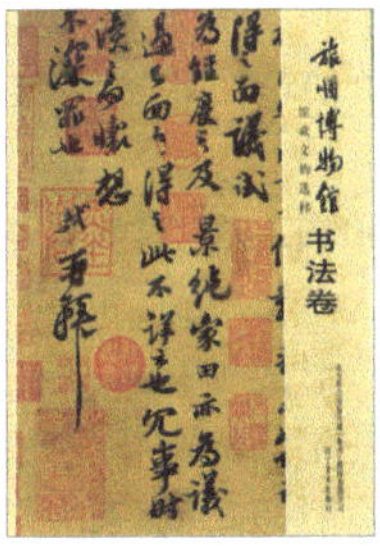

《旅顺博物馆馆藏文物选粹·书法卷》，旅顺博物馆编，郭富纯主编，辽宁美术出版社，2009年，彩色图文196页，16开。

该书是“旅顺博物馆馆藏文物选粹系列丛书”中的书法卷。书中精选旅顺博物馆收藏的书法作品120幅予以介绍，书前有专文介绍该馆书法藏品的数量、特点与价值。

图版部分的文字说明介绍每一幅书法的基本信息和特点、价值等，高清照片展示书法作品的全景和局部，该书印制精良，装帧考究，兼具观赏价值和收藏价值。

《你应该知道的200件彩绘家具》（故宫收藏），故宫博物院编，胡德生主编，紫禁城出版社，2009年，彩色图文284页，16开。

故宫博物院收藏的彩漆家具异常珍贵。该书着重介绍200件故宫所藏彩漆家具的品种及特点，全书按照八个类别予以介绍：①素漆家具，②雕漆家具，③描金漆家具，④罩金漆家具，⑤填漆描彩漆家具，⑥填漆理沟戗金家具，⑦堆灰刻灰家具，⑧综合工艺家具。

《内蒙古包头博物馆文物》，邬海鹰主编，远方出版社，2010年，彩色图版64页，16开。

该书是包头市博物馆文物精品的图录，书中按照骨器、陶器、瓷器、青铜器、铜镜、佛像、石雕石刻以及铁器、金银器、玉器及杂项，对内蒙古包头市博物馆馆藏文物予以介绍和展示。这些文物地域特色鲜明，青铜器凝重雄浑，瓷器玲珑剔透，佛造像端庄神秘，反映了古代少数民族地区政治、社会、经济、文化的密切关系。

《内蒙古包头博物馆古代石刻》，邬海鹰主编，远方出版社，2010年，彩色图版48页，16开。

该书是包头市博物馆馆藏古代石刻文物精品的图录，图版部分按照石刻、石碑、岩画、石雕石刻等部分，对内蒙古包头市博物馆馆藏48件石刻文物进行介绍和研究。

《内蒙古包头博物馆岩画》，邬海鹰主编，远方出版社，2010年，彩色图版131页，16开。

该书详细介绍了内蒙古包头博物馆馆藏129幅精品岩画，书中分为概述、馆藏达茂岩画、馆藏乌拉特岩画、馆藏阿拉善岩画、馆藏岩画内容研究、岩画作画时代与民族的研究、运用计算机技术测定岩画作画时代的实验报告、内蒙古包头博物馆馆藏精品岩画的鉴赏八个部分，对内蒙古包头市博物馆馆藏岩画进行介绍和研究。这些岩画作画时代从新石器时代至明清时代。岩画内容包括动物岩画、人物岩画、狩猎岩画、放牧岩画、车辆岩画、动物蹄印岩画、巫师岩画、人面像岩画、太阳神岩画和怪兽岩画等。

《广西壮族自治区博物馆馆藏书画精品选集》，广西壮族自治区博物馆、广西文物考古研究所编著，文物出版社，2010年，彩色图文310页，16开。

该书是广西壮族自治区博物馆馆藏书画的精选，共收录了118件（套）作品，其中97件（套）绘画作品，21件（套）书法作品。内容包括南宋、明、清、近现代绘画及明、清、近现代书法作品。书以时间为纵轴，流派为横轴，在中国书画史的背景下，以多题材方式表现馆藏书画的时代风貌。

该书收录的作品多为江南名家之作，同时也有流派追随者的小品佳作。书法作品大部分是名家名作，其中工书善画的作家较为多见，也收录了近现代名人，如鲁迅等人的笔墨情趣。该书的出版将充实中国美术史研究，并对博物馆不断地利用自身资源服务社会，提升全社会的文化素质起积极作用。

《山东省博物馆藏年画珍品》，山东省博物馆编，文物出版社，2010年，彩色图文310页，16开。

该书是山东省博物馆馆藏年画的精选图录。该馆珍藏年画近2000幅，涵盖清代、民国和中华人民共和国成立后三个历史时期。

山东省内的年画产地以潍坊杨家埠、阳谷张秋镇、高密为中心，形成了30多个县市年画产地。这三地的年画，风格各异，各有特色。与文人画相比，年画的文化艺术价值长期被忽视，缺少专门的收藏和研究，加之年画有一年一换以除旧迎新的习俗，传世作品相对匮乏，馆藏的年画中很多已成古本和孤本。年画对民俗学、社会学、人类学、美术史等学科具有重要的学术研究价值，在国际文化交流中具有独特的积极作用。

《山东省博物馆藏鲁绣精粹》，山东省博物馆编，文物出版社，2010年，彩色图文200页，16开。

该书是“山东省博物馆藏鲁绣精粹”同名展览的配套图录，该展览是山东省博物馆新馆落成后的陈列。

鲁绣工艺是具有悠久历史和浓厚地域特色的传统文化项目，在中国传统工艺中占有重要位置。鲁绣已被列为济南市和山东省的非物质文化遗产名录，山东省博物馆馆藏鲁绣丰富多样，该书从该馆集中收藏数量最多、质量最好的近2000件鲁绣工艺品中的精选出鲁绣精品150余幅，全面反映了鲁绣自20世纪五十年代至今的鲁绣工艺及时代背景、人文环境的发展变化，展示了近60年来鲁绣老艺人们的心血和智慧。该书全面、系统地反映了鲁绣的形成和发展过程。

《明月和风：国际友谊博物馆藏伊斯兰国家国际礼品》，国际友谊博物馆、宁夏博物馆编，文物出版社，2010年，彩色图文139页，16开。

中华人民共和国成立后，中国政府奉行独立自主的和平外交政策，不断扩大和深化与伊斯兰国家的友好往来与合作，为世界和平与发展做出了重要贡献。在友好交往中，党和国家领导人、政府机构及社会团体接受了大量伊斯兰国家的珍贵礼品。这些礼品反映了伊斯兰国家优秀的文化传统和独特的艺术风格，具有很高的历史价值和艺术价值。

国际友谊博物馆是专门收藏、保护、研究和展示中国对外交往中党和国家领导人受赠的外交礼品的专题博物馆。该书遴选来自伊斯兰国家的艺术佳作，图版部分按照妙笔丹青·绘画、诗舞凝化·雕塑、火土生花·陶瓷、錾煅华章·金工、经纬古韵·染织、圣泽斑斓·贝雕、冷锋暖情·刀剑、异彩纷呈·杂项等八个类别，收录礼品127件，使读者从中领略伊斯兰世界绚丽多姿的人文魅力，感受清新怡人的和风暖意。期望不同的文明彼此尊重，共同建设一个持久和平、共同繁荣的和谐世界。

《西安碑林国宝》，武天合著，社会科学文献出版社，2010年，彩色图文205页，16开。

文物记载历史，国宝传承文明。该书以西安碑林博物馆馆藏的19类134件国宝级文物为主线，用生动平实的语言阐述，通俗易懂。该书设计古朴典雅，图文并茂，拓片清晰，释文准确，为研究者提供便利，特别是采用中、英、日三种文字点题的方式，方便了更多读者欣赏，达到了用文物传承历史、用国宝弘扬文明的目的。石兴邦先生在序言中说：“该书选题精当，资料翔实，观点明确，论证充分，图文并茂，雅俗共赏。”

《淮南市博物馆文物集珍》，淮南市博物馆编著，沈汀青编著，文物出版社，2010年，彩色图文164页，16开。

该书是淮南市博物馆馆藏珍品的图录。根据该馆所藏文物的特点，编者从数千件藏品中挑选出136件（套），分为铜器、铜镜、陶瓷、玉器、杂项等五个专辑，以图文并茂的形式予以介绍，同时兼顾专业性和可读性，介绍了很多文物背景信息，便于读者了解文物背后的故事。

《东莞市博物馆藏陶瓷》（东莞市博物馆丛书），东莞市博物馆编，文物出版社，2010年，彩色图文180页，插图14幅，图版119幅，16开。

该书是东莞市博物馆陶瓷精品文物的汇编。东莞市博物馆从1992年建馆以来，注意收藏反映东莞市各个历史时期不同文化特征的文物，现收藏陶瓷品种较为齐全，数量几乎占馆藏文物总数的1/3。特别是东莞市公安局罚没移交的一批彩陶器，保存完整，纹饰精美，色彩明艳，具有较高的历史价值，是研究马家窑彩陶文化的重要实物。由北京故宫博物院调拨的一批清中期官窑瓷器，胎质细腻，釉色润洁，绘画精细，制作考究，具有较高的经济价值，是开展特色活动及专题展览的特色展品。馆藏各成系统的地方窑口产品，别具风格，特色鲜明，具有较高的研究价值，是开展学术交流及地方历史文化研究的珍贵史料。历年考古发掘出土的陶瓷，为彰显地方历史和文化的重要实物。

东莞市博物馆现有陶瓷藏品以明清两代居多，年代最早的为新石器时代彩陶，有少量汉、唐、宋、辽金、元时期的瓷器。其中以彩陶、德化窑、石湾窑、广彩瓷、清中期官窑器为主要特色，不乏精品。其中的故宫博物院调拨的一批明清官窑瓷器具有很高的历史价值和艺术价值；广东潮州窑、石湾窑和广彩瓷器，则是彰显地方历史和文化的重要实物资料。该书从馆藏的1587件（套）陶瓷藏品中，拣选119件（套）各个历史时期具有代表性的藏品，以时间先后为序，以类别及窑口编排，给予相关信息介绍，汇编成册，并邀请专家撰写论文，以增加学术性，文字翔实，图片丰富，具有极强的资料性。

《物华天宝：吴越国出土文物精粹》，临安市文物馆朱晓东编著，文物出版社，2010年，彩色图文186页，16开。

该书是临安市文物馆藏品精选图录，是一部全面、系统展示吴越国珍贵文物，尤以着重反映钱镠故里自20世纪60年代以来相继发现的钱宽墓、水丘氏墓、板桥吴随□墓及钱氏相关的吴越国重臣墓发掘出土的重要实物遗存的图书。

自20世纪50年代以来，杭州、临安等地相继发现并发掘了包括晚唐钱宽、水丘氏墓，五代钱元瓘、康陵等多座钱氏王族墓或与钱氏王族相关的墓葬，墓内出土的雕琢精细的玉器、釉色青润的越窑秘色瓷和精致秀美的“官”“新官”款釦金银白瓷器，富丽奢华的鎏金錾刻银器，呈现出唐、五代炉火纯青的制玉、制瓷和制作金银器的技艺。该书精选上述文物珍品200余件，以直观的高清图片和简洁的文字解读让读者感知吴越国文物的精妙。

该书汇集了近60年两浙地域吴越国时期中大考古成果，集中了浙江省博物馆、临安市文物馆馆藏的钱氏王族纪年墓出土的瓷器、玉器、金属器和石器，以精美的影像和完整的记录描述将这些稀世珍品的奢华之色、典雅造型呈现给读者，并研究和探索了吴越国在天文学、石刻和彩绘艺术的突出成就和制瓷、琢玉及金银器制作的先进工艺，兼述了吴越国政治、经济、文化等诸领域的贡献以及上层社会的丧葬礼制，是一本资料性、鉴赏性、研究性兼容的读物。

《吉林省博物院藏古代绘画精品选》，赵聆实、袁亚春主编，浙江大学出版社，2010年，16开。

吉林省博物院（馆）自1952年成立以来，一直注重寻访和收藏历代书画作品，现藏古代书画数千件。尤其是清宫旧藏的珍贵卷轴，由于特定的历史原因，如今得以聚藏于吉林省博物院，实属珍贵。如北宋苏轼《洞庭春色、中山松醪二赋》书卷，金人《文姬归汉图》，明代董其昌的青绿山水《昼锦堂图并书记》、清代宫廷画家丁观鹏的工笔重彩《法界源流图》，明沈周的《云山图》以及清陈舒《旨蓄足山厨图》、黄鼎《烟江叠嶂图》、虞沅《九秋图》、董邦达《松鹤仙庐图》、钱维城《江天秋霁图》等，都是历代珍品，具有多方面的特殊价值。

该书收录院藏古代书画近百件，由宋迄清，分为书法和绘画两部分，展示藏品精粹，再现传统艺术的无穷魅力。其中既有历代名家大作，也选录了部分画史上极少记载，但艺术水平较高、风格独特的普通画家作品乃至佚名者的佳作。高轴长卷、扇面尺牍，皆有可取之处；山水之瑰丽，草木之蓬勃，禽鸟之飞鸣，人物之传神，具能体现其中，观者披览之余，应有所得。

《昭萍弥遗：萍乡博物馆藏品选》，萍乡博物馆编，2010年，彩色图文134页，16开。

该书是萍乡博物馆馆藏文物图集。该馆成立于1979年，现藏文物6000余件，编者从中选出百余件珍品予以介绍。图版部分按照文物材质分为石器、铜器、瓷器、陶器、玉器、金银器、杂器、漆木器、砚、屏匾、字画、木雕、动植物标本十三个部分，各类按照时代先后排序。

《旅顺博物馆馆藏文物选粹·漆器卷》，旅顺博物馆编，郭富纯主编，辽宁美术出版社，2010年，彩色图文123页，16开。

该书是“旅顺博物馆馆藏文物选粹”系列之漆器卷。

旅顺博物馆馆藏各类文物6万余件，琳琅满目，美不胜收。馆藏漆器虽然数量不多，但时代跨度从唐到清，有食器、乐器、生活家具类，器形有碗、杯、盘、壶、罐、盆等，制作精细，色彩保存较好。

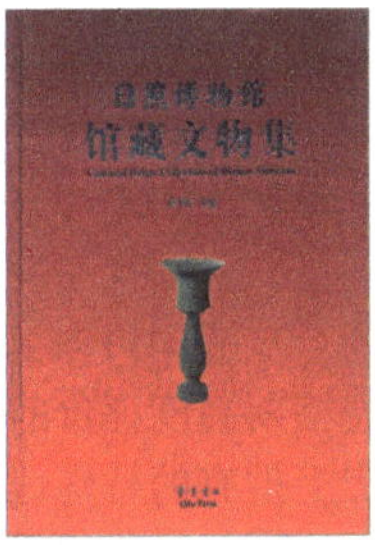

《日照博物馆馆藏文物集》，董书涛主编，齐鲁书社，2010年，彩色图文177页，16开。

该书是日照市博物馆馆藏文物图集。该馆成立于1986年，1999年迁至新馆，现建筑面积9260平方米，集收藏、研究、社会教育于一体，是展示日照地域文化、人文艺术的重要阵地。该书分陶器、玉石器、铜器、漆木器、钱币、瓷器、其他七个部分，介绍了该馆的馆藏文物。

《德清博物馆文物珍藏》，德清县博物馆编，袁华主编，西泠印社出版社，2010年，彩色图文215页，16开。

该书是德清县博物馆文物藏品图录，收录该馆文物80余件（组）予以介绍。

德清县博物馆一直致力于考古勘探、文物保护，文物征集、收藏、研究、展览等工作，馆藏文物不断丰富。该书集中展示了德清深厚文化底蕴和丰富物质遗产，反映出德清在历史上各个时期的文明成果。

《中国钱币博物馆藏品选》，中国钱币博物馆编，文物出版社，2010年，彩色图文400页，16开。

本图录收录中国钱币博物馆藏品538件，展示图片约1400幅。所录钱币藏品，以中国历史货币为主，兼及相关实物，包括铜、金、银、纸、铅、铁等材质，有流通货币，亦有纪念币、民俗钱、钱范、币模等珍贵藏品，多为首次刊布实物资料，具有很高的科学价值、历史价值和艺术价值。该书为金融史、货币史、经济文化史研究的重要资料，也可供博物馆、文物考古部门以及古钱币鉴赏与收藏爱好者研究、借鉴与参考。

《华夏遗韵：中原古代音乐文物》，河南博物院编著，中州古籍出版社，2010年，彩色图文187页，16开。

中原地区出土的古代音乐文物，是河南博物院院藏文物中独具特色的一部分。多年来，该院将华夏古代音乐的研究与复原，作为业务工作的一部分，集中力量展示和解读华夏古代音乐文物。2000年，河南博物院成立华夏古乐团，以立体、形象的展演方式，诠释历史考古的研究成果，借此达到研究、开发和利用中华音乐文化的目的。

该书按照时代顺序研究和展示了中原古代音乐文物，分为五个部分，依次是：远古回响——原始社会时期、金声玉振——夏商周时期、瑰姿遗音——两汉魏晋南北朝时期、盛世风华——隋唐时期、余韵悠扬——宋元明清时期。每部分均有研究性综述文章和典型文物介绍赏析文字，文物类别有陶瓷、玉石、青铜、画像砖、玛瑙等。

《安徽省博物馆藏潘玉良作品精选》，安徽省博物馆编，2010年，彩色图文152页，8开。

为了纪念艺术家潘玉良诞辰115周年，安徽省博物馆从馆藏潘玉良画作中遴选了包括油画、国画、速写、雕塑、版画等各个时期的精品力作124件予以介绍，并收录潘玉良艺术生活照7张，汇编成此书。这本画册多方面地展示了潘玉良的非凡的艺术成就和壮丽的人生。

《古彭遗珍：徐州博物馆馆藏文物精选》，李银德主编，国家图书馆出版社，2011年，彩色图文370页，16开。

徐州博物馆馆藏文物丰富，藏品体系完整，凸显出徐州独特的历史文化底蕴，时代自新石器至明清乃至当今艺术品等，主要类别有陶瓷器、陶俑、玉石器、铜铁器、金银器、玺印、书画、杂项等。馆藏文物特色之一是新石器时代、汉代和明代文物较为突出，其中尤以汉代文物最具特色，馆藏汉代文物已形成完整体系；特色之一是文物主体除书画外，绝大多数为古墓葬和古遗址科学发掘出土，时代明确，来源清楚。

该书分为陶瓷器、陶俑、玉石器、钢铁器、金银器、玺印、书画七个部分介绍了徐州博物馆馆藏文物情况。

《青州文明图典》（中国文明奇苑），青州市博物馆编，云南教育出版社，2011年，彩色图文154页，16开。

该书从青州境内珍贵的遗迹、遗物入手，从“亚丑”铭青铜器的发现，到改写中国古代雕塑史的龙兴寺佛教造像的出土；从龙山文化陶器线刻画的图案，到明代赵秉忠的状元试卷；从新石器时期的玄武洞遗址，到明清时期的十里古街。从战国田齐王陵的遗存，到中国东部佛教石窟的开凿；从曹操主力的青州兵，到恩格斯高度评价的青州雄兵。时光隧道里播撒的一颗颗珠玑，彰显着青州在中国文明史上据有的特殊地位。分为四个章节：文明渊源、东夷文化、齐国风貌、汉韵华章。以图文并茂的形式，力求展现青州辉煌的历史文化。

《张家口市博物馆馆藏文物精华》，张家口市博物馆编，闫玉光主编，科学出版社，2011年，彩色图文180页，16开。

该书是由张家口市博物馆编辑的综合文物图录。书中精选了从张家口市博物馆馆藏的青铜器、金器、瓷器、玉器中精选出各个历史时期的珍贵文物180余件（套）文物，全面地反映了张家口历史文化发展历程，也是对这些在人类社会发展中各个历史时期有代表意义及地方特色的历史文物进行的一次集中展示，通过展示这些具有北方民族特色的珍贵文物，让读者了解到这个地区真实而生动的印迹，更好地、更深刻地了解和认识张家口的历史文化底蕴，提高张家口市的知名度。

《钟》（大英博物馆珍藏鉴赏），〔英〕大卫·汤普森　（David Thompson）　编著，上海科学技术出版社，2011年，彩色图文160页，16开。

该书收集了大英博物馆收藏的66部极具特色和有趣的台式座钟、挂钟、长箱钟和天文钟等，同时介绍了座钟的发展历史及其制作艺术。这些钟表的年代从15世纪初到20世纪，制作精良，精美绝伦。在这些珍品中，一些早期的钟当时并不作为人们日常生活中的计时工具，而是因精湛的制作工艺使其成为奢华的象征。但历经几个世纪的发展，如今的钟则日渐平易近人。

世界钟表从诞生之日起除了用于计时外，还具有很高的观赏和收藏价值。《大英博物馆珍藏鉴赏——钟》一书由大英博物馆钟表馆馆长大卫·汤普森先生编著。

大英博物馆珍藏鉴赏之《钟》《表》系列图书，分别收集了大英博物馆珍藏的各个时期钟、表精品，读者在阅读时不仅可以领略世界钟表发展的历史，而且还可以欣赏到世界钟表制作大师们巧夺天工的制作技艺，使读者能够身临其境地了解并鉴赏这些跨越世纪的艺术珍品。

《摇曳丹青——福建博物院藏扇面精品特辑》，福建博物院编，文物出版社，2011年，彩色图文238页，16开。

中国传统社会中，扇子既为生活用具又是达官文人的怀袖雅物，扇面艺术成为中国书画艺术中的奇葩，人们在摇曳中赏玩品鉴，显示了其独特的文化魅力。

该书是福建博物院典藏系列图录之一，精选该院珍藏的明清扇面210幅予以介绍，包括绘画91件，书法119件。书法类有甲骨文、篆隶、草书、行楷等多种书体。绘画题材包括山水、人物、花卉，手法有写意、工笔等，其中不乏名家名作。在编排归类上，以国画作品居前，法书作品随后。在此基础上，又力求以作者时代及作品创作时间为序。

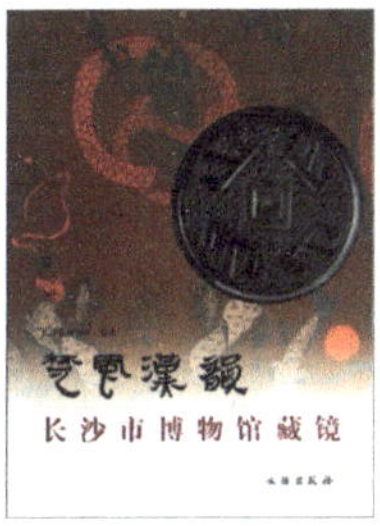

《楚风汉韵：长沙市博物馆藏镜》，长沙市博物馆编著，文物出版社，2011年，彩色图文256页，16开。

该书精选长沙市博物馆所藏战国至清代铜镜约200面，按时代编录为楚式镜、西汉镜、新东汉魏晋南北朝镜、隋唐五代镜、宋元明清镜五大部分。前言《中国古代铜镜及其思想文化概论》及文前对中国古代铜镜的发展历史、社会背景及其所承载的思想文化意义有简要论述，对楚镜和汉镜有较为深入的研究，特别是铜镜的产生、发展背景、铸造工艺、铭文装饰、艺术风格、时代特征及其所传递的文化信息等方面，颇具新意。

该书所选铜镜品种齐全，具有代表性，且多较精美，其中不乏古镜珍品。每器照片均附清晰拓片，图版182组，说明文字内容包括器名、尺寸、重量、形制以及对纹饰和铭文的考释，详尽而准确。

《苏州博物馆藏玺印》（苏州博物馆藏品系列），苏州博物馆编著，文物出版社，2011年，彩色图文220页，图版513幅，16开。

该书是“苏州博物馆藏文物系列丛书”之一。书中收录苏州博物馆藏玺印511方，时代从战国，秦汉，一直到清代。大部分均为私印，其中明清时代苏州当地文人刻印收录较多，主要由何氏灌木楼旧藏，陈倪如所捐古印，杨澥篆刻，柳亚子、吕凤子自用印以及现代名人印章组成。个别为现代考古所得。此书以古代官印、历代私印、杨澥印章、柳亚子自用印、吕凤子自用印为顺序，分类合理，线索清晰，细细品读，如同翻阅一部三千年中国印章艺术史，美不胜收。

《多珍堂捐赠文物图录》，海南省博物馆编，丘刚主编，文物出版社，2011年，彩色图文192页，16开。

该书是海南省博物馆藏由澳门藏家吴多津先生创建的多珍堂捐赠的历史文物图集，吴先生共捐赠文物336件，该书收入文物190件，用图文配合的方式予以介绍200幅，上起数千年前的新石器时代陶器，下至明清时期的瓷器，尤以汉、唐陶俑居多，其中有不少文物精品。

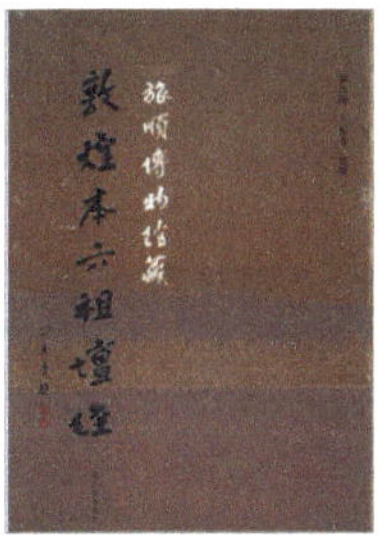

《旅顺博物馆藏敦煌本六祖坛经》，郭富纯、王振芬整理，上海古籍出版社，2011年，143页，8开。

《坛经》是中国佛教禅宗创始者慧能的传法记录，禅宗南宗的基本理论典籍，是中国僧人著述中唯一称为“经”的作品，约成书于公元780年左右，主要记录六祖慧能的事迹和语录。

《六祖坛经》传世，主要有晚唐的惠昕本、北宋的契嵩本、元代的宗宝本，等等。会有那么多的版本流行，是因为禅宗“一枝五叶”，在唐代以后形成了很多宗派和分枝；然后各家根据自己的理解，甚至是为自我宗派的需要，出现了很多不同的解释。而通行版本在篇幅上缩减很多，在文字上错漏、臆改也为数不少。直到敦煌“法海集记”本《坛经》出现，人们才认定形成于中唐的敦煌本才是最接近六祖慧能本意的版本。

该书前面收录有整理者的两篇专文《旅顺博物馆藏西域文物的研究与展望》《旅顺博物馆敦煌本六祖坛经的再发现及其学术价值》，之后是整理说明《旅顺博物馆敦煌本六祖坛经图版、录文与校记》，①南宗顿教最上大乘摩诃般若波罗蜜经六祖惠能大师于韶州大梵寺施法坛经一卷；②佛说大辩邪正经；③禅宗文献辑录。附图部分依次是：①敦煌市博物馆藏敦煌本六祖坛经；②英国国家图书馆藏敦煌本六祖坛经；③中国国家图书馆藏敦煌本六祖坛经；④中国国家图书馆藏敦煌本六祖坛经残本；⑤法国国家图书馆藏敦煌本大辩邪正经；⑥俄罗斯科学院东方文献研究所藏敦煌本大辩邪正经。

《固原文物精品图集》（上、中、下），宁夏固原博物馆编，程云霞主编，宁夏人民出版社，2011年、2012年、2013年，彩色图文870页，16开。

该书是宁夏固原地区文物精品的选编图集，分为上、中、下三册。图集按照时间顺序编排体例，配以图片，标明文物时代、出土地点、尺寸等详细数据。上册展示新石器时代至春秋战国时期的文物精品270件（组），并收录研究性文章4篇。中册包括秦汉、前秦至北魏、西魏至北周、隋唐时期四个阶段精品文物280件（组），并收录研究性文章2篇，包括丝绸之路古道上固原文物的精华。下册收录隋唐至明清时期精品文物294件（组），并收录研究性文章3篇。

《旅顺博物馆精华录》，郭富纯主编，大连出版社，2011年，黑白图文498页，16开。

该书是综合反映旅顺博物馆文物藏品的综合图录。该书内容分为馆史篇和藏品篇两部分。馆史篇收录8篇文章，介绍该馆的发展历史及与旅顺博物馆有关的人物、事件。藏品篇分为青铜器、玉器、漆器、外国文物、大连地方文物、新疆文物等16个文物类别，介绍馆藏文物的基本情况。

《陕西历史博物馆新入藏文物精萃》，陕西历史博物馆编，三秦出版社，2011年，彩色图版170页，16开。

该书收录陕西历史博物馆新入藏的各类文物60件（组），每件文物均有简洁的说明文字，介绍藏品的基本信息和特征价值，配有精美照片。

《唐墓壁画珍品》，陕西历史博物馆编，三秦出版社，2011年，彩色图版120页，16开。

该书精选陕西历史博物馆唐墓壁画精品30幅予以介绍，每幅壁画均有详细的文字说明和精美全局和局面照片，具有较高的鉴赏和收藏价值。

《淮南市博物馆藏镜》，淮南市博物馆编著，文物出版社，2011年，150页，16开。

该书收录淮南市博物馆馆藏铜镜珍品，是从该馆所藏数千件藏品中挑选出150件（套）。图文并茂，同时兼顾专业性和可读性。考虑到时代延续性，也兼顾了早期铜镜的珍贵性，对重复较多、品相不佳者该书没有收录。为了把一些残缺的铜镜能够完整地展现出来，编者们邀请了国内著名的青铜器修复专家金学刚、金春刚两位先生予以修复。

编者在内容和形式上力求图文并茂、雅俗共赏，重要铜镜既有照片，也有拓本，以多方面展示文物所包含的信息。

《楚风汉韵：荆州出土楚汉文物集萃》，成都华通博物馆、荆州博物馆编，阎频、李炎编著，文物出版社，2011年，彩色图文191页，16开。

该书精选荆州地区出土楚汉文物予以介绍，包山楚墓、望山沙冢楚墓、江陵雨台山楚墓、江陵马山一号楚墓、江陵秦家咀楚墓、江陵杨家山135号秦汉墓、江陵高台秦汉墓出土的文物。

《楚风汉韵：荆州出土楚汉文物集萃》是荆州悠久灿烂历史的一个片段，是博大精深楚文化的一个缩影。从书中介绍可以看到完好如新的楚漆木器，光彩依旧的战国

丝绸，精美曼妙的楚国宫廷乐器等文物彰显出楚先民高超精湛的技艺，狂放不羁的浪漫、热情奔放的豪迈、执着刚毅的追求，讲述着一个个生动感人的故事，带领读者领略精湛唯美的艺术魅力。

《重庆中国三峡博物馆藏文物精粹：绘画》，江洁、谢歆编著，文物出版社，2011年，彩色图文236页，16开。

该书是“重庆中国三峡博物馆藏文物选粹系列丛书”之绘画分册。书中精选重庆中国三峡博物馆收藏绘画500余件，自宋至当代，序列完整，涵盖山水、花鸟、人物等。馆藏绘画中的一级藏品144件，二级藏品385件，三级藏品近300件，是国内收藏历代书画数量最多、质量居前列的博物馆之一。该书精选馆藏绘画中的141件汇编成册，这些画作代表了各时期、各流派的典型风格。尤其是西南博物院时入藏的书画精品，都有一段辗转流传的经历，宋佚名《摹贯休罗汉图》、明唐寅《临韩熙载夜宴图》等，清乾隆宫廷画家钱维城《九秋图》是溥仪带出清宫的1200件书画之一，均属抗战民间“西迁”文物。可以说，每一件书画文物的背后都有鲜为人知的故事。

《重庆中国三峡博物馆藏文物精粹：造像、唐卡》，王玉、彭冰、王博编著，文物出版社，2011年，彩色图文190页，16开。

该书是“重庆中国三峡博物馆藏文物选粹系列丛书”之造像、唐卡分册，书中精选该馆藏唐卡82幅和造像77件汇编成册，反映了该馆文物收藏水平。用文字和照片详细介绍了重庆中国三峡博物馆藏文物特色和价值。

重庆中国三峡博物馆藏造像年代有明代、清代和近代，题材有祖师、本初佛、般若佛、菩萨、女尊、护法神等，丰富的题材显示出当时藏传佛教在民间的流传情况。唐卡题材内容包罗万象，囊括了宗教和世俗的诸多部分，其中多数为藏传佛教内容。

《重庆中国三峡博物馆藏文物精粹：瓷器》，于小玲、甘玲、申世放编著，文物出版社，2011年，彩色图文176页，16开。

重庆中国三峡博物馆前身创建于1951年的西南博物院。初期的西南博物院规划下辖五馆：历史、自然、革命、民族、艺术，即一院五馆。经过80多年的传承积淀，如今的重庆中国三峡博物文物藏品达到18万件（套），其中珍贵文物2万余件（套）。该馆文物藏品的积淀，应追溯到20世纪三四十年代创建的中国西部科学院博物馆和中国西部博物馆，从1930年创办的峡区博物馆到中华人民共和国建立初期的西南博物院，这20年间藏品的收集奠定了今天重庆中国三峡博物馆文物藏品的基础。

重庆中国三峡博物馆藏各类文物18万件（套），文物资料20余万件，其中许多是稀世珍品。该馆是目前国内外各大博物馆中藏琴数量最多、质量最好的单位之一。该书精选该馆藏瓷器160件汇编成册，并对馆藏瓷器进行梳理、考证和研究，阐述其历史脉络与特点、各个时期的造型、纹饰艺术等特征。这些精美的瓷器凝聚着先民的无穷智慧与丰富的想象力，代表了不同时代制瓷业的技术水平，展示了重庆中国三峡博物馆瓷器的收藏水平。

《重庆中国三峡博物馆藏文物精粹：古琴》，唐冶泽、杨婧、艾露露编著，文物出版社，2011年，彩色图文144页，16开。

该书是“重庆中国三峡博物馆藏文物选粹系列丛书”之古琴分册。2010年，该馆整理建馆以来入藏的古琴，并聘请中国艺术研究院、陕西省艺术研究所专家组成鉴定小组结果表明，第一，这批古琴中良琴众多，有些极为罕见；第二，这批琴系列完整，唐、宋、元、明、清诸朝一代不缺；第三，这批琴级别高，一级文物8件，二级文物11件，一级文物22件，一般文物3件，另有1件尚未定级；第四，在这45张琴中36张有款识，具有极高的研究价值。

该书收录这45张古琴的照片和相关资料。其中的“松石间意”古琴，俗称“东坡

琴”，琴底最早题款是北宋绍圣二年的苏东坡，北宋以降，则是12名吴中历代名家题款，可谓来源明晰，传承有序，为东南吴地名琴。该琴于20世纪50年代入藏。由宋以来，唯有抗战时期辗转流传的细节不清。很明显，该琴与重庆中国三峡博物大量传世文物同样经历了抗战时期民间文物“西迁”的艰难历程，并在此后的十余年经历了难以厘清的流散重庆民间社会的曲折坎坷，最终归于博物馆。

《萧山博物馆书画珍品集》，萧山博物馆编著，施加农主编，文物出版社，2011年，彩色图文223页，8开。

该书收集了萧山博物馆馆藏精品书画193件，是从该馆1400余件馆藏书画藏品中精选而出，年代跨度从明、清到民国时期。有清代早期绘画名家、清中后期书画名家及“海上画派”“南社”诸君、官宦书画家等代表作品，具有一定的典型性与代表性，大多作品为初次发表。图版内容按照山水、人物、花鸟、扇面、册页、书法六大类依次编排。

《西安美都艺术博物馆藏品精华·掐丝珐琅器》，刘云辉主编，世界图书出版公司，2011年，彩色图文159页，16开。

西安美都艺术博物馆是一家民间博物馆，收藏明、清以及民国时期的铜胎掐丝珐琅器种类多，品相完美，工艺精湛，有不少成对成套及独特器物，极为珍贵。该书是西安美都艺术博物馆藏品精华中的掐丝珐琅器卷，精选该馆收藏瓷器26件（组）。

《西安美都艺术博物馆藏品精华·瓷器》，刘云辉主编，世界图书出版公司，2011年，彩色图文271页，16开。

该书是“西安美都艺术博物馆藏品精华”中的瓷器卷，精选该馆收藏瓷器78件（组），分为青花、广彩、五彩和斗彩、粉彩、德化窑白瓷、其他传统色釉瓷六个部分，反映了该馆丰富多样的瓷器收藏。

《云南省博物馆馆藏精品全集：工艺品》，云南省博物馆编，云南人民出版社，2011年，彩色图文291页，16开。

该书是“云南省博物馆馆藏精品全集”的工艺品分册。该丛书从云南省博物馆收藏的20余万多件文物中精选出各类典型文物，并附录了少量省内其他文博单位所藏精品，全面反映云南文物的收藏现状，展示了云南深厚的历史文化资源和悠久的古代文明，涵盖云南国有文物收藏的基本品种。

该书精选馆藏110件工艺品予以介绍。各章分别是：赤金恶铁俱生花、巧夺天工妙手得、冰清玉洁本天成、墨朱流韵绘彩虹、千丝万线织锦绣、琳琅满目百花放。

《镇江出土陶瓷器》，杨正宏、肖梦龙、刘丽文主编，文物出版社，2011年，彩色图文214页，16开。

该书是“镇江博物馆连续出版的馆藏珍品和特色文物丛书”之二。

该书收录历年来镇江地区出土的新石器时代至明代的陶瓷器250件（套），藏品是从镇江博物馆历年来收藏的数量众多的出土陶瓷器中精选出来的。该书图片丰富，资料翔实，图文并茂，形象直观。

《东莞市博物馆藏艺珍》（东莞市博物馆丛书），东莞市博物馆编，文物出版社，2011年，彩色图文179页，16开。

东莞市博物馆是有80多年历史，馆藏品丰富，门类较齐全，达到了编辑出版系列丛书的水平，这中间，除了有故宫博物院和广东省博物馆，以及社会热心人士在藏品方面的支援，更可贵的是，东莞市博物馆人爱岗敬业、奋发图强的精神。该书所谓“艺珍”，即指本馆藏品中的杂项类文物。书中精选东莞市博物馆铜胎掐丝珐琅、水晶玻璃山水诗句六棱鼻烟壶、仿乾隆款铜胎蓝底描金山水盘、朱黑漆胶胎雕松木纹砚、黄花梨素面笔筒、骨雕人物风景图饰件、寿山白芙蓉雕沉思观音像等杂项类文物82件（组）予以介绍，展示出该馆丰富的收藏。

《旅顺博物馆馆藏文物选粹·玉器卷》，旅顺博物馆编，郭富纯主编，大连出版社，2011年，彩色图文123页，16开。

该书是“旅顺博物馆馆藏文物选粹系列”之玉器卷。书中所收玉器均为旅顺博物馆馆藏品中的代表文物，共计119件（组），时间跨度为新石器时代至清末。图版部分按照中国古代玉器的发展历程，分为新石器时代、商代、西周等各时代予以介绍。

《镇江博物馆藏明清书画精粹》，镇江博物馆编著，文物出版社，2011年，彩色图文238页，16开。

该书是“镇江博物馆连续出版的馆藏珍品和特色文物丛书”之三。书中从该馆收藏的5000余件书画中精选出百余件，按照时代先后排序，以作者生平、书画特点为脉络，将书法和绘画的不同派别交织融汇，以图版的形式展示。书中所辑录的百余件作品从镇江博物馆馆藏的5000余件古代书画中精选出，既有画史著录的诸如谢环、八大山人、禹之鼎等巨匠的恢宏之作，又有镇江本地崛起的京江画派的作品。

《镇江出土金银器》，镇江博物馆编著，文物出版社，2011年，彩色图文173页，16开。

该书是“镇江博物馆连续出版的馆藏珍品和特色文物丛书”之四。

该书按照器皿、宗教文物、饰物、货币四个类别，收录了镇江地区出土的东周至民国的金银器203件（套）。孙机先生作序。在藏品的挑选过程中，尽量照顾到各个时代、各个门类，力求使该书信息量达到最大；所收录金银器多出自墓葬、窖藏或塔基，来源明确，年代可考；部分文物附有线图，使读者更易从细部了解金银器的特征，深化对文物的认识。

《中国国家博物馆展品中的100个故事》，吕章申主编，文物出版社，2012年，300页，16开。

中国国家博物馆是展示中国历史的窗口，是陈列古今文物的殿堂，更是人民群众特别是青少年接受爱国主义教育的场所。该书讲述了文物背后艰苦曲折、可钦可敬、可歌可泣的故事，让人倍感震撼和亲切，进而产生文化自觉，形成信念，变成动力。书中故事告诉我们，在参观博物馆时，欣赏艺术和理解历史是并重的。

中国国家博物馆共有48个展厅，除了用于短期展览外，常设基本陈列为“古代中国”和“复兴之路”。另有青铜器、瓷器、玉器、钱币、佛像等多项专题陈列。该书所介绍的展品，在上述常设和专题陈列的展厅中均能看到。

编者精选国家博物馆珍藏的100件展品予以介绍，目的是让观众在参观中享受博物馆藏品提供的精神愉悦。阅读该书，如同走进博物馆大厅，历史和艺术的气息扑面而来，书中讲述历代珍宝背后的故事以及它们在历史兴亡的波涛中，几经周折终于得以保存的传奇经历。

《黑龙江省博物馆馆藏精粹》，黑龙江省博物馆编，文物出版社，2012年，彩色图文280页，16开。

该书是黑龙江省博物馆藏品的选编图录，编者从数十万件藏品中，遴选出具有代表性的馆藏文物400余件，主要包括陈列部藏齐白石、潘天寿、李苦禅、李可染等书画，邓散木书画，历史部藏瓶、壶、罐、印章等器物及自然部藏熊、兔、鱼等标本，具有较高的学术价值和欣赏价值，旨在展示和反映黑龙江省博物馆藏品的精深与瑰丽。

该图集选录的每件藏品都是黑龙江历史的载体，是多元文化的重要组成部分，是大自然赋予的杰作。面对它们，我们不仅可以感悟黑龙江历史、人文、自然的精髓，而且还可以真实地触摸到那远去的时光。九十年风雨沧桑，通过几代人的不懈努力，黑龙江的历史文化遗产、地域性自然标本、艺术代表作品在黑龙江省博物馆得到了系统珍藏和有效保护。图录中的每一件文物都烙印着黑龙江的地域与文化特色，凸显着生活于白山黑水之间的黑龙江人民的气概与神韵。

《天津博物馆藏书法》（天津博物馆精品系列图集），天津博物馆编，文物出版社，2012年，彩色图文261页，16开。

2004年，原天津市艺术博物馆和天津市历史博物馆合并组建成立天津博物馆，原艺术博物馆丰富的历代艺术品收藏与原历史博物馆大量反映中国近现代历史进程和社会变迁的文物、文献资料汇集在一起，馆藏数量达到20万件，藏品的极大丰富和收藏体系的进一步完善成为天津博物馆快速发展的原动力。2012年，天津博物馆新馆建成开放，为了进一步服务公众，该馆从收藏的书法、绘画、瓷器、玉器、砚台、玺印中选取精华编撰《天津博物馆藏瓷》《天津博物馆藏玉》《天津博物馆藏砚》《天津博物馆藏书法》《天津博物馆藏绘画》《天津博物馆藏玺印》，作为“天津博物馆精品系列图集丛书”中的首批六种公开出版，每种图书精选馆藏该类别文物200余件，通过精心的遴选编排，辅以相应的研究成果，是兼具专业性和普及性的大型文物艺术类图书。

早在6000多年前，我国先民就创造了陶文——刻划符号，近代考古学研究认定为汉字先声（比两河流域黏土算筹符号和古埃及文字的萌芽早2600多年），继之约3000多年前的商代，甲骨文的出现标志我国有了成熟的文字和契刻的书法艺术。随着社会经济和文化的发展，书写工具和负载文字的材料不同，进而形成的篆、隶、楷、行、草诸体，构成中国书法艺术发展史。该书介绍天津博物馆收藏的书法作品200件，以图文对照的方式集中展示了该馆书法精品及其价值，推动更深入的研究。

《天津博物馆藏砚》（天津博物馆精品系列图集），天津博物馆编，文物出版社，2012年，彩色图文223页，16开。

天津博物馆收藏的数百方砚台品质极高，其中不乏屡见著录、流传有序的传世名品。这些砚台原来是天津市艺术博物馆的珍藏，在全国均属一流。该书所选砚台200余件，藏品精良，价值较高，黄莘田、徐世章等人的名砚尽在其中。编者精心遴选藏品，科学设计编排，辅以相应的研究成果，配以高品质图片和通俗简洁的文字说明，使该书兼具专业性和普及性。

《天津博物馆藏瓷》（天津博物馆精品系列图集），天津博物馆编，文物出版社，2012年，彩色图文240页，16开。

该书从专业研究的角度，精选该馆藏瓷器文物200余件，通过精心的遴选编排，辅以相应的研究成果，将天津博物馆收藏的编选、辑录，并在海内外公开出版发行，以推动更深入的研究。

天津博物馆的文物收藏当中，瓷器是重要的一类。经过60年的收集，馆藏瓷器已达到5000多件，主要来自天津市文广局、天津市财政局多次拨交；天津市文物公司移交和价拨的各个时期、各个窑口的瓷器；北京故宫、上海市文管会、上海博物馆移交的各个窑口的瓷器；以及20世纪50年代末和60年代初在天津、北京购买的大量瓷器，尤以在北京韵古斋、宝聚斋、悦雅斋、懋隆和天津市文物公司购买的瓷器最精，历史价值、艺术价值和科学价值也最高。天津博物馆藏瓷器中还包括一些爱国人士的捐赠，如何启君捐赠的清乾隆款豆青釉鼓式罐，韩谨华先生捐赠的清雍正官窑青花松竹梅纹碗，吴颂平先生捐赠的清雍正款粉青釉印花寿字纹渣斗，杨健菴先生捐赠的民国居仁堂制款粉彩仙人祝寿图瓶等瓷器精品，多为国家一、二、三级珍贵文物，他们的爱国情怀和慷慨捐赠，丰富了馆藏，提高了藏品质量。

天津博物馆瓷器时间跨度之长，从汉代至民国都有代表作，品种繁多，窑口广泛，釉彩丰富，犹如一部浓缩的中国瓷器发展史，该书是兼具专业性和普及性的大型文物艺术类图书。

《天津博物馆藏绘画》（天津博物馆精品系列图集），天津博物馆编，文物出版社，2012年，彩色图文240页，16开。

天津博物馆收藏的绘画作品精品荟萃，琳琅满目，该书精选其中的200幅作品，其中宋元名作19幅，明57幅，清66幅，如北宋《雪景寒林图轴》、北宋《婴戏图》、南宋《濠梁秋水图卷》、南宋《墨梅图》等。书前有李凯的专文《从天津博物馆藏绘画看明代的绘画艺术》，全面介绍该馆藏绘画作品及其影响。

《茂陵文物鉴赏图志》，王志杰编著，三秦出版社，2012年，彩色图文297页，16开。

该书是汉武帝茂陵及其陪葬墓出土文物的鉴赏图录。书中以图文配合的方式详细介绍了茂陵出土的文物。内容包括四章，分别是：蜚声中外的汉武帝茂陵、形制奇异的茂陵陪葬墓、纪功碑式的巨石雕刻群、茂陵出土的馆藏珍宝。全书每章前有概括性的介绍，随之是以文解图，图文对照。作者在第一章全面介绍茂陵，起到了“纲举目张”的作用。第二章和第三章依次介绍茂陵的陪葬墓冢和墓主人，以便读者了解汉武帝时期文臣武将辅佐的功业。茂陵石雕群是文物中的瑰宝，享誉海内外，书中除了展示茂陵石雕造型别致、寓意深刻、生动传神的特点外，还介绍了茂陵石雕作为中国巨型石雕给后代石狮子、画像石等各类石雕造型艺术的启蒙示范作用。第四章重点介绍馆藏珍宝263件，对读者认识茂陵、了解丰富的汉文化，均提供了极大便利。

该书内容充实、涵盖面广、结构合理、图片清晰、阐释恰当，尤其是对一些非常珍贵的文物予以重点介绍，不仅提供了权威资讯，而且行文流畅简洁，给人以美和启迪，是一本文图并茂、雅俗共赏、可读性与专业性结合的好书。

《盐邑瑰宝——海盐县博物馆馆藏文物精选》，海盐县博物馆编著，文物出版社，2012年，彩色图文238页，16开。

该书是海盐县博物馆文物藏品的图录，在内容组织上，按时间顺序编为新石器时代、商周时期、汉六朝时期、唐宋时期、元明清时期五个章节，每个章节再按牙骨器、石器、陶瓷器、玉器、青铜器、其他分类，配合实物照片有文字说明一一介绍该馆精品文物222件（组），其中不少文物为首次亮相，彰显了海盐县博物馆馆藏特色和在文博界的重要地位。揭开这些尘封历史的片瓦，我们似乎找到更多关于海盐的“前尘往事”，一幅描绘海盐“由古溯今”的长篇画卷，已渐渐在我们面前展现。

《漫步古代中国》（国博漫步系列丛书），吕章申主编，安徽人民出版社，2012年，彩色图文75页，16开。

该书是一本通俗、系统介绍中国国家博物馆文物的科普书籍，该书最初源于国家博物馆讲解员手中的讲解词。编者还将观众参观时常提出的困惑与疑问进行归纳，整理后推出了“国博漫步系列丛书”。

《漫步古代中国》的文字表达也不同于考古学或历史学的专业书籍，而是带有“指南”性质的工具书，文字深入浅出，娓娓道来，为参观者漫步国博提供了更为贴心的帮助。愿您走进国博，漫步其间，领略历史与艺术带给您的纯真与美好，在赞叹历史辉煌与灿烂的同时，感悟文化对人类精神净化的恒久魅力。

观众在参观“古代中国”展览时，都希望能以文字阐释展览脉络和展品关联关系，这个出版物便应运而生。观众手捧此书漫步于“古代中国”展厅，大约用100分钟的时间，就能从各个方面感受到中华文明的博大精深与灿烂辉煌。该书以观众视角对展览内容进行不同层面的梳理，帮助他们更好地选择快速有效的参观路线，解读展览意图。

“古代中国”是国家博物馆的基本陈列。展览以历代王朝更替为主要脉络，分为远古时期、夏商周时期、春秋战国时期、秦汉时期、三国两晋南北朝时期、隋唐五代时

期、辽宋夏金元时期和明清时期八个部分，共有展品2500余件（套），全面展示了古代中国不同历史时期在政治、经济、文化、社会生活以及中外交流等方面的发展状况。

该书是一本中英文双语读物，作者在撰写时已经考虑到中西方文化差异，编者希望观众阅读此书，为喜欢“古代中国”展览的朋友提供合理有效的参观路线。丛书以观众视角对展览内容进行不同层面的梳理，帮助他们更好地选择快速有效的参观路线，解读展览意图。这一系列丛书的文字深入浅出，娓娓道来，为参观者漫步国博提供了更为贴心的帮助。

《四川博物院藏古代绘画精品选》，魏学峰、李介一主编，浙江大学出版社，2012年，彩色图文150页，8开。

该书系四川博物院“历代名画录丛书”之一。四川博物院现收藏、征集馆藏文物共计26万余件，其中国家珍贵文物达六万余件，收藏的绘画作品包括各名家山水、花鸟、人物画等，近现代，齐白石、徐悲鸿、张大千、傅抱石诸家皆有作品入藏，其中张大千先生的画作300余件，为中国大陆博物馆收藏之最。该书精选该院所藏中国古代元、明、清绘画精品173幅予以介绍，为书画爱好者研究、鉴赏提供了珍贵资料。

《天津博物馆藏玉》（天津博物馆精品系列图集），天津博物馆编，文物出版社，2012年，彩色图文240页，16开。

天津博物馆藏玉器万余件，纵贯古今，独具特色，所藏红山玉器和明清玉器均具有很高的历史价值和艺术价值，其藏品品类丰富，器物精美，在国内外文博界享有盛誉。该书收录该馆所藏玉器200余件，书前有概述文章，专门叙述馆藏玉器的收藏情况及藏品的历史价值和艺术价值，图版部分以清晰的照片和简练的语言展示藏品多方面的价值。

《文物载千秋：巴林右旗博物馆文物精品荟萃》，巴林右旗博物馆编，石阳主编，内蒙古人民出版社，2012年，彩色图文240页，16开。

该书是巴林右旗博物馆藏品的精选图录，书中收录有特色的文物229件（组），文物均出土于巴林右旗境内。书中按照文物质地分为七个部分，各部分文物依照文物时代排序。第一部分玉石器，从新石器时代到清晚期78件（组），第二部分陶瓷器，包括以辽代为主的各时期文物36件（组），第三部分金属器，展示了金、银、铜、铁等不同时期的文物52件（组），第四部分是铜镜、货币、印章18件（组），第五部分木器，均为辽代文物20件（组），第六部分丝织品，包括一对锦囊和11件辽庆州释迦佛舍利塔出土文物，第七部分经卷、碑刻13件（组），包括经卷、墓志等。

《故宫青铜器馆》，故宫博物院编，故宫出版社，2012年，301页，16开。

该书是故宫藏青铜器精品选介研究书籍，书中分为四个部分：青铜与礼制、青铜与军事、青铜与音乐、青铜与生产、生活。附有故宫藏青铜器精品目录。

《旅顺博物馆馆藏文物选粹·古印度雕塑卷》，旅顺博物馆编，郭富纯主编，大连理工大学出版社，2012年，彩色图文123页，16开。

该书是《旅顺博物馆馆藏文物选粹》系列之古印度雕塑卷。旅顺博物馆藏古印度雕塑闻名全国，是书收录了该馆所藏全部一百多件古印度雕塑，并加了详细的文字说明，对了解早期佛像雕塑及古印度雕塑史很有帮助，具有很高的收藏价值。

该书收录介绍旅顺博物馆所藏的古印度雕塑，以文字介绍和图片展示互相对照，便于读者赏析。

《荆州楚玉：湖北荆州出土战国时期楚国玉器》，荆州博物馆编著，文物出版社，2012年，彩色图文208页，16开。

湖北荆州是楚文化的发源地，也是楚国强盛时期的都城所在，特色鲜明的楚文化在荆州留下了丰富的文物资源。该书对历年考古发掘出土的楚国玉器进行了全面系统的整理和研究，阐述了楚墓出土玉器的年代与主要特征，并有附录对楚墓出土玉器的纹饰、沁色进行了梳理归纳，为我们深入认识战国时期楚国玉器的面貌，提供了宝贵的资料。

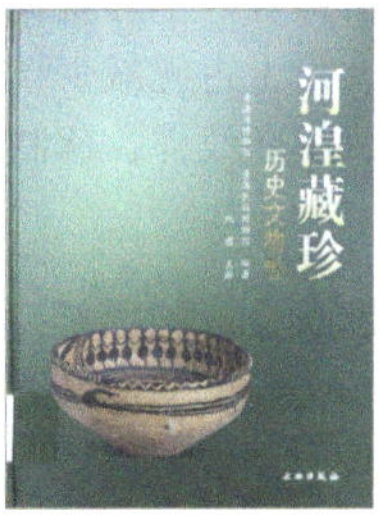

《河湟藏珍：历史文物卷》，青海省博物馆、青海民族博物馆编著，祝君主编，文物出版社，2012年，彩色图文258页，16开。

青海地处黄河上游、三江源地区。旧石器时代晚期以来，先民们在这块土地上繁衍生息，创造了光辉灿烂的古代文化，出土了大量珍贵文物。为了让更多是人了解青海历史，青海省博物馆、青海民族博物馆编著了该书。

该书按时间顺序分为古生物化石、旧石器时代、中石器时代、新石器时代、青铜器时代、汉至唐时代、宋元时期、明清时期八个章节，依次介绍了河湟地区的历史文物。

该书收录了青海省博物馆藏历史文物精品242件，照片约260幅，藏品的时代上起远古时期，下迄明清，品类丰富，包括古生物化石、陶瓷器、玉器、青铜器钱币、玺印等，具有时代连贯、文化内涵和地域特色鲜明等特点，按时代顺序编排，生动全面地反映了青海历史发展的脉络。该书图版精美，文字简约，印制精良，宜于文博考古工作者、爱好者及其他各界读者阅读参考。

《河湟藏珍：民族民俗文物卷》，青海省博物馆、青海民族博物馆编著，祝君主编，文物出版社，2012年，彩色图文172页，16开。

该书收录青海省博物馆藏民族民俗文物精品152件，照片180幅，藏品的时代上起汉代，下迄现代。按汉族、藏族、土族、蒙古族、回族、撒拉族民俗文物顺序编排，品类丰富，条理清晰，文物涉及宗教器具、服装服饰、饮食器具等，具有文化内涵和民族、地域特色鲜明等特点。该书图版精美，文字简约，印制精良，宜于文博考古工作者、爱好者及其他各界读者阅读参考。

该书用文物讲述青海从史前时期的羌、戎、胡先民，经过汉以后的汉、鲜卑、吐蕃、蒙古、突厥等部族，到元代以后，这些古代民族演变定型成为今天的汉、藏、土、蒙古、回、撒拉等六个世居民族的经过，反映了多民族在江河源这块神奇的土地上共存发展，交流融合的历史演变进程。了解青海各民族不同的历史发展过程，就是了解青海历史的过程。

该书试图通过节庆、宗教、民居、服饰、饮食、生产生活用具等诸方面的介绍，反映青海各个民族的历史演变、文化习俗、民族特点等。

《河湟藏珍：藏传佛教文物卷》，青海省博物馆、青海民族博物馆编著，祝君主编，文物出版社，2012年，彩色图文237页，16开。

该书是“河湟藏珍系列丛书”之藏传佛教文物卷。收录文物均是青海省博物馆、青海民族博物馆馆藏精品，内容由概述、造像雕塑、壁画唐卡、古籍经典、法器供器五部分组成。图版包括：永乐款铜鎏金观音菩萨站像明代永乐款铜鎏金金刚萨埵佛像（明代）；永乐款铜鎏金文殊菩萨像（明代）；永乐款铜鎏金绿度母像（明代）等。

书中收录青海省博物馆藏佛教文物精品187件，照片约220幅，藏品的时代上起明清，下迄民国时期，分为造像与雕塑、壁画与唐卡、古籍经典、法器与供器四个部分，艺术内容丰富，种类繁多，具有重要的艺术鉴赏价值和历史研究价值。

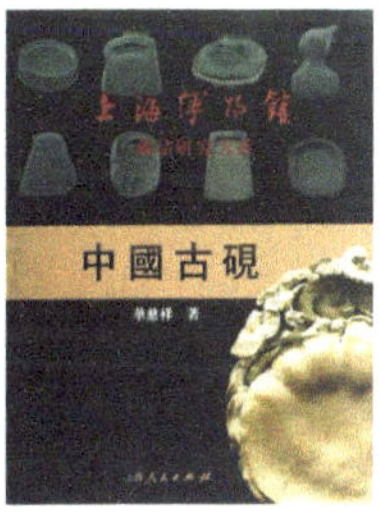

《中国古砚》（上海博物馆藏品研究大系），华慈祥著，上海人民出版社，2012年，彩色图文385页，8开。

该书是大型系列丛书“上海博物馆藏品研究大系”之一，该书围绕上海博物馆所藏的古砚进行探索性研究，结合馆外机构的藏品与相关出土砚，对藏品的造型、材质、砚铭、主题纹样、琢制艺术以及时代特征等均作了较为全面的阐述。

该书以图文配合的方式介绍了上海博物馆的古砚收藏、古砚研究的历史与现状、馆藏六朝砚与汉六朝出土砚、唐砚与隋唐五代出土砚、宋金砚与宋辽金出土砚、元明砚与元明砚的相关问题、清砚研究以及古砚的真伪鉴定，并附有馆藏的陈端友制砚研究。

该书是以馆藏古砚为主要研究对象，结合数十年以来，考古出土的汉晋至宋代古砚资料，为研究同类型的传世古砚提供了实物佐证，第二章至第四章，将馆藏这一时期的古砚与同期出土砚的研究相结合，以求更科学地研究馆藏品，对其有一个客观的评定，进而对汉至宋辽金时期的主要砚形作探索性研究。元明以后，出土古砚减少，则结合馆外机构的藏品和相关出土砚。对藏品的造型、材质、砚铭、主题纹样、琢制艺术以及时代特征等方面作较为全面的阐述。

《内蒙古包头博物馆馆藏文物集萃》，内蒙古包头博物馆编，文物出版社，2012年，彩色图文304页，16开。

该书是内蒙古包头博物馆文物藏品图录，精选文物160件予以介绍。图录根据该馆藏品的特点，分为三个部分展示：包头历史文物、内蒙古古代岩画和包头藏传佛教唐卡。书中图版部分还展示了包头历年来文物成果，再现了包头上下五千年的历史进程。

《千秋金鉴：陕西历史博物馆藏铜镜集成》，陕西历史博物馆编，三秦出版社，2012年，彩色图版372页，16开。

陕西历史博物馆收藏有中国古代铜镜一千余面，时间跨度从商代一直延续到清末，历代谱系较为完整，尤其是汉唐铜镜最有特点，无论是从类别、数量上看，还是品质上讲，都在全国文博单位中独树一帜。这些铜镜多出自西安周边的古代墓葬中。20世纪50年代初，在国家大规模基本建设时期，西安周边发掘了大批古代墓葬，其中有许多汉唐时期古代贵族和官僚的墓葬，出土文物等级高，品质佳，发掘情况清楚。隋唐时期墓葬大多有墓志，时代清晰，又有大量伴出文物可以参照对证，这就使这批铜镜在研究上有了更大的意义。

该书将这批铜镜以及历年来收藏的其他铜镜，完整地整理出来，并吸取学界研究成果，配以照片，编撰成书，具有较高的资料价值和研究价值。

《佛山市博物馆藏陶瓷》，佛山市文化广电新闻出版局、佛山市博物馆编，文物出版社，2012年，彩色图文296页，16开。

该书从佛山市博物馆两千余件陶瓷藏品中精选出120件（套）各个时期的代表性的陶、瓷器，以时代为序，按类别和窑口编排成册。全书分为两部分，第一部分为藏品图录，针对文物予以介绍。第二部分为省内外专家学者和馆内专业技术人员的相关研究论文，以期进一步深化中国古陶瓷文化和佛山市博物馆馆藏陶瓷研究。

《村里的日子：河北省民俗博物馆藏当代泥塑作品》（河北传统工艺珍品集），常素霞主编，科学出版社，2012年，彩色图文88页，16开。

该书是“河北省民俗博物馆系列丛书”之一，编者选取其中部分项目结集出版，旨在宣传河北工艺美术。本系列丛书由工艺历史综述和馆藏作品赏析两部分内容组成。前半部分以图文并茂的形式，阐述相关工艺形成历史、工艺特点、发展状况等，后半部分为图录配诗或小散文形式，给读者以视觉的冲击和美的感受。该系列丛书拟出版八册，分别是《村里的日子：河北省民俗博物馆藏当代泥塑作品》《妙笔生辉：河北省民俗博物馆藏当代内画作品》《鸟语花香：河北省民俗博物馆藏当代唐山彩瓷作品》《流光溢彩：河北省民俗博物馆藏当代金属工艺作品》《巧夺天工：河北省民俗博物馆藏当代玉石雕刻作品》《浴火重生：河北省民俗博物馆藏当代古窑新瓷作品》《梦幻的艺术：河北省民俗博物馆藏当代绞胎作品》《太行风情：河北省民俗博物馆藏当代铁板浮雕作品》。

该书是“河北省民俗博物馆藏品系列”之当代泥塑作品分册，编者对泥塑作品的产生、发展予以梳理研究，全面反映了河北省当代泥塑的总体状况，图文并茂，系统且直观。

《妙笔生辉：河北省民俗博物馆藏当代内画作品》（河北传统工艺珍品集），常素霞主编，科学出版社，2012年，彩色图文78页，16开。

工艺美术是中华民族传统文化的重要组成部分。河北省工艺美术历史悠久，种类繁多，有20类50多个品种。为了保护、传承河北优秀民间工艺美术作品，河北省民俗博物馆不断加大征集力度，将具有较高的文化、艺术和科学价值，代表河北省工艺美术现阶段最高水平的作品系统征集入藏，基本形成了较为完整的高水准的藏品体系。

该书是“河北省民俗博物馆藏品系列”之当代内画作品分册。

内画艺术源于内画鼻烟壶的绘制，其选材丰富，造型别致，更是与书法、绘画、雕刻等中国传统艺术相结合，可谓是匠心独运，妙笔生辉。而冀派内画传承有序，大胆创新，立意新颖，以其设色精润、书画并茂、雅俗共赏的艺术风格为艺坛、藏界所推崇，在中国当代内画艺术的创新发展留下了浓墨重彩的一笔。

《鸟语花香：河北省民俗博物馆藏当代唐山彩瓷作品》（河北传统工艺珍品集），常素霞主编，科学出版社，2012年，彩色图文78页，16开。

该书是“河北省民俗博物馆藏品系列”之当代唐山彩瓷作品分册。

该书由工艺历史综述和馆藏作品赏析两部分内容组成。工艺历史综述在以历史脉络为主线，对其产生、发展进行梳理的同时，对工艺的制作程序风格特色及当代工艺发展状况亦进行阐述，比较全面地反映了各种不同工艺品类的总体状况，图文并茂，系统且直观。

《婺源博物馆藏珍·书画》，婺源博物馆编，文物出版社，2012年，彩色图文400页，16开。

婺源博物馆是县级博物馆，藏品精良，内容丰富，尤以明清书画作品为著。该书精选了该博物馆书画作品160件汇集成册，供广大读者研习鉴赏。

《云南省博物馆馆藏精品全集：瓷器》（上、下册），云南省博物馆编，云南人民出版社，2012年，彩色图文549页，16开。

20世纪50年代，在西方掀起了一股青花研究热，将中国青花瓷器研究推进到了一个较高的水平。随着扬州唐城遗址唐青花瓷片的发现，人们对青花瓷器有了比较全面的了解，认为青花瓷器创烧于唐代，成熟于元代，到明代和清初进入高峰期。但是明代以前的青花瓷窑发现较少，人们对青花瓷器产地的认识仅仅限于景德镇。在这样的背景下，20世纪60年代云南玉溪窑的发现，引起了陶瓷学界很大的重视，学者们没有想到，在地处边疆、经济文化较为落后的云南会有青花瓷器生产。玉溪窑的发现，说明云南和中国内地联系的紧密性，同时也说明云南地方文化是中华文化的重要组成部分，填补了云南古代瓷器生产的空白。

该书上册内容按照概述、青花瓷器、彩绘瓷器、单色釉瓷器编排，下册内容是元末明初云南瓷器、明代早期云南瓷器、明代中期云南瓷器、明代晚期云南瓷器、清代及民国云南瓷器的顺序编排，书后有索引，便于读者检索。

《苏州博物馆藏历代碑志》（苏州博物馆藏品系列），苏州博物馆编著，文物出版社，2012年，彩色图文121页，16开。

该书是苏州博物馆从馆藏历代碑刻墓志中精选140余方整理而成，所涉时代上起北朝北齐文宣帝天保元年（550），下至中华人民共和国成立后的1962年，内容以墓志为主，其中不乏大家撰书的精品佳构，更有名门家族墓志与文献史料相印证，书中所收石刻均为苏州博物馆所藏，那些由杰出书法家精心写制的墓志铭，本身就是令人过目难忘的艺术作品，加之作者将墓志背后的故事娓娓道来，更让人印象深刻。该书以碑志拓片与整理标点的录文互相对照，资料翔实，具有较高的学术价值。

《故都神韵：南京市博物馆文物精华》，南京市博物馆编，文物出版社，2013年，彩色图文236页，16开。

该书是南京市博物馆藏品图录，书中按照时代先后介绍该馆收藏的202件文物藏品，从一个侧面展示南京古都的辉煌与南京文物的精彩。南京处长江下游肥沃之野，据龙盘虎踞的地理优势，拥优美壮观的自然环境，是长江文明的肇始地之一，有“六朝古都”“十朝都会”之称。60多年来，南京市博物馆以保护民族优秀的历史文化遗产为己任，考古发掘了大量重要墓葬和遗址，征集收藏了大批与南京历史有关的珍贵文物。馆藏10万余件文物中有一级文物300余件，这些珍贵文物通过展览，向人们展开一幅浩瀚的历史画卷。

《梦幻的艺术：河北省民俗博物馆藏当代绞胎作品》（河北传统工艺珍品集），常素霞主编，科学出版社，2013年，彩色图文79页，16开。

该书是河北传统工艺珍品系列中的当代绞胎作品分册。图录内容分两部分，以图文并茂的形式，阐述相关工艺形成历史、工艺特点、发展状况等，如王加林的《今天的工艺珍品 明天的文物精》，常素霞的《中华手艺民族瑰宝》以及神秘的绞胎艺术、绞胎陶瓷的发展概况、河北当代绞胎艺术和绞胎作品赏析。图录配诗或小散文形式，给读者以视觉的冲击和美的感受。

《上海世博会博物馆馆藏精品》（一），上海世博会博物馆编，中国出版集团东方出版中心，2013年，彩色图文150页，16开。

该书是上海世博会馆藏品的选集，收录中国2010年上海世博会146个捐赠方捐赠的336件藏品。专文《世博会会期藏品征集实践及规律》介绍了这些藏品诞生与流传的经过及世博馆对藏品征集的学术探讨。

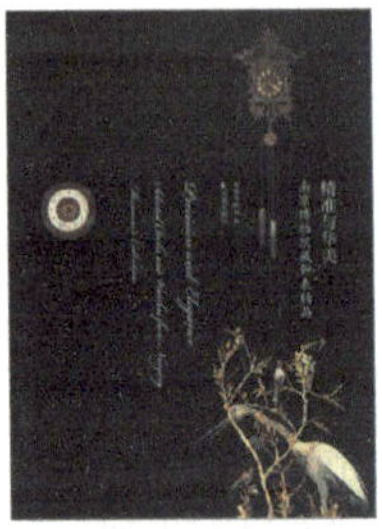

《精准与华美：南京博物院藏钟表精品》，南京博物院编，凤凰出版社，2013年，彩色图文171页，16开。

该书是南京博物院藏品图录，收录了该院所藏西洋各国机械钟表及中国各地区、各时代的仿制精品40余件。书中还收录了《钟表历史视域中的南京博物院钟表收藏》《南京博物院院藏清宫钟表论析》两篇研究论文，对所收录钟表的学术意义作了多角度的阐释。

《大理白族自治州博物馆馆藏文物精粹》，大理白族自治州博物馆编，云南人民出版社，2013年，彩色图文223页，16开。

该书选录大理白族自治州博物馆文物239件，包括陶瓷 76件，青铜器64件，南诏大理国佛教文物45件，书画29件以及碑刻、印章、制镜、造像、白族生活用具等，分为陶瓷器、青铜器、南诏大理国佛教文物、书画、其他五个部分，介绍了这些文物的特色及其价值，通过文物图片和文字说明反映大理各个时期的历史、文化以及大理地区近百年来文物保护、考古研究方面的工作成果。

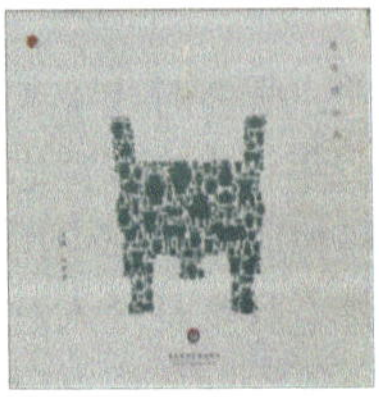

《博物馆绘本：青铜器》，陈燮君主编，华东师范大学出版社，2013年，彩色图文151页，24开。

博物馆绘本系上海博物馆专业人员编写的系列丛书。该书编者陈燮君组织上海博物馆人员精选青铜器藏品，对其进行原样临摹，手工绘制原图，不仅还原了原作风貌，同时全方位展现了青铜器文化。书前专文《中国古代青铜器》介绍中国古代青铜器的造型、纹饰、制作工艺等。

中国古代青铜器造型奇伟、纹饰瑰丽，代表了当时工艺技术和审美精神的最高标准，但中国古代青铜器不仅是单纯的艺术品，还是很多艺术家的虔敬和创意随着熔融的铜液灌注到模范之中，慢慢冷却，凝聚为一个时代的象征。在中国古代青铜器上，可以感受到中华文明积淀的过程。它典雅和谐的特质与中国文化含蓄深邃的特点紧密契合。

《博物馆绘本：玉器》，陈燮君主编，华东师范大学出版社，2013年，彩色图文131页，24开。

中国人喜欢玉，用玉来装点人生、滋养心灵，乐此不疲。中国人不仅最早“采玉”和“用玉”，而且也是少数几个将玉的使用与民族文化、民族性格养成联系在一起的国家。中国古代玉器，作为一种物质财富，被应用于祭祀、礼仪、丧葬、装饰等方面；作为一种精神文化的象征，玉以其温润、纯洁、内敛、高雅的特性为世人所推崇。

该书精选多个玉器藏品对其进行原样临摹，手工绘制了原图，不仅还原了原作风貌，而且全方位地展现玉文化的发展特点。

《蔚州文物珍藏》，蔚州博物馆编著，科学出版社，2013年，彩色图文263页，8开。

该书是蔚州文物精选图录，对蔚县珍贵历史文物进行的一次全面盘点。全书共分为陶器、瓷器、金银器、铜器、木器、石器、书画和玉器杂项八大部分，精选新石器时代到清代的各类文物200余件。采用图录式体例，除了每件文物所附的简要说明文字外，不加任何主观性解说和点评，图文配合，资料翔实。

《旅顺博物馆馆藏文物选粹·中国古代佛教造像卷》，旅顺博物馆编，辽宁人民出版社，2013年，彩色图文128页，16开。

该书是“旅顺博物馆馆藏文物选粹系列”之中国古代佛教造像卷。图版分两部分，其一为汉传佛教造像，其二为藏传佛教造像。其中汉传佛教造像包括佛、菩萨、罗汉及天王护法，藏传佛教造像包括佛、菩萨、祖师、度母及天王护法。

旅顺博物馆收藏有大量历史珍贵文物，历代佛教造像是其馆藏特色文物种类之一，其中的藏传佛教造像部分更是引人注目。 藏传佛教，又称为喇嘛教，是7世纪时传入西藏的佛教分支，流行于中国青海、西藏、内蒙古以及西藏周边地区，与汉传佛教、南传佛教并称佛教三大体系。

《龙城宝笈：朝阳博物馆馆藏佛教造像精品》，朝阳博物馆编，辽宁人民出版社，2013年，彩色图文214页，16开。

该书是朝阳市博物馆馆藏精品佛教造像画册。

朝阳市博物馆成立于1972年，馆藏文物有铜器、钱币、化石、首饰、佛教造像等。该集所收佛像分为两大部分：汉传佛教造像和藏传佛教造像。佛像造型各异，材质各异，在每一类佛像前附以说明文字，介绍佛教在藏地和汉地传播的历史和文化。

《桂林石刻撷珍》，桂海碑林博物馆编撰，漓江出版社，2013年，彩色图文148页，16开。

该书选录桂海碑林博物馆收藏的珍贵资料，以拓片和照片的形式撷取了桂林石刻作品中的精华，配以相应的文字说明，读者便可了解和欣赏分布于桂林优美山水间的代表性摩崖石刻，具有较高的收藏价值和研究价值。

桂海碑林博物馆是国家二级博物馆，同时也是广西从事石刻保护、研究、陈列和宣传的唯一的专题博物馆。该书依据第一手材料及多年相关研究成果编撰而成，自唐及清，选取桂林历代摩崖石刻中颇具代表性的105件作品，辑为图录，并辅以相关历史背景资料说明。

《华东博物馆镇馆之宝》，丁尧编著，北京大学出版社，2013年，彩色图文263页，32开。

该书是“博物馆旅游系列”图书镇馆之宝的分册——华东卷，按照本丛书致力于打造大众的第一本博物馆旅游书的主旨。该书中作者把上海、浙江、安徽、山东、江苏五省市22个博物馆珍藏文物进行分类分级整理，整理过程中兼顾博物馆的级别及文物本身的特色，省级博物馆及极富地方特色的地市级博物馆都有涉及。作者在各级博物馆中挑选出镇馆之宝，对镇馆之宝选择的标准就是文物本身一定要代表我国古代文明最高水准或可体现当地文化发展特色。

《中南及台湾地区博物馆镇馆之宝》，丁尧编著，北京大学出版社，2013年，彩色图文229页，32开。

该书是“博物馆旅游系列”图书镇馆之宝的分册——华中华南台湾地区卷，按照本丛书致力于打造大众的第一本博物馆旅游书的主旨，作者把河南、湖北、湖南、江西、广东、广西、海南、福建、台湾九省（自治区）19个博物馆的珍藏文物予以整理，并兼顾文物本身的特色，用图文配合的方式对镇馆之宝的价值和特色进行介绍。

《西南西北博物馆镇馆之宝》，丁尧编著，北京大学出版社，2013年，彩色图文272页，32开。

该书是“博物馆旅游系列”图书镇馆之宝的分册——西南西北卷。作者把重庆、四川、贵州、云南、西藏、陕西、甘肃、青海、宁夏、新疆十省市自治区的25个博物馆珍藏文物进行分类整理，并兼顾博物馆的级别及文物本身的特色，书中介绍的文物大多是我们耳熟能详的藏品。作者用文字配合照片的方式对这些文物藏品的价值、特色等娓娓道来，令人眼界大开。

《华北东北博物馆镇馆之宝》，丁尧编著，北京大学出版社，2013年，彩色图文213页，32开。

该书是“博物馆旅游系列”图书镇馆之宝的分册——华北东北卷，按照本丛书致力于打造大众的主旨。书中把北京、天津、河北、山西、辽宁、吉林、黑龙江七省市的博物馆珍藏文物进行分类分级整理，兼顾博物馆的级别及文物本身的特色。作者在各级博物馆中挑选出各馆的镇馆之宝，选择的标准就是文物本身要能够代表中国古代文明水准或可体现当地文化发展特色。

《东莞市博物馆藏出土文物》（东莞市博物馆丛书），杨晓东主编，文物出版社，2013年，彩色图文201页，16开。

该书是“东莞市博物馆丛书”中的出土文物藏品图录。收录该馆历年考古发掘出土文物中代表性器物166件，从新石器时代到明清时期不同类别的器物，为了解东莞以至东江地区古代的社会生产、经济、民间生活等提供了实物资料，介绍该馆藏文物的历史价值与艺术特色等，讲述了文物背后的故事。从中可了解东莞丰富的考古文化遗存，窥见东莞的历史发展脉络。

《东莞市博物馆藏故宫调拨文物》（东莞市博物馆丛书），杨晓东主编，文物出版社，2013年，彩色图文209页，16开。

该书是“东莞市博物馆丛书”之一，书中记述了该馆藏故宫调拨文物的历史渊源、文物价值，刊载介绍了全部作品。

建于1929年的东莞博物馆，于1973年12月获得故宫博物院一批调拨文物，共93件（套），计108件。文物包括明清时期的陶瓷、玉器和杂项三类艺术品，有清乾隆、嘉庆、道光三朝官窑器的上乘之作和精美的皇家用玉，另有珐琅、玻璃器，漆器和竹木牙雕器，清宫造办处的作品和京作、苏作、广作等民间代表作。

《中原藏珍：品鉴》（卷壹），河南博物院编，中州古籍出版社，2013年，彩色图文518页，16开。

该书是河南博物院编辑的馆藏文物深度解读的系列图录。该书是其中的第一册，书中的文字初稿来自河南博物院网站的“每周一品”栏目收录的52件（套）文物的品读文章，涉及青铜器、陶瓷器、玉器、石器、石刻、书画等众多品类，文章均从文物名片、深度品鉴、文化解读、比较研究、趣味猜想、相关链接六个方面对文物进行全面剖析与解读。

为了解读好每一件文物，该书的作者均对各人负责的具体内容进行了翔实的再考证和认真修改，尽可能找到历史文献、考古发掘报告等第一手资料，了解最新的考古发掘出土物和研究成果，力求科学、准确解读文物。

《东山撷芳：江宁博物馆暨东晋历史文化博物馆馆藏精粹》，江宁博物馆、东晋历史文化博物馆编，许长生主编，文物出版社，2013年，彩色图文233页，16开。

该书由南京市江宁博物馆、东晋历史文化博物馆主编，全书以江宁区博物馆（东晋历史文化博物馆）文物藏品精品全彩色图片为主要内容，配以简洁器物说明。全书按照石器、石刻、砖瓦、玉器、陶器、瓷器、青铜器、铁器、金银器、漆木、竹器、书法、绘画、纸币的类别介绍馆藏品并附图片263幅，其中等级文物达150件（套）。全书图片根据1992年国家文物局出版的《博物馆藏品保管工作手册》中传世（出土）文物分类表顺序进行排列。

《天津博物馆藏玺印》（天津博物馆精品系列图集），天津博物馆编，文物出版社，2013年，彩色图文159页，16开。

该书是天津博物馆精品系列图集之玺印卷。天津博物馆精品系列图集从专业研究的角度，将天津博物馆的文物艺术品收藏分批次、分类别地编辑、辑录并在海内外公开出版，其目的是将藏品在更广泛的范围内向公众开放，推动更深入的研究。

天津素有深厚的文物集藏传统，晚清近代以来，这种传统更是发展到极致，境内收藏鉴赏名家云集，传世珍品名品荟萃，私人收藏极其丰富。该书收录该馆收藏的代表性玺印180枚予以介绍。

《吐鲁番博物馆藏历代钱币图录》，吐鲁番博物馆、吐鲁番学研究院编，上海古籍出版社，2013年，彩色图文204页。

该书按照中原王朝铸造的钱币、清至民国时期中央政府在新疆发行的钱币、新疆本地自铸钱、丝路钱币四个部分的顺序，介绍了吐鲁番博物馆收藏的历代货币。

吐鲁番地区是欧亚大陆桥的中点，丝绸之路商贸繁盛，留下了世界各国交往的重要遗存。由于该地特有的干旱高温少雨的地理特点，使之比较完整地保存了自汉至民国历代中央王朝和地方政府的钱币实物，以及从罗马、伊朗到日本、安南的大量钱币，真实地反映了古代新疆的经济活动和丝绸之路物质交流的状况。

《湖北钱币博物馆藏品选》，湖北钱币博物馆、湖北省钱币学会编，文物出版社，2013年，彩色图文120页，16开。

该书是为纪念湖北钱币博物馆开馆十周年而编辑的藏品图录，书中精选该馆278件文物予以介绍，馆内业务人员和相关专家参与编辑写作，确保了该书的权威性。

《皖西博物馆文物撷珍》，皖西博物馆编著，文物出版社，2013年，彩色图版199页，16开。

安徽省皖西博物馆是全国重点博物馆，馆藏文物2万多件，其中一级文物300件。本图录遴选了皖西博物馆馆藏文物珍品198件（组），其中青铜类103件（组），陶瓷类59件（组）、玉器类11件（组）、金银器类19件（组）、近现代类6件。以青铜文化、陶瓷文化、葬制文化、红色文化为主题，通过图文编排，系统展示了皖西地区在中华民族文明史、中国革命史中的重要地位和贡献。书中文物以皖西鲜明地域特色的出土文物为主，亦有部分为带有明确出土地点的个人捐赠品及省馆拨交品；为反映馆藏全貌，中国文物总店下拨的一批清代瓷器也被收录其中。

《成都华通博物馆文物精萃：青铜器卷》，成都华通博物馆编，文物出版社，2013年，彩色图文180页，16开。

该书收录的几件青铜器，具有较高的艺术价值和科学研究价值。器物形式、风格多样，既有中原青铜器中的重器，如春秋晚期的一对莲瓣方壶，体量巨大，纹饰精美，且未有与之完全相同者；也有造型别致、纹饰细腻的南方青铜器，如蹲蛙铜鼓、兽首耳缶。几件有铭文的青铜器也值得一提。采获簋两件，不仅形制独特，而且各有铭文38字，作为册命金文，对研究西周中期的职官与册命制度有参考价值。鲍子鼎一件，根据铭文可知器物乃齐国著名贤臣鲍叔牙的后人为嫁女所作器，对春秋晚期齐国历史的研究颇有裨益。

《清代雍正—宣统官窑瓷器》（上海博物馆藏品研究大系），周丽丽著，上海人民出版社，2014年，彩色图文299页，16开。

该书是大型系列丛书“上海博物馆藏品研究大系”之一，主要介绍了上海博物馆收藏的清代雍正到宣统官窑瓷器的概况、历史文献与研究回顾、相关课题研究与鉴定。该书以馆藏实物为研究对象，通过对文献资料及其其他机构藏品的对比研究，详尽反映了清代雍正到宣统年间景德镇官窑瓷器的烧造历史、烧造规模、管理制度、帝王爱好与宗教信仰对御用瓷烧造的影响。作者在实物研究的基础上，进一步开展文物真伪鉴定研究，总结了各阶段官窑瓷器的特征，通过对比馆藏部分仿品的辨析，论述了清代景德镇官窑瓷器辨伪的方法。

《解读王鑑：上海博物馆藏精品赏析》，陈燮君主编，上海书画出版社，2014年，彩色图文222页，18开。

王鑑（1598～1677），字玄照，后改字元照，号湘碧，江苏太仓人。人称“王廉州”。出身于书香门第，为明代著名文人王世贞曾孙，家藏古今名迹甚富，为王鑑学习临摹历代名画真迹提供了良好的条件。该书选择上海博物馆藏王鑑各时期代表作品多件，通过局部展示山石、树木、建筑包括书法、款识、印鉴等细节，介绍王鑑作品的微妙之处，以便读者赏析和研究。

《解读王时敏：上海博物馆藏精品赏析》，陈燮君主编，上海书画出版社，2014年，彩色图文214页，18开。

王时敏（1592～1680），字逊之，号烟客，江苏太仓人，首辅王锡爵孙。崇祯初以荫官太常寺卿，故被称为“王奉常”。擅山水，专师黄公望，其画在清代影响极大，王翚、吴历及其孙王原祁均得其亲授。该书选择上海博物馆藏王时敏各时期代表作品多件，通过局部展示山石、树木、书法、款识、印鉴等细节，揭示王时敏作品的微妙之处，使读者对王时敏作品有更深刻的理解。

《礼乐中国：湖北省博物馆馆藏商周青铜器》，湖北省博物馆编，湖北人民出版社，2014年，彩色图文212页，16开。

该书以湖北省博物馆藏青铜器为研究对象，以图文配合的方式展示，主要展示了该馆丰富的馆藏。书前有专文《“天命”下的秩序——礼乐中国概述》，图版部分分为青铜礼器和青铜乐器，每部分按照时代先后排序。

湖北地区在新石器时代晚期就已出现青铜冶炼。商代以湖北黄陂盘龙城出土的青铜器，西周以曾国为代表的方国青铜器和东周以楚国为代表的青铜器堪称中国青铜时代的代表。这些青铜器礼乐器不仅体现了中国先秦时期的技术和艺术，而且所蕴含的礼乐文化，也反映了中国古代社会的政治和文化特点。

《龙城宝笈：朝阳博物馆馆藏古代铜镜》，朝阳博物馆编，辽宁人民出版社，2014年，彩色图文198页，16开。

朝阳博物馆成立于1973年，属历史类博物馆，拥有各类文物藏品9197件。尤以商周青铜礼器、十六国前燕、后燕和北燕时期的马具金铜饰品、辽代契丹民族文物和金、元、明、清瓷器和珍贵书画等文物为主。该馆藏品数量多、种类丰富，体现了浓厚的辽西地区古文化区域特色，对研究中国文明起源史和北方古代民族文化史以及朝鲜半岛、日本岛的文化传播与影响，均有重要价值。

本书是朝阳博物馆馆藏文物系列图书之一。朝阳博物馆将该馆所藏有代表性的铜镜整理展示，并将铜镜在中国文化中的地位，以及铜镜在各个朝代不同的表现形式做详细介绍，对每一面铜镜尺寸、所属朝代、个性特征加以描述，以便读者了解铜镜的时代特征。

《珍藏吉水》，吉水县博物馆编著，叶翔主编，文物出版社，2014年，彩色图文255页，16开。

该书是吉水县博物馆藏文物图集，书中按照陶瓷器、玉石器、铜器、银器、骨牙角器、书法绘画、文献文书、杂项八个类别，黝黑锃亮的波纹双系罐、红斑绿锈的青铜朱雀、晶莹欲滴的玉带钩、秀挺刚劲的汉白玉碑刻等200余幅珍贵照片，展示了吉水地区丰富的文物资源。

《云南铁路博物馆文物精萃》，昆明铁路局编，中国铁道出版社，2014年，彩色图文195页，12开。

该书是从云南铁路百年发展历程积淀的大量历史文献典籍和云南铁路博物馆收藏展示的万余件文物展品中，萃取部分珍品，按照机车车辆、勘测设计、线路设备、通信信号、配件工具、铭牌标志、票证票据、钱币债券、典籍章制、文化遗存、文物保护单位共11个章节编辑。 该书让读者从历史印记中，聆听历久弥新的百年故事，领略神韵飞扬的铁路传奇，筑就磅礴发展的铁路之梦。

《太行风情：河北省民俗博物馆藏当代铁板浮雕作品》（河北传统工艺珍品集），常素霞主编，科学出版社，2014年，彩色图文78页，16开。

该书是“河北省民俗博物馆藏品系列”之当代铁板浮雕作品分册。书中选取该馆收藏的部分作品结集出版，旨在宣传河北工艺美术，提高读者对当代工艺美术的了解，感受中国传统文化的深厚文化内涵及艺术魅力。

该书主要内容分两部分，前半部分以图文并茂的形式，阐述相关工艺形成历史、工艺特点、发展状况等，后半部分为图录配诗或小散文形式，给读者以视觉的冲击和美的感受。

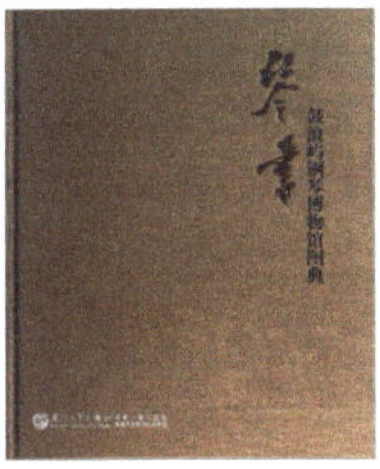

《琴书》（鼓浪屿钢琴博物馆图典），曹放编著，厦门大学出版社，2014年，彩色图文275页，16开。

该书是鼓浪屿钢琴博物馆馆藏文物的精选，馆藏钢琴的鉴赏主要是依据捐建者胡友义先生向讲解员和媒体记者的资料整理提炼而成。全书分为五章，依次是钢琴——乐器王国的瑰丽皇冠、鼓浪屿——名扬中外的钢琴之岛、胡友义——一生钟情缔造钢琴博物馆、馆藏钢琴鉴赏（上）——珍品荟萃、馆藏钢琴鉴赏（下）——人文交响。编者力求专业性与普及性的统一，力求图文并茂，期盼能够成为与钢琴博物馆交相辉映的文化艺术典籍。

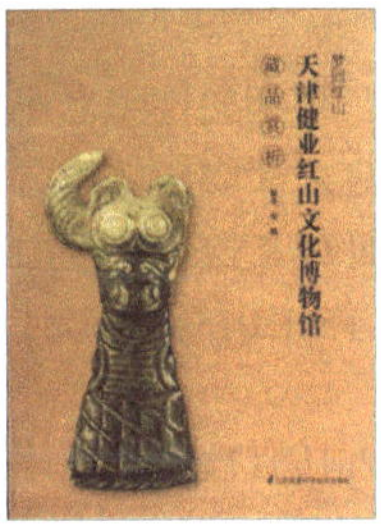

《天津健业红山文化博物馆藏品赏析》（梦回红山丛书），张鹏主编，江苏科学技术出版社，2014年，彩色图文219页，16开。

该书展示了作者多年收藏的200余件红山文化藏品，藏品之精、解读之详，为近年来少见。

图版部分按照神秘古韵玉器篇、文明源头石器篇、古朴工艺骨蚌器篇、彩艺律感陶器篇四个部分依次介绍了兴隆洼文化玉器和陶器、赵宝沟文化玉器及陶器、红山文化玉器、小河沿文化陶器等，书中观点是作者多年研究的结果，为红山文化专家称道。该书为深化红山文化研究、促进红山文物的保护和收藏将起到推动作用。

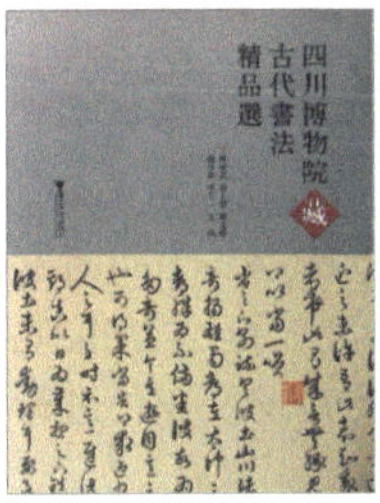

《四川博物院藏古代书法精品选》，魏学峰、李介一主编，浙江大学出版社，2014年，彩色图文303页，8开。

该书精选四川博物院藏中国古代书法精品，包括唐、宋、元、明、清的草书、隶书、小篆等各体书法。编者以图文对照的方式展示，其中有南宋赵昚《行书答虞允文敕书卷》、元释可中《草书临十七帖卷》、明祝允明《草书自书诗卷》、明文徵明《草书自作诗卷》、文徵明《行书七律诗（一）（二）扇页》等，图版说明介绍便于读者了解和欣赏，图片直观反映了藏品的原貌。

《图说中国铁道博物馆珍贵文物》（第一辑），中国铁道博物馆著，中国铁道出版社，2014年，彩色图文156页，12开。

该书是《图说中国铁道博物馆珍贵文物》的第一辑。

书中以中国铁道博物馆馆藏珍贵文物的史料研究、征集经过以及对文物背后故事挖掘为主，采取“图说”的形式，精心选取了“毛泽东号”蒸汽机车、0号蒸汽机车、“朱德号”蒸汽机车、“国庆号”蒸汽机车、周恩来总理公务车、詹天佑获得的金质奖章、解读《京张铁路标准图》、京张铁路百年钢轨、1899年汉阳造钢轨等320幅珍贵照片，史论结合，图文并茂，使读者直观地了解中国铁路一百多年来的发展传承，了解铁路在近现代历史上的价值和作用。

《图说中国铁道博物馆珍贵文物》（第二辑），中国铁道博物馆著，中国铁道出版社，2014年，彩色图文160页，16开。

该书是《图说中国铁道博物馆珍贵文物》的第二辑。

书中与以往中国铁路史的研究著作不同，本系列图书主要以中国铁道博物馆馆藏珍贵文物的史料研究、征集经过以及对文物背后故事挖掘为主，采取“图说”的形式，精心选取了300幅珍贵照片，史论结合、图文并茂地叙述中国铁路一百余年的发展历史。虽然采取图说的方式，但在文章撰写中，坚持了专业性、权威性、可读性三者的原则，每篇文章均查阅了大量档案文献，参考了多位当事人的口述史料等，确保了文章的科学严谨。

《天祝博物馆文物荟萃》，天祝藏族自治县博物馆编，甘肃人民美术出版社，2014年，彩色图文89页，16开。

该书是天祝博物馆馆藏文物精品的介绍图录。编者从该馆收藏的文物880件（套）中选出80件（组）文物予以介绍。这些文物展示在博物馆常设展览“天祝县历史文明展”“天祝民族民俗展”中。

《上海博物馆藏书法释文选》（修订本），上海博物馆编，上海书画出版社，2014年，彩色图文212页，16开。

历代书法是上海博物馆的重要藏品，也是其特色之一，由于其中部分书法作品是草书、篆书等，普通读者不易辨识，为了使得广大读者对上海博物馆所藏古代书法有较为便捷的观赏，该书将上海博物馆所藏的王羲之《草书上虞帖卷》、王献之《行书鸭头丸帖卷》、怀素《草书苦笋帖卷》、虞世南《行书汝南公主墓志铭卷》、高闲《草书千字文卷》（残）、黄庭坚《行书华严疏卷》等104幅书法精品佳作一一释文，便于读者阅读欣赏。

《中原藏珍：品鉴》（卷贰），河南博物院编，中州古籍出版社，2014年，彩色图文535页，16开。

该书是河南博物院编辑的馆藏文物深度解读的系列图录的第二册，包括52件（套）文物，涉及青铜器、陶瓷器、玉器、石器、石刻、书画等众多品类，文章均从文物名片、深度品鉴、文化解读、比较研究、趣味猜想、相关链接六个方面对文物进行全面剖析与解读。该书文字内容来自河南博物馆网站“每周一品”栏目收录的2013年的52件（套）文物。

编者为了解读好每一件文物，均对每件文物的具体内容予以考证和认真修改，使用历史文献、考古发掘报告等第一手资料，并加入最新的考古发掘出土物和研究成果，力求科学、准确解读文物。

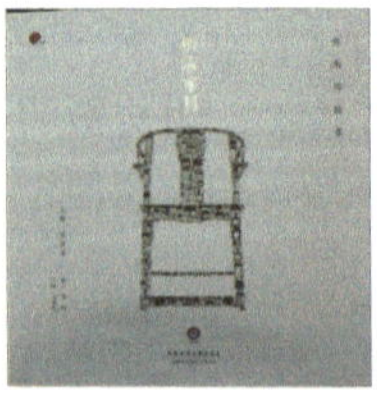

《博物馆绘本：明清家具》，陈燮君主编，华东师范大学出版社，2014年，彩色图文157页，24开。

该书是系列丛书“博物馆绘本”之明清家具分册。编者组织人员精选多个明清家具藏品并对其进行原样临摹，手工绘制了原图，不仅还原了原作风貌，而且全方位地展现明清家具的特点。书前有专文《中国明清家具》对家具的渊源及其发展变化进行综述。

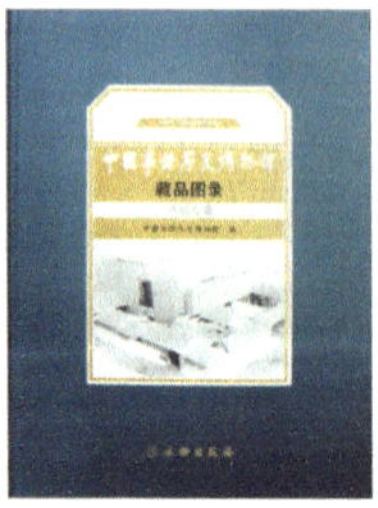

《中国华侨历史博物馆藏品图录》（开馆专辑），中国华侨历史博物馆编，黄纪凯主编，文物出版社，2014年，彩色图版163页，16开。

该书是中国华侨历史博物馆藏品的图录，收录122件（组）文物，每件文物都有简明的介绍，力求全面反映该馆藏品种类。书中内容分为两个部分，一是反映中国人移民海外的历史和华侨华人在海外筚路蓝缕、开拓发展、贡献当地以及生活娱乐等情景，一是反映华侨华人在支持和推动祖籍国的民族独立、经济发展、社会进步和维护国家统一完整等方面做出的贡献。

《纸落云烟：武汉博物馆藏明代书画珍品录》，朱莉主编，文物出版社，2014年，彩

色图文259页，16开。

该书是武汉博物馆藏明代书画的选集图录。编者选录吴宽、杨一清、郭诩、吴伟、祝允明、文徵明、仇英、董其昌、黄道周、张瑞图等30余位书画家的艺术佳作，以丰富清晰的图片和详细的内容解析，让读者领略四五百年前明代书画家鲜活的艺术人生。

该书逐一解读作品，大到书画的全景构图、篇章布局，小到人物局部面貌、山水一角、笔墨运行轨迹、作者与鉴藏者的题跋印鉴，甚至微细到以创作载体出现的画作绢地经纬结构形态等。这种编撰方式，令人耳目一新。

《蚌埠市博物馆铜镜集萃》，蚌埠市博物馆编著，辛礼学主编，文物出版社，2014年，彩色图文219页，16开。

蚌埠博物馆始建于1974年，四十年来征集并收藏铜镜多达500余面。随着文物事业的蓬勃发展，通过考古发掘、征集、接受捐赠、公安部门移交等途径，馆藏铜镜的种类和数量不断攀升，铜镜已经成为馆藏青铜器类别的一个大项。

该书是蚌埠博物馆第一部专题性的文物图录著作，编者在筛选时铜镜兼顾铜镜的时代性及珍贵性，择优选取，尽可能地将馆藏精品铜镜提供给读者；编排时以“时代为主线、类别为辅线”的原则，展示本馆藏镜，同时辅以拓片，力求全面地传达每面铜镜所包含的历史信息。

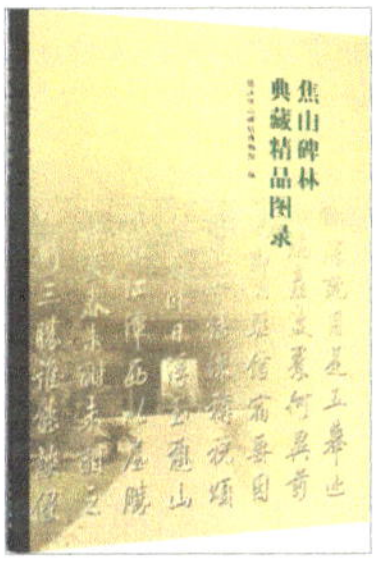

《焦山碑林典藏精品图录》，镇江焦山碑刻博物馆编，文物出版社，2014年，彩色图文98页，16开。

焦山碑刻博物馆位于江苏镇江市风景旅游胜地的焦山，成立于1991年10月。自北宋庆历八年（1048年），焦山即建宝墨亭，藏有唐朝王奂之集王羲之书的经幢和宋刻《瘗鹤铭》，明代改建宝墨轩，藏碑渐丰，颇具规模，十分显赫。清代以后，碑墨不断充实，蜚声江左。后屡遭兵毁，碑刻毁损严重。1960年镇江市政府寻找散失残碑，征集四乡刻石，建立焦山碑林。1988年被列为全国重点文物保护单位。该书精选镇江焦山碑刻博物馆馆藏文物，分两个部分：一是摩崖部分，介绍了38幅作品，二是碑刻部分，介绍了49幅碑刻墓志，一一解读摩崖碑刻的来历和价值。

《中国国家博物馆馆藏文物研究丛书：瓷器卷》（商—五代），中国国家博物馆编，上海古籍出版社，2014年，彩色图文306页，16开。

该书收录和研究的瓷器时间跨度从商至五代，详细介绍了这段时期精品瓷器226件，全面分析了中国瓷器自产生到逐渐成熟的历程，及其与民俗文化和社会生活的关联。后附论文三篇，分别对长沙窑、越窑和定窑展开深入研究。

《旅顺博物馆所藏甲骨》（中国社会科学院文库·历史考古研究系列），中国社会科学院甲骨学殷商史研究中心、旅顺博物馆编著，宋镇豪、郭富纯主编，上海古籍出版社，2014年，16开。

该书收录的这批甲骨文的时代一至五期皆有，内容精湛，涉及殷商政治制度、王室结构、社会生活、经济生产、方国地理、军事战争、宗教祭祀、文化礼制等方方面面，具有极高的文物价值、史料价值和学术史研究价值。

旅顺博物馆是国内大宗收藏殷墟甲骨文的单位之一，所藏数量达2200多片，主要为罗振玉（雪堂）的旧藏品，极少量为日本人岩间德也藏品。旅顺博物馆甲骨的来源、流传与入藏事略，尘封厚积着曲折沉沦的近代学术史印迹。1945年苏联红军打败日军后，对旅顺进行了军事管制，苏军征用罗振玉的住宅和藏书楼（大云书库），罗氏旧藏的大量文物散失民间。20世纪五六十年代，该馆从农民处收购及旅顺登峰街道和旅顺供销社等单位拨交，得罗氏旧藏文物六千多件，其中包括这批甲骨文。旅顺博物馆甲骨被《甲骨文合集》著录的仅587片，绝大部分失收，未公布发表过。

该书著录旅顺博物馆全部甲骨藏品，分为甲骨图版、释文、检索表三大部分。甲骨图版采用彩照、拓片、摹本三位一体的著录方式，彩照包括甲骨正面、反面以及有完整钻凿痕迹的甲骨侧面照片；拓片包括全部有字甲骨的正面及反面，摹本还摹录相关甲骨的缀合图形。它不仅介绍了馆藏该项文物的基本情况，同时还就殷商政治制度、王室结构、社会生产、经济生产、方图地理、军事战争、宗教祭祀、文化礼制等多方面内容进行研究，具有极高的文物价值、史料价值和学术研究价值。它也作为一种工具书，成为专业人员研究该项文物的第一手资料。

《徐悲鸿书画作品集》（贵州省博物馆馆藏精选），王红光主编，朱良津副主编，广西师范大学出版社，2014年，彩色图文81页，16开。

该书收录五十幅徐悲鸿先生于20世纪三四十年代创作的作品，其中大多数为国画，题材多样，既有动物、花鸟、山水、书法、人物，又有徐悲鸿最为擅长的奔马。其中尤为珍贵的，是徐悲鸿寓居贵阳期间创作的一系列手稿，多为首次出版。

《百年寻踪：江汉关博物馆馆藏文物集萃》，江汉关博物馆编，文物出版社，2014年，彩色图文324页，16开。

该书是江汉关博物馆的藏品图录。江汉关博物馆，是在武汉老海关大楼的基础上新设立的博物馆。老海关大楼位于汉口沿江大道江汉路口，由英国建筑师景明设计，恒纪建筑公司承建，1922年动工，1924年落成。整个建筑具有欧洲文艺复兴时期的流行风格，为武汉市优秀的近代建筑之一，是武汉城市的标志。江汉关博物馆，主要陈列列强侵华、辛亥革命、北伐战争等近现代文物。文物质地、种类等齐全，可以在很大程度上反映武汉乃至长江中游近现代历史。

《上海行业博物馆藏品精选》（文化上海·典藏），上海市文化广播影视管理局、上海市文物局编，上海古籍出版社，2014年，彩色图文320页，8开。

该书是“文化上海·典藏丛书”之一，该丛书以展示上海文化文物系统内具有较高艺术欣赏价值的收藏品。

书中选录各博物馆代表性藏品，配发图片附以文字介绍。包括：上海铁路博物馆、上海中国航海博物馆、上海汽车博物馆、上海公安博物馆、上海消防博物馆、上海民政博物馆、上海邮政博物馆、上海电信博物馆、上海市银行博物馆、上海纺织博物馆、上海玻璃博物馆、上海会馆史陈列馆、上海工艺美术博物馆、上海电影博物馆、上海美特斯邦威服饰博物馆、上海周虎臣曹素功笔墨博物馆、上海中医药博物馆、上海童涵春堂中药博物馆等内容。

五　基本陈列与临时展览图录

《东北博物馆历史文物陈列说明书》，东北博物馆编著，1953年，30页，32开。

该书是东北博物馆编写的陈列展览说明书，重点介绍了东北博物馆基本陈列展览的特色、馆藏文物及其价值，配有展览现场和馆藏文物照片。

《中国历史博物馆通史陈列预展说明》，中国历史博物馆编，文物出版社，1960年，42页，16开。

该书是中国历史博物馆通史陈列预展的展览说明书，是中国最早编辑的专门介绍博物馆基本陈列的图书。书中介绍了中国历史博物馆通史展览的设计意图、展品的信息和价值，其中文字10页，黑白图版32页。

《安徽省博物馆革命文物展览：部分文物简介》，安徽省博物馆编，1978年，24页，24开。

1978年9月，安徽省博物馆从收藏的革命文物中选出70件（组）公开展览，该书是同名展览的配套图录。书中按时代先后顺序对部分重要展品的来源、时代背景及价值影响等予以介绍，文字简洁，书中用语及表达方式均有鲜明的时代特色。

《商承祚先生捐赠文物精品选》，广东省博物馆、广东民间工艺博物馆、深圳市博物馆编，岭南美术出版社，1997年，彩色图文218页，16开。

该书是广东省博物馆临时展览“商承祚先生捐赠文物精品选”的同名配套图录，收录并介绍参展文物174件。

商承祚先生毕生研究和收藏文物，并多次将自己收藏的古代字画、陶瓷、铜器等珍贵文物无偿捐赠给广东省博物馆、广东民间工艺博物馆、深圳市博物馆、故宫博物院等。为了表达对先生爱国、爱文物情怀的敬意，纪念先生对广东省文物博物馆事业的贡献，广东省博物馆等三馆联合编辑此书。书前有商志男、商志馥、商志䜩合写的专文《永远的怀念》、杨仁凯的《关于商承祚教授哲嗣志䜩姐弟捐献明清书画精品述略》，书后有商承祚先生捐赠文物目录，便于读者了解相关信息。

《中国通史陈列》，中国历史博物馆编，朝华出版社，1998年，彩色图文190页，16开。

该书是中国历史博物馆的展览导览图录。“中国通史陈列”是中国历史博物馆的常设陈列，1959年首次展出，历年根据馆藏情况调整补充，该书编辑的是1997年修改完成的展览版本。该展陈列展品5450件，多是稀世珍品、国之瑰宝。

该书展示了从远古的旧石器时代到1911年最后一个封建王朝终结，以繁复多姿的社会物质生活和精神文化生活，体现了中华民族所经历的漫长而广阔的历史时空。

《中国博物馆陈列精品图解》（中国博物馆陈列精品工程书系），国家文物局、中国博物馆学会、中国文物报社李文儒主编，文物出版社，2001年，彩色图文285页，16开。

该书是“中国博物馆陈列精品工程书系”的第一部。书中汇集了中国博物馆界评出的1997、1998、1999年三年间全国十大陈列展览精品，以图文对应的组合形式全方位解说30个精品的创造过程，用15万字论述了各个精品的特色与个性，附有300余幅图片设计图、效果图、实景图，直观展现精品展览的风采。阅读此书，仿佛走进一座座类型不同、特色各异的博物馆。

该书对于各级各类博物馆、纪念馆陈列展览的创意、策划、设计、制作、布展等有直接的借鉴示范作用和参考价值。

《中国博物馆陈列精品图解》（二）（中国博物馆陈列精品工程书系），国家文物局、中国博物馆学会、中国文物报社李文儒主编，文物出版社，2002年，彩色图文205页，16开。

该书汇集中国博物馆界评出的2000年全国十大陈列展览精品，以图文对应的组合形式全方位地解说了25个精品的创造过程，用12万字的篇幅详细论述了各个精品的特色与个性，配合300余幅图片设计图、效果图、实景图，直观展现了精品展览的风采。阅读此书，仿佛走进一座座类型不同、特色各异的博物馆。

陈列精品工程的实施有力地推动了中国博物馆界为社会、为社会大众提供更多更好的展览。该书对于各级各类博物馆、纪念馆陈列展览的创意、策划、设计、制作、布展等有直接的借鉴示范作用。

《群雄逐鹿：两周中原列国文物瑰宝》，河南博物院编著，大象出版社，2003年，彩色图文351页，16开。

该书是河南博物院“群雄逐鹿——两周中原列国文物瑰宝”展览的同名配套宣传图录。

该展汇聚了河南、山西、河北、安徽、湖北五省170件（套）两周列国文物精品，展示了这一广大区域内考古工作的最新成果，集中了众多专家的研究成果。该书以图文配合的形式介绍了展览中的参展文物，并收录有关考古遗址、文物藏品的研究论文，附录有两周中原列国大事记。

《花舞大唐春：何家村遗宝精粹》，陕西历史博物馆、北京大学考古文博学院、北京大学震旦古代文明研究中心编，文物出版社，2003年，彩色图文295页，16开。

该书是陕西历史博物馆与北京大学共同举办的“何家村遗宝精粹”展览的配套图录。

编者从何家村千余件文物中选择74件（组）予以介绍，图录中的每一件文物均经慎重选择后确定的，将其从库房、展柜中逐个取出重新照相、绘图、测量后完美呈现。何家村遗宝未系统刊布，编者希望提供一部精美图录的同时，更要有学术参考价值。因此定下原则：新拍摄的照片尽可能有各个角度和细部，以弥补以往发表图片的不足；并对多数器物进行准确的测绘，公布准确的数据。只有这样才会与过去零散发表的图录不同，且有永存的价值。书前的几篇论文，具有导读性质，便于读者了解何家村遗宝。每件器物的解说，撰写时除了客观描述外，还有一定的研究体会，以给读者以启发。

在唐代文物中，何家村遗宝不仅精美，而且也反映了唐王朝的技术水平、艺术成就和精神面貌，最初拟用“再现盛世辉煌”命名，后袁行霈先生建议借用唐代诗人卢照邻《元日述怀》中的诗句“花舞大唐春”为名。“花舞大唐春”恰好形容了大唐盛世的燕婉热闹。该书用文字和照片来展示文物的富丽堂皇、制作工艺的巧夺天工，引发读者对唐文明的浪漫想象，激发人们深入探索这批遗宝背后的奥秘。

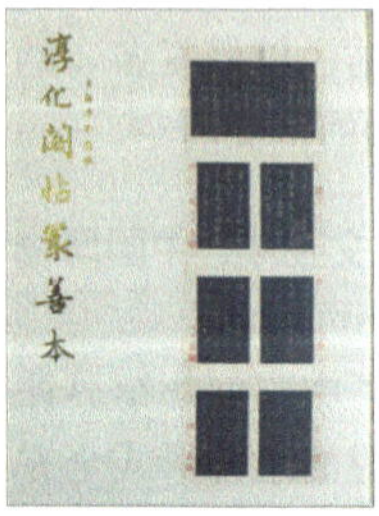

《淳化阁帖最善本》，上海博物馆编，上海书画出版社，2003年，彩色图文238页，8开。

该书是上海博物馆《淳化阁帖最善本》豪华版的普及本，是配合展览而编撰的图录。

《淳化阁帖》是北宋淳化三年（992年），宋太宗下旨命翰林侍书王著在“秘阁”中刻制而成，名《淳化阁帖》又名《淳化秘阁法帖》，收录自汉至唐历代帝王、名臣、书家等的名迹，共十卷，是迄今为止的汇刻法帖之祖，历经千余年各种劫难，《淳化阁帖》善本流传至今已经凤毛麟角。上海博物馆从美国购回的第四、六、七、八卷十分珍贵，是目前存世的“最善本”。

配合《淳化阁帖》展览与大众见面的还有众多有关《淳化阁帖》的书籍，而其中最引人注目的当数《淳化阁帖最善本》珍藏版。这套由上海博物馆、上海书画出版社和上海界龙艺术印刷有限公司联合打造的珍藏版逼真还原了《淳化阁帖》的古书样式，墨色的浓淡、印章的深浅、印油渗透到纸张中的效果、历次修补的痕迹等几可乱真，让人叹为观止。

该书是研究中国书法的重要文本，兼具观赏价值和收藏价值。

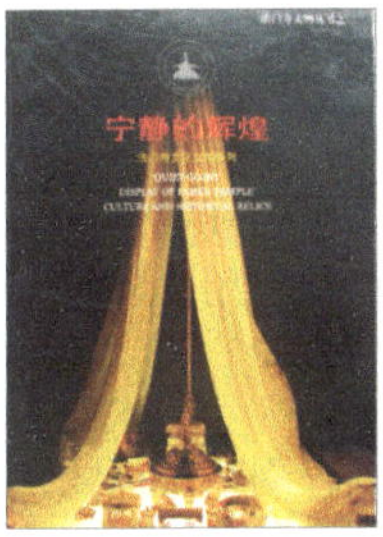

《宁静的辉煌：法门寺文化文物陈列》（法门寺文物丛书之二），李新玲主编，长城出版社，2003年，彩色图文85页，16开。

该书是法门寺博物馆基本陈列“宁静的辉煌：法门寺文化文物陈列”的综合性介绍书籍。该展览以出土文物为依托，以唐代社会为背景，充分运用现代表现手法，旨在全面展示大唐雍容大度、雄浑豪迈的时代特征，表现中华文明的博大精深，褒扬劳动人民的勤劳智慧。该书以图文配合的方式为读者完整呈现了这一展览的全貌。

《湖南省博物馆》（展览图录），陈建明主编，2004年，彩色图文80页，16开。

该书是为湖南省博物馆配合新陈列大楼陈列展览而编辑的图录，书中收录“马王堆汉墓陈列”“湖南商周青铜器陈列”“湖南名窑陶瓷陈列”“馆藏明清绘画陈列”“湖南十大考古发现陈列”五个陈列展览的图片400余幅，辅以精当的文字说明。

湖南省博物馆馆藏文物18万件，尤以马王堆汉墓文物、商周青铜器、楚文物、历代陶瓷、书画和近现代文物最具特色。为了充分展示这些文物精品，湖南省博物馆深入挖掘文物内涵，利用现代技术，精心策划了基本陈列。本系列图录就是这些展览的再现。全书图录中的文物，有的是百看不厌的艺术精品，有的是近年面世或首次发表的新资料，具有较高的学术价值和观赏价值。

《中国博物馆陈列精品图解》（三）（中国博物馆陈列精品工程书系），国家文物局、中国博物馆学会、中国文物报社李文儒主编，文物出版社，2004年，彩色图文359页，16开。

这本图册是“中国博物馆陈列精品工程书系”的第三辑，该书汇集本届评选的全部获奖陈列展览，图文互见，展示菁华。从图册中可以看到，我国博物馆的陈列展览的陈列理念、陈列设计、展示手段、操作模式、制作工艺、配套服务等各方面都达到了新的高度。

本图解以图文对应的组合形式全方位解说精品的设计、创造过程和展出效果。汇集2001～2002年中国博物馆界评出的陈列精品，以设计图、实景图与文字对应的形式，全方位地解说“茶文化专题陈列”“武汉古代历史陈列”等精品展览陈列的创造过程。通俗生动的文字论述各个精品的特色与个性；400余幅图片设计图、效果图、实景图，直观展现精品风采。

《成吉思汗：中国古代北方草原游牧文化》（世界文明系列），中华世纪坛艺术馆、内蒙古自治区博物馆编，北京出版社，2004年，彩色图文415页，16开。

该书是“成吉思汗：中国古代北方草原游牧文明展”的宣传图录。该展是内蒙古自治区对外文化交流活动中最有力度的文物图书和规模最大的文物展览之一，展览汇集了内蒙古地区从商周至明清的历史文物精品，集中展示了北方草原游牧文化的独特风采，反映了北方草原游牧民族非凡的创造力。

该书以图文配合的形式让人们了解到了曾经驰骋草原的先民们的独特的物质生

活、社会结构和精神世界，从中感受到中华民族多元一体的历史文化脉络，更好地把握今天。

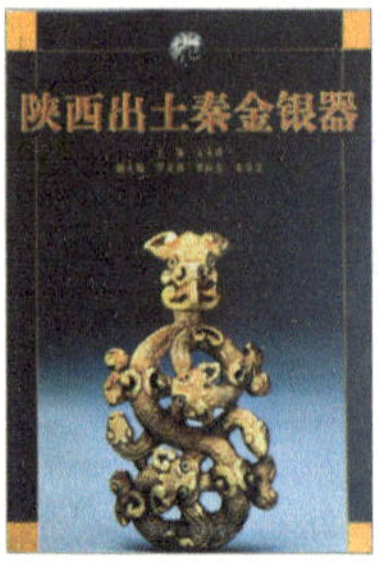

《陕西出土秦金银器》，吴永琪主编，陕西人民教育出版社，2004年，彩色图文98页，16开。

该书是秦始皇兵马俑博物馆举办的临时展览“溢彩流光——陕西出土秦金银器”的同名配套宣传图录，收录并介绍参展文物82件。该展览是为纪念秦兵马俑发掘三十周年暨秦俑博物馆开馆二十五周年而举办，汇聚了陕西11家文博单位的82件（组）秦金银器精品文物，时代从春秋晚期的秦国一直到秦统一，反映了秦金银器纹饰繁复、造型独特、工艺精湛的特点。

图版部分按照展览顺序分为五个单元：初识金银、秦的金银器、金银器的制作工艺、秦金银器在中国古代金银器发展史中的地位、金银器的辨伪。以便更好地解读秦金银器的基本内涵，探讨秦金银器在中国古代金银器发展史中的地位与作用，多层面地研究秦文化的精髓。

《俄罗斯艺术精品：雅罗斯拉夫艺术博物馆馆藏油画与雕塑文物展》，南京市博物馆编，2004年，彩色图文100页，16开。

该书是南京市博物馆为举办雅罗斯拉夫艺术博物馆油画与雕塑文物展而编印的同名展览图录。

雅罗斯拉夫艺术博物馆是俄罗斯最大的州立艺术博物馆，馆藏文物十分丰富，油画与雕塑作品是该博物馆的主要藏品。在南京市第四届文化艺术节期间，南京市博物馆邀请俄罗斯雅罗斯拉夫艺术博物馆共同举办了该展。展览选取雅罗斯拉夫艺术博物馆收藏的俄罗斯19～20世纪的油画与雕塑优秀作品58件，油画作品有：肖像画、风景画、静物画、风俗画、历史画、圣像画等，其中有著名画家列宾、维列金沙、艾瓦佐夫斯基、瓦西列耶夫、萨维基斯、马科夫斯基、佩罗夫、希什金的作品，多为俄罗斯油画名作。雕塑作品有青铜雕塑像和石雕像，作品生动逼真，体现出俄罗斯雕塑艺术水平。这些作品都是第一次到中国展出，具有极高的艺术观赏价值。

编者为每件作品标明了作品名称、作者和年代。作为展览的衍生书籍，该书既给观众留下了一份参观纪念物，也给艺术爱好者和专业工作者，提供了一份学习和研究俄罗斯油画和雕塑艺术的资料。

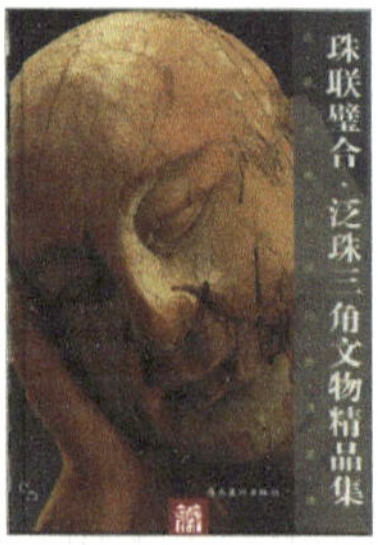

《珠联璧合：泛珠三角文物精品集》，广东省博物馆编，岭南美术出版社，2005年，彩色图文180页，16开。

该书是广东省博物馆临时展览“珠联璧合：泛珠三角文物精品集”的同名配套宣传图录。该展由泛珠三角11省18个博物馆联合举办，展出文物160件（套），内容丰富，异彩纷呈。

泛珠三角区域山水相连，人文相通，进一步加强合作有利于打破区域分割，实现优势互补，对促进内地和港澳社会经济繁荣，实现东、中、西部共同发展有战略意义。该书是这次展览的真实记录，如实反映了展览盛况和精品文物。

《故宫博物院50年入藏文物精品集》，故宫博物院编，紫禁城出版社，2005年，彩色图文361页，16开。

该书是为了展示故宫博物院50年来在文物收藏方面所取得的成就，并配合“故宫博物院50年入藏文物精品展”的展览宣传而编写的大型文物图录。

该书的编辑是故宫博物院古器物部、古书画部、宫廷部、信息资料中心、展览宣教部等积极配合的成果。编者查阅了大批原始档案材料，做了充分准备。该书不仅反映了故宫博物院丰富的院藏，而且也显示出博物馆的团队精神。

《宁静的辉煌：上海博物馆新馆陈列设计解析》，李蓉蓉编著，文物出版社，2005年，彩色图版220页，12开。

该书是关于博物馆陈列设研究的专著，作者李蓉蓉是上海博物馆陈列设计部主任。

书中探讨了不同展览的设计构思和主题提炼原则，提出陈列设计、布局的原则以及如何落实等极有见地的论述，融理论性、实用性于一体，是从事陈列设计的重要的参考书。该书案例中西结合，古今融汇，既具传统含义又有现代元素，从整体风格到细节把握处处求真求善。

“宁静的辉煌，高雅的璀璨”是上海博物馆陈列设计的追求。书中总结了上海博物馆新馆建成后陈列设计的经典案例，收录了38个常设陈列与临时展览案例以及上海博物馆馆长陈燮君和作者关于博物馆陈列设计的理论思考的论文，并配以38个展览的167幅照片，结构图、效果图、局部纹饰图等详细的说明性图例让书中的文字更加生动直观，既有气势恢宏的场景，也有精致的局部；既有中国传统古典园林风格，也有西洋古典的富丽堂皇，还有浓郁地域特色、民族风情的设计。

《首都博物馆精品展览》系列，首都博物馆编，北京出版社，2005年，彩色图文65～90页，16开。

《首都博物馆精品展览》图录一套七本，是首都博物馆七个精品展览的配套宣传书籍，包括《古代绘画艺术精品展》《古代书法艺术精品展》《燕地青铜艺术精品展》《古代玉器艺术精品展》《书房珍玩精品展》《古代瓷器艺术精品展》《古代佛像艺术精品展》。

每本图册中收录相应展览的重点文物，附有简明的介绍，以展现北京地区的悠久历史和文化特色。首都博物馆所收藏的青铜器独具北京地区特色，许多器物是国之重宝，具有极高的史学研究价值和艺术欣赏价值。例如在“北京首都博物馆燕地青铜艺术精品展”有参展文物132件（组），以中原文化与北方草原文化青铜器的对比、西周与东周青铜器的对比作为贯穿展览的两条轴线，通过展示北京地区独特的青铜文化面貌，将北京地区在中国古代民族融合、文化交流的历史地位呈现出来，展示了北京地区青铜器多元文化并存的特征。

《世界文明珍宝：大英博物馆之250年藏品》（普及本），大英博物馆、首都博物馆编，文物出版社，2006年，彩色图文95页，16开。

该书是首都博物馆临时展览“世界文明珍宝：大英博物馆之250年藏品”的辅助读物。书中收录了此次参展文物115件套（272件）展品，包括石器、青铜器、铁器、金银器、陶器、瓷器、木器、雕塑、绘画、钱币等文物的具体资料，图版部分用通俗语言和清晰图片引导读者漫游博物馆，了解博物馆藏品的信息。

此次展览是大英博物馆建馆250多年来，首次将完整反映世界文明发展的综合性历史艺术展带到中国。对中国公众而言，这不仅是一次机遇难得的艺术享受，从中更可以感受到中华文明与世界文明的对话与对接。此次展览内容丰富，精品迭出，包括出自古埃及、古希腊、古罗马不同时期及东亚与南亚、大洋洲、美洲、非洲等不同地域的艺术珍品。

2006年春，新落成的首都博物馆与大英博物馆联合举办“世界文明珍宝：大英博物馆之250年藏品”展，集中展示大英博物馆成立250年来的部分收藏文物精品，该书介绍并讲述了文物藏品的故事。

《世界文明珍宝：大英博物馆之250年藏品》，大英博物馆、首都博物馆编，文物出版社，2006年，彩色图文150页，16开。

该书是首都博物馆举办的“世界文明珍宝：大英博物馆之250年藏品”展的配套图录。

2006年春，新落成的首都博物馆与大英博物馆联合举办“世界文明珍宝：大英博物馆之250年藏品”展，集中展示大英博物馆成立250年来的部分收藏文物精品，参展的272件文物全部包含其中，按不同的时期和文化划分为十三个部分，涵盖人类史的各个时期、各主要文明形态，弥足珍贵，显示了人类文明的共同性和多样性。

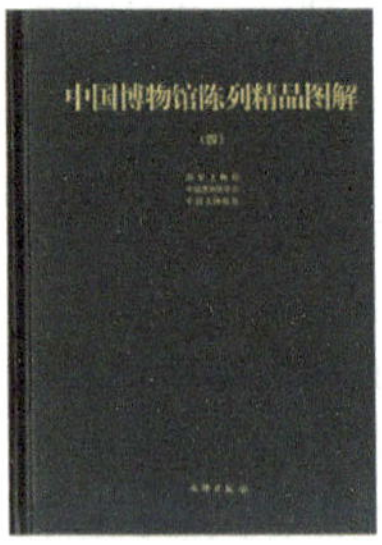

《中国博物馆陈列精品图解》（四）（中国博物馆陈列精品工程书系），国家文物局、中国博物馆学会、中国文物报社编，文物出版社，2006年，彩色图文240页，16开。

该书是“中国博物馆工程精品工程书系”的第四辑，该书汇集2003～2004年评选的全部获奖陈列展览，图文互见，展示菁华。全书以图文对应的形式全方位解说了25个精品的创造过程。10万文字论述，400余幅图片、设计图、效果图、实景图，直观展现文物精品风采，从中可以看到，我国博物馆的陈列展览的陈列理念、陈列设计、展示手段、操作模式、制作工艺、配套服务等各方面都达到了新的高度，从一个侧面反映了我国现阶段经济发达、文化繁荣、国泰民安的良好形势。

本届参评的展览数量多、范围广、类型丰富，有六个方面的特色：一是题材丰富，红色系列引人注目；二是展示主体多元化，注重特色与个性；三是综合运用艺术、科技手段，景观、场景设计较为普遍；四是体现“人性化”服务理念；五是馆际合作趋势明显，整合文物资源优势突出；六是展览社会效应明显。

本图解以图文对应的组合形式全方位解说精品的设计、创造过程和展出效果。通俗生动的文字论述各个精品的特色与个性；400余幅图片设计图、效果图、实景图，直观展现精品风采。

《深圳7000年：深圳出土文物图录》，深圳市文物考古鉴定所、深圳博物馆、深圳市文物管理委员会办公室编，文物出版社，2006年，彩色图文146页，16开。

该书是深圳博物馆为庆祝文化遗产日举办的同名展览的宣传图录。该展是为集中展示深圳的考古成果及其丰富的文化遗产，形象地反映深圳历史，深圳市文物管理委员会办公室、深圳博物馆和深圳市文物考古鉴定所联合举办本次展览。该书按照展览顺序分为六个部分，依次是：新石器时代、商周时期、秦汉—南朝时期、隋唐—宋元时期、明清时期、抗日战争时期，以图文配合的形式介绍了参展文物。

《美洲豹崇拜：墨西哥古文明展》，墨西哥国家人类历史学院、中国首都博物馆编，文物出版社，2006年，彩色图文187页，16开。

该书是首都博物馆临时展览“美洲豹崇拜：墨西哥古文明展”的同名配套图录。书中收录并介绍参展墨西哥古代文物百余件，这些文物都与美洲豹崇拜有关，图片精美， 文论深刻，具有较高的研究、收藏和欣赏价值。

《宋韵：四川窖藏文物辑粹》（中国重大考古发现精品展），中国国家博物馆编，中国社会科学出版社，2006年，彩色图文107页，16开。

该书是2006年由中国国家博物馆、遂宁市博物馆、彭州市博物馆联合主办的“宋韵：四川窖藏文物精品展”配套图录。

该展由“丰富的素朴”“简约的奢华”“同工异曲”“古调新风”四部分组成。“丰富的素朴”包括57件精美淡雅的宋瓷。瓷器以龙泉窑和景德镇窑产品为主，兼有少数定窑、耀州窑及四川地方瓷窑的产品，其中龙泉窑青釉葫芦形注子与青釉五管器造型淳朴端庄，釉色柔和淡雅，生动展现了南宋晚期龙泉创窑烧的著名釉色品种“粉青釉”“梅子青釉”的风韵。景德镇窑青白釉刻花婴戏纹碗和青白釉印花双鱼纹碟，则分别刻画了两个童子攀枝析花和两鱼相对穿梭在荷花、水波中的情景，反映出宋人追求人与自然和谐的审美观念与生活情趣，是宋代青白瓷的代表产品。“简约的奢华”部分由48件简约清丽的金银器组成。宋代金银器相当数量由民间产生。制作精巧简约，造型极富变化，不少器皿直接模仿自然界中花果的形态；装饰以花鸟纹为大宗，题材遍及所有象征美好幸福、健康长寿的植物、动物和人物故事。菊花纹金碗以器底作花蕊，以器壁作花瓣，将器物的纹饰与器形有机结合，使碗体似一朵盛开的菊花，荷叶龟纹银杯在内底中心的荷叶中饰一爬行的乌龟，以喻健康、长寿。“同工异曲”部分通过32件展品的对比，展示了不同质地的产品工艺风格上的相互影响。“古调新风”部分用35件展品反映了两宋仿古器物的大量出现，折射出北宋思想界的复古风潮。南宋后期，长达半个世纪的宋蒙战争使巴山蜀水满目疮痍，人民流离失所。许多富家大户在逃难前将珍贵的器物埋入窖藏。20世纪，这些窖藏陆续被发现。

本图录从不同视角反映了宋代特有的工艺风格和流行时尚，图文配合，印制精良，装帧考究，便于读者领略宋代艺术之风韵。

《湖北出土文物精粹》，湖北省博物馆编，文物出版社，2006年，彩色图文237页，16开。

该书是湖北省博物馆在国家博物馆举办的“湖北出土文物精粹展”的同名配套图录。

2006年，湖北省委、省政府在北京举办“湖北文化周”，为配合文化周的宣传，湖北省博物馆精选出150余件（套）代表性文物举办“湖北出土文物精粹展”，旨在展示湖北丰厚的文化底蕴。

湖北省有不可移动文物点1.5万余处，其中全国重点文物保护单位90处，省级文物保护单位457处，武当山古建筑群、钟祥明显陵先后被列入世界文化遗产名录。该书是这次展览文物精品的全记录，以图文配合的方式介绍了参展文物，展示了湖北丰富的文物资源。

《古代印度瑰宝》（首都博物馆书库丁种第伍部），首都博物馆编，北京美术摄影出版社，2007年，彩色图文259页，16开。

该书是首都博物馆举办的临时展览“古代印度瑰宝”的同名图录，书中内容分为两个部分，第一部分是祝词，收录有中华人民共和国文化部部长孙家正、印度文化部部长安碧卡·索尼、中华人民共和国驻印度大使孙玉玺、印度驻中国大使尼鲁帕玛·拉奥、中国国家文物局局长单霁翔、印度考古局局长C. 巴布·拉吉夫、中国文物交流中心主任罗伯健、首都博物馆馆长郭小凌、河南博物院院长张文军、重庆中国三峡博物馆馆长王川平、西汉南越王博物馆馆长李林娜的祝词。第二部分是上展文物介绍，用图文配合的形式依次介绍了展览中的100件展品。

《国家宝藏：中国国家博物馆藏品展》，湖南省博物馆编，2007年，彩色图文64页，16开。

该书是在湖南省博物馆举办的“国家宝藏：中国国家博物馆藏品展”同名配套宣传图录。

该展是中国国家博物馆在日本举办的“悠久之美”的归国展，展览中的50余件（套）展品出土于16个省市，时代从公元前4000年到公元10世纪，这是一个浓缩了的中华历史的展览，件件均是珍宝。它们或与一段历史有关，或记录了一个历史事件。

为了配合这次展览，深入解读展品，湖南省博物馆组织研究人员编写了该书图文并茂的图录。书前有中国国家博物馆馆长吕章申的贺词和湖南省博物馆馆长陈建明的致辞。

《中国博物馆陈列精品图解》（五），国家文物局、中国博物馆学会、中国文物报社编，文物出版社，2007年，彩色图文210页，16开。

该书汇集2003～2004年中国博物馆界评出的全国十大陈列展览精品，以图文对应的组合形式全方位解说精品的创造过程。12万文字全面论述了各个精品的特色与个性；400余幅图片设计图、效果图、实景图，直观展现了各博物馆精品展览的风采。此书带领读者走进一座座类型不同、特色各异的博物馆。

《卢浮宫珍藏展：古典希腊艺术》，首都博物馆、卢浮宫博物馆编，文物出版社，2007年，彩色图文324页，16开。

该书是首都博物馆临时展览“卢浮宫珍藏展：古典希腊艺术”的同名配套宣传图录，也是一本国内引进特展中艺术等级最高也最具观赏性的大展图录。书中不仅包涵了参展的130件古希腊艺术品（陶瓶、青铜器、金银器装饰品以及大型石雕），还以主体划分，就其题材渊源，形式特征及其审美价值等作了具体阐释，让读者在获得相应背景知识的基础上欣赏“希腊奇迹”。

该书为该展览的书面表现形式。全书共分三部分：致辞、学术文章和图版，其中图版为主体部分，内容分为三个部分：“生活在古典希腊时代”“古希腊人的神灵世界”以及“与希腊名人对话”，这三个部分分别从社会生活环境、精神信仰和文化魅力三个方面展示了希腊古典时期的社会与文化背景。其中一些珍贵展品是自入藏卢浮宫以来首次离开法国展出，如《帕特农神庙的雅典娜》《战神阿瑞斯》雕像，原法国国王路易十四藏于凡尔赛宫的《阿芙罗狄忒》雕像，以及原为意大利王子博盖塞收藏的艺术精品等，展品甚为珍贵，可以让参观者大饱眼福。

“长江中游文明之旅行丛书”，湖北省博物馆编，文物出版社，2007年，全12册，彩色图版，16开。

2007年11月，湖北省博物馆综合陈列馆开放，湖北省博物馆编撰的“长江中游文明之旅丛书”系根据该馆的专题陈列编写，共计12册，是同名展览的配套宣传图录。这些展览力图通过不同的截面，展示湖北历史和文化的闪光点。通过文物来勾画湖北历史发展进程的粗略线条，让观众领略祖先的聪明才智，也使博物馆成为人们心灵对话、交流的场所。

该丛书并非单纯反映展览内容，从丛书组成和该书的每个副标题看，是通过湖北的重大考古发现和文物反映整个长江中游地区的文化发展面貌，重点在先秦和两汉时期，因此在内容组织上，除了注重材料的考古价值和艺术性之外，更看重对当地文明特色的描述，如《屈家岭》是有关稻作农业、《盘龙城》是有关长江中游地区铜矿资源、《书写历史》是文字的起源的内容，都有宏观考虑。值得称道的是，《楚天英杰》一书在弘扬革命英烈的同时，也褒扬了以往被忽略的科学家、文学家和海外的湖北籍学者。

除刊布新材料之外，学界有关文明研究的新认识、新理论也在书中以通俗的语言予以介绍。如商代盘龙城的建立与商王朝控制南方的青铜资源有关、曾侯乙墓的文化属性仍然是中原文化、曾侯乙墓随葬乐器分宫廷雅乐和寝宫乐队两种配置、梁庄王墓的发现为解决郑和下西洋的动机提供了新材料等。丛书中对人类文明发展中尚有争论的重大学术界问题也不回避，而是实事求是地予以介绍。如《郧县人》用图表的形式介绍了现代智人“非洲起源说”的基因理论。

该丛书虽基于陈列，但在艺术性、知识性和系统性上延伸并深化了陈列内容。每书均有一、两篇专业学者或考古发掘亲历者撰写的导读文章，重要遗迹和文物都配有图表。图、文、表混合编排的文物图录，中英文双语的图录编排，加之精美的图片，使本套丛书成为一套“纸上博物馆”。

《郧县人：长江中游的远古人类》（长江中游文明之旅），湖北省博物馆编，文物出版社，2007年，彩色图文107页，16开。

该书是湖北省博物馆编撰的“长江中游文明之旅系列丛书”之郧县人分册，以镇馆之宝“郧县人”的发现为主线．扩展至湖北境内旧石器时代遗存的发现，辅以世界范围内早期人类起源的资料，使观众对早期人类的生活有个概略的了解。

《屈家岭：长江中游的史前文化》（长江中游文明之旅），湖北省博物馆编，文物出版社，2007年，彩色图文101页，16开。

该书是湖北省博物馆编撰的“长江中游文明之旅系列丛书”之一，主要展现上推至距今8000多年前的城背溪文化，下迄距今4000年前的石家河文化，力图全方位地揭示长江中游地区新石器时代农业的发生、人类的定居生活以及文明的发生过程。

该书主要内容是屈家岭文化——长江中游史前文化发展的重要界标、长江中游史前居民的日常生活、城背溪文化、大溪文化、屈家岭文化、石家河文化、新石器时代的技术，长江中游史前居民的精神世界、信仰与祭记、刻划与装饰，附录有新石器时代世界文明对照表、屈家岭文化城址一览表。

《盘龙城：长江中游的青铜文明》（长江中游文明之旅），湖北省博物馆编，文物出版社，2007年，彩色图文110页，16开。

该书为湖北省博物馆编著的“长江中游文明之旅丛书”之一。

在夏商之际，商文化的对外扩展，使长江流域的青铜文化发生了重大变革。湖北的东北部，以盘龙城遗址为代表，全面接受了商文化，成为早商文化的一个类型，即盘龙城类型。该书展示的是商代“南土”今黄陂盘龙城城址的考古发现，证实由于大冶铜绿山铜矿资源系统的存在，促使商文化南下，客观上促进了长江中游的文明进程。着重从环境与资源、长江中游青铜文明的缩影、盘龙城与商王朝、贵族与平民、技术与艺术五个部分来讲述这里的青铜文明。附录有商王朝年表。

《曾侯乙墓：战国早期的礼乐文明》（长江中游文明之旅），湖北省博物馆编，文物出版社，2007年，彩色图文121页，16开。

该书为湖北省博物馆根据馆藏文物和陈列展览编写的“长江中游文明之旅丛书”之一。《曾侯乙墓》是该馆的精品陈列，该书在原有展览的基础上，根据展览顺序依次解读了展品，全面地反映了曾侯乙时代的礼乐文化。关于曾侯乙墓的所有精美器物尽收其中，有个别重要文物配有局部细节和放大图片，除中文详解外还有英文介绍，彩图清晰，文字通俗。书中有关曾侯乙编钟的音乐性能和其音乐成就的问题，通过相关文章、图表和专题说明，读者可从中了解到公元前五世纪的中国音乐在世界音乐史上的地位。

《九连墩：长江中游的楚国贵族大墓》（长江中游文明之旅），湖北省博物馆编，文物出版社，2007年，彩色图文127页，16开。

该书是湖北省博物馆编著的“长江中游文明之旅丛书”之一。

书中首次刊载了2002年9月对湖北省枣阳市境内楚国贵族大墓——九连墩1、2号墓及其陪葬坑考古发掘的丰硕成果。这两座距今约2320年前的战国中晚期大墓出土了大量精美的青铜器、玉器和漆器，造型独特，工艺精湛，具有浓郁的楚文化特征。全书收录文物共144件（组），卷首有王红星的专文《九连墩楚墓发掘纪实》和胡雅丽的《九连墩1、2号墓综述》两篇文章，全面详细解读九连墩楚墓发掘过程及其研究成果。

《梁庄王墓：郑和时代的瑰宝》（长江中游文明之旅），湖北省博物馆编，文物出版社，2007年，彩色图文127页，16开。

该书是湖北省博物馆编著的“长江中游文明之旅丛书”之一。

书中展示明代梁庄王墓考古发掘出土文物，叙述了梁庄王墓的发掘与考古发现、郑和时代的瑰宝、金银器、玉器、瓷器、密教法器、祭祀用器和杂器，附录有明代帝王年表、明代藩王世系表和明代湖北分封藩王一览表，便于读者了解文物的时代背景。

《书写历史：战国秦汉简牍》（长江中游文明之旅），湖北省博物馆编，文物出版社，2007年，彩色图文81页，16开。

该书为湖北省博物馆根据该馆馆藏文物特点，推出的“长江中游文明之旅丛书”之一。以湖北出土的战国秦汉简牍和书写工具实物为主，上溯至原始社会的刻划符号和陶文，辅以世界各地的书写历史背景，使读者对书写的历史有个较全面的了解。

《秦汉漆器：长江中游的髹漆艺术》（长江中游文明之旅），湖北省博物馆编，文物出版社，2007年，彩色图文125页，16开。

该书为湖北省博物馆根据本馆馆藏文物特点，推出的“长江中游文明之旅丛书”之一。书中根据展品分别对秦汉漆器集中展示，对漆器的制作工艺和艺术特点作了重点阐释，相比于楚式铜器的密集恐惧，漆器实在是表现楚人浪漫主义风格的上佳载体，书中介绍的秦汉漆器，不仅造型优美，而且纹饰描绘、彩绘图案极具特色。

《古代瓷器：湖北省博物馆藏瓷器选》（长江中游文明之旅），湖北省博物馆编，文物出版社，2007年，彩色图文120页，16开。

该书是湖北省博物馆根据该馆藏品的特点编写的“长江中游文明之旅丛书”之一。书中以青瓷、青花瓷、官窑瓷器为重点，展示土与火的艺术。

湖北省博物馆藏瓷，明清以前的大多为出土文物，其中的六朝青瓷、唐代白瓷和元青花，具有很高的历史价值。明清时期的瓷器均为故宫旧藏，作为皇家御用的官窑瓷器，它们显示出了很高的工艺水准，是研究明清官窑瓷器的标准器。这些藏品作为人类文化遗产的一部分，为读者打开了一扇了解中国瓷器发展史的历史之门。

《明清书画：湖北省博物馆藏书画选》（长江中游文明之旅），湖北省博物馆编，文物出版社，2007年，彩色图文112页，16开。

该书为湖北省博物馆根据本馆馆藏文物特点，编写的“长江中游文明之旅丛书”之书画分册。书中介绍了从该馆藏书画中选取的明清时期较有代表性的绘画、书法流派人物的作品90件予以介绍。通过文物展示湖北历史和文化的闪光点，感悟些许人文风情。

《楚天英杰：湖北近现代人物画传》（长江中游文明之旅），湖北省博物馆编，文物出版社，2007年，彩色图文117页，16开。

该书是“长江中游文明之旅丛书”之一，集中介绍了近代以来，对中国近现代历史、科学文化和经济建设有过重要影响和做出突出贡献的湖北籍或在湖北长期工作过的革命家、历史人物、文化俊杰和科教精英的简要生平事迹。旨在让人们永远记住他们。

《倕客家——广东客家博物馆陈列》，广东客家博物馆编，谢继主编，科学出版社，2008年，彩色图文141页，16开。

该书的编写体例是按照博物馆展览陈列的五个主题（客从何来、客家风情、地标围屋、人文秀区、客家腾飞），以文字介绍辅以大量的实物图片和图表资料，可以说是该馆陈列的文案。

客家的先祖从中原辗转迁徙，初达此南荒新土，并从此不断向外扩散。历史上的客家先民，凭着开拓进取、吃苦耐劳的坚韧毅力，以其勤奋和智慧，在恶劣的环境中创造了灿烂辉煌、独具一格的历史文化。该书对研究博物馆展示设计提供了重要案例。

《世貌风情：中国古代人物画精品集》，上海博物馆、辽宁省博物馆编，上海古籍出版社，2008年，彩色图文690页，8开。

中国绘画历史悠久，源远流长，在绘画各科中，人物画是起源最早、最具中国绘画艺术品格的。由于受到所属时代的思想、精神、信仰和风俗的影响，中国古代人物画作品在不同历史阶段所选择的主题、所表现的思想、感情与个性都是不同的。

该书辑录了上海博物馆和辽宁省博物馆所藏的唐至清初人物画精品60幅，分为“盛世繁华”“文士雅韵”“释道仙界”“诗赋幻化”四个专题，勾勒出人物画艺术和各种风格创建、演变和发展的基本脉络，展现了古代人物画的发展轨迹和经典魅力。

《近现代书画：湖北省博物馆藏书画选》，湖北省博物馆编，文物出版社，2008年，彩色图文113页，16开。

该书系湖北省博物馆根据该馆馆藏文物特点，编写的“长江中游文明之旅丛书”之近现代书画分册。

编者从该馆藏书画中选取的近现代较有代表性的绘画、书法流派人物的作品130件予以介绍。全书分为海派绘画、京派绘画、其他流派及名家、湖北籍画家、近现代书法五个部分，以文物图片为主，并对其辅以简要说明，目的是为读者提供深入了解湖北地方历史和文化的资料。

《陕西古代文明》，陕西历史博物馆编，成建正主编，陕西人民出版社，2008年，彩色图文149页，16开。

该书是陕西历史博物馆基本陈列“陕西古代文明”展览的同名配套图录。书中按照陕西历史博物馆基本陈列的顺序：人猿揖别、氏族社会、凤鸣岐山、东方帝国、大汉雄风、冲突融合、盛唐气象、告别帝都八个部分，依次介绍了陕西历史博物馆的基本框架、陈列特色、文物藏品和展厅效果。

《中国记忆：五千年文明瑰宝》，首都博物馆编，文物出版社，2008年，彩色图文69页，16开。

在北京奥运会前夕，临时展览“中国记忆：五千年文明瑰宝”在首都博物馆开幕，展览集中了中国各地的大量国宝，旨在“给观众一个中华文明整体概念”，每件展品都是一段历史时期的见证，从中可以梳理清楚中华文明5000年的历史脉络。

该书是同名展览的配套宣传图书，按照展览顺序分为四部分：第一部分是曙光初照，包括史前时期到公元前21世纪以前；第二部分是礼乐安邦，包括夏至秦即公元前21～前3世纪；第三部分是盛世华章，包括西汉至隋唐五代即公元前3～公元10世纪；第四部分是古典终结，包括宋元明清即公元10～19世纪。书中以图文配合的方式介绍了参展文物160件。

《甘肃丝绸之路文明》（甘肃省博物馆基本陈列丛书），甘肃省博物馆编，韩博文主编，科学出版社，2008年，彩色图文209页，16开。

该书是甘肃省博物馆基本陈列“甘肃丝绸之路文明”展览的同名配套图录，该展曾获得第七届全国博物馆十大陈列展览精品奖。

甘肃位于古丝绸之路的东段，是古代东西方交流的重要通道。甘肃省博物馆基本陈列“甘肃丝绸之路文明”集中展示了420件系统反映古丝绸之路的精美文物。该书撷取展品之精华，从中选取160余件代表性文物，如北方草原文化青铜器、铜奔马及仪仗队、汉唐丝织品、佛教造像、金银器、唐三彩、元青花等，以图文配合的方式予以介绍。

《甘肃彩陶》（甘肃省博物馆基本陈列丛书），甘肃省博物馆编，韩博文主编，科学出版社，2008年，彩色图文209页，16开。

该书是甘肃省博物馆基本陈列“甘肃彩陶”展览的配套图录。该展集中展示了400

余件系统反映甘肃远古彩陶艺术发展历史的精美文物。该书从“甘肃彩陶”之展品精华中选取了149件代表性文物，以图文并茂的形式编撰成册，以便相关读者研究与欣赏。

彩陶是甘肃省博物馆有特色的藏品之一。甘肃彩陶从距今八千年的大地湾文化开始，经仰韶、马家窑文化，到齐家、沙井文化，延续了五千多年，构成了一部辉煌灿烂的彩陶发展史。其中马家窑文化达到了彩陶艺术的高峰，是中国原始艺术中绚丽多彩的一部分，被誉为新石器时代彩陶之冠。

《丝路胡人外来风：唐代胡俑展》，乾陵博物馆编，文物出版社，2008年，彩色图文120页，16开。

该书是乾陵博物馆编辑的同名展览的宣传图录，书中精选参展文物120件，用200张照片展示胡人俑的面貌和特征，重点介绍隋唐时期的胡人俑文物。每件文物皆附以简明的文字介绍，并收录多位专家学者的相关研究文章和出土隋唐时期胡人俑的统计表。北朝隋唐墓葬中曾经出土过相当数量的胡人俑，是研究古代中西交流史的重要实物资料。

《博物馆之旅：甘肃丝绸之路文明》，甘肃省博物馆编，甘肃人民美术出版社，2008年，37页，40开。

该书是由甘肃省博物馆编辑的介绍该馆“甘肃丝绸之路文明”展览的导览书。甘肃省博物馆基本陈列“甘肃丝绸之路文明”展览汇集了甘博及全省28个地县博物馆50年来考古发现的顶级珍藏，囊括了彩陶、青铜、玉石、金银器、木简、木器、丝织品、唐三彩、泥塑、壁画、写经、石造像塔、瓷器等420件历史文物精品。展览从哲学思想、宗教信仰、社会生活和艺术创作等角度，以全新的视角反映出贴近群众、贴近生活的特色。展览以丝绸之路发展史为脉络，主要展示自青铜时代起至宋元时期甘肃丝绸之路发展过程中文明的演变和政治、经济、文化的交流与融合，分为四个单元：丝绸之路的前奏、丝绸之路的开拓、丝绸之路的繁荣、丝绸之路的绵延。

该书以通俗生动的语言介绍了甘肃丝绸之路文明的艺术珍品，引导人们了解丝绸之路的历史，认识丝绸之路不仅是商贸通道、文化走廊，而且也是文明之路、开放之路，更是人类伟大的创举。

《博物馆之旅：甘肃古生物化石》，甘肃省博物馆编，甘肃人民美术出版社，2008年，37页，40开。

该书是由甘肃省博物馆编辑的介绍该馆“甘肃古生物化石”展览的导览书。有关资料显示，甘肃境内的生命现象存在发展已有近20亿年历史。在这漫长的岁月里，山河变迁、气候环境变化使得生命在生存发展中经历了物竞天择的演化，形成了今天自然界多姿多彩的生物多样性。古生物化石就是这种变化的见证。

甘肃的古生物化石不仅种类庞杂而且数量多，成为学习和研究的宝库。该书以通俗准确的语言介绍了这些科学知识，引导人们走进科学的王国，达到寓教于乐的宣传效果。

《博物馆之旅：甘肃彩陶》，甘肃省博物馆编，甘肃人民美术出版社，2008年，37页，40开。

该书是由甘肃省博物馆编辑的介绍该馆“甘肃彩陶”展览的导览书。彩陶是甘肃省博物馆的收藏特色之一，在1100平方米的展室内，陈列了400件精美的彩陶，反映了甘肃彩陶的发展历史。

甘肃是彩陶的故乡。甘肃彩陶从距今八千年的大地湾文化，经仰韶、马家窑文化，到齐家、沙井文化，延续了五千多年，构成了一部辉煌灿烂的彩陶发展史，其中的马家窑文化达到了彩陶艺术的巅峰，是中国原始艺术中最绚丽多彩的一部分，被誉为新石器时代彩陶之冠。

该书依据甘肃丰富珍贵的实物资料，用准确形象的语言，讲述了甘肃彩陶五千年的沧桑岁月，告诉读者珍惜历史，弘扬文化，保护遗产，是全人类义不容辞的职责。

《百家藏珍：西安博物院民间收藏精品展》，西安博物院编，世界图书出版公司，2008年，彩色图版119页，16开。

该书是西安博物院临时展览的宣传图录。该展是以“百家藏珍”为主题的首届民间收藏精品展览。编者按照展览“神功天成”“万千气象”“耀窑集珍”三个部分是顺序，以图文配合的形式介绍参展文物110件的特点及价值。

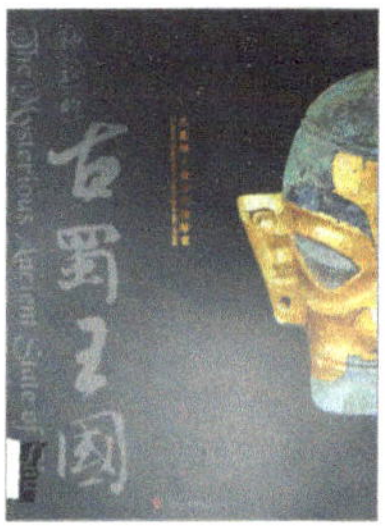

《神秘的古蜀王国：三星堆·金沙文物珍宝》，深圳博物馆、四川广汉三星堆博物馆、成都金沙遗址博物馆编，文物出版社，2009年，彩色图文224页，32开。

该书是深圳博物馆临时展览“神秘的古蜀王国：三星堆、金沙文物珍宝展”的同名配套图录。

2009年4～8月，深圳博物馆、四川广汉三星堆博物馆与成都金沙遗址博物馆在深圳博物馆举办展览。该书介绍了广汉三星堆遗址及祭祀坑、成都金沙遗址发现和发掘情况，重点展示了三星堆和金沙两处遗址出土的金器、铜器、玉器、石器、陶器等各类珍宝，是观众参观该展览的辅助读物。

该书图文配合，雅俗共赏，书前有三篇序言和两篇研究专文，分别是深圳博物馆馆长杨耀林、三星堆博物馆和成都金沙遗址博物馆馆长王毅的序言。图版部分是按照展览的顺序分为三个部分：震撼发现——揭开神秘古蜀王国的历史面纱、三星映日——三星堆时期古蜀王国神庙秘宝、金沙神韵——金沙时期古蜀王国祭祀重器。书后有三星堆、金沙遗址考古大事记。

《凤舞九天：楚文物特展文物故事》，陈建明主编，湖南美术出版社，2009年，彩色图文80页，32开。

该书专为青少年而写的通俗书籍，是为配合湖南省博物馆举办的“凤舞九天：楚文物特展”而编写的科普书。该书收录了49篇与文物有关的故事，每篇均插入了反映该文物故事的漫画，以期用图文并茂的方式讲述文物的内涵和背后的故事。

《凤舞九天：楚文物特展》，湖南省博物馆编，陈建明主编，湖南美术出版社，2009年，彩色图文120页，16开。

该书是2009年5月在湖南省博物馆展出的“凤舞九天：楚文物特展”的同名展览图录。书中内容分两个部分，第一部分是论文两篇，文章综论了楚文物和楚文化的辉煌；第二部分依次介绍了展览的260余件（组）楚文物，分为四个单元：尚武修文、尊礼崇乐、蕴美求奇和好巫祈福，文物说明通俗简洁，照片清晰度高。

《走进辽河文明》，辽宁省博物馆编，辽宁人民出版社，2009年，彩色图文128页，16开。

该书是辽宁省博物馆基本陈列“走进辽河文明”的同名宣传图录。全书按照展览顺序分为五个部分：第一部分是文明曙光，第二部分是商周北土，第三部分是华夏一统，第四部分是契丹王朝，第五部分是满族崛起。以图文对照的形式介绍参展文物，文字简洁，图片清晰，有局部图和全景照，便于读者多方面了解展览。

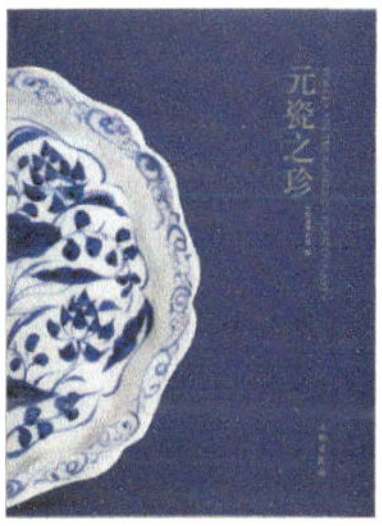

《元瓷之珍》，安徽省博物馆编，文物出版社，2009年，彩色图文165页，16开。

该书是安徽省博物馆临时展览“元瓷之珍”的同名配套宣传图录，收录并介绍此次展览的参展文物78件。

本图录按照展览顺序分为举世瞩目的元代景德镇彩瓷、多彩多姿的元代景德镇窑单色釉瓷、美轮美奂的元代浙江青瓷三个单元，展示了元代南方地区名窑的生产状况和高超的工艺水平。尤其是对景德镇窑、龙泉窑和浙江老虎洞窑生产的元代瓷器更是设专章予以介绍，并配以相应的瓷片标本，使元代瓷器得到更加直观立体的展示。

该书收录的元代瓷器以安徽省出土的精品文物为主，同时还特别精选省外的少量元瓷名品，其窑口和品种涉及景德镇窑的青花、蓝釉、釉里红、青白釉和卵白釉瓷器以及龙泉窑和哥窑类瓷器。这批瓷器大多出自纪年墓、窖藏、遗址等，具有很高的历史和艺术价值。

《千古探秘——考古与发现》，首都博物馆编，中华书局，2009年，彩色图文367页，16开。

该书是首都博物馆“千年探秘：考古与发现”展览的同名配套宣传图录。该展2009年国庆举办，展览筹集了261组件与考古工作直接相关的重要文物，试图向观众介绍遗址考古、墓葬考古、科技考古的基本知识，展示中华人民共和国成立六十年来我国考古学的部分成就。该书是展览的拓展和延伸。如果说展览通过一些遗址或者墓葬出土的精彩文物来展示考古发掘过程，那么图书则扩大了认知的边界，为读者提供了更为充分的文字解说和图像资料。我国考古界的专家、发掘现场的主持人或参与者，为大家讲述某个遗址的发现、勘探、发掘、出土文物的清理、修复、遗址保护及复原的饶有兴味的过程。

《乐舞缤纷》，国际友谊博物馆编，文物出版社，2009年，彩色图文168页，16开。

该书是同名展览的配套宣传图录，收录并介绍参展文物300件（套）。

该展是国际友谊博物馆为庆祝中华人民共和国成立六十周年而举办的艺术题材外交礼品文物的特展。图版部分内容是开国领袖和外国朋友、外国朋友赠送礼品、魅力舞姿戏台百味、神秘面具鼓乐交响、琴瑟抒怀万千风情，介绍这些礼品的来源及其背后鲜为人知的外交故事。

《古代西域服饰撷萃》，新疆维吾尔自治区博物馆编，文物出版社，2010年，彩色图文148页，16开。

该书是新疆维吾尔自治区博物馆临时展览“瀚海霓裳——西域服饰的记忆”的配套宣传图录。该展基于新疆历史学、考古学的最新成果，体现了从距今3800年前到1911年，西域服饰经历漫长而广阔的历史时空、繁复多姿的社会物质生活和精神文化生活，是为新疆博物馆建馆五十周年而举办的一项专题展览，展厅面积680平方米，陈列展品150余件，辅助展品50余件，展品多是馆藏文物和考古新发掘出土物。

该书按照展览顺序分为五个部分，依次是：“暖裘毛褐巧装扮——西域先秦服饰”“锦帛素棉典雅风姿——西域汉晋服饰”“万千威仪雍容气度——西域隋唐五代服饰”“回鹘风范蒙元英姿——西域宋元服饰”“丝路奇葩民族瑰宝——西域明清服饰”，介绍参展文物150余件，展示了丝路西域文化。旨在以精美的文物、简洁的说明，代表性的文物和精良的装帧完整反映古代西域服饰陈列的全貌。

《律动的足音——武汉博物馆展览解读》（武汉博物馆研究丛书·精品展览卷2），朱莉主编，湖北美术出版社，2010年，彩色图文155页，16开。

该书是由武汉博物馆讲解员编写的一本解读该馆展览的图书。书中文字清新活泼，图片美轮美奂。

武汉博物馆收藏各类文物近10万件，兼具科研和服务的功能。《律动的足音——武汉博物馆展览解读》就是对博物馆展览的通俗解读。全书分为五章，依次为“风雨千载，遗韵江城”“潮起汉江，百年嬗变”“窑火千年，臻于化境”“丹青写意，翰墨书情”“拾珠缀玉，浑然天成”，分别诠释解读武汉博物馆近几年举办的常设展览“武汉古代历史陈列”“武汉近现代历史陈列”“古代陶瓷艺术陈列”“明清书画艺术陈列”“历代文物珍藏展”。远自莽莽洪荒人类起始，到红旗漫卷江城变新颜，大到武汉城市史研究各阶段的年代分期，小至一件件文物藏品的特质价值，均娓娓道来，自成卓见，给读者以丰富的想象和启迪。

《国家宝藏：中国国家博物馆典藏珍宝展》（宁波博物馆研究丛书，当今国内外著名博物馆精品特展之5），宁波博物馆、中国国家博物馆编著，科学出版社，2010年，彩色图文179页，8开。

该书是在宁波博物馆举办的国家博物馆85件国宝展的同名展览图录。因国家博物馆扩建闭馆，这些馆藏重器才能走出北京举办展览。这些文物均是国家博物馆的馆藏文物精品，是一个浓缩了中华历史的文物展览。其中有展现汉字之源的殷墟甲骨，精美绝伦的四羊方尊，反映西周建国历史的利簋，有雍容华贵的汉代金缕玉衣，以及出土于浙江的五代钱镠铁券等国宝级文物。这些稀世珍品时代最早的为新石器时代的河姆渡文化陶器，最晚的为隋唐五代的观音。

全书图文并茂，简洁清新的文字配以彩色照片，展现了本次展览的厚重与大气。

《深圳改革开放史》（深圳博物馆基本陈列），深圳博物馆编，文物出版社，2010年，彩色图文364页，16开。

该书是深圳博物馆基本陈列“深圳改革开放史”展览的同名配套宣传图录。

“深圳改革开放史”陈列是全国唯一以改革开放为核心内容、从历史的角度展示深圳改革开放历程的永久性陈列。该展以我国改革开放前的新时期为背景，依照深圳30年来的经济社会发展状况和各阶段的目标任务，按时间顺序分三个篇章展示了深圳改革开放的历史，从而由一个侧面折射出中国改革开放和现代化建设的伟大历史进程。开创了博物馆征集、收藏、研究、展示改革开放史文物的先河，获得第八届（2007～2008年度）全国博物馆十大陈列展览精品奖。

《深圳民俗文化》（深圳博物馆基本陈列），深圳博物馆编，文物出版社，2010年，彩色图文190页，16开。

该书是深圳博物馆基本陈列“深圳民俗文化”展览的同名图录。“深圳民俗文化”陈列是以深圳民俗文化为核心内容、全方位展示深圳民俗文化的永久性陈列。该陈列开创了博物馆征集、收藏、研究、展示改革开放史文物的先河，获得第八届（2007～2008年度）全国博物馆十大陈列展览精品奖。

《古代深圳》（深圳博物馆基本陈列），深圳博物馆编，文物出版社，2010年，彩色图文178页，16开。

该书是深圳博物馆基本陈列“古代深圳”展览的同名图录。该陈列是以古代深圳为核心内容，从七千年历史的角度展示深圳的古代居民以艰苦的开拓，送走了“刀耕火种”的蛮荒时代，用辛勤的创造，写就了文明时代的历史篇章。深圳的历史文化，既有中华民族传统文化的共性，又有浓郁的地方色彩，内地迁来的人民与当地人民交融共进，不断创造物质财富和精神财富，为推动深圳的持续发展奠定了坚实的基础。

《近代深圳》（深圳博物馆基本陈列），深圳博物馆编，文物出版社，2010年，166页，16开。

该书是深圳博物馆基本陈列“近代深圳”的展览图录。该陈列是以近代深圳为核心内容、从历史的角度展示深圳发展历程的永久性陈列，真实的照片和实物资料反映了近代深圳的历史变迁。

《东风西渐：上海市历史博物馆藏欧洲瓷器》，深圳博物馆编，文物出版社，2010年，彩色图文143页，16开。

该书是为配合由深圳博物馆和上海市历史博物馆合办的“上海历史博物馆藏欧洲瓷器展”而编撰，收录了上海市历史博物馆馆藏加拿大收藏家拉斯洛·帕拉克维茨（Laszlo Parakovits）、孙建伟夫妇捐赠的欧洲瓷器精品176件，为读者了解欧洲瓷器的发展历史，以及中西文化的交流提供了实物资料；同时，对于弘扬中华民族优秀文化和促进中西文化交流大有裨益。

《长安佛韵：西安碑林佛教造像艺术》，西安碑林博物馆编，赵力光主编，陕西师范大学出版社，2010年，彩色图文180页，16开。

该书是西安碑林博物馆藏佛教造像的精选汇编，是该馆新石刻艺术馆基本陈列“长安佛韵”的同名配套宣传图录。

西安碑林博物馆新石刻艺术馆内陈列石刻造像艺术精品154件，等级高，体量大，艺术性强，许多造像是首次展出。该陈列注重造像类别和专题表达，融入佛教艺术研究成果，通过新颖的陈列形式展现了长安佛教造像精华的艺术震撼力，从一个侧面反映出长安佛教文化和中国佛教文化的传播和发展历程。该书再现了陈列效果并一一介绍了陈列中的展品。

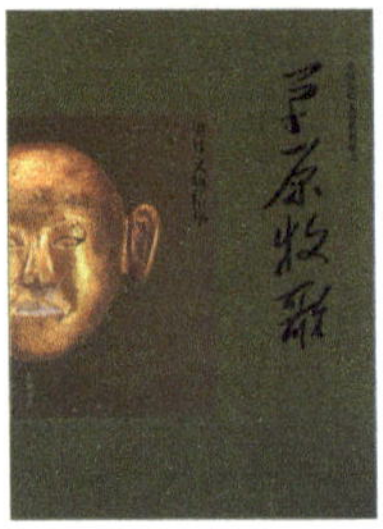

《中国古代文明系列展之草原牧歌：契丹文物精华》，陈建明、塔拉主编，岳麓书社，2010年，彩色图文128页，16开。

该书是湖南省博物馆临时展览“草原牧歌：契丹文物精华”的同名配套文物图录。该展于2010年7月10日～10月10日展出。

书前有湖南省博物馆馆长陈建明和内蒙古博物院院长塔拉为图录所做的序言。之后是概述和图版。概述部分收录了“契丹大事记”“辽帝系表”和“辽帝的四时捺钵”等图表和概述性文字，同时收录了论文《解读契丹》，从政治、经济、文化和手工技术等方面深入浅出地介绍了契丹的历史与文明概貌。图版部分刊发了展览中的全部114件（套）文物的说明文字和精美图片，部分重点文物还配以线描图、壁画场景等加以辅助说明。全书图文配合，集知识性与观赏性于一体。

《大善之美：深圳博物馆藏社会捐赠文物集萃》，深圳博物馆编，文物出版社，2010年，彩色图文199页，8开。

该书是“大善之美：深圳博物馆藏社会捐赠文物精华展”的同名配套宣传图录。该展于2010年6月12日在深圳博物馆开展。展览中的文物，或出自著名学者商承祚及其家人的捐赠，或出自邓拓夫人丁一岚女士的捐赠，或出自美籍华人司徒倩女士的捐赠，或出自日本某大企业的捐赠，展品尽善而尽美，故名。

该书包括商承祚家族捐赠书画、邓拓夫人丁一岚女士捐赠书画、沈达夫伉俪捐赠书画、日本某友好团体捐赠陶瓷、司徒倩女士捐赠孙中山家族文物等，以高清图片展示并配以简洁文字说明，彰显出这些珍藏的价值。

《古印度文明：辉煌的神庙艺术》，上海博物馆编，上海书画出版社，2010年，彩色图文255页，16开。

该书是上海博物馆临时展览“古印度文明：辉煌的神庙艺术”的同名配套宣传图录。书前有上海博物馆馆长陈燮君、大英博物馆馆长麦瑞格、维多利亚与阿尔伯特博物馆馆长马克·琼斯的序言。图版部分分为四章用参展文物介绍了印度、佛教、印度教、耆那教。附录有印度古代遗迹示意图、印度历史年表。

《丹青艺事越千年：天津博物馆藏宋元明清绘画精品展》，湖南省博物馆、天津博物馆编，陈建明、白文源主编，岳麓书社，2010年，彩色图文120页，16开。

该书是湖南省博物馆临时展览“丹青艺事越千年：天津博物馆藏宋元明清绘画精品展”的同名配套图录。该展览于2010年8月12日～11月12日举办。

书中有湖南省博物馆馆长陈建明和天津博物馆馆长白文源的序言，寄语展览的顺利举办以及两馆的良好交流。全书按照展览顺序分为三个部分：一是“尚意抒情——宋元绘画”，二是“儒雅蕴藉——明代绘画”，三是“笔情墨趣——清代绘画”，该书收录了展览的46幅绘画精品的图文介绍，便于读者了解展览、展品的相关资料。

《印度现代艺术展》，四川博物院、深圳博物馆、浙江省博物馆编，文物出版社，2010年，彩色图文128页，8开。

该书是配合四川博物院、深圳博物馆、浙江省博物馆举办的“印度现代艺术展”而编辑的同名配套图录。书中介绍参展文物80件，展现了19世纪50年代以来印度艺术发展的概貌，内容包括印度这一时期最著名的艺术家的代表作和其他杰出的作品。

《三秦瑰宝：陕西出土周秦汉唐文物展》，深圳博物馆编，文物出版社，2010年，彩色图文209页，8开。

该书是深圳博物馆临时展览“三秦瑰宝：陕西出土周秦汉唐文物展”的同名配套宣传图录。该展是为纪念深圳经济特区建立30周年而举办的特展，于2010年6月在深圳博物馆举办。

该书按照展览的顺序分为四个单元，依次是：礼乐定邦、秦并天下、烈烈汉风、盛世华章，以图文对照的方式介绍参展文物。周代展区以“礼乐定邦”命名，青铜器为主，还有部分的玉器和金器，其中有8件组国家一级文物。青铜器中的鼎、簋、甗、壶、觯、觚、尊、爵、钟等，赫赫在列。秦代展区以“秦并天下”命名，展出有兵马俑精品文物。汉代展区以“烈烈汉风”命名，展出了12件杨家湾出土的西汉时期兵马俑。唐代展区以“盛世华章”命名，其中最为耀眼的是唐三彩，具体有凤首壶、双鱼壶、狮子、蓝釉驮骡、胡人牵马俑、胡人牵载物骆驼俑等。

编者选取中国历史上最为繁荣、自信、开放的周、秦、汉、唐的文明瑰宝，彰显中华民族的伟大智慧和创造力，从而增强民族的自豪感和自信心，激励今人探索发现、开拓创新。

《渭水之滨　秦陇一脉：关中—天水先秦文化巡礼》，秦始皇帝陵博物院编，陕西人民教育出版社，2010年，彩色图文191页，16开。

该书是秦始皇帝陵博物院临时展览“渭水之滨秦陇一脉：关中天水先秦文化巡礼”的同名配套宣传图录。

本次展览集中了陕西和甘肃18家文博单位的224件（组）文物，类别涵盖陶器、青铜器、金器、玉器，时代上起新石器时期，下至秦朝，展品种类全、等级高、跨越时期长、反映内容广泛。值得一提的是在甘肃发掘出土的国宝级文物秦木板地图，此地图是1986年从甘肃天水放马滩秦墓出土的七幅地图中的一幅，是迄今为止我国最早的实物地图。地图是用黑线绘制在大小基本相同的松木板上，图形清晰完整，反映了战国时期秦国所属的行政区域、地理概貌和经济概况。令人惊叹的是，今天渭水支流以及这一地区的许多峡谷在木板地图上仍可以找到，并与《水经注》一书的记载相符。图中标明的各种林木，如柏、楠、松等同目前在渭水地区的植物分布和自然环境也基本相同。

关中—天水地区具有早期秦文化研究的优势，展览作为陕甘两省秦文化研究的阶段性成果，是两省文物系统共同建设彰显华夏文明历史文化基地的具体举措，书中按照展览顺序依次介绍了参展文物，配有展品全局、局部和细部的高清照片，每件展品均有文字说明，介绍展品的基本信息和价值，便于观赏和研究。

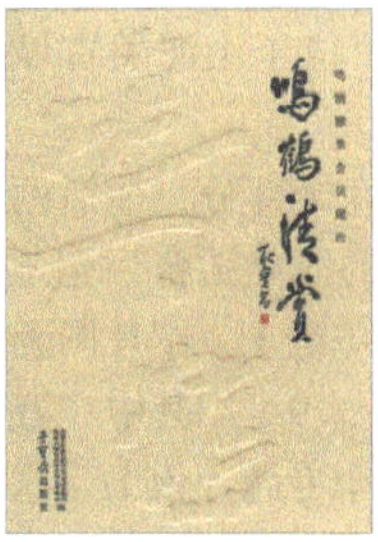

《鸣鹤清赏：鸣鹤雅集会员藏珍》，北京大学赛克勒考古与艺术博物馆、北京大学公众考古与艺术中心编，荣宝斋出版社，2010年，彩色图文300页，8开。

北京大学赛克勒考古与艺术博物馆自成立以来，先后举办了多次高水平、高质量的文物和艺术展，已成为北京大学专业教学、学术研究和对外交流的重要平台，也是宣传和展示中国古代文明成果的一个重要窗口，同时还是北京大学校园文化的一道独特而亮丽的风景。该书是“鸣鹤清赏：鸣鹤雅集会员藏品展”的同名图录，介绍近百件来自民间收藏的精美文物珍品。

《深圳民间收藏精粹》，深圳市文物管理办公室、深圳博物馆、深圳市文物考古鉴定所编著，文物出版社，2010年，彩色图文250页，16开。

该书是“深圳民间收藏精品展”的配套宣传图录，以文物的局部、整体图片反映400余件参展文物的精美与价值，每一张图片都附有文字说明。

展览汇集了名家书画、古陶瓷、青铜杂项等展品，各个门类自成系列，是特区建立以来举办的首次全市性民间收藏展示、交流活动。许多收藏家积极参与并将自己的“秘藏”首次公之于世，尤其是高古陶瓷、汉唐铜镜和藏传佛教文物等方面，不乏稀世之珍。

《这里的石头会说话：馆藏石质文物图集》，广西壮族自治区博物馆编，广西教育出版社，2010年，彩色图文150页，16开。

为了配合广西壮族自治区博物馆“这里的石头会说话：馆藏石质文物展”，组织编辑出版了该书。该书主要由“广西博物馆馆藏石质文物概说”、第一部分“粗打细磨——石器”、第二部分“石之美者——玉器”、第三部分“质朴如素——滑石器”和第四部分“石吐虹霓——砚台”等内容组成，力求全面地展示石质文物的概貌，传递石质文化遗产所包含的人文的信息。

《商代遗珍：江西新干大洋洲出土文物精品》，深圳博物馆、江西省博物馆编，文物出版社，2010年，彩色图文164页，16开。

该书是为配合深圳博物馆和江西省博物馆共同举办的“商代遗珍：新干大洋洲出土文物精品展”而编撰的一部图录。书中收录了江西省博物馆收藏的大洋洲商墓出土的青铜器、玉器、原始瓷器、陶器等125件。这些文物珍品不仅透射出中原商代文化的气息，而且具有浓烈的土著文化的意蕴，为我们全面深入考察商代文化提供了宝贵的实物资料。该书图版精美清晰，文字准确简约，具有极高的参考价值。

《万里长城山海关：山海关长城博物馆基本陈列》，潘跃主编，学习出版社，2011年，彩色图文94页，16开。

该书是山海关长城博物馆基本陈列的图录。山海关长城博物馆主题陈列展览分为“万里长城”和“万里长城—山海关”两个部分，两个主题陈列展览，两相呼应，相得益彰，形成中国长城宏观与微观的完美结合，充分展示了长城的历史积淀和文化积淀。两个基本陈列展出文物1100余件（组）、图片图表623幅、雕塑艺术品36件、模型景观18组、多媒体9组、立体电动路图表9组。其中“万里长城—山海关”展出的是龙首春秋、雄关军事、名关人文、龙珠异彩四个专题。该书是这四个部分基本陈列的图录，有文字介绍和照片展示，有陈列场景、馆藏文物介绍和馆平面图。

《万里长城：山海关长城博物馆基本陈列》，潘跃主编，学习出版社，2011年，彩色图文152页，16开。

该书是山海关长城博物馆基本陈列的图录。山海关长城博物馆位于山海关古城“天下第一关”脚下，是国内最大的长城专题博物馆。

该馆主题陈列展览分为“万里长城”和“万里长城—山海关”两个部分，前后两个主题陈列展览，两相呼应，相得益彰，形成中国长城宏观与微观的完美结合，充分展示出了长城的历史积淀和文化积淀。两个展览共展出文物1100余件（组）、图片图表623幅、雕塑艺术品36件、模型景观18组、多媒体9组、立体电动路图表9组。其中“万里长城”展出的是长城历史、长城建筑、长城经济文化、今日长城四个专题。该书是这四个部分基本陈列的图录，有文字介绍和照片展示，有陈列场景、馆藏文物介绍和馆平面图。

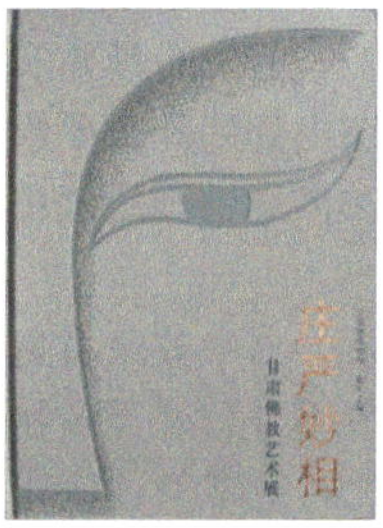

《庄严妙相：甘肃佛教艺术展》，俄军主编，三秦出版社，2011年，彩色图文267页，16开。

甘肃省博物馆收藏的佛教文物蔚为大观，并且具有很高的艺术价值与独特的地方特色，佛教文物成为甘肃省博物馆在彩陶、简牍、丝绸之路文物之外的又一特色收藏。基于此，甘肃省博物馆经过多年酝酿和筹备，从丰富的馆藏中精心挑选出百余件（组）佛教文物，举办“庄严妙相：甘肃佛教艺术展”，作为本馆基本陈列之一，展出文物多为稀世珍品，国之瑰宝，更有相当一部分尚属首次对外公开展出。

该书是“庄严妙相：甘肃佛教艺术展”的同名配套图录。该展立足甘肃省博物馆馆藏，站在全省佛教文化研究的高度，体现了自十六国至明清时期1700年间甘肃绚丽多姿的佛教文化。书中以精选的文物、精美的图版、简洁的说明以及精良的印刷装帧，全面、完整反映该展的全貌。

《丝路遗韵：新疆出土文物展目录》，深圳博物馆编，文物出版社，2011年，彩色图文180页，16开。

该书是“丝路遗韵：新疆出土文物展”的同名配套图录。该展是深圳博物馆与新疆维吾尔自治区文物局、新疆维吾尔自治区博物馆、新疆维吾尔自治区考古所合作举办的。展览包含有“楼兰美女”古尸、彩陶、汉唐织品、魏晋文书、唐代金银器、佛教壁画等各类文物140余件，是新疆历史文物首次到深圳展出。

该书前言介绍了丝路及其出土文物。丝绸之路是汉唐时期中国穿越西域腹地与中亚、印度、西亚直至地中海东岸之间，以丝绸贸易为主的交通路线。丝路东西延绵上万公里，穿越高山、大漠、草原、绿洲，把亚洲和欧洲连接在一起。作为亚欧大陆的大动脉，它不仅仅是古代东西方贸易交往最重要的通道，而且也是人类不同地域的文明汇聚的桥梁和纽带。

图版部分按照展览分为三个单元：第一单元丝绸之路上的先民；第二单元汉唐丝路开；第三单元丝路文书与货币，精选新疆出土文物予以介绍。

《青铜文明　中原瑰宝：河南夏商周出土文物展》，新疆维吾尔自治区博物馆编著，侯世新、田凯主编，新疆人民出版社，2011年，彩色图文156页，16开。

该书是同名展览“青铜文明　中原瑰宝：河南夏商周出土的文物展”的配套宣传图录。该展是河南文化援疆的重要项目，是吐鲁番博物馆与河南博物院联合举办的一个专题展览，展览中汇集了河南博物院院藏的103件夏商周时期的珍贵文物，其中以偃师二里头遗址、安阳殷墟妇好墓、三门峡市虢国墓地、淅川县下寺楚国贵族墓地出土的文物最具代表性。展品以青铜器为主，辅以陶器、骨器、玉器、石器，从衣食住行各个方面展示了中原夏商周时期的生活面貌，体现了中华民族多元文化的博大精深。

《启蒙的艺术》（中国国家博物馆国际交流系列丛书），吕章申主编，中国社会科学出版社，2011年，彩色图文455页，16开。

该书是2011年在中国国家博物馆举办的“启蒙的艺术”展览的同名图录。该展是中国国家博物馆改扩建工程竣工重新开馆后举办的第一个国家交流大展，是中德双方联合举办的一次艺术盛宴，德国柏林国家博物馆、德累斯顿国家艺术收藏馆和慕尼黑巴伐利亚国家绘画收藏馆提供启蒙时代的展品600件，书前有德国柏林国家博物馆总馆长、德累斯顿国家艺术收藏馆馆长、慕尼黑巴伐利亚国家绘画收藏馆馆长的导读文章，全面解读这批艺术作品的内涵与价值。

《黄胄艺术》（中国国家博物馆20世纪中国美术名家系列丛书），吕章申主编，安徽美术出版社，2011年，彩色图文220页，16开。

中国国家博物馆在完成改扩建工程开馆后，首先推出“20世纪中国美术名家系列展”之潘天寿、李可染、黄胄艺术展，这是该馆“历史与艺术并重”定位的具体实践。潘天寿、李可染、黄胄先生是在20世纪中国现代美术史上有着杰出创造和重要影响的艺术大师，其为人为艺的璀璨人生，有着时代的印记，是诠释20世纪中国绘画史重要而鲜活的独特个案。

该书是2011年3月在中国国家博物馆举办的同名展览的宣传图录。书中收录黄胄先生的绘画作品集，并按照画家生平和艺术风格发展时期分为“必攻不守”“炎黄精神”两个部分，选录画家各个时期的代表作如《群驴》《日夜想念毛主席》《庆丰收》《新疆舞》《松鹰》等，此外，还加入了插画、素描、速写、重要草图等源自生活的创作作品。通过手稿、文论著作、年表、老照片等文献资料，多方面展示了画家的艺术成就、艺术历程。书中收有郑闻慧、李松、王明明、薛永年、冯远、宫达非等专家学者的研究论文，内容权威客观，以多方面展示传主的成就。该书装帧考究、设计独特、印制精美，限量版本，具有观赏价值和收藏价值。

黄胄是一位多能画家，成就最高的是人物画、动物画和大量具有独立审美价值的速写作品。黄胄创立了一种与时代、与民族情感交相感应的绘画风格面貌，成功地解决了传统与现代、写生与创作的关系。

《李可染艺术》（中国国家博物馆20世纪中国美术名家系列丛书），吕章申主编，安徽美术出版社，2011年，彩色图文273页，16开。

该书是“中国国家博物馆20世纪中国美术名家系列丛书”之一，该丛书生动展现了20世纪最具影响力的中国美术名家潘天寿、李可染、黄胄三位大师的经典作品和从艺历程，对研究20世纪美术和发展当代中国画艺术具有重要的参考和借鉴价值。

该书是2011年3月在中国国家博物馆举办的同名展览的宣传图录。书中按照画家生平和艺术风格发展时期分为“东方既白”“采一炼十”两个部分，收录了其《漫写漓江烟雨图》《万山红遍》《春雨江南图》《桂林阳江》《鲁迅故乡绍兴城》《歌德写作小屋》等代表作品、印章、写生手稿、年表、老照片等读者罕见的珍贵文献资料，并有邹佩珠、邵大箴、李松、郎绍君、王鲁湘等专家学者的研究论文，内容权威客观，装帧考究、设计独特、印制精美，多方面呈现了李可染先生的艺术成就和艺术创作过程。

《潘天寿艺术》（中国国家博物馆20世纪中国美术名家系列丛书），吕章申主编，安徽美术出版社，2011年，彩色图文227页，16开。

该书是“中国国家博物馆20世纪中国美术名家系列丛书”之一，是2011年3月在中国国家博物馆举办的同名展览的宣传图录。

潘天寿是20世纪中国画大家，杰出的美术教育家，极具个性的诗人、书法家，中华民族艺术传统的坚定捍卫者。其画远绍宋明浙派与明清个性派，下承金石派，融花鸟、山水为一，用笔生辣、雄劲，结构寓恒稳于奇险，纳律动于静穆；凡野卉鸣禽、苍鹰秃鹫，或遒劲，或沉雄，或怪拙，俱以大壮刚正之气格表出。潘氏擅书，兼能真草篆隶，题画之行草，率多扁笔，生拙古峭，与其画风相得益彰。

该书收录“青山白云图轴”“灵芝图轴”“夏塘水牛图”“雨霁图”“行书耐有寒香轴”“一指禅朱文方印 ”等作品，供读者欣赏和研究。

《云岭飞歌：云南少数民族文物辑萃》，宁夏博物馆、云南民族博物馆编著，文物出版社，2011年，彩色图文247页，16开。

该书是为配合宁夏博物馆临时展览“云岭飞歌：云南少数民族民俗风情展”而编撰

的一部图录。书前有宁夏博物馆馆长李进增、云南民族博物馆馆长谢沫华的致辞。

云南自古就有“彩云之南”的美称，这里林木葱茏、山川壮丽、资源丰富，这里有得天独厚的自然气候，复杂多样的地理环境以及别具韵味的风俗民情，数十个少数民族在此和谐相处、共同生活，也因此赢得了“民族文化王国”的美誉。各民族用智慧和劳动创造了丰富的物质与精神家园，也创造了绚烂多彩的民族文化。该书图版内容按照展览顺序分为民族服饰、手工技艺、宗教艺术、节庆乐舞等四个部分，收录云南民族文物400余件，全面展示了云南省各民族的民俗风情，为读者了解云南、认识云南提供资讯。

《中原古代文明之光》，河南博物院编著，田凯、李宏主编，科学出版社，2011年，彩色图文360页，8开。

该书是河南博物院“中原古代文明之光展览”的同名配套图录。该展是河南博物院的基本陈列，这一陈列从远古时期到宋金元时期，展现了中原文明的起源与进程。

该书基于陈列大纲将陈列的重要内容进行编辑，以便读者更好地了解陈列，并通过该书达到将陈列带回家的目的。书中按照展览的顺序分为七个部分：文明之光——原始社会时期、定鼎中原——夏商时期、制礼作乐——西周时期、逐鹿与争鸣——东周时期、有容乃大——西汉魏晋南北朝时期、盛世荣华——隋唐时期、东京梦华——宋金元时期，依次介绍了参展文物并配有展览现场照片，文字清新，图片清晰，形象直观。

《契丹风韵：内蒙古辽代文物珍品展》，深圳博物馆、内蒙古博物院编，文物出版社，2011年，彩色图文167页，16开。

该书是“契丹风韵：内蒙古辽代文物展品展”的同名配套图录。展览重在展示中华人民共和国建立后内蒙古地区考古发现的契丹文物精品，包括金银器、玉石器、玻璃器、玛瑙、琥珀、水晶、瓷器、壁画等一百余件（组），最著名的如陈国公主墓、耶律羽之墓以及吐尔基山辽墓。通过展示这些记载着契丹文明的历史瑰宝，多层面展示那个创造了辉煌历史，却又消失在历史之中的北方古代民族契丹族。

图版部分按照展览的顺序，分为金戈铁马、大辽宝藏、繁华契丹三个部分，介绍参展文物120件（组），集中展现了契丹民族的辉煌与灿烂。

《南国瓷珍：潮州窑瓷器精萃》（广东省博物馆展览系列丛书），广东省博物馆编，岭南美术出版社，2011年，彩色图文221页，16开。

该书是“南国瓷珍：潮州窑瓷器精萃展览”的同名配套图录，收录并介绍参展的文物200件，并有专文三篇：《潮州唐宋古窑研究》《明末清初潮州窑青花瓷展》《近代枫溪潮州窑瓷器的工艺特色》介绍潮州窑的来历及其瓷器特色。

潮州窑，广义上指唐宋以来分布于粤东地区旧时潮州府（郡）辖区的在瓷器烧制工艺、产品特征和外销路线等方面表现出共性和延续性的窑址。考古资料显示，早在新石器时代这里便开始了陶器的制作。唐宋时期潮州窑窑址分布于城郊方圆15千米范围内，笔架山更以其窑炉多、产品精而闻名遐迩。明、清时期，大埔、饶平、惠来等地瓷窑生产的青釉瓷器、青花瓷器，釉质莹润、纹饰流畅。清末民初，枫溪窑强势发展，直至今天。千余年来，潮州窑炉火不熄，精品层出，蜚声海内外，在广东乃至中国陶瓷发展史上占有一席之地。

《与特区一起成长：深圳博物馆建馆30周年纪念特展图录》，深圳博物馆编，文物出版社，2011年，彩色图文164页，16开。

该书是深圳博物馆临时展览“与特区一起成长：深圳博物馆建馆30周年纪念特展”的同名配套宣传图录。书中分为开拓篇、收藏篇、展陈篇、科研篇、教育推广篇、新馆建设篇、领导关怀篇、举世瞩目篇八个部分，以文字、图片、实物的形式，全面记录了深圳博物馆的发展历程。

《拂去历史的尘埃：新安画派　张翰飞、张君逸、张仲平三代捐赠书画作品选》，安徽博物院编，中华书局，2011年，彩色图文126页，8开。

该书是安徽博物院举办的临时展览“拂去历史的尘埃：新安画派 张翰飞 张君逸 张仲平三代捐赠书画作品选”的同名配套图录。

安徽博物院的特色院藏之一是新安画派作品。新安画派是我国明清时期在皖南徽州地区形成的一个山水画流派，在新安画派的作品中，一门几代画家而且同是名家的作品极少。张氏三代薪火相传，在当今画坛堪称佳话。张翰飞的作品直取宋元，构图宏大，气韵生动。张君逸的作品内容多样，墨色丰富，笔路宽广。张仲平的作品主要以黄山为题材，笔墨上汲取古人之长，推陈出新，磅礴大气。

张氏艺术是从祖辈的文人画精神浓厚的古典形态，逐渐演化到张仲平的当代传统型的过程，其中有明显的传承与嬗变的轨迹。观者将从三代新安画家的艺术中看到20世纪中国山水画发展、演化脉络的一个具体而微的例子。

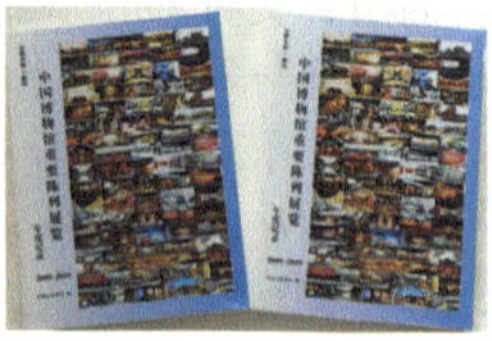

《中国博物馆重要陈列展览年度记录》（2009～2010），中国文物报社编，译林出版社，2011年，彩色图文260页，16开。

该书是2009～2010年度中国博物馆重要陈列展览的集中展示，收录第九届（2009～2010年度）全国博物馆十大陈列展览精品评选中，由各省、自治区、直辖市报送、获得参评资格的86个博物馆的陈列展览项目中的360个陈列展览，分为历史、艺术、自然、科技、纪念、进出境等六类题材。

书中收录的陈列展览，内容和形式异彩纷呈，亮点频出，特色鲜明，主题突出，在题材选择、展示手段、科技含量等方面都较以前有了提高，书中再现了展览中的场景设计、文字说明、图片选择、照明方式等，极具参考价值。

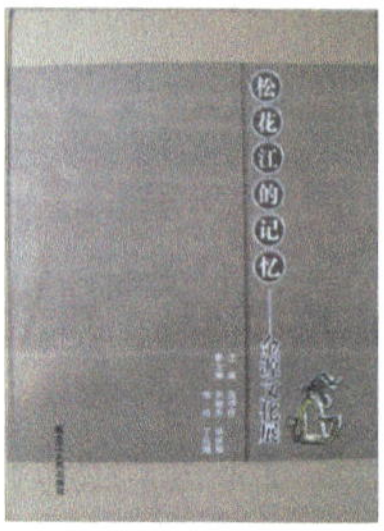

《松花江的记忆——金源文化展》，庞学臣主编，黑龙江人民出版社，2011年，彩色图文201页，16开。

该书是黑龙江省博物馆基本陈列“松花江的记忆——金源文化展”的同名图录。书中分为综合介绍、艰辛历程、累累硕果、典藏精选四个部分，依次介绍了该展从筹备、策划、实施到正式展出并荣获“第九届全国博物馆陈列展览十大精品展”的全经过。书中以图文并茂的形式对金源文化的源流、界定、内涵、外延、特征等进行了深入研究，彰显出黑龙江省博物馆对金源文化的探究与诠释达到了新的高度。

图版部分按照展览顺序分为“先民足迹”“大金帝国”“凤凰涅槃”三个部分，遴选金代文物570余件，其中大量为稀世珍品。通过丰富的展品、翔实的资料和现代科技展示手段还原了具有浓厚黑土风韵的金源文化生活，再现了松花江流域辉煌的发展史。

《法相庄严：山西佛教造像艺术精品展》（江西省博物馆文物展览图录8），江西省博物馆编，上海锦绣文章出版社，2012年，彩色图文99页，16开。

该书是江西省博物馆临时展览“法相庄严：山西佛教造像艺术精品展”的同名配套宣传图录，书中按照展览的顺序选录69件代表性展品予以介绍，

随着考古事业的发展，佛教文化遗产保护力度逐渐加强，许多湮没千年的佛教艺术品重新面世，成为山西博物院的特色收藏。编者选取馆藏佛教艺术品中最具特点的北朝至隋唐造像精品，很多是新近出土的。这些造像，虽然材质冰冷，但在匠师的雕琢下，却绽放出生命的光彩，让人叹为观止。该书图文对照，极具观赏价值和收藏价值。

《晋国宝藏：山西出土晋国文物特展》，湖北省博物馆编，文物出版社，2012年，彩色图文183页，16开。

该书是湖北省博物馆举办的“晋国宝藏”同名展览的图录。第一部分专文收录有《晋国历史概述》《关于晋国遗存的考古学考察》两篇论文，便于读者了解这次展览的背景材料和展览概况。第二部分图版按照展览顺序分为两个单元：第一单元青铜礼器，第二单元礼玉之邦，依次介绍了参展文物。

山西博物院以三晋文物收藏为主要特色，文物精美，内容丰富，序列完整，蔚为大观。湖北省博物馆以楚国文物收藏富有特色，2011年9月，“荆楚长歌：九连墩楚墓出土文物展”曾在山西成功举办。此次“晋国宝藏”等山西文物在湖北举办特展，从多个角度展示了两周时期晋国600余年的发展进程，既可观晋国鼎盛时期的霸主风范，也能窥见春秋战国之交列卿秉政、公室中衰的历史变革。晋、楚同为东周强国，两国既有惨烈的争霸，也有和平的会盟，文化互相影响，展品中西周时期的“楚公逆钟”是目前所见最早的楚国重器，也是晋楚两国友好交往的历史见证。

《古镜今照：中国铜镜研究会成员藏品集粹》（上、下册），浙江省博物馆编，文物出版社，2012年，彩色图文611页，8开。

该书是浙江省博物馆临时展览“民间收藏精品走进博物馆系列特展之七：古镜今照中国古代铜镜精品展”的同名配套图录。编者精选中国铜镜研究会成员收藏的中国古代铜镜精品300件（组）予以介绍，藏品时代上起齐家文化，下迄明清，其中以战国至隋唐时期的作品为大宗，多数为首次公开发表，具有重要的学术研究价值和艺术鉴赏价值。

《故宫博物院清代新疆文物珍藏展》，新疆维吾尔自治区博物馆编，新疆人民出版社，2012年，彩色图文120页，16开。

该书是“故宫博物院清代新疆文物珍藏展”的同名配套图录。

2012年2月，该展览在新疆维吾尔自治区博物馆举办，展览汇集了北京故宫博物院、国家图书馆、新疆博物馆的134件（套）清代珍贵文物，其中50%以上为国家一级文物。在102件（套）故宫展品中，多数文物都是首次走出故宫。为了回顾与展示一个半世纪前清代新疆的历史与文化，特意从美国大都会博物馆、德国柏林民族博物馆、德国赖斯博物馆、台北故宫博物院、天津博物馆等搜寻部分珍贵文物的照片以丰富展览内容。

展览由五部分组成：清王朝统一天山南北、伊犁将军府的设置、土尔扈特部回归祖国、巩固统一稳定边疆、新疆建省与社会发展。特别是伊犁将军府的设置与土尔扈特部回归祖国两部分，文物精品异彩纷呈，全方位展示了新疆清代历史上划时代的大事，成为此次展览的重点和亮点。

作为故宫博物院的援疆项目，本次展出文物之珍贵、资金投入之大均创新疆文物展览之最。该书反映了这次展览的全貌，以图文配合的形式介绍了参展文物。

《竹镂文心：竹刻珍品特集》，上海博物馆编，上海书画出版社，2012年，彩色图文120页，8开。

该书是上海博物馆临时展览“竹镂文心：竹刻珍品展”的图录，以图文配合的方式介绍了参展的200件文物。

该书收录以上海博物馆藏品为主，包括故宫博物院、天津博物馆、南京博物院、宁波博物馆、广东民间工艺博物馆和嘉定博物馆的竹刻精品200件，勾勒出从明代到20世纪中叶的竹刻艺术史，系统介绍了明、清、近现代的竹刻名家名作和不同流派的竹刻精品，并通过书画、篆刻、工艺类文物来展示竹刻与其他艺术的紧密联系，呈现了中国文人竹刻发展历程的完整序列。

《徽州古建筑陈列》，安徽博物院编，文物出版社，2012年，彩色图文185页，16开。

该书是安徽省博物馆基本陈列“徽州古建筑”的同名配套图录。

徽州古建筑具有鲜明的地域风格，砖、石、木“三雕”艺术使之富有细部审美要素。徽州建筑在建筑技艺、民众生活、伦理观念、审美追求方面传递着诸多文化信息。徽州代表性的村落如宏村、西递、龙川、呈坎等，建筑的自然环境与人文景观相得益彰，体现了良好的生态文明。该展分为四个单元在四个展厅进行展出，通过建筑构件、模型、图片等，全景式展示徽州建筑的美轮美奂，又从徽州整体搬迁古民居一幢，原状陈列，观众身临其境，尽情感悟徽州古建的魅力。

该书以图文配合的方式再现了徽州古建筑的魅力，配有文物全景、局部照片。

《画影江山：郎静山摄影作品特展》，湖北省博物馆编，文物出版社，2012年，彩色图文159页，16开。

该书是湖北省博物馆临时展览《画影江山（郎静山摄影作品特展）》的同名配套图录。书中根据展览的顺序分为五个单元：写实画意风景、集锦作品、人物作品、动物禽鸟与静物、现代影绘的作品介绍了参展作品及其特色。

该书的作品，从取材、构图、曝光、接合、重叠、完成，反映看郎静山的传承了中国山水画的精神气韵。郎先生精研古代书画，遍阅唐宋名篇，把画意、诗意融入摄影作品，象外有象，境外有境，精妙地表达丁东方艺术的气质。

《雪域瑰宝：西藏文物展》（广东省博物馆展览系列丛书），广东省博物馆、西藏博物馆编，岭南美术出版社，2012年，彩色图文160页，16开。

该书是广东省博物馆临时展览“雪域瑰宝：西藏文物展”的同名配套图录，收录并介绍参展文物162套237件，前有广东省博物馆馆长肖洽龙、西藏博物馆馆长达瓦札巴的序言，书后有参展文物附录。

书中图版按照展览的顺序，分为文献典籍、佛教造像、佛教法器、唐卡艺术、藏族服饰、风情居室六个部分，展示了妙相庄严的造像、制作精湛的法器、内容丰富的唐卡典籍、神态夸张的面具和色彩绚丽的藏族服饰，体现了独具特色的本土文化和审美情趣，展现了雪域高原的魅力。

《史前文明：甘肃彩陶艺术展》，安徽博物院、甘肃省博物馆编，华夏翰林出版社，2012年，彩色图文180页，16开。

该书是安徽博物院临时展览“史前文明：甘肃彩陶艺术展”的同名配套图录。

甘肃是华夏文明的重要发祥地之一，素有“彩陶之乡”的美誉。甘肃彩陶以精美绚丽而著称于世，在世界彩陶文化中占有重要地位。甘肃彩陶文化的发展从距今八千年的大地湾文化开始，历经了仰韶文化、马家窑文化、齐家文化，一直到辛店文化、沙井文化，延续了近五千年，构成了一部辉煌灿烂的彩陶发展史和意蕴深厚的黄河流域史前文明画卷，其中马家窑文化彩陶艺术被公认为世界彩陶艺术的高峰。

该书不仅介绍了这次展览的全部展品及其价值，而且选录了展览的部分设计图和展厅现场照片，便于读者多方面了解展览概况。

《中国国家博物馆馆藏非洲雕刻艺术精品选》（中国国家博物馆展览系列），吕章申主编，安徽美术出版社，2012年，141页，16开。

该书是中国国家博物馆馆藏系列展览“非洲雕刻艺术精品展”的配套宣传图录。该展从馆藏非洲艺术品中遴选了近600件面具、雕像和生活用品等进行展览。展品主要来自中西非十余个国家的百余个部族，类型多样，风格各异，凝聚着非洲各部族人民的勤劳和智慧。非洲雕刻艺术造型夸张、变形、抽象，对世界现代艺术产生过深刻影响，尤其是对野兽派、立体派等被中国艺术青年所熟知的画派。

编者选取木雕、铜雕、石雕等600件非洲雕刻艺术精品予以介绍和展示，旨在加深读者对非洲雕刻艺术的认识，增强中非人民之间心灵的对话和感情的沟通。

《绚丽华彩：广东省博物馆藏广彩瓷器精品展》（江西省博物馆文物展览图录9），江西省博物馆编，上海锦绣文章出版社，2012年，彩色图文108页，16开。

该书是江西省博物馆临时展览“绚丽华彩：广东省博物馆藏广彩瓷器精品展”的同名配套宣传图录。

“广彩”始于清中期，融合五彩、粉彩、珐琅彩各种彩瓷的技法而产生，盛于乾隆、嘉庆，终清一代流传至今。该书从广东省博物馆馆藏的广彩瓷器中精选不同时期所收藏的代表作品，按照展览顺序选录各时期广彩瓷器精品98件（套）予以介绍，以图文并茂的形式向读者展现了“广彩”瓷器的迷人魅力。这些作品既有中国彩绘艺术的风格，亦有吸收欧美艺术精华，是中西文化交流的历史见证，同时传播中国历史文化特有的神秘风采，让“广彩”瓷器这朵美丽的瓷苑奇葩绽放出新的光芒。书中图片清晰，文字简洁，装帧设计优美，资料性强。

《盛世回乡：中国回族精品文物展》，宁夏博物馆编著，文物出版社，2012年，彩色图文220页，16开。

该书是宁夏博物馆临时展览“盛世回乡：中国回族精品文物展”的同名配套宣传图录。

该展是迎接首届中国宁夏文化艺术旅游博览会及中阿经贸论坛而举办的一次规模大、展出文物最多的展览。展品来自国家博物馆、故宫博物院、首都博物馆、内蒙古博物院、福建博物院、云南省博物馆、新疆博物馆、青海省博物馆、甘肃省博物馆等全国13家博物馆，集中了展示回族文物精品和回族具有独特魅力的民族文化，旨在加强民族团结、促进社会和谐发展。

该书前有两篇专文，一是回族文物概述，二是我国回族文物的区域分布概况。图版部分按照展览顺序分为三个部分：文史集粹、艺术奇葩、民俗瑰宝，以图文配合的形式介绍了参展文物，多角度、多层面、全方位地展示了中国回族的历史文化、民风民俗和民族工艺。书中以实物图片为主，从回族历史及文献、生产生活用品的民族工艺和特色鲜明的民风民俗等几个方面生动而形象地展示了回族所创造的物质和精神文化，也揭示了中国回族文化的内涵特征。

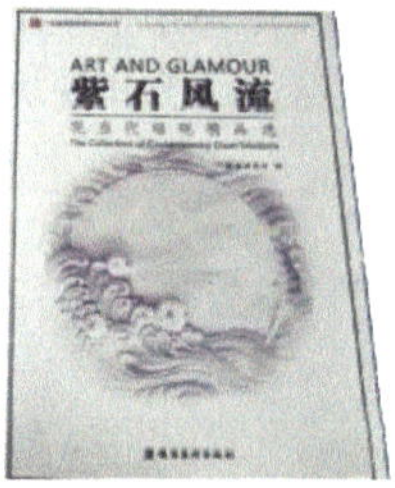

《紫石风流：现当代端砚精品选》（广东省博物馆展览系列丛书），广东省博物馆编，岭南美术出版社，2012年，彩色图文172页，16开。

该书是广东省博物馆与肇庆市博物馆联合举办的临时展览“紫石风流：现当代端砚精品选”的同名配套图录。收录并介绍参展文物150件端砚作品，以展现中华人民共和国成立以来端砚发展的最新进展，助推中国非物质文化遗产宣传、保护、利用和推广。书前有广东省博物馆肖洽龙和肇庆市博物馆馆长陈羽的序言。

广东省博物馆从2012年开始，将非物质文化遗产系列展览列入展览规划，通过展览的方式让全社会接触、了解、关心、支持和参与非物质文化遗产保护与利用。本次展览中的展品作者绝大多数为国家级、省级、市级工艺美术大师和端砚世家的技艺传承人。砚台题材丰富，大致可分为仿物类、仿生类、山水楼阁类、人物场景类、福瑞吉祥类、巧思创新类、赏石质类、金石书法类等八类，各具特色，各有巧思。该书与展览一同推出，供端砚研究者、爱好者与从业者观摩和参考。

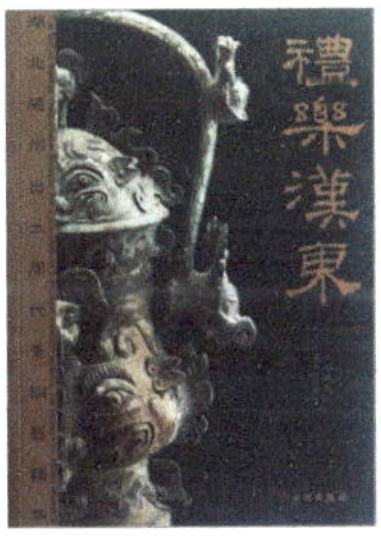

《礼乐汉东：湖北随州出土周代青铜器精华》，深圳博物馆、随州市博物馆编，文物出版社，2012年，彩色图文176页，16开。

该书是为配合深圳博物馆、随州市博物馆共同主办的“礼乐汉东：湖北随州出土周代青铜器精华展”而编撰的一部图录。

书中按照展览顺序分为四个单元，依次是噩国寻踪：安居羊子山墓地、最早的曾国：淅河叶家山墓地、用其吉金永保用之：两周之际的曾国青铜器、擂鼓墩纪事：曾国最后的辉煌。编者选录参展文物107件（组），包括青铜礼器、乐器、水器、兵器等，其中半数文物都是考古新发现，尤其是安居羊子山墓地出土的噩国青铜器，纹饰奇特、器形宏伟，世所罕见；淅川叶家山墓地出土的西周早期曾国青铜器，填补了我国西周早期历史研究的空白。

《萌芽成长融合：东周时期北方青铜文化臻萃》，秦始皇帝陵博物院编，曹玮主编，三秦出版社，2012年，彩色图文311页，16开。

该书是秦陵博物院临时展览“萌芽成长融合：东周时期北方青铜文化臻萃”的同名配套图录。

中国北方长城沿线地带，经甘肃东部、宁夏南部、内蒙古鄂尔多斯高原，到陕西、山西和河北的北部地区，出土了数量众多的具有北方民族文化特色的青铜器，内涵十分丰富，成为中国古代青铜文化中的一枝奇葩，被学术界称为“北方青铜文化”。“北方青铜文化”起源于夏商，西周初具规模，春秋时期得到了长足发展，直至战国时期达到鼎盛。

本次展览征集陕西、甘肃、宁夏、内蒙古四省区450余件藏品，展示独具魅力的北方青铜文化。展览以学术研究为基础，以艺术的视角来审视这些由北方民族创造的灿烂文化，分为“引子”“溯源篇”“风采篇”“造型篇”“融汇篇”和“秦与北方民族”六个篇章，以多种多样的陈列表现手法生动、全面地向观众展现“北方青铜文化”的别样风情和2000多年前中国北方民族的超凡智慧及他们所创造的灿烂文明，阐释“北方青铜文化”的深刻内涵。对“北方青铜文化”的内涵进行探析，并阐述了“北方青铜文化”与其周边文化的关系及其在中国青铜文化发展中的地位。“北方青铜文化”中的器物按用途分为兵器、生产工具和生活用具、装饰品、车马器四大类，是北方先民“胡服骑射”的真实写照，洋溢着浓郁的草原文化风情和特色。

同时，秦陵博物院举办“秦与北方民族国际学术研讨会”，邀请了来自英国、美国、加拿大等七个国家和地区的学者参加，共同探讨游牧文化的特点以及对秦文化的影响的等学术问题。

配合展览出版的同名图录分为六章，依次是：①中国“北方青铜文化”概说；②固原地区的青铜文化；③鄂尔多斯地区的青铜文化；④陕北地区的青铜文化；⑤张家川马家塬墓地；⑥秦与北方民族。本图录内容系统、设计精美，附有展览设计图和现场照片。

《安徽文明史陈列》（上、下），安徽博物院编，朱良剑主编，文物出版社，2012年，彩色图版373页，16开。

该书是安徽博物院基本陈列“安徽文明史陈列”的同名图录。

全书按照展览以时间为线的顺序，以安徽文明的起源与发展为主线，分为史前时期的安徽、夏商周时期的安徽、汉魏晋时期的安徽、隋唐宋元时期的安徽、明清时期的安徽五大部分，依次是“人类遗存涂山会盟——史前时期的安徽”“青铜礼乐夷楚华章——夏商周时期的安徽”“王侯风流曹操雄略——汉魏晋时期的安徽”“河运通达清名流芳——隋唐宋元时期的安徽”和“中都基业天下徽商——明清时期的安徽”五个部分。编者选取能够体现安徽各个历史阶段社会发展代表性文物1200件（套），其中一级文物246件套，从不同侧面反映安徽文明发展的脉络。

《道化苍生——楚地道教文物特展》，安徽博物院编，华夏翰林出版社，2012年，彩色图文160页，16开。

该书是安徽博物院与湖北省博物馆联合主办的展览“道化苍生：楚地道教文物特展”的同名配套图录，收录并介绍参展文物106件（组）。

道教是中国传统文化的根柢。在道教的影响下，千百年来中国民众信巫好鬼、求仙长生是生活的常态。围绕求仙长生，道教发展出了各种修道方法和技术，卜筮祭祷、数术丹药、符箓斋醮等成为中国传统文化文化不可分割的部分，并影响至今。

该书以湖北出土道教文物和武当山道教文物为主，重点反映楚地原始道教的发展以及道教文化的影响，展现了道教在中国传统文化中的独特地位，便于读者了解中国独具魅力的道教文化。

《走进御书房：故宫博物院珍藏清代宫廷文房用具特展》，安徽博物院、故宫博物院编著，安徽美术出版社，2012年，彩色图文173页，16开。

该书是安徽博物院临时展览“走进御书房：故宫博物院珍藏清代宫廷文房用具特展”的同名配套图录，收录并介绍了参展的文物及其价值。

笔、墨、纸、砚被誉为“文房四宝”，是中国古代传统的书写用具。文房四宝的发明和使用，使东方古国悠久的历史文明得到传承、发展和延续。在经历数千年的发展演变之后，其材质、形制和技术不断完善，逐渐形成了各自的发展体系。

明、清时期，笔、墨、纸、砚的制作更加丰富多样。故宫博物院收藏有明、清时期宫廷文房用具8万余件，其中有的出自内廷造办处，有的交由杭州织造，苏州织造、江宁织造按内廷依样承办，也有地方官员按年例进贡之物，如湖州的笔、徽州的墨、宣州的纸、歙州的砚、端州的砚等。

此次展出的清宫旧藏文房用具，时代自清代康熙朝延续至光绪朝，跨越200余年。展品材质精良，工艺精湛，颇具宫廷特色，体现了皇家御用文具的奢华。这些展品不仅凝聚了设计者和承造者的智慧，也呈现出清代文房用具的整体制作水平。

《定瓷雅集：故宫博物院珍藏及出土定窑瓷器荟萃》，故宫博物院编，吕成龙主编，故宫出版社，2012年，彩色图文338页，16开。

该书是故宫博物院临时展览“洁白恬静：故宫博物院藏定窑瓷器展”的配套宣传图录。

2012年故宫博物院古陶瓷研究中心以定窑瓷器作为本年度的重点研究课题，所举办的“洁白恬静：故宫博物院藏定窑瓷器展”堪称该项研究成果的反映。该书以故宫博物院收藏的传世定窑瓷器为基础，辅之以2009年考古工作者对窑址考古发掘的最新成果，以及西安火烧壁窖藏、临安水丘氏墓和湖南地区出土的定窑瓷器，以期通过诸多对比展示，使人们对定窑从晚唐到宋金元时期的产品面貌及明清时期仿烧定窑瓷器的情况有较为全面的认识，从而进一步推动关于定窑的研究与认知。

《清宫撷珍：清代帝王生活侧影展》，江西省博物馆编，上海锦绣文章出版社，2012年，彩色图文338页，16开。

该书是“清宫撷珍：清代帝王生活侧影展”的同名配套宣传图录。该展由江西省博物馆与北京艺术博物馆联合举办。从北京艺术博物馆珍藏的大量宫廷生活用品、珍美文物及历史文献中精选出112件（套）展出。

清代帝王，生活在金碧辉煌的紫禁城内，站在帝国的最高处鸟瞰着整个中国。拂去历史留下的尘烟，回望当年的金戈铁马、巡围狩猎，很多人都想知道：作为统治者的爱新觉罗氏皇族这一特殊群体有着怎样的物质追求？怀有怎样的文化情怀？如何运用手中的皇权呢？该书按照展览顺序分为皇权篇和宸居篇两个部分，在皇权篇中介绍了清明黄缎秀五彩云蝠金龙十二章吉服、清顺治胡敏尔之诰命、清顺治马尔机喇之弟俄理之诰命、清康熙杨琳之继妻鲁氏之诰命、清雍正五品包衣连杨和尚及其妻之诰命等。在宸居篇中介绍了清康熙五彩龙凤纹碗、清康熙斗彩灵仙祝寿图盘、清康熙黄地紫绿彩双龙纹碟、清康熙红釉碗、清乾隆青花缠枝花卉纹梨形壶、清嘉庆青花红彩云龙纹七格盖盒、清道光粉彩蝠桃纹匙等参展文物，带读者走近神秘、辉煌而又日渐衰落的帝王宫廷生活。

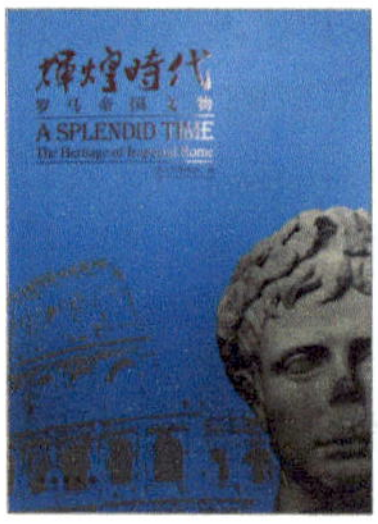

《辉煌时代：罗马帝国文物》，湖北省博物馆编，文物出版社，2012年，彩色图文288页，16开。

该书是湖北省博物馆举办的展览“辉煌时代：罗马帝国文物展”的同名配套图录，收录并介绍了参展的文物300件（组）。

罗马文化深受古希腊文化的影响，它全面吸收并改造了古希腊的哲学、文学和艺术，创造了辉煌的罗马文化。该书收录罗马帝国历史文物按照历代帝王、宗教与祭祀、公共生活、个人生活、家庭、统一下的和平六个单元的顺序介绍，从多个层面为人们呈现了灿烂的罗马文明。古希腊和古罗马文明是现代西方文明的基础。罗马统一了古代两河流域、埃及和希腊文明的发源地，其统一的帝国对后世的国际政治产生了深远的影响。罗马文化深受古希腊文化的影响，它全面吸收并改造了古希腊的哲学、文学和艺术，创造了辉煌的罗马文化。

《佛罗伦萨与文艺复兴名家名作》（中国国家博物馆国际交流系列丛书），吕章申主编，安徽美术出版社，2012年，彩色图文160页，16开。

该书是临时展览“佛罗伦萨与文艺复兴名家名作展”的同名配套图录。该展是中国国家博物馆与意大利文化遗产活动部文物管理与开发司五年合作项目的第一个展览，展出的67件艺术精品分别来自佛罗伦萨20多家博物馆和美术馆。在展览中，观众可以领略到文艺复兴时期佛罗伦萨的辉煌艺术、城市面貌和风土人情，可以欣赏到达·芬奇、拉斐尔、米开朗琪罗等意大利文艺复兴时期艺术巨匠们的传世之作。

《石渠宝笈　旷代风华：辽宁省博物馆馆藏中国古代书画名品》，深圳博物馆、辽宁省博物馆编，文物出版社，2012年，彩色图文150页，12开。

该书是深圳博物馆临时展览“石渠宝笈　旷代风华：辽宁省博物馆藏中国古代书画名品”的同名宣传图录，收录并介绍参展文物35件，附有图版介绍，方便读者了解书画名品的详细资料。

《幽蓝神采：元代青花瓷器特集》，上海博物馆编，上海书画出版社，2012年，彩色图文120页，8开。

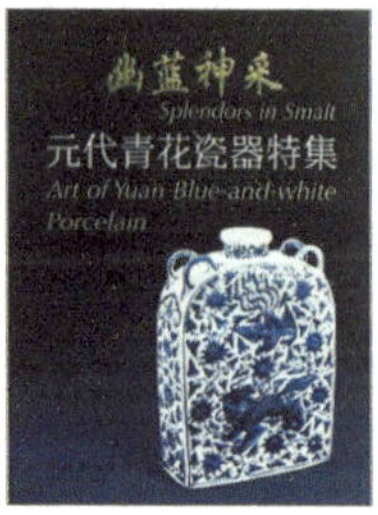

该书是上海博物馆临时展览“幽蓝神采：元代青花瓷器展”的图录，以图文配合的方式介绍了参展的200件文物。

青花瓷是中国古代陶瓷中一个十分重要的品种，成熟的青花瓷器烧造于14世纪元代的景德镇，这种白地蓝花的高温釉下彩瓷，幽蓝古雅，在中国陶瓷史上占有重要地位。该书分为“传世精华”“中外交流”“出土佳器”“遗存残踪”四个专题，介绍了来自包括伊朗、英国、美国、日本、俄罗斯等国以及国内文博、考古机构和上海博物馆的元青花藏品，极具研究价值和观赏价值，特别是具有断代意义的大维德基金会藏“至正十一年”铭青花云龙纹象耳瓶、备受关注的青花鬼谷子下山图罐、英国大英博物馆藏的孔雀牡丹纹罐等重量级元代青花瓷器文物。

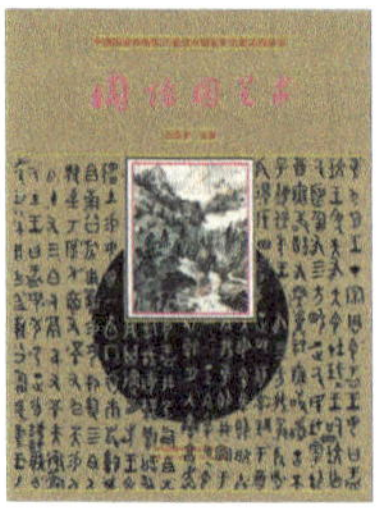

《周抡园艺术》（中国国家博物馆20世纪中国美术名家系列丛书），吕章申主编，安徽美术出版社，2012年，彩色图文240页，16开。

该书是“中国国家博物馆20世纪中国美术名家系列丛书”之一。周抡园先生是20世纪具有代表性的重要画家之一，名震川中，享誉全国。2011年12月，周抡园先生的子女向中国国家博物馆捐赠了162幅周抡园先生的国画作品。为了表彰捐赠义举，特精选了这批捐赠中的代表性作品举办了“家国山河：周抡园国画作品捐赠展”，以与观众共享捐赠成果以及周抡园先生的艺术成就。

该书收录了包括展览作品在内的共计98幅周抡园先生的优秀作品。展览与本画集还得到了周抡园先生女儿周克强女士等的帮助，提供了周抡园先生的相关资料。

《百年国博：中国国家博物馆百年简史与成果》，吕章申主编，中华书局，2012年，黑白图版231页，16开。

该书是展览“百年国博：中国国家博物馆百年简史与成果”的同名图录，该展览是中国国家博物馆百年华诞庆典活动中一个非常有意义的展览，不仅展示了国家博物馆在各个历史时期取得的主要成果以及不断探索具有中国特色的博物馆发展道路的宏伟历程，也是中国博物馆事业发展和中华民族百年复兴之路的重要缩影。书中图版有介绍以典型文物、珍贵史料和丰富的博物馆语言表现中华民族复兴历史的基本陈列《复兴之路》，还有国博举办的代表性临时展览回顾。

全书收录中国国家博物馆的历史沿革作为总揽，接着按时间顺序介绍了国立历史博物馆时期（1912～1949）、中国历史博物馆和中国革命博物馆时期（1949～2003）、中国国家博物馆时期（2003～2012）的主要工作和发展沿革。第三个时期虽然只有九年时间，但篇幅却占到全书的60%，依次叙述了组建国家博物馆，确立国博新的发展定位；改扩建工程竣工，新馆建成开放；广征藏品，丰富馆藏；建设国博特色的陈展体系；建立“以人为本”的公众服务体系；建设安全有效的安保体系；建立和完善各项规章制度，实施科学管理；业务、学术活动全面发展，成果丰硕；对外及港澳台文化交流活动持续扩大，文化软实力窗口作用彰显九个部分内容，展示了国博在新的历史时期的快速发展。最后是党和国家领导人视察国家博物馆和百年文化积淀、累累学术硕果。

编辑该书的目的在于回顾中国国家博物馆的百年历史，总结百年成果，探索中国国家博物馆事业的发展规律。

《契丹风华：内蒙古辽代文物珍品》，刘广堂、塔拉主编，文物出版社，2012年，彩色图文150页，16开。

该书是大连现代博物馆临时展览“契丹风华：内蒙古辽代文物珍品”的同名配套宣传图录，收录参展文物100件予以介绍。

契丹是中国古代北方具有非凡文化包容力和文明创造力的游牧民族。200余年的历史、厚葬的习俗以及文物考古工作者数十年的辛勤耕耘，为我们提供了珍贵的实物资料。该展是以北方游牧文化发展的鼎盛期——辽王朝的文化遗存为主要展示对象的。文物包括金银、陶瓷、玻璃、琥珀、玉器等百余件精品，代表了契丹民族独特审美情趣、文化习俗、生活方式等方面的珍贵文化遗产，反映了契丹文明的独特内涵和熠熠风采，诠释出中华民族古老文明多元一体的历史真谛。

该书精选参展文物并以通俗化的文字表述严谨的学术内容，反映力图在生产生活、丧葬制度、宗教信仰以及中西文化交流等方面，揭示出辽王朝的风采和契丹民族的文化风貌。

《江淮撷珍》，安徽博物院编，文物出版社，2013年，彩色图文200页，16开。

该书是安徽博物院临时展览“江淮撷珍”的同名配套图录。该展是安徽博物院的特色展览，50余件文物珍品分为金银器、玉石器、漆器、铁画、竹木牙角器五个部分展出，精微工巧，极具时代特色和审美情趣，体现了灿烂的中华传统文化，给人以美的艺术享受。

该书为展览图录，以清新严谨的叙述笔触，以丰富的笔墨介绍每一件展品，内容丰富、图文并茂、通俗易懂，融知识性、可读性、艺术性、学术性为一体，读者可以从图录中深入了解展览内容。

《黄金草原：中国古代北方游牧民族文物》，湖北省博物馆编，文物出版社，2013年，彩色图文200页，16开。

该书是湖北省博物馆临时展览“黄金草原：中国古代北方游牧民族文物”的配套

宣传图录，该展文物来自内蒙古博物院。

书前有专文《博大精深的草原文明》，全面了解介绍了草原文化以及内蒙古地区作为中国古代北方游牧民族繁衍生息的重要舞台的地位和历年出土文物概况。千百年来，见诸史乘的北方民族先后有东胡、匈奴、鲜卑、突厥、契丹、蒙古等次第相承，共同创造了辉煌灿烂的草原文明，该图录以不同历史时期的游牧民族为单元，再现了他们创造的历史和文明。书中图版部分按照展览顺序分为六个单元，依次是“东胡与山戎”“匈奴民族”“鲜卑民族”“契丹民族”“蒙元时期的蒙古族”和“明清至今的蒙古族”，每个单元以该时期典型器物为主，辅以遗址、墓葬和壁画等，完整展示了本次展览的内容。

《中华百年看天津》，天津博物馆编，岳宏志主编，文物出版社，2013年，彩色图文115页，16开。

该书是天津博物馆基本陈列“中华百年看天津”的同名展览图录。展览以在天津发生的具有国家历史影响的事件和人物为主要素材，展示中华民族经历的半封建半殖民地的苦难历程，表现以生活在津沽大地的仁人志士为代表的中华儿女，为争取民族独立，实现国家富强而进行的浴血抗争和艰苦卓绝的探索，不屈不挠的奋斗。

《河北省博物馆临时展览十年回眸：2002～2012》，河北省博物馆编，河北美术出版社，2013年，彩色图文157页，16开。

该书从河北省博物馆在2002～2012年十年间举办的一百多个临时展览中，精选出71个展览辑成册，内容包括历史、艺术、时事政治、自然科学等多个方面，既是对博物馆展览工作的总结，也为读者提供了有关博物馆展览的参考借鉴资料。

《吉祥如意：浙江绍兴翰越堂藏古代艺术品》，浙江省博物馆编，文物出版社，2013年，彩色图文291页，8开。

该书是浙江省博物馆临时展览“吉祥如意：浙江绍兴翰越堂藏古代艺术品精粹”的配套宣传图录。该展于2013年1月18日起在浙江省博物馆展出，让观众在祥和的元月享受吉祥的文化。

翰越堂藏有文物三万余件，涵盖织绣、木器、玉器、铜杂以及与兰亭文化相关的诸类文物。本图录萃取其收藏的有吉祥意义的文物122件，其中如意21件，编成该书，以期读者深入了解中华民族厚积的吉祥文化。

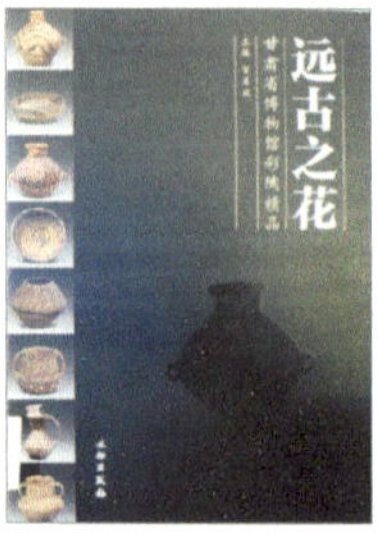

《远古之花：甘肃省博物馆彩陶精品》，陈嘉庚纪念馆、甘肃省博物馆编，贺春旎主编，文物出版社，2013年，彩色图文319页，16开。

该书是临时展览“远古之花：甘肃省博物馆彩陶精品”的同名配套图录，介绍了在陈嘉庚纪念馆举办的甘肃省博物馆藏彩陶文物的概况。书中按照展览的顺序，以图文配合的方式介绍了参展文物及其特色、价值等。

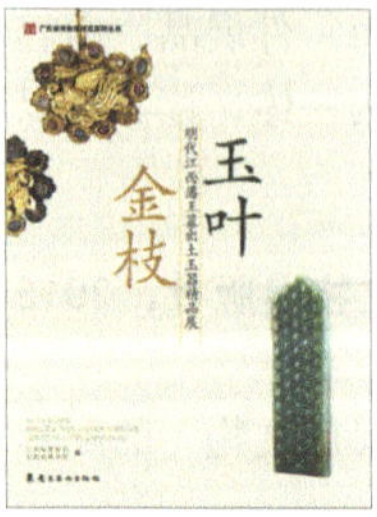

《玉叶金枝：明代江西藩王墓出土玉器精品展》（广东省博物馆展览系列丛书），广东省博物馆、江西省博物馆编，岭南美术出版社，2013年，彩色图文220页，16开。

该书是广东省博物馆展览“玉叶金枝：明代江西藩王墓出土玉器精品展”的同名配套图录，收录并介绍参展文物92件。这些文物均为明代江西宁、益两大封藩藩王及其家族成员所配用，物主明确，时间清楚，品类多样，质地莹润，雕琢细致，纹样精美，具有较高的观赏价值和研究价值。

书前有广东省博物馆馆长魏峻、江西省博物馆馆长彭明瀚的序言，书中按照展览顺序分为圭见礼仪、玉带尊贵、玉佩玎珰、珠玉琳琅、玉具风情、金光灿烂、金玉良缘七个部分介绍展览盛况，书后有王宁的《江西出土明代藩王腰带形制》和陈建平

《从江西出土的组玉佩论及明代的组玉佩形制》两篇专文。

《安和常乐：吉祥文物陈列》（天津博物馆文物展览系列图集），天津博物馆编，文物出版社，2013年，彩色图版83页，16开。

该书是天津博物馆主办的“安和常乐：吉祥文物陈列”展览的配套图录。

吉，善也；祥，福也。祈福禳灾，趋吉避祸，获得安和常乐的生活是人类社会特定历史阶段的精神需求。所谓“吉事有祥，象事知器”，以此为主题的中国古代吉祥文物，集中体现了对福、禄、寿、喜、财等以生存和生活为核心的自然要求的肯定、重视和希望。这些理想和要求，通过丰富多彩的艺术形式主动而酣畅地表达出我们的先民对生活的热爱和对生命的颂扬，成为慰藉精神、改善命运、向往美好的重要途径。

该书是由天津博物馆组织编写的“天津博物馆展览系列图集”之一，选择有代表性的文物展品，将中国人对“吉祥”的诉求按福、禄、寿、喜、财五个主题进行展示诠释。图文并茂。祈福禳灾、趋吉避祸，获得安和常乐的生活是人类社会特定历史阶段的精神需求。以此为主题的中国古代吉祥文物创作，集中体现了对福、禄、寿、喜、财等以生存和生活为核心的自然要求的肯定、重视和希望，表达出对生活的热爱以及对生命的颂扬。吉祥文化在古代社会广泛流行，在多种材质、用途的文物上都留下了印记。

《新安画派》，安徽博物院编，文物出版社，2013年，彩色图文120页，16开。

该书是安徽博物院特色展览“新安画派”的同名配套图录。古代书画是该院的特色馆藏之一，其中以明清时期新安画派为代表的安徽地方书画流派的作品最为丰富。“新安画派”为我院展览，精选了我院所藏新安画派名家名作90余件。该书立足于展览，以更宽泛的文化视角解读展览内容，更清晰地展示了明清时期新安地区的文化风貌和艺术特征，融知识性、可读性、艺术性、学术性为一体。

《商邑翼翼　四方之极：殷墟文物里的晚商盛世》（中国国家博物馆国内交流系列丛书），中国国家博物馆、中国社会科学院考古研究所编著，时代出版传媒股份有限公司、安徽美术出版社、安徽人民出版社，2013年，彩色图文236页，8开。

该书是国家博物馆展览“商邑翼翼　四方之极：殷墟文物里的晚商盛世”的同名配套宣传图录，收录并介绍参展文物110件。该展览由中国国家博物馆与中国社会科学院考古研究所共同举办，以商王武丁时期的妇好墓出土文物为主，集1950年以来殷墟考古发掘出土文物的精品，是高度发达的商文明的物证。展览分为六个单元，从等级制度、礼乐文明、信仰空间、甲骨文字、戎马生涯、贵族生活等方面对晚商贵族文化进行了全面细致的展示。尤其妇好墓、子渔墓、亚长墓等高级贵族墓葬中出土的青铜器、玉器、骨器等文物，制作精美，内涵丰富，既是殷墟宝藏的再现，也是晚商盛世的缩影。

本次展览的部分文物是从未展出过的，通过中国社会科学院考古所有丰富的考古文物资源中国国家博物馆重要的展示平台，以长期展览的方式把考古所六十多年来发掘的文物进行展出，为大众奉献出一场精彩绝伦的展览，该书通过图文配合，反映了展览的精华。

《贵州少数民族服饰艺术》，山西博物院、贵州省博物馆编著，山西人民出版社，2013年，彩色图文167页，16开。

该书是山西博物院“民族风情系列”展览中“溢彩流光：贵州少数民族服饰艺术展”的配套宣传图录。书前有专文《贵州少数民族的服饰艺术——以苗族服饰为例》和《贵州少数民族银饰研究》，图版部分按照展览顺序有贵州少数民族分布图、无字史书、针尖巧工、似雪银花、贵州少数民族节日，依次介绍参展文物。

贵州省博物馆是中国最具特色的博物馆之一，长期致力于少数民族文化遗产的研究和保护，为传播地域文明、弘扬民族文化做出了卓越的贡献。作为山西博物院和贵州省博物馆的首次合作，此次展览选取了少数民族服装、绣片、背扇、银饰等200件组馆藏文物珍品，向观众集中展示了贵州少数民族的典型服装以及相关的装饰艺术。

《神秘的契丹：辽代文物精品展》，安徽博物院编，2013年，彩色图文80页，16开。

该书是安徽博物院“神秘的契丹：辽代文物精品展”的同名配套图录。

该展于2013年4月在安徽博物院举办。展览以陈国公主墓、耶律羽之墓和吐尔基山墓三大辽国贵族墓出土的98件（套）精美文物为主体，以大量墓葬壁画为辅助展品，配合富丽堂皇的金银器、制作精巧的马具、尊贵奢华的敛葬用具的展示。

该书集结了展览的全部内容，带读者穿越迷雾，揭开辽国的神秘面纱，体会契丹民族的豪迈与彪悍，感受草原文化的璀璨与神奇。

《刚果河：非洲中部雕刻艺术展》，上海博物馆编，上海书画出版社，2013年，彩色图文120页，8开。

该书是上海博物馆临时展览“刚果河：非洲中部雕刻艺术展”的同名配套宣传图录，以图文配合的方式介绍了参展的71件文物。该展意在探寻刚果河流域的多元文化，展品包括非洲面具、祖先及女性形象的雕像等作品，充分体现了中非地区的艺术繁荣。展览将通过三大主题来诠释中非文化的艺术财富：一是带有心形脸形象的面具与雕像，象征有威望的部落的认同与统一；二是对于祖先及显要的族人及其门第的崇拜；三是草原部落中女性角色，她们均衡了男性的权威，并与大地、农作物及人类再生的秘密息息相关。

非洲是人类文明的发源地，在蜿蜒曲折、支流纵横的非洲刚果河两岸，散布着芳族、高耸族、莱加族、特盖族、普努族等众多神秘而古老的族群。通过欣赏这些代表性雕刻艺术珍品，可以了解到这些民族的成人礼、农耕仪式、治疗仪式、葬礼等社会习俗以及中非地区的传统、信仰和文化。

《南国楚宝　惊采绝艳：楚文物珍品展》，秦始皇帝陵博物院编，曹玮主编，三秦出版社，2013年，彩色图文154页，16开。

该书是“南国楚宝惊采绝艳：楚文物珍品展”的宣传图录，该展是秦帝陵博物院策划的“东周地域文化系列展”的首次展出。参展的109件文物是从考古发现楚墓中精选的，其中上蔡郭庄楚墓出土的铜鼎、铜敦，安徽六安出土的木桶等都是考古新发现，属首次和观众见面。

秦兴起于陕西关中，终兼并东方六国，统一了古代中国；楚国最初地不过百里，强盛于江汉之间，后楚国虽被秦所灭，最终楚人却亡秦兴汉。秦、楚两个强势地域文化的“短兵相接”，更让人们理解文物是时间和历史凝固下来的一瞬间，但可以构建出多元的华夏文明。

该书按照展览顺序以分为青铜楚风、丹漆楚韵和丝织楚绣三部分，各部分以青铜、漆、丝织的技术发展为主线来呈现楚风，以独具特色的楚文化为主题，揭示了楚文化那奇妙造型、繁缛纹饰和艳丽色彩的独特神韵。

《丰腴之美：唐代仕女生活展》，新疆维吾尔自治区博物馆编，河北教育出版社，2013年，彩色图文121页，16开。

该书是同名展览的配套图录，按照展览的顺序分五个部分。第一部分，丰腴之美，七件最为优美的唐代仕女俑精品展现唐代女性形象；第二部分，霓裳羽衣，选取了18件具有典型服饰样式的仕女俑并结合精美的工艺品，展示出唐代妇女的服饰和配饰；第三部分，灼灼其华，通过25件展品讲述唐代流行的发髻造型艺术；第四部分，天香国色，13件展品展示化妆技术在唐代发展到极致的诠释；第五部分，多姿多彩，23件展品展示出唐代妇女在休闲、乐舞、骑马、游猎等各个方面的生活状态。

该书用文物展示、文字说明的方式介绍了这次展览的展品及其价值，66件唐代仕女俑，由初唐到盛唐循序展开，另有铜镜、粉盒、熏球、头钗、杯盘等展现仕女日常起居的文物，具有很高的欣赏价值和研究价值，为今人欣赏古代艺术开启了一个窗口。

《敝帚自珍：丰子恺漫画特展》，浙江省博物馆、新疆维吾尔自治区博物馆编，中国书店，2013年，彩色图文244页，16开。

该书是浙江省博物馆与新疆维吾尔自治区博物馆联合举办的同名展览的图录。书中收录丰子恺先生晚年最后的画集，是先生一生画作的提炼。丰子恺的漫画风格鲜明，通俗易懂，生活气息浓郁，又不失诗情画意，雅俗共赏，深受人们喜爱。书中指出漫画的“漫”字同漫笔、漫谈等的“漫”字用意相同，该书的特点在于随意取材，画幅短小，内容精粹，注重意义。

《镜里乾坤：铜镜背后的故事》，安徽博物院编，人民美术出版社，2013年，彩色图文110页，16开。

该书是安徽博物院举办的原创展览“镜里乾坤：铜镜背后的故事”的同名图录，收录并介绍了参展的文物110件。展览遴选百余枚安徽博物院及安徽省内博物馆馆藏铜镜予以展示。但在展览设计中，由于受多种因素的限制，很多文物历史信息只能粗略带过或无法全面展示。

该书按照展览的顺序，深入介绍展览、展品相关信息，弥补了展览的缺憾和不足。

《三晋窑火·晋善晋美：中国古代山西陶瓷特展》，晋中市文物局、介休市文物局、深圳望野博物馆编著，文物出版社，2013年，彩色图文344页，16开。

该书为“三晋窑火·晋善晋美：中国古代山西陶瓷特展”的配套宣传图录。书中收录参展的陶瓷精品218件予以介绍，系统展示宋、金、元、明、清时期山西窑业成就，这些陶瓷的器形、品类、釉色、纹饰多样，使人们重见12～19世纪山西窑业的发达，感知先人的聪慧与勤劳，珍爱千年来窑炉旁工匠留下的文化遗产。

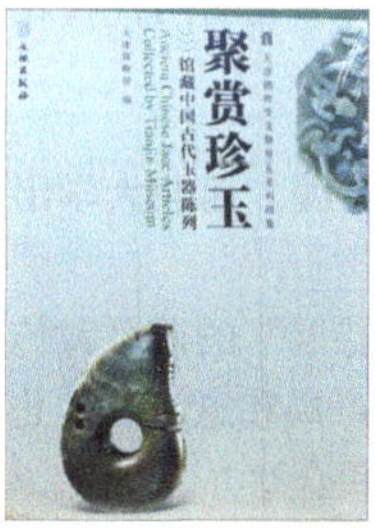

《聚赏珍玉：馆藏中国古代玉器陈列》（天津博物馆文物展览系列图集），天津博物馆编，文物出版社，2013年，彩色图文80页，16开。

天津博物馆举办“聚赏珍玉：中国古代玉器陈列”，陈列内容以六十年来考古发掘玉器的成果和目前学术界对玉器研究的状况，作为陈列内容的科学性与学术性的基本依据。利用馆藏玉器把古人对玉器的艺术创造放入空间隧道，同时将它们放进文化的大视野里，发掘它们文化的意涵和深度，从中体现古人在玉文化中的地位和作用，以及他们对玉器的审美视点与价值观点，展现中国古代玉器和玉文化的多种成就。

《考古工作者手札：2009～2012秦始皇帝陵考古纪实》，秦始皇帝陵博物院编，曹玮主编，西北大学出版社，2013年，彩色图文184页，18开。

该书是同名展览的配套图录，书中真实记录了秦陵博物院2009～2012年考古工作的实况，反映了秦陵考古人秉承敬业严谨的传统，遵循科学规范的工作流程，将枯燥烦琐的考古数据升华为严密的专业证论的经过。同时，文物保护工作者深入考古发掘现场科学施救，使得弥足珍贵的迹象和遗物得以恢复原状。

全书内容分为三部分：一是2009～2012年秦陵考古主要收获，主要展示了秦兵马俑一号坑第三次发掘成果、陵寝建筑遗址的勘探、K9901陪葬坑的继续发掘、K0006陪葬坑的全面清理情况。二是考古工作流程。三是文保修复工作流程。附录部分有展览设计图。

本次展览和图录在展示新发现的同时，对考古与修复工作流程也进行展示，以展览的形式架起考古工作者与普通大众的桥梁，有助于公众加深对考古工作的深入了解，提高公众对文化遗产的保护意识。

《清风送爽：吉林省博物院藏明清扇面精品》，重庆中国三峡博物馆编，程武彦、赵瑞军主编，西南师范大学出版社，2013年，彩色图文107页，16开。

该书是重庆三峡博物馆临时展览“清风送爽：吉林省博物院藏扇面精品展”的同名配套宣传图录。

该展遴选吉林省博物院所藏明清扇面的精品，收集了我国明清时期各绘画流派代表性人物的力作，通过对每一幅扇面作品展示及逐一分析、考证，以及翔实的解读，生动直观地反映了中国扇面艺术的发展脉络。本图录资料性强，图片清晰精美，考证详实有据，充分体现了我国扇面艺术的独特魅力与价值。

《陇右遗珍：甘肃汉晋木雕艺术》，山西博物院、甘肃省博物馆、武威市博物馆、高台县博物馆编著，山西人民出版社，2013年，彩色图文200页，16开。

该书是山西博物院临时展览“陇右遗珍：甘肃汉晋木雕艺术”的配套宣传图录。书前有甘肃省博物馆馆长俄军和山西博物院院长石金鸣的致辞。之后是程丽君的专文《雄浑纯朴大巧若拙——甘肃汉晋时期的木雕艺术》，附有甘肃省政区示意图。图版部分按照展览的顺序依次介绍了参展文物形神兼备的人物俑、生机勃勃的动物俑、意趣盎然的生活用器、简朴稚拙的木板画。

木雕艺术品在我国有着悠久的历史，该书精选了由甘肃省博物馆、武威市博物馆和高台县博物馆馆藏的木雕艺术珍品。这些木雕艺术品造型简练、构思奇妙、题材丰富，包括人物俑、动物俑、木板画及生活用品等，极好地呈现了汉晋时期木雕的艺术特点，具有较高的艺术欣赏价值和收藏价值。

《浮梁翠色：江西景德镇元明青花瓷》，湖北省博物馆编，文物出版社，2013年，彩色图文200页，16开。

该书是湖北省博物馆临时展览“浮梁翠色：江西景德镇元明青花瓷”同名的配套宣传图录，收录并介绍参展文物120件。

为了保护文物、传承文明、加大文化交流的力度，湘、鄂、赣、皖等省签署了《文化交流合作框架协议》，并在协议下在湖北省博物馆举办江西出土的青花瓷展览。展品中既有传世藏品，也有历年考古发掘的标本，较为全面地展示元明两代青花瓷的发展历程。

《辉煌时代：罗马帝国文物特展》，秦始皇帝陵博物院编著，曹玮主编，西北大学出版社，2013年，彩色图文217页，16开。

该书是在秦始皇帝陵博物院举办的“辉煌时代：罗马帝国文物特展”的同名宣传图录。该展由国家文物局、意大利文化遗产部、托斯塔纳大区文化遗产局和意大利驻北京文化处支持，由湖北省博物馆、吉林省博物院、秦始皇帝陵博物院联合举办。

该书按照展览顺序分为六个主题展区，其中包括人物雕像、硬币、陶器、玻璃器、青铜器和珠宝等文物。此次展览将展示公元前 1 世纪～公元 3 世纪中叶罗马帝国巅峰时期，与罗马帝国相关的文化遗产。展览中的300件展品主要来自托斯卡纳地区的意大利佛罗伦萨国家考古博物馆等三家博物馆。

《青蓝雅静：馆藏明清青花瓷器陈列》（天津博物馆文物展览系列图集），天津博物馆编，文物出版社，2013年，彩色图文91页，16开。

该书是“天津博物馆馆藏明清青花瓷器陈列”的同名配套展览图录，选录馆藏青花瓷器100余件予以介绍。

天津博物馆收藏明清青花瓷器数量众多，各时期具有代表性的官窑、民窑器物均有收藏，皆成体系，为该馆瓷器藏品特色之一。该书所选藏品均具有典型的时代特征，具有很高的历史价值和艺术价值。

《寄情画境：馆藏明清绘画陈列》（天津博物馆文物展览系列图集），天津博物馆编，文物出版社，2013年，彩色图文117页，16开。

天津博物馆的中国古代绘画藏品丰富，尤以明清时期作品为大宗，几乎涵盖当时各主要画派、画家作品。天津博物馆依托馆藏资源优势，以明清绘画流派为线索，在梳理各流派绘画自身发展演变的历史进程直观呈现的同时，也勾勒出明清中国绘画的总体面貌。

该书分为概述、第一部分浙派、第二部分吴门画派、第三部分松江画派、第四部分武林画派、第五部分金陵画派、第六部分安徽画派、第七部分娄东画派、第八部分虞山画派、第九部分常州画派、第十部分扬州画派、第十一部分海上画派，介绍了该馆藏明清绘画陈列的全貌。

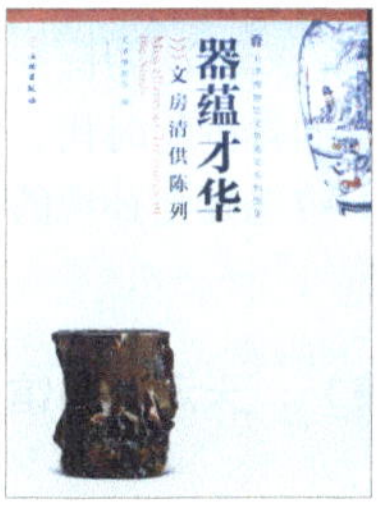

《器蕴才华：文房清供陈列》（天津博物馆文物展览系列图集），天津博物馆编，文物出版社，2013年，彩色图文108页，16开。

该书是天津博物馆新馆建成开放的同名展览图集。

书前有概述，介绍天津博物馆藏文房清供及其价值。正文图版部分是按照展览的顺序分作四德春秋、墨润飞香、纸寿千年、砚田墨海和杂宝诸陈五个单元依次展示了文人的书画工具和清供实物。透过文物本身折射出文人的优雅生活和审美情趣，以及掌控文玩进行创作的高深造诣。让观众体会文人创作艺术品之儒雅，这些文房器具蕴含了中国文人在文化和艺术方面的才华。在展厅中还通过不同文房景观及古人进行书画交流活动的绘画作品再现文人创作的环境。

《线走丰姿：馆藏明清书法陈列》（天津博物馆文物展览系列图集），天津博物馆编，文物出版社，2013年，彩色图文119页，16开。

该书是“天津博物馆文物展览系列图集”之一，是天津博物馆新馆建成开放的同名展览图集。该书从该馆藏明清书法中遴选100幅作品予以介绍，分为明前期各具成就的诸书家、明中期以苏州地区为中心的文人书风、晚明成就卓著的诸书家、晚明追求涩劲倔强的奇异书风、清初彰显个性的诸书家，董其昌对清初书坛的影响、绚丽多姿的清代隶书、清代精能工巧的馆阁体书法、清中期标新立异的扬州八怪书法、清中期承续帖学的南北诸家、晚清茂密雄强的碑学书法。

《曙光时代：意大利的伊特鲁里亚文明》，湖北省博物馆编，文物出版社，2013年，彩色图文299页，16开。

该书是湖北省博物馆临时展览“曙光时代：意大利的伊特鲁里亚文明”的配套宣传图录，该展是2012年举办的“辉煌时代：罗马帝国文物展”的延续，湖北省博物馆旨在通过举办系列展，使广大观众深入地了解意大利的早期文明，进一步增进两国人民的相互了解。

伊特鲁里亚文明于公元前1000～前100年兴盛于意大利中西部亚诺河与台伯河之间。伊特鲁里亚文明的繁荣与此地丰饶的物产密切相关，肥沃的土地带来了丰产的农作物，曲折的海岸线和平原上的潟湖为人们出海捕鱼和交易提供了合适的停泊场所。这一地区蕴藏了大量的铜、铁、锡等矿藏，正是依靠这些矿藏，伊特鲁里亚人几乎控制了地中海地区的矿物冶炼业，并随之形成了一个影响整个地中海地区的贸易网。贸易的发达和文化的交融构成了伊特鲁里亚文明的基础。

《扬州博物馆藏明清扇面书画艺术》，哈密博物馆编著，中州古籍出版社，2013年，彩色图文242页，16开。

该书是扬州博物馆临时展览“扬州博物馆藏明清扇面书画艺术”的同名配套宣传图录。

中国扇文化历史悠久，源远流长，有着深厚的文化底蕴，是民族文化的一个组成部分。在中国传统的书画艺术中，扇画是一种独特的艺术形式，在书画界占据特殊的地位。历代书画家，无不喜欢在扇面上题诗作画，抒情表意，或为他人收藏，或赠友人留念。该书收录这次参展文物120件。

《静谧人生：粤港澳藏孙中山次女孙琬戴恩赛伉俪文物联展图录》，深圳博物馆编，文物出版社，2013年，彩色图文210页，12开。

该书是“静谧人生：粤港澳藏孙中山次女孙琬戴恩赛伉俪文物联展”的同名配套图录。孙琬是孙中山次女，幼年即与孙中山分离，跟随母亲四处漂泊，长大后到美国读书。身为孙中山的女儿，她的一生也颇具传奇色彩，留下了与诸多与近代史相关的物品。这些物品辗转为深圳博物馆、广东革命历史博物馆、孙中山大元帅府纪念馆、香港历史博物馆和澳门博物馆等单位收藏。粤港澳三地是孙中山的老家和生活的地方，与孙中山一家关系密切，此次联合举办孙婉、戴恩赛伉俪文物联展，意义非凡。

该书按照展览的顺序介绍了第一单元青葱岁月——孙琬与戴恩赛的青少年时代，第二单元游宦半生——戴恩赛的事功与交游，第三单元往事如烟——戴恩赛与孙琬的家庭生活，附有专论一篇，是深圳博物馆藏孙琬戴恩赛伉俪文物综述。

《沽上风物：天津民间艺术陈列》（天津博物馆文物展览系列图集），天津博物馆编，文物出版社，2013年，彩色图文95页，16开。

该书是“天津博物馆文物展览系列图集”之一。民间艺术品是劳动者创造的手工艺品，受不同社会因素影响而异彩纷呈。众多有代表性的民间艺术品散布在中国各地。天津的代表性民间艺术品大多产生于清代，历经世事变迁、习俗更迭、风尚流转，具有了浓郁的地域特色和深刻的时代烙印，是集实用性与审美价值于一体的艺术品。以往对于其艺术价值的关注较多。此次力图深入挖掘其文化内涵，展现清中期至民国天津社会风貌的风俗画卷。

《耀世奇珍：馆藏文物精品陈列》（天津博物馆文物展览系列图集），天津博物馆编，文物出版社，2013年，彩色图文84页，16开。

该书是“天津博物馆文物展览系列图集”之一，天津博物馆藏传世文物十数万件，从品类构成体系到藏品质量层次均较为完整丰富。该书从馆藏书画、瓷器、玉器、青铜器以及工艺杂项类文物中精选了63件较具代表性的精品，虽不足以代表天津博物馆藏品的全貌，但是每一件藏品均承载着丰富的历史艺术内涵，具有极为重要的价值。

《色挂形象穷神变：中国古代壁画源流》，西安曲江艺术博物馆编著，周天游主编，文物出版社，2013年，彩色图文120页，16开。

该书是曲江艺术博物馆临时展览“色挂形象穷神变：中国古代壁画源流展”的同名配套宣传图录。该书精选参展文物60件予以介绍，图文配合，展示了古代壁画的渊源、发展及价值。

2012年7月12日，该展在西安曲江艺术博物馆开展。这是到迄今全国乃至全球范围内唯一一个用历代壁画全面系统反映中国古代绘画发展史的展览。

《熠熠生辉：故宫博物院珍藏清代宫廷金银器特展》，安徽博物院、故宫博物院编著，安徽美术出版社，2013年，彩色图文132页，16开。

该书是同名展览“熠熠生辉：故宫博物院珍藏清代宫廷金银器特展”的配套图录。

2013年11月，安徽博物院与故宫博物院合作举办了“熠熠生辉：故宫博物院珍藏清代宫廷金银器特展”，展览遴选出故宫博物院中极具代表性的80件金器和20件银器，包含了从清乾隆到宣统时期的作品，珍品甚多。安徽博物院特将此展览结集出版，分为礼仪用器、宗教法器、宫闱生活、宫廷妆佩四个单元，通过该书让更多读者近距离欣赏宫廷的金银器，窥见宫廷皇室的奢华生活，了解古代工匠们巧夺天工的精湛技艺，领悟中华民族源远流长的传统文化。

《京津画派书画精品集》，山西博物院、天津博物馆编著，山西人民出版社，2013年，彩色图文161页，16开。

该书是山西博物院临时展览“京津画派书画精品集”的配套宣传图录。书前有天津博物院院长陈卓山、西博物院院长石金鸣的致辞。之后是概述，简介京津画派的历史渊源和代表人物、代表作品等。图录部分介绍本次的参展百余件京津画派画作精品，如徐世昌的葫芦形梅花图、墨笔山水图，齐白石的松鹰图、三寿图、鱼虾图、葫芦牵牛花图、山水图，萧俊贤的山水图、仿王蒙溪山雨意图，陶珞的三秋图、画眉图，陈师曾的山水图、秋山夜话图，全面呈现了京津画派的艺术精粹。

京津画派指的是在20世纪前半叶在京津地区存在的坚持传统的画派。它以“精研古法，博采新知”为宗旨，上追宋元，借古开今，强调以传统笔墨功力为基础，以西洋色彩和写生技法为借鉴，既秉持着中国画的既有传统，又在一定程度上取道西方绘画技法，在20世纪中国画的“求变历程”中发挥着重要的作用。

《中国博物馆重要陈列展览年度记录》（2011～2012），国家文物局博物馆与社会文物司（科技司）、中国文物报社、中国博物馆协会编，译林出版社，2013年，彩色图文277页，16开。

该书是2011～2012年度中国博物馆重要陈列展览的集中展示。由中国文物报社与中国博物馆协会联合编写，收录了2011～2012年度的363个陈列展览，重点介绍了104个陈列展览，分为历史、艺术、自然、科技、纪念、进出境等六类题材。这些展览系统反映2011～2012年度陈列展览工作成果，是两年中博物馆事业蓬勃发展的一个缩影，为传播博物馆文化，方便博物馆之间互相学习、交流，不断提高社会服务能力提供有益帮助。

《贞干表微：深圳博物馆馆藏牌匾精品》，深圳博物馆编，文物出版社，2014年，彩色图文235页，12开。

该书是“贞干表微：深圳博物馆馆藏牌匾精品”展览的同名图录。深圳博物馆收藏匾额500余块，是该馆独具特色的藏品，很受业内外关注。

匾额文化作为中国传统文化的一部分，涉及政治、经济、文化、社会等领域。牌匾作为中华民族独特的民俗文化现象，将辞赋诗文、书法篆刻、建筑艺术融为一体，集字、印、雕、色之大成，以其洗练的文辞、精湛的书法、深刻的寓意，指点江山，臧否人物。自古牌匾与仕民的文化生活密不可分，深入反映社会生活的方方面面。不管是屋舍装饰，抑或旌表贺颂，无论是写景状物，还是言表抒情，都在不同程度上反映了当时的政治、经济、社会风俗等方面的情况。

贞干表微，意即用竹木表明微细的、隐而不现的人或事。为了与更多的人分享展览的成功，深圳博物馆精选展览中的匾额80多块予以介绍。

《骁腾万里：中国古代马文化展》，陕西历史博物馆编，成建正主编，三秦出版社，2014年，彩色图版110页，8开。

该书是“骁腾万里：中国古代马文化展”的同名配套图录。

为了迎接2014年农历甲午马年的到来，由陕西历史博物馆主办，新疆维吾尔自治区博物馆、山西博物院、青海省博物馆、青海省湟中县博物馆及陕西省西安市、咸阳市、延安市、渭南市等地市14家文博单位协办的“骁腾万里：中国古代马文化展”，于2014年1月在陕西历史博物馆展出。展览选取150余件有关马的文物精品，从商到秦汉到唐，再到清代，有的“马”只有指头大，有的和真马一样大。马的质地包括青铜、木、陶等多种。

该书按照展览分为五部分，分别是“六畜之首，一马当先——马的驯养”“玉鞍金羁，车水马龙——马与交通”“金戈铁马，千乘万骑——马与战争”“健儿快马，戏舞蹁跹——马与娱乐”“骐骥驰骋，天马悠悠——马与艺术”，从不同的角度展示了中国古代马文化，彰显中国古代马文化的独特魅力。

《传承与谋变：三晋历史文化展》，秦始皇帝陵博物院编，曹玮主编，三秦出版社，2014年，彩色图文181页，16开。

该书是“传承与谋变：三晋历史文化展”的同名图录。该展是秦陵博物院“东周时期地域文化系列展”之一，展览集合了陕西、山西、河南、河北四省的山西博物院、山西省考古研究所、晋国古都博物馆、河南省文物研究院、新郑市博物馆、邯郸市文物保护研究所、邯郸市博物馆、陕西省考古研究院、秦始皇帝陵博物院九家文博单位的152件（组）文物，主要包括青铜器、陶器、玉器和金银器。展品主要来自山西“曲村—天马遗址”、山西侯马晋国遗址、山西太原金胜村春秋晚期的大型墓葬以及陕西秦始皇帝陵历年考古发掘出土的文物。其中有山西博物院的46件（组）文物，馆藏的国家一级文物战国青铜“宜安戈”等11件（组）文物均是首次亮相。众多的文化遗存和考古发现展现了一幅幅波澜壮阔的历史画卷，具有承上启下作用的秦文化和质朴淳厚的三晋文化，以广博的胸怀和包容精神，在中华文明发展的历史长河中留下了浓墨重彩的一笔。

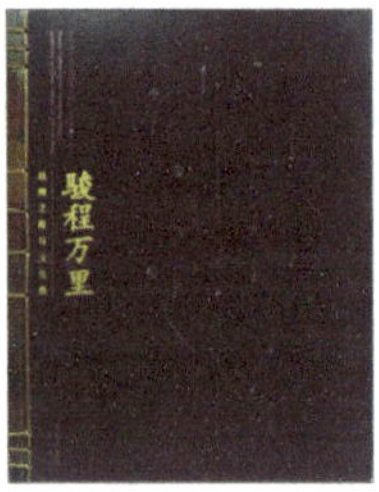

《骏程万里：丝绸之路马文化展》，侯世新主编，三秦出版社，2014年，彩色图文161页，16开。

该书是新疆博物馆临时展览“骏程万里：丝绸之路马文化展”的同名配套图录。

2014年5月12日，习近平主席与土库曼斯坦总统别尔德穆哈梅多夫共同出席世界汗血马协会特别大会暨中国马文化节活动，并接受土方赠予中方的一匹汗血宝马。与此同时，新疆维吾尔自治区博物馆精心制作了一台马文化的盛宴“骏程万里——丝绸之路马文化展”，2014年5月20日在新疆博物馆开幕。展览汇集丝绸之路上出土的形态各异、大小不一的青铜马、骑马俑、彩绘陶马等与马相关的精品文物百余件，向新疆各族人民生动讲述了马与人类在生产、生活、交通、运输、军事、文化等方面的密切关系，反映了马在古代的生产、生活、交通、运输、军事、文化等方面所起的作用。

《灵动飞扬：汉代玉器掠影》（中华文明之旅系列），北京艺术博物馆、安徽博物院、陕西历史博物馆著，北京美术摄影出版社，2014年，彩色图文110页，16开。

该书是“灵动飞扬：汉代玉器掠影”展览的同名配套图录。

2014年4月，安徽博物院、北京艺术博物馆与陕西历史博物馆联合举办“灵动飞扬：汉代玉器掠影”展览。该展精选安徽出土的汉代玉器，主要包括天长市三角圩汉墓和安乐北岗汉墓群、巢湖市放王岗西汉墓和北山头西汉墓出土的玉器精品，另有若干件陕西省及北京地区的汉代玉器，共计196件（套）。展览分为礼玉余晖、琳琅佩饰、玉葬长生、精致生活、琢玉工艺五个部分，展出了璧、璜、环、佩、珩、带钩、觿、印、卮、剑饰、耳鼻塞等不同造型汉代玉器精品，涉及了礼器、兵器、葬器、生活用具、文房用具等许多种类，对于研究汉代的用玉制度和社会风俗有着重要的研究价值。

该书内容由赏析、论述和文献三篇构成，读者既能欣赏展览，还能聆听围绕展览主题展开的专家们的精彩介绍，雅俗共赏。

《丹青巨匠Ⅱ：湖南省博物馆藏齐白石书画精品》，湖北省博物馆编，方勤、陈建明编著，文物出版社，2014年，彩色图文143页，16开。

该书是湖北省博物馆引进展览“丹青巨匠：齐白石绘画精品展Ⅱ”的同名配套宣传图录。该展于2013年11月在湖北省博物馆展出，由湖北省博物馆、湖南省博物馆共同举办，展品共100件，由60幅书画作品和40枚印章组成。该书收录齐白石书画作品80余幅，篆刻百余方。

齐白石的绘画作品数量多、艺术水准之、社会影响之，至今无人企及。他的绘画题材广泛，擅长花鸟虫鱼，传统文人不屑的蔬菜瓜果也无不入画，其作品笔墨洗练酣畅，充满着纯朴浓郁的乡土气息，开创了中国画审美的新意境，即为文人欣赏，也得到平民百姓的喜爱，在中国绘画历史上具有很高的地位。

《名馆·名家·名作：纪念中法建交五十周年》（中国国家博物馆国际交流系列丛书），吕章申主编，北京时代华文书局，2014年，彩色图文125页，8开。

2014年4月11日，“名馆·名家·名作：纪念中法建交五十周年特展”在中国国家博物馆开幕。此次展览是由法国卢浮宫博物馆、凡尔赛宫博物馆、奥赛博物馆、蓬皮杜现代艺术中心、毕加索博物馆五馆联袂带来拉·图尔、雷诺阿、毕加索、费尔南·莱热等八位大师的10幅极具代表性的法国绘画杰作。展出的每件作品都深藏着一个甚至多个故事，其中包括作品本身呈现的故事、作者的故事以及作者希望通过作品传达的信息。

该书是按照展览顺序以图文配合的方式逐一介绍参展文物及其价值。

《名窑名瓷》（河北博物院基本陈列），河北博物院编，文物出版社，2014年，彩色图文302页，16开。

该书是河北博物院基本陈列“名窑名瓷”的同名配套宣传图录。

“名窑名瓷”陈列面积873平方米，分为北朝瓷器、邢窑瓷器、定窑瓷器、磁州窑瓷器、井陉窑瓷器、元瓷遗珍、明清官窑精品七个部分，展出瓷器精品276件。瓷器时代跨度大、釉色丰富、造型各异、地方特色浓郁，具有极高的历史研究价值和艺术欣赏价值，展示了河北古代瓷器的辉煌成就，彰显出河北瓷器在中国瓷器史上的重要地位。其中北朝青瓷莲花尊、唐代邢窑白釉凤首盖贴花皮囊壶、宋代定窑白釉刻花龙首净瓶、元代青花釉里红开光镂雕花卉盖罐等都是难得一见的稀世珍品。

该书以彩配文字介绍了展览中文物精品276件，以高清图片反映了陈列设计特色和展场内景。

《芳菲流年：中国百年旗袍展》，南京博物院、中国丝绸博物馆编，译林出版社，2014年，彩色图文150页，16开。

该书是南京博物院“芳菲流年：中国百年旗袍展”同名展览的图录，主要介绍展览的文物及相关图片，满足热爱旗袍的读者的需求，依此推广旗袍文化。

该书收录有陈同乐、田甜的《“芳菲流年”策展记》和薛雁《丽影流韵——中国百年旗袍的流变与技艺》两篇文章。之后是按照展览四个部分的顺序：历久弥新——旗袍的发展、中西合璧——旗袍的新语、妙手天成——旗袍的工艺、风华永恒——旗袍的今天，收录各时代的旗袍数十款，并以南京博物院职工为模特展示旗袍的风采。

“芳菲流年”作为展览的主标题，体现旗袍在逝去不远的岁月中留下的美好记忆。穿越百年时空，再重新审视旗袍，我们看到的是一段跌宕起伏的历史、一种坚忍不拔的意志、一幅风雅新潮的图卷、一个继往开来的前程。编者用不同方式，寻找传承中华民族文化的共同标识，发扬光大中华民族服装的共同特征。

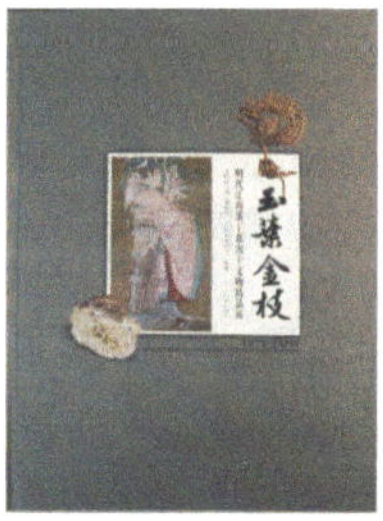

《玉叶金枝：明代江西藩王墓出土文物精品展》，成都金沙遗址博物馆、江西省博物馆编著，四川人民出版社，2014年，彩色图版200页，16开。

该书是“玉叶金枝：明代江西藩王墓出土文物精品展”的同名展览的配套宣传图

录。书前有专文论2篇，分别是王宁的《江西出土明代藩王玉带板——兼议明代玉腰带形制》和陈建平《从江西出土的组玉佩论及明代的组玉佩形制》，图版部分按照展览顺序分为藩王掠影、珠玉琳琅、鎏金华美、金玉良缘四个部分，依次展示参展文物。附录有“玉叶金枝：明代江西藩王墓出土文物精品展”展品一览表，便于读者了解展览全貌。

《古风神韵——走进神秘的萨满世界》，吉林省博物院编，吴辉主编，吉林美术出版社，2014年，彩色图版207页，8开。

该书是同名展览“古风神韵——走进神秘的萨满世界”的配套宣传图录。书中内容分为三个部分：一是序言，收录吉林省博物院院长赵瑞军、吉林伊通满族自治县博物馆馆长张文彬的序言，讲述两馆合作办展的缘起与意义。第二部分是八篇专文《萨满文化刍议》《保护与复制——对萨满文化产业的认识》《试论萨满文化与满族民俗——从“古风神韵——走进神秘的萨满世界”展览谈起》《浅析萨满文化中的积极因素》《萨满文化与原始宗教——关于萨满教起源的几个问题》《博物馆保护萨满文化遗产的历史自觉——以吉林地方为例》《索罗神杆与祭祀神杆——浅议满汉宗教文化的相互融汇》《东北部分地区萨满文化调查经过及思考》。第三部分是图版，按照展览顺序分为古老神秘的萨满教、繁缛复杂的祭祀文化、充满魔幻的医术、独具特色的氏族神偶、通神娱人的面具五个板块，依次展示参展文物。编者认为，在博物馆展览萨满文化就是以科学的态度解开其神秘的面纱，用实物告诉人们真实的萨满文化，是对萨满活态传承的梳理，意在保护、传承和弘扬。附录部分是用图片记录选择展品、布展现场、接收文物等工作场景。

《帝国表情——汉景帝阳陵出土文物展》，西汉南越王博物馆、汉阳陵博物馆编，广东人民出版社，2014年，彩色图文135页，16开。

该书是西汉南越王博物馆“帝国表情——汉景帝阳陵出土文物展”的配套图录，收录参展文物120件（套）。书前有西汉南越王博物馆馆长吴凌云和汉阳陵博物馆馆长侯宁彬的序言，书中图版部分按照展览顺序对参展文物予以介绍，展厅场景及宣传教育，文稿部分有李库、张琳的《帝国表情多色陶俑——西汉帝陵随葬陶俑的时代特征》，易西兵《广州出土汉俑概述》，胡小玉《凝固的演员——汉景帝阳陵出土“裸俑”再现性艺术研究》，李郁《我看汉景帝》，石宁《跽坐礼仪与汉阳陵彩绘跽坐俑小议》，李秋晨《中正无邪礼之质也——小议阳陵汉俑的风格特征》，贾子钰《车马的相关认识及汉阳陵出土的车马器》，唐贞全《汉景帝阳陵出土文物展概述》，程蓓、贾芳《用物联网技术打造高智慧博物馆——汉阳陵博物馆文物保存环境监测系统简介与展望》，这些文章增添展览的学术性，为读者提供多方面的展览信息。

《对镜贴花黄：宝鸡青铜器博物院典藏铜镜精粹》（中英文对照），宝鸡青铜器博物院编，三秦出版社，2014年，彩色图文211页，16开。

该书是“对镜贴花黄：宝鸡青铜器博物院典藏铜镜精粹”的同名配套图录，收录参展铜镜235面予以介绍。

宝鸡青铜器博物院铜镜数量多，精品多，特色鲜明，研究价值高，种类齐全，序列性强，故精选铜镜面予以展出。

书前有专题文章“镜善镜美——宝鸡青铜器博物院藏铜镜概述”，书中按照展览顺序分为五章：第一章“掬水邀月千金为鉴”，第二章“见日之光长勿相忘”，第三章“清辉湛素碧水澄鲜”，第四章“百寿团圆龙凤呈祥”，第五章“心慕手追镜圆璧合”。

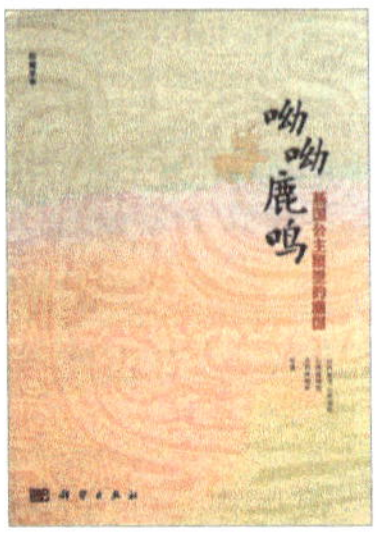

《呦呦鹿鸣：燕国公主眼里的霸国》（珍藏手本），山西省考古研究所、山西博物院、首都博物馆编著，科学出版社，2014年，彩色图文96页，16开。

该书是首都博物馆举办的“呦呦鹿鸣：燕国公主眼里的霸国”同名展览图录的普

及本。霸国是根据2007～2011年在山西临汾市翼城县大河口西周墓地发掘出土的青铜器铭文而确定的一个西周诸侯国。

书中按照本次展览顺序分为出嫁、祭祀、丧葬、宴饮四个部分介绍参展文物及其价值。

《呦呦鹿鸣：燕国公主眼里的霸国》（首都博物馆书库丁种第叁拾部），山西省考古研究所、山西博物院、首都博物馆编著，科学出版社，2014年，彩色图文194页，16开。

该书是首都博物馆举办的“呦呦鹿鸣：燕国公主眼里的霸国”同名展览图录的珍藏手本。霸国是根据2007～2011年在山西临汾市翼城县大河口西周墓地发掘出土的青铜器铭文而确定的一个西周诸侯国。

霸国作为西周的封国，在史料中缺乏记载，随着山西省临汾市翼城县大河口墓地霸国墓葬的发现才为世人所认知。通过对霸国墓葬出土文物的研究，展示出西周时的礼仪制度。该书从葬俗、婚嫁、宴饮等角度，结合图片与铭文等，全面介绍了霸国。

书前有山西省考古研究所所长谢尧亭的论文《解读霸国》，该论文叙述了霸国的确认、霸氏归属、燕国公主其人其事、漆木俑、霸国葬俗、霸国辉煌、霸国源流等，书中按照本次展览顺序分为出嫁、祭祀、丧葬、宴饮四个部分介绍参展文物及其价值。

《大美木艺：中国明清家具珍品》（中国国家博物馆古代艺术系列丛书），吕章申主编，北京时代华文书局，2014年，彩色图文246页，8开。

该书是国家文物临时展览“大美木艺”的同名配套图录。该展览集中了国内目前现存的明、清两代不同阶段、各种类别的家具84件（组），展品总数达百余件。

中国明、清家具艺术代表了中国古代家具的最高工艺水平。本展览所精选的百余件家具珍品，均为中国明清时期家具的精华，也是中国古代家具发展历程中巅峰时期的代表。除中国国家博物馆的主要藏品外，还有文化部恭王府管理中心、甘肃省武威市博物馆、香港研木得益、嘉木堂等收藏机构的部分珍品。展览拟通过中国明清时期家具珍品的展示，使观众了解明清家具的造型艺术特点，感受明清家具所具有的深厚的文化蕴涵与精美高雅的艺术魅力，进而深刻认知中国古代家具“大美”之所在。

《相映成辉：草原丝绸之路文物精华》，内蒙古博物院编，文物出版社，2014年，彩色图文245页，16开。

该书是内蒙古博物院临时展览“相映成辉：草原丝绸之路文物精华展”的同名配套图录。该展旨在通过特色鲜明、异彩纷呈的文物，让观众领略草原丝绸之路昔日的辉煌与兴衰，聆听草原文明的不朽旋律，见证中华民族古老文明的多元一体。该书再现展览盛况并逐一介绍参展的205件文物。

该展览打破了地域上的限制，对草原丝绸之路沿线文博单位的馆藏资源进行了精选，除了我区文博单位收藏的文物外，还从甘肃省博物馆等区外文博单位借展文物20余件，在展示的100余件内蒙古博物院收藏的文物中，有大部分是首次向观众展出。在内容设计上，分为“前序——东西方文明的初遇”“草原丝绸之路的肇兴——西周到汉代”“草原丝绸之路的繁荣——魏晋到辽代”“草原丝绸之路的延续——元、明、清时期”四个单元，完整地再现了延续几千年的草原丝绸之路为中华文明乃至世界文明发展所作出的巨大贡献。展品跨越旧石器时代至明清时期，包括石器、铁器、青铜器、玉器、丝织品等200余件展品，充分展现草原丝绸之路在中华文明传播与发展过程中所发挥的重要作用。

“丝绸之路”不仅是古代历史上一条重要的通商之路，更是东西方文明交流与碰撞之路，“草原丝绸之路”又是其中时代最早、又极为重要的组成部分。

《罗马与巴洛克艺术》（中国国家博物馆国际交流系列丛书），吕章申主编，北京时代华文书局，2014年，彩色图文177页，8开。

该书是中意双方精心策划的“罗马与巴洛克艺术”展览的同名图录。

2014年5月30日，“罗马与巴洛克艺术”展览在国家博物馆开幕。展览精选50件（套）17世纪意大利的绘画、雕塑和工艺品，包括卡拉齐、卡拉瓦乔、贝尼尼、科尔托纳、阿尔加迪、普桑、安德烈亚·萨基、弗朗西斯科·科扎、乔万·巴蒂斯塔·高利、贾钦托·布兰迪等20余名活跃在17世纪罗马艺术舞台上的艺术大师和著名艺术家的艺术精品，涵盖了以巴洛克为主体的多种艺术风格。

《北朝壁画　曲阳石雕》（河北博物院基本陈列），河北博物院编，文物出版社，2014年，彩色图文297页，16开。

该书是河北博物院基本陈列“北朝壁画　曲阳石雕”展览的同名配套宣传图录。

“北朝壁画”展出河北南部发现的北朝皇室墓葬东魏茹茹公主墓、元祜墓，北齐高洋墓、高润墓、高孝绪墓中壁画原件6块、陶俑158件和按原件绘制的壁画摹本。这些壁画胡汉交融，奇幻瑰丽，上承大汉遗风，下开盛唐先声，用线自由飞动，挥洒自如，有满壁风动之感，展现了北朝绘画艺术的巨大成就。其中最壮观的是按原件绘制的长37米，最高点达8.2米的北齐文宣帝高洋墓墓道临摹壁画，表现了53人组成的仪仗队列护送引导墓主人升天成仙的出行场景。

“曲阳石雕”展览按时代分为西汉、北魏、东魏、北齐、隋唐五代、宋辽金元、明清、现代八个部分，展示了从汉代到元代的曲阳石雕精品132件，大部分为佛教造像，还有石像生、墓志、石雕艺术品等，显示了曲阳石雕悠久的历史、曲阳工匠世代传承的高超技艺和曲阳石雕独特的艺术魅力。其中北齐释迦牟尼说法像、北齐镂雕弥勒七尊像、唐胁侍菩萨立像、五代彩绘散乐浮雕、五代奉侍浮雕等更是独一无二的精品。从满城汉墓出土的石俑到元明清三代的宫殿主要建材，再到以人民英雄纪念碑为代表的当代建筑，曲阳石雕无处不在，以其特有的魅力和活力延续了两千余年而长盛不衰。

《听秋啜茗：广东省博物馆藏清代茶文物展》（中国茶叶博物馆展览系列），中国茶叶博物馆、广东省博物馆编；王建荣、魏峻主编，西泠印社，2014年，彩色图文145页，8开。

该书是“中国茶叶博物馆展览系列”之一，是该馆与广东省博物馆联合举办的“听秋啜茗：广东省博物馆藏清代茶文物展”的宣传图录。书中汇集了广东省博物馆馆藏品100余件清代茶文物，用图文并茂的形式向读者展示物品，主要分“一盅两件”“至为精雅”“异趣同辉”三大部分，是广大茶文物爱好者的良师益友。该书中的展品主要为清代的外销茶具、清代宫廷茶具，很多是二、三级文物，十二月花神杯、漆描金茶盒、鸡缸杯等价值连城，值得细细赏析。

《曙光时代：意大利的伊特鲁里亚文明》，秦始皇帝陵博物院编，曹玮主编，西北大学出版社，2014年，彩色图文263页，16开。

该书是秦始皇帝陵博物院临时展览“意大利的伊特鲁利亚文明”展览的同名配套宣传图录。

伊特鲁里亚文明与希腊文明、罗马文明相互交融。他们有与希腊相似的神祇，并在雕刻与绘画中有明显模仿希腊艺术的痕迹。他们的宗教仪式、建筑、城市设计、风俗，甚至文字等又影响了罗马文明。伊特鲁里亚人遗留文物来自于坟墓及其随葬品。该书以图文配合的方式展示并介绍了这次展览的文物。

《列夫·托尔斯泰与他的时代》（中国国家博物馆国际交流系列丛书），吕章申主编，北京时代华文书局，2014年，彩色图文201页，8开。

该书是国家博物馆临时展览“列夫·托尔斯泰与他的时代” 的同名配套宣传

图录。为读者详细解读展品内涵并再现展览盛况。

2014年9月24日，由中国国家博物馆、俄罗斯雅斯纳雅·波良纳庄园博物馆、莫斯科国立列夫·托尔斯泰博物馆共同举办的“列夫·托尔斯泰与他的时代”展览在国家博物馆举办。展品包括油画、版画、素描、雕塑、徽章、手稿、书籍、信件、照片、纺织品、金属制品、生活用具等255件（套）。

《真彩秦俑》，秦始皇帝陵博物院编，曹玮主编，文物出版社，2014年，彩色图文201页，8开。

该书是秦始皇帝陵博物院临时展览“真彩秦俑”的同名配套宣传图录。

2014年9月28日，秦陵博物院集合秦兵马俑发现以来的彩绘研究成果举办该展。展品包括彩绘陶俑、俑头、陶片、遗迹等37件（组）文物，其中绝大部分是首度向公众展示。

该书按照展览内容分为四个单元：“色彩的奥秘”回顾了中国古代先民对色彩运用的发展历程，从原始社会的岩画、彩陶到夏商时期的“涂朱甲骨”再到春秋战国乃至秦汉的壁画、帛画、画像砖石等，勾勒了一幅古人使用色彩的美丽画卷。本单元呈现了秦俑身上不同部位的各种色彩以及秦俑服色分布的大致规律，分析了秦俑身上使用的各种颜料。“装饰的灵感”通过对彩绘俑头和秦俑坑中各种彩绘遗迹的展示，呈现出秦俑的“千人千面”和“绚丽多姿”。“丧葬的艺术”主要讲述中国的丧葬文化和俑的意义，进一步探索中国古代礼仪制度中颜色的象征意义和文化内涵。“智慧的延续”主要分析秦俑彩绘脱落的原因，介绍秦俑彩绘的研究成果和保护方法。四个单元从不同层面分别探寻秦俑色彩的物质构成及其文化上的象征意义，还原真实的秦帝国色彩世界。

《汉风：中国汉代文物展》，中国文物交流中心编著，科学出版社，2014年，彩色图文280页，16开。

该书是“汉风：中国汉代文物展”的同名配套宣传图录。该展是中法建交50周年系列庆祝活动的重要项目之一。中国国家主席习近平和法国总统奥朗德分别题写序言。习主席在序言中指出：“汉代是中国历史上十分重要的一个时代，从公元前206年开始，绵延400多年，为中华文明宝库留下了璀璨的成果。从这份中国文化珍贵遗产中，法国和欧洲观众能够更为形象地了解中华文明的历史传承。中法分别是东西方文明的重要代表，两国加强文明交流互鉴，有助于夯实中法关系的民意基础，有利于促进中华文化和法兰西文化交相辉映，有利于推动世界文明多样化发展。”

该书图文配合，印制精良，装帧考究，多方面展示了中国汉代多姿多彩的社会风貌，450件（套）展品来自27家博物馆，堪称视觉文化盛宴。

《开渠百年：纪念刘开渠诞辰110周年作品集》（中国国家博物馆20世纪中国美术名家系列丛书），吕章申主编，安徽美术出版社，2014年，彩色图文319页，16开。

该书收录中国现代雕塑事业奠基人、中国美术馆事业奠基人、著名美术教育家、杰出人民艺术家刘开渠（1904～1993）雕塑作品图片百余件。

刘开渠精于西方写实雕塑技法，又注重继承中国古代雕塑的传统。作品融中西雕塑手法于一炉，手法写实，作品造型严谨朴实，手法细腻含蓄，人物神完气足，具有时代精神和民族风格。本作品集收录了刘开渠先生的《胜利渡过长江》等主要代表作品，展示了其独特的艺术风采，集中反映了其艺术成就。该书的出版对了解当代中国雕塑的发展现状具有一定的参考、研究价值，对学习、欣赏中国雕塑也有积极的借鉴价值。

《不尽丹心：蒋兆和诞辰110周年纪念特展作品集》（中国国家博物馆20世纪中国美术名家系列丛书），吕章申主编，安徽美术出版社，2014年，彩色图文303页，16开。

该书是中国国家博物馆主办的“不尽丹心：蒋兆和诞辰110周年纪念特展”的同名配套展览图录。该展是在蒋兆和先生诞辰110周年之际而举办的，展览汇集了100幅蒋兆和的作品，旨在多方面展示了其艺术风采和艺术成就。

蒋兆和用画笔为国立传、为民写真，其卓绝的艺术成就使其跻身于20世纪最伟大中国人物画画家行列。他融合中西，其对中国人物画的反思与再造，创造性地拓展了中国水墨人物画的表现力，其造型之严谨，表现人物内心世界之深刻，在中国人物画史上达到了一个新高度。

该书融艺术性与历史性、鉴赏性与文献性为一体，真实反映了中国现代人物画艺术在20世纪发展中的一个高峰，具有重要的出版文献价值。

《文宴：美国博物馆的展览》，南京博物院、美国艺术联盟编，译林出版社，2014年，彩色图文239页，16开。

该书是南京博物院举办的“文宴：美国博物馆的展览”的同名图录。2014年11月18日，“文宴：美国博物馆的展览”在南京博物院对公众开放，美国25家博物馆的近40个可引进中国的展览资料在此展示。该书以图文配合的方式介绍了这些展览及其特色。

《龙卧南阳：南阳汉代文物展》，西汉南越王博物馆、南阳市汉画馆、南阳市文物考古研究所编，吴凌云、凌皆兵、刘新主编，岭南美术出版社，2014年，彩色图文171页，16开。

该书是西汉南越王博物馆“龙卧南阳：南阳汉代文物展”展览的同名宣传图录，收录参展文物140件（套），用图文配合的方式予以介绍。书中收录学术论文和有关社会教育的内容，增添了学术含量，从不同角度对展览进行解读。

书中内容分为四个部分，一是致辞，分别是西汉南越王博物馆馆长吴凌云、南阳市汉画馆馆长凌皆兵、南阳市文物考古研究所所长刘新的致辞。二是图版，按照展览的顺序以“帝乡南阳”“躬耕南阳”“天人合一”三个部分呈现出来。三是论稿12篇，从不同角度阐述了本次展览的意义及价值：凌皆兵《南阳汉画像石概述》，王维一《汉画像石书的龙、凤形象比较研究》，徐颖、李真玉《南阳汉画像石的制作流程及其雕刻技法》，崔华、崔浩《浅析汉代南阳的历史地位》，凌皆兵、王清建《南阳汉画像石的艺术特色》，陈馨《熊之于中国——从“龙卧南阳”展中的熊形象谈起》，黄明乐《容庚与汉画像石的若干因缘》，程浩《汉代人的神仙世界——南阳汉代砖石画像西王母仙境图像考》，范梅、范志功《南阳汉画像砖的发现与研究》，唐贞全《汉代人眼中的“嫦娥奔月”——从南阳汉画像石谈起》，贾军仕《光武帝集团的政治派系述考》，鞠辉、付建刚《龙卧南阳——南阳出土汉代文物展综述》。四是展览场景宣传教育，刊登媒体报道、展览海报等。

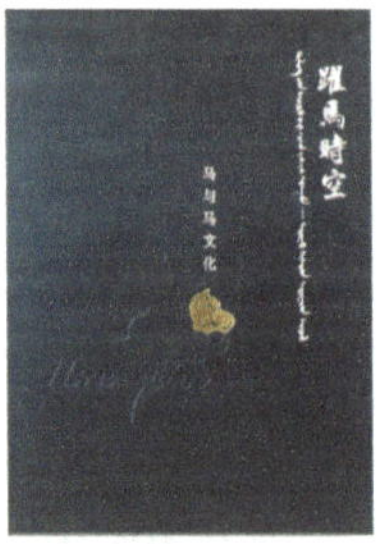

《跃马时空：马与马文化》，内蒙古博物院编，文物出版社，2014年，彩色图文235页，16开。

该书是内蒙古博物院临时展览“跃马时空：马与马文化”的同名配套图录。该展览是内蒙古博物院和大连鸿峰生物科技有限公司，为迎接甲午马年合作筹办的一个特别展览。展出文物共计130余件组，汇集了我院古生物化石、民俗文物、历史文物的精品，重在展示从马的进化到马的生理机构，从马与人类的关系，到千百年来北方游牧民族与马为伴中创造出的马文化这一独特视角下的成就。展览的一大亮点就是自然马与文化马的结合。

《巧手良医：陕西历史博物馆文物保护修复报告》，陕西历史博物馆编，世界图书出版西安有限公司，2014年，彩色图文220页，16开。

该书是陕西历史博物馆临时展览“巧手良医：陕西历史博物馆文物保护修复工作展”的配套宣传图录。该展以独特的内容、新颖的手法向观众真实再现了文物保护修复工作的流程和细节，讲述了文物保护修复背后的艰辛。

该书作为是该馆“巧手良医”系列图书之一，旨在对展览、对文物保护成果的宣传和推广，主要介绍该馆文物保护的相关工作，是一本科普书籍。

该报告按照文物保护主要方向进行章节划分，以实际操作案例为报告基础，注重对工作流程和思路的总结，力求在对陕西历史博物馆作阶段性总结的同时，也能为其他从事文物保护修复的人员提供借鉴。

《战国雄风　古中山国》（河北博物院基本陈列），河北博物院编，文物出版社，2014年，270页，16开。

该书是河北博物院基本陈列“战国雄风古中山国”的同名配套宣传图录。

该展览分为“古国风貌”和“王室宝藏”两个展厅，按照国史、国都、经济、文化、征战、王陵、铜器、陶器和玉石器九个单元展出，反映了中山国在经济、文化、军事等方面的发展状况和精湛高超的手工技艺。其中错金银四龙四凤方案、错金银虎

《大汉绝唱　满城汉墓》（河北博物院基本陈列），河北博物院编，文物出版社，2014年，彩色图文287页，16开。

该书是河北博物院基本陈列“大汉绝唱　满城汉墓”的同名配套宣传图录，以图文形式介绍了参展文物1605件（套）。

1968年发掘的满城汉墓位于保定市满城县陵山，是西汉中山国第一代靖王刘胜及其妻窦绾的墓葬。墓内出土金、银、铜 、铁、玉、石、陶、漆、玻璃器等类文物一万余件，种类丰富，制作精美，其中刘胜和窦绾的金缕玉衣是我国出土年代最早的完整玉衣；鎏金长信宫灯、错金博山炉、鎏金银蟠龙纹铜壶、透雕双龙高纽谷纹白玉璧等都是举世闻名的珍宝。

“大汉绝唱　满城汉墓”展览分为21个单元，占用两个展厅。第一展厅分为惊天发现、陵山古墓、刘胜其人、棺具、金缕玉衣、玉器、玻璃器、人俑、车马、幄帐10个单元；第二展厅分为灯具、炉具、日用杂器、文具文玩、医疗、钱币、兵器、铁工具、烹饪饮食、石磨和陶器11 个单元，全方位地展示了满城汉墓的全貌和那些巧夺天工的珍贵文物，显示了高度发达的汉代经济和文化。

展览图录是展览的记录和延伸，图录以纸本化的形式把展览的内容永久地固定下来，结合相关文章的导读、说明文字的补充，使展览内容和形式进一步深化。文物图录，顾名思义要以图为主，好的图片是图录质量的基础和保障。该书就是这样一本值得永久保存的好书。

《文怀沙法书》（中国国家博物馆20世纪中国美术名家系列丛书），吕章申主编，安徽美术出版社，2014年，彩色图文195页，16开。

该书收录国学大师、红学家、书画家、金石家、中医学家、吟咏大师、楚辞研究者文怀沙先生法书作品。文先生书宗秦汉、法晋唐，古朴典雅兼备。2014年12月，中国国家博物馆举办“道骨仙风——文怀沙书法精品展”，特出版本图录以配合展览。

六 博物馆馆刊、集刊、辑刊

《国立历史博物馆丛刊》（第一期），国立历史博物馆编，1926年，32开。

该刊是国立历史博物馆馆刊第一期，全面综合反映了该馆的业务工作。该刊发刊词中说，编刊目的是“虽以报告馆务，说明藏品为归，而职志所存，亦拟藉兹舒布，庶嘤鸣之益，获教时贤。”其任务有四：“一曰保文物以存国性，二曰辑史料以供研究，三曰重实验以正虚诬，四曰整旧说以成学术。”

《国立历史博物馆丛刊》主要发表有关考古、馆藏重要文物研究等方面的学术文章。本期刊登馆藏文物研究成果和精品文物的图片，如牺尊、内言卣、宋本《论衡》残卷、敦煌石室唐人写经以及该馆在北京的位置图、展厅平面图和局部图，以指引读者。

《中国博物馆协会会报》（第一卷第一期），中国博物馆协会编，1935年9月编印，64页，32开。

1934年，北平故宫博物院院长马衡、北平图书馆馆长兼故宫博物院图书馆馆长袁同礼、中央博物院筹备委员傅斯年等联络博物馆界，倡议组织中国博物馆协会。经过一年筹备，1935年 5月在北平景山绮望楼召开成立大会，通过了《中国博物馆协会组织大纲》，确定协会的宗旨是“研究博物馆学术，发展博物馆事业，并谋博物馆之互助”。会议推举马衡为会长，袁同礼、翁文灏、朱启钤、叶恭绰、李济等15人为执行委员。会上建立了专门委员会分工负责博物馆学术研究，博物馆建筑和陈列，审查出版博物馆学专著和论文，召开学术讲演会，发展团体会员30多个，个人会员 120多人。

《中国博物馆协会会报》由中国博物馆协会主办，是中国邮政特准的新闻类出版物。会报两月出版一次，全年共五册，七七事变后停刊，共出版2卷10期。国内发行，同时远发至日本、澳门及南洋各地。内容一般包括插图、记载、论著（专门论文）、报告、会务纪要、博物馆界和新书介绍几个部分，有较大影响的栏目是论著、报告和博物馆界，其中插图、博物馆界、新书介绍每期必有。插图一般为一至二幅黑白照片或图片，照片或是中外博物馆建筑及陈列摄影，或是成立大会、年会人员合影，图片为博物馆征选建筑图案选登。记载栏目一般介绍外国博物馆概况；论著（专门论文）栏目刊登有介绍外国博物馆的文章，也有中国学者撰写的博物馆研究文章，由于当时中国博物馆学研究正处于起步阶段，还未形成成熟的理论，所以十期中译作类文章占有一定比例；报告栏目有介绍各博物馆的概况、工作报告或工作计划，对北平研究院博物馆、震旦博物院和中央博物院等当时重要的一批博物馆的工作情况予以介绍。会务纪要主要刊发学会工作动态。博物馆界分国内、国外两部分，介绍博物馆界最新陈列展览、新博物馆开幕等情况及考古信息，涉及信息面较广，诸如画展信息、儿童读物展览会、卢浮宫博物馆、大英博物馆等近期举行的一些活动等。新书介绍为选介当年出版的博物馆学论著。

该报封面会刊名由中国博物馆协会第一任理事长、故宫博物院院长马衡题写，封底是英文目录。内容既包含了中国博物馆协会会务方面的纪要、新闻和通知，博物馆学术类文章，还有博物馆新书推介信息。

第一卷第一期《组织中国博物馆协会缘起》中指出：“乱世之年宝物流入他国，因此迫切需要建设博物馆事业”，“博物馆在教育方面有重大价值”，“博物馆静的方面可以为文化之保管人，社会教育之良导师，动的方面可以为国家边陲筹长治久安之策。”

本期刊登的会员录中的团体会员名称多样，如图书馆、美术馆、画学研究会、水族馆、农事试验所、生物调查所、水产专科学校、民众教育馆、社会教育馆、文化教育馆等，说明中国博协团队会员来源广泛。

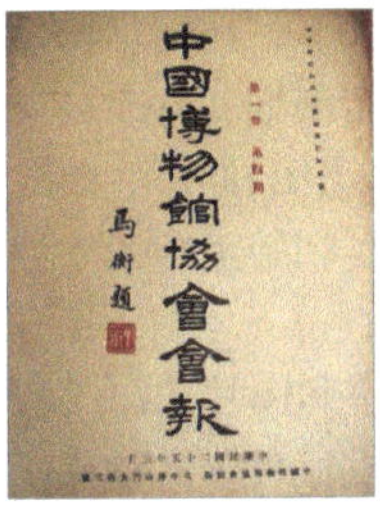

《中国博物馆协会会报》（第一卷第四期），中国博物馆协会编，1936年，64页，32开。

本期卷首刊登上海市博物馆新建筑内外部照片两幅。论著栏目是李永增的译文《博物馆与陈列馆》，报告栏目有《中央古物保管委员会西安办事处整理西安碑林计划书》《国立北平故宫博物院古物馆工作报告》《天津市立美术馆五年来实施工作概况》《广西省立博物馆近况及过去工作》之后有会务纪要、博物馆界和新书介绍。

《中国博物馆协会会报》（第一卷第五期），中国博物馆协会编，1936年，64页，32开。

该刊是中国博物馆协会编辑的会报，马衡题签。栏目有记载、论著（专门论文）、报告、会务纪要、博物馆界和新书介绍六个，收录傅振伦《英国博物馆参观纪略》等文章15篇。

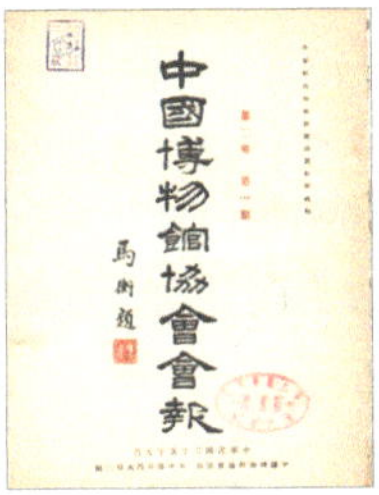

《中国博物馆协会会报》（第二卷第一期），中国博物馆协会编，1936年，39页，32开。

该刊是中国博物馆协会会报的第二卷第一期，主要报道中国博物馆协会第一次年会情况。

中国博协第一次年会于1936年7月19日～24日在山东青岛举行，参会者有300余人。会议除例行的执行委员会会议之外，还举办了多场学术演讲会、讨论会，同时在国立山东大学举行了为期六天的展览会，引起了青岛市民对于博物馆事业的关注和热情。该期会报以大量篇幅全面记录了本次年会的盛况，对研究中国博物馆协会早期历史和活动具有重要史料价值。

《河南博物馆馆刊》，河南博物馆编，关百益主编，1936年，32开。

该刊是中国博物馆界最早编辑出版的博物馆馆刊，1936年7月创刊。时任馆长王幼侨在发刊词上阐明创刊的宗旨和经过。创刊目的是为“阐扬文化，研究学术”。

从该刊中可以了解当年河南博物馆的实情。如第一集发表的《本馆之沿革》记述1927年7月～1936年7月，馆领导的变换、展览的筹备和科研的开展。1928年正式开馆展出，民众参观踊跃，每天有三四万人进馆，盛况空前。第一集中还有《河南博物馆组织条例》详细说明了该馆的宗旨。

第二集《河南博物馆办事细则》，记述除博物馆设有理事会之外，还有主管行政和后勤的事务部；主管藏品保管和陈列的保管部；主管藏品征集、鉴定、研究的搜集研究部。从第四集文章可以看出，河南博物馆成立有专家组成的专门委员会。分为人文部专门委员会，包括考古组和民俗组，自然部专门委员会，包括动物组、植物组和矿物组每个组又分设各项专门委员以从事科学研究，如考古组设有甲骨文字、陶器、石器、铜器、石刻、明器、玉器、杂品器物等项专门委员；民俗组就设有种族礼俗、宗教、工艺等项专门委员。几乎每一集都刊登布置和总结工作的馆务会议记录，还刊有馆藏文物的登记目录和整理情况，还刊有1936年4月～1937年6月河南博物馆大事记。这些都是很珍贵的历史资料。

馆刊还发表了一批有关考古学基础的论述和考古调查报告、文物考古研究、有分量的短文、植物及鸟类研究等有关自然科学方面的研究文章。还有河南博物馆与国内外进行刊物交换的信息，有关考古发掘、文物调查等方面有趣的文章。

《河南博物馆馆刊》从1936年创刊到1938年间连续出版了15期，因刊物内容丰富，引人入胜而得到“琳琳朗朗，萃集一堂，遂为中州古代文化之大观”的评价。1938年3月，因抗战爆发而停刊。

《故宫博物院院刊》（第一期），故宫博物院编，1958年，159页，16开。

故宫博物院以深厚的历史文化积淀和丰富珍贵的馆藏而享誉海内外，该院很早就重视馆刊的编辑出版工作。1925年出版《故宫丛刊》，1929年出版《故宫周刊》和《故宫月刊》，1936年改为《故宫旬刊》。

该书的前身是由故宫博物院编辑的学术性年刊《故宫博物院年刊》，1936年10月出版第一期。之后，《年刊》于1958年1月和1958年10月又编辑出版了两期，并改名为《故宫博物院院刊》。开始为不定期刊物，继创刊号后，1960年出版了第2期，后即因“文化大革命”停刊。从1979年起，《故宫博物院院刊》复刊。自复刊始至1999年为季刊。2000年至今为双月刊。

《故宫博物院院刊》的办刊方针是以马列主义为指导，通过文字和图片加深读者对中国古代文化艺术、古代建筑以及明清历史的认识。该刊的主要栏目有故宫珍藏、书画欣赏、古建知识、人物志以及博物馆经验介绍等，重在展示该院学人的研究成果和水平，并以发表国内最高水平的宫廷历史、文物研究成果为己任。该刊本属于社科类刊物，但随着多学科研究的渗透和互动，也发表部分自然科学或人文与自然科学结合的文章，集中于文保科技、古建筑研究等方面。

该刊主要设有明清历史、文物研究（含古书画、古器物、古文字研究、佛教美术等）、古建筑、考古学研究、文保科技、博物馆工作等栏目。以故宫学为学术底色，主要以故宫建筑和藏品研究为内容，延伸至明清史、文物、考古、文物保护技术等领域，体现了故宫博物院国内领先的学术水准。

《文博通讯》，南京博物院编，1975年，36页，32开。

《文博通讯》是南京博物院编辑的内部刊物，1975年5月创办，主要栏目有考古发现与研究、藏品研究、文物保护、文博工作动态等。该刊从创刊到1980年12月共刊印34册。1981年开始排以期次，第1期即总35期。从1982年第5期起，改为双月刊，直到1984年第6期。1985年改名为《东南文化》发行迄今。

《河南文博通讯》，河南省博物馆编，1977年，48页，32开。

《河南文博通讯》是河南省博物馆主办的全国最早的省级文博期刊，创刊后得到国内外读者的关注。1980年，改为国内外公开发行，1981年更名为《中原文物》。历经30余年，现已成为全国中文核心期刊。

《中国历史博物馆馆刊》（1），中国历史博物馆馆刊编委会编，文物出版社，1979年，144页，16开。

该书是《中国历史博物馆馆刊》的第1辑，也是中国博物馆界最早编辑的馆刊，1979年创刊，2000年停刊，是《中国历史文物》的前身。

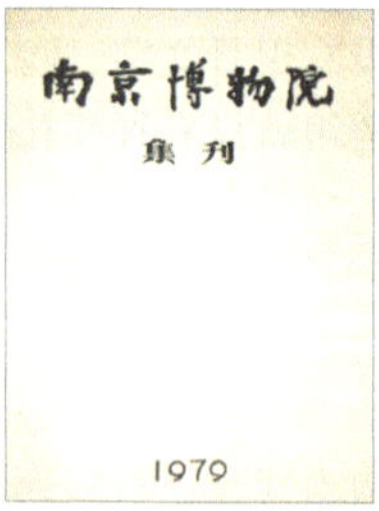

该刊是专业资料性、学术性书籍，刊登关于中国古代史、近代史、古代中外关系及中国民族学、考古学、博物馆学、文物等方面的研究论文和资料，普及文物鉴定方法、介绍馆藏文物等，主要栏目有历史研究、历史文献研究、考古研究、考古调查研究、国外研究信息等。

该刊第1辑收录有关馆藏文物研究、博物馆学研究等方面的论文30篇。

《南京博物院集刊》（1），南京博物院编，1979年，148页，16开。

该刊又名《文博通讯专刊》，是南京博物院集刊的第1期。主要刊发南京博物院藏品研究、文物鉴赏、博物馆理论与博物馆工作方面的论文。从创刊到1987年期间，除1986年特殊原因外，连续出版了九期，基本保持每年出版一期，均为内部刊物。2008年，《南京博物院集刊》复刊，调整栏目并作为公开发行的出版物面世。

《中国历史博物馆馆刊》（2），中国历史博物馆馆刊编委会编，文物出版社，1980年，208页，16开。

该书是中国历史博物馆馆刊的第2辑，是考古学专业资料性、学术性刊物。本辑设有馆藏文物研究、博物馆等栏目，收录相关论文32篇。

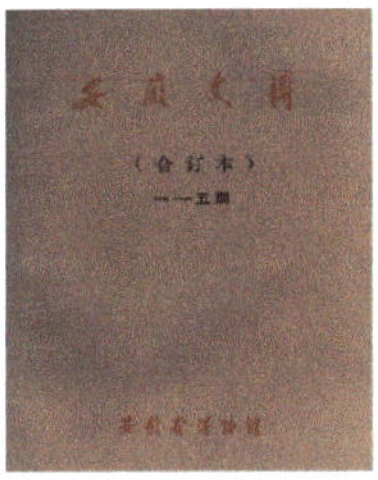

《安徽文博》（1～5期合订本），安徽省博物馆编，1980～1985年，16开。

《安徽文博》是安徽省文物博物馆、考古工作者交流工作经验、传递研究信息、报道工作动态和信息资讯的平台，创刊于1980年10月，每年出版一期。后因经费及其他原因，于1985年10月出版五期后停刊。

《安徽文博》1～5期合订本收集文物、博物馆学研究方面的论文117篇，借以展示五年间文博系统科研成果，传递学术信息。

《南京博物院集刊》（2），南京博物院编，1980年，148页，16开。

该期是连续出版的《南京博物院集刊》的第2期，属内部刊物，由南京博物院编印。书中收录刊登有关南京博物院藏品研究、文物鉴赏、博物馆理论与博物馆工作研究论文17篇。

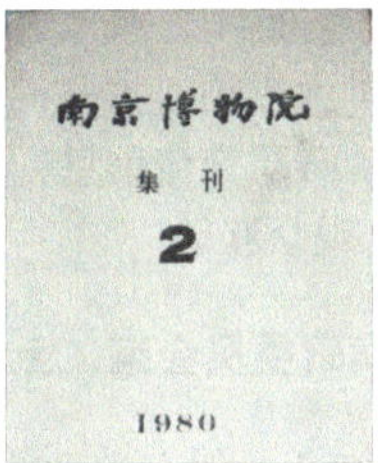

《浙江省博物馆馆刊（一）：纪念浙江省博物馆建馆六十周年专辑》，浙江省博物馆编，1981年，143页，16开。

该刊是为纪念浙江省博物馆建馆六十周年而编辑的纪念专刊，收录文章及论文50篇，内容涉及浙江省博物馆建馆历史回顾、民俗文物工作、浙江历史文化资源的保护、开发、利用以及中小型博物馆编目体系等具体工作。

《南京博物院集刊：扬州考古专辑》（3），南京博物院编，1981年，200页，16开。

该刊是南京博物院连续编辑的学术集刊的第3期。本辑是扬州考古专辑，集中刊登扬州考古资料、出土文物研究与藏品鉴赏、博物馆工作研究方面的论文24篇。

《上海博物馆馆刊》（第一期），上海博物馆馆刊编辑委员会编，上海人民出版社，1981年，190页，16开。

该刊是上海博物馆馆刊的第一辑，由上海博物馆馆刊编辑委员会编。本期开设有馆藏文物研究、博物馆学、文物保护、资料信息等栏目，收录相关论文28篇。

《中国历史博物馆馆刊》（3），中国历史博物馆馆刊编委会编，文物出版社，1981年，210页，16开。

该刊是中国历史博物馆连续出版的学术性馆刊的第3辑。本辑开设有馆藏文物研究、博物馆、资料信息等栏目，收录相关论文30篇。

《南京博物院集刊》（4），南京博物院编，1982年，105页，16开。

该刊是南京博物院连续出版的学术年刊的第4期，收录有关南京博物院藏品研究、文物鉴定与赏析、博物馆学理论与博物馆工作研究方面的学术论文22篇。

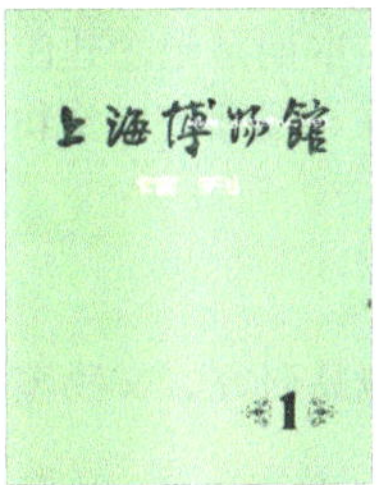

《南京博物院集刊》（5），南京博物院编，1982年，144页，16开。

该刊是连续出版的《南京博物院集刊》的第5期，收录有关南京博物院藏品研究、文物鉴赏、博物馆学理论与博物馆工作研究论文20篇。

《首都博物馆丛刊》（1），首都博物馆丛刊编辑委员会编，1982年，70页，16开。

该书是《首都博物馆丛刊》的第1期，由首都博物馆丛刊编辑委员会编辑。

该刊收录论文13篇，其中有关博物馆学的论文是《北京历史再现——〈北京简史陈列〉巡礼》，文章以该馆基本陈列“北京简史陈列”为例，探讨了博物馆陈列工作的相关问题。

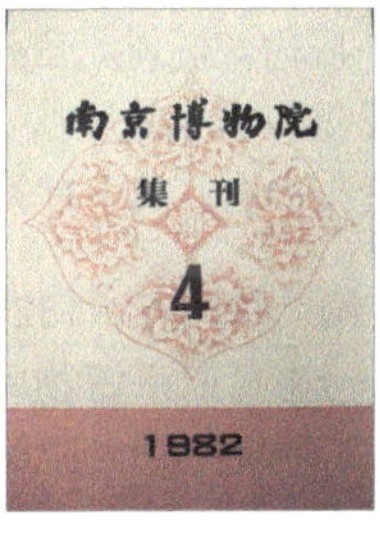

《博物馆研究》，吉林省博物馆学会、吉林省考古学会主办，1982年创刊，96页，16开。

该刊是吉林省博物馆学会与吉林省考古学会主办的学术刊物，季刊，内容以博物馆学研究为主，兼顾历史与文化遗产研究，是博物馆领域历史悠久、积累深厚的学术刊物。

《山东博物馆通讯》，山东博物馆学会主办，谢治秀主编，1982年，32开。

《山东博物馆通讯》系山东博物馆界的内部学术刊物，创刊于1982年，由山东博物馆学会主办。该刊旨在宣传《文物保护法》和《山东省文物保护条例》，介绍省内博物馆的藏品研究和学术信息，介绍山东博物馆的新成果，交流博物馆建设和陈列展览经验。

该刊重在宣传和介绍国际国内博物馆学界的动态；坚持理论联系实际，深入群众，关心群众在收藏和鉴赏方面的需求，开办喜闻乐见的栏目，以扩大影响。主要栏目有学会动态、各博物馆陈列展示与介绍、藏品精粹、鉴赏与收藏、藏品交流信息、考古新发现掠影、精品陈列展览介绍、展览设计与创新、文物保护、观众互动。

《上海博物馆集刊1982：建馆三十周年特辑》，上海博物馆集刊编辑委员会编，上海古籍出版社，1983年，314页，16开。

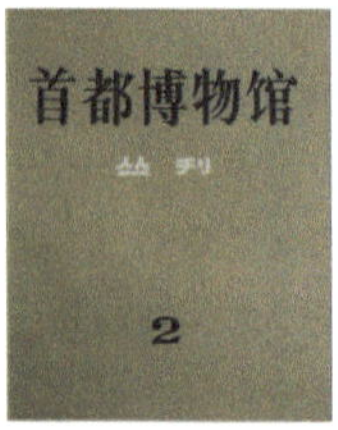

该刊是上海博物馆馆刊的第二辑，是建馆三十周年特辑。从本期起，刊物名称改为“上海博物馆集刊”，刊名一直沿用至今。本期开设有建馆三十周年纪念、馆藏文物研究、藏品介绍等栏目，收录回顾上海博物馆建馆的纪念文章和学术论文38篇。

《中国历史博物馆馆刊》（5），中国历史博物馆馆刊编委会编，文物出版社，1983年，208页，16开。

该书是中国历史博物馆连续出版的馆刊的第5辑。本辑开设有馆藏文物研究、文物保管与保护、博物馆学研究等固定栏目，收录相关论文32篇。

《首都博物馆丛刊》（2），首都博物馆丛刊编辑委员会编，地质出版社，1983年，84页，16开。

该书是首都博物馆丛刊的第2期，开设北京历史研究、馆藏文物、博物馆学、古都谈往、本馆动态五个栏目，收录论文19篇，动态2篇，其中有关博物馆学的论文有郭子升《浅谈民俗学与地志博物馆》、魏群《李大钊烈士墓碑修复过程及方法》和晓释的《浅谈“文物”》三篇。

《南京博物院集刊：建院五十周年论文专号》（6），南京博物院编，1983年，204页，16开。

该刊是南京博物院连续出版的《南京博物院集刊》的第6期。本期是纪念建院五十周年论文专号，收录回顾该院建院五十年的纪念文章7篇，有关藏品研究、文物鉴赏、博物馆理论与博物馆工作研究论文29篇。

《南京博物院集刊》（7），南京博物院编，1984年，135页，16开。

该书是连续出版的《南京博物院集刊》的第7期，收录有关藏品研究、文物鉴赏、博物馆理论与博物馆工作研究论文19篇。

《贵州省博物馆馆刊》（创刊号），贵州省博物馆编，1985年，64页，16开。

该书是贵州省博物馆馆刊的创刊号，属内部资料。贵州省博物馆1953年建馆，历来重视文物收藏和学术研究，编辑馆刊就是重视学术的反映。该刊开设有贵州历史文化、馆藏文物研究、博物馆学等栏目，收录论文19篇，其中有关博物馆学研究的论文2篇。

《南京博物院集刊》（8），南京博物院编，1985年，132页，16开。

该刊是南京博物院连续出版的学术刊物《南京博物院集刊》的第8期，收录有关文物研究与鉴赏、博物馆理论与博物馆工作研究论文22篇。

《秦陵秦俑研究动态》（内部刊物），秦始皇兵马俑博物馆编，1986～2014年，24页，16开。

该刊是秦始皇兵马俑博物馆编辑的学术性动态刊物，是秦俑学研究会的会刊，1986年创刊，主要刊发有关秦始皇陵、秦兵马俑、秦文化研究方面的研究、发掘简报、学术论文、信息资讯以及博物馆学、博物馆工作、遗址博物馆研究方面的文章，1986年至1988年为半年刊，1989年出版三期，从1990年起改为季刊，48页，迄今一直正常出刊，2011年起每期增至56页，到2014年底共出版108期。

该刊的主要栏目有学术论坛、博物馆工作与研究、文物保护、互动交流、书评、简讯等。

《天津文博：天津市文物博物馆学会成立大会暨第一次学术讨论会专刊》（1986年创刊号），天津市文物博物馆学会编，1986年，95页，16开。

该书是《天津文博》的创刊号，是天津市文物博物馆学会编辑的学术论文集。书中收录天津市文物博物馆学会成立大会暨第一次学术讨论会论文40篇，内容涉及博物馆管理、社会教育、陈列展示、藏品保管与征集、文物保护研究等方面。

《中国历史博物馆馆刊》（8），中国历史博物馆编，文物出版社，1986年，136页，16开。

该刊是中国历史博物馆馆刊总第八期，收录馆藏文物研究、文物保护、地方民俗方面的文章30篇。有关博物馆方面的论文内容涉及陈列设计、社会教育、文物征集等方面。

《上海博物馆集刊》（第三期），上海博物馆集刊编辑委员会编，上海古籍出版社，1986年，179页，16开。

该刊是由上海博物馆馆刊第三期。本期设有馆藏文物研究、博物馆学、文物保护等栏目，收录相关论文27篇，涉及博物馆学和馆藏文物研究的论文5篇。

《首都博物馆丛刊》（3），首都博物馆编，地质出版社，1986年，86页，16开。

该书是首都博物馆丛刊的第3辑，开设有专题研究、博物馆学、古都谈往、北京民俗、馆藏文物五个栏目，收录论文23篇。收入该刊的博物馆学论文有三篇，分别是何作《社会需求与博物馆的社会效益》、黄颖《谈博物馆的社会教育职能》、李秀兰《又一个北京的述说——记“北京岁时风俗展览”》，文章涉及博物馆的社会效益、社会教育、陈列展览等方面内容。

《天津市历史博物馆馆刊》（创刊号），天津市历史博物馆馆刊编委会编，1986年，96 页，16开。

该刊是天津市历史博物馆馆刊创刊号，开设有天津史志、津门考古、馆藏文物资料、天津民俗、城市史探微等栏目，收录论文32篇。

《上海博物馆集刊：建馆三十五周年特辑》（第四期），上海博物馆集刊编辑委员会编，上海古籍出版社，1987年，彩色图版8页，正文453页，16开。

该刊是上海博物馆集刊的总第四期，是纪念建馆三十五周年的特辑。本辑设有四个专栏：文物专论；考古、甲骨、青铜；陶瓷；工艺、文物史论、藏品介绍等，收录相关论文48篇，其中有关博物馆方面的有《缅怀上海市文物博物馆事业先驱徐森玉先生》《成功的经验深刻的教益——上海博物馆建馆三十五周年献辞》等，文章总结了上海博物馆建馆35周年的工作历程以及对博物馆事业发展有重要影响的人物和事件。

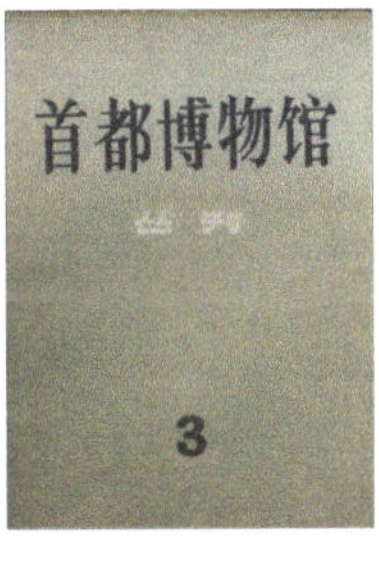

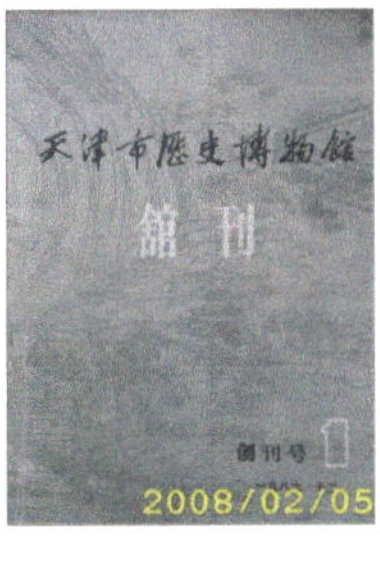

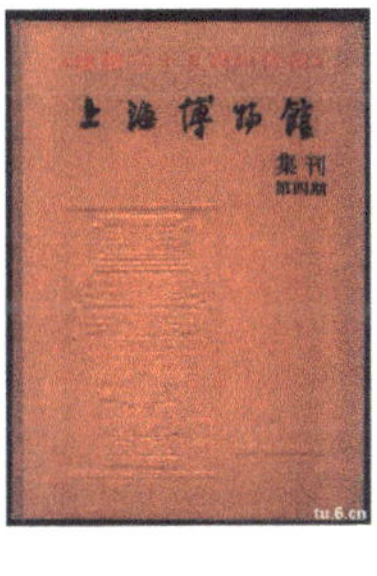

《中国历史博物馆馆刊》（10），中国历史博物馆编，文物出版社，1987年，140页，16开。

该刊是中国历史博物馆馆刊总第十期，收录馆藏文物研究、文物保护、地方民俗方面的文章18篇。有关博物馆方面的论文内容涉及博物馆文物征集、馆藏文物研究。

《南京博物院集刊》（9），南京博物院编，江苏美术出版社，1987年，118页，16开。

该刊是南京博物院连续出版的内部刊物的第9期，开设有考古・历史・民俗、博物馆工作研究、藏品介绍与研究、院史专栏四个栏目，收录有关文物研究与鉴赏、博物馆理论与博物馆工作研究论文21篇。

《天津市历史博物馆馆刊》（二），天津市历史博物馆馆刊编委会编，1988年，106页，16开。

该刊是天津市历史博物馆馆刊第二辑，本辑开设有天津史志、津门考古、馆藏文物资料、天津民俗、城市史探微等栏目，收录论文37篇。

《文物保护与考古科学》，上海博物馆主办，1989年，16开。

该刊1989年创刊，季刊，是自然科学类学术期刊，是专业报道文物保护和考古科学技术的研究和应用成果的科技期刊。刊登文物保护、文物研究、文物修复、科技考古及其相关领域的研究论文、应用成果、综述文章及相关信息。自创刊后一直连续出刊（左侧为2014年2月版）。

《辽海文物学刊：辽宁省博物馆建馆四十周年纪念特刊》（《辽海文物》1989年第1期，总第7期），辽海文物编辑部编，1989年，433页，16开。

该书是《辽海文物学刊》的纪念特刊，刊登辽宁省博物馆建馆四十周年的回顾文章，具体有于坚《回顾与期望》、杨仁凯《迎馆庆忆故人——追忆王修同志二、三事》等文章10篇，还有关于地方历史研究、馆藏文物研究方面的论文22篇，有关文物征集、流动展览、专题陈列等方面的9篇学术论文。

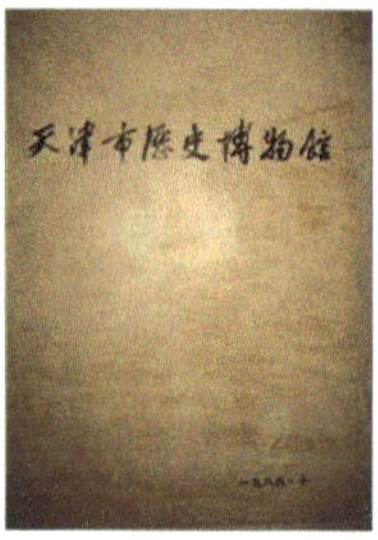

《中国历史博物馆馆刊》（13～14），中国历史博物馆编，陈瑞德主编，文物出版社，1989年，275页，16开。

该刊是连续出版的《中国历史博物馆馆刊》第13、14期合刊，是中国历史博物馆新馆建成三十周年纪念专刊。本期收录回顾中国历史博物馆建馆三十周年的纪念文章及馆藏文物研究、文物保护、北京地区民俗研究方面的文章32篇，其中有关博物馆方面的论文有《中国历史博物馆史略》《沈从文在中国历史博物馆》等5篇。

《首都博物馆国庆四十周年文集》（《首都博物馆丛刊》4），首都博物馆编，中国民间文艺出版社，1989年，230页，16开。

本辑是首都博物馆纪念国庆四十周年的论文专辑，也是该馆连续出版的丛刊的第4辑。本辑设有专题研究、人物述林、档案史料、工作研究、博物馆学、古都谈往、工作研究、馆藏文物七个栏目，收录论文37篇。其中有关博物馆学研究与博物馆工作方面的论文有张展《论博物馆职能的发展变化》、夏明明《发掘文物潜在价值是文物博物馆生命之所在》、京博《浅谈博物馆在岗人员的业务培训》、尤炳霞《谈谈博物馆的讲解工作》4篇。

《开封文博》1989年，开封博物馆编，1989年，64页，16开。

该刊是由开封博物馆编辑的学术性、知识性、资料性并重的文博刊物，1989年创刊，半年刊，刊登开封地区文物、考古研究以及馆藏文物研究、保护、展示、宣传方面的文章。

该刊1992年1、2期合刊，为“庆祝开封博物馆建馆三十周年”专刊。

《上海博物馆集刊》（第五期），上海博物馆集刊编辑委员会编，上海古籍出版社，1990年，182页，16开。

该刊是由上海博物馆编辑的馆刊第五期，开设绘画、书法、考古、甲骨、青铜、陶瓷、工艺、其他八个栏目，收录相关论文27篇。

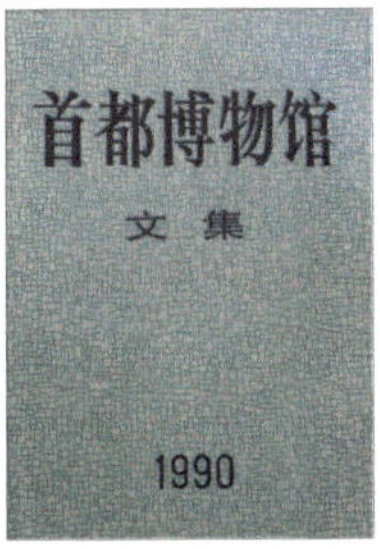

《首都博物馆文集》（《首都博物馆丛刊》5），首都博物馆编，北京燕山出版社，1990年，130页，16开。

本书是1990年首都博物馆文集，也是《首都博物馆丛刊》的第5辑。本辑设京都谈往、文物考古、学术讨论、博物馆学、展陈动态五个栏目，刊登论文23篇，有关博物馆工作的有《对发挥博物馆教育职能问题的思考》《成功的讲解是对陈列内容的丰富》《老北京人生活风俗展览》等10篇文章。

《天津市历史博物馆馆刊》（3），天津市历史博物馆馆刊编委会编，1990年，123页，16开。

该刊是天津市历史博物馆连续出版的馆刊第3辑，开设天津史志、津门考古、馆藏文物资料、天津民俗、城市史探微等栏目，收录论文34篇。

《中国历史博物馆馆刊》（15～16），中国历史博物馆编，文物出版社，1991年，212页，16开。

该刊是中国历史博物馆馆刊总第15～16期，收录中国历史博物馆馆藏文物研究、文物保护、地方民俗、博物馆学方面的论文30篇。

《中国历史博物馆馆刊》（17），中国历史博物馆编，文物出版社，1992年，140页，16开。

该刊是中国历史博物馆馆刊总第17期，收录中国历史博物馆馆藏文物研究、文物保护及博物馆学方面的论文18篇。

《中国历史博物馆馆刊》（18～19），中国历史博物馆编，文物出版社，1992年，264页，16开。

该书是连续出版的中国历史博物馆馆刊总第18～19期，也是八十年馆庆纪念专刊，收录馆藏文物研究、文物保护、地方民俗方面的文章30篇。

《首都博物馆文集》（《首都博物馆丛刊》7），首都博物馆编辑委员会编，北京燕山出版社，1992年，178页，16开。

该书是首都博物馆的学术论文集，也是首都博物馆丛刊的第7辑。本辑设有专题研究、古都谈往、北京民俗、博物馆学四个栏目，收录首都博物馆成立十年来馆内研究人员的学术论文32篇。其中有关博物馆学研究论文有刘玉敏《马克思主义教育学原理与发挥博物馆教育职能探讨》和董艳梅《试述社会教育工作的重要性》两篇。

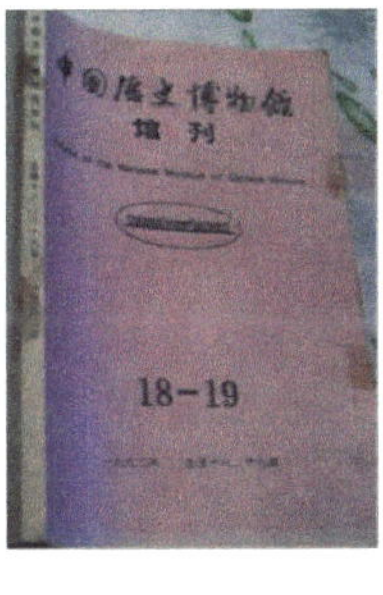

《秦文化论丛》，秦始皇兵马俑博物馆编，西北大学出版社、三秦出版社、陕西人民出版社，1993～2008年，32开。

该书是秦始皇兵马俑博物馆编辑的关于秦文化研究的学术论集，每年出版一本，集学术论坛、学术评论、学术资讯于一体，主要刊登研究秦文化历史过程和发展规律的通论、短论；有关秦文化的各个角度、层面（思想、学术、科技、艺术、民俗、民族、宗教、中外文化交流、文化事业、文化运动、军事文化、制度文化、人物、考古文化）的论文；秦文化的资料集释、文献、书评、研究者评论、论著目录；国内外关于秦文化研究的动态、信息报道、秦文化的考古发现等。

该书第一辑收录论文39篇，是为迎接1993年在西安召开的“周秦文化国际学术研讨会”而选编的秦文化研究的论文。论文作者多是之前在陕西工作的专门从事秦文化研究的人员。从第二辑之后全部刊登未发表的论文，每辑约有论文35篇，其中既有从宏观层面论述秦代政治文化、秦物质文化、秦社会与秦文化、秦人价值观、秦人早期历史、法家政治与秦的兴衰、秦用人得失、秦始皇帝与秦帝国，也有从微观层面考古资料出发考察秦文化的发展与主要成就、秦厩苑制度、秦都邑都城、秦离宫别馆、秦陵与秦兵马俑等相关问题，内容丰富，层面广阔。

第二辑至第七辑由西北大学出版社分别于1993年12月、1994年12月、1996年6月、1997年6月、1998年6月、1999年5月出版，第八辑由陕西人民出版社2001年8月出版，第九辑西北大学出版社2002年7月出版，第十辑至第十五辑由三秦出版社于2003年7月、2004年6月、2005年6月、2006年6月、2007年6月、2008年6月出版，其中2004年是秦兵马俑发现三十周年暨秦俑博物馆开馆二十五周年，《秦文化论丛选辑》摘录该书前十辑中的代表性论文42篇，以总结展示秦文化研究成果。该年度第十二辑是“秦俑学第六届学术研讨会”论文选集，收录论文70篇，分上、下两册，其余各辑均为单本，每年出版一辑。

第七辑开始，每辑刊载上一年度秦文化的考古发现与研究概况及秦文化研究论著目录。第十五辑出版后，秦始皇兵马俑博物馆改名为秦始皇帝陵博物院，《秦文化论丛》停刊，筹备编辑以书代刊的院刊《秦始皇帝陵博物院》。

《首都博物馆丛刊》（8），首都博物馆编辑委员会编，北京燕山出版社，1993年，173页，16开。

本期是首都博物馆丛刊的第8辑，开设专题研究、古都谈往、文物探讨、地方民俗、博物馆学、史苑拾零六个栏目，收录论文32篇。收入本期的博物馆学研究论文有程旭《灰色生命——东京的博物馆陈列设计》、张小雪《谈谈资料室利用与管理》、马怀伟《浅谈博物馆陈列设计》、李红叶《书画装裱杂谈》4篇。

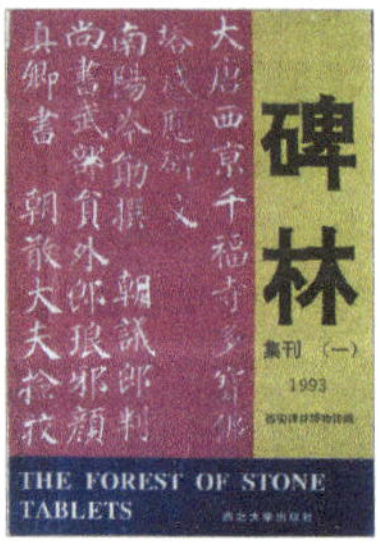

《碑林集刊》（一），西安碑林博物馆编，高峡主编，西北大学出版社，1993年，211页，16开。

《碑林集刊》是由碑林博物馆主办的专业性学术书刊，每年出版一辑。该刊坚持立足碑林，面向全国的原则，以石刻文物研究为特色，突出碑石墓志、石刻艺术等内容，刊登与西安碑林博物馆相关的碑林研究、石刻艺术、文物保护和博物馆学研究等方面的论文，开设有碑林史话、碑志鉴评、碑志考略、石刻艺术、玺印研究及碑林纪事等栏目。

本期收录有关博物馆藏文物及博物馆工作的文章有《西安碑林名称沿革考略》《西安碑林大事记》等。

《碑林集刊》从1993年创刊起，到2014年底，已连续出版二十期。

《陕西历史博物馆馆刊》（第一辑），陕西历史博物馆编，陈全方主编，三秦出版社，1994年，253页，16开。

该书是陕西历史博物馆馆刊的第一辑，是年度性学术刊物，有七个固定栏目：史学研究以周、秦、汉、唐历史研究为主；考古研究以文物研究为主；简牍与典籍研究以与陕西历史文化相关；博物馆学研究包括文物保护研究和博物馆管理等；博物馆动态包括陕西各博物馆陈列展览动态、对外文化交流信息、重要人物来访和学术讲座、学术会议信息等；学术博览包括文物考古新发现、书刊评介、重要学术论文观点摘要、国内外有关学术研究动态等；随笔、札记包括出国访问随笔，参观博物馆印象，国内著名专家、学者简介、读史心得、质疑争鸣等。

该刊第一辑除刊登以上七类学术论文、随笔札记、书刊评介文章外，还有张岂之、石兴邦、宋伯胤等人的贺词、贺信、贺诗等，其中博物馆学论文3篇，涉及博物馆藏品的数字化管理、陈列设计和文物征集工作；回顾展望陕西历史博物馆渊源与筹建工作的文章5篇，回顾建馆历史与重要接待、陈列展览、建筑特色等。

《陕西历史博物馆馆刊》从1994年出版第一辑，到2014年底，已连续出版21辑。

《首都博物馆丛刊》（9），首都博物馆编辑委员会编，马希桂主编，地质出版社，1994年，191页，16开。

本期是首都博物馆丛刊的第9辑，开设专题研究、考古文物、古都谈往、地方民俗、博物馆学、史苑拾零六个栏目，收录论文41篇。收入本期的博物馆学研究论文有马希桂《对博物馆改革中出现的几个问题的思考》、袁世贵《略论博物馆社教工作的社会效益与经济效益》、王晓侠《谈〈毛泽东百年诞辰展〉的陈列设计》、程旭《参观日本历史民俗博物馆》4篇。

《碑林集刊》（二），西安碑林博物馆编，高峡主编，陕西人民美术出版社，1994年，265页，16开。

该刊是由碑林博物馆主办的专业性学术书刊，每年出版一辑。

该书是第二期，开设碑林史话、碑志考略、书艺漫笔、碑志鉴评、石刻艺术、读史札记、文物丛谈、博物馆学、玺印研究、三秦咏胜十个栏目，收录有关碑林名碑介绍与赏析、碑林考略等方面的文章43篇，其中博物馆学研究的论文3篇，涉及市场经济与博物馆发展、名碑保护等。

《陕西历史博物馆馆刊》（第二辑），陕西历史博物馆编，周天游主编，三秦出版社，1995年，354页，16开。

该书是由陕西历史博物馆编辑的集历史研究、考古研究、博物馆研究为一体的学术性年刊，主要设置史学研究、考古研究、简牍与典籍研究、博物馆学研究、博物馆动态、学术博览、随笔札记七个栏目。本辑中博物馆学研究的论文6篇，主要讨论了博物馆的心理学、21世纪博物馆的发展、博物馆的陈列建档、安全防范等，博物馆馆藏文物介绍与研究方面的文章9篇。

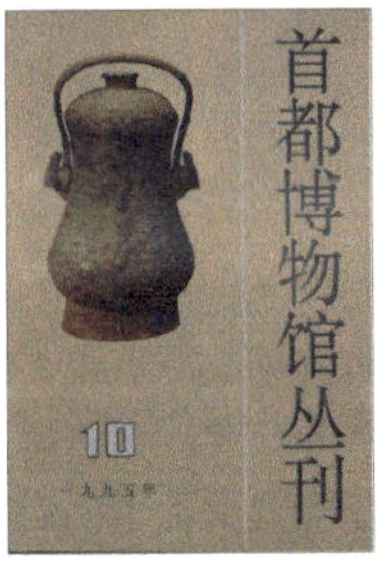

《首都博物馆丛刊》（10），首都博物馆编辑委员会编，荣大为主编，地质出版社，1995年，105页，16开。

本期是首都博物馆连续出版的丛刊的第10辑，该刊开设有专题研究、考古文物、古都谈往、地方民俗、博物馆学、史苑拾零六个栏目，收录论文36篇。

本期的博物馆学研究论文有唐国尧、葛建军、乔红、齐玫《〈北京历史文物陈列〉内容设计浅析》、董艳梅《试析博物馆经济效益的二重性》、张如明《关于如何搞好博物馆专题性临时展览的几点认识》、沈平《谈谈对历史陈列内容设计的一些看法》、李萍《培养选拔青年领导干部小议二则》五篇。

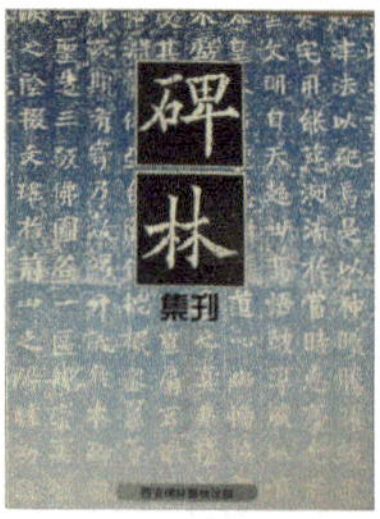

《碑林集刊》（三），西安碑林博物馆编，高峡主编，陕西人民美术出版社，1995年，265页，16开。

该刊是由碑林博物馆主办的专业性学术书刊，每年出版一辑。

该书是第三期，开设有碑林史话、碑志考略、石刻艺术、碑帖咀华、碑志鉴评、书艺漫笔、读史札记、文物丛谈、玺印研究、博物馆学、诗词咏胜十一个栏目，收录有关碑林名碑介绍与赏析、碑林考略等方面的文章33篇，其中博物馆学研究的论文1篇，涉及古建博物馆的安全防范问题。

《陕西历史博物馆馆刊》（第三辑），周天游主编，西北大学出版社，1996年，283页，16开。

该书是由陕西历史博物馆编辑的集历史研究、考古研究、博物馆研究为一体的学术性刊物，收入本辑中博物馆学研究的论文10篇，主要讨论了陕西历史博物馆建馆五年回顾、博物馆陈列艺术和档案管理、馆藏文物的保护技术等。

《上海博物馆集刊》（第七期），上海博物馆馆刊编辑委员会编，上海书画出版社，1996年，334页，彩色图版19幅，16开。

该刊是由上海博物馆编辑的馆刊第七期，收录相关论文25篇，其中有关博物馆文物研究与保护的内容涉及青铜器、瓷器、书画类、木质家具等文物。

《碑林集刊》（四），西安碑林博物馆编，高峡主编，陕西人民美术出版社，1996年，242页，16开。

该刊是碑林博物馆编辑的学术年刊的第四辑，收录有关碑林名碑介绍与赏析、碑志考释、碑林史话等方面的文章37篇，其中博物馆学研究的论文2篇，涉及西安碑林的环境风貌保护、博物馆的安全保卫。

从本辑开始，集刊增设有碑林学人栏目，主要介绍碑林研究专家，本期介绍陕西文博事业的拓荒者武伯纶先生，刊登武伯纶先生年表简编。

《陕西历史博物馆馆刊》（第四辑），陕西历史博物馆编，周天游主编，西北大学出版社，1997年，366页，16开。

该书是由陕西历史博物馆编辑的集历史研究、考古研究、博物馆研究为一体的学术年刊，收入本辑中有关民族博物馆学建设、西北五省博物馆联盟以及陈列设计等博物馆学研究的论文5篇，介绍和研究馆藏文物的文章12篇，涉及唐墓壁画保护、展厅温湿度监控等文物保护方面的论文5篇。

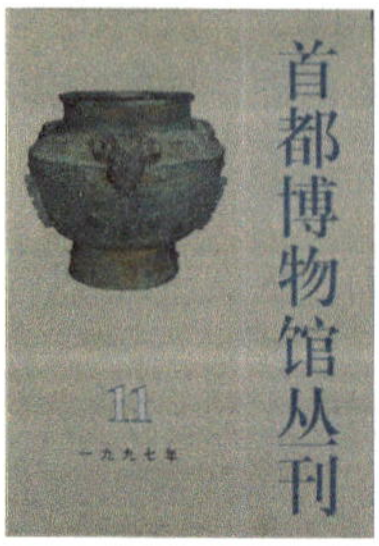

《首都博物馆丛刊》（11），首都博物馆编辑委员会编，荣大为主编，地质出版社，1997年，165页，16开。

该书是连续出版的首都博物馆丛刊的第11辑。本辑开设专题研究、考古文物、古都谈往、博物馆学四个栏目，收录论文28篇。本期有关的博物馆学研究论文有五篇，分别是荣大为《光荣的历程辛勤的耕耘》，程旭《文物陈列的光照环境设计》；陈列部《从党的〈三代领导人展〉谈开去》《关于〈中华百人展〉的设想及若干问题的探讨》《关于藏传佛教造像艺术展若干问题的讨论》。

《陕西历史博物馆馆刊》（第五辑），陕西历史博物馆编，周天游主编，西北大学出版社，1998年，393页，16开。

从本辑开始，陕西历史博物馆馆刊常设栏目调整为九个：①史学研究（以周、秦、汉、唐历史研究为主）；②考古研究（以文物研究为主，不收考古发掘报告）；③简牍与典籍研究（以与陕西历史文化相关者为主）；④民族、宗教史研究；⑤历史地理研究；⑥博物馆学研究（包括文物保护及博物馆管理等）；⑦博物馆工作；⑧学术博览；⑨随笔、札记。

收入本辑中博物馆学与博物馆工作研究论文5篇，主要讨论了博物馆展览的陈列形式设计、多媒体导游展示系统的实践、博物馆的网络建设；文物保护的论文2篇，分别讨论了唐墓壁画的保护技术、考古发掘物的保护方法；陕西历史博物馆馆藏文物赏析与研究的文章8篇。

《开封文博》1998年1～2期（总第17、18期），开封博物馆编，1998年，80页，16开。

该刊是由开封博物馆编辑的连续出版的半年刊，刊登开封地区文物、考古研究以及馆藏文物研究、保护与展示方面的文章。本期收录文章28篇，博物馆工作研究的有《沧桑七十载辉煌看今朝———新落成的河南博物院历史与现状写真》《社区中心化——一场博物馆教育方式的变革》2篇，还有开封博物馆大事记（1997.7～1998.6）。

该刊从2003年起，每期封面刊登一件馆藏文物。2009年后扩版，页码增至120页，2012年为“庆祝开封博物馆建馆五十周年”专刊，至2014年，已连续出版52期。

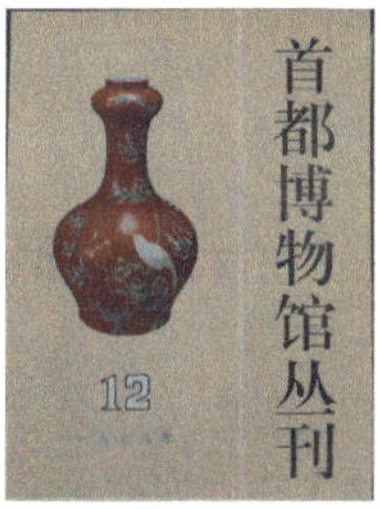

《首都博物馆丛刊》（12），首都博物馆编辑委员会编，荣大为主编，地质出版社，1998年，136页，16开。

本期是首都博物馆丛刊的第12辑。本辑开设有专题研究、考古文物、博物馆学研究、史事资料四个栏目，收录论文25篇。有关的博物馆学研究论文有荣大为《博物馆教育工作笔记》、程旭《序厅设计的几点思考》、葛建军《北京三千余年灿烂历史的见证——〈北京历史文物陈列〉》、陈玉兰《江南六馆巡礼》、赵玉秀《室内陈列文物的保护》5篇。

《陕西历史博物馆馆刊》（第六辑），陕西历史博物馆编，周天游主编，陕西人民教育出版社，1999年，381页，16开。

该书是由陕西历史博物馆编辑的学术性刊物，收入本辑中有关博物馆社会教育、基本陈列形式设计、唐墓壁画的计算机管理等博物馆学研究的论文5篇，馆藏文物研究与赏析的文章8篇，涉及唐墓壁画保护、青铜器保护与修复、文物库房温湿度监控等文物保护方面的论文5篇。

《碑林集刊》（五），西安碑林博物馆编，高峡主编，陕西人民美术出版社，1999年，278页，16开。

该刊是由碑林博物馆主办的专业性学术年刊，本期是连续出版的第五期。本期收录有关碑林名碑介绍与赏析、碑志考释、碑林史话等方面的研究文章47篇，其中博物馆学研究的论文3篇，主要研究了日常生活中的“看”与博物馆中的“观察”、博物馆的图书资料工作和1990～1997年西安碑林博物馆大事记。

《首都博物馆丛刊》（13），首都博物馆编辑委员会编，崔学谙主编，地质出版社，1999年，115页，16开。

本期是首都博物馆丛刊的第13辑。本辑开设论述、古都谈往、考古文物、地方民俗、博物馆学、翻译资料六个栏目，收录论文22篇。

本辑有关博物馆学研究与博物馆工作方面论文有李铁虎《〈纪念北京和平解放50

周年展览〉浅谈》、葛建军《北京三千余年灿烂历史的见证——〈北京历史文物陈列〉续》、沈平《关于〈北京历史文物陈列〉中的展品及其组合》、沈平与董艳梅《谈博物馆的教育职能》、杨敏《计算机与博物馆的现代管理》、董艳梅《讲解与艺术》、葛建军《台湾博物馆管窥》7篇。

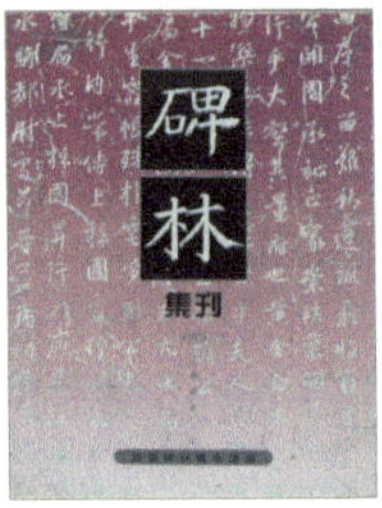

《碑林集刊》（六），西安碑林博物馆编，高峡主编，陕西人民美术出版社，2000年，311页，16开。

该刊是由碑林博物馆主办的专业性学术书刊，每年出版一辑。该书是连续出版的第六期。本期精选有关碑林名碑介绍与赏析、碑志考释、碑林史话等方面的研究文章47篇，其中博物馆学研究的论文3篇，涉及西安碑林与世界文化遗产、博物馆的图书资料工作、关于古建筑的白蚁防治问题。

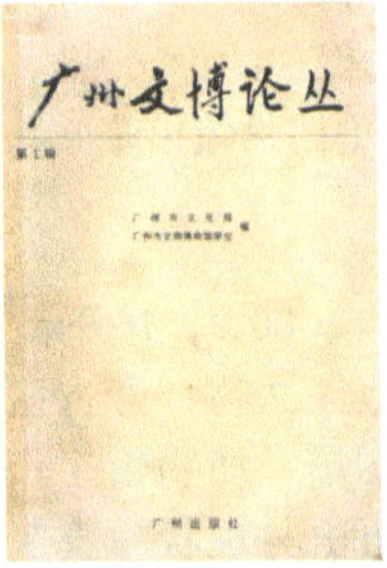

《广州文博论丛》（第1辑），广州市文化局、广州市文物博物馆学会编，广州出版社，2000年，256页，16开。

该书是广州市文化局和广州市文物博物馆学会编辑的学术论文集。该刊致力于探讨不同历史时空下的各种历史文化现象，收集和整理馆藏历史文献、文物及田野考察勘探、考古发掘资料，积极探索并反映文博行业发展特点的陈列展览、宣传教育、文物保护等方面的专题研究。

本辑收录以上各方面的研究论文30篇。

《首都博物馆丛刊》（14），首都博物馆编，崔学谙主编，北京燕山出版社，2000年，264页，16开。

本期是首都博物馆丛刊的第14辑，开设有论述、专题研究、考古文物、古都谈往、博物馆学五个栏目，收录论文40篇，其中有关博物馆学和博物馆工作方面的论文涉及博物馆的陈列展览、社会服务和安全保卫，如《二十一世纪人们需要什么样的博物馆——对首博新馆建设的一点想法》《首博新馆建设专家讨论会综述》《试析〈北京市文博工作50年成就展〉——关于博物馆展陈内容与形式的关系讨论之一》《〈北京历史文物陈列〉及场地之我见》和《试论博物馆陈列展览内容与形式的关系——兼谈〈古都文化展〉》等10篇。

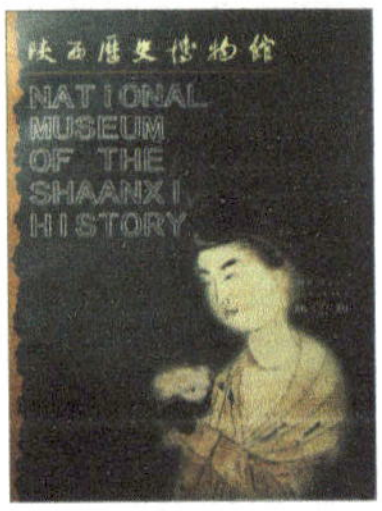

《陕西历史博物馆馆刊》（第七辑），陕西历史博物馆编，周天游主编，三秦出版社，2000年，375页，16开。

该书是由陕西历史博物馆编辑的学术性刊物。在博物馆学研究与博物馆工作方面，收入本辑中有关论文8篇，内容涉及博物馆社会教育、馆藏文物安全保护、陈列设计等方面，另有馆藏文物研究和赏析介绍的文章8篇，涉及文物保护中的黏合剂选择、陶器修复以及博物馆文物修复人员应具备的知识、意大利文物保护工作介绍等论文4篇。

《碑林集刊》（七），西安碑林博物馆编，高峡主编，陕西人民美术出版社，2001年，306页，16开。

本期是西安碑林博物馆主办的学术辑刊的第七辑。本期开设碑林史志、碑志考释、石刻艺术、碑帖咀华、书艺漫笔、文史研究、读碑札记、贞石沧桑、博物馆学、文物丛谈、石刻保护、先贤往迹、书评十三个固定栏目，收录相关论文40篇，其中博物馆学研究的论文2篇，涉及博物馆管理、三星堆文物陈列展览等两个方面。

《陕西历史博物馆馆刊》（第八辑），陕西历史博物馆编，周天游主编，三秦出版社，2001年，464页，16开。

该书是陕西历史博物馆编辑的连续出版的年刊类学术刊物，收入本辑中有关博物馆陈列设计、展览运作、讲解工作等博物馆学与博物馆工作研究的论文8

篇，馆藏文物研究和赏析的文章9篇，涉及青铜器修复、彩陶色彩保护、书画修复等论文4篇。

《首都博物馆丛刊》（15），首都博物馆编，崔学谙主编，北京燕山出版社，2001年，278页，16开。

本期是首都博物馆丛刊的第15辑，开设有论述、专题研究、考古文物、古都谈往、博物馆学五个栏目，收录论文37篇，其中有关博物馆学和博物馆工作方面的论文涉及博物馆的使命、陈列展览、国外博物馆考察等，主要有《建筑狂想曲——多功能博物馆的使命与市场营销》《博物馆陈列的市场定位——首博新馆陈列的思考之一》《新首博青铜器馆陈列框架的构想》《北京文博事业五十周年成就展》和《加美博物馆考察随笔》等10篇。

《深圳文博》，深圳博物馆编，人民出版社，2001年，150页，16开。

该书是深圳博物馆编辑的学术辑刊。本辑开设有民俗采风、先人足迹、近代风云、特区史录、展览精粹、文物研究、学术论坛、文博工作、海外拾珠九个栏目，刊登论文22篇。从2002年开始，该刊正式以“深圳文博论丛”作为刊名，从2003年开始带有年代编号，以区别与往刊。本期由人民出版社出版，2002～2004年三本由中华书局出版，2005年以后六期由文物出版社出版，截止到2014年底，该刊共出刊10期。

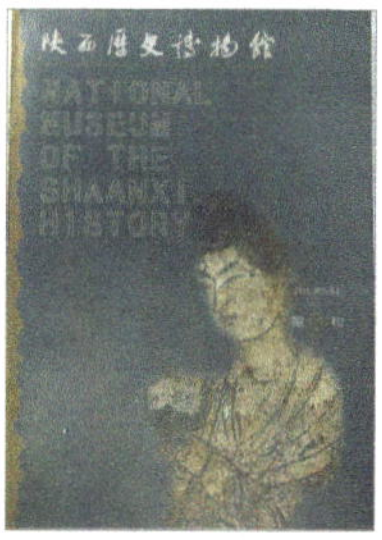

《陕西历史博物馆馆刊》（第九辑），陕西历史博物馆编，周天游主编，三秦出版社，2002年，350页，16开。

该书是由陕西历史博物馆编辑的学术性刊物，收入本辑中有关博物馆陈列主题、陈列内容、观众调查等博物馆学与博物馆工作研究的论文4篇，馆藏文物研究和赏析的文章12篇，涉及文物保护中的黏合剂研制、唐墓壁画保护方法、青铜器修复报告、陶器修复等论文5篇。

《首都博物馆丛刊》（16），首都博物馆编，崔学谙主编，北京燕山出版社，2002年，290页，16开。

本期是首都博物馆丛刊的第16辑，开设有论述、专题研究、考古文物、古都谈往、博物馆学和附录六个栏目，收录论文40篇，其中有关博物馆学和博物馆工作的论文涉及博物馆的服务、陈列、文物保护、博物馆建筑、香港博物馆考察等方面。

《碑林集刊》（八），西安碑林博物馆编，高峡主编，陕西人民美术出版社，2002年，346页，16开。

本期是西安碑林博物馆主办的学术辑刊的第八辑，开设碑林史志、碑志考释、石刻艺术、碑帖咀华、文史研究、新出碑志、读碑札记、六骏研究、贞石沧桑、博物馆学、文物丛谈、文物保护、玺印研究十三个固定栏目，收录相关论文48篇，其中博物馆学研究的论文两篇，涉及市场经济体制下的博物馆管理以及互联网技术在博物馆的应用两个方面。

《博物苑》（创刊号），南通博物苑编，赵鹏主编，2002年，108页，16开。

南通博物苑主办的书刊，是以博物馆学、文物学及地方历史、自然为主要内容的综合性学术刊物。开设栏目有文博论坛、工作平台、藏品鉴赏、收藏天地、说文话物、文史考辨、张謇研究、崇川旧影、乡里锣鼓、访古览胜、濒濠茶坊、动物世界、水资源、绿色长廊、化石天地、沧海桑田、奥妙天空、苑人苑事、南通金石录、咨询台等。内容涉及文博研究、面向社区、张謇研究、大自然、旧文新刊、资讯六个方面。

本期是创刊号，刊登南通市文化局局长黄振平发刊词《学术研究是立苑之本》，专稿有周德芝《抚今追探求真知与时俱进走向未来》、王倚海《传承张謇博物馆思想与实践铸造中国博物第一馆新的辉煌》、赵明远《浅论南通特色博物馆群体的规划和建设》，文博论坛有穆火亘《博物馆的思想建设问题》、宋明明《博物馆的本质——创造》等。工作平台有陈卫平《实现陈列讲解工作的新跨越》、刘伟东《实现博物苑基本陈列特色的思考》、张炽康《与文博工作者谈电脑的运用》，张謇研究有张柔武的《回忆濠南别业》。

《深圳文博论丛》，深圳博物馆编，中华书局，2002年，210页，16开。

该书是深圳博物馆编辑的学术辑刊。本辑开设有民俗采风、先人足迹、近代风云、特区史录、展览精粹、文物研究、学术论坛、文博工作、海外拾珠九个栏目，刊登论文26篇。

《上海博物馆集刊》（第九期），上海博物馆馆刊编辑委员会编，上海书画出版社，2002年，693页，16开。

该刊是由上海博物馆编辑连续出版的馆刊第九期，本期收录相关论文50篇，内容涉及商代青铜器研究、上海博物馆藏秦器、元官印、历代山水画精品研究、上海出土墓志研究等。

《博物苑》（总第2期），南通博物苑编，赵鹏主编，2003年，108页，16开。

南通博物苑主办的连续出版书刊的第2期。本期刊登南通博物苑总体规划和新馆建设论证会专家论证意见，专稿有吴良镛《张謇与南通“中国近代第一城”》、单霁翔《“中国近代第一城”命题的提出意义深远》等，文博论坛有禹梅《张謇办博物馆的动因分析》《“事务公开”实践与理论的探索——以安徽省博物馆为例》等。

《首都博物馆丛刊》（17），首都博物馆编，崔学谙主编，北京燕山出版社，2003年，307页，16开。

该书是首都博物馆丛刊的第17辑，开设有论述、专题研究、考古文物、古都谈往、博物馆学和附录六个栏目，收录论文45篇，其中有关博物馆学和博物馆工作方面的论文有《博物馆工作新观念与博物馆建筑新样态》《博物馆与全球化的思考》《中国的网上博物馆》《博物馆文化与首博新馆陈列》《首博文物保护工作发展思考》《中国的网上博物馆》等11篇。

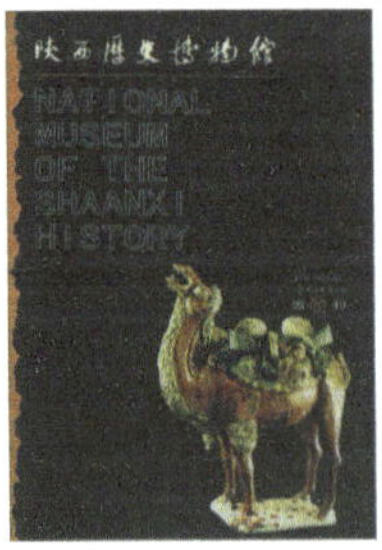

《陕西历史博物馆馆刊》（第十辑），陕西历史博物馆编，周天游主编，三秦出版社，2003年，462页，16开。

该书是由陕西历史博物馆编辑的学术性刊物。本辑中除常设栏目的论文外，还有祝贺《陕西历史博物馆馆刊》十周年的文章，包括贺信贺电、创刊十期的回顾、对已出版十辑的评介等。

收入本辑中有关博物馆学与博物馆工作研究的论文9篇，涉及博物馆陈列展览、藏品管理、宣教工作、审计工作等，馆藏文物研究和赏析的文章16篇，文物保护中的青铜器修复和保护、书画修复等方面的论文4篇。

《深圳文博论丛2003》，深圳博物馆编，中华书局，2003年，296页，16开。

该书是深圳博物馆编辑的学术辑刊。本辑开设有学术论坛、民俗采风、先人足迹、近代风云、特区史录、文博工作、史学研究、聚焦精华、文物鉴赏、速递交流十个栏目，刊登论文39篇，其中有关博物馆有《深圳改革开放史展览内容设计研究》《谈现代博物馆“以人为本”经营理念》《文物摄影技巧》《博物馆展览设计与艺术审美》等。

《碑林集刊》（九），西安碑林博物馆编，高峡主编，陕西人民美术出版社，2003年，368页，16开。

本期是西安碑林博物馆主办的学术辑刊的第九期，开设碑志考释、石刻艺术、碑帖咀华、文史研究、书艺漫笔、新出碑志、读碑札记、六骏研究、博物馆学、文物保护、书评十一个固定栏目，收录相关论文61篇，其中博物馆学研究的论文4篇，涉及博物馆陈列展览的空间设计、文物复仿制的历史与现状、新时期的宣教工作、博物馆的计算机应用等多个方面。

《博物苑》（总第3期），南通博物苑编，赵鹏主编，2003年，108页，16开。

南通博物苑主办的连续出版书刊的第3期。本期专稿有王栋云《弘扬先贤伟业建设文化亮点》、赵明远《让历史文化见证"近代第一城"》，文博论坛有李晖《博物馆主题意识的新思索》、钱红《略论中小型博物馆的人才需求》，宋明明《博物馆如何进入社区——从一次博物馆志愿者的征募说起》，工作平台有陈卫平《张謇纪念馆修建纪略》等。

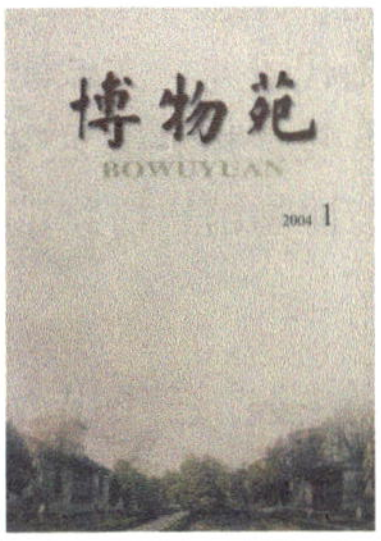

《博物苑》（总第4期），南通博物苑编，赵鹏主编，2004年，108页，16开。

南通博物苑主办的连续出版书刊的第4期。本期开设保护无形文化遗产——梅庵琴派专题，刊登专文8篇。文博论坛有凌振荣《博物馆馆长谈新馆建设——江W苏省博物馆新馆建设专题研讨会记略》，文博百年有赵明远《国家文物局局长单霁翔考察南通文物工作》、秉言《传承历史创造未来——记南通博物苑新展馆建设》、张美英《南通博物苑新自然展馆建设思考》，藏品鉴赏有袁华《南通博物苑藏古琴著录》、康戎《任伯年的〈东山丝竹图〉》、张炽康《万历青花人物果盒》等。

《广西博物馆文集》（第一辑），广西博物馆编，黄启善主编，广西人民出版社，2004年，239页，16开。

广西博物馆文集是以文物、考古、历史、博物馆及收藏、鉴赏为主，集学术性、知识性、鉴赏性为一体、图文并茂的图书，主要以刊登从考古学、历史学、民族学、博物馆学等角度研究广西及岭南地区文博方面成就的论文、考古报告等文稿为特色，同时也登载其他有关文物介绍、文物鉴赏的文稿。每年出版一期，编辑此书的目的是加强学术交流，促进学术研究，积累科研成果和文博资料。

该书第一辑是为纪念广西博物馆成立七十周年而编辑的学术文集，分考古研究、史学研究、文物研究、文物保护、崖画研究、民族民俗学研究和博物馆学研究七个部分，收录论文33篇。其中博物馆学研究中的论文内容涉及馆藏文物保护管理、藏品鉴定、陈列艺术、宣教工作等。

《湖南省博物馆馆刊》（第一期），湖南省博物馆编，陈建明主编，《船山学刊》杂志社，2004年，448页，16开。

《湖南省博物馆馆刊》是湖南省博物馆主办的学术辑刊，一年一辑，内容以马王堆汉墓研究、考古发现与研究、文物研究与鉴赏、历史文化研究、文物保护和博物馆学研究为主，2004年创办，其前身是1982年创刊的《湖南考古辑刊》和1986年以后不定期出版的四期《湖南省博物馆文集》。

该刊常设有五个固定栏目：考古与发现、文物研究、马王堆汉墓研究、收藏与鉴赏、博物馆学研究等，以学术性、资料性为主，旨在展示考古成果，重视博物馆各类藏品的研究与博物馆学的探讨，力求以自己的特色见长。

本期收录马王堆汉墓研究、文物研究、考古与发现、博物馆学研究等方面的论文61篇，其中博物馆学研究的论文3篇，内容涉及博物馆的社会效益、陈列艺术、陈列中藏品的保护等。

《首都博物馆丛刊》（18），首都博物馆编，高凯军主编，北京燕山出版社，2004年，357页，16开。

该书是首都博物馆丛刊的第18辑，设有专题研究、考古文物、古都谈往、博物馆学、中日韩博物馆学术研讨会专稿和附录六个栏目，精选论文52篇。书中有关博物馆学和博物馆工作方面的论文涉及博物馆的科研工作、数字化建设、陈列工作、文物征集、安全防范、境外博物馆考察等方面的论文10篇及中日韩博物馆学术研讨会8篇。

《深圳文博论丛2004》，深圳博物馆编，文物出版社，2004年，284页，16开。

该书是深圳博物馆编辑的学术辑刊。开设有新馆建设、先民足迹、近代风云、特区史录、学术论坛、文博工作、展览精华、艺术撷英、史学理论、文物研究、精品鉴赏、文博动态、海外拾珠十三个栏目，刊登论文41篇，其中有关博物馆工作的论文有《努力建设有中国特色的现代化博物馆》《论深圳博物馆建设的创新优势》《谈现代管理沟通理论在新馆建设中的实践》《浅谈数字化技术在博物馆服务中的应用》《特区博物馆讲解员队伍建设的思考》《浅谈讲解与舞蹈艺术的共通点》等。

《碑林集刊》（十），西安碑林博物馆编，高峡主编，陕西人民美术出版社，2004年，370页，16开。

该书是西安碑林博物馆主办的学术辑刊的第十期，开设碑林研究、碑志考释、石刻艺术、贞石沧桑、孔庙研究、新出碑志、读碑札记、文史论坛、隋代研究、文献天地、古刻咀华、文物丛谈、博物馆学、碑林学人、书评十五个栏目，收录相关论文59篇，其中博物馆学研究的论文5篇，涉及博物馆管理工作、数字化与博物馆、博物馆讲解、陈列设计以及世博会对博物馆的影响等多个方面。

《陕西历史博物馆馆刊》（第十一辑），陕西历史博物馆编，周天游主编，三秦出版社，2004年，493页，16开。

该书是由陕西历史博物馆编辑的学术性刊物，除固定栏目外，收入本辑中有关博物馆社会教育、陈列内容与形式设计、文物档案管理、博物馆数字化、文物包装技术等博物馆学与博物馆工作研究的论文11篇，馆藏文物研究和赏析的文章13篇，涉及文物保护中的唐墓壁画清洗方法、铜器修复技术等论文3篇。

《博物苑》（总第5期），南通博物苑编，赵鹏主编，2004年，108页，16开。

南通博物苑主办的连续出版书刊的第5期。本期开设有专文、文博论坛、说文话物、收藏天地、张謇研究、南通史话、梅庵琴话、崇川旧影、乡里锣鼓、大自然、南通金石录十一个栏目，刊文33篇，其中有关博物馆学与博物馆工作的有黄振平《维护和发扬文化的多样性和连续性——试论博物馆文化与先进文化》、赵明远《简论博物馆的产业发展》、宗建岳《南通市区博物馆资源整合与市场运作问题探讨》、禹之梅《张謇撰〈上南皮相国请京师建设帝国博览馆议〉时间考》等。

《乾陵文化研究》（一），乾陵博物馆编，樊英峰主编，三秦出版社，2005年，255页，16开。

该书是乾陵博物馆主办的连续出版的学术刊物的第一辑。该书从弘扬乾陵文物的角度出发，旨在促进学术研究，加强学术交流，为研究人员搭建发表成果的平台。计划每年出版一期，常设栏目有乾陵史地、乾陵人物研究、乾陵文物丛考、乾陵文物保护、乾陵旅游开发、乾陵学术动态。

本期分为乾陵专题、史地探索、人物研究、石刻发微、壁画分析、文物鉴赏、学术动态、博物馆学和附录九个部分，收录论文31篇。其中博物馆学的论文五篇，分别对博物馆的宣传教育、讲解服务进行专门研究。

至2014年底，《乾陵文化研究》已连续出版八辑。

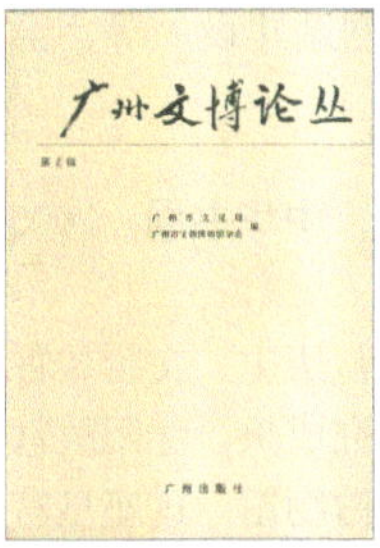

《广州文博论丛》（第2辑），广州市文化局、广州市文物博物馆学会编，广州出版社，2005年，389页，16开。

该书是广州市文化局和广州市文物博物馆学会编辑的学术论文集的第2辑。该书重在收集和整理馆藏历史文献、文物及田野考察资料、考古发掘资料，探索反映文博事业发展特点的陈列展览、宣传教育、文物保护等专题研究。

该书收录论文42篇，关于博物馆学与博物馆工作研究的论文有12篇，内容涉及博物馆的藏品管理与保护、陈列展示和数字化博物馆等方面。

《广西博物馆文集》（第二辑），广西博物馆编，黄启善主编，广西人民出版社，2005年，341页，16开。

本文集是广西博物馆文集的第二辑。本辑设有考古研究、史学研究、文物研究、铜鼓研究、崖画研究、文物保护、民族民俗学研究、博物馆学研究、馆藏文物、文博简讯十个栏目。

本辑收录广西壮族自治区博物馆成立七十周年庆典的相关资料，有关博物馆学研究的论文10篇，内容涉及生态博物馆建设、藏品保护、陈列艺术等。

《自然科学与博物馆研究》（第一卷），周光召主编，高等教育出版社，2005年，217页，16开。

该书以“促进交流，加强合作，共同发展”为基本原则，收录了动物学、植物学、古生物学、人类学、地质学、天文学、科学史、博物馆学等领域的原创性研究论文、综述、学科研究进展，以及探索性短文、科学简报等共27篇。其中博物馆学研究的论文5篇，分别是：中国科学技术馆事业发展历程的回顾、北京自然博物馆暑期观众调查报告、从走向世界之书看1860～1910年国外博物馆状况、北京天文馆新馆设施及功能、麋鹿重引进项目与北京南海子麋鹿苑博物馆。

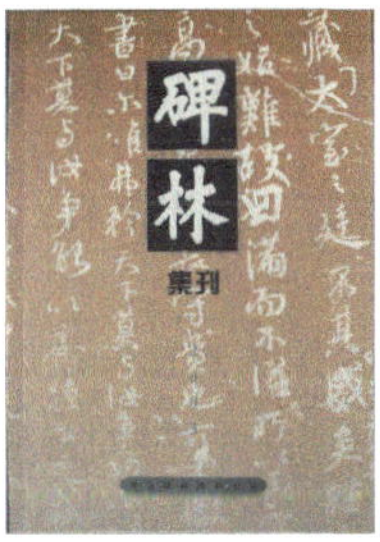

《碑林集刊》（十一），西安碑林博物馆编，高峡主编，陕西人民美术出版社，2005年，400页，16开。

本期是西安碑林博物馆主办的学术辑刊的第十一辑，开设碑林研究、碑志考释、石刻艺术、碑帖咀华、新出碑志、文史论坛、隋代研究、读碑札记、文史论坛、文献天地、古刻咀华、玺印研究、文物保护、博物馆学、碑林学人、新书评介十六个栏目，收录相关论文48篇，其中博物馆学研究的论文3篇，涉及博物馆文物保护、博物馆的观众调查与分析、博物馆文化产品开发三个方面。

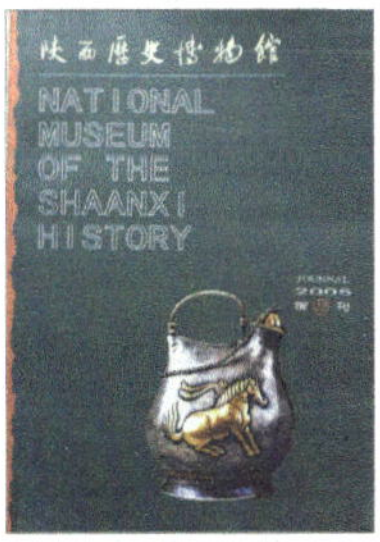

《陕西历史博物馆馆刊》（第十二辑），陕西历史博物馆编，成建正主编，三秦出版社，2005年，329页，16开。

该书是由陕西历史博物馆编辑的学术性刊物。收入本辑中有关博物馆陈列主题、陈列内容、观众调查等博物馆学与博物馆工作研究的论文4篇，馆藏文物研究和赏析的文章12篇，涉及文物保护中的黏合剂研制、唐墓壁画保护方法、青铜器修复报告、陶器修复等论文5篇。

《湖南省博物馆馆刊》（第二期），湖南省博物馆编，陈建明主编，《船山学刊》杂志社，2005年，520页，16开。

该书是湖南省博物馆编辑的集学术性、知识性和鉴赏性为一体的学术书刊。本期开设马王堆汉墓研究、考古发现与研究、文物研究与鉴赏、历史文化研究、博物馆学研究五个栏目，收录论文68篇，78万字。马王堆汉墓研究及湖南地区考古文物研究与鉴赏是该书重点，相关论文占据该书2/3的篇幅，但本期博物馆学研究方面的论文15篇，内容涉及湖南省博物馆改革的实践、陈列设计、秦兵马俑在湖南展览的实践、全国讲解员大赛观感、文物保护研究、赴英国考察博物馆报告等，其中不乏有分量的论文，如《时代呼唤博物馆学理论的创新》《基于公众立场的博物馆网站建设》等，至今仍有新意。

《沈阳故宫博物院院刊》（第一辑），沈阳故宫博物院编，武斌主编，中华书局，2005年，146页，16开。

该书是沈阳故宫博物院编辑的学术研究集刊，主要收录与沈阳故宫历史、文物、古建筑相关的学术论文；兼及清入关前历史、清代满族文化等方面的研究成果。沈阳故宫不仅是一处著名的清代皇家建筑遗存，也是一座有八十年历史的大型博物馆。这座皇宫与清入关前历史、陪都盛京历史和满族文化等都有密切关系。作为正式出版物的《沈阳故宫博物院院刊》，其定位为以清前期历史文化、满族文化及相关历史建筑和文物为主要研究对象的学术刊物，同时兼顾有关历史文化遗产保护方面的学术成果和动态。

本辑开设有沈阳故宫创建三百八十周年学术研讨会论坛、沈阳故宫研究、清文化研究、文物研究等栏目，收录相关论文42篇，其中博物馆学方面的论文3篇，涉及作为世界文化遗产的沈阳故宫博物院的保护开发利用、沈阳故宫的政治文化性、太祖迁都沈阳时间考等问题。

《博物苑》（总第6、7期），南通博物苑编，王倚海主编，2005年，120页，16开。

南通博物苑主办的连续出版书刊的第6、7期合刊。本期是南通博物苑100周年暨中国博物馆事业发展百年专号，开设有南通博物苑100周年暨中国博物馆事业发展百年纪念大会、博物馆与城市发展——中外博物馆馆长高层论坛、中国博物馆事业百年展开展暨南通博物苑新馆开馆仪式、2005年中国博物馆学会南通年会、“百年文博——我与博物馆”大型征文活动文选、苑庆专稿、说文话物、收藏天地、崇川旧影、张謇研究、大自然十一个栏目，刊文40篇。苑庆专稿发表有苏东海《南通博物苑诞生的历史性贡献》、梁吉生《中国博物馆的骄傲——关于张謇及其博物苑的随想》、甄朔南《用当代博物馆的新理念看中国博物馆事业的拓荒人张謇》、吴良镛与何玉如《澄怀创业抱璞含真——南通博物苑迎接百年庆典新馆设计述要》、沈启鹏《张謇精神与文博事业》。

《石门：汉中文化遗产研究2005》，汉中市博物馆编，冯岁平主编，三秦出版社，2006年，220页，32开。

该书是汉中市博物馆主办的专业性学术辑刊，每年出版一期。本辑收录学术论文21篇，其中有关博物馆学研究的论文4篇，涉及“石门汉魏十三品”捶拓、褒斜古栈道陈列、博物馆讲解等方面。

石门文化源远流长，博大精深，是汉中历史文化的精粹，也是汉中文化遗产的代表。该刊意在挖掘、研究和弘扬汉水上游与汉中的历史文化遗产，常设栏目有蜀道及其石刻研究、汉中历史文化探讨、馆藏文物考述、博物馆学探究、汉台文史谈丛、史料文献存真等。

《陕西历史博物馆馆刊》（第十三辑），陕西历史博物馆编，成建正主编，三秦出版社，2006年，338页，16开。

该书是由陕西历史博物馆编辑的学术性刊物。收入本辑中有关博物馆社会教育、陈列展览设计、讲解员培养、藏品管理人员要求等博物馆学与博物馆工作研究的论文10篇，馆藏文物研究和赏析的文章11篇，涉及文物保护中唐墓壁画保护方法、文物保护与修复的化学加固等论文3篇。

《博物苑》（总第8期），南通博物苑编，王倚海主编，2006年，110页，16开。

南通博物苑主办的连续出版书刊的第8期。本期开设文博论坛、藏品鉴赏、收藏天地、张謇研究、南通史话、崇川旧影、乡里锣鼓、大自然、苑丁生活九个栏目，刊文29篇，有关博物馆研究方面论文有王栋云《谈谈博物馆新馆建设》、杨志刚《博物馆管理基础与提升策略》、黄鹤群《南通博物馆事业的现状及发展对策研究》、禹之梅《南通博物苑2006年迎新学术报告会综述》。

《自然科学与博物馆研究》（第二卷），周光召主编，高等教育出版社，2006年，201页，16开。

该书收录了动物学、植物学、古生物学、地质学、天文学、博物馆学及博物馆藏品保护技术等领域的原创性研究论文、综述、学科研究进展以及探索性短文、科学简报等共27篇文章。其内容既包括博物馆、科研院所、大专院校及科普教育等领域的著名专家、学者的最新科研成果，也有青年工作者的创新性、探索性作品。其中博物馆学论文5篇：《中国西部科学院旧址保护与发展构想》《地学类博物馆陈列设计理念与实现方式》《与时俱进的展示理念》《浅谈自然博物馆复合型人才》《科技馆常设展览科普效果评估》。

《乾陵文化研究》（二），乾陵博物馆编，樊英峰主编，三秦出版社，2006年，414页，16开。

该书是乾陵博物馆主办的专业性学术刊物的第二辑，设置栏目有：特约稿件、墓葬新探、人物述评、史地论断、碑志考释、雕刻发微、壁画分析、藏品鉴赏、文物保护等，共收录论文49篇，武则天研究论著索引一篇，其中博物馆学研究的论文10篇，内容涉及博物馆的文化产业、人才培养、宣教服务、信息化建设以及博物馆与市场经济、博物馆与旅游的关系。

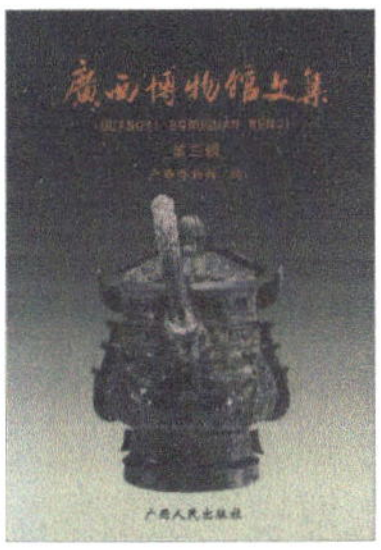

《广西博物馆文集》（第三辑），广西博物馆编，陈远璋、吴伟峰主编，广西人民出版社，2006年，345页，16开。

该书是广西博物馆文集的第三辑，设置有考古研究、史学研究、文物研究、铜鼓研究、崖画研究、文物保护、民族民俗学研究和博物馆学研究、馆藏文物、文博简讯等栏目。

本辑收录论文56篇，其中博物馆学研究中的论文13篇，内容涉及无形文化遗产保护、建设学习型博物馆、陈列设计、博物馆人员职业道德、建设学习型博物馆等。

《国际博物馆——非洲：充满成就的大陆》（第229～230期），联合国教科文组织《国际博物馆》中文版编辑部编，译林出版社，2006年，128页，16开。

《国际博物馆》是由联合国教科文组织编辑的博物馆学期刊，1948年创刊，季刊，以阿拉伯语、英语、法语、中文和西班牙语五种文字在全球出版发行，是关于博物馆和遗产保护问题的权威国际性出版物，是交流有关博物馆和文化遗产的科学和技术信息的主要论坛。20世纪90年代增加了文化遗产方面的信息。该刊以新的编辑思路讨论国家和国际层面上的文化政策、伦理和实践的问题，旨在跨学科（包括人类学、考古学、历史学及艺术历史学、社会学、哲学、博物馆学和经济学等）语境下交流专业知识，交流保护文化遗产的最佳实践，以及如何在不断深刻变化的文化环境下作出政治决策，并提供发生在国际团体中的争论的信息。

该刊作为一本以传播知识为宗旨的学会期刊，其优势在于，它不仅能够为致力于深入解析全球化相关论题的专家学者提供表达空间，还能够有效地传播最新的专业见解。

本期主题是“非洲：充满成就的大陆”，目的是要向读者全面介绍非洲在我们保护及推广文化遗产价值的认识和实践中所占据的重要地位。按照四个板块划分，依次是非洲：充满成就的大陆、非洲的复杂性、未来的任务：回忆与发展、中国的声音，收录论文17篇。

《中国民族文博》（第一辑），民族文化宫博物馆编，李铁柱主编，民族出版社，2006年，573页，16开。

中国博物馆学会民族博物馆专业委员会成立后，积极开展学术活动的组织与研究工作，《中国民族文博（第一辑）》就是其工作成果之一。该书是中国博物馆协会民族博物馆专业委员会、民族文化宫主办的学术刊物。

全书选编62篇论文，文章作者中既有国内外知名的专家，也有青年学者。文章内容涉及民族博物馆建设、民族文物工作、民族文物专题研究、陈列展示与社会服务、田野调查、民族历史文化等，既有理论研究，也有工作研究；既有博物馆综合研究，也有文物专题研究；既有出土文物研究，也有传世文物研究；既有对物质文化遗产的研究，又有非物质文化遗产的研究。

《碑林集刊》（十二），西安碑林博物馆编，赵力光主编，陕西人民美术出版社，2006年，337页，16开。

该书是西安碑林博物馆主办的学术辑刊的第十二辑，开设有碑志考释、新出墓志、石刻艺术、文史论坛、读碑札记、隋代研究、文献天地、碑帖咀华、博物馆学、文物丛谈十个主要栏目，收录相关论文44篇，其中博物馆学研究的论文4篇，涉及博物馆的社会教育、古建博物馆的维修与保护、博物馆信息化工作、"盛世佛光"展览的设计等方面。

《湖南省博物馆馆刊》（第三期），湖南省博物馆编，岳麓书社，2006年，576页，16开。

该书是湖南省博物馆编辑的集学术性、知识性和鉴赏性为一体的学术刊物。本期开设马王堆汉墓研究、考古发现与研究、文物研究与鉴赏、文物保护、博物馆学研究五个栏目，收录学术论文78篇，87万字。本期中博物馆学研究的论文12篇，内容包括数字化博物馆建设、"走向盛唐"展览设计、讲解艺术、县级博物馆的保管工作、马王堆文物主题性游戏开发等。

《国际博物馆：城市生活与博物馆》（第231期），联合国教科文组织《国际博物馆》中文版编辑部编，译林出版社，2006年，126页，16开。

该刊是连续出版的国际博物馆杂志的第231期，是"城市生活与博物馆"专号，收录城市博物馆征集与活动国际委员会首次会议论文，可以细分为三个部分，第一是城市的博物馆与表现城市的博物馆，刊文8篇，第二是当下的姿态，刊文7篇，第三部分是中国的声音，刊登杨建新《博物馆：浙江公共文化服务体系的重要环节》、蔡琴《博物馆与建设社区：以浙江为例》两篇论文。

《沈阳故宫博物院院刊》（第二辑），武斌主编，中华书局，2006年，197页，16开。

本辑出版时恰逢沈阳故宫博物院建院八十周年，因此特辟建院八十周年专栏，其他栏目还有专论、宫史研究、盛京研究、古建今析、文物鉴赏、译文等，内容涉及清代前期历史、沈阳故宫建筑、院藏文物和文物征集等。

本辑中有关博物馆与文化遗产研究的文章是《八十年：我们承载着历史与希望——纪念沈阳故宫博物院建院八十周年》《东都来紫气御殿秘琳琅——为沈阳故宫博物院八十周年作》《沈阳故宫建馆初期展品来源综论》《沈阳故宫博物院一批文物的征集过程》《清入关后盛京皇宫藏珍》《沈阳故宫博物院藏民族文物浅析》《积极探讨建立世界文化遗产地保护与管理的长效机制——2006辽宁省世界遗产地年会综述》等。

《辽宁省博物馆馆刊》（第1辑），辽宁省博物馆编，辽海出版社，2006年，568页，彩色图版6页，插图248幅，16开。

该刊的前身是半年刊的学术杂志《辽海文物学刊》。1997年末，该刊停办。2006年《辽宁省博物馆馆刊》创刊，一年出版一辑。

作为文博专业刊物，《辽宁省博物馆馆刊》以辽河地域文化、辽博馆藏文物、博物馆学与文物保护为对象，兼顾异地的相关研究成果，既立足本馆，力图成为馆内学人发表真知灼见和展示科研成果的一个平台，又面向馆外，诚邀海内外学者发表相关领域的鸿篇高论，携手搭建一个文博学术舞台。

该刊是第一辑，有考古发现与研究、文物鉴赏与研究、历史研究、博物馆学研究、文物保护技术研究五个栏目，收录论文29篇。其中有关博物馆学理论与博物馆工作研究的论文有《展示丰厚文化底蕴服务广大人民群众——辽宁省博物馆新馆开馆工作的回顾的思考》《殖民地博物馆与“他者”意象的再现——三个日本殖民地博物馆的分析比较》《博物馆青少年教育工作探析》《情景剧〈叩开历史之门〉启示录——兼谈青少年教育》《谈博物馆陈列照明》《浅谈科学收藏观与博物馆建设》《博物馆安防管理体系的理论与实践》《做好博物馆图书资料管理的几点体验与思考》等12篇。

《首都博物馆丛刊》（19～20），首都博物馆编，崔学谙主编，北京燕山出版社，2006年，16开。

本期是《首都博物馆新馆建设特辑》，是关于最近开馆的新博物馆的建设与展览的特辑。博物馆搬迁之年的2004年与2005年的《大事记》和《首都博物馆新馆建设工程大事记》作为附录附在后面，资料价值高。本期基本上是由新馆的建设以及展览方面的文章组成的。

《旅顺博物馆馆刊》（创刊号），旅顺博物馆编，2006年，215页，16开。

旅顺博物馆是我国东北地区最早的历史博物馆，旅顺博物馆以丰富而独具特色的馆藏享誉海内外。旅顺博物馆拥有藏品6万余件，主要以大连地区出土文物、新疆文物及中外传世的历史艺术类文物为主体，形成了四大系列，尤以书画、新疆文物、印度犍陀罗佛教造像艺术及罗振玉旧藏文物等最具特色和影响。

该刊鼓励研究人员对旅顺博物馆所藏珍贵文物进行研究，多方揭示文物的价值，为历史研究提供新的资料。该刊开设实践与探索、地方考古与历史研究、青铜器研究、书画研究、陶瓷玉器研究、西域文物研究、历史文献研究、学术交流、博物馆学、博物馆工作、文物保护十一个栏目，收录论文37篇，其中博物馆学与博物馆工作的论文11篇，内容涉及博物馆社会教育、讲解工作、安全保卫等方面。

馆刊为年刊，每年出版一辑。只有2014年和2015年合为一辑，以纪念该刊创办十周年。调整为典藏与珍品研究、东北历史与考古研究、西域文物与历史研究、罗振玉藏品研究、博物馆研究、学术动态与博览六个栏目。

《博物苑》（总第9期），南通博物苑编，王倚海主编，2006年，112页，16开。

南通博物苑主办的连续出版书刊的第9期。本期开设文博论坛、藏品鉴赏、收藏天地、张謇研究、南通史话、崇川旧影、乡里锣鼓、大自然、苑丁生活九个栏目，刊文29篇，其中有关博物馆学与博物馆工作的有王栋云《浅谈地方综合性博物馆的机构设置》、康爱华《基层博物馆开展宣教工作的思考》、王晓捷《基层博物馆文物征集中的未来意识》、徐宁《博物馆与农村文化建设——浅论非物质文化遗产的发掘与保护》、金锋《再谈博物馆的产业行为》、赵翀《浅谈博物馆与文化产业》等。

《石门：汉中文化遗产研究2006》，汉中市博物馆编，冯岁平主编，三秦出版社，2007年，216页，32开。

该书是汉中市博物馆主办的专业性学术辑刊的第二本。本辑收录学术论文22篇，其中有关博物馆工作研究的论文3篇，馆藏文物“石门汉魏十三品”、褒斜古栈道研究2篇，博物馆社会教育等方面。

《深圳文博论丛二〇〇五年—二〇〇六年》，深圳博物馆编，杨耀林主编，文物出版社，2007年，278页，16开。

该书是深圳博物馆连续出版的学术辑刊。本辑开设八个栏目：学术论坛、文化立市、深圳历史、特区史录、文物鉴赏、展览精华、文博工作、海外拾珠，收录文章38篇，其中博物馆学研究与博物馆工作的论文《中英街历史博物馆建馆十周年回顾与展望》《大卫来了——〈意大利贝利尼博物馆文艺复兴艺术作品〉展览》《〈深圳抗日战争图片展〉巡展纪实》《深博〈近现代深圳〉陈列内容设计的若干特点》《博物馆应如何培养高素质的"资深"讲解员》等11篇，具体涉及博物馆陈列展览、高素质资深讲解员的培养、以人为本的博物馆服务、文物保护、瑞典瓦萨古船博物馆、美国博物馆观感等方面。

《沈阳故宫博物院院刊》（第三辑），沈阳故宫博物院编，武斌主编，中华书局，2007年，161页，16开。

该书是由沈阳故宫博物院编辑的学术研究集刊，主要收录与沈阳故宫历史、文物、古建筑相关的学术论文；兼及清入关前历史、清代满族文化等方面的研究成果。本辑收录论文22篇，其中有关博物馆与文化遗产研究的文章有韩春艳的《人人鸥鸟共享世界遗产地——兼论沈阳故宫的旅游文化创意》，苏和的书评文章《为世界遗产传神写照——〈沈阳故宫志〉的编写特色》。

《博物苑》（总第10期），南通博物苑编，王倚海主编，广陵书社，2007年，112页，16开。

南通博物苑主办的连续出版书刊的第10期。本期开设文博论坛、工作平台、藏品鉴赏、收藏天地、张謇研究、南通史话、崇川旧影、大自然、文献整理九个栏目，刊文23篇，其中有王栋云《博物馆与和谐社会》、凌振荣《关于发展多样性博物馆的思考》、张建《博物馆藏品管理中存在的问题及其对策研究》、王晓捷《对基层博物馆彰显藏品地方性的思考》、王倚海《北欧自然历史博物馆现状及其启示》、禹之梅《南通博物苑2006年度学术工作述要》。

《广西博物馆文集》（第四辑），广西博物馆编，陈远璋、吴伟峰主编，广西人民出版社，2007年，334页，16开。

该书是由广西博物馆文集的第四辑，设置有考古研究、史学研究、文物研究、铜鼓研究、崖画研究、文物保护、民族民俗学研究和博物馆学研究、馆藏文物、文博简讯等栏目。本辑收录论文54篇，其中博物馆学研究中的论文内容涉及博物馆经营、文物征集、生态博物馆、陈列设计、博物馆与民间收藏的关系等方面。

《陕西历史博物馆馆刊》（第十四辑），陕西历史博物馆编，成建正主编，三秦出版社，2007年，336页，16开。

该书是陕西历史博物馆连续出版的学术刊物的第十四辑。收入本辑中有关博物馆文化、国际博协关于"博物馆"新定义、国际博协21届大会、陈列展览中的多媒体技术、讲解工作等博物馆学与博物馆工作研究的论文10篇，馆藏文物研究和赏析的文章13篇，涉及文物保护中唐墓壁画保护方法、文物照片保护方法等论文3篇。

《首都博物馆丛刊》（21），首都博物馆编，高凯军主编，北京燕山出版社，2007年，401页，16开。

该刊是首都博物馆丛刊的第21辑，开设专题研究、考古文物、博物馆学研究、工程技术四个栏目。收入论文50篇。本期的博物馆学研究论文有祝敬国《首都博物馆安全技术防范工程设计与反思》、龙霄飞《在享受中学习在娱乐中体验——英国博物馆展览述议》、张杰《公共艺术与博物馆展陈——论博物馆的公共性》、张靓《博物馆：对青少年的吸引作用——博物馆内部分析》、张贵余《交流启发提高——从首都博物馆引进外展中感受博物馆人的敬业精神》、包小琳《优化人才配置增强单位活力——对事业单位人员聘用制的几点思考》、高叶环《对博物馆产品开发工作的一点想法》、王超《纸载的神话——记“西天诸神——古代印度瑰宝展”画册及宣传品设计》、叶萌《博物馆文物管理系统》等。

《国际博物馆》（第235期），联合国教科文组织《国际博物馆》中文版编辑部编，译林出版社，2007年，116页，16开。

《国际博物馆》是经国家新闻出版总署批准、译林出版社主管主办、国内外公开发行的学术期刊，主要栏目有研究报告、文献综述、简报、专题研究。该刊是一个交流有关博物馆和文化遗产的科学和技术信息的主要论坛。

该刊是总第235期，是2007年第2期，本期是“21世纪收藏的风险”专号，收录相关论文10篇，其中有杨志刚《历史与文化视野中的博物馆和收藏》、史吉祥《中国：悠久的收藏国度，新兴的博物馆大国》两篇中国学者的文章。

关于21世纪的收藏，有哪些政治、道德、艺术以及哲学方面的问题？这是本期的主旨。收藏的意义可以归于积淀、保存和展出。然而博物馆的性质与角色之间的区别已经历了重要的演化，迫使我们要重新研究如何在当今解答曾在过去解答过的关于世界性的问题。例如，藏品回归已经掀开了博物馆历史的新篇章，这是不容回避的。正是因为如此才会有收藏方向上的变化，我们也正是带着这个问题来反思收藏活动的机制和目的。

《自然科学与博物馆研究》（第三卷），周光召主编，高等教育出版社，2007年，236页，16开。

该书收录了动物学、植物学、古生物学、地质学、天文学、博物馆学等领域的原创性研究论文、综述、学科研究进展以及博物馆藏品研究和探索性短文、科学简报等共28篇文章，既有博物馆及科普教育等领域专家的科研成果，也有青年工作者的探索性作品。其中博物馆学的论文6篇，分别是：1901～1911年间中国博物馆事业第一次高潮的历史原因分析；以人为本创新文化——博物馆文化建设探析；广东省地质科普的现状、存在的问题与建议；黑龙江嘉荫恐龙国家地质公园的远景规划；用科学的方法传播科学知识；探索博物馆开办夜间活动的新天地——以北京自然博物馆“夜探恐龙世界”亲子活动为例。

《湖南省博物馆馆刊》（第四辑），湖南省博物馆编，陈建明主编，岳麓书社，2007年，590页，16开。

该书是湖南省博物馆馆刊第四辑，开设马王堆汉墓研究、考古发现与研究、文物研究与鉴赏、历史文化研究、博物馆学研究五个栏目，收录论文80篇，其中博物馆学研究的论文8篇，内容包括现代博物馆教育、数字化博物馆建设、全面质量管理体系在博物馆管理中的运用、态势语言在讲解中的、赴加拿大考察博物馆的管理、藏品保护和社会教育报告等。

《沈阳故宫博物院院刊》（第四辑），沈阳故宫博物院编，武斌主编，中华书局，2007年，181页，16开。

该书是沈阳故宫博物院编辑的学术集刊，固定栏目有专论、宫史研究、故宫学研究和世界文化遗产保护、古建研究、文物鉴赏等，内容涉及清代前期历史、沈阳故宫建筑、院藏文物、文物征集等方面。

本辑收录论文22篇，其中有关博物馆和文化遗产研究方面的论文三篇，一是张春雨在辽宁省世界遗产地第二届年会上的讲话《以世界一流的保护、管理、服务和利用为标准以沈阳故宫为龙头打造辽宁省世界文化遗产品牌》，二是张佳生《清沈阳故宫研究》的书评文章《独辟蹊径宫史新篇》，三是沈阳故宫博物院院长武斌的访谈《关于“故宫学”及其在沈阳故宫研究之拓展》，另有“沈阳故宫打造世界遗产品牌研讨会”综述。

《辽宁省博物馆馆刊》（第2辑），辽宁省博物馆编，辽海出版社，2007年，568页，彩色图版6页，插图248幅，16开。

该刊是辽宁省博物馆馆刊的第2辑，开设有考古发现与研究、历史研究、文物鉴赏与研究、博物馆学研究、文物保护技术研究、回忆与怀念六个栏目，收录论文32篇，其中博物馆学与博物馆工作研究的论文有《辽宁省博物馆2007年度阶段观众调查报告》《论旅顺博物馆》《培养博物馆讲解员英文讲解的激情》《浅谈博物馆教育创新》《博物馆社会教育工作创新的几点思考》《中国私人博物馆发展问题浅析》《如何发挥博物馆在中小学素质教育中的作用》《博物馆安防系统报警信号传输技术可靠性研究》《辽宁文博事业的开拓者——深切怀念张拙之同志》等12篇。

《乾陵文化研究》（三），乾陵博物馆编，樊英峰主编，三秦出版社，2007年，348页，16开。

该书是乾陵博物馆主办的专业性学术刊物。该书除固定栏目陵园探索、绘画赏析、石刻考释、人物研究、文史杂谈、博物馆论坛和学术动态外，还设置研讨会专区，收录纪念武则天入葬乾陵1300周年学术研讨会讲话、论文等，其中博物馆学的论文两篇，即《旅游景区中博物馆的经营模式探索》《博物馆的社会教育》。

《广州文博》（壹），广州市文化局、广州市文物博物馆学会编，文物出版社，2007年，319页，16开。

《广州文博》是由广州市文化局和广州市文物博物馆学会编辑出版的学术性刊物，创刊于1981年，原为内部刊物，作为广州文博工作者交流的园地，旨在加强文博单位之间的联系，促进学术研究和交流，推动广州文博事业的发展。从2007年起由内部刊物改为正式出版物，该刊是第一辑，设置有博物馆建设、导师论史、古代史研究、近代史研究、馆藏文物研究、考古发现与文物保护、博物馆学研究七个栏目，收录学术论文23篇。

《中国民族文博》（第二辑），民族文化宫博物馆编，李铁柱主编，辽宁民族出版社，2007年，678页，16开。

该书是中国博物馆学会民族博物馆专业委员会与民族文化宫合办的学术刊物的第二辑。

本辑精选了来自全国民族与民族地区博物馆的调研报告20余篇，专题研究论文40余篇，涉及了馆藏民族文物的数量和分类、界定和定级等方面内容。

《旅顺博物馆学苑》，郭富纯主编，吉林文史出版社，2007年，202页，16开。

该书的前身是经过一年多试刊的《旅顺博物馆馆刊》，从本期改为学苑，年刊，吉林文史出版社出版，每年一辑。开设九个栏目：考古研究（以文物研究为主，不收考古发掘报告）；史学研究（以东北史研究为主）；西域文物研究；民族、宗教史研究；馆藏精品研究；博物馆学研究（大连地区博物馆陈列展览设计心得、文物保护研究、博物馆管理）；博物馆工作研究（对外文化交流体会、重要人物来访、学术讲座、学术会议信息等）；随笔、札记（学术简介、读书心得、学术争鸣等）；学术博览（文物考古新发现、书刊评价、重要论文摘要、国内外有关学术动态等）。

本辑设有纪念旅顺博物馆90周年、地方史与历史研究、青铜器与瓷器研究、佛教艺术研究、书画研究、近代史研究、博物馆学研究、学术交流等栏目，收录纪念文章和38篇，其中博物馆学与博物馆工作研究方面的论文有韩行方《旅顺博物馆历史沿革

札记》、史吉祥《对博物馆教育的发生历史考察——丹麦皇家古物博物馆主题陈列出现的前前后后》、孙传波《精品荟萃异彩纷呈——旅顺博物馆赴日本青森县举办文物展精品综述》等12篇。

《博物苑》（总第11期），南通博物苑编，王栋云主编，广陵书社，2008年，112页，16开。

南通博物苑主办的连续出版书刊的第10期。从本期开始介绍南通地区博物馆，本期封二刊登南通纺织博物馆简介。本期栏目有特稿、大家讲座、文博论坛、工作平台、文史考辨、藏品鉴赏、收藏天地、张謇研究、南通史话、崇川旧影、大自然、文献整理十二个栏目，刊文31篇，其中有金杏宝《地方博物馆的收藏策略和实践》、安来顺《博物馆专业化进程与当代博物馆新特征》、蒋迎春《企业收藏与企业博物馆》、王栋云《继承先贤伟业，传播江海文明——关于南通博物苑未成年人思想道德教育工作的思考》、王倚海《和谐文化与遗产保护》、凌振荣与吴雪平合著《南通文化遗产述略》。

《石门：汉中文化遗产研究2007》，汉中市博物馆编，冯岁平主编，三秦出版社，2008年，275页，32开。

该书是汉中市博物馆主办的专业性学术刊物，该书是2007年年刊。该刊开设蜀道及其石刻研究、汉中历史文化探讨、馆藏文物考述、博物馆学探究、汉台文史谈丛、史料文献存真六个栏目，收录论文28篇，其中博物馆学研究论文2篇，内容涉及博物馆与社会、博物馆的陈列工作。

《深圳文博论丛二〇〇七年》，深圳博物馆编，杨耀林主编，文物出版社，2008年，233页，16开。

该书是深圳博物馆编辑的学术辑刊，分学术研究、特区历史、考古工作、文物收藏、陈列设计、文博园地和他山之石七个栏目，收录论文32篇。有关博物馆方面的论文有《中国博物馆发展研究》《深圳博物馆发展机遇与挑战》《博物馆藏品的预防性保护》《澳大利亚文化艺术场馆的经营管理对深圳的启示》《实用服务礼及其对博物馆形象的提升作用》《对〈近代深圳〉陈列方案的思考》《博物馆基本陈列与科学研究》等12篇，内容涉及博物馆的陈列展览、社会教育、文物保护、宣传推广、经营管理以及深圳博物馆历史与现状、服务礼仪及其对博物馆形象的提升作用。

《宁夏固原博物馆馆刊》，宁夏固原博物馆编，2008年，81～165页，16开。

该书是宁夏固原博物馆编辑的内部学术性刊物，半年刊。馆刊开设学术研究、考古调查、文博论坛、科技保护、史籍考究、人物春秋、遗址调查、展陈教育、文博随笔、馆藏精品文物、固博信息等栏目，主要收录该馆和固原地区文博人员的相关文章。

该刊自2008年创刊以来，到2014年12月，已经连续出版14期，刊发地方历史、文物、博物馆方面的研究文章百余篇。

《碑林集刊》（十三），西安碑林博物馆编，赵力光主编，陕西人民美术出版社，2008年，345页，16开。

本期是西安碑林博物馆主办的学术辑刊的第十三辑，开设有碑林史志、碑帖咀华、石刻艺术、碑志考释、新出碑志、读碑札记、文史论坛、隋代研究、文献天地、文物保护、博物馆学十一个栏目，收录相关论文45篇，其中博物馆学研究的论文4篇，涉及西安碑林博物馆石刻艺术馆陈列设计、博物馆营销、志愿者管理、纪念西安碑林九百二十周年华诞国际学术研讨会综述。

《天津文博论丛》（第1集），天津文博院编，李家璘主编，天津人民出版社，2008年，461页，16开。

该书分为博物馆历史回顾、博物馆基础理论研究、藏品管理与文物保护技术、博物馆陈列设计、博物馆宣传教育、博物馆技术、标本制作、文物安全与文物法、博物馆与旅游、编译、域外见闻、其他十二个部分，收录有关论文50余篇，内容涉及天津博物馆事业的诞生及发展现状、博物馆管理、社会教育、藏品保护与修复、陈列展示、数字化博物馆、生态博物馆、域外博物馆介绍等。

《国际博物馆》（第237～238期）（全球中文版），联合国教科文组织《国际博物馆》中文版编辑部编，译林出版社，2008年，116页，16开。

该刊是《国际博物馆》全球中文版的2008年第1～2辑，本期主题是“语言：在遗产与发展之间”，收录潘守永《博物馆与非物质文化遗产保护》、董玉琴《在传播科学中传承文明——构建可持续发展的自然历史博物馆》、苏东海《生态博物馆的思想及中国的行动》、宋向光《中国当代私立博物馆的发展》、单霁翔《文化遗产保护科学技术发展辩证思考》、李文昌《发展中的中国数字化博物馆》、陈国宁《台湾博物馆与文化意识的发展》等15篇论文。

《国际博物馆》（全球中文版）以《国际博物馆》杂志原始内容为基础，优选中国学者关于博物馆学研究的论文，内容从博物馆延伸到文化遗产领域的各个方面，鼓励跨学科、跨领域的研究，是国际化和学术多元化的学术刊物。

《博物苑》（总第12期），南通博物苑编，王栋云主编，广陵书社，2008年，120页，16开。

《博物苑》是南通博物苑于2002年创办的苑刊，是以博物馆学、文物学及地方历史、自然科学为主要内容的综合性学术半年刊，开设有专文、文博论坛、工作平台、收藏天地、文史考辨、崇川旧影、南通史话、大自然、域外行知、文化随笔和工作回顾等栏目。本期刊发了一组由梁吉生先生发起的与苏东海、甄朔南、杨志刚、史吉祥、严建强、宋向光先生的一组通信。除此之外，还刊登博物馆与传媒的文章，试图讲述博物馆与传媒之间的故事，如《博物馆与现代传媒运作趋势略论》《中国博物馆的办馆理念需要在学习中创新》等。封二刊登中国审计博物馆简介。

《广西博物馆文集》（第五辑），广西壮族自治区博物馆编，吴伟峰、黄启善主编，广西人民出版社，2008年，300页，16开。

该书是广西博物馆文集的第五辑。本文集的固定栏目有考古研究、史学研究、文物研究、铜鼓研究、文物保护、民族民俗学研究和博物馆学研究、馆藏文物、文博简讯。

本辑收录以上内容的论文51篇，其中博物馆学与博物馆工作研究中的论文9篇，内容涉及博物馆社会教育与讲解工作、免费开放后的博物馆管理、多媒体技术在博物馆陈列中的运用等。

《国际博物馆——语言：在遗产和发展之间》（第239期），联合国教科文组织《国际博物馆》中文版编辑部编，译林出版社，2008年，116页，16开。

该刊是《国际博物馆》全球中文版的2008年第3辑，本期主题是“语言：在遗产与发展之间”，收录莫罗·罗西与张沫的《联合国教科文组织与语言：致力于文化与发展事业》、戴维·克里斯特尔和韦清琦的《伦敦语言博物馆》、雷虹霁《语言资源，国家认同及其在中国当代博物馆中的缺失》等论文11篇，书末有曹兵武先生的《塑造未来：博物馆收藏的新动向——〈国际博物馆〉第235期读后絮语》，介绍该刊第235期的文章论点。

《法门寺博物馆论丛（第一辑）：法门寺博物馆建馆二十周年学术讨论会论文集》，法门寺博物馆编，三秦出版社，2008年，427页，16开。

该书是法门寺博物馆建馆二十周年学术讨论会论文集，收入参加学术研讨会的相关论文47篇，内容涉及法门寺博物馆建馆历史回顾、法门寺文物研究与保护、唐代文物研究、佛教文化研究、博物馆学与博物馆工作研究等，其中博物馆学与博物馆工作研究的论文10篇，内容涉及博物馆免费开放、馆藏文物保护、文物外展工作回顾、博物馆讲解工作、文物安全监控等。

《首都博物馆丛刊》（22），首都博物馆编，高凯军主编，北京燕山出版社，2008年，270页，16开。

本期是首都博物馆丛刊的第22辑，开设专题研究、考古文物、博物馆学研究、工程技术等栏目，收录论文51篇。本期有关的博物馆学研究的论文有程旭、韩冰《穿越时空的回响——工业遗产之京张铁路青龙桥火车站遗存改造方案》、杨丹丹《博物馆大社教理念多元探索》、陈静《论免费开放形式下首都博物馆的对外开放管理》、薄海昆《用精巧的陈列语言讲述人类灿烂文明——浅析大英博物馆固定陈列的内容及优点》、黄小钰《试论中国生态博物馆管理的主体》、张贵余《浅谈春节民俗对构建和谐社会的作用与影响点》、高叶环《创意：文化融入公众生活——关于首都博物馆文化产业发展的思考》、张杰《创首都博物馆之优立世界博物馆之林——从首都博物馆社教部组织的社会调查报告说起》、齐月和谢勇《关于博物馆图书工作的探讨》。

《沈阳故宫博物院院刊》（第五辑），沈阳故宫博物院编，武斌主编，中华书局，2008年，159页，16开。

该书是由沈阳故宫博物院编辑的学术集刊，定位为以清前期历史文化、满族文化及相关历史建筑和文物为主要研究对象的学术刊物，同时兼顾有关历史文化遗产保护方面的学术成果和动态。本辑收录"明清宫廷建筑文化"学术研讨会论文以及《辽宁文化符号与文化定位研究报告》《"闯关东"现象研究》《沈阳故宫书画文物藏品介绍与研究》《满族宗教信仰及民俗研究》等。

《乾陵文化研究——丝路胡人与唐代文化交流学术讨论会论文集》（四），乾陵博物馆编，樊英峰主编，三秦出版社，2008年，527页，16开。

该书是丝路胡人与唐代文化交流学术讨论会的论文选集。书中内容包括：丝路胡人与唐代文化交流学术研讨会简报、唐代胡人探索、唐代胡俑研究、唐代民族分析、唐代文化述论、武则天与乾陵，收录论文51篇。

《南京博物院集刊》（10），南京博物院编，文物出版社，2008年，184页，16开。

该书是连续出版的《南京博物院集刊》的第10期，从本期开始作为公开出版发行的刊物面世，由文物出版社出版。该刊主要登载南京博物院一年一度的科学报告会论文，以考古论述、考古调查报告为主，还要古代史、近代史研究，文物研究、博物馆学、艺术史、历史地理、古代建筑和文物保护等方面的论文和报告，以反映南京博物院专业人才结构和学术研究水平。

该刊栏目有文博论坛、考古探索、文物保护、文物研究、古文字论丛、博物馆实践与理论、书画论丛、文物保护、青年论坛、学海钩沉、文物市场、学术动态等，收录论文28篇，其中有关博物馆学研究与博物馆工作的论文涉及博物馆要做和谐社会的促进者、和谐文化与博物馆、博物馆陈列展览的实施、博物馆的社会教育等方面。

《辽宁省博物馆馆刊》（第3辑），辽宁省博物馆编，辽海出版社，2008年，822页，彩色图版8页，16开。

该刊是辽宁省博物馆馆刊的第三辑，设有考古发现与研究、文物鉴赏与研究、历史研究、博物馆学研究、文物保护技术、回忆与怀念六个栏目，收录文章77篇。博物馆学研究的文章有《伪满奉天博物馆的成立与首任馆长杨钟羲》《博物馆基本解说词的创作原则与文学性》《博物馆免费开放的思考》《再谈博物馆开展观众调查研究的重要性》《浅谈博物馆民间流散文物征集工作》《谈博物馆流动展览进校园的重要作用》《论民族博物馆与民族传统文化展示》《博物馆安防系统典型入侵探测器技术》等19篇。

《浙东文化》（创刊号），宁波博物馆编，孟建耀主编，上海古籍出版社，2008年，111页，16开。

《浙东文化》是在宁波博物馆建馆之际创办的学术文集，该刊以“自由思考、大胆求素、传承学术、创新理论”为主旨，以文化的多样性、学术的前沿性和鲜明的学科性，图文并茂，装帧版式的国际化为特色。1997年试刊，1998年正式出版（如图）。

自2008年12月始，每年由上海古籍出版社出版两辑，仍以集刊形式发表当今国内外博物馆领域乃至与浙东文化相关学科的最新研究成果，努力成为实践中国博物馆科学发展之探索者。

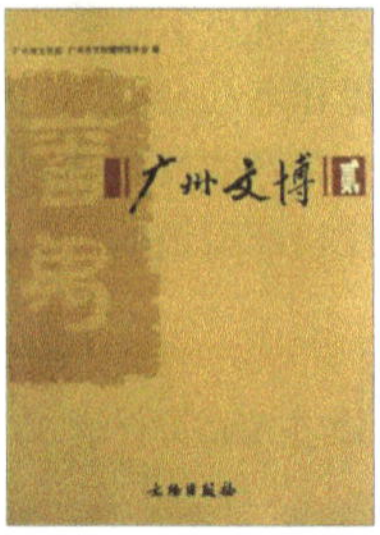

该刊分为宁波论坛、博物馆学研究、宁波人与中国博物馆、博物馆建筑研究、陈列展示研究、藏品研究、越窑青瓷研究、遗产文学八个部分，收录论文16篇。

《广州文博》（贰），广州市文化局、广州市文物博物馆学会编，文物出版社，2008年，317页，16开。

《广州文博》是由广州市文化局和广州市文物博物馆学会编辑出版的学术性刊物，该书是第二辑。本辑设有博物馆建设、导师论史、古代史研究、近代史研究、馆藏文物研究、考古发现与文物保护、博物馆学研究七个栏目，收录学术论文30篇。其中有关博物馆学方面的论文有《广州博物馆建馆八十周年记》《广州博物馆藏西班牙银币略考》《当前博物馆展陈设计的几点思考》等。

《自然科学与博物馆研究》（第四卷），周光召主编，高等教育出版社，2008年，16开。

该书收录了动物学、植物学、地质学、天文学、博物馆学等领域的原创性研究论文、综述、学科研究进展，以及探索性短文、科学简报等共23篇文章，其中博物馆学研究的论文8篇，分别是：自然博物馆标本信息数字化研究进展、最近15年日本新建自然史博物馆的展示、试论电子杂志与博物馆营销的关系、浅谈地方性地质博物馆的建设、建设黑龙江省博物馆鱼类展厅的构想、台中科博馆科学传播活动初探、北京天文馆光学天象厅设备选型初探、充分利用自然博物馆资源的课外活动设计——以探究螺壳的结构与功能为例。

《沈阳故宫博物院院刊》（第六辑），沈阳故宫博物院编，武斌主编，中华书局，2008年，167页，16开。

该书是由沈阳故宫博物院编辑的学术集刊。本院刊旨在努力发扬以往的学术传统和沈阳故宫古建筑、文物资源方面的优势，定位为以清前期历史文化、满族文化及相关历史建筑和文物为主要研究对象的学术刊物，同时兼顾有关历史文化遗产保护方面的学术成果和动态。

本辑内容包括第七届中日韩博物馆国际学术研讨会论文、清宫历史文化、辽海文化三方面。其中博物馆学方面的论文10篇，涉及博物馆的社会责任、公共形象、服务功能、文化定位、与社区的关系、如何利用现代传媒等。

《陕西历史博物馆馆刊》（第十五辑），陕西历史博物馆编，成建正主编，三秦出版社，2008年，359页，16开。

该书是由陕西历史博物馆编辑的学术性刊物。收入本辑中有关博物馆免费开放、社会教育、陈列展览设计、藏品管理等博物馆学与博物馆工作研究的论文14篇，馆藏文物研究和赏析的文章10篇，涉及铜器保护、壁画保护的论文2篇（左侧封面仅供参考）。

《国际博物馆——博物馆：价值、经营与传播》（2008年特刊），联合国教科文组织《国际博物馆》中文版编辑部编，译林出版社，2008年，116页，16开。

《国际博物馆》2008年特刊是“《国际博物馆》与中国遗产保护论坛”的论文合集，主题为“博物馆：价值、经营与传播”，由曹兵武先生特约主编。内容分为“博物馆价值与文化”“博物馆经营与管理”“博物馆展示与传播”和“博物馆免费开放问题”等四个版块，共收录来自国内博物馆界专家、学者的相关论文三十余篇。这些文章基本涵盖了当前中国博物馆界大家关注的热点问题，其中“博物馆免费开放问题”不仅是今年年初政府大力推动博物馆向公众免费开放以来最集中的一次探讨，而且一些文章具有相当的理论深度，值得推荐。

从2006年起，《国际博物馆》杂志就始尝试和凤凰出版传媒集团译林出版社合作出版全球中文版。2008年借北京奥运会契机，推动中国文化融入全球对话，译林出版社和《国际博物馆》总部特别策划在2008年第237～238期合刊以多种文字在全球同时出版题为“古老的中国，崭新的博物馆”的《国际博物馆·中国专号》，向世界介绍中国博物馆界的最新动态。为配合这一专号，2008年5月8～9日，“《国际博物馆》与中国遗产保护论坛”在北京故宫博物院举办。论坛由凤凰出版传媒集团、联合国教科文组织、中国博物馆学会、国际博协中国国家委员会及中国文化遗产研究院主办，译林出版社及中国文物报社承办，论坛上同时举行了由《中国文物报》和《国际博物馆》《中国博物馆》《中国博物馆在线》等媒体发起的中国博物馆学会传媒专业委员会成立大会。文化部副部长、故宫博物院院长郑欣淼，国家新闻出版总署副署长李东东，国家文物局副局长张柏，联合国教科文组织出版部部长伊安·丹尼森，凤凰出版传媒集团总经理陈海燕、副总经理吴小平，译林出版社社长顾爱彬，中国文物报社社长张囤生等出席了论坛并分别致辞。

在文博界，博物馆是最大的一个分支，但是博物馆的媒体相对较少，《国际博物馆》全球中文版引进之前仅有《中国博物馆》和《博物馆研究》两本专门刊物。当然，很多文博单位的文博刊物中刊登了不少博物馆方面的文章，但是博物馆宣传阵地是相对较弱的。此次《国际博物馆》全球中文版的加盟，大大加强了中国博物馆传媒的力量。

《国际博物馆：水下文化遗产》（第240期），联合国教科文组织《国际博物馆》中文版编辑部编，译林出版社，2008年，128页，16开。

本期是连续出版的《国际博物馆》的总第240期，本期主题是水下文化遗产。论文分为四个部分：勘探与保护，刊文4篇；为何要出台国际公约？刊文3篇；新前沿，新概念，刊文3篇；中国的声音，收录魏峻《中国水下文化遗产保护现状与未来》、栗建安《中国水下考古“六大发现”——海上丝绸之路上的中国古代外销瓷》、孙健《绥中三道岗元代沉船的发现》。正文论文之后是中国博物馆资讯，刊末是下期主题预告和稿约。

《博物苑》（总第13期），南通博物苑编，王栋云主编，广陵书社，2009年，114页，16开。

南通博物苑主办的连续出版书刊的第13期。封二刊登中国体育博物馆南通馆简介。本期栏目有文博论坛、域外行识、文史考辨、藏品鉴赏、收藏天地、张謇研究、崇川旧影、南通史话、书前书后、大自然、旧文新刊十一个栏目，与博物馆学和博物馆工作相关的有王栋云《南通免费开放的经验与启示》、宋明明《博物馆热中的冷思考》、古生《我国博物馆学研究需要规范》、陈卫平《地方中小型博物馆推进数字博物馆建设的思考》、吴栋林《博物馆在旅游中的地位和作用》、王国慧《卢浮魅影——外刊综述之博物馆》等。

《沈阳故宫博物院院刊》（第七辑），沈阳故宫博物院编，武斌主编，中华书局，2009年，167页，16开。

该书是由沈阳故宫博物院编辑的学术集刊的第七辑，收录有关满族文化及相关历史建筑和文物论文以及文化遗产保护方面的论文25篇，其中“明清宫廷建筑文化”学术研讨会发言摘要5篇及学术研讨会综述，有关文化遗产保护与利用方面的论文4篇：北京故宫与沈阳故宫的比较研究、沈阳故宫建筑群的完整性研究、沈阳故宫早期建筑与满族民居习俗、沈阳故宫建筑彩画现状的评估与断代等。

《碑林集刊》（十四），西安碑林博物馆编，赵力光主编，三秦出版社，2009年，483页，16开。

本期是西安碑林博物馆主办的学术辑刊的第十四辑，开设新出碑志、碑志考释、石刻艺术、碑林研究、文献天地、文物丛谈、文史论坛、读碑札记、博物馆学九个栏目，收录相关论文58篇，其中博物馆学研究的论文10篇，涉及博物馆的宣教工作、文化产业、藏品陈列中的文物保护、博物馆的财务管理、博物馆的项目投资管理、博物馆的图书服务工作等多个方面。

《茂名文博》，茂名市博物馆编，2009年，48页，16开。

该书是茂名市博物馆馆刊，主要栏目有：文博研究、文博杂谈、考古发现、民间收藏、文物百科、文博动态、文博趣谈等。其办刊目的是为进一步宣传茂名的历史文化和市博物馆的工作动态以及研究成果，与博物馆同行互通信息、交流工作经验，促进茂名市博物馆各项事业再上新的台阶。

《湖南省博物馆馆刊》（第五辑），湖南省博物馆编，陈建明主编，岳麓书社，2009年，633页，彩图106幅，16开。

该书是湖南省博物馆馆刊的第五辑，开设青铜器研究、马王堆汉墓研究、考古发现与研究、文物研究与鉴赏、历史文化研究、文物保护、博物馆学研究七个栏目，收录论文88篇，其中博物馆学研究的论文5篇，内容包括免费开放条件下博物馆体制机制改革的相关思考、博物馆展示设计的发展与变化、中外博物馆社会资金利用的比较分析、信息时代博物馆传播的策略与途径、博物馆的数字化建设等。

《石门：汉中文化遗产研究2008》，汉中市博物馆编，冯岁平主编，三秦出版社，2009年，352页，32开。

该书是汉中市博物馆主办的专业性学术刊物，该书是2008年年刊，是中国石门十三品学术研讨会论文集。该刊开设中国古代石刻研究、汉中文化遗产探究两个栏目收录论文36篇，其中有关博物馆学研究的论文2篇，内容涉及博物馆的精神家园、博物馆的讲解工作。

《国际博物馆——文物的归还：雅典会议》（第241～242期），联合国教科文组织《国际博物馆》中文版编辑部编，译林出版社，2009年，156页，16开。

本期《国际博物馆》是241与242期合刊，本期是“文物的归还：雅典会议”专号，收录相关论文20篇。论文按照主题分为九个板块：大津巴布韦鸟的重聚，刊文2篇；UTIMUT归还计划栏目，刊文2篇；纳林杰里祖先遗骸的回归栏目刊文2篇；阿克苏姆方尖碑的回归蓝妹妹刊文5篇；道德与法律栏目收录乌多・格斯瓦尔特《国际博协关于要求归还文化财产的声明》、保罗・乔治・费里《博物馆与文物原属国之间的新型合作方式》等论文5篇；调停与文化外交栏目刊文3篇；博物馆、遗址和文化背景栏目收录莫里亚・辛普森《博物馆与归还的正义：遗产、归还与文化教育》、李・罗森鲍姆《艺术史与考古学相联结：有感于美国博物馆的文化背景》等论文4篇；国际合作与研究栏目刊文三篇；会议总结与结论，收录埃琳娜・科尔卡《雅典会议总结与结论》；在中国的声音栏目中收录曹兵武《中国索还走私文物案例》，另有中国博物馆资讯。

《深圳文博论丛二〇〇九年》，深圳博物馆编，杨耀林主编，文物出版社，2009年，280页，16开。

该书是深圳博物馆新馆建设专辑，收录论文较前四辑更多，开设有综合论述、展陈研究、公共服务、地方史研究、数字化建设、工作纪实六个栏目，收录论文45篇。在综合论述方面有《论深圳博物馆的建设》，展陈研究有《精心设计推陈出新——〈古代深圳〉陈列筹办有感》《谈深圳博物馆新馆展陈的探索和实践》《深圳博物馆新馆儿童馆设计思想》《考古摄影测量在博物馆展陈中的应用》《非物质文化遗产的博物馆化保护与研究》。有关博物馆公共服务的论文有《浅析免费开放给博物馆事业带来的影响》《深港博物馆比较研究》《深圳博物馆志愿者工作探索》《谈博物馆的标志设计》《对深圳博物馆衍生产品研发的思考》《关于深圳博物馆建立公共文化服务体系的思考》《关于深圳博物馆临时展览的几点思考》《做好接待国家领导人工作的几点思考》《论如何提高讲解服务水平》《形象大使——博物馆讲解员的新角色》《略谈博物馆的外语讲解工作》《〈国家宝藏〉展览讲解有感》《〈国家宝藏〉讲解记》《青铜器讲解技巧——以〈晋国霸业〉展览为例》数字化建设的论文有《深圳博物馆数字化采集工作之我见》《简析深圳博物馆改革开放历史研究知识库系统》《多通道视频边缘融合技术在数字化博物馆中的应用》《RFID技术在数字博物馆建设中的应用》。博物馆工作纪实的论文有《从筹建到开馆——深圳博物馆新馆建设纪实》《新馆开馆前的两大战役——改革开放史研究部2008年工作纪实》《国宝走鹏城——记〈国家宝藏〉在深圳展出》《国宝走鹏城——记〈国家宝藏〉在深圳展出》《浅谈〈国家宝藏〉展览的策划和陈列设计》《〈国家宝藏——中国国家博物馆典藏精品展〉回顾》《深圳〈国家宝藏〉展浅议》《深圳博物馆馆藏金漆木雕文物的清理》《〈古代深圳〉筹展期间的轶闻趣事》等从各方面探讨了博物馆陈列艺术、讲解服务，以及国外文博最新发展成果等方面。因编著者身处特区，视角和观念都比较新颖，所以书中收录的文章具有一定的借鉴意义。

《广西博物馆文集》（第六辑），广西壮族自治区博物馆编，陈远璋、吴伟峰主编，广西人民出版社，2009年，386页，16开。

该书是广西博物馆文集的第六辑。本辑开设有博物馆学研究、考古研究、史学研究、文物研究、文物保护、民族研究、铜鼓研究、地名研究、书画鉴赏、文物与旅游、考古发掘、文物资料、文物简讯、其他十四个栏目，收录论文63篇，纪事及简讯15篇，介绍了该馆科研工作的研究进展和科研资讯。

本辑收录论文43篇，其中博物馆学研究中的论文内容涉及博物馆社会教育、经营服务、文物征集、生态博物馆、陈列设计等。

《国际博物馆——光辉50年：ICCROM纪念专号》（第243期），联合国教科文组织《国际博物馆》中文版编辑部编，译林出版社，2009年，120页，16开。

本期《国际博物馆》是特别纪念国际文化财产保护与修复研究中心（ICCROM）成立50周年的专号。1956年，在新德里举行的全体大会上，UNESCO 决定创建这一政府间机构，半个世纪来ICCROM的卓越表现堪称典范。现在UNESCO和ICCROM联合出版这样的一本纪念专号，是因为两家机构共同承担着保护世界遗产的责任。这份责任体现在具体的遗产保护行动和对遗产概念内核演化的探讨，并使两者形成了紧密的联系。

本期“中国的声音”栏目刊登詹长法《预防性保护问题面面观》，“博物馆的故事”栏目刊登陈国宁《传奇：飞翔的种子》，之后是“博物馆资讯和文博360°”刊登《博物馆展陈创意之道》。

《首都博物馆丛刊》（23），首都博物馆编，北京燕山出版社，2009年，475页，16开。

本期是首都博物馆连续出版的丛刊的第23辑。本辑开设专题研究、考古研究、博物馆学研究、工程技术等栏目，收录论文37篇，其中博物馆学研究论文11篇，内容涉及免费开放形式下首都博物馆的管理以及博物馆的陈列改造、社会教育、文化产业、图书工作等多个方面。

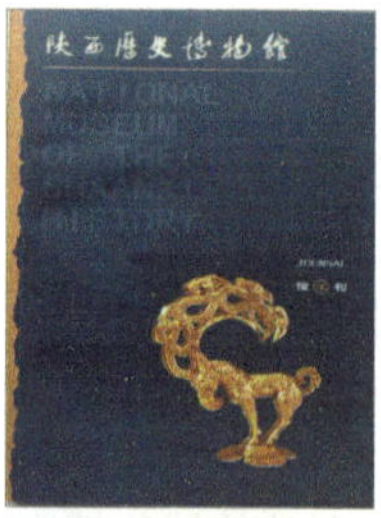

《陕西历史博物馆馆刊》（第十六辑），陕西历史博物馆编，成建正主编，三秦出版社，2009年，346页，16开。

该书是连续出版的陕西历史博物馆学术年刊的第十六辑。收入本辑中有关博物馆的论文涉及和谐博物馆建设、博物馆职能、社会教育、藏品管理、项目管理审计等博物馆学与博物馆工作研究的论文7篇，有关馆藏文物研究和赏析的文章12篇。

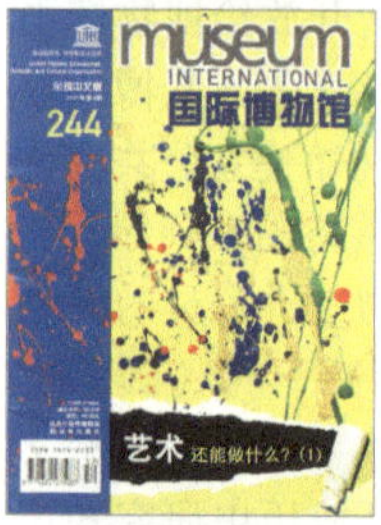

《国际博物馆：艺术还能做什么（1）》（第244期），联合国教科文组织 《国际博物馆》中文版编辑部编，译林出版社，2009年，116页，16开。

本期《国际博物馆》杂志是“艺术将拯救世界”专号。

150年前，陀思妥耶夫斯基言之凿凿。如今，UNESCO带着一丝疑虑问道：“艺术还能做什么？”本期《国际博物馆》的10篇文章论述了促进一个国家艺术教育政策的发展至关重要。它提醒我们，“艺术教育能够更好地平衡认识发展与情感发展，有助于健全的道德行为的形成，构成公民社会的坚实基础。”

《辽宁省博物馆馆刊》（2009），辽宁省博物馆编，马宝杰主编，辽海出版社，2009年，570页，16开。

该刊由辽宁省博物馆编辑，常设考古发现与研究、文物鉴赏与研究、历史研究、博物馆学研究、文物保护技术研究五个栏目。该刊收录有《大连博物馆建设中的问题及对策研究》《博物馆人的职业操守与博物馆博物馆建设》《了解博物馆观众的三种方法》《中小型综合博物馆发展研究》《浅析博物馆讲解员的选拔与培养》《从馆藏文物的腐蚀损失状况谈文物的科技保护工作》等有关博物馆学研究、馆藏文物鉴赏与文物保护研究方面文章20篇。

《碑林集刊》（十五），西安碑林博物馆编，赵力光主编，三秦出版社，2009年，428页，16开。

本期是西安碑林博物馆主办的学术辑刊的第十五辑，开设读碑札记、碑志研究、新出墓志、文史论坛、文献天地、文物丛谈、书艺漫笔、博物馆学、文物保护九个栏目，收录相关论文41篇，其中博物馆学研究的论文4篇，涉及博物馆陈列设计、传统文化与动漫结合、藏品分类与资料检索、文化产品开发等方面。

《法门寺博物馆论丛》（第二辑），法门寺博物馆编，三秦出版社，2009年，357页，16开。

该书是法门寺博物馆学术辑刊的第二辑，收录法门寺文物研究与保护、唐代文物研究、佛教文化研究、博物馆学与博物馆工作研究等方面的论文32篇，其中博物馆学与博物馆工作研究的论文13篇，内容涉及馆藏文物保护及博物馆的陈列展览、安全保卫、会计工作等。

《中国昆曲博物馆馆刊》（试刊号），中国昆曲博物馆编，2009年，16开。

该书是中国昆曲博物馆馆刊的“试刊号”。这是该馆在“学术建馆”理念下的一次尝试，“馆刊”为半年刊，面向社会公开征稿。

该刊有固定栏目“馆藏展示”“新书序跋”“观剧札记”“曲学探究”“兰苑杂谈”等，分别展示昆博的馆藏精品，介绍各类昆曲研究出版物的序、跋，还有爱好者、评论家对昆剧剧目的点评，以及昆剧业内人士的专业研究文章等。

《中国昆曲博物馆馆刊》的出版将成为全国昆曲研究者、爱好者开展学术讨论、传播昆曲知识的重要平台。

《博物苑论丛（第一辑）》，南通博物苑编，王栋云主编，广陵书社，2009年，114页，16开。

南通博物苑主办的连续出版书刊的第14期。封二刊登李昌钰刑侦技术博物馆简介。本期栏目有大家讲座、文博论坛、工作平台、藏品鉴赏、收藏天地、文史考辨、崇川旧影、南通史话、大自然、书前书后、旧文新刊十一个栏目，与博物馆学和博物馆工作相关的有甄朔南《对我国大陆自然史博物馆如何加强保护生物多样性工作的思考》《博物馆在旅游业中的定位——对2009年国际博物馆日主题的认识与理解》、陈银龙《略论博物馆的人才培养》、顾海燕与黄子萍合著《南通博物苑观众调查与研究》。

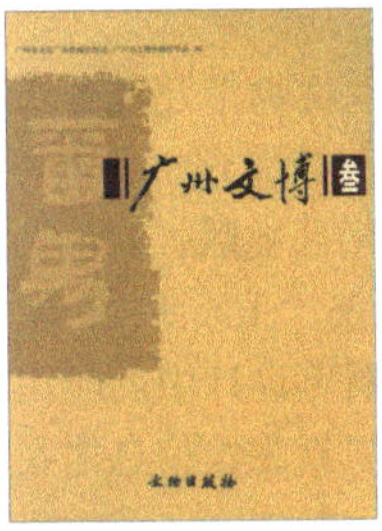

《广州文博》（叁），广州市文化广电新闻出版局、广州市文物博物馆学会编，文物出版社，2010年，319页，16开。

《广州文博》是由广州市文化局和广州市文物博物馆学会编辑出版的学术性刊物，该书是第三辑。本辑设有博物馆建设、导师论史、古代史研究、近代史研究、馆藏文物研究、考古发现与文物保护、博物馆学研究七个栏目，收录学术论文32篇。

《江西省博物馆集刊》（一），江西省博物馆编，文物出版社，2010年，321页，彩图23幅，插图142幅，16开。

该书是江西省博物馆编辑的学术集刊，一年一辑，集学术性、知识性和鉴赏性为一体，图文并茂。

本辑分为江西古陶瓷鉴赏与研究、考古发现与研究、藏品鉴赏与研究、博物馆工作、文物科技保护、历史文化研究六个部分，收录论文39篇，其中有关博物馆学与博物馆工作研究的论文11篇，内容涉及江西省博物馆新馆建设和筹展工作记述、博物馆的社会效益与经济效益的协调发展、博物馆—社区—市场经济以及博物馆藏品管理、教育和服务、安全工作等。

《沈阳故宫博物院院刊》（第八辑），沈阳故宫博物院编，武斌主编，中华书局，2010年，165页，16开。

本辑主要内容包括：清代沈阳的学堂和书院，清代紫禁城门禁腰牌管理与考察，紫禁城室名宝玺综论，民国以来沈阳故宫古建筑群的变化与使用，清盛京城瓮城初探等。

《浙东文化》（2009年第2辑），孟建耀主编，上海古籍出版社，2010年，119页，16开。

《浙东文化》是宁波博物馆主办的学术期刊。本辑分为宁波论坛、宁波倡议、浙东学术研究、博物馆学研究、名城研究、海上丝路研究、文物研究、藏品研究八个部分，收录论文19篇。其中集中刊登首届中国博物馆志愿者年会专文，有志愿者与中国博物馆、宁波倡议、宁波博物馆“三博”战略的思考与探索等文章。

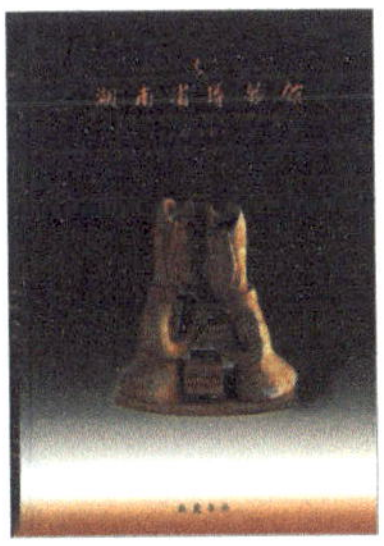

《湖南省博物馆馆刊》（第六辑），湖南省博物馆编，陈建明主编，岳麓书社，2010年，631页，彩图152幅，插图490幅，16开。

该书是湖南省博物馆馆刊的第六辑，开设马王堆汉墓研究、考古发现与研究、文物研究与鉴赏、历史文化研究、文物保护、博物馆学研究六个栏目，收录论文82篇，其中博物馆学研究的论文11篇，内容包括英国博物馆的愿景与战略行动计划、博物馆教育学的力量、非营利博物馆管理方法——四乘二理论、博物馆机构设置与职责的探讨、博物馆的风险与应对办法、博物馆文物保管工作改革、博物馆免费开放与管理服务、博物馆的社会教育、“芭比”美术课堂的实践与思考等。

《国际博物馆：中国口头史诗传统》（第245期），联合国教科文组织《国际博物馆》中文版编辑部编，译林出版社，2010年，彩色图文167页，16开。

本期《国际博物馆》是“中国口头史诗传统”专号。

史诗是一种古老而源远流长的韵体叙事文学样式，在人类文化史上占据着重要位置。在东西方文化传统中，希腊史诗、印度史诗、巴比伦史诗、芬兰史诗、中国少数民族史诗等都成为一个民族或一个国家文化的象征和文明的丰碑。因而每一个民族的史诗传统，不仅是认识一个民族的百科全书，也是一座“民族精神标本的展览馆”。本期分为北方史诗传统、南方史诗传统两个部分，刊文16篇。论文之后是回顾与前瞻，刊登朝戈金《面向21世纪的中国史诗学》，编续往来刊登曹兵武《小机构大作用——ICCROM50年光辉历程的启迪》，最后是博物馆资讯和下期要目预告、稿约。

《博物苑》（总第15期），南通博物苑编，王栋云主编，文物出版社，2010年，93页，16开。

《博物苑》是南通博物苑于2002年创办的苑刊，是以博物馆学、文物学及地方历史、自然科学为主要内容的综合性学术半年刊。封二刊登南通革命纪念馆简介。本辑开设有专文、文博论坛、工作平台、藏品鉴赏、收藏天地、崇川旧影、南通史话、绿色长廊、化石天地、域外行知10个栏目，收录论文20篇，其中工作平台中刊登《浅谈博物馆实施技防工程应注意的几个问题——以南通博物苑为例》《几种要素在展览设计中的应用研究——以南京孙中山纪念馆〈世纪伟人孙中山〉陈列展览为例》和《博物馆信息之我见》等8篇论文。

《石门：汉中文化遗产研究2009》，汉中市博物馆编，冯岁平主编，三秦出版社，2010年，358页，32开。

该书是汉中市博物馆主办的专业性学术刊物，该书是2009年年刊，是中国石门十三品学术研讨会论文集。该刊开设蜀道及其石刻研究、汉中历史文化探讨、馆藏文物考述、博物馆学研究、汉台文史谈丛、争鸣园地六个栏目，收录论文30篇，其中有关博物馆学研究的论文6篇，内容涉及博物馆的免费开放、博物馆的核心价值培养、博物馆的讲解工作、博物馆信息技术等。

《国际博物馆：共同的遗产共同的未来》（第246期），联合国教科文组织 《国际博物馆》中文版编辑部编，译林出版社，2010年，彩色图文134页，16开。

本期《国际博物馆》是“遗产：冲突与共识”专号。在中国的声音栏目收录王超《名人类文化遗产的合作与交流：以鲁迅文化遗产为例》，论文之后是博物馆资讯、下期要目预告等。

《旅顺博物馆学苑》，郭富纯主编，吉林文史出版社，2010年，231页，16开。

该刊是旅顺博物馆的学术性年刊，2007年创刊。该刊旨在以学苑为平台，发表国内外专家学者的论文，反映考古学、历史学和涉猎诸多边缘学科的前沿理论、学术热点等。这些论著将受益于该馆学人，助推旅顺博物馆的学术水平向更多层次迈进。

该刊开设有九个栏目：考古研究；史学研究；西域文物研究；民族、宗教史研究；馆藏精品研究；博物馆学研究；博物馆工作研究；随笔、札记；学术博览。

本辑收录论文41篇，译文1篇，其中博物馆学与博物馆工作研究方面的论文有友好交流郭富纯《开创博物馆发展的美好远景——旅顺博物馆与日本北九州市立自然史·历史博物馆记事》、林冠男《博物馆的责任——保护并利用我们的文化遗产》等10篇。

《自然科学与博物馆研究》（第五卷），周光召主编，高等教育出版社，2010年，125页，16开。

该书收录动物学、植物学、古生物学、地质学、天文学、博物馆学等领域的原创性研究论文、综述、学科研究进展等16篇文章。书中内容既包括科研院所、大专院校及科普教育等领域的最新科研成果，也有青年科技工作者的创新性、探索性作品。

本卷中有关博物馆学的论文5篇，涉及地质类藏品的保护研究、免费开放与博物馆发展初探、博物馆文化产品开发经营之管见、收集馆史史料探求博物馆发展历程、浅议自然博物馆教育的新模式——体验教育等。

《天津文博》（第七辑），天津市文物博物馆学会编，科学出版社，2010年，372页，16开。

该书是由天津市文物博物馆学会编辑的学术论文集，收入文博领域研究论文49篇。本辑设有博物馆管理、学者论坛、法规与执法、文化遗产保护、博物馆研究、文物研究、藏品保护技术研究、历史论坛、它山之石、资料信息等十个栏目，既有理论探讨，又有实际操作，几乎囊括了文物、博物馆所涉及的所有工作，更汇集了复旦大学、浙江大学等众多专家、学者的力作，是一部理论与实际相结合、图文并茂、可操作性强的专业论文集。

《文化遗产与博物馆研究》（第一辑），云南省博物馆编，马文斗主编，云南人民出版社，2010年，文300页，16开。

该书是云南省博物馆学术成果的结集，书中收录云南省博物馆专家学者的论文25篇，是该馆最新研究成果的一次集中反映，代表了云南省博物馆的科研实力及水平。论文集的内容涉及博物馆学、滇国青铜器、少数民族文物、南诏大理国佛教文物、文物修复等方面，其中博物馆方面的文章涉及藏品保护、陈列设计、社会教育以及博物馆在文化遗产保护中的作用与功能等。

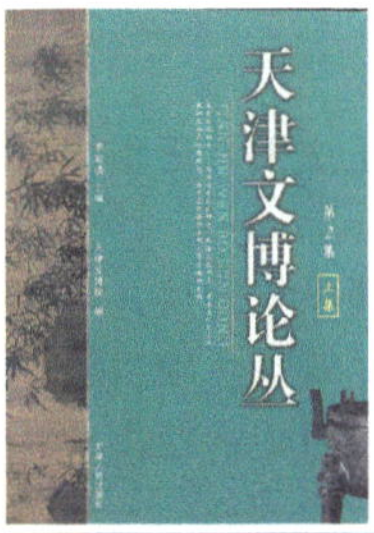

《天津文博论丛》（第2集）上，李家璘主编，天津文博院编，天津人民出版社，2010年，359页，16开。

本论文集上册为历史文化与研究专集，收录天津古代以及近现代历史文化、文物研究论文42篇，其中博物馆文物保护的论文1篇。

《天津文博论丛》（第2集）下，李家璘主编，天津文博院编，天津人民出版社，2010年，679页，16开。

本论文集下册为文化遗产研究与保护专集，收录天津地区历史文化遗产调查、研究与保护方面的论文45篇，其中文化遗产保护与利用方面的论文2篇。

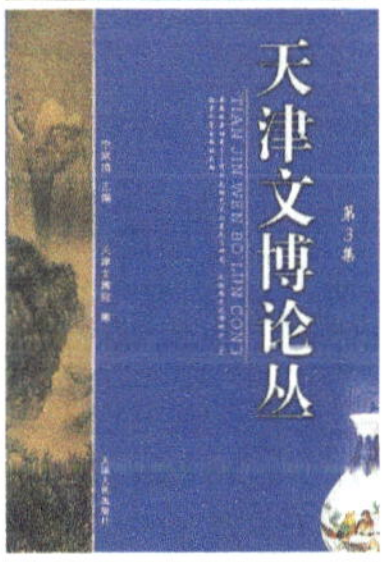

《天津文博论丛》（第3集），李家璘主编，天津文博院编，天津人民出版社，2010年，339页，16开。

本论文集分为文物鉴定与研究、文物的文化学研究、文物赏介、文物的征集与入藏四个部分，收录文物研究的论文50篇。

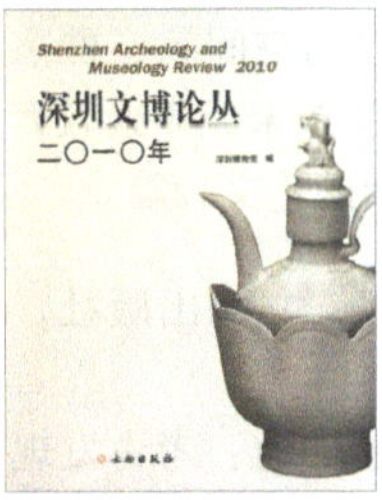

《深圳文博论丛二〇一〇年》，深圳博物馆编，杨耀林主编，文物出版社，2010年，361页，插图201幅，16开。

该书是深圳博物馆编辑出版的学术刊物，是有关深圳博物馆文物藏品研究、博物馆学理论探讨与博物馆工作研究的论文汇编。本辑开设博物馆展陈研究、深圳历史、学术论坛、馆藏研究、公共服务、教育推广、文博工作、数字化建设、工作纪实九个栏目，收录论文30篇，内容涉及博物馆工作的各个方面，其中有《动物情感世界的展示——试论贝林先生捐赠野生动物标本展览主题》《从有限政府理论看深圳历次行政体制改革》《发挥博物馆爱国主义教育基地作用的探索与思考》等6篇。

《首都博物馆丛刊》（24），首都博物馆编，高凯军主编，北京燕山出版社，2010年，320页，16开。

本期是首都博物馆丛刊第24辑，开设北京史地、史学论丛、文物天地、博物馆理论与实践、展览研究与探索、博物馆学科技与应用、国外博物馆掠影七个栏目，收录论文67篇。

收入本期的博物馆学研究论文内容涉及博物馆陈列展览的设计与策划、博物馆社会教育以及现代科技在博物馆的应用、数字化博物馆等。

《乾陵文化研究》（五），乾陵博物馆编，樊英峰主编，三秦出版社，2010年，295页，16开。

本辑共辑录有关“唐高宗武则天研究”“唐代帝王陵墓述论”“唐代文物古迹探索”“唐代历史文化专题”“博物馆有关问题”等五个方面的学术论文45篇。

该书中博物馆学论文涉及博物馆在构建和谐社会中的作用、博物馆免费开放后的机遇与挑战、文化遗产保护与地方经济的关系、文物与艺术品研究、文化资源的开发与利用等内容。

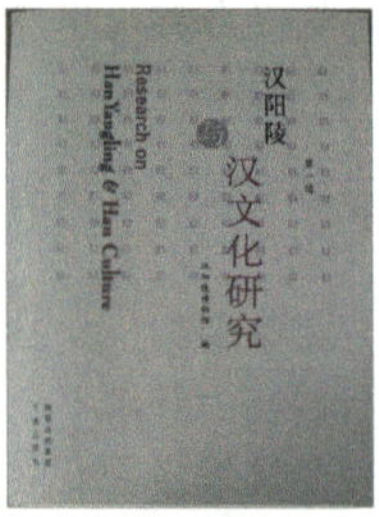

《汉阳陵与汉文化研究》（第一辑），汉阳陵博物馆编，三秦出版社，2010年，347页，16开。

该书是汉阳陵博物馆馆刊，是汉阳陵博物馆主办的专业性学术刊物，旨在关注文化遗产保护，弘扬传播汉文化。该刊以汉阳陵丰富的考古发掘成果为媒介，联络专家学者，深入开展汉代考古与历史文化研究工作。固定栏目有汉文化研究、西汉帝王陵墓制度研究、汉代陵墓考古发掘遗迹及出土文物研究、汉代历史文化研究、博物馆研究、汉文化遗迹及国内外遗址博物馆的评介等。

该刊第一辑从既往研究成果中辑录了有关阳陵考古调查发掘简报和汉文化、西汉陵墓制度、阳陵遗迹文物、大遗址保护利用方面的学术论文，通过这些成果，开拓学术视野，拓展研究思路，提供思考素材，为进一步研究提供资料和参考。

《陕西历史博物馆馆刊》（第十七辑），陕西历史博物馆编，成建正主编，三秦出版社，2010年，356页，16开。

该书是由陕西历史博物馆编辑的学术性刊物的第十七辑。本辑开设有栏目，收入论文篇，其中有关博物馆社会教育、博物馆服务、数字化展示、藏品管理、项目管理审计等博物馆学与博物馆工作研究的论文7篇，馆藏文物研究和赏析的文章12篇，有关唐墓壁画保护方面的论文2篇，博物馆书评1篇。

《辽宁省博物馆馆刊（2010）》，辽宁省博物馆编，马宝杰主编，辽海出版社，2010年，584页，插图248幅，16开。

该书是辽宁省博物馆馆刊的2010年辑刊。该刊开设考古发现与研究、古代缂丝、刺绣研究、文物鉴赏与研究、历史研究、博物馆学研究、文物保护技术研究、回忆与怀念等专题，收录文章64篇。

在博物馆学研究栏目中有徐基和刘嘉玉《要重视和加强考古学博物馆建设》、杨晓东《博物馆如何在旅游业兴旺时期发展求新——谈沈阳故宫博物院的公众服务》、张曦《当代英国博物馆教育研究》、温科学《博物馆与人类学的互动空间》、贾杰《地方博物馆应重视外语人才的培养》、刘社刚和李琼璟《我国博物馆未成年人教育现状与展望》，另有博物馆馆藏文物研究、文物鉴赏、文物保护方面的论文12篇。

《苏州文博论丛2010年》（总第1辑），苏州博物馆编，张欣主编，文物出版社，2010年，241页，插图120幅，16开。

该刊是苏州博物馆主办的学术辑刊，每年出版一辑。该刊主要栏目有：考古发现与研究、文物研究与保护、历史研究与文献、谢家福档案研究、石刻文献研究、博物馆学研究，收录论文32篇。有关博物馆方面的论文5篇，内容涉及民办博物馆的发展、和谐博物馆建设以及博物馆的陈列展览、社会教育、网络信息管理等。

《广西博物馆文集》（第七辑），广西壮族自治区博物馆编，陈远璋、吴伟峰主编，广西人民出版社，2010年，421页，16开。

该书是广西博物馆文集的第七辑，设置有博物馆学研究、考古研究、史学研究、文物研究、文物保护、民族研究、铜鼓研究、地名研究、书画鉴赏、文物与旅游、考古发掘、文物资料、文物简讯、其他十四个栏目，收录论文60篇，纪事及简讯15篇。本辑中博物馆学研究的论文8篇，内容涉及博物馆陈列展览、网站管理、数据库建设、免费开放、讲解服务、展品说明等。

《南京博物院集刊（11）：南京博物院建院七十五周年纪念文集》，南京博物院编，龚良主编，文物出版社，2010年，260页，插图87幅，彩色插图4页（22幅），16开。

该刊为连续出版的《南京博物院集刊》第11期，是南京博物院建院75周年纪念文集。

该书主要内容有：考古探索、博物馆实践与理论、书画论丛、文物研究与赏析、遗产保护理论、学海钩沉、缅怀大家等，收录论文33篇。

《安徽文博》（总第六期），朱良剑主编，中华书局，2010年，184页，16开。

《安徽文博》诞生于1980年10月，1985年出版了五期后停刊。2010年，《安徽文博》复刊，复刊号即总第六期于2010年12月由中华书局出版。

复刊后的《安徽文博》是安徽博物院院刊，集博物馆学、文物学及地方历史、自然为主要内容的综合性读物，由安徽博物院、安徽省博物馆学会联合主办，公开发行。刊物注重理论与实践相结合，力求雅俗共赏，兼具一定的学术性、史料性，以弘扬安徽文化为己任。

本期开设博物馆理论与实践、文物考古、藏品研究、陈列展览、文物保护五大板块，收录文章56篇。其中博物馆理论与实践的论文有《博物馆如何在公共文化体系中发挥核心作用——以安徽省博物馆免费开放效果为例》《安徽省博物馆创建AAAA国家旅游界景区的思考》《强化“学科意识”　拓展博物馆史研究》《加快博物馆营销建设　促进文博事业的发展》《安徽省博物馆志愿者工作》《博物馆教育与时代脉搏》《浅谈陈列的个性意识——析〈建国60周年安徽重要考古发现展〉》等18篇。

《中国民族文博》（第三辑），民族文化宫博物馆编，李铁柱主编，辽宁民族出版社，2010年，452页，16开。

该书是中国博物馆学会民族博物馆专业委员会与民族文化宫合办的学术刊物的第三辑。

本辑选编56篇论文，文章内容涉及民族博物馆建设、民族文物工作、民族文物专题研究、陈列展示与社会服务、田野调查、民族历史文化等。

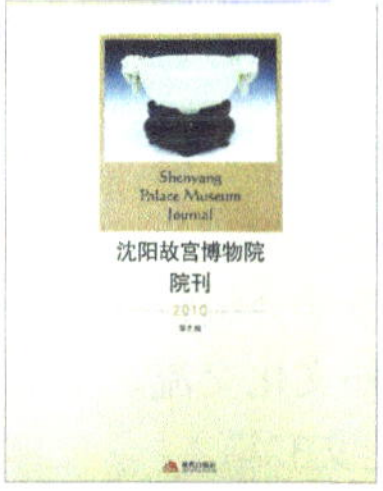

《沈阳故宫博物院院刊》（第九辑），沈阳故宫博物院编，武斌主编，现代出版社，2011年，183页，16开。

该刊是沈阳故宫博物院连续出版的第九辑，收录有关满族文化及相关历史建筑和文物论文以及文化遗产保护方面的论文30篇，其中文化遗产保护与利用、博物馆工作研究方面的论文13篇：《关于宫廷遗址博物馆的特殊性》《宫廷遗址博物馆陈列展览的特殊性》《宫廷旧址博物馆陈列展览体系架构与特色——以伪满皇宫博物院为例》《宫廷遗址类博物馆的基本特点与发展取向》《沈阳故宫学术研究与“故宫学”》《论宫廷遗址博物馆的公众服务——以沈阳故宫博物院为例》《关于遗址博物馆与大众媒体的合作》《韩国国立古宫博物馆的现状与职责》《故宫的保存和利用事例分析——以朝鲜时代宫殿建筑的复原与宫廷礼仪再现为中心》《韩国国立古宫博物馆“宫廷装饰画”专题展的研究及展览成果》等。

《博物苑》（总第16期），南通博物苑编，王栋云主编，文物出版社，2011年，120页，16开。

《博物苑》是南通博物苑于2002年创办的苑刊，是以博物馆学、文物学及地方历史、自然科学为主要内容的综合性学术半年刊，开设有专文、文博论坛、工作平台、收藏天地、文史考辨、崇川旧影、南通史话、大自然、域外行知、文化随笔和工作回顾11个栏目，收录论文22篇，即《工作研究中有南通博物苑六十年来自然博物工作回顾与思考》《南通博物苑的文献研究与事业发展》《略谈中小型特色博物馆的藏品特征——以南通博物苑为例》《传承文明启迪心智——以南通博物苑为例浅谈中小型博物馆教育在学校教育中的作用》《多识鸟兽草木之名——南通博物苑百年苑庆以来科普宣传工作的实践及思考——以南京市民俗博物馆为例》《浅谈博物馆安全防范工作》等。封二介绍张謇纪念馆濠阳小筑彩色简介文章。

《碑林集刊》（十六），西安碑林博物馆编，赵力光主编，三秦出版社，2011年，431页，16开。

本期是西安碑林博物馆主办的学术辑刊的第十六辑，开设有新出墓志、读碑札记、碑志研究、文史论坛、文献天地、文物丛谈、书艺漫笔、新书评介、博物馆学、文物保护十个栏目，收录相关论文43篇，其中博物馆学研究的论文两篇，涉及博物馆讲解员队伍管理、西安碑林新石刻艺术馆“长安佛韵”陈列特色、回忆周恩来总理参观西安碑林三个方面。

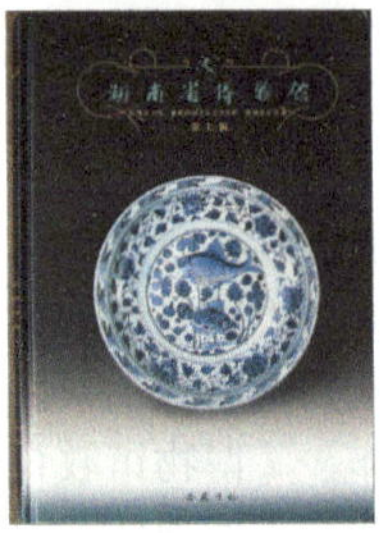

《湖南省博物馆馆刊》（第七辑），湖南省博物馆编，陈建明主编，岳麓书社，2011年3月，743页，16开。

该书是湖南省博物馆编辑的集学术性、知识性和鉴赏性为一体、图文并茂的学术性刊物的第七辑，开设马王堆汉墓研究、考古发现与研究、文物研究与鉴赏、历史文化研究、文物保护、博物馆学研究六个栏目，收录论文86篇。

马王堆汉墓研究是该刊的主要栏目，也是湖南省博物馆镇馆之宝，发表有刘乐贤等先生的最新研究成果12篇，该刊中博物馆学研究的论文16篇，内容包括美国博物馆协会战略规划、博物馆职业培训、博物馆藏品管理、区域博物馆、博物馆的陈列展览研究、当代美国博物馆教育、博物馆史研究等。

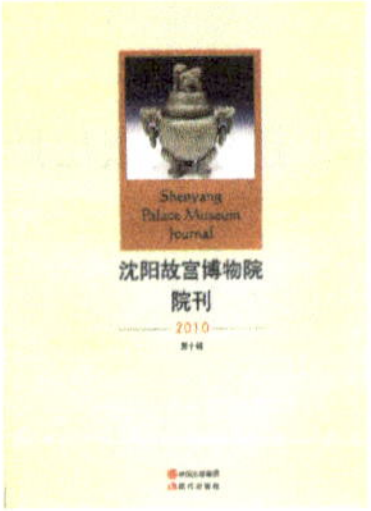

《沈阳故宫博物院院刊》（第十辑），沈阳故宫博物院编，武斌主编，现代出版社，2011年，177页，16开。

该刊是沈阳故宫博物院连续出版的学术刊物的第十辑，收录有关清前期历史文化、满族文化及相关历史建筑和文物论文以及文化遗产保护方面的论文18篇，其中文化遗产保护与利用方面的论文5篇：《清宫内城隍庙的建置与城隍祀典》《清东陵应急工程考略》《关于清昭陵建筑等若干问题的研究》《清福陵、昭陵空间组合与建陵思想比较研究》《关于传承和保护沈阳城市文脉的断想》。

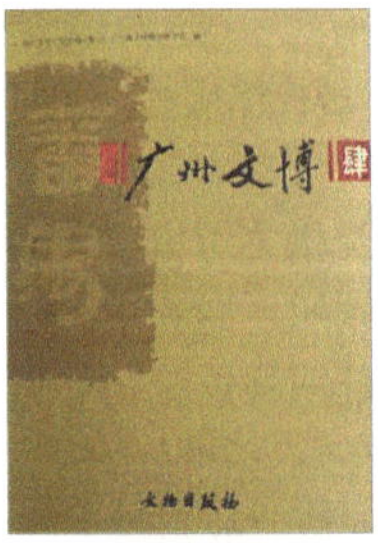

《广州文博》（肆），广州市文化广电新闻出版局、广州市文物博物馆学会编，文物出版社，2011年，380页，16开。

《广州文博》是广州市文化广电新闻出版局和广州市文物博物馆学会编辑的学术论文集，该书是第四辑。书中设有考古发现、历史与文物研究、中外文化交流、辛亥百年纪念、博物馆学研究、回忆与感想、影像资料七个栏目，收录论文32篇。

《博物苑》（总第17期），南通博物苑编，王栋云主编，文物出版社，2011年，114页，16开。

南通博物苑主办的连续出版书刊的第17期。本期栏目有专文、文博论坛、工作平台、遗产保护、收藏天地、文史考辨、崇川旧影、域外行识，与博物馆学和博物馆工作相关的有赵明远《论博物馆产业和博物馆宗旨的实现》、凌振荣《张謇博物馆思想的特点》、陈金屏《从建设“博物馆城”到构建“大城市博物馆”的嬗变》、张建《博物馆公共文化服务体系构建的研究》、黄金《多媒体技术在中小博物馆展陈中的应用——以南通博物苑为例》等12篇。

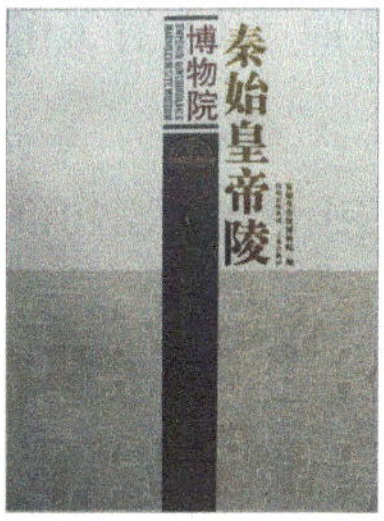

《秦始皇帝陵博物院》，秦始皇帝陵博物院编，三秦出版社，2011年，441页，16开。

该书是由秦始皇帝陵博物院主办的专业学术性辑刊，每年出版一辑。该刊主要刊发八个方面的文章：有关先秦、秦汉时期的考古发掘报告、遗址考察报告以及相关遗址的研究；有关先秦、秦汉时期出土文物中蕴含的政治、经济、军事、文化等多方面信息的研究；有关先秦、秦汉时期出土文物中蕴含的政治、经济、军事、人物等方面的研究；有关博物馆的陈列展览、宣传教育、运营管理、计算机网络应用等方面的研究；有关秦代遗址及出土文物的修复、保护技术和理论等方面的研究；有关文化遗产的保护、展示、开发、利用的研究；随笔、札记、人物评价等。

本辑收录论文34篇，其中有《秦始皇帝陵园暴露遗迹调查报告》《秦始皇帝陵园城垣遗迹调查勘探简报》《秦俑修复技术探索总结》《秦俑一号坑第三次发掘现场防霉保护研究》《秦俑文物环境监测研究进展》等有关秦始皇帝陵和秦兵马俑勘探、发掘和保护方面的论文。

《博物馆学刊》（第一辑），四川博物院编，盛建武主编，四川人民出版社，2011年，237页，16开。

《博物馆学刊》是由四川博物院主办的集博物馆学研究、文物研究与鉴赏、精品陈列展览品鉴、历史文化研究为一体的综合性刊物。该刊本着“海纳百川、有容乃大”的精神，兼收并蓄、博采众长，传播普及先进文化知识和优秀民族文化，介绍引进世界博物馆先进理论、展示博物馆最新研究成果，使其成为全国各博物馆沟通合作，展示博物馆最新研究成果和学术交流的桥梁。拟开设十个栏目：①博物馆学研究；②文物研究与鉴赏；③文物保护研究；④文博专家介绍；⑤著名博物馆评介；⑥精品陈列展览品鉴；⑦历史文化研究；⑧民族民俗研究；⑨考古与文化；⑩巴蜀文化研究。

该刊第一辑开设有历史文化综合研究、考古与文物、藏品研究与鉴赏、博物馆学研究与探讨四个栏目，收录论文22篇，其中博物馆学的论文内容涉及冯汉骥与四川博物院、四川文物资源与省博物院展览、因地制宜提升展示水平、四川博物院流动博物馆的探索等4篇。

《深圳文博论丛二〇一一年》，深圳博物馆编，杨耀林主编，文物出版社，2011年，280页，16开。

该书是有关博物馆展陈研究、深圳历史、学术论坛、馆藏研究、公共服务、公共服务、教育推广、文博工作、数字化博物馆建设、工作纪实十个栏目，收录研究文章56篇，论文内容涉及博物馆工作的陈列设计、服务设施、讲解技巧、讲解员队伍建设、社会教育、志愿者管理、数字化博物馆、展览评介、博物馆与旅游、馆藏文物研究等各个方面，观点新颖、信息量大。

《博物苑》（总第18期），南通博物苑编，王栋云主编，文物出版社，2011年，110页，16开。

南通博物苑主办的连续出版书刊的第18期。本期栏目有专文、文博论坛、工作平台、张謇研究、藏品鉴赏、遗产保护、说文话物、大自然、崇川旧影、域外行识、工作回顾，与博物馆学和博物馆工作相关的有苑文《“博物馆与记忆”的启示》、葛云莉《利用社会资金促进中小博物馆的发展》、夏鹏飞《博物馆在展示中体现的教育功能》、邢致远《江苏博物馆免费开放的再思考》和《架设博物馆连接观众的新桥梁——南通博物苑网站建设概况》、庄素珍《博物馆布展实践中的审美思考》等12篇。

《法门寺博物馆论丛》（总第三辑），法门寺博物馆编，三秦出版社，2011年，325页，16开。

该书是法门寺博物馆学术辑刊的第三辑，收录法门寺文物研究与保护、唐代文物研究、佛教文化研究、博物馆学与博物馆工作研究等方面的论文26篇，其中博物馆学与博物馆工作研究的论文3篇，内容涉及馆藏文物保护及博物馆的宣传教育工作等方面。

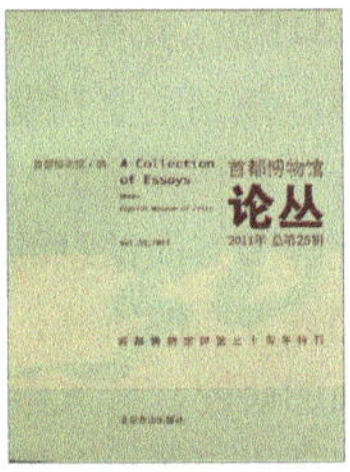

《首都博物馆论丛》（25），首都博物馆编，高凯军主编，北京燕山出版社，2011年，490页，16开。

本期是首都博物馆丛刊的第25辑，是首都博物馆建馆三十周年特刊，开设有历史回眸——纪念首都博物馆建馆三十周年、史学论丛、北京史地、文物研究与鉴赏、博物馆理论与展览研究、博物馆科技与应用、工作研究、域外博物馆掠影八个栏目，收录论文82篇。

收入本期的博物馆学研究论文内容涉及首都博物馆建馆三十年回顾与纪念文章、博物馆理论研究以及博物馆服务工作、藏品管理、数据库建设、社会教育、陈列展览、文物保护等方面。

《文化遗产与博物馆研究》（第二辑），云南省博物馆编，马文斗主编，云南人民出版社，2011年，435页，16开。

该书是庆祝云南省博物馆建馆50周年的学术文集，书中收录云南省博物馆专家学者的论925篇，是该馆研究人员学术成果的展示。论文集的内容涉及博物馆学、滇国青铜器、少数民族文物、文物修复等方面，其中博物馆方面的文章涉及昆明博物馆城建设、云南省博物馆藏钱币保护研究、全球化与博物馆、博物馆的安全防范、陈列设计、社会教育等。

《江西省博物馆集刊》（二），江西省博物馆编，文物出版社，2011年，266页，16开。

该书是江西省博物馆学术集刊的第二辑。本辑开设博物馆工作与探讨、历史文化研究、考古发现与研究、江西古陶瓷鉴赏与研究、藏品鉴赏与研究、近代史研究六个栏目，收录论文32篇。其中博物馆学与博物馆工作研究的内容涉及全国博物馆事业发展面临的问题、博物馆网络建设、非国有博物馆体制、博物馆陈列展览、社会教育等问题。

《乾陵文化研究》（六），乾陵博物馆编，樊英峰主编，三秦出版社，2011年，379页，16开。

该书开设武则天与乾陵研究、唐代帝陵研究、唐代文化述论、博物馆建设、新书评介等，收入论文48篇，有关博物馆方面的论文涉及澳大利亚、新西兰博物馆考察与博物馆工作人员职业素养等内容。

《苏州文博论丛2011年》（总第2辑），苏州博物馆编，张欣主编，文物出版社，2011年，212页，16开。

该刊是苏州博物馆主编的连续性学术辑刊的第二辑，主要栏目有：考古发现与研究、文献与地方史研究、石刻资料研究、天平天国史研究、历代文物研究和博物馆学研究六个栏目，收录论文43篇。书中有关博物馆方面的论文涉及高校博物馆的发展、民办博物馆建设以及遗址类博物馆的陈列展览、博物馆文化产品开发等。

《陕西历史博物馆馆刊》（第十八辑），陕西历史博物馆编，成建正主编，三秦出版社，2011年，369页，16开。

该书是由陕西历史博物馆编辑的学术年刊。收入本辑中有关博物馆学的论文有8篇，涉及博物馆社会教育、博物馆藏品保管、讲解员应具备的知识结构、美国大都会艺术博物馆“走向盛唐”展评述、观众调查活动等内容。

《博物馆》，黑龙江省博物馆编，2011年，48页，16开。

该刊是黑龙江省博物馆馆刊的创刊号，为了凸显黑龙江省博物馆始终坚持做“百姓的博物馆、大众的博物馆”这一办馆理念，书中设有每月一星、两假特展、节日传承、合作联横、龙博拾贝、观众之声、龙博旧事、免费开放、艺术之窗、陈列展示、宣传教育十一个栏目，涵盖了省博物馆近三年在各个领域和各部门的工作成果，重点地展示实行免费开放后省博物馆宣传教育方面的诸多成果以及关于博物馆学的研究论文，同时也是一部集陈述、总结、分析、展望于一体的博物馆刊物。

《广西博物馆文集》（第八辑），广西壮族自治区博物馆编，陈远璋、吴伟峰主编，广西人民出版社，2011年，361页，16开。

该书是广西博物馆文集的第八辑，设置有博物馆学研究、考古研究、史学研究、文物研究、文物保护、民族研究、铜鼓研究、地名研究、书画鉴赏、文物与旅游、考古发掘、文物资料、文物简讯、其他十四个栏目，收录论文55篇，其中博物馆学研究的论文11篇，内容涉及博物馆的藏品建设、讲解工作、文物交流与巡展、展品图书采编等。

《南京博物院集刊》（12），南京博物院编，文物出版社，2011年，263页，16开。

本集刊为《南京博物院集刊》连续出版的第12期，开设栏目有文博论坛、院史钩沉、考古探索、博物馆实践与理论，收录论文27篇。该书中有关博物馆方面的论文10篇，涉及南京博物院建馆历史、南京博物院筹备处社会教育概况、南京博物院办院方针、博物馆的服务工作、公共教育探索、文物安全、文化产业以及数字化博物馆等内容。

《碑林集刊》（十七），西安碑林博物馆编，三秦出版社，2011年，357页，16开。

《碑林集刊》是由碑林博物馆主办的学术性年刊，该刊立足碑林，面向全国，以碑石墓志、石刻艺术类文物的研究为基本特色，同时开设文史研究、文物丛谈、博物馆学等专栏，固定栏目有碑林研究、新出墓志、读碑札记、碑志考释、石刻艺术、文史论坛、文献天地、文物丛谈、书艺漫笔、博物馆学十个方面。

该刊中的博物馆学栏目收录论文4篇，即《西安碑林发展规划》《古建研究及博物馆的陈列设计》《讲解员培养》等，书评1篇，评介《苏州博物馆藏玺印》一书。

《安徽文博》（总第七辑），朱良剑主编，中华书局，2011年，163页，16开。

《安徽文博》是安徽博物院院刊，是集博物馆学、文物学及地方历史为主要内容的综合性读物。本辑为2010年复刊后的第二期，即总第七期。本期开设文博论坛、展陈教育、文物考古、文物保护、藏品研究五大板块，收录文章38篇。其中有关博物馆学研究与博物馆工作探讨的论文有《安徽博物院新馆网络建设概述》《博物馆藏品研究与陈展内容相结合的个案分析——关于潘玉良作品研究与陈列的实践思考》《博物馆讲解的特性》《民办博物馆中藏品重复现象之我见》《市县级博物馆怎样做好陈列展览工作——以桐城市博物馆为例》等15篇。

《辽宁省博物馆馆刊（2011）》，辽宁省博物馆编，马宝杰主编，辽海出版社，2011年，590页，16开。

该书是辽宁省博物馆馆刊的2011年辑刊，开设考古发现与研究、文物鉴赏与研究、历史研究、博物馆学研究、文物保护技术研究、回忆与怀念等专题，收录文章62篇。

《中国民族文博》（第四辑），民族文化宫博物馆编，李钦杜主编，辽宁民族出版社，2011年，544页，16开。

该书是中国博物馆学会民族博物馆专业委员会与民族文化宫合办的学术刊物的第四辑。

中国民族文博事业正处在一个前所未有的发展时期，各民族与民族地区的博物馆工作者对当代中国民族文博事业的发展规律和发展趋势，以及发展中正在解决的或者必须面对的现实问题进行积极的理论思考和实践探索，表现出了责无旁贷的使命感和责任感。

本辑收录的论文内容涉及民族博物馆建设与发展、文化遗产保护与文化资源开发、民族文物及藏品的保护研究、陈列展示与社会服务、田野调查与民族文化研究保护、民族历史文化研究六个专题。

《沈阳故宫博物院院刊》（第十一辑），沈阳故宫博物院编，武斌主编，现代出版社，2012年，542页，16开。

该刊是沈阳故宫博物院连续出版的学术刊物的第十一辑，是沈阳故宫博物院建院八十五周年纪念特刊，收录论文47篇，其中有关文化遗产保护和博物馆学方面的有杨志强《沈阳故宫院藏书画的技术修复与保护》、李梅《沈阳故宫藏古籍中的满文书籍》等。

《沈阳故宫博物院院刊》（第十二辑），沈阳故宫博物院编，武斌主编，现代出版社，2012年，542页，16开。

该刊是沈阳故宫博物院连续出版的学术刊物的第十二辑，收录论文20篇，其中有关文化遗产保护和博物馆学方面的有武斌《学术视野下的沈阳故宫》、彭定安《关于故宫学》、武斌《论故宫学的实践价值——以沈阳故宫为例》、罗也平《关于“沈阳故宫研究”之思考》、杨小东《博物馆如何在旅游业兴旺时期发展求新——谈沈阳故宫博物院的公众服务》、张五四《关于宫廷遗址博物馆陈列展览的思考与探索》、李晓丽《〈大清盛世·沈阳故宫文物展〉的策展理念》等。

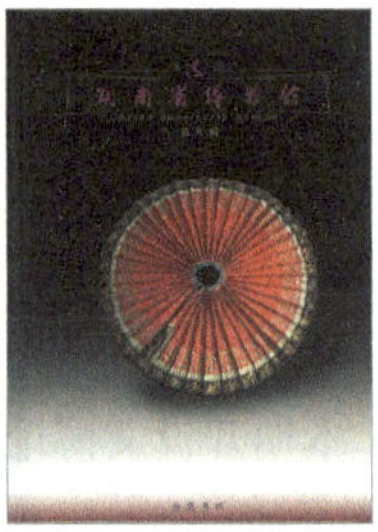

《湖南省博物馆馆刊》（第八辑），湖南省博物馆编，陈建明主编，岳麓书社，2012年，631页，16开。

本是湖南省博物馆连续出版的馆刊的第八辑，本设有马王堆汉墓研究、考古发现与研究、文物研究与鉴赏、历史文化研究、文物保护、博物馆学研究六个栏目，收录相关论文75篇。

在马王堆汉墓研究栏目中，刊发马王堆汉墓研究的最新成果丁四新《马王堆帛书〈周易〉校札八则》、萧旭《马王堆帛书〈九主〉〈明君〉〈德圣〉校补》、连劭名《马王堆帛书〈经法·国次〉新证》、晏昌贵《马王堆帛书星宿分野考》等；同时还集结了“第一届古尸保护和研究国际研讨会”的部分论文，如陈建明的《生命内外——马王堆汉墓出土女尸保护与传承的博物馆方式》、游振群的《关于马王堆古尸不腐神话及其保存关键技术传承的思考》等。

在博物馆学研究栏目中，登载了最新的《国际博物馆协会战略规划》（2011～2013年）的译文，这是国内最早的译本。

《天津博物馆论丛2011》，天津博物馆编，天津人民出版社，2012年，450页，16开。

该书是“天津博物馆学术研究系列”的第一本。该刊设有博物馆学前沿探索、名家专稿、史料、史迹考论、策展心得、文化史论、津沽史记、文物保护、文献编译、博物馆工作巡礼十个栏目，收录论文56篇，其中有博物馆学研究的论文8篇。

《博物苑》（总第19期），南通博物苑编，王栋云主编，文物出版社，2012年，108页，16开。

南通博物苑主办的连续出版书刊的第19期。封二刊登海门市张謇纪念馆简介。本期栏目有文博论坛、论点摘要、工作平台、自然博物、说文话物、张謇研究、崇川旧影、濒濠茶坊、访古览胜、文博之旅、书前书后、工作回顾，与博物馆学和博物馆工作相关的有单霁翔《发展生态（社区）博物馆保护民族文化遗产》、杨红娟《浅析心理学在文博讲解工作中的导向作用》、王鑫《建立公共文化服务指标体系提升博物馆公众服务能力》、王建华《略谈基层博物馆的文物保护和人才队伍建设》、张美英

《试论博物馆在城市生态建设中的作用》等。论点摘要刊登全国生态（社区）博物馆研讨会专家发言。

《博物馆学刊》（第二辑），四川博物院编，魏学峰主编，科学出版社，2012年，333页，16开。

《博物馆学刊》是由四川博物院主办的集博物馆学研究、文物研究与鉴赏、精品陈列展览品鉴、历史文化研究为一体的综合性刊物。

该书是第二辑，开设设有历史文化研究、民族民俗研究、文物研究、文物保护、博物馆学研究5个栏目，收录论文30篇，其中博物馆学研究的论文9篇：《建立新博物馆学与适应社会变迁的方法论——观众调查》《蔡元培的“以美育代宗教”思想与近代中国博物馆事业》《我国基层博物馆志愿者现状与发展对策分析》《非物质文化遗产保护工作中博物馆的地位和作用》《试论博物馆在保护非物质文化遗产中的作用》《论博物馆免费开放后社会教育功能的创新——以四川博物院为例》《文物数据库建设的标准化探讨》《关于文物展示和利用的几点思考——以民族文物为例》《博物院图书服务工作的思考》内容涉及近代中国博物馆史、博物馆的观众调查、基础博物馆志愿者现状、社会教育等。

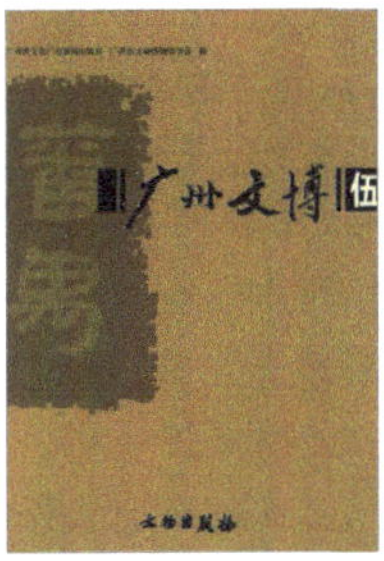

《广州文博》（伍），广州市文化广电新闻出版局、广州市文物博物馆学会编，文物出版社，2012年，400页，16开。

《广州文博》是广州市文化广电新闻出版局和广州市文物博物馆学会编辑的学术论文集，该书是第五辑。书中设有考古发现、历史与文物研究、中外文化交流、辛亥百年纪念、博物馆学研究、回忆与感想、影像资料七个栏目，收录论文30篇，其中有关博物馆学和博物馆藏文物研究的有《南越王宫博物馆2011年观众调查报告》《论博物馆交往空间的营造——以南越王宫博物馆为例》《论博物馆青少年教育活动的开展——以广州艺术博物院为例》《广州博物馆馆藏象牙烟盒纪》《广州博物馆主体陈列的回顾与思考》《佛山市博物馆馆藏宗教绘画辨析》等12篇。

《秦始皇帝陵博物院》（总贰辑），秦始皇帝陵博物院编，三秦出版社，2012年，559页，16开。

该书是秦始皇帝陵博物院主办的专业学术性辑刊的第二辑，收录论文48篇。其中有《秦始皇帝陵内城陵寝建筑勘探简报》《秦始皇帝陵区北部Ⅰ区2010年度钻探简报》《秦始皇陵园内城东西向墙垣城门勘探报告》《秦始皇帝陵K201002陪葬坑勘探简报》《秦始皇帝陵封土西侧三号坑陪葬简报》等原始资料以及有关秦始皇帝陵、秦文化、陶质彩绘文物保护、遗址博物馆科研工作等方面的研究论文。

《深圳文博论丛二〇一二年》，深圳博物馆编，杨耀林主编，文物出版社，2012年，104页，16开。

该书是深圳博物馆连续出版的学术辑刊，本辑开设栏目有学术研究和文博工作，收录论文16篇。学术研究收录论文7篇，主要是两广地区出土战国铁器研究、宁夏博物馆藏白釉瓷器赏析等，文博工作栏目收录论文9篇，涉及博物馆的陈列展示、藏品管理、动植物标本的管理与保养，讲解员的艺术修养、解说牌现状与改进等方面。

与前几辑相比，本辑的论文量明显减少，也是该馆出版的最后一辑书刊。

《安徽文博》（总第八辑），朱良剑主编，中华书局，2012年，208页，16开。

《安徽文博》是安徽博物院院刊，是集博物馆学、文物学及地方历史为主要内容的综合性读物。本辑为2010年复刊后的第二期，即总第八期。本期开设有文物考古、文物研究、展陈研究、文物保护、安徽史研究、地方民俗、藏品鉴赏、文博论坛八个栏目，收录论文32篇，其中有关博物馆学与博物馆工作研究的论文8篇，涉及博物馆的展览设计、青少年教育、生态博物馆建设、馆藏文物对外交流等方面。

《首都博物馆论丛》（26），首都博物馆编，高凯军主编，北京燕山出版社，2012年，490页，16开。

本期是首都博物馆丛刊的第26辑，开设有特约专稿、史学论丛、北京史地、文物研究与鉴赏、博物馆理论与展览研究、博物馆科技与运用、域外博物馆掠影、博物馆大事记八个栏目，收录论文53篇，其中博物馆学理论与博物馆工作研究文章有程旭《通史之路——首都博物馆“北京通史”陈列设计的创新与探索》、陈雨蕉《文化之眸——关于博物馆文化功能的探讨》、吴琰《博物馆教育活动与展览陈列之关系研究》、杨烨《以首都博物馆为例浅析新闻发布会在博物馆文化传播中的作用》、张继华《美国宝尔博物馆展览工作评述——以“中国盛世：秦汉唐文物展”为例》、李梅《英国伦敦博物馆与首都博物馆之比较论述》、叶萌《“社会网络”环境下博物馆宣传保护非物质文化遗产的新模式研究》等16篇。

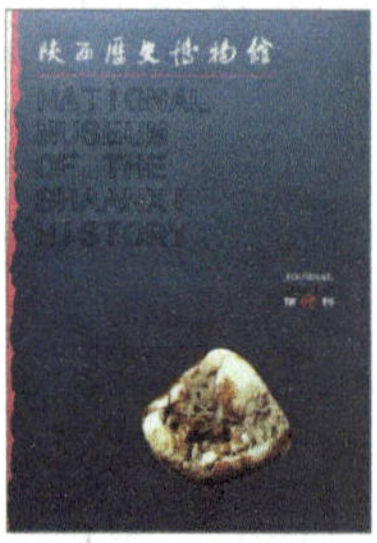

《陕西历史博物馆馆刊》（第十九辑），陕西历史博物馆编，成建正主编，三秦出版社，2012年，351页，16开。

该书是由陕西历史博物馆连续出版的学术刊物的第十九辑。本辑开设有史学论坛、考古研究、历史地理研究、简牍与典籍、壁画与艺术史、民族宗教史、碑石墓志研究、随笔札记、文物丛谈、馆藏精品、博物馆学、博物馆工作、文物保护、书评十四个栏目，收入论文53篇，其中《免费开放后陕西历史博物馆展陈工作的理念创新与实践》《“中原文明华夏之光——中华文明起源展”回顾与总结》《浅谈博物馆安全的规范化管理》《浅谈博物馆观众调查研究》等有关博物馆陈列展览、社会教育、博物馆服务、数字化展示、藏品安全等方面的论文9篇，馆藏文物精品介绍与赏析的文章4篇，有关唐墓壁画保护方面的论文2篇。

《上海博物馆集刊》（第十二期），上海博物馆集刊编辑委员会编，上海书画出版社，2012年，528页，16开。

该刊是上海博物馆连续出版的集刊的第十二期，收录文物研究风方面的论文28篇，主要内容包括：《文征明家族的文脉及早期艺术活动》《尤求生平交游考》《陈洪绶〈雅集图〉卷考》《论东周时期的曾国青铜簠》《上海博物馆藏陈端友制砚研究》《春秋时期吴王室有铭青铜剑概述》等。

《碑林集刊》（十八），西安碑林博物馆编，三秦出版社，2012年，346页，16开。

该书是连续出版的《碑林集刊》的第十八辑。本辑开设有新出墓志、碑志考释、文史论坛、文献天地、书艺漫笔、文物丛谈、博物馆学七个专栏，收录论文39篇，简讯7篇。该刊中的博物馆学栏目收录论文5篇：宋镇《谈西安碑林博物馆“长安佛韵展”的照明设计与应用》，贺华《融入社会服务社会——西安碑林博物馆与三学街社区的文化建设》，刘强《西安碑林·标志——LOGO的设计创作过程》等。

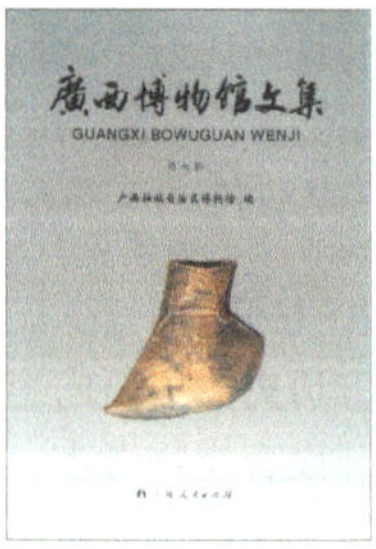

《广西博物馆文集》（第九辑），广西壮族自治区博物馆编，广西人民出版社，2012年，358页，16开。

该书是广西博物馆文集的第九辑，设置有博物馆学研究、考古学研究、文物研究、史学研究、民族研究、铜鼓研究、非物质文化遗产研究、文物保护、书画鉴赏、田野调查、考古简报、文物考古记忆、其他十三个栏目，收录论文54篇，其中博物馆学研究的论文有探讨传统博物馆发展新模式的探索、对梧州市博物馆事业发展的思考、对广西博物馆信息宣传工作的思考、对南宁孔庙博物馆陈列设计主题的文化剖析、境外博物馆文化产品开发的思考等涉及博物馆工作的各个方面。

《汉阳陵与汉文化研究》（第二辑），汉阳陵博物馆编，三秦出版社，2012年，365页，16开。

该书是汉阳陵博物馆馆刊的第二辑，分为汉代历史文化研究、汉陵考古调查发掘简报、大遗址保护、汉陵研究、文物研究、科技考古与文物保护、博物馆理论与探索七个专栏，收录相关文章40篇，其中博物馆理论与探索栏目收录有关博物馆经营、社会教育、社会功能以及博物馆品牌研究方面的文章7篇。

《齐鲁文物》（第1辑），山东博物馆编，科学出版社，2012年，290页，16开。

该书是一本集博物馆学研究、文物研究与鉴赏、精品陈列展览品鉴、历史文化研究为一体的以书代刊的论文集，是具有齐鲁地域特色的文博学术文集，收录论文29篇，研究内容涵盖历史文物、文物保护、陈列展览、宣传教育等古生物学和博物馆学等领域，其中“佛教艺术与考古”19篇，为2011年“山东佛教艺术与考古”学术研讨会提交的论文，另外10篇涉及博物馆教育、文物研究、文物修复及古生物等领域，既有发掘或调查的资料性报告，又有研究性结论，其中不乏新发现、新观点。

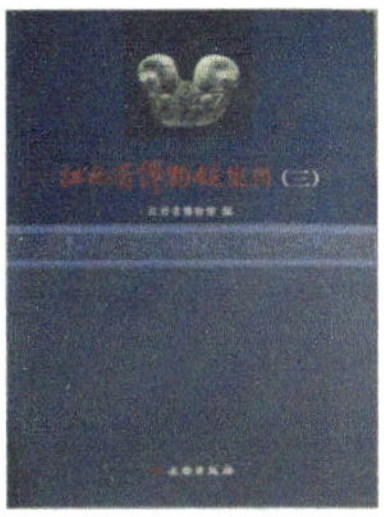

《江西省博物馆集刊》（三），江西省博物馆编，文物出版社，2012年，266页，16开。

该书是江西省博物馆学术集刊的第三辑。本辑开设博物馆工作与探讨、历史文化研究、考古发现与研究、江西古陶瓷鉴赏与研究、藏品鉴赏与研究、文化交流六个栏目，收录论文37篇。其中博物馆学与博物馆工作研究的内容是《物立意人为本意求新——“吉州瓷韵——江西吉州窑瓷器”展的体会》《江西省博物馆“走近国宝——每月一宝”展览观众调查报告及分析》《试论江西古书院文化在博物馆中的发挥》《浅谈江西省博物馆免费开放实践》《江西省博物馆门户网站改版的设计与实现》《博物馆未成年人教育的几点思考》《千里之行始于足下——两岸文博专业人员交流研习活动有感》等有关博物馆展览设计、观众调查、社会教育、免费开放等问题。

《法门寺博物馆论丛》（总第四辑），法门寺博物馆编，三秦出版社，2012年，522页，16开。

该书是法门寺博物馆学术辑刊的第四辑，收录论文42篇，分为法门寺义物考古与文物保护研究、法门寺与密教研究、法门寺与佛教史研究、佛舍利信仰与供奉制度博研究资料四个专题。

《法门寺博物馆论丛（总第五辑）：第四届宝鸡法门寺茶文化国际学术研讨会论文集》，法门寺博物馆编，三秦出版社，2012年，935页，16开。

该书是法门寺博物馆学术辑刊的第五辑，收录第四届宝鸡法门寺茶文化国际学术研讨会论文88篇，这些论文围绕着佛教与茶、茶器与茶事研究、茶史与古文献研究三个专题展开。

《苏州文博论丛2012年》（总第3辑），苏州博物馆编，张欣主编，文物出版社，2012年，230页，16开。

该刊是苏州博物馆主编的连续性学术辑刊的第三辑，主要栏目有：考古与文物研究、文献与历史研究、吴门画派研究、沈周与浙江、博物馆学研究，收录论文30篇。有关博物馆方面的论文4篇，即《博物馆信息化及RFID技术在馆藏管理中的应用设想》《浅谈二维码识别技术在博物馆中的应用》《浅谈博物馆的网络化发展》《对苏州碑刻博物馆“碑刻技艺展示体验中心”的构想》等。

《湖南省博物馆馆刊》（第九辑），湖南省博物馆编，陈建明主编，岳麓书社，2013年，671页，16开。

该书是湖南省博物馆连续出版的年刊类学术辑刊的第九辑。内容以马王堆汉墓研究、考古发现与研究、文物研究与鉴赏、历史文化研究、文物保护和博物馆学研究为主，收录论文70篇。

作为该刊的主要研究对象马王堆汉墓研究刊登有《帛书〈天文气象杂占〉杂考》《帛画的保护》《漆器彩绘色彩初步研究》等最新成果。博物馆学研究栏目刊登论文6篇，分别是《译文国际博物馆协会教育与文化活动委员会“最佳做法”——教育与文化活动项目分析工具》《博物馆叙事方式刍议》《试论地市级博物馆的陈列内容设计——以益阳市博物馆为例》《试论博物馆展览的信息传达》《浅议博物馆志愿者培训——以湖南省博物馆为例》《试论口述史成果在博物馆中的运用——以马王堆汉墓口述史为例》。

《天津博物馆论丛2012》，天津博物馆编，科学出版社，2013年，457页，16开。

该书是“天津博物馆学术研究系列”的第二本，分为文博探索，名家专稿，史料、史迹考论，策展心得，文化史论、藏、研究，津沽史记，文物保护，文献编译，博物馆工作巡礼十个栏目，收录论文62篇，其中涉及博物馆领域研究的学术文章有一级博物馆评估、博物馆著作权保护、馆藏文物保护、馆藏近代文献的保护利用、青铜器修复、社会教育、陈列展览、免费开放、观众心理特征与博物馆教育等方方面面。

《博物馆学刊》（第三辑），四川博物院编，魏学峰主编，科学出版社，2013年，彩色图版30幅，正文268页，16开。

该书是四川博物院连续出版的学术刊物的第三辑，设有历史文化研究、藏品研究、考古发掘及文物保护、博物馆学研究四个栏目，收录论文32篇，其中博物馆学研究的论文8篇：《博物馆文化产品设计中的美学诉求》《中西学术互动之典范——以华西协和大学博物馆葛维汉与林名均为例》《县博物馆发展模式新论》《建设中国式生态博物馆的思考》《“丝绸之路——大西北遗珍”展览启示录》《试析“复兴之路”基本陈列中内容设计与形式设计的有机统》《中国古代戏台展内容设计的多维度策划思维》《藏品动态信息数字化管理初探》，内容涉及博物馆文化产品、县级博物馆、生态博物馆建设、陈列展览与设计、藏品的数字化管理、馆藏文物保护与修复等方面的内容。

《南京博物院集刊》（13），南京博物院编，龚良主编，文物出版社，2013年，261页，16开。

该书是南京博物院集刊的第13辑，该刊设置有学人访谈、考古探索、历史研究、博物馆实践与理论、艺术史论、文物研究与鉴赏、遗产保护理论、文物保护技术、青年论坛九个栏目，收录论文48篇，其中有关博物馆学研究与博物馆工作的论文有《试从诠释的角度解读博物馆工作》《历史与未来的和谐对话——博物馆展览策划的新视野》《用心感受 用情服务——谈县级博物馆如何做好宣传展示与服务工作》《论创建一流博物馆的文化产业》等十余篇，内容涉及博物馆展览、宣传、文化产业、文物保护、数字化建设等方面。

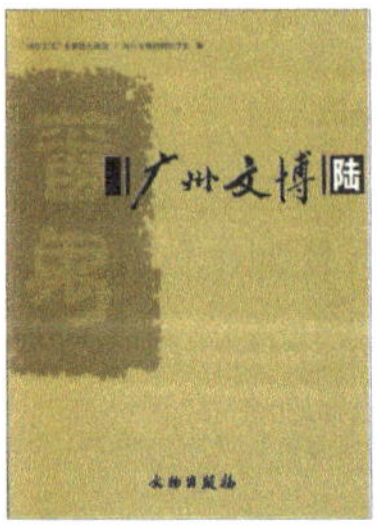

《广州文博》（陆），广州市文化广电新闻出版局、广州市文物博物馆学会编，文物出版社，2013年，483页，16开。

该书系广州市文化广电新闻出版局和广州市文物博物馆学会编辑的学术论文集的第六辑。本辑的栏目有考古发现、历史与文物研究、人物春秋、中外文化交流、博物馆学研究、回忆与感想，收录论文30篇，其中博物馆学研究论文有《展览中的“中华文明”——以我国博物馆的对外展览为例》和《寻“城”记——南京、扬州两地城市博物馆基本陈列考察体会》等。由广州市文化光电新闻出版局与广州市文物博物馆学会合编的，与广州市博物馆相关内容的论文集，分文物考古发现、历史与文物研究、人物春秋、中外文化交流、博物馆学研究、回忆与感想等多个部分，对文物考古及地方史志的研究具有一定的参考价值。

《秦始皇帝陵博物院》（总叁辑），秦始皇帝陵博物院编，三秦出版社，2013年，476页，16开。

该书是秦始皇帝陵博物院连续出版的学术性辑刊的第三辑。本辑收录考古发掘报告、简报5篇，研究论文28篇，书评1篇。张忠培先生在秦陵博物院座谈会上的讲话，对2009年以后的秦陵博物院考古、研究工作基于肯定并对今后帝陵考古研究工作提出了希望：第一，帝陵是如何设计的？怎样建成的？第二，具体研究随葬、陪葬的物品，具体到每一件衣服，包括制作工艺、颜色等。第三，陵园的格局。发掘报告有《秦始皇帝陵陵区北部Ⅱ区2010～2011年度勘探简报》《2011～2012年度秦始皇帝陵K9901考古简报》《秦始皇帝陵区K1201陪葬坑勘探简报》《秦始皇帝陵园从葬墓园考古勘探简报》等。论文研究集中在探讨秦始皇帝陵、秦汉墓葬、秦文化研究等。

《博物苑》（总第22期），南通博物苑编，赵鹏主编，2013年，114页，16开。

南通博物苑主办的连续出版书刊的第22期。封二刊登中国眼科博物馆简介。本期栏目有专文、文博论坛、工作平台、藏品鉴赏、收藏天地、南通史话、濒濠茶坊、大自然、史料整理，与博物馆学和博物馆工作相关的有《南通环濠河博物馆群创建国家公共文化服务体系示范项目结题报告》、胡小甜《民俗展与博物馆教育小议》、路北亚与左佳佳合著《博物馆免费开放后参观群体的动机研究》、张美英《浅谈地方博物馆文化产业发展》等10篇。

《南京博物院集刊》（14），南京博物院编，龚良主编，文物出版社，2013年，296页，16开。

该书是南京博物院集刊的第14辑，该刊设置有文博论坛、考古探索、历史研究、博物馆实践与理论、艺术史论、文物研究与鉴赏、遗产保护理论、文物保护、青年论坛九个栏目，收录论文60篇，其中博物馆实践与理论的论文内容涉及博物馆志愿者管理、数字化博物馆、陈列设计、社会服务、文化产业等。

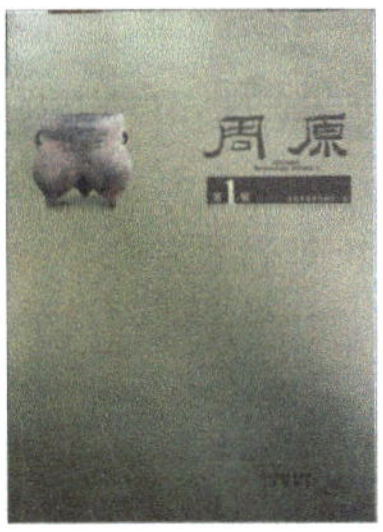

《周原》（第1辑），宝鸡市周原博物馆编，三秦出版社，2013年，343页，16开。

该书是周原博物馆编辑的学术论文的辑刊，收录有关周原考古、遗址发掘、器物研究方面的简报、论文等。其中有关博物馆工作的论文是《浅论博物馆服务优先的发展模式》。

周原是西周王朝的发祥地，也是中华人民共和国成立前最早开展考古工作的遗址之一，1943年，石璋如先生开启了周原考古的科学调查，七十年来，周原的考古发掘工作持续进行，该书集中反映了周原研究的最新成果。附录有周原研究论著索引，以便检索。

《安徽文博》（总第九辑），朱良剑主编，中华书局，2013年，163页，16开。

《安徽文博》是安徽博物院院刊，是集博物馆学、文物学及地方历史为主要内容的书刊，由安徽博物院、安徽省博物馆学会联合主办，公开发行。本辑为2010年复刊后的第四期，即总第九期。本期分为文物考古、文物研究、展陈研究、文物保护、安徽史研究、地方民俗、藏品鉴赏、文博论坛八个栏目，收录论文24篇。

《文化遗产与博物馆研究》（第三辑），云南省博物馆编，戴宗品主编，云南人民出版社，2013年，341页，16开。

该书是云南省博物馆连续编辑的学术辑刊的第三辑，书中收录论45篇，内容涉及博物馆学、滇国青铜器、少数民族文物、文物修复等方面。

《陕西历史博物馆馆刊》（第二十辑），陕西历史博物馆编，成建正主编，三秦出版社，2013年，350页，16开。

该书是由陕西历史博物馆编辑的学术性刊物的第二十辑。本辑开设有史学论坛、考古研究、历史地理研究、简牍与典籍、民族宗教史、壁画与艺术史、碑石墓志研究、学术博览、随笔札记、文物丛谈、馆藏精品、博物馆学、博物馆工作、文物保护、书评十五个栏目，收入论文66篇，在博物馆学与博物馆工作两个栏目中刊登有单霁翔《构建多元、开放、包容的博物馆体系》宏观研究的论文，以及微观论文《灰色预测模型在博物馆管理中的应用》《陕西省民办博物馆现状浅析》《陕西历史博物馆“文化寻根之旅”系列活动回顾与启示》《略谈数字技术在博物馆工作中的应用》等12篇，涉及博物馆社会教育、公众服务、数字化展示、藏品管理方面，馆藏文物研究和赏析的文章12篇，有关馆藏文物保护和唐墓壁画保护方面的论文5篇。

《碑林集刊》（十九），西安碑林博物馆编，三秦出版社，2013年，345页，16开。

该书是连续出版的《碑林集刊》的第十九辑。本辑开设有碑林研究、新出墓志、碑志研究、文物丛谈、文史论坛、文献天地、书艺漫笔、石刻艺术、文物保护、博物馆学十个专栏，收录论文34篇，简讯7篇。该刊中的博物馆学栏目收录论文2篇：刘东平《浅谈博物馆如何更好地从文化圣殿走向民众生活——以西安碑林博物馆为例》、贺华《从西安碑林看博物馆文化的传承与传播》，馆藏文物研究与保护文章5篇。

《齐鲁文物》（第2辑），山东博物馆编，科学出版社，2013年，354页，16开。

该书是山东博物馆主编的具有齐鲁地域特色的文博专业学术文集，收录论文26篇，研究内容涵盖历史文物、文物保护、陈列展览、宣传教育等古生物学和博物馆学等领域，其中“汉代石椁画像和汉文化研究”论文19篇，是2012年“山东汉代石椁画像与汉文化研究”学术研讨会提交的部分论文另外7篇论文兼顾博物馆学的其他领域，既有实地调查资料性的报告，也有文物保护和陈列宣教方面的探索性研究。

《首都博物馆论丛》（27），首都博物馆编，高凯军主编，北京燕山出版社，2013年，470页，16开。

本期是首都博物馆丛刊的第27辑，设置栏目有特约专稿、北京史地、博物馆理论与实践、展览陈列专题、文物研究与鉴赏、文物保护与科技应用六个，收录论文53篇。本辑专稿是单霁翔《从服务“观众”到服务“公众”——博物馆社会服务理念的提升》，博物馆理论与实践的论文有黄雪寅《论ISO9000质量管理体系与首都博物馆管理模式的对接》、齐密云《博物馆文化产业发展的现状与对策探讨》、张杰《从国际博物馆协会〈博物馆职业道德准则〉的发展谈博物馆的使命》、赵雅卓《博物馆职能刍议》等，其他论文分别论述了博物馆的公共服务、社会教育、陈列展示、文物保护等具体工作。

《苏州文博论丛（2013年）》（总第4辑），苏州博物馆编，文物出版社，2013年，224页，16开。

《苏州文博论丛》是苏州博物馆编辑的文博文集，本辑为连续出版的第4辑，主要栏目有专稿、考古与文物研究、历史与文献研究、吴门画派研究、博物馆学研究五个专辑，涉及苏州地方文物、考古、历史、文献和美术等方面的论文为主，旁及其他地域，内容丰富，观点新颖，具有较高的学术价值。本辑有关博物馆学研究的文章有四篇，分别是《弘扬志愿精神推进博物馆志愿服务工作》《博览园：遗产保护博物馆化的新趋势》《论有效实施博物馆评估的保障途径》《浅谈专业性博物馆的儿童教育——以苏州碑刻博物馆为例》。

《博物苑》（总第20、21期），南通博物苑编，赵鹏主编，文物出版社，2013年，147页，16开。

本辑是南通博物苑创刊于2002年创办的《博物苑》的第20、21期的合刊，是环壕河博物馆群创建国家文化服务体系示范项目专辑。收录馆长论坛论文5篇，第二届“张謇杯·文博南通”讲解职业技能大赛论文4篇，开设有专文、文博论坛、工作平台、藏品天地、遗产保护、南通史话、编读往来等栏目，收录相关论文22篇。本辑中有关博物馆学与博物馆工作研究的论文《公共文化服务体系与博物馆免费开放》《南通环壕河博物馆群创建工作设想》《博物馆学习与讲解》《博物馆管理机制》《南通博物苑观众调查研究》等内容。

《博物苑》（总第23期），南通博物苑编，赵鹏主编，2013年，108页，16开。

南通博物苑主办的连续出版书刊的第23期。封二刊登南通城市博物馆简介。本期栏目有纪念张謇160周年诞辰专栏、文博论坛、工作平台、藏品鉴赏、乡里锣鼓、濒濠茶坊、史料整理，与博物馆学和博物馆工作相关的有金艳《让南通博物苑成为弘扬张謇精神群的载体》、居卫东《区域博物馆的科普教育》、李宗康《博物馆文化传承与儿童教育》、赵翀《浅谈中小型博物馆的社会教育工作》和《珠算博物馆社会教育功能的研究》、王建华《博物馆为老年人服务的探索》、陆琴《关于自然标本保管的现状与思考》等11篇。

《江西省博物馆集刊》（四），江西省博物馆编，文物出版社，2013年，348页，16开。

该书是江西省博物馆学术集刊的第四集。该书开设考古发现与研究、江西古陶瓷鉴赏与研究、藏品鉴赏与研究、历史文化研究、博物馆工作与探讨五个栏目，收录论文48篇，其中与博物馆学研究和博物馆工作相关的论文10篇，涉及博物馆陈列展览、人力资源管理、爱国主义教育、宣教工作、数字化建设等博物馆工作的方方面面，观点新颖、信息量大。

《中国民族文博》（第五辑），民族文化宫博物馆编，李铁柱主编，辽宁民族出版社，2014年，452页，16开。

该书是中国博物馆学会民族博物馆专业委员会与民族文化宫合办的学术刊物的第五辑。

2013年7月9～13日，中国博物馆协会民族博物馆专业委员会在黑龙江哈尔滨召开了2013年年会暨学术研讨会。《中国民族文博》（第五辑）正是此次会议的成果。全书包括“博物馆建设与发展”“文化遗产保护与文化资源开发”“民族文物及藏品的保护研究”“陈列展示与社会服务”“田野调查与民族文化研究”“民族历史文化研究”“中国博物馆协会民族博物馆专业委员会文件”7个专题，收录学术论文52篇。

这些论文中，一些富有创见性的观点建议，对推进中国民族与民族地区博物馆建设，促进中国民族文博事业前进具有一定的现实意义和指导作用。自2006年中国博物馆协会民族博物馆专业委员会成立以来，《中国民族文博》已陆续出版了五辑，发表论文200余篇，《中国民族文博》作为全国民族博物馆和民族地区博物馆核心论坛的价值意义日益显著。

《广州文博》（柒），广州市文化广电新闻出版局、广州市文物博物馆学会编，文物出版社，2014年，490页，16开。

《广州文博》是广州市文化广电新闻出版局和广州市文物博物馆学会编辑的学术论文集，该刊是连续出版的第七辑。本辑有广州考古六十年、考古发现、历史与文物研究、人物春秋、革命史研究、博物馆学研究、展讯、影像资料八个栏目，收录论文24篇，其中博物馆学研究的论文有两篇《广州市民办博物馆发展中存在的主要问题》《博物馆定位于博物馆经营探——以广州西汉南越王博物馆为例》。

《博物苑》（总第24期），南通博物苑编，赵鹏主编，2014年，108页，16开。

南通博物苑主办的连续出版书刊的第24期。封二刊登海安县博物馆简介。本期栏目有文博论坛、工作平台、濒濠茶坊·小小讲解员专题、收藏天地、文史考辨、崇川旧影、南通史话、大自然、文献展台，与博物馆学和博物馆工作相关的文章有钱红《关于中小型博物馆藏品保护现状、存在的问题及对策》、王小洁《民办博物馆的发展与博物馆群建设》、黄金《非正式学习视角下博物馆微博的内容构建》、赵翀《张謇纪念馆在大学生素质教育中的价值向度》等12篇。

《湖南省博物馆馆刊》（第十辑），湖南省博物馆编，陈建明主编，岳麓书社，2014年，623页，16开。

该书是湖南省博物馆连续出版的年刊类学术辑刊的第十辑，内容以马王堆汉墓研究、考古发现与研究、文物研究与鉴赏、历史文化研究、文物保护和博物馆学研究为主，收录论文75篇。

收录本辑中的博物馆学研究论文7篇，分别是陈建明《博物馆陈列展览几个关键问题再思考》、潘勇《博物馆陈列艺术设计中概念方案的形成》、杨晓《空间与光影的塑造——博物馆陈列艺术设计初探》、穆红丽《首都博物馆里的京城京事——谈“北京的胡同四合院”展的立意与亮点》、游振群与舒丽丽合著《从博物馆角度看“生物类文物保护与研究”专业建设需关注的几个问题》、陈云侠《浅谈博物馆藏品按质地分类的管理和排架》、谢环旭《浅谈免费开放下的博物馆教育活动——以湖南省博物馆为例》等。

书末附有《湖南省博物馆馆刊》1～9辑目录，方便读者了解该刊前九辑的论文信息。

《天津博物馆论丛2013》，天津博物馆编，科学出版社，2014年，396页，16开。

该书是天津博物馆学术研究系列的第三集，分为文博探索、名家专稿、文物研究、中非兵器展专栏、艺术史研究、文化遗产保护、文化刍议、公共服务、历史研究、文献编译十个栏目，收录论文54篇，其中涉及博物馆领域研究的学术文章有馆藏文物保护、文物修复、社会教育、陈列展览、免费开放、讲解服务、微信平台在博物馆工作中的应用等方方面面，都是对博物馆工作中问题的探索，对文博前沿问题进行探索的同时，对传统论题亦作了深入探究，对相关论题的拓展也具有启示性意义。

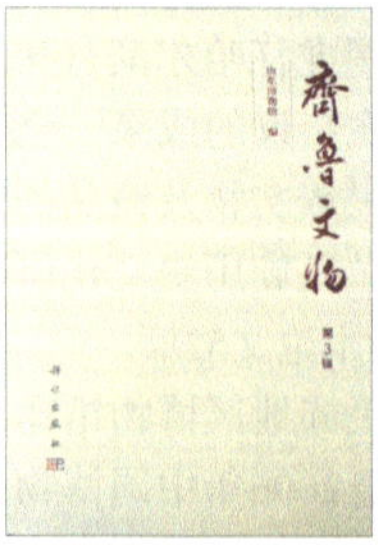

《齐鲁文物》（第3辑），山东省博物馆编，科学出版社，2014年，355页，16开。

该书是山东省博物馆编辑的具有齐鲁地域特色的文博专业学术文集，收录论文37篇，分为历史与文物、宣传教育、汉画研究、佛教艺术与考古、自然生物、文物保护、信息化和陈列展览八个栏目，研究内容涵盖历史与文物、宣传教育、文物保护、陈列展览等博物馆学及古生物学领域，其中涉及宣传教育的论文是山东博物馆宣教会议成果，“汉画研究”和“佛教艺术与考古”方面的论文分别是2011年度佛教造像学术研讨会和2012年度汉画学术研讨会提交的部分论文，还有一些论文涉及博物馆学研究领域的其他方面，有古生物学研究，也有文物保护、信息技术和数字化等方面。

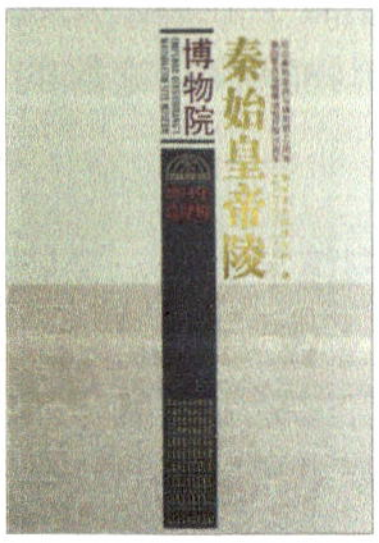

《秦始皇帝陵博物院》（总肆辑），秦始皇帝陵博物院编，陕西人民出版社，2014年，423页，16开。

该书是秦始皇帝陵博物院主办的学术性年刊的第四辑。本辑收录论文37篇，包括秦始皇帝陵封土西北侧陪葬坑勘探简报、秦始皇帝陵园内城北部道路遗存勘探简报、秦始皇帝陵园西内外城间建筑遗址勘探简报、秦始皇帝陵北外城间门阙勘探简报以及秦俑彩绘保护、青铜器保护、遗址保护方面。

《法门寺博物馆论丛（总第六辑）：法门寺佛舍利学术讨论会论文集》，法门寺博物馆编，三秦出版社，2014年，450页，16开。

2014年4月18～20日，法门寺佛舍利学术研讨会在法门寺召开，该会是1987年法门寺考古发现佛舍利以来，佛教界与学术界首次在法门寺召开的学术研讨会。各地学者40余人参会，提交论文39篇，涉及法门寺地宫佛舍利与文物研究、佛舍利供养仪轨、佛舍利信仰的历史与文化价值、佛舍利信仰与当代文化建设等诸多方面。

该书是这次学术会议论文的选编。

《博物馆学刊》（第四辑），四川博物院编，科学出版社，2014年，234页，16开。

该书是四川博物院学术刊物的第四辑，设有历史文化研究、南方丝绸之路、巴蜀书画研究、藏品研究与文物保护、博物馆学研究五个栏目，收录论文30篇，其中博物馆工作研究的论文8篇：《博物馆：民族文化展示的特定空间——基于全球化视野中的思考》《“专家”还是“杂家”：新时期博物馆从业者刍议》《观沧海之变听长风轻述——烟台市博物馆基本陈列“海风”》《浅析遗址类博物馆临时展览的选题与策展——以“南中寻珍：诸葛亮南征路线出土文物展”为例》《对博物馆核心价值问题的思考》《博物馆讲解中的跨文化传播研究——以陕西历史博物馆为例》等。

《陕西历史博物馆馆刊》（第二十一辑），陕西历史博物馆编，成建正主编，三秦出版社，2014年，394页，16开。

该书是陕西历史博物馆年度性学术刊物的第二十一辑。本辑设有考古研究、史学论坛、历史地理研究、简牍与典籍、壁画与艺术史、民族宗教史、碑石墓志研究、随笔札记、文物丛谈、馆藏精品、学术博览、博物馆学、文物保护十三个栏目，收入论文55篇，其中博物馆学栏目刊登有《博物馆与公共服务》《大学生讲解员在陕历博的应用与管理》《汉阳陵文物交流展览的思考》《关于博物馆公众教育模式的探索》《博物馆年鉴的资料收集与编纂》等有关博物馆社会教育、公众服务、藏品管理、讲解员管理、陈列展览等方面的论文7篇，馆藏文物研究和赏析的文章12篇，馆藏文物保护和唐墓壁画保护方面的论文6篇，博物馆书讯4篇。

《苏州文博论丛（2014年）》（总第5辑），苏州博物馆编，文物出版社，2014年，234页，16开。

本辑是苏州博物馆连续出版《苏州文博论丛》的第5辑，主要栏目有专稿、考古与文物研究、历史与文献研究、吴门画派研究、博物馆学研究五个专辑，收录论文32篇，涉及苏州地方文物、考古、历史、文献和美术等方面的论文为主，其中有关博物馆学研究的论文涉及博物馆展览宣传推广策略与实践探索等方面。

《碑林集刊》（二十），西安碑林博物馆编，三秦出版社，2014年，345页，16开。

《碑林集刊》以新出土的碑石墓志及各种石刻类文物研究为基本特色，是国内唯一以碑石文物为研究对象的专业性学术年刊，开设新出墓志、文史论坛、文物丛谈、书艺漫笔、博物馆学等栏目，为古代政治、经济、文化、对外关系的深入研究提供了最新的研究资料。《碑林集刊》创刊二十余年来，每年出版一辑，已经连续出版了二十辑。

本辑开设有碑林研究、新出墓志、碑志研究、古籍丛谈、文史论坛、文献天地、石刻艺术、文物保护、博物馆学九个专栏，收录论文40篇，简讯5篇。该刊中的博物馆学栏目收录论文4篇：刘东平《西安碑林石刻艺术馆建筑设计及新材料新技术应用分析》，张安兴、王辉宇《石刻文物保护和展示丛谈》，张建华《石刻文物在陈列艺术中的语言表达——西安碑林“西安石刻艺术室”陈列调整之收获》，罗小幸《平面艺术品拍摄方法》。

《首都博物馆论丛》（28），首都博物馆编，高凯军主编，北京燕山出版社，2014年，430页，16开。

本期是首都博物馆连续出版的书刊的第28辑，开设史学论丛、北京史地、展览陈列专题探索与研究、博物馆理论与实践、文物研究与鉴赏、文物保护与科技应用六个栏目，收录论文49篇，内容涉及数字首博探索、智能手机应用程序对博物馆观展体验的提升与创新、博物馆藏品管理工作的困境与机遇、从国家一级博物馆运行评估评分体系谈博物馆的科研管理、博物馆运营与文化创意、首博志愿者工作的认识等。

《北京古代建筑博物馆文丛》（第一辑），北京古代建筑博物馆编，学苑出版社，2014年，346页，16开。

该书是北京古代建筑博物馆多年来的工作经验和学术成果，收录古建专家和该馆科研工作者的37文章。全书共分为博物馆学研究和先农坛及先农文化研究两部分。内容包含了《从中国古建筑最根本的特征谈起》《博物馆陈列施工组织运作初探》《试述博物馆数字化办公基础建设的重要性》《从祭享先农看国家祭礼的政治与宗教性》等文章。

《江西省博物馆集刊》（五），江西省博物馆编，文物出版社，2014年，319页，16开。

该书是江西省博物馆学术集刊的第五辑。本辑开设博物馆工作与探讨、历史文化研究、考古发现与研究、江西古陶瓷鉴赏与研究、藏品鉴赏与研究、其他六个栏目，收录论文41篇，其中有关博物馆学研究的文章12篇，具体探讨了博物馆陈展提升的三要素、陶瓷陈列设计、动态陈列设计、社会教育工作、“洪州窑青瓷展形式设计思路”“汤显祖文化陈列布展”等博物馆工作的方面，观点新颖、信息量大。

《博物苑》（总第25期），南通博物苑编，赵鹏主编， 2014年，108页，16开。

南通博物苑主办的连续出版书刊的第25期。封二刊登南通博物苑新展馆简介。本期栏目有文博论坛、工作平台、遗产保护、收藏天地、张謇研究、文史考辨、崇川旧影、南通史话、大自然、文献展台，与博物馆学和博物馆工作相关的有徐宁《健全理事会运行机制探索博物馆发展新途径》、胡小甜《南通博物苑个性化特征的再解读与思考》、杨海红《游客体验视角下是博物馆创意旅游思考》、黄金《虚拟学习社区在博物馆中的应用与思考》、马率磊《浅谈博物馆在中学历史研究性学习中的作用》、陈曦《博物馆微展示的运用和拓展》、李宜群《浅谈行业博物馆的陈列展览》等11篇。

七　博物馆学论集、会议论文集

《陕西省文博考古科研成果汇报会论文选集》，陕西省文物事业管理局编，1982年，373页，16开。

该书属内部资料，是最早编辑的博物馆学专题研究的学术论文集，收录论文34篇。

1982年3月，陕西省文物事业管理局组织召开“1981年陕西省文博考古科研成果汇报会”，陕西省内20家文博单位的30余位研究人员参会。该书汇编了提交会议的论文，内容包括历史研究、考古发现、文物研究、博物馆学与博物馆工作研究等方面，其中博物馆学方面的论文涉及博物馆的科学管理、博物馆的社会效益、遗址博物馆的陈列等内容，反映了20世纪80年代初陕西学界的研究成果。

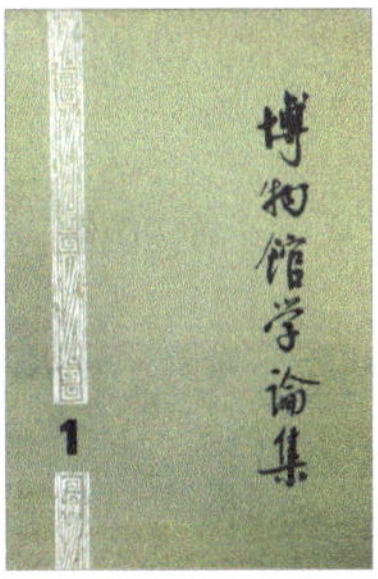

《博物馆学论集》（1），中国博物馆学会编，文物出版社，1983年，257页，32开。

该书是中国博物馆学会编辑的学术论文的汇编，收录文章35篇，内容涉及博物馆管理、社会教育、讲解艺术、陈列展示、文物征集管理与保护等方面。论文作者遍及全国各地，反映了当时博物馆学的研究状况。

《江苏省博物馆学会第一、二次会员代表大会专刊》，江苏省博物馆学会编，1983年，48页，32开。

该书是江苏省博物馆学会第一、二次学术研讨会的会议工作报告、会议纪要和论文的汇编。

1980年9月，江苏省博物馆学会成立并举行首届学术研讨会，收到论文21篇。1983年12月，该会召开第二次会员代表大会暨学术研讨会，收到论文45篇。本次会议围绕博物馆在“两个文明”建设中的作用、社会主义博物馆的特色和博物馆的科学管理三个方面主题展开。关于博物馆管理问题是此次会议讨论的热点，与会代表提出，博物馆要管理好，关键在领导，因此，博物馆馆长的人选很重要，博物馆馆长应该既是事业家，又是实干家。博物馆要管理好，还必须改革体制，整顿作风，培养人才，建立考核制度和奖惩制度。

该书中的文章反映了这两次学术会议的成果和改革开放初期江苏学者的研究状况。

《辽宁省博物馆学术论文集1949～1984》（第一辑）（内部资料），辽宁省博物馆编，1985年，16开。

该书收录辽宁省博物馆自1949年建馆（当时的名称是东北博物馆）至1983年该馆业务人员的学术论文112篇，研究内容涉及历史地理、历史考古、古代建筑、古代文物与图书、古文字、近现代文物、博物馆学等方面。

《博物馆学文集：湖南省博物学会成立大会暨首届学术讨论会文集》，湖南省博物馆学会编，1985年，122页，16开。

该书是湖南省博物馆学会编辑的论文集，收录参加“湖南省博物学会成立大会既首届学术讨论会”提交论文36篇，内容涉及博物馆藏品征集与管理、陈列展览设计、宣传教育、讲解方式的探讨等。

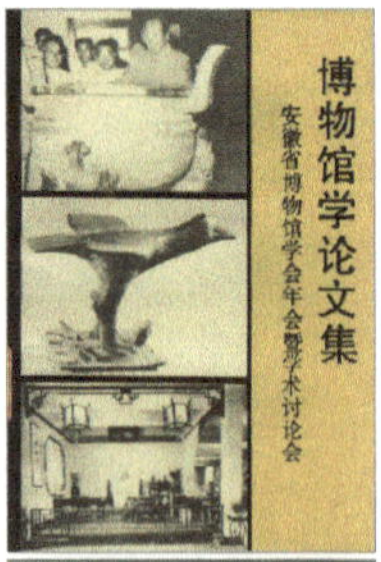

《博物馆学论文集：安徽省博物馆学会年会暨学术讨论会》，安徽省博物馆学会编，1985年，169页，16开。

1985年12月，安徽省博物馆学会第二届第一次年会暨学术讨论会召开，该书是此次会议的论文选编，收录论文35篇，内容涉及博物馆的功能、文物标本的征集、藏品保管、陈列展览、宣传策划、现代化管理、社会效益以及博物馆学研究等方面，如实反映了安徽博物馆界关于博物馆学理论与博物馆工作研究的成果。

《中国博物馆学会第二次年会论文集》，中国博物馆学会编，文物出版社，1986年，267页，32开。

1983年10月，中国博物馆学会在青岛召开第二次学术研讨会，参加会议的学者115人，提交论文118篇，有16人在大会上发言，对博物馆学的相关命题展开阐述。该书选录31篇会议论文，内容涉及博物馆的社会教育、陈列设计、藏品保管与分类、文物保护等方面。

《河南省博物馆学会论文集》（《中原文物》1986年特刊），1986年，320页，16开。

该书是河南省博物馆学会论文汇集，以《中原文物》特刊的形式出版。书中收录博物馆理论研究、馆藏文物研究、博物馆工作研究方面的论文46篇。文章内容涉及河南省部分博物馆的情况调查、河南省博物馆事业的资源优势、博物馆的科研管理、博物馆的藏品来源与藏品管理、统计学在博物馆的应用、建立博物馆教育学、建立民俗博物馆的设想、博物馆的陈列设备、如何办活地方博物馆、洛阳古代艺术馆的总体规划、中小型博物馆的建设设计、如何办好科技博物馆等。

《湖南省博物馆开馆三十周年暨马王堆汉墓发掘十五周年纪念文集》，湖南省博物馆编，1986年，184页，16开。

该书是湖南省博物馆开馆三十周年暨马王堆汉墓发掘十五周年的纪念文集。书中收录回顾纪念文章及学术论文21篇，如实记录湖南省博物馆筹建经过及开馆三十年的发展历程，回顾了博物馆考古发掘与研究、陈列展览、文物保管、文物保护、群众工作的发展及现状。研究论文主要涉及马王堆汉墓、馆藏文物及博物馆工作等方面。附录是湖南省博物馆大事记及主要论著目录。

《沈阳故宫博物馆文集（1983～1985）》，沈阳故宫博物馆研究室主编，1986年，198页，16开。

该书是沈阳故宫博物馆业务人员研究论文的汇编，分为清史满族史研究、文物研究、民族理论、文物介绍、考古调查和博物馆工作六个部分，收录论文32篇，内容涉及清史满族史以及相关文物研究、沈阳故宫及其宫廷文物遗址的考古调查，其中博物馆工作论文3篇，包括讲解员的业务培养与管理、博物馆讲解工作、陈列工作研究。

《博物馆学论文集》（2），安徽省博物馆学会编，1987年，164页，16开。

该书是安徽省博物馆学会第二届第二次年会暨学术讨论会的论文选编，收录论文43篇，内容包括藏品保管、文物藏品概述、陈列展览、宣传教育工作的作用、中国博物馆的探讨、文物摄影艺术等方面。

《博物馆学论丛》（创刊号），河南省文物事业管理局、河南省博物馆学会编，1988年，228页，16开。

该书是河南省博物馆学会会员论文的汇编，收录博物馆学研究论文27篇，内容涉及博物馆学理论研究与博物馆工作的各个方面，具体有博物馆文物保护、陈列展示、社会教育、行政管理等方面。

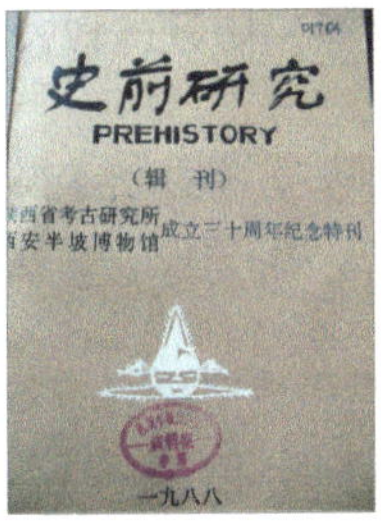

《史前研究辑刊1988：陕西省考古研究所、西安半坡博物馆成立三十周年纪念特刊》，陕西省考古研究所、西安半坡博物馆编，1988年，284页，16开。

该书是《史前研究》1988年辑刊，是为纪念陕西省考古研究所、西安半坡博物馆成立三十周年而编辑的特刊，收录学术论文27篇，内容包括陕西、山西、河南、内蒙古地区的史前文化研究、美国的史前史研究以及半坡彩陶研究等。

《博物馆管理论丛》，国家文物局泰安培训中心编，山东出版总社泰安分社，1989年，341页，32开。

该书是内部资料，收录博物馆管理论文56篇，反映了当时国内博物馆学管理的研究成果。

1985～1988年，国家文物局在泰安培训中心举办了五期“博物馆馆长管理学培训提高班”和“博物馆保管部主任管理学提高班”，该书遴选五期培训班的优秀论文，内容涉及博物馆管理工作以及文物征集与管理、社会教育与服务管理的各个方面。

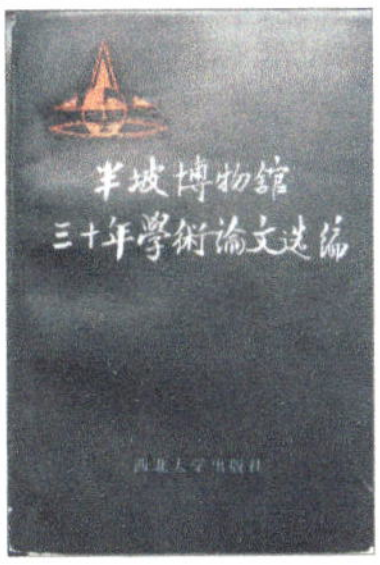

《半坡博物馆三十年学术论文选编》，西安半坡博物馆编，西北大学出版社，1989年，497页，32开。

西安半坡博物馆自1958年建馆开放以来，狠抓科学研究工作，全馆业务人员在史前考古学、原始社会史、古人类学、民族学、博物馆学等领域取得了显著的成果，在各类刊物上发表学术论文多篇。

该书收录论文37篇，分史前考古学专题研究、民族学专题研究、博物馆学专题研究三个部分，其中博物馆学方面的论文7篇，内容涉及博物馆的科研、陈列、宣教工作，反映了该馆三十年来的研究成果。

《秦始皇陵兵马俑博物馆论文选》，袁仲一、张文立、吴永琪、张仲立编，西北大学出版社，1989年，467页，32开。

该书是为纪念秦始皇兵马俑博物馆开馆十周年而编辑的学术文集，收录论文41篇，展示了该馆学者的研究成果。论文内容包括秦代历史研究、秦陵出土文物考证、秦陵考古工作回顾、秦陵工程研究、秦始皇陵与秦兵马俑的关系、秦俑主题思想、秦俑文物的修复与保护、遗址博物馆学、博物馆工作研究等方面。

《博物馆学论丛》（2），河南省文物事业管理局、河南省博物馆学会编，1989年，140页，16开。

该书是河南省博物馆学会编辑的博物馆学研究的论文集的第2集，收录博物馆学理论研究、藏品管理、社会教育、陈列展览和博物馆工作的论文25篇。

《博物馆学论丛》，陕西省博物馆学会、陕西省博物馆合编，王仁波主编，陕西人民出版社，1990年，292页，16开。

该书是陕西省博物馆学会公开出版的第一本博物馆学术论文集，收录论文40篇。论文研究的内容涉及陈列展览、藏品保护管理、宣传教育、安全保卫、博物馆建筑、革命旧址调查、国外博物馆介绍等方面。

《湖南博物馆文集》，湖南省博物馆编，岳麓书社，1991年，200页，16开。

该书是为庆祝中华人民共和国成立四十周年，由湖南省博物馆编辑的学术论文集，收录文章38篇，研究内容涵盖了良渚文化玉器、马王堆汉墓文物、古文字、楚文化以及博物馆工作等方面，其中有关博物馆学与博物馆工作研究的论文5篇，涉及博物馆陈列展览中版面和照片的装裱、马王堆汉墓出土纺织品的保护管理、陈列展览中的文物保护、博物馆陈列设计与观众的因素、文物摄影技巧等。

《博物馆学论丛》（3），河南省博物馆学会编，上海科学技术文献出版社，1992年，147页，16开。

1984年，河南省博物馆学会成立，积极组织会员开展博物馆学研究，举办学术报告会，1988年、1989年分别编辑博物馆学论丛第1集、第2集，该书是该学会连续编辑出版的学术论文集的第三集。

书中收录论文28篇，作者来自河南省内郑州、洛阳、新乡、许昌等地博物馆，文章内容包括博物馆学基础理论、藏品管理、陈列展览、社会教育、博物馆的建设与发展、工作研究、其他、论点摘要等方面。

《博物馆学研究》，周昌富、阎立津主编，青岛海洋大学出版社，1992年，330页，32开。

该书是山东省博物馆学会成立十周年论文集。

书中收录的44篇论文反映了山东文博研究者对博物馆学和工作实践的研究成果，反映了改革开放后山东省博物馆学研究的新观念，展示了改革开放给山东博物馆事业带来的巨大变化、新的机遇和挑战，探讨了博物馆发展的新道路，内容涉及论博物馆收藏、文物的概念、文物修复、社会教育、陈列展览等。

《博物馆学论文选编》（1986～1991），江西省博物馆学会编，1992年，379页，32开。

该书是江西省博物馆学会组织编写的学术论文集，包括江西省博物馆学会自1986年成立以来举办的四次学术研讨会的论文58篇，内容涵盖博物馆的文物征集与保管、陈列设计与展览、群众教育、科学管理等方面，研究范围涉及管理学、心理学和美学等学科。书后附有江西省博物馆基本情况一览表。

《羊城文物博物研究：广州文博工作四十年文选》，广州市文化局、广州市文博学会编，广东人民出版社，1993年，513页，16开。

该书是研究广州历史和文物、博物馆工作的学术论文汇编，是广东省文博工作者四十年辛勤耕耘成果的集中体现。文章按照田野考古、古建筑、古代史、近代史、现代史、陶瓷书画鉴赏、文物修复与保护、博物馆学八个门类，收录论文74篇，附录有广州文博工作四十年纪事。

《中国博物馆学会成立十周年纪念暨学术讨论会文集》，中国博物馆学会编，紫禁城出版社，1993年，436页，32开。

该书是1992年5月在西安举办的“中国博物馆学会成立十周年纪念暨学术讨论会”的论文汇编和成果体现。收录论文46篇，分为史论、发展研究、理论研究、业务研究和管理研究五个部分，内容广泛，从博物馆的历史研究、发展研究、理论研究、业务研究、管理研究等多角度论述了如何建设有中国特色的博物馆和有中国特色的博物馆学问题。

“中国博物馆学会成立十周年纪念暨学术讨论会”召开之时，正值邓小平南方讲话之后，改革开放的春风带动了博物馆界的学术研究。博物馆如何改革，是摆在当时博物馆人面前需要思考和解决的最紧迫的问题。因此研讨会集中研究如何发展中国博物馆事业，如何创建有中国特色的博物馆和博物馆学。

本文集的特点是信息量大，资料丰富，反映了当时博物馆学研究的成就，对于指导中国博物馆的建设，深入开展博物馆学的研究具有积极意义。

《广西博物馆建馆60周年论文选集》，广西壮族自治区博物馆编，广西民族出版社，1993年，376页，16开。

该书是为庆祝广西壮族自治区博物馆建馆60周年而编辑的。书中收录的64篇文章是从该馆历年来公开发表的论文中遴选的，基本上包括了博物馆业务工作各方面的主要课题，反映了该馆的科研成果和业务水平。论文内容涉及古人类、石器时代文化、青铜文化、先秦秦汉时期文化、岩画、铜鼓、岩洞葬、陶瓷、钱币、古代史、近现代史、民族史、民族学以及博物馆文物藏品、陈列展览、群众教育等。

《文物考古与博物馆论丛》，谭维四、白绍芝著，湖北美术出版社，1993年，332页，32开。

该书为庆祝湖北省博物馆建馆40周年而编辑的学术论文集，分为综述编、文物编、考古编及博物馆编四个部分，收录文物考古与博物馆研究方面的文章52篇，其中博物馆方面的论文7篇，内容涉及博物馆管理、藏品保管、藏品分类原则、藏品定名等。

《博物馆学研究论文选》（博物馆学研究丛书），李淑萍主编，西北大学出版社，1994年，472页，32开。

该书为“秦俑博物馆编辑的博物馆学研究丛书”之一。书中选编博物馆学方面的论文51篇，其中26篇是秦俑博物馆业务人员的论文，论文研究的内容有关于博物馆史、藏品征集与分类、文物保管、遗址和文物保护、陈列设计、社会教育、科研业务、建筑环境等方面。该书是博物馆学研究方面的一部综合性选集。

书中集中展示了1994年前后我国博物馆学研究的成果，也在一定程度上反映了遗址博物馆学研究的研究状况，内容涉及博物馆理论研究、文物保护、科研工作、陈列展览、社会教育，其中《论博物馆学》《关于文物保管工作》《谈讲解技巧》等论文都提出了极有见地的观点。

《博物馆学论丛》（4），河南省博物馆学会编，中州古籍出版社，1994年，501页，16开。

该书是河南省博物馆学会编辑出版的会刊，不定期出版。该书收录河南省博物馆学会组织召开的学术研讨会的论文40篇，内容涉及博物馆管理、社会教育、讲解技巧、陈列展示、文物保护与保管等方面。

《太平天国历史博物馆建馆四十周年论文集》，太平天国历史博物馆编，江苏教育出版社，1996年，275页，32开。

该书是太平天国历史博物馆编辑的学术文选，收录该馆专业人员撰写的有关太平天国历史以及博物馆的陈列展览、文物保护、宣传教育等研究文章35篇。

《博物馆学文集》4，湖南省博物馆学会编，1996年，204页，16开。

该书是湖南省博物馆学会第六次学术研讨会论文的汇编，选录会议论文60篇。分为改革与发展、陈列展览、宣传教育、藏品保护、文物征集五个部分，内容涉及当时博物馆学研究及博物馆工作的热点问题和焦点问题如侯良的《博物馆改革三题》、魏明《市场经济特征与博物馆体制改革》、龙西斌《论县级博物馆事业的发展》、施青《搞活民族地区博物馆之我见》、朱建中《博物馆巡回展出势在必行》、陈国安《新形势下博物馆藏品管理工作探讨》等多个方面。

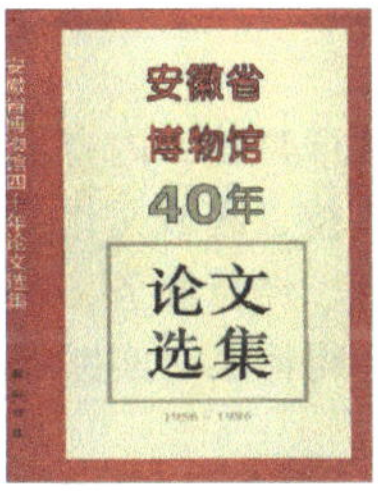

《安徽省博物馆40年论文选集》（1956～1996），安徽省博物馆编，黄山书社1996年，283页，32开。

该书是安徽省博物馆四十年论文的汇编，收录该馆业务人员论文89篇，内容分九个方面：①回顾与展望；②文博工作与研究；③文物研究；④书画艺术；⑤历史研究；⑥考古研究；⑦文献研究；⑧民俗研究；⑨文物保护技术。论文展示了该馆40年来学术研究的丰硕成果，书后同时附印“安徽省博物馆学术成果目录汇编”及四十周年大事记。

《首都博物馆十五周年论文选》，首都博物馆编辑委员会编，地质出版社，1996年，396页，16开。

该书是首都博物馆十五周年论文的选集，书中设特稿、专题研究、古都谈往、考古文物、地方民俗、博物馆学六个栏目，收录论文56篇。其中博物馆学的论文有《论博物馆的经济创收工作》《对发挥博物馆教育职能问题的思考》《试析博物馆经济效益的二重性》《首都博物馆社教工作的理论与实践》《灰色生命——东京的博物馆陈列设计》等8篇。

《湖南省博物馆四十周年纪念论文集》，湖南省博物馆主编，湖南教育出版社，1996年，285页，16开。

该书是为纪念湖南省博物馆馆庆四十周年而编选的论文集，按照旧作新刊、殷商文化研究、马王堆简帛研究、楚汉文明探索、馆藏文物选介与研究、现代历史与文物六个部分，收录论文32篇，除3篇为已发表过的论文外，其余29篇均为新作。附录为湖南省博物馆发展点滴、湖南省博物馆1986～1996年大事记、湖南省博物馆1986～1996年主要论著目录。

《文博宣教工作论丛》（博物馆学研究丛书），赵文艺主编，三秦出版社，1996年，606页，32开。

该书是陕西省博物馆学会宣教专业委员会组织编写的论文汇编，收录内容包括六个部分：讲解艺术与技巧、宣教工作研究、爱国主义教育、讲解词选登、宣教工作大事记、其他。该书的论文是以宣教专业委员会成立暨学术讨论会为基础编写的，同时收集了一些博物馆学方面的文章和优秀的讲解词。所收文章均出自从事文物、博物馆宣教讲解工作的同志之手，是他们从事宣教工作过程中的经验总结和对宣教工作的心得体会。

《文博青年论丛》（第一辑），国家文物局团委编，北京图书馆出版社，1997年，333页，32开。

1995年7月～1996年9月，经国家文物局批准，国家文物局团委和中国文物报联合主办，在中国文物报社开办“文博青年园地”专栏，主要发表和刊登青年文博人员的工作建议、所想所思等文章。这一活动得到了广大青年的积极响应，很多地方的文物主管部门专门发文，积极组织青年参加，使这一专栏稿件不断，《文博青年论丛》就是这些优秀来稿的汇编。

《文博青年论丛》（第一辑）收集各类文章97篇，内容包括文物保护、管理、发掘、研究、展示、宣传等各项工作，涉及文物工作方针、政策、法规、理论、体制、机构等诸多问题。文章立足现实，放眼未来，或阐述自身见解和主张，或总结实践经验教训，或探讨新事物，或陈述新思路，或表彰好人好事，或宣传成就成功，或建议、呼吁、批评等，是工作中辛劳汗水的结晶，是献身事业的心迹，是拼搏、探索、追求的脚印，更是青春才智的闪光。

《文博青年论丛》（第二辑），国家文物局团委编，北京图书馆出版社，1997年，267页，32开。

该书是《文博青年论丛》（第一辑）的续编，书中收集各类文章41篇，内容包括博物馆管理、加强博物馆立法工作、文博事业发展、文物保护科技、区域文化、大遗址保护、文物培训工作存在的问题与对策以及博物馆社会教育、经营服务、网络建设、藏品保管、讲解员管理等方面，是文博青年工作建议、心得体会、实践经验的汇集。

《湖南省博物馆文集》（第四辑），《船山学刊》杂志社编，1998年，301页，16开。

该书是纪念商承祚先生诞辰九十五周年的学术论文集。书中收录论文百余篇，内容包括三个部分，一是纪念商承祚先生诞辰九十五周年研究论文，二是1996年百越民族史研讨会论文，三是有关博物馆学研究的论文。书后附马王堆帛书研究论著目录。

该书中博物馆学研究方面的论文有《博物馆的文物保护管理》《临时展览》《青少年教育》《计算机在博物馆中的应用》以及《日本琵琶湖博物馆见闻》等。

《河南博物院落成暨河南省博物馆建馆70周年纪念论文集》，河南博物院编，中州古籍出版社，1998年，356页，16开。

该书是纪念河南博物院落成暨河南省博物馆建馆70周年纪念的论文选集，内容包括国家文物局局长张文彬在河南博物院开馆仪式上的讲话、综合论述、考古学、历史学、博物馆学、图书馆学、古生物学、译文和其他八个部分，收录文章74篇。内容包括有关河南历史文化、河南考古出土文物、博物馆学、博物馆工作等方面，其中博物馆学和博物馆工作研究的论文占半数以上，涉及馆藏文物研究、文物保护以及博物馆的社会教育、陈列设计、信息化等工作。

河南博物院在建院之初就提出了“八个一流”的目标，这就是一流的管理、一流的收藏、一流的陈列、一流的科学研究、建立和形成一流的专家队伍、一流的环境、一流的服务、一流的效益。这本文集反映了河南博物院在管理、收藏、陈列、研究方面的成果，展示了强大的文物保护、陈列服务和收藏研究等方面的学术团队力量。

《北京博物馆学会第二届学术会议论文集》，北京博物馆学会编，经济日报出版社，1998年，333页，16开。

该书是北京博物馆学会第二届学会研讨会论文的汇编。

1997年11月，北京博物馆学会组织召开了以“新时期博物馆事业的研究与探讨”为主题的学术研讨会，会议代表提交论文69篇，该书精选学术会议35篇，内容包括博物馆学事业的综论及博物馆的科学管理、文物征集与保护、社会教育、陈列展览工作研究、民间博物馆的发展与规范等方面。

《史前研究1958～1998：西安半坡博物馆成立四十周年纪念文集》，西安半坡博物馆编，三秦出版社，1998年，562页，16开。

该书是为纪念西安半坡博物馆成立四十周年编辑的学术论文集，内容包括两个部分：一是有关贺文、贺诗、贺词和回忆文章，二是研究论文，收录有关史前文化研究、博物馆学研究以及博物馆工作研究的论文66篇。其中有关博物馆学研究的论文有《回忆半坡遗址的发掘和半坡博物馆的建立》《遗址博物馆刍议》《半坡博物馆四十年科研和业务工作综述》《陈列与宣教工作回顾》《计算机在博物馆的应用》《文物保护与修复》等。

《昆明市博物馆论文集》，昆明市博物馆编，王海涛主编，云南美术出版社，1999年，277页，32开。

该书是昆明市博物馆学术论文的结集，书中分考古研究、博物馆研究、专题研究、翻译四个栏目，收入《云南旧石器》《关于滇池区域青铜文化几个问题的研究》等文章29篇。

《博物馆学文集》5，湖南省博物馆学会编，1999年，184页，16开。

该书选录湖南省博物馆学会第七次学术研讨会论文59篇。论文内容分为改革与发展、陈列展览、宣传教育、藏品保护、文物征集五个部分，诸如侯良《略述专业博物馆的建设问题》、吴传仪《发展地市博物馆事业之我见》、滕瑜华《博物馆事业改革之管见》、傅笑然《讲解中的党性原则》、刘冬华《浅谈陈列的精品意识》等结合工作实际又有创新的论文。

《苏州博物馆建馆四十周年纪念文集》（1960～2000）《东南文化》2000年增刊1，徐湖平主编，2000年，186页，16开。

该书是纪念苏州博物馆建馆四十周年而编辑的论文集，书中设有考古学、吴文化研究、文物研究、博物馆学、吴地名人、文物保护六个栏目，收录论文35篇，其中博物馆学的研究内容是有关苏州与中国博物馆事业、苏州市博物馆群体发展的探讨以及博物馆的陈列工作、人才培养、科学管理等方面。

《历史考古与博物馆研究》（重庆文物论丛），刘豫川著，重庆出版社，2000年，230页，32开。

该书收录作者《巴蜀符号印章的初步研究》《谈四川汉代画像石》《宜宾岩穴墓与川南古代的僚人》《郭沫若在日本时期的考古研究》等论文19篇。

《博物馆藏品保管文集》，国家文物局博物馆司、中国博物馆学会保管专业委员会编，中华书局，2001年，646页，16开。

该书是博物馆文物藏品征集、管理、建档建卡、保护等方面研究文章的汇编。

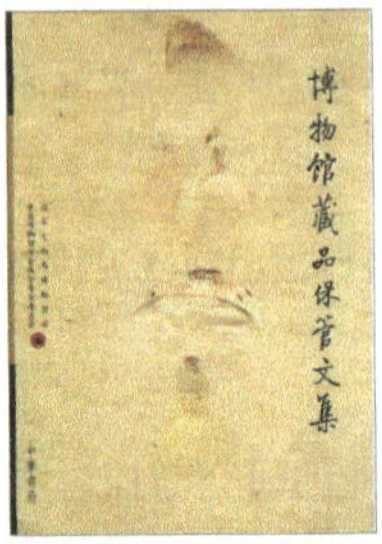

《新世纪博物馆学研究》，辽宁省博物馆学会编，辽宁人民出版社，2001年，414页，16开。

该书分为综合理论研究、陈列设计研究、社会教育研究和附录四个部分，前三部分收录论文74篇，附录部分是辽宁省博物馆学会章程、辽宁省博物馆学会第三届理事会、辽宁省博物馆学会现代史专业委员会、辽宁省博物馆学会陈列专业委员会、辽宁省博物馆学会社会教育专业委员会名单。

书中内容涉及21世纪的中国博物馆学与交叉学科，“博物馆文化”解说，新时期博物馆运营，21世纪中国博物馆人才培养以及现代化的博物馆的发展方向的探讨，对博物馆运行机制的研究，对博物馆的文物征集、保管、保护的研究，对博物馆的展览与社会教育方面的研究等。

《北京博物馆学会第三届学术会议文集》，北京博物馆学会编，北京燕山出版社，2001年，488页，16开。

该书是北京博物馆学会第三届学术会议选编，收入会议论文53篇，内容涵盖了博物馆学理论、博物馆管理、博物馆文物保护、社会教育、陈列展示、数字化博物馆等，如博物馆的科学管理与法治管理、展望21世纪博物馆和博物馆学的发展趋向——修订《中国博物馆学基础》的主要指导思想、试论博物馆社会化改革、浅谈博物馆的市场化经营、博物馆形象设计探讨——CI战略导入的相关问题等。

《人物类博物馆、纪念馆现状与发展前瞻学术研讨会论文集》，鲁迅纪念馆编，百家出版社，2002年，323页，16开。

该书是人物类博物馆、纪念馆现状与发展前瞻学术研讨会论文的选编。文集包括“会议概览”“总论”“陈列研究”“文物保管和学术研究”四个部分。会议概览部分收录本次学术研讨会的致辞、讲话、贺信等；总论部分收录综合性研究论文；学术研究部分分别收录选编有关博物馆陈列、文物藏品的保管与保护、宣教研究方面的论文39篇。

《辛勤耕耘：宜昌博物馆二十年纪念文集》，杨新主编，科学出版社，2002年，16开。

该书是宜昌博物馆文物考古工作者的论文选集，其内容包括考古类，文博类和其他方面的论文25篇，考古学论文涉及自原始社会至隋唐时代的多方面研讨文章。主要反映三峡的历史与文化，特别是巴、楚文化的内容，文博类论文则对民族文物藏品的保管、建档、陈列展览等方面进行了论述，另有关于三峡旅游、三峡航运史等方面的文章。

《博物馆学论丛》（五），河南省博物馆学会编，中州古籍出版社，2003年，480页，16开。

该书是从河南省博物馆学会第四届理事会成立以来，举行的多次学术研讨会入选论文中编辑而成。其中有2000年会、2001年会、2000年“新世纪博物馆发展走向馆长论坛”等会议论文以及学会所属保管专业、社会教育专业召开的学术研讨会的部分论文，还有近期在学会会员中广泛征集的论文280多篇中遴选出的120篇论文。

该书分为博物馆综论、文物保管、陈列设计、社会教育、文物研究、其他六大类收录论文，内容涉及21世纪文博工作走向、中小型博物馆发展、基层博物馆生存之道、博物馆管理与运作、文物藏品的征集与保护、如何办好临时展览、陈列形式要素与观众心理解读、河南博物院观众的分析研究、建立博物馆教育机制的思考、博物馆社教工作新特点、21世纪中小博物馆宣教工作、博物馆讲解技巧以及具体的文物研究等。

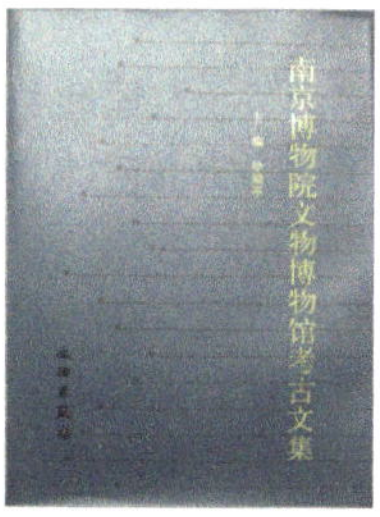

《南京博物院文物博物馆考古文集》，徐湖平主编，文物出版社，2003年，796页，16开。

该书是为纪念南京博物院建院七十周年而编辑的学术文集，收录南博学人发表在各类书刊上的文章89篇。

南京博物院历经风雨七十年，经过几代人的不懈努力，在文物征集、收藏、展示和博物馆社会教育、考古研究方面中取得了不凡的业绩，该书旨在全面展示南京博物院业务人员在各学术领域取得的丰硕成果。

该书在内容上以学科为纲、以时代为序、以物质文化为主线，力求全面展示南京博物院的学术发展历程，全书收录研究文章89篇，其中有少量文章原为图集、文集、报告的序言或章节。所收文章年限为1952～2003年，分为考古学、文物研究、历史学、文化史论、博物馆学和文物保护六个部分。

《北京博物馆学会第四届学术会议论文集》，北京博物馆学会编，北京燕山出版社，2004年，628页，16开。

该书是北京博物馆学会第四届学会会议的论文汇编，精选参加北京博物馆学会第四届学术会议的论文及论文提要百余篇，内容包括《中国博物馆的现状与发展》《博物馆的市场化》等宏观研究文章以及涉及博物馆文物征集与保护、宣传与社会教育、讲解工作与讲解员培养、陈列展览与策划、数字化博物馆与博物馆的网站建设等。

《博物馆藏品保管学术论文集》，北京博物馆学会保管专业委员会主编，北京燕山出版社，2004年，399页，32开。

该书是北京博物馆学会保管专业委员会三次学术研讨会提交论文的汇编。编者按照藏品管理与征集、藏品信息化与计算机管理、藏品利用与保护三个方面，收录论文48篇。这些论文从藏品保管、保护、提用、包装运输、文物的征集、鉴定、建档和藏品信息化与计算机管理专业等方面对博物馆藏品保管工作的心得体会、经验教训予以总结。

《天津自然博物馆建馆90周年文集》（1914～2004），孙景云主编，天津科学技术出版社，2004年，239页，16开。

该书为纪念天津自然博物馆90年（1914～2004）而编撰。书稿全面反映了天津自然博物馆建馆90年，尤其是近十年该馆的发展历程，在各项专业课题研究上取得的丰硕成果，讴歌现代博物馆人与时俱进探索改革的精神。

该书收录各类纪念文章以及博物馆学研究、藏品与技术探讨方面的学术论文33篇，客观地反映1994～2004年十年间天津自然博物馆所走过的不平凡的精彩历程。书中论文内容涉及天津自然博物馆建馆的历史、博物馆学、博物馆工作研究、文物保护、陈列展示等。

《故宫博物院十年论文选》（1995～2004），故宫博物院编，紫禁城出版社，2005年，361页，16开。

该书是为纪念故宫博物院建院七十周年而编辑的学术论文集。

书中收录1925～1995年期间曾经在故宫博物院工作的专家学者论文101篇，内容涉及历史、图书档案、建筑、金石考古、书画、陶瓷、工艺、文物保护和社会教育研究等方面。这些学术论文在我国具有很强的学术代表性，也系统全面地展现了故宫博物院十年中所取得的科研成果。

《史前研究2004：中国博物馆学会史前遗址博物馆专业委员会第五届学术研讨会暨西安半坡遗址发掘五十周年纪念文集》，西安半坡博物馆、良渚文化博物馆编，三秦出版社，2005年，527页，16开。

该书是中国博物馆学会史前遗址博物馆专业委员会第五届学术研讨会暨半坡遗址发掘五十周年纪念文集，收入论文包括两个部分：一是提交的中国博物馆学会史前遗址博物馆专业委员会第五届学术研讨会的论文，二是纪念半坡遗址发掘五十周年的论文。

2004年5月，中国博物馆学会史前遗址博物馆专业委员会第五届学术研讨会在杭州召开，全国27个博物馆的50余位专家参加。本次研讨会以弘扬史前文明、探索史前遗址博物馆在21世纪的发展战略为己任，着重就博物馆文化产业、大遗址保护与发展经济的关系、博物馆宣传与公众的研究、史前文化与艺术研究、史前文化遗产“申遗”工作的研究等诸方面进行集中研讨。纪念半坡遗址发掘五十周年的论文围绕半坡遗址的价值与意义、半坡遗址的保护、半坡博物馆的宣传展示等方面展开。

该书论文的内容包括我国各地史前考古、文化艺术、民族、民俗、原始信仰、田野实践以及史前遗址博物馆学等方面的研究成果，收有论文62篇。

《回顾与展望：中国博物馆发展百年》（2005年中国博物馆学会学术研讨会文集），中国博物馆学会编，紫禁城出版社，2005年，646页，16开。

该书内容分为博物馆历史与展望、博物馆基础理论研究、博物馆业务、博物馆技术、博物馆管理五个部分，收录论文74篇，从不同方面、不同角度回顾了中国近代博物馆事业的历程，分析探讨了当前博物馆工作面临的形势、任务和问题，展现了21世纪中国博物馆发展的趋势和前景，全反映了当前博物馆界理论研究各个层面的成果和状况。

《新疆维吾尔自治区博物馆论文集：2005》，新疆维吾尔自治区博物馆编，伊斯拉菲尔·玉苏甫主编，新疆大学出版社，2005年，569页，16开。

该书是新疆维吾尔自治区博物馆学术论文的结集，共收入论文76篇，分为研究与探索、文化艺术、纺织与服饰、博物馆学四个部分，汇集了新疆维吾尔自治区博物馆有关文物博物馆、古文字研究、文化艺术、纺织品、体质人类学及丝路考古文化等诸多领域的研究成果，其中博物馆学的论文23篇，内容涉及博物馆的科学管理、文物征集、社会教育、文物保护等方面。

《博物馆：文化的桥梁——广州2005国际博物馆日馆长论坛论文集》，广州市文化局编，广东人民出版社，2005年，247页，16开。

2005年国际博物馆日的主题是“博物馆：文化的桥梁”，为了配合这一主题的宣传，广州地区博物馆举办了一次学术盛会——博物馆馆长论坛。本次论坛，邀请来自国内12个中心城市和港、澳地区博物馆的馆长与会，他们提交了有见地的论文，并在论坛上作了精彩发言。论坛举办期间，适逢由中共广州市委宣传部、广州市文化局、中山大学人文学院联合举办的“广州市文博专业人才高级研修班”开班，学员们纷纷提交论文，参加研讨。

为了让文博工作者关注、了解这个论坛所取得的学术成果，广州市文化局将参与此次论坛的大部分论文结集出版，分为上、下两篇。上篇为参加论坛的各博物馆馆长的论文22篇，下篇收录研修班学员提交的论文16篇。该书中的38篇论文，内容涉及博物馆的科学管理、经营理念、陈列方式、服务功能、资金运作等方面。

《2005年贵州生态博物馆国际论坛论文集》，中国博物馆学会编，紫禁城出版社，2006年，290页，16开。

该书汇集2005年贵州生态博物馆国际论坛论文。该论坛2005年6月1～4日在贵阳市举行。中国、挪威、瑞典、法国、英国、意大利、美国、巴西、澳大利亚等17个国家和地区的近百位专家出席论坛，在大会宣读35篇论文，交流了40个生态博物馆的实践经验和做法。该书就是这些代表性论文的汇编。

书中内容包括生态博物馆的先行者和一些著名理论家以及各国代表的论文和经验介绍，《中国生态博物馆的道路》《生态博物馆和可持续发展》《生态博物馆和地方政府》等论文以及戴瓦兰先生、马吉先生、曹兵武先生的考察笔记以及戴瓦兰先生与苏东海先生的通信，涵盖了从生态博物馆运动的起源到全球发展的现状研究，极具文献价值。

此论文集在意大利出版了英文和意大利文版。意大利文前言中写道：“此次论坛既展现了共同的要素，也表现出充满启发的不同方法，它促进了近年来正在发展的新博物馆学。”

《西部文博论丛：首届西部文博管理干部培训班暨中国文博西部论坛》，国家文物局、青海省文物局编，马伟民主编，科学出版社，2006年，332页，16开。

2004年8月，国家文物局在青海省举办了首届西部文博管理干部培训班。培训班采取了专家授课与实地考察、开辟论坛与学员讲演相结合，取得了很好的效果。该书收录培训班学员的文章49篇，分为“文博论语”和“园丁化雨”两大部分。这些文章鲜活生动，具有西部地区的地方特色、民族特色和时代特征，对一些实际问题的看法见解独特，具有针对性和可操作性。例如，在西部大开发中，如何保护利用好文物资源？怎样妥善处理好文物保护和经济建设之间的关系？如何结合西部生态环境建设工作，做好古遗址、古墓葬的保护？怎样科学、合理地发挥文物特有的作用？如何实现文物资源的可持续发展等，对这些问题，该书都有初步的认识，但还需要我们进一步研究和探索。

《甘肃省博物馆学术论文集》，甘肃省博物馆编，俄军主编，三秦出版社，2006年，519页，16开。

该书收录有关甘肃省历史和文博方面研究论文，共分8类70余篇，内容涉及博物馆管理、考古发掘与研究、简牍学研究、佛教与敦煌学研究、文物文献研究、历史研究、文物标本和标本化石、陈列展览和文博工作研究等领域，具有较高的学术研究价值。

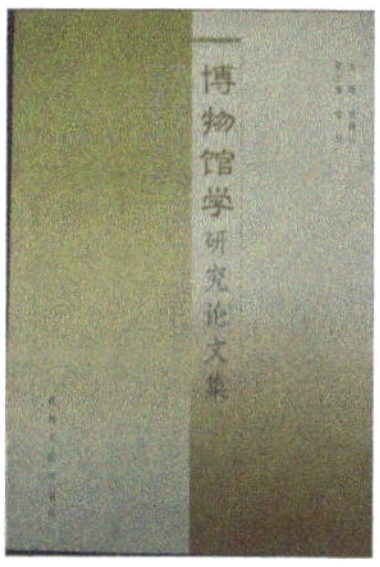

《博物馆学研究论文集》，成建正主编，陕西人民出版社，2006年，447页，32开。

该书是由陕西历史博物馆编辑的庆祝15周年馆庆的系列著作之一，是陕西历史博物馆业务人员撰写的博物馆学研究论文汇辑。陕西历史博物馆开馆15年中，一直积极鼓励、支持业务人员从事科学研究工作，全馆人员除发表文物、考古、历史研究的论文、专著外，还结合博物馆陈列、保管、宣教等业务和管理工作，撰写了100多篇博物馆研究方面的论文，有力地推动了业务工作的开展。

书中选编的论文50篇，包括总论3篇，陈列展示11篇，藏品征集与管理7篇，教育宣传8篇，数字化建设与图书资料3篇，文化产业6篇，博物馆管理9篇，国外博物馆博览3篇。除十余篇是2005年“陕西省第二届博物馆理论与实践研讨会”的参会论文外，其余均在各种刊物上正式发表过。这些论文涵盖了博物馆学研究的各个方面，是陕西历史博物馆博物馆学研究成果的集中展示。正如苏东海先生在序言中所言：“从这本纪念15年馆庆的论文集中，可以看到从各级领导到专业人员，从基础理论研究到应用理论研究以至相关学科的学术探讨，方方面面都带动起来了。一个博物馆思想活跃起来就有生命力。这本论文集就是陕西历史博物馆思想活跃的写照”。

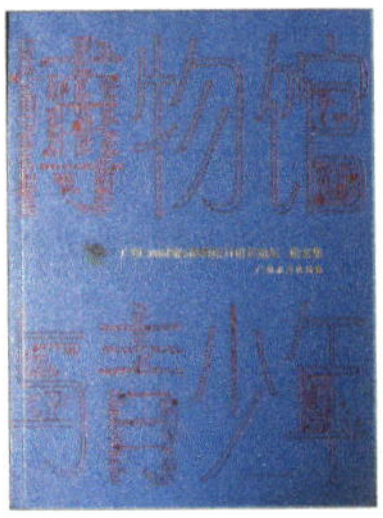

《博物馆与青少年：广州2006国际博物馆日馆长论坛论文集》，广州市文化局编，广东人民出版社，2006年，303页，16开。

该书是广州2006国际博物馆日馆长论坛论文的选集，本次论坛的主题是博物馆与青少年。该书从提交论坛的论文中选出篇，包括《谈博物馆与青少年素质教育》《青少年对文博发展的启迪》《教育多元化及博物馆的多元化教育》《二十一世纪的博物馆如何求发展》等文章45篇。

《二十一世纪中国博物馆展望：2006年中美博物馆论坛文集》，何慕文主编，美国梅隆基金会、大都会博物馆，2006年，32开。

美国梅隆基金会在博物馆、文化遗产保护领域与中国国家文物局进行了积极的合作。美国梅隆基金会的中国博物馆馆长培训项目是双方合作的成功范例。截至2004年，中国先后选派了4批11名博物馆高级管理人员赴美参加培训，培训内容由参与博物馆实际工作和参观考察两部分组成。在美期间，这些学员考察了美国博物馆的现状，学习研究了博物馆的经营理念和管理模式。培训结束后，学员将所学所思与各自的工作相结合，在工作岗位上做出了较大成绩，在全国博物馆界产生了很大的影响。为了使这一合作培训项目取得更好的效果，在 梅隆基金会的提议下，由何慕文主编该书，旨在系统总结中美合作培训工作，展示项目成果，加深中美两国博物馆同仁的了解，促进合作交流。

该书汇编了11位受训学员和5位美国博物馆学者的论文38篇，内容涉及博物馆的功能定位、博物馆的体制、管理经营和运作模式、博物馆教育以及专业人员的培训等，内容丰富全面，可操作性强。

《社会化视野下的博物馆教育》，阎宏斌、郑智主编，文物出版社，2006年，26页，32开。

近十年来，北京地区博物馆的社会教育活动十分活跃，各博物馆结合本馆的藏品及展览特点，紧密配合党和政府的中心工作，在开展对未成年人思想道德教育、设计开放青少年动手参与项目、利用社会资源开展志愿者工作、根据社会需求举办展览以及引入科技手段开展活动等方面，做出了很多有益的尝试和探索。该书汇编北京地区各博物馆社教部人员的36篇论文，主要内容围绕着博物馆教育展开。论文内容涉及宣教工作新方法、新思路以及博物馆馆际合作、资源整合等，反映出北京地区博物馆教育方法的创新、教育效果的提升，很多观点有新意，在博物馆教育的实践介绍上提供了一些真实、生动的案例。

《安徽省博物馆建馆五十周年文集》，安徽省博物馆编，安徽人民出版社，2006年，304页，16开。

安徽省博物馆是中华人民共和国成立后建设的第一批大型省级综合博物馆之一，在中国博物馆发展进程中有着极其特殊的地位，它是毛泽东主席一生中参观过的唯一一座博物馆。1958年9月17日，毛泽东主席亲临安徽省博物馆视察后，在博物馆接待室里发表了生前公开发表的对文博事业所做的唯一指示：“一个省的主要城市，都应该有这样的博物馆，人民认识自己的历史和创造的力量是一件很要紧的事。”这一重要讲话对广大文博工作者以极大鼓舞，为那时中国博物馆的建设与发展指明了方向。之后，一些省市纷纷建馆，从而形成了中华人民共和国成立后我国博物馆建设的第一次高潮。50年来，安徽省博物馆带动和推进了文物、博物馆事业的建设与发展。该书中的70篇文章，包括《关于安徽省博物馆建馆五十年的点滴回忆》《我的安徽科考情结》《确立以服务为中心的新时期博物馆工作理念》《理念创新与馆藏文物的抢救性保护》《从选聘志愿讲解员的角度谈加强博物馆宣教工作》等，文章大部分为安徽省博物馆业务人员的新作，也包括2005年安徽省博物馆学会年会的部分论文，内容涉及博物馆学研究、文物研究、文物科技保护研究、网站管理、网络建设、文化产业建设等，文字质朴，不乏真知灼见。此外，还有国家文物局领导和全国文博界知名专家学者的论文。

《太平天国历史博物馆建馆五十周年论文集》，太平天国历史博物馆编，江苏教育出版社，2006年，502页，32开。

该书是南京太平天国历史博物馆建馆50周年纪念论文集。全书分为史学研究、博物馆学研究、附录等部分，收录了戴逸、茅家琦、郭毅生、王国平等国内史学界、博物馆学专家学者的专题论文，共计54篇。其中有关博物馆学研究的论文有《展天国英雄风采求农民起义真谛——献言太平天国历史博物馆建馆五十周年》《以人为本推进博物馆事业发展》《博物馆人力资源管理与建设初探》《把部门预算当作博物馆全面质量管理的契机》《非营利组织的税收政策与博物馆的产业发展》《古建筑火灾特点及现代消防技术的应用》《浅谈太平天国历史博物馆与美国博物馆服务功能之异同》《回眸二三事——一名老讲解员的回忆》等涉及博物馆的科学管理、人力资源管理、财务管理、文物保护、社会教育、讲解接待等工作。

《中国当代文博论著精编》，张之铸主编，文物出版社，2006年，16开。

该书收录文化遗产保护与研究、博物馆文物修复与保护、博物馆学研究、博物馆免费开放、社会教育、陈列展览等方面的论文190篇。

《在传播科学中传承文明——博物馆研究论文集》，康熙民、孟庆金主编，文物出版社，2007年，226页，16开。

该书主要介绍了关于博物馆的社会服务问题、关于当代博物馆的若干规划问题、关于体验展示设计的创新实践、自然博物馆在现代社会中的生态地位等内容。

该书汇集了中国自然科学博物馆协会在2005年和2006年举办的“海峡两岸当代博物馆展示理念高级研讨会”两次研讨会的成果，共收录论文36篇，反映了2005～2006年博物馆界对博物馆展示理念、自然历史博物馆的发展、博物馆管理和人性化服务等目前博物馆界的热点课题研究成果。文章所涉及的都是当时中国自然科学类博物馆乃至整个博物馆界的重点、难点问题和热点、亮点话题。有些富有创见的观点建议，对推进中国自然科学类博物馆建设，促进中国博物馆事业沿着更为科学的发展轨道前进有现实意义和指导作用。

《科学发展观与博物馆教育学术研讨会论文集》，中国博物馆学会社教专业委员会、陕西省博物馆学会编，郭俊英、成建正主编，陕西人民出版社，2007年，345页，16开。

该书是由中国博物馆学会社教专业委员会与陕西省博物馆学会编辑的学术论文集，收录参加2006年在西安举办的“科学发展观与博物馆教育学术研讨会”提交研讨会的论文66篇。这些论文是从参加会议的130余篇论文中精选出来的。

2006年11月，“科学发展观与博物馆教育学术研讨会”在西安召开，来自北京、天津、上海及广东、吉林、云南、新疆、西藏等省区50多个文博单位的91名代表参加了本次会议。本次会议被认为是中国博物馆学会社教专业委员会成立以来规模最大、参会人数最多、学术水平最高的一次会议。

该书收录的论文包括《当代博物馆学习的理论和实践》《博物馆市场学及其战略规则》《浅谈建立中国博物馆教育评估体系》等，着重讨论了在科学发展观指导下的博物馆教育的新思路、新举措。

《中国西部博物馆论坛文集》，甘肃省博物馆编，俄军主编，三秦出版社，2007年，284页，16开。

该书是“中国西部博物馆论坛”的论文汇集，收录论文55篇，内容包括博物馆建设与管理，文物鉴赏与研究、文物的征集与保护、社会教育与宣传、博物馆的陈列与设计、文化遗产的保护与研究、馆际交流等诸多方面，对现行博物馆体制进行了深入探讨和思考，并结合现状对欠发达地区博物馆的生存以及西部地区博物馆事业的发展提出了建议。

2007年8月19～21日，由中国博物馆协会主办、甘肃省博物馆承办的“中国西部博物馆论坛”在兰州召开，各博物馆馆长以及文博界学者百余人参会。资料统计，当时西部共有各类博物馆400余座，大部分都面临着资金、人才、观众等匮乏的压力，区域资源不均衡的现象在西部地区尤为突出。本次论坛就是在这种背景下举办的。论坛以“西部地区博物馆的建设与发展”为主题，分专场展开学术讨论。在为期两天的会议期间，代表们将研究探讨西部地区博物馆的建设与发展，同时加强各博物馆之间的交流。

《2006·中国昆明亚洲博物馆馆长和人类学家论坛文集》，谢沫华主编，云南教育出版社，2007年，322页，16开。

该书是2006·中国昆明亚洲博物馆馆长和人类学家论坛的论文选集，收录提交论坛的论文35篇，围绕博物馆之间的交流与合作、博物馆与非物质文化遗产的保护、民族（民俗）博物馆的建设与发展等主题进行了深入的探讨。

2006年9月，在昆明召开了“亚洲博物馆馆长和人类学家论坛”。本次论坛围绕博物馆之间的交流与合作、博物馆与非物质文化遗产的保护、民族（民俗）博物馆的建设与发展等主题进行了深入的探讨，对进一步促进亚洲博物馆之间的交流与合作产生积极的作用。

《史前研究2006：中国博物馆学会史前遗址博物馆专业委员会第六届学术研讨会暨三星堆祭祀坑发现二十周年纪念文集》，西安半坡博物馆、三星堆博物馆编，陕西师范大学出版社，2007年，文673页，16开。

该书内容包括两个部分：上篇是史前文化及博物馆学研究，收录论文64篇；下篇是三星堆及相关文化研究，收录论文34篇。其中上篇博物馆学的论文探讨了遗址博物馆的陈列展示、文物保护、宣传讲解与未成年人教育、馆藏文物信息系统软件使用、博物馆营销等方面的内容。

《博物馆理论与实践研讨会论文集》，陕西省文物局、陕西省博物馆学会编，郭宪曾主编，三秦出版社，2007年，450页，32开。

该书是陕西省第二届博物馆理论与实践研讨会论文的选编，共收录56篇论文。

2005年11月，陕西省文物局与陕西省博物馆学会组织召开了“陕西省第二届博物馆理论与实践研讨会”，会议收到100余篇论文，该书论文是根据文章质量、博物馆类别、级别以及地域等原则精选汇编而成的。

书中论文涉及博物馆学和博物馆实际工作的方方面面，其中既有理论研究，也有经验总结；既有对老话题的重新思考，也有对新问题的对策探讨，反映了陕西博物馆在理论研究和实际工作方面的成果，既是研究成果的展示，又为进一步研究提供了素材。

《2007中国天津欧亚自然历史博物馆高层论坛文集》，董玉琴主编，天津人民出版社，2007年，289页，16开。

2007年11月，“欧亚自然历史博物馆高层论坛暨中国·天津生态城市及可持续发展研讨会”在天津举办。本次论坛围绕联合国千年发展目标的生态可持续发展的主题，旨在加强亚洲和欧洲自然历史博物馆在环境可持续发展方面的合作而举办的国际研讨会议。论坛从环境保护与生态城市建设、自然文化遗产保护、公共活动的开展与教育三个方面进行交流，旨在搭建自然历史类博物馆服务生态城市建设的平台。

该书是该论坛的学术文集，书中收录论文56篇，分为环境保护与生态城市建设、自然遗产保护与生物多样性研究、博物馆公共活动的开展与教育三个部分，其中有关博物馆方面的论文30篇，内容涉及博物馆社会教育、陈列展示、博物馆在城市生态建设中的作用、自然类博物馆建设的生态化趋向、博物馆在提高公众环保意识工作中的作用等。

《河南博物院建院80周年论文集》（河南博物院学术文库），河南博物院编，大象出版社，2007年，427页，16开。

该书是河南博物院为庆祝建院80周年而编辑的学术论文集，分为考古研究、文物研究、博物馆学研究、文化史论、文物保护与科技考古、院史钩沉六个栏目，收录有关论文48篇。文章作者大部分是河南博物院研究人员，也有部分曾经在河南博物院工作过的专家和领导。

1927年7月，在古都开封三圣庙街创办了河南博物馆，这是河南博物院的前身。1928年5月，河南博物馆改名民族博物馆，1930年12月，恢复为“河南博物馆”。1930～1937年是河南博物馆空前发展的时期，收藏了以安阳殷墟、新郑、辉县等地出土青铜器为主的一批具有鲜明中原文化特色的文物，形成了初步的收藏规模，并举办了自然、民族、历史等方面的展览，涌现出一大批高水平的研究人员，由此河南博物馆声名鹊起，得到了国内外的广泛赞誉。

1998年，河南博物院新馆建成开放，在建院之初就按照“八个一流”的目标，即一流的管理、一流的收藏、一流的陈列、一流的科学研究、建立和形成一流的专家队伍、一流的环境、一流的服务、一流的效益的要求，举办丰富的展览，加强对馆藏文物的研究，持续征集藏品，形成了富有特色的文物藏品。这本文集如实反映了河南博物院在科学管理、文物收藏、陈列展览和保护研究等方面的成果。

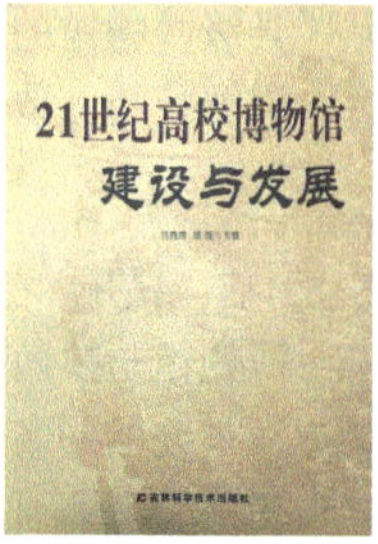

《21世纪高校博物馆建设与发展》，吴鸿州、续颜主编，吉林科技出版社，2007年，136页，16开。

该书是高校博物馆学术研讨会出版的第一部论文集，是第九次全国高校博物馆学术研讨会论文汇编，收录论文37篇，内容集中讨论了高校博物馆的有关问题，如上海高校博物馆联展、高校博物馆的校园社区教育策略、观众自然特征对自然科学博物馆整体感观的影响、高校博物馆在大学通识教育中的作用等。

《2007江苏省文博论文集》，江苏省文物局编，南京出版社，2008年，228页，16开。

2006年，江苏省文物局在全省文博系统开展论文评选活动，该书是这次论文评选中精选出的45篇论文的结集。

该书论文包括：文物保护与基础理论；博物馆建设与发展；文物法制建设与文物行政执法；非物质文化遗产保护与传承发展；文物保护科技与文物修复技术研究等以及博物馆博物馆工作的方方面面。

《新世纪博物馆的实践与思考：北京博物馆学会第五届学术会议论文集》，北京博物馆学会编，北京燕山出版社，2008年，523页，16开。

该书是北京博物馆学会第五届学术年会的论文集，书中内容分为两个部分，一是特邀报告，收录有关文化创意产业发展、奥运经济与博物馆、城市建设与城市博物馆建设、文化遗产保护、博物馆与非物质文化遗产保护等方面的论文7篇。二是提交论文选录，遴选70篇会议论文。论文按照博物馆与社会、博物馆的发展与变革、博物馆管理与业务研究三个专题编排。

书中论文反映出诸多新概念、新名词，如“人文奥运”“构建和谐社会”“博物馆法律地位”“无形文化遗产”“城市文化”“文化创意”“文化产业”“新媒体”“教育评估”“学习型组织”等。这表明博物馆发展的外部条件、博物馆的功能定位等都在变化，博物馆工作要在求新、求变、求与现实社会发展同步的不断探索，反映了博物馆发展面临的挑战和机遇，表达了博物馆工作者对博物馆发展目标、方向和路径的思考。

《书画经典国际学术研讨会论文集》，上海博物馆编，上海古籍出版社，2008年，280页，16开。

该书为庆祝故宫博物院八十年举办的“书画经典——故宫博物院上博物馆古代书画藏品展”，故宫遴选了61件藏品，上海选送了42件作品，体现了晋唐宋元书画艺术主要成就。

该书收录《经典的文化力量——直面故宫博物院上海博物馆古代书画稀珍》《解读千年书画珍萃》《眺看边疆 构建中华——五代和北宋时期对边疆地区的想象和构画》《敦煌书法研究综述》等27篇文章，有综述，有专论。绘画涉及文人画、宫廷画、唐代壁画、辽代墓葬画、元代山水画及边疆少数民族绘画及中国绘画对邻国的影响。书法涉及书家、作品，书体风格及印章。论文还涉及书画鉴等。

《黑龙江省文物博物馆学会第五届年会论文集》，李陈奇主编，黑龙江人民出版社，2008年，312页，16开。

该书是黑龙江省文物博物馆学会第五届年会提交论文的汇编，收录有关黑龙江地区考古发掘简报、历史文化研究、馆藏文物研究、博物馆学研究方面的论文83篇，其中博物馆学研究与博物馆工作的研究20篇，有《黑龙江省博物馆新馆智能数字化系统之探讨》《文博期刊的地域性特点——从〈北方文物〉谈起》《谈文博类网站的定位》《民族民俗博物馆与非物质文化遗产》《多元的陈列设计风格》《县级博物馆的发展之路》。内容涉及博物馆管理、文物保护、陈列设计、社会教育、讲解技巧、数字化建设、网站设计、文博期刊定位等方面。

《周秦汉唐文明研究论集》，上海博物馆编，上海古籍出版社，2008年，521页，16开。

该书是“周秦汉唐文明学术研讨会”论文选集。2004年12月，上海博物馆与陕西省文物局联合举办“周秦汉唐文明大展”，本次学术研讨会是配合展览而举办的同名学术研讨会，有海内外学者100余人到会并提交论文。该书收录其中的39篇，书前有上海博物馆馆长陈燮君的《周秦雄风汉唐歌——周秦汉唐文明大展之序》和陕西省文物局局长张廷皓的《周秦汉唐之光》。

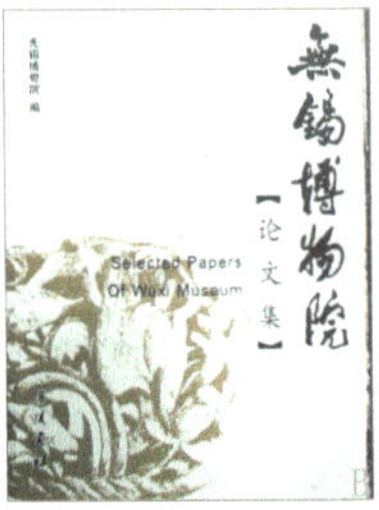

《无锡博物院论文集》，无锡博物院编，黄浩然主编，广陵书社，2008年，540页，16开。

该书选录无锡博物院业务人员的学术论文论文100篇，分为文博篇、学术篇、书画篇、器物篇、考古篇、科技篇六个部分，其中博物馆方面的论文29篇，内容涉及博物馆的陈列设计、社会教育、讲解服务、文物研究、藏品保护、档案管理等。

该书收录文章颇有前瞻性与实用性的研究成果。作者中既有经验丰富的资深专家，也有好学上进的文博新兵。老、中、青三代专业人员的研究成果首次集于一册，不仅系统、全面地展示了全院科研学术工作已取得的成绩，同时对专业人员的学术研究也将起到激励作用。

《新形势下革命文物工作的实践与思考：全国革命文物工作座谈会材料汇编》，中共中央宣传部宣传教育局、国家文物局博物馆司编，学习出版社，2008年，117页，16开。

该书是全国革命文物工作座谈会的材料汇编，即《关于加强革命文物工作的若干意见》《加强革命文物工作发挥革命文物作用》《开拓进取 扎实工作 充分发挥革命文物在构建社会主义核心价值体系中的独特作用》《全国革命文物工作座谈会纪要》等。

《纪念西安碑林九百二十周年华诞国际学术研讨会论文集》，西安碑林博物馆编，文物出版社，2008年，文649页，彩色图版16页，16开。

2007年适逢西安碑林九百二十周年华诞，借此机缘，10月24～26日，西安碑林博物馆举办了以“西安碑林与碑刻研究的历史文化空间”为主题的国际学术研讨会，国内外80余位专家学者到会以“扬厉文明，表征历史，深化学术，促进交流”为宗旨，展开学术研讨。

该书是西安碑林九百二十周年华诞国际学术研讨会论文集，收录会议论文49篇，综述1篇，前有陕西省文物局局长赵荣、副局长刘云辉在研讨会开幕式上的致辞2篇，西安碑林博物馆馆长赵力光的开幕词1篇。

会议不仅侧重在碑刻与中古史学的研讨领域，同时也探究到碑刻与文献学、石刻与文化艺术史，及金石拓本和碑学稿本等范畴。以冯其庸教授为首的38位学者的演讲，由辛德勇、陈尚君、陆扬、张国刚、韩升、陈弱水等知名教授组成的12位执行主席的点评，荣新江教授的总结述论，大多以西安碑林及其内涵为驱引，广泛而深入地拓展了碑刻与历史文化研究的多元空间，从而对相关学术研究的进步给予了切实而有力的助推。

《博古撷采：纪念济南市博物馆五十周年研究文集》，济南市博物馆编著，济南出版社，2008年，391页，16开。

2008年是济南市博物馆建馆50周年，博物馆将该馆人员发表的研究性文章选录论文30篇，即《山东地区博物馆事业发展概况》《济南市博物馆藏汉代齐国封泥考略》《济南无影山汉墓“鸠”形陶鸟考析》《尘封两千多年的地下博物馆》《济南馆藏清代隶书与对联赏析》等。

《洛阳博物馆建馆50周年论文集》，洛阳博物馆编，大象出版社，2008年，368页，16开。

该书是为纪念洛阳博物馆建馆五十周年而结集出版的学术论文集。作者大部分是洛阳市文博系统的有关专家、学者，也有一些曾在洛阳工作过的专家、学者。他们以丰富的学养、独特的视角和精到的见解，或回望、审视洛阳文博事业不平凡的发展历程，探索、发微经验、教益；或对新时期博物馆文化的某个方面、某个课题作片切式的条分缕析，提出自己的感悟和心得，智慧灵光，别开新面；或结合历史文献和考古资料，用二重证法解释和说明一些考古现象、事件和影响社会发展节点上的一些元素背景及其作用。所收论文包括考古研究、文物研究、博物馆学研究、文物保护与科技、馆史钩沉五个方面的学术成果，是一部综合性的研究文集。

《博物馆创新与发展高峰论坛文集》，郭俊胜主编，辽宁人民出版社，2009年，193页，18开。

该书是张氏帅府博物馆于2008年举办的“博物馆创新与发展高峰论坛”的学术成果汇集，收入书中的21篇论文是会议的代表性文章。这些论文既有高屋建瓴、宏观的理论思考，也有从实践中来、到实践中去的微观工作研究，其真知灼见无不闪烁着文博工作者的智慧火花和卓尔不群的创造力。

2008年适逢张氏帅府博物馆建馆二十周年，馆方组织召开了“博物馆创新与发展高峰论坛”，来自全国五十余家博物馆的专家学者参加论坛。与会学者以求真务实、不断创新的理论为指导，通过学术交流对中国博物馆的现状与未来进行了全新的审视和思考，紧密围绕博物馆的理论创新、思路创新、管理创新、展教创新、品牌塑造以及博物馆的特色与魅力挖掘、博物馆营销等几个方面共同探讨如何创新与发展的理念、机制和方法，创造全新的内外部环境，推进博物馆事业又快又好发展。

《博物馆免费开放的思考——广西博物馆首届学术讨论会论文集》，广西壮族自治区博物馆、广西文物考古研究所编著，广西科学技术出版社，2009年，146页，16开。

该书是广西博物馆首届学术讨论会论文的选集，分为博物馆免费开放研究、博物馆展示及建设、文化遗产的保护、重要会议介绍和附录五个部分，收录文章21篇，论文主要针对博物馆免费开放工作而展开的研究，提出了增强博物馆核心价值、社会责任和提高服务意识以及陈列展览、文物保护、文献资料、书画装裱和资料档案整理等方面的问题，其中专题研究物馆免费开放的文章9篇，研究博物馆功能的文章4篇，研究古字画、文物修复、陈列展览及其他的文章4篇。

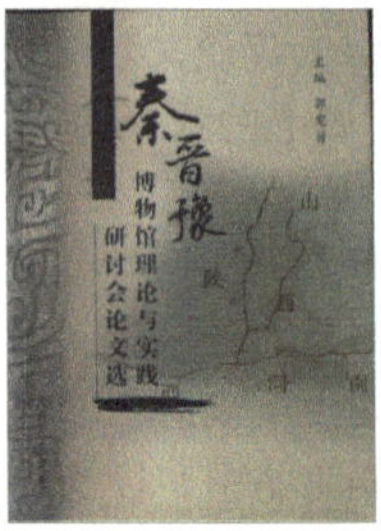

《秦晋豫博物馆理论与实践研讨会论文选》，郭宪曾主编，陕西人民出版社，2009年，402页，32开。

地处黄河中下游的陕西、山西、河南三省是华夏民族和中华文明的主要发祥地以及古文明的中心区域。黄河、黄土对三省的滋润与厚养，成就了三省在中华文明史上特殊而重要的地位，也给三省留下了丰厚的文化遗产。2008年10月，由陕西省文物局倡议，三省共同举办了以“共建精神家园——博物馆的使命”为主题的秦晋豫三省博物馆理论与实践研讨会。会议共收到32座博物馆学者的论文78篇。

该书根据文章质量、博物馆类别及地域原则精选了47篇，其中既有结合本单位实际，从自身工作层面提出、回答相关问题的论文；也有在着眼于解决博物馆当前实际问题的同时，针对博物馆事业的长远发展提出的诸多探索性思考和建议，还有介绍行业博物馆现状、特点、优势以及存在问题的论文，均具有突出博物馆工作实践性强的特点，反映了三省博物馆界在理论研究与实际工作方面的成果。

《回顾与创新：秦始皇兵马俑博物馆开馆三十周年纪念文集》（上、下），秦始皇兵马俑博物馆编，三秦出版社，2009年，864页，16开。

该书是为纪念秦始皇兵马俑博物馆开馆三十周年而编辑的学术文集。书中内容分“回顾篇”与“创新篇”，上篇为“回顾篇”，下编为“创新篇”，分别设历史考古、博物馆学、文物保护与修复三大类。“回顾篇”共收录论文58篇，均为已发表的文章，均由作者自行筛选提交，代表了作者多年研究的最高水平。“创新篇”共收录论文59篇，是博物馆业务人员的研究成果的集中体现，均是未曾发表的论文。

《春华集：纪念山西博物院九十周年学术文集》，山西博物院编，山西人民出版社，2009年，368页，16开。

该书是为纪念山西博物院九十周年而编辑的学术论文集，收录论文50篇，分为理论探索、学术研究、信息化建设、文物保护、陈列艺术与公众服务、藏品鉴赏六个部分。文章作者均为山西博物院业务人员，集中反映看该院的研究成果，其中既有对博物馆建设的理论探索，也有对山西历史文化的研究专章；既有文物保护与文物信息化的新技术和新观点，也有对陈列艺术与文物赏鉴的新见解和新思考，更有公众服务与管理领域的新思路和新探索。

《数字博物馆研究与实践2009》，北京市科学技术协会信息中心、北京数字科普协会合编，中国传媒大学出版社，2009年，324页，16开。

该书的出版，是为了更好地推动数字博物馆（科技馆）事业的发展。翻阅此书，徜徉于数字博物馆的海洋时，读者可以了解数字博物馆的新发展、新方向、新形式，同时也会看到出现的新问题，面临的新挑战。

该书汇集了“2009年北京数字博物馆研讨会”与会代表提交的60余篇论文和演讲报告、应用案例，分为数字博物馆（科技馆）发展研究探讨、数字博物馆（科技馆）多样性发展模式、数字技术在博物馆（科技馆）展陈中的应用、数字博物馆（科技馆）建设实践、数字博物馆（科技馆）实现技术和数字博物馆调研报告等六个部分，内容包括对数字博物馆（科技馆）建设宏观层面的全局思考以及微观层面的具体实践。在宏观层面，介绍了数字博物馆（科技馆）在国内外的发展现状与趋势，通过剖析典型案例，探讨数字博物馆（科技馆）建设的意义、目标、作用、建设原则、要素、特征及目前建设工作中存在的现实问题与对策。在微观层面，各位作者结合自身实践，归纳总结数字博物馆（科技馆）的建设经验、体会和实现技术。从博物馆网站到为公众提供的文化展示平台，从单一专题的展览到综合服务的博物馆平台，从用手指触摸键盘到几千公里外的博物馆（科技馆）实地都可以尽收眼中，从丰蕴的中华文化到高新的科学技术都包揽在数字博物馆（科技馆）中。

该书反映了国内数字博物馆（科技馆）领域的理论研究与实践水平，对研究我国数字博物馆（科技馆）的现状和推动数字博物馆（科技馆）的科学发展都具有积极的指导作用。

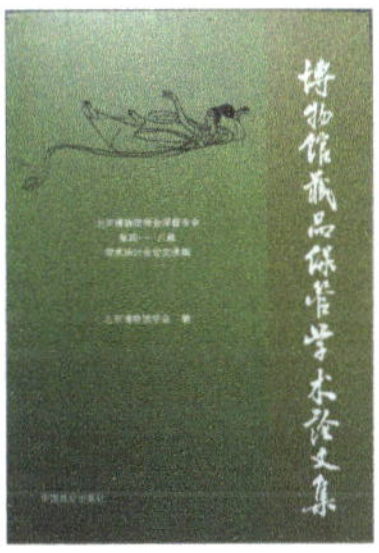

《博物馆藏品保管学术论文集》，中国博物馆学会编，中国林业出版社，2009年，16开。

该书是北京博物馆学会保管专业委员会第四～八届学术研讨会论文的汇编，收录会议论文56篇，分为两大专题：一是藏品管理类，下面细分为综合类藏品管理、专类藏品管理、藏品账目和档案管理、藏品信息化、库房管理、人员管理六个方面。二是藏品保护与利用，下面细分为技术保护、藏品利用两个方面。

论文内容涉及藏品保管、保护工作的各个方面。宏观研究的有《藏品保管工作在博物馆事业中的地位和作用》《藏品保管工作在博物馆事业发展进程中的回顾与展望》《新时期藏品保管工作的新特点》等。微观研究的论文有关于博物馆藏品的登记、定名、分类、计量、统计、建档、修复、复制、库房建筑、保管设备、包装运输以及日常管理等。

论文作者中既有从事文博工作半个世纪、具有丰富阅历和渊博的保管知识的老保管工作者、老专家，也有受过高等教育、具有系统理论和知识并取得学位的新生力量。《文集》堪称我国几代博物馆藏品保管工作者数十年丰富经验的总结，是集体智慧的产物。

《苏州博物馆建馆五十周年纪念文集》，苏州博物馆编著，文物出版社，2009年，256页，16开。

该书是为了纪念苏州博物馆建馆50周年而编辑的，在两代文博人的辛勤耕耘下，苏州博物馆迎来了建馆50周年的庆典，为此，苏州博物馆组织人员撰写论文，分为文物考古研究、吴文化研究、馆藏文献与地方史地研究、博物馆学研究、藏品研究与赏析、馆史专栏等栏目，收录论文50余篇。书中有关博物馆学研究的论文涉及苏州博物馆的未来发展以及博物馆社会教育、免费开放、文化产品开放、藏品信息化等内容。

《浙江省博物馆论文特辑》（1999～2009），浙江省博物馆编著，陈浩主编，西泠印社出版社，2009年，361页，16开。

该书是1999～2009年间浙江省博物馆学人论文的汇编，集中展示了十年间都是学术成果。论文研究的文物时间跨度五千年，内容上涵盖了青铜器、陶瓷、玉器、书画艺术以及民俗考古发掘等，全部论文均旁征博引，引之有据，并配有精美线图、原物照片和实物标本。全书极具学术性和可读性，有别于一般的论文集。

《西域历史文化宝藏探研——新疆维吾尔自治区博物馆论文集》（第二辑），侯世新主编，新疆人民出版社，2009年，714页，16开。

该书是新疆维吾尔自治区博物馆论文集的第二辑，分为研究与探索、文化艺术论坛、博物馆学园地、文物保护与管理探讨四个部分，收录论文93篇，其中博物馆学园地的论文25篇，内容涉及博物馆人力资源管理、民族博物馆建设、博物馆文化产业、博物馆社会教育、数字化博物馆、博物馆讲解、博物馆文物征集等方面。

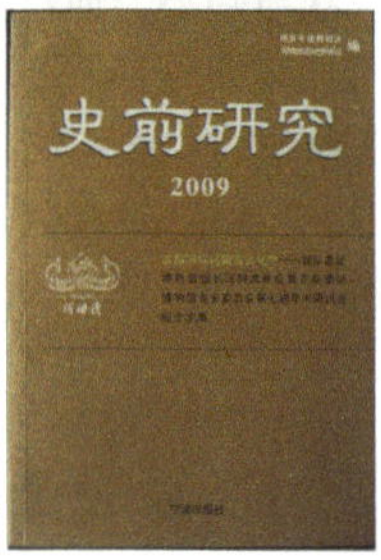

《史前研究2009：首届国际河姆渡文化节——国际遗址博物馆馆长河姆渡峰会暨史前遗址博物馆专业委员会第七届学术研讨会纪念文集》，西安半坡博物馆、河姆渡遗址博物馆编，宁波出版社，2010年，399页，16开。

该书是“国际遗址博物馆馆长河姆渡峰会暨史前遗址博物馆专业委员会第七届学术研讨会”提交会议的论文选集。书中收录64篇论文，集中研究了遗址博物馆的各类问题，内容涉及遗址的文化特征与价值，遗址保护和博物馆的运行与管理，遗址博物馆与文化、旅游产业发展等专题，既有介绍国内外遗址博物馆研究和保护的现状的国际经验，也有具体个案的案例。

文化遗址在人类遗产中占有极为重要的地位，文化遗址博物馆在保存、研究和诠释人类历史文化信息中发挥着独特的作用。在城市化、全球化和市场化快速发展的形势下，如何实现文化遗址的有效保护与合理利用，为当地文化、经济和社会的可持续发展承担社会责任，是摆在遗址博物馆工作者面前的课题。

2009年5月，国际遗址博物馆馆长河姆渡峰会，也是中国博物馆学会史前遗址博物馆专业委员会第七届学术研讨会暨年会在浙江余姚召开。本次年会是作为首届国际河姆渡文化节的一个组成部分而举办的，会议的主题是发扬光大河姆渡文化，打响河姆渡文化品牌，同时围绕着自身存留问题进行了热烈讨论。美国、芬兰、意大利、澳大利亚、韩国和我国的学者共提交67篇论文。论文围绕着河姆渡文化在中华文明起源上的地位、河姆渡遗址与文化旅游产业发展、遗址保护与博物馆的运行管理、遗址博物馆与文化产业发展等专题开展讨论。

《博物馆与旅游——广西壮族自治区博物馆第二届学术研讨会论文集》，广西壮族自治区博物馆、广西文物考古研究所编，广西科学技术出版社，2010年，213页，16开。

2009年12月，广西壮族自治区博物馆在南宁举办了第二届学术研讨会，会议主题是“博物馆与旅游”。

该书是这次研讨会论文的汇编，选录论文30篇，内容涉及博物馆与旅游研究、博物馆陈列展览与旅游、博物馆旅游产品与旅游、博物馆数字化与网络建设、生态博物馆与乡村博物馆、文化遗产保护六个方面，对博物馆与旅游的关系作了较为广泛的讨论，对有关博物馆与旅游发展的关系，博物馆旅游纪念品的开发与营销，陈列展览，文化遗产保护等诸多问题进行了研究。

《中国博物馆学会纪念馆专业委员会第三次年会暨城市建设与文化遗产保护论坛论文集》，中国博物馆学会纪念馆专业委员会，上海鲁迅纪念馆编，上海社会科学院出版社，2010年，530页，16开。

该书是2009年在上海召开的中国博物馆学会纪念馆专业委员会第三次年会论文集，全书围绕城市化进程与文化遗产，文化遗产的机遇与挑战，文化遗产相关问题进行探讨，收入论文67篇。

中国博物馆学会纪念馆专业委员会第三次年会暨城市建设与文化遗产保护论坛

的主题是：城市建设与文化遗产保护。中国城市的现代化建设有150余年的发展史，在丰厚历史的积淀中，留下了丰富的物质和非物质文化遗产。今天，城市需要有新的发展，怎样在保护文化遗产的基础上继续发展，怎样在发展中保护、丰富现有的城市的文化遗产，是一个迫切而紧要的课题。同时，随着时间的推移、观念的改变，新的文物种类不断出现在我们的视野中。城市建设与历史文化遗产保护面临着严峻的挑战。与会专家学者以此为中心议题，从保护、维修、规范、宣传等各个角度进行了广泛而深入的探讨。在充分讨论的基础上，会议还组织了有关知名专家进行主题对话，从专业角度深入就城市建设与历史文化遗产保护的热点问题进行了探讨，并提出了应对的方法。

该书主要论文有《关于城市博物馆与ICOM第22届大会主题的几点认识》《在“中国博物馆学会纪念馆专业委员会第三次年会暨城市建设与文化遗产保护论坛”开幕式上的讲话》《中国博物馆学会纪念馆专业委员会2009年年会报告》《国际博物馆协会纪念馆专业委员会的信息》《城市化进程与文化遗产》《正确处理好文物保护与城市经济建设的关系》等。

《宋伯胤文集·博物馆卷》（南京博物院学人丛书），南京博物院编，文物出版社，2010年，496页，16开。

为了集中展示南京博物院几代学人的学术研究成果，体现研究与服务相结合的学术理念，南京博物院特别编纂了“南京博物院学人丛书”，系统整理先辈和当代学人的学术论著，介绍他们的治学方针和研究成果，使之作为系统的历史文献资料保存且传承下去，成为后学汲取学术营养并获得灵感的重要源泉。

该书即为其中一卷。收录博物馆学研究专家宋伯胤先生的有关论文。

《宋伯胤文集·陶瓷卷》（南京博物院学人丛书），南京博物院编，文物出版社，2010年，448页，16开。

为集中展示南京博物院几代学人的学术研究成果，体现研究与服务相结合的学术理念，南京博物院特别编纂了“南京博物院学人丛书”，系统整理先辈和当代学人的学术论著，介绍他们的治学方针和研究成果，使之作为系统的历史文献资料保存且传承下去，成为后学汲取学术营养并获得灵感的重要源泉。该书即为其中一卷，收录宋伯胤先生有关陶瓷研究的论文30余篇。

《新中国电影与观众的变迁：中国电影博物馆2009学术年会论文集》，中国电影博物馆编，中国电影出版社，2010年，16开。

该书是中国电影博物馆2009学术年会的论文集。全书从不同角度对中华人民共和国成立以来六十年电影进行了总体描摹与论述，从理论和实证分析方面对电影与观众的关系进行剖析，并就电影产业的发展现状与未来，类型电影、民族电影等具有代表性的论题进行总结与探讨。

《博物馆·博物馆学与全球交流：国际博协博物馆学委员会2008年年会暨中国博物馆学会博物馆学学术研讨会论文集》，中国博物馆学会、湖南省博物馆编，湖南人民出版社，2010年，311页，16开。

该书是国际博协博物馆学委员会2008年年会暨中国博物馆学会博物馆学学术研讨会论文汇编，书中收录会议论文55篇，其中中文论文44篇，外语论文11篇（已译为中文）。论文集主要包括两部分内容：一是“博物馆、当代博物馆学的全球论坛”，二是“博物馆和博物馆学：变化中的角色”。书前还收录有国际博协博物馆学委员会主席奈丽·德卡罗利斯撰写的《前言》和会议起草通过的《长沙宣言》。

论文集主要包括两部分内容：一是“博物馆、当代博物馆学的全球论坛”，包括《博物馆：跨文化的理解、交流的中介》《社区间的全球对话：一个交互式过程》《社会与经济变化：文化多样性所面临的挑战》《博物馆、身份和文化多样性：全球伦理学的概括》。二是“博物馆和博物馆学：变化中的角色”，包括《博物馆、博物馆学与新信息和交流技术》；《博物馆、博物馆学与信息学的社会影响》；《虚拟空间的象征主义与对现实的新诠释》；《在变化世界中保存多元身份和人类共同遗产的全球视野》。大会收到论文55篇，其中中文论文44篇，已翻译成中文的外语论文11篇。

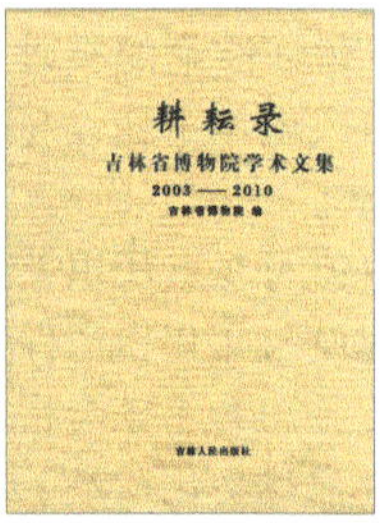

《耕耘录：吉林省博物院学术文集》（2003～2010），吉林省博物院，吉林人民出版社，2010年，573页，16开。

该书是吉林省博物院业务人员公开在书刊上发表论文的汇编，收文时限在2003～2010年，共收录文章84篇，其中博物馆学13篇，文物研究16篇，博物馆工作22篇，古代史研究10篇，近现代史研究19篇，民俗研究4篇。文章从一个侧面反映了吉林省博物院成立以来的业务研究成果。

2003年3月，吉林省博物院在原吉林省博物馆、吉林省近现代史博物馆的基础上成立。该院业务人员在文物收藏、陈列展览、社会教育及科学研究方面不断探索，写出了有价值的学术论文，为了积累成果，培养人才，该院编辑此书。

《中国博物馆学会考古与遗址博物馆专业委员会成立大会论文集》，中国博物馆学会考古与遗址博物馆专业委员会、秦始皇兵马俑博物馆编，西北大学出版社，2010年，16开。

该书收录提交中国博物馆学会考古与遗址博物馆专业委员会成立大会的论文38篇，内容包括遗址博物馆的管理、陈列展示、服务、文化产业等。

2009年，中国博物馆学会考古与遗址博物馆专业委员会在临潼召开成立大会，该专委会主任委员单位是秦始皇帝陵博物院。该书从提交会议的论文中精选编辑而成，探讨了考古遗址博物馆当时面临的问题与机遇，反映了研究的最新成果。

《21世纪博物馆核心价值与社会责任》（宁波博物馆研究丛书·学术研究系列之一），中国博物馆协会、宁波博物馆编，科学出版社，2010年，251页，16开。

2008年12月，由宁波市人民政府和中国博物馆学会联合主办了“携手2010：宁波国际博物馆高峰论坛”，欧洲、美洲、亚洲、非洲和大洋洲等14个国家的100多名博物馆专家与会。论坛以“21世纪博物馆核心价值与社会责任”为主题探讨，这是一个涉及范围非常广的议题。

该书是论坛主要成果的集结，编者精选44篇论文，分为四个部分，第一部分是博物馆的核心价值与社会责任，第二部分博物馆与创新发展，第三部分博物馆与城市文明，第四部分博物馆与文化多元性。这次论坛提出了一系列当前国际、国内博物馆界普遍关注的热点问题，如社会变化中博物馆的价值体系和社会责任、博物馆与城市社区文化等，揭示了国际博物馆的共同发展趋势：担当社会责任，推动文明进步。

《继承发展保护管理：北京博物馆学会保管专业十年学术研讨纪念集》，北京博物馆学会编，北京燕山出版社，2010年，475页，16开。

该书是北京博物馆学会保管专业委员会学术论文的汇编。北京博物馆学会每年举行一次保管工作研讨会，每年研讨一个主题，影响力越来越大，内蒙古、安徽、四川、陕西、黑龙江、湖南、辽宁等许多省市派代表参加，几乎成为全国性的会议，可见保管工作者急需交流的平台。2010年学术研讨会的主题是“十年保管工作的发展与回顾”，本次会议的论文从宏观方面展现了博物馆保管工作者在博物馆现代化建设中勇于改革、勇于创新、勇于探索的精神，从微观方面提出了保管工作改革中的诸多做法、经验、挫折、困惑，如面对博物馆数量增加、门类多样，从业人员队伍扩大的新形势，急需加强专业培训，以解决业务生疏、经验欠缺的问题；再如信息技术的应用给博物馆的藏品保护、管理带来了新的全新的技术实现手段，不仅提高了藏品保护管理的效率，而且引发了保管理念的新思索等，这些论文非常务实，具有借鉴作用。

书中收录论文72篇，分为藏品管理事业发展十年回顾、藏品管理类、藏品保护类，集中讨论了保管工作的地位、保管工作专业化建设、保管工作的法治管理等问题。

《迈向更美好的城市：第22届国际博物馆协会大会城市博物馆专业委员会论文集》，上海市历史博物馆编，上海学林出版社，2010年，334页，16开。

该书是国际博物馆协会城市博物馆专业委员会2010年上海年会论文集，本次会议主题是“迈向更美好的城市”。论文介绍了各城市博物馆的发展概况，探讨了城市博物馆与城市教育、城市规划、历史文化发展的关系，并对城市博物馆在增强城市认同感中的地位、作用和影响进行了专题研究。

该书选录会议论文及摘要55篇，内容分四个方面：城市博物馆与城市发展、城市博物馆和地区文化的构建、城市博物馆的工作探讨、城市博物馆的自身发展。论文系统论述现代博物馆在城市发展中的作用、地位、发展思路、方法，研究视角多元，内容丰富，基本反映了当时国内外城市博物馆的发展概况和研究水平。

中国博物馆协会城市博物馆专业委员会致力于加强世界城市博物馆之间的联系。本次年会是继美国波士顿、韩国首尔、奥地利维也纳和土耳其伊斯坦布尔之后，世界与中国同行的一次相聚。

《文化遗产保护关键技术研究》（Ⅰ）（“十一五”文化遗产保护领域国家科技支撑计划重点项目论文集），科技部社会发展科技司、国家文物局博物馆与社会文物司（科技司）编，文物出版社，2010年，496页，16开。

文化遗产保护科技是一个开放的复杂巨系统，包括人文社会科学、自然科学、工程技术科学等一切与文化遗产保护相关的科学和技术。作为多学科高度交叉综合的集成体，文化遗产保护科技已经在文化遗产价值的调查、认定、研究、展示、利用和传承，文化遗产本体的保存、保全和修复，以及对文化遗产相关环境的控制与治理中发挥着越来越重要的作用。文化遗产保护科技的进步对文化遗产事业的发展具有决定性影响，已成为推动着我国从文化遗产大国向文化遗产保护强国转变的核心要素，同时也将对国家科学和技术的整体发展做出贡献。

《大遗址保护关键技术研究与开发》（Ⅱ）（“十一五”文化遗产保护领域国家科技支撑计划重点项目论文集），科技部社会发展科技司、国家文物局博物馆与社会文物司（科技司）编，文物出版社，2010年，496页，16开。

该书论文按照三个方面编排：①生物化学技术在古代丝织品保护中的应用研究；②铁制文物综合保护技术研究；③馆藏文物保护环境应用技术研究。

《2009国际自然博物馆馆长论坛论文集》，上海科技馆编，上海科学技术文献出版社，2010年，276页，16开。

该书是2009国际自然博物馆馆长论坛论文集的论文选集，收录20余篇论文，分为三个主题，从国内和国际的视角，阐述了21世纪自然博物馆的发展趋势，以及所面临的困难和挑战，对21世纪自然博物馆的收藏研究、陈列展览、社会教育、创新发展等方面发表了真知灼见。

《2010民办博物馆发展论坛论文集》，大唐西市博物馆编，王彬主编，陕西人民出版社，2010年，231页，18开。

2010年4月，中国首座民办遗址类博物馆——大唐西市博物馆在西安开馆，同时举行“中国民办博物馆发展论坛”。这堪称我国民办博物馆发展历程中有特殊意义的盛举，引人注目。这表明：我们的民办博物馆工作者，从建馆伊始就明白自己肩上的责任与使命，从建馆伊始就考虑到今后如何发展与壮大，并把自己的发展前景，寄托在一种科学的、理性先导的发展模式上，寄托在大家共同探讨、联手前进而非单打独斗、各自摸索的原始模式上。这是科学的态度，是负责任的态度。这正是举办论坛的主旨和意义所在。

该书是中国民办博物馆发展论坛论文汇编，共收录论文32篇，内容包括《民办博物馆的现状与困境》《民办博物馆的出路与前景》《民办博物馆如何争取资金》《民办博物馆的文物保护》等。

《科学传播者的探索：中国自然科学博物馆协会30周年论文集》，上海自然科学博物馆协会编，上海科学技术文献出版社，2010年，440页，16开。

论文集精选了来自全国各地自然科学类博物馆领域近百名同仁的学术论文62篇，内容涵盖收藏研究、展示教育、运行管理、建筑技术等自然科学博物馆行业主要功能。论文集面向我国自然科学类博物馆（包括自然博物馆、科技馆、天文馆、专业科技类博物馆、水族馆、自然保护区等）领域，集中反映了中国自然科学类博物馆30年来的成长轨迹，以及在发展过程中所形成的实践经验和理论总结，尤其是有中国特色的创新之举和对当代自然科学博物馆发展方向的实践与理论性探索。旨在为业内的各类专业人员、同行、专家、学者提供有价值、有实践指导意义的理论借鉴，提升我国自然科学类博物馆行业水准，促进行业的可持续发展，在中国和谐社会建设中发挥独特的作用。

《江苏省文博论文集2010》，江苏省文物局编，王慧芬主编，南京师范大学出版社，2011年，258页，16开。

该书是江苏省全省文博论文评选中精选的优秀论文的汇编，共收录45篇论文，内容包括：文物保护与基础理论、博物馆建设与发展、文物法制建设与文物行政执法、非物质文化遗产保护与传承发展、文物保护科技与文物修复技术研究以及博物馆博物馆具体工作研究等方面，有关博物馆的论文有《经济发达地区县级博物馆的发展与政府责任》《博物馆社会服务功能》《博物馆免费开放》《数字博物馆》等。

《2010（浙江·绍兴）国际博协科技博物馆专业委员会暨全国科技馆学术年会论文集》，徐延豪主编，中国科学技术出版社，2011年，587页，16开。

该书是国际博协科技博物馆专业委员会暨全国科技馆学术年会论文选编，书中的论文分别从科技馆与社会沟通的方式、科技馆建设中存在的问题出发，结合自身工作内容，进行了思考和提炼。论文围绕“博物馆致力于社会和谐”这一主题开展诸多的学术研讨和交流，对科技馆与社会沟通的方式、科技馆的实体载体与虚拟载体、科技馆与科学文化等方面进行深入探讨和研究。

《晋陕豫博物馆理论与实践研讨会论文选》，刘正辉主编，山西科学技术出版社，2011年，314页，16开。

该书是晋陕豫博物馆理论与实践研讨会论文的选编，书中收录2009年11月在山西平遥举办的“晋陕豫博物馆理论与实践研讨会”的论文65篇，反映了晋陕豫三省博物馆界对于博物馆理论与实践研究的新成果。论文内容涉及博物馆社会教育服务、免费开放、藏品征集与管理、数字化博物馆建设、陈列展示研究、人才培养、文化产业以及博物馆与地方经济的关系、博物馆与城市文明、博物馆与和谐社会建设等方面。

《区域特色与中小型博物馆：江苏省博物馆学会2010年学术年会论文集》，江苏省博物馆学会编，文物出版社，2011年，220页，16开。

该书是江苏省博物馆学会2010年学术年会论文的选编。江苏省博物馆学会为了引导会员思考新形势下博物馆发展的相关问题，营造浓厚的学术研究、理论创新氛围，决定自2010年开始，每年围绕一个中心议题召开一次全省范围的学术研讨会，将优秀论文结集成册。2010年5月，“中小型博物馆的发展的个性与特色”专题研讨会在南京召开，此次研讨会旨在立足行业管理，提升行业水平，打造学术性行业学会。

该书从提交会议的90篇论文中选录39篇，分为中小型博物馆的发展、博物馆的个性与特色、博物馆新论、文化遗产保护与利用四个部分。论文涉及博物馆展览设计、观众研究、特色建设、人才培养、营销策略、数字博物馆、文化遗产保护等，从宏观方面讨论了中小型博物馆发展方向、中小型博物馆的发展与经营、基于科学发展观的中小型博物馆的管理等问题，从微观方面探讨了博物馆的展览设计、观众研究、特色建设、营销策略、人才培养、数字博物馆建设、博物馆与旅游产业的关系、产业开发利用等内容，从不同角度、不同领域对江苏省博物馆尤其是中小型博物馆的发展进行了深入剖析，反映了基层博物馆取得的成绩和存在的问题。

《明清宫廷史学术研讨会论文集》（第一辑），故宫博物院编，紫禁城出版社，2011年，566页，16开。

该书是明清宫廷史学术研讨会论文集，编为第一辑，收录论文37篇，其中有《故宫博物院藏明代皇室玺印述论》《台北故宫博物院现藏档案与清朝宫廷史研究》《乾隆帝和北京的三海工程》《明初南京宫室变迁考略》《释“中和”——故宫匾联发微》《乾隆帝与法国传教士蒋友仁》《沈阳故宫建筑使用新探》《清宫乐舞的民间旋律》等涉及明清宫廷历史、人物、建筑、文物保护等方面。

该书适合从事相关研究工作的人员参考阅读。

《博物馆致力于社会和谐——广西壮族自治区博物馆第三届学术研讨会论文集》，广西壮族自治区博物馆、广西文物考古研究所编，广西科学技术出版社，2011年，222页，16开。

该书是广西壮族自治区博物馆第三届学术研讨会论文的选集，内容包括博物馆考古调查与发掘、收藏与陈列、宣传与研究、保护与利用、博物馆之友、博物馆志愿者、博物馆与社会、博物馆网络等方面理论文章，讨论如何利用和保护好文化遗产，提高博物馆专业水平，推动博物馆学理论研究，使博物馆更好融入社会，并促进和谐社会发展。

《受众需求与当下中国电影叙事能力：中国电影博物馆2010学术年会论文集》，中国电影博物馆编，北京出版社，2011年，350页，16开。

该书是中国电影博物馆2010学术年会的论文汇编。本次年会的主题是“受众需求与当下中国电影叙事能力”，围绕这一主题，与会人员提交论文50余篇，编者从会议论文中选录30余篇，既有电影界权威专家和年轻学者的深度思考，也有一线从业者的实践感悟，内容包括：对当下中国电影叙事特征和问题进行宏观阐述和深入探讨；针对《阿凡达》《盗梦空间》《唐山大地震》《山楂树之恋》等2010年影响较大的多部影片个案从叙事角度进行剖析；立足国际和产业化背景，从哲学、社会学、心理学、伦理学、观众学、比较文化、类型化等角度探讨并提出了中国电影叙事能力的提升途径。

在中国电影产业蓬勃发展，2010全年票房过百亿的背景下，该书独辟蹊径，从受众需求入手，对如何提升中国电影叙事能力进行冷思考，值得提倡。

《海南省博物馆研究文集》，海南省博物馆编，丘刚主编，科学出版社，2011年，209页，16开。

海南省博物馆馆藏文物丰富，是海南人民引以为豪的历史文化资源，对这种资源的研究越深入，其价值就越能得到显现，越能使人们解读文物中所承载的历史文化信息，使文物对人的思想观念的影响和审美情趣能够得以发挥和展示。

该书是由海南省博物馆编辑的综合性学术论文集，内容涵盖了博物馆、考古、民族学研究等多学科。该书共收录28篇论文，包括博物馆篇、考古历史篇、民族篇、书画篇，收入论文27篇，在一定程度上代表了海南省人文、历史、民族、艺术等领域的研究水平。

《科举与科举文献国际学术研讨会论文集》（上、下），天一阁博物馆编，上海书店2011年，723页，16开。

该书是科举与科举文献国际学术研讨会论文集，由天一阁博物馆编辑，该馆所藏科举文献不仅种类繁多、数量大，且自成体系。为了进一步利用天一阁新近出版的“天一阁藏明代科举录选刊”系列丛书，由中国社会科学院、宁波市人民政府联合主办的“科举与科举文献国际学术研讨会”2010年12月在宁波举行。海内外70余位学者参加了此次会议，提交论文60余篇。该书是对这些论文的一个集录整理，内容涵盖了科举文献学，科举史学史，科举制度研究，科举与宁波文化研究，天一阁藏科举录保存、流传、开发及利用等各个方面。详细论述了科举文献的分类与特点，探讨了科举文献的价值与命运，并对科举文献学的发展进行了梳理和展望，大大推进了科举文献研究的理论化和系统化。

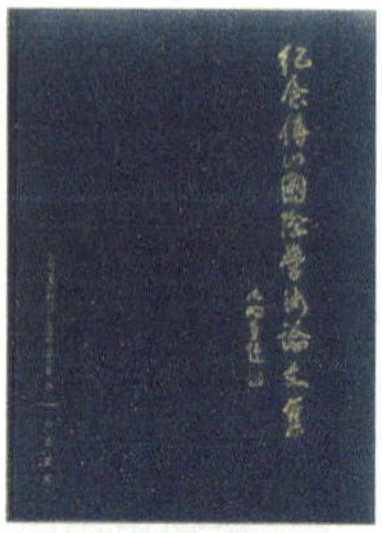

《纪念傅山国际学术论文集》，太原市晋祠博物馆、太原傅山研究会编，中华书局2011年，343页，16开。

太原市晋祠博物馆、太原傅山研究会编辑的《纪念傅山国际学术论文集》收集了傅山先生诞辰400周年国际学术讨论会论文52篇，全面论述了傅山先生在书法、医学等方面的成就。为山西晋文化、傅山学的全面研究提供了丰富的文献资料，使读者能够清晰领悟傅山的思想以及他崇尚自然、崇尚人的本性的人文精神，拓展研究领域，促使研究工作深入推进。

《博物馆学论丛》（六），河南省博物馆学会编，中州古籍出版社，2011年，408页，16开。

该书是河南省博物馆学会连续编辑出版的学术论文集的第六辑，分为博物馆综论、文物保管、陈列设计、社会教育、文物研究、其他六大类收录论文50篇。

《新中国人物博物馆学术研讨会论文集》（1951～2011），上海鲁迅纪念馆编，上海社会科学院出版社，2011年，528页，16开。

该书是人物类博物馆60年学术研讨会论文的选编。书前有《人物博物馆要彰显人文精神——在“新中国人物博物馆60年学术研讨会上的讲话”》《在“上海鲁迅纪念馆建馆60周年文物精品展”开幕式上的讲话》《在“新中国人物博物馆60年学术研讨会”开幕式上的讲话》。该书收录《人物类博物馆在中国博物馆界的地位和特殊意义》《人物纪念类博物馆陈展的价值和设计特色》《充分挖掘人物的价值资源——浅谈中国人物博物馆如何走向世界》《人物纪念类博物馆陈展的价值和设计特色》等论文32篇。

《博物馆学文集》6，湖南省博物馆学会编，岳麓书社，2011年，386页，32开。

该书收集2010年9月在湖南宁乡召开的“湖南省博物馆学会2010年会暨博物馆免费开放专题学术研讨会”的论文45篇，内容涉及博物馆免费开放以来创新博物馆运营机制，如何以专业化、规范化为导向加强博物馆管理，促进博物馆更有效地运作以及陈列展览的质量，教育与公众服务的转型与超越，博物馆工作的探索与实践，博物馆管理的深化等方面。附录是《湖南省博物馆学会第五届理事会工作报告》《湖南省博物馆学会章程》《湖南省博物馆学会第六届理事会名单》《湖南省博物馆学会工作规划（2008～2012）》《2008～2010年湖南省博物馆学会大事记》。

《史前研究2010——2010中国桂林·史前文化遗产国际高峰论坛暨中国博物馆协会史前遗址博物馆专业委员会第八届学术研讨会论文集》，西安半坡博物馆、桂林甑皮岩遗址博物馆编，广西科学技术出版社，2011年，424页，16开。

该书是2010中国桂林·史前文化遗产国际高峰论坛暨中国博物馆协会史前遗址博物馆专业委员会第八届学术研讨会论文的汇编，收录论坛学术论文73篇，内容涉及史前文化遗产研究保护与史前遗址博物馆学研究等方面。

该书分为领导致辞、史前文化遗产保护利用与遗址公园建设、史前文化遗产研究、史前博物馆发展与公众考古五个部分，其中史前博物馆发展与公众考古17篇论文，涉及史前遗址博物馆旅游资源开发利用、博物馆与环境教育、博物馆文化产业开发、一级博物馆评估以及博物馆的陈列展示、宣传讲解等工作。

《博物馆：以教育为圆心的文化乐园》，（国际博协教育委员会2010年上海年会论文集），郭俊英、王芳主编，暨南大学出版社，2011年，214页，16开。

该书是国际博协教育委员会2010年上海年会的论文集，收录参加2010年上海国际博协大会教育委员会学术研讨会的论文27篇。

全书分为三个部分：第一部分政策和策略，以国际视野宏观地探讨不同国家的博物馆教育理论。第二部分教育实践：博物馆、学校和社区，主要探讨如何进行有效的博物馆教育实践，来自世界各地博物馆教育部门的同仁共同分享各自的经验。第三部分新技术与博物馆教育，集中研究数字技术和网络在博物馆教育领域的应用。书中27篇文章结合各自博物馆教育的实践经验，提出了独特的见解，展示了国内外同行关于博物馆教育的新理念，是关于博物馆教育研究成果的集中展示。

2010年7月，在中国博协教育委员会筹备会议上，中国博物馆学会社会教育委员会提出要积极学习国际博物馆先进的理念和实践方法，围绕博物馆的使命和目标，打造以教育为中心的博物馆形象，壮大博物馆宣教人员队伍，发掘博物馆教育潜能，更好地促进博物馆为中国社会发展服务。今后，博物馆将以教育为圆心扮演着知识宝库与学习中心的角色。它所呈现的不仅仅是一栋漂亮的建筑和其中的收藏，更是以向外延伸的触角，如出版品、电子网络信息和教育活动等，带动社会整体文化的前进。

《博物馆与城市化：2011年湖北省博物馆协会学术研讨会论文集》，湖北省博物馆协会编，湖北人民出版社，2011年，339页，16开。

2011年12月，湖北省博物馆协会在武汉召开2011年会暨学术研讨会，会议主题是“城市化进程中的博物馆”。围绕这一主题，与会学者就“博物馆在中国城市化进程中的应对”“中国城市化进程中博物馆的地位与价值新取向”“城市博物馆与城市文化建设”“城市博物馆与城市文化生活”“高校及社会民营博物馆在城市文化发展中的地位与作用”等问题进行了专题研讨和探索。

该书选编参会论文80余篇，内容涉及博物馆如何适应都市化发展，保护、传承优秀城市遗产；博物馆如何增强区域文化建设主导性；博物馆纳入国民义务教育体系；博物馆促进城市环保生态建设，以及民营博物馆、生态博物馆、高校博物馆建设等问题，具有较强的理论性、指导性和前瞻性，是对湖北省文物博物馆事业服务湖北文化强省建设、实现湖北跨越式发展的有益的学术思考和探索。

《豫陕晋冀四省博物馆理论研讨会论文选》，《豫陕晋冀四省博物馆理论研讨会论文选》编写组编，文心出版社，2011年，511页，16开。

2010年12月，豫陕晋冀四省博物馆理论研讨会在郑州召开，来自陕西、山西、河北、河南四省文博界的百余位学者汇聚一堂，对文博事业的发展、博物馆免费开放以及博物馆的文物保护、陈列展示、对外交流等方面进行了广泛深入的研讨，深化了四省博物馆交流与合作的领域。

该书是这次学术研讨会的论文结集。书中分博物馆学研究、藏品征集与保管、陈列展览与创新、社会教育与服务、机制改革与管理、合理开发与利用、免费开放与观众、其他八个方面精选提交会议的论文97篇，充分展示了四省博物馆界的最新研究成果。

《春草集：吉林省博物馆协会第一届学术研讨会论文集》，吉林省博物馆协会、吉林省博物院编著，吉林人民出版社，2011年，724页，16开。

2011年9月，吉林省博物馆协会组织召开第一届学术研讨会。会议收到34家会员单位和个人会员提交的学术论文255篇，内容涵盖考古学、历史学、文物学、博物馆学、博物馆工作等诸多方面。该书收录205篇论文，分为博物馆学、博物馆工作、历史与文献、考古与文物四个版块，其中第一个版块收文31篇，第二个版块收文93篇，第三个版块收文25篇，第四个版块收文56篇。博物馆学和博物馆工作方面的论文涉及博物馆的陈列设计与展览制作、文物征集保管与保护、社会教育和讲解服务、博物馆数字化建设与综合管理等。

《江淮文化论丛》，扬州博物馆编，文物出版社，2011年，427页，16开。

该书是扬州博物馆编辑的学术论文集，设有博物馆公共服务、博物馆运行及管理、陈列展览、文史研究、藏品保管与保护五个栏目，收录论文32篇，其中有《扬州博物馆六十年》《江苏博物馆免费开放的对策、仪征博物馆免费开放工作的实践与思考》《博物馆人才队伍建设》《县级博物馆的现状和思考》《谈博物馆的经营创收》《浅析博物馆与大学的专业合作》《将临展做得“面面相趣”——以扬州博物馆“文房雅韵”展为例》《多媒体技术在现代博物馆中的应用》《当代博物馆藏品的保管工作》《博物馆的文物数据库建设工作》等。

《丝绸之路古国钱币暨丝路文化国际学术研讨会论文集》，上海博物馆编，上海书画出版社，2011年，481页，16开。

该书是丝绸之路古国钱币暨丝路文化国际学术研讨会论文集，编辑该书的主旨是为学者提供交流对话的平台，促进学术的交流与进步；同时增进对丝绸之路古国钱币以及历史、物质文化内涵的了解与研究。该书收录会议论文40篇，讨论的议题主要集中在丝路钱币研究和丝路历史文化交流方面，其中有《丝路钱币与粟特商人》《关于古代中国罗马城讨论的“终结”》《贵霜帝国的万神殿》《新疆洛浦县山普拉墓地中的祆教因素》《丝绸之路上的“希腊式钱币”》《纺织品作为丝绸之路上的货币》《钱币及其他形式的货币在丝绸之路贸易中的位置》《吐鲁番近年来出土的古代钱币》《新疆博物馆馆藏古钱币述略》等论文。

《固原文博探究》，宁夏固原博物馆编，韩彬主编，宁夏人民出版社，2011年，178页，16开。

该书是宁夏固原博物馆结集出版的第一部文集，按照管理纵横、考古调查、考古纪实、文博论坛、墓志碑刻、展示教育、文物丛谈、文苑杂谈等板块，收录文章98篇，文章作者来自固原地区文博领域。

《第二届民办博物馆发展西安论坛论文集》，吕建中主编，陕西人民出版社，2012年，209页，18开。

该书是第二届中国民办博物馆发展论坛论文的汇编，共收录文章41篇。书中内容分为三个部分：第一部分是论坛开幕、闭幕致辞与讲话。第二部分是大会论文汇编，收录论文32篇，内容包括民办博物馆的专业化、民办博物馆的发展之路、民办博物馆的藏品和展览等。第三部分是大唐西市研究文选，收录关于大唐西市博物馆藏品研究文章2篇。

《广东省文物博物馆学会第六次学术研讨会论文集》，广东省文物局、广东省文物博物馆学会编，花城出版社，2012年，645页，16开。

该书收录论文135篇，主要围绕着文物博物馆工作的方方面面，论文作者均是广东省各文物单位一线的文物工作者。他们从实际工作实践出发，论文内容务实，有理论建设，但更多的是对具体项目、工作的总结和思考，不乏真知灼见。

《辽河寻根　文明溯源：中华文明起源学术研讨会论文集》，辽宁省博物馆编，文物出版社，2012年，481页，16开。

辽河流域是中华文明的重要发源地之一，辽河文明的研究是“中华文明探源工程”的重要组成部分。为使广大观众认识辽河流域独具特色的早期文明及在中华文明起源中的地位和作用，2011年“5·18”国际博物馆日，在辽宁省博物馆开幕的“辽河寻根文明溯源——中华文明起源展”，展示辽河流域“古国—方国—帝国”的文明起源与发展历程。

在展览的基础上，为将中华文明起源的研究继续深化，取得新的研究成果，召开了“辽河寻根文明溯源——中华文明起源学术研讨会”，会议主题是讨论辽河流域古代文明的发生、发展过程，以及在整个中华文明起源过程中所起到的重要作用。与会专家围绕新石器时代辽河流域的考古学新发现和新研究成果，以及辽河流域早期文明研究成果对推动“中华文明探源工程”研究中的重要作用进行了充分研讨，取得了有价值的研究成果。

《规范·创新·提升：中国博物馆协会志愿者专业委员会论文集》，中国博物馆协会志愿者专业委员会、河南博物院编，中州古籍出版社，2012年，314页，16开。

该书是中国博物馆协会志愿者专业委员会自2009年成立到2012年提交专委会的论文汇编，共收集论文46篇。这些论文围绕着“规范、创新、提升”的主题，从不同角度审视分析了博物馆志愿者工作管理、保障与激励机制的建立，一部分在有关论坛上发表，一部分是首次发表，既是对以往工作的思考和总结，也是对今后发展的探索和规划。

该书论文分为博物馆志愿者与社会主义核心价值观建设、博物馆志愿者工作创新与提升、博物馆志愿者工作规范与保障三个部分，作者是全国文博单位的从事志愿服务的人员和志愿者的管理者，他们来自一线的经验和教训，为开展博物馆志愿工作提供了借鉴。

《博物馆建设与特色彰显——2012湖北省博物馆协会学术研讨会论文集》，湖北省博物馆协会编，湖北人民出版社，2012年，374页，16开。

该书是湖北省博物馆协会学术研讨会的论文选编，收录参会论文96篇，围绕年会“学术性、公益性、教育性、服务性”和“博物馆建筑如何突出地域文化特色”等方面研讨，内容涉及新形势下博物馆的科研、公众服务、社会教育、陈列展示等工作。

《广东省文物博物馆学会第七届年会论文集》，广东省文物局、广东省文物博物馆学会编，岭南美术出版社，2012年，435页，16开。

该书是广东省文物博物馆学会第七届年会论文的汇编，收录会议论文67篇，文章围绕“博物馆研究”“文物研究与保护”“历史考古与民俗”而展开，针对广东省乃至全国的博物馆现状和存在的问题进行讨论，并提出了一些建设性的意见和建议。论文涉及面广，研究层次丰富，从传统的书画陶瓷、桌凳茶几，到新兴的微博、语音导览系统的应用，从博物馆从业人员的职业素质的提高，参观者艺术欣赏水平的参差不齐，到如何分类服务好参观人群等一系列的可考究和探讨的问题。

《博物馆学文集》7，湖南省博物馆学会编，岳麓书社，2012年，482页，32开。

该书是湖南省博物馆学会连续出版的学术论文集的第七集，本集是博物馆教育研究专辑，按照活动与策划、中小学教育、观众研究、教育队伍培养、红色纪念地宣教工作五个部分收录论文34篇，在博物馆其他工作的探讨部分收录藏品保管、展览设计、其他工作三个类别的论文10篇。附录是《湖南省博物馆学会考察团赴台湾考察报告》《湖南省博物馆学会教育专业委员会赴港澳考察调研报告》和《2011年湖南省博物馆学会大事记》。

《城市文化的共享：中国博物馆协会城市博物馆专业委员会论文集（2011～2012）》，中国博物馆协会城市博物馆专业委员会、上海市历史博物馆编，张岚主编，上海交通大学出版社，2012年，502页，16开。

该书是中国博物馆协会城市博物馆专业委员会2011～2012年年会论文集，收录会议论文90篇。这些论文围绕“城市文化的共享”主题，介绍了各地城市博物馆的发展概况，探讨了城市博物馆与城市文化建设、城市博物馆与城市文化的保护利用及城市博物馆的自我经营等问题，并对城市博物馆在免费开放新形势下面临的机遇与挑战，如何运用新技术，提升优质服务，以及未来城市博物馆发展思考等内容进行了研究。这些论文研究视角多元，内容丰富，观点前瞻，反映了中国城市博物馆的发展概况和研究水平。

附录部分是中国博物馆协会城市博物馆专业委员会简介和中国博物馆协会城市博物馆专业委员会2011、2012年会简介。

《小康目标后的江苏博物馆事业：江苏省博物馆学会2011学术年会论文集》，江苏省博物馆协会编，文物出版社，2012年，275页，16开。

该书是江苏省博物馆学会2011学术年会论文的汇编，分为五个专题：博物馆发展促进社会和谐、提升博物馆的管理与服务、强化陈列展览个性特色、研究保护利用文物资源、新技术与博物馆宣教，选录参会论文51篇，其中既博物馆学研究的宏观论文如《提升博物馆的品质》《文化建设与博物馆的使命》《探索新的理念创新经营机制大力推进博物馆发展迈上新台阶》，也有对于博物馆具体问题的思考如《关于地市级博物馆新馆建设的思考》《浅析博物馆文化衍生产品开发的相关要素》《步向室外天地宽——南通博物苑室外陈列研究》《论县级博物馆文化遗产保护科学技术队伍建设》《地方博物馆网站宣教新思考》等。

《耕耘录：吉林省博物院学术文集2010～2011》，吉林省博物院编，吉林人民出版社，2012年，553页，16开。

该书是吉林省博物院业务人员公开在书刊上发表论文的汇编，收文时限在2010～2011年，共收录文章84篇，其中博物馆学13篇，文物研究16篇，博物馆工作22篇，古代史研究10篇，近现代史研究19篇，民俗研究4篇。

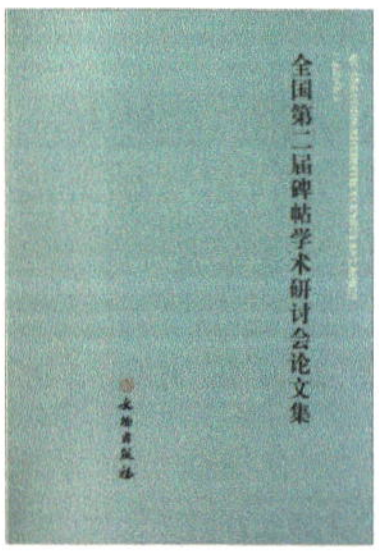

《全国第二届碑帖学术研讨会论文集》，镇江焦山碑刻博物馆编，文物出版社，2012年，289页，16开。

该书是全国第二届碑帖学术研讨会论文集。收录《从汉画像砖看金石文化的价值》《汉代榜题图像“泰山君”考》《〈何君尊楗阁石刻〉的发现及其意义》《唐怀素大草千字文拓本探微》《漫谈〈玉枕兰亭〉》《故宫藏〈宋拓春草堂本游相兰亭卷〉琐谈》《米芾临〈兰亭序〉石刻考略》《〈后忠义堂集帖〉及其编者小考》《也说于右任书法创作》《碑帖拓本的装裱与修复》《汉〈石门颂〉鉴定例说》《以〈石门颂〉为例试论摩崖拓本的研究》《汉〈东海庙碑〉及存世摹本考》等论文25篇。

《吉林省博物馆协会第一届学术评奖文集（2008～2011）》，吉林省博物院编著，吉林文史出版社，2012年，285页，16开。

吉林省博物馆协会于2012年初组织省内博物馆学界专家对该省文物博物馆界从业

人员于2008～2011年度发表于国家正式出版物（《博物馆研究》除外）的原创性学术成果进行评奖，并将获奖成果集出版。

该书按照专著类、图书类、论文类划分，各类别中有一、二、三等奖和优秀奖，收录5部专著、5部图书的简介和论文54篇，旨在展现吉林省博物馆学研究水平并促进学术研究的繁荣。

《第三届民办博物馆发展西安论坛论文集》，吕建中主编，陕西人民出版社，2013年，202页，18开。

该书是第三届民办博物馆发展西安论坛论文及讲话、资料的汇编，收录论文30篇，致辞与讲话11篇。书中收录了2012年4月7～9日在大唐西市博物馆举办的第三届民办博物馆发展西安论坛论文及相关资料，内容分三个部分：论坛开幕式致辞与讲话、论坛闭幕式致辞与总结、大会论文汇编。

书中收录30篇论文分为五个专题：民办博物馆与文化产业、民办博物馆的社会责任与作用、民办博物馆的发展之路、民办博物馆的藏品与环境、民办博物馆与地域文化。

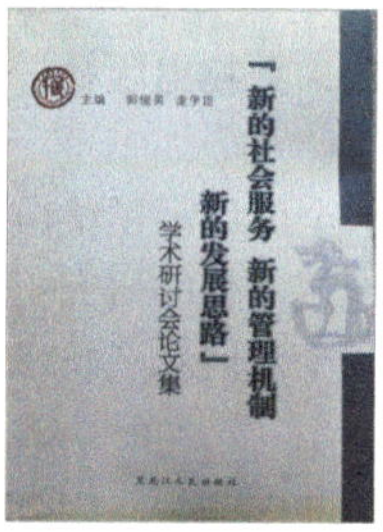

《“新的社会服务　新的管理机制　新的发展思路”学术研讨会论文集》，郭俊英、庞学臣主编，黑龙江人民出版社，2013年，325页，16开。

该书是中国博物馆协会社会教育专委会2012年年会的论文汇编，本次学术研讨会的主题是“新的社会服务新的管理机制新的发展思路”，围绕会议主题，与会人员提交论文50余篇，该书选择其中的36篇，书前有国家文物局博物馆司司长段勇、黑龙江省文化厅副厅长王珍珍和黑龙江省博物馆馆长庞学臣的致辞。中国博物馆协会社会教育专委会主任郭俊英关于2010～2012年中国博物馆协会社会教育专委会工作总结。

《博物馆与儿童教育》，闫宏斌、杨丹丹主编，文物出版社，2013年，228页，16开。

该书是博物馆与儿童教育论文的汇编，收入相关文章38篇，既有从理论高度的阐述，也有对工作实践的升华，还有对国外少儿教育理论和经验的传播。

各博物馆在少儿教育上的投入越来越大，活动内容也自然更为丰富多彩，设计教育项目成为我们每个人都要思索的事情，靳宝同志提出的博物馆儿童教育项目的设计原则，很有普遍意义。厉育纲先生长期从事青少儿教育的研究，而且对博物馆少儿观众教育的现状也非常熟悉，她对少儿心理的分析颇值得我们借鉴。中国国家博物馆研究员齐吉祥先生是作者中最年长的，他呼吁“用真爱接待儿童观众”，做到用“真爱”对待儿童，包含了从思想意识到言谈举止的丰厚内容，需要用真心练内功才行。

《博物馆、文化遗产与教育——“新挑战　新启示：岭南博物馆与教育”学术研讨会论文集》，广州博物馆、华南农业大学农业文化与乡村旅游研究中心、华南农业大学中国农业历史遗产研究室编，中国农业出版社，2013年，408页，32开。

该书是学术研讨会的论文集，书中编选由广州博物馆与华南农业大学主办、农业文化与乡村旅游研究中心、中国农业历史遗产研究室承办的“新挑战新启示：岭南博物馆与教育”学术研讨会的论文35篇，内容包括博物馆论、博物馆教育、农业遗产、文化旅游、会议综述五个方面。论题涉及博物馆教育功能创新、农业遗产的调查与利用、广州历史文化资源的旅游开发、博物馆新技术开发与利用、公众参与博物馆现状调研及馆藏文物研究等。

《博物馆发展论丛（2012年）》，博物馆发展论坛组委会编，北京燕山出版社，2013年，324页，16开。

该书是2012年中国北京国际文化创意产业博览会“博物馆发展高峰论坛”的论文

成果汇编，按照博物馆文化创意产业发展；博物馆展陈与服务创新；博物馆发展；博物馆科技应用四个专题收录论文42篇，内容涉及博物馆陈列展览的创新、文创产品的研发、新技术在博物馆中的应用等各个方面。

《丝路历史文化研讨会论集2012》，敦煌吐鲁番学会、新疆维吾尔自治区博物馆编，新疆科学技术出版社，2013年，266页，16开。

该书是敦煌吐鲁番学会与新疆维吾尔自治区博物馆合编的学术研讨会论文集，收录2012年中国敦煌吐鲁番学会理事会暨丝路历史文化研讨会论文36篇。论文作者是参会的高校和科研机构代表、参会理事，论文内容涉及吐鲁番文书、敦煌文书、丝路文物、龟兹石窟与敦煌石窟艺术等方面。

《江淮文化论丛》（二），扬州博物馆编，文物出版社，2013年，478页，16开。

该书是扬州博物馆编辑的学术论文集的第二辑，设有考古研究、博物馆公共服务、陈列展览、文史研究、非物质文化遗产、遗址保护、藏品研究、雕版印刷八个栏目，收录论文38篇，作者多是扬州博物馆业务人员。

《梁白泉文集·博物馆卷》（南京博物院学人丛书），南京博物院编，文物出版社，2013年，412页，16开。

该书是“南京博物院学人丛书”之《梁白泉文集·博物馆卷》。全面展示了梁白泉先生的学术成果和治学经历。梁白泉先生一直致力于博物馆学与地域文化的研究，其中在《江苏历史陈列》基础上革新的《长江下游5000年文明展》，全面展示了长江下游地区的古代文明成果，倍受业内及公众赞誉。

该书按照求精的原则，收集并增补了梁白泉先生不同时期的文章和论文，其中有《历史陈列及其类型问题》《有关江苏历史陈列内容的几个问题》《“长江下游五千年文明史”展览简介（讨论稿）》《文物藏品的生态学观》《略论历史博物馆的藏品分类》《博物馆学绪论（初稿）》《建立有中国特色的博物馆学》《李渔的博物学审美观》《西德文博印象记》《布加勒斯特文物博物馆闻见记》《埃及访古记》等，其中有些未刊手稿，弥足珍贵，实乃研究梁白泉先生学术经历的重要资料。

《2013年中国人物类博物馆、纪念馆陈列艺术学术研讨会论文集》，中国博物馆协会陈列艺术委员会、上海鲁迅纪念馆编，上海社会科学院出版社，2013年，254页，16开。

该书是2013中国人物类博物馆、纪念馆学术研讨会论文的汇编，收入会议论文38篇，作者均为全国各人物类博物馆、纪念馆业务人员。论文主要交流、探讨了各自工作单位的特色陈列设计理念与操作，以及他们对陈列艺术的思索和探讨，如《与鲁迅对话——上海鲁迅纪念馆改陈设计》《论人物纪念馆序厅设计理念的发展趋势》《浅谈纪念馆的陈列艺术——以周恩来纪念馆“周恩来生平业绩陈列展览”为例》《注重人物精神提炼突出展陈总体印象——方志敏纪念馆陈列布展工作体会》《牵住观众的视线——“虎门销烟”陈列实践探讨》《科学家纪念馆陈展设计的新探索——钱学森图书馆陈展设计介绍》《浅谈博物馆建设与中国梦》《“人之子”基本陈列若干展示手段解析》《博物馆陈列的亮点提炼与设计》《关于博物馆陈列策划的若干思考》《主题、氛围、重点与亮点——博物馆陈列形式设计刍议》等。

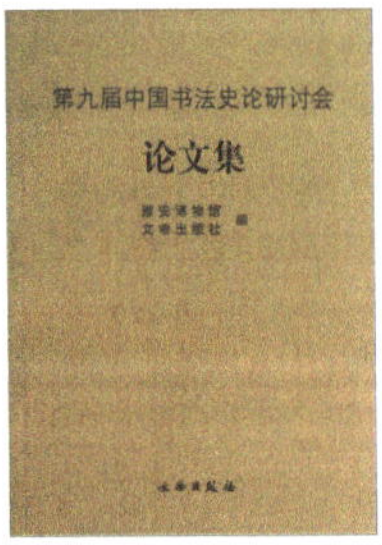

《第九届中国书法史论研讨会论文集》，雅安博物馆、文物出版社编，文物出版社，2013年，444页，16开。

2013年10月，雅安博物馆、文物出版社联合主办第九届中国书法史论研讨会，本会主要议题是雅安汉代石刻和书法艺术，会议收到论文40余篇，编者根据会议主题和书法史当前研究的一些问题，汇编成本文集，便于研讨和交流。

该书收录《陈琏及其〈陈彦辉碑〉——兼谈深圳的明代碑刻》《欧楷遗珍：长安新出唐贞观年间三方墓志考释与书者辩证》《清代吕世宜碑派书风造诣之研究》《西安碑林中的马德昭书法刻石》等论文24篇。

《博物馆学文集》8，湖南省博物馆学会编，岳麓书社，2013年，444页，32开。

该书是湖南省博物馆学会连续出版的学术论文集的第八集，收文53篇。本集是藏品征集与保管研究专刊，主体部分按照藏品征集探讨、藏品管理探讨、藏品保护探讨、藏品利用探讨四个方面从提交会议的68篇论文中选录43篇，在博物馆其他工作探讨板块刊发博物馆社会教育、纪念馆与文化建设研究方面论文等10篇，附录是《湖南省博物馆学会第六届理事会工作报告》《湖南省博物馆学会第七届理事会名单》和《2012年湖南省博物馆学会大事记》。

《百年传承　创新发展：北京地区博物馆第六次学术会议论文集》，北京博物馆学会编，中国书籍出版社，2013年，677页，16开。

该书是由北京博物馆学会编辑的北京地区博物馆第六次学术会议的论文集，选录参会论文76篇，论文提要28篇。

为了庆祝北京地区博物馆事业诞生100周年，北京博物馆学会组织了以“百年传承与创新发展——面向世界的北京博物馆”为主题的第六届学术会议。本届会议学术气氛浓郁，提交论文数量多、质量高，多数论文根据日常工作遇到的问题展开讨论和分析，其中涉及深层次的矛盾，包括观念、制度、体制问题，提出了可行的解决方案。

该书书首有大会致敬函《百年回顾辉煌展望：致敬！北京地区博物馆人》，回顾了百年来北京地区博物馆人在博物馆学理论探索、博物馆工作的实践中不负使命，勇于创新的历程。书的主体选编会议的论文按照主旨发言、北京地区博物馆百年历程、当代博物馆的教育创新、保护与利用：文化遗产的永恒课题、探索多元结合的博物馆展示模式、北京地区博物馆发展前瞻六个专题依次编排。

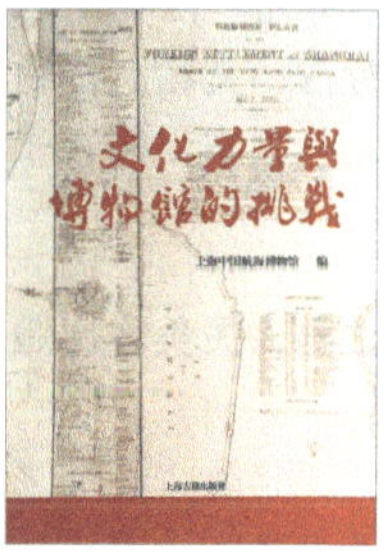

《文化力量与博物馆的挑战》，上海中国航海博物馆编，上海古籍出版社，2013年，195页，16开。

该书主要探讨在大数据时代，博物馆建设将何去何从的问题，书集收录国内23家博物馆馆长的相关论文，从多个角度阐述了大数据时代对博物馆的影响，以及博物馆在大数据时代的应对政策。上海博物馆、岱山县海洋博物馆、聊城中国运河文化博物馆等博物馆馆长各自作了精彩的论述，论述着眼点各有侧重，但相信对大数据时代的博物馆建设工作大有启发。

《致力于社会和谐的江苏博物馆事业：江苏省博物馆学会2012学术年会论文集》，江苏省博物馆协会编，文物出版社，2013年，275页，16开。

该书是江苏省博物馆学会学术年会系列论文集的其中一册，是2012学术年会论文集，收入49篇论文，以博物馆管理与发展、文化遗产保护与利用、博物馆展览与新技术、博物馆服务与宣教四个专题为切入点，对江苏省博物馆尤其是中小型博物馆的发展进行了深入剖析，比较全面地反映了基层博物馆取得的成绩和存在的问题，为博物馆事业的发展提供了新的思路。文章内容涉及专题性博物馆研究、藏品安全、博物馆人才、社区博物馆、博物馆科研、地方博物馆文化产业、新时期江苏博物馆事业发展论博物馆在构建和谐社会中的作用等。

江苏省博物馆学会2012年会暨论文研讨会于10月19～20日在常州召开，该省40多家博物馆、纪念馆的代表百余人参会，会议主题是“致力于社会和谐的江苏博物馆事业”，分为博物馆管理和博物馆业务两个专题分组展开了热烈的讨论和广泛的交流。

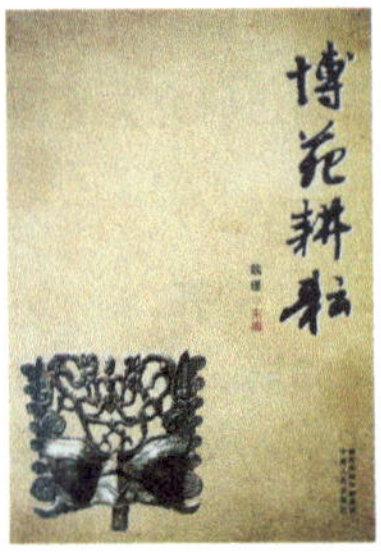

《博苑耕耘》（第1辑），宁夏固原博物馆编，魏瑾主编，宁夏人民出版社，2013年，423页，16开。

该书是宁夏固原博物馆结集出版的第二部博物馆论文集，收录固原地区文博人员的文章58篇，分为管理纵横、文博论坛、考古纪实、人物春秋、考察学习、文物丛谈、科技保护、展示教育、工作探究、文苑杂谈十个板块。

《数字博物馆发展新趋势》，北京数字科普协会主编，中国传媒大学出版社，2014年，343页，16开。

该书收录67篇论文和演讲报告，主要探讨了博物馆数字技术应用与文化创造活力、博物馆数字资源管理与利用、数字展陈与博物馆文化传播、泛在博物馆与博物馆（科技馆）服务能力提升、智慧博物馆与物联网应用。该书内容丰富，资料翔实，具有一定的学术价值和参考价值。

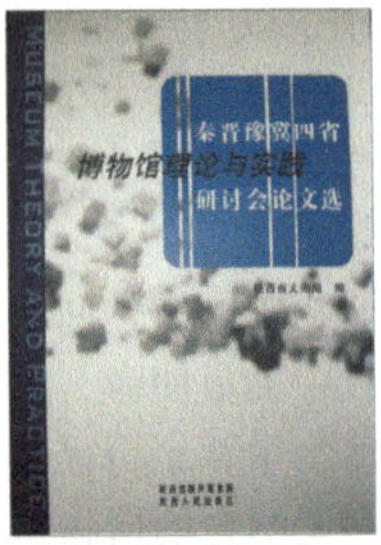

《秦晋豫冀四省博物馆理论与实践研讨会论文选》，陕西省文物局编，陕西人民出版社，2014年，380页，16开。

该书是秦晋豫冀四省博物馆理论与实践学术研讨会论文的选集。

2012年9月24～26日，秦晋豫冀四省博物馆理论与实践研讨会在延安召开。秦晋豫冀四省75个文博单位的100余位代表参加了会议，提交会议交流论文94篇，该书收录论文66篇，展示了四省博物馆工作者在博物馆理论与实践方面的成果。

秦晋豫冀四省博物馆理论与实践研讨会是2008年成立的一种区域性交流合作平台。本次研讨会是秦晋豫冀四省合作的第二轮开始之年召开的一次盛会。参会代表是来自秦晋豫冀四省博物馆学研究的理论专家与富有实践工作经验的一线人员。

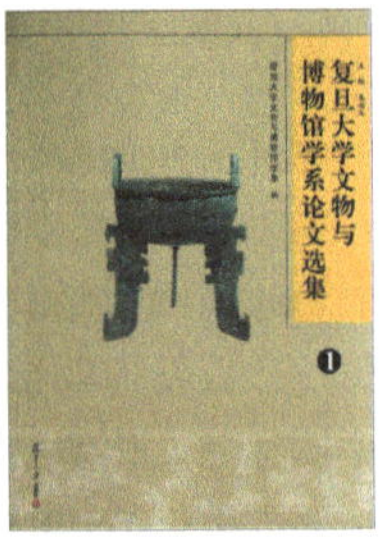

《复旦大学文物与博物馆学系论文选集》，复旦大学文物与博物馆学系编，复旦大学出版社，2014年，380页，16开。

该书系近十年来复旦大学文物与博物馆学系教师的论文汇编，所刊的论文多为在国内外学术期刊上公开发表的重要学术成果，按照理论前沿、遗产研究、博物馆视野、考古学探索、文物与科技五个专题，收录论文28篇，内容涉及考古、文物、博物馆、文物保护等多个领域，其中有思考、有探索，也有疑问和困惑，其根本目的在于邀集同行，共同为中国文博事业的研究与发展出谋划策。

《丝绸之路沿线博物馆专业委员会论文集》（第二辑），俄军主编，甘肃人民美术出版社，2014年，380页，16开。

该书旨在更好地促进“丝绸之路”沿线各博物馆的交流与合作，推动“丝绸之路”文化事业的发展，以及“丝绸之路”的联合申遗工作。作者们秉着务实求真、传承创新的研究态度从博物馆学、考古学、历史学等对博物馆及丝路文化展开了多角度、多层次的探讨，其中不少论文考究精深、见解新颖。

该书收录了《全球化语境中的博物馆——博物馆创新运营管理模式探讨》《唐安国相王孺人崔氏墓壁画修复中的拼对环节》《对甘肃彩陶的认识试析北朝时期陇东地区佛教兴盛原因》等论文。

《区域博物馆致力于社会和谐》（中英西三语对照），Jane Legget、陈建明主编，外文出版社，2014年，362页，16开。

2010年，国际博物馆协会第22届大会在中国上海举行。会议围绕“区域博物馆致力于社会和谐”这一主题，来自世界各地的区域博物馆代表探讨了区域博物馆如何为构建更稳固、更有活力的区域和地方社区而做出贡献。世界发展日趋复杂，特别是当纷争与动乱让人们感到孤独、不知所措时，区域博物馆通过实现他们的使命发挥着日益重要的作用。

该书收录参会论文15篇，按照五个类型编排：①背景介绍——来自中国的典范，收录《致力于社会和谐的中国区域博物馆——湖南省博物馆的体验》；②共同行动——理念和活动，收录《美国、芬兰、以色列等国家博物馆的经验》；③跨越国家与文化边界的实践，收录《斯洛文尼亚和匈牙利的跨国项目等多个国家的博物馆实践》；④偏远地区与乡村的博物馆实践，收录《四川博物院“大篷车”流动博物馆》以及《伊朗吉兰乡村遗产博物馆》的探索文章；⑤案例研究，收录《克里特岛莱克罗斯特迪斯户外博物馆》《新西兰案例分析》《青岛博物馆案例研究》等论文。

《中国博物馆协会博物馆学专业委员会2013年“博物馆建筑与功能”学术研讨会论文集》，中国博物馆协会博物馆学专业委员会编，中国书店，2014年，450页，16开。

2013年11月，中国博物馆协会博物馆学专业委员会和浙江省博物馆联合主办“博物馆建筑与功能”学术研讨会，该书为研讨会论文集，收入会议论文46篇，通过对博物馆建筑与功能的探讨和相关案例的讨论、交流、思考，为中国博物馆建设发展提供了理论支撑和经验借鉴。

《中国博物馆协会博物馆学专业委员会2013年“博物馆与教育”学术研讨会论文集》，中国博物馆协会博物馆学专业委员会编，中国书店，2014年，475页，16开。

2013年7月，中国博物馆协会博物馆学专业委员会和浙江省博物馆联合主办“博物馆与教育”学术研讨会，中国博物馆协会副理事长兼秘书长安来顺、浙江大学人文学院教授严建强、广西壮族自治区博物馆馆长吴伟峰等做主旨报告，对博物馆教育进行了前瞻性展望，对博物馆今后的实践进行了思考。12位论文作者的发言既有对博物馆教育理论的研究，对博物馆教育实践工作的高度总结，也有对博物馆教育工作手段与方法的创新探讨，开拓了博物馆教育工作的视野与思路。

该书为研讨会论文集，收录会议论文70篇。论文围绕“博物馆与教育”的主题，从博物馆教育理论、博物馆教育手段与方法、博物馆教育项目策划、博物馆与社区、博物馆与青少年、博物馆与终身学习等层面和角度展开讨论，内容丰富，各具特色。

《文博鸿踪录——成建正文集》，成建正编著，文物出版社，2014年，文328页，彩色图版30页，32开。

该书收录成建正先生有关博物馆管理、博物馆工作与博物馆学研究的论文35篇，全书分为三个单元：博物馆学研究、历史文化丛谈、著述序言。其中论文和演讲稿27篇，内容涉及文物、考古、历史、博物馆学研究等多个领域，如《博物馆的美育职能初探》《日常生活中的“看”与博物馆中的“观察”（译文）》《博物馆管理四题》《市场经济体制下博物馆管理的几个问题》《碑林的定位与发展》《“十一五”期间我省博物馆事业面临的几个问题》《西部博物馆事业的发展之路》《写在“陕西古代文明”正式开展之际》《拥珍品而现精妙——陕西历史博物馆展陈构想》等。因作者担任博物馆馆长、陕西省博物馆协会和中国博物馆协会专委会的领导职务，书中演讲稿、序言等文章反映了陕西省乃至全国文博事业改革开放以来所取得的成就。

《陕西博物馆学百年论文集》，张礼智编，三秦出版社，2014年，605页，16开。

该书收录陕西博物馆百年史上的代表性论文113篇，按照博物馆性质、陈列展览、藏品管理、宣传教育、科学研究、博物馆建筑、遗址博物馆学、县级博物馆、博物馆建设、其他十个专题编排。

编者在收文原则上坚持学术研究对实践的指导作用，突出文章的学术价值，无论是理论探讨、实践总结，还是方案设计等，凡对博物馆学研究或博物馆工作的某一方面起过作用，推动着博物馆事业和中国博物馆学发展的论文均收入。在编辑体例上，该书的特色就是在每篇文章后加有“编辑絮语”和作者小传，或说明收录理由，或点评文章价值，或提出存在问题，或谈编者感想，语言精当，切中肯綮。叙述入选理由和“作者小传”以增强资料性。

该书是研究博物馆工作和中国博物馆学史方面的重要参考资料。

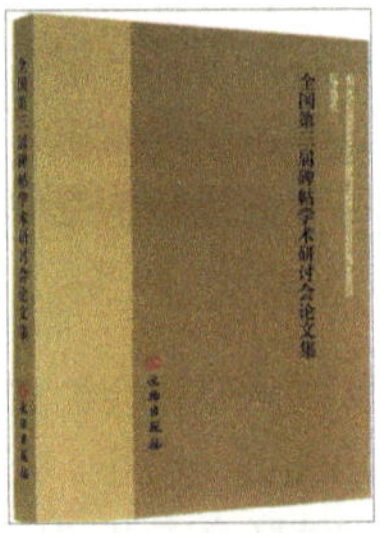

《全国第三届碑帖学术研讨会论文集》，青岛崇汉轩汉画像砖博物馆编，文物出版社，2014年，310页，16开。

该书是文物出版社和青岛崇汉轩汉画像砖博物馆联合举主办的全国第三届碑帖学术研讨会的论文集。该书收入会议论文《从汉砖上的“德”字看中华文化的传承》《汉画像石的非主题图案——边饰的作用》《徐州汉画像石题记初步研究》《明拓唐〈多宝塔感应碑〉再议》《欧阳修的〈集古录〉和〈集古录目〉》《苏轼〈中吕满庭芳词〉拓本浅识》《赵孟頫和他的〈胆巴碑〉译注》等26篇。论文分为两部分，一部分是汉画像石研究专题，另一部分是历代刻石研究，代表着当前碑帖研究的最新成果。

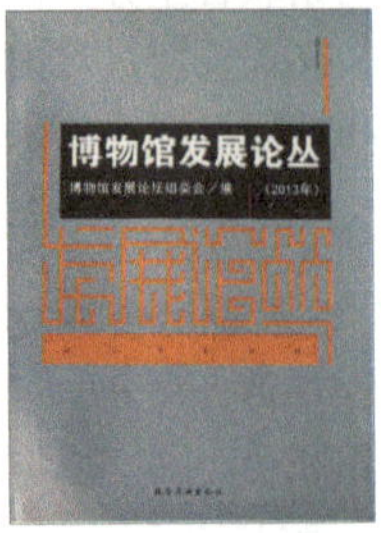

《博物馆发展论丛》（2013年），博物馆发展论坛组委会编，北京燕山出版社，2014年，478页，16开。

该书是2013年中国北京国际文化创意产业博览会“博物馆发展高峰论坛”的论文成果汇编，按照博物馆文化创意产业的探索；博物馆文化产品营销与推广；创新意识与博物馆可持续发展；博物馆展览、藏品与服务创新四个专题收录论文56篇，内容涉及博物馆文化产品开发、营销、服务等各个方面。

《中国博物馆学会考古与遗址博物馆专业委员会2011～2013年年会论文集》，中国博物馆学会考古与遗址博物馆专业委员会、秦始皇帝陵博物院编，西北大学出版社，2014年，16开。

该书是中国博物馆学会考古与遗址博物馆专业委员会2011～2013年会论文的汇编，收录论文34篇，内容涉及考古与遗址博物馆的概念界定、博物馆管理模式、展示方式、教育与传播形式，以及文化遗产管理、虚拟博物馆技术、博物馆文化产业开发等众多相互渗透、相互联系的博物馆研究领域，既有对博物馆实践工作的经验总结，也有对博物馆学理论的探讨与提升。书前有三届年会会场和会期活动照片。

《城市记忆的变奏：中国博物馆协会城市博物馆专业委员会论文集（2013～2014）》，中国博物馆协会城市博物馆专业委员会、上海市历史博物馆编，上海交通大学出版社，2014年，607页，16开。

该书收录中国博物馆协会城市博物馆专委会2013～2014年年会的论文80余篇。2013年论文按照三个主题编排：社会发展与博物馆的时代定位、社会变革与博物馆的思路创新、新时代博物馆工作的新方向。2014年按照四个主题编排：博物馆与城市记忆保存、博物馆承载的城市文化内涵、传承城市文化的博物馆公共服务、城市文化建设与博物馆发展方向。

书中论文围绕“城市记忆的变奏”的主题，介绍了各地城市博物馆在新形势下的发展状况，探讨了社会发展与博物馆定位、社会变革与博物馆的思路创新、新时期博物馆发展方向等问题，特别是对博物馆如何保存城市记忆，如何做好城市精神的载体，如何利用公共服务传承城市文化等问题展开思考，探寻城市文化建设和博物馆发展方向。论文研究视角多元，内容丰富，观点前瞻，反映了中国城市博物馆发展概况和研究水平。

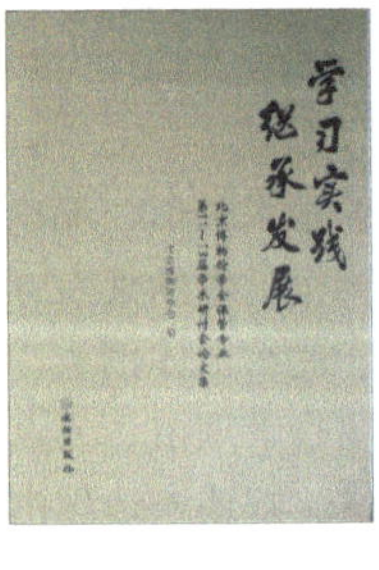

《学习实践　继承发展：北京博物馆学会保管专业第11～13届学术研讨会论文集》，北京博物馆学会编，文物出版社，2014年，584页，16开。

该书是北京博物馆学会保管专业第11～13届学术研讨会论文的合集，共收录三届学术研讨会的论文92篇，分为藏品保管、保护、征集、保管员职业道德建设和其他五类，内容涉及博物馆藏品保护和利用等诸多问题，例如各类不同质地藏品的保护和修复、藏品征集的对策与经验、藏品保管员职业素养的修炼、藏品的数字化管理、文化产业发展给藏品保护带来的困扰与对策等当今博物馆藏品保管、保护、利用面临的热点问题、焦点问题和难点问题，有实践经验的总结，有理论研究的升华。

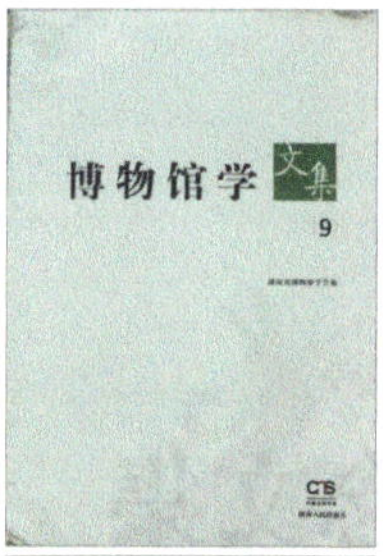

《博物馆学文集》9，湖南省博物馆学会编，湖南人民出版社，2014年，560页，32开。

该书是湖南省博物馆学会连续出版的学术论文集的第九集，从提交会议的72篇论文中选录61篇。本集探讨的主题是陈列展览，围绕这一主题展开有地市级博物馆基本陈列探讨，临时展览探讨、陈列内容设计探讨、陈列形式设计探讨、陈列设施探讨，博物馆学的其他方面涉及社会教育、藏品管理等方面，附录是《2013年湖南省博物馆学会大事记》。

《竹刻国际学术研讨会论文集》，上海博物馆编，上海书画出版社，2014年，482页，16开。

上海博物馆于2012年5月1～7月1日举办“竹镂文心：竹刻珍品特展”研讨会，该书是在研讨会前所刊论文稿的基础上重新编集而成的，是当今文物界和工艺美术界关于竹刻研究的最新成果，真实地反映当前竹刻研究的现状。其中的《竹刻中的世界——广东民间工艺博物馆竹刻藏品介绍》《大英博物馆藏竹刻艺术品》《永青文库收藏的竹工艺品》《天津博物馆藏竹雕赏析》《介绍几件山东博物馆藏竹雕作品》《简述英国巴斯东亚艺术博物馆收藏的竹刻艺术品》等的研究成果为竹刻研究的进一步发展提供参考。

书中论文系统展示了中国文人竹刻艺术发展的完整历程。

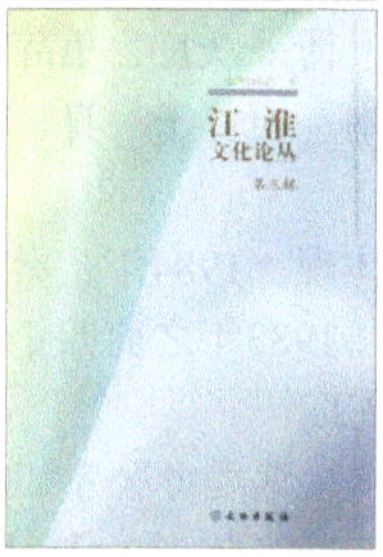

《江淮文化论丛》（三），扬州博物馆编，文物出版社，2014年，440页，16开。

该书是扬州博物馆编辑的学术论文集的第三辑，分为考古研究、博物馆公共服务、陈列展览、文史研究、非物质文化遗产、遗址保护、藏品研究、雕版印刷八个部分，收录论文35篇，作者多是扬州博物馆业务人员，反映了该馆在博物馆学、馆藏文物研究、遗产保护等多个方面的科研成果。

《区域博物馆的文化传承与创新：江苏省博物馆学会2013学术年会论文集》，江苏省博物馆学会编，文物出版社，2014年，248页，16开。

该书是江苏省博物馆学会2013学术年会论文集，本次年会以“区域博物馆的文化传承与创新”为主题，江苏省博物馆学会组织省内博物馆工作者、高校相关专业师生围绕主题展开讨论。从论文涉及的内容分为四个部分：博物馆管理与发展、文化遗产保护与利用、博物馆展览与新技术、博物馆服务与宣教，收录论文49篇。

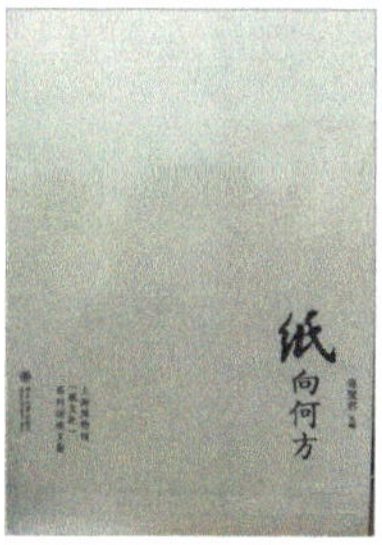

《纸向何方》（上海博物馆“纸文化”系列讲座文集），陈燮君主编，北京大学出版社，2014年，彩色图文478页，16开。

该书以“纸”为中心，汇集上海博物馆“纸文化”系列讲座的主要内容，不仅讲述了关于纸的过去，启迪人们的思想，促使读者思考纸的未来，而且探索了纸文化的走向问题。

书中分为纸源、字·纸、纸韵、纸工、纸艺、纸的故事六个部分，从造纸术、印刷术的发明，到今日的图书馆和纸艺设计，生动鲜活地介绍了纸文化的多姿多彩，论述了与纸密切相关的故事，以文字和图像构筑起立体的、丰富的纸文化展示空间。

《耕耘录：吉林省博物院学术文集2012～2013》，吉林省博物院编，吉林人民出版社，2014年，550页，16开。

该书是吉林省博物院业务人员公开在书刊上发表论文的汇编，收文时限在2012～2013年，共收录文章60篇，其中博物馆学12篇，涉及国家一级博物馆评估、吉林省博物馆馆史、绩效考核、员工培训、“黑土军魂”陈列设计、社会教育、数字化博物馆、馆藏文物研究、文物保护等多个方面。

八　年鉴、指南、目录、纪念文集

《秦始皇兵马俑博物馆年鉴》（1979～1983），秦始皇兵马俑博物馆编，1984年，189页，32开。

这是已知国内博物馆中最早编辑的一本年鉴，是全面介绍一个博物馆整体工作的年度性书刊，属内部资料，每年出版一册。

年鉴以全面、系统、准确地记述年度事物运动、发展状况为主要内容，是一部动态记史、记事的大书。它汇辑一年内的重要时事、文献和统计资料，博采众长，集辞典、手册、年表、图录、书目、索引、文摘、表谱、统计资料、指南、便览于一身，具有资料权威、反应及时、连续出版、功能齐全的特点。

该书是1979～1983年秦始皇兵马俑博物馆各项工作情况的集中体现。1984年，秦始皇兵马俑博物馆开始筹备编辑年鉴，为及时收编保存各类资料，将1983年之前四年的内容编为一册。书中详细介绍该馆从1979建成开放到1983年的主要工作。

本年鉴的内容分为综述、大事记、党委工作、纪委监察室工作、党委办公室工作、人事工作、人事科工作、考古工作、文物保护保管工作、科研工作、陈列工作、宣传教育工作、财务工作、安全保卫工作、基建工作、票务工作、创优工作、后勤工作、经营工作、办事处工作、工会工作、秦陵文物管理工作23个部分，客观反映了该馆四年的工作，书前配有重大接待、业务工作、陈列展览、综合服务等方面的图版。

从1984年开始，《秦始皇兵马俑博物馆年鉴》每年出版一本。2009年，秦始皇兵马俑博物馆撤馆改为秦始皇帝陵博物院，直到2014年，《年鉴》已连续出版31本。

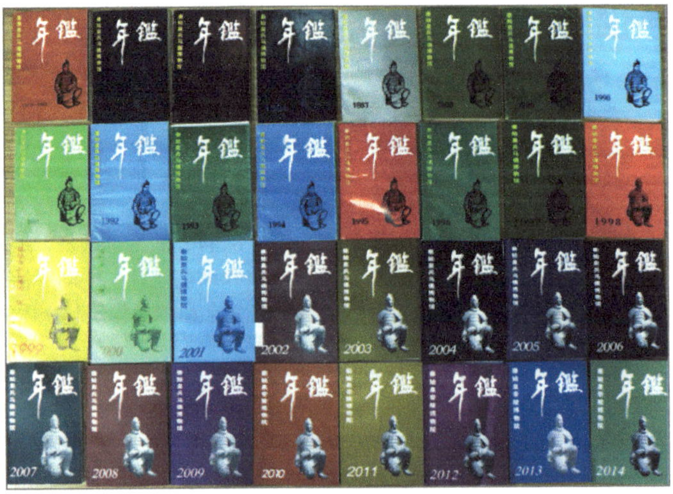

《博物馆学文物保护学文献目录》（1949.10～1983.12），吴有常、王淮生主编，1984年，402页，32开。

该书由中国博物馆学会、江苏省博物馆学会出资资助编印出版。书中收入著录论文、文件等3757篇，图书400多种，是中华人民共和国成立以来第一部文博专业较全面、系统的目录学专题书目。

《河南文博考古文献叙录》（1913～1985）（中原文物特刊6，1987年），河南省博物馆编，1987年，573页，16开。

该书以《中原文物》1987年特刊的形式出版，收录1913～1985年河南文博考古文献目录及论文的内容提要，概括、扼要地提炼出文章精华。

书中收录博物馆工作与概况、展览信息、考古资讯等内容3500条，为便于查找，按照内容划分为：综论、遗址、墓葬、古建、石刻、遗物、近现代文物、科技考古、名胜与地名、文博事业十个部分，反映了七十余年河南文博工作进展和研究状况，具有较高的资料价值。

此前，《中原文物》特刊已出版了6辑，分别是1981年10月出版的《河南省考古学会论文选集》（第一次年会论文选）、1983年1月出版的《河南省考古学会论文选集》（第二次年会论文选）、1985年6月出版的《魏晋南北朝佛教史及佛教艺术讨论会论文集》（第一次年会论文选）、1986年9月出版的《河南省博物馆学会纪念文集》、1986年12月出版的《论仰韶文化——纪念仰韶村遗址发现六十五周年学术讨论会论文集》、1987年4月出版的《洛阳古墓博物馆专辑》。

《中原文物》1987年2期，《中原文物》编辑部编，1987年，184页，16开。

该书是河南省博物馆六十年纪念论文集，以《中原文物》特刊的形式出版，是博物馆学研究专号，收录许顺湛《论博物馆学》、王瀛三等《关百益与河南博物馆》、张楷生等《河南省博物馆六十年来研究成就》、王敏《河南省博物馆六十年来的群众教育工作》、韩绍诗等《六十年来河南省博物馆陈列展览概况》、赵新来等《河南省博物馆保管工作六十年》、陈东岭《河南省博物馆历史概况》、张文荣《如何办好博物馆的设想》、秦文生《略谈博物馆的社会教育职能》、杨育彬《朝鲜文博见闻》、杨焕成《加拿大博物馆见闻》、孙广清等《从〈河南博物馆馆刊〉到〈中原文物〉》等研究论文和综述性文章35篇，回顾和记录了河南省博物馆六十年走过的历程和主要工作情况。

《北京博物馆年鉴》（1912～1987），北京博物馆学会主编，北京燕山出版社，1989年，576页，16开。

该书是北京博物馆学会组织编辑的反映北京地区博物馆综合情况的资料汇编，收录1912～1987年52座博物馆的基本情况，包括国家各部、委，北京市、区、县所属的博物馆、纪念馆和具有博物馆性质的展览馆、陈列馆及文物保管所，记录了北京自有博物馆以来75年中博物馆事业发展的历史，是研究博物馆史的珍贵资料，具有极高的价值。

年鉴所收录的资料，均系各馆提供，或是依据各馆提供的原始资料改写，反映了从1912年北京第一个博物馆——历史博物馆出现到1987年，在75年的发展过程中，特别是在1949年后近三十年博物馆发展情况，是北京地区博物馆事业发展状况的里程碑，列入书中的所有单位，在回顾历史历史、摸索经验、环顾现状、展望未来的过程中，通过《年鉴》的记述，在北京地区博物馆事业发展史上留下了阶段性的总结。

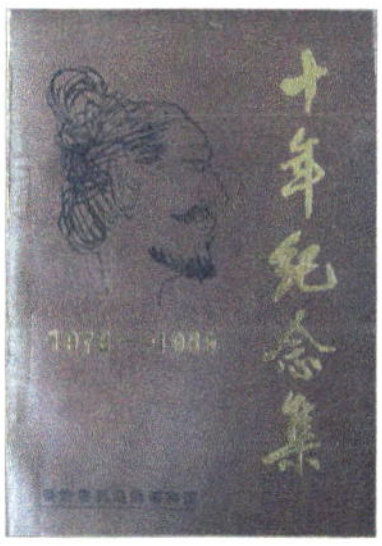

《十年纪念集》（1979～1989），秦始皇兵马俑博物馆编，1989年，284页，32开。

该书属内部资料。书中记录了秦始皇兵马俑博物馆从1979年建成开放到1989年十年间的发展历程，包括筹建经过、考古发掘、文物征集保护与保管、科研成果、陈列展览、社会教育、接待讲解、后勤服务等具体工作情况。书前有黑白照片30幅，展示了秦俑博物馆的重宾接待、发掘保护、综合管理等方面的工作情况。

《首都博物馆建馆十周年纪念文集》（《首都博物馆丛刊》6），首都博物馆编辑委员会编，北京燕山出版社，1991年，263页，16开。

本期是首都博物馆建馆十周年纪念文集，也是首都博物馆丛刊的第6辑。本辑设回顾与展望、文博论丛、专题研究、人物述林、文物考古、博物馆学、北京民俗、出国展览、展览动态、附录十个栏目，收录论文49篇。

收入该书的博物馆方面的论文有赵光林《在首都博物馆筹建过程中的几点回忆》《首都博物馆陈列、保管、编辑研究室的工作回顾》、傅公钺《今昔北京博物馆》、薛婕《博物馆藏品的注销及程序》、董艳梅《浅谈讲解员素质对发挥博物馆教育职能的作用》以及出国展览与展览动态方面的《〈中国历代古钱币展〉赴美展出情况汇报》《中国茶文化展在新加坡——茶展代表团工作小结》。

《天津市历史博物馆建馆四十周年纪念论文集》，天津市历史博物馆编，天津古籍出版社，1992年，397页，16开。

该书是天津市历史博物馆建馆四十周年的纪念书刊，收录回顾与纪念文章10篇，馆藏文物研究与鉴赏、天津历史研究论文29篇。

《福建历史文化与博物馆学研究——福建省博物馆成立四十周年纪念文集》，福建省博物馆编，福建教育出版社，1992年，322页，16开。

该书是福建省博物馆成立四十周年的纪念文集，收录福建历史文化研究、博物馆学研究的论文43篇，其中博物馆学研究与博物馆工作探讨的论文内容涉及博物馆管理、文物保护、陈列展览、社会教育、人才培养等方面。

《北京博物馆年鉴》（1988～1991），北京博物馆学会主编，北京燕山出版社，1992年，810页，16开。

该书以年鉴形式反映了北京地区博物馆1988～1991年的基本情况，收录北京地区88座博物馆的资料，包括综述、大事记、博物馆展览、新建博物馆、博物馆数量、博物馆名录。

本年鉴是继《北京博物馆年鉴》（1912～1987）之后编写的第二卷，收录北京地区88座博物馆1988～1991年的资料，其中36座是此次新收录本年鉴的，其资料则自建馆始；并对第一卷收录的各馆历史情况也有补充。

本年鉴所收录的资料，均系各馆提供的第一手资料，或是依据各馆提供的原始资料编写。本年鉴对博物馆工作者和有关部门参阅、使用具有一定价值。

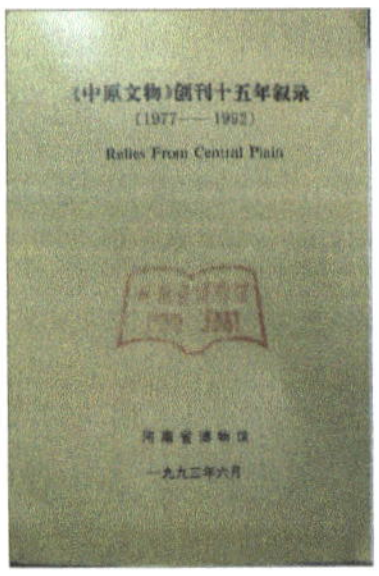

《〈中原文物〉创刊十五年叙录》（1977～1992），河南省博物馆编，1993年，341页，16开。

该书是《中原文物》自1977年创刊到1992年的目录索引和文献资料的汇编，收录1977～1992年《中原文物》上刊登的文物考古、博物馆学研究论文目录、论文内容提要和博物馆工作资讯等内容1500条，考古学总论按时代先后排序划分为原始社会；夏文化研究；商周时代；秦汉时代；魏晋南北朝；隋唐五代；宋辽金及其以后各代七个类别。专题研究划分为汉画研究；古建、古城、古塔；方国地名考；碑刻墓志；石窟、石刻、造像；铜镜、玺、印、货币及度量衡；美术考古；科技考古；博物馆学研究；论评；历史文化名城；近现代史资料十二个类别。

《中原文物》1977年创刊，原名《河南文博通讯》，由河南省博物馆主办，1980年起在国内外发行，1981年更名为《中原文物》。

《中原文物》内容包括综合性专题研究、田野考古资料、古建、石刻、汉画研究、博物馆学研究、科技考古等。创刊15年来，发行正刊62期，特刊8期，发表文章1500余篇。

《连云港市博物馆建馆二十周年纪念文集》（1973～1993），刘洪石主编，东南文化杂志社，1993年，292页，32开。

该书是为纪念连云港市博物馆建馆二十周年而编辑的文集，收录《将军崖即羲仲祭日地之推定》《丝绸之路与孔望山造像》《海岱地区新石器时代内涵与社会性质》等研究论文14篇，《连云港市博物馆抓文物安全工作的几点做法》《略论流散文物的征集与收藏》《试论博物馆陈列制作》《小议博物馆的社会教育》等博物馆工作研究文章12篇，《保管工作二十年回顾》《考古工作二十年》等纪念文章6篇，附录是《历任领导干部名录》《职工名单》《业务人员发表文章简目》和《连云港市博物馆大事记》。

《黑龙江省博物馆70年》（1923～1993），黑龙江省博物馆编，孙长庆主编，黑龙江人民出版社，1993年，彩色图文138页，16开。

该书是为纪念黑龙江省博物馆建馆70周年而编辑的文集。该馆为地方综合性博物馆，创建于1922年，先后曾由俄国人、日本人经办。1951年中华人民共和国人民政府接管后，改名为松江省科学博物馆，1954年松江省同黑龙江省合并，定名为黑龙江省博物馆。

黑龙江省博物馆是黑龙江省收藏历史文物、艺术品和动、植物标本的中心，是地方史和自然生态的研究中心之一，也是宣传地方历史文化和自然资源的重要场所。书中文章从各方面记录了该馆70年的发展历程和业务成果。

《南京博物院建院六十周年纪念文集》，南京博物院编印，1993年，16开。

该书是为纪念南京博物院建院六十周年而编辑的学术文集，旨在总结回顾南京博物院六十年发展历程，全面展示该院专业人员在各学术领域取得的成果。书中收录该院业务人员的学术论文和纪念文章45篇。

《1949～1993博物馆学研究论著要目》（博物馆学研究丛书），孟剑明编，西北大学出版社，1994年，300页，32开。

该书是秦俑博物馆编辑的“博物馆学研究丛书”之一。书中收录1949～1993年博物馆学、博物馆工作研究论著目录，分专著、论文两大类。论文之下细分为总论、博物馆管理、博物馆宣传教育、博物馆陈列、博物馆文物管理、博物馆文物保护、博物馆科学研究、博物馆建筑、博物馆史事、中外博物馆介绍、其他十一类。

《北京博物馆年鉴》（1992～1994），北京博物馆学会主编，北京燕山出版社，1995年，732页，16开。

该书是继《北京博物馆年鉴》（1912～1987）和（1988～1991）之后编写的第三卷，收录有北京地区102座博物馆1992～1994年的资料，其中14座是此次新收入本年鉴，其资料则自建馆始；第一、二卷收录的各馆历史情况也有一些补充。

本年鉴所收录的资料，均系各馆提供的第一手资料，或是依据各馆提供的原始资料编写。各馆内容一般包括概述、分述、大事记和各种附表。

《敦煌石窟内容总录》，敦煌研究院编，文物出版社，1996年，732页，16开。

该书是研究院编辑的敦煌石窟内容总目录，是数十年来国内外专家研究成果的集合，为研究敦煌石窟提供了可信的资料。

该书按照现行敦煌研究院洞窟编号排序，所列项目主要包括修建时代、洞窟形制和内容。现行编号之下附列张大千编号和伯希和编号。附录有部分壁画的索引。

早在1964年，由史苇湘先生负责对洞窟内容进行全面复查，以表格形式，一无遗漏地展示全部492个洞窟。在复查中，订正了过去一些对内容判断的错误，还有许多新发现和新研究成果，20世纪六七十年代开展的洞窟前考古新发现等，大大丰富了石窟内容总目，复查完成后，万庚育先生又进行了复核。1982年，在史苇湘先生指导下，蔡伟堂将原表格式的内容总目整理成书稿《敦煌莫高窟内容总目》，由文物出版社出版。该书洞窟齐全，内容完整，体例统一，定名和断代较合理，并编制索引以供查验，使用方便，对尚无定论的内容，尽量并列不同的观点，以保持客观和科学的态度。

该书在前人研究基础上，收录敦煌莫高窟内容总录、敦煌西千佛洞内容总录、安西榆林窟内容总录、安西东千佛洞内容总录、肃北五个庙石窟内容总录、关于敦煌莫高窟内容总录、十年来敦煌石窟内容的考证与研究。

《河南文博考古文献叙录》（1986～1995），河南博物院编，中州古籍出版社，1997年，16开。

该书是《河南文博考古文献叙录》（1913～1985年）的续编，收录1986～1993年河南文物博物馆研究著作目录、论文内容提要和博物馆工作资讯等内容，反映了该时期河南文博考古等方面的研究成果，内容翔实，资料价值高。

《北京石刻艺术博物馆建馆十周年纪念文集》，北京石刻艺术博物馆编，北京燕山出版社，1997年，334页，16开。

该书是北京石刻艺术博物馆建馆十周年的纪念论文集，分石刻概论、专题论证、馆藏稽沉、古刻介绍、刻石赏析、整理与保护、石刻琐记七个部分，收录论文49篇，书后附有《北京石刻艺术博物馆1987～1996年大事记》，便于读者了解北京石刻艺术博物馆的发展概况、主要工作及大事活动。

《成都市博物馆四十年》，成都市博物馆编，1998年，彩色图文60页，16开。

该书全面介绍了成都市博物馆从1958年9月建成开放到1998年9月的主要工作。书中以图文并茂的形式，详细介绍了成都市博物馆七个方面的工作：馆史沿革；科研工作与对外交流；文物调查、征集和保管工作；陈列宣传工作；考古发掘与文物保护；新馆建设；馆藏精品。

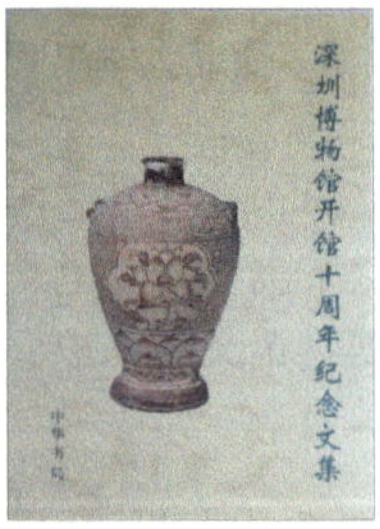

《深圳博物馆开馆十周年纪念文集》，深圳博物馆编，中华书局，1998年，彩色图文398页，16开。

该书是深圳博物馆开馆十周年的纪念文集，分为上、下两编，上编是回顾篇，下编是研究篇。上编收录回顾与纪念文章15篇，下编收录博物馆学与博物馆工作研究论文34篇，文章具体涉及馆藏文物研究、考古发掘及深圳博物馆群发展前景、博物馆的宣传教育、讲解、图书期刊管理、信息网络等。附录是《深圳博物馆历年展览实施情况一览表》《深圳博物馆历年人员编制及机构变化》《深圳博物馆大事记（1980～1998）》。

《辉煌20年——秦始皇兵马俑博物馆发展纪实》，秦始皇兵马俑博物馆编，陕西人民教育出版社，1999年，299页，16开。

该书是秦始皇兵马俑博物馆二十年工作的总结，全面、详细反映了秦始皇兵马俑博物馆从1979年建成开放到1999年发展历程，主要内容包括党建工作、人事工作与人才培养、考古发掘、陈列展览、科研工作、文物保管与保护、宣传教育、基本建设、财务工作、行政后勤、文化产业营销、秦始皇陵田野文物保护管理等。

《西安半坡博物馆年鉴》（1958～1998），西安半坡博物馆编，1999年，276页，16开。

该书记录了西安半坡博物馆自1958年建馆以来四十年的发展历程，分为概述、行政人事工作、文物保管复制工作、田野考古发掘工作、科研工作、陈列工作、宣传教育工作、创优工作、后勤基建工作、财务工作、安全保卫工作、工会工作、劳动服务公司工作和大事记14个部分，真实反映了西安半坡博物馆四十年的工作概况。

《洛阳博物馆建馆四十周年纪念文集》（1958～1998），洛阳市文物局、洛阳博物馆编，王绣主编，科学出版社，1999年，270页，16开。

该书是为纪念洛阳博物馆建馆四十周年而结集出版的学术论文集。作者大部分是洛阳市文博界的有关专家、学者，也有一些曾在洛阳工作过的专家、学者。所收论文主要是同古都洛阳有关的文物考古研究、历史研究、博物馆学研究方面的学术研究文章，是一部综合性的研究文集。

《北京博物馆年鉴》（1995～1998），北京博物馆学会主编，北京燕山出版社，2000年，1021页，16开。

该书是继《北京博物馆年鉴》（1912～1987）（1988～1991）和（1992～1994）三卷之后编写的第四卷，收录北京地区107座博物馆1995～1998年的有关资料，其中19座是此次新收入本年鉴，其资料自建馆始。

该书详细介绍了综合类、社会科学类、自然科学类的107座包括在北京地区的中央各部、委、北京市和北京市各区、县所属博物馆、纪念馆和具有博物馆性质的展览馆、陈列馆、文物管理处和文物保管所，并对各个博物馆的概况以及大事记进行了翔实的记载，是一部难得的博物馆史料。

《南京博物院七十年院史奋进之路》（1933～2003），南京博物院编，2003年，16开。

该书是为纪念南京博物院建院七十周年而编辑的综合文集，旨在回顾南京博物院七十年发展概况，有回忆文章、工作花絮、建院历史、人物记事等。

《北京博物馆年鉴》（1999～2003），北京博物馆学会主编，北京燕山出版社，2004年，1351页，16开。

该书是继《北京博物馆年鉴》（1912～1987）（1988～1991）（1992～1994）和（1995～1998）四卷之后编写的第五卷，北京地区博物馆的综合性资料汇编，收录有北京地区博物馆1999～2003年的主要工作、大事活动、信息资料等。

《广西博物馆七十年：1934～2004年》，黄启善主编，文物出版社，2004年，彩色图文114页，16开。

该书以画册形式，介绍了广西博物馆七十年来的发展沿革、规章制度、藏品管理、文物保护、陈列展览、科学研究、考古成果、群众教育、安全保卫、财务管理、大事活动等情况，展示广西文博事业的发展历程及博物馆工作概况。

第一部分是历史的回顾，叙述博物馆孕育诞生、受挫、重建和发展时期的工作。第二部分是人物介绍，分为名誉馆长，历任馆长和书记，历任副馆长和现任馆长，副馆长、书记以及学者风采五个版块予以介绍。第三部分是文物珍品和陈列展览，文物珍品精选十件文物介绍。第四部分是学术交流和科研成果，选取了该馆主持的田野考古发掘和保护现场的照片。第五部分从“民族文物苑管理部”到“党总支”，分别介绍了民族文物苑管理部、文物工作队、保管部、陈列部、群主教育部、保卫科、信息资料研究部、业务办公室、业务后勤部、财务科离退休人员管理科、工会委员会、党总支的工作。第六部分是重要文物捐献和文物鉴定。第七部分是难忘时刻，展示该馆获得荣誉和奖励的牌匾、锦旗照片。第八部分是大事记，时间从1934年到2004年2月。第九部分是名录和统计表，名录包括在职职工、离退休职工、曾经在该馆工作过的人员、获得个人先进优秀党员党务工作者等称号的人员以及1934年广西省立博物馆筹备处人员名单，统计表是获得厅级以上奖励的研究成果统计表、荣获先进或比赛获奖统计表。最后部分是后记，介绍了该书编纂过程和一些部分的责任分工。

《秦俑博物馆二十五年纪念集》，秦始皇兵马俑博物馆编，三秦出版社，2004年，271页，16开。

该书全面记录了秦始皇兵马俑博物馆建馆25年筚路蓝缕、历尽艰辛的发展经过、考古发掘、陈列展示、科研工作、文物保护、行政工作、基本建设、安全保卫等。收录文章27篇，即《秦俑坑考古发掘三十年的历程与收获》《秦俑二号坑发掘工作小记》《建馆背景与筹建概况》《秦俑博物馆党的建设工作纪实》等，还收集了重要接待、考古工作、文物保护、文物收藏、文物修复等方面的众多照片。

从1979年到2004年的25年，秦俑博物馆乘着党的十一届三中全会的春风，在国家文物局与陕西省文物局的领导下，经过全体职工的共同努力，各项工作取得了一些成绩。25年来，骊山脚下偏僻的荒沙滩，在秦俑博物馆人的手中，变成了世界著名的博物馆。这巨大的变化，是由几代秦俑人创造的。2004年是秦兵马俑坑发掘30周年，也是秦始皇兵马俑博物馆开馆25周年，编辑此书的目的是满怀激情地回顾建馆的难忘岁月，总结25年来的工作经验，展望更加辉煌的未来。

《故宫博物院年鉴2004》，故宫博物院编，紫禁城出版社，2005年，213页，16开。

该书是故宫博物院编辑的年度性工作总体情况的书刊。全书分为工作概述、重大活动、完整保护与整体维修、安全保卫与开放管理、学术与出版等方面，反映了2004年故宫博物院的业务工作情况。

《南通博物苑百年苑庆纪念文集》，南通博物苑编，文物出版社，2005年，305页，16开。

在喜迎南通博物苑建苑一百周年之际，南通博物苑组织编写系列书籍为向百年苑庆的献礼，该书是其中之一。书中所收录的主要是南通博物苑建苑百年来几代工作人员工作心得的结晶，在创建和谐社会的社会环境中，博物苑以这样一个“大团圆”的方式来庆祝自己的生日，意义深远。

书中文章虽是独立成篇，但纵向来看，也反映了博物苑百年历史演变和业务活动，刻画了几代人薪火相传的奋斗精神。此外，该书也收录了一些专家学者的特稿。这组专稿，重新解读了张謇的博物馆理论，可谓是里程碑性质的礼赞。

《故宫博物院八十年》，故宫博物院编，李文儒主编，紫禁城出版社，2005年，348页，16开。

该书收录故宫博物院1925～2005年八十年间主要工作、发展概况、业务科研、陈列展览、文物保管与保护、组织机构设置、大事活动等情况。

回顾故宫博物院八十年发展历程，充满信心和希望：故宫博物院将实现保护好民族瑰宝并创建世界一流博物馆的目标。

《云南民族博物馆十年》（1995～2005），云南民族博物馆编，2005年，144页，32开。

该书记录了云南民族博物馆为云南民族文博事业殚精竭虑、拼搏奉献的历程。为了追根溯源，让后人铭记云南民族博物馆建设发展的概况，编者特意将把上限调至1955年周恩来总理关心云南民族文博事业的源头上，以此作为激励后人奋发向上的动力，下限截至2005年11月。

全书内容分为九个部分，依次是：大事记、文物收藏、陈列展览、科研成果、基地建设、对外交流、组织机构、学者风采、发展规划。附录部分有《党团工作》《工会工作》《员工受厅级以上表彰奖励情况》《历年考核优秀及先进工作者名单》《全馆员工发表论文科研成果举要》《全馆员工花名册》《曾在我馆工作现已调出人员名录》。

《故宫博物院年鉴2005》，故宫博物院编，紫禁城出版社，2006年，351页，16开。

该书内容包括：2005年工作概述、2005年院庆活动、以院徽和80周年院庆标识为核心的VI（视觉形象识别）系统启用、大型系列专题片《故宫》、中英德日美五大博物馆馆长对话紫禁城、故宫博物院80华诞纪念系列学术研讨会、古书画研究中心、古陶瓷研究中心及古陶瓷检测研究实验室成立、中日合作故宫文化资产数字化应用研究所项目二期签约、景仁宫捐献文物专馆落成开放、武英殿修缮试点工程竣工并举办“盛世文治——清宫典籍文化展”“‘太阳王’路易十四——法国凡尔赛宫珍品特展”、故宫博物院80周年纪念大会、故宫博物院80周年职工联欢晚会、完整保护与整体维修、《故宫保护总体规划大纲（2003～2020）》批复实施、孙家正部长视察故宫博物院，对故宫修缮工程做出重要指示、故宫修缮工程专家咨询委员会第二次全体会议、修缮工程制度建设与规范管理、修缮工程施工进展、修缮工程勘察设计、庭园管理与古树养护、科技保护与人才培养、资料收集整理与数字化建设、文物保管等内容。

《文物背后的故事——新首博专辑》，北京市文物局编，北京美术摄影出版社，2007年，彩色图文192页，32开。

该书是新首博文物故事集。书中挑选了“景德街”牌楼、纪晓岚的大烟袋等首都博物馆收藏的16件极具价值的文物，将其有关的发掘故事、收藏过程、历史背景等作了详细深入的介绍。透过书中的介绍，读者能走近文物、亲近文物，珍爱文化遗产。

每件文物背后都有或曲折离奇，或沧桑感人，或趣味盎然的故事。该书为读者娓娓道来这些故事，让我们多角度欣赏这些记载着历史的瑰宝。

《关于历史时空的解码与代言——中国国家博物馆志愿讲解工作五周年纪念文集》，中国国家博物馆社会教育宣传部编，知识出版社，2007年，362页，16开。

在纪念国家博物馆志愿服务工作开展五周年之际，国家博物馆社会教育宣传部组织人员系统整理、科学归纳，以五年的工作经历和工作感受为基础，从理论、实践和感悟三个方面分别展开论述，并以此形成了一部反映国家博物馆志愿讲解工作的纪念文集。

该书全面介绍国家博物馆志愿者的工作理念和管理手段，展示了国家博物馆志愿服务人员的整体风采，由三个独立篇章组成，收录文章80篇，包括博物馆志愿者工作的理论研究、心灵感悟、志愿讲解中的实践与体会、志愿者工作的相关文件（附录）等几个部分的数十篇文章。一个个仅仅因为强烈的兴趣走进了博物馆的人，在参与中慢慢感受，在给参观者讲解中慢慢体会慢慢积累，于是有了一件件往事，一点一点感悟，更重要的是，一个个展览，一件件文物，古代与现代，汇集成为一本书。

志愿者是博物馆社会化的重要力量，是提高博物馆品质的生力军，中国国家博物馆开展志愿者服务工作，首先在讲解即公众教育服务工作方面进行了有益的探索与尝试，积累了丰富的经验，同时也初步订立了体系标准，具有很好的推广价值。

《故宫博物院年鉴2006》，故宫博物院编，紫禁城出版社，2007年，310页，16开。

该书记述了2006年故宫博物的各项工作，主要包括完整保护与整体维修、文物保管、陈列展览、安全保卫与开放管理、数字故宫、建设和管理等方面的内容。全书按照工作概述、重大活动、完整保护与整体维修、科技保护、资料整理与研究、文物保管、陈列展览、安全保卫与开放管理、学术与出版、数字故宫、对外交流、宣传服务、建设和管理十三个部分，全面记述了故宫博物院的全部工作。

2006年，故宫博物院继续积极求索，开拓创新，古建修缮、文物管理、安全开放、展览宣教、学术科研、数字故宫、对外交流、建设管理等各项工作延续了蓬勃发展的良好局面。

《浙江省博物馆系年》，黄莺著，北京图书馆出版社，2007年，419页，32开。

该书用档案汇编的形式记录了浙江省博物馆从1929年到2004年的历史。

系年是一种史书体裁，其最大特点是述而不作，作者编辑一些史料来叙述始末。这样全部依靠档案来记录一个博物馆的成长史的著述仅此一部。通过组织编写中国博物馆系年丛书，还可以督促各个博物馆改进自身的档案建设，博物馆人只有把自己做过的事情记录好了，才能担负起社会集体记忆的功能。

史吉祥先生读此书后指出，我们应该出版一个大系丛书，就是“中国博物馆系年大系”，把各个博物馆的档案按照以时系事的做法取舍编辑，通过这个真实而全面放映一个博物馆历史。这方面浙江博物馆开个头，希望中国博物馆协会承担起来，好好组织策划。

《河南博物院80年》，河南博物院编，大象出版社，2007年，235页，16开。

该书记录河南博物院建院80年的历程，是研究河南博物院历史的重要文献。编者在梳理历史资料的基础上，从1927年开始按照时间先后叙述了组织机构沿革、文物收藏与保护、陈列展览、社会教育、考古发掘与文物调查、学术研究与编辑出版、图书资料与信息化建设。全书以文字为主，部分章节穿插了黑白图片。

河南博物院是中国博物馆中历史较为悠久的老馆，是民国时期成立的博物馆之一。编者认为，一座博物馆就是由“事”“人”和“财”三者的有机运作而生发，该书“纪事”比较详细，但是“纪人”和“纪财”则略有不足，对于一些人物的介绍过于简略，尤其是民国时期及抗战时期的河南博物院相关人物的介绍方面太过简单。

《新窗口新视野新里程：河南博物院开放十年》，河南博物院编，2007年，彩色图文218页，16开。

该书以图文配合的方式记录了河南博物院新馆建设开放十年在陈列展览、公共服务、观众接待、科学研究、功能延伸、产业开发、精神文明建设等各个方面的主要工作和成绩。

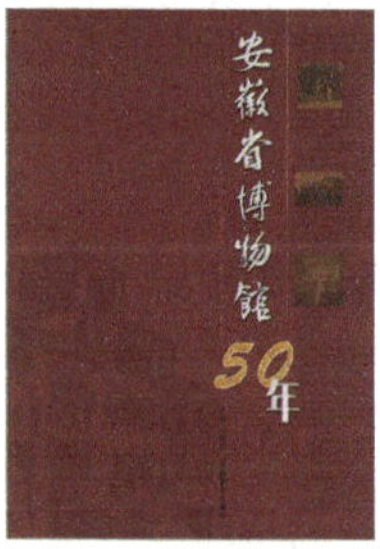

《安徽省博物馆50年》，王丽华主编，安徽美术出版社，2007年，彩色图文120页，16开。

该书以历史发展为序，分创建篇、曲折篇、发展篇、庆典篇，在“安徽省博物馆50年”展览的基础上补充记录了1996～2006年的学术成果、大事记及建馆50年庆典活动的资料。

《湘博志Ⅰ：湖南省博物馆年鉴2003～2005》，陈建明主编，湖南美术出版社，2007年，456页，12开。

该书对湖南省博物馆2003～2005年的主要活动进行归纳总结和理论探讨。全书内容分为六个部分：①基本陈列与临时展览；②观众服务与社会教育；③藏品征集与保管；④科学研究与学术交流；⑤科学管理；⑥2003～2005年湖南省博物馆大事记。

全书配以图片资料，以年鉴形式出版，目的是为博物馆业内和社会提供一个“生长着”的博物馆活标本，并将其运转与发展情形置于公共视野之下，使广大公众了解博物馆幕后的故事，让社会各界来评价得失，指点前程，从而与社会形成更密切的互动关系，以求得更多地为社会所理解、所支持，以便更好地服务于社会。

《郑州博物馆50年》（1957～2007），郑州博物馆编，2007年，彩色图文96页，16开。

该书回顾了郑州博物馆1957～2007年的主要工作。全书分为回顾与展望、博物馆风采、难忘的记忆、大事记和附录五个部分，记录了郑州博物馆从1957年建成开放50年来的风雨历程。博物馆风采展示了郑州博物馆社会教育、藏品管理、学术研究、党建工作、文化生活、后勤保障。附录部分是郑州博物馆获得主要荣誉统计表临时展览统计表、历届馆长书记一览表和历年职工名单。

《故宫博物院年鉴2007》，故宫博物院编，紫禁城出版社，2008年，295页，16开。

该书用12万字、260幅照片记述了2007年故宫博物院的主要工作，包括保护与整体维修、文物保管、陈列展览、安全保卫与开放管理、数字故宫、建设和管理等方面的内容。2007年，故宫博物院继续积极求索，开拓创新，古建修缮、文物管理、安全开放、展览宣教、学术科研、数字故宫、对外交流、建设管理等各项工作延续了蓬勃发展的良好局面。

《五秩风华——上海市青浦区博物馆建馆五十周年纪念文集》，上海市青浦区博物馆编，陈菊兴主编，上海社会科学院出版社，2008年，239页，16开。

青浦是崧泽文化的命名地和典型的江南水乡，历史悠久，人文荟萃，文化遗产丰富多彩。青浦博物馆自诞生之日起，就积极配合市文物管理委员会开展对崧泽、福泉山等著名遗址的考古发掘以及文物保护单位的抢修保护工作，充分发掘区域文化内涵，用心梳理区域发展的人文血脉，正确解读区域文化，以独到的文化视角生动演绎了水乡青浦乃至都市上海的历史故事。

本文集按照五秩杂忆、文博论丛、“我看博物馆”征文、青浦博物馆大事记这四个部分收录了我与青浦文博事业、青浦考古五十年、历史的缩影等众多文章，反映了青浦区博物馆建馆五十周年的工作情况。

《荆州博物馆建馆五十周年纪念论文集》，荆州博物馆编著，文物出版社，2008年，233页，16开。

该书反映了荆州博物馆五十年的发展历程、藏品特色、陈列展览和研究成果。

荆州历史文化悠久，有着丰富的历史文化资源。30多年来，荆州共发掘出土了古文化遗址20多平方米、古墓葬7000余座，获得了大量科学的考古资料，也出土了大批精美文物，如巧夺天工的史前至楚汉玉器、绚丽多彩的楚秦汉漆木器、保存完好的战国和汉代丝绸、珍贵异常的战国秦汉简牍与工艺精湛的古代铜器等。

《烟台市博物馆建馆五十周年纪念文集》，烟台市博物馆编，齐鲁书社，2008年，222页，16开。

该书反映了烟台市博物馆五十年的发展历程。

1958年6月，烟台市博物馆成立，馆址设烟台市毓岚街2号，“文革”期间关闭，1973年重新对外开放，1978年与展览馆合并，成立烟台市博展馆。1962年成立烟台专区文物陈列馆，馆址设烟台市北大街72号，1964年改称烟台专区博物馆。1980年改称烟台地区文物管理委员会，同时恢复烟台地区博物馆。1984年6月，烟台地区博物馆和烟台市博物馆合并，成立烟台市博物馆，馆址位于烟台福建会馆。2007年9月，在此基础扩建博物馆新馆。

烟台市博物馆新馆建筑面积15600平方米，主体四层，展出烟台地方历史的基本陈列，馆藏书画、瓷器精品及民俗文物等的专题陈列和临时展览。

《张氏帅府博物馆二十年发展回眸》，郭俊胜主编，东方出版社，2008年，233页，16开。

该书是张氏帅府博物馆二十年发展概况的总体论述。书中如实反映了20年来帅府人时刻不忘自己的使命和责任，始终坚持“特色立馆”“科研强馆”“服务兴馆”“管理治馆”的办馆理念，以开拓创新、彰显特色、塑造品牌为宗旨，披荆斩棘、艰苦创业、大胆创新、锐意改革，积极探索市场经济条件下加快自身发展的新思路和新方法，在开拓中积极进取，在发展中不断前行，走出了一条独具特色的发展之路。书中特别介绍了近两年来，在挖掘独有文化内涵、打造文化品牌、搭建学术交流平台、提升讲解水平、扩大对外宣传、加大文物征集力度等方面的可喜成绩。

《中国国家博物馆年鉴2008》，中国国家博物馆编，吕章申主编，2008年，301页，16开。

该书客观、全面记录了中国国家博物馆2008年工作情况，主要内容包括：特别记载、工作概述、工作纪事、行政管理、大事记、文物与保护研究、历史与考古研究、博物馆学研究等。

《广州博物馆建馆八十周年文集》（镇海楼论稿之二），广州博物馆编，文物出版社，2009年，418页，插图93幅，彩版12页，16开。

该书是为广州博物馆庆祝建馆八十周年而编辑的文集，包括上篇：史论篇之岭南史论、考古与文物、中西文化交流、文物保护、申遗工作，下篇：建馆篇之盛德宣扬、志存高远、回忆与感想、馆史资料等，文章内容涉及广州博物馆的历史、演变与广州地区古代史、近现代史、馆藏文物、文物保护博物馆学等研究，具有一定资料价值和学术价值。

广州博物馆作为华南地区历史最悠久的博物馆，同时也是全国较早创办的博物馆之一，在一代代博物馆同仁们的辛勤努力下，80年来为历史文化的保护与传承发挥了不可磨灭的作用，在华南地区独树一帜。80年后的今天，广州博物馆继续把握机遇，开拓创新，已经建设成为一所历史悠久而又充满活力的博物馆，为中国博物馆事业的发展添砖加瓦。

《故宫博物院年鉴2008》，故宫博物院编，紫禁城出版社，2009年，303页，16开。

该书主要记述了2008年故宫博物院的主要工作。2008年，面对南方雪灾、汶川大地震等突发自然灾害，故宫博物全院职工积极捐款，参与抗震救灾。同时，在安全开放、文物展览、院容院貌、观众服务等多方面采取措施，积极服务奥运，充分阐释了“人文奥运”的理念，弘扬了中华文化，并获得了上级的多项表彰。在深入学习实践科学发展观活动中，继续做好古建筑保护与藏品管理、非物质文化遗产保护、研究出版、信息化建设、对外交流等文化遗产保护与弘扬的各项工作，促进了故宫保护与现代化博物馆建设事业的科学发展。

《回顾与展望：纪念中国人民革命军事博物馆建馆50周年》（1959～2009），中国人民革命军事博物馆编，长城出版社，2009年，彩色图文383页，16开。

该书是中国人民革命军事博物馆建馆50周年纪念文集。书中内容按照综合、文物征集·保藏、陈列·展览·解说、学术·艺术、安全·警卫、外事·运营六个部分，收录文章52篇，以丰富的实物、照片、图表等资料，总结回顾了该馆半个世纪的光辉历程。

2009年7月29日，是中国人民革命军事博物馆建馆50周年纪念日。当日，“回顾与展望：中国人民革命军事博物馆建馆50周年成就展”开幕。

中国人民革命军事博物馆是中国唯一的国家级军事博物馆，是宣传党的指导思想与理论的重要阵地，是展示中国军队光荣历史的重要基地，是促进中外军事文化交流的窗口，是传承中华军事文化的重要载体，是开展爱国主义和革命传统教育的重要基地。

《博苑秋实：宁夏博物馆五十大庆纪念文集》，李进增主编，宁夏人民出版社，2009年，533页，16开。

该书是宁夏博物馆五十大庆的纪念文集。书中收录宁夏博物馆工作人员的文章87

篇，内容涵盖了博物馆工作的各个方面。观其作，可知博物馆工作之概要，虽事无巨细，皆环环相扣、缺一不可，都与文物工作总方针息息相关，实乃“保护为主，抢救第一；合理利用，加强管理”之体现。观一叶而知秋至，窥一斑而知全豹。编辑出版《博苑秋实》，是对宁夏博物馆五十年工作的梳理与回顾。

《开创宏图——秦始皇兵马俑博物馆三十年纪念集》，秦始皇兵马俑博物馆编，西北大学出版社，2009年，彩色图版52页，正文300页，16开。

该书是为纪念秦俑博物馆开馆三十周年而编纂的文集。书中所收文章内容涵盖秦俑博物馆三十年来工作的各个方面，既是对辉煌历程的真实记录，也反映出秦俑人无私奉献、志存高远的精神风貌，反映出秦俑博物馆由初创到世界知名博物馆的成长经历，体现了博物馆建设者们可贵的奋斗精神，书中还附有一些资料可备查用，是具有纪念意义和使用价值的书籍。

秦始皇兵马俑博物馆乘时代之东风，以壮美之文物，集众人之心力，于骊山旁、小村畔、秦陵东，历经三十年奋斗，成为享誉世界的大型遗址博物馆。编辑此书的目的是为了总结和回顾三十年来的工作经历，激励后人开拓创新，不断进步。

《走过九十年：山西博物院发展历程》，山西博物院编，2009年，彩色图文60页，16开。

山西博物院九十年薪火相继，九十年风雨兼程，文博工作者呕心沥血，赤诚奉献，奠定了兴旺发达的基础。博物院是山西文博事业的窗口和显示屏，也是山西文博事业发展的龙头。如今，近百座博物馆如雨后春笋破土而出，一片繁荣景象，正在形成一个以山西博物院为骨干，以县级特色博物馆为支点的全省博物馆网络体系。该书通过图片和文字的方式，向公众展示了山西博物院从创建之初到新世纪以来，一代代晋博人在文博园里辛勤耕耘的累累硕果。

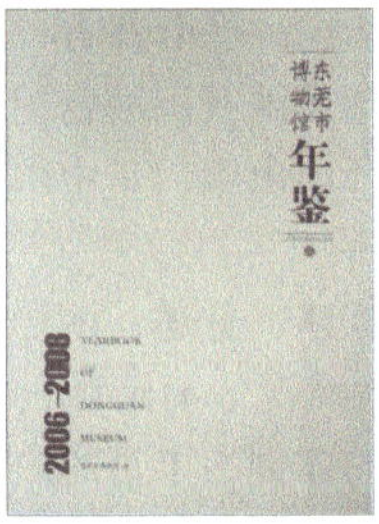

《东莞博物馆年鉴》（2006～2008）（东莞市博物馆丛书），东莞博物馆编，娄欣利主编，2009年，151页，16开。

该书是东莞市博物馆2006～2008年主要工作的真实记录，内容包括行政管理、科研业务、后勤保重、优质服务等工作。该书是该馆编辑的第一本年鉴，之后又连续编辑了2009、2010、2011年年鉴，并增加了文物保护与保管、陈列展览、社会教育等方面的内容，客观、全面记录该馆的工作。

《辉煌十年》（1999～2009），江西省博物馆编，2009年，16开。

该书是江西省博物馆十年工作的纪念书籍，书中用大量图片和文字介绍了江西省博物馆新馆建成开放十年的行政管理、业务发展和科研成果。

1999年，江西省投资1.7亿元兴建了集历史、革命、自然三馆合一的江西省博物馆新馆。2009年，江西省博物馆迎来新馆建成开放十周年，光辉的历程，杰出的成就，值得每位江博人为之自豪和骄傲。新的十年开启新的希望，新的征程承载新的梦想。该书利用图片及文字展示及介绍了江西省博物馆十年工作，记述了江西省博物馆十年辉煌的奋斗历程。

《北京博物馆年鉴》（2004～2008），北京博物馆学会主编，北京燕山出版社，2010年，801页，16开。

该书是《北京博物馆年鉴》的第六卷，收录北京地区135座博物馆2004年至2008年的基本情况，由北京博物馆学会组织编辑，是一本全面反映北京地区博物馆的综合性资料汇编。

该书分为总论、专论、博物馆汇总和附录四个部分。这本《年鉴》适度调整和改进体例，增加新内容，全面展示博物馆的新发展，进一步突出了时代性、资料性特点，全方位记录和反映了北京地区博物馆发展的新思路、新举措和新方法，全面记录北京地区博物馆事业在这一个时间段中的发展状况。

《故宫博物院年鉴2009》，故宫博物院编，紫禁城出版社，2010年，340页，16开。

该书用15万字、300幅照片记述了2009年故宫博物院的工作概况，主要分2009年工作概述、2009年重大活动、文物保管、完整保护与整体维修、陈列展览、安全保卫与开放管理、学术与出版、数字故宫、对外交流、宣教与服务、建设和管理等全方位记录了故宫博物院2009年围绕着故宫及藏品保护和博物馆建设所开展工作的整体情况。

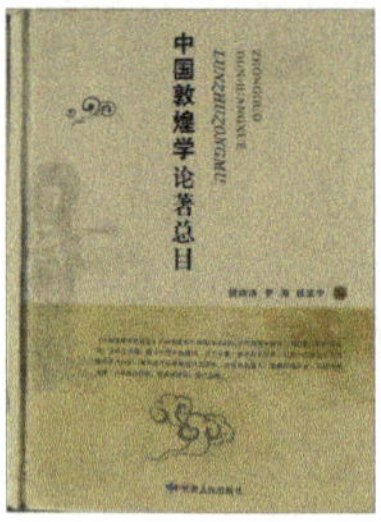

《中国敦煌学论著总目》，樊锦诗、李国、杨富学编，甘肃人民出版社，2010年，1135页，16开。

该书收录发表于1900年至2007年的敦煌学各类著述18690篇（种），其中论文、译文、述评与报道类17180篇，书刊1510种。目录收集以汉文为限，所收篇目主要以中国内地、中国台湾地区及国外各种报纸、杂志、高等院校学报、学术研究集刊、研讨会议论文集及个人著作中有关敦煌学的论文为主，兼收部分国外专家学者以汉文形式发表的论文和著作；目录对那些主题不属于敦煌学，但内容涉及敦煌学的著作，尤其是论述时引用敦煌资料的著述，则视其内容，有选择地予以收录。篇目收集以公开发行的书籍、报刊为主，兼及部分内部资料。部分文章、著作与国外专家、学者合撰（著）者，以汉译文、译著者为主。

本目录包容量大，编纂思路新颖，取材准确全面，分类体例合理，检索功能强，便于查阅。

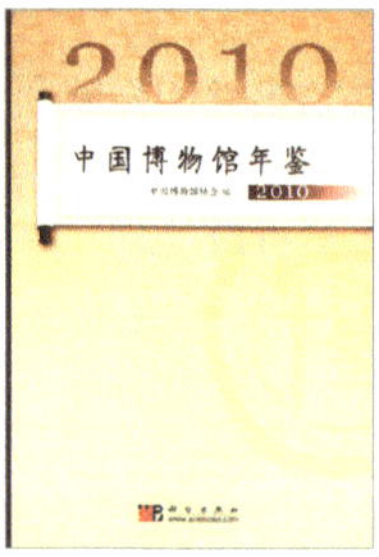

《中国博物馆年鉴2010》，中国博物馆协会编，科学出版社，2010年，彩色图文349页，16开。

本年鉴是中国博物馆协会编写的中国第一部全国博物馆界的年鉴，是由各省、市、自治区、直辖市文物行政部门共同参与编写，旨在全面、系统地反映我国博物馆行业当年基本状况的资料性工具书。该书在国际博协第22届大会召开前出版，是中国博物馆协会献给国际博协上海大会的一份厚礼。

该书以反映我国博物馆行业2009年事业发展为要，分为特辑、综述、分述、博物馆学会和大事记五个部分，总结归纳了当年博物馆行业的工作发展状况、有影响的活动事件和部分重要的行业法律法规以及领导讲话等。全书以科学的体例、丰富的内容、准确的表述，记录了2009年中国博物馆事业成长变化的轨迹，反映了2009年中国博物馆行业的发展历程。

该书特辑部分收录了2009年国家领导人和文物局局长、副局长本年发表的重要讲话和本年度国家有关部门颁布的博物馆方面法律法规、行政通知和相关意见。综述篇包括①2009年博物馆事业发展综述；②重要博物馆建设；③藏品保护；④陈列展览；⑤宣传教育；⑥博物馆、纪念馆免费开放工作；⑦科学研究；⑧博物馆评估体系建设；⑨促进民办博物馆健康发展；⑩中央与地方共建国家级博物馆；⑪人才培养。

分述篇对全国博物馆按照省和直辖市的31个行政区划（不包括香港、澳门，也不包括台湾）分别进行叙述，约请的撰稿人都是这一区划内的政府管理部门的人员或者该地区内的博物馆从业者。

学术活动篇分三个版块，一是介绍中国博物馆学会的一些学术研讨会情况，二是介绍中国博物馆学会下属专业委员会的一些活动，如培训、学术研讨等，三是对学会的刊物《中国博物馆》《中国博物馆通讯》改制、改版情况作了介绍。

大事记分别记述了2009年发生的博物馆大事，如重要人物参观某地博物馆、某馆奠基活动、某馆开幕活动等。

附录包括三方面内容：①2008年全国博物馆名录；②首批国家一级博物馆名单；③第八届全国博物馆十大精品陈列展览评选获奖名单；④庆祝中华人民共和国成立60周年全国文化遗产保护宣传讲解大赛获奖名单。

《中国博物馆学研究论著目录》（上、下），段勇主编，新华出版社，2010年，1500页，16开。

该书是第22届国际博协大会在中国召开时，中方准备的材料之一，分上、下两册，上册是中文，下册是英文，内容一致。

博物馆学专门目录学著述较少，本目录具备了三个特点：第一是时间跨度大，从张謇1905年的“上南皮相国请京师建设帝国博览馆议”开始，到2009年各校学生的博士论文以及各类期刊上发表、各出版社出版的博物馆学论著，是迄今为止收录时间跨度最大的中国大陆博物馆学研究论著（含译著）目录。第二是范围广，编者从1400多种期刊中搜罗了大量博物馆学方面的论文。此外还把大陆高校培养的研究生的论文也一并收录。第三是对大量的博物馆学论文进行分类，编者先分专著译著、论文和附录三大类别，接着又对论文类进行细分，分为十二个子类，依次为：基础理论、博物馆史、藏品征集与保管、陈列展示、宣教与服务、博物馆文物（遗产）保护、博物馆数字化、发展与管理、博物馆建筑与设备、规章制度、国外博物馆、博物馆学译介、研究生学位论文，各类论文中以时间为先后顺序排列。这样，读者根据自己研究选题的内容需要可以在这部书相关部分快速检索到自己需要的文献目录。

《湘博志Ⅱ·湖南省博物馆年鉴2006～2007》，湖南美术出版社，2010年，彩色图文338页，12开。

本年鉴以图文并茂的形式，归纳并总结了湖南省博物馆2006至2007年的主要活动和工作业绩。全书分六部分：①基本陈列与临时展览；②观众服务与社会教育；③藏品征集与保管；④科学研究与学术交流；⑤科学管理；⑥2006～2007湖南省博物馆大事记。上述内容全方位、多角度地记录了湘博2006～2007年发展与运转概况，承载了湘博人拼搏进取、服务社会的点滴历程。

《国际友谊博物馆三十年文集》，国际友谊博物馆编，张健主编，文物出版社，2010年，彩色图文180页，12开。

该书是国际友谊博物馆三十年发展历程的真实记录，书中用图文配合的方式，记录了该馆建馆历史、业务发展、藏品故事及巡展等各方面的工作情况。

《考古学与博物馆学研究导引》（大学研究型课程专业系列教材）（上、下），水涛、贺云翱著，南京大学出版社，2011年，上册553页，下册467页，插图32幅，16开。

该书精选国内外权威学者的经典论文，并对所选论文及相关论精选考古学及博物馆学，文化遗产研究等领域的学术经典，并给以必要的导读，力求反映当前考古学界的最新理论、方法及研究成果，分为考古学理论、史前考古、历史考古、科技考古、博物馆学、文化遗产保护等内容。该书强调研究性，突出研究范例，彰显学术观点多元化。

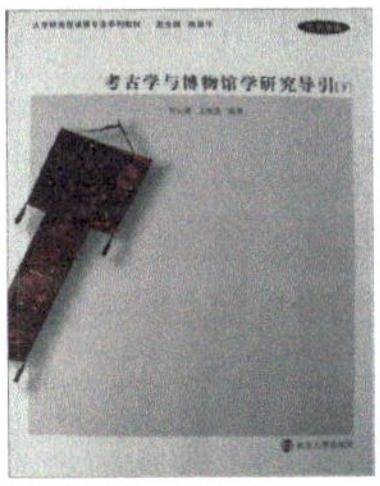

该书分为上、下两册，精选国内外知名学者的120篇文章，内容涉及考古学理论、考古学史、史前考古、历史考古、科技考古、文物保护技术、博物馆学和文化遗产保护等诸多方面，目的是使读者对于考古学的产生和发展过程有一个基本准确的把握。

《陕西历史博物馆二十年文集》，陕西历史博物馆编，三秦出版社，2011年，文400页，16开。

该书收入陕西历史博物馆业务人员二十年间发表的学术论文50篇，其中4篇综述性研究文章依次为《突出优势办出特色——设立唐墓壁画馆的可行与构想》《陕西历史博物馆的历史、现状和前景——写在新馆落成15周年之际》《陕西历史博物馆的展陈体系》和《陕西历史博物馆正源》，其余46篇论文分为史学研究、文物与考古研究、壁画与艺术史研究、文物保护与修复、博物馆学研究五个专题，内容涉及博物馆工作的各个方面。

《陕西历史博物馆建成开放二十年》（1991～2011），陕西历史博物馆编，三秦出版社，2011年，彩色图文148页，16开。

该书记录了陕西历史博物馆二十年的发展历程，有关怀与支持、基本建设、业务工作、理论学习、文化生活等，书中的文字和照片真实反映了陕西历史博物馆的发展演变、系统的组织的更迭、博物馆取得的荣誉、职工个人获得的奖励、各级领导的检查指导、业务工作成就、行政后勤保卫人员的辛劳、职工扶贫救灾的热忱、联欢竞技活动的乐趣、离退休人员的身影等，内容丰富，资料珍贵。

《陕西历史博物馆大事记》，陕西历史博物馆编，2011年，294页，16开。

二十年前，被誉为“古都明珠，华夏宝库”的陕西历史博物馆建成开放后，全国各省市纷纷效仿，引发了全国的博物馆建设浪潮，推动了中国博物馆事业的蓬勃发展。20年后，陕西历史博物馆引领、带动、见证了全国博物馆事业的快速发展。从当年的一枝独秀到今日的繁花似锦、满园春色。

该书用大事记的形式如实记录了从1973年6月20日周恩来总理提出建立新博物馆的指示，经过十年酝酿、八年筹建到1991年6月20日陕西历史博物馆隆重开馆的真实情况以及陕西历史博物馆建成开放到2011年的发展经历，资料价值高。

《故宫博物院年鉴2010》，故宫博物院编，紫禁城出版社，2011年，303页，彩色图版439幅，16开。

该书是故宫博物院2010年年鉴，内容包括工作概述，2010年重大工作、文物保管、完整保护与整体维修、陈列展览、安全保卫与开放管理、学术与出版、数字故宫、对外交流、宣教与服务、建设与管理、附录。附录部分是大事记、国宾接待、新增规章制度、内设机构图、新闻宣传报道索引。

年鉴是近代从西方导入的工具书之一，以全面、系统、准确地记述上年度事物运动、发展状况为主要内容。它汇辑一年内的重要时事、文献和统计资料，博采众长，集辞典、手册、年表、图录、书目、索引、文摘、表谱、统计资料、指南、便览于一身，具有资料权威、反应及时、连续出版、功能齐全的特点，属信息密集型工具书。

《中国民间博物馆年鉴》（2011），中国民间博物馆年鉴编委会编著，中国书店，2011年，彩色图版304页，16开。

该书介绍了106家中国民间博物馆的基本情况。该书是首部反映中国民间博物馆的资料性书籍，收有“十大民博特色馆”“民博之友”“民博大事记”“民博风云人物”“民博动态”及“民博相关文件”等内容，是了解中国民间博物馆最详细的书籍。

中国的民间博物馆事业是在收藏市场繁荣发展的基础上诞生的，经历了从无到有，也必然要经历从星星之火到燎原大火的发展过程。这个过程就如同一支交响曲的创作过程，所有的元素都在创作者的脑海里聚合；就如同一支交响曲的排练过程，所有的乐手，成熟的和不成熟的，水平低和水平高的，都要随着同一个主旋律、同一根指挥棒起伏转折和合共鸣。该书是研究和了解中国民间博物馆发展的珍贵资料。

《广东省博物馆年鉴2010》，广东省博物馆编，文物出版社，2011年，彩色图文206页，16开。

该书是广东省博物馆2010年年鉴，也是建馆以来推出的首部年鉴。

广东省博物馆是广东省博物馆一座省级综合性博物馆，下辖全国重点文物保护单位——国民党“一大”旧址、广州鲁迅纪念馆和广东省文物保护单位——红楼等。该馆通过各种宣传推广工作，打造国内具有相当影响力的博物馆品牌。该书分为16个章和1个附录，较为全面地反映了2010年广东省博物馆全部工作的面貌。附录《包括广东省博物馆2010年大事记》《广东省博物馆2010年接待重要领导与嘉宾一览表》《部分新增规章制度》《媒体报道索引》《文物修复索引》等，分门别类，条分缕析，资料丰富。

《武汉博物馆新馆开馆十周年纪念文集》（武汉博物馆研究丛书·学术研究卷2），刘庆平主编，湖北人民出版社，2011年，彩色图文210页，16开。

2011年适逢辛亥革命100周年、武汉博物馆新馆开馆10周年，这本文集收录曾经和正在武汉博物馆工作的业务人员的论文，他们中既有学养丰富的专家学者，也有风华正茂的学术中坚，更有不少刚参加文博工作的年轻人。文章涵盖了文博工作理论研究和具体实践的各个层面，所论问题或大或小，或深或浅，均出自心得，可赏可鉴。

武汉博物馆新馆开馆十年来，着力打造集教育、旅游、服务、休闲为一体的新型公共公益博物馆，现有馆藏文物十万件，种类丰富，精品甚多。书中的很多文章都是围绕着馆藏文物的释读和研究展开的。

《历史的回声：纪念首都博物馆建馆三十周年（1981～2011）》，首都博物馆编，2012年，彩色图文211页，12开。

该书是首都博物馆2011年9月举办的“首都博物馆30年展览”的宣传图书。展览以翔实的照片、文献资料和部分展品，真实记录了首博建馆三十周年所走过的发展历程。由于展览具有时限性，故在展览结束后出版此书，就是希望以图录的形式将首博前三十年的历史记录保存下来，作为纪念，并为今后发展提供借鉴。

《安徽博物院2011》，安徽博物院编，朱良剑主编，2012年，彩色图文148页，16开。

该书是安徽博物院编辑的综合性图录，类似于年鉴。

书中详细记录了安徽博物院2011年的主要工作、发展历程。该书以图文并茂的形式，平实简洁的语言，分为工作概述、领导视察、新馆开馆、特殊技艺、藏品征集、藏品保管、陈列展览、宣传教育、文物保护、学术研究、信息化建设、对外交流、文化产品、安全保卫、组织人事、综合管理、表彰奖励和大事记十八个专题全面回顾了安徽博物院一年中的主要工作。

《湖北博物馆年鉴2010》，湖北省博物馆协会编，湖北人民出版社，2011年，彩色图文230页，16开。

该书是湖北博物馆的第一本年鉴，由湖北省博物馆协会组织编写，如实记录了2010年湖北博物馆事业发展的轨迹，做到了“大事不漏，小事不凑”。

2007年11月，湖北省博物馆率先向社会免费开放，一石激起千层浪，引起了全社会的广泛关注，受到了人民群众的热烈欢迎。到2010年底，全省向社会免费开放的博物馆、纪念馆共84家，免费开放后共接待观众3500多万人次。博物馆加快了融入社会的步伐，文化辐射力和社会关注度空前提高，公共文化服务能力和社会效益显著增强。

本年鉴以湖北“全省博物馆事业发展”为主线，辅之以博物馆建设、藏品保护、陈列展览、宣传教育、博物馆、纪念馆免费开放工作等，形式上规范简洁，表述上言简意赅，没有空泛的议论，做到了言之有物，是研究博物馆学和博物馆史的珍贵资料。

《故宫博物院年鉴2011》，故宫博物院编，紫禁城出版社，2012年，310页，彩色图版408幅，16开。

该书是故宫博物院2011年年鉴，记录了该院2010年工作概述、重大工作、文物保管、完整保护与整体维修、陈列展览、安全保卫与开放管理、学术与出版、数字故宫、对外交流、宣教与服务、建设与管理、附录。附录部分是大事记、国宾接待、新增规章制度、内设机构图、新闻宣传报道索引。

《中国国家博物馆百年简史》（1912～2012），吕章申主编，中华书局，2012年，248页，16开。

该书分上中下三篇，上篇是国立历史博物馆时期（1912～1948），中篇是中国历史博物馆和中国革命博物馆时期（1949～2002），下篇是中国国家博物馆时期（2003～2012），附录是中国国家博物馆现任、历任馆领导、中国国家博物馆历史沿革和中国国家博物馆大事记。

该书编辑的目的在于回顾中国国家博物馆的百年兴衰，厘清自身发展的历史线索，及时总结百年发展中的经验，探索中国国家博物馆事业的发展规律。阅读此书，不仅能了解百年国博的发展历史，更能掌握中国博物馆事业发展的脉络，是学习和研究中国国家博物馆学史的重要资料。

《六十风华：上海博物馆建馆60周年纪念文集》（1952～2012），上海博物馆编，上海书画出版社，2012年，276页，16开。

上海博物馆自1952年成立以来，坚持不懈地以收藏、保护、研究中国古代艺术为己任，并注重将研究成果通过陈列、展览、讲座等多种形式，让更多的人了解并感受中华传统文化的魅力。60年来，上海博物馆依托自身的资源优势，围绕爱国主义、民族精神和传统文化，认真做好面向社会的教育普及工作。

六十年来，上海博物馆以把最精的文物、最好的陈列设计奉献给社会大众作为陈列展览理念，以陈列必须体现馆藏水平、学术研究水平、教育水平作为陈列设计的指导思想。不断调整陈列，精益求精，及时将新征集的文物充实到陈列中，把新的学术研究成果反映到陈列展览中（例如陶与瓷区分标准的量化、数化，青铜器装饰纹饰规律，陶瓷器装饰手法系统统计等）。在陈列艺术设计方面，上海博物馆一直以简洁、高雅为美学追求目标，尽可能体现文物之美，排斥一切喧宾夺主的浮躁，树立了从宁静中求辉煌的博物馆陈列艺术风格。

本集收录文章48篇，其中有《对21世纪博物馆的遐想》《陈毅市长与上海博物馆》《法国总统与上海博物馆》《感言“上博精神”与“上博理念”》《上海博物馆与文物捐赠者》《积极抢救流失海外的珍贵文物》《上海博物馆在“文革”时期保护文物的功绩》《上海博物馆文物修复复制工场的几件事》《吴福宝先生二三事》《栽培成长感恩——记恩师江南蒴》《周恩来总理与透光镜——解开西汉铜镜“透光”之谜始末》《我国文物保护与考古科技领域的第一本自然科学期刊》《记上海博物馆新馆的诞生》《徐森玉先生与中国的文博事业》等记述了各个时期为上海博物馆做出贡献的人物和事件。

《安徽博物院2012》，安徽博物院编，朱良剑主编，2013年，彩色图文149页，16开。

该书是安徽博物院编辑的综合图录，类似于年鉴。该书以图配文的形式，全面记录了安徽博物院2012年的主要工作。语言简洁，内容翔实，分为领导视察、工作概述、藏品保护与征集、陈列展览、学术研究、公共教育与推广、数字安博、对外交流与合作、党团建设、文化产品、综合管理、大事记十个专题。

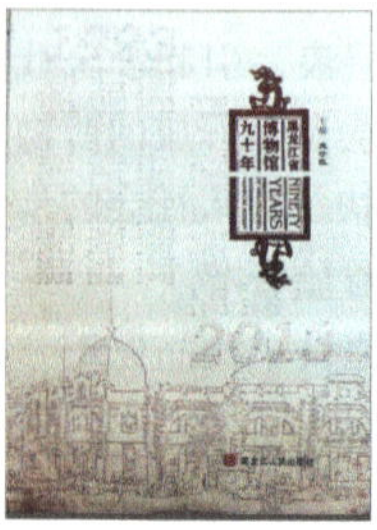

《黑龙江省博物馆九十年》（1923～2013），庞学臣主编，黑龙江人民出版社，2013年，彩色图文149页，16开。

该书是为纪念黑龙江省博物馆建馆90周年而编辑的文集，以图文配合的方式记录

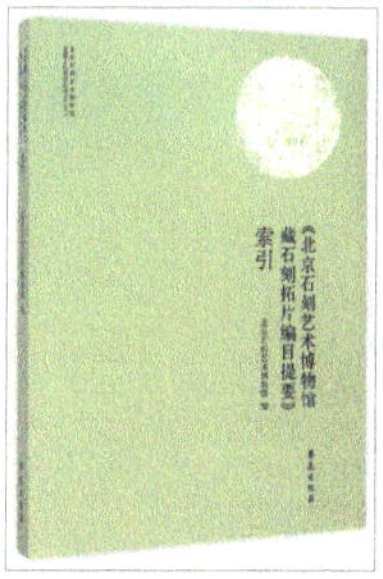

了该馆90年的发展历程。

黑龙江省博物馆创建于1923年6月12日，是黑龙江省收藏历史文物、动植物标本化石、艺术品的研究中心，更是宣传地方历史文化、自然资源和人文艺术的重要场所。现有馆藏文物12万件（套），常设基本陈列是“黑龙江历史文物陈列”“自然陈列”“邓散木艺术陈列”，并推出“每月一星特展”“中华传统节日民俗特展”“咱们的博物馆”和“黑龙江每月一县特展”等五大品牌系列展，创办有“龙博剧社”和“龙博讲坛”。

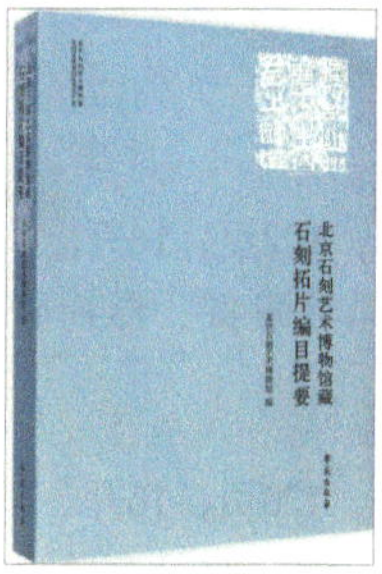

《<北京石刻艺术博物馆藏石刻拓片编目提要>索引》（北京石刻艺术博物馆石刻文化系列丛书之二十一），北京石刻艺术博物馆编，学苑出版社，2014年，250页，16开。

该书前为索引，后为图版（图版按石刻年代编排）。索引分为两部分，第一部分按年代编排，第二部分按区县编排，辅以年代排序。索引行文分三部分，即名称、年代及页码，页码即《北京石刻艺术博物馆藏石刻拓片编目提要》一书的页码。

《北京石刻艺术博物馆藏石刻拓片编目提要》（北京石刻艺术博物馆石刻文化系列丛书之十五），北京石刻艺术博物馆编，学苑出版社，2014年，603页，16开。

该书收录北京石刻艺术博物馆藏拓片1516种，为便于读者查阅，特按形制、内容、功用等，分为9个类别编目。该书不仅考证了石刻文物的现状和流传过程，而且汇集了相关的研究及录情况，清晰地展现出石刻拓片所记载的历史文化价值，为石刻研究者提供了馆藏石刻拓片的翔实材料。

《甘肃省博物馆年鉴2013》，甘肃省博物馆编，甘肃人民美术出版社，2014年，彩色图文159页，16开。

该书是甘肃省博物馆策划出版的第一本年鉴，以图文对照的形式反映了该馆2013年全年工作概况。内容包括影像甘博、2013年工作概述、公共文化服务、陈列展览、藏品典藏、科技保护等16个部分，是了解该馆全面情况的详细资料。

《陕西历史博物馆年鉴2009～2010》，陕西历史博物馆编，三秦出版社，2014年，彩色图文234页，16开。

该书是陕西历史博物馆2009、2010年度工作的全面总结，内容分为上、下两编，上编是2009年，下编是2010年。两编均分为概述、工作概览、文物典藏保护与展览、学术活动与交流合作、博物馆建设与管理、安保与接待、陕西省博物馆学会工作七个部分叙述该馆的年度工作情况。

九 其　　他

《黑龙江省博物馆资料汇编》（第一辑），黑龙江省博物馆编，1964年，102页，16开。

该书是黑龙江省博物馆编辑的有关黑龙江省内考古遗址调查、墓葬发掘、器物研究方面的论文汇编，收录有关论文22篇，资料一篇。

《黑龙江省博物馆资料汇编》（第二辑），黑龙江省博物馆编，1979年，128页，16开。

该书是黑龙江省博物馆编辑的考古发掘、器物研究方面的论文汇编，收录有关论文22篇，资料一篇。

《博物馆工作参考资料汇编》，陕西省文物事业管理局编印，1982年，189页，32开。

该书是陕西省文物局编印的有关博物馆工作的法规、文件、条例和论述的汇编。

为了充分发挥博物馆在社会主义建设中的作用，提高全民族科学文化水平，同时广开思路，探讨问题，总结经验，提高工作质量，收录有关博物馆工作的文件、管理办法以及京、沪、宁、闽等地博物馆工作经验材料、《文物保管工作初探》《关于做好讲解工作的体会》《谈谈讲解员的培训》论文等共计29篇，资料丰富，实用性强。

《秦俑·秦文化》丛书，秦始皇兵马俑博物馆编，陕西人民教育出版社，1993～2009年，32开。

《秦俑·秦文化》丛书是秦始皇兵马俑博物馆和秦俑学研究会编辑的系列学术书籍，全套约30本。丛书改变了其他丛书整齐划一的编辑方法，结合秦陵、秦俑考古研究和秦俑博物馆社会教育工作展开，有不同的层次，以适应不同的阅读对象。

该丛书已出版《秦文字类编》《秦史人物论》《秦刑罚概述》《秦陵传说轶事》《秦政治思想述略》《秦陵铜车马与车马文化》《秦建筑文化》《秦始皇帝评传》《秦帝国史》《咏秦诗》《秦文字通假集释》《秦宫廷文化》《秦始皇陵兵马俑文物保护研究》《秦俑学》《秦史研究论著目录》《秦军事史》《秦都城研究》《秦文学探述》《秦始皇帝和他周围的人》《秦学术史探赜》二十本。其中《秦学术史探赜》由陕西人民出版社出版、《秦始皇帝和他周围的人》由科学出版社出版，其余均由陕西人民教育出版社出版。

这些书从不同角度出发，利用文献资料和考古出土资料，深化了秦史各层面的研究，拓宽了秦文化的研究领域，丰富了秦文化研究的成果。

《爱我家乡文物讲解比赛讲稿集》，国家文物局博物馆处编，文物出版社，1993年，187页，32开。

为了强化博物馆的教育功能，倡导各地博物馆认真开展讲解服务，充分发挥馆藏文物的宣传教育效果，不断提高讲解水平，国家文物局和中国博物馆学会于1992年9月在南京举办了“全国博物馆群教工作者爱我家乡文物讲解比赛”，来自全国各地博物馆的64名优秀讲解员参加了比赛。该书是“爱我家乡文物讲解比赛”获奖的讲词的汇编，收录优秀讲解词64篇。这些讲解词从介绍馆藏文物入手，穿插讲述了文物背后的故事和文物的价值，简洁通俗，朗朗上口。

《南京博物院六十周年大事记》，南京博物院图书馆编印，1993年，230页，16开。

该书是为纪念南京博物院建院六十周年而编辑的大事记，旨在客观反映南京博物院六十年发展历程和各类大事活动的情况。书中分门别类地介绍了南京博物院六十年的发展沿革、重要活动、业务科研、藏品征集与保护、陈列展览、社会教育等情况。

《三秦博物馆漫步》，陕西省文物局编著，三秦出版社，1994年，290页，32开。

该书是陕西省文物系统第一届讲解比赛得奖者的讲稿汇集，收录讲稿70篇，其中中文53篇，英文13篇，日文4篇。书中的讲解词都是讲解员自编自讲的，是融会贯通了历史文物知识和简洁口语于一体的好文章，既有学术性、知识性，又有艺术性、趣味性，还有可读性，读起来朗朗上口，每一篇讲解词都是一篇好的朗诵稿。阅读该书，可以了解陕西主要博物馆的历史沿革、馆藏精品、文物特色以及文物的内涵及价值、文物背后的故事等。

《秦俑博物馆讲解词汇编》，何宏、芦建华主编，西北大学出版社，1997年，133页，32开。

该书是由秦始皇兵马俑博物馆讲解员编写的各类讲解词的汇编，分为标准讲解词和针对大、中、小学生撰写的讲解词，是初学讲解人员的入门教材。

讲解词是讲解员实施讲解的依据，主要根据讲解对象的特点、内涵和价值编写的具有科学性、艺术性、可读性强的适于口语表达的内容。

该书是讲解员在日常讲解实践基础上，参照博物馆学、历史学、考古学、心理学等多门学科的研究成果，同时加以专业化的研究、提炼，针对不同层次和需求的观众撰写解说词，反映了该馆展览的全部内容、考古发掘和文物科技保护的最新进展，内容准确，语言简洁，朗朗上口，是培训讲解员的基本教材。

《来自博物馆的历史回声——庆香港回归“爱国杯”东北三省博物馆讲解员邀请赛讲稿集》，辽宁省文化厅、吉林省文化厅、黑龙江省文化厅、黑龙江省文物管理局合编，黑龙江人民出版社，1998年，172页，彩色图片34幅，32开。

该书是1997年东北三省邀请赛参赛讲稿的汇编。

书中内容分为三个部分，一是参赛讲稿30篇，二是专家评说文章2篇，老讲解员恳谈文章4篇，三是附录部分，收录国家文物局博物馆司、中国博物馆协会社会教育专委会的贺信2封、东北三省邀请赛参赛代表队名单、东北三省邀请赛评委会名单、东北三省邀请赛评分标准、预赛成绩一览表、决赛成绩一览表、参赛选手获奖名次排行榜、各省队团体总分一览表。最后是新闻报道选编。讲稿展示了东北三省讲解员的水平，附录真实记录了比赛实况，便于博物馆宣教同行交流借鉴，是非常珍贵的资料。

《秦始皇兵马俑博物馆参观券图集（1979～1999）》，杨廷相编，三秦出版社，1999年，彩色图文41页，16开。

该书汇集秦始皇兵马俑博物馆二十年间的参观门券。书中精选了秦俑博物馆从1979年开馆到1999年各个时期的参观券，其中有内宾券、外宾券以及国外巡回展览的部分参观券。通过参观门券透露出的信息资料，从一个侧面反映了秦始皇兵马俑博物馆二十年的发展变化。

《秦俑博物馆外语讲解词汇编》，孟剑明、陈霞主编，西北大学出版社，2000年，彩色图版8页，黑白图版8页，正文124页，32开。

讲解词是讲解员进行讲解的文字依据，该书是由秦始皇兵马俑博物馆讲解员撰写的讲词汇编，内容包括秦兵马俑一、二、三号坑及秦陵铜车马的内容。其中有英文、日文两个语种，包括了秦俑博物馆的遗址展厅和专题展览的内容，通俗简洁，融历史价值和科学价值于一体。

《秦始皇兵马俑博物馆讲解词汇编》（增订版），何宏、芦建华主编，陕西旅游出版社，2001年，138页，18开。

讲解词是讲解员实施讲解的文字依据，也是讲解员集体智慧的结晶。该书是在1997年出版的《秦始皇兵马俑博物馆讲解词汇编》基础上进行修订和增补后的讲词汇编，主要增加了1997～2001年秦俑博物馆陈列展览的新内容、考古发掘和文物科技保护的新进展情况，内容更加完整。

书中内容由秦俑博物馆讲解员根据展厅布局、展线程序编写的，经过众多讲解员在实践中摸索、研究出来的成果，其中有撰写者个人的独特创新和深度加工，是经过讲解员团队在多年讲解过程中整理、提炼加工的优秀稿件。

《三秦学子爱国情：秦俑博物馆爱国主义教育征文选》，秦始皇兵马俑博物馆编，吴永琪主编，陕西人民出版社，2001年，273页，32开。

该书是秦俑博物馆开展爱国主义教育的实践成果，收录活动征文147篇，其中大学生50篇，中学生66篇，小学生31篇。

2000年底，秦始皇兵马俑博物馆配合“勿忘国耻——圆明园回归文物展”，组织大、中、小学生免费参观，两个月内有20万学生观看展览。学生观展后写出了感人肺腑的心得体会，有对“勿忘国耻——圆明园回归文物展”的感受，也有对参观秦俑博物馆的观后感、参观记。青年学生以饱满的激情，热情讴歌祖国的优秀传统文化，同时表达了继承中华民族优秀传统，建设美好家园的爱国热情。此次活动共收到500余篇征文，感情真挚，语言质朴。该书系征文的选编。

《中华人民共和国文物博物馆事业纪事1949～1999》（套装2册），国家文物局编，文物出版社，2002年，16开。

《纪事》，顾名思义，是记载事实的史实集。它所记载的主要是中华人民共和国五十年文物博物馆事业发展过程中的重大事件，所以也称之为“大事记”。改革开放以来，人心振奋，事业发达，国运昌隆，修史之风日盛。国家文物局根据党中央、国务院的统一部署，于1986年正式成立党史资料征集工作领导小组办公室，作为局机关党委所属机构，负责全国文物博物馆事业史料的征集、整理、编辑工作。该书的编、审过程长达十余年，参编人数过百，人员比较广泛。

《国家文物局暨直属单位组织机构沿革及领导人名录》，国家文物局编，文物出版社，2002年，317页，32开。

该书是国家文物局根据中共中央党史资料征集委员会的部署和中共中央组织部统一要求，在国家文物局党组、机关党委的领导下，由局机关和局直属各单位撰稿，国

家文物局党史资料征集领导小组办公室汇编而成的。

该书编写体例为分三个时期，即基本完成社会主义改造和开始全面建设社会主义时期；“文化大革命”时期；社会主义建设新时期。收集资料截止时间为1999年12月。

《文博断想集》，陈鹏举著，上海社会科学院出版社，2002年，505页，32开。

该书是文博杂文集，收入作者发表在《解放日报》“文博断想”专栏上的各类文章178篇，文章内容涉及面广，其中有关文物鉴赏与研究、博物馆展览与藏品等方面的内容最多，对于博物馆工作有参考作用。

《爱上博物馆》，桂雅文著，广西师范大学出版社，2003年，彩色图文233页，24开。

该书通过介绍博物馆的由来与发展，诠释了博物馆的功能与蕴涵的人文精神。全书以“世界五大博物馆”“博物馆大师”“世界之最”“主题博物馆”四大主题为纲，列举了一些世界知名博物馆的资讯，结合作者亲历参观的记录和观感，使读者如同跟随一位博学而亲切的导游体验了一次环球博物馆之旅。

“世界五大博物馆”主要介绍五大博物馆历史沿革及其为何能够荣登五大博物馆之冠；“博物馆大师”中强调一座伟大的博物馆后面，总是有一个或数个独具魅力的人物，他们秉持高远的理想，不懈地和现实搏斗，终于为人类的文明留下了丰富的见证，也展现了他们人生不朽的价值；在“世界之最”系列里，介绍了美国史密森机构和它所属的十几座博物馆；在“主题博物馆”中以感性的笔触，配合精彩的图片，展示出作者所游历参观过的十余座博物馆，字里行间、处处显露出独特的观察视角和她对博物馆的热爱。

《雷锋杯全国博物馆讲解大赛优秀讲解稿选编》，中国博物馆学会编，紫禁城出版社，2005年，226页，32开。

该书是2004年9月中国博物馆学会在辽宁抚顺主办的“雷锋杯全国博物馆讲解大赛”优秀讲解词的选编。全书收录获奖讲解词88篇，配有90余幅文物照片，目的在于更好地服务广大博物馆社会教育工作者，落实“三贴近”指示精神，更好地开展博物馆宣传教育工作。

书前有《在“雷锋杯”讲解大赛开幕式上的讲话》，并用专文《讲解的艺术》作为该书的序。正文部分收录《与江河湖海同在》《打开芯片的世界》《生命的绝唱——王孝和烈士的三封遗书》《定鼎中原》《秦俑坑中的鞍马》《青铜猪尊》《南阳府衙说仪门》《“老政治犯”小萝卜头》《领袖的风范》《一张特殊的沙发》《郑成功收复台湾》等讲解稿。

该书是全国各地博物馆、纪念馆优秀讲解词的精选，便于读者了解全国博物馆、纪念馆的基本概况和精品文物，具有极高的资料价值。

《我不在家，就在去博物馆的路上》，李俊明著，生活·读书·新知三联书店，2005年，彩色图文251页，16开。

英国是博物馆学最发达的国家，也是全世界博物馆密度最高的国家，而伦敦就是博物馆的首都。该书为读者开启一扇美丽绽放神游般的视窗，讲述参观博物馆的99种联想和记录方法。

伦敦博物馆众多，发展历史悠久，它们的魅力就在于丰富而多变的策展，与现实紧密结合，让人看见了过去，体验了现在，也想象着未来，改变了人们对博物馆保守刻板的传统印象。著名的大英博物馆、杰佛瑞博物馆、泰特当代艺术馆、国家美术馆等，在建筑及空间设计上有不少新意，但许多规模较小、却充满奇趣主题的博物馆，如扇子博物馆、运河博物馆、设计博物馆、玩具博物馆、战争博物馆、园艺历史博物馆、戏剧博物馆等，都暗藏着很多惊喜。伦敦的博物馆容易亲近，大部分不但免费开放，还有许多导览及儿童教育的课程，拉近了群众与博物馆的距离。事实上，观众并不需要拥有多么丰富的艺术背景，就能体会博物馆及美术馆带给人们的喜悦。不管是建筑、历史、展品、规划、休闲、氛围，只要打开它的大门，那里就存在着“发现”的愉悦。

该书作者融合了旁观者的客观陈述、报道和自己的亲身经历，让“阅读”博物馆成为一种生活与旅行的艺术。

《博物馆——世界的情人》，王璐编著，中国宇航出版社，2005年，彩色图文129页，24开。

该书不是一本普通的博物馆推介名录。它不为展示博物馆的宏大与丰富，只为挖掘博物馆的美丽与内涵；它不仅讲述世界著名的博物馆，如纽约大都会博物馆、墨西哥人类学博物馆、大英博物馆、卢浮宫等，也介绍了各具特色的专题博物馆，如袖珍博物馆、童话博物馆、巧克力博物馆、玩具博物馆、地下水道博物馆等。这本书的目的，就是让读者爱上博物馆。因为博物馆可以见微知著，一颗普通的钉子在这里也会有前世今生。博物馆是自己的或别人的生活写照，一个漫不经心的习惯也许就被放大成典礼。

书里详尽而又生动地介绍了五大洲有名的博物馆。作者认为，博物馆就是这个世界的情人。所有的博物馆都离不开灵感对平庸的超越，任何一个参观者都将从内心赞美人类智慧。走进这些著名或无名的博物馆，看看那个时代的人们如何生活和创造，能够使我们的思维触角舒展开来。原来，博物馆是如此严肃又如此生动的地方，让我们爱上它，又不断地再爱它。

《讲解莫高窟》，敦煌研究院编，浙江文艺出版社，2006年，彩色图版8页，文333页，32开。2011年再版，313页，32开。

该书是敦煌研究院接待部讲解员撰写的介绍莫高窟艺术的讲稿汇集，是为了适应敦煌莫高窟旅游开放的需要而面向普通读者推出的宣传导览书。

敦煌研究院每年对讲解员进行专业知识和外语知识方面的培训，目的是让观众通过讲解员的介绍了解敦煌艺术的本质和精髓，从而增强对世界文化遗产敦煌石窟的认识。该书按照北凉、北魏、西魏、北周、隋、唐（初唐、盛唐、中唐、晚唐）、五代、宋、元等时代，分别介绍了48个开放洞窟的建造历史、基本内容以及佛教故事、壁画艺术等，突出每一个洞窟最有历史价值和艺术价值的内容。同时也包括敦煌石窟文物保护研究中心、藏经洞陈列馆、敦煌研究院院史陈列馆、敦煌旅游要览等内容的讲解稿。

敦煌石窟艺术内涵丰富，涉及宗教、艺术、历史等学科的知识，每个朝代每个洞窟有独特的艺术特色，要将博大精深的敦煌艺术讲述给观众，必须在学习专业知识和敦煌艺术已有研究成果的基础上，再融会贯通加工提炼出准确通俗的语言，通过自己的讲解传达给观众，这是一件有意义的工作。

2011年10月，该书经过修订后再版，增加了学界最新研究成果，更正了原版中不准确的地方，为生僻字增加了注音，同时请周新华、赵声良先生审核专业内容，修改润色文字。

《传递历史的圣火》，陕西省博物馆学会宣教专业委员会编，陕西旅游出版社，2006年，彩色图文84页，16开。

该书是陕西省博物馆学会宣教专业委员会编辑的以介绍、宣传、展示该专委会1993年成立至2006年工作的图册，集资料性、鉴赏性为一体。图录分为“改革大潮应运而生”“围绕中心改革创新”“素质建设常抓不懈”“广泛交流共谋发展”“辛勤耕耘硕果累累”五个部分，记录了专委会13年的主要活动，用照片记录了参加会议、深入调研、组织培训、参与辅导、编辑书刊、讲解比赛等工作细节，是一本珍贵的资料汇编。

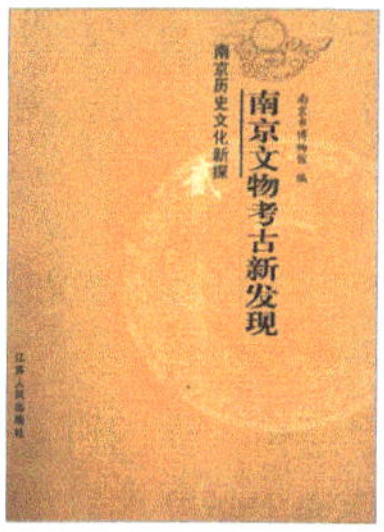

《南京文物考古新发现：南京历史文化新探（贰）》，南京市博物馆编，江苏人民出版社，2006年，彩色图版8页，黑白图版40页，文341页，16开。

该书分为上、下两篇，上篇为考古新发现的资料，下篇为相关的论文，收录发掘简报和研究论文36篇，均为南京市博物馆考古工作的部分收获和研究成果，基本涵盖了南京各个历史时期考古工作的成果，其中不乏重要的考古发现。该书的最后是南京市博物馆自1978年正式建馆后一些重要的考古发现目录、纪要，大致反映了南京市考古工作的发展轨迹。

《没有围墙的民族博物馆：广西隆林》，李元君编著，梁汉昌摄影，接力出版社、漓江出版社，2007年，彩色图文225页，16开。

该书是接力艺术馆推出的“中国南方民族艺术书系”之一。书中照片直观反映了民族文化的美丽、健康、朴素、动人，配合通俗活泼的说明文字，力图将严肃的民族与民俗史料，融入飘逸的散文笔调中。

在广西隆林，高山深谷的立体地貌使我国南方三大远古族系即羌氐系、苗瑶系、百越系得以并存，使畜牧文化、山地游耕农业文化、粟文化、稻作文化得以共生。服饰文化五彩纷呈，积淀厚重。万山丛中，苗、彝、仡佬、壮、汉各族，至今仍穿着承传千年的服装，在田里耕种，在坡上放牧；茅草屋下，苗女壮妇仍用原始的织机和灵巧的双手，织绣出绚丽多彩的苗锦壮绣；圩日尘土飞扬的街道和节日熙熙攘攘的广场上，姑娘和小伙子们更是穿着本民族的盛装，争奇斗艳，仿佛是一座没有围墙的博物馆。

该书以图文配合的方式展示了没有围墙的民族博物馆的原生态。

《被偷去记忆的博物馆》（影响孩子们一生的经典）（插图本），[德]拉尔夫·伊绍著，王泰智、沈惠珠译，人民文学出版社，2007年，16开。

该书的描述涉及大量的世界古迹和东西方文化，让读者满足了阅读刺激的同时，也了解世界历史和不朽的人类文化。

书的主要内容是：突然复活了的石雕穿行在黑暗的博物馆展厅中；各种怪事在柏林层出不穷；双胞胎姐弟叶茜卡和奥利弗假期回家，却不记得自己的父亲，脑子里只留下一片空白；在阁楼上，姐弟俩在一个箱子里找到了父亲的日记。他们吃惊地发现，当巡夜员的父亲，原来曾是著名的考古学家并担任过博物馆馆长。他们从父亲的笔记中知道了一个神秘的国度卡西尼亚。故事扑朔迷离，悬念接连不断，让人不能放下书本。

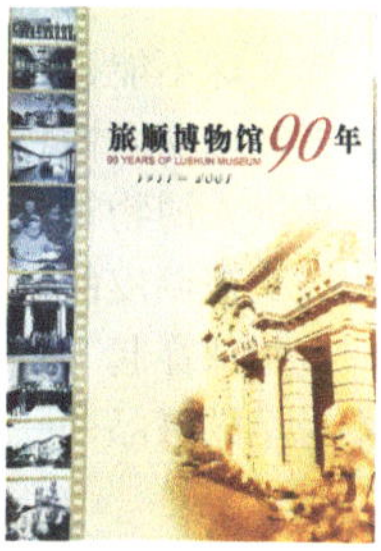

《旅顺博物馆90年》（1917～2007），旅顺博物馆编，2007年，153页，16开。

本书是旅顺博物馆90年历史的纪念图册，书前有时任故宫博物院院长郑欣淼的题诗和辽宁省文化厅厅长彭益民的题字。郑欣淼院长的题诗是：岁月斑斓影，沧桑馆舍深。名闻司寇鼎，声著马蹄金。港静良宵伴，园喧晓雾侵。九旬方庆贺，前路更堪歆。彭益民厅长的题字是：九十华诞逢盛世，几代精英创辉煌。

书中正文分三部分，依次是：日本殖民统治时期、苏联接管时期、旅顺博物馆的发展时期。附录是旅顺博物馆重要来宾、旅顺博物馆编年记事和旅顺博物馆名录。

《陕西省讲解比赛讲解词选编》（《历史在这里辉煌》丛书下），张云主编，陕西旅游出版社，2007年，367页，16开。

讲解词是讲解员实施讲解的文字依据，是博物馆的重要科研成果。陕西是文物大省，被誉为“天然历史博物馆”，大量的出土文物都亟待宣教人员通过讲解语言传递给观众。1991年，陕西省文物局组织出版过《三秦博物馆漫步》讲解词汇编，得到了社会各界的好评，也受到了讲解员的喜爱。

该书是2001年、2004年和2005年三次讲解比赛的优秀讲解词汇编，收录三届讲解比赛中的优秀参赛讲稿，每篇讲稿后附有讲解员个人简历和照片，多层面地展示出陕西讲解员的工作情景和精神风貌，同时还收录有“保护文化遗产守护精神家园”宣讲团讲稿。这些讲稿涉及陕西省三十多个文物景点的百余件文物，对了解陕西历史，浏览陕西文物古迹都有重要意义。

《漫步西安碑林——西安碑林博物馆标准讲解词》，西安碑林博物馆宣教部编，2008年，187页，32开。

这是由西安碑林博物馆宣教部讲解员自己编写的一本图文并茂、通俗易懂的讲解词汇编。该书的编辑是为了更好地宣传西安碑林，继承传统文化，传递中华文明。西安碑林博物馆宣教部依据讲解工作实践，查阅相关书籍，广泛征求意见，结合专家建议，编写了这本中英文版的讲解词。

书中标准讲词全部由讲解员撰写，分为两小时、一小时、半小时、十分钟四种模式的规范讲词。

《西西游碑林》，西安碑林博物馆编，陕西师范大学出版社，2008年，彩色图文120页，32开。

该书是首部在陕西文物界以卡通形式介绍宣传碑林博物馆极其相关历史背景、典故和每块碑石背后故事的图书。该书分“碑林与孔庙”“碑刻的故事”“碑林石刻艺术”和“西西快乐书法”四个章节，在碑林卡通形象“西西”和小游客“小丰”的带领下，以轻松快乐的形式向前来碑林参观的小观众和对碑林石刻、书法艺术感兴趣的爱好者作了全面的介绍。

该书在内容上既注意把握知识性、趣味性，力求语言活泼清晰、图文并茂，同时又强调客观性、真实性，将每一事件和每件文物都详细说明其历史背景，并加注释文予以介绍。

《2008北京地区博物馆展讯》（中英文本），舒小峰主编，中国商业出版社，2008年，197页，16开。

该书是2008年北京地区博物馆的展览信息，包括保利艺术博物馆、北京艺术美术博物馆、北京百年世界老电话博物馆、北京鲁迅博物馆、北京东韵民族艺术博物馆、北京航空馆、北京市门头沟区博物馆等博物馆本年度的展览信息介绍。

《你不能带气球进大都会博物馆》，〔美〕杰奎琳·普莱斯·韦茨曼、罗宾·普莱斯·格拉瑟著，接力出版社，2009年，彩色图文80页，16开。

该书是一本用故事通俗介绍博物馆的书籍，书中故事情节如下：有一天，一个小女孩和奶奶带着气球去大都会博物馆，但到了博物馆门口，她们被告知气球不能被带进去。博物馆的管理员说：“你不能带气球进博物馆！”小女孩只好把气球交由博物馆的管理员保管。自此开始，该书分为两路展开：一路是奶奶和小女孩进入博物馆，逐一欣赏博物馆内的诸多名画及其他藏品，一路是气球绑在栏杆上的线头被调皮的小鸟解开，沿路随心所欲地畅游纽约市……就这样，一个小女孩和一个黄气球穿起了一串串误会、惊讶和天真，在这一过程中，美国纽约大都会博物馆异彩纷呈的藏品一一呈现出来。

《文博耕耘录》（上、下），何新宇、李彤、魏瑾主编，阳光出版社，2009年，526页，16开。

为了促进宁夏文博事业的发展，提高研究水平，集中展示学术成果，宁夏博物馆精选学术论文108篇，编成《文博耕耘录》。书中论文集中关注宁夏文博事业发展的新动向、新问题，并在科学研究与探索中，提出了许多新思路。

本文集是《博苑秋实》的姊妹篇，是宁夏博物馆论文精编续集，内容分为“文博研究篇”“人物春秋篇”“钱币篇”“历史与文物篇”“宁夏近现代篇”五部分，从不同角度对博物馆学、宁夏的历史人物、考古学、宁夏文史等进行了深入的探讨，对宁夏文物的收藏、保护、研究也提出了新的理念。将这些新理念、新学科纳入博物馆学和文物保护领域，无疑会进一步提高新建成的宁夏博物馆的综合能力。

《谁动了爱因斯坦的大脑：巡视名人脑博物馆》（当代科普名著系列），布赖恩·伯勒尔著，吴冰青、吴东译，上海科技教育出版社，2010年，16开。

在该书中，作者探访了巴黎、伦敦、斯德哥尔摩、费城、莫斯科、东京等地的脑收藏，考察了创始者最初的意图和目的，描绘了历史上研究、收藏脑，以及捐赠脑的那些人的故事。

伴随着对精英人物生物学基础的炽热兴趣，对于其脑的迷恋是19世纪中期蔓延西方世界的脑测度科学狂热的一个侧面。许多社会精英留下遗嘱，将脑捐献出来。该书聚焦于拜伦、惠特曼、列宁、爱因斯坦、高斯等时代精英的脑的死后传奇，讲述了这些脑是如何被收集、称重、测量、解剖、比较和研究的。如对高斯脑的研究，就引发了19世纪的一场科学大争论。福勒兄弟将颅相学引进美国，并使惠特曼皈依其中。最终，颅相学被抛弃，而随着新技术的发现，今天的脑研究已经达到了一个更高的水平。

《文物背后的历史》，黄黎编，安徽教育出版社，2010年，32开。

该书述及的是一些十分珍贵，且不为人知的革命文物，它们即将在2010年10月的“复兴之路”展览中亮相。其中包括：邓廷桢、关天培监制的虎门大炮、上海公共租界界碑、刘胡兰的铡刀、李大钊的绞刑架、赵一曼牺牲前留给孩子的信等。通过对这些文物进行有机组合，爬梳整理，深度介绍相关知识及背面的故事，以图文并茂的方式贡献给读者，以缅怀那些在战争中流血牺牲的前辈，重拾记忆中的历史碎片，让那段模糊的历史重新变得清晰起来。

《文物里的古代中国》（三册），中国国家博物馆编，中国社会科学出版社，2010年，683页，32开。

该书是中国国家博物馆业务人员集体撰写的文物随笔集，分为远古至战国时期、秦至五代时期、宋至明清时期三个分册。收录文章300余篇，介绍该馆珍藏文物400件。

该书与以往配合展览编辑的图录的不同之处在于，其主要功能是借文物讲史，表述“文物中的历史”或“历史中的文物”。书中以“古代中国陈列”中的一件文物或一组文物为表述对象，挖掘文物背后丰富、鲜活的“人”与“事”，表现文物所处时代政治、经济、文化等方面的特点，语言通俗生动，重在“让文物说话”，引导读者跨越历史的阻隔，发现文物背后流逝的观念与情感。

《马王堆帛书书法大辞典》，唐金岳著，湖南美术出版社，2010年，220页，16开。

该书收录编者摹写的马王堆帛书文字3321字，较好地反映了帛书文字的原貌，更融入了编者多年临习的心得体会。全书采用繁简对照、加注拼音的方法，较帛书影印本而言，该书有利于初学者临习和辨认，也便于广大书法爱好者随时检索查阅。

《博物馆法规文件选编》（中英文版），中国国家文物局、中国博物馆协会编，科学出版社，2010年，544页，16开。

该书分为中国博物馆法律法规、地方性法规、国际公约和外国博物馆法规四个部分，分别介绍了《中华人民共和国宪法》（摘编）、《中华人民共和国文物保护法》《中华人民共和国文物保护法实施条例》《公共文化体育设施条例》《博物馆管理办法》《博物馆藏品管理办法》《文物藏品定级标准》《文物出境展览管理规定》《国有公益性收藏单位进口藏品免税暂行规定》《中国文物博物馆工作人员职业道德准则》《全国博物馆评估办法（试行）》《博物馆评估暂行标准》《关于全国博物馆、纪念馆免费开放的通知》《关于促进民办博物馆发展的意见》《博物馆建筑设计规范》《博物馆照明设计规范》《文物包装规范》《北京市博物馆条例》《关于博物馆向公众开放最有效方法的建议》《关于禁止和防止非法进出口财产和非法转让所有权的方法的公约》《保护和促进文化表现形式多样性公约》《国际博物馆协会章程》《国际博物馆协会职业道德》以及《英国博物馆认证制度之认证标准》《美国评审制度标准——可参与评审的博物馆特征》《法国博物馆法2002-5》《日本博物馆法》《爱沙尼亚博物馆法案》《波兰博物馆法案》《丹麦博物馆法案》《肯尼亚国家博物馆法》。

该书的编辑目的是回顾和总结中国博物馆法制建设历程，同时也为与国际博物馆界学习和了解提供便利，促进中国博物馆事业的科学发展，加强中外博物馆界的深入交流。

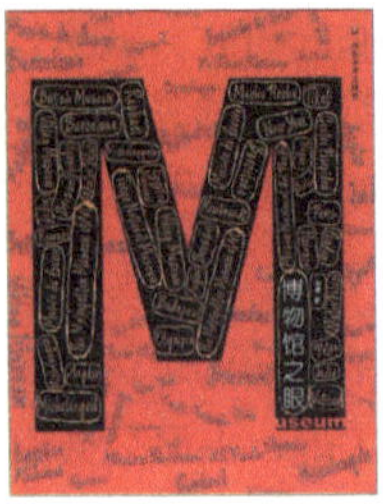

《博物馆之眼》（人文城市系列），日青著，山东美术出版社，2010年，307页，16开。

作者认为，博物馆是城市的眼睛，跟随着可以发现很多有趣的现象。

该书包括上、中、下三篇，上篇是博物馆文化现象，包括概述、中国早期博物馆、西方遗址类博物馆三大类。概述介绍了博物馆的起源收藏与研究意识的萌发、博物馆的发展与成熟。在中国早期博物馆中介绍了长城博物馆——绵延万里的人类奇迹、秦始皇兵马俑博物馆——解不开的千古之谜、敦煌博物馆——回首西域的辉煌时代、南通博物苑——中国首个博物馆、殷墟博物馆——揭秘奴隶制下的商王朝、西安碑林博物馆——书法与石刻艺术的殿堂等有特色的博物馆。在西方遗址类博物馆中介绍了蒂卡尔国家公园——玛雅文明的最大遗址、吴哥城——在这里看日起日落、奥林匹亚遗址——听古希腊诉说“力量、美、理性”、泰姬陵——颠覆你脑海中的印度。中篇是时光驻足博物馆讲述了卢浮宫——自由而骄傲地追逐奢靡、希腊国立考古博物馆——欧洲文明的摇篮、阿姆斯特丹国立博物馆——黄金时代的绘画珍品、柏林博物馆——欧洲最大的文化工地、梵蒂冈博物馆——国中国里藏着稀世珍宝、埃米塔什博物馆——热爱艺术的“暴君”、大英博物馆——遇见伦敦的冷漠与激情、故宫——一入宫门深似海、台北故宫博物院——故宫的一半在台北、东京国立博物馆——拿来主义的极端态度等。下篇是记载一段传奇，记录了作者在博物馆的传奇经历。

该书将在轻松中走近博物馆，满足读者的求知欲。

《童话博物馆》（分支游戏大冒险系列丛书），杨翊著，中国社会出版社，2011年，彩色图文135页，32开。

该书是以童话形式描写和叙述博物馆经历的书籍，是一个少年魔幻冒险主题的小说。书中融合悬疑冒险少年成长、友爱、互助等元素，既有插图谜题，考验读者的细致观察，又具备分支情景的互动性，由小读者在书中选择不同的分支，完成不同的冒险，有成功也会有失败，而且各个分支情节都是彼此有关联的，可以反复阅读，以满足少年读者的游戏性和娱乐性。

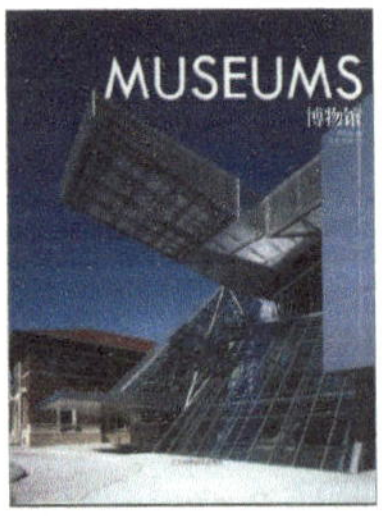

《博物馆》，李晓璐编，贺丽、李婵译，辽宁科学技术出版社，2011年，285页，16开。

该书精选了50个世界顶级的博物馆，包括伊斯兰艺术博物馆、国立肖像美术馆、建筑设计艺术博物馆、阿拉瓦考古博物馆、维斯皮安斯基展馆等予以介绍。每个项目都附有插图、平面图和简介。在欣赏这些博物馆时，读者会学习到很多独特的设计理念。

《博物馆工作手册》，陕西省文物局、西安市文物局汇编，2011年，254页，16开。

该书是由陕西省文物局、西安市文物局联合编撰的一部意在指导陕西省、西安市博物馆工作的专门手册。

改革开放以来，中国博物馆事业突飞猛进地发展，为了指导省内各博物馆的工作，省市文物局联合编印了《博物馆工作手册》，其特点在于五个方面：体系完备，资料丰富。

《两岸同根同源的文化展演研究——以台湾民俗村和闽台缘博物馆为例》（两岸关系和平发展研究丛书），潘峰著，九州出版社，2011年，208页，16开。

该书通过两处人造景观（博物馆和主题公园）的研究，提供一个以空间视角看待文化展演研究的地方性个案，展示了观众、演员、文化脚本在空间实践过程中的相互关系。结论有三：一是两处案例——主题公园和博物馆的文化展演，都呈现出对“家国同构”价值观的当代解读和结构性移植。二是观众和演员的二分法可以用更灵活的生产者和消费者的概念进行替换。三是所有参与主体都具有能动性，他们用各自的行动（编码/解码）积极地参与到空间的实践当中。

书中内容分为四章，分别是“同根同源”的两种展演、建造“同根景观”、展示物的表述、空间实践，论述了民族民俗类博物馆的陈列展示、社会教育和民俗传承。

《博物馆里说金融》（中国金融博物馆），盛溢、李红、渔童、张湧泉编著，复旦大学出版社，2011年，182页，16开。

该书立足于向社会公众普及金融知识、提高全民金融素质，系统介绍了关于国际、国内金融市场发展的基本知识。该书兼顾专业性和普及性，以通俗的语言对艰深复杂的金融知识作了深入浅出的介绍，使人们从新的角度认识金融。

全书共分五个部分。第一部分介绍了次贷危机的原因、经过及后果，并回顾分析了国际金融市场重大诈骗与丑闻；第二部分介绍了货币的演化历史和个人理财常识；第三部分分析了金融与政治、科学、艺术、战争、产业发展等方面的关系；第四部分介绍了金融机构、金融工具、金融市场，以及中国金融历史上发生的重大事件；第五部分集中分析黄金在金融市场中的作用。

《故宫知识200问》，含章编著，紫禁城出版社，2011年，彩色图文299页，32开。

该书是故宫知识的百科全书，解答了观众想了解的故宫文化的方方面面，例如故宫为什么又叫紫禁城？故宫的名称是怎么来的？紫禁城是哪个皇帝建的？有多少个皇帝在这里居住过？紫禁城的面积有多大？紫禁城的布局根据是什么？皇宫规制何为“左祖右社”？午门建制为何与众不同?古代建筑中的“藻井”“须弥座”是干什么用的？“最富莫过帝王家”，紫禁城真的是“金砖墁地”吗？紫禁城中最年轻的建筑是哪座?紫禁城有多少座宫殿？故宫真的有9999间半房吗？等等，内容丰富，资料价值强。

《博物馆里说基金》（中国基金博物馆），叶有明、田娜、王一霖、姚莉编著，复旦大学出版社，2011年，235页，32开。

该书是一本有关基金的科普读物。书中叙述兼顾专业性和普及性，以通俗的语言对艰深复杂的基金知识作了深入浅出的介绍，使人们从新的角度认识基金、了解基金，并学会运用基金市场知识为自己的生活服务。

该书系统介绍了关于股权投资基金、共同基金和对冲基金三种基金的历史沿革、具体组织与运作形式、重大事件与著名基金组织、代表性人物，以及反收购策略等，旨在立足于向社会公众普及基金知识。

《秦始皇帝陵博物院讲解词》，秦始皇帝陵博物院编，西北大学出版社，2011年，彩色图文页，16开。

该书是秦始皇帝陵博物院基本讲解词的汇编，按照参观展线的顺序一一介绍了该院一、二、三号坑遗址展厅，秦陵文物陈列厅及秦陵铜车马的内涵及价值，并介绍了秦陵博物院的基本概况、陈列展览、考古科研、文物保护、爱国主义教育等情况，附有大事记。

《自然博物馆研究案例：“热河生物群”化石研究》（自然博物馆实务丛书），孟庆金、赵博、高春玲、程晓冬、王旭日著，文物出版社，2011年，彩色图文175页，16开。

该书以大连自然博物馆收藏的热河生物群化石为基础，就自然博物馆的研究、展示、教育、收藏、经营、公共服务、管理等多方面实践案例进行分析和探索，为中国自然博物馆如何有效地开展科学研究提供了宝贵经验。

《乾隆箴言@皇帝的微博》，王志伟编选，故宫出版社，2011年，彩色图文175页，48开。

乾隆皇帝的文治武功在中国历史上留下了浓墨重彩的一笔。他的人格魅力表现在非凡的治国韬略与精深的文化修养方面，由此而得到了今天越来越多的人的关注与研究。该书以分列篇章、别开条目的形式将乾隆皇帝一生中有关劝己、诫人方面的言行选辑成册，所选箴言全部源于《清高宗御制文集》。共分勤政、亲贤、怀民、修己、敷文、奋武六篇，计200则。勤政篇言治国方略、亲贤篇言选贤任能、怀民篇言体恤民情、修己篇言涵养德行、敷文篇言稽古右文、奋武篇言军事谋略。

该书内容新颖、选编严谨，是了解及研究乾隆皇帝思想与性格的手资料，具有较高的史料价值，亦是一部不可多得的普世规范。

《赤峰博物馆展览大纲讲解词汇编》，刘冰、于海燕主编，内蒙古文化出版社，2011年，彩色图文143页，16开。

该书包括三个部分的内容，一是赤峰博物馆展览大纲，按照展览顺序依次汇编了日出红山、古韵青铜、契丹王朝、黄金长河四个展厅的解说词；二是按照赤峰博物馆基本陈列的顺序而撰写的标准讲解词；三是关于讲解艺术的2篇探讨性文章。

《辽宁省博物馆志愿者文集》，辽宁省博物馆编，辽宁人民出版社，2011年，彩色图文239页，16开。

该书系统归纳和总结了辽宁省博物馆志愿者工作，多方面展示该馆志愿者的风采，记录了志愿者在辽博学习、培训、讲解、服务以及参加比赛、外出考察的点点滴滴，分为感悟辽博、携手辽博、誉满辽博三个部分，收录文章42篇、参赛讲解词7篇、学习心得4篇，附有辽博志愿者工作介绍、志愿者章程等。书中插图是志愿者工作照和辽博馆藏文物精品，图文配合，形象直观。

2008～2010年先后有200余志愿者参与服务并融入辽宁省博物馆全馆工作中，成为博物馆社会服务的重要力量，成为最引人注目的风景线。

《创意科技助力数字博物馆》，北京市科学技术协会信息中心、北京数字科普协会合编，中国传媒大学出版社，2012年，360页，16开。

该书集中探讨了公众需求与数字博物馆（科技馆）发展趋势、博物馆（科技馆）的数字化服务、展览展示中的新技术应用、博物馆（科技馆）互动创意方案、中小博物馆（科技馆）数字化基础建设推进等问题，收录论文50篇。

从2005年开始，北京市科学技术协会、北京市文物局、北京市经济和信息化委员会每两年联合主办一次数字博物馆研讨会。“2011年北京数字博物馆研讨会”（第四届）以“携手共进，创新发展”为主题。由北京数字科普协会、北京市科协信息中心、中国博物馆协会博物馆数字化专业委员会共同承办。

中国的数字博物馆建设从20世纪90年代起步，经历了从“博物馆数字资源建设”“博物馆”上网到“数字博物馆”，从启动“大学数字博物馆建设工程”“中国数字博物馆工程”到“中国科普博览”“中国数字科技馆”“中国古代科技馆”“北京中医药数字博物馆”获得联合国世界信息峰会大奖的过程。“数字故宫”“数字首博”“数字敦煌”“数字考古”等博物馆数字化项目，不仅有力地保护和挖掘了中华文化的精华，而且在更大范围、用更加新颖的手法展现了中华文明的源远流长。事实表明，中国数字博物馆（科技馆）事业已经从无到有，越来越受到公众的欢迎与青睐。

该书是2011年北京数字博物馆研讨会学术论文的汇编集。

《设计中的设计：博物馆·剧院》，深圳市智美精品文化传播有限公司编，华中科技大学出版社，2012年，288页，16开。

该书集中了国内外最前沿的博物馆和剧院的设计作品，作为文化创意产业发展的展示和交流的平台，博物馆、美术馆、剧院等场所已成为大众不可或缺的“精神”场所。通过图文结合的方式将风格、材质、造型、色彩等的不同搭配，将会给读者的别样视觉感受，是设计师的参考、借鉴和学习的必备图书。

《Thematic Museums（主题博物馆）》，高巍著，常文心译，辽宁科学技术出版社，2012年，彩色图文303页，8开。

该书以博物馆的建筑特点和展示内容，细分了不同主题博物馆的造型与空间特点，系统剖析了博物馆设计的文化内涵与历史意义。作者以历史、艺术、科技、综合四个主题为主线，精选全世界43个博物馆的案例，根据这些博物馆的建筑特点以及展示内容，从材料的运用到地域文化的体现，系统剖析了博物馆设计的文化内涵与历史意义，除了空间展示、物品陈列、材料运用以外，还会带来贯穿历史和文化的主题色彩。

《巧逛故宫：发现故宫的30个细节》，司俊峰著，故宫出版社，2012年，彩色图文136页，32开。

该书是故宫博物院参观游览的科普书籍，书中用图文配合的形式介绍了故宫的基本知识、参观路线、宫殿名称的由来等，娓娓道来故宫博物院三十处精彩的细节，涉及历史、建筑、人物、宫廷生活等。书中没有专业的评点和学术的研究，有的是在游览中的发现与思考。

故宫宫殿建筑众多，游览区域广阔，宫廷珍宝琳琅满目，难免会让观众在兴奋中茫茫然不知所措，该书带为观众解读重要文物，给观众导览领路，附录有博物馆小常识，介绍青铜器上的生僻字、陶瓷的色彩、玉器的作用、皇帝的称谓等。让观众在参观过程中发现惊喜并有所领悟，获取知识和经验。

《紫禁城八百楹联匾额通解》，李文君编著，紫禁城出版社，2012年，303页，16开。

该书对紫禁城八百楹联匾额并详加注释，分区解说紫禁城各区域宫殿建筑的功能与特色，诠释封建皇帝对现实理政的主观愿望，透视皇室贵族的宫廷生活与对虚幻美好的追求。

书中引据经典四百余部，注释语词三千余条，逐字考索，解读典故，自先秦汉唐经典下及明清楹联，于遣字拈辞中，着意疏通录文与今人阅读习惯之间的种种障碍，极具收藏价值。

《博物馆里说中英金融》，李弘、龚关、王一霖、姚莉编著，首都经贸大学出版社，2012年，235页，16开。

该书讲述了晚清、民国、中华人民共和国成立后各个时期中英两国的金融互动以及各自金融制度建设，以引人入胜的故事拉近金融与民众的距离，普及金融历史知识。

《让你大开眼界的妙趣百科：人文社会》（中国学生知识博物馆丛书），龚勋主编，华夏出版社，2012年，彩色图版191页，16开。

该书生动展示了人类社会活动的方方面面，包括历史、文化艺术、交通运输、军事天地、体育等各个门类，将一个多姿多彩的人文世界展现在少年儿童面前。书中语言浅显易懂、生动有趣，选配了大量精美的实物图片和活泼的卡通图片，旨在帮助少年儿童更直观感性地掌握知识，使阅读过程变得更加轻松愉快。

《淌过博物馆》（双子星科普文库），梁进著，科学普及出版社，2012年，彩色图文168页，16开。

该书介绍了各种类型的博物馆，这些博物馆就是大千世界方方面面的精致模型。作者以科学工作者的独特视角，分享了她参观过世界各地各种博物馆的感受和领悟，从科学到艺术，从古远到民俗，从自然到文明，有考证有悬疑，有灿烂有黑暗，有故事有趣味。

博物馆，因其不同的主题，粗略可分为文物类、艺术类、科学类、宗教类、皇宫类、综合类、专题类等。一个城市文化水平的高低，只要看看这个城市的博物馆就可以大致判定。重要的是博物馆所赋有之功能为：典藏、研究、展示、教育四大项。然而博物馆的意义远不只是收集了一些物品，而是刻录社会发展的脚印，记载人类获得的成就，展现自然神奇的奥秘，揭示历史复杂的矛盾。可以说，博物馆是集中人类智慧的地方，参观博物馆就是滋润心灵的过程。

《重庆红岩革命历史博物馆故事》，厉华主编，南京出版社，2012年，彩色图文176页，16开。

该书分为人物篇、事件篇和文物建筑篇三个部分。人物篇中除了对大家熟悉的红岩历史人物作了介绍之外，还介绍了一些大家鲜为人知的统一战线方面的历史人物，如火柴大王刘鸿生在抗战期间如何坚持发展民族工业，三次被开除党籍的国民党元老李济深，七君子中的女君子史良，一生节俭的邵力子等。事件篇中讲述毛泽东在重庆，皖南事变与《新华日报》，下关惨案等。文物建筑篇中有抗战胡子与“二我合影”图，一张珍贵的照片《参政员毛泽东在渝市之动态》，吴玉章的哭妻书，延安佳话等。

《从火车站到博物馆：城市生存手册》，陈帅编著，阳光出版社，2012年，287页，32开。

该书作为一本城市生存手记，从火车站写到了博物馆。在人们印象中，火车站含有颠沛流离的意味。因此，作者认为火车站是一个恰当的开始。而博物馆，收藏着一个城市的历史，也昭示着一个城市的未来。该书把火车站和博物馆这两种建筑作为地标，镶嵌在书的两边。翻阅该书，将从翻阅中找到一种生存的感觉，在这种感觉里有所思考，在思考之后有收获，有改变。

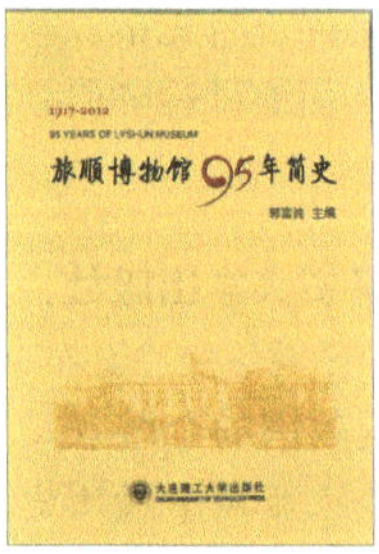

《旅顺博物馆95年简史》（1917～2012），旅顺博物馆编，郭富纯主编，大连理工大学出版社，2012年，彩色图文6页，黑白图文243页，16开。

该书系统地阐述了旅顺博物馆的建立、发展和变迁，呈现了旅顺博物馆95年发展的历史画卷，为走进旅顺博物馆，了解旅顺博物馆，研究旅顺博物馆提供了极好的资料。

1917年日本殖民当局建立这座博物馆的初衷是收集并陈列具有“满蒙”地区特色的物产，以期将“满蒙”文化与中原文化割裂，向外界展示“满蒙”独立的依据。95年的风雨沧桑，使旅顺博物馆从殖民统治的工具变成为一座开阔人们视野、培养审美眼光、满足求知欲的历史艺术博物馆。它以悠久的历史、别具特色的藏品优势和庄重典雅的馆舍建筑而享誉海内外。

该书分为六个章节，以专题形式论述旅顺博物馆的建立、旅顺博物馆与辽东半岛考古馆藏文物及来源、陈列展览与宣教工作。

《法国博物馆建筑》，法国亦西文化策划编辑，艾莉森·库里佛尔英文翻译、常文心中文翻译，辽宁科学技术出版社，2012年，彩色图文299页，16开。

博物馆建筑不仅展示着藏品，也表现着自身的空间创作，还能为大城市留下永久深刻的印象，也为较鲜为人知的地方积攒人气，成为旅游线路中的一景。

该书主要内容有：《在旧空间里创新》《商博良博物馆——世界的手稿》《漫画书博物馆》《法布尔博物馆》《夏尔·戴高乐纪念馆》《橘园美术馆》《奥赛博物馆》《奥赛博物馆阿蒙馆》《国际香水博物馆》《汤米·温格尔美术馆》《新旧对话》《瓦朗斯美术考古博物馆》《坎佩尔美术馆》《伯纳德博物馆》《库尔贝博物馆》等。通过对这些博物馆建筑的介绍和解读，阐明了该书的主题思想：博物馆因而成为建筑表达与城市象征的作品，其影响力已远远超出了馆内的藏品，这使得建筑师所扮演的角色更加重要。

《图说故宫》（视觉历史），王镜轮著，中华书局，2013年，彩色图文240页，16开。

该书用近五百幅图片直观呈现故宫的建筑、器物、人物、景观，十余万字详解每幅图片的内容及其背后沉淀的文化，有全景、有细节、有历史、有人物、有故事。如此巨大的信息量，却可以像翻杂志一样轻松阅读，可以随意在每页停留，都能有所收获。《视觉历史：图说故宫》共分为十四部分，主要内容包括：步入紫禁城；三大殿；进入后宫；后三宫；御花园；养心殿；西六宫；东六宫；宁寿宫区；太后宫区等。

《解读故宫：一座宫殿的历史和建筑》，张加勉编著，黄山书社，2013年，彩色图文230页，16开。

该书以图文并茂的方式，介绍了这座历史悠久的皇家居住城的历史和建筑结构。展示了世界上现存皇宫中历史最悠久、建筑面积最大、保存最完整的一座封建皇宫的文化内涵和历史价值。北京紫禁城虽然在明、清两代一直不断地营建、重建、改建、扩建，但它基本规模仍然是明永乐时期所确定的紫禁城，至今仍能看到许多明代的古建筑。这是弥足珍贵的。该书以介绍北京故宫的建筑为主，插入相关的文史知识，配有相当数量的实景照片，便于读者更加详细地了解北京故宫。

《赤峰博物馆讲解大赛集锦》，于海燕、秦博编著，内蒙古文化出版社，2013年，彩色图文127页，16开。

该书是赤峰博物馆历年举办和参赛讲解稿件的汇编，收录各类参赛讲解词49篇，包括46篇中文，3篇英文稿件。

讲解大赛是提高讲解员写作、表演、演讲能力的综合手段之一。2009年11月，赤峰博物馆举办“赤峰博物馆首届讲解员大赛”。该书选编其中3篇。2012年5月，赤峰市文物局举办全市讲解员大赛。该书选编赤峰博物馆讲解员的参赛中文讲词13篇，英文讲词3篇。选编各旗县参赛选手稿件13篇。2014年5月，赤峰博物馆举办“首届小讲解员讲解大赛”，该书选编其中11篇参赛稿件。这些讲稿对了解赤峰博物馆文物藏品具有参考价值。

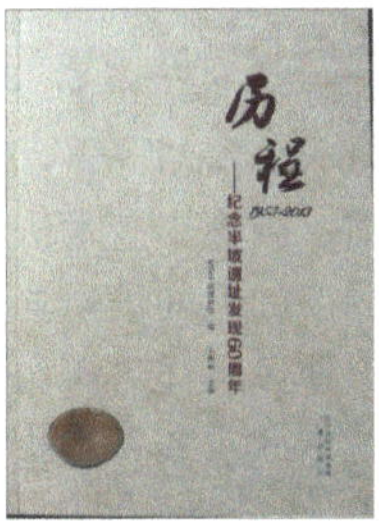

《历程——纪念半坡遗址发现60周年（1953～2013）》，西安半坡博物馆编，马雨林主编，三秦出版社，2013年，彩色图文86页，16开。

该书是纪念半坡遗址发掘60周年的纪念图册。书中用文字和照片展示了60年来，西安半坡博物馆同仁在守护遗址、科学发掘、遗址保护、陈列宣传等方面不断创新的工作历程。

从1953年到2013年，半坡遗址发掘工作已经走过了60年的历程。60年风雨，60年辉煌，有很多往事被人们记着，还有许多往事被人们淡忘，追忆往事，敬仰先辈，面向未来是遗址守望者的职责。

《大馆奴：樊建川的记忆与梦想》，樊建川口述、李晋西笔述，生活·读书·新知三联书店，2013年，彩色图文323页，16开。

该书是建川博物馆馆长樊建川先生的口述回忆录。书中主要介绍作者建设博物馆的缘起、博物馆建设的过程中的酸甜苦辣以及今后的设想等。全书用浓墨重彩，记载了一位性情中人不断提升收藏境界的人生故事.

樊建川早年的很多经历，和同时代的中国人大同小异。当先富起来的人们在中国掀起了艺术品收藏热之际，他始终恪守“守护中国百年信史”的信念，收藏了大量近现代文物，并以博物馆的形式为自己的私家收藏赋予了公共意义。作家吴思说：“我觉得大馆奴这个名字起得很好，馆主表明一种权利，馆奴表明一种义务。只要你有这么大的权利，就要承担相应的义务。于是樊建川就成了馆奴。”

《中原文化赞歌：河南省第六届讲解大赛讲解词汇编》，河南博物院编，中州古籍出版社，2013年，259页，16开。

该书是河南省第六届讲解大赛讲解词汇编，收录参赛讲词150篇，分为中文组100篇、英文组35篇和志愿者组15篇三个部分。

2012年5月14～18日，由河南省文物局主办，河南省博物馆学会承办的河南省第六届讲解员讲解大赛在郑州举行。本次大赛共有22个代表队的146名选手分为汉语、英语和志愿者三个组别进行了比赛。与往届大赛相比，本次大赛增加了新元素，呈现出一些新特点：一是志愿者讲解首次作为正式比赛项目列入大赛赛程。这是继2004年第四届大赛将英语讲解增设为正式比赛项目后，河南省讲解员讲解大赛又一次扩容和创新。二是参赛选手年轻化，整体讲解水平有很大提高。本次参赛选手是历届比赛参赛人数最多的一次，近90%未参加过往届全省比赛，反映了河南讲解员队伍建设的连续性和可持续发展性。

该书以图文配合的形式反映了这次比赛的盛况，书前彩色图版从不同角度展示了参赛选手的风采，三个序言分别是河南省委宣传部副部长李庚香和河南省文物局局长陈爱兰在大赛开幕式和闭幕式上的讲话，正文是参赛选手的讲词汇编。

《湖北省博物馆2012年度观众调查报告》（湖北省博物馆、湖北省文物考古研究所成立六十周年丛书），湖北省博物馆编，武汉大学出版社，2013年，136页，16开。

该书是湖北省博物馆观众调查报告的汇编，内容分为问卷分析结果、研究结论分析、图表索引、附录四个部分，分类分析研究了2012年度博物馆观众调查的结果，资料翔实。书前有湖北省博物馆馆长方勤的《立足观众本位，推进博物馆研究的科学化》和湖北省博物馆党委书记万全文的《观众调查：博物馆的重要课题》两篇序言。

本次大规模的观众调查，是湖北省博物馆建馆60年以来的首次调查，问卷按照普通观众、少于观众、家庭观众、海外观众四部分展开，研究结论分析按照博物馆中的展示、博物馆中的学习、博物馆中的服务和博物馆中的传播四个方面进行。

《环球博物馆见闻录》，何政广著，故宫出版社，2013年，261页，16开。

该书以游记的笔法，叙述作者游历当今世界著名博物馆、美术馆、画廊、艺术机构的探访见闻录。作者多次往返于美国与欧洲的三百余所博物馆，涉及的见闻信息均是第一手资料展示，为读者了解各大博物馆的概况与藏品精华提供方便，可作为探访世界各大博物馆、美术馆深度参观的指引与导读类读物，具有一定艺术欣赏和参观指导价值。

《在大英博物馆读古罗马》（世界著名博物馆之旅系列），〔英〕南希·H.拉梅奇、安德鲁·拉梅奇著，黄洋、陆思培译校，上海交通大学出版社，2013年，彩色图文200页，16开。

该书是大英博物馆原版引进图书。该书围绕大英博物馆的收藏物，探索了古罗马人的起源，再通过其社会、文化诸方面的发展讨论罗马文明的独特之处。书中分为十大主题，分别是城市和公民；国内外军队；工业、农业和交通；货币和商业；表演与娱乐；远近宗教；家庭生活；健康、死亡与来世；资料和证据；古罗马的遗产。百余幅插图精彩纷呈，将罗马风风雨雨的数百年历史浓缩成了一本通俗易懂的小书。全书充分运用大英博物馆的丰富资源和图像，诠释古罗马对西方文化发展的重要作用。附录包括推荐书单、网站等资源，同时列出了一份藏有古罗马艺术品的博物馆名单。

《文博随笔》，徐明著，中国社会科学出版社，2013年，290页，32开。

该书分为文物保护篇、老舍纪念馆篇、徐悲鸿纪念馆篇、孔庙和国子监博物馆篇、文学随笔篇五个部分，收录论文、随笔等各类文章49篇，全面反映了作者从事文博工作40年的经历、见闻、心得和研究成果。

《中国纪念馆研究》（2013年第2辑），中国博物馆协会纪念馆专业委员会、中国人民抗日战争纪念馆编，北京出版社，2013年，彩色图文250页，16开。

该书是由中国博物馆协会纪念馆专业委员会主办的学术性出版物，由专委会主任委员单位中国人民抗日战争纪念馆编辑。

该书以博物馆学理论为指导，多侧面、多角度反映中国纪念馆的现状和特点，深入探讨中国纪念馆未来的发展方向，广泛介绍国内外纪念馆的概况、工作经验和前沿理论，关注中国乃至世界各地纪念馆存在的各种问题，为中国纪念馆工作者和关注纪念馆发展的各界人士提供探讨、研究及交流的平台。该书开设有特稿、专题研究、展览研究、文物研究、社会教育、纪念馆建设、史迹研究、历史研究、海外巡礼等。

本辑收录相关研究文章33篇，其中有关博物馆学方面的涉及《博物馆建设与中国梦》《博物馆的志愿者工作》《如何吸引公众开展志愿服务》《博物馆服务观众研究》《博物馆藏品档案管理》《从国家一级博物馆评估谈博物馆教育的创新》等。

《在大英博物馆读古希腊》（世界著名博物馆之旅系列），〔英〕珍妮弗·尼尔斯著，朱敏琦译，上海交通大学出版社，2013年，彩色图文200页，16开。

该书尝试一种较为平衡的视角，承认古希腊在一定程度上受到了邻近文明如古近东、中东和埃及的影响。该书旨在阐述希腊文明的独特成就，而非像同类书籍一样重述古希腊历史，试图通过图片说明作者的观点，书中收录的插图均是大英博物馆藏品，包括一系列希腊文物，小到最普通的织机垂重石，大到帕提侬神庙的大理石雕，旨在给读者带去灵感。

该书分为九章，分别是：重识古希腊；青铜时代的希腊；希腊复兴；城邦生活：男人的世界；家庭生活：希腊家庭；宗教、神祇和英雄；大开眼界；海外希腊人；希腊化时代。作者以“重识古希腊”开篇，涵盖了从最早的青铜时代到罗马征服期间的整个希腊世界，并结合来自大英博物馆珍贵的希腊藏品。作者认为，古希腊的成就不仅在于它辉煌的建筑、艺术和戏剧，其民主体制的建立和逻辑原则的发展也令人惊叹不已，它的遗产至今仍影响着现今世界。

《旅顺日俄监狱旧址博物馆故事》，姜晔主编，南京出版社，2014年，彩色图文230页，16开。

该书是“中国纪念馆故事系列丛书”之一。

书中以大连旅顺日俄监狱旧址博物馆为选题素材，把其中故事性较强、意义较大的建筑、文物、人物、事件等元素抽出，改写成通俗易懂、激励人心的一个个小故事，并配有大量真实的照片。这种讲故事的形式，与略显枯燥的历史论文相比，更加生动有趣。

《公共文化空间与城市博物馆旅游发展——以上海为例》（服务业与服务贸易论丛），王玲著，浙江大学出版社，2014年，彩色图文247页，16开。

该书是在作者博士论文的基础上修改完善而成的，主要内容是基于公共文化空间的视角，对城市博物馆在大力发展文化产业背景下，旅游产品的开发路径、旅游文化产业的发展模式以及旅游公共管理机制的构建等问题展开深入研究，并以上海市为例开展具体的实证研究。

该书研究主题较为新颖，博物馆是城市旅游产业发展的重要文化资源依托，也是城市文化产业发展的重要组成部分。以公共文化空间为视角展开研究，既具有较强的学术价值，也契合当前城市休闲旅游的“公共性”特点，是具有一定创新的研究角度。该书选取上海市作为实证研究对象，对其博物馆旅游发展的现状及存在的主要问题进行了深入的分析；基于公共文化空间的视角，主要从产品结构、核心功能、空间分布和开发策略四个方面重点研究了上海市博物馆旅游产品的开发路径；分析了博物馆公共文化空间的旅游产品化路径，包括博物馆旅游文化空间的演化与旅游产品结构的形成。

《故宫博物院合同示范文本汇编》，故宫博物院编，故宫出版社，2014年，239页，16开。

该书是故宫博物院从实际工作的角度出发，根据该院参加社会活动、对外合作的经验，由该院法律处历时三年完成的32份常用合同范本，具体涉及博物馆基础建设、文物借用、文物展览、文物复仿制、文物展览设计与施工、博物馆文化产品设计加工、接受文物及艺术品捐赠、文物修复及保护、博物馆影像资料授权使用等多项博物馆业务活动。这些合同示范文本起草完成后经过实践检验，并在使用过程中结合实际情况和需要不断修订和完善。

该书的目的在于总结故宫博物院合同示范起草工作，便于在实际工作中运用，使其继续推进故宫博物院法律事业的发展，另外，希望对其他博物馆的合同工作起到借鉴作用。提升各博物馆管理工作水平，使各博物馆的法律工作更上一层楼。

《小猫古游陕西》，西安碑林博物馆编，陕西旅游出版社，2014年，彩色图文128页，16开。

该书是西安碑林博物馆编辑的一本以文物旅游为主线，讲述陕西历史和风情的文化旅游攻略图书。书中塑造了一个活泼可爱、聪明好学的主人公——小猫古，他与身为漫画家的爸爸一起，在西安碑林博物馆卡通代言人——西西的陪伴下，暑期到陕西探望从事文物工作的小猫古的妈妈，从此开启了一段在陕西的历史文物古迹之旅。这段旅游以关中西安为主，延伸到陕北、陕南的历史文化地标，使用照片图像与漫画绘本相结合的表现手法，并以小猫古博客的形式描写了父子两人在旅途中的所见所闻、所思所想，是一本形式新颖的科普读物。

《博物馆的一天》，王小娟、李茜、梅逸飞著，科学出版社，2014年，彩色图文100页，16开。

该书以小主人翁小学生天天和芊芊在古生物博物馆一天的参观经历为主线，将新生代（三个纪）七个世的生物演化用不同的表现手法讲述出来，包括哺乳动物的演化、植物的演化以及人类自身演化的全部历程等有趣的内容。附录部分展示有代表性的生物化石图片，以便读者了解古生物的化石原型。

《我眼中的莫高窟》，唐莉云、付华林著，甘肃人民美术出版社，2014年，321页，32开。

该书是敦煌研究院资深讲解员编写的介绍敦煌莫高窟历史、文化和讲解工作心得的书籍。作者出于对莫高窟的敬仰和对讲解工作的热爱，把自己多年的讲解内容和工作心得整理成书，与读者分享。

该书以一个优秀讲解员的视觉和口吻，从古至今，深入浅出，化繁为简，用通俗轻松的语言娓娓道来，为读者解读莫高窟的艺术魅力。讲解莫高窟的过程就是讲解员与观众交流情感传递知识的互动过程，在讲解中运用语言交流架起沟通的桥梁，建立起讲解员与观众的融洽关系，以此增加相互间的友谊和信任，通过讲解工作让观众感知莫高窟的魅力，这是讲解员的职责所在。

《博物馆展陈空间设计》（高职高专会展专业规划教材），王雪莲编著，中国建筑工业出版社，2014年，106页，16开。

博物馆展陈空间设计是一项综合性的设计，该书是会展专业教材，针对高职高专学生编写。

该书通过对博物馆及其展陈空间基本知识的介绍，结合经典案例对博物馆及其展陈空间进行了广泛的研究，系统全面地讲解了博物馆展陈空间的设计手法和设计原则，同时融入与之相关的设计规范。在内容编排上以基础知识与实践练习相结合的方式为主，顺应高职高专学生的特点，注重学生实践能力的训练，实训练习贯穿整个教学过程。全书分为五章，详细论述了关于博物馆、对展陈空间的认识及营造、博物馆展陈空间的展示方式、陈列布展的设计方法与流程以及如何成为一名优秀的陈列展览设计师。

《南京云锦博物馆故事》，吴颖主编，南京出版社，2014年，彩色图文182页，16开。

该书是“中国纪念馆故事系列丛书”之一。该书对云锦的历史进行了回顾，穿插了传奇的神话故事和真实的历史发展进程；对云锦的技艺作了分类与解释，涵盖了云锦从上机到下机的每一个细节；再现了云锦的复制工作，展示了我们云锦研究所复制小组的鬼斧神工之术。

该书以云锦的发展脉络、历代代表作品为主线，介绍了具有丰富时代特性的云锦，有故事、有情节、有知识，具有良好的可读性。并在云锦的介绍中添加了云锦博物馆的工作和文物复制工作。几位年轻的作者均是云锦的传承人，他们怀着对前辈开创的云锦事业的敬仰，下功夫完成了该书。

《皖风徽韵：安徽历史文化陈列讲解词》（上、下），王一婷著，安徽美术出版社，2014年，彩色图文414页，16开。

该书是安徽博物院基本陈列“安徽文明史”“徽州古代建筑”“安徽文房四宝”和专题陈列“新安画派”“江淮撷珍”的基本讲解词和讲解员专用讲解词的汇编。各部分均按陈列展览的顺序编排，一册在手，便于了解该院的基本概况和藏品特色，具有极高的资料价值。

《博物馆里说革命金融》，中国金融博物馆编著，首都经济贸易大学出版社，2014年，彩色图文169页，32开。

该书通过实物叙述了1840～1978年金融发展历史，生动讲述了民国以来的金融乱局、共产党革命金融的来龙去脉、中国人民银行的历史与现状、政治家与金融、中国金融前景与未来格局，以引人入胜的故事拉近金融与民众的距离，普及金融历史知识。全书为六大部分：第一部分为中国革命金融展的展纲梳理，介绍了民国以前、北洋时期、国民政府时期、抗战时期的中国金融。第二部分是共产党革命金融的历史。第三部分是中国人民银行的历史与现状，介绍了中国人民银行的历史沿革、央行的货币政策工具箱、央行在几个重要时期的宏观调控、央行历任行长四部分内容。第四部分是著名政治家与金融，介绍了梁启超、孙中山、毛泽东等人对中国金融的影响。第五部分是中国金融全景与未来格局，介绍了中国改革开放后金融组织体系的变化、多元化资本市场的建立、新金融探索与产业以及互联网金融革命。第六部分是全球各国金融史参考，简单介绍了英国、法国、美国、俄国、日本的革命金融史。

《木娃的博物馆》，〔挪威〕艾施勒德·凯恩斯特·约翰森著，王芳译，北京师范大学出版社，2014年，彩色图文120页，16开。

该书讲述了一个关于整理和分类的有趣故事。住在森林里的小木娃有一个有趣的爱好——捡东西。他捡了好多超棒的宝贝，就想让大家都来看看，该怎么办呢？那就是开一间自己的博物馆。可是怎么开一间博物馆呢？又会有什么奇妙的事情发生？大家会喜欢他的博物馆吗？这是一个关于收集、整理和分类的有趣故事。向孩子传达爱与分享的主题，暗含了热爱自然、提倡环保等理念。画面新颖、独特、富有创意，令人爱不释手。

作者艾施勒德·凯恩斯特·约翰森，挪威童书作家，喜欢森林，喜欢收集各种有趣的小东西，非常热爱生活，喜欢观察和记录生活中容易被别人忽视的小细节。

《黑龙江省博物馆龙博剧社作品集》，黑龙江省博物馆编，庞学臣主编，黑龙江人民出版社，2014年，彩色图文159页，12开。

该书是黑龙江省博物馆“龙博剧社”剧目、剧本、演出现场、幕后花絮等内容的汇编。“龙博剧社”成立于2011年，是黑龙江省博物馆的创举，是博物馆免费开放之后应运而生的新事物。

黑龙江省博物馆一直秉承“咱们的博物馆”的办馆理念，为了将蕴含着自然历史、社会历史、艺术发展历史的黑土地文明一脉相承，更好地弘扬民族文化，该馆创办“龙博剧社”，旨在通过排演话剧，依托舞台剧的特有表现形式，以当今社会中西方文化、文明的碰撞和融合为表现形式，题材新颖，切实反映出龙江文化开放、包容、多元、融合的特质。

剧社的全体演职人员是馆内工作人员，从剧本的创作编写到剧目的演出、舞蹈的编排、道具的设计、舞台的制作等，都是在宣教部和各部门的配合下完成的，是在不影响正常工作的前提下完成的。每周六演出两场，分别是上午十点和下午两点，每场演出座无虚席，得到了广大观众的好评。

《书城木石香——天一阁博物馆匾联释读》，龚烈沸著，宁波出版社，2014年，彩色图文231页，32开。

该书是有关天一阁博物馆匾联介绍与释读的专著。编者按照该馆常规参观线路，以沿路所见匾联为序，均配以照片，除对各匾联的尺寸、字体、质地、具体文字作简单介绍外，重点解释匾联的内容出典、撰写者、书写者的生平事略，并对匾联所在的天一阁景点作简单介绍，为读者欣赏匾联，进而读懂、读透天一阁提供参考。

高度重视狠抓落实——四川博物院全面加强学术科研队伍建设/唐毅//中国文物报2011-8-17
特色立馆科研强馆——记张氏帅府博物馆、沈阳金融博物馆馆长郭俊胜/松静//中国文物报2011-8-31
考古学及博物馆学专业建立实习基地的内涵/王芃、王迎春//大江周刊：论坛2011-9
浅谈博物馆资料的管理和利用/栗征华//中国文物报2011-12-14
对中小型博物馆图书资料室建设的思考/钮希强//安徽文博 2011（七），中华书局2011年
沈阳故宫学术研究与“故宫学”/王艳春//沈阳故宫博物院院刊（九），现代出版社2011年
研究型博物院的理论与实践——以沈阳故宫为例/邓庆//沈阳故宫博物院院刊（九），现代出版社2011年
强化“学科意识”，拓展博物馆史研究新路径/梁吉生//湖南省博物馆馆刊（七），岳麓书社2011年
从直线结构到矩阵式管理——探索适合中国博物馆的业务管理运作机制/陈汾霞//晋陕豫博物馆理论与实践研讨会论文选，山西科学技术出版社2011年
论深圳博物馆馆藏书画的研究及展陈策略/王晓春//深圳文博论丛2011，文物出版社2011年
试述深圳博物馆的藏书建设工作/吕虹//深圳文博论丛2011，文物出版社2011年
信息时代博物馆期刊管理工作初探/白云霞//春草集——吉林省博物馆协会第一届学术研讨会论文集，吉林人民出版社2011年
回溯与展望：以观众为中心的博物馆的兴起/刘鹏//文化艺术研究2012-2
谈遗址博物馆的科研发展方向——以大葆台西汉墓博物馆为例/杜永梅//博物馆研究2012-4
立足文物调研探究齐鲁文化——记山东省博物馆的学术研究科研项目/周浩然、宋爱平//中国文物报2012-4-27
从文物点交看中外博物馆业务活动方式的异同/王月前//中国国家博物馆馆刊2012-5
基于移动技术的国外博物馆新型传播模式对图书馆服务的启示/田蕊、龚惠玲、陈朝晖、杨琳//情报资料工作2012-5
学术影响力已成为国家博物馆文化形象窗口的重要支柱——国家博物馆近年学术研究成果综述/陈履生//中国文物报2012-7-6
深研慎用广播精神——中国丝绸博物馆与新疆文物局共同培养纺织品修复专业人员/周旸//中国文物报2012-7-25
博物馆年鉴编写中的一些问题及规范探讨——以《陕西历史博物馆年鉴》为例/张红娟//中国文物报2012-7-25
博物馆应重视学术期刊的创办/马江丽//中国文物报2012-7-25
2003年以前国博学术研究概述/孙机//中国国家博物馆馆刊2012-8
2003年以来国博学术研究工作与成果综述/陈履生//中国国家博物馆馆刊2012-8
略论图书馆学和博物馆学的文献研究互动空间/金愉、李立宏、徐桂香、鲁毅巍//中国科技信息2012-12
浅析高校教学中的课程实践——以博物馆学通论课程为例/徐松岩//丝绸之路2012-16
博物馆学专业实践教学的思考/徐松岩//辽宁教育2012-19
台湾地区博物馆对新博物馆学理论的践行/周丽央//世纪桥2012-21
博物馆图书服务工作的思考/雷玲//博物馆学刊（第二辑），科学出版社2012年
立足遗址，开展断代地方史研究——以大葆台西汉墓博物馆为例谈遗址博物馆科研发展方向/杜永梅//秦始皇帝陵博物院2012（总贰辑），三秦出版社2012年
江西省博物馆图书资料管理的思考/颊颖丽//江西省博物馆集刊（三），文物出版社2012年
博大深约的南京博物院学术精神/龚良//和谐博物馆论，文物出版社2012年
试论博物馆学学科发展及其人才培养/陆建松//中国博物馆2013-1
民国时期文博类期刊探析/李守义、辛迪//中国博物馆2013-1
什么是博物馆——与业内人员谈博物馆/苏东海//中国国家博物馆馆刊2011-1
博物馆科学技术能力建设的实践与探索/单霁翔//南方文物2013-2
20世纪30年代中国博物馆学的发展——从《中国博物馆协会会报》中管窥/侯静波//北方文物2013-2
建国初期苏联博物馆事业对我国的影响/杨汶、戴炜//文史博览2013-2
略论高校博物馆研究的新进展/郭骥//博物馆研究2013-3
博物馆知识产权保护制度亟须建设/赵丰//中国文物报2013-3-25
当代中国博物馆学研究的基本问题探析/王承举//佳木斯教育学院学报2013-4
论新时期博物馆专业人才培养及其学科建设/陆建松//东南文化2013-5

高校博物馆的研究现状分析/戴玮//中国文物报2013-6-26
试析“科教能力的定义”/姚畅//中国文物报2013-7-24
新博物馆学展示观对博物馆展示设计理念的影响/孙艳萍//牡丹江大学学报2013-9
关于推进博物馆学研究与博物馆学科建设的长春建议//中国文物报2013-10-16
近十年博物馆知识产权研究/徐玲、李云鹏//中国文物报2013-11-13
国家一级博物馆如何发挥引领帮扶作用/徐勇//中国文物报2013-11-13
试论口述史成果在博物馆中的运用——以马王堆汉墓口述史为例/赖晓兰//湖南省博物馆馆刊（九），岳麓书社2013年
博物馆叙事方式刍议/舒丽丽、陈建明//湖南省博物馆馆刊（九），岳麓书社2013年
中西学术互动之典范——以华西协和大学葛维汉与林名均为例/周蜀蓉//博物馆学刊（第3辑），科学出版社2013年
整理历史文化积淀弘扬南博学术精神——记《南京博物院学人丛书》之编撰/龚良//南京博物院集刊（14），文物出版社2013年
南京博物院出版物概况/管军波//南京博物院集刊（14），文物出版社2013年
文博专业图书分类常见问题及解决建议/刘冬梅//安徽文博（九），黄山书社2013年
博物馆研究文献计量与知识图谱分析/范秀萍//情报探索2014-1
挖掘馆藏资源深入研究中国晚期铜器——“湖南晚期铜器展”暨学术研讨会概述/湖南省博物馆//中国文物报2014-1-29
宋伯胤关于国立中央博物院运台文物日记辑注/宋伯胤、宋之印//民国档案2014-1
高校博物馆学与学科发展：从技能培训到批判博物馆学/杰西-佩德罗・劳伦特圆著，李慧君编译//中国博物馆2014-2
图书馆学博物馆学档案学课程体系整合初探/肖希明、唐义//中国图书馆学报2014-3
让收藏在“禁宫”里的藏品“活”起来/程武彦//中国文物报2014-5-16
架起藏品与公众沟通的桥梁/龚良//中国文物报2014-5-16
把握机遇开拓进取：河南博物馆事业稳步前行//中国文物报2014-5-16
“研究型观众”的概念及其意义/张礼智//文博2014-6
浅谈国家博物馆图书馆期刊管理工作/张胜利/中国博物馆通讯2014-7
基层博物馆档案规范化建设新实践——以杭州市萧山区博物馆为例/毛剑勇//中国文物报2014-8-5
构建多层次多类型的文博人才培养体系/西北大学文化遗产学院//中国文物报2014-9-30
博物馆策划的纸媒出版物生存状况初探/何笑聪//中国出版2014-17
浅析中外博物馆学专业教育的差异/符永利、蒋九菊//教育教学论坛2014-37
博物馆资源研究——在教育和公共物品理论的双重视阈之下/吴琰、吴明//首都博物馆论丛（28），北京燕山出版社2014年
从国家一级博物馆运行评估评分体系谈博物馆的科研管理工作/杜莹//首都博物馆论丛（28），北京燕山出版社2014年
博物馆出版工作研究初探/杨洋//首都博物馆论丛（28），北京燕山出版社2014年
博物馆出版物中异体字和繁简字的处理/龚向军//首都博物馆论丛（28），北京燕山出版社2014年
浅谈博物馆档案管理工作/杨敏//首都博物馆论丛（28），北京燕山出版社2014年
谈激励机制在博物馆科研发展中的积极作用/白雪丽//陕西历史博物馆馆刊（21），三秦出版社2014年
博物馆年鉴的资料收集与编纂——以《陕西历史博物馆年鉴2009—2010》为例/张红娟//陕西历史博物馆馆刊（21），三秦出版社2014年

三　博物馆陈列展览

必须在改革陈列上下大功夫——“安徽古代文明”陈列艺术设计/董伯信//中国博物馆1994-1
谈谈近现代史陈列的问题/沈庆林//中国博物馆1994-1
博物院形式设计的艺术特征与美学追求/李保国、郑广荣//中国博物馆1994-1
从“雪域秘藏”展览谈故宫临时性展览设计的文化特色/朱雅娟//中国博物馆1994-1
论博物馆教育与陈列的地位——与林荃同志商榷/严建强//中国博物馆1994-1
两个陈列标题变化的比较（摘要）/潘文贵//中国博物馆通讯1994-1
“大陆古物珍宝展”台北展出纪实/徐卫民//中国博物馆通讯1994-1
国内博物馆陈列设计的考察与思考/王杰//中国博物馆1994-2
博物馆陈列的现实主义特征/曹欣欣//中国博物馆1994-2
声光电技术在博物馆陈列艺术中的应用与发展/李文伦//中国博物馆1994-2
陈列人像的基本特征/王成//中国博物馆1994-2
博物馆展览的构成要素（摘要）/〔日〕佐佐木朝登//中国博物馆通讯1994-3
更新展览：博物馆振兴之路/庄电一//光明日报1994-4-15
博物馆陈列的雅与俗/孙克成//无锡文博1994-4
振兴博物馆的出路在于更新陈列展览（摘要）/庄电一//中国博物馆通讯1994-6
试论展览在博物馆市场中的调控作用/安廷山//中国博物馆通讯1994-9
感知特征与陈列设计/郑雅坤//陕西历史博物馆馆刊（一），三秦出版社1994年
陕西历史博物馆陈列展览的基本思路/李伟//陕西历史博物馆馆刊（一），三秦出版社1994年
评介“长江下游5000年文明展”“多样化”展览/韩绍诗//博物馆学论丛（四），中州古籍出版社1994年
博物馆陈列琐谈/郑志//博物馆学论丛（四），中州古籍出版社1994年
阐释与接受——博物馆陈列与社会公众的关系/李宏//博物馆学论丛（四），中州古籍出版社1994年
略谈博物馆陈列语言/张锴生//博物馆学论丛（四），中州古籍出版社1994年
现代博物馆环境的引导设计/画晓//博物馆学论丛（四），中州古籍出版社1994年
谈河南省博物馆“馆藏文物精品展”的陈列艺术设计/张勇//博物馆学论丛（四），中州古籍出版社1994年
谈谈“东汉南阳历史蜡像馆”陈列/李桂阁、任义玲//博物馆学论丛（四），中州古籍出版社1994年
试论博物馆中墓碑墓志陈列/刘莲香//博物馆学论丛（四），中州古籍出版社1994年
“金缕玉衣”陈列展览的艺术特色/张华亭//博物馆学论丛（四），中州古籍出版社1994年
试论石刻艺术品的陈列设计/李春敏//博物馆学论丛（四），中州古籍出版社1994年
“林则徐在伊犁事迹展览”的总体设计/曹欣欣//中国博物馆1995-1
从“九朝古钟展”谈壁画在陈列设计中的运用/朱雅娟//中国博物馆1995-1
关于国际礼品陈列的几点想法/陆琼//中国博物馆1995-1
对院校地质博物馆陈列之探讨/左权、宋华兵、贾克实、王秀梅//中国博物馆1995-1
“观众参与”与“贴近生活”——当代中国历史类博物馆陈列改革中的两个问题/周劲思//文物春秋1995-1；博物馆学研究论文集，陕西人民出版社2006年
改进文物陈展的设想/刘代良//文物工作1995-2
关于历史艺术类博物馆陈列展览吸引力问题的探讨/陈宏京//中国博物馆1995-2

陈列作为语言/富君//中国博物馆1995-2
论博物馆陈列的真实性特点与原则/项隆元//中国博物馆1995-2
“近代上海城市发展历史陈列”选题、中心内容和陈列形式/潘君祥//中国博物馆1995-2
分散式主题陈列/张晓旭//中国博物馆通讯1995-2
创新是陈列设计的生命/安立华//中国博物馆1995-3
陈列人像的基本特性/王成//中国博物馆1995-3
对当前博物馆陈列形式的几点思考/稷若//北方文物1995-3
从中国文献记载看19世纪后半叶欧美博物馆陈列/张文立//中国博物馆1995-4
谈陈列展览中的版式设计/刘如凯//中国博物馆1995-4
展览媒体的功能与选择/〔英〕D. C. 格斯林//博物馆研究1995-4
博物馆陈列改革断想/安廷山//中国博物馆通讯1995-6
博物馆陈列建档工作概论/周劲思、王昱东//陕西历史博物馆馆刊（二），三秦出版社1995年
扶风历代铜镜陈列小记/蔡昌林//陕西历史博物馆馆刊（二），三秦出版社1995年
陈列的真实性是由陈列的科学真实与艺术真实共同构成的/项隆元//中国博物馆通讯1995-8
博物馆陈列室地板纵议/李加林、肖贵洞//中国博物馆通讯1995-8
陈列的两种主要策略/迈克尔・杉克斯//中国博物馆通讯1995-9
有选择地汲取国外陈列中出现的新观点、新方式/陆琼//中国博物馆通讯1995-9
展橱图版设计艺术浅谈/王辉亮//中国博物馆通讯1995-9
略评广东省博物馆几个陈列展览/刘金宏//中国博物馆通讯1995-9
陈列改革需要综合思考对策/刘代良//中国博物馆通讯1995-10
国外办展的运作特点/展玉成//中国博物馆通讯1995-10
关于中国古代邮驿史陈列的设想/王晓静//中国博物馆通讯1995-10
主题单元陈列打破了以物为主的传统陈列思想/甄朔南//中国博物馆通讯1995-11
遗址博物馆陈列原则与方法/理智//遗址博物馆研究——兼论陕西遗址博物馆，陕西人民出版社1995年
改革陈列、展览场地管理体制刍议/刘金宏//中国博物馆1996-1
博物馆陈列中的联想效应/金艳//中国博物馆1996-1
浅谈“巡展”/冯丽蓉//无锡文博1996-1
试论陈列语言的基本特征及实现方法/项隆元//中国博物馆1996-2
初探审美的衡量标准与陈列艺术设计/王林//中国博物馆1996-2
略论陈列艺术设计中的节奏问题/康薇//中国博物馆1996-2
陈列展览中光电技术的安全应用与规范设计/李文伦//中国博物馆1996-2
博物馆不陈列声响是令人遗憾的/〔美〕拉塞・毕・奈//中国博物馆通讯1996-2
视听觉设备干扰观众注意力/〔英〕D. C. 格斯林//中国博物馆研究通讯1996-2
论博物馆陈列的审美构成/吴农//无锡文博1996-2
漫谈博物馆意义的展陈——兼论陈列的语言、节奏、旋律及其他/丁三//中国博物馆1996-3
试论博物馆陈列的立意/曹欣欣//中国博物馆1996-3
从“广东省社会发展成就展览”看现代科技手段在陈列展览中的运用/肖洽龙、李克勤//中国博物馆1996-3
“李大钊烈士革命事迹陈列室”的陈列设计/朱雅娟//中国博物馆通讯1996-3
多渠道地发挥陈列展览的功能/张嘉极、黎丽明//中国博物馆通讯1996-3
地方通史陈列改革的几点思考/李建丽//中国博物馆1996-4
陈列工作对前序职能部门工作的期待和要求/陈宏京//中国博物馆1996-4
中山堂孙中山纪念展艺术设计构思/周士琦//中国博物馆1996-4
黑龙江省国防教育展的艺术设计构思/殷晓实//中国博物馆1996-4
计算机在展览中的应用/贝弗利・塞雷、布立特・瑞菲著，聂菲译//中国博物馆1996-4
历史陈列的碑刻艺术处理刍议/郭正明//文化工作1996-4
博物馆近现代史陈列的美学思考/古为勉//文物工作1996-4

青岛市博物馆依据本馆优势举办陈列展览的做法/高宝仕//中国博物馆通讯1996-5
努力拓展举办临时展览的新路子/周丽中//中国博物馆通讯1996-6
应大力提倡办巡回展览/冯丽蓉//中国博物馆通讯1996-7
强化社会参与意识，积极开拓专题展览的选题/范文海//中国博物馆通讯1996-7
湖南省博物馆陈列展览现状及建议/柳宪辉//中国博物馆通讯1996-8
浅议影响临时展览观看率的因素/孙新毅//中国博物馆通讯1996-9
浅议新建博物馆的开馆展览/赵荣学//中国文物报1996-9-1
怎样搞好新建博物馆的开馆展览/赵荣学//中国博物馆通讯1996-11
灰色生命——东京的博物馆陈列设计/程旭//首都博物馆十五周年论文选，地质出版社1996年
谈“毛泽东百年诞辰展”的陈列设计/王晓侠//首都博物馆十五周年论文选，地质出版社1996年
试论陈列艺术在博物馆展览中的特殊作用/杨婕//太平天国历史博物馆建馆四十周年论文集，江苏教育出版社1996年
漫谈博物馆的陈列宣传工作/陈福宁//太平天国历史博物馆建馆四十周年论文集，江苏教育出版社1996年
新形势下办好临时展览之对策/吴松庚//博物馆学文集4，1996年
浅论博物馆展览活动的多样性/王芳玉//博物馆学文集4，1996年
陈列设计风格谈/童轻扬//博物馆学文集4，1996年
博物馆巡回展出势在必行/朱建中//博物馆学文集4，1996年
浅述博物馆陈列的“三性”/张晔//博物馆学文集4，1996年
谈谈“毛泽东生平业绩陈列”的艺术特色/沈立冬//博物馆学文集4，1996年
论流动展览的必要性及其作用/潘红花//博物馆学文集4，1996年
要重视陈列展览中的照片拍摄及制作工作/陈美如//博物馆学文集4，1996年
论青铜器的陈列/富君、王桂枝//陕西历史博物馆馆刊（三），三秦出版社1996年
博物馆陈列说明英译浅议/范淑英//陕西历史博物馆馆刊（三），三秦出版社1996年
论陈列的美育功能/郑雅坤//陕西历史博物馆馆刊（三），三秦出版社1996年
筹办中国农业博物馆农史陈列的回顾与思考/王潮生//中国博物馆1997-1
历史陈列中的碑刻要保留它的“古气”/郭正明//中国博物馆通讯1997-1
现代博物馆的展示设计/甄朔南//中国自然科学博物馆协会通讯1997-1；甄朔南博物馆学文集，中国大百科全书出版社2004年
博物馆陈列的思考/周士琦、朱雅娟//中国博物馆1997-2
“鲁迅生平”陈列艺术之研究/李文儒//中国博物馆1997-2
综合艺术在现代陈列中的应用/汤家庆//中国博物馆1997-2
《文心雕龙》与博物馆陈列/顾征祥//中国博物馆1997-2；南京博物院文物博物馆考古文集，文物出版社2003年
运用计算机从事动画展览设计/Jeffrey Jones著，聂菲译//中国博物馆1997-2
博物馆展示的评估/甄朔南//中国自然科学博物馆协会通讯1997-2；甄朔南博物馆学文集，中国大百科全书出版社2004年
对专题展览的一般性认识及若干问题的深层讨论/首都博物馆陈列部//中国博物馆1997-3
临时展览的特性与形式设计/魏明//中国博物馆1997-3
古建内的陈列艺术（一）/王成//中国博物馆1997-3
谈陈列内容编写中的几个问题/周筠//中国博物馆1997-3
从一个观众的角度看陈列/司卫//中国博物馆1997-3
“上海六千年”历史文物展览的主题、内容设计和办展方法的探索/潘君祥//中国博物馆通讯1997-3
互动的展示是现代博物馆的重要标志/甄朔南、韩兆宽//中国自然科学博物馆协会通讯1997-3；甄朔南博物馆学文集，中国大百科全书出版社2004年
论陈列色彩设计/姜宏伟//中国博物馆1997-4
故宫博物院的原状陈列/朱雅娟//中国博物馆1997-4
上海革命烈士革命先驱英雄业绩陈列设计构想/俞乐滨、吴望文//中国博物馆1997-4

关于苏黎世两个博物馆举办中国专题展览的调查/黄琪、许潞梅//中国博物馆1997-4
“丝绸之路甘肃文物精华展”的特色/李永平//中国博物馆1997-4
纪念馆的陈列应是原状陈列/吕济民//中国博物馆通讯1997-4
组织系列活动加深展览主题/游振群//中国博物馆通讯1997-4
创建展览精品的思考/厉华//中国博物馆通讯1997-5
重视陈列展览生命周期研究有效延缓陈列的老化/陈雄飞//中国博物馆通讯1997-6
历史类博物馆的陈列应该引导向前看/陈雄飞//中国博物馆通讯1997-6
县市级中小型博物馆开辟自然陈列是必要的、可行的/楼锡祜//中国博物馆通讯1997-6
故宫博物院“陶瓷馆馆藏陈列”设计的一些想法/朱雅娟//中国博物馆通讯1997-7
不要把“声光电”等同于博物馆的现代化/苏东海//中国博物馆通讯1997-8
新的“广州历史陈列”的原则与实践/李穗梅//中国博物馆通讯1997-8
对新建天津自然博物馆陈列的探讨/刘允棋//中国博物馆通讯1997-9
革命纪念馆的陈列应体现政治性、史料性、艺术性的最佳结合/周校水、颜鸣//中国博物馆通讯1997-10
新疆毛泽民故居陈列展览设计艺术初探/阿孜古丽、曹飞鸣//中国博物馆通讯1997-11
开馆六年来陈列工作的回顾/陕西历史博物馆陈列部//陕西历史博物馆馆刊（四），西北大学出版社1997年
人体工程学在博物馆陈列设计中的应用/张耀明//中国博物馆通讯1998-1
联合办展是搞活博物馆的重要途径之一/王长安//北方文物1998-2
“中国留法勤学运动展览”艺术设计随笔/王珂//中国博物馆通讯1998-2
论博物馆的展览功能/〔美〕爱德华·P. 亚历山大著、刘颂译//秦陵秦俑研究动态1998-2
在芬兰办展览/何宏//秦陵秦俑研究动态1998-2
陈列艺术所想/吴农//无锡文博1998-3
复制品、模型在展览中的作用/张炳然//中国博物馆通讯1998-3
陈列展览中的文字说明刍议/周国昌//无锡文博1998-3
办好陈列展览，充分发挥博物馆的社会教育职能/崔湘伟//湖南省博物馆文集（第四辑），1998年
武进市博物馆围绕陈列展览主业做文章/林志方//中国博物馆通讯1998-5
在瑞典办展览的体会/胡柏林//中国博物馆通讯1998-5
在瑞典举办的国外首次纳西东巴文化展述评/杨福泉//中国博物馆通讯1998-6
从思念到思考——浅析“人民的好总理”纪念展览/吴金华//中国博物馆通讯1998-8
香港艺术馆举办“国宝——中国历史文物精华展”办的展特色/钱卫//中国博物馆通讯1998-8
伦敦博物馆的罗马艺术厅的陈列改革/安跃华编译//中国博物馆通讯1998-8
小议全国禁毒展览空间设计特点/孙延//中国博物馆通讯1998-9
长沙市博物馆营造展览精品的体会/周英//中国博物馆通讯1998-10
衔华佩实 雅俗共赏——“唐代金银器大观”陈列形式设计研究/王有庆//陕西历史博物馆馆刊（五），三秦出版社1998年
浅谈电教宣传在陈列展览中的应用/马跃进、钱莹莹//中国博物馆通讯1998-7
展览图片说明文字的两种表达方式/孙丹年//中国博物馆通讯1998-7
河南博物院陈列综述/任常中、田凯、李宏//河南博物院落成暨河南省博物馆建馆70周年纪念论文集，中州古籍出版社1998年
“河南古代文化之光”陈列备忘录/田凯//河南博物院落成暨河南省博物馆建馆70周年纪念论文集，中州古籍出版社1998年
寻找形式（一）——试论展览设计工作方法/徐雷//河南博物院落成暨河南省博物馆建馆70周年纪念论文集，中州古籍出版社1998年
寻找形式（二）——谈空间构成理论对展览形式设计的指导/徐雷//河南博物院落成暨河南省博物馆建馆70周年纪念论文集，中州古籍出版社1998年
“楚国青铜器瑰宝展”艺术设计得失谈/张勇//河南博物院落成暨河南省博物馆建馆70周年纪念论文集，中州古籍出版社1998年

陈列艺术形式之设想/李爱云//河南博物院落成暨河南省博物馆建馆70周年纪念论文集，中州古籍出版社1998年
博物馆陈列展示的时代特征及其文化氛围/杨谷昌//北京博物馆学会第二届学术会议论文集，经济日报出版社1998年
对专题展览的一般性认识及若干问题的深层探讨/邓丁三、沈平//北京博物馆学会第二届学术会议论文集，经济日报出版社1998年
博物馆邮票展陈的历史、现状及前瞻/赵强//北京博物馆学会第二届学术会议论文集，经济日报出版社1998年
“清代西藏贡品礼品展”的构想和特色/宛子廉//北京博物馆学会第二届学术会议论文集，经济日报出版社1998年
新时期博物馆陈列艺术设计的回顾与展望/周士琦//北京博物馆学会第二届学术会议论文集，经济日报出版社1998年
文物陈列的光照环境设计/程旭//北京博物馆学会第二届学术会议论文集，经济日报出版社1998年
故宫博物院的陈列形式设计/朱雅娟//北京博物馆学会第二届学术会议论文集，经济日报出版社1998年
半坡博物馆陈列工作四十年回顾/申芝茹、何周德//史前研究1958—1998年：西安半坡博物馆成立四十周年文集，三秦出版社1998年
关于精品陈列的理性思考/魏保信//中国博物馆1999-1
关于博物馆陈列艺术精品化的思考/季根章//东南文化1999-1
“泰山陈列”艺术设计的成果/史欣//中国博物馆通讯1999-2
博物馆的陈列设计要真正落实教育功能/甄朔南//中国博物馆通讯1999-3；中国自然科学博物馆通讯1999-3；甄朔南博物馆学文集，中国大百科全书出版社2004年
关于陈列精品的理性思考/魏保信//中国博物馆通讯1999-4
由第四届陈列艺术讨论会所引发的思考/朱雅娟//中国博物馆1999-4
陈列设计中形式法则的思考/王杰//中国博物馆1999-4
近代史陈列刍议/李民涌//中国博物馆通讯1999-5
陈列照明安全线初探/何昌烈//中国博物馆通讯1999-6
古代建筑物内举办文物陈列展览之形式刍议/孟世和//中国博物馆通讯1999-8
“神秘王国——战国中山国”陈列形式设计谈/温海平、李建丽//中国博物馆通讯1999-10
动态陈列和静态陈列各有优越性/王宏钧//中国博物馆通讯1999-11
营造精品陈列的几点尝试/孙景云、张宁//中国博物馆通讯1999-11
《邓小平故里文物陈列方案》编制工作的几点体会/刘敏//中国博物馆通讯1999-11
陈列艺术委员会工作报告/夏书绅//中国博物馆通讯1999-12
南京博物院艺术陈列之特色/陈同乐、梦霞//中国博物馆通讯1999-12
“延安革命纪念馆”基本陈列的形式设计及艺术特色/韦纯学//陕西历史博物馆馆刊（六），陕西人民教育出版社1999年
遗址博物馆的陈列/刘富生、郭向东//遗址博物馆学概论，陕西人民出版社1999年
再论博物馆的历史陈列不可无/韩绍诗//洛阳博物馆建馆四十周年纪念文集，科学出版社1999年
统一变化小中见大参差错落雄浑典雅——“洛阳文物精华展”形式设计的构思/苏健//洛阳博物馆建馆四十周年纪念文集，科学出版社1999年
“复原”——博物馆陈列的核心概念/徐敏//中国博物馆2000-1
南京博物院艺术陈列馆是怎样树立精品意识，体现时代精神的/徐湖平//中国博物馆2000-1
临时展览的成功因素/曹欣欣//中国博物馆2000-1
中小型博物馆陈列如何面向新世纪——武进博物馆陈列工作启示录/陈江//东南文化2000-1
天人合一的意境超越时空的回响——“石破天惊——内蒙古古代岩画陈列”艺术特色述略//内蒙古文物考古2000-1
一场关于内容与形式的讨论/苏东海//中国博物馆2000-2；博物馆的沉思——苏东海论文选（卷二），文物出版社2006年
现代博物馆展示设计的视觉语义传达/孙延//中国博物馆2000-2

铸就“彭德怀生平业绩陈列”精品的再思考/柳宪辉//中国博物馆2000-2
援泰鸦片战争展览总体设计的几点把握/曹欣欣//中国博物馆2000-2
试论“中国近代著名外交家顾维钧”生平陈列的陈列主题和陈列手段/刘楚邕、郭正明//中国博物馆2000-2
从延安革命纪念馆的序厅设计说起/韦纯学//中国博物馆2000-2
浅谈博物馆展览装置/陈宏京、吴晓明//博物馆研究2000-2
陈列艺术设计不能孤立地求新/朱雅娟//中国博物馆通讯2000-2
南京博物院艺术馆陈列实践的总体思考/徐湖平//中国博物馆通讯2000-2
纪念馆陈列研究价值与社会文化教育功能刍议——兼谈西安事变纪念馆陈列/李敏//中国博物馆2000-3
关于陈列总体设计工作的几点随想/沈庆林//中国博物馆2000-3
博物馆陈列艺术设计社会化的几点思考/安家瑗//中国博物馆2000-3
清代宫廷包装艺术展的选题和设计思想/张荣、朱雅娟//中国博物馆2000-3
长春科技大学博物馆陈列设计的探索/续颜、昝淑芹、金利勇//中国博物馆2000-3
浅谈博物馆陈列表现手法及总体设计/程学忠//中国博物馆2000-3
江西苏区史陈列史略/刘维菱//中国博物馆2000-3
博物馆陈列内容设计的一些思考/赵明远//博物馆研究2000-3
树立精品意识，开创展览工作的新局面——“运动中的地球”展览特点介绍/李迎化//博物馆研究2000-3
“运动中的地球”展览设计构成/郭海涛//博物馆研究2000-3
宋庆龄生平事迹陈列的改版与环境意识的增强/刘国友//中国博物馆通讯2000-3
组建综合性技术队伍，加强陈列技术工作的管理/李文伦//中国博物馆通讯2000-3
谈谈香港“中国恐龙化石大展”的展示设计/梁君度//中国博物馆通讯2000-3
一场关于内容与形式的讨论/老丁整理//中国博物馆2000-4
力求陈列形式与内容的统一——记手捏戏文泥人艺术展/凌波//中国博物馆2000-4
从文物中获得形式设计的灵感/朱雅娟//中国博物馆2000-4
“中国洛阳文物名品展”总体形式设计述评/沈天鹰//中国博物馆2000-4
博物馆总体设计的几点探讨/张彩云//中国博物馆2000-4
文化解读与历史陈列的个性化/严建强//中国博物馆2000-4
评估展览设计对观众行为和学习的影响/Falk J. 著，王彦译//博物馆研究2000-4
“神秘王国——战国中山国”陈列内容设计谈/李建丽//文物春秋2000-4
营造神秘谈“神秘王国——战国中山国”陈列艺术总体设计/温海平//文物春秋2000-4
小议精品陈列/成彩虹//文物春秋2000-4
观众审美心理与陈列设计的艺术追求/刘卫华//文物春秋2000-4；博物馆研究2002-2；中国博物馆2003-1
西柏坡纪念馆营造精品陈列的思考/康彦新、王翠平//中国博物馆通讯2000-4
李富春故居设计艺术之初探/李佩兰//中国博物馆通讯2000-4
故宫博物院绘画馆灯光改造初探/赵炳文//中国博物馆通讯2000-4
北京大葆台汉墓出土文物改陈设计/周士琦//中国博物馆通讯2000-4
浅谈县级博物馆的陈列展览/张云鹏、王军//北方文物2000-4
博物馆展览：过去与未来（一）/〔美〕简·贝德诺、爱德华·贝德诺著，宋向光译//中国博物馆通讯2000-4
博物馆展览的过去与未来（二）/〔美〕简·贝德诺、爱德华·贝德诺著，宋向光译//中国博物馆通讯2000-5
论陈列计划的编写——兼与周筠先生商榷/陈曦//文物春秋2000-5
博物馆陈列工作的科学性/张少鲲//文物世界2000-5
从瑞士的两个博物馆看精品陈列的内涵与外延/许潞梅//中国博物馆通讯2000-6
围绕陈列展览开展科学研究/姜廷玉//中国博物馆通讯2000-7
秦兵马俑全释陈列与延伸展示研究/刘富生//城市博览2000-7
“红岩魂”形象报告何以赢得如此共鸣/张一丁//中国博物馆通讯2000-8
“陈列总体领导”刍议/陈宏京//中国博物馆通讯2000-8
西藏博物馆陈列艺术设计/周士琦//中国博物馆通讯2000-8

由“男孩·女孩”展览谈展示的沟通与参与/戎又荃//中国博物馆通讯2000-8
试论博物馆陈列展览教育功能和文化功能/李彤//中国博物馆通讯2000-8
贯彻“以物带史”陈列指导思想的体会/倪兴祥//中国博物馆通讯2000-9
博物馆陈列策划中的现代展示理念/俞乐滨//中国博物馆通讯2000-9
“刘棠家属捐赠文物展”成功举办引起的几点思考/朱晓秋//中国博物馆通讯2000-9
陈列中文物安全几个问题的探讨/邓佳平//中国博物馆通讯2000-9
蜡像艺术与纪念馆博物馆陈列/艾得胜//中国博物馆通讯2000-12
浅谈“唐代妇女服饰”展的陈列艺术设计/韦纯学//陕西历史博物馆馆刊（七），三秦出版社2000年
绿色陈列——博物馆陈列的可持续发展之路/王有庆//陕西历史博物馆馆刊（七），三秦出版社2000年；中国博物馆2001-1；博物馆学研究论文集，陕西人民出版社2006年
试析“北京市文博工作50年成就展”——关于博物馆展陈内容与形式的关系讨论之一/乔红//首都博物馆丛刊（14），北京燕山出版社2000年
“北京历史文物陈列”及场地之我见/沈平//首都博物馆丛刊（14），北京燕山出版社2000年
试论博物馆陈列展览内容与形式的关系——兼谈“古都文化展”/齐玫//首都博物馆丛刊（14），北京燕山出版社2000年
“古都文化展”形式设计与制作/徐伟//首都博物馆丛刊（14），北京燕山出版社2000年
郭沫若纪念馆陈列三人谈/程旭、郭平英、钟作英//首都博物馆丛刊（14），北京燕山出版社2000年
陈列艺术的发展与展望小议/齐玫//首都博物馆丛刊（14），北京燕山出版社2000年
利用优势以人为本——谈博物馆陈列工作三部曲/吕曼//苏州博物馆建馆四十周年纪念文集（1960～2000），2000年
博物馆陈列形式的相关问题/倪明//苏州博物馆建馆四十周年纪念文集（1960—2000），2000年
郭沫若纪念馆陈列的设计语言/程旭//中国博物馆2001-1
陈列艺术空间浅论——博物馆陈列设计的四维空间/孟嗣徽//中国博物馆2001-1
古建内陈列艺术设计现代化的思考/王文俭//中国博物馆2001-1
近现代历史陈列内容设计的几个问题/林江泓//中国博物馆2001-1
关于精品陈列魅力的探讨/张宁//博物馆研究2001-1
光在文物展览中的利与弊/田力//博物馆研究2001-1
用Word 2000制作精美的文物展品标签/贾贵平//博物馆研究2001-1
谈“金缕玉衣的故乡——满城汉墓陈列”的内容设计/周筠//文物春秋2001-1
“孔子时代的音乐”展览的总体设计/刘凌//中国博物馆通讯2001-1
包头博物馆“稀土馆”陈列的艺术特色/姚大川//中国博物馆通讯2001-1
关于博物馆陈列工作的两点思考/王明定//陇右文博2001-1
展题策划中的展览资源开发问题/赵荣学//中国博物馆2001-2
陈列室天然光与人工采光的比较/肖贵洞//中国博物馆2001-2
陈列设计中的“形式”和“内容”小议/韦纯学//中国博物馆2001-2
“太平天国历史陈列”的探索与创新/曹志君、毛晓玲//中国博物馆2001-2；中国博物馆通讯2001-2
对武威地区文物外展的几点认识/高辉//陇右文博2001-2
“贺兰山岩画展”陈列艺术特色初探/陈永耘//陇右文博2001-2
略论陈列的前期调查与后期评估——兼及博物馆与观众的关系/刘卫华//博物馆研究2001-3；文物春秋2001-5
谈陈列环境气氛的营造/王建平//博物馆研究2001-3
博物馆陈列形式如何适应现代化城市发展刍议/刘小翠//博物馆研究2001-3
文物能说话吗?——兼论说明文字在文物陈列中的作用/谭前学//中国博物馆2001-4；博物馆学研究论文集，陕西人民出版社2006年
民俗陈列设计刍议/黄静//中国博物馆2001-4
摄影术的演进与照片的鉴定法/丁敏京//中国博物馆2001-4
博物馆展示陈列中的采光照明生态设计探讨/张浩//中国博物馆2001-4

论博物馆展示设计空间界面的雕塑化构筑/孙延//中国博物馆2001-4
新博物馆学的展示观/郭义复//博物馆学季刊2001-4
“兵马俑——秦文化特展”赴台展览的几点经验/田静//博物馆研究2001-4
浅谈参观顺序对观念参观行为的影响——以旅顺博物馆本馆为案例说明/林冠男//博物馆研究2001-4
如何办好自然科学展览/魏中民//博物馆研究2001-4
设计“神奇的湿地展览”的几点思考/李梅//中国博物馆通讯2001-5
桂林博物馆谋求陈列综合效益的做法/葛华//中国博物馆通讯2001-5
景观制作在历史陈列中的作用/葛华//中国博物馆通讯2001-5
重视暗房制作技术，提高文物摄影作品的表现力/施宗平//中国博物馆通讯2001-5
陈列空间是一个流动的四维空间/孟嗣徽//中国博物馆2001-1
语言的编织——徐州博物馆陈列艺术漫谈/陈浩//东南文化2001-5
从“小”说起——博物馆陈列图文辅助设计/陈同乐//东南文化2001-5
科技馆展品的趣味性/黄体茂//中国博物馆通讯2001-6
在美国办展览的启示/蒋文孝//中国博物馆通讯2001-6
西藏博物馆总体设计构想/徐乃湘、周士琦、杨以中//中国博物馆通讯2001-6
“中国历史陈列”陈列艺术研讨会纪要/郭萍//中国文物报2001-6-13
历史陈列设计的定位与风格/郭萍//中国博物馆通讯2001-7
2000年度（第4届）全国博物馆十大陈列精品获奖名单//中国博物馆通讯2001-7
全国博物馆十大陈列展览精品评选活动评选委员会专家库首批入库专家名单//中国博物馆通讯2001-7
在2000年度十大陈列展览精品评选暨第二届博物馆展览交流洽谈会上的讲话/张文彬//中国博物馆通讯2001-7
在2000年度十大陈列展览精品评选暨第二届博物馆展览交流洽谈会上的总结讲话/董保华//中国博物馆通讯2001-7
陈列应最大限度渗透绿色观念/王有庆//中国博物馆通讯2001-7
精品，还要精益求精/李爱华//中国博物馆通讯2001-7
吉林省自然博物馆新馆陈列特色的思考/李迎化//中国博物馆通讯2001-7
“近代天津民俗陈列”艺术创新实践/王建平//中国博物馆通讯2001-8
铜鼓展的形式设计/王林//中国文物报2001-9-14
是什么性质的博物馆，就追求什么样的陈列/赵芳志//中国博物馆通讯2001-10
谈玉雕艺术对陈列艺术的启示/吕曼//东南文化2001-11
陈列展览资源开发的一般性原则/赵荣学//中国博物馆通讯2001-11
一幅亮丽的大唐社会生活画卷——法门寺历史文化陈列简介/樊一//中国文物报2001-11-2
引进更多的国外文物精品展览/安家瑗//中国文物报2001-11-16
从书画展览谈博物馆与社区的结合/潘贤达//中国文物报2001-11-16
展览的运作/翟战胜//陕西历史博物馆馆刊（八），三秦出版社2001年
陕西历史博物馆基本陈列调整的设想/马振智//陕西历史博物馆馆刊（八），三秦出版社2001年
博物馆陈列工作中的观众意识/张沛心//陕西历史博物馆馆刊（八），三秦出版社2001年
三星堆文物陈列观感/武天合//碑林集刊（七），陕西人民美术出版社2001年
博物馆陈列的市场定位——首博新馆的思考之一/陈光//首都博物馆丛刊（15），北京燕山出版社2001年
首都博物馆新馆展陈座谈会随笔/沈平//首都博物馆丛刊（15），北京燕山出版社2001年
新首博青铜器馆陈列框架的构想/葛建军//首都博物馆丛刊（15），北京燕山出版社2001年
首都物馆陈列浅见/沈平//北京博物馆学会第三届学术会议文集，北京燕山出版社2001年
关于近现代历史陈列内容设计的几个问题/林江泓//北京博物馆学会第三届学术会议文集，北京燕山出版社2001年
关于中国历史博物馆新版“中国通史陈列”的思考/安家瑗//北京博物馆学会第三届学术会议文集，北京燕山出版社2001年
迎接二十一世纪博物馆陈列展览的探索——从军博的陈列调整谈陈列展览要突出自身特色/王晋燕//北京博物

馆学会第三届学术会议文集，北京燕山出版社2001年
探讨新世纪中医药专业博物馆的展陈形式/郗效//北京博物馆学会第三届学术会议文集，北京燕山出版社2001年
论专题展览对博物馆建设的重要作用/林淑英//北京博物馆学会第三届学术会议文集，北京燕山出版社2001年
浅析“古都北京”展览的创意与制作/郝晓峰//北京博物馆学会第三届学术会议文集，北京燕山出版社2001年
浅议新时期自然博物馆的鱼类陈列/杨静、李竹//北京博物馆学会第三届学术会议文集，北京燕山出版社2001年
围绕陈列展览开展科学研究/姜廷玉//北京博物馆学会第三届学术会议文集，北京燕山出版社2001年
博物馆与展览公司的合作模式探讨——“中国现当代文学展”筹办过程解析/沐定胜//北京博物馆学会第三届学术会议文集，北京燕山出版社2001年
展览项目管理中的评估和监管机制/杨玲//南开学报2001年增刊；中国博物馆2002-1；全球化下的中国博物馆，文物出版社2002年
陈列中采光照明的生态设计探讨/张浩//中国博物馆2002-1
关于吉林省自然博物馆新馆陈列特色的思考/李迎化//博物馆研究2002-1
关于新形势下加强陈列展览制作队伍建设的思考/张立宪//博物馆研究2002-1
革命文物陈列断想——简谈“光辉的历程——纪念中国共产党成立80周年特别展”的形式设计/梁雄德//陇右文博2002-1
增强展示把握能力的探索/严建强、俞敏敏、梁晓艳//中国博物馆2002-2
巡回展览在博物馆工作中的作用/戴丽娟、李大莹//博物馆研究2002-2
论“内蒙古河套开发史陈列”/琪琪格//内蒙古文物考古2002-2
谈临时展览在社会教育中的地位和作用/尹继波//博物馆研究2002-3
海南省博物馆陈展主题的设想/海南省博物馆//中国博物馆通讯2002-3
宁波服装博物馆是怎样利用民居建馆的/陈万丰//中国博物馆通讯2002-3
博物馆广告牌的信息、创意与制作/沈天鹰//中国博物馆通讯2002-3
以活动推展览互动走向社会——北京民俗博物馆系列展览成功之因/曹彦生//北京文博2002-3
论历史类博物馆的动态陈列/王宏伟//博物馆研究2002-3
生态化：我国自然博物馆现代陈列设计特征/李迎化//中国博物馆2002-3
平面构成在图片展览中的运用/刘迎九//博物馆研究2002-4
河北省民俗博物馆“民间收藏专题展”的设计特色/常素霞//文物春秋2002-4
在筹备“十一届三中全会召开20周年纪念展览”过程中所想到的/陈禹//文物工作2002-4
程序与规范——对博物馆陈列布展工程中存在问题的思考/陆建松//中国文物报2002-4-12；全球化下的中国博物馆，文物出版社2002年
“古代河北陈列”内容设计构思/周筠//文物春秋2002-5
“近代河北陈列”内容设计解析/魏保信/文物春秋2002-5
信息时代博物馆展示功能拓展刍议/宗旸//东南文化2002-5
宁波银台第官宅博物馆的陈列创意/王宏星//东南文化2002-6；中国文物报2009-12-16
真实・精彩・精辟——博物馆的精品意识/范永林//中国文物报2002-6-13
左联会址纪念馆辅助陈列现代设计理念的尝试/吴望文//中国博物馆通讯2002-7
综合性博物馆中自然陈列形式设计的探索/王彦祥//中国博物馆通讯2002-7
“展览超市”的几点尝试/孙景云、张宁//中国博物馆通讯2002-7
文化交流的使者：记“皇权——南京博物院精品展”/李民昌//东南文化2002-8
面向社会服务大众——博物馆文物陈列的科普化与艺术化/樊一//文物工作2002-8
浅谈精品陈列中的主题、内容和形式/金兰//文物工作2002-9
博物馆陈列展示艺术的发展趋势/陈军科//中国文物报2002-11-22
博物馆展览的发展趋势与创新/晨光//中国文化报2002-12-7
谈陈列主题/张沛心//陕西历史博物馆馆刊（九），三秦出版社2002年
对唐墓壁画陈列内容的思考/翟战胜//陕西历史博物馆馆刊（九），三秦出版社2002年
谈陈列的选题/沈平//首都博物馆丛刊（16），北京燕山出版社2002年

陈列策划问题研究/程旭//首都博物馆丛刊（16），北京燕山出版社2002年
陈列艺术中的视觉气氛/魏然//首都博物馆丛刊（16），北京燕山出版社2002年
浅谈陈列与观众//辛勤耕耘：宜昌博物馆二十年纪念文集，科学出版社2002年
21世纪纪念性博物馆陈列思想探微——兼谈陈列艺术与市场的关系//辛勤耕耘：宜昌博物馆二十年纪念文集，科学出版社2002年
文物陈列与区域民俗的结合——谈宜昌博物馆“长江三峡出土明代女尸展”的陈列思想与实践//辛勤耕耘：宜昌博物馆二十年纪念文集，科学出版社2002年
陈列展览与民俗//辛勤耕耘：宜昌博物馆二十年纪念文集，科学出版社2002年
宜昌博物馆多侧面办展览加强宣传教育功能//辛勤耕耘：宜昌博物馆二十年纪念文集，科学出版社2002年
博物馆陈列设计的新理念和新体系/王有庆、王妮//古今农业2003-1
浅论图片陈列设计/常清民//中国博物馆2003-1
关于博物馆陈列的多方位思考/刘卫华//博物馆研究2003-1
关于博物馆形式设计的探讨——以北京两座博物馆为例/陈平//博物馆研究2003-1
小兴安岭抗日斗争史展厅陈列设计的几点体会/万大勇//博物馆研究2003-1
谈在博物馆陈列工作中应加强观众意识/张红霞//文物春秋2003-1
博物馆陈列趋向探索/孟正兴//中国文物报2003-1-27
多元的陈列设计风格/陈同乐、殷志强//中国博物馆2003-2
陈列形式设计创新问题/吴望文//中国博物馆2003-2
法门寺博物馆新展览形式设计个案思考/徐征野//中国博物馆2003-2
性价比与陈列的关系/佳平//中国博物馆2003-2
“中原丰碑”陈列的设计与构思/刘康//中国博物馆2003-2
试论陈列室建筑结构、设备与展览主题的融合/刘守柔//博物馆研究2003-2
玻璃材料及玻璃工艺在博物馆陈列中的运用/王珍仁、姜晔//博物馆研究2003-2
关于展览评估的思考/彭文//中国博物馆2003-3
对我国自然类博物馆陈列形式的回顾与展望/毕靖华//中国博物馆2003-3
博物馆陈列展览工作之管见/德永华//中国博物馆2003-3
高科技与革命纪念馆陈列/赵晓琳//中国博物馆2003-3
大连现代博物馆布展理念/于孝东//博物馆研究2003-3
博物馆原状复原陈列理论探讨——兼谈伪满皇宫复原陈列设想与实践/刘秀连、张玉芝//博物馆研究2003-3
浅谈博物馆的陈列与社会需求/赵海燕//博物馆研究2003-3
广州三次大型合作办展的思考/邢照华//中国文物报2003-3-1
陈列工作切忌浮躁/赵荣学//中国文物报2003-3-1
博物馆展示中的色彩生态设计/张浩//中国博物馆2003-4
陈列设计中的人本意识/白琰//中国博物馆2003-4
十六、十七世纪欧洲收藏陈设二题/张文立、唐小轩//博物馆研究2003-4
秦始皇陵文物陈列厅装饰浮雕设计初探/李乃夫、王继宁//文博2003-4
展示与教育不可分，展示本身就应具备教育性质的诠释与美感表现//中国博物馆通讯2003-4
湖南省博物馆陈列艺术设计工作的一些探索与创新/刘如凯//中国博物馆通讯2003-5
与时俱进的十九年——陈列艺术委员会工作报告/夏书绅//中国博物馆通讯2003-5
对陈列艺术设计中一些问题的探讨——在中国博物馆学会陈列艺术委员会第六次学术讨论会上的发言/费钦生//中国博物馆通讯2003-6
博物馆招贴画功能浅议/连红//中国博物馆通讯2003-6
“以人为本”在陈列工作中的体现/张建//中国博物馆通讯2003-8
试论“主旋律”展览的魅力/曹欣欣//文物工作2003-9
武汉博物馆是如何打造精品展览的/刘国斌//中国博物馆通讯2003-9
正确处理形式与内容关系，坚持中国陈列艺术特色/李加林、肖贵洞//中国博物馆通讯2003-9

关于博物馆陈列中色彩的应用/范蔚//中国博物馆通讯2003-9
用上博精神谱写精品展览/顾祥虞//中国文物报2003-9-19
陈列展览的三位一体/樊一//中国文物报2003-9-25
把学术研究融入展览设计/马小青//中国文物报2003-9-25
双遗产的展示平台峨眉山博物馆/陈黎清//中国文物报2003-9-27
对临时展览选题的思考/路秀华//中国博物馆通讯2003-10
基层博物馆陈列工作的一些思路/周伟//中国文物报2003-10-10
东南历史艺术之华堂——南京博物院七十年陈列展览回顾/周玫//中国文物报2003-10-31
在展陈设计中如何选用合适光源保护文物/艾晶//中国博物馆通讯2003-11
博物馆展览的主题提炼和内容策划/陆建松//中国文物报2003-11-6
遗址类专题博物馆陈列空间的拓展/李南书、曾如实//中国文物报2003-11-6
一千元钱办展览/李宏坤编译//中国文物报2003-11-13
托载民族性格——嘉峪关长城博物馆基本陈列/俞春荣//中国文物报2003-11-15
如何办好临时展览/程勤//中国文物报2003-11-28
博物馆基本陈列（近代部分）构想/王南//中国博物馆通讯2003-12
小展览办出大影响——天津自然博物馆“展览超市”现象/张宁//中国文物报2003-12-25；天津自然博物馆建馆90周年论文集，天津科学技术出版社2004年
有关博物馆展示的随笔/郭长虹//中国文物报2003-12-25
一流博物馆陈列展览的定位——南京博物院艺术陈列馆的陈列实践/徐湖平//陈列艺术（《东南文化》2003年增刊2），2003年
关于二十一世纪与博物馆陈列艺术设计的思考/费钦生//陈列艺术（《东南文化》2003年增刊2），2003年
颐和园文昌院文物精品陈列的艺术设计/周士琦//陈列艺术（《东南文化》2003年增刊2），2003年
域外博物馆陈列散记/赵春贵//陈列艺术（《东南文化》2003年增刊2），2003年
“展厅氛围”小议/杨兆麟//陈列艺术（《东南文化》2003年增刊2），2003年
设计实践中的理性思考——兼谈“崇明岛史与古船陈列”设计/蔡筱明//陈列艺术（《东南文化》2003年增刊2），2003年
回归人类的自然空间——“揭开神秘的面纱——广西民族文化展”艺术设计/王妮//陈列艺术（《东南文化》2003年增刊2），2003年
用现代设计理念搞好地方史陈列——“武汉古代历史陈列”形式设计/曾智德//陈列艺术（《东南文化》2003年增刊2），2003年
纯美的空间艺术——湖南省博物馆陈列艺术的探索与创新/刘如凯//陈列艺术（《东南文化》2003年增刊2），2003年
楚风神韵物华天宝——曾侯乙墓出土文物陈列艺术设计/李澜、邓佳平//陈列艺术（《东南文化》2003年增刊2），2003年
多元化的陈列设计风格/陈同乐//陈列艺术（《东南文化》2003年增刊2），2003年
谈现代的陈列艺术设计与博物馆环境的发展/那拉//陈列艺术（《东南文化》2003年增刊2），2003年
创意、理念、视觉——陈列设计三部曲之我见/王贤仲//陈列艺术（《东南文化》2003年增刊2），2003年
新世纪博物馆陈列艺术设计趋向/王文俭//陈列艺术（《东南文化》2003年增刊2），2003年
新世纪中国博物馆陈列艺术的处境与选择/刘富生//陈列艺术（《东南文化》2003年增刊2），2003年
陈列形式设计创新杂谈/吴望文//陈列艺术（《东南文化》2003年增刊2），2003年
陈列艺术设计初探/郭萍//陈列艺术（《东南文化》2003年增刊2），2003年
对博物馆陈列意识的探讨/楚江//陈列艺术（《东南文化》2003年增刊2），2003年
试论辅助展示设计制作的几个问题/陈国欢、杨竣//陈列艺术（《东南文化》2003年增刊2），2003年
试论博物馆灯光照明设计/倪明//陈列艺术（《东南文化》2003年增刊2），2003年
军事主题陈列设计发展方向之初探/李跃进//陈列艺术（《东南文化》2003年增刊2），2003年
论陈列展览中的文字说明牌/欧阳摩一//陈列艺术（《东南文化》2003年增刊2），2003年

室内空间室外化——从“香港故事”看现代博物馆陈列概念化/吴武林、陈岸//陈列艺术（《东南文化》2003年增刊2），2003年
陈列语言的完善与提高/唐国尧//首都博物馆丛刊（17），北京燕山出版社2003年
博物馆文化与首都博物馆陈列/葛建军//首都博物馆丛刊（17），北京燕山出版社2003年
结构体验——新文化运动纪念馆陈列观后与友人对话/程旭//首都博物馆丛刊（17），北京燕山出版社2003年
走进新世纪的公民道德展/尤炳霞//首都博物馆丛刊（17），北京燕山出版社2003年
博物馆陈列形式设计原则简议/徐雷//博物馆学论丛（五），中州古籍出版社2003年
也谈陈列内容与形式的关系/张勇//博物馆学论丛（五），中州古籍出版社2003年
博物馆办好临时陈列展览的思考/毛保枝//博物馆学论丛（五），中州古籍出版社2003年
博物馆临时展览浅议/谢遂莲、申永峰//博物馆学论丛（五），中州古籍出版社2003年
略谈“南阳汉画像石刻展览”的陈列设计特色/孙怡村、郝枫//博物馆学论丛（五），中州古籍出版社2003年
陈列形式要素与观众心理解读/郭伶俐、赵清荣//博物馆学论丛（五），中州古籍出版社2003年
博物馆展览服务的社会性多功能性初探/段兴亚//博物馆学论丛（五），中州古籍出版社2003年
论博物馆展示设计中的形式渗透/陈同乐//南京博物院文物博物馆考古文集，文物出版社2003年
论专题陈列“长江下游五千年文明”的艺术总体设计构思/许志浩//南京博物院文物博物馆考古文集，文物出版社2003年
更新理论重建体系——论新世纪博物馆陈列展示艺术设计的发展趋势/王有庆//陕西历史博物馆馆刊（十），三秦出版社2003年；陈列艺术（《东南文化》2003年增刊2），2003年；博物馆学研究论文集，陕西人民出版社2006年
谈展览的宣传/张沛心//陕西历史博物馆馆刊（十），三秦出版社2003年
谈“广西民族文化展”陈列展示设计的心得/王妮//陕西历史博物馆馆刊（十），三秦出版社2003年
谈唐墓壁画展室氛围的营造/翟战胜//陕西历史博物馆馆刊（十），三秦出版社2003年
试论博物馆陈列展览的空间设计/宋镇//碑林集刊（九），陕西人民美术出版社2003年
云南文明之光——滇王国文明展/王永红//中国文化遗产2004年创刊号
关于陈列的“内容与形式”的几点思考/周晓庆//中国博物馆2004-1
建构主义在自然博物馆的陈列设计中的应用/陈卫平、张美英//中国博物馆2004-1
博物馆陈列展览结构调整的对称性原则——兼谈广东省博物馆陈列展览新体系的构建/刘金宏//中国博物馆2004-1
如何消除陈列设计中的眩光污染问题之思考/艾晶//中国博物馆2004-1
复原陈列初探/陈浩//东南文化2004-1
军博人民革命战争通史陈列内容设计的若干特点/姜廷玉//中国博物馆2004-2
营造氛围，揭示亮点——胡庆余堂中药博物馆陈列改造的实践与思考/杨仲英//中国博物馆2004-2
把握特殊性追求高境界——大连现代博物馆陈列介绍/姜晔//博物馆研究2004-2
定位·个性·节奏——解读西柏坡纪念馆改陈整体策划方案/陈宗良、周艳芝//中国文物报2004-2-10
民俗陈列——中小博物馆展览的新亮点/张颖、仲秀林//中国文物报2004-2-18
关于博物馆展示工作程序之思考——从中日展示程序的比较出发/王卫东//中国博物馆2004-3
关于加强博物馆陈列展览策划的思考/龚青//中国博物馆2004-3
中国地质博物馆宝石厅（2004）形式设计浅说/宗玲//中国博物馆2004-3
首都博物馆陈列浅见/沈平//北京文博2004-3
陈列展览要有“资源营运”的理念/陈典松//中国文物报2004-3-11
试论展览：离社会心理有多远/山水//中国文物报2004-3-12
中国铁道博物馆基本陈列内容与形式的探讨/钟慕东//中国博物馆通讯2004-4
主题型展览与文物征集/陈典松//中国文物报2004-4-21
拨动心弦，感动观众——试论历史陈列与观众的沟通/宋向光//中国博物馆2004-4
黑龙江举办特色陈列的几点想法/胡秀杰//文物工作2004-4
试论陈列展览的选题/蒋潇、王鹏远//中国博物馆2004-4

加强博物馆宣传展示和社会服务工作/崔永超//中国文物报2004-4-30
为公众服务是陈列展览的永恒主题/刘康//中国文物报2004-4-30
博物馆陈列展览如何满足社会公众需求/刘康//中国博物馆通讯2004-5
韶山毛泽东同志纪念馆新陈列设计初探/刘丽丽//中国博物馆通讯2004-5
丽水市博物馆陈列展示定位与新馆建设的探索/吴东海//中国博物馆通讯2004-5
多办展览，让文物发挥更大作用——有感于南京博物院甲骨文展览/章剑华//东南文化2004-5
虚拟现实技术在淹城原貌再现中的应用研究/王岳群//东南文化2004-5
新时期展览的轻骑兵——河北省民俗博物馆巡回展览活动侧记/孙晶昌、吴宁//中国文物报2004-5-19
南通博物苑自然（陈列）馆建设个案思考/张美英//中国博物馆通讯2004-6
陋俗不应成为博物馆民俗展览中的“雷区”/陈典松//中国文物报2004-6-23
坚持“三贴近”，以陈列展览为龙头，全面推进博物馆的建设/湖南省博物馆//中国博物馆通讯2004-7
浅议博物馆陈列设计的标准化管理/马捷//中国博物馆通讯2004-7
县级博物馆如何筹办古代文物陈列/周筠//中国文物报2004-10-12
论博物馆（纪念馆）陈列内容设计中的框架构思/闾四秋//湖南省博物馆馆刊（一），船山学刊2004-7
浅谈陈列展览中书画藏品的保护/谢俭华//湖南省博物馆馆刊（一），船山学刊2004-7
与时俱进的19年——陈列艺术委员会工作报告/夏书绅//谛听陈列艺术的脚步声——新世纪陈列艺术发展趋势，湖南人民出版社2004年
为繁荣陈列艺术而奋发奉献——中国博物馆学会陈列艺术委员会第六届学术讨论会总结发言/费钦生//谛听陈列艺术的脚步声——新世纪陈列艺术发展趋势，湖南人民出版社2004年
现代博物馆理念及其对陈列展览的影响/安来顺//谛听陈列艺术的脚步声——新世纪陈列艺术发展趋势，湖南人民出版社2004年
新世纪中国博物馆陈列艺术的处境与抉择/刘富生//谛听陈列艺术的脚步声——新世纪陈列艺术发展趋势，湖南人民出版社2004年
固守还是创新——谈中小型博物馆陈列理念/王保仁、王志霞//谛听陈列艺术的脚步声——新世纪陈列艺术发展趋势，湖南人民出版社2004年
正确处理形式与内容关系，坚持中国陈列设计艺术特色/肖贵洞//谛听陈列艺术的脚步声——新世纪陈列艺术发展趋势，湖南人民出版社2004年
新世纪博物馆陈列艺术设计趋向/王文俭//谛听陈列艺术的脚步声——新世纪陈列艺术发展趋势，湖南人民出版社2004年
试论新世纪中国博物馆陈列艺术设计的发展趋势/于滨力//谛听陈列艺术的脚步声——新世纪陈列艺术发展趋势，湖南人民出版社2004年
关于博物馆陈列展览工作的几点思考/德永华//谛听陈列艺术的脚步声——新世纪陈列艺术发展趋势，湖南人民出版社2004年
更新理念重建体系——论新世纪博物馆陈列展示艺术设计的发展趋势/王有庆、王妮//谛听陈列艺术的脚步声——新世纪陈列艺术发展趋势，湖南人民出版社2004年
感悟陈列——博物馆陈列艺术设计的思考/韦娜、张国伟//谛听陈列艺术的脚步声——新世纪陈列艺术发展趋势，湖南人民出版社2004年
用现代设计理念搞好地方史陈列/曾智德//谛听陈列艺术的脚步声——新世纪陈列艺术发展趋势，湖南人民出版社2004年
对博物馆陈列趋向的思考/刘新阳、赵大明//谛听陈列艺术的脚步声——新世纪陈列艺术发展趋势，湖南人民出版社2004年
博物馆陈列艺术设计观念的转变/刘芳//谛听陈列艺术的脚步声——新世纪陈列艺术发展趋势，湖南人民出版社2004年
衡量陈列艺术设计成功与否的基本标准/康薇//谛听陈列艺术的脚步声——新世纪陈列艺术发展趋势，湖南人民出版社2004年
永远的民族性——论博物馆陈列设计在新世纪的发展/张耕//谛听陈列艺术的脚步声——新世纪陈列艺术发展

趋势，湖南人民出版社2004年

谈博物馆陈列主题的异化现象/程存洁、邢照华//谛听陈列艺术的脚步声——新世纪陈列艺术发展趋势，湖南人民出版社2004年

博物馆建筑外观形象对陈列艺术的影响/文先国//谛听陈列艺术的脚步声——新世纪陈列艺术发展趋势，湖南人民出版社2004年

谈现代陈列艺术设计与博物馆环境的发展/那拉//谛听陈列艺术的脚步声——新世纪陈列艺术发展趋势，湖南人民出版社2004年

尊重传统因地制宜表现个性——谈中山堂“孙中山与北京”展设计/周士琦//谛听陈列艺术的脚步声——新世纪陈列艺术发展趋势，湖南人民出版社2004年

“武汉古代历史陈列”的艺术设计特色/刘庆平、朱莉//谛听陈列艺术的脚步声——新世纪陈列艺术发展趋势，湖南人民出版社2004年

纯美的空间艺术——湖南省博物馆陈列展示艺术的探索与创新/刘如凯//谛听陈列艺术的脚步声——新世纪陈列艺术发展趋势，湖南人民出版社2004年

“中国磁州窑瓷器陈列”形式设计的几点探索/温海平//谛听陈列艺术的脚步声——新世纪陈列艺术发展趋势，湖南人民出版社2004年

现代行业博物馆设计初探/胡晓云//谛听陈列艺术的脚步声——新世纪陈列艺术发展趋势，湖南人民出版社2004年

“展厅氛围”小议/杨兆麟//谛听陈列艺术的脚步声——新世纪陈列艺术发展趋势，湖南人民出版社2004年

准确创新震撼——汉广陵王王后墓陈列特色/马庭顺、夏梅珍、孙黎明//谛听陈列艺术的脚步声——新世纪陈列艺术发展趋势，湖南人民出版社2004年

如何去讲一个动人的故事——谈博物馆的个性化设计/韩晓玲//谛听陈列艺术的脚步声——新世纪陈列艺术发展趋势，湖南人民出版社2004年

新首都博物馆陈列设计的初步构想/马怀伟//谛听陈列艺术的脚步声——新世纪陈列艺术发展趋势，湖南人民出版社2004年

回归自然的人性空间——“广西民族文化展”设计/王妮//谛听陈列艺术的脚步声——新世纪陈列艺术发展趋势，湖南人民出版社2004年

现代博物馆展示空间的定位设计/孙延//谛听陈列艺术的脚步声——新世纪陈列艺术发展趋势，湖南人民出版社2004年

人性的回归——新世纪博物馆展示设计理念与实践/陈岸//谛听陈列艺术的脚步声——新世纪陈列艺术发展趋势，湖南人民出版社2004年

飞翔的翅膀——博物馆展示设计中材质语言的作用/陈岸//谛听陈列艺术的脚步声——新世纪陈列艺术发展趋势，湖南人民出版社2004年

在虚拟空间漫步——浅谈三维技术在博物馆陈列中的运用/陈开宇//谛听陈列艺术的脚步声——新世纪陈列艺术发展趋势，湖南人民出版社2004年

对博物馆陈列意识的探讨/楚江//谛听陈列艺术的脚步声——新世纪陈列艺术发展趋势，湖南人民出版社2004年

立足本职服务社会——浅谈陈列设计的市场化运作/董松//谛听陈列艺术的脚步声——新世纪陈列艺术发展趋势，湖南人民出版社2004年

谈当代博物馆陈列中的“展品密度”问题/邢照华//谛听陈列艺术的脚步声——新世纪陈列艺术发展趋势，湖南人民出版社2004年

从广西博物馆的民族民俗展览看广西民族文化展示的构思和实践/吴伟峰//广西博物馆文集（一），广西人民出版社2004年

良渚遗址的保护、展示和宣传——谈史前遗址申报世界文化遗产名录/汪遵国//史前研究（2004）：中国博物馆学会史前遗址博物馆专业委员会第五届学术研讨会论文集，三秦出版社2005年

关于史前文化展览的若干思考/严建强//史前研究（2004）：中国博物馆学会史前遗址博物馆专业委员会第五届学术研讨会论文集，三秦出版社2005年

景观陈列的创作与表现/程旭//首都博物馆丛刊（18），北京燕山出版社2004年

一切为了完美——再论陈列内容与形式的统一/张健//陕西历史博物馆馆刊（十一），三秦出版社2004年；博物馆学研究论文集，陕西人民出版社2006年
天津自然博物馆布展启示录/张志//天津自然博物馆建馆90周年论文集，天津科学技术出版社2004年
展线无限发展无限——天津自然博物馆的展览超市/高维军、卢萱//天津自然博物馆建馆90周年论文集，天津科学技术出版社2004年
博物馆的品牌成长之路——试论临时展览的社会化发展战略/董玉琴//天津自然博物馆建馆90周年论文集，天津科学技术出版社2004年
关于陈列形式设计的思考/李源清//天津自然博物馆建馆90周年论文集，天津科学技术出版社2004年
生态化——陈列设计的新理念/于永莉//天津自然博物馆建馆90周年论文集，天津科学技术出版社2004年
天津“海洋世界”火爆津门/李庆奎//天津自然博物馆建馆90周年论文集，天津科学技术出版社2004年
“极地科学考察”展览内容设计思路/高渭清//天津自然博物馆建馆90周年论文集，天津科学技术出版社2004年
试论博物馆陈列的地方特色/史红蔚//深圳文博论丛二〇〇四，中华书局2004年
关于“深圳改革开放史”陈列大纲中几个值得商榷的问题/莫小凡//深圳文博论丛二〇〇四，中华书局2004年
融合与互动——洛川黄土地质博物馆设计随笔/宋镇//碑林集刊（十），陕西人民美术出版社2004年
极少主义与博物馆形式设计/王杰//中国博物馆2005-1
京华珍宝耀雅典——“北京文物珍宝展”赴雅典展览的做法与启示/于平//北京文博2005-1
关于临时展览的几点思考/林章芹//博物馆研究2005-1
博物馆陈列的性质与价值取向/宋向光//中国博物馆2005-2
陈列工程资金使用效益最大化案例分析/徐德明//中国博物馆2005-2
博物馆说明中语言信息的处理原则/曹宏//中国博物馆通讯2005-2
杭州中国江南水乡文化博物馆的展示策划/严建强//中国文物报2005-2-24
由第四届陈列艺术研讨会所引起的思考/朱雅娟//故宫博物院十年论文选（1995—2004），紫禁城出版社2005年
谈临时展览的选题/李琳//文物春秋2005-3
2003—2004年度十大陈列展览精品//中国文化遗产2005-3
历史人物纪念馆陈列探讨/杨玉山//东南文化2005-3
向新的高度迈进——中国丝绸博物馆基本陈列改造纪实/蔡琴、陈文锦、徐德明//中国文物报2005-3-10
在现场展示：新内涵新形式新感受——记桂林甑皮岩遗址博物馆新陈列“万年前的桂林人”/韦军//中国文物报2005-3-16
以激情追寻理想——青岛市博物馆2004年陈列展览探析/史韶霞//中国文物报2005-3-16
用特色内容设计展示齐白石艺术人生/柳宪辉//中国文物报2005-3-18
“诊疗”博物馆展览工程管理之展览文本（上、下）/陆建松//中国文物报2005-3-18，2005-3-21
先有预展后有汇报专家为外展“把脉”/崔波//中国文物报2005-3-29
博物馆展览工程管理之展览设计加强博物馆布展工程中“深化设计”环节的把关/陆建松//中国文物报2005-3-31
博物馆展览工程管理之展览文本编写展览内容文本的体会/桑世波//中国文物报2005-4-22
新中国博物馆陈列回眸/黄春雨//中国文化遗产2005-4
面向世界的中国博物馆——展览交流开辟的新天地/张文彬//中国文化遗产2005-4
博物馆陈列设计内涵的演变/刘爱河//中国博物馆2005-4
“古代希腊：人与神”展的艺术设计与布展工程/王蕾、郝寅祥//中国博物馆2005-4
试论民族民俗文物陈列展览环境/赵冬菊//中国博物馆2005-4
民族民俗文物陈列展览环境浅析/赵冬菊//文物工作2005-4
创新办展思路强化市场运作/栗淑萍//文物工作2005-4
关于自然专题展陈文字脚本组成的探讨/张美英//中国博物馆通讯2005-4
黄河口湿地博物馆鸟类展厅陈列设计/张俊、杨子旺、王玉珍//山东林业科技2005-4
博物馆陈列设计感想四题/侯立//上海文博论丛2005-4
博物馆陈列工作的几个观念问题/邓佳平//中国文物报2005-4-5

资源共享共同发展——广东博物馆陈列展览协作交流网的做法与启示/崔波//中国文物报2005-4-5
第六届（2003—2004年度）全国博物馆十大陈列展览精品参评展览扫描/全国博物馆十大陈列展览精品评选活动办公室//中国文物报2005-4-29
陈列艺术中的"光感"与"美感"/陈同乐、倪明//东南文化2005-5
解读历史传承文明——"展示陈列"工程拾得/赵铮//中国文物报2005-5-12
博物馆展览工程管理之陈列艺术工程控制博物馆陈列和施工三人谈/周艳芝//中国文物报2005-5-22
铸魂：散评山西博物院大型陈列"晋魂"/赵春贵//中国文物报2005-5-26
少花钱也可以办出展览精品：有感中国丝绸文化陈列荣获博物馆陈列展览精品奖/金桂成、黄宸赞//中国文物报2005-5-31
基层博物馆的办展思路/陈冬青//文物工作2005-6
山西博物馆陈列艺术方案的设计思想/刘海波、王有庆//中国文物报2005-6-22
博物馆展览工程管理之总体设计：论博物馆展览总体设计/夏明明、浮克清//中国文物报2005-6-22
博物馆展览工程项目委托方式的思考/陆建松//中国文物报2005-6-22
博物馆展示宣传与社会服务工作大家谈（8）：厉华馆长谈"红岩"的改革/李艳//中国文物报2005-6-22
博物馆陈列展览市场化运作的有益尝试/张巍、牛伟//中国文物报2005-6-30
博物馆既要"继往"，也要"开来"——也谈地方史陈列如何贴近现实生活/曹爱生//中国文物报2005-7-5
博物馆展示中以人为本之"人"谈/侯俊杰、侯霞//中国文物报2005-7-15
博物馆展览工程取费标准亟待制定/陆建松//中国文物报2005-7-15
陈列展览精品评选工作需改革完善/自庶//中国文物报2005-7-25
中国丝绸博物馆基本陈列改造之特色/俞敏敏、金琳//中国博物馆通讯2005-8
浅议"中国百年看天津"陈列艺术设计/王建平//中国博物馆通讯2005-8
绘图在博物馆陈列设计中的运用/郑天伦//中国文物报2005-8-15
博物馆展览档案的建立与管理/袁学军//中国文物报2005-8-15
谈陈列展览中学术争鸣问题的处理/申永峰//中国文物报2005-8-29
"无设计"——陈列艺术设计应追求的最佳境界/刘建敏//中国文物报2005-8-29
探索：革命历史类博物馆的展示理念与手法/马英民//中国文物报2005-8-29；回顾与展望——中国博物馆发展百年：2005年中国博物馆学会学术研究会文集，紫禁城出版社2005年
避暑山庄及其周围寺庙不断推陈出新努力打造展览精品/冯术东//中国博物馆通讯2005-9
武汉"八七会议"旧址纪念馆陈列设计谈/曾智德//中国博物馆通讯2005-9
中小博物馆的振兴——中国博物馆展示和服务能力建设的重中之重/曹兵武//中国文物报2005-9-9
中小博物馆展示与开放基本情况调查/李文昌//中国文物报2005-9-9
地方博物馆要办出自己的特色——邯郸市博物馆基本陈列三次大调整纪实/郝良真//中国文物报2005-9-16
英国博物馆展览的策划与组织/龙霄飞//中国文物报2005-9-30
大胆改革锐意创新开创博物馆管理、陈列、服务工作新局面/湖南省博物馆//文物工作2005-11
从"伟大胜利"大型主题展览看重大革命历史题材陈列的做法和经验/中国人民抗日战争纪念馆//文物工作2005-11
理顺和规范藏品丰富博物馆陈列展览/南京博物院//文物工作2005-11
试论展览形式设计依据和管理要求/陆建松、费钦生//中国物报2005-11-8
"伟大胜利"展览的内容设计特色/唐晓辉//中国文物报2005-11-8
四年筹一展/黄道华//中国文物报2005-11-8
一个深受观众喜爱的展览——"伟大胜利"大型主题展览综述/于延俊//中国博物馆通讯2005-12
国博馆藏抗战美术展的思考/王南//中国文物报2005-12-2
陈列语言文字的失范/朱圣林//广西博物馆文集（二），广西人民出版社2005年
关于自然资源陈列的思考//南通博物苑百年苑庆纪念文集，文物出版社2005年
民俗陈列——中小博物馆展览的新亮点/张颖、仲秀林//博物馆展览：策划设计与实施，学苑出版社2005年
博物馆陈列"人性化"的创新思维/高建//博物馆的记忆与想象："百年文博——我与博物馆"大型征文活动

文萃，学苑出版社2005年
追求中奋进——晋城博物馆获第六届全国博物馆陈列展览精品奖纪实/安建峰//博物馆的记忆与想象："百年文博——我与博物馆"大型征文活动文萃，学苑出版社2005年
一条发展的好路子——地、县博物馆举办自然博物陈列/姜江来//博物馆的记忆与想象："百年文博——我与博物馆"大型征文活动文萃，学苑出版社2005年
多举办富有特色的陈列展览充分发挥博物馆的社会教育作用//南通博物苑百年苑庆纪念文集，文物出版社2005年
博物馆：沟通文化的桥梁——广州艺术博物院陈列展览的现状与前瞻/陈滢//博物馆：文化的桥梁，广东人民出版社2005年
大遗址的保护与展示——南越国宫署遗址的发掘、保护与博物馆建设浅议/韩维龙、章昀//博物馆：文化的桥梁，广东人民出版社2005年
博物馆展览实务探析/戈思明//博物馆营运的新思维（史物丛刊52），（台）历史博物馆2005年
从博物馆展示设计引发若干观念与思维/刘长江//博物馆营运的新思维（史物丛刊52），（台）历史博物馆2005年
对陕西历史博物馆玉器保管工作的几点认识/杨亮//陕西历史博物馆馆刊（十二），三秦出版社2005年
浅谈博物馆的临时专题展览陈列艺术/吴倩//湖南省博物馆馆刊（二），岳麓书社2005年
浅谈博物馆陈列艺术/潘勇//湖南省博物馆馆刊（二），岳麓书社2005年
浅谈博物馆展览设计/郭丹//湖南省博物馆馆刊（二），岳麓书社2005年
关于陈列展览文字说明的思考/崔利民//回顾与展望——中国博物馆发展百年：2005年中国博物馆学会学术研究会文集，紫禁城出版社2005年
职业道德在博物馆陈列中的实践/黄艳//回顾与展望——中国博物馆发展百年：2005年中国博物馆学会学术研究会文集，紫禁城出版社2005年
论现代科技在博物馆陈列艺术中的运用/曾智德//回顾与展望——中国博物馆发展百年：2005年中国博物馆学会学术研究会文集，紫禁城出版社2005年
论陈列的框架结构设计/周筠//回顾与展望——中国博物馆发展百年：2005年中国博物馆学会学术研究会文集，紫禁城出版社2005年
回归也是发展：纺博露天复原陈列二十年/姜平//回顾与展望——中国博物馆发展百年：2005年中国博物馆学会学术研究会文集，紫禁城出版社2005年
创造精品陈列展览，坚持不懈服务公众/陈克伦//回顾与展望——中国博物馆发展百年：2005年中国博物馆学会学术研究会文集，紫禁城出版社2005年
陈列模式的突破与创新——"汉广陵王墓陈列"概况及艺术特色/马庭顺、马赫//回顾与展望——中国博物馆发展百年：2005年中国博物馆学会学术研究会文集，紫禁城出版社2005年
关于增强博物馆陈列亲和力的几点思考/鲁杰//回顾与展望——中国博物馆发展百年：2005年中国博物馆学会学术研究会文集，紫禁城出版社2005年
衙门博物馆的复原陈列——以南阳知府衙门为例/李刘邵明//回顾与展望——中国博物馆发展百年：2005年中国博物馆学会学术研究会文集，紫禁城出版社2005年
论文物陈列的创新——以"魅力洛阳：河洛地区文物考古成果精华展"为例/沈天鹰//回顾与展望——中国博物馆发展百年：2005年中国博物馆学会学术研究会文集，紫禁城出版社2005年
办好临时展览实现效益双赢——衢州市博物馆举办临展点滴谈/柴福有//回顾与展望——中国博物馆发展百年：2005年中国博物馆学会学术研究会文集，紫禁城出版社2005年
主题展览——史前遗址陈列新探索/张礼智//回顾与展望——中国博物馆发展百年：2005年中国博物馆学会学术研究会文集，紫禁城出版社2005年
回眸艺委会/赵春贵//回顾与展望——中国博物馆发展百年：2005年中国博物馆学会学术研究会文集，紫禁城出版社2005年
老照片与陈列展览/曹欣欣//回顾与展望——中国博物馆发展百年：2005年中国博物馆学会学术研究会文集，紫禁城出版社2005年

关于陈列大纲的命题思考/张立柱//回顾与展望——中国博物馆发展百年：2005年中国博物馆学会学术研究会文集，紫禁城出版社2005年
彰显学术追求面向普通观众——简论“诗中有画画中有诗——明清绘画陈列”的选题与方法/欧阳长桥//回顾与展望——中国博物馆发展百年：2005年中国博物馆学会学术研究会文集，紫禁城出版社2005年
论博物馆流动展览的有序发展/张瑛//回顾与展望——中国博物馆发展百年：2005年中国博物馆学会学术研究会文集，紫禁城出版社2005年
有关博物馆陈列设计的几个问题/朱雅娟//回顾与展望——中国博物馆发展百年：2005年中国博物馆学会学术研究会文集，紫禁城出版社2005年
浅论新时期少数民族地区中小博物馆陈列展览工作应强化的几个意识/罗海碧//回顾与展望——中国博物馆发展百年：2005年中国博物馆学会学术研究会文集，紫禁城出版社2005年
论博物馆古典建筑在展览设计中的合理利用/毛晓玲//回顾与展望——中国博物馆发展百年：2005年中国博物馆学会学术研究会文集，紫禁城出版社2005年
关于展览形式设计返朴归真的思考/张沛心//回顾与展望——中国博物馆发展百年：2005年中国博物馆学会学术研究会文集，紫禁城出版社2005年
博物馆陈列中的典型符号及其应用/李鑫//中国博物馆2006-1
甘肃省新馆彩陶专题陈列的内容设计/王育玲、王勇//中国博物馆2006-1
再现一个“文派”的辉煌——“桐城派”主题陈列内容设计的尝试与思考/周红炬//中国博物馆2006-1
“世纪伟人邓小平——纪念邓小平同志诞辰100周年展览”的几点特色内容设计/龚青//中国博物馆2006-1
泛珠三角文物精品展“夭折”的启示——兼议馆际合作的几个相关问题/张健平//中国博物馆2006-1
信息定位型展览初论/严建强//中国博物馆通讯2006-1
典型象征符号——陈列内容设计与形式设计的“月老”/李鑫、刘德发//文物春秋2006-1
从世界的东端到西端：意大利特雷维索“丝绸之路——中国古代文明”展/嘉文//中国文化遗产2006-1
汉阳陵帝陵外藏坑的保护展示厅——遗址保护展示的另类探索（上、下）/吴晓丛//中国文物报2006-1-27；2006-2-10
历史博物馆陈列主体的内涵与解读/宋向光//中国博物馆2006-2
陈列艺术设计与图像思维/刘如凯//中国博物馆2006-2
民族文物展览/钟经纬//中国博物馆2006-2
文明的曙光——良渚文化文物精品展/杨桂梅//中国文化遗产2006-2
文化的盛筵“世界文明珍宝——大英博物馆之250年藏品”展/彭昕//中国文化遗产2006-2
现代高科技理念在“中国古代瓷器装饰艺术陈列”形式设计中的应用/周志才//中国博物馆通讯2006-2
只要做得好，一定有创造——河北省博物馆书画艺术厅形式设计/谷同伟//中国博物馆2006-3
“我是中国人民的儿子”——邓小平故居陈列馆展览特点/丁敏京//中国博物馆2006-3
传承中华文化　展示辽河文明——辽宁省博物馆“辽河文明展”/辽宁省博物馆//中国文化遗产2006-3
首都博物馆老北京民俗展/沈平//北京文博2006-3
论基础博物馆的流动展览/俞平//黑河学刊2006-3
改陈启新紧锣密鼓：北京鲁迅博物馆概念设计评审顺利结束/崔波//中国文物报2006-3-17
现代博物馆展陈的传播学思考/杜莹//中国博物馆2006-4
再谈民族民俗文物陈列的几个特点/赵冬菊//中国博物馆2006-4
关于博物馆展示设计中的“空间”/赵盛彪//中国博物馆2006-4
博物馆陈列设计风格的多元化问题/江涛//中国博物馆2006-4
近期热点国外艺术展览笔谈/潘守永、杨玲等//中国博物馆通讯2006-4
开放加创新“借”出新天地/冯光生//中国博物馆通讯2006-4
合作交流 共襄盛举/夏蓓蓓//中国博物馆通讯2006-4
大英博物馆250年之藏品展侧记/牛兆林//中国博物馆通讯2006-4
陕西历史博物馆藏国宝文物/董理、姜涛//中国文化遗产2006-4
域外博览：日本博物馆掠影（7）：博物馆展览设计的新手段/王林//中国文物报2006-4-14

古蜀秘宝：三星堆博物馆馆藏珍品/朱亚蓉//中国文化遗产2006-6
榆林民俗博物馆基本陈列设想/王富春、乔建军、阎宏东//文博2006-5
湖州市博物馆陈列布展工程回顾与思考/潘林荣//中国文化遗产2006-6
讲述当地的故事——“吴兴赋：湖州历史与人文陈列”筹划的理念与特色/陆建松//中国文化遗产2006-6
博物馆陈列艺术的创新与探索/王有庆、崔波//中国文物报2006-6-16
加强国外临时展览的引进工作/俞文君//中国文物报2006-6-23
石家庄市博物馆推出历史文化巡展/尚晏芝//中国文物报2006-6-23
加强博物馆展示宣传与社会服务工作调查研究/中国博物馆学会与中国文物报社联合课题组曹兵武、李文昌、崔波//中国文物报2006-7-28
徐州西汉楚王陵文物展的设计构思/许昕//中国文物报2006-8-11
博物馆安全防范与布展/李元彪//中国文物报2006-8-11
陈列大纲不等于展览内容脚本/陆建松//中国文物报2006-8-18
中国邮票博物馆展陈初探/李亚静//中国博物馆通讯2006-9
从延安革命纪念馆新基本陈列方案的设计看陈列创新/张明胜、任勇//中国博物馆通讯2006-9
浅谈中国人民解放军第二十二兵团领导创业旧址的复原和陈列/蔡晓川//中国博物馆通讯2006-9
博物馆展陈与展览科技/王凯//中国文物报2006-9-8
博物馆展览工种管理之展览文本/魏崴/中国文物报2006-9-22
营造异域氛围彰显异国瑰宝——中国国家博物馆馆藏国际礼品设计特色/曹欣欣/中国文物报2006-11-24
勿忘“九·一八”——日本侵略中国东北史实展览设计综述/赵继敏/中国文物报2006-11-24
虽小道尚可观——“中国古代消闲娱乐展”展览回顾/佟春燕/中国文物报2006-11-24
蜡像在陈列中的应用/任锐//中国博物馆通讯2006-12
中外蜡像馆展示特点/郭丽芬//中国文物报2006-12-1
革命纪念馆陈展策划诸问题探索/俞乐滨//中国文物报2006-12-1
推进精品工程树立展陈榜样提升服务水平：第7届（2005—2006年度）全国博物馆十大陈列展览精品评选活动办公室负责人答记者问/李让//中国文物报2006-12-1
浅谈历史博物馆专题陈列的作用及意义/张梅//陕西历史博物馆馆刊（十三），三秦出版社2006年
博物馆展览的市场化运作：以“古罗马文明展”与“汉长安文物展”为例/马振智//博物馆学研究论文集，陕西人民出版社2006年；博物馆理论与实践研讨会论文集，三秦出版社2007年
对博物馆陈列观念转变的一些认识/张沛心//博物馆学研究论文集，陕西人民出版社2006年；博物馆理论与实践研讨会论文集，三秦出版社2007年
感知特征与陈列设计/郑雅坤//博物馆学研究论文集，陕西人民出版社2006年
从延安革命纪念馆的陈列实践谈展示环境的空间设计/韦纯学//博物馆学研究论文集，陕西人民出版社2006年
博物馆陈列建档工作概论/周劲思、王昱东//博物馆学研究论文集，陕西人民出版社2006年
博物馆陈列说明英译浅论/范淑英//博物馆学研究论文集，陕西人民出版社2006年
博物馆陈列设计的新思考/蔡荭//广西博物馆文集（三），广西人民出版社2006年
改革路上的一行脚印——回眸“安徽古代文明”陈列/朱世力//安徽省博物馆建馆五十周年文集，安徽人民出版社2006年
退思三则——博物馆陈列设计思考/董伯信//安徽省博物馆建馆五十周年文集，安徽人民出版社2006年
“安徽古生物陈列”形式设计的探索/王彦祥//安徽省博物馆建馆五十周年文集，安徽人民出版社2006年
关于“安徽文房四宝”再度陈列的几点设想/高晓玲//安徽省博物馆建馆五十周年文集，安徽人民出版社2006年
办好综合性博物馆陈列的若干思考/叶新琼//安徽省博物馆建馆五十周年文集，安徽人民出版社2006年
博物馆陈列展览的观念创新与发展趋势/李燕//安徽省博物馆建馆五十周年文集，安徽人民出版社2006年
谈博物馆陈列设计中氛围的营造——“巢湖汉墓出土精品文物展”形式设计浅析/刘文扬//安徽省博物馆建馆五十周年文集，安徽人民出版社2006年
民族民俗博物馆文化遗产展示的新趋向/韩光云//中国民族文博（第一辑），民族出版社2006年

论陈列展览对激活民族地区博物馆的作用/周明阜、唐宏吉//中国民族文博（第一辑），民族出版社2006年
关于陈列设计的几点思考/白森//中国民族文博（第一辑），民族出版社2006年
论博物馆展示设计理念中的“人、物和时空”的关系/冯昆思//中国民族文博（第一辑），民族出版社2006年；在传播科学中传承文明——博物馆研究论文集，文物出版社2007年
博物馆民族音乐展览形式构想/刘莉//中国民族文博（第一辑），民族出版社2006年
谈临时展览在中小型博物馆工作中的作用/张雪//中国民族文博（第一辑），民族出版社2006年
浅谈博物馆的陈列展览与博物馆建筑/黄亦男、奚吉平//中国当代文博论著精编，文物出版社2006年
探索舞台艺术在陈列展览中的运用/邹亮辉//中国当代文博论著精编，文物出版社2006年
试论大连现代博物馆的展览特色/姜晔//中国当代文博论著精编，文物出版社2006年
曲高未必和寡——从“美国国家地理百年经典摄影作品展”看博物馆展览策划/郭丹//湖南省博物馆馆刊（三），岳麓书社2006年
形式的张力——论“走向盛唐”展的艺术设计/潘勇//湖南省博物馆馆刊（三），岳麓书社2006年
“盛世佛光”展览陈列设计的几点新收获/张建华//碑林集刊（十二），陕西人民美术出版社2006年
谈博物馆陈列照明/李琼璟//辽宁省博物馆馆刊（1），辽海出版社2006年
和平正义事业的伟大胜利——谈国博在香港、澳门等地举办的纪念抗战胜利展览的设计思路/安莉//中国博物馆2007-1
时空再现的光影艺术——谈“大汉楚王展”陈列照明设计的艺术展示方法/艾晶、郝寅祥//中国博物馆2007-1
民俗展陈内容设计理念初探——以首都博物馆“老北京民俗展”为例/沈平//中国博物馆2007-1
论临时展览的氛围/曹欣欣//中国博物馆2007-1
陈列中光源的选用/任锐//中国博物馆通讯2007-1
上海美术设计公司陈列展示业绩辉煌/胡晓云//中国文物报2007-1-17
人才济济硕果累累的军博设计处//中国文物报2007-1-17
现代博物馆设计一席谈——北京天图公司访谈/崔波、王凯、张琪、李萌//中国文物报2007-1-17
博物馆陈列展览主题主线确定的依据与表达方式的生活化取向——以广东历史文化展览为例/刘金宏//中国博物馆2007-2
以冰心精神设计冰心展览/刘东方//中国博物馆通讯2007-2
秦兵马俑展留下的思考/李玲//北方文物2007-2
三维影像技术在博物馆古代人类标本展示中的应用/魏东//中国博物馆2007-2
博物馆和纪念馆陈列招投标方式初探/马怀伟//中国博物馆2007-2
关于地方综合性博物馆基本陈列专题化的思考/胡秀杰、罗葆森、王珍珍//北方文物2007-2
博物馆陈列展览跟进服务初探/刘冬梅//中国博物馆2007-3
博物馆陈列艺术设计中的创造性思维/董松//中国博物馆2007-3
仿真生态景观中水体的制作/刘勤学、李梅//中国博物馆2007-3
把握时代脉搏满足观众需求——中国农业博物馆陈列思考/唐志强、肖克之//中国博物馆2007-3
旧址陈列应尊重旧址历史发展脉络——湖南自修大学旧址陈列改版的做法和体会/柳宪辉//中国博物馆2007-3
陈列形式设计中营造历史氛围的实践探索/刘彦博//文博2007-3
色彩在陈列设计中的作用/李健//文博2007-3
谈陈列手段与“物”之关系/赵晓琳//武汉文博2007-3
“四条展示线”：革命史陈列内容设计师应关注/陈宗良、康彦新//中国文物报2007-3-2
鱼龙变化一跃冲天——磁州窑博物馆“黑与白的艺术”陈列谈/谷同伟//中国文物报2007-3-16
太行精神光耀千秋——“八路军抗战史”陈列/魏国英、史永平//中国文物报2007-3-21
闽台缘海峡情——福建中国闽台缘博物馆基本陈列/闽泉//中国文物报2007-3-21
开拓创新打造陈列精品——走进“勿忘‘九一八’——日本侵略中国东北史实”展览/王斌、张微//中国文物报2007-3-23
挖掘警示性文化内涵升华陈列主题——“勿忘‘九一八’”展览设计特色/赵继敏、王斌//中国文物报2007-3-23

博物馆临时性展览工作浅识/黄乔生//中国博物馆2007-4
邮驿传书越千年　历经沧桑展新颜——上海邮政博物馆展览巡礼/胡诗云//中国文物报2007-4-23
行业博物馆的新天地：上海邮政博物馆陈列设计感言/徐征野//中国文物报2007-4-23
项目管理在展览施工中的应用/王蕾//中国文物报2007-4-23
再现淹没的盛世辉煌——庆祝汉阳陵帝陵外葬坑保护展示厅建成开放一周年/汉阳陵博物苑工程指挥部//中国文物报2007-3-28
风范园：伟大精神的美妙缩影——浙江省绍兴周恩来纪念馆展览陈列述评/葛波尔//中国文物报2007-3-28
新视角新立意新主题——中国人民抗日战争纪念馆“伟大胜利”大型主题展览介绍/沈强、洪麦恩//中国文物报2007-3-28
创新展示理念，彰显自身特色——上海孙中山文物馆陈列展览特色介绍/孙娟娟//中国文物报2007-3-30
嫩江流域的文明——齐齐哈尔历史文物陈列综述/孙志斌、徐晓慧//中国文物报2007-3-30
赴港“中国考古新发现展”的主题与构思/钱卫//中国博物馆2007-4
对法国博物馆陈列与布展中“零风险”概念的理解/韦荃//中国博物馆2007-4
建筑与陈列——故宫博物院珍宝馆、石鼓馆的陈列设计/朱雅娟//中国博物馆2007-4
在传承中创新：第七届“全国博物馆十大陈列展览精品评选”参评项目述评/李艳//中国文物报2007-4-6
城建史展陈的一个尝试——以城市、空间及其文化为切入点/章文永//中国文物报2007-4-6
托举“科举文化”的内涵——上海科举博物馆陈列//中国文物报2007-4-13
昆曲互动展示在“首博”//中国文物报2007-4-13
打造地方精品弘扬特色文化——伊春市博物馆改建布展工作回顾/李平//中国文物报2007-4-20
“西汉楚王陵墓文物精品展”的照明艺术/艾晶、郝寅祥//中国文物报2007-4-20
雕塑：博物馆陈列的二度创作/徐道光//东南文化2007-5
博物馆陈列艺术的创新研究/田传芹//科技信息2007-5
孔明苑——博物馆陈列新尝试/谢辉、梅铮铮//成都大学学报2007-6
略谈“邯郸古代石刻艺术”的陈列特色/刘天英、陈斌//文物春秋2007-6
“我们在太行山上”展览概况和特色/ 王书俊//文物春秋2007-6
如何制作展览专题片/张丽文//中国文物报2007-6-15
在古建中，如何做好现代展陈//中国文物报2007-6-27
孔明苑：可以玩的博物馆陈列/谢辉、梅铮铮//中国文物报2007-7-20
“国家宝藏”展：城市文化生活的盛宴/梁遐//中国文物报2007-8-1
耕耘后的收获——“国家宝藏”展圆满结束后的反思/李建毛//中国文物报2007-8-1
湖南省博物馆两个成功展览的四个视角/熊建华//中国文物报2007-8-1
陈列展览施工制作的组织/崔金贵//中国文物报2007-8-24
中小型博物馆陈展中的英文翻译/李文涓//中国文物报2007-8-31
浅议博物馆陈列室的绿色景观设计/艾晶//中国博物馆通讯2007-9
现代博物馆展示功能的多样化/王凤琴//中国博物馆通讯2007-9
国家文物局以简报形式褒扬“走向盛唐展”/南方//中国文物报2007-9-14
消失的场景——云南禄丰恐龙遗址博物馆设计/李宁、杨易栋、王玉平、彭怡芬//建筑学报2007-9
“中华苏维埃共和国历史纪念馆”建设的实践与思考/杨荣彬//中国博物馆通讯2007-10
浓缩民族文化精华　展示绮丽民俗风情/道尔基、张远华//中国博物馆通讯2007-10
试论展陈设计中的细节/张美英、徐宁//中国博物馆通讯2007-10
做好博物馆展览的九大支撑//中国文物报2007-10-19
试论二十一世纪博物馆的陈列理念/刘洁//博物馆理论与实践研讨会论文集，三秦出版社2007年
对博物馆陈列观念转变的一些认识/张沛心//博物馆理论与实践研讨会论文集，三秦出版社2007年
关于文物陈列的几个问题/段德新//博物馆理论与实践研讨会论文集，三秦出版社2007年
博物馆做好“三贴近”应从展览选题入手/翟战胜//博物馆理论与实践研讨会论文集，三秦出版社2007年
博物馆陈列展览如何做好“三贴近”/冯博平//博物馆理论与实践研讨会论文集，三秦出版社2007年

博物馆展览的市场化运作——以“古罗马与汉长安展”为例/马振智//博物馆理论与实践研讨会论文集，三秦出版社2007年
半坡遗址陈列内容设计工作审视/张幼萍//博物馆理论与实践研讨会论文集，三秦出版社2007年
浅析法门寺历史文化陈列的主要特色/张高举//博物馆理论与实践研讨会论文集，三秦出版社2007年
博物馆陈列艺术创新琐议/马晋川//博物馆理论与实践研讨会论文集，三秦出版社2007年
试论博物馆陈列艺术设计的创新/王妮//博物馆理论与实践研讨会论文集，三秦出版社2007年
史前遗址博物馆陈列形式多样化的探讨/马雨林//博物馆理论与实践研讨会论文集，三秦出版社2007年
从延安革命纪念馆新基本陈列方案的设计看陈列创新/张明胜、任勇//博物馆理论与实践研讨会论文集，三秦出版社2007年
文物陈列展览的境界/高西省、叶四虎//陕西历史博物馆馆刊（十四），三秦出版社2007年
谈论基本陈列改造中多媒体展示技术的运用/张梅//陕西历史博物馆馆刊（十四），三秦出版社2007年
在享受中学习在娱乐中体验——英国博物馆展览述议/龙霄飞//首都博物馆丛刊（21），北京燕山出版社2007年
公共艺术与博物馆展陈——论博物馆的公共性/张杰//首都博物馆丛刊（21），北京燕山出版社2007年
自然科学类博物馆的展示理念/续颜、马晓春//2007中国天津欧亚自然历史博物馆高层论坛文集，天津人民出版社2007年
“甘肃古生物化石”陈列展览内容设计特色/张行//2007中国天津欧亚自然历史博物馆高层论坛文集，天津人民出版社2007年
动物剥制标本艺术探讨/梁荣伟、Liang Rongwei//2007中国天津欧亚自然历史博物馆高层论坛文集，天津人民出版社2007年
三星辉映丝路长——三星堆博物馆推出三星堆与南方丝绸之路青铜文物特展/吴雄羲//中国文物报2007-11-2
陈列艺术设计的几点要求/魏明//中国文物报2007-11-9
博物馆展览的分类与意义新探/余辉//中国文物报2007-11-9
博物馆展览工程设计与制作宜一体化/陆建松//中国文物报2007-11-30
以文化搭台唱陶瓷大戏——两宋官窑博物馆“中国陶瓷文化陈列”/邓禾颖、孙媛//中国文物报2007-12-14
井冈山革命博物馆新馆展陈工程综述/欧阳苏勤、席平//中国文物报2007-12-19
上海高校博物馆联展的思考与启示/吴鸿州等//21世纪高校博物馆建设与发展，吉林科技出版社2007年
展览策划——打造精品陈列的必经之路/彭文//陈列艺术3，东南文化2007年增刊
浅谈陈列内容设计中的触摸屏设计/彭文//陈列艺术3，东南文化2007年增刊；秦陵秦俑研究动态2008-3
从MIHO到南京博物院——人文、科技与博物馆陈列艺术/龚良//陈列艺术3，东南文化2007年增刊；和谐博物馆论，文物出版社2012年
大卫来了——“意大利贝利尼博物馆文艺复兴艺术作品”展览/王海彬//深圳文博论丛2005—2006年合刊，文物出版社2007年
深博“近现代深圳”陈列内容设计的若干特点/李强//深圳文博论丛2005—2006年合刊，文物出版社2007年
试论“记忆深圳——‘深圳改革开放史’实物资料展览”的陈列主题和陈列手段/李强//深圳文博论丛2005—2006年合刊，文物出版社2007年
关于“深圳改革开放史实物资料展览”陈列设计的几点思考/黄曼琳//深圳文博论丛2005—2006年合刊，文物出版社2007年
从全球视野看自然历史博物馆的起源、发展与成就以及对我国自然历史博物馆展示策划的思考/甄朔南//在传播科学中传承文明——博物馆研究论文集，文物出版社2007年；甄朔南博物馆学文集（续），中国大百科全书出版社2008年
儿童体验空间的展示规划//在传播科学中传承文明——博物馆研究论文集，文物出版社2007年
“城市故事”：当代中国大陆城市史展示理念思索/严建强//在传播科学中传承文明——博物馆研究论文集，文物出版社2007年
虚实相间，风光无限：当代博物馆展示理念小议/游天星//在传播科学中传承文明——博物馆研究论文集，文物出版社2007年
论民族博物馆的陈列模式/秦晋庭、冯昆思//在传播科学中传承文明——博物馆研究论文集，文物出版社2007年

“以人为本”的展示理念在博物馆中的应用：以中国茶叶博物馆为例/郭丹英、吴胜天//在传播科学中传承文明——博物馆研究论文集，文物出版社2007年
论科技手段在当代博物馆展示中的应用/钟长永//在传播科学中传承文明——博物馆研究论文集，文物出版社2007年
浅析江山市自然历史博物陈列对建设和谐社会产生的作用/姜江来、郑春仙//在传播科学中传承文明——博物馆研究论文集，文物出版社2007年
传承经典，引导创新：用新的理念指导博物馆的展示活动/朱忠良//在传播科学中传承文明——博物馆研究论文集，文物出版社2007年
论基于体验理念的博物馆展示设计/赵颖//在传播科学中传承文明——博物馆研究论文集，文物出版社2007年
“空间”展示设计在自然博物馆/郭海涛//在传播科学中传承文明——博物馆研究论文集，文物出版社2007年
以创新展示手法营造展示差异化的原则/杨中信//在传播科学中传承文明——博物馆研究论文集，文物出版社2007年
自然科学博物馆展示持续吸引观众的成功实践/李家维//在传播科学中传承文明——博物馆研究论文集，文物出版社2007年
博物馆的展示理念：博物馆学的一个专业领域/王卫东//在传播科学中传承文明——博物馆研究论文集，文物出版社2007年
博物馆展示沟通策略的构成要素/辛治宁//在传播科学中传承文明——博物馆研究论文集，文物出版社2007年
关于体验展示设计的创新实践/李迎化//在传播科学中传承文明——博物馆研究论文集，文物出版社2007年
加强研究展览的相关因素是办好展览的重要一环/曾光//中国博物馆2008-1
陈列内容设计文本的特点及编写/宋向光//中国博物馆2008-1
论纪念类博物馆展示策略/古骐瑛//中国博物馆2008-1
博物馆陈列艺术与技术的界阈约论/侯春燕//中国博物馆2008-1
博物馆陈列展示中自然光的运用/吴瞻//中国博物馆2008-1
“复兴之路”大型主题展览设计特色/曹欣欣//中国博物馆通讯2008-1
连接博物馆文物展览与受众的桥梁——“独立策展人”制度探索/彭文//中原文物2008-1
百年奥运千年国粹——“中国古代体育文物精品展”策展构思/彭文//文博2008-1
专题展览艺术设计探析/魏明//设计艺术2008-1
用“心”解读宁波历史陈列/赵春贵//浙东文化2008-1（创刊号）
浅谈宁波博物馆竹刻展厅的方案设计/郝惊雷//浙东文化2008-1（创刊号）
发挥馆藏优势加强对外交流——洛阳博物馆文物外展纪实/豫文//中国文物报2008-1-4
“中国箸文化”展参观随感/箴言//中国文物报2008-1-4
穷工极巧精美绝伦——扬州博物馆馆藏牙雕珍品/徐忠文、王晓涛//中国文物报2008-1-9
打造都市红色经典成就展陈时代篇章/万琳//中国文物报2008-1-16
尊重历史求创新以人为本为观众——“中国共产党第五次全国代表大会历史陈列”展陈设计理念/栾东达//中国文物报2008-1-16
展览文字的功能浅述/王抒//中国文物报2008-1-18
超越展览的展览：“赵孟頫书画珍品回家展”的启示/蔡琴//中国文物报2008-1-25
从展示评估出发：专家判断与观众判断的双重实现/严建强//中国博物馆2008-2
论博物馆展陈的观赏性/马英民//中国博物馆2008-2
从“失落的经典——印加人及其祖先珍宝展”谈内容设计需要注意的几个问题/陈成军、黄玉成//中国博物馆2008-2
展示多元文化共建和谐世界——谈“世界瑰宝——中华人民共和国国际礼品特展”设计思路/蒋潇//中国博物馆2008-2
浅谈视频影像在博物馆陈列中的应用/许俊德//中国博物馆通讯2008-2
试论博物馆文物陈列/杨溯//徐州师范大学学报2008-2
辽阳博物馆设计理念、内容与形式分析/夏军//沈阳农业大学学报2008-2

博物馆进行时“博物馆设计之旅”研讨会实录/侯麦//室内设计与装修2008-2
博物馆照明有意味的形式追求/袁樵//室内设计与装修2008-2
雕刻历史传承文化扬州中国雕版印刷博物馆陈列布展设计/许建春//室内设计与装修2008-2
中国民族文化与博物馆陈列展示/李馥颖、闫启文//美术大观2008-2
展览形式表现不能为“秀”而秀//中国文物报2008-2-15
大英博物馆“秦始皇：中国兵马俑”展览的启示和借鉴/张颖岚//文博2008-3
雕塑艺术与博物馆陈列设计创新的思考/黄光武//中国高新技术企业2008-3
从人本主义学习论看博物馆的展览设计——来自现代欧洲博物馆的启示/何琦、王军//科普研究2008-3
探索回族历史文化陈列展示——中国回族文物的利用研究/雷润泽//回族研究2008-3
安徽古生物化石博物馆新馆建设定位与展示思考/胡远超//安徽地质2008-3
博物馆文本中四字排比结构的翻译/俞川//中国电力教育2008-3
在展览与交流中做强辽宁文化/谢文君//中国文物报2008-3-2
地县级博物馆陈列设计如何做到活巧省/黄光武//中国文物报2008-3-7
写在“陕西古代文明”正式开展之际/成建正//中国文物报2008-3-21
“陕西古代文明”的总体设计思路/马晋川//中国文物报2008-3-21
源远流长辉煌灿烂——“陕西古代文明”内容设计思路/田小娟//中国文物报2008-3-21
三秦瑰宝——“陕西古代文明”展品选介/董理//中国文物报2008-3-21
改陈工作的新思路/马振智//中国文物报2008-3-21
大众文化时代博物馆的展示传播/张曼西//中国博物馆2008-4
改造与整顿时期中国博物馆展览活动案例分析/卫东风、曾莉//中国博物馆2008-4
世博会展示理念与技术对博物馆的影响/吕建昌//中国博物馆2008-4
从“伟大胜利”展览看大型主题展览获得成功的原因及其启示/沈强//中国博物馆2008-4
博物馆承接国际性临时展览所必备的条件/黄雪寅//中国博物馆2008-4
自然博物馆展示前置研究进展/边晓岚、李迎化//中国博物馆2008-4
关于博物馆景观陈列设计的表述方式——场景描述的思考/李梅、刘勤学//中国博物馆2008-4
博物馆陈列设计方式浅说/朱庆林//淮北煤炭师范学院学报2008-4
论博物馆观众注意的引导——注意理论在博物馆展示设计中的应用/焦丽丹//中国博物馆通讯2008-4
新博物馆运动之路：广东客家博物馆开馆陈列观后/徐坚//中国文物报2008-4-2
“世界客都”的城市新象征——“客家人”专题展览观后感/曹劲//中国文物报2008-4-2
藏（展）品·展览/俞文君//中国文物报2008-4-4
展示地方文化特色彰显历史名城底蕴——淮安市博物馆新馆“国家历史文化名城——淮安”大型基本陈列概述/孙玉军、陈永贤//中国文物报2008-4-18
打响陈列精品工程/黄中平//中国文物报2008-4-23
南昌八一起义纪念馆展陈亮点/洪麦恩//中国文物报2008-4-23
全国首家劳务工博物馆：多层面的内容设计/邢照华//中国文物报2008-4-25
从“徽州古建筑陈列”看文化遗产的现代价值/汪庆元//中国博物馆通讯2008-5
历史题材展示陈列设计中的气氛控制/赵长庆//东南文化2008-5
民间工艺博物馆的灯光设计/朱尽艳//四川文物2008-5
美国新闻博物馆的灯光系统//演艺设备与科技2008-5
基于体验理念的服饰博物馆展示设计/郭盈、李晓久//纺织科技进展2008-5
高校地质博物馆展品的陈列/刘莉//吉林大学学报（地球科学版）2008-5
盖蒂博物馆与绝对当代的艺术展示/大卫·卡里尔、丁宁//南京艺术学院学报2008-5
光环中的爱涛现象——当前博物馆陈列艺术的反思/爱涛//中国文物报2008-5-16
革命纪念馆陈列的美学应用——以井冈山革命博物馆陈列为例/崔波//中国文物报2008-5-16
博物馆与地域文化特色展览/金辉//中国文物报2008-5-23
1953—1966年中国博物馆展示设计研究/卫东风、孙毓//南京艺术学院学报2008-6

新形势下博物馆展览建设之我见/李彩霞//漯河职业技术学院学报2008-6
另一种品质——彼得·卒姆托的柯伦巴艺术博物馆/詹和平//南京艺术学院学报2008-6
模糊化的艺术体现——浅析博物馆展示空间的设计创作/国弘、于峰//中国文物报2008-6-6
西柏坡井冈山延安纪念馆展陈的探索/王保山、朱立新、郑益江//中国文物报2008-6-18
回望生命的光辉——北川地震遗址博物馆及震灾纪念地规划的思考/李晓江、张兵、束晨阳、张健//城市规划2008-7
四川茂县羌族博物馆基本陈列方案编制研讨会综述/博宣//中国文物报2008-7-16
一个村办的陈列展览及启示/曹爱生//中国文物报2008-7-18
地志类博物馆引进科普临展攻略/周颖//中国文物报2008-7-18
提升县级博物馆展示服务水平/韩伟东//中国文物报2008-7-18
黄麻起义和鄂豫皖苏区革命历史纪念馆、烈士纪念馆展览工程管理的几个“与众不同”/崔波//中国文物报2008-7-18
青岛市博物馆“改陈改造”工作回顾/张齐增//中国文物报2008-7-25
青岛市博物馆“改陈改造”重张/王莉//中国文物报2008-7-25
青岛市博物馆形式总体设计思路与实践/石建民//中国文物报2008-7-25
“加拿大原住民的杰作：加拿大文明博物馆珍藏展”展览运作模式/黄玉成、孙婧、陈成军//中国文物报2008-7-30
从“国家宝藏”国内巡展谈起/赵永//中外文化交流2008-8
在革命博物馆（纪念馆）展陈艺术高端研讨会上的讲话/翟卫华//中国博物馆通讯2008-8
在革命博物馆（纪念馆）展陈艺术高端研讨会上的讲话/张文彬//中国博物馆通讯2008-8
博物馆布展信息图解/达眠·瓦代//中国博物馆通讯2008-8
龙泉青瓷博物馆设计方案/建筑创作2008-8
中国海盐博物馆设计方案//建筑创作2008-8
杭州吴山博物馆设计方案//建筑创作2008-8
中国审计横亘三千年的约会——博物馆展陈概述//中国审计2008-8
拓宽对外文化交流空间——宁波博物馆与诺丁汉城堡博物馆、彼得哥什博物馆达成展览意向/莫意达//中国文物报2002-8-5
“加拿大原住民的杰作：加拿大文明博物馆珍藏展”支撑加固设计的启示/郝寅祥//中国文物报2008-8-6
聚五洲瑰宝颂四海嘉谊——“世界瑰宝——中华人民共和国国际礼品展”巡礼/隋立新//中国文物报2008-8-6
博物馆陈列的两个文化特征/崔金贵//中国文物报2008-8-8
“加拿大原住民的杰作：加拿大文明博物馆珍藏展”艺术设计随想/王蕾//中国文物报2008-8-15
关于博物馆整合社会资源举办文物展览的思考/朱学文//中国文物报2002-9-19
论博物馆陈列的审美构成//无锡博物院论文集，广陵书社2008年
关注：展览的视觉识别设计/彭文//中国文物报2008-9-19
独辟蹊径别样天亦真亦幻正相宜——浅谈“古都郑州”基本陈列光影技术应用/张霆//中国文物报2008-9-24
常州博物馆新馆陈列：驾驭人文与自然/黄建康、邵建伟、万永红//中国文物报2008-10-17
博物馆展示中多媒体技术规划的原则/郑奕//中国文物报2008-10-17
触摸屏在博物馆陈列工作中的应用/张宁//中国文物报2008-10-17
“越魂闽魄”重现古越文化/唐莉//中国文物报2008-10-17
临时展览中多媒体系统的应用/曾光//中国博物馆通讯2008-11
从“华夏瑰宝展”看中国文物外展的实践/韩静//中国文物报2008-11-7
“生命签证”专题展的征集与陈展手段/陈峻、符凯伟//中国文物报2008-11-14
陈列艺术与博物馆环境：2008年中国博物馆陈列艺术论坛综述/王有庆//中国文物报2008-11-14
高屋建瓴的策划乐于奉献的传承：2008年中国博物馆陈列艺术论坛散论二三//崔波//中国文物报2008-11-14
用创新的理念指导中国纪念馆陈列设计艺术实践——以侵华日军南京大屠杀遇难同胞纪念馆新馆为例/朱成山//中国文物报2008-11-21

打造军事文化展览精品——访中国人民革命军事博物馆馆长郭得河/李艳//中国文物报2008-11-21
气度汪洋海作胸——周恩来生平业绩陈列随感/崔波//中国文物报2008-11-28
现代陈列的展示理念在纪念馆陈列中的尝试/杨荣彬//中国博物馆通讯2008-12
如何发挥陈列布展在纪念馆工程建设中的主导作用/辛伟强//中国博物馆通讯2008-12
重现“福建与海上丝绸之路”的历史——福建博物院赴日本举办文物展览/唐莉//中国文物报2008-12-12
博物馆展览工程设计和制作控制亟待加强/陆建松//中国文物报2008-12-19
浅谈博物馆展陈制作工程的施工管理/陈泓昕//科技创新导报2008-15
博物馆陈列趋向探索/陈静//科技创新导报2008-16
盖里古根海姆艺术博物馆设计中的理性因素/胡军锋//山西建筑2008-21
博物馆的收藏与陈列艺术设计/闫丽君//黑龙江科技信息2008-33
文物展览全方位宣传模式的探索——以“秦始皇兵马俑全国巡回展”为例/彭文//国际博物馆2008年特刊
陈列更新势在必行/刘洁//石门：汉中文化遗产研究2007，三秦出版社2008年
“深圳民间收藏精品展”陶瓷精品选介/张小兰//深圳文博论丛二〇〇七年，文物出版社2008年
论博物馆基本陈列与科学研究——以“近代深圳”陈列为例/蔡惠尧//深圳文博论丛二〇〇七年，文物出版社2008年
创新的“近代深圳”陈列/梁政//深圳文博论丛二〇〇七年，文物出版社2008年
关于新馆“近代深圳”陈列设计方案的几点思考/黄曼琳//深圳文博论丛二〇〇七年，文物出版社2008年
在陈列设计中营造“三贴近”/韩晓玲//新世纪博物馆的实践与思考：北京博物馆学会第五届学术会议论文集，北京燕山出版社2008年
美的空间——兼谈博物馆空间艺术设计的美学特征/陈开宇//新世纪博物馆的实践与思考：北京博物馆学会第五届学术会议论文集，北京燕山出版社2008年
北京通史陈列的原创分析/程旭//新世纪博物馆的实践与思考：北京博物馆学会第五届学术会议论文集，北京燕山出版社2008年
积淀文化与历史——浅议符号在展示陈列中的运用/韩文涛//新世纪博物馆的实践与思考：北京博物馆学会第五届学术会议论文集，北京燕山出版社2008年
形为意用意为物创——从意大利文艺复兴艺术展的设计浅谈意大利设计师的设计理念/李铁樾//新世纪博物馆的实践与思考：北京博物馆学会第五届学术会议论文集，北京燕山出版社2008年
情感在“鲁迅生平展”设计中的作用/刘丽华//新世纪博物馆的实践与思考：北京博物馆学会第五届学术会议论文集，北京燕山出版社2008年
论博物馆陈展的观赏性/马英民//新世纪博物馆的实践与思考：北京博物馆学会第五届学术会议论文集，北京燕山出版社2008年
解析“潘玉良”/穆红丽//新世纪博物馆的实践与思考：北京博物馆学会第五届学术会议论文集，北京燕山出版社2008年
西安碑林博物馆新石刻艺术馆陈列设计的几点设想/张建华//碑林集刊（十三），陕西人民美术出版社2008年
浅谈多媒体技术在陈列展览中的运用/蓝武芳//广西博物馆文集（五），广西人民出版社2008年
解读“瓯骆遗粹——广西百越文化文物精品展”/朱圣林//广西博物馆文集（五），广西人民出版社2008年
新媒介与陈列艺术设计//无锡博物院论文集，广陵书社2008年
照明新技术在博物馆陈列中的作用//无锡博物院论文集，广陵书社2008年
风格独特理念创新布局合理特色鲜明——无锡民族工商业博物馆陈列综述//无锡博物院论文集，广陵书社2008年
加强展览与陈列的评论工作/甄朔南//甄朔南博物馆学文集（续），中国大百科全书出版社2008年
展览版面的整体性设计/沈耀耀//五秩风华：上海市青浦区博物馆建馆五十周年纪念文集，上海社会科学院出版社2008年
试论博物馆临时展览的选题/黄玉亭//五秩风华：上海市青浦区博物馆建馆五十周年纪念文集，上海社会科学院出版社2008年
展览工作回忆/沈耀耀//五秩风华：上海市青浦区博物馆建馆五十周年纪念文集，上海社会科学院出版社2008年

创新思维打破常规化平淡为精彩——从八路军驻洛办事处纪念馆的遗址复原陈列谈起/王志军、吕劲松//洛阳博物馆建馆50周年论文集，大象出版社2008年
论民族博物馆与民族传统文化展示/杨英军//辽宁省博物馆馆刊（3），辽海出版社2008年
谈博物馆展览辅助展板的设计/刘伊丹//辽宁省博物馆馆刊（3），辽海出版社2008年
关于陈列展览制作的几个问题/张淑娟、刘忠军//博物馆研究2009-1
科技博物馆展示设计的探索/方家增、陈四敏//科普研究2009-1
展览视觉识别设计与展览营销/彭文//秦陵秦俑研究动态2009-1；回顾与创新——秦始皇兵马俑博物馆开馆三十周年纪念文集，三秦出版社2009年
基于高显色性白光LED的博物馆照明系统设计/吴海彬、王昌铃//集美大学学报（自然科学版）2009-1
当代博物馆展示设计的审美/于扬//河南工业大学学报2009-1
2010年上海世博会甘肃展区的展示主题及展示内容方案/张行//陇右文博2009-1
观江西“新干大洋洲商代青铜器精品展”有感/时兰兰//陇右文博2009-1
红色经典现代表述：井冈山革命博物馆陈列综述//中国博物馆2009-1
鸿山遗址博物馆的设计亮点/王焕丽//中国文物报2009-1-2
静态展示与动态演绎完美结合——湖州市博物馆公共文化传播服务的尝试/周颖//中国文物报2009-1-16
关于中国博物馆陈列体系的思考/董琦//中国博物馆2009-2
三十年发掘与展示结合的典范：秦兵马俑一号坑第三次发掘纪略/武丽娜//中国博物馆2009-2
熔铸三代辉煌尽显古都风韵——郑州博物馆“古都郑州”基本陈列综述/郑州博物馆//中国博物馆2009-2
地方历史文化类展览如何突出地方特点/蒋晟//博物馆研究2009-2
略论我国博物馆的陈列与展览/阮睛沛//东南文化2009-2
浅析古建筑中以空间处理为中心的陈列艺术/邢照华//东南文化2009-2
陈列艺术对博物馆环境的塑造/王记华//中国甲午战争博物馆馆刊2009-2
主题创意与实践自省——“陕西出土体育题材文物展”陈列设计谈/彭文、程乾宁//秦陵秦俑研究动态2009-2
试论世界文化遗产的教育和传播/冯莉//世界遗产论坛（三），科学出版社2009年
展览工程招标中形式概念设计的内容边界及其评审/陆建松、郑奕//中国文物报2009-2-6
陈列布展：纪念馆工程建设中的主导/辛伟强//中国文物报2009-2-20
走近金融世界：沈阳金融博物馆展陈巡礼/陆海英//中国文物报2009-2-25
以形式设计深化展览，用艺术手段营造亮点/佟悦//中国文物报2009-2-25
观者络绎不绝盛赞不虚此行/刘长江//中国文物报2009-2-25
陈列展览如何引发观众兴奋点/曹爱生//中国文物报2009-2-27
八路军抗战史陈列的形式设计/史永平//中国文物报2009-2-27
诠释近代风云 演绎百年辉煌——“武汉近现代历史陈列”文案设计谈/彭建//武汉文博2009-3
永恒北川——北川国家地震遗址博物馆项目概念设计/吴长福、张尚武、卢永毅、吴承照、汤朔宁//城市规划学刊2009-3
设计新思维的实践——武钢博物馆/胡绍学、肖礼斌、谢坚//建筑学报2009-3
河姆渡遗址博物馆虚拟展示系统的研究/刘箴//系统仿真学报2009-3
临时展览在博物馆建设中的重要性探讨/黄玉亭//群文天地2009-3
也论博物馆展览制作/曹爱生//中国文物报2009-3-6
多元化解读人物是提升人物纪念馆陈展内容质量的一大关键/俞文君//中国文物报2009-3-6
应设立博物馆陈列展览资质管理制度//中国文化报2009-3-12
走进金沙——金沙遗址博物馆展陈的探索与实践/成都金沙遗址博物馆//中国文物报2009-3-13
国之瑰宝精致演绎——鸿山遗址博物馆展览的主要特色/夏晓伟、王卿、刘嫣歆//中国文物报2009-3-18
“中国古代陈列”形式设计之思考/郭萍//中国文物报2009-3-20、2009-3-27
工程报价不宜作为展览工程评标的决定性依据/陆建松//中国文物报2009-3-20
临时展览中需要注意的几个环节——以“早期中国——中华文明起源展”项目为例/高红清//中国博物馆2009-4

博物馆的媒介优势——结构主义叙事学视角的博物馆展览试析/刘佳莹、宋向光//博物馆研究2009-4
传统手工艺保护与博物馆展示/刘守柔、俞蕙//博物馆研究2009-4
博物馆临展工作流程评量/付文军//博物馆研究2009-4
博物馆陈列展览与公共文化服务原则/刘万杰//博物馆研究2009-4
如何办好临时展览——观新加坡“郑和与海洋亚洲”展览有感/张静、费利华//福建文博2009-4
利用网络信息平台实现展览资源共享——浅谈馆际交流与合作途径/朱莉//武汉文博2009-4
上海博物馆大英展览侧记/陈曾路//中国文物报2009-4-1
给雄壮的美一个诗意的栖居——观南昌八一起义纪念馆“南昌起义”陈列/崔波//中国文物报2009-4-3
“中华苏维埃共和国”历史的立体画卷：瑞金中华苏维埃共和国历史纪念馆陈列//中国文物报2009-4-17
西柏坡廉政教育馆陈列综述/刘杉、李月红//中国文物报2009-4-24
探寻革命纪念馆陈列特色之路——纪念馆与博物馆陈列比较研究/陈宗良、黄建萍//中国文物报2009-4-24
博物馆与展览策划人/胡小玉//文博2009-5；晋陕豫博物馆理论与实践研讨会论文选，山西科学技术出版社2011年
游进温情画卷：“宫阙述往”展的设计理念/孙森//中国文物报2009-5-1
红色经典现代表述：井冈山革命博物馆陈列内容特色/席平//中国文物报2009-5-1
承接远古典藏文明：十堰市博物馆展厅特色/胡勤、肖道林//中国文物报2009-5-1
东南无与常匹俦：走马观花看常州博物馆陈列/山水//中国文物报2009-5-8
完美诠释城市品牌全力彰显古都魅力——记郑州博物馆“古都郑州”基本陈列/张巍//中国文物报2009-5-15
盛德宜扬：广州博物馆八十华诞举办“爱我博物馆——广州博物馆八十周年捐献文物特展”鸣谢社会各界文物捐献者/刘欣欣、苏育权//中国文物报2009-5-15
城市审美趣味的引领与提升——湖南省博物馆“古典与唯美展”回顾/陈建明、陈叙良//中国文物报2009-5-15
博物馆陈列设计浅谈/李晓清//中国博物馆通讯2009-6
临时展览：拨动基层博物馆这颗棋子/张健平//中国文物报2009-6-5
红色油画记忆点燃观众激情——浙博引进军博油画经典作品展的实践与经验/赵幼强//中国博物馆通讯2009-7
论中小型博物馆陈列/霍占营//科技创新导报2009-7
编年体？专题体？谈人物纪念馆的陈列内容体系/俞文君//中国文物报2009-7-3
凤舞九天：楚文物特展的策划设计/于兵//中国文物报2009-7-3
把脉博物馆陈列展览工程专业化/蒋潇//中国文物报2009-7-10
毛泽东遗物馆陈列新思路/刘伟//中国文物报2009-7-10
改工业厂房为现代化博物馆的尝试——明孝陵博物馆的陈列与陈列艺术/周钰雯、王广勇//中国文物报2009-7-10
传承历史文化发挥展示功能——首届历史遗址博物馆陈列艺术研讨会综述/王有庆、夏爱军//中国文物报2009-7-10
灭绝动物的呼唤——内蒙古博物院“远古世界”陈列/李虹、张建升等//中国文物报2009-7-17
传奇的故事独特的展示——运城市民俗博物馆（李家大院）基本陈列/新华社//中国文物报2009-7-17
第一个由伊斯兰国家和中国联合创办的陈列——“阿拉伯-波斯人在泉州”/王丽明//中国文物报2009-7-24
伟大的探索者卓越的领导人：刘少奇同志生平业绩陈列综述/刘少奇同志纪念馆//中国文物报2009-7-24
寿州窑专题陈列的艺术特色/淮南市博物馆//中国文物报2009-7-24
释读展品深化主体：陈列展览释放吸引力的关键/申永峰//中国文物报2009-7-24
一片花飞风飘万点：艺术设计——经典的延续与演变/于竝//中国文物报2009-7-24
颠覆视觉唤醒记忆——解读改陈后河姆渡遗址博物馆之陈列艺术/杨瑶娜、李安军//中国文物报2009-7-31
博物馆空间的设计探索——河姆渡遗址博物馆陈列设计的独特语言艺术/杨瑶娜、李安军//中国文物报2009-7-31
涛声依稀——东方神舟：宁波“海上丝路”主题陈列观感/赵春贵//中国文物报2009-7-31
室内设计中的符号应用/曹雅楠//中国文物报2009-7-31
从韩国博物馆展陈中的多媒体触摸屏案例看展示软件的内容设计/龚青//中国博物馆通讯2009-8

谈谈博物馆展览照明需要注意的几个问题/徐沄//中国博物馆通讯2009-8
河姆渡遗址博物馆虚拟展示系统的研究/刘箴//系统仿真学报2009-8
神奇的自然美丽的家园——常州博物馆自然资源陈列掠影/常州博物馆//中国文物报2009-8-7
突出地域特点彰显文化优势——马鞍山市博物馆展览内容策划的理念/陆建松//中国文物报2009-8-7
丝绸之路的两端："秦汉——罗马文明展"折射的历史文化信息/李艳//中国文物报2009-8-12
突尼斯掀起中国文物热/刘顺//中国文物报2009-8-12
以"三老四严"办精品展馆用真情实意宣传铁人精神//中国文物报2009-8-12
以"三老四严"办精品以"我"为主搞陈列/辛伟强、许俊德//中国文物报2009-8-12
视频影像：让观众与历史零距离/许俊德、史金龙//中国文物报2009-8-12
博物馆的"照明艺术与技术"/王林//中国文物报2009-8-12
华侨旗帜民族光辉——陈嘉庚纪念馆基本陈列概述/陈嘉庚纪念馆//中国文物报2009-8-12
珍宝背后的传奇——纪念广州博物馆建馆80周年捐献文物特展/叶伟华、周全斌//中国文物报2009-8-12
匠心独具，特色鲜明——柳州博物馆的展陈设计/罗华、闫少朋//中国文物报2009-8-14
以我们的用心换观者的爱心——简述安徽省徽州文化博物馆的设计理念/叶嘉静//中国文物报2009-8-14
突出地域文化的特点和优势——徽州文化博物馆展览内容策划的理念/陆建松//中国文物报2009-8-14
多彩陈列展示精深的王府文化：写在恭王府府邸开放一周年之际//中国文物报2009-8-14
"红岩魂"巡展二十年/厉华//中国文物报2009-8-19（一）；中国文物报2009-9-2（二）；中国文物报2009-9-16（三）；中国文物报2009-10-14（四）
乐舞缤纷喜迎国庆——国际友谊博物馆"乐舞缤纷——开国领袖·表演艺术题材外交礼品特展"展品选粹//中国文物报2009-8-21
表现差异之美——浅谈"秦汉-罗马文明展"展陈设计/顾训铭、柳青//中国文物报2009-8-26
"朔色长天——宁夏通史陈列"特色初探/陈永耘//中国文物报2009-8-26
天子脚下的秘密宝藏——何家村遗宝/翟晓兰//大自然探索2009-9
从数字看展览：十大陈列展览精品评选材料阅读笔记/李文昌//中国文物报2009-9-16
变化就在身边——参观"中华人民共和国成立60周年成就展"侧记/李艳//中国文物报2009-9-23
再现中华民族复兴的壮伟画卷：国家博物馆大型基本陈列"复兴之路"隆重登场/马英民//中国文物报2009-9-23
弘扬主旋律彰显民族魂："复兴之路"基本陈列设计思路与亮点/曹欣欣//中国文物报2009-9-23
百件珍宝燃亮中华文明之光——解读"千古探秘——考古与发现"展的亮点/陈静//中国文物报2009 9 23
踏花归来马蹄香——"千古探秘——考古与发现"展览介绍//中国文物报2009-9-23
重温过去的家——"城市记忆——百姓之家"展览介绍//中国文物报2009-9-23
博物馆展览教育活动应一体化/郑奕//中国文物报2009-9-23
西柏坡纪念馆"新中国从这里走来"陈列：技术提升工程盘点/周艳芝//中国文物报2009-9-23
首次以陈列方式全面展示中华民族近170年复兴之路的宏大主题：国家博物馆"复兴之路"基本陈列将与观众见面/崔波//中国文物报2009-9-25
"帝京'印'像——西方版画中的老北京"展览内容介绍/董丽丽//中国博物馆通讯2009-10
风云际会历史回眸："复兴之路"上展珍贵文物撷英/中国国家博物馆//中国文物报2009-10-2
"大唐遗宝——何家村窖藏出土文物展"展品选介/姜涛//中国文物报2009-10-14
精巧之中见气魄——"大唐遗宝——何家村窖藏出土文物展"的陈列设计/董理//中国文物报2009-10-14
珍品集萃深入解读——"大唐遗宝——何家村窖藏出土文物展"的内容设计/张沛心//中国文物报2009-10-14
简约大气："古都郑州"陈列场景营造的设计构思/汤威//中国文物报2009-10-14
当代史陈列的典范：深圳博物馆"深圳改革开放史"陈列//中国文物报2009-10-14
拥真品而现精妙——陕西历史博物馆展陈构想/成建正//中国文物报2009-10-14
荟萃大唐遗宝再现盛世辉煌——写在"大唐遗宝——何家村窖藏出土文物展"即将开展之际/马振智//中国文物报2009-10-14
伟大的历程壮丽的史诗："辉煌60年：中华人民共和国成立60周年成就展"设计漫谈/姜涛//中国文物报

2009-10-14
挖掘百年开滦深厚文化底蕴展示中国近代工业文明魅力——开滦博物馆“黑色长河”大型主题展览//中国文物报2009-10-14
风云际会历史回眸：“复兴之路”上展珍贵文物撷英/中国国家博物馆//中国文物报2009-10-14
精心·精彩·精品：第八届全国博物馆十大陈列展览精品评选终评侧记/张伟//中国文物报2009-10-21
感谢时代推动工作履行职责：参加第八届全国博物馆十大陈列展览精品评选活动有感/张春雨//中国文物报2009-10-21
博物馆陈列艺术体验式手法的运用/陈国欢、陆建//中国文物报2009-10-28
传承渡江精神再现经典情境：由“渡江战役胜利纪念展”论展览本质与环境营造/王兴平//中国文物报2009-10-28
视觉亮度在博物馆照明设计中的运用/张乘风、刘沁//家具与室内装饰2009-11
“中华农业文明”陈列的靓与新/中国农业博物馆陈列部//中国文物报2009-11-18
关于榆中县博物馆陈列展览的几点思考/钱斌//丝绸之路2009-12
秦皇岛鸟类博物馆设计/俞孔坚、刘向军、张媛//建筑学报2009-12
惠州市科技馆博物馆设计/邹子敬、曾群//建筑学报2009-12
由内容到精神——浅析博物馆展示空间设计的场所精神/国虹//中国文物报2009-12-16
专业化知识平民化解读：评“良渚文化”展/蒋晟//中国文物报2009-12-16
纪念馆展示设计注意控制三原则/王健//中国文物报2009-12-30
云南少数民族文物特展//中国文物报2009-12-30
陕西历代陶俑精华展//中国文物报2009-12-30
多媒体声光电同步演示技术在大庆博物馆中的应用/钟林枫//中国照明2009-19
浅谈HDL-BUS智能环境艺术灯光系统在武钢博物馆的应用/陈小山//中国照明2009-19
让情感交流在这里升华——试看博物馆的另一个侧面/冯莉、马生涛//回顾与创新——秦始皇兵马俑博物馆开馆三十周年纪念文集，三秦出版社2009年
浅谈县级博物馆如何做好展示服务水平提升工作——以仪征博物馆为例/刘勤//江苏省文博论文集2008，南京出版社2009年
试论博物馆陈列艺术/姚浩//江苏省文博论文集2008，南京出版社2009年
博物馆因“人”而动——盲人无障碍展示设计/任琰//江苏省文博论文集2008，南京出版社2009年
试谈近年来博物馆展示设计的发展与变化/吴倩//湖南省博物馆馆刊（五），岳麓书社2009年
谈谈提升广西博物馆展示服务水平的思路/陶少艺//博物馆免费开放的思考：广西博物馆首届学术讨论会论文集，广西科学技术出版社2009年
对陈列内容设计的几点想法/蓝武芳//博物馆免费开放的思考：广西博物馆首届学术讨论会论文集，广西科学技术出版社2009年
博物馆馆际合作办展的思考——以“秦始皇兵马俑全国巡回展”为例/田静//秦晋豫博物馆理论与实践研讨会论文选，陕西人民出版社2009年
关于大遗址展示与陈列的思考/张涛//回顾与创新——秦始皇兵马俑博物馆开馆三十周年纪念文集，三秦出版社2009年
浅谈博物馆的标牌标示系统/郭向东//回顾与创新——秦始皇兵马俑博物馆开馆三十周年纪念文集，三秦出版社2009年
精心设计推陈出新——以“古代深圳”陈列为中心的探讨/蔡惠尧//深圳文博论丛二〇〇九年，文物出版社2009年
谈深圳博物馆新馆展陈的探索和实践/李强//深圳文博论丛二〇〇九年，文物出版社2009年
“深圳改革开放史”展览的展示手段及其意义/赵艺竹//深圳文博论丛二〇〇九年，文物出版社2009年
集体记忆、群体认同与深圳博物馆改革开放史展览/钱锦//深圳文博论丛二〇〇九年，文物出版社2009年
展现时代的前沿——深圳博物馆“当代深圳”主题展览研究/于璟//深圳文博论丛二〇〇九年，文物出版社2009年

民俗陈列若干问题之探讨——兼论“深圳民俗文化”的三种展示手段/田雁//深圳文博论丛二〇〇九年，文物出版社2009年
关于深圳博物馆临时展览的几点思考/王晓春//深圳文博论丛二〇〇九年，文物出版社2009年
国宝走鹏城——记“国家宝藏”在深圳展出/张珑//深圳文博论丛二〇〇九年，文物出版社2009年
谈“国家宝藏”展览的策划和陈列设计/李维学//深圳文博论丛二〇〇九年，文物出版社2009年
“国家宝藏——中国国家博物馆典藏精品展”回顾/鲁力//深圳文博论丛二〇〇九年，文物出版社2009年
深圳“国家宝藏”展浅议/李航//深圳文博论丛二〇〇九年，文物出版社2009年
论博物馆辅助陈列手段的应用——以深圳博物馆为例/周雄伟//深圳文博论丛二〇〇九年，文物出版社2009年
考古摄影测量在博物馆展陈中的应用/刘大川//深圳文博论丛二〇〇九年，文物出版社2009年
深圳博物馆新馆儿童馆设计思想/谢鹏//深圳文博论丛二〇〇九年，文物出版社2009年
魅力独具的艺术语言——浅谈综合场景艺术在现代博物馆陈列设计中的应用/薛航//春华集：纪念山西博物院九十周年学术文集，山西人民出版社2009年
博物馆陈列文字说明运用特性之我见/韩宁//春华集：纪念山西博物院九十周年学术文集，山西人民出版社2009年
雕塑在博物馆陈列展览中的作用及重要性——山西博物院陈列中的雕塑与场景/张小亮//春华集：纪念山西博物院九十周年学术文集，山西人民出版社2009年
陈列艺术浅析——博物馆参观路线节奏与韵律美/夏天//春华集：纪念山西博物院九十周年学术文集，山西人民出版社2009年
博物馆休闲娱乐功能刍议——以山西博物院为例/刘刚//春华集：纪念山西博物院九十周年学术文集，山西人民出版社2009年
用精巧的陈列语言讲述人类灿烂文明——浅析大英博物馆固定陈列的内容及优点/薄海昆//首都博物馆丛刊（23），北京燕山出版社2009年
现代展览设计的节奏把握与运用/宋镇//碑林集刊（十五），三秦出版社2009年
浅谈宝鸡地区市、县级博物馆陈列展览的现状与出路/张高举//法门寺博物馆论丛（二），三秦出版社2009年
人文科学与自然科学相结合在自然博物馆展览中的意义/陈邵峰//广东省博物馆开馆五十周年纪念文集：1959～2009，岭南美术出版社2009年
关于现代自然博物馆陈列展示思考/周远明//中国博物馆2010-1
继续推进博物馆陈列展览精品工程之我见/李耀申//中国博物馆2010-1
首博新馆展览设计的新突破——以青铜器展为中心/葛建军//北京文博2010-1
试论临时展览与中小博物馆功能的发挥——以东莞展览馆开展临时展览工作为例/熊琨//中国博物馆通讯2010-1
妙笔四君子特展报新春——旅顺博物馆藏梅兰竹菊绘画作品展/苏慧慧//中国博物馆通讯2010-1
国家大剧院掀“三国热”，52件国家一级文物集中亮相：“赤壁怀古——大三国志展归国汇报展”开幕/耿坤//中国博物馆通讯2010-1
“它山之石，可以为错”——湘鄂博物馆陈列精品考察记/陈列部//秦陵秦俑研究动态2010-1
临时展览在博物馆中的作用/米玉梅//发展2010-1
在愉悦中追寻历史——浅议厦门市博物馆“厦门历史”陈列特色/蔡宇青//福建文博2010-1
江苏馆藏文物巡回展览的实践与思考/吕春华//中国文物报2010-1-6
“红岩魂”巡展二十年（七）/厉华//中国文物报2010-1-6
千树摇曳万树花开：2009中国博物馆展览回眸/崔波//中国文物报2010-1-13
展览再现历史星空——抗战烽烟中的中国百姓/黄春锋//中国文物报2010-1-13
设计师谈世博会如何利用旧场馆//中国文物报2010-1-13
陈列展览与环境：从上海博物馆陈列设计说起/李蓉蓉//中国文物报2010-1-13
追求博物馆展览设计的最大“性价比”/蔡淑蓉//广州文博（叁），文物出版社2010年
抓住时代契机博物馆展览事业取得辉煌成绩——对几年来北京地区博物馆举办展览情况的回顾和总结/白崇//北京文博2010-2

博物馆在构建城市记忆中的功能刍议——兼谈首都博物馆“城市记忆——百姓之家”展览的内容设计/章文永//北京文博2010-2
加强馆际展览合作促进文物资源共享实施方案//浙江文物2010-2
江山博物馆新馆基本陈列简介//浙江文物2010-2
复合展示元素营造场所精神——永安国家地质博物馆展示空间的氛围设计/华炜、易俊//新建筑2010-2
博物馆解说牌示文本创作研究/刘艳、王民//热带地理2010-2
北京农业数字博物馆内容建设与表现模式研究/郑怀国、谭翠萍、邱琳、李凌云//数字博物馆研究与实践2010-2
博物馆“情景再现”的实践与思考/杨荣彬//中国文物报2010-2-3
以点聚光再现沉静如水的历史之美：走进福建闽越王城博物馆暨“闽越国历史文物特展”//中国文物报2010-2-10
陈列中的高科技应用/曾杰冈//中国文物报2010-2-24
美国民间博物馆展览评价体系/方欣//中国文物报2010-2-24
博物馆中的儿童天地/王俪阎//中国文物报2010-2-24
草原文化之风民族文化之魂——浅议内蒙古博物院基本陈列策划理念/付宁、李毅军//中国博物馆2010-3
浅谈博物馆展览的空间设计/马俊//中国博物馆通讯2010-3
溪口博物馆基本陈列简介/周金康、裘国松、陈贤波//浙江文物2010-3
浅谈多媒体技术在博物馆陈列中的应用/李志祥//浙江文物2010-3
未实现的设计——回忆冯纪忠先生主持的松江博物馆设计/张遴伟//华中建筑2010-3
从两本书谈博物馆展陈的和谐/王超/2010-3-10
复原历史原生态理念的展示实践/唐立鹏//中国文物报2010-3-10
古都北京历史文化陈列的多媒体短片调查/李雪、王博//中国文物报2010-3-10
临展：探索新理念的试验场/付文军//中国文物报2010-3-24
镇馆之宝陈列的研究与尝试——以扬州博物馆国宝厅为例/徐忠文//中国文物报2010-3-24
颠覆与创建——由上海世博会看博物馆展览设计的未来/胡小玉//中国博物馆2010-4
钱币与银行博物馆展览十年来的发展回顾/郭豹//中国博物馆2010-4
试论临时展览内容设计的主要流程/叶蓉//中国博物馆2010-4
弘扬古代农业文明传播现代农业科技——中国农业博物馆陈列设计理念与特色/范荣静//中国博物馆2010-4
文明之光民族之魂——“福建古代文明之光”改陈设计理念/唐莉//中国博物馆2010-4
思辨·提升——“中原古代文明之光”（夏商周部分）设计理念/李琴//中国博物馆2010-4
凤凰博物馆的主题策划与展示方式/庞进//文博2010-4
松阳博物馆基本陈列简介/王永球、黄淑梅//浙江文物2010-4
博物馆展品说明方法初探/余波//丝绸之路2010-4
把握精神、营造情境、吸引观众——以浙江革命历史纪念馆“钱江潮”陈列展览为例/倪毅、熊彤//浙江文物2010-4
中小型综合博物馆自然类展示探析/柴福有//浙江文物2010-4
伪满皇宫博物院：宫廷旧址博物馆的展陈体系架构/赵继敏//中国文物报2010-4-7
五问陈列“外转包”/舒昕//中国文物报2010-4-21
应用功能相近设计理念不同/王林//中国文物报2010-4-21
美国水手笔下的中国——广州博物馆展出美国水手访华日记/周全斌//中国文物报2010-4-21
博物馆讲解与旅游/肖君//博物馆与旅游：广西壮族自治区博物馆第二届学术研讨会论文集，广西科学技术出版社2010年
一种新的感受力——博物馆展览与陈列的再思考/程乾宁//文博2010-5
美第奇家族与乌菲齐博物馆——“意大利乌菲齐博物馆珍藏展：十五世纪—二十世纪”侧记/王纪潮//中国文化遗产2010-5
寓教于乐的平民化博物馆——杭州中国刀剪剑博物馆基本陈列简介/谭丽//浙江文物2010-5

以人为本与技术至上——遗址博物馆建馆与展陈理念的再思考/唐贞全//中国文物报2010-5-5
历史类陈列的内容设计/胡琼//中国文物报2010-5-5
深挖衙门文化打造精品展陈/余入海//中国文物报2010-5-5
西安碑林长安佛韵：西安碑林博物馆新石刻艺术馆“长安佛韵”主题陈列纪实/张云//中国文物报2010-5-12
山川永纪——北川地震遗址纪念馆主题陈列概念设计//中国文物报2010-5-12
民生大于天使命重于山：用纪实展为社会服务/罗旋、郭兵//中国文物报2010-5-19
与国际的链接和交流——从2004—2008年北京地区引进展览看博物馆的作用/黄雪寅//中国文物报2010-5-19
汉阳陵北方黄土地区大遗址的保护与展示样本/王保平//中国文化遗产2010-6
试析历史古建筑复原陈列的基本定位/邢照华//文博2010-6
面对“外转包”，文博人能做些什么？/曹爱生//中国文物报2010-6-2
远古湿地·生命奇观——中国恐龙化石大展设计与实施/李忠、夏贵荣、钱婕靓//中国文物报2010-6-2
纪念馆陈列内容设计实施原则/刘伟//中国文物报2010-6-30
远离家乡：中国兵马俑巡展美国/〔美〕哈维·所罗门//中国文物报2010-6-30
漫话形式设计/王明华//中国文物报2010-7-14
展览工程当作建筑装饰工程处理的危害/陆建松//中国文物报2010-7-14
博物馆策展制度初探——以长沙市博物馆虎年话虎展为例/王倩//中国文物报2010-7-14
博物馆与世博会：陈列艺术设计师的思考与对话/费钦生、赵春贵等//中国文物报2010-7-28
当代博物馆陈列设计本质初探/宋向光//中国文物报2010-7-28
展览：让博物馆走向大众/孟凌云、董博//吉林日报2010-7-28
展览专题片浅述/张丽文//中国博物馆通讯2010-8
博物馆展示空间的表现形式的研究/武君君、庄巧玲//企业家天地2010-8
东密与藏密文化的亲密接触——“圣地西藏珍宝展”北海道布展侧记/和靖//中国文物报2010-8-5
妫川神韵京畿古风——北京延庆博物馆基本陈列/金大陆展览装饰有限公司//中国文物报2010-8-5
拓展对外文化交流空间：宁波博物馆与诺丁汉城堡博物馆、比得哥什博物馆达成展览意向/莫意达//中国文物报2010-8-5
运用好设计师手中的魔术棒：故宫陶瓷馆的灯光设计/朱雅娟//中国文物报2010-8-11
追根溯源复活古史——“考古中华”大型展览参观记/赖睿、许江晨//人民日报（海外版）2010-8-25
打造城市之心走向大千世界——宁波博物馆“心语神工——国际雕刻珠宝艺术大展”启示/莫意达//中国文物报2010-8-25
日本馆与世博舞台/程旭//中国文物报2010-8-25
创意个性多点出击/安立华//中国文物报2010-8-25
布展工艺的一次探索/殷晓实//中国文物报2010-8-25
展示装置材料与文物安全/张建雄//中国文物报2010-8-25
新疆兵团军垦博物馆陈列：那条波澜壮阔的雪水河/郭婧//中国文物报2010-9-8
博物馆巡展版面设计/李遒//中国文物报2010-9-8
陈列文字说明如何撰写/李建丽//中国文物报2010-9-22
“光”顾世博会：世博会照明设计对博物馆陈列展览的启示/陈同乐//中国文物报2010-9-22
突出“第一展品”再现邮苑春秋：黑龙江邮政博物馆陈展回眸/郭兵、罗璇//中国文物报2010-9-22
世博会北京展馆的主题设计/姚安//中国文物报2010-10-20
璀璨的壮观——谈李蓉蓉主持的三大展设计/谢小珮//中国文物报2010-10-29
潜思深虑铸造精品——河南博物院改陈之思考/李宏、牛爱红//中国文物报2010-11-8
血染的风采历史的见证——征集“八路军抗战史陈列”精品文物纪实/孙旭平//中国文物报2010-11-8
试论博物馆的精品陈列/张姝婷//艺术教育2010-12
基于地域文化的博物馆展示研究/张皲玥//经营管理者2010-12
首都博物馆展览体系思索/姚安//中国文物报2010-12-1
小空间大视野——中国茶叶博物馆茶文化展示新探索/郭丹英、李竹雨//中国文物报2010-12-24

中小博物馆陈展运作刍议/马玉鹏//中国文物报2010-12-29
地方史展览馆展陈设计的几点看法/徐梅蓉//中国文物报2010-12-29
有关展览模式的探索：三大瓷器展览同时推出的思考/姚安//中国文物报2010-12-29
百工千慧——中国文物保护科学和技术成果展参观记/冯朝晖//中国文物报2010-12-31
对现代博物馆陈列展示设计中趣味性的思考/许建均、张春//东方企业文化2010-16
对地方博物馆陈列美学设计的探索/茅玉香//大众文艺2010-18
论史前遗址博物馆的陈列主体/陆海英//史前研究（2009）：首届国际河姆渡文化节——国际遗址博物馆馆长河姆渡峰会暨史前遗址博物馆专业委员会第七届学术研讨会纪念文集，宁波出版社2010年
把握表现形式之度——河姆渡遗址博物馆陈列设计综述/姚晓强//史前研究（2009）：首届国际河姆渡文化节——国际遗址博物馆馆长河姆渡峰会暨史前遗址博物馆专业委员会第七届学术研讨会纪念文集，宁波出版社2010年
柳州史前文化专题陈列研究/刘冬//史前研究（2009）：首届国际河姆渡文化节——国际遗址博物馆馆长河姆渡峰会暨史前遗址博物馆专业委员会第七届学术研讨会纪念文集，宁波出版社2010年
深度释读展品——博物馆陈列增强吸引力之道/蓝日勇//博物馆与旅游——广西壮族自治区博物馆第二届学术研讨会论文集，广西科学技术出版社2010年
旅游业发展背景下广西博物馆陈列展览设置之我见/朱圣林//博物馆与旅游——广西壮族自治区博物馆第二届学术研讨会论文集，广西科学技术出版社2010年
让博物馆陈列展览成为城市的文化坐标/潘汁//博物馆与旅游——广西壮族自治区博物馆第二届学术研讨会论文集，广西科学技术出版社2010年
从陈列设计到展览策划——旅游业飞速发展下的陈列设计工作新思考/蔡茳//博物馆与旅游——广西壮族自治区博物馆第二届学术研讨会论文集，广西科学技术出版社2010年
从毛泽东遗物馆看多媒体陈列的设计原则/冯瑛//中国博物馆学会纪念馆专业委员会第三次年会暨城市建设与文化遗产保护论坛论文集，上海社会科学出版社2010年
创意展览邀约“文·宴”/龚良//文·宴：中国区域博物馆交流展览文献集（壹），文物出版社2010年；和谐博物馆论，文物出版社2012年
蜡像引入历史陈列的新尝试/李家璘//天津文博论丛（1），天津人民出版社2010年
中华百年看天津——陈列形式设计的原则与创意/陈克//天津文博论丛（1），天津人民出版社2010年
博物馆陈列设计展示之我见/李健//天津文博论丛（1），天津人民出版社2010年
身临其境——遗址陈列方式的三个阶段/张礼智/中国博物馆学会考古与遗址博物馆专业委员会成立大会论文集，西北大学出版社2010年
让博物馆展览变得清晰易懂——很多分支很多线索很多故事/斯脱尔·琼斯/中国博物馆学会考古与遗址博物馆专业委员会成立大会论文集，西北大学出版社2010年
简约——河姆渡遗址博物馆陈列理念详解/姚小强/中国博物馆学会考古与遗址博物馆专业委员会成立大会论文集，西北大学出版社2010年
转变陈列观念，提升遗址类博物馆展示服务水平/韩伟东/中国博物馆学会考古与遗址博物馆专业委员会成立大会论文集，西北大学出版社2010年
天津教育品陈列馆与中国人早期的博物馆实践//天津文博（7），科学出版社2010年
试析民俗类博物馆的陈列内容//天津文博（7），科学出版社2010年
关于博物馆陈列展示中的几个问题/雷百景//陕西历史博物馆馆刊（17），三秦出版社2010年
浅谈博物馆陈列展览与观众——兼谈柳州博物馆新馆陈列展览的设计理念/陶泉杏、韦倩//陕西历史博物馆馆刊（17），三秦出版社2010年
博物馆展品说明初探/余波//广西博物馆文集（七），广西人民出版社2010年
博物馆陈列布展招标工作的几点思考/陶少艺//广西博物馆文集（七），广西人民出版社2010年
宁夏博物馆新馆“盛世回乡——宁夏民俗风情特展”模拟设计/李政//博物馆技术论文集，文物出版社2010年
十日不同天——谈“择厥吉金 自制御器——吴国王室青铜器特展”展览设计/杨艺、江伟达//苏州文博论丛2010年（总第1辑），文物出版社2010年

世博中国馆动画版《清明上河图》的启示——兼谈苏州博物馆陈列展览中展示手段的运用/夏骏//苏州文博论丛2010年（总第1辑），文物出版社2010年
浅谈陈列的个性意识——析“建国60周年安徽重要考古发现展”/刘文扬//安徽文博（六），中华书局2010年
穿越五千年——亳州文化寻源——亳州市博物馆陈列内容设计的思考/任晓民//安徽文博（六），中华书局2010年
“寿州窑”专题陈列的艺术特色/汪茂东//安徽文博（六），中华书局2010年
对我馆举办临时展览的一点思考/金鑫//安徽文博（六），中华书局2010年
立足实际 变通思维 办好展览/胡雪峰//安徽文博（六），中华书局2010年
震撼的安纳托利亚古文明——土耳其伊斯坦布尔考古博物馆展陈/薄海昆//中国文化遗产2011-1
秦汉唐锦绣宫博物馆展示设计的思考/樊海燕、朱延辉//西北大学学报2011-1
浅析展览成功的几个要素/齐密云//北京文博文丛2011-1
博物馆策展人：学者 艺术鉴赏家 展览组织者——屈志仁先生专访/屈志仁、毛颖//东南文化2011-1
古建筑复原陈列的内容要素组合与展线布局探析/邢照华//东南文化2011-1
从信息传播到注意力传播——当代博物馆展示理论的变迁与思考/唐贞全//东南文化2011-1
陈列展览“外包”如何应对/周筠//中国文物报2011-1-12
对正阳门展览工作的回顾与/李晴//北京文博文丛2011-2
北京李大钊故居文物保护展陈追述——谨以此文纪念中国共产党成立90周年/吉小平//北京文博文丛2011-2
用艺术的语言诠释京剧的神韵/常硕//北京文博文丛2011-2
信息定位型展览：提升中国博物馆品质的契机/严建强//东南文化2011-2
“五岭农歌——五岭农耕文明实物展”诞生记/何强//中国文化遗产2011-2
文物展示应多点平民意识/张玉春、郝海波//中国文物报2011-2-9
纪念馆陈列的本质属性和传播目标定位/俞乐滨//中国文物报2011-2-9
宁静的辉煌——观淄博市博物馆“西汉齐王墓陪葬坑陈列”/费钦生//中国文物报2011-2-23
净化心灵的大美世界——“庄严妙相——甘肃佛教艺术展”面面观/俄军、张永升//中国文物报2011-2-23
“中国通史陈列”四十年/陈瑞德//中国国家博物馆馆刊2011-3
旅顺日俄监狱旧址博物馆基本陈列简析/王珍仁//总统府展览研究2011-3
实践中的理论摸索语境下的文化批评——博物馆及其展览评论大家谈/张遇、曹兵武、周士琦//中国文物报2011-3-2
黑龙江省博贴近百姓办展览/庞学臣、李玲//中国文物报2011-3-2
黑龙江博物馆：松花江的记忆——金源文化展/李玲//中国文物报2011-3-2
一个特殊的展览——从军事博物馆举办创作汇报展说开去/崔波//中国文物报2011-3-9
崇尚历史回归自然——诸城市博物馆布展设计二三事/吴诗中、张烈//中国文物报2011-3-9
倡导低碳环保设计大有可为/曹建强//中国文物报2011-3-9
展现西湖普世价值诗画西湖精神家园：“天人合一”杭州西湖文化景观陈列/张倩//中国文物报2011-3-9
主题鲜明匠心独运庄重大气和谐环保——古田会议纪念馆基本陈列特色/傅柒生//中国文物报2011-3-16
以精神启人以场景动人以真情感人——聂荣臻元帅陈列馆改陈综述体制/聂荣臻元帅陈列馆资料室//中国文物报2011-3-16
弘扬闽台文化牵系两岸情缘——走近厦门市博物馆“闽台民俗”基本陈列//中国文物报2011-3-23
神秘原子城浪漫金银滩——青海省原子城纪念馆展陈设计/吴诗中、张烈//中国文物报2011-3-23
中日博物馆特展策展比较/董丹//中国文物报2011-3-23
荟萃明初亲王文物：山东博物馆“明代鲁王展”/蒋群//中国文物报2011-3-23
体验中国文字之旅探寻中华文明之源——中国文字基本陈展/吴彦波//中国文物报2011-3-23
乘长风破万里浪——中国航海博物馆起航/中国航海博物馆//中国文物报2011-3-23
天工开物——中国盐史——黄骅河北海盐博物馆基本陈列巡礼/刘丽君//中国文物报2011-3-25
革命史类博物馆改陈处理的几大关系——以闽西革命历史博物馆陈列“红色闽西”为例/崔波//中国文物报2011-3-25

再现千年古国荟萃大越遗珍——绍兴博物馆城庆主题展/刘侃//中国文物报2011-3-25
大陈列新解读——中山舰博物馆陈列展示特色/刘新阳//中国文物报2011-3-30
中山舰博物馆陈列展览特地、亮点介绍/李立新//中国文物报2011-3-30
南越文明多位诠释——西汉南越王墓出土文物陈列的改造/南越王墓博物馆//中国文物报2011-3-30
国内最大的陆战博物馆：淮海战役纪念馆基本陈列综述/史孝国//中国文物报2011-3-30
论地方博物馆展览学术支撑体系建设/陆建松//东南文化2011-4
博物馆古建筑保护与功能提升——以南京博物院老大殿改造为例/倪明、李爱群、陆可人、吴二军//东南文化2011-4
陈列展览策划与博物馆建设/龚青//东南文化2011-4
考古信息解读与遗址博物馆展示——以南越王宫博物馆为例/程浩//东南文化2011-4
走出馆舍天地走进大千世界——新疆博物馆“永远和祖国在一起”陈列展览/侯世新//中国文化遗产2011-4
立意深远形式创新打造国际化陈列精品——“‘九·一八’历史陈列”展览特色/高建//中国文物报2011-4-1
十朝古都展风采龙蟠虎踞见精神——南京市博物馆“龙蟠虎踞——南京城市史”基本陈列/白宁、祁海宁、吴阗、王璞、盛敏、张瑶、王泉//中国文物报2011-4-1
难忘的动态展示——首都博物馆“多彩中华”展演/姚安//中国文物报2011-4-6
博物馆照明设计刍议——从国家宝藏巡回展采光照明说起/德永华、闫子瑛//中国文物报2011-4-6
黑盒子·照明·通风与节能环保——展陈四个案例的探索实践/费钦生//中国文物报2011-4-6
文化遗产人人共享——“‘大三国志展’归国汇报展”办展启示/钱卫//中国文物报2011-4-6
展现“一段世界史”：大英博物馆与英国广播公司（BBC）的深度合作案例介绍/孙晓晔//中国文物报2011-4-13
展示需要创意引领下的技术集成/曹建强//中国文物报2011-4-20
音乐文物“活”的魅力——河南博物院宣传展示理念的创新实践/张俊梅//中国文物报2011-4-22
企业博物馆应针对性地开放流动展览/程京生//中国文物报2011-4-27
区域博物馆历史文化陈列新探索——以“越地长歌——浙江历史文化陈列”为例/浙江省博物馆//中国文物报2011-4-27
爽借清风明借月——园林艺术与博物馆陈列的异曲和同工/程黔宁//文博2011-5
江苏省中小型博物馆陈列展览发展的实践和探索/邢致远//文物世界2011-5
启蒙时代的美丽图景：国家博物馆“启蒙的艺术”展览解读/李艳//中国文物报2011-5-4
陈列内容设计文本的组成要素和策划原则/叶蓉//中国文物报2011-5-4
思想引领创意先行：中国人民革命军事博物馆抗美援朝战争馆形式设计/李跃进、马沈//中国文物报2011-5-11
解构与重组之美——解析“粤山秀水丰物岭南”展览的策展理念/陈邵峰//中国文物报2011-5-11
国际一流·国内领先的自然科学类展示精品——浙江自然博物馆“自然·生命·人”展览特色/晋文//中国文物报2011-5-13
第九届（2009～2010年度）全国博物馆十大陈列展览精品评选获奖项目展示//中国文物报2011-5-18
三大展览见证成长之路——重庆中国三峡博物馆60年庆/张莉、胡昌健、彭学斌//中国文化遗产2011-6
关于“长安佛韵——古代佛教石刻造像艺术”展陈设计理念的解析/杨兵//文博2011-6
论免费开放后基础博物馆的展陈策划——以江苏省县级博物馆考察为例/陈尚荣//南京理工大学学报2011-6
辽河寻根文明溯源——中华文明起源展解读//中国文物报2011-6-1
神圣与精致——良渚文化玉器展的内容设计/穆朝娜//中国文物报2011-6-1
纪念馆陈列主题的确立方法/俞乐滨//中国文物报2011-6-1
江苏县级博物馆展览展示与服务水平提升工程回顾与展望/邢致远//中国文物报2011-6-8
博物馆临时展览探讨——以青岛市博物馆为例/史韶霞//中国文物报2011-6-8
博物馆展览策划的拓展——从“奔向光明——中国共产党北京革命足迹”展谈起/祁庆国、张杰//中国文物报2011-6-17
见人见物见精神——“奔向光明展”设计解析/朱锴、程旭//中国文物报2011-6-17
“追寻革命足迹重温北京记忆”——“奔向光明展”馆外体验活动/吴琰//中国文物报2011-6-17

精致中彰显特色——写在甘肃佛教艺术展获奖之际/卢冬//中国文物报2011-6-29
“传播目的”：博物馆展览的一个核心概念/严建强//中国文物报2011-6-29
人体工程学如何应用在陈列设计中/张耀明//中国文物报2011-6-29
注重典型性符号在设计中的应用/胡琳//中国文物报2011-6-29
因地制宜提升展示水平——通江“巴山烽火”改陈综述/谢丹//博物馆学刊（一），四川人民出版社2011年
第九届（2009～2010年度）全国博物馆十大陈列展览精品评选综述/黄春雨、李让//中国文物报2011-7-13
民众分享的盛宴：博物馆展览进社区/姚安//中国文物报2011-7-27
精品评选活动的两点建议/桑世波//中国文物报2011-7-27
好博物馆与好设计的一次碰面/张瀚予//中国国家博物馆馆刊2011-8
馆企合作办展模式的探索/王焕丽//中国文物报2011-8-3
博物馆基本陈列的探索：南京城市史感言/白宁//中国文物报2011-8-10
如果皇帝三十年不上朝：“回望大明·走近万历朝”展览侧记/章文永//中国文物报2011-8-10
蜡像在超级写实主义雕塑中的语言和审美/杨燕//中国文物报2011-8-10
旅顺博物馆：学术参照下的临时展览/房学惠//中国文物报2011-8-24
“古代中国陈列”秦汉文物支撑加固的思考/孙涛//中国文物报2011-8-24
博物馆陈展中的常见误区/徐梅蓉//中国文物报2011-8-24
推介精品展览提升整体水平——江苏省博物馆优秀陈列展览评选工作的实践与思考/邢致远//中国文物报2011-10-12
开放创新了解：中英文化连线博物馆展览设计研讨会综述/李盈//中国文物报2011-10-26
探寻大道与美学的融合——连云港市革命纪念馆设计掠影/洪麦恩//中国文物报2011-10-26
中国湿地博物馆湿地景观展示特色分析/缪丽华、蔡宙霏//北方园艺2011-11
浙江博物馆隆重推出：吴越胜览——唐宋之间的东南乐园/浙江省博物馆/中国文物报2011-11-2
植根于民众之中的陈列有吸引力——刘少奇旧居修复及其陈列诞生散记/曹爱生//中国文物报2011-11-2
胸怀天下的辛亥志士——辛亥革命在浙江展览纪实/熊彤//中国文物报2011-11-2
从书本走向实践——记复旦大学文博系本科展览实习/黄洋、曹媛//中国文物报2011-11-2
驾驭艺术追逐梦想——中国消防博物馆基本陈列形式设计/胡晓云//中国文物报2011-11-16
无线射频识别技术在展陈中的应用/朱煜宇、姚一青//中国文物报2011-11-16
交流展览是博物馆整体功能发挥的重要途径/安长华//中国文物报2011-12-14
英国博物馆展览——关注观众感受/高翠//中国文物报2011-12-28
宫廷遗址博物馆陈列展览的特殊性/裴焕禄//沈阳故宫博物院院刊（九），现代出版社2011年
宫廷旧址博物馆陈列展览体系架构与特色——以伪满皇宫博物院为例/赵继敏//沈阳故宫博物院院刊（九），现代出版社2011年
南京地区博物馆4D陈列的构想//江苏省文博论文集2010，南京师范大学出版社2011年
从河南博物院的功能提升工程谈博物馆改陈思路/张文军//湖南省博物馆馆刊（七），岳麓书社2011年
略论基本陈列与临时展览的关系——以海南省博物馆为例/邱刚//湖南省博物馆馆刊（七），岳麓书社2011年
浅议博物馆陈列对彰显区域文化的贡献——以天津博物馆“中华百年看天津”陈列的社会效应为例/陈卓//湖南省博物馆馆刊（七），岳麓书社2011年
区域博物馆历史文化陈列新探索——以浙江省博物馆武林馆区为例/陈浩//湖南省博物馆馆刊（七），岳麓书社2011年
区域博物馆基本陈列的探索——以“辽河文明”陈列为例/马宝杰//湖南省博物馆馆刊（七），岳麓书社2011年
新时期伟人纪念馆基本陈列设计的探索与实践——以周恩来邓颖超纪念馆改陈工程为例/李爱华//湖南省博物馆馆刊（七），岳麓书社2011年
略述革命纪念馆的陈列内容设计——以大型主题展览“八路军抗战史陈列”为例/李东光//晋陕豫博物馆理论与实践研讨会论文选，山西科学技术出版社2011年
古墓葬类博物馆陈列形式的认识与实践——以洛阳古墓博物馆陈列实践为例/徐婵菲、王爱文//晋陕豫博物馆理论与实践研讨会论文选，山西科学技术出版社2011年

人性化的博物馆之旅——谈晋城博物馆“太行魂——晋城古代文明陈列”艺术设计特点/郭乐//晋陕豫博物馆理论与实践研讨会论文选，山西科学技术出版社2011年
民俗类博物馆提升陈列的实践和思考——以洛阳民俗博物馆陈列为例/孙慧宝//晋陕豫博物馆理论与实践研讨会论文选，山西科学技术出版社2011年
谈博物馆设计中的几个定位问题/段晓莉//晋陕豫博物馆理论与实践研讨会论文选，山西科学技术出版社2011年
洛阳匾额博物馆创建始末及认识——民俗文物陈列发展的趋势/范西岳//晋陕豫博物馆理论与实践研讨会论文选，山西科学技术出版社2011年
试论衙门博物馆的复原陈列——以南阳知府衙门为例/刘绍明//晋陕豫博物馆理论与实践研讨会论文选，山西科学技术出版社2011年
在探索中践行办展理念在实践中塑造特色品牌——谈苏州博物馆新馆临时展览/谢晓婷//区域特色与中小型博物馆：江苏省博物馆学会2010年学术年会论文集，文物出版社2011年
略论博物馆小型陈列的形式设计——以“明中山王徐达文物史料展”为例/孔令琦、王国秀、鲁维敏//区域特色与中小型博物馆：江苏省博物馆学会2010年学术年会论文集，文物出版社2011年
陕西历史博物馆的展陈体系/马振智//陕西历史博物馆二十年文集，三秦出版社2011年
模特景观设计理念——解读深圳博物馆野生动物展览方案/张波//深圳文博论丛2011，文物出版社2011年
深圳博物馆贝林捐赠动物标本陈列形式探讨/刘红杰//深圳文博论丛2011，文物出版社2011年
临时展览是激活博物馆的良方/周欣//深圳文博论丛2011，文物出版社2011年
深圳博物馆展览陈列极力打造市民文化大餐/穆建伟//深圳文博论丛2011，文物出版社2011年
深圳博物馆“古代深圳”展览观众评估研究/王彤//深圳文博论丛2011，文物出版社2011年
对首都博物馆建馆和20世纪八九十年代一些展览的回顾/季华//首都博物馆论丛（25），北京燕山出版社2011年
陈列展览工作的回顾与展望/业务研究部//首都博物馆论丛（25），北京燕山出版社2011年
展览部工作回顾/展览部//首都博物馆论丛（25），北京燕山出版社2011年
美的历程——首都博物馆陈列设计部的过去和展望/陈列设计部//首都博物馆论丛（25），北京燕山出版社2011年
谈保持首都博物馆展览的可持续性发展的几个问题/孙五一//首都博物馆论丛（25），北京燕山出版社2011年
从“物”出发以“人”为本——有关博物馆展览举办的几个问题/龙霄飞//首都博物馆论丛（25），北京燕山出版社2011年
浅谈土耳其伊斯坦布尔考古博物馆的展陈及其对首都博物馆的启示/薄海昆//首都博物馆论丛（25），北京燕山出版社2011年
关于博物馆主题展内容设计的思考/李梅//首都博物馆论丛（25），北京燕山出版社2011年
科技类展览原理解析方式探讨——以首都博物馆相关展览为例/俞嘉馨//首都博物馆论丛（25），北京燕山出版社2011年
博物馆陈列工作的一些思考/李润全、李博雅//史前研究2010——2010中国桂林·史前文化遗产国际高峰论坛暨中国博物馆协会史前遗址博物馆专业委员会第八届学术研讨会论文集，广西科学技术出版社2011年
博物馆对外文化交流展览运作模式探索/董劲林//史前研究2010——2010中国桂林·史前文化遗产国际高峰论坛暨中国博物馆协会史前遗址博物馆专业委员会第八届学术研讨会论文集，广西科学技术出版社2011年
文化纽带：免费开放背景下的博物馆与国际展览/游振群//博物馆学文集6，岳麓书社2011年
建立“两型社会”背景下的博物馆展示体系的方法论初探——株洲市博物馆“以长株潭为例的‘两型社会’试验区的博物馆展示体系研究”课题组系列论文之一/席道合、肖劲、李永锋//博物馆学文集6，岳麓书社2011年
关于中小博物馆如何彰显陈列主题的一些思考/钟洪香//博物馆学文集6，岳麓书社2011年
激情浪漫的飞扬：“凤舞九天——楚文物特展”形式设计的思索/吴倩//博物馆学文集6，岳麓书社2011年
免费开放后湘西自治州博物馆的实体展示与文化传播/唐宏吉//博物馆学文集6，岳麓书社2011年
创新陈列展览 增强馆藏文化张力/周霞飞、向琼//博物馆学文集6，岳麓书社2011年
免费开放新形势下中小型博物馆陈列展示的发展与创新/皮云丰//博物馆学文集6，岳麓书社2011年
试论免费开放后观众数量剧增对提升讲解水平的要求/刘辉辉//博物馆学文集6，岳麓书社2011年

转变观念探索创新 提升综合服务水平/周密密//博物馆学文集6，岳麓书社2011年
博物馆策展制度初探——以长沙市博物馆“虎年活虎”展览为例/王倩//博物馆学文集6，岳麓书社2011年
陈列艺术与观众心理初探/叶蓉/江西省博物馆集刊（二），文物出版社2011年
浅谈博物馆陈列展览的几点要素/沙晓芸/江西省博物馆集刊（二），文物出版社2011年
博物馆临时展览信息管理系统设计初探/马建新/江西省博物馆集刊（二），文物出版社2011年
展览是遗憾的艺术——以“记忆云南——非物质文化遗产传统技艺展”为例/伍亚婕//文化遗产与博物馆研究（第二辑），云南人民出版社2011年
博物馆外出展览的实际体验/李旭明//文化遗产与博物馆研究（第二辑），云南人民出版社2011年
博物馆照明设计的思考/罗明浩//文化遗产与博物馆研究（第二辑），云南人民出版社2011年
美国大都会艺术博物馆“走向盛唐”展评述/雷虹霁、潘守永//陕西历史博物馆馆刊（18），三秦出版社2011年
唐墓壁画上展记/陕西历史博物馆保管部//陕西历史博物馆馆刊（18），三秦出版社2011年
简论我国博物馆陈列展览评估实践/杨平//春草集——吉林省博物馆协会第一届学术研讨会论文集，吉林人民出版社2011年
现代博物馆展示设计创意的新趋势/肇文新//春草集——吉林省博物馆协会第一届学术研讨会论文集，吉林人民出版社2011年
四战四平历史陈列版面文字风格创新浅谈/张宇明//春草集——吉林省博物馆协会第一届学术研讨会论文集，吉林人民出版社2011年
现代博物馆陈列设计中视觉传达的新构成/宋镇//碑林集刊（十七），三秦出版社2011年
遗址博物馆办展应注意五个关系/陈宁骏//苏州文博论丛2011年（总第2辑），文物出版社2011年
苏州博物馆现当代艺术展览管窥/王振//苏州文博论丛2011年（总第2辑），文物出版社2011年
博物馆藏品研究与陈展内容相结合的个案分析——关于潘玉良作品研究与陈列的实践思考/朱良剑//安徽文博（七），中华书局2011年
浅谈安徽博物院新馆陈列展览中的互动项目/刘文扬//安徽文博（七），中华书局2011年
市县级博物馆怎样做好陈列展览工作——以桐城市博物馆为例/张梅生//安徽文博（七），中华书局2011年
谈历史古建筑复原陈列的失真程度及可操控限度/邢照华//南京博物院集刊（12），文物出版社2011年
论文化人类学的研究成果在史前遗址博物馆陈列设计中的运用——以浙江余姚河姆渡遗址博物馆改陈设计为例/周玫//南京博物院集刊（12），文物出版社2011年
专业照明系统的基本要求及相关建议/周怀东//南京博物院集刊（12），文物出版社2011年
从藏品到展品——博物馆陈列的逻辑性认识/田凯/中国博物馆2011年合刊
表征科学的进路——基于自然科学博物馆展示内容的探究/刘世风/中国博物馆2011年合刊
新的角色 新的使命——论信息定位型展览中的实物展品/严建强//中国博物馆2011年合刊
博物馆展览说明文字英译（上、下）/黄晓宏//中国文物报2012-1-11；2012-1-25
陈列艺术设计始终要让文物站在前面说话/那拉//中国文物报2012-1-25
时代·经典——中华世纪坛世界艺术馆2011年度展览回顾/王凯迪//中国文物报2012-1-25
论博物馆展览手段的创新——以浙博“掌上博物馆”项目为例/张永春//东方博物2012-2
博物馆展览文字浅析——观众研究视野中的案例分析/魏敏//东南文化2012-2
中国丝绸之路沿线博物馆合作交流的实践与思考/王裕昌//丝绸之路2012-2
美国设计师谈博物馆展览设计构思的四个原则/周进//中国文物报2012-2-8
闻听三国事每欲到许昌——许昌博物馆陈展印象/牛长立、陈建民//中国文物报2012-2-8
陈列中的色彩/吴凡//中国文物报2012-2-8
博物馆光环境塑造理念的分析与研究/艾晶//中国博物馆2012-3
博物馆展览团队的优化组合——以成都第21届国际木偶节“偶·影·戏皮影木偶特展”为例/凡建秋//中国博物馆2012-3
历史类展览的时空与节奏——结构主义叙事学的视角/刘佳莹//中国博物馆2012-3
由“玛雅·2012”论美国博物馆展览特点/刘连香//中国博物馆2012-3

穿在身上的历史与文化——观“霓裳银装多彩贵州少数民族服饰展”而感/丹青//中国博物馆2012-3
“斯文在兹——孔府旧藏服饰特展”策展手记/宋东//中国博物馆2012-3
博物馆展示中的观众注意力引导——以“南越王墓出土文物陈列”为例/唐贞全//东南文化2012-3
借助免费开放的契机提升基础博物馆临展的质量/张健平//武汉文博2012-3
既求程序合法亦求过程合理：再论展览设计与布展施工一体化/陆建松、刘宇驰//中国文物报2012-3-7
设计，从生活中感悟/许立//中国文物报2012-3-7
中国古代钱币展——利用展示内容进行形式创作/艾晶//中国文物报2012-3-7
陈列运用高新科技的剖析/唐立鹏//中国文物报2012-3-21
作为塑造社会力量的博物馆展览——美国若干博物馆展览的案例观察/刘守柔//中国博物馆2012-4
浅析“跨界”在博物馆陈列展览中的运用/梁冠男//中国博物馆2012-4
三讲三化三突出——在基层博物馆办展览的一点体会/何强//中国文物报2012-4-18
特别文物展览展品选择的一点意见/文先国//中国文物报2012-4-18
展柜功能与质量控制/王瑞//中国文物报2012-4-18
文物展柜的制作流程/郝寅祥//中国文物报2012-4-18
让观众“读”懂博物馆——解读山东省博物馆基本陈列展览/史春月、李栋、李娉//中国文物报2012-4-27
1979年“党史陈列”的修改历程/刘建美//中国国家博物馆馆刊2012-5
高科技引领下的展览手段创新/张永春//中国文物报2012-5-16
河南濮阳戚城博物馆——陈列与遗址相呼应/张艳华//中国文物报2012-5-16
展品说明中信息量的界定/李良//中国文物报2012-5-16
在实践中探索在借鉴中创新——中国工业博物馆陈展工作述略/程旭、陈开宇//中国文物报2012-5-16
20世纪60年代中国国家博物馆展览述略/宋亚文//中国国家博物馆馆刊2012-6
由绍兴鲁迅纪念馆陈列改版所想到的/高军//中国文物报2012-6-13
青州市博物馆：探索展览设计与观众参观路线结合/王丽媛//中国文物报2012-6-13
鹏城撷英展——内容设计要注意补充相关知识/蔡明//中国文物报2012-6-13
以学术研究为展览基石——浙江省博物馆重磅推出明代浙派绘画珍品特展和国际学术研讨会/浙江省博物馆//中国文物报2012-6-27
永远的长安——陕西历史博物馆文物精品展/韩建武、胡薇、刘芃//收藏家2012-7
浅谈基础博物馆的临时展览/祁建军//金山2012-7
回顾中国革命博物馆的陈列——方孔木先生访谈/李万万//中国国家博物馆馆刊2012-7
穿越千古——国家博物馆“古代中国”基本陈列综述/陈成军、郝寅祥//中国文物报2012-7-6
波澜壮阔的民族史诗——国家博物馆“复兴之路”基本陈列综述/曹欣欣//中国文物报2012-7-6
站在当代历史视平线——“匈奴与中原——文明的碰撞与融合”油画与文物组合展/徐蕊//中国文物报2012-7-25
我们为什么陈列/谭逻松//中国文物报2012-7-25，2012-8-8
历史性·革命性·艺术性——安源路矿工人运动纪念馆序厅提升/吴诗中、黄仂//中国文物报2012-7-25
民国时期国立历史博物馆的展览/李守义//文史知识2012-8
如何做好展品的支撑加固/闫子瑛//中国文物报2012-8-8
百工奇技展文案设计回顾/王明华//中国文物报2012-8-8
“瓷之韵”展览策划及设计的思考/杨桂梅//中国文物报2012-8-10
浙江省博物馆展览传播的创新/张永春//中国文物报2012-8-22
“海外回流西藏文物展对拓展研究视野意义重大”——访西藏博物馆馆长达瓦扎巴/阮富春、崔波//中国文物报2012-8-22
基层博物馆藏品与展览的优化配置/张健平//中国文物报2012-8-22，2012-9-5
益阳竹文化陈列的“竹”特色/卜珩一//中国文物报2012-9-5
从展具破解革命文物柜内设计/陈宗良、周艳//中国文物报2012-9-5
闪光的足迹生动的展示/罗璇、郭兵//中国文物报2012-9-19
关注社会公众需求是展览策划成功的关键/王树金、张锋//中国文物报2012-9-19

先睹为快：郭沫若纪念馆全新展陈/山水//中国文物报2012-9-19
古建清幽处新展呈雅颜——“中国古代建筑展”改陈座谈会随笔/钟梅//中国文物报2012-9-19
从法国国家自然历史博物馆看法国展览策划实施/隗建华//中国文物报2012-10-17
考古地层在博物馆中的展示手段/黄洋//中国文物报2012-10-17
浓缩80年辉煌历程——新华社历史陈列馆特色分析/张涵//中国文物报2012-10-17
“一统天下：秦始皇帝的永恒国度”香港展观感/杨瑾//中国文物报2012-10-19
原创性展览的界定和功能——中国博物馆协会博物馆学专业委员会2012年学术研讨会综述/侯春燕//中国文物报2012-11-28
为了民族复兴的梦想——“复兴之路”展览巡礼/霍小光、华春雨、赵超//中国文物报2012-12-12
唤醒城市记忆讲述百姓故事：走进郑博“我们的生活”展/杨建军//中国文物报2012-12-12
“佛罗伦萨与文艺复兴：名家名作”展的特色设计/龚青//中国文物报2012-12-12
改造提升正当时：“博物馆改造与展览提升新启示”高端研讨会启示录/崔波//中国文物报2012-12-26
秦始皇陵遗址展示类型分析与思考/叶晔//秦始皇帝陵博物院2012（贰），三秦出版社2012年
博物馆陈列的内容与形式的设计及思考/穆建伟//深圳文博论丛二〇一二，文物出版社2012年
深圳博物馆解说牌示现状与改进初探/倪江毅//深圳文博论丛二〇一二，文物出版社2012年
博物馆展览设计构思四要件/朱良剑//安徽文博（八），中华书局2012年
“高山流水遇知音——馆藏古琴特展”形式设计之探索/黄申//博物馆学文集7，岳麓书社2012年
关于文物展示和利用的几点思考——以民族文物为例/魏崴//博物馆学刊（第二辑），科学出版社2012年
中国博物馆“十大精品陈列”的反思/李文儒//策展：博物馆陈列构建的多元维度，中国书籍出版社2012年
国外博物馆的策展理念和步骤/朱扬明//策展：博物馆陈列构建的多元维度，中国书籍出版社2012年
在大型展览中提升和拓宽展品概念/洪麦恩//策展：博物馆陈列构建的多元维度，中国书籍出版社2012年
系统观的博物馆陈列设计/宋向光//策展：博物馆陈列构建的多元维度，中国书籍出版社2012年
浅议北京地区博物馆展陈现状特点及发展中应当注意的几个问题/李学军//策展：博物馆陈列构建的多元维度，中国书籍出版社2012年
浅析行业博物馆陈列主题的特点/赵梅//策展：博物馆陈列构建的多元维度，中国书籍出版社2012年
陈列艺术的音乐灵魂/许立//策展：博物馆陈列构建的多元维度，中国书籍出版社2012年
诉说与倾听——艺术表达与陈列内容的衔接、整合/袁国术//策展：博物馆陈列构建的多元维度，中国书籍出版社2012年
从市场需求谈博物馆的临展策划/华协国际珍品货运服务有限公司//策展：博物馆陈列构建的多元维度，中国书籍出版社2012年
批评能力与情感意识——谈策展人的两个素质/张杰//策展：博物馆陈列构建的多元维度，中国书籍出版社2012年
关于自然历史博物馆展览内涵和创意的思考/程晓//策展：博物馆陈列构建的多元维度，中国书籍出版社2012年
从“十大”看展览——第9届全国博物馆十大陈列展览精品评选笔记/李文昌//策展：博物馆陈列构建的多元维度，中国书籍出版社2012年
国家大剧院表演艺术题材展览选题策划初探/常硕//策展：博物馆陈列构建的多元维度，中国书籍出版社2012年
花开两朵为表一枝——探讨特展内容与形式的设计策划/钟梅//策展：博物馆陈列构建的多元维度，中国书籍出版社2012年
从广义博物馆的角度看我国免费开放后的博物馆展览/黄雪寅//策展：博物馆陈列构建的多元维度，中国书籍出版社2012年
以军博革命战争馆为例，谈谈陈列展览内容的特点、重点、亮点的策划设计问题/姜廷玉//策展：博物馆陈列构建的多元维度，中国书籍出版社2012年
“建党以来农村政策农村政策回顾展”策划与运作的成败剖析/唐志强//策展：博物馆陈列构建的多元维度，中国书籍出版社2012年
为抗战呐喊——“建党90周年抗战文艺展”军展笔记/韩晓玲//策展：博物馆陈列构建的多元维度，中国书籍出版社2012年

为城市而策展——从博物馆策展设计到城市体验/程旭//策展：博物馆陈列构建的多元维度，中国书籍出版社2012年
博物馆陈列内容设计若干问题思考——以延庆博物馆陈列展览为例/王伯轩//策展：博物馆陈列构建的多元维度，中国书籍出版社2012年
民族宗教历史文化陈列设计中应注意的若干问题——以“牛街礼拜寺历史文化陈列”为例/明晓艳//策展：博物馆陈列构建的多元维度，中国书籍出版社2012年
深入浅出话寓兰亭——简谈“兰亭特展”触摸屏之设计创作/高云萍//策展：博物馆陈列构建的多元维度，中国书籍出版社2012年
百年老火车站见证中国铁路变迁史——“中国铁路百年陈列展”策展剖析/马若泓//策展：博物馆陈列构建的多元维度，中国书籍出版社2012年
三大理念构建品牌展览——“毛家湾出土瓷器珍品展”启示/孔祥利//策展：博物馆陈列构建的多元维度，中国书籍出版社2012年
博物馆展览解析——以“毛家湾出土瓷器珍品展”为例/黄亚平//策展：博物馆陈列构建的多元维度，中国书籍出版社2012年
“毛家湾出土瓷器珍品展” “人”与“物”的契合——实现文物展品社会价值最大化之探讨/孙秋霞//策展：博物馆陈列构建的多元维度，中国书籍出版社2012年
浅谈中国长城博物馆基本陈列的形式设计/朱冬芬//策展：博物馆陈列构建的多元维度，中国书籍出版社2012年
浅谈博物馆展览的专项设计/王瑞//策展：博物馆陈列构建的多元维度，中国书籍出版社2012年
试论故宫博物院陈列展览中的引进展览/徐瑾//策展：博物馆陈列构建的多元维度，中国书籍出版社2012年
陈列设计中的版面问题/赵野木//策展：博物馆陈列构建的多元维度，中国书籍出版社2012年
博物馆设计形态再思考/计红梅//策展：博物馆陈列构建的多元维度，中国书籍出版社2012年
博物馆展览策划及多媒体展示的应用/祁庆国//策展：博物馆陈列构建的多元维度，中国书籍出版社2012年
以网络带动建立永不落幕的博物馆展览/俞嘉馨//策展：博物馆陈列构建的多元维度，中国书籍出版社2012年
从展览图录到策展图书——浅谈博物馆策展图书的编辑与评估/李吉光//策展：博物馆陈列构建的多元维度，中国书籍出版社2012年
浅谈绿色设计在博物馆展览中的应用/李志、马莉//策展：博物馆陈列构建的多元维度，中国书籍出版社2012年
寻中国古钱文化探艺术再现之美——谈“中国古代钱币”的设计方法解析/艾晶//策展：博物馆陈列构建的多元维度，中国书籍出版社2012年
浅谈博物馆巡展的版面设计/李遒//博物馆学文集7，岳麓书社2012年
物立意人为本意求新——“吉州瓷韵——江西吉州窑瓷器”展的体会/王宁//江西省博物馆集刊（三），文物出版社2012年
创意展览，让博物馆走进公众心灵/龚良//和谐博物馆论，文物出版社2012年
当“生肖”成为贺年展/龚良//和谐博物馆论，文物出版社2012年
国家博物馆展柜设计和使用中的几点思考/陈成军、郝寅祥//中国博物馆2013-1
上海博物馆和大都会艺术博物馆之临时展览比较研究/杨茜//中国博物馆2013-1
明清外销瓷的装饰——以国家博物馆“瓷之韵”展品为例/杨桂梅//文物天地2013-1
国家博物馆“瓷之韵”展青花瓷选粹/耿东升//文物天地2013-1
淘成宝器贡皇用异国西洋景德求——18世纪景德镇生产的欧洲定烧西洋主题瓷/谭圆圆、唐慧//文物天地2013-1
清代外销象生瓷//文物天地2013-1
大元帆影归来沈琼华——韩国新安沉船出水文物精华展撷英/江屿、杜昊//文物天地2013-1
修袖长巾舞情舞兴——四川博物院藏汉舞蹈画像砖赏析/魏崴//文物天地2013-1
博物馆展示设计的视觉语言/杨秋//博物馆研究2013-1
“古代中国”的多媒体展示项目/陈煜//中国国家博物馆馆刊2013-1
“古代中国”基本陈列形式设计构思/王蕾//中国国家博物馆馆刊2013-1
试谈“古代中国”基本陈列历史地图编辑/黄玉成//中国国家博物馆馆刊2013-1

“古代中国”基本陈列内容设计与陈列博物馆化/陈成军//中国国家博物馆馆刊2013-1
关于“古代中国”基本陈列施工制作的几点思索/郝寅祥//中国国家博物馆馆刊2013-1
九江市博物馆藏明清精品瓷器鉴赏/李训刚/收藏界2013-1
博物馆展陈设计与博物馆建筑两者关系的考量与启示/邹锋//美苑2013-1
浅谈信息化技术在博物馆交流展览工作中的应用/范胜丽//科技创新导报2013-1
推动文物保护传承：浙博原创展“非凡的心声”的实践/王静//中国文物报2013-1-9
做好基本陈列办活临时展览/陈浩//中国文物报2013-1-23
为了谁的展览：对博物馆公益属性的思考/支小勇//中国文物报2013-1-23
提高陈列展览水平增强服务社会能力/贾强//中国文物报2013-1-23
宋庆龄陈列：用艺术化语言演绎宋庆龄精彩人生/张洁明//国文物报2013-1-23
寓情于史以情传神——上海宋庆龄纪念馆陈列速写/张洁明//国文物报2013-1-23
全国博物馆十大陈列展览精品评选章程（试行）//中国文物报2013-1-23
美国展览评估的再探讨/徐纯//中国博物馆2013-2
试论原创性展览观众评估指标体系的构建/李林//中国博物馆2013-2
让历史照进现实——论新文化运动纪念馆陈列展览的特色/郭俊英//中国博物馆2013-2
形神之际雅俗之间——天津博物馆特展设计浅论/黄克力//中国博物馆2013-2
博物馆临时展览与策展人/武贞//博物馆研究2013-2
浅析透射式触摸技术在博物馆展览中的应用/郑为贵//博物馆研究2013-2
浅析博物馆陈列展览的学术性与趣味性/单霁翔//东南文化2013-2
试论博物馆国际性临时展览的跨文化沟通/薄海昆//北京文博文丛2013-2
博物馆策展人制度研究/赵梅//北京文博文丛2013-2
蜡像艺术展示的思考与实践——以国家博物馆“20世纪中国文化名人蜡像艺术展”为例/蒋潇、杨燕//北京文博文丛2013-2
设计厦门历史陈列的实践/陈文//中国文物报2013-2-6
道法自然——大都会艺术博物馆精品展国博开幕/崔波//中国文物报2013-2-6
一级博物馆原创性临展概念的思考：以2008—2009年国家一级博物馆运行状况为例/陈成军//中国文物报2013-2-6
巡展：从独乐乐到众乐乐——以中华世纪坛世界艺术馆2012年展览为例/王凯笛//中国文物报2013-2-20
大英博物馆展览解析系统/李梅//中国文物报2013-2-20
古代人类遗骸标本陈列中存在的问题及相关建议/魏东、孙晓晔、张琳琳//中国博物馆2013-3
塑城市历史之根赋城市发展之魂——许昌博物馆“许之昌”展览的策划与探索/张松莉//中国博物馆2013-3
人物类博物馆陈列展览与社会教育工作的启示——以2011年一级博物馆运行评估为例/陈克伦//中国博物馆2013-3
古代人类遗骸标本陈列中存在问题及相关建议/魏东、孙晓晔、张琳琳//中国博物馆2013-3
博物馆陈列展览中的照明设计/索经令//博物馆研究2013-3
风景这边独好——中国国家博物馆“道法自然”大展观感/丁宁//中国国家博物馆馆刊2013-3
众星熠然美在自然 / 潘晴//中国国家博物馆馆刊2013-3
从大都会艺术博物馆到“道法自然”展览/彼特·巴内特//中国国家博物馆馆刊2013-3
解读博物馆陈列展览的思想性与观赏性/单霁翔//南方文物2013-3
艺术灯光的灯光艺术——南京市博物馆通史展灯光简析/姜海涛、刘洋、陈大华//灯与照明2013-3
基于文物保护的博物馆展陈照明调查研究/党睿、张明宇、刘刚、于娟、侯丹//照明工程学报2013-3
论科学创新地市级博物馆历史文物陈列的新思路——以湖南省益阳市博物馆的历史文物陈列展览为例/邱卫红、陈峻//博物馆研究2013-3
关注中华命运展示百年风云——天津博物馆基本陈列“中华百年看天津”//中国文物报2013-3-13
在这里读懂九江——九江博物馆历史陈列巡礼/汪建策//中国文物报2013-3-20
初探“无设计”——关于文物陈列设计“以人为本”的一些可能性/杨正宏、顾云杰//中国文物报2013-3-22

大美羌乡——北川羌族民俗博物馆基本陈列/北羌//中国文物报2013-3-27
人民科学家钱学森——科学家纪念馆陈列设计创新的有益尝试/上海交通大学钱学森图书馆//中国文物报2013-3-27
小馆办好特色大展：南昌县博物馆“洪州窑青瓷展”陈列经验/罗劲松、黄艳萍//中国文物报2013-3-27
中国航海博物馆：“航路1600——四百年中荷航海交流史”展览设计/许梅英//中国文物报2013-3-29
为历史科学与艺术塑像——博物馆空间与展览论/曹兵武//东南文化2013-4
佛光祥佑传东土——旅顺博物馆藏佛教文物精品/王卫平//文物天地2013-4
传承抗联精神的生动教材“黑土军魂”陈列参观侧记/张淑娟、孙亚晶//中国文物报2013-4-3
淬炼千年文化 精塑波澜史篇——浙江省海盐县博物馆基本陈列介绍/李林、俞繁莉//中国文物报2013-4-3
神奇的玻璃世界：秦皇岛市玻璃博物馆基本陈列“天地凝光”//中国文物报2013-4-3
尊重历史传承精神——“黑土军魂”陈列主题提炼与历史问题站位/刘辉//中国文物报2013-4-7
溯清上海文明源流展现水乡文化精粹——上海市青浦区博物馆基本陈列“上海之源”/王辉、张力华//中国文物报2013-4-17
嘉兴的名人故居及陈列展示/徐信//中国文物报2013-4-17
精品展览速递：南越王博物馆：中部非洲传统兵器展//中国文物报2013-4-17
精品展览速递：大连现代博物馆：交流展览助推业务建设/刘广堂//中国文物报2013-4-17
精品展览速递：广东省博物馆：李自健油画展/小迎//中国文物报2013-4-17
精品展览速递：武汉博物馆：世界珍稀特货币展/丁燕//中国文物报2013-4-17
利用出土文物的一种尝试——以六安市文物管理局与中国科学技术大学博物馆联办展览为例/刘春//中国文物报2013-4-24
“光”之引领——国际博物馆照明趋势研讨会嘉宾访谈/费钦生、郝寅祥等//中国文物报2013-5-1
精品展览速递：广东省博物馆：明代江西藩王墓出土玉器精品展/小迎//中国文物报2013-5-1
多维时空多维信息多维感受：纪念类陈列虎门销烟的探索与实践/张建雄//中国文物报2013-5-10
品读记忆珍藏杭州：杭州博物馆馆藏文物精品陈列//中国文物报2013-5-10
感召正气激发壮怀——写在“千载家国情——广州文物瑰宝”开展之前/程存洁//中国文物报2013-5-10
多方联动营造浓厚宣传氛围——“千载家国情——广州文物瑰宝”特展宣传的一些做法/邓玉梅//中国文物报2013-5-10
千年莞邑的历史足迹——东莞市博物馆“古代东莞”陈列/东莞市博物馆//中国文物报2013-5-17
博物馆展览的盛宴——第十届（2011—2012年度）全国博物馆十大陈列展览精品评选所思所想/王超整理//中国文物报2013-5-22
陈展施工制作如何质量可控/崔金贵//中国文物报2013-5-29
媒体策展背后的文化惠民：“好玩——老树画画”策展巡礼/汤洁//中国文物报2013-5-29
新媒体时代的博物馆展览——基于观众研究的分析与探索/魏敏//东南文化2013-6
博物馆儿童展览评估研究/周婧景//东南文化2013-6
博物馆大展搭建文化交流桥梁/姚安//中国文物报2013-6-7
生命的诵歌：美洲原住民的世界——美洲原住民玛雅、印加和北美土著——杰夫·佛可思摄影作品展随展/陈叙良//中国文物报2013-6-12
专题博物馆的资源共享与展览运作：以“宋金瓷话——五馆馆藏瓷器精品展”为例/张必萱//中国文物报2013-6-12
陈列展览思考一二三（上、下）/李娟//中国文物报2013-6-26、2013-7-10
博物馆临展微环境温湿度监控分析——以“航路1600——四百年中荷航海交流史”临展为例/黄乐//中国文物报2013-7-10
虚拟现实技术在博物馆的展陈中/沈业成//中国文物报2013-7-10
原状·全景·意境：彰显旧址纪念馆“大陈展”的特有魅力（上、下）/张春//中国文物报2013-7-10、2013-7-24
打造百姓心灵之塔——谈“千秋二七”陈列/张超//中国文物报2013-7-24

蚌埠市博物馆新馆：讲述有质量的地方历史文化/林翘//中国文物报2013-7-24
广东省博物馆：晋国遗珍——山西出土周代文物精华展/王小迎//中国文物报2013-7-24
深入挖掘文物内涵大力打造原创精品——武汉博物馆馆藏玉器精品展推出/屈征//中国文物报2013-7-24
广州人的“家、国、情”：“千载家国情——广州文物瑰宝”展览策划纪实/刘颖颖、刘斌//中国文物报2013-7-31
南粤记忆家国情怀——广州文物瑰宝特展侧记/白琰//中国文物报2013-7-31
文明交汇也需要调频——中意文化展览策展心得/姚安//中国文物报2013-8-7
博物馆陈展装饰工程的主要特点/吴春霞//中国文物报2013-8-7
千呼万唤不出来的绍兴博物馆基本陈列/徐东波//中国文物报2013-8-7
石家庄市博物馆：探寻展览文化交流/焦芹春//中国文物报2013-8-21
东瀛来风——日本秋田县博物馆陈列工作介绍/黄晓宏//中国文物报2013-8-21
以人为本彰显特色推出精品——安徽金寨县革命博物馆展陈纪实/卫红玫//中国文物报2013-8-21
馆际展览协议浅析/张钊//中国文物报2013-9-4
赵延年艺术馆的展示策划/周颖//中国文物报2013-9-4
时刻铭记历史鲜血凝成永恒——东宁要塞群遗址博物馆陈展回顾/郭兵、刘加量//中国文物报2013-9-4
创建真实：体味国家博物馆“人类情感大师威尔第”展/崔波//中国文物报2013-9-18
徽州人的记忆老街的情怀——“徽韵老街贾道流芳”陈列的改造/储莉萍//中国文物报2013-9-18
2008～2009年国家一级博物馆原创性临时展览初探/陈成军//中国文物报2013-9-18（上）、2013-10-2（中）、2013-10-16（下）
步步精心步步精彩——“巧手良医”展览纪实/韩建武、李文怡、胡薇、卢轩、王妮//中国文物报2013-9-18
巧手良医匠心独具——陕西历史博物馆文物保护工作展//中国文物报2013-9-18
人物类博物馆、纪念馆陈列艺术研讨会综述/李跃进//2013年中国人物类博物馆、纪念馆陈列艺术学术研讨会论文集，上海社会科学院出版社2013年
当前人物类博物馆陈列设计的几个问题/王锡荣//2013年中国人物类博物馆、纪念馆陈列艺术学术研讨会论文集，上海社会科学院出版社2013年
牵住观众的视线——“虎门销烟”陈列实践探讨/张建雄//2013年中国人物类博物馆、纪念馆陈列艺术学术研讨会论文集，上海社会科学院出版社2013年
博物馆陈列的亮点提炼设计/顾音海//2013年中国人物类博物馆、纪念馆陈列艺术学术研讨会论文集，上海社会科学院出版社2013年
关于博物馆陈列策划的若干思考/缪君奇//2013年中国人物类博物馆、纪念馆陈列艺术学术研讨会论文集，上海社会科学院出版社2013年
激活文物去伪存真：大同博物馆展陈设计漫谈/段晓莉、郝惊雷//中国文物报2013-10-2
我们看到了一个真实的周恩来——记“党风楷模周恩来”展览/康金凤//中国文物报2013-10-2
精品展览速递：国家博物馆推出王蒙文学生涯六十年展/崔波//中国文物报2013-10-2
充满魅力的视觉艺术图片艺术品展览/黄乃音//中国文物报2013-10-16
《博物馆陈列展览设计施工单位资质管理办法（试行）》的出台//中国文物报2013-10-16
解读《博物馆陈列展览设计施工单位资质管理办法（试行）》/齐忠亮、陆建松、王锡荣、田凯、朱雅娟//中国文物报2013-10-16
广东省流动博物馆推出海岛行暨“钓鱼岛：历史与主权”展//中国文物报2013-10-16
国家博物馆推出中国明清家具珍品展/崔波//中国文物报2013-10-16
甘肃省博物馆文物精品展赴地县展出/卢冬//中国文物报2013-10-16
甘肃省博物馆“红色甘肃”军营巡回展/卢冬//中国文物报2013-10-16
为历史、科学与艺术塑像——博物馆空间及展览论/曹兵武//中国文物报2013-10-29
异趣·同辉：馆藏清代外销艺术精品展纪实/白芳//中国文物报2013-11-13
走进黑土地：黑龙江省博物馆新馆基本陈列/庞学臣//中国文物报2013-11-27
新技术应用创新博物馆观展方式/刘洋//中国文物报2013-11-27

文心筑圃诗情画境——中国园林博物馆（筹备办）陈列扫描/中国园林博物馆//中国文物报2013-11-27
挖掘新四军廉政资源弘扬铁军廉洁思想——镇江市新四军廉政建设史实展介绍/周再兴//中国文物报2013-12-11
人物类纪念展内容设计的个性化/曹欣欣//中国文物报2013-12-11
“走进平津战役”展览登陆“基辅号”航母/王炜//中国文物报2013-12-11
丝博牵手女子监狱推出教育改造质量成果展/俞敏敏//中国文物报2013-12-11
浙江省博物馆创建展览交流信息平台/张永春//中国文物报2013-12-11
在开幕中谢幕：“斗品团香——中摩茶文化交流展”布展工作侧记/崔金泽//中国文物报2013-12-13
创意与设计——博物馆设计提升的理念/胡晓云//中国文物报2013-12-18
回眸创新——全国博物馆展陈纵览//中国文物报2013-12-18
精品工程进行时//中国文物报2013-12-18
苏东海：十大精品工程功不可没/高游//中国文物报2013-12-25
试论临时展览中的观众互动设计/赵若涓//黑龙江史志2013-15
试论地市级博物馆的陈列内容设计——以益阳市博物馆为例/卜珩一//湖南省博物馆馆刊（九），岳麓书社2013年
试论博物馆展览的信息传达/陈伟容//湖南省博物馆馆刊（九），岳麓书社2013年
“丝绸之路——大西北遗珍”展览启示录/王裕昌//博物馆学刊（第3辑），科学出版社2013年
试析“复兴之路”基本陈列中内容设计与形式设计的有机统一/曹亚玲//博物馆学刊（第3辑），科学出版社2013年
中国古代戏台展内容设计的多维度策划思维/杨学晨//博物馆学刊（第3辑），科学出版社2013年
历史与未来的和谐对话——博物馆展览策划的新视野/袁荣//南京博物院集刊（13），文物出版社2013年
如何策划一场动人心弦的展览——以法国国家移民历史博物馆为例/李志勇、杰西卡·德姬//南京博物院集刊（13），文物出版社2013年
聚焦先民的智慧之光——安徽博物院“汉代星空”专题陈列/方林//安徽文博（九），黄山书社2013年
博物馆原创展览的探索与实践——《镜里乾坤：铜镜背后的故事》策展体会/范方芳//安徽文博（九），黄山书社2013年
九华山文物馆佛教文物展览初探/汪传忠//安徽文博（九），黄山书社2013年
屯溪博物馆专题陈列创新的实践/储莉萍//安徽文博（九），黄山书社2013年
“神秘的契丹——辽代文物精品展”策划思路/孟倩//安徽文博（九），黄山书社2013年
从藏品陈列学角度谈“衡山农民运动史陈列”/贺卫和//博物馆学文集8，岳麓书社2013年
让展览永不落幕——“斯文在兹·孔府旧藏服饰特展”的策展理念/庄英博//齐鲁文物（2），科学出版社2013年
北京地区博物馆陈列体系略析/程旭//百年传承创新发展：北京地区博物馆第六次学术会议论文集，中国书籍出版社2013年
浅谈绿色设计在博物馆展览中应用/李志//百年传承创新发展：北京地区博物馆第六次学术会议论文集，中国书籍出版社2013年
戏剧艺术对博物馆展示艺术的借鉴意义/李思//百年传承创新发展：北京地区博物馆第六次学术会议论文集，中国书籍出版社2013年
创新展览方式传承民族文化——一种观众参与式文物展览方式的新构想/张飞燕//百年传承创新发展：北京地区博物馆第六次学术会议论文集，中国书籍出版社2013年
博物馆策展人制度研究/赵梅//百年传承创新发展：北京地区博物馆第六次学术会议论文集，中国书籍出版社2013年
博物馆陈列照明的设计理念研究/艾晶//百年传承创新发展：北京地区博物馆第六次学术会议论文集，中国书籍出版社2013年
科技类博物馆的传播学特点及在展览中的运用/杨溪//百年传承创新发展：北京地区博物馆第六次学术会议论文集，中国书籍出版社2013年
对博物馆基本陈列的思考——北京古代建筑博物馆基本陈列的回顾与展望/潘奇燕//百年传承创新发展：北京

地区博物馆第六次学术会议论文集，中国书籍出版社2013年
由故宫历史原状陈列看提升展览科学化/邱秀清//百年传承创新发展：北京地区博物馆第六次学术会议论文集，中国书籍出版社2013年
试论引进展在故宫博物院展览中的重要作用/徐瑾//百年传承创新发展：北京地区博物馆第六次学术会议论文集，中国书籍出版社2013年
为儿童设计展览——“哥德堡号带我到中国”展览陈列设计的几点体会/张淼//百年传承创新发展：北京地区博物馆第六次学术会议论文集，中国书籍出版社2013年
试论临时展览内容文本设计的主要流程/叶蓉//江西省博物馆集刊（四），文物出版社2013年
江西省博物馆开放四展览/许智范//江西省博物馆集刊（四），文物出版社2013年
从观众的角度评量展览的有效性/倪杰//博物馆研究2014-1
博物馆展览的宣传推广策略与实践探索——以“斯文在兹——孔府旧藏服饰特展”为例/练洁//博物馆研究2014-1
积极应对挑战，提升博物馆展陈业务能力/宋向光//北京文博文丛2014-1
关于陈列展览主题的几点思考/秦素银//北京文博文丛2014-1
浅谈博物馆中英双语陈列文字的设计规范——以中央民族大学博物馆为例/刘青//北京文博文丛2014-1
关于“聪明的植物”展览的再思考/马清温//北京文博文丛2014-1
浅谈基层博物馆陈列展览的策划和实施/邓里//萍乡高等专科学校学报2014-1
博物馆展示流线设计中拓扑学的应用研究/单珍、宫艺兵、龙思宇//华中建筑2014-1
至美存天地陈展寄情思——西藏博物馆“情满高原”西藏民俗文化展陈展小记/陈炫、曲珍//中国文物报2014-1-8
警惕文物展陈“泡沫化”现象/李华//中国文物报2014-1-8
聚鼎聚力聚气——“鼎盛中华——中国鼎文化展”的多重创新实践/林晓平、陶亮//中国文物报2014-1-17
光照大千：“丝绸之路的佛教艺术特展”略记/戴鹏伦//中国文物报2014-1-22
我们需要什么样的展览：来自全国博物馆陈列展览学术研讨会的反思/翟群//中国文化报2014-1-23
“华夏瑰宝”助力中罗友谊续航：记中国文物展览在罗马尼亚/施王欢//中国文物报2014-1-24
“奔马迎春——中国马文物”图片联展//中国文物报2014-1-29
展览这样炼成——讲的是汉代故事，但关注的主题是人/姚安//中国文物报2014-1-24
关于陈列展览精品评价标准的思考/程武彦//中国博物馆2014-2
信息定位型展览的得与失——以刀剪剑博物馆常设陈列为例/吉光//中国博物馆2014-2
电影剧本视角下的博物馆历史文化陈列——以悉德·菲尔德的电影剧本学为例/陶松、宿慧敏//中国博物馆2014-2
陈列艺术与博物馆服务质量/郭正军//中国博物馆通讯2014-2
全国博物馆十大陈列展览精品评选章程（试行）//中国博物馆通讯2014-2
文化传播与理念表达：圆明园新展览馆的陈列/尤李//北京文博文丛2014-2
交互式展陈在古建馆陈列中的应用/宋长忠//北京文博文丛2014-3
试论“走出去”模式在博物馆展览中的重要性——以北京古代建筑博物馆为例/郭爽//北京文博文丛2014-3
专题科普展在近年古建馆事业发展中的重要作用/李莹//北京文博文丛2014-3
浅谈海外临展布展经验/闫涛//北京文博文丛2014-3
“南海遗珍——西沙华光礁沉船宝藏展”的创意与策展/黄小钰//北京文博文丛2014-3
走出先农坛的北京古代建筑博物馆——记古建馆在展览工作中的探索/张敏//北京文博文丛2014-3
北京古代建筑博物馆建设与发展的思考/徐明//北京文博文丛2014-3
北京古代建筑博物馆近年基本陈列改陈的几点反思/董绍鹏//北京文博文丛2014-3
趋同性和多元化——论博物馆陈列形式设计的创新/李卫平//东方博物2014-3
近代中国博物馆陈列研究/周进//创意与设计2014-3
把观众意见整合到展览设计与诠释中的具体目标/徐纯//东南文化2014-3
博物馆展示需要更新和突破的几个理念/陆建松//东南文化2014-3

考古遗址的活态展示与公众参与——以德国杜佩遗址公园的展示和运用/黄可佳、韩建业//东南文化2014-3
史前遗址博物馆的陈列展示——以周口店遗址博物新馆建设为例（上、下）/隗建华//中国文物报2014-3-5，2014-3-19
博物馆布展中出现的问题/高泽友//中国文物报2014-3-19
让流动展览留下来/陈波//中国文物报2014-3-19
空灵之约——中国沉香文化展//中国文物报2014-3-21
香漫中华——“空灵之约——中国沉香文化展”解读/王勇军、姜惠梅//中国文物报2014-3-21
雕塑艺术在展陈展的运用——“红旗渠精神”雕塑艺术研讨会在京举行/中国博物馆协会纪念馆专业委员会秘书处//中国文物报2014-3-28
试论“巍巍正阳——北京正阳门历史文化展”中的展览与服务/李晴//北京文博文丛2014-4
展览项目的绩效评价与应对/高红清//北京文博文丛2014-4
2014年：值得期待的国家博物馆展览/崔波//中国文物报2014-4-2
非洲雕刻艺术展观后/黄明乐//中国文物报2014-4-2
欧洲观众眼中的中国书画：山气香花——“重庆中国三峡博物馆藏19至20世纪书画精品展”匈牙利办展侧记/管晓锐//中国文物报2014-4-2
正视多媒体在展陈中的作用/徐宁、陶烨//中国文物报2014-4-2
九市精品汇广州：“跨越海洋——中国海上丝绸之路九城市文化遗产精品联展”侧记/李民涌//中国文物报2014-4-4
因地制宜彰显特色：海丝联展广州站陈列设计构思/刘颖颖//中国文物报2014-4-4
厚重天中独韵千古——驻马店市博物馆展示陈列与公共服务纪实/谢文、董亚梅、刘东、刘文明、肖露露//中国文物报2014-4-16
在国家民族大背景下讲述“铁西故事”：“铁西百年记忆”陈列策划理念与展陈思路/沈阳工业博物馆//中国文物报2014-4-16
博物馆送展的多米诺骨牌效应何以会发生/彭清云//中国文物报2014-4-30
扬帆远航货通万国的历史见证：直挂云帆济沧海——海上丝绸之路特展侧记/马怡运//中国文物报2014-4-30
探寻展览新路构建文化高地：毛泽东同志生平业绩展——“中国出了个毛泽东”改陈略述/阳国利、李丽等//中国文物报2014-4-30
通俗与雅化——博物馆展览语言文本的双重性思考（上、下）/刘兴亮//中国文物报2014-4-30、2014-5-28
公众考古学在展览中的运用：以“广州考古六十年”展为例/黄明乐//中国文物报2014-4-30
唐山博物馆：开展馆际交流展/张海超//中国文物报2014-4-30
高新技术在遗址博物馆展陈设计中的应用/任飞//山西建筑2014-5
助推区域合作打造文化精品——“丝路”品牌展览架起沟通的桥梁/俄军//中国文物报2014-5-16
玻璃不反光让文物展示呈现更佳效果：河北省博物馆全面应用低反射玻璃提升观赏体验//中国文物报2014-5-16
感悟十大陈列展览精品/周裕兴、李韵、陈成军、陈建明等//中国文物报2014-5-21
第十一届（2013年度）全国博物馆十大陈列展览精品评选//中国文物报2014-5-21
让凝固的艺术动起来——华夏博物馆“朱门芳宴”特展侧记/张俊梅//中国文物报2014-5-28
民族类博物馆如何提升陈展/康兰冬//中国文物报2014-5-28
计利当计天下利——海上丝绸之路文物特展综述/丁清华//中国文物报2014-5-28
透视“守望千年：唐宋元书画珍品特展”/胡慧媚//中国文物报2014-6-11
挖掘文化内涵讲好文物故事——“新西兰毛利玉器展”引发的思考/李娟//中国文物报2014-6-11
博物馆原创展览与策展人团队建设/付万梓//中国文物报2014-6-11
民族类博物馆如何提升陈展/唐兰冬//中国文物报2014-6-11
博物馆展览项目的风险管理/王瑞//中国文物报2014-6-11（上）、2014-6-25（下）
关于博物馆文物照明设计的尝试与思考/洪恩//中国文物报2014-6-11
展览故事：这一次的非常偶遇/郭永洁//中国文物报2014-6-11
让收藏在博物馆里的文物藏品活起来，让互动迸发的创新思维成为与社会沟通的桥梁：展览讲述中国故事/

崔波//中国文物报2014-6-13
瑞金重要革命根据地纪念馆提升基本陈列/罗敏//中国文物报2014-6-25
藏品在展览使用中的问题/黄雪寅//中国文物报2014-6-25
“守望千年：唐宋元书画珍品特展”热展思考/胡慧媚/中国博物馆通讯2014-7
“辉煌时代——罗马帝国文物特展”设计理念浅析/马俊/中国博物馆通讯2014-7
播下明天的种子——国际博物馆日布展感受/段燕飞/中国博物馆通讯2014-7
讲好“大前门”的故事——“巍巍正阳——北京正阳门历史文化展”悄然开放/孙秀丽//中国文物报2014-7-1
汉画像石的陈列手法/朱绍鸿//中国文物报2014-7-8
西柏坡纪念馆“赶考”群雕建设始末/刘杉、王彦红//中国文物报2014-7-8
台儿庄大战纪念馆讲述“藏品的记忆”/陈学超、谢美慈//中国文物报2014-7-8
让文化“说”起来让展览“动”起来——解读南昌县博物馆如何延续文物生命/郁鑫鹏//江西日报2014-7-13
为百姓讲述正阳门的故事：正阳门基本陈列“巍巍正阳——北京正阳门历史文化展”/郭豹//中国文物报2014-7-15
中小博物馆举办临时展览的点滴思考/朱绍鸿//中国文物报2014-7-22
“地中海的文明——法国卢浮宫博物馆藏文物精品”展照明设计解析/洪恩//中国博物馆通讯2014-8
党的好干部：绍兴博物馆焦裕禄事迹图片展侧记/沈一萍//中国文物报2014-8-5
沉香文化的别样体验：空灵之约——中国沉香文化展后记/李栋//中国文物报2014-8-5
以创新科技为支撑 充分展示藏品内在魅力——参观湖北省博物馆“江汉汤汤”文物展有感/马自树//中国文物报2014-8-5
“乾隆花园的秘密”特展探秘/郑好、高叶环//中国文物报2014-8-19
“从文艺复兴到黄金时代——威尼斯之辉”展中国首站亮相中国园林博物馆/崔波//中国文物报2014-8-19
中华文明多元一体的一个例证：记“江汉汤汤——湖北出土商周文物展”/王纪潮//中国文物报2014-8-19
别具一格：展览标题一字经/毛剑勇//中国文物报2014-9-2（上）、2014-9-16（中）、2014-9-30（下）
博物馆临展工作的设计与策划——以山东博物馆为例/张露胜/中国博物馆通讯2014-9
试论博物馆“节俭办展览”/马俊//中国博物馆通讯2014-9
雅俗共赏——浅析香山商业文化博物馆陈列艺术特色/张文平//中国博物馆通讯2014-9
69年的铭记：抗日战争纪念馆推出中国与世界反法西斯战争展览/黄春锋//中国文物报2014-9-2
通史式基本陈列改造提升的做法与思考——以扬州博物馆为例/徐忠文//中国文物报2014-9-30
联盟凝聚力量——安徽省博物馆陈列展览联盟初显成效/王宇广//中国文物报2014-9-30
博物馆展品说明的撰写/周墨兰//中国文物报2014-9-30
人物纪念馆专题展览策划的若干原则/汪长明//中国博物馆通讯2014-10
设计思维在博物馆中的应用/赵菁//中国博物馆通讯2014-10
穿越时空的有趣对话：重庆中国三峡博物馆创新开展库区巡展/雷学刚、李诗佳//中国文物报2014-10-14
平等与对话——中法两国互办文物展览的思考/赵古山//中国文物报2014-10-14
欢迎“托尔斯泰”来到北京/马自树//中国文物报2014-10-14
来武汉博物馆品镇江茶具/丁燕//中国文物报2014-10-14
“真彩秦俑”展——带您走进始皇帝的多彩王国（二）/叶晔//中国文物报2014-10-14
展览这样炼成——“讲的是汉代故事，但关注的主题是人”/姚安//中国文物报2014-10-24
点击汉代文明 ——“马王堆汉墓传奇”展览策划/郑曙斌//中国文物报2014-10-28
如何让你的展览更出众——情感化设计与魅力属性/于晖//中国文物报2014-10-28（上）
辽博：以展览探索文化惠民/刘韫、孙其媛、杨静坤//中国文物报2014-10-28
客家盛会圆梦开封：“客家与开封——世界客属第27届肯亲大会特展”侧记/曾广庆//中国文物报2014-10-28
吴钩重辉——苏州博物馆藏吴越青铜兵器特展/苏州博物馆//中国文物报2014-12-16
铭记历史守望未来：中山舰博物馆举行抗战实物收藏展侧记/张俊梅、李立新//中国文物报2014-12-23
藏品架起沟通的桥梁——以河北省民俗博物馆展览为例/李恩佳//中国文物报2014-12-23
与时俱进讲好广西故事——广西壮族自治区博物馆陈列工作80年/广西壮族自治区博物馆//中国文物报2014-12-30

浅析博物馆精品陈列展览/马春、余圭涛//才智2014-16
以人为本彰显文化——陈列展览的创新与发展/李琴//秦晋豫冀四省博物馆理论与实践研讨会论文选，陕西人民出版社2014年
浅谈新形势下博物馆陈列展览的创新与发展/贾学颖//秦晋豫冀四省博物馆理论与实践研讨会论文选，陕西人民出版社2014年
现代展览技术植入博物馆陈列设计中的意义/尚再秀//秦晋豫冀四省博物馆理论与实践研讨会论文选，陕西人民出版社2014年
新变化新感觉新体验——新媒体技术在博物馆陈展中的应用讨论/周筠//秦晋豫冀四省博物馆理论与实践研讨会论文选，陕西人民出版社2014年
创新市县级博物馆陈列工作的实践与思考——以平顶山博物馆文物陈列工作为例/沈天鹰、张水木//秦晋豫冀四省博物馆理论与实践研讨会论文选，陕西人民出版社2014年
在展示提升中坚持整合创新的理念——浅议涿州文化遗产陈列馆展示提升方案/杨卫东//秦晋豫冀四省博物馆理论与实践研讨会论文选，陕西人民出版社2014年
博物馆陈列展览创新的实践与思考——以西安书法艺术博物馆为例/庞任隆//秦晋豫冀四省博物馆理论与实践研讨会论文选，陕西人民出版社2014年
壁画博物馆陈列形式和表现方法试探/徐婵菲//秦晋豫冀四省博物馆理论与实践研讨会论文选，陕西人民出版社2014年
坚持以人为本彰显革命文化——延安革命史陈列展示的基本特点/张建儒//秦晋豫冀四省博物馆理论与实践研讨会论文选，陕西人民出版社2014年
略论革命纪念馆人物馆的陈列设计——以大型专题展览“八路军将领”为例/李东光//秦晋豫冀四省博物馆理论与实践研讨会论文选，陕西人民出版社2014年
国际交流展览背景下的秦兵马俑展览现象解析/庞雅妮//秦晋豫冀四省博物馆理论与实践研讨会论文选，陕西人民出版社2014年
观沧海之变听长风轻述——烟台市博物馆基本陈列“海风”/沈岩、祝国林//博物馆学刊（四），科学出版社2014年
浅析遗址类博物馆临时展览的选题与策展——以“南中寻珍：诸葛亮南征路线出土文物展”为例/尹恒、李加锋//博物馆学刊（四），科学出版社2014年
“玉润东方——大汶口—龙山·良渚玉器文化展”策展札记/周浩然//齐鲁文物（3），科学出版社2014年
博物馆展览的宣传推广策略与实践探索——以“斯文在兹——孔府旧藏服饰特展”为例/连洁//齐鲁文物（3），科学出版社2014年
突出特色，精心策划，以好的陈列推动博物馆事业发展——益阳市博物馆展陈创意与策划实施/陈峻、卜珩一、符凯伟//博物馆学文集9，岳麓书社2014年
浅谈市县级博物馆历史陈列的地方特色——以郴州博物馆为例/胡仁亮//博物馆学文集9，岳麓书社2014年
浅谈地方综合性博物馆基本陈列策划中应该注意的几个问题——以怀化博物馆“五溪往事——怀化历史文物陈列”为例/朱吉英//博物馆学文集9，岳麓书社2014年
岳阳博物馆“洞庭长歌——岳阳古代文明陈列”设计思路剖析/付淑华//博物馆学文集9，岳麓书社2014年
见证历史，守望未来，构建文化新高地——韶山毛泽东同志纪念馆《中国出了个毛泽东》改陈大观/阳国利、李丽、邹燕舞、田曼姝、曹慧娴、梁栋//博物馆学文集9，岳麓书社2014年
中小型博物馆陈列策略的开发及选择/骆黄海//博物馆学文集9，岳麓书社2014年
衡阳市博物馆基本陈列与临时展览/彭丽//博物馆学文集9，岳麓书社2014年
浅议地市级博物馆基本陈列与地方历史特色/谭海燕//博物馆学文集9，岳麓书社2014年
浅论地市级博物馆主题展陈的策展与发展——以益阳市博物馆 “生命签证”展览为例/符凯伟//博物馆学文集9，岳麓书社2014年
地方特色是历史文化类展览的立身之本——娄底市博物馆新馆基本陈列构想/俞姿//博物馆学文集9，岳麓书社2014年
一个好的展览推动了一项事业的发展——以益阳市博物馆“益阳印象——益阳历史文物陈列”为例/符凯伟

//博物馆学文集9，岳麓书社2014年
陈列展品与文化意蕴的完美融合：“竹艺之美——益阳竹文化陈列”的展陈特色/卜珩一、郭正科//博物馆学文集9，岳麓书社2014年
从“永州国宝展”看永州地方历史文化的类型和特征/杨韬//博物馆学文集9，岳麓书社2014年
“益阳印象”——益阳历史文物陈列概述/胡勇//博物馆学文集9，岳麓书社2014年
论基本陈列在博物馆、纪念馆的地位和作用/陈亮伟//博物馆学文集9，岳麓书社2014年
论基本陈列在博物馆、纪念馆的地位和作用/王志强//博物馆学文集9，岳麓书社2014年
益阳市博物馆后续陈列的基本内容与构想/郭克勤//博物馆学文集9，岳麓书社2014年
做雅俗共赏的博物馆展览/王文彬//博物馆学文集9，岳麓书社2014年
试论专题博物馆基本陈列中的专题问题——以中国简牍博物馆基本陈列方案为例/马代忠//博物馆学文集9，岳麓书社2014年
浅谈如何打造具有新时代的精品临时展览——以“益阳记忆——益阳国家级文物保护单位专题展览”为例/余正//博物馆学文集9，岳麓书社2014年
临时展览策划与实施的探索——以益阳市博物馆为例/胡勇//博物馆学文集9，岳麓书社2014年
浅谈临时展览在博物馆发展中的重要性——以郴州博物馆为例/刘嫙子//博物馆学文集9，岳麓书社2014年
浅论临时展览在博物馆发展中的作用/张海军//博物馆学文集9，岳麓书社2014年
如何利用临时展览提升博物馆社会效应/甘钰萍//博物馆学文集9，岳麓书社2014年
加强馆际交流丰富陈列展览之浅谈/皮云丰//博物馆学文集9，岳麓书社2014年
浅谈刘少奇同志纪念馆的临时展览/罗超群//博物馆学文集9，岳麓书社2014年
浅谈益阳市博物馆的临时展览/查新苗、薛博//博物馆学文集9，岳麓书社2014年
浅析地市级博物馆的陈列内容设计——以益阳博物馆为例/卜珩一//博物馆学文集9，岳麓书社2014年
牢固树立精品意识　提供优质文化产品——免费开放以来湖南省博物馆陈列展览的探索/袁建平//博物馆学文集9，岳麓书社2014年
从关于加强博物馆陈列展览工作的意见谈陈列展览创新的三个维度/孙中华//博物馆学文集9，岳麓书社2014年
从传播学角度试论博物馆陈列策划需考虑的基本因素/魏颖//博物馆学文集9，岳麓书社2014年
从国家一级博物馆运行评估谈如何提高纪念类博物馆的陈列展览水平/李桂芳//博物馆学文集9，岳麓书社2014年
论博物馆展览传播目标/王文彬//博物馆学文集9，岳麓书社2014年
凸显“人文精神”——浅谈博物馆陈列设计的人文追求/谢伟华//博物馆学文集9，岳麓书社2014年
展品陈列中存在问题的解决方法/何伟//博物馆学文集9，岳麓书社2014年
浅议博物馆陈列展览/谭海燕//博物馆学文集9，岳麓书社2014年
遗址博物馆陈列展示相关问题浅论/毕然、王树金//博物馆学文集9，岳麓书社2014年
遗址博物馆陈列展示现状与趋势/薄毅、王树金//博物馆学文集9，岳麓书社2014年
浅谈非物质文化遗产传承与展示/陈峻//博物馆学文集9，岳麓书社2014年
博物馆参与非物质文化遗产展览需要考虑的几个问题/王元兰//博物馆学文集9，岳麓书社2014年
浅谈耒阳农耕博物馆农耕文化陈列展览中民俗的作用/廖翠花、刘娟//博物馆学文集9，岳麓书社2014年
战争与和平——关于湖南抗战文化展示中心陈列主题与陈列内容的初步思考/江洪、杨宇//博物馆学文集9，岳麓书社2014年
浅谈展览形式设计中的表现术语与技巧/吴倩//博物馆学文集9，岳麓书社2014年
博物馆陈列艺术中技术美学的探讨/潘勇//博物馆学文集9，岳麓书社2014年
浅议展览语言/陈俊//博物馆学文集9，岳麓书社2014年
陈列设计艺术空间浅论/刘险峰//博物馆学文集9，岳麓书社2014年
论博物馆陈列展览的色彩设计/胡琼//博物馆学文集9，岳麓书社2014年
浅谈色彩在陈列艺术设计中的运用——以株洲市博物馆临时陈列展览为例/张敬尧//博物馆学文集9，岳麓书社2014年
博物馆展陈的情境美与语音时空的架构/储学文、李莉怀//博物馆学文集9，岳麓书社2014年

陈列展览中声光电的适度运用——以“杨得志生平事迹陈列”为例/肖长秋//博物馆学文集9，岳麓书社2014年
光影之美——浅议光在博物馆陈列中的合理运用/侯雁//博物馆学文集9，岳麓书社2014年
人物雕塑在陈列展览中的应用/郭爱丽//博物馆学文集9，岳麓书社2014年
论陈列中辅助展品的合理配置/丘卫红//博物馆学文集9，岳麓书社2014年
陈列设计中对安全因素和防范设备的几点思考/李建华//博物馆学文集9，岳麓书社2014年
中小型博物馆陈列展示中展品安全的思考/何斌//博物馆学文集9，岳麓书社2014年
论陈列策划中需要考虑的因素——浅谈温湿度对纸质陈列品的影响及相应措/张建平//博物馆学文集9，岳麓书社2014年
极简主义视野下的陈列设计初探——“白山·黑水·海东青——纪念金中都建都860周年特展”设计笔记/程旭//首都博物馆论丛（28），北京燕山出版社2014年
印象策展人/谭晓玲//首都博物馆论丛（28），北京燕山出版社2014年
浅谈展览中的谈判工作/高红清//首都博物馆论丛（28），北京燕山出版社2014年
关于博物馆展览重点展品的几个问题——以中韩博物馆展览为例/邵欣欣//首都博物馆论丛（28），北京燕山出版社2014年
以形式设计的语言阐示内容设计的内涵——金中都展的语境再现和设计表达/李赫//首都博物馆论丛（28），北京燕山出版社2014年
关于“笔底仙踪——明清佛教神像画展”的一点思考/孙珂//首都博物馆论丛（28），北京燕山出版社2014年
博物馆陈列创意/马怀伟//首都博物馆论丛（28），北京燕山出版社2014年
浅谈“佛韵——造像艺术集粹”展的理念及其实践/田聪//首都博物馆论丛（28），北京燕山出版社2014年
浅谈徐悲鸿对法国绘画艺术的继承与创新以“大师与大师——徐悲鸿与法国学院大家作品联展”为例/刘轶丹//首都博物馆论丛（28），北京燕山出版社2014年
博物馆巡回展览工作的实践与思考/蔡凡//首都博物馆论丛（28），北京燕山出版社2014年
汉阳陵文物交流展览的思考/程艳妮//陕西历史博物馆馆刊（21），三秦出版社2014年

四 博物馆藏品管理与保护

1．博物馆藏品征集与管理

进一步开发和利用藏品资源——南京市博物馆的内展与外联实践/马砚祥、葛玲玲//中国博物馆1994-1
博物馆藏品管理工作方针/〔美〕玛丽・玛劳若著，宋向光译//中国博物馆1994-1
藏品建档工作杂谈/郭思洁//北方文物1994-1
必须对馆藏文物的本元价值和复合价值进行双重开发（摘要）/梁华平//中国博物馆通讯1994-1
文物价值的主体是集历史、现实、将来三个主体于一体的统一体（摘要）/彭捷//中国博物馆通讯1994-1
为什么文物具有多种价值（摘要）/彭捷//中国博物馆通讯1994-1
应重视有自己特色的“精神藏品”的收藏和展示（摘要）/李南书、张道远//中国博物馆通讯1994-1
谈谈文物交换与调剂的意义/杨爱玲//中国博物馆1994-2
利用ICP法进行铜器分析的研究/[日]内田哲男、平尾良光著，刘恩迪译//中国博物馆1994-2
关于中国革命博物馆一级文物确认工作的报告/沈庆林//中国博物馆通讯1994-2
避暑山庄博物馆藏品保管工作的做法/陈玉霞//中国博物馆通讯1994-2
实物——资料——我们是否知道自己正在收藏什么？/〔捷〕Z.Z.斯特朗斯著，肖大桂译//中国博物馆1994-4
文物与资料/沈庆林//中国博物馆1994-4
文物的特性与价值/阮家新//中国博物馆1994-4
作为证明、证据、工具的实物/〔巴西〕特依萨・希尔纳著，张晓悟译//中国博物馆1994-4
美术馆里的艺术品：实物还是资料/〔分〕拜维・M. 赖巴林纳著，满素洁译//中国博物馆1994-4
博物馆藏品分类的再探索/陈肇庆//中国博物馆1994-4
不断探索精益求精修复古字画（摘要）/童雪松//中国博物馆通讯1994-4
关于对鲁迅博物馆一级藏品鉴定确认工作的报告/沈庆林//中国博物馆通讯1994-5
搞好藏品建档工作有着重要的现实意义/郭思洁//中国博物馆通讯1994-7
赴广西、广东、海南、江西四省区确认一级革命（近、现代）文物的报告/沈庆林//中国博物馆通讯1994-7
按质地分类更有利于藏品保管/陈莉芬//中国博物馆通讯1994-7
全国馆藏一级文物鉴定确认工作总体规划概述/李耀申//中国博物馆通讯1994-9
关于博物馆保管工作观念转变的一点思考/傅玉芳//中国博物馆通讯1994-9
全国馆藏一级历史文物确认工作的进展情况/李耀申//中国博物馆通讯1994-10
藏品管理与藏品橱柜/高和//中国博物馆通讯1994-11
博物馆文物征集工作的商品化趋势/赵峰、韩建武//陕西历史博物馆馆刊（一），三秦出版社1994年
电脑管理藏品分类法的探讨/徐建国//陕西历史博物馆馆刊（一），三秦出版社1994年
关于博物馆保管工作观念转变的一点思考/傅玉芳//博物馆学论丛（四），中州古籍出版社1994年
博物馆藏品管理之我见/陈娟//博物馆学论丛（四），中州古籍出版社1994年
适应社会需要搞好保管工作的改革/袁爱民//博物馆学论丛（四），中州古籍出版社1994年
我国目前博物馆藏品保管工作改革刍议/孔德铭//博物馆学论丛（四），中州古籍出版社1994年
博物馆藏品工作中的几个问题/王玮//博物馆学论丛（四），中州古籍出版社1994年

藏品建档工作中的几点体会/朱爱芹//博物馆学论丛（四），中州古籍出版社1994年
开封博物馆藏品建档工作的体会/唐冬冬//博物馆学论丛（四），中州古籍出版社1994年
博物馆藏品征集的局限性/张体义//博物馆学论丛（四），中州古籍出版社1994年
加强藏品规范管理完善科学保护措施/李建兴、靳爱萍//中国博物馆通讯1995-1
河南省开展优秀保管员评选活动的几点体会/河南省文物局博物馆处//中国博物馆通讯1995-2
近现代文物编目的几点体会/王立根//中国博物馆1995-3
藏品柜架的选择与基本要求/祝君//中国博物馆1995-3
因地制宜设计配备库房柜架/唐方俊、钱锋//中国博物馆1995-3
藏品柜架改进的建议/赵晓华//中国博物馆1995-3
博物馆藏品保管柜的探讨/贾凤改、付文江//中国博物馆1995-3
木质箱柜对青铜文物的腐蚀影响/孙晓强//中国博物馆1995-3
近、现代文物也急需抢救/沈庆林//中国博物馆通讯1995-3
宝鸡市博物馆完成文物藏品“三建”工作的体会/王桂枝//中国博物馆通讯1995-3
博物馆藏品的特点及研究/〔美〕拉塞·毕·奈著，宋向光编译//博物馆研究1995-4
在革命文物征集的对象上应突出四个方面的重点/范胜丽//中国博物馆通讯1995-5
抢救民族文物刻不容缓/宋兆麟//中国博物馆通讯1995-6
博物馆应该到民间去征集、购买藏品/黄炳煜//中国博物馆通讯1995-7
我馆藏品计算机（电脑）管理的实践/肖明华//中国博物馆通讯1995-7
博物馆文物照片征集工作的新问题/张明//中国博物馆通讯1995-10
藏品定级不是一定终身，应该有升有降/卜万容//中国博物馆通讯1995-11
关于统一博物馆藏品电脑管理的软件的建议/陈肇庆//中国博物馆通讯1995-11
遗址博物馆藏品的特殊性/理智//遗址博物馆研究——兼论陕西遗址博物馆，陕西人民出版社1995年
近现代文物工作的几个问题/沈庆林//中国博物馆1996-1
引进先进科技，搞好文物包装/刘恩迪//中国博物馆1996-1
藏品包装的专业化/查永玲//中国博物馆1996-1
博物馆藏品概念的思考/宋向光//中国博物馆1996-2
藏品出国展览的包装运输与保管/凌波、李卉//中国博物馆通讯1996-2
藏品远途运输的包装/李建丽//中国博物馆通讯1996-2
藏品的包装与保护/孙晓强//中国博物馆通讯1996-2
藏品包装材料的选择和安全操作方法/李雅兰//中国博物馆通讯1996-2
新时期文物保管工作面面观/凌波//中国博物馆1996-3
近、现代文物的作伪原由与辨伪/陈肇庆//中国博物馆通讯1996-3
博物馆藏品与博物馆功能/宋向光//文博1996-5
周恩来总理修定的战备文物库房方案/蒋博光//中国博物馆通讯1996-6
南通纺织博物馆征集工作的新思路、新做法/姜平//中国博物馆通讯1996-8
我国博物馆界对藏品概念认识的演进/宋向光//中国博物馆通讯1996-9
近现代文物征集面临两个挑战/沈庆林//中国博物馆通讯1996-10
当前博物馆藏品征集的困境及对策/陈秀敏//中国博物馆通讯1996-10
民族文物与民族博物馆/李淳信//民族学与博物馆学，云南民族出版社1996年
民族学类博物馆藏品登记方法的探讨/玉罕娇//民族学与博物馆学，云南民族出版社1996年
太平天国历史博物馆文物史料工作的发展概述/谭跃//太平天国历史博物馆建馆四十周年论文集，江苏教育出版社1996年
文献类文物复制工作之管窥/李玮//太平天国历史博物馆建馆四十周年论文集，江苏教育出版社1996年
博物馆文物复制琐谈/束晓玲//太平天国历史博物馆建馆四十周年论文集，江苏教育出版社1996年
新形势下博物馆藏品管理工作探讨/陈国安//博物馆学文集4，1996年
陶瓷器类藏品的定名、定级问题的探索与应用/丁送来//博物馆学文集4，1996年

对我省革命文物收藏情况有关问题的思考/闫四秋//博物馆学文集4，1996年
现代革命文物鉴定工作刍议/夏佑新//博物馆学文集4，1996年
浅谈小型博物馆的藏品保管/余学群//博物馆学文集4，1996年
现代人物纪念馆藏品的特点与分类/谭逻松、李淑云//博物馆学文集4，1996年
略谈民族民俗文物的分类分库管理/余斌霞//博物馆学文集4，1996年
谈博物馆馆藏货币的挑选与分类/邓昭辉//博物馆学文集4，1996年
文物修复与保护——在英国国立图书馆工作随感/周志媛//博物馆学文集4，1996年
文物藏品质地优先四层次十进位分类法/严建强//中国博物馆1997-1
近现代史类图片的检索分类/丁敏京//中国博物馆1997-1
近现代文物全息鉴定/肖贵洞//中国博物馆1997-1
全方位征集近现代文物的思考/王南//中国博物馆1997-2
军垦文物的征集工作/张素虹//中国博物馆1997-2
国际礼品藏品定级的思考/陆琼//中国博物馆1997-2
军博藏品进行现代化管理的设想/王立根//中国博物馆1997-2
吉林省革命博物馆一级文物鉴定与确定的几点思考/任秀珍//中国博物馆1997-2
怎样抢救民族文物/李虹复//中国博物馆1997-2
书画如何装裱、修复和收藏/戴明举//中国博物馆1997-2
浅谈博物馆藏品开放/高伟//中国博物馆1997-3
博物馆藏品的意义：社会行为的物化/宋向光//中国博物馆1997-3
关于建立藏品管理学理论体系的思考/吕军、栾兆鹏//中国博物馆1997-3
特拉德斯坎特父子收藏的相关问题/张文立//中国博物馆1997-3
藏品保管包装的方法/贾治安//中国博物馆通讯1997-3
故宫国宝流离重庆事略/胡昌健//中国博物馆1997-4
博物馆文物藏品定名规范的再探讨/张伟琴//中国博物馆1997-4
如何理解博物馆的馆藏/杨海峰//中国博物馆通讯1997-4
藏品档案的价值及其管理/王秀媛//中国博物馆通讯1997-4
文博档案工作的几点思考/严萍//中国博物馆通讯1997-4
要着力抢救少数民族近现代文物/马自树//中国博物馆通讯1997-8
抢救民族文物比建新馆更紧迫/李虹复//中国博物馆通讯1997-8
基层博物馆如何做好文物征集和文物保护工作/臧公珩//中国博物馆通讯1997-8
在陈列现场征集文物大有可为/王信平//中国博物馆通讯1997-9
“库房日志”在藏品管理中的作用/黄虹、张雪莲//中国博物馆通讯1997-11
我国博物馆藏品保管工作改革刍议//文博青年论丛（第二辑），北京图书馆出版社1997年
试论少数民族地区文物管理工作的困境与对策//文博青年论丛（第二辑），北京图书馆出版社1997年
实现藏品开放必须克服“重藏轻用思想”/高伟//中国博物馆通讯1998-2
上海鲁迅纪念馆藏品征集的新思路/周国伟//中国博物馆1998-2
博物馆应该重视“文革”时期文物的收藏/钱专、叶华//中国博物馆通讯1998-4
浅谈民族服饰文物的管理与保护/李金//中国博物馆通讯1998-5
什么是博物馆藏品//中国博物馆通讯1998-7
博物馆藏品的直接使用和间接利用/李建丽//中国博物馆通讯1998-7
文物复制品做旧的几点办法/朱亚铎//中国博物馆通讯1998-8
应重视藏品的原始记录/赫连玉芳//中国文物报1998-11-15；中国博物馆通讯1998-12
鉴定应是保管员的必修课/李玲、傅玉芳//中国博物馆通讯1998-12
文物藏品的保管及业务人员的素质要求/梁平//中国博物馆通讯1998-12
浅谈博物馆藏品档案的科学管理/傅玉芳//河南博物院落成暨河南省博物馆建馆70周年纪念论文集，中州古籍出版社1998年

藏品管理规范化初探/王玮//河南博物院落成暨河南省博物馆建馆70周年纪念论文集，中州古籍出版社1998年
论馆藏货币的科学管理/陈娟//河南博物院落成暨河南省博物馆建馆70周年纪念论文集，中州古籍出版社1998年
浅谈革命文物征集和保管工作/罗秀华//河南博物院落成暨河南省博物馆建馆70周年纪念论文集，中州古籍出版社1998年
装裱艺术与古书画鉴定/张玉玲//河南博物院落成暨河南省博物馆建馆70周年纪念论文集，中州古籍出版社1998年
市场经济条件下博物馆文物收藏工作的思考/范汝强、刘梦藻//北京博物馆学会第二届学术会议论文集，经济日报出版社1998年
文物修复工作在博物馆的地位及作用/郝利民//史前研究1958～1998年：西安半坡博物馆成立四十周年文集，三秦出版社1998年
浅议文物“藏品”总账的作用/王惠茹//史前研究1958～1998年：西安半坡博物馆成立四十周年文集，三秦出版社1998年
龙华烈士纪念馆对革命文物征集工作的体会/俞乐滨、纪蕴珠//中国博物馆通讯1999-1
抢救保护社会主义革命和建设时期文物/谢辟庸//中国博物馆通讯1999-2
中国革命博物馆征集工作的新尝试/安跃华//中国博物馆通讯1999-2
少数民族文物调查征集工作的几点体会/吴东海//中国文物报1999-2-10
征集民族文物与征集一般历史文物有所不同/吴东海//中国博物馆通讯1999-3
社建文物的时代特征/李鑫//中国博物馆通讯1999-5
我们是怎样开展革命文物普查征集工作的/刘朴//中国博物馆通讯1999-5
对地下文物不十分丰富地区征集工作的思考/汪俊明//中国博物馆通讯1999-5
如何制定博物馆的收藏政策/严建强//中国博物馆通讯1999-6
利用计算机管理馆藏文物档案的几点建议/郑一萍//中国博物馆通讯1999-6
大英博物馆的文物回归问题（一、二）/时坚东//中国博物馆通讯1999-7；1999-8
长沙市博物馆征集社会主义革命和建设时期文物的做法/毛志平//中国博物馆通讯1999-8
民族文物抢救工作中的若干问题/王红光//中国博物馆通讯1999-8
谈藏品档案的详尽/王秀媛//中国博物馆通讯1999-10
二十一世纪高校地质博物馆的标本收集/王正新//中国博物馆通讯1999-10
藏品利用过程中几个问题的探讨/谭白明//中国博物馆通讯1999-12
陈列展览中文物保管之我见/李建丽//中国博物馆通讯1999-12
民族博物馆藏品浅谈/黑少荣//民族博物馆论文集，云南民族出版社1999年
遗址博物馆藏品的管理/郭宝发、姜彩凡//遗址博物馆学概论，陕西人民出版社1999年
藏品管理软件的基本品质/陈宏京、刘朝晖//中国博物馆2000-1
书画藏品现状描述问题研讨/陆锦华//中国博物馆2000-1
关于藏品管理程序问题的探讨/吕军、刘昊罡//博物馆研究2000-1
谈当前民族文物工作的主要任务/林尚斌//陇右文博2000-1
计算机数据库在馆藏文物管理中的应用/郑一萍//中国博物馆通讯2000-1
军事博物馆的武器分类与定名/韩奎元//中国博物馆2000-2
论藏品管理人员的业务素质与藏品管理的电脑化/吕军//博物馆研究2000-2
博物馆藏品整顿中若干问题的思考/张淑华、曹明//博物馆研究2000-2
河北省博物馆几宗珍贵文物的发现和征集/王金科//文物春秋2000-2
博物馆藏品管理电脑化工程中的经济性分析/姚一青//中国博物馆通讯2000-2；中国博物馆2000-3
博物馆征集工作的思考/李军//中国博物馆2000-3
试论现代文物的征集与收藏/琪琪格//中国博物馆2000-3
藏品管理电脑化与管理人员的业务素质/吕军//中国博物馆2000-3
当代博物馆藏品管理工作的性质、特点及主要任务/宋向光//博物馆研究2000-3

我国社会体育文物收藏初探/王军//博物馆研究2000-3
民族文物搜集工作初探/们发延、白宝坤//博物馆研究2000-3
藏品包装运输与藏品保管的关系/宋玉娥//博物馆研究2000-3
我们如何征集的保护社建文物/龙剑宇//中国博物馆通讯2000-3
寻求外援是小馆藏品科学保护的重要途径/黄美丽//中国博物馆通讯2000-3
内蒙古博物馆馆藏民族文物定名规范/安丽//中国博物馆2000-4
博物馆藏品信息管理的几个基本问题/王建涛//中国博物馆通讯2000-4
沁阳开展近现代文物普查征集的作法和体会/张红军//中国博物馆通讯2000-10
照片档案的管理/史习良//中国博物馆通讯2000-10
河南省开展“继往开来·百年文物征集”活动的做法和体会/陈爱兰//中国博物馆通讯2000-11
近现代一级文物确认工作/沈庆林//中国博物馆通讯2000-11
由“馆藏原版照片集珍展”引发的思考/张明//中国博物馆2001-1
试论藏品信息的大众化检索/秦海琦、陈红京//博物馆研究2001-1
加强博物馆档案的建设及使用/史习良//中国博物馆通讯2001-2
浅谈新画装裱之画心小托/谢俭华//中国博物馆通讯2001-2
藏品定名的词语研究/包宪红//中国博物馆2001-2
藏品的科学保存与保养/孙晓强//中国博物馆2001-3
博物馆书画藏品的征集和利用/朱良津/中国博物馆2001-3
藏品保管与保护体制创新初探/凌波//中国博物馆2001-3
博物馆藏品利用存在的问题及对策/许俊平//中原文物2001-3
民族文物的涵义及其与历史文物、革命文物的关系/秦晋庭//中国博物馆2001-3
藏品管理人员业务素质优化问题探析/夏文兰//博物馆研究2001-3
加强革命文物的征集保管研究利用是纪念馆建设的重要一环/李秀梅//博物馆研究2001-3
论藏品利用中的管理与保护/贾冬梅//博物馆研究2001-3
博物馆的包装/楼锡祜//博物馆研究2001-4
军垦文物鉴定工作刍议/郭婧//中国博物馆通讯2001-7
收藏者心理研究与文物征集工作/徐云根//中国博物馆通讯2001-8
复制布类文物字迹书写的办法/朱亚铎//中国博物馆通讯2001-8
关于博物馆文物资源的几个问题/马自树//中国文物报2001-8-5
藏品的积累与质量——二谈博物馆的物/苏东海//中国文物报2001-8-19；全球化下的中国博物馆，文物出版社2002年；博物馆的沉思：苏东海论文选（卷二），文物出版社2006年
文物是无限的，藏品是有限的/苏东海//中国文物报2001-9-21；全球化下的中国博物馆，文物出版社2002年；博物馆的沉思：苏东海论文选（卷二），文物出版社2006年
文物没有展示出来，不等于文物没有发挥作用/马自树//中国博物馆通讯2001-10
宁都县博物馆文物征集与抢救工作的几点作法/王俭生//中国博物馆通讯2001-10
用计算机解决博物馆图片需要的办法/肖贵洞//中国博物馆通讯2001-10
陶瓷器类藏品的定名、定级问题的探索与应用/丁送来//中国博物馆通讯2001-10
藏品永久性的总推论根据//中国博物馆通讯2001-11
博物馆藏品的科学管理与保护/郭晓红//陕西历史博物馆馆刊（第八辑），三秦出版社2001年
陕西历史博物馆唐墓壁画库保管设备和工艺设计/韦纯学、丁海//陕西历史博物馆馆刊（第八辑），三秦出版社2001年
文物征集工作十年回眸/陕西历史博物馆保管部//陕西历史博物馆馆刊（第八辑），三秦出版社2001年
云南省博物馆绘画藏品的初步整理与研究/张永康//云南省博物馆建馆五十周年论文集，云南教育出版社2001年
云南少数民族文物收藏与保管/郭宗萱//云南省博物馆建馆五十周年论文集，云南教育出版社2001年
文物功能论/鲍贤伦//中国博物馆2002-1

博物馆藏品档案综述/张淑华//中国博物馆2002-1
文物艺术品的搬运原则/程存洁//中国博物馆2002-1
民族文物走向绝灭之根本原因分析/马旭铭//中国博物馆通讯2002-1
试论博物馆藏品的开放/钱芳//博物馆研究2002-1
运用信息技术实现博物馆藏品管理工作现代化/范胜丽//博物馆研究2002-1
谈电子计算机在藏品管理中的应用/宁波、郑姬//博物馆研究2002-1
调整观念树立形象拓宽新路——谈市场经济条件下如何开展博物馆书画征集工作/阎立群//博物馆研究2002-1
浅谈新时期地方性纪念馆革命文物征集工作/张宇明、张艳华//博物馆研究2002-1
新世纪孔庙博物馆征集工作之我见/仇起//博物馆研究2002-1
藏品管理软件在田野搜集工作中的兼用性/黄颖、王玮//博物馆研究2002-2
近现代文物建档工作中需要注意的一些问题/曲荣力//博物馆研究2002-2
新时期藏品搜集途径的转变/吕军//博物馆研究2002-2
文物价值简论/凌波//中国博物馆2002-2
对藏品管理程序的几点思考/唐小轩//博物馆研究2002-3
旅顺博物馆藏大谷探险队搜集品及其整理研究情况/王宇、王智远//博物馆研究2002-3
藏品管理计划/〔美〕Marie C. Malaro著、申芝茹编译//博物馆研究2002-3
漫谈新首博文物征集工作/王春城//北京文博2002-4
标本管理人员的素质要求/陈丽//博物馆研究2002-4
谈藏品征集中的原始记录/尹继波//文物工作2002-4
运用信息技术手段实施文物藏品管理/蒋明明//文物工作2002-5
博物馆藏品账物分管制度的建立/邹佩丛//文物工作2002-6
谈现代革命文物征集中的几个问题/文丰义//文物工作2002-6
浅谈中小博物馆的藏品征集工作/谭建武//文物工作2002-7
云南省珍贵文物藏品的普查登记工作/陈碧霞//文物工作2002-9
上海历史博物馆加强近现代文物征集力度的做法/张文勇//中国博物馆通讯2002-9
大连现代博物馆的展品征集种类与工作方法/谷振释//中国博物馆通讯2002-9
建立完备的藏品总账是杜绝藏品流失的关键环节/苏东海//中国文物报2002-10-11；博物馆的沉思：苏东海论文选（卷二），文物出版社2006年
地质类博物馆标本固定资产的财务管理/耿萍//中国博物馆通讯2002-8
浅谈民族文物藏品的保管与分类//辛勤耕耘：宜昌博物馆二十年纪念文集，科学出版社2002年
博物馆与传承和保护传统手工艺/陆琼//中国博物馆2003-1
博物馆的藏品档案与计算机藏品管理系统/聂莉//中国博物馆2003-1
博物馆藏品档案研究/王方平//中国博物馆2003-1
浙江省博物馆藏品建设论析/王方平//东方博物2003-1
旅顺博物馆藏印度古代佛教造像品/王宇、房学惠//敦煌研究2003-1
试论新时期的标本典藏与管理/王文利//中国博物馆2003-2
谈博物馆文物固定资产的管理/侯波良//中国博物馆2003-3
《全国文物普查软件》的几点不足/盛志伟、陈朋光//中国博物馆通讯2003-3
藏品档案建立中的历史资料收集/张红彦、张素红//中国博物馆通讯2003-3
浅谈文物藏品微机化管理应注意的几个问题/张新//文物工作2003-3
博物馆农业文物档案的管理/谢志远//中国博物馆2003-4
现代文物征集与保管中应该注意的几个问题/杨海峰//中国博物馆2003-4
益阳市博物馆开展文物征集工作的几点做法/邱卫红//中国博物馆通讯2003-4
新时期纪念馆革命文物价值的挖掘与利用/郭晓林//中国博物馆通讯2003-4
博物馆藏品的处理和国际博协《博物馆职业道德准则》/杰弗里・刘易斯著、张晋平译//中国博物馆通讯2003-5
加大基层博物馆征集力度，强化基础科研工作/赵正强//中国博物馆通讯2003-6

做时代藏品档案工作需要真抓实干/张云土、徐雪莲//中国文物报2003-6-6
加强馆藏文物的科学管理与依法管理/苏东海//中国文物报2003-6-27；博物馆的沉思：苏东海论文选（卷二），文物出版社2006年
采集口述实录在文物征集中的应用/何春茹//中国博物馆通讯2003-8
继承与发展——民族民俗文物工作70年/徐艺乙//中国文物报2003-11-6
计算机藏品管理的几个问题/王玮//博物馆学论丛（五），中州古籍出版社2003年
博物馆藏品信息资源共享刍议/许俊平//博物馆学论丛（五），中州古籍出版社2003年
博物馆藏品档案信息的开发利用/王建平//博物馆学论丛（五），中州古籍出版社2003年
加强文物保管的研究工作/刘晓磊//博物馆学论丛（五），中州古籍出版社2003年
小型博物馆、纪念馆的保管工作/王伟//博物馆学论丛（五），中州古籍出版社2003年
面向未来迎接挑战——论新时期文物保管工作发展趋势及保管员应具备的素质/齐迎萍//博物馆学论丛（五），中州古籍出版社2003年
浅谈新世纪文物藏品保管员应具备的素质/张怀记//博物馆学论丛（五），中州古籍出版社2003年
谈21世纪文物藏品保管员应具备的素质与要求/陈良军//博物馆学论丛（五），中州古籍出版社2003年
浅谈考古发掘单位藏品保管员应具备的业务素质/黄俊//博物馆学论丛（五），中州古籍出版社2003年
浅论藏品研究/杨红梅//博物馆学论丛（五），中州古籍出版社2003年
关于加强社会主义建设时期文物征集的几点认识/段兴亚、万洪瑞//博物馆学论丛（五），中州古籍出版社2003年
试谈近现代文物的征集/刘艳霞//博物馆学论丛（五），中州古籍出版社2003年
浅谈近现代文物的征集/袁爱民、周长明//博物馆学论丛（五），中州古籍出版社2003年
试论近现代文物的征集/郑嘉凤//博物馆学论丛（五），中州古籍出版社2003年
近现代文物征集探微/任义玲//博物馆学论丛（五），中州古籍出版社2003年
关于近现代文物征集工作的一点实践与思考/郭建设、韩竞//博物馆学论丛（五），中州古籍出版社2003年
做好现代文物征集工作 保证文物事业可持续发展/牛莉//博物馆学论丛（五），中州古籍出版社2003年
关于革命文物征集的几点体会/王爱文//博物馆学论丛（五），中州古籍出版社2003年
浅议近现代文物的几个相关问题/杜平安//博物馆学论丛（五），中州古籍出版社2003年
新形势下基层博物馆藏品征集工作的几点思考/李桂阁//博物馆学论丛（五），中州古籍出版社2003年
浅析新形势下博物馆藏品征集工作中遇到的几个问题/朱爱芹//博物馆学论丛（五），中州古籍出版社2003年
浅谈石刻征集、保护的实践与体会/雷全和//博物馆学论丛（五），中州古籍出版社2003年
对民俗文物的认识与征集/唐冬冬//博物馆学论丛（五），中州古籍出版社2003年
浅谈藏品鉴定和建档工作/赵丙焕、王君//博物馆学论丛（五），中州古籍出版社2003年
藏品建档浅析/陈尽忠//博物馆学论丛（五），中州古籍出版社2003年
碑帖拓片管理常见问题漫谈/吕名军//博物馆学论丛（五），中州古籍出版社2003年
浅谈墓志鉴定与定级/张胜刚//博物馆学论丛（五），中州古籍出版社2003年
小型博物馆藏品规范管理初探/靳爱萍//博物馆学论丛（五），中州古籍出版社2003年
21世纪文物保管员应掌握文物修复保护的理论和技术/刘灏、逯爱英//博物馆学论丛（五），中州古籍出版社2003年
当前文物征集工作中存在的问题/张旭华//南京博物院文物博物馆考古文集，文物出版社2003年
博物馆收藏的有限性与定期藏品审查/梁彦民//陕西历史博物馆馆刊（十）三秦出版社2003年；博物馆学研究论文集，陕西人民出版社2006年
全球化背景下自然博物馆收藏功能的未来走向/李迎化//中国博物馆2004-2
上海公安博物馆文物藏品分类研究/王辉//中国博物馆2004-2
北京市文物局馆藏文物行政管理与清库登记工作概述/李学军//中国博物馆通讯2004-2
文物检索的概念设计/滕奇霞//中国博物馆2004-3
藏品清理档案，博物馆一切工作之首/熊寿昌、黄国红//中国文物报2004-3-12
浅论文物修复资料的整理建档/聂莉、容波//中国博物馆2004-4

论博物馆文物柜架的制作/丁送来//中国博物馆2004-4
文物藏品照片资料管理之我见/刘家林//中国博物馆通讯2004-4
藏品收藏观的演进/甄朔南//中国国际友谊2004-4；甄朔南博物馆学文集，中国大百科全书出版社2004年
对突发事件文物、资料的征集/安跃华//中国博物馆通讯2004-5
印度博物馆文物的日常科学保养/曾光//中国博物馆通讯2004-5
浅谈凸印复制文物/贾治安//中国博物馆通讯2004-6
中国博物馆学会保管专业委员会1987年成立以来的工作小结/高和//中国博物馆通讯2004-6
毛泽东遗物的征集工作/龙剑宇//中国博物馆通讯2004-9
纺织品文物复制/李永鲜//中国博物馆通讯2004-10
对博物馆藏品标号的思考/尹静//中国博物馆通讯2004-11
浅论文物档案的建立与使用/张素娥//陕西历史博物馆馆刊（十一），三秦出版社2004年
文物的包装/姜涛//陕西历史博物馆馆刊（十一），三秦出版社2004年
西安碑林博物馆收藏的几件青铜器/柳秀芳//碑林集刊（十），陕西人民美术出版社2004年
谈馆藏古陶瓷的保管/王勇//中国博物馆2005-1
当前基层博物馆文物征集工作的一些思考/张慧琴//中国博物馆通讯2005-1
博物馆“社建文物”征集工作初探/刘伯强//中国博物馆通讯2005-1
浅议历史类照片的鉴定/刘连城//中国博物馆通讯2005-1
计算机管理系统在国家博物馆近现代文物征集工作中的应用/安跃华//中国博物馆通讯2005-1
浅议加快全市馆藏文物鉴定定级工作的新思路/李学军//北京文博2005-1
从博物馆信息资料室的工作职能谈如何优化馆藏文献信息/陈永刚//陇右文博2005-1
关于故宫博物院彻底清理文物藏品的研究报告/郑欣森//文物工作2005-1
全国馆藏文物腐蚀损失调查项目进展顺利//文物工作2005-1
“四有”工作在我馆业务工作中的地位和作用/臧瑞平//北京文博2005-3
浅议加快全市馆藏文物鉴定定级工作的新思路/李学军//北京文博2005-3
对辛亥革命博物馆文物征集工作的思考/黄春华//中国博物馆通讯2005-3
博物馆与田野文物保护/王灵光//文物工作2005-3
试论馆藏文物鉴定定级工作的新思路/李学军//中国博物馆通讯2005-4
博物馆藏品保护略谈/孙峰//上海文博论丛2005-4
谈馆藏近现代文物藏品号的几个问题/刘艳波//中国博物馆通讯2005-5
行业博物馆征集工作需要注意的几个问题/龚建玲//中国博物馆通讯2005-5
纸质文物的保管方式发展及前景展望/钟作英//中国博物馆通讯2005-5
忠实的记录者——记南京博物院近年来的文物征集工作/徐湖平//中国文物报2005-5-10
动态藏品管理工作刍议/鲁宁、周劲思//中国文物报2005-6-22
民俗文物的征集保护与利用——青岛市博物馆的探索/崔少岩//中国文物报2005-6-22
浅谈地县级博物馆如何开展文物征集工作/邱卫红//文物工作2005-8
淮安市楚州博物馆开展民间文物普查征集的做法和体会/陈浩//中国博物馆通讯2005-9
北疆博物馆藏品觅踪/侯云凤、常延平//中国博物馆通讯2005-9
民俗文物资料征集工作浅谈/陈昌华、占剑//中国文物报2005-9-16
浅议民族博物馆文物的保护和管理/钟凯琼//文物工作2005-10
对遗址博物馆藏品征集工作的思考/桓历萍//史前研究（2004）：中国博物馆学会史前遗址博物馆专业委员会第五届学术研讨会暨西安半坡遗址发掘五十周年纪念文集，三秦出版社2005年
新形势下藏品的保护与利用/于凤芝//广西博物馆文集（二），广西人民出版社2005年
广西文物藏品保管工作的现状与建议/张凯//广西博物馆文集（二），广西人民出版社2005年
利用现代管理方法提高藏品库房管理水平/班文琪//广西博物馆文集（二），广西人民出版社2005年
广西壮族自治区博物馆馆藏一、二级文物的鉴定和确认工作综述/潘郁生//广西博物馆文集（二），广西人民出版社2005年

多识鸟兽草木之名——南通博物苑的自然藏品综述/张美英//博物馆的记忆与想象："百年文博——我与博物馆"大型征文活动文萃，学苑出版社2005年
浅议民族民俗文物的征集与保护管理/安尼瓦尔·哈斯木//新疆维吾尔自治区博物馆论文集：2005，新疆大学出版社2005年
馆藏民族服饰的保护与管理初探/安尼瓦尔·哈斯木//新疆维吾尔自治区博物馆论文集：2005，新疆大学出版社2005年
浅谈博物馆馆藏文物的科学管理/孙洁//新疆维吾尔自治区博物馆论文集：2005，新疆大学出版社2005年
浅谈博物馆藏品柜架与制作要求/涂钧勇//新疆维吾尔自治区博物馆论文集：2005，新疆大学出版社2005年
有关"国立历史博物馆"的典藏与发展/高玉珍//博物馆营运的新思维（史物丛刊52），历史博物馆2005年
台湾地区公立博物馆藏品之拨交程序及其相关问题——以本馆典藏品中历年来（1955～2005）拨交案之实务探讨为例/陈鸿琦//博物馆营运的新思维（史物丛刊52），历史博物馆2005年
由中小型博物馆文物鉴定工作引发的思考/张耕//回顾与展望：中国博物馆发展百年——2005年中国博物馆学会学术研究会文集，紫禁城出版社2005年
近现代文物分类/秦海琦//回顾与展望：中国博物馆发展百年——2005年中国博物馆学会学术研究会文集，紫禁城出版社2005年
浅谈文物摄影/金明//湖南省博物馆馆刊（二），岳麓书社2005年
给"无价之宝"建经济账——关于博物馆文物藏品应纳入财务固定资产管理体系的思考/蒲晓蕾//北京文博2006-1
文物部门库藏文物标本保管工作的几点认识/孔玉倩//北京文博2006-1
谈博物馆近现代文物收藏原则和标准/安莉//中国博物馆2006-2
试谈文物修复复制工作发展趋向/马海鹏//中国博物馆通讯2006-2
浅谈基层博物馆的文物征集工作/于任杰//文物春秋2006-2
文物包装概述/赵昆//文博2006-6
浅谈文物摄影/施宗平//中国博物馆通讯2006-6
谈博物馆藏品登记编目中的现状描述/安莉//中国文物报2006-7-28
天津自然博物馆藏品特色及其科学管理/李庆奎、高维军//中国博物馆通讯2006-8
浅谈音像类文物藏品的保护与管理/李翠屏//中国博物馆通讯2006-8
回顾十四年来保管专业委员会的工作/高和//中国博物馆通讯2006-8
对博物馆藏品的认识发展及现实意义/毛金华//喀什师范学院学报2006年增刊
浅谈博物馆的藏品盘库/奚敏//中国文物报2006-8-4
重视藏品建档后的补充和完善/闽西//中国文物报2006-8-25
文物征集小记/周艳芝、杨格婷//中国文物报2006-9-8
从海南藏族自治州民族博物馆谈中小型博物馆的藏品保管工作/才让当周//西部文博论丛——首届西部文博管理干部培训班暨中国文博西部论坛，科学出版社2006年
博物馆藏品来源问题对策研究与尝试——以陕西历史博物馆为例/王彬、师小群//博物馆学研究论文集，陕西人民出版社2006年
博物馆文物征集工作的商品化趋势/沼峰、韩建武//博物馆学研究论文集，陕西人民出版社2006年
藏品保管员的保护意识及其操作/杨瑾//博物馆学研究论文集，陕西人民出版社2006年
电脑管理藏品分类法的探讨/徐建国//博物馆学研究论文集，陕西人民出版社2006年
文物的包装/姜涛//博物馆学研究论文集，陕西人民出版社2006年
谈谈博物馆藏品的利用/申秦雁//博物馆学研究论文集，陕西人民出版社2006年
搜集藏品工作的体会/石谷风//安徽省博物馆建馆五十周年文集，安徽人民出版社2006年
文物摄影之我见/杨瑞玖//安徽省博物馆建馆五十周年文集，安徽人民出版社2006年
民族文物的保护现状及其对策/们发延//中国民族文博（第一辑），民族出版社2006年
民族文物管理与标准化建设/祝君//中国民族文博（第一辑），民族出版社2006年
民族文物保护的中外法律比较研究/鲁哈达//中国民族文博（第一辑），民族出版社2006年

关于民族文物藏品定级标准和鉴定方法的构想/刘军//中国民族文博（第一辑），民族出版社2006年
当前民族文物面临的严峻形势及对策/黄学魁//中国民族文博（第一辑），民族出版社2006年
从北京市雍和宫民族宗教文物名称来浅谈民族文物的定名/张锦秀//中国民族文博（第一辑），民族出版社2006年
浅议民族博物馆少数民族文物的保护和管理/钟凯琼//中国民族文博（第一辑），民族出版社2006年
民族文物鉴定问题初探/覃诗翠//中国民族文博（第一辑），民族出版社2006年
三峡地区民族民俗文物的现状与思考/赵冬菊//中国民族文博（第一辑），民族出版社2006年
关于抢救征集民族民俗文物的思考/李德育//中国民族文博（第一辑），民族出版社2006年
试谈少数民族文物工作/田军//中国民族文博（第一辑），民族出版社2006年
关于对民族文物价值的认识——以贵州省民族文物为例/李黔滨//中国民族文博（第一辑），民族出版社2006年
浅析北京市雍和宫所藏的民族文物/李立祥//中国民族文博（第一辑），民族出版社2006年
农具文物的意指结构——以民族文化宫博物馆馆藏三个民族农具为例/李学良、张丹波、张琮云//中国民族文博（第一辑），民族出版社2006年
民族文化宫博物馆民族文物收藏与利用/段梅、白宝坤//中国民族文博（第一辑），民族出版社2006年
略谈馆藏文物保管/李鸣//中国当代文博论著精编，文物出版社2006年
从征集当地当代著名书画家的作品看博物馆藏品的征集工作/刘振陆//中国当代文博论著精编，文物出版社2006年
沈阳故宫建馆初期展品来源综论/邓庆//沈阳故宫博物院院刊（二），中华书局2006年
沈阳故宫博物院一批文物的征集过程/王英鹰//沈阳故宫博物院院刊（二），中华书局2006年
清入关后盛京皇宫藏珍/韩春艳//沈阳故宫博物院院刊（二），中华书局2006年
沈阳故宫博物院藏民族文物浅析/温淑萍//沈阳故宫博物院院刊（二），中华书局2006年
博物馆书画藏品管理与保护浅论/王雅静//辽宁省博物馆馆刊（1），辽海出版社2006年
浅谈科学收藏观与博物馆建设/戴浩伟//辽宁省博物馆馆刊（1），辽海出版社2006年
谈近现代金银质地文物的保护与管理/李雅兰//中国博物馆通讯2007-2
纪念馆文物征集工作的一个范例/梁吉生//中国博物馆通讯2007-2
现代化博物馆藏品包装运输专业化发展的趋势/武俊玲//中国博物馆2007-4
博物馆编目与登录：藏品价值的体现/黄明玉//中国博物馆2007-4
“馆藏民族文物界定、分类、定级”课题工作的思考/李铁柱//中国博物馆2007-4
中小型博物馆民族文物的界定、分类与定级——以贵州省黔南布依族苗族自治州民族博物馆为例/王克松//中国博物馆2007-4
博物馆藏品管理工作的几点思考/刘月兰//中国博物馆通讯2007-4
浅谈民族博物馆摄影资料整理工作的一些做法和体会/罗海碧//中国博物馆通讯2007-4
江西省博物馆加强对馆藏碑帖的管理和保护/段少京//中国博物馆通讯2007-4
谈谈博物馆展厅管理员应具备的三个意识/杜利、宋莉洁//中国博物馆通讯2007-4
民族地区博物馆藏品征集的思路/李义凡//东南文化2007-4
论博物馆藏品摄影/时耀光//黑河学刊2007-4
浅论军垦文物的征集工作/刘静//中国博物馆通讯2007-5
浅谈近现代藏品出入库的管理/李雅兰、万婷//中国博物馆通讯2007-5
浅谈博物馆藏品登记标准问题/金萍//宁夏师范学院学报2007-5
博物馆藏品管理工作的探讨/潘洪//安徽文学2007-6
试述博物馆文物藏品保险/秦素银//中国博物馆通讯2007-8
藏品档案中历史年代的确定/刘燕//中国博物馆通讯2007-8
浅谈文物藏品规范化管理/田传琴//黑龙江科技信息2007-10
对馆藏当代美术作品管理工作的探讨/方婷//中国博物馆通讯2007-11
关于博物馆藏品的信息化建设的探讨/梅杉//重庆邮电大学学报2007-z1

关于民族博物馆文物征集工作的一些思考//论民族博物馆建设，民族出版社2007年
天津自然博物馆藏品特色及其科学管理/李庆奎//2007中国天津欧亚自然历史博物馆高层论坛文集，天津人民出版社2007年
传统管理方法与现代藏品管理的关系/陈娟//河南博物院建院80周年论文集，大象出版社2007年
浅谈馆藏近现代文物的鉴选/李新辉//河南博物院建院80周年论文集，大象出版社2007年
加拿大博物馆藏品保管及展览策划的现状与相关思考/廖丹//湖南省博物馆馆刊（四），岳麓书社2007年
文物保护修复档案管理系统设计与应用/王际//辽宁省博物馆馆刊（2），辽海出版社2007年
博物馆藏品来源问题对策研究与尝试——以陕西历史博物馆为例/王彬、师小群//博物馆理论与实践研讨会论文集，三秦出版社2007年
对遗址博物馆藏品征集工作的思考/桓历萍//博物馆理论与实践研讨会论文集，三秦出版社2007年
关于纪念馆文物征集与研究的思考/何江亚//博物馆理论与实践研讨会论文集，三秦出版社2007年
革命文物征集工作中几个具体问题的探索/苏雅琳//博物馆理论与实践研讨会论文集，三秦出版社2007年
藏品搜集研究与县级博物馆发展前途/段志鹏、段双印//博物馆理论与实践研讨会论文集，三秦出版社2007年
试论县级博物馆文物藏品资源的整合/张宏录//博物馆理论与实践研讨会论文集，三秦出版社2007年10月
高校博物馆藏品展览的特点、效用与强化措施/杨丹//北方文物2008-1
谈如何做好博物馆藏品保管工作/王琦//理论界2008-2
博物馆藏品资源共享的实证分析/王珊//北方文物2008-2
西北地区民族文物征集方式新探/马健//陇右文博2008-2
文物保护管理中的几点设想/燕晴山、王清江//中国博物馆通讯2008-3
博物馆文物藏品档案的管理与实践/胡均//兰台世界2008-3
博物馆环境监控及相关物联网技术应用需求分析/吴来明、徐方圆、黄河//文物保护与考古学2008-3
业有所思——从中国文物交流中心工作人员点收外展文物说起/李清丽、杨峰涛//中国博物馆通讯2008-4
论中国电信博物馆文史资料的分类与编目/彭淑琦//中国博物馆通讯2008-4
21世纪我国博物馆藏品搜集途径的转变/刘春//文物春秋2008-4
劳务工文物的征集/孙明//中国文物报2008-4-25
塑造未来：博物馆收藏的新动向——《国际博物馆》2007年第59卷第3期读后絮语/曹兵武//中国文物报2008-5-9
河北大学博物馆生物部鸟类标本的统计分析/顾欣、顾虹//四川动物2008-5
浅谈博物馆藏品档案管理/宋夏南//云南档案2008-7
关于馆藏文物计件标准的思考/李戈//中国文物报2008-11-9
对当前博物馆文物征集工作若干问题的策略思考/刘洪//2007年江苏省文博论文集，南京出版社2008年
藏宝于国馨德流芳——深圳博物馆历年受赠收藏文物散记/李强//深圳文博论丛二○○七年，文物出版社2008年
无锡市博物馆藏历代书画综述//无锡博物院论文集，广陵书社2008年
青浦博物馆藏品管理的发展轨迹/沈志英//五秩风华：上海市青浦区博物馆建馆五十周年纪念文集，上海社会科学院出版社2008年
浅议中小型博物馆的文物保护/刘慧芳//法门寺博物馆论丛（一）：法门寺博物馆建馆二十周年学术讨论会论文集，三秦出版社2008年
文物集中代管对馆藏文物保护的重要意义/任新来//法门寺博物馆论丛（一）：法门寺博物馆建馆二十周年学术讨论会论文集，三秦出版社2008年
银器腐蚀原因浅析/刘慧芳//法门寺博物馆论丛（一）：法门寺博物馆建馆二十周年学术讨论会论文集，三秦出版社2008年
馆藏文物总登记号问题刍议/师小群/陕西历史博物馆馆刊（十五），三秦出版社2008年
任重道远加强管理——中小博物馆文物藏品保管工作现状及对策/张玉芳//洛阳博物馆建馆50周年论文集，大象出版社2008年
略论博物馆藏品的研究/李长英、吴迪//洛阳博物馆建馆50周年论文集，大象出版社2008年
关于文物征集工作有关问题的探讨/李春敏//洛阳博物馆建馆50周年论文集，大象出版社2008年

浅谈博物馆民间流散文物征集工作/刘业有//辽宁省博物馆馆刊（3），辽海出版社2008年
宁夏回族自治区博物馆馆藏精品/陈永耘//中国文化遗产2009-1
简述博物馆藏品库以及藏品保管系统的规划/〔斯里兰卡〕亚历山大·阿里克著，王冠一、许淑贞译//博物馆研究2009-1
博物馆藏品管理学课程的教学改革与我国文博人才的培养/吕军//文物春秋2009-2
对博物馆及藏品也应普查/自庶//中国文物报2009-2-4
天津博物馆藏品信息管理的收获与思考/王建平//中国文物报2009-2-6
关于文物收藏单位藏品总登记号的思考/李春玲//中国文物报2009-2-18
关于博物馆开展文物征集工作的几点思考/陈峻//博物馆研究2009-3
谈博物馆馆藏文物信息快速导入方法/王婷//秦陵秦俑研究动态2009-3
大连现代博物馆征集文物背后的故事/李媛媛//中国文物报2009-3-27
馆藏文物科学计量一个亟待解决的问题/吴峰云//中国文物报2009-4-3
征集的是物面向的是人/付红//中国文物报2009-4-17
博物馆音像资料的管理与收藏/张丽文//中国博物馆通讯2009-5
论自然标本的文物属性——以成都理工大学自然博物馆藏品为例/王龙、杨秀侃、王敏//东南文化2009-5
看点十足韵味非凡：十堰市博物馆瑰宝来历/胡勤、肖道林//中国文物报2009-5-1
国有博物馆藏品来源的再思考/郭继斌//中国文物报2009-9-16
浅谈革命纪念馆资料、档案的管理/刘杉、朱慧敏//中国文物报2009-9-23
博物馆藏品管理中存在的问题及其对策研究/张建//江苏省文博论文集2008，南京出版社2009年
关于近代遗址馆征集民国文物的思考/刘刚//博物馆创新与发展高峰论坛文集，辽宁人民出版社2009年
论环境对书画藏品的影响——以广西博物馆书画藏品为例/王双//博物馆免费开放的思考：广西博物馆首届学术讨论会论文集，广西科学技术出版社2009年
文物修复资料的整理与建档/邓任生//博物馆免费开放的思考：广西博物馆首届学术讨论会论文集，广西科学技术出版社2009年
文物收藏科学化与当代博物馆建设/唐剑玲//博物馆免费开放的思考：广西博物馆首届学术讨论会论文集，广西科学技术出版社2009年
山西博物院书画藏品工作浅谈/谢丽霓//春华集：纪念山西博物院九十周年学术文集，山西人民出版社2009年
浅谈博物馆藏品的登记建账与分类编目/杨维娟//陕西历史博物馆馆刊（十六），三秦出版社2009年
广东省博物馆藏自然标本概述/涂晓琼//广东省博物馆开馆五十周年纪念文集：1959～2009，岭南美术出版社2009年
规范化与博物馆藏品征集工作标准问题——广东省博物馆藏品征集工作规范化的新尝试/刘金宏//广东省博物馆开馆五十周年纪念文集：1959～2009，岭南美术出版社2009年
论藏品研究在博物馆学研究中的重要地位——兼谈中国博物馆学体系的构建问题/白文源//中国博物馆2010-1
精彩纷呈特色独具——旅顺博物馆藏古代绘画/郭富纯//中国书画2010-1
读《国有博物馆藏品来源的再思考》有感/许云萍//中国文物报2010-1-6
新疆博物馆藏品库房柜架的文物摆放琐谈/宋敏//中国博物馆通讯2010-2
试论博物馆藏品经济价值评估/侯静波//北方文物2010-2
浅谈馆藏文物信息管理工作中存在的问题与对策/王婷//秦陵秦俑研究动态2010-3
博物馆里的另类藏（展）品/李笙清//2010-3-10
发掘文物的第四种价值/阮家新//中国文物报2010-4-21
故宫文物的家底/郑欣淼//中国文化遗产2010-5
略谈中小型博物馆的藏品征集——以南通博物苑为例/王建华//中国博物馆通讯2010-5
博物馆藏品的信息化管理/刘翔//中国文物报2010-5-5
浅谈文物数据库照片的拍摄方法与技巧/白晓波//中国文物报2010-6-18
承载几代人的人生聚散——从博物馆收藏“老物件”说起/关昕//中国文物报2010-7-14
征集青岛近现代文物史料的实践与思考：以青岛市博物馆为例/张桂芳//中国文物报2010-7-14

承载几代人的人生聚散——从博物馆收藏的“老物件”说起/关昕//中国文物报2010-7-14
“陈独秀等致胡适信札”入藏人大博物馆的前前后后/方维甫//中国文物报2010-8-5
博物馆如何收藏和展示“今天”/陈卓//中国文物报2010-8-5
略谈中小博物馆的藏品征集——以南通博物苑为例/王建华//中国文物报2010-8-18
浅谈新形势下中小博物馆征集工作——以洛阳民俗博物馆文物征集工作实践为例/田国杰//中国文物报2010-9-8
博物馆藏品登记著录的实践与思考/游庆桥//中国文物报2010-12-8
试论博物馆文物藏品库房的设备配置/高耀成//史前研究（2009）：首届国际河姆渡文化节——国际遗址博物馆馆长河姆渡峰会暨史前遗址博物馆专业委员会第七届学术研讨会纪念文集，宁波出版社2010年
关于湖南省博物馆文物保管工作改革的几点思考/国红//湖南省博物馆馆刊（六），岳麓书社2010年
藏品登记在博物馆工作中的重要作用/王迎霞//天津文博论丛（1），天津人民出版社2010年
总登记工作博物馆藏品管理中发挥的重要作用/时昆//天津文博论丛（1），天津人民出版社2010年
陶器和瓷器的修复/康士沉//天津文博论丛（1），天津人民出版社2010年
浅谈纸质文物保管与修复/苏晓光//天津文博论丛（1），天津人民出版社2010年
浅议书画的整体揭裱/刘泽信//天津文博论丛（1），天津人民出版社2010年
书画装裱与保管/刘泽信//天津文博论丛（1），天津人民出版社2010年
藏品利用率的计算/苏东海摘编//博物馆的沉思——苏东海论文选（卷三），文物出版社2010年
广西博物馆征集中越陆地边境清代界碑/张磊//广西博物馆文集（七），广西人民出版社2010年
广西博物馆征集一批中越陆地勘界文物资料/潘郁生//广西博物馆文集（七），广西人民出版社2010年
馆藏文物数据库建设项目的问题与对策/彭众//广西博物馆文集（七），广西人民出版社2010年
安徽省博物馆徽州文书的收藏、整理与研究/汪庆元//安徽文博（六），中华书局2010年
珍贵大连史料回故乡/姜晔//中国文物报2011-3-2
追求“广博”：博物馆藏品概念的演变/徐玲//东南文化2011-6
周口店遗址博物馆藏品保管工作实践与创新/宁娟//中国文物报2011-6-15
青岛加强馆藏文物藏品管理和评估定级工作/白雪//中国文物报2011-7-29
青岛博物馆新定级的九件一级文物/青博//中国文物报2011-8-3
社建文物的征集/郭智灵//中国文物报2011-8-10
流散文物的“家”在博物馆——崔志成118件文物捐献国家/毛慧、巫少飞//中国文物报2011-8-10
历史记忆与博物馆文物的收藏和展示/张伟明//中国文物报2011-8-10
要重视开展特殊文物的定级工作/曹爱生//中国文物报2011-11-2
无线射频识别技术与藏品非接触式管理/姚一青、朱煜宇//中国文物报2011-11-16
科技带动藏品管理创新：复旦大学RFID技术的实用案例/姚一青、朱煜宇//中国文物报2011-11-16
绚丽瑰宝——烟台市博物馆藏品掠影//中国文物报2011-11-23
关于自然藏品收藏柜架配置的思考与实践——以浙江自然博物馆鸟兽昆虫藏品为例/陈莹、雷鸣霞/中国博物馆2011年合刊
挖掘藏品内涵拓展服务途径——试论如何发挥博物馆藏品资源的社会价值/王岚//晋陕豫博物馆理论与实践研讨会论文选，山西科学技术出版社2011年
从藏品征集的现状看宝鸡地区佛教文物资源的整合——以法门寺博物馆为例/张高举//晋陕豫博物馆理论与实践研讨会论文选，山西科学技术出版社2011年
浅谈博物馆藏品保管/常学丽//晋陕豫博物馆理论与实践研讨会论文选，山西科学技术出版社2011年
史前遗址文物征集工作的思考/高云昊//晋陕豫博物馆理论与实践研讨会论文选，山西科学技术出版社2011年
博物馆藏品的除藏与归还/〔加拿大〕雷恩梅兰达著，崔蕊满译//湖南省博物馆馆刊（七），岳麓书社2011年
对博物馆陶瓷器保管工作的几点思考/刘丰//湖南省博物馆馆刊（七），岳麓书社2011年
地下库房文物保管刍议/顾苏宁、魏扬菁//区域特色与中小型博物馆：江苏省博物馆学会2010年学术年会论文集，文物出版社2011年
深圳改革开放历史文物的界定与收藏/付莹//深圳文博论丛二〇一一，文物出版社2011年

与时俱进争创一流——首都博物馆藏品保护管理工作三十年发展回顾/藏品保管部//首都博物馆论丛（25），北京燕山出版社2011年
文物修复中心三十年回顾与启示/文物保护修复中心//首都博物馆论丛（25），北京燕山出版社2011年
薪火永传——首都博物馆文物资源调查征集部的发展历程/文物资源调查征集部//首都博物馆论丛（25），北京燕山出版社2011年
首都博物馆馆藏出土文物整理三题/张彩娟、闫娟//首都博物馆论丛（25），北京燕山出版社2011年
瓷质藏品保管工作点滴体会/李兵//首都博物馆论丛（25），北京燕山出版社2011年
试论藏品信息数据库的建设与使用/邢鹏//首都博物馆论丛（25），北京燕山出版社2011年
从博物馆藏品征集工作的现状看宝鸡地区佛教文物资源的整合——以法门寺博物馆为例/张高举//法门寺博物馆论丛（三），三秦出版社2011年
博物馆藏品保管工作刍议/雷百景//陕西历史博物馆馆刊（18），三秦出版社2011年
名画归故里——《唐乐舞》壁画入藏陕西历史博物馆小记/冯庚武//陕西历史博物馆馆刊（18），三秦出版社2011年
浅议博物馆的藏品登录规范/张璐//春草集——吉林省博物馆协会第一届学术研讨会论文集，吉林人民出版社2011年
伪满皇宫博物院文物的征集与研究/王文锋//春草集——吉林省博物馆协会第一届学术研讨会论文集，吉林人民出版社2011年
浅述周口店遗址博物馆藏品复制的规范化管理/赵桂珍//中国文物报2012-1-25
新疆馆藏文物数据库建设的实践与思考/牟新慧//中国文物报2012-2-15
民国时期国立历史博物馆藏品概述/李守义//中国国家博物馆馆刊2012-3
博物馆近现代藏品定名的原则和方法/尹静//中国文物报2012-6-27
韩国国立中央博物馆所藏满汉合璧《朝鲜国王奏谢表》——清朝朝鲜关系史的新资料/乌拉熙春//中国文物报2012-8-1
从一张珍贵照片引发对博物馆文物征集工作的思考/王海蛟//中国文物报2012-8-22
中国国家博物馆近现代文物的征集与捐赠/安跃华//中国国家博物馆馆刊2012-10
从一级博物馆藏品评估报告谈藏品征集的四个维度/罗雄//中国文物报2012-11-23
营造氛围寻找线索主动出击——中国人民抗日战争纪念馆文物征集纪实/要秋霞//中国文物报2012-11-28
博物馆藏品总账管理刍议/张冬煜//深圳文博论丛二〇一二，文物出版社2012年
博物馆电子档案管理工作研究/史瑶//深圳文博论丛二〇一二，文物出版社2012年
综合博物馆动植物标本的日常管理与保养/王朋//深圳文博论丛二〇一二，文物出版社2012年
博物馆社建文物征集、保护和利用工作初探/刘伯强、陈明庆//博物馆学文集7，岳麓书社2012年
南京博物院的文物典藏/龚良//和谐博物馆论，文物出版社2012年
文物征集：开启服务公众的一扇窗户/龚良//和谐博物馆论，文物出版社2012年
对藏品及藏品保管工作的再思考/李文琪//中国博物馆2013-1
民族文物登录标准的思考与探索/周婷婷//北京文博文丛2013-2
博物馆收藏民间手写书信的意义浅析/何志文//中国文物报2013-2-6
浅谈博物馆藏品信息的提取/马玉静//中国博物馆2013-3
对当前博物馆藏品来源困境的思考/齐磊//中国文物报2013-5-31
革命文物征集的实践与思考——以新四军纪念馆为例/孙国栋//中国文物报2013-7-10
旅顺博物馆藏古代印度佛教造像摭谈/徐媛媛//收藏家2013-8
以普查促业务——青岛市博物馆可移动文物普查的实践与思考/赵好、孙刚、项项//中国文物报2013-9-4
研究构建吉林省文物信息化管理体系/韩洋//中国文物报2013-9-25
无线射频识别技术在博物馆藏品管理中的应用/蒋雨君//中国文物报2013-10-16
求思变促发展：当下博物馆藏品管理工作困境与机遇的反思/黄雪寅//中国文物报2013-11-27
藏品动态信息数字化管理初探/司锐、彭代群、张丽华//博物馆学刊（第三辑），科学出版社2013年
安徽省博物馆展陈大楼的文物保护价值/许松//安徽文博（九），黄山书社2013年

地区性博物馆书画藏品保管浅探/陈立果//博物馆学文集8，岳麓书社2013年
博物馆藏品管理与展览策划/胡琼//博物馆学文集8，岳麓书社2013年
耒阳市纸博物馆纸质文物库藏的保护与管理/廖翠花、黄鸳//博物馆学文集8，岳麓书社2013年
博物馆藏品征集意识/徐小林//博物馆学文集8，岳麓书社2013年
应该把藏品征集与利用作为兴馆之策/罗雄//博物馆学文集8，岳麓书社2013年
浅谈地市级博物馆文物藏品征集工作/陈峻//博物馆学文集8，岳麓书社2013年
文物征集与服务社会/邱卫红//博物馆学文集8，岳麓书社2013年
新时期藏品征集、研究、展示的思考与实践/郭克勤//博物馆学文集8，岳麓书社2013年
从陈列展览的角度试谈藏品征集的信息构建/王文彬//博物馆学文集8，岳麓书社2013年
常德博物馆藏品的征集、入藏、保护与研究/胡文//博物馆学文集8，岳麓书社2013年
近现代文物征集之我见/付淑华//博物馆学文集8，岳麓书社2013年
基层纪念馆藏品征集面临的四大压力/江洪、杨宇//博物馆学文集8，岳麓书社2013年
浅谈我县藏品征集工作面临的困境及其应对措施/谢伟华//博物馆学文集8，岳麓书社2013年
展示促进征集——长沙市文物征集成果展览综述/刘莹//博物馆学文集8，岳麓书社2013年
馆藏文物保护管理工作再认识/朱卫红//博物馆学文集8，岳麓书社2013年
新时期基层博物馆藏品管理保护谈/孙中华//博物馆学文集8，岳麓书社2013年
中小型博物馆藏品管理的现状分析及对策/谭海燕//博物馆学文集8，岳麓书社2013年
关于文物保管工作的几个问题/金平//博物馆学文集8，岳麓书社2013年
对博物馆日常保管研究工作的一点思考/张海军//博物馆学文集8，岳麓书社2013年
藏品总账在藏品管理中的地位与作用/赖晓兰//博物馆学文集8，岳麓书社2013年
关于藏品原始资料中小标签的利用问题及启示/郭世华//博物馆学文集8，岳麓书社2013年
浅谈中小型博物馆的原始藏品记录管理工作/邹周超//博物馆学文集8，岳麓书社2013年
馆藏文物保管科学化研究——以刘少奇同志纪念馆藏品保管为例/钟菲萍//博物馆学文集8，岳麓书社2013年
博物馆藏品科学化、信息化管理工作初探/李建华//博物馆学文集8，岳麓书社2013年
浅议县级博物馆藏品的科学管理与信息化/刘荣华//博物馆学文集8，岳麓书社2013年
论新形势下中小型博物馆近现代文物的保管与保护——以长沙市博物馆为例/王倩、张兴伟//博物馆学文集8，岳麓书社2013年
浅谈近现代文物在博物馆藏品中的重要作用/李文涓//博物馆学文集8，岳麓书社2013年
浅谈中小型博物馆展场文物管理和保护/郭爱丽、刘庆平//博物馆学文集8，岳麓书社2013年
博物馆藏品档案管理的思考/朱中一//中国纪念馆研究（2013年第2辑），北京出版社2013年
继承传统再创辉煌——中国国家博物馆百年藏品建设概述/安莉//百年传承创新发展：北京地区博物馆第六次学术会议论文集，中国书籍出版社2013年
文物藏品的收藏、研究、利用对提升博物馆的作用与意义——以中国铁道博物馆为例/纪丽君//百年传承创新发展：北京地区博物馆第六次学术会议论文集，中国书籍出版社2013年
公众视野下的博物馆藏品研究/武玮//百年传承创新发展：北京地区博物馆第六次学术会议论文集，中国书籍出版社2013年
试论博物馆文物鉴定的法律效力/焦晋林//百年传承创新发展：北京地区博物馆第六次学术会议论文集，中国书籍出版社2013年
抓住主线突出特点全面做好中国电影博物馆藏品工作/张树新//百年传承创新发展：北京地区博物馆第六次学术会议论文集，中国书籍出版社2013年
浅谈高校博物馆藏品的管理——以北京服装学院民族服饰博物馆为例/魏婧//百年传承创新发展：北京地区博物馆第六次学术会议论文集，中国书籍出版社2013年
浅议京剧衣箱的规制与保护——以首都博物馆马连良戏装为例/韩英//百年传承创新发展：北京地区博物馆第六次学术会议论文集，中国书籍出版社2013年
北京宣南文化博物馆碑刻拓片的收藏与研究/王娜//百年传承创新发展：北京地区博物馆第六次学术会议论文集，中国书籍出版社2013年

以观众体验为本的藏品利用新思路/张磊//百年传承创新发展：北京地区博物馆第六次学术会议论文集，中国书籍出版社2013年
地方博物馆藏品收藏的困境及出路/林翘//博物馆研究2014-1
物联网技术在博物馆藏品管理中的应用分析——以秦始皇帝陵博物院为例/王婷//文物保护与考古科学2014-1
论全球化视野下纪念性历史博物馆藏品资源建设——以重庆红岩革命历史博物馆为例/张正霞//中国纪念馆研究2014-1
美术馆藏品管理现状与普查对策/付瀛莹//中国博物馆2014-2
博物馆营销思维下藏品保护与文化产业开发的关系——以民族专业类博物馆为例/周婷婷//中国博物馆2014-2
关于博物馆文物征集工作的实践与探讨/李学军//北京文博文丛2014-2
考古遗址博物馆的藏品与陈列/明文秀//东南文化2014-2
"博物馆藏品架起沟通的桥梁"专家笔谈/安来顺、潘守永、吕军、史吉祥、蔡琴、严建强、曹兵武、王奇志、陈同乐、田名利、王芳、茅艳//东南文化2014-3
藏品征集的信息构建/王文彬//中国文物报2014-4-16
馆藏文物退出机制研究/陈克伦//中国文物报2014-5-2
瓷美如花——广西壮族自治区博物馆馆藏瓷器介绍（一、二、三）/韦江、朱圣林//中国博物馆通讯2014-5、2014-6、2014-7
博物馆藏品分类保管再思考/陈浩//中国文物报2014-6-11
博物馆的可移动文物普查/夏伙根//中国文物报2014-6-13
民族民俗类文物藏品标号方法——以国家博物馆新疆、西藏民族民俗类文物标号工作为例/何志文//中国文物报2014-12-23
夯实基础收藏地域文化——广西壮族自治区博物馆藏品工作八十年/广西壮族自治区博物馆//中国文物报2014-12-30
圆明园园藏文物的形成、保管和利用/王鸿雁//学习实践继承发展：北京博物馆学会保管专业第11～13届学术研讨会论文集，文物出版社2014年
史前遗址博物馆藏品保管工作的思考/高云昊//学习实践继承发展：北京博物馆学会保管专业第11～13届学术研讨会论文集，文物出版社2014年
浅谈新建馆如何做好藏品管理基础工作——以北京新文化运动纪念馆为例/阿其拉图//学习实践继承发展：北京博物馆学会保管专业第11～13届学术研讨会论文集，文物出版社2014年
从北京古代建筑博物馆保管工作的科学化建设历程看中小博物馆文物保管工作中的几个问题/董少鹏//学习实践继承发展：北京博物馆学会保管专业第11～13届学术研讨会论文集，文物出版社2014年
浅谈书画藏品的保管与研究/孙立萍//学习实践继承发展：北京博物馆学会保管专业第11～13届学术研讨会论文集，文物出版社2014年
中国博物馆迅猛发展背景下的藏品保管工作/阎芳//学习实践继承发展：北京博物馆学会保管专业第11～13届学术研讨会论文集，文物出版社2014年
恭王府文物保管工作的实践与创新设想/周劲思//学习实践继承发展：北京博物馆学会保管专业第11～13届学术研讨会论文集，文物出版社2014年
藏品保管与研究/李佐权、侯林、赵寒//学习实践继承发展：北京博物馆学会保管专业第11～13届学术研讨会论文集，文物出版社2014年
浅谈高校博物馆藏品的管理——以北京服装学院民族服饰博物馆为例/魏婧//学习实践继承发展：北京博物馆学会保管专业第11～13届学术研讨会论文集，文物出版社2014年
浅谈新馆建成后藏品保管工作需要注意的几个问题/张磊、刘治平//学习实践继承发展：北京博物馆学会保管专业第11～13届学术研讨会论文集，文物出版社2014年
周口店遗址博物馆藏品管理模式的探索/赵桂珍//学习实践继承发展：北京博物馆学会保管专业第11～13届学术研讨会论文集，文物出版社2014年
藏品研究在新形势下博物馆工作中的必要性/张丽华、彭代群//学习实践继承发展：北京博物馆学会保管专业

第11～13届学术研讨会论文集，文物出版社2014年
浅谈博物馆藏品入藏标准——以周口店遗址博物馆为例/宁娟//学习实践继承发展：北京博物馆学会保管专业第11～13届学术研讨会论文集，文物出版社2014年
试析博物馆入藏标准问题——以内蒙古博物院为例/于宝东//学习实践继承发展：北京博物馆学会保管专业第11～13届学术研讨会论文集，文物出版社2014年
博物馆藏品保管工作有感/冯素阁//学习实践继承发展：北京博物馆学会保管专业第11～13届学术研讨会论文集，文物出版社2014年
浅谈专题博物馆藏品的鉴选入藏标准/潘奇燕//学习实践继承发展：北京博物馆学会保管专业第11～13届学术研讨会论文集，文物出版社2014年
中医药博物馆的藏品保管和征集工作特点及思路浅谈/韩晓雯//学习实践继承发展：北京博物馆学会保管专业第11～13届学术研讨会论文集，文物出版社2014年
论民航博物馆藏品之分类/杨昆//学习实践继承发展：北京博物馆学会保管专业第11～13届学术研讨会论文集，文物出版社2014年
浅谈博物馆藏品分类标准化/张磊//学习实践继承发展：北京博物馆学会保管专业第11～13届学术研讨会论文集，文物出版社2014年
试论专题博物馆的藏品分类——以北京人艺戏剧博物馆为例/杨琳//学习实践继承发展：北京博物馆学会保管专业第11～13届学术研讨会论文集，文物出版社2014年
颐和园书画类文物的分类、编目与建档管理刍议/王晓笛//学习实践继承发展：北京博物馆学会保管专业第11～13届学术研讨会论文集，文物出版社2014年
浅谈行业博物馆藏品征集、分类、注录、建档的规范化问题/纪丽君、谭瑞杰//学习实践继承发展：北京博物馆学会保管专业第11～13届学术研讨会论文集，文物出版社2014年
中国电影博物馆藏品分类与鉴定工作的论述与思考/李雪梅//学习实践继承发展：北京博物馆学会保管专业第11～13届学术研讨会论文集，文物出版社2014年
浅议藏品保管工作中的几个问题/张淑君//学习实践继承发展：北京博物馆学会保管专业第11～13届学术研讨会论文集，文物出版社2014年
中国妇女儿童博物馆近现代文物征集的实践与探索/左烨//学习实践继承发展：北京博物馆学会保管专业第11～13届学术研讨会论文集，文物出版社2014年
从中国民族博物馆的功能定位浅谈民族文物的征集及入藏标准/谢军//学习实践继承发展：北京博物馆学会保管专业第11～13届学术研讨会论文集，文物出版社2014年
专业博物馆藏品征集工作的思考/杨华//学习实践继承发展：北京博物馆学会保管专业第11～13届学术研讨会论文集，文物出版社2014年
新时期博物馆藏品征集刍议/李晓峰//学习实践继承发展：北京博物馆学会保管专业第11～13届学术研讨会论文集，文物出版社2014年
浅谈当代中国博物馆征集现状与改革思路/刘治平、张晶晶//学习实践继承发展：北京博物馆学会保管专业第11～13届学术研讨会论文集，文物出版社2014年
适应社会发展的文物征集工作新探索/李晓帆//学习实践继承发展：北京博物馆学会保管专业第11～13届学术研讨会论文集，文物出版社2014年
浅谈民俗类藏品的征集——以北京宣南文化博物馆为例/宋媚丽//学习实践继承发展：北京博物馆学会保管专业第11～13届学术研讨会论文集，文物出版社2014年
藏品：博物馆的立馆之本，发展之源——浅谈新形势下如何拓宽征集渠道，增加藏品数量/梁玉珠//学习实践继承发展：北京博物馆学会保管专业第11～13届学术研讨会论文集，文物出版社2014年
刍议博物馆藏品保管员的职业规范/黄慧光//学习实践继承发展：北京博物馆学会保管专业第11～13届学术研讨会论文集，文物出版社2014年
浅谈宣南文化博物馆保管人员职业规范/温思奇//学习实践继承发展：北京博物馆学会保管专业第11～13届学术研讨会论文集，文物出版社2014年
浅谈藏品保管员的职业规范/郭东慧//学习实践继承发展：北京博物馆学会保管专业第11～13届学术研讨会论

文集，文物出版社2014年
浅谈文物库房保管员的素质/凌琳//学习实践继承发展：北京博物馆学会保管专业第11～13届学术研讨会论文集，文物出版社2014年
浅谈对博物馆保管员职业规范的思考/隗丽佳//学习实践继承发展：北京博物馆学会保管专业第11～13届学术研讨会论文集，文物出版社2014年
谈博物馆藏品保管人员的培养/孔粤华//学习实践继承发展：北京博物馆学会保管专业第11～13届学术研讨会论文集，文物出版社2014年
博物馆藏品保管员的职业素质/宋冬勇//学习实践继承发展：北京博物馆学会保管专业第11～13届学术研讨会论文集，文物出版社2014年
试述藏品保管员职业素养——以周口店遗址博物馆为例/赵桂珍//学习实践继承发展：北京博物馆学会保管专业第11～13届学术研讨会论文集，文物出版社2014年
文物保管员素质要求之我见/李林翰//学习实践继承发展：北京博物馆学会保管专业第11～13届学术研讨会论文集，文物出版社2014年
现代博物馆藏品复制的规范化管理/于玲//学习实践继承发展：北京博物馆学会保管专业第11～13届学术研讨会论文集，文物出版社2014年
论博物馆藏品的智能化管理/冯云//学习实践继承发展：北京博物馆学会保管专业第11～13届学术研讨会论文集，文物出版社2014年
藏品复制与文化传承/高丽荣//学习实践继承发展：北京博物馆学会保管专业第11～13届学术研讨会论文集，文物出版社2014年
试述古生物化石藏品复制的规范与管理/赵桂珍//学习实践继承发展：北京博物馆学会保管专业第11～13届学术研讨会论文集，文物出版社2014年
浅谈文物复制规范化管理的实施/唐剑玲//学习实践继承发展：北京博物馆学会保管专业第11～13届学术研讨会论文集，文物出版社2014年
论博物馆藏品管理工作的困境与机遇/黄雪寅//首都博物馆论丛（28），北京燕山出版社2014年
避暑山庄博物馆的特色藏品——挂屏/韩莉//陕西历史博物馆馆刊（21），三秦出版社2014年
文物库房科学化管理“软件”探讨/王莉//陕西历史博物馆馆刊（21），三秦出版社2014年

2. 文物保护与修复

环境对文物的影响及故宫博物院的环境调查/田金英、王方、隗亚林//中国博物馆1994-1
农业自然标本的保护现状及对策/林正同、李震//中国博物馆1994-1
浅谈改革开放新形势下文物利用中的保护/王凤清//中国博物馆通讯1994-1
博物馆、文物保护环境因素是研究/李化元//中国博物馆1994-3
超声波技术在文物保护研究中的应用（摘要）/潘路、杨小林//中国博物馆通讯1994-3
充分发挥自然博物馆的功能主动做好野生动物保护工作/吉林省自然博物馆//中国博物馆通讯1994-3
超声波技术在文物保护上的应用研究（摘要）/李国清//中国博物馆通讯1994-4
新建博物馆的温湿度问题研究/谢伟、张群喜//陕西历史博物馆馆刊（一），三秦出版社1994年
藏品保护包含四个方面/〔美〕苏珊·班德斯//中国博物馆通讯1995-2
修复大型铜塔的探索/霍海峻//中国博物馆1995-3
文物修复中的除污与去渍/马海鹏//中国博物馆1995-4
博物馆文物库房建筑有关保藏功能要求的研究/蒋博光//中国博物馆1995-4
重庆歌乐山烈士陵园文物保护工作的经验/杨灵整理//中国博物馆通讯1995-5
出土文物及时抢救性修复保护有利于馆藏/贾文熙、郭移红//中国博物馆通讯1995-5
要重视对纸质文物保护的研究和抢救工作/沈庆林//中国博物馆通讯1995-7
井冈山注重革命文物保护的一些做法/谢善广//中国博物馆通讯1995-7
青铜修复工艺在铜车马上的应用/吴永琪//文物修复与研究，国际文化出版公司1995年

简仪、浑仪修复与室外带锈防护/王金潮//文物修复与研究，国际文化出版公司1995年
湖北盘龙城出土商代大铜鼎的修复介绍/胡家喜//文物修复与研究，国际文化出版公司1995年
试论刷镀技术在文物修复中的应用/贾文忠//文物修复与研究，国际文化出版公司1995年
广州象岗南越王墓出土青铜器的保护与修复/莫鹏、许方强//文物修复与研究，国际文化出版公司1995年
新干青铜器修复纪实/杨兵//文物修复与研究，国际文化出版公司1995年
新干青铜器清洗与保护/高薇//文物修复与研究，国际文化出版公司1995年
铜器保护和文物修复所存在的问题/章国任//文物修复与研究，国际文化出版公司1995年
高分子合成材料在文物修复和复制中的应用/王海阔//文物修复与研究，国际文化出版公司1995年
失蜡法复制青铜器应注意的问题/周良//文物修复与研究，国际文化出版公司1995年
发扬传统修复工艺溶进新的技术/苏广德//文物修复与研究，国际文化出版公司1995年
现代技术与传统工艺相结合修复文物的几点体会/冯兆娟//文物修复与研究，国际文化出版公司1995年
明代贴金铜佛像除锈技术/王萍//文物修复与研究，国际文化出版公司1995年
室温硫化硅橡胶用于文物修复制模的工艺——介绍两种制模方法/杨晓邬//文物修复与研究，国际文化出版公司1995年
关于用硅橡胶复制文物的几点经验/张光敏//文物修复与研究，国际文化出版公司1995年
石膏浆料凝结速度与添加剂/刘文彬//文物修复与研究，国际文化出版公司1995年
陶质文物保护方法综述/马清林//文物修复与研究，国际文化出版公司1995年
秦代陶俑、马修复工艺/辛若华//文物修复与研究，国际文化出版公司1995年
谈瓷器修复与绘画技艺的应用/郑姬//文物修复与研究，国际文化出版公司1995年
利用细砂做型范在陶器复原上的应用/王广文//文物修复与研究，国际文化出版公司1995年
三国漆器——彩绘大漆案的修复/盛发和//文物修复与研究，国际文化出版公司1995年
出土饱水漆木器的保护/陈进良//文物修复与研究，国际文化出版公司1995年
北京琉璃河西周燕国墓地出土漆器在室内的清理起取和保护/丁六龙//文物修复与研究，国际文化出版公司1995年
马王堆漆木器的修复工艺/张奇志//文物修复与研究，国际文化出版公司1995年
古代玉器复制工艺的研究/万俐//文物修复与研究，国际文化出版公司1995年
浅谈石质文物复制配重方法/卢泽英//文物修复与研究，国际文化出版公司1995年
古字画修复中的有关问题/魏黎瑾//文物修复与研究，国际文化出版公司1995年
论古旧绢本书画的修补装裱/孙坚//文物修复与研究，国际文化出版公司1995年
不断探索，精益求精——关于古字画修复技术的几点体会/童雪松//文物修复与研究，国际文化出版公司1995年
出土文物字画修复之我见/周志元//文物修复与研究，国际文化出版公司1995年
关于复制大型壁画的新设想与方案/肖贵洞//文物修复与研究，国际文化出版公司1995年
空气的污染对文物的影响/耿一芳//文物修复与研究，国际文化出版公司1995年
文物保护用高分子材料的研制/袁传勋//文物修复与研究，国际文化出版公司1995年
调湿材料用于藏品保存/孙晓强//文物修复与研究，国际文化出版公司1995年
古代植物染料分析中的紫外线及可见光谱/张雪莲//文物修复与研究，国际文化出版公司1995年
敦煌石窟中光照及紫外线的监测/王进玉、罗明//文物修复与研究，国际文化出版公司1995年
敦煌莫高窟起甲壁画的修复及保护研究/王进玉//文物修复与研究，国际文化出版公司1995年
微波技术在文物保护上应用研究/李国清、应泗赶//文物修复与研究，国际文化出版公司1995年
我们是怎样抢救《天官赐福图》的/康建国//文物修复与研究，国际文化出版公司1995年
文物修复工作要点/白荣金//文物修复与研究，国际文化出版公司1995年
开拓文物修复理论的探索/王启泰//文物修复与研究，国际文化出版公司1995年
我们是如何开展文物科学技术保护工作的/河北省博物馆//文物修复与研究，国际文化出版公司1995年
加强中小型博物馆文物保护工作应注意的几个问题/李新秦//文物修复与研究，国际文化出版公司1995年
我们在修复朱然墓过程中的做法和体会/郑新明//文物修复与研究，国际文化出版公司1995年

四川省广汉三星堆青铜立人像修复原工艺/傅金凯//文物修复与研究，国际文化出版公司1995年
浅谈碑林碑刻的保护/苗向阳//碑林集刊（二），陕西人民美术出版社1995年
古代壁画加固工艺/杨文宗//文博1996-1
锌粉处理——控制文物青铜病的一种有效方法/V.C.Sharma、Uma Sharma Lal、M.V.Nair著，刘恩迪译//中国博物馆1996-2
文献文物的几种托裱法/郑春恒//中国博物馆通讯1996-10
光导技术在文物采光及保护中的应用/张群喜//陕西历史博物馆馆刊（三），三秦出版社1996年
对西安碑林环境风貌保护的思考/苗向阳//碑林集刊（四），陕西人民美术出版社1996年
古代青铜器的传统修复技术/贾文超//中国博物馆1997-1
拉文纳国立博物馆内16～17世纪盔甲上腐蚀物的研究/V.Biasni、E.Cristoferi著，刘恩迪译//中国博物馆1997-1
搞好文物修复促进文物保护/郭思洁、王平//中国博物馆通讯1997-1
气候因素与馆藏文物的保护/吴树真//中国博物馆通讯1997-2
浅谈文物修复工作存在的问题及其对策/贾文忠//中国博物馆通讯1997-10
引进社会资金搞好文物保护工作的思考与设想//文博青年论丛（第二辑），北京图书馆出版社1997年
唐墓壁画颜色破坏诸因素探讨/单暐、谢伟//陕西历史博物馆馆刊（四），西北大学出版社1997年
全封闭式博物馆展厅环境空气监测的探讨/张美蓉//陕西历史博物馆馆刊（四），西北大学出版社1997年
略谈古代壁画揭取中的保护工作/杨文宗//陕西历史博物馆馆刊（四），西北大学出版社1997年
延长藏品寿命浅论/丁送来//湖南省博物馆文集（第四辑），岳麓书社1998年
铁质文物保护要略/张奇志//湖南省博物馆文集（第四辑），岳麓书社1998年
复合阻断型青铜器保护剂研究/铁付德、陈卫//河南博物院落成暨河南省博物馆建馆70周年纪念论文集，中州古籍出版社1998年
青铜器粉状锈的发生与埋藏地域之关系/周双林//河南博物院落成暨河南省博物馆建馆70周年纪念论文集，中州古籍出版社1998年
唐白釉瓷脱釉问题研究/姜小霞//河南博物院落成暨河南省博物馆建馆70周年纪念论文集，中州古籍出版社1998年
文物修复与修复室建设浅议/潘慧琳//深圳博物馆开馆十周年纪念文集，中华书局1998年
博物馆藏品环境相对湿度的掌握/曾光//中国博物馆通讯1999-7
浅谈纺织品文物奖旗的复制办法/朱亚铎//中国博物馆通讯1999-7
遗址博物馆的文物保护/张志军、张文立//遗址博物馆学概论，陕西人民出版社1999年
金银器文物上铜锈产生的原因、机理及处理方法探讨/罗黎//陕西历史博物馆馆刊（六），陕西人民教育出版社1999年
文物库房的环境质量监测与文物保护/张美蓉//陕西历史博物馆馆刊（六），陕西人民教育出版社1999年
乾陵永泰公主墓、章怀太子墓、懿德太子墓壁画霉菌及环境霉菌调查研究/谢伟、张星群//陕西历史博物馆馆刊（六），陕西人民教育出版社1999年
趋近极限寿命——科学利用与养护文物的目标/肖贵洞//中国博物馆2000-1
马王堆三号汉墓东椁壁帛画修复整理及其相关问题的探讨/周志元//中国博物馆2000-1
藏品保护评估的方法与作用/戈雷莫·伽迪纳著，李华译//中国博物馆2000-2
环境科学与文物保护/熊贤礼//中国博物馆2000-2
利用温度杀灭害虫的方法——低温处理和高温处理杀虫效果的探讨/刘恩迪译//中国博物馆2000-2
采用环氧乙烷气体对文物进行灭菌消毒处理/乌兰//内蒙古文物考古2000-2
民族文物的存在形态及其保护和抢救/于学斌//中国博物馆2000-4
论文献修复原则/马海鹏//中国博物馆2000-4
青铜文物的保护方法/仲淑敏//中国博物馆2000-4
铜器修复时应注意的问题/贾文超//中国博物馆通讯2000-5
故宫博物院绘画馆灯光改造初探/赵炳文//中国博物馆通讯2000-5
馆藏竹质文物的灭菌杀虫处理/刘亮//中国博物馆通讯2000-6

博物馆文物搬迁工作中的几个问题/阎立群//中国博物馆通讯2000-9
现代博物馆建筑与文物保护环境/陈卫、铁付德//科技考古论丛（二），中国科技大学出版社2000年
环境对纸质文物的影响/王春蕾、田金英//科技考古论丛（二），中国科技大学出版社2000年
文物保护与修复中粘接材料的化学特性及用途/罗黎//陕西历史博物馆馆刊（七），三秦出版社2000年
试论大型陶器修复的粘结与补全/申茂盛//陕西历史博物馆馆刊（七），三秦出版社2000年
从保管角度谈新时期的文物安全工作/申秦雁//陕西历史博物馆馆刊（七），三秦出版社2000年
论文物保护工作在现代化博物馆中的地位/王昱东//陕西历史博物馆馆刊（七），三秦出版社2000年
浅谈新来装裱之画心小托/谢俭华//中国博物馆通讯2001-2
馆藏竹质文物的灭菌杀虫处理/刘亮//文物春秋2001-4
如何控制基层文博单位文物库房的温、湿度/毛志平、李倩//中国博物馆通讯2001-7
几种胶粘剂在石质文物修复中的应用/沐蕊//云南省博物馆建馆五十周年论文集，云南教育出版社2001年
用电铸法进行铜质文物的补配和修复/罗夜起//云南省博物馆建馆五十周年论文集，云南教育出版社2001年
博物馆的熏蒸设备浅议/张楠//北京博物馆学会第三届学术会议文集，北京燕山出版社2001年
环氧乙烷杀虫灭菌机理及其在我馆库存文物保护中产生的效果初探/陶武亮//北京博物馆学会第三届学术会议文集，北京燕山出版社2001年
浅谈陶器文物的劣化与保护/张晓岚、张恒金//内蒙古文物考古2002-2
大堡台西汉墓博物馆车马坑地基的防水保护和加固/胡一红//中国博物馆2002-3
论馆藏书画的保护与修复/房学惠//博物馆研究2002-3
硅胶对封闭陈列展柜内相对湿度的调节/刘亮//博物馆研究2002-3
铜车马陈列中的文物保护/郭向东、彭文、孙伟//文博2002-6
新建博物馆的文物保护/张金萍、谢晓华//东南文化2002-7
民俗文化的保护开发与利用探讨/孔正一//中国博物馆通讯2002-10
潘玉良油画作品的初步保护工作/童雪松、贾德芳//中国博物馆通讯2002-10
切实加强馆藏文物保护工作/李耀申//中国博物馆通讯2002-12
依法保护馆藏文物/苏东海//中国文物报2002-12-6；博物馆的沉思——苏东海论文选（卷二），文物出版社2006年
文物保护二题/苏东海//中国文物报2002-12-20；博物馆的沉思——苏东海论文选（卷二），文物出版社2006年
从颜料色板的老化实验唐墓壁画的保护研究/张群喜//陕西历史博物馆馆刊（九），三秦出版社2002年
恒温恒湿库房与展室中温湿度出现异常的对策/刘恩迪//首都博物馆丛刊（16），北京燕山出版社2002年
文物保护与利用应与时俱进/吕济民//中国博物馆通讯2003-1
香港文物保护和修复/张晋平//中国博物馆通讯2003-1
近现代文物鉴定理论和方法的若干思考/阮家新//中国博物馆2003-2
文物虫害防治工作中的几个问题/刘恩迪//中国博物馆2003-2
铁质文物的劣化机理与缓蚀保护研究/张恒金、张晓岚//内蒙古文物考古2003-2
纸质复制品仿旧技术发展趋向/马海鹏//中国博物馆通讯2003-4
明朱氏墓出土丝绸的清洗及加固/申桂云//博物馆研究2003-4
漆器的制作与科学保管/蔡向荣、安艳丽//博物馆研究2003-4
从光盘的保护谈档案库房温湿度的控制/程晓蘋//博物馆研究2003-4
地下书画库房温湿度变化测试报告/阎立群//中国博物馆通讯2003-7
避暑山庄及周围寺庙在第三个十年规划实施中的保护与整治/李专//中国博物馆通讯2003-8
山东大学博物馆修复保护馆藏青铜器/仝艳锋//中国文物报2003-8-25
浅谈基层博物馆对拓片的保护和管理/姚军//中国文物报2003-12-19
首博文物保护工作发展思考/刘树林//首都博物馆丛刊（17），北京燕山出版社2003年
一切落实在修复与保护上——陕西省考古研究所文物保护修复室的建立与发展/尹申平、杨军昌、赵西晨//中国文物报2004-3-26
以人为本，因地制宜，准确定位，科学发展——陕西省考古研究所文物保护修复室的发展与探索之路/尹申

平、杨军昌、赵西晨//中国文物报2004-4-30
关于库藏文物使用工业氮气隔离保护的可行性设想/何斌//中国博物馆2004-4
博物馆收藏空间的设计及设施配置/约翰・尼克斯著，陈莹、陈水华译//中国博物馆2004-4
意大利文物保护印象记/束有春//中国文物报2004-7-28
从北京鲁迅故居看名人故居保护/马会芹//中国博物馆通讯2004-8
保护、开发文物资源，建设书院文化/张学华//中国博物馆通讯2004-8
博物馆实验室的发展思路/何文权//中国文物报2004-9-3
陕西历史博物馆壁画库降尘成分分析与研究/卢轩、张群喜、王丽琴、李文怡、惠任//文物保护与修复纪实：第八届全国考古与文物保护（化学）学术会议论文集，岭南美术出版社2004年
合资合作探索文物保护与利用双赢之路——陕西乾陵懿德太子墓博物馆保护利用的实践与思考/习建涛//中国文物报2005-1-26
河南省洛阳市山陕会馆琉璃照壁构件的保护修复/张恒金、吴海涛//内蒙古文物考古2005-2
陈列厅内文物的科学保护/艾晶//中国博物馆2005-4
秦始皇兵马俑的环境保护问题/黄克忠//中国文物报2005-4-29
常德文物藏品腐蚀损失调查浅析/李文涓//中国文物报2005-4-29
修复“马踏飞燕”纪实/赵玉中//中国文物报2005-4-29
馆藏文物腐蚀损失情况严重，保护管理亟待加强/李文涓//中国博物馆通讯2005-5
山东大学博物馆修复保护馆藏青铜器/仝艳锋//中国文物报2005-8-25
美茵兹模式——德国美茵兹罗马-日耳曼中央博物馆文物修复保护职业培训/侯改玲//中国文物报2003-9-27
文物保护的新思路/曾春光//中国文物报2005-11-8
呼唤建立文物保护单位应急机制/吴志标//中国文物报2005-11-11
博物馆文物保护与环境污染/安尼瓦尔・哈斯木//新疆维吾尔自治区博物馆论文集2005，新疆大学出版社2005年
西安半坡博物馆墓葬搬迁工程报告/郝利民、张新田//史前研究（2004）：中国博物馆学会史前遗址博物馆专业委员会第五届学术研讨会论文集，三秦出版社2005年
博物馆的预防性保护/葛丽敏等//文物保护与修复的问题，科学出版社2005年
考古遗址博物馆所涉及的保护问题/刘江卫等//文物保护与修复的问题，科学出版社2005年
纸质艺术品的菌类污染——清除与预防/刘舜强译//湖南省博物馆馆刊（二），岳麓书社2005年
馆藏鸟纹铜铙的防腐蚀及加固处理/刘亮//湖南省博物馆馆刊（二），岳麓书社2005年
马王堆汉墓帛书、帛图修复概况及利弊分析/周志元//湖南省博物馆馆刊（二），岳麓书社2005年
清绫本行书四屏的修裱过程及体会/谢俭华//湖南省博物馆馆刊（二），岳麓书社2005年
对馆藏文物保护环境达标试点项目的思考——兼谈武汉博物馆文物库房改造工作/朱莉//回顾与展望——中国博物馆发展百年：2005年中国博物馆学会学术研究会文集，紫禁城出版社2005年
读《中国文物古迹保护准则》——浅论不改变文物原状原则/刘宁//碑林集刊（十一），陕西人民美术出版社2005年
西安碑林藏东汉画像石的保护/牟炜//碑林集刊（十一），陕西人民美术出版社2005年
田野石刻文物修复技法探微——以安徽桐城张廷玉墓石雕文物修复工程为例/张择国//碑林集刊（十一），陕西人民美术出版社2005年
对西安碑林石质文物科学保护问题的思考/张云//碑林集刊（十一），陕西人民美术出版社2005年
如何保存博物馆历史照片/孟广泰//中国文物报2006-1-13
浅析馆藏文物保护的现状、成因及对策/杨荣彬//中国博物馆通讯2006-3
博物馆室内空气污染监测和处理/谢燕//文物保护与考古科学2006-4
博物馆预防性保护研究之一：银器的腐蚀及应对措施/潘晓通//文物保护与考古科学2006-4
西安碑林博物馆馆藏石质文物腐蚀损失调查后的几点认识/王展、牟炜、马涛、赵林娟//文博2006-5
燕都遗址博物馆藏青铜器——提梁卣的修复/马琳燕//文博2006-6
民族民间工艺保护是当前民族博物馆的重要工作/赵心愚、张建世//中国博物馆通讯2006-6

博物馆如何保存照片底片/孟广泰//中国文物报2006-6-23
坚持藏品移交和藏品定期盘库制度是保证藏品安全的必要环节/李雅兰//中国博物馆通讯2006-7
文献复制中的树脂版制版工艺/贾治安//中国博物馆通讯2006-7
域外博览：日本博物馆掠影（2）博物馆展览的免震措施/王林//中国文物报2006-7-14
博物馆近现代照片概况、问题与对策/孟广泰//中国文物报2006-8-25
在德国体验中国书画修复/要国旺//中国文物报2006-9-1
为未来留住历史——漫谈古迹的保护/杨瑾//陕西历史博物馆馆刊（十三），三秦出版社2006年
博物馆文物的持拿搬运刍议/姜涛//陕西历史博物馆馆刊（十三），三秦出版社2006年
论文物保护工作在现代化博物馆中的地位/王昱东//博物馆学研究论文集，陕西人民出版社2006年
安徽省博物馆文物保护科技工作的反思和再建议/戴培钧//安徽省博物馆建馆五十周年文集，安徽人民出版社2006年
理念创新与馆藏文物的抢救性保护/刘丽//安徽省博物馆建馆五十周年文集，安徽人民出版社2006年
潘玉良油画作品修复保护工作报告/贾德芳、刘文扬、姚征帆//安徽省博物馆建馆五十周年文集，安徽人民出版社2006年
基层博物馆馆藏文物保护的现状与出路/任新来//中国当代文博论著精编，文物出版社2006年
县级文博单位文物保管工作刍议/丁送来//湖南省博物馆馆刊（三），岳麓书社2006年
砂岩类石质文物保护材料的研制/刘博、史可信//辽宁省博物馆馆刊（1），辽海出版社2006年
谈中小博物馆的字画收藏和保护/彭晓梅//中国博物馆2007-1
《武汉博物馆文物保存环境监测评价报告》结论分析及其思考/朱莉//文物保护与考古科学2007-1
武汉博物馆文物保存环境研究/徐方圆、吴来明、解玉林//文物保护与考古科学2007-1
博物馆预防性保护研究之二：甲酸与乙酸/潘晓通//文物保护与考古科学2007-1
博物馆文物保存温湿指标及其实现方式/喻李葵、侯华波、陈焕新//建筑热能通风空调2007-1
博物馆室内颗粒物研究探索/容波//中国文物报2007-1-2
书籍和文件的保存：书籍和档案材料老化的原因/玛丽亚格拉茨・普劳思・赞帕拉、马艺蓉//中国博物馆2007-3
上海邮政："快递"历史与未来——记文保单位上海邮政老大楼的保护与邮政博物馆的兴建/崔波//中国文物报2007-3-16
分析和研究是馆藏文物修复保护的前提/夏璐//中国博物馆2007-4
修复性保护技术的有关思考/木娜瓦尔・哈帕尔//中国博物馆2007-4
文物科技保护工作刍议/魏耕耘//中国文物报2007-4-6
藏品保护的"人为"因素与物质手段/包宪红//中国文物报2007-5-18
关于中国书画的保护收藏/吴春龙//中国博物馆通讯2007-6
"走向盛唐展"归国汇报展中的文物预防性保护/刘亮//中国文物报2007-7-20
基层博物馆馆藏文物保护的现状与出路——以法门寺博物馆为例/任新来//博物馆理论与实践研讨会论文集，三秦出版社2007年
基层文物保护管理工作现状及对策思考/刘向阳//博物馆理论与实践研讨会论文集，三秦出版社2007年
浅谈博物馆黑白照片的保管/杨娟//陕西历史博物馆馆刊（十四），三秦出版社2007年
陕西历史博物馆馆藏石膏加固唐墓壁画的再保护/杨文宗//陕西历史博物馆馆刊（十四），三秦出版社2007年
遗址博物馆展厅维修中的文物保护问题——以秦俑二号坑为例/武丽娜//秦陵秦俑研究动态2008-1
浅析自然标本的蛀损原因及其对策/陈玲//中国博物馆通讯2008-2
几种脆弱质文物的现场保护/黄建华//秦陵秦俑研究动态2008-3
太平天国历史博物馆文化遗产保护综述/易家胜、袁蓉//中国文物报2008-5-9
宋陵石刻病害问题的探讨——从一些宋陵石刻老照片谈起/杨予川//中国文物报2008-5-9
馆藏文物保存环境达标建设应注意加强地域性研究——武汉市博物馆馆藏文物保存环境达标试点工作的收获/朱莉//中国文物报2008-5-16
平凉市博物馆文物保存环境达标试点成效显著/王永发、武军//中国文物报2008-5-16

绵阳市博物馆文物保存环境达标中心库房实现珍贵文物集中代管/王锡鉴、都云昆//中国文物报2008-5-16
新时期基层博物馆藏品保护谈/孙中华//中国文物报2008-6-27
日本博物馆展览的地震受害与防护研究/王林编译//中国博物馆通讯2008-7
浅谈市场经济下博物馆文物保护工作的意义及工作重心/林玉萍//大众文艺2008-7
博物馆的地震保护——ICAMT从日本到北美西海岸/王林编译//中国文物报2008-7-4
浅谈大气污染与馆藏文物的保护/毛志平//中国文物报2008-7-11
陕西文物科技保护研究综述/陕西省考古研究院文物保护研究部//考古与文物2008-6
略谈县（市）博物馆馆藏文物的保护/陈斯丽//南方论刊2008-10
博物馆搬迁过程中藏品的保护性包装及运输/张玉兰//中国博物馆通讯2008-11
博物馆藏品的预防性保护/卢燕玲//深圳文博论丛二〇〇七年，文物出版社2008年
对西安碑林露天、半露天石质文物保护的思考/牟伟//碑林集刊（十三），陕西人民美术出版社2008年
修复一座石佛造像的相关问题/刘宁//碑林集刊（十三），陕西人民美术出版社2008年
浅论江南地区中小型博物馆藏品保护中的湿度控制问题//无锡博物院论文集，广陵书社2008年
谈文物库房的防霉//无锡博物院论文集，广陵书社2008年
文物保护与修缮中的往事回顾/陆关泉//五秩风华：上海市青浦区博物馆建馆五十周年纪念文集，上海社会科学院出版社2008年10月
青铜文物修复所用低温焊料的研究/徐建国//陕西历史博物馆馆刊（十五），三秦出版社2008年
谈唐墓壁画保护中存在的一些问题/罗黎//陕西历史博物馆馆刊（十五），三秦出版社2008年
唐乾陵内城北门石刻的考古发现与保护/宋少宇//乾陵文化研究（四），三秦出版社2008年
中国文物保护和修复的传统与发展趋势/詹长法//洛阳博物馆建馆50周年论文集，大象出版社2008年
谈馆藏青铜器的去锈保护/孙海岩、扈晓霞//洛阳博物馆建馆50周年论文集，大象出版社2008年
洛阳北魏元怿墓壁画的修复/丁永俊、杨蔚青//洛阳博物馆建馆50周年论文集，大象出版社2008年
唐安国相王孺人墓壁画修复有感/戚雪娟//洛阳博物馆建馆50周年论文集，大象出版社2008年
浅谈博物馆馆藏文物的保存环境/李丽霞//洛阳博物馆建馆50周年论文集，大象出版社2008年
关于壁画保护修复若干问题的分析与思考/杨蕊//洛阳博物馆建馆50周年论文集，大象出版社2008年
博物馆室内微环境中碱性气体的被动采样方法研究/刘霞、李静等//环境监测管理与技术2009-1
中国出土漆器文物及其保护研究现状/黄湛//南方文物2009-1
武威市博物馆古籍及其保护现状/高辉//陇右文博2009-1
秦兵马俑博物馆陶器库房冬季室内空气质量初步研究/李华、曹军骥等//中国粉体技术2009-2
汉阳陵地下博物馆土壤，大气及风化壳的理化特征/杨雅媚、曹军骥等//中国粉体技术2009-2
免费开放形势下革命纪念馆展出文物的保管维护/桑世波、付红//中国文物报2009-2-6
浅谈博物馆文物库房的温湿度环境控制/刘畅//博物馆研究2009-3
天津自然博物馆馆藏动物标本的管理和养护/王全来、吕锦梅、匡登辉//河北农业科学2009-4
陕西历史博物馆藏东汉绿釉陶孔雀灯的修复/杨文宗、李斌//文物保护与考古科学2009-4
论工业遗产的博物馆化保护/刘迪、于明霞//博物馆研究2009-4
馆藏唐墓壁画侍女侏儒图的保护与修复/杨文宗等//考古与文物2009-5
大遗址保护：南京博物院的工作实践//中国文物报2009-5-1
大遗址保护要尊重民生要求——南京博物院院长龚良谈大遗址保护/郭桂香//中国文物报2009-5-1
曲江西汉壁画墓现场保护工作的思考/赵凤燕、李书锁//中国文物报2009-5-20
秦俑博物馆文物保护十年/吴永琪//文博2009-6
秦俑博物馆陶器库房空气污染的物理化特征及其对彩绘陶器的影响/李华、容波等//文博2009-6
馆藏壁画失效支撑体研究/杨文宗、郭宏、葛琴雅//文博2009-6
馆藏壁画的历史信息与现状调查/成倩、宋燕、孙延忠//文博2009-6
一件土质铠甲武士俑的保护与修复/欧秀花、李玉虎、杨文宗//文博2009-6
博物馆无线温湿度监控系统的探索/刘树林、楼朋竹//中国文物报2009-8-14
国家博物馆对楠木展柜的保护性改造/郝寅祥、徐沄//中国文物报2009-8-26

清除博物馆展览柜中有害气体的实验/〔美〕丹尼尔·格罗斯金、莎·S. 萨帕尔玛著，王允丽编译//中国文物报2009-8-28
遗址博物馆建设中的遗址保护——新疆首座遗址博物馆建设施工中对文物本体的保护/冶飞//中国文物报2009-8-28
博物馆微环境中酸性气体被动采样方法的改进/施超欧、刘霞、左莹、李静、徐方圆、解玉林//环境化学2009-12
文物在展览过程中的预防性保护/吴瞻//江苏省文博论文集2008，南京出版社2009年
博物馆藏品陈列保管中的防震问题/牟伟//碑林集刊（十四），陕西人民美术出版社2009年
陕西唐墓壁画揭取后的保护与修复技术/杨文宗等//文物科技研究（六），科学出版社2009年
浅谈考古发掘现场几种脆弱质文物的保护/黄建华//回顾与创新——秦始皇兵马俑博物馆开馆三十周年纪念文集，三秦出版社2009年
论文物保护中的密封技术/张益//回顾与创新——秦始皇兵马俑博物馆开馆三十周年纪念文集，三秦出版社2009年
拉曼光谱在彩绘文物颜料分析中的应用/付倩丽//回顾与创新——秦始皇兵马俑博物馆开馆三十周年纪念文集，三秦出版社2009年
秦俑二号坑T21G19出土陶俑彩绘现场保护/王春燕//回顾与创新——秦始皇兵马俑博物馆开馆三十周年纪念文集，三秦出版社2009年
秦兵马俑博物馆一号坑部分环境因子变化分析/李华//回顾与创新——秦始皇兵马俑博物馆开馆三十周年纪念文集，三秦出版社2009年
石家庄毗卢寺壁画保存状况调查及霉菌类群鉴定/严苏梅//回顾与创新——秦始皇兵马俑博物馆开馆三十周年纪念文集，三秦出版社2009年
秦俑坑新出土金属文物的科学保护修复研究/兰德省//回顾与创新——秦始皇兵马俑博物馆开馆三十周年纪念文集，三秦出版社2009年
陶制彩绘文物保护修复技术规范化初步探索/容波//回顾与创新——秦始皇兵马俑博物馆开馆三十周年纪念文集，三秦出版社2009年
浅谈遗址博物馆文物资源的保护与利用/叶晔//回顾与创新——秦始皇兵马俑博物馆开馆三十周年纪念文集，三秦出版社2009年
汉代彩绘茧形壶的修复保护研究/刘江卫//回顾与创新——秦始皇兵马俑博物馆开馆三十周年纪念文集，三秦出版社2009年
彩绘秦俑科学保护修复预规范/兰德省、容波//回顾与创新——秦始皇兵马俑博物馆开馆三十周年纪念文集，三秦出版社2009年
深圳博物馆馆藏金漆木雕文物的清理/蔡明//深圳文博论丛二〇〇九年，文物出版社2009年
馆藏文物在利用中的保护/姜涛//博物馆藏品保管学术论文集，中国林业出版社2009年
对两件石质文物的表面清洗/牟炜//碑林集刊（十五），三秦出版社2009年
开拓与收获——记陕西历史博物馆与日本唐墓壁画合作保护研究/申秦雁、燕芳雨//陕西历史博物馆馆刊（十六），三秦出版社2009年
洛阳龙门石窟双窑修复保护中的表面加固/牟炜等//文物保护与修复的问题（2），文物出版社2009年
关于博物馆藏品保存环境温、湿度的控制/刘慧芳//法门寺博物馆论丛（二），三秦出版社2009年
馆藏文物的安保措施点滴/吕建乐//法门寺博物馆论丛（二），三秦出版社2009年
法门寺纺织品的保护/〔德〕安格里卡·斯里夫卡著，路智勇译//法门寺博物馆论丛（二），三秦出版社2009年
法门寺佛指舍利的科技保护初探/任新来、廖原//法门寺博物馆论丛（二），三秦出版社2009年
法门寺出土宝帐铜花铜镜与锡杖表面铭文的修复/〔德〕苏珊娜·格莱夫、苯德-乌尔·赫尔茨、塞巴斯蒂安·贝切尔德//法门寺博物馆论丛（二），三秦出版社2009年
博物馆文物保存环境及其对文物的影响/张欢//广东省博物馆开馆五十周年纪念文集：1959～2009，岭南美术出版社2009年
从馆藏文物的腐蚀损失状况谈文物的科技保护工作/刘振陆//辽宁省博物馆馆刊（2009），辽海出版社2009年

发挥科研基地作用培养合格修复人才——2009年全国陶质彩绘文物保护修复培训班综述/兰德省//秦陵秦俑研究动态2010-1
吐鲁番台藏塔出土陶灯（座）修复过程的思考/王云、佟文康//新疆文物2010-1
浅谈复制品在馆藏文物保护中的作用/丁兰兰//新疆文物2010-1
考古发掘现场智能预探测系统的设计与应用/王珏瑶等//文物保护与考古科学2010-1
秦俑博物馆文物保护三十年/吴永琪//秦陵秦俑研究动态2010-1
试论纺织品文物保护中的水质问题/路智勇//文物保护与考古科学2010-2
传统装裱对字画保存的意义/井燕//文博2010-2
博物馆温湿度无线监控系统的研究与应用/刘树林//北京文博2010-2
内蒙古博物院文物科技保护工作开展的几点思考/张恒金、张晓岚//中国博物馆2010-3
内蒙古博物院藏四子王旗出土彩绘木棺的保护/张恒金、张晓岚、恩和、刘春波、梁铭、周双林//中国博物馆2010-3
国外纺织品文物保护修复与研究现状/路智勇//文物保护与考古科学2010-3
关于考古错金银青铜器保护的思考/邵安定//中国文物科技研究2010-3
文物库房洁净室技术应用初探/安程//中国文物报2010-4-21
论北方黄土地区大遗址的保护与展示——以汉阳陵博物馆为例/王保平//四川文物·艺术考古2010-5
对文博修复人才短缺的思考/吴春龙//中国文物报2010-6-4
西汉彩绘兵马俑风化褪色、龟裂起甲等病害治理/陕西师范大学历史文化遗产保护教育部工程研究中心、咸阳博物馆//中国文物报2010-7-2
法国文物修复的核心力量——法国博物馆研究中心简介及与我国合作前景分析/教莹//中国文物报2010-7-30
湿度缓冲剂在博物馆气候调节中的应用/杨刚//中国博物馆通讯2010-8
关于“病害调查”的若干思考/杨刚亮//中国文物报2010-9-17
藏品的科学排架与管理/王玮//中国文物报2010-9-22
秦始皇陵遗址保护历程回顾//中国文物报2010-9-29
国家文物局文物保护科学和技术创新一等奖：白鹤梁题刻原址水下保护工程研究与实践//中国文物报2010-11-19
国家文物局文物保护科学和技术创新二等奖：馆藏文物保存环境应用技术研究//中国文物报2010-11-19
国家文物局文物保护科学和技术创新二等奖：古代壁画脱盐关键技术研究//中国文物报2010-11-19
国家文物局文物保护科学和技术创新二等奖：东周纺织织造技术挖掘与展示——以出土纺织品为例//中国文物报2010-11-19
国家文物局文物保护科学和技术创新二等奖：马王堆古尸“三级”保护模式的建立与应用//中国文物报2010-11-19
国家文物局文物保护科学和技术创新二等奖：云冈石窟凝结水监测研究//中国文物报2010-11-19
国家文物局文物保护科学和技术创新二等奖：古代建筑油饰彩画保护技术及传统工艺科学化研究//中国文物报2010-11-19
国家文物局文物保护科学和技术创新二等奖：文物出土现场保护移动实验室研发//中国文物报2010-11-19
刘少奇同志纪念馆纸质文物的环境保护/钟非萍//中国文物报2010-12-3
保护大遗址：陕西对世界的承诺/莎莎、陈艳//陕西日报2010-12-20
融入时代脉搏成就大遗址保护典范——访陕西省文物局局长赵荣/莎莎、陈艳//陕西日报2010-12-20
陕西模式：破解发展难题保护世界遗产——解读大遗址保护“五大模式”/莎莎、陈艳//陕西日报2010-12-20
三大考古遗址公园：探索大遗址保护的创新路径——秦始皇陵、汉阳陵、唐大明宫遗址的保护之路/莎莎、陈艳//陕西日报2010-12-20
博物馆古琴活化收藏与保护/陈亚萍、高玲//中国文物报2010-12-29
试论文物修复中的残缺美/蒙元婕//中国文物报2010-12-31
大方奢香博物馆保护古建筑“化石”/吴正光//中国文物报2010-12-31
西安半坡博物馆藏陶器保存现状及存在问题/张新田//史前研究（2009）：首届国际河姆渡文化节——国际遗址

博物馆馆长河姆渡峰会暨史前遗址博物馆专业委员会第七届学术研讨会纪念文集，宁波出版社2010年
虢国墓地遗址保护和利用的实践/王治国、刘社刚/中国博物馆学会考古与遗址博物馆专业委员会成立大会论文集，西北大学出版社2010年
秦俑博物馆文物保护三十年/吴永琪//秦俑博物馆开馆三十周年秦俑学第七届年会国际学术研讨会论文集，三秦出版社2010年
秦俑彩绘紫色颜料的再研究/夏寅等//秦俑博物馆开馆三十周年秦俑学第七届年会国际学术研讨会论文集，三秦出版社2010年
做好馆藏文物预防性保护的环节//天津文博（7），科学出版社2010年
略谈青铜器修复与保护//天津文博（7），科学出版社2010年
谈博物馆拓本的保护//天津文博（7），科学出版社2010年
近代文献保存现状及其技术保护刍议//天津文博（7），科学出版社2010年
自然博物馆植物标本制作保养技术研究//天津文博（7），科学出版社2010年
古生物化石标本的加固、修复与应用//天津文博（7），科学出版社2010年
纺织化学保护的保护性破坏——大型石质文物化学保护中的问题和对策/张秉坚等//石窟寺研究（一），文物出版社2010年
唐陵石刻保护中新技术的应用/齐扬等//石窟寺研究（一），文物出版社2010年
馆藏唐墓壁画科学保护中画面的清洗/张群喜//陕西历史博物馆馆刊（17），三秦出版社2010年
博物馆藏品的预防性保护/杨洁//陕西历史博物馆馆刊（17），三秦出版社2010年
陕西墓葬壁画保护现场保护之最新动态/杨军昌、王啸啸等//文物保护科技研究（七），科学出版社2010年
汉阳陵出土文物保护与展示的思考/赵西晨//汉阳陵·比萨：文化遗产的原址保护与考古博物馆，三秦出版社2010年
大唐西市博物馆一组带有粉状锈青铜器的保护处理/刘成、刘佳等//2010民办博物馆发展论坛论文集，陕西人民出版社2010年
博物馆的虫害及其防治/陈元生、解玉林//文物保护技术（1981～1991），科学出版社2010年
广西博物馆预防性文物保护的实施与意义/唐剑玲//广西博物馆文集（七），广西人民出版社2010年
贺州市博物馆藏品保护现状及对策/陶红云//广西博物馆文集（七），广西人民出版社2010年
宁夏博物馆温湿度环境调查分析/刘慧芳//博物馆技术论文集，文物出版社2010年
宁夏博物馆新馆空气环境检测与评价/马文婷、段晓彤//博物馆技术论文集，文物出版社2010年
宁夏博物馆照明现状分析/杨洁、康晓静//博物馆技术论文集，文物出版社2010年
宁夏博物馆纸质文物保存及展示环境评估/李胜军//博物馆技术论文集，文物出版社2010年
宁夏博物馆木质文物保护材料——聚氨酯的应用及改性方案/吴依茜//博物馆技术论文集，文物出版社2010年
浅谈文物在陈列展览中存在的问题/武瑛、张曼晨//博物馆技术论文集，文物出版社2010年
博物馆展陈文物的防震加固方法/郑嘉凤//博物馆技术论文集，文物出版社2010年
浅议博物馆防震措施——以宁夏博物馆为例/王玉、张晓彤//博物馆技术论文集，文物出版社2010年
盛世回乡——宁夏民俗风情特展展前修复拟案/梁鹤箭、杨月红//博物馆技术论文集，文物出版社2010年
首都博物馆馆藏银器文物保护的实验/张亦弛//北京文博文丛2011-1
陕西大遗址保护的积极探索和成效/赵荣//中国文物报2011-1-7
随州博物馆藏西汉铁刀的缓蚀保护研究/胡东波、王寅娟、胡钢、陈建立、黄建勋//中国国家博物馆馆刊2011-2
博物馆环境监控及相关物联网技术应用需求分析/吴来明、徐方圆、黄河//文物保护与考古科学2011-3
遗址博物馆建设过程中的遗址保护问题初探——以秦始皇陵K0006陪葬坑为例/王伟锋、严淑梅、马生涛//文博2011-4
张安世家祖墓发掘：探索考古发掘现场文物保护的有效模式/李政//中国文物报2011-4-22
长沙五一广场东汉古井出土简牍的现场保护/佘玲珠、肖静华、莫泽、将成光//中国文物报2011-4-22
文物修复中可辨识性理念之新视角/巩梦婷//中国文物报2011-7-8
肃南县民族博物馆青铜连枝灯的保护与修复/韩英//中国文物报2011-7-29

青州龙兴寺佛造像在巡展中的预防性保护/周庆喜、贾广智//中国文物报2011-7-29
来自德国的纸张除酸技术设备/郭桂香//中国文物报2011-7-29
安徽博物院文物保护工作的思考/朱良剑、郑龙亭//中国国家博物馆馆刊2011-8
浅谈文物保存环境改善后保管员的作用——以衢州市博物馆为例/程勤//中国文物报2011-9-16
博物馆内中国书画的收藏保护/高爱东//中国文物报2011-11-16
立足川博提升能力发展事业服务西南——四川博物院《馆藏品出土文物保护与修复专项》研究管窥/郭桂香//中国文物报2011-12-9
博物馆藏品预防性保护研究——低能耗立体调节温湿度控制/夏璐//湖南省博物馆馆刊（七），岳麓书社2011年
秦俑修复技术探索总结/容波、刘江卫、郑宁、王春燕//秦始皇帝陵博物院2011（总壹辑），三秦出版社2011年
秦俑一号坑第三次发掘现场防霉保护研究/严苏梅、容波、王春燕、王伟峰、王文君//秦始皇帝陵博物院2011（总壹辑），三秦出版社2011年
从秦俑坑出土铁器保护处理谈铁器文物的保护修复/兰德省//秦始皇帝陵博物院2011（总壹辑），三秦出版社2011年
秦俑文物环境监测研究进展/李华//秦始皇帝陵博物院2011（总壹辑），三秦出版社2011年
如何做好馆藏文物藏品的保护工作/卢燕玲//深圳文博论丛二〇一一，文物出版社2011年
汉代彩绘骑马俑的保护与修复/金爽//深圳文博论丛二〇一一，文物出版社2011年
大堡子山遗址春秋墓葬出土青铜鼎的修复与保护/李怀诚//深圳文博论丛二〇一一，文物出版社2011年
略述中国古旧书画的修复/孙南南//深圳文博论丛二〇一一，文物出版社2011年
浅议综合类博物馆自然标本的保护/吴洁/江西省博物馆集刊（二），文物出版社2011年
博物馆库房环境保护方法的发展趋势/蒋素华//南京博物院集刊（12），文物出版社2011年
武威市博物馆古籍及其保护现状/高辉//陇右文博2012-2
展柜微环境控制技术/张晋平、张月玲//中国文物报2012-2-10
近现代文献复制仿旧技术解析/马海鹏//中国国家博物馆馆刊2012-5
银器的腐蚀特征与埋藏环境的关系/韩英//中国国家博物馆馆刊2012-6
我国海洋出水文物保护技术现状分析/张月玲//中国国家博物馆馆刊2012-6
文物藏品“状态”分析及其“现状”登录与交接/刘艳波//中国国家博物馆馆刊2012-6
博物馆藏品保护：从应对到预防/罗晓东//中国文化报2012-7-5
站在科技前沿为文物服好务——国家博物馆文物科技保护/潘路//中国文物报2012-7-6
博物馆环境温湿度自动监测系统/张晋平//中国文物报2012-9-7
为藏品延年益寿创造良好环境/白宁//中国文物报2012-9-21
文物上霉菌的分离及分子生物学鉴定/武望婷//中国国家博物馆馆刊2012-10
陶瓷实验考古研究概述/郁永彬、陈建立、梅建军、铁付德//中国国家博物馆馆刊2012-10
青岛市博物馆文物修复工作的探索与实践/崔薇薇//中国文物报2012-10-17
展览陈列中的文物保护/郑捷//齐鲁文物（1），科学出版社2012年
浅谈古代陶器的修复与保护技术/窦淑梅//齐鲁文物（1），科学出版社2012年
博物馆陈列自然标本预防性保护工作存在问题及其对策/陈玲、李宇//博物馆研究2013-2
博物馆交流中的文物包装/宋笑飞//中国文物报2013-3-22
封闭式博物馆室内展厅秋季颗粒物数浓度变化特征/徐方圆、修光利、于颖、詹天珍、黄河、王烁//文物保护与考古科学2013-4
基层博物馆文物技术保护工作的探索——以青州市博物馆为例/王瑞霞、周麒麒//中国文物报2013-6-14
开放式博物馆视野下的名人故居保护利用/吉光//中国文物报2013-6-26
照片保存注意事项/克劳斯·亨瑞克著，李华编译//中国文物报2013-6-28
藏品保管中的保护问题/金平//中国文物报2013-6-28
馆藏纸质文物保护修复在实践中的应用/陈晓琳//中国文物报2013-8-9

把科学技术融入到文物保护/郭宪曾//中国文物报2013-8-30

西安碑林国宝级石碑颜勤礼碑复刻日记/敬江晴//华商报2013-9-3

《典型材质文物生物病害及生物保护技术应用现状的调查分析》表明：应尽快开展文物生物病害及防治的系统性研究/郭桂香//中国文物报2013-10-2

安徽博物院文物保护实验室建设调研报告/孙红燕、魏宏伟、李瑞亮、李立新、朱善银、江勤//安徽文博（九），黄山书社2013年

欧洲博物馆保藏室腐蚀气体控制和监测/朱剑青//中国文物报2013-12-13

现代化条件下纤维质文物的保管——以衢州市博物馆为例/程勤//中国文物报2013-12-13

我国文物生物病害有多重？/中国科学院微生物研究所、秦始皇帝陵博物院、陕西省文物保护研究院、上海博物馆、敦煌研究院//中国文物报2013-12-13

博物馆藏品保存环境及评估方法简议/王晓琪、牛耕//第三届民办博物馆发展西安论坛论文集，陕西人民出版社2013年

论文物认知能力对文物保护修复工作的意义——以四川博物院为例/刘宇//博物馆学刊（第三辑），科学出版社2013年

浅谈博物馆文物库房温湿度的标准与控制/穆波//南京博物院集刊（14），文物出版社2013年

博物馆文物库房建设的基本要求与方案选择/周怀东//南京博物院集刊（14），文物出版社2013年

安徽博物院新馆展陈环境温湿度监测与分析/江勤//安徽文博（九），黄山书社2013年

木质文物柜与铁质文物柜柜内温湿度变化研究/刘亮//博物馆学文集8，岳麓书社2013年

论艺术类博物馆字画的收藏和保护/何伟、何轩//博物馆学文集8，岳麓书社2013年

书画等纸质文物的病害分析与环境研究/张兴伟//博物馆学文集8，岳麓书社2013年

益阳市博物馆文物修复工作的制度化、规范化探索/郭克勤//博物馆学文集8，岳麓书社2013年

从明黄色云纹罗单裙的保护修复看保护修复理念的变化/董鲜艳//博物馆学文集8，岳麓书社2013年

战国镶红铜鸟兽几何纹青铜壶的科学保护修复与赏析/毛志平//博物馆学文集8，岳麓书社2013年

传统复制技艺对何维朴行书作品的保护/毛志平、陈美勋//博物馆学文集8，岳麓书社2013年

大力推进博物馆藏品向展品转化/皮云丰//博物馆学文集8，岳麓书社2013年

博物馆藏品再研究性浅论/骆黄海//博物馆学文集8，岳麓书社2013年

民俗文物藏品的保护和利用/滕瑜华//博物馆学文集8，岳麓书社2013年

从绿野村庄到洛厄尔：美国的工业博物馆与工业遗产保护/吕建昌//东南文化2014-2

传统书画装裱修复工艺的科学化探讨——以南京博物院为例/何伟俊、张金萍、陈潇俐//东南文化2014-2

中国遗址博物馆文物本体保护与展示模式的探索/陈晓琳//中国文物科学研究2014-2

纸质文物用纳米抑菌剂研究/张蕊//中国国家博物馆馆刊2014-3

南京博物院院藏民国纸质文物的保护/郑冬青、张金萍、何子晨、陈潇俐、奚可桢//东方博物2014-4

博物馆馆藏文物动态管理系统研究/杨淑文//环球人文地理2014-4

对文物库房“大环境”的认识/杨志伟//中国文物报2014-4-4

文物修复中的身份识别/赵冠群//中国文物报2014-4-4

文物库房柜架设施建设创新工作小结——以西安碑林博物馆为例/张安兴、汪定钧//中国文物报2014-5-30

我国文物微生物病害防治工作的八大误区/中国文化遗产研究院文物微生物实验室//中国文物报2014-7-11

敦煌莫高窟保护利用工程崖体加固工程/敦煌研究院//中国文物报2014-7-15

南越国宫署遗址保护性展示概述/全洪、李颖明//中国博物馆学会考古与遗址博物馆专业委员会2011～2013年年会论文集，西北大学出版社2014年

蚝岗贝丘遗址的病害成因及解决办法探讨/吴孝斌//中国博物馆学会考古与遗址博物馆专业委员会2011～2013年年会论文集，西北大学出版社2014年

三星堆遗址月亮湾城墙剖面展示的新尝试/董静//中国博物馆学会考古与遗址博物馆专业委员会2011～2013年年会论文集，西北大学出版社2014年

新建博物馆文物库房恒温恒湿的保障/刘英明//学习实践继承发展：北京博物馆学会保管专业第11～13届学术研讨会论文集，文物出版社2014年

专业性博物馆馆藏照片类藏品保管保护初探/夏霁//学习实践继承发展：北京博物馆学会保管专业第11～13届学术研讨会论文集，文物出版社2014年
浅谈博物馆藏品包装/陈争艳//学习实践继承发展：北京博物馆学会保管专业第11～13届学术研讨会论文集，文物出版社2014年
西藏博物馆藏品特色与保护/卫国//学习实践继承发展：北京博物馆学会保管专业第11～13届学术研讨会论文集，文物出版社2014年
谈藏品安全中几个不容忽视的问题/史春月//学习实践继承发展：北京博物馆学会保管专业第11～13届学术研讨会论文集，文物出版社2014年
近现代民族文物的典藏与保护/周婷婷//学习实践继承发展：北京博物馆学会保管专业第11～13届学术研讨会论文集，文物出版社2014年
临时展览中藏品的管理与保护/宋媚丽//学习实践继承发展：北京博物馆学会保管专业第11～13届学术研讨会论文集，文物出版社2014年
浅谈博物馆藏品的管理与保护/吴千//学习实践继承发展：北京博物馆学会保管专业第11～13届学术研讨会论文集，文物出版社2014年
关于近代文物保管的认识及纸质藏品保护的探索与研究/刘瑞瑞//学习实践继承发展：北京博物馆学会保管专业第11～13届学术研讨会论文集，文物出版社2014年
文物搬迁中的科学保护/罗鸿亮、毛李蓉//学习实践继承发展：北京博物馆学会保管专业第11～13届学术研讨会论文集，文物出版社2014年
加强文物保护实现博物馆文物资源共享/陈红燕//学习实践继承发展：北京博物馆学会保管专业第11～13届学术研讨会论文集，文物出版社2014年
藏品保护与新馆建设/许垛律//学习实践继承发展：北京博物馆学会保管专业第11～13届学术研讨会论文集，文物出版社2014年
浅谈博物馆油画藏品的保护/苏杭//学习实践继承发展：北京博物馆学会保管专业第11～13届学术研讨会论文集，文物出版社2014年
天坛纸质藏品保管与修复/王恩铭//学习实践继承发展：北京博物馆学会保管专业第11～13届学术研讨会论文集，文物出版社2014年
浅谈破损的古旧书画不及时修复的危害/吴春龙//学习实践继承发展：北京博物馆学会保管专业第11～13届学术研讨会论文集，文物出版社2014年
文物藏品包装运输工作中的安全/靳红曼//学习实践继承发展：北京博物馆学会保管专业第11～13届学术研讨会论文集，文物出版社2014年
北京宣南文化博物馆藏品搬迁工作的设想与实践/温思琦//学习实践继承发展：北京博物馆学会保管专业第11～13届学术研讨会论文集，文物出版社2014年
长城博物馆文物搬运中的保管问题/朱冬芬//学习实践继承发展：北京博物馆学会保管专业第11～13届学术研讨会论文集，文物出版社2014年

五 博物馆社会教育与讲解

1. 博物馆社会教育

博物馆教育职能的产生和发展/吕济民//博物馆研究1994-1
博物馆要成为义务教育的一项内容/马沈//光明日报1994-1-23；中国博物馆通讯1994-3
发挥优势改革进取努力开创博物馆工作新局面——贺全国地县级博物馆评比创优和遴选优秀社会教育基地获得/张德勤//中国博物馆通讯1994-2
北京市青少年教育基地概况/赵梅//中国博物馆通讯1994-2
博物馆青少年教育基地建设的思考/刘文求//中国博物馆1994-3
发挥自然博物馆的社会教育职能/陈光宗//中国博物馆1994-3
鸦片战争博物馆成为爱国主义教育的重要基地/东莞市文管办//中国博物馆1994-3
扎扎实实抓好社会教育基地建设/中国甲午战争博物馆//中国博物馆1994-3
社会的发展与博物馆的教育职能/马希桂、董纪平//中国博物馆1994-4
充分发挥我馆优势，全面开展社会教育/延安革命纪念馆//中国博物馆通讯1994-4
博物馆与“广而告之”——如何加强博物馆自我宣传意识/祁学清//文物工作1994-4
博物馆应大力加强自身宣传/延安革命纪念馆//中国博物馆通讯1994-9
博物馆是进行爱国主义教育的重要场所//中国博物馆通讯1994-10
进行爱国主义教育的一次有益尝试——记“抗战生活夏令营”/于延俊//中国博物馆通讯1994-10
爱国主义教育是发挥文物教育功能的主旋律/彭卿云//中国博物馆通讯1994-12
革命纪念馆在爱国主义教育中的特殊作用/徐莉君//中国博物馆通讯1995-1
略谈纪念馆的群教工作/杜九梅//北方文物1995-1
瑞士博物馆：爱国主义教育的课堂/刘军文//中国文化报1995-1-19
博物馆社会教育职能浅议/许潞梅//中国博物馆1995-2
博物馆教育：促进观众“自我教育、自我完善”的学习/宋向光//中国博物馆1995-2
市场经济与博物馆社会教育职能的发挥/张建雄//中国博物馆1995-2
历史文物陈列讲解中应注意的两个问题/张文立//无锡文博1995-2
高等学校博物馆学教育改革的思考/史吉祥//中国博物馆1995-3
博物馆要进一步打开爱国主义教育的思路/苏东海//中国博物馆通讯1995-3
不可忽视的乡土教材/铁矛//中国博物馆通讯1995-3
加强博物馆建设，充分发挥博物馆的社会教育功能/刘忠德//中国博物馆通讯1995-3
文物在爱国主义教育中的重要作用/吴晓丛//文博1995-4
抗日战争史是一部最生动、最刻骨铭心的爱国主义教材/李传华//中国博物馆通讯1995-4
中华民族爱国主义传统的特点和内容/张江明//中国博物馆通讯1995-4
形成一套爱国主义教育的有效方法//中国博物馆通讯1995-4
瑞士博物馆重视爱国主义教育//中国博物馆通讯1995-4
调整教育观念，加强思想道德教育——关于博物馆教育功能的思考/张勇//中国文物报1995-4-2

爱国，必须知国/朱威//中国博物馆通讯1995-5
“思想道德”教育与“文化知识”教育在博物馆中应该并存并用/张勇//中国博物馆通讯1995-5
重视群教工作应解决好三个各种关系问题/杜九梅//中国博物馆通讯1995-5
博物馆工作者要树立宣传教育意识/范广杰//中国博物馆通讯1995-5
搞好鲁迅宣传教育研究工作，推动社会主义精神文明建设/绍兴鲁迅纪念馆//中国博物馆通讯1995-5
电视宣传是博物馆社会教育工作走向深入的重要途径/秦仙梅//中国博物馆通讯1995-5
爱国主义教育是辽沈战役纪念馆工作的主旋律/郭华、才智//中国博物馆通讯1995-6
博物馆不应忽视思想道德教育/张勇//中国博物馆通讯1995-7
三苏博物馆是怎样实施爱国主义教育的/袁大可//中国博物馆通讯1995-10
加强基地建设，发挥教育功能，努力开创博物馆工作的新局面——在省、市、自治区博物馆工作座谈会上的讲话//中国博物馆通讯1995-11
充分运用文物开展爱国主义教育，为社会主义精神文明做贡献/郑广荣//中国博物馆通讯1995-11
加强和完善博物馆建设充分发挥基地教育优势/王莉明//中国博物馆通讯1995-11
淄博市博物馆加强社会教育的做法和体会/王幼学//中国博物馆通讯1995-11
科学博物馆是闲暇教育的理想场所/王恒//中国博物馆通讯1995-12
抓好基础工作努力探索宣教工作的新方法/王仁波//中国博物馆通讯1995-12
开展生动活泼的爱国主义教育的一次实践/李素群//中国博物馆通讯1995-12
博物馆教育目的之探讨/刘文求//中国博物馆1996-1
爱国主义教育要出实效/唐俊玲、沈淑玲//中国博物馆通讯1996-1
爱国主义教育要重视回访反馈/杭州南宋官窑博物馆//中国博物馆通讯1996-1
马王堆汉墓珍贵文物在爱国主义教育中的运用/游振群//中国博物馆通讯1996-1
探求宣教工作的新思路、新方法/赵继敏//中国博物馆通讯1996-1
文物——社会教育独特的优秀教材/谈国华//无锡文博1996-1
浅谈博物馆在青少年爱国主义教育中的作用/程丽臻//中国博物馆1996-1
一丝不苟，做好青少年教育基地改造/首都博物馆//中国博物馆通讯1996-2
充分利用布达拉宫优势，积极开展爱国主义教育/西藏布达拉宫管理处//中国博物馆通讯1996-2
努力挖掘自身潜力，增强教育基地辐射力/旅顺日俄监狱旧址陈列馆//中国博物馆通讯1996-2
突出教育功能是中国特色的实质所在/杨力舟//中国博物馆通讯1996-2
博物馆应加强对在校学生的重视/维维·金森//中国博物馆研究通讯1996-2
大学博物馆也要多为少儿服务/甄朔南//中国自然科学博物馆协会通讯1996-2；甄朔南博物馆学文集，中国大百科全书出版社2004年
高扬爱国主义教育的旗帜/郑广荣//中国博物馆1996-3
把爱国主义教育与地方实际更广泛更紧密地结合起来/黄定平//中国博物馆1996-3
博物馆与新时期宣传思想工作/周学军//中国博物馆1996-3
探索博物馆教育与学校教育相结合的新路/上海博物馆//中国博物馆通讯1996-3
博物馆教育是贯穿博物馆一切工作的基本主题/宋向光//中国博物馆1996-4
弘扬爱国主义教育主旋律，努力搞好教育基地建设/上海市历史博物馆//中国博物馆通讯1996-4
新疆博物馆积极开展爱国主义教育//中国博物馆通讯1996-4
开展爱国主义教育是纪念馆工作的永恒主题/八路军西安办事处纪念馆//中国博物馆通讯1996-4
加强基地建设，扎实开展爱国主义教育工作/刘少奇同志纪念馆//中国博物馆通讯1996-5
天津杨柳青博物馆充分发挥开展爱国主义教育基地作用//中国博物馆通讯1996-5
发挥文物阵地的作用，深入持久地搞好爱国主义教育/海口海瑞墓管理处//中国博物馆通讯1996-5
努力加强爱国主义教育基地的自身建设，不断提高开展爱国主义教育活动的实效/中共“一大”会址纪念馆//中国博物馆通讯1996-6
运用乡土历史教材进行爱国主义教育/李成良//中国博物馆通讯1996-6
东北烈士纪念馆努力创建优秀爱国主义教育基地//中国博物馆通讯1996-6

发挥基地作用，服务广大群众/贵州省黎平县文物管理所//中国博物馆通讯1996-6
以临时展览为教材深化爱国主义和革命传统教育/上海市嘉定博物馆//中国博物馆通讯1996-6
为教材深化爱国主义和革命传统教育/上海市嘉定博物馆//中国博物馆通讯1996-6
文物是特殊的教材/谈国华//中国博物馆通讯1996-7
从61家博物馆的资料看爱国主义教育前进的步伐/游振群//中国博物馆通讯1996-7
为努力创建全国一流的爱国主义教育基地而奋斗/西柏坡纪念馆//中国博物馆通讯1996-7
搞好博物馆的两个“文明”建设，弘扬爱国主义时代主旋律/成都王建墓博物馆//中国博物馆通讯1996-7
艰苦创业开拓进取充分发挥社会教育基地作用/河北省隆化县博物馆//中国博物馆通讯1996-8
加强文物保护，搞好爱国主义教育基地建设，充分发挥革命文物的宣传教育作用/广西右江革命文物馆//中国博物馆通讯1996-8
海军上海博览馆办成爱国主义教育基地的做法/丁放//中国博物馆通讯1996-9
创建上海儿童博物馆的思考/刘国友//中国博物馆通讯1996-9
开拓进取建设爱国主义教育基地/辛亥革命武昌起义纪念馆//中国博物馆通讯1996-9
我们是如何开展爱国主义教育活动的/内蒙古敖汉旗博物馆//中国博物馆通讯1996-9
弘扬爱国精神建好教育基地/云南腾冲国殇墓园//中国博物馆通讯1996-9
充分发挥阵地优势，深化爱国主义教育/瑞金中央革命根据地纪念馆//中国博物馆通讯1996-10
吉林省伪皇宫陈列馆建设爱国主义教育基地的工作情况//中国博物馆通讯1996-10
发挥自身优势弘扬民族文化深入持久地开展爱国主义教育/洪洞县博物馆//中国博物馆通讯1996-10
一座农村小学创办的乡土教育博物馆的业绩/王清民、陈志远//中国博物馆通讯1996-11
浙江省爱国主义教育的几点做法/梅可锐//中国博物馆通讯1996-11
立足本馆面向社区努力开拓在爱国主义教育中发挥应有作用/湛江市博物馆//中国博物馆通讯1996-11
锐意改革开拓进取充分发挥纪念馆爱国主义教育阵地的作用/汤阴岳飞纪念馆//中国博物馆通讯1996-11
对发挥博物馆教育职能问题的思考/刘玉敏//首都博物馆十五周年论文选，地质出版社1996年
首都博物馆社教工作的理论与实践/群工部//首都博物馆十五周年论文选，地质出版社1996年
市场经济下博物馆社教工作的几点思考/吕才良//中国博物馆1997-1
把爱国主义教育与当地实际更广泛更紧密地结合起来/黄定平//中国博物馆通讯1997-1
北京市青少年教育基地建设综述/赵梅//中国博物馆通讯1997-1
由抽样调查看县级博物馆教育的现状与对策/冯岁平//中国博物馆1997-2
历史博物馆在爱国主义教育中的作用/吕军//中国博物馆1997-2
谈博物馆的直观教育/张淑华//博物馆研究1997-2
谈博物馆展览参观中的导引服务/陆建松//博物馆研究1997-2
新形势下的博物馆教育工作探讨/宋百灵//安徽文物工作1997-2
浅析流动展览在当前博物馆教育中的作用/胡伟庆//中国博物馆1997-3
博物馆教育是博物馆的灵魂（论点摘编）//中国博物馆通讯1997-3
用“学习”替代“教育”一词//中国博物馆通讯1997-3
博物馆教育的特点初探/刘卫华//文物春秋1997-3
河南省博物馆、纪念馆对青少年教育作用的调查报告/王学敏//中国博物馆1997-3
博物馆学习与学校的互动/李丽芳//博物馆学季刊1997-3
博物馆与生态环境教育/王建平、王瑞芬//中国博物馆1997-4
博物馆社教部职能的再认识/曾广庆//中国博物馆1997-4
博物馆教育与公共服务/美国博物馆协会著、宋向光编译//博物馆研究1997-4
博物馆作为教育基地应努力去适合学生的需要/王学敏//中国博物馆通讯1997-4
博物馆能为社会教育做哪些贡献//博物馆研究1997-4；中国博物馆通讯1998-5
博物馆教育不要忘记幼儿/程京生//光明日报1997-5-28
英国博物馆开展少年儿童教育活动的几种做法/项辉编译//中国博物馆通讯1997-7
爱国主义教育永恒的话题/北京艺术博物馆//中国博物馆通讯1997-7

发挥自身特色做好教育基地工作/北京大葆台西汉墓博物馆//中国博物馆通讯1997-7
发挥绵竹年画独特魅力，开展爱国主义教育活动/江绪奎//中国博物馆通讯1997-8
立足国耻教育，完善展览功能，充分发挥爱国主义教育基地作用/沈阳“九·一八”事变博物馆//中国博物馆通讯1997-8
开发、保护、利用文物资源，不断深化爱国主义教育/孙吴县日本侵华罪证陈列馆//中国博物馆通讯1997-8
怎样发挥革命文物独特的教育功能/董保华//中国博物馆通讯1997-9
革命历史纪念馆和爱国主义教育基地应免费向社会开放/朱永安//中国博物馆通讯1997-9
团结务实，开拓进取，建好“基地”努力开创博物馆工作新局面/福建省长汀县博物馆//中国博物馆通讯1997-10
发挥历史文化名城文物优势，办好爱国主义教育基地/雷州市博物馆//中国博物馆通讯1997-10
爱国主义教育常抓不懈，基地建设初见成效/湖南省博物馆/中国博物馆通讯1997-11
充分发挥博物馆的教育职能作用/保定直隶总督博物馆/中国博物馆通讯1997-11
浅谈博物馆社会服务与儿童教育/程京生//中国博物馆通讯1997-12
博物馆的社会教育之我见/崔爱华//黑河学刊1997年增刊
人文精神的塑造：博物馆教育的思考//文博青年论丛（第二辑），北京图书馆出版社1997年
21世纪博物馆群教工作的构想//文博青年论丛（第二辑），北京图书馆出版社1997年
谈21世纪博物馆的学校教育//文博青年论丛（第二辑），北京图书馆出版社1997年
福冈市博物馆现代化讲解咨询服务系统考查纪实/徐锡荣//陕西历史博物馆馆刊（四），西北大学出版社1997年
青少年教育基地应如何生存和发展/解立红//中国博物馆通讯1998-1
湖北省博物馆是怎样做好博物馆科普工作的/喻少柏//中国博物馆通讯1998-1
博物馆与终身教育/甄朔南//中国自然科学博物馆协会通讯1998-1；甄朔南博物馆学文集，中国大百科全书出版社2004年
社区中心化——一场博物馆教育方式的变革/曾广庆//开封文博1998-1、2合刊
南京市博物馆开辟第二课堂的作法/陈兆祥、白宁//中国博物馆通讯1998-2
对一些青少年教育基地中小学生集体观众逐渐减少的几点思考/张天莉//中国博物馆通讯1998-2
博物馆与生态环境教育/王瑞琴//博物馆研究1998-2
浅谈自然博物馆的教育及发展趋势/董素贤//博物馆研究1998-2
岂能以免费来衡量爱国主义教育基地/邹亮辉、杨荣彬//中国博物馆通讯1998-3
自我完善，是搞好爱国主义教育的保证/王玉国//中国博物馆通讯1998-4
各类博物馆都应进行生态环境教育/王建平、王瑞琴//中国博物馆通讯1998-4
上海儿童博物馆与科学技术在儿童中的普及/刘国友//中国博物馆通讯1998-4
论博物馆的展示与中小学校教育的互动/甄朔南//中国自然科学博物馆协会通讯1998-4；甄朔南博物馆学文集，中国大百科全书出版社2004年
台湾博物馆发挥教育职能的特点/朱威//中国博物馆通讯1998-5
新形势下加强青少年教育基地工作的几点建议/龚娅杰//中国博物馆通讯1998-7
宜昌博物馆多侧面办展览加强宣传教育功能/高小艺//中国博物馆通讯1998-11
论博物馆社会教育队伍建设/丁福利//河南博物院落成暨河南省博物馆建馆70周年纪念论文集，中州古籍出版社1998年
博物馆社会教育的特点和讲解员的素质/朱瑛//河南博物院落成暨河南省博物馆建馆70周年纪念论文集，中州古籍出版社1998年
关于加强青少年爱国主义教育职能问题的思考/游振群//湖南省博物馆文集（第四辑），1998年
充分发挥民族博物馆的教育基地功能/谢沫华//观众与博物馆——云南民族博物馆陈列科教集，云南科技出版社1998年
博物馆科教工作之我见/杨松海//观众与博物馆——云南民族博物馆陈列科教集，云南科技出版社1998年
博物馆：现代人的终生课堂/杨晓//观众与博物馆——云南民族博物馆陈列科教集，云南科技出版社1998年
博物馆科教宣传工作与国际互联网络/黄俊、李晋//观众与博物馆——云南民族博物馆陈列科教集，云南科技

出版社1998年
电化教育在博物馆/单小明、邱鹤//河南博物院落成暨河南省博物馆建馆70周年纪念论文集，中州古籍出版社1998年
发挥优势精心组织扎扎实实抓好青少年教育/周桂祥//河南博物院落成暨河南省博物馆建馆70周年纪念论文集，中州古籍出版社1998年
河南博物院夏令营活动回顾与思考/张天玉//河南博物院落成暨河南省博物馆建馆70周年纪念论文集，中州古籍出版社1998年
试论博物馆社会教育工作中的几个问题/赵红霞//河南博物院落成暨河南省博物馆建馆70周年纪念论文集，中州古籍出版社1998年
浅谈博物馆社会服务与儿童教育/程京生//北京博物馆学会第二届学术会议论文集，经济日报出版社1998年
半坡博物馆四十年来的宣教工作/赵文艺、王湘君//史前研究1958～1998年：西安半坡博物馆成立四十周年文集，三秦出版社1998年
宣教工作与观众/郝娟//史前研究1958～1998年：西安半坡博物馆成立四十周年文集，三秦出版社1998年
浅议博物馆在现代社会教育中的作用/梁政//深圳博物馆开馆十周年纪念文集，中华书局1998年
挖掘资源，形成特色，实现教育馆资源的最大化/顾玉芬//常熟文博1999-1
博物馆教育与社区教育关系的调查思考/戴亚雄//中国博物馆1999-2；全球化下的中国博物馆，文物出版社2002年
对内蒙古博物馆群工工作的调查与思考/赵芳志//中国博物馆通讯1999-3
博物馆教育的一个新使命和新机遇：关于博物馆配合学校素质教育的初步思考/丁福利//中原文物1999-4；中国博物馆通讯2000-5
谈博物馆的宣传教育工作/姜蔚//南方文物1999-4
加强长城博物馆教育职能的措施/周金月//中国博物馆通讯1999-4
浅议博物馆的展宣一体化/马跃进//中国博物馆通讯1999-4
采取设点、定例、渗透等形式，探索教育新途径/顾玉芬//中国博物馆通讯1999-6
举办流动展览，丰富活跃教育基地内容/王燕云//中国博物馆通讯1999-6
博物馆宣教工作与广告学/王云//中国博物馆通讯1999-7
浅淡实物材料与实物教育/宋伯胤//陕西历史博物馆馆刊（六），陕西人民教育出版社1999年
湖北省博物馆加强宣传报道工作的实践与思考/喻少柏//中国博物馆2000-2
美育，博物馆一项值得重视的功能/刘卫华//博物馆研究2000-2
寻找与学校教育的契合点——史密森学会的实践/〔美〕米歇尔·海曼著，杨立平、马燕茹、李蔽译//中国博物馆2000-3
博物馆与学校的交流沟通/欧艳//贵州教育学院学报2000-3
中国历史博物馆宣教工作的几点新作法/李薇//中国博物馆通讯2000-7
当前博物馆观众组织工作的几条新办法/彭浩//中国博物馆通讯2000-7
展览和演讲送到学校的思考与对策/戴亚雄//中国博物馆通讯2000-7
博物馆学课程建设与当代博物馆发展/〔美〕玛芮·玛拉若著，宋向光译//中国博物馆通讯2000-8
《红岩魂》形象报告何以赢得如此共鸣/张一丁//中国博物馆通讯2000-8
试论博物馆陈列展览教育功能和文化功能/李彤//中国博物馆通讯2000-8
天津自然博物馆配合学校素质教育的作法/张宁//中国博物馆通讯2000-10
普及科技知识，建设高水平的社会教育基地/王渝生//中国博物馆通讯2000-11
积极发挥场馆优势努力拓展社会功能/袁伟//中国博物馆通讯2000-11
发挥首博社教职能，更好地服务社会/尤炳霞//首都博物馆丛刊（14），北京燕山出版社2000年
博物馆教育与国民素质教育浅论/张沛心//陕西历史博物馆馆刊（七），三秦出版社2000年
体育博物馆在中小学素质教育中的作用/王军//中国博物馆2001-1
博物馆是中小学生素质教育的第二课堂/黄晓方//博物馆研究2001-1
走与学校教育相结合的新路——新世纪博物馆社会教育工作随想/左烨//无锡文博2001-1

外国博物馆学高等教育情况介绍/史吉祥编译//中国博物馆通讯2001-1；中国博物馆通讯2001-11；中国博物馆通讯2001-12
上海博物馆的社会教育：理念与实践/唐友波、郭青生//中国博物馆2001-2
博物馆中小学素质教育初探/赵幼强//中国博物馆2001-2
探索青少年爱国主义教育的新领域、新形式/解立红//中国博物馆通讯2001-2
论博物馆教育与学校教育的关系/邹慧玲//南昌高专学报2001-2
21世纪博物馆学和博物馆学教育的沉思/梁吉生//中国博物馆2001-3；南开学报2001年增刊：全球化下的中国博物馆，文物出版社2002年5月
浅议博物馆教育的艺术特征/王海珍//中国博物馆2001-3
爱国主义是博物馆纪念馆教育的灵魂和源泉/戴亚雄//中国博物馆2001-3
试论21世纪博物馆社会教育要面向时代/孟繁宁//博物馆研究2001-3
浅议博物馆宣教工作形式的多样性/王舒羽//博物馆研究2001-3
中外博物馆学专业教育的比较研究/李伊萍//中国博物馆2001-4
博物馆教育与学校教育/ 董志强、邢晓霖//青海师专学报2001-4
浅谈进一步发挥博物馆的社会教育功能/杨垒//东南文化2001-5
新疆石河子军垦博物馆是如何发挥教育功能的/郭婧//中国博物馆通讯2001-10
博物馆是加强青少年素质教育的最好课堂/张蓉华//北京博物馆学会第三届学术会议文集，北京燕山出版社2001年
体育博物馆在中小学素质教育中的作用/王军//北京博物馆学会第三届学术会议文集，北京燕山出版社2001年
浅谈博物馆教育的实效性/于延俊//北京博物馆学会第三届学术会议文集，北京燕山出版社2001年
试论博物馆与学校间互补与合作之关系/刘晴//北京博物馆学会第三届学术会议文集，北京燕山出版社2001年
积极改革创新，充分发挥场馆优势，努力拓展军事博物馆的社会教育功能/袁伟//北京博物馆学会第三届学术会议文集，北京燕山出版社2001年
博物馆的审美教育/吴农//中国博物馆2002-1；无锡博物院论文集，广陵书社2008年
博物馆社会教育工作发展趋势初探/刘慧琳//中国博物馆2002-1
博物馆如何为社会提供素质教育的几点思考/张淑华//博物馆研究2002-1
面向21世纪的博物馆教育职能/孙雪冬//博物馆研究2002-1
试论21世纪的自然博物馆教育/李成//博物馆研究2002-1
博物馆与自我宣传/黄岚、马延萍//博物馆研究2002-1
博物馆宣教工作与社区文明建设/张淑娟//博物馆研究2002-1
外国博物馆学高等教育情况介绍/史吉祥编译//中国博物馆通讯2002-2
浅谈市场经济条件下博物馆的宣教工作/张晓梅//博物馆研究2002-2
博物馆的展览与宣传/安长华、张桂元//博物馆研究2002-2
论自然博物馆的科普教育工作/吴慧珍//文物工作2002-2
博物馆配合中小学素质教育的探索与思考/胡泽学//古今农业2002-2
新形势下博物馆开展宣教工作的思考和对策/卜穗文//文物工作2002-3
博物馆青少年教育活动设计之我见/李建萍//古今农业2002-3
漫谈自然博物馆教育如何实现“以人为本”/刘彩伶、高雪//博物馆研究2002-4
谈博物馆在学校素质教育中的作用/张玉//徐州教育学院学报2002-4
略论博物馆教育的参与/楼锡祜//中国文物报2002-5-27
在历史博物馆开辟中学生历史素质教育基地初探/欧阳旦妮、陈曦//文物春秋2002-6
水族馆应加强海洋生物科普教育/丁剑玲//中国博物馆通讯2002-7
传播交流——现代博物馆的重要职能/吴银燕//中国文物报2002-8-1
注意研究博物馆教育的特殊性/李旻//中国博物馆通讯2002-8
关于博物馆与高校人文素质教育的思考和探索/连红//文物工作2002-8
地县级博物馆有效开展展览宣教工作的思考/陈峻//文物工作2002-9

坚持科学发展理念打造一流爱教基地——刘少奇同志纪念馆管理探索与实践/王定良、孙中华//人物类博物馆、纪念馆现状与发展前瞻学术研讨会论文集，百家出版社2002年
略论人物博物馆的宣教工作/邱作健//人物类博物馆、纪念馆现状与发展前瞻学术研讨会论文集，百家出版社2002年
弘扬孔繁森精神发挥教育基地作用/高杉//人物类博物馆、纪念馆现状与发展前瞻学术研讨会论文集，百家出版社2002年
浅议博物馆在当前中小学生素质教育中的作用/邢照华//文物工作2003-1
建构主义与博物馆教育/陈卫平//博物馆研究2003-1；中国博物馆2003-2
强化民俗博物馆社教功能的几点思考/解育君//北京文博2003-2
学校教育是一个利益场——“利益”视角下的学校教育/李家成//安徽教育学院学报2003-2
浅谈博物馆文化活动策划书的编制/高小龙//北京文博2003-3
博物馆宣教活动组织原则探析/丁福利//中国博物馆2003-3；博物馆学论丛（五），中州古籍出版社2003年
作为“公众中心”的中国博物馆教育/李向群//博物馆研究2003-3
天津日本教育博物馆刍议/涂小元//博物馆研究2003-3
展示与教育不可分，展示本身就应具备教育性质的诠释与美感表现/杨裕富、洪俊源//中国博物馆通讯2003-4
浅谈古建博物馆的社教职能/张蓉华//北京文博2003-4
新形势下博物馆如何服务学校素质教育/李彩霞//济源职业技术学院学报2003-4
博物馆应树立大宣教意识/李琳//文物春秋2003-5
探寻博物馆与学校的契合点/孙新毅//中国文物报2003-6-6
美国的博物馆与学校教育/严严著，严建强译//中国博物馆通讯2003-6
关注基础教育改革，编写好中小学生讲解稿——周恩来邓颖超纪念馆对青少年教育工作的新探索/盖金香//中国博物馆通讯2003-7
中、小型博物馆如何与公众建立朋友式的互动关系/连小琴//中国博物馆通讯2003-7
中国博物馆学会社会教育专业委员会第一届委员会工作小结//中国博物馆通讯2003-11
博物馆社会教育活动的策划思想与战略方针/叶俊之//中国博物馆通讯2003-12
深入系统地推进博物馆公众的课题研究/苏东海//中国文物报2003-12-2
对河南博物院五年来观众的分析研究/课题组//博物馆学论丛（五），中州古籍出版社2003年
试谈建立博物馆教育机制的几点思考/冯健//博物馆学论丛（五），中州古籍出版社2003年
试论多媒体技术在宣教工作中的应用特点/沈天鹰//博物馆学论丛（五），中州古籍出版社2003年
试论博物馆社教工作的新特点/孙歌华、汪培梓//博物馆学论丛（五），中州古籍出版社2003年
浅论21世纪中小博物馆的宣传教育工作/宋山梅//博物馆学论丛（五），中州古籍出版社2003年
关于加强博物馆宣教工作的几点思看法/史军红、王莉、党宁//博物馆学论丛（五），中州古籍出版社2003年
社教工作面向旅游市场之我见/李慧//博物馆学论丛（五），中州古籍出版社2003年
谈谈博物馆对青少年的爱国主义教育/李华冰//博物馆学论丛（五），中州古籍出版社2003年
试探市场经济时代的博物馆对外宣传工作/李春敏//博物馆学论丛（五），中州古籍出版社2003年
浅谈博物馆青少年教育基地的建设/潘颖//博物馆学论丛（五），中州古籍出版社2003年
博物馆是进行素质教育的理想课堂/郝飞雪//博物馆学论丛（五），中州古籍出版社2003年
博物馆开展社科普及工作的几点体会/张得水、汤淑君//博物馆学论丛（五），中州古籍出版社2003年
略论博物馆宣教工作的多样化/白晓莉//陕西历史博物馆馆刊（十），三秦出版社2003年
对新时期宣教工作的几点思考/张云//碑林集刊（九），陕西人民美术出版社2003年
难道博物馆最重要的功能就是教育吗？/〔美〕菲力普·强生//中国博物馆通讯2004-1
处在博物馆中心地位的教育功能/Elean Hooprt Greenhill著，高旖译//中国博物馆通讯2004-1
博物馆与学校素质教育/陆雪梅//东南文化2004-1
博物馆教育与学校素质教育关系谈/廖伟鸣//南方文物2004-1
博物馆宣教如何利用社区文化资源/邢照华//中国文物报2004-1-8
博物馆可动手展览与青少年科学教育/白岩//中国博物馆2004-2

博物馆宣传工作存在的问题及其对策/刘丽君//文物春秋2004-2
学习单：博物馆与学校教育合作的有效工具/孟庆金//中国博物馆2004-3
谈新时期博物馆的宣教工作/沈农//南方文物2004-3
策划博物馆教育活动不能从博物馆研究人员的知识及生活经验入手/Hooprt Greenhill//中国博物馆通讯2004-3
实践“三贴近”，开展科普工作/孙景云、张宁//中国博物馆通讯2004-3
博物馆“走进”学校：任重而道远——博物馆文化与校园文化交融的实践与思考/喻少柏//中国文物报2004-3-17
浅论博物院的电化教育/甄敏//中国博物馆通讯2004-4
高校博物馆的教育功能研究/邵凤芝//河北大学成人教育学院学报2004-4
西汉南越王博物馆的外宣工作/唐贞全//中国文物报2004-4-14
博物馆社教工作新思考/李金光//中国博物馆通讯2004-5
博物馆对青少年思想道德教育的作用引出新话题/黄海玲//新民晚报2004-5-13
文博场馆要有效地加强和改善未成年人思想道德教育工作/吴小宝//中国博物馆通讯2004-6
试论博物馆对实施青少年素质教育的作用/高峻岭//中国博物馆通讯2004-6
博物馆如何利用媒体/林冠南//中国博物馆通讯2004-6
博物馆与传统手工艺“活保护”/郑朝晖//中国文物报2004-6-2
扎实做好博物馆社会教育工作/杜淑琴//中国文物报2004-6-2
充分发挥爱国主义教育基地作用大力弘扬培育伟大民族精神/刘云山//中国博物馆通讯2004-8
博物馆活动室学生手工活动设置初探/孙建农//中国博物馆通讯2004-8
如何利用朱德故居，开展对未成年人的思想道德教育工作/杨恢//中国博物馆通讯2004-12
绍兴鲁迅纪念馆爱国主义教育工作探析/徐东波//中国博物馆通讯2004-12
蔡元培故居开展文化教育交流的一些做法/陈燕蓉//中国博物馆通讯2004-12
发挥名人故居教育功能努力打造都市“红色之旅”/周建华//中国博物馆通讯2004-12
浅析上海毛泽东旧居在城市爱国主义教育中的作用/朱蓓丽//中国博物馆通讯2004-12
当代博物馆教育理念辨析/安来顺//北京博物馆学会第四届学术会议论文集，北京燕山出版社2004年
现代博物馆教育功能的深化与拓展/王凤琴//天津自然博物馆建馆90周年论文集，天津科学技术出版社2004年
利用植物标本进行素质教育的思考/茹欣//天津自然博物馆建馆90周年论文集，天津科学技术出版社2004年
走进澳洲最古老的博物馆——澳大利亚博物馆教育活动观览/庞雅妮//陕西历史博物馆馆刊（十一），三秦出版社2004年
中国博物馆教育职能的产生和发展/吕济民//中国博物馆史论，紫禁城出版社2004年
博物馆宣教工作应如何适应新形势/何维雅//深圳文博论丛二〇〇四，中华书局2004年
天文类博物馆在科普教育中的地位和作用/胡考尚、刘秋果//文物春秋2005-1
浅谈博物馆在学校教育中的作用与功能/马晓辉//徐州教育学院学报2005-1
要重视革命纪念地在未成年人教育中的特殊作用/阳双承//文物春秋2005-2
关于爱国主义教育基地建设的几点思考/李晶//文物春秋2005-2
陕西研讨博物馆宣教工作/田静//中国文物报2005-3-4
博物馆：打造孩子们的第二课堂/姜晔//中国文物报2005-3-18
博物馆儿童青年之教育/秦仙梅//博物馆研究2005-4
浅议在市场经济中如何提高博物馆的社会教育职能/孙淑芬//文物工作2005-4
戏剧表演与英国博物馆的教育功能/陈成军//中国文物报2005-4-29
西柏坡纪念馆利用文物进行爱国主义教育的探索与实践/史进平//中国博物馆通讯2005-5
天津博物馆以人为本共建文化教育基地的一些做法/刘杏梅//中国博物馆通讯2005-5
面向社会充分发挥博物馆教育功能/姜江来、毛华卿//文物工作2005-5
从观众的需求浅析博物馆教育服务功能的提升/兰国英//中国科技信息2005-5
“移动博物馆”进校园/雍玲玲//中国文物报2005-5-12
大连现代博物馆开展的青少年活动/姜晔//中国文物报2005-5-12

日本博物馆的青少年教育/孙丽梅//中国文物报2005-5-12
学校不应成为青少年走进博物馆的瓶颈/曹爱生//中国文物报2005-5-12
博物馆门票优惠制度应该惠及全体学子/袁永明//中国文物报2005-5-12
上海博物馆2004年暑期学生手工活动统计与思考/肖冠雄//中国博物馆通讯2005-6
当代博物馆与社会教育/姚香勤//平原大学学报2005-6
浅谈博物馆的宣传工作/贺雅贤//文物工作2005-6
浅谈博物馆对未成年人的审美教育作用/郑海燕//中国文物报2005-7-29
革命纪念馆宣教职能的新看点/徐莉君//文物工作2005-8
博物馆未成年人教育存在的问题/王彬//中国文物报2005-8-5
历史与现代的对接——对现代艺术走进博物馆的思考/徐湖平//中国文物报2005-8-5
博物馆教育与民族文化传承/郑智、张蓉华//中国文物报2005-8-5
把孩子们吸引到博物馆中来/董建冬//中国文物报2005-9-23
浅谈博物馆之婴幼儿社会教育/王小元//中国文物报2005-9-23
博物馆的教育功能亟待开发/李承森//光明日报2005-9-28
数字博物馆与公众教育刍议/关昕//中国博物馆通讯2005-11
怎样认识近现代文物的社会教育价值/阮家新//中国文物报2005-11-4
民俗博物馆应高度重视宣传与促销/王维东//中国文物报2005-11-8
宣教工作也要精心策划/王永翔//中国文物报2005-11-18
博物馆开展未成年人教育的几点思考/沈岩、闫妍//中国博物馆通讯2005-12
博物馆未成年人教育存在的问题及对策/庞雅妮//中国文物报2005-12-23
博物馆未成年人教育存在的问题及对策/庞雅妮//中国文物报2005-12-23；博物馆学研究论文集，陕西人民出版社2006年
澳大利亚博物馆如何开展“中华文明源流展”的宣传教育/庞雅妮//陕西历史博物馆馆刊（十二），三秦出版社2005年
博物馆宣传与观众/王锐//陕西历史博物馆馆刊（十二），三秦出版社2005年
关于“第三圆”的思考——现代博物馆宣教工作之我见/李玫//回顾与展望——中国博物馆发展百年：2005年中国博物馆学会学术研究会文集，紫禁城出版社2005年
博物馆教育向社会化发展问题初探/郑智//回顾与展望——中国博物馆发展百年：2005年中国博物馆学会学术研究会文集，紫禁城出版社2005年
浅谈努力发挥博物馆的功能加强青少年教育基地的建设/魏海莲//回顾与展望——中国博物馆发展百年：2005年中国博物馆学会学术研究会文集，紫禁城出版社2005年
“三贴近”：群教工作求发展的根本原则/王丽华//回顾与展望——中国博物馆发展百年：2005年中国博物馆学会学术研究会文集，紫禁城出版社2005年
谈博物馆宣教工作的趋势/何宏//乾陵文化研究（一），三秦出版社2005年
博物馆藏品在爱国主义教育中的作用/王晓莉//乾陵文化研究（一），三秦出版社2005年
浅谈博物馆在审美教育中的作用/王淑贤//乾陵文化研究（一），三秦出版社2005年
创新与发展——浅论宣教工作的出路/赵文艺//史前研究（2004）：中国博物馆学会史前遗址博物馆专业委员会第五届学术研讨会论文集，三秦出版社2005年
论博物馆教育与“三贴近”的有机衔接/胡成芳//博物馆的记忆与想象：“百年文博——我与博物馆”大型征文活动文萃，学苑出版社2005年
把握时机做好博物馆的宣教工作/王永翔//博物馆的记忆与想象：“百年文博——我与博物馆”大型征文活动文萃，学苑出版社2005年
重析博物馆的教育职能/张健平//博物馆的记忆与想象：“百年文博——我与博物馆”大型征文活动文萃，学苑出版社2005年；回顾与展望——中国博物馆发展百年：2005年中国博物馆学会学术研究会文集，紫禁城出版社2005年
加大博物馆教育资源的有效整合与深化利用/赵幼强//博物馆的记忆与想象：“百年文博——我与博物馆”大

型征文活动文萃，学苑出版社2005年；回顾与展望——中国博物馆发展百年：2005年中国博物馆学会学术研究会文集，紫禁城出版社2005年

论张謇设苑为教育的思想//南通博物苑百年苑庆纪念文集，文物出版社2005年

由“走近昆虫”巡展谈博物馆走进社区//南通博物苑百年苑庆纪念文集，文物出版社2005年

历史教学中博物馆的作用//南通博物苑百年苑庆纪念文集，文物出版社2005年

通往大众的桥梁——博物馆的教育使命//邓海超/博物馆：文化的桥梁，广东人民出版社2005年

论中国博物馆的未成年人教育/王彬//博物馆：文化的桥梁，广东人民出版社2005年；陕西历史博物馆馆刊（十二），三秦出版社2005年；博物馆学研究论文集，陕西人民出版社2006年

围绕红色旅游主题，发挥农讲所纪念馆的宣传教育功能/卜穗文//博物馆：文化的桥梁，广东人民出版社2005年

“国立历史博物馆”推广教育建议案实例/徐天福//博物馆营运的新思维（史物丛刊52），历史博物馆2005年

浅谈博物馆教育观念的转变与教育方法的创新/周正义//北京文博2006-1

博物馆教育再探——从中西方教育理念的差异谈起/倪杰//中国博物馆2006-1

博物馆文化资源与学校教育资源相结合的新探索/张蓉华、张敏//北京文博2006-1

开发与利用博物馆的青少年社会教育资源/韩兵、洪港//天津职业院校联合学报2006-1

博物馆要成为青少年个性教育的课堂/肖岱芸//中国文物报2006-1-13

科技类博物馆如何在未成年人教育中发挥更大作用/刘秋果、杨永霞//文物春秋2006-2

博物馆教育和学校素质教育互动的思考/孙雪冬//博物馆研究2006-2

对博物馆未成年人教育有效性的建议/王莉//中国文物报2006-2-10

关于博物馆信息传播的新思考/乐俏俏//中国博物馆2006-3

现代大教育观下的数字博物馆/张妮佳、张剑平//中国博物馆2006-3

关于青少年观众的思考/李枚//中国博物馆2006-3

充分发挥博物馆在民族素质教育方面的重要作用/张立峰//文物春秋2006-3

国耻类遗址博物馆如何在社会教育中发挥作用/戚俊杰//中国甲午战争博物馆馆刊2006-3

博物馆与青少年思想道德建设/马自树//中国博物馆2006-4

在探索自然中传播科学，传承文明/金杏宝//中国博物馆2006-4

拓展博物馆教育功能之我见/吴淑珍//博物馆研究2006-4

浅谈博物馆的推广与教育/陈燕//成都行政学院学报2006-4

浅谈博物馆社会教育职能的开展/贺俊彦//东方博物2006-4

动眼、动手、动心，青少年与博物馆零距离接触——2006广州“5·18国际博物馆日”宣传周/曾玲玲//中国博物馆通讯2006-5

民族博物馆与青少年——庆祝2006年5·18国际博物馆日民族博物馆专业委员会11人谈/李铁柱、们发延、余梓东等//中国博物馆通讯2006-5

博物馆要加强对未成年人的德育工作——纪念5·18国际博物馆日/甄朔南//中国博物馆通讯2006-5；甄朔南博物馆学文集（续），中国大百科全书出版社2008年

试议博物馆与青少年观众问题/张量、张英秋//中国博物馆通讯2006-5

如何利用博物馆对青少年开展爱国主义教育几个问题的探讨/李善华//中国博物馆通讯2006-5

回顾中国博物馆学会社教专业委员会成立前后/王继红//中国博物馆通讯2006-5

学校不应成为青少年走进博物馆的“瓶颈”/曹爱生//中国文物报2006-5-12

日本博物馆的青少年教育/孙丽梅//中国文物报2006-5-12

博物馆与大学/白丽莎/陕西历史博物馆馆刊（十三），三秦出版社2006年

十五年爱国主义教育活动回眸/庞雅妮、步雁//陕西历史博物馆刊（十三），三秦出版社2006年

博物馆教育与国民素质教育浅论/张沛心//博物馆学研究论文集，陕西人民出版社2006年6月

谈博物馆在新农村未成年人思想道德建设中的作用/黄晨//中国博物馆通讯2006-7

革命纪念馆对大学生思想道德教育的几点思考/刘媛之//中国博物馆通讯2006-7

博物馆：青少年荣辱观教育的好课堂/汤家庆//中国文物报2006-7-7

我对博物馆教育特性的认识/苏东海//博物馆的沉思——苏东海论文选（卷二），文物出版社2006年
我对爱国主义教育特征的认识/苏东海//博物馆的沉思——苏东海论文选（卷二），文物出版社2006年
博物馆教育与民族文化传承/郑智//中国文物报2006-8-4
博物馆在新农村未成年人教育中的作用/黄晨//中国文物报2006-9-1
龙华烈士纪念馆：创新教育形式打造教育品牌/贾雪虹//中国文物报2006-9-1
走进博物馆体验博物馆爱上博物馆——试析博物馆与青少年素质教育/黄琛//中国文物报2006-9-1
探索博物馆对青少年思想教育的有效形式/王莉//中国博物馆通讯2006-10
充分发挥博物馆优势，加强爱国主义教育基地建设/魏海莲//中国博物馆通讯2006-10
浅谈博物馆的教育功能/陈钊//黑龙江史志2006-11
博物馆与教育/何慕文//中国博物馆通讯2006-11
博物馆教育服务的实践与思考/李琳娜//博物馆与青少年：广州2006国际博物馆日馆长论坛论文集，广东人民出版社2006年
青少年心理与博物馆教育之浅见/李穗梅//博物馆与青少年：广州2006国际博物馆日馆长论坛论文集，广东人民出版社2006年
博物馆与青少年教育/丁新豹//博物馆与青少年：广州2006国际博物馆日馆长论坛论文集，广东人民出版社2006年
欧美博物馆的青少年教育/陈滢//博物馆与青少年：广州2006国际博物馆日馆长论坛论文集，广东人民出版社2006年
博物馆对青少年公共意识培育初探/欧阳旦霓//博物馆与青少年：广州2006国际博物馆日馆长论坛论文集，广东人民出版社2006年
“眼光朝下”与“小题大做”——浅谈博物馆的陈列展览如何服务青少年/黄海妍、曾玲玲//博物馆与青少年：广州2006国际博物馆日馆长论坛论文集，广东人民出版社2006年
南宁市博物馆服务青少年的实践与思考/张龙//博物馆与青少年：广州2006国际博物馆日馆长论坛论文集，广东人民出版社2006年
浅谈博物馆教育观念的转变与教育方法的创新/周正义//博物馆与青少年：广州2006国际博物馆日馆长论坛论文集，广东人民出版社2006年
启发·感受·传承——创建“南越国史”校本课程的教育活动概念/王芳//博物馆与青少年：广州2006国际博物馆日馆长论坛论文集，广东人民出版社2006年
博物馆与青少年教育关系的探讨——以广州艺术博物院的导赏为例/陈伟安、王坚//博物馆与青少年：广州2006国际博物馆日馆长论坛论文集，广东人民出版社2006年
博物馆与青少年——论中医药博物馆的基地建设/蓝韶清、刘海全//博物馆与青少年：广州2006国际博物馆日馆长论坛论文集，广东人民出版社2006年
谈博物馆与青少年素质教育/邢照华//博物馆与青少年：广州2006国际博物馆日馆长论坛论文集，广东人民出版社2006年
浅谈博物馆在青少年教育工作中的角色、使命与实践/马楠//博物馆与青少年：广州2006国际博物馆日馆长论坛论文集，广东人民出版社2006年
让青少年走进广州的博物馆/吴敏娜//博物馆与青少年：广州2006国际博物馆日馆长论坛论文集，广东人民出版社2006年
青年对文博发展的启迪/闫斌//博物馆与青少年：广州2006国际博物馆日馆长论坛论文集，广东人民出版社2006年
关于中小博物馆与青少年关系的思考/张宇//博物馆与青少年：广州2006国际博物馆日馆长论坛论文集，广东人民出版社2006年
博物馆如何做好对未成年人的教育工作/冯惠//博物馆与青少年：广州2006国际博物馆日馆长论坛论文集，广东人民出版社2006年
博物馆如何对青少年发挥文化桥梁作用/李克义//博物馆与青少年：广州2006国际博物馆日馆长论坛论文集，广东人民出版社2006年

博物馆的职能与青少年素质教育/肖华//博物馆与青少年：广州2006国际博物馆日馆长论坛论文集，广东人民出版社2006年
浅谈博物馆如何为青少年教育服务/黎丽明//博物馆与青少年：广州2006国际博物馆日馆长论坛论文集，广东人民出版社2006年
展示中的对话——博物馆的陈列设计与青少年的互动/梁丽辉//博物馆与青少年：广州2006国际博物馆日馆长论坛论文集，广东人民出版社2006年
加强博物馆自身建设，推进与青少年的社会教育工作/郭小聪//博物馆与青少年：广州2006国际博物馆日馆长论坛论文集，广东人民出版社2006年
浅析博物馆对未成年人思想道德教育的创新——由中小学德育改革带来的思考/樊雄//博物馆与青少年：广州2006国际博物馆日馆长论坛论文集，广东人民出版社2006年
博物馆与学校青少年素质教育初探/曾思平//博物馆与青少年：广州2006国际博物馆日馆长论坛论文集，广东人民出版社2006年
建立博物馆与学校沟通合作的桥梁/罗兴连//博物馆与青少年：广州2006国际博物馆日馆长论坛论文集，广东人民出版社2006年
博物馆如何更好地深入校园/黄洁薇//博物馆与青少年：广州2006国际博物馆日馆长论坛论文集，广东人民出版社2006年
浅议遗址博物馆的教育服务——从英国博物馆青少年的考古活动谈起/章昀//博物馆与青少年：广州2006国际博物馆日馆长论坛论文集，广东人民出版社2006年
浅谈博物馆特展儿童活动区的形式设计/王维//博物馆与青少年：广州2006国际博物馆日馆长论坛论文集，广东人民出版社2006年
如何在博物馆教育中创造兴趣途径/李郁//博物馆与青少年：广州2006国际博物馆日馆长论坛论文集，广东人民出版社2006年
教育多元化及博物馆的多元化教育/朱劲中//博物馆与青少年：广州2006国际博物馆日馆长论坛论文集，广东人民出版社2006年
博物馆与美术馆的教育/林冠男编译//博物馆与青少年：广州2006国际博物馆日馆长论坛论文集，广东人民出版社2006年
一战及二战时期英国博物馆在学校教育中的作用/林冠男译//博物馆与青少年：广州2006国际博物馆日馆长论坛论文集，广东人民出版社2006年
关于博物馆开展观众互动活动的几点思考/唐贞全//博物馆与青少年：广州2006国际博物馆日馆长论坛论文集，广东人民出版社2006年
博物馆与青少年乡土文化教育/朱海仁//博物馆与青少年：广州2006国际博物馆日馆长论坛论文集，广东人民出版社2006年
运用和谐教育的模式，充分发挥博物馆教育功能——以广东民间工艺博物馆为例/梁正君//博物馆与青少年：广州2006国际博物馆日馆长论坛论文集，广东人民出版社2006年
关于对青少年开展爱国主义教育问题的探讨/李善华//广西博物馆文集（三），广西人民出版社2006年
民族博物馆教育功能概论/桂榕//中国民族文博（第一辑），民族出版社2006年
增强教育功能发挥基地优势——关于爱国主义教育基地建设的几点认识/姚中亮//安徽省博物馆建馆五十周年文集，安徽人民出版社2006年
谈博物馆教育/宋百灵//安徽省博物馆建馆五十周年文集，安徽人民出版社2006年
公共服务与教育：当代西方国家博物馆大力彰显的社会功能——兼论美国博物馆的公众服务与教育/张少鲲//二十一世纪中国博物馆展望：2006年中美博物馆论坛文集，美国梅隆基金会、大都会博物馆2006年
以人为本服务至上开拓创新持续发展/齐吉祥//社会化视野下的博物馆教育，文物出版社2006年
博物馆社会教育工作应充分体现未成年人的特点/张云//碑林集刊（十二），陕西人民美术出版社2006年
参观动机与博物馆宣教策略的应对性思考/王智远//旅顺博物馆馆刊（创刊号），2006年
寓教于乐——浅谈博物馆宣教工作/卢桂莲//旅顺博物馆馆刊（创刊号），2006年
对博物馆基地教育可行性的思考/潘丽华、张丽萍//旅顺博物馆馆刊（创刊号），2006年

博物馆青少年教育工作探析/孟繁宁//辽宁省博物馆馆刊（1），辽海出版社2006年
情景剧《叩开历史之门》启示录——兼谈青少年教育/康宁//辽宁省博物馆馆刊（1），辽海出版社2006年
中国当代博物馆教育体系刍议/曹宏//中原文物2007-1
关于博物馆的社会教育功能/刘兰香、赵耀//南方文物2007-1
博物馆与青少年——西湖博物馆青少年教育活动侧记/张倩//杭州文博2007-1
论构建博物馆“大社教”机制/赵幼强//中国博物馆2007-2
关于博物馆向学校推行教育功能的思考/陈平//博物馆研究2007-2
新疆博物馆新馆宣传教育工作的创新与发展/张远华//中国博物馆通讯2007-2
鸦片战争博物馆是如何积极开展宣教创新工作的/邢继贤//中国博物馆通讯2007-2
浅谈实现博物馆教育功能手段/肖卫华、王爱萍//科学之友2007-2
自然博物馆与青少年创新教育之探讨/李元彪、雷松美、马磊//东方博物2007-2
关于加强青少年教育的几点思考/刘玉珍//中国博物馆2007-3
博物馆社会教育宣传与服务工作探析/李正华//中国博物馆2007-3
浅谈博物馆在当前中小学生素质教育中的作用/李淑芳//黑河学刊2007-3
浅议博物馆与农村未成年人的教育/康健华//星星2007-3
浅析博物馆教育的对象——观众/王振苹//文物春秋2007-3
域外博览：“城市生活与博物馆”案例分析之三：大博物馆概念与博物馆的社会教育——以瑞典的一个文化项目为例/赫俊红//中国文物报2007-3-2
2008年北京奥运会突出民族服饰将博物馆纳入国民教育体系/单霁翔//中国文物报2007-3-21
博物馆公共教育新理念/张淑范//湖南城市学院学报2007-4
美国的科技博物馆和科学教育/钱雪元//科普研究2007-4
博物馆工作与未成年人的人文素质教育/陈佳丽//攀登2007-4
博物馆教育工作者的再认识/彭文、孔利宁//秦陵秦俑研究动态2007-4；回顾与创新——秦始皇兵马俑博物馆开馆三十周年纪念文集，三秦出版社2009年
博物馆何时成教育殿堂/赵培羽//华商报2007-5-17
“馆校合作”——利用博物馆资源加强高校艺术鉴赏课程教育/牛加明//商丘职业技术学院学报2007-6
以特色拓展博物馆的社会教育功能——以郑州博物馆展示工作为例/曲芳芳//中国文物报2007-6-20
从选聘志愿讲解员的角度谈加强博物馆宣教工作/吴玲//中国博物馆通讯2007-8；安徽省博物馆建馆五十周年文集，安徽人民出版社2006年；博物馆研究2009-3；丝绸之路2009-8；
大中型博物馆宣教工作成功基本要素之管窥——从河南博物院宣教工作“三贴近”的实践谈起/丁福利//中国文物报2007-8-31
谈高校博物馆的教育功能/王艳芳//甘肃教育2007-9
博物馆的花样巧心思——感受英国小学生的另一种“课堂”/刘宁//江苏教育2007-9
高校博物馆与大学生素质教育/王艳芳//发展2007-10
博物馆资源在乡土历史课程中的运用/康颖//广东教育2007-10
军事类纪念馆对未成年人的教育/王志贤//中国文物报2007-12-14
爱国主义教育基地建设也要有特色/文丰义//中国博物馆通讯2007-12
论高校博物馆的校园社区教育策略/曹宏//21世纪高校博物馆建设与发展，吉林科技出版社2007年
高校博物馆在大学通识教育中的作用/麻赛萍//21世纪高校博物馆建设与发展，吉林科技出版社2007年
浅谈博物馆教育创新/孟繁宁//辽宁省博物馆馆刊（1），辽海出版社2007年
博物馆社会教育工作创新的几点思考/康宁//辽宁省博物馆馆刊（2），辽海出版社2007年
如何发挥博物馆在中小学素质教育中的作用/周颖//辽宁省博物馆馆刊（2），辽海出版社2007年
试论自然类陈列展览对青少年智力开发的作用/雷松美、骆土泉//现代企业教育2007-24
把爱国主义教育宣传到基层——“深圳抗日战争图片展”巡展纪实/骆晓莉//深圳文博论丛2005～2006年合刊，文物出版社2007年
体验换位思考，弘扬好生之德：麋鹿苑博物馆是如何将生态道德教育理念展示于众的/郭耕//在传播科学中传

承文明——博物馆研究论文集，文物出版社2007年
浅谈博物馆教育与学校教育的配合问题/颜雯//在传播科学中传承文明——博物馆研究论文集，文物出版社2007年
博物馆如何适应市场经济与青少年教育//论民族博物馆建设，民族出版社2007年
试论高校民族博物馆在大学生素质教育中的功能//论民族博物馆建设，民族出版社2007年
关于重构博物馆教育学的思考/陈淑琤//科学发展观与博物馆教育学术研讨会论文集，陕西人民出版社2007年
博物馆“大社教”构想初探/杨丹丹//科学发展观与博物馆教育学术研讨会论文集，陕西人民出版社2007年；中国博物馆通讯2008-7；北京文博2009-3
浅谈建立中国博物馆教育评估体系/郭俊英、段冬冬//科学发展观与博物馆教育学术研讨会论文集，陕西人民出版社2007年
关于强化博物馆教育质量检测机制的思考与初步设想/沈岩//科学发展观与博物馆教育学术研讨会论文集，陕西人民出版社2007年
浅谈在全民意识中树立博物馆观之问题/马颖//科学发展观与博物馆教育学术研讨会论文集，陕西人民出版社2007年
树立科学发展观，充分发挥博物馆的教育功能/王莉//科学发展观与博物馆教育学术研讨会论文集，陕西人民出版社2007年
新时期博物馆事业中一项值得重视的功能——教育/王芸//科学发展观与博物馆教育学术研讨会论文集，陕西人民出版社2007年
发现夏令营中的新元素——试论博物馆教育活动发展的新思路/郑钰//科学发展观与博物馆教育学术研讨会论文集，陕西人民出版社2007年
新形势下博物馆如何开展教育活动/刘雪山//科学发展观与博物馆教育学术研讨会论文集，陕西人民出版社2007年
新形势下的博物馆、纪念馆如何发挥教育职能/高慧琳//科学发展观与博物馆教育学术研讨会论文集，陕西人民出版社2007年
对中小博物馆发挥社会教育功能的几点思考/张恩贤//科学发展观与博物馆教育学术研讨会论文集，陕西人民出版社2007年
博物馆社会教育活动推广与媒体传播/叶俊之、陈辉//科学发展观与博物馆教育学术研讨会论文集，陕西人民出版社2007年
博物馆与学校教育/赵继敏//科学发展观与博物馆教育学术研讨会论文集，陕西人民出版社2007年
博物馆教育与学校教育浅论/余玉龙//科学发展观与博物馆教育学术研讨会论文集，陕西人民出版社2007年
塑造美好心灵，建设和谐社会——谈博物馆审美教育/张天莉//科学发展观与博物馆教育学术研讨会论文集，陕西人民出版社2007年
博物馆美育与青少年教育/何宏//科学发展观与博物馆教育学术研讨会论文集，陕西人民出版社2007年
博物馆与青少年教育/欧艳//科学发展观与博物馆教育学术研讨会论文集，陕西人民出版社2007年
关于博物馆与青少年观众的思考/李玫//科学发展观与博物馆教育学术研讨会论文集，陕西人民出版社2007年
博物馆与青少年教育的思考/张巍//科学发展观与博物馆教育学术研讨会论文集，陕西人民出版社2007年
对博物馆与青少年工作的思考/杨荣彬//科学发展观与博物馆教育学术研讨会论文集，陕西人民出版社2007年
博物馆青少年教育之我见/王胜勇//科学发展观与博物馆教育学术研讨会论文集，陕西人民出版社2007年
青少年健康成长的乐园：尚待进一步开发的博物馆教育/徐翠红//科学发展观与博物馆教育学术研讨会论文集，陕西人民出版社2007年
新形势下博物馆做好青少年教育工作的思考/张金茹//科学发展观与博物馆教育学术研讨会论文集，陕西人民出版社2007年
博物馆青少年教育层次性问题的思考/汪培梓//科学发展观与博物馆教育学术研讨会论文集，陕西人民出版社2007年
馆校合作是博物馆开展青少年教育活动的有效途径/秋么尔布//科学发展观与博物馆教育学术研讨会论文集，陕西人民出版社2007年

仅有免费还不够——博物馆吸引青少年的思考/刘社刚//科学发展观与博物馆教育学术研讨会论文集，陕西人民出版社2007年

探索新形势下博物馆推进大学生爱国主义教育的新途径/黄晨//科学发展观与博物馆教育学术研讨会论文集，陕西人民出版社2007年

浅谈博物馆在青少年教育活动中的作用/刘红英//科学发展观与博物馆教育学术研讨会论文集，陕西人民出版社2007年

浅议博物馆对未成年人教育的作用与途径/李红//科学发展观与博物馆教育学术研讨会论文集，陕西人民出版社2007年

努力使博物馆成为未成年人的乐园/张云//科学发展观与博物馆教育学术研讨会论文集，陕西人民出版社2007年；陕西文博宣教工作论丛（二），陕西旅游出版社2007年

青少年教育中的博物馆资源利用/张雪莲//科学发展观与博物馆教育学术研讨会论文集，陕西人民出版社2007年

因地制宜地做好博物馆的青少年教育工作/孙宜//科学发展观与博物馆教育学术研讨会论文集，陕西人民出版社2007年

浅议新时期博物馆如何成为青少年学习的第二课堂/孙中华//科学发展观与博物馆教育学术研讨会论文集，陕西人民出版社2007年

在轻松欢愉中探寻历史——新形势下博物馆开展教育活动浅谈/郝娟//科学发展观与博物馆教育学术研讨会论文集，陕西人民出版社2007年

博物馆与青少年的道德素质和文明教育/戴丽娟//科学发展观与博物馆教育学术研讨会论文集，陕西人民出版社2007年

纪念类博物馆加强社教工作的探索与实践/马媛//科学发展观与博物馆教育学术研讨会论文集，陕西人民出版社2007年

日本博物馆的青少年教育/孔利宁//科学发展观与博物馆教育学术研讨会论文集，陕西人民出版社2007年

论科学发展观与博物馆残疾人教育/张微//科学发展观与博物馆教育学术研讨会论文集，陕西人民出版社2007年

论博物馆宣教工作的现状与发展/张明莉//科学发展观与博物馆教育学术研讨会论文集，陕西人民出版社2007年

试论博物馆宣教工作的科学发展/白晓莉//科学发展观与博物馆教育学术研讨会论文集，陕西人民出版社2007年

浅议新形势下革命纪念馆的宣传教育工作/陶纯怡、陈瑞良//科学发展观与博物馆教育学术研讨会论文集，陕西人民出版社2007年

论社会力量在加强博物馆宣传教育中的作用及相关问题——兼谈故宫博物院的志愿者工作/阎宏斌、果美侠//科学发展观与博物馆教育学术研讨会论文集，陕西人民出版社2007年

“科学发展观与博物馆教育”学术研讨会综述/郭俊英、田静//科学发展观与博物馆教育学术研讨会论文集，陕西人民出版社2007年

浅论博物馆宣教工作的主体性/汪红梅、王世平//陕西历史博物馆馆刊（十四），三秦出版社2007年

自然博物馆科普活动对学生环保意识的培养/茹欣、郝建凤//2007中国天津欧亚自然历史博物馆高层论坛文集，天津人民出版社2007年

自然博物馆在环境教育中的作用/佟玉洁、聂云、高凯//2007中国天津欧亚自然历史博物馆高层论坛文集，天津人民出版社2007年

博物馆在提高公众环保意识工作中的作用/龙辉//2007中国天津欧亚自然历史博物馆高层论坛文集，天津人民出版社2007年

充分发挥博物馆在环保教育中的作用/郝建凤//2007中国天津欧亚自然历史博物馆高层论坛文集，天津人民出版社2007年

博物馆在生态环境教育中的作用/István Matskási//2007中国天津欧亚自然历史博物馆高层论坛文集，大津人民出版社2007年

自然和文化遗产保护下的新视点——博物馆与企业文化/高雪、李迎化// 2007中国天津欧亚自然历史博物馆高层论坛文集，天津人民出版社2007年

现代博物馆的媒体属性与传播策略/冯静//2007中国天津欧亚自然历史博物馆高层论坛文集，天津人民出版社2007年

博物馆提供了什么——对青少年教育的反思/赵晨//2007中国天津欧亚自然历史博物馆高层论坛文集，天津人民出版社2007年
琵琶湖博物馆与学校系统的合作/中村公一//2007中国天津欧亚自然历史博物馆高层论坛文集，天津人民出版社2007年
校园卫星博物馆——为琵琶湖博物馆走进当地学生和居民而设置的校园博物馆/中野正俊//2007中国天津欧亚自然历史博物馆高层论坛文集，天津人民出版社2007年
关于博物馆未成年人素质教育工作的几点思考/张云//博物馆理论与实践研讨会论文集，三秦出版社2007年
博物馆未成年人教育途径初探/李燕//博物馆理论与实践研讨会论文集，三秦出版社2007年
浅谈博物馆教育和学校教育的互动关系/贺华//博物馆理论与实践研讨会论文集，三秦出版社2007年
企业博物馆：展示企业文化的魅力/李磊//中外企业文化2007-11
自然史博物馆的生态道德教育/骆士泉//中国文物报2007-11-2
陕西文博宣教开展活动的指导思想与实践/赵文艺//陕西文博宣教工作论丛（二），陕西旅游出版社2007年
遗址博物馆的宣教工作/孟剑明//陕西文博宣教工作论丛（二），陕西旅游出版社2007年
浅谈博物馆宣教工作的发展方向/秦文//陕西文博宣教工作论丛（二），陕西旅游出版社2007年
宣教管理工作之我见/李杨//陕西文博宣教工作论丛（二），陕西旅游出版社2007年
寻求发展贵在创新——延安革命纪念馆宣教工作有感/蔡琳//陕西文博宣教工作论丛（二），陕西旅游出版社2007年
咸阳市博物馆宣教工作的回顾与展望/葛洪//陕西文博宣教工作论丛（二），陕西旅游出版社2007年
搭起博物馆与社会联系的桥梁——法门寺博物馆宣教工作的几点体会/张高举//陕西文博宣教工作论丛（二），陕西旅游出版社2007年
当前县级博物馆宣教工作走出困境浅析/樊娟//陕西文博宣教工作论丛（二），陕西旅游出版社2007年
三原博物馆宣教工作走向社会的再思考/左子军//陕西文博宣教工作论丛（二），陕西旅游出版社2007年
浅议新形势下市县级博物馆宣教工作的出路/杜凤鸣//陕西文博宣教工作论丛（二），陕西旅游出版社2007年
创新与发展——浅论宣教工作的出路/孙雅//陕西文博宣教工作论丛（二），陕西旅游出版社2007年
拓宽宣教工作范围是新时期宣教工作稳步发展的重要途径/张云//陕西文博宣教工作论丛（二），陕西旅游出版社2007年
对博物馆宣教工作服务社会多样化的思考/白晓莉、许丽伟//陕西文博宣教工作论丛（二），陕西旅游出版社2007年
博物馆研究与宣教工作的关系/齐渭锋//陕西文博宣教工作论丛（二），陕西旅游出版社2007年
试论博物馆宣教工作的三个阶段/黄建华//陕西文博宣教工作论丛（二），陕西旅游出版社2007年
试论中国博物馆的未成年人教育/王彬//陕西文博宣教工作论丛（二），陕西旅游出版社2007年
教育的互动馆校的合作——关于博物馆教育和学校教育互动关系的几点认识/贺华//陕西文博宣教工作论丛（二），陕西旅游出版社2007年
爱国主义教育是博物馆永恒的主题/芦建华//陕西文博宣教工作论丛（二），陕西旅游出版社2007年
讲解中的爱国主义教育/何宏、周瑛//陕西文博宣教工作论丛（二），陕西旅游出版社2007年
浅谈未成年人思想道德建设中的博物馆资源利用/王莉娜、张刚刚//陕西文博宣教工作论丛（二），陕西旅游出版社2007年
新形势下的文博宣教/赵文艺//我在半坡，陕西旅游出版社2007年
对我国文博宣教发展趋势的探讨/赵文艺//我在半坡，陕西旅游出版社2007年
博物馆宣传教育工作要领刍议/丁福利//河南博物院建院80周年论文集，大象出版社2007年
博物馆教育观念的转变与教育方法的创新/董炎//河南博物院建院80周年论文集，大象出版社2007年
把握时代脉搏强化博物馆教育功能/陈迪//河南博物院建院80周年论文集，大象出版社2007年
关于加强青少年教育的几点思考/刘玉珍//河南博物院建院80周年论文集，大象出版社2007年
关于博物馆与青少年教育的思考/毛保枝、李莎//河南博物院建院80周年论文集，大象出版社2007年
博物馆音乐教育的创新展示/王敏英//河南博物院建院80周年论文集，大象出版社2007年
博物馆与青少年的传统文化教育/贺华//乾陵文化研究（三），三秦出版社2007年

现代博物馆教育散论/梁吉生//湖南省博物馆馆刊（四），岳麓书社2007年；天津文博论丛（1），天津人民出版社2010年
对当代博物馆教育的几点思考——赴加拿大博物馆学习报告/黄志华//湖南省博物馆馆刊（四），岳麓书社2007年
博物馆的宣教工作与社会需求/刘玉珍、王学敏//中国博物馆2008-1
优化博物馆教育职能分析/沈佳萍//中国博物馆2008-1
为教育的艺术空间——中美艺术博物馆教育研讨会综述/王红媛//美术观察2008-1
浅谈博物馆社教工作的开拓与创新/赵迪立、张丰丰//中国博物馆通讯2008-1
弘扬鲁迅精神发挥教育职能/余子兰、徐明华//中国博物馆通讯2008-1
小儿科大文化——上海博物馆手工活动教育实践/孙建农//博物馆研究2008-1
加强博物馆教育职能促进社会主义文化大发展大繁荣/曾光//中国博物馆通讯2008-2
博物馆：学校教育的延伸/谢丹、周静//中国博物馆通讯2008-2
发挥博物馆在社会教育和拓展地方文化软实力中的作用/刘伟//陇右文博2008-2
做好博物馆的对外宣传工作/刘晓春//陇右文博2008-2
从教育推广的角度谈博物馆社会教育功能的发挥/沈凤娟//江南论坛2008-2
爱国主义教育基地与历史教学的特殊关系/杨小开//中国文化遗产增刊·中国革命纪念馆专业委员会第15届年会论文集，中国文物报社2008年
浅谈纪念馆宣传教育方法/张洪莉//中国文化遗产增刊·中国革命纪念馆专业委员会第15届年会论文集，中国文物报社2008年
博物馆永恒的主题——爱国主义教育/吴永琪//秦陵秦俑研究动态2008-3
对博物馆教育评估的思考/孔利宁、彭文//秦陵秦俑研究动态2008-3；新世纪博物馆的实践与思考：北京博物馆学会第五届学术会议论文集，北京燕山出版社2008年
课外、校外艺术教育是美育的一个重要组成部分——英国艺术馆、博物馆见闻与启示/王旭晓//河南教育学院学报2008-3
我国自然科学博物馆科学教育活动案例研究/钟琦//科普研究2008-3
从美国博物馆观众教育谈起/林健//中国文物报2008-3-7
走出庭院服务社会不断加强博物馆的教育功能——河北省民俗博物馆“传统文化进校园、进社区”活动的实践与思考/随杰、常素霞//文物春秋2008-4
博物馆：青少年社会教育基地——以海南生物多样性博物馆为例/彭正文//海南师范大学学报2008-4
区域博物馆宣传策略与媒体资源整合——对陕西地区博物馆整体宣传的思考/彭文//秦陵秦俑研究动态2008-4
用创新理念推动宣教事业全面发展——陕西博物馆宣教工作巡礼/庞博//中国文物报2008-4-4
博物馆：面向残疾人教育/张微//中国文物报2008-4-25
地方博物馆公众形象构建与传媒运作/杨煜//中国博物馆通讯2008-5
浅议博物馆免费开放后的社会教育工作/刘玉珍//中原文物2008-5
活跃在文博战线上的青春诗行——首都博物馆社教开放服务群体集体采访/王晨//中国文物报2008-5-7
加强公民教育是当代博物馆的重要任务——博物馆免费开放随想之三/宋向光//中国文物报2008-5-30
发挥基地优势，不断深化青少年爱国主义教育/梁晓佳//中国博物馆通讯2008-6
论博物馆教育功能的发挥/杨琛//传承（学术理论版）2008-6
论博物馆与学校爱国主义教育基地可持续发展性/徐玲丽//文教资料2008-6
彰显爱国主义基地教育服务功能：三元里人民抗英斗争纪念馆免费开放后的机遇与挑战/田苹//中国文物报2008-6-6
漫谈博物馆宣教服务体系建设/黄琛//中国文物报2008-7-4
发挥高校博物馆教育职能提高大学生综合素质/王莹//黑龙江教育2008-7
充分发挥博物馆的特殊宣教作用与促进社会和谐功能/杨德鋆//今日民族2008-7
走向博物馆的英国学校教育/李宏坤编译//中国文物报2008-8-8
深化博物馆爱国主义教育的探索与实践/张瑞强//中国博物馆通讯2008-9

博物馆开展社会教育工作的探讨/李科//南方论刊2008-9
教师的博物馆之旅——非正规教育中的教师专业发展/米广春//现代教育论丛2008-10
为教育的艺术空间——中美艺术博物馆教育研讨会综述/王红媛//美术观察2008-10
以人为本德育为先——许昌博物馆未成年人思想道德建设纪实/刘静//中国文物报2008-10-15
博物馆社会教育功能探悉/俞征鹿//现代企业教育2008-20
关于新农村建设中发挥博物馆对青少年教育职能作用的几点思考/郭勇//黑龙江科技信息2008-27
关于青少年参观博物馆的现状与讲解接待对策的思考/刘媛之//2007年江苏省文博论文集，南京出版社2008年
让博物馆走进孩子们的心里——谈儿童心理学在博物馆讲解中的运用/邬红梅//2007年江苏省文博论文集，南京出版社2008年
浅议奥运期间中小型博物馆的社会宣传教育工作/闫芳//新世纪博物馆的实践与思考：北京博物馆学会第五届学术会议论文集，北京燕山出版社2008年
浅析人物类纪念馆在青少年社会教育工作中的意义/冯云//新世纪博物馆的实践与思考：北京博物馆学会第五届学术会议论文集，北京燕山出版社2008年
以点带面，全方位多角度地开展博物馆宣教工作——以故宫博物院为例谈当代博物馆特色宣教活动的启示与反思/果美侠//新世纪博物馆的实践与思考：北京博物馆学会第五届学术会议论文集，北京燕山出版社2008年
浅析古建馆教育资源创建特色教育平台/李莹//新世纪博物馆的实践与思考：北京博物馆学会第五届学术会议论文集，北京燕山出版社2008年
儿童美术取向博物馆教育策划个案研究/林苗苗//新世纪博物馆的实践与思考：北京博物馆学会第五届学术会议论文集，北京燕山出版社2008年
立足基本职能弘扬远古文化——浅谈周口店遗址博物馆的社会教育工作/钱桂峰//新世纪博物馆的实践与思考：北京博物馆学会第五届学术会议论文集，北京燕山出版社2008年
艺术类博物馆与青少年美育/孙秋霞//新世纪博物馆的实践与思考：北京博物馆学会第五届学术会议论文集，北京燕山出版社2008年
从张謇“设苑为教育”谈博物馆与学校教育的联姻/张敏//新世纪博物馆的实践与思考：北京博物馆学会第五届学术会议论文集，北京燕山出版社2008年
浅谈博物馆的教育/刘冬冰//黑龙江省文物博物馆学会第五届年会论文集，黑龙江人民出版社2008年
革命领袖纪念馆宣教工作的回顾与思考/杜九玫//黑龙江省文物博物馆学会第五届年会论文集，黑龙江人民出版社2008年
博物馆教育应着力营造和谐的社会大环境/王国秀、黄晨//广西博物馆文集（五），广西人民出版社2008年；博物馆教育新视阈，文物出版社2009年
开门办馆探索开放式社会教育新路子//无锡博物院论文集，广陵书社2008年
浅谈革命纪念馆在爱国主义教育中的作用//无锡博物院论文集，广陵书社2008年
自然史博物馆要加强对生态道德与关爱生命的传播/甄朔南//甄朔南博物馆学文集（续），中国大百科全书出版社2008年
新机遇新挑战——免费开放后的青浦博物馆宣教服务实绩/崔颖影//五秩风华：上海市青浦区博物馆建馆五十周年纪念文集，上海社会科学院出版社2008年
变化中的博物馆教育/庞雅妮/陕西历史博物馆馆刊（十五），三秦出版社2008年
博物馆与观众沟通的新探索——以博物馆教育工作的开展为例/冯健//洛阳博物馆建馆50周年论文集，大象出版社2008年
适应新型博物馆需要，开拓宣教工作新局面/黄燕、任静华//洛阳博物馆建馆50周年论文集，大象出版社2008年
谈博物馆流动展览进校园的重要作用/郭东升、王莉//辽宁省博物馆馆刊（3），辽海出版社2008年
寓“博”于教，教博共济——浅论蔡元培博物馆教育思想对当今的指导意义/李瑶//科教文汇2009-1
试论“快乐教育” 在博物馆公共文化服务中的运用——以中国茶叶博物馆青少年茶文化主题活动推广为例/

郭雅敏、康保苓//茶叶2009-1
浅议如何提升博物馆的社会教育功能/宋家慧、杨旭光//博物馆研究2009-1
浅谈博物馆教育中手工活动的教学设计——以中小学生的考古学普及教育力例/曹默//博物馆研究2009-2
跨越文化的桥：面对主动受众的博物馆教育——以大英博物馆的“中国园林”特展为例/池见星//新闻大学2009-2
自然科学类博物馆中教育工作者的定位/边晓岚//长春师范学院学报2009-2
充分发挥博物馆在普及科学发展观中的作用/陈国民//中国甲午战争博物馆馆刊2009-2
试论高校博物馆的社会教育服务功能/黄维娟//苏州科技学院学报2009-2
西安碑林博物馆未成年人教育纪实/贺华//中国文物报2009-2-6
以爱国主义教育基地为载体红岩联线为大规模干部培训做贡献/雷学刚、温相君//中国文物报2009-2-13
浅议博物馆的公共教育职能/孙鹏飞//博物馆研究2009-3
博物馆与素质教育/李琳//文物春秋2009-3
自然科学类博物馆中教育工作者的定位/边晓岚//长春师范学院学报（自然科学版）2009-3
优化博物馆未成年人教育理念/曹默//博物馆研究2009-4
博物馆与青少年素质教育的思考/黎波//大舞台2009-4
博物馆教育推广服务的探索——以“古典与唯美——西蒙基金会藏19世纪欧洲绘画精品展”为例/刘春//博物馆研究2009-4
免费开放后的博物馆青少年教育工作探索/赵迪立//中国博物馆通讯2009-5
教育：博物馆服务的核心理念与功能——以“古典与唯美——西蒙基金会藏欧洲19世纪绘画精品展”为例/陈建明、李丽辉//中国文物报2009-5-15
博物馆观众研究是博物馆教育研究的基本点——对博物馆观众定义的新探讨/史吉祥//东南文化2009-6
自然博物馆科普教育的内涵/杨秋、张春梅//沈阳师范大学学报2009-6
浅论如何发挥博物馆的德育功能——以苏州博物馆的发展为例/朱春阳//改革与开放2009-7
博物馆社会教育功能之我见/仇伟、高铭//黑龙江史志2009-7
博物馆的首要功能是教育/吕天璐、乔欣博//中国文化报2009-7-21
免费开放给宣教工作带来机遇/宋敏//中国文物报2009-7-31
深化博物馆社会教育与服务工作之设想/王裕昌//丝绸之路2009-8
孩子们的发掘与发现——北京大学中学生考古夏令营的启迪/刘庆华//中国文物报2009-8-21
关于加强革命文物教育作用的几点思索/杨忠//中国文物报2009-9-2
解放思想推动名人故居的宣传教育工作/黄彦明//中国文物报2009-9-23
应当重视博物馆教育/郑文//成才之路2009-21
浅谈博物馆爱国主义教育基地的功能发挥/肖向红//科教文汇2009-30
免费开放后的博物馆教育——中美博物馆教育比较研究/林健//江苏省文博论文集2008，南京出版社2009年2月
馆校结合的博物馆教育方法研究/朱莺//江苏省文博论文集2008，南京出版社2009年2月
博物馆和青少年德育/单霁翔//博物馆教育新视阈，文物出版社2009年
未成年人德育过程与实效获得/齐吉祥、高宝仕//博物馆教育新视阈，文物出版社2009年
博物馆与学校教育/赵继敏//博物馆教育新视阈，文物出版社2009年
新时期博物馆青少年感恩教育的理性思考/黄晨//博物馆教育新视阈，文物出版社2009年
论中国博物馆的未成年人教育/王彬//博物馆教育新视阈，文物出版社2009年
兴趣是学习的先导　谈谈上海博物馆未成年人教育的尝试/郭青生//博物馆教育新视阈，文物出版社2009年
关于科技馆如何提高未成年人的科学素质的思考/赵敬会//博物馆教育新视阈，文物出版社2009年
民族地区综合博物馆功能定位的再认识/乌兰托娅//博物馆教育新视阈，文物出版社2009年
美国博物馆的爱国主义教育/王芳//博物馆教育新视阈，文物出版社2009年
论博物馆中的未成年人教育/张宇//博物馆教育新视阈，文物出版社2009年
探究式学习下的博物馆历史教育——兼论SOLO分类评价法在博物馆历史教育中的运用/白岩//博物馆教育新视阈，文物出版社2009年

新形势下的博物馆教育/阎宏斌//博物馆教育新视阈，文物出版社2009年
博物馆的社会教育职能再认识/欧燕//博物馆教育新视阈，文物出版社2009年
博物馆社会教育工作创新断想/康宁//博物馆教育新视阈，文物出版社2009年
博物馆教育的再认识与教育创新/孟繁宁//博物馆教育新视阈，文物出版社2009年
中国人民抗日战争纪念馆社会教育的开拓与创新/赵迪立、张丰丰//博物馆教育新视阈，文物出版社2009年
湖北省博物馆社教队伍建设的思考和探索/胡伟庆//博物馆教育新视阈，文物出版社2009年
博物馆大社教理念的多元探索/杨丹丹//博物馆教育新视阈，文物出版社2009年；首都博物馆丛刊（23），北京燕山出版社2009年
纪念馆教育不是说教/张洪莉//博物馆教育新视阈，文物出版社2009年
“历史模拟教育实验”活动的做法和实效/苏艳//博物馆教育新视阈，文物出版社2009年
论名人故居、纪念馆宣传工作的创新问题/赵笑洁、张宇//博物馆教育新视阈，文物出版社2009年
试论孔庙和国子监博物馆的教育职能/尤炳霞//博物馆教育新视阈，文物出版社2009年
浅谈创新开展广西博物馆的宣传教育工作/邱莉//博物馆免费开放的思考：广西博物馆首届学术讨论会论文集，广西科学技术出版社2009年
博物馆教育的一点思考/石金鸣//博物馆创新与发展高峰论坛文集，辽宁人民出版社2009年
博物馆开展宣教工作的思考与对策/卜穗文//博物馆创新与发展高峰论坛文集，辽宁人民出版社2009年
中国茶叶博物馆展教工作的实践与思考/王建荣、罗晓莹、乐素娜//博物馆创新与发展高峰论坛文集，辽宁人民出版社2009年
弘扬和培育民族精神打造爱国主义教育基地精品——访东北六所爱国主义教育基地有感/刘东方//博物馆创新与发展高峰论坛文集，辽宁人民出版社2009年
传播历史文化发挥教育职能/张希玲//秦晋豫博物馆理论与实践研讨会论文选，陕西人民出版社2009年
家庭观众的博物馆学习/郝娟//秦晋豫博物馆理论与实践研讨会论文选，陕西人民出版社2009年
浅谈博物馆对当前青少年素质教育的作用/金佳悦//春华集：纪念山西博物院九十周年学术文集，山西人民出版社2009年
新时期博物馆宣教工作的探索/贺华、冯莹//陕西历史博物馆馆刊（十六），三秦出版社2009年
浅述博物馆多样化的教育活动/高嵘//陕西历史博物馆馆刊（十六），三秦出版社2009年
论中国博物馆教育现状及其发展方向/欧艳//广东省博物馆开馆五十周年纪念文集：1959～2009，岭南美术出版社2009年
运用教育学理念更好地发挥博物馆的社会教育功能/于婧//广东省博物馆开馆五十周年纪念文集：1959～2009，岭南美术出版社2009年
浅议博物馆社会教育工作/付岩//广东省博物馆开馆五十周年纪念文集：1959～2009，岭南美术出版社2009年
免费开放与博物馆宣教工作/宋敏//广东省博物馆开馆五十周年纪念文集：1959～2009，岭南美术出版社2009年
韩国民族文明的活教材——走进韩国国立民俗博物馆/陶妍洁//中国博物馆2010-1
博物馆教育活动的可持续发展——以首都博物馆青少年教育活动为例/杨丹丹//中国博物馆2010-1
博物馆教育规范化对和谐社会建设的意义/玛依努尔·吾甫尔//新疆文物2010-1
博物馆与青少年教育/毛颖//东南文化2010-1
博物馆与学校教育的对接融合——美国老史德桥村博物馆的实践/吴相利//东南文化2010-1
农村博物馆教育的现状及对策/姚香勤//新乡学院学报2010-1
博物馆与大学素质教育/徐玲//经济与社会发展2010-1
高校博物馆的环保教育责任/范陆薇//大舞台2010-1
精品塑造成效纷呈——长沙简牍博物馆免费开放以来社会教育工作的实践和体会/李鄂权、马代忠//中国博物馆通讯2010-2
博物馆与学校教育的对接融合——美国老史德桥村博物馆的实践/吴相利//东南文化2010-2
从免费开放反思当前博物馆教育的改革/沈岩//中国文物报2010-2-24；天津文博论丛（1），天津人民出版社2010年
遗址博物馆的教育政策——以秦始皇兵马俑博物馆为例/彭文//秦陵秦俑研究动态2010-3

博物馆在青少年思想道德建设中的作用/孙春阳//华章2010-3
博物馆教育与传播的社会效益分析/骆土泉//艺术科技2010-3；中国文物报2010-12-15
人本主义心理学与博物馆教育功能探析/李胜男//博物馆研究2010-3
奇奇奇：博物馆少儿活动/楼锡祜//中国文物报2010-3-24
服务于和谐社会——中国博物馆学会社教专委会学术研讨会集锦/崔波//中国文物报2010-3-31
博物馆教育功能的社会心理学探析——基于蔡元培的博物馆教育思想/何琦、王军、尹雁//科普研究2010-4
博物馆中的游戏——基于甘肃省博物馆儿童参与度的研究/高鹭//新西部2010-4
谈博物馆教育中儿童审美的培育/潘少芳//2010-4
延伸教育功能引导文明意识/李海明//中国文物报2010-4-14
近七十年来中国博物馆教育研究述评/李云鹏//安阳工学院学报2010-5
规范博物馆教育为和谐社会服务：北京举行研讨会推进博物馆教育规范化/崔波//中国文物报2010-5-19
20年：博物馆宣教资料大“变脸”——以西汉南越王博物馆为例/李郁//中国文物报2010-5-19
博物馆的社会责任与社会教育/单霁翔//东南文化2010-6
美国博物馆学校教育案例解析及运行特点初探/许立红、高源//教育与教学研究2010-6
博物馆与中小学素质教育初探/钱霞//成功（教育）2010-6
浅议博物馆的爱国主义基地教育功能——以甘肃省博物馆为例/蔡欣良//丝绸之路2010-6
欧洲博物馆教育项目策划的特点分析/宋娴、忻歌、鲍其泂//外国中小学教育2010-7
博物馆教育的新模式——体验教育/杨秋//中国文物报2010-7-21
青少年教育是文化遗产保护事业成败的关键/李让//中国文物报2010-7-28
如何做好博物馆社会教育工作/马凌平//黑河学刊2010-8
动手做是最好的学习方式/楼锡祜//中国文物报2010-8-4
黑龙江省博物馆：卵的奥秘暑期特别展/岳中彬//中国文物报2010-8-11
一个美术教师的博物馆教学实践/霍秀铭//中国文物报2010-8-11
湖北省博物馆：意大利乌菲齐博物馆珍藏展家庭日/张爽//中国文物报2010-8-11
天津博物馆：成长夏天暑期快乐营/卢永绣、刘芳菲//中国文物报2010-8-11
军事博物馆：学生夏令营的快乐之家/缪炳法、张杰//中国文物报2010-8-11
用手感受博物馆——以西汉南越王博物馆为例/李京花//中国文物报2010-8-11
以内心之爱服务于少儿教育/玛伊努尔//中国文物报2010-8-18
孩子们的快乐大本营——记青岛博物馆的青少年社会教育活动/王蕾、康豪//中国文物报2010-8-18
谈博物馆社会教育的创新/孙中华//中国文物报2010-9-8
宣教创新：架起博物馆与社会的桥梁/张建群//中国文物报2010-9-15
与时俱进、拓展博物馆宣传教育功能/盛天文//兰州大学学报2010-10
浅议在科学发展观的指导下开展博物馆的社会教育工作/郭蓓//大众文艺2010-12
保护文化遗产也要从娃娃抓起/李涛、穆春雪//中国文物报2010-12-31
博物馆教育功能初探/张云鹏//黑龙江史志2010-12
路易斯谈博物馆有更大的教育潜力/苏东海摘编//博物馆的沉思——苏东海论文选（卷三），文物出版社2010年
浅析博物馆在未成年人思想首先建设中面临的困境及对策/高强//苏州文博论丛2010年（总第1辑），文物出版社2010年
宁夏博物馆社会教育状况分析/张东//博物馆技术论文集，文物出版社2010年
博物馆教育与时代脉搏/宋百灵//安徽文博（六），中华书局2010年
论博物馆是终身教育体系的前沿阵地/侯雁、刘军//经济研究导刊2010-22
与时俱进、拓展博物馆宣传教育功能/盛天文//兰州大学学报2010-S1
关于遗址博物馆社会教育职能的几点思考/徐剑//史前研究（2009）：首届国际河姆渡文化节——国际遗址博物馆馆长河姆渡峰会暨史前遗址博物馆专业委员会第七届学术研讨会纪念文集，宁波出版社2010年
浅谈博物馆对青少年的文化遗产教育/骆晓红//史前研究（2009）：首届国际河姆渡文化节——国际遗址博物馆馆长河姆渡峰会暨史前遗址博物馆专业委员会第七届学术研讨会纪念文集，宁波出版社2010年

史前遗址博物馆与青少年观众/张幼萍//史前研究（2009）：首届国际河姆渡文化节——国际遗址博物馆馆长河姆渡峰会暨史前遗址博物馆专业委员会第七届学术研讨会纪念文集，宁波出版社2010年
从学校到博物馆，变的不仅仅是地方——“芭比展”美术课堂的实践与思考/赖晓兰//湖南省博物馆馆刊（六），岳麓书社2010年
博物馆教育学的力量/段炼译//湖南省博物馆馆刊（六），岳麓书社2010年
让历史走进校园——大学生爱国主义教育同博物馆教育资源的结合与应用/付明//中国博物馆学会纪念馆专业委员会第三次年会暨城市建设与文化遗产保护论坛论文集，上海社会科学出版社2010年
博物馆提供了什么——对青少年教育的反思/赵晨//天津文博论丛（1），天津人民出版社2010年
日本教育博物馆寻踪/涂小元//天津文博论丛（1），天津人民出版社2010年
以公众为中心的博物馆教育/刘慧琳//天津文博论丛（1），天津人民出版社2010年
遗址博物馆教育方法初探/周正义//中国博物馆学会考古与遗址博物馆专业委员会成立大会论文集，西北大学出版社2010年
从若干博物馆实践看博物馆教育/郝黎//21世纪博物馆核心价值与社会责任，科学出版社2010年
关于将博物馆纳入国民教育体系的调研报告//新形势下博物馆工作实践与思考，文物出版社2010年
博物馆社会教育途径之探索/何宏//陕西历史博物馆馆刊（十七），三秦出版社2010年
以平等交流的方式彰显博物馆在城市教育中的作用/冯建//迈向更美好的城市：第22届国际博物馆城市博物馆专业委员会论文集，上海学林出版社2010年
当代英国博物馆教育研究/张曦//辽宁省博物馆馆刊（2010），辽海出版社2010年
我国博物馆未成年人教育现状与展望/刘社刚、李琼璟//辽宁省博物馆馆刊（2010），辽海出版社2010年
我国博物馆展示教育和开放服务现状、问题和对策思考/陆建松、厉樱姿//东南文化2011-1
博物馆儿童教育实践模式初探//周婧景//博物馆研究2011-1
美国博物馆儿童教育功能的发展与演变/忻歌、宋娴、吴为昊//外国中小学教育2011-1
秦陵博物院与陕西省联合国教科文组织协会会员学校座谈青少年教育/秦仙梅//文博宣教2011-1
提升素养与时俱进——秦陵博物院宣教部2011年冬季业务培训工作总结/何宏//文博宣教2011-1
高校博物馆在大学创新教育中的功能/刘立勇、朱与墨、马红英//高等教育研究2011-1
美国儿童博物馆教育功能的发展与演变//忻歌、宋娴、吴为昊//外国中小学教育2011-1
小学生参观博物馆的新模式/李飞//中国文物报2011-1-12
大都会艺术博物馆教育工作述评/果美侠//中原文物2011-2
建设我国艺术博物馆教育的美好明天/杨应时//美术观察2011-2
美术馆公共教育的反思——兼谈美国艺术博物馆的教育经验/郑勤砚//美术观察2011-2
博物馆资源与中小学课程整合的探索与实践——以龙华烈士纪念馆为例（上、下）/贾雪虹//中国文物报2011-2-2、2011-2-9
历史可以这样学：旅顺博物馆开展“中学生与博物馆”系列活动的启示/房学惠//中国文物报2011-2-16
河北民俗馆牵手中小学传统文化教育/吴宁//中国文物报2011-2-16
美国博物馆教育与学校教育的对接融合/吴镝//当代教育论坛（综合研究）2011-5
博物馆在中小学教育中的功用/金红宇//福建论坛（社科教育版）2011-5
博物馆爱国主义教育浅谈/韦雯彦//中国文物报2011-5-4
2006～2010年我国博物馆教育论文内容分析/程元元、刘鹏//软件导刊（教育技术）2011-6
博物馆开展社会教育工作的探讨与思考——以河北省博物馆为例/崔大伟//中国文物报2011-6-29
博物馆儿童教育理念与“南越玩国”互动区域的设计/王芳//东南文化2011-6
如何举办适合青少年的展览/李宏坤//中国文物报2011-7-13
博物馆游戏教育正当时/杨秋//中国文物报2011-7-13
英国“儿童在博物馆”宣言（2011）——博物馆“家庭友善”的20项措施/辛德编译//中国文物报2011-7-13
儿童教育活动是博物馆可持续发展的生命力/周婧景//中国文物报2011-7-13
中小博物馆如何做好青少年教育工作——益阳市博物馆开展青少年素质教育工作的几点做法/卜珩一//中国文物报2011-7-20

免费开放博物馆应如何发挥宣传教育职能/李立梅//产业科技论坛2011-8
青岛市博物馆与高校合作创建三大教育基地/安小蓓//中国文物报2011-8-3
民俗文化进校园的实践与启示/高强//中国文物报2011-8-10
推动宣教工作建设提升博物馆软实力/周文劲//中国文物报2011-8-17
秦陵博物院宣教部开展培训服务工作纪实/秦妮//中国文物报2011-8-17
宁夏博物馆社教工作纪实/刘红英//中国文物报2011-8-24
博物馆教育客体延伸的定位/刘国斌//中国文物报2011-8-24
博物馆教育的新思维/刘卫华//中国文物报2011-8-24
博物馆怎样打造未成年人社会课堂/王英群//中国文物报2011-8-31
纪念与传承——"西柏坡杯"中国纪念馆宣教形式创新展示活动/专委会秘书处//中国文物报2011-9-14
以"七一"讲话精神为指导，川博大力提升社会教育服务水平/盛建武、唐毅、张衡//中国文物报2011-9-14
走出庭院融入社会——博物馆"主动干预式"教育思考/黄雪寅//中国文物报2011-9-14
博物馆教育的新探索/马立伟///中国文物报2011-9-21
让博物馆成为学生的课堂——从天津博物馆谈起/卢永琇//中国文物报2011-10-12
浅谈博物馆的美术教育功能/张江龙//现代企业教育2011-12
黄骅市博物馆：多措并举扩大博物馆的教育影响/张宝刚//中国文物报2011-12-7
教育是博物馆的灵魂/赵智勇//中国文物报2011-12-14
弘扬少奇精神传播红色维护——刘少奇同志纪念馆社会教育活动纪实/姜艳辉//中国文物报2011-12-28
利用学习单开展的一次馆校衔接教育活动的调查报告/钱岩、常娟、邵航、李光明//科学之友2011-14
面向社会充分发挥博物馆的教育功能/孙少锋/城市建设理论研究2011-22
国家博物馆宣教模式的新思考/黄琛/中国博物馆2011年合刊
博物馆是加强社会教育的积极力量/单霁翔//从馆舍天地走向大千世界：关于广义博物馆的思考，天津大学出版社2011年
浅谈当代美国博物馆教育——湖南省博物馆教育人员赴美考察考察报告/"中国博物馆与青少年儿童教育项目"赴美学习考察小组//湖南省博物馆馆刊（七），岳麓书社2011年
浅谈博物馆社会服务和教育工作创新——以台湾"英雄再起——大三国特展"为例/庞昱//湖南省博物馆馆刊（七），岳麓书社2011年
从后台到前台由配角变主角——对博物馆公共服务与社会教育职能的重新认识与定性/张少鲲//晋陕豫博物馆理论与实践研讨会论文选，山西科学技术出版社2011年
赴湖北等地考察博物馆社会教育工作的调研报告/步雁//晋陕豫博物馆理论与实践研讨会论文选，山西科学技术出版社2011年
抓住机遇探索创新——博物馆社会服务教育功能的重新认识/刘玉珍//晋陕豫博物馆理论与实践研讨会论文选，山西科学技术出版社2011年
科学确定自身位置理性服务社会民众充分发挥博物馆社教职能/张广善//晋陕豫博物馆理论与实践研讨会论文选，山西科学技术出版社2011年
博物馆的社会教育途径之探索/何宏//晋陕豫博物馆理论与实践研讨会论文选，山西科学技术出版社2011年
平等与交流是博物馆教育迈向公共性的重要途径——参考美国博物馆教育的几个例子/冯健//晋陕豫博物馆理论与实践研讨会论文选，山西科学技术出版社2011年
良资精用老馆新路——古建筑类博物馆社会教育服务的探索/张建华//晋陕豫博物馆理论与实践研讨会论文选，山西科学技术出版社2011年
试论博物馆如何发挥教育功能/王晓莉//晋陕豫博物馆理论与实践研讨会论文选，山西科学技术出版社2011年
博物馆社会教育与服务工作的创新/田双印//晋陕豫博物馆理论与实践研讨会论文选，山西科学技术出版社2011年
浅谈博物馆对当前青少年素质教育的作用/金佳悦//晋陕豫博物馆理论与实践研讨会论文选，山西科学技术出版社2011年
博物馆开展青少年素质教育的认识与思考/贺华//晋陕豫博物馆理论与实践研讨会论文选，山西科学技术出版

社2011年
博物馆青少年教育的现状、问题与对策/汪培梓//晋陕豫博物馆理论与实践研讨会论文选，山西科学技术出版社2011年
关于博物馆对青少年教育存在问题及其对策的探讨/李春敏//晋陕豫博物馆理论与实践研讨会论文选，山西科学技术出版社2011年
浅谈新形势下博物馆社会教育功能的发挥——以晋城博物馆为例/燕飞//晋陕豫博物馆理论与实践研讨会论文选，山西科学技术出版社2011年
谈博物馆社会教育服务功能/齐延光//晋陕豫博物馆理论与实践研讨会论文选，山西科学技术出版社2011年
发挥博物馆的社会教育作用/王彬//晋陕豫博物馆理论与实践研讨会论文选，山西科学技术出版社2011年
新形势下如何更好地发挥纪念馆的社会教育功能/李洁//晋陕豫博物馆理论与实践研讨会论文选，山西科学技术出版社2011年
拓宽教育途径创新陈展形式增强教育效果——鄂豫皖苏区首府革命博物馆社会教育服务途径的探索与实践/花玲//晋陕豫博物馆理论与实践研讨会论文选，山西科学技术出版社2011年
在校大学生：博物馆宣教的生力军——浅谈大学生志愿者讲解队伍的发展/王晓芬//晋陕豫博物馆理论与实践研讨会论文选，山西科学技术出版社2011年
浅析教育技术学在博物馆讲解中的应用/师瑞玲//晋陕豫博物馆理论与实践研讨会论文选，山西科学技术出版社2011年
文博宣教工作的创新与发展——洛阳文博宣教专业委员会成立两周年来的活动回顾/段跃辉//晋陕豫博物馆理论与实践研讨会论文选，山西科学技术出版社2011年
博物馆与防灾教育/孔利宁//晋陕豫博物馆理论与实践研讨会论文选，山西科学技术出版社2011年
大都会艺术博物馆教育工作述评/果美侠//中原文物2011-4
从“象牙塔”走进大千世界——四川博物院“大篷车”流动博物馆一周年/李大跃、张衡//中国文物报2011-4-27
传承文明启迪心智——浅谈论中小型博物馆教育在学校教育中的作用/徐宁//区域特色与中小型博物馆：江苏省博物馆学会2010年学术年会论文集，文物出版社2011年
让历史走进现实——博物馆的教育功能与中小学生素质教育的互动探索/吴国瑛//区域特色与中小型博物馆：江苏省博物馆学会2010年学术年会论文集，文物出版社2011年
试论“传播流”研究对博物馆宣传推广工作的启示/李军//深圳文博论丛2011，文物出版社2011年
探索和构建有特色的博物馆社会教育之路——首都博物馆社教工作三十年回顾/社会教育部//首都博物馆论丛（25），北京燕山出版社2011年
实施终身教育是博物馆发展的永恒主题/杨丹丹//首都博物馆论丛（25），北京燕山出版社2011年
首都博物馆青少年科普教育：“小小国宝修复家”项目案例/周博//首都博物馆论丛（25），北京燕山出版社2011年
博物馆“大宣教”概念的探索和实践——以法门寺博物馆为例/马卫兵//法门寺博物馆论丛（三），三秦出版社2011年
博物馆与环境教育/郝娟//史前研究2010——2010中国桂林·史前文化遗产国际高峰论坛暨中国博物馆协会史前遗址博物馆专业委员会第八届学术研讨会论文集，广西科学技术出版社2011年
浅论博物馆发展与博物馆教育——以青海柳湾彩陶博物馆为例/俞长海//史前研究2010——2010中国桂林·史前文化遗产国际高峰论坛暨中国博物馆协会史前遗址博物馆专业委员会第八届学术研讨会论文集，广西科学技术出版社2011年
免费开放条件下博物馆教育推广服务的探索——以“古典与唯美——西蒙基金会藏19 世纪欧洲绘画精品展”为例/刘春//博物馆学文集6，岳麓书社2011年
试论以知识教育为基础的博物馆信息沟通机制/骆黄海//博物馆学文集6，岳麓书社2011年
娄底市博物馆创新社会教育的实践/戴小波、江枫、俞姿//博物馆学文集6，岳麓书社2011年
免费开放与爱国主义教育基地建设——以中国人民抗日战争胜利受降旧址为例/江洪//博物馆学文集6，岳麓书社2011年

浅谈如何充分发挥爱国主义教育基地作用/胡勇//博物馆学文集6，岳麓书社2011年
对博物馆社会教育和服务工作创新的思考/胡仁亮//博物馆学文集6，岳麓书社2011年
免费开放让博物馆真正成为学校思想教育基地/毛效华//博物馆学文集6，岳麓书社2011年
以人为本服务观众——免费开放后博物馆教育理念探析/张敏波//博物馆学文集6，岳麓书社2011年
浅谈如何做好新时期博物馆、纪念馆的社会教育工作/姜艳辉//博物馆学文集6，岳麓书社2011年
县级博物馆如何发挥其教育功能/梁芳//博物馆学文集6，岳麓书社2011年
民族地区博物馆如何把握“免费开放”的战略契机发挥教育基地作用——以湘西自治州博物馆为例/张卫华//博物馆学文集6，岳麓书社2011年
浅谈博物馆的培训教育工作/钱笑君//大众文艺2011-11
谁是教育委员会会员——国际博协教育委员会首次调查报告/Emma Nardi//博物馆：以教育为圆心的文化乐园，暨南大学出版社2011年
从学生到合格公民——博物馆与公民意识/Nicole Gesche-Koning//博物馆：以教育为圆心的文化乐园，暨南大学出版社2011年
学习与意义构建——哪一个能为博物馆成年观众带来更多的益处/C.Dufresne-Tasse//博物馆：以教育为圆心的文化乐园，暨南大学出版社2011年
青年与博物馆——巴西的扶持行动/Zita Rosane Possamai and Claudia Feijo//博物馆：以教育为圆心的文化乐园，暨南大学出版社2011年
中国博物馆社会教育专业委员会报告/郭俊英//博物馆：以教育为圆心的文化乐园，暨南大学出版社2011年
博物馆教育人员和策展人——误解的原因与合作方法/O’neill Marie-Clarte//博物馆：以教育为圆心的文化乐园，暨南大学出版社2011年
让孩子们参与到儿童展览的策划中来——一次创意激发的试验/Lisa Lundstrom//博物馆：以教育为圆心的文化乐园，暨南大学出版社2011年
“南越玩国”——考古遗址博物馆中儿童教育区域的设计与思考/王芳//博物馆：以教育为圆心的文化乐园，暨南大学出版社2011年
在博物馆讲述一个童话故事/Oh Myoung suk//博物馆：以教育为圆心的文化乐园，暨南大学出版社2011年
“我参与，我快乐”——内蒙古博物院“欢乐大课堂知识竞赛”/乌兰托娅、蒋丽楠//博物馆：以教育为圆心的文化乐园，暨南大学出版社2011年
博物馆的教育潜力——从西汉南越王博物馆“冬日的太阳”展览说起/卢思密//博物馆：以教育为圆心的文化乐园，暨南大学出版社2011年；大众文艺2011-15
“个性·认同”——一个协调社区要求的教育项目/Michel Allard //博物馆：以教育为圆心的文化乐园，暨南大学出版社2011年
作为跨文化交流平台的博物馆：博物馆能为社区艺术做什么？社区艺术又能为博物馆做什么？/Anna Van Waeg//博物馆：以教育为圆心的文化乐园，暨南大学出版社2011年
在线虚拟会议能否培育博物馆批判性思考？能评估吗？/Katherinc Nowak Irene Rubino, Amy Martinez and Giuseppe Monaco//博物馆：以教育为圆心的文化乐园，暨南大学出版社2011年
博物馆社会教育工作需要规范化/沈农/江西省博物馆集刊（二），文物出版社2011年
浅析法国博物馆儿童教育理念/韦坚//文化遗产与博物馆研究（二），云南人民出版社2011年
国立中央博物院筹备处社会教育概况/李济//南京博物院集刊（12），文物出版社2011年
南京博物院公共教育服务探索——从“趣味实验室”说开去/沈园园、赵蓉//南京博物院集刊（12），文物出版社2011年
从儿童的心理特点浅谈博物馆的儿童教育/李胜男//苏州文博论丛2011（总第2辑），文物出版社2011年
东华理工大学博物馆江山实习基地展区及其教学服务功能分析/彭花明、郭福生、夏菲、潘家永、张雷雷//东华理工大学学报2012-1
拓展社会教育渠道传播博物馆文化/郭宪曾//中国文物报2012-1-11
关注农村学校关爱留守儿童：瑞金中央革命根据地开展“红色文化进课堂”活动的实践与体会/杨艳华//中国文物报2012-1-18

法国博物馆的儿童教育/韦坚//中国文物报2012-1-25
河南博物院社会教育工作纪实/刘玉珍、田丽//中国文物报2012-1-25
浅谈新世纪博物馆的教育性与娱乐性——以北京孔庙和国子监博物馆的社会教育活动为例/马琛//中国博物馆2012-2
英国博物馆的社会教育/高翠//中国文物报2012-2-1
陕西历史博物馆“美育教育年”活动纪实/步雁//中国文物报2012-2-8
博物馆作为终身教育之场域——公益性文化机构的资本交换与社会参与/于森//中国博物馆2012-3
博物馆儿童美学教育新模式——生态式艺术教育的实践/陈梓生//中国博物馆2012-3
关于博物馆教育国际化发展策略的思考/孙晓勇、黄彦震//黑龙江省社会主义学院学报2012-3
博物馆儿童教育的形式与设想/刘玉珍、田丽//中国文物报2012-3-21
参与、互动、体验：让博物馆成为孩子的乐园——以“欢乐大课堂”为例谈博物馆与未成年人教育/蒋丽楠//中国博物馆2012-4
博物馆宣教工作与社会需求——以河南博物院为例/刘玉珍、王学敏//中国博物馆2012-4
浅谈博物馆社会教育队伍构建——以国家博物馆为例/李莎//博物馆研究2012-4
浅谈博物馆如何为低龄儿童的启蒙教育服务/宋华//中国文物报2012-4-18
服务为本融合创新——河北省博物馆社会教育工作侧记/河北省博物馆社会教育部//中国文物报2012-4-18
创新服务形式促进民族团结——内蒙古博物院“博苑”讲坛的探索与创新/乌兰托娅//中国文物报2012-5-16
创新服务手段拓展服务空间——河南博物院未成年人教育创新纪实/林晓平//中国文物报2012-5-16
创新服务理念促进社区文化建设：福建博物院文博进校园、进社区纪实/曾凌颂、刘阳//中国文物报2012-5-16
比较视野下的博物馆艺术教育/陶金鸿//南京艺术学院学报2012-6
高度重视，统筹推进发挥高校博物馆育人功能/杜玉波//光明日报2012-6-4
创设良好舆论环境形成高校博物馆育人合力/李春林//光明日报2012-6-4
博物馆里学考古——三门峡市虢国博物馆组织小学生模拟考古活动纪实/张菁华//中国文物报2012-6-13
拓展教育活动内容多角度体验文化遗产——谈韩国国立中央博物馆外延性教育项目的设计与组织/王绚//中国文物报2012-6-27
论博物馆免费开放后社会教育功能的创新——以四川博物院为例/郑小萍//博物馆学刊（二），科学出版社2012年6月
关于博物馆未成年人教育的思考——从云南博物馆谈起/韦坚、王黔凌//中国文物报2012-7-25
从特权到参与：从教育到情感投入/〔美〕朱利安·雷比//中国国家博物馆馆刊2012-8
1912年至1966年中国国家博物馆的社会教育工作/王京//中国国家博物馆馆刊2012-9
观众友好型：博物馆教育的新目标——“中国柯桥·新时期博物馆展陈与教育学术论坛”综述/孙秀丽//中国文物报2012-9-26
创新服务形式拓展服务空间——国家博物馆社教工作探索与创新/赵骄健//中国文物报2012-10-17
将博物馆纳入现代视觉设计教育/安小蓓//中国文物报2012-10-17
品牌战略是博物馆未成年人教育的法宝——以河南博物院为例/丁福利//中国文物报2012-11-28
让儿童在博物馆感知“美”/杜莹//中国文物报2012-11-28
苏州博物馆未成年人教育纪实/高强//中国文物报2012-12-12
浅谈爱国主义教育基地活动形式的多样化/姜艳辉//中国文物报2012-12-12
创新形式发挥爱国主义教育功能：以伪满皇宫博物院为例/张微//中国文物报2012-12-12
关注青少年：博物馆价值取向的永恒主题/刘丽//安徽文博（八），中华书局2012年
浅谈如何办好博物馆文化讲座/陈伟容//博物馆学文集7，岳麓书社2012年
趣味小课堂走进学生课堂——课件《青铜兵器“戈”》的实践/刘晴贤、肖肖//博物馆学文集7，岳麓书社2012年
浅谈长沙市属博物馆如何针对公众需求开展公益讲座/杨眺//博物馆学文集7，岳麓书社2012年
博物馆展览教育活动应努力为学生服务/毛效华//博物馆学文集7，岳麓书社2012年
国际博物馆教育三篇/黄磊、李燕（译）//博物馆学文集7，岳麓书社2012年

新媒体与博物馆社会教育/肖冠雄//博物馆学文集7，岳麓书社2012年
面向学生观众群体的博物馆教育项目开发——以长沙简牍博物馆的实践为例/伊娜//博物馆学文集7，岳麓书社2012年
博物馆开展青少年教育工作的思考/胡仁亮//博物馆学文集7，岳麓书社2012年
浅谈博物馆与青少年教育/唐浩中//博物馆学文集7，岳麓书社2012年
科技馆教育与学校科学教育结合的探讨与分析/邱也//博物馆学文集7，岳麓书社2012年
浅谈如何发挥讲解员在科技馆对中小学生教育的作用/吴静//博物馆学文集7，岳麓书社2012年
试论博物馆教育与中小学教育的关系——以湘西土家族苗族自治州博物馆的教育实践为例/张卫华//博物馆学文集7，岳麓书社2012年
浅析博物馆教育怎样为中小学素质教育服务/卜珩一//博物馆学文集7，岳麓书社2012年
浅谈免费开放后讲解的四个基本问题/刘晴贤//博物馆学文集7，岳麓书社2012年
免费开放后湖南省博物馆目标观众研究——基于2008～2010年度观众调查的分析与思考/黄志华//博物馆学文集7，岳麓书社2012年
基于公众导向的博物馆教育——以湖南省博物馆为例/吴镝//博物馆学文集7，岳麓书社2012年
博物馆开展社会教育工作之初探/谭海燕//博物馆学文集7，岳麓书社2012年
新形势下如何提升和完善博物馆的社会教育职能/肖宏//博物馆学文集7，岳麓书社2012年
浅谈对市、县级博物馆社会教育工作的认识——以怀化市博物馆为例/朱吉英//博物馆学文集7，岳麓书社2012年
拓展高校博物馆社会教育功能的途径/何伟、何轩//博物馆学文集7，岳麓书社2012年
浅谈如何做好新时期博物馆、纪念馆的社会教育工作/姜艳辉//博物馆学文集7，岳麓书社2012年
免费开放后博物馆教育再认识/孙中华//博物馆学文集7，岳麓书社2012年
启蒙式教育在中小型博物馆的应用/符凯伟//博物馆学文集7，岳麓书社2012年
博物馆观众研究以及教育对象的培育/胡燕林//博物馆学文集7，岳麓书社2012年
试论博物馆教育人员的专业素养构成/李茜子//博物馆学文集7，岳麓书社2012年
坚持人才为本高扬文明旗帜——刘少奇同志纪念馆宣教队伍建设的探索与实践/罗雄//博物馆学文集7，岳麓书社2012年
讲解员素质要求与考核评定——以韶山毛泽东同志纪念馆为例/李瑛//博物馆学文集7，岳麓书社2012年
“四化”建设铸队伍爱国教育创品牌——韶山毛泽东同志纪念馆（遗物馆）宣教部工作模式的探索/胡蓉//博物馆学文集7，岳麓书社2012年
博物馆未成年人教育的几点思考/欧阳青//江西省博物馆集刊（三），文物出版社2012年
拓展式教育：博物馆文化的新内涵/严建强//中国博物馆2013-1
课堂、家庭与博物馆学习环境的整合——纽约“城市优势项目”分析与启示/鲍贤清、杨艳艳//全球教育展望2013-1
为了明天的课程：2012年中国博物馆教育培训研讨班报告/王芳//中国文物报2013-1-9
试论高校博物馆的文化育人与学生思想教育/荣正通//博物馆研究2013-2
对博物馆发挥爱国主义教育作用的几点思考/王洪鹏//博物馆研究2013-2
自然博物馆教育活动与学生课内外知识的拓展/宋杰、翟敬源、丁宏毅、王蔚、王丹//博物馆研究2013-2
关爱未成年人——博物馆社会教育的起点——以山东博物馆为例/孙友德//中国文物报2013-2-6
创新服务构建教育平台——从周恩来邓颖超纪念馆谈起/康金凤//中国文物报2013-2-6
发挥新媒体在爱国主义教育中的作用——以上海孙中山故居纪念馆为例/刘金驰、孙旻//中国文物报2013-2-8
为有源头活水来——安徽博物院社会教育创新纪实/王一婷//中国文物报2013-2-20
论我国博物馆教育发展的新趋势/丁福利//中国博物馆2013-3
博物馆社会教育与服务的分众化研究/邢致远、李晨//中国博物馆2013-3
科学的博物馆教育活动组织管理模式/郑奕//中国博物馆2013-3
浅谈博物馆陈列展览的教育功能及路径选择/刘岩石//大众文艺2013-3
教育是博物馆的灵魂/庞桂馨//中国文化报2013-3-3

走马观花效果欠佳课堂何时能够搬进博物馆/张鹏//文汇报2013-3-4
一边资源浪费一边教学单一：学校与博物馆怎样互动//中国文化报2013-3-28
珍视文化遗产传承人类文明——2013年“秦陵文化校园行”活动的创新与发展/潘莹//世界遗产在中国2013-4
博物馆在青少年爱国主义教育中的作用/刘泽婧//中国校外教育2013-4
北京三分之一博物馆无正规讲解观众称“看不懂”/刘冕//北京日报2013-5-13
光影之魅——以摄影为主题的博物馆教育项目/霍雨丰//中国文物报2013-5-29
音乐教育的“第二课堂”——博物馆教育在基础音乐教育中的价值刍议/李小毅//大众文艺2013-6
让传统书法艺术走近青少年——西安书法艺术博物馆开展社会活动纪实/庞博//中国文物报2013-6-12
仅仅免费还不够——博物馆吸引青少年的思考/张菁华、刘社刚//中国文物报2013-6-14
弘扬传统文化服务公众社会——西安碑林博物馆传统文化进校园活动纪实/贺华//中国文物报2013-6-19
博物馆教育应“授人以渔”/刘迪、夏子婕//中国文化报2013-6-20
发挥博物馆对弱势群体的教育功能/安娜//中国文物报2013-6-26
走进生活和心灵的博物馆教育——从深圳博物馆谈起/何红梅//中国文物报2013-7-24
博物馆观众的分类化识别和指引探索——基于一次针对年轻父母的博物馆教育讲座的思考/雷鸣霞//中国文物报2013-7-31
格物致知的课堂——上海博物馆暑期社会教育扫描/乐梦融、林明杰//中国文化报2013-8-1
博物馆里真奇妙——青岛市博物馆暑期培训班开课侧记/罗琦//中国文物报2013-8-7
“轻松校园行玩转博物馆”——武汉博物馆进校园活动纪实/裴少菲//中国文物报2013-9-4
国家博物馆与小学深度合作：馆校联合开发课本课程/崔波//中国文物报2013-9-27
阳光与爱，在路上——广西民族博物馆“志愿者万里行”纪实/李丽//中国文物报2013-10-16
教育心理学与博物馆儿童教育/周婧景//中国文物报2013-10-16
开拓多元化社会教育渠道：伪满皇宫博物院“流动大课堂”活动侧记/张洋//中国文物报2013-11-22
与时俱进不断探索提升博物馆公共教育水平——中国博物馆协会社会教育专业委员会2013年井冈山研讨会发言摘要//中国文物报2013-11-22
中国博物馆公共教育理论研究和专业实践水平不断提升/郭俊英//中国文物报2013-11-22
建立管理机制提高博物馆公共教育水平（中国博物馆协会社会教育专业委员会2013年井冈山研讨会发言摘要）/黄琛//中国文物报2013-11-22
注重受众参与培植公共服务品牌（中国博物馆协会社会教育专业委员会2013年井冈山研讨会发言摘要）/刘玉珍//中国文物报2013-11-22
有目标才有方向，有方向才能改变（中国博物馆协会社会教育专业委员会2013年井冈山研讨会发言摘要）/郑小平//中国文物报2013-11-22
为孩子打开一扇窗：观摩中国国家博物馆社会大课堂课程/李艳//中国文物报2013-12-25
试论我国高校博物馆科教功能的发挥/马骏//科技管理研究2013-16
国际博物馆协会教育与文化活动委员会“最佳做法”——教育与文化活动项目分析工具/科莱特·迪弗雷纳·泰斯著，黄磊、李燕泽，谢颖校// 湖南省博物馆馆刊（九），岳麓书社2013年
博物馆宣教活动的创新与实践/李宛真//新的社会服务新的管理机制新的发展思路学术研讨会论文集，黑龙江人民出版社2013年
围绕物件的学习：以博物馆为基础的儿童学习模式/王芳//新的社会服务新的管理机制新的发展思路学术研讨会论文集，黑龙江人民出版社2013年
云南省博物馆免费开放后社会教育的创新与发展/韦坚、王黔凌//新的社会服务新的管理机制新的发展思路学术研讨会论文集，黑龙江人民出版社2013年
浅谈博物馆宣教队伍的有效管理/魏云兰//新的社会服务新的管理机制新的发展思路学术研讨会论文集，黑龙江人民出版社2013年
浅谈博物馆的社会教育工作/张淑娟、佐虹//新的社会服务新的管理机制新的发展思路学术研讨会论文集，黑龙江人民出版社2013年
创新发展博物馆社会教育职能/郭晓瑛//新的社会服务新的管理机制新的发展思路学术研讨会论文集，黑龙江

人民出版社2013年
构建博物馆教育与服务的和谐统一/曾祝//新的社会服务新的管理机制新的发展思路学术研讨会论文集，黑龙江人民出版社2013年
博物馆与儿童美学教育/陈梓生//新的社会服务新的管理机制新的发展思路学术研讨会论文集，黑龙江人民出版社2013年
博物馆教育理念新思维/吴琰//新的社会服务新的管理机制新的发展思路学术研讨会论文集，黑龙江人民出版社2013年
关于发挥博物馆社会教育职能的强化政治意识问题/林燕燕//新的社会服务新的管理机制新的发展思路学术研讨会论文集，黑龙江人民出版社2013年
"定位·人才·合作"提高博物馆社会教育服务的品质/高嵩巍//新的社会服务新的管理机制新的发展思路学术研讨会论文集，黑龙江人民出版社2013年
发挥博物馆和纪念馆历史文化传承作用/蒋义//新的社会服务新的管理机制新的发展思路学术研讨会论文集，黑龙江人民出版社2013年
对外宣讲活动给企业博物馆带来的思考与启示/王颖//新的社会服务新的管理机制新的发展思路学术研讨会论文集，黑龙江人民出版社2013年
博物馆教育从娃娃抓起/胡庆伟//新的社会服务新的管理机制新的发展思路学术研讨会论文集，黑龙江人民出版社2013年
博物馆社教工作的发展思路/程红//新的社会服务新的管理机制新的发展思路学术研讨会论文集，黑龙江人民出版社2013年
新形势下博物馆的社会教育功能与观众需求/姜惠梅//新的社会服务新的管理机制新的发展思路学术研讨会论文集，黑龙江人民出版社2013年
探索景区社教工作的品牌发展之路/王晓楠//新的社会服务新的管理机制新的发展思路学术研讨会论文集，黑龙江人民出版社2013年
浅谈新时期博物馆社会教育职能的拓展——以安徽博物院为例/王一婷//新的社会服务新的管理机制新的发展思路学术研讨会论文集，黑龙江人民出版社2013年
4G理论在博物馆社会教育工作中的探索与应用——以山东博物馆为例/孙友德//新的社会服务新的管理机制新的发展思路学术研讨会论文集，黑龙江人民出版社2013年
浅谈免费开放背景下博物馆教育的"娱乐性"——以广西民族博物馆为例/袁晋//新的社会服务新的管理机制新的发展思路学术研讨会论文集，黑龙江人民出版社2013年
转变理念创新载体实现宣教工作的新跨越/肖邮华//新的社会服务新的管理机制新的发展思路学术研讨会论文集，黑龙江人民出版社2013年
多维视野下的中国博物馆社会教育发展之路/郝晓蔚//新的社会服务新的管理机制新的发展思路学术研讨会论文集，黑龙江人民出版社2013年
认识·品牌·合力·持续——大中型博物馆开展未成年人教育的一条有效路径/丁福利//新的社会服务新的管理机制新的发展思路学术研讨会论文集，黑龙江人民出版社2013年
面向学前儿童的科技馆教育刍议/常娟//博物馆与儿童教育，文物出版社2013年
浅析博物馆儿童教育项目设计/靳宝//博物馆与儿童教育，文物出版社2013年
方式决定成败——情境创设下的博物馆儿童教育/果美侠//博物馆与儿童教育，文物出版社2013年
论博物馆音乐教育的重要性——以国家博物馆儿童音乐教育活动为例/王潇//博物馆与儿童教育，文物出版社2013年
试论博物馆亲子教育活动/吴镝//博物馆与儿童教育，文物出版社2013年
儿童教育是博物馆服务的重要内容/黄晨、曹翠懂//博物馆与儿童教育，文物出版社2013年
浅谈蒙台梭利教育法给博物馆教育的启示/张敏//博物馆与儿童教育，文物出版社2013年
革命类博物馆少儿教育初探——以抗战馆少儿观众行为观察为例/张拴中、李雪丽//博物馆与儿童教育，文物出版社2013年
浅议网络儿童博物馆教育工作/刘雅楠//博物馆与儿童教育，文物出版社2013年

关于对博物馆是学校“第二课堂”的商榷——内蒙古博物院对学生教育的理论认识与实践探索/乌兰托娅//博物馆与儿童教育，文物出版社2013年
博物馆与儿童教育/黄丽敬//博物馆与儿童教育，文物出版社2013年
关于博物馆儿童思想道德教育途径的思考/郝黎//博物馆与儿童教育，文物出版社2013年
博物馆与儿童美学教育/陈梓生//博物馆与儿童教育，文物出版社2013年
博物馆教育工作/刘雅楠//博物馆与儿童教育，文物出版社2013年
浅谈大钟寺古钟博物馆开展儿童教育活动的几点思考/浮克清//博物馆与儿童教育，文物出版社2013年
试论博物馆少儿教育/王莹//博物馆与儿童教育，文物出版社2013年
思想道德教育在博物馆教育中的重要性/安放琪//博物馆与儿童教育，文物出版社2013年
儿童教育的新探索——博物馆教育功能的体现/沈农、樊文杰//博物馆与儿童教育，文物出版社2013年
浅谈如何策划博物馆儿童教育活动——以北京艺术博物馆社会教育活动为研究对象/孙秋霞//博物馆与儿童教育，文物出版社2013年
博物馆戏剧活动——少儿知识建构之媒介/郑钰、刘菁、李莉//博物馆与儿童教育，文物出版社2013年
梦想从这里启航——天文馆与少儿教育/李红//博物馆与儿童教育，文物出版社2013年
互动性展览与儿童教育/宋长忠//博物馆与儿童教育，文物出版社2013年
博物馆儿童教育的探讨——以山西博物院儿童教育为例/王晓芬//博物馆与儿童教育，文物出版社2013年
博物馆儿童教育的人文性理念与策略——兼谈21世纪国外博物馆儿童教育的启示/庞桂馨//博物馆与儿童教育，文物出版社2013年
关于法国博物馆儿童教育理念及运营方式/韦坚//博物馆与儿童教育，文物出版社2013年
将创造性戏剧融入博物馆儿童教育活动/李洋//博物馆与儿童教育，文物出版社2013年
浅谈博物馆讲解对于未成年人的教育心理——长沙简牍博物馆讲解实践/李伟//博物馆学文集8，岳麓书社2013年
博物馆资源在初中学生文化遗产保护意识教育中的实践探索/徐泠//博物馆学文集8，岳麓书社2013年
博物馆物件探索学习促进小学生综合素质发展的实践探索/薛超//博物馆学文集8，岳麓书社2013年
博物馆和未来教育/侯雁译//博物馆学文集8，岳麓书社2013年
免费开放形势下博物馆社会教育的新型实践——以安徽博物院社会教育实践为例/王一婷//安徽文博（九），黄山书社2013年
文化教育的新形态——论博物馆与大学生人文素质教育/金鑫//安徽文博（九），黄山书社2013年
现代教育理论在博物馆教育中的应用/沈艳//安徽文博（九），黄山书社2013年
从国家一级博物馆运行评估体系谈博物馆教育的创新/孙中华//中国纪念馆研究（2013年第2辑），北京出版社2013年
浅谈韩国国立中央博物馆的社会教育课程/王绚//齐鲁文物（2），科学出版社2013年
博物馆在公民教育中的作用初探/陈晓//百年传承创新发展：北京地区博物馆第六次学术会议论文集，中国书籍出版社2013年
试论在人的社会化过程中博物馆所起的作用/宋常忠//百年传承创新发展：北京地区博物馆第六次学术会议论文集，中国书籍出版社2013年
浅析文化消费视野下博物馆的公民教育/郑钰、魏峰、刘菁//百年传承创新发展：北京地区博物馆第六次学术会议论文集，中国书籍出版社2013年
县级博物馆与公民教育——以延庆博物馆为例/国淑娟//百年传承创新发展：北京地区博物馆第六次学术会议论文集，中国书籍出版社2013年
文化遗址为馆址的博物馆在优秀传统文化传承中发挥作用——以北京古代建筑博物馆开展北京先农坛历史文化内涵研究为例/董绍鹏//百年传承创新发展：北京地区博物馆第六次学术会议论文集，中国书籍出版社2013年
创新博物馆工作方式传承和弘扬宣南文化/温思琦//百年传承创新发展：北京地区博物馆第六次学术会议论文集，中国书籍出版社2013年
行业博物馆社会教育功能初探/周久经//百年传承创新发展：北京地区博物馆第六次学术会议论文集，中国书

籍出版社2013年
行业博物馆与公民素质教育——浅析北京人艺戏剧博物馆在公民戏剧教育的实践探索/陈利//百年传承创新发展：北京地区博物馆第六次学术会议论文集，中国书籍出版社2013年
博物馆社会教育工作新探索——关于未成年人教育工作的几点思考/郭爽//百年传承创新发展：北京地区博物馆第六次学术会议论文集，中国书籍出版社2013年
走进孩子们内心的博物馆/尉苗//百年传承创新发展：北京地区博物馆第六次学术会议论文集，中国书籍出版社2013年
谈新时期博物馆的宣教工作/沈农//江西省博物馆集刊（四），文物出版社2013年
博物馆与近代公共教育/徐玲//博物馆研究2014-1
利用多媒体技术提升博物馆科普教育效果——以南通博物苑为例/黄金//博物馆研究2014-1
天津博物馆开展青少年教育工作的实践与思考/王璐//博物馆研究2014-1
社会、学校与家庭：民国人对博物馆教育功能的引介和实践/李飞//东南文化2014-1
博物馆青少年教育活动实践反思/唐琳//中国纪念馆研究2014-1
浅议博物馆教育中的交互意识/吴力斌//中国纪念馆研究2014-1
关于拓展纪念馆社会教育功能的几点探讨/李力//中国纪念馆研究2014-1
浅析中医药博物馆的教育功能/张书河、蓝韶清、郑洪、陈来香//河南中医2014-1
从无序到有序：评选博物馆优秀社会教育案例对提升公共文化服务能力作用的思考/乌兰托娅//中国文物报2014-1-3
美国博物馆为学生群体做些什么/Kim Fortney著，李慧君编译//中国文物报2014-1-8
3D技术在博物馆公共教育领域的应用/王川//中国文物报2014-1-22
日本博物馆的公共教育/董丹//故宫学刊2014-2
博物馆社会教育：服务与志愿者/钟艺//中国博物馆通讯2014-2
博物馆与近代公共教育/徐玲//文博2014-2
博物馆里的儿童教育——以西安半坡博物馆“史前工场”为例/郝娟//文博2014-2
近代中国早期博物馆——中国西部科学院附设公共博物馆与民众教育/侯江//博物馆研究2014-2
建构主义理论与流动博物馆社会教育工作可结合性研究/王瑞昌//中国教育技术装备2014-2
博物馆里过大年渐成风尚，博物馆教育深入人心//中国青年报2014-2-10
中外博物馆网站教育项目比较研究及启示/梁敏//文博2014-3
美国博物馆教育资源的利用/刘连香//东南文化2014-3
拓展宣传教育功能延伸历史文化内涵——山西博物院宣教活动“瓷乐坊”札记/温晓苗//秦晋豫冀四省博物馆理论与实践研讨会论文选，陕西人民出版社2014年
试论中国民族类博物馆的展陈教育模式/覃代伦//中国博物馆通讯2014-4
博物馆开展国学教育的实践与创新——以山东博物馆孔子学堂为例/孙友德//中国文物报2014-4-2
借助“蓝天工程”推动馆校结合——中国邮政博物馆的青少年教育/杨江//中国文物报2014-4-2
云南省博物馆青少年教育探索多元模式/王黔凌//中国文物报2014-4-2
学校·博物馆——德国博物馆的馆校合作实践/肖灵轩//中国文物报2014-4-2
博物馆“学习单”设计要点/郑惠伦//中国文物报2014-4-2
“馆校共建”探索高校博物馆学教学改革新路径/吴辉、谢硕//中国文物报2014-4-2
让历史告诉今天新疆与祖国命脉相连——记新疆维吾尔自治区“流动博物馆”下基层系列活动/帕里巴克//中国文物报2014-4-25
互动教育与文化载体——关于陕西省博物馆青少年教育活动策划的思考/何倩//文博2014-5
博物馆教育与中小学教育的整合实例/王毅//中国文物报2014-5-28
家庭之桥——记中国妇女儿童博物馆社教活动/崔波、谢开//中国文物报2014-5-28
浙江自然博物馆未成年人教育做法介绍/浙江自然博物馆//浙江文物2014-6
杭州博物馆未成年人教育实践做法介绍/杭州博物馆//浙江文物2014-6
余姚市河姆渡遗址博物馆未成年人教育做法介绍/余姚市河姆渡遗址博物馆//浙江文物2014-6

发挥博物馆青少年教育功能的探索与实践——陈福建博物院谈起/陈梓生//中国文物报2014-6-11
走出博物馆青少年教育的困境/邓晓、何瑛//中国文物报2014-7-8
对症下药：谈谈博物馆宣教工作/杨畦//中国文物报2014-7-22
德国博物馆开展的教育活动——以德意志博物馆、德国历史博物馆和柏林国家博物馆为例/郑莉//文艺生活2014-8
七彩夏日快乐至上：苏州碑刻博物馆暑期未成年人教育系列活动纪实/刘逢秋//中国文物报2014-8-5
怎样利用博物馆教育资源/心艺//中国教育报2014-8-11
在快乐中学习在学习中快乐——甘肃省博物馆举办亲子快乐营主题系列活动纪实/王裕昌//中国文物报2014-8-19
搭建智慧的舞台开创美好的明天——宁波博物馆积极推动未成年人思想道德建设/莫意达//中国文物报2014-9-12
中国人民抗日战争纪念馆社会教育活动特色/中国人民抗日战争纪念馆//中国文物报2014-9-30
创新工作载体突出宣教特色——周恩来邓颖超纪念馆宣教创新简介/周恩来邓颖超纪念馆//中国文物报2014-9-30
考古遗址博物馆教育的拓展/孔利宁//中国博物馆通讯2014-10
充满活力的博物馆教育——华北五省（区、市）社教工作研讨会综述/刘卫华//中国文物报2014-10-14
触摸历史脉络体验艺术精髓——中国国家博物馆公共教育活动侧记/陈慰//中国文物报2014-10-14
高校博物馆与青少年素质教育/宋向光//中国文物报2014-10-28
服务公众一路探索：甘肃省博物馆社会教育工作纪实/甘肃省博物馆//中国文物报2014-11-21
高校博物馆与青少年素质教育/宋向光//中国文物报2014-10-28
武汉大禹武汉博物馆的“多种教育”/黄国华//中国文物报2014-10-28
发挥藏品在廉政教育中的作用/张妍//中国文物报2014-12-23
以人为本弘扬八桂精神——近年来广西壮族自治区博物馆社教工作特色/广西壮族自治区博物馆//中国文物报2014-12-30
当代公共博物馆对中小学生特色教育与服务工作职能建设研究/潘彬彬//艺术百家2014-S1
论当代公共博物馆社会文化教育功能的拓展/刘小云//艺术百家2014-S1
博物馆社会教育与社区互动设想/林晓平//秦晋豫冀四省博物馆理论与实践研讨会论文选，陕西人民出版社2014年
博物馆教育的思考/郭喜锋//秦晋豫冀四省博物馆理论与实践研讨会论文选，陕西人民出版社2014年
博物馆社会教育功能的再认识/张云//秦晋豫冀四省博物馆理论与实践研讨会论文选，陕西人民出版社2014年
博物馆社会教育问题初探/蔺琳、王丽娟//秦晋豫冀四省博物馆理论与实践研讨会论文选，陕西人民出版社2014年
博物馆提升社会教育功能的对策/樊英峰//秦晋豫冀四省博物馆理论与实践研讨会论文选，陕西人民出版社2014年
新时期纪念馆宣教工作新特点/史永平//秦晋豫冀四省博物馆理论与实践研讨会论文选，陕西人民出版社2014年
汉阳陵公众考古活动的思考/程艳妮//秦晋豫冀四省博物馆理论与实践研讨会论文选，陕西人民出版社2014年
论我国博物馆教育发展的新趋势和新热点/丁福利//齐鲁文物（3），科学出版社2014年
试论博物馆如何有效开展中小学生国学教育/林声哲、吴镝//齐鲁文物（3），科学出版社2014年
浅议博物馆的社会教育品牌/高震//齐鲁文物（3），科学出版社2014年
加强博物馆教育研究，夯实博物馆教育基础/宋向光//中国博物馆学会考古与遗址博物馆专业委员会2011～2013年年会论文集，西北大学出版社2014年
论遗址博物馆的社会教育能力建设/田静//中国博物馆学会考古与遗址博物馆专业委员会2011～2013年年会论文集，西北大学出版社2014年
遗址博物馆青少年教育刍议——以北京大葆台西汉墓博物馆青少年教育活动为例/张振松//中国博物馆学会考古与遗址博物馆专业委员会2011～2013年年会论文集，西北大学出版社2014年
走进遗址传承文明——殷墟遗址博物馆发挥青少年教育功能的实践与思考/李文静、申文喜//中国博物馆学会

考古与遗址博物馆专业委员会2011～2013年年会论文集，西北大学出版社2014年
关于博物馆公众教育模式的探索——以陕西历史博物馆为例/步雁//陕西历史博物馆馆刊（21），三秦出版社2014年

2. 博物馆讲解与讲解员

浅论博物馆的宣讲艺术/樊维新//博物馆研究1994-3
中国革命博物馆举办“全国博物馆、纪念馆讲解员培训班”的做法/胡惠强//中国博物馆通讯1994-7
文博宣教工作之探讨——四十年讲解之回顾/赵文艺//史前研究1994年增刊；我在半坡，陕西旅游出版社2007年
浅论讲解的若干原则及技巧/曾广庆//博物馆学论丛（四），中州古籍出版社1994年
试谈历史类博物馆讲解的本质/冯建//博物馆学论丛（四），中州古籍出版社1994年
浅谈“因人施讲”/温革新//博物馆学论丛（四），中州古籍出版社1994年
试谈露天博物馆与室内博物馆讲解的异同/王洁//博物馆学论丛（四），中州古籍出版社1994年
讲解员的素质与博物馆的社会教育形象/刘炳元//中国博物馆1995-1
论讲解词的写作/黄定平//中国博物馆1995-1
关于讲解/王志杰//中国博物馆1995-2
屯溪古宅讲解人/王世衡//中国博物馆通讯1995-3
浅谈讲解员的素质与博物馆的社会教育作用/边策//彭城大学学报1995-4
提高讲解员的智能结构/杨玲//中国博物馆通讯1995-7
遗址博物馆讲解宣传的特点/理智//遗址博物馆研究——兼论陕西遗址博物馆，陕西人民出版社1995年
讲解语言艺术的特征和分类/施善萍//太平天国历史博物馆建馆四十周年论文集，江苏教育出版社1996年
谈博物馆纪念馆讲解的现状及发展/黄晨、芦晓莲//太平天国历史博物馆建馆四十周年论文集，江苏教育出版社1996年
博物馆应用交互式讲解系统需考虑的几个问题/〔英〕彼得·N·路易斯著，翟晓兰译//陕西历史博物馆馆刊（三），三秦出版社1996年
成功的讲解是对陈列内容的丰富/尤炳霞//首都博物馆十五周年论文选，地质出版社1996年
论陈列讲解效果/宋向光//中国博物馆1997-1
试论陈列讲解中的四种关系/张文立//文物春秋1997-1
讲解员的劳动特点和职业道德/王彦//博物馆研究1997-1
讲解员要致力于内在美、知识美、人格美/苏东海//中国博物馆通讯1997-1
专业性科技博物馆讲解工作浅议/周俊岚、郎桂荣//中国博物馆通讯1997-1
积极参与，勇于进取——记昌吉州文物讲解观摩赛/马金娥//新疆文物1997-1
塑造自我，感到观众——漫谈讲解员的工作及素养/刘建安//陇右文博1997-1
论博物馆讲解员的综合素质/尚晏芝//文物春秋1997-2
文物欣赏与讲解修养的关系/文静//陇右文博1997-2
学习与掌握心理学做好讲解工作/高春玲//中国自然科学博物馆协会通讯1997-2
讲解中要正确处理好博物馆形象、职业形象和个人形象的关系（论点摘编）/宋向光//中国博物馆通讯1997-3
市场经济与讲解员职业道德建设/张建雄//中国博物馆1997-3
具备一定的文物知识是做好讲解的前提/高宝仕//中国博物馆通讯1997-10
博物馆讲解员的构成//文博青年论丛（第二辑），北京图书馆出版社1997年
浅谈讲解稿的写法/金兰//博物馆研究1998-1
讲解工作随想——有感于东北三省博物馆讲解员邀请赛/张微//博物馆研究1998-1
语言的基本表现手段/尚晏芝//文物春秋1998-1
讲解员的生命力/江洁//武汉文博1998-1
讲解之我见/涂家英//武汉文博1998-1
谈讲解员的嗓音训练法/张彦//武汉文博1998-1

浅谈博物馆讲解员的心理素质与讲解技巧/浮克清//北京文博1998-1
97全国文物系统讲解员讲解比赛后的思考/赵学东//中国博物馆通讯1998-2
博物馆藏品的阐释/宋向光//博物馆研究1998-2
讲解工作中的几点体会/惠立//安徽文物工作1998-3
博物馆讲解工作的社会参与及心理现象分析/郝庆全//中国博物馆通讯1998-3
在新形势下如何做一名合格的讲解员/孙永华//中国自然科学博物馆协会通讯1998-3
论讲解语言/赵继敏//中国博物馆1998-4
浅谈讲解员的素质/邢敏//武汉文博1998-4
参赛讲解与陈列室讲解区别浅析/贾雪虹//中国博物馆通讯1998-6
谈讲解与讲演的区别（论点摘编）/金兰//中国博物馆通讯1998-7
谈讲解与演讲的区别/张新平//中国博物馆通讯1998-10
抗战馆建设专职、兼职、志愿者三结合工作队伍的做法和体会/于延俊//中国博物馆通讯1998-11
讲解员的个人条件对讲解有怎样的影响/宋向光//中国博物馆通讯1998-12
论云南民族博物馆讲解工作/王国梁//观众与博物馆——云南民族博物馆陈列科教集，云南科技出版社1998年
浅谈博物馆讲解的规范化/桓玉民、王莉娜//史前研究1958～1998年：西安半坡博物馆成立四十周年文集，三秦出版社1998年
浅谈博物馆宣传讲解工作/姜蔚//深圳博物馆开馆十周年纪念文集，中华书局1998年
培养学生骨干，建立业余讲解队伍/齐建芬//中国博物馆通讯1999-2
新馆讲解队伍建设的新作法/齐建芬//中国博物馆通讯1999-3
谈谈参赛讲解与选用演讲形式的问题/王继红//中国博物馆通讯1999-7
对讲解风格的两点看法/邢继贤//中国博物馆通讯1999-12
试论博物馆讲解艺术及其价值/冯健//洛阳博物馆建馆四十周年纪念文集，科学出版社1999年
讲解工作怎样成为陈列与观众的桥梁/李正华//中国博物馆通讯2000-2
浅析讲解语言中的情感色彩/齐建芬//中国博物馆2000-3
杭州南宋官窑博物馆对小学生讲解的体会/沈洁如//中国博物馆通讯2000-5
接待外宾及讲解中应注意的礼仪和禁忌/王青茹//中国博物馆通讯2000-5
博物馆新闻宣传工作初探/李砾华//文物春秋2000-4
浅谈讲解艺术——河北省博物馆讲解工作探析/白晓燕//文物春秋2000-4
我们是怎样对小学生讲解红军长征专题的/李正华//中国博物馆通讯2000-6
讲解员厌讲情绪产生的原因及解决的办法/刘小豹//中国博物馆通讯2000-12
职业的情感/李正华//中国博物馆通讯2000-12
遗址博物馆讲解的个性特征及深化内容的几点思考/张希玲//史前研究（2000），三秦出版社2000年
关于史前遗址博物馆释读工作的几点看法/徐芳//史前研究（2000），三秦出版社2000年
浅谈遗址博物馆的讲解及讲解员必备的综合素质的培养/李俊梅//史前研究（2000），三秦出版社2000年
从陕西历史博物馆宣教工作实践谈市场经济下博物馆讲解队伍的组合/王彬//陕西历史博物馆馆刊（七），三秦出版社2000年
博物馆的语音讲解器材及发展/马跃进//中国博物馆通讯2001-1
谈谈参赛讲解与展览讲解的区别/郭晓瑛//陇右文博2001-1
2001年全省文博系统讲解大赛简况/郭晓瑛//陇右文博2001-2
提高博物馆讲解服务质量之我见/冯亚飞//中国自然科学博物馆协会通讯2001-2
讲解风格透析/王彦//中国博物馆2001-3
从“死水一潭”到“活水涌泉”——安徽省博物馆面向社会培训宣教队伍的实践/李晖、张欣//博物馆研究2001-3
改进博物馆讲解工作的新思考/陈卫平//博物馆研究//博物馆研究2001-4
辽宁大学历史博物馆的教学功能/王秋华//博物馆研究2001-4
讲解的最佳情感状态/金耀丽//中国博物馆通讯2001-5

对四件文物情感内涵的追寻/王家森//中国博物馆通讯2001-10
浅谈革命纪念馆讲解工作的特点/糜斌如//陕西历史博物馆馆刊（八），三秦出版社2001年
谈讲解员在陈列展览中的作用及其素质培养/张璐//博物馆研究2002-1
对博物馆讲解员素质的一点认识/韩贞顺//博物馆研究2002-1
浅析讲解员与观众的关系/张艳明//文物春秋2002-2
注重综合素质坚持讲解方向/秦仙梅//博物馆研究2002-3
关于讲解比赛的思考/沈岩//中国博物馆通讯2002-4
博物馆讲解员如何接待少数民族观众/谢剑荣//中国博物馆通讯2002-7
讲解员：博物馆睿智的眼睛/陶幼娟//中国文物报2002-8-1
展览说明词个性化之我见/郑朝晖//中国文物报2002-8-19
文物讲解应注重科学性/孟强//中国文物报2002-12-27
浅谈怎样提高讲解水平/单志英//博物馆研究2003-1
讲解比赛之我见/刘丽君//文物春秋2003-1
从两种讲解之比较中受到的启迪/张天莉//中国博物馆通讯2003-1
博物馆讲解员如何在竞争中立足/梁玉珍//中国博物馆通讯2003-1
提高自然博物馆讲解员素质的几种方法/于立元//中国博物馆2003-2
因人施讲是对陈列内容的丰富/李旻//中国博物馆2003-2
观众心理分析及讲解工作应对/张君弘//博物馆研究2003-2
运用注意的规律提高讲解的质量/费玲伢//中国博物馆通讯2003-2；南京博物院文物博物馆考古文集，文物出版社2003年
讲解人员资格认证工作的做法和认识/张金茹//中国博物馆通讯2003-2
新的讲解模式与讲解员/郑朝晖//中国文物报2003-2-14
谈讲解员素质及讲解队伍的建设/罗丽欣//博物馆研究2003-3
从仪表举止再谈讲解员的讲解艺术/张晓梅//博物馆研究2003-3
讲解员素质之我见/单志英//博物馆研究2003-3
谈讲解员的业务素质——关于河北省爱国主义教育基地讲解员风采大赛的思考/张金茹//文物春秋2003-3
浅谈讲解模式改革创新的思路/赵幼强//中国文物报2003-7-4
省级博物馆讲解员配置的一点思索/宋百灵//中国文物报2003-8-29
河南博物院人事制度改革中聘用讲解员的一些作法/舍娇//中国博物馆通讯2003-9
试论讲解员的人体语言传播/丁卫卫//博物馆学论丛（五），中州古籍出版社2003年
浅谈讲解的表情语言和形体语言/王玉清//博物馆学论丛（五），中州古籍出版社2003年
试论心理学与讲解/金耀丽//博物馆学论丛（五），中州古籍出版社2003年
面向未来、开拓新形势下的宣教工作——浅谈讲解黄河的几点体会/董金玉//博物馆学论丛（五），中州古籍出版社2003年
浅议讲解中的调控与浓缩技巧/刘平//博物馆学论丛（五），中州古籍出版社2003年
讲解艺术与现代博物馆三论/袁道俊//南京博物院文物博物馆考古文集，文物出版社2003年
南京博物院开展手语讲解的几点思考/张雪菲//东南文化2004-1
积极使用高素质的讲解员/刘鉴//中国文物报2004-3-12
“雷锋杯”全国讲解大赛的启示与思考/张希玲//中国博物馆2004-4
讲解员基本素质刍议——兼谈对讲解比赛的几点看法/李建丽//文物春秋2004-4
浅谈博物馆讲解的个性化/徐金巧//中国博物馆通讯2004-7
走出讲解比赛的误区/周筠//中国文物报2004-7-19
如何展现英语讲解的魅力/韩静//中国博物馆通讯2004-9
人物类革命纪念馆讲解员对未成年人进行宣传讲解的几点体会/姜艳辉//中国博物馆通讯2004-10
在“雷锋杯”全国博物馆讲解大赛点评会上的发言提纲/张希玲//中国博物馆通讯2004-11
特色博物馆讲解员队伍建设新思考/何红梅//深圳文博论丛二〇〇四，中华书局2004年

从碑林博物馆的讲解谈讲解艺术的应用/罗宁丽//碑林集刊（十），陕西人民美术出版社2004年
谈博物馆讲解员的素质/汪红梅//陕西历史博物馆馆刊（十一），三秦出版社2004年
《中学历史》实践课呼唤讲解员角色更新/苏艳//北京文博2005-3
民族博物馆讲解工作探析/胡萍//中国文物报2005-4-22
博物馆讲解员的定位问题/汪红梅//文博2005-5
博物馆英文讲解中的相关问题/贾璞//中国文物报2005-6-14
讲解员当选全国劳模有感/齐吉祥//中国文物报2005-6-22
从博物馆内部专业人员中选择培养讲解员/杨冬梅//文物工作2005-7
浅谈如何做好博物馆讲解工作/翟群涛//文物工作2005-7
谈博物馆、纪念馆讲解员的选拔和培养/肖冠雄//中国文物报2005-7-5
浅析蒲松龄故居纪念馆的讲解特色/孙巍巍//中国博物馆通讯2005-8
策应红色旅游兴起完善革命纪念馆讲解/赵凌、薛园//中国文物报2005-8-15
高校博物馆讲解工作初探/张爱民//中国文物报2005-8-23
讲解员如何才能激发观众产生“美感”/唐瑞玲//中国博物馆通讯2005-9
百年老馆宣教绽新芽——南通博物苑在青少年素质教育中发挥作用/葛云莉//中国文物报2005-9-2
浅论云冈石窟宣教队伍管理/李立芬//中国文物报2005-9-2
大英博物馆的志愿讲解员/黄磊编译//中国博物馆通讯2005-11
讲解如何缓解博物馆参观瓶颈/红梅//中国文物报2005-11-4
讲解员应研究些什么/范新平、史进平//中国文物报2005-11-8
讲解中容易被忽视的几个问题/黄琛//中国文物报2005-11-11
对青铜器讲解的几点认识/王红//中国文物报2005-12-2
浅谈博物馆讲解员的语言技能/尚晏芝//中国文物报2005-12-23
试析史前博物馆讲解之特征/郭青岭//史前研究（2004）：中国博物馆学会史前遗址博物馆专业委员会第五届学术研讨会论文集，三秦出版社2005年
讲解员的基本任务和素养/沈晨霞//史前研究（2004）：中国博物馆学会史前遗址博物馆专业委员会第五届学术研讨会论文集，三秦出版社2005年
浅谈博物馆讲解员应如何提高自身综合素质/彭敏//史前研究（2004）：中国博物馆学会史前遗址博物馆专业委员会第五届学术研讨会论文集，三秦出版社2005年
论英语讲解的语言艺术和讲解技巧/师瑞玲//史前研究（2004）：中国博物馆学会史前遗址博物馆专业委员会第五届学术研讨会论文集，三秦出版社2005年
博物馆讲解服务之我见/陈丽萍//乾陵文化研究（一），三秦出版社2005年
关于博物馆外语讲解的几个问题/杨婉萍//乾陵文化研究（一），三秦出版社2005年
浅谈讲解工作的再创造/陈艳//博物馆的记忆与想象：“百年文博——我与博物馆”大型征文活动文萃，学苑出版社2005年
讲解词编写技巧三题/刘洪//博物馆的记忆与想象：“百年文博——我与博物馆”大型征文活动文萃，学苑出版社2005年
博物馆、纪念馆讲解服务标准化管理初探/肖冠雄//博物馆的记忆与想象：“百年文博——我与博物馆”大型征文活动文萃，学苑出版社2005年
参加“雷锋杯”全国博物馆讲解大赛有感/李茜子//湖南省博物馆馆刊（二），岳麓书社2005年
讲解员等级管理的思考——兼谈瑞金中央革命根据地纪念馆讲解员队伍建设/杨荣彬//回顾与展望——中国博物馆发展百年：2005年中国博物馆学会学术研究会文集，紫禁城出版社2005年
中国博物馆讲解工作百年回顾展望/葛云莉、赵翀//回顾与展望——中国博物馆发展百年：2005年中国博物馆学会学术研究会文集，紫禁城出版社2005年
博物馆讲解：一个独特的专业教育领域/张希玲//中国博物馆2006-1
博物馆讲解的三个重要“接点”——从“近代中国”陈列的讲解实践谈起/李正华//中国博物馆2006-1
不做机器能代替的讲解员——浅谈讲解工作的再创造/陈艳//中国文物报2006-2-17

“察言观色”在讲解艺术中的作用/唐琳//中国文物报2006-2-17
打好讲解工作的“短平快”/贾洪瑜//中国文物报2006-4-26
小姐服务员阿姨老师——该怎么称呼博物馆的讲解员/徐宁//中国文物报2006-8-25
浅谈博物馆讲解员的素质要求与培养途径/罗雨笙//中国培训2006-12
从陕西历史博物馆宣教工作实践谈商品经济下博物馆讲解队伍的组合/王彬//博物馆学研究论文集，陕西人民出版社2006年
浅议“知识型”讲解员/步雁//陕西历史博物馆馆刊（十三），三秦出版社2006年
从单一到多元——陕西历史博物馆多层次讲解服务体系的建立与完善/庞雅妮//陕西历史博物馆馆刊（十三），三秦出版社2006年
浅谈研究观众心理与讲解语言的合理运用/李慧杰//中国民族文博（一），民族出版社2006年
民族博物馆讲解工作中应注意的几个问题/何晓东//中国民族文博（一），民族出版社2006年
加强与观众的沟通实现社会发展对博物馆的新要求/钱仁发//安徽省博物馆建馆五十周年文集，安徽人民出版社2006年
谈展厅讲解与比赛讲解的差异/马兰//安徽省博物馆建馆五十周年文集，安徽人民出版社2006年
从郁闷、彷徨、懈怠到有心、爱心、责任心——从事文博工作20年随想/惠立//安徽省博物馆建馆五十周年文集，安徽人民出版社2006年
讲解的辅助手段——形体艺术/徐康//安徽省博物馆建馆五十周年文集，安徽人民出版社2006年
谈语音导览在故宫博物院的运用/阎宏斌//社会化视野下的博物馆教育，文物出版社2006年
浅谈运用修辞技巧增强讲解语言表达趣味性的若干方法/吴镝//湖南省博物馆馆刊（三），岳麓书社2006年
博物馆讲解员学者化问题之我见/杨煜//旅顺博物馆馆刊（创刊号），2006年
谈博物馆非专业讲解员的管理/王彬//中国博物馆2007-1
专家导览对普通观众实施的可行性/周婧峰//中国文物报2007-1-17
论当代博物馆讲解员的修炼/王微//中国博物馆2007-2
博物馆专家型讲解员的定位及相关问题研究/邵文斌、杨琦//中国博物馆2007-2；秦陵秦俑研究动态2007-3
情感是讲解工作的灵魂——浅谈讲解与情感效应/王一婷//中国博物馆2007-3
讲解，应该向观众传递什么？——博物馆“以人为本”的策略漫谈/陈金屏//中国博物馆2007-3
专家导览需认真对待/张健平//中国文物报2007-3-16
军事类纪念馆对外讲解中应注意的几个问题/沈岩、马颖//中国博物馆2007-4
一位志愿者谈怎样做好讲解工作/张鹏//中国博物馆通讯2007-4
浅谈博物馆讲解员的职业修养/王新生//文物世界2007-4
讲解员的使命与光荣/王玉君//中国文物报2007-5-18
讲解员培养与讲解员等级评定的探索/姜艳辉//中国文物报2007-6-8
遗址博物馆讲解的难点与要点——以南越宫署遗址为例/章昀//中国文物报2007-6-15
讲解艺术初探/吴玲//中国文物报2007-6-15
谈博物馆非专业讲解员管理/王彬//科学发展观与博物馆教育学术研讨会论文集，陕西人民出版社2007年
信息资源在讲解中的作用/刘洪//科学发展观与博物馆教育学术研讨会论文集，陕西人民出版社2007年
“讲解收费”之我见/沈君芳//中国文物报2007-7-6
浅谈高校博物馆学生讲解员的选拔和培养/王王莹//黑龙江教育2007-7
浅议博物馆讲解工作/谭文辉//中国文物报2007-7-18
博物馆教育教学研究讲解员专业成长之路/苏艳//中国文物报2007-8-31
博物馆观众接待中的心理学知识/李念红/中国文物报2007-11-2
博物馆应如何培养高素质的“资深”讲解员/陈海先//深圳文博论丛2005～2006年合刊，文物出版社2007年
论博物馆讲解员的发展方向/田静//科学发展观与博物馆教育学术研讨会论文集，陕西人民出版社2007年
“讲、跳、唱相结合讲解方式”再分析/张礼智//科学发展观与博物馆教育学术研讨会论文集，陕西人民出版社2007年
讲解，应该向观众传递什么——博物馆“以人为本”的策略浅谈/陈金屏//科学发展观与博物馆教育学术研

讨会论文集，陕西人民出版社2007年
探索培养知识型讲解员的新途径——以新建西安博物院为例/李燕//科学发展观与博物馆教育学术研讨会论文集，陕西人民出版社2007年
博物馆讲解：一个独特的专业教育领域/张希玲//博物馆理论与实践研讨会论文集，三秦出版社2007年
博物馆讲解员的发展之路/何宏//博物馆理论与实践研讨会论文集，三秦出版社2007年
浅议当前讲解工作面临的形势与对策/师瑞玲//博物馆理论与实践研讨会论文集，三秦出版社2007年
浅谈当代博物馆讲解工作的理论框架建设/汪红梅//陕西历史博物馆馆刊（十四）三秦出版社2007年
谈市场经济下博物馆讲解队伍的组合——以陕西历史博物馆为例/王彬//陕西文博宣教工作论丛（二），陕西旅游出版社2007年
从单一到多元——陕西历史博物馆多层次讲解服务体系的建立与完善/庞雅妮//陕西文博宣教工作论丛（二），陕西旅游出版社2007年
浅议当前讲解工作的形势与对策/师瑞玲//陕西文博宣教工作论丛（二），陕西旅游出版社2007年
试论计划外合同制讲解队伍的稳定和发展——以陕西历史博物馆为例/冯莹//陕西文博宣教工作论丛（二），陕西旅游出版社2007年
适应新形势提倡个性化——如何培养一支年轻化、个性化、知识型的讲解队伍/刘晓华、邓世兰//陕西文博宣教工作论丛（二），陕西旅游出版社2007年
关于解决旺季讲解员缺乏问题的思考/张娴、李萍//陕西文博宣教工作论丛（二），陕西旅游出版社2007年
从秦兵马俑全国巡回展长沙站的工作谈宣教讲解培训工作的发展/任浩东、汪红梅//陕西文博宣教工作论丛（二），陕西旅游出版社2007年
从美国罗森公司“员工第一”理念谈讲解员地位/党燕宁//陕西文博宣教工作论丛（二），/陕西旅游出版社2007年
对博物馆讲解的几点认识/张希玲//陕西文博宣教工作论丛（二），陕西旅游出版社2007年
论博物馆讲解员的发展之路/何宏//陕西文博宣教工作论丛（二），陕西旅游出版社2007年
论市场经济条件下讲解员职业道德修养建设/王晓莉、张艳喜//陕西文博宣教工作论丛（二），陕西旅游出版社2007年
浅议“知识型”讲解员/步雁//陕西文博宣教工作论丛（二），陕西旅游出版社2007年
谈博物馆讲解员的基本素质/汪红梅//陕西文博宣教工作论丛（二），陕西旅游出版社2007年
浅谈新时期讲解员应具备的素质/高勇利//陕西文博宣教工作论丛（二），陕西旅游出版社2007年
关于新时期博物馆讲解员素质的思考/罗宁丽//陕西文博宣教工作论丛（二），陕西旅游出版社2007年
试谈新时期博物馆讲解员素质的规定性/周俊玲、叶梅//陕西文博宣教工作论丛（二），陕西旅游出版社2007年
改进方法迎接挑战——浅谈新世纪讲解员发展趋势/金凯、陈霞//陕西文博宣教工作论丛（二），陕西旅游出版社2007年
专业、博学——现时代的讲解员之路/郝娟、张钰//陕西文博宣教工作论丛（二），陕西旅游出版社2007年
浅谈讲解员的业务学习/岳东//陕西文博宣教工作论丛（二），陕西旅游出版社2007年
试论博物馆讲解人员形象塑造的几个问题/毕颖华//陕西文博宣教工作论丛（二），陕西旅游出版社2007年
如何做好博物馆对中小学生的讲解工作/王锐//陕西文博宣教工作论丛（二），陕西旅游出版社2007年
试论讲解员讲解的不可替代性/秦仙梅//陕西文博宣教工作论丛（二），陕西旅游出版社2007年
浅谈讲解员和导游员的异同/郝娟//陕西文博宣教工作论丛（二），陕西旅游出版社2007年
讲解艺术的理性思考与实践之探析/赵文艺、李敏//陕西文博宣教工作论丛（二），陕西旅游出版社2007年
怎样使讲解充满魅力——讲解技巧琐议之一/张希玲、师瑞玲//陕西文博宣教工作论丛（二），陕西旅游出版社2007年
讲解技巧初探/张娴、陈明//陕西文博宣教工作论丛（二），陕西旅游出版社2007年
浅论讲解艺术的特点/刘宁、刘姗姗//陕西文博宣教工作论丛（二），陕西旅游出版社2007年
对讲解艺术的理性思考与实践/赵文艺//我在半坡，陕西旅游出版社2007年
讲解艺术与专业思考——理论在讲解中的指导意义/赵文艺//我在半坡，陕西旅游出版社2007年
讲解艺术的标准与目的/赵文艺//我在半坡，陕西旅游出版社2007年

浅析半坡遗址讲解中哲学思想的运用/赵文艺//我在半坡，陕西旅游出版社2007年
谈讲解的魅力/赵文艺//我在半坡，陕西旅游出版社2007年
也谈讲解比赛/赵文艺//我在半坡，陕西旅游出版社2007年
试谈增强讲解员的服务意识/林晓萍//河南博物院建院80周年论文集，大象出版社2007年
浅谈博物馆讲解员的素质培养/张敬//河南博物院建院80周年论文集，大象出版社2007年
浅谈博物馆讲解如何创新/柳恒//河南博物院建院80周年论文集，大象出版社2007年
浅谈在讲解中如何缩短观众和文物之间的心理距离/吴镝//湖南省博物馆馆刊（四），岳麓书社2007年
浅谈态势语言在讲解中的运用/黄志华//湖南省博物馆馆刊（四），岳麓书社2007年
培养博物馆讲解员英文讲解的激情/由林鹏//辽宁省博物馆馆刊（2），辽海出版社2007年
新视野下的博物馆讲解员角色再认识/骆土泉//中国博物馆2008-2
见证历史与文化传播：博物馆讲解刍议/王茜//宁夏师范学院学报2008-2
浅议博物馆讲解工作——以平粮台遗址博物馆为例/李剑文//中国文物报2008-4-25
浅谈中医药博物馆中的中药讲解/卢颖//中医教育2008-5
浅谈讲解员素质及队伍的建设/关永琨、张耀东//东京文学2008-8
正规的业务培训是提高纪念馆讲解员专业水平的必经之路/王作为//中国博物馆通讯2008-8
讲解员的艺术把握与形象建构/惠立//中国文物报2008-11-7
讲解员学者化——纪念馆宣传教育的可持续发展之路/曹自求、刘启芳//中国博物馆通讯2008-12；博物馆创新与发展高峰论坛文集，辽宁人民出版社2009年；上海文博论丛2010-1
对博物馆讲解员工作的几点粗浅认识/高爱霞//黑龙江科技信息2008-18
博物馆应该积极使用高素质的讲解员/张慧//黑龙江科技信息2008-33
从2008北京奥运看博物馆功能及讲解员本领的提升/王海燕//新世纪博物馆的实践与思考：北京博物馆学会第五届学术会议论文集，北京燕山出版社2008年
初探新形势下办好中小型博物馆讲解工作的重要性和有效途径/张颖//新世纪博物馆的实践与思考：北京博物馆学会第五届学术会议论文集，北京燕山出版社2008年
释读讲解工作/徐懿姣//黑龙江省文物博物馆学会第五届年会论文集，黑龙江人民出版社2008年
浅谈高校博物馆学生讲解员的选拔和培养/王莹//黑龙江省文物博物馆学会第五届年会论文集，黑龙江人民出版社2008年
历史陈列讲解技巧/孙晓敏//黑龙江省文物博物馆学会第五届年会论文集，黑龙江人民出版社2008年
讲解工作应注意的几个问题/郭杨//黑龙江省文物博物馆学会第五届年会论文集，黑龙江人民出版社2008年
博物馆聘用义务讲解员的新尝试/张帆、李玲//黑龙江省文物博物馆学会第五届年会论文集，黑龙江人民出版社2008年
做好未成年人讲解工作的几点体会/田红艳//广西博物馆文集（五），广西人民出版社2008年
再论博物馆讲解员工作/杨琛//广西博物馆文集（五），广西人民出版社2008年
博物馆讲解与导游解说艺术可比性探讨/郑文成//广西博物馆文集（五），广西人民出版社2008年
讲解语言的综合处理——我看“展厅讲解”与“参赛讲解”的异同//无锡博物院论文集，广陵书社2008年
如何做一名称职的讲解员——浅谈讲解工作的体会//无锡博物院论文集，广陵书社2008年
浅谈如何做好党史陈列的讲解工作//无锡博物院论文集，广陵书社2008年
浅议讲解队伍建设/王学敏//洛阳博物馆建馆50周年论文集，大象出版社2008年
谈博物馆基本解说词的创作原则与文学性/杨晓东//辽宁省博物馆馆刊（3），辽海出版社2008年
讲解服务心理浅论/白雪//洛阳博物馆建馆50周年论文集，大象出版社2008年
打造高素质讲解队伍发挥博物馆社会教育功能/王韬、张永俊//中国文物报2009-2-20
一个“老讲解员”的心路历程：讲解十年路/王亚庆//中国文物报2009-2-27
针对青少年，临时展览如何讲解/何琨//中国文物报2009-2-27
保持讲解员良好工作状态的几点思考/谢桂娟//博物馆研究2009-3
培养职业精神传播红色文化——关于革命纪念馆讲解员职业精神培养/陈敦学、袁珊红//中国文物报2009-3-6
论博物馆讲解员的职业修养/宋家慧//吉林教育2009-4

试谈博物馆讲解员的培养/孙春阳//理论观察2009-5
讲解中的PK：电脑与人脑/吴玲//中国文物报2009-5-1
选聘志愿讲解员，加强博物馆宣教工作/吴玲//丝绸之路2009-8
博物馆讲解员追忆“艺术人生”/李肖肖、丁亚菲、赵宗庭//河南商报2009-8-11
怎样做好临时展览的讲解/唐琳//中国文物报2009-8-12
贯彻“三贴近”要求推进博物馆社教工作：全国文化遗产保护宣传讲解大赛座谈会综述/崔波//中国文物报2009-12-16
接待讲解中的心理学应用/黄世君//中国文物报2009-12-30
遗址博物馆讲解之我见——以三门峡虢国博物馆为例/张娟、周曼//魅力中国2009-32
论博物馆讲解员专业素养与自我学习/陈慧//广东省博物馆开馆五十周年纪念文集：1959～2009，岭南美术出版社2009年
博物馆讲解员应努力成为一名合格的宣教工作者/张云//碑林集刊（十四），陕西人民美术出版社2009年
浅议博物馆讲解接待工作的几点要素/毕颖华//碑林集刊（十四），陕西人民美术出版社2009年
谈谈讲解比赛中的知识问答——以榆林比赛为例/张礼智//秦晋豫博物馆理论与实践研讨会论文选，陕西人民出版社2009年
论博物馆讲解员的知识结构/张云//秦晋豫博物馆理论与实践研讨会论文选，陕西人民出版社2009年
博物馆讲解员等级划分构想/杨琦//回顾与创新——秦始皇兵马俑博物馆开馆三十周年纪念文集，三秦出版社2009年
关于博物馆讲解艺术的思考/汪红梅//回顾与创新——秦始皇兵马俑博物馆开馆三十周年纪念文集，三秦出版社2009年
论如何提高讲解服务水平/李艳萍//深圳文博论丛二〇〇九年，文物出版社2009年
形象大使——博物馆讲解员的新角色/王海彬//深圳文博论丛二〇〇九年，文物出版社2009年
略谈博物馆的外语讲解工作/蔡晓明//深圳文博论丛二〇〇九年，文物出版社2009年
“国家宝藏”展览讲解有感/肖芳//深圳文博论丛二〇〇九年，文物出版社2009年
“国家宝藏”讲解记/张娟//深圳文博论丛二〇〇九年，文物出版社2009年
青铜器讲解技巧——以“晋国霸业”展览为例/王金星//深圳文博论丛二〇〇九年，文物出版社2009年
新形势下博物馆讲解工作的再认识/李平//春华集：纪念山西博物院九十周年学术文集，山西人民出版社2009年
博物馆宣教的生力军——浅谈大学生志愿者讲解队伍的发展/王晓芬//春华集：纪念山西博物院九十周年学术文集，山西人民出版社2009年
浅析博物馆讲解员的选拔与培养/常乐//辽宁省博物馆馆刊（2009），辽海出版社2009年
全国讲解比赛观摩随感/李耀申//中国文物报2010-1-6
在“新”中前行——观摩“全国文化遗产保护宣传讲解大赛”侧记/农茜//秦陵秦俑研究动态2010-1
提升博物馆讲解员业务水平途径探析/冯海英//宁夏党校学报2010-2
浅谈怎样做纪念馆优秀的讲解员/林海瑛//科技创新导报2010-2
浅谈讲解与演讲的区别——由讲解比赛引发的思考/桑世波//中国文物报2010-2-17
做一个自豪的铁人馆讲解员——观《奠基者》有感/何德全//中国文物报2010-2-17
讲解：人脑与电脑本不存在PK/唐琳//中国文物报2010-3-3
“史”本位理念下的博物馆讲解工作——从大型主题展览“八路军抗战史陈列”讲解谈起/史永平//中国博物馆2010-4
地方通史类陈列讲解词的编写/吴小红//中国文物报2010-4-7、2010-4-21
博物馆讲解如何“因人施讲”/贾雪虹//中国文物报2010-4-21
浅谈博物馆讲解员应具备的基本素质/卢淑珍//科技风2010-5
博物馆免费开放后讲解员工作探析/张海蓉//中国文物报2010-5-5
浅论博物馆讲解员的综合素质/张艺红//沿海企业与科技2010-7
书画艺术展的讲解/唐琳//中国文物报2010-7-28
如何讲解艺术类展览/唐琳//中国文物报2010-9-1
加强外语在接待中的运用/崔大伟//中国文物报2010-9-1

该传递正确的知识还是该迎合观众情绪/翟龙//中国文物报2010-9-15
专家型讲解员成长的三个步骤/张海蓉//中国文物报2010-9-15
提高博物馆外语讲解水平/张微//中国文物报2010-9-15
讲解员，要担负起“师者”的职责/曹爱生//中国文物报2010-9-29
博物馆讲解导向之我见/康彦新、史进平//中国文物报2010-10-13
讲解员如何避免被投诉/张娟//中国文物报2010-10-13
引导观众情绪用有形文化遗产弘扬无形道德文化/桑世波//中国文物报2010-10-13
讲解工作的真善美：也谈讲解投诉/博文//中国文物报2010-10-13
讲解：人生成长的一种境界追求/韩倩//中国文物报2010-11-8
博物馆讲解员需要“智力讲解”游客更需要“智力服务”/张菁华//中国文物报2010-11-24
浅论博物馆免费开放中讲解员的角色/金鲜花//大众文艺2010-21
浅谈如何对未成年人讲解/师瑞玲//史前研究（2009）：首届国际河姆渡文化节——国际遗址博物馆馆长河姆渡峰会暨史前遗址博物馆专业委员会第七届学术研讨会纪念文集，宁波出版社2010年
史前遗址博物馆讲解工作的一些体会/高云昊//史前研究（2009）：首届国际河姆渡文化节——国际遗址博物馆馆长河姆渡峰会暨史前遗址博物馆专业委员会第七届学术研讨会纪念文集，宁波出版社2010年
博物馆讲解与旅游/肖君//博物馆与旅游：广西壮族自治区博物馆第二届学术研讨会论文集，广西科学技术出版社2010年
如何做好博物馆免费后的讲解工作/王念妮//石门：汉中文化遗产研究2009，三秦出版社2010年
浅谈博物馆讲解与文化修养/苟雅静//石门：汉中文化遗产研究2009，三秦出版社2010年
参加全国讲解员大赛后思考/赵晨//天津文博论丛（1），天津人民出版社2010年
让历史在声音中传承——试论历史陈列与讲解语言的巧妙结合/张堃//天津文博论丛（1），天津人民出版社2010年
纪念馆讲解员工作再认识//天津文博（7），科学出版社2010年
探讨自然类博物馆的讲解模式//天津文博（7），科学出版社2010年
再论博物馆讲解员的工作/杨琛//21世纪博物馆核心价值与社会责任，科学出版社2010年
关于创新博物馆讲解工作的几点思考/张希玲//21世纪博物馆核心价值与社会责任，科学出版社2010年
谈谈“小小讲解员”解说词编写的体会/肖君//广西博物馆文集（七），广西人民出版社2010年
浅谈纪念馆讲解工作/杨丽君//安徽文博（六），中华书局2010年
革命历史类博物馆要培养文化型讲解员/冯惠//读与写（教育教学刊）2011-1
讲解员应具备怎样的心理素质/冯莉//文博宣教2011-1
讲解员如何与观众互动交流/高俊//文博宣教2011-1
关于博物馆讲解员施行分级管理的探讨——以汉阳陵博物馆为例/陈亮//文博宣教2011-1
关于博物馆讲解员星级管理的思考/胡蓉//中国文物报2011-2-9
探索讲解员业务培训管理的长效机制——以秦陵博物院为例/田静//中国文物报2011-4-20
高校博物馆义务讲解员的培养与发展——以成都理工大学博物馆为例/刘建//成都理工大学学报2011-5
博物馆讲解员的学者化进程/刘广宏//理论界2011-6
博物馆讲解艺术探究/张洁//科技致富向导2011-6
讲解好车马坑的几点新认识——以三门峡虢国车马坑为例/雷建鸽//中国文物报2011-7-20
创新：培育一流的讲解队伍/康彦新、史进平//中国文物报2011-11-2
博物馆讲解的细节问题/骆士泉//中国文物报2011-11-23
博物馆讲解的细节艺术//中国文化报2011-11-24
关于新视野下博物馆讲解员讲解艺术初探/王慧茁//华章2011-15
浅谈讲解队伍建设与博物馆的社会教育职能/许玉华//才智2011-22
浅谈遗址类博物馆的讲解——以福建省昙石山遗址博物馆为例/连颖//才智2011-26
谈谈博物馆讲解工作/薛琴娜、赵轩//网络导报2011-35
关于沈阳故宫讲解员队伍建设的几点思考/曾阳//沈阳故宫博物院院刊（九），现代出版社2011年

关于有效提高博物馆讲解员讲解水平的几点思考/孙勤//深圳文博论丛2011，文物出版社2011年
谈因人施讲/张娟//深圳文博论丛2011，文物出版社2011年
浅谈如何讲好临时展览——以深圳博物馆临时展览为例/田凌//深圳文博论丛2011，文物出版社2011年
创新教育理念提高讲解水平——西安培训中心讲解培训的实践与思考/张希玲//史前研究2010——2010中国桂林·史前文化遗产国际高峰论坛暨中国博物馆协会史前遗址博物馆专业委员会第八届学术研讨会论文集，广西科学技术出版社2011年
在下游与源头之间——从传播学的角度看讲解员应具备的知识结构/呼啸//陕西历史博物馆馆刊（18），三秦出版社2011年
谈《馆刊》在讲解员培训中所起的重要作用/呼啸、陈亚冬//陕西历史博物馆馆刊（18），三秦出版社2011年
略论博物馆讲解人员的职业素养/陈丽萍//乾陵文化研究（六），三秦出版社2011年
浅谈讲解员能力与素质的培养和提高/贺华//碑林集刊（十七），三秦出版社2011年
博物馆讲解的特性/张经、余超//安徽文博（七），中华书局2011年
浅谈博物馆讲解员的选拔与培养/杜丽敏//陇右文博2012-1
浅谈革命纪念馆讲解员的讲解艺术/潘洁//陇右文博2012-1
提升讲解效果重在讲解技巧/安小蓓//中国文物报2012-1-11
义务讲解员朋朋：他让孩子爱上博物馆/周劼人、双瑞//中国文物报2012-1-13
台北故宫博物院讲解的几点启示/刘丽君//中国文物报2012-2-1
朋朋，真棒！/曹爱生//中国文物报2012-2-1
基于顾客感知的博物馆旅游解说系统实证研究——以湖北省博物馆为例/李海娥、吴海伦//中南民族大学学报2012-3
定位换位到位——谈博物馆讲解员如何服务于公众/张菁华//中国文物报2012-3-21
贴近公众精彩体验——苏州博物馆创新讲解服务的探索与实践/张欣//中国博物馆2012-4
库车文管所那位讲解员/千千寻//中国文物报2012-7-11
真情展现博物馆工作者的风采——“河南省第六届讲解员大赛”侧记/林晓平//中国文物报2012-7-13
难忘讲解四十年/田静//中国文物报2012-7-25
博物馆解说系统的游客期望、使用和评价研究——基于知识需求的分析/甘露、卢天玲//旅游学刊2012-9
传承文化从青少年做起——云南省博物馆第二届“牛虎铜案”杯双语讲解大赛/韦坚、王黔凌//中国文物报2012-9-19
试论博物馆讲解员良好心理素质的培养/冯莉//秦始皇帝陵博物院2012（总贰辑），三秦出版社2012年
试论博物馆讲解员的艺术及修养/林惠恩//深圳文博论丛二〇一二，文物出版社2012年
博物馆劳务派遣讲解员管理初探/欧艳//中国文物科学研究2013-1
文博声音解说大国风范/张伟//中国文物报2013-2-13
浅析提升讲解员工作能力的有效途径：观察与思辨的素质构成——以福建省昙石山遗址博物馆实际工作为例/杨帆//艺术科技2013-4
试论讲解员在解说过程中“察言观色”能力的重要性/杨帆//旅游纵览月刊2013-4
讲解园地：坚守的美丽/魏云兰//中国文物报2013-5-1
我讲解我快乐/马瑞红//中国文物报2013-5-1
提升博物馆讲解服务质量的思考/单霁翔//敦煌研究2013-6
讲解对博物馆是“画龙点睛”/王玉茹//中国文物报2013-7-24
博物馆里的志愿讲解员/于思奇//中国科学报2013-8-2
“小小讲解员”培训，能否换个方式？/王芳//中国文物报2013-11-27
寻找会“说话”的人：中南财经政法大学校园解说员展风采/王淑雅//中国文物报2013-12-6
如何在讲解中把握观众的心理/王颖//新的社会服务新的管理机制新的发展思路学术研讨会论文集，黑龙江人民出版社2013年
因地制宜发展“特色讲解”——关于未成年教育工作的几点思考/孙鑫//百年传承创新发展：北京地区博物馆第六次学术会议论文集，中国书籍出版社2013年

博物馆讲解员职业核心能力现状与提升的实证研究/刘名//百年传承创新发展：北京地区博物馆第六次学术会议论文集，中国书籍出版社2013年
天坛神乐署古代音乐馆创新讲解模式/刘星//百年传承创新发展：北京地区博物馆第六次学术会议论文集，中国书籍出版社2013年
浅谈讲解词的撰写与应用/高璌//百年传承创新发展：北京地区博物馆第六次学术会议论文集，中国书籍出版社2013年
博物馆学习与讲解/宋向光//博物苑（总第二十、二十一辑），文物出版社2013年
“第三只眼”看讲解——讲解员与观众的有效沟通/崔波//博物苑（总第二十、二十一辑），文物出版社2013年
公共文化服务理念下的自我突破——第二届“张謇杯．文博南通”讲解职业技能大赛始末/金艳//博物苑（总第二十、二十一辑），文物出版社2013年
讲解大赛对提升讲解队伍素质的经验与启示/徐宁//博物苑（总第二十、二十一辑），文物出版社2013年
浅谈博物馆讲解员态势语言的运用技巧/张胜男//博物苑（总第二十、二十一辑），文物出版社2013年
关于博物馆讲解员培养工作的实践及思考——以南通城市博物馆为例/汤建//博物苑（总第二十、二十一辑），文物出版社2013年
谈互动在博物馆的运用/夏鹏飞//博物苑（总第二十、二十一辑），文物出版社2013年
浅谈学习博物馆讲解的步骤与方法/周燕//博物苑（总第二十、二十一辑），文物出版社2013年
解说系统研究/刘雄伟//中国博物馆2014-1
关于提高讲解效果的几点体会/王乃嘉//中国纪念馆研究2014-1
参加党风廉政建设展讲解的点滴体会/黄超//中国文物报2014-1-8
坚守的责任/王娟//中国文物报2014-1-22
浅议博物馆讲解员队伍建设——以临潼博物馆为例/刘媛//黑龙江史志2014-3
博物馆解说系统规划与管理/黄晓波//中国文物报2014-3-5
三峡博物馆讲解科获全国三八红旗集体：枯燥工作因何快乐？/肖子琦//今日重庆2014-3-9
三峡博物馆讲解接待科：用心接待每一位观众/魏中元//重庆日报2014-3-10
天津博物馆义务讲解员孙琪：志愿服务是我的生活方式/张慧玲//天津日报2014-3-20
新时期博物馆讲解服务刍议/蒋林//浙江文物2014-5
写活讲解词/覃章衡//中国文物报2014-6-11
用讲故事的方式做好讲解工作/覃章衡/中国博物馆通讯2014-7
一个典故三种讲解的思考/侯霞//中国文物报2014-7-8
目标高远绘愿景 博学笃行求创新——河南讲解培训基地成立六周年纪实/柳恒//中国文物报2014-7-22
电子讲解能代替讲解员吗：讲解机vs讲解员 孰优孰劣？/贾晗琳//中国青年报2014-8-8
父母是孩子最好的博物馆讲解员/王佳琳//新京报2014-8-11
博物馆讲解队伍建设中应注意的几个问题/张娟//科技视界2014-22
伪命题与真命题——“研究型讲解员”的命题之惑/呼啸//秦晋豫冀四省博物馆理论与实践研讨会论文选，陕西人民出版社2014年
博物馆讲解服务工作与人文关怀初探/沈艳//博物馆学论丛（七），中州古籍出版社2014年
开拓创新和谐发展——新形势下博物馆讲解的管理模式与观众服务/王平//齐鲁文物（3），科学出版社2014年
通史类展览讲解工作的新探索——以“山东历史文化展”为例/蒋彬//齐鲁文物（3），科学出版社2014年
背景·框架·细节——遗址博物馆讲解词的逻辑结构/张礼智//中国博物馆学会考古与遗址博物馆专业委员会2011～2013年年会论文集，西北大学出版社2014年
大学生讲解员在陕历博的应用与管理/步雁、刘娟//陕西历史博物馆馆刊（21），三秦出版社2014年
博物馆讲解中的跨文化传播研究——以陕西历史博物馆为例/杜博瑞//博物馆学刊（四），科学出版社2014年

六 博物馆建筑与安全防范

1. 博物馆建筑

从钟表博物馆坦专业博物馆的构思/宋伯胤//文博1994-1
专题博物馆的建筑要紧紧抓住专题馆的“专”字（摘要）/宋伯胤//中国博物馆通讯1994-6
不要盲目创建全景画（摘要）/任武雄//中国博物馆通讯1994-6
博物馆光导纤维照明的优越性（摘要）/李华//中国博物馆通讯1994-6
形式与实质感觉与理性——陕西历史博物馆建筑创作的体会/张锦秋//陕西历史博物馆馆刊（一），三秦出版社1994年
关于新建博物馆、美术馆保存环境的调查/〔日〕三浦定俊、佐野千绘、石川陆郎著，刘恩迪译//中国博物馆1995-2
浅谈中央控制空调系统的节能技术/李鸣//陕西历史博物馆馆刊（二），三秦出版社1995年
新建博物馆不要追求豪华/程京生//中国博物馆通讯1995-9
防盗报警器在博物馆中的应用/李绍堂、李霞//中国博物馆通讯1995-9
遗址博物馆的建筑与环境/理智//遗址博物馆研究——兼论陕西遗址博物馆，陕西人民出版社1995年
耀州窑遗址保护厅/董彩琪//文博1996-1
城市新象征——现代博物馆设计风格浅议//文博青年论丛（第二辑），北京图书馆出版社1997年
博物馆外环境浅论/杜洪军、张文立//无锡文博1998-3；中国博物馆通讯1998-12
试论遗址博物馆的建筑/成建正、张文立//秦陵秦俑研究动态1998-4；遗址博物馆学概论，陕西人民出版社1999年
博物馆建筑与博物馆发展/肯尼斯·赫德森//中国博物馆通讯1999-2
当前博物馆基建反思/魏善星//中国博物馆通讯1999-5
论博物馆的两个效益问题——兼谈讲解员分级制问题/孙新科//洛阳博物馆建馆四十周年纪念文集，科学出版社1999年
试论博物馆环境的保护功能——博物馆环境选择与设计问题研究之一/项隆元//博物馆研究2000-1
试博物馆环境的观赏功能：博物馆环境选择与设计问题研究之二/李国鳌、项隆元//博物馆研究2000-2
徐州博物馆建筑创作/刘玉龙//建筑学报2000-3
试论博物馆环境的语言功能——博物馆环境选择与设计问题研究之三/项隆元、高超云//博物馆研究2000-3
辽沈战役纪念馆馆区绿化的园林艺术特色/周树榕//中国博物馆通讯2000-4
博物馆技防系统中误报的产生及对策/田贺兴、康学军//文物春秋2000-4
内在的表现——中国造纸博物馆建筑方案设计/李立、齐康//新建筑2000-6
博物馆建筑的演变与发展/王成//中国博物馆2001-1
博物馆周围环境的保护/柳玉东//中国博物馆2001-1
博物馆建筑内部空间分配研究/徐湖平//中国博物馆2001-2
试论革命纪念馆扩建工程中应重视的几个问题/倪兴祥//中国博物馆2001-3
园林式博物馆建筑利与弊/谭逻松//中国博物馆2001-4

可贵的尝试——原中央博物院建筑缘起与历史评价/倪明、李海清//东南文化2001-5
我对博物馆建筑理论的期待/苏东海//中国文物报2001-11-23；博物馆的沉思——苏东海论文选（卷二），文物出版社2006年
博物馆专家、建筑专家关注博物馆建筑问题/王莉//中国文物报2001-11-23；全球化下的中国博物馆，文物出版社2002年
博物馆建筑在世界范围内争议很大/吕济民//中国博物馆通讯2001-12
目前最严重的问题是博物馆建筑理论滞后/苏东海//中国博物馆通讯2001-12
在博物馆陈列规范中应加入对博物馆建筑的评估标准/周士琦//中国博物馆通讯2001-12
对国外博物馆建筑的考察介绍不要盲人摸象，要加强理论研究/王成//中国博物馆通讯2001-12
建筑的造型是建筑师的事情，而工艺则是博物馆的事情。工艺是龙头，要先行设计/李保国//中国博物馆通讯2001-12
博物馆建筑缺乏理论、缺乏经验、缺乏沟通/郑广荣//中国博物馆通讯2001-12
观念与程序——当前博物馆建筑与展示空间设计的若干思考/严建强//文物天地2002-1；全球化下的中国博物馆，文物出版社2002年
博物馆建筑的若干理论思考/王成、王琦//中国博物馆2002-1
中国博物馆建筑批判/王莉//文物天地2002-1；全球化下的中国博物馆，文物出版社2002年
大慧寺——古代雕塑艺术博物馆的建设构想/王晓军//北京文博2002-1
关于新形势下加强博物馆安全保卫工作的几点思考/孙学宝//博物馆研究2002-1
遗址博物馆——遗址展示空间意象创造/梁乔、梁华//四川建筑2002-2
博物馆建筑的类别及设计差异/王成//中国博物馆2002-3
博物馆建筑功能规范化的几点具体拟议/翟战胜、张沛心//中国博物馆2002-3
北京博物馆的布局分析/王建涛//中国博物馆2002-3
园林式博物馆建筑的独特优点/谭逻松//中国博物馆通讯2002-3
湖北省博物馆编钟馆建筑利弊分析/余常海//文物工作2002-8
北京地区博物馆建筑与首博新馆方案浅议/乐薇//首都博物馆丛刊（16），北京燕山出版社2002年
博物馆形象建设的设计思维/王莉//中国博物馆2003-2
浅谈新形势下大型博物馆建筑设计基本思想/余常海//中国博物馆2003-3
浅谈博物馆建设规划设计/余常海//文物工作2003-9
民族特色现代功能——南京博物院建筑综述/倪明//中国文物报2003-10-31
浅谈综合布线与智能建筑弱电的设计理念/吴琼//首都博物馆丛刊（17），北京燕山出版社2003年
博物馆工作新观念与博物馆建筑新样态/宋向光//首都博物馆丛刊（17），北京燕山出版社2003年
博物馆建筑的选址与环境/王成//中国博物馆2004-1
博物馆建设应注意的几个问题/张孜江//中国博物馆2004-3
博物馆地下空间的利用/高冬梅//建筑学报2004-5
国家博物馆改扩建方案回顾/邵韦平、刘宇光等//建筑创作2004-12
智能建筑系统在博物馆新馆建筑中的应用/余常海//中国博物馆2005-1
营造主题博物馆的环境——谈中国茶叶博物馆环境整合工程/吴天胜、王建荣、罗晓莹//中国博物馆2005-1
从博物馆陈列实践反观博物馆建筑——以瑞士三个艺术博物馆为例/黄琪//中国博物馆2005-1
“天鹅”展翅——天津博物馆建筑剖析//陈志华、侯晓慧/中国文化遗产2005-2
博物馆建筑设计中的标志系统/沈天鹰//中国博物馆2005-2
浅谈博物馆的园林建设/谢滨//中国博物馆2005-2
博物馆建筑风格的多元化与博物馆建筑设计观念的更新/项隆元//中国博物馆2005-4
旧工业建筑改造为展示空间的再利用研究/寇怀云//中国博物馆2005-4
应当重视博物馆改扩建过程中的一些技术性问题/贾治安//中国博物馆通讯2005-4
延安新闻纪念馆设计/侯卫东、赵志建、贺林//文博2005-4
澄怀创业抱璞含真——南通博物苑迎接百年庆典新馆设计述要//南通博物苑百年苑庆纪念文集，文物出版社

2005年

园林化建设是文博事业发展的新亮点//南通博物苑百年苑庆纪念文集，文物出版社2005年

遗址博物馆新馆舍建设中几个理论问题的探索/罗葆森//回顾与展望——中国博物馆发展百年：2005年中国博物馆学会学术研究会文集，紫禁城出版社2005年

浅论博物馆建筑造型与博物馆功能需求的和谐统一/王莲芬//中国博物馆2006-1

论南通博物馆苑建筑/凌振荣//中国博物馆2006-1

备用电源在博物馆技防系统中的选用/崔玉峰//文物春秋2006-2

源·缘·圆——中国闽台缘博物馆创作/黄乐颖、黄汉民//城市建筑2006-2

汉阳陵帝陵遗址保护与地下空间开发利用/张平、陈志龙、李居西//建筑学报2006-2

周密细致环环相扣——重庆中国三峡博物馆文物转运的安全保卫措施/李雄//中国文物报2006-2-10

1949年前的中国博物馆建筑/李国鳌//博物馆研究2006-3

博物馆人机结合预防体系有效性的再分析/范志杰、常守文、张强//中国文物报2006-3-24、2006-3-31

生态理念与博物馆建筑/陈国民//中国甲午战争博物馆馆刊2006-4

精神，与历史同行：大沽口炮台遗址博物馆设计/文兵、崔恺、白晶//建筑创作2006-4

博物馆新馆建设中需要注意的问题/王栋云//中国文物报2006-4-7

现代博物馆设计一席谈/崔波//中国文物报2006-5-12

弃宏大而就无形/吴晓丛//时代建筑2006-6

论博物馆建筑与文物展示的关系——从故宫博物院和上海博物馆说起/吴若明//文博2006-6

论博物馆周边环境建设的重要性/葛群//中国文物报2006-7-7

以评促改以评促建——杭州市博物馆达标竞赛活动回顾/孙媛//中国文物报2006-9-8

如何开展博物馆前期建设/蔡琴//中国文物报2006-9-22

首都博物馆屋盖结构的自振特性和风振系数分析/何艳丽、王增春//四川建筑科学研究2007-1

三汊矶湘江大桥桥梁博物馆的建筑方案设计/慎小嶷//四川建筑2007-1

某博物馆悬挂结构的预应力工程施工方案设计/梁向科、吴京//江苏建筑2007-1

民族博物馆建设对传承民间美术的作用/杨俊//艺术探索2007-1

隐喻传统的现代设计——谈苏州博物馆的景观设计艺术/钱蔚//苏州工艺美术职业技术学院学报2007-2

北京首都博物馆//城市建筑2007-2

南通珠算博物馆屋盖的结构选型与设计/张志锋//钢结构2007-2

内蒙古乌兰恰特大剧院和内蒙古博物馆/钟永新//建筑创作2007-2

世界历史名城博物馆扩建设计中地下空间的利用/刘泽洲、李艳//华中建筑2007-2

理解与尊重的设计：聚焦北京汽车博物馆工程/王颂//建筑创作2007-3

回响与重现体验贝聿铭暨贝氏建筑事务所设计的苏州博物馆/黄健敏//时代建筑2007-3

北京麋鹿苑博物馆户外植物配置/王蕾、张林源、王宝祥、李坤//中国城市林业2007-3

苏州博物馆新馆综合布线设计与实现/徐家征//东方企业文化2007-3

犹太人博物馆中的建筑非理性/李潇茵//山西建筑2007-4

安徽省博物馆/凌克戈、杨朝华//城市建筑2007-4

关于柏林犹太博物馆的非理性/滕露莹//山西建筑2007-4

舰魂铸碑——中山舰博物馆/黄捷、程克容//新建筑2007-5

十五年筑一馆——卢森堡现代艺术博物馆/黄文菁//世界建筑2007-5

新古典主义建筑——以钧台钧窑遗址博物馆设计为例/李昱、齐康//中外建筑2007-5

中国航海博物馆中央帆体新型杂交结构设计/李亚明、周晓峰、吴景松、焦瑜、宋剑波、张月楼//建筑钢结构进展2007-5

理性分析下的新旧建筑空间关系营造——谈河北博物馆扩建中新旧连接部分的设计/屈小羽//华中建筑2007-5

建筑现象的类型化——解读梅里达罗马艺术博物馆/徐伟、李娟//华中建筑2007-5

哈尔滨地铁1号线博物馆站方案设计/张祝融//铁道标准设计2007-5

九江博物馆建筑设计创意/张华//建筑创作2007-5

“馆”与“桥”的对话——从建筑的“场所感”设计理念出发的“南京长江二桥桥梁博物馆”/刘珏//江苏建筑2007-5
首都博物馆空调设计/关文吉、张力、蔡玲、宋玫、李冬冬//暖通空调2007-6
中型博物馆建筑设计中功能分区的研究/杨海荣、周锡汉//建筑创作2007-6
北京韩美林艺术博物馆空调冷热源及系统设计/张亚立、王佳//暖通空调2007-6
创意就是生命力——井冈山博物馆重建工程创意/余海、喻斌//华中建筑2007-7
生长与融合——大连贝壳博物馆方案设计/刘媛、齐康//华中建筑2007-7
西方当代博物馆建筑文化探析/朱国庆//中外建筑2007-7
博物馆建筑设计手法探析/李春新//城市建筑2007-8
日本当代博物馆光空间意匠/白帆、许懋彦//城市建筑2007-9
适时、适地、适度——金沙遗址博物馆设计实践/莫修权、张晋芳//城市建筑2007-9
里及表的视觉张扬——当代科技博物馆形象设计探讨/张婷婷、梅洪元//城市建筑2007-9
鄂尔多斯博物馆楼宇设备自动控制系统的设计/张列亚//科技情报开发与经济2007-9
旧址与新馆互相映衬的效果/曹佳倩//中国博物馆通讯2007-10
敦煌市博物馆自然通风系统方案设计/张亚立、关文吉、沙玉兰//暖通空调2007-10
无形的控制——解读大连贝壳博物馆的环境角色/唐建、郑斯理、王童牧//华中建筑2007-11
基于OPC技术的博物馆给排水系统的设计/王燕、张锐//黑龙江科技信息2007-12
用“活态博物馆”解读历史街区——以无锡古运河历史文化街区为例/汪芳//建筑学报2007-12
液体粘滞阻尼器在博物馆工程上的应用/芦金斗//山西建筑2007-13
井冈山革命博物馆新馆的防雷与接地设计/麦强//低压电器2007-24
从苏州博物馆浅析贝聿铭生态建筑理念/孙立进、施婷婷//山西建筑2007-30
博物馆室内光环境视觉舒适性问题探讨/李勋栋//山西建筑2007-32
湖南省地质博物馆的方案设计/何鹏、唐国安//山西建筑2007-34
浅谈马日诺·马瑞尼博物馆/薛佳//山西建筑2007-35
风景区与城镇边际地域的规划建筑设计——以乐山大佛游人中心博物馆规划设计为例/戴宇//四川建筑2007-z1
博物馆建筑合理观众人数的计算方法/谭方彤//华中建筑2008-1
结合苏州博物馆新馆庭院设计谈景观设计中的新乡土倾向/张峻//华中建筑2008-1
博物馆安防报警传输系统典型信号接口技术探析/范志杰//中国公共安全（综合版）2008-1
设计具有多互动功能科学博物馆展览的五个隐患/刘彦君//科普研究2008-1
与君初相识犹如故人归——中国博物馆建筑感怀兼论宁波博物馆建筑/崔波//浙东文化2008-1（创刊号）；中国文物报2008-6-13
重返自然之道——宁波博物馆建筑解读/王澍//浙东文化2008-1（创刊号）
中国博物馆建筑的百年回顾与分析/项隆元//浙东文化2008-1（创刊号）
基于功能和空间体验的建筑创作——宁波博物馆方案设计过程解析/朱学晨、张婷//华中建筑2008-2
建筑诠释的戏剧美——兼析柏林犹太人博物馆对悲剧美的表现/张蓉//华中建筑2008-2
探讨历史建筑博物馆的展示概念及策略/傅玉兰//中国博物馆2008-2
环境对形式的作用,空间对流线的引导——以山西平顺天脊山地质博物馆的设计为例/薛力、顾海燕//华中建筑2008-2
基于特定景区环境的博物馆建筑设计分析/沈济黄、李宁//沈阳建筑大学学报2008-2
发展形式创意功能关于博物馆建筑的随笔/邹瑚莹//室内设计与装修2008-2
新西兰奥克兰战争纪念馆改扩建工程的启示（上、中、下）/陈成军编译//中国文物报2008-2-29、2008-3-7、2008-3-14
博物馆建筑新潮流与博物馆角色的演变——兼评泰利·格里布《二十一世纪的博物馆：思考》/傅玉兰//中国博物馆2008-3
近代形态博物馆的诞生与博物馆建筑类型的形成/项隆元//北方文物2008-3
博物馆室内设计的全息营造/施徐华//浙江工艺美术2008-3

中国闽台缘博物馆空调通风设计/肖剑仁//暖通空调2008-3
基于自然形态的建筑创作——重庆市自然博物馆设计/尹伟//中外建筑2008-3
南通博物苑绿地系统规划设计与景观功能/曹玉星、陈卫平、居卫东、张健//中国城市林业2008-3
日本POLA艺术博物馆的隔震结构和玻璃天窗/浅野美次、山本裕//建筑钢结构进展2008-3
重视博物馆建筑设计任务书的编写/陆建松、郑奕//中国文物报2008-3-14
园林建筑的现代演绎——游苏州博物馆新馆有感/牟琳//科技风2008-4
重庆中国三峡博物馆中央空调集中控制方案/阳勇//制冷与空调2008-4
感觉创意空间与图形语言——走近南京雨花石博物馆/王念//艺术百家2008-4
创意在苏州博物馆新馆/马云霞//四川建筑科学研究2008-4
基于OPC标准的甘肃省博物馆楼控集成系统研究/徐岩、刘栋、陈万宗//兰州交通大学学报2008-4
浅谈井冈山革命博物馆新馆景观工程施工监理/万天佐//江西煤炭科技2008-4
本溪市博物馆方案设计/李弘玉、王新利//低温建筑技术2008-5
以广西古陶博物馆为例浅谈博物馆景观的设计/饶一帆、曾小栩//山西建筑2008-6
宁波博物馆博物馆建筑个案分析：传统一旦死亡，我们就没有未来/崔波//中国文物报2008-6-13
汉阳陵帝陵地下遗址博物馆建筑设计探析/张平、陈志龙、李居西//工业建筑2008-7
深圳建设环境博物馆的必要性/许晶、邓照华//中小企业管理与科技2008-8
传统地域文化的现代演绎——广西崇左壮族博物馆设计/仲德、杨宝//城市建筑2008-9
乡土语境下的博物馆设计/龚恺、乌再荣//城市建筑2008-9
洛阳博物馆设计挹述/王扬、窦建奇//华中建筑2008-9
基于地域与场所特征的建筑表达——以东北林业大学教学实验楼及博物馆项目为例/张骏、梅洪元//华中建筑2008-9
酒·瓶之辨——关于博物馆建筑的思考/王丽红、翟辉//城市建筑2008-9
鄂州市三国吴都博物馆方案/华中建筑2008-10
刍议博物馆设计中的基地分析/杨海荣、郑建锋//华中建筑2008-10
闭路电视监控系统在博物馆中的应用/丁小峰//安防科技2008-10
探索形式的消隐——苏州园林博物馆新馆/丁沃沃//建筑学报2008-10
"非线性"的建筑形态理念"超三维"的室内空间认知——武钢博物馆设计/胡绍学、肖礼斌、谢坚//建筑学报2008-10
追寻泛西域——新疆博物馆建筑创作记/王小东//建筑学报2008-10
中国航海博物馆钢结构建造方案对比及安装过程分析/赵大鹏、覃曼青、伍小平、高健、宋海丰//施工技术2008-11
中国航海博物馆双曲面索网缩尺模型试验研究/陈鲁、李亚明、张其林、张慎伟、周晓峰//施工技术2008-11
中国航海博物馆帆体结构施工与使用过程监测研究/陆卫东、汤海林、陈鲁、张其林、马如进、季俊、朱丙虎//施工技术2008-11
中国航海博物馆帆体钢结构吊装技术/宋海丰、余纯、谷凯、覃曼青、赵大鹏//施工技术2008-11
中国航海博物馆幕墙索夹抗滑移承载力试验研究/张慎伟、张其林、李亚明、周晓峰//施工技术2008-11
中国传统美学思想与博物馆空间设计/林毅红//美与时代2008-11
首都博物馆新馆石材幕墙施工技术/李晅//科技情报开发与经济2008-14
地埋式循环滤料曝气生物滤池处理博物馆污水/王白杨、何慧//中国给水排水2008-24
以贝聿铭苏州博物馆为例谈中国现代建筑设计/黄宇琼//山西建筑2008-27
青浦博物馆新馆弱电工程建设的体验/王海山//五秩风华：上海市青浦区博物馆建馆五十周年纪念文集，上海社会科学院出版社2008年
优雅的环境自然的空间——新建博物馆的选址与展览空间的设计/高西省//洛阳博物馆建馆50周年论文集，大象出版社2008年
关于博物馆建筑设计委托工作的思考——以洛阳博物馆新馆建筑设计方案"鼎立天下"为例/沈天鹰//洛阳博物馆建馆50周年论文集，大象出版社2008年

博物馆安防系统典型入侵探测器技术/范志杰、常守文//辽宁省博物馆馆刊（3），辽海出版社2008年
考古类遗址博物馆的建筑及相关问题研究/邵文斌//秦陵秦俑研究动态2009-1
具有强烈民族文化的现代建筑——新苏州博物馆/乔迁//广西轻工业2009-1
中国航海博物馆风压分布的模型试验研究/顾明、孙五、黄鹏、周晅毅、李亚明、周晓峰//建筑结构2009-1
质真若渝：文化遗产地博物馆建筑设计深析——以山海关长城博物馆扩建设为例/崔光海//华中建筑2009-1
博物馆建筑与陈列（一）/张欣//建筑创作2009-1
中西合璧建筑思想在实践中应用的典范——中国农业博物馆的建筑与环境/王红谊、林诚斌//中国博物馆2009-2
国庆黄金周期间兵马俑博物馆室内气溶胶有机碳与元素碳特征/董俊刚、曹军骥等//中国粉体技术2009-2
汉阳陵地下博物馆土壤，大气及风化壳的理化特征/杨雅媚、曹军骥//中国粉体技术2009-2
当代博物馆建筑与城市文化/项秉仁、吴云一//建筑学报2009-2
中国国家博物馆加固改造设计与施工技术/殷惠君、王玉岭、齐亚峰、吕西林//施工技术2009-2
中国国家博物馆加固改造工程保护性拆除施工/殷惠君、王玉岭、亓立冈、吕西林//施工技术2009-2
中国传统建筑元素在现代博物馆建筑中的应用/王元禄、张亚娟//陕西建筑2009-2
神秘微笑绽宝岛——揭秘汉景帝的地下王国及彩俑微笑之谜/赖素玲//中外文化交流2009-2
文化·保护·营造——金沙遗址博物馆规划设计/莫修权、庄惟敏、张晋芳//建筑学报2009-2
适度现代性的建筑诠释——以本溪博物馆建筑创作为例/朱莹、梅洪元、李弘玉//华中建筑2009-2
成都金沙遗址博物馆轮辐式双层索网结构设计研究/杨霄、张国军、管志忠等//建筑结构2009-2
博物馆微环境中酸性气体被动采样方法的改进/施超欧、刘霞、左莹、李静、徐方圆、解玉林//环境化学2009-3
创意——现代博物馆建筑设计的灵魂/唐望松、毛振海、花竞科//安徽建筑2009-3
古朴厚重自然简约——鸿山遗址博物馆建筑艺术解读/范忠良//中国文物报2009-3-19
露天丧葬艺术博物馆——巴黎拉雪兹神父墓园/朱建宁//中国园林2009-3
博物馆建筑及其与陈列的关系/李文昌//装饰2009-3
创意——现代博物馆建筑设计的灵魂/唐望松、毛振海、花竞科//安徽建筑2009-3
质真若渝：文化遗产地博物馆建筑设计探析——以山海关长城博物馆扩建设计为例/崔光海//华中建筑2009-3
与建筑融合的景观——以首都博物馆新馆景观设计为例/赵文斌、李存东、史丽秀//中国园林2009-4
竹·篮——浙江安吉县博物馆设计/李宁//华中建筑2009-4
舰魂铸碑——中山舰博物馆设计/黄捷、程克容、邓燕嫦、童鸥//建筑学报2009-5
遗址博物馆建筑设计浅谈/崔愷//建筑学报2009-5
论博物馆建筑内部的交通流线设计/杨海荣、阎磊//四川建筑科学研究2009-5
目光炯炯“眼睛传神”：十堰市博物馆建筑艺术解读/胡勤//中国文物报2009-5-1
中国闽台缘博物馆屋面钢网架结构设计/杨睿//福建建筑2009-6
现代博物馆建筑设计理念/唐望松、毛振海、花竞科//华中建筑2009-6
中国国家博物馆改扩建工程智能化系统设计/吴燕//中国建设信息2009-8
场地书写——广西友谊关博物馆设计中的地形学策略/陈宁//华中建筑2009-9
浅谈大型博物馆建筑的自然光影设计/梁源、袁方//陕西建筑2009-9
杭州市博物馆建筑能耗分析——以西湖博物馆和历史博物馆为例/龚敏、扈军、吴璟//华中建筑2009-9
当代建筑景观设计中的文化传承与创新——解读贝聿铭先生的苏州博物馆新馆设计/朱琳、宋磊//安徽农业科学2009-10
地域特征在遗址博物馆设计中的体现——万寿岩遗址博物馆设计/沈岩//福建建筑2009-10
中国国家博物馆加固改造设计与施工技术/殷惠君、王玉岭、齐亚峰、吕西林//施工技术2009-10
柏林博物馆岛：艺术与科学的圣殿/郑小东、李坚//华中建筑2009-12
遗址博物馆设计浅谈/崔愷//建筑学报2009-26
考古类遗址博物馆的建筑及相关问题研究/邵文斌//回顾与创新——秦始皇兵马俑博物馆开馆三十周年纪念文集，三秦出版社2009年
遗址博物馆建筑探析/蒋文孝//回顾与创新——秦始皇兵马俑博物馆开馆三十周年纪念文集，三秦出版社2009年

博物馆导航设计的探讨/王颖、李晶//人类工效学2010-1
七彩云南·七彩建筑——云南省博物馆方案设计/陆激、李宁、殷农//华中建筑2010-1
论博物馆建筑布局中的人性化设计/杨海荣、郭呈祥//四川建筑科学研究2010-1
匠心汇聚书“五缘”——记中国闽台缘博物馆室内外环境设计/谢崔昀、薛林//华中建筑2010-2
中国海盐博物馆建筑形态的意象构思/王进、季翔、姜涛//工业建筑2010-2
师法自然回馈自然——上海自然博物馆绿色设计简析/汪铮、陈剑秋//新建筑2010-2
地域建筑创作再体认——宁波帮博物馆建筑设计解析/王扬、张振辉、窦建奇//新建筑2010-2
传承与记忆——汶川博物馆设计/李玥、王文威//新建筑2010-3
河洛文化的建筑诠释——洛阳新区博物馆设计竞赛感想/虞春隆、周若祁//四川建筑科学研究2010-3
寓历史于当下，融深思于淡泊——黑龙江省宁安市渤海国上京龙泉府遗址博物馆方案设计/鞠叶辛、梅洪元、马维娜//华中建筑2010-3
山西博物院的建筑石材/赵广荣//中国文物报2010-3-24
从形式到意蕴之“远”情结——以苏州博物馆造景设计为例/宋肖霏//上海交通大学学报2010-4
博物馆之都：天津创意城市建设的模式选择/王克婴//城市发展研究2010-4
历史的凝思——洛阳博物馆新馆建筑创作/李立//建筑学报2010-4
构筑“世纪之窗”——天津博物馆设计/何镜堂、郭卫宏、吴中平、郑少鹏//建筑学报2010-4
地域性建筑创作浅探——谈江南土墩墓博物馆与江南文物工作站的创作思路/陈尚峰//华中建筑2010-4
镇江博物馆环境资源的整合/吴芳//中国文物报2010-4-14
独具地方特色徽派建筑博物馆/沈斌//中国文物报2010-4-21
实用而人性化的建筑改造设计——解读美国国家历史博物馆的改造/潘明率//华中建筑2010-5
顺应基地环境脉络的建筑意象建构——浙江安吉县博物馆设计/胡慧峰、李宁、方华//建筑师2010-5
写意与几何——对比浙江美术馆和苏州博物馆/王晖、陈帆//建筑学报2010-6
中国海盐博物馆建筑形态的意象构思/王进、季翔等//工业建筑2010-6
传承与发展：浙西民间博物馆规划与建筑设计/邓小军、许锋、林长兴//华中建筑2010-7
中国海盐博物馆建筑形态的意象构思/王进、季翔等//工业建筑2010-8
自贡恐龙博物馆地质遗址陈列馆屋盖钢网壳设计/张端明、符文、彭文//建筑结构2010-9
从“黛瓦”看博物馆建筑意义的来源/郭文纳//中国文物报2010-9-8
探讨构建当代中国博物馆建筑的“文脉”/钟梅//建筑创作2010-10
东京都上野博物馆群环境景观文化分析/江本砚、张纵//中国园林2010-10
以类型从事建构——喀什博物馆建筑与室内类型设计研究/卫东风//华中建筑2010-10
中国博物馆建筑设计的得失谈/程旭//建筑创作2010-10
博物馆建筑空间与陈列设计/丁晓愉//建筑创作2010-10
在传承与蜕变中构建多元的泛博物馆：以南京博物院二期工程建设为例/陈同乐//建筑创作2010-10
博物馆建造要重视总体规划书的编写/陆建松、方苏晨//中国文物报2010-10-20
长安沃土育古今——唐大明宫丹凤门遗址博物馆设计/张锦秋//建筑学报2010-11
空间的戏剧：罗马MACRO当代艺术博物馆/夏天编译//室内设计与装修2010-11
博物馆建筑设计中的地域文化表达——沈阳博物馆设计方案/崔昊夫、杨伟//中华民居：学术刊2010-11
基于OPC技术的博物馆给排水系统的设计/王飞//黑龙江科技信息2010-11
国际博协第22届大会安全委员会会议综述/信木祥//中国文物报2010-11-24
博物馆建设工程应把握好“三个结合”/喻风林//中国文物报2010-12-1
我们走在建筑的前面：从湖南省博改扩建概念设计竞赛谈起/崔波//中国文物报2010-12-15
打造历史、智慧、思想的殿堂：宁波博物馆建筑审视/钱路//21世纪博物馆核心价值与社会责任，科学出版社2010年
博物馆建筑设计的地域性表达——以苏州博物馆新馆为例/陈睿、冯元栋//福建建筑2011-1
博物馆建筑的“文脉”/钟梅//中国文物报2011-2-11
中国航海博物馆曲面幕墙单层索网结构设计/刘军进、刘枫、朱礼敏、周晓峰、李亚明、张海、冉启件、张

文胜//建筑结构2011-3
“缠绕出的时尚”——日本时尚博物馆建筑设计/徐翀//青岛理工大学学报2011-3
当代博物馆建筑“事件”设计趋势研究/张婷//华中建筑2011-4
南京博物院（二期工程）/程泰宁、王幼芬、王大鹏、柴敬、张朋君、应瑛、杨涛//城市环境设计2011-4
博物馆建筑设计Zumtobel奥德堡照明之“建筑与光的对话”系列沙龙//城市环境设计2011-5
文字从这里开始——中国文字博物馆照明设计//室内设计与装修2011-4
基于态势分析法（SWOT）的中国建筑博物馆发展及对策研究//张颖、李慧敏、侯冰洋、杨豪中//西安建筑科技大学学报（自然科学版）2011-5
中国国家博物馆改扩建工程新馆结构设计/孙建超、杨金明、齐国红、姚勇、王杨、杜文博、宋涛、迟铃泉、孙慧中//建筑结构2011-6
中国国家博物馆改扩建工程结构总体设计/徐培福、孙建超、黄世敏//建筑结构2011-6
中国国家博物馆老馆加固改造结构设计/唐曹明、黄世敏、王亚勇、戴国莹、孙建超、杨韬、郭浩//建筑结构2011-6
穿越时空的对白——绵竹历史博物馆设计策略解读/冯正功、谢茹君//建筑学报2011-6
缸压之魅惑——现代性与博物馆建筑的空间、造型和氛围/汪克//建筑师2011-6
以科技为保障向管理要安全——以郑州博物馆为例谈强化文物安全的重要性/陈振耀//中国文物报2011-6-15
辽滨新城博物馆绿色建筑方案设计初探/董轶聪、张伶伶、马丁·沃伦萨克//华中建筑2011-7
于内外动静之间：中国国家博物馆改扩建中的空间议题/唐克扬//建筑学报2011-7
回望古旧建筑博物馆/张慧国//中国文物报2011-7-27
无锡鸿山遗址博物馆空调系统设计/王加、劳逸民//暖通空调2011-10
探寻大道与美学的融合——连云港市革命纪念馆设计掠影/洪麦恩//中国文物报2011-10-14
大同博物馆空调设计/刘燕军、刘继兴、宋孝春、孙淑萍//暖通空调2011-10
地域建筑设计策略探索——宁波帮博物馆设计/何镜堂、王扬、张振辉//建筑学报2011-11
从博物馆绿化到博物馆园林化——叩问理论支持/侯俊杰//中国文物报2011-11-2
博物馆建筑空间设计的几点思考（上、下）/刘兆和//中国文物报2011-11-30、2011-12-14
云南省博物馆的建筑节水与水资源利用/邓小一//中国给水排水2011-12
四水归堂五方相连——安徽省博物馆新馆创作构思/何镜堂、刘宇波、张振辉、梁玮健//建筑学报2011-12
遗址博物馆规划的三根主线——柳州白莲洞陈列馆规划的方案实践/李渟、贾玉华//城市建设理论研究2011-22
谈以文物建筑为馆舍的博物馆几个应重视的问题/张映莹、李彦//晋陕豫博物馆理论与实践研讨会论文选，山西科学技术出版社2011年
遗址博物馆建筑地下空间开发利用模式探讨/杨红禹、张平、陈志龙//地下空间与工程学报2012-2
博物馆建筑设计的基本思想与公众品读/袁红葵//中国文物报2012-3-21
融会贯通 美轮美奂——中国博物馆协会博物馆建筑空间与新技术专委会创建“四库一平台”项目/张小朋、巢臻//中国文物报2012-10-17
天津博物馆“世纪之窗”的思与筑/何镜堂、吴中平、郭卫宏//世界建筑2012-10
小康生活目标下的中国博物馆发展与博物馆建筑——以江苏为例/龚良//和谐博物馆论，文物出版社2012年
上海当代艺术博物馆的文化表述/张姿、章明//时代建筑2013-1
广东省新博物馆工程的设计特点及新技术应用/郑耀华//建筑设计管理2013-2
论博物馆建筑风格对城市环境特色的影响作用/王倚平//博物馆研究2013-3
“中国篮球博物馆”建馆规划研究/闫育东、赵晶、杨晓光//运动2013-5
博物馆建筑室内无障碍流线的评价/韩颖、王艳、王强//建筑与文化2013-10
浅谈西北地区当代砖建筑的形式语言——以陕西富平富乐国际陶艺博物馆群为例/刘斌//价值工程2013-18
从工业遗存厂房到博物馆展示空间的可行性研究/刘晨//安徽农业科学2013-24
平凡建筑的平凡之美刘家琨设计的成都水井坊博物馆/梁井宇//时代建筑2014-1
中国园林博物馆建设中建筑垃圾处理及再利用/刘宏晶、张宝鑫//建设科技2014-1
建筑的叙事性——卡罗·斯卡帕的古堡博物馆设计分析/王萌、李其佳//衡水学院学报2014-1

博物馆建筑与展览关系论/黄雪寅//中国博物馆2014-2
博物馆建筑空间设计初探/周力//中国博物馆通讯2014-2
大唐西市博物馆的设计特色与创新施工技术/王瑞良//建筑构造2014-4
试析当代博物馆从建筑杰作向建筑遗产的转向/汪秀敏、董贻安//四川文物2014-6
一个博物馆和一座城市——试析西方博物馆建筑功能与城市文脉精神/程旭//中国博物馆协会博物馆学专业委员会“博物馆建筑与功能”学术研讨会，中国书店 2014年
浅谈博物馆建筑及其功能的演变/王伟//中国博物馆协会博物馆学专业委员会“博物馆建筑与功能”学术研讨会，中国书店 2014年
试探博物馆建筑及其服务功能多元化/郭正军//中国博物馆协会博物馆学专业委员会“博物馆建筑与功能”学术研讨会，中国书店 2014年
文化前沿的职能研析——博物馆建筑、空间与展览的功能应用/赵乐//中国博物馆协会博物馆学专业委员会“博物馆建筑与功能”学术研讨会，中国书店 2014年
缸压之魅惑——现代性与博物馆建筑的精神功能/汪克//中国博物馆协会博物馆学专业委员会“博物馆建筑与功能”学术研讨会，中国书店2014年
凸显功能，和谐环境——从西安博物院的建设谈博物馆建筑的选址与环境/雷君//中国博物馆协会博物馆学专业委员会“博物馆建筑与功能”学术研讨会，中国书店 2014年
博物馆建筑设计以功能为先——湖北省博物馆三期扩建工程的思考与实践/张艺军//中国博物馆协会博物馆学专业委员会“博物馆建筑与功能”学术研讨会，中国书店 2014年
博物馆建筑展示功能特殊性分析/齐玫//中国博物馆协会博物馆学专业委员会“博物馆建筑与功能”学术研讨会，中国书店 2014年
浅谈博物馆建筑与儿童美学教育/杜莹//中国博物馆协会博物馆学专业委员会“博物馆建筑与功能”学术研讨会，中国书店 2014年
博物馆新建、改扩建库房应注意的问题——以湖北省博物馆为例/蔡路武//中国博物馆协会博物馆学专业委员会“博物馆建筑与功能”学术研讨会，中国书店 2014年
博物馆建筑设计的现状及发展趋势/王大鹏//中国博物馆协会博物馆学专业委员会“博物馆建筑与功能”学术研讨会，中国书店 2014年
地方博物馆的建筑与展示空间设计应善加利用地方独特的文化及自然生态资源/李志勇//中国博物馆协会博物馆学专业委员会“博物馆建筑与功能”学术研讨会，中国书店 2014年
地动晶为簇——东海水晶博物馆/王亦民//中国博物馆协会博物馆学专业委员会“博物馆建筑与功能”学术研讨会，中国书店 2014年
大型博物馆并联式功能区块的研究/王静//中国博物馆协会博物馆学专业委员会“博物馆建筑与功能”学术研讨会，中国书店 2014年
平面的舞台——浅谈平面设计在博物馆展示空间的应用/曾莹//中国博物馆协会博物馆学专业委员会“博物馆建筑与功能”学术研讨会，中国书店 2014年
限制的空间——博物馆展厅的平面布局/李卫平//中国博物馆协会博物馆学专业委员会“博物馆建筑与功能”学术研讨会，中国书店 2014年
非遗博物馆的建设思路与展陈设计——以江苏省非物质文化遗产馆为例/王美诗//中国博物馆协会博物馆学专业委员会“博物馆建筑与功能”学术研讨会，中国书店 2014年
如何才能真正建设好国内的博物馆——针对目前国内文博设施建设中出现若干问题的探讨/李玤//中国博物馆协会博物馆学专业委员会“博物馆建筑与功能”学术研讨会，中国书店 2014年
关于博物馆走内涵式发展道路的几点思考/程武彦//中国博物馆协会博物馆学专业委员会“博物馆建筑与功能”学术研讨会，中国书店 2014年
文物库房设计应注意的问题——从实践出发探讨文物库房设计的科学性/王莉//中国博物馆协会博物馆学专业委员会“博物馆建筑与功能”学术研讨会，中国书店 2014年
藏品保管环境控制系统的设置与探索——以浙江省博物馆油画、木质家具保管为例/沈军甫//中国博物馆协会博物馆学专业委员会“博物馆建筑与功能”学术研讨会，中国书店 2014年

论新时期博物馆发展建设中需要关注的几个问题/陈永耘//中国博物馆协会博物馆学专业委员会“博物馆建筑与功能”学术研讨会，中国书店 2014年
浅谈博物馆文物库房的建筑设计理念/张慧//学习实践继承发展：北京博物馆学会保管专业第11～13届学术研讨会论文集，文物出版社2014年
博物馆藏书库保存设备的配置/周丹//学习实践继承发展：北京博物馆学会保管专业第11～13届学术研讨会论文集，文物出版社2014年
博物馆新建、改建库房应注意的问题/蔡路武//学习实践继承发展：北京博物馆学会保管专业第11～13届学术研讨会论文集，文物出版社2014年
浅谈中小型博物馆的文物库房建设/宋长忠//学习实践继承发展：北京博物馆学会保管专业第11～13届学术研讨会论文集，文物出版社2014年
新疆维吾尔自治区博物馆文物库房规范设计初探/李达//学习实践继承发展：北京博物馆学会保管专业第11～13届学术研讨会论文集，文物出版社2014年
细节彰显品质——日本关西、九州博物馆库房观感/陈菁//学习实践继承发展：北京博物馆学会保管专业第11～13届学术研讨会论文集，文物出版社2014年
周口店遗址博物馆新建过程中的藏品库房建设/宁娟//学习实践继承发展：北京博物馆学会保管专业第11～13届学术研讨会论文集，文物出版社2014年
博物馆藏品保管功能用房设计的实践与思考/安莉//学习实践继承发展：北京博物馆学会保管专业第11～13届学术研讨会论文集，文物出版社2014年

2. 博物馆安全防范

黑龙江省博物馆对安全工作的新认识和新措施/姚玉成//中国博物馆通讯1995-2
陕西历史博物馆安全体系及其管理/陕西历史博物馆保卫处//陕西历史博物馆馆刊（二），三秦出版社1995年
西安碑林文物古建筑防火问题初探/苗向阳//碑林集刊（三），陕西人民美术出版社1995年
浅谈博物馆内部的安全保卫工作/陈杰//太平天国历史博物馆建馆四十周年论文集，江苏教育出版社1996年
博物馆馆舍建筑与文物保护/王成//中国博物馆1996-2
新建博物馆害虫的防治/谢伟//陕西历史博物馆馆刊（三），三秦出版社1996年
谈博物馆的安全保卫工作/宋俊科//碑林集刊（四），陕西人民美术出版社1996年
半坡遗址大厅消防工作刍议/袁献峰//史前研究1958～1998年：西安半坡博物馆成立四十周年文集，三秦出版社1998年
北美西海岸博物馆展示的抗震对策/〔日〕兼松重任著，王林译//中国博物馆通讯1999-10
奈良国立博物馆东新馆在耐震与免震方面的对策/王林//中国博物馆通讯2000-2
博物馆的安全保卫/〔英〕蒂莫西·安布罗斯著、欧艳译//中国博物馆通讯2000-3
从西安文庙碑亭的维修浅谈古建筑梁架结构的修缮/刘东平//碑林集刊（六），陕西人民美术出版社2000年
关于古建筑的白蚁防治问题——兼谈西安碑林古建筑的白蚁防治/牟炜//碑林集刊（六），陕西人民美术出版社2000年
技术防范在文物安全工作中的重要性与应用/杜文、苗向阳//碑林集刊（六），陕西人民美术出版社2000年
首都博物馆安全保卫工作浅论/保卫科//首都博物馆丛刊（14），北京燕山出版社2000年
博物馆灾难预防计划/格雷莫·加迪纳尔著、李华译//中国博物馆2002-2
谈出国外展中的文物安全问题/蒋文孝//博物馆研究2002-2；中国博物馆2004-1
周恩来、邓颖超纪念馆的安全防卫设计/李恩柱//中国博物馆通讯2002-2
博物馆安全保障工作“软件”浅谈/强远明//博物馆研究2002-3
坚持安全第一原则，切实加强文物、博物馆消防安全工作——在文物、博物馆消防安全工作座谈会议上的讲话/张柏//文物工作2002-5
加强宏观管理和业务指导，努力做好文物、博物馆消防安全工作——在文物、博物馆消防安全工作座谈会议上的总结讲话/孟宪民//文物工作2002-5

博物馆安全保障工作“软件”浅谈/强远明//文物工作2002-6
博物馆资产的管理与安全监控/顾建群//东南文化2003-1
博物馆人防工作浅谈/程永军//文物工作2003-2
也谈陈列展览中的文物安全问题/韩建武//中国文物报2003-5-19；博物馆学研究论文集，陕西人民出版社2006年
浅谈古建筑火灾成因及预防措施/高伟//文物工作2003-9
博物馆和陈列馆的安全/薛文通//安防科技2003-11
结合西安碑林文庙建筑简述保护古建筑屋面的重要性和具体措施/刘东平//碑林集刊（九），陕西人民美术出版社2003年
责任重于泰山——谈大钟寺古钟博物馆的消防安全/郑铁兵//北京文博2004-3
创建博物馆陈列展厅安全管理新模式的初步尝试/强远明//中国博物馆2004-3
浅谈首都博物馆新馆安全防范系统/陈建国//首都博物馆丛刊（18），北京燕山出版社2004年
红外技术在文博单位安全技防中的应用/张志玉//文博2005-6
建立文物安全保护新机制——从陕西建立文物公安特派室谈起/林建群//中国文物报2005-11-11
营建一个安全的展览环境——展厅全面更新自动灭火/曾曾旂//博物馆营运的新思维（史物丛刊52），历史博物馆2005年
博物馆安全技术防范的回顾与展望/李元彪//回顾与展望——中国博物馆发展百年：2005年中国博物馆学会学术研究会文集，紫禁城出版社2005年
闽台缘博物馆自动喷水灭火系统设计探讨/蒋天旗//福建建设科技2006-5
域外博览：日本博物馆掠影——博物馆展览的免震措施/王林//中国文物报2006-7-14
浅谈博物馆保卫工作重要性/张庆明//旅顺博物馆馆刊（创刊号），2006年
责任重于泰山——谈旅顺博物馆安全保卫工作/郭永军//旅顺博物馆馆刊（创刊号），2006年
博物馆安防管理体系的理论与实践/范志杰//辽宁省博物馆馆刊（1），辽海出版社2006年
当前博物馆安全管理工作初探/田景超、王润录//博物馆学研究论文集，陕西人民出版社2006年
从保管角度谈新时期的文物安全工作/申秦雁//博物馆学研究论文集，陕西人民出版社2006年
博物馆声敏监控报警系统的设计与实现/杨平、马步远、张有光//计算机工程与设计2007-2
浅析博物馆火灾危险性及其对策/杜梅//安防科技2007-2
现代监控系统在天津自然博物馆中的应用/安琦//天津科技2007-5
三清山博物馆安全防范工程设计/李向群、卢庆新//智能建筑电气技术2007-5
浅析文物系统博物馆技防系统的设计/魏旗、张思巍//智能建筑电气技术2007-6
关于大型文化中心、博物馆消防设施的探讨/许为民//建筑设计管理2007-6
国家博物馆文物保护中心地下室防水施工简介/于宁庆//中国建筑防水2007-11
首都博物馆安全技术防范工程设计与反思/祝敬国//首都博物馆丛刊（21），北京燕山出版社2007年
严格规章制度创新管理机制确保文物安全——河南博物院创17个文物安全年的基本做法/周桂祥//河南博物院建院80周年论文集，大象出版社2007年
博物馆安防系统的设计/宋耀文//沿海企业与科技2007-12
当前博物馆文物安全工作问题与对策/张立胜//中国博物馆2008-4
积极探索建立文物安全工作新机制/齐岸青//中国文物报2008-4-25
浅谈技术防范系统的作用及运用//无锡博物院论文集，广陵书社2008年
博物馆安全保卫工作浅谈/张依明//五秩风华：上海市青浦区博物馆建馆五十周年纪念文集，上海社会科学院出版社2008年
勇于创新一丝不苟把消防安全工作落到实处/顾慧忠、张蔚、胡刚//五秩风华：上海市青浦区博物馆建馆五十周年纪念文集，上海社会科学院出版社2008年
安全监控防盗报警系统工程的防雷电保护/吕建乐//法门寺博物馆论丛（一）：法门寺博物馆建馆二十周年学术讨论会论文集，三秦出版社2008年
文物安全防范工程上报审批存在的问题/刘起富//中国文物报2009-2-6

浅析博物馆防盗报警系统的漏报误报/于康唯、张威//安防科技2009-2
浅谈博物馆、纪念馆展厅值班员服务与安全防范意识/夏青//博物馆研究2009-2
博物馆安全技术防范系统评估/李勍、胡大为、贾煜//安防科技2009-4
基于EPON的博物馆数字化安全防范系统设计及应用/陈军安、王海//计算机与数字工程2009-6
博物馆文物仓库气体灭火系统的选择及计算/孔德庆//中国高新技术企业2009-16
宁城地质博物馆空调和防排烟设计/刘涛、苏华//制冷与空调2010-2
博物馆监控保卫官总关键在人/李高遂//中国文物报2010-3-24
博物馆消防安全的实施途径和措施——以甘肃省博物馆消防系统为例/王裕昌//中国博物馆2010-4
安全防范技术在甘肃省博物馆新馆中的应用/王裕昌//丝绸之路2010-4
技术防范在博物馆的应用/钱建明//海峡科学2010-6
动态安全管理在博物馆的运用/张米丁//安防科技2010-8
浅议博物馆安全技术防范/张米丁//安防科技2010-9
博物馆馆藏文物安全之内部管理/徐文忠、袁淮//中国文物报2010-12-15
论免费开放后博物馆安全管理工作——以甘肃省博物馆为例/王瑞强//丝绸之路2010-22
浅谈文物运输过程中的安全/隋文风//陕西历史博物馆馆刊（17），三秦出版社2010年
创新史前遗址博物馆的安全保卫工作——以桂林甑皮岩遗址博物馆为例/蓝日星//史前研究（2009）：首届国际河姆渡文化节——国际遗址博物馆长河姆渡峰会暨史前遗址博物馆专业委员会第七届学术研讨会纪念文集，宁波出版社2010年
浅谈新馆的安全保卫工作/郑桂俊//安徽文博（六），中华书局2010年
民族博物馆的文物安全与保护探讨/宋才发//黑龙江民族丛刊2011-1
免费开放后博物馆的双安全问题探讨/刘洪//党史文苑2011-1
浅谈博物馆安全技术防范工作/盛天文//丝绸之路2011-4
出门在外，文物你保险了吗？//中国文物报2011-6-1
云南省博物馆新馆隔震结构模拟地震振动台试验研究/胥玉祥、朱玉华、卢文胜//建筑结构学报2011-10
关于博物馆安全问题的思考/黄雪寅//中国文物报2011-8-24
文物消防安全检查规程（试行）//中国文物报2011-9-23
博物馆安全面临的形势与对策/丁福利//中国文物报2011-11-16
湖北省文物保护单位及博物馆纪念馆安全技术防范工程建设管理办法//中国文物报2011-11-25
浅议博物馆的安全防范工作/张纪东//文化遗产与博物馆研究（二），云南人民出版社2011年
论博物馆安全工作的规范化管理——以南通博物苑为例/陈银龙//博物苑（南通博物苑苑刊）（十九），文物出版社2011年
浅谈保卫部门在博物馆安防工程建设中的作用/李贵州//南京博物院集刊（12），文物出版社2011年
从李海涛文物盗窃案看博物馆防内盗//侯小迅//中国文物报2012-6-27
博物馆怎样才安全？/李政育/中国文物报2012-12-26
当前我国博物馆安全面临的形势与对策/丁福利//中国博物馆安全理论与实践（一）：中国博物馆协会安全专业委员会论文集，中州古籍出版社2012年
博物馆安全保卫的薄弱环节及对策——以海南省博物馆为例/王书印、钱承国//中国博物馆安全理论与实践（一）：中国博物馆协会安全专业委员会论文集，中州古籍出版社2012年
论博物馆风险来源及管理/黄勤//中国博物馆安全理论与实践（一）：中国博物馆协会安全专业委员会论文集，中州古籍出版社2012年
博物馆安全保卫的规范化管理工作刍议/肖先进//中国博物馆安全理论与实践（一）：中国博物馆协会安全专业委员会论文集，中州古籍出版社2012年
浅谈博物馆风险来源与防范/辛春//中国博物馆安全理论与实践（一）：中国博物馆协会安全专业委员会论文集，中州古籍出版社2012年
当前中国博物馆文物安全工作有关问题与对策/张立胜//中国博物馆安全理论与实践（一）：中国博物馆协会安全专业委员会论文集，中州古籍出版社2012年

加强管理狠抓落实确保安全——中国地质博物馆安全工作的做法/张亚钧//中国博物馆安全理论与实践（一）：中国博物馆协会安全专业委员会论文集，中州古籍出版社2012年
着眼边疆民族地区博物馆的特点，树立做好免费开放安保工作信心/田先洪//中国博物馆安全理论与实践（一）：中国博物馆协会安全专业委员会论文集，中州古籍出版社2012年
防范为先，措施为主，责任为重——浅谈井冈山革命博物馆安全保卫工作/颜武//中国博物馆安全理论与实践（一）：中国博物馆协会安全专业委员会论文集，中州古籍出版社2012年
完善的管理机制是博物馆安全保卫工作的根本所在——河南博物院安全保卫工作的主要做法和经验/张文彬//中国博物馆安全理论与实践（一）：中国博物馆协会安全专业委员会论文集，中州古籍出版社2012年
论博物馆工作的规范化管理——以南通博物苑为例/陈银龙//中国博物馆安全理论与实践（一）：中国博物馆协会安全专业委员会论文集，中州古籍出版社2012年
博物馆风险来源与防范/安庆福//中国博物馆安全理论与实践（一）：中国博物馆协会安全专业委员会论文集，中州古籍出版社2012年
简述文博单位的风险评估/贾鹏//中国博物馆安全理论与实践（一）：中国博物馆协会安全专业委员会论文集，中州古籍出版社2012年
浅谈博物馆安全的规范化管理/隋文风//中国博物馆安全理论与实践（一）：中国博物馆协会安全专业委员会论文集，中州古籍出版社2012年
博物馆安全的规范化管理浅议/丁小峰//中国博物馆安全理论与实践（一）：中国博物馆协会安全专业委员会论文集，中州古籍出版社2012年
博物馆安全事件的级别划分和处置方法探析/任宝玉//中国博物馆安全理论与实践（一）：中国博物馆协会安全专业委员会论文集，中州古籍出版社2012年
浅谈博物馆安全风险与防范措施/张国俊//中国博物馆安全理论与实践（一）：中国博物馆协会安全专业委员会论文集，中州古籍出版社2012年
博物馆的风险来源与防范/刘丕伟//中国博物馆安全理论与实践（一）：中国博物馆协会安全专业委员会论文集，中州古籍出版社2012年
浅议风险管理在博物馆安全管理中的应用/李贵州//中国博物馆安全理论与实践（一）：中国博物馆协会安全专业委员会论文集，中州古籍出版社2012年
对如何做好新形势下博物馆安全保卫工作的粗浅认识/刘海兰//中国博物馆安全理论与实践（一）：中国博物馆协会安全专业委员会论文集，中州古籍出版社2012年
博物馆保安队伍的系统管理/宋国强、张岚//中国博物馆安全理论与实践（一）：中国博物馆协会安全专业委员会论文集，中州古籍出版社2012年
浅谈博物馆的风险因素和安全防范/钱建明//中国博物馆安全理论与实践（一）：中国博物馆协会安全专业委员会论文集，中州古籍出版社2012年
浅谈博物馆安全工作的规范化管理/张小松//中国博物馆安全理论与实践（一）：中国博物馆协会安全专业委员会论文集，中州古籍出版社2012年
谈博物馆安全保卫档案管理的规范化和智能化/潘军//中国博物馆安全理论与实践（一）：中国博物馆协会安全专业委员会论文集，中州古籍出版社2012年
浅析博物馆风险与防范/邵文菁//中国博物馆安全理论与实践（一）：中国博物馆协会安全专业委员会论文集，中州古籍出版社2012年
浅论博物馆公共安全体系的建立/马文峰//中国博物馆安全理论与实践（一）：中国博物馆协会安全专业委员会论文集，中州古籍出版社2012年
博物馆风险来源/李凯//中国博物馆安全理论与实践（一）：中国博物馆协会安全专业委员会论文集，中州古籍出版社2012年
运用科学手段评估博物馆安全状况 推进安全管理标准化建设/李政育、冯威//中国博物馆安全理论与实践（一）：中国博物馆协会安全专业委员会论文集，中州古籍出版社2012年
博物馆的风险与应对浅析/刘清明//中国博物馆安全理论与实践（一）：中国博物馆协会安全专业委员会论文集，中州古籍出版社2012年

用安全为博物馆事业护航——郑州博物馆文物安全工作简述/程新志//中国博物馆安全理论与实践（一）：中国博物馆协会安全专业委员会论文集，中州古籍出版社2012年
浅议博物馆的安全面临的问题及应对措施/张鹏举//中国博物馆安全理论与实践（一）：中国博物馆协会安全专业委员会论文集，中州古籍出版社2012年
创博物馆安全小环境建博物馆和谐大稳定——谈上海市历史博物馆从内部管理角度抓安全工作的管理方式/邵文菁//中国博物馆安全理论与实践（一）：中国博物馆协会安全专业委员会论文集，中州古籍出版社2012年
加强文物安全促进社会和谐——浅谈上海博物馆文物安全工作/吴敬伟// 中国博物馆安全理论与实践（一）：中国博物馆协会安全专业委员会论文集，中州古籍出版社2012年
浅谈博物馆安全与社会和谐/赵国临//中国博物馆安全理论与实践（一）：中国博物馆协会安全专业委员会论文集，中州古籍出版社2012年
固本墙基抓安全服务中心方为本——青海省博物馆文物安全保卫工作情况汇报材料/周文成//中国博物馆安全理论与实践（一）：中国博物馆协会安全专业委员会论文集，中州古籍出版社2012年
新形势下博物馆安全保卫人员应具备的素质/杨伟朋、张文彬//中国博物馆安全理论与实践（一）：中国博物馆协会安全专业委员会论文集，中州古籍出版社2012年
博物馆展厅安全防护有关问题与对策/史彦林//中国博物馆安全理论与实践（一）：中国博物馆协会安全专业委员会论文集，中州古籍出版社2012年
技术防范在博物馆安防中的作用/张亚钧、王强//中国博物馆安全理论与实践（一）：中国博物馆协会安全专业委员会论文集，中州古籍出版社2012年
博物馆安全技术防范之我见/王瑞强//中国博物馆安全理论与实践（一）：中国博物馆协会安全专业委员会论文集，中州古籍出版社2012年
浅谈博物馆实施技防工程应注意的几个问题/陈银龙//中国博物馆安全理论与实践（一）：中国博物馆协会安全专业委员会论文集，中州古籍出版社2012年
浅谈博物馆安防系统与陈列设计的冲突与对策/卫红刚//中国博物馆安全理论与实践（一）：中国博物馆协会安全专业委员会论文集，中州古籍出版社2012年
浅谈博物馆周界防范/张国俊//中国博物馆安全理论与实践（一）：中国博物馆协会安全专业委员会论文集，中州古籍出版社2012年
浅谈博物馆安全防范系统的维修保养/曹洋//中国博物馆安全理论与实践（一）：中国博物馆协会安全专业委员会论文集，中州古籍出版社2012年
故宫的防火历史给我们的几点启示——浅议故宫火灾风险及防范/韩培福//中国博物馆安全理论与实践（一）：中国博物馆协会安全专业委员会论文集，中州古籍出版社2012年
安检设备在博物馆使用现状的分析——以中共一大会址纪念馆为例/黄晨钢//中国博物馆安全理论与实践（一）：中国博物馆协会安全专业委员会论文集，中州古籍出版社2012年
射频识别技术（RFID）博物馆安全防范系统的维修保养/曹洋//中国博物馆安全理论与实践（一）：中国博物馆协会安全专业委员会论文集，中州古籍出版社2012年
博物馆安防集成系统建立的几点思考/姚宜//深圳文博论丛二〇一二，文物出版社2012年
热回收新风机在博物馆安防消防监控室的应用//阳勇、冉浩//洁净与空调技术2013-1
为文物安全筑牢“防火墙”——西安碑林博物馆消防工作回眸/庞博//中国文物报2013-7-10
中国国家博物馆“三防合一”安保体系/古建东//百年传承创新发展：北京地区博物馆第六次学术会议论文集，中国书籍出版社2013年
博物馆安全技术防范浅析/刘善虎//南京博物院集刊13，文物出版社2013年
博物馆安全的国际经验/田凯、徐蕊、李政育、信木祥//中国文物报2014-7-22
甘肃省博物馆安防报警系统改造升级启示/王裕昌、盛天文//中国博物馆通讯2014-10
简谈文物展览陈列的安全问题/周尚云//学习实践继承发展：北京博物馆学会保管专业第11～13届学术研讨会论文集，文物出版社2014年
浅谈以文物建筑物为馆舍的中小型博物馆在利用古建筑中遇到的安全问题/温思奇//学习实践继承发展：北京

博物馆学会保管专业第11～13届学术研讨会论文集，文物出版社2014年
文物库房搬迁工作中安全问题/张辉//学习实践继承发展：北京博物馆学会保管专业第11～13届学术研讨会论文集，文物出版社2014年

七　博物馆服务

1. 博物馆服务

市场经济中博物馆的出路——多元服务体系/肖贵洞//中国博物馆1994-2
日本博物馆的“观众服务系统”/王银田//中国博物馆通讯1994-2
我国博物馆观众数量评估及对策/王成//中国博物馆1995-2
西安碑林的旅游客源调查与分析/王月华//国土开发与整治1995-3
论博物馆接待服务中的公共关系/陆建松//中国博物馆1995-4
观众的实证观与探究欲/罗安鹄//中国博物馆通讯1995-4
台湾学者陈国宁论博物馆观众服务/亢宾//中国博物馆通讯1995-4
拓宽为社会服务的门路，是充分实现博物馆价值的关键所在/朱世力//中国博物馆通讯1995-6
博物馆社会效益如何实现/丁步宁//光明日报1995-8-8
博物馆社会服务观念转变的意义/丁步宁//中国博物馆通讯1995-10
陈列室拥挤的标准//中国博物馆通讯1995-11
关于博物馆参观路线的科学性的探讨/李加林、肖贵洞//中国博物馆1996-2
热情接待和优质服务是增强博物馆吸引力的一个重要方面/陆建松//中国博物馆通讯1996-5
服务质量是人的素质的直接体现/邢贲思//中国博物馆通讯1996-9
抗日战争纪念馆是怎样重视观众反馈研究的/于延俊//中国博物馆通讯1996-11
国际博协的博物馆服务战略/苏东海//中国博物馆通讯1996-12
论博物馆观众的特征/艾赖文//中国博物馆1997-1
对博物馆社会化服务的再认识/葛华//中国博物馆通讯1997-1
博物馆观众参观行为表现/〔美〕约翰·福克、林恩·戴尔金著，宋向光译//中国博物馆通讯1997-1
关于博物馆服务/马自树//中国博物馆1997-2
博物馆学习的内在动机——什么因素规定着观众要学习什么？/〔美〕米哈里·斯科金特米哈里伊、金·赫曼森著，辛得译//中国博物馆1997-2
博物馆服务做好了，博物馆素质就会有一个大的提高/马自树//中国博物馆通讯1997-7
国际博物馆界服务战略的兴起/苏东海//中国博物馆通讯1997-7
博物馆要加强对社会服务的认识/方其仁//中国博物馆通讯1997-10
具备一定的文物知识是做好讲解工作的前提/高宝仕//中国博物馆通讯1997-10
浅谈博物馆社会服务与儿童教育/程京生//中国博物馆通讯1997-12
加强博物馆学会的服务功能/牛燕//中国博物馆通讯1997-12
运用公共关系原理加强博物馆与观众的联系/宋德辉//中国博物馆通讯1998-3
博物馆是面向群众的，处处要为群众着想//中国博物馆通讯1998-7
影响观众参观体验的主要因素：个人、社会、环境/〔美〕约翰·赫·福克、林恩·迪·戴尔金著，辛德编译//中国博物馆通讯1998-8
博物馆应加强对观众心理的研究/胡惠强//中国博物馆1999-3

博物馆创办观众文化活动厅的设想/王丽君、韩永//中国博物馆通讯1999-4
我们把展览送到监狱中/周秀麟//中国博物馆通讯1999-11
遗址博物馆与观众/孟剑明//遗址博物馆学概论，陕西人民出版社1999年
试论博物馆如何对观众进行文明服务/王江红//黑河学刊2000-3
新世纪博物馆为人民服务之我见/王文建//中国博物馆2000-3
开展大学博物馆的多元化服务/谭红//中国博物馆通讯2000-8
拓宽服务路子提高服务质量/李延平、刘丽萍//中国博物馆通讯2000-9
博物馆与旅游：文化和消费/〔墨西哥〕雅尼·赫瑞曼著，宋向光译//中国博物馆2001-2
广州市旅游接待人数与南越王墓博物馆观众人数的分析报告/刘金顺//中国博物馆2001-2
博物馆要关注老年观众/张宁//中国博物馆2001-3
博物馆如何为老龄群体服务/张爱琴//中国博物馆2001-4；中国博物馆通讯2002-2
争取客源是博物馆可持续发展的需要/孙麦才、李萍//博物馆研究2001-4
博物馆社区服务的思想由来/苏东海//中国文物报2001-4-25；全球化下的中国博物馆，文物出版社2002年；博物馆的沉思——苏东海论文选（卷二），文物出版社2006年
策划者与观众的换位思考/俞乐滨//中国博物馆通讯2001-8
办好展览为经济建设服务/高志德、王新春//博物馆研究2002-1
社区服务/〔美〕尼尔·科特勒、菲利浦·科特勒著，辛得译//中国博物馆通讯2002-2
谈革命博物馆的观众服务/李萍//博物馆研究2002-3
博物馆观众娱乐性需求的认识和博物馆娱乐功能的确立/项隆元、陈建江//北方文物2002-4；中国博物馆2003-1
浅析博物馆的律师服务/任玉琦//中国博物馆通讯2002-4
窗明几净与博物馆/苏东海//中国文物报2002-7-26；博物馆的沉思——苏东海论文选（卷二），文物出版社2006年
如果博物馆做不到窗明几净，还算是一个文明的去处吗？/苏东海//中国博物馆通讯2002-8
大学生为何冷落博物馆/杨雪梅//光明日报2002-8-8
了解观众服务观众吸引更多的观众/宋向光//首都博物馆丛刊（16），北京燕山出版社2002年
转换思路服务大众/黄琛//中国文物报2003-2-26
论适度观众数量/庞军宝//中国博物馆2003-4
博物馆观众心理学浅析/黄晓宏//中国博物馆2003-4
博物馆的宣教工作与观众需求/王学敏//中国博物馆2003-4
旅顺博物馆鼻烟壶展厅观众参观行为观察报告/林冠男、史吉祥//博物馆研究2003-4
博物馆，想说爱你不容易//浙江日报2003-7-25
博物馆如何为残疾人群体服务/谢剑荣//中国博物馆通讯2003-9
博物馆与公众——一个饶有趣味和意义的研究领域/史吉祥、郭富纯//中国博物馆2004-2
为观众着想的博物馆——加拿大皇家安大略博物馆印象/谢丹//中国博物馆2004-2
美国博物馆的公众教育与公共服务/段勇//中国博物馆2004-2
博物馆的服务质量没有必要保证永远一样/Zeithaml Berry Juran//中国博物馆通讯2004-3
博物馆除了必须为民众开放使用外，重要的是应该提出一些论点和说法/Edward Chappell//中国博物馆通讯2004-3
手语引领聋哑人看博物馆：南京博物院“三贴近”的新探索/张雪菲//中国文物报2004-3-12
论博物馆内图书馆参考咨询服务的功能与实施/刘萍//中国博物馆2004-4
产品开发·售后服务——博物馆做好“免票”后的后续服务工作/董琦//中国文物报2004-4-22
免票后博物馆怎样做好接待工作/喻少柏//中国文物报2004-4-22
提升博物馆、纪念馆旅游服务质量的若干思考/俞文君//中国博物馆通讯2004-9
关于正确对待观众诉怨问题的几点思考/石宪//中国博物馆通讯2004-10
高举服务社会的旗帜——探访墨尔本的博物馆/文博//中国文物报2004-11-11

试谈博物馆厕所文化/高小龙//中国文物报2004-11-19
服务也要用心去做/苏东海//中国文物报2004-11-26；博物馆的沉思——苏东海论文选（卷二），文物出版社2006年7月
细节：博物馆应高度重视的问题/申永峰//中国文物报2004-12-2
博物馆与大众/郑雅坤、张健//陕西历史博物馆馆刊（十一），三秦出版社2004年；博物馆学研究论文集，陕西人民出版社2006年
大陆博物馆社会化服务在提速/马自树//中国博物馆通讯2005-1
我国博物馆服务体系的现状与展望/郝国胜//中国博物馆通讯2005-1
博物馆必须坚持“以观众为本”的工作理念/王金定、曲晓晖//中国博物馆通讯2005-1
博物馆游客行为研究——以广州南越王墓博物馆为例/刘俊//桂林旅游高等专科学校学报2005-2
改进管理服务大众/鲍贤伦//中国文物报2005-2-2
展示文化底蕴服务社会大众——辽博新馆开馆工作的回顾与思考/张春雨、纪兵//中国文物报2005-2-2
对博物馆合理参观流量的初步分析/解小敏//北京文博2005-3
从细节做起/黄琛//中国文物报2005-3-6
陈浩：博物馆要最大限度为时代进步服务/李让//中国文物报2005-3-16、2005-9-2
增强博物馆的公众亲和力刍议/刘丽//中国博物馆2005-4
国家博物馆发挥优势为青少年服务/孙丽梅//中国文物报2005-5-10
如何为残障者提供导览服务——以伪满皇宫博物院为例/张微//中国文物报2005-6-14
一个小学生眼中的博物馆/李海瑄//中国文物报2005-6-17
西安半坡博物馆馆长给本报小读者的回信/张礼智//中国文物报2005-6-30
谈谈博物馆、纪念馆验票员的基本素质与服务问题/姜艳辉//中国博物馆通讯2005-9
东南地区博物馆新思维撷录——如何落实展览服务“三贴近”/加强博物馆展示宣传与社会服务调研课题组//中国文物报2005-11-8
把服务当作产品以顾客为关注焦点——博物馆导入ISO9001国际化标准管理体系初探/姜艳辉//中国文物报2005-11-11
以人为本服务大众——博物馆宣传与大众刍议/骆晓红//史前研究（2004）：中国博物馆学会史前遗址博物馆专业委员会第五届学术研讨会论文集，三秦出版社2005年
拥抱观众——浅谈博物馆观众的参观质量与博物馆服务/郝娟//史前研究（2004）：中国博物馆学会史前遗址博物馆专业委员会第五届学术研讨会论文集，三秦出版社2005年
略论博物馆的市场调研活动/韦军//史前研究（2004）：中国博物馆学会史前遗址博物馆专业委员会第五届学术研讨会论文集，三秦出版社2005年
把握两个互动，实现行业博物馆的发展/龚丹//博物馆的记忆与想象：“百年文博——我与博物馆”大型征文活动文萃，学苑出版社2005年
开展博物馆公共关系活动在我国的必要性和可行性/陈晓莉//博物馆的记忆与想象：“百年文博——我与博物馆”大型征文活动文萃，学苑出版社2005年
从广州地区博物馆的发展看博物馆服务理念的变迁/程存洁//博物馆：文化的桥梁，广东人民出版社2005年
探讨国内志愿服务的提升——以纽约大都会博物馆为例/韩慧泉//博物馆营运的新思维（史物丛刊52），历史博物馆2005年
西安碑林国内旅游客源地市场分析/王月华//碑林集刊（十一），陕西人民美术出版社2005年
进一步做好博物馆的社会服务工作/马自树//回顾与展望——中国博物馆发展百年：2005年中国博物馆学会学术研究会文集，紫禁城出版社2005年
创新是博物馆发挥服务功能的强大动力/黄晨//回顾与展望——中国博物馆发展百年：2005年中国博物馆学会学术研究会文集，紫禁城出版社2005年
谈博物馆的社会服务问题/马自树//中国博物馆2006-2
在展览上要接近观众，在服务上要贴近观众/崔波//中国文物报2006-2-24
博物馆典藏的主题与博物馆服务/邓佳平//文物世界2006-3

博物馆建设与博物馆服务/闻悟//中国文物报2006-3-17
展示与服务：博物馆职能的新认识/杨志刚//中国文物报2006-3-17
贵州省博物馆落实“三贴近”的体会/李甫//中国文物报2006-3-31
博物馆应关心外来务工青年/楼锡祜//中国文物报2006-5-12
博物馆进入服务时代/宋向光//中国文物报2006-7-7
博物馆和文化景点应当为国内外残疾游客提供便利/David N Tool著，白岩译//中国文物报2006-7-14
正确对待观众诉怨的几点思考/石宪//中国文物报2006-10-27
强化服务意识是博物馆工作的立足之本/李洋//西部文博论丛——首届西部文博管理干部培训班暨中国文博西部论坛，科学出版社2006年
游客与博物馆——游客调查表启示/杨爱萍//陕西历史博物馆馆刊（十三），三秦出版社2006年
强化服务意识提高服务质量/宋向光//博物馆与青少年：广州2006国际博物馆日馆长论坛论文集，广东人民出版社2006年
关于博物馆学会服务问题/马自树//中国民族文博（一），民族出版社2006年
试论博物馆如何提升观众的满意度/王晓曦//湖南省博物馆馆刊（三），岳麓书社2006年
对拓展高校博物馆社会服务功能的一些思考/张爱民//社科纵横2007-1
中小博物馆该怎样提升服务水平/贺雅贤//中国文物报2007-5-16
三馆长畅谈博物馆发展新方向：服务公众/维博、叶红、陶文静、尤义//长江商报2007-11-6
以人为本服务观众是博物馆的根本/侯玲雅//深圳文博论丛2005～2006年合刊，文物出版社2007年
博物馆改进服务工作之我见/严洪明、李怡红//在传播科学中传承文明——博物馆研究论文集，文物出版社2007年
关于博物馆的社会服务问题/马自树//在传播科学中传承文明——博物馆研究论文集，文物出版社2007年
博物馆与观众的“互动”/曾光//科学发展观与博物馆教育学术研讨会论文集，陕西人民出版社2007年
浅谈博物馆的与观众参与/龙辉//科学发展观与博物馆教育学术研讨会论文集，陕西人民出版社2007年
博物馆展览与观众需求/赵黎//科学发展观与博物馆教育学术研讨会论文集，陕西人民出版社2007年
浅谈博物馆志愿服务/高嵘//陕西历史博物馆馆刊（十四）三秦出版社2007年
论博物馆观种资源的开发/叶军//陕西文博宣教工作论丛（二），/陕西旅游出版社2007年
服务公众：博物馆的责任与使命——河南博物院坚持服务公众的实践与认识/张文军//河南博物院建院80周年论文集，大象出版社2007年
公众服务与科学研究——江苏公益性博物馆发展的两极/龚良//文化遗产与社会发展，南京出版社2007年；和谐博物馆论，文物出版社2012年
国家博物馆档案资料流失的启示/仝艳锋//山西档案2008-1
浅谈博物馆服务/解培红//管理科学文摘2008-1
无障碍博物馆——理念与实践/刘卫华、曹敏//中国博物馆2008-1
应对免费开放后观众群体变化的几点设想/高宝仕//中国博物馆2008-1
从中美案例谈博物馆与公众的互动/伍亚婕//中国文物报2008-1-25
珠江三角洲都市圈博物馆群分析/萧洽龙//中国博物馆2008-2
博物馆国内游客特征探究——以武汉辛亥革命博物馆为例/唐凯//黄石理工学院学报2008-2
浅谈博物馆免费后的信息化服务/王光宇//甘肃科技2008-3
博物馆物理环境及其对参观者满意度的影响/〔韩〕Jae-Hoon Jeong 、Kyung-hoon Lee著，周晓庆、张萌译//中国博物馆2008-4
南京总统府旅游环境容量研究/郭剑英、杨财根//华东经济管理2008-4
服务：城市公共文化管理的核心——“博物馆免费开放与公共文化管理”研讨会综述/张力华//上海城市管理职业技术学院学报2008-5
贴近时代为群众提供一流的服务——郑州博物馆探索之路/冯朝晖//中国文物报2008-5-14
博物馆陈列设计中儿童展示空间的提倡/李馥颖//科技信息2008-15
博物馆开放服务与博物馆形象塑造/姚瑶//2007年江苏省文博论文集，南京出版社2008年

三贴近与博物馆工作的理念与实践/郝黎//新世纪博物馆的实践与思考：北京博物馆学会第五届学术会议论文集，北京燕山出版社2008年
走出象牙塔，践行“三贴近”原则/马先军//新世纪博物馆的实践与思考：北京博物馆学会第五届学术会议论文集，北京燕山出版社2008年
博物馆服务人文奥运的几点思考/白岩//新世纪博物馆的实践与思考：北京博物馆学会第五届学术会议论文集，北京燕山出版社2008年
浅谈博物馆的服务意识//无锡博物院论文集，广陵书社2008年
博物馆与公众休闲/郝娟//陕西历史博物馆馆刊（十五），三秦出版社2008年
山西省博物馆公共服务浅析/李发明//文物世界2009-3
游客对电子语音导览的需求研究——以湖南省博物馆为例/张茜、杨林安、李百春//湘潭师范学院学报2009-3
以“观众满意”为目标构建博物馆服务运行机制/刘洪//中国文物科学研究2009-4
服务社区践行“三贴近”：访国际友谊博物馆馆长张健/冯朝晖//中国文物报2009-5-6
临场体验和功能复合——信息化背景下的当代博物馆设计的两种倾向/陈翔、朱培栋//建筑学报2009-7
关注未成年人群体，提升服务工作质量——对博物馆服务未成年人工作的几点探索/潘彬彬//文教资料2009-8
论博物馆的学习服务功能/胡芳、李奎、李益民//社科纵横2009-8
国有博物馆接待服务设置危机管理/黄琛//中国文物报2009-9-16
服务与技术并重复兴与创新共存——以“复兴之路”陈列开启服务之门/中国国家博物馆//中国文物报2009-10-21
提升博物馆旅游体验的几点思考——以陕西汉阳陵地下博物馆为例/刘珺//经济师2009-12
博物馆无障碍设施建设的理念与思考/王裕昌//丝绸之路2009-24
关于深圳博物馆建立公共文化服务体系的思考/温予新//深圳文博论丛二〇〇九年，文物出版社2009年
山西博物院观众细分/李乐嘉//春华集：纪念山西博物院九十周年学术文集，山西人民出版社2009年
公共文化服务——博物馆职能的现代转向/周俊玲、张红玲//陕西历史博物馆馆刊（十六），三秦出版社2009年
了解博物馆观众的三种方法/〔美〕艾尔格尔·豪森著，张曦译//辽宁省博物馆馆刊（2009），辽海出版社2009年
我们需要怎样的博物馆，公众说了算——四川博物院成功举办首次观众恳谈会/张衡//中国博物馆通讯2010-1
博物馆“资源-游客”双核环境解说规划模式研究——以北京自然博物馆为例/刘艳、王民//世界地理研究2010-1
县级博物馆提高办馆水平和完善服务功能的思考/李昌荣//中国博物馆通讯2010-3
提升博物馆窗口服务水平的对策研究/赵徐嫣//市场周刊（理论研究）2010-3
对博物馆社会服务功能的再认识/哈骏//北京文博2010-4
浅谈一二九师陈列馆的社会文化服务/江红、姚英芳//文物春秋2010-4
活动开发项目如何满足观众需求/纪丽君//中国文物报2010-4-14
博物馆的儿童活动/楼锡祜//中国文物报2010-6-2
黑龙江省博物馆恐龙挖掘吸引儿童/岳中彬//中国文物报2010-6-2
博物馆服务创新方法探索/刘洪//中国文物报2010-7-21
精心设计体验活动观众就是特邀演员/康彦新、史进平//中国文物报2010-9-15
博物馆强化公共服务的呼唤/丁福利//中国文物报2010-9-29
无障碍设计在博物馆展示设计中的应用/沈晓林//牡丹江大学学报2010-10
试论当代博物馆观众角色的转变和“以人为本”的服务理念/苏文涛//丝绸之路2010-16
博物馆向农村延伸服务的几点认识/刘晖//天津文博论丛（1），天津人民出版社2010年
提升考古与遗址博物馆社会服务功能的几点思考/曹玮//中国博物馆学会考古与遗址博物馆专业委员会成立大会论文集，西北大学出版社2010年
沈阳新乐遗址基础设施改造与公众需求新思考/周阳生//中国博物馆学会考古与遗址博物馆专业委员会成立大会论文集，西北大学出版社2010年
以关注观众需求为宗旨不断促进史前遗址博物馆科学发展——以周口店遗址博物馆为例/董翠平//中国博物馆

学会考古与遗址博物馆专业委员会成立大会论文集，西北大学出版社2010年
创新遗址博物馆的发展 更好地服务人民大众——以三门峡虢国博物馆为例/田双印//中国博物馆学会考古与遗址博物馆专业委员会成立大会论文集，西北大学出版社2010年
敦煌莫高窟游客需求调查和陈展规划的制定/罗庆华//中国博物馆学会考古与遗址博物馆专业委员会成立大会论文集，西北大学出版社2010年
博物馆如何在旅游业兴旺时期发展求新——谈沈阳故宫博物院的公众服务/杨晓东//辽宁省博物馆馆刊（2010），辽海出版社2010年
博物馆服务要走向社区/乔玮//陕西历史博物馆馆刊（17），三秦出版社2010年
博物馆如何在公共文化服务体系中发挥核心作用——以安徽省博物馆免费开放效果为例/朱良剑//安徽文博（六），中华书局2010年
博物馆服务功能的转变与创新/白虹、师述文//文博宣教2011-1
浅析县级博物馆服务模式——提高社会功能/郑东霞//文博宣教2011-1
与观众对话——博物馆服务观众探析/冯惠//上海文博论丛2011-2
中国特色无障碍设计研究——以故宫无障碍设计研究项目为例/欧阳丽莎//湖北美术学院学报2011-2
品牌凝聚人气创新服务社会——以青岛市博物馆为例/刘元鸣//中国文物报2011-2-23
了解观众服务观众——浙江省博物馆武林馆区观众问卷调查分析报告/蔡琴//东南文化2011-3
社会服务：博物馆的价值/李发明//文物世界2011-3
博物馆如何留住观众/张经、余超//北京文博文丛2011-4
北京发布首部博物馆服务规范，业内人士称内容过细/刘冕//北京日报2011-5-1
博物馆要树立观众至上的意识/李志祥//中国文物报2011-6-29
创新机制加强服务——浙江宁波博物馆建设纪实/王玉琦//中国文物报2011-7-20
语音导览：服务中的“角色扮演”/叶葳//中国文物报2011-7-20
吉林大学考古与艺术博物馆潜在观众调研/徐赫、张哲//中国文物报2011-8-3
福建博物院：社会服务的一匹黑马/崔波//中国文物报2011-8-17
国博：以新馆开放撬动公共文化服务/黄振春//中国文物报2011-10-26
英国博物馆展览：关注观众感受/高翠//中国文物报2011-12-28
博物馆的社会使命和服务内涵/王莉//人民论坛2011-17
博物馆的无障碍设计探析/贾祝军、申黎明、沈怡君//山西建筑2011-32
浅谈我国博物馆服务功能的提升//江苏省文博论文集2010，南京师范大学出版社2011年
从建设“博物馆城”到构建“大城市博物馆”的嬗变——以构建公共文化服务体系的基本原则为视角//江苏省文博论文集2010，南京师范大学出版社2011年
论宫廷遗址博物馆的公众服务——以沈阳故宫博物院为例/温淑萍//沈阳故宫博物院院刊（九），现代出版社2011年
博物馆如何体现以人为本的服务理念/杨文英//首都博物馆论丛（25），北京燕山出版社2011年
服务规范管理科学打造世界城市窗口形象——创建旅游景区，提高博物馆开放接待服务水平/刘璐璐//首都博物馆论丛（25），北京燕山出版社2011年
博物馆优质服务的发展方向/刘姗姗、张俊//史前研究2010——2010中国桂林·史前文化遗产国际高峰论坛暨中国博物馆协会史前遗址博物馆专业委员会第八届学术研讨会论文集，广西科学技术出版社2011年
强化公共服务——中国博物馆追求国际化与本国特色的双重呼唤/丁福利//博物馆：以教育为圆心的文化乐园，暨南大学出版社2011年
博物馆在公共文化服务体系建设中的角色定位/刘文涛//南京博物院集刊（12），文物出版社2011年
融入社会服务大众——大众文化时代的博物馆社会服务工作/李竹//南京博物院集刊（12），文物出版社2011年
建立公共文化服务指标体系提升博物馆公众服务能力/王鑫//博物苑（南通博物苑苑刊）（十九），文物出版社2011年
浅析太原博物馆如何开展公众服务/杨海云//科学之友2012-1
三门峡有座会“动”的博物馆/黄云启//中国文物报2012-1-4

发挥资源优势延伸服务功能/张微//中国文物报2012-1-11
简单的宣传品不简单的服务/李西东//中国文物报2012-1-18
让游客跟随“亮点”转动/钱爱民//中国文物报2012-1-25
港澳博物馆：生活、实用、乐趣、服务/郝黎//中国文物报2012-1-25
博物馆的服务意识/林冠男//中国博物馆2012-2
回溯与展望：以观众为中心的博物馆的兴起/R Ballantyne、D Uzzell、刘鹏//文化艺术研究2012-2
展示地域特色贴近群众服务/陈宁欣//中国文物报2012-2-8
城市化进程中的博物馆：“无差别”文化服务/孙在本、涂寅//中国文物报2012-2-29
打造博物馆文化宣传平台树立博物馆文化品牌形象——浙江省博物馆宣传推广工作的探索与实践/陈浩//中国博物馆2012-4
公共文化服务体系与博物馆免费开放/宋新潮//东南文化2012-4
走进基层服务大众——四川博物院“大篷车”流动博物馆的实践与探索/张衡、何东蕾//中国博物馆2012-4
手机导览在博物馆公共服务中的应用/黄琛//中国文物报2012-4-4
走向大千世界，建设公众满意博物馆：山东博物馆着力提升公共文化服务水平/王斌//中国文物报2012-4-27
三问博物馆公共服务/苗蓓//南通日报2012-5-22
提高博物馆的主动服务意识——陕西历史博物馆观后感悟/姚英//决策导刊2012-6
陶冶情操的家园休闲身心的绿地——南通博物苑服务观众纪实/陈银龙//中国文物报2012-6-13
博物馆观众需求分析/冯雪//中国文物报2012-9-19
国有博物馆能否分时开馆/邢致远//中国文物报2012-9-19
试论当代博物馆的公共服务与教育/李博涵//大众文艺2012-10
博物馆社会服务能力的现状和提升/邰亚秦、石群峰//中国文物报2012-10-5
博物馆餐厅：台湾地区博物馆公众服务的新亮点/吴镝//中国文物报2012-10-17
抓特色服务走创新之路/曾凌颂//中国文物报2012-11-9
博物馆的美食服务//中国文物报2012-11-28
“品尝”博物馆——博物馆餐食服务/支小勇//中国文物报2012-11-28
活色生香的扬州博物馆/邢致远//中国文物报2012-11-28
品味南越盛宴——广州酒家与南越王博物馆的合作/王惟一//中国文物报2012-11-28
我们能否尝试餐厅服务——台湾地区“博物馆餐厅”队我们的启示/曹爱生//中国文物报2012-11-28
因为喜爱所以常来——由浙博一项调研看博物馆与公众的关系/王静//中国文物报2012-12-26
增强文化供给，提升博物馆公共服务水平/陈艳//博物馆学文集7，岳麓书社2012年
浅议免费开放后博物馆如何引导民众从“看热闹”到“品文化”——以郭守敬纪念馆为例/刘秋果、马瑞红//中国纪念馆研究2013-1
对弱势群体观众心理问题与服务设施的思考——以四平战役纪念馆为例/韩虹//中国纪念馆研究2013-1
倡导“以人为本”的博物馆服务理念/宋雁//中国文物报2013-1-9
博物馆服务要从“心”做起/张春//中国文物报2013-1-23
博物馆服务社会如何创新——以扬州双博物馆为例/徐忠文//中国文物报2013-1-23
搭建交流平台提高服务水平——中国博物馆协会纪念馆专业委员会工作侧记/沈强//中国文物报2013-1-30
方寸之间，尽显馆群风采——南通环濠河博物馆群“掌上博物馆”服务公共文化的思考/黄金//博物馆研究2013-2；中国文物报2013-8-7
从“服务民众”到“依靠民众”——博物馆社会服务理念的提升/单霁翔//上海文博论丛2013-2
免费下博物馆提高观众满意度的对策/杨春华//科教文汇2013-2
从重“物”到“人”“物”并重——博物馆社会服务理念的提升/单霁翔//上海文博论丛2013-3
进入服务时代的博物馆管理/单霁翔//敦煌研究2013-3
博物馆公众服务的标准化——以伪满皇宫博物院为例/张微//博物馆研究2013-3；新的社会服务新的管理机制新的发展思路学术研讨会论文集，黑龙江人民出版社2013年
博物馆客容量的计算与客流的管理//金华彪/中国文物报2013-3-6

天津文博场馆持续开展公共文化服务/张建新、吴婕//中国文物报2013-4-3
人性化多元化的服务//中国文物报2013-5-15
舌尖上的博物馆//中国文物报2013-5-15
搭建立体平台推进文化民生——福建博物苑搭建公共服务体系纪实/丁清华//中国文物报2013-5-29
中国博物馆亟待提升公共服务的能力/陆建松//中国文物报2013-5-31
掌上博物馆：又酷又时尚——国博：自助导览体系提升服务品质/李秀娜//中国文物报2013-8-7
以观众需求为指向的移动智能终端服务/茅艳//中国文物报2013-8-7
多元价值观与博物馆公共服务/李中义//中国文物报2013-8-21
国家博物馆：社会服务创新意/赵矫健//中国文物报2013-9-4
博物馆公众服务标准化的思考——以伪满皇宫博物院为例/张微//中国文物报2013-9-4
将儿童作为博物馆的中心/厉育纲//博物馆与儿童教育，文物出版社2013年
用真爱接待少儿观众/齐吉祥//博物馆与儿童教育，文物出版社2013年
初探博物馆与少儿互动的实效/宋媛//博物馆与儿童教育，文物出版社2013年
用心感受 用情服务——谈县级博物馆如何做好宣传展示与服务工作/刘勤//南京博物院集刊（13），文物出版社2013年
博物馆社会服务之思考/郑晶//南京博物院集刊（14），文物出版社2013年
建立公共文化服务指标体系提升博物馆公众服务能力/徐宁、陶烨//南京博物院集刊（14），文物出版社2013年
博物馆服务观众探析/冯惠//中国纪念馆研究（2013年第2辑），北京出版社2013年
浅析大数据时代博物馆的服务创新与发展/吴宁宁//中国纪念馆研究2014-1
期待博物馆“柔性”服务更动人//中国文化报2014-4-22
弗兰克. 奥本海姆的博物馆观众体验研究理论与实践/李林//东南文化2014-5
博物馆应增强个性化服务/赵骄健//中国文化报2014-5-12
国博依托音视频技术拓宽服务/陈晨//中国文物报2014-6-11
旅游标准化助推博物馆服务功能提档升级 ——以武汉文博试点单位为例/刘国斌、刘王灿//中国文物报2014-10-14
辽博：以展览探索文化惠民/刘韫、孙其媛、杨静坤//中国文物报2014-10-28
拓展服务范围创新办展模式——黑龙江省博物馆服务基层纪实/庞学臣//中国文物报2014-11-28
吹尽黄沙始见金——井冈山革命博物馆创新服务纪实/李归宁//中国文物报2014-12-9
提升博物馆服务质量，促进博物馆行业可持续发展/苏阳//现代商业 2014-36
博物馆公共文化服务功能的探讨/姚香勤//秦晋豫冀四省博物馆理论与实践研讨会论文选，陕西人民出版社2014年
浅谈博物馆如何利用社区服务大众——以甘泉县为例/李延利//秦晋豫冀四省博物馆理论与实践研讨会论文选，陕西人民出版社2014年
挑战下的新视角——关于博物馆与观众的几个核心问题/刘卫华//秦晋豫冀四省博物馆理论与实践研讨会论文选，陕西人民出版社2014年
谈普通游客对博物馆的基本需求/葛天//秦晋豫冀四省博物馆理论与实践研讨会论文选，陕西人民出版社2014年
服务社会——博物馆应积极面对投诉/田静//秦晋豫冀四省博物馆理论与实践研讨会论文选，陕西人民出版社2014年
启明星计划——博物馆视障人士专题陈列策展中的思考/陈汾霞//秦晋豫冀四省博物馆理论与实践研讨会论文选，陕西人民出版社2014年
博物馆公共服务的实践与思考/何宏//中国博物馆学会考古与遗址博物馆专业委员会2011～2013年年会论文集，西北大学出版社2014年
博物馆服务：可做的工作很多/芦建华//中国博物馆学会考古与遗址博物馆专业委员会2011～2013年年会论文集，西北大学出版社2014年

博物馆与公众服务——从了解观众需求出发/彭文//中国博物馆学会考古与遗址博物馆专业委员会2011～2013年年会论文集，西北大学出版社2014年
试论史前遗址博物馆的特质及公众阐释/朱丹丹//中国博物馆学会考古与遗址博物馆专业委员会2011～2013年年会论文集，西北大学出版社2014年
遗址博物馆吸引公众的思考/王治国、刘社刚//中国博物馆学会考古与遗址博物馆专业委员会2011～2013年年会论文集，西北大学出版社2014年
博物馆与公共服务——博物馆公共服务意识的建立/杨亮//陕西历史博物馆馆刊（21），三秦出版社2014年

2. 志愿者服务与管理

博物馆志愿者服务与社区文化氛围之关系/何昊佩//中国文物报2001-5-16；全球化下的中国博物馆，文物出版社2002年
义工与博物馆工作社会化——由美国宝尔博物馆的义工管理机制所感/袁道俊//东南文化2002-11
从我国博物馆的志愿者谈起/林冠南//中国博物馆2003-1
非营利组织志愿者的招募与管理/〔美〕托马斯·沃尔夫著，宋向光译//中国博物馆通讯2003-12
对我国博物馆志愿者的思考/李易志//中国博物馆2004-3
北京地区博物馆志愿者的调查与思考/楼锡祜、冯静//中国文物报2004-12-31
博物馆志愿者招评聘体系/王蓓//中国博物馆2005-1
浅议博物馆的志愿者工作/李易志//中国博物馆通讯2005-4
因时应势不断探索：新时期广州西汉南越王博物馆志愿者制度改革及培训工作/林冠男//中国文物报2005-6-17
互利双赢——博物馆与志愿者的互动关系/李宓//博物馆的记忆与想象："百年文博——我与博物馆"大型征文活动文萃，学苑出版社2005年
影响博物馆大学生志愿者行为与驱动机制因素/续颜、杨利军、孙媛//中国博物馆2006-2
秦兵马俑博物馆与国际志愿者组织合作的回顾与思考/王锐//中国文物报2006-5-12
博物馆志愿者队伍建设亟需开拓/张亚萌//中国艺术报2006-6-2
北京地区博物馆志愿者工作探索/张天莉//中国文物报2006-8-9
博物馆志愿者与未成年人教育/张巍//中国文物报2006-9-20
试论我国志愿者活动/兰国英、杨岭//东方博物（二十），浙江大学出版社2006年
民族博物馆志愿者队伍建设刍议/马晓华//中国民族文博（一），民族出版社2006年
美国博物馆的志愿制度对我们的启发/曹宏//北京文博2007-1
日本的博物馆志愿者团体//中国博物馆通讯2007-2
活跃在美国博物馆的志愿者/陈春梅//北京日报2007-7-17
以人力资源为视角，加强博物馆志愿者资源的管理与建设/王来//吕梁教育学院学报2008-2
关于博物馆志愿者工作的调查和思考/冯莹//碑林集刊（十三），陕西人民美术出版社2008年
一个志愿者的回忆/沈尔立//五秩风华：上海市青浦区博物馆建馆五十周年纪念文集，上海社会科学院出版社2008年
高校博物馆志愿讲解服务工作与大学生素质教育——以中央民族大学民族博物馆志愿者中心为例/马晓华//民族教育研究2009-3
论博物馆志愿者"培训"在"博物馆志愿者"队伍建设中的地位与作用/陈惠珍//福建文博2009-3
博物馆志愿者工作浅谈/李营//中国博物馆通讯2009-6
博物馆中的志愿者服务——以河南博物院"刘海粟艺术展"为例/向祎、朱宏秋、林晓平//中国文物报2009-7-1
让普通民众也能够倾听到历史的声音——记"湖湘考古志愿者活动"/乔卓俊//中国文物报2009-7-24
宁波博物馆成为全国博物馆志愿者基地/王路、方芳//中国文物报2009-9-16
大力推进博物馆志愿者工作/丁福利//中国文物报2009-11-25
台湾地区博物馆志愿者招募制度探析/李敏行//中国博物馆2010-1
论博物馆志愿者对社会和谐的贡献价值/涂师平//中国博物馆通讯2010-1

博物馆志愿者中的义工和志工/楼锡祜//中国文物报2010-1-13
浅谈我国无障碍博物馆建设中的志愿者服务/姜英辉、李侃、褚红轩//西南农业大学学报2010-2
您传播的知识与希望将促进社会进步——记云南省博物馆志愿者工作团队/王黔凌、韦坚//中国文物报2010-2-3
甘肃省博物馆的志愿者/王裕昌//中国文物报2010-2-17
试谈博物馆志愿者网络学习平台的构建/王光宇//中国文物科学研究2010-3
台湾地区博物馆的志愿者招募：方法及工具/李敏行//中国博物馆2010-4
博物馆志愿者管理模式初探——以福建博物院为例/陈梓生//终身教育2010-4
博物馆志愿者与社会和谐——写在国际博协第22届大会暨“全球博物馆志愿者开放论坛”举行之际/涂师平//浙江文物2010-6
浅谈博物馆的志愿者服务/王清珍//中国文物报2010-12-15
现代博物馆离不开志愿者，中国缺乏相关政策制度/刘修兵//中国文化报2010-12-3
迈向国际提升专业融入社会——宁波博物馆创新志愿者服务模式/褚晓波//21世纪博物馆核心价值与社会责任，科学出版社2010年
安徽省博物馆志愿者工作/徐康//安徽文博（六），中华书局2010年
最美不过夕阳红：记河南博物院志愿者郭桂兰/林晓平//中国文物报2011-1-5
松江区博物馆志愿者工作回顾/朱臻//上海文博论丛2011-2
如何对待博物馆志愿者中的高校学生/楼锡祜//中国文物报2011-2-2
别样花红知春秋——甘肃省博物馆志愿者张绍轩和他的团队/王裕昌//中国文物报2011-2-2
博物馆志愿者：无制度不成队伍/吕天璐//工人日报2011-2-2
博物馆发展——志愿者应撑起半边天/吕天璐//中国文化报2011-3-30
学海千寻——记河南博物院小志愿者活动/柳恒//中国文物报2011-4-27
浅析博物馆志愿者服务管理/王丽娟//职业时空2011-6
浅谈我国博物馆小志愿者/吴镝//中国校外教育2011-6
召唤博物馆志愿者/沈望舒//瞭望新闻周刊2011-6
博物馆志愿者：成长需要规范/陈丹丹//中国文物报2011-8-7
博物馆如何为志愿者服务——以中国甲午战争博物院为例/丛中笑//中国文物报2011-10-14
对我国博物馆志愿者制度建设的思考/杨荣彬//中国文物报2011-10-26
送人玫瑰手有余香——记恭王府志愿者服务队/陈桂兰//中国文物报2011-11-2
浅谈如何加强博物馆志愿者队伍服务的多元化/肖芳//深圳文博论丛2011，文物出版社2011年
半坡博物馆志愿者服务概况/张钰//史前研究2010——2010中国桂林·史前文化遗产国际高峰论坛暨中国博物馆协会史前遗址博物馆专业委员会第八届学术研讨会论文集，广西科学技术出版社2011年
规范管理是志愿者持续发展的保证——以云南省博物馆志愿者为例/王黔凌//文化遗产与博物馆研究（二），云南人民出版社2011年
浅谈汉阳陵博物馆志愿者服务体系的建立与完善/程艳妮//丝绸之路2012-2
传递爱心传播文明——记天津博物馆志愿者讲解员黄利英/刘芳菲//中国文物报2012-2-8
博物馆里的“微革命”——“博物馆志愿者”的现状和未来/陈曾路//中国博物馆2012-3
关于博物馆志愿者培训和激励机制的探索/王建华//中国博物馆2012-3
浅谈博物馆志愿者培训体系建设/姜惠梅//中国博物馆2012-3
20世纪初期中国博物馆志愿者及会员制度初探/陈为//中国博物馆2012-3
关于博物馆如何发挥志愿者作用的思考/董书敏//城市建设理论研究2012-3
浅谈中小型博物馆志愿者工作可持续发展对策——以大钟寺古钟博物馆志愿者工作为例/曹静//北京文博文丛2012-3
博物馆志愿者行动起来/常丽芳//中国文化报2012-3-29
西部地区博物馆志愿者工作的发展方向及相关问题探讨——以甘肃省博物馆志愿者实践活动为中心/王裕昌//中国博物馆2012-3

构建博物馆志愿者管理的长效机制——以苏州博物馆为例/蒋菡//中国博物馆2012-3
台湾地区博物馆志愿者培训制度探析/李敏行、齐维京//中国博物馆2012-3
论博物馆志愿者工作如何开展——以廊坊博物馆为例/韩丽利//剑南文学2012-4
对博物馆志愿者队伍建设的若干思考/毛晓蕾//科教导刊2012-4
行走在探索博物馆的路上——记四月公益博物馆志愿者协会/张朋//中国文物报2012-6-8
博物馆志愿者不是免费午餐/张黎姣//中国青年报2012-6-12
论博物馆志愿者队伍建设的改革与创新/王欣//科学大众2012-7
博物馆志愿者的岗位设置与培训（上、下）/卢永绣//中国文化报2012-7-26、2012-8-2
天津博物馆志愿者的管理培训实践与思考/卢永琇//中国文化报2012-8-2
对博物馆志愿者工作的一点思考/陈斌//神州2012-9
从“边缘”迈向“中心”——关于我国博物馆志愿者工作的思考/丁福利//中国文物报2012-9-5
强影响VS弱影响——博物馆志愿者讲解员的积极因素与完善/包东波//中国文物报2012-9-14
他们是一道亮丽的风景——广西民族博物馆志愿者座谈会侧记/俸子钧//中国文物报2012-11-9
博物馆与志愿者：《中国博物馆》2012年第3期卷首语//中国文物报2012-11-28
对南京市博物馆志愿者建设体系的若干思考/张琳笛//文史月刊2012-12
“奉献、共赢、互信”的博物馆志愿精神/刘玉珍、田丽//规范·创新·提升：中国博物馆协会志愿者专业委员会论文集，中州古籍出版社2012年
我国基层博物馆志愿者现状与发展对策分析/张华//博物馆学刊（二），科学出版社2012年
论博物馆志愿服务工作的开放性/孙丽梅//规范·创新·提升：中国博物馆协会志愿者专业委员会论文集，中州古籍出版社2012年
博物馆志愿者管理刍议/吴镝//规范·创新·提升：中国博物馆协会志愿者专业委员会论文集，中州古籍出版社2012年
论博物馆志愿者对社会和谐的贡献价值/涂师平//规范·创新·提升：中国博物馆协会志愿者专业委员会论文集，中州古籍出版社2012年
广纳百川 发展无限——谈博物馆志愿者建设工作/陈宁欣//规范·创新·提升：中国博物馆协会志愿者专业委员会论文集，中州古籍出版社2012年
从“边缘”迈向“中心”——再论大力推动我国博物馆志愿者工作/丁福利//规范·创新·提升：中国博物馆协会志愿者专业委员会论文集，中州古籍出版社2012年
从咖啡伴侣谈起——浅谈博物馆志愿者/马跃进//规范·创新·提升：中国博物馆协会志愿者专业委员会论文集，中州古籍出版社2012年
博物馆志愿者工作在社会主义精神文明建设中的思考/林晓平//规范·创新·提升：中国博物馆协会志愿者专业委员会论文集，中州古籍出版社2012年
浅谈全球化背景下中国博物馆的志愿者服务/王丹//规范·创新·提升：中国博物馆协会志愿者专业委员会论文集，中州古籍出版社2012年
我国基层博物馆志愿者现状与发展对策分析/张华//规范·创新·提升：中国博物馆协会志愿者专业委员会论文集，中州古籍出版社2012年
博物馆志愿者快乐服务初探/张明均//规范·创新·提升：中国博物馆协会志愿者专业委员会论文集，中州古籍出版社2012年
博物馆使用志愿者的价值和意义/史红//规范·创新·提升：中国博物馆协会志愿者专业委员会论文集，中州古籍出版社2012年
弘扬志愿精神 推进博物馆志愿服务工作/刘洪//规范·创新·提升：中国博物馆协会志愿者专业委员会论文集，中州古籍出版社2012年
培育志愿文化弘扬志愿精神推动博物馆事业新发展/刘齐//规范·创新·提升：中国博物馆协会志愿者专业委员会论文集，中州古籍出版社2012年
中外博物馆志愿服务工作比较研究/冯润杰//规范·创新·提升：中国博物馆协会志愿者专业委员会论文集，中州古籍出版社2012年

浅谈新时期博物馆志愿者管理机制的创新/陈梓生、刘阳//规范·创新·提升：中国博物馆协会志愿者专业委员会论文集，中州古籍出版社2012年

借鉴与思考——中外四家博物馆志愿者工作的比较/卢永琇、丁宏森//规范·创新·提升：中国博物馆协会志愿者专业委员会论文集，中州古籍出版社2012年

西部地区博物馆志愿工作发展的方向及有关问题探讨——以甘肃省博物馆的志愿者实践活动为中心/王裕昌//规范·创新·提升：中国博物馆协会志愿者专业委员会论文集，中州古籍出版社2012年

关于中小博物馆志愿者队伍建设的思考/李建欣//规范·创新·提升：中国博物馆协会志愿者专业委员会论文集，中州古籍出版社2012年

湖北省博物馆志愿者队伍建设的初步探索/胡庆伟//规范·创新·提升：中国博物馆协会志愿者专业委员会论文集，中州古籍出版社2012年

关于辽博志愿者管理工作的思考/樊荣//规范·创新·提升：中国博物馆协会志愿者专业委员会论文集，中州古籍出版社2012年

中小城市博物馆志愿者工作存在的问题及对策——以江西省博物馆为例/沈农、罗永顺//规范·创新·提升：中国博物馆协会志愿者专业委员会论文集，中州古籍出版社2012年

试论我国博物馆的志愿者活动/李桂萍//规范·创新·提升：中国博物馆协会志愿者专业委员会论文集，中州古籍出版社2012年

博物馆志愿者工作探索——以南京市博物馆为例/刘小云、陶婷婷//规范·创新·提升：中国博物馆协会志愿者专业委员会论文集，中州古籍出版社2012年

关于博物馆志愿者服务的一些思考/田丽//规范·创新·提升：中国博物馆协会志愿者专业委员会论文集，中州古籍出版社2012年

对我国博物馆志愿者建设的思考/杨荣彬//规范·创新·提升：中国博物馆协会志愿者专业委员会论文集，中州古籍出版社2012年

关于博物馆大学生志愿者工作的几点思考/孟梅//规范·创新·提升：中国博物馆协会志愿者专业委员会论文集，中州古籍出版社2012年

浅谈博物馆志愿服务与社会教育的协同发展——以河南博物院未成年人社会教育为例/阎国宇//规范·创新·提升：中国博物馆协会志愿者专业委员会论文集，中州古籍出版社2012年

关于我国博物馆志愿者活动的几点思考/李艳红//规范·创新·提升：中国博物馆协会志愿者专业委员会论文集，中州古籍出版社2012年

刍议博物馆志愿者服务——以河南博物院“刘海粟艺术展”为例/向祎//规范·创新·提升：中国博物馆协会志愿者专业委员会论文集，中州古籍出版社2012年

浅谈博物馆的社会教育职能与志愿者工作/张磊//规范·创新·提升：中国博物馆协会志愿者专业委员会论文集，中州古籍出版社2012年

浅谈心理学在博物馆志愿者队伍建设中的运用/宋华//规范·创新·提升：中国博物馆协会志愿者专业委员会论文集，中州古籍出版社2012年

中小型博物馆志愿者社会化进程初探/李敏//规范·创新·提升：中国博物馆协会志愿者专业委员会论文集，中州古籍出版社2012年

博物馆志愿者管理工作实践与思考/李海东//规范·创新·提升：中国博物馆协会志愿者专业委员会论文集，中州古籍出版社2012年

以历史发展观讲解革命史——试论21世纪博物馆志愿者文化与志愿精神/郭桂兰//规范·创新·提升：中国博物馆协会志愿者专业委员会论文集，中州古籍出版社2012年

建立专家型志愿队伍提高博物馆服务水平/宋春燕//规范·创新·提升：中国博物馆协会志愿者专业委员会论文集，中州古籍出版社2012年

博物馆教育与志愿者工作建设/武玮//规范·创新·提升：中国博物馆协会志愿者专业委员会论文集，中州古籍出版社2012年

博物馆教育志愿者的法律环境与法律保障/甄敏//规范·创新·提升：中国博物馆协会志愿者专业委员会论文集，中州古籍出版社2012年

谈中国博物馆志愿者事业的认知与评估/邢继贤//规范·创新·提升：中国博物馆协会志愿者专业委员会论文集，中州古籍出版社2012年
用制度建设促进博物馆志愿者队伍的可持续发展——以河南博物院为个案/冯勇//规范·创新·提升：中国博物馆协会志愿者专业委员会论文集，中州古籍出版社2012年
浅谈博物馆志愿者培训体系建设/姜惠梅、孙友德//规范·创新·提升：中国博物馆协会志愿者专业委员会论文集，中州古籍出版社2012年
规范管理是志愿者持续发展的保证——以云南省博物馆志愿者为例/王黔凌//规范·创新·提升：中国博物馆协会志愿者专业委员会论文集，中州古籍出版社2012年
小议博物馆志愿者激励机制/逯鹏、苏美倩、王胜勇//规范·创新·提升：中国博物馆协会志愿者专业委员会论文集，中州古籍出版社2012年
中国博物馆志愿者培训和激励机制的探索/王建华//规范·创新·提升：中国博物馆协会志愿者专业委员会论文集，中州古籍出版社2012年
论博物馆志愿者的再教育/曾光//规范·创新·提升：中国博物馆协会志愿者专业委员会论文集，中州古籍出版社2012年
加强博物馆志愿者队伍建设浅谈/皮云丰//博物馆学文集7，岳麓书社2012年
湖南省博物馆志愿者参与动机之研究/吴镝、徐泠、李汇东//博物馆学文集7，岳麓书社2012年
高校博物馆志愿讲解员综合素质提升探析/唐丽//博物馆学文集7，岳麓书社2012年
博物馆志愿者管理的实践与思考——以青岛市博物馆为例/隋永琦//中国文物报2013-1-9
责任与情感：以“Artizen”为例的美国博物馆志愿者项目观察/刘守柔//上海文博论丛2013-1
一位博物馆志愿者的十年讲解时光/易明//中国文化报2013-3-21
浅议博物馆志愿者队伍的建设问题/刘亭亭//青春岁月2013-4
志愿者：撑起博物馆服务“半边天”/雷新//人民政协报2013-5-16
科学化普及化多元化数字化国际化：拓展博物馆志愿者事业发展空间/莫意达//中国文物报2013-8-21
爱无疆梦无界——北京博物馆志愿者讲述美丽中国梦/杨丹丹//中国文物报2013-10-16
我的夕阳梦我的中国梦——中国人民抗日纪念馆志愿者王秀花/张文//中国文物报2013-12-11
甘肃省博物馆志愿者：为你“牵手”历史/张东//中国文物报2013-12-11
正能量的传递——我与山西博物院结缘/李勇//中国文物报2013-12-11
学习与激励是志愿者工作的动力/王黔凌//中国文物报2013-12-11
培育学习型志愿者团队——苏州博物馆志愿者团队的成长之路/魏保信、李喆//中国文物报2013-12-11
梦中有他铿锵的歌———中国人民抗日纪念馆志愿者王波印象/张玉平//中国文物报2013-12-11
浅议博物馆志愿者培训——以湖南省博物馆为例/徐泠//湖南省博物馆馆刊（九），岳麓书社2013年
对博物馆志愿者工作的认识——以台北“故宫”为例/刘文涛//南京博物院集刊（14），文物出版社2013年
略谈博物馆的志愿者工作/陈俊峰//中国纪念馆研究（2），北京出版社2013年
博物馆有效吸引公众开展志愿服务的探索与实践/陈博君//中国纪念馆研究（2），北京出版社2013年
基于信息对称原则的博物馆志愿者管理/曹宏//百年传承创新发展：北京地区博物馆第六次学术会议论文集，中国书籍出版社2013年
中小型博物馆志愿者工作的探索和思考——以镇江博物馆为例/张玲//镇江高专学报2014-1
中国博物馆协会志愿者专委会2013年工作总结暨2014年工作思路/纪云飞//中国博物馆通讯2014-2
业内人士谈博物馆志愿者：弥补了专业人力的不足/张硕//北京晨报2014-3-10
浅析博物馆志愿者的规范化管理/步雁//文博2014-5
国际志愿者在陕博/步雁//中国博物馆通讯2014-9
“牵手历史——第六届中国博物馆十佳志愿者之星”评选办法//中国文物报2014-9-12
博物馆志愿者工作的实践与探索——以陕西历史博物馆为例/步雁//秦晋豫冀四省博物馆理论与实践研讨会论文选，陕西人民出版社2014年
走进精神家园感受亲情服务——记避暑山庄博物馆的大学生志愿者/韩利//秦晋豫冀四省博物馆理论与实践研讨会论文选，陕西人民出版社2014年

高校博物馆志愿者队伍建设与大学生素质教育/钱益汇、袁广阔、史明文//齐鲁文物（3），科学出版社2014年
对首都博物馆志愿者工作的几点认识/刘云//首都博物馆论丛（28），北京燕山出版社2014年

3．观众调查

怎样做观众调查/严文胜//中国博物馆通讯1995-8
邯郸市博物馆观众调查的启示——兼谈博物馆改变“门庭冷落”局面的对策/吕军//文物春秋1997-3
发展中的博物馆观众研究/〔美〕C.G.斯克里文著，宋向光译//中国博物馆通讯1998-1
西汉南越王墓博物馆观众基本情况调查报告/颜永树、李明//中国博物馆1999-2
Access97在博物馆观众调查中的应用/史吉祥//博物馆研究2000-1
博物馆观众调查的几个问题/史吉祥//中国博物馆2000-1
从南京博物院观众调查引发的思考/徐湖平//中国博物馆2000-2
1999年上海博物馆讲座听众的调查报告/陈晴//中国博物馆2000-2
平遥县两类博物馆一九九九年观众调查报告/成景瑭//博物馆研究2001-4
观众满意度研究/廖红、王恒//中国博物馆2001-4
从三份观众调查表说起/何宏//陕西历史博物馆馆刊（九），三秦出版社2002年
“旧京影像——持久的幻影”展览观众调查报告/尤炳霞//首都博物馆丛刊（16），北京燕山出版社2002年
对台湾地区博物馆观众研究的历史考察/史吉祥//中国博物馆2003-1
上海科技馆开馆初期观众调查/倪杰//中国博物馆2003-3
广东民间博物馆免费开放日调查报告及其分析/陈文琛、汪喜//中国博物馆2004-3
有感于一份观众调查表的设计理念/翟战胜//陕西历史博物馆馆刊（十一），三秦出版社2004年
2004～2005年中国博物馆观众调查报告/加强博物馆展示宣传和社会服务工作调研课题组//中国博物馆2005-2
河南博物院观众满意度调查报告/王娟、史吉祥//中原文物2005-2
由观众调查引发的对博物馆工作的思考/范德伟//文物春秋2005-4
设计科学的问卷提高调查的真实性——博物馆观众调查问卷设计上的几点经验/金和天//博物馆的记忆与想象：“百年文博——我与博物馆”大型征文活动文萃，学苑出版社2005年
博物馆观众调查的分析与思考/农茜、秦仙梅//博物馆研究2007-3
观众调查方法在中国博物馆运用之检讨/庞雅妮//科学发展观与博物馆教育学术研讨会论文集，陕西人民出版社2007年
辽宁省博物馆2007年度阶段观众调查报告/吕军、康森//辽宁省博物馆馆刊（2），辽海出版社2007年
刍论中国博物馆事业“以人为本”思想暨实践的深化和拓展——以博物馆观众调查为视角/常雯岚//西安文理学院学报2008-1
故宫观众调查的发现与认识——《故宫博物院观众结构调查》评介//中国文物报2008-12-17
托起明天的太阳——南京地区青少年对博物馆的认知及参与程度的问卷调查报告/陈雨蕉//2007年江苏省文博论文集，南京出版社2008年
重新服务理念践行文化使命——陕历博免费开放后观众调查表启示/高嵘、杨歆、李鹃//陕西历史博物馆馆刊（十五），三秦出版社2008年
再谈博物馆开展观众调查研究的重要性/李慧净//辽宁省博物馆馆刊（3），辽海出版社2008年
河北省博物馆“5·18”国际博物馆日期间面向学校开展观众调查/河北省博物馆//中国博物馆通讯2010-5
男性更爱参观博物馆——浙江省博物馆观众调查结果分析/蔡琴//中国文物报2010-8-25
博物馆观众调查问题探讨/彭清云//管理观察2010-21
由观众调查浅析免费开放后的观众需求//天津文博（7），科学出版社2010年
2011年西安博物院荐福大庙会观众调查分析报告/李文环//文博宣教2011-1
首都博物馆老年观众行为与需求调查分析/康迎彦//东南文化2011-3
博物馆免费开放后观众调查与分析——以天水市博物馆为例/范小明//丝绸之路2011-12
免费开放语境下博物馆人性化服务的建设——湖北省博物馆免费开放观众调查与启示/吕军、李说/中国博物

馆2011年合刊
免费开放后湖南省博物馆目标观众研究——基于2008～2010年度观众调查的分析与思考/黄志华//博物馆学论文集7，湖南省博物馆学会2011年
从观众调查引发的对湖南省博物馆举办临时展览的思考/黄志华//湖南省博物馆馆刊（七），岳麓书社2011年
满足群众精神需求举办更多精品展览——记陕西历史博物馆的观众调查活动/高伟//陕西历史博物馆馆刊（18），三秦出版社2011年
时时刻刻为观众着想——读《二〇一〇年陕西历史博物馆观众调查报告》/山水//中国文物报2012-2-8
湖北省博物馆观众行为调查报告/吉林大学边疆考古研究中心、吉林大学文学院博物馆学系、湖北省博物馆社教部//东南文化2012-3
博物馆的展览评量：观众满意度是重要标准/丁艳丽//中国文化报2012-5-31
博物馆文化资源与城市形象传播——以南京市调查为例/陈尚荣、张可//南京理工大学学报2012-6
数字博物馆建设不能忽视观众调查/郭豹//中国文物报2012-10-17
建立新博物馆学与适应社会变迁的方法论——观众调查/徐纯//博物馆学刊（二），科学出版社2012年
山东博物馆新馆观众调查研究/席丽//齐鲁文物（1），科学出版社2012年
江西省博物馆“走进国宝——每月一宝”展览观众调查报告及分析/沙晓芸、高劲松、樊文杰、刘薇//江西省博物馆集刊（三），文物出版社2012年
一个巡展的观众行为初探/倪杰//中国博物馆2013-2
让服务更贴近观众——西博观众调查报告分析/李燕//文博2013-2
吉林省博物院“黑土军魂”展览观众调查报告/孙亚晶//中国博物馆2013-2
博物馆如何吸引青少年观众？——锦州市博物馆专题调查报告/高科冕、金梅//中国文物报2013-4-17
使走进博物馆成为百姓的一种生活方式——南通博物苑观众调查研究综述/张美英//博物苑（总第二十、二十一辑），文物出版社2013年
博物馆应始终保持对观众的敏感——《湖北省博物馆2012年度观众调查报告》读后/马自树//中国文物报2014-1-3

八 博物馆营销与文化产业

在社会主义市场经济条件下博物馆的生存与发展/孙殿富//中国博物馆1994-3
重庆歌乐山烈士陵园的文化经济实践/厉华//中国博物馆1994-3
博物馆与传播学/李淑萍//文博1994-6
立足主业办三产走出宫墙天地宽/安徽省桐城县博物馆//中国博物馆通讯1994-8
博物馆应借用联营的办法走向市场/贾本义//中国博物馆通讯1994-10
关于博物馆附设商店的经营问题/相辉编译//中国博物馆通讯1994-12
与博物馆业务活动无关的第三产业应搬到馆外去搞/马自树//中国博物馆通讯1995-2
推销及策划在博物馆中的积极作用/肖连兵//中国博物馆通讯1995-2
要重视提高精神文化消费力/尹世杰//中国博物馆通讯1995-2
论博物馆商店/楼锡祜//中国博物馆1995-3
博物馆观众市场论/刘炳元//中国博物馆1995-3
博物馆商店的特点/楼锡祜//中国博物馆通讯1995-11
对军事博物馆在市场经济条件下发展道路的探索及思考/袁伟//中国博物馆通讯1995-11
从西安碑林博物馆实践探索市场经济与博物馆发展/刘西林、张栓宏//碑林集刊（二），陕西人民美术出版社1995年
试论博物馆发展第三产业/袁武//文博1996-1；中国博物馆1997-1
重庆歌乐山烈士陵园在市场经济中如何生存发展/厉华//中国博物馆1996-1
浅析博物馆使命与市场经营/单霁翔//文物工作1996-2
经济工作在博物馆事业中的位置及其发展对策之浅识/姜若辉//常熟文博1996-3
论博物馆营销/甄朔南//中国博物馆1996-4；甄朔南博物馆学文集，中国大百科全书出版社2004年
半坡母系氏族村的开发与展望/张印//中国博物馆1996-4
三门峡博物馆与企业联营的作法与体会/刘社刚//中国博物馆通讯1996-5
博物馆主业也可以向市场经营方面延伸/单霁翔//中国博物馆通讯1996-8
博物馆开展三产必须把握好三“坚持”和四“树立”/姜若辉//中国博物馆通讯1996-12
西方博物馆资金筹措的做法/安来顺//中国博物馆通讯1996-12
论博物馆的经济创收工作/荣大为//首都博物馆十五周年论文选，地质出版社1996年
试析博物馆经济效益的二重性/董艳梅//首都博物馆十五周年论文选，地质出版社1996年
试谈当前文物经营中的营销策略及其运用//文博青年论丛（第二辑），北京图书馆出版社1997年
试论博物馆的经营与发展//文博青年论丛（第二辑），北京图书馆出版社1997年
博物馆如何与市场经济接轨//文博青年论丛（第二辑），北京图书馆出版社1997年
从博物馆职能看如何经营博物馆/陆建松//中国博物馆1998-1
论博物馆经营/杨玲//中国博物馆1998-3
文博单位的创收补文工作/吴小宝//中国博物馆通讯1998-10
上海自然博物馆启用经济杠杆的尝试/王世杰//中国博物馆通讯1998-12
树立经济意识，注意临时展览的经济效应/游振群//湖南省博物馆文集（第四辑），1998年
沟通·了解·价值——博物馆的宣传策略/吴郑杞//河南博物院落成暨河南省博物馆建馆70周年纪念论文集，

中州古籍出版社1998年
论博物馆门前的展览广告/赵乐//河南博物院落成暨河南省博物馆建馆70周年纪念论文集，中州古籍出版社1998年
浅议博物馆发展第三产业与文物安全的关系/王建昌//史前研究1958～1998年：西安半坡博物馆成立四十周年文集，三秦出版社1998年
博物馆参观经验行销之新方向/尼尔・科特勒//博物馆行销论文集，历史博物馆1998年
信息传递的理论与实践——博物馆与大众传媒/〔英〕艾琳・胡珀・格林希尔//博物馆研究1999-4
遗址博物馆文物的复制与仿制/郭宝发//遗址博物馆学概论，陕西人民出版社1999年
遗址博物馆的商业服务业/党士学//遗址博物馆学概论，陕西人民出版社1999年
博物馆市场学几个基本问题的讨论/安来顺//中国博物馆2000-1；全球化下的中国博物馆，文物出版社2002年
在市场条件下烈士陵园如何经营/厉华//中国博物馆2000-1
论我国博物馆发展的市场化趋势及其对策/叶俊之//中国博物馆2000-1；全球化下的中国博物馆，文物出版社2002年
社会主义市场经济之中的博物馆/潘林荣//博物馆研究2000-1
注意力经济与博物馆/胡林玉//博物馆研究2001-2
浅议市场经济条件下博物馆如何吸引观念/王晓曦//博物馆研究2001-2
市场环境下的博物馆经营管理/闵泉//中国博物馆2001-2
博物馆传播活动分析——地位特征启示/刘卫华//博物馆研究2001-2
特展——博物馆行销之利器/曾信杰//[台]博物馆学季刊2001-3
博物馆为什么需要市场学/安来顺//中国博物馆通讯2001-3
试论博物馆纪念品的开发与经营/喻少柏//中国博物馆2000-4
博物馆已经置身于社会主义市场经济之中/潘林荣//中国博物馆通讯2000-6
探索博物馆产业化之路/杨啸秋//东南文化2001-11
雷峰塔地宫出土文物特展成功的启示/梅可锐//中国博物馆通讯2001-12
成都武侯祠博物馆发展文化产业的作法/张丽君//中国博物馆通讯2001-12
国营文物商店的改革问题/马自树//文物工作2001-12
建筑狂想曲——多功能博物馆的使命与市场营销/宋向光//首都博物馆丛刊（15），北京燕山出版社2001年
浅谈博物馆的市场化经营/吴秀荣//北京博物馆学会第三届学术会议文集，北京燕山出版社2001年
增强市场开拓意识，提高博物馆的生存和发展能力/邓志喜//北京博物馆学会第三届学术会议文集，北京燕山出版社2001年
国营文物商店向博物馆提供藏品的任务需要改变/马自树//中国博物馆通讯2002-1
博物馆“营销手段”初探/赵继敏//博物馆研究2002-1
市场经济中博物馆创收补文工作的思考/戴丽娟//博物馆研究2002-1
陈列展览的市场营销战略和策略/黄定平//博物馆研究2002-1
试论CI战略在伪满皇宫博物院营销中的运用/张微//博物馆研究2002-4
博物馆商品店的经营策略/李金亮//中国文物报2002-4-19；全球化下的中国博物馆，文物出版社2002年
博物馆“营销手段”初探/赵继敏//文物工作2002-6
拓展文化商品潜力故宫商品销售额超门票收入/冯源//北京现代商报2002-10-14
博物馆经营管理的重要改革/自庶//中国文物报2002-12-23
博物馆开发旅游纪念品效益探析/李林娜//全球化下的中国博物馆，文物出版社2002年
关于博物馆商店的思考/冯林英//中国博物馆2003-1
试论社会主义市场经济条件下的博物馆发展动力/宋向光//中国博物馆2003-1
保护客源是博物馆可持续发展的需要/李萍//博物馆研究2003-1
产业概念在博物馆事业中的运用/徐德明//中国博物馆2003-2
创新经营理念，开拓发展空间/曹欣欣//中国博物馆2003-2
市场经济下的博物馆竞争/胡林玉//中国博物馆2003-2

试论博物馆传播理念的更新/于萍//中国博物馆2003-2
改扩建环境下博物馆的经济学思考/林正同//中国博物馆2003-2
博物馆文化产业发展的意义与原则/李林娜//中国博物馆2003-3
强化产业观念开拓流通领域/李昕、于莉//博物馆研究2003-3
试论价格因素对地域文物的影响/杨俊贤、胡晓光//博物馆研究2003-3
我对博物馆经济学如何构建答记者问/苏东海//中国财经报2003-3-29；博物馆的沉思——苏东海论文选（卷二），文物出版社2006年
我国博物馆文化产业开发问题/叶俊之//中国博物馆2003-4
伪满皇宫旧址与文化旅游相结合的发展前瞻/陈宏//博物馆研究2003-4
博物馆文化产品的价值论/骆土泉//文物工作2003-4
博物馆与文化的传递、传播/刘卫华//中国博物馆2003-4
试论博物馆传播理念的更新/于萍//中国博物馆2003-4
博物馆市场营销概说/马林//文物春秋2003-5
世界各国的博物馆还没有听说有赚钱的/张誉腾//中国博物馆通讯2003-6
博物馆的营运与社区产业文化之互动，是有绝对必要的/陈国宁//中国博物馆通讯2003-6
博物馆的经营是否成功，观众的数目并非唯一的判准/张誉腾//中国博物馆通讯2003-6
博物馆若能掌握行销先机，将可获致最大效果/谢义勇//中国博物馆通讯2003-6
遗址博物馆的品牌打造与观众市场开拓中应注意的几个问题/田双印//中国博物馆通讯2003-10
发展博物馆产业的思考/赵明远//中国文物报2003-11-13
浅谈遗址性专题博物馆的宣传营销/田双印、乔斌//中国文物报2003-12-11
博物馆的营利与发展/田凯//博物馆学论丛（五），中州古籍出版社2003年
文化与自然遗产营销学：以博物馆为例/甄朔南//文化遗产的保护与经营——中国实践与理论进展，社会科学文献出版社2003年；甄朔南博物馆学文集，中国大百科全书出版社2004年
博物馆经营的灵活化、效率化评价标准调查研究委员会报告/日本博物馆协会//中国博物馆通讯2004-2
如何充分开发中国博物馆和文化景点的文化资源/杜大卫著，赵忠林译//北京文博2004-3
如何认识与发挥我市博物馆在文化产业发展中的重要作用/李学军//北京文博2004-3
我国博物馆旅游产品的开发现状及发展对策分析/李瑛//人文地理2004-4
博物馆工作中营销理念的引入/夏璐//文物工作2004-5
发展文化产业博物馆做什么/李文儒//中国文物报2004-5-24
市场经济下博物馆文化的发展对策/李庆奎、高维军、卢萱//天津自然博物馆建馆90周年论文集，天津科学技术出版社2004年
现代博物馆经营理念创新研究/孟庆金、耿玉德//大连理工大学学报2005-1
关于文博系统发展文化产业的思考/栗淑萍//文物工作2005-1
博物馆传播中符号编译和控制/陈晰//中国博物馆2005-2
论博物馆的营销策略/骆土泉//东方博物2005-2
经营发展博物馆商店的新思路/张展//北京文博2005-3
国外博物馆与文化遗产财税政策撷英（1）：英国对博物馆和画廊的税收优惠/维克·戴尔著，赫俊红编译//中国文物报2005-3-21
以一流的业务和管理奉献社会服务大众——从三门峡虢国博物馆经验谈基层博物馆的经营与发展/乔斌//中国文物报2005-3-31
博物馆市场营销研究/尹彤云//文物世界2005-4
对发展博物馆商店的思考/陈炜、祝重禧//安徽商贸职业技术学院学报2005-4
博物馆发展的市场因素分析/崔晓霞//文物世界2005-5
伪满皇宫博物院的营销化管理/李莉//中国文物报2005-7-23
英国维多利亚阿伯特博物馆的影像版权管理与经营/张丽文//中国博物馆通讯2005-8
博物馆社区营销的建立及实施——以中国丝绸博物馆为例/楼婷//中国文物报2005-8-29

民俗博物馆应高度重视宣传与促销/王维东//中国文物报2005-11-4
困境中求生存——试论博物馆赢利与非赢利/徐海生、谢玲、王子文//史前研究（2004）：中国博物馆学会史前遗址博物馆专业委员会第五届学术研讨会论文集，三秦出版社2005年
谁是国有博物馆的“衣食父母”——兼谈博物馆的经营问题/李文夫//博物馆的记忆与想象：“百年文博——我与博物馆”大型征文活动文萃，学苑出版社2005年
浅谈国有博物馆自筹经费的途径/明文秀//博物馆的记忆与想象：“百年文博——我与博物馆”大型征文活动文萃，学苑出版社2005年
博物馆产业开发的思考/陈银龙//博物馆的记忆与想象：“百年文博——我与博物馆”大型征文活动文萃，学苑出版社2005年；中国文物报2010-3-3
从传统文化到文化传统——对博物馆文化产品开发的思考/刘强//碑林集刊（十一），陕西人民美术出版社2005年
中小型博物馆如何面对市场经济的浪潮//南通博物苑百年苑庆纪念文集，文物出版社2005年
关于博物馆产业开发的一点思考//南通博物苑百年苑庆纪念文集，文物出版社2005年
呈现文化的多元性——以“国立历史博物馆”营运为例/黄永川//博物馆营运的新思维（史物丛刊52），历史博物馆2005年
浅谈博物馆行销——以“国立历史博物馆”营运为例/刘营珠//博物馆营运的新思维（史物丛刊52），历史博物馆2005年
博物馆商店功能之检讨/周进智//博物馆营运的新思维（史物丛刊52），历史博物馆2005年
浅谈“秦始皇兵马俑文物珍品国宝展”在湖南省博物馆成功运作的体会/崔湘伟//湖南省博物馆馆刊（二），岳麓书社2005年
启用市场手段经营博物馆/刘丽萍//回顾与展望——中国博物馆发展百年：2005年中国博物馆学会学术研究会文集，紫禁城出版社2005年
闲暇消费——博物馆与休闲文化的初步思考/李浩//回顾与展望——中国博物馆发展百年：2005年中国博物馆学会学术研究会文集，紫禁城出版社2005年
谈博物馆营销/张金茹//回顾与展望——中国博物馆发展百年：2005年中国博物馆学会学术研究会文集，紫禁城出版社2005年
谁是基层博物馆的“衣食父母”——兼谈博物馆的经营问题/李文夫//中国文物报2006-1-18
经营博物馆理念初探/赵继敏//中国博物馆2006-2；中国甲午战争博物馆馆刊2006-2
“红岩联线”的发展和运作/厉华//中国博物馆2006-2
浅析博物馆文化产业的特征、结构与开发策略/王际欧//中国博物馆2006-3
试论博物馆的品牌建设/肖劲//中国博物馆2006-3
对新形势下博物馆经营的几点认识/崔大伟//文物春秋2006-3
中小博物馆财会人员既要管好账，更要理好财/陈桂莲//中国文物报2006-3-10
论博物馆文化产业的开发经营/陈德声//中国博物馆2006-4
博物馆如何在旅游业发展中壮大自己/尚晏芝//中国博物馆2006-4
关于博物馆发展文化产业的思考/冯庚武//中国文物报2006-4-14；2006-5-19；博物馆学研究论文集，陕西人民出版社2006年；博物馆理论与实践研讨会论文集，三秦出版社2007年
博物馆的非营利性及营销战略/杨志刚//中国文物报2006-5-12
博物馆商品销售策略/冯好//中国文物报2006-7-28
博物馆与现代传媒运作/崔波//中国文物报2006-8-18
基于游客的民俗博物馆旅游开发策略探讨/祝晔//商业视角2006-10
中小博物馆要积极探索市场营销/曹爱生//中国文物报2006-12-1
博物馆传播模式探析/阿朝东//西部文博论丛——首届西部文博管理干部培训班暨中国文博西部论坛，科学出版社2006年
博物馆发展文化产业初探/王锋//陕西历史博物馆馆刊（十三），三秦出版社2006年
博物馆营销宣传手段探讨及设想/曹晓明//博物馆学研究论文集，陕西人民出版社2006年

试论博物馆的营销思路/朱铭、王向农//博物馆学研究论文集，陕西人民出版社2006年
试论我国博物馆经营体制改革/苏东海//博物馆的沉思——苏东海论文选（卷三），文物出版社2006年
博物馆与产品经营/李金亮//博物馆与青少年：广州2006国际博物馆日馆长论坛论文集，广东人民出版社2006年
利用电子游戏自定义功能，开拓博物馆宣传的新方式/庞梓浩//博物馆与青少年：广州2006国际博物馆日馆长论坛论文集，广东人民出版社2006年
试论博物馆文化产业发展的对策/杨建国//乾陵文化研究（二），三秦出版社2006年
博物馆与市场经济/梁子//乾陵文化研究（二），三秦出版社2006年；博物馆理论与实践研讨会论文集，三秦出版社2007年
博物馆与旅游/马文廷//乾陵文化研究（二），三秦出版社2006年；博物馆理论与实践研讨会论文集，三秦出版社2007年
对安徽省博物馆开展商业会展利弊的分析思考/许松//安徽省博物馆建馆五十周年文集，安徽人民出版社2006年
探寻博物馆文化产业发展之路/凌卓平//安徽省博物馆建馆五十周年文集，安徽人民出版社2006年
发展博物馆文化产业之我见/戴建华//安徽省博物馆建馆五十周年文集，安徽人民出版社2006年
依托文物资源拓展文化产业/傅渝//安徽省博物馆建馆五十周年文集，安徽人民出版社2006年
博物馆与文化产业的冲突与和解/徐颖//中国当代文博论著精编，文物出版社2006年
马王堆汉墓文物主题性游戏开发的设想/廖丹、刘长武//湖南省博物馆馆刊（三），岳麓书社2006年
马王堆汉墓文物卡通形象、动画片开发建议/任亭燕//湖南省博物馆馆刊（三），岳麓书社2006年
构建马王堆汉墓文物数字化教育“展示、竞技、互动”三大平台/张曼西//湖南省博物馆馆刊（三），岳麓书社2006年
博物馆学与经营管理学：敌人还是朋友?——欧洲理论博物馆学和博物馆经营管理学的当前走向/彼得·冯·门施著，黄黎译//中国博物馆2007-1
博物馆的目标营销策略/岳志坤//甘肃广播电视大学学报2007-1
以文化为依托，以旅游为载体，发展博物馆文化产业——中国丝绸博物馆探索博物馆商场发展新思路/张毅//中国博物馆2007-2
博物馆功能的增强与构建和谐社会/李高遂//河南工业大学学报2007-2
我国博物馆营销策略初探/朱琰//南京航空航天大学学报2007-2
充分利用地域文化资源大力开发文化创意产业——关于天津市老城博物馆拓展“记忆老城”文化创意产业规划的几点思考/尚洁//中国博物馆2007-3
浅谈“第三地”与博物馆创意/杜莹//中国博物馆2007-3
博物馆旅游开发现状及发展研究/谭颖//绵阳师范学院学报2007-3
国外博物馆旅游研究进展及启示/戴昕、陆林、杨兴柱、王娟//旅游学刊2007-3
公共博物馆的新世纪行销策略/齐炳南//中国博物馆2007-4
博物馆旅游的符号意义及体验价值初探/李燕妮//重庆广播电视大学学报2007-4
浅析体验经济时代的博物馆旅游/袭莎//理论界2007-4
浅谈博物馆与文化产业/李耀申//中国文物报2007-4-20
博物馆成本收益分析研究方法初探/宋强、宋坚//吉林师范大学学报2007-5
浅析博物馆旅游功能的开发——成都武侯祠博物馆发展的启示/吴晓昊//黑龙江科技信息2007-5
谈谈现代博物馆经营管理/丁继东//科技经济市场2007-6
泉州博物馆特色旅游初探/李文实、丁毓玲//泉州师范学院学报2007-6
台湾“故宫博物院”正馆再启行销策略/何来香、黄韵瑾//故宫文物月刊2007-7
浅谈博物馆的营销理念和市场创新/线雪平//中国博物馆通讯2007-8
从“国家宝藏”展谈博物馆与市场营销/陈建明//中国文物报2007-8-1
博物馆呼唤文化产业开发/郑奕//中国文物报2007-8-24
“博物馆文化产品”研讨会综述/国家文物局博物馆司博物馆处//中国文物报2007-9-16
从“文化产业博览会”谈博物馆建设与发展/刘琼//中国博物馆通讯2007-10

博物馆旅游产品开发及市场营销研究/胡静锋//科教文汇2007-10
张裕博物馆的另类品牌营销/唐文龙//企业管理2007-11
博物馆传播的开发与应用/祁庆国//中国文物报2007-11-30
适度市场化与社会化运作：博物馆经营管理创新的基点/辛儒、孔旭红//商场现代化2007-36
试论博物馆的营销策略/王蓉///时代经贸（下旬刊）2007-SC
浅谈博物馆营销/谢瀛环//在传播科学中传承文明——博物馆研究论文集，文物出版社2007年
以文博事业进步带动宁夏文化产业发展方略初探//论民族博物馆建设，民族出版社2007年
博物馆经营理念初探——以建设中的广西民族博物馆为例//论民族博物馆建设，民族出版社2007年
博物馆市场学及其战略规划/安来顺//科学发展观与博物馆教育学术研讨会论文集，陕西人民出版社2007年
关于博物馆与市场的几点看法/党燕宁//博物馆理论与实践研讨会论文集，三秦出版社2007年
从客源地市场调查谈碑林的营销策略/王月华、孙振楠//博物馆理论与实践研讨会论文集，三秦出版社2007年
对博物馆旅游发展的思考/钱建平//博物馆理论与实践研讨会论文集，三秦出版社2007年
博物馆在旅游活动中的主导作用/张敏、刘晓华//博物馆理论与实践研讨会论文集，三秦出版社2007年
旅游景区中博物馆经营模式之探讨——以华清池博物馆为例/孙树梅//乾陵文化研究（三），三秦出版社2007年
对博物馆产品开发工作的一点想法/高叶环//首都博物馆丛刊（21），北京燕山出版社2007年
试论社会主义市场经济条件下博物馆的行销管理——关于上海博物馆行销管理案例剖析/李玲、李伟//河南博物院建院80周年论文集，大象出版社2007年
树立营销理念实施名牌战略——河南博物院举办国宝展的几点体会/杨国庆、曹汉刚//河南博物院建院80周年论文集，大象出版社2007年
博物馆安防系统报警信号传输技术可靠性研究/范志杰//辽宁省博物馆馆刊（2），辽海出版社2007年
博物馆的双重营销理念——关于博物馆公益事业与经济产业营销的思考/王丽明//中国博物馆2008-1
发展文化产业增强博物馆活力/刘冠军//中国甲午战争博物馆馆刊2008-1
秦始皇兵马俑大英展的宣传营销/李秀珍//中国文物报2008-1-11
博物馆旅游资源开发模式及对策探讨——以上海市为例/张岚、丛莎莎//经济问题探索2008-2
从现代主题公园模式探讨中山舰旅游区（博物馆）的建设与发展思路/陈淳//中国博物馆2008-2；中国博物馆通讯2008-4
河南省博物馆旅游开发现状及发展研究/胡红梅//中共郑州市委党校学报2008-2
“监狱旅游”初探——以青岛德国监狱旧址博物馆为例/方百寿、洪文文、蔡礼彬//郑州航空工业管理学院学报2008-2
博物馆市场营销研究（上、下）/刘卫华//博物馆研究2008-3、2008-4
创意在苏州博物馆新馆/马云霞//四川建筑科学研究2008-4
哈尔滨市博物馆利用对策/鄂斯聪、冷红//沈阳建筑大学学报2008-4
我国体育博物馆产业开发分析/王沂、李尚滨//体育文化导刊2008-4
体验经济时代博物馆运营管理的探讨/裴尧芬//吉林师范大学学报2008-4
去博物馆化：大型文物遗址类旅游资源开发的一种新思路——以陕西乾陵为例/杨军、樊琳//咸阳师范学院学报2008-4
博物馆公益性与经营性的相互支撑/王志贤//中国博物馆通讯2008-5
浅谈博物馆与文化遗产的保护与传承——以南京市民俗博物馆为例的分析/潘彬彬//传承2008-5
体育博物馆的文化定位及其社会文化价值/李尚滨、王沂、刘文娟//山东体育学院学报2008-5
三星堆博物馆未来营销之路/梁雪//中国外资2008-6
对博物馆“免费文化盛宴”的反思/杨代英、吴莹//创新2008-6
经济学视野下的公益事业组织运营状况分析——以四川国有博物馆为例/周静//软科学2008-7
开发博物馆旅游解说经营管理服务功能/辛儒//商场现代化2008-7
地方博物馆文化衍生品开发策略研究/杨煜//中国博物馆通讯2008-9；文物春秋2010-2
博物馆旅游发展研究/刘蕾//乐山师范学院学报2008-9
博物馆与文化产业的互动发展/李金生//时代文学2008-11

大连市博物馆旅游发展的瓶颈与对策研究/王晓宇//边疆经济与文化2008-11
连接博物馆与创意产业的链条：写在第三届博博会开幕之际/文冰//中国文物报2008-11-28
高校博物馆旅游资源开发探讨/李海燕//科技情报开发与经济2008-14
博物馆与文化创意产业/安红坤//新世纪博物馆的实践与思考：北京博物馆学会第五届学术会议论文集，北京燕山出版社2008年
打造以中国铁道博物馆为核心的文化创意产业集群的构想/姜冬青//新世纪博物馆的实践与思考：北京博物馆学会第五届学术会议论文集，北京燕山出版社2008年
关于人物类纪念馆文化产品的开发问题/刘然//新世纪博物馆的实践与思考：北京博物馆学会第五届学术会议论文集，北京燕山出版社2008年
当代博物馆营销的目的与特点/宋向光//新世纪博物馆的实践与思考：北京博物馆学会第五届学术会议论文集，北京燕山出版社2008年
国际友谊博物馆实施“国礼神州行”品牌策略的理念与实践/隋立新//新世纪博物馆的实践与思考：北京博物馆学会第五届学术会议论文集，北京燕山出版社2008年
博物馆“知识型文化产品”的营销模式探讨/苟艳红//新世纪博物馆的实践与思考：北京博物馆学会第五届学术会议论文集，北京燕山出版社2008年
碑林营销策略初探/王辉宁//碑林集刊（十三），陕西人民美术出版社2008年
西安地区博物馆旅游创新研究/田小娟/陕西历史博物馆馆刊（十五），三秦出版社2008年
博物馆市场化发展的必然性及应对策略研究/刘静//洛阳博物馆建馆50周年论文集，大象出版社2008年
浅议“魅力洛阳——河洛地区文物考古成果精华展”的运作/周加申//洛阳博物馆建馆50周年论文集，大象出版社2008年
博物馆旅游市场特征及开发对策探讨/张岚、薛辉//企业经济2009-1
经营博物馆的一次成功尝试——同德殿历史时尚之夜活动的启示/赵继敏//中国文物报2009-1-2
古根海姆博物馆运营模式初探/胡柳//商场现代化2009-2
博物馆文化产品开发中的营销理念/申小红//博物馆研究2009-2
博物馆文化产品开发与营销的几点思考/黎波//文物春秋2009-2
论博物馆文化产业的开发/元保祥//安阳师范学院学报2009-4
广州市博物馆旅游发展对策研究/赵飞、冯威娜//南宁职业技术学院学报2009-5
博物馆纪念品少特色/陈绍谟//新民晚报2009-5-20
博物馆改革与文化产业发展研究/赵冬菊//重庆三峡学院学报2009-6
刍议博物馆文化旅游产品的体验性设计/解培红//商业时代2009-6
文化·旅游·品牌：中国丝绸博物馆探索博物馆商场发展/张毅//中国文物报2009-8-19
文化行销与博物馆/刘冬冰//北方经贸2009-9
旅游纪念品包装设计的分类定位及设计元素的发掘/黄静//包装工程2009-9
博物馆的旅游商品销售/苗叶茜//中国文物报2009-9-2
重视博物馆特色商品的研究和开发/李文儒//中国文物报2009-9-23
试论对博物馆发展文化产业的认识/曾红玲//大众文艺2009-18
文博单位文化产业发展的思考与探索/强跃//当代陕西2009-21
秦俑博物馆旅游商品开发研究/冯茂娥//现代商业2009-24
关于发展西安碑林文化产业的思考/王金清//碑林集刊（十四），陕西人民美术出版社2009年
“红岩联线”的发展与运作/厉华//博物馆创新与发展高峰论坛文集，辽宁人民出版社2009年
创新博物馆文化理念打造特色文化品牌/华文贵//博物馆创新与发展高峰论坛文集，辽宁人民出版社2009年
名人故居博物馆的营销推广策略/黄灿昆//博物馆创新与发展高峰论坛文集，辽宁人民出版社2009年
他山之石，可以攻玉——以“冰心文学馆”为例看名人故居的品牌营销/邱伟坛//博物馆创新与发展高峰论坛文集，辽宁人民出版社2009年
博物馆文化产品研究与开发/李斌//回顾与创新——秦始皇兵马俑博物馆开馆三十周年纪念文集，三秦出版社2009年

对深圳博物馆衍生产品研发的思考/欧菲//深圳文博论丛二〇〇九年，文物出版社2009年
创意：文化融入公众生活——关于首都博物馆文化产业发展的思考/高叶环//首都博物馆丛刊（23），北京燕山出版社2009年
浅谈博物馆文化产品的开发与营销/王萍//碑林集刊（十五），三秦出版社2009年
探索与思考文博单位文化产业发展/强跃//碑林集刊（十五），三秦出版社2009年
陕西省文博系统文化产业发展方向及路径选择的探讨/姜捷//法门寺博物馆论丛（二），三秦出版社2009年
全方位打造博物馆品牌/叶葳//广东省博物馆开馆五十周年纪念文集：1959～2009，岭南美术出版社2009年
中国博物馆市场化营销策略初探/任远//广东省博物馆开馆五十周年纪念文集：1959～2009，岭南美术出版社2009年
关于遗址类博物馆传播功能及相关问题的研究/李鄂权//中国博物馆2010-1
博物馆旅游开发市场调查研究/冯晓梅、曹青、刘庆友//山东师范大学学报（自然科学版）2010-2
最新潮的古典之美：珠宝成为台北故宫博物院衍生品新宠/马佳//中国黄金珠宝2010-2
基于游客体验的综合博物馆旅游产品开发——以湖北省博物馆为例/任丽娜、张立明//云南地理环境研究2010-2
以新馆建设为契机积极推进文化产品开发促进公益性文化事业发展/中国国家博物馆//中国文物报2010-2-10
超前创新互动：上海艺术品公司文化产业发展思路/上海博物馆//中国文物报2010-2-10
博物馆商品设计何妨增些平民意识/陈淑卿//中国文物报2010-2-17
博物馆文化产品的“N”种解读/李艳//中国文物报2010-2-24
国外博物馆文化产品开发案例/李艳//中国文物报2010-2-24
免费开放时代的博物馆传播/张艺军//中国文物科学研究2010-3
博物馆品牌定位与策划/肖冠雄//中国文物报2010-3-17
关于甘肃省博物馆文化产业体制改革的思考——以考察湖南、上海、河南博物院体制/文静//丝绸之路2010-4
我国博物馆发展文化产业的必要性分析/夏永丽//中国博物馆通讯2010-4
博物馆文化产业与开发/余从源//魅力中国2010-4
一次文化产品开发的成功启示/吴峰天//中国文物报2010-4-7
互联网时代的博物馆营销/郑好//中国文物报2010-4-28（上）、2010-5-26（中）、2010-6-23（下）
文博事业与文化产业/李文儒//中国文物报2010-7-7（上）、2010-7-21（下）；新华文摘2010-19
内乡县衙博物馆营销队伍创市场/余入海//中国文物报2010-8-4
浅谈新时期博物馆的经营策略/叶雷//经营管理者2010-9
浅析博物馆在文化产业发展中的作用/许敬华//丝绸之路2010-20
试论史前遗址博物馆文化产业的发展/罗晓群//史前研究（2009）：首届国际河姆渡文化节——国际遗址博物馆馆长河姆渡峰会暨史前遗址博物馆专业委员会第七届学术研讨会纪念文集，宁波出版社2010年
试论遗址博物馆文化品牌的塑造——以良渚博物院为例/郭青岭//史前研究（2009）：首届国际河姆渡文化节——国际遗址博物馆馆长河姆渡峰会暨史前遗址博物馆专业委员会第七届学术研讨会纪念文集，宁波出版社2010年
浅谈白莲洞遗址博物馆文化旅游品牌的开发/晏云//史前研究（2009）：首届国际河姆渡文化节——国际遗址博物馆馆长河姆渡峰会暨史前遗址博物馆专业委员会第七届学术研讨会纪念文集，宁波出版社2010年
博物馆文化商品之我见/沈晨霞//史前研究（2009）：首届国际河姆渡文化节——国际遗址博物馆馆长河姆渡峰会暨史前遗址博物馆专业委员会第七届学术研讨会纪念文集，宁波出版社2010年
新乐遗址博物馆客源市场萎缩问题研究/于静//史前研究（2009）：首届国际河姆渡文化节——国际遗址博物馆馆长河姆渡峰会暨史前遗址博物馆专业委员会第七届学术研讨会纪念文集，宁波出版社2010年
免费开放后博物馆的经营管理略见/刘清明//湖南省博物馆馆刊（六），岳麓书社2010年
试析博物馆商品的开放与营销/郑好//博物馆与旅游：广西壮族自治区博物馆第二届学术研讨会论文集，广西科学技术出版社2010年
广西博物馆旅游商品发展问题与对策的探讨/方开彦//博物馆与旅游：广西壮族自治区博物馆第二届学术研讨会论文集，广西科学技术出版社2010年

基于SWOT分析广西博物馆旅游产品开发的初探/邱莉//博物馆与旅游：广西壮族自治区博物馆第二届学术研讨会论文集，广西科学技术出版社2010年
免费开放的博物馆如何开发文化商品的思考/邓任生//博物馆与旅游：广西壮族自治区博物馆第二届学术研讨会论文集，广西科学技术出版社2010年
保护与利用并举文化与旅游结合——伪满皇宫保护利用的探索实践及其思考/李立夫/中国博物馆学会考古与遗址博物馆专业委员会成立大会论文集，西北大学出版社2010年
加快博物馆营销建设，促进文博事业的发展/童鑫//安徽文博（六），中华书局2010年
论博物馆产业和博物馆宗旨的实现//江苏省文博论文集2010，南京师范大学出版社2011年
博物馆：营销的大旗能举多高/黄洋//中国文物报2011-1-12
关于博物馆产品的若干思考/王放//北方文物2011-2
博物馆纪念品的设计研究与开发/杨静、余隋怀//包装工程2011-2
博物馆与全球化：古根海姆博物馆的行销模式/马琳//画刊2011-4
日本博物馆运营管窥/卓文静//中国文物报2011-4-6
博物馆文化产品开发中的问题及对策/孙中华//中国文物报2011-4-13
关于博物馆文化衍生产品开发的认识与思考/章义平//东南文化2011-5
台湾地区博物馆发展文化创意产业的理念与实践/黄美贤//东南文化2011-5
文化创意在博物馆中的运用/卢梦梦//东南文化2011-5
做好服务创造效益——国内部分省市博物馆服务与经营考察/国家博物馆物业发展与企管中心//中国文物报2011-5-25
旧址博物馆的营销分析/高嵩巍//中国文物报2011-7-6
故宫文化产品有了亮丽的“新衣裳”/杨兮//中国文物报2011-7-20
中原记忆万代韶华——河南博物院关于文化遗产传承开发的探索/李宏//中国文物报2011-7-27
博物馆及其文化产品品牌营销（上、下）/王月芳//中国文物报2011-10-26；2011-12-7
博物馆营销的“4P”策略/王东、米婷婷编译//中国文物报2011-12-7
博物馆文化品牌与当代文化城市建设/李中义//中国文物报2011-12-28
基于体验的博物馆产品开发研究/宋新平//北方经济2011-24
服务营销在博物馆工作中的应用/郜峰云、张迎军//晋陕豫博物馆理论与实践研讨会论文选，山西科学技术出版社2011年
浅谈博物馆发展文化产业——以焦作市博物馆为例/袁爱民//晋陕豫博物馆理论与实践研讨会论文选，山西科学技术出版社2011年
博物馆与文化产业/王晋凤//晋陕豫博物馆理论与实践研讨会论文选，山西科学技术出版社2011年
简谈博物馆商店的经营策略/王璟//区域特色与中小型博物馆：江苏省博物馆学会2010年学术年会论文集，文物出版社2011年
论中小型博物馆的产业开发问题/陈银龙//区域特色与中小型博物馆：江苏省博物馆学会2010年学术年会论文集，文物出版社2011年
网络时代的博物馆营销/黄宗晞//深圳文博论丛二〇一一，文物出版社2011年
博物馆营销：一个被误读了的概念——市场营销学札记/张礼智//史前研究2010～2010中国桂林·史前文化遗产国际高峰论坛暨中国博物馆协会史前遗址博物馆专业委员会第八届学术研讨会论文集，广西科学技术出版社2011年
遗址博物馆旅游市场开发探研/罗晓群//史前研究2010～2010中国桂林·史前文化遗产国际高峰论坛暨中国博物馆协会史前遗址博物馆专业委员会第八届学术研讨会论文集，广西科学技术出版社2011年
探索免费开放后博物馆的产业经营/陶泉杏//史前研究2010～2010中国桂林·史前文化遗产国际高峰论坛暨中国博物馆协会史前遗址博物馆专业委员会第八届学术研讨会论文集，广西科学技术出版社2011年
以创新的姿态推进博物馆文化产业升级——以柳州博物馆为例浅谈博物馆文化产业升级计划/陈婕//史前研究2010～2010中国桂林·史前文化遗产国际高峰论坛暨中国博物馆协会史前遗址博物馆专业委员会第八届学术研讨会论文集，广西科学技术出版社2011年

谈免费开放背景下博物馆的营销/谭利平//博物馆学文集6，岳麓书社2011年
国有博物馆的经营理念/高焱//春草集——吉林省博物馆协会第一届学术研讨会论文集，吉林人民出版社2011年
从administration 到running——如何以现代经营思维管理博物馆/张欣//苏州文博论丛2011年（总第2辑），文物出版社2011年
关于高校博物馆发展文化产业的几点思考/黄维娟//苏州文博论丛2011年（总第2辑），文物出版社2011年
关于博物馆文化衍生产品开发的探索与思考——以苏州博物馆为例/徐亦鹏、曹炜芳//苏州文博论丛2011年（总第2辑），文物出版社2011年
关于博物馆文化产业发展的思考/阮晴沛//南京博物院集刊（12），文物出版社2011年
三峡博物馆的文化产品开发//中国文物报2012-1-4
博物馆文化产品开放断想（上、下）/章义平//中国文物报2012-2-1；2012-2-15
博物馆应成为文化创意的生力军/崔学谙//北京文化创意2012-2
博物馆营销中的成本沟通/彭清云//中国文物报2012-2-29
博物馆文化产业发展的现状和建议/游云、刘中刚//博物馆研究2012-3
创新发展共赢——走近中国国家博物馆文化产品/李虹霖、蒋名、未杨//中国博物馆2012-4
博物馆旅游与文化创意产业的融合发展/曾亚玲//中国商贸2012-4
发挥文化产品在中小博物馆体制改革中的“鲶鱼效应”/尚海波//中国文物报2012-5-16
台北故宫文创产品深圳文博会受青睐/赵瑞希//中国文物报2012-5-30
博物馆文化产业的理论初探/张品//前沿2012-7
论博物馆发展文化创意产业的可行性——以中国闽台缘博物馆为例/柯林//南方论刊2012-9
博物馆营销人员的素质培养——从伪满皇宫博物院谈起/石宪//中国文物报2012-9-5
博物馆商店专业角色的建立/胡绪雯//中国文物报2012-10-12
百花争艳绘繁荣——“全国博物馆文化产品创意设计推介活动”//中国文物报2012-10-24
“全国博物馆文化产品创意设计推介活动”获奖名单//中国文物报2012-10-24
博物馆文化产品的经营之道——从福州市博物馆谈起/张玉霖//中国文物报2012-11-28
我们能否尝试餐厅服务？——台湾地区“博物馆餐厅”对我们的启示/曹爱生//中国文物报2012-11-28
前行的力量——西安碑林博物馆致力打造文化产业集群/王戈华//陕西日报2012-12-3
博物馆旅游文化产品开发与营销的路径/许汉琴//学习月刊2012-14
关于西安博物馆文化产业开发的思考/宋杨、成璐//青年文学家2012-15
走特色经营之路——浅谈行业主题博物馆商店经营/高伟利//神州2012-21
关于博物馆服务营销时代的研究思考/张慧红//科普研究2013-1
把博物馆文化带回家//中国文物报2013-5-15
中小博物馆发展文创产品的探索与思考 ——以杭州萧山博物馆为例/徐大钧//中国文物报2013-7-10
“朕知道了”看博物馆经营之道//中国城乡金融报2013-7-19
丝绸在博物馆衍生品开发中的应用/童彤、袁宣萍//丝绸2013-8
文创产业大有可为/安来顺//中国文物报2013-9-4
博物馆商店生态与文化产品的观察与思考/李峰、胡绪雯//中国文物报2013-9-4
博物馆资源与英国文化产业/陈淑荣、施楠//经济研究参考2013-11
博物馆文化商品营销中的几个关系——从苏州博物馆谈起/曹炜芳//中国文物报2013-11-27
博物馆文化产品设计中的美学诉求/唐毅//博物馆学刊（三），科学出版社2013年
论创建一流博物馆的文化产业/强明中、杨啸秋//南京博物院集刊（13），文物出版社2013年
博物馆文化产品与相关知识产权保护/马锋//百年传承创新发展：北京地区博物馆第六次学术会议论文集，中国书籍出版社2013年
浅谈加强北京博物馆业与旅行社业的融合发展/苏欣//百年传承创新发展：北京地区博物馆第六次学术会议论文集，中国书籍出版社2013年
伪满皇宫博物院文化产业综述/宋绍红//中国纪念馆研究2014-1

再谈文化产品开发策划思路——以浙江自然博物馆为例/李怡红//中国文物报2014-1-8
博物馆营销思维下藏品保护与文化产业开发的关系——以民族类博物馆为例/周婷婷//中国博物馆2014-2
关于文博产业若干问题的思考/崔国民//北京文博文丛2014-3
美国博物馆文化创意产业调研报告/北京文博行业文创专题培训班//北京文博文丛2014-3
美国博物馆文化创意和经验管理的启示/白岩//北京文博文丛2014-4
北京市文物局博物馆文化创意产业管理培训班（赴美）培训有感/顾斌//北京文博文丛2014-4
关于文化产品的探索和思考——以安徽博物院为例/徐大珍//合肥学院学报2014-5
故宫博物院文化产品走进中国文化产品交易会/宫文//中国文物报2014-5-2
博物馆商店卖商品还是卖文化/张丫//姑苏晚报2014-6-3
用数字化技术“营销”博物馆/朱晓红//中国文物报2014-7-8
把博物馆“带”回家——欧美博物馆文创衍生品开发的现状和启示/戴晓琍//中国文物报2014-7-22
基于消费理念的博物馆广告营销研究/王进修//现代装饰（理论）2014-8
文创产业与品牌授权——“2014年文化遗产创意产业暨品牌授权”专题培训班综述/孙鹏//中国文物报2014-10-14
让文物“新生”/张英//中国文物报2014-10-28
产业博物馆遐想/曹雨芊//中国文物报2014-10-28
博物馆文创产品需要“家常菜”/程竹//中国文化报2014-12-1
文创产品：爱你在心口难开/崔波、谢开//中国文物报2014-12-9
文化创意产品应有一套完整的开发机制/胡绪雯//中国文物报2014-12-23
苏州博物馆文创产品开发的实践与思考/蒋菡//中国文物报2014-12-23
灵感与禅意——谈“孩儿垂钓熏香盘”的设计经过/曹雪//中国文物报2014-12-23
博物馆文化创意产业模式与产品研究/邢致远//艺术百家2014-S1
广州市民办博物馆发展中存在的主要问题/吴丽华//广州文博论丛（第7辑），文物出版社2014年
博物馆文化创意产业的探索/连凯//博物馆发展论丛2013，北京燕山出版社2014年
博物馆文创产品的时效管理初探/张红蕾//博物馆发展论丛2013，北京燕山出版社2014年
拓宽博物馆文创设计路径的有益探索——以河南博物院组织的三届文创设计大赛为例/丁福利、丁萌//博物馆发展论丛2013，北京燕山出版社2014年
试论文创产品与博物馆发展的关系/陈争艳//博物馆发展论丛2013，北京燕山出版社2014年
中国妇女儿童博物馆文化创意产品开发断想/张磊//博物馆发展论丛2013，北京燕山出版社2014年
古建遗址类博物馆文创产品开发思路的探讨——以北京文博交流馆为例/杨薇//博物馆发展论丛2013，北京燕山出版社2014年
军事博物馆发展文化产业调研报告/游云、王平//博物馆发展论丛2013，北京燕山出版社2014年
博物馆文化创意产业的发展与研究/张露胜//博物馆发展论丛2013，北京燕山出版社2014年
我国博物馆文化产品开发与营销初探/温思琦//博物馆发展论丛2013，北京燕山出版社2014年
博物馆文化创意产品的研发与营销/陈琳琳//博物馆发展论丛2013，北京燕山出版社2014年
花之花——博物馆文化创意产品的开发/史春晖//博物馆发展论丛2013，北京燕山出版社2014年
文化产品开发与博物馆商店的经营理念/张鲁、杜臻//博物馆发展论丛2013，北京燕山出版社2014年
对地方博物馆社会营销创意性的认识与思考/徐大钧//博物馆发展论丛2013，北京燕山出版社2014年
解读博物馆文化产品/倪瑕//博物馆发展论丛2013，北京燕山出版社2014年
略论博物馆免费开放后商品的研发与营销——以湖北省博物馆为主例说明/马业平//博物馆发展论丛2013，北京燕山出版社2014年
博物馆文化产品营销与推广/李爱玲//博物馆发展论丛2013，北京燕山出版社2014年
博物馆文化产品开发经营研究报告/孙小玲、刘晓雯//博物馆发展论丛2013，北京燕山出版社2014年
浅析博物馆文化创意产品设计原则——以台北故宫博物院为例/马莉//博物馆发展论丛2013，北京燕山出版社2014年
创意时代的博物馆文化创意/于平//博物馆发展论丛2013，北京燕山出版社2014年

如何发展博物馆的文创思脉/王永铭//博物馆发展论丛2013，北京燕山出版社2014年
博物馆运营与文化创意——台湾及台湾地区博物馆文化创意产业初探/张紫馨//博物馆发展论丛2013，北京燕山出版社2014年
从“衍生”到“再生”——博物馆文化创意产业的社会责任/胡小玉//博物馆发展论丛2013，北京燕山出版社2014年
博物馆的最后一个展厅——浅论博物馆文化产品开发/赵梅//博物馆发展论丛2013，北京燕山出版社2014年
展陈设计与博物馆的品牌建立/于晖//博物馆发展论丛2013，北京燕山出版社2014年
浅析博物馆商店在博物馆的地位与作用/章义平//博物馆发展论丛2013，北京燕山出版社2014年
浅谈博物馆文化教育与文化产业开发/隗丽佳//学习实践继承发展：北京博物馆学会保管专业第11～13届学术研讨会论文集，文物出版社2014年
发展文化产业与文献藏品保护/林硕//学习实践继承发展：北京博物馆学会保管专业第11～13届学术研讨会论文集，文物出版社2014年
博物馆文化产业发展中的藏品保护/屈甜笑//学习实践继承发展：北京博物馆学会保管专业第11～13届学术研讨会论文集，文物出版社2014年
论文化产业发展背景下的博物馆藏品保护和利用/陈琳琳//学习实践继承发展：北京博物馆学会保管专业第11～13届学术研讨会论文集，文物出版社2014年
在发展文化产业中如何保护好藏品——以中国长城博物馆为例/林静峥// 学习实践继承发展：北京博物馆学会保管专业第11～13届学术研讨会论文集，文物出版社2014年
博物馆文化产业的发展路径/谢博洋//首都博物馆论丛（28），北京燕山出版社2014年
博物馆运营与文化创意——两岸文化产业运营和博物馆文创比较/张紫馨//首都博物馆论丛（28），北京燕山出版社2014年
博物馆商店及文化产品的开发与思考/李聪、李慧//陕西历史博物馆馆刊（21），三秦出版社2014年

九 数字化博物馆与信息化建设

上海博物馆综合信息网络设计报告/祝敬国//中国博物馆1994-1
EDI应用与文博信息管理现代化/王大民//中国博物馆1994-1
"网络与层次法"在馆藏文献资料分类中的应用/赵娅丽//中国博物馆通讯1994-5
上海博物馆楼宇自动化管理系统规划报告/祝敬国//中国博物馆1995-1
关于严建强质地优先四层次十进位文物分类法的评论与建议/陈红京//中国博物馆通讯1995-4
国际博协加入国际计算机网络/安来顺//中国博物馆通讯1995-10
计算机对文物照片修复的功能/许薇//中国博物馆通讯1996-9
关于在文博系统建立信息网络的设想//文博青年论丛（第二辑），北京图书馆出版社1997年
文物多媒体光盘（CD-Title）的开发制作/刘克宇、谢伟//陕西历史博物馆馆刊（四），西北大学出版社1997年
日本博物馆应用多媒体计算机的现状与面临的课题/朱幼文编译//中国博物馆通讯1998-5
国际互联网上的博物馆一瞥/史吉祥//中国博物馆通讯1998-5
"影像化博物馆"及其技术/王恒、廖红、朱幼文//中国博物馆通讯1998-7
计算机在现代博物馆的应用/彭黎明//湖南省博物馆文集（第四辑），1998年
信息时代与博物馆资源开发/张曼西//湖南省博物馆文集（第四辑），1998年
多媒体导游展示系统的研究实践与思考/徐锡荣//陕西历史博物馆馆刊（五），三秦出版社1998年
博物馆与Internet/邵小龙//陕西历史博物馆馆刊（五），三秦出版社1998年
正在兴起的数字化博物馆/甄朔南//中国博物馆1999-2；甄朔南博物馆学文集，中国大百科全书出版社2004年
计算机在博物馆藏品信息管理中的作用/桓历萍//史前研究1958～1998年：西安半坡博物馆成立四十周年文集，三秦出版社1998年
博物馆信息系统网络的实现/姚宜//深圳博物馆开馆十周年纪念文集，中华书局1998年
陕西历史博物馆中控系统的能量管理/李鸣//陕西历史博物馆馆刊（六），陕西人民教育出版社1999年
试探唐墓壁画管理中的计算机应用/万晓//陕西历史博物馆馆刊（六），陕西人民教育出版社1999年
计算机数据库在馆藏文物管理中的应用/郑一萍//中国博物馆通讯2000-1
博物馆藏品电脑化工程的经济性分析/姚一青//中国博物馆通讯2000-2
网上博物馆与传统博物馆/陆琼//中国博物馆2000-2
对数字化博物馆的认识与思考/孟中元//中国博物馆2000-2
博物馆网上协作/〔美〕麦克维尔·安德森著，佘彦焱译//中国博物馆2000-2
河北省博物馆现用藏品管理软件的特点/孟金霞//文物春秋2000-2
因特网与博物馆学研究/王伟华、杨春晖//中国博物馆2000-3
博物馆信息挖掘与利学管理/孟中元//中国博物馆2000-4
数字博物馆概述/张卫、宁刚//古今农业2000-4
网上博物馆的优势/陆琼//中国博物馆通讯2000-4
网上博物馆如何生存？//北京科技报2000-12-18
计算机技术在秦俑考古工作中的应用——兼论信息时代考古工作的结构性重组/张仲立、张颖岚//科技考古论丛（二），中国科技大学出版社2000年
电脑在博物馆的应用/邵小龙//陕西历史博物馆馆刊（七），三秦出版社2000年

关于陕西历史博物馆唐墓壁画馆计算机系统的构想/徐锡荣//陕西历史博物馆馆刊（七），三秦出版社2000年
数字化博物馆不是博物馆数字化/李文昌//中国博物馆通讯2001-1
漫谈数字化博物馆/陈宏京、陈霜//东南文化2001-1
博物馆信息化建设——局域网建设/陆远//中国博物馆2001-2
论博物馆藏品信息管理/王建平//中国博物馆2001-2
论大学博物馆的数字化改造/陈宏京、吴勤//中国博物馆2001-3
无限空间，有形支持——网络时代的博物馆/刘雯煜//博物馆研究2001-3
数字化博物馆总体规划和技术设计/祝敬国、李俊杰//中国博物馆2001-4；全球化下的中国博物馆，文物出版社2002年
计算机在文物消毒工作中的应用/刘恩迪//中国博物馆2001-4
博物馆的传播学研究/刘卫华//中国博物馆2001-4
大力推进文博资源数字化建设/张文彬//中国文物报2001-7-22；全球化下的中国博物馆，文物出版社2002年
论加强新世纪文博信息化建设/郑欣淼//文物工作2001-11；全球化下的中国博物馆，文物出版社2002年
数字化博物馆十日谈/陈宏京//中国文物报2001-11-2、2001-11-10、2001-11-16、2001-12-4；全球化下的中国博物馆，文物出版社2002年
网上博物馆的人文关怀/高书勤//中国文物报2001-11-9；全球化下的中国博物馆，文物出版社2002年
大学数字化建设刍议/朱彦民、郭长虹//中国博物馆通讯2001-12
"博物馆信息学"札记/冯承柏//南开报2001年增刊；全球化下的中国博物馆，文物出版社2002年
信息时代日本博物馆的功能/杨效俊//陕西历史博物馆馆刊（八），三秦出版社2001年
文物影视制作的技术走向——数字化趋势之我见/刘万虹//陕西历史博物馆馆刊（八），三秦出版社2001年
非线性编辑在文物专题片中的应用/原三军//陕西历史博物馆馆刊（八），三秦出版社2001年
建立数字博物馆势在必行/夏经世//北京博物馆学会第三届学术会议文集，北京燕山出版社2001年
数字博物馆/马岳//北京博物馆学会第三届学术会议文集，北京燕山出版社2001年
数字博物馆概述/张卫、宁刚//北京博物馆学会第三届学术会议文集，北京燕山出版社2001年
试论博物馆信息化/李文昌//北京博物馆学会第三届学术会议文集，北京燕山出版社2001年
关于博物馆信息化的认识与思考/杨俊艳//北京博物馆学会第三届学术会议文集，北京燕山出版社2001年
试述中国历史博物馆的网站特点/肖飞//北京博物馆学会第三届学术会议文集，北京燕山出版社2001年
走向数字时代的博物馆管理/罗宁//北京博物馆学会第三届学术会议文集，北京燕山出版社2001年
虚拟现实——博物馆展示手段的最高境界/殷学波、王宁、李竹//北京博物馆学会第三届学术会议文集，北京燕山出版社2001年
浅谈计算机虚拟技术在博物馆展示功能上的应用/孙怀敏、段晓微//北京博物馆学会第三届学术会议文集，北京燕山出版社2001年
模仿创新——现阶段我国科技博物馆展品制作的策略/廖红、王恒//北京博物馆学会第三届学术会议文集，北京燕山出版社2001年
触摸屏与因特网调查方法的局限、对策及质量控制/郭豹//北京博物馆学会第三届学术会议文集，北京燕山出版社2001年
地方博物馆的网页建设战略/宇仁义和著、陈宏京译//中国博物馆2002-1
计算机多媒体技术在博物馆展示活动中的一些思考/张凡//中国博物馆通讯2002-1
论数字化博物馆/李文昌//中国文物报2002-1-11；北京博物馆学会第三届学术会议文集，北京燕山出版社2001年；全球化下的中国博物馆，文物出版社2002年
建设网络博物馆的意义及其它/王建华//中国文物报2001-1-25；全球化下的中国博物馆，文物出版社2002年
试论数字化博物馆/赵昆//博物馆研究2002-2
博物馆中的网络建设/高伟//中原文物2002-2
数字化博物馆的建设/罗葆森//中国文物报2002-2-8至2002-2-22；全球化下的中国博物馆，文物出版社2002年
三维技术与博物馆陈列/陈开宇//中国博物馆2002-3
信息技术与现代博物馆/左斌//博物馆研究2002-3

关于CS理论导入博物馆管理的思考/王献本//中原文物2002-3
河北省博物馆网站建设的设想/达凤云//文物春秋2002-3
数字化博物馆应重视数字资源建设/张曼西//中国文物报2001-3-1；全球化下的中国博物馆，文物出版社2002年
数字化博物馆：任重而道远/陆建松//中国文物报2002-3-22；全球化下的中国博物馆，文物出版社2002年
我国数字化博物馆建设中的根本性制约因素/陆建松//中国博物馆通讯2002-4
数字化历史/曹兵武//中国文物报2002-4-2；全球化下的中国博物馆，文物出版社2002年
数字化博物馆上网的可行性/〔日〕佐佐木智子著，陈宏京译//中国博物馆通讯2002-8
运用电视声像技术服务博物馆业务工作/刘国斌//中国博物馆通讯2002-9
Inspeck 3D—DF三维扫描仪在数字博物馆中的应用/荣国栋、孟祥旭//计算机工程与应用2002-16
浅谈局域网与互联网技术在博物馆中的应用/张蒙芝//碑林集刊（八），陕西人民美术出版社2002年
北京地区各大博物馆和图书馆计算机图书管理系统考察报告/王晓侠//首都博物馆丛刊（16），北京燕山出版社2002年
数字化博物馆应用软件开发的一些思考/王畅//中国博物馆2003-1
浅谈中小型博物馆数字化建设的硬件策略/王玮、黄颖//博物馆研究2003-1
大学博物馆的数字化建设特点/陈宏京、张武超//中国博物馆2003-2
吉林省近现代史博物馆信息化发展展望/李洪光//博物馆研究2003-2
基于XML技术的数字博物馆系统/马仁配、朱学芳//现代图书情报技术2003-2
北京大学地质数字博物馆系统/刘楚雄//中国基础科学2003-3
故宫博物院数字化广播/徐超英//中国博物馆2003-3
鲁迅博物馆开发《藏品集成管理信息系统》的报告/杨燕丽//中国博物馆2003-3
上海博物馆多媒体活动室是如何开展工作的/孙建农//中国博物馆通讯2003-3
浅论数字化博物馆及其发展/姚树忠//中国博物馆通讯2003-3
试论VI系统在博物馆中的应用/蒋迎春、高小龙//中国博物馆2003-4
大学数字博物馆的建设思路和步骤/中国地质大学博物馆课题组//中国博物馆2003-4
论数字化建设的利益与策略/陈红京、滕奇霞//博物馆研究2003-4
互联博物馆——用科技全面表现人类历史、物质文明/伊沃·亚努塞克著，王宇译//博物馆研究2003-4
中国地质博物馆启动VI系统/陈开宇//中国博物馆通讯2003-11
博物馆计算机局域网的组建/颜雯//中国博物馆通讯2003-12
中国的网上博物馆/程京生//首都博物馆丛刊（17），北京燕山出版社2003年
首博图书管理信息系统开发的初步方案/孙芮英//首都博物馆丛刊（17），北京燕山出版社2003年
一些与博物馆相关的通用软件/张蒙滋、李举刚//碑林集刊（九），陕西人民美术出版社2003年
计算机网络时代博物馆展示的传播与体验/严建强//中国博物馆2004-1
博物馆数字化与数字采集中需改进的问题/薛超//文物世界2004-1
中国博物馆数字化发展过程中若干问题的思考/姚树忠//中国博物馆通讯2004-1
用数字化技术推动保存、展示与传播中国博物馆学会数字化专业委员会首届学术研讨会综述/文物网信息中心//中国文物报2004-1-8
甘肃省博物馆信息化建设的实践与思考/王裕昌//中国博物馆2004-3
对网上博物馆的一点看法/金志伟、周繁文//中国博物馆2004-3
虚拟现实技术在故宫博物院的应用/徐虎//中国博物馆2004-3
网络在首都博物馆中的运用与发展/杨敏//北京文博2004-3
浅谈电子讲解器内容的制作/邱秀清//中国博物馆通讯2004-3
浅谈博物馆数据采集与信息管理/陈红京//中国博物馆2004-4
论博物馆信息资源共享中的权利与义务/沈天鹰//中国博物馆2004-4
浅论故宫博物院的电化教育/甄敏//中国博物馆通讯2004-4
西北大学考古数字博物馆的设计与建立/朱晓东//西北大学学报2004-5
数字化建设是博物馆发展的必然趋势/张建辉//中国博物馆通讯2004-10

对我国博物馆数字化历程的几点认识/张晓悟//中国博物馆通讯2004-10
关于博物馆信息化工作的一些思索/刘健//中国博物馆通讯2004-11
考古文物的数字化过程研究/樊少荣、周明全、姬利艳//微机发展2004-12
博物馆数字化的概念思考/祝敬国//首都博物馆丛刊（18），北京燕山出版社2004年
数字化与博物馆/刘东平、张蒙芝//碑林集刊（十），陕西人民美术出版社2004年
博物馆数字化、信息化的发展及规范/邵小龙//陕西历史博物馆馆刊（十一），三秦出版社2004年
博物馆信息网络建设/孙景云、何森//天津自然博物馆建馆90周年论文集，天津科学技术出版社2004年
以服务为宗旨促进信息的开发与传递/李宇红//天津自然博物馆建馆90周年论文集，天津科学技术出版社2004年
虚拟现实技术与梦幻海洋馆/何森、许渤松//天津自然博物馆建馆90周年论文集，天津科学技术出版社2004年
试论博物馆文物数字化影像工作/周琨//深圳文博论丛二〇〇四，中华书局2004年
对博物馆网站内容构建的一点看法/邬曼菁//中国博物馆2005-1
博物馆的图片资料与数字化/曾智德//中国博物馆2005-1
博物馆信息化管理转型期运行模式之我见/罗宁、孔成智//中国博物馆2005-1
高清晰数字近景摄影在文物图像信息采集中的应用/王展、王道武//文博2005-1
浅谈SWOT在博物馆中的应用/王东//中国博物馆2005-2
馆藏信息采集与管理系统的人性化设计/李竞艳//中国博物馆2005-2
数字化博物馆建设中值得关注的问题/张晓悟//中国博物馆通讯2005-2
人物类纪念馆的数字化博物馆建设/秦海琦//中国博物馆通讯2005-2
现代影视传媒技术与博物馆/吴彪//中国博物馆通讯2005-2
“新博物馆学”语境中的数字博物馆/尹彤云//中国博物馆2005-4
浅议省级博物馆藏品信息化建设/程丽君//中国博物馆2005-4
用三维成像技术建好虚拟展厅/罗志和、罗晓莹//中国博物馆2005-4
更好地实现博物馆网站的信息交流功能——对博物馆网站内容构建的一点看法/平佳健、邬蔓菁//南方文物2005-4
悠悠网上游——上海博物馆信息化工作一览/陈爕君//中国文物报2005-6-22
数字博物馆工程刍议/金瑞国//中国文物报2005-7-5；2005-7-11
英国维多利亚阿伯特博物院局域网述略/龙霄飞//中国文物报2005-7-23
虚拟殷墟博物苑的三维展示技术/段新昱、刘学莉、刘晨曦//系统仿真学报2005-9
加强数字化建设提升文物库房管理/蒋明明//文物工作2005-9
浅谈小型博物馆网络建设/冯雁//文物工作2005-10
关于文物基础数据库建设的几点思考/祝孔强//中国文物报2005-11-9
故宫博物院信息电子化四讲/谭斌//故宫博物院十年论文选（1995～2004），紫禁城出版社2005年
故宫博物院数字化广播/徐超英//故宫博物院十年论文选（1995～2004），紫禁城出版社2005年
试论故宫博物院的电化教育/甄敏//故宫博物院十年论文选（1995～2004），紫禁城出版社2005年
试论虚拟博物馆与实体博物馆的关系/沈允宁//博物馆的记忆与想象：“百年文博——我与博物馆”大型征文活动文萃，学苑出版社2005年
如何创作有文物文献价值的影像作品/涂师平//博物馆的记忆与想象：“百年文博——我与博物馆”大型征文活动文萃，学苑出版社2005年
关于数字化博物馆与博物馆数字化工程建设的几点思考/黄启善//博物馆：文化的桥梁，广东人民出版社2005年
史博馆数位学习概况/廖康任//博物馆营运的新思维（史物丛刊52），历史博物馆2005年
数字化技术对博物馆的重要性/任安、翟晓兰//陕西历史博物馆馆刊（十二），三秦出版社2005年
谈基于公众立场的博物馆网站建设/张曼西//湖南省博物馆馆刊（二），岳麓书社2005年
中国博物馆数字化建设概述/祝敬国//回顾与展望：中国博物馆发展百年——2005年中国博物馆学会学术研究会文集，紫禁城出版社2005年
关于博物馆信息服务社会化研究/刘卫华//回顾与展望：中国博物馆发展百年——2005年中国博物馆学会学术研究会文集，紫禁城出版社2005年

数字博物馆建设中面临的知识产权问题及对策/姜靖//回顾与展望：中国博物馆发展百年——2005年中国博物馆学会学术研究会文集，紫禁城出版社2005年
中国博物馆数字化建设概述//回顾与展望：中国博物馆发展百年——2005年中国博物馆学会学术研究会文集，紫禁城出版社2005年
博物馆影像管理数字化/吴瞻//回顾与展望：中国博物馆发展百年——2005年中国博物馆学会学术研究会文集，紫禁城出版社2005年
数字化采集的超常规方法研究/王宁宁、陈宏京//中国博物馆2006-1
论数字化博物馆建设中的知识产权保护与限制/罗宁//中国博物馆2006-1
数字博物馆及其相关问题/杨向明//中原文物2006-1
浅谈计算机在文物藏品档案中的作用/高娃//内蒙古文物考古2006-1
对博物馆图书资料工作的几点认识/徐战//中国文物报2006-1-6
基层博物馆信息化现状及思考/祝孔强//中国文物报2006-1-11
人物类纪念馆信息搜集的实践和思考/盖金香//中国文物报2006-2-10
数字化博物馆研究初探/顾莹//北京文博2006-3
博物馆网络信息资源建设与开发/张金茹//中国博物馆通讯2006-9
数字化·科研·市场——南京博物院院长龚良访谈/崔波//中国文物报2006-9-1
谈文物藏品的信息数据库采集/李文涓//中国文物报2006-9-8
学习“馆藏文物信息管理系统”软件有感/赵雄//中国文物报2006-9-8
基于VRML的地学虚拟博物馆漫游系统的实现/宋慧玲、邓洪//计算机工程2006-32
浅谈数字影像在馆藏壁画中的应用/刘万虹//陕西历史博物馆馆刊（十三），三秦出版社2006年
浅谈幻影成像技术及其在博物馆的应用/原三军//陕西历史博物馆馆刊（十三），三秦出版社2006年
博物馆数字化建设和信息化管理的思考与展望/晏新志、邵小龙//博物馆学研究论文集，陕西人民出版社2006年；博物馆理论与实践研讨会论文集，三秦出版社2007年
多媒体技术在文博领域的应用/谢伟//博物馆学研究论文集，陕西人民出版社2006年
浅谈博物馆的图书资料工作/王卫红//博物馆学研究论文集，陕西人民出版社2006年
计算机发展与博物馆信息化建设/吴德厚//乾陵文化研究（二），三秦出版社2006年
安徽省博物馆网站日常维护与管理/张秋莲//安徽省博物馆建馆五十周年文集，安徽人民出版社2006年
构建博物馆网络自动化办公系统/贺黎//安徽省博物馆建馆五十周年文集，安徽人民出版社2006年
试论数字化背景下博物馆图片库的建设/黄磊//湖南省博物馆馆刊（三），岳麓书社2006年
打造历史文化门户网站推进博物馆数字化教育/陈叙良、张曼西、廖丹、彭黎明、任亭燕、熊薇、申国辉//湖南省博物馆馆刊（三），岳麓书社2006年
构建马王堆汉墓文物数字化教育“展示、竞技、互动”三大平台/张曼西//湖南省博物馆馆刊（三），岳麓书社2006年
博物馆信息化工作的定位和思考/张岩//碑林集刊（十二），陕西人民美术出版社2006年
走进数字博物馆/张妮佳、张剑平//中小学信息技术教育2007-1
数字化生存——信息时代博物馆的未来之路/张颖岚//中国博物馆2007-1
走好中国博物馆的数字化之路/董帅//中国博物馆通讯2007-1
开放·交流·发展/冯光生//中国博物馆通讯2007-1
网络环境下的博物馆教育及其特点/张晓悟//中国博物馆通讯2007-1
多媒体技术在中医药博物馆展览中的应用/罗月琴//上海文博论丛2007-1
博物馆的办公自动化应用/孟中元//秦陵秦俑研究动态2007-2
地质标本信息数字化与数字地质博物馆建设的宏观思考/曹希平//地球学报2007-2
保存高校Web信息资源建立Web博物馆/程凤//情报资料工作2007-2
多媒体展示对博物馆形象宣传与展览的深化及提高——以首都博物馆多媒体展示项目为例/龙霄飞//中国博物馆2007-3
数字博物馆概念、特征及其发展模式探析/陈刚//中国博物馆2007-3

论物息一体化/陈红京、何兵//中国博物馆2007-3
昆虫数字化博物馆的建设/杨红珍、沈佐锐、刘芳、张建伟、赵若琼//昆虫知识2007-3
馆藏文物数字影像指标体系的规范、管理与应用/胡江、陈晴、刘健、郁健琼、庄星良、阕薇薇//文物保护与考古科学2007-3
法国博物馆信息网站和网页设置对我国博物馆藏品信息化建设的启示/郭灿江//中国博物馆2007-4
谈文物信息组织的几个相关问题/陈禹、何方媛//中国博物馆2007-4
著作权的保护对文物数字化工作的作用及意义/张晓悟//北方文物2007-4
我国数字化博物馆建设概况与前景/钟玲//中国文物报2007-4-6
馆藏品文物信息调查采集及数据库建设之反思/杜春梅//中国文物报2007-5-18
黔南州民族数字化博物馆应用研究/胡洋//黔南民族师范学院学报2007-6
建设新乡市博物馆数字影像图片库的意义/张宁//平原大学学报2007-6
博物馆信息化建设应注意的几个问题/缪华//科技信息2007-6
数字化建设是博物馆发展的必然趋势/王裕昌//甘肃科技2007-6
以“信息一体化”推动博物馆信息化建设/祁国庆、耿坤//中国文物报2007-6-22
RAA关于首博多媒体建设的建议//中国文物报2007-7-6
无线局域网络在博物馆中的应用/谭斌//西藏科技2007-8
虚拟现实技术在博物馆工作中的应用/曲国军//中国博物馆通讯2007-9
网上博物馆：独一无二的微观世界//科学大观园2007-11
基于PDA的博物馆电子导览系统的设计与实现/王宁、赵季中、薛莹//计算机应用研究2007-12
中国科学院软件研究所筹建国内首家软件博物馆//软件学报2007-12
数字化博物馆建设研究与探讨/谢景卫、曹学军//科技咨询导报2007-12
用于考古数字博物馆应用的WSDM算法/马晓娜、张建、王琳//计算机工程与应用2007-15
数字博物馆与博物馆的信息化建设/孟中元//博物馆理论与实践研讨会论文集，三秦出版社2007年
关于资源共享的国家文物网站的建立——馆藏文物的资源共享与管理/朱峰、张延峰//博物馆理论与实践研讨会论文集，三秦出版社2007年
浅谈博物馆影像数字化/牛爱红//河南博物院建院80周年论文集，大象出版社2007年
博物馆网络信息安全概述/孟中元//秦陵秦俑研究动态2008-1
发展中的中国数字化博物馆/李文昌//国际博物馆（中文版）2008-1
二维图像存储在数字化博物馆网站中的应用/马楠、杜煜、张姝、悦潮生//山西电子技术2008-1
矿物数字博物馆的建设构想与实现/周燕、朱杰勇、王雷//岩石矿物学杂志2008-1
基于Ontology的数字博物馆通用建设平台研究/梁剑萍、王术娟、李吉柱//计算机科学2008-1
论网络博物馆的策划与建设/王愉、张栩、史民峰//北京印刷学院学报2008-1
网络环境下博物馆信息资源的采集策略/刘梅//企业科技与发展2008-2
多媒体展示技术在博物馆的应用/赵晨//天津科技2008-2
区域博物馆合作的系统化建设/王莉//中国博物馆2008-2
试论中国电信博物馆建设的新思路/彭淑琦//中国博物馆2008-2
留下一面回望历史的镜子——博物馆与影像收藏/牛爱红//中原文物2008-2
数字博物馆与实体博物馆的“虚实相生”关系/张小李//中国博物馆2008-3
博物馆的传播学解读——传播学读书笔记/李文昌//中国博物馆2008-3
缪斯的献祭：知识，抑或信息——信息时代博物馆产出及博物馆与观众的关系//宋向光//中国博物馆2008-3
关于博物馆数字影像系统/张宁//中原文物2008-3
数字博物馆中虚拟技术的应用/曲国军//博物馆研究2008-3
基于RFID技术的博物馆人员和馆藏文物管理系统的设计/昔克、原思聪、孙昌成//金卡工程2008-3
场所依赖理论在博物馆旅游解说系统中的应用/孔旭红//软科学2008-3
浅析信息网络技术在日本世界博览会中的应用/黄梅、刘钧、赵震淼//中国博物馆2008-4
虚拟现实制作技术研究——以课件“虚拟昆曲博物馆”为例/敬峰、张颖//苏州科技学院学报（自然科学版）

2008-4
基于Web Service的数字化民俗博物馆的研究与实现/郎丰珍、吐尔根·伊布拉音//中文信息学报2008-4
以咸阳博物馆为例论文化符号学在CIS中的体现/李曜良、杨君顺//包装工程2008-4
信息技术在游客管理中的应用/茅艳//硅谷2008-4
博物馆资源与网络平台的整合/张刖朋//东南文化2008-5
互联网时代文博网站建设方略及其细部环节——以“汉唐网”为例/徐进//文博2008-6
协同标注研究及其在数字博物馆中的应用/李志云、徐士进、武港山、董少春//计算机工程2008-6
数字化民俗博物馆建设中数据存储方案研究/郎丰珍、吐尔根·伊布拉音//计算机与现代化2008-6
基于本体的数字博物馆网格门户/陈明基//微计算机信息2008-6
开发特色资源打造服务优势——源于广州货币金融博物馆的特色资源建设/冯琼//现代情报2008-6
中国国家博物馆档案信息化建设刍议/吴春璟//中国博物馆通讯2008-8
浅议博物馆数字化管理/郭小霞//南阳师范学院学报2008-10
影视技术手段在博物馆中的应用/钟定平//现代电影技术2008-11
数字化对周恩来博物馆的影响/张秋兵//中国博物馆通讯2008-11
博物馆数字化建设的几个误区/龙霄飞//中国文物报2008-12-19
沉浸式双通道虚拟博物馆的设计与开发/曹彤//系统仿真学报2008-13
论虚拟现实技术在博物馆的应用/吴向东//中小企业管理与科技2008-14
虚拟现实技术在文博行业中的应用/朱俊杰、范湘涛、王小利//世界华商经济年鉴·高校教育研究2008-14
新形势下数字化博物馆建设的相关问题探讨/张焱//科技创新导报2008-17
胡锤：百年故宫的数字生机/何源//计算机世界2008-17
博物馆信息化建设小议/黄豫民//科技信息（科学·教研）2008-18
浅谈博物馆的楼宇自控系统设计/黄学文//科技资讯2008-18
北京农业数字博物馆的设计与建设/李凌云、郑怀国、谭翠萍//安徽农业科学2008-18
民族、民俗博物馆中影视技术的运用/祖明//电影评介2008-19
计算机技术在博物馆陈列设计中的应用/李华//科技信息（学术版）2008-21
数字技术对博物馆展览方式发展的影响/黄秋野//中国科技博览2008-22
博物馆数字化保护与展示研究/马景艳//农业科技与信息2008-22
多媒体艺术在数字博物馆中的应用/蔡亚利//中国科教创新导刊2008-23
山东大学考古数字博物馆/杨承磊、向辉、徐延宁、刘士军、孟祥旭//计算机教育2008-23
高校博物馆参与企业文化建设的实践和思考/罗德燕、向全珍//天府新论2008-z1
基于X3D的场景交互技术在虚拟生物博物馆中的应用/刘广涛、吴升//系统仿真学报2008-z1
虚拟奥运博物馆中的场景建模/刘厚泉、李忠福、袁海波、潘卫敏、刘剑锋、潘志庚//系统仿真学报2008-z1
加强文物影像数字化建设，促进博物馆事业繁荣发展——博物馆文物影像数字化管理实现方案/吴瞻//2007年江苏省文博论文集，南京出版社2008年
深圳博物馆档案信息数字化的构想/温予新//深圳文博论丛二OO七年，文物出版社2008年
我馆数字化博物馆建设浅谈/高原//深圳文博论丛二OO七年，文物出版社2008年
“新媒体”与博物馆发展探论/项朝晖//新世纪博物馆的实践与思考：北京博物馆学会第五届学术会议论文集，北京燕山出版社2008年
电子导览系统在博物馆的应用/成明//新世纪博物馆的实践与思考：北京博物馆学会第五届学术会议论文集，北京燕山出版社2008年
网络传播与博物馆观众的视角/李蓓//新世纪博物馆的实践与思考：北京博物馆学会第五届学术会议论文集，北京燕山出版社2008年
电脑游戏——可为博物馆文化传播所用的新载体/刘珠江//新世纪博物馆的实践与思考：北京博物馆学会第五届学术会议论文集，北京燕山出版社2008年
浅谈中医药数字博物馆的设计与应用/郗效、张镐京//新世纪博物馆的实践与思考：北京博物馆学会第五届学术会议论文集，北京燕山出版社2008年

谈我省文物数据库的系统集成问题/邵小龙、梁彦民//陕西历史博物馆馆刊（十五），三秦出版社2008年
对文物资料数据库建设的一点理解/刘万虹、王建荣//陕西历史博物馆馆刊（十五），三秦出版社2008年
现代技术与文博工作者的主体性——试论数字博物馆建设中“人”的作用/胡锤、张小李//东南文化2009-1
计算机技术在博物馆网站建设中的应用/孟中元//秦陵秦俑研究动态2009-1；回顾与创新——秦始皇兵马俑博物馆开馆三十周年纪念文集，三秦出版社2009年
数字博物馆文物信息获取系统的分析与设计/王永平//电脑开发与应用2009-2
美丽金沙梦——金沙遗址博物馆《梦回金沙》4D电影制作过程述略/上海永乐数码科技有限公司//中国博物馆2009-2
虚拟现实在内蒙古博物院的应用构想/任巍、宁国强//内蒙古文物考古2009-2
智能博物馆个性化导航技术的研究与应用/王柱、周兴社、王海鹏、倪红渡、武璃娟//计算机工程2009-2
数字技术辅助博物馆展陈的若干思考/吴祺、鲁东明、袁庆曙//东南文化2009-3
博物馆数字展示基本特征分析/陈刚//东南文化2009-3
虚拟博物馆中基于场景语义的三维交互/袁海波、刘厚泉、潘志庚、刘剑锋//微计算机信息2009-4
网络时代数字化博物馆数据库整合架设探讨/田野、朱易兰//博物馆研究2009-4
博物馆数字化建设的方向和途径/章巍//博物馆研究2009-4
数字博物馆的相关思考/张曼西//中国文物报2009-4-8、2009-4-10、2009-4-17
博物馆数字资产管理系统/沈晓峰、王建、汪清//电脑知识与技术2009-5
虚拟现实——秦兵马俑遗址与文物的数字化保护与展示/霍笑游、孟中元、杨琦//东南文化2009-6
文物三维彩色数字化模型实现方式探讨/齐扬、周伟强、薛烨等//文博2009-6
构筑乾陵遗址保护网络基本体系的必要性和紧迫性/刘向阳//中国文物报2009-6-26
河姆渡遗址博物馆虚拟展示系统的研究/刘箴//系统仿真学报2009-7
试析网络技术在中小城市博物馆文物资源整合与文化创新中的运用/孙晓伟//科技情报开发与经济2009-7
数字化博物馆与博物馆的信息化建设/李静华//边疆经济与文化2009-9
信息时代博物馆价值与功能新解读/刘卫华//中国文物报2009-9-23
文物信息资料网络化管理/吴新//科技信息2009-10
从网络对青少年的影响探究博物馆网站发展/徐宁//中国博物馆通讯2009-10
故宫的影像数字化管理/徐彩兰//中国文物报2009-12-30
试析网络技术在中小城市博物馆文物资源整合与文化创新中的运用/孙晓伟//科技情报开发与经济2009-19
数字博物馆数据采集与信息化管理/沈晓峰、王建、汪清//中国科技信息2009-23
CRM在数字博物馆个性化信息服务中的应用/石玲、姜利群//科技信息2009-24
农业科普创新实践：北京农业数字博物馆/孙素芬、郑怀国、邱琳、谭翠萍//安徽农业科学2009-29
多媒体技术在免费开放形势下的博物馆服务中的应用/巢甄//江苏省文博论文集2008，南京出版社2009年
架构文化遗产地资源管理GIS信息平台——以秦始皇帝陵文化遗产地为例/王亮、张宁//世界遗产论坛（三），科学出版社2009年
信息时代博物馆传播的策略与途径——以湖南省博物馆为例//张曼西//湖南省博物馆馆刊（五），岳麓书社2009年
试论基层博物馆数字信息化建设及在实际操作中应注意的问题/朱卫红//湖南省博物馆馆刊（五），岳麓书社2009年
博物馆信息传播中的大众传播与人际影响/邵志明、李蓓//博物馆教育新视阈，文物出版社2009年
浅论博物馆信息化建设/蔡峰//博物馆创新与发展高峰论坛文集，辽宁人民出版社2009年
浅谈网格技术在博物馆中的应用/王婷//回顾与创新——秦始皇兵马俑博物馆开馆三十周年纪念文集，三秦出版社2009年
博物馆信息化与电子政务技术/韩凤//回顾与创新——秦始皇兵马俑博物馆开馆三十周年纪念文集，三秦出版社2009年
深圳博物馆数字化采集工作之我见/高原//深圳文博论丛二〇〇九年，文物出版社2009年
简析深圳博物馆改革开放历史研究知识库系统/海鸥//深圳文博论丛二〇〇九年，文物出版社2009年

RFID技术在数字博物馆建设中的应用/花蓓蓓//深圳文博论丛二○○九年，文物出版社2009年
多通道视频边缘融合技术在数字化博物馆中的应用/陈孝全//深圳文博论丛二○○九年，文物出版社2009年
新媒体与数字博物馆的整合/姜岩//数字博物馆研究与实践2009，中国传媒大学出版社2009年
数字博物馆建设值得关注的问题//数字博物馆研究与实践2009，中国传媒大学出版社2009年
博物馆数字化信息资源建设的问题与发展策略初探//数字博物馆研究与实践2009，中国传媒大学出版社2009年
公众需求与数字博物馆的持续发展//数字博物馆研究与实践2009，中国传媒大学出版社2009年
数字博物馆研究综述//数字博物馆研究与实践2009，中国传媒大学出版社2009年
论数字博物馆建设的十大要素/金瑞国//数字博物馆研究与实践2009，中国传媒大学出版社2009年
数字博物馆的视角：使用博物馆//数字博物馆研究与实践2009，中国传媒大学出版社2009年
数字博物馆与博物馆数字化的双轨发展研究//数字博物馆研究与实践2009，中国传媒大学出版社2009年
关于数字博物馆建设中的几点思考//数字博物馆研究与实践2009，中国传媒大学出版社2009年
浅议利用信息化的手段发展博物馆//数字博物馆研究与实践2009，中国传媒大学出版社2009年
值得期待的专业数字化博物馆//数字博物馆研究与实践2009，中国传媒大学出版社2009年
关于数字博物馆的思考/邢磊、史浩岩、白雪梅//数字博物馆研究与实践2009，中国传媒大学出版社2009年
数字博物馆门户可用性评价指标体系 //数字博物馆研究与实践2009，中国传媒大学出版社2009年
浅谈地质类数字博物馆定位与技术手段//数字博物馆研究与实践2009，中国传媒大学出版社2009年
简谈徐悲鸿纪念馆的数字化建设//数字博物馆研究与实践2009，中国传媒大学出版社2009年
数字体育博物馆建设初探//数字博物馆研究与实践2009，中国传媒大学出版社2009年
数字技术推动“动感体育”展示/于学岭、王军//数字博物馆研究与实践2009，中国传媒大学出版社2009年
独创的北京中医药数字博物馆英文版//数字博物馆研究与实践2009，中国传媒大学出版社2009年
数字化植物园支撑环境的研究和利用//数字博物馆研究与实践2009，中国传媒大学出版社2009年
生物类数字博物馆建设模式探讨//数字博物馆研究与实践2009，中国传媒大学出版社2009年
创建虚拟铁道博物馆的初步实践和经验总结//数字博物馆研究与实践2009，中国传媒大学出版社2009年
北京农业数字博物馆内容建设与表现模式研究//数字博物馆研究与实践2009，中国传媒大学出版社2009年
北京地区数字博物馆应用现状调查报告/李健文、苗雨雁、黄艳军//数字博物馆研究与实践2009，中国传媒大学出版社2009年
红山文化数字博物馆的体验探索//数字博物馆研究与实践2009，中国传媒大学出版社2009年
博物馆数字化与数字博物馆展示特征分析//数字博物馆研究与实践2009，中国传媒大学出版社2009年
自然科技类博物馆展陈中数字技术的应用/李健文、苗雨雁、黄艳军//数字博物馆研究与实践2009，中国传媒大学出版社2009年
新媒体在博物馆展陈的应用与设计//数字博物馆研究与实践2009，中国传媒大学出版社2009年
当代数字博物馆的科学发展与实践//数字博物馆研究与实践2009，中国传媒大学出版社2009年
中小型实体博物馆展陈数字化建设初探/王娜//数字博物馆研究与实践2009，中国传媒大学出版社2009年
浅谈数字博物馆中的展示设计/闵媛媛//数字博物馆研究与实践2009，中国传媒大学出版社2009年
浅谈博物馆展览中全方位数字化说明系统的建立//数字博物馆研究与实践2009，中国传媒大学出版社2009年
弘扬世界文化遗产发展数字博物馆——浅析建立十三陵数字博物馆的意义//数字博物馆研究与实践2009，中国传媒大学出版社2009年
数字博物馆对知识框架教育和物证教育的贯通//数字博物馆研究与实践2009，中国传媒大学出版社2009年
全面推进首都博物馆信息化建设的探索//数字博物馆研究与实践2009，中国传媒大学出版社2009年
数字化技术在昆虫展览中的应用//数字博物馆研究与实践2009，中国传媒大学出版社2009年
基于内容管理技术的博物馆网站管理和发布系统//数字博物馆研究与实践2009，中国传媒大学出版社2009年
中国科学院网络化科学传播平台门户的设计理念和相关技术//数字博物馆研究与实践2009，中国传媒大学出版社2009年
农业科普新平台：北京农业数字博物馆//数字博物馆研究与实践2009，中国传媒大学出版社2009年
从北京08数字博物馆的建设特点看奥林匹克精神的传承和发扬//数字博物馆研究与实践2009，中国传媒大学出版社2009年

高新数字技术支撑下的创新型科技博物馆//数字博物馆研究与实践2009，中国传媒大学出版社2009年
数字博物馆建设构想——以山西博物院信息化建设为例/侯八五//春华集：纪念山西博物院九十周年学术文集，山西人民出版社2009年
走进博物馆的多媒体技术/秦新华//春华集：纪念山西博物院九十周年学术文集，山西人民出版社2009年
由山西博物院信息化建设浅谈中国博物馆信息化发展/马晶晶//春华集：纪念山西博物院九十周年学术文集，山西人民出版社2009年
浅谈现代博物馆的信息化建设/张宝圣//春华集：纪念山西博物院九十周年学术文集，山西人民出版社2009年
博物馆数字化建设的实践与思考/段志沙//春华集：纪念山西博物院九十周年学术文集，山西人民出版社2009年
博物馆信息资源建设应注意的问题/王晓丽//春华集：纪念山西博物院九十周年学术文集，山西人民出版社2009年
关于博物馆藏品管理信息化建设的思考/黄瑞、薛萍//春华集：纪念山西博物院九十周年学术文集，山西人民出版社2009年
视觉设计在数字博物馆中的应用价值/张浩迭、刘江娜、张欣//数字图书馆论坛2010-1
博物馆信息安全的保护途径和措施/王裕昌//中国校外教育2010-1
关于欧洲虚拟博物馆与世界数字图书馆的调研报告/赵昆、潘琳//数字图书馆论坛2010-1
中国数字博物馆大事记/杨璇、朱开屿//数字图书馆论坛2010-1
数字博物馆门户可用性评价指标体系/谭翠萍、孙素芬、郑怀国、邱琳等//数字博物馆研究与实践2010-1
基于OpenGL的虚拟历史博物馆漫游设计与实现/刘国栋、李宏//电脑与信息技术2010-1
加快文物信息资源建设，增强国家软实力/宁家骏//文博2010-2
叙事学视角下博物馆的媒介优势/刘佳莹//东南文化2010-2
博物馆数字资源建设/胡锤//文博2010-2
浅析博物馆数字化建设中的问题/骆婷//浙江文物2010-2
博物馆、公众与网站//博物馆研究2010-2
“以博物馆数字化成果积极参加过节博协大会博物馆展览会”：中国博物馆学会博物馆数字化专业委员会致各博物馆的通知//中国博物馆通讯2010-3
昆虫数字化博物馆科普功能分析/杨红珍、沈佐锐、李湘涛、杨静、马莉//昆虫知识2010-3
中国湿地博物馆多媒体技术的应用/夏贵荣、李忠、钱婕靓//中国文物报2010-3-24
数字水印技术在数字博物馆中的应用/宗旸//东南文化2010-3
故宫博物院的信息系统建设/胡锤//东南文化2010-4
数字博物馆系统架构初探/刘绍南//东南文化2010-4
博物馆信息化标准框架体系概论/张小朋、张莅坤//东南文化2010-4
博物馆临时展览主题网站的构建/王光宇//中国博物馆2010-4
对国外部分数字博物馆现状的研究/张浩达、张欣、杨建宁、刘江娜//数字图书馆论坛2010-4
几年来数字博物馆建设中的教训与反思/张浩达//数字图书馆论坛2010-4
加强文物数据库建设推进文物数字资源应用——陕西省文物数据库建设回顾与展望/马力、刘拥政//文博2010-4
数字博物馆的传播学研究/金瑞国//文博2010-4
中国闽台缘网络虚拟博物馆建设的探讨/林娟娟//泉州师范学院学报2010-4
关于文物数据库框架设计的研究与探讨/祝孔强//文博2010-5
刍议文物数据资源建设及发展的若干问题/黄国飞//文博2010-5
应用AutoIT提高博物馆技术工作效率/马俊//中国博物馆通讯2010-5
对博物馆数字化建设面临问题的探讨/朱戈//边疆经济与文化2010-5
数字博物馆如何传递博物馆文化？/邓志芳//中国文物报2010-6-16
新型博物馆信息化建设的探索——首都博物馆案例/祁庆国//数字图书馆论坛2010-7
浅谈数字化博物馆的建设/王裕昌//甘肃科技2010-7
对博物馆数字开放与网络信息安全问题的研究/王裕昌//甘肃科技2010-8

浅谈博物馆信息化建设中的网络布线智能化管理/王裕昌//甘肃科技2010-9
文物数字化其实并不很遥远——内蒙古博物院珍贵文物3D数据采集系统研发取得初步成果/李政//中国文物报2010-9-29
博物馆网站如何表达科学/杨雯//科学新闻2010-11
数字带来博物馆新生机/袁玥//科学新闻2010-11
博物馆微博的作用及存在问题/黄洋//中国文物报2010-11-24
人体博物馆和网上人体博物馆建设/姜华东、任国良、凌树才//宁夏医科大学学报2010-z1
做好网络科普的几点思考——以新能源虚拟博物馆建设为例/徐超、苏秋成、蔡秋蓉//科技信息2010-30
简谈馆藏文物信息数据库建设/桓历萍//史前研究（2009）：首届国际河姆渡文化节——国际遗址博物馆馆长河姆渡峰会暨史前遗址博物馆专业委员会第七届学术研讨会纪念文集，宁波出版社2010年
博物馆藏品数据库管理若干问题的思考/潘郁生、潘颖//博物馆与旅游：广西壮族自治区博物馆第二届学术研讨会论文集，广西科学技术出版社2010年
对我馆网站建设的几点思考/李晓羽//博物馆与旅游：广西壮族自治区博物馆第二届学术研讨会论文集，广西科学技术出版社2010年
博物馆信息技术的应用/曹丽//石门：汉中文化遗产研究2009，三秦出版社2010年
自然博物馆植物标本数据库建设和使用的探讨/李勇//天津文博论丛（1），天津人民出版社2010年
论现代信息技术与公共博物馆/任宇//天津文博论丛（1），天津人民出版社2010年
浅谈数字化博物馆的展示建设/刘晖//天津文博论丛（1），天津人民出版社2010年
构建博物馆保护民族多样性文化网络（摘要）/王克松//21世纪博物馆核心价值与社会责任，科学出版社2010年
试论数字技术在博物馆中的应用/刘万虹//陕西历史博物馆馆刊（17），三秦出版社2010年
浅谈陕西历史博物馆的办公自动化建设/邵小龙//陕西历史博物馆馆刊（17），三秦出版社2010年
博物馆网站建设探析/覃铭芳//广西博物馆文集（七），广西人民出版社2010年
革命纪念馆网路化建设初探/张昊//苏州文博论丛2010年（总第1辑），文物出版社2010年
文物摄影在博物馆数字化建设中的作用/傅渝//安徽文博（六），中华书局2010年
博物馆数字化平台建设的探索与实践——以山西博物院为例/侯八五//文博2011-1
博物馆文化的网络传播——荷兰博物馆考察与研究/刘惠芬//南京邮电大学学报2011-1
面向信息化时代,促进博物馆发展——浅谈博物馆信息化建设/李延强//甘肃科技纵横2011-1
2011：博物馆微博"闹"新年/卢毅然//中国文化报2011-1-31
从社会发展及用户需求角度看数字博物馆的定义/张小李//东南文化2011-2
刍议虚拟博物馆与实体博物馆的关系——兼谈数字化博物馆的发展/王裕昌//丝绸之路2011-2
走进虚拟博物馆/高飞//美术大观2011-2
基于VRML的虚拟秦汉博物馆的研究与实现/杨安祺、乔海超、张杜娟、贾伟光、王钟斐//计算机工程与设计2011-2
探索馆藏文物数字化应用新路子——四川广安"文物调查及数据库管理系统建设"项目工作成果数字化应用与探讨/王成平//中国文物报2011-2-9
博物馆信息资源的安全和保密措施/兰健//中国文物报2011-2-16
故宫博物院官方微博吸引粉丝超过160万/王冉//郑州晚报2011-2-18
顺应互联网时代和信息化潮流的"大纪念馆"建设/俞乐滨//中国文物报2011-5-4
数字影像技术在博物馆工作中的应用/余宁川//文博2011-6
博物馆数字影像资源的版权管理/侯珂//中国国家博物馆馆刊2011-6
基于CC2530的博物馆状况无线监测系统设计/樊静、王建明//电子测量技术2011-6
国家博物馆数码影院和剧场的职能与特点/焦秀明//中国文物报2011-7-27
360度全景展示在虚拟博物馆中的应用探索/张秋莲、李涵//中国国家博物馆馆刊2011-9
浅析博物馆数字化与云南民族医药文化保护传承之关系/陈普、孔春芹//中国民族医药杂志2011-11
以数据库建设推进馆藏文物的保护利用/郭宪曾//中国文物报2011-11-25
基于RFID 的博物馆人机互动定位系统/周祥云、钱慧、余轮//微型机与应用2011-20

人体博物馆和网上人体博物馆建设/姜华东、任国良//宁夏医科大学学报2011-Z1
数字博物馆可视化技术及发展趋势——从数字可视化技术在淮安市博物馆的制作运用谈起//江苏省文博论文集2010，南京师范大学出版社2011年
实现传播方式拓展的数字博物馆/单霁翔//从馆舍天地走向大千世界：关于广义博物馆的思考，天津大学出版社2011年
山西博物院数字博物馆建设构想/侯八五//晋陕豫博物馆理论与实践研讨会论文选，山西科学技术出版社2011年
浅谈博物馆的网络化发展/李娟//晋陕豫博物馆理论与实践研讨会论文选，山西科学技术出版社2011年
浅议虚拟现实和数字博物馆/宗旸//区域特色与中小型博物馆：江苏省博物馆学会2010年学术年会论文集，文物出版社2011年
首都博物馆数字化影像管理系统/朴识//首都博物馆论丛（25），北京燕山出版社2011年
我对博物馆影像资料数字化管理的一点认识/吴瑾//首都博物馆论丛（25），北京燕山出版社2011年
数字视频影像在首都博物馆的发展/彭昕//首都博物馆论丛（25），北京燕山出版社2011年
现代化博物馆中网络技术的应用与规划/张莅坤、张欣/江西省博物馆集刊（二），文物出版社2011年
《馆藏文物信息管理系统》安装与应用概述——以云南省博物馆文物信息化为例/李明//文化遗产与博物馆研究（第二辑），云南人民出版社2011年
谈数字资源在博物馆在体系内的建设与应用/邢远//南京博物院集刊（12），文物出版社2011年
谈实体数字博物馆的建设思路——以江苏省数字博物馆的规划设计为例/巢臻//南京博物院集刊（12），文物出版社2011年
安徽博物院新馆网络建设概述/李涵//安徽文博 2011（七），中华书局2011年
博物馆网站视觉效果比较与分析/陈庆//安徽文博 2011（七），中华书局2011年
谈博物馆网络宣传/张欣、杨小苑//南京博物院集刊（12），文物出版社2011年
再谈当代博物馆的信息收藏与共享/安来顺//中国博物馆2012-1
发展中的中国数字化博物馆/李文昌//国际博物馆 2012-1
试论摄影在数字化博物馆建设中的运用/董清//中国国家博物馆馆刊2012-1
基于关联数据的图书馆, 档案馆和博物馆数字资源整合研究/郑燃、唐义、戴艳清//图书与情报2012-1
论中国航海博物馆语音导览设置/肖昀//湖南科技学院学报2012-1
对新媒体时代数字博物馆的发展分析/李恒爽、王冠伟//大舞台2012-1
博物馆微博：想说爱你不容易/钟国文、周子杰//中国文物报2012-1-4
论博物馆纪念馆藏品信息化管理/朱中一//上海文博论丛2012-2
国外图书馆、档案馆和博物馆数字资源整合研究进展/肖希明、郑燃//中国图书馆学报2012-3
数字空间特效艺术的发展现状/徐倩、周剑//南京艺术学院学报（美术与设计版）2012-3
博物馆官方微博该如何运营/程京生//中国自然科学博物馆协会通讯2012-3
博物馆官方微博该如何运营/钟国文、周子杰//中国文物报2012-3-7
博物馆：新媒体应用势不可挡/张曼西、李慧君//中国文物报2012-3-7
博物馆网站建设问题一二三/吴力斌//中国文物报2012-3-7
数字博物馆网络智能化管理/卢民//中国文物报2012-3-21
虚拟戏曲博物馆的设计思考/杨洋//戏曲艺术2012-4
信息全球化下的博物馆传播研究/高晓芳//东南文化2012-4
国外数字博物馆的分析与思考/李涵//科技创新与应用2012-4
优化网站服务功能的探索与实践——以浙江自然博物馆网站建设为例/颜雯、严洪明、吴晓明//中国博物馆2012-4
一个基于移动视觉搜索技术的博物馆导览系统/钟志鹏、王涌天、陈靖、刘越//计算机辅助设计与图形学学报2012-4
国家博物馆文物藏品数字影像版权化初探/侯珂//中国国家博物馆馆刊2012-5
博物馆信息传播模式探讨/黄洋//博物馆研究2012-5

博物馆争相开“微博”卖萌互动大受欢迎/刘祥瑞、刘志华//中国日报2012-5-16
博物馆的新时代：二维码APP技术当道/周雯//新快报2012-5-20
见证国家博物馆微博的成长/李秀娜、钟国文//中国文物报2012-6-8
虚拟博物馆：数字化拷贝出来的另一个世界/范昕、李霈//文汇报2012-6-9
抗战历史知识和抗战历史教育的专业平台：中国人民抗日战争纪念馆推出新版网站//中国文物报2012-6-22
博物馆要维护好自家微博/陈国民//中国文物报2012-6-27；中国文化报2012-6-28
浅谈数字化博物馆/马良//中国民族2012-7
台湾博物馆业信息建设与传播特色巡礼/周丽英//南方论刊2012-7
博物馆人事档案工作数字化建设的思考/牟虹//中国文物报2012-8-22
浅谈计算机技术与博物馆发展/谭瑞杰//中国文物报2012-8-22
试析博物馆信息化建设中存在的问题/朱中一//中国文物报2012-8-22
博物馆环境温湿度自动监测系统/张晋平//中国文物报2012-8-24
博物馆开发移动智能终端软件趋势浅析/罗铁家//中国文物报2012-8-28
web2.0在博物馆信息服务中的应用/胡力//中国文物报2012-9-5
博物馆OA系统的建设/黄金//中国文物报2012-9-5
数字博物馆资源共享的技术问题/卢民//中国文物报2012-9-5
博物馆的数字化攻略/朱中一//中国文物报2012-9-5
文物保护领域物联网与智慧博物馆//中国文物报2012-12-14
EFD技术在博物馆观众参观行为研究中的应用/赵昆//中国文物报2012-12-14
博物馆环境监控与物联网应用/吴来明//中国文物报2012-12-14
博物馆移动应用程序：用户界面如何创建强大的用户体验/张遇//中国文物报2012-12-26
科技类数字博物馆信息化框架设计与网络化管理/韩亚红、杨蕊//科技信息2012-16
刍议博物馆收藏藏品信息管理/尹钰清//群文天地2012-20
数字化博物馆的数据库运用及发展——以山东博物馆文物数据库为例/汪曦曦//青年记者2012-32
文物数据库建设的标准化探讨/彭代群//博物馆学刊（二），科学出版社2012年
网络技术在博物馆的应用潜力/孟中元//秦始皇帝陵博物院2012（总贰辑），三秦出版社2012年
IDS在数字化应用中的构想与分析/陈孝全//深圳文博论丛二〇一二，文物出版社2012年
江西省博物馆门户网站改版的设计与实现/马建新、范丽君、李宇//江西省博物馆集刊（三），文物出版社2012年
中小博物馆网站建设思路/庄海峰//齐鲁文物（1），科学出版社2012年
博物馆信息化及RFID技术在馆藏管理中的应用设想/陈俊峰//苏州文博论丛（总第3辑），文物出版社2012年
浅谈二维码识别技术在博物馆中的应用/蒋菡、茅艳//苏州文博论丛（总第3辑），文物出版社2012年
浅谈博物馆的网络化发展/李娟//苏州文博论丛（总第3辑），文物出版社2012年
论博物馆数字资源的经济属性及其边界/张小李//中国博物馆2013-1
手机的新应用——基于移动终端的博物馆数字化升级/师丹青//装饰2013-1
馆藏文物数字资源的应用模式探讨/茅艳、朱文强//中国文物报2013-1-9
博物馆数字化中摄影技术的应用/孟承光//中国文物报2013-1-9
浅议博物馆网站内容的构建与拓展/许冰彬//中国文物报2013-1-23
数字技术提升博物馆社会融入度/李慧君//中国文化博览2013-1-31
适用于数字博物馆资源共享的虚拟方法研究/卢民//博物馆研究2013-2
博物馆资源数据库建设/古志明//科技传播2013-2
关于数字博物馆展品数字化展示技术的研究/王宁、李罡//科技通报2013-2
数字博物馆的云设想/刘尚清//中国博物馆2013-3
美国博物馆及其数字化建设的启示/王裕昌、廖元琨、赵天英//中国博物馆2013-3
国家博物馆元数据规范建设与应用/冯甲策//博物馆研究2013-3
关于数字博物馆展示内容设计的思考/李慧//博物馆研究2013-3

博物馆的新媒体时代——访全国政协委员、故宫博物院院长单霁翔/马怡运//中国文物报2013-3-13
博物馆网站信息组织与服务对比研究/贾君枝、史璇//东南文化2013-4
博物馆展示与多媒体手段刍议/景亭、许玮//电化教育研究2013-4
我国图书馆、档案馆、博物馆数字化协作框架D-LAM 研究/赵生辉、朱学芳//情报资料工作2013-4
基于社交网络的国外博物馆新型传播服务及其对图书馆的启示/张靖、龚惠玲、 陈朝晖、田蕊、刘雯//图书与情报2013-4
周口店遗址博物馆藏品信息化管理与体会/赵桂珍//中国文物报2013-4-17
走进陕西感受历史体验文明——轻点鼠标带您畅游陕西数字博物馆//中国文物报2013-4-19
寻找博物馆传播的助力——从“微博”利用谈起/王文彬//中国文物报2013-5-1
参观模式革命——掌上博物馆//中国文物报2013-5-15
基于物联网技术的博物馆资源展示设计/卢民//中国文物报2013-5-29
公共字文化服务需求的调查分析——以图书馆博物馆为例/肖希明、郑燃//图书馆2013-6
二维码技术在博物馆中的应用/周子杰//中国文物报2013-8-7
走进碑林追寻记忆/张妍//中国文物报2013-8-7
关于Web3D在博物馆应用的思考/吴国圣//中国文物报2013-10-16
秦始皇帝陵文化遗产保护和管理的综合应用系统//中国文物报2013-11-15
新技术能否为博物馆“扫”出未来//中国文化报2013-12-31
浅谈如何提高博物馆藏品的数字化管理工作/金润锦//黑龙江史志2013-21
略论文物数据库建设/杨海涛//南京博物院集刊（13），文物出版社2013年
传媒时代对博物馆信息传播的纵深影响/吕睿//南京博物院集刊（13），文物出版社2013年
论“数字博物馆”与博物馆的数字化建设/朱小光//南京博物院集刊（14），文物出版社2013年
德国、法国博物馆数字化现状剖析与启示/张莅坤//南京博物院集刊（14），文物出版社2013年
发展心理学与博物馆网站/杨小苑//南京博物院集刊（14），文物出版社2013年
“数字藏品”之路——浅论博物馆文物藏品展示信息化的发展/符凯伟//博物馆学文集8，岳麓书社2013年
基于网络技术的数字博物馆信息化建设研究/卢民//安徽文博（九），黄山书社2013年
现代信息技术在博物馆传播应用刍议/向祎//百年传承创新发展：北京地区博物馆第六次学术会议论文集，中国书籍出版社2013年
新的世纪新的服务空间——首都博物馆网站建设回顾/孙芮英、陈超、叶萌、王蕾//百年传承创新发展：北京地区博物馆第六次学术会议论文集，中国书籍出版社2013年
博物馆建设中的虚拟漫游系统应用/闫涛//百年传承创新发展：北京地区博物馆第六次学术会议论文集，中国书籍出版社2013年
利用信息手段管理文化遗产——故宫博物院世界文化遗产监测平台建设探讨/金路//百年传承创新发展：北京地区博物馆第六次学术会议论文集，中国书籍出版社2013年
CBIR技术在博物馆数字藏品图像中的应用浅析/黄金//博物苑（总第二十、二十一辑），文物出版社2013年
方寸之间尽显馆群风采——南通环壕河博物馆群“掌上博物馆”建设的思考/如茶//博物苑（总第二十、二十一辑），文物出版社2013年
数字化博物馆建设初探——以江西省博物馆为例/王向阳//江西省博物馆集刊（四），文物出版社2013年
国家博物馆信息化架构设计探究/冯甲策//博物馆研究2014-1
数字文物博物馆信息资源分类与元数据设计研究/龚花萍、胡春健、刘春年//情报杂志2014-1
社会化媒体与博物馆公共价值/陈伊功//中国纪念馆研究2014-1
物联网在智慧博物馆中的应用/王如梅//北京文博文丛2014-1
学会用“手指”指向“月亮”：英国博物馆多媒体培训启示/高越//中国文物报2014-1-22
现代科技传播古老文明：新媒体时代郑州博物馆社教平台的运用/张席//中国文物报2014-1-22
考古博物馆图像数据管理与利用初探/张燕//文博2014-4
谈博物馆数字资产管理系统中数据的管理与应用/单晓明//中原文物2014-6
一种基于关联数据的数字博物馆语义融合方法/易军凯、周育彬、万静//北京化工大学学报（自然科学版）

2014-6
敦煌艺术的数字传播/陈燮君//中国文物报2014-8-8
社交媒体时代的博物馆/于晖//中国文物报2014-8-19
二维码在博物馆应用中的研究/冯志军//中国文物报2014-8-19
触摸历史让文化遗产动起来——内蒙古流动数字博物馆建设的探索与实践/内蒙古博物院//中国文物报2014-9-2
山东数字化博物馆：打造“没有围墙的博物馆”/山东博物馆//中国文物报2014-11-25
数字博物馆与信息化服务研究/卢民//齐鲁文物（3），科学出版社2014年
藏品动态信息数字化管理初探/彭代群、张丽华、司锐//学习实践继承发展：北京博物馆学会保管专业第11～13届学术研讨会论文集，文物出版社2014年
浅谈博物馆数字化建设——以新疆维吾尔自治区博物馆为例/牟新慧//学习实践继承发展：北京博物馆学会保管专业第11～13届学术研讨会论文集，文物出版社2014年
百年传承与创新发展：面向变革世界的北京博物馆——浅谈数字技术与博物馆发展/李廙//学习实践继承发展：北京博物馆学会保管专业第11～13届学术研讨会论文集，文物出版社2014年
数字首博发展泛谈/刘绍南、王晓梅、闫广东//首都博物馆论丛（28），北京燕山出版社2014年
关于博物馆信息化机房节能减排的研究/李陶//首都博物馆论丛（28），北京燕山出版社2014年
智能手机应用程序对博物馆观展体验的提升与创新/叶萌//首都博物馆论丛（28），北京燕山出版社2014年

十　博物馆考察（调查）报告、博物馆与博物馆学者介绍

台湾自然科学博物馆/安家瑗//中国博物馆通讯1994-1
香港警队博物馆/魏文斌//中国博物馆通讯1994-1
著名女博物院院长曾昭燏/沈道初//南京史志1994-1
约瑟城的德国地下医院博物馆/沈庆林//中国博物馆通讯1994-2
埃及科普特博物馆/许道胜//中国博物馆通讯1994-2
广西博物馆60年发展史略/黄启善//中国博物馆1994-3
芬兰博物馆协会简介/韩兆宽译//中国博物馆通讯1994-3
罗马尼亚的几处露天博物馆/郑广荣//中国博物馆通讯1994-4
历史文化名城对外开放的窗口——丽江县博物馆//中国博物馆通讯1994-7
海南省民族博物馆/张宏//中国博物馆通讯1994-8
炮兵博物馆/李玉柱//中国博物馆通讯1994-8
丹麦博物馆概览/秦文生//中国博物馆通讯1994-9
澳洲华人历史博物馆/郭存孝//中国博物馆通讯1994-9
朝阳市博物馆/杨铁南//中国博物馆通讯1994-10
香港太空馆/穆文斌//中国博物馆通讯1994-10
新加坡海事博物馆/王纪潮//中国博物馆通讯1994-11
日本古代东方博物馆/谷锦秋//中国博物馆通讯1994-11
泉州地区博物馆调查报告/陈丽华//中国博物馆通讯1994-11
吉林市文庙博物馆/仇起//中国博物馆通讯1994-12
广东珠江三角洲地区博物馆考察报告/任常中、丁福利//博物馆学论丛（四），中州古籍出版社1994年
借鉴先进经验，搞好新馆业务建设——东路考察纪实/王瀛三//博物馆学论丛（四），中州古籍出版社1994年
再现中原灿烂文化——记国家级河南博物院建设/杨国庆//博物馆学论丛（四），中州古籍出版社1994年
陈嘉庚对中国博物馆事业的巨大贡献——纪念陈嘉庚先生诞生120周年/吕济民//中国博物馆1995-1
湖南省教育博物馆早期史料/张志强辑//中国博物馆1995-1
美国自然历史博物馆/华惠伦编译//中国博物馆通讯1995-1
陈赓与华侨博物院/吕济民//中国博物馆1995-1；中国博物馆史论，紫禁城出版社2004年
变化着的俄罗斯博物馆/马自树//中国博物馆通讯1995-2
简介几座不同类型国家的科技馆/沈永华编//中国博物馆通讯1995-2
王建墓博物馆/骊马//中国博物馆通讯1995-2
随州市编钟陈列馆/张华珍//中国博物馆通讯1995-2
贵州博物馆的启示/吕济民//文物工作1995-3；中国博物馆史论，紫禁城出版社2004年
西汉南越王墓博物馆考察报告/党士学//秦陵秦俑研究动态1995-3
自贡恐龙博物馆/田静//秦陵秦俑研究动态1995-3

故宫博物院从艰难走向繁荣/吕济民//中国博物馆1995-4；中国博物馆史论，紫禁城出版社2004年
台湾“故宫博物院”图书文献库/曹星原//中国博物馆通讯1995-4
瑞典和丹麦的露天博物馆/〔美〕桑德拉·玛丽亚·沙弗尼奇著，王志卫译//博物馆研究1995-4
意大利自然博物馆便览/汤卓炜//博物馆研究1995-4
一个记述历史的博物馆/〔美〕温伯格·J著，董素贤编译//博物馆研究1995-4
河姆渡遗址博物馆/郭宝发//秦陵秦俑研究动态1995-4
景德镇古陶瓷历史博览区/郭宝发//秦陵秦俑研究动态1995-4
王建墓博物馆/孟剑明//秦陵秦俑研究动态1995-4
铜绿山古矿遗址博物馆/郭向东//秦陵秦俑研究动态1995-4
徐州汉兵马俑博物馆/郭向东//秦陵秦俑研究动态1995-4
德国博物馆散记/张素琳//中国博物馆通讯1995-5
胡庆余堂中药博物馆/杨仲英//中国博物馆通讯1995-6
香港科学馆/穆文斌//中国博物馆通讯1995-6
香港科学馆/穆文斌//中国博物馆通讯1995-6
日本京都国立博物馆/何志国//中国博物馆通讯1995-7
洛杉矶自然历史博物馆/丁勇//中国博物馆通讯1995-7
创新中的发展——记英国伯明翰博物馆人类学陈列室/翟晓兰编译//陕西历史博物馆馆刊（二），三秦出版社1995年
西安碑林博物馆/理智//遗址博物馆研究——兼论陕西遗址博物馆，陕西人民出版社1995年
延安革命纪念馆/理智//遗址博物馆研究——兼论陕西遗址博物馆，陕西人民出版社1995年
八路军办事处西安纪念馆/理智//遗址博物馆研究——兼论陕西遗址博物馆，陕西人民出版社1995年
西安半坡博物馆/理智//遗址博物馆研究——兼论陕西遗址博物馆，陕西人民出版社1995年
乾陵博物馆/理智//遗址博物馆研究——兼论陕西遗址博物馆，陕西人民出版社1995年
铜川耀州窑博物馆/理智//遗址博物馆研究——兼论陕西遗址博物馆，陕西人民出版社1995年
秦始皇兵马俑博物馆/理智//遗址博物馆研究——兼论陕西遗址博物馆，陕西人民出版社1995年
昭陵博物馆/理智//遗址博物馆研究——兼论陕西遗址博物馆，陕西人民出版社1995年
茂陵博物馆/理智//遗址博物馆研究——兼论陕西遗址博物馆，陕西人民出版社1995年
法门寺博物馆/理智//遗址博物馆研究——兼论陕西遗址博物馆，陕西人民出版社1995年
宝鸡市周原博物馆/理智//遗址博物馆研究——兼论陕西遗址博物馆，陕西人民出版社1995年
蓝田猿人遗址陈列馆/理智//遗址博物馆研究——兼论陕西遗址博物馆，陕西人民出版社1995年
唐华清宫御汤遗址博物馆/理智//遗址博物馆研究——兼论陕西遗址博物馆，陕西人民出版社1995年
西安事变纪念馆/理智//遗址博物馆研究——兼论陕西遗址博物馆，陕西人民出版社1995年
世界博物馆统计资料（一、二、三）/宋向光编译//中国博物馆通讯1996-1、1996-2、1996-3；
南通博物苑沧桑/周国兴//中国博物馆1996-1
徐州汉兵马俑博物馆/王凌//秦陵秦俑研究动态1996-1
敦煌博物馆考察报告/徐卫民//秦陵秦俑研究动态1996-2
西南地区博物馆考察述要/刘占成//秦陵秦俑研究动态1996-2
“大跃进”和国民经济调整时期的中国博物馆（1958～1965）/沈庆林//中国博物馆1996-3
“文化大革命”时期的中国博物馆（1966～1976）/苏东海//中国博物馆1996-3
国际博协1992～1995年工作回顾//中国博物馆通讯1996-3
耀州窑博物馆创建记/陈双全//文博1996-3
丹麦的博物馆体系/刘罡编译//中国博物馆通讯1996-3
南方博物馆考察述要/张文立//秦陵秦俑研究动态1996-3
上海博物馆考察报告/彭文//秦陵秦俑研究动态1996-3
国际博协1996～2004年远景目标和1996～1998年工作规划//中国博物馆通讯1996-5
记“中国内蒙古大恐龙展”在美国亚特兰大/马洁//中国博物馆通讯1996-5

美国博物馆随札/曹兵武//文博1996-6
安徽省博物馆40年/吕济民//中国文物报1996-11-24；中国博物馆史论，紫禁城出版社2004年
罗尔纲与太平天国历史博物馆/姚鸣凤//太平天国历史博物馆建馆四十周年论文集，江苏教育出版社1996年
福冈市博物馆“活动体验室”参观有感/沈建康//陕西历史博物馆馆刊（三），三秦出版社1996年
英国的博物馆业（英国博物馆调研系列之一）/时坚东//中国博物馆通讯1997-2
关于日本各类博物馆的部分统计数字/朱幼文//中国博物馆通讯1997-2
加拿大魁北克文化博物馆/张景明//中国博物馆通讯1997-2
英国政府对博物馆的政策及其管理方式（英国博物馆调研系列之二）/时坚东//中国博物馆通讯1997-3
西柏坡纪念馆/赵福山//中国博物馆通讯1997-3
河姆渡遗址博物馆/黄渭金//中国博物馆通讯1997-3
童恩正教授对中国博物馆学的重大贡献/陈德富//农业考古1997-3
美国加州科学院的三个馆/华惠伦编译//中国博物馆通讯1997-4
英国的博物馆登记制度（英国博物馆调研系列之三）/时坚东//中国博物馆通讯1997-4
浙江省博物馆/赵幼强//中国博物馆通讯1997-5
无锡革命陈列馆/殷语//中国博物馆通讯1997-5
香港中文大学文物馆/穆文斌//中国博物馆通讯1997-5
关于北京地区博物馆现状的调查报告/首都师范大学历史系北京史课题组//中国博物馆通讯1997-6
中共代表团梅园新村纪念馆/胡传章//中国博物馆通讯1997-6
唐山抗震纪念馆//中国博物馆通讯1997-6
一九九六年度全国文物系统博物馆简况/国家文物局综合财务司计划统计财务处//中国博物馆通讯1997-9
博物馆之友——博物馆的群众基础（英国博物馆调研系列之四）/时坚东//中国博物馆通讯1997-10
和平博物馆发展的现状与课题/〔日〕山边昌彦著，李彦平、李淑艳译//陕西历史博物馆馆刊（四），西北大学出版社1997年
卢浮宫博物馆/李宏//看世界——世界著名博物馆，吉林教育出版社1997年
不列颠博物馆/李宏//看世界——世界著名博物馆，吉林教育出版社1997年
艾尔米塔什博物馆/李宏//看世界——世界著名博物馆，吉林教育出版社1997年
故宫博物院/李宏//看世界——世界著名博物馆，吉林教育出版社1997年
维多利亚皇家博物馆/李宏//看世界——世界著名博物馆，吉林教育出版社1997年
梵蒂冈博物院/李宏//看世界——世界著名博物馆，吉林教育出版社1997年
柏林民族博物馆/李宏//看世界——世界著名博物馆，吉林教育出版社1997年
秦始皇兵马俑博物馆/李宏//看世界——世界著名博物馆，吉林教育出版社1997年
哈佛大学植物博物馆/李宏//看世界——世界著名博物馆，吉林教育出版社1997年
哥伦比亚黄金博物馆/李宏//看世界——世界著名博物馆，吉林教育出版社1997年
伦敦杜索夫人蜡像馆/李宏//看世界——世界著名博物馆，吉林教育出版社1997年
“信不信由你”博物馆/李宏//看世界——世界著名博物馆，吉林教育出版社1997年
巴黎服装博物馆/李宏//看世界——世界著名博物馆，吉林教育出版社1997年
埃及国立考古博物馆/李宏//看世界——世界著名博物馆，吉林教育出版社1997年
印度国立博物馆/李宏//看世界——世界著名博物馆，吉林教育出版社1997年
墨西哥人类学博物馆/李宏//看世界——世界著名博物馆，吉林教育出版社1997年
日本国立民族学博物馆/李宏//看世界——世界著名博物馆，吉林教育出版社1997年
中国历史博物馆/李宏//看世界——世界著名博物馆，吉林教育出版社1997年
叙利亚国立博物馆/李宏//看世界——世界著名博物馆，吉林教育出版社1997年
英国警察总部博物馆/李宏//看世界——世界著名博物馆，吉林教育出版社1997年
自然科学与技术成就博物馆（德国）/李宏//看世界——世界著名博物馆，吉林教育出版社1997年
斯密生国立自然史博物馆（美国）/李宏//看世界——世界著名博物馆，吉林教育出版社1997年
法国国家自然博物馆/李宏//看世界——世界著名博物馆，吉林教育出版社1997年

纽约自然历史博物馆/李宏//看世界——世界著名博物馆，吉林教育出版社1997年
法国科学博物馆/李宏//看世界——世界著名博物馆，吉林教育出版社1997年
达・芬奇科学博物馆（意大利）/李宏//看世界——世界著名博物馆，吉林教育出版社1997年
华盛顿航空太空博物馆/李宏//看世界——世界著名博物馆，吉林教育出版社1997年
格林尼治天文台博物馆/李宏//看世界——世界著名博物馆，吉林教育出版社1997年
北京地质博物馆/李宏//看世界——世界著名博物馆，吉林教育出版社1997年
北京地质博物馆/李宏//看世界——世界著名博物馆，吉林教育出版社1997年
摩纳哥海洋博物馆/李宏//看世界——世界著名博物馆，吉林教育出版社1997年
洛杉矶沥清池化石博物馆/李宏//看世界——世界著名博物馆，吉林教育出版社1997年
瑞士钟表博物馆/李宏//看世界——世界著名博物馆，吉林教育出版社1997年
瑞士火柴博物馆/李宏//看世界——世界著名博物馆，吉林教育出版社1997年
日本历史博物馆的发展和现存的问题/〔日〕君冢仁彦//博物馆研究1998-1
周恩来与博物馆/吕济民//中国博物馆1998-1；中国博物馆史论，紫禁城出版社2004年
河姆渡博物馆//秦陵秦俑研究动态1998-1
武强年画博物馆//秦陵秦俑研究动态1998-1
傅振伦：关心图书馆事业的博物馆学家/群忠//图书馆界1998-1
傅振伦先生著述系年（1924～1994年）//中国历史博物馆馆刊1998-1
柏林世界民族博物馆/许道胜//中国博物馆通讯1998-2
日本福冈市博物馆/秦仙梅//中国博物馆通讯1998-2
法国乔治・蓬皮杜文化中心/古为勉编译//中国博物馆通讯1998-2
“江南忆，最忆是杭州”——记杭州及其附近县市的博物馆群落/甄朔南//中国自然科学博物馆协会通讯1998-2；甄朔南博物馆学文集，中国大百科全书出版社2004年
日本博物馆的现状与特点/甄朔南//中国博物馆通讯1998-3
中国地质博物馆/董明//中国博物馆通讯1998-3
宁夏固原博物馆/冯国富//中国博物馆通讯1998-3
出席第四届世界体育博物馆馆长会议纪要/林淑英、王军//中国博物馆通讯1998-4
日本大阪府立近飞岛博物馆/〔日〕栗山和之著、王林编译//中国博物馆通讯1998-4
博物馆馆长会议纪要/林淑英、王军//中国博物馆通讯1998-4
新乐遗址博物馆//秦陵秦俑研究动态1998-4
三条石历史博物馆/宗麟玲//秦陵秦俑研究动态1998-4
中国印刷博物馆/尹铁虎//中国博物馆通讯1998-5
开封市博物馆/金耀丽//中国博物馆通讯1998-5
李大钊纪念馆/杜全忠//中国博物馆通讯1998-6
镇海口海防历史纪念馆//中国博物馆通讯1998-6
日本历史类博物馆的分期/〔日〕君冢仁彦//中国博物馆通讯1998-7
云南民族学院民族博物馆/黄民初//中国博物馆通讯1998-7
沛县博物馆/张艳华//中国博物馆通讯1998-7
日本宫崎兄弟资料馆/席育英//中国博物馆通讯1998-8
韩国博物馆参观记/虞浩旭//中国博物馆通讯1998-9
美国博物馆参观随记/李湜//中国博物馆通讯1998-9
昆明市博物馆/叶铸//中国博物馆通讯1998-9
天津杨柳青博物馆/李刚//中国博物馆通讯1998-9
浙江自然博物馆/吴晓明//中国博物馆通讯1998-10
耀州窑博物馆/傅春玲//中国博物馆通讯1998-10
匈牙利博物馆印象/袁南征//中国博物馆通讯1998-10
朝鲜的文物保护工作/张利//中国博物馆通讯1998-10

嘉峪关长城博物馆/景吉元//中国博物馆通讯1998-11
龙口市博物馆/栾文红//中国博物馆通讯1998-11
日本琵琶湖博物馆之见闻/李易志//湖南省博物馆文集（第四辑），1998年
中原之气源远流长——记河南博物院的建设/杨国庆//河南博物院落成暨河南省博物馆建馆70周年纪念论文集，中州古籍出版社1998年
半坡遗址的发掘和半坡博物馆的建立——纪念半坡博物馆建立40周年忆事/石兴邦//史前研究1958～1998年：西安半坡博物馆成立四十周年文集，三秦出版社1998年
应该对半坡遗址博物馆进行更高的历史评价/苏东海//史前研究1958～1998年：西安半坡博物馆成立四十周年文集，三秦出版社1998年
四十年前——回忆半坡博物馆的诞生/茹士安//史前研究1958～1998年：西安半坡博物馆成立四十周年文集，三秦出版社1998年
试论发掘半坡遗址建立半坡博物馆的历史意义及社会价值/魏光//史前研究1958～1998年：西安半坡博物馆成立四十周年文集，三秦出版社1998年
保护文化遗产：遗址博物馆的根本——为西安半坡博物馆建馆40周年作/宋伯胤//史前研究1958～1998年：西安半坡博物馆成立四十周年文集，三秦出版社1998年
深圳博物馆是如何建立起来的/黄爱英口述，王安莉整理//深圳博物馆开馆十周年纪念文集，中华书局1998年
巴黎音乐博物馆/刘凌编译//中国博物馆通讯1999-1
极具魅力的美国大学博物馆/张桂//中国自科学博物馆协会通讯1999-1
参观德国博物馆印象/王莉//中国博物馆通讯1999-2
天津自然博物馆/王红//中国博物馆通讯1999-2
湖北省博物馆“编钟馆”/喻少柏//中国博物馆通讯1999-2
里斯本国际釉瓦博物馆/雷弗·莎利多斯·卡拉多著，余志华编译//中国博物馆通讯1999-3
澳大利亚文物博物馆事业给我们的启示/萧治龙//中国博物馆通讯1999-3
日本博物馆见闻/朱雅娟//中国博物馆通讯1999-3
西藏博物馆/董青//中国博物馆通讯1999-4
温州博物馆//蔡钢铁//中国博物馆通讯1999-4
中国博物馆代表团访美考察（一）//中国博物馆通讯1999-4；中国博物馆通讯1999-5
英国国立博物馆和美术馆科研工作评估/〔美〕玛丽·厄普丘奇著，辛德译//中国博物馆通讯1999-4
云南民族博物馆/谢沫华//中国博物馆通讯1999-5
1999年日本自然科学类博物馆见闻（之一）/甄朔南//中国自然科学博物馆协会通讯1999-4；甄朔南博物馆学文集，中国大百科全书出版社2004年
白求恩、柯棣华纪念馆/冀军梅//中国博物馆通讯1999-5
维多利亚和艾尔伯特博物馆是怎样自筹资金的——英国博物馆调研系列之五/时坚东//中国博物馆通讯1999-6
参观中央列宁博物馆散记/王家森//中国博物馆通讯1999-6
黄继光纪念馆/尹宁//中国博物馆通讯1999-6
天津义和团纪念馆/王玉柱//中国博物馆通讯1999-6
出席“韩国博物馆大会”的感受/吕济民//中国博物馆通讯1999-7
敦煌市博物馆/张瑞峰//中国博物馆通讯1999-7
衢州市博物馆/柴福有//中国博物馆通讯1999-7
马坝人博物馆/吴孝斌//中国博物馆通讯1999-8
罗马尼亚国家军事博物馆访问记/姜廷玉//中国博物馆通讯1999-10
改革发展中的秦俑博物馆/雷玉平//三秦都市报1999-10-1
麦克斯韦尔人类学博物馆/王赛娟编译//中国博物馆通讯1999-10
可口可乐与可口可乐世界博物馆/张涛编译//中国博物馆通讯1999-10
游澳门也有知性面——设备完善的博物馆值得一游/邱琬智//自立晚报1999-11-1
丰富多彩的澳门博物馆/邱琬智//参考消息1999-11-1

西汉南越王墓博物馆/吴凌云//中国博物馆通讯1999-11
淄博市博物馆/毕洪亮//中国博物馆通讯1999-11
意法两国文物工作考察纪实/朱玖琳//中国博物馆通讯1999-12
常德博物馆/易志如//中国博物馆通讯1999-12
摆脱困境开创新局面——有感于天津自然博物馆新馆开馆一周年/程雪鸥//博物馆研究2000-1
全世界最大的博物馆系统/张涛编译//中国博物馆通讯2000-1
加拿大魁北克省的几座博物馆/张景明//中国博物馆通讯2000-1
日本鸟取县立博物馆/王贵勤编译//中国博物馆通讯2000-1
巴林右旗博物馆/计连成//内蒙古文物考古2000-2
中国民居艺术馆——山西灵石王家大院/程卫军、海源//中国博物馆通讯2000-2
卑南台湾史前文化博物馆/袁南征//中国博物馆通讯2000-2
越南的文物博物馆事业/顾群//中国博物馆通讯2000-2 奈良国立博物馆、东新馆在耐震与免震方面的政策/〔日〕奥村末仪著，王林编译//中国博物馆通讯2000-2
参观美国国家博物院的联想/李主其//中国博物馆2000-3
苏格兰国立博物馆/段勇//中国博物馆通讯2000-3
英国格拉斯哥博物馆/段勇//中国博物馆通讯2000-3
中国长城博物馆/詹万庆、周金月//中国博物馆通讯2000-4
澳门林则徐纪念馆/黎丽明//中国博物馆通讯2000-4
德日进和北疆博物院/陆惠元、侯云凤//中国博物馆2000-4
前进中的河北省博物馆/周筠//文物春秋2000-4
中国彩灯博物馆/朱旭、张方来//中国博物馆通讯2000-5
英国博物馆/辛德编译//中国博物馆通讯2000-5
枝江市博物馆/黄道华//中国博物馆通讯2000-5
直观美国博物馆业/陈爱兰//中原文物2000-5
我看台湾博物馆事业/艾春初//两岸交流2000-5
瑞士奥林匹克博物馆/古为勉//中国博物馆通讯2000-6
法国贝桑松城堡博物馆/古为勉//中国博物馆通讯2000-6
美国博物馆考察记（一、二）/陈爱兰//中国博物馆通讯2000-6、2000-7
海军博物馆/张景用//中国博物馆通讯2000-7
云南省地质博物馆/杨正纯//中国博物馆通讯2000-7
赴泰国筹办鸦片战争博物馆考察报告/李耀申、曹欣欣、崔久衡//中国博物馆通讯2000-8
曼谷国家博物馆/崔久衡//中国博物馆通讯2000-8
意大利乌菲齐艺术博物馆/古为勉//中国博物馆通讯2000-8
北京中医药大学中医药博物馆/张镐京//中国博物馆通讯2000-8
吐鲁番博物馆/张勇//中国博物馆通讯2000-9
赴甘肃、宁夏确认近现代一级文物的工作报告//中国博物馆通讯2000-10
《中国留法勤工俭学运动展览》赴法国里昂展览考察报告/张维青//中国博物馆通讯2000-10
宝鸡青铜器博物馆/王豌//中国博物馆通讯2000-10
福州市博物馆/谢在华//中国博物馆通讯2000-10
美国国立佛利尔美术馆和沙可乐美术馆/李焱胜//中国博物馆通讯2000-12
别具一格的法国小博物馆/古为勉//中国博物馆通讯2000-12
岳阳博物馆/谭建武//中国博物馆通讯2001-1
铜绿山古铜矿遗址博物馆/龚长根、陈军//中国博物馆通讯2001-1
加拿大博物馆事业发展与加拿大博物馆协会/宋向光编译//中国博物馆通讯2001-2
南京明城垣史博物馆/沈承宁//中国博物馆通讯2001-2
长春科技大学博物馆/续颜、金利勇//中国博物馆通讯2001-2

日本博物馆的观察与思考/昝淑芹//中国自然科学博物馆协会通讯2001-2
罗马国家博物馆/宁彬编译//中国博物馆通讯2001-4
德国谷登堡博物馆/罗树宝//中国博物馆通讯2001-4
永州博物馆/赵荣学//中国博物馆通讯2001-5
万源保卫战战史陈列馆//中国博物馆通讯2001-5
2000年世界各国（地区）博物馆数目统计/沈永华编译//中国博物馆通讯2001-5
美国博物馆协会/宋向光//中国博物馆通讯2001-5
李先念纪念馆/戴新萍//中国博物馆通讯2001-6
上海长宁区革命文物陈列馆暨《布尔塞维克》编辑部旧址//中国博物馆通讯2001-6
天津文庙博物馆/王海珍//中国博物馆通讯2001-6
美国体育博物馆和名人堂的种类/沈永华编译//中国博物馆通讯2001-7
蒙古乌兰巴托博物馆/曾光//中国博物馆通讯2001-7
约克北欧海盗中心——一座独具特色的遗址博物馆/安家瑗//中国博物馆通讯2001-7
青海省博物馆新馆/刘实民//中国博物馆通讯2001-8
周恩来纪念馆/王旭馗//中国博物馆通讯2001-8
比利时自然史博物馆/曾光//中国文物报2001-9-21
郑州博物馆/汪培梓//中国博物馆通讯2001-10
大理市博物馆/杨凤英//中国博物馆通讯2001-10
维多利亚——艾尔伯特博物馆将何去何从/周燕群译//中国博物馆通讯2001-10
越南民族学博物馆/索文清//中国博物馆通讯2001-11
印度马朱拉博物馆/曾光//中国博物馆通讯2001-11
日本遗址博物馆的特色与启示/乔继军//中国博物馆通讯2001-11
汉斯·斯隆与不列颠博物馆/贾建明//中国文物报2001-11-16
新世纪的耀州窑博物馆/宋伯胤//陕西历史博物馆馆刊（八），三秦出版社2001年
加美博物馆考察随笔/唐国尧//首都博物馆丛刊（15），北京燕山出版社2001年
欧洲四国博物馆考察散记/徐伟//首都博物馆丛刊（15），北京燕山出版社2001年
奥地利文物保护事业概况/赵迅//首都博物馆丛刊（15），北京燕山出版社2001年
走进历史，走进生命——北京中华民族博物馆/王平//北京博物馆学会第三届学术会议文集，北京燕山出版社2001年
中华瑰宝享誉海外——随"中国古代玉器艺术展"赴加拿大展出记略/马林//文物春秋2002-1
枣庄市博物馆/沈青//中国博物馆通讯2002-1
天津戏剧博物馆（广东会馆）/陈彤//中国博物馆通讯2002-1
蒙古鄂尔多斯博物馆/杨泽蒙//中国博物馆通讯2002-2
河北省民俗博物馆/杨宜柳//中国博物馆通讯2002-2
走马英伦密室探宝——访大英博物馆/马文治//陇右文博2002-2
日本户外博物馆/曾光//中国博物馆通讯2002-3
韩国国立庆州博物馆/赵星汉//中国博物馆通讯2002-3
日照市博物馆/王仕安、毕传峰//中国博物馆通讯2002-4
三门峡市虢国博物馆/贺兰君//中国博物馆通讯2002-4
芬兰的博物馆概况/宋向光编译//中国博物馆通讯2002-7
大理白族自治州博物馆/李云晋//中国博物馆通讯2002-7
洛阳博物馆/赵星汉//中国博物馆通讯2002-7
世界艺术品的宝库——美国纽约大都会博物馆参观记/罗宗真//东南文化2002-8
科威特博物馆/曾光//中国博物馆通讯2002-8
美国诺顿艺术博物馆/尤宝铭//中国博物馆通讯2002-8
广东民间工艺博物馆/刘鉴//中国博物馆通讯2002-9

三门峡博物馆/张丽//中国博物馆通讯2002-9
临沂市博物馆/冯沂//中国博物馆通讯2002-10
保山市博物馆/李枝彩//中国博物馆通讯2002-10
美国博物馆的管理体制/简・彼尔塞克//中国博物馆通讯2002-12
中国紫檀博物馆：中国民族文化与世界交流之地/马晓毅//光明日报2002-12-20
澳门的博物馆/姜涛//陕西历史博物馆馆刊（九），三秦出版社2002年
伦敦博物馆及其精品选介/周五龙编译//陕西历史博物馆馆刊（九），三秦出版社2002年
香港博物馆印象/龙霄飞、谷中秀//首都博物馆丛刊（16），北京燕山出版社2002年
走进西夏——记武威西夏博物馆/高辉、杨小喜//陇右文博2003-1
瑞士小镇上的阿富汗中心暨博物馆/黄琪//中国博物馆通讯2003-2
美国健康医学国家博物馆/志真//中国博物馆通讯2003-2
114个国家（地区）的383个博物馆组织（国家委员会、学会、协会）/沈永华编译//中国博物馆通讯2003-2；中国博物馆通讯2003-3
在美国看中国文物——美国博物馆掠影/马文治//陇右文博2003-2
中国博物馆考察团赴美国考察报告/俄军//陇右文博2003-2
耀州窑博物馆/栗波、吴莉//陕西日报2003-2-14
2002年中国博物馆考察团赴美考察报告/李修松//中国博物馆2003-3
上海公安博物馆/王辉//中国博物馆通讯2003-3
大连现代博物馆/姜晔//中国博物馆通讯2003-3
中国现代文学馆/舒乙//中国博物馆通讯2003-4
眉山三苏博物馆/潘素梅//中国博物馆通讯2003-4
香港历史博物馆/曾光//中国博物馆通讯2003-4
浙江省博物馆/赵幼强//中国博物馆通讯2003-5
国际农业博物馆协会概况/谢志远//中国博物馆通讯2003-6
新加坡博物馆的儿童工程//中国博物馆通讯2003-6
台湾博物馆考察拾零/朱德明//中国博物馆通讯2003-6
伪满皇宫博物院/宋伟宏//中国博物馆通讯2003-6
鞍山市岫岩满族博物馆/杨英军、姜艳菊//中国博物馆通讯2003-6
澳门博物馆/王贵勤//中国博物馆通讯2003-6
一百六十二个女人的夏天——析述马来西亚国家画廊的一个展览/黄琪//中国博物馆通讯2003-7
伊拉克国家博物馆/黄培昭//中国博物馆通讯2003-7
美国邮政博物厅/曾光//中国博物馆通讯2003-7
荷兰博物馆登记/吉尔穆・朴林斯著，辛泸江译//中国博物馆通讯2003-7
扬州博物馆/徐忠文//中国博物馆通讯2003-8
嘉峪关长城博物馆/景吉元//中国博物馆通讯2003-8
黑河市瑷珲历史陈列馆/陈会学//中国博物馆通讯2003-8
茅山新四军纪念馆/杨玉秀//中国博物馆通讯2003-9
蓬勃发展的澳门博物馆业/姚树忠//中国博物馆通讯2003-9
武汉市博物馆/刘国斌//中国博物馆通讯2003-10
抗美援朝纪念馆/张新//中国博物馆通讯2003-10
回顾与展望——南京博物院考古工作70年/南考//中国文物报2003-10-31
台湾文化机构的义工制度/谭前学//陕西历史博物馆馆刊（十），三秦出版社2003年；博物馆学研究论文集，陕西人民出版社2006年
宁夏博物馆巡礼/刘建安//陕西历史博物馆馆刊（十），三秦出版社2003年
荷兰国有博物馆走向“私有化”/恩迪芬・恩格尔斯曼著，李华译//中国博物馆2004-1
苏州博物馆新馆/陈薇//世界建筑2004-1

建设中的中国省级大型博物馆：天津博物馆//中国文化遗产2004年创刊号
建设中的中国省级大型博物馆：山西博物馆//中国文化遗产2004年创刊号
建设中的中国省级大型博物馆：辽宁省博物馆//中国文化遗产2004年创刊号
建设中的中国省级大型博物馆：重庆中国三峡博物馆//中国文化遗产2004年创刊号
建设中的中国省级大型博物馆：首都博物馆//中国文化遗产2004年创刊号
肃南民族博物馆//陇右文博2004-2
英国古城堡博物馆/曾光//中国博物馆通讯2004-2
意大利酿制酒的博物馆——达·芬奇科学博物馆/李保平//中国博物馆通讯2004-2
为观众着想的博物馆——皇家安大略博物馆/谢丹//东方博物2004-2
阳关博物馆//陇右文博2004-2
参观韩国博物馆的启示/蔡奕芝//中国博物馆2004-3
参观瑞士洛桑奥林匹克博物馆/邢仪//中国博物馆2004-3
广东民间工艺博物馆免费开放日调查报告及其分析/梁正君、陈文琛、汪喜//中国博物馆2004-3
首都博物馆赴俄罗斯小组考察综述/首都博物馆俄罗斯考察小组//北京文博2004-3
日韩城市博物馆面临的发展问题及应对/孙五一//中国博物馆2004-4
香港地区博物馆的运作/叶俊之//博物馆学2004-4；东南文化2004-5；中国博物馆通讯2004-1
天津北疆博物院补考/王嘉川、王珊//中国科技史料2004-1
让博物馆成为公众的朋友——日本博物馆考察启示/徐艳红//文物春秋2004-4
黑龙江省博物馆/方萍、郭杨//中国博物馆通讯2004-4
鄂伦春博物馆/田刚//中国博物馆通讯2004-4
巴黎国立吉美博物馆/安丽//中国博物馆通讯2004-5
开放包容·挖掘特色——法、英博物馆考察散记/孙五一、龙霄飞//中国文物报2004-5-13
北京新文化运动纪念馆/陈翔//中国博物馆通讯2004-6
鄂尔多斯博物馆/姚树忠//中国博物馆通讯2004-6
意大利乌菲兹美术馆观感/李春玲//中国博物馆通讯2004-7
德国科隆东方艺术馆/李保平//中国博物馆通讯2004-7
英国文化遗产和博物馆管理考察报告/中国文物代表团//中国文物报2004-7-2
东莞市博物馆/赵金、李爱丽//中国博物馆通讯2004-8
中国苏州评弹博物馆/曹凤渔//中国博物馆通讯2004-8
邓小平与博物馆/吕济民//中华儿女2004-8；中国博物馆史论，紫禁城出版社2004年
邓小平故居陈列馆/丁敏京、谢丹//中国博物馆通讯2004-9
青岛市博物馆/王莉//中国博物馆通讯2004-9
中国近代最早的动物园和植物园/程军//中国博物馆通讯2004-10
黎巴嫩贝鲁特国家博物馆/王东译//中国博物馆通讯2004-10
世界主要博物馆办馆宗旨辑要/宋向光编译//中国博物馆通讯2004-11
高举服务社会的旗帜——探访墨尔本的博物馆/闻博//中国文物报2004-11-11
德国国家历史博物馆新馆/戴琳琳、崔光海//世界建筑2004-12
赴英法考察纪要/沈平//首都博物馆丛刊（18），北京燕山出版社2004年
法英博物馆考察与思考/葛建军//首都博物馆丛刊（18），北京燕山出版社2004年
莫斯科圣彼得堡博物馆一瞥/刘晓梅//首都博物馆丛刊（18），北京燕山出版社2004年
与时俱进的天津自然博物馆/甄朔南//天津自然博物馆建馆90周年论文集，天津科学技术出版社2004年；甄朔南博物馆学文集，中国大百科全书出版社2004年
世界上第一个环境博物馆/甄朔南//甄朔南博物馆学文集，中国大百科全书出版社2004年
访斯德哥尔摩自然历史博物馆/甄朔南//甄朔南博物馆学文集，中国大百科全书出版社2004年
瑞典歌德堡市的博物馆/甄朔南//甄朔南博物馆学文集，中国大百科全书出版社2004年
访韩国中央科学馆/甄朔南//甄朔南博物馆学文集，中国大百科全书出版社2004年

新加坡博物馆概况/甄朔南//甄朔南博物馆学文集，中国大百科全书出版社2004年
访日本东京国立博物馆/甄朔南//甄朔南博物馆学文集，中国大百科全书出版社2004年
美国新开放的新墨西哥自然历史博物馆/甄朔南//甄朔南博物馆学文集，中国大百科全书出版社2004年
我所看到的美国博物馆/甄朔南//甄朔南博物馆学文集，中国大百科全书出版社2004年
我眼中的天津自然博物馆变迁/郝建凤//天津自然博物馆建馆90周年论文集，天津科学技术出版社2004年
我与天津自然博物馆的缘分/楼锡祜//天津自然博物馆建馆90周年论文集，天津科学技术出版社2004年
发挥津城博物馆的总体效应——浅谈天津五座新落成的博物馆/程雪鸥//天津自然博物馆建馆90周年论文集，天津科学技术出版社2004年
中国历史博物馆80年/吕济民//中国博物馆史论，紫禁城出版社2004年
张謇与南通博物苑/吕济民//中国博物馆史论，紫禁城出版社2004年
前苏联博物馆发展史略/吕济民//中国博物馆史论，紫禁城出版社2004年
毛泽东与博物馆/吕济民//中国博物馆史论，紫禁城出版社2004年
王冶秋与博物馆/吕济民//中国博物馆史论，紫禁城出版社2004年
深圳中英街历史博物馆/张蓓//中国博物馆通讯2005-1
阿拉善博物馆/姚树忠//中国博物馆通讯2005-1
辛勤耕耘乐此不疲——读《甄朔南博物馆学文集》感言/梁吉生//中国博物馆2005-2
日本博物馆见闻/苏欣、王方//成都文物2005-2
城市文明的承载：天津博物馆//中国文化遗产2005-2
德国博物馆建设与管理/陈浩//东方博物2005-2
全球化中的博物馆跨国合作/尹彤云//中国文物报2005-2-2
永恒的纪念——访美国大屠杀纪念博物馆/潘云召//中国文物报2005-2-17
旅顺日俄监狱旧址博物馆/周爱民//中国博物馆通讯2005-3
华容博物馆/谢晓梦//中国博物馆通讯2005-3
英国的独立博物馆/张文立//中国文物报2005-3-10
泰国博物馆的机构与现状/中国国家博物馆赴泰国文化交流代表团//中国博物馆通讯2005-4
大英博物馆——过去、现在和未来/黄磊//中国博物馆通讯2005-4
文博南通——南通博物苑及其环壕河文博馆群巡礼/黄振平//中国博物馆通讯2005-4
澳门博物馆业的蓬勃发展/傅玉兰//中国文化遗产2005-4
国立中央博物院筹备处/李竹//中国文化遗产2005-4
国外博物馆与文化遗产财税政策撷英（3）：匈牙利的税收制度对文化艺术与遗产事业的支持/Miklos Cseri著，赫俊红编译//中国文物报2005-4-14
国外未成年人博物馆教育拾零/张晓悟//中国博物馆通讯2005-5
英国伦敦古城区——户外博物馆/曾光//中国博物馆通讯2005-5
韩国博物馆界新技术运用现状一瞥/吴瞻、张铁宝//中国文物报2005-5-22
把展览资源优势转化为市场优势——秦俑精品巡回展启示录/崔波//中国文物报2005-5-10
2005年国际博物馆日："博物馆：沟通文化的桥梁"/宋向光//中国文物报2005-5-10
费孝通先生与民族博物馆/中国民族博物馆//中国文物报2005-5-10
全球化社区中的美国博物馆——一份来自国际博物馆协会美国国家委员会的报告/张维青编译//中国文物报2005-5-12
中国文物博物馆工作者职业道德准则//中国文物报2005-5-27
奥林匹克和体育博物馆的历史与特征/王军//中国博物馆通讯2005-6
台湾六座博物馆简介/徐莉君//中国博物馆通讯2005-6
蓬勃发展的世界科技博物馆事业/钱雪元//中国博物馆通讯2005-8
中国钱币博物馆/王纪洁//中国博物馆通讯2005-8
中国地质大学（武汉）逸夫博物馆/张凡//中国博物馆通讯2005-8
中国国家博物馆//收藏界2005-9

越南博物馆状况及其给我们的启示/陈翔//中国博物馆通讯2005-9
德国柏林博物馆岛/李保平//中国博物馆通讯2005-9
胡志明博物馆/丛华滋//中国博物馆通讯2005-9
英国博物馆的可持续发展观//陈成军/中国文物报2005-9-16
“中法文化年”的博物馆记录/李艳//中国文物报2005-9-16
波士顿科学博物馆如何策划形象/尼尔·科特勒、菲利普·科特勒著、陈莹译//中国文物报2005-9-16
湖南省博物馆/康洁//中国博物馆通讯2005-11
衢州博物馆/柴福有、叶四虎//中国博物馆通讯2005-11
澳大利亚的博物馆/曾光//中国博物馆通讯2005-12
理念先行细节取胜——参加中法博物馆交流会有感/张介鸣//博物馆的记忆与想象：“百年文博——我与博物馆”大型征文活动文萃，学苑出版社2005年
参观立陶宛国家博物馆/黄陵渝//博物馆的记忆与想象：“百年文博——我与博物馆”大型征文活动文萃，学苑出版社2005年
参观河南博物院/许志勇//博物馆的记忆与想象：“百年文博——我与博物馆”大型征文活动文萃，学苑出版社2005年
博物馆圆了我的年画梦——参观武强年画博物馆散记/刘金英//博物馆的记忆与想象：“百年文博——我与博物馆”大型征文活动文萃，学苑出版社2005年
七月·博物馆——观北京艺术博物馆有感/卫家春//博物馆的记忆与想象：“百年文博——我与博物馆”大型征文活动文萃，学苑出版社2005年
美的断层——参观博物馆有感/刘晓燕//博物馆的记忆与想象：“百年文博——我与博物馆”大型征文活动文萃，学苑出版社2005年
澳门博物馆事业发展现况/傅玉兰//博物馆：文化的桥梁，广东人民出版社2005年
从美国博物馆看特展的张力/李建毛//博物馆：文化的桥梁，广东人民出版社2005年
赴英国博物馆学习考察报告/黄磊//湖南省博物馆馆刊（二），岳麓书社2005年
四川大学博物馆：历史与今天/陈长虹//回顾与展望——中国博物馆发展百年：2005年中国博物馆学会学术研究会文集，紫禁城出版社2005年
德国博物馆建设与管理/陈浩//东方博物（第十五辑），浙江大学出版社2005年
奥林匹克竞技会遗址/王军//中国博物馆通讯2006-1
石家庄市博物馆记略/陈耀林//文物春秋2006-1
巴黎卢浮宫和吉美艺术博物馆/胡松梅//文博2006-1
体育博物馆之窗/王军//中国博物馆通讯2006-2
体育遗址博物馆/王军//中国博物馆通讯2006-2
伊斯特摩斯竞技遗址博物馆/王军//中国博物馆通讯2006-2
皮托竞技会遗址博物馆/王军//中国博物馆通讯2006-2
北京地区博物馆参观记/韩荧//中国文物报2006-2-17
全新的地下遗址博物馆——西汉阳陵帝陵外藏坑保护展示厅/吴晓丛、王保平、李库//中国文化遗产2006-3
殷墟博物馆：诠释殷商文明/唐际根//中国文化遗产2006-3
“中博”精神的传承者——记博物馆学家宋伯胤/吴棠//云南文史2006-3
借他山之石打造中国博物馆模式——与段勇重温美国博物馆/韦荣慧//中国民族2006-3
域外博览：欧美博物馆参观札记（1）方便惬意的博物馆服务/李凯//中国文物报2006-3-3；天津文博论丛（1），天津人民出版社2010年
域外博览：欧美博物馆参观札记（2）博物馆开放与观众参观/李凯//中国文物报2006-3-10；天津文博论丛（1），天津人民出版社2010年
英国的独立博物馆/张文立//中国文物报2006-3-10
域外博览：欧美博物馆参观札记（3）博物馆的展览与陈列方式/李凯//中国文物报2006-3-24；天津文博论丛（1），天津人民出版社2010年

域外博览：欧美博物馆参观札记（4）视听手段在展览中的恰当运用/李凯//中国文物报2006-3-31；天津文博论丛（1），天津人民出版社2010年
直隶早期博物馆之一——北疆博物院/周筠//文物春秋2006-4
加拿大博物馆的理念与实践/马英民//中国博物馆2006-4
域外博览：欧美博物馆参观札记（5）博物馆展览的宣传/李凯//中国文物报2006-4-7；天津文博论丛（1），天津人民出版社2010年
国外博物馆与文化遗产财税政策撷英（3）匈牙利的税收制度对文化艺术与遗产事业的支持/Miklos Cseri著，赫俊红编译//中国文物报2006-4-14
第一届奥运会主会场遗址博物馆/王军//中国博物馆通讯2006-5
黄河口湿地——全国最大的湿地博物馆/高冬柏//中国林业2006-5
赫拉女子竞技会遗址博物馆/王军//中国博物馆通讯2006-5
尼米亚竞技会遗址博物馆/王军//中国博物馆通讯2006-6
现代奥林匹克运动会博物馆/王军//中国博物馆通讯2006-6
中国最大的碑石博物馆/张云//陕西社会科学2006-6
湖州市博物馆的创新之路//中国文化遗产2006-6
美国大都会博物馆印象/朱雷//美术大观2006-6
中国西部第一座博物馆——四川大学博物馆的发展历程/张丽萍、郭勇//光明日报2006-6-11
奥林匹克博物馆/王军//中国博物馆通讯2006-7
美国洛杉矶体育基金会博物馆/王军//中国博物馆通讯2006-7
中国体育博物馆/王军//中国博物馆通讯2006-7
中国印刷博物馆/罗树宝、王中华//中国博物馆通讯2006-7
域外博览：日本博物馆掠影（3）爱知世博会的新型展示方式/王林//中国文物报2006-7-21
吉野里公园给中国遗址博物馆建设的启示——域外博览：日本博物馆惊影（4）/李春华//中国文物报2006-7-28
德国体育和奥林匹克博物馆/王军//中国博物馆通讯2006-8
澳大利亚体育艺术及奥林匹克博物馆/王军//中国博物馆通讯2006-8
新加坡体育博物馆/王军//中国博物馆通讯2006-8
首尔博物馆掠影/杨玲//中国博物馆通讯2006-8
福建博物院/陈梓生//中国博物馆通讯2006-10
美国博物馆的公众定位与筹资模式/唐泽慧//中国美术馆2006-10
贝宁奥林匹克博物馆/王军//中国博物馆通讯2006-11
加拿大体育名人堂/王军//中国博物馆通讯2006-11
日本国立博物馆工作中一些值得借鉴的理念和作法评析//中国博物馆通讯2006-12
泉州市博物馆/林德民//中国博物馆通讯2006-12
中国闽台缘博物馆/林德民//中国博物馆通讯2006-12
卢浮宫博物馆工艺品和家具的艺术风格/屈利军//陕西历史博物馆馆刊（十三），三秦出版社2006年
英国维多利亚和阿尔伯特博物馆的启示/白丽莎//博物馆学研究论文集，陕西人民出版社2006年
信息时代日本博物馆的功能/杨效俊//博物馆学研究论文集，陕西人民出版社2006年
展示丰厚文化底蕴服务广大人民群众——辽宁省博物馆新馆开馆工作的回顾的思考/张春雨//辽宁省博物馆馆刊（1），辽海出版社2006年
研究观众·吸引观众·接纳观众——有感于港澳博物馆/林冠男//中国博物馆2007-1
殷墟博物馆/张男、崔恺//建筑学报2007-1
垃圾博物馆别具一格/唯风//科学与文化2007-1
挪威有家探险船博物馆/思森//交通与运输2007-1
巴黎的下水道博物馆/兵卫//资源再生2007-1
当代日本博物馆事业之考察/孔利宁//秦陵秦俑研究动态2007-1
北京东岳庙——北京民俗博物馆掠影/晓章//北京档案2007-1

中国电影博物馆//中国博物馆通讯2007-1
湖南省博物馆馆藏珍品/郑曙斌//中国文化遗产2007-2
日本国立博物馆的现状和课题/〔日〕井上洋一//博物馆研究2007-2
山西博物院//中国文化遗产2007-2
首尔奥林匹克博物馆/王军//中国博物馆通讯2007-2
民族器乐文化方兴未艾——探访民族乐器博物馆/孟建军、王延泓//乐器2007-2
曲折九十年，半部科学史——纪念中国地质博物馆建馆90周年/程利伟//地球学报2007-2
英国约克市维京中心参观启示/冯立新//文物春秋2007-2
“天津市非国有博物馆的现状和发展”调研报告/涂小元//中国博物馆2007-3
对苏州博物馆新馆的解读与思考/罗冰//艺术探索2007-3
体验机车的历史——梅塞德斯-奔驰博物馆新馆/周勇//建筑学报2007-3
吴风雅韵燕游清赏——苏州博物馆新馆//中国博物馆2007-3
西藏博物馆//知识就是力量2007-3
觅西湖足迹寻历代风流——西湖博物馆散记/张倩//中国文物报2007-3-2
考察法国博物馆机构几点启示/索秀芬//中国博物馆2007-4
蔡元培的博物馆理论与实践/秦素银//中国博物馆2007-4
传承历史再创辉煌——前进中的安徽省博物馆//中国文化遗产2007-4
儿童博物馆的发展历程//中国博物馆通讯2007-4
挪威奥林匹克博物馆/王军//中国博物馆通讯2007-4
华沙（波兰）体育与旅游博物馆/王军//中国博物馆通讯2007-4
踏着历史的足迹——中华字典博物馆参观记/汤丽娜、吴满蓉、李潇、代晓晔//辞书研究2007-4
自贡恐龙博物馆巡礼/刘承泽//化石2007-4
台湾十三行博物馆/孙德鸿//城市建筑2007-4
安仁建川博物馆群落/家琨工作室//建筑与文化2007-4
文化与财富的象征——西藏博物馆速写/风小尘、黑摄汇//西藏旅游2007-4
嘉兴博物馆/王伟//建筑学报2007-5
一座遗址博物馆的启示——记英国约克维京中心/冯立新//中国文物报2007-5-18
走马香港历史博物馆/徐东波//中国文物报2007-5-18
我的上博之旅/吴若明//中国文物报2007-5-18
埃及国家博物馆一瞥/王能宪//中国文物报2007-5-18
博物馆建设与信息化管理赴美国培训团纪行/赵明奇//中国博物馆通讯2007-6
消融于丛林中的艺术圣殿记巴黎盖·布朗利博物馆/支文军、王佳//时代建筑2007-6
走近苏州博物馆新馆/尤东晶//建筑知识2007-6
同仁堂博物馆/郭剑峰//科技潮2007-6
河南古迹研究会与河南博物馆/徐玲//中原文物2007-6
文化客厅——首都博物馆新馆/崔恺、崔海东//建筑学报2007-7
国际间谍博物馆/杨景玲//科学中国2007-7
大都会博物馆遐思/钱汉东//中国文物报2007-7-11
台湾博物馆//城市建筑2007-8
中国丝绸博物馆/俞敏敏、罗铁家//科学中国2007-8
十年风雨一路奋进——记北京民俗博物馆成立十周年//中国文物报2007-8-3
北欧博物馆之旅/王倚海、韩兆宽//中国博物馆通讯2007-9
“名人纪念馆考察团”赴欧洲学习、考察报告/钟作英//中国博物馆通讯2007-10
走进德国短寿博物馆/小闻//文化博览2007-10
普拉多博物馆：辉煌的西班牙绘画/王端廷//艺术评论2007-10
中国煤炭博物馆/中国煤炭博物馆//科学中国2007-10

山西博物馆：华夏文明之肉身与风韵/阎文水//山西青年·新晋商2007-10
北京铁矿博物馆/郭剑峰//科技潮2007-10
德国博物馆举隅/韩芳//世界文化2007-10
捷克体育博物馆/王军//中国博物馆通讯2007-10
保加利亚体育博物馆/王军//中国博物馆通讯2007-10
船舶数字博物馆/蒋磊宏//科学中国2007-11
苏州园林博物馆新馆/琴川//中国博物馆通讯2007-12
大埃及博物馆/刘丛//中外建筑2007-12
香港海防博物馆//科学中国2007-12
青州市博物馆/朱晓东//建筑创作2007-12
德伦特·马塞可博物馆考察随笔/郭宪曾//文化艺术报2007-12-19；中国文物报2008-1-18
走向辉煌的新疆博物馆//论民族博物馆建设，民族出版社2007年
广西壮族自治区博物馆：独创的以馆带苑民族文化展示//论民族博物馆建设，民族出版社2007年
悉尼的"博物馆之友"/庞雅妮//陕西历史博物馆馆刊（十四），三秦出版社2007年
一座回顾往昔、展望未来的殿堂——韩国国立中央博物馆印象/翟战胜//陕西历史博物馆馆刊（十四），三秦出版社2007年
博物馆的朋友——澳洲博物馆协会一瞥/庞雅妮//陕西文博宣教工作论丛（二），/陕西旅游出版社2007年
瑞典瓦萨古船博物馆观感/林易蓉//深圳文博论丛2005～2006年合刊，文物出版社2007年
南京市文化代表团考察台湾博物馆/吴小宝//中国博物馆通讯2008-1
参观莫斯科人类学博物馆引发的思考/吴艳春//中国博物馆通讯2008-1
法国大型博物馆焕发活力之源——浅谈法国大型国立博物馆体制改革/教莹//中国博物馆通讯2008-1
展示军事文化的崭新窗口——记淮海战役纪念馆新馆/孙景、张明莉//中国博物馆通讯2008-1
重庆中国三峡博物馆/郑勇//建筑学报2008-1
构建博物馆群推动开封文化旅游业的发展/陈志娟//开封教育学院学报2008-1
独树一帜的兰州市地震博物馆//陇右文博2008-1
张謇的文化观及其博物馆事业/陈卫平//南通大学学报2008-1
从灿烂的远古文化走向多元的现代文明——柳州博物馆的历史记忆/谭滟莎//黑龙江史志2008-1
英国博物馆协会二〇〇七年会评介/张颖岚//中国文物报2008-1-4
浙江省博物馆馆藏珍品/赵幼强//中国文化遗产2008-2
参观莫斯科人类学博物馆引发的思考/吴艳春//中国博物馆通讯2008-2
法国大型博物馆焕发活力之源/教莹//中国博物馆通讯2008-2
国立中央博物院筹备处1933年4月～1941年8月筹备经过报告/中国第二历史档案馆刘鼎铭选辑//民国档案2008-2
先进博物馆考察见闻/谭永梅//陇右文博2008-2
菲茨威廉博物馆/龚博//科学大观园2008-2
中国首家美容博物馆落户环亚科技园//医学美学美容2008-2
对话努维尔凯布朗利博物馆/周安清//室内设计与装修2008-2
再谈殷墟博物馆/张男//室内设计与装修2008-2
理性的温情上海国际汽车博物馆/张驰//室内设计与装修2008-2
小学数学教育博物馆简介/邱学华//小学教学2008-2
石家庄经济学院地球科学博物馆掠影/肖滢、李敬敬、王礼胜//宝石和宝石学杂志2008-2
降花为雨，坠地成石，自然天成南京雨花台雨花石博物馆/李达//室内设计与装修2008-2
戊子迎新春新岁建新业——发挥文物资源优势再创秦俑辉煌事业/秦博//中国文物报2008-2-6
抗日战争纪念馆组团考察日、韩博物馆/罗存康//中国博物馆通讯2008-3
一座建在百年老厂房内的博物馆——芬兰坦佩雷市瓦普里克博物馆中心/李建丽//中国博物馆通讯2008-3；中国文物报2009-1-9

芬兰体育博物馆/王军//中国博物馆通讯2008-3
丹麦体育博物馆/王军//中国博物馆通讯2008-3
爱沙尼亚体育博物馆/王军//中国博物馆通讯2008-3
中国电影博物馆：体验电影艺术无穷魅力/郭剑峰//科技潮2008-3
新疆博物馆建设与发展概述/张玲玲//中国博物馆通讯2008-3
湖南省博物馆//中国博物馆2008-3
德国科隆柯伦巴艺术博物馆/陈彦//时代建筑2008-3
辽阳市博物馆——一座城市的背影//今日辽宁2008-3
博采众长苏意匠新——解读苏州博物馆新馆/沈晨翀//园林2008-3
五大连池火山博物馆//华夏地理2008-3
盛乐古城博物馆/张鹏举、张恒//建筑学报2008-3
一张亮丽的上海名片——上海博物馆扫描（上、下）/管志华//人民日报（海外版）2008-3-21、2008-3-28
石湾陶瓷博物馆：综合的探索/曹兵武//中国文物报2008-3-28
北京鲁迅博物馆//中国博物馆2008-4
两岸三地的“故宫博物院”/游天星//中国博物馆2008-4
艰难的探索——国立中央博物院筹备始末/徐玲//博物馆研究2008-4
我所知道的文博大师曾昭燏/沈存步//世纪2008-4
博物馆中的另类——新西兰蒂帕帕博物馆/刘卫华//中国博物馆通讯2008-4
纳尔逊-阿特金斯艺术博物馆新馆/史蒂文・霍尔建筑师事务所//城市建筑2008-4
成都工业文明博物馆不会遗忘的精神契约/席永君//西部广播电视2008-4
国际博物馆之成都参照/付敏//西部广播电视2008-4
摩纳哥海洋博物馆参观记/张林初//世界文化2008-4
一个藏家和他的私立博物馆/小蚁//西部广播电视2008-4
人文奥运新亮点——首都博物馆//地理教育2008-4
走进间谍博物馆/袁海//科学大观园2008-4
中国邮政邮票博物馆：传承千年邮政文化感受邮票艺术魅力/郭剑峰//科技潮2008-4
川菜博物馆改变大众对博物馆的老印象/席晓蓉、吴燕子//西部广播电视2008-4
金沙遗址博物馆：博物馆未来走向的代表/席晓蓉//西部广播电视2008-4
凝聚效应博物馆：都市新文化的荣耀/查常平//西部广播电视2008-4
成都博物馆之未来畅想/岳培宇//西部广播电视2008-4
不朽的建筑历史的年轮——解读四川博物馆新馆/赵坤利//西部广播电视2008-4
半世风雨一身斑斓——安徽省博物馆发展历程述要/朱世力//中国文物报2008-4-30
美国、加拿大航海博物馆考察见闻与启示/冯济民//航海2008-5
亲历英国伦敦佛罗伦萨・南丁格尔博物馆所见与感受/姜月平//天津护理2008-5
寓教于乐的和谐和宝宝一起爱上博物馆/刘玲//家庭育儿2008-5
淄博市博物馆建馆五十周年庆典综述/张永政//中国文物报2008-5-2
形形色色的博物馆：一部部物化的发展史/刘妮丽、李雪//北京商报2008-5-12
雍和宫藏传佛教艺术博物馆的特色/天移//中国文物报2008-5-30
云南铁路博物馆开往1903的火车/王爽//创造2008-6
昆明市博物馆见证老昆明/朱红霞//创造2008-6
云南大学人类学博物馆学术为基/朱红霞//创造2008-6
首尔国立大学博物馆/大都会建筑事务所OMA//城市建筑2008-6
草原文化的璀璨明珠：走进内蒙古博物院/内蒙古博物院//中国文物报2008-6-11
国际奥林匹克和体育博物馆的发展进程/王军//中国博物馆通讯2008-7
英国乡村博物馆//科学与文化2008-7
大英博物馆/王菁菁//少年文艺2008-7

中华民族艺术珍品博物馆//中国博物馆通讯2008-8
古船博物馆/冯军//世界文化2008-8
中国审计博物馆诞生前后/理评//中国审计2008-8
扬州中国雕版印刷博物馆/朱云瑛//中国博物馆通讯2008-9
烟台冰心纪念馆/王丽利//中国博物馆通讯2008-9
博物馆学的拓荒者/孙郁//前线2008-9
徐州汉兵马俑博物馆/丛勐、张宏//城市建筑2008-9
Figge艺术博物馆/戴卫·奇普菲尔德建筑事务所//城市建筑2008-9
这里充满了人类智慧的结晶——记德国皮革和鞋类博物馆/沈农夫//中国纤检2008-9
加拿大尼亚拉加医药博物馆/侯冠辉、穆文超//中国博物馆通讯2008-10
个体的生活史——韩国国立民俗博物馆参观记/王齐//中国文物报2008-10-24
广东文化考察团赴巴西、阿根廷考察报告/鲍佳//中国博物馆通讯2008-11
紫燕衔泥啼更新——烟台市博物馆巡礼//中国文物报2008-12-12
深圳博物馆新馆：改革开放的一个精彩缩影//中国文物报2008-12-19
走进温州博物馆/金丹霞//中国文物报2008-12-26
饱腹的食堂变成精神的殿堂：周其凤与吉林大学考古与艺术博物馆的点点滴滴/史梦遥//中国文物报2008-12-26
广东中山市博物馆：走特色办馆之路/广东中山市博物馆//中国文物报2008-12-26
饱腹的食堂变为精神的殿堂：周其凤与吉林大学考古与艺术博物馆的点点滴滴/史梦遥//中国文物报2008-12-26；中国文物报2009-1-20
全国爱国主义教育基地——（三十八）：中国国家博物馆//党史文汇2008-12
忆江南苏州博物馆/刘贝//科学之友2008-13
应该去看看的一百家中国博物馆//科学之友2008-13
侏罗纪公园自贡恐龙博物馆/风影//科学之友2008-13
纽约大都会博物馆时装学院庆典见闻实录//中国服装2008-13
三星堆博物馆//科学之友2008-13
北京电信博物馆印象//通信世界2008-16
荷兰人体博物馆//科学大观园2008-19
中国明清建筑露天博物馆——新叶村/江泓惠//建筑2008-20
服装服饰博物馆——服饰文化遗产的保护和传承/齐欢、周莉英//电影评介2008-20
京城私人博物馆/刘冕//科学大观园2008-22
关于英法两国博物馆考察的几点启迪/王秀文//黑龙江省文物博物馆学会第五届年会论文集，黑龙江人民出版社2008年
北京自然博物馆/甄朔南//甄朔南博物馆学文集（续），中国大百科全书出版社2008年
考察印象——赴巴黎参加“秦兵马俑展览”代表团工作/王彬//陕西历史博物馆馆刊（十五），三秦出版社2008年
洛杉矶宝尔博物馆“秦俑：秦始皇的卫士展”随想/杨瑾//陕西历史博物馆馆刊（十五），三秦出版社2008年
一次难忘的接待——记吴冠中先生参观壁画库/申秦雁//陕西历史博物馆馆刊（十五），三秦出版社2008年
赴韩国交流学习的感受与启示/杨爱萍//陕西历史博物馆馆刊（十五），三秦出版社2008年
走进韩国博物馆/郭画晓//洛阳博物馆建馆50周年论文集，大象出版社2008年
回顾洛阳博物馆建立的经过/米士诚//洛阳博物馆建馆50周年论文集，大象出版社2008年
咏叹伟大首都 弘扬中外文明——首都博物馆礼赞/郭小凌、薄海昆//中国博物馆2009-1
中国文化遗产标志的守护地——金沙遗址博物馆/王毅、朱章义、王方//中国博物馆2009-1
良渚博物院：平民化的专业博物馆//中国文化遗产2009-1
正视现状展望未来推进吉林省博物馆事业的科学发展——吉林省博物馆事业基本情况调研报告//博物馆研究2009-1
论山江苗族博物馆与苗族社区建设/石群勇//咸宁学院学报2009-1

博物馆的核心价值与社会责任——“携手2010：宁波国际博物馆高峰论坛”侧记/段志长、朱学文、任学功//秦陵秦俑研究动态2009-1
薪火传承郁郁文华——洛阳博物馆50年纪略/王绣、谢虎军//中国文物报2009-1-2
埃及博物馆的涉外展览/艾婉乔//中国文物报2009-1-9
博物馆：旅游和参观者体验——国际博协博物馆管理委员会年会在新西兰召开/孙婧//中国文物报2009-1-9
抗战时期的中央博物院文物西迁/李荔//中国文化遗产2009-2
面向亚洲的日本九州国立博物馆/王纪潮//中国文化遗产2009-2
聆听帝国余韵共谱盛世华章——秦始皇兵马俑博物馆的发展理念与实践/刘珺//中国博物馆2009-2
他山之石可以攻玉——访问日韩博物馆随感/唐珂//古今农业2009-2
光影流转的时间记忆——中国电影博物馆侧记/杨永安、邢建毅、刘洋//中国博物馆2009-2
明珠耀东海夺目异样彩——宁波博物馆创新发展综述/学敏//宁波通讯2009-2
在一个“互动媒体”里的观察与思考——美国新闻博物馆印象记/阴卫芝//新闻记者2009-3
韩国博物馆考察散记/强跃//文博2009-3
一代才女文博专家——曾昭燏的悲壮传奇人生/吴棠//大理文化2009-3
中国长城博物馆——世界奇迹历史丰碑的完美诠释/王海军//中国文物报2009-4-8
春耕秋实三十载——秦始皇兵马俑博物馆的发展记忆/王勇//文博2009-5
著名的河流博物馆/魏水华//观察与思考2009-5
美国博物馆参观记/胡嘉//中国博物馆通讯2009-5
一条河与一座博物馆——访中国京杭大运河博物馆馆长董觉华/戚永晔//观察与思考2009-5
春华秋实岁月如歌——庆祝南阳市博物馆建馆五十周年//中国文物报2009-5-8
浮游之岛的文化魅力：看海南省博物馆藏珍/丘刚//中国文化遗产2009-6
我国大学第一家国家4A级旅游景区——中国地质大学逸夫博物馆/王昌瀚//宝石和宝石学杂志2009-6
“博物馆与灾害”考察报告/文研//中国博物馆通讯2009-6
国博代表团赴韩国考察随谈/艾晶//中国博物馆通讯2009-7
金融危机下的英国博物馆/李宏坤编译//中国文物报2009-7-3
感悟武当文化探寻民族灵魂——武当博物馆赏析/姚天国、韩继斌//中国文物报2009-7-31
新西兰奥克兰博物馆介绍/刘卫华//中国博物馆通讯2009-8
值得一看的“民间博物馆之乡”：砖瓦馆里读春秋/阿丘、楚江南//现代苏州2009-8
诗城明珠——马鞍山市博物馆//中国文物报2009-8-7
观众眼中的马鞍山市博物馆//中国文物报2009-8-7
煤海探秘：中国煤炭博物馆/胡高伟、温和平//中国文物报2009-8-12
城市地标——柳州博物馆/柳州博物馆//中国文物报2009-8-14
安徽中国徽州文化博物馆/章望南//中国文物报2009-8-14
南昌县博物馆/涂伟华//中国文物报2009-8-19
塞上江南：一道亮丽的风景线——记宁夏回族自治区博物馆/李进增、陈永耘//中国文物报2009-8-26
巴黎的罗丹博物馆与薇薇安穿堂//现代阅读2009-10
美国魏斯曼艺术博物馆/邓毛颖//重庆建筑2009-11
为盐立传——河北海盐博物馆筹建纪实/李艳//中国文物报2009-11-11
东莞博物馆岁月悠悠八十载//中国文物报2009-11-11
踏访台湾的博物馆/陈立宇//今日中国2009-12
在一个“互动媒体”里的观察与思考——美国新闻博物馆印象记/阴卫芝//新闻记者2009-12
博物馆视野下的中国酱盐文化及其保护策略——以首座中国酱文化博物馆的建立为例/周鸿承//中国调味品2009-12
薪火传承崇文致远——苏州博物馆50年/苏州博物馆//中国文物报2009-12-16
探访广东海上丝绸之路博物馆/张万星//中国文物报2009-12-30
南非的博物馆机构/沈鸣//中国文物报2009-12-30

纽约现代艺术博物馆巡礼/李曼丽、韩添任//文教资料2009-19
走进中国闽台缘博物馆/郭蕾、林德民//科技风2009-19
蒙古马文化博物馆简介//内蒙古科技与经济2009-20
文明的传承与博物馆的服务——埃及、英国博物馆考察记/龚良//江苏省文博论文集2008，南京出版社2009年；和谐博物馆论，文物出版社2012年
闽台人共同的精神文化家园/庄小芳、庄清海、肖月萍、粘秋生、黄善哲、李照斌//中国闽台缘博物馆中国文化遗产2010-1
创新教育视野中的牛津、剑桥大学博物馆/庄元//南京艺术学院学报2010-1
中国自然科学博物馆溯源——北疆博物院/高渭清//上海科技馆馆刊2010-1
南京博物院藏曾昭燏师友书札考略/张蔚星//收藏家2010-1（上）、2010-2（下）
法英美三国博物馆发展模式考察/张国超//信阳师范学院学报2010-2
吉林大学考古学及博物馆学//吉林大学社会科学学报2010-2
齐齐哈尔市博物馆//北方文物2010-2
在广东省博的日子——追记书画鉴定家苏庚春二三事/朱万章//中国文物报2010-2-17
埃及航海博物馆扫描/刘少才//西亚非洲2010-3
如何作好“科学中间人”——考察法国巴黎发现宫有感/钟婧//中国博物馆2010-4
霍州署博物馆//中国博物馆2010-4
如何让孩子们走进博物馆——赴英考察培训随想/孙昊//中国博物馆通讯2010-4
洛阳博物馆新馆/姚力//建筑学报2010-4
昔日繁华金市今日文化殿堂——西安大唐西市博物馆巡礼/王彬//中国文物报2010-4-2
面向未来发展的苏州博物馆/张欣//中国文物报2010-4-7
走进河北民俗博物馆/王丽平//中国文物报2010-4-7
为建设中华民族精神家园“把根留住”——记王勇超和他的关中民俗博物院/关星//中国文物报2010-5-19
洛杉矶保罗·盖蒂博物馆介绍/赵勇//中国博物馆通讯2010-6
行走在神话里，沉醉于断壁前——赴希腊考察遗址博物馆有感/田静//文博2010-6
湘湖吴越古文化博物馆陈列简介//浙江文物2010-6
百年如歌金声玉振——山东博物馆发展简史/钟宁//中国文物报2010-6-9
引领博物馆新潮再现历史风华——山东博物馆重点展馆赏析/于秋伟//中国文物报2010-6-9
天圆行日月地方载春秋——山东新博物馆建设巡礼/邢亚光//中国文物报2010-6-9
良渚博物院：积极探索，大胆实践，努力成为遗址博物馆建设的典范/方维甫//中国文物报2010-8-5
悲哉壮哉滇缅抗战——记抗战文物收藏家段生馗及其滇缅抗战博物馆/伍晓阳//中国文物报2010-8-25
我国高校博物馆园区建设的典范——记西北农林科技大学博览园/庞博//中国文物报2010-9-8
千秋丝路从历史深处走来——丝绸之路沿线博物馆专委会考察散记/崔波//中国文物报2010-9-29
首都博物馆——京韵京味与现代理念的完美结合//中国文物报2010-11-3
广东省博物馆//中国文物报2010-11-3
伪满皇宫博物院：大视角、高站位、务实效、重发展//中国文物报2010-11-3
西汉南越王博物馆——京韵京味与现代理念的完美结合//中国文物报2010-11-3
良渚博物院//中国文物报2010-11-3
浙江自然博物馆//中国文物报2010-11-3
金融危机下的美国博物馆——人潮涌动危机暗藏/林瑞华//中国文化报2010-12-1
三十年的守望——纪念国际友谊博物馆成立39周年/张健//中国文物报2010-12-8
台湾博物馆一瞥/秦素银//中国文物报2010-12-29
中国盐业发展简史——河北海盐博物馆展线简介/王宝立//现代经济信息2010-14
美国、加拿大博物馆考察侧记/陈阳//经济研究参考2010-69
域外博览：欧美博物馆参观札记——博物馆展览的宣传/李凯//天津文博论丛（1），天津人民出版社2010年
黑龙江民族博物馆//北方文物2011-1

走近华都博物馆/辛友//收藏界2011-1
女文博学家曾昭燏的风雨人生/王炳毅//档案与建设2011-1
法国国家汽车博物馆：汽车家庭的盛会/刘少才//交通与运输2011-1
传承前辈薪火谱写今朝辉煌——南京博物院//中国文物报2011-1-26
荆楚文化的朝圣地——湖北省博物馆//中国文物报2011-1-26
一步一个脚印践行社会职责——辽宁省博物馆//中国文物报2011-1-26
山之西留晋魂河之东启华章——山西博物院//中国文物报2011-1-26
茶香四海二十春秋——中国茶叶博物馆专题化发展概览/王建荣、张佳//茶叶2011-2
历史之光照耀教育技术前进方向——记浙江省教育技术博物馆/施建国//教学仪器与实验2011-2
内蒙古博物院：塑造亲和力打造历史文化传播中心/乌兰//中国文物报2011-2-16
遗产赋予的职责——晋祠博物馆/刘军//中国文物报2011-2-23
传译民族文化与平等——吴泽霖先生的民族博物馆思想/温士贤、彭文斌//民族学刊2011-3
呕心沥血护遗存——记中国人民抗日战争胜利纪念馆馆长吴建宏/江洪、杨建//中国文物报2011-3-2
内蒙古博物院：让草原文化穿越时空/杨易锋//人民日报（海外版）2011-3-29
内蒙古博物院：让世人感受草原文化的生命与魅力/阿勒得尔图、班丽丽//中国文化报2011-3-31
民国时期的地质矿产类博物馆/侯江、詹庚申//地质学刊2011-4
博物馆学家苏东海/孙郁//海内与海外2011-5
探访安徽省博物馆新馆/祝亮、俞宝强//市场星报2011-5-10
云南高黎贡手工造纸博物馆/舒赫//建筑学报2011-6
星星之火点亮革命之灯——井冈山革命博物馆纪实/周见美//重庆社会科学2011-6
草原上闪烁的明珠——内蒙古博物院//内蒙古宣传思想文化工作2011-6
走过博物馆小镇——安仁/张俊梅//中国文物报2011-6-10
六朝古韵中的南京博物院//中国文物报2011-6-10
东湖之畔的明珠——湖北省博物馆//中国文物报2011-6-10
辽宁省博物馆：优秀传统艺术的殿堂/黄璐//中国文物报2011-6-10
晋风晋韵绽光华——山西博物院//中国文物报2011-6-10
五花八门的博物馆：中国蜜蜂博物馆、坦克博物馆、鼓浪屿钢琴博物馆、沙漠博物馆、美国新闻博物馆、墨西哥坎昆水下雕塑博物馆、奥地利盔甲博物馆、挪威奥斯陆海盗船博物馆/李艳整理//中国文物报2011-6-10
法国政府如何促进博物馆均衡发展——试析法国发展地区博物馆举措/教莹//中国文物报2011-6-22
湖北省博物馆：荆楚浪漫风 编钟乐悠扬/杨理胜//人民日报（海外版）2011-6-25
黑龙江省博物馆：在服务中塑造文化影响力/张建友//中国文化报2011-6-28
高才短命人谁惜——记一代才女曾昭燏/岳南//名人传记2011-8
文博大家曾昭燏/梁丽君//文史天地2011-9
浓缩历史精华承载厚重文化——东晋历史文化博物馆暨江宁博物馆新馆展新姿//中国文物报2011-9-23
带你走进国家公共文化设施31：凉山彝族奴隶社会博物馆——了解奴隶社会的好教材/黄之豪//人民日报（海外版）2011-9-24
水下碑林题刻博物馆/李汉成//人民日报（海外版）2011-11-2
最牛的私人黄金博物馆/王晓河//人民日报（海外版）2011-11-2
高校博物馆新馆展示：中国传媒大学传媒博物馆、西安交通大学博物馆、兰州大学博物馆、中华指纹博物馆、哈尔滨工业大学博物馆//中国文物报2011-11-2
展现名城风采传承江淮文明——写在扬州博物馆建馆六十周年//中国文物报2011-11-9
穿越历史交融文明——海南省博物馆开馆三周年成就回眸//中国文物报2011-11-9
让碑后的故事“走”出来让历史的东西“活”起来：贯彻十七届六中全会精神西安碑林博物馆连获两项国家大奖启示录/庞博//中国文物报2011-11-18
飞云崖民族节日博物馆/北巴娄//中国文物报2011-12-30

西方博物馆观念在中国的早期传播/徐玲/中国博物馆2011年合刊
建国初期西南博物院及西南地区文博事业规划思想初探/黎小龙/中国博物馆2011年合刊
波恩历史之家博物馆简介/张亦弛//首都博物馆论丛（25），北京燕山出版社2011年
澳大利亚、新西兰博物馆考察的收获/张志攀//乾陵文化研究（六），三秦出版社2011年
台湾博物馆印象/宋伟宏//春草集——吉林省博物馆协会第一届学术研讨会论文集，吉林人民出版社2011年
伪满皇宫博物院赴台文化交流访问情况综述/周波//春草集——吉林省博物馆协会第一届学术研讨会论文集，吉林人民出版社2011年
港澳博物馆：生活·实用·乐趣·服务/郝黎//中国文物报2012-1-25
Z19次，开往西安——陕西博物馆参观札记/魏宇澄//中国文物报2012-2-10
浓缩区域历史精华释放传统文化魅力——探索前进中的浙江省博物馆/鲍亦鸥//中国文物报2012-2-29
以人为本打造草原文明神圣殿堂开拓创新推动文化大发展大繁荣——内蒙古博物院全面贯彻落实科学发展观实施文化惠民工程纪实//中国文物报2012-3-7
殷墟博物馆三千遗存——为您讲述殷商王朝的故事/唐际根//人民日报（海外版）2012-4-14
美国大都会博物馆的星期一/蔡琴//中国文化遗产2012-5
中国留学生博物馆：根的执念家的温暖/许家浩//人民日报（海外版）2012-5-10
看近代到铁西：中国工业博物馆巡礼/崔波//中国文物报2012-5-16
为书法艺术传承而努力——小记西安中国书法艺术博物馆/任学武、王秀石//中国文化报2012-5-31
儿童博物馆发展慢 受众需求是根本/丁艳丽//中国文化报2012-5-31
走进建川博物馆聚落：不能忘却的纪念/石莉芳//人民日报（海外版）2012-6-2
首都，我们的博物馆//中国文物报2012-6-8
去长春，看宫廷遗址：伪满皇宫博物院//中国文物报2012-6-8
粤山秀水，文物岭南：广东省博物馆//中国文物报2012-6-8
文物与先民对话，服务与观众沟通：福建博物院//中国文物报2012-6-8
托举浙江的文明与艺术：浙江省博物馆//中国文物报2012-6-8
宁波博物馆：在建筑的韵味与老风物中徜徉//中国文物报2012-6-8
走进语文课本的国宝，旅游与邮政的形象大使：甘肃省博物馆//中国文物报2012-6-8
走进鲁迅博物馆/文纾可//中国文物报2012-6-13
逸夫博物馆探地学奥秘/陈华文、李琳//人民日报（海外版）2012-6-23
江宁织造府博物馆：速变时代下的“难产地标”/蒋芳//中国文物报2012-6-27
向世界打开文化窗口——海南省博物馆建设与发展纪实/张俊梅//中国文物报2012-6-27
学术立院人才强院开放兴院——吉林省博物院开创发展新局面纪略/崔波//中国文物报2012-8-22
中国民族党派历史陈列馆：统战文化之传播/厉华//中国文物报2012-8-24
武汉革命博物馆：缅怀历史反腐倡廉的红色殿堂//中国文物报2012-8-24
嘴子前·地雷战·亚沙会：历史与现代文明的碰撞——走进山东海阳市博物馆/张硕//中国文物报2012-9-5
打造书法圣地品牌探索文化惠民新路——全国文物系统先进集体西安碑林博物馆纪实/庞博//中国文物报2012-9-12
扬起风帆再远航——首都博物馆赴“免费开放十佳做法”获奖单位学习考察记/首博学习考察团//中国文物报2012-9-14
皖风徽韵续写甲子新篇——写于安徽博物院新馆开放一周年/崔波//中国文物报2012-9-26
触摸荷兰的艺术博物馆/韩璘、韩璐//文艺争鸣2012-10
关中民俗艺术博物院//陕西日报2012-10-22
回顾中国历史博物馆的展览事业——陈瑞德先生访谈/李万万//中国国家博物馆馆刊2012-11
中国丝绸博物馆：荜路启桑林褴褛织锦程//中国文物报2012-11-28
中国国家博物馆馆舍变迁史略 / 李守义//中国国家博物馆馆刊2012-12
突出特色挖掘潜力创新发展铸就辉煌——伪满皇宫博物院发展五十年改革纪实/张俊梅//中国文物报2012-12-14
上海博物馆：用坚守和创意连接博物馆文化的昨天和明天/陈燮君//中国文物报2012-12-21

南京博物院：历史与艺术的殿堂/龚良//和谐博物馆论，文物出版社2012年
千里之行始于足下——两岸文博专业人员交流研习活动有感/叶蓉//江西省博物馆集刊（三），文物出版社2012年
我与这个博物馆的大时代——答本刊记者问/马自树//中国博物馆2013-1
湖北钱币博物馆十周年记略——《湖北钱币博物馆藏品选》概述/杨枫//金融博览2013-1
英雄时代的博物馆——霍文时代的大都会艺术博物馆/傅斌//中国文物报2013-1-9
云冈石窟博物馆/程大鹏、樊军//建筑学报2013-1
展现辉煌丝路货币文明——走进新疆钱币博物馆/曹志刚//金融博览2013-2
唯和之美美不胜收——记苏州吴中区陆巷社区博物馆/邢致远、徐苏君//中国文物报2013-2-6
德国的博物馆//中国文物报2013-2-20
2012：日本公共博物馆改头换面/谢颖编译//中国文物报2013-3-1
草原瑰宝：崛起的鄂尔多斯博物馆/孙瑞//中国文物报2013-3-6
沉舟侧畔征扬帆——发展中的蓬莱古船博物馆/刘莉、杨猛、刘艳霞//中国文物报2013-3-8
当代台湾博物馆观察/李丹、任建玲、佘俊英、谌璐琳//博物馆研究2013-4
走近唐山博物馆/吕春华//中国文物报2013-4-17
访青岛邮电博物馆/范爱萍//人民日报（海外版）2013-4-23
苏州中医药博物馆/沈慧瑛//档案与建设2013-5
走进许昌博物馆/彭涛、田鸣//中国文物报2013-5-1
经济寒冬下博物馆的温馨——ICOM—ICR国际博协区域博物馆委员会2013年希腊春季理事会考察报告/谢颖//中国文物报2013-5-3
游旧金山亚洲艺术博物馆/谷世强//人民日报（海外版）2013-5-6
从孔方兄身上感受历史变迁——访西安龙泉钱币博物馆/张杨//西安日报2013-5-31
建在地下的博物馆/熊秀兰//中国文物报2013-6-5
魅力阳陵天汉雄风/张云、赵超等//中国文物报2013-6-7
敬天爱人的精神世界——访西安于右任故居纪念馆/张杨、冯炜//西安日报2013-6-8
台湾地区博物馆的公共服务——赴台考察观感/兰国英、李怡红//中国文物报2013-6-12
袜文化博物馆探奇/何东英、刘子倩//人民日报（海外版）2013-6-14
以物见史——记安徽省博物馆陈展大楼/许松//中国文物报2013-6-21
耀州窑博物馆：中国瓷器文化的典范/李向红、柏桦//陕西日报2013-7-9
流光溢彩的林则徐宅与祠/福州市林则徐纪念馆//中国文物报2013-7-10
美国博物馆见闻/刘洋//中国文物报2013-7-10
阿鲁科尔沁旗博物馆/阿荣、富永军//内蒙古日报2013-7-23
印第安纳波利斯儿童博物馆//泉州晚报2013-8-18
一馆览尽文化春秋半亩博纳国粹文明——到西安交大博物馆品读“古为今用”的密码/钟顺虎//陕西日报2013-8-30
东晋历史文化博物馆暨江宁博物馆/王建国、钱峰、王湘君、徐宁//建筑学报2013-9
梁思成设计的北京大学地质馆/谓知//中国文物报2013-9-11
从三到九溯源继流——晋国博物馆特色初探/侯俊杰、孙永和//中国文物报2013-10-2
一院六馆：南京博物院建院八十周年扩建工程展陈开放/南京博物院//中国文物报2013-11-1
新疆巴音郭楞蒙古自治州博物馆//中国文物报2013-12-18
参观台湾地区博物馆后的思考/李鄂权//博物馆学文集8，岳麓书社2013年
百年博物馆史中的百灵鸟——兼论天主教北堂迁建一事/张影舒//百年传承创新发展：北京地区博物馆第六次学术会议论文集，中国书籍出版社2013年
生生死死北平国货陈列馆——载入史册的北平国货陈列馆人物与事件/夏明明//百年传承创新发展：北京地区博物馆第六次学术会议论文集，中国书籍出版社2013年
一座军垦人的丰碑——走进新疆兵团军垦博物馆/张晓丽//中国纪念馆通讯2014-1

船岛上的远东博物馆/陈文芬//上海文学2014-1
传承“非遗” 张翅腾飞——云南高黎贡手工造纸博物馆散记/刘仁庆//纸和造纸2014-1
西安碑林博物馆：以书法文化架起对外沟通桥梁/庞博、贾梅//中国文物报2014-1-29
留树作庭随遇而安折顶拟山会心不远——记绩溪博物馆/李兴钢、张音玄、张哲、邢迪//建筑学报2014-2
松堂斋民间博物馆：文物不在展柜里/张阿凤//人民日报（海外版）2014-2-13
老物件陈列馆：尽现老北京胡同/阿凤//人民日报（海外版）2014-2-13
北京科举匾额博物馆：展现“科考”舞弊工具/阿凤//人民日报（海外版）2014-2-13
北京老爷车博物馆：堪称实物版汽车史/张阿凤//人民日报（海外版）2014-2-13
我与曾昭燏先生的点滴时光/罗宗真//大众考古2014-3
关中民俗博物院院长王勇超侧记/沙莎//陕西日报2014-3-7
奏响一曲悠扬的历史乐章——宜春市博物馆：赣西文化的积淀与升华/叶飚//中国文物报2014-3-24
中国海关博物馆：千载通关史盛衰此中论/中国海关博物馆//光明日报2014-3-27
吉金贞石——曾昭燏和曾绍杰姐弟/杨靖华//湖南人文科技学院学报2014-4
走进扎赉诺尔博物馆/扎尔//中国文物报2014-4-2
“特色立院”开创沈阳故宫新辉煌/王征、韩春艳//中国文物报2014-4-9
抗战类博物馆：缅怀英烈祭忠魂/黄春锋//中国文物报2014-4-16
守望历史的她们——走近博物馆女馆长群体/张媛、叶珊、樊文军//中国女性2014-5
中国第一位博物院女院长：曾昭燏/张媛、叶珊、樊文军//中国女性2014-5
“守护历史，读懂历史”——访原中国革命博物馆馆长夏燕月/张媛、叶珊、樊文军//中国女性2014-5
“博物馆，我的梦想舞台”——访中国妇女儿童博物馆副馆长杨源/张媛、叶珊、樊文军//中国女性2014-5
“我们是文物的卫士”——访首都博物馆副馆长黄雪寅/张媛、叶珊、樊文军//中国女性2014-5
“兵马俑是我的知心朋友”——访秦始皇兵马俑博物馆副馆长田静/樊文军//中国女性2014-5
“博物馆要为社会公众而建”——访北京汽车博物馆馆长樊维/张媛、叶珊、樊文军//中国女性2014-5
一个小山村与一座博物馆的“联姻”/沙莎//陕西日报2014-5-9
“一日看尽长安花”——西安大唐西市博物馆参观记/冯国//西安晚报2014-5-11
走进西安府文庙/白海峰//中国文物报2014-5-14
坚守三十多年的巡展 ——东北烈士纪念馆国际博物馆日活动侧记/贠占军//中国文物报2014-5-28
风雨三十载真诚文博心——记沈阳故宫看馆员王勇/尚文举//中国文物报2014-5-28
展燕赵华宝开冀博新篇——贺河北博物院揭牌暨正式开放//中国文物报2014-6-6
传承与发展——湖北省博物馆的新馆建设与展览交流//中国文物报2014-6-13
感知古晋国弘扬晋文化：绽放在三晋大地上的一朵奇葩——晋国博物馆速写/侯俊杰、孙永和//中国文物报2014-6-13
生长在晋文化直根系上的一棵新芽——写在晋国博物馆开馆之际/山西省文物局//中国文物报2014-6-13
从馆舍天地到大千世界——四川博物院积极帮扶省内博物馆建设/张衡//中国文物报2014-6-13
留住城市的根——南越王宫博物馆开放回眸/崔波//中国文物报2014-6-13
庆祝黄埔军校建校90周年、黄埔军校旧址纪念馆建馆30周年：九十年历史厚重三十载再创辉煌/周军、李岚//中国文物报2014-6-25
申遗助力沈阳故宫十年跨越发展//中国文物报2014-6-27
敦煌艺术的文化魅力——纪念敦煌研究院成立70周年/陈燮君//中国文物报2014-7-8
荷兰博物馆印象/庚华//中国文物报2014-7-8
四川恐龙多 自贡有个窝（美哉·华夏博物之旅）/王明峰//人民日报2014-9-6
共筑城市之梦——写在南通城市博物馆新装开馆之际/汤建//中国文物报2014-9-2
跨湖桥走笔——观跨湖桥遗址博物馆/徐大钧//中国文物报2014-9-9
武汉革命博物馆：依托资源围绕主题打造精品陈列——武昌农民运动讲习所旧址纪念馆、毛泽东旧址纪念馆基本陈列提升改造纪实//中国文物报2014-9-30
四十功名尘与土八千秦俑云和月——秦兵马俑发掘四十周年暨博物馆开放三十五周年巡礼/沙莎、张念贻、

赵争耀//陕西日报2014-9-30
访无锡博物馆，赏书画珍品/梓泉//收藏界2014-9
这里展示中国人走向世界的历史/严瑜//人民日报（海外版）2014-11-8
改革创新路上的首都博物馆/首都博物馆//中国文物报2014-11-21
铸文化遗产基石谱公共文化新篇：湖北省博物馆、湖北省文物考古研究所/湖北省博物馆//中国文物报2014-11-21
俯首甘做“茂陵卧牛”——访茂陵博物馆馆长王志杰/张冲//中国文物报2014-11-28
风雨兼程三十载——内乡县衙博物馆建馆30周年回顾与展望/王晓杰、苗叶茜//中国文物报2014-12-23
“风号大树中天立”——广西壮族自治区博物馆风雨兼程八十年/广西壮族自治区博物馆//中国文物报2014-12-30
广西壮族自治区博物馆成立80周年/广西壮族自治区博物馆//中国文物报2014-12-30
40年来秦俑考古发掘与科技保护——写在秦兵马俑发掘40周年暨博物馆开放35周年之际//光明日报2014-12-31
2014年美国博物馆发展趋势/未来博物馆中心撰，杨瑾、杨效俊译//陕西历史博物馆馆刊（21），三秦出版社2014年

十一 生态博物馆

民俗博物馆发展的新动向/宋兆麟//民俗研究1995-1
关于生态博物馆的思考/苏东海//中国博物馆1995-2
生态博物馆——一个进化的定义/〔法〕乔治·亨利·里维埃//中国博物馆1995-2
“生态博物馆”一词及其他/〔法〕于格·戴瓦兰//中国博物馆1995-2
在贵州省梭嘎乡建立中国第一座生态博物馆的可行性研究报告/课题组//中国博物馆1995-2；中国博物馆通讯1995-6
中挪文博学者考察贵州民族村寨侧记/张诗莲//中国博物馆通讯1995-6
生态博物馆与传统博物馆的差异（论点摘编）/苏东海//中国博物馆通讯1995-8
关于生态博物馆的思考/苏东海//中国文物报1995-9-10
“生态博物馆”探讨/魏光//中国博物馆1996-3
遗址保护系统生态学初探/孙霄//中国博物馆1996-3
生态博物馆思维初探/张勇//贵州文史丛刊1997-2
生态博物馆的思想来源及其社会实践/苏东海//中国环境报1998-2-8；中国博物馆通讯1998-3；博物馆的沉思——苏东海论文选（卷二），文物出版社2006年
法国生态博物馆巡礼/安来顺//中国环境报1998-2-8
丽水创办“中华畲族生态博物馆”可行性探索/吴东海//中国博物馆通讯1998-10
生态博物馆在中国的本土化/苏东海//中国博物馆1999-3-28；博物馆的沉思——苏东海论文选（卷二），文物出版社2006年
生态博物馆：一种民族文化持续旅游发展模式/余青//北京大学学报2000-S1
生态博物馆理论在贵州的实践/胡朝相//中国博物馆2000-2
梭戛生态博物馆肩负保护与发展双重责任/张勇//中国博物馆2000-2
努力把握生态博物馆的特征/苏东海//贵州文博工作2000-3；博物馆的沉思——苏东海论文选（卷三），文物出版社2006年
国际生态博物馆运动述略及中国的实践/苏东海//中国博物馆2001-2；博物馆的沉思——苏东海论文选（卷二），文物出版社2006年
中国生态博物馆生存与发展思考/黄春雨//中国博物馆2001-3
生态博物馆——经济与文化的思考/杨俪俪//中国博物馆2001-3
实现双重责任的途径——浅析生态博物馆与发展旅游/茹静//中国博物馆2001-3
生态文明与自然博物馆/李迎化//中国博物馆2001-4
论生态博物馆社区的文化遗产保护/胡朝相//中国博物馆2001-4
生态博物馆：一种民族文化持续旅游发展模式/吴青、吴必虎//人文地理2001-6
国际生态博物馆运动述略/苏东海//中国文物报2001-6-13、2001-6-20、2001-7-4；全球化下的中国博物馆，文物出版社2002年；博物馆的沉思——苏东海论文选（卷二），文物出版社2006年
人类文化遗产与历史文化资源/严建强//中国文物报2001-9-21
传统文化社区是怎样转化为生态博物馆的/严建强//中国博物馆通讯2001-10
生态博物馆——中国现实与历史的需要/黄春雨//南开学报2001年增刊；全球化下的中国博物馆//文物出版社

2002年
论生态博物馆社区的文化遗产保护/周真刚、胡朝相//贵州民族研究2002-2
关于生态博物馆非物质文化遗产保护的问题/胡朝相//中国博物馆2002-4
我对生态博物馆特征的描述/苏东海//中国博物馆2002-3-29；博物馆的沉思——苏东海论文选（卷二），文物出版社2006年
魁北克的生态博物馆/莱内・里瓦德著，宋扬译//中国博物馆通讯2002-9
论生态博物馆的非物质文化遗产保护/胡朝相//中国博物馆通讯2002-10
生态博物馆的理念与实践答记者问/苏东海//中国博物馆2004-1-18；博物馆的沉思——苏东海论文选（卷三），文物出版社2006年
无形文化遗产与贵州生态博物馆/王红光//中国博物馆2004-2
走中国特色之路——贵州省生态博物馆建设的考察/王京传、康红光//中国文物报2004-5-8
生态博物馆的先进理念与现实的碰撞/苏东海//中国国家地理2004-10；博物馆的沉思——苏东海论文选（卷三），文物出版社2006年
关于建立上甘棠千年古村生态博物馆的调研报告/陈建明、曹学群//中国博物馆2005-1
法国的生态博物馆/阿兰・茹贝尔//中国博物馆2005-3
瑞典的生态博物馆/伊娃・贝达格尔//中国博物馆2005-3
当今日本的生态博物馆/大原一兴著，张伟明译//中国博物馆2005-3
台湾的生态博物馆：发展背景与现况/张誉腾//中国博物馆2005-3
建立与巩固：中国生态博物馆发展的思考/苏东海//中国博物馆2005-3
中国生态博物馆的道路/苏东海//中国博物馆2005-3；中国文物报2005-4-5；中国博物馆通讯2005-7；2005年贵州生态博物馆国际论坛论文集，紫禁城出版社2006年
贵州博物馆的实践与探索/胡朝相//中国博物馆2005-3
理想与现实——生态博物馆必须的对接/黄春雨//中国博物馆2005-3
广西民族生态博物馆的建设及“1+10工程”/覃溥//中国文物报2005-5-10
建立与巩固：从文化代理到文化自理，从走出博物馆到回归博物馆/苏东海//中国博物馆通讯2005-7
生态博物馆概念的起源：可持续性发展/雨果・戴瓦兰//中国博物馆通讯2005-7
生态博物馆的价值及其评估/皮特・戴维斯//中国博物馆通讯2005-7
世界生态博物馆面临的共同问题以及如何面对/毛里齐奥・马吉//中国博物馆通讯2005-7
生态博物馆：是镜子、窗户还是展柜/马克・摩尔//中国博物馆通讯2005-7
博物馆，生态博物馆和反博物馆/特丽沙・席奈尔//中国博物馆通讯2005-7
生态博物馆：政府的角色/玛葛丽塔・科古//中国博物馆通讯2005-7
中国贵州生态博物馆：基本原则及其发展的阶段性/胡朝相//中国博物馆通讯2005-7
法国生态博物馆的趋向/阿兰・茹贝尔//中国博物馆通讯2005-7
瑞典生态博物馆的文化路程/伊娃・贝格达尔//中国博物馆通讯2005-7
当今日本生态博物馆的迫切任务/大原一兴//中国博物馆通讯2005-7
贵州生态博物馆国际学术论坛述评/李文儒//中国博物馆通讯2005-7
广西生态博物馆建设探索与规划/容小宁//中国博物馆通讯2005-7
浅谈第一座蒙古族生态博物馆的建馆思路/于・乌日格庆呼//中国博物馆通讯2005-7
梭戛苗族生态博物馆//中国博物馆通讯2005-7
镇山布依族生态博物馆//中国博物馆通讯2005-7
隆里古城生态博物馆//中国博物馆通讯2005-7
堂安侗族生态博物馆//中国博物馆通讯2005-7
内蒙古自治区敖伦苏木生态博物馆//中国博物馆通讯2005-7
南丹里湖白裤瑶生态博物馆//中国博物馆通讯2005-7
广西三江侗族生态博物馆//中国博物馆通讯2005-7
生态博物馆：谁的生态？贵州生态博物馆国际论坛参会笔记/曹兵武//中国文物报2005-10-14；2005年贵州生

态博物馆国际论坛论文集，紫禁城出版社2006年
关于贵州和内蒙古生态博物馆的考察报告/毛里齐奥·马吉著，张晋平译//中国文物报2005-10-14
广西民族生态博物馆建设的意义和效益/吴伟峰//广西博物馆文集（二），广西人民出版社2005年
广西民族文化生态保护的现状及对策/农学坚//广西博物馆文集（二），广西人民出版社2005年
贵州省生态博物馆建设的现状与思考/李嘉琪//博物馆的记忆与想象："百年文博——我与博物馆"大型征文活动文萃，学苑出版社2005年
生态博物馆、传统与现代的结合——中挪两国政府国际文化合作成功的实例/李嘉琪//回顾与展望——中国博物馆发展百年：2005年中国博物馆学会学术研究会文集，紫禁城出版社2005年
生态博物馆的思想来源及其在中国的传播/苏东海//中国博物馆2006-2；博物馆的沉思——苏东海论文选（卷三），文物出版社2010年
国际博物馆的专业化（摘要）/〔荷〕彼得·冯·门施//中国博物馆2006-3
生态博物馆仍然是一种工具/曹兵武//中国文物报2006-4-14
反思中国第一座生态博物馆的发展瓶颈/张涛//中国文物报2006-6-23
意大利乡村"生态博物馆"对云南乡村文化产业的启示/杨福泉//中国文物报2006-6-23
新农村、农村文化、生态博物馆/苏东海//中国文物报2006-11-17；博物馆的沉思——苏东海论文选（卷三），文物出版社2010年
博物馆是新农村建设的重要工具之一/傅斌//中国文物报2006-11-17
2005年贵州生态博物馆国际论坛小结/苏东海//博物馆的沉思——苏东海论文选（卷二），文物出版社2006年
理想与现实——生态博物馆必须的对接/黄春雨//2005年贵州生态博物馆国际论坛论文集，紫禁城出版社2006年
建立与巩固——生态博物馆发展的思考/苏东海//2005年贵州生态博物馆国际论坛论文集，紫禁城出版社2006年
生态博物馆理论与实践对博物馆学发展的贡献/宋向光//2005年贵州生态博物馆国际论坛论文集，紫禁城出版社2006年
生态博物馆：是镜子、窗户还是展柜/马克·摩尔//2005年贵州生态博物馆国际论坛论文集，紫禁城出版社2006年
生态博物馆和地方政府/玛格丽塔·科古//2005年贵州生态博物馆国际论坛论文集，紫禁城出版社2006年
中国生态博物馆论坛笔记/于格·戴瓦兰//2005年贵州生态博物馆国际论坛论文集，紫禁城出版社2006年
从"向外延伸"到"深入根髓"：生态博物馆理论鼓励社区居民参与博物馆事业/杰拉德·柯赛//2005年贵州生态博物馆国际论坛论文集，紫禁城出版社2006年
生态博物馆的美学取向——民族田野调查与非物质文化遗产保护/韦祖庆//中国博物馆2007-1
生态博物馆与农业文化遗产的保护和可持续发展/王际欧、宿小妹//中国博物馆2007-1
贵州生态博物馆与古村落保护/陆景川//凯里学院学报2007-2
生态博物馆及其文化旅游产业的发展研究——以南丹里湖白裤瑶生态博物馆为例/彭家威//河池学院学报2007-2
关于中国的报告——对中国生态博物馆的建议/毛里齐奥·马吉、黄黎//中国博物馆2007-3
贵州生态博物馆与古村落保护/陈景传//凯里学院学报2007-3
生态博物馆的实践需要宽容/莫志东//广西文化2007-3
生态博物馆的社区参与模式初探/童晓娇//桂林旅游高等专科学校学报2007-5
梭戛生态博物馆一个正在生活着的社会活标本/成睿//西南航空2007-5
试析生态博物馆概念及其对我国的影响/董广全、翟启帆//山西建筑2007-8
野鸭湖湿地博物馆/郭剑峰//科技潮2007-12
旅游在镇山生态博物馆发展中的功能分析/高红艳、张增//经济论坛2007-14
试析生态博物馆概念及其对我国的影响/董广全、翟启帆//山西建筑2007-24
意大利乡村"生态博物馆"对云南乡村文化保护和发展的启示/杨福泉//2006·中国昆明亚洲博物馆馆长和人类学家论坛文集，云南教育出版社2007年
生态博物馆在民族文化遗产保护与利用中的理论和实践价值/安来顺//2006·中国昆明亚洲博物馆馆长和人类学家论坛文集，云南教育出版社2007年

生态博物馆的思想及中国的行动/苏东海//国际博物馆（中文版）2008-1、2008-2；博物馆的沉思——苏东海论文选（卷三），文物出版社2010年
生态博物馆与新农村建设/胡朝相//中国文物报2008-1-11
基于生态博物馆的民族文化景观旅游开发研究/肖星、陈玲//广州大学学报2008-2
生态博物馆的拓展或另类：闽南文化生态保护实验区分析/陈淑铮//中国博物馆2008-3
从村寨空间到村寨博物馆——贵州村寨博物馆的文化保护实践/杨正文//中国农业大学学报2008-3
建立广西龙脊古壮寨生态博物馆的若干思考/吴忠军、危红梅、张瑾//广西民族研究2008-3
永定土楼生态博物馆建设构想/曾启鸿、袁书琪//重庆师范大学学报（自然科学版）2008-3
生态旅游：生态博物馆生态保护与旅游发展的平衡点/周俊满//广西民族大学学报2008-3
昆明动物博物馆我们的动物朋友/王爽//创造2008-6
云南民族博物馆斑斓的民族盛宴/陈粒//创造2008-6
开启山野文明的钥匙——西江苗寨建立“家庭博物馆”有感/张玲玉//当代贵州2008-6
论家庭文化生态博物馆的文化保护与传承/石群勇//怀化学院学报2008-7
试论少数民族在生态博物馆的角色/钟经纬//中国文物报2008-7-18
生态博物馆研究进展及其对文化遗产保护理念的影响/余压芳、刘建浩//建筑学报2008-8
西部人文资源与生态博物馆研究/方李莉//群言2008-9
家园六枝梭嘎生态博物馆//科学之友2008-13
体验生态博物馆——黔东南乡村旅游发展模式探析/周新颜、杨玉平、李筑//当代贵州2008-18
生态时代自然博物馆的作用/郭旗、王全来//安徽农业科学2008-32
云南诺邓：中国盐文化原生态博物馆/程龙刚//中国文化遗产2009-1
论民族文化旅游开发的生态博物馆模式/陈燕//云南民族大学学报2009-2
生态博物苑的景观创意规划设计——以南通博物苑景观规划设计为例/曹玉星、陈蕾//博物馆研究2009-2
生态博物馆的文化遗产保护理念与基本原则——以贵州梭嘎生态博物馆为例/平锋//黑龙江民族丛刊2009-3
生态博物馆中国化的悖论/甘代军//中央民族大学学报2009-4
试论生态博物馆本土化及其实践困境/张庆宁、尤小菊//理论月刊2009-5
生态博物馆与民族文化生态村/尹绍亭、乌尼尔//中南民族大学学报2009-5
约翰·杰斯特龙与梭戛生态博物馆——为纪念约翰·杰斯特龙先生而作/胡朝相//中国文物报2009-9-2
文化生态博物馆旅游开发应注意的几个问题/韦东//重庆科技学院学报/2009-11
镇山生态博物馆文化生态旅游深度开发研究/高红艳//安徽农业科学2009-20
试论中国生态博物馆管理的主体/黄小钰//首都博物馆丛刊（23），北京燕山出版社2009年
虚拟生态博物馆：生态博物馆资料中心建设的新途径/何琳//贵州民族研究2010-2
以生态文明建设提升博物馆品质——南通博物苑积极探索博物馆生态文明建设之路/徐宁//中国文物报2010-3-10
生态系统服务功能展示探讨——以中国湿地博物馆为例/缪丽华、李忠//中国博物馆2010-4
生态博物馆建设中值得关注的三个博弈现象/邓晓//中国文物报2010-4-7
城市历史地段保护更新的“活态博物馆”理念探讨——以山东临清中洲运河古城区为例/汪芳、刘迪、韩光辉//华中建筑2010-5
陈志华的8个乡土建筑保护原则//中国文物报2010-7-7
侗寨小黄——探索建设融入生活的村寨博物馆/曹兵武//中国文物报2010-7-28
本土化是中国生态博物馆发展建设的必由之路——国家文物局局长单霁翔就中国生态博物馆建设的有关问题答本报记者问/孙波//中国文物报2010-8-25
生态、地域、表达——泉州德化生态博物馆设计/王绍森、吴楠//华中建筑2010-10
打造环保科普阵地推进生态文明建设——浙江自然博物馆创建“国家环保基地”纪实/骆士泉、吴晓明//中国文物报2010-10-20
贵州省委书记栗战书指示：做好梭戛生态博物馆工作切实解决民生问题/张勇//中国文物报2010-11-24
关于生态博物馆的一点思考/苏东海//中国文物报2010-12-1
在安吉生态博物馆建设方案研讨会上的书面发言/苏东海//中国文物报2010-12-29

生态博物馆利益相关者构成研究——以三江侗族生态博物馆为例/黎森//安徽农业科学2010-34
生态博物馆与生态旅游的开发/吴娱//博物馆与旅游：广西壮族自治区博物馆第二届学术研讨会论文集，广西科学技术出版社2010年
生态博物馆刍议/刘翔//天津文博论丛（1），天津人民出版社2010年
探索诗意的栖居方式：浙江安吉探索建设县城范围的生态博物馆/鲍贤伦//中国文化遗产2011-1
论生态博物馆的原生态环境保护（上）/单霁翔//中国名城2011-3
把朗德上寨建成名副其实的村寨博物馆/吴正光//中国文物报2011-3-2
安吉：探索东部地区生态博物馆建设新模式/程永军//中国文物报2011-4-27
生态博物馆：唤醒被居民忽视的文化价值：一种以社区为核心的开放型博物馆——国际生态博物馆40年探索/安来顺//中国文化遗产2011-6
生态博物馆在中国/潘守永//中国文化遗产2011-6
唤醒文化价值：生态博物馆的身份认同/覃琛//中国文化遗产2011-6
龙脊壮族生态博物馆的现在与未来/潘守永、覃琛//中国文化遗产2011-6
贵州推进生态博物馆本土化建设/龙佑铭//中国文物报2011-7-13
走进“布依族生态博物馆”/鲍安顺//人民日报（海外版）2011-7-14
中国·安吉生态博物馆揭牌/张伟//中国文物报2011-7-20
发展生态（社区）博物馆保护民族文化遗产/单霁翔//中国文物报2011-8-31
变革中的博物馆——国家文物局副局长宋新潮谈生态（社区）博物馆建设/崔波//中国文物报2011-9-14
全国生态（社区）博物馆研讨会专家发言（摘要）/吕舟、宋向光、孙华、潘守永、安来顺、黄春雨、张晋平、曹兵武//中国文物报2011-9-14
文化人类学视野下的生态博物馆/刘世风//中国文物报2011-11-16
正确把握生态博物馆建设发展的契机/吴展先//中国文物报2011-12-28
中国生态博物馆的反思与瞻望——苏东海先生访谈/〔美〕倪威亮//中国博物馆2011年合刊
生态（社区）博物馆与变革中的博物馆/宋新潮//中国博物馆2011年合刊
国际生态博物馆四十年：发展与问题/安来顺//中国博物馆2011年合刊
生态博物馆及其在中国的发展：历时性观察与思考/潘守永//中国博物馆2011年合刊
实现原生环境保护的生态博物馆/单霁翔//从馆舍天地走向大千世界：关于广义博物馆的思考，天津大学出版社2011年
生态博物馆理论述略/刘剑波//深圳文博论丛2011，文物出版社2011年
贵州生态博物馆的实践探索/胡朝相//中国文物报2012-1-25
国内外生态博物馆研究综述/苏琨、郝索//安徽农业科学2012-2
乡土聚落遗产整体保护的探索：生态博物馆之路/杨新平//中国名城2012-3
生态博物馆参与性结构对比研究：以加拿大上比沃斯和中国梭戛生态博物馆为例/赵洪雅//东南文化2012-4
方兴未艾：安徽省生态博物馆建设/王梦迪//安徽文博（八），中华书局2012年
新博物馆学运动的姊妹馆——生态博物馆与社区博物馆辨析/吕建昌、严啸//东南文化2013-1
建立生态博物馆：龙潭古镇文化遗产保护的最优模式/杨杰//重庆科技学院学报2013-1
生态博物馆的理论与实践——安吉论坛综述/杨新平//中国文物报2013-1-9
创新是生态博物馆的灵魂/张文立//中国文物报2013-2-6
安吉生态博物馆建设的实践与思考/程亦胜//中国文物报2013-2-20
建设中国式生态博物馆的思考/黄人力、段廉廉//博物馆学刊（3），科学出版社2013年
梭戛生态博物馆发展之路的探索/胡朝相//中国文物报2014-9-30
传统村落整体保护中生态博物馆的作用/张倩红//中国文物报2014-9-30
生态博物馆为什么能在中国落地生根/张文立//中国文物报2014-10-14

十二　非国有博物馆

关于北京市民办博物馆申办成立的经过及相关问题的思考/刘超英//中国博物馆通讯1997-10
刍议民办博物馆/马自树//中国文物报2000-3-15
对民办博物馆要欢迎它、规范它、引导它/马自树//中国博物馆通讯2000-4
民营博物馆缘何遭遇尴尬/汪建根//人民日报2003-5-9
民办博物馆调查——东南考察笔记/李唐//中国文物报2005-9-9
浙江省民办博物馆的现状、趋势与对策/沈坤荣//中国文物报2005-12-30
关于民办博物馆的几点思考/许青松//回顾与展望——中国博物馆发展百年：2005年中国博物馆学会学术研究会文集，紫禁城出版社2005年
试论中国私立博物馆的发展/张展//北京文博2006-1
政府应当鼓励和支持民办非企业博物馆/刘世锋、周天游//中国文物报2006-3-22
民办博物馆大有可为/汤杰元//中国文物报2006-7-21
苦撑六年首个民办博物馆将“转正”/潘京//华商报2006-9-7
私立博物馆发展需要社会支持/宋向光//中国文物报2006-9-15
加强民办博物馆管理的思考/叶新琼//中国文物报2006-11-24
中国当代私立博物馆的发展及特点/宋向光、李志玲//中国博物馆2007-2
上海民营博物馆现状透析/李元媛//艺术市场2007-9
民营博物馆路在何方/张敏洁//西部大开发2008-1
私人博物馆发展尚需政策支持/明慧//中国改革报2008-7-5
免费时代民办博物馆何去何从/刘修兵//中国文化报2008-9-9
民办博物馆路在何方/张敏洁//西部大开发2008-11
从“民办博物馆享受政府补贴”说起/赵畅//观察与思考2008-18
关于洛阳民办博物馆发展的思考/王献本//洛阳博物馆建馆50周年论文集，大象出版社2008年
宁波大力扶持发展民办博物馆/徐建成//中国文物报2009-3-6
民办博物馆为何陷入发展困局/黄晓峰//中国文化报2009-11-20
一项大有可为的事业：全国民办博物馆工作座谈会要点剖析/张柏//中国文物报2009-11-18
破解民办博物馆发展难题/王勇超//中国文物报2009-12-2
民办博物馆“求生”记/明星//中关村2010-4
在民办博物馆专业委员会成立大会上的讲话/张柏//中国博物馆通讯2010-4
国家文物局等部门联合印发《关于促进民办博物馆发展的意见》//收藏2010-4
民办博物馆：守望者的春天/王大鼎//人民政协报2010-4-9
让民办博物馆“阳光”起来/王敏//文化月刊2010-5
民办博物馆发展机遇大于挑战/张柏//经济日报2010-5-16
西安民办博物馆路在何方/王晓阳、张文娜//陕西日报2010-7-23
民办博物馆的未来/唐凯、樊波、郑敏//中国文化报2010-7-28
民办博物馆的困境/欧钦平//京华时报2010-8-10
成都民办博物馆掠影/杨浩鹏//中国文化报2010-11-24

山西民办博物馆生存调查/刘斌//山西晚报2010-12-15
发挥资源优势推动文博相关产业发展/郭宪曾//中国文物报2010-12-29
中国民办博物馆课题报告//新形势下博物馆工作实践与思考，文物出版社2010年
私立博物馆与公众的互动及运营资金募集/徐晶晶//2010民办博物馆发展论坛论文集，陕西人民出版社2010年
国外私人博物馆的运营与发展带来的借鉴与思考/蒋奇栖//2010民办博物馆发展论坛论文集，陕西人民出版社2010年
陕西民办博物馆经营方向试探/杨茜//2010民办博物馆发展论坛论文集，陕西人民出版社2010年
试论文化事业向文化产业转变中的民办博物馆之路/刘静//2010民办博物馆发展论坛论文集，陕西人民出版社2010年
民办博物馆的平面设计推广/贺静//2010民办博物馆发展论坛论文集，陕西人民出版社2010年
家具文化的艺术化思路——民办博物馆的家具展示策略/高诚临//2010民办博物馆发展论坛论文集，陕西人民出版社2010年
大力促进民办博物馆的发展——向博物馆开办者致敬/马自树//2010民办博物馆发展论坛论文集，陕西人民出版社2010年
民办博物馆平稳发展阶段的工作重点——兼论民办博物馆可持续性发展能力建设/宋向光//2010民办博物馆发展论坛论文集，陕西人民出版社2010年
深入讨论民办博物馆的生存与发展，积极推动社会文化大发展大繁荣/吕建中//2010民办博物馆发展论坛论文集，陕西人民出版社2010年
大唐西市博物馆——民办博物馆创办的典范/张柏//2010民办博物馆发展论坛论文集，陕西人民出版社2010年
谈近年来陕西省民办博物馆的蓬勃发展/巩德顺//2010民办博物馆发展论坛论文集，陕西人民出版社2010年
关于《2010民办博物馆发展论坛西安宣言》的探讨/张建新//2010民办博物馆发展论坛论文集，陕西人民出版社2010年
2010民办博物馆发展论坛，中国民办文化企业发展的新起点/蔡理华//2010民办博物馆发展论坛论文集，陕西人民出版社2010年
祝贺2010民办博物馆发展论坛开幕/向德//2010民办博物馆发展论坛论文集，陕西人民出版社2010年
民族文化遗产保护的生力军——中国民办博物馆生存状况/任经文//2010民办博物馆发展论坛论文集，陕西人民出版社2010年
大力发展民办博物馆繁荣西安文化事业/吴镇烽//2010民办博物馆发展论坛论文集，陕西人民出版社2010年
关于中国民办博物馆发展的思考/吕建昌//2010民办博物馆发展论坛论文集，陕西人民出版社2010年
试论科学发展观指导下民办博物馆的可持续发展/李帖霖//2010民办博物馆发展论坛论文集，陕西人民出版社2010年
建立民办博物馆协会的必要性/高兴华//2010民办博物馆发展论坛论文集，陕西人民出版社2010年
民办博物馆发展与政策的思考/何小龙//2010民办博物馆发展论坛论文集，陕西人民出版社2010年
论兴办陕商历史博物馆的必要性和现实性/李刚//2010民办博物馆发展论坛论文集，陕西人民出版社2010年
浅论民办博物馆的发展/姚羽佳//2010民办博物馆发展论坛论文集，陕西人民出版社2010年
论创意时代私立博物馆的作用/高山山//2010民办博物馆发展论坛论文集，陕西人民出版社2010年
浅论民办博物馆的核心竞争力建设/刘艳萍//2010民办博物馆发展论坛论文集，陕西人民出版社2010年
民办博物馆公益性价值诉求与产业化经营之路的协调途径/武媛//2010民办博物馆发展论坛论文集，陕西人民出版社2010年
抗战文化的开发与利用——建立桂林抗战文化博物馆的思考/洪德善//广西博物馆文集（七），广西人民出版社2010年
从现代博物馆理论与实践进步谈中国民办博物馆的发展/王彬//苏州文博论丛2010年（总第1辑），文物出版社2010年
全面提升民办博物馆发展水平推动博物馆事业实现新跨越——在全国民办博物馆发展成都论坛上的主旨讲话/单霁翔//中国文物报2011-1-12
积极推进我国民办博物馆的又好又快发展——在全国民办博物馆发展成都论坛上的总结讲话/宋新潮//中国文

物报2011-1-12
民办博物馆发展的现状、问题和政策/陆建松、陆敏洁//文物世界2011-3
全国人大代表王勇超建议：民办博物馆享受“国有待遇”/吕华、张玥芳//西安晚报2011-3-10
我国民办博物馆的发展现状、问题与对策/张国超//江西社会科学2011-4
搬家或关门半数民办博物馆“隐姓埋名”/刘冕、任敏//北京日报 2011-5-19
资金短缺制约民间博物馆发展/吴依滢、李宇龙、丁以婕//现代金报2011-5-19
民办博物馆中藏品重复现象之我见/宜繁秋//安徽文博2011（七），中华书局2011年
宜昌民办博物馆现状及可持续发展思考/肖承云//博物馆与城市化——2011年湖北省博物馆协会学术研讨会论文集，湖北人民出版社2011年
关于民办博物馆发展与管理的若干思考/魏保信、陆军//苏州文博论丛2011年（总第2辑），文物出版社2011年
西安制定促进民办博物馆发展办法/庞博//中国文物报2012-1-11
千座民营博物馆期待政策明晰/江雪//中国企业报2012-3-6
期待“可能”变成“现实”——政协委员张柏、刘庆柱谈民办博物馆发展/马怡运//中国文物报2012-3-14
应尽快制定民办博物馆享有国有博物馆同等法律地位的实施细则/吕建中//中国文物报2012-3-14
江苏民办博物馆现状调查及发展对策思考/邢致远//中国文物报2012-3-21
民办博物馆：一个人实现不了的“可能”/马怡运//文物天地2012-4
西安首次重奖民办（行业）博物馆/庞博//中国文物报2012-4-6
加强交流共享资源优化发展：西安举办海峡两岸民办博物馆论坛/张俊梅//中国文物报2012-4-11
关于国有博物馆对口帮扶民办博物馆的几点思考/聂东红//文物世界2012-6
洛阳兴起民办博物馆热 开发总数居河南省首位//河南日报2012-7-6
民办博物馆帮扶措施有待完善/丁艳丽//中国文化报2012-7-26
河南民办博物馆协会挂牌成立/李文//中国文物报2012-9-12
让民办博物馆更好地融入博物馆行业大家庭——全国国有博物馆对口帮扶民办博物馆试点工作启示录/张俊梅//中国文物报2012-9-19
民办博馆发展路上的“拦路虎”/唐洁//中国文化报2012-12-24
民办博物馆专业人才的聘用与管理/田静//第二届民办博物馆发展西安论坛论文集，陕西人民出版社2012年
谈博物馆专业规范在民办博物馆中的运用——以大唐西市博物馆为例/王彬//第二届民办博物馆发展西安论坛论文集，陕西人民出版社2012年
收藏不只为增值——兼谈民办博物馆与民间收藏/龚良//和谐博物馆论，文物出版社2012年
民办博物馆的尴尬生存/吴辉//中国文物报2013-4-3
民办博物馆的路该怎样走？——励小捷一行赴江苏、浙江调研/郭桂香//中国文物报2013-5-1
民办博物馆：17载蹒跚突围路/郭佳、张薇//光明日报2013-5-30
民办博物馆：窘境中探索运营新路/郭佳、张薇//中国文化报2013-7-4
樊建川：让博物馆成为国民精神“钙片”/吴晓东、蔡梦吟//中国青年报2013-7-9
民办博物馆建设需要“补课”/王惟一//大河报2013-7-23
“待遇”不同让民办博物馆处境尴尬/王鲁坤//中国文化报2013-7-25
民办博物馆已“春色关不住”/李俊杰//华商报2013-8-9
民办博物馆“你免费，我买单”/张洁、贾茹//城市商报2013-9-4
谈谈民办博物馆的历史地位与发展问题/曹兵武//中国文物报2013-10-2
台湾地区民办博物馆管理体系/刘世风//中国文物报2013-11-27
多给民营博物馆一些支持吧//东莞时报2013-12-31
民办博物馆的翘楚——走近大唐西市博物馆有感/徐湖平//第三届民办博物馆发展西安论坛论文集，陕西人民出版社2013年
私人博物馆的资金筹措：美国佛蒙特州谢尔本博物馆案例/安天士//第三届民办博物馆发展西安论坛论文集，陕西人民出版社2013年
“小众共有·大众共享”——关于民办博物馆可持续发展问题的经济学思考/李宝宗//第三届民办博物馆发展

西安论坛论文集，陕西人民出版社2013年
“芭比的故乡在泰山”之娃娃馆案例分享/张古翠娥//第三届民办博物馆发展西安论坛论文集，陕西人民出版社2013年
唤醒文化自觉弘扬民族精神——浅论民办博物馆的社会责任/丁沛//第三届民办博物馆发展西安论坛论文集，陕西人民出版社2013年
民办博物馆的道义肩担/孙海芳//第三届民办博物馆发展西安论坛论文集，陕西人民出版社2013年
如何更好发挥民办博物馆的社会功能/吴艺云//第三届民办博物馆发展西安论坛论文集，陕西人民出版社2013年
坚守博物馆使命，发挥示范引领作用——谈当代民办博物馆发展方向和社会责任/宋向光//第三届民办博物馆发展西安论坛论文集，陕西人民出版社2013年
创新——民办博物馆的生存发展之路——水洞沟遗址博物馆创新之路/王亚伟//第三届民办博物馆发展西安论坛论文集，陕西人民出版社2013年
民办博物馆当前的发展策略/陈国桢//第三届民办博物馆发展西安论坛论文集，陕西人民出版社2013年
动静皆宜——谈台湾偶戏类民办博物馆个性化的生存特质/李俊宽//第三届民办博物馆发展西安论坛论文集，陕西人民出版社2013年
民办博物馆需要政府的扶持和给力/何小龙//第三届民办博物馆发展西安论坛论文集，陕西人民出版社2013年
浅谈民间文博业的发展/张建青//第三届民办博物馆发展西安论坛论文集，陕西人民出版社2013年
民办博物馆的定位、问题与对策/周晓陆//第三届民办博物馆发展西安论坛论文集，陕西人民出版社2013年
创办博物馆是收藏人生的最高境界/高玉书//第三届民办博物馆发展西安论坛论文集，陕西人民出版社2013年
论现阶段民办博物馆的发展现状/郭剑平//第三届民办博物馆发展西安论坛论文集，陕西人民出版社2013年
民办博物馆的另类思维/黄大一//第三届民办博物馆发展西安论坛论文集，陕西人民出版社2013年
浅谈地域文化对民办博物馆的影响/王冬力//第三届民办博物馆发展西安论坛论文集，陕西人民出版社2013年
浅谈民办博物馆藏品/谢金松//第三届民办博物馆发展西安论坛论文集，陕西人民出版社2013年
探索中国式民办博物馆运营之路/张帆//第三届民办博物馆发展西安论坛论文集，陕西人民出版社2013年
民办博物馆发展文化产业的探索——以大唐西市博物馆为例/王彬//第三届民办博物馆发展西安论坛论文集，陕西人民出版社2013年
民办博物馆应依靠本馆特性，努力寻求自身可持续发展与文化产业的和谐共生/田谷//第三届民办博物馆发展西安论坛论文集，陕西人民出版社2013年
博物馆融合文化产业发展的思考——以西安博物馆文化产业发展为例/郭治华、王欢//第三届民办博物馆发展西安论坛论文集，陕西人民出版社2013年
民办博物馆的经营之路/钟秉章//第三届民办博物馆发展西安论坛论文集，陕西人民出版社2013年
浅谈民办博物馆文化产业的发展/黄毅//第三届民办博物馆发展西安论坛论文集，陕西人民出版社2013年
第三届民办博物馆发展西安论坛——海峡两岸民办博物馆论坛总结/王彬//第三届民办博物馆发展西安论坛论文集，陕西人民出版社2013年
试析安徽省民办博物馆现状及发展趋势/刘华伟//安徽文博（九），黄山书社2013年
陕西省民办博物馆现状浅析/马双双//陕西历史博物馆馆刊（20），三秦出版社2013年
授人以鱼不如授人以渔——对民办博物馆扶持政策的几点思考/邢致远//中国文物报2014-1-8
海南首次资金奖励免费开放的民办博物馆/王亦平//中国文物报2014-1-8
民办博物馆的喜忧：发展迅速运营困难身份尴尬/朱海洋、谢军、严红枫、叶辉//光明日报2014-1-8
试论民办博物馆发展与博物馆群建设的关系/王小洁//中国博物馆2014-2
浙江省博物馆牵手民办博物馆的思考/王静//浙江文物2014-2
兰州市政协委员：挖掘厚重文化积淀，大力扶持民办博物馆/李超//兰州日报2014-2-18
中华文化促进会民办博物馆协作体成立/庞博//中国文物报2014-2-19
嘉兴出台促进民办博物馆发展意见实施细则/韩月、顾丽娟//浙江文物2014-3
吕建中委员建议：明确民办博物馆公益文化性质/庞博//中国文物报2014-3-7
一个展览，架起一座桥梁——关于国有博物馆支援民办博物馆的思考/李栋//中国文物报2014-3-21
对口帮扶浙江博物馆牵手民办馆/王静//中国文物报2014-3-28

民办博物馆艰难求生路：希望与公办馆同等待遇/任娜、周亦晴//西安晚报2014-3-30
民办博物馆将是博物馆事业的发展方向/贺小巍//陕西日报2014-3-31
基于安徽九和收藏馆的县域民办博物馆发展研究/裴世东//蚌埠学院学报2014-4
规范化是民办博物馆健康发展的前提——《民办博物馆规范化建设评估报告》解读/翟群//中国文化报2014-4-2
民办博物馆：要扶持，也要规范——访国家文物局博物馆与社会文物司司长段勇/翟群//中国文化报2014-4-10
民办博物馆别成“博假馆”/张永恒//广州日报2014-4-10
民办博物馆举办人要面对现实/张健平//中国文物报2014-4-16
我国民办博物馆发展困境及应对策略：从一份评估报告看民办博物馆规范化建设现状/《民办博物馆规范化建设评估》课题组//中国文物报2014-4-30
民间博物馆的历史渊源/高玉书//收藏界2014-5
西安民办博物馆以馆养馆渐入佳境/何汪维//西安日报2014-5-28
民办博物馆脱困有道/王雪娟//中国文化报2014-6-12
各国私立博物馆的特色生存/吴博峰//经济日报2014-7-7
民办博物馆，热闹背后是艰辛/李国斌、叶小玲//湖南日报2014-11-6
广州市民办博物馆发展中存在的主要问题/吴丽华//广州文博论丛（第7辑），文物出版社2014年

十三 博物馆与非物质文化遗产

全球化、无形文化遗产与中国博物馆/张文彬//中国博物馆2002-4；中国博物馆通讯2002-11
博物馆与无形文化遗产的可持续发展/加拉//中国博物馆2002-4；中国博物馆通讯2002-11
无形文化遗产的进化与博物馆的变革——兼谈无形文化遗产对当代博物馆的影响/朱诚如//中国博物馆2002-4；中国博物馆通讯2002-11
博物馆与无形文化遗产保护/陈燮君//中国博物馆2002-4；中国博物馆通讯2002-11
《上海宪章》的庄严承诺——博物馆应负担起保护无形文化遗产的重任/陈燮君//中国博物馆2002-4
中国博物馆与无形遗产/苏东海//中国博物馆2002-4；中国博物馆通讯2002-11；中国文物报2002-10-21；博物馆的沉思——苏东海论文选（卷二），文物出版社2006年
中国无形遗产现状与博物馆/林正同//中国博物馆2002-4
全球化下的无形遗产保护与博物馆教育/澳门艺术博物馆//中国博物馆2002-4
无形遗产对中国博物馆工作的影响/宋向光//中国博物馆2002-4
博物馆的历史责任：对无形文化遗产的保护/王莉//中国博物馆2002-4
河南博物院在无形文化遗产方面的新探索/李宏//中国博物馆2002-4
澳门博物馆业与无形文化遗产的保护/陈丽莲//中国博物馆2002-4
中国文化背景下少数民族无形遗产的保护与发展/王平//中国博物馆2002-4
无形遗产转化有形资产的捷径——由文物谈无形遗产的抢救/李加林、肖贵洞//中国博物馆2002-4
无形文化遗产保护简论/张岚//中国博物馆2002-4
无形文化保护是中国文化政策的重要组成部分——兼论国家形式的参与与无形文化保护/李松//中国博物馆2002-4
无形文化遗产：中国传统文物修复技术/贾文忠//中国博物馆2002-4
河南传统的民俗文化/汤淑君、潘凌然、李一帆//中国博物馆2002-4
互联网博物馆对无形文化遗产的保护和展示/张得水、石晓霆//中国博物馆2002-4
全球化背景下的无形遗产保护/西安金泉钱币博物馆//中国博物馆2002-4
当理论贫困时，还是让我们先做起来/苏东海//中国文物报2002-5-31；博物馆的沉思——苏东海论文选（卷二），文物出版社2006年
无形遗产的保护和交流还需要在博物馆世界中大力推进/〔克罗地亚〕马约维奇·伊凡//中国博物馆通讯2002-7
非物质遗产的载体是人/马自树//中国博物馆通讯2002-7
《上海宪章》的意义/苏东海//中国文物报2002-11-1；博物馆的沉思——苏东海论文选（卷二），文物出版社2006年
博物馆如何进行无形文化遗产的保护/陈国宁//中国博物馆通讯2003-2
博物馆与非物质文化遗产的保护/马合菊//博物馆学论丛（五），中州古籍出版社2003年
无形文化遗产的载体化保护和博物馆的社会分工/王莉//中国博物馆2004-2
博物馆文化形态的新理念——全球化形势下博物馆与非物质文化遗产的哲学思考/陈军科//中国博物馆2004-2；中国文物报，2004-5-24
无形遗产和博物馆/〔意大利〕古奥瓦尼·皮那//中国博物馆通讯2004-2
博物馆界保护无形遗产的理论探讨和实践/张晋平//中国文物报2004-3-6

博物馆人要关注无形遗产与世界遗产的讨论/甄朔南//中国自然科学博物馆通讯2004-3；甄朔南博物馆学文集，中国大百科全书出版社2004年
论“口头和非物质遗产”的概念与范畴/白云驹//民间文化论坛2004-3
苏东海先生关于无形遗产的新说//中国博物馆通讯2004-5
保护无形遗产给博物馆注入新活力/甄朔南//中国文物报2004-5-14；甄朔南博物馆学文集，中国大百科全书出版社2004年
无形遗产就是无形遗产/苏东海//中国文物报2004-5-21；博物馆的沉思——苏东海论文选（卷二），文物出版社2006年
无形遗产保护博物馆的特殊价值及其局限/苏东海//中国文物报2004-5-24；博物馆的沉思——苏东海论文选（卷二），文物出版社2006年
保护无形遗产给博物馆注入新活力/甄朔南//中国文物报2004-5-24
试论无形遗产与博物馆之间的互动效应/汪培梓//中国博物馆通讯2004-8
保护非物质文化遗产公约/宋向光整理//中国博物馆通讯2004-9
无形遗产的五个基本问题/苏东海//中国文物报2004-10-29；博物馆的沉思——苏东海论文选（卷二），文物出版社2006年
中国文化背景下少数民族无形遗产的保护与发展/王平//北京博物馆学会第四届学术会议论文集，北京燕山出版社2004年
无形文化遗产的保护与博物馆的发展/叶尔米拉//新疆维吾尔自治区博物馆论文集2005，新疆大学出版社2005年
地方博物馆在非物质遗产保护中的作用/郝良真//回顾与展望——中国博物馆发展百年：2005年中国博物馆学会学术研究会文集，紫禁城出版社2005年
时代呼唤历史责任——博物馆在非物质文化遗产保护工作中的实践/肖克之、唐志强//回顾与展望——中国博物馆发展百年：2005年中国博物馆学会学术研究会文集，紫禁城出版社2005年
加强理论研究，做好博物馆对非物质文化遗产的保护工作/夏路//回顾与展望——中国博物馆发展百年：2005年中国博物馆学会学术研究会文集，紫禁城出版社2005年
地方博物馆在非物质遗产保护中的作用//回顾与展望——中国博物馆发展百年：2005年中国博物馆学会学术研究会文集，紫禁城出版社2005年
“非物质文化遗产”概念的学理审思/宋俊华//中国非物质文化遗产（九），中山大学出版社2005年
非物质文化遗产概念的国际认同——兼谈口头和非物质遗产的法律地位/吕建昌、廖菲//中国博物馆2006-1
博物馆与非物质文化遗产的互动/赵冬菊//广西民族研究2006-2
非物质文化遗产保护与民族博物馆/刘卫国//中国博物馆2006-2；中国民族文博（第一辑），民族出版社2006年
世界非物质文化遗产在博物馆的保护与传承——中国昆曲博物馆的个案分析/顾克仁//中国博物馆2006-3
非物质文化遗产与博物馆讲解/张宁//中国文物报2006-9-8
博物馆与无形文化遗产保护的探索/陈远璋//广西博物馆文集（三），广西人民出版社2006年
博物馆馆藏文物的非物质性文化特点/呼拉尔顿泰·策·斯琴巴特尔//中国民族文博（第一辑），民族出版社2006年
少数民族非物质文化遗产保护与民族博物馆建设/祁庆富//中国民族文博（第一辑），民族出版社2006年；2006·中国昆明亚洲博物馆馆长和人类学家论坛文集，云南教育出版社2007年
非物质文化遗产与高校博物馆/方成军//安徽省博物馆建馆五十周年文集，安徽人民出版社2006年
加强理论研究做好博物馆对非物质文化遗产的保护工作/夏路//中国当代文博论著精编，文物出版社2006年
非物质文化遗产保护与博物馆发展新趋向/关昕//博物馆研究2007-3
论博物馆在非物质文化遗产保护中的作用/刘康//中原文物2007-5
浅谈鲁迅纪念馆对非物质文化遗产的保护和利用/徐明华//中国博物馆通讯2007-9
高校博物馆与非物质文化遗产保护/王艳芳//发展2007-9
谈非物质文化遗产保护/梁晓华//中国博物馆通讯2007-12
非物质文化遗产与国立民俗博物馆“风水”特别展计划/〔韩〕金红男//2006·中国昆明亚洲博物馆馆长和人类学家论坛文集，云南教育出版社2007年
博物馆：保护非物质文化遗产的最佳社会组织形式/陈建明//2006·中国昆明亚洲博物馆馆长和人类学家论坛

文集，云南教育出版社2007年
博物馆与非物质文化遗产的保护/杨大禹//2006·中国昆明亚洲博物馆馆长和人类学家论坛文集，云南教育出版社2007年
民族非物质文化遗产与民族博物馆/们发延//2006·中国昆明亚洲博物馆馆长和人类学家论坛文集，云南教育出版社2007年
对非物质文化遗产保护的探索与实践——以云南民族博物馆为例/起国庆//2006·中国昆明亚洲博物馆馆长和人类学家论坛文集，云南教育出版社2007年
民俗博物馆与无形文化遗产保护/韩光云、李京子//2006·中国昆明亚洲博物馆馆长和人类学家论坛文集，云南教育出版社2007年
加强无形文化遗产的保护——柬埔寨国家博物馆/〔柬埔寨〕昆沙门//2006·中国昆明亚洲博物馆馆长和人类学家论坛文集，云南教育出版社2007年
非物质文化遗产保护与博物馆论纲——以秦俑博物馆为例/张文立//博物馆理论与实践研讨会论文集，三秦出版社2007年
非物质文化遗产与讲解员/张宁//陕西文博宣教工作论丛（二），陕西旅游出版社2007年
非物质文化遗产领域的博物馆学实践/俞嘉馨//中国博物馆2008-2
非物质文化遗产旅游产品化的转型模式/马木兰、汪宇明//桂林旅游高等专科学校学报2008-2
非物质文化遗产的陈列展示/唐志强//中国博物馆通讯2008-2
论博物馆非物质文化遗产工作的原则/蔡琴//中国博物馆2008-3
论博物馆与无形文化遗产的保护/李华//文教资料2008-3
博物馆非物质文化遗产馆藏体系的构建——非物质文化遗产保护背景下博物馆建设思考/辛儒//河北大学学报2008-4
基于现代信息化博物馆的非物质文化遗产保护探析/汤兆红//中国博物馆2008-4
非物质文化遗产保护与博物馆的当代责任/潘守永//北京观察2008-7
民间博物馆在非物质文化遗产保护中的作用与地位——以湘西凤凰山江苗族家庭博物馆为例/石群勇//民族论坛2008-9
世界非物质文化遗产在博物馆的保护与传承——中国昆曲博物馆的个案分析/顾克仁//2007年江苏省文博论文集，南京出版社2008年
论苏州民俗博物馆对礼仪节庆民俗的活态保护/宁万勇//2007年江苏省文博论文集，南京出版社2008年
博物馆与非物质文化遗产保护/沈平//新世纪博物馆的实践与思考：北京博物馆学会第五届学术会议论文集，北京燕山出版社2008年
使博物馆成为非物质文化遗产保护、传播的载体/关红//新世纪博物馆的实践与思考：北京博物馆学会第五届学术会议论文集，北京燕山出版社2008年
现代博物馆与无形文化遗产保护/林红//新世纪博物馆的实践与思考：北京博物馆学会第五届学术会议论文集，北京燕山出版社2008年
农业博物馆对无形文化遗产保护研究成果的利用/谢志远//新世纪博物馆的实践与思考：北京博物馆学会第五届学术会议论文集，北京燕山出版社2008年
构筑开放式博物馆——非物质文化遗产保护的规划方法探讨/李利、华晨//城市发展研究2009-1
村寨博物馆中文化的展示与想象——以贵州雷山上郎德村寨博物馆为例/肖坤冰//贵州民族研究2009-1
博物馆与非物质文化遗产保护/杨源//中国博物馆2009-2
谈非物质文化遗产保护与博物馆展陈创新——益阳市博物馆开展非物质文化遗产展示的几点做法/陈峻//中国博物馆通讯2009-7
构筑开放式博物馆——非物质文化遗产保护的规划方法探讨/李利、华晨//城市发展研究2009-12
浅谈博物馆保护非物质文化遗产的方式/叶晔//世界遗产论坛（三），科学出版社2009年
博物馆科研与非物质文化遗产/芦建华//回顾与创新——秦始皇兵马俑博物馆三十周年纪念文集，三秦出版社2009年
非物质文化遗产的博物馆化保护与研究/肖风华//深圳文博论丛二〇〇九年，文物出版社2009年
地方综合性博物馆与非物质文化遗产/郭喜锋//春华集：纪念山西博物院九十周年学术文集，山西人民出版社

2009年
“文化遗产日”非物质文化遗产活动精彩纷呈/孙漪娜//中国博物馆通讯2010-6
拓展博物馆办馆模式，加强“非遗”保护改造——上海市宝山区非物质文化遗产保护工作初探/邓一帆//中国博物馆学会纪念馆专业委员会第三次年会暨城市建设与文化遗产保护论坛论文集，上海社会科学出版社2010年
博物馆与非物质文化遗产的保护/张晴//中国博物馆学会纪念馆专业委员会第三次年会暨城市建设与文化遗产保护论坛论文集，上海社会科学出版社2010年
谈谈地方博物馆在非物质文化遗产中如何发挥作用/黄鹤//中国博物馆学会纪念馆专业委员会第三次年会暨城市建设与文化遗产保护论坛论文集，上海社会科学出版社2010年
未来需要你的参与——非物质文化遗产保护与城市博物馆的责任/黄宝峰//迈向更美好的城市：第22届国际博物馆城市博物馆专业委员会论文集，上海学林出版社2010年
探寻非物质文化遗产的生命家园——城市博物馆保护非物质文化遗产初探/丁佳荣//迈向更美好的城市：第22届国际博物馆城市博物馆专业委员会论文集，上海学林出版社2010年
论教育在非物质文化遗产传承中的作用/程露//安徽文博（六），中华书局2010年
永福县非物质文化遗产的现状与保护/唐丽娟、刘家毅//广西博物馆文集（七），广西人民出版社2010年
非物质文化遗产开发维权之困与立法思路/陆秋燕//广西博物馆文集（七），广西人民出版社2010年
“龙脊壮族稻作文化”保护的思考/罗作为//广西博物馆文集（七），广西人民出版社2010年
民俗博物馆实践非物质文化遗产保护的思考/谢育君//北京文博文丛2011-1
“非遗”传承人能力丧失，可重新确定传承人/秦佩华//人民日报（海外版）2011-2-25
地方综合性博物馆与非物质文化遗产/郭喜锋//晋陕豫博物馆理论与实践研讨会论文选，山西科学技术出版社2011年
非物质文化遗产是基层博物馆特色形成的重要资源和途径/徐忠文//区域特色与中小型博物馆：江苏省博物馆学会2010年学术年会论文集，文物出版社2011年
互联网时代下非物质文化遗产的传承/苏小雨//深圳文博论丛2011，文物出版社2011年
试论非物质文化遗产在博物馆中的传承/王美诗//南京博物院集刊（12），文物出版社2011年
民俗博物馆与非遗传承人/吴正光//中国文物报2012-1-11
舞者的告白——北京舞蹈学院博物馆实施的“口述史”项目/阮岷//中国文物报2012-1-18
谈面向非物质文化遗产的特色资源建设——以皮影数字博物馆为例/彭建波//图书馆工作与研究2012-5
非物质文化遗产保护工作中博物馆的地位和作用/李晨//博物馆学刊（第二辑），科学出版社2012年
试论博物馆在保护非物质文化遗产中的作用/石超//博物馆学刊（第二辑），科学出版社2012年
文化自觉意识与非物质文化遗产的保护/李胜男//深圳文博论丛二〇一二，文物出版社2012年
让“碑刻技艺”鲜活起来——苏州碑刻博物馆保护非遗传承技艺纪实/陆雪梅//中国文物报2013-4-17
非遗表演类项目在博物馆的展陈——以江苏省非物质文化遗产馆为例/王美诗、陈述知//中国文物报2013-5-29
非物质文化遗产的保护与传承研究——以南京市民俗博物馆为例/潘彬彬//社科纵横2013-12
民办博物馆参与非物质维护遗产保护大有作为——以“龙灯扛阁”为例/王帅、张岚//第三届民办博物馆发展西安论坛论文集，陕西人民出版社2013年
民俗博物馆如何传承节日文化探微/解育君//百年传承创新发展：北京地区博物馆第六次学术会议论文集，中国书籍出版社2013年
试论博物馆无形文化遗产保护与传承体系的构建——以北京古代建筑博物馆为例/张小古//百年传承创新发展：北京地区博物馆第六次学术会议论文集，中国书籍出版社2013年
中国印刷博物馆与无形印刷文化遗产的保护与传承/赵春英//百年传承创新发展：北京地区博物馆第六次学术会议论文集，中国书籍出版社2013年
博物馆非物质文化遗产展示小议/王娅蕊//北京文博文丛2014-1
大数据语境下对于非物质文化遗产数字化保护的思考/袁国术//北京文博文丛2014-1
影视在非物质文化遗产保护中的重要作用/张树新//北京文博文丛2014-1
让非物质文化遗产活起来：苏州碑刻博物馆“碑刻技艺展示体验中心”的探索之路/刘逢秋//中国文物报2014-12-23

十四 其 他

论文物在社会中的价值特点/彭捷//中国博物馆1994-1
改革城市博物馆布局加强群集效应/王成//中国博物馆1994-1
论改革中县级博物馆功能的拓展/李南书、张道远//中国博物馆1994-1
中国妇女博物馆的创建与发展纵论/王爱平//中国博物馆1994-1
高科技与博物馆/柯笑春编译//中国博物馆1994-1
再论高校博物馆的功能/陈德富//中国博物馆1994-1
新赣南博物馆史略/黄卫国//中国博物馆1994-1
北京博物馆工作纪事（1966.6～1978.12）/梁丹//中国博物馆1994-1
试论博物馆的主业与副业的关系问题/孟祥义//北方文物1994-1
市场经济下博物馆应同步发展市场意识（摘要）/贾本义//中国博物馆通讯1994-1
博物馆要主动把宣传展览送到社会、送到观众中去（摘要）/梅华全//中国博物馆通讯1994-1
县级博物馆承担着针对广大农民为主体的观众群，发挥博物馆的作用（摘要）/刘祜//中国博物馆通讯1994-1
台湾的博物馆学会/于坚//中国博物馆通讯1994-1
游人劣行种种管理困难重重故宫新愁/袁晞//中国博物馆通讯1994-1
对六十个县级博物馆的调查报告/安廷山//中国博物馆通讯1994-1
《关于建立国家自然科学博物馆的必要性与可行性研究》课题组总结报告（节录）/《关于建立国家自然科学博物馆的必要性与可行性研究》课题组//中国博物馆1994-2
论文物的三价值说/彭捷//中国博物馆1994-2
西方精英文化形态的艺术收藏及其对现代艺术博物馆之意义/王晖//中国博物馆1994-2
地质博物馆发展方向的思考/袁润广//中国自然科学博物馆协会通讯1994-2
现代化与世界博物馆运动/严建强//中国博物馆1994-2
换一个角度，提几个问题/林子平//中国博物馆1994-2
论“县县办博物馆”/理智//中国博物馆1994-2
城市博物馆散点式布局的众多弊端（摘要）/王成//中国博物馆通讯1994-2
自然博物馆应在提高公众的环境意识中发挥作用（摘要）/张松龄//中国博物馆通讯1994-2
高科技进入了展览，疏远了观众（摘要）/柯笑春编译//中国博物馆通讯1994-2
高科技进入博物馆的反思（摘要）/柯笑春编译//中国博物馆通讯1994-2
自然博物馆的首要任务是加强环境教育/柯笑春编译//中国博物馆通讯1994-2
城市博物馆群有利于形成浓烈的博物馆文化氛围（摘要）/王成//中国博物馆通讯1994-2
并非所有遗址博物馆的环境给人们创造美好的感受/张行//中国博物馆通讯1994-2
中国科学博物馆在中国公众的科学技术信息源中的地位亟待上升（摘要）/李象益//中国博物馆通讯1994-3
如何改进我国自然科学博物馆的工作（摘要）/甄朔南//中国博物馆通讯1994-3
博物馆观众逃票现象透析/肖贵洞//中国博物馆通讯1994-3
强化社会文物意识把市（县）级博物馆工作推向新阶段/凌源市博物馆//中国博物馆1994-3
博物馆在环境教育中是可以大有作为的（摘要）/刘春萱//中国博物馆1994-4
博物馆与社区：一些需要澄清的模糊问题/〔法〕安德烈・德斯沃里斯//中国博物馆1994-4

博物馆——社区的一种社会机构/〔印度〕安妮塔·沙阿//中国博物馆1994-4
科学博物馆与社区/张泰昌//中国博物馆1994-4
考古遗址与博物馆/黄景略//中国博物馆1994-4
浅谈博物馆参观券/楼锡祜、孙永华//中国博物馆1994-4
自然博物馆面临的新任务（摘要）/曹克清//中国博物馆通讯1994-5
日本博物馆法/茂木雅博//中国博物馆通讯1994-5
日本《博物馆法》评介/亢宾//中国博物馆通讯1994-5
博物馆应从自身的存在中寻求转机和出路/王继红//中国博物馆通讯1994-6
有意、有趣、新颖——记“老少”博物馆夏令营/李莹//北京观察1994-6
博物馆：快步走向市场/甘俊//文化大世界1994-6
实事求是因地制宜辩证地处理好主副业关系/黄崇岳//中国博物馆通讯1994-7
遗址博物馆的特殊性/吴永琪、李淑萍、张文立//中国博物馆通讯1996-7
遗址博物馆的任务/吴永琪、李淑萍、张文立//中国博物馆通讯1996-7
加强博物馆的精品意识/马自树//中国博物馆通讯1996-7
博物馆公共关系研究包括四种类型（摘要）/〔荷〕汉·萨斯//中国博物馆通讯1994-8
博物馆可以被看作一种产品（摘要）//中国博物馆通讯1994-9
阻碍博物馆发展的主要原因是体制的束缚和结构的不合理（摘要）/甘俊//中国博物馆通讯1994-9
博物馆应大力加强自身宣传/曹欣欣//中国博物馆通讯1994-9
陕西历史博物馆与碑林博物馆/李西兴//陕西历史博物馆馆刊（一），三秦出版社1994年
浅谈陕西历史博物馆的设备管理/张腊梅//陕西历史博物馆馆刊（一），三秦出版社1994年
有朋自远方来——开馆以来重要接待记略/王彬//陕西历史博物馆馆刊（一），三秦出版社1994年
充分发挥博物馆的固有功能，努力探索“多业助文”之路/张晓军、张惠娟//博物馆学论丛（四），中州古籍出版社1994年
“祖根”博物馆与历史名人纪念馆体系——中原地区博物馆改革的几点思考/张新斌//博物馆学论丛（四），中州古籍出版社1994年
中小博物馆改革发展之路探索/孙明//博物馆学论丛（四），中州古籍出版社1994年
博物馆发展的内在逻辑/田凯//博物馆学论丛（四），中州古籍出版社1994年
如何提高博物馆的知名度/王瀛三//博物馆学论丛（四），中州古籍出版社1994年
提高博物馆的知名度浅议/金朝//博物馆学论丛（四），中州古籍出版社1994年
博物馆里的矛盾现象/朱世力//中国博物馆1995-1
博物馆改革中的效益观/王绵厚//中国博物馆1995-1
关于市场经济下博物馆生存问题的思考/刘潞//中国博物馆1995-1
私人博物馆与民间收藏/赵志刚//中国博物馆1995-1
南京博物院工作条例/徐湖平//中国博物馆1995-1
长沙博物馆事业发展及其对策/杜鼎华//中国博物馆1995-1
博物馆学会的性质/何洪源//中国博物馆通讯1995-1
观众的本能使观众本身就具有参与意识/周劲思//中国博物馆通讯1995-1
祝贺广西博物馆建立六十周年/吕济民//中国博物馆通讯1995-1
中国博物馆学会1994年大事记/燕//中国博物馆通讯1995-1
文物价值引论/彭捷//武汉文博1995-2
浅议博物馆馆标/秦晋庭//中国博物馆1995-2
也谈博物馆学会的任务/史吉祥//中国博物馆1995-2
河西博物馆事业与丝绸之路文化发展战略/李永平//中国博物馆1995-2
对深圳文博事业发展战略的几点思考/孙霄//中国博物馆1995-2
博物馆之所以是博物馆，就是人们希望在这里看到真实的东西/〔美〕安·明茨//中国博物馆通讯1995-2
科学普及是博物馆的重要使命/艾春初//中国自然科学博物馆协会通讯1995-2

建立贵州省镇山民俗博物馆之我见/张永吉//中国博物馆1995-3
湖南省开展文明博物馆的活动及其启发/侯良//中国博物馆1995-3
博物馆审计的基础理论与审计方法/王德贞//中国博物馆1995-3
试论博物馆的形象设计/刘文求//中国博物馆1995-3
探索自然博物馆的吸引力/华惠伦//中国博物馆1995-3
旧中国自贡盐业博物馆存亡述略/罗益章//中国博物馆1995-3
乘改革春风兴文博事业/洛阳市博物馆//中国博物馆通讯1995-3
真抓实干锐意进取开创博物馆工作的新局面/黄骅市博物馆//中国博物馆通讯1995-3
建设有中国特色的特区民族博物馆/海南省民族博物馆//中国博物馆通讯1995-3
文博工作的两个基本点/马自树//中国博物馆通讯1995-3
西安碑林初创时期若干问题的再探讨/路远//文博1995-3
博物馆如何面对社会主义市场经济大潮的冲击和挑战/李洪海//中国博物馆通讯1995-3
博物馆家族的新成员——记关于遗址博物馆学的一次学术沙龙活动/田静//秦陵秦俑研究动态1995-3
民俗博物馆论要/杨文龙//中国博物馆1995-4
故宫沧桑/吕济民//中国博物馆1995-4
内蒙古的文博事业正在走向世界/赵芳志//中国博物馆1995-4
建立淄博市博物馆网络和文物旅游中心的设想/张光明//中国博物馆1995-4
对绍兴博物馆事业发展及其对策的思考/高军//中国博物馆1995-4
博物馆与文化传递/林子平//中国博物馆1995-4
重视博物馆自身存在的价值/盘福东//中国博物馆1995-4
博物馆如何走向市场初探/史海波、李铁柱//中国博物馆1995-4
传统工艺研究与传统工艺博物馆/梁太鹤//中国博物馆1995-4
谈博物馆的整体形象设计/富君//中国博物馆1995-4
科技馆经济困难是市场发育不完善造成的/王恒//中国博物馆通讯1995-4
赞助单位的名字只能注在博物馆宣传海报的一角/刘军文//中国博物馆通讯1995-4
德国人与博物馆/夏治沔//中国博物馆通讯1995-4
沛县博物馆促进《文物保护法》落实到农村的做法/张艳华//中国博物馆通讯1995-4
复印机在博物馆运用的问题及对策/李加林、肖贵洞//中国博物馆通讯1995-4
把握机遇，迎接挑战，探索博物馆事业发展新思路/广州博物馆//中国博物馆通讯1995-4
弘扬主旋律，形成自身的良性循环/成都武侯祠博物馆//中国博物馆通讯1995-4
让历史文化大放异彩/法门寺博物馆//中国博物馆通讯1995-4
艰苦创业开拓进取/桐城县博物馆//中国博物馆通讯1995-4
考古遗迹是潜在的地下博物馆/黄景略//中国博物馆通讯1995-5
建立西藏博物馆在当今社会中的意义/卫国//中国博物馆通讯1995-5
深化改革，把社会教育基地建设好/翠亨孙中山故居纪念馆//中国博物馆通讯1995-5
发展博物馆事业为社会主义现代化建设服务/长沙市博物馆//中国博物馆通讯1995-5
博物馆的观察与思考/吕济民//文物工作1995-5；中国博物馆史论，紫禁城出版社2004年
“双休日”给博物馆带来新机遇//中国博物馆通讯1995-6
开拓进取，深入开展社会教育/安源路矿工人运动纪念馆//中国博物馆通讯1995-6
我们是怎样办好萧红故居纪念馆的/萧红故居纪念馆//中国博物馆通讯1995-6
丁关根同志谈博物馆/刘昫华、刘卫华//中国博物馆通讯1995-7
张謇·状元·博物馆/吕济民//文化月刊1995-8
博物馆学作为社会科学应从三个方面加以考察/〔挪威〕马克利·莫里//中国博物馆通讯1995-8
墨西哥国立博物馆和古迹周末不收费/张金江//中国博物馆通讯1995-8
边远地区博物馆工作浅议/申静//中国博物馆通讯1995-8
建立博物馆发展基金的思考/王明利//中国博物馆通讯1995-8

博物馆效益如何实现/丁步宁//光明日报1995-8-8
新建博物馆吸引观众乏力/程京生//中国博物馆通讯1995-9
什么是博物馆的精神/陈国宁//中国博物馆通讯1995-10
国际博协第18次会议全体大会决议第一号：博物馆与社区//中国博物馆通讯1995-10
国际博协第18次会议全体大会决议第二号：在武装冲突期间对文化财产的保护//中国博物馆通讯1995-10
国际博协第18次会议全体大会决议第三号：文化遗产的自然和法律保护立法协约//中国博物馆通讯1995-10
国际博协第18次会议全体大会决议第四号：博物馆培训和全球环境意识//中国博物馆通讯1995-10
国际博协第18次会议全体大会决议第五号：关于信息技术的开发//中国博物馆通讯1995-10
国际博协第18次会议全体大会决议第六号：关于核武器试验//中国博物馆通讯1995-10
洛川民俗博物馆建设中的思考/段双印、郝树英//中国博物馆通讯1995-10
建设有民族特色的鄂尔多斯博物馆//中国博物馆通讯1995-10
我们是怎样保护和利用革命旧址来作为传统教育阵地的/毕节地区博物馆//中国博物馆通讯1995-10
努力开拓我县文博事业发展的新路子/青海湟源县博物馆//中国博物馆通讯1995-10
博物馆冷落的忧思/赵化南//人民日报1995-10-18
星期天，博物馆能免费参观吗？/程京生//光明日报1995-10-18
物质文明发展水平愈高，文博事业将愈发展/古为勉//中国博物馆通讯1995-11
展示民俗要尊重民俗文化本身/杨文龙//中国博物馆通讯1995-12
不能简单地把博物馆推向市场/赵化南//中国博物馆通讯1995-12
月末的星期天可以免费参观/程京生//中国博物馆通讯1995-12
充分挖掘文物藏品的内涵是提高陈列展览的关键之一/丁步宁//中国博物馆通讯1995-12
关于我国文博工作改革的几点设想和建议/徐湖平//中国博物馆通讯1995-12
要重视塑造博物馆员工的形象美/梅可锐//中国博物馆通讯1995-12
博物馆需要心理学/宋伯胤//陕西历史博物馆馆刊（二），三秦出版社1995年
长江三峡博物馆建设规划（第一方案）/课题组//中国博物馆1996-1
科技馆效益的评估/艾全生//中国博物馆1996-1
美国康宁玻璃博物馆抗灾计划/陆琼编译//中国博物馆1996-1
论苏州丝绸博物馆的生命力/钱小萍//中国博物馆1996-1
北京博物馆事业的历史及现状/傅公钺//中国博物馆1996-1
明代西安碑林、文庙及府县三学整修述要/路远//文博1996-1
博物馆最大的困难不仅仅是缺钱也许是管理水平太低、人员素质太差/吕济民//中国博物馆通讯1996-1
应该把博物馆作为特殊情报产业来办/刘伟东//中国博物馆通讯1996-1
什么是中国特色的现代美术博物馆/杨力舟//中国博物馆通讯1996-1
博物馆集趣/苏文//秦陵秦俑研究动态1996-1
宋金时期京兆文庙“七贤堂”考/路远//文博1996-2
试论邮类博物馆/秦晋庭//中国博物馆1996-2
休闲娱乐：博物馆一项被隐没的重要功能/王恒、朱幼文//中国博物馆1996-2
改变灌输观念是博物馆观念改革的关键/程正辉//中国博物馆1996-2
六十年来重庆文博事业发展概述/胡昌健//中国博物馆1996-2
山西省博物馆七十六年简记/晋博文//中国博物馆1996-2
袁希洛与我国创办革命纪念馆的最早尝试/邹佩丛//中国博物馆1996-3
国外纪念馆值得借鉴的一些做法/王成//中国博物馆1996-3
博物馆文化初探/刘洪//中国博物馆1996-3
呼伦贝尔盟三级民族博物馆事业发展探索/鄂・苏日台//中国博物馆1996-3
精神文明建设与博物馆/本刊编辑部//中国博物馆1996-3
不要把村寨博物馆与露天博物馆混为一谈/苏东海//中国博物馆通讯1996-3
大学博物馆的使命与功能/张誉腾//博物馆学季刊1996-3

国际博协五十年/〔英〕帕特里克·波依兰//联合国教科文组织国际博物馆1996-3
耀州窑博物馆创建碑记/陈双全//文博1996-3
试论我国高校博物馆的功能与发展/高荣斌//中国博物馆1996-4
关于博物馆改革的几点思考/刘佐鸣//中国博物馆1996-4
筹建重庆民族民俗博物馆的设想/杨明//中国博物馆1996-4
建设具有特色充满活力的珠海特区博物馆/肖一亭//中国博物馆1996-4
雍和宫皇家佛教博物馆的性质和特色/黄崇文//中国博物馆1996-4
珠江三角洲博物馆事业的发展战略/张建雄//中国博物馆1996-4；文博青年论丛（第二辑），北京图书馆出版社1997年
博物馆的热潮与忧患/吕济民//文物工作1996-5；中国博物馆史论，紫禁城出版社2004年
博物馆应多注意表现当代人的生活/单霁翔//中国博物馆通讯1996-6
“多种智能理论”在博物馆学习中的应用/〔美〕杰西卡·戴维斯、霍华德·加德纳著辛得译//中国博物馆通讯1996-6
一九九五年全个博物馆简况/国家文物局计财处//中国博物馆通讯1996-6
发挥自然科学类博物馆群体效应的一次有益尝试/楼锡祜//中国博物馆通讯1996-6
博物馆的春讯/苏东海//中国文物报1996-6-23
春天的脚步声已经临近了博物馆/苏东海//中国博物馆通讯1996-7
身临其境：博物馆新技术提供的新体验/John C.Stickler//中国博物馆通讯1996-7
新时期新体制下的博物馆布局/余玉龙//中国文物报1996-8-11
建立贵州龙博物馆的思考/黄理中//中国博物馆通讯1996-8
认真谨慎地调整博物馆布局/余玉龙//中国博物馆通讯1996-9
国际博协的昨天与今天/吴兰平编译//中国博物馆通讯1996-10
沁阳博物馆是怎样更新观念抓住机遇开拓博物馆新局面的/李建兴//中国博物馆通讯1996-10
试论沂蒙地区博物馆事业的发展与建设/冯沂//中国博物馆通讯1996-10
国际博协五十年/帕特里克·博伊兰著，辛得译//中国博物馆通讯1996-11
本溪市博物馆是如何通过奋斗解决馆舍问题的/孟秀艳//中国博物馆通讯1996-11
略论建设中国特色现代美术博物馆/杨力舟//中国文化报1996-11-15
困境与出路——西北博物馆发展的思考/林健、孙玮//中国博物馆通讯1996-12
文博系统中人事管理中引入竞争机制的几点看法/于子勇//中国博物馆通讯1996-12
论博物馆的经济效益/李彦平、周鼎安//陕西历史博物馆馆刊（三），三秦出版社1996年
浅论博物馆的社会功能/杨冰//民族学与博物馆学，云南民族出版社1996年
关于提高博物馆参观率的思考/余鸣//民族学与博物馆学，云南民族出版社1996年
建立南京博物馆体系的设想/魏正瑾//太平天国历史博物馆建馆四十周年论文集，江苏教育出版社1996年
试论博物馆的出路与财政/魏正瑾//太平天国历史博物馆建馆四十周年论文集，江苏教育出版社1996年
祝贺安徽省博物馆建馆四十周年/吕济民//中国博物馆1997-1
博物馆对外宣传中的公共关系/陆建松//中国博物馆1997-1
博物馆宣传手段探析/赵继敏//中国博物馆1997-1
论博物馆引力/陈雄飞//中国博物馆1997-1
遗址类型研究/孙霄//中国博物馆1997-1
建立三峡民族民俗博物馆之我见/赵冬菊//中国博物馆1997-1；三峡文化研究丛刊2003-4；辛勤耕耘：宜昌博物馆二十年纪念文集，科学出版社2002年
浅议博物馆的售票方式/赵幼强//中国博物馆通讯1997-1
全国部分自然科学类博物馆、科技馆建筑面积、展厅面积、近年接待观众量数据统计/朱幼文//中国博物馆通讯1997-1
中国博物馆学会一九九六年大事记/小宁//中国博物馆通讯1997-1
建设一座与青岛市发展相适应的现代化的博物馆的思考/钟树棠//中国博物馆1997-2

博物馆馆际联系的方式与作用/许俊平//中国博物馆1997-2
建立一支政治强、业务精、作风正的高素质的文博队伍//中国博物馆通讯1997-2
国际博协职业道德规定博物馆不得征集非法物品//中国博物馆通讯1997-2
国际博协职业道德准则对博物馆工作人员私人收藏的道德要求//中国博物馆通讯1997-2
大学毕业生要先当讲解员/张文彬//中国博物馆通讯1997-2
沁阳市博物馆“送展下乡”的体会/张红军//中国博物馆通讯1997-2
博物馆的售票房与售票员工作/唐碧桃//中国博物馆通讯1997-2
试论以新的馆力评价博物馆/杨海峰//北方文物1997-2
博物馆展示的评估/甄朔南//中国自然科学博物馆通讯1997-2
互联网络给博物馆带来的机遇和挑战/王幼文//中国自然科学博物馆通讯1997-2
博物馆形象刍议/郭荣辉//中国博物馆1997-3
中国科技馆事业发展的关键时刻/王恒、朱幼文//中国博物馆1997-3
试谈我国高校博物馆的特点/周晓陆、徐燕//中国博物馆1997-3
企业赞助与博物馆再发展/陆建松//中国博物馆1997-3
目的感：重新思考博物馆的价值及其策略/〔英〕斯图亚特·戴维斯著，杨淑琴译//中国博物馆1997-3
文物工作在新时期面临的新问题/李铁映//中国博物馆通讯1997-3
变迁中的大学博物馆/胡家瑜//博物馆学季刊1997-3
关于私人建立博物馆的几点思考/李文昌//中国博物馆通讯1997-3
大葆台西汉墓博物馆模拟考古活动的作法和实效/张蓉华//中国博物馆通讯1997-3
新时期博物馆发展的几点思考/蔡传德//无锡文博1997-3
中外体育博物馆发展现状的比较研究/王军//中国博物馆1997-4
为什么文物工作者不能买卖文物//中国博物馆通讯1997-4
如何建立博物馆的拥护群/吴佩修//中国博物馆通讯1997-4
中国文物博物馆工作人员职业道德准则//中国博物馆通讯1997-5
文博事业是超前的事业/苏东海//中国博物馆通讯1997-5
博物馆振兴施策概要/〔日〕生涯学习局社会教育科//中国博物馆通讯1997-5
美国高校博物馆学课程建设/辛得编译//中国博物馆通讯1997-5
宁夏博物馆的反思和探索/刘建安、马以慰//中国博物馆通讯1997-5
中国农业博物馆是怎样进行环境保护宣传的/张玉通//中国博物馆通讯1997-5
试论红军标语的保护价值兼谈筹建红军标语博物馆的设想/刘少云//中国博物馆通讯1997-6
推行博物馆特色的承诺制/肖贵洞//中国博物馆通讯1997-6
艺术类遗址在遗址类应该单列/孙霄//中国博物馆通讯1997-6
20世纪前半期中国民族文物搜集与民族学博物馆建设/王建民//陕西历史博物馆馆刊（四），西北大学出版社1997年
张文彬谈“精品工程”//中国博物馆通讯1997-7
莱州市博物馆难中求发展/汪小梅//中国博物馆通讯1997-7
青海博物馆发展的一点思考/申静//中国博物馆通讯1997-7
将家庭馆藏融入群众性精神文明建设之中/韦清//中国博物馆通讯1997-7
作为公共论坛的博物馆/〔英〕肯尼斯·赫德森著，辛得译//中国博物馆通讯1997-8
瑞金中央革命根据地纪念馆提出“四性”原则，加强基地建设的做法/亮辉、胜桢、刘亮//中国博物馆通讯1997-8
我们为什么要办油印机博物馆/武汉高能公司//中国博物馆通讯1997-8
宁波博物馆发展思考/陈万丰//中国博物馆通讯1997-9
学习初级阶段论深化对博物馆经济效益的认识/苏东海//中国文物报1997-9-28
在北京第一百座博物馆开放揭幕仪式上的讲话/董保华//中国博物馆通讯1997-10
民族博物馆首先应多设在汉族地区/吴泽霖//中国博物馆通讯1997-10

博物馆展示的评估要分三步走/甄朔南//中国博物馆通讯1997-10
计算机系统不能代替博物馆的真切感受，但能扩充传播的内容和空间/王幼文//中国博物馆通讯1997-10
博物馆文书档案的立卷工作/吴桂香//中国博物馆通讯1997-10
应对半坡遗址博物馆进行更高的历史评价/苏东海//中国文物报1997-10-19；博物馆的沉思——苏东海论文选（卷三），文物出版社2006年
故宫博物院就是邓小平理论的受益者之一/单士元//中国博物馆通讯1997-11
制约着博物馆事业活跃、兴旺、制约着博物馆社会效益充分发挥的瓶颈在于经济/苏东海//中国博物馆通讯1997-11
开罗埃及博物馆计划/安跃华//中国博物馆通讯1997-11
小型博物馆在保存生物多样性上能起作用吗/彼德・戴维斯//中国博物馆通讯1997-11
博物馆与都市旅游业/陆建松//探索与争鸣1997-11
建立完善的博物馆票务制度/楼锡祜//中国博物馆通讯1997-12
儿童与博物馆/周明//中国博物馆通讯1997-12
从文化人类学看博物馆材料/宋伯胤//陕西历史博物馆馆刊（四），西北大学出版社1997年
论西北五省区博物馆的优势互补和协作交流/刘建安//陕西历史博物馆馆刊（四），西北大学出版社1997年
浅谈亟待加强的博物馆立法工作/赵明远//文博青年论丛（第二辑），北京图书馆出版社1997年
把握历史机遇实施精品战略的新思路/李丽雅//文博青年论丛（第二辑），北京图书馆出版社1997年
关于文博事业自身发展的几点思考/孙毓梅//文博青年论丛（第二辑），北京图书馆出版社1997年
把握重点寻求突破点加快安徽文物资源开发利用步伐/叶新琮//文博青年论丛（第二辑），北京图书馆出版社1997年
试谈博物馆如何走出困顿/申献友//文博青年论丛（第二辑），北京图书馆出版社1997年
电化教育在博物馆中的应用/吴斌//文博青年论丛（第二辑），北京图书馆出版社1997年
区域文化与博物馆/冯贺年//文博青年论丛（第二辑），北京图书馆出版社1997年
厦门特区博物馆事业未来15年的发展构想/刘晓斌//文博青年论丛（第二辑），北京图书馆出版社1997年
浙江省博物馆事业发展战略研究/沈坤荣//文博青年论丛（第二辑），北京图书馆出版社1997年
困境与出路——西北博物馆发展的思考/林健、孙玮//文博青年论丛（第二辑），北京图书馆出版社1997年
渭城文博发展规划构想/马先登//文博青年论丛（第二辑），北京图书馆出版社1997年
关于济南市文博事业发展的若干构想/房道国//文博青年论丛（第二辑），北京图书馆出版社1997年
南阳博物馆事业发展刍议/刘绍明//文博青年论丛（第二辑），北京图书馆出版社1997年
浅论珠江三角洲博物馆事业的发展战略/张建雄//文博青年论丛（第二辑），北京图书馆出版社1997年
非民族民俗博物馆也应加强民族民俗文物工作/赵冬菊//中国博物馆1998-1；中国博物馆通讯1998-6
由博物馆观念转变谈库房功能多元化/张淑梅//中国自然科学博物馆协会通讯1998-1
大力弘扬中华魂是文博工作的根本任务/姚景洲、孔令远//文物工作1998-1；中国博物馆通讯1998-5
博物馆精品战略的思考/黄定平//中国博物馆通讯1998-1
沧桑七十载辉煌看今朝——新落成的河南博物院历史与现状写真/张勇//开封文博1998-1、1998-2
谈非民族民俗博物馆的民族民俗文物工作/赵冬菊//中国博物馆1998-2；辛勤耕耘：宜昌博物馆二十年纪念文集，科学出版社2002年
智能建筑在上海博物馆/祝敬国//中国博物馆1998-2；中国博物馆通讯1998-5
博物馆拒绝停止不前/肯尼斯・赫德森//中国博物馆1998-2
博物馆——过去・现在・未来/〔美〕奥尔多・安特・桑德尔著，党焕英译//秦陵秦俑研究动态1998-2
教育应该是终身的/孙松滨//学术交流1998-2；中国博物馆通讯1998-8
博物馆亟待变革的三个难题/潘林荣//中国博物馆通讯1998-2
我国至今没有音乐博物馆是令人忧虑的/李华//中国博物馆通讯1998-2
让现代科技走进博物馆/蔡理华//中国博物馆通讯1998-2
对绍兴博物馆事业发展及其对策的思考/高军//中国博物馆1998-3
博物馆外环境浅议/杜洪君、张文立//无锡文博1998-3
遗址博物馆建设的新尝试——秦俑博物馆近年来的建设/文笑//秦陵秦俑研究动态1998-3

试论专业博物馆的现代化/钟长永、周远明//中国博物馆1998-3
博物馆也要实行减员增效//中国自然科学博物馆协会通讯1998-3；中国博物馆通讯1999-2
大足石刻艺术博物馆宣传和贯彻《文物保护法》的做法/杨方冰//中国博物馆通讯1998-3
怎样写博物馆学的论文/甄朔南//中国自然科学博物馆协会通讯1998-3；甄朔南博物馆学文集，中国大百科全书出版社2004年
博物馆与社区的发展——兼论美国两座博物馆/罗欣怡//博物馆学季刊1998-4
浅谈鄂伦春民族博物馆的发展/田刚//中国博物馆通讯1998-4
自贡市盐业历史博物馆努力探索事业发展新机制/周远明//中国博物馆通讯1998-4
博物馆被推向市场后的压力/〔英〕凯文·穆尔//博物馆研究1998-4；中国博物馆通讯1999-4
架起博物馆与旅游业沟通的桥梁/米拉格罗·戈迈兹·德布拉维亚//国际博物馆通讯1998-4；中国博物馆通讯1999-5
私人与企业办博物馆问题的思考/甄朔南//中国博物馆1998-4；甄朔南博物馆学文集，中国大百科全书出版社2004年
走政府与社会多渠道办馆的道路/苏东海//中国博物馆通讯1998-6
加强少数民族文物的研究//中国博物馆通讯1998-6
库房也应成为博物馆教育场地/张淑梅//中国博物馆通讯1998-6
当前博物馆学研究的三大课题/张文立//中国文物报1998-7-19；中国博物馆通讯1998-8
纪念馆如何提高观众率/李啸//中国文物报1998-7-26；中国博物馆通讯1998-8
加强民族文物珍品的研究/杨仲英、吕洪年//中国博物馆通讯1998-8
博物馆如何出精品/栾兆鹏//中国博物馆通讯1998-9
1997年度国家文物系统博物馆简况/国家文物局综合司//中国博物馆通讯1998-9
博物馆是抢救民族文物的龙头/李宏复//中国博物馆通讯1998-9
缅怀毛主席视察安徽省博物馆/吕济民//中国文物报1998-9-9
反映社会贴近生活/李晖//中国文物报1998-9-9
毛主席视察安徽省博物馆发表的指示的意义在哪里/吕济民//中国博物馆通讯1998-10
毛主席赞扬安徽省博物馆的一个主要原因就是当时的安徽省博成了那个时代"新安徽的缩影"/李晖//中国博物馆通讯1998-10
毛主席关于博物馆重要讲话的再学习/朱世力//中国博物馆通讯1998-10
教育基地必须要加强宣传/吕才良//中国博物馆通讯1998-10
博物馆为何增加了商业行为/肯尼斯·赫德森//中国博物馆通讯1998-11
筹建抗灾博物馆刍议/肖贵洞//中国博物馆通讯1998-11
实施文物"精品工程"有利于文博事业发展，有利于精神文明建设/梅可锐//中国博物馆通讯1998-12
关于博物馆捐赠/苏东海//中国文物报1998-12-20、1998-12-21；博物馆的沉思——苏东海论文选（卷二），文物出版社2006年
全国博物馆馆藏总量年净增量逐年下降/苏东海//中国文物报1998-12-20；中国博物馆通讯1999-1
民间博物馆的发展与规范/吕济民//北京博物馆学会第二届学术会议论文集，经济日报出版社1998年；中国博物馆史论，紫禁城出版社2004年
中国人最早见到的西方博物馆是美国博物馆/苏东海//博物馆的沉思（卷一），文物出版社1998年
与国际博协博物馆学委员会主席马丁·施尔对话录/苏东海//博物馆的沉思（卷一），文物出版社1998年
关于博物馆科研、展陈、创收一体化的认识与实践/夏明明//北京博物馆学会第二届学术会议论文集，经济日报出版社1998年
把我国博物馆事业办成第四产业中充满活力的行业/于延俊//北京博物馆学会第二届学术会议论文集，经济日报出版社1998年
浅谈博物馆群体中高校博物馆的作用与地位/韩国军、何述章//北京博物馆学会第二届学术会议论文集，经济日报出版社1998年
发展有北京特色的博物馆事业/傅公钺//北京博物馆学会第二届学术会议论文集，经济日报出版社1998年

浅谈县级博物馆的发展策略/祝自祥//北京博物馆学会第二届学术会议论文集，经济日报出版社1998年
公益事业型博物馆的经济活动/唐烽//北京博物馆学会第二届学术会议论文集，经济日报出版社1998年
遗址博物馆的建设与发展/张文生//北京博物馆学会第二届学术会议论文集，经济日报出版社1998年
从中外体育博物馆的发展现状探索新时期我国体育博物馆的发展方向/王军//北京博物馆学会第二届学术会议论文集，经济日报出版社1998年
浅谈新时期博物馆的生存与发展/马法柱//北京博物馆学会第二届学术会议论文集，经济日报出版社1998年
科学博物馆发展的新趋势/王恒、宋幼文//北京博物馆学会第二届学术会议论文集，经济日报出版社1998年
知识经济时代与博物馆/艾全生、林立//北京博物馆学会第二届学术会议论文集，经济日报出版社1998年
颐和园博物馆工作研究与探讨/翟小菊//北京博物馆学会第二届学术会议论文集，经济日报出版社1998年
对深圳全市博物馆群体未来发展的思考/孙霄、黄崇岳//深圳博物馆开馆十周年纪念文集，中华书局1998年
遗址博物馆建设刍议/张学海//史前研究1958～1998年：西安半坡博物馆成立四十周年文集，三秦出版社1998年
“遗址博物馆学”疏义/张文立//史前研究1958～1998年：西安半坡博物馆成立四十周年文集，三秦出版社1998年
遗址博物馆可持续发展战略初探——兼对半坡博物馆持续发展的几点思考/孙霄//史前研究1958～1998年：西安半坡博物馆成立四十周年文集，三秦出版社1998年
四十年成果喜人跨世纪再创辉煌——喜庆西安半坡博物馆建馆40周年/魏光//史前研究1958～1998年：西安半坡博物馆成立四十周年文集，三秦出版社1998年
忆昨天思今天望明天——献给西安半坡博物馆的“不惑”之年/魏世刚//史前研究1958～1998年：西安半坡博物馆成立四十周年文集，三秦出版社1998年
浅议遗址博物馆馆名/李润泉、孙霄//史前研究1958～1998年：西安半坡博物馆成立四十周年文集，三秦出版社1998年
浅析博物馆门票的价格与价值/岳莉莎//史前研究1958～1998年：西安半坡博物馆成立四十周年文集，三秦出版社1998年
发展博物馆事业之我见/徐芳//史前研究1958～1998年：西安半坡博物馆成立四十周年文集，三秦出版社1998年
博物馆固定资产管理工作的创新与发展/杨少君//深圳博物馆开馆十周年纪念文集，中华书局1998年
知识经济对中国自然史博物馆的挑战与机遇/甄朔南//21世纪自然科学博物馆文集，中国自然科学博物馆协会出版，1998年；甄朔南博物馆学文集，中国大百科全书出版社2004年
博物馆与城市文化生态平衡/刘卫华//中国博物馆1999-1
英国博物馆协会草拟新的博物馆定义/宋向光编译//中国博物馆通讯1999-1
博物馆与地域经济的思考/马志刚//中国博物馆通讯1999-1
建立新疆军垦博物馆体系的构想/刘宁、郭婧//中国博物馆通讯1999-1
博物馆竞争的目标就是观众/程雪鸥//中国自然科学博物馆通讯1999-1；中国博物馆通讯1999-6
你真正了解什么是博物馆吗——从1989年国际博协给博物馆下的定义谈起/甄朔南//中国自然科学博物馆协会通讯1999-1；甄朔南博物馆学文集，中国大百科全书出版社2004年
耕耘在博物馆的土地上——记博物馆学家甄朔南/王钰//大自然1999-1；甄朔南博物馆学文集，中国大百科全书出版社2004年
加强文物、博物馆单位的财务会计管理/理丰//中国博物馆通讯1999-2
中国茶叶博物馆与日本金谷町茶之乡博物馆建立友好关系/中国茶叶博物馆//中国博物馆通讯1999-2
北京博物馆事业二十年取得大飞跃/傅公钺//中国博物馆通讯1999-2
上海博物馆事业二十年成就辉煌/张自成、朱威//中国博物馆通讯1999-2
河北文物事业二十年大发展/冯朝晖、王莉//中国博物馆通讯1999-2
内蒙古文博事业二十年硕果累累/旭红、王大方//中国博物馆通讯1999-2
辽宁文博事业二十年获长足发展/郭桂香、杨帆、吴炎亮//中国博物馆通讯1999-2
关于高校博物馆现状与发展的思考/昝淑芹、金利勇、续颜//中国博物馆1999-2
中国博物馆学会高等学会博物馆专业委员会上的发言/甄朔南//中国自然科学博物馆协会通讯1999-2；甄朔南博物馆学文集，中国大百科全书出版社2004年

大学博物馆的历史、现状与未来——1999年6月7日在中国博物馆学会高等学会博物馆专业委员会上的发言/甄朔南//中国自然科学博物馆协会通讯1999-2；甄朔南博物馆学文集，中国大百科全书出版社2004年
美育，博物馆一项值得重视的功能/刘卫华//中国博物馆1999-3
博物馆的公众形象正在改变/刘卫华//中国博物馆通讯1999-3
博物馆具有调节城市文化生态平衡的杠杆性作用/刘卫华//中国博物馆通讯1999-3
西柏坡纪念馆是怎样实施人才战略的/白元达//中国博物馆通讯1999-3
浅谈博物馆发展问题/刘佐鸣//北方文物1999-3
博物馆要体现科学精神与人文精神/甄朔南//中国博物馆1999-4；甄朔南博物馆学文集，中国大百科全书出版社2004年
中外体育博物馆发展现状的比较研究/王军//中国博物馆1999-4
文物消失论/苏东海//中国文物报1999-4-28；博物馆的沉思——苏东海论文选（卷二），文物出版社2006年
博物馆与旅游：文化和消费/〔墨西哥〕雅尼・赫瑞曼著，宋向光译//中国博物馆通讯1999-5
政府机构改革，行业博物馆怎么办/史习良//中国博物馆通讯1999-5
高校博物馆应走向社会/昝淑芹、金利勇、续颜//中国博物馆通讯1999-6
试论旅游业与博物馆事业的关系/刘冬冰//中国博物馆通讯1999-6
美国博物馆面临的挑战、机遇与对策/辛得编译//中国博物馆通讯1999-8
连云港市博物馆拓宽办馆思路的几种做法/骆名楠//中国博物馆通讯1999-8
博物馆应该重视回头客/楼锡祜//中国博物馆通讯1999-8
怎样让观众得到"发现的快乐"/孙丹年//中国博物馆通讯1999-8
1998年度国家文物系统博物馆简况/国家文物局综合司//中国博物馆通讯1999-10
博物馆代表一个国家的文明程度/金维诺//中华读书报1999-10-27
中国博物馆世纪末的遗憾/苏东海//中国博物馆通讯1999-11
博物馆在美育方面的优势/刘卫华//中国博物馆通讯1999-11
博物馆里人越多，参观的质量越低/陆琼//中国博物馆通讯1999-11
当代美国博物馆面临的挑战和应对措施/〔美〕史珏俪著，宋向光译//中国博物馆通讯1999-11
论民族传统文化展示与民族博物馆/李月英//民族博物馆论文集，云南民族出版社1999年
云南民族博物馆建设回顾/杨维昆//民族博物馆论文集，云南民族出版社1999年
民族民俗旅游文化与民族博物馆/杨冰//民族博物馆论文集，云南民族出版社1999年
浅谈运动镜头在文物摄影中的运用和体会/刘万虹//陕西历史博物馆馆刊（六），陕西人民教育出版社1999年
我对遗址博物馆特征的概括/苏东海//遗址博物馆学概论，陕西人民出版社1999年；博物馆的沉思——苏东海论文选（卷二），文物出版社2006年
日常生活中的"看"与博物馆中的"观察"/〔英〕M.C.奥尼尔、C.D.特丝著，成建正译//碑林集刊（五），陕西人民美术出版社1999年
对文物和文物意识的哲学思考/沈庆林//中国博物馆2000-1
我国文博事业发展水平综合评估指标体系的初步构建/董贻安//中国博物馆2000-1
当代文化背景中的博物馆/俞剑咏、曹锦炎、蔡琴//中国博物馆2000-1
中国历史博物馆图书馆未来构想/周丹//中国博物馆2000-1
青岛市博物馆改革内部机制的实践与思考/阎立津、王莉//中国博物馆通讯2000-1
韶山毛泽东同志纪念馆改馆工作的总体设想/萧国梁//中国博物馆通讯2000-1
基层博物馆建设目标之我见/祁秀莲//中国博物馆通讯2000-1
新编地方志与历史博物馆的关系/卜穗文//中国博物馆通讯2000-1
甘肃省博物馆'99工作要览/卢冬//陇右文博2000-1
文博与旅游关系的演进及发展对策/苏东海//中国文物报2000-1-26；中国博物馆通讯2000-3；中国博物馆2000-4；博物馆的沉思——苏东海论文选（卷三），文物出版社2006年
富有开创性成果的馆庆系列活动/李耀申、蔡琴//中国博物馆通讯2000-2
文物与旅游和谐发展的探索/汤阴县外事文物旅游局//中国博物馆通讯2000-2

开封博物馆再发展的思考与探索/刘顺安//中国博物馆通讯2000-2
筹办澳门林则徐纪念馆的体会/黎丽明//中国博物馆通讯2000-2
泉州海外交通史博物馆在地域文化中的运用/陈丽华//中国博物馆2000-2
秦俑博物馆建设的新尝试/蒋文孝//中国博物馆2000-2
论博物馆语言及研究：博物馆语言概论之一/黄定平//博物馆研究2000-2
河北省文物商店改建博物馆的实践与思考/谷同伟//文物春秋2000-2
人文科学和博物馆：定义和联系/〔美〕Russel B Nye著，梁晓燕译//中国博物馆2000-3
近现代外国文物研究初探/王南//中国博物馆2000-3
郑振铎夏鼐苏秉琦关于筹备文物局致王天木信札五通/木南、李强整理//中国博物馆2000-3
发展西部博物馆的战略思考/苏东海//中国博物馆2000-3；博物馆的沉思——苏东海论文选（卷三），文物出版社2006年
《重庆文化遗产战略总体规划》的理论探讨/吴涛//中国博物馆2000-3
充分发挥文物资源在珠江三角洲文化事业现代化中的作用/董红、刘炳元//中国博物馆2000-3
上海发展行业博物馆初探/王仁波、施彤、周丽中//中国博物馆2000-3
马克思主义社会意识观对文物工作指导意义的思考/曹砚农//中国博物馆2000-3
试从定位理论看博物馆的存在问题/张慧红//博物馆研究2000-3
博物馆建设重在开拓创新精神/李文儒、叶春、李耀申//中国博物馆通讯2000-3
近现代文物的特征/沈庆林//中国博物馆通讯2000-3
博物馆收藏与社会资源的关系/曾信杰//博物馆学季刊2000-4
试论博物馆的礼仪/赵幼强//中国博物馆2000-4
从上海市少儿博物馆论我国少儿博物馆的发展/张慧红、刘旭光//中国博物馆2000-4
关于唐墓壁画馆的建设构想/翟战胜、张沛心//中国博物馆2000-4
博物馆“非营利”机构性质谈/宋向光//中国博物馆2000-4
博物馆内在形象建设的思考/侯八五//中国博物馆2000-4
社会、博物馆和女人/普林斯、王宇//博物馆研究2000-4
提供体验：博物馆全部财富的营销/科特勒、宋向光//博物馆研究2000-4
学院的领导权与自然历史博物馆/伯尼・埃著，左斌译//博物馆研究2000-4
自然历史博物馆家庭观众行为分析/福尔・约著，张秀春译//博物馆研究2000-4
博物馆宣传报道要持之以恒/喻少柏//中国博物馆通讯2000-4
边发掘边参观是独特的展出形式/蒋文孝//中国博物馆通讯2000-4
中国应有世界性的美术馆/金维诺//中国博物馆通讯2000-4
试论在社会主义市场经济条件下博物馆事业的发展之路/李吉树//文物春秋2000-4
市场经济下博物馆多元化筹资的思考/李宏杰//文物春秋2000-4
谈综合性博物馆的发展趋势/周筠//文物春秋2000-4
关于博物馆事业可持续发展战略的几点构想/许潞梅//文物春秋2000-4
浅谈博物馆的立体发展/王荣娟//文物春秋2000-4
抗战前河北省博物馆事业发展概况/刘丽君//文物春秋2000-4
博物馆人急需加强公关意识/李鑫//文物春秋2000-4
向公众展示博物馆的魅力——二十一世纪博物馆信息传播特色初探/李兆群//东南文化2000-4
考古遗址博物馆的魅力——写在“5・18”国际博物馆日/欧潭生//福建日报2000-5-19
浅谈市县级博物馆的建设/宋建民//四川文物2000-6
学生有了自由，博物馆才有了这块市场/苏东海//中国博物馆通讯2000-6
旅游业与博物馆业的融合与发展/张天玉//中原文物2000-6
孙吴县发动群众参与推进文博事业的思考/杨柏林、何万明//中国博物馆通讯2000-6
“国际博物馆日”湖北省博物馆参观“火爆”的分析/喻少柏//中国博物馆通讯2000-6
旅游影响下的博物馆特性之探索/尼尔森・格莱本著，李华译//中国博物馆通讯2000-6

第17届国际博物馆协会全体会议决议/宋向光译//中国博物馆通讯2000-6
西部大开发与博物馆/苏东海//中国文物报2000-6-18、2000-6-21
西部博物馆的发展战略/苏东海//中国博物馆通讯2000-7
西部博物馆建设要调动少数民族办馆的积极性/苏东海//中国博物馆通讯2000-7
发行文物保护彩票是动员全社会参与文物保护事业的一个途径/蔡鸿涌//中国博物馆通讯2000-7
论发挥博物馆的社会效益/孙家正//中国博物馆通讯2000-8
论博物馆的吸引力/张文彬//中国博物馆通讯2000-8
博物馆日的启示/丹玲//中国文物报2000-8-20
发展西部博物馆的方略/苏东海//中国博物馆通讯2000-9
东部的博物馆经营了上百年，其资源与西部相比反倒贫困了/苏东海//中国博物馆通讯2000-9
国际博协博物馆工作人员培训课程纲要/辛德编译//中国博物馆通讯2000-9
广开渠道、多条腿走路，发展博物馆经济/李立夫//中国博物馆通讯2000-10
宜兴徐悲鸿纪念馆激活经济的作法/谈国华//中国博物馆通讯2000-10
发挥津城博物馆的总体效应/程雪鸥//中国博物馆通讯2000-10
博物馆日的三点启示/丹玲//中国博物馆通讯2000-10
积极发挥场馆优势，努力拓展社会功能/袁伟//中国博物馆通讯2000-11
上海市行业博物馆的建设与发展/陈燮君//中国博物馆通讯2000-11
民族博物馆在保护和发展民族文化中所做的贡献/阮万辉//中国博物馆通讯2000-12
黄埔军校旧址与文化旅游相结合的发展前瞻/陈宇云//中国博物馆通讯2000-12
谈西部博物馆发展的重点/张文彬//中国博物馆通讯2000-12
挖掘老年观众参观的潜力/应大力//中国博物馆通讯2000-12
苏州市博物馆群体发展的探讨/龚平//苏州博物馆建馆四十周年纪念文集（1960～2000），2000年
论人才培养对苏州博物馆事业发展的重要/徐云鹏//苏州博物馆建馆四十周年纪念文集（1960～2000），2000年
沈阳新乐遗址史前建筑复原——兼谈史前遗址博物馆发展趋势/周阳生//史前研究（2000），三秦出版社2000年
考古工作在史前遗址博物馆中的作用/郭青岭//史前研究（2000），三秦出版社2000年
民俗博物馆在现代中国之重要性/荆三林//博物馆历史文选，陕西人民出版社2000年
浅析文物摄影中光与影的运用/刘万虹//陕西历史博物馆馆刊（七），三秦出版社2000年
电脑在博物馆中的应用/邵小龙//陕西历史博物馆馆刊（七），三秦出版社2000年
博物馆工作人员应具备的文物保护意识/王和平、罗黎//陕西历史博物馆馆刊（七），三秦出版社2000年
新时期博物馆精神产品浅析/李晶//中国博物馆2001-1
中国水族馆的兴起/楼锡祜//中国博物馆2001-1
民族文物学再探/秦晋庭//中国博物馆2001-1
博物馆奖励中的几个心理学问题/刘洪//中国博物馆2001-1
博物馆的类型划分浅议/黄丽萍//南方文物2001-1
梦中的博物馆/乔塞弗·维克·诺贝尔著，于丽元译//博物馆研究2001-1
市场经济条件下博物馆建设的几点看法/张桂元//博物馆研究2001-1
浅谈新形势下如何挖掘博物馆自身优势，更好地发挥其社会职能作用/毕洪亮//博物馆研究2001-1
博物馆：建设社区的一些范例/宋向光、崔波译//国际博物协新闻2001-1、2002-1；全球化下的中国博物馆，文物出版社2002年
建馆不要盲目攀比/苏东海//中国文物报2001-1-3；博物馆的沉思——苏东海论文选（卷二），文物出版社2006年；全球化下的中国博物馆，文物出版社2002年
与社区共发展的翠亨孙中山故居纪念馆/崔波//中国文物报2001-1-10；全球化下的中国博物馆，文物出版社2002年
故居·故居环境/苏东海//中国文物报2001-1-17；博物馆的沉思——苏东海论文选（卷二），文物出版社2006年
感受伟人的胸怀——记“全国人物类博物馆、纪念馆现状与发展前瞻”学术研讨会/田远新//中国文物报2001-1-26；全球化下的中国博物馆，文物出版社2002年

伪满皇宫博物馆深入开展精神文明建设的思考/吴桂霞//博物馆研究2001-2
博物馆的“卡拉OK”现象横扫中国大地/郭平英、程旭//中国博物馆通讯2001-2
博物馆与教科书的叙事语言有很大区别/林江泓//中国博物馆通讯2001-2
博物馆要有点大工业的气魄/张志//中国博物馆通讯2001-2
社区博物馆与博物馆如何为社区服务/甄朔南//中国博物馆2001-2；全球化下的中国博物馆，文物出版社2002年；甄朔南博物馆学文集，中国大百科全书出版社2004年
略论纪念馆的纪念性/于菜、王成//中国博物馆2001-2
关于博物馆事业创新的思考/汤家庆//中国博物馆2001-2
用创新的理念做好新世纪博物馆工作/宋德辉//中国博物馆2001-2
注意力经济与博物馆/胡林玉//中国博物馆2001-2
博物馆的数量、质量和活力/谷同伟//中国博物馆2001-2
福州博物馆事业五十年/张振玉//中国博物馆2001-2
历史照片的特殊文物作用/郭珊玲//中国博物馆2001-2
建馆不要盲目速成/苏东海//中国文物报2001-2-14；全球化下的中国博物馆，文物出版社2002年；博物馆的沉思——苏东海论文选（卷二），文物出版社2006年
影响人物馆观众市场的因素及对策/夏佑新//中国文物报2001-2-28；全球化下的中国博物馆，文物出版社2002年
在困境中求发展的体会/张振常//中国文物报2001-2-28；全球化下的中国博物馆，文物出版社2002年
人物故居优劣谈/蔡敏//中国文物报2001-2-28；全球化下的中国博物馆，文物出版社2002年
博物馆与当代审美文化的构建/刘卫华//中国博物馆2001-3
关于建设行业博物馆的若干问题/陆建松//中国博物馆2001-3
红岩纪念馆的文物保护与生态环保一体化/戴渝华//中国博物馆2001-3
行业文化与行业博物馆/陆建松//博物馆研究2001-3
博物馆的职能与市场/王莉//博物馆研究2001-3
浅谈市场经济条件下博物馆的立体发展之路/王荣娟//博物馆研究2001-3
杂谈博物馆书画工作/闻立群//博物馆研究2001-3
改善文博与旅游关系的作法/苏东海//中国博物馆通讯2001-3
博物馆应自觉融入社区建设/宋向光//中国自然科学博物馆协会通讯2001-3；全球化下的中国博物馆，文物出版社2002年
谈博物馆节约/苏东海//中国文物报2001-3-7；全球化下的中国博物馆，文物出版社2002年；博物馆的沉思——苏东海论文选（卷二），文物出版社2006年
博物馆建设中的生态理念/苏东海//中国文物报2001-3-21；全球化下的中国博物馆，文物出版社2002年；博物馆的沉思——苏东海论文选（卷二），文物出版社2006年
关于博物馆市场的思考/吴宜生//中国博物馆2001-4
从黄河博物馆看我国行业博物馆的生存与发展/邓红//中国博物馆2001-4
“博物馆信息学”札记/冯承柏//中国博物馆2001-4
纪念性博物馆：人物类纪念馆的一个可能选择——Stransky和Karina Lennon的理论与中国人物类纪念馆现状的联系及思考/陈阳//博物馆研究2001-4
大学和大学博物馆：过去、现在与未来/帕特里克·J·博伊兰著，房学惠等译//博物馆研究2001-4
辛集市皮毛博物馆在经济建设中的地位刍议/马志刚//文物春秋2001-4
英国格拉斯哥博物馆的改革及其启迪/欧艳//中国博物馆通讯2001-4
博物馆：建设社区/宋向光编译//中国博物馆通讯2001-4
在南宋宫窑博物馆进行的一次历史课/周恩钧//中国博物馆通讯2001-4
博物馆的全球化和本土化/苏东海//中国文物报2001-4-4；全球化下的中国博物馆，文物出版社2002年；博物馆的沉思——苏东海论文选（卷二），文物出版社2006年
博物馆的社区角色/孙栋苗//文物工作2001-5；全球化下的中国博物馆，文物出版社2002年

博物馆断想/吴晓丛//中国文物报2001-5-2；全球化下的中国博物馆，文物出版社2002年
博物馆的社区角色/孙栋苗//文物工作2001-5
新时期博物馆服务社区职能的实现途径/朱诚如//中国文物报2001-5-16
社区需要博物馆，博物馆也需要社区——写在2001年国际博物馆日/马自树//中国文物报2001-5-16；全球化下的中国博物馆，文物出版社2002年
庆祝儿童博物馆诞生100年/〔美〕苏姗姗·勒布朗著，宋向光节译//中国博物馆通讯2001-6
高校地学博物馆的特色与发展/钟素华//中国博物馆通讯2001-6
博物馆要参与社区文化的塑造/朱诚如//中国博物馆通讯2001-6
博物馆应重点宣传什么/殷志强//中国文物报2001-6-13
"博物馆"词义的演变/严建强//中国博物馆通讯2001-7
还是不称"传统博物馆学"为好/苏东海//中国博物馆通讯2001-7
后现代美学对博物馆的影响/赵笑洁//中国博物馆通讯2001-7
博物馆应重点宣传镇馆之宝/殷志强//中国博物馆通讯2001-7
武汉市建起首条街头博物馆/万汉云//中国博物馆通讯2001-7
长沙市博物馆开展"文物鉴赏知识"讲座/潘红花//中国博物馆通讯2001-7
"以人为本"质疑/苏东海//中国文物报2001-7-11；全球化下的中国博物馆，文物出版社2002年；博物馆的沉思——苏东海论文选（卷二），文物出版社2006年
博物馆人要看博物馆/方配贤、楼锡祜//中国文物报2001-7-22；中国博物馆通讯2001-8
北京地区博物馆志愿人员现状/楼锡祜//中国博物馆通讯2001-8
博物馆开放参观并不是以获取文物的经济价值为目的/侯天佑//中国博物馆通讯2001-8
博物馆以什么为本是一个凝重的问题/苏东海//中国博物馆通讯2001-8
遗留建筑改辟纪念馆最具纪念性/丁果、王成//中国博物馆通讯2001-8
遗留建筑旁突出新建筑有损纪念性/丁果、王成//中国博物馆通讯2001-8
博物馆与中国现代化/杨志刚//中国文物报2001-8-12；全球化下的中国博物馆，文物出版社2002年
博物馆文化现象启示/康定济//中国文物报2001-8-19；全球化下的中国博物馆，文物出版社2002年
试谈博物馆的宣传攻势/程京生//中国文物报2001-8-26；全球化下的中国博物馆，文物出版社2002年
国际博物馆协会第十九届大会主旨发言//中国博物馆通讯2001-9
国际博协1998～2001工作报告（摘要）//中国博物馆通讯2001-9
国际博协第二十次全体会议审议的《关于"博物馆协会章程"修改意见》//中国博物馆通讯2001-9
国际博物馆协会职业道德准则//中国博物馆通讯2001-9
打造创新与想象力的平台：博物馆文化内涵沉思/黄春雨//中国文物报2001-9-2；全球化下的中国博物馆，文物出版社2002年
博物馆如何迎接经济挑战和社会挑战/吕济民//中国文物报2001-9-14
在社会关联中认识博物馆文化/宋向光//中国文物报2001-9-14
广州博物馆观众下降原因初探/黎丽明//中国文物报2001-9-14
人类文化遗产与历史文化资源——博物馆文化社会功能漫谈/严建强//中国文物报2001-9-21
包头稀土馆是怎样为社会主义经济建设服务的/姚大川//中国博物馆通讯2001-10
博物馆要在深层次上同社区相结合/陈国民//中国文物报2001-10-12；全球化下的中国博物馆，文物出版社2002年
每件文物都有一个故事/苏东海//中国文物报2001-10-19；博物馆的沉思——苏东海论文选（卷二），文物出版社2006年
办一个礼仪博物馆，如何/自庶//中国文物报2001-10-24
新建博物馆的使命与定位/甄朔南//中国文物报2001-10-26
现代馆的时代含义/曹清//东南文化2001-11
申请建立新馆必须有"使命陈述"的内容/甄朔南//中国博物馆通讯2001-11
建一个礼仪博物馆，再现"礼仪之邦"面貌，展示新时代文明风尚/自庶//中国博物馆通讯2001-11

承德地区博物馆建设成就与发展的思考/田淑华//中国博物馆通讯2001-11
关于“博物馆文化”讨论中的几个问题/马自树//中国文物报2001-11-23；全球化下的中国博物馆，文物出版社2002年
把古庙办成乡村博物馆/李成喜、郭连星//光明日报2001-11-28；中国博物馆通讯2002-1
关于文物外展工作中几个问题的讨论/刘凌//中国博物馆通讯2001-12
新世纪高校博物馆工作的思考/任廷苏//中国博物馆通讯2001-12
大学数字化博物馆建设刍议/朱彦民、郭长虹//中国博物馆通讯2001-12
辉煌的建设工程八年的奋斗岁月——纪念周总理关于在陕西新建博物馆指示发表28周年暨新馆筹建18周年/杨东晨//陕西历史博物馆馆刊（八），三秦出版社2001年
坚持三性，全面发展博物馆事业/林荃//云南省博物馆建馆五十周年论文集，云南教育出版社2001年
关于一些博物馆门庭冷落现象的思考/陈晓//北京博物馆学会第三届学术会议文集，北京燕山出版社2001年
后现代美学思潮对博物馆的影响/赵笑洁//北京博物馆学会第三届学术会议文集，北京燕山出版社2001年
论我国遗址博物馆的存在价值及发展/白岩//北京博物馆学会第三届学术会议文集，北京燕山出版社2001年
博物馆形象设计探讨——CI战略导入的相关问题/李志玲//北京博物馆学会第三届学术会议文集，北京燕山出版社2001年
对我国体育类博物馆发展的几点思考/崔乐泉//北京博物馆学会第三届学术会议文集，北京燕山出版社2001年
浅论中国地质博物馆的办馆方针/李福达//北京博物馆学会第三届学术会议文集，北京燕山出版社2001年
论使更多的观众走进博物馆/苏艳//北京博物馆学会第三届学术会议文集，北京燕山出版社2001年
门票是行政性收费而不是赢利手段/赵京兴//中国博物馆通讯2002-1
门票是一种管理手段而不是经营，这是由其公益性质决定的/李晓东//中国博物馆通讯2002-1
门票其实际上应该是一种资源税/张昕竹//中国博物馆通讯2002-1
门票收入应对开发经营者按比例进行分配/张吉林//中国博物馆通讯2002-1
联合国教科文组织关于博物馆及相关机构的问卷调查统计/博讯//中国博物馆通讯2002-1
博物馆建设不可忽视社会融资/王莉//中国博物馆通讯2002-1
中国博物馆学会1998至2001年大事记/小宁//中国博物馆通讯2002-1
“开放型”博物馆“开放”在什么地方/安来顺//中国博物馆通讯2002-1
博物馆人才论/苏东海//中国博物馆2002-1；博物馆的沉思——苏东海论文选（卷二），文物出版社2006年
我国21世纪的博物馆文化与消费群体/李成//博物馆研究2002-1
《博物馆法》是现代博物馆的基石/王天雷//博物馆研究2002-1
浅谈市场经济条件下博物馆生存与发展的几个问题/李冰//博物馆研究2002-1
试论遗址类博物馆在新时期的开发和利用/唐淑兰//博物馆研究2002-1
市场经济条件下遗址型博物馆文物资源的保护和利用/陈春平//博物馆研究2002-1
浅谈市场经济条件下县级博物馆的发展构想/宫运学//博物馆研究2002-1
增强自身活力迎接世纪挑战——关于中小型博物馆发展初探/段冬颖//博物馆研究2002-1
博物馆应为社会提供智力支持/金兰//博物馆研究2002-1
浅谈新世纪博物馆如何为社会提供智力支持/韩虹、牛诗//博物馆研究2002-1
文庙博物馆应成为为社会提供智力支持的重要阵地/赵迪凡//博物馆研究2002-1
信息时代博物馆面临的挑战/唐小轩//博物馆研究2002-1
人才——博物馆发展的基础/田丽梅//博物馆研究2002-1
世界博物馆进入统计学阶段/苏东海//中国文物报2002-1-8；博物馆的沉思——苏东海论文选（卷二），文物出版社2006年
试论博物馆现代化的关键是人的现代化/吕军//中国博物馆2002-2
论博物馆的行业优势与博物馆的发展/麻振康//中国博物馆2002-2
论博物馆环境的语言功能/项隆元、高超云//中国博物馆2002-2
关于馆属企业改革的若干问题/高凯军//北京文博2002-2
承德市级博物馆创建构想/田淑华//文物春秋2002-2

评介《国际博协通讯》2002年第2期关于自主权的讨论/苏东海//中国博物馆通讯2002-2；博物馆的沉思——苏东海论文选（卷二），文物出版社2006年
门票中的人文关怀/苏东海//中国博物馆通讯2002-2
上海文博旅游资源开放研究——以上海博物馆为例/史萍//桂林旅游高等专科学校学报2002-2
与国际接轨的中国博物馆/徐宁//文博宣教2002-2
评介《国际博协通讯》第3期关于税收的讨论/苏东海//中国博物馆通讯2002-2；博物馆的沉思——苏东海论文选（卷二），文物出版社2006年
县市级博物馆未来发展的思考/孙广平//文物工作2002-2
论名牌博物馆的创立/柳玉东//文物工作2002-2
博物馆的图书保护工作/赵东//中国博物馆通讯2002-3
北京艺术博物馆可持续发展渠道探析/孔祥利//北京文博2002-3
遗址博物馆的存在与发展/白岩//北京文博2002-3
现代博物馆面临的挑战:协调功能与市场的关系/P.J.阿姆斯著，张淑贤译//中国博物馆2002-3
博物馆与媒体/刘冬冰//中国博物馆2002-3
博物馆与标准化/沈岩//中国博物馆2002-3
民族地区的民族博物馆建设新思考/梁玉珍//中国博物馆2002-3
纪念馆采取有效手段吸引观众刍议/于滨力//博物馆研究2002-3
博物馆形象建设浅论/高增忠//南方文物2002-3
1996年以来，国际博物馆日的主题及中国的宣传活动/吕济民//中国博物馆通讯2002-3
博物馆的全球化和本土化是相互制约、相互促进的/苏东海//中国博物馆通讯2002-3
博物馆信息学的定义/冯承柏//中国博物馆通讯2002-3
对岁时节令、传统习俗的深入挖掘——北京民俗博物馆“端午民俗游”活动/解育君//北京文博2002-3
西部博物馆的创新与发展/钟长永//文物工作2002-3
开启浓缩历史宝库大门——与新世纪共生的武汉博物馆/朱莉//文物工作2002-3
推进博物馆与社区协调发展/严萍//中国文物报2002-3-8；全球化下的中国博物馆，文物出版社2002年
门票的经济意义和社会意义/苏东海//中国文物报2002-3-15；博物馆的沉思——苏东海论文选（卷二），文物出版社2006年
全球化、文化与博物馆/〔澳大利亚〕琳达·扬著，刘荣译//中国博物馆通讯2002-4
文物摄影之我见/施宗平//中国博物馆通讯2002-4
国外博物馆常用术语译释/沈永华//中国博物馆通讯2002-4
上海博物馆客源市场研究/史萍//北京第二外国语学院学报2002-4
博物馆文化的理念更新/李春华、王建华//中国文物报2002-4-10
WTO与博物馆/苏东海//中国文物报2002-4-26；博物馆的沉思——苏东海论文选（卷二），文物出版社2006年
私人企业办博物馆的一些研究/甄朔南//博物馆研究2002-5
博物馆与媒体/蔡琴//中国文物报2002-5-2；全球化下的中国博物馆，文物出版社2002年
博物馆：不同文化沟通理解的舞台/陈建明//中国博物馆通讯2002-5、2002-6
建设新世纪的中国历史博物馆/李季//中国博物馆通讯2002-5、2002-6
中国博物馆学会第三届理事会工作报告/吕济民//中国博物馆通讯2002-5、2002-6
中国博物馆学会章程//中国博物馆通讯2002-5、2002-6
关于修改《中国博物馆学会章程》的建议和说明/纪宏章//中国博物馆通讯2002-5、2002-6
国际博物馆协会中国国家委员会工作条例//中国博物馆通讯2002-5、2002-6
国际博协中国国家委员会2002～2004工作规划提纲//中国博物馆通讯2002-5、2002-6
现代文学馆与国际接轨的八项尝试/舒乙//中国博物馆通讯2002-5、2002-6
在中国博物馆学会第四届会员代表大会闭幕式上的讲话/张文彬//中国博物馆通讯2002-5、2002-6
美国博物馆的沉思/王炳根//中华读书报2002-6-19
浅谈博物馆的档案建设与管理/郝良真//文物工作2002-7

影视技术的应用对民族博物馆工作的意义/马旭铭//文物工作2002-7
具有中国特色的博物馆文化是当代中国先进文化的重要组成部分/张文彬//中国博物馆通讯2002-7
集中力量讨论博物馆文化是对博物馆学的大普及/甄朔南//中国博物馆通讯2002-7
20世纪末世界博物馆301种类型分类明细表/沈永华编译//中国博物馆通讯2002-7
博物馆的社会角色/张文军//中国文物报2002-7-12
把博物馆变成商业的真正代价/吉奥瓦尼·皮那著，刘荣译//中国博物馆通讯2002-8
文博单位基本情况的数字统计应该达到个位数/张文彬//中国博物馆通讯2002-8
中国历史博物馆与人民大会堂可视为“左祖右社”/朱凤瀚//中国博物馆通讯2002-8
博物馆翻译工作的两点认识/刘凌//中国博物馆通讯2002-8
我在纪念馆翻译工作中的体会/江涛//中国博物馆通讯2002-8
博物馆的商业化与政府的责任/苏东海//中国文物报2002-8-16；博物馆的沉思——苏东海论文选（卷二），文物出版社2006年
出现在国外著名博物馆手册中的我国博物馆/沈永华//中国博物馆通讯2002-9
博物馆对社会观众只能引导不能迎合/张文军//中国博物馆通讯2002-9
把博物馆变成商业的真正代价是令人震惊的/〔意大利〕吉奥瓦尼·皮那//中国博物馆通讯2002-9
博物馆职业教育和培训中的新方向/帕提克·伯兰、马丁·塞格尔、南茜·福勒著，刘荣译//中国博物馆通讯2002-9
世界的接纳：博物馆、当代问题、新技能/路易斯·伊芙林著，刘荣译//中国博物馆通讯2002-9
国际博协培训新方向对我们的启示/苏东海//中国文物报2002-9-13；博物馆的沉思——苏东海论文选（卷二），文物出版社2006年
新世纪珠江三角洲文博事业面临的机遇与挑战/余春桂//中国博物馆通讯2002-10
报界对我们博物馆的批评，我不敢苟同/叶赐权//中国博物馆通讯2002-10
“博物馆”这个机构绝对不会消失/曼努斯·布林克曼//中国博物馆通讯2002-10
新的趋势给博物馆的研究带来“质”的变化/高斯//中国博物馆通讯2002-10
要研究如何使观众能得到娱乐，又能受到教育/鲍尔豪斯//中国博物馆通讯2002-10
投我以桃，报之以李：博物馆的相互合作交流能给双方都带来好处/Rob Joyner//中国博物馆通讯2002-10
日本自然科学博物馆参观者的下降趋势/布村升//中国博物馆通讯2002-10
文化遗产概念的进化与博物馆的变革——兼谈无形文化遗产对当代博物馆的影响/朱诚如//中国博物馆通讯2002-11
关于发展行业博物馆必要性及意义的思考/杨怡//东南文化2002-11
浅谈博物馆的观众工作/申宪、何刚//东南文化2002-11
新颁文物保护法的意义/苏东海//中国文物报2002-11-6；博物馆的沉思——苏东海论文选（卷二），文物出版社2006年
写给年轻的博物馆同行们/苏东海//中国文物报2002-11-8；博物馆的沉思——苏东海论文选（卷二），文物出版社2006年
理论创新：文博事业发展的必由之路/郑建华等//中国文物报2002-11-29
十六大精神让香港人民信心更足——访全国政协委员、富华国际集团主席、中国紫檀博物馆馆长陈丽华/马晓毅//光明日报2002-12-20
紫檀博物馆留言选//光明日报2002-12-20
5·18国际博物馆日的重大社会效应/吕济民//全球化下的中国博物馆，文物出版社2002年；中国博物馆史论，紫禁城出版社2004年
博物馆与地区发展：以毕尔巴鄂的古根海姆博物馆为例/温达儿特文、曹兵武编译//全球化下的中国博物馆，文物出版社2002年
博物馆与文化/任耕耘、周晓陆//全球化下的中国博物馆，文物出版社2002年
博物馆的文物保护与利用/吕济民//广东省文物博物馆学会通讯（5），2002年；中国博物馆史论，紫禁城出版社2004年

金石学与西安碑林/路远//碑林集刊（八），陕西人民美术出版社2002年
西安孔庙概说/马志祥//碑林集刊（八），陕西人民美术出版社2002年
中国人物博物馆如何与世界接轨/王锡荣//人物类博物馆、纪念馆现状与发展前瞻学术研讨会论文集，百家出版社2002年；新中国人物博物馆60年学术研讨会论文集，上海社会科学院出版社2011年
寻找、激发共振与共鸣——谈中国人物博物馆如何走向世界/龙剑宇//人物类博物馆、纪念馆现状与发展前瞻学术研讨会论文集，百家出版社2002年；新中国人物博物馆60年学术研讨会论文集，上海社会科学院出版社2011年
中国人物博物馆如何与世界接轨//人物类博物馆、纪念馆现状与发展前瞻学术研讨会论文集，百家出版社2002年
世界语境下中国人物博物馆发展的思考/王炳根//人物类博物馆、纪念馆现状与发展前瞻学术研讨会论文集，百家出版社2002年；新中国人物博物馆60年学术研讨会论文集，上海社会科学院出版社2011年
以文物保护为基础推进名人故居纪念馆的发展/陆柳莺//人物类博物馆、纪念馆现状与发展前瞻学术研讨会论文集，百家出版社2002年；新中国人物博物馆60年学术研讨会论文集，上海社会科学院出版社2011年
从三沈纪念馆之得失看中国人物纪念馆建设/王涛//人物类博物馆、纪念馆现状与发展前瞻学术研讨会论文集，百家出版社2002年；新中国人物博物馆60年学术研讨会论文集，上海社会科学院出版社2011年
浅谈人物纪念馆如何提升社会效益/周建华//人物类博物馆、纪念馆现状与发展前瞻学术研讨会论文集，百家出版社2002年；新中国人物博物馆60年学术研讨会论文集，上海社会科学院出版社2011年
人物博物馆发展中的创新和异化问题/缪君奇//人物类博物馆、纪念馆现状与发展前瞻学术研讨会论文集，百家出版社2002年；新中国人物博物馆60年学术研讨会论文集，上海社会科学院出版社2011年
人物纪念馆人文文化研究空间探索/戴新平、夏红胜//人物类博物馆、纪念馆现状与发展前瞻学术研讨会论文集，百家出版社2002年；新中国人物博物馆60年学术研讨会论文集，上海社会科学院出版社2011年
试论社会主义市场经济条件下博物馆的发展动力/宋向光//中国博物馆2003-1
2002年甘肃省博物馆工作要览//陇右文博2003-1
博物馆的CIS系统/尹健梅//文物工作2003-1
殖民时代与普世性博物馆的繁荣/苏东海//古今农业2003-1；博物馆的沉思——苏东海论文选（卷三），文物出版社2006年
互相依存、彼此沟通、共同发展——试论博物馆和旅游业的合作关系/卜穗文//博物馆研究2003-1
关于文物外展工作中几个问题的讨论——以湖北省博物馆为例/刘凌//博物馆研究2003-1
谈求真务实/苏东海//中国文物报2003-1-6；博物馆的沉思——苏东海论文选（卷二），文物出版社2006年
博物馆与朋友：一个深刻的文化主题——写在2003年国际博物馆日/张文彬//中国博物馆2003-2；中国博物馆通讯2003-6
首都博物馆在城市建设中的作用/沈平//北京文博2003-2
博物馆与旅游/张敏//中国博物馆2003-2
博物馆与文化的传递、传播/刘卫华//博物馆研究2003-2
博物馆与用户/蒂莫西・安布洛斯、克里斯平・佩因著，宋向光译//博物馆研究2003-2
关于处理博物馆思想政治工作与业务工作关系的几点思考/刘春翠//博物馆研究2003-2
吉林省的博物馆面临的问题及发展对策/韩洋//博物馆研究2003-2
博物馆职工工作满意度研究及绩效评估断想/史吉祥、王文锋//陇右文博2003-2
博物馆的闪光时代/〔日〕山口松藏著，万婷译//中国博物馆通讯2003-2
博物馆哲学在本质上的一些重要改变都是发生在六十年代与之后/雅妮・艾雷曼//中国博物馆通讯2003-2
亚欧博物馆典藏之不对称/〔瑞典〕汤弥・史文生//中国博物馆通讯2003-2
典藏品决定博物馆风格，也决定它的文化产业的张力/黄光男//中国博物馆通讯2003-2
博物馆美的理念/野口满成//中国博物馆通讯2003-2
博物馆的活动与展示应该拥抱大众/李仁淑//中国博物馆通讯2003-2
创建有中国特色的蜡像馆/杨丹瑶//中国博物馆通讯2003-2
博物馆的朋友/卡拉・博丝-卡米丽著，张晋平译//中国博物馆通讯2003-2

萨斯对我国自然科学类博物馆的警示/甄朔南//中国自然科学博物馆协会通讯2003-2；甄朔南博物馆学文集，中国大百科全书出版社2004年
评《关于环球博物馆的重要性和价值的声明》/苏东海//中国文物报2003-2-21；博物馆的沉思——苏东海论文选（卷三），文物出版社2006年
谈博物馆的人文关怀/宋美英//文物工作2003-2
论博物馆事业创新/张建雄//文物工作2003-3
再评18家欧美博物馆的声明/苏东海//中国文物报2003-3-7；博物馆的沉思——苏东海论文选（卷三），文物出版社2006年
试论博物馆合同的几个问题——兼析故宫博物院的合同/黄哲京//中国博物馆2003-3
博物馆环境分析/孟庆金//中国博物馆2003-3
知识经济的挑战与博物馆的发展/洪瑞珍//中国博物馆2003-4
论社会资源的开发与博物馆的发展/黄艳//中国博物馆2003-4
论博物馆资源利用社会化/骆士泉//中国博物馆2003-4
文物博物馆是传播先进文化的重要载体/郭宪曾//文博2003-4
上海市行业博物馆建设:意义、现状及其存在问题思考/陆建松//复旦学报2003-4
辛亥革命博物馆是如何在“博”字上狠下功夫的/徐若曼//中国博物馆通讯2003-4
博物馆学面临观念上很大的颠覆和解构的过程/郑梓//中国博物馆通讯2003-4
现代化的博物馆业务实在是和科研工作分不开的/周延鑫//中国博物馆通讯2003-4
博物馆里不是要放一尊神让民众膜拜，而是要以传教士的精神，把教育资源传播出去/周灿德//中国博物馆通讯2003-4
谁是博物馆之友?/罗尔·塞文蒂著，张晋平译//中国博物馆通讯2003-4
博物馆之友的社会角色/玛丽亚·安德森著，李薇、戴海荣译//中国博物馆通讯2003-4
关于博物馆实施ISO9001、14001标准的具体操作//文物工作2003-4
博物馆旅游：苏南博物馆和旅游业的双赢举措/陈来生//苏州科技学院学报2003-4
普世性博物馆的繁荣与文物返还的法理和情理/苏东海//中国文物报2003-4-25；博物馆的沉思——苏东海论文选（卷三），文物出版社2006年
浅谈博物馆的改革与发展/严洪明//博物馆建设思考答卷，文物出版社2003年
馆长话题/文宣//中国文物报2003-4-4
对博物馆发展的几点思考/李润全//文博2003-5
浅谈县级博物馆的发展/仝明珍//文物世界2003-5
深入社会广交朋友/甄朔南//中国文物报2003-5-18；甄朔南博物馆学文集，中国大百科全书出版社2004年
博物馆与朋友/苏东海//中国文物报2003-5-18；博物馆的沉思——苏东海论文选（卷二），文物出版社2006年
上博的启示/自庶//中国文物报2003-5-30
后殖民文化国家的博物馆，呈现文化贫血/徐纯//中国博物馆通讯2003-6
博物馆与朋友：一个深刻的文化主题——写在2003年国际博物馆日/张文彬//中国博物馆通讯2003-6
世界各国和国际组织关于博物馆的定义/宋向光编译//中国博物馆通讯2003-8
三峡文物大抢救给库区各文管所、博物馆带来的机遇与挑战/岳宗英//中国博物馆通讯2003-8
推出博物馆专题画廊的思考/楼锡祜//中国博物馆通讯2003-8
各国科学博物馆的经费来源/朱幼文//中国博物馆通讯2003-9
博物馆一考/〔日〕村上胜治//中国博物馆通讯2003-9
行业博物馆发展的几个问题/文物网信息中心//中国文物报2003-9-5
浅谈名人故居型博物馆的发展走向/杨小东//中国文物报2003-10-22
建设内蒙古特色博物馆体系/刘兆和//中国文物报2003-10-22；内蒙古文物考古2006-1
“三个代表”与博物馆建设博物馆是传播先进文化的重要载体/郭宪曾//中国文物报2003-10-22
博物馆——被“黄金周”遗弃/赵垒//光明日报2003-10-27
卢浮宫实施重大改革//参考消息2003-11-9

如何发挥博物馆文化在社会文化建设中的作用/王莉//中国博物馆通讯2003-11
旅游量化管理与遗产量化管理不可通约/苏东海//中国文物报2003-11-7；博物馆的沉思——苏东海论文选（卷二），文物出版社2006年
苏东海谈博物馆“三贴近”/苏东海//中国文物报2003-11-14；博物馆的沉思——苏东海论文选（卷二），文物出版社2006年
新博物馆学不是博物馆学界的“造反派”/甄朔南//中国博物馆通讯2003-12
由于对知识获得的途径有不同认识，就形成了博物馆与观众沟通的两种模式/甄朔南//中国博物馆通讯2003-12
虽然多媒体技术给我们带来便利，但要利用它制作出一件好的展品，却仍是一个十分复杂的系统工程/褚凌云//中国博物馆通讯2003-12
博物馆要在社会进步的大潮中立足，就必须面对挑战，通过观念创新、展览创新和管理创新带动事业的发展/敬向红//中国博物馆通讯2003-12
农民，一个博物馆不容忽视的群体/彭舟//中国博物馆通讯2003-12
面向未来的博物馆发展——中国体育博物馆出席国际博物馆协会2003年年会/汪智、覃燕庆、王军//中国博物馆通讯2003-12
文博行业标准化体系基本思路/刁道胜//中国文物报2003-12-19
从封闭走向开放——博物馆业切入旅游市场的设想/孙旭红、孙宏实//经济论坛2003-21
文物复仿制的历史和现状/王月华//碑林集刊（九），陕西人民美术出版社2003年
对博物馆审计工作的几点认识/刘俊林//陕西历史博物馆馆刊（十），三秦出版社2003年
浅议博物馆形象塑造/杨丹丹//首都博物馆丛刊（17），北京燕山出版社2003年
试论企业开办博物馆的重要意义/郝林杰、常春//博物馆学论丛（五），中州古籍出版社2003年
试论企业与收藏家合办博物馆的新思路/李永新、张整顿//博物馆学论丛（五），中州古籍出版社2003年
博物馆以人为本刍议/刘保国、倪爱武//博物馆学论丛（五），中州古籍出版社2003年
浅述博物馆与社区的文化关系/郭建设、董志强、宋艳阳//博物馆学论丛（五），中州古籍出版社2003年
浅议博物馆与社区建设/赵清荣//博物馆学论丛（五），中州古籍出版社2003年
博物馆要面向社区、面向公众/王惠霞、田美丽//博物馆学论丛（五），中州古籍出版社2003年
浅议21世纪黄河博物馆的走向/邓红//博物馆学论丛（五），中州古籍出版社2003年
浅议南阳市博物馆的发展方向——现代博物馆与古典名胜的交融/张晓军//博物馆学论丛（五），中州古籍出版社2003年
建设郑州商城博物馆刍议/宋秀兰//博物馆学论丛（五），中州古籍出版社2003年
博物馆如何在市场经济条件下生存发展/潘海波//博物馆学论丛（五），中州古籍出版社2003年
浅谈21世纪基层博物馆的生存战略/薛红//博物馆学论丛（五），中州古籍出版社2003年
典藏历史薪传文明——新世纪进一步做好博物馆的基本建设工作/郭丽涛//博物馆学论丛（五），中州古籍出版社2003年
创建新型的博物馆内部文化/信木祥//博物馆学论丛（五），中州古籍出版社2003年
浅谈博物馆与假日旅游/王金秋//博物馆学论丛（五），中州古籍出版社2003年
发展、滞后与挑战——博物馆与旅游/郝庆全//博物馆学论丛（五），中州古籍出版社2003年
架起博物馆与旅游业的桥梁是实现博物馆两大效益的有效途径/王玉君//博物馆学论丛（五），中州古籍出版社2003年
试论博物馆科学技术现代化/李斌//中国博物馆2004-1
博物馆与旅游/张敏//中国博物馆2004-1
终日嘟嘟囔囔“观众越来越少”、“经营越来越难”的博物馆，只是在为自己经营不善推卸责任找借口//中国博物馆通讯2004-1
利用网络网路（网络）传播的数位（数字）博物馆并不是解决传统博物馆所有问题的灵丹妙药//中国博物馆通讯2004-1
博物馆应该让观众购票入馆后有一种物超所值之感//中国博物馆通讯2004-1
观众并不是一个空花瓶等着博物馆专业人员灌注知识的圣水/胡浦//中国博物馆通讯2004-1

“知识为全民所共享”，能否设法让公众免费参观博物馆//中国博物馆通讯2004-1
振臂疾呼，捍卫博物馆观众的参观福祉/瑞德//中国博物馆通讯2004-1
浅谈在实践中创建学习型博物馆/陈冬//中国博物馆通讯2004-1
革命纪念馆如何策应旅游热/陈明//中国博物馆通讯2004-1
活动是博物馆的生命力之所在——“首届江苏省文物节暨南京博物院建院70周年庆典”活动的实践与思考/徐湖平//东南文化2004-1
甘肃省博物馆2003年工作要览//陇右文博2004-1
国际博协集思广益给博物馆下定义/张晋平//中国文物报2004-1-16
再谈求真务实/苏东海//中国文物报2003-1-24；博物馆的沉思——苏东海论文选（卷二），文物出版社2006年
博物馆要融入社区，服务社会/自庶//中国博物馆2004-2
新中国留苏学习的第一人——罗歌/肖贵洞//中国博物馆2004-2
甘肃省博物馆新馆建设前景概述/俄军//陇右文博2004-2
历史博物馆的三种雏形/陶金鸿//新美术2004-2
论博物馆的文化功能与文化品位/邹霞//黄冈师范学院学报2004-2
论博物馆的文化内涵与品质/邹霞//湖北行政学院学报2004-2
博物馆、纪念馆要在创新中求发展/于延俊//中国博物馆通讯2004-2
博物馆的语言文字如何与国际“接轨”/董尚文//中国博物馆通讯2004-2
论公共关系工作在博物馆的地位与作用——西藏文物精华展之回眸/杨啸秋//东南文化2004-2
三谈求真务实/苏东海//中国文物报2004-2-17；博物馆的沉思——苏东海论文选（卷二），文物出版社2006年
再谈门票的经济意义与社会意义/苏东海//中国文物报2002-2-20；博物馆的沉思——苏东海论文选（卷二），文物出版社2006年
博物馆定义的时代发展特征/宋向光//中国文物报2004-2-18
博物馆必须要快速变化，和社会发展的速度相当/Moore//中国博物馆通讯2004-2
博物馆能改变社会的主张太天真了/Stephen Weil//中国博物馆通讯2004-3
国家博物馆开展志愿工作的几点体会/黄琛//中国博物馆通讯2004-3
浅析博物馆的诚信问题/申永峰//文物工作2004-3
博物馆在旅游城市的形象定位/盘福东、盘立//桂林师范高等专科学校学报2004-3
大学博物馆面临挑战/李宏坤编译//中国文物报2004-3-11
浅谈民俗博物馆办馆思路/韩秀珍//北京文博2004-3
博物馆国际接轨之我见/吕济民//北京文博2004-3
关于遗址类博物馆发展的思考/卢迎红//北京文博2004-3
评介《国际博协通讯》重提普世性博物馆争论/苏东海//中国博物馆通讯2004-3；博物馆的沉思——苏东海论文选（卷三），文物出版社2006年
民族院校博物馆发展问题的思考/沙存善//中国文物报2004-3-12
西方博物馆学研究及人才培养——访南开大学历史学院文博系冯承柏教授/李艳//中国文物报2004-3-30
博物馆策划/卢迎红//北京文博2004-4
日韩城市博物馆面临的发展问题及应对/孙五一//中国博物馆2004-4
现代博物馆如何体现人文精神/潘奇燕//中国博物馆通讯2004-4
普世性博物馆：一个特殊的个案/杰弗里·刘易斯著，张伟明译//中国博物馆通讯2004-4
关于环球博物馆的重要性和价值的声明/张伟明译//中国博物馆通讯2004-4
城市历史博物馆发生了哪些变化？/〔英〕杰克·洛曼著，宋向光编译//中国博物馆通讯2004-4
毛泽东与文物博物馆/肖贵洞//中国博物馆通讯2004-4
会展旅游与博物馆经营/林美珍、郑向敏//东南文化2004-4
评日本博物馆改革之走向/苏东海//中国文物报2004-4-9；博物馆的沉思——苏东海论文选（卷三），文物出版社2006年
建立国家博物馆保护中心实验室的思考/潘路//中国文物报2004-4-15

免票不能解决一切问题/汤威//中国文物报2004-4-22
精彩纷呈高潮迭起——秦兵马俑发现30周年、秦俑博物馆开馆25周年系列活动回顾/田静//文博2004-5
我国博物馆建设必须改变重建筑轻功能的现状/康熙民//中国博物馆通讯2004-5
博物馆怎样才能保住自己在信息传播中的个性/严建强//中国博物馆通讯2004-5
当代科技博物馆的创新与深化发展/李象益//中国文物报2004-5-24
博物馆形象塑造要素谈/邢照华、张希玲//文博2004-6
馆长培训应增设职业道德课程/苏东海//中国文物报2004-6-10；博物馆的沉思——苏东海论文选（卷二），文物出版社2006年
从文学殿堂走向大众——“在文学馆听讲座”的发展/李艳//中国博物馆通讯2004-7
违反《文物保护法》应当承担的法律责任/徐颖//中国博物馆通讯2004-7
从奥林匹克到雅典：奥林匹克博物馆夏季规划/安跃华//中国博物馆通讯2004-7
道德建设要用道德方法建设/苏东海//中国文物报2004-7-2；博物馆的沉思——苏东海论文选（卷二），文物出版社2006年
纪念馆如何与时俱进/王谦、赵大明//中国博物馆通讯2004-9
2004年杭州市博物馆达标竞赛活动实施方案//中国博物馆通讯2004-10
杭州市博物馆达标评定标准//中国博物馆通讯2004-10
从希波克拉底誓言想到的/苏东海//中国文物报2004-10-15；博物馆的沉思——苏东海论文选（卷二），文物出版社2006年
裴文中对我国博物馆事业做出的贡献/甄朔南//中国文物报2004-10-15；甄朔南博物馆学文集，中国大百科全书出版社2004年
中国自然历史博物馆的拓荒人——杨钟健/甄朔南//中国文物报2004-10-15；甄朔南博物馆学文集，中国大百科全书出版社2004年
“人文奥运”与博物馆/王军//中国博物馆通讯2004-11
国际博协深入讨论“博物馆定义”/张晋平//中国文物报2004-11-5
湖南名人故居保护现状/王健//中国博物馆通讯2004-12
名人故居的利用与保护任重道远/夏佑新//中国博物馆通讯2004-12
任弼时故居（纪念馆）自身发展的一点体会/李光华//中国博物馆通讯2004-12
蒲松龄故居保护工作中存在的问题及其对策/王幼学、刘玉湘//中国博物馆通讯2004-12
满足社会需求，引领舆论导向——对京城二大主旋律展览的思考/崔波//中国博物馆通讯2004-12
文化遗产地的博物馆职责在哪里/苏东海//中国文物报2004-12-22；博物馆的沉思——苏东海论文选（卷二），文物出版社2006年
数字化不会造成敦煌知识产权流失/王艳明//瞭望新闻周刊2004-52
从博物馆的社会效益看马王堆汉墓/侯良//湖南省博物馆馆刊（一），船山学刊2004年
对博物馆策划活动的几点想法/田聪//首都博物馆丛刊（18），北京燕山出版社2004年
探索生物进化的踪迹人——记古脊椎动物学家北京自然博物馆馆长/甄朔南//甄朔南博物馆学文集，中国大百科全书出版社2004年
努力开拓实现梦想——天津自然博物馆创新启示录/李庆奎//天津自然博物馆建馆90周年论文集，天津科学技术出版社2004年
对博物馆社会化的探讨/赵晨//天津自然博物馆建馆90周年论文集，天津科学技术出版社2004年
与时俱进提高政工人员素养和能力/陈文//天津自然博物馆建馆90周年论文集，天津科学技术出版社2004年
博物馆与学习型社会/胡素丽//天津自然博物馆建馆90周年论文集，天津科学技术出版社2004年
小议世博会对博物馆的影响/岳绍辉//碑林集刊（十），陕西人民美术出版社2004年
博物馆要拨乱反正/吕济民//中国博物馆史论，紫禁城出版社2004年
博物馆的困惑与希望/吕济民//中国博物馆史论，紫禁城出版社2004年
博物馆与博物馆学探识/吕济民//中国博物馆史论，紫禁城出版社2004年
博物馆要摆脱困境/吕济民//中国博物馆史论，紫禁城出版社2004年

博物馆与社区经济的发展/吕建昌//中国博物馆2005-1
国际博物馆日//文博2005-1
世界各国（地区）2003年博物馆数目统计/沈永华//中国博物馆通讯2005-1
甘肃省博物馆2004年工作要览//陇右文博2005-1
浅谈内蒙古博物馆环境的语言功能/敖特根//内蒙古文物考古2005-1
展示文化底蕴服务广大群众——辽宁省博物馆新馆建设体会/张春雨、纪兵//文物工作2005-1
博物馆工作应加快向现代化开放型的转变/王健丽//文物工作2005-1
博物馆文化：城市文明的产物和重要体现/雍玲玲//中国文物报2007-1-28
都市博物馆浅议/俞文君//中国博物馆2005-2
博物馆与文物拍卖市场/朱红//中国博物馆2005-2
香港博物馆开馆时间考/程军//博物馆研究2005-2
县市级博物馆未来发展的思考/孙广平//文物工作2005-2
论名牌博物馆的创立/柳玉东//文物工作2005-2
博物馆的发展必须和时代发展、社会进步紧密结合起来/李让、吴炎亮//中国文物报2005-2-17
基层博物馆举办文博培训的社会意义/黄正术//中国文物报2005-2-24
中小城市博物馆应和图书馆建在一起/余光//中国文物报2005-2-24
廊坊博物馆建设的几点构想/吕冬梅、刘化成//文物春秋2005-3
博物馆与社区文化/李正华//中国博物馆通讯2005-3
国有基层博物馆现状分析及思考/吴健//东南文化2005-3
《国际博物馆协会博物馆职业道德》（最新版）//中国文物报2005-3-6
历史与文物的若干思考/苏东海//中国文物报2005-3-13；博物馆的沉思——苏东海论文选（卷三），文物出版社2006年
上海近代早期博物馆史料补遗/程军//博物馆研究2005-4
利用自身优势发展旅游——浅析中国甲午战争博物馆旅游发展之路/丛华滋//文物工作2005-4
“城市博物馆”的特点和发展方向/虞海明//中国博物馆2005-4
博物馆与城市形象/徐湖平//南通大学学报2005-4
浅议博物馆培养员工的忠诚度/王晓曦//东南文化2005-5
博物馆建设与旅游业的发展/王国秀//东南文化2005-5
经济发达地区地方性博物馆旅游发展研究——以广州南越王墓博物馆为例/刘俊、马风华//旅游科学2005-5
消除文化屏障构建和谐社会——纪念5·18国际博物馆日/甄朔南//中国文物报2005-5-22；甄朔南博物馆学文集（续），中国大百科全书出版社2008年
探索创新双赢：殷墟博物馆建设启示/陈爱兰//中国文物报2005-5-31
南通对中国博物馆事业的贡献和影响/赵明远//江苏地方志2005-6
知识经济的挑战与博物馆的发展/洪瑞珍//文物工作2005-6
南通对中国博物馆事业的贡献和影响/赵明远//江苏地方志2005-6
博物馆：城市文化的桥梁——以江苏南通市为例/黄振平//江海纵横2005-6
抓住时代机遇，加快博物馆建设/崔波//中国文物报2005-6-2
国外博物馆如何吸引公众/寒山、海天、谢芳编译//上海译报2005-6-9
博物馆需要什么样的工作人员/徐宁//中国文物报2005-6-22
积极探索中小博物馆振兴之路/李艳//中国文物报2005-6-30
由“受惠者”进阶到“参与者”：我们是如何策划2005年国际博物馆日活动的/吉林大学文保协会//中国文物报2005-6-22
南非的实践：鼓励社区居民参与博物馆事业/杰拉德·柯赛//中国博物馆通讯2005-7
历史与现代的对接——对现代艺术走进博物馆的思考/徐湖平//中国文物报2005-7-29
二〇〇五年欧洲年度博物馆奖揭晓/安跃华编译//中国文物报2005-7-29
节约与道德——再谈博物馆节约/苏东海//中国文物报2005-7-25；博物馆的沉思——苏东海论文选（卷二），文

物出版社2006年
运行成本高三峡博物馆门票不降价/厉莉、罗其//华西都市报2005-8-12
博物馆与公众考古学/李春华//中国文物报2005-8-19
博物馆的现代化情结/刘康//中国文物报2005-8-23
走开放型博物馆的道路——谈国际友谊博物馆的发展方向/曾光//文物工作2005-8
县级博物馆工作出路在改革创新/郑林生//文物工作2005-8
关于博物馆弱势参观群体的几个问题/李春华//文物工作2005-8
博物馆暑期优惠叫好不叫座/牟春静//齐鲁晚报2005-8-6
免票了，人少了——博物馆夏日有点“冷”/朱永华//湖南日报2005-8-9
市县级博物馆事业的现状问题与对策/陈亮//文物工作2005-9
博物馆门票涨价现象的思考/蔡理华//中国文物报2005-9-2
博物馆业四大问题待破解/刘琼//人民日报2005-9-9
保护甲午故地弘扬爱国精神——中国甲午战争博物馆创建20周年经验谈/戚俊杰//文物工作2005-10
新时期人物类博物馆的发展浅谈/孙中华//文物工作2005-10
博物馆的人文关怀意识/李春华//文物工作2005-10
试论博物馆与现代城市形象职能/韩锋//黑龙江史志2005-10
没有博物馆，城市将变得贫穷/张仁卿//文汇报2005-10-4
博物馆：背起“载道”的责任/山水//中国文物报2005-10-21
关于新建博物馆的实践与思考/重庆中国三峡博物馆//文物工作2005-11
中山博物馆应注重市民博物馆意识的培养/贺雅贤//中国文物报2005-11-4
关于县级博物馆现状的思考/靳宝琴//中国文物报 2005-11-11
关于史前遗址博物馆的几个问题/毛昭晰//史前研究（2004）：中国博物馆学会史前遗址博物馆专业委员会第五届学术研讨会论文集，三秦出版社2005年
半坡遗址的发掘、研究和展示的实践及其意义/石兴邦//史前研究（2004）：中国博物馆学会史前遗址博物馆专业委员会第五届学术研讨会论文集，三秦出版社2005年
试论桂林史前遗址的保护与利用/周海//史前研究（2004）：中国博物馆学会史前遗址博物馆专业委员会第五届学术研讨会论文集，三秦出版社2005年
柳州史前遗址博物馆资源的保护与开发利用刍议/程州、王运富//史前研究（2004）：中国博物馆学会史前遗址博物馆专业委员会第五届学术研讨会论文集，三秦出版社2005年
博物馆CI的导入/孙海波//史前研究（2004）：中国博物馆学会史前遗址博物馆专业委员会第五届学术研讨会论文集，三秦出版社2005年
努力建设中国特色的现代化博物馆/王璧、黄崇岳//回顾与展望—中国博物馆发展百年：2005年中国博物馆学会学术研究会文集，紫禁城出版社2005年
博物馆的发展与未成年观众——香港文化博物馆观后反思/白琰//回顾与展望——中国博物馆发展百年：2005年中国博物馆学会学术研究会文集，紫禁城出版社2005年
抓住机遇打造品牌——关于名人纪念馆品牌打造的几点思考/金燕//回顾与展望——中国博物馆发展百年：2005年中国博物馆学会学术研究会文集，紫禁城出版社2005年
中山舰博物馆建设与发展规划之初步设想/叶俊之、卓娜//回顾与展望——中国博物馆发展百年：2005年中国博物馆学会学术研究会文集，紫禁城出版社2005年
新时期博物馆发展的几点思考/申献友//回顾与展望——中国博物馆发展百年：2005年中国博物馆学会学术研究会文集，紫禁城出版社2005年
建国以来军事类博物馆发展回顾/沈岩//回顾与展望——中国博物馆发展百年：2005年中国博物馆学会学术研究会文集，紫禁城出版社2005年；天津文博论丛（1），天津人民出版社2010年
中国戏曲博物馆的现状与发展/刘社刚//回顾与展望——中国博物馆发展百年：2005年中国博物馆学会学术研究会文集，紫禁城出版社2005年
枣庄市博物馆回眸二十年轨迹/徐加军//回顾与展望——中国博物馆发展百年：2005年中国博物馆学会学术研

究会文集，紫禁城出版社2005年

策划——现代博物馆生存与发展的重要手段/牛兆林//回顾与展望——中国博物馆发展百年：2005年中国博物馆学会学术研究会文集，紫禁城出版社2005年

行业博物馆发展探悉/龚丹//回顾与展望——中国博物馆发展百年：2005年中国博物馆学会学术研究会文集，紫禁城出版社2005年

对中小型博物馆几个问题的思考/李玉//回顾与展望——中国博物馆发展百年：2005年中国博物馆学会学术研究会文集，紫禁城出版社2005年

整合资源促进我国自然类博物馆的和谐发展/楼锡祜//回顾与展望——中国博物馆发展百年：2005年中国博物馆学会学术研究会文集，紫禁城出版社2005年

博物馆在参与社区建设中获得新的生命力——以广东民间工艺博物馆为例/曾思平//回顾与展望——中国博物馆发展百年：2005年中国博物馆学会学术研究会文集，紫禁城出版社2005年

试论世界一流博物馆的基本特征/李斌//回顾与展望——中国博物馆发展百年：2005年中国博物馆学会学术研究会文集，紫禁城出版社2005年

科学与人文在博物馆的融合——学习张謇博物馆思想一得/陈卫平//回顾与展望——中国博物馆发展百年：2005年中国博物馆学会学术研究会文集，紫禁城出版社2005年；博物馆研究2006-3

历史博物馆和博物馆的历史/安来顺//回顾与展望——中国博物馆发展百年：2005年中国博物馆学会学术研究会文集，紫禁城出版社2005年

我国自然科学博物馆的创新与发展/李象益//回顾与展望——中国博物馆发展百年：2005年中国博物馆学会学术研究会文集，紫禁城出版社2005年

2005年中国博物馆学会学术讨论会文集目录//回顾与展望——中国博物馆发展百年：2005年中国博物馆学会学术研究会文集，紫禁城出版社2005年

博物馆与小康社会/杜运朝//博物馆的记忆与想象："百年文博——我与博物馆"大型征文活动文萃，学苑出版社2005年

社会效益是博物馆发展的首要/杨冬梅//博物馆的记忆与想象："百年文博——我与博物馆"大型征文活动文萃，学苑出版社2005年

新的历史条件下博物馆发展思路浅议/刘伯强//博物馆的记忆与想象："百年文博——我与博物馆"大型征文活动文萃，学苑出版社2005年

我国自然科学类博物馆现状与拓展对策/康熙民、杨仲英//博物馆的记忆与想象："百年文博——我与博物馆"大型征文活动文萃，学苑出版社2005年

如何认识博物馆/肖贵洞//博物馆的记忆与想象："百年文博——我与博物馆"大型征文活动文萃，学苑出版社2005年

文化记忆——论博物馆的价值及功能/刘卫华//博物馆的记忆与想象："百年文博——我与博物馆"大型征文活动文萃，学苑出版社2005年

博物馆——沟通文化的桥梁/赵卫丽//博物馆的记忆与想象："百年文博——我与博物馆"大型征文活动文萃，学苑出版社2005年

博物馆的娱乐功能不容忽视/吕春华//博物馆的记忆与想象："百年文博——我与博物馆"大型征文活动文萃，学苑出版社2005年；回顾与展望——中国博物馆发展百年：2005年中国博物馆学会学术研究会文集，紫禁城出版社2005年

从一枝独秀到满园春色——试谈地方博物馆的发展方向/卜英姿//博物馆的记忆与想象："百年文博——我与博物馆"大型征文活动文萃，学苑出版社2005年

公众眼里的博物馆——来自陕西历史博物馆的调研报告/常雯岚//博物馆的记忆与想象："百年文博——我与博物馆"大型征文活动文萃，学苑出版社2005年

博物馆送我一件"宝"/田静//博物馆的记忆与想象："百年文博——我与博物馆"大型征文活动文萃，学苑出版社2005年

机遇·钻研·成果——安徽省博物馆创建历程与工作实践的回忆/吴兴汉//博物馆的记忆与想象："百年文博——我与博物馆"大型征文活动文萃，学苑出版社2005年

文博南通——南通博物苑及其环濠河文博馆群巡礼//南通博物苑百年苑庆纪念文集，文物出版社2005年
民俗学、民俗文物和民俗博物馆/穆烜//南通博物苑百年苑庆纪念文集，文物出版社2005年
浅谈亟待加强的博物馆立法工作//南通博物苑百年苑庆纪念文集，文物出版社2005年
论南通博物苑的保护和建设//南通博物苑百年苑庆纪念文集，文物出版社2005年
南通博物苑有世界上最古的铁炮吗//南通博物苑百年苑庆纪念文集，文物出版社2005年
当代大学生眼中的博物馆——来自北京地区部分高等院校的调研报告/“加强博物馆展示宣传与社会服务”调研课题组//博物馆观察，学苑出版社2005年
新疆博物馆半个世纪的发展历程/姚书文、安尼瓦尔·哈斯木//新疆维吾尔自治区博物馆论文集：2005，新疆大学出版社2005年
博物馆定位问题探讨——以“国立历史博物馆”为例/徐国芳//博物馆营运的新思维（史物丛刊52），历史博物馆2005年
广州文博发展和谐发展之探索/黄淼章//博物馆：文化的桥梁，广东人民出版社2005年
创新增强博物馆的发展活力/李立夫//博物馆：文化的桥梁，广东人民出版社2005年
博物馆为社会和社会发展服务/李林娜//博物馆：文化的桥梁，广东人民出版社2005年；回顾与展望——中国博物馆发展百年：2005年中国博物馆学会学术研究会文集，紫禁城出版社2005年
流动博物馆在经济欠发达地区的社会意义——从昆明市博物馆举办流动博物馆的实践谈起/田建//博物馆：文化的桥梁，广东人民出版社2005年
从传统向现实延伸——中国传统医药文化博物馆的建设/郑淇、裴立宁//博物馆：文化的桥梁，广东人民出版社2005年
构建深圳国际化城市博物馆发展体系之我见/孙霄//博物馆：文化的桥梁，广东人民出版社2005年
文化本色——博物馆的使命/张礼智//博物馆：文化的桥梁，广东人民出版社2005年
广州艺术博物院的现状前瞻/江铁军//博物馆：文化的桥梁，广东人民出版社2005年
广州近代史迹资源的整合与定位——兼论广州近代史博物馆的发展思路与前瞻/李明//博物馆：文化的桥梁，广东人民出版社2005年
社区意识与博物馆事业的发展/翟战胜//陕西历史博物馆馆刊（十二）三秦出版社2005年
汉语“博物馆”一词的产生与流传/陈建明//回顾与展望——中国博物馆发展百年，紫禁城出版社2005年
张謇的建馆思想探析/张文立//回顾与展望——中国博物馆发展百年，紫禁城出版社2005年
博物馆：城市记忆、标志及通向未来文化的桥梁——以江苏南通市为例/黄振平//回顾与展望——中国博物馆发展百年：2005年中国博物馆学会学术研究会文集，紫禁城出版社2005年
湖北博物馆事业五十年/雷鸣//回顾与展望——中国博物馆发展百年：2005年中国博物馆学会学术研究会文集，紫禁城出版社2005年
1949年前山东博物馆发展概况/张广存、焦德森//回顾与展望——中国博物馆发展百年：2005年中国博物馆学会学术研究会文集，紫禁城出版社2005年
回眸与前瞻——再谈湖南博物馆事业/侯良//回顾与展望——中国博物馆发展百年：2005年中国博物馆学会学术研究会文集，紫禁城出版社2005年
河北省博物馆事业一百年/李建丽、陈建华//回顾与展望——中国博物馆发展百年：2005年中国博物馆学会学术研究会文集，紫禁城出版社2005年
北京地区博物馆发展概述/马希桂、董纪平//回顾与展望——中国博物馆发展百年：2005年中国博物馆学会学术研究会文集，紫禁城出版社2005年
红色旅游与纪念馆/孙丽美//回顾与展望——中国博物馆发展百年：2005年中国博物馆学会学术研究会文集，紫禁城出版社2005年
关于高校博物馆定位的思考/王瑞莲//回顾与展望——中国博物馆发展百年：2005年中国博物馆学会学术研究会文集，紫禁城出版社2005年
历史发展呼唤博物馆，博物馆应适应社会发展的需要/王莉//回顾与展望——中国博物馆发展百年：2005年中国博物馆学会学术研究会文集，紫禁城出版社2005年
关于厦门博物馆新馆建设与发展的思考/陈娟英//回顾与展望——中国博物馆发展百年：2005年中国博物馆学

会学术研究会文集，紫禁城出版社2005年
浅论博物馆若干环境的建设/何洪源//回顾与展望——中国博物馆发展百年：2005年中国博物馆学会学术研究会文集，紫禁城出版社2005年
心系雍和与时俱进——北京雍和宫藏传佛教艺术博物馆的性质和功能/黄崇文//回顾与展望——中国博物馆发展百年：2005年中国博物馆学会学术研究会文集，紫禁城出版社2005年
博物馆“社区”概念及其社区博物馆/吕建昌//回顾与展望——中国博物馆发展百年：2005年中国博物馆学会学术研究会文集，紫禁城出版社2005年
工业遗迹保护：博物馆发展的新道路/史勇//回顾与展望——中国博物馆发展百年：2005年中国博物馆学会学术研究会文集，紫禁城出版社2005年
书画名家馆与城市文化——“中国书画名家馆联谊会”十年述要/卢炘//回顾与展望——中国博物馆发展百年：2005年中国博物馆学会学术研究会文集，紫禁城出版社2005年
博物馆价值链管理与竞争优势/胡林玉//回顾与展望——中国博物馆发展百年：2005年中国博物馆学会学术研究会文集，紫禁城出版社2005年
中国钱币银行类博物馆的创立和发展/戴志强、黄锡全//回顾与展望——中国博物馆发展百年：2005年中国博物馆学会学术研究会文集，紫禁城出版社2005年
博物馆要在构建和谐社会中发挥应有的作用/李晓峰、杨冬梅//回顾与展望——中国博物馆发展百年：2005年中国博物馆学会学术研究会文集，紫禁城出版社2005年
新时期内蒙古地区博物馆事业发展的再思考/付宁//内蒙古文物考古2006-1
边疆民族地区建设县乡两级博物馆的体会与思考/黎霞//内蒙古文物考古2006-1
博物馆功能与观众/刘芳、盛海涛//重庆建筑大学学报2006-1
博物馆建设不应“重理轻文”/周文翰//新京报2006-1-20
浅议中小型革命纪念馆如何创品牌的问题/陈瑞良//中国博物馆通讯2006-2
博物馆功能与观众/刘芳、盛海涛//四川建筑科学研究2006-2
试析当代博物馆的文化传播问题/郭秀媚//南方文物2006-2
对我国博物馆建设的一点看法/王丽//中国科技信息2006-2
要重视构建博物馆文化/曹爱生//中国文物报2006-2-13
广州没有民营博物馆之由/曹怀宇//中国文物报2006-2-17
秦公大墓博物馆的民营之困/秦文//新京报2006-2-17
博物馆：农村的“冻土层”/张健平//中国文物报2006-2-10
北大“文博班”收获颇丰/张春雨//中国文物报2006-2-10
如何拓展邮票博物馆的生存空间/庄文静//中国文物报2006-2-17
愈多愈好——谈博物馆建设的浮夸风/徐宁//中国文物报2006-2-24
县市级博物馆如何走出收藏和展览的误区/曹爱生//中国文物报2006-2-24
西吉钱币博物馆缘何如此冷清/庄电一//光明日报2006-2-28
以科学发展观看待博物馆建设/马怀伟//文物世界2006-3
审美功能是博物馆的核心功能/陈国民//东方博物2006-3
博物馆要面向未来/编者//中国博物馆通讯2006-3
博物馆要亲民/贾本义//中国博物馆通讯2006-3
中小博物馆应更加重视博物馆之间的交流/曾光//中国博物馆通讯2006-3
用创新理念推动文博宣教事业全面发展/庞博//中国博物馆通讯2006-3
深圳博物馆现状与发展研究/杨耀林、梁政//文物世界2006-3
浅议中国行业博物馆的建设和发展/康明章//文物世界2006-3
对湿地博物馆社会化的探讨/王炳义、张俊、周莉、李淑萍//山东林业科技2006-3
创新发展思路坚持特色兴馆/周再兴、周义根//中国文物报2006-3-3
博物馆应对中小学生免费——访全国政协委员毛增滇/柳青//文汇报2006-3-4
一段完整的博物馆变迁史——从1753年的伦敦到2006年的北京/周文翰//新京报2006-3-16

文博资料管理人员应提升专业素质/刘冬梅//中国文化报2006-3-20
关于构建现代型大学博物馆的思考/徐世球//光明日报2006-3-21
郭小凌：中国文物才是制胜利器/李健亚//新京报2006-3-23
也谈农村、农民与“博物馆”/喻少柏//中国文物报2006-3-24
运河博物馆引发的“金牌之争”/王运华、王庆友、韩银亮、杨宜诗//中国文物报2006-3-31
博物馆建设：何时以人为本/刘琼//人民日报2006-3-31
张謇博物馆思想中的国家观念和公共意识/金艳//中国博物馆2006-4
对无锡建立行业博物馆的理性思考/汪滋淞//江南论坛2006-4
山东省博物馆科普旅游发展战略研究/唐顺英、刘丰祥//国土与自然资源研究2006-4
大英博物馆给了我们什么启示/李红海//新京报2006-4-8
我看大英博物馆/施晓慧//人民日报2006-4-11
乘风借势，开拓创新——北京市“5・18国际博物馆日”宣传活动回顾/北京市文物局博物馆处//中国博物馆通讯2006-5
浅谈博物馆社会支持力市场培育与开发的意义/张文立//中国文物报2006-5-12
参观博物馆成任务学生请父母代打卡/朱小勇、穗仁宣//信息时报2006-5-20
有益的尝试可贵的探索——对秦俑馆专家导览等活动的回顾与思考/王勇//文博2006-6
民族博物馆与民族文化遗产——首届中国文化遗产日中国博物馆学会民族博物馆专业委员会12人谈/李铁柱、们发延、吴伟峰等//中国博物馆通讯2006-6
民族博物馆与民族文化遗产——首个中国文化遗产日中国博物馆学会民族博物馆专业委员会笔谈//中国文物报2006-6-16
馆长论坛论了什么/曹兵武//中国文物报2006-6-16
关注大运河保护中的博物馆建设问题/夏燕月//中国博物馆通讯2006-7
展示我国博物馆大发，展喜迎第二届博博会/甄朔南//中国文物报2006-7-28；甄朔南博物馆学文集（续），中国大百科全书出版社2008年
博物馆社会支持力市场培育开发的意义/张文立//中国文物报2006-7-14
文化遗产热与中小博物馆的应对/占剑//中国文物报2006-7-21
别让博物馆成为文物的坟墓/马砚冬//云南广播电视报2006-8-1
中小博物馆如何发挥作用/王丽//中国文物报2006-8-11
博物馆培育社会支持力市场的困难与对策/曹爱生//中国文物报2006-8-11
博物馆要关注“国学”现象/自庶//中国文物报2006-8-11
敢问路在何方——佛山市博物馆现象之我见/申小红//中国文物报2006-9-8
五环旗下的博物馆——北京市文物局局长孔繁峙谈北京博物馆建设/文冰//中国文物报2006-9-22
关于非国有博物馆准入制度与法律保障的讨论/李晨//中国博物馆通讯2006-10
博物馆人要加强博物馆职业道德的学习/甄秀鸣//中国博物馆通讯2006-10
美国博物馆的公众定位与筹资模式/席泽慧//中国美术馆2006-10
博物馆不要念生意经//中国文物报2006-10-13
故宫博物院：迈向现代博物馆的努力和探索/李季//中国博物馆通讯2006-11
是什么挡住游客去博物馆的脚步/魏晓霞//光明日报2006-11-2
《陕西文物保护条例》的几个特点/郭宪曾//中国文物报2006-11-22
博物馆与城市文化旅游建设初探——以旅顺博物馆为例/郭富纯//中国文物报2006-11-24
加强与公众的关系是博物馆的核心话题：法国国家遗产学院专家访谈/文冰//中国文物报2006-11-24
发挥考古遗址博物馆的优势拉近考古学与公众的距离/莫慧旋//中国文物报2006-11-24
试论筹建南水北调（中线）专题博物馆的可行性、重要性和必要性/郭继宾、刘鑫//中国博物馆通讯2006-12
博物馆应重视建立展室日记/陈萍//中国博物馆通讯2006-12
博物馆建设必须与时俱进/刘朴//中国当代文博论著精编，文物出版社2006年
博物馆美学与21世纪/汤家庆//中国当代文博论著精编，文物出版社2006年

也谈农村、农民与博物馆/喻少柏//中国当代文博论著精编，文物出版社2006年
地志博物馆应加强民俗学研究和应用/吴艳春//中国当代文博论著精编，文物出版社2006年
博物馆与知识管理/赵昆//中国当代文博论著精编，文物出版社2006年
博物馆专家导览之我见/田静//中国当代文博论著精编，文物出版社2006年
博物馆与旅游/马文廷//中国当代文博论著精编，文物出版社2006年
保护弘扬“国宝”启迪塑造心灵/樊英峰//西部文博论丛——首届西部文博管理干部培训班暨中国文博西部论坛，科学出版社2006年
从陕西文物实际出发努力发展遗址博物馆/马力//西部文博论丛——首届西部文博管理干部培训班暨中国文博西部论坛，科学出版社2006年
宁夏博物馆新馆建设必要性探讨/王有东//西部文博论丛——首届西部文博管理干部培训班暨中国文博西部论坛，科学出版社2006年
浅析博物馆观众缺失的原因及对策/陆晓华//西部文博论丛——首届西部文博管理干部培训班暨中国文博西部论坛，科学出版社2006年
多民族聚居地区省级博物馆公众意识思考/马伟民//西部文博论丛——首届西部文博管理干部培训班暨中国文博西部论坛，科学出版社2006年
博物馆与社区/庞雅妮//博物馆学研究论文集，陕西人民出版社2006年；博物馆理论与实践研讨会论文集，三秦出版社2007年
社区意识与博物馆事业的发展/翟战胜//博物馆学研究论文集，陕西人民出版社2006年
谈谈博物馆的“体验经济”/周柏龄//博物馆学研究论文集，陕西人民出版社2006年
博物馆的面孔——从日本的博物馆所想到的/文军//博物馆学研究论文集，陕西人民出版社2006年
我对人物类纪念馆特征的概括/苏东海//博物馆的沉思——苏东海论文选（卷二），文物出版社2006年
加强博物馆的发展研究/苏东海//博物馆的沉思——苏东海论文选（卷二），文物出版社2006年
加强县级博物馆的发展研究/苏东海//博物馆的沉思——苏东海论文选（卷三），文物出版社2006年
文化多元化中的博物馆多元化/苏东海//博物馆的沉思——苏东海论文选（卷三），文物出版社2006年
我对中国地质博物馆发展的建议/苏东海//博物馆的沉思——苏东海论文选（卷三），文物出版社2006年
认真区别博物馆事业与产业/苏东海//博物馆的沉思——苏东海论文选（卷三），文物出版社2006年
与国际博协博物馆学委员会主席鹤田总一郎对话录/苏东海//博物馆的沉思——苏东海论文选（卷三），文物出版社2006年
与国际博协博物馆学委员会主席冯·门施对话录/苏东海//博物馆的沉思——苏东海论文选（卷三），文物出版社2006年
与国际博协博物馆学委员会主席马丁·施尔对话录/苏东海//博物馆的沉思——苏东海论文选（卷三），文物出版社2006年
戴瓦兰先生和苏东海先生的学术通信/苏东海//博物馆的沉思——苏东海论文选（卷三），文物出版社2006年
试论博物馆在建设文化先进省区中的作用/周敏//广西博物馆文集（三），广西人民出版社2006年
广西民族文物苑工作的思考/梁晓//广西博物馆文集（三），广西人民出版社2006年
现代博物馆与学习型社会/刘艳姣//广西博物馆文集（三），广西人民出版社2006年
充分发挥博物馆作用有效传承靖西壮族历史文化/李萍//广西博物馆文集（三），广西人民出版社2006年
新时期基层博物馆的现状及对策/吕承汉//广西博物馆文集（三），广西人民出版社2006年
博物馆与现代文化建设/杨云善//乾陵文化研究（二），三秦出版社2006年
博物馆如何体现人文精神/王晓莉//乾陵文化研究（二），三秦出版社2006年
故宫博物院，迈向现代化博物馆的努力和探索//二十一世纪中国博物馆展望，美国梅隆基金会、大都会博物馆2006年
友情·乡情——纪念安徽省博物馆建馆五十周年/马自树//安徽省博物馆建馆五十周年文集，安徽人民出版社2006年
关于安徽省博物馆建馆五十年的点滴回忆/杨伯达//安徽省博物馆建馆五十周年文集，安徽人民出版社2006年
重温毛主席视察安徽省博物馆时讲话有感/沈庆林//安徽省博物馆建馆五十周年文集，安徽人民出版社2006年

安徽省博物馆：中国的一座经典博物馆——为安徽省博物馆五十周年而作/苏东海//安徽省博物馆建馆五十周年文集，安徽人民出版社2006年
博物馆的文化选择——为纪念安徽省博物馆成立五十周年而作/梁吉生//安徽省博物馆建馆五十周年文集，安徽人民出版社2006年
与安徽省博物馆同庆/赵永芬//安徽省博物馆建馆五十周年文集，安徽人民出版社2006年
安徽省博物馆的特殊地位/王丽华//安徽省博物馆建馆五十周年文集，安徽人民出版社2006年
机遇·钻研·成果——安徽省博物馆创建历程与工作实践的回忆/吴兴汉//安徽省博物馆建馆五十周年文集，安徽人民出版社2006年
学术先行焕发生机——安徽省博物馆学会发展历程回顾/胡雪峰//安徽省博物馆建馆五十周年文集，安徽人民出版社2006年
我的安徽科考情结/徐钦琦//安徽省博物馆建馆五十周年文集，安徽人民出版社2006年
确立以服务为中心的新时期博物馆工作理念/张爱琴//安徽省博物馆建馆五十周年文集，安徽人民出版社2006年
文物美育功能浅论/赵春鸣//安徽省博物馆建馆五十周年文集，安徽人民出版社2006年
让更多的观众走进博物馆——振兴博物馆思索/王一婷//安徽省博物馆建馆五十周年文集，安徽人民出版社2006年
浅谈博物馆文化与社区建设/仲淑敏//安徽省博物馆建馆五十周年文集，安徽人民出版社2006年
民族博物馆的当务之急/宋兆麟//中国民族文博（第一辑），民族出版社2006年
论建设民族高校博物馆的重大现实意义——以甘肃省西北民族大学为例/沙存善//中国民族文博，民族出版社2006年
办好民族地区博物馆的思考/胡家豪//中国民族文博（第一辑），民族出版社2006年
关于吉林省延边朝鲜族自治州博物馆发展的几点思考孟哲学/韩光云//中国民族文博（第一辑），民族出版社2006年
海南省民族地区现代化与民族文化保护/罗文雄//中国民族文博（第一辑），民族出版社2006年
濒危语言保护与民族文化保护/戴庆厦、闻静//中国民族文博（第一辑），民族出版社2006年
甘肃省博物馆馆藏西夏文献述略/俄军//中国民族文博（第一辑），民族出版社2006年
民族民间工艺保护是当前民族博物馆的重要工作/赵心愚、张建世//中国民族文博（第一辑），民族出版社2006年
城市博物馆：在塑造全球社区中有我们扮演的角色吗？/〔英〕杰克·洛曼著，王光林译//国际博物馆（231），译林出版社2006年
历史、民族特征与公民意识：多民族国家中历史博物馆的职责/〔加〕维多利亚·迪肯森著，李剑波译//国际博物馆（231），译林出版社2006年
城市博物馆和城市未来：城市规划的新思路与城市博物馆的机遇/〔英〕邓肯·格鲁考克著，李剑波译//国际博物馆（231），译林出版社2006年
博物馆：城市之脉动与激情/〔加〕弗朗索瓦·科泰、菲利浦·迪贝、杰弗里·爱德华兹、玛丽-路易斯·布尔博著，张春美译//国际博物馆（231），译林出版社2006年
城市博物馆及其价值/〔俄〕塔季扬娜·戈尔巴乔娃著，韦清琦译//国际博物馆（231），译林出版社2006年
没有围墙的博物馆/〔瑞〕海伦娜·弗里曼著，赫俊红译//国际博物馆（231），译林出版社2006年
多伦多的人文节：一个项目的故事/〔加〕丽塔·戴维斯著，张沫、严志军译//国际博物馆（231），译林出版社2006年
城市博物馆，社会与冲突：内尔法斯特体验/〔英〕迈克·霍利亨著，严志军译//国际博物馆（231），译林出版社2006年
城市环境中，以地区为基础的教育/〔美〕玛吉·鲁塞尔-恰尔迪著，甄蕾译//国际博物馆（231），译林出版社2006年
障碍与动力：为澳大利亚墨尔本地区的移民博物馆争取观众/〔澳〕芭芭拉·霍恩著，李希萌译//国际博物馆（231），译林出版社2006年

波士顿：处在新城市博物馆建设的前沿/〔美〕安妮·D.爱默森著，李钟涛译//国际博物馆（231），译林出版社2006年
无形空间：从博物馆到城市——以圣保罗为例/〔英〕阿娜·阿帕雷西达·比利亚努埃瓦·罗德里格斯著，李钟涛译//国际博物馆（231），译林出版社2006年
博物馆与社区建设：以浙江为例/蔡琴//国际博物馆（231），译林出版社2006年
博物馆：浙江公共文化服务体系的重要环节/杨建新//国际博物馆（231），译林出版社2006年
发展与创新是博物馆立足之本/于丽丽//旅顺博物馆馆刊（创刊号），2006年
博物馆是传播先进文化的重要载体/陈晶//旅顺博物馆馆刊（创刊号），2006年
切实发挥博物馆在先进文化建设中的作用/唐红//旅顺博物馆馆刊（创刊号），2006年
殖民地博物馆与“他者”意象的再现——三个日本殖民地博物馆的分析比较/钱晓珊//辽宁省博物馆馆刊（1），辽海出版社2006年
文物摄影技法浅探/李振石//辽宁省博物馆馆刊（1），辽海出版社2006年
大连现代博物馆建设过程留给我们的启示/王珍仁//博物馆研究2007-1
国际博协主席关于充分发挥调解在馆藏物品产权//中国博物馆通讯2007-1
纠纷处理过程中作用的宣言/亚里桑德拉·库敏斯//中国博物馆通讯2007-1
略谈博物馆之“博”/栗扬//剧作家2007-1
博物馆的美育功能/吴玮瑛//内蒙古文物考古2007-1
传世之作留家乡——贝聿铭与苏州博物馆新馆/朱金龙//文化交流2007-1
浅析博物馆的文化传播模式/胡雪峰//安徽电子信息职业技术学院学报2007-1
中英科技博物馆的实践与比较/陈四敏、方家增//科普研究2007-1
在个体遗产与世界遗产之间——国际博协2007年大会主题评介/侯春燕//中国博物馆2007-2
博物馆的文化选择/梁吉生//中国博物馆2007-2
浅议地方综合性博物馆的机构设置/王栋云//中国博物馆通讯2007-2
2005～2006年全省博物馆研究综述/周筠//文物春秋2007-2
浅谈革命纪念地（馆）功能的延伸与拓展/周莉萍//中国甲午战争博物馆馆刊2007-2
论学习型社会构建中的高校博物馆/王艳芳//西北成人教育学报2007-2
充分发挥博物馆的社会功能/齐鑫//理论观察2007-2
博物馆利用地区资源参与社区建设/赫俊红//中国文物报2007-2-9
城市生活与博物馆/崔波、李文昌//中国文物报2007-2-23
珍藏人类的记忆——从私人收藏到面向公众的博物馆/覃思捷//文博2007-3
与博物馆对话/刘宇生//文博2007-3
美国艺术博物馆中的私人捐赠/刘鹏//南京艺术学院学报2007-3
从大学文化视角解读高校博物馆的特点和发展/宋向光//文化学刊2007-3
21世纪初的中国高校博物馆/续颜、刘世恩、邵学汶//文化学刊2007-3
浅论校园文化与大学博物馆/韩国军//文化学刊2007-3
博物馆的四个理念/张伟红//黑龙江档案2007-3
关于古生物博物馆人文价值的思考——以南京古生物博物馆为例/何琦//科普研究2007-3
谈我国警察博物馆建设的问题与对策/李冠一//铁道警官高等专科学校学报2007-3
浅谈博物馆的建设/张戈//科技咨询导报2007-3
祇今唯有千行泪目尽青天送我师——怀念南开大学博物馆学专业奠基人之一冯承柏教授/胡健//中国文物报2007-3-2
记肃南县民族博物馆馆长唐延青/王朝霞//甘肃日报2007-3-7
何星亮：建设展示双重文化遗产的现代化博物馆/孙漪娜//中国文物报2007-3-16
夏燕月：运河文化博物馆的建设需统一规划/孙漪娜//中国文物报2007-3-21
上海邮政博物馆：做绿色使者——上海市邮政公司副总经理盛伏访谈/崔波//中国文物报2007-3-30
在构建和谐社会中，博物馆应实施的几项主要措施/曾光//中国博物馆通讯2007-4

儿童美术取向的博物馆策划研究/林苗苗//中国美术教育2007-4
难忘的经历丰硕的收获——参加“第五期全国省级博物馆馆长培训班”侧记/田静//秦陵秦俑研究动态2007-4；博物馆话题，三秦出版社2009年
重庆师范大学博物馆建设发展新探/刘渝//乐山师范学院学报2007-4
郭沫若情系西安半坡博物馆/温吉言//郭沫若学刊2007-4
博物馆，请给我一个爱你的理由/潇雨、刘贤//当代人2007-4
论博物馆核心竞争力的建设/郑春香、邱扶东//东南文化2007-4
走出政府支持的观念误区/张文立//中国文物报2007-4-20
热烈庆祝三星堆博物馆建馆十周年//中国文化遗产2007-5
浅谈中国博物馆的发展趋势/芦晓莲//黑河学刊2007-5
国际博物馆协会的世界性遗产/希尔德加德·维尔格//中国博物馆通讯2007-5
“摘牌”能否拯救行业博物馆/于娜//中国商报2007-5-17
博物馆发展的支点：更接近大众/李文玲//金融时报2007-5-25
博物馆：你可以做得更好/张经、余超//中国文化报2007-5-29
吉光片羽选萃撷英——福建博物院工艺藏珍/陈淑琤、卢金钊//中国文化遗产2007-6
“后土吉金，国宝荟萃——陕西宝鸡农民保护文化遗产成果展”巡礼/牛兆林//中国博物馆通讯2007-6
中国第二个文化遗产日各民族论坛摘要/民族博物馆专业委员会秘书处//中国博物馆通讯2007-6
全方位构建特色民族博物馆/王克松//中国博物馆通讯2007-6
山西县级特色博物馆发展评述//中国文物报2007-6-8
一个中学生眼中的中美博物馆比较/张玥//中国文物报2007-6-8
2007欧洲博物馆年度奖揭晓/安跃华编译//中国文物报2007-6-8
让博物馆走进我们的生活——访第七届全国博物馆陈列精品评选最小评委、中小学生代表张玥/孙波//中国文物报2007-6-8
近现代中国自然类博物馆集粹（一）/侯江、李庆奎//中国博物馆通讯2007-6
博物馆——城市之心/王子怡//装饰2007-6
当今世界博物馆面临的八大挑战/刘卫华//中国博物馆通讯2007-7
充分利用社会资源加快博物馆事业的发展/叶新琼//中国博物馆通讯2007-7
浅谈文物摄影工作/孙晓旭//中国博物馆通讯2007-7
地质博物馆专业委员会的20年/黄伯裔//中国博物馆通讯2007-7
基层博物馆的和谐之路/赵辉//中国文物报2007-7-6
淄博民间博物馆发展现状调查/毕红梅//中国文物报2007-7-20
加快中国高校博物馆现代化发展的思考/柴典腾//中国博物馆通讯2007-8
论现代博物馆职能演化的进程/杨国杰//中山大学学报论丛2007-8
高校博物馆：何时走出寂寞的深闺/刘君//教育与职业2007-8
十年民俗历程培育文化根基/李彩萍//中国博物馆通讯2007-9
提升“三力”迎接新机遇/陈曙光//中国博物馆通讯2007-9
全球化下的逆流：瑞典世界文化博物馆危机及其原因/马思中//中国文物报2007-9-14
博物馆如何充分利用社会资源/叶新琼//中国文物报2007-9-14
博物馆弘扬人文精神的战略措施/曾光//中国博物馆通讯2007-10
中国博物馆之怪现状/刘礼福//中国收藏2007-10
博物馆的操守/梁言//中国收藏2007-10
面向未来的专题性博物馆/杨浥新//中国博物馆通讯2007-11
浅谈中国博物馆的八大变化/刘社刚//中国博物馆通讯2007-11
论博物馆建设与和谐社会的文化构建/李甫//中国博物馆通讯2007-11
感悟沉船博物馆/潘江涛//中国文物报2007-11-2
北京地区博物馆通票的演变/郝黎//中国博物馆通讯2007-12

浅析丰县博物馆现状及发展方向/王伟//科协论坛（下半月）2007-12
从“阿布扎比卢浮宫”看博物馆国际化趋势/教莹//中国博物馆通讯2007-12
博物馆在推进文化发展进程中的几点思考/张文军//中国文物报2007-12-7
对新建黑龙江省博物馆的构想/徐俐力//科技咨询导报2007-14
博物馆创新与品牌战略/汤家庆//湖南省博物馆馆刊（四），岳麓书社2007年
在辽宁省世界遗产地第二届年会上的讲话——以世界一流的保护、管理、服务和利用为标准，以沈阳故宫为龙头打造辽宁省世界文化遗产品牌/张春雨//沈阳故宫博物院院刊（四），中华书局2007年
观众自然特征对自然科学博物馆整体感观的影响/续颜、何晓春//21世纪高校博物馆建设与发展，吉林科技出版社2007年
高校博物馆离大学生有多远/刘守柔//21世纪高校博物馆建设与发展，吉林科技出版社2007年
论高校博物馆发展的两个问题/王伟华//21世纪高校博物馆建设与发展，吉林科技出版社2007年
高校博物馆学初论/李惠竹//21世纪高校博物馆建设与发展，吉林科技出版社2007年
论旅顺博物馆/王嗣洲//辽宁省博物馆馆刊（2），辽海出版社2007年
中国私人博物馆发展问题浅析/李慧净//辽宁省博物馆馆刊（2），辽海出版社2007年
在探索自然中传播科学，传承文明/金杏宝//在传播科学中传承文明——博物馆研究论文集，文物出版社2007年
关于当代博物馆的若干规划问题/安来顺//在传播科学中传承文明——博物馆研究论文集，文物出版社2007年
中国大陆自然科学类博物馆现状与拓展对策/康熙民、杨仲英//在传播科学中传承文明——博物馆研究论文集，文物出版社2007年
中国大陆博物馆展示理念的变化与分析/甄朔南//在传播科学中传承文明——博物馆研究论文集，文物出版社2007年；甄朔南博物馆学文集（续），中国大百科全书出版社2008年
整合资源，合理布局，促进我国自然类博物馆的和谐发展/楼锡祜//在传播科学中传承文明——博物馆研究论文集，文物出版社2007年
科学博物馆的共性、个性与特色/金杏宝//在传播科学中传承文明——博物馆研究论文集，文物出版社2007年
项目管理是博物馆创新发展的有效手段：以大连自然博物馆为例/孟庆金//在传播科学中传承文明——博物馆研究论文集，文物出版社2007年
自然博物馆在现代社会中的生态位/金杏宝//在传播科学中传承文明——博物馆研究论文集，文物出版社2007年
博物馆的时间因素/林国璋//在传播科学中传承文明——博物馆研究论文集，文物出版社2007年
走与社会共建之路，创通向天人合一的自然历史博物馆/王栋云、陈卫平//在传播科学中传承文明——博物馆研究论文集，文物出版社2007年
浙江自然博物馆新馆建设的实践与思考/康熙民//在传播科学中传承文明——博物馆研究论文集，文物出版社2007年
创新发展理念，构建和谐社会：创建可持续发展的自然博物馆/董玉琴//在传播科学中传承文明——博物馆研究论文集，文物出版社2007年
专业博物馆功能定位的再思考：引展的探索与实践/吴莹//在传播科学中传承文明——博物馆研究论文集，文物出版社2007年
建设一个全新的中国民族博物馆——中国民族博物馆建设发展模式的探索与实践//论民族博物馆建设，民族出版社2007年
试论中国民族博物馆西江千户苗寨馆建设//论民族博物馆建设，民族出版社2007年
中国民族博物馆开展“民族文化周”活动的启示//论民族博物馆建设，民族出版社2007年
保护优秀文化遗产充分发挥西藏博物馆职能作用//论民族博物馆建设，民族出版社2007年
发挥博物馆职能促进文化事业的繁荣//论民族博物馆建设，民族出版社2007年
锐意进取建设富有特色的云南民族博物馆//论民族博物馆建设，民族出版社2007年
试论民族博物馆的发展——以云南楚雄彝族自治州博物馆为个案分析//论民族博物馆建设，民族出版社2007年
服务外交战略造福乡梓故里——以云南红河哈尼族彝族自治州博物馆为例//论民族博物馆建设，民族出版社2007年
浅谈地方博物馆的机遇与挑战——以呼和浩特博物馆为例//论民族博物馆建设，民族出版社2007年

试论新世纪民族文物博物馆事业的发展//论民族博物馆建设，民族出版社2007年
关于民族博物馆的几个基本问题//论民族博物馆建设，民族出版社2007年
中国的民族博物馆历史回顾与现状分析//论民族博物馆建设，民族出版社2007年
博物馆在我国民族传统文化遗产保护中的作用浅论//论民族博物馆建设，民族出版社2007年
无形文化遗产的保护与博物馆的发展//论民族博物馆建设，民族出版社2007年
现代户外民族博物馆在西部大开发中的作用//论民族博物馆建设，民族出版社2007年
民族博物馆的艺术生存//论民族博物馆建设，民族出版社2007年
博物馆与社区文化/李正华//科学发展观与博物馆教育学术研讨会论文集，陕西人民出版社2007年
现代博物馆：社区未来的文化中心/楼锡祜//科学发展观与博物馆教育学术研讨会论文集，陕西人民出版社2007年
博物馆与社区/郭男平//科学发展观与博物馆教育学术研讨会论文集，陕西人民出版社2007年
博物馆与社区的实践探索——以北京民俗博物馆为例/文爱群//科学发展观与博物馆教育学术研讨会论文集，陕西人民出版社2007年
加强东南亚和亚洲国家民族学人类学博物馆馆际合作与交流/〔越南〕阮文辉//2006·中国昆明亚洲博物馆馆长和人类学家论坛文集，云南教育出版社2007年
博物馆和社区发展/〔澳大利亚〕阿马尔·加拉//2006·中国昆明亚洲博物馆馆长和人类学家论坛文集，云南教育出版社2007年
越南民族学博物馆与泰国、老挝博物馆在民族文物藏品方面的交流与合作/〔越南〕韦文安//2006·中国昆明亚洲博物馆馆长和人类学家论坛文集，云南教育出版社2007年
民族民俗博物馆的建设和发展——关于国立民族学博物馆建馆30周年现状的认识/〔日〕小林繁树//2006·中国昆明亚洲博物馆馆长和人类学家论坛文集，云南教育出版社2007年
土生博物馆的开发项目/〔新加坡〕陈慧心//2006·中国昆明亚洲博物馆馆长和人类学家论坛文集，云南教育出版社2007年
越南民族学博物馆户外展览的建设和发展——越南民居实例/〔越南〕阮英玉//2006·中国昆明亚洲博物馆馆长和人类学家论坛文集，云南教育出版社2007年
重塑越南民族文化博物馆：问题与展望/〔越南〕阮文强//2006·中国昆明亚洲博物馆馆长和人类学家论坛文集，云南教育出版社2007年
浅说博物馆发展规律/王川平//2006·中国昆明亚洲博物馆馆长和人类学家论坛文集，云南教育出版社2007年
当前博物馆需重点抓的三件事/王红星//2006·中国昆明亚洲博物馆馆长和人类学家论坛文集，云南教育出版社2007年
新疆民族博物馆建设刍议/伊斯拉菲尔·玉苏甫、安尼瓦尔·哈斯木//2006·中国昆明亚洲博物馆馆长和人类学家论坛文集，云南教育出版社2007年
试论博物馆与社会的多元化沟通/白晓莉//博物馆理论与实践研讨会论文集，三秦出版社2007年
关于文博宣传工作的思考/刘宇生//博物馆理论与实践研讨会论文集，三秦出版社2007年
博物馆如何体现人文精神/王晓莉//博物馆理论与实践研讨会论文集，三秦出版社2007年
生态时代自然博物馆的社会作用/金杏宝//2007中国天津欧亚自然历史博物馆高层论坛文集，天津人民出版社2007年
自然类博物馆建设的生态化趋向/侯江//2007中国天津欧亚自然历史博物馆高层论坛文集，天津人民出版社2007年
博物馆应在建设环境友好型城市中发挥积极作用/周锦屏//2007中国天津欧亚自然历史博物馆高层论坛文集，天津人民出版社2007年
试论博物馆在城市生态建设中的作用/张美英//2007中国天津欧亚自然历史博物馆高层论坛文集，天津人民出版社2007年
试论中国博物馆对民族文化建设的优势作用/高渭清//2007中国天津欧亚自然历史博物馆高层论坛文集，天津人民出版社2007年
中国《国家动物博物馆》的定位和意义/黄乘、陈军//2007中国天津欧亚自然历史博物馆高层论坛文集，天津人民出版社2007年

琵琶湖博物馆：当地群众和社会中发展的博物馆/Hiroya Kawanabe//2007中国天津欧亚自然历史博物馆高层论坛文集，天津人民出版社2007年
浅谈县级博物馆的发展思路/阮新正//陕西文博宣教工作论丛（二），/陕西旅游出版社2007年
历史与文化视野中的博物馆和收藏/杨志刚//国际博物馆235期，2007年
中国：悠久的收藏国度，新兴的博物馆大国/史吉祥//国际博物馆235期，2007年
博物馆现代化之路——从河南博物院发展观念的几次转变谈起/田凯//河南博物院建院80周年论文集，大象出版社2007年
构建协调发展的博物馆事业/刘康、董源格//河南博物院建院80周年论文集，大象出版社2007年
省级区域内博物馆的合作与交流/向祎、牛伟//河南博物院建院80周年论文集，大象出版社2007年
谈博物馆的社区角色/马丹琳//河南博物院建院80周年论文集，大象出版社2007年
略论近代工业遗址博物馆/吕建昌//中国博物馆2008-1
博物馆与地区发展——以越南博物馆为例/阿马尔·加拉、杨晓、李双宇//中国博物馆2008-1
关于基层博物馆建设与发展的几点思考——以晋江市博物馆群建设为例/吴金鹏//中国博物馆2008-1
中国博物馆学会2007年大事记/顾婷整理//中国博物馆通讯2008-1
浅谈博物馆的标牌标识系统/郭向东//秦陵秦俑研究动态2008-1
中国当代私立博物馆的发展/宋向光//国际博物馆（中文版）2008-1
博物馆走进小区的意义及途径/李玫//博物苑2008-1
甘肃省博物馆2007年工作要览//陇右文博2008-1
中国博物馆的“宁波人现象”/徐学敏//浙东文化2008-1；21世纪博物馆核心价值与社会责任，科学出版社2010年
董浩云与航运博物馆/涂师平//浙东文化2008-1
博物馆门票的功用与设计制作/宋向光//中国文物报2008-1-4
秦兵马俑在英国掀起中国文化热/庞博//中国文物报2008-1-9
统筹谋划把关定向：铁人王进喜纪念馆建设备受领导重视/崔湛谌//中国文物报2008-1-18
黑土地上的精神家园——铁人王进喜纪念馆馆区掠影/吴国良//中国文物报2008-1-18
铁人王进喜纪念馆：在完美的艺术呈现中感受精神力量/许俊雄//中国文物报2008-1-18
浅论自然博物馆的学习功能/续颜、冯永忠、王丽华//中国博物馆2008-2
博物馆美学刍议/石坚平//中国博物馆2008-2
建设博物馆和谐文化的思考/陈卫平//中国博物馆2008-2
对甘肃省博物馆创新发展的几点思考/俄军//陇右文博2008-2
心路历程薪火相传——在全国博物馆专业人员玉器鉴定研修班的学习体会/王南南//陇右文博2008-2
拓展博物馆工作的新设想/夏军//理论界2008-2
重视公益事业，从博物馆开始/袁廷栋//西部广播电视2008-2
中国酱文化博物馆的创建与期待/赵荣光//扬州大学烹饪学报2008-2
博物馆实验室须加强管理/李斌//中国文物报2008-2-1
探讨纪念馆创新发展之路：纪念馆专业委员会第一次年会暨学术研讨会综述/李鑫//中国文物报2008-2-1
2007年新博物馆筹建大盘点/史吉祥//中国文物报2008-2-1
城市博物馆的空间拓展/李玫//中国博物馆2008-3
哈贝马斯的交往行动理论与博物馆社会影响力研究/郭长虹//中国博物馆2008-3
少数民族地区民族博物馆的建设/彭淑琦//西北师大学报2008-3
博物馆旅游体验设计研究/徐永红//黄河水利职业技术学院学报2008-3
关于北京博物馆联名卡的建议/程京生//中国博物馆通讯2008-3
博物馆发展社会环境与博物馆文化建设/曹兵武、董琦、宋新潮、李文昌等//中国文物报2008-3-28
浅析博物馆与社区文化建设/毛胤云//大众文艺2008-3
国际一流博物馆评介标准与我国博物馆建设探析/张建华//中国博物馆通讯2008-3
以身作则先垂范身体力行抗大灾——井冈山革命博物馆馆长肖邮华抗冰救灾先进事迹/高平//中国文物报

2008-3-12
自贡恐龙博物馆践行文化创新/周远明//中国文物报2008-3-14
博物馆与文化遗产的传播/何宏//秦陵秦俑研究动态2008-4
和谐文化与博物馆工作/甄朔南//中国文物报2008-4-25；甄朔南博物馆学文集（续），中国大百科全书出版社2008年
“劳务工”——让历史铭记他们——献给深圳劳务工博物馆/杨洪海//中国文物报2008-4-25
愉民育民不辱使命/宋向光//中国文物报2008-4-25
博物馆文化是推进社会发展的积极力量/郭宪曾//中国文物报2008-4-30
珠江三角洲都市圈博物馆群分析/萧洽龙//中国文物报2008-5-2
区域博物馆发展刍议/陈卓//中国文物报2008-5-2
《国际博物馆》与中国遗产保护论坛综述：博物馆综合研究/崔波//中国文物报2008-5-16
《国际博物馆》与中国遗产保护论坛综述：博物馆专题研究/冯朝晖、张俊梅//中国文物报2008-5-16
《国际博物馆》与中国遗产保护论坛综述：博物馆与媒体/张伟//中国文物报2008-5-16
物质文化遗产的形而上思考/苏东海//中国文物报2008-5-23
博物馆：社会发展的参与者/雨果·戴瓦兰著，侯春燕译//中国文物报2008-5-23
关于总统府馆名、定位及展陈等问题的思考/刘刚//中国博物馆通讯2008-6
浅谈文物摄影中应注意的几个问题/胡勇//中国博物馆通讯2008-6
建设有特色的民俗博物馆/宋林子//河南社会科学2008-6
博物馆，今天你参观了吗？/史吉祥//中国文物报2008-6-13
毛毅静的博物馆参观实践/史吉祥//中国文物报2008-6-13
“博物馆”拆字趣谈/史吉祥//中国文物报2008-6-13
科技博物馆对社会的效益/钱雪元//中国博物馆通讯2008-6
灾区孩子的三星堆博物馆之旅/陈敏//中国文物报2008-6-18
中国民族艺术珍品博物馆七月开馆/马怡运//中国文物报2008-6-25
四川地震灾区学生参观湖南省博物馆/申国辉//中国文物报2008-6-25
关于博物馆创建国家4A级景区的思考/张美英//中国博物馆通讯2008-7
论博物馆的柔性化生产/曹穗//中国文物报2008-7-11
以产业发展促遗产保护：首都博物馆携手甘肃庆阳传承民俗文化/山水//中国文物报2008-7-11
传播了艺术，保护了文物——博物馆国画复制上新高/钟作英等//中国文物报2008-7-11
宁波人的“博物馆情怀”——当代中国著名版画家邵克萍向宁波博物馆捐赠作品散记/徐学敏、涂师平//中国文物报2008-7-16
2008年欧洲博物馆年度奖/崔波//中国文物报2008-7-18
文物定名中标点符号须规范/奚敏//中国文物报2008-7-20
淄博民间博物馆发展现状调查/毕红梅//中国文物报2008-7-20
犁铧耀天山军垦传千古——新疆兵团军垦博物馆建设历程述要/刘宁、李梓//中国文物报2008-7-25
我国公共博物馆资金来源渠道多元化探析/尚东光、段鹏//科教文汇2008-9
私人博物馆登堂易入室难/刘斯斯//中国投资2008-9
理工科大学博物馆建设若干问题的思考/鲁厚祖、张居中//中国文物报2008-9-5
试论博物馆的形象设计/桓玉民、桓历萍//中国博物馆通讯2008-10
新博物馆学国际运动的变革/马里奥·穆蒂尼奥、阿娜·默西迪丝·斯托菲尔著，侯春燕译//中国博物馆通讯2008-10
中国博物馆的传统与变革——为巴西《博物馆学与遗产》虚拟杂志创刊号而作/苏东海//中国文物报2008-10-10；博物馆的沉思——苏东海论文选（卷三），文物出版社2010年
博物馆：一切皆有可能——博物馆实践性散议/张慧国//中国文物报2008-10-17
博物馆与城市一起诞生/范剑青//人民日报2008-10-28
澳门博物馆旅游发展评介/罗美娟、郑向敏//北京第二外国语学院学报2008-11

桂林博物馆馆藏外宾礼品简介/薛向阳//中国文物报2008-11-12
纪念广西壮族自治区成立50周年·博物馆篇：地方民族特色鲜明博物馆事业蓬勃发展//中国文物报2008-11-21
博物馆与传媒关系小议/张遇//中国文物报2008-11-28
明珠耀东海夺目异样彩：宁波博物馆创新发展综述//中国文物报2008-12-3
浅谈市民收藏暨历史艺术类博物馆/方全国//科技创新导报2008-13
高校图书馆特色资源建设探析——以广州货币金融博物馆为例/冯琼//内蒙古科技与经济2008-19
中国地质大学逸夫博物馆的现状及对策分析/陈腾//科教文汇2008-24
博物馆里的历史再现——对影片《博物馆惊魂夜》的意识形态分析/黄慧//电影评介2008-21
试论我国高校博物馆的特点与作用/陈楠楠//内蒙古医学院学报2008-S2
试论博物馆的宣传报道工作/杜爱华//2007年江苏省文博论文集，南京出版社2008年
博物馆与社会/刘洁、吴华//石门：汉中文化遗产研究2007，三秦出版社2008年
城市建设与城市博物馆建设的和谐关系——北京城市建设与博物馆建设的三次机遇/苏东海//新世纪博物馆的实践与思考——北京博物馆学会第五届学术会议论文集，北京燕山出版社2008年
博物馆与城市文化/耿坤//新世纪博物馆的实践与思考——北京博物馆学会第五届学术会议论文集，北京燕山出版社2008年
当前我国博物馆热的初步分析/苏东海//中国文物报2008-5-9；博物馆的沉思——苏东海论文选（卷三），文物出版社2010年
深圳博物馆发展机遇与挑战/杨耀林//深圳文博论丛二〇〇七年，文物出版社2008年
试论博物馆事业如何落实科学发展观/莫小培//深圳文博论丛二〇〇七年，文物出版社2008年
实用服务礼仪及其对博物馆形象的提升作用/陈海先//深圳文博论丛二〇〇七年，文物出版社2008年
浅议宣传推广在博物馆发展过程中的作用/骆晓莉//深圳文博论丛二〇〇七年，文物出版社2008年
浅谈新形势下博物馆吸引观众的方法/何红梅//深圳文博论丛二〇〇七年，文物出版社2008年
澳大利亚文化艺术场馆的经营管理及对深圳的启示/张珑//深圳文博论丛二〇〇七年，文物出版社2008年
对展品触摸的需求/Craig Riley著，刘琨译//深圳文博论丛二〇〇七年，文物出版社2008年
浅谈博物馆与“人文奥运”环境的构建/贾轶雯//新世纪博物馆的实践与思考：北京博物馆学会第五届学术会议论文集，北京燕山出版社2008年
人文奥运构建和谐——论博物馆与城市文化环境建设/刘琦//新世纪博物馆的实践与思考：北京博物馆学会第五届学术会议论文集，北京燕山出版社2008年
博物馆与人文奥运环境的互利双赢/章晓烁//新世纪博物馆的实践与思考：北京博物馆学会第五届学术会议论文集，北京燕山出版社2008年
浅析博物馆需要奥林匹克精神/郑小惠//新世纪博物馆的实践与思考：北京博物馆学会第五届学术会议论文集，北京燕山出版社2008年
博物馆与城市文化遗产保护/曹欣欣//新世纪博物馆的实践与思考：北京博物馆学会第五届学术会议论文集，北京燕山出版社2008年
博物馆与城市文化/耿坤//新世纪博物馆的实践与思考：北京博物馆学会第五届学术会议论文集，北京燕山出版社2008年
博物馆与城市文化建设/王洋//新世纪博物馆的实践与思考：北京博物馆学会第五届学术会议论文集，北京燕山出版社2008年
浅谈博物馆资源与建设社区/杨文英//新世纪博物馆的实践与思考：北京博物馆学会第五届学术会议论文集，北京燕山出版社2008年
浅析博物馆与社区的互动关系/张勇//新世纪博物馆的实践与思考：北京博物馆学会第五届学术会议论文集，北京燕山出版社2008年
关于博物馆旅游的几点思考/方妍//新世纪博物馆的实践与思考：北京博物馆学会第五届学术会议论文集，北京燕山出版社2008年
浅说博物馆合同若干问题/李晨//新世纪博物馆的实践与思考：北京博物馆学会第五届学术会议论文集，北京燕山出版社2008年

论我国博物馆的法律地位/郝亚钟//新世纪博物馆的实践与思考：北京博物馆学会第五届学术会议论文集，北京燕山出版社2008年
学习型组织与博物馆发展/曹宏//新世纪博物馆的实践与思考：北京博物馆学会第五届学术会议论文集，北京燕山出版社2008年
博物馆事业发展的若干思考//无锡博物院论文集，广陵书社2008年
简述文物摄影用光//无锡博物院论文集，广陵书社2008年
不同的主题共同的博物馆研究收获/甄朔南//甄朔南博物馆学文集（续），中国大百科全书出版社2008年
中国大陆博物馆人应如何面对变迁中的博物馆/甄朔南//甄朔南博物馆学文集（续），中国大百科全书出版社2008年
博物馆面临新挑战/甄朔南//甄朔南博物馆学文集（续），中国大百科全书出版社2008年
当前中国自然博物馆面临的困惑与对策/甄朔南//甄朔南博物馆学文集（续），中国大百科全书出版社2008年
论博物馆门票及其相关问题/甄朔南//甄朔南博物馆学文集（续），中国大百科全书出版社2008年
自然历史博物馆与古环境/甄朔南//甄朔南博物馆学文集（续），中国大百科全书出版社2008年
对外开放与博物馆下作/甄朔南//甄朔南博物馆学文集（续），中国大百科全书出版社2008年
自然历史博物馆与精神文明建设/甄朔南//甄朔南博物馆学文集（续），中国大百科全书出版社2008年
博物馆必须坚持非盈利的特性/甄朔南//甄朔南博物馆学文集（续），中国大百科全书出版社2008年
热烈地祝贺真诚地期待——为庆祝中国自然科学博物馆协会成立25周年而作/甄朔南//甄朔南博物馆学文集（续），中国大百科全书出版社2008年
我与青浦博物馆/钱昌萍//五秩风华：上海市青浦区博物馆建馆五十周年纪念文集，上海社会科学院出版社2008年
我与青浦文博事业/朱习理//五秩风华：上海市青浦区博物馆建馆五十周年纪念文集，上海社会科学院出版社2008年
记青浦博物馆的“天命之年”/蔡雪源//五秩风华：上海市青浦区博物馆建馆五十周年纪念文集，上海社会科学院出版社2008年
不辱使命凝聚人心/王金宝//五秩风华：上海市青浦区博物馆建馆五十周年纪念文集，上海社会科学院出版社2008年
青浦博物馆与文物工作的回忆片断/杨嘉秸//五秩风华：上海市青浦区博物馆建馆五十周年纪念文集，上海社会科学院出版社2008年
祝愿青浦博物馆的未来更辉煌/孙维昌//五秩风华：上海市青浦区博物馆建馆五十周年纪念文集，上海社会科学院出版社2008年
一把打开宝库的金钥匙/陈菊兴//五秩风华：上海巿青浦区博物馆建馆五十周年纪念文集，上海社会科学院出版社2008年
我与“青浦博物馆之友”/沈求洁//五秩风华：上海市青浦区博物馆建馆五十周年纪念文集，上海社会科学院出版社2008年
倾听我们祖先的脚步声——我看博物馆/徐盛洁//五秩风华：上海市青浦区博物馆建馆五十周年纪念文集，上海社会科学院出版社2008年
品一碗家乡的“陈年佳酿”——博物馆观后感/孙晓雯//五秩风华：上海市青浦区博物馆建馆五十周年纪念文集，上海社会科学院出版社2008年
满庭芳·贺青浦博物馆五秩华诞/黄光华//五秩风华：上海市青浦区博物馆建馆五十周年纪念文集，上海社会科学院出版社2008年
青浦博物馆建馆五十周年感赋/蒋益峰//五秩风华：上海市青浦区博物馆建馆五十周年纪念文集，上海社会科学院出版社2008年
保护和利用文化遗产彰显和飞扬绿色精彩——青浦区文博事业发展纪实/章瑞健//五秩风华：上海市青浦区博物馆建馆五十周年纪念文集，上海社会科学院出版社2008年
共同构建充满人文关怀和生活情趣的精神家园/崔瑛//五秩风华：上海市青浦区博物馆建馆五十周年纪念文集，上海社会科学院出版社2008年

法门珍宝焜耀中外——法门寺博物馆文物外展工作回顾与思考/张高举//法门寺博物馆论丛（一）：法门寺博物馆建馆二十周年学术讨论会论文集，三秦出版社2008年
浅议基层博物馆的和谐之路——法门寺博物馆在和谐发展中突破/赵辉//法门寺博物馆论丛（一）：法门寺博物馆建馆二十周年学术讨论会论文集，三秦出版社2008年
深入学习实践科学发展观大力推动博物馆事业发展/冯庚武//陕西历史博物馆馆刊（十五），三秦出版社2008年
博物馆三题/李淑萍//陕西历史博物馆馆刊（十五），三秦出版社2008年
伪满奉天博物馆的成立与首任馆长杨钟羲/李琼璟//辽宁省博物馆馆刊（3），辽海出版社2008年
谈国有文物流通机构的职能转变与思路——以省内三家文物交流中心为例/李莎//洛阳博物馆建馆50周年论文集，大象出版社2008年
论博物馆的社会责任——以沈阳故宫为例/武斌//沈阳故宫博物院院刊（六），中华书局2008年
根植于所在地区的博物馆活动——东京都江户东京博物馆为事例/〔日〕竹内诚著，王铁军译//沈阳故宫博物院院刊（六），中华书局2008年
着眼现代课题的日本博物馆——以博物馆的无障碍化和信息化为中心/〔日〕行吉正一著，崔岩译//沈阳故宫博物院院刊（六），中华书局2008年
博物馆与现代公共媒介——以首尔历史博物馆事例为中心//〔韩〕崔亨守著，禹颖子译//沈阳故宫博物院院刊（六），中华书局2008年
首尔历史博物馆地域文化发展的作用和课题/〔韩〕朴相彬著，李贤淑译//沈阳故宫博物院院刊（六），中华书局2008年
时移世易因人而异——以北京为例根据人口坐标修正城市博物馆文化定位/朱锴//沈阳故宫博物院院刊（六），中华书局2008年
以改革创新促发展——以伪满皇宫博物院为例/李立夫//沈阳故宫博物院院刊（六），中华书局2008年
浅谈博物馆的公共形象/冯好//沈阳故宫博物院院刊（六），中华书局2008年
小议博物馆与媒体/叶晔、王勇//博物馆研究2009-1
基于游客管理视角的博物馆解说系统构建/刘丽华、何军//博物馆研究2009-1
国外博物馆经济学研究概述/田艳萍//博物馆研究2009-1
博物馆社会支持体系刍议/刘迪//博物馆研究2009-1
发展旅游业与保护文物关系刍议/刘历群//博物馆研究2009-1
博物馆时空刍议/刘迪//东南文化2009-1
试谈新形势下高校中医药博物馆的创新与发展/彭丹凤//内蒙古中医药2009-1
面对中国博物馆快速发展情势的理论思考/罗丽欣//理论观察2009-1
文化遗产保护与民生工程/曹国庆//南方文物2009-1
甘肃省博物馆2008年工作要览/魏万斗//陇右文博2009-1
美术学院陈列馆与沙龙：博物馆展览制度考/李军//美术研究2009-1
关于仰韶文化博物馆建设的几点思考/侯俊杰//中国文物报2009-1-2
让更多观众走进博物馆/自庶//人民日报（海外版）2009-1-16
广东中山市博物馆：走特色办馆之路/广东中山市博物馆//中国文物报2009-1-20
北京十二中：走进博物馆来考古/杨冬梅//中国德育2009-2
私立博物馆的中国式生存/王海鹏//新华月报2009-2
博物馆语境下的性别文化表征——以妇女文化博物馆为例/屈雅君、傅美蓉//南开学报2009-2
试论博物馆的团队建设/申永峰//博物馆研究2009-2
金城与中国近代博物馆事业/丁国强//湖州职业技术学院学报2009-2
凸显地域文化，创出禅城区博物馆馆藏新路/王建玲//博物馆研究2009-2
博物馆——可塑性，时间性/〔英〕让-保罗·马蒂农著，韩俊艳编译//博物馆研究2009-2
海南大学图书馆筹建海南历史文化博物馆刍议/万颖萍、顾时光、邓玲//农业图书情报学刊2009-2
兵马俑博物馆冬季室内大气悬浮颗粒物与游客数量的关系/胡塔峰、曹军骥、李旭祥//中国粉体技术2009-2
古迹遗址文化形象再现/郑育林//考古与文物2009-2

关于新时期的日本博物馆制度——将来博物馆应有状态的合作研讨会议纪要（2008年6月）（上、下）/宁波编译//博物馆研究2009-2、2009-3
广州博物馆建馆八十周年记/立石//中国文物报2009-2-6
发挥目录学在博物馆学研究中的作用/芦建华//中国文物报2009-2-20
自然博物馆的演进/张慧红//博物馆研究2009-3
论博物馆的旅游价值/刘若楠//博物馆研究2009-3
近代山东教会博物馆探究/张德明//博物馆研究2009-3
浅谈新时期自然博物馆的创新思路/王钧光//博物馆研究2009-3
访中国东北的博物馆和考古学者/〔日〕西川宏著，董健德译，董学增校//博物馆研究2009-3
资料室如何适应博物馆的现代化进程——以首都博物馆为例/王晓侠//北京文博2009-3
浅谈后现代思潮对博物馆学的影响/陈扬//文物春秋2009-3
浅谈新时期民族博物馆建设/钟章贤//宁德师专学报2009-3
博物馆文化传播功能的实现/张瑞强//中国甲午战争博物馆馆刊2009-3
发展博物馆文化旅游的SWOT分析及对策探讨/张丹凤//科教文汇2009-3
关于创办图书馆专业博物馆刍议/王世伟//图书馆理论与实践2009-3
民间博物馆要“寂寞坚守”多久/段菁菁//中国美术馆2009-3
初探科技博物馆的创新/李瑞宏//科技通报2009-3
中国博物馆解说词英译策略/李芳//中国翻译2009-3
正确认识博物馆的社会效益和经济效益/陈楠楠//内蒙古科技与经济2009-3
民间博物馆的春天/高功//收藏界2009-3
城市文化建设与城市博物馆/张文彬、安来顺//装饰2009-3
浅谈现代博物馆的娱乐功能/王晓芬//沧桑2009-3
英法博物馆里的“原罪”文物/霍斯欧//中国农业会计2009-3
北京博物馆学会：立足基层培训一线/崔波//中国文物报2009-3-6
博物馆必须注重自身建设/朱学文//中国文物报2009-3-25
现代博物馆建构下的彝族面具文化传承/赵世林、赵月华//楚雄师范学院学报2009-4
美国纽约及附近地区博物馆馆藏藏族艺术品介绍贰/红音//西南民族大学学报2009-4
从殷墟保护看图书馆和博物馆的特殊价值/时保吉//河南师范大学学报2009-4
加强博物馆人才队伍建设的必要性/赵冬菊//重庆教育学院学报2009-4
全球可持续文化旅游宣言/国际博物馆协会世界博物馆公谊联合会//中国文物报2009-4-8
顺应博物馆发展趋势加强专业委员会各项工作/张柏//中国文物报2009-4-15
从开滦博物馆看企业博物馆建设/刘丽君//中国文物报2009-4-24
三次讲解三次感受受益终生/陈琳琳//中国文物报2009-4-24
吉林市陨石博物馆纪念陨石雨降落33年/田桂云//中国文物报2009-4-24
博物馆拾零/自庶//中国文物报2009-5-1
试论中西历史文化之差异对博物馆的影响/白黎璠//东南文化2009-5
北京城区博物馆时空间分布特征分析/杨云鹏、张景秋//人文地理2009-5
以工业文化为主题的沈阳铸造博物馆会展规划探讨/李雯露//黑龙江对外经贸2009-5
少数民族传统工艺文化资源保护研究——以民族博物馆为例/李春华//绥化学院学报2009-5
谈蒙医药博物馆在教学与对外交流中的作用/阿古拉//中国民族医药杂志2009-5
博物馆自有知识产权刍议/焦晋林//中国博物馆通讯2009-5
博物馆在城市文化建设中的角色——兼谈山西博物院发展的几个建议/杨芸//文物世界2009-5
博物馆在旅游业中的定位：对今年国际博物馆日主题的认识与理解/王栋云//中国文物报2009-5-8
常州博物馆新馆建设与创建4A级旅游景区的实践和思考/陈丽华//中国文物报2009-5-8
馆藏文物：面对风险，你准备好了吗/崔波//中国文物报2009-5-13
地球也是一座博物馆/于海东//北京日报2009-5-15

博物馆与旅游：拉动与提升/李文儒//中国文物报2009-5-20
斗不过欢乐谷：年轻人为何“旷课”博物馆/王苗苗//中国青年报2009-5-22
“情景再现”应解决的关键问题和难点分析——以井冈山茨坪毛泽东旧居等革命遗址为例/何小文//中国博物馆通讯2009-5
从北疆博物院到天津自然博物馆/李庆奎//中国博物馆通讯2009-6
凤凰山江苗族家庭博物馆调查及思考/石群勇、龙晓飞//中国博物馆通讯2009-6
晚清“西学东渐”与中国博物馆的关系/李瑶//文教资料2009-6
1949年以前外国人在华创办的自然类博物馆探析/侯江、李庆奎//安徽农业科学2009-6
湖南省博物馆游憩价值分析研究/何晓东、罗芬、耿际涛、黄娟//中南林业科技大学学报2009-6
发展中的西安半坡中国博物馆学会讲解员培训基地/何宏//中国博物馆通讯2009-6
后博物馆时代后博物馆时代——在传承与蜕变中构建多元的泛博物馆/陈同乐//东南文化2009-6
论博物馆的传播与学习/严建强//东南文化2009-6
略论我国博物馆的传播过程/高晓芳//东南文化2009-6
博物馆与旧址复原/陈翔//中国文物报2009-6-5
我们的全球视野：国际博协2008～2010年战略计划/黄晶晶译//中国博物馆通讯2009-7
珠江三角洲博物馆收藏对文物市场的影响/肖洽龙//中国文物报2009-7-1
金融危机下的英国博物馆/李宏坤//中国文物报2009-7-3
博物馆参观环境刍议/李琳//中国博物馆通讯2009-8
“秦汉——罗马文明展”简介/方小锋//中国博物馆通讯2009-8
博物馆情感初论/苏东海//中国文物报2009-8-12、2009-9-9；博物馆的沉思——苏东海论文选（卷三），文物出版社2010年
游客体验需求为导向的博物馆解说系统规划浅析/柯球//沿海企业与科技2009-9
叩石垦壤铸辉煌锐意进取创新篇——秦始皇兵马俑博物馆与改革开放一同成长/黄璘//当代陕西2009-9
博物馆——守望精神家园/陈燮君//人民政协报2009-9-14
文物认定：博物馆要先行/自庶//中国文物报2009-9-23
从展览门票看博物馆60年的发展历程——中国国家博物馆部分展览门票观赏/闫子瑛//中国文物报2009-9-30
英法博物馆里的“原罪”文物/霍斯欧//中国农业会计2009-10
西安民间博物馆生存之惑/张国宁//当代陕西2009-10
中国闽台缘博物馆与对台文化交流/周丽英//两岸关系2009-10
九十载传承薪火相继——写在山西博物院九十年华诞之际/石金鸣//中国文物报2009-10-9
十年磨砺铸辉煌——纪念西藏博物馆建成开馆十周年//中国文物报2009-10-9
高校博物馆专业委员会：助力高校博物馆的建设发展/续颜//中国文物报2009-10-14
城市博物馆系列V——罗马和罗马的博物馆/李文军//设计家2009-11
宁波博物馆一年回顾：四大亮点//中国文物报2009-11-9
博物馆面向社会与社会责任/张春雨//中国文物报2009-11-11
自然博物馆：重建中的若干可能/章迪思、梁建刚//解放日报2009-11-30
地质灾害危性综合评估及防治——以上海元代水闸遗址博物馆为例/王龙、章长松、王小清//科教文汇2009-12
对新形势下博物馆形象塑造的思考/郑夏娟//现代企业教育2009-12
宁博将成我国博物馆发展榜样/陈朝霞//宁波日报2009-12-5
国际博协关于博物馆与文化旅游的新进展述评/付文军//中国文物报2009-12-16
何谓行业博物馆——行业博物馆的界定及其他/徐玲//中国文物报2009-12-16
内容与形式：共同服务于目的（博物馆若干概念辨析四）/段勇//中国文物报2009-12-16
用世界的眼光看中国：中华世纪坛世界艺术馆“回望中国”主题年回顾/王昱东//中国文物报2009-12-30
“百姓抗战故事”背后的故事/沈强//中国文物报2009-12-30
浅论高校博物馆的特殊作用/舒开//文教资料2009-15
体育博物馆可持续发展思考/王军//体育文化导刊2009-15

甘肃省博物馆的文化记忆功能与价值/李莹//科技资讯2009-15
中国航海博物馆关节轴承节点承载力试验研究/张慎伟、张其林、周向阳等//建筑结构2009-15
昆明欲建中国博物馆之城/邓毛颖//建筑2009-16
浅谈博物馆文化理念更新/陈慕如//科技信息2009-16
非价格因素影响下的博物馆旅游者行为实证研究/董亚娟、杨峥媛//商业时代2009-16
基于咸阳博物馆导入视觉识别系统理念的探讨/李宁宁、秦岁明//电影评介2009-17
博物馆与博物馆文化传播/于萍//丝绸之路2009-18
激活静默历史弘扬优秀文化——访济宁市博物馆馆长解华英/吴丹、刘佳//新世纪领导者2009-18
传承弘扬岁月如歌：1～157座博物馆感悟和展望/陈全方//三秦文史2009-23
博物馆发展前景探析/郝迎君//科技信息2009-28
试论景区（点）旅游管理工作的几个问题——以秦俑博物馆为例/冯茂娥//现代商业2009-30
中外博物馆社会资金利用的比较分析/张文立//湖南省博物馆馆刊（五），岳麓书社2009年
对构建和谐博物馆的思考/刘洪//江苏省文博论文集2008，南京出版社2009年
关于博物馆评估定级工作的思考/孙景//江苏省文博论文集2008，南京出版社2009年
博物馆在文化遗产保护中的作用/凌振荣、陈玲//江苏省文博论文集2008，南京出版社2009年
“非营利性机构”：博物馆在市场经济环境中的护身符/宋向光//物与识：当代博物馆理论与实践辨析，科学出版社2009年
加强博物馆财务管理的探索/王辉宇//碑林集刊（十四），陕西人民美术出版社2009年
名人故居类博物馆的特色与魅力挖掘——以张氏帅府博物馆为例/王海晨//博物馆创新与发展高峰论坛文集，辽宁人民出版社2009年
遗址型博物馆景区制定发展规划的思考/尤伟华//博物馆创新与发展高峰论坛文集，辽宁人民出版社2009年
试论博物馆在现代城市文明建设中的作用/郭富纯//博物馆创新与发展高峰论坛文集，辽宁人民出版社2009年
提升展示服务水平促进文化大发展大繁荣——营口市博物馆创新实践/贺雅贤//博物馆创新与发展高峰论坛文集，辽宁人民出版社2009年
浅析如何在保护与创新中推进名人故居的发展——以张氏帅府博物馆为例/郭俊胜//博物馆创新与发展高峰论坛文集，辽宁人民出版社2009年
论纪念馆建设与城市文化的个性发展/郭俊胜//博物馆创新与发展高峰论坛文集，辽宁人民出版社2009年
走进广西博物馆——感受国家博物馆的文化内涵/肖君//博物馆免费开放的思考：广西博物馆首届学术讨论会论文集，广西科学技术出版社2009年
21世纪博物馆社会功能再思考/张凯//博物馆免费开放的思考：广西博物馆首届学术讨论会论文集，广西科学技术出版社2009年
论博物馆的形象设计/桓玉民、桓历萍//秦晋豫博物馆理论与实践研讨会论文选，陕西人民出版社2009年
关于博物馆票务管理工作中若干问题的思考/余兰//秦晋豫博物馆理论与实践研讨会论文选，陕西人民出版社2009年
博物馆与外事接待/吕劲松、刘群//回顾与创新——秦始皇兵马俑博物馆开馆三十周年纪念文集，三秦出版社2009年
博物馆图书室自动化管理浅谈/周婧峰//回顾与创新——秦始皇兵马俑博物馆开馆三十周年纪念文集，三秦出版社2009年
读博物馆札记/李淑萍//回顾与创新——秦始皇兵马俑博物馆开馆三十周年纪念文集，三秦出版社2009年
博物馆与文化传播/王齐秀//回顾与创新——秦始皇兵马俑博物馆开馆三十周年纪念文集，三秦出版社2009年
深圳改革开放的历史丰碑——深圳博物馆新馆落成开馆/杨耀林//深圳文博论丛二〇〇九年，文物出版社2009年
论深圳博物馆的建设/叶杨//深圳文博论丛二〇〇九年，文物出版社2009年
从筹建到开馆——深圳博物馆新馆建设纪实/梁忠法//深圳文博论丛二〇〇九年，文物出版社2009年
《古代深圳》筹展期间的逸闻趣事/周加胜//深圳文博论丛二〇〇九年，文物出版社2009年
浅谈春节民俗对构建和谐社会的作用与影响/张贵余//首都博物馆丛刊（23），北京燕山出版社2009年

创首都博物馆之优立世界博物馆之林——从首都博物馆社教部组织的社会调查报告说起/张杰//首都博物馆丛刊（23），北京燕山出版社2009年
浅析博物馆热现象/张春生//春华集：纪念山西博物院九十周年学术文集，山西人民出版社2009年
晋魂风采由内而外——山西博物院过渡空间文化氛围营造漫谈/薛斌//春华集：纪念山西博物院九十周年学术文集，山西人民出版社2009年
博物馆项目审计工作的尝试与思考/刘俊林、张明//陕西历史博物馆馆刊（十六），三秦出版社2009年
我和博物馆的不解之缘——为祝贺开馆五十周年而作/杨式挺//广东省博物馆开馆五十周年纪念文集：1959～2009，岭南美术出版社2009年
珠江三角洲都市圈博物馆群分析/肖洽龙//广东省博物馆开馆五十周年纪念文集：1959～2009，岭南美术出版社2009年
博物馆社会化发展战略浅析/陈宣中//广东省博物馆开馆五十周年纪念文集：1959～2009，岭南美术出版社2009年
如何发挥博物馆在广东构建公共文化服务体系中的作用/任文玲//广东省博物馆开馆五十周年纪念文集：1959～2009，岭南美术出版社2009年
广东省博物馆新馆建设中的社会法律服务/段小红//广东省博物馆开馆五十周年纪念文集：1959～2009，岭南美术出版社2009年
上海世博会与工业遗产博物馆/吕建昌、邱捷//东南文化2010-1
上海市历史博物馆藏老照片的保护与利用/裘争平//上海文博论丛2010-1
博物馆要成为助推地方经济复苏的平台/朱云瑛//中国博物馆通讯2010-1
关于博物馆法制建设的几点思考/李阳//北京文博2010-1
中小型博物馆发展的几点思考/杜慧娥//文物世界2010-1
创新教育视野中的牛津、剑桥大学博物馆/庄元//南京艺术学院学报（美术与设计版）2010-1
人民检察博物馆感言/张建伟//国家检察官学院学报2010-1
中医高校博物馆及中医药博物馆建设的喜与忧/和中浚//成都中医药大学学报（教育科学版）2010-1
甘肃省博物馆2009年目标管理工作总结//陇右文博2010-1
打造创意博物馆建设创意石家庄/刘卫华//文物春秋2010-1
爱在晴空下延伸：写在中国妇女儿童博物馆开馆之际/崔波//中国文物报2010-1-13
2009年：博物馆建设的主调与和弦/李艳//中国文物报2010-1-13
美术馆遭冷落之我见/苏东海//中国文物报2010-1-13
后博物馆时代——在传承与蜕变中构建多元的泛博物馆/陈同乐//中国文物报2010-1-13
英国博物馆群落实共享体系/焦丽丹//中国文化报2010-1-13
从馆舍走向大千世界——四川博物院“三贴近”的实践追求/晋瑜、蓉浣//中国文物报2010-1-29
中国博物馆从“藏宝库”到“魔法棒”/李舫//人民日报2010-1-29
中国博物馆学会2009年大事记/李晨//中国博物馆通讯2010-2
旅游视角下的博物馆职能演变/李健文、孟庆金、金森//科普研究2010-2
浅析工作流在博物馆的应用/赵昆、王婷//秦陵秦俑研究动态2010-2
博物馆事业发展需要培育行业咨询力量/陆建松//东南文化2010-2
中国战伤博物馆的建设与意义/王晓民、彭瑞云、王德文//中华医史杂志2010-2
充分发挥博物馆在构建和谐社会中的作用/赵国春//农场经济管理2010-2
关于建设汉语方言博物馆的设想/曹志耘//语文研究2010-2
文化软实力视阈下文物文化对外传播策略分析——以博物馆语境为例/王建荣、郭海云//北京交通大学学报2010-2
增强现代博物馆陈列建设的地域文化理念/王瑞//各界（科技与教育）2010-2
浅谈博物馆如何做好有效的文化传播/刘畅//博物馆研究2010-2
企业博物馆成为企业文化创新的重要载体/程京生//中国文物报2010-2-3
旅顺博物馆藏品首次赴韩国参展/刘芳//中国文物报2010-2-5

宁波溪口博物馆新馆开馆/裘国松//中国文物报2010-2-5
克罗地亚的“博物馆之夜”/赵嘉政//光明日报2010-2-6
依托资源探索结合市场的公益性文化事业发展新思路/湖北省博物馆//中国文物报2010-2-10
一位老人与一座博物馆/鞠九江、陆嘉玉//中国文物报2010-2-10
“造字程序”在博物馆工作中的应用/许盟刚//中国文物报2010-2-10
到博物馆过一个有文化的春节// 中国文物报2010-2-10
北京举行“博物馆里过大年”活动//中国文物报2010-2-10
各地博物馆春节“节目”精彩纷呈/胡玉、叶伟华等//中国文物报2010-2-10
蔡武在国家文物局划拨国家博物馆文物交接仪式上的讲话//中国文物报2010-2-12
单霁翔在国家文物局划拨国家博物馆文物交接仪式上的讲话//中国文物报2010-2-12
一个村办民俗博物馆的诞生/宫泉激//中国文物报2010-2-17
内乡县衙博物馆倡导合作共赢理念/苗叶茜//中国文物报2010-2-17
博物馆引领时尚/彭俐//北京日报2010-2-21
博物馆中的儿童天地/王俪阎//中国文物报2010-2-24
国外博物馆圣诞斑斓季/刘萌//中国文物报2010-2-24
开发工业遗产游：对美国俄亥俄州托莱多城吉普车博物馆计划的个案研究（上、中、下）/Philip Feifan Xie 著，盛洁桦译//中国文物报2010-2-24、2010-3-10、2010-3-24
博物馆文化与新媒体传播/李文儒//中国文物报2010-2-24
全球化视野下的内蒙古博物院发展理念诠释/郑承燕//中国博物馆2010-3
与古对话还原历史——内蒙古博物院院长塔拉专访/本刊通讯员//中国博物馆2010-3
新形势下北京地区博物馆文化事业发展思路的几点思考/李学军//北京文博2010-3
世界博览会与博物馆发展的内在关系/吕建昌//上海大学学报2010-3
博物馆文物藏品的知识产权保护初探——由一起案例引发的思考/侯珂//广西政法管理干部学院学报2010-3
第一座外国名人纪念馆——崔致远纪念馆建设的探索与实践/董学芳//东南文化2010-3
教育 服务 多元发展——周功鑫院长专访/龚良//东南文化2010-3；和谐博物馆论，文物出版社2012年
我国湿地保护管理体制的主要问题及对策/姜宏瑶、温亚利//林业资源管理2010-3
博物馆旅游功能的实证研究/赵飞、廖冬连、冯威娜//市场论坛2010-3
论博物馆在城市旅游文化建设中的作用——以甘肃省博物馆为例/郭晓瑛//丝绸之路2010-3
郑欣淼：博物馆姓“义”不姓“钱”/李韵//光明日报2010-3-6
樊建川：为历史补充细节/李彦春//中国文物报2010-3-10
为文博专家到基层叫好/曹爱生//中国文物报2010-3-10
传播学与博物馆/赵冠群//中国文物报2010-3-24
博物馆意识的功能区分及培养：以长沙简牍博物馆“市民文化遗产讲堂”为例/李鹗权、骆黄海//中国文物报 2010-3-24
以学术研究推动故宫发展以开放理念完善公众服务——郑欣淼院长专访/龚良//东南文化2010-4；和谐博物馆论，文物出版社2012年
理性、细腻与博物馆之美——台湾博物馆的平民性意识/吴武林//文物世界2010-4
古代园林建筑类博物馆科学发展的路径——东莞可园博物馆建设思考与探索/王红星//中国博物馆2010-4
中国博物馆与海外流失文物的回归/李慧竹//中国博物馆2010-4
小议城市博物馆的发展理念——以东莞展览馆为例/唐琳//中国博物馆2010-4
战时的缪斯殿堂——中国西部博物馆/徐玲//中国博物馆2010-4
浅谈革命纪念馆（革命旧址）与红色旅游/张新//中国博物馆通讯2010-4
国外是“社会化”民间博物馆/刘岩//收藏2010-4
民间博物馆最缺什么/韩涧明//收藏2010-4
六连发：激辩民间博物馆//收藏2010-4
关注完民工，该关注博物馆了/岳岩//收藏2010-4

巧手和自然的共同结晶——苏州博物馆新馆与东莞可园博物馆新馆比较研究/吴武林//东南文化2010-4
让民间博物馆可持续发展/韩涧明//收藏2010-4
中国湿地博物馆品牌行为识别理念建设研究/李承华、董德丽//包装世界2010-4
北京地区博物馆发展喜忧参半/杜永梅//中国社会科学报2010-4-6
关于高校博物馆发展的几点思考/钱益汇//中国文物报2010-4-7
多国联手向大英博物馆追索珍宝/文宣//参考消息2010-4-9
知识产权：博物馆“图片事件”引发的思考/桑世波//中国文物报2010-4-14
一份值得借鉴的博物馆教学资料/陈丹编译//中国文物报2010-4-14
世博会与博物馆/甄朔南//中国文物报2010-4-14
中国西南博物馆联盟宣言/博文//中国文物报2010-4-21
国际博协关于今年“国际博物馆日”宣传活动的建议/黄磊、于海玲编译//中国文物报2010-4-28
走进军营的“大篷车流动博物馆”/张衡//中国文物报2010-4-28
郑欣淼：故宫要有自觉的文化承担/孙秀丽//中国文化遗产2010-5
两岸携手同根共荣：两岸故宫探索合作之路/文丹//中国文化遗产2010-5
百年不遇故宫大修/贾宏逵、李文儒//中国文化遗产2010-5
博物馆如何争取社会赞助/李玉//商业文化（学术版）2010-5
建设品牌项目服务和谐社会——以青岛市博物馆为例/刘元鸣//东南文化2010-5
博物馆在城市文化中的作用/王裕昌//发展2010-5
“地球村”的博物馆未来/乔治·F. 麦克唐纳著，黄晓宏译//中国文物报2010-5-5（一）、2010-6-2（二）、2010-6-30（三）、2010-7-14（四）；2010-7-28（五）；2010-8-11（完）
1904年圣路易斯世博会：中国首次世博会之旅/孙其刚//中国文物报2010-5-5
世博会是博物馆发展的推进器/吕建昌、李嘉璐//中国文物报2010-5-5
走进博物馆爱上博物馆——以苏州博物馆为例/邢致远、茅艳//中国文物报2010-5-5
凝固在金属与水泥里的美好回忆——柳州工业博物馆建设散记/文冰//中国文物报2010-5-7
为5·18国际博物馆而歌：河南博物馆事业繁荣发展/张永俊//中国文物报2010-5-14
博物岭南南粤一馆——庆祝广东省博物馆新馆开放/任文岭、段小红、陈邵峰等//中国文物报2010-5-14
中国人的博物馆意识有点缺/陶斯咏//环球时报2010-5-17
互动百科：构建博物馆百科知识平台/刘向锋//中国文物报2010-5-19
我的博物馆情结/老树皮//中国文物报2010-5-19
博物馆之于和谐社会/宋新潮//中国文物报2010-5-21
博物馆发展呼唤高层次文博人才/郑贝妮//中国民族报2010-5-21
开拓思路优化服务多角度树立新馆形象——浙江省博物馆武林馆区、浙江革命历史纪念馆周年工作回顾/王静//浙江文物2010-6
一段值得珍藏的记忆——追忆浙江省博物馆武林馆区建设/蔡琴//浙江文物2010-6
我国博物馆旅游的制约因素与突破思路/章尚正、刘晓娟//安徽大学学报2010-6
到台北“故宫”博物院寻宝/杜枫、吴增祥//走向世界2010-6
阳春四月暖长安民博盛会铸辉煌——由“民博会”的成功举办看民间博物馆的发展/高功、梓荃//收藏2010-6
博物馆：城市的文化支点——陈燮君馆长专访/陈燮君、毛颖//东南文化2010-6
上海世博会的后续效应——以博物馆事业为视角/吕建昌、张宇//东南文化2010-6
博物馆与城市文化的空间生产/周根红//东南文化2010-6
从上海世博会看城市文化建设与博物馆的关系/吴美华//东南文化2010-6
博物馆物的真与诚/刘德发//中国文物报2010-6-2
博物馆公共属性的“生成”/王真真//中国文物报2010-6-2
儿童博物馆的呼唤/胡琳//中国文物报2010-6-2
博物馆看过来/张伟//中国文物报2010-6-11
如何参观博物馆/张伟//中国文物报2010-6-11

北京前门老字号的记忆/章晓烁//中国文物报2010-6-11
文物记录的婚俗/杨英//中国文物报2010-6-11
博物馆的“家族谱系”/李艳//中国文物报2010-6-11
其他类型的博物馆/李艳//中国文物报2010-6-11
历史博物馆：以历史的观点来展示藏品/李艳//中国文物报2010-6-11
艺术类博物馆：展示藏品的艺术和美学价值/李艳//中国文物报2010-6-11
科学类博物馆：以分类、发展或生态的方法展示科技和自然界/李艳//中国文物报2010-6-11
综合类博物馆：综合展示藏品的历史、科学和艺术价值/李艳//中国文物报2010-6-11
青岛促进多种所有制博物馆共同发展/潘怡为//中国文物报2010-6-16
办出凸显地方特色的县级博物馆/新文//中国文物报2010-6-16
地方文化官员应是基层文博工作的代言人/曹爱生//中国文物报2010-6-18
2010年欧洲博物馆年度奖揭晓/安跃华编译//中国文物报2010-6-30
创建数百万移民共同的精神家园——以深圳博物馆为例/姜蕾//中国文物报2010-6-30
博物馆公共属性的拓展/王真真//中国文物报2010-7-14
博物馆与低碳生活/肖冠雄//中国文物报2010-7-21
展示古代优秀传统文化建成特色鲜明旅游景区/宋燕//中国文物报2010-7-14
私人博物馆：沉重的担当可贵的坚守/朱耘//西安晚报2010-7-18
保护古琴浙博在行动/王静//中国文物报2010-7-21
北京高校博物馆走访手记/吴晚林//人民日报（海外版）2010-7-23
博物馆工作乐趣“趣谈”/刘艳巍//中国文物报2010-7-28
中国博物馆协会会员特别大会在京召开/博文//中国博物馆通讯2010-8
浅论我国博物馆文化建设/刘军、任拓、蒋太葵//改革与开放2010-8
高校博物馆在大学生中的影响力分类研究——以北京地区为例/刘芳、黄铭心、欧阳琳、徐春燕//成功（教育）2010-8
构建博物馆与公众社会的互动/付建中//中国文物报2010-8-4
在展厅，能否举起你的相机/李丽//中国文物报2010-8-5
创建没有围墙的博物馆：营口市博物馆借势发展/贺雅贤//中国文物报2010-8-5
在新西兰博物馆探索大地火焰震撼的力量/王林//中国文物报2010-8-11
以“生活性”为民间手工艺展品分类/郭文钠//中国文物报2010-8-11
重塑东莞文化形象——可园博物馆的新探索/王红星//中国文物报2010-8-18
湘鄂四县联动共谱纪念馆免费开放曲/黎代华//中国文物报2010-8-18
湖南上甘棠村级博物馆开馆/莫胜//中国文物报2010-8-18
鞍山市博物馆新馆试运营/张旗//中国文物报2010-8-18
福建免费开放公共博物馆接待未成年观众人数增六成/邢新建//中国文物报2010-8-18
自然博物馆如何推广“低碳”新生活/骆士泉、兰国英//中国文物报2010-8-25
高校博物馆如何在尴尬中突围/职茵//西安晚报2010-8-26
关于博物馆外联工作的几点思考/金太善、宋阳//科学之友2010-9
关于推进中国博物馆事业又好又快发展的倡议//中国文物报2010-9-1
博物馆市场的未锄之地/彭清云//中国文物报2010-9-1
保护与发展文化遗产是当代中国博物馆的时代责任/宋向光//中国文物报2010-9-1
文博毕业生，你们现在还好吗/王焕丽//中国文物报2010-9-8
世博会上展恐龙与博物馆大发展/甄朔南//中国文物报2010-9-15
如何提升偏远地区纪念馆的文化软实力/刘丽丽//中国文物报2010-9-15
博物馆人要多跑博物馆/文先国//中国文物报2010-9-22
江户东京博物馆创办的“老人健康项目”/〔日〕小林淳一、桥本由纪子、江里口友子//中国文物报2010-9-22
首尔历史博物馆的“再诞生计划”/康泓彬//中国文物报2010-9-22

沈阳故宫博物院推动文化消费发展策略/武斌//中国文物报2010-9-22
我们需要什么样的博物馆：谈博物馆的建筑与陈列/赵春//建筑创作2010-10
故宫学的视野和建设——故宫博物院成立85周年感言/郑欣淼//中国文物报2010-10-13
我的博物馆情结/朱超//中国文物报2010-10-20
探索文保所转型博物馆的成功之路/余如龙//中国文物报2010-10-20
2010年博协大会解读一二/博文//中国文物报2010-10-29
博物馆致力于社会和谐/陈燮君//文汇报2010-11-10
专家谈当代博物馆功能应从“收藏历史”转向推动“心灵沟通”/孙丽萍、许晓青//中国文化报2010-11-11
聚焦博物馆展览会/崔波//中国文物报2010-11-17
博协大会“语录”/崔波//中国文物报2010-11-17
成都发展民博的探索为全国积累了宝贵经验/赵斌、张全能//成都日报2010-11-23
浅谈博物馆的社会责任/李瑞英//快乐阅读2010-12
中国博物馆协会：灰瓦红墙下的旅程/徐玲//中国文物报2010-12-15
博物馆应该引入淘汰机制/白崇//中国文物报2010-12-15
台湾地区博物馆的发展与现状/何京//中国文物报2010-12-15
一个博物馆的文化休闲梦——龚良院长把服务公众和让公众满意作为办馆要义/黎萌//世界新闻报2010-12-28；和谐博物馆论，文物出版社2012年
摆脱蓬头垢面展现气象万千：大明宫国家遗址公园实现遗址保护与城市建设的双赢/王燕、呼延思正//西安晚报2010-12-19
从闽台族谱展看博物馆对台服务功能的提升/卓阳萍//黑龙江史志2010-13
区域博物馆发展刍议/芦晓谦//今日科苑2010-14
博物馆现状分析与改革创新研究/解丽燕//科技传播2010-15
从闽台缘品牌的形成看博物馆品牌建设/卓阳萍//华章2010-33
西藏文化博物馆的历史机遇与挑战/毕华//中国藏学2010-S1
博物馆：走在非营利的道路上/付文军//广州文博（叁），文物出版社2010年
评估工作对博物馆事业的促进与思考/罗也平//沈阳故宫博物院院刊（七），中华书局2010年
考古与遗址博物馆：国际视野/布莱恩·艾格罗夫//史前研究（2009）：首届国际河姆渡文化节——国际遗址博物馆馆长河姆渡峰会暨史前遗址博物馆专业委员会第七届学术研讨会纪念文集，宁波出版社2010年
也谈桂林甑皮岩遗址“一址两馆”的发展模式/周海//史前研究（2009）：首届国际河姆渡文化节——国际遗址博物馆馆长河姆渡峰会暨史前遗址博物馆专业委员会第七届学术研讨会纪念文集，宁波出版社2010年
浅谈考古遗址博物馆的建设和发展/李龙彬//史前研究（2009）：首届国际河姆渡文化节——国际遗址博物馆馆长河姆渡峰会暨史前遗址博物馆专业委员会第七届学术研讨会纪念文集，宁波出版社2010年
史前遗址博物馆发展史简述/何周德//史前研究（2009）：首届国际河姆渡文化节——国际遗址博物馆馆长河姆渡峰会暨史前遗址博物馆专业委员会第七届学术研讨会纪念文集，宁波出版社2010年
白莲洞洞穴科学博物馆建设和发展之我见/李震宇//史前研究（2009）：首届国际河姆渡文化节——国际遗址博物馆馆长河姆渡峰会暨史前遗址博物馆专业委员会第七届学术研讨会纪念文集，宁波出版社2010年
论博物馆的“以人为本”/宋澎//史前研究（2009）：首届国际河姆渡文化节——国际遗址博物馆馆长河姆渡峰会暨史前遗址博物馆专业委员会第七届学术研讨会纪念文集，宁波出版社2010年
浅谈博物馆与城市文明/郝娟//史前研究（2009）：首届国际河姆渡文化节——国际遗址博物馆馆长河姆渡峰会暨史前遗址博物馆专业委员会第七届学术研讨会纪念文集，宁波出版社2010年
非核心业务外包——博物馆发展的有效途径/桓玉民//史前研究（2009）：首届国际河姆渡文化节——国际遗址博物馆馆长河姆渡峰会暨史前遗址博物馆专业委员会第七届学术研讨会纪念文集，宁波出版社2010年
试从定位理论看遗址博物馆教育的价值特性及其利用——以白莲洞文化遗址为例/梁戈//史前研究（2009）：首届国际河姆渡文化节——国际遗址博物馆馆长河姆渡峰会暨史前遗址博物馆专业委员会第七届学术研讨会纪念文集，宁波出版社2010年
一流博物馆——英国博物馆的愿景与战略行动计划/Eliean Hopper-Greenhill著，黄磊、吕继熔译//湖南省博物

馆馆刊（六），岳麓书社2010年
2034年的博物馆和社会：趋势和可预见的未来/James Chung Susie Wikening Saly Johnstone Elizabeth Merritt著，崔蕊满译//湖南省博物馆馆刊（六），岳麓书社2010年
博物馆的风险与应对浅析/陈建明//湖南省博物馆馆刊（六），岳麓书社2010年
发挥广西博物馆的旅游资源优势/吴伟峰//博物馆与旅游：广西壮族自治区博物馆第二届学术研讨会论文集，广西科学技术出版社2010年
博物馆如何应对旅游业的迅速发展/梁晓//博物馆与旅游：广西壮族自治区博物馆第二届学术研讨会论文集，广西科学技术出版社2010年
如何将广西博物馆打造成红色旅游的新亮点/陶少艺//博物馆与旅游：广西壮族自治区博物馆第二届学术研讨会论文集，广西科学技术出版社2010年
广西博物馆旅游客源分析与市场开发对策/黄璐//博物馆与旅游：广西壮族自治区博物馆第二届学术研讨会论文集，广西科学技术出版社2010年
浅析博物馆与旅游的结合/于静//博物馆与旅游：广西壮族自治区博物馆第二届学术研讨会论文集，广西科学技术出版社2010年
关于博物馆与旅游结合发展的思考/林洁//博物馆与旅游：广西壮族自治区博物馆第二届学术研讨会论文集，广西科学技术出版社2010年
博物馆能否成为旅游经济新坐标/赖兰芳//博物馆与旅游：广西壮族自治区博物馆第二届学术研讨会论文集，广西科学技术出版社2010年
浅谈博物馆与旅游/和炜//博物馆与旅游：广西壮族自治区博物馆第二届学术研讨会论文集，广西科学技术出版社2010年
论博物馆与旅游的关系/黄巍//博物馆与旅游：广西壮族自治区博物馆第二届学术研讨会论文集，广西科学技术出版社2010年
综合型博物馆的旅游发展策略/蓝武芳//博物馆与旅游：广西壮族自治区博物馆第二届学术研讨会论文集，广西科学技术出版社2010年
谈谈广西博物馆的旅游发展/覃铭芳//博物馆与旅游：广西壮族自治区博物馆第二届学术研讨会论文集，广西科学技术出版社2010年
浅谈广西博物馆与旅游的发展/黄敏宁//博物馆与旅游：广西壮族自治区博物馆第二届学术研讨会论文集，广西科学技术出版社2010年
南宁博物馆资源的整合/唐剑玲//博物馆与旅游：广西壮族自治区博物馆第二届学术研讨会论文集，广西科学技术出版社2010年
如何提升博物馆在旅游业中的价值/田红艳//博物馆与旅游：广西壮族自治区博物馆第二届学术研讨会论文集，广西科学技术出版社2010年
浅谈博物馆文化型的接待——广西博物馆接待工作新探索/邬小青//博物馆与旅游：广西壮族自治区博物馆第二届学术研讨会论文集，广西科学技术出版社2010年
乡村博物馆的建设与乡村旅游业的发展——以海南五指山市冲山镇历史名村番茅村为例/廖国一//博物馆与旅游：广西壮族自治区博物馆第二届学术研讨会论文集，广西科学技术出版社2010年
关于城市博物馆与ICOM第22届大会主题的几点认识/安来顺//中国博物馆学会纪念馆专业委员会第三次年会暨城市建设与文化遗产保护论坛论文集，上海社会科学出版社2010年
总结工作知难而进抓住机遇再创佳绩——中国博物馆学会纪念馆专业委员会2009年年会报告/沈强//中国博物馆学会纪念馆专业委员会第三次年会暨城市建设与文化遗产保护论坛论文集，上海社会科学出版社2010年
有关国际博物馆协会纪念馆专业委员会的基本信息/〔捷克〕沃伊切克·布劳迪格著、王信稼译//中国博物馆学会纪念馆专业委员会第三次年会暨城市建设与文化遗产保护论坛论文集，上海社会科学出版社2010年
城市化建设对博物馆的机遇和挑战/乐融//中国博物馆学会纪念馆专业委员会第三次年会暨城市建设与文化遗产保护论坛论文集，上海社会科学出版社2010年
城市文化视域中的博物馆/傅强//中国博物馆学会纪念馆专业委员会第三次年会暨城市建设与文化遗产保护论坛论文集，上海社会科学出版社2010年

中小博物馆在城市纪念馆发展中面临的困境和对策/王宁宁//中国博物馆学会纪念馆专业委员会第三次年会暨城市建设与文化遗产保护论坛论文集，上海社会科学出版社2010年
论发展红色旅游背景下的红色资源整合问题——以武汉市革命博物馆为例/曹波//中国博物馆学会纪念馆专业委员会第三次年会暨城市建设与文化遗产保护论坛论文集，上海社会科学出版社2010年
传播理性——天津博物馆事业的诞生及其社会功能/陈克、岳宏//天津文博论丛（1），天津人民出版社2010年
天津博物馆事业的新发展/陈克//天津文博论丛（1），天津人民出版社2010年
天津的艺术品市场与博物馆/陈克//天津文博论丛（1），天津人民出版社2010年
从北疆博物院到天津自然博物馆——科研、收藏与陈列的百年历史回顾/李庆奎//天津文博论丛（1），天津人民出版社2010年
近代博物馆概览/涂小元、郭洧//天津文博论丛（1），天津人民出版社2010年
开放前的天津博物馆事业（1949～1978）/涂小元、田家馨//天津文博论丛（1），天津人民出版社2010年
天津市文物博物馆学会二十年历程回顾/刘萍//天津文博论丛（1），天津人民出版社2010年
在传播科学中传承文明——构建可持续发展的自然历史博物馆/董玉琴//天津文博论丛（1），天津人民出版社2010年
创新发展理念构建和谐社会——创建可持续发展的自然博物馆/董玉琴//天津文博论丛（1），天津人民出版社2010年
博物馆的品牌成长之路——试论临时展览的社会化发展战略/董玉琴//天津文博论丛（1），天津人民出版社2010年
博物馆与社区文化环境的关系/涂小元//天津文博论丛（1），天津人民出版社2010年
城市博物馆的空间拓展/李玫//天津文博论丛（1），天津人民出版社2010年
关于塘沽博物馆发展的几点思考/崔志华//天津文博论丛（1），天津人民出版社2010年
利用本馆优势，开拓博物馆事业新领域/张海芳//天津文博论丛（1），天津人民出版社2010年
博物馆核心价值的反思与守望/陈彤//天津文博论丛（1），天津人民出版社2010年
欧亚自然历史博物馆高层论坛综述/张宁//天津文博论丛（1），天津人民出版社2010年
日本博物馆与日本的恐龙热/甄朔南、金丽//天津文博论丛（1），天津人民出版社2010年
终身学习与自然史博物馆的作用/金丽//天津文博论丛（1），天津人民出版社2010年
自然史博物馆新的发展趋向/金丽//天津文博论丛（1），天津人民出版社2010年
论天津文庙博物馆应如何适应当前旅游观光与文化休闲的需要/姜琦//天津文博论丛（1），天津人民出版社2010年
博物馆应与旅游事业共同发展/方兰//天津文博论丛（1），天津人民出版社2010年
博物馆——公众的朋友/张贺//天津文博论丛（1），天津人民出版社2010年
博物馆在提高公众环保意识工作中的作用/龙辉//天津文博论丛（1），天津人民出版社2010年
浅谈博物馆的公众参与/龙辉//天津文博论丛（1），天津人民出版社2010年
博物馆形象的塑造/韩晓晰//天津文博论丛（1），天津人民出版社2010年
中国特色文化遗产理论体系刍议/曹兵武//中国博物馆学会考古与遗址博物馆专业委员会成立大会论文集，西北大学出版社2010年
中国遗产的国际化问题：对中国十杰遗产地的管理与展示的分析/汪涛、卢卡·赞//中国博物馆学会考古与遗址博物馆专业委员会成立大会论文集，西北大学出版社2010年
从遗址博物馆到遗址公园——试论考古遗址的科学保护和合理利用/郎保利、王炜//中国博物馆学会考古与遗址博物馆专业委员会成立大会论文集，西北大学出版社2010年
也谈遗址博物馆与公众需求/朱燕英、吴卫、林恭务//中国博物馆学会考古与遗址博物馆专业委员会成立大会论文集，西北大学出版社2010年
传承汉代文明 弘扬民族精神——徐州汉文化景区保护与建设的思考/邱永生//中国博物馆学会考古与遗址博物馆专业委员会成立大会论文集，西北大学出版社2010年
困境与重构——以杭州南宋官窑博物馆为例浅论遗址博物馆的建设与发展/邓禾颖//中国博物馆学会考古与遗址博物馆专业委员会成立大会论文集，西北大学出版社2010年

关于遗址博物馆与大众媒体的合作/武斌//中国博物馆学会考古与遗址博物馆专业委员会成立大会论文集，西北大学出版社2010年
博物馆的务实作风/田静//中国博物馆学会考古与遗址博物馆专业委员会成立大会论文集，西北大学出版社2010年；晋陕豫博物馆理论与实践研讨会论文选，山西科学技术出版社2011年
中国民族博物馆的几个基本问题（摘要）/苏东海//博物馆的沉思——苏东海论文选（卷三），文物出版社2010年
博物馆在公共文化服务体系中的应用研究//天津文博（7），科学出版社2010年
浅谈博物馆在城市文化建设中的能创新——以云南民族博物馆为例/谢沫华//中国民族文博（第三辑），民族出版社2010年
从考古工地到博物馆殿堂/李季//故宫治学之道（上、下册），紫禁城出版社2010年
21世纪博物馆的核心价值与新责任/阿历桑德拉·康明斯//21世纪博物馆核心价值与社会责任，科学出版社2010年
强化博物馆社会责任提高博物馆社会贡献率/张柏//21世纪博物馆核心价值与社会责任，科学出版社2010年
博物馆与城市文化建设/张文彬//21世纪博物馆核心价值与社会责任，科学出版社2010年
博物馆在创建城市文明建设中的重要作用/曾光//21世纪博物馆核心价值与社会责任，科学出版社2010年
关于博物馆在城市文明建设中发挥作用的几点思考/徐宁//21世纪博物馆核心价值与社会责任，科学出版社2010年
试论博物馆与城市文明建设/田丽//21世纪博物馆核心价值与社会责任，科学出版社2010年
试论博物馆与城市发展/周耐华//21世纪博物馆核心价值与社会责任，科学出版社2010年
博物馆与城市文明/郭富纯//21世纪博物馆核心价值与社会责任，科学出版社2010年
博物馆：城市文明的践行者/朱莉、丁燕//21世纪博物馆核心价值与社会责任，科学出版社2010年
寻找包容性：博物馆文化多样性——伦理的接触/阿玛瑞斯瓦尔·加拉//21世纪博物馆核心价值与社会责任，科学出版社2010年
遗产、博物馆和文化多样性：分享经验使博物馆在全球化世界中更具吸引力/〔巴西〕特蕾莎·莫莱塔·施纳//21世纪博物馆核心价值与社会责任，科学出版社2010年
新时期博物馆的选择——以杭州南宋官窑博物馆为例（摘要）/孙媛//21世纪博物馆核心价值与社会责任，科学出版社2010年
多样性与博物馆创新（摘要）/汤家庆//21世纪博物馆核心价值与社会责任，科学出版社2010年
博物馆与文化多元性（摘要）/时晓明//21世纪博物馆核心价值与社会责任，科学出版社2010年
多维视野中的博物馆文化作用——以桂林博物馆为例（摘要）/盘福东//21世纪博物馆核心价值与社会责任，科学出版社2010年
浅析博物馆与城市文明的关系——兼论博物馆保护文化遗产的作用/涂小元、田家馨//21世纪博物馆核心价值与社会责任，科学出版社2010年
我国博物馆核心价值体系构建及制度保障措施探究/谷遇春//21世纪博物馆核心价值与社会责任，科学出版社2010年
略论县级博物馆在传承地方历史文化的社会责任及做法/凌建//21世纪博物馆核心价值与社会责任，科学出版社2010年
志存高远心怀宽广——宁波博物馆“三博”战略的思考与探索/褚晓波//21世纪博物馆核心价值与社会责任，科学出版社2010年
明珠耀东海夺日异样彩——宁波博物馆创新发展综述/涂师平//21世纪博物馆核心价值与社会责任，科学出版社2010年
现代博物馆的发展方略——以宁波博物馆为个案/涂师平//21世纪博物馆核心价值与社会责任，科学出版社2010年
全球化趋势下博物馆发展的新视野/刘卫华//21世纪博物馆核心价值与社会责任，科学出版社2010年
浅议纪念馆的核心价值与社会责任——兼谈纪念馆专业委员会与国际博协的接轨问题/张量//21世纪博物馆核心价值与社会责任，科学出版社2010年

省级博物馆的社会价值、责任及发展方略/白黎璠//21世纪博物馆核心价值与社会责任，科学出版社2010年
博物馆核心价值的反思与守望/陈彤//21世纪博物馆核心价值与社会责任，科学出版社2010年
时代性——博物馆重要的核心价值/蓝武芳//21世纪博物馆核心价值与社会责任，科学出版社2010年
博物馆的公共责任：概念与现状/黄艳//21世纪博物馆核心价值与社会责任，科学出版社2010年
博物馆与人类学的互动空间/温科学//辽宁省博物馆馆刊（2010），辽海出版社2010年
主旋律背景下的博物馆自省——透视与平视/刘宇生、王飞玉//陕西历史博物馆馆刊（17），三秦出版社2010年
博物馆参与社区建设的两点认识/张梅//陕西历史博物馆馆刊（17），三秦出版社2010年
陕西地区博物馆旅游存在的问题及对策研究/高叶青//陕西历史博物馆馆刊（17），三秦出版社2010年
文物的立体拍摄、存档及利用/原三军//陕西历史博物馆馆刊（17），三秦出版社2010年
从乡村生活到现代旅游业：巴西帝国博物馆和彼得罗波利斯市的关系/毛里西奥·维森特·费雷拉·儒尼奥尔//迈向更美好的城市：第22届国际博物馆城市博物馆专业委员会论文集，上海学林出版社2010年
城市博物馆在城市发展中的作用/张岚//迈向更美好的城市：第22届国际博物馆城市博物馆专业委员会论文集，上海学林出版社2010年
博物馆与和谐、美好城市/张雯//迈向更美好的城市：第22届国际博物馆城市博物馆专业委员会论文集，上海学林出版社2010年
辩证的发展——关于历史文化名城南京城市现代化改造中的几点反思/吴国瑛//迈向更美好的城市：第22届国际博物馆城市博物馆专业委员会论文集，上海学林出版社2010年
城市博物馆——城市文化的担当者/李玫//迈向更美好的城市：第22届国际博物馆城市博物馆专业委员会论文集，上海学林出版社2010年
马德拉·马莫尔亚马逊博物馆：对亚马逊地区的变化观测站/〔巴西〕玛丽亚·英格尼兹·曼托瓦尼·佛利哥//迈向更美好的城市：第22届国际博物馆城市博物馆专业委员会论文集，上海学林出版社2010年
小城镇中的大博物馆/〔俄罗斯〕斯韦特芝娜·梅利尼科娃//迈向更美好的城市：第22届国际博物馆城市博物馆专业委员会论文集，上海学林出版社2010年
城市与博物馆革新/朱纪蓉//迈向更美好的城市：第22届国际博物馆城市博物馆专业委员会论文集，上海学林出版社2010年
在克拉科夫的奥斯卡·辛德勒搪瓷厂：博物馆是社会转型的因素之一/〔波兰〕亚瑟·索尔温斯基//迈向更美好的城市：第22届国际博物馆城市博物馆专业委员会论文集，上海学林出版社2010年
从现代城市到多面城市：从城市博物馆到城市导游/〔法〕迪米瑞斯·帕帕莱克索普洛斯、迪米瑞斯·帕塞切格伊斯//迈向更美好的城市：第22届国际博物馆城市博物馆专业委员会论文集，上海学林出版社2010年
一座美好的城市需要一个更好的博物馆/〔丹麦〕玛杰特·桑迭尔//迈向更美好的城市：第22届国际博物馆城市博物馆专业委员会论文集，上海学林出版社2010年
城市博物馆是城市改变的因素之一：从历史的观点来看/〔比利时〕约翰·路易斯·波斯图拉//迈向更美好的城市：第22届国际博物馆城市博物馆专业委员会论文集，上海学林出版社2010年
连接个人与社会转型的桥梁——城市博物馆在发展低碳经济中的作用/钱锦//迈向更美好的城市：第22届国际博物馆城市博物馆专业委员会论文集，上海学林出版社2010年
深圳博物馆与深圳的未来/周加胜//迈向更美好的城市：第22届国际博物馆城市博物馆专业委员会论文集，上海学林出版社2010年
城市博物馆与社会创新/周理坤//迈向更美好的城市：第22届国际博物馆城市博物馆专业委员会论文集，上海学林出版社2010年
城市文化构建中的当代博物馆功能意旨探讨/刘庆平、彭建//迈向更美好的城市：第22届国际博物馆城市博物馆专业委员会论文集，上海学林出版社2010年
城市博物馆与城市文化认同的建构/李明斌、魏敏//迈向更美好的城市：第22届国际博物馆城市博物馆专业委员会论文集，上海学林出版社2010年
城市博物馆与现代城市文化生态和谐的探讨——以泉州古城文化生态保护的思路研究为例/周建中//迈向更美好的城市：第22届国际博物馆城市博物馆专业委员会论文集，上海学林出版社2010年
发挥城市博物馆各种文化交流平台的作用引领城市和谐发展/徐忠文//迈向更美好的城市：第22届国际博物馆

城市博物馆专业委员会论文集，上海学林出版社2010年
对博物馆致力于社会和谐的理性审视/刘洪//迈向更美好的城市：第22届国际博物馆城市博物馆专业委员会论文集，上海学林出版社2010年
博物馆与城市幸福感/郑海燕//迈向更美好的城市：第22届国际博物馆城市博物馆专业委员会论文集，上海学林出版社2010年
道路上的博物馆学理论——露天博物馆和更好的城市：关于魁北克市和突尼斯的跨文化视角比较/〔加〕哈比卜・赛义迪//迈向更美好的城市：第22届国际博物馆城市博物馆专业委员会论文集，上海学林出版社2010年
浅谈博物馆流动展览对于社区文化生活之重要性/孟梅//迈向更美好的城市：第22届国际博物馆城市博物馆专业委员会论文集，上海学林出版社2010年
城市博物馆与城市发展并肩前行/马金香//迈向更美好的城市：第22届国际博物馆城市博物馆专业委员会论文集，上海学林出版社2010年
城市博物馆与灾后文化重建——以四川省部分地区的城市博物馆建设规划为案例/李林//迈向更美好的城市：第22届国际博物馆城市博物馆专业委员会论文集，上海学林出版社2010年
现代城市博物馆与学校教育的资源融合与增殖——基于天津博物馆的实践探索/王璐//迈向更美好的城市：第22届国际博物馆城市博物馆专业委员会论文集，上海学林出版社2010年
汇聚人文精神彰显城市关怀——浅谈城市博物馆在缔造美好城市中的贡献/程玲//迈向更美好的城市：第22届国际博物馆城市博物馆专业委员会论文集，上海学林出版社2010年
礼仪中的娱乐——浅谈博物馆与城市文化的关系/王晓春//迈向更美好的城市：第22届国际博物馆城市博物馆专业委员会论文集，上海学林出版社2010年
关于博物馆为劳务工提供公共文化服务的思考——以深圳为例/李胜男//迈向更美好的城市：第22届国际博物馆城市博物馆专业委员会论文集，上海学林出版社2010年
论城市博物馆与城市文化品格的塑造——以深圳博物馆为例/张冬煜//迈向更美好的城市：第22届国际博物馆城市博物馆专业委员会论文集，上海学林出版社2010年
旅游城市中的博物馆旅游——以桂林博物馆为例/周明//迈向更美好的城市：第22届国际博物馆城市博物馆专业委员会论文集，上海学林出版社2010年
试论城市博物馆的功能/赵艺竹//迈向更美好的城市：第22届国际博物馆城市博物馆专业委员会论文集，上海学林出版社2010年
博物馆策展人：城市文化品牌的助推手——国内博物馆“策展人”制度探索/管晓锐//迈向更美好的城市：第22届国际博物馆城市博物馆专业委员会论文集，上海学林出版社2010年
博物馆围墙之外的世界：在格拉茨的创新项目/〔奥地利〕奥托・霍赫赖特//迈向更美好的城市：第22届国际博物馆城市博物馆专业委员会论文集，上海学林出版社2010年
美国富布莱特项目研究成果——城市博物馆及城市历史/〔美〕雷尼・蒂斯代尔//迈向更美好的城市：第22届国际博物馆城市博物馆专业委员会论文集，上海学林出版社2010年
城市博物馆与城市中的企业——以上海地区为例/胡宝芳、赵丽芳//迈向更美好的城市：第22届国际博物馆城市博物馆专业委员会论文集，上海学林出版社2010年
老工业机器与城市记忆——以上海市历史博物馆藏工业机械为例/刘华//迈向更美好的城市：第22届国际博物馆城市博物馆专业委员会论文集，上海学林出版社2010年
上海，是征集近代历史文物“取之不竭”的宝藏/张文勇//迈向更美好的城市：第22届国际博物馆城市博物馆专业委员会论文集，上海学林出版社2010年
临时展览在博物馆社会职能中的作用——以重庆中国三峡博物馆为例/李晓松//迈向更美好的城市：第22届国际博物馆城市博物馆专业委员会论文集，上海学林出版社2010年
郑州城市博物馆发展现状与未来展望/张巍//迈向更美好的城市：第22届国际博物馆城市博物馆专业委员会论文集，上海学林出版社2010年
博物馆免费开放对和谐社会的贡献和带来的新情况/孔正一//迈向更美好的城市：第22届国际博物馆城市博物馆专业委员会论文集，上海学林出版社2010年

寻找精神家园建设美好城市——谈一个新兴城市博物馆的作用/辛札学//迈向更美好的城市：第22届国际博物馆城市博物馆专业委员会论文集，上海学林出版社2010年
城市环境中大学与博物馆的互动/〔俄〕吉尔恰恰克·娜兹波娃//迈向更美好的城市：第22届国际博物馆城市博物馆专业委员会论文集，上海学林出版社2010年
为了更美好的城市：一个由市民建立并为市民服务的城市博物馆/〔德〕苏娜·安娜//迈向更美好的城市：第22届国际博物馆城市博物馆专业委员会论文集，上海学林出版社2010年
城市博物馆中的乡土元素展现——以上海历史陈列为例/顾普海//迈向更美好的城市：第22届国际博物馆城市博物馆专业委员会论文集，上海学林出版社2010年
如何认识与发挥博物馆“中介人”在博物馆展现城市形象中的重要作用/尚海波//迈向更美好的城市：第22届国际博物馆城市博物馆专业委员会论文集，上海学林出版社2010年
生产历史：城市博物馆与城市记忆——以深圳博物馆为例/李飞、李婷娴//迈向更美好的城市：第22届国际博物馆城市博物馆专业委员会论文集，上海学林出版社2010年
我们与城市携手向前——浅议洛阳博物馆随洛阳共发展/白雪//迈向更美好的城市：第22届国际博物馆城市博物馆专业委员会论文集，上海学林出版社2010年
浅谈城市博物馆中的自然资源因素/张岚//迈向更美好的城市：第22届国际博物馆城市博物馆专业委员会论文集，上海学林出版社2010年
塑造城市个性推进社会和谐——全球化语境下城市博物馆的历史使命/黄阳兴//迈向更美好的城市：第22届国际博物馆城市博物馆专业委员会论文集，上海学林出版社2010年
博物馆在和谐社会的建设中是可双有作为的——苏州工艺美术博物馆工作实践所思所想/马建庭//苏州文博论丛2010年（总第1辑），文物出版社2010年
安徽省博物馆创建AAAA国家级旅游景区的思考/许松//安徽文博（六），中华书局2010年
保留老馆、建设新馆，促进安徽文博事业又好又快发展/张秋莲//安徽文博（六），中华书局2010年
关于现代理工科大学博物馆建设的体会/鲁厚祖//安徽文博（六），中华书局2010年
从上海世博会看博物馆与旅游/蒲晓蕾//上海文博论丛2011-1
博物馆要素在室内公共空间中的运用/欧阳国辉、杨彧//南方论刊2011-1
对河北全省博物馆建设发展的几点思考/李恩佳、刘丽君//文物春秋2011-1
创造多样性的公共文化空间——上海世博会的启示与南京博物院的改扩建实践/龚良//国际博物馆2011-1；和谐博物馆论，文物出版社2012年
谈谈故宫文化/郑欣淼//党建2011-1
“十二五”中国博物馆从数量增长到质量提升/乔欣//中国文化报2011-1-12
社区博物馆的社会职能初探/单霁翔//建筑与文化2011-2
扩展视野坚持博物馆的社会职能/龚良//东南文化2011-2
博物馆与城市文化建设/刘庆平、彭建//武汉文博2011-2
安徽大力推进博物馆事业/李一兵//中国文物报2011-2-9
建立区域流动博物馆势在必行/郭良真、李延峰//中国文物报2011-2-16
博物馆门票的“首印效应”/白崇//中国文物报2011-2-16
中国人物博物馆如何走向世界/陈漱渝//中国文物报2011-2-23
博物馆核心价值的反思与守望/陈彤//中国文物报2011-2-23
我国发展儿童博物馆的重要性/周婧景//中国文物报2011-2-23
转角遇到博物馆/唐迁乔//人民日报（海外版）2011-2-2
以博物馆建设为城市人文发展的路径/肖炜//学术界2011-3
试探县级博物馆创新服务新路子/王登佐//中国文物科学研究2011-3
博物馆文物展品英译研究——以浙江省博物馆为例/郦青、胡雪英//中国科技翻译2011-3
坚持行业特色 发挥专业优势——从江苏省行业博物馆发展路径谈起/邢致远//文物世界2011-3
博物馆产业化发展趋势研究/爱民//社科纵横2011-3
天天免费开放，月月推陈出新，年年科学发展：黑龙江省博物馆彰显文化之力/文锐//中国文化报2011-3-7

国家博物馆华彩亮相//中国文物报2011-3-9
大馆发展的启示/苏东海//中国文物报2011-3-9
关于博物馆发展理念的思考/鲁杰//中国文物报2011-3-9
献身文博辛劳一生终不悔——记博物馆专家任常中先生/秦文生//中国文物报2011-3-9
单霁翔委员提案聚焦博物馆发展：完善政策创新体制加大投入/白瀛、廖翎、史竞男//中国文物报2011-3-9
上微博赏国宝/李梓笛、杨弘杨//人民日报（海外版）2011-3-11
喜见博物馆兴微博/陶世安//人民日报（海外版）2011-3-11
在浙博看辛亥文物/刘慧、谢愉//人民日报（海外版）2011-3-11
应重视专题博物馆发展/赵丰//中国文物报2011-3-16
人物博物馆何时走向世界/陈漱渝//人民日报（海外版）2011-3-18
推动文物与博物馆专业学位研究生教育 加快文化遗产保护领域应用型人才培养：单霁翔局长就全国文物博物馆专业学位研究生教育指导委员会成立答记者问//中国文物报2011-3-25
听德国三大博物馆馆长讲述博物馆的故事：近些，再近些/徐馨//人民日报（海外版）2011-3-31
博物馆建设是奠定国际化大都市的文化基础/胡义成//西安欧亚学院学报2011-4
关于加强专题博物馆建设的思考/王玉楼//文物春秋2011-4
促进“认同”是当代博物馆的重要任务/宋向光//东南文化2011-4
从“书斋文化”到“博物馆文化”——以“展厅书法”为例/周小兵//书法赏评2011-4
论博物馆担当文化传播者的责任及诸多方法/于平//北京文博文丛2011-4
博物馆感知形象的相关分析——以首都博物馆为例/司莉娜、夏杰//云南地理环境研究2011-4
博物馆建设是奠定国际化大都市的文化基础/胡义成//西安欧亚学院学报2011-4
简析美国科技博物馆的资金来源/钱雪元//科普研究2011-4
博物馆：探求文物回归大众路/黄洋//中国文物报2011-4-6
人物博物馆要彰显人文精神/马自树//中国文物报2011-4-6
故宫博物院院徽被诉侵权案/栾文静//中国文物报2011-4-6
留住民族文化之根——记西安关中民俗艺术博物院院长王勇超/庞博//中国文物报2011-4-6
国际博协博物馆日宣传活动的建议/黄磊、黄金娟编译//中国文物报2011-4-13
翻译之于文学博物馆的重要性——以北京鲁迅博物馆为例/黄乔生//中国文物报2011-4-20
自然历史博物馆与全球环境/安德烈雷斯L·斯蒂根著，黄晓宏译//中国文物报2011-4-20
谈如何吸引更多观众走进博物馆——以连云港市博物馆为例/马振林//中国文物报2011-4-20
“国宝卫士”的风采——记驻陕博武警陕西总队一支队六中队/刘涛、郭磊、庞博//中国文物报2011-4-20
校办博物馆，患上了“自闭症”——从江苏校办博物馆谈起/张秋兵//中国文物报2011-4-20
博物馆更应提升市民科学文化素质/徐宁//中国文物报2011-4-27
在史密森博物馆中尽享自由/郑奕//中国文物报2011-4-27
澳门博物馆发展刍议——基于社会资本的探讨/唐娟、王心//北京第二外国语学院学报2011-5
社区博物馆：博物馆发展的新视野/卢刘颖//中国文化遗产2011-5
高校博物馆的现代化与全球化/朱玉杰//经济视角2011-5
博物馆学家苏东海/孙郁//海内与海外2011-5
浅谈非竞争性战略联盟合作模式在博物馆的应用与创新/朱珠珍、赵燕燕//中国文物报2011-5-4
中国博物馆的发展历史和中国国家博物馆的新发展：美国国际广播电台记者采访苏东海先生/王思、王迪//中国文物报2011-5-4
“首都，我的博物馆”理念及实践/姚安//中国文物报2011-5-4
县级博物馆可持续发展的思考/米瑞霞//中国文物报2011-5-11
穿越历史与空间的执著眼神——浙江自然博物馆变迁感怀/毛昭晰//中国文物报2011-5-13
抗战馆民族精神大讲堂：走进抗战岁月/黄超//中国文物报2011-5-18
此情可待成追忆：文学博物馆的使命/黄乔生//中国文物报2011-5-18
你们陈列的是历史——邓小平参观韶山毛泽东同志纪念馆/白晓波//中国文物报2011-5-18

在探索中发展在发展中前行——首都博物馆新馆开馆五周年回顾/京文//中国文物报2011-5-20
国家文物局调研湖南大遗址保护和博物馆整体水平提升工作/柯春平//中国文物报2011-5-25
西安不同类型、级别旅游地的国内客源市场分析——以华山,翠华山,陕西历史博物馆为例/张潇、杨新军//西北大学学报（自然科学版）2011-6
心碎博物馆：此情可待成追忆/苏珊娜//世界博览（海外卷）2011-6
中国航海博物馆的文化定位与传播/杨权斌//航海2011-6
让馆藏文物活起来/黄洋//人民日报（海外版）2011-6-3
“十一五”期间博物馆工作新进展/张东伟//人民日报（海外版）2011-6-3
博物馆的下午/于坚//华商报2011-6-4
珍爱历史记忆的空间/郭宪曾//中国文物报2011-6-8
走进博物馆，一起追忆历史/魏佩//收藏界2011-7
强化博物馆媒体舆论宣传/刘燕//中国文物报2011-7-6
戏剧博物馆中的文学家记忆/刘琳//中国文物报2011-7-6
博物馆增进幸福感/向荣高//中国文物报2011-7-6
晋文化语境下的晋国博物馆建设/侯俊杰、孙永和//中国文物报2011-7-27
博物馆的市场细分与市场组合策略——以成都理工大学博物馆为例/刘建、丁胜利、李奎//社科纵横2011-8
让文化遗产惠及民生/赵荣//中国文物报2011-8-3
对高校博物馆学本科专业办学的思考——以重庆师范大学博物馆学专业为例/邓晓//中国文物报2011-8-10
西安碑林博物馆开放办馆的思考/张云//中国文物报2011-8-10
突出主题创新形式：抗战馆开展纪念中国共产党成立九十周年系列活动纪实/吴娟、赵建军//中国文物报2011-8-10
钟玲：博物馆怎样化危为机/钟玲//人民日报2011-8-26
记秦俑考古领队许卫红/庞博//中国文物报2011-8-26
博物馆需当心有偿捐赠/郭峰//西安晚报2011-8-28
北京汽车博物馆：并非只看车/杨易锋//人民日报2011-9-2
博物馆如何直面公众质疑/宋向光//中国文物报2011-9-7
鄂州市博物馆：第二十一个安全年/熊寿昌//中国文物报2011-9-7
国家博物馆应该展什么？/闻白//人民日报2011-9-13
西安碑林博物馆：从馆舍天地走向大千世界/郭青、元波//陕西日报2011-10-11
我国公益性展览馆发展现状分析及对策建议/孟穗东//中国文物报2011-10-14
试论博物馆、图书馆信息资源的利用/沈允宁//中国文物报2011-10-14
依法实现博物馆行业自律/彭常新//中国文物报2011-10-14
博物馆不但重视其拥有了什么，更关注其用守护的人类遗产做了什么//中国文物报2011-10-14
城市博物馆与城市文化生活关系探讨/王欣//商业文化（下半月）2011-11
走出“象牙塔”——西北农林科技大学创建“博览园”的启示/李艳//中国文物报2011-11-2
私人捐赠：美国艺术博物馆发展的关键/马琳//东方早报2011-11-14
文化碑林走向大千世界/沙莎、陈艳、李龙飞//陕西日报2011-11-25
让博物馆成为新文化的发生器——访陕西省文物局局长赵荣/沙莎、陈艳//陕西日报2011-11-25
发展博物馆行业 打造“博物馆城市”——杭州市博物馆业发展情况调研报告//杭州（我们）2011-12
风正好扬帆——中国铁道博物馆（正阳门馆）工作纪实/李子明//中国文物报2011-12-7
关注新媒体，将公众参与热情转化为博物馆发展动力/宋向光//中国文物报2011-12-14
琼州奇殿——海南省博物馆观后感/徐湖平//中国文物报2011-12-14
绘发展蓝图建文化强省——谢治秀局长解读《山东省文物博物馆事业“十二五”发展规划》/韦长、周成//中国文物报2011-12-16
畅享民歌：广西民族博物馆开展群众社会活动/袁晋//中国文物报2011-12-21
十年根基百年伟业——武汉博物馆新馆开馆十周年/武汉博物馆//中国文物报2011-12-21

与特区一起成长：写于深圳博物馆建馆30周年之际/深博//中国文物报2011-12-21
广州博物馆新馆将是广州文博事业新里程碑/钱冶//中国文物报2011-12-21
博物馆参观小记/王超//中国文物报2011-12-28
新形势下博物馆建设策略探析——以新疆博物馆建设为例/何丽萍//丝绸之路2011-14
从符号学角度看博物馆与对台文化交流/陈甜甜//大众文艺2011-15
谈“博物馆之友”的发展及其现状/杨凤明//丝绸之路2011-16
关于现代博物馆功能走向多元化的思考/郭春明//黑龙江科技信息2011-24
世博、文博及城市文化与记忆——上海世博会的成功践行/陈燮君/中国博物馆2011年合刊
守望社区价值服务社会发展——谈社区博物馆的特性与社会责任/宋向光/中国博物馆2011年合刊
社区博物馆理论与实践的思考/黄春雨/中国博物馆2011年合刊
博物馆作为文化工具的深化与发展——兼谈社区博物馆与中国传统文化现代化问题/曹兵武/中国博物馆2011年合刊
未来的社区博物馆/〔法〕雨果·戴瓦兰著、宋向光译/中国博物馆2011年合刊
关于宫廷遗址博物馆的特殊性/武斌//沈阳故宫博物院院刊（九），现代出版社2011年
关于遗址博物馆与大众媒体的合作/韩春艳//沈阳故宫博物院院刊（九），现代出版社2011年
宫廷遗址类博物馆的基本特点与发展取向/张斌翀//沈阳故宫博物院院刊（九），现代出版社2011年
韩国国立古宫博物馆的现状与职责/金妍秀//沈阳故宫博物院院刊（九），现代出版社2011年
故宫的保存和利用事例分析——以朝鲜时代宫殿建筑的复原与宫廷礼仪再现为中心/张宰赫//沈阳故宫博物院院刊（九），现代出版社2011年
新形势下低碳博物馆建设：一个值得思考的新兴课题//江苏省文博论文集2010，南京师范大学出版社2011年
谈文化遗产图书如何满足民众的读书需求——以苏州博物馆为例//江苏省文博论文集2010，南京师范大学出版社2011年
构建特色文化框架推进博物馆事业大发展//江苏省文博论文集2010，南京师范大学出版社2011年
老经验新观念——浅谈公众博物馆意识的培养/郝娟//晋陕豫博物馆理论与实践研讨会论文选，山西科学技术出版社2011年
“三贴近”开展宣传教育红色旅游促进事业发展/史永平//晋陕豫博物馆理论与实践研讨会论文选，山西科学技术出版社2011年
主旋律背景下的博物馆自省/刘宇生//晋陕豫博物馆理论与实践研讨会论文选，山西科学技术出版社2011年
如何发挥遗址博物馆的功能——对郑州商城遗址保护的思考/汤丽萍//晋陕豫博物馆理论与实践研讨会论文选，山西科学技术出版社2011年
试论博物馆事业与地方经济发展的关系综/王利民//晋陕豫博物馆理论与实践研讨会论文选，山西科学技术出版社2011年
博物馆的核心价值及社会责任浅谈/刘洁//晋陕豫博物馆理论与实践研讨会论文选，山西科学技术出版社2011年
博物馆与城市文明建设/田丽//晋陕豫博物馆理论与实践研讨会论文选，山西科学技术出版社2011年
新形势下革命纪念馆如何创新发展的几点思考/贾克瑞//晋陕豫博物馆理论与实践研讨会论文选，山西科学技术出版社2011年
深入学习科学发展观加快推进博物馆全面发展/王治国//晋陕豫博物馆理论与实践研讨会论文选，山西科学技术出版社2011年
挖掘历史文化资源加强洛阳特色博物馆建设/韩玉玲//晋陕豫博物馆理论与实践研讨会论文选，山西科学技术出版社2011年
试论博物馆发展中的薄弱环节及应对/马玉鹏//晋陕豫博物馆理论与实践研讨会论文选，山西科学技术出版社2011年
浅议专题博物馆/段德新//晋陕豫博物馆理论与实践研讨会论文选，山西科学技术出版社2011年
关于中小型博物馆发展面临的主要困难与对策问题的探讨/王良田//晋陕豫博物馆理论与实践研讨会论文选，山西科学技术出版社2011年
中小型博物馆求变之道初探/葛臻明//晋陕豫博物馆理论与实践研讨会论文选，山西科学技术出版社2011年

关于晋、陕、豫博物馆界区域合作与交流的断想/杨明珠、邹冬珍//晋陕豫博物馆理论与实践研讨会论文选，山西科学技术出版社2011年
“火花”——美国博物馆协会战略规划（2010～2015年）/黄磊译//湖南省博物馆馆刊（七），岳麓书社2011年
致力于社会和谐的中国区域博物馆——湖南省博物馆的体验/陈建明、舒丽丽//湖南省博物馆馆刊（七），岳麓书社2011年
区域文化与区域博物馆建设/王川平//湖南省博物馆馆刊（七），岳麓书社2011年
中小型博物馆发展方向的思考/白宁//区域特色与中小型博物馆：江苏省博物馆学会2010年学术年会论文集，文物出版社2011年
中小型博物馆资源整合的探索与实践/吴芳//区域特色与中小型博物馆：江苏省博物馆学会2010年学术年会论文集，文物出版社2011年
博物馆吸引观众方式方法之我见/朱云瑛//区域特色与中小型博物馆：江苏省博物馆学会2010年学术年会论文集，文物出版社2011年
遗址博物馆与城市建设和谢发展初探——以徐州汉文化景区的发展为例/邱永生、贾飞//区域特色与中小型博物馆：江苏省博物馆学会2010年学术年会论文集，文物出版社2011年
互为依托相得益彰——从扬州双博馆的实践看“博物馆与旅游”/宗苏琴//区域特色与中小型博物馆：江苏省博物馆学会2010年学术年会论文集，文物出版社2011年
论形象塑造对博物馆发展的意义/陶婷婷//区域特色与中小型博物馆：江苏省博物馆学会2010年学术年会论文集，文物出版社2011年
浅谈私人博物馆的发展与经营/贾雯霞//区域特色与中小型博物馆：江苏省博物馆学会2010年学术年会论文集，文物出版社2011年
突出优势办出特色——设立唐墓壁画馆的可行与构想/冯庚武//陕西历史博物馆二十年文集，三秦出版社2011年
陕西历史博物馆的历史、现状和前景——写在新馆落成15周年之际/成建正//陕西历史博物馆二十年文集，三秦出版社2011年
陕西历史博物馆正源/张礼智//陕西历史博物馆二十年文集，三秦出版社2011年
四川博物馆流动博物馆的探索与思考/张衡、李大跃//博物馆学刊（一），四川人民出版社2011年
四川重要文物资源概说——从四川文物资源与省博物院展览关系的视角/孙华//博物馆学刊（一），四川人民出版社2011年
博物馆传统文化与现代流行文学文化相互碰撞的思考/陈孝全//深圳文博论丛2011，文物出版社2011年
论博物馆公众形象的塑造——以深圳博物馆为例/李胜男//深圳文博论丛2011，文物出版社2011年
知识和精神：民初到北伐前后的博物馆建设/李飞//深圳文博论丛2011，文物出版社2011年
深圳市博物馆事业发展现状分析/肖凤华//深圳文博论丛2011，文物出版社2011年
谈史前遗址博物馆旅游资源的开发与保护/常乐//史前研究2010——2010中国桂林·史前文化遗产国际高峰论坛暨中国博物馆协会史前遗址博物馆专业委员会第八届学术研讨会论文集，广西科学技术出版社2011年
试论博物馆在文化遗产保护工作中的作用和地位/骆晓红//史前研究2010——2010中国桂林·史前文化遗产国际高峰论坛暨中国博物馆协会史前遗址博物馆专业委员会第八届学术研讨会论文集，广西科学技术出版社2011年
让公众走近考古——浅析博物馆与公众互动/包小萍//史前研究2010——2010中国桂林·史前文化遗产国际高峰论坛暨中国博物馆协会史前遗址博物馆专业委员会第八届学术研讨会论文集，广西科学技术出版社2011年
回顾与前瞻——庆祝首都博物馆建馆三十周年/郭小凌//首都博物馆论丛（25），北京燕山出版社2011年
自强不息勇攀高峰——庆贺首都博物馆建馆三十周年/梁丹//首都博物馆论丛（25），北京燕山出版社2011年
我与首都博物馆/齐心//首都博物馆论丛（25），北京燕山出版社2011年
难以忘却的纪念——悼念赵其昌馆长/张宁//首都博物馆论丛（25），北京燕山出版社2011年
对首都博物馆建馆的怀念——庆祝首都博物馆建馆三十周年/关宏德//首都博物馆论丛（25），北京燕山出版社2011年
首都博物馆给我留下的快乐记忆/王武钰//首都博物馆论丛（25），北京燕山出版社2011年

三十而立——首都博物馆三十年馆庆时的思考/黄雪寅//首都博物馆论丛（25），北京燕山出版社2011年
谈博物馆宣传品/王超//首都博物馆论丛（25），北京燕山出版社2011年
谈新时期博物馆接受捐赠规范化问题/高德智//首都博物馆论丛（25），北京燕山出版社2011年
从博物馆文化传播谈出版工作的创新/杜莹//首都博物馆论丛（25），北京燕山出版社2011年
浅谈文物摄影在博物馆中的应用/谷中秀//首都博物馆论丛（25），北京燕山出版社2011年
谈文物外展工作中要重视的几个问题/田聪//首都博物馆论丛（25），北京燕山出版社2011年
试论博物馆在构建和谐社会中的重要作用/张高举//法门寺博物馆论丛（三），三秦出版社2011年
县级博物馆发展生存的问题和对策/陈芳、蔡宁//博物馆学文集6，岳麓书社2011年
创新产品服务文博相互促进共同发展——浅谈恒达讲解设备在博物馆观众管理和服务中的作用/韩国民//博物馆：以教育为圆心的文化乐园，暨南大学出版社2011年
博物馆，融合的工具——德国博物馆的尝试/Stephanie Wintzetrith//博物馆：以教育为圆心的文化乐园，南大学出版社2011年
博物馆：多样化的和谐变革——国际博物馆协会2010年大会纪念讲演/ Hadwig Kraeutler//博物馆：以教育为圆心的文化乐园，暨南大学出版社2011年
博物馆社区活动的设计/Caroline Lang//博物馆：以教育为圆心的文化乐园，暨南大学出版社2011年
博物馆与多元共生的和谐社会/Adriana Mortara Almeida//博物馆：以教育为圆心的文化乐园，暨南大学出版社2011年
论影响博物馆观众认知效应的若干因素/严建强//江西省博物馆集刊（二），文物出版社2011年
全球化与博物馆/张瑜//文化遗产与博物馆研究（二），云南人民出版社2011年
浅析媒体公关在博物馆新闻宣传中的作用——以云南省博物馆的宣传工作为例/叶之声//文化遗产与博物馆研究（第二辑），云南人民出版社2011年
结缘达沃斯发展添活力——大连现代博物馆参与国际高端活动促进自身发展/刘广堂//中国文物报2011-12-28
论博物馆的旅游价值/刘若楠//春草集——吉林省博物馆协会第一届学术研讨会论文集，吉林人民出版社2011年
中国博物馆法治化刍议/田艳萍//春草集——吉林省博物馆协会第一届学术研讨会论文集，吉林人民出版社2011年
简述博物馆与旅行社的合作及相互影响/李红//春草集——吉林省博物馆协会第一届学术研讨会论文集，吉林人民出版社2011年
新中国的吉林省博物馆事业/赵龄实//春草集——吉林省博物馆协会第一届学术研讨会论文集，吉林人民出版社2011年
关于南京博物院办院方针——郑振铎致朱偰函/朱乐川//南京博物院集刊（12），文物出版社2011年
南京静海寺不是真正意义上的博物馆——与钟惠芳先生商榷/吕建昌、张宁//南京博物院集刊（12），文物出版社2011年
城市化进程中高校博物馆如何破茧重生/林毅红//博物馆与城市化——2011年湖北省博物馆协会学术研讨会论文集，湖北人民出版社2011年
博物馆在城市化进程中的价值/刘国斌、屈征//博物馆与城市化——2011年湖北省博物馆协会学术研讨会论文集，湖北人民出版社2011年；中国博物馆2012-3
关于高校博物馆建设与发展的思考/邢致远//苏州文博论丛2011年（总第2辑），文物出版社2011年
科技类博物馆的科技传播：理念更新与能力提升/翟杰全、杨恋洁、周小磊//北京理工大学学报2012-1
台湾博物馆研究趋势探讨：从“十字路上的博物馆”学术研讨会谈起/陈佳利//上海科技馆2012-1
我国近现代工业遗产博物馆发展对策思考/吕建昌//中国博物馆2012-1
南博大修明年重新开放，投资七亿元做好看又好玩的博物馆/王宏伟//新华日报2012-1-5；和谐博物馆论，文物出版社2012年
搭建与东盟博物馆合作交流平台/余益中//中国文物报2012-1-18
博物馆：城市记忆的风向指南/刘春//中国文物报2012-1-18
全球化背景下高校博物馆如何破茧重生/林毅红//中国博物馆2012-2
浅谈博物馆在全球文化认同构建中的作用——以北京古代建筑博物馆“中国古代建筑展”为例/张敏//北京文

博文丛2012-2
传承千年文明开拓创新发展——记北京古代建筑博物馆建馆20周年/潘奇燕//北京文博文丛2012-2
博物馆的人文精神/吴辉//博物馆研究2012-2
论民众博物馆意识的培养/李静//商品与质量：学术观察2012-2
博物馆在城市生活中的地位/周艳//企业研究2012-2
博物馆参观与自我认同的实践/于淼//中国传媒报告2012-2
“龙年祥瑞”：展示民间艺术的魅力/张俊梅//中国文物报2012-2-1
中小博物馆要善于“借力宣传”/秦素银//中国文物报2012-2-1
博物馆藏品捐赠中的法律问题//中国文物报2012-2-8
接受捐赠在博物馆界普遍存在/何广//中国文物报2012-2-8
博物馆法律工作的几点思索/何广//中国文物报2012-2-8
捐赠中的几个注意事项/高侃//中国文物报2012-2-8
记忆可持续性：博物馆在保存集体记忆中的角色/洛塔尔·乔丹、赫尔曼·赫特纳著，侯春燕译//中国文物报2012-2-8
旧馆改造：留下城市的美丽印记/杨冬梅//中国文物报2012-2-15
武汉专家竞献智力支撑建高品质“博物馆之城”/蒋太旭//长江日报2012-2-23
“十二五”文化改革发展规划纲要谋划文物、博物馆事业发展/璩静、张云龙、隋笑飞、白瀛、程卓、左元峰//中国文物报2012-2-24
中国丝绸博物馆：传播丝绸文化/俞敏敏//中国文物报2012-2-29
人类学视野中的民族博物馆/麦夏兰、王建民、潘守永//中国博物馆2012-3
从铁桥峡、洛厄尔到埃森：英美德三国露天工业遗址博物馆的经验/吕建昌//中国博物馆2012-3
轨迹与趋向——以《中国博物馆》（2000～2010）为中心的考察/吴昌稳//中国博物馆2012-3
从登州文会馆博物馆到南通博物苑——传教士狄考文与中国早期博物馆的发展/袁晓春、张爱敏//中国博物馆2012-3
社会转型与公共视觉信息沟通的关系——以博物馆功能转型中的视觉信息设计为例/辛艺华、涂乐//华中师范大学学报2012-3
在文化遗产保护基础上的社区博物馆规划研究——以三坊七巷为例/陈亮//福建建筑2012-3
建务实净言献发展良策——全国政协委员提案助力文物、博物馆“十二五”开局之年/孙波//中国文物报2012-3-2
写在博物馆的墙上/长韦//中国文物报2012-3-2
建立中国考古学博物馆/安家瑶//中国文物报2012-3-14
要加强博物馆的透明运行/王英群//中国文物报2012-3-21
信息传播类博物馆的技术特征与社会价值/刘萌//中国博物馆2012-4
“信息定位”与“器物定位”之辩对县级博物馆发展的意义/王晓洁//中国博物馆2012-4
论博物馆中的“信息不对称”/姚香、刘鳞龙//中国博物馆2012-4
博物馆闲暇教育体系构建/徐松岩//沧桑2012-4
打开故宫“尘封的书页”：本报独家首次走进慈宁宫等未开放区/陈振凯、杨一枫//人民日报（海外版）2012-4-12；人民日报2012-4-13
博物馆：城市的精神动力机/赵亮//工人日报2012-4-16
到展厅去/希户//中国文物报2012-4-18
我与文博共前进/提文凤//中国文物报2012-4-18
也谈县级博物馆的发展困境/韦雯彦//中国文物报2012-4-18
奉献不言苦 追求无止境——记天水市博物馆馆长李宁民//万康成//甘肃日报2012-4-20
荆门行业博物馆资源调查和建设构想/杜文成//沙洋师范高等专科学校学报2012-5
第一座国家博物馆的启示/洪霞/光明日报/2012-5-3
推动博物馆发展的重要力量——北京博物馆学会速写/崔波//中国文物报2012-5-16

美国博物馆协会调查：博物馆走向“移动化”/李慧竹编译//中国文物报2012-5-16
让大众走进博物馆让博物馆融入大众/励小捷//人民日报2012-5-16
博物馆要有开放的意识和开放的空间//东方早报2012-5-17
博物馆不能置身社会现实之外，须多关注眼前问题//东方早报2012-5-17
是建筑遗产，更体现博物馆文化——感受英国考文垂新主教堂的创作/金磊//中国文物报2012-5-18
民俗类博物馆：领略传世魅力 传承艺术绝活/任博、刘超群、张昊文//每日新报2012-5-18
观众七大新要求，博物馆如何应对？/李韵//光明日报2012-5-18
文学博物馆聚会呼吁文学资源共享/楼乘震//深圳商报2012-5-22
与公众牵手与时代同行——河南博物院2012年国际博物馆日活动综述/张俊梅、刘璐、林晓平//中国文物报2012-5-23
故宫博物院，迈向现代——访故宫博物院院长单霁翔/刘琼//人民日报2012-5-24
高校博物馆与城市文明：机遇・挑战・启示/马瑞//中国文物报2012-5-30
国际博物馆日庆祝活动始于1978年/宋向光//中国文物报2012-5-30
博物馆收购国宝“很差钱”全年经费仅够起拍价/朱凯//南京日报2012-5-31
“中国篮球博物馆”筹建的文化传承研究/闫育东、赵晶//广州体育学院学报2012-6
我国博物馆“同质化”现象成因探析/陈波//文博2012-6
从文化圣殿到民众乐园——汉阳陵公众考古活动的思考/程艳妮//文博2012-6
现代博物馆的功能与演绎——以李可染艺术的现代性为例/司徒元杰//美育学刊2012-6
关于我国高校博物馆发展的思考/黄维娟//江苏高教2012-6
提高博物馆的主动服务意识——陕西历史博物馆观后感悟/姚英//决策导刊2012-6
博物馆在城市文化交流上的作用/孟雯琼//大众文艺2012-6
不断提升博物馆建设和服务水平促进江西社会主义文化大发展大繁荣/姚亚平//中国文物报2012-7-25
博物馆：别站着跟孩子说话/李雪林//文汇报2012-6-1
博物馆打破禁忌才“对话”儿童，成人勿对特权挑战//东方早报2012-6-1
山东省博物馆：增建场馆 完善体系 贴近群众/常会学、孟娟、许鑫//中国文化报2012-6-1
以改革创新精神推动高校博物馆持续发展/马德秀//光明日报2012-6-4
从“东北第四纪”走来的大庆博物馆十年艰苦创业路//中国文物报2012-6-6
网友眼中的博物馆//中国文物报2012-6-8
博物馆：过度专业化与动力的缺失/亨里克・齐普森//中国文物报2012-6-13
宁博：构筑“百姓博物馆”/李韵//光明日报2012-6-19
私人博物馆蹒跚而行业内担忧如何持续到下一代//深圳晚报2012-6-20
地市级博物馆该怎么建——从扬州双博物馆建设的创新谈起/徐忠文//中国文物报2012-6-27
从孙中山纪念馆看人物类博物馆的开拓创新/鄢增华//中国文物报2012-6-27
让公众从“上博物馆”变成“爱上博物馆”/鲁文//中国文物报2012-6-27
自然博物馆“被闭馆”引发怀旧/储静伟、俞立严//东方早报2012-6-28
博物馆在坚守中创新/吕宇翔//人民日报2012-7-3
“博物馆之夜”释放文化魅力/谢亚宏//人民日报2012-7-3
一座民间博物馆的红色收藏/王伟、曹萍波//中国文化报2012-7-4
百年国博努力迈向“世界一流”/吕章申//人民日报2012-7-7
建设“世界一流”的国家博物馆——写在中国国家博物馆建馆100周年之际/吕章申//光明日报2012-7-9
故宫：应成为世界五大博物馆之一/刘修兵//中国文化报2012-7-9
在博物馆重温北京胡同四合院/谌强//光明日报2012-7-21
中国地质类博物馆的发展现状及前景展望/孙晓明//中国文物报2012-7-25
烟草博物馆的争议/郭杨阳//中国文化报2012-7-26
民办博物馆帮扶措施有待完善/丁艳丽//中国文化报2012-7-26
共通与变革——感受美国博协2012年年会/朱学文、王勇//中国文物报2012-7-27

博物馆人回忆录/〔韩〕李源福//中国国家博物馆馆刊2012-8
妙笔丹青——美国宾夕法尼亚大学博物馆藏中国绘画/霍宏伟//文史知识2012-8
城市博物馆在城市化进程中的重要作用/郝良真、李建欣//武汉文博2012-8
谈博物馆文化建设/李维学//剑南文学2012-8
博物馆未来的作用和地位/阿列克谢·莱维肯//中国国家博物馆馆刊2012-8
国家博物馆建馆100周年保护好承载民族记忆的实物/陈涛、李继辉//北京日报2012-8-2
济北王陵博物馆"烂尾"十六年/乔显佳//北京日报2012-8-2
农民博物馆：留住城市化过程中的乡村记忆/李佳霖//北京日报2012-8-2
一幅雕塑与一座博物馆/侯霞、万东凯、侯俊杰//中国文物报2012-8-8
民间博物馆：期待享受同等待遇//人民日报2012-8-16
美国专家聚焦"博物馆与通用设计"/李慧君编译//中国文物报2012-8-22
青岛："N+1"模式创建博物馆城/温立洁//中国文物报2012-8-24
出入境展览如何申报/付万坪//中国文物报2012-9-5
黄河博物苑与黄河文化博物馆建设的初步构想/张新斌//中国文物报2012-9-5
邓小平与中国革命博物馆/刘建美//中国文物报2012-9-7
内外兼修：博物馆组织文化的建设/肖冠雄//中国文物报2012-9-19
艺术类博物馆应循之路（上、下）——美国艺术类博物馆馆长协会前主席对当前局势和未来发展的看法〔美〕，Maxwell L.Anderson，李慧君编译//中国文物报2012-9-19、2012-10-17
海外博物馆生存之道：卢浮宫无拨款则入不敷出/刘妮丽//中国文化报2012-9-22
浅谈当代大学博物馆的困境/刘仕毅、张琴//群文天地2012-10
浅谈博物馆与城市文化关系/张桂元//吉林省教育学院学报（下旬）2012-10
有量无质，博物馆如何走出迷离？/蒋璟璟//华西都市报2012-11-23
有幸，与你相识在博物馆/崔波//中国文物报2012-11-28
每三天多建一座博物馆：建得起，养得好吗？/胡靖国、王学涛、刘怀丕//中国文化报2012-11-30
解读"碑林现象"/郭青、王戈华//陕西日报2012-12-3
博物馆发展与观众学习/周功鑫//文汇报2012-12-5
博物馆不只是几幢建筑/王玉初//中华读书报2012-12-12
以"原创性"助博物馆展事发展/叶尔米拉//中国文化报2012-12-15
博物馆也应讲低碳/陈蓉//中国文物报2012-12-26
关于安徽省高校博物馆发展的思考/刘榴//科技创新与应用2012-15
高等院校博物馆发展前景展望/孙晓明//科技视界2012-23
博物馆也有尴尬/阴秀文、牛国栋//走向世界2012-27
加强博物馆的精神文明建设/王红霞//魅力中国2012-32
浅谈江西古书院文化在博物馆中的发挥/樊文杰//江西省博物馆集刊（三），文物出版社2012年
南京博物院擘划大未来——专访南京博物院龚良院长/熊宜敬//典藏·古美术167期；和谐博物馆论，文物出版社2012年
批判与守望：一个博物馆人的文化思辨/刘宇生//汉阳陵与汉文化研究，三秦出版社2012年
新形势下博物馆社会功能的再认识——汉阳陵开展公众参与考古项目的社会意义/李库//汉阳陵与汉文化研究，三秦出版社2012年
树立汉阳陵博物馆品牌的思考/何倩//汉阳陵与汉文化研究，三秦出版社2012年
浅议博物馆功能的有效发挥与传播方向/兰健//汉阳陵与汉文化研究，三秦出版社2012年
蔡元培的"以美育代宗教"思想与近代中国博物馆事业/唐毅//博物馆学刊（二），科学出版社2012年
宁夏博物馆藏白釉瓷器赏析/陈永耘、于希//深圳文博论丛二〇一二，文物出版社2012年
VI系统在安徽博物院新馆中的应用/贺黎//安徽文博（八），中华书局2012年
感受博物馆的魅力/龚良//和谐博物馆论，文物出版社2012年
南京博物院的文化遗产保护——从征集、保护到研究、展示/龚良//和谐博物馆论，文物出版社2012年

"十七大"精神鼓舞下南京博物院的事业发展/龚良//和谐博物馆论，文物出版社2012年
春华秋实继往开来——南京博物院75年历程回眸/龚良//和谐博物馆论，文物出版社2012年
博物馆的"艺术"/王运良//中国博物馆2013-1
灾难博物馆定位问题初探/刘迪//中国博物馆2013-1
公共博物馆的发展轨迹：从知识构建到文化表达/宋向光//中国博物馆2013-1
提升高校博物馆文化传播功能的几点思考/李绚丽、魏镇//中国博物馆2013-1
博物馆可及性职业道德规范——英国博物馆协会关于博物馆可及性的思考/李慧君编译//中国博物馆2013-1
艺术社会中博物馆身份的转变/汪艳//2013-1
试析行业博物馆展教现状及功能的提升/纪丽君//博物馆研究2013-1
美国宾夕法尼亚大学考古学与人类学博物馆藏中国文物调查/霍宏伟//中国国家博物馆馆刊2013-2
批判与守望：一个博物馆人的文化思辩/刘宇生//文博2013-1；秦晋豫冀四省博物馆理论与实践研讨会论文选，陕西人民出版社2014年
国际博物馆日主题与博物馆社会功能再认识/何宏//文博2013-1；秦晋豫冀四省博物馆理论与实践研讨会论文选，陕西人民出版社2014年
谈文物托管、博物馆托管的作用和意义/陈国民//博物馆研究2013-1
风雨沧桑逾百年馆群建设三十载——南通环濠河博物馆群建设发展之路/徐宁//博物馆研究2013-1
博物馆的小众营销/张慧红//博物馆研究2013-1
用博物馆著史的人：樊建川与他的博物馆聚落/朱有仪//博物馆研究2013-1
博物馆：一种观看方式/斯维特拉娜·阿尔珀斯、费婷//东方艺术2013-1
丝绸艺术与特色博物馆/俞敏敏//中国文物报2013-1-9
陕西：百万青少年走进博物馆/张娜//中国文物报2013-1-13
让博物馆成为孩子们心中的圣殿/成建正//中国文物报2013-1-13
激活博物馆的文化旅游功能/王学华//中国文化报2013-1-14
到南越王宫博物馆看什么/潮白//南方日报2013-1-17
台湾地区博物馆馆校合作/陈璟慧//中国文物报2013-1-23
华盛顿纳粹大屠杀纪念馆引发的思考/付明//中国文物报2013-1-23
首都博物馆展出慈禧的瓷器/崔波//中国文物报2013-1-23
安徽表彰全省十佳民办博物馆/安文//中国文物报2013-1-23
广西生态博物馆举办首届纪录片影展/陆文东//中国文物报2013-1-23
两岸故宫博物院将深化双向、常态交流合作/郭桂香//中国文物报2013-1-23
博物馆是否还需要实物？/〔美〕史蒂芬·康恩（Steven conn）著，傅翼译//中国博物馆2013-2
如何书写"棘手的遗产"——以德国博物馆实践为例/张影舒//博物馆研究2013-2
范式转型："文化遗产"语境下对博物馆工作的再思考/李飞//博物馆研究2013-2
社交媒体为博物馆带来的新机遇与新思考/〔英〕张鹏//博物馆研究2013-2
六十年薪火相传见证复兴之路——首都博物馆与祖国共成长/魏宇澄//北京文博文丛2013-2
略谈基层博物馆的文物保护和人才队伍建设/王建华//黑龙江史志2013-2
让游客把博物馆文化带回家/田静//城市经济导报2013-2-16
博物馆文化的昨天和明天/陈燮君//文汇报2013-2-18
文博行业人才分类研究刍议/陈昀//中国文物报2013-2-20
为牦牛盖一座"宫殿"——筹建中的西藏牦牛博物馆/吴雨初//中国文物报2013-2-20
专题博物馆需借势发展/张遇//中国文物报2013-2-20
中德博物馆比较引发的思考/姜靖//中国文物报2013-2-20
年俗在博物馆里延续/翟群、秦毅、赵建兰//中国文化报2013-2-21
民间博物馆：艰难与希望并存/郭探微//中国旅游报2013-2-25
每个人的博物馆——一个博物馆人的西方博物馆游学感想/肖飞舸//中国文物报2013-2-27
博物馆以物为重，今天和将来还是要以物为重/陈燮君//中国文物报2013-2-27

老字号博物馆价值亟待深挖/贺陈慧//北京商报2013-2-28
浅谈工业遗产的保护与再利用——以中国工业博物馆为例/王雷、赵少军//中国博物馆2013-3
博物馆是主动、积极的行为主体/宋向光//中国博物馆2013-3
博物馆是社会变革的发动机/涂师平//中国博物馆2013-3
从理念创新谈2013年国际博物馆日主题/沈丹姬//中国博物馆2013-3
博物馆与集体记忆——知识、认同、话语/燕海鸥//中国博物馆2013-3
他山之石——博物馆助推中国近代社会变革/李飞//中国博物馆2013-3
2012年中国博物馆学书目/周峰//博物馆研究2013-3
博物馆群发展的广阔天地——试谈博物馆下乡与乡镇博物馆建设/胡蔚//博物馆研究2013-3
城市记忆与城市博物馆的核心价值/冯健//武汉文博2013-3
当代博物馆遗产化问题探析/汪秀敏、董贻安、张倍滴//宁波工程学院学报2013-3
博物馆不是“场馆”/宋向光//中国文物报2013-3-1
博物馆：缘何吸引媒体关注/张健平//中国文物报2013-3-1
新年新生活新变化：西藏博物馆的春节、藏历年年俗活动/程忠红//中国文物报2013-3-1
女性，撑起博物馆的半边天/崔波//中国文物报2013-3-6
让历史和文物在这里有温度——九江博物馆：赣北历史文化的窗口/汪建策//中国文物报2013-3-6
参观者是博物馆的一部分/郑依菁//东方早报2013-3-13
到博物馆里学书法，咋样？/徐秀丽//中国文物报2013-3-13
浙江自然博物馆蛇年活动绽异彩/徐昳昀//中国文物报2013-3-22
吉林大学博物馆专业军博实习记——参加“第一次全国可移动文物普查工作”纪实/刘爽//中国文物报2013-3-27
五举措为民办博物馆解困/刘晓娜、王越//中国文化报2013-3-28
宝林博物馆在渝文化基地建设中的思考/陈寅//第三届民办博物馆发展西安论坛论文集，陕西人民出版社2013年
自然博物馆科普能力建设——以北京自然博物馆为例/赵洪涛、金淼、王珊、周静、马莉、孟庆金//中国博物馆2013-4
城市博物馆：引领公众感悟社会变革/唐琳//中国博物馆2013-4
当代中国博物馆的文化梳理/章明、张姿//时代建筑2013-4
博物馆的核心价值是什么？/《中国博物馆》编辑部//中国文物报2013-4-3
博物馆应以文化传播者立身（二、三、四）：英国的理念与尝试/黄晓宏编译//中国文物报2013-4-17、2013-5-1、2013-5-29
浅议质量评价体系在中小博物馆的实践问题/焦伟//中国文物报2013-4-17
“台北故宫”藏品为何不能到大陆/陈晓星//人民日报（海外版）2013-4-23
实现由“办文化”向“管文化”转变——以江西省的博物馆为例/王琴红//中国文物报2013-4-26
浅析如何做好新时期博物馆科普工作/李赞//中国科技博览2013-5
馆长，你的级别是什么？/孙国栋//中国纪念馆通讯2013-5
博物馆与城市文化认同的构建——以深圳博物馆为例/周加胜//中国名城2013-5
国际博协2013年“国际博物馆日”宣传活动的建议/黄磊、侯雁编译//中国文物报2013-5-1
博物馆怎样进行环境监测——以复旦大学博物馆为例/付蓉//中国文物报2013-5-1
台湾地区对私立博物馆的扶持及相关问题/吴辉//中国文物报2013-5-1
追逐文化复兴的“碑林梦”（上）：精美的石头会唱歌/赵争耀//三秦都市报2013-5-2
丰富记忆积极创新/宋向光//中国文物报2013-5-3
追逐文化复兴的“碑林梦”（中）：打造书法圣殿的世界大奖/赵争耀//三秦都市报2013-5-9
2013，山东博物馆事业发展喜事连连//中国文物报2013-5-15
加强管理提升服务开创博物馆事业新局面——纪念第37个“国际博物馆日”/谢治秀//中国文物报2013-5-15
博物馆与博物馆的社会功能//中国文物报2013-5-15
“国际博物馆日”，让公众认识博物馆的社会角色//中国文物报2013-5-15

博物馆走进公众生活展现创造力//中国文物报2013-5-15
世界各地的“博物馆日”//中国文物报2013-5-15
中国博物馆免费开放与公众如何走进博物馆//中国文物报2013-5-15
国际博物馆日各地举办的展览及活动//中国文物报2013-5-15
2013：博物馆（记忆+创造力）=社会变革：主场城市济南举办系列主题宣传活动//中国文物报2013-5-15
国际博物馆日：晒晒我的“南博梦”/龚良//中国文物报2013-5-17
智慧博物馆可以更好地惠及民生——专访省文物局局长赵荣/沙莎//陕西日报2013-5-17
追逐文化复兴的“碑林梦”（下）：千年碑林续写盛世华章/赵争耀//三秦都市报2013-5-17
李克强参观爱因斯坦博物馆时强调：创新是人类活力的源泉/新华社讯//中国文物报2013-5-29
广西博物馆建设特色博物馆之路/广文//中国文物报2013-5-29
从登记管理视角看日本的三类“博物馆”/吴辉//中国文物报2013-5-29
高校博物馆：不能孤芳自赏/张璐//中国文化报2013-5-30
俄罗斯的新生代博物馆/韩梁//中国文物报2013-5-31
博物馆：记忆+创造力=社会变革/王悦//中国纪念馆通讯2013-6
馆长，最近忙吗？/孙国栋//中国纪念馆通讯2013-6
公办博物馆需要检讨/朱绍杰//羊城晚报2013-6-1
博物馆建设太热/涂启智//江南时报2013-6-2
文化遗址保护民资跻身主角——大唐西市博物馆民资保护模式侧记/董芸//陕西日报2013-6-8
文博专业翻译实践/安海//中国文物报2013-6-12
谈谈制片管理在博物馆中的应用/王辰//中国文物报2013-6-12
西安中国书法艺术博物馆社会活动纪实/庞博//中国文物报2013-6-12
宣传季：秦陵博物院八项主题活动丰富多彩/潘莹//中国文物报2013-6-19
给孩子一个快乐的地方——浅谈我国儿童博物馆的发展/张书惠//中国文物报2013-6-26
目标明确做有特色的博物馆/谢晓婷//中国文物报2013-6-26
打造中国最美的文化之旅/陈汾霞//中国文物报2013-6-26
让创新为博物馆带来发展动力——略谈“全国最具创新力博物馆评选”年度评选活动/博言//中国文物报2013-6-26
理想的博物馆/罗德燕//中国文物报2013-6-26
博物馆是传播正能量的公益文化机构/自庶//中国文物报2013-7-1
海南省博物馆在海南国际旅游岛建设中的作用及发展机遇/王鑫//旅游纵览（下半月）2013-7
记敦煌市阳关博物馆馆长纪永元/张春生//甘肃日报2013-7-8
让文物“说话”——南昌县博物馆5年3夺全国大奖解析/郁鑫鹏//江西日报2013-7-9
西安碑林博物馆消防工作回眸/庞博//中国文物报2013-7-10
博物馆新闻、会议纪实摄影拍摄技巧/孙晓旭//中国文物报2013-7-10
博物馆发展须增强软实力/穆红丽//中国文物报2013-7-10
博物馆突发事件应急管理/梁志敏//中国文物报2013-7-10
博物馆教给我们什么/翟群//中国文化报2013-7-11
故宫的人文精神/张晓洋//中国文化报2013-7-11
建博物馆要有基本的历史观/田超、康佳//京华时报2013-7-19
博物馆不是一天建成的/罗文华//天津日报2013-7-24
让观众爱上博物馆/罗兴连//中国文物报2013-7-31
论城市发展中的博物馆建设/罗颖惠//金田2013-8
体育博物馆在体育文化传播与传承中的正能量探析/雷敏、刘洋、黄巨朋//福建体育科技2013-8
架起博物馆与公众沟通的桥梁——访复旦大学文物与博物馆学系教授陆建松/于思奇//中国科学报2013-8-2
以观察学习理论分析行业博物馆观众参观行为/张凤霞//中国文物报2013-8-7
记忆・创意・社会变革——江苏工业遗产博物馆建设的探索及实践/邢致远//中国文物报2013-8-7

利顺德：吃住两便历久弥新的“博物馆”/郭桂香//中国文物报2013-8-9
黄冈博物馆的镇馆之宝/王萍、洪刚、刘焰//中国文物报2013-8-14
综合博物馆人流爆棚：专业博物馆门可罗雀/尹来、周雯、龙周妹//新快报2013-8-15
博物馆不是一天建成的，要慢慢来/耿银平//新快报2013-8-16
中国博物馆缺乏对西方艺术的收藏/石剑峰//东方早报2013-8-16
英国博物馆成课堂//人民日报（海外版）2013-8-16
主动出击让孩子们爱上博物馆/耿银平//广州日报2013-8-17
博物馆，要享受起来/耿银平//广州日报2013-8-17
设计博物馆与城市振兴/金维忻//中国文物报2013-8-21
高校博物馆建设新思路——以沈阳师范大学为例/李利民//中国文物报2013-8-21
博物馆艺术品保险的困境与探索/侯珂//中国文物报2013-8-21
中小博物馆也要“咬文嚼字”/曹爱生//中国文物报2013-9-4
“大数据”对博物馆的启示/吴宁宁//中国文物报2013-9-4
博物馆，来一次真实的自我展示/徐宁、陶烨//中国文物报2013-9-4
博物馆方程式的思考/《中国博物馆》编辑部//中国文物报2013-9-4
博物馆在网上忙活什么/孙琳琳//中国文化报2013-9-5
让人民认识自己的历史和创造的力量——纪念毛泽东同志视察安徽省博物馆55周年访朱良剑院长/徐秀丽//中国文物报2013-9-25
亲爱的博物馆：是时候拥抱手机了/张遇编译//中国文物报2013-9-25
祭祀在圣殿上的坚守与情怀/杨光、邓月娟//陕西日报2013-9-26
论城市博物馆在旅游活动中的形象定位问题——以甘肃省博物馆为例/高一竑//旅游纵览2013-10
博物馆不是“百宝箱”/宋向光//中国文物报2013-10-2
文明从娃娃抓起——义务讲解员朋朋参与文明旅游的事迹/钱春弦//中国文物报2013-10-9
走进汉藏艺术——由博物馆拓片制作活动所学到的/张松莉//中国文物报2013-10-9
阳关博物馆纪永元：十年追寻阳关梦/李茂锦//甘肃日报2013-10-9
博物馆该不该出售藏品/赖睿//人民日报（海外版）2013-10-11
什么是优秀的策展人/赖睿//人民日报（海外版）2013-10-11
历尽艰辛护文物倾情建馆写春秋——记湖南邵阳高沙文史博物馆馆长曾传国/黄慧湘//中国文物报2013-10-25
“牵手历史——第五届中国博物馆十佳志愿者之星暨最美志愿者”候选人公示//中国文物报2013-11-13
智慧博物馆“智慧”在哪里//中国文物报2013-11-15
促进博物馆事业在城市文明进程中的作用/艾利//中国社会科学院院报2013-11-25
口述史对博物馆发展的启示/汪鹏飞//中国文物报2013-11-27
发挥资源优势弘扬时代旋律——鄂豫皖苏区首府革命博物馆推进红色文化建设/邵兴//中国文物报2013-11-27
南通市博物馆旅游发展的SWOT分析/刘畅//边疆经济与文化2013-12
博物馆旅游的体验价值探析：旅游人类学的视角/盛洁桦//中国文物报2013-12-11
遗产博物馆化与博物馆遗产化——文化遗产的新认知、新理念、新实践//中国文物报2013-12-25
地质公园博物馆地学科普的现状及启示/耿玉环、王静//安徽农业科学2013-14
低碳博物馆理念及其在少数民族传统聚落旅游开发中的应用研究——以湘西王村古镇为例/刘春腊、刘沛林//安徽农业科学2013-25
县博物馆发展模式新论/刘迪、于明霞//博物馆学刊（3），科学出版社2013年
浅谈博物馆建设与中国梦/邱作健//2013年中国人物类博物馆、纪念馆陈列艺术学术研讨会论文集，上海社会科学院出版社2013年
口述历史：博物馆资源再创造/肖冠雄//博物馆学文集8，岳麓书社2013年
湖南省民办博物馆现状调查与发展对策研究/黄磊、黄金娟//博物馆学文集8，岳麓书社2013年
浅谈中小博物馆如何提升社会影响力/张海军//博物馆学文集8，岳麓书社2013年
趋势观察2012：把握博物馆未来脉搏/李慧君译//博物馆学文集8，岳麓书社2013年

安徽博物院突发事件应急预案的思考/刘天羽//安徽文博（九），黄山书社2013年
驱动社会发展引领时尚生活——新形势下博物馆社会功能的再认识/杨亮//陕西历史博物馆馆刊（20），三秦出版社2013年
传播学语境下的博物馆学/王鹤北//百年传承创新发展：北京地区博物馆第六次学术会议论文集，中国书籍出版社2013年
在社会化媒介环境下博物馆文化传播的责任及方法/李蓓//百年传承创新发展：北京地区博物馆第六次学术会议论文集，中国书籍出版社2013年
博物馆与文化认同/靳宝//百年传承创新发展：北京地区博物馆第六次学术会议论文集，中国书籍出版社2013年
关于博物馆良性运转的思考与实践/张凤霞//百年传承创新发展：北京地区博物馆第六次学术会议论文集，中国书籍出版社2013年
中国博物馆评估认定制度发展历程初探/黄潇//百年传承创新发展：北京地区博物馆第六次学术会议论文集，中国书籍出版社2013年
浅谈中外博物馆异同/李健//中国纪念馆研究（2013年第2辑），北京出版社2013年
浅谈博物馆建设与中国梦/邱作健//中国纪念馆研究（2013年第2辑），北京出版社2013年
浅论博物馆的文化特征/周义才//江西省博物馆集刊（四），文物出版社2013年
让博物馆走进百姓生活——博物馆文化休闲功能探索/李金兰//南京博物院集刊（13），文物出版社2013年
城市集体记忆的重现与表达——关于杭州知青纪念馆筹建及展陈的思考/杨鸣//南京博物院集刊（14），文物出版社2013年
开展爱国主义教育弘扬井冈精神——江西省博物馆事业发展思路/王季华//江西省博物馆集刊（四），文物出版社2013年
地域文化决定博物馆的视觉文化/杨莹//博物馆研究2014-1
自然博物馆在社区文化建设中的重要作用/陈志宏//博物馆研究2014-1
博物馆中的国际公共关系/张鹏//国际公关2014-1
从“沈周特展”看博物馆的公共性/陈敏//苏州教育学院学报2014-1
馆长，你缺什么？/孙国栋//中国纪念馆通讯2014-1
关于博物馆互动体验活动的再思考/刘启芳//中国纪念馆研究2014-1
漫谈博物馆在构建城市文化认同中的作用——以金沙遗址博物馆为例/郑漫丽//中华文化论坛2014-1
丰肩瘦股 体态婀娜——安徽博物院藏宋代梅瓶精品赏析/刘东//文物鉴定与鉴赏2014-1
博物馆观众研究的回溯与反思/孟倩//自然博物2014-1
浅谈海报设计在博物馆中的应用/张文蕊//环球人文地理2014-1
博物馆不是“炫宝台”/宋向光//中国文物报2014-1-8
博物馆问题的三大指向/郝惊雷//中国文物报2014-1-8
今年国际博物馆日主题：博物馆藏品架起沟通的桥梁/艾静芳//中国文物报2014-1-10
行业博物馆筹建与立法问题分析/黄德章//中国文物报2014-1-22
世博会博物馆在上海开工：“欢庆之云”开启世界之窗/袁琳//中国文物报2014-1-22
打造城市的“创意之源”为市民参与留足空间/袁琳//中国文物报2014-1-22
博物馆专家如何为民间服务/季涛//中国文物报2014-1-29
博物馆职业道德是博物馆发展的思想保障/宋向光//中国博物馆2014-2
博物馆职业道德研究的若干问题/蔡琴//中国博物馆2014-2
台湾地区的私立博物馆及其启示/沈丽娟//中国博物馆2014-2
旅顺博物馆赏马/林晓平//文物天地2014-2
博物馆理事会制度研究综述/周婧景//中国博物馆2014-2
以昙石山遗址博物馆为例浅谈人文环境建设/姚田//福建文博2014-2
浅谈低碳经济与博物馆的若干问题/郭贤彬//经济师2014-2
浅论精英主义与民主主义在博物馆的博弈/苏典娜//中国博物馆通讯2014-2
中国博物馆协会社教专业委员会2013年工作总结/中国博物馆协会社教专业委员会秘书处//中国博物馆通讯

2014-2
中国博物馆协会博物馆学专业委员会2013年工作总结暨2014年工作计划/中国博物馆协会博物馆学专业委员会秘书处//中国博物馆通讯2014-2
中国博物馆协会安全专业委员会2013年工作总结暨2014年工作计划/中国博物馆协会安全专业委员会秘书处//中国博物馆通讯2014-2
中国博物馆协会纪念馆专业委员会2013年工作总结暨2014年工作要点/中国博物馆协会纪念馆专业委员会秘书处//中国博物馆通讯2014-2
辽阳博物馆藏古朝鲜瓷器鉴赏/杨瑶//东方收藏2014-2
旅顺博物馆旅游现状及对策/王恒、王鑫//环渤海经济瞭望2014-2
博物馆里过大年渐成风尚/文静//中国青年报2014-2-10
人民日报环球走笔：博物馆切忌因商而伤/陈尚文//人民日报2014-2-10
私人博物馆也很值得逛/王玉海//人民日报（海外版）2014-2-13
《博物馆员工幸福吗？》研究报告发表/李慧君编译//中国文物报2014-2-19
博物馆构建社区的多元视角——以陕西三座博物馆为例/呼啸//文博2014-3
现代博物馆的困境与机遇：中国内地博物馆生存之路探究/高婷//中国矿业大学学报2014-3
创新发展的理念架起沟通的桥梁/陈燮君//东南文化2014-3
新博物馆理论与现代博物馆社会职能的转变/杜传省//赤峰学院学报2014-4
王绣委员建议：加快建设洛阳丝绸之路博物馆/徐阳光//中国文物报2014-3-7
周天游：与博物馆的千年之约/王国星、王睿、马文倩//陕西日报2014-3-10
博物馆复愈性量表的修订/叶柳红、武雪迪、吴建平//中国健康心理学2014-4
建设“博物馆之城”的几点新认识/程存洁//城市观察2014-4
浅析城市博物馆/多娜泰拉·卡拉比//城市观察2014-4
城市更新背景下的博物馆发展策略研究/谢涤湘、褚文华//城市观察2014-4
流动博物馆的实践与探析——以衢州博物馆为例/徐婧涵//浙江文物2014-4
关于“博物馆城”建设规划编制的探讨/邢致远//中国文物报2014-4-2
BOT模式在博物馆（遗产保护）类项目的应用/曹岳森、赵光付//中国文物报2014-4-2
提升文物展示水平推动文明交流互鉴——学习习近平主席巴黎重要演讲体会/赵荣//中国文物报2014-4-9
2013年度全国十大考古新发现揭晓/全国十大考古新发现评选办公室//中国文物报2014-4-11
《中国文物志》编纂项目启动/徐秀丽//中国文物报2014-4-11
如何让博物馆工作“博”彩/李淑文编译//中国文物报2014-4-11
博物馆展品缘何走进《寻宝》/徐秀丽//中国文物报2014-4-11
“国宝”该走进《寻宝》吗/长韦//中国文物报2014-4-11
博物馆观众拍照现象探析/朱丹丹//中国文物报2014-4-16
试论中国武术博物馆在武术文化遗产保护中的作用/周广瑞、王震//搏击（武术科学）2014-5
国家博物馆“小”门票背后的大变化//中国文物报2014-5-2
博物馆节约要从小处着手/张健平//中国文物报2014-5-2
一个小山村与一座博物馆的“联姻”——碑林博物馆与法官庙村结扶贫对子纪实/沙莎//陕西日报2014-5-9
康有为与博物馆/王姣//中国文物报2014-5-14
国际博物馆日让藏品更亲民/程佳编译//中国文化报2014-5-15
2014国际博物馆日：博物馆藏品架起沟通的桥梁/李慧君编译//中国文物报2014-5-16
博物馆藏品架起沟通的桥梁——写在2014年国际博物馆日/方勤//中国文物报2014-5-16
以沟通的名义发挥藏品的桥梁作用——2014年“国际博物馆日”有感/俄军//中国文物报2014-5-16
中国近代博物馆的法人治理结构/彭蕾//中国文物报2014-5-16
“国际博物馆日”又到来:让古老收藏讲述鲜活故事/宋新潮//人民日报2014-5-18
博物馆6年仍毛坯折射“任期效应”/玫昆仑//广州日报2014-5-19
让博物馆成为传播人文精神的殿堂/魏青//长江时评2014-5-19

资金严重不足，保护捉襟见肘——民间抗战博物馆如何重拾抗战记忆/王建//中国文物报2014-5-23
不拿工资的流动者——走进国家博物馆志愿者忆/周玮、璩静//中国文物报2014-5-23
特色活动打开博物馆藏品之门/刘安鲁//中国文物报2014-5-23
谭良啸：让博物馆成为群众的精神粮仓/蒋蓝、祥惠//成都日报2014-5-24
藏界与博物馆渐行渐远重新融合当获益良多/郭峰//西安晚报2014-5-25
体验博物馆：别让羞涩消减美妙乐趣/萌耳妹妹//新京报2014-5-28
博物馆知识产权法律问题探析/孙昊亮//科技与生活2014-6
三寸金莲：博物馆语境下的他者文化景观/傅美蓉//南开学报2014-6
城市博物馆在社会变革中的价值取向/刘庆平//武汉文博2014-6
温州民间博物馆遇发展之痛/谢国林//现代金报2014-6-2
中文与日语自由切换——镇江博物馆最“牛”保安获赞/刘钰//中国文物报2014-6-6
建设博物馆不是装门面/白凡军//中国文化报2014-6-6
中国博物馆“高烧”：每天建一座，每县有一座/吕明合//南方周末2014-6-6
在半坡博物馆听埙/谭啸//中国文物报2014-6-11
《德国博物馆标准》与相关问题述评/吴辉//中国文物报2014-6-11
博物馆改造背后的对决//新快报2014-6-13
运河边上的5座国家级博物馆引人最忆江南//浙江日报2014-6-13
美国最大儿童博物馆建起“长城滑梯”/樊炜//中国文化报2014-6-19
感受文化遗产的魅力：青岛市博物馆文化遗产日活动侧记/罗琦//中国文物报2014-6-20
追寻三千年前的回响：金沙遗址博物馆中国文化遗产日公益音乐会侧记/金文//中国文物报2014-6-20
安徽“文化遗产进校园”受高校学子追捧/徽文//中国文物报2014-6-27
关中民俗博物院叫好还叫座/晁瑞//中国旅游报2014-6-30
故宫发布3种限流分流试行方案/谢璐//法制晚报2014-6-30；西安日报2014-7-1
浅谈县级小型博物馆的生存与发展——以白山市江源长白山松花石博物馆为例/张俊华、徐阳/中国博物馆通讯2014-7
全国博物馆专业师资仅十多人/林颖颖//新闻晨报2014-7-3
印度国家博物馆出招吸引小观众/任晓宇//中国文化报2014-7-3
“65岁”功劳证收入博物馆/胡良光//南方日报2014-7-3
亲聆先秦雅乐感受礼乐文明——湖北省博物馆原创3D古乐器演奏系统在“江汉汤汤”展中首次亮相/于森//中国文物报2014-7-4
走进“古代中国制造”：重庆中国三峡博物馆“科技活动周”侧记/谢硕//中国文物报2014-7-4
博物馆倡导色生活：国家博物馆节能降耗成效显著/崔波//中国文物报2014-7-8
在长崎历史文化博物馆当研修生/黄春华//中国文物报2014-7-8
企业博物馆助力企业发展/杨江//中国文物报2014-7-8
博物馆要“高大上”也要“接地气” /张雪、孙沐雨//江西日报2014-7-11
让文化“说”起来 让展览“动”起来——解读南昌县博物馆如何延续文物生命/郁鑫鹏//江西日报2014-7-13
谁是“过德”：一则关于早期博物馆史文献解读的订误/李飞//中国文物报2014-7-22
从《遗产法典》看 “法国的博物馆”/吴辉//中国文物报2014-7-22
关于“讲好文物故事”的思考/曹爱生//中国文物报2014-7-22
天津博物馆走向“国际化”/天博//天津日报2014-7-22
山西省博物院院长石金鸣：把博物馆装进“口袋”/冀业整理//人民日报2014-7-31
2014年美国博物馆发展趋势/杨瑾、杨效俊编译//中国博物馆通讯2014-8
城市更新背景下的博物馆发展策略研究/谢涤、褚文华//城市观察2014-8
博物馆在大连特色文化城市建设中的功能发挥/徐松岩//沧桑2014-8
博物馆策展与保管/何枰凭//中国文物报2014-8-5
面对博物馆文物的沉思/步雁//中国文物报2014-8-5

民俗类博物馆发展中存在的问题——以南京市民俗博物馆为例/杨书娟//中国文物报2014-8-5
感受藏品的温度，让藏品“活起来”/宋向光//中国文物报2014-8-5
博物馆群建设的思考/王小洁//中国文物报2014-8-5
博物馆：不该被忽视的免费课堂/王翼//中国文化报2014-8-12
中小博物馆也大有可为——读《中小博物馆举办临时展览的点滴思考》/闫博//中国文物报2014-8-19
建立“福州近代海军将士博物馆”的思考/金磊//中国文物报2014-8-19
由点及面规范引领——湖州市博物馆帮扶陆有仁中草药博物馆项目的做法与思考/刘小清、潘林荣//中国文物报2014-8-19
亲聆先秦雅乐的壮美：湖北省博物馆的3D古乐器演奏/山水//中国文物报2014-8-19
博物馆里也有精彩/刘硕阳//人民日报2014-8-28
国家文物局：民宅不得办博物馆，展品不少于300件/刘冕//北京日报2014-8-28
培育和践行社会主义核心价值观——以安徽博物院设立“安徽好人馆”为例/邓峰//中国文物报2014-9-2
志愿者——公众考古的星星之火/郑媛、郝丽君、武卓卓、周翔//中国文物报2014-9-12
让博物馆与观众更亲近/孟娟//中国文化报2014-9-23
博物馆里学“考古”/王裕昌//中国文物报2014-10-14
王瓒绪与三峡博物馆藏古籍/刘兴亮、董越//中国文物报2014-10-21
让博物馆成为人们生活的一部分——访河北博物院院长罗向军/翟群、刘修兵//中国文化报2014-10-21
博物馆：发挥文化引领力/崔波//中国文物报2014-10-28（上）、2014-10-31（下）
让馆藏文物“活”起来/张俊梅//中国文物报2014-11-18
徜徉在唤醒历史记忆的殿堂/黄骏骑//中国文物报2014-11-18
百花齐放各施其长共促发展——中国博物馆协会专业委员会//中国文物报2014-11-21
陈丹青来厦谈“文化”认为最好的大学是博物馆/林晓云//厦门晚报2014-11-23
山东两项新举措让馆藏文物“活”起来/山东博物馆//中国文物报2014-11-25
扎实工作成果丰硕——天津博物馆“一普”工作小记/张伟、徐秀丽//中国文物报2014-11-28
博物馆的“厦门蓝”/姚一青//中国文物报2014-12-5
回眸刚刚落幕的厦门盛会/崔波、谢开、耿坤//中国文物报2014-12-9
笃行而不倦——写在中国博协第六届会员代表大会召开之际/崔波//中国文物报2014-12-9
让博物馆成为孩子们的乐园/于晓梅//中国文物报2014-12-9
博博会上的“红马甲”/谭晓玲//中国文物报2014-12-9
内外兼修，加强苏州博物馆文化职能——专访苏州市文广新局局长陈嵘/张赛//中国文物报2014-12-16
不反光开启博物馆展柜玻璃新时代——发自2014厦门博博会/杨国锋//中国文物报2014-12-16
提升服务，让“古都明珠”更璀璨——访陕西历史博物馆馆长成建正/翟群、秦毅//中国文化报2014-12-23
试析贵州少数民族文化博物馆的发展/马丽亚//新西部（理论版）2014-15
浅析博物馆中的社会学/张宇//首都博物馆论丛（28），北京燕山出版社2014年
从“阳春白雪”到“下里巴人”——文化大发展大繁荣中的博物馆/高慧琳//秦晋豫冀四省博物馆理论与实践研讨会论文选，陕西人民出版社2014年
文化大发展大繁荣中的博物馆/魏文萃、王华//秦晋豫冀四省博物馆理论与实践研讨会论文选，陕西人民出版社2014年
博物馆：文化繁荣的精神航母/张雷//秦晋豫冀四省博物馆理论与实践研讨会论文选，陕西人民出版社2014年
亲民：新时期博物馆的生存之道/王德强//秦晋豫冀四省博物馆理论与实践研讨会论文选，陕西人民出版社2014年
记忆历史展望未来——社会化引领博物馆新方向/杨芳芳//秦晋豫冀四省博物馆理论与实践研讨会论文选，陕西人民出版社2014年
略谈省级综合馆的文化价值追求/李长华//秦晋豫冀四省博物馆理论与实践研讨会论文选，陕西人民出版社2014年
驱动社会发展引领时尚生活——新形势下博物馆社会功能再认识/徐晓川//秦晋豫冀四省博物馆理论与实践研讨会论文选，陕西人民出版社2014年
新形势下博物馆社会功能的再认识/张华//秦晋豫冀四省博物馆理论与实践研讨会论文选，陕西人民出版社

2014年
浅谈现代博物馆的“三机”功能/田逢坤//秦晋豫冀四省博物馆理论与实践研讨会论文选，陕西人民出版社2014年
把握博物馆发展趋势促进社区文化建设/段晓莉//秦晋豫冀四省博物馆理论与实践研讨会论文选，陕西人民出版社2014年
观众，还是游客？——一个不容忽视的概念/张礼智//秦晋豫冀四省博物馆理论与实践研讨会论文选，陕西人民出版社2014年
试论新形势下博物馆发展的核心竞争力/宋华//秦晋豫冀四省博物馆理论与实践研讨会论文选，陕西人民出版社2014年
如何在文化大繁荣环境下构建博物馆小环境/余兰、魏珍//秦晋豫冀四省博物馆理论与实践研讨会论文选，陕西人民出版社2014年
浅议文化大发展大繁荣中的博物馆群建设/周加申//秦晋豫冀四省博物馆理论与实践研讨会论文选，陕西人民出版社2014年
整合博物馆资源突出地方特色——以唐山市内博物馆群建设为例/王春斌//秦晋豫冀四省博物馆理论与实践研讨会论文选，陕西人民出版社2014年
仰韶文化博物馆建设的几点启示/陈爱兰//秦晋豫冀四省博物馆理论与实践研讨会论文选，陕西人民出版社2014年
融入社会：博物馆的新挑战——延安博物馆建设的几点思考/徐林//秦晋豫冀四省博物馆理论与实践研讨会论文选，陕西人民出版社2014年
依托优势资源扎根地域文化——市县级博物馆的发展/樊娟莉//秦晋豫冀四省博物馆理论与实践研讨会论文选，陕西人民出版社2014年
特色建馆创新服务——市县级博物馆的发展/王辉、李长乐//秦晋豫冀四省博物馆理论与实践研讨会论文选，陕西人民出版社2014年
整合历史资源突出地域特色——浅谈市、县级博物馆的发展趋向问题/纪静//秦晋豫冀四省博物馆理论与实践研讨会论文选，陕西人民出版社2014年
让文化资源1+1>2——县级博物馆的发展之路/王玉鹏//秦晋豫冀四省博物馆理论与实践研讨会论文选，陕西人民出版社2014年
博物馆：民族文化展示的特定空间——基于全球化视野中的思考/唐毅//博物馆学刊（四），科学出版社2014年
对博物馆核心价值问题的思考/卢民//博物馆学刊（四），科学出版社2014年
“专家”还是“杂家”：新时期博物馆从业者刍议/陈默///博物馆学刊（四），科学出版社2014年
博物馆观众留言量化研究——以山东博物馆为例/席丽//齐鲁文物（3），科学出版社2014年
创新推动博物馆持续发展——以周口店遗址博物馆为例/赵桂珍//博物馆发展论丛2013，北京燕山出版社2014年
从公园模式中探寻博物馆建设与发展思路/侯虎威//博物馆发展论丛2013，北京燕山出版社2014年
建设大兴区博物馆的意义及初步设想/王敏//博物馆发展论丛2013，北京燕山出版社2014年
浅谈博物馆工作的横向协作/李娜//博物馆发展论丛2013，北京燕山出版社2014年
新时期博物馆社会责任问题研究——通过社会责任的承担为文化生活服务/闫涛//博物馆发展论丛2013，北京燕山出版社2014年
唐代记忆的挖掘和再现——陕西历史博物馆唐墓壁画上展记/韩建武、胡薇、李文怡、卢轩、杨洁//学习实践继承发展：北京博物馆学会保管专业第11—13届学术研讨会论文集，文物出版社2014年
周口店遗址博物馆新馆石器鉴选与研究/邱京春//学习实践继承发展：北京博物馆学会保管专业第11～13届学术研讨会论文集，文物出版社2014年
浅谈博物馆陈列与观众培养之间的关系/张海军//博物馆学文集9，岳麓书社2014年

十五　书评与书讯

《小型博物馆陈列》一书出版/北吉//文博1994-1
《中国博物馆志》编辑出版工作简讯/《中国博物馆志》编辑组//中国博物馆通讯1994-4
《博物馆群众教育工作》《爱我家乡文物讲解比赛讲稿集》出版//中国博物馆通讯1994-6
《展览知识手册》出版/余子//中国博物馆通讯1994-6
《文物鉴赏丛录》出版//中国博物馆通讯1994-7
简介台湾出版的《博物馆学季刊》/甄朔南//中国博物馆通讯1994-9
融人文景观与自然景观为一体化文物鉴赏与旅游观光为一炉——《陕西文物旅游博览》总述/李炳武//文博1995-4
秦始皇兵马俑博物馆出版《博物馆学研究丛书》/博讯//中国博物馆通讯1995-4
秦俑博物馆组织编写《遗址博物馆学概论》一书/苏文//中国博物馆通讯1995-4
《吉林省革命博物馆文集》（第六辑）与读者见面/仲琰//中国博物馆通讯1995-5
《中国博物馆志》正式对外发行/子系//中国博物馆通讯1995-7
我对纪念馆特征的概括/苏东海//中国纪念馆概论，1996年；博物馆的沉思——苏东海论文选（卷二），文物出版社2006年
《北京博物馆年鉴》第三卷出版/柴西成//中国博物馆通讯1996-2
《博物馆与群众文化纵横谈》出版//中国博物馆通讯1996-3
《中国纪念馆概论》出版//中国博物馆通讯1996-3
《遗址博物馆研究》出版//中国博物馆通讯1996-3
爱国主义教育主旋律，努力搞好教育基地建设/上海市历史博物馆//中国博物馆通讯1996-3
简论《陕西文物旅游博览》一书的科学价值及时代意义/石兴邦//文博1996-4
阅评《文博》/黄留珠//文博1996-4
《文物修复与复制》一书出版//中国博物馆通讯1996-6
《当代博物馆丛书》——《动物博物馆》/雨竹//动物学杂志1996-8
《藏品管理学》一书出版/吉考讯//中国博物馆通讯1997-7
《王冶秋文博文集》即将出版/白浪//中国博物馆通讯1997-8
《博物馆陈列艺术》一书即将出版/博讯/中国博物馆通讯1997-12
《上海文物博物馆志》举行首发式/吴林滢、解惠芳//中国博物馆通讯1998-1
《文物养护复制适用技术》一书出版//中国博物馆通讯1998-1
北京古钱币博物馆出版《中国历代古钱图解与价格指导》一书/王纪洁//中国博物馆通讯1998-1
首都举行《王冶秋文博文集》出版座谈会/舒晨//新文化史料1998-1
《博物馆学文集》第5集即将出版/聂菲//中国博物馆通讯1998-9
《中国唐墓壁画集》//陕西历史博物馆馆刊（五），三秦出版社1998年
《隋唐石刻艺术》简介//陕西历史博物馆馆刊（五），三秦出版社1998年
《北京博物馆年鉴》——反映博物馆事业发展的里程碑与信息库/李丽蓉//北京博物馆学会第二届学术会议论文集，经济日报出版社1998年
《博物馆的理论与实践》一书出版//中国博物馆通讯1999-1

《湖南省博物馆文集》第四辑出版发行/聂菲//中国博物馆通讯1999-5
《西安碑林观览》出版/樊波//碑林集刊（五），陕西人民美术出版社1999年
《西安碑林史》出版/王泊//碑林集刊（五），陕西人民美术出版社1999年
《守望历史——吕济民与博物馆探识》序/孙轶青//中国博物馆通讯2000-2
《守望历史——吕济民与博物馆探识》出版//中国博物馆通讯2000-2
《中国博物馆陈列艺术图集》发行/中国博物馆学会陈列艺术委员会//中国博物馆通讯2000-11
《北京博物馆年鉴》——反映博物事业发展的里程碑与信息库/李丽蓉//北京博物馆年鉴（1995～1998），北京燕山出版社2000年
《西安碑林史》读后/辛德勇//碑林集刊（六），陕西人民美术出版社2000年
《西安碑林博物馆》出版/子乔//碑林集刊（六），陕西人民美术出版社2000年
《西安碑林名碑考》整理出版/田福宝//碑林集刊（六），陕西人民美术出版社2000年
二十世纪文博考古最佳图书目录/中国文物报//中国博物馆2001-3
《中国博物馆陈列精品图解》正式出版//中国博物馆通讯2001-9
《博物馆藏品保管文集》出版/刘恩迪//中国博物馆通讯2001-10
《中国文物报》主办的二十世纪文博考古最佳图书评选揭晓//中国博物馆通讯2001-11
《西安碑林史》和《碑林史话》荣获图书奖/石叟//碑林集刊（七），陕西人民美术出版社2001年
大力发展博物馆文化——《全球化下的中国博物馆》序/张文彬//中国博物馆通讯2002-5、6
《全球化下的中国博物馆》目录//中国博物馆通讯2002-5、6
《全球化下的中国博物馆》编后小记/李文儒//中国博物馆通讯2002-5、6
中国与全球化博物馆的对话——《全球化下的中国博物馆》读后感/甄朔南//中国文物报2002-6-21；甄朔南博物馆学文集，中国大百科全书出版社2004年
《西安碑林全集》/青鸟//碑林集刊（八），陕西人民美术出版社2002年
《陕西名碑刻石》欣赏/吕效祖//碑林集刊（八），陕西人民美术出版社2002年
《中国博物馆建筑与文化》一书出版发行//中国博物馆通讯2003-9
《博物馆道德》序言/苏东海//中国文物报2003-10-22；博物馆的沉思——苏东海论文选（卷二），文物出版社2006年
《当代美国博物馆》序/董保华//中国博物馆通讯2003-11
《海峡两岸博物馆学人与全球化的对话论文集》序/甄朔南//海峡两岸博物馆学人与全球化的对话论文集，中国自然科学博物馆协会编印2003年；甄朔南博物馆学文集，中国大百科全书出版社2004年
《2002：博物馆公众研究》序言/苏东海//中国博物馆通讯2004-4
评介《国际博协通讯》重提普世性博物馆争论/苏东海//中国博物馆通讯2004-4
《谛听陈列艺术脚步声》一书出版/于悦//中国博物馆通讯2004-5
沉思在熙熙攘攘中——《博物馆工作研究》评介/张文立//中国文物报2004-11-24
介绍2000～2004年出版的14种国外博物馆学论著/沈永华//中国博物馆通讯2004-12
一本有特色的博物馆学著作——简评《中国自然科学博物馆协会成立15周年纪念文集》/甄朔南//甄朔南博物馆学文集，中国大百科全书出版社2004年
博物馆与人——环保尖兵的心声——为93自然科学博物馆与环境国际学术研讨会论文集写的跋/甄朔南//甄朔南博物馆学文集，中国大百科全书出版社2004年
为《现代博物馆学基础知识问答》一书写的代序言——致读者及问答题选录/甄朔南//甄朔南博物馆学文集，中国大百科全书出版社2004年
新书快递：《吉林省博物院藏张大千画集》//中国文物报2005-8-3
新书快递：《重庆中国三峡博物馆 重庆博物馆》//中国文物报2005-8-3
凸显保护历史文化遗产的思想库价值——读马自树先生《文博丛谈》/葛承雍//中国博物馆2006-1
可贵的精神 难得的范式——读宋伯胤先生《博物馆人丛语》有感/张文立//中国博物馆2006-1
《文博丛谈》简介//中国博物馆通讯2006-1
《回顾与展望：中国博物馆发展百年》——2005年中国博物馆学会学术讨论会文集//中国博物馆通讯2006-1

知识·理论·体系·学科——中国博物馆学研究轨迹检视/《中国博物馆学史》课题组//中国博物馆2006-2
《甄朔南博物馆学文集》/甄朔南//中国博物馆通讯2006-2
《博物馆社会服务功能研究》/郝国胜、黄琛//中国博物馆通讯2006-2
《中国博物馆史论》/吕济民//中国博物馆通讯2006-3
《当代西方博物馆发展态势研究》/杨玲、潘守永//中国博物馆通讯2006-3
《中国博物馆》/黎先耀、罗哲文//中国博物馆通讯2006-4
《戴志强钱币学文集》/戴志强//中国博物馆通讯2006-4
《2005年贵州生态博物馆国际论坛论文集》/苏东海主编//中国博物馆通讯2006-5
《带你走进博物馆》//中国博物馆通讯2006-5
《博物馆与当代社会》/吕建昌//中国博物馆通讯2006-7
《西部文博论丛》/马伟民主编//中国博物馆通讯2006-7
《博物馆的沉思》（卷二）/苏东海//中国博物馆通讯2006-9
《博物馆社会教育》/北京博物馆学会//中国博物馆通讯2006-9
《当代美国博物馆》/段勇//中国博物馆通讯2006-10
《故宫消防》/纪天斌主编//中国博物馆通讯2006-10
《二十一世纪中国博物馆展望》/何慕文主编//中国博物馆通讯2006-11
《博物馆：文化的桥梁》/广州市文化局编//中国博物馆通讯2006-11
《国际文物博物馆信息NO.1》/上海博物馆编//中国博物馆通讯2006-12
《中国民族文博》（第一辑）//中国博物馆通讯2007-1
《武汉馆藏文物精粹》概述/朱莉/武汉文博2007-1
《社会化视野下的博物馆教育》/阎宏斌、郑智主编//中国博物馆通讯2007-2
《记忆现场与文化殿堂》/曹兵武著//中国博物馆通讯2007-2
向古书画研究者推荐一本好书——《旅顺博物馆馆藏文物选粹·绘画卷》/房学惠//中国文物报2007-3-7
《“满铁”旧影——旅顺博物馆藏“满铁”老照片》《旅顺博物馆藏西域书迹选》相继出版/杨煜、李天然//大连日报2007-3-9
评《博物馆与当代社会若干问题的研究》/曹平尔//中国文物报2007-3-16
《文物背后的故事》/北京市文物局编//中国博物馆通讯2007-4
《关于历史时空的解码与代言》/中国国家博物馆社会教育宣传部编//中国博物馆通讯2007-5
《博物馆战略与市场营销》/尼尔·科特勒、菲利普·科特勒著//中国博物馆通讯2007-5；中国文物报2007-7-25
《在传播科学中传承文明》/康熙民、孟庆生主编//中国博物馆通讯2007-7
博物馆是一种生活的方式——《关于历史时空的解码与代言》读后/付斌//中国文物报2007-7-4
《展览论——博物馆展览的21个问题》//中国文物报2007-7-25
《城市化发展与文化遗产保护》/单霁翔//中国博物馆通讯2007-8
《科学发展观与博物馆教育学术研讨会论文集》/郭俊英、成建正主编//中国博物馆通讯2007-8
读《碑林集刊》/秦建军//西安日报2007-8-2
《中国博物馆馆藏文物研究丛书》出版/赵兰英//中国文物报2007-8-24
《从“功能城市”走向“文化城市”》/单霁翔//中国博物馆通讯2007-9
《博物馆与当代社会若干问题的研究》/吕建昌//中国博物馆通讯2007-9
《文博耕耘录》/马希桂//中国博物馆通讯2007-10
《展览论——博物馆展览的21个问题》/〔美〕玛格丽特·霍尔 //中国博物馆通讯2007-10
《国际博物馆》233-234期合刊（中文版）读后/苏东海/中国文物报2007-10-24；国际博物馆（第235期），译林出版社2007年
《旅顺博物馆藏西域文书研究》正式出版/杨煜//大连日报2007-11-23
《2006中国昆明：亚洲博物馆馆长和人类学家论坛文集》/谢沫华主编//中国博物馆通讯2007-12
《河南博物院建院80周年论文集》/河南博物院编//中国博物馆通讯2007-12
《国际博物馆》中文版2006年导读/史吉祥/国际博物馆（第235期），译林出版社2007年

《国际博物馆》中文版233-234期导读/苏东海/国际博物馆（第235期），译林出版社2007年
独辟蹊径宫史新篇——评《清沈阳故宫研究》/张佳生//沈阳故宫博物院院刊（四），中华书局2007年
新作导读：《保护与发展》——2006年名人故居专业委员会福州年会论文集//中国博物馆通讯2008-1
新作导读：《安徽省博物馆建馆五十周年文集》//中国博物馆通讯2008-1
《甘肃省博物馆文物精品图集》获“首届中国出版政府奖·印刷复制奖”/卢冬//陇右文博2008-1
探寻城市之根诠释武汉历史——评《武汉不可移动文物精华》《武汉馆藏文物精粹》/严昌洪、何广//武汉文博2008-1
博物苑，迈开百年新旅程——《南通博物苑2006年论文集》出版/金艳//中国文物报2008-1-2
《福建博物院书画藏品选粹》//中国文物报2008-2-27
《甘肃省博物馆文物精品图集》获“首届出版政府奖·印刷复制奖”/崔波//中国文物报2008-3-5
装点书坛还看今朝——《福建博物院书画藏品选粹》问世/唐莉//中国文物报2008-3-12
新书快递：《博物馆管理手册》//中国文物报2008-3-12
《面向未来的博物馆——欧洲的新视野》导读/潘守永//中国文物报2008-3-19
把博物馆带回家——介绍《长江中游文明之旅》/王纪潮//中国文物报2008-3-19
《中国文化遗产增刊·中国革命纪念馆专业委员会第15届年会论文集》出版/史金龙//中国文物报2008-3-26
《博物馆管理手册》导读/杨康明//中国文物报2008-4-23
书讯：《走进上海公安博物馆》/王辉//中国文物报2008-4-30
民族的与世界的——评《沈阳故宫与世界文化遗产》//中国文物报2008-5-7
《博物馆管理手册》/国家文物局博物馆司编//中国博物馆通讯2008-6
《中国国家博物馆观众研究》/黄琛、郝国胜著//中国博物馆通讯2008-6
《中国纪念馆》创刊面世/《中国纪念馆》编辑部//中国博物馆通讯2008-6
《2003～2006中国国家博物馆观众研究》面世//中国文物报2008-6-4
2007年度全国文博考古十佳图书评选揭晓/璋瓒侯//中国文物报2008-6-20
博物馆是新文化的催化器——为《古老的中国，崭新的博物馆》中文版专号而作/张文彬//中国文物报2008-7-2
书讯：《带你走进博物馆——国际友谊博物馆》//中国文物报2008-7-9
题《乾陵文化研究》/马自树//中国文物报2008-7-11
观众的数据比较研究——《中国国家博物馆观众研究》一书谈/郝国胜//中国文物报2008-9-10
《青岛市博物馆文物精萃》汇精品//中国文物报2008-9-10
书讯：《新世纪博物馆的实践与思考》/北京博物馆学会//中国文物报2008-9-17；中国博物馆通讯2008-10
《加拿大原住民的杰作：加拿大文明博物馆珍藏展》与展览同步面世/吕章申、董琦//中国文物报2008-9-17
让博物馆说出动人的往事——《博物苑》编辑手记/金艳//中国文物报2008-9-24
《青岛博物馆藏珍》多语种版本书问世//中国文物报2008-9-24
《面向未来的博物馆》/〔英〕罗杰·迈尔斯、劳拉·扎瓦拉著，潘守永、雷虹霁译//中国博物馆通讯2008-10
中国博物馆的传统与变革——为巴西《博物馆与遗产》虚拟杂志创刊号而作/苏东海//中国文物报2008-10-10
书讯：《免费开放博物馆参观指南》//中国文物报2008-10-29
城市历史的另外一种见证——读《历史的烙印：青岛德国监狱旧址博物馆陈列展览纪略》/丁国强//中国文物报2008-10-29
书讯：《国际博物馆》2008年特刊//中国文物报2008-11-26
有感于《博物馆战略与市场营销》中文版的问世/甄朔南//甄朔南博物馆学文集（续），中国大百科全书出版社2008年
编后絮语——简谈《现代博物馆学基础知识问答》/甄朔南//甄朔南博物馆学文集（续），中国大百科全书出版社2008年
为《21世纪自然科学博物馆文集》写的序言/甄朔南//甄朔南博物馆学文集（续），中国大百科全书出版社2008年
民族的与世界的——评《沈阳故宫与世界文化遗产》//沈阳故宫博物院院刊（六），中华书局2008年
人才战略的实施途径——兼评《博物馆免费开放研究——以湖北省博物馆为例》一书/崔波//中国文物报

2009-1-9
2008年中国博物馆学书目/周峰//博物馆研究2009-2
一位老博物馆工作者的“情书”/秦晋庭//中国文物报2009-3-27
博物馆：魂牵梦萦的精神家园——读《甄朔南博物馆学文集（续）》有感/张宁//中国文物报2009-3-27
《纪念西安碑林920周年华诞国际学术研讨会论文集》正式出版/庆卫//碑林集刊（十四），陕西人民美术出版社2009年
从事博物馆学研究的点滴体会——《物与识》自序/宋向光//中国博物馆通讯2009-5
《自然科学博物馆科学教育活动》/楼锡祜//中国博物馆通讯2009-5
中国博物馆学会纪念馆专业委员会计划出版《中国纪念馆集粹》系列丛书/罗存康//中国博物馆通讯2009-7
新书推介：《美术馆》/马良//中国博物馆通讯2009-7
《文物巡展的实践与探索——“秦始皇兵马俑全国巡回展”实录》/陈淑铮//中国博物馆通讯2009-8
《中国文物保护与修复技术》：中国文物保护理论与实践的六十年总结/中国文化遗产研究院//中国文物报2009-8-14
首都博物馆热推《千古探秘：考古与发现》//中国文物报2009-8-19
《秦汉-罗马文明展》图录出版//中国文物报2009-8-19
国际友谊博物馆推出《乐舞缤纷开国领袖·表演艺术题材外交礼品》一书//中国文物报2009-8-19
战后日本博物馆学者著作浅评/王林//中国文物报2009-9-23
《博物馆大全》被编辑出版/赵争耀//三秦都市报2009-9-30
书屋：《博物馆纺织品文物保护技术手册》//中国文物报2009-12-25
新书架：《苏州博物馆藏工艺品》//中国文物报2009-12-25
2009年中国博物馆学书目/周峰//博物馆研究2010-2
《浙江省博物馆典藏大系》荣膺“2009年度全国文化遗产十佳图书”/沈博//浙江文物2010-2
浙江省博物馆举办《聚珍荟宝——馆藏珍玩展》/石超//浙江文物2010-1
艰难创业历程宝贵精神财富——读《“红岩魂”巡展二十年》有感/张春雨//中国文物报2010-2-3
《旅顺博物馆馆藏文物选粹·书法卷》出版/苏慧慧//中国文物报2010-2-3
《博物馆话题》简介/袁仲一/中国博物馆通讯2010-3
《博物馆话题》读后/袁仲一/中国文物报2010-3-3
《全国农业展览馆建筑艺术》//中国文物报2010-3-17
图说中国传统手工书画装裱//中国文物报2010-3-19
从事博物馆学研究的点滴体会（《物与识：当代博物馆理论与实践辨析》自序）/宋向光//中国文物报2010-3-31
《博物馆教育新视阈》/言之//中国文物报2010-3-31
《学在博物馆》序/〔美〕乔治·E. 海因//中国文物报2010-3-31
纳百家之言览文博之美——《湖南省博物馆馆刊》第5辑评介/高至喜//中国文物报2010-5-5
《中国纪念馆集粹》丛书在京发行/张俊梅//中国文物报2010-5-19
中国博物馆学会纪念馆专业委员会推出大型丛书《中国纪念馆集粹》/沈强//中国文物报2010-6-16
讲解员著书解读展览【《律动的足音——武汉博物馆展览解读》】/刘庆平//中国文物报2010-6-30
纪念馆专业委员会推出的一部精品力作——介绍《中国纪念馆集粹》/马自树//中国文物报2010-6-30
书苑：一道众手烹制的文博大宴【《文宴——中国区域博物馆交流展览文献集》（1）】/曹爱生//中国文物报2010-7-14
书讯：透视遗址博物馆【《史前研究》】//中国文物报2010-7-28
一本博物馆陈列业务的好书——评介姚安著《博物馆策展实践》/苏东海//中国文物报2010-8-11
继往开来群策群力重建玉文化玉学丰碑——《中国文物学会玉器研究委员会1999～2008学术成果综述》/杨伯达//中国文物报2010-9-8
《谢辰生先生往来书札》《谢辰生文博文集》新书首发式暨座谈会在京举行/孙漪娜//中国文物报2010-9-17
《谢辰生先生往来书札》《谢辰生文博文集》首发式暨座谈会发言摘要/单霁翔、郑欣淼等//中国文物报

2010-9-17
博物馆展览与运输中的藏品预防性保护【《博物馆藏品保护与展览》书评】/段勇//中国文物报2010-9-17
《博物馆宣教服务岗位从业人员培训教程》出版/国宣//中国文物报2010-10-13
《北京博物馆年鉴》编纂的思考/董纪平//中国文物报2010-10-20
《博物馆的沉思》（卷三）自序/苏东海//中国文物报2010-10-20
《苏州博物馆藏瓷器》读后/王光尧//中国文物报2010-10-29
《博物馆策展实践》书序/郑欣淼//中国文物报2010-10-29
《石家庄博物馆馆藏瓷器》出版发行/冀文//中国文物报2010-11-17
冰肌玉骨绚丽多姿——读《东莞市博物馆藏陶瓷》/陈华莎//中国文物报2010-11-26
广州出版中英文盲文介绍博物馆书籍/广博//中国文物报2010-12-17
《中国文物摄影家》创刊/王蔚波//中国文物报2010-12-24
博物馆学研究的必备工具：《中国博物馆学研究论著目录》评介/史吉祥//中国文物报2010-12-29
《经营博物馆》的应用价值/帕特里克·博伊兰//中国文物报2010-12-29
《陕西博物馆大全》的特点与价值/田静//陕西历史博物馆馆刊（17），三秦出版社2010年
《中国博物馆社会教育》序言/苏东海//博物馆的沉思——苏东海论文选（卷三），文物出版社2010年
《博物馆社会服务功能研究》序言/苏东海//博物馆的沉思——苏东海论文选（卷三），文物出版社2010年
《陕西历史博物馆建馆15周年纪念文集》序言/苏东海//博物馆的沉思——苏东海论文选（卷三），文物出版社2010年
《故宫博物院藏品大系》四编初告完成/冯朝晖//中国文物报2011-1-12
《博物馆技术论文集》//中国文物报2011-1-14
《故宫博物院藏品大系》在京首发//文物天地2011-2
国家文物局公布《2009年全国博物馆名录》//文物天地2011-2
2010年中国博物馆学书目/周峰//博物馆研究2011-2
保管工作无小事——《北京博物馆学会第十届保管工作研讨会论文集》序言/苏东海//中国文物报2011-2-2
《博物馆陈列项目实施的程序与方法》一书的诞生/肖克之//中国文物报2011-2-9
书苑：展示博物馆法制建设成果的窗口——《博物馆法规文件选编》//中国文物报2011-2-9
用建筑凝固抗战史的力作——《抗战纪念建筑》编撰前后/金磊//中国文物报2011-2-11
书苑：天津博物馆文物撷英——《天津博物馆文物精华》/陈卓//中国文物报2011-2-23
博物馆的美学巡礼【《博物馆的美学经济》评介】/傅斌//中国文物报2011-4-20
向少年儿童进行博物馆教育的好读物——喜读漫画新书《漫游汉阳陵》/马自树//中国文物报2011-5-4
专题研究当代博物馆工作的力作【《博物馆话题》评介】/郭青//陕西日报2011-5-7
四川省博物院建馆70年《文集》和《图集》出版/川博//中国文物报2011-8-10
四川博物院《博物馆学刊》创刊号问世/唐毅//中国文物报2011-8-24
《张大千精品集》画册首发式在四川博物院举行/陈成//中国文物报2011-9-2
马自树《文博余话》出版//中国文物报2011-10-14
《国博馆刊》创刊百期/王征//中国文物报2011-12-7
融知识性资料性为一体的一本科普读物【《我在半坡》评介】/石兴邦//中国文物报2011-12-9
《广东私立博物馆指南》首发/宋金裕//羊城晚报2011-12-10
马自树文集读后随想/苏东海//中国文物报2011-12-14
三峡明珠西南毓秀——《重庆中国三峡博物馆藏文物选粹》序/黎小龙//中国文物报2011-12-14
博物馆教育理论的探索与思考/文谈//中国文物报2011-12-28
《博物馆铁质文物保护技术手册》评/李化元//中国文物报2011-12-30
《走进山东博物馆》出版发行/李晓洲//大众日报2011-12-30
物与识：探索博物馆的工具理性——读宋向光《物与识：当代中国博物馆理论与实践辨析》/傅斌/中国博物馆2011年合刊
到博物馆里徜徉遨游——读《中国博物馆手册》有感/徐宁/中国博物馆2011年合刊

喜读《苏州博物馆藏玺印》/陈根远//碑林集刊（十七），三秦出版社2011年
"《中国国家博物馆馆刊》百期纪念暨博物馆的学术建设与馆刊编辑座谈会"纪要/馆刊编辑部//中国国家博物馆馆刊2012-1
《国际博协教育委员会二〇一〇年上海年会论文集》翻译感言/王芳//中国文物报2012-1-11
文化大发展中的湖北博物馆【《湖北博物馆年鉴2010》评介】/杜建国//中国文物报2012-1-25
走过十年的武汉博物馆【《武汉博物馆新馆开馆十周年纪念文集》书评】/刘庆平//中国文物报2012-1-25
一本好的行业年鉴【《湖北博物馆年鉴2010》评介】/沈海宁//中国文物报2012-1-25
城市化中的博物馆/吴宏堂//中国文物报2012-1-25
书苑：从纪念册看大英博物馆的收藏//中国文物报2012-2-8
《中国国家博物馆志愿服务工作十周年纪念文集》导读/史吉祥//中国博物馆2012-3
书讯：《博物馆铁质文物保护技术手册》//中国文物报2012-3-23
送给中小学生一套博物馆普及读物——读《走进山东博物馆》丛书/李晓洲//中国文物报2012-3-23
馆藏铁质文物保护的参考书：中国文化遗产研究院文物保护技术丛书《铁质文物保护技术》/李化元//中国文物报2012-3-23
新媒体技术在博物馆应用的新趋势——读《新媒体联盟地平线报告：2011年博物馆版》报告/刘莉//中国博物馆2012-4
以读者为本的科普读物——《陕西历史文化遗产》丛书读后感言/袁仲一//中国文物报2012-4-6
书讯：《中国博物馆重要陈列展览年度记录2009～2010》//中国文物报2012-5-30
汇集第一手权威资料图文并茂：《中国博物馆重要陈列展览年度记录2009～2010》//中国文物报2012-6-1
《国家一级博物馆运行评估》前言/国家一级博物馆运行评估报告撰写组//中国文物报2012-6-8
汇集第一手权威资料图文并茂：中国博物馆重要陈列展览年度记录//中国文物报2012-7-11
博物馆年鉴的编纂实践与理论思考——以《中国国家博物馆年鉴》编纂为例/李向平//中国国家博物馆馆刊2012-8
写博物馆——读《博物馆十二讲》有感/傅斌//中国文物报2012-8-10
书讯：《大英博物馆的故事》//文汇读书周报2012-9-28
书讯：《让木乃伊跳舞：大都会艺术博物馆变革记》//中国文物报2012-10-26
书讯：《听博物馆讲故事——广西世居民族传说集锦》//中国文物报2012-10-26
博物馆与志愿者：《中国博物馆》2012年第3期卷首语/傅斌//中国文物报2012-11-28
写博物馆——介绍两本关于博物馆的新书/曹兵武//中国博物馆2013-1
想象的智慧——读莉迪娅·戈尔《音乐作品的想象博物馆》/张景辉//人民音乐2013-1
英雄时代的博物馆——关于《让木乃伊跳舞》的联想/傅斌//中国文物报2013-1-9
书讯：《北京石刻艺术博物馆藏墓志拓片精选》//中国文物报2013-1-25
书讯：《博物馆还需要实物吗》/李慧君//中国博物馆2013-2
书讯：《创新和技术：社交媒体、移动设备与博物馆》/李慧君//中国博物馆2013-2
书讯：《艺术类博物馆的教学》/李慧君//中国博物馆2013-2
书讯：《博物馆建筑学新传》/李慧君//中国博物馆2013-2
博物馆的社会服务：《中国博物馆》二〇一二年四期卷首语/傅斌//中国文物报2013-2-6
《中国博物馆》2012年4期目录//中国文物报2013-2-6
书讯：《村里的日子：河北省民俗博物馆藏当代泥塑作品》//中国文物报2013-3-8
理论联系实际由感而生发的心得——苏东海《博物馆的沉思》读书笔记/桑世波//中国纪念馆通讯2013-4
《中国博物馆》2013年1期目录//中国文物报2013-4-3
书讯：《中国当代建筑大系：博物馆》//中国文物报2013-4-5
《海峡两岸文物交流20年纪念图书》编撰感悟/周明//中国文物报2013-4-5
书讯：《内蒙古包头博物馆馆藏文物集萃》//中国文物报2013-5-10
《中国博物馆》2013年第2期目录//中国文物报2013-5-15
在文字间穿越千年——《陕西博物馆丛书》正式出版发行/郝娟//三秦都市报2013-5-23

书讯：《博物馆环境监测与技术》//中国文物报2013-5-24
书讯：《策展：博物馆陈列构建的多元维度》//中国文物报2013-5-31
书讯：《关于策展的一切》//中国文物报2013-5-31
博物馆展览图录个性及其价值的探索——《佛罗伦萨与文艺复兴——名家名作》评介/龚青//中国文物报2013-5-31
书讯：《博物馆、艺术馆、展览馆：展览和陈列设计》//中国文物报2013-6-14
可持续发展理论对法国博物馆界的影响——评《博物馆和可持续发展》/张梦//中国文物报2013-6-21
书讯：《国家一级博物馆运行评估报告》（2011年度）//中国文物报2013-6-21
书讯：《精准与华美——南京博物院藏钟表精品》//中国文物报2013-6-21
书讯：《中国艺术博物馆空间形态研究》//中国文物报2013-6-21
书讯：《六十年陈列艺术之路》//中国文物报2013-6-28
书讯：《博物馆陈列艺术总体设计》//中国文物报2013-6-28
书讯：《安和常乐：吉祥文物陈列》//中国文物报2013-6-28
对纪念馆管理与建设工作的点滴思考——学习苏东海《博物馆的沉思》读书笔记/桑世波//中国文物报2013-6-28
2012年度文化遗产十佳图书评选获奖图书：优秀图书//中国文物报2013-7-17
书讯：《敝帚自珍——丰子恺漫画特展》//中国文物报2013-7-19
书讯：博物馆、文化遗产与教育："新挑战新启示：岭南博物馆与教育"学术研讨会论文集//中国文物报2013-7-19
书讯：从水晶宫到达尔文中心——伦敦自然历史博物馆建筑进化史//中国文物报2013-7-19
书讯：《博物馆绘本：青铜器》//中国文物报2013-7-19
书讯：《桂林石刻撷珍》//中国文物报2013-7-19
《博物馆陈列艺术总体设计》序/费钦生//中国文物报2013-7-26
《华夏珍宝展》编辑回顾/史瑞林//中国文物报2013-7-26
书讯：《博物馆绘本：玉器》//中国文物报2013-7-26
书讯：《大馆奴：樊建川的记忆与梦想》//中国文物报2013-8-2
《鲁迅像传》：博物馆文献研究的一个范例/姬学友//中国文物报2013-8-9
《湖南省博物馆馆刊》第九辑目录//中国文物报2013-8-14
书讯：《当卢浮宫遇见紫禁城》//中国文物报2013-8-16
书讯：《民俗文化：走进高校博物馆》//中国文物报2013-8-16
书讯：《中国博物馆指南》（英文版）//中国文物报2013-9-27
书讯：《到伦敦，泡博物馆》//中国文物报2013-9-27
想起了康耀辰——读《陕西博物馆丛书》手记/张礼智//中国文物报2013-10-18
博物馆出版物新模式：多馆共同打造《馆长推荐》系列图册/李慧君编译//中国文物报2013-11-29
宣教队伍中的常青树——读《我在半坡》有感/张钰//中国文物报2013-11-29
《新疆博物馆新获文书研究》在京首发/钱冶//中国文物报2013-12-13
《中国博物馆》2013年第4期导读/曹兵武//中国文物报2013-12-18
凝结线条艺术的珍贵遗产/葛承雍//中国文物报2013-11-15
承载发展的足迹——《博物馆年鉴》编后感/白雪丽//陕西历史博物馆馆刊（20），三秦出版社2013年
《故宫博物院藏清宫陈设档案》的价值/朱赛虹//中国文物报2014-1-3
书讯：博物馆馆长讲博物馆//中国文物报2014-1-10
书讯：《唐墓室壁画与彩绘陶俑修复与保护——以唐乾陵永泰公主墓、章怀太子墓为例》//中国文物报2014-4-11
书讯：《故宫识珍》//中国文物报2014-4-25
书讯：《皖西博物馆文物撷珍》//中国文物报2014-5-2
博物馆学科建设与博物馆事业发展——《中国博物馆》2014年第2期导读/编辑部//中国文物报2014-5-16

飞云崖民族节日博物馆两本新书面世/吴正光//中国文物报2014-5-30
书讯：《商人与收藏：大都会艺术博物馆创建记》//中国文物报2014-6-27
书讯：《故宫国宝流传宫外纪实》//中国文物报2014-7-4
书讯：《故宫答问》//中国文物报2014-7-4
书讯：《裸俑背后的帝国》//中国文物报2014-7-4
难得一见的博物馆陈列设计方面的专著/黄春雨//中国文物报2014-7-18
《西安碑林博物馆新藏墓志续编》发行/文艳、刘亚鑫//西安日报2014-8-11
书讯：《西安碑林博物馆新藏墓志续编》（全二册）//中国文物报2014-8-15
博物馆藏品架起沟通的桥梁——《中国博物馆》2014年3期导读/本刊编辑部//中国文物报2014-8-19
博物馆是干什么的/董凡//收藏界2014-9
《湖南省博物馆馆刊》（第十辑）目录//中国文物报2014-9-24
《困顿与开拓——一个国家文物局局长的自述》序/王蒙//中国文物报2014-11-21
一部可资当代文博人借鉴的致用之书/励小捷//中国文物报2014-11-21
博物馆需要大千世界，更需要质量提升——读单霁翔广义博物馆著作感言/金磊//中国文物报2014-11-21
书讯：《汉风——中国汉代文物展》//中国文物报2014-11-21
一部有特色有分量的著作：《陕西博物馆百年史》序/郑欣淼//中国文物报2014-12-5
用中华文明之光点亮童心——陕西历史文化遗产中小学教材出版/庞博//中国文物报2014-12-19
书讯：《谁的文化？——博物馆的承诺以及关于文物的论争》//中国文物报2014-12-19
《文博鸿踪录——成建正文集》出版/翟战胜//陕西历史博物馆馆刊（21），三秦出版社2014年

十六　会议资讯

文物修复委员会举行首次修复技术研讨会/李耀申、李化元//中国博物馆通讯1994-1
中国博物馆学会社会教育委员会在京召开学术研讨会/齐吉祥//中国博物馆通讯1994-1
中国博物馆学会地质博物馆专业委员会第八次学术研讨会在太原召开/黄伯依//中国博物馆通讯1994-1
江苏省博物馆学会召开常务理事扩大会/南箴//中国博物馆通讯1994-1
江苏省陈列艺术研究会在无锡召开“江苏省文博陈列艺术研讨会”/江苏省陈列艺术研究会//中国博物馆通讯1994-1
青海省博物馆举办首届学术研讨会/蒲天彪//中国博物馆通讯1994-2
柳州考古博物馆学会93年年会在融水县召开/程朗//中国博物馆通讯1994-3
中国博物馆中高级管理人员国际研讨班将在国家文物局泰安培训中心举办//中国博物馆通讯1994-4
吉林省博物馆1993～1994年度学术研讨会召开/栾兆鹏//中国博物馆通讯1994-4
北京博物馆学会召开二届八次扩大理事会/京博//中国博物馆通讯1994-5
青岛市博物馆学会成立大会暨首届学术讨论会在青岛召开/钟树棠//中国博物馆通讯1994-5
中国自然科学博物馆协会三届四次常务理事会在京举行/楼锡祜//中国博物馆通讯1994-5
北京博物馆学会与北京市文物局联合召开博物馆社会教育与服务研讨会/京博//中国博物馆通讯1994-6
济南市博物馆举办94年度业务工作研讨会/何洪源//中国博物馆通讯1994-6
中国博物馆中高级管理人员国际研讨班在泰安举办/牛燕//中国博物馆通讯1994-7
湖南省博物馆学会第四次代表大会暨第五次学术研讨会在石门县召开/聂菲//中国博物馆通讯1994-7
陕西召开民俗博物馆资源研讨会/刘忠民//中国博物馆通讯1994-8
天津市召开博物馆工作座谈会/津文博//中国博物馆通讯1994-9
国际博协博物馆学委员会1994年年会在中国北京召开//中国博物馆通讯1994-10
中国博物馆学会常务理事会工作会议在京举行//中国博物馆通讯1994-10
吉林省博物馆学会社会教育专业学术研讨会在延边博物馆召开/赵继敏//中国博物馆通讯1994-10
黑龙江文博学会群众教育委员会第二届会员代表大会在哈尔滨召开/王秀文//中国博物馆通讯1994-10
山东省博物馆举行“庆祝建馆四十周年座谈会”/杨锡芬//中国博物馆通讯1994-10
贵州省召开文物工作座谈会//中国博物馆通讯1994-10
江苏文博工作座谈会在周恩来纪念馆举行/秦九凤//中国博物馆通讯1994-10
辽宁省博物馆学会社会教育专业委员会在丹东召开94学术研讨会/刘阿娟//中国博物馆通讯1994-11
天津市文物博物馆学会第三次代表大会暨博物馆学术研讨会在津召开/赵耀双//中国博物馆通讯1994-12
河北省博物馆学会宣教工作研讨会在石家庄召开/张金茹//中国博物馆通讯1994-12
全国博物馆工作座谈会综述/秦文生//博物馆学论丛（四），中州古籍出版社1994年
中国博物馆学会社教专业委员会在重庆召开爱国主义教育研讨会/齐吉祥//中国博物馆通讯1995-1
中国博物馆学会保管专业委员会94年学术研讨会在常州召开/高和//中国博物馆通讯1995-1
中国博物馆学会地质博物馆专业委员会第九次学术研讨会在山旺召开/黄伯衣//中国博物馆通讯1995-1
陕西省文博系统爱国主义教育基地宣教工作会议在临潼召开/秦仙梅//中国博物馆通讯1995-1
井冈山革命博物馆举行建馆35周年暨社会教育基地发展战略座谈会/席平//中国博物馆通讯1995-1
张恨水陈列馆与第二次张恨水学术研讨会在潜山县正式开幕/卢茂村//中国博物馆通讯1995-1

军事博物馆举行第三届学术研讨会/吕才良//中国博物馆通讯1995-2
吉林省革命博物馆召开第五届学术讨论会/蒋颂贤//中国博物馆通讯1995-2
吉林省自然博物馆召开第三届学术年会/敬向红//中国博物馆通讯1995-2
山东省博物馆学会艺研会二次代表大会在龙口市召开/杨锡芬//中国博物馆通讯1995-2
中国博物馆学会在京举行常务理事会工作会议//中国博物馆通讯1995-3
农博召开“博物馆与教育、教学”座谈会/中国能源博物馆群工部//中国博物馆通讯1995-3
河北省博物馆学会召开成立十周年纪念会/许潞梅//中国博物馆通讯1995-4
中国自然博物馆协会三届五次常务理事会在京举行/楼锡祜//中国博物馆通讯1995-4
北京博物馆学会召开二届十次理事会/柴西成//中国博物馆通讯1995-5
黄河博物馆建馆四十周年庆祝会在郑州举行/王建平//中国博物馆通讯1995-5
北京市召开市级“青少年教育基地”工作会议/柴西成//中国博物馆通讯1995-6
湖南省召开新建博物馆陈列工作座谈会/侯良//中国博物馆通讯1995-6
“全国博物馆群众教育专业研讨班”在国家文物局泰安培训中心举办/刘卫东、董韶军、芦建华//中国博物馆通讯1995-7
黑龙江文博学会召开成立15周年座谈会/王秀文//中国博物馆通讯1995-7
天津市文物博物馆学会召开迎世乒陈列展览研讨会/张丽黛//中国博物馆通讯1995-7
国际博协第17届大会在斯塔万格隆重举行/博闻//中国博物馆通讯1995-7
全国文博考古刊物交流会在北京召开/孙葆芬//中国博物馆通讯1995-8
北京举办博物馆领导干部研讨班/柴西成//中国博物馆通讯1995-8
辽宁省博物馆学会第二届理事代表大会暨爱国主义教育讲解比赛在沈阳举行/赵晓华//中国博物馆通讯1995-8
国际博协第17届大会概况/安来顺//中国博物馆通讯1995-9
全国铁路系统部分文博单位座谈、联谊会在北京召开/霍洪涛//中国博物馆通讯1995-11
南通博物苑建苑九十周年纪念大会在南通举行/本刊特约通讯员//中国博物馆通讯1995-12
中国博物馆学会地质博物馆专业委员会第十次学术研讨会在郑州召开/黄伯衣//中国博物馆通讯1995-12
河北省博物馆学会召开专题博物馆研讨会/许潞梅//中国博物馆通讯1995-12
中国博物馆学会召开在京常务理事工作会议/博闻//中国博物馆通讯1996-1
中国博物馆学会保管专业委员会第九次学术讨论会在江苏召开/刘恩迪//中国博物馆通讯1996-1
白城博物馆召开第二次学术讨论会/宋德辉//中国博物馆通讯1996-1
吉林省延边州文博学会第二届学术讨论会在延吉举行/朴润武//中国博物馆通讯1996-2
秦俑博物馆举行专题学术研讨会探索遗址博物馆学问题/苏文//秦陵秦俑研究动态1996-2
山东省博物馆学会书画、摄影家联谊会成立大会在潍坊市召开/杨锡芬//中国博物馆通讯1996-3
辽宁省博物馆学会第二届二次理事会在沈阳召开/赵晓华//中国博物馆通讯1996-5
北京博物馆学会召开二届十一次理事会/柴西成//中国博物馆通讯1996-6
上海文管会、上海文博学会联合召开座谈会探讨拓展临时展览新路子/周丽中//中国博物馆通讯1996-6
湖南省博物馆学会第六次学术讨论会在岳阳市召开/聂菲//中国博物馆通讯1996-5
北京博物馆学会召开“促进博物馆和旅游事业的共同繁荣”座谈会/柴西成//中国博物馆通讯1996-7
国际博协博物馆学委员会1996年年会在巴西举行/博闻//中国博物馆通讯1996-8
河北省召开博物馆工作研讨会/袁锦标//中国博物馆通讯1996-8
河南省博物馆学会保管专业委员会96学术研讨会在沁阳召开/王玮//中国博物馆通讯1996-9
全国革命纪念馆协作发展研讨会在西柏坡召开/赵福山//中国博物馆通讯1996-10
北京博物馆学会召开第三届代表大会/柴西成//中国博物馆通讯1996-11
中国博物馆学会保管专业委员会第十届学术研讨会于青岛召开/高和//中国博物馆通讯1996-11
“21世纪中国文博事业发展战略青年研讨会”在重庆举行/张健//中国博物馆通讯1996-12
河南省博物馆学会社教专业委员会第二届代表大会暨第三次学术研讨会在南阳召开/丁福利//中国博物馆通讯1996-12
社会教育专业委员会举办学术研讨会张文彬局长出席讲话/齐吉祥//中国博物馆通讯1997-1

庆祝中国博物馆学会地质博物馆专业委员会成立十周年暨第十一次学术研讨会在北京召开/谢苹//中国博物馆通讯1997-1
青岛市文物、博物馆学会第二届年会暨学术研讨会召开/倪景辉//中国博物馆通讯1997-1
全国文物局长会议在京举行//中国博物馆通讯1997-2
中国自然科学博物馆协会水族馆专业委员会1996年学术年会在无锡召开/杜彭寿//中国博物馆通讯1997-2
白城市博物馆举办第三届学术研讨会/郭珉//中国博物馆通讯1997-2
柳州考古、博物馆学会学术研讨会在鹿寨召开/温其洲//中国博物馆通讯1997-3
白城博物馆召开“精神文明建设与博物馆”专题学术研讨会/苏晓东//中国博物馆通讯1997-3
北京博物馆学会召开三届二次理事会/柴西成//中国博物馆通讯1997-5
中国沿海沿江城市博物馆工作协作第三届年会在青岛召开/王莉//中国博物馆通讯1997-5
浙江召开馆藏文物建档工作经验交流暨第二届展览洽谈会/沈坤荣//中国博物馆通讯1997-5
高校博物馆专业委员会举行第四次学术讨论会/陈德富//中国博物馆通讯1997-6
全国革命纪念馆馆长座谈会在中国人民抗日战争纪念馆举行/李宗远//中国博物馆通讯1997-8
中国博物馆学会常务理事会在京举行/秘宣//中国博物馆通讯1997-9
中国博物馆学会地质专业委员会第12次学术讨论会在常州召开/季强//中国博物馆通讯1997-9
国际博协安全委员会97年会在柏林召开/博闻//中国博物馆通讯1997-11
中国博物馆学会保管专业委员会在长沙举行第十一届学术会议/刘恩迪//中国博物馆通讯1997-11
全国革命纪念馆协作发展研讨会在延安召开/罗存康//中国博物馆通讯1997-11
国家博协亚洲太平洋地区大会在马尼拉举行/博闻/中国博物馆通讯1997-12
北京博物馆学会第二届学术会议在抗日战争纪念馆隆重举行/刘桂英//中国博物馆通讯1997-12
詹天佑纪念馆举办建馆十周年座谈会/贾本义、纪丽君//中国博物馆通讯1997-12
全国鲁迅博物馆际交流会在绍兴举行/徐东波//中国博物馆通讯1997-12
中国新四军历史研究会革命纪念馆专业委员会第五次年会暨纪念新四军成立六十周年学术研讨会在南昌召开/李秋华//中国博物馆通讯1997-12
中国民俗学会民俗博物馆专业委员会第四届年会在昆明召开//中国博物馆通讯1998-1
连云港市文博学术研讨会在连博举行/刘洪//中国博物馆通讯1998-2
河北省博物馆学会召开第四届会员代表大会/张金茹//中国博物馆通讯1998-2
白城市博物馆学会召开第四次学术研讨会/郭珉//中国博物馆通讯1998-2
白城市博物馆召开博物馆之友联谊会/白城市博物馆//中国博物馆通讯1998-2
全国文物修复研讨会在洛阳召开/朱威//中国博物馆通讯1998-5
北京博物馆学会第三届二次理事会扩大会议在京召开/北京博物馆学会秘书处//中国博物馆通讯1998-5
高校博物馆专业委员会成都片区研讨会召开/樵梓//中国博物馆通讯1998-6
吉林省博物馆系统陈列展览研讨会在白城召开/田艳萍//中国博物馆通讯1998-9
国际博协第18届大会在澳大利亚举行/中国博物馆学会//中国博物馆通讯1998-11
首都博物馆新馆建设论证会在京召开/李学军//中国博物馆通讯1998-11
中国博物馆学会常务理事会三届十三次会议在京举行//中国博物馆通讯1999-1
河北省博物馆学会召开98年会暨专题学术讨论会/许潞梅//中国博物馆通讯1999-1
全国史前遗址博物馆学术研讨会在西安召开/汪国富//中国博物馆通讯1999-1
江苏博物馆学会完成换届选举/顾征祥//中国博物馆通讯1999-2
河北省博物馆举办1998年学术讨论会/张金茹//中国博物馆通讯1999-2
第六届鲁迅馆馆际交流会在沪举行/姚庆雄//中国博物馆通讯1999-2
浙江省博物馆学会、浙江省考古学会召开第三次会员代表大会/伊芙//中国博物馆通讯1999-3
中国博物馆学会第三届常务理事会举行第十四次会议//中国博物馆通讯1999-4
国家文物局直属博物馆馆刊工作研讨会在京召开/国家文物局博物馆司//中国博物馆通讯1999-4
辽宁召开省博物馆学会常务理事会/赵晓华//中国博物馆通讯1999-4
河北召开社建文物与民间收藏研讨会/许潞梅//中国博物馆通讯1999-4

98全国十大陈列展览精品颁奖大会暨学术研讨会在长沙市举行//中国博物馆通讯1999-5
北京市博物馆学会举行第三届三次理事扩大会议/北京市博物馆学会秘书处//中国博物馆通讯1999-5
江西省召开全省博物（纪念）馆长会议/王琴红//中国博物馆通讯1999-5
白城市博物馆采用新方式举办学术研讨会/郭珉//中国博物馆通讯1999-5
高校博物馆专业委员会举办第二届成都片区会议/和中浚//中国博物馆通讯1999-5
黑龙江省召开文物博物馆学会第四届会员代表大会暨学术讨论会/王秀文//中国博物馆通讯1999-6
辽宁省博物馆学会召开第三届会员代表大会/赵晓华//中国博物馆通讯1999-7
国家文物局在京举办直属博物馆陈列展览学术研讨会/国家文物局博物馆处//中国博物馆通讯1999-8
河南省博物馆学会第四届会员代表大会在郑州召开/许天申//中国博物馆通讯1999-8
全国高校博物馆工作学术研讨会在京召开/韩国军//中国博物馆通讯1999-8
陕西省文博宣教研讨会在汉中举行/裕林//中国博物馆通讯1999-8
云南省丽江县纳西东巴文化博物馆举办纪念建馆十五周年座谈会/杨腾超//中国博物馆通讯1999-8
中国博物馆学会陈列艺术委员会第四次学术讨论会在沈阳召开/赵春贵//中国博物馆通讯1999-11
中国博物馆学会保管专业委员会第十三届学术研讨会在常德召开/刘恩迪//中国博物馆通讯1999-12
99中国史前遗址博物馆学术研讨会在余姚召开/王凌浩//中国博物馆通讯1999-12
第19次国际博协全体会议的决议//中国博物馆通讯2000-1
全国部分省市革命纪念馆工作座谈会在西柏坡举行/陈丽芬//中国博物馆通讯2000-1
安徽省召开全省革命文物工作座谈会/刘洋//中国博物馆通讯2000-1
浙江省博物馆举办《馆长论坛》/冯朝晖//中国博物馆通讯2000-1
第四届中国沿江沿海部分城市博物馆工作协调会在重庆市举行/张荣祥//中国博物馆通讯2000-1
山西省博物馆学会召开换届选举大会/张少鲲//中国博物馆通讯2000-1
北京博物馆学会陈列设计专业委员会学术交流会在地质博物馆召开/程序//中国博物馆通讯2000-1
河南省博物馆学会社教专业委员会第四次学术研讨会在洛阳召开/郭凤娥、马月婵//中国博物馆通讯2000-1
河北省博物馆学会在涉县召开专题学术研讨会/许潞梅//中国博物馆通讯2000-1
昌吉州博物馆召开爱国主义教育联系会社/艾乃甫//中国博物馆通讯2000-1
甘肃省博物馆99年度学术研讨会小记/甘博//陇右文博2000-1
大庆市文物博物馆学会召开99年年会暨学术研讨会/裕林//中国博物馆通讯2000-2
江西召开全省文物工作汇报会/王琴红//中国博物馆通讯2000-2
全国文物局长会议在北京召开/侯菊坤//中国博物馆通讯2000-3
中国长城博物馆召开2000年青少年教育基地工作座谈会/黄丽敬//中国博物馆通讯2000-3
99年度全国文物系统“十大陈列展览精品奖”名单//中国博物馆通讯2000-4
99年度全国文物系统十大陈列展览精品评介//中国博物馆通讯2000-4
广东省文博学会会员代表大会在广州举行/卜穗文//中国博物馆通讯2000-4
河南省召开近现代文物征集工作现场会/李春玲//中国博物馆通讯2000-4
2000年国际博协学术会议一览表/刘蓉、郭佑安//中国博物馆通讯2000-4
北京博物馆学会第三届四次理事扩大会在中国科学技术馆召开/刘桂英//中国博物馆通讯2000-5
江苏省文博界联合对外展览会议在南昌召开/王琴红//中国博物馆通讯2000-5
京津冀文博宣教工作研讨会在承德召开/张金茹//文物春秋2000-5
本刊与南京博物院联合召开“陈列总体设计”理论研讨会//中国博物馆通讯2000-8
第19次国际博协全体会议主题——管理变革：博物馆面临着的经济与社会挑战/宋向光编译//中国博物馆通讯2000-9
全国博物馆工作会议在京召开//中国博物馆通讯2000-11
中国博物馆学会陈列艺术委员会第五届学术讨论会在上海召开//中国博物馆通讯2000-12
中国博物馆学会在京举办“多种宣教形式与市场经济”研讨会//中国博物馆通讯2000-12
首博新馆建设专家讨论会综述/乐薇//首都博物馆丛刊（14），北京燕山出版社2000年
甘博2000年度学术研讨会综述//陇右文博2001-1

中国体育博物馆出席国际体育博物馆和名人堂协会年会/林淑英、王军//中国博物馆通讯2001-2
全国人物类博物馆、纪念馆现状与发展前瞻学术研讨会在上海举行/赵敬立//中国博物馆通讯2001-2
上海鲁迅纪念馆举行建馆50周年馆庆座谈会/赵敬立//中国博物馆通讯2001-2
湖南省博物馆工作会议在常德召开/李文涓//中国博物馆通讯2001-2
中国博物馆学会保管专业委员会第14次学术研讨会在山西召开/刘恩迪//中国博物馆通讯2001-7
辽宁省博物馆学会召开“新世纪博物馆与博物馆学”研讨会/赵晓华//中国博物馆通讯2001-8
安徽省博物馆首届职工代表大会隆重召开/胡雪峰//中国博物馆通讯2001-8
国际博物馆协会第十九届大会主题：“驾驭变革：面临经济和社会挑战的博物馆”//中国博物馆通讯2001-9
北京博物馆学会保管专业委员会学术研讨会在山西召开/刘树林//中国博物馆通讯2001-9
开创文博宣传工作新局面：全国文博宣传工作座谈会在兰州举行/马玉萍、马哲非//中国文物报2001-9-28
中国博物馆学会常务理事会在京召开/学会秘书处//中国博物馆通讯2001-10
上海文博学会召开“藏品管理研讨会”/李俊杰//中国博物馆通讯2001-10
上海文博学会召开“博物馆建筑与博物馆功能研讨会”/李俊杰//中国博物馆通讯2001-10
世界全景画协会第四届大会在北京召开/金年满//中国博物馆通讯2001-11
辽宁省博物馆学会召开保管专业工作会议/赵晓华//中国博物馆通讯2001-11
中国自然科学博物馆协会召开第四次全国会员代表大会/沈永华//中国博物馆通讯2001-12
中国博物馆学会高校博物馆专业委员会第六届学术研讨会在沪召开/小宁//中国博物馆通讯2001-12
江西省博物馆学会和考古学会分别召开第三届会员代表大会暨学术研讨会/王琴红//中国博物馆通讯2002-1
“四川省博物馆建馆六十周年学术讨论会”在双流牧马山庄举行/杨秋莎//中国博物馆通讯2002-1
北京市教育基地社教工作研讨会召开/李静茹//中国博物馆通讯2002-1
第七届全国标本技术研讨会暨培训班在温州成功举办/王红//中国博物馆通讯2002-1
新安县文化局召开博物馆建设方案论证会/程英民//中国博物馆通讯2002-1
甘肃省博物馆举办2001年度学术研讨会/郑国穆//陇右文博2002-1
第五届沿江沿海部分城市博物馆工作交流会在沪召开/范文海//中国博物馆通讯2002-2
伪满皇宫博物院召开第十五届学术讨论会/王大军//博物馆研究2002-2
洛阳文物局召开博物馆馆长、书记座谈会/程英民//中国博物馆通讯2002-3
北京博物馆学会召开第三届第六次理事扩大会/李静茹//中国博物馆通讯2002-4
中国博物馆学会常务理事会（扩大）会议在京召开//中国博物馆通讯2002-4
《文化遗产保护与经营》研讨会在北京隆重举行/程京生//中国博物馆通讯2002-4
中国博物馆学会在京举行第四届会员代表大会/博讯//中国博物馆通讯2002-5、6
中国人民抗日战争纪念馆举行建馆15周年馆庆暨全国部分革命纪念馆发展研讨会//中国博物馆通讯2002-7
中共“一大”会址纪念馆举行“党的最高纲领与最低纲领关系”理论研讨会/徐云根//中国博物馆通讯2002-7
上海召开“行业博物馆研讨会”/李玉棠//中国博物馆通讯2002-7
中国博物馆学会第四届常务理事会第二次会议在北京召开/秘书处//中国博物馆通讯2002-8
第七届国际博协亚洲太平洋地区大会今年十月在上海召开/秘书处//中国博物馆通讯2002-8
北京博物馆学会保管专业委员会召开学术研讨会/董纪平//中国博物馆通讯2002-9
中国自然科学博物馆协会举办第二届“海峡两岸博物馆学术研讨会”/楼锡祜//中国博物馆通讯2002-10
博物馆与无形文化遗产国际学术讨论会分组讨论纲要//中国博物馆通讯2002-11
国际博协亚洲太平洋地区大会在沪召开/陈军科//中国博物馆通讯2002-11
国际博物馆馆长高峰论坛纪要/皓冰//上海文博论丛2003-1
甘肃省博物馆学术委员会成立大会暨2002年学术成果展示报告会举行//陇右文博2003-1
安徽省博物馆学会第三届会员代表大会成功召开/胡雪峰//中国博物馆通讯2003-2
天津市召开天津市文物博物馆学会第四届会员代表大会/徐颖//中国博物馆通讯2003-2
中国博物馆学会四届四次常务理事会在京举行/中国博物馆学会秘书处//中国博物馆通讯2003-3
荆门市博物馆举办郭店楚简考察·高级研究班/宋长城//中国博物馆通讯2003-3
北京博物馆学会陈列设计委员会学术研讨会在北京中山堂举行/程旭//中国博物馆通讯2003-4

北京博物馆学会召开第三届七次理事扩大会/康庆云//中国博物馆通讯2003-4
美国纽约大都会博物馆馆长来京举办讲座/迅达//中国博物馆通讯2003-4
中国博物馆学会陈列艺术委员会第三次全体会议暨第六次学术讨论会在长沙召开//中国博物馆通讯2003-5
期待第五十届全国博物馆大会的召开/〔日〕加藤克著，万婷译//中国博物馆通讯2003-7
“内蒙古特色博物馆战略研讨会”在内蒙古博物馆召开/王大方//中国博物馆通讯2003-7
湖北省文物局召开全省行业博物馆工作座谈会/雷鸣//中国博物馆通讯2003-8
天津市文博学会群教专业委员会召开换届会/赵耀双//中国博物馆通讯2003-10
第七届全国高校博物馆学术研讨会在吉林大学召开/吉林大学博物馆//中国博物馆通讯2003-10
中国博物馆学会社教专业委员会学术研讨会暨换届大会在南京召开//中国博物馆通讯2003-11
中国博物馆学会陈列艺术委员会第三次全体会议在长沙召开//陕西历史博物馆馆刊（十），三秦出版社2003年
中国博物馆学会四届五次常务理事扩大会议纪要//中国博物馆通讯2004-1
中国博物馆学会2003年工作报告/陈连营//中国博物馆通讯2004-1
河北省博物馆学会第五届代表大会在承德召开/张金茹//中国博物馆通讯2004-1
北京博物馆学会第四届学术会议在中国科技馆举行/北京博物馆学会//中国博物馆通讯2004-1
北京博物馆学会陈列设计委员会2003年学术讨论会在中国地质博物馆召开/宗玲、陈开宇//中国博物馆通讯2004-1
北京博物馆学会举办华北地区博物馆社教工作座谈会/康庆云//中国博物馆通讯2004-1
安徽省文物藏品建档工作研讨会在安庆市召开/胡雪峰//中国博物馆通讯2004-1
“在宁高校与南京博物院合作与发展研讨会”在宁举行/仁人//东南文化2004-1
北京博物馆学会召开第三届八次理事扩大会/康庆云//中国博物馆通讯2004-3
纪念学会会刊《中国博物馆》创刊20周年座谈会在京召开/崔波//中国博物馆通讯2004-5
中国博物馆学会保管专业委员会换届改选暨第十五次学术讨论会在武汉举行/刘军//中国博物馆通讯2004-6
“数字图书馆——促进知识的有效应用”国际研讨会将在北京举办//中国博物馆通讯2004-6
唐山市爱国主义教育工作经验交流会在李大钊纪念馆召开/高健//中国博物馆通讯2004-7
陕西举办“博物馆工作理论与实践研讨会”/庞博//中国博物馆通讯2004-8
湖南举行纪念长沙马王堆汉墓发掘三十周年国际学术讨论会/侯良//中国博物馆通讯2004-9
“秦俑学第六届学术讨论会”在秦俑的故乡临潼召开/田静//中国博物馆通讯2004-9
中国高校博物馆专业委员会常委工作会议纪要/高校博物馆专业委员会秘书处//中国博物馆通讯2004-12
中国名人故居（纪念馆）联谊会（专业委员会）成立大会暨名人故居保护与发展论坛在绍兴举行/徐晓光//中国博物馆通讯2004-12
北京博物馆学会保管专业学术研讨会在无锡召开/康庆云//中国博物馆通讯2004-12
“广东文博事业与文化大省建设”学术研讨会在深圳举行/卜穗文//中国博物馆通讯2005-1
河南省博物馆学会社教专业委员会第三届会员大会在鹤壁市召开/张天玉//中国博物馆通讯2005-2
河南省博物馆学会社教专业委员会举办《需求传承创新——博物馆宣教工作“三贴近”论坛》/张天玉//中国博物馆通讯2005-2
大庆市文博学会第二届会员代表大会圆满结束/礼文//中国博物馆通讯2005-2
中国博物馆学会四届六次常务理事（扩大）会议在京召开//中国博物馆通讯2005-3
2005年陕西省博物馆学会宣教专业委员会工作研讨会在西安召开/田静//中国博物馆通讯2005-3
北京博物馆学会召开第三届第九次理事扩大会/康庆云//中国博物馆通讯2005-5
苏州市博物馆学会召开2005年度理事会/曹炜芳//中国博物馆通讯2005-6
安徽省博物馆学会成功举办“博物馆陈列专业研修班”/倪彩群//中国博物馆通讯2005-8
河南省博物馆学会第五届代表大会在新郑市召开/河南省博物馆学会秘书处//中国博物馆通讯2005-9
南通博物苑百年暨中国博物馆事业发展百年纪念大会隆重召开/崔波//中国博物馆通讯2005-10
中国博物馆学会第四届二次理事会在南通召开/博轩//中国博物馆通讯2005-10
中国博物馆学会2005年年会暨学术研讨会在南通举行/闻迅//中国博物馆通讯2005-10

"国际博协与文化遗产保护"学术研讨会在京召开/博轩//中国博物馆通讯2005-10
北京博物馆学会保管专业委员会第五届学术研讨会在内蒙古举行/刘树林//中国博物馆通讯2005-11
北京博物馆学会赴内蒙古参加"华北五省区博物馆社教工作研讨会"/康庆云//中国博物馆通讯2005-11
国际博物馆影像技术研讨会在北京召开/胡锤//中国博物馆通讯2005-11
地质博物馆专业委员会第三届代表大会暨第十三次学术研讨会在武汉隆重召开//中国博物馆通讯2005-12
第八次全国高校博物馆学术研讨会在广州举行//中国博物馆通讯2005-12
中国博物馆协会七十周年纪念会在京隆重召开/本刊编辑部//中国博物馆通讯2006-1
2006年第一次学会理事长会议在京召开/本刊讯//中国博物馆通讯2006-2
中国博物馆学会社教专业委员会召开年会/段冬冬//中国博物馆通讯2006-2
中国博物馆学会社教专业委员会年会纪要/段冬冬//中国博物馆通讯2006-2
各抒己见不乏真知——第三届（深圳盐田）博物馆馆长论坛综述/戚俊杰//中国甲午战争博物馆馆刊2006-2
中国博物馆学会民族博物馆专业委员会成立大会在京举行/民族博物馆专业委员会//中国博物馆通讯2006-3
中国声音第一次响彻国际博协大会/梁吉生//中国博物馆通讯2006-3
"德国创新博物馆技术和产品演示报告会"在京成功举行/编者//中国博物馆通讯2006-4
"2006博物馆及相关产品与技术博览会"新闻发布会在京召开/胡泽学//中国博物馆通讯2006-4
"自然史博物馆在建设和谐社会中的机遇和挑战"高级研讨会在大连召开/楼锡祜//中国博物馆通讯2006-5
苏州市博物馆协理事会召开/曹炜芳//中国博物馆通讯2006-5
中国博物馆学会服装专业委员会成立大会在京隆重召开//中国博物馆通讯2006-6
"2006中国博物馆陈列艺术论坛"在山西太原举行/中国博物馆学会陈列艺术委员会//中国博物馆通讯2006-6
黑龙江省文物博物馆学会第五届会员代表大会暨学术研讨会在哈市召开/刘冬冰//中国博物馆通讯2006-6
辽河文明预展暨辽河流域古代文化学术座谈会在辽宁省博物馆新馆举行/孟繁宁//中国博物馆通讯2006-6
河北省博物馆学会召开2006年年会暨专题学术研讨会//文物春秋2006-6
北京博物馆学会召开第四届会员代表大会/京博//中国博物馆通讯2006-9
中国博物馆学会美术馆专业委员会在京成立//中国博物馆通讯2006-10
国家文物局召开生态博物馆会议//中国博物馆通讯2006-10
全国部分省市"博物馆与青少年"学术论坛及讲解形式的创新展示会在郑州召开/王继红//中国博物馆通讯2006-10
陕西省博物馆学会第三届会员代表大会在铜川召开//中国博物馆通讯2006-10
国家文物局召开生态博物馆调研汇报会/崔波//中国文物报2006-10-11
"中美博物馆论坛"在京成功举办/朱雅娟//中国博物馆通讯2006-11
"中国钱币与银行博物馆委员会"成立大会在宁波召开/中钱//中国博物馆通讯2006-11
"和谐社会与广州文博事业的发展"学术研讨会在广州举行/卜穗文//中国博物馆通讯2006-11
中国博物馆学会代表团赴罗马参加国际博协教育与文化活动委员会年会/郭俊英//中国博物馆通讯2006-12
《中国博物馆志》及《中国博物馆年鉴》编纂研讨会在京召开/赵新//中国博物馆通讯2006-12
中国博物馆学会"科学发展观与博物馆教育"学术研讨会举办/高嵩巍//中国博物馆通讯2006-12
"科学发展观与博物馆教育学术研讨会"在西安举行/高游//中国文物报2006-12-1
沈阳故宫博物院召开建院八十周年纪念大会//沈阳故宫博物院院刊（二），中华书局2006年
中国博物馆学会市场推广与公共关系专业委员会成立大会在京召开//中国博物馆通讯2007-2
"苏东海先生学术活动座谈会"纪要//中国博物馆通讯2007-2
中国高校博物馆专业委员会常委工作会议在京召开//中国博物馆通讯2007-2
中国博物馆学会名人故居专业委员会年会暨名人故居保护与发展论坛在福州成功举办//中国博物馆通讯2007-2
中国博物馆学会博物馆数字化专业委员会年会在南京举行//中国博物馆通讯2007-2
第22届国际博协会员代表大会筹备委员会第一次会议在京召开//中国博物馆通讯2007-4
《民族文物界定、分类、定级办法》课题启动仪式在北京举行//中国博物馆通讯2007-4
第22届国际博协会员代表大会筹委会第一次会议在北京召开/孙漪娜//中国文物报2007-5-16

中国博物馆学会纪念馆专业委员会在京成立/孙漪娜//中国文物报2007-5-23
“2007港澳与内地博物馆传播技术培训研讨班”在京举办/顾婷//中国博物馆通讯2007-6
国际博物馆协会第22届大会筹备委员会执行委员会第一次会议在沪召开//中国博物馆通讯2007-7
中国博物馆学会纪念馆专业委员会成立大会在京召开//中国博物馆通讯2007-7
“中国博物馆学会博物馆管理专业委员会”在沪成立//中国博物馆通讯2007-7
湖北召开中等城市博物馆建设座谈会/张晓云//中国文物报2007-7-11
国际博物馆协会第21届会员代表大会在维也纳隆重召开//中国博物馆通讯2007-8
中国代表团出席国际博协第21届大会圆满成功召开新闻通报会//中国博物馆通讯2007-8
第九次全国高校博物馆学术研讨会在大连举行//中国博物馆通讯2007-8
中国西部博物馆论坛举办/崔波//中国文物报2007-8-24
山西举办首届全省博物馆馆长培训班/张少鲲//中国文物报2007-8-24
博物馆管理工作研讨会在承德召开//中国博物馆通讯2007-9
中国革命纪念馆专业委员会召开第15次年会//中国博物馆通讯2007-9
“博物馆文化产品”研讨会综述/国家文物局博物馆处//中国博物馆通讯2007-10
欧亚自然史博物馆论坛在津举办/崔波//中国文物报2007-11-9
国家文物局召开部分博物馆馆长座谈会/孙漪娜//中国文物报2007-11-28
贯彻十七大精神繁荣博物馆文化——国家文物局博物馆馆长座谈会（摘要）//中国文物报2007-11-28
“欧亚自然历史博物馆高层论坛暨中国·天津生态城市及可持续发展研讨会”在津举办/张宁、苏学明//中国博物馆通讯2007-11
“全国民族文物界定、分类、定级专题研修班暨民族博物馆专业委员会年度工作会议”圆满结束//中国博物馆通讯2007-11
三星堆博物馆开馆十周年庆典暨国际博物馆馆长高峰论坛在四川广汉三星堆博物馆举行/邱登成//中国博物馆通讯2007-11
北京地区博物馆第五届学术会议圆满召开/京博//中国博物馆通讯2007-12
北京博物馆学会召开第五届学术会议/崔波//中国文物报2007-12-12
北京博物馆学会第五次学术会议综述/宋向光//中国文物报2007-12-14
国际博协第21届大会简介/韩旭//陕西历史博物馆馆刊（十四），三秦出版社2007年
中国博物馆学会纪念馆专业委员会第一次年会暨学术研讨会综述/李鑫//中国博物馆通讯2008-1
陕西历史博物馆荣获全国青少年教育“银杏奖”/庞博//中国博物馆通讯2008-1
西安碑林启动万名学生画信迎奥运活动//中国博物馆通讯2008-1
中国农业博物馆陈列项目设计方案研讨会召开//古今农业2008-2
全国博物馆纪念馆免费开放工作会议在京召开/李让//中国文物报2008-2-6
现场调研深入座谈片区交流统一部署：国家文物局在贵阳召开全国文物系统抗震救灾、防火安全暨博物馆免费开放西南片区工作座谈会/文宣//中国文物报2008-3-5
古老的博物馆崭新的博物馆：中国博物馆发展论坛暨中国博物馆学会传媒专业委员会成立大会将召开//中国文物报2008-3-21
桂林博物馆召开陈列大纲修改规划座谈会/蓝武芳//中国文物报2008-3-28
陕西省博物馆学会宣教专业委员会换届大会暨学术研讨会在西安召开/何宏//中国博物馆通讯2008-4
四川召开首批免费开放博物馆纪念馆工作会议/段炳刚//中国文物报2008-4-2
中国博物馆学会区域博物馆专业委员会召开首次年会/黄磊//中国文物报2008-4-18
“中国博物馆学会区域专业委员会西安论坛暨2008年年会”综述/黄磊、王卉//中国博物馆通讯2008-5
首批“桂林博物馆之友”召开座谈会/杨琛//中国文物报2008-5-9
古老的中国崭新的博物馆：《国际博物馆》与中国遗产保护论坛在故宫举办/文冰//中国文物报2008-5-14
国家文物局在成都召开地震遗址博物馆规划论证会/孙漪娜//中国文物报2008-5-30
北京博物馆学会举办三场讲座/崔波//中国文物报2008-5-30
“为教育的艺术空间”中美艺术博物馆教育研讨会召开/孙漪娜、李文昌//中国文物报2008-6-27

"为教育的艺术空间"中美艺术博物馆教育研讨会在京举办/李文昌//中国博物馆通讯2008-7
国际博协第22届大会中方联络人第一次会议纪要/黄晶晶//中国博物馆通讯2008-7
全国博物馆（纪念馆）展陈艺术高端研讨会在井冈山召开/饶道良、何小文、周见美//中国博物馆通讯2008-8
国际博协博物馆学委员会2008年年会在长沙举行/黄磊//中国博物馆通讯2008-9
中国博物馆学会博物馆学专业委员会成立大会暨学术研讨会隆重召开/侯春燕//中国博物馆通讯2008-9
"机遇与挑战——新形势下中国纪念馆发展论坛"在长春举办/张量、张爽//中国博物馆通讯2008-9
中国博物馆学会纪念馆专业委员会举行第二次年会/张量、张耀霞//中国博物馆通讯2008-9
国际博协博物馆学委员会2008年年会在长沙召开/李文昌//中国文物报2008-9-19
"博物馆与建筑陈列论坛"在苏州举行/本刊编辑部//中国博物馆通讯2008-10
共谋合作增进友谊——中国博物馆代表团出席英国博物馆协会2008年度会议及中英博物馆馆长论坛/曹欣欣//中国博物馆通讯2008-10
湖北省文物考古研究所、博物举行2007年终学术报告会/陈丽新//江汉考古2008-10
江浙两省博物馆免费开放工作座谈会在宁波召开/应芳舟//中国文物报2008-10-1
皖赣两省博物馆免费开放工作座谈会在合肥召开/钟向群//中国文物报2008-10-1
首届秦晋豫三省博物馆理论与实践研讨会召开/庞博、毕胜//中国博物馆通讯2008-11；中国文物报2008-11-9
第三届全国毛泽东纪念馆联谊会在井冈山隆重召开//中国博物馆通讯2008-11
梅园新村纪念馆隆重举行庆祝建馆三十周年活动暨"梅园馆长论坛"/吴小宝//中国博物馆通讯2008-11
区域博物馆专业委员会第一届第二次常务委员会会议在京召开/黄磊//中国博物馆通讯2008-11
中国博物馆陈列艺术论坛落幕/崔波//中国文物报2008-11-7
故宫博物院召开法律工作会回顾总结10年法律工作/孙漪娜//中国文物报2008-11-12
2008博物馆及相关产品与技术博览会将举办/崔波//中国文物报2008-11-12
全国民族文博工作战略发展研讨会达成《南京共识》/李文昌//中国文物报2008-11-12
传承民族建筑文化基因：中国民族建筑研究会学术年会暨第2届民族建筑（文物）保护与发展高峰论坛在京举行/李艳、严叶敏//中国文物报2008-11-12
中国博物馆学会第五届会员代表大会召开/崔波//中国文物报2008-12-12
纪念西安碑林920周年华诞国际学术研讨会在西安召开/庆卫//碑林集刊（十三），陕西人民美术出版社2008年
中国博物馆学会考古与遗址博物馆专业委员会筹备会在陕西召开/孔利宁//秦陵秦俑研究动态2009-1；中国博物馆通讯2009-10；中国文物报2009-10-16
中国博物馆学会考古与遗址博物馆专业委员会筹备会纪要/孔利宁、傅倩丽//秦陵秦俑研究动态2009-2
陕西召开2009年文博宣教工作会议/何宏//中国文物报2009-2-11
中国博物馆学会常务理事会第二次会议在京召开/孙漪娜//中国文物报2009-2-20
湖北召开全省博物馆文化产品开发经营工作座谈会/张晓云//中国文物报2009-2-20
首届（2009）中国民间博物馆论坛在京举行//收藏2009-3
建立埃及阿斯旺努比亚博物馆和开罗埃及文明国家博物馆（NMEC）国际运动执行委员会第17次会议召开//中国文化遗产2009-4
中国博物馆学会专业委员会工作座谈会在京召开/李晨//中国文物报2009-4-15
"世界遗产及文化多样性——大学教育的挑战"会议召开//中国文化遗产2009-5
2009年国际博物馆日学术研讨会在重庆涪陵召开/颜毅//中国博物馆通讯2009-5
湖南省博物馆学会第六届理事会第一次会议在长沙召开/黄磊//中国博物馆通讯2009-5
大连现代博物馆改陈文物征集会议召开/章纹//中国文物报2009-5-1
河南召开中国文字博物馆文物征集工作会议/张永俊//中国文物报2009-5-6
国际遗址博物馆河姆渡峰会在余姚召开/沈坤荣//中国博物馆通讯2009-6
国际博协第22届大会专业委员会及联络人工作座谈会在上海召开/马先军//中国博物馆通讯2009-7
宁夏召开行业专题博物馆建设推进会/张伟、闫秀芳//中国文物报2009-8-14
内蒙古自治区召开2009年博物馆工作座谈会/马晓丽、郭苏峻//中国文物报2009-9-2

中国博物馆学会庆祝新中国成立60周年会员座谈会举行/张俊梅//中国文物报2009-9-30
“传统与现代的碰撞与融合——新时代纪念馆陈列艺术高端研讨会”在毛泽东遗物馆举行//中国博物馆通讯2009-10
秦兵马俑发现三十五周年暨秦始皇博物馆博物馆开馆三十周年纪念大会举行/李政//中国文物报2009-10-14
秦陵秦俑秦文化——秦俑博物馆开馆30周年国际学术研讨会暨秦俑学第7届年会综述/李政//中国文物报2009-10-16
纺织品文物修复保护学术研讨会在杭州举行/王淑娟//中国文物报2009-10-16
第十次全国高校博物馆学术研讨会在吉首大学召开/崔波//中国文物报2009-10-23
传统与现代的碰撞与融合——新时代纪念馆陈列艺术高端研讨会在韶山召开/张俊梅//中国文物报2009-10-23
首都博物馆召开展览与交流研讨会/李艳//中国文物报2009-10-28
中国博物馆学会培训工作会议在京召开/艾静芳//中国文物报2009-10-30
晋陕豫博物馆理论与实践研讨会在平遥举办/晋文//中国文物报2009-12-4
城市博物馆专业委员会首届年会召开/池林//中国文物报2009-12-4
西北五省区博物馆馆长座谈会在兰州召开/卢冬//中国文物报2009-12-4
中国博物馆藏品保护专业委员会召开学术研讨会/郭桂香//中国文物报2009-12-30
河北省博物馆工作会议在山海关召开/刘洁//中国文物报2009-12-30
西安碑林博物馆举办第七届中国书法史论国际学术研讨会/王庆卫//碑林集刊（十五），陕西人民美术出版社2009年
中国博物馆学会纪念馆专业委员会第三次年会在上海鲁迅纪念馆举行/李浩//中国博物馆通讯2010-1
“融汇社会生活和城市文明的博物馆”国际学术研讨会在苏博举行/谢晓婷//中国博物馆通讯2010-1
“博物馆2010·21世纪的博物馆价值与使命”国际学术讨论会综述/彭文//秦陵秦俑研究动态2010-2
“走进ICOM2010年大会·广州国际博物馆高峰论坛”纪要/博语//秦陵秦俑研究动态2010-2
苏州市博协2009年度理事会议召开/李喆//中国文物报2010-2-5
文化产品开发成为博物馆事业发展新的增长点：全国博物馆文化产品开发工作座谈会召开/崔波//中国文物报2010-2-10
中国博物馆学会举办春节团拜会/文宣//中国文物报2010-2-10
内蒙古举办学习贯彻《关于促进民办博物馆发展的意见》座谈会/王大方、马晓丽//中国文物报2010-2-26
中国博物馆学会第五届四次常务理事会在京召开/艾静芳//中国博物馆通讯2010-3
“学术期刊·博物馆·文化遗产”论坛暨《东南文化》创刊25周年纪念学术研讨会纪要//东南文化2010-3
湖北召开博物馆文化产品开发经营工作会议/张晓云//中国文物报2010-3-3、2010-4-28
北京博物馆第三届社会教育论坛举办/崔波//中国文物报2010-3-31
江西召开全省博物馆“三贴近”暨免费开放水平提升座谈会/王琴红//中国博物馆通讯2010-4
全国文物保护标准化技术委员会年会在京召开/冯朝晖//中国文物报2010-4-2
民办博物馆发展高峰论坛西安闭幕，专家学者共同发表《西安宣言》/职茵//西安晚报2010-4-10
江西召开博物馆免费开放水平提升座谈会/王琴红//中国文物报2010-4-16
《中国传世玉器全集》出版发行世界著名博物馆藏中国古玉论坛在京召开/文宣//中国文物报2010-4-28
“文化管理在中国：博物馆观众拓展研讨会”综述/龚娇//中国美术馆2010-5
中国博物馆学会区域博物馆专业委员会2010年会暨“区域博物馆与和谐社会”学术研讨会综述/王霞、石磊//东南文化2010-5
中国博物馆学会区域博物馆专业委员会2010年会暨“区域博物馆与和谐社会”学术研讨会在南京召开/李燕//中国博物馆通讯2010-5
群策群力办好国际博协第22届大会博物馆志愿者开放论坛——中国博物馆学会志愿者专业委员会第一届常务委员会第一次会议在长春召开/涂师平//中国博物馆通讯2010-5
2010年国际博物馆日主会场活动在广州举行//中国博物馆通讯2010-5
河南省博物馆学会第六届会员代表大会在郑州召开/古花开//中国博物馆通讯2010-5；中国文物报2010-5-5
中国博物馆学会博物馆数字化专业委员会2010年学术年会在河南博物院开幕/古花开//中国博物馆通讯2010-6

首都博物馆召开科研工作大会/黄文//中国文物报2010-6-9
甘肃省博物馆学会第一次会员代表大会召开/卢冬//中国文物报2010-6-23
文博培训工作调研座谈会在湘召开/夏凯红//中国文物报2010-6-23
河南召开省直文博单位工作联席会/王向杰//中国文物报2010-6-23
“学术期刊·博物馆·文化遗产”论坛暨《东南文化》创刊研讨会召开/王霞//中国文物报2010-7-7
中国博物馆协会纪念馆专委会主任工作会议在北京召开/黄春锋//中国博物馆通讯2010-8
首博举办“博物馆展陈体系研讨会”/李艳//中国文物报2010-8-4
河南召开全省博物馆文物藏品信息化等项工作推进会/张永俊//中国文物报2010-8-4
2010年中日韩博物馆国际学术研讨会在首博举行/李艳//中国文物报2010-9-17
湖南省博物馆学会召开学术专题研讨年会/李燕//中国文物报2010-10-8
国际博物馆协会第22届代表大会7日至12日在上海召开//中国文物报2010-10-20
全国经济百强县博物馆馆长论坛在江苏常熟召开/博文//中国文物报2010-10-27
全国文博教育培训工作座谈会在郑州召开/人文//中国文物报2010-10-29
徐守盛主持湖南省博物馆改扩建工程领导小组会议/唐婷//中国文物报2010-10-29
国际博物馆协会大会开幕刘延东出席并讲话//中国文物报2010-11-8
和谐盛会精彩可期——写在国际博物馆协会第22届大会开幕之际/廖翊//中国文物报2011-11-8
全国民办博物馆发展成都论坛成功举办/马怡运//中国文物报2010-11-24
广东省文博学会第六届年会暨研讨会召开/广文//中国文物报2010-12-15
豫陕晋冀四省博物馆理论与实践研讨会在郑州举行/李艳//中国文物报2010-12-15
吉林省博物馆学会召开座谈会/佘忠明//中国文物报2010-12-17
上海举办博物馆文物保存环境国际学术研讨会/吴来明、黄河//中国文物报2010-12-29
博物馆与文化遗产的处置、注销及归还：国际博协第22届大会博物馆学委员会第33届学术年会综述/侯春燕//中国文物报2010-12-29
中国博物馆学会志愿者专业委员会成立大会暨2009年中国博物馆志愿者论坛在宁波举行/田红艳//广西博物馆文集（七），广西人民出版社2010年
广西博物馆举行旅行社展览宣传推介座谈会/于静//广西博物馆文集（七），广西人民出版社2010年
2011年陕西文博宣教工作会议暨博物馆教育专题研讨会在汉中市隆重召开/省宣教专业委员会//文博宣教2011-1
安徽召开全省民办博物馆发展座谈会/工梦迪//中国文物报2011-1-12
天津举行志愿者表彰大会/天博//中国文物报2011-1-12
中国茶叶博物馆召开建馆20 周年座谈会/张佳//茶叶2011-2
中国博物馆协会召开第五届常务理事会第六次会议/孙波//中国文物报2011-3-4
湖南省博物馆改扩建工程概念设计方案评审会议召开/申国辉//中国文物报2011-3-18
中国博协召开第五届常务理事会第七次会议/汪海涛//中国文物报2011-4-1
四川召开“一馆三地”建设工作推进会/川文//中国文物报2011-4-6
中国博协纪念馆专业委员会2011年专题工作会议召开/黄春锋//中国文物报2011-4-6
天津市文物博物馆学会召开第五届会员代表大会/天博//中国文物报2011-4-6
陕西召开文博宣教工作暨教育专题研讨会/秦仙梅//中国文物报2011-5-4
关注焦点深入研讨：第二届民办博物馆发展西安论坛综述/王彬//中国文物报2011-5-4
中国西班牙博物馆与文物保护专家论坛在京举办/文宣//中国文物报2011-6-1
北京数字博物馆研讨会在北京科协召开/张俊梅//中国文物报2011-6-1
国家博物馆举办美术名家学术研讨/崔波//中国文物报2011-6-17
中国博协召开第五届第二次会员代表大会暨博物馆与记忆学术研讨会/崔波//中国文物报2011-6-22
博物馆与记忆（博物馆与记忆学术研讨会发言摘要）//中国文物报2011-6-22
中国国家博物馆举办中韩水下考古学术研讨会//中国国家博物馆馆刊2011-7
《中国国家博物馆馆刊》百期纪念暨博物馆学术建设与馆刊编辑座谈会”//中国国家博物馆馆刊2011-7

中国博物馆学专业委员会年会和博物馆藏品研究与陈列展览研讨会召开/张俊梅//中国文物报2011-7-8
中国博协志愿者专委会召开一届三次会议/章纹//中国文物报2011-7-20
全国生态（社区）博物馆研讨会在福州召开/崔波//中国文物报2011-8-24
中美博物馆国家标准及最佳做法研讨会综述/黄磊、李燕、李丽辉//中国文物报2011-8-24
2011年中国博物馆协会民族博物馆专委会年会在南宁召开/本报讯//中国文物报2011-8-31
湖北召开文博事业发展“十二五”规划评审会/张晓云//中国文物报2011-9-2
2011年全国博物馆教育研讨会在四川博物院召开/张俊梅、张衡//中国文物报2011-9-9
中英文化连线推动双方交流合作2011博物馆展览设计研讨会召开/崔波//中国文物报2011-9-23
国家文物局召开文化遗产保护科技研究课题立项评审会/郭桂香//中国文物报2011-9-23
“纪念《保护世界文化与自然遗产公约》颁布40周年暨世界遗产保护与发展北京八达岭长城座谈会”召开/张民//中国文物报2011-9-23
中国博协博物馆安全专委会召开2011年年会/陈汾霞//中国文物报2011-9-30
江苏召开“县县有博物馆”工作推进会议/陈宁欣//中国文物报2011-10-12
第十一次全国高校博物馆学术研讨会在西安召开/李艳、田亚玲//中国文物报2011-10-19
中国博协展览交流专业委员会年会暨馆际交流工作研讨会在长春召开/文宣//中国文物报2011-10-21
第四届博物馆教育北京论坛举办/崔波//中国文物报2011-10-21
地市级博物馆体制改革与创新研讨会召开/崔波//中国文物报2011-10-21
以学术活动引领展览提升博物馆文化品位：苏州举行《七君子图》及文人墨竹学术研讨会/张俊梅、苏晓婷//中国文物报2011-10-28
重庆中国三峡博物馆喜庆60周年华诞国际化背景下的博物馆免费开放学术研讨会召开/崔波//中国文物报2011-11-2
2011中国博物馆陈列艺术论坛召开专家汇聚港城探讨博物馆陈列艺术/崔波//中国文物报2011-11-2
上海博物馆举办纪念徐森玉先生诞辰130周年纪念座谈会/沪文//中国文物报2011-11-9
新疆博物馆纪念馆免费开放工作座谈会召开/王金文//中国文物报2011-11-9
2011年国际博物馆高峰文化论坛在广东从化举办/钱冶//中国文物报2011-11-11
国际博协第22届大会圆满闭幕/崔波、李艳//中国文物报2010-11-13
山东大学博物馆新馆开馆庆典暨大学博物馆论坛在济举办/杨海燕、杨谦、王焕//中国文物报2011-11-18
亚太博物馆论坛在济南举办/崔波//中国文物报2011-11-25
中国博协城市博物馆专委会第三届年会召开/博文//中国文物报2011-12-2
冀豫晋陕博物馆界研讨服务民生/李秋云、默晔//中国文化报2011-12-6
全国文博业学位研究生教育研讨会在南京召开/郭桂香//中国文物报2011-12-7
冀豫晋陕四省博物馆理论与实践研讨会在河北召开/冀宣//中国文物报2011-12-7
故宫召开兰亭大展总结会//中国文物报2011-12-14
博物馆馆刊工作交流研讨会在苏召开/漆跃文//中国文物报2011-12-14
变化世界中的博物馆：中国博物馆教育研讨会召开/崔波//中国文物报2011-12-21
海峡两岸博物馆文教发展座谈会在西安召开/刘拥政//中国文物报2011-12-21
沈阳市博物馆协会召开第一届会员代表大会/文博//中国文物报2010-12-24
策展人的盛宴——记北京博物馆学会“策·展”学术研讨会/京博//中国文物报2011-12-28
中国博协藏品保护专业委员会2011年学术研讨会在合肥召开/郭桂香//中国文物报2011-12-28
中美博物馆国家标准及最佳做法研讨会/湘博//中国博物馆2011年合刊
中国博物馆协会考古与遗址博物馆专业委员会2011年年会/孔利宁//中国博物馆2011年合刊
2011中国（北京）电影学术年会在中国电影博物馆举行/高宁//电影艺术2012-1
“博物馆与记忆”高峰论坛在浙江大学举行/浙大//中国文物报2012-1-4
中国博协纪念馆专委会召开2011年度工作总结会/黄春锋//中国文物报2012-1-20
苏州市博物馆协会召开2011年度理事会议/苏文//中国文物报2012-1-25
宁波市港口博物馆科学体验中心初步设计论证会召开/赵锡//中国文物报2012-2-15

“博物馆与新媒体”学术研讨会在大同举行/高游、张晨//中国文物报2012-2-29
功能引领设计功能引领材料——博物馆展柜功能新需求研讨会综述/杨秋、崔波//中国博物馆2012-3
国际博物馆高级管理人员研修班在苏州举行/张俊梅、艾静芳//中国文物报2012-3-7
吉林省博物馆协会召开年度常务理事会/李洪光//中国文物报2012-4-6
陕历博举办中意合作古代壁画保护研究研讨会/郦博//中国文物报2012-4-15
首师大召开文物与博物馆专业硕士联合培养研讨会/钱益汇、史明文//中国文物报2012-4-18
免费博物馆如何更亲民：全国百家博物馆代表齐聚古城共出招/孙欢、黄叶峰//西安晚报2012-5-26
中国博协城市专业委员会学术年会召开/庞博//中国文物报2012-5-30
国内外博物馆旅游研究综述/陈琴、李俊、张述林//人文地理2012-6
“文博行业精神”表述语专家研讨会在京召开/张冲//中国文物报2012-6-22
中国博物馆协会乐器专业委员会筹备会召开/杨理胜//中国文物报2012-6-27
南通环濠河博物馆群“馆长论坛”在南通召开/徐宁//中国文物报2012-7-6
博物馆展柜功能新需求研讨会在京召开/崔波//中国文物报2012-7-18
天津举办部分行业、民办博物馆座谈会/田家馨//中国文物报2012-7-25
博物馆展柜功能需求研讨会综述/杨秋、张宁、崔波//中国文物报2012-7-25
博物馆安全应急新思维：中国博物馆协会博物馆安全专业委员会在兰州召开年会/卢冬//中国文物报2012-7-25
博物馆二○一二国际研讨会将于十一月在台北召开/李慧君//中国文物报2012-9-12
打造交流平台实现资源共享：第二届中国西南博物馆联盟年会在云南召开/徐秀丽//中国文物报2012-9-14
黑龙江举办首届全省文博宣传通讯员座谈会/张金梅//中国文物报2012-9-14
中国博物馆“教育研讨会”在哈尔滨召开/张俊梅、崔波//中国文物报2012-9-21
秦晋豫冀四省博物馆理论与实践研讨会在延安举行/宋伟//延安日报2012-9-26
国际博协亚太地区联盟大会在武汉举行/崔波//中国文物报2012-9-28
秦晋豫冀博物馆理论与实践研讨会在陕召开/庞博//中国文物报2012-9-28；三秦都市报2012-10-11
第三届跨湖桥文化国际学术研讨会暨中国史前遗址博物馆馆长高峰论坛综述/张硕//中国文物报2012-10-24
江苏召开民办博物馆馆长座谈会/苏文//中国文物报2012-10-24
课题主导下的国家博物馆田野考古工作——“中国国家博物馆田野考古合作项目研讨会”纪要/戴向明等//中国文物报2012-10-26
中国博协区域博物馆专业委员会年会暨博物馆标准国际学术研讨会召开/王征//中国文物报2012-11-7
首都博物馆举办“第四届博物馆展览交流研讨会”/京文//中国文物报2012-11-7
苏州博物馆举办沈周国际学术研讨会/谢晓婷//中国文物报2012-11-7
“博物馆与法律学术研讨会”在京举行/高游//中国文物报2012-11-9
中国博协会交流专委会2012年年会在成都召开/张钊//中国文物报2012-11-16
广东省文物博物馆学会第七届年会暨学术研讨会举行/王晓迎//中国文物报2012-11-23
中国博物馆协会博物馆建筑空间与新技术专委会2012年年会召开/张小朋、巢臻//中国文物报2012-11-23
中国博物馆协会华侨博物馆专业委员会2012年年会召开/文宣//中国文物报2012-11-23
湖南省博物馆学会召开第七次会员代表大会/李燕//中国文物报2012-11-28
北京地区博物馆第六次学术会议在京召开/京文//中国文物报2012-11-30
中国博物馆协会纪念馆专业委员会举行2012年年会暨“红色文化论坛”活动/中国博物馆协会纪念馆专委会//中国文物报2012-12-12
标准，令博物馆更专业——中国博物馆协会区域博物馆专业委员会2012年会暨博物馆标准国际学术研讨会综述/黄磊、李燕//中国文物报2012-12-12
历史启发创意文化点亮艺术“第五届海峡两岸（厦门）文化产品博览交易会”综述/丁清华//中国文物报2012-12-12
第35届国际博协博物馆学专业委员会会议将在巴西召开/李慧君//中国文物报2012-12-26
丝绸之路沿线博物馆专业委员会2012年年会召开//丝绸之路2012-14
中国博物馆协会纪念馆专业委员会2012年年会暨红色文化论坛在福州举办//福建党史月刊2012-24

中美博物馆馆长对话峰会纪要//中国博物馆2013-1
国际博协亚太地区联盟2012年大会综述//中国博物馆2013-1
四川省博物馆学会召开2012年年会暨藏品保管与登记著录专业委员会等成立大会/刘慧//中国纪念馆通讯2013-1
中德博物馆对话——博物馆管理及业务工作研讨会在首博举行/杜莹、杨振宇//中国文物报2013-1-23
关于红色文化的思考——中国博协纪念馆专委会“红色文化论坛”综述/黄春锋//中国文物报2013-1-23
海峡两岸博物馆实务经营研习活动举办/曹玉星//中国文物报2013-1-30
中国博协区域博物馆专委会“博物馆标准国际研讨会”在太原举行/杨瑾//中国博物馆2013-2
推动高校博物馆专业化、规范化、制度化建设：中国博物馆协会高校博物馆专业委员会常委会召开2013年会议/宋向光//中国文物报2013-2-6
陕西召开文物考古工程协会会员代表大会/庞博//中国文物报2013-2-6
活力与故事的力量——美国博物馆联盟2013年年会纪实//中国博物馆2013-3
中国博物馆协会登记著录专业委员会2013年度学术年会暨博物馆藏品登记著录学术研讨会纪要//中国博物馆2013-3
中国博物馆协会志愿者专委会工作研讨会在宁波召开/方芳、张俊梅//中国文物报2013-3-13
中国博协文创产品专委会筹备会召开/左宇//中国文物报2013-3-22
甘肃召开博物馆文化创意座谈会/李延强//中国文物报2013-3-27
人物类博物馆陈列艺术研讨会召开/崔波//中国文物报2013-3-27
中国博物馆协会博物馆学专业委员会召开2013年年会/陈平//浙江文物2013-4
中国博物馆协会纪念馆专业委员会会刊编辑座谈暨优秀通讯员表彰大会将在百色召开/卢姗姗//右江日报2013-4-15
第四届两岸民办博物馆发展交流会在西安举办/张莹//中国文物报2013-4-24
大唐西市博物馆举办馆藏墓志国际学术研讨会/庞博//中国文物报2013-4-26
陕西召开2013年文博宣教工作会议/陕宣//中国文物报2013-4-26
国内外专家研讨博物馆照明趋势品/崔波//中国文物报2013-5-1
北京艺术博物馆举办商周玉器特展/京宣//中国文物报2013-5-1
宁波博物馆展出明清文人文玩/宁文//中国文物报2013-5-1
陕西省博物馆协会召开第四届理事会第一次常务理事会议/陕西省博物馆协会秘书处//西部商报2013-5-13
中国博协区域委员会副秘书长会议在陕召开/陕博//中国文物报2013-5-22
中国博物馆协会文创产品专业委员会成立大会在京召开/张俊梅//中国文物报2013-5-24
苏州市博物馆协会召开第七届馆长论坛/苏文//中国文物报2013-5-31
中国博物馆协会纪念馆专业委员会2013年年会暨学术论坛在嘉兴南湖举行/秘书处//中国纪念馆通讯2013-6
北京数字博物馆研讨会在首博举办/树文//中国文物报2013-6-5
中国博物馆协会登记著录专业委员会2013年度学术年会在福州召开/葛颐//中国文物报2013-6-21
“博物馆与教育”学术研讨会在兰州举办/博文//中国文物报2013-7-10
引领理论研究指导实践工作：中国博协博物馆学专委会年会综述/蔡琴//中国文物报2013-8-7
国际博协第23届大会在巴西里约热内卢闭幕/博文//中国文物报2013-8-21
“博物馆发展与展陈更新专题研讨会”在南通博物苑召开/徐宁、郭菁菁//中国文物报2013-8-21
“2013恭王府论坛——中欧王府与古堡遗址博物馆发展之道”在京举行/张双敏//中国文物报2013-8-30
吉林省博物馆协会第二届学术研讨会在长春召开/李洪光//中国文物报2013-8-30
园林博物馆文化传承发展论坛在京举办/崔波//中国文物报2013-9-11
中国文物报社与中国博物馆协会主办全国博物馆陈列展览学术研讨会将召开/崔波//中国文物报2013-9-18
安徽举办纪念毛泽东视察安徽博物院55周年座谈会/徐秀丽//中国文物报2013-9-20
国际海事博物馆协会会议在葡萄牙卡斯卡伊斯落幕/马洁君、张亚东//中国文物报2013-9-20
中国博协保管专业委员会学术研讨会在重庆召开/郑丹、马磊//中国文物报2013-9-27
欧亚经济论坛分会举行中国—欧亚地区博物馆馆长论坛：细数博物馆那些奇妙事儿/肖雪//西安日报2013-9-29

中国博协五届八次常务理事会暨《中国博物馆》杂志创刊30年学术研讨会召开/崔波//中国文物报2013-10-16
中国博协区域博物馆专业委员会年会在津召开/王超//中国文物报2013-10-16
“文化的力量与博物馆的挑战”——中国航海博物馆第四届学术研讨会综述/周华群、荣亮//中国文物报2013-10-16
2013“中国—阿拉伯国家博物馆馆长论坛”在京举行/廖翊//中国文物报2013-10-18
秦俑及彩绘文物保护与研究学术研讨会综述/陕苑文//中国文物报2013-10-18
“博萃臻艺——中西方珍宝艺术展”学术座谈会在辽博召开/辽博//中国文物报2013-10-18
故宫博物院举办钧窑国际学术研讨会/阮富春//中国文物报2013-10-18
“安仁·博物馆论坛”举办/王征//中国文物报2013-10-23
中国博协社教研讨会在井冈山举办/张俊梅//中国文物报2013-10-23
第十二届博物馆数字化推广论坛在杭州举办/张晨//中国文物报2013-10-23
博物馆专家齐聚安仁探讨领域新发展/陈昌君//成都晚报2013-10-23
四省博物馆研讨会在同启幕/陈杰//大同日报2013-10-24
全国高校博物馆学术会议在新疆喀什召开/陈继东//中国文物报2013-10-25
以科学发展为主题开创上博工作新局面——上海博物馆召开科研管理、文化交流、文化创意专题工作会/夏蓓蓓//中国文物报2013-11-8
担当保护古壁画重任扩大民办博物馆影响——首届“曲江壁画论坛”国际学术会议回眸//中国文物报2013-11-13
中国博物馆协会纪念馆专业委员会年会在禾举行/耿俪洳//嘉兴日报2013-11-15
中国博协纪念馆专业委员会年会在嘉兴举行/张俊梅//中国文物报2013-11-22
北京博物馆学会保管专业研讨会在陈嘉庚纪念馆召开/京博//中国文物报2013-11-27
中国博协志愿者专委会年会在苏州召开/张俊梅、林磊//中国文物报2013-11-29
博物馆：记忆与创造力——南京博物院国际博物馆馆长高峰论坛综述//中国文物报2013-11-29
纪念馆在民族复兴中国梦实现过程中的作用——纪念馆专业委员会2013年年会论坛综述/黄春锋//中国文物报2013-11-29
文标委2013年年会在京召开/文冰//中国文物报2013-12-11
专家研讨博物馆教育在文化增值服务中的作用/张俊梅//中国文物报2013-12-11
“博物馆与新应用技术”论坛举办/高游、何薇//中国文物报2013-12-18
中国博协市场公关委员会年会在厦门召开/王惠茹//中国文物报2013-12-20
“回眸·创新”全国博物馆陈列展览学术研讨会在京召开/崔波、高游//中国文物报2013-12-20
“佛教造像碑与佛教艺术”研讨会在山东省博物馆召开/宋爱平、周婀娜、周浩然//中国文物报2013-12-25
中国博物馆协会2013年工作总结会召开/王超//中国文物报2014-1-22
新媒体时代的遗址博物馆：中国博协考古与遗址博物馆专委会二〇一三年年会综述/孔利宁//中国文物报2014-1-22
推动博物馆与市场深度结合——2013中国博协市场推广与公共关系专委会年会综述/房博//中国文物报2014-1-22
博物馆理事会制度研究综述/周婧景//中国博物馆2014-2
全省国有博物馆对口帮扶民办博物馆试点经验交流推广会召开/浙江省文物局//浙江文物2014-2
2014年“国际博物馆日”活动全国主会场活动综述/崔小英//东南文化2014-3
“博物馆建筑的可持续化发展”专题沙龙综述/王霞//东南文化2014-3
2014年“国际博物馆日”活动——江苏省博物馆馆长论坛综述/邢致远//东南文化2014-3
专家研讨“博物馆工作理论与实践”/张俊梅//中国文物报2014-3-28
“中国格萨尔文化博物馆布展大纲”座谈会举行/晋美南杰//青海日报2014-4-12
让藏品背后的人为精神鲜活起来——“博物馆工作理论与实践”国际学术研讨会综述/张俊梅、杨瑾//中国文物报2014-4-16
中意博物馆联盟展览交流第三次会议在合肥召开/徽博//中国文物报2014-5-2

博物馆移动导览应用解决方案研讨会召开/文信//中国文物报2014-5-2
中国博协展览交流专委会2014年会在兰州举行/文展//中国文物报2014-5-14
故宫世界文化遗产监测工作研讨会召开/冯朝晖//中国文物报2014-5-16
江苏博物馆馆长论坛在南京举行/汪园//中国文物报2014-5-23
激发活力·理性思考·可持续发展——2014年中国博物馆教育培训研讨会综述/王芳//中国文物报2014-5-28
搭建沟通桥梁服务社会大众——北京博物馆学会“关于藏品与沟通的对话”主题讲座/赵雨冰//中国文物报2014-5-28
博物馆藏品如何架起沟通的桥梁——江苏省博物馆馆长论坛综述/邢致远//中国文物报2014-6-11
北工大博物馆展陈设计专业成立10周年博物馆设计实践与应用论坛在京召开/崔波//中国文物报2014-6-27
“全国各地方博物馆社团负责人工作座谈会”侧记/中国博物馆协会秘书处//中国博物馆通讯2014-7
中国博物馆协会纪念馆专业委员会召开通讯员工作总结交流座谈会/中国博物馆协会纪念馆专业委员会黄春锋/中国博物馆通讯2014-7
2014年高校博物馆照明研讨会在沪召开/陶峻琳//中国文物报2014-7-4
规模盛大，中国文物报社等三家单位为宣传主力：中国博协第六届会员代表大会将召开/崔波//中国文物报2014-7-18
国际博物馆协会部分国际委员会2014年活动最新信息/艾静芳//中国博物馆通讯2014-8
中国博协丝路沿线博物馆委员会召开年会/王裕昌//中国文物报2014-8-1
省级博物馆馆长座谈陈列展览质量提升/王征//中国文物报2014-8-8
让博物馆的文物活起来——全国博物馆陈列质量提升座谈会综述/王征//中国文物报2014-8-15
江苏召开全省博物馆预防性保护工程推进会/苏文//中国文物报2014-8-15
民族博物馆是保护少数民族文化的阵地——全国少数民族文化遗产保护专题研修班综述/蒋佳宁//中国文物报2014-8-19
全国博物馆馆长探讨开放办馆，盘活文物资源/张建友//中国文化报2014-8-26
第二届博物馆与新媒体学术研讨会将在厦门举行/高游//中国文物报2014-8-29
追寻中国城市发展与文明的历史轨迹——上海博物馆举办“城市与文明”学术研讨会/王建文//中国文物报2014-9-12
央地共建国家级博物馆座谈交流规范资金使用强化绩效评估/文宣//中国文物报2014-9-30
文化遗产保护规划理论及实践研讨会在京召开/冯朝晖//中国文物报2014-9-30
英才汇聚缤纷展演——纪念馆专业委员会举行“挖掘馆内优势资源拓展教育服务功能”博物馆、纪念馆宣教工作研讨暨特色宣教形式展演活动/纪念馆专委会秘书处、中国人民抗日战争纪念馆//中国文物报2014-9-30
中国博协博物馆学专委会2014年年会暨“博物馆个性化研究”学术研讨会在南宁召开/陈平//中国博物馆通讯2014-10
中国博协博物馆学专委会年会暨研讨会在南宁召开/陈平//中国文物报2014-10-7
陕历博壁画国际学术研讨会召开/卢宏艳//中国日报2014-10-16
“博物馆与法律”研讨会在西安召开/张俊梅//中国文物报2014-10-21
“中国特色文物理论体系建构与传统文化传承体系建设问题”学术研讨会召开/徐秀丽//中国文物报2014-10-21
《中国文物志》编纂人员培训班在京举办/徐秀丽//中国文物报2014-10-21
中国博协博物馆管理专委会年会在太原召开/崔波//中国文物报2014-10-21
中国博协建筑空间与新技术专委会年会在南京召开/巢臻//中国文物报2014-10-21
豫陕晋冀四省博物馆举办理论与实践研讨会/宋华//中国文物报2014-10-21
中俄万里茶道研讨会在武汉举行/本报讯//中国文物报2014-10-28
个性与创新：博物馆发展的魅力——“博物馆个性化研究”学术研讨会综述/陈平//中国文物报2014-10-28
海峡两岸博物馆同仁相聚武汉共谋弘扬中华文化/吴建刚//中国文物报2014-10-31
海峡两岸博物馆论坛在汉举办/高杨//人民政协报2014-11-1
两岸心手相联　共享文化盛宴：“海峡两岸博物馆弘扬中华文化论坛·社会教育专题”在湖北省博物馆举行

/钱红、温静//中国文物报2014-11-7
第二届中国历史文化名街保护同盟年会召开/冯朝晖//中国文物报2014-11-14
“客家文化博物馆联盟”成立暨文化展示与传播交流会召开/张俊梅、张延红//中国文物报2014-11-14
北京大学举办高校研究生文化遗产论坛/李月//中国文物报2014-11-14
国家考古遗址公园联盟第四届联席会议在洛阳举行/郭晓蓉//中国文物报2014-11-14
张德勤《困顿与开拓——一个国家文物局局长的自述》出版座谈会召开/马怡运//中国文物报2014-11-21
中美博物馆高层论坛在南京博物院举行/南博//中国文物报2014-11-21
天津博物馆举行“文博讲堂”研讨会/本报讯//中国文物报2014-11-21
湖北省博协举行2014年会/本报讯//中国文物报2014-11-21
中国博物馆协会第六届会员代表大会在厦门召开/徐秀丽//中国文物报2014-11-25
全国文博职业教育培训工作座谈会在京召开/马怡运//中国文物报2014-11-25
在创新中谋求发展：中国博协博物馆管理专委会2014年会侧记/谢开、崔波//中国文物报2014-11-25
中国博协安全专委会年会在厦门召开/张俊梅、李政育//中国文物报2014-11-25
中国·丹麦“漆器保护与研究”论坛在厦门召开/文宣//中国文物报2014-11-28
“智慧博物馆”学术研讨会在厦门举行/王超//中国文物报2014-11-28
2014年中日韩博物馆国际学术研讨会在首博举行/张俊梅、龚莹//中国文物报2014-12-5
中国博协藏品保护专业委员会第二次代表大会在厦门召/成小林//中国文物报2014-12-5
河南民办博物馆协会年会在禹州召开/逯宁//中国文物报2014-12-9
蓝图与愿景——“未来的博物馆”学术研讨会综述/陈平//中国文物报2014-12-9
中美博物馆展览的交融——中美博物馆高层论坛综述/吴蘅//中国文物报2014-12-9
为博物馆事业发展保驾护航——2014年“博物馆与法律”学术研讨会综述/李宇//中国文物报2014-12-9
把美领进博物馆——回望中国博协艺委会成立三十年/崔波//中国文物报2014-12-9
从理论到实践的提升——中国博协社教专委会年会侧记/谢硕//中国文物报2014-12-9
故宫博物院召开研讨会纪念古物陈列所成立百年/徐婉玲//中国文物报2014-12-12
首届中国铁道文博委员会年会在昆明召开/杨玲、杨溪//中国文物报2014-12-12
湖南省博物馆学会在韶山召开2014年会/覃章衡、侯雁//中国文物报2014-12-19
全国文博专硕教指委暨培养单位教学研讨会召开/崔波//中国文物报2014-12-23
博物馆“创新与改革”学术研讨会综述/杨瑾//中国文物报2014-12-23
高校博物馆定位、发展与评估学术研讨会综述/俞文君//中国文物报2014-12-23
上海高校博物馆开展评估的探索学术研讨会综述/张凯//中国文物报2014-12-23
完善博物馆青少年教育功能试点工作总结推广会在京召开/博宣//中国文物报2014-12-30

十七 短论与简讯

河南省博物馆学会保管专业委员会成立/夏志峰//中国博物馆通讯1994-1
常德博物馆建成开放/侯良//中国博物馆通讯1994-1
中国印刷博物馆举行奠基典礼/赵志刚//中国博物馆通讯1994-1
十一届三中全会以来黑龙江省博物馆成绩斐然/魏正一//中国博物馆通讯1994-1
国家文物局表彰全国优秀地县级博物馆和社会教育基地/王成//中国博物馆通讯1994-2
河北省博物馆学会宣传教育专业委员会在邢台成立/张金茹//中国博物馆通讯1994-2
广东筹建华侨博物馆/刘晓斌//中国博物馆通讯1994-2
甘肃筹办寺洼文化遗址博物馆/陇讯//中国博物馆通讯1994-3
中国博物馆学会高等学校博物馆专业文委员会正式成立/高博专//中国博物馆通讯1994-6
贵州省新近建成两个专题博物馆/吴正光//中国博物馆通讯1994-6
山东省博物馆新馆正式开放/杨锡芬//中国博物馆通讯1994-6
湖南省文物局施行《陈列展览管理试行办法》/侯良//中国博物馆通讯1994-6
铜川耀州窑博物馆建成开放//中国文物报1994-6-9；中国考古学年鉴（1995）,文物出版社1997年
中国自然科学博物馆协会举办"博物馆经营管理"馆长研讨班/自科协//中国博物馆通讯1994-7
第六届北京地区博物馆馆长研讨班在承德举行/赵志刚//中国博物馆通讯1994-8
南京博物院制定"南京博物院学术、科技优秀成果实施办法"/南箴//中国博物馆通讯1994-8
"我爱北京博物馆"夏令营开营/首闻//中国博物馆通讯1994-8
中国农业博物馆举办第七届夏令营/吕本荣//中国博物馆通讯1994-8
东莞市历史博物馆落成开馆/任树德//中国博物馆通讯1994-9
首届全国纪念馆专业培训班在泰安圆满结束/张京来//中国博物馆通讯1994-10
陕西省第一家民俗博物馆举行开馆典礼/刘忠民、郝树英//中国博物馆通讯1994-11
南阳市博物馆举行建馆三十五周年纪念活动/张惠娟//中国博物馆通讯1994-11
中国革命博物馆重视科研和出版工作/博闻//中国博物馆通讯1994-12
中美博物馆学者互访/杨德聪//中国博物馆通讯1995-1
法国17至20世纪绘画展在重庆市博物馆举行/丛波//中国博物馆通讯1995-1
北京中华民族博物院推出别具特色的陈列/解立红//中国博物馆通讯1995-1
安徽天长市博物馆隆重开馆/张宏明//中国博物馆通讯1995-1
参加国际博协第十七届大会观感/甄朔南//中国自然科学博物馆协会通讯1995-2；甄朔南博物馆学文集，中国大百科全书出版社2004年
内蒙古博物馆赴美展览"成吉思汗故乡历史文物展览"盛况空前/黄雪寅//中国博物馆通讯1995-2
"中国湖南文物珍品展"在荷兰首都阿姆斯特丹隆重开幕/聂菲//中国博物馆通讯1995-2
江苏省博物馆学会1994年度优秀成果奖评选工作圆满结束/南箴//中国博物馆通讯1995-2
南阳市博物馆落实《纲要》初见成效/罗松晨//中国博物馆通讯1995-2
龙岩爱国主义演讲小分队在学校巡展/彭彦芳//中国博物馆通讯1995-2
北京市博物馆发展纳入法制轨道/张伟涛//中国博物馆通讯1995-2
湖南省开展"文明博物馆"的评选活动/侯良//中国博物馆通讯1995-2

湖南开展省会中学“94文物旅游知识竞赛”活动/游振群//中国博物馆通讯1995-2
国家文物局举办博物馆专家组迎春团拜会/李薇//中国博物馆通讯1995-3
中国博物馆学会入会办法说明/学会秘书处//中国博物馆通讯1995-3
江西省命名首批爱国主义教育基地/黄爱国//中国博物馆通讯1995-3
甘肃省博物馆等单位被列为全省爱国主义教育基地/张行//中国博物馆通讯1995-3
江西省铜鼓县博物馆成立/王现国//中国博物馆通讯1995-3
“内蒙古博物馆之友会”在呼和浩特市成立/王大方//中国博物馆通讯1995-3
白城市博物馆以科学研究为基础开展各项工作/宋德辉//中国博物馆通讯1995-4
宜春市博物馆新馆落成/蔡汝传//中国博物馆通讯1995-4
甘肃玉门市建成火烧沟遗址博物馆/陇讯//中国博物馆通讯1995-4
我国首座法帖博物馆建成开馆//中国博物馆通讯1995-4
山西省政府扶持煤博建设/浪彦//中国博物馆通讯1995-4
江苏开展创建“优秀博物馆（纪念馆）”活动/永安//中国博物馆通讯1995-4
一九九四年全国博物馆简明资料/国家文物局计财处//中国博物馆通讯1995-5
广东华侨博物馆奠基/颜晖//中国博物馆通讯1995-5
湖南省公布首批爱国主义教育基地/侯良//中国博物馆通讯1995-6
安源纪念馆举办“我爱安源”讲解比赛/黄慰媛//中国博物馆通讯1995-7
白城市博物馆设立科研奖励基金/宋德辉//中国博物馆通讯1995-7
我国首家皮影艺术博物馆在山西孝义落成/晋文//中国博物馆通讯1995-7
中国博物馆学会与挪威政府合作开发中国第一座生态博物馆/博讯//中国博物馆通讯1995-8
中国自然科学博物馆协会成立十五周年纪念活动在太原举行/楼锡祜//中国博物馆通讯1995-10
故宫博物院隆重举行建院70周年庆祝活动/张毓燕//中国博物馆通讯1995-10
中国科技馆穹幕影厅正式开放//中国博物馆通讯1995-10
国家文物局印发省、市、自治区博物馆工作会议纪要//中国博物馆通讯1995-11
华东地区成立博物馆协作会/张从军//中国博物馆通讯1995-11
中国革命博物馆暑期活动丰富多彩/胡惠强//中国博物馆通讯1995-11
云南民族博物馆落成开馆/木基元//中国博物馆通讯1995-12
广东省三水市博物馆建成开放/麦海、孙广平//中国博物馆通讯1995-12
汕头兴建华侨博物馆/颜晖//中国博物馆通讯1996-1
“北京博物馆界讲解员沙龙”成立/柴西成//中国博物馆通讯1996-1
中国农业博物馆搞“文化扶贫”/农博//中国博物馆通讯1996-1
中国博物馆学会1995年大事记//中国博物馆通讯1996-1
半个世纪的辉煌——庆祝国际博协成立50周年/甄朔南//中国自然科学博物馆协会通讯1996-1；甄朔南博物馆学文集，中国大百科全书出版社2004年
北京博物馆学会开拓与奋进的十年/马希桂//中国博物馆通讯1996-2
北京博物馆学会纪念成立十周年/柴西成//中国博物馆通讯1996-2
北京市首批博物馆登记工作完成/李学军//中国博物馆通讯1996-2
山东省公布第一批优秀社会教育基地和优秀博物馆/郭建芬//中国博物馆通讯1996-3
大庆市文物博物馆学会成立/裕林//中国博物馆通讯1996-3
“八五”期间秦俑博物馆科研工作突出/徐卫民//中国博物馆通讯1996-3
莱州市博物馆新馆落成开放/潘云广、尹青松//中国博物馆通讯1996-3
敕勒川民俗博物馆重新安家/张惠媛//中国博物馆通讯1996-3
应尽快建立“全国流展信息中心”/徐云根//中国博物馆通讯1996-5
北京举办博物馆讲解员培训班/柴西成//中国博物馆通讯1996-5
盐池县博物馆清明时节讲传统/马汉泽//中国博物馆通讯1996-5
焦作市博物馆送展览下乡/郭继宾//中国博物馆通讯1996-5

南通博物苑举行学校德育教育基地挂牌仪式/赵明远//中国博物馆通讯1996-5
双休日，天津的博物馆渐火爆//中国博物馆通讯1996-5
湖南省文物局组成博物馆工作专家组/侯良//中国博物馆通讯1996-5
陕西省博物馆爱国主义教育基地讲解员培训班在西安举行/陕西省文物局博物馆处//中国博物馆通讯1996-5
首都隆重举行“国际博物馆日”活动/刘桂英//中国博物馆通讯1996-6
国家文物局局长张文彬参加首都“国际博物馆日”活动/郑广荣//中国博物馆通讯1996-6
浙江省召开首届文明博物馆日表彰大会/沈坤荣//中国博物馆通讯1996-6
南京博物院大范围免费开放，观众大幅度增加/戴先玲//中国博物馆通讯1996-6
菏泽地区博物馆新馆落成开馆/李永良//中国博物馆通讯1996-6
河北省博物馆学会举办第二届讲解员培训班/张金茹//中国博物馆通讯1996-6
绍兴市举办文博系统业务培训班/王强//中国博物馆通讯1996-6
中国地质博物馆为迎接第30届国际地质大会积极组织巡回展览/张国平//中国博物馆通讯1996-7
苏州民俗博物馆积极参加“地、县级博物馆创优活动”//中国博物馆通讯1996-7
北京举办第八届博物馆领导干部研讨班/柴西成//中国博物馆通讯1996-9
火灾后的吉林市博物馆新馆建设正式开工/王桂珠//中国博物馆通讯1996-9
万安博物馆新馆落成开馆/谢基梁//中国博物馆通讯1996-9
河姆渡遗址博物馆之友会成立/夏明//中国博物馆通讯1996-9
云南省博物馆派员参加泰国博物馆与计算机培训班/肖明华//中国博物馆通讯1996-10
北京自然博物馆的展览内容编入中学教材/胡柏林//中国博物馆通讯1996-10
农业部召开会议隆重纪念中国农业博物馆开馆十周年//中国博物馆通讯1996-11
北京市博物馆展览评选活动成效显著/李学军//中国博物馆通讯1996-11
“现代博物馆学”培训班在京举行/陈亚辉//中国博物馆通讯1996-11
辽宁省举办第三届讲解员培训班/葛华//中国博物馆通讯1996-11
国内首家洞穴博物馆在本溪建成/孟秀艳、王少梅//中国博物馆通讯1996-11
温州博物馆重新对外开放//中国博物馆通讯1996-11
安徽亳县筹建古井酒文化博物馆//中国博物馆通讯1996-11
安徽省博物馆建馆40周年暨毛主席视察38周年纪念大会隆重举行/徽讯//中国博物馆通讯1996-12
湖南省博物馆庆祝建馆四十周年/游振群//中国博物馆通讯1996-12
北京地区博物馆社教工作人员培训班圆满结束/超英//中国博物馆通讯1996-12
黑龙江省首届地市县博物馆讲解员进修班在哈市开学/胡秀杰//中国博物馆通讯1996-12
济宁市博物馆新馆建成开放/朱承山//中国博物馆通讯1996-12
甘肃省博物馆举办偏远农村儿童免费参观月/张行//中国博物馆通讯1997-1
吉林大学与河北省文博界密切合作，共同培养文博人才/吕军//中国博物馆通讯1997-1
国家文物局表彰中国革命博物馆赴法国搜集留法勤工俭学文物资料工作组境外征集革命文物资料成绩斐然/李耀申//中国博物馆通讯1997-2
川陕革命根据地博物馆举办“博物馆之友”座谈会暨演讲竞赛/王璟//中国博物馆通讯1997-2
北京举办博物馆学系列讲座/柴西成//中国博物馆通讯1997-3
贵州省博物馆学术委员会成立/段丽娜//中国博物馆通讯1997-3
中国农业博物馆举办第三届冬令营//中国博物馆通讯1997-3
贵州省博物馆加大办展力度/吴正光//中国博物馆通讯1997-3
关于开展“国际博物馆日”宣传活动的通知//中国博物馆通讯1997-4
北京博物馆学会成立学术研究专业委员会/北京博物馆学会秘书处//中国博物馆通讯1997-5
白城博物馆科研奖励基金运作良好/郭珉//中国博物馆通讯1997-5
大连自然博物馆举行现代博物馆学培训活动/商黎君//中国博物馆通讯1997-5
北京举行“国际博物馆日”宣传活动/柴西成//中国博物馆通讯1997-6
陕西省国际博物馆日宣传有声有色，观众爆满/蔡理华//中国博物馆通讯1997-6

安徽合肥文物、博物馆界隆重庆祝“国际博物馆日20周年”/王丽华//中国博物馆通讯1997-6
山东省博物馆认真组织宣传“国际博物馆日”活动/杨锡芬//中国博物馆通讯1997-6
山海关长城博物馆开展“国际博物馆日”宣传活动/李晶晶//中国博物馆通讯1997-6
洛阳市开展形式多样的国际博物馆日宣传活动/郭凤娥、马月婵//中国博物馆通讯1997-6
南阳文博系统开展纪念“国际博物馆日”活动/罗松晨//中国博物馆通讯1997-6
北京博物馆界举办“国际博物馆日”宣传活动/柴西成//中国博物馆通讯1997-6
青岛海产博物馆隆重庆祝建馆65周年/倪景辉//中国博物馆通讯1997-6
自贡恐龙博物馆隆重举行建馆十周年庆典/黄大喜//中国博物馆通讯1997-6
国家文物局直属五家博物馆联合组成“汽车博物馆”开展送展下乡活动/李耀申//中国博物馆通讯1997-6
北京举办97年度讲解员培训班/柴西成//中国博物馆通讯1997-7
新乡市博物馆向社会免费开放，坚持三年效果显著/朱旗//中国博物馆通讯1997-7
湖北省博物馆成为全国第一家“网上博物馆”/喻少柏//中国博物馆通讯1997-7
湖北省博物馆联合临近景点推出“春天的回忆”系列春游活动/喻少柏//中国博物馆通讯1997-7
中国农业博物馆开辟青少年野外活动营地/张玉通//中国博物馆通讯1997-7
成都武侯祠博物馆爱国主义教育“三五”活动启动/谭良啸、鹏建平//中国博物馆通讯1997-7
河边民俗博物馆实施“导游服务意见卡”活动/毛有为//中国博物馆通讯1997-7
吉林省博物馆新馆竣工并投入使用/李成//中国博物馆通讯1997-8
临湘市博物馆新馆落成开放/阎勇//中国博物馆通讯1997-8
我国首家油印机博物馆创办/李琼//中国博物馆通讯1997-8
黑龙江省举行第二届博物馆、纪念馆讲解员“爱我家乡文物”讲解比赛/王秀文//中国博物馆通讯1997-8
天津自然博物馆新馆破土动工/卢宣//中国博物馆通讯1997-9
内蒙古博物馆文物养护楼中心楼建成/贾麟//中国博物馆通讯1997-9
东北三省联合举办庆香港回归“爱国杯”讲解员邀请赛/王秀文//中国博物馆通讯1997-9
西安半坡博物馆红外自动讲解系统投入使用/桓玉明//中国博物馆通讯1997-9
“北京地区第九届博物馆馆长研讨班”在昌黎开班/柴西成//中国博物馆通讯1997-10
“全国世界文化遗产保护管理培训班”在承德举办/王大方//中国博物馆通讯1997-10
四川省首届文博系统讲解员比赛在四川省博物馆举行/李青平//中国博物馆通讯1997-10
湖南省博物馆、纪念馆讲解员学习班暨全国讲解比赛选手选拔赛圆满结束/张晓娅//中国博物馆通讯1997-10
天津市举行文物博物馆系统讲解员比赛/张丽黛//中国博物馆通讯1997-10
安塞县博物馆建成开馆/蔡理华//中国博物馆通讯1997-10
江泽民主席和挪威国王、王后出席贵州生态博物馆协议签字仪式/博讯//中国博物馆通讯1997-11
常熟博物馆建成开放//中国博物馆通讯1997-11
昆明市博物馆新馆落成开放/高静铮/中国博物馆通讯1997-11
湖南常德市政府投资两千万兴建博物馆/胡建国/中国博物馆通讯1997-11
温州市金州动物博物馆成立开放/木公/中国博物馆通讯1997-11
厦门华侨博物院扩建工程启动/尧日/中国博物馆通讯1997-11
97年全国文物系统讲解员讲解比赛在洛阳隆重举行/李耀申、牛燕//中国博物馆通讯1997-12
97年全国文物系统讲解员讲解比赛总结座谈会纪要//中国博物馆通讯1997-12
秦始皇兵马俑博物馆宣教部举办“秦俑杯中学生爱祖国爱家乡知识竞赛”/孟剑明、芦建华//中国博物馆通讯1997-12
博物馆自己养自己//北京青年报1997-12-30；中国博物馆通讯1998-2
广东省第一个市区级博物馆——广州市荔湾区博物馆建成开馆/何锡骏//中国博物馆通讯1998-1
湖南省第二届“文明博物馆”评选揭晓/侯良//中国博物馆通讯1998-1
哈密地区博物馆进行年底讲解水平业务考核/张成安//中国博物馆通讯1998-1
乌鲁木齐市举办十二个爱国主义教育基地讲解员短训班/曹飞鸣//中国博物馆通讯1998-1
中挪合作建设贵州省梭嘎生态博物馆//秦陵秦俑研究动态1998-1

博物馆内无白丁//秦陵秦俑研究动态1998-1
各具特色的日本博物馆//秦陵秦俑研究动态1998-1
南阳兴建张衡博物馆//秦陵秦俑研究动态1998-1
北京建成第一百座博物馆//秦陵秦俑研究动态1998-1
安康历史博物馆开馆/刘康利//中国博物馆通讯1998-2
浙江自然博物馆新馆建成试开馆/康熙民//中国博物馆通讯1998-2
连云港市历史文物陈列馆开馆/刘康利//中国博物馆通讯1998-2
中国农业博物馆四个陈列同时启动/张玉通//中国博物馆通讯1998-2
黑龙江博物馆事业稳步发展/叶启晓//中国博物馆通讯1998-3
北京发行磁卡式博物馆通票//中国博物馆通讯1998-3
湖北省博物馆参观收费不再“内外有别”/喻少柏//中国博物馆通讯1998-3
长沙市博物馆与彭德怀同志纪念馆结为友好博物馆/周慧雯//中国博物馆通讯1998-3
1998年“国际博物馆日”的主题//中国博物馆通讯1998-4
淮阴博物馆新馆建成开放/程杰//中国博物馆通讯1998-4
北京兴办一座电话博物馆/宗焕平//中国博物馆通讯1998-4
许村历史博物馆落成/程平、鲍雷//中国博物馆通讯1998-4
贵州省博物馆接收大批捐赠/吴正光//中国博物馆通讯1998-4
庆祝西汉南越王墓博物馆建馆十周年举办系列活动/王文建//中国博物馆通讯1998-4
中国体育博物馆设置触摸屏/刘超英、王军//中国博物馆通讯1998-4
挪威驻华大使白山先生到贵州考察我国第一座生态博物馆/胡朝相//中国博物馆通讯1998-5
中国文物博物馆学院在京成立/蒋迎春//中国博物馆通讯1998-5
河南博物院在郑州隆重开馆/丁福利、曹汉刚//中国博物馆通讯1998-5
徐州博物馆扩建工程开工/束有春//中国博物馆通讯1998-5
北京市文物局建立馆长例会制度/李学军//中国博物馆通讯1998-5
咸阳市文物局举办全市首期讲解员培训班/高波//中国博物馆通讯1998-5
吉林省举办“走进博物馆”露天图片展览/李成//中国博物馆通讯1998-6
湖北省博物馆开展“国际博物馆日”纪念宣传活动/喻少柏//中国博物馆通讯1998-6
辽宁文博界举办“国际博物馆日”活动//中国博物馆通讯1998-6
西安半坡博物馆庆祝建馆40周年/李智//中国博物馆通讯1998-6
青岛市民俗博物馆成立/姜锋//中国博物馆通讯1998-6
观众喜欢小型博物馆/肯尼斯·赫德森//中国博物馆通讯1998-8
全国部分省、市文博系统讲解员培训班在京举行/北京博物馆学会秘书处//中国博物馆通讯1998-8
北京部分博物馆保管员培训班在首都博物馆举办/李静茹//中国博物馆通讯1998-8
洛阳举办文博系统保管员培训班/郭凤娥、马月婵//中国博物馆通讯1998-8
洛阳都城博物馆一批馆藏文物落户洛阳古代艺术馆/吕九卿//中国博物馆通讯1998-8
洛川县博物馆举办首次“博物馆在我心中”征文暨演讲比赛/忠民//中国博物馆通讯1998-8
湖南与浙江两省博物馆互换展览/游振群//中国博物馆通讯1998-8
黑龙江省伊春市博物馆正式落成开馆/胡秀杰//中国博物馆通讯1998-9
天津自然博物馆新馆土建工程竣工/王红、张宁//中国博物馆通讯1998-9
乾陵博物馆举行首届讲解观摩竞赛活动/刘向阳//中国博物馆通讯1998-9
孝感市博物馆实行竞争上岗/李玮//中国博物馆通讯1998-9
秦俑博物馆筹备20年馆庆/徐卫民//中国博物馆通讯1998-9
江西省举办“全省博物馆、纪念馆讲解员提高班”/唐琳//中国博物馆通讯1998-9
安徽省博物馆隆重举办毛泽东视察四十周年纪念活动/王丽华//中国博物馆通讯1998-10
宝鸡青铜器博物馆落成开馆/刘宏斌//中国博物馆通讯1998-10
傩文化博物馆在铜仁正式开馆/喻帮林//中国博物馆通讯1998-10

曲阜汉魏碑刻陈列馆落成开馆/张富勇//中国博物馆通讯1998-10
淄博市举办98全市讲解导游比赛活动/郎爱武//中国博物馆通讯1998-10
第二期保管员培训班在北京市文物局举办/李静茹//中国博物馆通讯1999-1
延安市文物局举办首届讲解员培训班/郑东霞、左晓华//中国博物馆通讯1999-1
成都市博物馆举行建馆40周年庆祝活动/肖平//中国博物馆通讯1999-1
温州博物馆庆祝建馆四十周年/吕溯//中国博物馆通讯1999-1
云南省博物馆进行维修/范舟//中国博物馆通讯1999-1
内蒙古博物馆在广播电台开辟“空中博物馆”节目/赵学东//中国博物馆通讯1999-1
醴陵市博物馆展出改革开放二十年成果展/胡凤姣//中国博物馆通讯1999-1
盐城市博物馆研制成功超低速回转展台/盐城市博物馆//中国博物馆通讯1999-1
济南市博物馆喜迎四十华诞/张文、孟梅//中国博物馆通讯1999-2
上海新春新安排——博物殿堂回眸历史，烈士陵园缅怀先贤//新民晚报1999-2-18；中国博物馆通讯1999-3
深化办馆体制的改革//中国博物馆通讯1999-3
英国博协通过新的博物馆定义//中国博物馆通讯1999-3
浙江省隆重表彰和奖励第二届省级“文明博物馆”/沈坤荣//中国博物馆通讯1999-3
西藏第一座博物馆但是//中国博物馆通讯1999-3
北京春节老老少少逛“博物馆”//中国博物馆通讯1999-3
调查显示博物馆成为北京人的第二课堂/江东//中国博物馆通讯1999-3
陕西省第一座由私人投资兴建的三秦自然博物馆在西安开馆/桓历萍//中国博物馆通讯1999-3
北京中华民族博物馆在春节前资助少数民族学生/张颖//中国博物馆通讯1999-3
1999年国际博物馆日的主题——发现的快乐/安来顺//中国博物馆通讯1999-4
中国历史博物馆公开征集馆徽，受到社会关注/齐吉祥//中国博物馆通讯1999-4
无锡泥人博物馆正式成立/苏文//中国博物馆通讯1999-4
成都市博物馆“藏品管理系统”通过专家鉴定/李南书//中国博物馆通讯1999-4
定陵博物馆40年接待了一亿两千五百万观众/李张李//中国博物馆通讯1999-4
三峡博物馆隆重举办“救救孩子”图片展览/帅峰、永青//中国博物馆通讯1999-4
杜甫草堂博物馆举办“乙卯人日活动”/陈石宣//中国博物馆通讯1999-4
博物馆通票今年热京城/江东//中国博物馆通讯1999-4
京城博物馆广告牌亮相西客站/胡柏林//中国博物馆通讯1999-4
北京旅游交通图上出现“博物馆”广告/程京生//中国博物馆通讯1999-4
郎德苗寨博物馆成为教学科研基地/吴正光//中国博物馆通讯1999-4
黑龙江省文博工作会议宣布1999年为省博物馆展览年/刘冬冰//中国博物馆通讯1999-5
北京设计博物馆在京成立/程京生//中国博物馆通讯1999-5
北京举办第一期“精宝藏品管理系统”培训班/李文昌//中国博物馆通讯1999-5
首都热烈开展国际博物馆日“发现的快乐”活动/北京晚报//中国博物馆通讯1999-6
迎接世界博物馆日天津开展咨询活动/今晚报//中国博物馆通讯1999-6
江西各地开展5·18国际博物馆日宣传活动/文物报//中国博物馆通讯1999-6
湖北省博物馆纪念“国际博物馆日”活动盛况空前/喻少柏//中国博物馆通讯1999-6
中华民族博物馆纪念博物馆日举办“西藏风情展”/张颖//中国博物馆通讯1999-6
“5·18国际博物馆日”活动在安徽/王丽华//中国博物馆通讯1999-6
广州博物馆开展“国际博物馆日”宣传活动/黎丽明//中国博物馆通讯1999-6
山东省开展丰富多彩的“国际博物馆日”活动/山东省文物局//中国博物馆通讯1999-6
昌吉州博物馆举办“5·18国际博物馆日”宣传活动/陈金宝、艾乃甫//中国博物馆通讯1999-6
济源市博物馆开展“国际博物馆日”主题宣传活动/孙青、翟本国//中国博物馆通讯1999-6
青海省博物馆新馆工程破土动工/董志强//中国博物馆通讯1999-6
徐州博物馆新馆建成开放/苏文//中国博物馆通讯1999-6

武都县博物馆建成开馆/汪国富//中国博物馆通讯1999-6
锦州凌川酒业有限责任公司建起酒文化博物馆/高惠祥、张广新//中国博物馆通讯1999-6
上海将建10多个产业博物馆/朱庭玉//中国博物馆通讯1999-6
河南博物院一周年院庆系列活动简朴热烈/丁福利、张天玉//中国博物馆通讯1999-6
江泽民总书记视察湖北省博物馆/喻少柏//中国博物馆通讯1999-7
甘肃省举办讲解员大赛/汪国富//中国博物馆通讯1999-7
深圳市举办首期讲解员培训班/周英//中国博物馆通讯1999-7
中英街历史博物馆隆重开馆/孙霄//中国博物馆通讯1999-7
西藏博物馆陈列艺术设计方案审定/曲珍//中国博物馆通讯1999-7
长沙市博物馆举办“中国人民是不可战胜的”展览/柳宪辉//中国博物馆通讯1999-7
常德博物馆举办“中国人民是不可战胜的”大型图片展览/郑祖梅//中国博物馆通讯1999-7
内蒙古第二座乡级博物馆落成/王大方//中国博物馆通讯1999-8
旅顺博物馆注重服务硬件建设/唐红//中国博物馆通讯1999-8
国家文物局和中国博物馆学会在上海举办“龙华杯”讲解比赛/辛泸江//中国博物馆通讯1999-10
吉林省革命博物馆在国庆之际同时推出两个展览/吴辉//中国博物馆通讯1999-10
西藏博物馆建成，实现了毛泽东主席每省有一个博物馆的构想//中国博物馆通讯1999-11
西藏博物馆正式开馆/西藏博物馆//中国博物馆通讯1999-11
南京博物院艺术陈列馆建成开放/季倩//中国博物馆通讯1999-11
内蒙古包头博物馆隆重开馆/王大方//中国博物馆通讯1999-11
秦始皇帝陵文物陈列厅对外开放/徐卫民//中国博物馆通讯1999-11
汶上县中都博物馆举行盛大开馆仪式/刘建康//中国博物馆通讯1999-11
谁给这个博物馆找个家/周秦玉、王原/西安晚报1999-12-2
北京博物馆学会举办“全国部分省市文物系统群教工作管理人员培训班”/刘桂英//中国博物馆通讯1999-12
内蒙古博物馆与自治区高校联合共建大学生文化素质教育基地/张慧媛//中国博物馆通讯1999-12
上海鲁迅纪念馆新馆落成开放/姚庆雄//中国博物馆通讯2000-1
内蒙古成立达斡尔民族博物馆/王大方//中国博物馆通讯2000-1
“99黑龙江省博物馆十大优秀陈列展览”评选揭晓/张云鹏//中国博物馆通讯2000-1
国际珍贵礼品展在广州南越王墓博物馆开幕//中国博物馆通讯2000-1
旅顺博物馆送展下基层/唐红//中国博物馆通讯2000-1
1999年日本自然科学类博物馆见闻（之二）/甄朔南//中国自然科学博物馆协会通讯2000-1；甄朔南博物馆学文集，中国大百科全书出版社2004年
陇西县博物馆自举办“定西地区首届文博系统职工书画作品展”/张红霞//陇右文博2000-1
郑州博物馆新馆开放/汪培梓//中国博物馆通讯2000-2
南通市人民公园回归南通博物苑的园林部分/张美英//中国博物馆通讯2000-2
江西举办全省文博保管员培训班/王琴红//中国博物馆通讯2000-2
首届“湖南省伟人纪念馆讲解联赛”在韶山举行/韶山毛泽东同志纪念馆//中国博物馆通讯2000-2
北京自然博物馆建立金字塔开展环境教育/胡柏林//中国博物馆通讯2000-2
日本博物馆与日本的恐龙热/甄朔南//中国自然科学博物馆协会通讯2000-2；甄朔南博物馆学文集，中国大百科全书出版社2004年
甘博举办讲解员暨导游员学习班/郭晓瑛//陇右文博2000-2
河南洛阳博物馆与韩国国立扶余博物馆缔结为友好博物馆/赵星汉//中国博物馆通讯2000-3
中国彩灯博物馆进行陈列整改/朱旭//中国博物馆通讯2000-3
成都市博物馆多媒体网站开通//中国博物馆通讯2000-3
无锡市博物馆书画艺术馆建成开馆/徐琳//中国博物馆通讯2000-3
成都理工学院博物馆获两项国家科普教育基地殊荣/王正新//中国博物馆通讯2000-3
常德博物馆举办冰雕冰灯艺术展示游览会/胡建国//中国博物馆通讯2000-3

2000年国际博物馆日主题——致力于社会和平与和睦的博物馆/秘书处//中国博物馆通讯2000-4
盐城市博物馆进行会员业务考核/毕良贵//中国博物馆通讯2000-4
黑龙江省博物馆积极为“减负”后的中小学生拓宽活动空间/张云鹏//中国博物馆通讯2000-5
南昌市民俗博物馆发挥教育功能出新招/梅联华//中国博物馆通讯2000-5
上海第一家银行博物馆开馆/中国工商银行上海市分行办公室//中国博物馆通讯2000-5
陕西省博物馆学会举办第三届讲解员培训班/石文、希玲//中国博物馆通讯2000-5
北京中华民族博物馆又添新活动/解立红//中国博物馆通讯2000-5
洛阳市文物局对讲解员、保管员进行业务考核/张立芳//中国博物馆通讯2000-5
旅顺博物馆经过改造后重新开放/唐红//中国博物馆通讯2000-5
洛川县博物馆开展“抓学习、通业务、创效益、树形象”活动/白利民//中国博物馆通讯2000-5
秦兵马俑新辟参观项目//华声报2000-5-1
湖南省博物馆开展“家庭日”活动/吴镝//中国博物馆通讯2000-6
秦俑馆不断推出新近出土文物陈列/济深//光明日报2000-6-23
5·18北京纪念国际博物馆日活动侧记/李学军//中国博物馆通讯2000-7
河南省文博讲解员暨导游员讲习班在洛阳举办/郭凤娥、程英民//中国博物馆通讯2000-7
许昌市文博系统举办第二届讲解员大赛/赫连玉芳//中国博物馆通讯2000-7
“中国博物”网（站）与全国博物馆牵手/木公//中国博物馆通讯2000-7
新加坡开设数字化博物馆/欣闻//中国文化报2000-7-18
“秦汉雕塑展”在日本获得圆满成功//中国博物馆通讯2000-8
中国博物馆学会举办“博物馆文化知识”竞赛专题节目/小燕//中国博物馆通讯2000-8
郑州博物馆实行竞争上岗全员聘任/汪培梓//中国博物馆通讯2000-8
陇西县博物馆注重群教工作成效明显/杨万荣//中国博物馆通讯2000-8
焦作市博物馆围绕“减负”开展多项活动/韩静//中国博物馆通讯2000-8
乾陵博物馆举办“我爱乾陵”征文竞赛暨“乾陵之旅”夏令营活动/刘向阳//中国博物馆通讯2000-9
河姆渡遗址博物馆举办2000年中学生文博夏令营/黄建华//中国博物馆通讯2000-9
南宋官窑近期推出“陶艺乐园”活动/王赛娟//中国博物馆通讯2000-9
东北烈士纪念馆举办中小学生暑期义务讲解员培训活动/于文生//中国博物馆通讯2000-9
淮阳县博物馆举办业余讲解员大赛/骆清、张新新//中国博物馆通讯2000-9
为兵马俑治病//光明日报2000-9-22
中比科学家将联手防治秦兵马俑霉菌//华声报2000-9-26
“MAYA——重现的文明”墨西哥古代文化展在秦俑博物馆开幕//中国博物馆通讯2000-10
蓬莱登州博物馆落成开放/姚莉莉、王丽丽//中国博物馆通讯2000-10
泰达当代艺术博物馆在天津问世/京生//中国博物馆通讯2000-10
内蒙古扎鲁特旗筹办小型历史博物馆/王大方//中国博物馆通讯2000-10
第二届国际岩画学术研讨会建议建立世界岩画博物馆/李彤//中国博物馆通讯2000-10
北京自然博物馆接受国有企业最大的捐赠/胡柏林//中国博物馆通讯2000-10
北京自然博物馆讲解员上岗前要军训/胡柏林//中国博物馆通讯2000-10
南京博物院网站开通/张小朋//中国博物馆通讯2000-10
温州博物馆新馆举行隆重奠基仪式/伍显军//中国博物馆通讯2000-12
贵州省政府代表团赴欧考察文物、博物馆报告/李嘉琪//中国博物馆通讯2001-1
山西省博物馆馆藏文物精华展在广州举办/黎丽明//中国博物馆通讯2001-1
郑州博物馆荣获“优秀青少年维权岗”称号/汪培梓//中国博物馆通讯2001-1
吉林大学博物馆专业推出一批文博网站/史吉祥//中国博物馆通讯2001-1
武威市博物馆举办“文博知识培剖训班”/程爱民//陇右文博2001-1
甘博举办讲解员暨导游员学习班/郭晓瑛//陇右文博2001-1
“省文博系统绘画、书法、摄影展”在省博物馆展出/那拉//陇右文博2001-2

“台北故宫博物院书画展”在省博展出/时兰兰//陇右文博2001-2
“光辉的历程——纪念中国共产党成立八十周年特别展”在甘肃省博物馆展出/尹德生//陇右文博2001-2
重庆中国三峡博物馆开工/徐慧//中国博物馆通讯2001-2
登封市博物馆建设列入“十五”计划/嵩宝、洪贤//中国博物馆通讯2001-2
内蒙古自治区文博讲解员讲解培训暨讲解大赛在内蒙古博物馆举行/赵学东//中国博物馆通讯2001-2
东北烈士纪念馆举办迎接新世纪群教工作者知识竞赛/张云鹏//中国博物馆通讯2001-2
河姆渡遗址博物馆注重提高职工业务素质/熊巨龙//中国博物馆通讯2001-2
秦俑馆昨日爆棚/黄亚平、杜勇//西安晚报2001-3-11
中国洛阳“龙门石窟佛教艺术展”在比利时展出//中国博物馆通讯2001-5
洛阳博物馆举办新加坡“狮城墨韵”画展//中国博物馆通讯2001-5
国际博物馆日全国各地活动异彩纷呈//中国博物馆通讯2001-5
“兵马俑——秦文化展”轰动台湾/田静//中国博物馆通讯2001-5
《博物馆馆长专业资格条件（试行）》//中国博物馆通讯2001-5
广东省文博学会成立宣教工作专业委员会/卜穗文//中国博物馆通讯2001-6
中国农业博物馆设立学术委员会/钟萍//中国博物馆通讯2001-6
三门峡虢国博物馆正式对外开放/田双印//中国博物馆通讯2001-6
北京服装学院民族博物馆在京建成开放/京生//中国博物馆通讯2001-6
安阳殷墟博物苑车马坑展厅落成/李全庆//中国博物馆通讯2001-6
井冈山革命博物馆修改基本陈列迎接建党八十周年/李美兴//中国博物馆通讯2001-6
北京纪念国际博物馆日大型宣传咨询活动在劳动人民文化宫举行/刘桂英//中国博物馆通讯2001-6
天津市文物局与天津文博国际博物馆日大型宣传咨询活动在劳动人民文化宫举行/刘桂英//中国博物馆通讯2001-6
吉林省各地博物馆在“5・18国际博物馆日”期间举行系列活动/张云鹏//中国博物馆通讯2001-6
湖北省“国际博物馆日”宣传活动社会反响强烈/湖北省文物局博物馆处//中国博物馆通讯2001-6
江西省积极开展“5・18国际博物馆日”宣传活动/王琴红//中国博物馆通讯2001-6
成都市联合开展“5・18国际博物馆日”宣传活动//中国博物馆通讯2001-6
广州博物馆举行“国际博物馆日”宣传活动/黎丽明//中国博物馆通讯2001-6
遵义首次开展“国际博物馆日”活动/周国珍//中国博物馆通讯2001-6
济源市博物馆欢庆“国际博物馆日”/张亚娜、孙青//中国博物馆通讯2001-6
河南郑州文波单位共庆博物馆日/汪培梓//中国博物馆通讯2001-6
洛阳文物局开展“国际博物馆日”宣传周活动/程英民//中国博物馆通讯2001-6
焦作市博物馆推出多项活动庆祝博物馆日/韩竞//中国博物馆通讯2001-6
益阳市博物馆“国际博物馆日”活动丰富多彩/邱卫红//中国博物馆通讯2001-6
右江民族博物馆举办“国际博物馆日”纪念活动/罗品科//中国博物馆通讯2001-6
井冈山市开展“国际博物馆日”宣传活动/张艳//中国博物馆通讯2001-6
酒泉市博物馆隆重庆祝“国际博物馆日”/赵建平//中国博物馆通讯2001-6
临夏州举行国际博物馆日纪念活动/马玲//中国博物馆通讯2001-6
上杭县博物馆举办国际博物馆日活动/雷晓华//中国博物馆通讯2001-6
郑州博物馆举办“少儿文化活动周”/汪培梓//中国博物馆通讯2001-7
北京中华民族博物院即将建成开放//中国博物馆通讯2001-8
即墨市博物馆新馆开馆/宫成武、高峻岭//中国博物馆通讯2001-8
陕西省文物系统讲解比赛暨“纪念建党80周年，塑造陕西人新形象”讲演选拔赛在铜川举行/蔡理华//中国博物馆通讯2001-8
宁夏首届讲解员（导游员）风采展示大赛在银川举办/李彤//中国博物馆通讯2001-8
甘肃举办讲解员大赛/汪国富//中国博物馆通讯2001-8
福建省举行“古田杯”讲解比赛/傅柒生//中国博物馆通讯2001-8

杭州南宋官窑博物馆推出暑期“陶艺乐园”活动/王赛娟//中国博物馆通讯2001-8
国际博协关于博物馆和文化旅游原则声明的提案/李志玲译//中国博物馆通讯2001-8
“中韩民族造型艺术特别交流展”在昆明展出/木基元//中国博物馆通讯2001-8
国际博协1998～2001工作报告（摘要）//中国博物馆通讯2001-9
《国际博协2001～2007发展战略规划》（摘要）//中国博物馆通讯2001-9
中国代表团出席国际博协第十九届大会暨二十次全体会议/安来顺//中国博物馆通讯2001-9
国际博物馆协会第二十次全体会议决议//中国博物馆通讯2001-9
“中国西夏王国的文字世界展”在宁夏展出/王效军//中国博物馆通讯2001-9
“延安杯”讲解邀请赛在延安革命纪念馆举办/小宁//中国博物馆通讯2001-9
山西博物馆新馆隆重奠基开工/王岚//中国博物馆通讯2001-9
内蒙古自治区第一座生态博物馆启动建设/包丁//中国博物馆通讯2001-9
武汉博物馆建成/刘国斌//中国博物馆通讯2001-9
首届南京海峡两岸青少年“情系中山”夏令营开办/刘东华//中国博物馆通讯2001-9
首博举办爱国主义教育夏令营活动/尤炳霞//中国博物馆通讯2001-9
伪满皇宫博物院举办有奖征文夏令营活动/张微、石宪//中国博物馆通讯2001-9
博物馆简介岂能长期不变/喻少柏//中国文物报2001-9-7
香港历史博物馆“香港故事”常设展览揭幕/彭臻歆//中国文物报2001-9-14
中国书院博物馆成立在即/郭桂香、曹砚农//中国文物报2001-9-14
青海柳湾彩陶博物馆封顶/邵全才//中国文物报2001-9-14
青海湖博物馆开馆/邵全才//中国文物报2001-9-14
洛阳八路军办事处纪念馆推出手语讲解/程英民//中国文物报2001-9-14
在仙桃建一座“体操博物馆”如何/喻少柏//中国文物报2001-9-14
上博开通服务热线推出学生参观卡/郑亚//中国文物报2001-9-21
关注热点难点加强监督批评——全国部分博物馆馆长与本报座谈/李政//中国文物报2001-9-28
“巴基斯坦工艺品及绘画展”在湘博展出//中国博物馆通讯2001-10
山西大学文博学院正式挂牌成立/王岚、彰声//中国博物馆通讯2001-10
黑龙江省博物馆“馆藏清代皇家珍品展”赴加拿大展出//中国博物馆通讯2001-10
河北省民俗博物馆庆“十一”推出明清瓷器珍品展/杨宜柳//中国博物馆通讯2001-10
“中国古代铭刻文物展”在香港展出/张哓娅//中国博物馆通讯2001-10
随州博物馆推出地方特色“青铜器”陈列/张华珍//中国博物馆通讯2001-10
粤港联合推出“中国明清花鸟画展”/朱万章//中国博物馆通讯2001-10
河南博物院教育基地建设结硕果/丁福利、王小元//中国博物馆通讯2001-10
水平要求高物质待遇低京城博物馆讲解员告急/赵婷、罗媛//市场报2001-10-22
北京博物馆学会积极参加北京“社会科学普及周”活动/李静茹//中国博物馆通讯2001-11
武汉博物馆隆重开馆/刘国斌//中国博物馆通讯2001-11
湖北省第一家民办农家博物馆在宜昌诞生/王家德//中国博物馆通讯2001-11
沈阳“九一八”历史博物馆调展完成/高建//中国博物馆通讯2001-11
晋江市博物馆施琅纪念馆重新开放/何振良//中国博物馆通讯2001-11
河南文物系统加大外语人才培养/汪培梓//中国博物馆通讯2001-11
重刊《国家文物局机关工作人员守则》//中国博物馆通讯2001-11
2000年度全国文物系统博物馆简况//中国博物馆通讯2001-11
绍兴大通学堂修复开放/郭玲玲//中国博物馆通讯2001-11
无锡市将修复钱钟书故居，筹建“钱钟书文学馆”/左烨//中国博物馆通讯2001-11
上海大唐美术公司捐资百万修复严复故居/李玉棠//中国博物馆通讯2001-11
法门寺的故事——写在法门寺博物馆新陈列开放之际/严建强//中国文物报2001-11-2
法门寺博物馆新馆十五日迎宾/一剑//旅游商报2001-11-8

中华苏维埃共和国交通管理局旧址竣工揭幕/杨荣彬、谢春华//中国博物馆通讯2001-12
瑞金中华苏维埃共和国外贸总局旧址修复开放/杨荣彬//中国博物馆通讯2001-12
中华苏维埃共和国内务人民委员部旧址修复揭幕/杨荣彬//中国博物馆通讯2001-12
瑞金中华苏维埃共和国工农检察人民委员部旧址修复竣工/杨荣彬 王华平//中国博物馆通讯2001-12
宁波服装博物馆新馆开馆//中国博物馆通讯2001-12
中国电信博物馆在京开馆/程京生//中国博物馆通讯2001-12
西柏坡新华社总编室旧址重建奠基仪式举行/王彦红//中国博物馆通讯2001-12
“焦作市党风廉政建设和反腐败斗争成果展览”在焦作市博物馆开展/刘凤仙//中国博物馆通讯2001-12
郑州市文博系统庆祝《文物法》颁布十九周年/曲芳芳//中国博物馆通讯2001-12
洛阳市举办讲解员、保管员业务培训班/程英民//中国博物馆通讯2001-12
南宁六大博物馆推出“馆馆通”参观广西科普系列活动/李善华、黄璐//中国博物馆通讯2002-1
挪威开发合作署与中国博物馆学会《关于贵州生态博物馆群项目合作的协议》签字仪式在京举行/贵外//中国博物馆通讯2002-1
四川博物馆新馆正式奠基/张孜江//中国博物馆通讯2002-2
法门寺历史文化新陈列馆开馆/庞博//中国博物馆通讯2002-2
陕西省博物馆学会举办讲解员培训班/庞博、张希玲//中国博物馆通讯2002-2
甘肃省举办文物藏品保管员培训班/汪国富//中国博物馆通讯2002-2
东北师大自然博物馆“红烛志愿者”科普宣传服务队启动仪式在长春开幕/于立元//博物馆研究2002-2
日本政府无偿援助云南民族博物馆项目在京签字/杨冰//中国博物馆通讯2002-3
江苏省新沂博物馆开馆/程东辉、胡海英、戚海峰//中国博物馆通讯2002-3
瑞金筹建中华苏维埃共和国博物馆/杨荣彬//中国博物馆通讯2002-3
湖北省博物馆与高校共话素质教育/连红//中国博物馆通讯2002-3
“陕西文博界学术沙龙”在陕西历史博物馆举办/田静//中国博物馆通讯2002-3
广东省文博学会举办第一期讲解业务培训班/卜穗文//中国博物馆通讯2002-3
乌鲁木齐市举办爱国主义教育基地讲解员培训班/曹飞鸣//中国博物馆通讯2002-3
井冈山革命博物馆开展讲解员培训/秦莉敏//中国博物馆通讯2002-3
中国博物馆学会将举办全国讲解员培训班//中国博物馆通讯2002-3
志愿者队伍的规范管理/徐云根、康珏、龚玉芳//中国博物馆通讯2002-4
上海青浦区博物馆新馆动工兴建/王辉//中国博物馆通讯2002-4
法门寺博物馆将建大唐迎佛图壁画/庞博//中国博物馆通讯2002-4
“世界奇观——秦兵马俑文物精品展”在成都开展/郭向东//中国博物馆通讯2002-4
山西晋祠博物馆讲解员进行短期培训/李萍//中国博物馆通讯2002-4
湖北将建楚文化博物馆//文物工作2002-4
“5·18”各地活动//中国博物馆通讯2002-5、6
河北省民俗博物馆举办巡回展览/孙晶昌//文物春秋2002-6
《中国博物馆学史研究》课题已经启动/聂菲//中国博物馆通讯2002-7
天津元明清天妃宫遗址博物馆开馆/刘惠琳//中国博物馆通讯2002-7
炮兵博物馆迁址改陈完毕/李玉柱//中国博物馆通讯2002-7
镇山布依族生态博物馆隆重开馆/省丁//中国博物馆通讯2002-8
甘肃省金塔县博物馆成立/汪国富//中国博物馆通讯2002-8
大学生为何冷落博物馆//光明日报2002-8-29
内蒙古满洲里市博物馆建成/王大方//中国博物馆通讯2002-9
关中民俗艺术博物院在陕西奠基/庞博//中国博物馆通讯2002-9
陕西首家股份制博物馆建在宝鸡建成/庞博//中国博物馆通讯2002-9
西安碑林博物馆网站正式开通/田福宝//碑林集刊（八），陕西人民美术出版社2002年
西安碑林博物馆被评为国家AAAA级旅游景区/喜雨//碑林集刊（八），陕西人民美术出版社2002年

“马王堆汉墓文物特展”赴汉城展出//中国博物馆通讯2002-10
浙江省文博讲解员培训班暨全省第三届“十佳”讲解员比赛在杭州举办/高超云//中国博物馆通讯2002-10
“越南美术家作品展”在广西博物馆展出//中国博物馆通讯2002-10
中国博物馆学会2002年大事记//中国博物馆通讯2003-1
博物馆的活动与展示应该拥抱大众//中国博物馆通讯2003-1
“印度古代青铜造像展”在西安展出/庞博//中国博物馆通讯2003-2
云南民族博物馆“世外桃源的诱惑——中国云南少数民族文化展”在日本大阪展出/杨莉//中国博物馆通讯2003-2
“日本现代版画展1950～1990”在首博展出/鲁晓帆//中国博物馆通讯2003-2
奥地利“萨尔茨堡民俗文化展”在桂林博物馆展出/谢代钦//中国博物馆通讯2003-2
江西省博物馆学会成立陈列宣教委员会/梅联华、曹佳倩//中国博物馆通讯2003-2
我国第一个乡级恐龙博物馆落成开放/胡柏林//中国博物馆通讯2003-2
“竹产品大全博览馆”在广宁县博物馆开放展出/密火树//中国博物馆通讯2003-2
天津梁启超纪念馆对外开放/马嫒//中国博物馆通讯2003-2
铁道部长傅志寰为中国铁道博物馆机车车辆陈列厅揭幕/苏适//中国博物馆通讯2003-2
甘肃省首家高校博物馆开馆/汪国富//中国博物馆通讯2003-2
钱钟书纪念馆正式对外开放/薛鸣法//中国博物馆通讯2003-2
广州丝织行会博物馆成立/刘鉴//中国博物馆通讯2003-2
湖北省博物馆扩建工程开工/连红//中国博物馆通讯2003-2
鲍贤伦：改进管理服务大众//中国文物报2003-2-2
碑林博物馆申报保护历史文化街区/文阁//陕西日报2003-2-14
博物馆的魅力问题/潮白//羊城晚报2003-2-18
“两岸退役将领盼统一书画展”在广州举办/卜穗文//中国博物馆通讯2003-3
泉州百个家族移民台湾族谱在泉州海外交通史博物馆展出/李秀梅//中国博物馆通讯2003-3
中国国家博物馆成立//中国博物馆通讯2003-3
大庆市文物博物馆学会再度被评为市级先进学会/唐国文//中国博物馆通讯2003-3
2003年陕西的博物馆将以新貌迎客/庞博//中国博物馆通讯2003-3
山东省吕剧博物院主体工程完工/荣子录、李娟//中国博物馆通讯2003-3
邢台郭守敬纪念馆被四部委命名为“全国青少年科技教育基地”/刘秋果、谢剑荣//中国博物馆通讯2003-3
陆秀夫纪念馆开馆/吴其凯//中国博物馆通讯2003-3
郑州博物馆荣获全省文物藏品总帐评比第一/汤威//中国博物馆通讯2003-3
湖南省博物馆培训讲解员/刘薇//中国博物馆通讯2003-3
湖南省益阳市博物馆开展“城市见证”调查征集活动/符凯伟//中国博物馆通讯2003-3
中国国家博物馆成立//文物工作2003-3
从细节做起/黄琛//中国文物报2005-3-6
强强联手，打造“纸本”博物馆/文宣//新闻出版报2003-3-7
走进妇女文化博物馆/张杏珍、屈雅君//华商报2003-3-12
在博物馆的整体关系中，不仅艺术品是展品，观众、建筑也是展示//中国博物馆通讯2003-4
以前将历史博物馆和科学博物馆做切割，现在要研究如何将人文与科学做更好的整合//中国博物馆通讯2003-4
博物馆学面临观念上很大的颠覆和解构的过程//中国博物馆通讯2003-4
现代化的博物馆业务实在是和科研工作分不开的//中国博物馆通讯2003-4
博物馆里不是要放一尊神让民众膜拜，而是要以传教士的精神，把教育资源传播出去//中国博物馆通讯2003-4
晋侯墓群出土文物精华展宣传效果调查报告/上海博物馆教育部//中国博物馆通讯2003-4
日本首次开展国际博物馆日活动/〔日〕河上恭雄著，万婷译//中国博物馆通讯2003-4
“西夏文物精品展”在深圳隆重开幕/吴翠明//中国博物馆通讯2003-4

吉林市博物馆举办《永恒的雷锋精神》图片展览/付莹//中国博物馆通讯2003-4
"'人与人'广东美术馆中国现当代美术藏品专题展"在长沙展出/游振群、张峰、唐微//中国博物馆通讯2003-4
连云港市举办首届优秀文博讲解员大赛/刘洪//中国博物馆通讯2003-4
三门峡博物馆举办"人命关天——防范安全事故教育"巡回展览/张丽//中国博物馆通讯2003-4
楚州博物馆举办中小学课文鲁迅作品辅导展/常振高//中国博物馆通讯2003-4
"大型恐龙、古生物化石、蝴蝶标本展"在绍兴博物馆展出/沈一萍//中国博物馆通讯2003-4
馆长话题//中国文物报2003-4-4
"毛泽东家史家事展览""稀有文字版本毛泽东著作语音唱片实物展览"在长沙市博物馆推出/钟玲//中国博物馆通讯2003-5
复旦大学文化遗产研究中心成立暨贵州蜡染艺术展开幕仪式日前举行/闻泽//中国博物馆通讯2003-5
曾庆红参观遵义会议纪念馆/费侃如//中国博物馆通讯2003-5
刘云山视察井冈山革命纪念地/唐琳//中国博物馆通讯2003-5
河姆渡古生育文化园举行揭碑仪式/黄建华//中国博物馆通讯2003-5
瑞金全面加强国家部委已修复革命旧址管理/杨荣彬//中国博物馆通讯2003-5
辽沈战役纪念馆与北京国防大学建立教学基地关系/赵成祥//中国博物馆通讯2003-5
上博的启示/自庶//中国文物报2003-5-30
博物馆的营运与社区产业文化之互动，是有绝对必要的//中国博物馆通讯2003-6
博物馆若能掌握行销先机，将可获致最大效果//中国博物馆通讯2003-6
后殖民文化国家的博物馆，呈现文化贫血//中国博物馆通讯2003-6
新博物馆学又可称为"博物馆社会学"/张誉腾//中国博物馆通讯2003-6
咸阳秦汉文物精品汇集秦俑博物馆展出/张涛//中国博物馆通讯2003-6
《中华人民共和国文物保护法》宣传问答图片展在绍兴博物馆展出/沈一萍//中国博物馆通讯2003-6
孙中山纪念馆举办"民国钱币展"/邵亚琳//中国博物馆通讯2003-6
洛阳市举办"反腐倡廉漫画展"/程英民//中国博物馆通讯2003-6
"彩云之南——云南少数民族风情展"落展西安//杨冰//中国博物馆通讯2003-6
挪威驻华大使叶德宏先生考察贵州生态博物馆//中国博物馆通讯2003-6
嘉峪关长城博物馆落成开馆/汪国富//中国博物馆通讯2003-6
大连中华工学会旧址陈列即将展出/周爱民、常杰//中国博物馆通讯2003-6
白城市博物馆举办展览宣传国际博物馆日//中国博物馆通讯2003-6
洛川县博物馆"5·18"活动形式多样/刘忠民//中国博物馆通讯2003-6
吉林市博物馆开展国际博物馆日宣传推广活动//中国博物馆通讯2003-6
安徽省博物馆建成精品陈列库房/胡雪峰//中国博物馆通讯2003-6
河北省博物馆推出精品展览喜贺建馆50华诞/崔大伟//中国博物馆通讯2003-6
"孔子与儒学""广东各地学宫""中国科举文化展"在广州农讲所举办/吴敏娜//中国博物馆通讯2003-6
现在，我们将走向何方？——1960～2000年美国博物馆工作方针的演变/〔美〕贝蒂·卢·威廉斯著，宋向光译//中国博物馆通讯2003-7
大洋洲商代青铜器博物馆在江西新干县建成开馆/郑林生//中国博物馆通讯2003-7
连云港市博物馆新馆开工/刘洪//中国博物馆通讯2003-7
金寨县革命博物馆维修工程开工/卫红玫//中国博物馆通讯2003-7
永新全面修复国宝单位湘赣省军区总指挥部旧址/贺小边//中国博物馆通讯2003-7
宜都市博物馆实行专家指导把关与项目招标相结官方式举办陈列展览/雷鸣、赵平//中国博物馆通讯2003-7
"武汉青少年书画摄影展"亮相台湾/徐莉君//中国博物馆通讯2003-7
楚州博物馆做好城市改造中文物保护工作/常振高//中国博物馆通讯2003-7
西柏坡纪念馆"改陈"工程进展顺利/周艳芝、王彦红//中国博物馆通讯2003-7
"众志成城抗击非典"大型图片展在河南博物院隆重开幕/丁福利、张天玉、王小元//中国博物馆通讯2003-7

偃师市商城博物馆推出“中国共产党光辉历程”“中华魂”大型图片展/周剑曙//中国博物馆通讯2003-7
宜都市博物馆实行专家指导把关与项目招标相结合方式举办陈列展览/雷鸣、赵平//中国博物馆通讯2003-7
避暑山庄加紧筹备肇建300周年纪念活动/李专//中国博物馆通讯2003-7
乌鲁木齐首届“文物保护宣传周”落下帷幕/曹飞鸣//中国博物馆通讯2003-7
“吉林陨石雨”特种邮票首发式在吉林市博物馆举行/金兰//中国博物馆通讯2003-7
博物馆，想说爱你不容易//浙江日报2003-7-25
第五届全国十大陈列展览精品评选在京揭晓//中国博物馆通讯2003-8
第五届“全国十大陈列展览精品”获奖名单//中国博物馆通讯2003-8
世界各国和国际组织关于博物馆的定义/宋向光//中国博物馆通讯2003-8
无锡市博物馆举办“鉴真和辨伪——无锡市博物馆藏书画真质品鉴别展”/高晔//中国博物馆通讯2003-8
西柏坡纪念馆推出大型历史文献纪录片《西柏坡——新中国从这里走来》/王翠平//中国博物馆通讯2003-8
无锡市博物馆举办钱敏、徐念初捐献书画精品展/高晔//中国博物馆通讯2003-8
“奥林匹克与中国”大型图片展在中国电信博物馆展出/于杰民//中国博物馆通讯2003-8
湖南省博物馆与酒店共同开拓旅游市场/杨浩//中国博物馆通讯2003-8
三门峡虢国博物馆举办业务知识竞赛/李清丽//中国博物馆通讯2003-8
安徽马鞍山市博物馆社会主义文物征集工作取得显著成效/李敬华//中国博物馆通讯2003-8
福建省革命历史纪念馆开展征集抗美援朝文物引起社会强烈反响/林俊超//中国博物馆通讯2003-8
即墨市博物馆实现连续二十年安全无事故/孙淑芬、陈海波、孙吉艳//中国博物馆通讯2003-8
永新县认真落实文物保护单位“四有”工作/李红//中国博物馆通讯2003-8
重庆歌乐山革命纪念馆隆重推出《生命作证，风雨歌乐山》纪实情景剧/任德刚、李云//中国博物馆通讯2003-8
洛阳博物馆向中小学生推出“欢乐七月”活动/程英民//中国博物馆通讯2003-8
创建博物馆的人必须遵循作曲家在写作时的规矩/弗兰克·奥本海默//中国博物馆通讯2003-9
参观博物馆的短暂得像昙花一现的经历能使观众找到自己的人生之路/罗伯特·赛姆帕//中国博物馆通讯2003-9
博物馆是“书”——一本伟大的名著/玛丽·埃伦·曼蕾//中国博物馆通讯2003-9
博物馆往往用参观人数作为他们成功的标志，而对与那些数字同样重要的观众参观质量却无言以对/玛丽·埃伦·曼蕾//中国博物馆通讯2003-9
科技馆展品技术和活动设计方面正在出现5个课题的发展趋势/罗伯特·赛姆帕//中国博物馆通讯2003-9
想对博物馆的综合效果做出预言和评价绝非易事/弗兰克·奥本海默//中国博物馆通讯2003-9
“雪域的脚步——中国西藏社会历史文物资料展”在北京民族文化宫博物馆展出/雍继荣、秦晋庭//中国博物馆通讯2003-9
“雪域的脚步——中国西藏社会历史文物资料展”在北京民族文化宫博物馆展出/周爱民、常杰//中国博物馆通讯2003-9
华南理工大学在瑞金建立革命传统教育基地/杨荣彬//中国博物馆通讯2003-9
旅顺日俄监狱旧址陈列馆正式更名为旅顺日俄监狱旧址博物馆同时组建大连市近代史研究所/周爱民、常杰//中国博物馆通讯2003-9
“郑培民先进事迹展览”在湖南省博物馆与观众见面/郭玉菁//中国博物馆通讯2003-9
河北省博物馆举办河北省画院美术作品展/崔大伟//中国博物馆通讯2003-9
深圳市博物馆举办“征集文物精品系列展之二——青铜器展”/吴翠明//中国博物馆通讯2003-9
福建举办“弘扬抗美援朝精神”文物展/林俊超//中国博物馆通讯2003-9
“辉煌的十年”展览庆祝白城撤地设市十年/李大莹//中国博物馆通讯2003-9
北京自然博物馆古生物陈列“生命的历程”在京推出/胡柏林//中国博物馆通讯2003-9
“清水月韵——荷花题材文物展”在澳门隆重展出/白琰//中国博物馆通讯2003-9
成都杜甫草堂博物馆举办“浣花流韵”——馆藏文物展览/石婉祥//中国博物馆通讯2003-9
辽宁省抚顺市举办讲解员培训班/京泉//中国博物馆通讯2003-9
英格兰学龄儿童免费参观博物馆提案/安跃华//中国博物馆通讯2003-10

欧洲博物馆年度奖揭晓/安跃华//中国博物馆通讯2003-10
泰国公主诗琳通参观访问井冈山/唐琳//中国博物馆通讯2003-10
匈牙利共和国总理到鲁迅博物馆为新落成的裴多菲雕像揭幕/王惠敏//中国博物馆通讯2003-10
第一所民办大学在红都瑞金建立革命传统教育基地/邹亮辉、杨荣彬//中国博物馆通讯2003-10
郑培民先进事迹图片展在吉林市博物馆隆重开展/许长林//中国博物馆通讯2003-10
第二届中国·吉林国际浪木、根艺、木雕艺术博览会隆重举办/田桂云、许长林、周慧//中国博物馆通讯2003-10
勿忘“九一八”举办“罪证展”/周爱民//中国博物馆通讯2003-10
南海博物馆康有为书法真迹赴青岛联展/邓芬//中国博物馆通讯2003-10
井冈山革命博物馆举办“井冈山精神大型展览”讲解员培训班/唐琳//中国博物馆通讯2003-10
大庆铁人王进喜纪念馆举办“铁人颂”书法展/刘仁、李海霞//中国博物馆通讯2003-10
“中国民族服饰文化展”在法国巴黎展出//中国博物馆通讯2003-11
全国文物系统“三个代表”重要思想与文物工作座谈会在西柏坡闭幕//中国博物馆通讯2003-11
北京博物馆学会积极参加“2003北京社会科学普及周”活动/康庆云//中国博物馆通讯2003-11
21世纪科技馆可持续发展国际论坛在中国科学技术馆举行/欧建成//中国博物馆通讯2003-11
昌吉州博物馆新馆举行开工典礼/杜淑琴//中国博物馆通讯2003-11
和政古动物化石博物馆正式开馆/汪国富//中国博物馆通讯2003-11
洛阳周王城车马坑博物馆对外开展/程英民//中国博物馆通讯2003-11
阳关博物馆建成开馆/汪国富//中国博物馆通讯2003-11
北京第40期“北京科普画廊”在西单展出/康庆云//中国博物馆通讯2003-11
河北省博物馆名家名作异彩纷呈精品特展好戏连台/崔大伟//中国博物馆通讯2003-11
韶山毛泽东同志纪念馆陈列改造竣工，新陈列对外试展/王健//中国博物馆通讯2003-11
“永葆本色——预防职务犯罪大型展览”在三门峡博物馆开展/张丽//中国博物馆通讯2003-11
“纪念东江纵队成立60周年展览”在广州开幕/卜穗文//中国博物馆通讯2003-11
“2004博物馆及相关产品与技术博览会”即将举行//中国博物馆通讯2003-12
山东省吕剧博物院暨东营市历史博物馆新馆隆重开馆/荣子录//中国博物馆通讯2003-12
湖北省文物局举办全省博物馆藏品保管员培训班/雷鸣//中国博物馆通讯2003-12
全国第一家中华王氏博物馆在山西灵石王家大院开放/侯廷亮、卫军//中国博物馆通讯2003-12
《中国博物馆学史研究》课题已经取得阶段性成果//中国博物馆通讯2003-12
“黑河摄影展”和“三条黄河建设展览”在黄河博物馆开展/王建平、邓红//中国博物馆通讯2003-12
“‘两弹一星’功勋奖章获得者事迹展”在中国科技馆隆重开幕/欧建成//中国博物馆通讯2003-12
花明楼举行纪念刘少奇同志诞辰105周年书法笔会/肖冠雄//中国博物馆通讯2003-12
中国少数民族美术促进会作品联展在桂林博物馆举行/谢代钦//中国博物馆通讯2003-12
博物馆管理办法//中国文物报2003-12-28
秦始皇兵马俑文物珍品展在江西省博物馆开幕//中国文化遗产2004年创刊号
各地博物馆踊跃参加博博会/博博会筹备办公室//中国博物馆通讯2004-2
江西省博物馆隆重举行建馆五十周年庆典活动/刘茜、廖苏平、彭舟//中国博物馆通讯2004-2
佳木斯博物馆正式开馆/王海燕//中国博物馆通讯2004-2
罗定市博物馆开馆踊跃参加博博会//中国博物馆通讯2004-2
浙江省博物馆举行免费开放仪式/严洪明//中国博物馆通讯2004-2
洛阳市文物管理局举办讲解员培训班/李文初//中国博物馆通讯2004-2
甘肃省博物馆考古学与博物馆学研究生班结业/米玉梅//陇右文博2004-2
“古罗马文明展”在国家博物馆举办//中国文化遗产2004年夏季号
故宫举办郑振铎捐献陶俑特展//中国文化遗产2004年夏季号
北大赛克勒考古与艺术博物馆举办“花舞大唐春——何家村遗宝精粹”展//中国文化遗产2004年夏季号
“2004博物馆及相关产品与技术博览会”在中国农业博物馆举行//中国文化遗产2004年夏季号
中共中央宣传部、文化部、国家文物局要求加强博物馆宣传展示会社会服务工作//中国博物馆通讯2004-3

湖南省博物馆对全省中小学生免费开放基本陈列/黄小薇//中国博物馆通讯2004-3
安徽省博物馆学会成功举办“2004年首届全省讲解员培训班”/胡雪峰//中国博物馆通讯2004-4
洛阳市举办文博系统讲解员讲解大赛/李文初//中国博物馆通讯2004-4
首届博物馆博览会即将召开/林正同//中国博物馆通讯2004-5
广州第一家民营博物馆明珠艺术馆开馆/卜穗文//中国博物馆通讯2004-5
连云港市博物馆制订向未成年人等社会群体免费开放计划/刘洪//中国博物馆通讯2004-5
东莞市博物馆实行参观优惠制度成效显著/王清江//中国博物馆通讯2004-5
2004博物馆及相关产品与技术博览会在京举办/李艳//中国博物馆通讯2004-6
延安市文物局举办全市文物系统讲解员短期培训/李梅//中国博物馆通讯2004-6
河南省“商都杯”讲解大赛在郑州隆重举办/汪培梓//中国博物馆通讯2004-6
河北省博物馆学会组织学习考察活动/张金茹//中国博物馆通讯2004-6
广州市文化局等举办“博物馆与无形遗产”征文活动/卜穗文//中国博物馆通讯2004-6
行业博物馆应注重史实性/范永林//中国文物报2004-6-2
吸引省内观众参观博物馆/王文阁//陕西日报2004-6-20
中国博物馆届划时代的盛会——2004年博物馆及相关产品与技术博览会观感/甄朔南//中国文物报2004-6-18；甄朔南博物馆学文集，中国大百科全书出版社2004年
皇城艺术馆举行建馆一周年系列活动/李晨//中国博物馆通讯2004-7
湖南益阳市博物馆征集工作喜获丰收/邱卫红//中国博物馆通讯2004-7
以秦俑展为开端尝试市场化运作、贴近市民生活：南京博物院走出深宅闯世界/吴慧//现代快报2004-7-13
庆“八一”江西省博物馆送文化下部队/沙晓芸//中国博物馆通讯2004-9
周恩来邓颖超纪念馆以多种形式开展未成年人教育收效显著/邱文利//中国博物馆通讯2004-9
浙江自然博物馆新馆展示策划方案通过省政府咨询委专家论证/严洪明、王卫东//中国博物馆通讯2004-9
“雷锋杯”全国博物馆讲解大赛成功举行/博学社教专业委员会//中国博物馆通讯2004-11
中国代表团出席国际博协第20届大会暨第21次全体会议/国际博协中国国家委员会代表团//中国博物馆通讯2004-11
新疆兵团军垦博物馆隆重开馆/刘静//中国博物馆通讯2004-11
吉林大学博物馆学系承担我国世界文化遗产首次大型公众调查活动/孙媛//中国博物馆通讯2004-12
山西古代壁画馆建成并对外开放/温和平、刘伯勤//中国博物馆通讯2004-12
让中国博物馆的环境工作与国际接轨——自然科学博物馆与环境国际学术会议讨论情况侧记/甄朔南//甄朔南博物馆学文集，中国大百科全书出版社2004年
参加国际博协第十六届大会观感/甄朔南//甄朔南博物馆学文集，中国大百科全书出版社2004年
“5·18国际博物馆日”各馆庆祝活动异彩纷呈//文博2005-1
中国钱币博物馆在奥地利举办“中国钱币展”/王纪洁//中国博物馆通讯2005-1
山西博物院建成开馆预展//文物工作2005-1
国家文物局召开“梅隆基金会中国博物馆管理人员培训项目”总结会//文物工作2005-1
宁夏：模特翻译主持人争当博物馆讲解员/吴海鸿//中国青年报2005-3-1
殷墟博物馆破土动工/桂娟//中国文物报2005-3-18
澳洲博物馆活力四射/殷志强//中国文物报2005-3-18
国外博物馆与文化遗产财税政策撷英（1、2）从美术作品到化石加拿大博物馆、英国对博物馆和画廊的税收优惠/戴维·A.韦尔登著，赫俊红编译//中国文物报2005-3-18、3-29
博物馆：打造孩子们的第二课堂/姜晔//中国文物报2005-3-21
澳洲博物馆活力四射/殷志强//中国文物报2005-3-21
第六届全国十大陈列展览精品初评结束：二十五个项目入围终评/李艳//中国文物报2005-4-29
“中华的文明——世纪国宝展Ⅱ”开展/李政//中国文物报2005-4-29
陕西省博物馆学会举办第15届讲解员培训班/陕西省博物馆学会宣教专业委员会//中国博物馆通讯2005-5
首届“花明楼杯”红色游记征文大赛正式启动/孙中华//中国博物馆通讯2005-5

大连现代博物馆举办“Kids to Kids——同在蓝天下”中国加拿大少年儿童美术、书法作品联展/姜晔//中国博物馆通讯2005-5
河北省博物馆对新招聘讲解员进行培训/宋莉洁//中国博物馆通讯2005-5
千奇百怪的博物馆/傅斌//中国文物报2005-5-22
5·18国际博物馆日随想/王金定、王晓玲//中国文物报2005-5-22
近年国际博物馆日主题//中国文物报2005-5-22
专家呼吁建立国家自然博物馆/崔波//中国文物报2005-5-26
第六届全国博物馆十大陈列展览精品评选揭晓//中国博物馆通讯2005-6
第六届（2003～2004年度）全国博物馆十大陈列展览精品评选结果//中国博物馆通讯2005-6
第六届（2003～2004年度）全国博物馆十大陈列展览精品评选委员会终评专家抽选结果//中国博物馆通讯2005-6
全国博物馆陈列展览精品评选委员会专家入库专家名单//中国博物馆通讯2005-6
马王堆汉墓文物展在吉林市博物馆开展/许长林//中国博物馆通讯2005-6
河北省博物馆双展迎“五一”/宋莉洁//中国博物馆通讯2005-6
“世外桃源——徽州民居建筑”展览在香港文化博物馆举办/宋百灵//中国博物馆通讯2005-6
中国博物馆：从数字看差距从5·18国际博物馆日/傅斌//中国文物报2005-7-19
“中国秦兵马俑展览”赴德展出/田静//中国博物馆通讯2005-8
吉林省博物馆学会举行第四次优秀成果评奖/叶砚//中国博物馆通讯2005-8
陕西汉阳陵帝陵外葬坑保护展示厅建筑完全封顶/李库//中国文物报2005-8-3
专家为我市博物馆讲解员授艺支招/束维//佛山日报2005-8-13
河北省博物馆推出两大展览/宋莉洁//中国博物馆通讯2005-9
“百年文博——我与博物馆”大型征文活动结束/李让//中国文物报2005-9-7
《全国馆藏文物腐蚀损失调查》项目取得初步成果/李文昌//中国文物报2005-9-7
文物保护科学和技术研究课题评审程序暂行规定//中国文物报2005-9-7
文物保护科学和技术研究课题评审与咨询专家管理办法//中国文物报2005-9-7
中国民族博物馆举办“多彩中华”民族文化周/李艳//中国文物报2005-9-7
博物馆为何缺席非物质文化遗产保护论坛/蔡琴//中国文物报2005-9-23
南通博物苑喜迎百岁华诞/陈明燕、志华、孙巡//扬子晚报 2005-9-24
中国第一个博物馆南通博物苑百岁//扬子晚报2005-9-25
南阳汉画馆庆祝建馆七十周年/徐颖//中国文物报2005-10-19
中国自然科学博物馆协会举行成立25周年系列纪念活动/楼锡祜//中国博物馆通讯2005-11
西安百余志愿者加入陕西历史博物馆讲解员队伍/文艳//西安日报2005-12-12
中国博物馆协会简介/梁吉生//中国博物馆通讯2006-1
《博物馆管理办法》//中国博物馆通讯2006-2
解读《博物馆管理办法》/编者//中国博物馆通讯2006-2
韩国博物馆代表团应邀访问上海/编者//中国博物馆通讯2006-2
关于举办2005年度全国文博考古十佳评选活动的通知//中国文物报2006-2-8
云南建成首座民族生态博物馆/文云//中国文物报2006-2-8
国际友谊博物馆举行安全消防演练/樊慧君//中国文物报2006-2-8
旅顺博物馆成立学术委员会/房学惠//中国文物报2006-2-10
青岛市博物馆春节喜迎2000客/罗琦//中国文物报2006-2-10
半坡遗址新保护大厅落成/桓历萍//中国文物报2006-2-15；中国博物馆通讯2006-6
西安半坡博物馆为新农村建设提供文化服务/袁猷峰//中国博物馆通讯2006-3
国际博物馆协会评估团赴上海考察//中国博物馆通讯2006-3
关于开展“5·18国际博物馆日”宣传活动的通知//中国博物馆通讯2006-3
广西民族博物馆正式开工/尹华平//广西日报2006-3-3

我国首座地下遗址博物馆建成/杨永林//光明日报2006-3-22
首博中，穿越200万年时空//新京报2006-3-30
迎“五一”河北省博物馆推出新展/冀博宣//中国文物报2006-4-26
浙江自然博物馆举办海峡两岸鸟类摄影联展/杜天明、严洪明//中国文物报2006-4-26
北京中华民族博物院藏族博物馆开馆/张伟//中国文物报2006-4-26
南京市博物馆举办“5·18国际博物馆日”活动/宋燕//中国博物馆通讯2006-5
国际博物馆日暨科普活动周南通博物苑活动精彩纷呈/王倚海//中国博物馆通讯2006-5
大连现代博物馆“5·18国际博物馆日”推出特别活动/姜晔//中国博物馆通讯2006-5
河北省民俗博物馆举办“传统文化系列讲座进校园”活动/孙晶昌//文物春秋2006-5
福建省革命历史纪念馆举办“学先烈、知荣辱”主题教育活动/林俊超//中国博物馆通讯2006-5
郑州博物馆启动“弘扬传统文化，践行八荣八耻”流动展出活动/汪培梓//中国博物馆通讯2006-5
“科学发展观与博物馆教育学术研讨会”征文通知/郭俊英//中国博物馆通讯2006-5
陕西历史博物馆喜迎建馆15周年/庞博//中国博物馆通讯2006-6
陕西省文化遗产宣讲团受到热烈欢迎//中国博物馆通讯2006-6
芬兰举办“博物馆周”//参考消息2006-5-17
高起点打造我省汉文化展示核心区，中国最大的遗址博物馆——汉阳陵博物苑/李库、郭青/陕西日报2006-5-22
让博物馆更贴近民众/任鹏//光明日报2006-5-23
陕西“文化遗产日”宣传活动精彩纷呈/庞博//中国博物馆通讯2006-6
纪念首个文化遗产日，江西省博物馆活动丰富多彩/彭明瀚//中国博物馆通讯2006-6
“文化遗产日特别展览——国家珍贵文物征集成果”在国家博物馆举行//中国博物馆通讯2006-6
首都博物馆庆祝第一个“中国文化遗产日”/李梅//中国博物馆通讯2006-6
愿意跟世界上最优秀的博物馆交流——访韩永/刘彤/经济观察报2006-7-31
博博会：加强博物馆馆际交流的重要机会/文冰//中国文物报2006-8-4
邯郸市博物馆有了“小小讲解员”/曹蒙//邯郸日报2006-8-14
“2006博物馆及相关产品与技术博览会”盛况空前//中国博物馆通讯2006-9
秦俑博物馆、中南大学口语实习教学基地获湖南省普通高等学校优秀实习教学基地称号/何宏//中国博物馆通讯2006-9
泉州华侨历史博物馆第二个基本陈列“泉州人在南洋”开始预展/泉华博//中国博物馆通讯2006-9
天津市文物局举办“2006年天津市文博系统藏品管理工作培训班”/李勇//中国博物馆通讯2006-9
“中国文物精品展”在罗马总统府博物馆开展//中国博物馆通讯2006-9
乾陵实施文物保护数字化建设工程/刘向阳、田园//中国博物馆通讯2006-9
延边民俗博物馆隆重开馆/姜毅//中国博物馆通讯2006-9
中国博物馆经营理念亟待改进//参考消息2006-10-10
故宫展出克里姆林宫珍品/文犀//中国文物报2006-10-11
中华世纪坛举办“俄罗斯民俗艺术展”/崔波//中国文物报2006-10-11
故宫举行“潍柴动力之夜”中秋招待会/文犀//中国文物报2006-10-11
“世界博览会与文博”国际论坛在上海举行/沪博//中国文物报2006-10-11
天津博物馆举办“永远的长征”展览/王晓满//中国文物报2006-10-11
北京民俗博物馆推出“中秋民俗游园”活动/中秋//中国文物报2006-10-11
国际博协与中国博物馆的友好合作/安来顺//中国博物馆通讯2006-11
福建三明万寿岩遗址博物馆开馆/孙秀丽//中国文物报2006-11-29
四川宋代窖藏文物亮相国家博物馆/崔波//中国文物报2006-11-29
中国国家博物馆“优质文明服务季”活动纪实/吴春、王景、张伟明//中国博物馆通讯2006-12
一批特色博物馆将在内蒙古自治区成立60周年大庆前投入使用/王大方、马晓丽//中国文物报2006-12-1
内蒙古自治区公安厅筹建警察博物馆/王大方、马晓丽//中国文物报2006-12-1
故宫开展紫禁城文化进社区宣讲活动/文犀//中国文物报2006-12-6

西汉南越王博物馆举办长沙窑瓷器精品展/张铭丽、王维一//中国文物报2006-12-6
吉林省成立《中国博物馆志》和《中国博物馆年鉴》编辑领导小组/韩洋//中国文物报2006-12-6
建设富有活力的为大众喜爱的博物馆/田静//秦陵秦俑研究动态2007-1
“发现中国”文物访问团赴海外举办文物讲座//中国博物馆通讯2007-1
中国国家博物馆馆藏国际礼品展览特色/曹欣欣//中国博物馆通讯2007-1
我国首家回族博物馆建成并在宁夏银川开馆/雷润泽//回族研究2007-1
甘肃省博物馆基本陈列荣获全国博物馆十大陈列展览精品奖//陇右文博2007-1
成都有多少博物馆被“冷藏”？/张珏娟、陈四四//四川日报2007-1-6
联合国教科文组织开展系列培训加强博物馆管理能力//中国文化遗产2007-2
关注博物馆美育促进和谐社会建设/苏文//秦陵秦俑研究动态2007-2
建议建立中国广播电视博物馆/王敬松//中国广播电视学刊2007-2
荟萃丝路瑰宝尽现特色展览——甘肃省博物馆新馆开馆/马玉蕻、张乃英//丝绸之路2007-2
陕西西安半坡博物馆聘请作家为代言人/马玉蕻、张乃英//丝绸之路2007-2
江苏江阴博物馆春节期间观众如潮/刁文伟//中国文物报2007-2-28
西安博物馆“国际博物馆日”隆重开放/郈亚秦、刘夏盈//文博2007-3
行业博物馆：城市旅游的重要内容/宋绮辛//攀登2007-3
何日章与河南博物馆早期建设/任大山//中原文物2007-3
北京应尽快建立教育博物馆/民进北京市委员会//北京观察2007-3
博物馆社会效益量化分析方法初探/宋坚、宋强//杭州科技2007-3
建立古镇博物馆刍议/冯骥才//文化交流2007-3
上海博物馆珍宝展在美闪亮开场/高原//中国文物报2007-3-2
湖州市博物馆新馆春节长假观众超2万/肖颖//中国文物报2007-3-2
吉林省博物馆新馆开工建设/韩洋//中国文物报2007-3-2
安徽朱然家族墓地博物馆学技防工程通过验收/赵勇//中国文物报2007-3-2
陕西咸阳博物馆启用新建库房/刘晓华、张验峰//中国文物报2007-3-2
浙江博物馆新馆今年内开放//中国文物报2007-3-2
关于重建大庆油田科技博物馆的建议/赵秋枫//大庆社会科学2007-4
2005～2006年度全国博物馆十大陈列展览精品评选结果揭晓//中国博物馆通讯2007-5
“5·18国际博物馆日”故宫博物院举办系列宣传活动/果美侠//中国博物馆通讯2007-5//中国博物馆通讯2007-5
2007年北京市“5·18国际博物馆日”宣传活动纪实/北京市文物局博物馆处//中国博物馆通讯2007-5
广州2007年国际博物馆日活动内容丰富，异彩纷呈/广州市文化局博物馆处//中国博物馆通讯2007-5
吉林省博物院新馆奠基/韩洋//中国文物报2007-5-16
让孩子爱上博物馆/赵培羽//华商报2007-5-17
第七届全国博物馆十大陈列展览精品评选揭晓/李让等//中国文物报2007-5-18
中国民族博物馆东南亚民族文化研究中心挂牌/闻悟//中国文物报2007-5-18
辽博举办中国古代皇帝与名臣书画精品展/刘韫、么乃亮//中国文物报2007-5-18
辽宁国际博物馆日活动丰富多彩/刘韫、么乃亮//中国文物报2007-5-18
“盛世皇朝·古武备展”在京举办/阮富春//中国文物报2007-5-18
山东威海市博物馆举办展览庆祝国际博物馆日/威博//中国文物报2007-5-18
辽宁大连旅顺日俄监狱旧址博物馆国际博物馆日活动“走出去、请进来”/周爱民//中国文物报2007-5-18
第七届全国十大陈展单项奖//中国文物报2007-5-25
第七届全国十大陈展精品//中国文物报2007-5-25
国际博协博物馆学委员会主席来华访问/徐孝萱//中国博物馆通讯2007-6
中国茶叶博物馆赴澳办展/郭丹英//中国文物报2007-6-8
宁波帮博物馆奠基/吴月辉、张意轩、孙晓青//人民日报（海外版）2007-6-9

博物馆环境优美有助和谐/张承//中国文物报2007-6-15
企业博物馆在旅游业中的作用/张佳雯、张晓军//中国旅游报2007-6-20
抓好展示服务水平提升，提高博物馆建设与管理工作水平/国家文物局博物馆处//中国博物馆通讯2007-7
“2007北京文化论坛暨中华民族艺术珍品文化节启动仪式”在京举行//中国博物馆通讯2007-7
河北开建泥河湾博物馆/王欣//人民日报（海外版）2007-7-6
山东省博物馆举办山东文物精品大展/姜惠梅//中国文物报2007-7-11
沈阳故宫博物院引进法国现代建筑艺术展/韩春艳//中国文物报2007-7-11
吉林长春汽车博物馆开馆/韩洋//中国文物报2007-7-20
河南博物院推出快乐暑期青少年教育系列活动/蔡杰//中国文物报2007-7-20
北京民俗博物馆十年感言//中国文物报2007-8-3
北京民俗博物馆庆祝建馆十周年/杨英//中国文物报2007-8-3
内蒙古博物院落成/王大方、马晓丽//中国文物报2007-8-3
西安碑林推出建立920周年系列庆典活动/庞博//中国文物报2007-8-3
敦煌自然博物馆奠基开工/马玉玲、李茂锦//中国文物报2007-9-14
“中国秦兵马俑展”亮相大英博物馆/庞博//中国文物报2007-9-14
我国首座农民博物馆18日起收归国家管辖/郭欣//西安晚报2007-9-19
“把博物馆带回家”不再是梦想/兰箐//中国文化报2007-9-24
浙江绍兴越国文化博物馆开馆/越声//中国文物报2007-10-24
两天开一家博物馆巨餐如何消化/刘礼福//中国商报2007-10-28
黑龙江省地质矿产史上的一件盛事——兼谈省地质博物馆在史志工作中的作用/吴国霞、陈竞捷//黑龙江史志2007-11
国际博协波尔秘书长中国行/王丹//中国博物馆通讯2007-11
国家宝藏——中国国家博物馆馆藏精品在榕特展/本刊记者//炎黄纵横2007-11
三星堆辉映丝路长——三星堆博物馆推出三星堆与南方丝绸之路青铜文物特展/吴维羲//中国文物报2007-11-2
中国妇女儿童博物馆再获千万捐赠/京宣//中国文物报2007-11-2
公立博物馆奋力“出阁”/燕松霞//长江商报2007-11-6
浙江德清博物馆打赢藏品所有权官司/袁华//中国文物报2007-11-9
周口店遗址博物馆和清华大学继续教育学院共同开展主题教育活动/周文//中国文物报2007-11-14
中国运载火箭技术研究院向国家博物馆捐赠长征三号运载火箭发射台/刘政//中国文物报2007-11-14
“伦勃朗与黄金时代——阿姆斯特丹国立博物馆珍藏展”在上海博物馆开幕/夏蓓蓓//中国文物报2007-11-14
三星堆博物馆举行开馆10周年庆典暨国际博物馆馆长高峰论坛/邱登成//中国文物报2007-11-28
中国博物馆学会区域博物馆专业委员会正式成立/刘宇驰//中国博物馆通讯2007-12
故宫博物院启动外籍志愿者招募工作/文犀//中国文物报2007-12-7
林光沂交趾艺术品捐赠秦俑博物馆/秦言//中国文物报2007-12-7
河南博物院成立80周年华诞庆典活动/张得水、武玮//中国博物馆通讯2007-12
洛阳警察博物馆架起警民沟通的桥梁/张中芬//中国文物报2007-12-14
浅议博物馆的和谐建设/张建华//中国文物报2007-12-14
庆祝郑州博物馆建馆五十周年//中国文物报2007-12-19
城市博物馆旅游初探/李文实、傅孙萍//中国科技信息2007-13
浅论自然史博物馆在生态道德建设中的作用/兰国英//现代企业教育2007-18
浅谈博物馆文化的创新/莫日根//内蒙古科技与经济2007-20
高校博物馆：何时走出寂寞的深闺/刘君//教育与职业2007-22
药王山碑林博物馆改扩建研究/孙自然、李强//山西建筑2007-29
甘肃省钱币博物馆新馆落成/于廷明//甘肃金融2008-1
中小博物馆发展意识要转变/金耀丽//中国文物报2008-1-11
西安碑林博物馆建成传统文化体验室/庞博//中国文物报2008-1-16

重庆自然博物馆新馆工程奠基/戴亭//中国文物报2008-1-18
吉林建成我国首家水电博物馆/韩洋//中国文物报2008-1-18
中国第一座漕运博物馆在江苏淮安奠基/陈浩//中国文物报2008-1-18
第二届“我看博物馆”公益摄影大展开始征集作品/孙漪娜//中国文物报2008-1-18
天津市公共博物馆纪念馆免费开放安全有序效果良好/张建新//中国文物报2008-1-18
天津美术学院与武强年画博物馆建立教学科研合作基地考察随笔/郭宪曾//中国文物报2008-1-18
广东省博物馆展出明清人物画/文博//中国文物报2008-1-18
宁夏邮政博物馆对公众开放/宋玉军//中国文物报2008-1-23
上海博物馆和大英博物馆将互换重要展览/孙丽萍//中国文物报2008-1-23
庄河现代农民绘画展亮相大连旅顺博物馆/杨煜//中国文物报2008-1-23
陕西铜川耀州窑陶瓷展在秦俑馆举办/王军、石琳娜//中国文物报2008-1-23
今年，请百姓免费参观博物馆、纪念馆/李韵//光明日报2008-1-28
今年起全国博物馆、纪念馆等将全部实行免费开放/廖翊//中国文物报2008-1-30
北京市将积极推进博物馆免费开放/张舵//中国文物报2008-1-30
西北首家自然博物馆在陕西建成开放/庞博//中国博物馆通讯2008-2
省市级综合性博物馆建筑规模和标准探讨/任时夏、吴召南//中国工程咨询2008-2
抗震救灾大型摄影图片展在甘博隆重举办//陇右文博2008-2
浙江衢州市博物馆改陈开放/於超//中国文物报2008-2-1
关于全国博物馆、纪念馆免费开放的通知//中国文物报2008-2-6
从双赢效果看免费开放/吕建昌//文汇报2008-2-13
免费开放是大势所趋，“人满”如何不“为患”//东方早报2008-2-18
上海博物馆免费措施前出台/程奕//东方早报2008-2-18
中国妇女儿童博物馆再得捐款1300万元/蒋悦//中国文物报2008-2-27
陕西宝鸡青铜器博物馆陈列开放/庞博//中国文物报2008-2-27
福建博物院考古研究所举办2007年度考古合作汇报会/林小燕//中国文物报2008-2-27
关于中国妇女儿童博物馆招聘讲解员的公告//中国文物报2008-2-27
2010年国际博物馆协会大会会标征集启事//中国文物报2008-2-27
联合国教科文组织鼓励庆祝国际博物馆日//中国文化遗产2008-3
国家首批一级博物馆公布，陕西6佳入围//文博2008-3
四川很多文物在汶川大地震中受损严重//文博2008-3
国家文物局召开抗震救灾陕西现场会//文博2008-3
陕西部分文物在汶川大地震张受损//文博2008-3
“古代人的体育娱乐生活——陕西出土体育题材文物展”在秦俑博物馆开展/杨琦//秦陵秦俑研究动态2008-3
“二千二百年的对话——江源个展”在秦俑博物馆开展/杨琦//秦陵秦俑研究动态2008-3
从博物馆出发/韩晗//作品2008-3
湖南省博物馆举行免费开放启动仪式/李丽辉//中国博物馆通讯2008-3
河南省博物院免费开放具体办法实行凭票参观每天总量控制/张天玉、蔡杰//中国博物馆通讯2008-3
河北省博物馆免费开放启动仪式暨“20名家书法邀请展”举行/冀博宣//中国博物馆通讯2008-3
西安碑林石刻艺术馆开工建设//中国博物馆通讯2008-3
虢国博物馆精美文物走进南非/李清丽//中国博物馆通讯2008-3
益阳市博物馆抢救征集一批民俗文物/邱卫红//中国博物馆通讯2008-3
郑州博物馆馆藏青铜文物修复保护工作顺利完成/郑博宣//中国博物馆通讯2008-3
2008年学会将举办青铜器与古陶瓷培训班//中国博物馆通讯2008-3
休闲娱乐：现代博物馆的新职能/郭宜章//理论与创作2008-3
“文化工程”展新颜——甘肃省博物馆新馆建设纪实/俄军//发展2008-3
模糊综合评价法评估博物馆工程风险的探讨/丁海潮、梁萍//当代经济2008-3

专家呼吁：博物馆不能成不愁嫁的皇帝女/杜裕禄//北京档案2008-3
少数民族地区民族博物馆的建设/彭淑琦//西北师大学报2008-3
免费开放：博物馆的喜与忧//中国旅游报2008-3-4
国务院法制办公布《博物馆条例（征求意见稿）》美术馆、科技馆纳入博物馆范围/陈菲//中国文物报2008-3-5
博物馆设立实行行政许可制设立者须承诺不要求取得经济回报/陈菲//中国文物报2008-3-5
中国法院博物馆在北京揭牌成立/孙漪娜//中国文物报2008-3-5
博物馆免费的公益回归/谢良兵//中国新闻周刊2008-3-7
中国人民革命军事博物馆免费开放/李艳//中国文物报2008-3-7
公众素质不是博物馆免费开放的障碍/王君琦//北京日报2008-3-9
免费之后如何不免礼：我国博物馆文化尚需耐心培养/杨凌//北京晚报2008-3-10
李铁映副委员长向国家博物馆捐赠书籍瓷器/崔波//中国文物报2008-3-12
全国政协委员单霁翔建议启动国家数字博物馆工程/孙波、蒋悦//中国文物报2008-3-12
三门峡虢国博物馆文物在南非展出/李清丽//中国文物报2008-3-14
世界顶级博物馆馆长齐聚为上博支招//中国青年报2008-3-19
1200多座公益性博物馆两年内全部免费开放/隋笑飞//中国文物报2008-3-19
5·18北京博物馆学会活动多/崔波//中国文物报2008-3-19
北京鲁迅博物馆组织一线职工迎奥运、学手语活动/鲁宣//中国文物报2008-3-19
夏燕月：依法解决国家博物馆收藏考古新发现文物的困难/孙漪娜//中国文物报2008-3-19
李修松：将公共博物馆、纪念馆有效纳入国民教育体系/孙漪娜、蒋悦//中国文物报2008-3-19
范迪安、张柏等：希望海外（包括台、港、澳）向公立博物馆、美术馆捐赠艺术品时可获海关免税/孙漪娜//中国文物报2008-3-19
博物馆免费开放：引来观众如潮，这只是开始/秦佩华//人民日报2008-3-20
深圳建成首个劳务工历史博物馆/庄礼幸、李瑞娜//中国文化报2008-3-30
广西50余家国有博物馆、纪念馆两年内将免费开放/张周来//中国文物报2008-3-21
首都博物馆：积极审慎迎接免费开放/廖翊//中国文物报2008-3-26
博物馆免费之惑：脱离市场竞争能否“无为而治”/杨登峰//工人日报2008-3-28
西安博物院受赠珍贵佛教文物/庞博//中国文物报2008-3-28
北京33家博物馆月底免费开放/王萌//北京娱乐信报2008-3-27
关于开展“5·18国际博物馆日”宣传活动的通知/国家文物局//中国博物馆通讯2008-4
论博物馆实验室的科学管理与建设/李斌//秦陵秦俑研究动态2008-4
博物馆与全民文化素质的关系/赵云霞//硅谷2008-4
文化力——文化新时代与成都博物馆群岛效应/西部广播电视2008-4
提升效应谭继和：博物馆将提升成都的文化地位——专访四川省历史学会会长谭继和//西部广播电视2008-4
天府聚宝盆博物第二城——专访建川博物馆馆长樊建川/西部广播电视2008-4
博物馆群岛效应之四：辐射效应彭健康：发展博物馆是一举多得——专访四川省文化厅文化产业处处长、四川师范大学巴蜀文化研究中心研究员彭健康//西部广播电视2008-4
陕西历史博物馆免费开放/庞博//中国文物报2008-4-2
河南博物院正式免费开放/张天玉//中国文物报2008-4-2
各地博物馆免费开放平稳推进/孙漪娜、王金文等//中国文物报2008-4-4
中国审计博物馆开馆/叶文//中国文物报2008-4-9
高校博物馆免费参观仍少人问津/钱滢瓅//新民晚报2008-4-14
上海馆藏书画精品在辽宁省博物馆展出/辽博//中国文物报2008-4-16
明孝陵博物馆启用新馆徽/臧卓美//中国文物报2008-4-16
成都金沙遗址博物馆走进社区/金沙遗址//中国文物报2008-4-16
农博将办迎奥运农民艺术展/郭桂香//中国文物报2008-4-16
陕西省省长袁纯清调研关中民俗艺术博物院/庞博//中国文物报2008-4-18

宁夏政协副主席马国权考察行业专题博物馆建设/宁夏//中国文物报2008-4-18
首个闽台中医博物馆在厦门开馆/余瑛瑞//中国文物报2008-4-23
湖南省博物馆免费开放初见成效/陈华丽//中国文物报2008-4-23
新疆维吾尔自治区稳步推进博物馆免费开放工作/张远华//中国文物报2008-4-23
故宫博物院书画院开放/文犀//中国文物报2008-4-23
下月起我省19个博物馆免费开放/魏娟//兰州晨报2008-4-24
全国首家劳务工博物馆即将揭幕/李英举//中国文物报2008-4-25
青岛15家博物馆、纪念馆“五一”开始免费向社会开放/孙漪娜//中国文物报2008-4-30
国家民委向中国妇女儿童博物馆捐赠少数民族服饰藏品/孙漪娜//中国文物报2008-4-30
中国博物馆学会传媒专业委员会在京成立/文宣//中国博物馆通讯2008-5；中国文物报2008-5-14
首批国家一级博物馆名单揭晓//中国博物馆通讯2008-5
迎奥运盛会，展博物馆风采——北京地区2008年“5·18国际博物馆日”宣传活动介绍/白崇//中国博物馆通讯2008-5
上海市举办5·18国际博物馆日活动/陈勇//中国博物馆通讯2008-5
广东省举行“5·18国际博物馆日”活动/丁宁//中国博物馆通讯2008-5
新疆维吾尔自治区博物馆积极开展第32个国际博物馆日宣传活动/祖丽菲亚·亚森//中国博物馆通讯2008-5
5·18国际博物馆日中国铁道博物馆宣传丰富/杨玲//中国博物馆通讯2008-5
伪满皇宫博物院纪念“五·一八国际博物馆日”举办宣传活动/李亚婷//中国博物馆通讯2008-5
“奥运之年看世界”馆校结合教学活动在世界艺术馆启动/世界艺术馆//中国博物馆通讯2008-5
旅顺博物馆通过“馆藏文物保存环境达标试点”工程验收/杨煜//中国博物馆通讯2008-5
郑州博物馆整体提升改造完成并重新开放/牛伟//中国博物馆通讯2008-5
苏州博物馆开展“走进博物馆”馆校互动活动/朱莺//中国博物馆通讯2008-5
陕西首次举办古代体育娱乐文物巡展//中国博物馆通讯2008-5
西安博物馆院举办“伊朗文化艺术展”/庞博//中国文物报2008-5-2
国家一级博物馆名单今起公示/李文昌//中国文物报2008-5-7
广东东莞可园博物馆新馆开馆/可园//中国文物报2008-5-7
辽宁抚顺博物馆推出新展/杨煜//中国文物报2008-5-7
陕西规范博物馆、纪念馆免费开放经费管理/庞博//中国文物报2008-5-9
河北首批免费开放博物馆、纪念馆“五一”期间开放情况良好/省局//中国文物报2008-5-9
沈家英向故宫博物院捐赠文物/文管//中国文物报2008-5-9
北京海淀博物馆举办“海淀镇的胡同”展/文博//中国文物报2008-5-9
北京宣南文化博物馆举办“老报刊、老照片、老物件”展/宣南//中国文物报2008-5-14
故宫举办五四青年表彰会暨第二届青年文化节/故工团//中国文物报2008-5-14
2007年度全国文博考古十佳评选活动3号公告//中国文物报2008-5-14
2007年度全国文博考古十佳评选初评结果//中国文物报2008-5-14
国家博物馆进行高仿品美学展示//中国文物报2008-5-16
南海惊梦猛醒春天：国家博物馆举办“南海一号”宋代沉船遗址前期科考成果展//中国文物报2008-5-16
免费展览大推介——公众最喜爱的博物馆免费展览推选活动公告//中国文物报2008-5-16
首批国家一级博物馆名单揭晓/孙漪娜//中国文物报2008-5-21
国家一级博物馆名单//中国文物报2008-5-21
博物馆日看中国铁道博物馆活动现场/杨玲//中国文物报2008-5-23
世界艺术馆启动馆校合作教学活动/崔波//中国文物报2008-5-23
筹划建设四川大地震博物馆：文物人在行动/张伟//中国文物报2008-5-28
弘扬传统文化传承国粹经典——河北省民俗博物馆“5·18国际博物馆日”系列活动纪实/吴宁//中国文物报2008-5-30
武汉博物馆鉴定、法规宣传与特展/刘国斌、丁燕//中国文物报2008-5-30

“成功追索流失海外的中国文物”专题展览//中国文物报2008-6-13
“四川地震灾区羌族文化展”——寻找美丽记忆展示多彩文化再现山崩地裂托起美好明天/张伟//中国文物报2008-6-13
福建昙石山遗址博物馆新馆落成/邢新建//中国文物报2008-6-20
洛阳博物馆举办抗震救灾摄影图片展/周加申//中国文物报2008-6-20
陕西文物普查队“募捐箱”被地震博物馆收藏/庞博//中国文物报2008-7-2
“永不放弃——上海公安抗震救灾纪实展”在上海公安博物馆开幕/王辉//中国文物报2008-7-2
四川灾区少年儿童到首博参加夏令营活动/杨烨//中国文物报2008-7-2
河北隆化民族博物馆推出新展/文宣//中国文物报2008-7-2
辽宁省博物馆举办“晏少翔从事绘画艺术80周年回顾展”/刘韫、郭翰飞//中国文物报2008-7-11
四川绵竹灾区小朋友参观苏州博物馆//中国文物报2008-7-11
北川地震遗址博物馆的概念规划初步完成/沈汝发、江毅//中国文物报2008-7-16
江西自然科学博物馆落户新余市仰天岗/王琴红//中国文物报2008-7-16
故宫推出系列举措迎奥运/郭桂香//中国文物报2008-7-18
三星堆博物馆青铜馆陈列改造竣工重新开放/苑坚、叶建平、吴锦瑜//中国文物报2008-7-18
巴黎顶级珠宝摄影艺术展在武汉博物馆开展/刘国斌、丁燕//中国文物报2008-7-18
重庆向中国妇女儿童博物馆捐赠文物抵京/张谦毅//中国文物报2008-7-18
深圳博物馆新馆建设进入倒计时/周雄伟//中国文物报2008-7-18
国家博物馆继续扩大藏品征集范围，方成漫画作品入藏/山水//中国文物报2008-7-18
博物馆热浅析/徐忠文//中国文物报2008-7-25
中国博物馆学会举办文物拍卖企业专业人员培训班//中国博物馆通讯2008-8
乾陵博物馆将推出唐代胡俑展//中国文物报2008-8-8
现代博物馆的社会的角色/李志文//南北桥2008-8
展现古希腊奥运精神百余希腊文物珍品亮相首博/孙漪娜//中国文物报2008-8-6
国家文物局部署中国文字博物馆文物征集工作/李文昌//中国文物报2008-8-6
浙江省博物馆公开征集馆标和吉祥物创意方案的公告/浙博//中国文物报2008-8-13
美国前国务卿基辛格12日第四次参观秦俑馆/呼延思正、王琨//西安晚报2008-8-15
文博事业大有希望——参加西部地区文博干部培训班学习体会/张敏//中国文物报2008-8-22
吉林、辽宁地区博物馆交流免费开放经验/严叶敏//中国文物报2008-8-27
河南博物院2008“快乐暑期”未成年人教育系列活动落幕/蔡杰//中国文物报2008-8-27
广东东莞市博物馆举办中国科技文化展及有奖征文活动/文宣//中国文物报2008-8-27
首期“国际文博合作项目协调人培训班”在陕西省西安半坡遗址博物馆开班/马先军//中国博物馆通讯2008-9
中国航空博物馆被正式批准为国家一级博物馆/文宣//中国文物报2008-9-5
北京完成文保单位及博物馆无障碍设施改造实现残疾游客全程无障碍参观游览/孙漪娜//中国文物报2008-9-5
民国政要手迹展在武汉展出/刘国斌//中国文物报2008-9-19
陕西咸阳博物馆馆藏文物精品展对外开放/刘晓华//中国文物报2008-9-19
中国博物馆学会博物馆学专业委员会在长沙成立/李文昌//中国文物报2008-9-19
“国家博物馆蜡像艺术展”唤起历史的记忆/崔波//中国文物报2008-9-24
江西省博物馆推出南京博物院藏明清宫廷珍宝特展/沙晓芸、李建福//中国文物报2008-9-24
北京海淀博物馆举办清河镇、西苑地区及蓝靛厂地区胡同展/文宣//中国文物报2008-9-24
“博物馆建筑与陈列论坛”在苏州举行/麦钟//中国博物馆通讯2008-10；中国文物报2008-10-29
共谋合作增进交流——中国博物馆代表团出席英国博物馆协会2008年度会议及中英博物馆馆长论坛/曹欣欣//中国博物馆通讯2008-10
旅顺博物馆举行国家一级博物馆揭牌仪式/苏慧慧//中国文物报2008-10-1
辽宁省博物馆藏明清书画精品赴美展出/徐戎戎//中国文物报2008-10-1
国家文物局调研组赴福建考察博物馆免费开放工作/文宣//中国文物报2008-10-1

西安唐皇城墙含光门遗址博物馆开馆/李政//中国文物报2008-10-1
无锡博物院开馆并免费向公众开放/苏宣//中国文物报2008-10-8
延陵世泽与古为新：常州博物馆成立五十周年巡礼/陈丽华、林健//中国文物报2008-10-17
武汉筹建中国近代工业博物馆/熊金超//中国文物报2008-10-29
博物馆建筑与陈列论坛在苏州举办/麦钟//中国文物报2008-10-29
江苏常熟博物馆庆祝建馆50周年/姚律//中国文物报2008-10-31
博物馆法律工作者相聚故宫共同发起《紫禁城倡议》/孙漪娜//中国文物报2008-11-7
中国御窑博物馆开馆/马怡运//中国文物报2008-11-9
走进博物馆，享受一程心灵之旅//走向世界2008-11
传统博物馆与现代科技馆特征对比/吴晓龙//黑龙江科技信息2008-11
从旧砖瓦装饰博物馆外墙说起/赵畅//观察与思考2008-11
中国御窑工艺博物馆开馆/马怡运//中国文物报2008-11-5
情系南通博物苑//南通日报2008-11-6
国际临书展在西安碑林博物馆开幕/庞博//中国文物报2008-11-12
广东省博物馆新馆馆徽征集启事//中国文物报2008-11-12
非洲博物馆跨国理事会专家来湘挂职调研/黄磊、侯雁//中国文物报2008-11-14
蔡於良向海南省博物馆捐赠文物/王辉山//中国文物报2008-11-14
筹建中的青岛提琴博物馆获首批捐赠/温立杰//中国文物报2008-11-14
中国海盐博物馆开馆/本报讯//中国文物报2008-11-26
中国博物馆学会博物馆文化产品专业委员会在京成立/麦钟//中国文物报2008-11-26
博物馆及相关产品与技术博览会明开幕/崔波//中国文物报2008-11-28
“移动博物馆”亮相第三届博博会/李文//中国文物报2008-11-28
江西省博物馆推出“山河精蕴——江西出土玉器展”/沙晓芸、应宗华//中国文物报2008-11-28
洛阳博物馆与韩国国立扶余博物馆续签友好协议/冯健//中国文物报2008-11-28
2008博物馆及相关产品与技术博览会在北京中国农业博物馆隆重举办/涂师平//中国博物馆通讯2008-12
名人故居保护与发展论坛暨革命领袖诞生地联谊会在湖南召开/孙中华//中国博物馆通讯2008-12
中国博物馆学会第五届会员代表大会在京隆重举行//中国博物馆通讯2008-12
法门寺博物馆庆祝建馆二十周年/庞博//中国文物报2008-12-3
86件珍贵国礼精品亮相西安半坡博物馆/庞博//中国文物报2008-12-3
镇江博物馆喜迎五十华诞/文博//中国文物报2008-12-3
荆州博物馆庆祝建馆50周年/郭桂香//中国文物报2008-12-12
好事多磨免费开放//人民日报2008-12-26
日本博物馆的特别展/甄朔南//甄朔南博物馆学文集（续），中国大百科全书出版社2008年
西安碑林将博物馆教育纳入国民教育体系/贺华//碑林集刊（十三），陕西人民美术出版社2008年
中国茶叶博物馆入选首届“我心目中的杭州品牌”/张佳//茶叶2009-1
科学发展观与博物馆工作者/苏文//秦陵秦俑研究动态2009-1
长春伪满皇宫博物院公众服务部举办系列活动/蒋海燕//博物馆研究2009-1
加强博物馆业务档案管理不容忽视/高云昊、张青//陕西档案2009-1
洪州窑考古发现30周年纪念暨学术研讨会纪要/张文江、袁泉//南方文物2009-1
我国加紧建设首座文字博物馆/张俊梅//中国文物报2009-1-2
北京大钟寺举行鸣钟祈福迎新会/钟文//中国文物报2009-1-2
“八月・北京摄影展”在河南博物院举办/苑文//中国文物报2009-1-2
北京市博物馆已达145座，建国60年特色展将成2009年亮点/孙漪娜//中国文物报2009-1-16
最“牛”的博物馆——记西安牛文化陶瓷博物馆馆长任经文/叮当//中国文物报2009-1-16
要鼓励和欢迎基层群众参观博物馆/自庶//中国文物报2009-1-16
青岛市博物馆春节期间展览精彩活动丰富/罗琦//中国文物报2009-1-28

"5·18"国际博物馆日吉林省多家文博单位联合举办系列活动//博物馆研究2009-2
2008年度全国文博考古十佳图书评选活动3号公告//中国文物报2009-2-4
陕西馆藏文物数据库二、三级文物信息审核工作结束/雍政、彦民//中国文物报2009-2-4
重庆全国重点文物保护单位、博物馆春节期间活动丰富多彩/颜毅//中国文物报2009-2-4
河北省委、省政府领导调研河北省博物馆建设情况/省局//中国文物报2009-2-4
台北故宫访问团将首访北京故宫博物院/李凯、王妍//中国文物报2009-2-11
北京宣南文化博物馆举办"迎春接福"活动/宋媚丽//中国文物报2009-2-11
金融风暴下的中国博物馆如何作为/张健平//中国文物报2009-2-13
故宫博物院发言人介绍两岸故宫交流会谈情况/新华社讯//中国文物报2009-2-20
江西博物馆免费开放入选2008年全省宣传思想文化工作十大有影响活动/王琴红//中国文物报2009-2-20
宝鸡北首岭遗址博物馆动工/庞博//中国旅游报2009-2-23
"国际博物馆之夜——中国长春·伪满皇宫博物院展区活动"成功举办/蒋海燕//博物馆研究2009-3
国家征集宋代青釉牡丹纹碗入藏耀州窑博物馆/孙漪娜//中国文物报2009-3-18
"100年前的长江影像"走进武汉博物馆/蓝天//中国文物报2009-3-18
认识南通，从博物馆开始/黄振平//中国文物报2009-3-20
伪满皇宫博物院杯吉林省文化遗产保护宣传讲解大赛召开/张微、李红、蒋海燕//博物馆研究2009-4
北川地震遗址博物馆建馆需1.35亿元仍处于概念性规划阶段/江毅、陈建//中国文物报2009-4-3
北京空竹博物馆即将开馆/许建//中国文物报2009-4-3
陕西历史博物馆免费开放后观众量翻两番/庞博//中国文物报2009-4-3
三大博物馆要开"互动"大门/周艳涛、张杰//华商报2009-4-8
西部文物产业推介会上专家为陕西文物产业把脉：博物馆要靠文化产业自给自养//西安晚报2009-4-8
天水国有博物馆年内全免费开放/王兰芳//兰州晨报2009-4-8
庆祝新中国60华诞国家文物局"我与文化遗产保护"征文活动启事//中国文物报2009-4-15
"西藏艺术与考古展"在日本福冈九州国立博物馆首展开幕/文宣//中国文物报2009-4-15
国家博物馆千吨重"钢楼板"提升就位/黎方益、孙晓胜//中国文物报2009-4-17
希腊向中国妇女儿童博物馆捐赠珍贵雕像复制品/贾楠//中国文物报2009-4-17
洛阳匾额博物馆建成开馆/孙慧宝、孙晓胜//中国文物报2009-4-17
700公里秦直道呼唤秦地有座博物馆/张玲玲//陕西日报2009-4-20
中国客家博物馆在梅州挂牌/罗伟章、钟伟光//中国文物报2009-4-22
中国唯一综合性海军博物馆准备年内开工扩建/颜昊、白瑞雪//中国文物报2009-4-22
国家文物局推动中国文字博物馆建设/张永俊//中国文物报2009-4-22
中英街历史博物馆成为香港国民教育中心国情教育基地/张蓓//中国文物报2009-4-24
四川博物馆新馆5月9日开放/张伟//中国文物报2009-4-24
湖北培训全省博物馆讲解员/刘伟伟、张平连//中国文物报2009-4-24
河南省文博讲解员又获"五一劳动奖章"/张永俊//中国文物报2009-4-24
明孝陵博物馆新馆开馆以来好评如潮/戚卓美//中国文物报2009-4-24
希腊新佩特雷博物馆将开放/邓毛颖//华中建筑2009-5
2009年国际博物馆日中国主会场活动启动——白鹤梁水下博物馆开馆仪式在重庆市涪陵区举行/黄宇星//中国博物馆通讯2009-5
第二期国际文博合作项目协调人培训班在半坡博物馆举办/马先军、师瑞玲//中国博物馆通讯2009-5
"中国秦兵马俑展"在休斯敦自然科学博物馆开幕/陕西省文物局//中国博物馆通讯2009-5
"华夏珍宝展"在突尼斯举办/李清丽//中国博物馆通讯2009-5
"秦汉——罗马文明展"7月30日至10月7日在中华世纪坛举办/方小锋//中国博物馆通讯2009-5
"中国博物馆学会西安培训中心"落户半坡博物馆/王丽、艾静芳//中国博物馆通讯2009-5
四川博物院新馆落成免费开放//中国博物馆通讯2009-5
江西省农村信用社银行博物馆隆重开馆/王琴红//中国博物馆通讯2009-5

湖南益阳市博物馆新馆开馆/符凯伟//中国博物馆通讯2009-5
天津自然博物馆与法国国家自然历史博物馆缔结姊妹馆//中国博物馆通讯2009-5
韩国全州博物馆与苏州博物馆缔结友好馆//中国博物馆通讯2009-5
北京“博物馆长廊”5・18亮相/李艳//中国博物馆通讯2009-5
江西省文博系统庆祝“5・18国际博物馆日”/王琴红//中国博物馆通讯2009-5
浙江省博物馆国际博物馆日活动丰富多彩/赵幼强//中国博物馆通讯2009-5
旅顺博物馆分馆于5月18日免费对公众开放/苏慧慧//中国博物馆通讯2009-5
中国铁道博物馆启动“5・18国际博物馆日”大型宣传活动/姜冬青//中国博物馆通讯2009-5
临夏州博物馆举办“博物馆与旅游”宣传活动/马晓燕//中国博物馆通讯2009-5
辽宁省博物馆与台北历史博物馆建立友好姊妹馆/刘韫//中国博物馆通讯2009-5
广西民族博物馆正式对公众免费开放/张伟//中国文物报2009-5-1
醴陵釉下五彩瓷珍品亮相首都博物馆/孙漪娜//中国文物报2009-5-1
洛阳博物馆举办第二届民间收藏精品展/周加申//中国文物报2009-5-1
中国知网探讨博物馆信息资源与服务模式/毕文//中国文物报2009-5-1
沈阳台北两地故宫博物院将开展实质性合作/魏运亨//中国文物报2009-5-6
“清宫遗珍”在伪满皇宫展出/王喆//中国文物报2009-5-6
南京博物院二期扩建工程奠基/南博//中国文物报2009-5-6
传承运河文化展示运河风采：聊城中国运河文化博物馆开馆/冯朝晖//中国文物报2009-5-6
中央电视台新闻中心汶川大地震口述历史特别节目图书和光盘捐赠国家图书馆、地震博物馆、中华口述史协会/孙漪娜//中国文物报2009-5-8
四川博物院新馆落成免费开放/本报讯//中国文物报2009-5-13
故宫大修转入常规修缮阶段/文犀//中国文物报2009-5-13
震后四川博物馆建设又好又快/李蓓//中国文物报2009-5-13
我国唯一羌族博物馆开始重建/姜琳、葛素表//中国文物报2009-5-15
北京举办“5・18”国际博物馆日系列活动/孙漪娜//中国文物报2009-5-15
中国邮政邮票博物馆组织开展“5・18”宣传系列活动/孙漪娜//中国文物报2009-5-15
天津博物馆举办馆藏明清宫廷绘画展/宣教//中国文物报2009-5-15
大连现代博物馆又推新展/谷振释//中国文物报2009-5-27
山东省博物馆举办馆藏竹绘画展/鲁闻//中国文物报2009-5-27
北京空竹博物馆开馆/广文//中国文物报2009-5-27
“华夏珍宝展”在突尼斯国立迦太基博物馆展出/李清丽//中国文物报2009-5-27；中国考古学年鉴2010，文物出版社2011年
中国博物馆学会出席韩国博物馆协会百年庆典//中国博物馆通讯2009-6
2009年文化遗产日特展在杭州开幕/何宏//中国博物馆通讯2009-6
中国博物馆学会第五届理事会向孙文先生颁发聘书/中博协//中国博物馆通讯2009-6
中国博物馆学会出席韩国博物馆协会百年庆典/中博协//中国博物馆通讯2009-6
全国首家粮食仓储博物馆开馆/史继孔//粮食与饲料工业2009-6
山东省博物馆新馆陈列展览创意设计方案面向全国招标/省博//中国文物报2009-6-5
中国博物馆协会向孙文颁发聘书//中国文物报2009-6-5
湖北中医学院有个中草药材博物馆/熊琳晖、夏静//长江日报2009-6-17
辽宁省博物馆与台北历史博物馆建立友好姊妹馆/刘韫//中国博物馆通讯2009-7
印尼Aceh海啸博物馆日前开放//钢结构2009-7
中国第一座水下博物馆白鹤梁题刻水下博物馆开馆//岩土力学2009-7
安徽召开非国有博物馆立法专家论证会/钟向群//中国文物报2009-7-1
“微笑的俑——汉景帝的地下王国”展在台北展出/庞博、吴海云//中国文物报2009-7-1
上海自然博物馆开工建设新馆/杨金志//中国文物报2009-7-3

上海12所高校博物馆暑期免费向未成年人开放/李想//中国文物报2009-7-3
中国华侨历史博物馆即将开工建设/新华社//中国文物报2009-7-17
193件河南征调文物入藏中国文字博物馆/豫文//中国文物报2009-7-17
南京博物院举办“中国古代书画真迹仿旧作品展”/长韦//中国文物报2009-7-17
“秦汉—罗马文明展”在中华世纪坛开幕/李艳//中国文物报2009-7-24
中国人民革命军事博物馆喜迎50华诞/文宣、李文昌//中国文物报2009-7-24
福建举办全省文博高级人才研修班/邢新建//中国文物报2009-7-24
庆祝新中国60华诞“我与文化遗产保护”征文评选揭晓/璋瓒侯//中国文物报2009-7-24
“秦汉—罗马文明展”在中华世纪坛开幕/李艳//中国文物报2009-7-31
中国人民革命军事博物馆喜迎50华诞/文宣、李文昌//中国文物报2009-7-31
福建举办全省文博高级人才研修班/邢新建//中国文物报2009-7-31
庆祝新中国60华诞“我与文化遗产保护”征文评选揭晓/璋瓒侯//中国文物报2009-7-31
中国博物馆学会2009年第二期全国讲解员培训班圆满结束/马雨林//中国博物馆通讯2009-8
广东省举办庆祝新中国成立60周年全国文化遗产保护宣传讲解大赛选拔赛/丁宁//中国博物馆通讯2009-8
郑州博物馆举办古琴演奏会/汪培梓//中国博物馆通讯2009-8
杨凌将建西部地区首个蜜蜂博物馆//中国蜂业2009-8
山海关长城博物馆改陈扩建免费开放/张二林、孙怡//中国文物报2009-8-5
带你走进西安高校各大博物馆/王鸣琦//陕西日报2009-8-7
第八届（2007～2008年度）全国博物馆十大陈列展览精品评选参评项目申报审核工作结束/璋瓒侯//中国文物报2009-8-7
第八届（2007～2008年度）全国博物馆十大陈列展览精品评选候选项目名单//中国文物报2009-8-7
第八届（2007～2008年度）全国博物馆十大陈列展览精品评选初评结果16日揭晓//中国文物报2009-8-14
西藏博物馆举行免费开放启动仪式/藏宣//中国文物报2009-8-14
河南省强力推进中国文字博物馆文物征集工作/王韬、司志晓//中国文物报2009-8-14
第八届（2007～2008年度）全国博物馆十大陈列展览精品评选初评结果揭晓/李让//中国文物报2009-8-19
第八届（2007～2008年度）全国博物馆十大陈列展览精品评选终评候选项目名单//中国文物报2009-8-19
两岸故宫博物院10月合办雍正文物大展/刘畅//中国文物报2009-8-19
布达拉宫珍宝馆正式开放/丁长征、平措旦增//中国文物报2009-8-19
中国丝绸博物馆推收藏奥运丝绸珍品/俞敏敏//中国文物报2009-8-19
常州博物馆举行“趣味科技夏令营”/万永红//中国文物报2009-8-19
唐山博物馆改扩建工程动工/唐博//中国文物报2009-8-21
郯城博物馆动工兴建/赵宏海//中国文物报2009-8-21
秦皇岛爱国主义教育基地巡学活动在山海关长城博物馆拉开序幕/秦文//中国文物报2009-8-21
迎国庆国博油画首次进行大规模修复/娄国旺//中国文物报2009-8-21
英国博物馆聘6岁男童为总监/新华社国际专稿//长江日报2009-8-24
中国博物馆学会2009年第二期全国讲解员培训班在西安开班/马雨林//中国文物报2009-8-26
魅力博物馆人文北京城——北京地区博物馆百余项特展向国庆献礼//中国文物报2009-8-28
中国博物馆学会二期全国讲解员培训班圆满结束/马雨林、张刚刚//中国文物报2009-8-28
广东省举办庆祝新中国成立60周年全国文化遗产保护宣传讲解大赛选拔赛/丁宁//中国博物馆通讯2009-9
宁夏博物馆举办建馆50周年庆典暨馆长论坛/陈永耘//中国文物报2009-9-2
让广大观众分享博物馆的研究成果和收藏的珍品/崔波//中国文物报2009-9-2
辽宁省博物馆举办“清宫散佚书画国宝特展”/刘韫//中国文物报2009-9-4
福建评选近十年来十大文物保护成就、考古新发现和博物馆建设成果/邢新建//中国文物报2009-9-4
国家文物局领导考察调研云南民族博物馆/本刊讯//中国文物报2009-9-4
国家文物局在陕西文博单位调研/庞博//中国文物报2009-9-4
中国文字博物馆主体外部工程完工/王强//中国文物报2009-9-11

中国农业博物馆重新开馆/崔波//中国文物报2009-9-16
第8届全国博物馆十大陈列展览精品评选终评会10月中旬在北京举行/璋瓒侯//中国文物报2009-9-16
第8届全国博物馆十大陈列展览精品评选活动通告//中国文物报2009-9-18
中国科技馆新馆开馆/吴晶晶//中国文物报2009-9-18
国内首座牛文化博物馆在西安开馆/庞博//中国文物报2009-9-18
爱国主义教育基地网上数字展馆集群开通/白瀛//中国文物报2009-9-25
"早期中国——中华文明起源展"在京举办/本报讯//中国文物报2009-9-30
中国妇女儿童博物馆揭牌仪式在在京举行/李菲//中国文物报2009-9-30
"凝聚的历史瞬间"特藏展在京开展/钱冶//中国文物报2009-9-30
"新中国六十年文学成就展"在京举办/文宣//中国文物报2009-9-30
"国博"与盖·布朗利博物馆合作//中外文化交流2009-10
沈阳故宫博物院推出"故宫百年"图片展/王喆//中国文物报2009-10-2
第8届（2007～2008年度）全国博物馆十大陈列展览精品奖读者竞猜活动启事//中国文物报2009-10-2
惠州博物馆开馆/李政//中国文物报2009-10-2
蔡武在新中国文化事业发展成就新闻发布会上说：我国在世界文化遗产申报和保护方面已居世界前列将逐步向社会免费开放博物馆、纪念馆/翟清新、胡浩//中国文物报2009-10-9
雍正文物大展在台北开展/陈斌华、应坚//中国文物报2009-10-9
宁波博物馆举办"范季融·胡盈莹藏中国古代青铜器展"/莫意达//中国文物报2009-10-9
河南内黄三杨庄遗址博物馆试开馆/贾付春//中国文物报2009-10-9
汉阳陵博物馆庆祝建馆10周年/庞博//中国文物报2009-10-9
山西博物院庆祝90年华诞/孙秀丽、许高哲//中国文物报2009-10-14
新疆吐鲁番博物馆新馆开馆/张鸿墀//中国文物报2009-10-14
中国社科院考古所五十六件借展文物移交中国文字博物馆/章纹//中国文物报2009-10-14
"日本偶人展""和纸偶人展"在沈阳故宫博物院开幕/王喆//中国文物报2009-10-16
湖北省博物馆"十一"假期服务创新实现双赢/杨蕾//中国文物报2009-10-16
中国文字博物馆积极筹备开馆，江泽民题写馆名/本报讯//中国文物报2009-10-16
上博展出倪汉克捐赠明清贸易瓷/夏蓓蓓//中国文物报2009-10-23
沈阳故宫博物院宣布珍贵文物赴台展出计划/魏运亨//中国文物报2009-10-23
"庆祝新中国成立60年全国文化遗产保护宣传讲解大赛"正在有序推进/博文//中国文物报2009-10-23
关于"庆祝新中国成立60年全国文化遗产保护宣传讲解大赛"的通知//中国文物报2009-10-23
河北海盐博物馆开馆/李艳//中国文物报2009-10-28
新疆在古龟兹国故地建地下遗址博物馆/赵春晖//中国文物报2009-10-28
金融博物馆荣获全国博物馆十大陈列展览精品展授牌仪式在沈阳举行/金文//中国文物报2009-10-28
中国首家甲骨文博物馆落户福建南靖/马怡运//中国文物报2009-10-28
东莞博物馆喜庆80华诞/杨晓东//中国文物报2009-10-28
四川博物院数据库建设成效显著/谢志成//中国文物报2009-10-28
吴王僚剑现身无锡博物院/戚善成//中国文物报2009-10-28
河南省委书记徐光春批示强调提升全省博物馆陈列水平/张永俊//中国文物报2009-10-30
西柏坡爱国主义教育基地群建成/省文//中国文物报2009-10-30
四川民间博物馆又添一生力军/钱冶//中国文物报2009-10-30
中国文字博物馆开馆陈列展览专家审查会在安阳召开/张俊梅//中国文物报2009-11-11
国际博协第22届大会筹备工作进入运营阶段/李艳//中国文物报2009-11-11
中国最大地下水利工程遗址开建博物馆/孙丽萍//中国文物报2009-11-11
纽约大都会艺术博物馆归还埃及一件法老文物/张俊梅//中国文物报2009-11-11
黑龙江表彰全国博物馆十大陈列展览精品获奖单位/覃劲//中国文物报2009-11-11
中国文字博物馆11月16日开馆/张伟//中国文物报2009-11-13

中国华侨历史博物馆将于2011年建成/赵超//中国文物报2009-11-13
江西德安博物馆新馆即将落成/姜强、陶良飞//中国文物报2009-11-13
晋陕豫专家论博物馆的美丽转身/孟苗//山西日报2009-11-17
井冈山革命博物馆开展冬季大练兵活动/曲静芳//中国文物报2009-12-4
全国文化遗产保护宣传讲解大赛在沈阳开幕/李艳//中国文物报2009-12-11
2010版博物馆通票发售//京郊日报2009-12-14
金沙遗址博物馆讲解员全国大赛获奖/杨方毅//成都晚报2009-12-15
龙泉青瓷博物馆开馆/张冲//中国文物报2009-12-25
2009年度全国文化遗产十佳图书评选启动//中国文物报2009-12-30
广东海上丝绸之路博物馆开馆/张万星//中国文物报2009-12-30
宁波博物馆面向全国诚聘优秀讲解员//中国文物报2009-12-30
西安事变红色旅游景区建设竣工/庞博//中国文物报2009-12-30
陕西新增国家级博物馆，纪念馆23家/魏晓文、李昌锋//丝绸之路2009-13
《艺术人生》走进西安碑林/碑研//碑林集刊（十五），陕西人民美术出版社2009年
西安碑林博物馆“长安佛韵”展将隆重开展/行之//碑林集刊（十五），陕西人民美术出版社2009年
中国博物馆学会兵器与军事历史专业委员会成立/赵晓华//中国博物馆通讯2010-1
大明宫国家遗址公园中央博物馆建设奠基/庞博//中国博物馆通讯2010-1
西藏博物馆第一届系列学术讲座圆满结束/严晓勤//中国博物馆通讯2010-1
长沙市博物馆春节期间举办“虎年话虎”文化专题展览/董远成//中国博物馆通讯2010-1
中日韩合作丝绸之路沿线文物保护修复技术培养计划——博物馆技术培训班圆满结束/王玉、张晓彤//中国博物馆通讯2010-1
成都军区政治部援建川陕革命根据地博物馆红军群雕落成/何丽君//中国博物馆通讯2010-1
长沙市首届民间收藏精品展12月5日在长沙市博物馆开展/胡琼//中国博物馆通讯2010-1
长春市博物馆春节期间举办“虎年话虎”文化专题展览/董远成//中国博物馆通讯2010-1
全国讲解员大赛吉林省选手创佳绩/李红//博物馆研究2010-1
我馆文保人员赴广州参加“2009中国博物馆学会藏品保护专业委员会第二届学术研讨会”/兰德省、夏寅//秦陵秦俑研究动态2010-1
“5·18国际博物馆日”特别奉献——甘肃省博物馆举办“香港严辉先生捐赠文物展暨新征集文物展”//陇右文博2010-1
“6·12中国文化遗产日”特别奉献——“庄严妙像——甘肃省佛教艺术展”//陇右文博2010-1
首家国家级综合性造纸博物馆动工/李振远//造纸化学品2010-1
四川省博物馆学会在蓉成立//四川文物2010-1
浙江自然博物馆举办“2010年浙江·人类与自然油画院作品展”/施波文、赵颖//浙江文物2010-1
杭州历史博物馆举行办系列迎新活动/汤沾//浙江文物2010-1
宁波博物馆推出三大特色展览/涂师平//浙江文物2010-1
“中国博物馆小镇”挂牌/邓宇//广西城镇建设2010-1
河南省委书记卢展工到博物院体验节日文化/田凯//中国文物报2010-1-6
广东省博物馆庆祝建馆50周年/王小迎//中国文物报2010-1-6
宁波博物馆面向全国诚聘优秀讲解员//中国文物报2010-1-6
商丘·中国商文化博物馆奠基开工/杜长江//中国文物报2010-1-6
中国妇女儿童博物馆开馆仪式在京举行/张俊梅//中国文物报2010-1-13
两岸故宫首度合办的雍正文物展落幕/刘刚、徐群//中国文物报2010-1-13
北京高校博物馆养在深闺少人识/李江涛//北京日报2010-1-20
国家文物局发布关于加强和改进文物、博物馆行业作风建设的意见/本报讯//中国文物报2010-1-22
山西博物院举办“我与古人比技能”活动/王飞航//中国文物报2010-1-22
宁波博物馆和江西省博物馆互换展览庆新春/涂师平//中国文物报2010-1-22

甘肃省已有88家博物馆免费开放/卢伟山、梁艳//兰州晨报2010-1-28
旅顺博物馆与日本北九州市立自然史、历史博物馆签署友好交流协议/刘芳//中国博物馆通讯2010-2
四川博物院春节期间活动精彩纷呈/张衡//中国博物馆通讯2010-2
河南博物院虎年新春成为当地亮丽风景/蔡杰//中国博物馆通讯2010-2
“聚焦中国文化遗产暨第三次全国文物普查摄影展”在河北省博物馆展出/河北省博物馆宣教部//中国博物馆通讯2010-2
唐山抗震纪念馆免费开放/吕小兵、蔚超//中国博物馆通讯2010-2
秦俑博物馆5·18国际博物馆日活动丰富多彩/尚黑//秦陵秦俑研究动态2010-2
共建青少年世界遗产教育基地签字挂牌仪式在我馆举行/宣教部//秦陵秦俑研究动态2010-2
秦俑博物馆表彰优秀志愿者并召开座谈会/宣教部//秦陵秦俑研究动态2010-2
配合国际博物馆日，我馆继续开展导览活动/吴文博//秦陵秦俑研究动态2010-2
2010年国际博物馆日中国主会场活动侧记/孔利宁//秦陵秦俑研究动态2010-2
“鲲鹏之动——甘肃重大文物考古发现展”在甘博展出//陇右文博2010-2
“庄严妙相——甘肃佛教艺术展”在甘博隆重举办//陇右文博2010-2
西北五省区联合举办“丝绸之路——大西北遗珍”大型文物精品特展//陇右文博2010-2
“造化神秀——津巴布韦石雕展览”在甘肃省博物馆开幕//陇右文博2010-2
中国博物馆协会“丝绸之路”沿线博物馆专业委员会成立陈列艺术委员会2010中国博物馆陈列艺术论坛同期开幕//陇右文博2010-2
解放军军事病理博物馆成立/王晓民、彭瑞云、王德文//中华病理学杂志2010-2
内蒙古博物院大辽文物展在台揭幕/刘刚、徐群//中国文物报2010-2-10
关于加强博物馆文化产品开发倡议书/中国博物馆学会//中国文物报2010-2-10
安徽省博物馆征集馆标启事/安徽省博物馆//中国文物报2010-2-10
关于开展中央地方共建国家级博物馆工作的通知/国家文物局、财政部//中国文物报2010-2-10
江西德兴市博物馆义务为文保单位所在地群众送春联/叶淦林//中国文物报2010-2-10
博物馆里的“另类参观”//中国文物报2010-2-10
国家文物局划拨国家博物馆文物交接仪式在京举行/张俊梅//中国文物报2009-2-12
国家文物局、民政部、国土资源部、住房和城乡建设部、文化部、国家税务总局印发《关于促进民办博物馆发展的意见》/本报讯//中国文物报2009-2-12
福建民俗博物馆开馆/邢新建//中国文物报2010-2-17
陕西历史博物馆成文化休闲热点/李卫、周芮冰//陕西日报2010-2-22
博物馆里过大年：河南博物院虎年新春人流如织/蔡杰//中国文物报2010-2-24
2009年度全国文化遗产十佳图书评选活动2号公告//中国文物报2010-2-24
2009年度全国文化遗产十佳图书评选参评图书书目//中国文物报2010-2-24
井冈山革命博物馆做好文物普查工作/尚静芳//中国文物报2010-2-24
山东博物馆展览活动精彩纷呈/李涛、汪海涛//中国文物报2010-2-24
西藏博物馆文化趣味年活动受到好评/马永会//中国文物报2010-2-24
淮南市博物馆举办“潘玉良画展”/汪茂东//中国文物报2010-2-24
北京宣南文化博物馆开展文化专题活动/宋媚丽//中国文物报2010-2-26
周口店遗址博物馆将举行“传承远古文明争做现代女性”活动/李文//中国文物报2010-2-26
国家一级博物馆运行评估培训班在京举办/李文昌//中国博物馆通讯2010-3；中国文物报2010-3-19
“红色记忆”军博馆藏油画经典作品展河南博物院隆重开幕/河南博物院//中国博物馆通讯2010-3
“书法与文学·刘家科新作展”在河北省博物馆展出/河北省博物馆展览宣传部//中国博物馆通讯2010-3
大连文博论坛2010年第一讲——里千家茶道沟通中日文化/苏慧慧、张帮义//中国博物馆通讯2010-3
宁波天一阁博物馆新古籍库房工程竣工/王宏星//中国博物馆通讯2010-3
“胜览中华瑰宝共叙鱼水情深”四川博物院“大篷车流动博物馆”首进军营/张衡//中国博物馆通讯2010-3
旅顺博物馆在文博单位中率先导入ISO900质量管理体系并成功运行/刘芳//中国博物馆通讯2010-3

全国首家丝绸之路遗址类博物馆将开馆/庞博//中国博物馆通讯2010-3
陕西第二批博物馆纪念馆免费开放全面启动/庞博//中国博物馆通讯2010-3
西安民办大唐西市博物馆竣工即将开馆/庞博//中国博物馆通讯2010-3；中国文物报2010-3-10
陕西赴智利文物强震后重新开放/庞博//中国博物馆通讯2010-3
国家文物局、财政部调研我省公共博物馆免费开放工作情况//浙江文物2010-3
井冈山革命博物馆讲解部荣获江西省十佳“巾帼文明岗”称号/尚静芳//中国文物报2010-3-3
江西省博物馆举办“武林雅韵——新春元宵古琴演奏会”/卢佳//中国文物报2010-3-3
中国海关博物馆正式开工建设/王志中//中国文物报2010-3-3
2009年度全国文化遗产十佳图书评选活动3号公告//中国文物报2010-3-3
旅顺博物馆导入ISO9000质量管理体系/刘芳//中国文物报2010-3-10
中国妇女儿童博物馆喜迎嘉宾同庆“三八”/王艳红//中国文物报2010-3-12
中国水利博物馆在杭州开馆/新华社//中国文物报2010-3-24
台北故宫：希望两岸合展富春山居图/向建国、徐然//中国文物报2010-3-24
《黄公望·富春山居图》特种邮票首发式在浙博武林馆区隆重举行/赵幼强//中国文物报2010-3-24
国家文物局发出要求各地开展“5·18国际博物馆日”宣传活动的通知/文宣//中国文物报2010-3-24
中外学术交流平台高校博物馆逐渐步出深闺//中国经济网2010-3-24
周生生推出安特卫普钻石博物馆系列//新文化报2010-3-24
中国妇女儿童博物馆举办中国女性艺术大展/崔波//中国文物报2010-3-26
西藏文化博物馆开馆仪式暨“雪域宝鉴”大型主题展览在京举办/魏武//中国文物报2010-3-31
中国北极阁气象博物馆开馆//中国文物报2010-3-31
苏州博物馆推出“5·18国际博物馆日”活动方案/李喆//中国博物馆通讯2010-4
民办博物馆发展论坛发表《西安宣言》/庞博//中国博物馆通讯2010-4
西安碑林博物馆率先引进文物防震技术获得成功/庞博//中国博物馆通讯2010-4
陕西鼓励社会力量兴办少数民族特色博物馆/庞博//中国博物馆通讯2010-4
长沙市博物馆首次实行讲解员考核晋级制/杨毅//中国博物馆通讯2010-4
2010年第一期讲解员培训班在西安培训中心圆满结束/马雨林//中国博物馆通讯2010-4
旅顺博物馆“博物馆一日游”活动吸引大量中学生/苏慧慧//中国博物馆通讯2010-4
临夏市学前教育中心组织儿童参观临夏州博物馆/马晓燕//中国博物馆通讯2010-4
海基会文博参访团参观开封博物馆/娄嵬//中国博物馆通讯2010-4
关注青少年成长发挥博物馆社会教育职能：四川省博物院隆重举行“社会教育基地”授牌仪式/张衡//中国博物馆通讯2010-4
绍兴举行建城2500年庆典暨绍兴博物馆越王城馆区落成开放仪式/沈一萍、袁云//浙江文物2010-4
余姚博物馆二期建成开放/黄美尔、陈斌荣//浙江文物2010-4
杭州南宋官窑博物馆举办“芙蓉出水——清代康雍时期外销青花瓷精品展”/方忆、涂师平//浙江文物2010-4
浙江自然博物馆举办暑期临时展览/施波文、赵颖//浙江文物2010-4
热烈祝贺中国首家民办遗址类博物馆——西安大唐西市博物馆开馆//中国文物报2010-4-2
武威雷台西夏两博物馆今年将免费开放/张永生//兰州晨报2010-4-5
“博物馆一日学”受到中学生喜爱//大连日报2010-4-5
季羡林先生纪念馆开馆/王庆友//中国文物报2010-4-9
国子监博物馆举办“清明文明健康行”活动/孔监//中国文物报2010-4-9
崇文兴起社区博物馆群落/祁梦竹//北京日报2010-4-10
陕西鼓励兴办少数民族特色博物馆/许祖华//中国文物报2010-4-14
陕西通报“5·18国际博物馆日”宣传活动安排/庞博//中国文物报2010-4-14
重庆中国三峡博物馆人才引进成效显著/郭小津//中国文物报2010-4-14
国家文物局公布最新博物馆名录/李艳//中国文物报2010-4-16
上博特别策划六大展览迎世博/郭桂香//中国文物报2010-4-16

两家德国博物馆珍藏送展上海世博会/吴宇、许晓青//中国文物报2010-4-16
秦俑出国（境）展览管理暂行规定发布/文博//中国文物报2010-4-21
“秦陵一号铜车马”安然抵沪/郭桂香//中国文物报2010-4-21
四川博物院举行“社会教育基地”授牌仪式/张衡//中国文物报2010-4-21
多学科联合攻关产学研密切结合——《馆藏文物保存环境应用技术研究》通过专家验收/郭桂香//中国文物报2010-4-21
加强交流合作，实现优势互补：中国西南博物馆联盟在重庆成立/张俊梅//中国文物报2010-4-21
白鹤梁水下博物馆重开/敖祥菲//重庆商报20104-21；人民日报（海外版）2010-4-27
博物馆送“世博漫谈”进学府/朱臻//中国文物报2010-4-28
汶川大地震震中纪念馆封顶/施龙斌//中国文物报2010-4-28
“阳光神迹——埃及阿斯旺人文历史图片展”在重庆中国三峡博物馆举行/管晓锐//中国文物报2010-4-28
民办博物馆专业委员会成立大会在京举行/张俊梅//中国文物报2010-4-28
湖北省博物馆编钟乐团赴世博会前倾情义演//中国文物报2010-4-28
“纪念海南解放60周年大型图片展”在海南省博物馆开展/陈灵芝//中国文物报2010-4-30
博物馆数字展示研究国家文物局重点科研基地（湖南省博物馆）主任招聘公告//中国文物报2010-4-30
首博推出雕刻珠宝艺术大展/孙漪娜//中国文物报2010-4-30
“2010年广州国际博物馆日、中国文化遗产日”系列活动拉开帷幕/周全斌//中国博物馆通讯2010-5；中国文物报2010-5-21
促人文建设，创世界城市——北京地区2010年“5·18国际博物馆日”宣传活动//中国博物馆通讯2010-5
浙博举办迎接“5·18国际博物馆日”大型广场主题宣传活动/赵幼强、周晓茵//中国博物馆通讯2010-5
沈阳故宫举办“人生四礼——韩国民俗文化展”/王喆//中国博物馆通讯2010-5
郑州举办系列活动喜迎博物馆日/郑文//中国博物馆通讯2010-5
陕西“5·18国际博物馆日”宣传活动精彩纷呈/庞博/中国博物馆通讯2010-5
新疆博物馆举行“5·18国际博物馆日”系列活动/周宁//中国博物馆通讯2010-5
开封博物馆推出夜游博物馆活动/娄鬼//中国博物馆通讯2010-5
情系灾区爱满校园——“大篷车流动博物馆”走进灾区学校/张衡//中国博物馆通讯2010-5
西北五省区博物馆首次建立合作展览机制/庞博//中国博物馆通讯2010-5
江西开展“全省博物馆新馆建设巡礼”活动/王琴红//中国博物馆通讯2010-5
临夏州博物馆举行“5·18国际博物馆日”宣传活动//中国博物馆通讯2010-5
西安关中民俗艺术博物院“5·18”惠及观众/庞博//中国博物馆通讯2010-5
浙江省博物馆举办金秋系列展览/赵幼强//浙江文物2010-5
中国丝绸博物馆举办“金冠玉饰锦绣衣——契丹人的生活和艺术”展/俞敏敏//浙江文物2010-5
财政部、国家文物局调研河南博物馆纪念馆免费开放工作/贾付春//中国文物报2010-5-5
全国博物馆免费开放工作调研组赴安徽调研/李一兵//中国文物报2010-5-5
“抗战时期的西南联大”专题展在抗战馆开幕/张俊梅//中国文物报2010-5-5
山西文物在重庆中国三峡博物馆展出/陈汾霞、王麒越//中国文物报2010-5-7
甘肃举办“我身边的文化遗产”主题征文活动/张伟//中国文物报2010-5-7
西安碑林博物馆向台湾赠送1273种碑石拓本/庞博//中国文物报2010-5-7
“促人文建设创世界城市”北京市5·18国际博物馆日活动推出新亮点/文宣//中国文物报2010-5-7
川博张大千临摹敦煌壁画作品展在上海展出/石月//中国文物报2010-5-7
国际博物馆协会应邀参加上海世博会开幕活动/沪宁//中国文物报2010-5-12
陕西省领导调研秦陵遗址公园建设/庞博//中国文物报2010-5-12
河南开展博物馆展厅文物安全大检查/贾付春//中国文物报2010-5-12
财政部、国家文物局调研江苏博物馆纪念馆免费开放工作/苏宣//中国文物报2010-5-14
财政部、国家文物局调研甘肃博物馆纪念馆免费开放工作/白坚//中国文物报2010-5-14
各地举办特色活动迎“5·18国际博物馆日”/卢永绣、卢冬、茹实//中国文物报2010-5-14

财政部、国家文物局在陕调研博物馆纪念馆免费开放工作/庞博//中国文物报2010-5-19
财政部、国家文物局调研湖北博物馆纪念馆免费开放工作/张晓云//中国文物报2010-5-19
各地博物馆举办各种活动喜迎5·18/赵幼强等//中国文物报2010-5-19
“5·12汶川大地震”文物捐赠仪式在四川博物院举行/张静、吕静//中国文物报2010-5-19
国际博物馆日主会场活动在广州盛大举行/崔波//中国文物报2010-5-21
四川博物院启动博物馆之友6+2联盟/张静//中国文物报2010-5-21
国际博物馆协会举行上海世博会荣誉日活动/李艳//中国文物报2010-5-21
北京启动“5·18国际博物馆日”系列活动/京宣//中国文物报2010-5-21
“2010广州国际博物馆日、中国文化遗产日”系列活动拉开序幕/周全斌//中国文物报2010-5-21
湖北博物馆总体规划和建筑设计方案国际征集公告//中国文物报2010-5-21
中小学课堂搬进博物馆：老教授给小学生当老师/王保国//西安晚报2010-5-27
“从皇帝到公民——爱新觉罗·溥仪的一生”在秦俑博物馆展出/张天柱//中国文物报2010-5-28
陕西“5·18国际博物馆日”宣传活动精彩纷呈/庞博//中国文物报2010-5-28
“文化遗产在我身边”——临夏州博物馆开展“文化遗产日”宣传活动/马晓燕//中国博物馆通讯2010-6
长沙市博物馆2010“文化遗产日”活动安排/钟上林//中国博物馆通讯2010-6
中国博物馆学会展览交流专业委员会在新疆乌鲁木齐正式成立/孙鹏//中国博物馆通讯2010-6
国家文物局免费开放调研组一行前来重庆中国三峡博物馆实地考察调研/邓君//中国博物馆通讯2010-6
西安关中民俗艺术博物院入选全国博物馆名录/庞博//中国博物馆通讯2010-6
四川博物院“大篷车流动博物馆”走进革命老根据地/张衡//中国博物馆通讯2010-6
洛川会议纪念馆面向全国征集文物史料/庞博//中国博物馆通讯2010-6
中国农业历史博物馆在陕西杨凌建成开放/庞博//中国博物馆通讯2010-6
陕西汉阳陵博物馆暑期优惠学生参观/庞博//中国博物馆通讯2010-6
重庆建设工业责任有限公司向重庆中国三峡博物馆捐赠一批民国时期工业设备/石丽敏//中国博物馆通讯2010-6
欢庆六一国际儿童节农民工子弟博物馆里显身手//中国博物馆通讯2010-6
杭州历史博物馆举办“东风西渐——上海历史博物馆馆藏欧洲瓷器展”/汤洁//浙江文物2010-6
越剧博物馆举办开馆二十周年庆典/吴飞燕//浙江文物2010-6
无锡阖闾城遗址博物馆奠基/李鹏程//中国文物报2010-6-2
江西省靖安县博物馆新馆开馆/徐长青//中国文物报2010-6-2
湖北省博物馆举行“六一”家庭日社教活动/胡微//中国文物报2010-6-3
财政部、国家文物局调研宁夏博物馆免费开放工作/贺春林//中国文物报2010-6-4
“骆驼祥子”博物馆落户青岛/刘红燕//中国文物报2010-6-4
上海：十二所高校民族文化博物馆向全市中小学生开放/潘旭//中国文物报2010-6-4
重庆建设工业有限责任公司向三峡博物馆捐赠工业文物/石丽敏//中国文物报2010-6-4
中国农业历史博物馆开馆/庞博//中国文物报2010-6-4
甘肃省佛教艺术展开幕/卢冬//中国文物报2010-6-9
江西省博物馆新馆建设培训班在井冈山举办/叶淦林//中国文物报2010-6-9
两岸故宫博物院交流将走向常态化/陈雯瑾、李惊亚//中国文物报2010-6-11
国际博协第二十二届大会议程基本确定/李艳//中国文物报2010-6-11
北京博物馆文化创意产品赛圆满落幕/崔波//中国文物报2010-6-11
延续品牌项目体现社会责任——北京博物馆日活动有声有色/京博//中国文物报2010-6-23
“大三国特展”在台北历史博物馆开幕/钱卫//中国文物报2010-6-23
“意大利乌菲齐博物馆珍藏展”在湖北省博物馆举行/杨理胜//中国文物报2010-6-23
亳州博物馆新馆开放/李艳//中国文物报2010-6-23
长沙铜官窑遗址博物馆勘查设计方案国际征集公告//中国文物报2010-6-23
四川博物院“大篷车流动博物馆”走进芦山老区/张衡//中国文物报2010-6-23
广东省博物馆招募“小小讲解员”/王小迎//中国文物报2010-6-23

辛亥革命博物馆陈列形式设计面向全国公开招标/武汉市文物局博物馆处//中国文物报2010-6-25
财政部、国家文物局调研江西、新疆博物馆纪念馆免费开放工作/王金文//中国文物报2010-6-30
西藏文物精品在台北展出/傅双琪、吴济海//中国文物报2010-7-2
内蒙古自治区馆藏文物调查拍照工作取得重大成果/王大方//中国文物报2010-7-2
中国博物馆学会展览交流专业委员会成立/孙鹏//中国文物报2010-7-2
蓬莱古船博物馆展览文本通过专家评审/刘莉//中国文物报2010-7-2
中国航海博物馆开馆仪式在上海隆重举行/张雯//中国文物报2010-7-7
故宫博物院祝贺徐邦达先生百岁诞辰/冯朝晖//中国文物报2010-7-7
教育部语言文字应用研究所与中国文字博物馆签署战略合作协议/俊梅//中国文物报2010-7-14
广西举办文化遗产保护宣传讲解大赛/陈渝//中国文物报2010-7-14
南京博物院藏傅抱石绘画精品展在辽宁省博物馆举行/刘韫//中国文物报2010-7-14
洛阳出土唐三彩精华展在苏州博物馆开幕/洛阳博物馆//中国文物报2010-7-14
中国博物馆学会登记著录专业委员会在四川成立/博文//中国文物报2010-7-16
国际博协馆举办北美洲博物馆之月活动/张羽//中国文物报2010-7-21
延安革命纪念馆庆祝建馆60周年/庞博//中国文物报2010-7-21
中国博物馆学会志愿者专业委员会将推出两项活动//中国文物报2010-7-21
汤绍波向重庆中国三峡博物馆捐献文物/少波//中国文物报2010-7-21
“牵手历史——第二届中国博物馆十佳志愿者之星”评选启事//中国文物报2010-7-23
吉安市博物馆新馆设计方案通过评审/王琴红//中国文物报2010-7-23
延安革命纪念馆庆祝建馆60周年/庞博//中国文物报2010-7-23
余姚博物馆二期开馆迎观众/黄美尔、谢向杰//中国文物报2010-7-28
中国湿地博物馆面向全国征集藏品/孙晓永//中国文物报2010-7-28
湖北省博物馆编钟乐团赴上海世博会演出第一阶段工作圆满完成/马业平//中国文物报2010-7-28
中国会计博物馆将落户上海/贾远琨//中国文物报2010-7-30
中国唐山地震博物馆初步建成/李俊义、曹国厂//中国文物报2010-7-30
“奇妙博物馆”迎来最可爱的人/罗琦//中国文物报2010-7-30
瑞典国王古斯塔夫出席中国秦兵马俑展开幕式/庞博//中国博物馆通讯2010-8；中国文物报2010-9-1
长沙简牍博物馆喜迎“贵客”//中国博物馆通讯2010-8
在《中国博物馆年鉴・2009》编辑工作座谈会上的讲话/吴宏堂//中国博物馆通讯2010-8
陕西耀州窑博物馆新馆陈列竣工免费开放/庞博//中国博物馆通讯2010-8
四川博物院：小小讲解员大放异彩/张衡//中国文物报2010-8-4
大钟寺古钟博物馆举办历史情景短剧《天地同和》汇报演出//中国文物报2010-8-4
河南博物院：国宝讲解小明星暨小志愿者选拔举行/柳恒、蔡杰//中国文物报2010-8-4
重庆中国三峡博物馆积极开展科普工作/严小红//中国文物报2010-8-6
丹麦国家馆藏做客恭王府/郭桂香//中国文物报2010-8-6
西藏博物馆基本陈列大纲专家论证会举行/严婕妤//中国文物报2010-8-11
川博大篷车博物馆走进SOS儿童村/王玥//中国文物报2010-8-11
看展览比创意博物馆里过暑期/景轩//中国文物报2010-8-11
主动承担社会责任——新疆博物馆举办“永远和祖国在一起”主题展览/新博//中国文物报2010-8-11
元代文物精品亮相内蒙古博物院/石瑛//中国文物报2010-8-20
云南省博物馆举办文物鉴赏辉/陈一览//中国文物报2010-8-20
大明宫考古遗址公园即将建成/闻波//人民日报（海外版）2010-8-25
“北方之星：叶卡捷琳娜二世与俄罗斯帝国的黄金时代”特展在上海博物馆开幕/沪宣//中国文物报2010-8-27
西藏松赞干布纪念馆开馆/滕军伟//中国文物报2010-8-27
陕西耀州窑博物馆新陈列竣工免费开放/刘政//中国文物报2010-8-27
晋国古都博物馆开展青少年志愿者培训活动/高琳//中国文物报2010-8-27

中国博物馆学会更名为中国博物馆协会/张俊梅、孙漪娜//中国文物报2010-9-1
中国国家博物馆装修进入倒计时/黎方益、孙晓胜//中国文物报2010-9-1
故宫博物院院庆“永宣展”进入倒计时/文犀//中国文物报2010-9-1
苗家户主水族共建博物馆/杨秀标//中国文物报2010-9-1
山东曲阜市将建孔子博物馆/马怡运//中国文物报2010-9-3
毕尔巴鄂的建筑艺术奇迹：一个博物馆救了一座城市/佚名//西安晚报2010-9-5
延安革命纪念馆陈列布展经验交流会召开/段博//中国文物报2010-9-10
江西抚州市博物馆新馆正式开馆/程晓辉//中国文物报2010-9-10
杨振宁参观三星堆博物馆/赵志强//中国文物报2010-9-17
以色列考古学家麦瑞姆考察耀州窑博物馆/刘政//中国文物报2010-9-17
纪念“九·一八”长春伪满皇宫博物院举行千人宣誓仪式/韩洋//中国文物报2010-9-22
达沃斯论坛成员参观天津博物馆/边静//中国文物报2010-9-22
青岛市博物馆迎来四十五华诞/张俊梅//中国文物报2010-9-22
泰州筹建中国评书评话博物馆/雷琛烨//中国旅游报2010-9-22
中国博物馆协会文物流通专业委员会即将成立/李建华//中国文物报2010-9-24
中国文字博物馆展出受赠书法精品/张雯//中国文物报2010-9-24
广州博物馆参观指南/金佳玉//人民日报（海外版）2010-9-25
保护传承发展：热烈祝贺秦始皇帝博物院·丽山园盛大开园//中国文物报2010-9-29
秦始皇帝博物院丽山园十月一日开园/庞博//中国文物报2010-9-29
黑龙江邮政博物馆正式开馆/邮博//中国文物报2010-9-29
故宫博物院举办系列活动庆祝85周年华诞/冯朝晖//中国文物报2010-9-29
苏州举办文博系统讲解员培训班暨讲解大赛/李喆//中国文物报2010-9-29
浙博举办中秋古乐会/王静//中国文物报2010-9-29
天津博物馆奉上节日文化盛宴/傅亚冬//中国文物报2010-9-29
留取秦朝本色：访秦始皇帝博物院院长吴永琪/张伟//中国文物报2010-9-29
三星堆金沙遗址出土文物精品登陆天博/刘芳菲//中国文物报2010-9-29
黑博推出中秋民俗展/岳中彬//中国文物报2010-9-29
陕西秦始皇陵、大明宫考古遗址公园举行开园仪式/庞博//中国文物报2010-10-1
世博会中国馆将于1日启动续展/许晓青、刘雪//中国文物报2010-10-1
西安碑林博物馆碑石拓片在台湾展出/庞博//中国文物报2010-10-1
杭州南宋官窑博物馆举办南宋瓷器精品展/官博//中国文物报2010-10-1
汉阳陵博物馆“文物保护环境监测系统”通过专家验收/庞博//中国文物报2010-10-1
民国瓷器展在北京艺术博物馆华美亮相/崔波//中国文物报2010-10-1
黑龙江省博物馆新馆开工奠基/覃劲//中国文物报2010-10-8
国际博协第22届大会筹备工作进展顺利/李文昌//中国文物报2010-10-8
山西博物院举行志愿者聘任仪式/晋文//中国文物报2010-10-8
山东博物馆新馆太阳能光伏系统正式并网发电/许鑫、陈辉//中国文物报2010-10-8
上海自然博物馆新馆2012年竣工公开征集获赠“亿岁恐龙”/罗争光//中国文物报2010-10-8
武汉博物馆国庆展丰富多彩/刘国斌//中国文物报2010-10-8
川博大篷车流动博物馆走进北川校园/张衡、赵卿//中国文物报2010-10-13
“钢笔字范”展走进黑博/岳中彬//中国文物报2010-10-13
“大三国展——蜀汉巡礼”完美绽放四川博物院/张衡//中国文物报2010-10-13
宝鸡青铜器博物院落成开放/龙剑辉//中国文物报2010-10-15
江西省博推出景德镇清代外销瓷精品展/刘薇//中国文物报2010-10-15
周口店遗址博物馆与西班牙布尔戈斯人类发展博物馆结为姊妹馆/周文//中国文物报2010-10-15
“西藏艺术大展”在台湾高雄科学工艺博物馆展出/文宣//中国文物报2010-10-20

国际博物馆协会第22届代表大会进入“倒计时”/李艳//中国文物报2010-10-20
国际博协会大会倒计时17天：大会筹备紧锣密鼓进行时/李艳、崔波、夏蓓蓓//中国文物报2010-10-20
首届中国非物质文化遗产博览会开幕/刘宝森、焦国栋//中国文物报2010-10-20
纪念台湾光复六十五周年活动在中国闽台缘博物馆举行/许雪毅//中国文物报2010-10-20
北京人艺戏剧博物馆举办“日本近现代戏剧史展”/李艳//中国文物报2010-10-20
广东省博物馆新馆参观人数破百万/王小迎//中国文物报2010-10-22
共建中国评书评话博物馆/张虎林、范观澜//泰州日报2010-10-23
我省“十一五”期间大遗址保护卓有成效/郭青//陕西日报2010-10-25
中国铁道博物馆开馆/朱河//中国文物报2010-10-27
“丝路新篇——中意文化遗产保护合作成果展”在首博开幕/文丹//中国文物报2010-10-27
西班牙向秦兵马俑考古项目颁发王子奖/庞博//中国文物报2010-10-27
园博馆将于明年开工建设/园管//中国文物报2010-10-29
内蒙古兴安盟博物馆落成开馆/王大方、班金云//中国文物报2010-10-29
安徽举行“百万青少年走进博物馆”活动/梦迪//中国文物报2010-10-29
省博物馆学会相关文化产业专业委员会成立/郭青//陕西日报2010-10-31
新疆博物馆举办讲解员培训班/周宁//中国文物报2010-11-3
浙江省博物馆向社区赠书/赵幼强//中国文物报2010-11-3
中国博物馆志愿者标语、标识征集活动结果揭晓/宁博//中国文物报2010-11-3
湖北省博物馆协会在武汉成立/张晓云//中国文物报2010-11-3
河北省博物馆新展迎客/冀博宣//中国文物报2010-11-3
贵州省博物馆新馆建设工程破土动工/龙佑铭//中国文物报2010-11-3
英国人爱逛博物馆热情不逊看英超/郭瑞//市场报2010-11-4
中欧博物馆论坛在西安召开/陕博//中国文物报2010-11-5
安徽省博物馆推出“潘玉良美术作品陈列”/李一兵//中国文物报2010-11-5
北京推出博物馆纪念章展览/京文//中国文物报2010-11-5
大连汉墓博物馆开馆/张志成、李天然//中国文物报2010-11-5
中国铁道博物馆有哪些看点/严冰//人民日报（海外版）2010-11-6
如何到中国铁道博物馆参观//人民日报（海外版）2010-11-6
国际博协主席库敏斯阐释和谐主题/李艳//中国文物报2010-11-8
江西举办全省博物馆讲解员培训班/王琴红//中国文物报2010-11-8
湖南耒阳纸博物馆开馆/袁建平//中国文物报2010-11-8
蔡伦故乡纸博物馆开馆//潇湘晨报2010-11-8；人民日报（海外版）2010-11-8
白鹤梁水下博物馆能经受175米蓄水考验/颜毅//中国文物报2010-11-8
河南博物院文物介绍//中国日报2010-11-10
专家谈当代博物馆功能应从“收藏历史”转向推动“心灵沟通”/孙丽萍、许晓青//中国文化报2010-11-11
在新时期建设好民众满意的博物馆/周衡义//中国文化报2010-11-11
“门庭冷落车马稀”中国博物馆怎样让人亲近？//人民日报（海外版）2010-11-12
全球博物馆志愿者开放论坛举办/张俊梅//中国文物报2010-11-13
“80后”女孩在博物馆事业中寂寞攀登/樊未晨//中国青年报2010-11-15
山东省博物馆新馆将于16日正式对公众开放//齐鲁晚报2010-11-15
博物馆正转型为新文化发生器//文汇报2010-11-15
三千学者博物馆找活路博物馆不只是藏宝洞/杨雪梅、曹玲娟//人民日报2010-11-15
故宫博物院与卢浮宫博物馆签署框架合作协议/文犀//中国文物报2010-11-17
台湾博物群首次亮相大陆/李艳//中国文物报2010-11-17
孔庙和国子监博物馆学术委员会在京成立/方同//中国文物报2010-11-17
博物馆建设，既要重视数量更要提高质量//中国文化报2010-11-19

山东省博物馆新馆开馆典礼举行/王征、李涛、汪海涛//中国文物报2010-11-19
“全国重点地区打击文物犯罪专项行动成果展”在军博开幕/张俊梅//中国文物报2010-11-19
余杭博物馆接收出土文物/张君国//中国文物报2010-11-19
中国文字博物馆庆祝开馆一周年/杨雯//中国文物报2010-11-19
英国博物馆代表团来湘考察交流/文宣//中国文物报2010-11-19
印为心造——李岚清篆刻艺术展在深圳博物馆隆重开幕/黄阳兴//中国文物报2010-11-19
陕西省博物馆学会相关文化产业专业委员会成立/庞博//中国文物报2010-11-19
探索博物馆从幕后到台前的生存之路//北京商报2010-11-23
湖南小伙深圳建防盗博物馆已帮助两名小偷转行/陈国忠//长沙晚报2010-11-23
大遗址保护工作会议暨首批国家考古遗址公园授牌仪式在成都举行/孙波//中国文物报2010-11-24
国家博物馆将推出德国艺术品大展/黄琛//中国文物报2010-11-26
广东省博举办社科院考古所六十年成果展/王小迎//中国文物报2010-11-26
河南博物院志愿服务团赴台交流/林晓平//中国文物报2010-11-26
史沫特莱铜像在北京鲁迅博物馆落成/崔波//中国文物报2010-12-1
甘肃馆藏木质文物修复保护项目通过验收/戴子佳//中国文物报2010-12-3
甘肃武山水帘洞石窟群文物保护工程顺利进行/令陆胤//中国文物报2010-12-3
四川博物院为大邑庄园博物馆修复书画近百件/刘宇//中国文物报2010-12-3
西安碑林博物馆举行消防实战演练/西安碑林博物馆//中国文物报2010-12-6
上海世博会中国国家馆启动半年续展/许晓青、吴宇//中国文物报2010-12-8
2010年度（第21届）全国十大考古新发现评选活动通知//中国文物报2010-12-8
海淀区博物馆藏品征集启事//中国文物报2010-12-8
西安博物院开展国际志愿者日活动/庞博//中国文物报2010-12-10
“百工千慧——中国文物保护科学和技术成果展”在首博开幕/冯朝晖、郭桂香//中国文物报2010-12-15
元中都博物馆建成开馆/张波//中国文物报2010-12-15
“丝绸之路——大西北遗珍”在浙博开幕/浙博//中国文物报2010-12-15
北京鲁迅博物馆举办“曹禺戏剧史料展”/阮富春//中国文物报2010-12-15
审计博物馆关于征集审计文物和史料的启示//中国文物报2010-12-15；2010-12-17
中意加强文物修复领域合作/陈恃雷//中国文物报2010-12-17
湖北省博物馆表彰优秀志愿者/鄂文//中国文物报2010-12-17
广州出版中英文版介绍博物馆书籍/广博//中国文物报2010-12-17
广东省宣传教育业务高级培训班在东莞虎门召开/广宣//中国文物报2010-12-17
东方文化遗产保护的典范/李颖科//西安晚报2010-12-19
宁波天一阁博物馆举行新书库落成典礼/王玉琦//中国文物报2010-12-22
国家文物局公布《2009年全国博物馆名录》/李艳//中国文物报2010-12-22
高校博物馆养在深闺待人识/谢淑婷//国际在线2010-12-23
我是博物馆讲解员/郭青//陕西日报2010-12-26
元中都博物馆开馆//中国文物报2010-12-29
黑博“每月一星”系列展推出第十六展/岳中彬//中国文物报2010-12-29
陈炎向宁波博物馆捐赠图书文献/涂师平//中国文物报2010-12-29
第一家盲人体验博物馆得到社会各界支持关注/本报讯//中国文物报2010-12-31
桂林山水花鸟画走进中国军事博物馆/廖绍芷//中国文物报2010-12-31
“草原古韵塞外风情——内蒙古包头岩画唐卡文物精品展”亮相武汉/刘国斌、李笙清//中国文物报2010-12-31
“草原华章——契丹文物精品展”在山西博物院开展/蒙文//中国文物报2010-12-31
“中国少数民族文字文物文化系列展——宁夏篇”在中国文字博物馆开幕/刘葆//中国文物报2010-12-31
西藏自然科学博物馆开工建设/格桑达瓦//科技与生活2010-19
首届“中国博物馆十佳志愿者之星”出炉/田红艳//广西博物馆文集（七），广西人民出版社2010年

广西博物馆开展“我心目中的瓯骆精品”文物评选活动/于静//广西博物馆文集（七），广西人民出版社2010年
广西博物馆推出“博物馆文化之旅”活动/林洁//广西博物馆文集（七），广西人民出版社2010年
2010年“广西博物馆之友”文物鉴赏活动在南宁举行/田红艳//广西博物馆文集（七），广西人民出版社2010年
广西博物馆举行首届“我看博物馆”摄影比赛/林洁//广西博物馆文集（七），广西人民出版社2010年
广西博物馆开展“情系中华传统节日”系列活动之“话端午”/于静//广西博物馆文集（七），广西人民出版社2010年
“2010年全区文化遗产保护宣传讲解大赛”在邕举行/于静//广西博物馆文集（七），广西人民出版社2010年
广西博物馆“馆长讲解日”启动/林洁//广西博物馆文集（七），广西人民出版社2010年
“情系八桂两岸文化联谊行”两百嘉宾到广西博物馆参观考察/于静//广西博物馆文集（七），广西人民出版社2010年
北川地震纪念馆建设工程正式开工/川博//中国文物报2011-1-5
河北海盐博物馆被命名为海盐文化科普基地/海盐//中国文物报2011-1-5
四川雅安市博物馆开馆文物局正式挂牌/陈瑶、文霞//中国文物报2011-1-5
广东省博物馆7个月迎客150万/王小迎//中国文物报2011-1-5
国家博物馆孔子塑像落成/赵矫健//中国文物报2011-1-12
苏州东吴博物馆正式开馆/苏文//中国文物报2011-1-12
中国百年中小学教科书陈列馆开馆/刘奕湛//中国文物报2011-1-12
第二届“紫禁城杯”（2010年度）全国文化遗产十佳图书评选参评图书书目//中国文物报2011-1-19
河南省下发免费开放博物馆纪念馆管理办法/胡赵建//中国文物报2011-1-21
国际友谊博物馆纪念建馆30周年/李艳//中国文物报2011-1-21
陕西美术博物馆入选首批国家重点美术馆/刘慧//华商报2011-1-25
欧洲博物馆为五斗米折腰/东方早报//华商报2011-1-26
中央主流媒体赴浙江采访博物馆免费开放工作/李艳//中国文物报2011-1-26
江西加强全省博物馆人员管理/王琴红//中国文物报2011-1-26
第六届故宫知识讲堂举办/宫文//中国文物报2011-1-26
山东启动“观众最喜爱的山东博物馆十大镇馆之宝评选活动”/汪海涛//中国文物报2011-1-28
江西设立南昌当代艺术博物馆/王琴红//中国文物报2011-1-28
北京延庆博物馆举办“兔临新宇扇启春风”新春特展/京宣//中国文物报2011-1-28
内蒙古博物院举办“民俗春节”系列活动/蒙文//中国文物报2011-1-28
四川博物院“小小讲解员”选拔活动圆满成功/窦钰萱//中国文物报2011-1-28
首都博物馆免费参观办法/张墨//人民日报（海外版）2010-1-29
陕西美术博物馆荣膺全国首批重点美术馆/李向红、王颖//陕西日报2011-1-30
“契丹文物精品展”在山西博物院开幕//文物天地2011-2
黄冈市博物馆文物遭劫案告破/皮曙初、廖君//中国文物报2011-2-2
沈阳故宫精品文物在台北展现“六皇一后”的故事/郭鑫、李惠子//中国文物报2011-2-2
关于开展第九届（2009～2010年度）全国博物馆十大陈列展览精品评选工作的通知//中国文物报2011-2-2
“非洲文物艺术展”在郑州博物馆展出/本报讯//中国文物报2011-2-2
首博推出“灵动兔宝”生肖文化展/京宣//中国文物报2011-2-2
中国湿地博物馆春节给广大市民献大礼/孙晓永、来彬//中国文物报2011-2-2
黑龙江省博物馆：民俗迎春文化拜年/岳中彬//中国文物报2011-2-9
天津自然博物馆荣获“全国科普工作先进集体”称号/自然博物馆//中国文物报2011-2-9
广东省博物馆：邀您同贺春/王小迎//中国文物报2011-2-9
海口市博物馆：花梨沉香大展飨观众/陈鸿辉//中国文物报2011-2-9
关于开展第九届（2009～2010年度）全国博物馆十大陈列展览精品评选工作的通知//中国文物报2011-2-9
北京博协品牌系列活动继续推出/崔波//中国文物报2011-2-9
博物馆的核心价值：从保护文物藏品到保护文化遗产，再到服务社会/单霁翔//中国文物报2011-2-11

台北故宫博物院称拟与大陆博物馆兔年继续合作举办多项展览/郭鑫//中国文物报2011-2-16
河北省博五大展览迎新春/冀文//中国文物报2011-2-16
秦兵马俑在加拿大蒙特利尔展出/吴海云、庞博//中国文物报2011-2-16
安徽皖西博物馆开馆/王梦迪//中国文物报2011-2-16
新国博1日开馆迎客/王建华//人民日报（海外版）2011-2-17
海南农垦博物馆开馆/罗昌爱//人民日报（海外版）2011-2-22
川博举办“传统年画珍赏展”/王涵//中国文物报2011-2-23
西安半坡博物馆慰问武警西安市支队官兵/王璟//中国文物报2011-2-23
天津博物馆举办志愿者表彰大会暨2011年新志愿者上岗仪式/津宣//中国文物报2011-2-23
中国园林博物馆采用“飘浮的屋顶，消失的外墙”设计方案/殷丽娟//中国文物报2011-2-23
浙江民族教育博物馆落户宁波/刘孙漪娜//中国文物报2011-2-23
广西博物馆启动关爱农民工子女志愿服务行动/黄璐//中国文物报2011-2-23
“非遗”走进留守娃/刘肖坤//人民日报（海外版）2011-2-24
五年内我省博物馆将增至240座，更多博物馆将免费开放/吕华//西安晚报2011-2-25
去年河北博物馆纪念馆接待观众突破1800万人/冀文//中国文物报2011-2-25
苏州博物馆举办沙孟海书法艺术特展/苏博//中国文物报2011-2-25
四川博物院“大篷车”流动博物馆走进“小平故里”广安/川文//中国文物报2011-2-25
南京博物院与英国科尔切斯特古堡博物馆及埃塞克斯郡开展文化交流活动/江博//中国文物报2011-2-25
走进博物馆：文物惠民的民生答卷/赵争耀//三秦都市报2011-2-26
观众民俗博物院“三八”节妇女半价/文锦//三秦都市报2011-2-26
我省博物馆将达240座/赵争耀//三秦都市报2011-2-26
探秘新国博/赵珊//人民日报（海外版）2011-2-26
故宫珍宝亮相大都会艺术博物馆//文物天地2011-3
黄冈市博物馆文物遭劫案告破//文物天地2011-3
郑州市博物馆展出非洲文物艺术//文物天地2011-3
沈阳故宫精品文物在台北展出//文物天地2011-3
故宫家底首次查清//文物天地2011-3
国家文物局调研安徽陕西文物保护与安全工作/邓超、周魁英//中国文物报2011-3-2
陕西省政府召开全省文物工作会议/庞博//中国文物报2011-3-2
故宫牵手海航合力弘扬传统文化/郭桂香//中国文物报2011-3-2
红色邮票在武汉革命博物馆首发/袁亚妮//中国文物报2011-3-2
河北“博物馆陈列展览精品”评选揭晓/刘洁//中国文物报2011-3-2
宝鸡青铜器博物院院徽征集公告//中国文物报2011-3-2
中国国家博物馆改扩建工程竣工“复兴之路”基本陈列复展仪式举行/新华社//中国文物报2011-3-2
新国家博物馆开馆了/新华社//人民日报（海外版）2011-3-2
国家文物局关于开展“5・18国际博物馆日”宣传活动的通知//中国文物报2011-3-2
国家博物馆怎一个“大”字了得/吴成贵//华商报2011-3-4
多种文博论著荣获内蒙古第三届哲学社会科学优秀成果政府奖/王大方、翟禹//中国文物报2011-3-4
于右任书法艺术博物馆西安建成/黄小春//三秦都市报2011-3-6
中国妇女博物馆展出女性剪纸艺术精品/冯朝晖//中国文物报2011-3-9
陕西历史博物馆网上订票只对团体不对个人/薛雯//西安晚报2011-3-9
西安今年建设近40家博物馆重点扶持民办馆/吕华、张玥芳//西安晚报2011-3-10
“我眼中的中国——驻华女使节和使节夫人摄影展”在首都博物馆举办/市局//中国文物报2011-3-11
石嘴山博物馆陈展方案通过评审/韩学斌、张瑞娟//中国文物报2011-3-11
乌菲齐博物馆珍藏展开幕，82件国宝级画作今亮相/张硕//北京晨报2011-3-12
国家文物局调研河南大遗址保护及博物馆体制机制创新工作/王向杰//中国文物报2011-3-16

重庆中国三峡博物馆设立“爱心日”/陈丽竹//中国文物报2011-3-16
杜甫草堂博物馆邀请专家开展馆藏陶瓷和杂项类文物鉴定工作/草文//中国文物报2011-3-16
西安碑林博物馆多举措迎接世园会/屹夫//中国文物报2011-3-18
旅顺日俄监狱旧址博物馆举办中学生“走进博物馆”征文活动/唐红//中国文物报2011-3-18
十堰市博物馆群工部徐晓静喜获“巾帼建功20周年有奖征文”活动优秀奖/黄中鹤//中国文物报2011-3-21
第二届“紫禁城杯”（2010年度）全国文化遗产十佳图书评选揭晓/徐秀丽//中国文物报2011-3-23
山东省博物馆“十大镇馆之宝”评选揭晓/汪海涛//中国文物报2011-3-23
“丝路遗韵：新疆出土文物展”在深圳博物馆隆重开幕//中国文物报2011-3-23
国家文物局调研中央和地方共建博物馆专项经费使用情况/吴彦波//中国文物报2011-3-23
文物博物馆专业首次纳入国家学位教育/郭桂香//中国文物报2011-3-25
推动文物与博物馆专业学位研究生教育加快文化遗产保护领域应用型人才培养：单霁翔局长答记者问//中国文物报2011-3-25
江西省博物馆推出岭南画派精品特展/刘薇//中国文物报2011-3-25
黑龙江省博物馆收藏东北虎仔标本/岳中彬//中国文物报2011-3-25
北京启动“5・18”系列活动，博物馆寻宝大赛/景轩//中国文物报2011-3-25
中国美术馆——走进免费开放时代/尚琦//人民日报（海外版）2011-3-26
故宫“五一”假期首次限流/陈振凯//人民日报（海外版）2011-3-26
新国博七项展览全部免费/李舫、赵聪//人民日报2011-3-28
国博全面免费开放/罗晓光//人民日报（海外版）2011-3-28
国家博物馆免费开放/新华社//西安晚报2011-3-28
国博系列专题展陆续开幕/崔波//中国文物报2011-3-30
川陕革命根据地纪念馆建成开馆/庞博//中国文物报2011-3-30
国家文物局赴河北调研博物馆工作/张建勋//中国文物报2011-3-30
武汉博物馆举办“金玉满堂——金银玉器特展”/刘国斌、李笙清//中国文物报2011-3-30
海盐博物馆黄骅市博物馆开展消防演习/黄骅//中国文物报2011-3-30
“大千世界——吉林省博物院藏张大千绘画作品展”在大连展出/大博//中国文物报2011-3-30
重庆红岩革命历史博物馆荣获重庆市首批“唱读讲传”活动示范基地命名/颜毅、温湘君//中国文物报2011-3-30
国家文物局等部门联合印发《关于促进民办博物馆发展的意见》/本刊编辑部//收藏2010-4
“中国国家博物馆馆藏现代经典美术作品展”在国博开幕//中国国家博物馆馆刊2011-4
古代青铜器、佛造像艺术专题陈列开幕式在国博举行/李秀娜 董清//中国国家博物馆馆刊2011-4
“中国古代瓷器艺术”展览在国博开幕//中国国家博物馆馆刊2011-4
第九届（2009～2010年度）全国博物馆十大陈列展览精品评选活动公告//中国文物报2011-4-1
第九届（2009～2010年度）全国博物馆十大陈列展览精品评选候选项目名单//中国文物报2011-4-1
安徽省博物馆举办法治与责任展/李一兵//中国文物报2011-4-1
给力民博馆跨越成长的坎/职茵、尚洪涛//西安晚报2011-4-1
让我们走进博物馆/袁跃兴//人民日报（海外版）2011-4-2
宏大展馆，再现壮伟画卷——国博《复兴之路》基本陈列反响强烈/廖翊//人民日报2011-4-2
全国十大陈列精品评选初评结束：陕西五家博物馆入围/陈黎、车孟莹、周雯//西安晚报2011-4-2
“启蒙的艺术”大型展览在京举办/侯丽军//中国文物报2011-4-6
福建省文化厅组织开展博物馆“进校园、进社区”活动/邢新建//中国文物报2011-4-6
大地湾史前文明博物馆有望年内开放/王兰芳//兰州晨报2011-4-7
北京中国博物馆事业发展基金会正式成立/博宣//中国文物报2011-4-8
陕西历史博物馆新入藏文物精华展开幕/庞博//中国文物报2011-4-8
军博重大题材美术创作工程启动/崔波//中国文物报2011-4-8
孔庙国子监博物馆举办清明节文明健康行活动/景轩//中国文物报2011-4-8

首博引进澳土著艺术展/首博//中国文物报2011-4-8
新疆博物馆：让展览走向各族群众/张蕾//中国文物报2011-4-8
全国博物馆十大陈列精品初评：陕西三家博物馆挺进“25强”/陈黎、孟莹、周雯//西安晚报2011-4-12
第九届（2009～2010年度）全国博物馆十大陈列展览精品评选初评结果揭晓/李让//中国文物报2011-4-13，2011-5-18
“圣地西藏——最接近天空的宝藏”亮相湖北省博物馆/杨理胜//中国文物报2011-4-13
博物馆是个大课堂/姜范//经济日报2011-4-18
高校博物馆如何走出“深闺”服务大众/王晓阳、王鹏、刘露//陕西日报2011-4-19
网友批评国家博物馆管理水平差，副馆长称能管好/华静言//新快报2011-4-19
展示古都风貌惠及社会民生：洛阳博物馆新馆正式开馆/张俊梅、孙慧宝//中国文物报2011-4-20
西安民博馆亮相“织围脖”/职茵、刘彤//西安晚报2011-4-20
网媒开专题力荐西安民博馆/职茵//西安日报2011-4-22
第九届（2009～2010年度）全国博物馆十大陈列展览精品评选终评会暨颁奖仪式16日至18日在沈阳举行//中国文物报2011-4-22
首都博物馆举办“约翰·波特曼艺术与建筑”展/首博//中国文物报2011-4-22
近百学子“围观”民博馆/职茵、刘彤、李思慧//西安晚报2011-4-25
樊建川与他的“博物馆生意”/沈三//城市经济导报2011-4-25
桂林博物馆影响力“扩散”到民办学校目前市内已有近20所学校将它列为教育基地/梁亮//桂林晚报2011-4-25
“秦陵一号铜车马”亮相西安世园会/陈钢、冯国//中国文物报2011-4-27
展览为媒促交流：石家庄市博物馆“毗卢寺壁画摹本展”在南通展出/石博//中国文物报2011-4-27
中国国家文物局与秘鲁文化部签署文物博物馆合作备忘录/文宣//中国文物报2011-4-29
故宫博物院举办“交融——两依藏珍选粹展”/冯朝晖//中国文物报2011-4-29
北京博物馆学会第五届理事会监事会产生/崔波//中国文物报2011-4-29
中秘签署文物博物馆合作备忘录/杨雪梅//人民日报（海外版）2011-4-29
在这里，可以遨游太空“中国航海博物馆天象馆球幕电影介绍”/屠知力//人民日报（海外版）2011-4-29
“印加人的祖先——公元一至七世纪的古代秘鲁”大型展览在国博开幕/李秀娜//中国国家博物馆馆刊2011-5
“艺术清华”展览在国博开幕//中国国家博物馆馆刊2011-5
“北京中国国家博物馆事业发展基金会”正式成立//中国国家博物馆馆刊2011-5
中澳国博签署合作谅解备忘录//中国国家博物馆馆刊2011-5
国博代表团访问惠灵顿//中国国家博物馆馆刊2011-5
江西举办博物馆文化产品设计与策划培训班/王琴红//中国文物报2011-5-4
黄骅市博物馆与宁都县博物馆“义结金兰”/晋福新//中国文物报2011-5-4
国家文物局领导考察福州三坊七巷社区博物馆/周典、邢新建//中国文物报2011-5-4
国家博物馆举办古代秘鲁展/文宣//中国文物报2011-5-4
“读书风景”摄影展在北京鲁迅博物馆举办/鲁宣//中国文物报2011-5-4
西安将启动“百万市民走进博物馆”活动，多家新博物馆将开馆/周艳涛//华商报2011-5-5
内蒙古博物院对文物进行3D数据采集：给文物办张电子身份证/辛阳、吴勇//人民日报2011-5-5
武当博物馆成功研发出“游客智能综合管理分析系统”/韩继斌、郑红梅//中国文物报2011-5-6
西安碑林博物馆书法年活动启动/庞博//中国文物报2011-5-6
“功勋与荣誉——中国人民革命军事博物馆藏精品证章特展”在云南省博物馆开展/叶之声//中国文物报2011-5-6
名人名枪特展在黑龙江省博物馆举办/岳中彬//中国文物报2011-5-6
“中国海上丝绸之路”申遗五城市博物馆共谋联合运作机制/海文//中国文物报2011-5-6
发展私立博物馆先树立品牌/王莉萍//上海证券报2011-5-6
国内首座玻璃博物馆落户上海/汝乃尔//中国旅游报2011-5-9

“多彩而独特的民族与文化——印度尼西亚国家博物馆与中国广西民族博物馆联展”在印尼开幕展览的策展理念/陈邵峰//中国文物报2011-5-11
漫步博物馆寻味陈列的文明记忆/肖阳//南方都市报2011-5-12
瑞典一博物馆发现北京猿人牙齿化石/新华社//西安晚报2011-5-12
故宫博物院展品失窃引起公安部、国家文物局高度关注案件已告破/孙波//中国文物报2011-5-13
故宫博物院展品被盗案58小时告破/廖翊//中国文物报2011-5-13
第九届全国博物馆十大陈列展览精品评选/本报讯//中国文物报2011-5-13
马王堆汉墓文物精华展在山西博物院举办/晋文//中国文物报2011-5-13
市博物馆应对投诉首次行使“一票否决”处罚/李超//兰州日报 2011-5-13
西安一批博物馆将开馆/付亚娟//三秦都市报2011-5-14
两大主题九大活动邀您走入“博物馆”/付亚娟//三秦都市报2011-5-14
西安市将举行多场活动纪念国际博物馆日/周艳涛、黄禹铭//华商报2011-5-14
博物馆，融入寻常百姓生活/李国斌、秦璐//湖南日报2011-5-14
带上早报到博物馆找寻记忆/张素萍//东南早报2011-5-14
18日国际博物馆日河南多个文物景点门票有优惠/梁新慧//东方今报2011-5-14
打造博物馆之城需激发民众参与兴趣/王宜墨、杨萌//华商报2011-5-15
故宫失窃案引发博物馆安防风暴/富筱琦、于卫华//华商报2011-5-15
博物馆的未来：主题鲜明重体验/王宜墨、杨萌//华商报2011-5-15
故宫：彷徨在文化传承与市场突围间//经济参考报2011-5-17
24名志愿者今日走进汉阳陵/陈黎//西安晚报2011-5-17
本报和汉阳陵博物馆联合举办“一把手铲梦回西汉”活动/陈黎//西安晚报2011-5-17
酒泉市博物馆竟有如此规定：不交35元讲解费不能参观免费开放成一纸空文/董开炜//兰州晨报2011-5-17
2011’国际博物馆日中国主场城市沈阳//中国文物报2011-5-18
世界各地博物馆日活动异彩纷呈/黄磊、黄金娟编译//中国文物报2011-5-18
印度将在全国建设1000所人民博物馆/辛德编译//中国文物报2011-5-18
北京博物馆学会请来专家办讲座/山水//中国文物报2011-5-18
武汉市博物馆与楚天金报联手开展博物馆日活动/刘国斌//中国文物报2011-5-18
第九届（2009～2010年度）全国博物馆十大陈列展览精品评选揭晓/李让//中国文物报2011-5-18
万众一心众志成城——5·12抗震救灾纪念馆开馆/李龙、何莉//中国文物报2011-5-18
国家博物馆网站正式发布/张伟//中国文物报2011-5-18
国博举行“古代中国”基本陈列预展仪式/李秀娜//中国文物报2011-5-18
中国政府无偿援助蒙古国文化遗产项目：蒙古国博格达汗宫博物馆门前区保护维修工程/张颖岚、杨博、马琳燕//中国文物报2011-5-18
免费博物馆：百姓的“精神家园”/陈艳、莎莎、陈欢//陕西日报2011-5-18
今天，百万群众走进博物馆/陈艳、莎莎//陕西日报2011-5-18
守望历史记忆，感受博物馆魅力——访陕西省文物局局长赵荣/莎莎、陈艳//陕西日报2011-5-18
各地“5·18国际博物馆日”活动丰富多彩//中国文物报2011-5-18
专访西安市文物局局长郑育林——走进博物馆探索发现历史记忆/张娜//西安晚报2011-5-18
北京“家门口的博物馆”共庆国际博物馆日/慧月//中国文物网2011-5-18
苏州博物馆生存现状调查//苏州日报2011-5-18
我省三项目入选全国博物馆十大陈列展览精品/郭青//陕西日报2011-5-18
北京警方通报故宫博物院展品被盗案侦破情况/卢国强//陕西日报2011-5-18
“一把手铲梦回西汉”公共考古活动昨日顺利结束/陈黎、高乐、张宇明//西安晚报2011-5-18
广西将新建改扩建100个博物馆/庞革平、谢振华//人民日报2011-5-18
“国际博物馆日”天津市举办系列活动/刘静华、秦鹏//今晚报2011-5-18
国际博物馆日到省博物馆微博讲故事还能拿大奖/徐海瑞、秦璐、刘晴贤//潇湘晨报2011-5-18

朝阳财政支持私人博物馆 政府购买门票发放给公众/王佳琳/新京报2011-5-19
成都金沙遗址博物馆启动“博物馆之友”/肖飞舸//中国日报2011-5-19
博物馆女服务员禁着暴露装/王佳琳//新京报2011-5-19
国际博物馆日一瞥/赵冰、张旭//人民日报（海外版）2011-5-19
我省三博物馆在全国陈列精品评选中获奖//陕西日报2011-5-19
消防博物馆增互动体验/郭超//新京报2011-5-19
园林博物馆征集文物/蒋彦鑫//新京报2011-5-19
奥地利博物馆走近民众/方祥生//光明日报2011-5-19
中华文明起源展亮相 沈阳成“国际博物馆日”首个主会场/何勇、杨雪梅//人民日报2011-5-19
昔日专事“保藏研究”如今凸现宣教娱乐功能：文化场馆玩“互动”市民乐了/孙欢、职茵//西安晚报2011-5-19
大明宫国家遗址公园给50万小学生发免费年卡/张静、汤甜//西安晚报2011-5-19
妇女文化博物馆邀您了解嫁衣背后的故事/任娜、胡亚南、李俊//西安晚报2011-5-19
我省举办国际博物馆日宣传活动//辽沈晚报2011-5-19
2011年国际博物馆日主会场在沈阳举行/崔波//中国文物报2011-5-20
各地“5·18国际博物馆日”活动精彩纷呈/李艳、王润、文冰、崔波等//中国文物报2011-5-20
专家评审三坊七巷社区博物馆展陈策划方案/管委会//中国文物报2011-5-20
驻华使节代表团参观四川博物院/张衡//中国文物报2011-5-20
北京举办国际博物馆日系列宣传活动/景轩//中国文物报2011-5-20
沈阳工业博物馆奠基/崔波//中国文物报2011-5-20
国家文物局到国家博物馆检查安全工作/本报讯//中国文物报2011-5-20
博物馆安全，我们知道多少/杨雪梅//人民日报2011-5-20
“国际博物馆日”集中宣传月启动：市民踏上“博物馆之旅”/陈黎//西安晚报2011-5-20
“曲江博物馆月”系列活动轮番上演/陈黎//西安晚报2011-5-20
博物馆人看博物馆/钟赟//每日商报2011-5-20
把博物馆的记忆买回家/钟赟//每日商报2011-5-20
台湾博物馆：行销“文化风景”（两岸聚焦）/王尧//人民日报2011-5-20
西岐民俗艺术博物馆开馆迎客/孙文生、魏伟//陕西日报2011-5-24
北大赛克勒博物馆展出契丹人服饰/郭桂香//中国文物报2011-5-25
广西五年内将建设自家博物馆/冯朝晖//中国文物报2011-5-25
国际博物馆日沈阳主会场剪影/崔波//中国文物报2011-5-25
各地博物馆举办活动迎接“国际博物馆日”//中国文物报2011-5-25
中国博协文学专委会在京推出系列活动/鲁宣//中国文物报2011-5-25
广东省博物馆纪念新馆开馆一周年/王小迎//中国文物报2011-5-25
天津博物馆开展系列活动/天博宣//中国文物报2011-5-25
十堰市博物馆与驻堰部队开展活动/王蕾//中国文物报2011-5-25
丝绸之路沿线博物馆专委会酝酿“海上丝绸之路”和“大丝绸之路”展/冬子//中国文物报2011-5-25
加强地方性博物馆公益服务建设/张文英//人民政协报2011-5-25
中国鼻烟壶紫砂壶博物馆开馆//人民日报（海外版）2011-5-27
北大三博士申请公开故宫收支信息/新京报讯//华商报2011-5-27
高校博物馆与城市文化建设/陈振仪//西安日报2011-5-27
南京博物院开3D虚拟馆用鼠标可“触摸”“镇馆之宝”/张莅坤//西安晚报2011-5-29
辽宁古生物博物馆落成开馆/张晟南、霍焰//国土资源2011-6
半坡博物馆票价拟上调，旺季65元，淡季45元/张莉//华商报2011-6-1
全国人大常委会副委员长陈至立参观虢国博物馆/刘洁//中国文物报2011-6-1
广西民族生态博物馆建设“1+10工程”顺利完工/陆文东//中国文物报2011-6-1
国际博物馆日精彩活动回眸/汪海涛、王梦迪等//中国文物报2011-6-1

刘少奇与中国共产党巡回展举办/崔波//中国文物报2011-6-1
“钟王杯”讲解赛在大钟寺博物馆闭幕/钟博//中国文物报2011-6-1
路易威登艺术时空之旅展登陆国家博物馆/山水//中国文物报2011-6-1
英国曼斯菲尔德博物馆荣获2011年“最佳家庭友善奖”/辛德编译//中国文物报2011-6-1
十余载，数封信，两岸博物馆齐努力/袁亚平、吴亚明、陈晓星//人民日报2011-6-2
免费博物馆内设昂贵展馆引争议/本报讯//西安晚报2022-6-2
国家文物局、教育部发文要求加强高校博物馆建设与发展//中国文物报2011-6-3
纺织品文物保护国家文物局重点科研基地工作站落户新疆博物馆/新博//中国文物报2011-6-3
上海大学将建博物馆展示上海历史文化发展轨迹/曹默//中国文物报2011-6-3
四川博物院为大邑庄园博物馆修复书画近百件/刘宇、卫国//中国文物报2011-6-3
洛阳古代艺术博物馆赴深圳开展壁画揭取保护工作/杨蕊//中国文物报2011-6-3
甘肃馆藏木质文物修复保护项目通过验收/戴子佳//中国文物报2011-6-3
中国博物馆与世界同行/张东伟//人民日报（海外版）2011-6-3
海外博物馆这样运作贵宾服务/东方早报讯//西安晚报2011-6-7
国家文物局发出通知要求展开调查并查处国保单位和遗址类博物馆内违法经营活动/孙波//中国文物报2011-6-8
在中国妇女儿童博物馆庆“六一”/崔波//中国文物报2011-6-8
“浙江省生态文明建设油画展”在浙江自然博物馆举行/浙文//中国文物报2011-6-8
湖北省博物馆志愿者走进儿童福利院/本报讯//中国文物报2011-6-10
广东省博里的快乐假日/王小迎//中国文物报2011-6-10
山东博物馆半年观众量突破百万/汪海涛//中国文物报2011-6-10
河南博物院八大活动迎接文化遗产日/本报讯//中国文物报2011-6-10
广西博物馆举办文化遗产日专题讲座/黄璐、林洁//中国文物报2011-6-10
广西博物馆“我看博物馆”青少年摄影比赛揭晓/黄璐//中国文物报2011-6-10
关中民俗博物院将推出半价优惠/文锦//三秦都市报2011-6-10
民办博物馆建设运营浅析/王彬//西安日报2011-6-11
我市将再建30余博物馆/胡利强//西安日报2011-6-11
博物馆建设必须走内涵式发展道路/张春莉//人民政协报2011-6-13
昆明“博物馆之城”初具规模/杨燕//云南日报2011-6-15
甘肃省人民政府通报表彰甘肃省博物馆/史勇//中国文物报2011-6-15
陕西历史博物馆新馆建成开放二十周年暨唐代壁画珍品馆开幕//中国文物报2011-6-15
国家博物馆缺点“人性化”/任国才//人民日报（海外版）2011-6-16
希拉克博物馆展出中国文物/姚蒙//中国文物报2011-6-17
新疆博尔塔拉蒙古自治州博物馆新馆开馆/新华//中国文物报2011-6-17
“云南经验”联合调研组考察云南省博物馆/叶之声//中国文物报2011-6-22
甘肃举办“我最喜爱的甘博展品”绘画活动/蔡欣良//中国文物报2011-6-22
辽宁省博物馆举办“丝绸之路——大西北遗珍”展/辽宣//中国文物报2011-6-22
驻新加坡大使魏苇出席“千秋帝业：兵马俑与秦文化”展览开幕式//中国日报2011-6-24
国家文物局印发《国家文物博物馆事业发展“十二五”规划》/本报讯//中国文物报2011-6-24
首博推出建党90周年系列展览/首博//中国文物报2011-6-24
北京各博物馆举办展览纪念建党90周年/本刊讯//中国文物报2011-6-24
西安市民宋成飞向碑林博物馆捐献珍贵文物/庞博//中国文物报2011-6-24
赏莲鹤方壶溯华夏渊源华裔青年参观河南博物院//中国日报2011-6-28
“建党以来农村政策回顾展”在中国农业博物馆开幕/文昌//中国文物报2011-6-29
国家博物馆展出馆藏现代经典美术作品展/崔波//中国文物报2011-6-29
甘肃省首届陈列展览精品奖评选揭晓/史勇//中国文物报2011-6-29
曲江文化创意产业：让博物馆成为文创产业策源地/张静//西安晚报2011-6-29

国博代表团参加美国博物馆协会年会/李维明//中国国家博物馆馆刊2011-7
北京文博交流馆展出“红色记忆·民间剪纸艺术展”/京文//中国文物报2011-7-1
国家博物馆举办中国木雕艺术展/崔波//中国文物报2011-7-1
“沁阳革命史迹陈列”完成改造对外开放/张红军//中国文物报2011-7-1
中国三峡博物馆代表参加罗马尼亚国际博物馆学研讨会/渝文//中国文物报2011-7-1
黑龙江省博巨幅展示党旗飘扬/岳中彬//中国文物报2011-7-1
“三星堆进校园”百校百场公益讲座完成/陈苇//中国文物报2011-7-1
湖南省博物馆改扩建工程开工仪式隆重举行/申国辉//中国文物报2011-7-6
嘉兴南湖革命纪念馆新馆开馆/裘立华//中国文物报2011-7-6
方志敏纪念馆新馆向社会开放/章武、沈洋//中国文物报2011-7-6
国家文物局数据中心与新疆博物馆签署异地数据备份保管协议/朱虹//中国文物报2011-7-8
河南举办馆藏文物清库建档工作培训班/胡赵建//中国文物报2011-7-8
旅顺博物馆举办“大连革命史迹展”/刘芳//中国文物报2011-7-8
黑龙江省博“每月一星”系列展览又推新展/邸昆、岳中彬//中国文物报2011-7-8
天津举办2011年度文博系统讲解员培训班/涂小龙//中国文物报2011-7-8
安徽举办全省革命文物讲解比赛/王梦迪//中国文物报2011-7-8
何智亚谈重庆老街保护，重庆将建三大博物馆/刘敏//重庆商报2011-7-10
湖南开展文博单位安全大检查/柴冰懿//中国文物报2011-7-13
吴俊红10次向西安博物院捐赠文物/庞博//中国文物报2011-7-13
宁夏博物馆小志愿者讲解员培训活动启动/刘葆//中国文物报2011-7-20
河北隆化民族博物馆观众量再创新高/吕秀明//中国文物报2011-7-20
“圣地西藏——最接近天空的宝藏”在河南博物院开展/豫文//中国文物报2011-7-22
首博推出黄花梨文化展/景轩//中国文物报2011-7-22
会广西博物馆展出唐代奇珍/黄璐//中国文物报2011-7-22
故宫首期知识课堂“红墙黄瓦忆兰亭”开讲/文犀//中国文物报2011-7-22
中国湿地博物馆推出海洋奇观展/孙晓永//中国文物报2011-7-22
市民向西安博物院捐献16件文物/陈黎、刘昱//西安晚报2011-7-22
西安事变纪念馆获赠张学良赵一荻遗物/袁景智//人民日报（海外版）2011-7-26
扬州戏曲博物馆2014年建成/王鹏//扬州日报2011-7-26
武汉中山舰博物馆初对外开放/裴闯//中国文物报2011-7-27
国内首座体育文化博物馆开馆/钱晞、张良娟//中国文物报2011-7-27
中国文物交流中心与日本九州国立博物馆签署合作协议/许荧//中国文物报2011-7-27
青岛市博夏令营快乐结营/罗琦//中国文物报2011-7-27
“牵手历史——第三届中国博物馆十佳志愿者之星”评选启事//中国文物报2011 7-27
张学良珍贵遗物捐赠西安事变纪念馆/庞博//中国文物报2011-7-29
陕西：博物馆等场所被纳入公共场所卫生行政许可监督范围/陈晨//中国文物报2011-7-29
全国社保基金理事会理事长戴相龙参观重庆三峡博物馆/颜毅//中国文物报2011-7-29
“花鸟逸趣——常州博物馆藏花鸟画展”在山西博物院开幕//中国文物报2011-7-29
“忽必烈的时代——中国元代艺术展”在内蒙古博物院开幕/蒙文//中国文物报2011-7-29
国家博物馆收藏中国木雕艺术展获奖作品/崔波//中国文物报2011-7-29
江苏镇江博物馆举办庆祝建党九十周年名人题签展/江苏文//中国文物报2011-7-29
甘肃麦积区博物馆依法收缴一尊建设工地发现的石造像/丁文俊、汪明//中国文物报2011-7-29
白丽华：创新理念是中国金融博物馆最宝贵的资源/隋毅//中国日报2011-7-29
宜昌学生讲述赴美游学见闻：博物馆里上课/汪蕾//三峡晚报2011-7-30
故宫瓷器受损26天知情不报/杨雪梅、廖翊//人民日报2011-8-1
民建中央调研组到国家文物局调研文物博物馆工作/文冰//中国文物报2011-8-3

文化部、国家文物局对故宫博物院宋代哥窑瓷器损坏事故进行核查/本报讯//中国文物报2011-8-3
国家文物局通报故宫博物院珍贵文物损坏情况/本报讯//中国文物报2011-8-3
国内最大的地震主题展馆在唐山正式开放/李俊义//中国文物报2011-8-3
走出去，福建博物院致力文化惠民/唐莉//中国文物报2011-8-3
伦敦12所博物馆获“绿色旅游奖”/辛德编译//中国文物报2011-8-3
美国耶鲁大学提供其博物馆、图书馆藏品免费在线服务/辛德编译//中国文物报2011-8-3
匈牙利政府调整博物馆门票优惠政策/辛德编译//中国文物报2011-8-3
莫斯科的“博物馆之夜”/辛德编译//中国文物报2011-8-3
河南举办首届博物馆文化产品设计大赛/刘璐//中国文物报2011-8-3
武当博物馆成功研发出“游客智能综合管理智能分析系统”/韩继斌、郑红梅//中国文物报2011-8-3
广西博物馆馆藏瓷器精品展改陈亮相/黄璐//中国文物报2011-8-5
江西省博物馆举办功勋与荣誉/刘薇//中国文物报2011-8-5
黑龙江东北抗联博物馆改扩建主体竣工/张金梅//中国文物报2011-8-5
博物馆志愿者：成长需要规范/许丛军//工人日报2011-8-7
澳门特首崔世安参观内蒙古博物院/石瑛//中国文物报2011-8-10
新疆下发《关于做好新建博物馆陈展及管理工作的若干意见》/新文//中国文物报2011-8-10
广西民族博物馆首批“小小志愿者”上岗/肖亚群//中国文物报2011-8-10
天津杨柳青木版年画博物馆即将开馆/王海玲//中国文物报2011-8-10
“铁笔雄风红色情怀将军名家书画展”在河北省博物馆展出/冀博//中国文物报2011-8-10
中美专家学习研讨博物馆国家标准及最佳做法/崔波//中国文物报2011-8-12
“回望大明·走近万历朝”展览在首都博物馆开幕/首博//中国文物报2011-8-12
历史教室成河南博物院新亮点/史晓琪//重庆商报2011-8-17
江苏仪征博物馆举办“童眼看家乡”摄影作品展//中国文物报2011-8-17
博物馆文物征集者：寻觅散落世间的记忆/杨彦//人民日报2011-8-23
我国将兴建中国华侨历史博物馆/崔静//中国文物报2011-8-24
国家文物局印发通知促进生态（社区）博物馆发展//中国文物报2011-8-24
武汉博物馆举办“深圳博物馆藏20世纪中国书画精品展”/刘国斌、彭健//中国文物报2011-8-24
长沙市博物馆为社会福利院送展览/袁英、刘晴贤//中国文物报2011-8-24
“秦陇一脉——先秦文物展”在甘肃省博物馆开幕//中国文物报2011-8-24
四川博物院举办“精彩夏天、文化之旅”留守儿童夏令营/赖琳//中国文物报2011-8-26
内蒙古博物院第四届小讲解员讲解比赛举办/石瑛//中国文物报2011-8-26
广西举办生态博物馆首届摄影摄像培训班/梁小燕//中国文物报2011-8-26
雒文有和老爷车博物馆/郝青摄影报道//人民日报（海外版）2011-8-26
博物馆增进幸福感/向荣高//人民日报（海外版）2011-8-26
东北三省博物馆联盟在长春成立/李洪光//中国文物报2011-8-31
福州三坊七巷社区博物馆揭牌/邢新建//中国文物报2011-8-31
“坏艺术博物馆”展出“最丑”蒙娜丽莎/李晨//西安晚报2011-8-28
“盛世天工——中国木雕艺术展获奖作品收藏仪式”在国博举行/马敏、董帅//中国国家博物馆馆刊2011-9
“云起潇湘——范扬国画展”在湖南省博物馆开幕/梁遐//中国文物报2011-9-2
安徽省委领导调研省博新馆建设/杨益峰//中国文物报2011-9-2
骑兵博物馆落户锡林浩特/陈辉、褚文杰//中国文物报2011-9-2
九连墩楚墓出土文物在山西博物院展出//中国文物报2011-9-2
金沙遗址博物馆举办手语培训班/刘念、陈永超//华西都市报211-9-3
莱古船博物馆展陈方案确定/申开波//中国文物报2011-9-2
中国华侨历史博物馆在京奠基/王尧、李婷//人民日报2011-9-7
民革中央开通辛亥革命网上博物馆/崔静、林更生//中国文物报2011-9-7

公安部、国家文物局联合发出通知：加强博物馆安全工作//中国文物报2011-9-9
青岛市文博系统讲解员大赛在青岛市博举办/罗琦//中国文物报2011-9-9
博物馆风险超三级一键报警/黄庆畅//人民日报2011-9-10
参观河南博物院/赵孟飏//河南商报2011-9-13
台北故宫：博物馆绝不允许院内人员私下为民间文物鉴定估价/李凯、李寒芳//中国文物报2011-9-14
国际展览局唯一官方博物馆已征集到近1.4万件展品/吴宇//中国文物报2011-9-14
四川调研北川羌族民俗博物馆建设工作/本报讯//中国文物报2011-9-14
河北省博物馆获赠张人骏家书日记/冀博//中国文物报2011-9-14
故宫开通网上预售门票服务/文犀//中国文物报2011-9-14
中国博物馆协会获赠早期《中国博物馆协会会报》/艾静芳//中国文物报2011-9-14
苏州平江历史街区将试水生态博物馆项目/文冰//中国文物报2011-9-14
第二届江苏省博物馆精品陈列展览评选揭晓/苏博//中国文物报2011-9-14
辛亥革命名家墨迹展亮相国家博物馆/崔波//中国文物报2011-9-16
阿姆斯特丹国立博物馆馆藏梵·高名画亮相中国/京宣//中国文物报2011-9-16
上海市文物建筑保护从业人员赴意大利培训/曹永康//中国文物报2011-9-23
河南举办全省文物局长培训班/司志晓//中国文物报2011-9-23
故宫推出兰亭大展/郭桂香//中国文物报2011-9-23；文物天地2011-11
国家文物局关于发布《文物消防安全检查规程（试行）》的通知//中国文物报2011-9-23
“丝绸之路——大西北遗珍”在大连现代博物馆展出/大博//中国文物报2011-9-23
云南腾冲，省级文保单位英国领事馆遗址竟成“厕所”：基层文物，活着真不易/李智勇//人民日报2011-9-29
中国泥人张博物馆开馆/宦玮//西安晚报2011-10-9
辛亥革命博物馆开展迎宾再现辛亥风云/本报讯//中国文物报2011-10-12
国家博物馆举办古代玉器艺术专题展/李艳//中国文物报2011-10-12
牵手社区——首博“老年文博学堂”开学/吴琰//中国文物报2011-10-12
山西博物院“国庆嘉年华”活动成功举办/周冠宇//中国文物报2011-10-12
青岛市博物馆精心筹划展览迎国庆/温立杰//中国文物报2011-10-12
宁波博物馆带动“博物馆游学热”/涂师平//中国文物报2011-10-14
博物馆岂能当“私人嫁妆”/嘉会//人民日报2011-10-17
中国园林博物馆征集园林藏品/文冰//中国文物报2011-10-19
山海关博物馆举办“见证辉煌暨建党九十周年”图片展/仇慧玲、王英侠//中国文物报2011-10-19
川博开办文物安全管理培训班/唐毅//中国文物报2011-10-19
国家博物馆办婚礼之我见//长江日报2011-10-19
烟台市博物馆新馆开放/崔波//中国文物报2011-10-21
曲江艺术博物馆昨开馆，西安要建“博物馆之城”/李俊杰//华商报2011-10-23
中国东盟文化产业论坛聚焦博物馆运营管理/谢建伟//人民日报（海外版）201-10-24
我和博物馆的周末约会/张延平、于静//北京青年报2011-10-24
武安磁山文化博物馆开馆/曹国厂、王炳美//中国文物报2011-10-28
首博举办“大千世界”画展/京宣//中国文物报2011-10-28
三峡博物馆60岁生日，世界最大唐卡亮相/李晟//重庆晨报2011-10-30
三峡博物馆价值连城的藏品多来自民间捐献/何方、徐松//重庆日报2011-10-30
兰州彩陶博物馆下月建成开馆免费向市民开放/刘建见、郭瑛//兰州晨报2011-10-31
中国围棋博物馆开馆仪式举行/傅一览//杭州日报2011-10-31
台北故宫面积将增加5倍//文物天地2011-11
辛亥革命博物馆开馆//文物天地2011-11
观复博物馆绽放“瓷之色”//文物天地2011-11
洛杉矶展出中国秦汉唐文物精品//文物天地2011-11

武汉展出本地近十年出土文物//文物天地2011-11
康熙大帝与路易十四“对话”台北故宫//文物天地2011-11
国博首次推出玉器专题展//文物天地2011-11
广州城中村变身博物馆/罗艾桦//人民日报2011-11-1
洛阳8家民营博物馆明年开馆/李安//人民日报（海外版）2010-11-2
国家文物局印发《2010年度全国博物馆名录》/局文//中国文物报2011-11-2
河北省博举办日本“鸟取县文化遗产图片展”/冀博//中国文物报2011-11-2
虢国博物馆制作能触摸的展品/刘洁//中国文物报2011-11-2
陕西首家电力历史博物馆在商洛启动建设，昔日变电站将成博物馆/张红中、刘军峰//西安晚报2011-11-3
承载厚重历史给力文化强省：民营陕西明善博物馆在咸阳沣禾苑开馆/王安、陈飞波//陕西日报2011-11-4
“名人名枪”在大连现代博物馆展出/大博//中国文物报2011-11-9
中国消防博物馆正式开馆/崔波//中国文物报2011-11-11
山东举办第五届讲解员大赛/钟宁//中国文物报2011-11-11
河南渑池仰韶文化博物馆建成开放/崔波//中国文物报2011-11-11
西安碑林石刻艺术馆工程荣获鲁班奖/陕宣//中国文物报2011-11-11
广州博物馆举办民主先驱李章达生平展/林晖//中国文物报2011-11-11
北京市爱国主义教育基地考评组考察民族服饰博物馆/沈雯//中国文物报2011-11-11
西安碑林博物馆石刻艺术馆项目荣获“鲁班奖”/李向红、李显棋//陕西日报2011-11-12
51国驻华武官参观中国航空博物馆/张汨汨、申进科//中国文物报2011-11-16
南京中山陵免费开放一年接待游客800万人次/蔡玉高//中国文物报2011-11-16
仪征博物馆小讲解员选拔赛复赛结束/杨丽//中国文物报2011-11-16
浙江举办博物馆纪念馆讲解员培训班/蒋琳//中国文物报2011-11-16
长沙市博物馆为农民朋友送展览/袁英//中国文物报2011-11-16
海南省博物馆喜迎开馆三周年形式独特：“大海的方向——华光礁Ⅰ号沉船特展”开展/张俊梅//中国文物报2011-11-18
山东大学博物馆新馆开馆庆典暨大学博物馆论坛在济举行/杨海燕、杨谦、王焕//中国文物报2011-11-18
陕西“大唐遗珍”文物在荷兰德伦特省展出/周党卫、庞博//中国文物报2011-11-18
“清代科举展”在香港历史博物馆开幕/马剑颖//中国文物报2011-11-18
国家文物局就馆藏文物腐蚀损失及博物馆数量有关情况作出回应/局文//中国文物报2011-11-23
河南省汝州钧官窑址博物馆开放/何文//中国文物报2011-11-23
中国文字博物馆举办开馆两周年受赠书画展/安文//中国文物报2011-11-23
山东加强博物馆和文物保护单位安全工作/王萌//中国文物报2011-11-23
民航博物馆开馆暨“民航强国之路”主题展开幕/本报讯//中国文物报2011-11-25
中国丝绸博物馆与海宁市人民政府合作建设“中国蚕桑丝织文化遗产生态园”/俞敏敏//中国文物报2011-11-25
黑龙江举办首期全省讲解员培训班/岳中彬//中国文物报2011-11-25
江汉关博物馆文物征集启事//中国文物报2011-11-25
北京博物馆筹建大联盟/余荣华//人民日报2011-11-28
首届全国民办博物馆馆长培训班举办/川文//中国文物报2011-12-2
四川博物院为大邑庄园博物馆修复书画近百件/刘宇、卫国//中国文物报2011-12-3
洛阳古代艺术博物馆赴深圳开展壁画揭取保护工作/杨蕊//中国文物报2011-12-3
甘肃馆藏木质文物修复保护项目通过验收/戴子佳//中国文物报2011-12-3
青岛市获批新设立四座博物馆/温立杰//中国文物报2011-12-7
广西举办民族生态博物馆建设可持续发展高级研修班/龚世扬//中国文物报2011-12-7
郑州市华夏文化艺术博物馆开馆/冯朝晖//中国文物报2011-12-7
博物馆漏雨引发的检讨表演/胡印斌//长江日报2011-12-7
全国民办博物馆培训班学员向国家文物局致感谢信/联文//中国文物报2011-12-9

湖南益阳市博物馆再添珍贵文物64件（套）/郭智灵//中国文物报2011-12-9
首期全国博物馆系统新入职员工培训班举办/上博//中国文物报2011-12-9
陕西145座博物馆入选全国博物馆名录/李蕊//陕西日报2011-12-11
中国邮政文史中心学术委员会落户邮票博物馆/李艳//中国文物报2011-12-14
四川国有博物馆对口帮扶民办博物馆试点项目通过中期评审/川宣//中国文物报2011-12-14
家族墓拟建一座遗址博物馆/陈黎、张宇明//西安晚报2011-12-14
广西博物馆荣获“爱心公益服务单位”称号/桂文//中国文物报2011-12-16
鲁迅诞辰130周年纪念活动巡礼/北京鲁迅博物馆//中国文物报2011-12-16
《老舍五则》成国内博物馆历史上首个戏剧藏品/韩会娟//陕西日报2011-12-16
“新疆古代服饰展”亮相国家博物馆/崔波//中国文物报2011-12-21
武汉博物馆十年庆典湖北省博召开年会/崔波//中国文物报2011-12-21
首届“川博杯”校园创意文化产品设计大赛启动/张衡//中国文物报2011-12-21
江宁博物馆秦桧坐像撤展，岳家后人讨说法/现代快报//华商报2011-12-21
陕西博物馆年度新增数创历时新高/李蕊//陕西日报2011-12-23
陕西体育博物馆开馆/毛毛//陕西日报2011-12-25
我国免费开放博物馆1804座/廖翊//陕西日报2011-12-27
博物馆牵手时尚/傅斌//中国文物报2011-12-28
故宫之门暴露博物馆管理漏洞/陈原//人民日报2011-12-30
国家文物局与河北省人民政府签署共同推进河北文物博物馆事业发展合作框架协议/局文//中国文物报2011-12-30
四川博物馆学会年会暨文物保护中心授牌仪式在川博举行/张衡//中国文物报2011-12-30
江西举办博物馆文化产品创意设计营销暨展示博览会/王琴红//中国文物报2011-12-30
泸州市博物馆关爱山区儿童/泸博//中国文物报2011-12-30
天津海滨新区新建博物馆可获百万元补助/朱虹//人民日报2011-12-30
LV，中国国博也是你的家/晓咪//东西南北2011-14
聚珍荟宝——馆藏珍玩展在浙江省博物馆展出/范珮玲//中国考古学年鉴2011，文物出版社2012年
黄金辽原——内蒙古博物院精品特展在台湾展出/苏妮汗//中国考古学年鉴2011，文物出版社2012年
雅俗之间——吉州窑瓷器特展在浙江省博物馆展出/沈琼华//中国考古学年鉴2011，文物出版社2012年
地涌天宝——雷峰塔及唐宋佛教遗珍特展在浙江省博物馆展出/陈平//中国考古学年鉴2011，文物出版社2012年
歌舞升平——丝绸之路上的乐舞文物特展在广州市博物馆展出/杜汉超//中国考古学年鉴2011，文物出版社2012年
篆分意度——馆藏清代名家篆隶书法作品展在浙江省博物馆展出/桑椹//中国考古学年鉴2011，文物出版社2012年
上海博物馆馆藏欧洲玻璃陶瓷展在内蒙古博物院展出/杜汉超//中国考古学年鉴2011，文物出版社2012年
百万年的文化根系——浙江旧石器考古成果展在浙江省博物馆展出/顾幼静//中国考古学年鉴2011，文物出版社2012年
“十一五”基本建设考古成就展在陕西历史博物馆展出/秦造垣//中国考古学年鉴2011，文物出版社2012年
丝绸之路——大西北遗珍展在陕西历史博物馆展出/秦造垣//中国考古学年鉴2011，文物出版社2012年
异彩纷呈——浙江省博物馆藏瓷特展在浙江省博物馆展出//中国考古学年鉴2011，文物出版社2012年
海贸遗珍——18、19世纪清代广州外销艺术品展览在内蒙古博物院展出/杜汉超//中国考古学年鉴2011，文物出版社2012年
走向辉煌——元代精品文物特展在内蒙古博物院展出/杜汉超//中国考古学年鉴2011，文物出版社2012年
考古中华——中国社会科学院考古研究所成立60周年成果展在北京开幕//中国考古学年鉴2011，文物出版社2012年
首届全国（宁夏）穆斯林书画艺术展在宁夏博物馆展出/宋晓春//中国考古学年鉴2011，文物出版社2012年
青铜时代——中原夏商周文物展在浙江省博物馆展出/董淑燕//中国考古学年鉴2011，文物出版社2012年

六安最新出土战国两汉青铜兵器展在中国科学技术大学博物馆展出/张居中、汪喆//中国考古学年鉴2011，文物出版社2012年
伊朗《古兰经》书法艺术展在宁夏博物馆展出/纳蕾//中国考古学年鉴2011，文物出版社2012年
大夏遗珍——西夏精品文物展在山西省博物院展出/王舒//中国考古学年鉴2011，文物出版社2012年
三秦瑰宝——陕西出土周秦汉唐文物展在深圳展出/秦造垣//中国考古学年鉴2011，文物出版社2012年
渭水之滨 秦陇一脉关中—天水先秦文化巡礼展在秦始皇博物馆博物馆展出/秦造垣//中国考古学年鉴2011，文物出版社2012年
法门寺地宫与唐代文物大展在台湾展出/秦造垣//中国考古学年鉴2011，文物出版社2012年
塞上古韵——宁夏文物特展在宁夏博物馆展出/宋晓春//中国考古学年鉴2011，文物出版社2012年
古雅风韵——中国古代书画艺术典藏大展在浙江西湖美术馆展出/王小红//中国考古学年鉴2011，文物出版社2012年
山东博物馆新馆系列为文物展/卫松涛//中国考古学年鉴2011，文物出版社2012年
西安碑林博物馆新石刻艺术馆荣获“2010～2011年度中国建设工程鲁班奖（国家优质工程）”/刘东平//碑林集刊（十七），三秦出版社2011年
西安碑林博物馆“长安佛韵”展荣获第九届全国博物馆十大陈列展览“精品奖”/张蒙芝//碑林集刊（十七），三秦出版社2011年
西安碑林博物馆在2011全省讲解比赛中再获佳绩/傅清音//碑林集刊（十七），三秦出版社2011年
民航博物馆开馆//文物天地2012-1
“大唐遗珍”在荷兰展出//文物天地2012-1
甘肃省博物馆首次引进国外文物展——“清瓷雅韵——日本江户伊万里名瓷展”/卢冬//陇右文博2012-1
“石墨镌华——西安碑林名碑拓本展”在甘肃省博物馆隆重展出/文静//陇右文博2012-1
韩美林艺术大展亮相国家博物馆/白瀛、周玮//中国文物报2012-1-4
《故宫100》元旦首播：100个空间故事建构一个“看见看不见”的紫禁城/文冰//中国文物报2012-1-4
秦皇岛玻璃博物馆展品征集公告//中国文物报2012-1-4
云南省博物馆建馆六十周年馆藏珍宝展闭幕/叶之声//中国文物报2012-1-4
国博推出中国古代经典绘画作品专题展/崔波//中国文物报2012-1-4
“齐白石艺术——辽宁省博物馆藏齐白石书画珍品展”开展/大博//中国文物报2012-1-4
山东省团委、山东省博物馆共同举办“送历史文化下乡”活动/周浩然、钟宁//中国文物报2012-1-4
中国首个省级通史性体育博物馆开馆/段博//中国文物报2012-1-6
广西举办2011年新设立博物馆馆长培训班/陈余、吴兵//中国文物报2012-1-6
“佛光里的神秘西藏”展在湖南省博物馆开幕/秦璐//中国文物报2012-1-6
马自树夫妇向安庆市博物馆捐赠图书/文宣//中国文物报2012-1-6
广州博物馆举办山东民间木版年画展/叶伟华//中国文物报2012-1-6
西安制定促进民办博物馆发展办法/庞博//中国文物报2012-1-11
首都博物馆：关爱困难群体普及文化资源/岳瑞芳、王晓洁//中国文物报2012-1-11
甘肃大地湾博物馆正式开馆/史勇//中国文物报2012-1-11
贵州隆里古城生态博物馆免费开放/王名端//中国文物报2012-1-11
广州市属博物馆送展到山区/粤文//中国文物报2012-1-11
广西博物馆新春欢乐月活动火热进行/黄璐//中国文物报2012-1-13
雷州历史文化展在广东省博开幕/雷文//中国文物报2012-1-13
“司母辛鼎”亮相金沙遗址博物馆/肖姗姗//重庆晨报 2012-1-14
带学生到博物馆、纪念馆 历史课“变脸”受欢迎/王柏玲//文汇报2012-1-16
埃及大英博物馆将于2015年对外开放//西安晚报2012-1-18
敦煌博物馆新馆开馆迎客/张维贤、李岩云、张丽//中国文物报2012-1-18
中国博物馆协会新版网站正式上线/本报讯//中国文物报2012-1-18
“第三次全国文物普查百大新发现图片展”在青岛市博物馆开幕/罗琦//中国文物报2012-1-18

“晋国宝藏——山西出土晋国文物特展”在湖北省博物馆开幕/杨理胜//中国文物报2012-1-18
“石墨镌华——西安碑林名碑拓本展”在甘肃展出/卢冬//中国文物报2012-1-18
新春送福传国韵博物馆里过大年——青岛市博推出新春系列活动/罗琦//中国文物报2012-1-18
励小捷在福建省检查节日期间文物博物馆安全/本报讯//中国文物报2012-1-20
重庆大足石刻艺术博物馆更名为大足石刻研究院/杨娟//中国文物报2012-1-20
四川博物院“大篷车”流动博物馆走进革命伤残军人休养院/张衡、李滨汐//中国文物报2012-1-20
首博举办“祥龙瑞彩——博物馆里过大年”展览暨新春系列活动/京宣//中国文物报2012-1-20
河南博物院举办军警民共建迎新春联谊会/豫文//中国文物报2012-1-20
江西德兴博物馆下乡送春联/叶淦林//中国文物报2012-1-20
“翔龙肇庆新春特展”亮相北京延庆博物馆/庆文//中国文物报2012-1-20
宁波保国寺古建筑博物馆推出亲子体验活动/涂师平//中国文物报2012-1-20
北京40家博物馆春节推70多项展览/于立霄//中国文物报2012-1-25
红火过大年文博真给力/于立霄、庞博、李思议、叶伟华等//中国文物报2012-1-25
“殷墟宝藏”展在成都金沙博物馆隆重开幕/金沙//中国文物报2012-1-25
“丹青巨匠 艺术宗师”——齐白石书画作品展在甘肃省博物馆展出/卢冬、茹实//陇右文博2012-2
“张改琴书画作品展暨书画作品捐赠仪式”在甘肃省博物馆隆重举行/卢冬、郭晓瑛//陇右文博2012-2
甘肃省博物馆举办“2012中英文物艺术品保护”学术交流巡回讲座/卢冬、茹实//陇右文博2012-2
“人性与爱・李自健油画 祖国巡展 兰州站”在甘肃省博物馆展出/卢冬、文静//陇右文博2012-2
浙江自然博物馆推出“龙行浙江”新春展/施波文//中国文物报2012-2-1
“龙”翔天府110万游客涌入博物馆/张良娟//中国文物报2012-2-1
“馆藏明清花鸟画精品展”在浙江省博物馆展出/赵幼强//中国文物报2012-2-1
刘红超向湖北蕲春县博物馆捐赠南宋“背春”钱币/王宏彬、段涛涛//中国文物报2012-2-1
河南博物院举办迎新文化活动服务社会公众/刘璐、邵丹、化夏、王楠//中国文物报2012-2-3
保国寺古建筑博物馆春节开放服务受好评/涂师平//中国文物报2012-2-3
埃及鳄鱼博物馆展出1500年前鳄鱼木乃伊/陈聪、李来房//中国文物报2012-2-3
湖北十堰市博物馆启用电子卫士/石义花//中国文物报2012-2-3
肯尼斯・贝林捐赠首批野生动物标本运抵重庆自然博物馆/王发荣、戴婷、颜毅//中国文物报2012-2-3
汉长安城考古遗址公园今年开建，还将新建青龙寺遗址博物馆等10座博物馆/陈黎//西安晚报2012-2-7
四川博物院举办“观众家庭日”系列活动——喜迎元宵节/钟乎、谢雯//中国文物报2012-2-8
青岛市博开讲堂名师志愿授国学/罗琦//中国文物报2012-2-8
石家庄市博物馆迎春展览获得良好效果/焦芹春//中国文物报2012-2-10
重庆红岩革命历史博物馆启动文物藏品定级工作/王发荣、戴亭、颜毅//中国文物报2012-2-10
讲故事・做活动・闹元宵——河南博物院历史教室举办元宵节主题文化活动/刘璐//中国文物报2012-2-10
韩美林向国家博物馆捐赠20件作品/白瀛、周玮//中国文物报2012-2-10
中国园林博物馆（筹建办）藏品征集公告//中国文物报2012-2-10
陕西筹建中国首座考古博物馆/李浩//陕西日报2012-2-13
武汉专家竞献智力支撑建高品质“博物馆之城”/蒋太旭//长江日报2012-2-13
国家文物局部署“5・18国际博物馆日”宣传活动/文宣//中国文物报2012-2-15
黑龙江省博物馆举行第二届手工花灯评选/岳中彬//中国文物报2012-2-15
陕西将建中国第一座考古博物馆/卢宏艳、高姝玥//中国日报2012-2-16
四川博物院收藏大型蜀锦《清明上河图》/张衡//中国文物报2012-2-17
四川博物院文物保护修复能力提升项目顺利推进/川博//中国文物报2012-2-17
傅抱石结缘大都会博物馆/李虎仁//中国文物报2012-2-17
山东东营市历史博物馆多项举措抓文保/赵金//中国文物报2012-2-17
河北保定市直隶总督署博物馆“我与总督署”征稿活动落幕/何定//中国文物报2012-2-17
万名市民博物馆过年/余琛//合肥晚报2012-2-29

陕西各类博物馆去年累计接待观众1200余万人次/李浩//陕西日报2012-2-20
171件抗战文物入藏建川博物馆/张良娟//中国文物报2012-2-24
“故宫博物院清代新疆文物珍藏展”在新疆开幕/安丽珺//中国文物报2012-2-29
国家博物馆正式开馆/廖翊//人民日报（海外版）2012-3-2
中国国家博物馆正式开馆/崔波//中国文物报2012-3-2
中国农业博物馆推出中华农耕文化展/崔波//中国文物报2012-3-2
省博物院新馆招募志愿者/王成丽//合肥晚报2012-3-5
政协委员提案聚焦博物馆发展/单霁翔、张柏、王川平等//中国文物报2012-3-7
国家文物局开展2011年度博物馆免费开放最佳做法推介活动/文宣//中国文物报2012-3-7
陕历博用雷锋精神激励志愿者梦想/庞博//中国文物报2012-3-7
中国妇女儿童十年发展成就展在京开幕博物馆/李菲//中国文物报2012-3-9
陕西筹建我国首座移民生态博物馆/庞博//中国文物报2012-3-9
广西博物馆举办青海藏传佛教艺术展/黄璐//中国文物报2012-3-9
“津门谈古”文博系列公益讲座受欢迎/张宁//中国文物报2012-3-9
三星堆形象宣传片亮相纽约时代广场/林生//中国文物报2012-3-9
青岛市博物馆藏明清书画展现“齐鲁墨韵”/罗琦//中国文物报2012-3-9
讲解好不好由您说了算/王成丽//合肥晚报2012-3-10
中、意博物馆界展览交流会议成功举办/杨理胜//中国文物报2012-3-14
甘肃省博物馆举办2012中英文物艺术品保护学术交流巡回讲座/卢冬、茹实//中国文物报2012-3-14
荆州市领导现场督办熊家冢遗址博物馆建设/郑忠华//中国文物报2012-3-23
河南博物院雷锋展志愿者挑大梁/林晓平、化夏//中国文物报2012-3-23
国家博物馆入藏杨晓阳捐赠彩陶/崔波//中国文物报2012-3-23
“启蒙的艺术”展览在国博闭幕/崔波//中国文物报2012-3-28
“四月公益”志愿者组织家庭博物馆爱好者参观北京古代建筑博物馆/崔波//中国文物报2012-3-28
新疆博物馆流动巡回展览走进喀什和克孜勒柯克尔克孜自治州/安立//中国文物报2012-3-28
“王大效捐赠文物展”在黑龙江省博物馆开幕/岳中彬//中国文物报2012-3-28
河南博物院举办“三月三·春·风筝”读书会活动/刘璐//中国文物报2012-3-30
广西民族博物馆举行“寻趣三月三”活动/郑雅元//中国文物报2012-3-30
苏州博物馆举办张宗宪藏鼻烟壶特展/苏文//中国文物报2012-3-30
甘肃去年全省博物馆纪念馆免费接待观众过千万/施秀萍//中国文物报2012-4-6
中国首座移民生态博物馆在陕揭牌/庞博//中国文物报2012-4-6
“北京人”在韩国公州市石壮里博物馆展出/周文//中国文物报2012-4-6
张改琴书画作品展暨捐赠仪式在甘肃省博物馆举行/卢冬//中国文物报2012-4-6
湖北荆门“博物馆进乡村”/荆文//中国文物报2012-4-6
全国十大考古新发现特展开幕/卢宏艳//中国日报2012-4-6
川菜博物馆/王俊//人民日报（海外版）2012-4-10
中国文字博物馆：感受文字文化的生命轨迹//人民日报（海外版）2012-4-10
“家族的荣耀”展在陕历博开幕/庞博//中国文物报2012-4-11
“楚地道教文物特展”在湖北省博物馆开幕/杨理胜//中国文物报2012-4-11
重庆中国三峡博物馆与南非迪宗博物馆联盟签署合作意向书/杨玲//中国文物报2012-4-11
湖北省荆门市组织“博物馆进乡村”系列宣传活动收到了良好的社会效益/荆文萱//中国文物报2012-4-11
台北故宫博物院部分藏品进入谷歌“艺术计划”网络平台/张承志、田野//中国文物报2012-4-15
“郎静山摄影作品特展”在湖北省博物馆开幕/杨理胜//中国文物报2012-4-15
“雪域瑰宝——西藏文物展”在广东省博物馆开幕//中国文物报2012-4-15
南京江宁织造府博物馆三大常设展览内容设计征选启事//中国文物报2012-4-15
北京高校博物馆联盟成立/谭艳敏//中国文物报2012-4-18

新疆启动“流动博物馆走进百所学校”活动/安丽珺//中国文物报2012-4-18
金沙遗址博物馆开馆五年游客超500万/张良娟//中国文物报2012-4-18
四川攀枝花召开三线建设博物馆外观形象设计评审会/川文//中国文物报2012-4-18
川博拍得张大千《大风堂遗印原印石手打印谱》/张衡//中国文物报2012-4-18
“穿越时空——红山文化出土玉器精品展”亮相北京艺术博物馆/高游//中国文物报2012-4-18
中国当代工艺美术双年展亮相国博/王润//中国文物报2012-4-18
2011年度博物馆免费开放最佳做法初评结果揭晓/张冲、徐秀丽、王超//中国文物报2012-4-27
江苏省委常委、宣传部长王燕文考察调研苏州博物馆/袁叶艳//中国文物报2012-4-27
陕西省政协调研县级博物馆建设/庞博//中国文物报2012-4-27
唐山博物馆新馆正式开馆/唐文//中国文物报2012-4-27
台湾著名书画家向中国文字博物馆捐赠作品/李雯//中国文物报2012-4-27
石松石晓菲书法慈善联展在宁夏博物馆开幕/刘葆//中国文物报2012-4-27
“天山风情——新疆民俗文化精品展”在中国闽台缘博物馆开幕/安丽珺//中国文物报2012-4-27
“乐凯杯”世界文化遗产清西陵摄影展在河北省博物馆展出/崔文//中国文物报2012-4-27
隆化民族博物馆打造安防“防火墙”/王晓强、肖鹤//中国文物报2012-4-27
中国富豪办博物馆教人优雅//参考消息2012-5-10
“古董”名琴奏响国家博物馆/罗晓光//人民日报（海外版）2012-5-14
陕西首家非遗馆免费开馆/职茵//西安晚报2012-5-16
国际博协主席汉斯·马丁·欣兹写给中国博物馆日的致辞//中国文物报2012-5-16
河南博物院与北大文博考古学院签订合作协议/王景荃//中国文物报2012-5-16
周口店遗址展在廊坊博物馆举办/韩丽莉//中国文物报2012-5-16
中国工业博物馆将建成开放/崔波//中国文物报2012-5-16
“袁运甫水墨画展”在故宫博物院开幕/文犀//中国文物报2012-5-16
中国海关博物馆藏品征集启事//中国文物报2012-5-16
凤堰古梯田：一座开放式生态博物馆/杨萌//华商报2012-5-16
安塞县博物馆：汇聚剪纸等民间艺术真品/杨萌//华商报2012-5-16
延安民俗博物馆：穿越窑洞文明体验陕北农活/杨萌//华商报2012-5-16
国外博物馆：孩子们的社会教育基地/杨俊敏//华商报2012-5-16
选一个主题博物馆教你读懂西安/杨萌//华商报2012-5-16
博物陕西：天然历史博物馆/张那//华商报2012-5-16
西安市非遗博物馆昨天揭牌/刘慧//华商报2012-5-16
吉林举办“博物馆之夜”/林宏//人民日报（海外版）2012-5-17
纳入国民教育体系：博物馆教育将进入中小学生课堂/蒋太旭、周静//长江日报2012-5-17
博物馆免费开放最佳做法评选结果揭晓/徐秀丽、张冲//中国文物报2012-5-18
博物馆免费开放四年：神圣殿堂成百姓课堂/赵展慧、付乔、李天//人民日报（海外版）2012-5-18
免费博物馆：如何变成大课堂/杨雪梅//人民日报2012-5-18
中国青少年每年只进博物馆0.15次/张炯强//新民晚报2012-5-18
汉阳陵博物馆模拟考古基地正式启动/郭青、杨敏宏//陕西日报2012-5-18
解放思想更新观念大力推进博物馆建设/张文//西安晚报2012-5-18
陕西启动百万青少年走进博物馆活动/郭青、杨敏宏//陕西日报2012-5-19
青龙寺遗址博物馆开馆/郭青、杨敏宏//陕西日报2012-5-20
只靠免费，门前可能依然冷落/杨旭//人民日报2012-5-21
中国国际博物馆日主场城市活动在南宁举行/孙波//中国文物报2012-5-23
柳州工业博物馆建成开放/孙波//中国文物报2012-5-23
苏东海先生获中国博物馆终身成就奖/艾静芳、崔波//中国文物报2012-5-23
西安国际博物馆日活动着力贴近群众/庞博//中国文物报2012-5-23

为迎国际博物馆日各地纷纷举办丰富多彩的活动//中国文物报2012-5-23
中国海关博物馆藏品征集启事//中国文物报2012-5-23、2012-5-30
南京江宁织造府博物馆三大常设展览形式设计方案征选启事//中国文物报2012-5-23
世界各地“国际博物馆日”宣传活动异彩纷呈/黄磊、黄金娟编译//中国文物报2012-5-30
多种与鸟相关的恐龙化石亮相辽宁古生物博物馆/陈梦阳//中国文物报2012-5-30
甘肃省博物馆举办齐白石书画作品展/卢冬、茹实//中国文物报2012-5-30
新疆博物馆：评选“博物馆达人”/安丽珺//中国文物报2012-5-30
国际博物馆日庆祝活动始于1978年/宋向光//中国文物报2012-5-30
走进伪满皇宫博物院“之夜”/张微//中国文物报2012-5-30
首届“川博杯”校园创意文化产品大赛落幕/张衡//中国文物报2012-5-30
金融城博物馆向青少年免费开放/朱泉春//浦东时报2012-6-1
北大专家支招漳浦闽台文化生态博物馆建设/林巧雪、陈永镇//闽南日报2012-6-1
“最美龙江人张丽莉先进事迹展”在佳木斯博物馆展出/姜富、鄂善军//中国文物报2012-6-1
湖南省博物馆入藏千余件近现代民间刺绣/吴小燕//中国文物报2012-6-1
河南博物院举办文字与神圣王朝公益讲座/刘璐//中国文物报2012-6-1
河南省成功举办第六届讲解员讲解大赛/豫文//中国文物报2012-6-1
全国高校博物馆育人联盟在上海成立//光明日报2012-6-4
陕西汉阳陵博物馆青少年模拟考古实践基地授牌成立/卢宏艳//中国日报2012-6-8
穿彩色铠甲兵马俑出土/王婷婷//法制晚报2012-6-8
没有围墙的“博物馆”/裘志伟//钱江晚报2012-6-10
杭州博物馆昨开馆可体验杭州的“前世今生”/肖菁//钱江晚报2012-6-10
周至古代屯田的博物馆/葛慧//西安晚报2012-6-10
我省青少年模拟考古实验基地授牌仪式在汉阳陵举行/郭青//陕西日报2012-6-10
“殷墟宝藏——商王都珍宝展”陕西历史博物馆开展/郭青//陕西日报2012-6-10
关中民俗艺术博物院推出端午系列活动/郭青、杨敏宏//陕西日报2012-6-10
碑林博物馆整理出140余方珍贵砖刻墓志/陈黎//西安晚报2012-6-11
故宫开发面积大幅提升/李志伟//人民日报（海外版）2012-6-11
湖南省博物馆闭馆三年改扩建部分文物或“移动”展出/吴名慧、吴岱霞//三湘都市报2012-6-12
遵化市民俗文化艺术博物馆揭牌/闫漪//燕赵都市报2012-6-12
博物馆志愿者不是免费午餐//中国青年报2012-6-12
全省博物馆馆长培训班开班/郁鑫鹏//江西日报2012-6-12
高校博物馆：离大学生有多远/陈彬//中国科学报2012-6-13
探营江原道交流营地：游博物馆，学韩国礼仪/崔鹏//台州晚报2012-6-13
“沈阳故宫——粉黛丽影宫廷生活珍品展”在新疆博物馆开展/毛卫华、茹克雅//中国日报2012-6-13
秦俑坑考古发掘成果引媒体关注/庞博//中国文物报2012-6-13
陕西省青少年模拟考古实践基地揭牌/庞博//中国文物报2012-6-13
观众爱拍照博物馆多包容/崔立勇//中国经济导报2012-6-14
“爱上博物馆——体验中美博物馆文化的异同”/郝青//人民日报（海外版）2012-6-15
台湾博物馆巧变身/朱力南//人民日报（海外版）2012-6-15
园博馆主建筑本月混凝土结构封顶/李文//中国文物报2012-6-22
北京民俗博物馆端午节系列文化活动举办/崔波、杨英//中国文物报2012-6-22
江西举办全省博物馆馆长培训班/王琴红//中国文物报2012-6-22
中央国家机关团工委“根在基层走进一线”社会实践活动在陕西汉阳陵博物馆进行/本报讯//中国文物报2012-6-22
西安半坡博物馆“国考”不及格，经费不足制约发展/赵福生//三秦都市报2012-6-27
陕西暑期“小记者采访大馆长”活动启动/庞博//中国文物报2012-6-27

中国闽台缘博物馆迎来第500万位参观者/许雪毅//中国文物报2012-6-29
《安徽省博物馆、纪念馆免费开放绩效考核暂行办法》出台/龚英邓//中国文物报2012-6-29
周口店遗址博物馆将举办“科普探索休闲游”夏令营/周文//中国文物报2012-6-29
苏州博物馆获赠《清王同愈诗书卷》/苏文//中国文物报2012-6-29
茂县博物馆暂存文物回新家/余文倩//中国文物报2012-6-29
专家热议陕西文化符号的创意发展/庞博//中国文物报2012-6-29
故宫首次展出醴陵釉下彩瓷/郭桂香//中国文物报2012-6-29
中国皮影博物馆获赠一批海内外偶影作品/魏敏、徐言秋//中国文物报2012-6-29
陕西中华文物创意研究院与茂陵博物馆签署协议/汪星洲//陕西日报2012-7-5
文物创意研究院与茂陵博物馆签订合作协议/庞博//中国文物报2012-7-6
中国文物、博物馆工作者职业道德准则修订“文物博物馆工作者不准收藏买卖文物/张彤//济南时报2012-7-6
美国最后一艘战列舰进入博物馆/杨磊/人民日报（海外版）2012-7-7
意“文艺复兴三杰”巨作亮相国博/新华社/人民日报（海外版）2012-7-7
百年沧桑再扬帆——写在中国国家博物馆百年之际/杨雪梅//人民日报2012-7-9
大英博物馆的故事//信息时报2012-7-9
胡锦涛致信祝贺中国国家博物馆建馆100周年/刘维涛//人民日报2012-7-10
陕西历史博物馆文物精品在韩国展出引起关注/郭青//陕西日报2012-7-11
中国文物、博物馆工作者职业道德准则//中国文物报2012-7-11
烟草博物馆岂能招徕青少年/所超//人民日报2012-7-13
故宫博物院为耿宝昌先生庆祝90寿辰/冯朝晖、朱威//中国文物报2012-7-18
意大利“文艺复兴三杰”巨作亮相国家博物馆/新华//西安晚报2012-7-22
西安曲江艺术博物馆建成开放/庞博//中国文物报2012-7-25
武汉博物馆举办百年海派旗袍展/文宣//中国文物报2012-7-25
“一统天下：秦始皇帝的永恒国度”展览在港开展/陕宣//中国文物报2012-7-27
中国农业科技十年发展成就展在农业展览馆开幕/农宣//中国文物报2012-7-27
浙江自然博物馆展出世界顶尖野生生物摄影赛事获奖作品/范忠勇//中国文物报2012-7-27
东北三省博物馆联盟黑龙江年会暨“松辽风华”联展开幕/龙博//中国文物报2012-7-27
廊坊博物馆举办“喜迎十八大红色文化年——集邮展览”/高培泽//中国文物报2012-7-27
云南省博物馆“牛虎铜案”杯双语讲解大赛落幕/叶之声//中国文物报2012-7-27
让博物馆吸引更多市民需全社会努力/孔同、李光一、龚丹韵//解放日报2012-8-2
荷塘美景进场馆博物馆里飘荷香/陈博君//中国文物报2012-8-3
美国铁姆肯坎顿基金会助推烟台市博物馆文物保护/周霞//中国文物报2012-8-3
三峡博物馆在重庆主城区旧石器考古中发现人类活动证据/秦利//中国文物报2012-8-3
三峡博物馆与加拿大基奇纳博物馆签署友好合作意向书/管小锐//中国文物报2012-8-3
大英博物馆的中国：历代文物2.3万件如浓缩简史/王勇前//东南早报2012-8-3
暑假热了博物馆/王建康//新华日报2012-8-3
湖南省博物馆数字虚拟展厅正式上线/贺睛婷//中国文物报2012-8-10
重庆抗战遗址博物馆开展业务培训/颜毅、侯吟霞//中国文物报2012-8-10
纪念杨沧白诞辰一百三十周年展览在三峡博物馆开幕/颜毅、曹文强//中国文物报2012-8-10
“传统知识创造美好生活”项目成果展在云南民族博物馆开幕/杨晓//中国文物报2012-8-10
云南省博物馆展出刘人岛美术作品/叶之声//中国文物报2012-8-10
中国邮政邮票博物馆将举办开馆五周年纪念活动/马怡运//中国文物报2012-8-10
快乐“小候鸟”畅游宁波帮博物馆 感受宁波历史/吴震宁、孙静、朱蔚、张淑艳、张吉//宁波晚报2012-8-15
全国博物馆文化产品创意设计推介活动启动/仇岩//中国文物报2012-8-17
陕西筹建首座三线建设博物馆/庞博//中国文物报2012-8-17
黑龙江杜尔伯特博物馆举办宣传月活动/杨永财//中国文物报2012-8-17

广东省博物馆举办第三期小小讲解员培训班/王婷//中国文物报2012-8-17
《中国纪念馆故事》（1～10册）新书首发式暨研讨会举办/黄春锋//中国文物报2012-8-17
浙江自然博物馆“会飞的花——中国蝴蝶特展”开展/刘立伟、方一峰//中国文物报2012-8-17
重庆红岩革命历史博物馆讲解员被选调进京讲解/颜毅、周祥猷//中国文物报2012-8-17
天津市民创办车模博物馆/周伟//人民日报（海外版）2012-8-18
内蒙古最大地质博物馆开馆/刘懿德//人民日报（海外版）2012-8-21
民间博物馆开成特色店/庞晨、史天澍、鲁成玉//人民日报（海外版）2012-8-21
重庆自然博物馆新馆主体工程完工/刘美麟、颜毅//中国文物报2012-8-24
中国亚欧草原文化研究中心——新疆博州工作站在新疆博尔塔拉蒙古自治州博物馆揭牌/新华//中国文物报2012-8-24
陕西数字博物馆建成上线运行/郭青//陕西日报2012-8-29
陕西数字博物馆开馆啦/陈黎、刘天鹏//西安晚报2012-8-29
国家文物局将举办民办博物馆馆长培训班/文宣//中国文物报2012-9-7
四川省文物局召开攀枝花三线建设博物馆展陈功能设计专家评审会/蜀宣//中国文物报2012-9-7
上海向新疆喀什地区博物馆捐赠图书并签定合作协议/上博//中国文物报2012-9-7
评剧表演艺术家谷文月在唐山博物馆举办讲座/刘艳伟//中国文物报2012-9-7
故宫博物院与东城区合作推出“故宫讲坛”/冯文//中国文物报2012-9-12
河南民办博物馆协会挂牌成立/李文//中国文物报2012-9-12
天津举办文博公益讲座深受市民欢迎/田家馨//中国文物报2012-9-12
黑龙江齐齐哈尔市博物馆推出名城文物图片展/金润锦//中国文物报2012-9-12
“丝绸之路”沿线博物馆专业委员会筹备省际联展/郭文//中国文物报2012-9-12
西安博物院要求团队参观请讲解员/周艳涛、何洁//华商报2012-9-13
三星堆与金沙出土文物精华展在宁夏博物馆举办/夏博//中国文物报2012-9-14
安徽博物院完成“安徽文明史陈列”讲解服务提升工作/博文//中国文物报2012-9-14
黑龙江省举办首届全省文博宣传通讯员座谈会/张金梅//中国文物报2012-9-14
蓬莱古船博物馆建成开放/申开波//中国文物报2012-9-14
苏州博物馆推出《历代墨竹图精选》电子出版物/苏文//中国文物报2012-9-14
新疆文物局调研新疆博物馆工作/安丽珺//中国文物报2012-9-14
多家“国”字号博物馆扎堆落户奥林匹克公园/王明浩//人民日报2012-9-17
中国西藏唐卡艺术展亮相国家博物馆/崔波//中国文物报2012-9-21
故宫博物院与澳大利亚维多利亚州国家美术馆达成合作意向/文冰//中国文物报2012-9-21
中国博协2012年首期讲解员培训班结束/马雨林//中国文物报2012-9-21
第二批国家一级博物馆定级评估工作有序推进/博协//中国文物报2012-9-21
海外博物馆生存之道：卢浮宫无拨款则入不敷出/刘妮丽//中国文化报2012-9-22
中国博协与非洲博协签署合作谅解备忘录/崔波//中国文物报2012-9-26
第三届中国文化遗产动漫大赛评选结果揭晓/文博//中国文物报2012-9-26
保利艺术博物馆将隆重举办“晁海水墨世界”艺术展//人民日报（海外版）2012-9-26
省博怎能成为纳凉的好去处？省博举办“我与馆长面对面”、听市民“谏言挑刺”/王小英、王一婷//江淮晨报2012-9-26
中国博协区域博物馆专委会举办“博物馆与社会”英语培训班/李湛//中国博物馆通讯2014-10
中国博协纪念馆专委会举行博物馆、纪念馆宣教工作研讨暨特色宣教形式展演活动/黄春锋//中国博物馆通讯2014-10
上海博物馆捐赠人倪汉克获上海市“白玉兰纪念奖”/上博//中国文物报2012-10-5
盗贼闯入剑桥博物馆盗走珍贵中国文物/许晔//中国文物报2012-10-5
卡通兵马俑为啥嫽扎咧/肖雪//西安日报2012-10-9
中华艺术宫、上海当代艺术博物馆开馆/沪文//中国文物报2012-10-10

北川羌族民俗博物馆试运行/高泽永//中国文物报2012-10-10
浙江省博物馆“武林雅韵”将打造成为展示非物质文化遗产平台/陈平//中国文物报2012-10-10
内蒙古博物院数字化建设稳步推进/富永军//中国文物报2012-10-10
安徽博物院举办新馆开馆一周年暨故宫博物院珍藏清代宫廷文房用具特展开幕式/冯慧//中国文物报2012-10-10
苏州博物馆荣获北京国际设计周“设计应用奖”/苏文//中国文物报2012-10-10
国际博协公布2013年国际博物馆日主题：博物馆（记忆+创造力）=社会变革/傅斌、李慧君//中国文物报2012-10-12
“辉煌时代——罗马帝国文物特展”在湖北省博物馆开幕/杨理胜//中国文物报2012-10-12
全国博物馆文化产品创意设计评选初评完成/仇岩//中国文物报2012-10-12
福建重视博物馆评估定级工作/邢新建//中国文物报2012-10-12
“浙江名宝展”在韩国国立光州博物馆开展/沈军甫//中国文物报2012-10-12
广西“1+10工程”模式在首届生态博物馆国际研讨会上受关注/陆文东//中国文物报2012-10-12
省博开讲“淮系文化”/王小英、王一婷//江淮晨报2012-10-12
成都博物馆新馆封顶/川文//中国文物报2012-10-19
呼伦贝尔民族博物馆群基本建成/富永军、马晓丽//中国文物报2012-10-19
深圳市福田区安托山博物馆群征集展品信息意向书/福田区委宣传部//中国文物报2012-10-19
专家聚集关中民俗博物院研讨弘扬民俗文化/庞博//中国文物报2012-10-19
周日参观农民工博物馆没想到吃了闭门羹日/凌越、林洁//羊城晚报201-10-22
“2012博物馆及相关产品与技术博览会”即将开幕/高游、张俊梅//中国文物报2012-10-24
宁夏石嘴山博物馆开馆/张瑞娟、沙月月//中国文物报2012-10-24
鄂尔多斯青铜器博物馆LOGO标识有奖征集//中国文物报2012-10-24
李岚清篆刻书法艺术展在伦敦大英博物馆开幕/白旭、王丽莉//中国文物报2012-11-7
四川博物院公众服务部开展“趣味书法我试试”主题活动/张凯//中国文物报2012-11-7
四川宋瓷博物馆拉开科普基地社科普及活动序幕/川文//中国文物报2012-11-7
井冈山革命博物馆描绘未来三年工作目标/尚静芳//中国文物报2012-11-7
三峡博物馆开展“重庆农民工日”巡展活动/殷玉玲//中国文物报2012-11-7
国家文物局划拨海南省博物馆文物交接仪式在京举行/冯朝晖、张俊梅//中国文物报2012-11-9
南通举办张謇杯讲解大赛/徐宁//中国文物报2012-11-9
陕西宝鸡首次组织文博职工进京培训/魏晓龙、庞博//中国文物报2012-11-9
“中国博物馆小镇崔永元电影传奇馆”正式开馆/成旅//中国文物报2012-11-9
旅游纪念品爱"傍"博物馆，专家呼吁关注现代生活/刘冕//北京日报2012-11-12
美国税收法案促藏品入博物馆/王聪丛//中国文化报2012-11-15
广东省博物馆新馆突破四百万观众/王小迎//中国文物报2012-11-16
“华夏瑰宝展”即将在土耳其开幕/严叶敏//中国文物报2012-11-16
黑龙江省黑河市筹建瑷珲海关博物馆/赵颖//中国文物报2012-11-16
故宫博物院院长来津寻才/刘晓艳//都市快报2012-11-19
博物馆安全应急研讨班在海口举办/冯朝晖//中国文物报2012-11-21
语文课走进三峡博物馆“第二课堂”/王颖//中国文物报2012-11-21
济南百年老字号宏济堂首建博物馆/蓝秋霞//中国文物报2012-11-21
何飞向安阳博物馆捐赠文物/李宝宗//中国文物报2012-11-21
大连现代博物馆与俄罗斯现代历史博物馆签订合作意向/大博//中国文物报2012-11-21
中国文字博物馆办展庆祝建馆三周年/博文//中国文物报2012-11-21
秦兵马俑展亮相美国/陈黎、花琳//西安晚报2012-11-21
博物馆不是“门面馆”/张永琪//人民日报2012-11-22
“华夏瑰宝展”在土耳其隆重开幕/文宣//中国文物报2012-11-23
美国学者赴云南民族博物馆进行学术交流/博文//中国文物报2012-11-28

中国丝绸博物馆迎20岁生日学者纷至沓来倾听丝语/刘慧、毛晨怡//浙江日报2012-11-30
希腊古奥林匹亚博物馆失窃文物全部找回/刘咏秋、陈占杰//中国文物报2012-11-30
陕西省博物馆学会第24期讲解员培训班开班/马雨林//中国文物报2012-11-30
“陶瓷撷英——国家文物局划拨海南省博物馆入藏文物特展”开幕/海博//中国文物报2012-11-30
安康博物馆奠基开工/叶林斌//陕西日报2012-12-6
沈阳故宫博物院志愿者活动取得实效/沈文、张文魁//中国文物报2012-12-12
贵州三穗县拟建“大跃进”遗址博物馆/宋江//中国文物报2012-12-12
江苏镇江博物馆与南京大学历史学系签订合作协议书/连小刚//中国文物报2012-12-12
西汉南越王博物馆大唐三彩展开幕/黄明乐//中国文物报2012-12-12
新的知识节点新的视觉感受：齐齐哈尔市博物馆历史文物陈列改陈在即/金润锦//中国文物报2012-12-12
“心画：王方宇的艺术”亮相北大赛克勒博物馆/郭桂香//中国文物报2012-12-12
民间染绣戏曲图像展在京展出/文犀//中国文物报2012-12-12
十七家博物馆成为第二批国家一级博物馆/王超//中国文物报2012-12-14
四川省博物馆学会召开年会及七个专业委员会成立大会/唐毅、张攀//中国文物报2012-12-14
鄂尔多斯市加大博物馆服务体系建设/秦旭光//中国文物报2012-12-14
黑龙江同江市赫哲族博物馆加大文物征集力度/熊武静//中国文物报2012-12-14
广西博物馆志愿者团队：多少报酬都换不来的快乐/甘宁、李鼎敏//南国早报2012-12-20
甘肃省博物馆志愿者团队获“十佳”称号/施秀萍//甘肃日报2012-12-20
王老吉凉茶博物馆高峰论坛在广州举行//东方今报2012-12-20
推出特色活动搭建交流平台：伪满皇宫博物院纪念建院50周年/张俊梅、崔波//中国文物报2012-12-21
自梳女博物馆昨开幕/曾毅、刘昱、张焕东//广州日报2012-12-26
建科举博物馆要拆了民国老影院？/付逸杰//扬子晚报2012-12-26
海口博物馆征集到国家级书画/陈耿//海南日报2012-12-26
元旦去省博新馆逛“御书房”/王小英、王一婷//江淮晨报2012-12-28
国博“文艺复兴展”更换展品/新华//西安晚报2012-12-30
“华夏瑰宝展”走进土耳其/马研//西安晚报2012-12-30
关中民俗博物院推出元旦特惠/郭青、邓涛//陕西日报2012-12-31
中国眼科博物馆在南通开馆/朱蓉嵘、管怀进//中华眼科杂志2013-1
茶马古道文物展在滇民博展出/杨冰//中国文物报2013-1-9
吉林省博物院：巴蜀饮食文化展麻辣鲜香//中国文物报2013-1-9
名家珍品集萃：孙照子女捐赠中国古代绘画珍品亮相国博//中国文物报2013-1-9
以新风尚设计人物纪念馆——钱学森图书馆设计谈/郝惊雷//中国文物报2013-1-9
博物馆从来不是致富产业静观细品是人文//经济日报2013-1-12
中国博协将与故宫博物院合作组建国际博物馆培训中心/郭桂香//中国文物报2013-1-13
甘肃简牍博物馆获批准/王艳明//中国文物报2013-1-13
陕西表彰百万青少年进博物馆活动先进单位/庞博//中国文物报2013-1-13
“5·18”隆重启幕，让我们一起走出校园，走进博物馆/张娜//中国文物报2013-1-13
角色体验新主张，小记者采访大馆长/张娜//中国文物报2013-1-13
博物馆进校园，惠及偏远山区青少年/张娜//中国文物报2013-1-13
“历博”杯“我与博物馆”征文：让博物馆之旅更充实/张娜//中国文物报2013-1-13
全省青少年踊跃参与“秦陵”杯博物馆知识竞赛/张娜//中国文物报2013-1-13
陕西表彰百万青少年进博物馆活动先进/庞博//中国文物报2013-1-16
陕西两博物馆项目获全省文化工作创新奖/庞博//中国文物报2013-1-18
台北故宫博物院组团访大陆/吴亚明、李炜娜//人民日报（海外版）2013-1-21
袜文化博物馆在京落成/张东伟//人民日报（海外版）2013-1-21
中国博协发展加快专委会达33个/崔波、张俊梅、冯朝晖//国文物报2013-1-23

第十届（2011～2012年度）全国博物馆十大陈列展览精品评选活动启动/评选办//国文物报2013-1-23
杜维善向上海博物馆捐赠西域古国钱币/王樾//中国文物报2013-1-25
苏州博物馆“大明苏州”系列讲座正式开场/苏文//中国文物报2013-1-25
安徽省博物院喜获“安徽省文化体制改革工作先进单位”荣誉称号/徽文//中国文物报2013-1-25
陕西自然博物馆春节推科普大餐/李向红//陕西日报2013-2-4
属蛇游客新春免费游关中民俗博物院/常丹//陕西日报2013-2-4
平津战役纪念馆展出“领袖风范人民公仆廉政楷模”展/王炜//中国文物报2013-2-6
沈阳故宫春节活动亮点频出/沈文//中国文物报2013-2-6
广东省博推出彩色宝玉石展/宋敏//中国文物报2013-2-6
北京民俗博物馆新春送福展/崔波//中国文物报2013-2-6
2012馆藏近现代文物保护修复培训班结业/刘则//中国文物报2013-2-6
总结经验 以评促建：新疆博物馆专题研究部署一级博物馆运行工作/安丽珺//中国文物报2013-2-8
“中国最美湿地展”在中国湿地博物馆开展/陈博君//中国文物报2013-2-8
各地博物馆推出系列活动迎新春文宣//中国文物报2013-2-13
中国园林博物馆18日将开馆试运行/文冰//中国文物报2013-2-13
“报春蛇——南京博物院藏蛇文物精品展”开展/南博//中国文物报2013-2-13
浙江自然博物馆召开博物馆之友迎新春座谈会/浙文//中国文物报2013-2-13
千年香器汇聚天津博物馆/吴国才//中国文物报2013-2-13
“寻人启事”——广州博物馆寻找同年同日生的你/粤文//中国文物报2013-2-13
四川博物院推出“画说红楼”新春特展/钟玲//中国文物报2013-2-20
乐山大佛博物馆免费对外开放/管委//中国文物报2013-2-20
山东兖州博物馆开展中华文化遗产知识多媒体系列讲座/赵雯//中国文物报2013-2-20
博物馆和文物景区成为过节观光好去处/钟玲//中国文物报2013-2-20
四川成都杜甫草堂博物馆举行“人日”游草堂活动/草堂//中国文物报2013-2-20
北京鲁迅博物馆公开招聘工作人员公告/鲁博//中国文物报2013-2-20
金沙遗址博物馆“良渚文明展”小小讲解员上岗啦/曾灵//成都商报2013-2-20
6家国家一级博物馆面临降级/程卿//中国商报2013-2-21
山西灵石博物馆“过年七天乐”知识趣味活动精彩纷呈/相中英//中国文物报2013-2-22
武汉博物馆2013年小志愿者培训班圆满结束/武文//中国文物报2013-2-22
河南博物院表彰小志愿者/林晓平//中国文物报2013-2-22
在长沙简牍博物馆过“快乐寒假”/孙东波//中国文物报2013-2-22
赵景心向湖州博物馆捐赠23件明清古典家具/沈丹青//中国文物报2013-2-22
西安拆除百年油坊拟建博物馆 非遗传承人被赶/庄庆鸿、张轶婷、陈霏菲//中国青年报2013-2-25
新疆博物馆数字体验区正式开放/周宁//中国文物报2013-2-27
宁夏开展全区行业民办博物馆调研工作/孔翔跃//中国文物报2013-2-27
福建博物院举行2012年度考古汇报会/常浩//中国文物报2013-2-27
藏品信息公开列入美国博物馆馆长道德守则//文物天地2013-3
台北“故宫”南院开建//文物天地2013-3
“回望大明——走进万历朝”特展在苏州博物馆开幕//文物天地2013-3
“镜里乾坤——铜镜背后的故事”在安徽博物院开幕//文物天地2013-3
“道法自然——大都会艺术博物馆精品展”在国家博物馆开幕//文物天地2013-3
“胸中丘壑——溥儒、萧愻绘画联展”在首都博物馆开幕//文物天地2013-3
“黄金草原——中国北方游牧民族文物展”在湖北省博物馆开幕//文物天地2013-3
专家研究保护中国兵马俑等大型遗迹新举措/Nancy编译//中国文物报2013-3-1
大都会艺术博物馆推出“策展人眼中的100件馆藏珍宝”系列短片/李慧君编译//中国文物报2013-3-1
故宫博物院积极清理河道冰面上的垃圾/宫文//中国文物报2013-3-1

关中民俗博物院三八节推出参观优惠活动/冰岛//中国文物报2013-3-1
河北省博物馆开展“龙腾蛇舞”趣味学习活动/冀博宣//中国文物报2013-3-1
广西博物馆举办元宵社区乐活动/黄璐//中国文物报2013-3-1
乐游博物馆喜过文化年：宁波博物馆蛇年新春游客量再创新高/林磊//中国文物报2013-3-6
南京江宁织造博物馆试开放观众如潮/王兴平、马麟、朱丽丽//中国文物报2013-3-6
安徽省人民政府与故宫博物院签署合作框架协议书/文宣//中国文物报2013-3-6
去年古城又开10家博物馆/文艳//西安日报2013-3-7
宁波博物馆“展览由您定”/项聪颖//中国文物报2013-3-8
记者探秘西安碑林博物馆/陈黎//西安晚报2013-3-12
民营博物馆面临造血难：今年我市将把质量作为博物馆之城建设重中之重/何汪维//西安日报2013-3-13
源浩华博物馆开馆，西安博物馆将增至95座/何汪维//西安日报2013-3-13
故宫博物院院长：新安防设施不逊于大英博物馆/钟欣//西安日报2013-3-13
“瓯骆风八桂情——广西民族历史文化展”在吉林省博物院举办/刘晓//中国日报2013-3-14
大英博物馆再次荣膺英国最受欢迎游览胜地//中国日报2013-3-14
《英国美术三百年》亮相南昌博物馆/刘薇、陈艳伟、左晓春、周婷//江南都市报2013-3-15
西安市将抓民营博物馆质量建设，计划陆续免费开放/何汪维//西安日报2013-3-15
“空气幕”或可保护兵马俑/张行勇//中国科学报2013-3-18
杜甫草堂博物馆获赠中捷双语《神州古诗》画册/川文//中国文物报2013-3-13
中国重庆三峡博物馆举行小志愿者授牌上岗仪式/白玉银//中国文物报2013-3-13
广西民族博物馆与南宁市湖滨路小学共建“红领巾志愿者实践基地”//中国文物报2013-3-13
宁夏积极开展2012年度国家一级博物馆评估工作/孔翔跃、张强//中国文物报2013-3-22
四川盐源县与川博交流摩梭博物馆建设/王征、高晓燕//中国文物报2013-3-22
保利推出“新出土明代御窑瓷器精品展”/万利群//中国文物报2013-3-22
湖南临澧里博物馆与公安消防大队联合举行消防安全演练/朱辉//中国文物报2013-3-22
西安第一低调古庙将变身民俗博物馆/王海鹏、王兆钰//西安晚报2013-3-22
西安的博物馆你喜欢去哪//西安晚报2013-3-23
首座国家级海洋博物馆确定设计方案/毛振华//中国文物报2013-3-27
博物馆确定设计方案/毛振华//中国文物报2013-3-27
济南市博物馆文化巡展走进乡村小学/祝婕女、李玉泉//中国文物报2013-3-27
四川：线上数字博物馆受关注/余如波、张良娟//中国文物报2013-3-27
苏州碑刻博物馆启动社会碑刻调研工作/苏文//中国文物报2013-3-27
青州市博物馆新馆建设项目签约/周爱青、徐清华//中国文物报2013-3-27
土耳其一博物馆将出售藏品国际博协表示担忧/侯雁编译//中国文物报2013-3-29
短命“阿房宫”留下了什么教训？/冯国、陈钢//中国文物报2013-3-29
西安碑林博物馆举办讲解员礼仪讲座/李璟//中国文物报2013-3-29
宁夏石嘴山博物馆特邀礼仪师培训专业讲解员/王媛媛//中国文物报2013-3-29
内乡县衙博物馆获“河南省服务名牌”称号/闫子琦//中国文物报2013-3-29
江西德兴村民主动捐赠一件陶制鱼网坠给博物馆/叶淦林//中国文物报2013-3-29
89个项目角逐第十届全国博物馆十大陈列展览精品奖/王超、杨逸尘//中国文物报2013-4-3
湖南石堰坪土家族生态博物馆建设有序推进/区文//中国文物报2013-4-3
湖北荆门市博物馆送展下乡/王娟//中国文物报2013-4-3
四川博物院修复能力提升项目通过验收/王征、刘宇、张攀//中国文物报2013-4-3
湖南省博藏品“入驻”谷歌艺术计划网络平台/刘宇驰、张艳华//中国文物报2013-4-5
新疆“流动博物馆”开展“公民道德建设月”进社区、社会帮教系列活动/安丽珺//中国文物报2013-4-5
三星堆国宝携手四川博物院送展下乡/川星文//中国文物报2013-4-5
陕西将筹建尚小云艺术博物馆/庞博//中国文物报2013-4-5

黑龙江知青博物馆“与共和国同命运”全国巡展于上海首展/吴娟//中国文物报2013-4-5
第四届两岸民办博物馆发展交流会暨藏品汇展举行/杨华、季慧娟//陕西日报2013-4-7
秦陵博物院接待游客总数历史新高/张天柱//陕西日报2013-4-7
西安交大博物馆正式开馆/周媛//西安晚报2013-4-9
西安碑林博物馆将举办全国书法作品展/赵争耀//三秦都市报2013-4-11
首届“西安碑林奖”全球征作品/周艳涛//华商报2013-4-12
走进博物馆体验五千年文化之旅——安徽博物院“百万青少年走进博物馆”系列活动侧记/王一婷//中国文物报2013-4-12
民办博物馆首次角逐博物馆“奥斯卡”/蒋肖斌//中国青年报2013-4-16
全国博物馆展览初评揭晓甘肃大地湾遗址等上榜/王兰芳//兰州晨报2013-4-16
第二届安仁博物馆月18日启动：来吧，“我的博物馆”你做主/余如波、张良娟、杨芳//天府早报2013-4-16；华西都市报2013-4-16
中英联合出版“从博物馆看中国文化”丛书伦敦签约/李文云//兰州晨报2013-4-16
国家博物馆重新向公众开放/杨柳//京华时报2013-4-17
咸阳古渡遗址博物馆明日起免费对外开放/薛海龙//西安晚报2013-4-17
西安碑林《开成石经》拓本将开发利用/陈财经//中国文物报2013-4-17
湖北荆门市博物馆青铜器保护修复项目通过验收/张洪//中国文物报2013-4-17
古代女性人物专题画展亮相陕历博/庞博//中国文物报2013-4-17
“古代科技之光”活动走进陕历博/庞博//中国文物报2013-4-17
荷兰阿姆斯特丹国立博物馆重新开放/文宣//中国文物报2013-4-17
安徽博物院展出契丹文物/王小英、王一婷//江淮晨报2013-4-17
景点变成博物馆单霁翔的“故宫梦”/曾灵//成都商报2013-4-23
中国博协推出亚洲地区博物馆现状与公共需求调查/本报讯//中国文物报2013-4-24
带一本书来带一本书走——浙江自然博物馆承办读书节/兰国英//中国文物报2013-4-24
浙江省长卸任后当博物馆讲解员/孔令君、覃靖雯//解放日报2013-4-25
重庆市建立博物馆建设专家库/黄宇星、戴亭//中国文物报2013-4-26
甘肃省博13项课题入选2012年度省级科研课题/卢冬//中国文物报2013-4-26
辽代文物精品展亮相省博/王一婷//安徽日报2013-4-26
109件（组）“楚文物珍品展”昨日在秦陵博物馆展出/周艳涛//华商报2013-4-29
楚文物珍品在秦始皇帝陵博物院展出/郭青//陕西日报2013-4-30
109件楚文物珍品亮相秦陵博物馆/文艳//西安日报2013-4-30
中国将建设首个国家海洋博物馆//文物天地2013-5
雅诗兰黛将10亿美元艺术品赠大都会博物馆//文物天地2013-5
“海南建省办经济特区25周年成就展”在海南省博物馆开幕/吴慧//中国文物报2013-5-1
“华夏瑰宝展”赴罗马尼亚展出/文宣//中国文物报2013-5-1
北京艺术博物馆举办商周玉器特展/京宣//中国文物报2013-5-1
国内外专家研讨博物馆照明趋势/崔波//中国文物报2013-5-1
广西博物馆开通官方微信/黄璐//中国文物报2013-5-1
秦陵博物院“五一”头两天接待游客7万余人次/袁景智//陕西日报2013-5-1
秦陵博物院讲解员金凯为游客提供讲解服务/袁景智、张天柱//陕西日报2013-5-2
河南博物院启动“5·18”文化进校园系列活动/化夏//中国文物报2013-5-3
大连现代博物馆精心布展/连宣//中国文物报2013-5-3
“楚文物珍品展”在秦陵博物院展出/庞博//中国文物报2013-5-3
殷商文物精品在国博展出/廖翊//中国文物报2013-5-3
南京江宁织造博物馆迎客/王胜涛、刘建华、董金林//人民日报（海外版）2013-5-3
西安碑林，900年的坚守与选择/沙莎//陕西日报2013-5-7

北京推进田世光故居博物馆建设/肖列//人民日报（海外版）2013-5-6
商洛博物馆决定历史文化展厅免费开放/王展飞//西安晚报2013-5-7
游秦始皇兵马俑/李思晗//重庆晨报2013-5-9
“中原大讲堂·河南博物院讲堂”开讲//中国文物报2013-5-10
重庆三峡博物馆“文化遗产宣传月”巡展进社区/殷玉玲//中国文物报2013-5-10
山西晋中市召开博物馆、图书馆建筑方案设计研讨会/魏文辉、杨晨龙//中国文物报2013-5-10
黑龙江黑河市博物馆引进外展服务社会/刘淑杰//中国文物报2013-5-10
国博收藏《南京大屠杀》油画/崔波//中国文物报2013-5-10
北京推出5·18国际博物馆日系列活动/京文//中国文物报2013-5-10
宁强羌族文化博物馆免费开放/张松//西安晚报2013-5-12
梵·高博物馆重新开放145幅画作与速写亮相//西安晚报2013-5-12
中国国家博物馆法德意文网站上线/李秀娜//中国文物报2013-5-15
展演结合：鸦片战争博物馆宣教小分队赴京“禁毒”虎炮//中国文物报2013-5-15
广东省博物馆开通微信导览服务/何毅敏//中国文物报2013-5-15
陕师大博物馆喜迎国际博物馆日/胡妙荷、宋鹤莉//陕西日报2013-5-16
“国际博物馆之夜”——中国长春·伪满皇宫博物院活动丰富多彩/张俊梅//中国文物报2013-5-17
“缪斯莱了”——世界著名大学博物馆概念展开幕/缪菊//中国文物报2013-5-17
2013欧洲博物馆之夜：一场流光溢彩的文化盛宴/谢颖综合编译//中国文物报2013-5-17
安徽博物院举行“中国传统文物修复技术拜师仪式”/安院//中国文物报2013-5-17
大连现代博物馆基本陈列“近代大连”对外试开放/连宣//中国文物报2013-5-17
一个博物馆对文物图书的责任/沙莎//陕西日报2013-5-17
汉阳陵南阙门修复用新科技/周艳涛//华商报2013-5-17
全国首座文物图书中心在碑林博物馆建成/郭青、李向红、柏桦、庞博//陕西日报2013-5-18
西安有了第100座博物馆，成为名副其实的“博物馆之城”/张宇明//西安晚报2013-5-18
逛博物馆领略古都三千年魅力/郑燕茹、王燕//西安晚报2013-5-18
西安博物馆人均拥有量全国领先/熊晓芳//香港文汇报2013-5-18
博物馆里领略奇妙世界/袁景智、张天柱//陕西日报2013-5-19
汉阳陵博物馆举办活动纪念国际博物馆日/郭青//陕西日报2013-5-19
西安第100座博物馆对游客开放/郭青//陕西日报2013-5-19
大唐西市博物馆跻身国家二级博物馆/董芸//陕西日报2013-5-20
4家国家一级博物馆评估未达标首次被降为二级/王珏//人民日报2013-5-20
第十届全国博物馆十大陈列展览精品奖在济南揭晓/王超、徐秀丽//中国文物报2013-5-22
中国博物馆协会网络视频会议系统开通/崔波//中国文物报2013-5-22
第十届（2011～2012年度）全国博物馆十大陈列展览精品评选获奖项目//中国文物报2013-5-22
国际博物馆日中国主场城市活动在济南举行/崔波//中国文物报2013-5-22
首个流动数字博物馆亮相内蒙古/李政//中国文物报2013-5-22
故宫多项活动纪念“5·18”/郭桂香//中国文物报2013-5-22
打造数字化博物馆金沙文物“动”起来/金沙//中国文物报2013-5-22
全国首座文物图书中心在碑林博物馆建成/庞博//中国文物报2013-5-22
2011年度全国博物馆十大陈列展览精品奖名单//中国文物报2013-5-22
2012年度全国博物馆十大陈列展览精品奖名单//中国文物报2013-5-22
2011年度全国博物馆十大陈列展览优秀奖名单//中国文物报2013-5-22
2012年度全国博物馆十大陈列展览优秀奖名单//中国文物报2013-5-22
苏州博物馆公布文徵明特展目录/苏博//中国文物报2013-5-22
大唐西市博物馆跻身国家二级博物馆，为入围的全国首家民博馆/职茵//西安晚报2013-5-23
最牛的博物馆——探访经文牛文化陶瓷博物馆/张杨//西安日报2013-5-23

故宫博物院发布首个iPad应用《胤禛美人图》/文犀//中国文物报2013-5-24
安徽举办博物馆讲解员培训班/本报讯//中国文物报2013-5-24
全国各地博物馆5·18异彩纷呈/张宁、赖琳等//中国文物报2013-5-24
世界各地国际博物馆日活动异彩纷呈/侯雁、黄磊编译//中国文物报2013-5-24
浙江省博物馆学会网站上线/施波文//中国文物报2013-5-24
全国首个夜间开放博物馆西安开馆/李向红//陕西日报2013-5-28
西安碑林博物馆举办“走进碑林追寻记忆”活动/李向红//陕西日报2013-5-28
西汉南越王博物馆宣教部荣获“全国巾帼文明岗”称号/叶丹洋//中国文物报2013-5-29
首都博物馆举办文化演讲会纪念张伯驹先生115周年诞辰/博文//中国文物报2013-5-29
云南省博物馆与越南国家历史博物馆签定合作备忘录/邱玮//中国文物报2013-5-29
广西博物馆建设特色博物馆之路/广文//中国文物报2013-5-29
烟草博物馆三块荣誉牌该撤/张建//中国日报2013-5-31
合肥百万中小学生走进博物馆/方偲//合肥日报2013-5-31
贵州省博物馆全面转向公众服务/周静//贵州日报2013-5-31
团中央携手腾讯发布近百家博物馆实景/李立红//中国青年报2013-5-31
青岛市博物馆“六一”迎来小主人/青文//中国文物报2013-5-31
海南省博物馆成立出水文物保护修复实验室/海文//中国文物报2013-5-31
六一儿童节各地博物馆纷纷推出特别活动//中国文物报2013-5-31
清代帝王宫廷用品于西藏博物馆展出/藏文//中国文物报2013-5-31
“寻根之旅”学生走进博物馆/王成丽//合肥晚报2013-6-1
去博物馆探究文史馆前世今生/周小平、张蕾//重庆晚报2013-6-1
两岸中医药博物馆厦门市破土动工/朱婷//中国日报2013-6-1
河北省博物馆新馆推出九大展览文物8000多件//燕赵晚报2013-6-1
南京博物馆科技馆“六一”变身“儿童乐园”/朱凯、毛庆、贾志荣//南京日报2013-6-2
15位小记者参观石家庄经济学院地球科学博物馆/郭鹏//燕赵都市报2013-6-2
陕西省政府专题研究秦陵博物院未来发展/庞博//中国文物报2013-6-5
吉林省博展览首进军营/张淑娟//中国文物报2013-6-5
红色经典现代传承:革命类纪念馆文创产品座谈会暨旅游纪念品展示会在京举行/崔波//中国文物报2013-6-5
巴黎：以博物馆为骨干撑起文化“大巴黎”/崔津津、储静伟//东方早报2013-6-5
2013文化遗产日河南152家博物馆纪念馆可免费参观/梁宁//大河报2013-6-5
正阳县农民办家庭博物馆展示农耕工具/王天定//河南日报2013-6-5
陕历博启动首届唐代壁画珍品临摹大赛/卢宏艳//中国日报2013-6-6
民营建川博物馆捐助四川通江10万元文保经费/江文//中国文物报2013-6-7
国家文物局下发《关于推进国有博物馆对口支援民办博物馆工作的意见》/文宣//中国文物报2013-6-7
西安碑林博物馆注册新年度志愿者/李静雯//中国文物报2013-6-7
长沙简牍博物馆邀请残疾儿童欢度儿童节/管震//中国文物报2013-6-7
甘肃省博物馆开通手机语音导览/甘博//中国文物报2013-6-7
“追辛夫人”到金沙解密神奇马王堆——“马王堆汉墓文物珍品展”在金沙遗址博物馆开幕/金沙//中国文物报2013-6-7
黑龙江省博物馆办展庆90岁生日/张建友//中国文化报2013-6-7
来陕历博看西周铜禁：宝鸡群众保护文物成果特展亮相西安/李明//西安日报2013-6-8
秦始皇陵博物馆首度向游客展示考古工作流程/张天柱、郭青、袁景智//陕西日报2013-6-9
5尊新出土兵马俑亮相衣服用圆泡装饰系首次发现/韩宏、陈一丹//文汇报2013-6-9
苏州生肖邮票博物馆开馆迎客/王建康//西安晚报2013-6-9
2009～2012秦始皇帝陵考古纪实展出：将军俑泡钉俑等首次与公众见面/文艳//西安日报2013-6-9
白山市“流动博物馆”进军营/余宗明//中国文物报2013-6-12

北京博物馆学会、北京舞蹈学院举办“纸上的舞动——剪展山西民俗风”/京博//中国文物报2013-6-12
“石湾陶甲天下”特展在杭州博物馆开幕/汤洁//中国文物报2013-6-12
陕西数字博物馆推出“世界珍稀货币特展”/文艳//西安日报2013-6-12
北京小学生民俗博物馆里学民俗/王国强//北京日报2013-6-13
“西安碑林奖”全国征书法英豪/赵争耀//三秦都市报2013-6-13
博物馆推出端午主题活动/吴艾霞//包头晚报2013-6-13
敦煌自然博物馆布展工程启动/张晓亮、邱亮、王耀//甘肃日报2013-6-13
博物馆庆端午/聂灿、魏沛娜//深圳商报2013-6-13
南海博物馆招公益一类事业编制5名/王丽平//广州日报2013-6-13
“考古中华——中国社会科学院考古研究所成立六十年成果展”在重庆中国三峡博物馆开展/王麒越//中国文物报2013-6-14
秦陵博物院推出最新考古成果展览/庞博//中国文物报2013-6-14
中外朋友在宣南文化博物馆里过端午/宋媚丽//中国文物报2013-6-14
秦兵马俑“赴”芬兰展出/陈黎//西安晚报2013-6-15上海电影博物馆开放/丁汀//人民日报（海外版）2013-6-18
国家博物馆永久收藏新华社记者拍摄的钓鱼岛巡航照片/廖翊//中国文物报2013-6-19
博物馆端午节活动异彩纷呈/胡薇、黄璐、李娜//中国文物报2013-6-19
国家博物馆向雅安灾区等地捐赠《复兴之路》图录/崔波//中国文物报2013-6-21
近百名港澳大学生赴国家博物馆等文博机构学习/林甦//中国文物报2013-6-21
新疆呼图壁县博物馆进校园巡展活动圆满结束/周群英//中国文物报2013-6-21
广西博物馆展及讲座/黄璐//中国文物报2013-6-21
国家博物馆推出法国面具展/崔波//中国文物报2013-6-21
乌克兰学生参观云南民博/杨冰//中国文物报2013-6-21
锦屏县九寨侗乡文化博物馆即将建设/陈礼杏//中国文物报2013-6-21
“面具·灵魂的艺术”在中国国家博物馆开幕/张建//西安晚报2013-6-23
看唐墓壁画只需点点鼠标：陕西数字博物馆新增百幅壁画真迹/陈黎//西安晚报2013-6-23
宁波博物馆提出全国性发展规划//宁波日报2013-6-24
“西安碑林奖”：创造一流书法品牌/李向红//陕西日报2013-6-25
韩国总统朴槿惠参观秦始皇兵马俑博物馆/赵争耀//三秦都市报2013-7-1
法国作者投稿“西安碑林奖”/赵争耀//三秦都市报2013-7-4
渭南博物馆年内建成开放：现面向社会征集文物/石俊荣、郑晗//西安晚报2013-7-9
深圳博物馆馆藏书画精品展在首博展出/张雯//中国文物报2013-7-10
中美青少年欢聚成都杜甫草堂博物馆/杜馆//中国文物报2013-7-10
爱无疆梦无界——北京博物馆志愿者到甬讲述美丽中国梦/张鹏//中国文物报2013-7-10
建川博物馆抗战文物展在军博开幕/朱威//中国文物报2013-7-10
奇葩博物馆怎成爱国教育基地?/戴先任//新京报2013-7-10
“流动博物馆”进军营/李品毅//内蒙古晨报2013-7-10
陕西自然博物馆为暑期青少年安排系列科普知识教育活动/巨跃先//陕西日报2013-7-11
“西安碑林奖”书法展收到作品3000余件/赵争耀//三秦都市报2013-7-11
河北“穿越博物馆”闭馆整改：系当地爱国主义教育基地//新京报2013-7-11
三峡博物馆免费看奥特曼//重庆商报2013-7-11
到三峡博物馆免费看日本动漫人物/赵伟、刘嵩//重庆时报2013-7-11
穿越6000年看先人如何取水：半坡博物馆“史前工场”开放/陈黎、张笑笑//西安晚报2013-7-14
雕塑《超越时空的对话》入藏意大利国家博物馆//西安晚报2013-7-14
“丰腴之美——唐代仕女生活展”在北京艺术博物馆开展、王晓风//西安晚报2013-7-14
山东青州市博物馆举办泥塑制作活动/刘洪萌、郭红燕//中国文物报2013-7-17
“冀宝斋博物馆”问题调查结果对外发布/冀州市冀宝斋博物馆问题联合调查组//中国文物报2013-7-17

湖南省博物馆线上数字展示吸引海外观众/刘宇驰、徐天竹//中国文物报2013-7-17
安徽博物院积极推进“百万青少年走进博物馆”活动/安徽博物院//中国文物报2013-7-19
首都博物馆陆续开展丰富多彩的暑期社教活动/张雯//中国文物报2013-7-19
博物馆是大家的/张伟、张翀//中国文物报2013-7-19
山西博物院携千年古墓文物赴澳展出/郭志清、贾支渝//中国文化报2013-7-22
甘肃省博物馆汇集珍品展现丝路文明厚重沧桑/张伟、张冲//中国文物报2013-7-24
“博物馆英语培训班”在西安举办/李湛、梁敏//中国文物报2013-7-24
《我最喜爱的博物馆》征文启事//深圳晚报2013-7-24
11岁“英语神童”博物馆当英文义务讲解员/闵凌欣、林梅琴//福建日报2013-7-24
北京多家博物馆取消休假迎暑期/张然//中国文化报2013-7-25
秦俑馆入选“2013年全球最受欢迎的博物馆”/天柱、彭文//中国文物报2013-7-31
“博粉”助力重磅大展/清蕉//中国文物报2013-7-31
“紫禁城杯”故宫文化产品创意设计大赛征稿启事//中国文物报2013-7-31
上海博物馆举办黄宣佩先生追思会/沪文//中国文物报2013-7-31
博物馆里文物课/李欣//人民日报2013-8-1
英国博物馆协会启动“博物馆改变生活”主题活动/刘平编译//中国文物报2013-8-2
武汉一女子趁工作人员走开博物馆内偷坐龙椅/万凌//武汉晚报2013-8-2
苏州博物馆策划“七夕与中秋”民俗体验活动/苏文//中国文物报2013-8-2
“草原古韵塞外风情”展在新疆博物馆开幕/朱虹//中国文物报2013-8-2
最受欢迎博物馆//新华日报2013-8-2
首届北京高校博物馆巡展拉开帷幕//中国文物报2013-8-7
西汉南越王博物馆送展至马坝人博物馆/南博馆宣//中国文物报2013-8-7
名家巨作亮相：首博展出深圳博物馆藏书画精品//中国文物报2013-8-7
陕博唐墓壁画着呢品临摹大赛“现场临摹”启动/文艳、刘陈洋子//西安日报2013-8-8
西安第100家博物馆落户曲江/李俊杰//华商报2013-8-9
民办博物馆的身份演变//华商报2013-8-9
43床珍贵古琴亮相深圳博物馆/戴波//西安晚报2013-8-11
故宫自评“百宝”出炉《清明上河图》排列榜首/王岐丰//西安晚报2013-8-11
陕历博文物保护展览邀请公众全程体验/庞博//中国文物报2013-8-14
山东博物馆成立“印学研究中心”/卫松涛//中国文物报2013-8-14
故宫14日起全面禁火/郭桂香//中国文物报2013-8-16
“牵手历史——第五届中国博物馆十佳志愿者之星暨博物馆最美志愿者”评选办法//中国文物报2013-8-16
内蒙古阿鲁科尔沁旗建成一个村级历史博物馆/王大方、麻彦军//中国文物报2013-8-16
“江宁织造博物馆周末消夏夜”文博活动将启动/兴平//中国文物报2013-8-16
安徽博物院宣讲小分队走进静安养亲苑火/安徽博物院//中国文物报2013-8-16
两千多年前的石棺入藏佳山民俗博物馆/曹家树//中国文物报2013-8-16
烟台博物馆推出馆藏青铜器保护修复成果展/周霞//中国文物报2013-8-16
戈壁水乡生态绿洲古城文明张掖城市湿地博物馆落成开馆/何燕//兰州晚报2013-8-16
农民办博物馆街聚京味文物/闫雪静、华锴//北京日报2013-8-16
“泉州人家”将亮相美国博物馆/许文龙、戴涵琦//泉州晚报2013-8-18
藏得住文物躲不过灾祸：盘点博物馆的“难兄难弟”/郭峰//西安晚报2013-8-18
故宫馆藏清代宫廷服饰走进香港/伏音琪//西安晚报2013-8-18
三星堆博物馆：北纬30神奇之旅——那时人怎可把金子做这么薄？/曾灵//成都商报2013-8-18
2012年全国新增277家博物馆/王超//中国文物报2013-8-9
陕西历史博物馆严厉打击倒卖门票行为/郭青、侯燕妮//陕西日报2013-8-19
陕历博特殊文物坐防震台避震/周艳涛//华商报2013-8-20

张文彬获国际博物馆协会荣誉会员称号/博文//中国文物报2013-8-21
长沙博物馆“暑期博乐园”走进福利院/刘晴贤、吴婉//中国文物报2013-8-21
中国文字博物馆“汉字”国际巡展启动/杨焱//中国文物报2013-8-21
陕博“巧手良医”正式向公众免费开放：近距离观摩医文物/文艳、刘陈洋子//西安日报2013-8-21
“西安碑林奖”书法展收到5018件作品/赵争耀//三秦都市报2013-8-22
西安碑林奖全国书法作品展评审结果揭晓/赵争耀//三秦都市报2013-8-22
看看“巧手良医”咋给文物“治病”/赵争耀//三秦都市报2013-8-27
秦兵马俑迎来“罗马帝国朋友”/陈黎、赵黄琛//西安晚报2013-8-27
罗马帝国文物特展下月起在兵马俑馆开展/郭青、侯燕妮、田资//西安晚报2013-8-27
东西方始皇西安“相会”/周艳涛//华商报2013-8-27
沈阳故宫院藏珍宝今日开展/张文魁//人民日报（海外版）2013-8-29
践行群众路线弘扬敦煌文化——敦煌研究院接待部着力“为民”提升旅游接待服务水平/杨天荣//中国文物报2013-8-30
改造施工不停展创新服务不间断：军事博物馆积极探索新形势下社教服务思路/于潇//中国文物报2013-8-30
四川博物院“小小讲解员”外出学习/高洁//中国文物报2013-8-30
游客留言投诉兵马俑博物馆出售假蓝田玉获官方回应/王甲//人民日报网2013-8-30
秦始皇兵马俑博物馆举办罗马帝国文物特展/文艳//西安晚报2013-9-2
“辉煌时代——罗马帝国文物特展”在秦始皇兵马俑博物馆开展/郭青、杜玮、袁景智//陕西日报2013-9-2
西安碑林奖：以书而名的中国书法文化/李向红//陕西日报2013-9-3
中国民办博物馆走进国际博协（ICOM）大会/西文//中国文物报2013-9-4
国家博物馆展出黄永玉九十画展/山水//中国文物报2013-9-4
国家博物馆向山西垣曲博物馆捐赠《复兴之路》图录/吕东风//中国文物报2013-9-4
“我是国宝”摄影大赛暨“我是普查员”征文大赛启事//中国文物报2013-9-4
专家一插手赝品变成真？国博：“冀宝斋鉴定”属个人行为//西安日报2013-9-5
国博、故博：“冀宝斋鉴定”属个人行为//西安日报2013-9-5
汉阳陵博物馆展出各朝代玉器代表作/陈黎、苏丹//西安晚报2013-9-7
152件玉器精品亮相汉阳陵博物馆/文艳//西安日报2013-9-7
高陵一农民自费办“农耕博物馆”：上千件农具向公众免费展出/侯智//西安晚报2013-9-8
“博物馆式”校园：人文的凝聚与演绎//文汇报2013-9-9
安徽博物院开展教师节活动：学生制作心愿瓷盘送恩师//江淮晨报2013-9-9
南京江宁织造博物馆举办“中国旗袍文化周”活动/江宁织造//中国文物报2013-9-11
山东第一座史前遗址博物馆开馆/孙覆海、田继宝//工人日报2013-9-17
济南市博物馆中秋佳节推出精彩展览/李玉泉、尚海波//中国文物报2013-9-18
新疆兵团军垦博物馆赴乌市征集湖南女兵文物/张晓丽//中国文物报2013-9-18
“廊坊博物馆馆藏剪纸艺术展”首展厦门/韩丽莉//中国文物报2013-9-18
114件磁州窑珍品亮相耀州窑博物馆/张海鹏、裴明//西安晚报2013-9-19
中秋节去陕历博看国宝壁画/赵争耀//三秦都市报2013-9-19
河南省46家民办博物馆联合发表“共同宣言”/张鹏林//中国文物报2013-9-20
西安碑林博物馆名碑名拓展走进武汉/张引娣//中国文物报2013-9-20
加拿大人最想来西安看兵马俑/陈黎、苏丹//西安晚报2013-9-23
89个国家一级博物馆年度评估合格/胡建辉//法制日报2013-9-24
50尊千年佛像来陕免费展出/周艳涛//华商报2013-9-24
西安：“博物馆之城”呼之欲出/杨永林、张哲浩//光明日报2013-9-25
故宫博物院与中国教育学会签署战略合作协议/冯朝晖//中国文物报2013-9-25
西汉南越王博物馆成中秋文化消费热地/彭清云//中国文物报2013-9-25
三峡博物馆开展傩面具导赏系列活动/谢硕//中国文物报2013-9-25

河北省博新馆相继推出系列精彩展览/冀博//中国文物报2013-9-25
内蒙古举办馆藏文物保护培训班/郭苏峻、马晓丽//中国文物报2013-9-25
“黄宾虹作品巡回展”在山东博物馆开幕/杨振国//中国文物报2013-9-25
“云南历代著名画家精品展”在云南省博开幕/杨振国//中国文物报2013-9-25
民办郑州长军古陶瓷博物馆开馆/张鹏林//中国文物报2013-9-25
智造国内一流博物馆集群发展“曲江样本”//陕西日报2013-9-26；西安晚报2013-9-26
秦岭终南山世界地质公园博物馆昨开馆/高乐、张宇明//西安晚报2013-9-26
西安：“博物馆之城”呼之欲出/光明日报消息//西安晚报2013-9-26；西安日报2013-9-26
特警教官进四川博物院培训安检/赖琪、余凯//中国文物报2013-9-27
江西矿冶博物馆将落户德兴/蒋忠林//中国文物报2013-9-27
“20世纪中国画大师作品选萃”展在烟台博物馆开幕/周霞//中国文物报2013-9-27
辽博国庆期间献上文化盛宴/孙其媛、杨静坤//中国文物报2013-9-27
河南举办首次全省博物馆馆长培训班/张俊梅//中国文物报2013-9-27
中国博协安全专业委员会全国博物馆安全培训班在黑博举办/潘喜超//中国文物报2013-9-27
博物馆该多元化展示，让历史历“旧”弥新/陈黎、苏丹//西安晚报2013-9-27
欧亚经济论坛文化分会昨日在西安曲江新区举行：中外博物馆文化激情碰撞//西安晚报2013-9-28
用创意增加博物馆的现代影响力/陈黎//西安晚报2013-9-28
多国代表肯定曲江新区打造博物馆群落/陈黎//西安晚报2013-9-28
跨越时空的“对话”：五十尊千年佛像来陕展出，多国博物馆馆长流连忘返/张宇明//西安晚报2013-9-29
“鼎盛中华——中国鼎文化”展览在河南博物院开幕/张俊梅//中国文物报2013-10-2
流动博物馆走进成都理工大学/赖琳、赵涧//中国文物报2013-10-2
2014年美国博物馆联盟年会主题公布/谢颖编译//中国文物报2013-10-2
《永乐大典》入藏国家图书馆/李艳//中国文物报2013-10-2
国家博物馆退出王蒙文学生涯六十年展/崔波//中国文物报2013-10-2
广东省博物馆上演华丽穿越秀/宋敏//中国文物报2013-10-2
安徽博物院开展迎国庆系列文化活动/皖宣//中国文物报2013-10-9
河南新郑旅游和文物局组织讲解员进行“文明礼仪”培训/刘莎莎//中国文物报2013-10-9
文明从娃娃抓起——义务讲解员朋朋参与文明旅游的事迹/钱春弦//中国文物报2013-10-9
虢国博物馆与吉林大学联谊共度“十一”国庆长假/雷建鸽//中国文物报2013-10-9
收藏家马乐向宜兴博物馆捐赠文物/宜宣//中国文物报2013-10-9
秦陵博物院打造“手上博物馆”，精彩展览“一网打尽”/陈黎//西安晚报2013-10-10
陕西自然博物馆长假收入增长150%/沈谦、鲁燕//陕西日报2013-10-10
四川博物院帮扶援建地震灾区博物馆/张衡//中国文物报2013-10-11
河南省政府授予瑞典世界文化博物馆总馆长桑娜·尼尔森“黄河友谊奖”/豫文//中国文物报2013-10-11
西汉南越王博物馆亮相谷歌艺术计划平台/彭清云//中国文物报2013-10-11
大连现代博物馆与辽宁师范大学合作办展创新意/李媛媛//中国文物报2013-10-11
秦俑博物馆“十一”黄金周接待量再创新高/天柱//中国文物报2013-10-11
国庆假期广州博物馆受追捧/林晖//中国文物报2013-10-11
国庆长假苏州博物馆再迎客流高峰/苏文//中国文物报2013-10-11
青岛博物馆之旅持续升温/温立杰//中国文物报2013-10-11
“嘉庚风·学村情”图片展亮相首博/张雯//中国文物报2013-10-11
三峡博物馆大学生志愿者在土耳其推广中国年画/殷玉玲、邓琦琪//中国文物报2013-10-11
顾景舟紫砂艺术传承作品鉴赏活动在首博开幕/顾文//中国文物报2013-10-11
秦陵博物院打造“手上博物馆”/王戈华、侯燕妮//陕西日报2013-10-11
故宫博物院将建北院区/王珏//人民日报（海外版）2013-10-11
依托深厚底蕴建丝路博物馆/文艳//西安日报2013-10-11

多彩十艺节魅力博物馆/刘安鲁//中国文物报2013-10-16
内蒙古博物院“十一”期间活动丰富/石瑛//中国文物报2013-10-16
千名残疾学生在十堰博物馆欢乐度国庆/石义花//中国文物报2013-10-16
钱学森事迹巡览首站兰州在甘肃省博物馆开幕/李延强//中国文物报2013-10-16
皖台文化交流结出硕果大师力作落户安博/皖文//中国文物报2013-10-16
河南禹州宣和陶瓷博物馆正式开馆/张鹏林//中国文物报2013-10-16
“美丽厦门·我的家”讲解比赛在厦门举行/王惠茹//中国文物报2013-10-16
安仁博物馆论坛呼之欲出//中国文物报2013-10-16
陕历博招募文物修复“监督员”/赵争耀//三秦都市报2013-10-17
四川汶川县博物馆赴“三川”纪念馆开展交流活动/川文//中国文物报2013-10-18
“美丽重庆——我书我画”作品展在重庆中国三峡博物馆开幕/渝文//中国文物报2013-10-18
“大美中国——方祖岐将军书画展”在安徽博物院新馆开幕/安博//中国文物报2013-10-18
“曙光时代——意大利的伊特鲁里亚文明展”在鄂博开幕/王晶晶、吴建刚//中国文物报2013-10-18
广州博物馆重阳节风车DIY亲子活动乐趣多/林晖//中国文物报2013-10-18
中国人民大学成立考古文博系/王征//中国文物报2013-10-23
扬州成立博物馆协会/冯永革//中国文物报2013-10-23
全国民办博物馆馆长培训班在西安开班/庞博//中国文物报2013-10-25
故宫博物院成立研究院/郭桂香//中国文物报2013-10-25
黑龙江省博举办全省博物馆藏品保管业务培训班/潘喜超//中国文物报2013-10-25
中荷“两座城市的情缘”展在景德镇开幕/李军强//中国文物报2013-10-25
辽博参加日本“中华大文明”巡展文物回家/辽博//中国文物报2013-10-25
“中国当代定窑五大师作品展”在开封博物馆开幕/汴文//中国文物报2013-10-25
四川遂宁出台民办博物馆发展实施办法/遂文//中国文物报2013-10-25
成都文管办实地指导民办博物馆发展/成文//中国文物报2013-10-25
唐代壁画临摹大赛揭晓/赵争耀//三秦都市报2013-10-31
国家博物馆推出卢浮宫“地中海文明”展/崔波//中国文物报2013-11-1
江苏张家港博物馆全“新”开馆/张家港//中国文物报2013-11-1
江苏萧县博物馆举办中学生乡土历史教育活动/孙伟//中国文物报2013-11-1
苏州博物馆官方微博获市十佳基层政务微博/苏文//中国文物报2013-11-1
陕历博唐代壁画珍品临摹大赛揭晓/庞博//中国文物报2013-11-1
四川博物院举办手撕艺术活动/王俐俐、张唯//中国文物报2013-11-1
扬州博物馆与韩国将开展雕版印刷研究交流/扬博//中国文物报2013-11-1
长沙简牍博物馆举办志愿者风采展示大赛/杨彬//中国文物报2013-11-1
大庆博物馆被授予4A国家旅游景区/苏欣//中国文物报2013-11-1
西安举办博物馆文化产品展/文艳//西安日报2013-11-2
故宫博物院成立故宫学院/文犀/中国文物报2013-11-6
南京博物院改扩建后重新开放：一院六馆4万余件文物与公众见面/郭桂香、姚文中//中国文物报2013-11-8
江苏省政府授予南京博物院突出贡献奖/郭桂香、姚文中//中国文物报2013-11-8
老员工概说南博三点优良作风/郭桂香、姚文中//中国文物报2013-11-8
四川举办全省博物馆管理与业务能力提升培训班/川文//中国文物报2013-11-8
陕西安康规划建设“汉水人文生态”博物馆群/庞博//中国文物报2013-11-8
“人生如景”油画展在云南省博物馆开展/叶之声//中国文物报2013-11-8
巴洛克绘画盛宴现身国博/金叶//西安晚报2013-11-10
故宫博物院北院区项目开建/文冰//中国文物报2013-11-13
十八世纪西方“中国风”亮相广东省博物馆/白芳//中国文物报2013-11-13
南水北调中线水源地文物展亮相首都博物馆/张文//中国文物报2013-11-13

秦陵博物院荣膺全球最受欢迎博物馆/文艳//西安日报2013-11-13
“雕刻・记忆——紫檀制天坛、安定门古建模型展”国博开展/姜潇//西安晚报2013-11-17
三峡博物馆“梦想课堂”巡展受热捧/张凛//中国文物报2013-11-20
河南博物院启动“鼎文化图片展”进校园社区活动/刘璐//中国文物报2013-11-20
齐齐哈尔博物馆举办非遗珍品展/金润锦//中国文物报2013-11-20
苏州评弹博物馆恢复开放/苏文//中国文物报2013-11-20
故宫将于2014年起实行周一全天闭馆/白瀛//中国文物报2013-11-22
黑龙江黑河知青博物馆“与共和国同命运”巡展在北京开幕/赵颖//中国文物报2013-11-22
苏州丝绸博物馆整治提升工程开工/苏文//中国文物报2013-11-22
江苏徐州博物馆“四位一体”工程进入扫尾阶段/徐文//中国文物报2013-11-22
杜甫草堂博物馆举办仰止堂社教成果展/草堂//中国文物报2013-11-22
“纸质文献修复成果展”在成都金沙遗址博物馆开幕/金沙//中国文物报2013-11-22
陕西博物馆领免费门票需两小时/王宪//工人日报2013-11-23
新征集入藏墓志300余种，碑林博物馆将整理公布/文艳、郝迎利//西安日报2013-11-26
故宫博物院向房山贾岛图书馆赠书/文犀//中国文物报2013-11-27
越窑青瓷精品展在北大赛克勒博物馆开幕/贾米//中国文物报2013-11-27
永乐宫元代壁画临摹作品展在山西博物院开幕/晋博//中国文物报2013-11-27
新疆博物馆纪念馆讲解员培训班在西安结业/新文//中国文物报2013-11-27
宁夏师范学院・宁夏固原博物馆“人文社科研究基地”揭牌/黄丽荣//中国文物报2013-11-27
民间博物馆成为深圳“文物地标”/宦佳//人民日报（海外版）2013-11-27
粤剧艺术博物馆藏品征集（捐赠）公告//人民日报（海外版）2013-11-27
博物馆志愿者年会在苏召开/梅蕾//苏州日报2013-11-28
市博志愿者团队上榜“十佳之星”/姜姗//青岛财经日报2013-11-28
想做志愿者可到周公庙博物馆//洛阳晚报2013-11-28
陕西博协成立安全专业委员会/庞博//中国文物报2013-11-29
陕西历史博物馆成立保安大队/庞博//中国文物报2013-11-29
四川博物院帮扶甘孜藏区博物馆/赖菲、师若予//中国文物报2013-11-29
贵州茶文化生态博物馆中心馆开馆/曹裕强//中国文物报2013-11-29
“齐白石绘画精品展Ⅱ”在湖北省博开幕/吴建刚//中国文物报2013-11-29
安徽博物院获全国4A景区宣传片公益展播优秀奖/皖博//中国文物报2013-11-29
“翁同龢翰墨特展”在江苏仪征博物馆开幕/江文//中国文物报2013-11-29
中外徽学专家到徽州文化博物馆学术访问/徽博//中国文物报2013-11-29
博物馆馆长讲博物馆/杨菁//京华时报2013-12-4
“流动博物馆”走进仪征市中小学校/林靓//中国文物报2013-12-6
齐齐哈尔博物馆探讨特色文化产品开发/金润今//中国文物报2013-12-6
周口店遗址巡展结束/周文//中国文物报2013-12-6
三峡博物馆牵手巫山博物馆合作共建/刘竞希//中国文物报2013-12-6
黄骅市博物馆完成提升改造工程并开馆/孙德昌//中国文物报2013-12-6
杜甫草堂完成2013年度观众问卷调查/杜甫草堂//中国文物报2013-12-6
为未来收藏今天——丝绸博物馆梳理年度时尚潮流/张冲//中国文物报2013-12-11
青岛市举办博物馆系统第二届讲解员大赛/刘红燕、安小蓓//中国文物报2013-12-11
湖北举办第一届“楚风杯”讲解员大赛/吴建刚//中国文物报2013-12-11
故宫博物院院长：故宫行政级别“非常可笑”/程姝雯//南方都市报2013-12-12
纽约大都会博物馆首办大型中国当代艺术展/刘莉//中国文物报2013-12-13
海南省推进国家南海博物馆项目建设/夏敏//中国文物报2013-12-13
陕西数字博物馆手机版正式上线/庞博//中国文物报2013-12-13

天津举办博物馆陈列展览设计人员培训班/张宁//中国文物报2013-12-13
英国专家称秦始皇兵马俑灵感来自古希腊雕塑//参考消息2013-12-13
山东出台推进国有博物馆对口支援民办博物馆工作意见/鲁文//中国文物报2013-12-13
专家为海南省博物馆定位和展陈体系把脉/朱磊//中国文物报2013-12-18
展览、讲座、互动体验——苏州碑刻博物馆为观众奉上一系列文化大餐/陆雪梅//中国文物报2013-12-18
北川“流动博物馆”走进羌乡/北文//中国文物报2013-12-18
秦陵博物院回应“出土军备库”：没最新发现旧闻翻新/韩宏//文汇报2013-12-20
安徽博物院宣传业绩位列全省文化系统第一/徽博//中国文物报2013-12-20
故宫博物院启动一建一修两项工程/文冰/李艳//中国文物报2013-12-25
秦陵博物院征集老照片物件/庞博//中国文物报2013-12-25
湖南益阳博物馆推出“益阳印象·数字博物馆”/卜珩一//中国文物报2013-12-25
天津大沽口炮台遗址博物馆小小讲解员宣讲大历史/王梓、贾磊//滨海时报2013-12-25
西安碑林博物馆建成我国首座石质文物陈列库房/龚凌燕//陕西日报2013-12-30
“来自世界各地的故事”——南京博物院与科尔切斯特古堡博物馆及埃塞克斯郡文化交流活动即将拉开序幕/南京博物院对外交流中心//南京博物院集刊（13），文物出版社2013年
中国沉香文化展亮相山东博物馆/吴国才//中国文物报2014-1-1
清代陕西皮影在青岛市博物馆展出/罗琦//中国文物报2014-1-1
专家汇聚国博探讨文化传承与艺术创新/王竹//中国文物报2014-1-1
西安碑林博物馆建成现代化文物保护库/赵争耀//三秦都市报2014-1-2
故宫实行周一闭馆，太和殿10年来首次清洗/陈振凯//人民日报（海外版）2014-1-7
第十一届全国博物馆十大陈列展览精品评选活动启动/王超//中国文物报2014-1-8
西安碑林博物馆建成陈列式文物库房/庞博//中国文物报2014-1-8
湖北省博“小小讲解员”培训教育项目荣获全省一等奖/王晶晶、吴建刚//中国文物报2014-1-8
宁静中的忙碌：故宫博物院周一全天闭馆见闻/冯朝晖//中国文物报2014-1-8
岭南印记——粤港澳考古成果展在广东省博物馆举办/本报讯//中国文物报2014-1-8
荆州博物馆开展“城乡结对让爱回家”公益活动/李虹//中国文物报2014-1-8
国家南海博物馆建设立项/夏敏//中国文物报2014-1-10
鄂尔多斯博物馆互动体验厅正式对外开放/孙瑞//中国文物报2014-1-10
北大红楼橱窗回顾博物馆十大陈展精品成果/蓝天//中国文物报2014-1-15
在山东博物馆体会沉香文化/杨逸尘//中国文物报2014-1-15
湖北十堰博物馆组织编纂《十堰记忆·文博卷》/石义//中国文物报2014-1-17
辽博推出中国历代画马名作展/辽博//中国文物报2014-1-17
国内唯一土墩墓文化专题博物馆句容江南土墩墓博物馆开放/润文、江土//中国文物报2014-1-17
中部非洲传统兵器亮相河南博物院/延红//中国文物报2014-1-22
河南省博物馆文化产品创意设计大赛揭晓/豫博//中国文物报2014-1-22
2014成都金沙太阳节序幕开启：千年戏曲活化石登临金沙遗址博物馆/金沙//中国文物报2014-1-22
世博会博物馆在上海开工/袁琳//中国文物报2014-1-22
陕西筹建首座考古博物馆/陈黎//西安晚报2014-1-23
国家文物局开展“完善博物馆青少年教育功能试点”工作/文宣//中国文物报2014-1-24
春节期间八地联展“奔马迎春——中国马文物”图片展贺年/贾米//中国文物报2014-1-24
新疆博物馆流动巡展到鄯善/安丽珺//中国文物报2014-1-24
新疆博物馆春节惠民展览多/安丽珺//中国文物报2014-1-24
百度百科三星堆数字博物馆上线/川文//中国文物报2014-1-24
四川博物院新春活动进社区/李滨汐、丁雨荷//中国文物报2014-1-24
青岛博物馆书画院新年展成果/青博//中国文物报2014-1-24
到河南博物院看坦桑尼亚“挺嘎挺嘎”绘画/张延红//中国文物报2014-1-24

华盛顿：博物馆里过中国年/殷博古//人民日报（海外版）2014-1-27
“骁腾万里”马文化展在陕历博举办/冯国//人民日报（海外版）2014-1-27
黑土地上迎新春博物馆里过大年/潘喜超//中国文物报2014-1-29
故宫除夕全天开放/文犀//中国文物报2014-1-29
甘肃省博物馆获2013年度全省宣传创新奖/李延强//中国文物报2014-1-29
碑林博物馆：以书法文化架起对外沟通桥梁/碑林博物馆//中国文物报2014-1-29
国际博物馆协会部分国际委员会2014年活动信息/杨瑾//中国博物馆通讯2014-2
苏州博物馆举办2013年度志愿者工作总结大会暨“十佳志愿者之星”颁奖仪式/李喆//中国博物馆通讯2014-2
“朔地恋歌——宁夏岩画特展”在深圳博物馆开幕/宁夏博物馆//中国博物馆通讯2014-2
“小荷才露尖尖角”——新疆博物馆“小小讲解员”大赛揭晓/周宁//中国博物馆通讯2014-2
南京博物院成功获批“纸质文物保护国家文物局重点科研基地”/南京博物院//东南文化2014-2
博物馆来了小小解员：这个寒假我们过得很充实/郝文婷//中国教育报2014-2-11
历史博物馆让您“马上有文化”/李卫、李潇//陕西日报2014-2-14
汉阳陵博物馆元宵节实行门票优惠/郭青//陕西日报2014-2-14
30名文保爱好者当选陕博文物保护监督员/文艳//西安日报2014-2-17
黄永玉向国家博物馆捐赠画作/崔波//中国文物报2014-2-19
疆博物馆开展“春节”“两会”网络安全工作/安丽珺//中国文物报2014-2-19
三峡博物馆被评为2013优秀全国科普教育基地/殷玉玲//中国文物报2014-2-19
黑龙江省博元宵佳节评花灯/潘喜超//中国文物报2014-2-19
郑州博物馆“闹元宵猜灯谜”/谢婷//中国文物报2014-2-19
河南将对免费开放博物馆纪念馆进行绩效考评/姚星//中国文物报2014-2-21
二维码助力安阳博物馆展览/杨鹤//中国文物报2014-2-21
河南沁阳博物馆建馆30年文物安全无事故/张红军//中国文物报2014-2-21
中国三峡重庆博物馆着力提升公共服务能力/柯锐//中国文物报2014-2-21
张謇书法作品亮相仪征博物馆/卢娴//中国文物报2014-2-21
南博“秦淮灯彩”走进百姓人家/南博//中国文物报2014-2-21
观众参观天津自然博物馆新馆/周勤隆//人民日报（海外版）2014-2-25
每年5.6亿观众走进博物馆/廖翊//人民日报（海外版）2014-2-25
阖闾城遗址博物馆昨起开放/薛晟//现代快报2014-2-25
陕西宝鸡先秦陵园博物馆积极改进墓葬展示方式/庞博//中国文物报2014-2-28
美国博物馆联盟将成立小型博物馆认证学院/谢颖译//中国文物报2014-2-28
青岛市博物馆国韵学堂各公益培训班春季陆续开课/青博//中国文物报2014-2-28
辽博古本真迹震撼展出/辽博//中国文物报2014-2-28
西安半坡博物馆将引入非遗“泥叫叫”/文艳//西安日报2014-3-3
陕博志愿者爱心接力15年/庞博//中国文物报2014-3-7
大唐西市博物馆展览扮靓“丝博会”/庞博//中国文物报2014-3-7
山博举办2014年环球自然日活动/刘安鲁//中国文物报2014-3-7
“祖氏滇绣画”在云博开展/叶之声//中国文物报2014-3-7
甘肃省博物馆亲子快乐营今日启动/卢伟山//兰州晨报2014-3-8
甘肃省博物馆启动四大亲子活动/王巧灵、卢冬//兰州晚2014-3-9
甘肃省博物馆亲子快乐营启动/张霖、卢冬//甘肃经济日报2014-3-10
当讲解员，享受和博物馆慢慢变老的过程/欧阳玉姝//重庆晨报2014-3-10
青岛博物馆古琴公益培训开班/本报讯//中国文物报2014-3-12
全国女性摄影作品展在中国妇女儿童博物馆开幕/徐秀丽//中国文物报2014-3-12
甘肃省博物馆举办网上馆藏汉代木雕展/施秀萍//甘肃日报2014-3-12
故宫博物院就视频称“故宫保安殴打游客”进行说明/本报讯//中国文物报2014-3-14

国博面向社会举办公益鉴赏活动/吕伟涛、董清//中国文物报2014-3-14
周末，我就是博物馆讲解员/雒武、叶静怡//齐鲁晚报2014-3-14
甘肃省博物馆网上汉代木雕展受网民热捧/朱黎//兰州晨报2014-3-17
无锡阖闾城遗址博物馆开馆，历史魅力震撼今人/胡桃、荣倬翊//无锡日报2014-3-17
皿方罍即将“身首合一”入藏湖南省博物馆/文宣//中国文物报2014-3-21
64个项目角逐第十一届全国博物馆十大陈列展览精品奖/张冲、谢开//中国文物报2014-3-21
“紫禁城杯”故宫文化产品创意设计大赛结束/顾宣//中国文物报2014-3-21
北京知青延安插队生活展亮相陕历博/庞博//中国文物报2014-3-21
千名青少年汉阳陵植树护绿感受汉文化/刘国英//陕西日报2014-3-21
米歇尔在西安参观秦陵兵马俑//农民日报 2014-3-25
国第一夫人到秦始皇帝陵博物院参观/郑芸菁//中国文物报2014-3-26
长沙市博物馆学雷锋志愿者服务队与第一福利院儿童分享手工快乐/刘晴贤、阳帆//中国文物报2014-3-26
四川博物馆院探秘博物馆讲座活动将文博阳光撒进校园/高洁、贺雷霖//中国文物报2014-3-26
重庆召开座谈会督促加快区县博物馆建设/戴亭、黄秒斌//中国文物报2014-3-26
“草堂一课”首次走出杜甫草堂开展社教活动/雷霞//中国文物报2014-3-26
南海遗珍——西沙华光礁沉船宝藏展在宁夏博物馆开展/宁博//中国文物报2014-3-26
兵马俑景区将建铜车马博物馆/付亚娟//华商报2014-3-27
博物馆第一重要的是教育/赵争耀//三秦都市报2014-3-27
两岸故宫博物院正策划共同庆祝建院90周年/陈键兴、齐湘辉//中国文物报2014-3-28
故宫拟多种方式分流限流/文冰//中国文物报2014-3-28
第十一届“十大精品”初评结束20个展览入围终评/张冲//中国文物报2014-3-28
第十一届（2013年度）全国博物馆十大陈列展览精品评选终评入围项目//中国文物报2014-3-28
黑龙江省博物馆安全工作提档升级/潘喜超//中国文物报2014-3-28
黑龙江省博物馆渤海国骑马铜人展开幕/潘喜超//中国文物报2014-3-28
新疆博物馆大力开展“去极端化”系列宣传教育活动/安丽珺//中国文物报2014-3-28
“水墨茶禅——当代名家书画十人展”开幕/杨逸尘//中国文物报2014-3-28
南京市博物馆展出馆藏扇面精品/俞瑾//中国文物报2014-3-28
三晋历史展亮相秦陵国宝宜安戈首次异地展出/陈黎//西安晚报2014-3-29
百余件精品文物展示“三晋文化”/文艳//西安日报2014-3-29
“三晋文化”在秦陵博物院开展/袁景智//陕西日报2014-3-29
秦陵博物院组织大学生志愿者学写秦小篆/袁景智//陕西日报2014-3-31
这些秦小篆你认得吗？/李明、王小林//西安日报2014-3-31
中国海关博物馆开馆/关博//中国文物报2014-4-2
内蒙古博物馆学会成立/陈鹤龄//中国文物报2014-4-2
中国妇女儿童博物馆举办少年儿童清明纪念活动/文博//中国文物报2014-4-4
三晋历史文化展在秦陵博物院展出/庞博//中国文物报2014-4-4
三川博物院专家组赴阿坝藏族羌族自治州帮扶民族地区博物馆陈展建设/任卓、李江涛//中国文物报2014-4-4
八十五年梦想成真——广州博物馆新馆马到成功/帅倩//中国文物报2014-4-4
在西安秦始皇陵赏山西博物院文物珍品/胡健//西安晚报2014-4-6
216件新西兰珍玉漂洋过海到西安：毛利碧玉展在陕历博免费展出/陈黎、张宇明//西安日报2014-4-6
清明小长假，游客在一号坑参观/翟小雪、张天柱//西安晚报2014-4-8
“三晋历史文化展”亮相陕西秦陵博物院/赵建兰//中国文化报2014-4-8
“马王堆汉墓传奇”展览将赴意大利/陈溪流//中国文物报2014-4-9
非洲大象、长颈鹿标本安家山东博物馆/刘安鲁//中国文物报2014-4-9
兖州博物馆举办清明节系列活动/魏东//中国文物报2014-4-9
陕历博展出新西兰“毛利碧玉”/庞博//中国文物报2014-4-9

陕西省6家博物馆参与全国文化助残公益行动/李琼燕、王力鹏//陕西日报2014-4-10
开“家庭博物馆”帮助“边缘少年”/叶伟报、胡瀛斌//信息时报2014-4-10
成都文博系统与川大合作专业技术培训开班/赵霞//中国文物报2014-4-11
南京博物院接受捐赠傅抱石印章/南博//中国文物报2014-4-11
亳州博物馆清明小长假观众不文明现象频现/胡荣丽//中国文物报2014-4-11
开封博物馆调整基本陈列/本报讯//中国文物报2014-4-11
河南博物院华夏古乐团赴韩国进行文化交流/豫博//中国文物报2014-4-11
特殊教育学生受邀参观川博/李滨汐//中国文物报2014-4-11
新疆博协举办文化创意产业恳谈会/德文//中国文物报2014-4-11
大唐西市博物馆首展中亚/王戈华、柏桦//陕西日报2014-4-11
省高教工委与西安碑林廉政教育基地揭牌/李向红、院丹//陕西日报2014-4-11
知道什么是“尺八”吗？来民俗博物馆看看/潘立阁、赵朝军、李卫超//洛阳晚报2014-4-12
陕西参加“百家博物馆文化助残公益行动”名单确定：陕博等6家一级馆入选/任娜、周亦晴//西安晚报2014-4-14
男子打着点滴参观博物馆，被称“挂水哥”//现代快报2014-4-15
五大博物馆十幅传世名作纪念中法建交五十周年特展在国博展出/崔波//中国文物报2014-4-16
陕西皮影亮相吉尔吉斯斯坦国家博物馆/大唐//中国文物报2014-4-16
重庆“博物馆学堂”走进流动人口子女学校/三峡//中国文物报2014-4-16
辛亥革命博物馆举办少数民族文化展演活动/吴建刚//中国文物报2014-4-16
“北大荒版画展”在北京鲁博开幕/吴一菡//中国文物报2014-4-16
首届“中国博物馆教育项目示范案例”评选启动/博文//中国文物报2014-4-16
我国抗战类博物馆已达137座/黄春锋//中国文物报2014-4-16
“平安故宫”实施一周年：每月将通报工程进展/文冰//中国文物报2014-4-18
扬州博物馆举办隋炀帝墓出土文物特展/杨晶晶、戴震宇//中国文物报2014-4-18
陕西高教工委与碑林博物馆共建廉政教育基地/庞博//中国文物报2014-4-18
国家博物馆推出娘本唐卡艺术展/崔波//中国文物报2014-4-18
茂陵博物馆荣获“陕西省平安景区”称号/雷国胜//中国文物报2014-4-18
故宫安防系统发现坏人可喷雾/京华时报//西安日报2014-4-18
我省6家博物馆参与全国文化助残公益行动/李向红、院丹//陕西日报2014-4-21
湖南省博物馆改造后形似飞船 明年改扩建完成//长沙晚报2014-4-21
国家文物局将促进博物馆亲近青少年/王珏//人民日报2014-4-22
解放电影院将成民国电影博物馆/薛玲//扬子晚报2014-4-22
风景区应是博物馆//千夫长//羊城晚报2014-4-22
国家文物局发布2014年文化遗产日主题/徐秀丽//中国文物报2014-4-23
5·18国际博物馆日中国主场城市（南京）活动//中国文物报2014-4-23
“守望千年：唐宋元书画珍品特展”开幕/浙江省博物馆办公室//中国文物报2014-4-23
2014年中国文化遗产日主场城市（景德镇）活动//中国文物报2014-4-23
宁波博物馆举办“文化遗产与公众参与”国际培训班/项聪颖//中国文物报2014-4-23
国家博物馆应观众要求首次开设晚间专场/国博//中国文物报2014-4-23
中国眼科博物馆举办国际眼科文史论坛/金艳//中国文物报2014-4-23
吐鲁番博物馆走进巴州/吐博//中国文物报2014-4-23
山东省博物馆推出“白线的张力——现代水墨艺术大展”/刘安鲁//中国文物报2014-4-23
“唐代仕女生活展”在湖州开展//中国文物报2014-4-23
武汉詹天佑故居博物馆启动巡展/吴博维//中国文物报2014-4-25
重庆自然博物馆野生动物标本展开幕/江帆、黄秒斌//中国文物报2014-4-25
开封举办没民办博物馆交流学习活动/李建新//中国文物报2014-4-25
博协举办版权保护与馆藏艺术品授权培训班/张延红//中国文物报2014-4-25

撷芳雅颂——花卉题材文物珍品在青岛市博物馆展出/青文//中国文物报2014-4-25
首期全军部队军史馆解说员培训班在军事博物馆举办/钟廷俊、徐洁//解放军报2014-4-25
走，去国博看“斗牛士”——“纪念中法建交50周年特展”惊艳亮相/佚名//西安晚报2014-4-27
为客人讲述最“美”历史：兰州金城文化讲解水平再上新台阶/安君吉平//兰州日报2014-4-27
每周坐高铁回穗到省博义务讲解/孙婷婷//信息时报2014-4-29
邯郸市博物馆走进社区宣讲地方文化/耿文海、李媛//燕赵都市报2014-4-30
国家文物局要求开展“国际博物馆日”宣传活动//中国文物报2014-4-30
小小讲解员活跃南水北调中线水源地博物馆/苌晓昱//光明日报2014-5-1
六旬老人省历博义务讲解13年/李福民//西安日报2014-5-1
西北首家篆刻主题博物馆——秦汉印吧咋亮相古城/肖雪//西安日报2014-5-1
到国家博物馆感受罗马与巴洛克艺术/山水//中国文物报2014-5-2
汽车博物馆里的“常青树”/王薇//北京青年报2014-5-3
瑶族服饰展亮相山东博物馆开放/冯杰//西安晚报2014-5-4
南门箭楼博物馆有望“七一”开放/魏鑫、董智//西安晚报2014-5-6
国宝文物出国记/陈团结、周艳涛//华商报2014-5-6
华农博物馆馆长王长清30万件标本的“总管家”/蒋太旭//长江日报2014-5-7
沈阳举行首届博物馆精品展评审会/本报讯//中国文物报2014-5-9
“助残日”前夕青岛“文博讲堂”进聋校/青博//中国文物报2014-5-9
“绍兴文物精华展”在北大博物馆开幕/贾昌明//中国文物报2014-5-9
青海举办文博系统文物鉴赏培训班/魏艳丽//中国文物报2014-5-9
黑龙江省博物馆于志学艺术馆开馆/潘喜超//中国文物报2014-5-9
瑞士博物馆意外收到稀世珍品//参考消息2014-5-9
青少年游客青睐陕西自然博物馆/李向红//陕西日报2014-5-9
“博物馆周年颁奖盛典”临近成都众多博物馆力挺/曾灵、张涵//成都商报2014-5-10
六博物馆宣传语征集结束/陈黎//西安晚报2014-5-11
兵马俑造访美儿童博物馆/闫亮//西安日报2014-5-12
兵马俑亮相美国儿童博物馆/新华社//扬州晚报2014-5-12；中国日报2014-5-12
兵马俑“秦俑发现人”没权威机构能证明/张成龙//华商报2014-5-13
秦始皇彩绘军阵展在美国开幕/陕文//中国文物报2014-5-14
世博会博物馆将面向全球征集标志/许晓青、吴宇//中国文物报2014-5-14
元中都博物馆举办小学生家乡知识比赛/侯小会、李凤霞//中国文物报2014-5-14
西安书法博物馆举办“汉魏书魂”艺术展/庞博//中国文物报2014-5-14
各地喜迎5·18国际博物馆日/秋水、李佳潞、李永生//中国文物报2014-5-14
甘肃省博物馆两大特展迎接国际博物馆日/施秀萍//甘肃日报2014-5-15
推广兵马俑彩绘保护技术/陈黎//西安晚报2014-5-15
国家博物馆故宫博物院积极推进第一次全国可移动文物普查工作/晓余//中国文物报2014-5-16
博物馆藏品架起沟通的桥梁：各地迎接5·18国际博物馆日举办丰富多彩活动/王征//中国文物报2014-5-16
北京5·18国际博物馆日掠影/景旭//中国文物报2014-5-16
汇集秦代中央“三公九卿”官职官印再现两千年前“封缄制度”重要成果：西安中国书法艺术博物馆“5·18”秦封泥特展//中国文物报2014-5-16
让孩子们亲手制作兵马俑/文艳//西安日报2014-5-16
国际博物馆日活动精彩纷呈/海冰、吴建刚、宋薇//湖北日报2014-5-16
西湖博物馆有创意书市、茶博“五彩嘉叶”免费品尝/潘婷婷、王晓婕、朱阳、盛洁桦//每日商报2014-5-16
荆州博物馆纪念“国际博物馆日”为市民免费鉴宝/刘洁、李红//江汉商报2014-5-16
纽约“9·11”博物馆将正式开放/王雷//西安日报2014-5-16
西汉彩绘兵马俑陈列调整完毕“5·18国际博物馆日”正式对外开放/咸博宣//咸阳日报2014-5-17

我省“5·18国际博物馆日”活动丰富多彩/李珂//福建日报2014-5-17
重金买文物，无偿捐献博物馆/周艳涛//华商报2014-5-17
138件墓志捐碑林博物馆/陈黎//西安晚报2014-5-17
138件墓志捐赠碑林博物馆/文艳//西安日报2014-5-17
手语讲解员陪你逛小雁塔/文艳//西安日报2014-5-17
文物专家研究查勘墓志：138件墓志无偿捐碑林博物馆/陈子旖、李向红、袁景智//陕西日报2014-5-17
“欢乐博物馆”文化教育体验联盟活动启动/郭青//陕西日报2014-5-18
“汉阳陵第二届月季节”启动/郭青//陕西日报2014-5-18
平均一天半增加一家博物馆/新华社//西安晚报2014-5-18
“欢乐博物馆”文化教育体验联盟活动昨启动，6家博物馆亮出看家本领/文艳//西安日报2014-5-18
汉阳陵博物馆“赏百亩月季，玩汉代投壶”/文艳//西安日报2014-5-18
西安中国书法艺术博物馆：看秦始皇设封泥为文件加密/肖雪//西安日报2014-5-18
盲哑学生走进历博/关颖//西安晚报2014-5-18
卡通版兵马俑出炉/陈黎//西安晚报2014-5-18
今天是国际博物馆日，当你漫步三秦大地，历史魅力无处不在/张宇明//西安晚报2014-5-18
六博物馆竞推法宝，让你穿越数千年/陈黎//西安晚报2014-5-18
汉阳陵博物馆启动月季节/陈黎//西安晚报2014-5-18
“百家博物馆文化助残公益行动”启动/李琼燕、王力鹏//陕西日报2014-5-19
半坡博物馆：体验钻木取火，感悟史前文化/闫珅//西安日报2014-5-19
秦始皇帝陵博物院：小小秦工匠，学做兵马俑/文艳//西安日报2014-5-19
秦陵博物院与香港弘立书院共建教育基地/文艳//西安日报2014-5-19
“巧手良医”获全国博物馆“十大精品奖”/顾荣、郝迎利//西安日报2014-5-19
世界博物馆日体验历史文化魅力/王旭东//西安日报2014-5-19
陕西历史博物馆：专家免费鉴宝，吸引市民眼球/顾荣//西安日报2014-5-19
成都博物馆数量居全国城市第一 共计113家/曾灵//成都商报2014-5-19
新郑市博物馆与百度百科数字博物馆联合举办“手机寻宝”活动/梁永朋//中国文物报2014-5-23
新疆博物馆大型民族团结教育专题“新疆三史”展览走进监狱/周宁//中国文物报2014-5-23
博物馆女馆长联谊会在北京成立/崔波//中国文物报2014-5-23
英刊透露上博观众人数列全球第23位/博讯//中国文物报2014-5-23
全国各地博物馆5·18异彩纷呈/吴娟、霍广平、魏鹏等//中国文物报2014-5-23
南通博物苑“5·18”文化助残/曹玉星//中国文物报2014-5-23
纽约“9·11”纪念馆正式开放/王雷//西安日报2014-5-23
山西地质博物馆开馆“华夏金蟾”亮相/范敏达//西安晚报2014-5-25
湖北“汉剧文物展”在国家大剧院举办/吴建刚//中国文物报2014-5-28
唐卡艺术展在首都博物馆开幕/首博//中国文物报2014-5-28
湖北开展“红色小课堂”主题活动/吴建刚//中国文物报2014-5-28
欢乐博物馆活动在汉阳陵启动/张云//中国文物报2014-5-28
王永安向西安碑林博物馆捐献138方墓志/傅清音、庞博//中国文物报2014-5-30
郑州博物馆将举办系列活动庆祝文化遗产日/汪培梓//中国文物报2014-5-30
安徽省博物馆陈列展览联盟成立/徽文//中国文物报2014-5-30
西安古生物化石博物馆开馆/李向红、张枭//陕西日报2014-5-30
敦煌自然博物馆启动布展工程/董开炜//兰州晨报2014-6-3
西安博物院举办“文化长安雁塔祈福”小雁塔端午习俗活动/袁景智//陕西日报2014-6-3
游客在秦陵博物院一号坑参观（图）/袁景智//陕西日报2014-6-3
重庆中国三峡博物馆微信智能导览上线/雷学刚、李诗佳、张殊、颜毅//中国文物报2014-6-4
精品钧瓷亮相国博/司振选//人民日报（海外版）2014-6-5

大唐西市博物馆展览扮靓“丝博会”/庞博//中国文物报2014-6-6
“六一”巧遇“端午”博物馆里欢乐多/熊武静、刘钰、林靓等//中国文物报2014-6-6
河南大学文博实践基地揭牌仪式在周口市博物馆举行/秦刘威//中国文物报2014-6-6
中国首家民办教育博物馆开馆/刘先琴、李易衡//光明日报2014-6-8
盘龙城遗址博物馆征集方案/龚萍//长江日报2014-6-10
河北博物院揭牌正式开放/崔波//中国文物报2014-6-11
浙江“完善博物馆青少年教育功能试点”工作启动/兰国英//中国文物报2014-6-11
“十里红妆——中国浙东婚俗文物展”亮相长崎/展文//中国文物报2014-6-11
国内首家机场博物馆在浦东机场开馆/本报讯//中国文物报2014-6-11
南京市成立博物馆总馆/吴阗//中国文物报2014-6-11
“上海考古大展”在上博开幕/徐笺寒//中国文物报2014-6-11
“星云大师一笔字书法展”在大连现代博物馆开幕/张华//中国文物报2014-6-11
收藏家向平顶山博物馆捐赠青铜器/李波//中国文物报2014-6-11
伪满皇宫博物院开展爱国主义教育百场宣讲活动/彭超//中国文物报2014-6-13
河南博物院院外历史教室开放/本报讯//中国文物报2014-6-13
台湾画家刘延涛书画展在河南博物院开幕/刘芳//中国文物报2014-6-13
上杭博物馆自购灭火“利器”保驾国宝临江楼/袁宁勤//中国文物报2014-6-13
西安碑林博物馆申报首批陕西古籍重点保护单位/文艳//西安日报2014-6-16
商洛博物馆库房被开发商偷拆 文物局制止未果/田德政、陈永辉//华商报2014-6-19
因为兵马俑她爱上考古/胡妍、陈文杰、陈引//信息时报2014-6-19
全球最受游客欢迎的博物馆：国家博物馆排第三/冯嘉安//南方都市报2014-6-21
贵阳光华钱币博物馆每周二至周日免费开放/姚东//贵州都市报2014-6-21
厦门奥林匹克博物馆明日上午免费开放/崔晓旭//海峡导报2014-6-21
重拾成语这座“语言博物馆”/王立群//广州日报2014-6-21
无锡再添民办博物馆/张月//江南晚报2014-6-21
国宝文物新呈现 全国首座纯数字博物馆亮相古运河畔/杨明洁//无锡日报2014-6-21
北京皮影艺术展在首都博物馆举行//西安晚报2014-6-22
“卓椅非凡：穿梭时空看世界”展在香港文化博物馆揭幕/李鹏//西安晚报2014-6-22
武汉非遗艺术博物馆开馆：汇集百余种长江流域非遗精品/吴昊、黄征//长江日报2014-6-23
国博名列“全球人气最旺博物馆”第三/崔波//中国文物报2014-6-27
江西抚州举办讲解员培训班/抚文//中国文物报2014-6-27
大英博物馆馆藏集字帖发行/李彦彬//人民日报（海外版）2014-6-28
西安人爱上了博物馆/陈黎//西安晚报2014-6-29
故宫博物院院长：新发现两箱乾隆皇帝2.8万首御笔诗//长江日报2014-6-30
博物馆里感受民国风在老山体验青奥遗产/黄昆//金陵晚报2014-6-30
中国博协民族博物馆专业委员会举办“中国民族与民族地区博物馆馆藏文物精品网上展览”/中国博物馆协会民族博物馆专业委员会//中国博物馆通讯2014-7
2014年度全国博物馆安全技术培训班在江西南昌成功举办/中国博物馆协会安全专业委员会//中国博物馆通讯2014-7
河北博物院正式开放/崔大伟//中国博物馆通讯2014-7
“土地·身体，我们的土地·我们的身体——澳大利亚土著艺术展”互动美术课堂在成都杜甫草堂博物馆开讲/成都杜甫草堂博物馆//中国博物馆通讯2014-7
青岛德国总督楼旧址博物馆重张/华伟//中国文化报2014-7-3
中国国家博物馆展出商周文物/薛珺、黄颖//新京报2014-7-3
湖北122件（套）珍贵文物亮相国博/焦雯//中国文化报2014-7-3
民办博物馆，如何“破茧成蝶”/钱定果//安徽日报2014-7-3

故宫博物院启动藏品三年普查清理工作/冯朝晖//中国文物报2014-7-4
故宫博物院试行限流分流措施/冯朝晖//中国文物报2014-7-4
湖北商周文物大展亮相国博/孙夏、吴建刚//中国文物报2014-7-4
国家博物馆六位文保师傅收徒弟/郭桂香//中国文物报2014-7-4
60件汉代画像砖珍品亮相汉阳陵/文艳//西安日报2014-7-7
站在汉文化的原点/肖雪//西安日报2014-7-7
第七期全国省级博物馆馆长培训班开班/郑奕//中国文物报2014-7-8
故宫博物院与克里姆林宫博物馆再度牵手/郭桂香//中国文物报2014-7-8
国博湖北商周文物展览亮点多/崔波//中国文物报2014-7-8
“四川汉代画像砖珍品展”在汉阳陵开幕/郭青、张云、李曼丽//陕西日报2014-7-9
画像砖定格东汉人生活：汉代画像砖珍品展开幕/陈黎、张宇明//西安晚报2014-7-9
李岚清为秦始皇陵遗址公园题词/李想//中国文物报2014-7-11
陕西文稿新馆将征集“三线”建设资料/庞博//中国文物报2014-7-11
妇女儿童博物馆等将举办“安全体验周”活动/妇儿馆//中国文物报2014-7-11
国家博物馆接受唐卡艺术家捐赠/崔波//中国文物报2014-7-11
国家海洋博物馆：用征集藏品提升公众海洋意识/周润健、朱天骄//中国文物报2014-7-11
“马王堆汉墓传奇”展在罗马威尼斯宫开幕/彭黎明、王帅//中国文物报2014-7-11
陕西安康博物馆新馆将征集“三线”建设资料/庞博//中国文物报2014-7-11
广州民俗博物馆沦为“鸡肋”/蒋隽//信息时报2014-7-11
广州最大民俗博物馆成"鸡肋"? 半天5个游客/罗桦琳、栾俪云//广州日报2014-7-11
民俗博物馆：夹缝中生存/陶达嫔、朱伟良//南方日报2014-7-11
博物馆要“高大上”也要“接地气”/张雪、孙沐雨//江西日报2014-7-11
老河口市博物馆馆藏战国楚简保护修复成功/艾志忠//中国文物报2014-7-15
四川博物院策划“指尖上的说唱俑”亲子陶塑活动/赵巧//中国文物报2014-7-15
北美原住民艺术展在广东省博物馆开幕/粤博//中国文物报2014-7-15
中国辽三彩文物特展在韩国国立大邱博物馆开幕/辽博//中国文物报2014-7-15
山西博物院举办新安画派书画精品展/陈汾霞//中国文物报2014-7-15
全国文博专硕博物馆学核心课程师资培训班在复旦开学/姚一青//中国文物报2014-7-15
国家典籍博物馆试开馆：800余件馆藏精品隆重亮相/李艳//中国文物报2014-7-18
湖北举办周原青铜器特展/孙夏、吴建刚//中国文物报2014-7-18
湖北承办音乐考古培训班/孙夏、吴建刚//中国文物报2014-7-18
中国博物馆代表参加美国盖蒂领导力学院培训项目/杨瑾//中国文物报2014-7-18
四川内江张大千博物馆开工建设/川文//中国文物报2014-7-18
“两弹一星”艺术展在廊坊博物馆开幕/韩丽利//中国文物报2014-7-18
长沙市博物馆举办活动纪念红军长征80周年/袁英//中国文物报2014-7-18
重庆北碚区博物馆参加第六届远东文学研究研讨会/张子馨、黄秒斌//中国文物报2014-7-18
博物馆纷纷推出少儿暑假活动/海冰、王晶晶//湖北日报2014-7-22
欧洲博物馆人满为患/雷切尔·多纳迪奥//参考消息2014-7-30
钟鼓楼博物馆全球征标识/孙洪伟、周艳涛//华商报2014-7-31
钟鼓楼博物馆向全球征集标志/陈黎、刘雯婕//西安晚报2014-7-31
冀博志愿者携手“小小美术家”进行社区志愿服务/宋莉洁//中国博物馆通讯2014-8
国际博协意大利国际委员会国际会议上通过《锡耶纳宪章》/艾静芳//中国博物馆通讯2014-8
江汉汤汤——湖北出土商周文物展在国家博物馆展出/中国国家博物馆//中国博物馆通讯2014-8
“天山往事——古代新疆丝绸之路文明展”在青岛市博物馆开展/罗琦//中国博物馆通讯2014-8
“多彩中华·我们共同的家——中国少数民族文化特展”新疆专场活动在山西博物院举办/韦荣慧//中国博物馆通讯2014-8

“海上丝绸之路的明珠——‘黑石号’沉船唐代长沙窑瓷器展”在长沙市博物馆开幕/董远成//中国博物馆通讯2014-8
莫高窟1日起实行网上预约参观/文社//中国文物报2014-8-1
西安首次征集钟鼓楼博物馆标志/庞博//中国文物报2014-8-1
镇江“流动博物馆”进军营/刘钰//中国文物报2014-8-1
军博展出近代以来中国人民抗击日本侵略展/山水//中国文物报2014-8-1
牵手“小候鸟”亲近大自然——浙江自然博物馆志愿者赴慈溪开展公益活动/徐昳昀//中国文物报2014-8-1
“燕国公主眼里的霸国”文物展在首都博物馆开幕/徐秀丽//中国文物报2014-8-1
“马王堆汉墓传奇”展惊艳罗马/张国成//西安晚报2014-8-3
全省首个川剧博物馆落户洛带艺库/粟新林//成都日报2014-8-3
山西博物院推出“装在口袋里的博物馆”/孟苗//山西日报2014-8-4
“川剧博物馆”落户洛带//朱雪黎/四川日报2014-8-4
六朝博物馆揭神秘面纱库房墙体可自由“呼吸”/胡玉梅//现代快报2014-8-4
故宫就三大难题问计社会公众/郭晓蓉//中国文物报2014-8-5
“九一八”历史博物馆小志愿者显身手/金恒薇//中国文物报2014-8-5
三峡博物馆“琢玉成器”过“七夕”/谢硕//中国文物报2014-8-5
广西博物馆“七夕”举办亲子情侣活动/黄璐//中国文物报2014-8-5
对父母的“爱恋”——山东博物馆孔子学堂励志营“七夕”活动纪实/姜惠梅//中国文物报2014-8-5
七夕快乐中华节博物馆里来比巧/孙黎//中国文物报2014-8-5
故宫自曝三大顽疾：黑导游、小商贩、大客流/人民//西安日报2014-8-5
故宫通过数字技术制作“改编”出动画版《雍正行乐图》获赞/《新京报》消息//西安日报2014-8-6
省美博展出500件清代皮影/李向红//陕西日报2014-8-7
纪录片《最新探密兵马俑》获“英国最佳公众考古展示奖”/郭青//陕西日报2014-8-7
国际香文化博览会亮相北京老国展/阮富春//中国文物报2014-8-8
中国科举博物馆11日将开馆：为何头顶一池水？/薛玲//扬子晚报2014-8-8
下周一，科举博物馆正式开放/祝鲲鹏、刘睿//现代快报2014-8-8
纪录片《最新探密兵马俑》获英国考古展示奖/史俊斌//科技日报2014-8-8
金沙讲坛关注曾国藩的成功之道/赵斌//成都日报2014-8-9
“华夏珍宝展”捷克开幕：陕博文物亮相布拉格/文艳、刘亚鑫//西安日报2014-8-10
奥尔登堡市为兵马俑复制品举行揭幕仪式/拓玲、李泽//西安日报2014-8-11
沈阳故宫博物院举办“关爱孤残儿童”活动/韩春艳//中国文物报2014-8-12
兵马俑领衔“华夏瑰宝展”赴捷克展出//左斯娴/中国青年报2014-8-12
中国科举博物馆开馆：再现1300年科举史/新华社//西安日报2014-8-12
暑期适合带孩子去5大博物馆/侯赛辑//海南日报2014-8-13
省博物馆“红色甘肃”流动展走进甘南/施秀萍、卢冬//海南日报2014-8-13
中学生博物馆当志愿解说员/李娜、李阳//郑州日报2014-8-14
迎青奥南京各博物馆推出精彩展览/林达青、吴小羽、张可//扬子晚报2014-8-14
新疆博物馆与电视台牵手共叙新疆史话/朱虹//中国文物报2014-8-15
第二届“全国博物馆文化产品创意设计推介活动”启动/文宣//中国文物报2014-8-15
南京新增三大文博场馆/本报讯//中国文物报2014-8-15
碑林博物馆与西安城墙联手创5A景区/张喆文、李向红//陕西日报2014-8-15
镇江博物馆藏历代茶具精品在西安展出/李卫、王苗苗//陕西日报2014-8-15
“耀州窑陶瓷精品展”在甘肃博物馆开展/李卫//陕西日报2014-8-15
故宫院藏清代碧玉器展开幕/郭桂香//中国文物报2014-8-19
富平一文物收藏爱好者自建博物馆/石俊荣//西安晚报2014-8-20
太原博物馆年内将实现部分开放/李飞飞//山西晚报2014-8-20

我省首座水利博物馆在泾阳挂牌/周艳涛//华商报2014-8-27
簠fǔ甗yǎn学会这些字到博物馆变学霸/陶敏//扬州晚报2014-8-27
去巫山博物馆看东汉陶俑如何制作“巫山烤鱼”/马多//重庆日报2014-8-28
去中国湿地博物馆学学有机生活大学问/赵芳洲、俞静漪//杭州日报2014-8-28
穆加贝访问陕西盛赞兵马俑/李琼燕//陕西日报2014-8-28
盘点“博物馆生僻字”“簠”（fǔ）“甗”（yǎn）上榜/陶敏//中国日报2014-8-28
43个优秀项目入选首届“中国博物馆教育项目示范案例”/张文//中国文物报2014-8-29
“明：皇朝盛世50年”文物展将走进大英博物馆/徐秀丽//中国文物报2014-8-29
国家博物馆接收石鲁作品第二批捐赠/国保//中国文物报2014-8-29
新疆博物馆数字化建设取得新进展/付昶//中国文物报2014-8-29
青岛新获批成立六座民办博物馆/温立杰//中国文物报2014-8-29
省级博物馆应常设地方史沿革陈列厅/姚伟//人民政协报2014-8-29
奇石博物馆面容初露/董巍巍//乌海日报2014-8-29
建更多博物馆提升市民素质/徐琦//南京日报2014-8-29
津巴布韦总统参观兵马俑/周艳涛、韩东红//华商报2014-8-29
旅顺博物馆举办“华彩争辉——旅顺博物馆藏明清官窑瓷器展”/王梅//中国博物馆通讯2014-9
云南民族博物馆推出“在多云的天空下——孟浪浪尼泊尔摄影作品展”/杨晓//中国博物馆通讯2014-9
成都杜甫草堂“暑期诗歌训练营”开营/邓雪//中国博物馆通讯2014-9
鄂尔多斯博物馆分馆——苏泊罕游牧文化活态博物馆正式挂牌成立/孙瑞//中国博物馆通讯2014-9
津巴布韦总统穆加贝参观秦陵博物院/庞博//中国文物报2014-9-2
前事不忘后事之师：纪念二战爆发75周年展在国家博物馆举办/崔波//中国文物报2014-9-2
湖北省博物馆“少儿课程”暑期活动圆满结束/鄂博//中国文物报2014-9-2
武汉博物馆举办暑期小志愿者体验活动/武博//中国文物报2014-9-2
南京博物院举办首届中学生文博夏令营/南博//中国文物报2014-9-2
苏博画信活动入选博物馆教育项目示范案例/洪姝翌//江苏经济报2014-9-5
武汉新洲民俗博物馆的“拾荒女”馆长/饶纯武、刘大家//楚天金报2014-9-6
311件意大利国宝文物亮相兵马俑/陈黎//西安晚报2014-9-6
充实最新研究成果新增抗战文物史料：重庆中国三峡博物馆“抗战岁月”陈列改陈开展/崔波//中国文物报2014-9-9
彩色兵马俑本月下旬开展/周艳涛//华商报2014-9-10
莫高窟全新迎客/陈斌//人民日报（海外版）2014-9-11
国家典籍博物馆正式开馆/马怡运//中国文物报2014-9-12
敦煌莫高窟数字展示中心开启莫高窟参观新模式/孙秀丽//中国文物报2014-9-12
陕西首座水利博物馆正式挂牌/庞博//中国文物报2014-9-12
汽车博物馆庆祝中法建交50周年/郭晓蓉//中国文物报2014-9-12
勿忘国耻圆梦中华——武汉市中山舰博物馆举行抗战胜利六十九周年系列活动/刘念、吴建刚//中国文物报2014-9-12
博物馆里的生僻字，你读懂了吗？/晓言//人民日报（海外版）2014-9-12
多派唐卡亮相国博/赖睿//人民日报（海外版）2014-9-12
“金代砖雕艺术展”在含光门遗址博物馆开展/陈黎、吴凯、吴培鑫//西安晚报2014-9-13
去大唐西市博物馆免费品尝科学盛宴/张杨//西安晚报2014-9-19
三星堆博物院运用3D技术模拟修复复制、模具制作/林唯、刘芳君//成都日报2014-9-23
故宫院长获“福布斯奖”/北京青年报//西安日报2014-9-25
2200年前的彩绘仅存残迹，科研人员数十年来成功保护了一批珍品：“真彩秦俑”展示多彩王国/韩宏//文汇报2014-9-28
“真彩秦俑”展览在秦始皇兵马俑博物馆拉开帷幕/袁景智、郭青//陕西日报2014-9-29

35位建国参观兵马俑，了解兵马俑修复情况/周艳涛、闫文青//华商报2014-9-29
秦陵博物院推出“真彩秦俑”展：37件彩俑集中亮相/周艳涛//华商报2014-9-29
提取原色修复回贴：“真彩秦俑”昨秦陵博物院展出/陈黎、吴凯//西安晚报2014-9-29
“真彩秦俑”首次大规模向公众展示/卢宏艳//中国日报2014-9-29
灰头土脸历沧桑 浓抹淡彩重登场：真彩秦俑还原彩版秦帝国/文艳//西安日报2014-9-29
“真彩秦俑”首次向公众展出/据《中国之声》//汴梁日报2014-9-29
“列夫·托尔斯泰与他的时代”展在国家博物馆推出/崔波//中国文物报2014-9-30
中国园林博物馆举办系列活动喜迎国庆/张雯//中国文物报2014-9-30
“异曲同工”——阿伦·高希与湖北省博物馆编钟乐团联合演出音乐会在湖北省博物馆举行/艾昕、孙夏、吴建刚//中国文物报2014-9-30
国家文物局“中德博物馆管理培训班”在故宫举行/张涵//中国文物报2014-9-30
西安书博与陕西省文保院联手保护秦封泥/庞博//中国文物报2014-9-30
秦始皇帝陵“真彩秦俑”首次展出，全身五彩斑斓//大连日报2014-10-1
秦始皇兵马俑博物馆内已经人流如织/魏衍艳//齐鲁晚报2014-10-1
众多博物馆推出特色展览/文艳//西安日报2014-10-1
让创意充满生活：博物馆里模特走猫步/严蓉//成都晚报2014-10-4
“青城”之恋：不可错过的博物馆/刘振//齐鲁晚报2014-10-4
网友吐槽国庆旅途囧事：兵马俑坑里坑外都是人/周琴//天府早报2014-10-4
5日兵马俑游客5.5万人，市民出行趋理性/周艳涛//华商报2014-10-5
去兵马俑的306路人最多时排了14个弯/段晓宁//华商报2014-10-5
民办博物馆联合会成立/朱雪黎//四川日报2014-10-6
广西博物馆有位63岁讲解员，每期展览备课近50个钟头/黄静、赵秀兰//当代生活报2014-10-6
博物馆里过长假，孩子自己动手创意扎染/黄静、赵秀兰//当代生活报2014-10-6
博物馆活动接地气书城图书馆读者多/李魏//青岛日报2014-10-6
国庆长假进入尾声，兵马俑观光客流依旧不减/张喆、周艳涛//华商报2014-10-6
国庆长假兵马俑景区值班民警高宏伟的一天/肖琳//华商报2014-10-6
国家博物馆入藏李焕之《国歌》配器曲谱/崔波//中国文物报2014-10-7
故宫推出院藏萧山朱氏碑帖展/郭桂香//中国文物报2014-10-7
首届吉林省博物馆公众服务高级培训班举行/蒋海燕//中国文物报2014-10-7
“北京老字号”展在京开幕/张雯//中国文物报2014-10-7
秦俑百戏俑赤裸上身，因地位低下没衣服穿？/周艳涛//华商报2014-10-7
游客因兵马俑景区手机信号差用对讲机/杨德合//华商报2014-10-7
湖北记者吐槽：为看兵马俑被堵7天/侯芳//湖北日报2014-10-8
河北博物院举办迎国庆系列活动/冀博//中国文物报2014-10-10
广州博物馆国庆期间展出一级文物/林晖//中国文物报2014-10-10
安徽博物院国庆文化活动好戏连台/皖博//中国文物报2014-10-10
浙江自然博物馆国庆推出五展览/赵颖//中国文物报2014-10-10
四川博物院十佳志愿者“重走张大千敦煌之路”/何东蕾、丁雨禾//中国文物报2014-10-10
西安市钟鼓楼博物馆标志征集评选揭晓/文艳//西安日报2014-10-12
钟鼓楼博物馆标志评选结果出炉/宋洁、唐妙华//西安晚报2014-10-12
重庆中国三峡博物馆展出馆藏铜镜/夏伙根、申林//中国文物报2014-10-14
黑龙江省博物馆“每月一星”特展创办五周年/江涛//中国文物报2014-10-14
美国大都会艺术博物馆“铜塑美国西部”展亮相南博//中国文物报2014-10-14
全国生态博物馆项目评审会在贵阳召开/宋江//中国文物报2014-10-14
秦始皇兵马俑博物馆成国内最热门博物馆//北京商报2014-10-16
兵马俑彩绘脱落秘密：专家制“防腐剂”保护珍宝//钱江晚报2014-10-20

全国民办博物馆馆长培训班在无锡开班/苏文//中国文物报2014-10-21
中博协讲解员培训班结业/文艳//西安日报2014-10-21
秦始皇陵彩装秦俑首次集体亮相/冯国//人民政协报2014-10-22
带孩子参观博物馆父母是第一位也是最好的讲解员/潘晴//华商报2014-10-22
“汉风——中国汉代文物展”在巴黎开幕/文展//中国文物报2014-10-24
故宫博物院首次发行年票2015年年票本月发售/文犀//中国文物报2014-10-24
首都博物馆举行“北京老字号”展座谈会/张俊梅//中国文物报2014-10-24
浙博启动“文澜乐府”品牌教育活动/胡慧媚//中国文物报2014-10-24
七家文博单位开展民间收藏文物鉴定试点工作/文宣//中国文物报2014-10-28
中国华侨历史博物馆正式开馆/华讯//中国文物报2014-10-28
中国电影博物馆研讨互联网与电影新融合/郭晓蓉//中国文物报2014-10-28
“数字文物体验馆”在湖北省博启动/孙夏、吴建刚//中国文物报2014-10-28
快90岁的故宫博物院越来越萌了/陈黎//西安晚报2014-10-30
俄博物馆展出中国古代艺术品/路透社/参考消息2014-10-30
甘肃省博物馆“十大珍品”简介//甘肃日报2014-10-30
国内首家地铁博物馆28日在沪迎客/上文//中国文物报2014-10-31
新疆博物馆举办周末“牵手家庭亲子”活动/朱虹、孙杰//中国文物报2014-10-31
山东博物馆“动物大迁徙”展前获得丰富多彩/刘安鲁//中国文物报2014-10-31
黑龙江省博免费开放成果展开展/贾米//中国文物报2014-10-31
德化窑陶瓷精品亮相故宫/马怡运//中国文物报2014-10-31
宋元明清漆器艺术陈列在浙博开幕/陈文//中国文物报2014-10-31
故宫纪念品引热议/屈畅//北京青年报2014-10-31
神秘的三星堆首次走进美国加州/张超群//西安晚报2014-11-2
汉风——中国汉代文物展在法国巴黎开幕/陈晓伟//西安晚报2014-11-2
中国木雕博物馆在浙江东阳开馆/徐昱//西安晚报2014-11-2
百座博物馆让古城散发恒久文化魅力/秦骥//陕西日报2014-11-3
宋金生活展在哈密博物馆开幕/张丽//中国文物报2014-11-4
陕西将进一步完善博物馆教育功能/庞博//中国文物报2014-11-4
故宫推出首款儿童类iPad版应用《皇帝的一天》/郭桂香//中国文物报2014-11-4
“牵手历史——第六届中国博物馆十佳志愿者之星”公众投票启事//中国文物报2014-11-4
灵武博物馆建成近期免费开放/冯杨//银川晚报2014-11-6
中国华侨历史博物馆开馆揭“国字号”侨博的前世今生/王尧//人民日报2014-11-6
观兵马俑/陈方信//扬州时报2014-11-6
大型文物展览“丝绸之路”国博开幕/阮富春//中国文物报2014-11-7
沈阳故宫组织“流动博物馆四进活动”超过百场/沈宫//中国文物报2014-11-7
苏州建成状元博物馆/王建康//扬子晚报2014-11-7
国家典籍博物馆“开课”/新华网//安徽日报2014-11-7
中国革命艺术家博物院延安大剧院项目启动建设//延安日报2014-11-7
西安中国书法艺术博物馆推出古代玺印精品展/本报讯//西安日报2014-11-8
六十余件古代石刻亮相钟楼/文艳//西安日报2014-11-10
“汉阳陵金秋银杏之旅”启动，向公众开放模拟考古/陈黎//西安晚报2014-11-10
钟鼓楼博物馆展出丝路古代石刻/陈黎//西安晚报2014-11-10
游西安秦始皇陵兵马俑/张梓晗//山西晚报2014-11-11
“周野鹿鸣——宝鸡石鼓山西周贵族墓地出土青铜器展”在上海博物馆开展/袁景智、王戈华//陕西日报2014-11-13
沈阳故宫启动“导师制”培养青年学术研究骨干/沈宫//中国文物报2014-11-14

西安碑林博物馆又添唐碑成员/罗罡、沙莎//陕西日报2014-11-15
西安碑林新征集一通唐武周时期碑刻/文艳//西安日报2014-11-15
罕见武周时期大碑入藏碑林/陈黎//西安晚报2014-11-15
“秦俑梦——讲述发生在这里的故事”开展/宋洁、刘旭//西安晚报2014-11-15
“秦俑梦——讲述发生在这里的故事”展览开幕/庞博//中国文物报2014-11-18
中国知网“博物馆知识服务平台2.0”将发布/本报讯//中国文物报2014-11-18
广州博物馆举办系列讲座庆祝中法建交50周年/邓颖瑜//中国文物报2014-11-21
报国寺古建筑博物馆向日本民众传播中国优秀建筑文化/本报讯//中国文物报2014-11-21
2015年北京博物馆通票首发/本报讯//中国文物报2014-11-21
四川博物院“大篷车”流动博物馆走进宜宾/陈伟//中国文物报2014-11-21
首批文化部重点实验室落户南京博物院/南博//中国文物报2014-11-21
安徽博物院受赠日本侵华时期文献资料/徽博//中国文物报2014-11-21
中国园林博物馆庆祝开馆一周年/袁文//中国文物报2014-11-21
哈尼梯田文化景观亮相鲁博//中国文物报2014-11-21
故宫牵手美国博物馆联盟/王歧丰//北京晨报2014-11-23
故宫博物院与美国博物馆联盟签署合作意向书/文沙//中国文物报2014-11-25
第六届中国博物馆十佳志愿者之星评选揭晓/徐秀丽//中国文物报2014-11-25
博物馆发展·科技创新·文化创意：“2014博物馆及相关产品与技术博览会”在厦门开幕/徐秀丽//中国文物报2014-11-25
故宫文化创意产品受追捧/冯朝晖//中国文物报2014-11-25
安徽博物院成为合肥校外素质教育基地/徽博//中国文物报2014-11-25
漫游博物院古乐侧耳听/杨逸尘//中国文物报2014-11-25
百名馆长共擎博物馆志愿者工作大旗/陈青、林磊//宁波日报2014-11-25
常去博物馆看看/旷野//厦门日报2014-11-26
梁带村遗址博物馆主体建筑封顶/郑晗、刘玉虎//西安晚报2014-11-26
故宫推吉祥物龙“壮壮”凤“美美”网友吐槽/新华//西安晚报2014-11-26
陕博吉祥物：“唐美丽”和“汉英俊”/新华社//西安晚报2014-11-26
故宫博物院“壮壮”“美美”引爆网络，博物馆吉祥物咱老陕也有“唐美丽”“汉英俊”领衔/周艳涛//华商报2014-11-26
这些博物馆曾征集过吉祥物/新华社//华商报2014-11-26
沈阳满族文化博物馆免费开放/新华社//人民日报（海外版）2014-11-26
故宫博物院将与厦门市共同筹建鼓浪屿外国文物馆/郭晓蓉//中国文物报2014-11-28
中国博协与世界国际之友联盟等签署合作备忘录/徐秀丽//中国文物报2014-11-28
港口博物馆与宁波基地开放“满月”迎来第10万名观众/赵锡//中国文物报2014-11-28
2014博博会“弘博奖”颁奖/徐秀丽//中国文物报2014-11-28
首届“中国博物馆教育项目示范案例”厦门揭晓，川博“大篷车”流动博物馆再获奖/张良娟//四川日报2014-12-2
我国首座“国”字号华侨历史博物馆落户北京/龚棉//京华时报2014-12-2
碑林博物馆年末回馈游客，市民游客15元就可游碑林/文艳//西安日报2014-12-3
北京成博物馆世界第二多城市/刘冕//北京日报2014-12-3
明年去民国街逛“火锅博物馆”/杨晨//重庆日报2014-12-3
山西省首座生态博物馆建成开放/许高哲//中国文物报2014-12-5
首座国字号华侨历史博物馆落成/龚棉//安徽日报2014-12-5
一家举步维艰的博物馆/燕海鸣//中国青年报2014-12-5
国家博物馆举办系列活动纪念习近平提出实现“中国梦”两周年/本报讯//中国文物报2014-12-9
苏州博物馆“唐寅特展”开幕/李喆//中国文物报2014-12-9

"巴蜀文化的传承者四川博物院"开展/贾米//中国文物报2014-12-9
馆藏文物搬家踏上普查之旅——天津自然博物馆一普工作稳步推进/郭晓蓉、张赛//中国文物报2014-12-9
中国文物报社组织央媒记者团厦门行/耿坤//中国文物报2014-12-9
16名志愿者成中医药文化博物馆讲解员/曹东方、马悦//东方今报2014-12-9
浙江民办博物馆超四成在宁波/林海//宁波日报2014-12-9
聚焦宁波民办博物馆/朱琦琳//现代金报2014-12-9
博物馆应对教师先免费/缘来//西安日报2014-12-10
国家博物馆正式收藏李克强义乌获赠拨浪鼓/杨芳//中国文物报2014-12-12
上海海关向博物馆移交1600余件走私罚没文物/新华社讯//中国文物报2014-12-12
秦兵马俑文化景区建设项目正式启动/庞博//中国文物报2014-12-12
秦兵马俑文化景区建设项目启动，秦俑馆开建北大门改造广场环境/文艳//西安日报2014-12-12
秦兵马俑文化景区项目启动建设/庞博、郭青//陕西日报2014-12-12
广西博物馆与十所高校共建志愿者服务基地/黄璐//中国文物报2014-12-12
天津博物馆举办拿破仑文物特展/津博//中国文物报2014-12-12
吐鲁番出土文书精粹展在长沙简牍博物馆开幕/本报讯//中国文物报2014-12-16
"饮水思源·南水北调中线工程展览"在首都博物馆开幕/贾昌明//中国文物报2014-12-16
重庆三峡博物馆入选改革开放35年百项经典暨精品工程/柯锐、黄秒斌//中国文物报2014-12-16
揽上下三千年，这家博物馆好有钱/蔡杨洋//钱江晚报2014-12-16
国家文物局将11件珍贵文物划拨国家博物馆/郭晓蓉//中国文物报2014-12-19
上博故宫联手展出明清贸易瓷器/郭桂香//中国文物报2014-12-19
海南省民族博物馆改扩建一期工程开工/本报讯//中国文物报2014-12-19
清末民初出土北魏墓志拓片展在洛阳博物馆展出/侯予//中国文物报2014-12-19
"牵星过洋——中非海上丝路历史文化展"在坦桑尼亚开幕/文展//中国文物报2014-12-19
"何正璜先生诞辰100周年纪念展"开幕/李蕊//陕西日报2014-12-21
"颐和园珍宝展"在吉隆坡开幕/文展//中国文物报2014-12-23
国家海洋博物馆收藏新华社记者张建松极地科考资料及相关实物/周润健、朱天骄//中国文物报2014-12-23
湖北举办"印度的世界——美国洛杉矶郡艺术博物馆藏印度文物精品展"/孙夏、吴建刚//中国文物报2014-12-23
意大利的伊特鲁利亚文明巡展到辽宁省博物馆/本报讯//中国文物报2014-12-23
国家典籍博物馆举办"名家带你临名碑"大课堂活动/冯朝晖//中国文物报2014-12-23
2015年国际博物馆日主题公布"博物馆致力于社会的可持续发展"/本报讯//中国文物报2014-12-26
陕西数字博物馆虚拟馆上线总数超百座/庞博//中国文物报2014-12-26
重庆中国三峡博物馆成为重庆地标新名片/渝文//中国文物报2014-12-26
武汉革命博物馆举办抗战胜利纪念活动/张帆、吴建刚//中国文物报2014-12-26
西安"书法进校园"活动两年突破30场/乔亮、庞博//中国文物报2014-12-26
"七宝瑞光——中国南方佛教艺术考古展"在台展出/文展//中国文物报2014-12-26
陕西数字博物馆虚拟馆上线超百，西安有虚拟博物馆16座/文艳//西安日报2014-12-28
西安关中民俗艺术博物院获"最佳旅游度假目的地"称号/文艳//西安日报2014-12-28
国博馆藏中国古代书法和百年收藏集粹新书发布/崔波//中国文物报2014-12-30
陕西举办文博先驱何正璜诞辰百年纪念展/庞博//中国文物报2014-12-30
《乾隆南巡图》长卷数字展示亮相国博/崔波//中国文物报2014-12-30
辛亥革命博物馆举办首义元勋熊秉坤纪念活动/吴建刚//中国文物报2014-12-30
安徽研讨博物馆发展/吴晓芬//中国文物报2014-12-30
故宫博物院将全方位整理研究所藏殷墟甲骨文/任昉、韦心滢//中国文物报2014-12-30
海口博物馆系列展迎新年/琼文//中国文物报2014-12-30
河南大学与郑州华夏博物馆力推资源大众共享/华博//中国文物报2014-12-30

十八 硕（博）士研究生学位论文

1. 硕士学位论文

博物馆与中外文化交流/刘征宇著，冯承柏指导//南开大学1989年
故宫开院历史探究/吴卫国著，冯承柏指导//南开大学1989年
论博物馆生态系统/胡健著，冯承柏指导//南开大学1989年
艺术博物馆与文化传统/王晖著，冯承柏指导//南开大学1989年
中国博物馆教育研究/贾建明著，冯承柏指导//南开大学1989年
博物馆建筑意象设计研究/李劲松著，邓林韩、刘志和指导//哈尔滨建筑工程学院1989年
当代博物馆建筑创作探讨/刘胜阳著，吴庐生指导//同济大学1990年
现代博物馆建筑空间设计与社会使用设计观/顾静著，巫纪光指导//湖南大学1991年
博物馆建筑设计诸题新探/马平著，黄为隽指导//天津大学1992年
博物馆形态及环境研究/梁峰著，何镜堂指导//华南理工大学1993年
现代美术馆设计研究/徐明尧著，黎志涛指导//东南大学1996年
建筑文化的表现——河南博物院建筑创作/李立著，齐康指导//东南大学/1997年
博物馆文化特性的整体设计/韩冬著，何镜堂指导//华南理工大学1997年
客家传统建筑对现代建筑设计启示——客家人世界博物馆设计/罗健梓著，林兆璋指导//华南理工大学1997年
遗址博物馆建筑研究——陕西遗址博物馆建筑现状及存在问题探讨/周相涵著，赵秀兰、刘克成指导//西安建筑科技大学l997年
作为“城市场所”的博物馆/彭琼莉著，张锦秋指导//清华大学1998年
博物馆与观众/曲敬铭著，薛恩伦指导//清华大学1998年
雕饰：建筑精神意义的展延——兼谈徐州博物馆建筑雕饰设计/刘玉龙著，关肇邺指导//清华大学1998年
博物馆光环境计算机辅助设计方法初探及实践/陈欢著，刘加平指导//西安建筑科技大学1998年
遗址博物馆研究——遗址保护性展示空间设计初探/梁华著，赵秀兰、刘克成指导//西安建筑科技大学1998年
展览策划和管理的研究/王晓明著，顾培亮指导//天津大学1998年
科技馆建筑设计研究/李佳玲著，朱文一指导//清华大学1999年
我国博物馆在现代社会生活中的重新定位/张慧红著，陈宏京指导//复旦大学2000年
现代博物馆设计研究/贾渤著，胡仁渤指导//东南大学2000年
大连市科技馆现状与发展对策研究/付越著，程瀛指导//大连理工大学2000年
生活的展场——丽江东巴文化博物馆设计研究/李冰著，孔宇航指导//大连理工大学2000年
现代科技馆的建设与设计探讨/庄少庞著，叶荣贵指导//华南理工大学2000年
哈尔滨博物馆广场环境艺术研究/王鹤著，杨世昌指导//哈尔滨工业大学2000年
博物馆建筑的一种新趋向——地下空间的开发利用/张奕先著，许懋彦指导//清华大学2001年
城市文脉环境中的博物馆建筑创作研究/李强著，邹瑚莹指导//清华大学2001年
科技馆的建筑设计研究与实践/于一平著，高冀生指导//清华大学2001年
上海松江博物馆新馆设计研究：兼论冯纪忠先生的建筑思想/韩冰著，张遴伟、朱谋隆指导//同济大学2001年

我国文物事业管理研究/沈海宁著，张立荣指导//华中师范大学2001年
西湖风景区博物馆建成环境分析/龚敏著，丁承朴指导//浙江大学2001年
博物馆建筑创作的地域性特征/郭宇铭著，张兴国、张为耕指导//重庆大学2001年
面向数字化博物馆的基于图像的建模系统/杨猛著，董士海指导//北京大学2002年
近代中国（1911～1937）城市民众教育述论/毛文君著，何一民指导//四川大学2002年
论人物类博物馆的藏品分类与检索体系/秦海琦著，陈红京指导//复旦大学2002年
网络时代文化遗产管理利用的新模式——论网上博物馆及其发展/顾鸿著，杨志刚指导//复旦大学2002年
武汉文博事业发展的对策研究/高万娥著，郭礼江指导//武汉理工大学2002年
展示空间艺术设计研究/陆江艳著，潘长学指导//武汉理工大学2002年
现代科技馆效益评估/廖红著，王惠文指导//北京航空航天大学2002年
中小型纺织服装博物馆的规划和展示设计——兼论中小型专业博物馆的规划和展示设计/曹喆著，包铭新指导//东华大学2002年
“文化地域主义”民俗博物馆形态设计探索/廖屿荻著，张兴国指导//重庆大学2003年
博物馆建筑与博物馆学的关联性研究/陆保新著，吴耀东指导//清华大学2003年
博物馆旅游发展研究：以苏南地区为例/于萍著，陈来生指导//苏州大学2003年
博物馆展示的生态设计研究/张浩著，潘长学指导//武汉理工大学2003年
合肥科技馆测控系统展台的研究与开发/蒋怀伟著，尹志强指导//合肥工业大学2003年
基于对象数据库的在线服装博物馆系统模型研究与实现/陈丽萍著，陈家训指导//东华大学2003年
基于网络的地学数字博物馆矿物展厅的设计与制作/张建辉著，陈敬中指导//中国地质大学（武汉）2003年
论现代展示设计中信息的有效传播/李伟著，许平、韩巍指导//南京艺术学院2003年
面向数字博物馆的虚拟环境构建及手势交互研究/李振波著，孟祥旭指导//山东大学2003年
首都博物馆电子导游讲解系统：总体设计及手持端设备研制/曹远著，董金明指导//北京航空航天大学2003年
数字故宫的设计与实现/陶洁著，柳军飞指导//中国科学技术大学2003年
数字水印技术及其在数字博物馆中的应用研究/樊亚春著，耿国华指导//西北大学2003年
现代博物馆设计研究——大众化走向下的当代博物馆建筑设计观及设计方法/李浩著，程世丹指导//武汉理工大学2003年
虚拟博物馆中人机交互的研究/董琪著，孟祥旭指导//山东大学2003年
地方历史文化博物馆设计研究 ——巢湖市博物馆规划设计初探/粟憬维著，潘国泰指导//合肥工业大学2003年
中国自然科学类博物馆发展史研究（先秦～1949年）/姜峥著，向安强指导//华南农业大学2003年
博物馆展示设计中的情感传达研究/王琳著，罗越指导//清华大学2004年
地质数字博物馆中基于内容的图像检索子系统的设计和实现/李丽著，杨冬青、张铭指导//北京大学2004年
公关视野下的艺术博物馆文化事业发展研究：状况、问题及对策/许春红著，陈大海指导//北京大学2004年
博物馆情境与古典艺术品的“光韵”——反思本雅明“艺术裂变”理论的合法性/张蓉著，郑元者指导//复旦大学2004年
上海市行业博物馆发展的现状、存在问题及对策研究/王玮著，陆建松指导//复旦大学2004年
竞争情报的定标比超方法在博物馆领域的应用初探/畅欢著，武夷山指导//中国科学技术信息研究所2004年
数字化时代的博物馆设计新特征/董屹著，项秉仁指导//同济大学2004年
博物馆建筑空间的情节性/李丹著，董瑞符指导//大连理工大学2004年
博物馆信息化的社会效益研究/刘亚宁著，陆俊指导//北京科技大学2004年
从历史地段下当代专题博物馆的研究看中国书院博物馆/任漶著，蔡道馨指导//湖南大学2004年
馆藏资源数字化方法研究/张艳红著，刘家真指导//武汉大学2004年
基于“还原、转化”的地域现代建筑设计技法的研究——从泉州南建筑博物馆和福建省博物馆方案设计谈起/朱渊著，齐康指导//东南大学2004年
基于VRML的地学虚拟博物馆漫游系统的研究与实现/宋慧玲著，袁伟指导//中国地质大学（武汉）2004年
基于生态博物馆理论的生态旅游开发与实证研究——以贵州堂安侗生态博物馆为例/刘艳著，肖星指导//西北

师范大学2004年
论展示设计中民族与地域特色的营造/欧阳华著，冯健亲、张承志指导//南京艺术学院2004年
面向科技旅游的现代科技馆项目开发的初步研究/井玮薇著，沙润、徐敏指导//南京师范大学2004年
面向主题的Web信息博物馆的研究/厉亮著，蒙应杰指导//兰州大学/2004年
视频数字水印技术及其在数字博物馆中的应用/魏屹著，耿国华指导//西北大学2004年
天津博物馆大跨度网壳现场应变测试与结构静、动力性能分析/黄卓著，刘杰指导//天津大学2004年
遗址博物馆建筑研究——“区外”模式遗址博物馆建筑设计初探/张男著，黄为隽、崔恺指导//天津大学2004年
文物古迹保护与开发的博弈分析/林美珍著，郑向敏指导//华侨大学2004年
西安碑林博物馆展示环境研究/王慧著，肖莉指导//西安建筑科技大学2004年
现代展示艺术传播中的审美文化和审美心理/安晓波著，杨文会指导//河北大学2004年
意象与抽象——博物馆建筑形态构成初探/阳洋著，梁鼎森指导//重庆大学2004年
博物馆环境展示设施设计的研究/兰海著，史习平、马怡西指导//清华大学2005年
博物馆文化产业理论与实践初探/邬曼菁著，陆建松指导//复旦大学2005年
儿童博物馆教育模式与经营管理研究/滕奇霞著，陈红京指导//复旦大学2005年
从旧建筑到当代博物馆/张骅著，刘云指导//同济大学2005年
博物馆参观动线研究/孙蕾著，陶郅指导//华南理工大学2005年
博物馆陈列区无光害照明设计初探/张晖著，朱飞指导//南京艺术学院2005年
博物馆建筑设计任务书——定位、定性、定量研究/周原著，张颀、黄厚泊指导//天津大学2005年
博物馆旅游地的生命周期研究——以陕西省的博物馆为例/李尘著，宋保平指导//陕西师范大学2005年
博物馆文化产业发展研究：以湖北省博物馆为例/张艺军著，王长征指导//武汉大学2005年
当代博物馆建筑创造设计与技术实现/孙跃著，宛素春指导//北京工业大学2005年
工程报告——建川博物馆聚落文革瓷器馆设计研究/戚威著，张雷指导//南京大学2005年
基于WEB GIS的中南大学数字地质博物馆的建筑模型分析及功能实现/李雷著，吴堑虹指导//中南大学2005年
基于期望差异模型的解说服务设施满意度研究——以西汉南越王博物馆为例//洪艳著，陶伟指导//中山大学2005年
科技博物馆信息服务系统人机界面设计与研究/王维强著，陈和平指导//华中科技大学2005年
论中国武强民间年画的体裁和空间展示/郭涌著，张朋川指导//苏州大学2005年
山东地区博物馆现状调查及未来发展趋势探讨/李春华著，崔大庸指导//山东大学2005年
用于考古数字博物馆的受限自然语言查询系统/马晓娜著，杨承磊指导//山东大学2005年
上海都市博物馆研究/俞文君著，王晓云指导//华东师范大学2005年
沈阳航空工业学院新建科技馆工程可行性研究/杨煦著，朱浮声、张腾、曾彦博指导//东北大学2005年
数据库技术在矿物数字博物馆中的应用/聂俊丽著，朱杰勇指导//昆明理工大学2005年
数字博物馆的可用性评估/张瑞著，李学庆指导//山东大学2005年
数字博物馆模型研究及应用研究/韩红芳著，鲁东明指导//浙江大学2005年
数字博物馆中的协同与展示技术研究/胡益锋著，鲁东明指导//浙江大学2005年
文物保护展柜微环境控制技术实验研究/孙翠莲著，马重芳指导//北京工业大学2005年
我国博物馆观众初步研究——以数据分析为基础/王娟著，史吉祥指导//吉林大学2005年
我国当代博物馆与档案馆之比较研究/陈虹君著，史吉祥指导//吉林大学2005年
我国数字化博物馆初步研究/田野著，史吉祥指导//吉林大学2005年
西安碑林博物馆入口空间研究/任春祎著，肖莉指导//西安建筑科技大学2005年
学校美术教育与博物馆教育合作研究/卢红月著，黄丽雅指导//华南师范大学2005年
以“走进博物馆”为主题的中学历史“馆校结合”教学实践的研究/李鑫著，王加丰指导//浙江师范大学2005年
艺术博物馆内部空间设计中自燃光的运用/王玉平著，单踊指导//东南大学2005年
意识引导的教育——认知心理学在博物馆设计中的应用/游蓉著，陈和平指导//华中科技大学2005年
中国博物馆地域性建筑形态探讨/黄文娟著，蔡道馨指导//湖南大学2005年
中国博物馆室内环境设计发展研究/郭晶著，过伟敏指导//江南大学2005年

中国国有博物馆的效率、体制与市场关系研究/章磊著，王明明指导//北京化工大学2005年
中国近代服饰的博物馆展示——兼论服饰博物馆的主体陈列/周海云著，包铭新指导//东华大学2005年
中国少数民族服饰展示艺术初探—民族服饰博物馆考察报告/郭莉著，毛春义指导//湖北美术学院2005年
重庆“湖广填四川”移民博物馆立项建设与营运思路个案研究/郭莉著，刘豫川指导//重庆师范大学2005年
铁器文物脱氯研究与新型缓蚀脱氯清洗液的研制/岳丽杰著，许淳淳指导//北京化工大学2005年
主题数字博物能信息分类系统的研究/赵雅浩著，蒙应杰指导//兰州大学2005年
数字博物馆的信息构建研究/孙书霞著，张浩达指导//北京大学2006年
中国美术馆的公共性研究/陈荣义著，陈卫和指导//中央美术学院2006年
当代艺术展览的公共性研究：以深圳何香凝美术馆的“当代雕塑艺术展”为例/张颉著，赵力指导//中央美术学院2006年
文化遗产保护与人类学博物馆创新——福建省闽清县宏琳厝个案研究/马岚箐，潘守永指导//中央民族大学2006年
Web Services在文物检索中的应用/王郁昕著，张建标、周训伟指导//北京工业大学2006年
北京文保系统图像远程传输平台方案与实践/周奇著，何泾沙、洪卫军指导//北京工业大学2006年
基于SVG的文物数字化导航系统的设计与研究/李青著，刘椿年、周训伟指导//北京工业大学2006年
北京文博服饰类旅游纪念品现状及对策/陈炜著，祝重禧指导//北京服装学院/2006年
博物馆陈列工作的信息传播研究/曹平尔著，陈宏京指导//复旦大学2006年
中国体育博物馆的再造与发展战略研究/宋国平著，罗殿军指导//复旦大学2006年
公益性文化事业吸纳社会力量的政策选择——以浙江民办博物馆为例/吴莘超著，唐贤兴指导//复旦大学2006年
博物馆的评估与认定/孙媛著，史吉祥指导//吉林大学/2006年
博物馆观众心理与行为研究——故宫钟表馆案例分析/金和天著，史吉祥指导//吉林大学2006年
博物馆更新研究——基于珠江三角洲旧建筑的利用与改造/伍冀著，王国光指导//华南理工大学2006年
博物馆旅游体验研究/徐永红著，梁留科指导//河南大学2006年
博物馆与企业文化/高雪著，李迎化指导//东北师范大学2006年
博物馆展示设计与建筑的关联性研究/崔晨耕著，郭力指导//上海大学2006年
当代博物馆展示设计艺术研究/毛建雄著，潘长学指导//武汉理工大学2006年
地学数字博物馆藏品元数据建立与管理系统的研究与实现/胡怡之著，陈源指导//中国地质大学（武汉）2006年
地域性现代建筑的创作技法研究——从蒙元文化博物馆方案设计谈起/马立俊著，张祺指导//北京建筑工程学院2006年
地质博物馆陈列艺术设计新探——以王屋山——黛眉山世界地质公园博物馆的陈列艺术设计为例/曾颖著，华炜指导//华中科技大学2006年
基于内容的数字博物馆图像检索技术研究/任桐炜著，武港山指导//南京大学2006年
多细节层次技术研究及其在虚拟博物馆中的应用/曾定浩著，潘金贵指导//南京大学2006年
数字博物馆版权保护技术研究/周季峰著，袁春风指导//南京大学2006年
中国革命纪念馆研究/侯晋雄著，黄春雨指导//南开大学2006年
近代中国博物馆源起探析/张娟娟著，周裕兴指导//南京师范大学2006年
南京博物馆旅游开发研究/卢亮著，陶卓民指导//南京师范大学2006年
民国时期全国美术展览会的生成与发展研究/郭梅著，陈传席指导//南京师范大学2006年
民俗博物馆旅游开发的遗产经济学研究——以南京市民俗博物馆为例/周玮著，沙润指导//南京师范大学2006年
论博物馆与受众的主导与主体关系——博物馆教育职能的实现之研究/于素敏著，黄春雨指导//南开大学2006年
覆土型博物馆建筑研究/周湘华著，魏春雨、谭正炎指导//湖南大学2006年
基于PHP技术的农业数字博物馆的设计与研究/彭隽著，朱德海指导//中国农业大学2006年
基于网络的虚拟服饰博物馆设计研究/周志鹏著，徐亚非指导//东华大学2006年
建筑创新与技术创新——以中国水利博物馆项目为例/董岩著，盛海涛指导//天津大学2006年
建筑设计中的自然光设计手法初探——以大型博物馆建筑为例/梁源著，董芦笛指导//西安建筑科技大学2006年

文物资源对区域经济社会发展的作用研究——以秦始皇兵马俑博物馆为例/张松峰著，刘克成、王桢指导//西安建筑科技大学2006年
论近代型博物馆的合法性/徐宝敏著，严建强指导//浙江大学2006年
美术馆室室内气流组织的数值模拟/张岩著，王季楼指导//北京建筑工程学院2006年
名人故居旅游资源评价指标体系研究——以长沙市为例/王曼娜著，罗明春指导//中南林业科技大学/2006年
山东大学展示资源与博物馆陈列探索——兼谈山东大学博物馆新馆陈列设计/尚震著，于海广指导//山东大学2006年
陕西自然博物馆组织结构设计研究/戈弓著，郝索指导//西北大学2006年
数字水印鲁棒性研究及其在数字牌物馆中的应用/张仁昌著，耿国华指导//西北大学2006年
数字博物馆及其通用建设平台的研究/赵艳辉著，李吉桂指导//华南师范大学2006年
数字化展示设计研究/王燕妮著，吴贵良指导//西南交通大学/2006年
旅游者视角下的中国博物馆旅探索/李燕妮著，张晓萍、薛群慧指导//云南大学2006年
天津博物馆建设项目质量管理问题研究/任松寿著，毕星指导//天津大学2006年
铁路数字博物馆的研究/李翔著，萨殊利指导//北京交通大学2006年
我国历史博物馆体验式展示方式研究/徐晶著，何晓佑指导//南京艺术学院2006年
我国水族馆旅游发展现状与对策研究/何卓著，于洪贤指导//东北林业大学2006年
行业博物馆展示设计中视角语言的研究/汪滋淞著，吴国欣指导//同济大学2006年
窑洞式博物馆设计研究——以郑州邙山黄河黄土地质博物馆建筑设计为例/王力著，李保峰指导//华中科技大学2006年
城市设计策略应用研究——无锡市博物馆、科技馆、革命陈列馆综合体设计分析/严广乐著，袁培煌、李保峰//华中科技大学2006年
语义网在数字博物馆中的研究/刘丽娜著，须德指导//北京交通大学2006年
展示设计中的符号学研究/徐光著，杨先艺指导//武汉理工大学2006年
展示设计中动态空间研究/徐丹著，何晓佑指导//南京艺术学院2006年
中国近代科普教育：社团、场馆和技术/陈洪杰著,王伦信指导//华东师范大学2006年
自然科技资源虚拟博物馆功能设计研究/谢建著，吴贺新指导//中国科学技术信息研究所2006年
博物馆陈列中的序厅设计研究/董松著，刘北光、杨玲指导//清华大学2007年
市场营销与博物馆经营策略/张丹著，范迪安指导//中央美术学院2007年
河北省博物物馆管理初探/史新粉著，余丁指导//中央美术学院2007年
个案研究——中国美术馆收藏与管理/张英剑著，范迪安指导//中央美术学院2007年
阿尔弗雷德·H. 巴尔与纽约现代艺术博物馆的早期建立/高高著，范迪安指导//中央美术学院2007年
从第一次全国美术展览会看民国时期的全国美术展览机制/卢缓著，赵力指导//中央美术学院2007年
以毕尔包分馆案例与台中分馆筹建案例解析古根海姆美术馆的国际分馆扩张模式/翁佳铃著，范迪安指导//中央美术学院2007年
中国民营美术馆现状报告：以上海美术馆、今日美术馆和上海当代艺术馆（上海MOCA）为例/柳淳风著，余丁、范迪安、赵力指导//中央美术学院2007年
我国数字博物馆元数据应用体系构建研究/马玲著，安小米指导//中国人民大学2007年
中国的民族博物馆历史回顾与现状分析/唐兰冬著，马沙指导//中央民族大学2007年
贵州生态博物馆运营机制研究/王娟著，姜璐、蔡维指导//北京师范大学2007年
北京地区博物馆特色纪念品营销策略研究/陈欣箐，刘子安指导//对外经济贸易大学2007年
当前我国博物馆陈列互动初探/张政伟著，陈红京指导//复旦大学2007年
馆藏信息数字化采集的超常规方法研究/王宁宁著，陈红京指导//复旦大学2007年
贝聿铭艺术博物馆空间设计研究/刘珊著，李超德指导//苏州大学2007年
博物馆导视系统中字体的选择、编排与应用/张匡匡著，詹凯指导//北京服装学院2007年
博物馆的思想政治教育功能研究/刘彩霞著，陈华洲指导//华中师范大学2007年
博物馆科学课程资源开发利用研究/曹温庆著，续佩君指导//首都师范大学2007年

儿童美术取向的博物馆教育策划研究/林苗苗著，尹少淳指导//首都师范大学2007年
博物馆时空研究/刘迪著，黄春雨指导//南开大学2007年
博物馆的公共性研究/程露著，徐湖平指导//南京师范大学2007年
空间、仪式与社会记忆——以侵华日军南京大屠杀遇难同胞纪念馆为中心的考察/杨扬著，张连红指导//南京师范大学2007年
博物馆展示的情节设计/庄元著，朱飞指导//南京艺术学院2007年
博物馆展示空间艺术设计的程序与方法研究/于峰著，全慧民指导//北京工业大学2007年
博物馆展示设计管理研究/李娟著，潘长学指导//武汉理工大学2007年
朝鲜美术展览会特选制及本土化问题研究/崔美华著，郑工指导//中国艺术研究院2007年
城市博物馆旅游发展动力系统初步研究——以杭州市为例/邹宇著，赵荣光指导//浙江工商大学2007年
从文化角度看博物馆文物翻译中的归化与异化/李莹著，赵军峰指导//广东外语贸易大学2007年
大遗址展示问题研究/齐德男著，姜中光指导//北京建筑工程学院2007年
当代中小型地域性博物馆建筑的场所精神/吴若华著，魏春雨指导//湖南大学2007年
多元文化背景下中国的民族博物馆/赵爱芹著，严建强、项隆元指导//浙江大学2007年
关于我国自然科学类博物馆展览选题的前置性研究——以东北师范大学自然博物馆为例/边晓岚著，李迎化指导//东北师范大学2007年
浅析青铜器展示的相关问题/蔡静野著，史吉祥指导//吉林大学2007年
中国博物馆事业发展状况之统计分析/王楠著，史吉祥指导//吉林大学2007年
中国私人博物馆发展问题浅析/李慧净著，史吉祥指导//吉林大学2007年
中国国有博物馆资金来源的研究/卢晓莹著，史吉祥指导//吉林大学2007年
我国博物馆特展营销组合策略研究/荣丽著，史吉祥指导//吉林大学2007年
市场经济条件下博物馆藏品开发与利用/张佳佳著，张文立指导//吉林大学2007年
现代博物馆展示设计中的“现代”问题/宋陵宇著，史吉祥指导//吉林大学2007年
对博物馆部分文物类藏品经济价值评估的理论探讨/张静波著，史吉祥指导//吉林大学2007年
从信息学角度对我国博物馆与图书馆所做的对比研究/林海慧著，史吉祥指导//吉林大学2007年
关于我国自然博物馆创收问题研究/李晨聪著，张文立指导//吉林大学2007年
河南博物馆营销研究/吴莹著，熊元斌指导//武汉大学2007年
数字博物馆中信息检索及协同标注技术研究/李志云著，徐士进指导//南京大学2007年
基于展品保护的艺术博物馆展示光环境研究/王丽君著，张雷指导//南京大学2007年
江西抗战遗产地的保护和利用研究/龙建新著，黄细嘉指导//南京大学2007年
基于XML和元数据的数字文物博物馆系统的设计与实现/张涛著，胡雯蔷指导//华中科技大学2007年
论博物馆展示设计的注意控制/焦丽丹著，严建强、项隆元指导//浙江大学2007年
游客对博物馆解说员解说服务满意度研究/曾伸著，周玲强、周永广指导//浙江大学2007年
论地方历史展览的特色与个性——兼谈文化地理学在地方历史文化解读中的意义/陈亚萍著，严建强、项隆元指导//东华大学2007年
论多媒体艺术在博物馆展览中的应用/马星著，徐正非指导//东华大学2007年
面向博物馆教育的RPG游戏的设计与实现/柴大鹏著，杨承磊指导//山东大学2007年
数字科技馆中文信息检索系统的设计与实现/王睿著，杨承磊、周世文指导//山东大学2007年
木材博物馆的木材信息管理系统设计/吴建忠著，邱增处、肖建平指导//西北农林科技大学2007年
内蒙古地区小型博物馆设计的生态策略研究/张恒著，张鹏举指导//内蒙古大学2007年
基于X—VRML的虚拟科技馆的模型研究与实现/马芳著，张胜男指导//沈阳工业大学2007年
论金沙遗址的旅游开发/陈胜容著，陈乾康导//四川师范大学2007年
南京地区国有中小型博物馆发展研究/邢致远著，王思明指导//南京农业大学2007年
浅析博物馆信息化与非物质文化遗产保护/梅杉著，孔令远指导//重庆师范大学2007年
试论信息传播与博物馆品牌建立/孙文倩著，倪宁指导//中国人民大学2007年
数字博物馆的开发与教育应用研究——以浙江非物质文化遗产数字博物馆为例/张妮佳著，张剑平指导//浙江

师范大学2007年
苏浙沪地区博牌物馆序厅环境设计研究/樊灵燕著，刘森林指导//上海大学2007年
晚清西方博物馆观念在中国的传播/陈锐著，陈建明指导//湖南大学2007年
博物馆体验旅旅游产品开发研究—以成都武侯祠博物馆为例/王冠玲著，陈洪德、朱创业指导//成都理工大学2007年
生态博物馆的旅游开发研究——以广州贺州客家文化生态博物馆为个案/周俊满著，张晓萍指导//云南大学2007年
文物保存湿度指标的确定方法及展柜温湿度控制技术研究/侯华波著，喻李葵指导//中南大学2007年
文物的实时再现技术研究/张瑞著，骆岩林指导//北京师范大学2007年
文物数字化的建模文档管理/李红豫著，张建标、周训伟指导//北京工业大学2007年
我国博物馆旅游产品的开发研究/唐世英著，陶犁指导//云南大学2007年
我国博物馆青少年观众初步研究/李晶著，孔令远指导//重庆师范大学2007年
现代展览建筑空间环境设计比较研究/黄兆成著，周长积指导//山东建筑大学2007年
现代展示设计研究与水材展厅设计实践/李黎立著，雷亚芳、冯德君指导//西北农林科技大学2007年
药王山碑林博物馆改扩建研究/孙自然著，滕小平指导//西安建筑科技大学2007年
战争灾难博物馆设计研究/麦子睿著，何镜堂指导//华南理工大学2007年
中国近现代美术展览会研究/文嘉琳著，胡光华指导//华南师范大学2007年
中国升级博物馆发展研究/白黎璠著，黄春雨指导//南开大学2007
中英近现代文化名人故居保护比较研究/张杨著，缪元朗、吴开婉指导//四川大学2007年
中越博物馆营销比较研究/阮越强著，熊元斌指导//武汉大学2007年
重庆中国三峡博物馆项目后评价研究/岳炳南著，张仕廉、张枫指导//重庆大学2007年
文字博物馆方案设计/冯正著，闫启文指导//沈阳理工大学2007年
自然光在博览建筑中的应用研究/周鑫著，鲍家声指导//南京大学2007年
美国亨利福特博物馆研究/高文杰著，王大明指导//中国科学院研究生院2008年
博物馆室内设计的全息营造/施徐华著，钱江帆指导//中国美术学院2008年
当代艺术馆展览空间改进研究/冯海鸥著，越力指导//中央美术学院2008年
现代项目管理在美术馆运营中的应用研究/葛毅著，赵力指导//中央美术学院2008年
对话美术馆——关于新技术手段推动个人与美术馆之间互动关系的分析/张莉著，马刚指导//中央美术学院2008年
基于科技馆的校本科学课程（7～9年级）开发研究/张宁著，刘克文指导//北京师范大学2008年
基于游客感知的博物馆形象研究——以首都博物馆为例/司莉娜著，马爱萍指导//北京第二外国语学院2008年
基于生态博物馆理论下的民族文化保护实证研究——以贵州梭戛生态博物馆为典型个案/浦晶著，杨胜勇指导//中央民族大学2008年
博物馆展览项目预算管理浅析/李海妮著，张亚莎指导//中央民族大学2008年
广西南丹白裤瑶生态博物馆社区建设分析与研究/刘剑波著，戴成萍指导//中央民族大学2008年
基于XML的博物馆藏品管理系统开发/王玮玮著，赵卫东指导//复旦大学2008年
地方综合性博物馆基本陈列展览主题与内容定位的研究/严枫著，陆建松指导//复旦大学2008年
试论博物馆陈列中的互动体验展示/伍亚婕著，陆建松指导//复旦大学2008年
信息定位型主题性展览策划研究/沈佳萍著，陆建松指导//复旦大学2008年
中国民族地区生态博物馆研究/钟经纬著，杨志刚指导//复旦大学2008年
上海都市博物馆旅游影响因素分析/刘蕾著，王晓云指导//华东师范大学2008年
博物馆产业化问题初探/李金生著，崔大庸指导//山东大学2008年
虚拟博物馆协同设计系统研究与实现/王大涛著，杨承磊指导//山东大学2008年
保护历史文化资源与发展旅游研究——对淄博博物馆的调查和发展趋势的思考/王坤著，任相宏指导//山东大学2008
“金沙遗址博物馆”散客旅游者消费行为研究/刘超著，艾进指导//西南财经大学2008年

博物馆室内空气中总挥发性有机物的分析方法研究/虞爱娜著，王复指导//华东理工大学2008年
博物馆微环境中污染气体的采样及检测方法研究/李静著，施超欧指导//华东理工大学2008年
被动采样离子色谱法对博物馆微环境中多种酸性气体同时测定的研究/左莹著，施超欧指导//华东理工大学2008年
博物馆陈列空间内部环境设计研究/李煜瑾著，陈易、王晨指导//同济大学建筑与城市规划学院2008年
博物馆陈列展示中民族文化的探索与研究/李馥颖著，闫启文指导//沈阳理工大学2008年
博物馆环境导向标识设计研究/张松著，倪凤祥指导//河南大学2008年
博物馆建筑展陈空间的视觉意象/宋欣婷著，李琳、汤羽扬指导//北京建筑工程学院2008年
博物馆展示设计中视觉语言的形成和完善/李霞著，张伟指导//山东轻工业学院2008年
博物馆中的数字化展览及展示技术研究/黄秋野著，过伟敏指导//江南大学2008年
城市居民参观博物馆行为决策的路径分析/刘丽著，袁书琪指导//福建师范大学2008年
地方博物馆美术教育资源的开发和利用——以《寿县楚文化博物馆》为例/文静著，陶旭泉指导//四川师范大学2008年
地区性视野下的云南博物馆建筑创作/赵立兵著，高静指导//昆明理工大学2008年
科技博物馆建筑设计研究/张婷婷著，梅洪元指导//哈尔滨工业大学2008年
仿生博物馆的研究与设计/吕从娜著，闫启文指导//沈阳理工大学2008年
公共政策下科技馆资金运营研究/刘好著，杜滨指导//贵州大学2008年
故宫环境噪声控制措施探讨/赵冰著，李宏指导//首都师范大学2008年
馆藏银器文物保存微环境的QCM监测方法/朱晶著，蔡兰坤指导//华南理工大学2008年
基于本体的不可移动文物数字博物馆模型研究与设计/吴琼著，须德指导//北京交通大学2008年
集成多种媒体的三维互动展示技术的研究与实现/李蛟著，鲁东明指导//浙江大学2008年
数字奥运博物馆原型系统的设计与实现/潘卫敏著，潘志庚指导//浙江大学2008年
体验式博物馆学习中的意义及其实现/乐俏俏著，严建强、项隆元指导//浙江大学2008年
纪念馆环境景观的艺术研究——以阿炳纪念馆为例/华书著，丁山指导//南京林业大学2008年
建国以来我国博物馆展示设计发展研究/孙毓著，可晓佑、卫东风指导//南京艺术学院2008年
交互漫游技术在虚拟科技馆中的应用研究/吴奇著，谭会辛指导//重庆大学2008年
陈炉陶瓷博物馆设计研究/王力著，肖莉指导//西安建筑科技大学2008年
中国传统建筑元素在现代博物馆建筑设计中应用初探/苏海滨著，滕小平指导//西安建筑科大学2008年
结合生态博物馆理念探讨西安非物质文化遗产保护/苏义鼎著，杨豪中指导//西安建筑科技大学2008年
从城市角度谈城市历史博物馆的设计定位——以咸阳博物馆新馆为例/苏嶂著，刘克成指导//西安建筑科技大学2008年
考古发现类展览的信息传达研究/郭喜锋著，郎保利指导//山西大学2008年
历史博物馆旅游运营研究——以湖南省博物馆为例/李策著，林龙飞指导//湘潭大学2008年
辽宁省历史类中小型博物馆现状调研及发展对策/刘森著，王秋华指导//辽宁大学2008年
论博物馆营销/叶盛著，严建强、项隆元指导//浙江大学2008年
浅淡现代博物馆中的空间传达——现代博物馆空间展示/唐文著，范汉成、冯学伟指导//湖北美术学院2008年
关于我国自然博物馆生物标本数字化的方法研究/矫贵松著，李迎化指导//东北师范大学2008年
应用舞台美术理论开展自然历史博物馆景观设计的研究/刘阳著，李迎化指导//东北师范大学2008年
自然博物馆开放式和封闭式生态景观陈列方式的比较研究——以东北师范大学自然博物馆为例/刘美娟著，敬向红指导//东北师范大学2008年
社区博物馆建设资源整合初探/刘琼著，孔令远指导//重庆师范大学2008年
试论现代美术馆教育及其经营运作之间的互动关系/林骞著，张小鹭指导//厦门大学2008年
体验式展示馆展示空间设计研究/戚毅著，潘琳指导//南京艺术学院2008年
网络美术馆：成长中的大众平台/李小宁箸，贺万里指导//扬州大学2008年
我国水族馆展示空间设计研究/李基辉著，胡文荟指导//大连理工大学2008年
现代科技馆展示工程项目管理流程的分析/柯少敏著，刘志杰指导//大连理工大学2008年

现代科技条件下我国博物馆的教育/宋继敏著，徐湖平指导//南京师范大学2008年
虚拟服饰博物馆的交互性设计研究/寇大巍著，詹炳宏指导//北京服装学院2008年
以“人”为核心的当代中国博物馆传播理念与展示设计研究/沈卓著，叶苹指导//江南大学2008年
艺术博物馆自然光环境的设计及研究/马颖梁著，陈飞虎指导//湖南大学2008年
英国博物馆教育的初步研究/张曦著，史吉祥指导//吉林大学2008年
铁人王进喜纪念馆项目施工质量控制/尚宇著，孙巍、宋连庆指导//吉林大学2008年
中国高校博物馆初步研究/金愉著，史吉祥指导//吉林大学2008年
试论博物馆古代绘画类藏品经济价值评估——以旅顺博物馆部分馆藏画为例/侯静波著，史吉祥指导//吉林大学2008年
博物馆展示设计的艺术形式研究——浅析山东省海阳市博物馆展示设计/张莉著，姜加宁、孟祥洋指导//吉林大学2008年
影像在非物质文化遗产数字博物馆中的应用/王静著，李一凡指导//北京印刷学院2008年
用电安全节能技术在博物馆中的应用及节电标准的研究/曹仲原著，张建华指导//华北电力大学（北京）2008年
展览馆展具可装配性设计研究/包慧著，朱飞指导//南京艺术学院2008年
展示空间内视觉构成原理研究/刘思宜著，寻胜兰指导//江南大学2008年
展示设计中的互动性研究/尹铂著，张福昌、王庆斌指导//江南大学2008年
中国虚拟博物馆功能开发现状及问题研究/王佳璐著，张凌云、魏小安指导//北京第二外国语学院2008年
博物馆建筑空间整合设计研究/方涛著，张姗姗指导//哈尔滨工业大学2008年
艺术博物馆选址因素研究/史伟著，余丁指导//中央美术学院2009年
与艺术品借展相关的法律问题研究/吕晓晓著，余丁、周林指导//中央美术学院2009年
展示设计中的意境研究/张倩著，周刚、陈立勋指导//中央美术学院2009年
移动媒体在展览空间内的信息交互研究/王黎著，马刚指导//中央美术学院2009年
城市规划展览馆展示设计初探/李言伟著，王敏指导//中央美术学院2009年
论美国博物馆中“Curator负责制”——以方闻时期的纽约大都会艺术博物馆亚洲艺术部为例/卫艳著，余丁、赵力、范迪安指导//中央美术学院2009年
艺术博物馆的对话式儿童美术欣赏教育研究/李爱华著，郑彦彬指导//中央美术学院2009年
美术馆与商业的合作关系研究——以美国的美术馆和中国的民营美馆为例/王倩著，余丁、赵力、范迪安指导//中央美术学院2009年
晚清域外游记中的博物馆/谢先良著，孔令伟指导//中国美术学院2009年
城市环境下的中国墓葬遗址博物馆设计/雎蔚著，关肇邺指导//清华大学2009年
博物馆教育项目的策划与实施/王焕丽著，陆建松指导//复旦大学2009年
博物馆展览观众评估研究/李林著，陆建松指导//复旦大学2009年
综合展览服务提供商战略扩张模式研究/安国峰著，张洁指导//复旦大学2009年
免费不免费——从免费开放谈如何提高我国博物馆经营管理水平/任恩蕴著，陆建松指导//复旦大学2009年
纸质文物多功能表保护胶液应用研究/曹育红著，邱建辉指导//吉林大学2009年
呼伦贝尔地区博物馆的现状与发展/张丽著，吕军指导//吉林大学2009年
博物馆与观众新型关系的开端/刘晴贤著，史吉祥指导//吉林大学2009年
藏品的市场化处置——以格林堡博物馈为例/迟萍萍著，张文立指导//吉林大学2009年
贝聿铭苏州博物馆新馆的空间环境研究/马远著，马路指导//苏州大学2009年
博物馆建筑创作中地域因素的导入手法/赵茜著，张险峰指导//大连理工大学2009年
博物馆解说效果研究——以湖南省博物馆为例/张茜著，夏赞才指导//湖南师范大学2009年
博物馆免费开放后的困境及其解决对策研究/于勇著，陈潭指导//中南大学2009年
川渝民俗博物馆地域性创作手法探索/胡晓燕著，张兴国指导//重庆大学2009年
从重庆自然博物馆建筑设计实践看自然博物馆建筑设计的发展特点/李硕著，胡纹指导//重庆大学2009年
当代城市综合性博物馆设计研究——以咸阳博物馆新馆为例/王伟著，刘克成指导//西安建筑科技大学2009年
地域文化在博物馆内空间设计中的应用研究——以河南博物院为案例/陈虎著，张焘、任留柱指导//江南大学

2009年
对构建中国篮球博物馆的研究/陆永明著，潘祥指导//北京体育大学2009年
多媒体技术在科技类场馆展项设计中的研究与应用/吴璐丹著，聂桂平指导//华东理工大学2009年
馆藏文物保存微环境中复合污染物的QCM检测方法/彭熙瑜著，蔡兰坤指导//华东理工大学2009年
馆藏文物保存微环境中有机物的QCM检测方法/赵利红著，蔡兰坤指导//华东理工大学2009年
可见光催化净化馆藏文物保存环境中NO和有机酸的研究/魏华著，修光利指导//华东理工大学2009年
非物质文化遗产数字博物馆研究——以胶州秧歌为例/赵倩著，肖江南指导//青岛大学2009年
关于展示设计中的公共系统研究/周军著，潘长学指导//武汉理工大学2009年
合肥工业大学建筑与艺术馆设计思路探析/张舒扬著,吴永发指导//合肥工业大学2009年
基于SCA的数字博物馆系统架构的设计与实现/宋建玥著，马华东指导//北京邮电大学2009年
将建构主义理论应用于博物馆社会教育活动中的实践研究/王师师著，李迎化指导//东北师范大学2009年
近代服饰虚拟博物馆的研究/齐欢著，周莉英指导//陕西科技大学2009年
科技博物馆创新展示形式研究/马昱著，刘杰成、郑建启指导//武汉理工大学2009年
现代科技馆展示空间设计研究/何雯著，刘杰成指导//武汉理工大学2009年
历史类博物馆陈列设计研究/郑媛丹著，潘长学指导//武汉理工大学2009年
历史事件纪念馆特质空间环境塑造与情感表达/杜蒙著，陈刚指导//合肥工业大学2009年
论历史博物馆建览的真实性/陈哲著，项隆元、严建强指导//浙江大学2009年
论展览中博物馆的特征及其实现/马金丽著，严建强、项隆元指导//浙江大学2009年
美国“博物馆之友”内涵和职能初探/黄建国著，邓晓指导//重庆师范大学2009年
美国高校博物馆专业课程设计研究/王春慧著，张文立指导//吉林大学2009年
明清辽宁地区纪念性祠堂研究/由林鹏著，史吉祥指导//吉林大学2009年
吉林省博物院藏传世先秦青铜兵器初步整理/田丽梅著，王立新指导//吉林大学2009年
华日博物院预算管理的问题与对策/丁丽宏著，韩丽荣指导//吉林大学/2009年
网上博物馆建设及其内容构建分析/董繁著，史吉祥指导//吉林大学2009年
蒙古族物质文化在博物馆中的再现/哈斯其木格著，阿拉坦宝力格指导//内蒙古大学2009年
民俗主题公园的民俗展示——以锦绣中华民俗村为例/陈研妍著，赵宗福指导//青海师范大学2009年
南京博物馆展示涉及的地域性研究/曾莉著，卫东风指导//南京艺术学院2009年
浅析视知觉原理在当代展示空间设计中的运用/付小利著，李蔚青指导//厦门大学2009年
秦始皇兵马俑博物馆旅游产品特殊生命周期研究/侯新艳著，郝心华指导//西北大学2009年
文化遗址的三维场景建模及虚拟展示技术研究/刘军著，耿国华指导//西北大学2009年
青岛文化名人故居保护与开发研究/马君兰著，赵成国指导//中国海洋大学2009年
生态美学视域下的广西三江侗族生态博物馆/王翔宇著，袁鼎生指导//广西民族大学2009年
石家庄森林博物馆的方案设计及其研究/许景涛著，尚俊峰指导//河北科技大2009年
视觉语言在博物馆展示空间中的应用研究/沈海军著，叶苹指导//江南大学2009年
数字博物馆与实体博物馆展示内容设计的比较研究/李慧著，李迎化指导//东北师范大学2009年
我国博物馆旅游创新开发模式研究/韩爱霞著，何佳梅指导//山东师范大学2009年
西安老字号保护之生态博物馆策略/张涵著，杨豪中指导//西安建筑科技大学2009年
现代空间展示设计形式的研究/裴珺著，张伟指导//山东轻工业学院2009年
以青少年为受众的博物馆展示设计研究/张光明著，朱飞指导//南京艺术学院2009年
内蒙古旗县发展方向分析——以开鲁县、西乌珠穆沁旗博物馆为例/张磊著，邵清隆指导//内蒙古大学2009年
中国少数民族文学馆展示设计中设计概念的确立和应用/云春飞著，谷彦彬指导//内蒙古范大学2009年
以中国少数民族文学馆展示设计为例谈体验式设计/札彦著，谷彦彬指导//内蒙古师范大学2009年
与基础教育相结合的美术馆教育研究——以甘肃为侧/王坤著，杜春生指导//曲阜师范大学2009年
增强现实在文物展示中的应用研究/杜风仪著、康波指导//电子科技大学2009年
中国博物馆文本英译系统研究——以河南博物院为例/豆红丽著，郭尚兴指导//河南大学2009年
中国现代科技馆展示新理念初探/张蒋著，刘杰成指导//武汉理工大学2009年

中西方博物馆比较研究/杨海燕著，于海广指导//山东大学2009年
自然博物馆家庭观众的调查与研究/张金靓著，敬向红指导//东北师范大学2009年
城市博物馆旅游发展动力系统初步研究——以成都为例/李婧扬著，刘蓬春指导//四川师范大学2009年
中国国有博物馆管理体制改革研究/赵喆人著，李康化指导//上海交通大学2009年
当代博物馆地域文化建筑表达研究/高原著，李玲玲指导//哈尔滨工业大学2009年
长沙博物馆文化休闲功能研究/周小寒著，吴章文指导//中南林业科技大学2009年
趋势、问题、启示——国内新建市立博物馆研究/杜乐著，刘克成指导//西安建筑科技大学2009年
博物馆改革的初步探索——以杭州为例/纪佳汛著，朱恒鹏指导//中国社会科学院研究生院2010年
博物馆文化衍生产品设计分析研究/熊子莹著，雷达指导//中国美术学院2010年
博物馆自然采光的设计与研究/姜萌著，吕品晶指导//中央美术学院2010年
交流美学与博物馆行为研究/王鹤北著，李季指导//中国艺术研究院2010年
首批“985”高校博物馆现状与分析/昝义著，张居中指导//中国科学技术大学2010年
历史文化区域博物馆群合作初步探讨——以北魏文化区内博物馆群为例/冯荣著，张亚莎、安来顺指导//中央民族大学2010年
博物馆商品营销研究/蒋晟著，陆建松指导//复旦大学2010年
博物馆儿童教育活动执行过程的分析/曹默著，陈红京指导//复旦大学2010年
试论金融博物馆——兼谈沈阳金融博物馆的发展方向/潘盈盈著，史吉祥指导//吉林大学2010年
关于博物馆作为教育和学习园地的研究 ——以中国辽宁省博物馆和斯里兰卡科伦坡国家博物馆为例/迪茹西著，吕军指导//吉林大学2010年
新形势下山东地区文物系统中小型博物馆现状及发展研究/王晓妮著，于海广指导//山东大学2010年
博物馆展示空间场景创作/彭文青著，周叔昭指导//湖南师范大学2010年
旅游涉入、博物馆情境对游客体验质量与行为意图的影响研究/程双双著，朴松爱指导//东北财经大学 2010年
湖南省博物馆游憩货比价值评估研究/何晓东著，钟永德指导//中南林业科技大学2010年
博物馆免费开放后改革新探——以江西省内博物馆为例/艾崧著，万荣指导//江西师范大学2010年
从非营利组织视角看博物馆营销/夏华清著，彭明瀚指导//江西师范大学2010年
遗址博物馆的建筑设计研究/褚奕爽著，戴俭指导//北京工业大学2010年
国家一级博物馆运行评估指标体系研究/李一著，王明明指导//北京化工大学2010年
博物馆免费开放政策的执行研究/赵苗著，席恒指导//西北大学2010年
我国文物系统博物馆管理水平的评价研究/陈晨著，王立群指导//北京林业大学2010年
新媒体与博物馆展示设计/邵晨卉著，严建强、项隆元指导//浙江大学2010年
基于网络传播的虚拟博物馆建设研究/高靓阳著，刘永宁指导//南京艺术学院2010年
博物馆改扩建的新旧公共空间关联性研究/陈玉莹著，何镜堂指导//华南理工大学2010年
开放式博物馆理论在杭州运河遗产保护规划中的应用/李利著，华晨指导//浙江大学2010年
伤痛记忆博物馆研究/许捷著，严建强指导//浙江大学2010年
“金沙模式”——成都金沙遗址保护与利用研究/汤诗伟著，刘克成指导//西安建筑科技大学2010年
汉阳陵博物馆建筑节能研究/王静著，闫增峰指导//西安建筑科技大学2010年
基于游客体验的城市遗址类博物馆公园旅游产品开发研究——以成都武侯祠博物馆公园为例/胡大凯著，艾进指导//西南财经大学2010年
传媒时代博物馆的信息传播研究——以地方综合性博物馆为例/吕睿著，彭逸林指导//重庆大学2010年
近十年中国博物馆发展状况研究/李宁著，刘俊生指导//中国政法大学2011年
美术博物馆与艺术本真性的丧失/陈旷地著，范迪安、余丁指导//中央美术学院2011年
博物馆公共教育模式研究——以德国柏林犹太博物馆（Jewish Museum Berlin）为例/吕文静著，余丁指导//中央美术学院2011年
博物馆与中国近代社会变革研究/陈为著，段勇指导//中国艺术研究院2011年
多感官设计在数字博物馆中的应用/朱润著，李一凡指导//北京印刷学院2011年
金沙遗址博物馆解说媒体与观众满意度关系研究/曾建英著，乌恩指导//北京工业大学2011年

博物馆陈列空间的展示设计研究/毕文娣著，李远指导//山东轻工业学院2011年
试论苏州博物馆新馆对苏州地区建筑设计的影响/金贝多著，马路指导//苏州大学2011年
中国博物馆艺术教育现状研究/胡清媛著，邢莉指导//南京艺术学院2011年
遗址博物馆建筑与遗址研究/季晓玲著，何镜堂指导//华南理工大学2011年
社会所需求的博物馆——从观众研究的视角分析我区博物馆的发展方向/阿娜尔著，付宁指导//内蒙古大学2011年
城市博物馆群发展研究/张蕊著，田凯指导//河南大学2011年
中外博物馆学专业教育比较研究/侯雁著，陈建明指导//中南大学2011年
博物馆人力资源管理研究——以中南地区四省博物馆为例/刘军著，陈建明指导//中南大学2011年
革命历史类博物馆陈列展示设计研究——旺苍红军城中国工农红军剧团遗址博物馆陈列展示设计/朱晓敏著，徐伯初指导//西南交通大学2011年
博物馆环境标识系统设计研究——以云南民族博物馆为例/陈琳著，王坤茜指导//昆明理工大学2011年
博物馆的科研评估——以伪满皇宫博物院为例/张书慧著，史吉祥指导//吉林大学2011年
昆明市森林博物馆规划研究/刘昕岑著，樊国盛指导//西南林业大学2011年
社会学视角下的博物馆环境景观设计研究——以长沙市为例/刘江涓著，欧阳国辉指导//湖南师范大学2011年
我国历史类博物馆室内设计项目的实践与反思/徐胤著，李文华指导//山东工艺美术学院2011年
立足地域文化建设特色博物馆——以桐城文化博物馆为例/吴晓芬著，胡欣民指导//安徽大学2011年
地质公园博物馆建筑设计相关问题研究/屈天鸣著，李保峰指导//华中科技大学2011年
博物馆在新兴城市中定位的思考——以烟台为例/江泓著，曹柯平指导//江西师范大学2011年
成都武侯祠游客与市民感知价值对比研究/刘轶著，艾进指导//西南财经大学2011年
遗址博物馆外部空间设计研究/杨义新著，郭璇指导//重庆大学2011年
专题博物馆视觉形象系统设计研究/霍海滢著，苗登宇指导//山东工艺美术学院2011年
秦汉唐锦绣宫博物馆展示设计的艺术形式研究/朱延辉著，樊海燕指导//西安建筑科技大学2011年
基于传播学理论的博物馆建筑设计方法研究/周懿著，徐峰指导//湖南大学2011年
遗址类博物馆的管理与利用/马文艳著，曹桂全指导//天津大学2011年
博物馆价值最大化的实现路径研究/宋存洋著，贾旭东指导//中国社会科学院研究生院2012年
中国国家博物馆陈列光环境的设计研究/艾晶著，常志刚指导//中央美术学院2012年
澳洲土著艺术进入博物馆/李蕴慧//中央美术学院2012年
对博物馆观众研究的再研究/刘汉娥著，范迪安指导//中央美术学院2012年
民办博物馆发展政策研究/彭文静著，陆建松指导//复旦大学2012年
国外博物馆文化产品开发与营销对我国的启示/葛偲毅著，陆建松指导//复旦大学2012年
非文物系统博物馆登记注册体系设计研究/陆敏洁著，陆建松指导//复旦大学2012年
博物馆教育活动研究——观众参观博物馆前、中、后三阶段教育活动的规划与实施/郑奕著，陆建松指导//复旦大学2012年
博物馆专题性临时展览研究——以山东博物馆“斯文在兹——孔府旧藏服饰特展”为例/练洁著，陈淑卿指导//山东大学2012年
珠三角地区当代博物馆设计的地域性研究/江涛著，叶荣贵、何镜堂指导//华南理工大学2012年
博物馆类历史建筑改造中异质元素的应用研究/王佳著，郭谦指导//华南理工大学2012年
博物馆陈列展览空间设计研究/侯雅静著，陶郅指导//华南理工大学2012年
遗址博物馆外部空间设计研究/张涛著，王扬指导//华南理工大学2012年
城市博物馆旅游开发模式研究——以无锡为例/董方慧著，王衍用指导//北京交通大学2012年
基于体验视角下遗址类博物馆旅游创新开发与提升——以西安半坡博物馆为例/王慧娴著，陈锋仪指导//西安外国语大学2012年
浅析场所精神理论对博物馆设计的启示/俞贝妮著，李江南指导//浙江理工大学2012年
博物馆设计中的场所认同感研究/陈莹著，朱淳指导//华东师范大学2012年
现当代中国博物馆演进之轨迹——以南京博物院为例/李霄著，周裕兴指导//南京师范大学2012年
互动设计在博物馆展示中的应用/汤善雯著，潘琳指导//南京艺术学院2012年

博物馆资源的旅游开发研究——以虢国博物馆为例/代安乐著，王庆生指导//天津商业大学2012年
固伦恪靖公主府博物馆旅游开发研究/党雯著，乌日陶克套胡指导//内蒙古师范大学2012年
试论博物馆教育职能的发展——以内蒙古地区博物馆教育为例/冯丽娜著，付宁指导//内蒙古大学2012年
博物馆商品的开发——博物馆文化资源的挖掘/吴思思著，张毅、张强指导//广东工业大学2012年
城市博物馆旅客满意度调查研究——以广州城市博物馆为例/莫嘉明著，李映洲指导//兰州大学2012年
良渚文化数字博物馆设计与实现/王晓玲著，陈胜勇指导//浙江工业大学2012年
太原太山数字博物馆研究/牛培欣著，刘子建指导//陕西科技大学2012年
注意力经济与中国博物馆的发展/王少军著，张文立指导//吉林大学2012年
景区博物馆建筑形态设计研究/张珈赫，梅洪元指导//哈尔滨工业大学2012年
对博物馆建筑中的地域性符号的研究/张毅著，闫启文指导//沈阳理工大学2012年
专题博物馆空间序列研究/俞乐伟著，汤羽扬、王振军指导//北京建筑工程学院2012年
新媒体在地方综合性博物馆信息传播中的运用研究/龙泉著，涂涛指导//西南大学2012年
基于建筑现象学理论的博物馆地域性研究/赵辉著，李勇指导//沈阳建筑大学2012年
博物馆旅游的GM-TCD开发模式研究——以大渡口博物馆旅游开发为例/李俊著，张述林指导//重庆师范大学2012年
博物馆与中小学教育良性互动机制的建立——以重庆主城区部分中小学和博物馆为例/黄永兰著，孔令远指导//重庆师范大学2012年
博物馆特展研究/冯歆宇著，严建强指导//浙江大学2012年
北京地区民办博物馆个性特征研究/郭晨著，李亦农、姜中光指导//北京建筑工程学院2012年
博物馆财务战略管理研究——基于北京汽车博物馆案例/王京民著，郑少锋、张丽君指导//西北农林科技大学2012年
博物馆志愿者内涵及价值初探/史红著，郭永利指导//兰州大学2012年
女性身份、历史、话语的博物馆再现/辛田著，屈雅君指导//陕西师范大学2012年
博物馆展示中说明标牌的数字化交互研究/岳昕瞳著，冯节指导//中国美术学院2013年
博物馆教育与小学美术课程标准关系的研究——以美国四州为例/鲍丽娟著，王璜生指导//中央美术学院2013年
中国博物馆展示设计中的“面子工程”批判——博物馆场所精神的缺失/吴茜楠著，冯节指导//中国美术学院2013年
名家美术馆与博物馆叙事研究——叙事的理论与边界/余周麟著，范迪安指导//中央美术学院2013年
建川博物馆聚落观众研究/翟琦瑛著，余丁指导//中央美术学院2013年
优化结构：博物馆人力资源配置初探——以北京故宫博物院为例/王佳著，李文儒指导//中国艺术研究院2013年
首都博物馆运营模式分析/龙一嫡著，刘军指导//中央民族大学2013年
厦门博物馆中地域文化的展示/钟晨著，刘连香指导//中央民族大学2013年
论博物馆陈列展览中说明文字的运用/许璐著，刘连香指导//中央民族大学2013年
免费开放以来博物馆功能变化初探/李顺著，张文立、吕军指导//吉林大学2013年
史前遗址博物馆陈列方式方法/关德仁著，史吉祥指导//吉林大学2013年
智能手机在博物馆导览工作中的应用与展望——以中国国家博物馆为例/孙晓晔著，史吉祥指导//吉林大学2013年
智能手机应用与博物馆教育研究——兼谈广东革命历史博物馆手机应用/徐俐媛著，史吉祥指导//吉林大学2013年
中国博物馆的历史沿革及公共服务职能探析——以济南地区博物馆为例/付鑫著，于海广指导//山东大学2013年
博物馆旅游发展研究——以郑州市博物馆为例/倪金萍著，孙危、张霆指导//郑州大学2013年
博物馆文化产业开发研究/高明著，徐玲、武玮指导//郑州大学2013年
析论数字博物馆中藏品信息管理技术/华玥著，赵海洲指导//郑州大学2013年
博物馆志愿者管理研究/裴佳丽著，徐玲、韩玉玲指导//郑州大学2013年
论博物馆公共文化服务建设/牛伟著，韩国河、任伟指导//郑州大学2013年
区域博物馆对区域历史文化的展示研究——以河南区域博物馆为例/王慧芳著，田凯指导//河南大学2013年

博物馆绩效考评体系研究/杨郦著，涂白奎、王运良指导//河南大学2013年
露天博物馆在乡村景观设计中的应用研究——以杭州为例/董元亮著，马军山指导//浙江农林大学2013年
美国博物馆教育研究/陆芳芳著，严建强指导//浙江大学2013年
当代博物馆的展示叙事研究/金晓颖著，项隆元指导//浙江大学2013年
集群式博物馆的外部空间整合策略研究——以安仁建川博物馆为例/王帅著，李异指导//西南交通大学2013年
博物馆衍生商品的开发与营销模式研究/白晶著，王晨指导//南京艺术学院2013年
基于网络传播的湘绣数字博物馆建设研究/陈兆邦著，焦成根指导//湖南师范大学2013年
博物馆展示环境叙事性设计研究/张雨著，胡维平指导//昆明理工大学2013年
公益性博物馆市场营销策略/李宁著，黎尔平指导//昆明理工大学2013年
360° 全景漫游在数字博物馆虚拟展示设计中的应用研究/张春龙著，严晨指导//北京印刷学院2013年
巴蜀文化数字博物馆建设的理论和方法研究/邝龙著，江昀指导//成都理工大学2013年
学校美术教育与博物馆教育合作的教学探究/陈琼著，王大根指导//上海师范大学2013年
博物馆发展文化创意产业的理论与实践——以中国闽台缘博物馆为个案/柯林著，陈怡指导//华侨大学2013年
基于空间体验的博物馆建筑改扩建的设计手法研究/罗丹著，吴永发指导指导//合肥工业大学2013年
吉林省市、州级博物馆的发展现状及发展策略研究——以白城市博物馆为例/宋艳成著，傅佳欣指导//东北师范大学2013年
浅析吉林省民办博物馆的现状及发展对策/曹阳著，傅佳欣指导//东北师范大学2013年
专题博物馆的设计与研究/吴维霞著，闫启文指导//沈阳理工大学2013年
龙脊壮族生态博物馆的民族志研究/赖雪芳著，潘守永指导//中央民族大学2013年
基于博物馆陈列展览的传播学研究/赵建鹏著，彭明瀚指导//江西师范大学2013年
基于iPhone平台的移动博物馆APP的设计与实现/胡扬帆著，杨刚指导//北京林业大学2013年
试论军事类博物馆社会服务功能——以中国人民革命军事博物馆为例/许匀馨著，钱益汇指导//首都师范大学2013年
三维数字技术在博物馆中的应用探究/李英赫著，塔拉指导//内蒙古大学2013年
论发展博物馆志愿者/刘德胜著，付宁指导//内蒙古大学2013年
近代天津博物馆发展战略研究/刘家宁著，殷红春、尚斌义指导//天津大学2013年
民办博物馆推行NGO模式的探索/孙振楠著，王建新指导//西北大学2013年
国家级博物馆运行评估指标体系研究/周玉平著，王明明指导//北京化工大学2013年
基于虚拟环境的博物馆数字建模及场景优化技术研究/李培著，徐岩指导//兰州交通大学2013年
湖南省博物馆事业的历史发展研究（1951～2007）——以湖南省博物馆为中心/黄志华著，彭平一指导//中南大学2013年
海峡两岸高校博物馆若干设计要素的统计、分析与比较研究/陈何湧著，汤朝晖指导//华南理工大学2013年
广州市的博物馆发展研究/黄统著，郭明卓指导//华南理工大学2013年
聚落式博物馆群规划建设模式研究/赵巍著，董芦笛指导//西安建筑科技大学2013年
市场经济下的西安兵器博物馆设计研究/马麒胜著，屈培青指导//西安建筑科技大学2013年
视觉特性下博物馆空间光环境的应用与研究/王璐著，朱瑞波指导//西安建筑科技大学2013年
基于环境行为学的国内（特）大型博物馆公共大厅研究/张震著，肖莉指导//西安建筑科技大学2013年
基于历史建筑再生的博物馆展陈空间设计研究/孙琳著，沈西平指导//西安建筑科技大学2013年
博物馆室内设计中的地域性表达/齐霁著，任文东、许兴国指导//大连工业大学2013年
主题性博物馆类展示空间的设计/周欣著，任文东指导//大连工业大学2013年
遗址博物馆的建筑设计——以盱眙县大云山博物馆为例/柴文远著，王建国指导//东南大学2013年
曲阜“三孔”遗址博物馆游客感知价值的代际差异及启示研究/孟莹著，艾进指导//西南财经大学2013年
革命题材博物馆展示设计研究/王琦著，王坤茜指导//昆明理工大学2013年
博物馆志愿者管理研究/裴佳丽著，徐玲、韩玉玲指导//郑州大学2013年
举步维艰——析沦陷时期的北平故宫博物院事业/黄金著，章宏伟指导//中国社会科学院研究生院2014年
考古遗址博物馆人性化展陈设计研究/寇芳莹著、杜金鹏指导//中国社会科学院研究生院2014年

基于社交媒体的博物馆观众研究/李琳著，孟沛欣指导//中央美术学院2014年
当代艺术的博物馆展陈问题研究/李鑫著，陈淑霞指导//中央美术学院2014年
美国非营利艺术组织的募款及其实践——以纽约大都会艺术博物馆为例/黄小娇著，余丁指导//中央美术学院2014年
认知“博物馆信息”——文本、实物、档案、展览及博物馆转型/李树桥著，范迪安指导//中央美术学院2014年
从档案中来——美术博物馆档案的管理方法与利用方式/冯雪著，范迪安指导//中央美术学院2014年
我国博物馆志愿者管理研究——从心理契约角度谈起/彭玮著，范迪安指导//中央美术学院2014年
我国当代民营博物馆管理问题初探/王婷著，王文章指导//中国艺术研究院2014年
苏州地区民办博物馆的调查研究/徐旭倩著，王根富指导//南京师范大学2014年
淮安市专题博物馆的调查与研究/姜亚婕著，陈声波指导//南京师范大学2014年
我国高校博物馆发展现状研究/白莹著，周裕兴指导//南京师范大学2014年
浅谈博物馆的教育功能和社会服务发展——以南京地区部分博物馆为例/戴玲著，周裕兴指导//南京师范大学2014年
博物馆藏品信息化的探索——以南京博物院为例/李忻悦著，汤惠生指导//南京师范大学2014年
博物馆陈列用光研究——以南京市博物馆展陈为例/季晨著，周裕兴指导//南京师范大学2014年
近代工业遗产博物馆的保护与研究——以无锡中国民族工商业博物馆为例/史晨宁著，王根富指导//南京师范大学2014年
博物馆地方史阵列内容设计的调查研究——以南京博物院“江苏古代文明”陈列为例/王苏君著，陈声波指导//南京师范大学2014年
新媒体视野下的虚拟博物馆研究/谢思思著，金昌庆指导//南京艺术学院2014年
以嘉定博物馆陈列设计的视角谈我国历史类博物馆陈列设计的问题/徐鸿斌著，朱飞指导//南京艺术学院2014年
中美博物馆服务能比较研究/王晓蒙著，史吉祥指导//吉林大学2014年
西安地区博物馆现状调查与分析报告/王昕昕著，张文立指导//吉林大学2014年
社区博物馆理念下的文化遗产旅游研究——以福州三坊七巷社区博物馆为例/陆瀛著，周显宝指导//厦门大学2014年
博物馆展示城市文化的设计方法研究——以互联网类为例/郑露著，张毅指导//广东工业大学2014年
商河农耕文化博物馆环境设计与研究/孙丽著，薛娟、何建华指导//山东建筑大学2014年
基于文化作用的建筑创作——以云南地区的博物馆建筑创作为例/陈睿著，王冬指导//昆明理工大学2014年
对成都市政府在民办博物馆事业管理方面情况的调查研究/郑翰林著，锁利铭、钟钢指导//电子科技大学2014年
改扩建的博物馆公共空间序列设计研究/余小枫著，何镜堂指导//华南理工大学2014年
博物馆公共服务空间的多元化设计研究/陈纵著，何镜堂指导//华南理工大学2014年
广东海上丝绸之路博物馆的发展研究/曾凡东著，李文彬指导//华南理工大学2014年
我国高校博物馆的教学属性及其设计研究/袁志著，汤朝晖指导//华南理工大学2014年
博物馆面向视听障者的无障碍设计研究//王雯著，陆江艳指导//武汉理工大学2014年
我国博物馆商店联盟运营模式研究/陈静著，方辉、李慧竹指导//山东大学2014年
文化遗产旅游视角下的中国甲午战争博物馆研究/于雪梅著，方辉、李慧竹指导//山东大学2014年
博物馆展陈设计与观众注意力研究——以常州博物馆少儿自然陈列为例/张易婷著，陈淑卿指导//山东大学2014年
基于多点触控技术的三维虚拟博物馆设计与漫游系统及其部分关键技术研究/赵海森著，杨承磊、吕琳指导//山东大学2014年
基于企业架构的数字博物馆参考模型构建研究/胡春健著，龚花萍指导//南昌大学2014年
高校档案馆、博物馆数字资源整合研究/周振国著，周林兴指导//南昌大学2014年
博物馆主题式设计实践研究/梁霄著，金真一指导//延边大学2014年
博物馆课程资源在中学历史教学中的应用——以建川博物馆为例/杨丽著，张利娟指导//四川师范大学2014年
基于结构方程模型的顾客满意度研究——以湖南省博物馆为例/戴明叶著，唐邵玲指导//湖南师范大学2014年
面向中小学生的博物馆艺术教育——基于英美与中国的比较研究/王璇著，易晓明指导//北京师范大学2014年

基于Android博物馆文物数字化管理系统//宋金淼著，段晓东指导//北方民族大学2014年
北京地铁军事博物馆站客流组织动态仿真分析/王红瑀著，郭北苑指导//北京交通大学2014年
快餐文化下我国数字博物馆问题的探讨/周涛著，周崇云指导//安徽大学2014年
资源枯竭型城市的生态博物馆建设/薛丽杰著，方成军指导//安徽大学2014年
上海博物馆藏战国楚竹书（一）文字研究/朱灵群著，徐在国指导//安徽大学2014年
以科大博物馆为例浅析高校博物馆效益最大化/于永梅著，周晓光指导//安徽大学2014年
从"以人为本"的角度谈对博物馆的展示设计研究/张璟著，周崇云指导//安徽大学2014年
博物馆体验式展示形式研究——以景德镇诸博物馆为例/聂雪娇著，肖伟胜指导//西南大学2014年
博物馆教育移动学习活动的教学设计模型研究——以重庆红岩革命历史博物馆为例/陈莉斯著，涂涛指导//西南大学2014年
基于图像检索的博物馆导览系统的研究和实现/徐政著，刘红梅指导//中山大学2014年
节能在导视系统设计中的应用研究——以湖北省博物馆为例/饶惠惠著，邓卫斌指导//湖北工业大学2014年
高校主题博物馆室内环境设计研究/董庆亚著，王福云指导//青岛理工大学2014年
"博物馆式"对外汉语文化教学研究/李茜子著，曾常红指导//湖南师范大学2014年
宁夏博物馆文物介绍的英译研究/陈小娜著，周玉忠指导//宁夏大学2014年
湖北省博物馆文化产品创意设计开发研究/徐卓著，胡雨霞指导//湖北工业大学2014年
基于涉入理论的博物馆旅游体验与行为意向研究——以陕西历史博物馆为例/董文珍著，严艳、孙根年指导//陕西师范大学2014年
陕师大博物馆中华嫁衣展厅口译实习报告——跨文化交际视角下的口译任务分析/武曼著，贺俊杰指导//陕西师范大学2014年
"辉煌的帝国——秦咸阳历史文物展"陈列内容研究/程艳妮著，朱君孝、张礼智指导//陕西师范大学2014年
博物馆的社会教育职能——以陕西历史博物馆为例/杨橙著，成建正、徐卫民指导//西北大学2014年
遗址博物馆环境下土遗址本体水单向蒸发及其影响因素的研究——以汉阳陵为例/寇天骄著，马涛、王丽琴指导//西北大学2014年
中国博物馆建设发展研究——以洛阳博物馆为例/马双双著，李颖科、赵丛苍指导//西北大学2014年
博物馆建筑室内外空间一体化设计研究/薛凌峰著，裘鞠指导//吉林建筑大学2014年
用"设计"打造中国艺术博物馆公共文化品牌/王帅著，张梦指导//海南师范大学2014年
电视·头面人物·博物馆——传播媒介与拢嘎寨的日常生活/刘立著，刘震指导//华中师范大学2014年
功能对等理论视角下辛亥革命博物馆解说资料英译研究/周充衡著，胡德香指导/华中师范大学2014年
中国博物馆文本汉英翻译问题分析与解决对策/冯兵兵著，贾爱武指导//浙江工商大学2014年
基于移动智能终端的博物馆交互设计/吕旻玉著，潘荣指导//浙江理工大学2014年
完善黑龙江省公益性场馆服务体系的研究——以科技类博物馆为例/艾俊著，袁洪英指导//黑龙江大学2014年
博物馆陈列区空间设计探析——辽宁省古生物博物馆设计为例/苏卓著，刘晓红指导//沈阳师范大学2014年
高校博物馆对青少年的德育功能及其开发研究/王丽著，张文潮指导//上海师范大学2014年
博物馆公共教育之馆校合作研究——以上海博物馆为例/马伟丽著，孔新苗指导//山东师范大学2014年
博物馆的媒体化——一种公共话语的阐释/严啸著，吕建昌指导//上海大学2014年
博物馆主题展览文本的叙事学分析/管晓锐著，邓晓指导//重庆师范大学2014年
博物馆体验性展示设计研究/马寰著，彭程指导//西安美术学院2014年
数字博物馆艺术设计的应用研究/张娜著，刘西莉指导//西安美术学院2014年
水上开放性博物馆的构建——岳阳非物质文化遗产保护与应用研究/刘进著，孙鸣春指导//西安美术学院2014年
博物馆公共空间使用后评价/李志成著，张伟一指导//北方工业大学2014年
地域文化视角下特色博物馆空间环境设计研究/项彤著，陈刚、张晓瑞指导//合肥工业大学2014年
皮影博物馆数字化展示设计研究/马玉丹著，王峰指导//江南大学2014年
金沙遗址博物馆开发策略研究——基于利益相关者理论的视角/王建德著，叶红指导//西南财经大学2014年
博物馆资源与旅游开发调查研究——以成都建川博物馆为例/赵彪著，蒋刚指导//重庆师范大学2014年
博物馆空间的叙事性设计研究/万依依著，胡剑忠指导//西南交通大学2014年

基于游客感知的广东中医药博物馆教育功能研究/张晓旭著，蓝韶清指导//广州中医药大学2014年
社区博物馆空间发展模式研究——以北京什刹海为例/聂欢欢著，王衍用指导//北京交通大学2014年
英汉博物馆简介翻译研究——体裁分析视角/宋倩然著，司显柱指导//北京交通大学2014年
博物馆服务质量评价研究——青岛市博物馆的实证研究/乔雪华著，方百寿指导//中国海洋大学2014年
博物馆文化产品的创意设计研究与实践——以河南博物院为例/马亚杰著，王晓予指导//郑州大学2014年
博物馆展览英译文本问题的思考——以河南地区博物馆为例/刘芳著，徐玲、张霆指导//郑州大学2014年
河南地区博物馆文化产品开发现状调查研究/杨盼明著，徐玲、王良田指导//郑州大学2014年
河南地区博物馆展示设计研究/李辰瑶著，王晓予指导//郑州大学2014年
河南省博物馆十年来展览交流现状调查研究/施榕著，徐玲、武玮指导//郑州大学2014年
柏林新博物馆建筑保护与更新案例研究/王涵著，张建涛指导//郑州大学2014年
免费开放条件下完善城市博物馆机构职能研究/卞建龙著，任伟、张霆指导//郑州大学2014年
浅析我国博物馆标志设计与视觉形象系统的构建/贾锐著，姚智辉指导//郑州大学2014年
来华外国人所建博物馆研究/李暖著，涂白奎、曹建墩指导//河南大学2014年
现代文化建筑综合体的陈展空间研究——以苏州博物馆新馆为例/常程著，倪峰指导//河南大学2014年
青少年观众心理研究对博物馆教育的启示/杨斌著，郭永利指导//兰州大学2014年
当代美术馆观众博物馆体验的研究——以上海当代艺术博物馆为例/钱晶著，刘亚平指导//上海师范大学2014年
中国高校博物馆建筑发展与设计研究/许笑笛著，朱宇恒指导//浙江大学2014年
《上海博物馆藏战国楚竹书（九）》文字编/陈茜著，张世超指导//东北师范大学2014年
首都博物馆展示形式设计特征研究/杨璐著，马丽霞指导//河北大学2014
点云数据的压缩算法研究——以数字地质博物馆为例/杨璐璟著，吴堑虹指导//中南大学2014年
阿拉善沙漠世界地质公园及泰山世界地质公园博物馆布展方案研究/王剑昆著，田明中指导//中国地质大学（北京）2014年
博物馆临时展览内容设计及有关问题讨论——以陕西历史博物馆“骁腾万里——中国古代马文化展”为例/方舟著，马振智、徐卫民指导//西北大学2014年
晋陕当代博物馆建筑的地域特色及其创作手法研究/李岚著，王军指导//西安建筑科技大学2014年
基于考古遗址保护与展示的国内遗址博物馆案例调查研究/徐婧著，刘克成指导//西安建筑科技大学2014年
大唐西市博物馆用后评价/李瑞君著，肖莉指导//西安建筑科技大学2014年
民办博物馆的人类学研究——以新州博物馆为个案/杨妹著，牛森指导//内蒙古师范大学2014年
兵团非遗在军垦博物馆保护传承的现状及其发展构想/尚青云著，薛洁指导//石河子大学2014年
博物馆空间设计艺术形式研究/王瑶著，赵俊学指导//东北林业大学2014年
数字博物馆虚拟场景实时交互的技术与实现/陈谦著，徐岩、杨青云指导//兰州交通大学2014年
博物馆与城市节事互动研究——基于第三届贺兰山岩画艺术节/朱靖远著，邓晓指导//重庆师范大学2014年
菏泽牡丹文化博物馆建筑改造及室内设计浅析/吴森著，李文华指导//山东工艺美术学院2014年

2. 博士学位论文

当代博物馆建筑理念解析/张谨著，胡绍学指导//清华大学2004年
数字博物馆关键技术研究/朱晓冬著，周明全指导//西北大学2004年
艺术博物馆视觉环境研究/张昕著，詹庆旋指导//清华大学2005年
气候适应性的博物馆展示微环境研究：以漆水类文物为例/雷祖康著，秦佑国指导//清华大学 2005年
博物馆建筑工艺设计概要【博士后报告】/张谨著，吴良镛、吴唯佳指导//清华大学2006年
彩绘文物颜料无损分析鉴定和保护材料研究/王丽琴著，梁国正指导//西北工业大学2006年
面向资源整合的数字博物馆关键技术研究/董少春著，徐士进指导//南京大学2006年
生态博物馆理论在景观保护领域的应用研究：以西南传统乡土聚落为例/余压芳著，杜顺宝指导//东南大学2006年
从传播学视域对展示空间的设计研究/李媛著，邢同和指导//同济大学2006年

工业遗产技术价值保护研究/寇怀云著，蔡达峰指导//复旦大学2007年
科技馆在中国——发展历程与哲学思考//莫扬著，李伯聪指导//中国科学院研究生院2007年
昆虫学科普及昆虫数字化博物馆的创建/杨红珍著，沈佐锐指导//中国农业大学2007年
秦始皇兵马俑博物馆室内气溶胶理化特征与来源解析/董俊刚著，安芷生指导//中国科学院地球环境研究所2007年
数字博物馆关键技术研究/沈旭昆著，赵沁平指导//北京航空航天大学/2007年
中国博物馆学理论体系形成与发展研究/李慧竹著，于海广指导//山东大学2007年
手工艺类非物质文化遗产理论及博物馆化保护研究：杨家埠木版年画制作工艺的考察为例/王巨山著，于海广指导//山东大学2007年
面向知识服务的传统农具数字博物馆设计与构建/李华著，侯汉清指导//南京农业大学2008年
中国遗址博物馆建筑研究初探/崔光海著，李道增指导//清华大学2008年
中国艺术博物馆空间形态研究/孙淼著，杭间指导//中国艺术研究院2009年
博物馆学理论和原则的研究/阿里克著，杨建华、吕军、张文立指导//吉林大学2009年
南京博物馆展示设计的地域性研究/曾莉著，卫东风指导//南京艺术学院2009年
中国城市遗址类博物馆开发模式研究——以成都武侯祠博物馆和成都金沙遗址博物馆为例/艾进著，朱敏指导//西南财经大学2009年
基于公共文化空间视角的上海市博物馆旅游发展研究/王玲著，顾晓鸣指导//复旦大学2010年
博物馆群运作模式研究——以英国、澳门及国内博物馆群为案例/傅玉兰著，陆建松指导//复旦大学2010年
文化消费与当代博物馆建筑设计理念研究/鞠叶辛著，梅洪元指导//哈尔滨工业大学2010年
博物馆的悖论——欧美艺术博物馆收藏展览观念剖析/周飞强著，曹意强指导//中国美术学院2011年
当代博物馆的复合化设计策略研究/何小欣著，何镜堂指导//华南理工大学2011年
我国文化遗产社会教育的方式及政策研究/张国超著，黄永林、姚伟钧指导//华中师范大学2011年
现代博物馆功能演变研究/孟庆金著，杨德礼指导//大连理工大学2011年
博物馆全面质量管理初探/刘舜强著，李文儒指导//中国艺术研究院2012年
中国西南民族地区不同类型生态博物馆的比较研究/段阳萍著，苍铭指导//中央民族大学2012年
天津建筑遗产保护公众参与机制与实践研究/刘敏著，青木信夫指导//天津大学2012年
珠三角地区当代博物馆设计的地域性研究/宋江涛著，叶荣贵、何镜堂指导//华南理工大学2012年
博物馆课程资源的开发与利用研究/李君著，马云鹏指导//东北师范大学2012年
中国博物馆建筑发展中文化属性的作用机制研究/刘鹏飞著，程泰宁、徐蕾指导//浙江大学2012年
红色年代的经典图像——以国家博物馆革命历史题材美术创作活动为中心/李冠燕著，梁江指导//中国艺术研究院2013年
博物馆场景中的学习设计研究/鲍贤清著，高文指导//华东师范大学2013年
我国博物馆陈列设计思想发展研究/周进著，陆建松指导//复旦大学2013年
博物馆儿童教育研究——儿童展览与教育项目的视角/周婧景著，陆建松指导//复旦大学2013年
公众与展场——1980年代以来中国艺术博物馆展览理论相关问题研究/陈浩著，陈燮君指导//上海大学2013年
中国考古遗址博物馆的信息诠释与展示研究/黄洋著，陈红京指导//复旦大学2014年
故宫博物院中的皇家文化与博物馆文化/赵冠群著，单霁翔指导//中国艺术研究院2014年
博物馆艺术授权策略研究——以台北故宫博物院为例/李乘著，诸迪、黄建成、向勇、王其钧指导//中央美术学院2014年
数字化生存下的历史文化资源保护与开发研究——以陕西为中心/赵东著，王育济指导//山东大学2014年
中国博物馆与学校的合作机制研究/宋娴著，杨小微指导//华东师范大学2014年
关于中国生态博物馆的初步研究——以贵州生态博物馆群和浙江安吉生态博物馆群为例/于富业著，苏荣誉指导//南京艺术学院2014年
清代以来江西地区社会经济若干问题研究（1723～1964）——以江西省博物馆馆藏契约文书为中心/彭志才著，王菱菱、刘秋根指导//河北大学2014年

参 考 资 料

一、书籍

[1] 文化学院文博干部学习班：《博物馆工作概论》，1961年铅印。
[2] 文博研究所：《外国博物馆书刊目索引》（《Museum》1948～1961），1963年铅印。
[3] 中国历史博物馆通史图书资料室：《博物馆学参考书目及论文索引》，1978年油印。
[4] 梁吉生：《新中国博物馆事业三十年纪事》，1980年油印。
[5] 梁吉生：《博物馆学书刊资料目录索引》，1980年油印。
[6] 文物局扬州培训中心：《博物馆学讲座》，1983年铅印。
[7] 宋伯胤：《博物馆历史文选》，1985年油印。
[8] 文化部文物局教育处、南开大学历史系：《博物馆学参考资料》，1986年铅印。
[9] 段勇主编：《中国博物馆学研究论著目录》，新华出版社2010年。
[10] 水涛、贺云翱、王晓琪：《考古学与博物馆学研究导引》，南京大学出版社2011年。

二、文章

[1] 《〈博物馆学新编〉即将出版》，《大自然》1983年第1期。
[2] 梁吉生：《一部台湾博物馆学新著的评介》，《中国博物馆》1987年第3期。
[3] 子系：《〈中国博物馆志〉正式对外发行》，《中国博物馆通讯》1995年第7期。
[4] 高荣斌：《棚桥源太郎和他的〈博物馆学纲要〉》，《日本研究》1989年第2期。
[5] 聂菲：《〈湖南省博物馆文集〉第四辑出版发行》,《中国博物馆通讯》1999年第5期。
[6] 《〈守望历史——吕济民与博物馆探识〉出版》，《中国博物馆通讯》2000年第2期。
[7] 李丽蓉：《〈北京博物馆年鉴〉——反映博物馆事业发展的里程碑与信息库》，《北京博物馆年鉴》（1995～1998），北京燕山出版社2000年。
[8] 刘恩迪：《〈博物馆藏品保管文集〉出版》，《中国博物馆通讯》2001年第10期。
[9] 张文立：《沉思在熙熙攘攘中——〈博物馆工作研究〉评介》，《中国文物报》2004年11月24日6版。
[10] 梁吉生：《辛勤耕耘　乐此不疲——读〈甄朔南博物馆学文集〉感言》，《中国博物馆》2005年第2期。
[11] 葛承雍：《〈文博丛谈〉：保护文化遗产的思想库》，《光明日报》2005年12月9日5版。
[12] 葛承雍：《凸显保护历史文化遗产的思想库价值——读马自树先生〈文博丛谈〉》，《中国博物馆》2006年第1期。
[13] 张文立：《可贵的精神　难得的范式——读宋伯胤先生〈博物馆人丛语〉有感》，《中国博物馆》2006年第1期。
[14] 《回顾与展望：中国博物馆发展百年》，《中国博物馆通讯》2006年第1期。
[15] 甄朔南：《甄朔南博物馆学文集》，《中国博物馆通讯》2006年第2期。
[16] 郝国胜、黄琛：《博物馆社会服务功能研究》，《中国博物馆通讯》2006年第2期。
[17] 吕济民：《中国博物馆史论》，《中国博物馆通讯》2006年第3期。

［18］杨玲、潘守永：《当代西方博物馆发展态势研究》，《中国博物馆通讯》2006年第3期。
［19］黎先耀、罗哲文：《中国博物馆》，《中国博物馆通讯》2006年第4期。
［20］吕建昌：《博物馆与当代社会》，《中国博物馆通讯》2006年第7期。
［21］苏东海：《博物馆的沉思》(卷二)，《中国博物馆通讯》2006年第9期。
［22］北京博物馆学会：《博物馆社会教育》，《中国博物馆通讯》2006年第9期。
［23］何慕文：《二十一世纪中国博物馆展望》，《中国博物馆通讯》2006年第11期。
［24］广州市文化局：《博物馆：文化的桥梁》，《中国博物馆通讯》2006年第11期。
［25］曹平尔：《评〈博物馆与当代社会若干问题的研究〉》，《中国文物报》2007年3月16日6版。
［26］《展览论——博物馆展览的21个问题》，《中国博物馆通讯》2007年第10期。
［27］苏东海：《〈国际博物馆〉中文版233～234期导读》，《国际博物馆》全球中文版（235期），2007年。
［28］史吉祥：《〈国际博物馆〉中文版2006年导读》，《国际博物馆》全球中文版（235期），2007年。
［29］《河南博物院建院80周年论文集》，《中国博物馆通讯》2007年第12期。
［30］《安徽省博物馆建馆五十周年文集》，《中国博物馆通讯》2008年第1期。
［31］潘守永：《〈面向未来的博物馆——欧洲的新视野〉导读》，《中国文物报》2008年3月19日6版。
［32］《把博物馆带回家——介绍〈长江中游文明之旅〉丛书》，《中国文物报》2008年3月19日6版。
［33］杨康明：《〈博物馆管理手册〉导读》，《中国文物报》2008年4月23日6版。
［34］《民族的与世界的——评〈沈阳故宫与世界文化遗产〉》，《中国文物报》2008年5月7日6版。
［35］《〈2003～2006中国国家博物馆观众研究〉面世》，《中国文物报》2008年6月4日6版。
［36］郝国胜：《观众的数据比较研究——〈中国国家博物馆观众研究〉一书谈》，《中国文物报》2008年9月10日6版。
［37］《面向未来的博物馆》，《中国博物馆通讯》2008年第10期。
［38］段勇：《故宫观众调查的发现与认识》，《中国文物报》2008年12月17日6版。
［39］秦浦：《国立沈阳博物院筹备委员会出版物解题目录》，《辽宁省博物馆馆刊》（3），辽海出版社2008年。
［40］崔波：《人才战略的实施途径——兼评〈博物馆免费开放研究——以湖北省博物馆为例〉一书》，《中国文物报》2009年1月9日6版。
［41］张宁：《博物馆：魂牵梦萦的精神家园——读〈甄朔南博物馆学文集（续）〉有感》，《中国文物报》2009年3月27日6版。
［42］秦晋庭：《一位老博物馆工作者的“情书”》，《中国文物报》2009年3月27日6版。
［43］陈淑铮：《文物巡展的实践与探索——“秦始皇兵马俑全国巡回展”实录》，《中国博物馆通讯》2009年第8期。
［44］言之：《博物馆教育新视阈》，《中国文物报》2010年3月31日6版。
［45］刘庆平：《讲解员著书解读展览》，《中国文物报》2010年6月30日6版。
［46］曹爱生：《一道众手烹制的文博大宴》，《中国文物报》2010年7月14日6版。
［47］苏东海：《一本博物馆陈列业务的好书——评介姚安著〈博物馆策展实践〉》，《中国文物报》2010年8月11日6版。
［48］段勇：《博物馆展览与运输中的藏品预防性保护》，《中国文物报》2010年9月17日6版。
［49］国宣：《〈博物馆宣教服务岗位从业人员培训教程〉出版》，《中国文物报》2010年10月13日7版。
［50］游振群：《博物馆图书出版与观众需求》，《中国文物报》2010年10月15日6版。
［51］董纪平：《〈北京博物馆年鉴〉编纂的思考》，《中国文物报》2010年10月20日6版。
［52］徐玲：《中国博物馆协会：灰瓦红墙下的旅程》，《中国文物报》2010年12月15日3版。
［53］史吉祥：《博物馆学研究的必备工具：〈中国博物馆学研究论著目录〉评介》，《中国文物报》2010年12月29日6版。
［54］帕特里克·博伊兰、黄静雅、韦清琦：《〈经营博物馆〉的应用价值》，《中国文物报》2010年12月29日6版。

[55] 肖克之：《〈博物馆陈列项目实施的程序与方法〉一书的诞生》，《中国文物报》2011年2月9日6版。

[56] 陈卓：《天津博物馆文物撷英》，《中国文物报》2011年2月23日8版。

[57] 苏东海：《〈马自树文集〉读后随想》，《中国文物报》2011年12月14日6版。

[58] 黎小龙：《三峡明珠西南毓秀——〈重庆中国三峡博物馆藏文物选粹〉序》，《中国文物报》2011年12月14日6版。

[59] 陈根远：《喜读〈苏州博物馆藏玺印〉》，《碑林集刊》（十七），三秦出版社2011年。

[60] 徐宁：《到博物馆里徜徉遨游——读〈中国博物馆手册〉有感》，《中国博物馆》2011年合刊。

[61] 王芳：《〈国际博协教育委员会二〇一〇年上海年会论文集〉翻译感言》，《中国文物报》2012年1月11日6版。

[62] 刘庆平：《走过十年的武汉博物馆》，《中国文物报》2012年1月25日6版。

[63] 杜建国：《文化大发展中的湖北博物馆》，《中国文物报》2012年1月25日6版。

[64] 沈海宁：《一本好的行业年鉴》，《中国文物报》2012年1月25日6版。

[65] 吴宏堂：《城市化中的博物馆》，《中国文物报》2012年1月25日6版。

[66] 胡朝相：《贵州生态博物馆的实践探索》，《中国文物报》2012年1月25日6版。

[67] 李晓洲：《送给中小学生一套博物馆普及读物——读〈走进山东博物馆〉丛书》，《中国文物报》2012年3月23日7版。

[68] 李化元：《馆藏铁质文物保护的参考书：中国文化遗产研究院文物保护技术丛书〈铁质文物保护技术〉》，《中国文物报》2012年3月23日6版。

[69] 曹兵武：《写博物馆——介绍两本关于博物馆的新书》，《中国博物馆》2013年第1期。

[70] 侯静波：《20世纪30年代中国博物馆学的发展——从〈中国博物馆协会会报〉中管窥》，《北方文物》2013年第2期。

[71] 郝娟：《在文字间穿越千年——〈陕西博物馆丛书〉正式出版发行》，《三秦都市报》2013年5月23日5版。

[72] 谭前学：《陕西博物馆学百年论文集》序，三秦出版社，2014年。

[73] 郑欣淼：《一部有特色有分量的著作：〈陕西博物馆百年史〉序》，《中国文物报》2014年12月5日6版。

[74] 部分论著介绍和评论参考了史吉祥先生博客文章：《博物馆学著述导读》，http://museology.blog.sohu.com/#tp_f505e93792 。

[75] 关于国立中央博物院筹备处发展的概况，参考了贺云翱先生博客文章《中央博物院筹备处纪要》，http://blog.sina.com.cn/hya1611。

索　　引

C

D

E

F

G

H

K

L

M

N

O

P

X

Y

Z

后　记

本书得以付梓问世，一宗陈年老账终于了结，内心深处确有如释重负之感。

编纂论著目录索引，可以展现某一方面学术研究的历程、所取得的成果、学术热点的变迁以及不足和盛衰等，是进行该领域研究必不可少的工具。中国自古就有编纂书目的传统，西汉时刘向撰写的《七略》是我国最早的目录学专著，前人早有“治学先治书目”的说法。博物馆学研究同样需要有论著目录。本书就是旨在展示近百年博物馆学的研究成果，为学者提供资料信息。

1993年春，秦始皇兵马俑博物馆学术委员会组织编写《博物馆学研究丛书》，我以五年为期申请“百年博物馆学论著研究”课题获批立项。课题拟整理自1935年中国博物馆协会成立到1995年之间博物馆学论著目录。1999年秋，课题如期完成，得到了宋伯胤、楼宇栋、张文立等前辈的肯定。油印本《博物馆学研究论著目录》（1935～1995）在同仁中传阅并获好评。

我自承担课题后，每次外出必去当地图书馆，到博物馆一定要去《馆刊》编辑部、图书资料室，浏览该馆藏书和出版物，迄今已去过65个博物馆并拍摄书影、论文资料照片20余万幅，撰写札记、抄录书摘350万字，购买、获赠博物馆期刊和图书近4万册。

2008年后，大批综合类博物馆免费开放，博物馆编辑出版的学术期刊、藏品集萃、展览图录等书籍日渐增多，但有些书籍很难在书店或网上买到。为了查找核对资料，我经常向博物馆同仁求助，也在旧书摊和孔夫子网买特价书。生活中我像苦行僧一样节衣缩食，购书时却能做到不计成本。

从而立之年到知天命，我每月去一次西安古旧书店、西安图书大厦、嘉汇汉唐书城抄录书目资料，到陕西历史博物馆、西安碑林博物馆查找资料，到中国国家图书馆、中国国家博物馆、首都博物馆、文物出版社、中国社会科学院历史研究所、中国社会科学院考古研究所图书馆查资料，因轻车熟路，总能在狭小的书籍间隙里闪转腾挪。我认为既然选择做目录，就不能怕吃苦。每当打开长期无人翻及的旧书，书籍封面的灰尘总让人喷嚏连连，但查到一条准确的资料时，瞬间便忘记了之前的所有辛劳。

在本书编纂期间，中国文物报社原社长解冰，文物出版社原总编葛承雍、编辑部主任肖大桂，北京市文物局博物馆处处长哈俊，北京市博物馆学会张蓉华女士，北京市文物研究所所长白岩，中国国家博物馆齐吉祥先生、社教部主任黄琛，首都博物馆馆长助理杨丹丹、图书馆徐婉女士，中国人民抗日战争纪念馆展览陈列部副主任黄春锋；黑龙江省博物馆典藏部副主任黄凤梅；吉林省博物院副院长钱进，旅顺博物馆馆长王振芬、副馆长房学惠、办公室主任张岩；安徽省博物院业务办主任方林、陈列部主任董松；江西省博物馆原馆长彭明瀚；湖北省博物馆宣教部主任钱红，武汉博物馆副馆长朱莉；湖南省博物馆研究员聂菲，中南大学教授路旦俊；南京博物院副院长刘文涛，《东南文化》编辑部主任毛颖和编辑王霞老师，南通博物苑副苑长金艳，《博物苑》编辑部主任徐宁；河南博物院副院长丁福利；广西壮族自治区博物馆馆长吴伟峰；山东博物馆副馆长杨波、资料室刘冬梅老师；广东省博物馆副馆长王芳；西藏博物馆原馆长达扎；云南省博物馆副馆长韦坚；宁夏固原博物馆苏银梅女士、王育民先生；浙江大学教授严建强；台湾史博馆馆长张誉滕；辽宁省博物馆业务办主任刘韫、宣教部主任孟繁宁，沈阳故宫博物院研究室、《国际博物馆》执行主编张遇；内蒙古博物院宣教部主任乌兰托娅；四川博物院宣教部主任郑小萍；甘肃省博物馆研究室主任卢冬；浙江省博物馆副馆长蔡琴、宣教部副主任蒋琳、资料室白桦女士；深圳博物馆资料室主任廖薇女士和吕虹女士；天津博物馆宣教部主任李玫；陕西省文物保护研究院副院长王保平，汉中博物馆原馆长冯岁平，安康博物馆馆长施昌成，乾陵博物馆原馆长樊英峰，法门寺博物馆副馆长任新来、张高举先生，茂陵博物馆副馆长魏乾涛，西安半坡博物馆馆长张礼智、副馆长何周德，西安博物院副院长王梅，西安碑林博物馆科研办主任景亚鹂，陕西历史博物馆科研处处长谭前学、科研处原处长张铭洽、图书室主任张维慎，西北大学文化遗产学院教授徐卫民，三秦出版社副总编贾云，西安出版社副总编李宗保，陕西人民出版社编辑部主任韦禾毅先生惠赠书籍。

秦始皇帝陵博物院总工程师赵昆先生和信息资料部副主任王勇先生整理了作者人名索引，程乾宁先生设计封面，资深摄影师张天柱先生、孟中元先生、陈洪女士、孔利宁女士、崔大龙先生帮助扫描了部分书影。楼宇栋先生、张文立先生、史党社先生建议将论著目录结集出版，以供学人参考。陕西人民出版社靳疆先生、中国中福会出版社张玉霞女士在审稿中提出了十分中肯的意见，科学出版社考古分社副社长孙莉女士和责编雷英女士以高度负责的专业精神为本书的出版付出了艰辛劳动，在此一并表示感谢！

本书包含诸多博物馆学论著目录编纂者的智慧，如果没有这些基础，本目录很难达到现有水准。我深知，以一人之力收集资料，定有遗珠之憾，以一己之见分类论著，恐还有不科学之处，敬请同行批评指正！

田　静

2019年4月10日

博物馆学研究丛书

博物馆学论著目录

（上　册）

田　静　编著

科 学 出 版 社
北　京

内 容 简 介

本书是近百年博物馆学研究论著的目录索引、博物馆学著作与博物馆出版物的内容提要。博物馆学论文目录收录时限是1994～2014年，博物馆学著作与博物馆出版物内容提要收录时限是1918～2014年。

本书适合博物馆学研究者，大专院校文物、博物馆学教师和学生参考、阅读。

图书在版编目（CIP）数据

博物馆学论著目录：全2册/ 田静编著. —北京：科学出版社，2019.11
（博物馆学研究丛书）
ISBN 978-7-03-062296-9

Ⅰ. ①博…　Ⅱ. ①田…　Ⅲ. ①博物馆学－专题目录－中国　Ⅳ. ①Z88：G260

中国版本图书馆CIP数据核字（2019）第203425号

责任编辑：孙　莉　雷　英／责任校对：邹慧卿
责任印制：张　伟／装帧设计：程乾宁　张　放

科学出版社 出版
北京东黄城根北街16号
邮政编码：100717
http://www.sciencep.com

北京中科印刷有限公司印刷
科学出版社发行　各地新华书店经销
*
2019年11月第　一　版　开本：787×1092　1/16
2023年 4 月第二次印刷　印张：61
字数：1 450 000

定价：480.00元（全2册）
（如有印装质量问题，我社负责调换）

编辑说明

一、为了展示中国博物馆学研究成果，方便研究人员系统了解中国博物馆学发展概况并开展博物馆学史和博物馆工作研究，特编辑此书。

二、该书系秦始皇兵马俑博物馆组织策划的“博物馆学研究丛书”之第九本。

三、该书收录的博物馆学著作目录索引、博物馆学著作与博物馆出版物内容提要时限为1918年1月～2014年12月。因“博物馆学研究丛书”已出版《1949～1993博物馆学研究论著要目》（孟剑明编），为避免重复，该书论文目录起止时间为1994年1月～2014年12月。

四、该书采用分类编年法进行编纂。全书内容分为上、中、下三编：上编是博物馆学著作目录，中编是博物馆学著作与博物馆出版物内容提要，下编是博物馆学论文目录。每编均以年代先后为序。

因下编论文资料丰富，内容繁多，故在论文之下又细分为十八部分，以便检索，依次是：博物馆总论，博物馆管理，博物馆陈列展览，博物馆藏品管理与保护，博物馆社会教育与讲解，博物馆建筑与安全防范，博物馆服务，博物馆营销与文化产业，数字化博物馆与信息化建设，博物馆考察（调查）报告、博物馆与博物馆学者介绍，生态博物馆，非国有博物馆，博物馆与非物质文化遗产，其他，书评与书讯，会议资讯，短论与简讯，硕（博）士研究生学位论文。

五、各篇目的内容分项分别以题目、作者或编者、出版社或刊名、出版年份和期数为序排列，书名与作者间以“/”、作者与出版单位间以“//”号间隔。

六、为便于查阅，并反映学术成果的出版先后，该书对登载于不同书刊上的同一作者的同一论文均以发表先后为序刊录；同一论文涉及两个以上专题的内容时，均以文章所侧重论述的内容为主，列入该专题中。

七、本目包含量大，在分类体例上，参考了前贤的既有成例而略有变化，如为了便于集中检索，将有些成果多而归类比较复杂的内容单独提取出来，归为一个专题。因受篇幅限制，国内学者发表的非中文著述未能收录，实属憾事。

八、对于以笔名发表的论文篇目，该书不改不注，均以初次发表时的署名为准。对于多位作者合写的论文，该书尽可能录入所有作者的姓名，个别书未核实原刊，只录入第一位作者名，其他作者用“等”替代。

九、该书选择刊发和评介了一部分有资料价值、未公开出版的内部书刊和发表在这些内刊上的论文。

十、散见于各博物馆的专著和书刊、论文难以收全，疏漏之处，敬请谅解。

序

博物馆可以说是一种既古老而又年轻的事物。作为一种文化现象，早在公元前3世纪，缪斯庙便存放了收集起来的珍品。在中国也一样，所以，孔夫子一入太庙，也要“每事问”了。让孔夫子要“每事问”，大概就是因为它的收藏博了一点吧。“博物”二字，春秋时晋侯称子产为“博物君子”。汉代班固称孟子、荀子、董仲舒、司马迁、刘向、扬雄“博物洽闻，通达古今”。到今天我们则称收藏并展出的单位为博物馆。西方则叫MUSEUM，其语源也出于收藏珍品的缪斯庙（MUSEION）。在这一点上，中外思路大体一样。不过，从严格的意义上说，我们现在所说的博物馆，则是资产阶级革命以后建立起来的博物馆。在欧洲，有法国大革命后，将王室的艺术珍品收集起来，在卢浮宫建立的中央艺术博物馆，向公众开放。在中国，一般认为是1905年，具有进步思想的张謇办的南通博物苑，开始了中国具有现代意义的博物馆事业。所以说，现代意义上的博物馆的诞生，在西方才200多年，在中国不到90年。这便是说它是既古老又年轻的一种文化事业的原因。到现在，世界博物馆事业在不断发展，已有3万多座，中国的博物馆也已有1100多座。

实践呼唤理论研究，理论研究紧紧追踪实践。博物馆事业的发展，要求研究者给它以理论的阐发。国外在1904年便出版了关于博物馆研究的著作。我国老一代的学者，也在20世纪40年代出版了博物馆研究的专著。但是，对博物馆能不能成为一门学科，国外国内，也有不同看法。国外有的学者认为：“博物馆学的理论还不成熟，它是一门学问，还不是一门科学。”国内学者中也有这种看法。这不奇怪。随着博物馆事业的发展，随着研究的不断系统化、理论化，博物馆学自会立足于科学的殿堂。由学问到科学，没有一条不可逾越的鸿沟。实际上，不论中外，大多数学者都是把博物馆学当作一门科学去对待的。要不然，那么多的关于博物馆学的研究论文及专著便无法理解了。学者们的实践活动，已经基本解决了这个问题。

在20世纪90年代，国内外学者对于博物馆学的研究，“特别致力于博物馆学的定义、概念和范畴的再研究，力图对博物馆的多性质、多职能的复杂现象和不断发展着的进程进行新的理论概括。博物馆学的多种分支学科的建设正在方兴未艾”。作为一个博物馆工作的工作人员，责无旁贷地应该关注并投入到博物馆学的研究中去，为发展博物馆学的理论体系，促进博物馆的建设，尽绵薄之力。这便是我们编辑和出版这套“博物馆学研究丛书”的初衷。

在博物馆这个大家庭中，近年来人们特别垂青于遗址博物馆。它是我国博物馆中增长最快的一种类型。从趋向来看，还在发展中。它将是我国博物馆事业中一支重要的力量。因此，对遗址博物馆学的研究就具有重要的理论指导意义和现实的实践意义。遗址博物馆的基本特点是拥有遗址，博物馆因遗址而建，遗址是整个博物馆的主体，博物馆的一切业务工作及其他工作都要围绕遗址来进行。有的学者提出遗址博物馆学这个博物馆学的分支学科，就是希望从理论和实践上解决遗址博物馆的性质、任务、特点、陈列、讲解、科研、保管、保护、保卫及管理等方面的问题。这一研究又可以丰富博物馆学的研究。秦始皇兵马俑博物馆是一个遗址性的历史专题博物馆，所以对这个问题的研究自应有更多的关注。因此，在这套丛书中，遗址博物馆学的研究分量适当地就倚重一些了。

这套丛书我们计划编写十册左右，内容包括：博物馆学研究论文选、博物馆学研究论著要目、遗址博物馆学概论、遗址博物馆讲解艺术、遗址博物馆技术学（保管、保护）、遗址博物馆陈列学、遗址博物馆管理学、遗址博物馆教育学、遗址博物馆服务标准、遗址博物馆环境设计等。我们力图在前人研究的基础上，把这套丛书编好，使之在建设具有中国特色的现代化博物馆事业中有一定的参考价值。1994年，是秦兵马俑坑发现二十周年及秦始皇兵马俑博物馆开馆十五周年。我们就让这套丛书开始出版，以纪念这个有意义的时刻。

我们追求尽善尽美，但是要达到这点殊非易事。我们期待着同行的针砭。同时，感谢本丛书编者、作者和出版社编辑的辛勤工作。

“博物馆学研究丛书”编委会

1994年1月

目　　录

上编　博物馆学著作目录

一　博物馆学通论、概论

博物馆学//国际博物馆事务局1934年
博物馆学概论/费畊雨、费鸿年编//中华书局1936年
博物馆学通论/陈端志著//上海市博物馆1936年
博物馆（教育部社会教育辅导丛书）/曾昭燏、李济编//重庆正中书局1943年
博物馆学纲要/〔日〕棚桥源太郎著，李莲译，文化部文物局教育处编//1952年
博物馆学概论/傅振伦著//商务印书馆1957年
苏联博物馆学基础/苏联博物馆科学研究所编，博物馆科学工作研究所筹备处编译//文物出版社1957年
博物馆学（大专教材第二种）/包遵彭著//台北正中书局1970年
博物馆的演进与现代管理方法之研讨/陈国宁著//台北文史哲出版社1978年
博物馆学概说/江苏省博物馆学会编//1983年
博物馆学新编/中国自然科学博物馆协会编著，黎先耀主编//江苏科学技术出版社1983年
文物博物馆基础课纲要/文化部文物局教育处编//1983年
中国博物馆学概论/文化部文物局主编//文物出版社1985年
八十年代的博物馆——世界趋势综览（中国博物馆学会丛书）/〔英〕肯尼斯·赫德森著，王殿明、杨绮华、陈凤鸣译//紫禁城出版社1986年
博物馆概论（中国博物馆学会丛书）/〔日〕伊藤寿朗、森田恒之主编，吉林省博物馆学会译//吉林教育出版社1986年
博物馆学参考资料（上、下）/文化部文物局教育处、南开大学历史系编//1986年
漫谈博物馆/东平编著//陕西旅游出版社1990年
中国博物馆学基础（文物博物馆系列教材）/王宏钧主编//上海古籍出版社1990年
中国古代建筑（文物博物馆系列教材）/罗哲文主编//上海古籍出版社1990年
中国书画（文物博物馆系列教材）/杨仁恺主编//上海古籍出版社1990年
博物馆暨文物工作论丛/吕济民著//文物出版社1992年
中国大百科全书·文物博物馆/中国大百科全书总编辑委员会《文物·博物馆》编辑委员会、中国大百科全书出版社编辑部编//中国大百科全书出版社1993年
博物馆学通论/马继贤著//四川大学出版社1994年
博物馆与群众文化纵横谈/吕济民编著//华夏出版社1994年
中国陶瓷（文物博物馆系列教材）/冯先铭主编//上海古籍出版社1994年
遗址博物馆研究——兼述陕西遗址博物馆/理智著//陕西人民出版社1995年
中国博物馆志/中国博物馆学会编//华夏出版社1995年
民族学与博物馆学（云南民族博物馆文库）/高宗裕主编//云南民族出版社1996年
文博蕞残/傅振伦著//中国历史博物馆1996年
中国纪念馆概论/安廷山主编//文物出版社1996年
上海文物博物馆志/《上海文物博物馆志》编委会编//上海社会科学院出版社1997年
博物馆的沉思——苏东海论文选/苏东海著//文物出版社1998年
博物馆的理论与实践/严建强著//浙江教育出版社1998年

当代中国的博物馆事业/吕济民著//当代中国出版社1998年
民族博物馆的理论与实践/民族文化宫博物馆编，秦晋庭、何晏文主编//民族出版社1999年
守望历史：吕济民与博物馆探识（中国现代文化精英系列丛书）/吕济民著//华艺出版社1999年
县级博物馆研究/理智著//陕西师范大学出版社1999年
遗址博物馆学概论（博物馆学研究丛书）/吴永琪、李淑萍、张文立主编//陕西人民出版社1999年
中国博物馆学纲要/高荣斌著//辽宁教育出版社1999年
民族博物馆学研究（民族博物馆论丛）/中国民族博物馆编//民族出版社2001年
无墙的博物馆·艺术史（插图珍藏本）/〔法〕安德烈·马尔罗著，李瑞华、袁楠译，孙宜学校//广西师范大学出版社2001年
中国博物馆学基础（修订本）（国家文物局主持文物博物馆系列教材）/王宏钧主编//上海古籍出版社2001年
博物馆人丛语：宋伯胤博物馆学论著选（法门寺文化丛书）/宋伯胤著//陕西人民出版社2002年
全球化下的中国博物馆/国家文物局、中国文物报社李文儒主编//文物出版社2002年
博物馆管理百科全书（附光盘）/谢翔主编//学苑出版社2003年
博物馆建设思考答卷/国家文物局博物馆司编//文物出版社2003年
博物馆学新视域/蔡琴著//浙江人民出版社2003年
当代美国博物馆/段勇著//科学出版社2003年
民族文博研究/秦晋庭著//辽宁民族出版社2003年
甄朔南博物馆学文集/甄朔南著//中国大百科全书出版社2004年
中国博物馆（人文中国书系）/黎先耀、罗哲文著//五洲传播出版社2004年
中国博物馆史论（故宫博物院学术文库）/吕济民著//紫禁城出版社2004年
博物馆服务功能服务研究/郝国胜、黄琛著//知识出版社2005年
博物馆营运的新思维（史物丛刊52）/黄永川等著//（台）历史博物馆2005年
博物馆与当代社会若干问题的研究/吕建昌著//上海辞书出版社2005年
当代西方博物馆发展态势研究/杨玲、潘守永主编//学苑出版社2005年
理解与诠释：观众与博物馆学习研究（史物丛刊51）/吴国淳著//（台）历史博物馆2005年
文博丛谈/马自树著//紫禁城出版社2005年
中国博物馆概览/李慧竹著//大众文艺出版社2005年
博物馆的沉思：苏东海论文选（卷二）/苏东海著//文物出版社2006年
博物馆战略与市场营销（北京市文物局当代博物馆学前沿译丛）/〔美〕尼尔·科特勒、菲利普·科特勒著//北京燕山出版社2006年
民族博物馆学教程/石建中编著//中央民族大学出版社2006年
数字博物馆资源建设规范与方法（人文艺术类）（中国大学数字博物馆丛书）/陈红京、吴勤旻著//上海科学技术出版社2006年
20世纪中国学术大典：考古学、博物馆学/李学勤主编//福建教育出版社2007年
博物馆管理手册（北京市文物局当代博物馆学前沿译丛）/〔加〕盖尔·洛德、拜伦·洛德著//北京燕山出版社2007年
博物馆环境（原书第二版）/〔英〕加瑞·汤姆森著，国家文物局博物馆司、甘肃省文物局译//科学出版社2007年
论民族博物馆建设/中国民族博物馆编//民族出版社2007年
面向未来的博物馆——欧洲的新视野（北京市文物局当代博物馆学前沿译丛）/〔英〕罗杰·迈尔斯、劳拉·扎瓦拉著//北京燕山出版社2007年
数字博物馆概论（中国大学数字博物馆丛书）/徐士进、陈红京、董少春著//上海科学技术出版社2007年
中国大学博物馆志（中国大学数字博物馆丛书）/大学博物馆志编写组编著，徐士进、陈红京整理//上海科学技术出版社2007年

博物馆企业（博物馆管理丛书）/黄光男著//台湾艺术家出版社2007年；文化艺术出版社2011年
21世纪博物馆：概念·项目·建筑/〔德〕格鲁伯等编//大连理工大学出版社2008年
博物馆的美学经济/刘惠媛、章光和著//生活·读书·新知三联书店2008年
博物馆数字资源的管理与展示（中国大学数字博物馆丛书）/齐越、沈旭昆著//上海科学技术出版社2008年
丰盈与永恒——与欧洲博物馆的艺术邂逅（东思西想集）/周至禹著//重庆大学出版社2008年
美术博物馆学导论（中国艺术教育大系·美术卷）/曹意强主编//中国美术学院出版社2008年
小黄侗族民俗——博物馆在非物质文化遗产保护中的理论研究与实践/张力军、肖克之编//中国农业出版社2008年
新博物馆理论与实践导论/〔美〕珍妮特·马斯汀著，钱春霞等译//凤凰出版传媒集团江苏美术出版社2008年
甄朔南博物馆学文集（续）/甄朔南著//中国大百科全书出版社2008年
博物馆怀疑论：公共美术馆中的艺术展览史（西方当代视觉文化艺术精品译丛）/〔美〕大卫·卡里尔著，丁宁译//江苏美术出版社2009年
曾昭燏文集·博物馆卷（南京博物院学人丛书）/南京博物院编//文物出版社2009年
物与识：当代博物馆理论与实践辨析/宋向光著//科学出版社2009年
中国煤炭博物馆志（1989～2009）/中国煤炭博物馆编//山西人民出版社2009年
中国民族民俗博物馆概论/安廷山主编//紫禁城出版社2009年
博物馆的沉思：苏东海论文选（卷三）/苏东海著//文物出版社2010年
陇戛寨人的生活变迁——梭戛生态博物馆研究（西部人文资源研究丛书）/方李莉等著//学苑出版社2010年
谢辰生文博文集/彭卿云主编//文物出版社2010年
中国博物馆建筑/BIAD传媒《建筑创作》杂志社编//天津大学出版社2010年
博物馆新视觉（博物馆管理丛书）/黄光男著//文化艺术出版社2011年
从“馆舍天地”走向“大千世界”——关于广义博物馆的思考/单霁翔著//天津大学出版社2011年
美国博物馆国家标准及最佳做法（中国博物馆协会、美国博物馆协会管理丛书）/美国博物馆协会编著，湖南省博物馆译//外文出版社2011年
美国博物馆认证指南（中国博物馆协会、美国博物馆协会管理丛书）（中英对照）/美国博物馆协会编著，湖南省博物馆译//外文出版社2011年
民族博物馆研究/宋才发著//民族出版社2011年
文博余话/马自树著//紫禁城出版社2011年
新博物馆学手册（西学东新·艺术设计理论译丛）/〔美〕乔治·埃里斯·博寇著，张云、曹志建、吴瑜、王睿译，李奉栖审校//重庆大学出版社2011年
中国博物馆手册/〔美〕米里亚姆·克利福德著，黄静雅等译//译林出版社2011年
中国博物馆志/国家文物局、中国博物馆学会编//文物出版社2011年
中国博物馆志1·吉林卷 辽宁卷 新疆卷/国家文物局、中国博物馆学会编//文物出版社2011年
中国博物馆志8·广东卷 香港、澳门卷/国家文物局、中国博物馆学会编//文物出版社2011年
中国城市遗址博物馆开发模式研究/艾进著//西南财经大学出版社2011年
历代文物艺术品收藏保养知识手册（首都博物馆文物修复与辨伪丛书）/刘树林主编//中国书店2012年
中国博物馆志5·湖北卷 云南卷 海南卷/国家文物局、中国博物馆学会编//文物出版社2012年
博物馆观众服务手册（中国博物馆协会、美国博物馆协会管理丛书）（中英对照）/美国博物馆协会编著，洛克扎那·亚当斯主编//北京外文出版社2013年
对话紫禁城：博物馆的种种可能/李文儒著//故宫出版社2013年
中国博物馆志3·上海卷 山东卷 青海卷/国家文物局、中国博物馆学会编//文物出版社2013年
中国博物馆志4·江西卷 内蒙古卷 广西卷/国家文物局、中国博物馆学会编//文物出版社2013年
中国博物馆志6·重庆卷 西藏卷 安徽卷/国家文物局、中国博物馆学会编//文物出版社2013年
中国艺术博物馆空间形态研究/孙淼著//文化艺术出版社2013年
博物馆变迁：博物馆历史和功能读本（博物馆学史译丛）/〔美〕爱德华·P.亚历山大、玛丽·亚历山大著，陈建明主编，陈双双译//译林出版社2014年

博物馆起源：早期博物馆史和博物馆理念读本（博物馆学史译丛）/〔美〕休·吉诺韦斯、玛丽·安妮·安德列编，陈建明主编，路旦俊译//译林出版社2014年
博物馆全面质量管理/刘舜强著//文物出版社2014年
从“数量增长”走向“质量提升”——关于广义博物馆的思考/单霁翔著//天津大学出版社2014年
设计博物馆/金维忻、贠思瑶著//天津大学出版社2014年
谁的缪斯：美术馆与公信力（艺术经济学丛书）/〔美〕詹姆斯·库诺（James Cuno）编，桑塔兰泰拉、张婷译//中国青年出版社2014年
谁的文化？——博物馆的承诺以及关于文物的论争/〔美〕詹姆斯·库诺（James Cuno）编，巢巍等译//中国青年出版社2014年
荧光集——文博文存/彭卿云著//文物出版社2014年
中国博物馆志9·陕西卷/国家文物局、中国博物馆学会编//文物出版社2014年